JINMIN GONGCHENG YIQI XIANGMU
BIAOZHUN GUIFAN HUIBIAN

金民工程一期项目标准规范汇编（第一册）

民政部网络安全和信息化领导小组办公室
民政部信息中心
编

中国社会出版社
国家一级出版社·全国百佳图书出版单位

图书在版编目(CIP)数据

金民工程一期项目标准规范汇编 : 全四册 / 民政部网络安全和信息化领导小组办公室，民政部信息中心编. —北京 : 中国社会出版社，2021.8

ISBN 978 -7 -5087 -6597 -6

Ⅰ. ①金… Ⅱ. ①民… ②民… Ⅲ. ①民政工作—信息化—项目管理—标准—汇编—中国 Ⅳ. ①D632 -65

中国版本图书馆 CIP 数据核字(2021)第 159541 号

书　　名: 金民工程一期项目标准规范汇编
编　　者: 民政部网络安全和信息化领导小组办公室　民政部信息中心

出 版 人: 浦善新
终 审 人: 李　浩
责任编辑: 李冬雁

出版发行: 中国社会出版社　　　**邮政编码:** 100032
通联方式: 北京市西城区二龙路甲 33 号新龙大厦
电　　话: 编辑部:(010)58124823
邮购部:(010)58124848
销售部:(010)58124845
传　真:(010)58124856
网　　址: shcbs. mca. gov. cn
经　　销: 各地新华书店

中国社会出版社天猫旗舰店

印刷装订: 河北鑫兆源印刷有限公司
开　　本: 210mm×297mm　1/16
印　　张: 173
字　　数: 3800 千字
版　　次: 2021 年 8 月第 1 版
印　　次: 2021 年 8 月第 1 次印刷
定　　价: 500.00 元(全四册)

中国社会出版社微信公众号

前　言

习近平总书记指出:“标准助推创新发展,标准引领时代进步。”信息化建设离不开标准,制定科学、统一的标准规范能够为信息化建设提供技术支撑和保障,有效促进平台互联、系统对接、数据共享、业务协同、安全运行等,确保信息化建设行稳致远。

金民工程一期项目是国家电子政务重大工程,涉及业务类型多样、技术体系复杂、接口交互繁多,标准规范建设是金民工程建设的重要基础,也是民政信息化“一盘棋”布局、“一张网”建设、一体化发展的重要内容,通过标准规范建设将有效促进民政信息化体系化、集约化、标准化、精准化发展。

在部党组的领导和部署下,在部政策法规司大力指导下,民政部信息中心会同办公厅(国际合作司)、社会救助司、基层政权建设和社区治理司、区划地名司、社会事务司、养老服务司、儿童福利司、慈善事业促进和社会工作司、低收入家庭认定指导中心及各承建单位,从金民工程建设需求出发,充分遵循和继承国家标准、行业标准和民政业务相关政策法规,经过需求调研、草案研讨、意见征求、专家评审等环节,最终形成由6大类、23项总体标准和88项分项标准构成的金民工程一期项目标准规范体系,在民政信息化发展中第一次形成了体系化的标准规范,为民政信息化长期发展打下良好基础,为地方民政部门开展信息化建设提供有益借鉴。

为加强标准规范推广使用,更好发挥对民政领域信息化建设的指导作用,我们将金民工程一期项目标准规范汇编出版。汇编收录了金民工程一期项目已发布的6大类111项标准规范,包括总体标准4项、信息资源类标准13项、技术类标准31项、业务类标准55项、管理类标准5项、安全类标准3项。我们相信,汇编的出版将对民政领域信息化工程建设和推进民政网信工作高质量发展起到积极的促进作用。

标准的制定是一项长期性工作,随着标准化对象、业务、技术和管理要求的变化需要不断更新和完善,希望各地民政部门在使用标准规范过程中,及时提出修改完善意见。

受编者水平所限,不足之处在所难免,希望读者批评指正。

民政部网络安全和信息化领导小组办公室

民政部信息中心

2021年8月

目　　录

第一册

第一篇　金民工程总标准

第二册

第二篇　金民工程分项标准

第三册

第四册

第一篇　金民工程总标准

一、总体类标准

JMGC

民 政 部 金 民 工 程 标 准

JMGC/ZT 101—2020

金民工程技术标准体系总体框架

2020－12－30 发布　　2020－12－30 实施

民政部信息中心 发布

目　次

前　　言

本文件按照 GB/T 1.1—2020《标准化工作导则 第1部分:标准化文件的结构和起草规则》的规定起草。

请注意本文件的某些内容可能涉及专利。本文件的发布机构不承担识别专利的责任。

本文件由民政部信息中心提出并归口。

本文件的附录 A 和附录 B 为资料性附录。

本文件起草单位:民政部信息中心、北京科迪智标信息技术有限公司、四川久远银海软件股份有限公司。

本文件主要起草人:范一大、王兴玲、戴朝云、赵超、夏洪畅、李杰、文长军、邢立强、彭鑫森。

金民工程技术标准体系总体框架

1 范围

本文件规定了金民工程一期项目技术标准体系的层次结构和标准明细表。

本文件适用于金民工程一期项目建设中标准的制定、应用、管理与维护。

2 规范性引用文件

下列文件中的内容通过文中的规范性引用而构成本文件必不可少的条款。其中,注日期的引用文件,仅该日期对应的版本适用于本文件;不注日期的引用文件,其最新版本(包括所有的修改单)适用于本文件。

GB/T 13016—2018 标准体系构建原则和要求

GB/T 19000—2016 质量管理体系 基础和术语

C0101—2019 国家政务服务平台总体框架

《国务院关于加快推进全国一体化在线政务服务平台建设的指导意见》国发〔2018〕27 号

3 术语和定义

下列术语和定义适用于本文件。

3.1 体系(系统)

相互关联或相互作用的一组要素。

[来源:GB/T 19000—2016,3.2.1]

3.2 标准体系

一定范围内的标准按其内在联系形成的科学的有机整体。

[来源:GB/T 13016—2016,3.3]

3.3 标准体系表

一定范围的标准体系内的标准按其内在联系排列起来的图表。

注:标准体系表用以表达标准体系的构思、设想、整体规划,是表达标准体系概念的模型。

[来源:GB/T 13016—2016,3.4]

3.4 相关标准

与本体系关系密切且需直接采用的其他体系内的标准。

[来源:GB/T 13016—2016,3.8]

4 金民工程技术标准体系基本原则

4.1 协调性原则

金民工程技术标准的制定应遵循国家的相关法律、法规。

4.2 适用性原则

金民工程标准体系构建应满足指导金民工程建设的基本要求。

4.3 系统性原则

金民工程标准体系应框架合理、层次清晰、内容完整、数量精简,形成与现有国家、行业标准国家政务服务平台标准相互协调和补充的有机整体。

5 金民工程技术标准体系框架

5.1 标准体系总体框架

金民工程技术标准体系由金民工程标准,以及与金民工程相关的国家标准、行业标准和国家政务服务平台标准(见附录A)构成。体系构建参照国家政务服务平台标准C0101—2019《国家政务服务平台总体框架的要求》,包括总体标准、信息资源标准、技术标准、业务标准、管理标准和安全标准6个分体系,体系框架见图1。

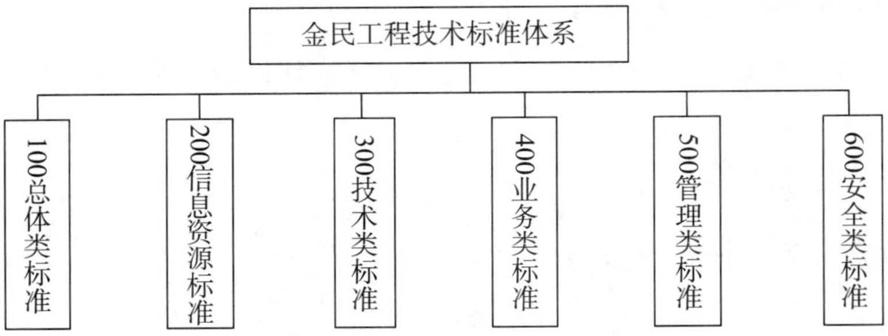

图1 金民工程技术标准体系总体框架

5.2 总体类标准分体系框架

金民工程总体类标准分体系框架见图2。

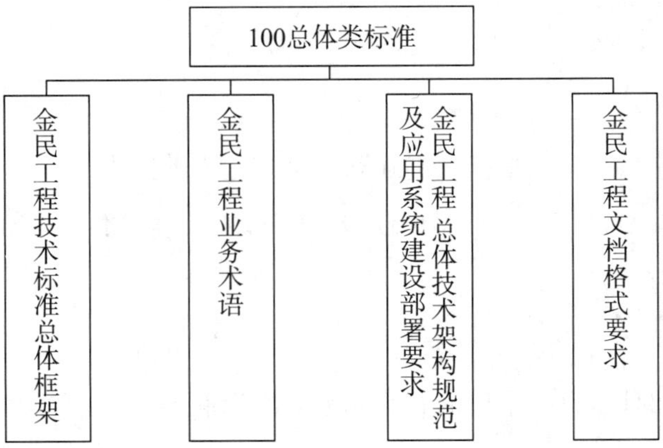

图2 金民工程总体类标准分体系框架

5.3 信息资源标准分体系框架

金民工程信息资源标准分体系框架见图3。

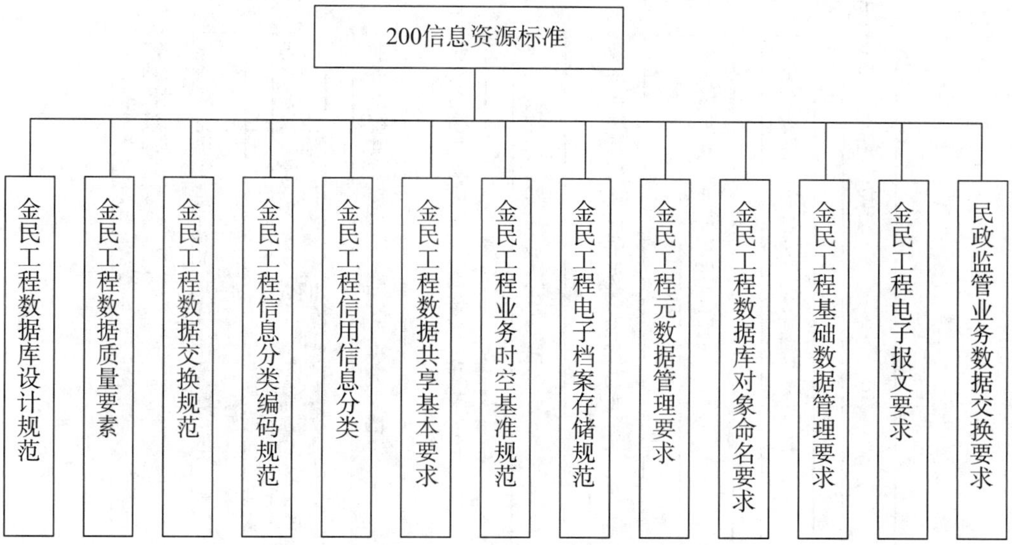

图3　金民工程信息资源标准分体系框架

5.4 技术类标准分体系框架

金民工程技术类标准分体系框架见图4。

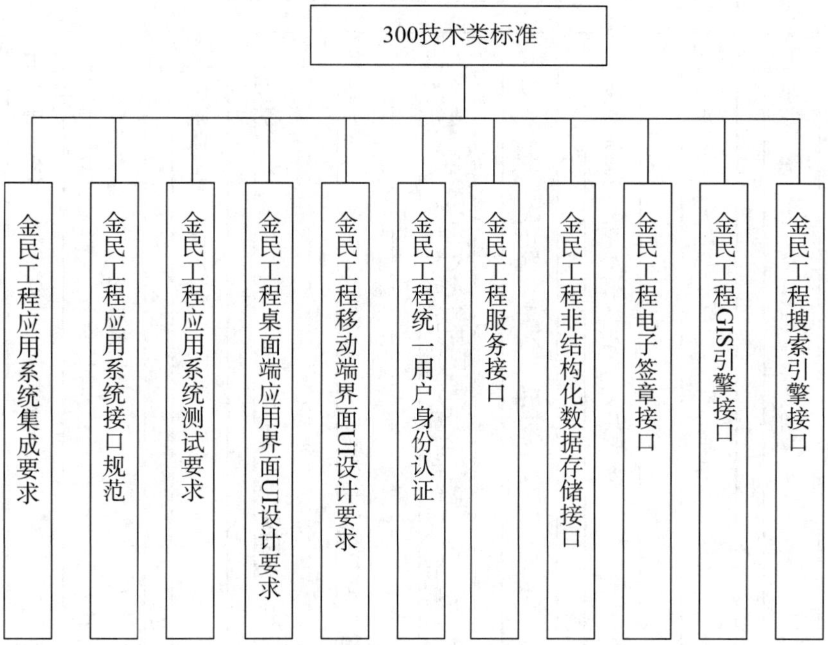

图4　金民工程技术类标准分体系框架

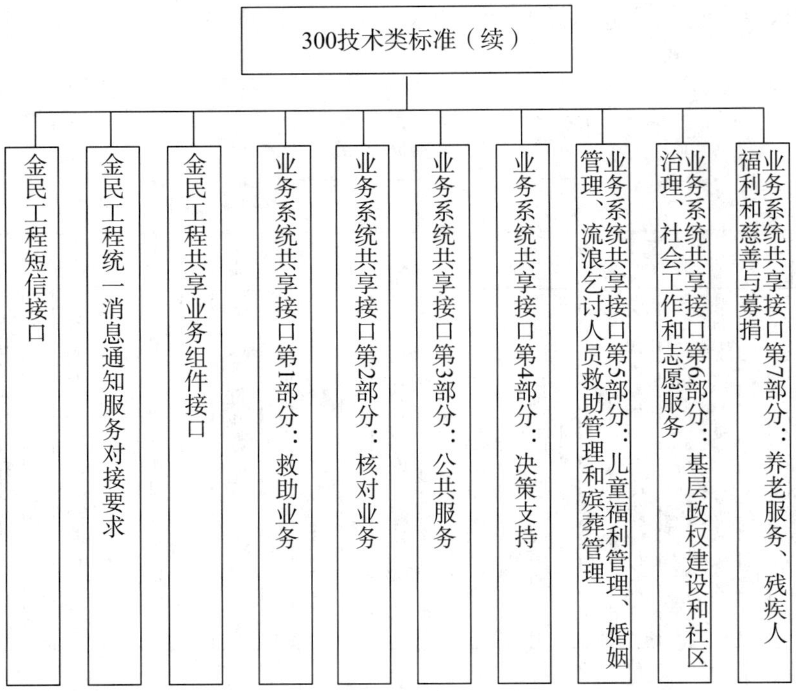

图4　金民工程技术类标准分体系框架(续)

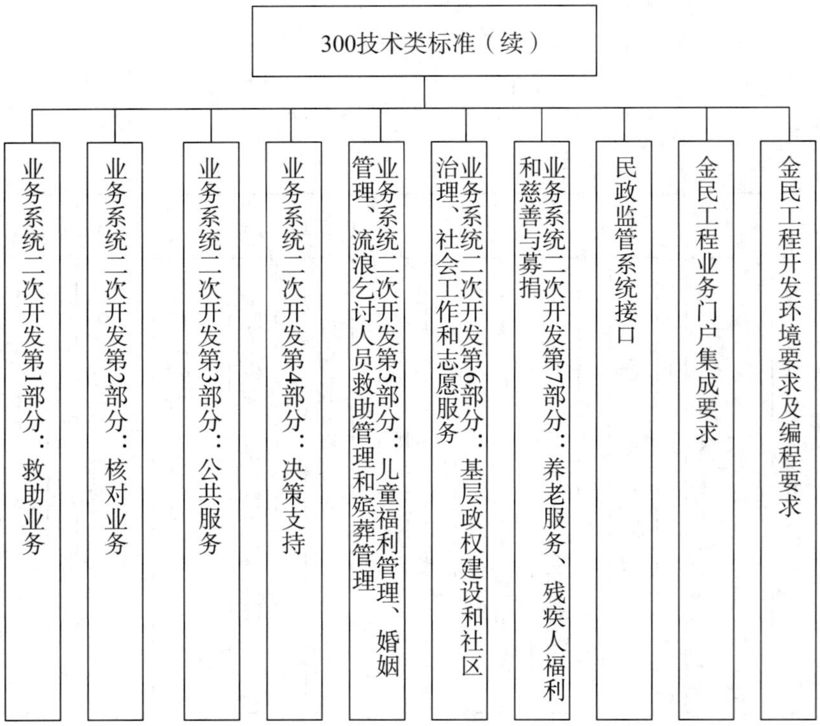

图4　金民工程技术类标准分体系框架(续)

5.5 业务类标准分体系框架

金民工程业务类标准分体系框架见图5。

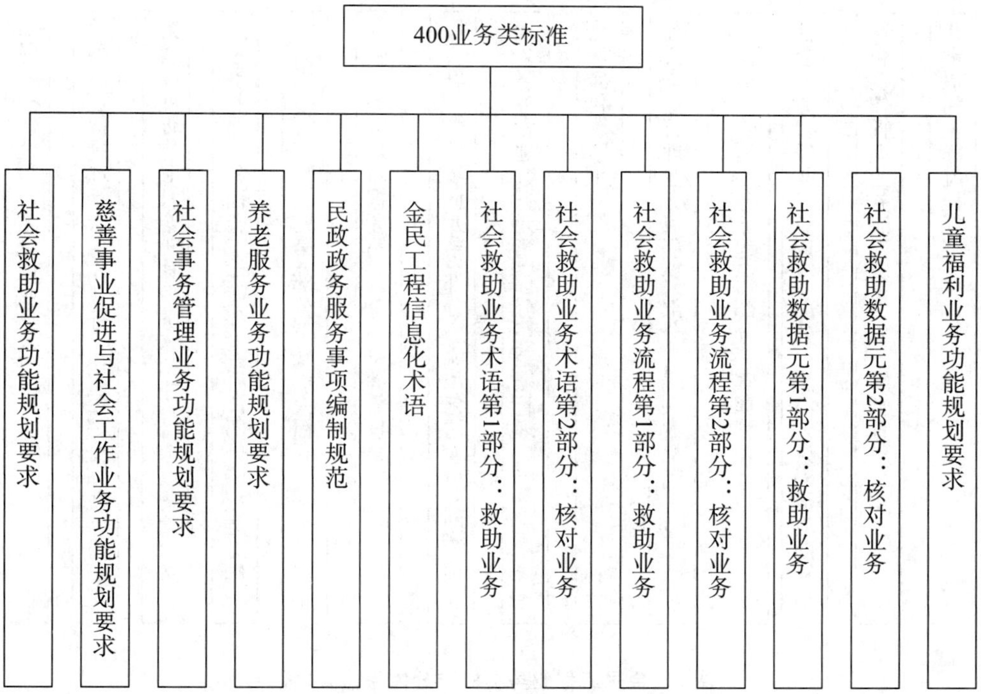

图5　金民工程业务类标准分体系框架

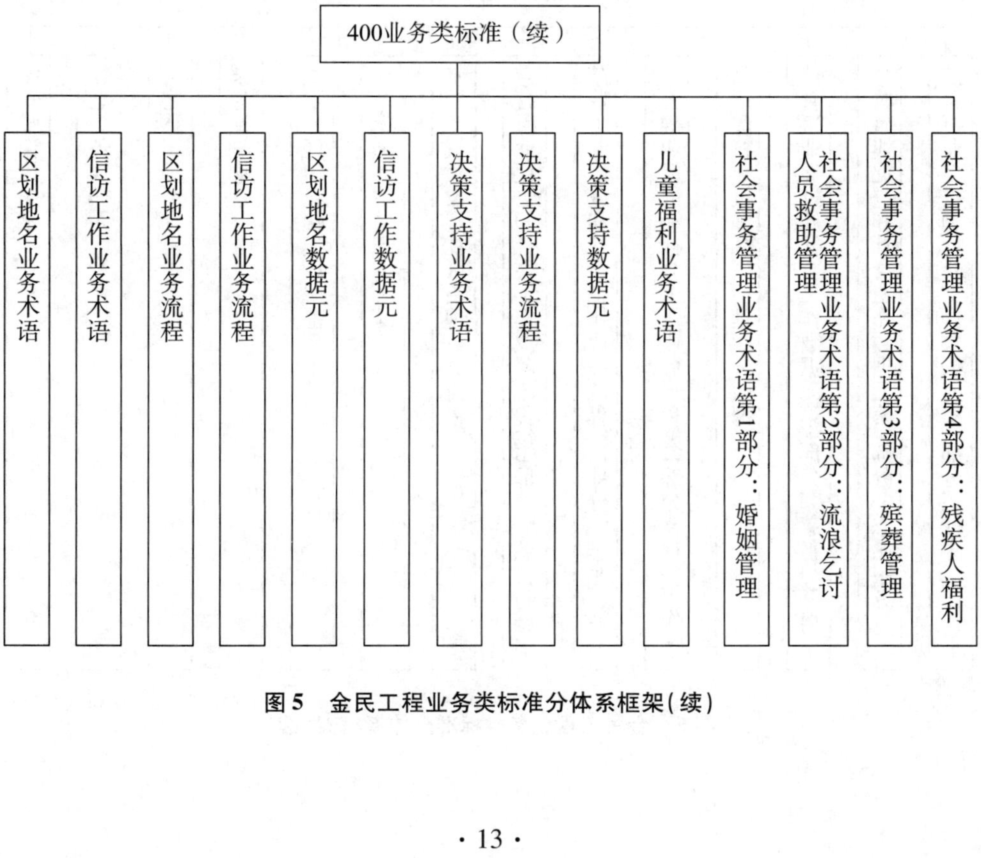

图5　金民工程业务类标准分体系框架(续)

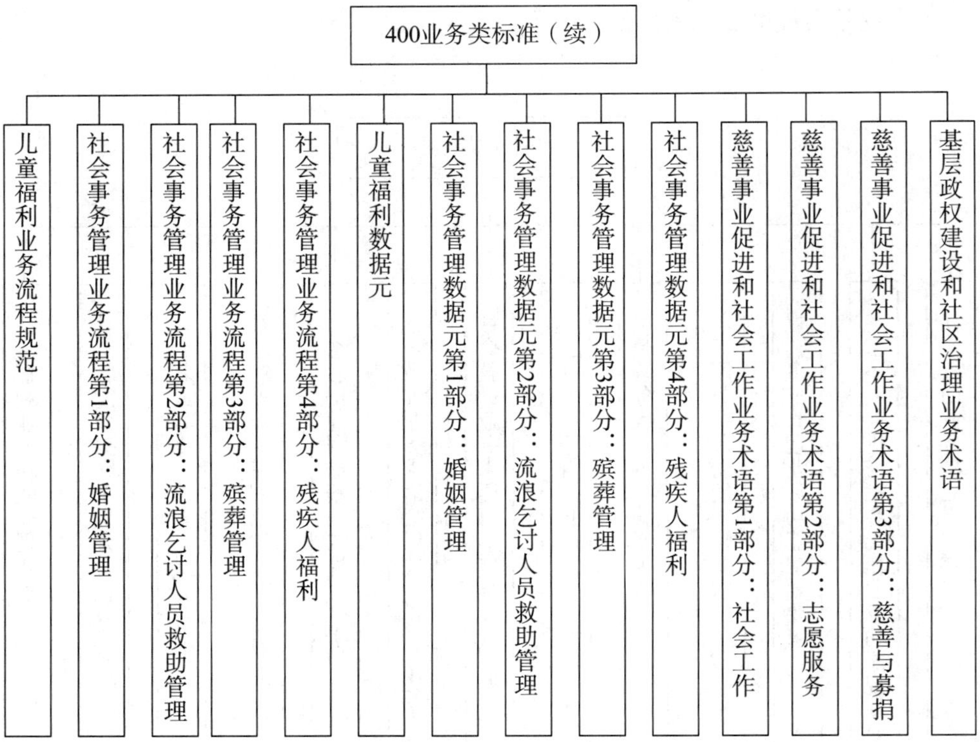

图5　金民工程业务类标准分体系框架(续)

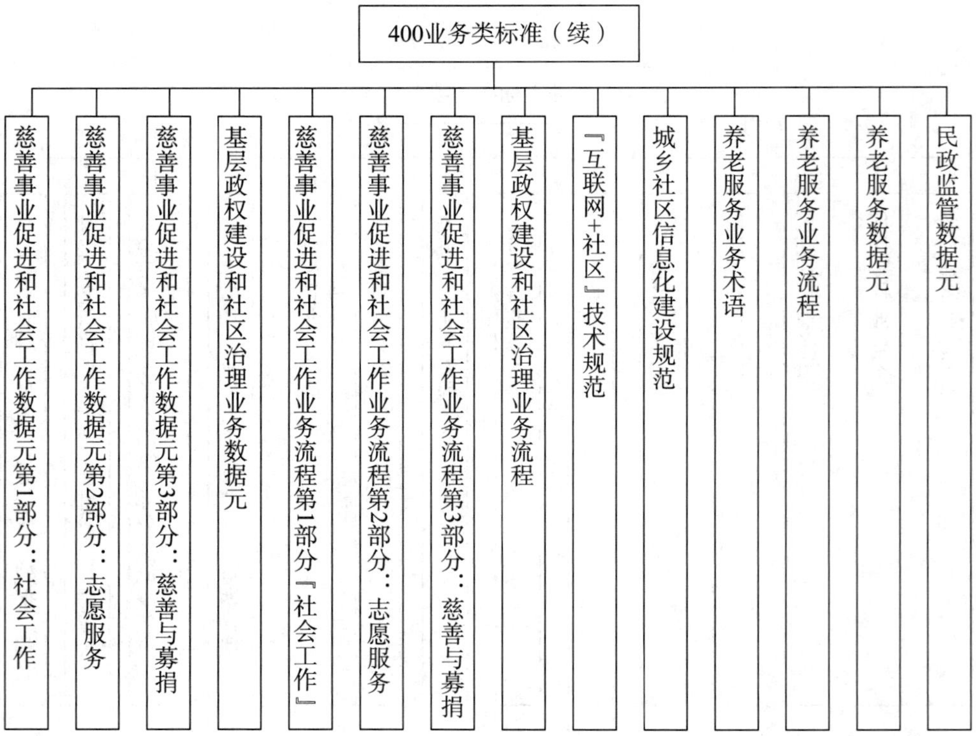

图5　金民工程业务类标准分体系框架(续)

5.6 管理类标准分体系框架

金民工程管理类标准分体系框架见图6。

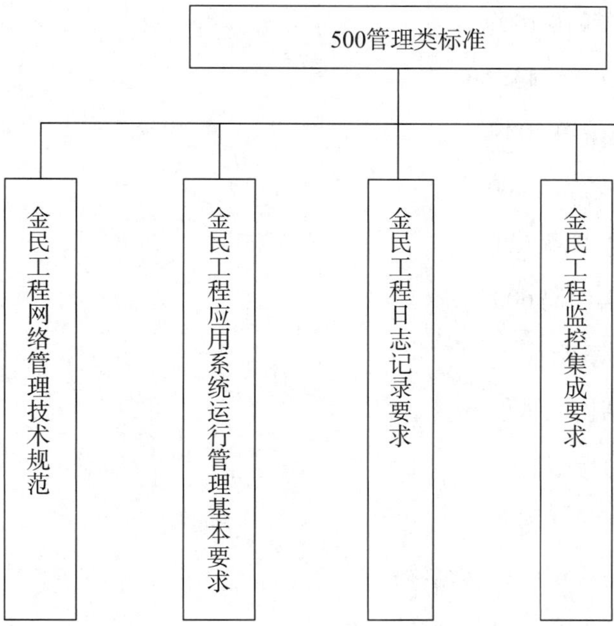

图6　金民工程管理类标准分体系框架

5.7 安全类标准分体系框架

金民工程安全类标准分体系框架见图7。

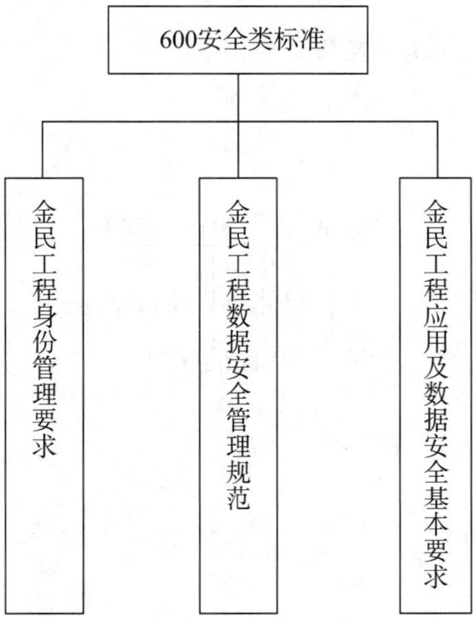

图7　金民工程安全类标准分体系框架

5.8 金民工程标准分类与编码

5.8.1 金民工程标准分类编码

金民工程标准明细表包括6个分体系,分体系名称和编码表示如下:

——ZT 总体类标准,分类编码100;

——XX 信息资源标准,分类编码200;

——JS 技术类标准,分类编码300;

——YW 业务类标准,分类编码400;

——GL 管理类标准,分类编码500;

——AQ 安全类标准,分类编码600。

5.8.2 金民工程标准明细表的表示

金民工程标准明细表的结构表示如下:

a)序号——由标准顺序号组成;

b)标准号——金民工程标准编号;

c)标准名称——金民工程标准的中文名称;

d)主要内容——对标准研制方向的简要说明。

5.8.3 金民工程标准编号

金民工程标准编号由四部分构成,编号格式示例:JMGC/ZT 101—2020,其中:

——JMGC 表示金民工程标准,为"金民工程"汉语拼音首字母;

——ZT 表示该标准为金民工程的总体类标准,为"总体"汉语拼音首字母;

——101 表示该金民工程标准序号为101,且为100类别;

——2020 表示该标准为2020年发布。

示例:

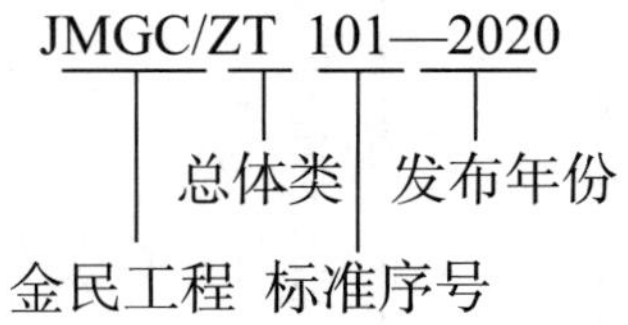

6 金民工程技术标准体系明细表

6.1 总体类标准

用于满足金民工程建设中的普遍适用性、概念的统一性和资源管理的有序性需求,见表1。

表1 总体类标准

序号	标准号	标准名称	主要内容
1	JMGC/ZT 101—2020	金民工程技术标准总体框架	规定了金民工程一期项目技术标准体系的层次结构和标准明细表。 适用于金民工程一期项目建设中标准的制定、应用、管理与维护
2	JMGC/ZT 102—2020	金民工程业务术语	规定了金民工程一期项目中涉及的社会组织管理、社会救助、基层政权、社区治理、区划地名、社会事务、养老服务、儿童福利、慈善事业、社会工作业务以及基础数据、信息化术语和定义。 适用于金民工程一期项目建设,民政其他术语工作可参照使用
3	JMGC/ZT 103—2020	金民工程总体技术架构规范及应用系统建设部署要求	规定了金民工程项目中技术架构和系统开发的总体要求。对金民工程项目的总体逻辑架构、总体应用架构、数据架构、应用集成架构、技术路线进行了明确的说明;明确了业务应用系统开发要求,包括数据库设计、技术选型、开发框架、代码分层架构、UI 设计、应用系统部署要求;规定了各应用系统与应用支撑平台组件的集成要求。 适用于金民工程项目中各个软件包
4	JMGC/ZT 106—2020	金民工程文档格式要求	规定了金民工程项目中文档撰写涉及各类设计的描述原则和方法,用于描述金民工程一期的文档、民政信息资源数据集的标识、内容、管理以及维护等信息。 适用于金民工程项目中各个软件包的设计阶段文档,包括但不限于:需求分析报告、需求规格说明书、概要设计、详细设计、数据库设计等

6.2 信息资源标准

用于保障金民工程建设过程中数据共享与交换,信息资源描述的统一性、规范性和数据的可复用性,见表2。

表2 信息资源标准

序号	标准号	标准名称	主要内容
1	JMGC/XX 201—2020	金民工程数据库设计规范	规定了金民工程一期项目数据库分类与编码规则、数据库命名要求、表结构设计要求、数据字典及数据库安全性设计要求等。 适用于金民工程一期项目中的数据资源库建设,其他民政信息资源建设可参照使用
2	JMGC/XX 202—2020	金民工程数据质量要素	规定了金民工程一期项目业务数据的质量管理原则,业务数据在采集、录入和审核的流程,数据维护过程,数据质量检查与评价以及数据质量管理的功能要求等内容。 适用于各级民政部门开展业务数据的录入、修改、使用、维护管理、检查与质量评价等
3	JMGC/XX 203—2020	金民工程数据交换规范	规定了金民工程一期项目部省数据交换的实现方式,包括接口调用方式、数据库对接方式以及交换内容的具体描。 适用于金民工程部省之间的数据交换的实现

续表

序号	标准号	标准名称	主要内容
4	JMGC/XX 204—2020	金民工程信息分类编码规范	规定了金民工程一期项目中所需要的信息分类与代码，包括代码标识符、编码方法、代码表等内容，是民政业务信息处理中使用的代码的汇总。 适用于金民工程一期项目业务系统的开发和建设
5	JMGC/XX 205—2020	金民工程信用信息分类	规定了金民工程一期项目中信用信息的分类原则、信用信息的分类表以及各类信用信息包含的具体数据项。 适用于金民工程一期项目信用信息的收集、处理
6	JMGC/XX 206—2020	金民工程数据共享基本要求	规定了金民工程一期项目向其他各部门共享数据的内容及质量要求。 适用于金民工程一期项目向其他部门共享数据
7	JMGC/XX 207—2020	金民工程业务时空基准规范	规定了金民工程一期项目时间和空间基准描述总则，以及与社会救助、社区服务、社会事务、区划地名、养老服务、儿童福利、慈善事业、社会工作、志愿服务等业务相关的时间和空间基准及其表示格式。 适用于金民工程业务时空基准的规划、建设
8	JMGC/XX 208—2020	金民工程电子档案存储规范	规定了对金民工程应用系统使用中产生的，具有保存价值的民政电子文件的收集、整理、归档、编目，以及所形成电子档案的存储管理。 适用于各级民政部门对使用金民工程应用系统产生的电子档案进行管理
9	JMGC/XX 209—2020	金民工程元数据管理要求	规定了金民工程项目中民政信息资源元数据的描述原则和方法，用以描述民政信息资源元数据的标识、内容、管理以及维护等信息。 适用于金民工程项目中民政信息资源的编目、归档、建库、发布、共享和查询等
10	JMGC/XX 210—2020	金民工程数据库对象命名要求	规定了金民工程项目中各业务系统的数据指标命名、库表命名规范；对项目中各类数据库(表)及其所管理指标的构成规则、信息分类、指标编码、数据库表名、字段名的命名规则及数据设计应遵循的范式要求等作出了规定。 适用于金民工程项目中各软件包
11	JMGC/XX 211—2020	金民工程基础数据管理要求	规定了金民工程项目中人员数据、服务机构数据、行政区划数据的基础数据元及服务管理要求。 适用于金民工程项目中各软件包
12	JMGC/XX 212—2020	金民工程电子报文要求	规定了金民工程项目中以电子报文方式进行数据传输交换的要求。 适用于金民工程项目中以电子报文方式进行数据传输交换的情形
13	JMGC/XX 213—2020	民政监管业务数据交换要求	规定了金民工程一期民政政务监管系统建设项目与国家“互联网+监管”系统、各省份“互联网+监管”系统数据交换的实现方式，包括接口调用方式、库表对接方式以及交换内容的具体描述。 适用于金民工程一期民政政务监管系统建设项目与国家“互联网+监管”系统、各省份“互联网+监管”系统之间的数据交换的实现

6.3 技术类标准

用于满足金民工程建设过程中系统研发的核心技术需求,保障金民工程应用系统的完整性和科学性,见表3。

表3　技术类标准

序号	标准号	标准名称	主要内容
1	JMGC/JS 301—2020	金民工程应用系统集成要求	规定了金民工程一期项目应用系统集成的基本原则、总体逻辑架构及应用系统、应用系统集成一般要求、应用集成要求、界面集成要求、功能集成要求、数据集成要求等内容。 适用于金民工程一期项目应用系统集成工作
2	JMGC/JS 302—2020	金民工程应用系统接口规范	规定了金民工程一期项目应用系统可提供的各类服务接口和访问接口,包括文件交换接口要求、数据库接口要求、服务调用接口要求和消息通知服务对接要求等内容。 适用于金民工程一期项目应用系统之间以及系统内各模块之间通过接口进行数据交互
3	JMGC/JS 303—2020	金民工程应用系统测试要求	规定了金民工程一期项目应用系统测试的目的和原则,并对测试类别、测试过程、测试方法、测试用例、测试管理、测试文档、测试工具、测试报告等进行了规范。 适用于金民工程一期项目应用系统的开发机构、第三方测试机构、用户及相关人员参考使用
4	JMGC/JS 304—2020	金民工程桌面端应用界面UI设计要求	规定了金民工程项目中桌面端应用系统UI设计原则。 适用于金民工程项目中各软件包
5	JMGC/JS 305—2020	金民工程移动端界面UI设计要求	规定了金民工程项目中移动端应用界面的UI设计原则。 适用于金民工程项目中各软件包
6	JMGC/JS 306—2020	金民工程统一用户身份认证	描述了金民工程项目中的账户体系划分原则、统一资源权限管理、统一身份认证提供的服务接口、应用系统接入统一身份认证的要求以及应用系统单点登录改造要求。 适用于金民工程项目中集成的全部应用系统
7	JMGC/JS 307—2020	金民工程服务接口	规定了金民工程项目中微服务的接入流程、服务接口内容和服务接口要求。 适用于金民工程项目中各软件包
8	JMGC/JS 308—2020	金民工程非结构化数据存储接口	规定了金民工程项目中非结构化文件存储服务的文件上传、文件下载、文件更新要求。 适用于金民工程项目中各个软件包
9	JMGC/JS 309—2020	金民工程电子签章接口	规定了金民工程项目中电子印章系统的自由签章接口、对外模板签章接口、关键字签章接口、骑缝章签章接口、电子签章文件验证接口的规范。 适用于金民工程项目中各软件包
10	JMGC/JS 310—2020	金民工程GIS引擎接口	规定了金民工程项目中使用地图基础类、地图绘制、地图事件等基本规则和要求。 适用于金民工程项目中GIS引擎接口标准开发

续表

序号	标准号	标准名称	主要内容
11	JMGC/JS 311—2020	金民工程搜索引擎接口	规定了金民工程项目中媒体搜索服务、文件搜索服务、热点数据搜索、关键词主题搜索、重点监控文字搜索等 14 个服务接口使用的基本规则和要求。 适用于金民工程项目中搜索引擎接口标准开发
12	JMGC/JS 312—2020	金民工程短信接口	规定了金民工程项目中单条短信、批量短信、模板短信调用的接口标准。 适用于金民工程项目中各软件包,其他系统需要使用短信平台时可参照使用
13	JMGC/JS 313—2020	金民工程统一消息通知服务对接要求	规定了金民工程项目中系统接入要求和统一消息服务提供的接口。 适用于金民工程项目中各软件包
14	JMGC/JS 314—2020	金民工程共享业务组件接口	规定了金民工程项目中各应用系统之间开展业务协同的服务对接方式。 适用于金民工程项目中各个软件包
15	JMGC/JS 315. 1—2020	业务系统共享接口 第 1 部分:救助业务	规定了金民工程项目中全国社会救助业务系统的业务共享接口实现方式。 适用于金民工程项目中全国社会救助业务信息化工作
16	JMGC/JS 315. 2—2020	业务系统共享接口 第 2 部分:核对业务	规定了金民工程项目中社会救助业务核对系统的业务共享接口实现方式。 适用于金民工程项目中全国居民家庭经济状况核对系统建设
17	JMGC/JS 315. 3—2020	业务系统共享接口 第 3 部分:公共服务	规定了金民工程项目公共服务业务系统的业务共享接口实现方式。 适用于金民工程项目公共服务业务系统业务共享接口建设
18	JMGC/JS 315. 4—2020	业务系统共享接口 第 4 部分:决策支持	规定了决策支持系统与金民工程一期项目其他业务系统之间相关接口要求。 适用于金民工程项目建设,民政其他相关业务工作可参照使用
19	JMGC/JS 315. 5—2020	业务系统共享接口 第 5 部分:儿童福利管理、婚姻管理、流浪乞讨人员救助管理和殡葬管理	规定了金民工程项目中儿童福利管理、婚姻管理、流浪乞讨人员救助管理和殡葬管理系统的业务共享接口实现方式。 适用于金民工程项目中儿童福利管理、婚姻管理、流浪乞讨人员救助管理和殡葬管理系统建设
20	JMGC/JS 315. 6—2020	业务系统共享接口 第 6 部分:基层政权建设和社区治理、社会工作和志愿服务	规定了金民工程项目中基层政权建设和社区治理、社会工作和志愿服务信息系统的业务共享接口实现方式。 适用于金民工程项目中基层政权建设和社区治理、社会工作和志愿服务信息系统建设
21	JMGC/JS 315. 7—2020	业务系统共享接口 第 7 部分:养老服务、残疾人福利和慈善与募捐	规定了金民工程项目中养老服务、残疾人福利和慈善与募捐系统的业务共享接口实现方式。 适用于养老服务、残疾人福利和慈善与募捐系统建设

续表

序号	标准号	标准名称	主要内容
22	JMGC/JS 316.1—2020	业务系统二次开发 第1部分:救助业务	规定了金民工程项目中社会救助业务系统可进行二次开发的功能及扩展方式。 适用于金民工程项目中全国社会救助业务系统建设
23	JMGC/JS 316.2—2020	业务系统二次开发 第2部分:核对业务	规定了金民工程项目中社会救助业务核对系统可进行二次开发的功能及扩展方式。 适用于金民工程项目中全国居民家庭经济状况核对系统建设
24	JMGC/JS 316.3—2020	业务系统二次开发 第3部分:公共服务	规定了金民工程项目公共服务业务与第三方民政政务服务事项应用资源对接的二次开发要求,包括查询类应用前端接入说明、办理类应用前端接入说明和 HTTP API 接口说明。 适用于第三方业务系统中民政政务服务事项应用资源接入金民工程公共服务门户的二次开发
25	JMGC/JS 316.4—2020	业务系统二次开发 第4部分:决策支持	规定了金民工程决策支持二次开发的技术框架、数据库架构、代码规范等内容。 适用于金民工程项目中民政统计与信息服务系统、信用信息分析管理系统、决策支持系统和综合办公系统建设
26	JMGC/JS 316.5—2020	业务系统二次开发 第5部分:儿童福利管理、婚姻管理、流浪乞讨人员救助管理和殡葬管理	规定了金民工程项目中儿童福利管理、婚姻管理、流浪乞讨人员救助管理和殡葬管理业务系统二次开发的相关术语和定义,以及二次开发应符合的系统技术架构,数据元、源代码设计和数据库表设计以及功能扩展方面的标准。 适用于金民工程项目中儿童福利管理、婚姻管理、流浪乞讨人员救助管理和殡葬管理系统
27	JMGC/JS 316.6—2020	业务系统二次开发 第6部分:基层政权建设和社区治理、社会工作和志愿服务	规定了金民工程项目中基层政权建设和社区治理、社会工作、志愿服务系统可进行二次开发的功能及扩展方式。 适用于金民工程项目中基层政权建设和社区治理、社会工作和志愿服务业务系统建设
28	JMGC/JS 316.7—2020	业务系统二次开发 第7部分:养老服务、残疾人福利和慈善与募捐	规定了金民工程项目中养老服务、残疾人福利、慈善与募捐系统可进行二次开发的功能及扩展方式。 适用于金民工程项目中养老服务、残疾人福利、慈善与募捐系统建设
29	JMGC/JS 317—2020	民政监管系统接口	规定了金民工程一期民政政务监管系统建设项目的业务接口实现方式。适用于金民工程一期民政政务监管系统建设项目的业务接口建设
30	JMGC/JS 323—2020	金民工程业务门户集成要求	规定了金民工程项目中门户集成模式、业务类型、接入系统、功能资源、Cookie 及浏览器兼容性要求。 适用于金民工程项目中各软件包
31	JMGC/JS 324—2020	金民工程开发环境要求及编程要求	规定了金民工程项目中应用系统的开发环境选型要求及编码规范。 适用于金民工程项目中应用系统开发环境选型及编码

6.4 业务类标准

用于满足金民工程建设过程中各业务系统研发的需要，保证业务系统设计、业务功能规划的规范性和一致性以及业务元数据的统一，见表4。

表4　业务类标准

序号	标准号	标准名称	主要内容
1	JMGC/YW 401—2020	社会救助业务功能规划要求	规定了金民工程社会救助业务管理功能、经济状况核对功能、社会救助监管功能等要求。 适用于金民工程项目中社会救助业务系统功能规划
2	JMGC/YW 402—2020	慈善事业促进与社会工作业务功能规划要求	本标准规定了金民工程一期项目中的慈善事业促进和社会工作业务信息系统功能要求。 本标准适用于金民工程一期项目中的慈善事业促进和社会工作业务信息系统功能规划
3	JMGC/YW 403—2020	社会事务管理业务功能规划要求	规定了金民工程一期项目中的婚姻管理、流浪乞讨人员救助管理、殡葬管理和残疾人福利业务系统功能架构和业务功能要求。 适用于金民工程一期项目中的婚姻管理、流浪乞讨人员救助管理、殡葬管理和残疾人福利业务系统功能规划
4	JMGC/YW 404—2020	养老服务业务功能规划要求	规定了金民工程一期项目中全国养老服务信息系统业务功能等要求。 适用于金民工程一期项目中全国养老服务信息系统业务功能规划，其他养老服务信息系统规划可参照使用
5	JMGC/YW 405—2020	民政政务服务事项编制规范	规定了民政政务服务事项编制的基本要求、编码要求、基本目录及实施清单要素要求。 适用于民政政务服务事项基本目录、实施清单的编制、管理及信息交换共享
6	JMGC/YW 406—2020	金民工程信息化术语	界定了金民工程项目中常用的基本术语和定义。 适用于金民工程项目中各软件包
7	JMGC/YW 407.1—2020	社会救助业务术语 第1部分：救助业务	界定了金民工程项目社会救助业务领域中常用的术语和定义。 适用于金民工程项目中全国社会救助信息系统建设
8	JMGC/YW 407.2—2020	社会救助业务术语 第2部分：核对业务	界定了金民工程项目中社会救助核对业务的术语及定义。 适用于金民工程项目中全国居民家庭经济状况核对系统建设
9	JMGC/YW 408.1—2020	社会救助业务流程 第1部分：救助业务	规定了金民工程中社会救助业务系统建设中可程序化的业务流程。 适用于金民工程中全国社会救助业务系统建设工作
10	JMGC/YW 408.2—2020	社会救助业务流程 第2部分：核对业务	规定了金民工程项目中社会救助业务核对系统的业务流程。 适用于金民工程项目中全国居民家庭经济状况核对系统建设

续表

序号	标准号	标准名称	主要内容
11	JMGC/YW 409.1—2020	社会救助数据元 第1部分：救助业务	规定了金民工程项目中社会救助业务标识符、中文名称、数据、数据类型、数据格式和必选项的要求。 适用于金民工程项目中全国社会救助信息系统建设
12	JMGC/YW 409.2—2020	社会救助数据元 第2部分：核对业务	规定了金民工程项目中社会救助业务核对数据元的标识符、中文名称、数据类型、数据格式和必选项的要求。 适用于金民工程项目中全国居民家庭经济状况核对系统建设
13	JMGC/YW 410—2020	儿童福利业务功能规划要求	规定了金民工程一期项目中的全国儿童福利信息系统基本功能规划要求，包含儿童福利业务办理功能、儿童福利机构管理功能、福利资金管理功能、儿童档案管理功能、查询与统计功能、专项工作、相关政策和儿童寻亲功能等要求。 适用于金民工程一期项目中的全国儿童福利信息系统业务功能规划
14	JMGC/YW 411—2020	区划地名业务术语	界定了金民工程项目区划地名业务的术语和定义。 适用于金民工程项目区划地名业务系统建设
15	JMGC/YW 412—2020	信访工作业务术语	界定了金民工程项目民政信访工作的术语和定义。 适用于民政信访业务系统建设
16	JMGC/YW 413—2020	区划地名业务流程	规定了区划地名业务行政区划管理业务流程。 适用于区划地名业务系统建设
17	JMGC/YW 414—2020	信访工作业务流程	规定了金民工程项目民政信访业务工作流程和相关要求。 适用于金民工程项目民政信访业务信息系统建设
18	JMGC/YW 416—2020	区划地名数据元	规定了金民工程项目区划地名业务数据元的标识符、中文名称、数据类型、数据格式和必选项的要求。 适用于金民工程项目区划地名业务系统建设
19	JMGC/YW 417—2020	信访工作数据元	规定了金民工程项目民政信访工作业务数据元的标识符、中文名称、数据类型、数据格式和必选项的要求。 适用于民政信访业务信息系统建设
20	JMGC/YW 418—2020	决策支持业务术语	界定了金民工程项目中决策支持业务术语的名称和定义。 适用于金民工程项目中决策支持系统建设
21	JMGC/YW 419—2020	决策支持业务流程	规定了金民工程项目中的决策支持的业务流程。 适用于金民工程项目中民政统计与信息服务系统、信用信息分析管理系统、决策支持系统和综合办公系统建设
22	JMGC/YW 420—2020	决策支持数据元	规定了金民工程项目中决策支持业务数据元的标识符、中文名称、数据类型、数据格式和必选项的要求。 适用于金民工程项目中决策支持系统建设
23	JMGC/YW 421—2020	儿童福利业务术语	界定了金民工程项目中儿童福利业务领域中常用的术语和定义。 适用于金民工程项目中儿童福利业务系统建设
24	JMGC/YW 422.1—2020	社会事务管理业务术语 第1部分：婚姻管理	界定了金民工程项目中婚姻管理业务领域中常用的术语和定义。 适用于金民工程项目中婚姻管理业务系统建设工作，其他婚姻管理相关系统建设工作可参照使用

续表

序号	标准号	标准名称	主要内容
25	JMGC/YW 422.2—2020	社会事务管理业务术语 第2部分：流浪乞讨人员救助管理	界定了金民工程项目中流浪乞讨人员救助管理业务的术语及定义。 适用于金民工程项目中流浪乞讨人员救助管理业务系统建设工作
26	JMGC/YW 422.3—2020	社会事务管理业务术语 第3部分：殡葬管理	界定了金民工程项目中殡葬管理业务领域中常用的术语和定义。 适用于金民工程项目中殡葬管理业务系统建设工作
27	JMGC/YW 422.4—2020	社会事务管理业务术语 第4部分：残疾人福利	界定了金民工程项目中残疾人福利业务的术语及定义。 适用于金民工程项目中残疾人福利系统建设
28	JMGC/YW 423—2020	儿童福利业务流程规范	规定了金民工程项目中儿童福利可程序化的业务流程。 适用于金民工程项目中儿童福利信息系统建设
29	JMGC/YW 424.1—2020	社会事务管理业务流程 第1部分：婚姻管理	本文件规定了金民工程项目中婚姻管理业务系统建设中可程序化的业务流程。 本文件适用于金民工程项目中婚姻管理业务系统建设工作。包括婚姻管理的业务流程、业务要素和操作流程等规范
30	JMGC/YW 424.2—2020	社会事务管理业务流程 第2部分：流浪乞讨人员救助管理	本文件规定了金民工程项目中流浪乞讨人员救助管理业务可程序化的业务流程。 本文件适用于金民工程项目中流浪乞讨人员救助管理业务系统建设工作。包括流浪乞讨人员救助管理业务流程、业务要素和操作流程等规范
31	JMGC/YW 424.3—2020	社会事务管理业务流程 第3部分：殡葬管理	本文件规定了金民工程项目中殡葬管理业务可程序化的业务流程。 本文件适用于金民工程项目中殡葬管理业务系统建设工作。包括殡葬管理业务流程、业务要素和操作流程等规范
32	JMGC/YW 424.4—2020	社会事务管理业务流程 第4部分：残疾人福利	本文件规定了金民工程残疾人福利系统建设中可程序化的业务流程。 本文件适用于金民工程残疾人福利系统建设工作。包括残疾人福利业务流程、业务要素和操作流程等规范
33	JMGC/YW 425—2020	儿童福利数据元	本文件规定了金民工程项目中全国儿童福利业务数据元的标识符、中文名称、数据类型、数据格式和必选项的要求。 本文件适用于金民工程项目中全国儿童福利业务系统建设。包括儿童福利数据元基本要求、名称及定义
34	JMGC/YW 426.1—2020	社会事务管理数据元 第1部分：婚姻管理	本文件规定了金民工程项目中婚姻管理业务数据元的标识符、中文名称、数据类型、数据格式和必选项的要求。 本文件适用于金民工程项目中婚姻管理业务系统建设。包括婚姻管理的数据元基本要求、名称及定义
35	JMGC/YW 426.2—2020	社会事务管理数据元 第2部分：流浪乞讨人员救助管理	本文件规定了金民工程项目中流浪乞讨人员救助管理业务数据元的标识符、中文名称、数据类型、数据格式和必选项的要求。 本文件适用于金民工程项目中流浪乞讨人员救助管理业务系统建设。包括流浪乞讨人员救助管理数据元基本要求、名称及定义

续表

序号	标准号	标准名称	主要内容
36	JMGC/YW 426.3—2020	社会事务管理数据元 第3部分：殡葬管理	本文件规定了金民工程项目中殡葬管理业务数据元的标识符、中文名称、数据类型、数据格式和必选项的要求。 本文件适用于金民工程项目中殡葬管理信息系统建设工作。包括殡葬管理数据元基本要求、名称及定义
37	JMGC/YW 426.4—2020	社会事务管理数据元 第4部分：残疾人福利	本文件规定了金民工程项目残疾人福利业务数据元的标识符、中文名称、数据类型、数据格式和必选项的要求。 本文件适用于金民工程项目残疾人福利系统建设。包括残疾人福利数据元基本要求、名称及定义
38	JMGC/YW 427.1—2020	慈善事业促进和社会工作业务术语 第1部分：社会工作	本文件界定了金民工程项目中社会工作业务的术语和定义内容。 本文件适用于金民工程项目中社会工作信息系统建设。包括慈善事业促进和社会工作业务中社会工作相关术语名称及定义
39	JMGC/YW 427.2—2020	慈善事业促进和社会工作业务术语 第2部分：志愿服务	本文件界定了金民工程项目中志愿服务业务的术语和定义内容。 本文件适用于金民工程项目中志愿服务信息系统建设。包括慈善事业促进和社会工作业务中志愿服务相关术语名称及定义
40	JMGC/YW 427.3—2020	慈善事业促进和社会工作业务术语 第3部分：慈善与募捐	本文件界定了金民工程项目中慈善与募捐业务的术语及定义。 本文件适用于金民工程项目中慈善与募捐系统建设。包括慈善事业促进和社会工作业务中慈善与募捐相关术语名称及定义
41	JMGC/YW 428—2020	基层政权建设和社区治理业务术语	界定了金民工程项目中基层政权建设和社区治理业务的术语和定义内容。 适用于金民工程项目中基层政权建设和社区治理信息系统建设
42	JMGC/YW 429.1—2020	慈善事业促进和社会工作数据元 第1部分：社会工作	规定了金民工程项目中社会工作业务数据元的标识符、中文名称、数据类型、数据格式和必选项的要求。 适用于金民工程项目中社会工作信息系统建设
43	JMGC/YW 429.2—2020	慈善事业促进和社会工作数据元 第2部分：志愿服务	规定了金民工程项目中志愿服务业务数据元的标识符、中文名称、数据类型、数据格式和必选项的要求。 适用于金民工程项目中志愿服务信息系统建设
44	JMGC/YW 429.3—2020	慈善事业促进和社会工作数据元 第3部分：慈善与募捐	规定了金民工程项目中慈善与募捐业务数据元的标识符、中文名称、数据类型、数据格式和必选项的要求。 适用于金民工程项目中慈善与募捐系统建设
45	JMGC/YW 430—2020	基层政权建设和社区治理业务数据元	规定了金民工程项目中基层政权建设和社区治理业务数据元的标识符、中文名称、数据类型、数据格式和必选项的要求。 适用于金民工程项目中基层政权建设和社区治理信息系统建设

续表

序号	标准号	标准名称	主要内容
46	JMGC/YW 431.1—2020	慈善事业促进和社会工作业务流程 第1部分:社会工作	规定了金民工程项目中社会工作信息系统的业务流程。 适用于金民工程项目中社会工作信息系统建设
47	JMGC/YW 431.2—2020	慈善事业促进和社会工作业务流程 第2部分:志愿服务	规定了金民工程项目中志愿服务信息系统的业务流程。 适用于金民工程项目中志愿服务信息系统建设
48	JMGC/YW 431.3—2020	慈善事业促进和社会工作业务流程 第3部分:慈善与募捐	规定了金民工程项目中慈善与募捐的业务流程。 适用于金民工程项目中慈善与募捐系统建设
49	JMGC/YW 432—2020	基层政权建设和社区治理业务流程	规定了金民工程项目中基层政权建设和社区治理信息系统的业务流程。 适用于金民工程项目中基层政权建设和社区治理信息系统建设
50	JMGC/YW 433—2020	“互联网+社区”技术规范	规定了金民工程项目中通过互联网技术开展社区治理和社区服务的建设内容。 适用于金民工程项目中“互联网+社区”内容建设
51	JMGC/YW 434—2020	城乡社区信息化建设规范	对城乡社区信息化建设,包括基层政权建设、社区治理与服务、安全与运维保障等方面,提出了相应的规范和要求。 适用于城乡社区信息化建设
52	JMGC/YW 435—2020	养老服务业务术语	界定了金民工程项目中养老服务业务的术语及定义。 适用于金民工程项目中养老服务系统建设
53	JMGC/YW 436—2020	养老服务业务流程	规定了金民工程项目中养老服务系统的业务流程。 适用于金民工程项目中养老服务系统建设
54	JMGC/YW 437—2020	养老服务数据元	规定了金民工程项目中养老服务业务数据元的标识符、中文名称、数据类型、数据格式和必选项的要求。 适用于金民工程项目中养老服务系统建设
55	JMGC/YW 438—2020	民政监管数据元	规定了金民工程一期民政政务监管系统建设项目对数据元的标识符、中文名称、数据类型、数据格式和必选项的要求。 适用于金民工程一期民政政务监管系统建设项目建设

6.5 管理类标准

用于满足金民工程建设过程中管理的规范性、工程标准与系统研发的符合性,见表5。

表5 管理类标准

序号	标准号	标准名称	主要内容
1	JMGC/GL 501—2020	金民工程网络管理技术规范	规定了金民工程一期项目网络总体要求、网络连接、网络拓扑设计、网络管理、网络安全设计等内容。 适用于金民工程一期项目网络建设和运行管理等活动

续表

序号	标准号	标准名称	主要内容
2	JMGC/GL 502—2020	金民工程应用系统运行管理基本要求	规定了金民工程一期项目应用系统运行管理的术语和定义、运行管理机构和系统运行管理要求。 适用于金民工程一期项目应用系统的运行管理，其他系统可参考采用
3	JMGC/GL 503—2020	金民工程日志记录要求	规定了金民工程项目中日志目录名称、日志级别、日志类型、日志文件命名、日志存储方式方面的基本规则和要求。 适用于金民工程项目中日志记录管理活动。提出各业务系统的日志记录要求及记录规范
4	JMGC/GL 504—2020	金民工程监控集成要求	规定了金民工程项目中应用监控系统的部署环境、应用系统接入、网络设备监控、服务器监控、存储监控、数据库监控、中间件监控、Web 与应用监控的基本规则和要求。 适用于金民工程项目中平台集群及应用运行情况的监控管理过程。提出各业务系统服从监控信息采集方面的支持设计规范要求
5	JMGC/GL 505—2020	金民工程信息系统运维管理规范	规定了金民工程项目中信息系统的基本要求、运行保障、系统维护、应急管理的要求。 适用于金民工程项目的运维服务过程管理活动。制定运维管理的基本规范要求

6.6 安全类标准

用于满足金民工程建设过程中系统与数据管理安全性相关要求，见表 6。

表 6　安全类标准

序号	标准号	标准名称	主要内容
1	JMGC/AQ 601—2020	金民工程身份管理要求	规定了金民工程一期项目应用系统身份管理的总体技术要求、统一身份认证技术要求、统一授权管理技术要求等内容。 适用于金民工程一期项目应用系统的身份管理，其他系统参考采用
2	JMGC/AQ 602—2020	金民工程数据安全管理规范	规定了金民工程一期项目应用系统数据安全管理规范的基本要求、云环境下基本要求、技术要求和应急处置要求等内容。 适用于金民工程一期项目应用系统数据安全管理，其他系统可参考采用
3	JMGC/AQ 603—2020	金民工程应用及数据安全基本要求	规定了金民工程项目中信息安全技术要求，内容包括安全物理环境、安全通信网络、安全区域边界、安全计算环境。 适用于金民工程项目中的系统及数据安全管理

6.7 其他相关标准

指导金民工程建设的相关国家标准和行业标准以及国家政务服务平台标准，见附录 A。

附录 A

（资料性）

相关国家标准、行业标准明细表及国家政务服务平台标准

A.1 相关国家标准

相关国家标准见表 A.1。

表 A.1 相关国家标准

序号	标准号	标准中文名称	发布日期
1	GB/T 17693.9—2017	外语地名汉字译写导则 第9部分:波斯语	2017-12-29
2	GB/T 35796—2017	养老机构服务质量基本规范	2017-12-29
3	GB/T 34410—2017	上肢矫形器的分类及通用技术条件	2017-09-29
4	GB/T 33168—2016	社区老年人日间照料中心服务基本要求	2016-10-13
5	GB/T 33169—2016	社区老年人日间照料中心设施设备配置	2016-10-13
6	GB/T 16432—2016	康复辅助器具 分类和术语	2016-04-25
7	GB/T 30661.3—2015	轮椅车座椅 第3部分:体位支撑装置的静态、冲击和疲劳强度测定	2015-06-02
8	GB/T 18029.19—2014	轮椅车 第19部分:可作机动车座位的轮式移动装置	2014-12-31
9	GB/T 30658—2014	假肢和矫形器 开具下肢假肢处方考虑的因素	2014-12-31
10	GB 16930.1—2014	盲杖 第1部分:安全色标志	2014-12-31
11	GB/T 30657—2014	假肢和矫形器 描述下肢截肢或先天性下肢缺失患者活动量考虑的因素	2014-12-31
12	GB/T 30660.1—2014	假肢和矫形器 术语 第1部分:正常步态	2014-12-31
13	GB/T 30661.2—2014	轮椅车座椅 第2部分:维持组织完整性装置的物理和机械特性测定 坐垫	2014-12-31
14	GB/T 30659—2014	假肢和矫形器 要求和试验方法	2014-12-31
15	GB/T 31182—2014	火化棺通用技术条件	2014-09-03
16	GB/T 18029.26—2014	轮椅车 第26部分:术语	2014-09-03
17	GB/T 20404—2014	功能障碍者移位机 要求和试验方法	2014-09-03
18	GB/T 31181—2014	假肢 踝足装置和足部组件 要求和试验方法	2014-09-03
19	GB/T 29633.2—2013	南极地名 第2部分:分类与代码	2013-07-19
20	GB/T 29633.1—2013	南极地名 第1部分:通名	2013-07-19
21	GB/T 29634—2013	电动轮椅车用永磁直流齿轮减速电动机构通用技术条件	2013-07-19
22	GB/T 29354—2012	救助管理机构安全	2012-12-31

续表

序号	标准号	标准中文名称	发布日期
23	GB/T 18029.14—2012	轮椅车 第14部分:电动轮椅车和电动代步车动力和控制系统 要求和测试方法	2012-12-31
24	GB/T 29426—2012	光荣院服务规范	2012-12-31
25	GB/T 17256—2012	残疾人自行车和射箭运动员医学和功能分级	2012-12-31
26	GB/T 29427—2012	军用饮食供应站服务规范	2012-12-31
27	GB/T 29356—2012	烈士纪念设施保护单位服务规范	2012-12-31
28	GB/T 29355—2012	优抚医院服务规范	2012-12-31
29	GB/T 29353—2012	养老机构基本规范	2012-12-31
30	GB 29432—2012	海底地名命名	2012-12-31
31	GB/T 12996—2012	电动轮椅车	2012-12-31
32	GB/T 19545.1—2012	单臂操作助行器具 要求和试验方法 第1部分:肘拐杖	2012-12-31
33	GB/T 28224—2011	流浪未成年人救助保护机构服务	2011-12-30
34	GB/T 28223—2011	救助管理站服务	2011-12-30
35	GB/T 28226—2011	地名信息交换格式	2011-12-30
36	GB/T 18028—2010	中国盲文数学、物理、化学符号	2011-01-14
37	GB/T 26339—2010	眼科光学与设备 电子助视器	2011-01-14
38	GB/T 26346—2010	康复训练器械 股四头肌训练椅	2011-01-14
39	GB/T 26342—2010	国际运尸 木质棺柩	2011-01-14
40	GB/T 26375—2010	社会捐助款物管理和使用规范	2011-01-14
41	GB/T 26340—2010	可调式康复训练床	2011-01-14
42	GB/T 26374—2010	接运遗体服务	2011-01-14
43	GB/T 26341—2010	残疾人残疾分类和分级	2011-01-14
44	GB/T 18029.6—2009	轮椅车 第6部分:电动轮椅车最大速度、加速度和减速度的测定	2009-09-30
45	GB/T 24432—2009	假肢费用赔偿鉴定	2009-09-30
46	GB/T 24434—2009	座便椅(凳)	2009-09-30
47	GB/T 24435—2009	中国手语基本手势	2009-09-30
48	GB/T 18029.2—2009	轮椅车 第2部分:电动轮椅车动态稳定性的测定	2009-09-30
49	GB/T 18029.4—2009	轮椅车 第4部分:电动轮椅车和电动代步车理论能耗的测定	2009-09-30
50	GB/T 18029.10—2009	轮椅车 第10部分:电动轮椅车越障能力的测定	2009-09-30
51	GB/T 18029.22—2009	轮椅车 第22部分:调节程序	2009-09-30
52	GB/T 14724—2009	硬质假眼	2009-09-30
53	GB/T 18029.7—2009	轮椅车 第7部分:座位和车轮尺寸的测量	2009-09-30
54	GB/T 17255.1—2009	假肢与矫形器 假肢部件的分类和描述 第1部分:假肢部件的分类	2009-09-30
55	GB/T 17255.2—2009	假肢与矫形器 假肢部件的分类和描述 第2部分:下肢假肢部件的描述	2009-09-30

续表

序号	标准号	标准中文名称	发布日期
56	GB/T 17255. 3—2009	假肢与矫形器 假肢部件的分类和描述 第3部分:上肢假肢部件的描述	2009-09-30
57	GB/T 15721. 1—2009	假肢与矫形器 肢体缺失 第1部分:先天性肢体缺失状况的描述方法	2009-09-30
58	GB/T 16433—2009	残疾人田径运动员医学和功能分级	2009-09-30
59	GB/T 24437—2009	假肢矫形器生产装配机构的等级划分	2009-09-30
60	GB 24436—2009	康复训练器械 安全通用要求	2009-09-30
61	GB/T 16932. 1—2009	尿吸收器具 第1部分:尿失禁类型的术语	2009-09-30
62	GB/T 19545. 2—2009	单臂操作助行器要求和试验方法 第2部分:腋拐	2009-09-30
63	GB/T 24440—2009	社会捐助基本术语	2009-09-30
64	GB/T 24433—2009	老年人、残疾人康复服务信息规范	2009-09-30
65	GB/T 15721. 2—2009	假肢与矫形器 肢体缺失 第2部分:下肢截肢残肢的描述方法	2009-09-30
66	GB/T 15721. 3—2009	假肢与矫形器 肢体缺失 第3部分:上肢截肢残肢的描述方法	2009-09-30
67	GB/T 16932. 2—2009	尿吸收器具 第2部分:产品的术语	2009-09-30
68	GB/T 16932. 3—2009	尿吸收器具 第3部分:产品类型的标识	2009-09-30
69	GB/T 15493—2009	残疾人射击和乒乓球运动员功能分级	2009-09-30
70	GB/T 24438. 1—2009	自然灾害灾情统计 第1部分:基本指标	2009-09-30
71	GB/T 24439—2009	救灾物资储备库管理规范	2009-09-30
72	GB/T 24441—2009	殡葬服务从业人员资质条件	2009-09-30
73	GB/T 24431—2009	假肢、矫形器装配机构设施设备	2009-09-30
74	GB/T 13800—2009	手动轮椅车	2009-09-30
75	GB/T 15492—2009	残疾人轮椅篮球和游泳运动员功能分级	2009-09-30
76	GB/T 23861—2009	婚姻介绍服务	2009-05-04
77	GB/T 23860—2009	婚姻庆典服务	2009-05-04
78	GB/T 16930. 2—2009	盲杖 技术条件	2009-03-16
79	GB/T 17257. 1—2009	集尿袋 第1部分:术语	2009-03-16
80	GB/T 14191. 1—2009	假肢学和矫形器学术语 第1部分:体外肢体假肢和体外矫形器的基本术语	2009-03-16
81	GB/T 15722—2009	残疾人坐地排球运动员参赛资格的医学标准	2009-03-16
82	GB/T 17257. 2—2009	集尿袋 第2部分:要求和检验方法	2009-03-16
83	GB/T 23295. 1—2009	地名信息服务 第1部分:通则	2009-02-06
84	GB/T 17693. 5—2009	外语地名汉字译写导则 西班牙语	2009-02-06
85	GB/T 23245—2009	流浪乞讨人员社会救助基本术语	2009-02-06
86	GB/T 23288—2009	木质骨灰盒通用技术条件	2009-02-06
87	GB/T 23287—2009	殡葬术语	2009-02-06
88	GB/T 17693. 3—2009	外语地名汉字译写导则 德语	2009-02-06

续表

序号	标准号	标准中文名称	发布日期
89	GB/T 17693.4—2009	外语地名汉字译写导则 俄语	2009-02-06
90	GB/T 19545.4—2008	单臂操作助行器具 要求和试验方法 第4部分:三脚或多脚手杖	2008-12-31
91	GB/T 22752—2008	残疾人辅助器具 抓握杆	2008-12-31
92	GB/T 18029.1—2008	轮椅车 第1部分:静态稳定性的测定	2008-12-31
93	GB/T 18029.15—2008	轮椅车 第15部分:信息发布、文件出具和标识的要求	2008-12-31
94	GB/T 18029.11—2008	轮椅车 第11部分:测试用假人	2008-12-31
95	GB/T 18029.8—2008	轮椅车 第8部分:静态强度,冲击强度及疲劳强度的要求和测试方法	2008-12-31
96	GB/T 14728.3—2008	双臂操作助行器具 要求和试验方法 第3部分:台式助行器	2008-12-31
97	GB/T 15721.5—2008	假肢和矫形器 肢体缺失 第5部分:截肢者的临床症状描述	2008-12-31
98	GB/T 18029.5—2008	轮椅车 第5部分:外形尺寸、质量和转向空间的测定	2008-12-31
99	GB/T 18029.3—2008	轮椅车 第3部分:制动器的测定	2008-12-31
100	GB/T 18029.13—2008	轮椅车 第13部分:测试表面摩擦系数的测定	2008-12-31
101	GB/T 15721.4—2008	假肢和矫形器 肢体缺失 第4部分:截肢原因的描述	2008-12-31
102	GB/T 17693.1—2008	外语地名汉字译写导则 英语	2008-11-25
103	GB/T 17693.6—2008	外语地名汉字译写导则 阿拉伯语	2008-11-25
104	GB/T 17693.8—2008	外语地名汉字译写导则 蒙古语	2008-11-25
105	GB/T 18029.9—2008	轮椅车 第9部分:电动轮椅车气候试验方法	2008-09-19
106	GB 14722—2008	组件式髋部、膝部和大腿假肢	2008-09-19
107	GB/T 14727—2008	无线传输式聋儿听力言语训练设备通用技术条件	2008-09-19
108	GB/T 15720—2008	中国盲文	2008-09-19
109	GB/T 13461—2008	组件式小腿假肢	2008-09-19
110	GB 22457—2008	假肢配置服务	2008-09-19
111	GB 14723—2008	下肢假肢通用件	2008-09-19
112	GB/T 22456—2008	残肢功能训练	2008-09-19
113	GB/T 18027—2008	电动上肢假肢部件	2008-09-19
114	GB/T 14730—2008	助行器具 分类和术语	2008-09-19
115	GB/T 16431—2008	中国盲文音乐符号	2008-09-19
116	GB 17733—2008	地名 标志	2008-04-23
117	GB/T 14728.2—2008	双臂操作助行器具 要求和试验方法 第2部分:轮式助行架	2008-04-24
118	GB/T 21665—2008	尿吸收辅助器具从使用者和护理者的角度评价一次性成人失禁用尿吸收辅助器具的基本原则	2008-04-24
119	GB/T 21666—2008	尿吸收辅助器具 评价的一般指南	2008-04-24
120	GB/T 20407.1—2006	造口袋 第1部分:词汇	2006-06-25

续表

序号	标准号	标准中文名称	发布日期
121	GB/T 14728. 1—2006	双臂操作助行器要求和试验方法 第1部分:框式助行架	2006-06-25
122	GB/T 20407. 3—2006	造口袋 第3部分：结肠造口袋和回肠造口袋气味弥散测定	2006-06-25
123	GB/T 20407. 2—2006	造口袋 第2部分：要求和测试方法	2006-06-25
124	GB/T 20403—2006	普通固定式康复训练床	2006-03-10
125	GB/T 20405. 5—2006	失禁者用尿液吸收剂 聚合物基质吸液材料特性的测试方法 第5部分:在生理盐水中用称重法测定吸水率	2006-03-10
126	GB 12995—2006	机动轮椅车	2006-03-10
127	GB/T 20405. 3—2006	失禁者用尿液吸收剂 聚合物基质吸液材料特性的测试方法 第3部分:筛分法对粒径分布的测定	2006-03-10
128	GB/T 20405. 2—2006	失禁者用尿液吸收剂 聚合物基质吸液材料特性的测试方法 第2部分:单体残留的测定	2006-03-10
129	GB/T 20405. 4—2006	失禁者用尿液吸收剂 聚合物基质吸液材料特性的测试方法 第4部分 加热失重法对水分含量的测定	2006-03-10
130	GB/T 20405. 1—2006	失禁者用尿液吸收剂 聚合物基质吸液材料特性的测试方法 第1部分:pH值的测定	2006-03-10
131	GB/T 19632—2005	殡葬服务、设施、用品分类与代码	2005-01-24
132	GB/T 18375. 7—2004	假肢 下肢假肢的结构检验 第7部分:试验呈交文件	2004-06-11
133	GB/T 18375. 8—2004	假肢 下肢假肢的结构检验 第8部分:检验报告	2004-06-11
134	GB/T 19543—2004	假肢 髋关节结构检验	2004-06-11
135	GB/T 18375. 5—2004	假肢 下肢假肢的结构检验 第5部分:辅助结构检验	2004-06-11
136	GB/T 18375. 6—2004	假肢 下肢假肢的结构检验 第6部分:辅助结构检验中的加载参数	2004-06-11
137	GB/T 19544—2004	脊柱矫形器的分类及通用技术条件	2004-06-11
138	GB/T 19054—2003	燃油式火化机通用技术条件	2003-04-15
139	GB 19053—2003	殡仪场所致病菌安全限值	2003-04-15
140	GB/T 17693. 7—2003	外语地名汉字译写导则 葡萄牙语	2003-03-11
141	GB/T 18375. 1—2001	假肢 下肢假肢的结构检验 第1部分:试验配置	2001-05-23
142	GB/T 18375. 2—2001	假肢 下肢假肢的结构检验 第2部分:试验样品	2001-05-23
143	GB/T 18375. 3—2001	假肢 下肢假肢的结构检验 第3部分:主结构检验	2001-05-23
144	GB/T 18375. 4—2001	假肢 下肢假肢的结构检验 第4部分:主结构检验中的加载参数	2001-05-23
145	GB/T 18029—2000	轮椅车 坐(靠)垫阻燃性的要求和测试方法	2000-04-05
146	GB/T 17693. 2—1999	外语地名汉字译写导则 法语	1999-03-04
147	GB/T 16931—1997	残疾人冬季运动项目运动员医学和功能分级标准	1997-07-29

A. 2 相关行业标准

相关行业标准见表 A. 2。

表 A.2 相关行业标准

序号	标准号	标准名称	发布日期
1	MZ/T 108—2018	居民家庭经济状况核对信息安全管理规范	2018-01-09
2	MZ/T 100—2017	燃油式平板火化机及辅助运行规程	2017-12-29
3	MZ/T 094—2017	社会工作方法 个案工作	2017-12-29
4	MZ/T 095—2017	社会工作方法 小组工作	2017-12-29
5	MZ/T 096—2017	社会组织信息交换格式	2017-12-29
6	MZ/T 097—2017	社会组织业务元数据	2017-12-29
7	MZ/T 098—2017	殡葬管理服务信息系统基本数据规范	2017-12-29
8	MZ/T 099—2017	平板火化机捡灰服务	2017-12-29
9	MZ/T 101—2017	火化机烟气净化设备通用技术条件	2017-12-29
10	MZ/T 102—2017	安葬随葬品使用要求	2017-12-29
11	MZ/T 103—2017	殡仪场所消毒技术规范	2017-12-29
12	MZ/T 104—2017	火化残余物处理处置要求	2017-12-29
13	MZ/T 105—2017	火化随葬品使用要求	2017-12-29
14	MZ/T 106—2017	火葬场二噁英类污染物减排技术导则	2017-12-29
15	MZ/T 107—2017	遗体火化大气污染物监测技术规范	2017-12-29
16	MZ/T 082—2017	婚姻登记术语	2017-03-08
17	MZ/T 083—2017	结婚登记颁证工作规范	2017-03-08
18	MZ/T 084—2017	婚姻家庭辅导服务	2017-03-08
19	MZ/T 085—2017	两岸婚姻家庭信息著录规范	2017-03-08
20	MZ/T 086—2017	受监护侵害未成年人保护工作指引	2017-03-08
21	MZ/T 076—2017	中国福利彩票即开型彩票	2017-01-06
22	MZ/T 077—2017	中国福利彩票游戏规则测试规范	2017-01-06
23	MZ/T 078—2017	中国福利彩票游戏规则符合性测试规范	2017-01-06
24	MZ/T 079—2017	中国福利彩票系统软件的测试规范	2017-01-06
25	MZ/T 080—2017	中国福利彩票系统软件安全性测试规范	2017-01-06
26	MZ/T 081—2017	中国福利彩票系统文档测试规范	2017-01-06
27	MZ/T 071—2016	社区社会工作服务指南	2016-12-06
28	MZ/T 072—2016	居民家庭经济状况核对 总则	2016-12-06
29	MZ/T 073—2016	居民家庭经济状况核对 数据元	2016-12-06
30	MZ/T 074—2016	居民家庭经济状况核对 数据接口	2016-12-06
31	MZ/T 075—2016	居民家庭经济状况核对 档案管理	2016-12-06
32	MZ/T 067—2016	骨传导助听器	2016-10-25
33	MZ/T 068—2016	骨传导助讲器	2016-10-25
34	MZ/T 069—2016	行政区域界线 界线联检 省级	2016-10-25
35	MZ/T 070—2016	行政区域界线 省界界桩 制作	2016-10-25

续表

序号	标准号	标准名称	发布日期
36	MZ/T 065—2016	自然灾害遥感基本术语	2016－01－08
37	MZ/T 064—2016	老年社会工作服务指南	2016－01－08
38	MZ/T 063—2015	涉台婚姻登记机关服务规范	2015－12－10
39	MZ/T 062—2015	两岸婚姻家庭服务术语	2015－12－10
40	MZ/T 061—2015	志愿服务信息系统基本规范	2015－07－22
41	MZ/T 060—2015	流浪乞讨人员机构托养工作指南	2015－05－05
42	MZ/T 012—2014	民政业务数据共享与交换 编码	2014－12－26
43	MZ/T 057—2014	中国福利彩票预制票据	2014－12－26
44	MZ/T 058—2014	儿童社会工作服务指南	2014－12－24
45	MZ/T 059—2014	社会工作服务项目绩效评估指南	2014－12－24
46	MZ/T 056—2014	精神卫生社会福利机构基本规范	2014－09－09
47	MZ/T 052—2014	自然灾害避灾点管理规范	2014－07－07
48	MZ/T 051—2014	综合自然灾害风险图(1:100 000)制图规范	2014－07－07
49	MZ/T 053—2014	社区公共服务综合信息平台基本规范	2014－07－07
50	MZ/T 055—2014	LED 街巷导向标志	2014－07－07
51	MZ/T 054—2014	地名 标志设置规范 居民地和行政区域	2014－07－07
52	MZ/T 049—2014	流浪未成年人类家庭服务	2014－02－14
53	MZ/T 047—2013	殡葬代理机构服务规范	2013－12－31
54	MZ/T 046—2013	殡葬服务项目分类	2013－12－31
55	MZ/T 048—2013	殡葬服务满意度评价	2013－12－31
56	MZ 010—2013	儿童福利机构基本规范	2013－12－04
57	MZ/T 045—2013	流浪未成年人家庭寄养服务	2013－12－04
58	MZ/T 039—2013	老年人能力评估	2013－09－11
59	MZ/T 036—2012	公墓安葬服务	2012－11－22
60	MZ/T 037—2012	公墓维护服务	2012－11－22
61	MZ/T 035—2012	墓体制作服务	2012－11－22
62	MZ/T 034—2012	公墓业务接待	2012－11－22
63	MZ/T 038—2012	公墓祭扫服务	2012－11－22
64	MZ/T 033—2012	地名文化遗产鉴定	2012－06－21
65	MZ/T 032—2012	养老机构安全管理	2012－03－26
66	MZ/T 029—2012	村民委员会选举场地要求	2012－03－02
67	MZ/T 028—2012	村民委员会选举程序	2012－03－02
68	MZ/T 025—2011	救助管理机构等级评定	2011－12－03
69	MZ/T 024—2011	婚姻登记机关等级评定标准	2011－06－24
70	MZ/T 020—2011	遗体告别服务	2011－03－21

续表

序号	标准号	标准名称	发布日期
71	MZ/T 018—2011	殡仪接待服务	2011-03-21
72	MZ/T 019—2011	遗体保存服务	2011-03-21
73	MZ/T 023—2011	骨灰撒海服务	2011-03-21
74	MZ/T 022—2011	骨灰寄存服务	2011-03-21
75	MZ/T 021—2011	遗体火化服务	2011-03-21
76	MZ/T 017—2011	殡葬服务术语	2011-03-21
77	MZ 016—2011	地名 标志 陆地边境自然地理实体	2011-01-11
78	MZ/T 013—2009	社区公共场所紧急救援管理要求	2009-09-21
79	MZ/T 0012—2004	民政业务数据共享与交换	2004-06-18
80	MZ 008—2001	老年人社会福利机构基本规范	2001-02-06
81	MZ 009—2001	残疾人社会福利机构基本规范	2001-02-06
82	MZ/T 007—2000	骨骼式装饰性上肢假肢通用件	2000-04-04
83	MZ/T 006—1996	普通腋杖	1996-09-18
84	MZ 002—1993	自身力源上肢假肢	1993-04-02
85	MZ 003—1993	支条式下肢矫形器	1993-04-02
86	MZ 005—1993	机动轮椅车质量考核评定方法	1993-04-02
87	MZ 004—1993	支条式脊柱矫形器	1993-04-02
88	MZ 001—1993	电动上肢假肢	1993-04-02

A.3 国家政务服务平台标准

国家政务服务平台标准见表A.3。

表A.3　国家政务服务平台标准

序号	标准编号	标准名称
1	C0101	国家政务服务平台总体框架
2	C0102	国家政务服务平台政务服务门户建设要求
3	C0103	国家政务服务平台政务服务移动端建设要求
4	C0104	国家政务服务平台移动端界面视觉要求
5	C0105	国家政务服务平台一体化移动应用支撑平台运维保障要求
6	C0106	国家政务服务平台服务能力评估指标体系建设要求
7	C0107	国家政务服务平台指标数据采集技术(接口)要求
8	C0108	国家政务服务平台业务协同建设要求
9	C0109.1	国家政务服务平台政务服务事项基本目录及实施清单 第1部分:编码要求
10	C0109.2	国家政务服务平台政务服务事项基本目录及实施清单 第2部分:要素要求

续表

序号	标准编号	标准名称
11	C0110	国家政务服务平台统一身份认证系统接入要求
12	C0111	国家政务服务平台统一身份认证系统身份认证技术要求
13	C0112	国家政务服务平台统一身份认证系统信任传递要求
14	C0113	国家政务服务平台统一信任服务平台接口要求
15	C0114	国家政务服务平台可信身份等级定级要求
16	C0115	国家政务服务平台安全接入检测要求
17	C0116	国家政务服务平台网络安全保障要求
18	C0117	全国一体化在线政务服务平台应急保障要求
19	C0119	国家政务服务平台统一电子印章 签章技术要求
20	C0120	国家政务服务平台统一电子印章 印章技术要求
21	C0121	国家政务服务平台统一电子印章 接入测试方法
22	C0122	国家政务服务平台统一电子印章 系统接口要求
23	C0123	国家政务服务平台证照类型代码及目录信息
24	C0124	国家政务服务平台电子证照跨区域共享服务接入要求
25	C0125	国家政务服务平台信息资源共享开放要求
26	C0126. 1	国家政务服务平台数据交换与共享接口 第 1 部分:数据交换要求
27	C0126. 2	国家政务服务平台数据交换与共享接口 第 2 部分:共享接口要求
28	C0127	国家政务服务平台政务服务大数据分析模型指南
29	C0128	国家政务服务平台政务服务数据服务接口要求
30	C0129	国家政务服务平台政务服务数据编码要求
31	C0130	国家政务服务平台政务服务数据整合要求
32	C0131	国家政务服务平台统一身份认证隐私保护要求
33	C0132	国家政务服务平台运维保障系统接入要求

附录 B

（资料性）

各类标准统计表

金民工程技术标准体系总体框架中的各类标准的统计表见表 B. 1。

表 B. 1　金民工程标准统计表

分类名称	分类编码	分类代号	工程标准数量
总体标准	100	ZT	4
信息资源标准	200	XX	13
技术标准	300	JS	31
业务标准	400	YW	55
管理标准	500	GL	5
安全标准	600	AQ	3
总计			111

JMGC

民 政 部 金 民 工 程 标 准

JMGC/ZT 102—2020

金民工程业务术语

2020－12－30 发布　　2020－12－30 实施

民政部信息中心 发布

目 次

前　言

本文件按照 GB/T 1. 1—2020《标准化工作导则 第 1 部分:标准化文件的结构和起草规则》的规定起草。

本文件由民政部信息中心提出并归口。

本文件起草单位:民政部信息中心、北京科迪智标信息技术有限公司、四川久远银海软件股份有限公司、上海速连信息科技有限公司、中科恒运股份有限公司、太极计算机股份有限公司、东软集团股份有限公司、万达信息股份有限公司、深圳市永兴元科技股份有限公司、北京久其软件股份有限公司。

本文件主要起草人:范一大、王兴玲、戴朝云、赵超、张彤、文长军、高媛、陶亮、邢立强、李坤林、屈莹、肖樑、马守平、李俊梅、陈先杰、王鑫、谷峰帅、王夫。

金民工程业务术语

1 范围

本文件规定了金民工程一期项目中涉及的社会组织管理、社会救助、基层政权、社区治理、区划地名、社会事务、养老服务、儿童福利、慈善事业、社会工作业务以及信息化术语和定义。

本文件适用于金民工程一期项目建设,民政其他术语工作可参照使用。

2 规范性引用文件

下列文件中的内容通过文中的规范性引用而构成本文件必不可少的条款。其中,注日期的引用文件,仅该日期对应的版本适用于本文件;不注日期的引用文件,其最新版本(包括所有的修改单)适用于本文件。

GB/T 10113—2003 分类与编码通用术语

GB/T 11457—2006 信息技术 软件工程术语

GB 17733—2008 地名 标志

GB/T 23245—2009 流浪乞讨人员社会救助基本术语

GB/T 23287—2009 殡葬术语

GB/T 33447—2016 地理信息系统软件测试规范

GB/T 34052.1—2017 统计数据与元数据交换(SDMX) 第1部分:框架

GB/T 37276—2018 养老机构等级划分与评定

GB 38600—2019 养老机构服务安全基本规范

MZ/T 017—2011 殡葬服务术语

MZ/T 045—2013 流浪未成年人家庭寄养服务

MZ/T 060—2015 流浪乞讨人员机构托养工作指南

MZ/T 072—2016 居民家庭经济状况核对 总则

MZ/T 082—2017 婚姻登记术语

MZ/T 084—2017 婚姻家庭辅导服务

3 社会组织管理

3.1 社会团体

中国公民自愿组成,为实现会员共同意愿,按照其章程开展活动的非营利性社会组织。

3.2 民办非企业单位

企业事业单位、社会团体和其他社会力量以及公民个人利用非国有资产举办的,从事非营利性社会服务活动的社会组织。

3.3 基金会

利用自然人、法人或者其他组织捐赠的财产,以从事公益事业为目的,按照《基金会管理条例》规定成立的非营利性法人。

3.4 社会组织负责人

任理事长(会长)、副理事长(副会长)及秘书长以上职务的负责人。

3.5 社会组织行政执法

民政部门依法对登记的社会组织作出的行政处罚和取缔非法社会组织的执法行为。

3.6 统一社会信用代码

由法人和其他组织登记管理部门、统一社会信用代码管理部门根据国家标准编制,每一个法人和其他组织在全国范围内唯一的、终身不变的法定身份识别码。

[来源:GB 32100—2015,3.5]

3.7 单位名称

经有关部门批准正式使用的单位全称。

3.8 法人登记证

根据国家法律法规进行合理化注册而取得法人资格的合法凭证。代表着该企业法人即告成立,即可享受法人可以享受的权利(经营活动除外),并承担法人应当承担的义务。

3.9 医疗机构执业许可证

颁发给达到《医疗机构管理条例》相应条件的机构的执业证书。按照《医疗机构管理条例》,医疗机构执业许可证由卫生管理部门审发,并赋予登记证号,登记证号为22位的字母与数字组合。

3.10 基本医疗保险定点医疗机构

经地区行政部门审查,与医疗保险经办机构签订协议,并经社会保险经办机构确定的,为城镇职工基本医疗保险参保人员提供医疗服务,并承担相应责任的医疗机构。

3.11 法定代表人

依照法律或者法人组织章程规定,代表法人行使职权的负责人。

3.12 单位详细地址

单位实际所在地的详细地址。

3.13 单位所在地行政区划代码

注册登记单位所在地办公区域的行政区划代码。

3.14 邮政编码

注册登记单位所在地的邮政编码。

3.15 联系方式

包括长途区号、电话号码、分机号、传真号码、电子信箱和网站地址。

3.16 变动类型

单位基本信息发生变更、注销,以及新增的分类。

3.17 变动时间

单位基本信息发生变更、注销,以及新增的时间。

3.18 事业单位

经机构编制部门批准成立和登记或备案,领取《事业单位法人证书》,取得法人资格的单位;还包括由其他行政主管部门依据有关法律法规审批成立,且具备法人条件的组织。

3.19 机关

包括国家权力机构、国家行政机构、国家司法机构、政党机构、政协组织、人民解放军、武警部队和其他机构。

4 社会救助

4.1 通用术语

4.1.1 社会救助

国家和其他社会主体对于遭受自然灾害、失去劳动能力或者其他低收入公民给予物质帮助或精神救助,以维持其基本生活需求,保障其最低生活水平的各种措施。

4.1.2 社会救助管理部门

国务院及县级以上地方人民政府涉及社会救助管理工作的政府各职能部门统称。

4.1.3 社会救助经办机构

乡镇人民政府(街道办事处)负责社会救助工作的部门及具有社会救助工作职能的派出机构。

4.1.4 社会救助经办人员

具体办理或分管社会救助受理、审核(包括家庭经济状况调查)、确认等事务的区县级人民政府民政部门、乡镇人民政府(街道办事处)及其派出机构工作人员。

4.1.5 社会救助资金

国家通过经常性预算、财政性拨款或社会捐赠等形成的,专门用于救助困难群体的社会保障货币资金。

4.1.6 社会力量参与社会救助

国家鼓励单位和个人等社会力量通过捐赠、设立帮扶项目、创办服务机构、提供志愿服务等方式,参与社会救助。

4.1.7 经济状况核对

社会救助经办机构通过信息系统与有关部门和单位对申请人家庭人口、经济收入、财产状况等情况进行比对核查。

4.1.8 审核确认

社会救助管理部门通过社会救助经办机构提交的各类材料对申请人的资格进行认定。

4.1.9 城市居民

持有“非农业”户籍证明的居民,或长期居住在城镇规划区域内、不拥有生产资料、不以农业生产为主要谋生手段的常住居民。

4.1.10 农村居民

持有农业户籍证明的居民,或居住在乡村的常住居民。

4.1.11 家庭成员

具有法定赡养、抚养或扶养关系,且共同生活的人员。

4.1.12 收入

在规定期限内获得的全部可支配收入。包括工资性收入、经营净收入、财产净收入、转移净收入等各类收入,不包括城乡居民基本养老保险中的基础养老金、基本医疗保险等社会保险和高龄津贴等社会福利补贴。

4.1.13 家庭收入

共同生活的家庭成员在规定期限内获得的全部可支配收入。

4.1.14 家庭财产

共同生活的家庭成员拥有的全部动产和不动产。

4.1.15 入户调查

社会救助经办人员通过走访申请社会救助的居民家庭,对其家庭成员、收入和财产状况以及生活水平等情况进行现场访查的方法。

4.1.16 民主评议

由相关社会救助经办机构组织,申请人常住地相关工作人员和群众代表参加,就申请人社会救助事宜进行集体讨论,并提出意见。

4.1.17 老年人

60 周岁以上的公民。

4.1.18 残疾人

符合残疾人认定条件并持有法定残疾人认定机构出具的残疾人证件的公民。

4.1.19 主动发现

社会救助经办机构通过部门协同、走访发现等方式获得生活困难人员信息并核实后主动提供救助的工作方法。

4.1.20 动态管理

定期复查正在享受社会救助的家庭或个人,并根据其家庭人口、经济状况的变化情况及时调整救助政策的管理模式。

4.2 最低生活保障

4.2.1 最低生活保障

国家对共同生活的家庭成员人均收入低于当地最低生活保障标准,且符合当地最低生活保障家庭财产状况规定的家庭,按照共同生活的家庭成员人均收入低于当地最低生活保障标准的差额,发给最低生活保障金的社会救助制度。

4.2.2 最低生活保障标准

由省、自治区、直辖市或者设区的市级人民政府按照当地居民生活必需的费用确定、公布,并根据当地经济社会发展水平和物价变动情况适时调整的一种社会救助标准。

4.2.3 最低生活保障金

县级人民政府民政部门给付最低生活保障对象的救助金。

4.2.4 最低生活保障家庭

经社会救助管理部门审核确认并依法纳入最低生活保障范围的家庭和个人。

4.2.5 保障人数

经社会救助管理部门审核确认纳入最低生活保障范围的家庭中获得最低生活保障金的家庭成员,以及参照“单人户”纳入低保范围的人员数量。

4.2.6 最低生活保障对象

经社会救助管理部门审核确认纳入最低生活保障救助金依法享受最低生活保障范围的人员。

4.2.7 特殊困难最低生活保障对象

最低生活保障对象中的老年人、重度残疾人、未成年人、重病患者等。

4.2.8 分类施保

在给予当地最低生活保障基础上,对特殊困难低保对象增发救助金或通过其他措施提供救助水平的救助政策。

4.2.9 分类施保标准

针对不同类型特殊困难低保对象制定的特殊的救助标准。

4.2.10 差额救助

按照低保家庭中共同生活的家庭成员人均收入低于当地最低生活保障标准的差额给付的最低生活保障金的救助方式。

4.2.11 分档救助

按照若干档次划分的最低生活保障金的救助方式。

4.3 特困人员救助供养

4.3.1 特困人员救助供养

国家对无劳动能力、无生活来源且无法定赡养、抚养、扶养义务人,或者其法定赡养、抚养、扶养义务人无赡养、抚养、扶养能力的老年人、残疾人以及未满18周岁的未成年人，给予的救助供养。

4.3.2 无劳动能力

老年人、未满18周岁的未成年人、残疾等级为一、二级的智力、精神残疾人，残疾等级为一级的肢体残疾人和符合省、自治区、直辖市人民政府规定的其他情形的依照有关规定不适宜从事生产劳动的，认定为无劳动能力。

4.3.3 无生活来源

收入总和低于当地最低生活保障标准，且财产符合当地特困人员财产状况规定的，认定为无生活来源。

4.3.4 无赡养能力

法定赡养义务人符合下列情形之一的，应当认定为无履行义务能力：具备特困人员条件的；60周岁以上或者重度残疾的最低生活保障对象，且财产符合当地特困人员财产状况规定的；无民事行为能力、被宣告失踪或者在监狱服刑的人员，且财产符合当地特困人员财产状况规定的；省、自治区、直辖市人民政府规定的其他情形。

4.3.5 无扶养能力

法定扶养义务人符合下列情形之一的，应当认定为无履行义务能力：具备特困人员条件的；60周岁以上或者重度残疾的最低生活保障对象，且财产符合当地特困人员财产状况规定的；无民事行为能力、被宣告失踪或者在监狱服刑的人员，且财产符合当地特困人员财产状况规定的；省、自治区、直辖市人民政府规定的其他情形。

4.3.6 特困人员救助供养标准

特困人员救助供养标准由省、自治区、直辖市或者设区的市级人民政府综合考虑地区、城乡差异等因素确定、公布，并根据当地经济社会发展水平和物价变化情况适时调整。特困人员救助供养标准包括基本生活标准和照料护理标准。

4.3.7 基本生活标准

特困人员救助供养标准中满足特困人员基本生活所需的部分。

4.3.8 照料护理标准

特困人员救助供养标准中根据特困人员生活自理能力和服务需求分类制定的满足其护理需求的部分。

4.3.9 供养服务机构

国家、社会组织或个人举办，符合社会福利机构的建设规划和社会福利机构设置基本标准，经县级以上人民政府民政部门审批并领取《社会福利机构设置批准证书》，为供养对象提供养护、康复、托管等服务的公益性单位。

4.3.10 救助供养形式

特困人员救助供养形式分为在家分散供养和在当地的供养服务机构集中供养。

4.3.11 集中供养

以政府为主体提供供养资金和居住场所,通过供养服务机构为特困人员提供救助供养服务。

4.3.12 分散供养

以政府为主体提供供养资金,特困人员分散在家庭生活。

4.3.13 供养资金

政府提供用以保障特困人员救助供养的资金。

4.4 临时救助

4.4.1 临时救助

国家对遭遇突发事件、意外伤害、重大疾病或其他特殊原因导致基本生活陷入困境,其他社会救助制度暂时无法覆盖或救助之后基本生活暂时仍有严重困难的家庭或个人给予的应急性、过渡性的救助。

4.4.2 急难型救助对象

因火灾、交通事故等意外事件,家庭成员突发重大疾病及遭遇其他特殊困难等原因,导致基本生活暂时出现严重困难、需要立即采取救助措施的家庭和个人。

4.4.3 支出型救助对象

因教育、医疗等生活必需支出突然增加超出家庭承受能力,导致基本生活一定时期内出现严重困难的家庭,原则上其家庭人均可支配收入应低于当地上年度人均可支配收入,且家庭财产状况符合当地有关规定。

4.4.4 先行救助

乡镇人民政府(街道办事处)、县级人民政府民政部门可根据救助对象急难情形,简化申请人家庭经济状况核对、民主评议和公示等环节,直接予以救助,并在急难情况缓解后,登记救助对象、救助事由、救助金额等信息,补齐经办人员签字、盖章手续。

4.4.5 临时救助标准

县级以上地方人民政府根据当地经济社会发展水平、救助对象困难类型、困难程度,统筹考虑其他社会救助制度保障水平,依据分类分档原则制定的标准。

4.4.6 临时救助方式

为救助对象提供的救助方式。包含发放临时救助金、发放实物和提供转介服务。

4.5 低收入救助

4.5.1 低收入家庭

指国家对家庭人均收入高于1倍低于1.5倍当地政府公告的最低生活标准,且家庭财产符合当地政府相关规定的家庭,认定为低收入家庭。低收入家庭依法享受各地的低收入救助政策。

4.5.2 低收入救助

对符合当地政府低收入家庭认定条件的救助对象提供当地政府规定的帮扶救助。

4.6 居民家庭经济状况核对

4.6.1 居民家庭经济状况

居民家庭拥有的全部收入状况、财产状况及支出状况。

[来源:MZ/T 072—2016,3.1]

4.6.2 核对

对居民家庭指定时期的收入状况、财产状况及支出状况开展调查和比对的活动。

[来源: MZ/T 072—2016,3.2,有修改]

4.6.3 核对对象

接受核对的居民个人或者居民家庭成员。

[来源: MZ/T 072—2016,3.3,有修改]

4.6.4 核对机构

办理核对业务的相关单位。

[来源:MZ/T 072—2016,3.4]

4.6.5 委托单位

向核对机构提出核对委托的相关单位。

[来源:MZ/T 072—2016,3.5]

4.6.6 信息共享单位

提供居民家庭经济状况数据的单位。

[来源:MZ/T 072—2016,3.6]

4.6.7 核对报告

核对机构完成核对工作后出具的核对结果书面或电子文件。

4.6.8 居民家庭经济状况核对授权书

核对对象允许核对机构对其家庭经济状况进行核对的具有法律效力的书面或电子文件。

4.6.9 协查核对机构

为其他核对机构提供居民家庭经济状况数据的机构。

5 基层政权建设和社区治理

5.1 社区

聚居在一定地域范围内的人们所组成的社会生活共同体。

[来源:MZ/T 053—2014,2.1]

5.2 居民委员会

居民自我管理、自我教育、自我服务的基层群众性自治组织。

5.3 村民委员会

村民自我管理、自我教育、自我服务的基层群众性自治组织，实行民主选举、民主决策、民主管理、民主监督。

5.4 基层政权

设在最低一级行政区域内的国家政权。

注：我国的基层政权包括农村基层政权和城市基层政权两部分。按照宪法和地方组织法的规定，在农村，是指乡、民族乡、镇一级；在城市，是指不设区的市、市辖区级。

5.5 乡镇人民政府

我国最基层的行政机构。

5.6 街道办事处

我国乡级行政区街道的管理机构。

5.7 社区治理

在社区范围内，各类组织和个人依据相关法律法规和社会规范参与社区公共事务和公益事业、有序解决社区居民的合理需求、促进社区和谐有序的活动过程和活动总和。

5.8 社区服务

以社区为基本单元，以各类社区服务设施为依托，以社区全体居民、驻社区单位为对象，以公共服务、志愿服务、便民利民服务为主要内容，以满足社区居民生活需求、提高社区居民生活质量为目标，党委统一领导、政府主导支持、社会多元参与的服务网络及运行机制。

5.9 社区服务机构

提供国家基本公共服务的基础平台。

注：旨在聚合政府各部门延伸到城乡社区的服务事项和服务资源，为社区居民提供项目齐全、标准统一、便捷高效的城乡社区公共服务，以适应政府简政放权、放管结合、优化服务的要求。

5.10 社区工作者

包括社区党组织成员、社区居民委员会成员和社区专职人员。

5.11 公共服务

建立在一定社会共识基础上，由政府主导提供的，与经济社会发展水平和阶段相适应，旨在保障全体公民生存和发展基本需求的服务。

［来源：MZ/T 053—2014，2.2］

5.12 社区公共服务

基层人民政府及其派出机关面向社区居民提供的保障基本民生需求的公共教育、劳动就业服务、社会保障、基本社会服务、医疗卫生、人口和计划生育、住房保障、公共文化体育等领域的基本公共服务。

［来源：MZ/T 053—2014，2.3］

5.13 社区志愿服务

个人自愿用自身的时间、技能等资源，在社区为居民和社区慈善事业、公益事业提供帮助或服务的行为。

5.14 社区便民利民服务

立足服务社区居民，让社区居民能就近、方便、快捷地享受到社区推出的各种服务，为社区居民营造出一个温馨、幽雅、便利的生活环境，提高社区居民生活质量。

5.15 社区综合服务设施

包括社区服务站、街道社区服务中心和区服务中心。

5.16 社区信息化

应用信息化技术，对社区范围及与之相关的管理和服务信息进行开发和利用的过程。

5.17 智慧社区

设施智能、服务便捷、管理精细、环境宜居的社区。

6 区划地名

6.1 行政区划

国家为了进行分级管理而实行的区域划分。

[来源：MZ/T 091—2017，3.1]

6.2 行政区划代码

表示行政区划的数字代码。

[来源：GB/T 2260 中华人民共和国行政区划代码]

[来源：GB/T 10114 县级以下行政区划代码编制规则]

6.3 行政区划要素

行政区域界线、政府驻地、政区名称等行政区划工作专属地图要素。

[来源：MZ/T 091—2017 MZ/T 091—2017，3.2]

6.4 地名

人们对各个地理实体赋予的专有名称。

[来源：GB 17733—2008，定义 3.1]

6.5 地名标志

标示地理实体专有名称及相关信息的设施。

[来源：GB 17733—2008，定义 3.2]

6.6 地名信息

反映地名及其属性的文字、数字、图像、声音等的总称。

[来源：GB/T 18521，3.2]

6.7 地名类别

包括自然地理实体、人文地理实体2个门类。自然地理实体门类分为海域、水系、陆地地形和其他4个大类;人文地理实体门类分为行政区域及其他区域,居民点,具有地名意义的交通运输设施,具有地名意义的水利、电力、通信设施,具有地名意义的纪念地、旅游胜地,具有其他地名意义的建筑物,具有地名意义的单位共7个大类。

[来源:GB/T 18521—2001,5.3]

6.8 地址

标识和定位人们生产、生活等活动处所位置的结构化信息。

[来源:GB/T 35639—2017,定义3.1]

6.9 行政区域界线

国务院或者省、自治区、直辖市人民政府批准的行政区域毗邻的各有关人民政府行使行政区域管辖权的分界线。

[来源:MZ/T 112—2018,定义3.1]

6.10 界桩

由行政区域毗邻的各方人民政府共同埋设的,指示行政区域界线实地位置的标志物,是行政区域界线的永久性标志。

[来源:MZ/T 112—2018,定义3.3]

6.11 地名代码

国家地名数据库代码。

7 社会事务

7.1 流浪乞讨人员救助管理

7.1.1 流浪乞讨人员

离家在外、自身无力解决食宿、正在或即将处于流浪或乞讨状态的人员,包括生活无着的流浪人员和生活无着的乞讨人员。

7.1.2 救助管理机构

县级以上政府根据需要设立、依法依规为流浪、乞讨人员提供救助服务和救助管理,保障其人身安全和基本生活的机构。

7.1.3 托养机构

具备一定的资质、经一定程序接受民政部门委托,按照托养工作有关政策要求和托养协议,为流浪乞讨人员提供照料服务的企业、事业单位、社会团体和其他社会组织。

[来源:MZ/T 060—2015,3.2,有修改]

7.1.4 医疗机构

为流浪乞讨受助人员提供医疗救治的、依法从事疾病诊断和治疗活动的卫生机构。

7.1.5 安置机构

为落户安置的流浪乞讨人员提供照料服务的、具备相应集中供养条件和能力的服务机构。

7.1.6 托养对象

救助管理机构委托给受托机构照料的长期滞留的流浪乞讨人员。

[来源:MZ/T 060—2015,3.3]

7.1.7 求助人员

自愿向救助管理机构申请救助或被有关部门护送来到救助管理机构接受救助的人员。

7.1.8 受助人员

经过救助管理机构甄别,确定其符合救助条件,决定予以救助的人员和被直接救助的人员。

7.1.9 临时性救助

为暂时遇到突发性困难,导致基本生活陷入困境的个人提供临时性帮助和服务。

7.1.10 求助

向各类救助管理机构请求提供帮助的行为。

[来源:GB/T 23245—2009,2.7,有修改]

7.1.11 救助甄别

救助管理机构审核求助人员状况并决定是否提供救助的过程。

[来源:GB/T 23245—2009,2.8,有修改]

7.1.12 站外救助

对街面等公共场所流浪乞讨人员开展的现场劝导、应急帮助、引导护送等活动。

[来源:GB/T 23245—2009,2.10]

7.1.13 站内救助

救助管理机构为受助人员提供饮食、住宿、医疗、通信、返乡等服务。

[来源:GB/T 23245—2009,2.11,有修改]

7.1.14 机构托养

民政部门委托其他机构,请其照料长期滞留流浪乞讨人员的救助模式。

7.1.15 检视

救助管理机构对求(受)助人员的身份证件、体貌特征及身体、精神状况察看判明过程。

[来源:GB/T 29354—2012,3.1]

7.1.16 寻亲服务

对不能提供个人信息的流浪乞讨人员提供发布寻亲公告、报请公安机关核查身份信息等服务。

7.1.17 寻亲公告

用于大众传播媒介进行广泛展布的包含受助人员基本信息、所在救助管理机构基本信息的公告。

7.1.18 源头治理

政务部门对所辖区域的流浪返乡人员进行稳固和易流浪走失人群进行帮扶的机制。

7.1.19 落户安置

对无法查明家庭情况的滞留在救助管理机构的受助人员，通过申报审批安置在本地安置机构。

7.1.20 急病救治

将患急病人员送往医疗机构进行救治。

7.1.21 跨省接送

对未成年人、无自返能力的老年人、残疾人等受助人员，由救助管理机构护送或接领其返回原籍的过程。

[来源：GB/T 23245—2009，2.13，有修改]

7.1.22 放弃救助

受助人员自愿放弃救助管理机构正在为其提供的各种救助的行为。

[来源：GB/T 23245—2009，2.16，有修改]

7.1.23 不予救助通知书

告知不符合救助条件的求助人员，作出不予以救助决定的书面文件。

[来源：GB/T 23245—2009，2.18]

7.1.24 终止救助通知书

载明受助人员基本位息、受助情况、终止救助理由等信息的书面文件。

[来源：GB/T 23245—2009，2.19]

7.1.25 救助档案

记载对受助人员实施救助过程的信息资料。

[来源：GB/T 23245—2009，2.20]

7.2 殡葬管理

7.2.1 殡葬　丧葬

殡仪悼念和安葬逝者活动的统称。

[来源：MZ/T 017—2011，2.1，有修改]

7.2.2 安葬

人们对逝者遗体的各种处理过程和最终处置方法。

[来源：MZ/T 017—2011，2.1.2]

7.2.3 殡葬管理

政府及有关部门运用行政、法律、经济等手段，对人们的殡葬活动进行指导、监督和规范。

[来源：GB/T 23287—2009，2.3]

7.2.4 殡葬服务

殡葬服务机构为人们的殡葬活动所提供的劳动服务及其服务所需的条件保障。

[来源:GB/T 23287—2009,2.6]

7.2.5 墓位

墓所占的位置与空间。

[来源:GB/T 23287—2009,2.13]

7.2.6 骨灰安放格位

安置骨灰的位置与空间。

[来源:GB/T 23287—2009,2.14]

7.2.7 骨灰

遗体火化后遗留下的灰烬。

[来源:MZ/T 017—2011,2.4.4]

7.2.8 遗体 尸体

逝者的躯体。

[来源:MZ/T 017—2011,2.4.2]

7.2.9 火化

用燃烧的方法使遗体变成骨灰的过程。

[来源:GB/T 23287—2009,2.21]

7.2.10 火葬

以火化的方式处理遗体的全过程。

[来源:GB/T 23287—2009,2.22]

7.2.11 土葬

将遗体装入葬具埋于土中的一种葬法。

[来源:GB/T 23287—2009,2.23]

7.2.12 节地生态安葬

以节约资源、保护环境为价值导向,采用树葬、海葬、深埋、格位存放等不占或少占土地、少耗资源、少使用不可降解材料的方式安葬骨灰或遗体,使安葬活动更好地促进人与自然和谐发展。主要包括以下节地生态安葬方式:骨灰立体安葬、骨灰节地型墓位安葬、骨灰植树(花、草等)安葬、不保留骨灰安葬、遗体节地型墓位安葬、遗体深埋不设墓碑安葬和其他形式节地生态安葬。

[来源:MZ/T 134—2019,3.2]

7.2.13 死亡率

在一定区域内,单位时间(通常为一年)死亡人数与人口总数的比率。

［来源：GB/T 23287—2009，2.30］

7.2.14 祭奠 祭扫

为死去的人举行悼念活动。

［来源：GB/T 23287—2009，6.23，有修改］

7.2.15 扫墓 墓祭

在墓地祭奠、培土和整饰环境。

［来源：GB/T 23287—2009，6.26］

7.2.16 殡葬管理机构

依法对殡葬事务实施监督、指导和管理的部门。

［来源：GB/T 23287—2009，3.3］

7.2.17 殡葬服务机构

经行政许可，开展殡葬服务活动的社会组织，为服务的提供方。

［来源：MZ/T 017—2011，2.3］

［来源：GB/T 23287—2009，3.7］

7.2.18 红白理事会

在办理婚丧事务中创建起来的群众自我管理、自我教育、自我服务的基层自治组织。

［来源：GB/T 23287—2009，3.8］

7.2.19 火葬区

由政府根据殡葬管理法规划定的实行火葬的区域。

［来源：GB/T 23287—2009，3.10］

7.2.20 土葬区

由政府根据殡葬管理法规划定的允许实行土葬的区域。

［来源：GB/T 23287—2009，3.11］

7.2.21 死亡证明

由法定医疗机构或公安机关出具的，用以表明自然人生命终止文书。

［来源：MZ/T 017—2011，2.5］

7.2.22 火化证明

由殡葬服务机构出具的证明遗体已经火化的凭证。

［来源：GB/T 23287—2009，3.16］

7.2.23 火化量

在一定时间内火化遗体的数量。

［来源：GB/T 23287—2009，3.22］

7.2.24 火化率

在一定时间内，同一区域火化量与死亡人数的比率。

［来源：GB/T 23287—2009，3. 23］

7. 2. 25 殡仪馆

提供遗体处置、火化、悼念、守灵以及骨灰安置等殡仪服务活动的综合性场所。

［来源：GB/T 23287—2009，7. 6］

7. 2. 26 火葬场

进行遗体火化的殡葬服务场所。

［来源：GB/T 23287—2009，7. 7］

7. 2. 27 殡葬服务站 殡葬服务中心

具有一项或多项殡葬服务功能的殡葬服务机构。

［来源：GB/T 23287—2009，7. 8］

7. 2. 28 公墓 公共墓地

公众安葬遗体或骨灰的墓地。

［来源：GB/T 23287—2009，7. 9］

7. 2. 29 殡葬设施

为开展殡葬服务活动而建立的殡仪设施、火化设施、墓地设施和骨灰安放设施的统称。

［来源：GB/T 23287—2009，7. 1］

7. 2. 30 殡仪设施

提供遗体运送、保存、防腐、整容、整形、冷藏和悼念等服务的场所。

［来源：GB/T 23287—2009，7. 2］

7. 2. 31 火化设施

提供遗体火化服务的场所。

［来源：GB/T 23287—2009，7. 3］

7. 2. 32 墓地设施

用以集中埋葬遗体或骨灰的场所。

［来源：GB/T 23287—2009，7. 4］

7. 2. 33 安葬设施

用以集中安葬遗体或骨灰的场所。主要包括：经营性公墓、骨灰堂、骨灰塔陵园、城市公益性公墓、农村公益性墓地、农村集中安葬点等。

［来源：MZ/T 134—2019，3. 1］

7. 2. 34 殡葬设备

殡葬服务机构进行殡葬服务所用的机械和器具。

［来源：GB/T 23287—2009，7. 15］

7. 2. 35 殡葬服务从业人员

从事殡葬服务活动并取得劳动报酬的专业工作者。

[来源:MZ/T 017—2011,4.1]

7.2.36 遗体运输

将遗体按规定运送到殡仪服务机构的过程。

[来源:MZ/T 135—2019,3.2]

7.3 婚姻登记

7.3.1 婚姻

男女双方依法确立的夫妻关系。

[来源:MZ/T 082—2017,2.1]

7.3.2 结婚率

一定时期（通常指一年）结婚人数与同期一定范围人口数的比率。

7.3.3 婚姻登记

男女双方在婚姻登记机关依法确立或解除夫妻关系的法定程序。

[来源:MZ/T 082—2017,2.2]

7.3.4 婚姻登记机关

婚姻登记机构

婚姻登记处

依法履行婚姻登记管理职能的组织。

[来源:MZ/T 082—2017,2.3]

7.3.5 婚姻登记当事人

婚姻当事人

在婚姻登记机关依法申请办理婚姻登记的男女双方。

[来源:MZ/T 082—2017,2.4]

7.3.6 联合惩戒对象

婚姻登记严重失信当事人

联合惩戒对象即婚姻登记严重失信当事人,是在办理婚姻登记业务中发现的存在失信行为的婚姻当事人,依据《对婚姻登记严重失信当事人开展联合惩戒的合作备忘录》和《民政部办公厅关于印发〈婚姻登记严重失信当事人名单管理办法(试行)〉的通知》的规定列入严重失信名单的人。

7.3.7 未婚

从未依法与他人缔结婚姻关系的婚姻状况。

[来源:MZ/T 082—2017,3.1]

7.3.8 已婚

依法缔结婚姻关系且仍维持该关系的婚姻状况。

注:包括初婚、复婚、再婚等情况。

［来源：MZ/T 082—2017，3.2］

7.3.9 初婚人数

报告期内经婚姻登记机关办理的结婚登记中，当事人属第一次结婚人数的总和。

7.3.10 再婚人数

报告期内经婚姻登记机关办理的结婚登记中，当事人属第二次（或者二次以上）结婚人数的总和。再婚包含恢复结婚。

7.3.11 恢复结婚

报告期内，原为夫妻关系的男女双方申请办理结婚登记，经婚姻登记机关审查，为其办理结婚登记的件数。

7.3.12 离婚

依法解除婚姻关系后的婚姻状况。

［来源：MZ/T 082—2017，3.3］

7.3.13 丧偶

婚姻关系存续期间配偶死亡后的婚姻状况。

［来源：MZ/T 082—2017，3.4］

7.3.14 结婚登记

男女双方在婚姻登记机关依法确立婚姻关系的法定程序。

［来源：MZ/T 082—2017，4.1］

7.3.15 补办结婚登记

已举行结婚仪式或以夫妻名义共同生活，但未办理结婚登记的男女双方，在婚姻登记机关依法办理结婚登记的法定程序。

［来源：MZ/T 082—2017，4.2］

7.3.16 离婚率

离婚对数除以当年期初人口数与当年期末人口数的和的一半乘以1000‰。

7.3.17 撤销婚姻

因胁迫结婚的，经受胁迫一方请求，婚姻登记机关或人民法院依法撤销当事人婚姻的行为。

［来源：MZ/T 082—2017，4.4］

7.3.18 无效婚姻

因欠缺婚姻成立的法定要件，经人民法院宣告自始不具有法律效力的婚姻。

［来源：MZ/T 082—2017，4.5］

7.3.19 补领婚姻登记证

当事人的婚姻登记证遗失、信息变更或损毁后，在婚姻登记机关申请再次领取婚姻登记证的行为。

［来源：MZ/T 082—2017，4.6］

7.3.20 办理婚姻登记事务处数

具体办理婚姻登记事务的场所、网点的数量，含编办登记、民政登记和未登记的婚姻登记机构以及乡镇街道可以办理婚姻登记的网点等。

7.3.21 婚姻登记员

依法为当事人办理婚姻登记手续的婚姻登记机关工作人员。

［来源：MZ/T 082—2017，5.1］

7.3.22 婚姻颁证员

经民政部门培训考核，在婚姻登记机关从事颁发结婚证工作的人员。

［来源：MZ/T 082—2017，5.2］

7.3.23 特邀颁证师

受婚姻登记机关邀请，为婚姻当事人颁发结婚证的人员。

［来源：MZ/T 082—2017，5.3］

7.3.24 婚姻家庭辅导员

受婚姻登记机构指派或委托，向服务对象提供婚姻家庭辅导服务的具有相关专业知识和技能的人员。

［来源：MZ/T 084—2017，3.2］

7.3.25 婚姻登记机关标牌

婚姻登记机关按照一定标准制作并悬挂的写明单位名称的指示牌。

［来源：MZ/T 082—2017，6.1］

7.3.26 婚姻登记候登大厅

婚姻登记机关内供婚姻当事人等候登记、填写申请书的场所。

［来源：MZ/T 082—2017，6.2］

7.3.27 结婚登记室

婚姻登记机关内为婚姻当事人办理结婚登记的场所。

［来源：MZ/T 082—2017，6.3］

7.3.28 离婚登记室

婚姻登记机关内为婚姻当事人办理离婚登记的场所。

［来源：MZ/T 082—2017，6.4］

7.3.29 颁证厅

婚姻登记机关内设立的为当事人颁发结婚证的场所。

［来源：MZ/T 082—2017，6.5］

7.3.30 咨询台

婚姻登记机关设立的为婚姻当事人提供咨询服务的工作台。

［来源：MZ/T 082—2017，6.6］

7.3.31 颁证台

颁证厅内供颁证人员宣读颁证词、颁发结婚证的工作台。

［来源：MZ/T 082—2017，6.7］

7.3.32 婚姻家庭辅导室

婚姻登记机构设置的为服务对象提供婚姻家庭辅导服务的场所。

［来源：MZ/T 084—2017，3.3］

7.3.33 婚姻登记证

婚姻登记机关向婚姻登记当事人颁发的载明当事人婚姻登记信息、具有法律效力的统一制式证件。

［来源：MZ/T 082—2017，7.1］

7.3.34 结婚证

婚姻登记机关向结婚登记当事人颁发的载明当事人结婚登记信息、具有法律效力的统一制式证件。

［来源：MZ/T 082—2017，7.1.1］

7.3.35 离婚证

婚姻登记机关向离婚登记当事人颁发的载明当事人离婚登记信息、具有法律效力的统一制式证件。

［来源：MZ/T 082—2017，7.1.2］

7.3.36 婚姻登记档案

婚姻登记机关在办理婚姻登记业务过程中形成的相关材料。

［来源：MZ/T 082—2017，7.2］

7.3.37 婚姻登记专用章

婚姻登记机关使用的婚姻登记专用印章。

［来源：MZ/T 082—2017，7.3］

7.3.38 电子结婚证

由计算机等电子设备形成、传输和存储的符合全国电子证照标准的结婚证数据文件。

7.3.39 电子离婚证

由计算机等电子设备形成、传输和存储的符合全国电子证照标准的离婚证数据文件。

7.3.40 婚姻登记工作标识

由婚姻登记主管部门确认的、用以表明婚姻登记工作性质的符号。

［来源：MZ/T 082—2017，8.1］

7.3.41 婚姻登记数据库

用于记载存储婚姻登记业务中形成的各种电子信息的数据存储处理中心。

[来源:MZ/T 082—2017,8.2]

7.3.42 婚姻登记历史数据补录

将未录入全国婚姻登记系统的婚姻登记业务办理数据,通过信息录入、纸质档案电子化信息采集等方式录入系统的过程。

7.3.43 婚姻家庭辅导

婚姻登记机构为当事人提供的婚姻家庭关系方面的指导帮助。

[来源:MZ/T 084—2017,3.1]

7.3.44 离婚调适

对离婚当事人进行心理、情感、行为等方面的控制和调整,使之更好地适应离婚后的生活。

[来源:MZ/T 084—2017,3.4]

7.4 残疾人福利

7.4.1 残疾

身体结构、功能的损害及个体活动受限与参与的局限性。

[来源:GB/T 26341—2010,3.1]

7.4.2 残疾人

在精神、生理、人体结构上,某种组织、功能丧失或障碍,全部或部分丧失从事某种活动能力的人。

[来源:GB/T 26341—2010,3.2]

7.4.3 残疾人社会福利机构

为肢体、智力、视力、听力、语言、精神方面有残疾的人员提供康复和功能补偿的辅助器具,进行康复治疗、康复训练,承担教育、养护和托管服务的社会福利机构。

[来源:MZ/T 009—2001,2.1]

7.4.4 残疾分类

按不同残疾分为视力残疾、听力残疾、言语残疾、肢体残疾、智力残疾、精神残疾和多重残疾。

7.4.5 视力残疾

各种原因导致双眼视力低下并且不能矫正或双眼视野缩小,以致影响其日常生活和社会参与。视力残疾包括盲及低视力。

7.4.6 听力残疾

各种原因导致双耳不同程度的永久性听力障碍,听不到或听不清周围环境声及言语声,以致影响其日常生活和社会参与。

7.4.7 言语残疾

各种原因导致的不同程度的言语障碍,经治疗一年以上不愈或病程超过两年,而不能或难以进行正常的言语交流活动,以致影响其日常生活和社会参与。包括:失语、运动性构音障碍、器质性构音障碍、发声障碍、儿童言语发育迟滞、听力障碍所致的言语障碍、口吃等。

注:3 岁以下不定残。

7.4.8 肢体残疾

人体运动系统的结构、功能损伤造成的四肢残缺或四肢、躯干麻痹(瘫痪)、畸形等导致人体运动功能不同程度丧失以及活动受限或参与的局限。

7.4.9 智力残疾

智力显著低于一般人水平,并伴有适应行为的障碍。此类残疾是由于神经系统结构、功能障碍,使个体活动和参与受到限制,需要环境提供全面、广泛、有限和间歇的支持。

7.4.10 精神残疾

各类精神障碍持续一年以上未痊愈,由于存在认知、情感和行为障碍,以致影响其日常生活和社会参与。

7.4.11 多重残疾

同时存在视力残疾、听力残疾、言语残疾、肢体残疾、智力残疾、精神残疾中的两种或两种以上残疾。

7.4.12 残疾分级

各类残疾按残疾程度分为四级,残疾一级、残疾二级、残疾三级和残疾四级。残疾一级为极重度,残疾二级为重度,残疾三级为中度,残疾四级为轻度。

7.4.13 视力残疾分级

按视力和视野状态分级,其中盲为视力残疾一级和二级,低视力为视力残疾三级和四级。视力残疾均是对双眼而言,若双眼视力不同,则以视力较好的一眼为准。如仅有单眼为视力残疾,而另一眼的视力达到或优于 0.3,则不属于视力残疾范畴。视野以注视点为中心,视野半径小于 10 度者,不论其视力如何均属于盲。

7.4.14 听力残疾分级

按平均听力损失,及听觉系统的结构、功能,活动和参与,环境和支持等因素分级(不配戴助听放大装置)。

7.4.15 言语残疾分级

按各种言语残疾不同类型的口语表现和程度,脑和发音器官的结构、功能,活动和参与,环境和支持等因素分级。

7.4.16 肢体残疾分级

按人体运动功能丧失、活动受限、参与局限的程度分级(不配戴假肢、矫形器及其他辅助器具)。

7.4.17 智力残疾分级

按 0—6 岁和 7 岁及以上两个年龄段发育商、智商和适应行为分级。0—6 岁儿童发育商小于72的直接按发育商分级,发育商在72—75的按适应行为分级。7岁及以上按智商、适应行为分级;当两者的分值不在同一级时,按适应行为分级。WHO－DASⅡ分值反映的是18岁及以上各级智力残疾的活动与参与情况。

7.4.18 精神残疾分级

18岁及以上的精神障碍患者依据WHO－DASⅡ分值和适应行为表现分级,18岁以下精神障碍患者依据适应行为的表现分级。

7.4.19 多重残疾分级

按所属残疾中残疾程度最重类别的分级确定其残疾等级。

7.4.20 活动

个人完成一项任务或一个动作

7.4.21 活动受限

个人在活动进行中存在的困难

7.4.22 身体功能

身体各系统的生理功能(包括心理机能)。

7.4.23 身体结构

身体解剖部位,如器官、四肢及组成部分等。

7.4.24 环境因素

人们居住和生活的物质、社会、意识环境。

7.4.25 康复辅助器具适配

根据服务对象的身体功能、活动和参与能力、使用环境等因素,运用辅助技术相关知识和理论,为其配置适宜的康复辅助器具。

7.4.26 服务对象

所有对康复辅助器具适配服务有要求的人群。

7.4.27 适配评估

对服务对象的功能状况、潜在能力、环境因素进行分析、考量和判断的全过程,是制订康复辅助器具适配方案和设定应用效果的依据。

7.4.28 个人医疗辅助器具

包括用于改善、监控或维护个人医疗条件的辅助器具等。

不包括医护人员专用的辅助器具。

7.4.29 技能训练辅助器具

包括用于增强体能、提高智力和社会生存能力的辅助器具。

7.4.30 矫形器和假肢

矫形器或矫形器具是用于矫正神经肌肉和骨骼系统的结构和功能特性的外置装置;假肢或

假体器件是用在体外来替代人体缺失的某一部位的全部或部分。包括自身力源和外部力源的外置矫形器和假肢、矫形鞋和装饰假体。

7.4.31 个人生活自理和防护辅助器具

包括穿脱衣服、身体防护、个人卫生、气管造口、肠造口和失禁护理活动辅助器具。

7.4.32 个人移动辅助器具

矫形器和假肢。

搬运和运输的辅助器具。

工作场所中运输物体的辅助器具。

7.4.33 家务辅助器具

包括饮食辅助器具等。

7.4.34 沟通和信息辅助器具

以不同方式帮助人接收、发送、编辑和处理信息的器具。

7.4.35 长期照护

因残疾产生的特殊护理消费品和照护服务支出持续6个月以上时间。

7.4.36 自愿申请

残疾人"两项补贴"由残疾人向户籍所在地街道办事处或乡镇政府受理窗口提交书面申请。残疾人的法定监护人,法定赡养、抚养、扶养义务人,所在村民(居民)委员会或其他委托人可以代为办理申请事宜。申请残疾人"两项补贴"应持有第二代中华人民共和国残疾人证,并提交相关证明材料。

7.4.37 逐级审核

街道办事处或乡镇政府依托社会救助、社会服务"一门受理、协同办理"机制,受理残疾人"两项补贴"申请并进行初审。初审合格材料报送县级残联进行相关审核。审核合格材料转送县级人民政府民政部门审定,残疾人家庭经济状况依托居民家庭经济状况核对机制审核。审定合格材料由县级人民政府民政部门会同县级残联报同级财政部门申请拨付资金。

7.4.38 定期复核

采取残疾人主动申报和发放部门定期抽查相结合的方式,建立残疾人"两项补贴"定期复核制度,实行残疾人两项补贴应补尽补、应退则退的动态管理。定期复核内容包括申请人资格条件是否发生变化、补贴是否及时足额发放到位等。

7.4.39 社会福利医院

提供食宿的、不以营利为目的、主要收治无亲属子女赡养、无劳动能力、无生活来源的困难人群和低保对象、优抚对象中的智障和精神病人等的具有医疗机构资质的专门福利机构。

8 养老服务

8.1 养老机构

依法办理登记,为老年人提供全日集中住宿和照料护理服务,床位数在10张以上的机构。

8.2 社区养老服务机构

在社区依托固定场所设施,采取全托、日托、上门等方式,为社区居民提供生活照料、康复护理、助餐助行、紧急救援、精神慰藉等养老服务的企业、事业单位和社会组织,比如社区养老机构、社区日间照料中心等。

8.3 高龄老年人

年满80周岁及以上的老年人。

8.4 失能老年人

根据《老年人能力评估》标准,将老年人能力评估结果为1—3级的老年人。

8.5 特困老年人

无劳动能力,无生活来源,无法定赡养、抚养、扶养义务人或者其法定义务人无履行义务能力的60周岁以上老年人。

[来源:GB/T 37276—2018,3.4]

8.6 养老从业人员

养老服务机构的法定代表人、主要负责人、高级管理人员以及养老护理员等相关人员。

8.7 留守老年人

因子女(全部子女)长期(全年合计半年以上)离开户籍地进入城镇务工或经商或从事其他生产经营活动而在家留守的年满60周岁以上老年人。

8.8 老年用品

以老年人为服务对象的产品,主要包括老年服装服饰、日用辅助产品、养老照护产品、康复训练及健康促进辅具、适老化环境改善等产品。

8.9 养老机构备案

养老机构登记后,根据是否营利向相应的民政部门进行报备,营利性养老机构向服务场所所在地的县级民政部门进行备案。非营利性养老机构向登记管理机关同级的民政部门进行备案。

8.10 养老机构备案变更

已经备案的养老机构变更名称、法定代表人或者主要负责人等登记事项,或者变更服务场所权属、养老床位数据、服务设施面积等事项的,应当及时向原备案民政部门办理变更备案。

8.11 养老机构所在行政区划

养老机构实际经营、运营、服务场所在地址的行政区划。

8.12 养老机构所属行政区划

养老机构登记注册所在地的行政区划。

8.13 养老机构备案编号

养老机构备案成功后所对应的唯一编码。

8.14 建设补贴

由政府出资面向符合补贴条件的养老服务机构用于自建或改建的一次性补贴。

8.15 运营补贴

由政府出资面向符合补贴条件的养老服务机构用于日常运营服务的持续性补贴。

8.16 等级评定机构

专门开展养老机构等级评定或复核工作的各级民政部门及其委托的相关单位或机构。

8.17 养老机构等级评定

各级人民政府民政部门为依法实施养老机构综合监管职责，促进养老机构高质量发展，依照规范的方法和程序，由等级评定机构根据等级评定标准及实施细则，对养老机构从环境、设施设备、运营管理、服务四个方面进行客观、全面的评定，并作出评定等级结论。

8.18 养老机构等级

养老机构的评定分五个等级，从低到高依次为一级、二级、三级、四级、五级，级数越高，表示养老机构在环境、设施设备、运营管理、服务方面的综合服务能力越强。

[来源：GB/T 37276—2018，4.1]

8.19 养老机构等级评定专家

负责养老机构等级评定工作，并给出等级结论的人员。

8.20 老年人能力评估

针对老年人的日常生活活动、精神状态、感知觉与沟通、社会参与等四个方面对老年人进行基础性的能力评估，以明确老年人的能力分级，此分级将作为政府制定养老政策，以及为老年人提供适宜养老服务的依据。

8.21 能力完好

日常生活活动、精神状态、感知觉与沟通的分级均为 0，社会参与的分级为 0 或 1。

[来源：MZ/T 039—2013，5.2.1]

8.22 轻度失能

日常生活活动的分级为 0，但精神状态、感知觉与沟通中至少一项的分级为 1 及以上，或社会参与的分级为 2；或日常生活活动的分级为 1，精神状态、感知觉与沟通、社会参与中至少有一项的分级为 0 或 1。

[来源：MZ/T 039—2013，5.2.1]

8.23 中度失能

日常生活活动的分级为 1，但精神状态、感知觉与沟通、社会参与的分级均为 2，或有一项的分级为3;或日常生活活动的分级为2,且精神状态、感知觉与沟通、社会参与中有1—2项的分级为1或2。

[来源:MZ/T 039—2013,5.2.1]

8.24 重度失能

日常生活活动的分级为3;或日常生活活动、精神状态、感知觉与沟通、社会参与的分级均为2;或日常生活活动的分级为2,且精神状态、感知觉与沟通、社会参与中至少有一项的分级为3。

[来源:MZ/T 039—2013,5.2.1]

8.25 医养结合机构

兼具医疗卫生资质和养老服务能力的医疗机构或养老机构,主要包括养老机构设立或内设医疗机构以及医疗机构设立养老机构或开展养老服务两种形式。

注:医养结合机构主要为入住机构的老年人提供养老、医疗、护理、康复、辅助与心理精神支持等服务。医养结合机构所提供的医疗卫生服务、养老服务应当分别适用现行医疗卫生服务、养老服务的规范、标准和管理规定。

8.26 长护险机构

为长期护理险签约对象提供护理服务的医疗机构或养老机构。

8.27 养老机构设施设备

存在于养老机构内部的设施设备,主要包括房间设备、公共服务设备、医疗康复设备、安全保障设备、消防安全设备、行政办公设备等。

8.28 养老服务市场失信联合惩戒对象名单管理

民政部门将严重违法失信的养老服务机构和从业人员列入联合惩戒对象名单,在一定期限内向社会公布,实施信用约束、联合惩戒等措施的统称。

注:养老服务机构包括养老机构、居家社区养老服务机构;从业人员包括养老服务机构的法定代表人、主要负责人、高级管理人员以及养老护理员等相关人员。

8.29 失信行为

符合《养老服务市场失信联合惩戒对象名单管理办法(试行)》中第五条或第七条列出的相关情形的行为。

9 儿童福利

9.1 儿童福利管理部门

包括民政部在内的各级地方民政、妇联、公安、教育、残联、医疗机构等相关部门。

9.2 儿童福利经办机构

乡(镇)人民政府、街道办事处、县级以上地方民政部门等负责有关儿童福利、儿童保护、儿童收养等相关工作的部门。

9.3 关爱服务资源

一般是社会工作者、法律工作者、心理咨询工作者等专业人员，针对不同儿童不同特点，提供专业性的关爱服务。

9.4 儿童福利机构

民政部门设立的，主要收留抚养由民政部门担任监护人的未满18周岁儿童的机构。

9.5 未成年人救助保护机构

县级以上人民政府及其民政部门根据需要设立，对生活无着的流浪乞讨、遭受监护侵害、暂时无人监护等未成年人实施救助，承担临时监护责任，协助民政部门推进农村留守儿童和困境儿童关爱服务等工作的专门机构，包括按照事业单位法人登记的未成年人保护中心、未成年人救助保护中心和设有未成年人救助保护科（室）的救助管理站。

9.6 收养登记机关

收养登记机关是依法履行收养登记行政职能的各级人民政府民政部门。

9.7 集中养育孤儿

社会福利机构抚养或寄养的孤儿。

9.8 社会散居孤儿

在社会上分散供养的，由其法定监护人承担抚养义务、履行监护职责的孤儿。

9.9 儿童收养登记

中国公民以及外国人在中国境内收养子女和协议解除收养关系，在县级及以上民政部门办理的收养登记和解除收养关系登记。

9.10 中国公民收养登记

中国居民作为收养人办理成立收养关系的收养登记。

注：其中收养人是居住在香港、澳门、台湾或者侨居国外的中国公民（含留学生），夫妻共同收养有一方是香港、澳门、台湾或者侨居国外的居民的，按当地居民办理收养统计。

9.11 外国人收养登记

收养人是具有外国国籍（包括无国籍人）的人员。夫妻共同收养有一方是外国人的，按外国人办理收养统计。

9.12 被收养儿童合计

通过收养登记被家庭收养儿童人数的总和。

9.13 协议解除收养关系登记

具有收养关系的当事人通过协商解除收养关系的必经程序。办理协议解除收养关系的登记机关是县级及以上民政部门。

9.14 儿童收养登记机关

具有办理收养登记职能的机关，包括县级收养登记机关，地级市收养登记机关和省级收养登记机关。

9.15 儿童主任

由村(居)民委员会委员、大学生村官或者专业社会工作者等人员负责儿童关爱保护服务工作的人员;优先安排村(居)民委员会女性委员担任,一般称为“儿童主任”。

9.16 儿童督导员

乡镇人民政府(街道办事处)明确的专门负责儿童关爱保护服务工作的人,工作中一般称为“儿童督导员”。

9.17 留守儿童

父母双方外出务工或一方外出务工另一方无监护能力、不满16周岁的未成年人。

9.18 未成年人

未满18周岁的公民。

9.19 困境儿童

因家庭贫困导致生活、就医、就学等困难的儿童,因自身残疾导致康复、照料、护理和社会融入等困难的儿童,以及因家庭监护缺失或监护不当遭受虐待、遗弃、意外伤害、不法侵害等导致人身安全受到威胁或侵害的儿童。

9.20 事实无人抚养儿童

父母双方均符合重残、重病、服刑在押、强制隔离戒毒、被执行其他限制人身自由的措施、失联情形之一的儿童;或者父母一方死亡或失踪,另一方符合重残、重病、服刑在押、强制隔离戒毒、被执行其他限制人身自由的措施、失联情形之一的儿童。

9.21 弃婴弃儿

组织或公民在本市行政区域内发现或捡拾的、经公安部门确认被遗弃的婴儿或者儿童。

9.22 孤儿

失去父母、查找不到生父母的儿童。

9.23 残疾儿童

在精神、生理、人体结构上,某种组织、功能丧失或障碍,全部或部分丧失从事某种活动能力以致影响其日常生活和社会参与的儿童。

9.24 超龄儿童

民政部门救助保护管理范围内的未成年人,年龄超过18周岁仍需继续救助的,称为超龄儿童。

9.25 寄养儿童

监护权在县级以上地方人民政府民政部门的,被民政部门或者民政部门批准的家庭寄养服务机构委托在符合条件的家庭中养育的、不满18周岁的孤儿、查找不到生父母的弃婴和儿童。

9.26 寄养家庭

经过规定的程序,受县级以上地方人民政府民政部门或者民政部门批准的家庭寄养服务机构委托,寄养不满18周岁的孤儿、查找不到生父母的弃婴和儿童的家庭。

9.27 家庭成员/子女

具有法定赡养、抚养或扶养关系,且共同生活的人员。

9.28 儿童福利补贴资金

国家通过经常性预算和财政性拨款、社会捐赠等形成的,专门用于救助儿童的社会保障货币资金。

9.29 孤儿基本生活费

由民政部、财务部依据《国务院办公厅关于加强孤儿保障工作的意见(国办发〔2010〕54号)》,自2010年1月起为全国孤儿发放的基本生活费。

9.30 孤儿基本生活费标准

各省(自治区、直辖市)要根据城乡生活水平、儿童成长需要和财力状况,按照保障孤儿的基本生活不低于当地平均生活水平的原则,合理确定的孤儿基本生活最低养育标准。

9.31 动态管理

孤儿等困境儿童有进有出、基本生活费有升有降。对新增符合救助条件的困境儿童及时给予救助;对不再符合条件的困境儿童及时停止救助;对正在享受低保救助的,根据国家每年的标准,调整儿童的基本生活费发放标准。

9.32 调查评估

经办机构通过信息系统与有关部门和单位对申请人家庭人口、经济收入、财产状况等情况进行比对核查。

9.33 收养人收养能力评估

是通过专业人员对收养人的收养动机、婚姻状况、经济能力、身心状况及道德品行等进行调查评估,对收养家庭做出客观、公正的评价;收养人收养能力评估结论是民政部门审核收养申请家庭是否具备收养条件的重要依据。

9.34 收养

收养是根据法定的条件和程序领养他人子女为自己子女的民事法律行为。收养行为是一种设定和变更民事权利、义务的重要法律行为,它涉及对未成年人的抚养教育、对老年人的赡养扶助以及财产继承等一系列民事法律关系。

9.35 解除收养

收养人与被收养人由于一定的原因使收养关系无法维持下去时,经双方协商同意,依法终止收养双方的人身和财产权利义务关系的行为。

9.36 出具登记证明

当事人办理过收养或者解除收养关系登记,申请补领时的收养状况因解除收养关系或者收养关系当事人死亡发生改变的,由收养登记机关出具收养登记证明的行为。

9.37 撤销收养

收养关系当事人弄虚作假骗取收养登记的，由利害关系人、有关单位或者组织向原收养登记机关提出，由收养登记机关撤销登记，收缴收养登记证的行为。

9.38 补领收养登记证、解除收养关系证明

收养关系当事人遗失、损毁收养证件或解除收养关系证明时，可以向原收养登记机关申请补领的行为。

9.39 续发

年龄超过18周岁的孤儿继续享受孤儿基本生活费的资金发放行为。

9.40 康复治疗

对需要进行康复救助的残疾儿童进行治疗护理，包括以减轻功能障碍、改善功能状况、增强生活自理和社会参与能力为主要目的的手术、辅助器具配置和康复训练等行为。

9.41 明天计划

"明天计划"项目是由民政部组织，各省级民政部门具体实施，福利彩票公益金支持，主要针对0—18周岁孤儿开展的医疗康复项目。

9.42 助养

助养是社会各界人士关心孤儿和残童成长的一种形式，助养人与被助养人之间没有法定抚养和赡养的关系、权利和义务，被助养的孤儿和残童的姓名不能更改、户口不准迁移，其法定监护人仍是儿童福利院。

9.43 孤儿助学工程

由民政部组织，县级以上民政部门具体实施，中央彩票公益金支持，面向18周岁前已被认定为孤儿身份、年满18周岁后就读普通全日制本科学校、普通全日制专科学校、高等职业学校等高等院校及中等职业学校的中专、大专、本科学生和硕士研究生等开展的助学项目。

9.44 强制报告制度

根据儿童工作资源中心专家的评估报告，与民政、教育、医疗、社区、社会组织等对接，将困境儿童转介给相应机构进行救助、帮扶、安置的报告制度。

9.45 监护缺失

未成年人没有有效的监护人或者虽有监护人但监护人没有完全履行其监护责任。

9.46 临时监护

基于保护被监护人的合法权益的条件下，在不违背法律规定的前提下，将监护职责部分或全部委托他人或其他机构行使，并由他人或其他机构承担相应法律后果的行为。

9.47 救助帮扶

政府社会救助、单位企业扶助、民众之间互相帮助、个人创业自助的政府政策，政府每年会对此有专项政策出台。

9.48 专项排查

省级民政部门对下级地方民政部门对儿童的关爱保障工作的落实情况进行集中、全面、重点监督检查的活动,以此掌握儿童福利的落实情况。

9.49 儿童福利院

民政部门设立的,主要为依法由民政部门担任监护人的未成年人提供收留抚养等服务的机构。

9.50 SOS 儿童村

运行经费主要来源是世界各国友好人士的爱心捐款,办村模式为以家庭方式抚养教育孤儿的国际性民间慈善机构。

10 慈善事业促进和社会工作

10.1 慈善与募捐

10.1.1 慈善组织

依法成立、符合《中华人民共和国慈善法》规定,以面向社会开展慈善活动为宗旨的非营利性组织。可以采取基金会、社会团体、社会服务机构等组织形式。

10.1.2 慈善募捐

慈善组织基于慈善宗旨募集财产的活动。包括面向社会公众的公开募捐和面向特定对象的定向募捐。

10.1.3 慈善捐赠

自然人、法人和其他组织基于慈善目的,自愿、无偿赠与财产的活动。

10.1.4 慈善信托

委托人基于慈善目的,依法将其财产委托给受托人,由受托人按照委托人意愿以受托人名义进行管理和处分,开展慈善活动的行为。

10.1.5 慈善财产

慈善组织通过发起人捐赠、资助和募集渠道获取的财产,以及其他合法获取的财产。

10.1.6 慈善服务

慈善组织和其他组织以及个人基于慈善目的,向社会或者他人提供的自愿无偿服务以及其他非营利服务。

10.1.7 慈善超市

以社会公众自愿无偿捐助为基础,借助超级市场管理和运营模式,为困难群众提供物质帮扶和志愿服务的社会服务机构。

10.1.8 捐助站点

在大中城市和有条件的小城市设立的负责捐助物品的集中、清理、消毒、运输等工作和捐助款的清点、接收工作的经常性社会捐助接收工作站，以及在机关、团体、企事业单位以及城市社区居民委员会设立的负责捐助款的接收和捐赠物品的验收、登记、整理、打包并运送到经常性社会捐助接收工作站的经常性社会捐助接收工作点。

10.1.9 设立慈善组织

应当向县级以上人民政府民政部门申请登记，民政部门应当自受理申请之日起30日内作出决定。符合《中华人民共和国慈善法》规定条件的，准予登记并向社会公告；不符合《中华人民共和国慈善法》规定条件的，不予登记并书面说明理由。

10.1.10 慈善组织重大事件

慈善组织在发生重大资产变动、重大投资、重大交易及资金往来的事件。

10.1.11 慈善项目

运用一定的组织以捐赠财物、时间、精力和知识等形式在特定的时间、预算、资源限定内依据计划完成一个明确目标的非营利和社会公益性的活动。

10.1.12 慈善组织年报

具有公开募捐资格的慈善组织按照有关法律法规规定的时限，在统一信息平台向社会公开的年度工作报告和财务会计报告。年度财务会计报告需经审计。

10.1.13 公开募捐资格

慈善组织基于慈善宗旨，面向社会公众募集财产的活动的资格，通常没有特定的募捐对象，并在公开场所或平台开展，募捐过程和结果都应公开和透明。

10.1.14 公开募捐方案

慈善组织为开展公开募捐，制订的捐赠方案，募捐方案包括募捐目的、起止时间和地域、活动负责人姓名和办公地址、接受捐赠方式、银行账户、受益人、募得款物用途、募捐成本、剩余财产的处理等。

10.1.15 中华慈善奖

表彰我国慈善活动中事迹突出、影响广泛的单位、个人、志愿服务等爱心团队（简称“爱心团队”）、慈善项目、慈善信托等的奖项，是当前中国慈善领域政府最高奖，由民政部负责实施。

10.1.16 慈善楷模奖

表彰在我国慈善领域事迹突出、社会影响良好、具有感召力、公信力、示范性的个人（包括慈善工作者）和爱心团队的奖项，原则上不超过30个。

10.1.17 慈善项目和慈善信托奖

表彰在我国慈善领域具有创新性、示范性、推广性的慈善项目和慈善信托的奖项，原则上不超过50个。

10.1.18 捐赠企业奖

在表彰周期内向我国境内捐赠数额较大、贡献突出的国（境）内外企业，原则上不超过40个。

10.1.19 捐赠个人奖

在表彰周期内向我国境内捐赠数额较大、贡献突出的国(境)内外个人,原则上不超过30个。

10.2 社会工作

10.2.1 社会工作

秉持利他主义价值观,以科学知识为基础,运用科学的专业方法,帮助有需要的困难群体,解决其生活困境问题,协助个人及其社会环境更好地相互适应的职业活动。

10.2.2 社会工作者

在社会福利、社会救助、社会慈善、残障康复、优抚安置、医疗卫生、青少年服务、司法矫治等社会服务机构中从事专门性社会服务工作的专业技术人员,简称社工。

10.2.3 社会工作服务

社会工作服务是社会工作专业人才运用专业方法为有需要的人群提供的包括困难救助、矛盾调处、人文关怀、心理疏导、行为矫治、关系调适、资源协调、社会功能修复和促进个人与环境适应等在内的专业服务,是现代社会服务体系的重要组成部分。

[来源:MZ/T 094—2017,3.1]

10.2.4 社会工作服务机构

坚持“助人自助”宗旨,遵循社会工作专业伦理规范,综合运用社会工作专业知识、方法和技能,开展困难救助、矛盾调处、权益维护、心理疏导、行为矫治、关系调适等服务工作的以社会工作者为主体的非企业单位。

10.2.5 社会工作服务项目

为满足特定服务对象的需求,在一定时间内,运用一定的资源,按照预定的服务目标、服务内容和服务要求所设计、实施的社会工作服务任务。

[来源:MZ/T 059—2014,2.2]

10.2.6 政府购买社会工作服务

政府利用财政资金,采取市场化、契约化方式,面向具有专业资质的社会组织和企事业单位购买社会工作服务的过程。

10.2.7 个案工作

以有需要的个人或家庭为服务对象,运用个别化的工作方式,增强其解决困难和适应社会的能力,促进其与环境和谐发展的一种专业社会工作方法。

[来源:MZ/T 094—2017,3.1]

10.2.8 个案管理

以面临多重问题或需要的个人或家庭为服务对象,由社会工作者统筹协调服务过程,促进跨专业合作,满足服务对象复杂需求的整合性服务模式。

［来源：MZ/T 094—2017，3.2］

10.2.9 小组

在社会工作者引领下，将两个及以上且具有共同需求或相近问题的服务对象组织在一起而开展互动性活动的群体。

［来源：MZ/T 095—2017，3.1］

10.2.10 小组工作

以具有共同需求或相近问题的群体为服务对象，通过小组活动过程及组员之间的互动和经验分享，帮助小组组员改善其社会功能的一种专业社会工作方法。

［来源：MZ/T 095—2017，3.2］

10.3 志愿服务

10.3.1 志愿服务

志愿者、志愿服务队伍和其他组织自愿、无偿向社会或者他人提供的公益服务。

［来源：MZ/T 148—2020，2.1］

10.3.2 志愿服务活动

志愿者、志愿服务队伍和其他组织开展或参与的志愿服务行为。

［来源：MZ/T 148—2020，2.5］

10.3.3 志愿服务项目

在一定的周期内，面向特定服务对象或领域开展的，具有明确的服务目标、服务时间、服务内容和服务保障的志愿服务活动。

［来源：MZ/T 148—2020，2.6］

10.3.4 志愿服务管理

对志愿服务进行组织、协调、指导、规范、监督的过程。

［来源：MZ/T 148—2020，2.9］

10.3.5 志愿服务运营管理

对志愿服务队伍及其开展的志愿服务活动进行计划、实施、监控和持续改进的过程。

［来源：MZ/T 148—2020，2.10］

10.3.6 志愿服务对象

获得志愿服务的人、组织、事物以及环境。

［来源：MZ/T 148—2020，2.11］

10.3.7 志愿服务岗位

为满足志愿服务需求设立，由志愿者承担的具有相应职责、要求和规范的工作任务。

［来源：MZ/T 148—2020，2.12］

10.3.8 志愿服务时间

志愿者实际提供的以小时为计量单位的服务时长。

［来源:MZ/T 148—2020,2.13］

10.3.9 志愿服务记录

志愿服务队伍和其他依法开展志愿服务活动的队伍记录志愿者参加志愿服务的信息。

注:记录信息一般包括志愿者的身份信息、服务技能、服务时间、联系方式以及志愿服务情况、培训情况、表彰奖励情况、评价情况等。

［来源:MZ/T 148—2020,2.14］

10.3.10 志愿服务记录证明

依据志愿服务记录信息,无偿、如实出具的证明志愿者参加志愿服务有关情况的制式材料。

［来源:MZ/T 148—2020,2.15］

10.3.11 志愿服务保障

为确保志愿服务正常开展和利益相关方权益而采取的制度设计和具体举措。

注:具体形式有志愿服务政策法规及志愿者补贴、志愿者保险、志愿服务场地、志愿服务培训等。

［来源:MZ/T 148—2020,2.18］

10.3.12 志愿服务队伍

以组织形式开展志愿服务活动的主体。

注:一般包含志愿服务组织、志愿服务团体和其他开展志愿服务活动的法人组织。

10.3.13 志愿服务组织

依法成立,以开展志愿服务为宗旨的非营利性组织。

注:志愿服务组织可以采取社会团体、社会服务机构、基金会等组织形式。

［来源:MZ/T 148—2020,4.1］

10.3.14 其他开展志愿服务活动的法人组织

依法成立开展志愿服务活动的法人组织。

注:其他开展志愿服务活动的法人组织可以采取党政机关、教育事业单位、卫生事业单位、科技事业单位、文化事业单位、社会福利事业单位、其他事业单位、群团组织、居民委员会、村民委员会、企业等组织形式。

10.3.15 联络组织

已在系统中注册,且同意承担管理志愿服务团体相关责任的法人组织。

注:一般分为志愿服务组织和其他开展志愿服务活动的法人组织。

10.3.16 志愿服务团体

经社区或单位同意成立的,以开展志愿服务为宗旨,尚未依法登记的团体,大多采取志愿服务队等形式组建,一般也称为志愿服务团队。

［来源:MZ/T 148—2020,4.2］

10.3.17 志愿者

以自己的时间、知识、技能、体力等从事志愿服务的自然人。

［来源:MZ/T 148—2020,3.1］

10.3.18 志愿者管理

通过计划、组织、指挥、协调等手段，开展志愿者招募、培训、使用、评价、激励等工作，以期达到既定目标的过程。

［来源：MZ/T 148—2020，3.2］

10.3.19 志愿者招募

为征召具备相应条件的志愿者而开展的动员、遴选等活动。

［来源：MZ/T 148—2020，3.3］

10.3.20 志愿者注册

志愿者将个人真实、准确、完整的基本信息，通过国务院民政部门指定的志愿服务信息系统或志愿服务队伍进行注册登记的过程。

［来源：MZ/T 148—2020，3.4］

10.3.21 志愿者培训

以提高志愿服务水平为目的，向志愿者传授参与志愿服务所需理念、知识和技能等的活动。

注：志愿者培训一般分为志愿者通用培训、专业培训、岗位培训。

［来源：MZ/T 148—2020，3.5］

10.3.22 志愿者通用培训

对志愿者开展的志愿服务理念、权利与义务等基础知识培训。

［来源：MZ/T 148—2020，3.6］

10.3.23 志愿者专业培训

对志愿者开展的职业技能、技术规范等专业知识和技能培训。

［来源：MZ/T 148—2020，3.7］

10.3.24 志愿者岗位培训

对志愿者开展的工作任务、业务流程、服务规范等岗位职责培训。

［来源：MZ/T 148—2020，3.8］

10.3.25 志愿者保险

为应对志愿服务风险，志愿者在参加志愿服务期间获得的保险。

［来源：MZ/T 148—2020，3.10］

10.3.26 志愿者补贴

志愿服务队伍或其他组织、单位对志愿者在志愿服务中支出的交通、通信、食宿等费用给予的补助。

［来源：MZ/T 148—2020，3.11］

10.3.27 志愿者证

证明持有者具有志愿者身份的证件。

［来源：MZ/T 148—2020，3.12］

10.3.28 星级志愿者

根据志愿服务时间、服务质量等考核标准，获得星级认定的志愿者。

［来源：MZ/T 148—2020，3.13］

10.3.29 志愿者表彰

志愿服务队伍对获取表彰的志愿者记录表彰信息。

10.3.30 志愿服务评价

根据志愿服务活动实施情况，志愿服务队伍和参与志愿服务项目的志愿者之间相互评价。

注：志愿服务队伍对志愿者服务评价包含守时程度、服务态度、专业水平；志愿者对志愿服务队伍服务评价包含对志愿服务项目开展培训的满意度、与志愿服务队伍合作的满意度、志愿服务项目执行与计划的符合度。

11 信息化

11.1 应用软件

设计用户实现用户的特定需要而非计算机本身问题的软件。例如，导航（浏览）、工资、过程控制软件。

［来源：GB/T 11457—2006，2.71］

11.2 支持软件

辅助其他软件开发或维护的软件。例如，编译程序、装入程序和其他实用程序。

［来源：GB/T 11457—2006，2.1632］

11.3 系统软件

设计以帮助计算机系统和相关的程序操作和维护的软件。例如，操作系统、编译程序、实用程序。

［来源：GB/T 11457—2006，2.1667］

11.4 后台

在作业调度中，一种计算环境，低优先级的或不要求用户交互的进程在此环境中执行。

［来源：GB/T 11457—2006，2.118］

11.5 后台处理

当高优先级的进程不用计算机资源时，低优先级进程的执行或不要求用户交互的进程的执行。

［来源：GB/T 11457—2006，2.119］

11.6 需求分析

a）研究用户需要以得到业务、系统、硬件或软件需求的定义的过程；

b）研究和重新定义业务、系统、硬件或软件需求的过程。

[来源:GB/T 11457—2006,2.1363]

11.7 概要设计

包括:

a)对于系统或部件分析各种设计方案和定义系统体系结构、部件、接口以及提出时间和规模方面的估计的过程。

b) a)中过程的结果。

[来源:GB/T 11457—2006,2.1163]

11.8 系统集成

把组成系统的各个部分融合成一个高效、统一、有机整体的过程,即把组成系统的各部件、子系统、分系统和不同的产品、技术与服务,采用系统工程的科学方法进行综合集中、合成,组成满足最佳性能要求的系统。

[来源:GB/T 11457—2006,2.1656]

11.9 集成

把软件、硬件部件或两者合成为一个完整的系统的过程。

[来源:GB/T 11457—2006,2.787]

11.10 工程监理

依法设立且具备相应资质的信息系统工程监理单位(以下简称监理单位),受业主单位委托,依据国家有关法律法规、技术标准和信息系统工程监理合同,对信息系统工程项目实施的监督管理。

11.11 系统体系结构

系统各部分之间的结构和关系。系统体系结构也可以包括系统和它的运行环境之间的界面。

[来源:GB/T 11457—2006,2.1647]

11.12 顾客

供方提供的产品的接受者。

注1:在合同上,顾客称为采购方。

注2:顾客也可能是诸如最终顾客、用户、受益者或采购者。

注3:顾客可以是来自组织的内部或外部。

[来源:GB/T 11457—2006,2.382]

11.13 分割

把一个整体分成若干部分。

11.14 协议

支配系统内进程、设备和其他部件交互的一组约定。

[来源:GB/T 11457—2006,2.1275]

11.15 软件产品

a)定交付给用户的计算机程序、规程和可能相关的文档和数据的完整集。

b) a)中的任一单独的项。

[来源:GB/T 11457—2006,2.1520]

11.16 软件服务

实施与软件产品有关的活动、工作或义务,比如软件开发、维护和运作。

[来源:GB/T 11457—2006,2.1533]

11.17 系统

a)人、机器和方法的集合,用来实现一组规定的功能。

b)一个完整的整体,它由种类不同的、互相作用的、专门的结构和子功能部件所组成。

c)由某些相互作用或相互依赖关系联合起来的小组或子系统。它可执行多种职能,但是作为一个单位而发挥其作用。

[来源:GB/T 11457—2006,2.1645]

11.18 接口

a)一个共享的边界。信息跨越边界传递;

b)连接两个或多个其他部件,为了相互间传递信息的硬件或软件部件;

c)连接两个或多个部件,为了在相互间传送信息;

d)作为如b)中连接的或被连接的部件。

[来源:GB/T 11457—2006,2.795]

11.19 功能测试

a)忽略系统或部件的内部机制只集中于响应所选择的输入和执行条件产生的输出的一种测试。

b)有助于评价系统或部件与规定的功能需求遵循性的测试。

[来源:GB/T 11457—2006,2.669]

11.20 性能测试

评价系统或部件与规格的性能需求的依从性的测试行为。

[来源:GB/T 11457—2006,2.1135]

11.21 变更控制

提议作一项变更并对其进行估计、同意和拒绝、调度和跟踪的过程。

[来源:GB/T 11457—2006,2.194]

11.22 代码审核

由某人、某小组或借助某种工具对源代码进行的独立的审查,其目的是验证其是否符合软件设计文件和程序设计标准。还可能对正确性和有效性进行估计。

[来源:GB/T 11457—2006,2.219]

11.23 代码审查

一种静态分析技术,它依靠对开发产品的可视的检查,以检测错误、对开发标准的违反和其他问题。类型包括:代码审查、设计审查。

[来源:GB/T 11457—2006,2.764]

11.24 兼容性

a)两个或两个以上系统或部件,当共享相同的硬件或软件环境执行它们所要求的功能可得到同样结果的能力;

b)两个或两个以上系统或部件交换信息的能力。

[来源:GB/T 11457—2006,2.249]

11.25 发布

经测试且被引入实际运行环境的新配置项和(或)变更的配置项的集合。

[来源:GB/T 24405.1—2009, 2.10]

11.26 应用程序部署主体

应用系统的应用程序打包的构成,每个应用系统软件的应用程序可能拆分成多个应用程序部署主体。

11.27 部署模式

全国集中一套部署、以省为单位部署(部署位置可在部里机房,也可在省里的机房)。

11.28 日志

以用作日志记录档案库的资源为模型的管理支持客体类。

11.29 服务接口

在线 http 服务的方式提供的接口,一般表现为 httprestful 接口或 webservice 接口。

11.30 电子印章

用于验证电子公文签发者身份的电子标识。电子印章包括时间等信息以确认电子公文的时效性等安全验证内容。

11.31 电子签名

数字签名

在数据电文中,以电子形式所含、所附用于识别签名人身份并表明签名人认可其中内容的数据。

11.32 信息安全

对信息的保密性、完整性、可用性的保证;此外也可涉及真实性、可核查性、不可否认性和可靠性等特性。

11.33 安全策略

由管理、使用与提供安全服务和设施的安全机构所制定的一组规则。

11.34 身份认证

身份鉴别

联机验证某实体所声称的身份的过程。

11.35 数字证书

一种符合一定格式,用于网络空间的身份证明的电子文件。

注:数字证书持有者有两个密钥(数字串):一是私钥,仅由持有者拥有,用于"签署"发出的消息和解密送来的消息;一是公钥,由任何人使用,用于加密发送到特定用户的数据。

11.36 数字认证

为确保信息的安全并实现可信任的事务处理,通过使用数字证书建立起来的一套严密的身份认证机制。

注:数字认证技术可有效地解决敏感数据被窃取、删除或篡改,机密信息被公开,非法访问,用户身份被冒充,抵赖等问题。

11.37 多重认证

结合两种或更多种认证技术形式的一种更强或更可靠的认证。

注:多重认证通常包括如下类型:语音、特征或身份。

11.38 证书认证机构

负责创建和分配证书,受用户信任的权威机构。用户可以选择该机构为其创建密钥。

11.39 防火墙

设置在网络环境之间的一类完全屏障。防火墙可以是一台专用设备,也可以是若干组件和技术的组合。

注:防火墙具有如下特性:网络环境之间所有通信,均不能穿透防火墙;只允许按照本地安全策略定义的、已授权的通信通过。

11.40 网络安全域

电子政务外网区、互联网区,两个区之为逻辑隔离。

11.41 数据

a)事实、概念或指令以适合于由人或自动装置进行通信、解释或处理的方式的表示。

b)有时用作文档 documentation 的同义词。

[来源:GB/T 11457—2006,2.387]

11.42 元数据

关于数据或数据元素的数据(可能包括其数据描述),以及关于数据拥有权、存取路径、访问和数据易变性的数据。

11.43 核心元数据

元数据内容的最小子集。通常用于编制资源目录。

11.44 数据字典

一种包含元数据的数据库。

11.45 数据元素

一种建立在论域对象与代表这些对象的字之间,视为一个初等单元的命名的联系。这种性质的联系由一种对象集、一个字集合一个对象－字对的集合组成,其中的对象和字取自各自的集。该“对的集合”表示对象集的所有元素与字集的同等数目的元素之间的一一对应。

11.46 数据库

a)一数据集,或一数据集的部分或全体,它至少包括足够为一给定目的或给定数据处理系统使用的一个文件;

b)对一系统来说是基本的数据集合。

[来源:GB/T 11457—2006,2.390]

11.47 数据挖掘

从大量、有时不完全的、模糊的实际应用数据中提取出隐含在其中的、事先不为人知道的,但又是潜在有用的信息和知识的过程。游称“数据库中的知识发现”对于政务部门而言,数据挖掘有助于发现业务发展的趋势、揭示已知的事实、预测未知的结果。

11.48 信息资源

以导向性、再生性和重复利用性等主要特点,可供人们直接或间接开发与利用的各种信息集合的总称。

11.49 信息分类

把具有某种共同属性或特征的信息归并在一起,把具有不同属性或特征的信息区别开来的过程。

11.50 信息交换

在传输期间,以不改变信息量或赋予数据的含义的方式,发送和接收数据的过程。

11.51 目录服务

一种在分布式计算环境中提供目录查找的服务。

11.52 消息服务

为应用系统提供的,实现消息通信功能的运行环境和可配置的服务调用或支持。

11.53 客户－服务器结构

一种通常有一台或多台服务器以及大量的客户机组成的网络软件运行形式:服务器配备大容量存储器并安装数据库系统,用于数据的存放和数据检索;客户端安装专用的软件,负责数据的输入,运算和输出。

11.54 浏览器－服务器结构

对客户－服务器结构的一种变化或者改进的结构:在该结构下,用户工作界面是通过 www 浏览器来实现,主要事务逻辑在服务器(server)实现,而前端(browser)只实现极少部分事务逻辑。

11.55 政务内网

满足各级政务部门内部办公、管理、协调、监督及其决策需要的网络。简称政务内网。

11.56 政务外网

满足各级政务部门面向社会提供服务和管理的业务网络。简称政务外网。

11.57 标识符

唯一标识报文中一个数据项或者节点项的代码。

11.58 报文

网络中交换与传输的数据单元,即站点一次性要发送的数据块。

11.59 报文头

报文通信使用的基本信息。

11.60 节点代码

为了方便管理,对接入的机构,由应用支撑平台进行编码并分配给接入单位使用。

11.61 业务系统

信息系统中侧重于业务实现的子系统。

11.62 业务门户

运行在电子政务外网环境的门户集成平台系统。

11.63 业务协同

不同的部门之间按照一定的业务流程,通过信息共享和交换,及时高效处理一项或多项业务的过程。

11.64 流程控制

对业务流程的基本控制的操作,其中包括启动、暂停、恢复、放弃、继续、销毁等。

11.65 灾难备份

利用技术、管理手段以及相关资源,为确保已有的关键数据和关键业务在灾难发生后可以恢复正常和继续运营,而构建的复制系统和机制。

11.66 工作流引擎

根据工作流建模工具所生成的配置,来管理过程活动实例的生成、运行与销毁,并激活相应软件的工具。

11.67 输入－处理－输出图

软件系统或模块图,它由在左边列输入的方框、在中间列处理步骤的方框和在右边列输出的方框，并由连接输入至处理步骤及处理步骤至输出的箭头组成。

［来源：GB/T 11457—2006，2.763］

11.68 软件项目

一项需要协同工作的任务，它关注系统中软件成分的分析、说明、设计、开发、测试和（或）维护等工作及其相关文档。一个软件项目可以是建造硬件/软件系统的项目的一部分。

［来源：GB/T 11457—2006，2.1521］

11.69 需求评审

把系统、硬件项或软件项的需求提交给项目个人、管理者、用户、客户或其他感兴趣的部门以便进行评审或审批的过程或会议。类型包括系统需求评审、软件需求评审。

［来源：GB/T 11457—2006，2.1366］

11.70 需求规格说明

规定系统或部件的需求的文档。典型的包括功能需求、性能需求、接口需求、设计需求和开发标准。

［来源：GB/T 11457—2006，2.1367］

11.71 备份

a）在故障或外部引起的灾害事件中可用于替换或帮助恢复原始的项的系统、部件、文件、过程或人；

b）像在上述 a）中为建立或指定系统、部件、文件、过程或人；

c）发生系统失效或灾害时，为恢复数据文件或软件、重新启动处理、使用备份计算机设备而做的准备。

［来源：GB/T 11457—2006，2.120］

11.72 基线配置管理

正式评审和同意并作为其后开发工作依据的基线的建立。一些软件工作产品，如软件设计和代码，在预定点上具有建立的基线，并且对其实施严格的更改控制过程。

［来源：GB/T 11457—2006，2.126］

11.73 基线管理

在配置管理中，技术的和管理的应用指导指定的文档和它们的变更，这些文档是在配置项的生存期间的某一特定时间正是标识和建立基线的。

［来源：GB/T 11457—2006，2.127］

11.74 系统测试

在完整的、集成的系统上的测试行为，它用以评价系统与规定的需求的遵从性。

［来源：GB/T 11457—2006，2.1669］

11.75 单元测试

独立的硬件或软件单元或相关单元组的测试。

［来源：GB/T 11457—2006，2.1792］

11.76 集成测试

把软件部件、硬件部件或两者组合起来进行的测试，并测试以评价它们之间的交互。

［来源：GB/T 11457—2006，2.788］

11.77 接口测试

引导以评价系统或部件能否相互正确地传递数据与控制信息的测试。

［来源：GB/T 11457—2006，2.800］

11.78 微服务

主要以服务接口形式对外提供服务的形式。

11.79 交互设计

定义、设计人造系统的行为的设计领域，它定义了两个或多个互动的个体之间交流的内容和结构，使之互相配合，共同达到某种目的。

11.80 实名认证等级

对自然人实名认证强度的一个划分，级别越高用户实名认证信息的可信度越高。

11.81 单点登录

多个业务系统只需登录一次即可传递登录状态的登录形式。

11.82 单点登出

任意一个业务系统登出后，单点服务端和其他已登录的业务系统都完成登出操作。

11.83 接入系统

使用统一认证接口服务的第三方接入系统。

11.84 用户中心

互联网用户信息管理中心，互联网用户可登录进行用户信息维护、实名认证等操作。

11.85 信任传递

统一认证平台与国家政务服务统一认证进行登录登出状态同步、人员信息同步，完全由统一认证完成，接入系统无须关心。

11.86 国家平台

国家层面的统一身份认证平台，会与各部级平台进行对接，互联网用户可通过登录国家平台进行登录。

11.87 实名认证

用户资料真实性进行的一种验证审核，有助于建立完善可靠的用户信息。

11.88 授权对象

权限针对的对象或资源，通常包含：功能菜单、服务和自定义资源。

11.89 服务集成管理平台系统

作为 SOA 全技术栈（服务化、事件驱动、流程编排）的架构支撑，提供全面的服务化治理能力、事件中心和独立的可编排任务智能调度平台。

11.90 变更请求

在一项服务或基础设施内,用于记录请求变更任一配置项的详情的表单。

[来源:GB/T 24405.1—2009, 2.11]

11.91 统一消息服务

部署在中心端,对接各个渠道消息发送,为各应用系统提供发送消息服务。

11.92 消息接口服务

发送消息时所调用的相关接口。

11.93 服务集成平台

作为SOA全技术栈(服务化、事件驱动、流程编排)的架构支撑,提供全面的服务化治理能力、事件中心和独立的可编排任务智能调度平台。

11.94 类

具有某种共同属性(或特征)的事物或概念的集合。

[来源:GB/T 10113—2003,2.1.1]

11.95 行政权力事项

依据法律、法规、规章、规范性文件和部门职责分工的规定,由法定行政机关或组织实施的对自然人、法人和其他组织权利义务产生直接影响的具体行政行为。

[来源:C0109.1—2018,3.1]

11.96 公共服务事项

由政府各部门面向自然人、法人和其他组织,除行政权力事项之外办理的授益性事项。

[来源:C0109.1—2018,3.2]

11.97 政务服务事项

行政权力事项与公共服务事项合称为政务服务事项,本部分所涉及的事项政务服务事项。

[来源:C0109.1—2018,3.3]

11.98 实施清单

由政务服务实施主体依据“三定”规定确定的职责分工,对基本目录中实施的政务服务事项进行细化完善形成的清单。

[来源:C0109.1—2018,3.5]

11.99 约束

定义数据的完整性以及数据层级等的相关规则。

[来源:GB/T 34052.1—2017,3.14]

11.100 地理信息专用软件

具有特定的地理信息功能或针对特定的地理信息应用对象,提供适合地理信息应用特点和需要的应用软件。

[来源:GB/T 33447—2016,3.2]

11.101 GIS 空间分析

GIS 空间分析是在 GIS(地理信息系统)里实现分析空间数据,即从空间数据中获取有关地理对象的空间位置、分布、形态、形成和演变等信息并进行分析。

11.102 空间数据

空间数据是用来表示物体的位置、形态、大小分布等各方面的信息,是对现世界中存在的具有定位意义的事物和现象的定量描述。

11.103 统计数据

通常是与时间相关联的观测数值的集合,同时还与表示特定概念的一系列元数据值相关联,它通常是以数据结构定义(DSD)的形式来进行结构化的。

[来源:GB/T 34052.1—2017,3.6]

11.104 时间序列数据

在不同时间点上收集到的数据,这类数据反映了某一事物、现象等随时间的变化状态或程度。

[来源:GB/T 34052.1—2017,3.21]

11.105 协同模式

地方和部门节点本地完成用户注册和登录认证,并通过注册信息上传和隐性登录等机制与国家节点完成同步的方式。

11.106 电子政务

政务部门为实现政府与公民、企事业之间的信息交互,向社会提供优质、高效、透明的管理和服务,对自身的管理结构和业务流程进行梳理,运用信息技术所构建的技术系统和形成的服务体系。

11.107 信息共享

政务部门在依法履行职能过程中向其他政务部门提供或自其他政务部门获取信息的过程。

11.108 政务信息资源目录与交换体系

按照统一的标准要求建立,由两个部分组成的电子政务基础设施:一是以目录服务为基础实现部门间信息资源共享的目录体系,为各个系统提供信息查询和共享服务;二是以业务协同需求为导向实现部门间信息资源按需交换与共享的交换体系,围绕部门内信息的纵向汇聚和传递、部门间在线实时信息的横向交换等需求,为各级政府的社会管理、公共服务和辅助决策等提供信息交换和共享服务。

11.109 政务信息资源交换域

在同一行政区内,实现部门之间政务信息资源交换与共享的逻辑区域。

11.110 政务信息采集

各级政务部门在依法履行职能过程中获取政务信息的行为。

11.111 政务信息资源分类

为了有序管理和开发利用政务信息资源，把具有某种共同属性或特征的政务信息归并在一起，根据其类别的属性或特征对政务信息进行的归类。

11.112 政务基础信息库

面向各级政务部门，提供基础性、基准性、标识性政务信息服务的信息库。

11.113 政务信息资源标识符

用于唯一标识政务信息资源的一组字符。

11.114 政务信息公开

政务部门依托各种媒体，依据相关法律、法规将政务信息及时、准确地向社会公布，以方便公民、法人和其他组织获取和利用这些信息的活动。

11.115 政务信息公开目录

政务部门针对主动(或接受公民申请)公布的本部门所管理的政务公开信息，按照法规要求编制的目录。

二、信息资源类标准

JMGC

民　政　部　金　民　工　程　标　准

JMGC/XX 201—2020

金民工程数据库设计规范

2020－12－30 发布　　　　2020－12－30 实施

民政部信息中心 发布

目　次

前　言

本文件按照 GB/T 1.1—2020《标准化工作导则第 1 部分：标准化文件的结构和起草规则》的规定起草。

请注意本文件的某些内容可能涉及专利。本文件的发布机构不承担识别专利的责任。

本文件由民政部信息中心提出并归口。

本文件起草单位：民政部信息中心、北京科迪智标信息技术有限公司、四川久远银海软件股份有限公司、上海速连信息科技有限公司、中科恒运股份有限公司、太极计算机股份有限公司、东软集团股份有限公司、万达信息股份有限公司、深圳市永兴元科技股份有限公司、北京久其软件股份有限公司。

本文件主要起草人：范一大、王兴玲、戴朝云、李杰、文长军、赵超、郑明煊、高媛、杨天荣、王尊、程永红、赵周全、肖樑、马守平、李俊梅、陈先杰、王鑫、谷峰帅、王夫。

金民工程数据库设计规范

1 范围

本文件规定了金民工程一期项目数据库分类与编码规则、数据库命名要求、表结构设计要求、数据字典及数据库安全性设计要求等。

本文件适用于金民工程一期项目中的数据资源库建设，其他民政信息资源建设可参照使用。

2 规范性引用文件

下列文件中的内容通过文中的规范性引用而构成本文件必不可少的条款。其中，注日期的引用文件，仅该日期对应的版本适用于本文件；不注日期的引用文件，其最新版本（包括所有的修改单）适用于本文件。

GB/T 2260—2007 中华人民共和国行政区划代码

GB/T 2261—2003 个人基本信息分类与代码

GB/T 3304—1991 中国各民族名称的罗马字母写法和代码

GB/T 4658—2006 学历代码

GB/T 4754—2002 国民经济行业分类

GB/T 6441—1986 企业职工伤亡事故分类标准

GB/T 8561—1988 专业技术职务代码

GB/T 8563.2—2005 奖励、纪律处分信息分类与代码

GB/T 12404—1997 单位隶属关系代码

GB/T 12407—1990 干部职务级别

GB/T 12492—2000 经济类型分类与代码

GB 13000—2010 信息技术 通用多八位编码字符集（UCS）

GB/T 14396—2001 疾病分类与代码

GB/T 17532—2005 术语工作 计算机应用 词汇

GB 18030—2005 信息技术 中文编码字符集

GB/T 18391.1—2009 信息技术 元数据注册系统（MDR） 第1部分：框架

GB/T 20009—2019 信息安全技术 数据库管理系统安全评估准则

GB/T 20091—2006 组织机构类型

GB/T 20273—2019 信息安全技术 数据库管理系统安全技术要求

GB/T 22239—2019 信息安全技术 网络安全等级保护基本要求

GB/T 22240 信息安全技术 信息系统安全等级保护定级指南

GB 32100 法人和其他组织统一社会信用代码编码规则

MZ/T 012—2014 民政业务数据共享与交换编码

WS 218—2002 卫生机构(组织)分类与代码

3 术语和定义

下列术语和定义适用于本文件。

3.1 数据库

按照预定结构组织成的数据集合。

[来源:GB/T 17532—2005,7.5]

3.2 代码

表示一定事务(或概念)的一个或一组字符。

3.3 数据库范式

在关系型数据库中,构造数据库所遵循的一定的规则,符合某一种级别的关系模式的集合。

3.4 元数据

定义和描述其他数据的数据。

[来源:GB/T 18391.1—2009,3.2.16]

4 基本原则

金民工程数据库设计应符合以下原则:

a)数据库(表)及其指标的构成规则、信息分类、指标编码、数据库(表)标识符和字段标识符的命名遵循代码等长、有规律和易于扩展;

b)指标体系各组成部分遵循统一的指标编制方法;

c)数据完整性尽量通过业务逻辑实现,数据库设计应避免使用外键约束;

d)提高数据存储效率,消除数据冗余。

5 数据库分类及编码规则

5.1 分类

根据金民工程建设项目所涉及业务领域的特点,将金民工程数据库分为基础数据库和业务数据库。

a)基础数据库:为各业务系统共同使用且使用频率较高的信息项,并分类存储的数据库(表);

b)业务数据库:为各业务系统专用的数据库。

5.2 编码

分类编码规则如下:

a)基础数据库和业务数据库分类编码采用民政业务分类编码,用两位大写英文字母表示,两位分别按 A—Z 顺序排列,但字母 O、I、T 不应使用。分别代表民政业务一级分类及二级分类。

b)在业务分类发生变化时,如基本内涵不变,只是名称改变和(或)外延发生局部调整,可修改名称和(或)定义,不改变业务类别代码;如有新的业务产生,则采用未被使用的代码,插入新的分类,顺序占用字母作为代码;对于停办的业务,其原用代码不再使用;停办后又恢复的业务,仍使用原用代码。

c)民政业务分类及编码见附录 B。

6 数据库命名要求

6.1 数据库表命名要求

6.1.1 数据库表标识符

数据库表标识符的编码采用三层五位字符形式表示,反映所属业务类别和信息主体类型等特征。表示形式如图 1 所示:

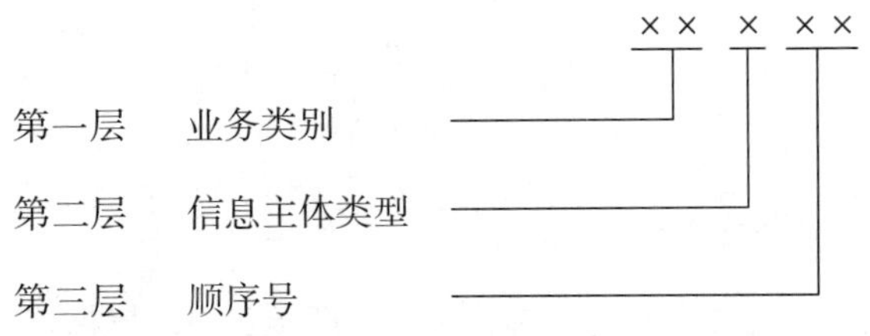

图 1　数据库表标识符表示形式

图 1 中各层表示如下:

a)第一层:业务类别用二位大写字母,采用附录 B 中的二级分类编码;

b)第二层:信息主体类型用一位大写英文字母表示,其中:

A—行政区划　　E—机构　　P—个人　F—家庭　　X—其他

c)第三层:顺序号共两位数字,取值范围为 01—99,顺序号可分段使用;停用的数据库(表),其原用顺序号不再使用;停用后又恢复使用的数据库(表),仍使用原顺序号。顺序号确需超过 99 时可从十位到个位逐步扩充使用大写英文字母 A—Z,但字母 O、字母 I 和字母 T 不得使用。

表标识符示例：

> 表中文名称：养老机构安全检查记录表
> 表标识符：HDE56

其中:HD 表示该表属于民政业务中养老服务类别,E 表示该表主体信息为机构,56 为该表顺序号。

6.1.2 数据库表中文名称

中文表名应使用简明扼要的文字表达该表所描述的内容。

6.2 数据库表字段命名要求

6.2.1 字段标识符

字段标识符采用四层八位字符形式表示,反映指标的定义级别、所属业务类别、信息主体类型特征和顺序号等。表示形式如图 2 所示：

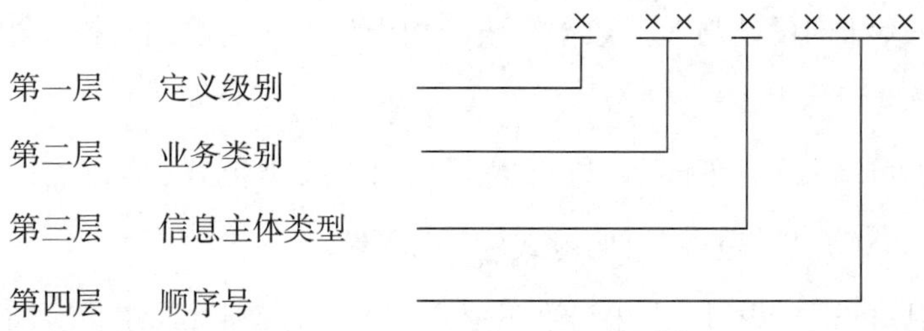

图 2　字段标识符表示形式

图 2 中各层表示如下：

a)第一层:定义级别用一位大写英文字母表示,含义如下：

A—部级　B—省级　C—市级　D—县级　X—其他

b)第二层:业务类别用两位大写英文字母表示,两位分别按 A—Z 顺序排列,但字母 O、字母 I、字母 T 不得使用。代表民政业务二级分类,具体值见附录 B 中的二级分类编码。

c)第三层:信息主体类型用一位大写英文字母表示,含义如下：

A—行政区划　E—机构　P—个人　F—家庭　X—其他

d)第四层:顺序号共四位数字,取值范围为 0001—9999。顺序号可分段使用;停用的字段,其原用顺序号不再使用;停用后又恢复使用的字段,仍使用原顺序号。顺序号确需超过 9999 时可从百位到个位逐步扩充使用大写英文字母 A—Z,但字母 O、I、T 不应使用。

字段标识符示例：

字段中文名称：人员姓名 字段标识符：AXCP0002

其中:A 表示字段定义级别为部级,XC 表示业务类别基础信息中的人员信息,P 表示该字段用来描述个人信息,0002 为该字段在表中的顺序号。

6.2.2 字段中文名称

字段中文名称用语应与相关国家标准、行业标准、金民工程业务术语中规定的名称、术语保持一致。

7 数据库表结构设计要求

7.1 总则

数据库表结构设计总体要求如下：

a)数据库表结构设计,应遵循科学、实用、简洁和可扩展性的原则；

b)基础数据库表结构设计与业务数据库表结构设计的命名原则及格式相同。

7.2 范式设计

针对关系型数据库设计的不同要求,可以分为如下 5 类范式:第一范式(1NF),第二范式(2NF), 第三范式(3NF),BC 范式,第四范式(4NF)。

金民工程数据库的范式设计,应达到第三范式(3NF)的要求,具体要求如下：

a)数据表内的每一个值只能被表达一次；

b)数据表内的每一行都应当被唯一的标示；

c)数据表内不应存储依赖于其他键的非键信息；

d)如果字段事实上是与其他表的关键字相关联而未设计为外键引用,需建立索引；

e)如果字段与其他表的字段相关联,需建立索引；

f)如果字段需做模糊查询之外的条件查询,需建立索引。

7.3 数据库表结构要求

表结构描述的内容应包括表基本信息和表结构信息两部分,其中:表基本信息应包括中文表名、表标识符、注释、主键;表结构信息应包括表字段标识符、字段名称、字段英文名称、数据类型、是否非空、备注和字段存储内容。

a)表标识符应符合 6.1.1 的规则要求,在进行数据库表设计时,应作为数据库的表名；

b)表中文名称应使用简明扼要的文字表达该表所描述的内容；

c)表基本信息和表结构信息示例分别见示例 1 和示例 2。

示例 1：

表 1　人员地址信息表基本信息

表中文名称	人员地址信息表
表标识符	XCP03
注释	存储人员的地址相关信息
主键	AXCP0001

示例 2：

表 2　人员地址信息表结构信息

序号	字段标识符	中文名称	英文名称	数据类型	是否非空	备注
1	AXCP0001	人员 ID	person_code	CHAR(32)	是	本记录的唯一标识，取值为 uuid，符合 GB/T 17969.8—2010 的规定
2	AXCP0002	人员姓名	person_name	VARCHAR(72)	是	汉语(中国)，必须姓在前，名在后
3	AXCP0003	曾用名	person_used_name	VARCHAR(72)	否	曾用名对个人来说，指本人在读书和工作期间曾经使用过的名字
4	AXCP0006	人员性别代码	sex	CHAR(1)	是	代码集为“人的性别代码”
5	AXCP0007	人员国籍代码	nationality	CHAR(3)	是	代码集为“世界各国和地区名称代码”
6	AXCP0008	人员民族代码	nation	CHAR(2)	是	代码集为“民族代码”
7	AXCP0009	人员学历代码	education_degree	CHAR(2)	否	代码集为“学历代码”
8	AXCP0010	人员健康状况代码	health_condition	CHAR(2)	否	代码集为“健康状况代码”
9	AXCP0011	籍贯	native_place	VARCHAR(100)	否	指曾祖父及以上父系祖先的长久居住地或出生地
10	AXZX0001	手机号码	phone_number	CHAR(11)	否	
11	AXZX0005	电子邮件	E_mail	VARCHAR(100)	否	
12	AXCP0012	人员状态代码	person_state	CHAR(1)	是	代码集为“人员状态代码”
13	AXCP0037	婚姻状况	marriage_state	CHAR(2)	是	代码集为“婚姻状况代码”

7.4 字段要求

7.4.1 概述

应以表格的形式按字段在表中的次序列出每个字段的字段名、标识符、字段类型及长度、是否为空值、主键和备注等,在引用了其他表主键作为外键时,应添加外键说明。

7.4.2 基本要求

字段基本要求如下:

a)字段标识符为数据库中该字段的唯一标识,在进行数据库表设计时,字段标识符应作为字段名称,命名规则应符合 6.2.1 的要求;

b)字段中文名称命名应符合 6.2.2 的要求;

c)字段英文名称应易于理解,取能表达该字段功能的英文单词或英文单词缩写,单词首字母小写,一般不超过三个英文单词,单词之间用下划线连接;

d)数据类型应说明该字段的数据类型和数据最大位数,数据类型及长度的规定见 7.4.3;

e)是否非空描述该字段是否允许填入空值,用“是”表示该字段不允许为空值,“否”表示该字段可以取空值;

f)备注可根据需要对该字段取值来源或要求进行说明;

g)主键描述该字段是否作为主键,用“是”表示该字段是表的主键或联合主键之一,否则表示该字段不是主键;

h)字符集统一使用 GB18030,并应与 GB13000 建立映射关系。

7.4.3 数据类型及长度

字段类型主要有字符、数值、日期时间和布尔型。其类型长度应按以下格式描述:

a)字符型。其长度的描述格式为:CHAR(D)或 VARCHAR(D)

其中:

CHAR——定长字符串型的数据类型标识;

VARCHAR——变长字符串型的数据类型标识;

()——固定不变;

D——十进制数,用以定义字符串长度,或最大可能的字符串长度。

b)数值型。其长度的描述格式为:N(D[,d])

其中:

N——数值型的数据类型标识;

()——固定不变;

[ ]——表示小数位描述,可选;

D——描述数值型数据的总位数(不包括小数点位);

,——固定不变,分隔符;

d——描述数值型数据的小数位数。

c)日期时间型。采用公元纪年的北京时间。

1)日期型:Date

表示日期型数据,即 YYYY—MM—DD(年—月—日)。

2)时间型:Time

表示时间型数据,即 YYYY—MM—DD hh:mm:ss(年—月—日 时:分:秒)。

d)布尔型。其描述格式为: Bool

布尔型字段用于存储逻辑判断字符,取值为 1 或 0,1 表示是,0 表示否;若为空值,其表达意义同 0。

8 数据字典要求

8.1 数据字典管理

数据字典管理信息应包含以下内容:

a)数据字典编写人;

b)数据字典编写日期;

c)数据字典最后修改日期;

d)数据字典的状态;

e)数据字典审核人;

f)审核日期。

8.2 基础信息数据字典

人员、机构、家庭、区划等基础信息数据要求见 JMGC/XX 203—2020,对于已经在基础信息表中已经定义的字段,其描述应在各业务系统数据库表中保持一致。

常用通用信息代码见附录 A,各业务系统在进行数据库设计时,相同元素名称其代码取值应保持一致。

9 数据库设计安全性要求

金民工程数据库设计安全性具体要求应符合国家标准 GB/T 20273—2019《信息安全技术 数据库管理系统安全技术要求》、GB/T 20009—2019《信息安全技术 数据库管理系统安全评估准则》和 GB/T 22239《信息安全技术 网络安全等级保护基本要求》规定的要求,并遵循民政部安全等级保护要求。

附录 A

（规范性）

通用信息代码

A.1 电子证照持证主体类别代码

表 A.1　电子证照持证主体类别代码

序号	持证主体类别	类别细分	持证主体代码类型	代码
1	法人和其他组织	法人	统一社会信用代码	001
2		其他组织	其他法人或其他组织有效证件代码	099
3	自然人	一般居民	居民身份证号码	111
4		军人	中国人民解放军军官证编号	114
5			中国人民武装警察部队警官证编号	115
6			中国人民解放军士兵证编号	118
7			中国人民武装警察部队士兵证编号	119
8			中国人民解放军文职人员证编号	120
9			中国人民武装警察部队文职人员编号	122
10		华侨和外籍人士	外交护照护照号	411
11			公务护照护照号	412
12			公务普通护照护照号	413
13			普通护照护照号	414
14		台湾人士	台湾居民往来大陆通行证号码	511
15		港澳人士	港澳居民来往内地通行证号码	516
16			其他自然人有效证件代码	999

A.2 人的性别代码

表 A.2　人的性别代码

代码	元素名称	代码	元素名称
0	未知的性别	2	女性
1	男性	9	未说明的性别

引用来源：参考 GB/T 2261.1—2003 人的性别代码的规定。

A.3 学历代码

表 A.3　学历代码

代码	元素名称	代码	元素名称
11	博士研究生	60	高中
14	硕士研究生	70	初中
20	大学本科	80	小学
30	大学专科和专科学校	00	文盲或半文盲
40	中等专业学校或中等技术学校	99	未说明情况
50	技工学校		

引用来源:参考 GB/T 4658—2006 学历代码的规定。

A.4 健康状况代码

表 A.4　健康状况代码

代码	元素名称	代码	元素名称
1	健康或良好	41	癌症
2	一般或较弱	49	其他慢性病
3	有慢性病	60	残疾
30/40	有慢性病	61	视力残疾
31	心血管病	62	听力残疾
32	脑血管病	63	言语残疾
33	慢性呼吸系统病	64	肢体残疾
34	慢性消化系统病	65	智力残疾
35	慢性肾炎	66	精神残疾
36	结核病	67	多重残疾
37	糖尿病	69	其他残疾
38	神经或精神疾病	70	未说明情况
39	其他慢性病		

引用来源:来源“《GB/T 2261—2003 个人基本信息分类与代码》”的“第 3 部分: 健康状况代码”。

A.5 婚姻状况代码

表 A.5　婚姻状况代码

代码	元素名称	代码	元素名称
10	未婚	23	复婚
20	已婚	30	丧偶
21	初婚	40	离婚
22	再婚	90	未说明的婚姻状况

引用来源:参考 GB/T 2261. 2—2003 婚姻状况代码的规定。

A.6 职业分类代码

表 A.6 职业分类代码

代码	元素名称	代码	元素名称
0	国家机关、党群组织、企业、事业单位负责人	6/7/8/9	生产、运输设备操作人员及有关人员
1/2	专业技术人员	X	军人
3	办事人员和有关人员	Y	不便分类的其他从业人员
4	商业、服务业人员	Z	无业人员
5	农、林、牧、渔、水利业生产人员		

引用来源：参考 GB/T 6565—2015 职业分类与代码的规定。

A.7 政治面貌代码

表 A.7 政治面貌代码

代码	元素名称	代码	元素名称
01	中国共产党党员	08	中国农工民主党党员
02	中国共产党预备党员	09	中国致公党党员
03	中国共产主义青年团团员	10	九三学社社员
04	中国国民党革命委员会会员	11	台湾民主自治同盟盟员
05	中国民主同盟盟员	12	无党派民主人士
06	中国民主建国会会员	13	群众
07	中国民主促进会会员	20	未说明情况

引用来源：参考 GB/T 4762—1984 政治面貌代码的规定。

A.8 户籍类别代码

表 A.8 户籍类别代码

代码	元素名称	代码	元素名称
01	农业户口	99	其他
02	非农业户口		

A.9 家庭关系代码

表 A.9　家庭关系代码

代码	元素名称	代码	元素名称
0	本人/户主	5	父母/岳父母/公婆
1	配偶	6	祖父母/外祖父母
2	子/婿	7	兄弟姐妹
3	女/媳	9	其他
4	孙子女/外孙子女		

引用来源:参考 GB/T 4761—2008 家庭关系代码的规定。

A.10 单位性质代码

表 A.10　单位性质代码

代码	元素名称	代码	元素名称
1	机关	32	非国有企业
2	事业	4	民间组织
21	全额拨款事业	41	社会团体
22	差额拨款事业	42	民办非企业
23	自收自支事业	5	军队
3	企业	9	其他
31	国有企业	43	基金会

A.11 身份证件类型代码

表 A.11　身份证件类型代码

代码	元素名称	代码	元素名称
1	内地居民身份证	5	护照
2	香港居民身份证	6	军官证
3	澳门居民身份证	7	士兵证
4	台湾居民身份证	9	其他有效国籍旅行证件

A. 12 民族代码

表 A. 12　民族代码

代码	元素名称	代码	元素名称
01	汉族	30	土族
02	蒙古族	31	达斡尔族
03	回族	32	仫佬族
04	藏族	33	羌族
05	维吾尔族	34	布朗族
06	苗族	35	撒拉族
07	彝族	36	毛南族
08	壮族	37	仡佬族
09	布依族	38	锡伯族
10	朝鲜族	39	阿昌族
11	满族	40	普米族
12	侗族	41	塔吉克族
13	瑶族	42	怒族
14	白族	43	乌孜别克族
15	土家族	44	俄罗斯族
16	哈尼族	45	鄂温克族
17	哈萨克族	46	德昂族
18	傣族	47	保安族
19	黎族	48	裕固族
20	傈僳族	49	京族
21	佤族	50	塔塔尔族
22	畲族	51	独龙族
23	高山族	52	鄂伦春族
24	拉祜族	53	赫哲族
25	水族	54	门巴族
26	东乡族	55	珞巴族
27	纳西族	56	基诺族
28	景颇族	97	其他
29	柯尔克孜族	98	外国血统中国籍人士

引用来源:参考 GB/T 3304 中国各民族名称的罗马字母拼写法和代码的规定。

A.13 单位状态代码

表 A.13 单位状态代码

代码	元素名称	代码	元素名称
01	申办中	05	停止营业(注销)
02	设立中	06	停止营业(吊销、撤销)
03	营业中	09	未说明的单位状态
04	暂停营业		

A.14 单位隶属关系代码

表 A.14 单位隶属关系代码

代码	元素名称	代码	元素名称
10	中央	60	街道、镇、乡
20	省	70	居民、村民委员会
40	市、地区	90	其他
50	县		

引用来源:参考 GB/T 12404—1997 单位隶属关系代码的规定。

A.15 单位行业分类代码

表 A.15 单位行业分类代码

代码	元素名称	代码	元素名称
01	工商服务业	08	生态环境
02	农业及农村发展	09	社会服务
03	科学研究	10	法律
04	教育	11	宗教
05	卫生	12	职业及从业者组织
06	文化	13	国际及涉外组织
07	体育	14	其他

A. 16 个人身份状况代码

表 A. 16 个人身份状况代码

代码	元素名称	代码	元素名称
11	国家公务员	37	现役军人
13	专业技术人员	51	自由职业
17	职员	54	个体经营者
21	企业管理人员	70	无业人员
24	工人	80	退(离)休人员
27	农民	90	其他
31	学生		

引用来源:参考 GB/T 2261. 4—2003 就业状况代码的规定。

A. 17 人员状态代码

表 A. 17 人员状态代码

代码	元素名称	代码	元素名称
1	有效	4	迁出中
2	死亡	5	注销
3	已迁出	9	其他

A. 18 劳动能力鉴定等级代码

表 A. 18 劳动能力鉴定等级代码

代码	元素名称	代码	元素名称
01	一级	07	七级
02	二级	08	八级
03	三级	09	九级
04	四级	10	十级
05	五级	20	未鉴定
06	六级		

A. 19 住房性质代码

表 A. 19　住房性质代码

代码	元素名称	代码	元素名称
10	产权房	18	公租房
11	商品房	19	公建房
12	单位福利房	20	租赁房
13	拆迁安置房	21	租赁共有
14	经济适用房	22	租赁私有
15	自建住房	23	廉租房
16	自有住房	30	借住房
17	共有产权房	90	其他

A. 20 行政区划行政类别代码

表 A. 20　行政区划行政类别代码

代码	元素名称	代码	元素名称
01	省	02	设区市
03	县	04	县级市
05	区	06	乡
07	民族乡	08	镇
09	街道	10	场圃
11	其他		

A. 21 赡抚养关系代码

表 A. 21　赡抚养关系代码

代码	元素名称	代码	元素名称
01	赡养	02	抚养
03	扶养		

A.22 登记部门

表 A.22　登记部门

代码	元素名称	代码	元素名称
1	工商部门登记	3	编制部门登记
2	民政部门登记	4	一个机构多个牌子
5	设施	6	未登记

A.23 国民经济行业分类

表 A.23　国民经济行业分类

代码	元素名称	代码	元素名称
7970	婚姻服务	8429	其他不提供住宿的社会工作
7980	殡葬服务	8760	烈士陵园、纪念馆
7990	其他居民服务	8930	彩票活动
841	提供住宿的社会工作	912	国家行政机构
8411	干部休养所	9121	综合事务管理机构
8412	护理机构服务	9124	社会事务管理机构
8413	精神康复服务	942	社会团体
8414	老年人、残疾人养护服务	9429	其他社会团体
8415	孤残儿童收养和庇护服务	9430	基金会
8419	其他提供住宿社会救助	9510	社区居民自治组织
842	不提供住宿的社会工作	9520	村民自治组织
8421	社会看护与帮助服务	9900	民办非企业单位

引用来源：来源《（GB/T 4754—2017）国民经济行业分类》的“国民经济行业分类”。

A.24 机构类型

表 A.24　机构类型

代码	元素名称	代码	元素名称
10	企业	42	民办非企业
20	行政机关	43	基金会
30	事业单位	50	自治组织
40	社会组织	51	村委会
41	社会团体	52	居委会

A.25 机构变动类型

表 A.25　机构变动类型

代码	元素名称	代码	元素名称
1	注销	3	取缔
2	撤销	4	变动

A.26 兴办主体

表 A.26　兴办主体

代码	元素名称	代码	元素名称
01	省级民政部门	06	企业
02	地级民政部门	07	社会组织
03	县级民政部门	08	与境外合资合作或者外资独资
04	乡镇人民政府	09	村委会或居委会
05	街道办事处	10	个人

A.27 服务类型

表 A.27　服务类型

代码	元素名称	代码	元素名称
1	可以为居民提供便民办事服务的机构	4	可以为居民提供便民信息服务的机构
2	可以为居民提供活动场所的机构	5	可以为居民提供其他服务的机构
3	可以为居民提供养老服务的机构		

A.28 伤残等级

表 A.28　伤残等级

代码	元素名称	代码	元素名称
0	十级	5	五级
1	一级	6	六级
2	二级	7	七级
3	三级	8	八级
4	四级	9	九级

A.29 享受保障类别

表 A.29　享受保障类别

代码	元素名称	代码	元素名称
1	困难户	3	其他
2	特困救助供养对象户		

A.30 返乡方式

表 A.30　返乡方式

代码	元素名称	代码	元素名称
1	自主返乡	3	其他
2	跨省接送		

A.31 救助对象类别

表 A.31　救助对象类别

代码	元素名称	代码	元素名称
1	低保户	3	其他
2	特困人员		

A.32 救助事由

表 A.32　救助事由

代码	元素名称	代码	元素名称
1	突发事件	3	重大疾病
2	意外伤害	4	其他特殊原因

A.33 城乡区划

表 A.33　城乡区划

代码	元素名称	代码	元素名称
1	城市	2	农村

A. 34 民政部门直属康复辅具机构

表 A. 34　民政部门直属康复辅具机构

代码	元素名称	代码	元素名称
1	福利工厂	3	其他福利企业
2	康复辅具机构		

A. 35 医院等级代码

表 A. 35　医院等级代码

代码	元素名称	代码	元素名称
1	未定级	2	一级甲等
3	一级乙等	4	一级丙等
5	二级甲等	6	二级乙等
7	二级丙等	8	三级甲等
9	三级乙等	10	三级丙等

引用来源：参考 MZ/T 012—2014 民政业务数据共享与交换编码。

A. 36 职称级别代码

表 A. 36　职称级别代码

代码	元素名称	代码	元素名称
01	初级	03	副高级
02	中级	04	正高级

引用来源：MZ/T 098—2017 殡葬管理服务信息系统基本数据规范。

A. 37 致死疾病类型代码

表 A. 37　致死疾病类型代码

代码	元素名称	代码	元素名称
01	传染病	07	心脑血管疾病
02	肿瘤	08	骨骼/肌肉系统疾病
03	血液病	09	免疫系统疾病
04	呼吸/消化系统疾病	10	泌尿生殖系统疾病
05	皮肤病	99	其他
06	神经病		

引用来源：MZ/T 098—2017 殡葬管理服务信息系统基本数据规范。

A.38 行政处罚类型类别代码

表 A.38 行政处罚类型类别代码

代码	元素名称	代码	元素名称
01	警告	05	暂扣或者吊销许可证/暂扣或者吊销执照
02	罚款	06	行政拘留
03	没收违法所得、没收非法财物	99	法律、行政法规规定的其他行政处罚
04	责令停产停业		

引用来源:《中华人民共和国行政处罚法》。

A.39 减免类型代码

表 A.39 减免类型代码

代码	元素名称	代码	元素名称
01	本地户籍居民	07	无名遗体
02	城乡低保对象	08	福利救助机构收养救助的人员
03	农村五保对象	09	非本地户籍大中专学生
04	城市“三无”人员	10	驻本地现役军人
05	优抚对象	11	外来务工人员
06	因灾死亡人员	99	其他

引用来源:MZ/T 098—2017 殡葬管理服务信息系统基本数据规范。

A.40 就业状况代码

表 A.40 就业状况代码

代码	元素名称	代码	元素名称
01	在职人员	02	登记失业人员
03	无就业条件(原未登记失业人员)	04	灵活就业人员
05	离退休人员	06	务农人员
07	务工人员	08	在读人员
99	非法定年龄就业状况		

A.41 重病病种代码

表 A.41 重病病种代码

代码	元素名称	代码	元素名称
01	急性白血病(再生障碍性贫血)	02	恶性肿瘤
03	严重传染性肝炎(并发症)	04	系统性红斑狼疮晚期
05	孕产妇高危重症抢救	06	严重精神病
07	急性传染性肺结核及国家规定的特种传染病	08	严重心脑血管疾病/中风(有明显后遗症)
09	严重肾病综合征慢性肾衰竭(尿毒症)	10	急性心力衰竭/心肌梗死/风湿性心脏病
11	民政部门认定的其他病种	12	艾滋病

A.42 残疾类别代码

表 A.42 残疾类别代码

代码	元素名称	代码	元素名称
61	视力残疾	62	听力残疾
63	言语残疾	64	肢体残疾
65	智力残疾	66	精神残疾
67	多重残疾		

A.43 残疾等级代码

表 A.43 残疾等级代码

代码	元素名称	代码	元素名称
01	一级残疾	02	二级残疾
03	三级残疾	04	四级残疾

A.44 生活自理能力代码

表 A.44 生活自理能力代码

代码	元素名称	代码	元素名称
01	有生活自理能力	02	部分生活自理能力
03	无生活自理能力		

A. 45 法人类型代码

表 A. 45　法人类型代码

代码	元素名称	代码	元素名称
1	企业法人	2	机关法人
3	事业单位法人	4	社会团体法人

A. 46 血型代码

表 A. 46　血型代码

代码	元素名称	代码	元素名称
0	不明	1	A 型
2	B 型	3	O 型
4	AB 型	9	其他

引用来源:GA/T 2000. 37—2014 公安信息代码 第 37 部分:血型代码。

A. 47 血缘关系代码

表 A. 47　血缘关系代码

代码	元素名称	代码	元素名称
01	父	09	姐
02	母	10	妹
03	祖父	11	子
04	祖母	12	女
05	外祖父	13	孙子
06	外祖母	14	孙女
07	兄	15	外孙子
08	弟	16	外孙女
		20	三代以内旁系血亲

附录 B

（规范性）

民政业务分类与编码

B.1 数据分类及编码

表 B.1　数据分类及编码

代码	一级分类	二级分类
A	社会组织管理	
AA		社会团体管理
AB		基金会管理
AC		社会服务机构管理
AD		涉外社会组织管理
AE		社会组织执法监督
B	社会救助	
BA		最低生活保障
BB		特困人员供养
BC		临时救助
BD		其他专项救助
BE		居民家庭经济状态核对
BF		社会救助监管
C	基层政权建设和社区治理	
CA		基层政权
CB		基层民主
CC		社区治理
CD		社区服务
E	区划地名	
EA		行政区划管理
EB		地名管理
EC		边界管理
F	社会事务	
FA		流浪乞讨人员救助管理
FB		殡葬管理

续表

代码	一级分类	二级分类
FC		婚姻登记
FD		残疾人福利
H	养老服务	
HA		老年人福利管理
HB		居家养老
HC		社区养老
HD		机构养老
J	儿童福利	
JA		儿童收养管理
JB		儿童保护管理
JC		儿童福利管理
JD		留守妇女管理
JE		儿童档案管理
JF		社会关爱管理
K	慈善事业促进和社会工作	
KA		慈善组织管理
KB		社会捐助管理
KC		社会工作
KD		志愿服务
X	基础数据	
XA		行政区划
XB		单位信息
XC		个人信息
XD		家庭信息
XE		电子证照
XZ		公用信息
Z	综合类	
ZA		统一受理
ZB		信访
ZC		新闻
ZD		信息公开
ZE		信用
ZF		决策
ZG		监督管理
ZH		关爱服务

续表

代码	一级分类	二级分类
ZJ		公共服务
ZK		公共服务管理
ZW		政务服务
ZZ		其他

JMGC

民 政 部 金 民 工 程 标 准

JMGC/XX 202—2020

金民工程数据质量要素

2020－12－30 发布 2020－12－30 实施

民政部信息中心 发布

目　次

前　言

本文件按照 GB/T 1.1—2020《标准化工作导则 第1部分：标准化文件的结构和起草规则》的规定起草。

请注意本文件的某些内容可能涉及专利。本文件的发布机构不承担识别专利的责任。

本文件由民政部信息中心提出并归口。

本文件起草单位：民政部信息中心、北京科迪智标信息技术有限公司、四川久远银海软件股份有限公司。

本文件主要起草人：王兴玲、李杰、文长军、高媛、郑明煊、赵超、邢立强、李坤林、屈莹。

金民工程数据质量要素

1 范围

本文件规定了金民工程一期项目业务数据的质量管理原则,业务数据在采集、录入和审核的流程,数据维护过程,数据质量检查与评价以及数据质量管理的功能要求等内容。

本文件适用于各级民政部门开展业务数据的录入、修改、使用、维护管理、检查与质量评价等。

2 规范性引用文件

下列文件中的内容通过文中的规范性引用而构成本文件必不可少的条款。其中,注日期的引用文件,仅该日期对应的版本适用于本文件;不注日期的引用文件,其最新版本(包括所有的修改单)适用于本文件。

GB 11643—1999 公民身份号码

GB 13000 信息技术 通用多八位编码字符集(UCS)

GB 18030 信息技术 中文编码字符集

GB 32100—2015 法人和其他组织统一社会信用代码编码规则

GB/T 36344 信息技术 数据质量评价指标

JMGC/XX 204 金民工程信息分类编码标准

3 术语和定义

下列术语和定义适用于本文件。

3.1 数据质量

在指定条件下使用时,数据的特性满足明确和隐含的要求的程度。

[来源:GB/T 36344—2018,2.3]

3.2 数据标准

数据的命名、定义、结构和取值规范方面的规则和基准。

[来源:GB/T 36344—2018,2.8]

4 金民工程数据质量管理原则

4.1 统一规范原则

各类应用系统采集和处理的数据,应遵循应用系统所要求的统一数据标准、业务规则。

4.2 全程监控原则

建立数据从采集、审核、处理到维护的全过程监控体系,严格做好数据录入,确保各类应用系统数据真实、准确、完整。

4.3 一致性原则

录入的数据应与其他特定应用系统中使用的数据无矛盾。

4.4 层级考核原则

对下级单位的数据质量管理工作进行严格的目标管理考核,奖优罚劣。

5 数据采集、录入和审核流程

金民工程一期项目应用系统使用、管理单位负责本部门职责范围内业务数据的采集、录入和审核。重要数据应由专人负责上报,定期审查。

各省级民政管理部门应对管辖范围内的业务数据进行考核监督,及时发现问题,修改错误数据以确保数据的完整准确。

数据一经录入后,原则上不准随意修改;确实需要修改的,应遵循谁录入谁修改,在哪里录入就在哪里修改的原则;对于已经结账的数据,如需修改应上报备案。

6 数据维护过程

数据维护应按照应用系统的有关规定对错误的数据进行修改。

数据维护由各应用系统管理部门按照各自应用系统的有关要求,明确数据维护的权限和职责,制定数据维护的程序。已采集进入应用系统的数据,不得擅自修改、删除。

数据维护前应做好相应数据的备份工作。能够通过系统功能解决的,经过审批后按照各类应用系统的操作规范进行维护;需要通过技术手段解决的,由责任人提出书面申请,由相关业务部门和技术部门审核确认,经主管领导审批同意后,方可进行数据维护。

7 数据质量检查

7.1 格式检查

对数据的结构及完整性进行检查,包括数据来源是否合法、数据编码格式是否合规、名称是否合规等。“姓名”需根据民族、国籍等相关信息进行语言判定,如国籍为中国、民族为汉族,不能输入英文等西文字符。少数民族人员的姓名中间的间隔符“ · ”,统一采用“ · ”(GB 13000 编码为 00B7,GB 18030 编码为 A1A4)表示,“ · ”的输入法参见附录 A。

7.2 值域检查

按照业务元数据的规范,对数据的取值范围进行合理性检查,超过值域范围的数据为错误数据:

a)单位信息中统一社会信用代码应符合 GB 32100—2015；

b)个人信息中内地居民身份证号码应符合 GB 11643—1999；

c)代码类数据的取值范围应遵循 JMGC/XX 204 中的取值；代码值如有增、删、改的需求，应及时向标准维护部门提出请求，标准维护部门及时会同有关业务部门完成修订工作；

d)经纬度的取值范围应在地址所在行政区划的范围内；

e)具体业务应制定相应的检查规则。

示例：

婚姻业务值域检查规则如下：

1)同居日期 ≤ 结婚日期 ≤ 数据上报日期。

2)结婚日期 ≤ 补发结婚证日期 ≤ 数据上报日期。

3)结婚日期 ≤ 离婚日期 ≤ 数据上报日期。

4)离婚日期 ≤ 补发离婚证日期 ≤ 数据上报日期。

5)婚姻登记机构等级 =(3A∪4A∪5A)。

6)婚姻登记业务办理种类∈(1,2)(1——双方均为内地居民；2——一方为内地居民，一方为外国人、港澳台居民、华人华侨)。

7)婚姻业务申请方类型∈(0,1,2)(0——男方；1——女方；2——双方)。

8)补领婚姻登记证类型∈(1,2)(1——结婚证；2——离婚证)。

9)婚姻业务办理委托类型∈(1,2,3)(1——男方委托；2——女方委托；3——双方均委托)。

7.3 完整性检查

检查必选项数据是否完整，可选项数据是否可采集。

7.4 准确性检查

检查数据的唯一性、重复性，是否存在脏数据，以及地理标识数据是否准确。

示例：

婚姻业务准确性检查规则如下：

a)结婚证字号唯一；

b)离婚证字号唯一；

c)男方证书印制号唯一；

d)女方证书印制号唯一。

7.5 一致性检查

一致性检查包括检查相同数据在不同存储或不同应用系统中的一致性，以及当数据发生变化时，同一数据是否被同步修改。

7.6 时效性检查

有序事件或有序序列的正确性检查。

8 数据质量评价

8.1 数据质量评价指标框架

金民工程一期项目数据质量评价指标包括6大类，见图1。

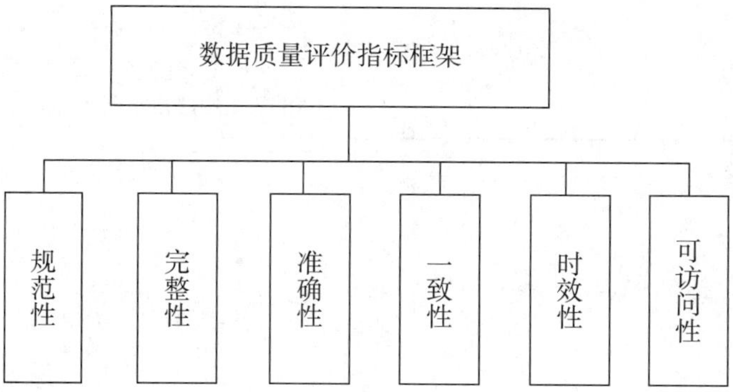

说明：

规范性——数据符合数据标准、数据模型、业务规则、元数据的程度。

完整性——按照数据规则要求，数据项被赋予数值的程度。

准确性——数据准确表示其所描述的真实实体（实际对象）真实值的程度。

一致性——数据与其他特定上下文中使用的数据无矛盾的程度。

时效性——数据在时间变化中的正确程度。

可访问性——数据能被访问的程度。

图1　数据质量评价指标框架

8.2 规范性

规范性评价包含指标见表1。

表1　规范性评价指标

指标编号	指标名称	指标描述	计算方法
0101	数据标准	数据符合数据标准的度量	X = A/B 式中： A = 满足数据标准要求的数据集中元素的个数； B = 被评价的数据集中元素的个数
0102	数据模型	数据符合数据模型的度量	X = A/B 式中： A = 满足数据模型要求的数据集中元素的个数； B = 被评价的数据集中元素的个数

续表

指标编号	指标名称	指标描述	计算方法
0103	元数据	数据符合元数据定义的度量	X = A/B 式中： A = 满足元数据定义的数据集中元素的个数； B = 被评价的数据集中元素的个数
0104	业务规则	数据符合业务规则的度量	X = A/B 式中： A = 满足业务规则的数据集中元素的个数； B = 被评价的数据集中元素的个数

8.3 完整性

完整性评价包含指标见表2。

表2　完整性评价指标

指标编号	指标名称	指标描述	计算方法
0201	数据项完整标准	按照业务规则，数据集中应被赋值的数据项的赋值程度	X = A/B 式中： A = 被赋值的数据集中元素的个数； B = 预期被赋值的数据集中元素的个数

8.4 准确性

准确性评价包含指标见表3。

表3　准确性评价指标

指标编号	指标名称	指标描述	计算方法
0301	数据内容正确性	数据内容是否是预期数据	X = A/B 式中： A = 满足数据正确性要求的数据集中元素的个数； B = 被评价的数据集中元素的个数
0302	数据格式合规性	数据格式（包括数据类型、数值范围、数据长度、精度等）是否满足预期要求	X = A/B 式中： A = 满足格式要求的数据集中元素的个数； B = 被评价的数据集中元素的个数
0303	数据重复率	特定字段、记录、文件或数据集意外重复的度量	X = A/B 式中： A = 重复的数据集中元素的个数； B = 被评价的数据集中元素的个数

续表

指标编号	指标名称	指标描述	计算方法
0304	数据唯一性	特定字段、记录、文件或数据集唯一性的度量	X = A/B 式中: A = 满足唯一性要求的数据集中元素的个数; B = 被评价的数据集中元素的个数
0305	脏数据出现率	正确字段、记录、文件或数据集之外无效数据的度量	X = A/B 式中: A = 有脏数据出现的数据集中元素的个数; B = 被评价的数据集中元素的个数

8.5 一致性

一致性评价包含指标见表4。

表4　一致性评价指标

指标编号	指标名称	指标描述	计算方法
0401	相同数据一致性	同一数据在不同位置存储或被不同应用或用户使用时,数据的一致性;数据发生变化时,存储在不同位置的同一数据被同步修改	X = A/B 式中: A = 满足一致性要求的数据集中元素的个数; B = 被评价的数据集中元素的个数
0402	关联数据一致性	根据一致性约束规则检查关联数据的一致性	X = A/B 式中: A = 满足一致性要求的数据集中元素的个数; B = 被评价的数据集中元素的个数

8.6 时效性

时效性评价包含指标见表5。

表5　时效性评价指标

指标编号	指标名称	指标描述	计算方法
0501	基于时间段的正确性	基于日期范围内的记录数或频率分布符合业务需求的程度	X = A/B 式中: A = 满足有效性要求的数据集中元素的个数; B = 被评价的数据集中元素的个数
0502	基于时间点及时性	基于时间戳的记录数、频率分布或延迟时间符合业务需求的程度	X = A/B 式中: A = 满足及时性要求的数据集中元素的个数; B = 被评价的数据集中元素的个数
0503	时序性	数据集中同一实体的数据项直接的相对时序关系	X = A/B 式中: A = 满足时序性要求的数据集中元素的个数; B = 被评价的数据集中元素的个数

8.7 可访问性

可访问性评价包含指标见表6。

表6 可访问性评价指标

指标编号	指标名称	指标描述	计算方法
0601	可访问	数据在需要时的可获取性	X = A/B 式中： A = 满足可访问性要求的数据集中元素的个数； B = 被评价的数据集中元素的个数
0602	可用性	数据在设定有效生存周期内的可使用性	X = A/B 式中： A = 满足可用性要求的数据集中元素的个数； B = 被评价的数据集中元素的个数

9 数据质量管理功能要求

金民工程一期项目业务系统应提供数据质量管理的功能，至少包括以下要求：

a）提供全数据库初步探测、对数据库中所有表做初步探测获得库基本信息，每个表初步探测包括表名、主键字段数、外键字段数、必填字段数、记录数、空值率、空值比等；

b）提供数据库表基本信息分析，可以查看表数据、查看元数据、查看统计信息、查看键关系、查看填充信息；

c）数据库表基本信息分析的统计信息包括字段名称、记录数、独特值数、模式值数、空值数、缺省值等；

d）提供数据质量检查服务对数据库表做指定规则检查；

e）格式检查规则包括时间格式检查、数字检查、身份证校验、正则表达式检查等，并分别根据不同规则特点提供不同的录入界面；

f）范围检查规则，包括不在标准中检查、不在自定义范围中检查等，提供可视化定义界面；

g）逻辑表达式检查包括逻辑检查、字符串逻辑检查；

h）相似重复记录检查，包括完成重复记录检查、相似记录检查；

i）主流数据质量检查规则的 and、or 的组合，并能可视化配置；

j）数据质量检查规则要求是开放的，提供数据质量检查方法接口、相似度检查方法接口，方便采用 JAVA 扩展数据质量检查；

k）数据质量检查结果存储到指定数据库中，每个数据质量检查服务的存储表结构根据选择的检查字段、定义的检查规则自动生成，并提供可视化界面，方便修改信息配置；

l）针对每个数据质量检查服务提供数据质量检查结果报告，包括异常数据、异常数据检查

的规则描述,并能做问题数据统计、修改情况统计、检查规则统计;

m)对于存在相似记录的检查,需提供相似的所有记录,并归类显示,能查看相应的相似记录;

n)对于检查出的存在数据质量问题的数据,提供修改界面,将异常数据修改到数据质量存储表中,提供选项将确认的修改数据发送到数据源方。

附录 A

（资料性）

姓名间隔符“·”的几种常用输入法

姓名间隔符“·”应采用 GB 13000 和 GB 18030 的编码表示，在信息系统设置中数据项最大长度不少于 50 个字符（25 个汉字），在信息系统设计研发工作中，要实现对国家标准编码汉字 GB 18030 或 GB 13000 的全覆盖，几种常用输入法（中文输入状态下）如下：

a）智能 ABC 输入法、微软拼音输入法、全拼输入法、极点五笔输入法、王码五笔输入法、郑码输入法：Shift＋2；

b）搜狗拼音输入法、谷歌拼音输入法、紫光拼音输入法、拼音加加输入法：直接按键盘左上方的“ˊ～”键（在 ESC 键下面的“ˊ～”键）。

JMGC

民 政 部 金 民 工 程 标 准

JMGC/XX 203—2020

金民工程数据交换规范

2020－12－30 发布　　2020－12－30 实施

民政部信息中心 发布

目　　次

前　言

本文件按照 GB/T 1.1—2020《标准化工作导则 第1部分：标准化文件的结构和起草规则》的规定起草。

请注意本文件的某些内容可能涉及专利。本文件的发布机构不承担识别专利的责任。

本文件由民政部信息中心提出并归口。

本文件起草单位：民政部信息中心、北京科迪智标信息技术有限公司、四川久远银海软件股份有限公司、上海速连信息科技有限公司、中科恒运股份有限公司、太极计算机股份有限公司、东软集团股份有限公司、万达信息股份有限公司、深圳市永兴元科技股份有限公司、北京久其软件股份有限公司。

本文件主要起草人：范一大、王兴玲、李杰、文长军、郑明煊、高媛、戴朝云、赵超、杨天荣、邢立强、李坤林、彭鑫森、屈莹、肖樑、马守平、李俊梅、陈先杰、王鑫、谷峰帅、王夫。

金民工程数据交换规范

1 范围

本文件规定了金民工程一期项目部省数据交换的实现方式,包括接口调用方式、数据库对接方式以及交换内容的具体描述。

本文件适用于金民工程部省之间的数据交换的实现。

2 规范性引用文件

下列文件中的内容通过文中的规范性引用而构成本文件必不可少的条款。其中,注日期的引用文件,仅该日期对应的版本适用于本文件;不注日期的引用文件,其最新版本(包括所有的修改单)适用于本文件。

GB/T 2260 中华人民共和国行政区划代码

GB/T 2659 世界各国和地区名称代码

GB/T 3304 中国各民族名称的罗马字母拼写法和代码

GB/T 4657 中央党政机关、人民团体及其他机构代码

GB/T 4658 学历代码

GB/T 4754 国民经济行业分类

GB/T 4761 家庭关系代码

GB/T 6565 职业分类和代码

GB/T 8561 专业技术职务代码

GB/T 10114 县以下行政区划代码编码规则

GB 11643 公民身份号码

GB/T 12406 表示货币和资金的代码

GB 32100 法人和其他组织统一社会信用代码编码规则

MZ/T 012—2014 民政业务数据共享与交换编码

MZ/T 141—2019 殡葬管理服务信息系统数据共享和交换规范

GMGC/XX 204 金民工程信息分类和编码规范

3 术语和定义

下列术语和定义适用于本文件。

3.1 统一数据交换平台

金民工程应用支撑平台的组成部分,是金民工程实现数据交换的平台,主要提供数据传输、数据适配、数据交换日志、数据访问控制、数据交换流程管理、数据存取等服务。

3.2 部级交换节点

部省数据交换中部级的前置交换服务器。

3.3 省级交换节点

部省数据交换中各省的前置交换服务器。

3.4 API 网关

金民工程统一数据交换平台中负责进行服务调度的功能模块,包括服务接入、服务发布、服务转发、服务调用等功能。

4 缩略语

下列缩略语适用于本文件。

UTF—8 Unicode 的可变长度字符编码(8 - bit Unicode Transformation Format)。

5 部省数据交换概述

部省数据交换以部级和省级为单位统一进行,省级通过统一数据交换平台汇聚所有需要上报的民政业务数据,统一进行上报;部级通过统一数据交换平台汇聚所有需要回流的民政业务数据,统一进行回流。

部省数据交换分为实时数据交换和批量数据交换,实时数据交换可通过 API 网关以接口调用方式实现,批量数据交换可通过统一数据交换平台的前置交换库对接方式实现。部省数据交换包括数据上报和数据回流。数据上报是指省级将本地存储的民政数据上报到部级,数据回流是指部级将全国大集中部署的业务系统数据按归属地回流到省级。部省数据交换关系如图 1 所示。

a)数据上报

部省两级部署的应用系统,数据存储在省级民政信息资源库,按照数据上报标准(见附录 A),通过统一数据交换平台交换至部级民政信息资源库中。

b)数据回流

全国大集中部署的应用系统,数据存储在部级民政信息资源库,按照数据回流标准(见附录 B),通过统一数据交换平台将数据回流至省级民政信息资源库中。

6 数据交换方式

6.1 交换方式

统一数据交换平台支持两种交换方式:接口调用方式、数据库对接方式。

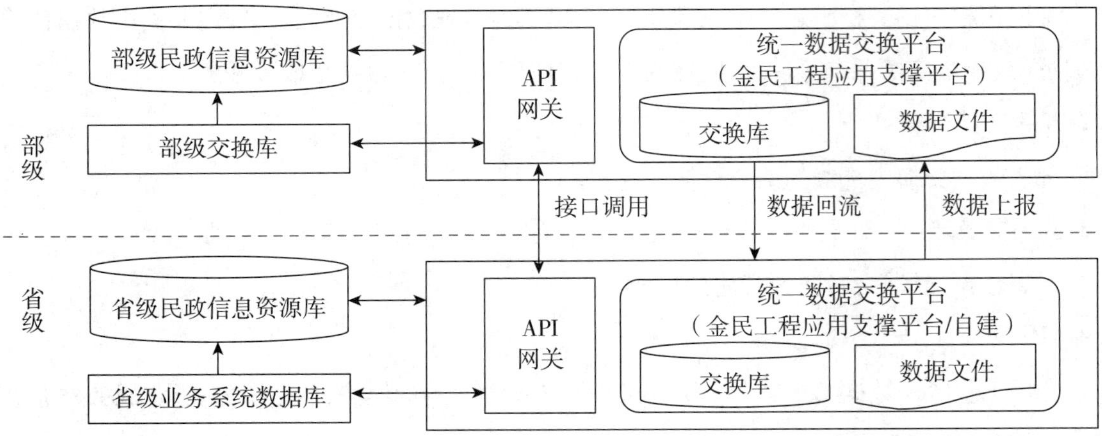

图1　部省数据交换关系示意图

6.2 接口调用方式

6.2.1 方式说明

接口调用方式适用于数据实时共享交换。部级交换节点通过 API 网关发布接口服务供省级交换节点调用,省级交换节点通过调用这些接口实现数据实时上报和回流。

省级交换节点调用部级 API 网关发布的接口服务可分为两种方式:

a)由省级 API 网关统一调用部级 API 网关的服务,省级业务系统再调用省级 API 网关的服务,如图 2 所示;

b)由省级业务系统直接调用部级 API 网关服务,如图 3 所示。

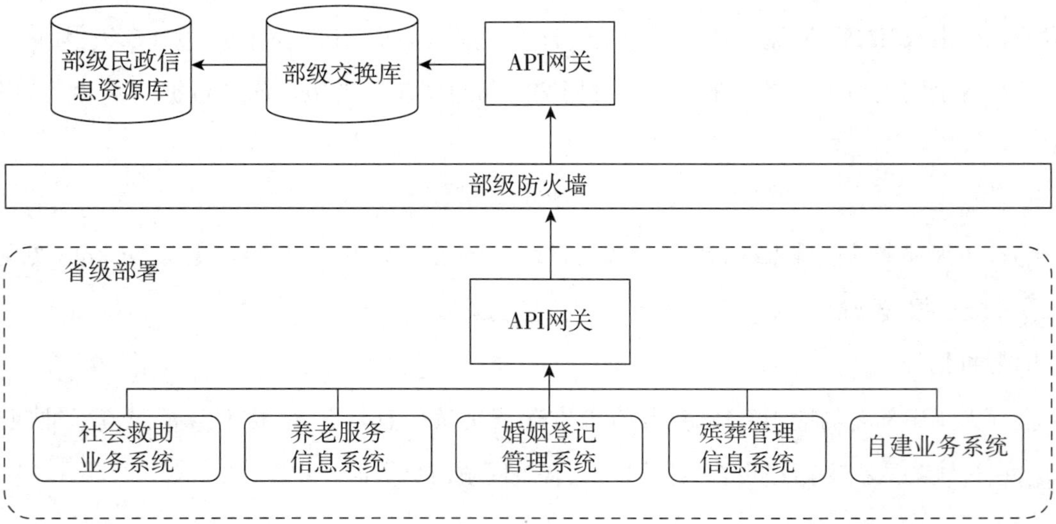

图2　省级部署 API 网关示意图

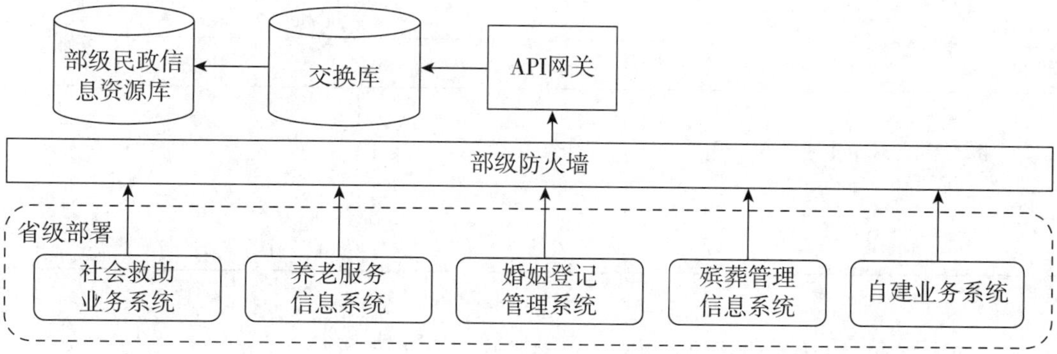

图3　省级未部署 API 网关示意图

6.2.2 接口类型说明

部级 API 网关发布的接口服务分为数据上报接口和数据回流接口，这两类接口分别应用于省级数据上报和部级数据回流两种数据交换场景。

6.2.3 接口协议说明

API 网关发布的接口均采用 HTTP POST 方式提供，请求和响应的参数均采用 JSON 格式，编码均为 UTF—8 格式。

6.2.4 请求地址示例

http:// 域名或 IP:端口号/应用名_服务名。

6.2.5 请求内容示例

API 网关提供的接口请求内容结构均保持一致。

a）请求参数和返回值均采用 JSON 格式字符串，接口请求内容示例，如表 1 所示。

表1　接口请求示例

接口名称	社会救助业务数据上报接口
请求地址	http:// 域名或 IP:端口号/应用名_服务名
接口协议	HTTP
请求类型	POST
请求 Header 设置	
Content - Type	application/json;charset = utf - 8
请求 Body 格式(请求参数)	
{ "access_key":"hydj", "format":"json", "request_id":"3fc89826ad5c4e8fbf40", "timestamp":"1553737749174", "sign":"", "biz_content":{ } }	

续表

返回值

{
"msg":"接入系统不存在或已被禁用",
"code":" -103",
"biz_data":""
}

b)请求参数采用JSON格式字符串,请求参数说明如表2所示。

表2　接口请求参数说明

参数代码	参数名称	数据格式	是否必填	注释说明
access_key	调用方标识	string	Y	值类型为string
format	数据格式	string	Y	值类型为string
request_id	请求唯一编码(流水号)	string	N	值类型为string
sign	请求参数签名	string	Y	值类型为string
timestamp	发送请求的时间戳	string	Y	值类型为string
biz_content	业务入参字符串	string	Y	值类型为string,JSON格式

注:不同接口的biz_content参数内容由具体的接口技术对接文档说明。

c)返回值说明如表3所示。

表3　接口返回值说明

参数代码	参数名称	数据格式	是否必填	注释说明
code	运行代码	string	Y	运行代码
msg	信息提示	string	N	信息提示
biz_data	业务数据	string	N	返回数据,JSON格式

范例	运行异常:
	{
	"msg":"接入系统不存在或已被禁用",
	"code":" -103",
	"biz_data":""
	}			

注:不同接口的biz_data业务数据由具体的接口技术对接文档说明。

6.2.6 运行代码说明

接口调用成功或失败返回的运行代码,如表4所示。

表 4　服务接口调用返回运行代码说明

代码	运行代码说明
-101	参数错误
-102	数字证书签名失败
-103	接入系统不存在或已被禁用
-104	此 IP 未被允许访问服务
-105	服务器繁忙,请稍后重试
-106	非平台协议服务需要通过配置的接口地址访问
-107	服务未定义或已下线
-108	服务不可用
-109	不支持的数据库
-110	不支持的数据类型
-201	无访问服务权限
-202	无服务字段权限
-300	执行错误
-400	服务处于熔断状态,请稍后再试
1	调用成功

6.3 数据库对接方式

6.3.1 方式说明

数据库对接方式是通过在部省交换节点之间搭建交换库,将要交换的数据通过前置数据库进行对接交换,这种方式一般用于实现大批量的数据交换。

省级交换节点通过数据库对接方式与部级交换节点交换数据可分为两种:

a)在省级交换节点搭建一个交换库,省级将要上报的数据放到省级交换库中,由部级交换节点完成数据从省级交换库到部级交换库的抽取,如图 4 所示;

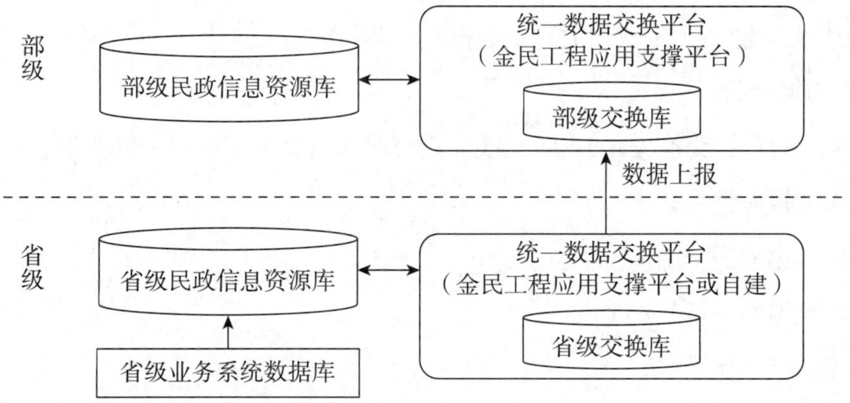

图 4　省级部署交换库示意图

b)省级交换节点不搭建交换库,直接将数据写入部级交换节点的交换库中,如图5所示。

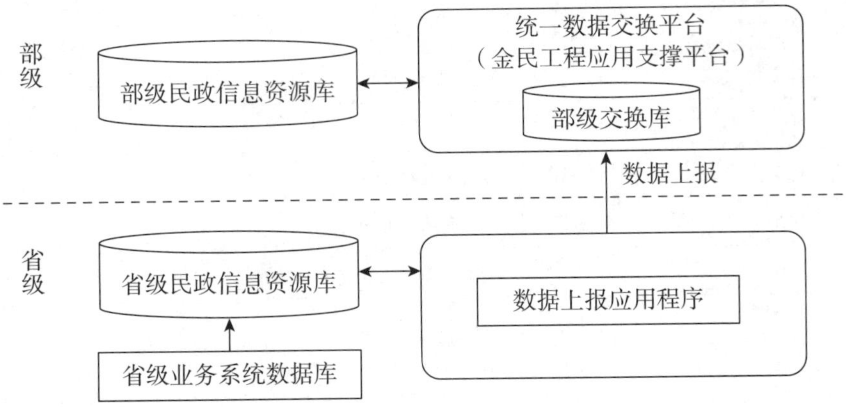

图5　省级未部署交换库示意图

6.3.2 对接步骤

采用数据库对接方式进行数据交换时,应遵循以下步骤:

a)表资源目录发布:部级交换节点将需要交换的数据库表整理成表资源目录,并将此目录进行发布,告知省级交换节点要交换的数据资源。

b)搭建交换库:部级交换节点在部级交换库上创建相应的交换库数据库表,省级交换节点在省级交换库上建立与部级一一对应的交换库数据库表。

c)数据交换:省级将需要上报的数据推送到省级交换库中,并发信息告知部级统一数据交换平台,部级数据交换平台从省级交换库中将上报数据抽取到部级交换库中。

d)确认机制:省级将上报数据推送到省级交换库后,部级统一数据交换平台会到省级交换库中去采集记录上报数据信息(数据表上报记录总数,其中新增记录数、更新记录数、删除记录数),然后进行数据抽取。当数据抽取完成后,再与抽取数据前记录的上报信息进行对账比对,如果比对结果一致则确认此次数据上报任务成功完成。

e)异常处理:数据上报或回流过程中,对账不成功的异常情况,部省两级的交换节点需各自查找错误原因,然后重新上报或回流这批数据,直到对账成功。

6.3.3 数据库交换参数

基于数据库的数据交换方式,省级交换节点应向部级交换节点提供以下信息:

a)交换库数据库类型;

b)交换库数据库服务器IP地址;

c)交换库数据库端口号;

d)交换库数据库服务名;

e)登录数据库用户名;

f)登录数据库密码。

6.3.4 数据交换内容及交换频率

部省数据交换以增量的方式进行,数据交换频率根据业务要求应灵活配置。各类民政业务数据上报的表资源目录如表5所示(表内的交换频率为参考交换频率,实际交换频率会根据需求进行调整),数据上报的数据项见附录A;数据回流的数据项见附录B。

表5 民政业务数据交换内容及交换频率

业务大类	业务小类	表中文名	表英文名	交换频率
社会救助	基础信息	救助标准信息	BAX69	1次/月
	救助对象信息	家庭信息	BAF01	1次/月
		家庭成员信息	BAP01	1次/月
		成员救助待遇信息	BAP97	1次/月
		家庭救助待遇信息	BAF97	1次/月
	动态管理信息	成员待遇增减变化信息	BAP98	1次/月
	资金发放信息	资金发放信息	BAX99	1次/月
		查询申请表	BEX150	按需进行,一天最多一次
		联网查询批次表	BEX151	按需进行,一天最多一次
		请求资源信息表	BEX153	按需进行,一天最多一次
		请求资源状态表	BEX154	按需进行,一天最多一次
		附件存储信息表	BEX155	按需进行,一天最多一次
基层政权建设和社区治理	社区治理与服务基础数据	社区组织表	CAE05	1次/月
		社区组织成员表	CAP17	1次/天
		社区服务机构表	CAE04	1次/月
		社区服务机构成员表	CAP09	1次/天
		社区服务设施表	CAE03	1次/月
区划地名	行政区划管理	行政区划变更备案表	EAA12	1次/月
		区域界线调整备案表	EAA21	1次/月
	地名管理	楼门牌/地址维护信息表	EBB01	1次/月
社会事务	婚姻管理业务	婚姻登记业务表	FAX01	实时
		婚姻登记严重失信当事人名单业务表	FAX02	实时
		出具婚姻登记证明业务表	FAX03	1次/天
		婚姻登记机构基础信息表	FAE01	1次/天
		婚姻登记机构人员信息表	FAP01	1次/天
		婚姻登记机构人员资格证书表	FAP02	1次/天

续表

业务大类	业务小类		表中文名	表英文名	交换频率
社会事务	殡葬管理	殡葬基础信息	机构基本信息	FBE01	1次/天
			机构批准信息	FBE02	1次/天
			机构建设记录信息	FBE03	1次/天
			机构职工汇总信息	FBE06	1次/天
			机构职工基本信息	FBP17	1次/天
			机构财务收支记录信息	FBE07	1次/天
			机构岗位信息	FBE08	1次/天
			殡葬设施信息	FBE09	1次/天
			殡葬设备信息	FBE10	1次/天
			设备维修维护信息	FBE11	1次/天
			经办人信息	FBP05	1次/天
		殡葬政务信息	政策信息规范	FBA01	1次/天
			社会信息数据规范	FBA03	1次/天
			火化区/土葬改革区认定信息规范	FBA04	1次/天
			质检信息规范	FBE12	1次/天
			环监信息规范	FBE13	1次/天
			价格管理信息规范	FBE14	1次/天
			处罚信息规范	FBE15	1次/天
			服务评价信息规范	FBE16	1次/天
			服务评估信息规范	FBE17	1次/天
			突发事件逝者善后统计	FBA06	1次/天
			突发事件人员登记信息	FBA07	1次/天
			诚信体系评估信息规范	FBE18	1次/天
			惠民政策信息规范	FBA02	1次/天
		殡葬服务信息	遗体异地运输记录信息	FBP01	实时
			国际运尸信息	FBP02	实时
			逝者/使用者信息	FBP03	实时
			逝者照片信息	FBP04	实时
			遗体保存/守灵信息	FBP06	实时
			火化记录信息	FBP07	实时
			取灰信息	FBP08	实时
			遗体离馆信息	FBP09	实时
			殡仪服务消费信息	FBP10	实时
			墓位/格位信息	FBE21	实时
			安放/安葬信息	FBP12	实时

续表

业务大类	业务小类		表中文名	表英文名	交换频率
社会事务	殡葬管理	殡葬服务信息	骨灰撒散信息	FBP14	实时
			墓位迁出信息	FBP15	实时
			骨灰寄存信息	FBP11	实时
			安放/安葬消费信息	FBP13	实时
			预约服务信息	FBE19	1 次/天
			祭祀祭扫管理信息规范	FBE20	1 次/天
	流浪乞讨人员救助		救助管理站表	FCE01	1 次/天
			机构信息表	FCE02	1 次/天
			工作人员信息表	FCP11	1 次/天
			流浪人员基本信息表	FCP01	1 次/天
			流浪人员指纹库	FCP02	1 次/天
			流浪人员人脸库	FCP03	1 次/天
			救助管理站床位表	FCX99	1 次/天
			流浪人员救助记录表	FCX01	1 次/天
			街面救助记录表	FCX47	1 次/天
			流浪人员离站信息登记表	FCX14	1 次/天
			流浪乞讨人员救助专业服务表	FCX10	1 次/天
			流浪人员机构托养记录表	FCX12	1 次/天
			流浪人员急病救治表	FCX06	1 次/天
			走失人员家属寻亲登记表	FCP04	1 次/天
			流浪人员站内待寻记录表	FCP06	1 次/天
			落户安置方案信息表	FCX98	1 次/天
	残疾人福利		补贴对象类型信息表	FDX88	1 次/天
			在册人员信息表	FDX01	1 次/天
			新增人员信息表	FDX02	1 次/天
			停发人员信息表	FDX03	1 次/天
			补发人员信息表	FDX04	1 次/天
			追缴人员信息表	FDX05	1 次/天
			历史信息表	FDX06	1 次/天
			发放汇总表	FDX07	1 次/天
养老服务	养老服务机构监管		养老服务机构基础信息表	HDEF1	1 次/周
			养老服务质量检查结果表	HDEF2	1 次/周
			养老服务机构等级评定信息结果表	HDEF3	1 次/周
			养老服务机构长护险信息表	HDEF4	1 次/周
			养老服务机构医养结合信息表	HDEF5	1 次/周

续表

业务大类	业务小类	表中文名	表英文名	交换频率
养老服务	养老服务机构监管	养老服务机构老年用品信息表	HDEF6	1 次/周
		社区养老服务机构信息表	HDEF8	1 次/周
		养老服务机构社区服务记录表	HDEF9	1 次/周
		养老服务机构联合惩戒信息表	HDEG1	1 次/周
		养老从业人员联合惩戒信息表	HDEG2	1 次/周
	从业人员	从业人员基本信息表	HAPB1	1 次/周
		从业人员从业经历信息表	HAPB2	1 次/周
		从业人员培训经历信息表	HAPB3	1 次/周
		从业人员处罚信息表	HAPB5	1 次/周
		从业人员奖励信息表	HAPB6	1 次/周
		从业人员补贴信息表	HAPB7	1 次/周
		从业人员资质信息表	HAPB8	1 次/周
		在院人员基本信息表	HAPB9	1 次/周
	老年人管理	老年人基础信息表	HAPC1	1 次/周
		老年人家庭信息表	HAPC2	1 次/周
		老年人能力评估信息表	HAPC3	1 次/周
		老年人长护险信息表	HAPC4	1 次/周
		老年人机构签约信息表	HAPC5	1 次/周
		社区适老化信息表	HAPC6	1 次/周
		留守老年人基本信息表	HAPC7	1 次/周
		留守老年人其他信息表	HAPC8	1 次/周
		留守老年人驳回信息表	HAPC9	1 次/周
		留守老年人子女信息表	HAPC10	1 次/周
	养老服务机构补贴管理	先进个人管理信息表	HDEC1	1 次/周
		先进单位管理信息表	HDEC2	1 次/周
		养老服务机构补贴审评信息表	HAX49	1 次/周
		养老服务机构补贴发放信息表	HAX48	1 次/周
		老年人养老补贴审核信息表	HAX55	1 次/周
		老年人养老补贴发放信息表	HAX54	1 次/周
	养老机构信息上报	养老机构上报基础信息表	HAE03	1 次/周
		养老机构上报内部管理信息表	HAE04	1 次/周
		养老机构上报服务质量信息表	HAE05	1 次/周
		养老机构上报安全管理信息表	HAE06	1 次/周
		养老机构上报入住对象信息表	HAE07	1 次/周
		养老机构上报从业人员信息表	HAE08	1 次/周

续表

业务大类	业务小类	表中文名	表英文名	交换频率
养老服务	养老机构信息上报	养老机构上报房屋信息表	HAE09	1次/周
		养老机构上报设施设备信息表	HAE25	1次/周
		养老机构上报安全教育与培训记录信息表	HAE20	1次/周
		养老机构上报电路电器、消防标识检查信息表	HAE21	1次/周
		养老机构上报防火检查信息表	HAE22	1次/周
		养老机构上报消防设施、器材维护保养检测信息表	HAE23	1次/周
		养老机构上报灭火和应急疏散消防安全演练信息表	HAE24	1次/周
儿童福利	公共信息	儿童基础信息表	JEP01	1次/天
		家庭信息表	JEF02	1次/天
		家庭成员信息表	JEF01	1次/天
		福利机构从业人员统计信息表	JEE02	1次/天
		收养人信息表	JAX02	1次/天
		送养人(含机构)信息表	JAF02	1次/天
	福利救助业务基础信息	孤儿信息表	JEP03	1次/天
		事实无人抚养儿童信息表	JEP08	1次/天
		明天计划定点医疗机构信息表	JCE10	1次/天
		定点康复基地信息表	JCX31	1次/天
		儿童福利机构信息表	JEE01	1次/天
	儿童保护基本信息	未成年人救助保护机构信息表	JEE03	1次/天
		未成年人救助保护机构从业人员表	JEE04	1次/天
		农村留守妇女信息表	JDP01	1次/天
		留守儿童信息表	JEP06	1次/天
		监护不当儿童信息表	JBP17	1次/天
		流浪儿童信息表	JEP09	1次/天
		艾滋病儿童信息表	JCP04	1次/天
		儿童主任(儿童督导员)信息表	JBP03	1次/天
	儿童收养业务	收养登记信息表	JAX01	1次/天
		解除收养登记信息表	JAX06	1次/天
		撤销收养登记信息表	JAX07	1次/天
		补领收养登记证信息表	JAX05	1次/天
		补领解除收养关系证明信息表	JAX08	1次/天
		出具收养登记证明信息表	JAX04	1次/天

续表

业务大类	业务小类	表中文名	表英文名	交换频率
儿童福利	儿童福利救助业务	寄养关系表	JCX09	1 次/天
		儿童医疗救助信息表	JCX04	1 次/天
		儿童康复治疗信息表	JCX24	1 次/天
		儿童福利补贴资金发放信息表	JCX22	1 次/天
慈善事业促进和社会工作	社会工作管理	社会工作者表	KCP01	1 次/天
		社工机构表	KCE01	1 次/天
		社工项目表	KCX06	1 次/天
	志愿服务管理	志愿者信息表	KDP01	实时
		志愿服务队伍基本信息表	KDE03	1 次/天
		志愿服务项目信息表	KDX01	1 次/天
		志愿服务时长信息表	KDX07	1 次/天
		培训信息表	KDX08	1 次/天
		表彰信息表	KDX18	1 次/天

7 数据交换

7.1 数据上报

7.1.1 数据上报流程

数据上报流程如图 6 所示：

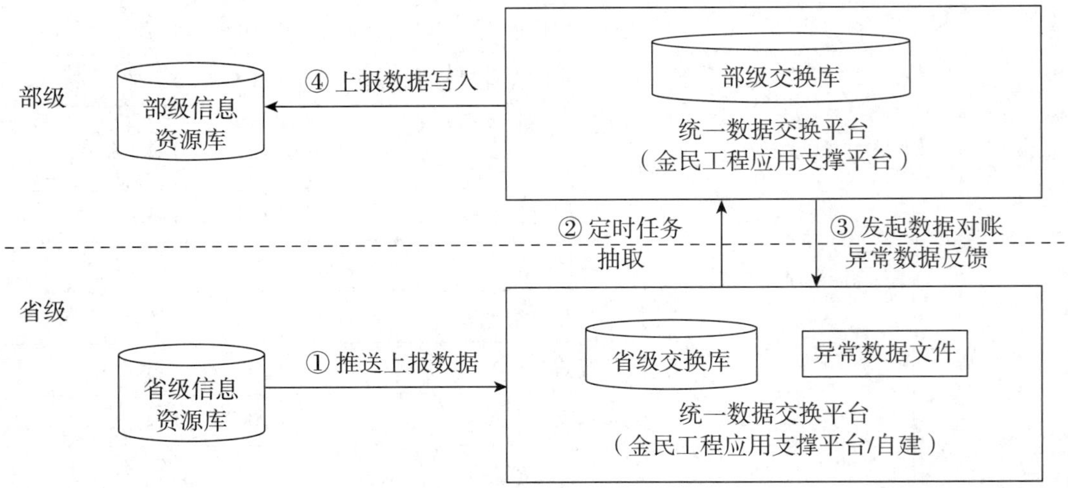

图 6　数据上报流程

省级将上报数据推送至省级前置交换库，并记录上报数据的详细情况（上报记录总数、其中新增记录数、更新记录数、删除记录数）；部级统一数据交换平台定时执行数据抽取程序，将数据从省级交换库抽取到部级交换库，同时与省级记录的上报数据详细情况进行对账，确认数据收取成功。

对于实时上报的数据内容，部级交换节点通过 API 网关发布相关服务供省级交换节点调用，省级交换节点通过调用此服务，完成实时数据上报。

7.1.2 准备阶段

7.1.2.1 省级交换节点

省级交换节点应准备用于部省数据交换用的交换库，安装好数据库，数据库命名规则为：swap_本省份行政区划代码，然后在该前置交换库中按照附录 A 提供的表资源创建好库表。

省级交换节点应在交换库中创建文件服务器，准备好文件交换所使用的系统环境，为部级交换节点获取文件分配相应权限。

7.1.2.2 部级交换节点

部级交换节点应准备用于部省数据交换用的交换库，安装好数据库，并为每个省份创建一个前置交换库，命名规则为：swap_省级行政区划代码。然后按照附录 A 提供的表资源建好库表。

部级交换节点应在交换库中创建文件服务器，并为每个省份创建一个文件交换目录，准备好文件交换所使用的系统环境，为省级交换节点获取文件分配相应权限。

7.1.3 运行阶段

7.1.3.1 省级交换节点

省级应按照数据上报的频率，在约定的时间范围内，负责将各业务系统该时间段内生成的数据推送到省级交换库中。

省级生成数据时，每条数据记录上，都应包含“数据更新时间”“数据操作标识”和“数据上传批次”三个字段，下面具体说明这三个特殊字段的数据计算规则。

a）数据更新时间取值方式：数据更新时间固定取省级数据交换交换库的系统时间；

b）操作标识取值方式：新增数据为“I”，修改数据为“U”，删除数据为“D”；

c）数据上传批次计算规则：省级行政区划代码_对应表名_上传日期_两位序号。

省级在省级数据交换交换库生成数据时，只采用数据插入的方式生成新数据，不允许做更新和删除操作，即业务系统在新增一条数据时，往省级数据交换交换库插入这条数据同时“数据操作标识”的值为“I”，当业务系统修改或者删除一条数据时，往省级数据交换交换库插入这条数据同时“数据操作标识”的值为“U”或“D”。因此交换库中的库表主键字段不建唯一约束，需要各省份自行控制上报数据主键的唯一性和准确性。

为保证数据处理性能，各省级数据交换节点交换库的数据表中的数据只保留最近两月的在线数据，超过两个月的数据需要定期清理到其他存储介质保存。

7.1.3.2 部级交换节点

部级节点对增量数据的获取通过部级统一数据共享交换平台来完成，实现方式为定时 ETL 任务。

部级节点需要预先在统一数据交换平台配置针对所有上传数据省份的定时 ETL 任务，并预先分配好这些任务各自的执行节点。

对表数据上传方式,统一数据交换平台配置的定时数据交换任务,会自动按执行计划,到各省级交换节点的对应交换库中的标准增量数据表中检测其最新数据更新时间,当检测到有超过上次交换数据中最新数据更新时间的数据时,开始执行数据抽取任务脚本,并在抽取任务完成后记录本次任务执行的日志及本次抽取数据的最大数据更新时间。

对文件数据上传方式,统一数据交换平台配置的定时数据交换任务,会自动按执行计划,到文件服务器上各省级上传文件的目录下检测未处理的数据文件,当检测到未处理的数据文件时,开始执行数据抽取任务脚本,并在抽取任务完成后记录本次任务执行的日志及本次抽取数据的文件名。

为保证数据处理性能,部级数据交换节点交换库中的数据保留 1 年,超过 1 年的数据定期清理到其他存储介质保存。

7.1.4 API 网关

针对数据上报,部级提供 API 网关,用于数据实时上报服务的管理和注册,将注册的服务提供给省级交换节点调用,省级交换节点通过调用相关的服务,将变化的数据实时更新到部级民政信息资源库中。

7.1.5 数据异常处理

7.1.5.1 部级交换节点

部级节点对省级上报的数据进行处理,将异常数据放在一个文件中,将文件放到部级交换库异常文件目录中(文件服务器的/problemData 目录),这些文件的命名规则为:对应表名_YYYYMMDD,同时通知省级统一数据交换平台。

7.1.5.2 省级交换节点

省级统一数据交换平台收到部级发过来的异常数据处理通知后,到部级交换库指定的异常文件目录中读取异常数据文件,将异常数据处理好后,重新上报部级交换节点。

7.2 数据回流

7.2.1 数据回流流程

部级数据回流流程如图 7 所示:

部级将回流数据推送至部级交换库并记录回流数据的详细情况(回流记录总数,其中新增记录数、更新记录数、删除记录数);省级统一数据交换平台负责将回流数据从部级交换库抽取到省级交换库,同时与部级回流数据的详细情况进行对账,确认数据回流成功。

7.2.2 准备阶段

7.2.2.1 部级交换节点

在部级交换库上创建数据回流数据库(一个省对应一个数据回流数据库),在数据库中按照附录 B 提供的表资源创建好数据表。数据回流数据库的命名规则为:d_swap_省级行政区划代码。

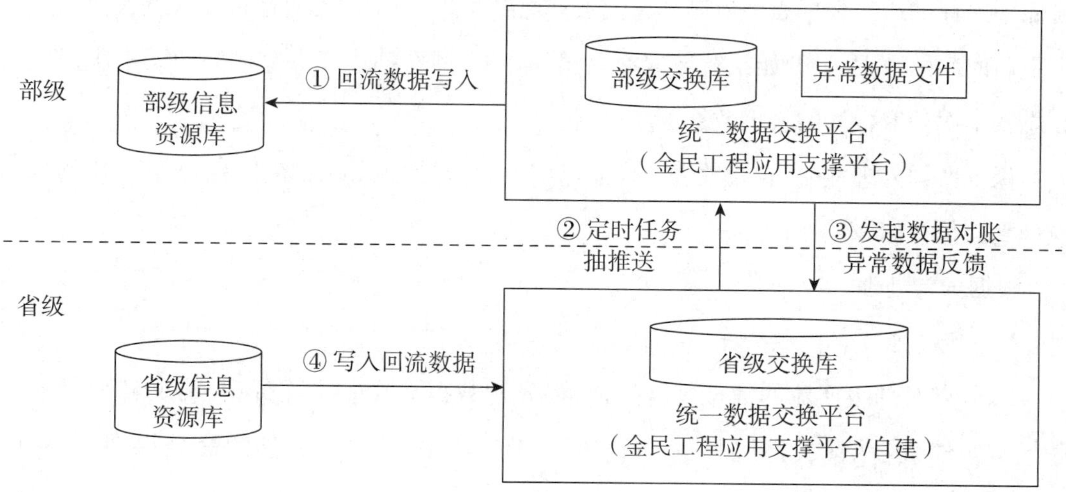

图7　数据回流流程

7.2.2.2 省级交换节点

在省级交换库上创建数据回流数据库，按照附录B提供的表资源，在数据回流数据库上创建好数据表。数据回流数据库的命名规则为：d_swap_本省份行政区划代码。

7.2.3 运行阶段

7.2.3.1 部级交换节点

部级交换节点按照约定的数据回流频率，将回流数据推送到部级交换库数据回流数据库中。每条回流数据应包含“数据更新时间”“数据操作标识”和“数据回流批次”三个字段，这三个字段的值分别是：

a）“数据更新时间”字段的值取数据回流数据库的当前系统时间；

b）“数据操作标识”字段的值为“I”“U”“D”中的一个，新增数据为“I”，修改数据为“U”，删除数据为“D”；

c）“数据回流批次”字段的值为：省级行政区划代码_对应表名_回流日期_两位序号。

部级交换节点向部级数据回流数据库中推送回流数据时，数据操作标识字段的取值应遵循以下规则：

a）业务系统中新增的数据，推送到数据回流数据库时，“数据操作标识”字段的值为“I”；

b）业务系统中修改的数据，推送到数据回流数据库时，“数据操作标识”字段的值为“U”；

c）业务系统中删除的数据，推送到数据回流数据库时，“数据操作标识”字段的值为“D”。

为保证数据处理性能，部级数据交换节点交换库中的数据应保留1年，超过1年的数据定期清理到其他存储介质保存。

7.2.3.2 省级交换节点

省级节点应预先在统一数据交换平台配置获取部级节点回流数据的定时ETL任务。

统一数据交换平台配置的定时数据交换任务，会自动按执行计划，到部级交换节点的对应交换库中的标准增量数据表中检测其最大数据更新时间，当检测到有超过上次交换数据中最大数据更新时间的数据时，开始执行数据抽取任务脚本，并在抽取任务完成后记录本次任务执行的日志及本次抽取数据的最大数据更新时间。

为保证数据处理性能，省级数据交换节点交换库中的数据应保留 1 年，超过 1 年的数据定期清理到其他存储介质保存。

7.2.4 数据异常处理

7.2.4.1 省级交换节点

省级节点对部级回流的数据进行处理，将异常数据放在一个文件中，将文件放到省级交换库异常文件目录中（文件服务器的/problem Data 目录），这些文件的命名规则为：对应表名_YYYYMMDD，同时通知部级统一数据交换平台。

7.2.4.2 部级交换节点

部级统一数据交换平台收到省级发过来的异常数据处理通知后，到省级交换库指定的异常数据文件目录中读取异常数据文件，将异常数据处理好后，重新回流到省级交换节点。

7.3 数据对账

数据对账是对部省数据交换过程中数据的交换数据量进行记账和比对，以确保交换数据上报准确一致。

省级将上报数据推送到省级交换库后，应记录报送数据详细情况（数据表上报记录总数，其中新增记录数、更新记录数、删除记录数）；部级收取完省级上报数据后，应与省级的报送记录数进行对账，确认一致后说明数据上报成功。

部级将回流数据推送到部级交换库后，应记录回流数据详细情况（数据表回流记录总数，其中新增记录数、更新记录数、删除记录数）；省级统一数据交换平台获取回流数据后，应与部级的回流记录数进行对账，确认一致后说明数据回流成功。

7.4 特殊情况处理

省级数据交换库、部级数据交换库发生以下情况，应互相通知后进行特殊处理：

a）省级、部级软件系统升级，业务数据表的唯一标识字段（主键）发生变化；

b）上报数据内容不符合标准，数据上报标准见附录 A；

c）上报数据内容不符合本文件的信息分类编码标准，信息分类编码标准见 JMGC/XX 204；

d）增量汇聚机制出现故障，无法继续识别增量数据。

7.5 数据类型

本标准中的数据交换的数据项的类型如表 6 所示。

表 6　数据类型

数据类型	说明
string(字符型)	通过字符形式表达的值的类型
number(整数型)	通过“0”到“9”数字表达的整数类型的值
float(浮点型)	通过“0”到“9”数字和小数点“.”表达的实数
date(日期型)	通过 YYYYMMDD 的形式表达的值的类型
datetime(日期时间型)	通过 YYYYMMDD hh:mm:ss 的形式表达的值的类型
boolean(布尔型)	两个且只有两个表明条件的值

7.6 数据格式

从业务的角度规定的数据项的格式需求,包括所允许的最大和(或)最小字符长度,数据项值的表示格式等。数据格式中使用的字符含义如表 7。

表 7　数据格式

数据格式	说明
a	字母字符
n	数字字符
an	字母数字字符
m(m 为自然数)	定长 m 个字符,字符集默认为 GB 18030 的全部部分
..ul	长度不确定的
..	从最小长度到最大长度,前面附加最小长度,后面附加最大长度。
YYYYMMDD hh:mm:ss	“YYYY”表示年份,“MM”表示月份,“DD”表示日期,“hh”表示小时,“mm”表示分钟,“ss”表示秒,可以视实际情况组合使用。
m,n	float 的精度,m 表示总长度,n 表示小数位。

7.7 必选项

数据项标明为必选项的,要求在金民工程数据交换过程中作为必选数据项予以设置。未标明为必选项的,仅作为金民工程数据交换过程中的推荐数据项。

附录 A

（规范性）

数据上报内容

A.1 社会救助业务

A.1.1 BAX69 救助标准信息

标识符	中文名称	数据类型	数据格式	必选项	备注
ABAX6901	主键	string	an32	Y	主键,UUID,符合 GB/T 17969.8—2010
ABAX6002	救助业务类型	string	n3	Y	见 JMGC/XX 204 中 CB001 社会救助业类型代码
ABAX6907	发布日期	date	YYYYMMDD	Y	
ABAX6908	启用日期	date	YYYYMMDD	Y	
ABAX6909	废止日期	date	YYYYMMDD	N	
ABAX6910	标准金额	float	9,2	Y	
ABAX6903	标准文件名称	string	..100	N	
ABAX6904	标准文件号	string	..100	N	
ABAX6911	救助标准状态	string	n1	Y	见 JMGC/XX 204 中 CB002 社会救助标准状态代码
AXAA0001	行政区划代码	string	n12	Y	前 6 位见 GB/T 2260(《中华人民共和国行政区划代码》),后 3 位见 GB/T 10114—2003(《县以下行政区划代码编码规则》),后 3 位为村或社区编码
ABAX6912	分类救助标准类型	string	n4	Y	

A.1.2 BAF01 家庭信息

标识符	中文名称	数据类型	数据格式	必选项	备注
ABAF0101	家庭信息表主键	string	an50	Y	主键,UUID,符合 GB/T 17969.8—2010
AXDF0002	申请人姓名	string	..72	Y	

续表

标识符	中文名称	数据类型	数据格式	必选项	备注
AXDF0004	申请人公民身份号码	string	..18	Y	对于身份证件类型为“内地居民身份证”的人员，身份证件号码值域见 GB 11643—1999(《公民身份号码》)
AXDF0011	联系电话	string	..18	N	
AXDF0008	居住地址	string	..200	N	
AXDF0224	邮政编码	string	n6	N	国家邮政局编制的邮政编码目录中的编码
AXAA2701	所属社区行政区划代码	string	n12	Y	前6位见 GB/T 2260(《中华人民共和国行政区划代码》)，后3位见 GB/T 10114—2003(《县以下行政区划代码编码规则》)，后3位为村或社区编码
ABAX6002	救助业务类型	string	n3	Y	
AXDF0005	家庭人数	number	n2	Y	
ABAF0012	保障人数	number	n2	Y	
ABAF0006	家庭人口总收入/月	float	10,2	N	

A.1.3 BAP01 家庭成员信息

标识符	中文名称	数据类型	数据格式	必选项	备注
ABAP0101	家庭成员信息表主键	string	an50	Y	主键，UUID，符合 GB/T 17969.8—2010
ABAF0101	家庭信息表主键	string	an50	Y	家庭信息表主键，对应 BAF01 表主键
AXCP0005	成员公民身份号码	string	..18	Y	对于身份证件类型为“内地居民身份证”的人员，身份证件号码值域见 GB 11643—1999(《公民身份号码》)
AXCP0002	成员姓名	string	..72	Y	
AXCP0006	性别	string	n1	Y	见 JMGC/XX 204 中 C0007 人的性别代码
AXCP0097	出生日期	date	YYYYMMDD	Y	
AXCP0008	民族	string	n2	Y	见 JMGC/XX 204 中 C0009 民族代码
AXCP0024	劳动能力	string	n2	Y	见 JMGC/XX 204 中 C0014 劳动能力鉴定等级代码
ABAP0007	残疾类别	string	n2	N	见 JMGC/XX 204 中 C0024 残疾类别代码
ABAP0008	残疾等级	string	n2	N	见 JMGC/XX 204 中 C0025 残疾等级代码

续表

标识符	中文名称	数据类型	数据格式	必选项	备注
ABAP0009	残疾证号	string	..22	N	
AXCP0010	健康状况	string	n2	Y	见 JMGC/XX 204 中 C0011 健康状况代码
AXCP0009	文化程度	string	n2	Y	见 JMGC/XX 204 中 C0008 学历代码
ABAP0003	学业状况	string	n2	Y	见 JMGC/XX 204 中 C0027 学业状况代码
ABAP0002	就业状况	string	n2	Y	见 JMGC/XX 204 中 C0028 就业状况代码
AXCP0092	婚姻状况	string	n2	Y	见 JMGC/XX 204 中 C0010 婚姻状况代码
ABAP0005	重病病种	string	n2	N	见 JMGC/XX 204 中 C0029 重病病种代码
ABAP0022	是否本地户籍	boolean	n1	Y	1 是;0 否
ABAP0010	生活自理能力	string	n2	N	见 JMGC/XX 204 中 C0030 生活自理能力代码
AXCP0012	人员状态	string	n2	Y	见 JMGC/XX 204 中 C0034 人员状态代码
ABAF0004	户籍地址	string	..200	N	
AXCP0013	户籍类别	string	n2	N	见 JMGC/XX 204 中 C0031 户籍类别代码
AXCP0035	家庭关系	string	n2	Y	见 JMGC/XX 204 中 C0032 家庭关系代码
ABAP0017	是否保障对象	boolean	n2	Y	1 是;0 否
AXCP0003	曾用名	string	..72	N	
ABAP0029	年收入金额	float	9,2	N	

A.1.4 BAP97 成员救助待遇信息

标识符	中文名称	数据类型	数据格式	必选项	备注
ABAP9701	待遇表主键	string	an32	Y	主键,UUID,符合 GB/T 17969.8—2010
ABAF0101	家庭信息表主键	string	an50	Y	家庭信息表主键,对应 BAF01 表主键
ABAP0101	家庭成员信息表主键	string	an50	Y	家庭成员信息表主键,对应 BAP01 表主键
AXCP0005	成员公民身份号码	string	..18	Y	对于身份证件类型为“内地居民身份证”的人员,身份证件号码值域见 GB 11643—1999(《公民身份号码》)
ABAX6002	救助业务类型	string	n3	Y	见 JMGC/XX 204 中 CCB001 救助业务类型代码

续表

标识符	中文名称	数据类型	数据格式	必选项	备注
ABAP0040	待遇金额	float	9,2	Y	
ABAP0047	金额二	float	9,2	N	台账指标,对特殊人群的额外调节补助
ABAP0048	金额三	float	9,2	N	台账指标,对特殊人群的额外调节补助
ABAP0042	救助开始时间	date	YYYYMMDD	Y	
ABAP0043	救助截止时间	date	YYYYMMDD	N	
ABAF0008	供养方式	string	n2	N	见 JMGC/XX 204 中 CB009 供养方式代码
ABAF0009	供养机构	string	..100	N	供养机构名称
ABAP0049	备注	string	..4000	N	备注

A.1.5 BAF97 家庭救助待遇信息

标识符	中文名称	数据类型	数据格式	必选项	备注
ABAF9701	待遇表主键	string	an32	Y	业务主键,由数据上报方提供
ABAF0101	家庭信息表主键	string	an50	Y	家庭信息表主键,对应 BAF01 表主键
AXDF0004	户主公民身份号码	string	..18	Y	对于身份证件类型为“内地居民身份证”的人员,身份证件号码值域见 GB 11643—1999(《公民身份号码》)
ABAX6002	救助业务类型	string	n3	Y	见 JMGC/XX 204 中 CB001 救助业务类型代码
ABAP0050	救助事由	string	..4000	Y	
ABAP0040	待遇金额	float	9,2	Y	
ABAP0047	金额二	float	9,2	N	台账指标,对特殊人群的额外调节补助
ABAP0048	金额三	float	9,2	N	台账指标,对特殊人群的额外调节补助
ABAP0042	救助开始时间	date	YYYYMMDD	Y	
ABAP0043	救助截止时间	date	YYYYMMDD	N	救助截止时间不能等于救助开始时间,假如只救助一个月,则救助截止时间为救助开始时间的下一个月
ABAF0025	待遇类型	string	n2	Y	见 JMGC/XX 204 中 CB010 待遇类型代码
ABAF0008	供养方式	string	n2	N	见 JMGC/XX 204 中 CB009 供养方式代码
ABAF0009	供养机构	string	..100	N	供养机构名称
ABAP0045	基本生活费	float	9,2	N	特困业务必填,其他业务非必填

续表

标识符	中文名称	数据类型	数据格式	必选项	备注
ABAP0044	照料护理费	float	9,2	N	特困业务必填,其他业务非必填
ABAP0046	服务描述	string	..200	N	当发放类型选择为“服务”时必填,如为多个服务,以“;”(英文分号)隔开
ABAP0049	备注	string	..4000	N	备注

A.1.6 BAP98 成员待遇增减变化信息

标识符	中文名称	数据类型	数据格式	必选项	备注
ABAP9801	主键	string	an32	Y	主键,UUID,符合 GB/T 17969.8—2010
ABAP0101	家庭成员信息表主键	string	an50	Y	家庭成员信息表主键,对应 BAP01 表主键
AXCP0005	成员公民身份号码	string	..18	Y	
ABAP9802	动态变化类型	string	n2	Y	见 JMGC/XX 204 中 CB011 动态变化类型代码
ABAP9803	待遇变化金额	float	9,2	Y	
ABAP9804	生效年月	date	YYYYMM	Y	

A.1.7 BAX99 资金发放信息

标识符	中文描述	数据类型	数据格式	必选项	备注
ABAX9901	主键	string	an32	Y	主键,UUID,符合 GB/T 17969.8—2010
ABAF0101	家庭信息表主键	string	an50	Y	家庭信息表主键,对应 BAF01 表主键
ABAX9902	发放类型	string	n2	Y	见 JMGC/XX 204 中 CB013 发放类型代码
ABAX9903	发放年月	date	YYYYMM	Y	
ABAX9904	发放金额	float	9,2	Y	

A.1.8 BEX150 查询申请表

标识符	中文描述	数据类型	数据格式	必选项	备注
ABEX9001	批次号	string	an36	Y	唯一标识,编号规则:救助类型+行政区划前六位+时间(YYYYMMDD hh:mm:ss)+三位随机数

续表

标识符	中文描述	数据类型	数据格式	必选项	备注
ABEX9002	发送状态	string	..4	N	见 JMGC/XX 204 中 CB030 发送状态代码
ABEX9003	救助类型	string	n2	N	见 JMGC/XX 204 中 CB001 社会救助业务类型代码
ABEX9004	地方行政区划	string	n6	N	前 6 位见 GB/T 2260(《中华人民共和国行政区划代码》)
ABEX9005	数据来源数据库类型	string	n2	N	见 JMGC/XX 204 中 CB031 数据来源数据库类型代码
ABEX9006	发送数量	number		N	本次核对总人数
ABEX9007	业务办理类型	string	n1	N	见 JMGC/XX 204 中 CB015 业务办理类型代码
ABEX9008	核对办理类型	string	n1	N	见 JMGC/XX 204 中 CB016 核对办理类型代码
ABEX9009	数据操作标识	string	n1	N	见 JMGC/XX 204 中 CB017 数据操作标识代码
ABEX9010	联系电话	string	..17	Y	有效的座机或手机号码。座机号码标准格式为:区号 - 电话号码,手机号码为 11 位数字
ABEX9011	创建人	string	..72	Y	创建人
ABEX9012	创建日期	date	YYYYMMDD	N	创建日期
ABEX9013	更新人	string	..72	Y	更新人
ABEX9014	更新日期	date	YYYYMMDD	N	更新日期

A.1.9 BEX151 联网查询批次表

标识符	中文描述	数据类型	数据格式	必选项	备注
ABEX9021	唯一编号	string	an32	y	主键,UUID,符合 GB/T 17969.8—2010
ABEX9022	原批次号	string	an32	Y	各省份核对系统的批次号
ABEX9023	现批次号	string	an32	Y	对应 BEX150 表主键 ID
ABEX9024	状态	string	n2	Y	
ABEX9025	最后更新时间	date	YYYYMMDD	Y	
ABEX9026	批次人数	number		Y	每个批次的人总数(无限制人数)
ABEX9011	创建人	string	..72	Y	创建人
ABEX9012	创建日期	date	YYYYMMDD	N	创建日期
ABEX9013	更新人	string	..72	Y	更新人
ABEX9014	更新日期	date	YYYYMMDD	N	更新日期

A.1.10 BEX152 发送请求信息表

标识符	中文描述	数据类型	数据格式	必选项	备注
ABEX9031	唯一编号	string	an32	Y	主键,UUID,符合 GB/T 17969.8—2010
ABEX9032	申请人证件类型	string	n1	Y	见 JMGC/XX 204 中 C0015 身份证件类型代码
ABEX9033	申请人证件号码	string	..18	Y	证件类型为"内地居民身份证"的人员,身份证件号码值域见 GB 11643—1999(《公民身份号码》)
ABEX9034	申请人姓名	string	..72	Y	
ABEX9035	性别	string	n1	N	见 JMGC/XX 204 中 C0007 人的性别代码
ABEX9036	申请人曾用名	string	..72	N	
ABEX9037	申请人配偶姓名	string	..72	N	
ABEX9038	申请人配偶曾用名	string	..72	N	
ABEX9039	申请人配偶证件类型	string	n1	N	见 JMGC/XX 204 中 C0015 身份证件类型代码
ABEX9040	申请人配偶证件号码	string	..18	N	证件类型为"内地居民身份证"的人员,身份证件号码值域见 GB 11643—1999(《公民身份号码》)
ABEX9041	可支配收入核定起始日期	date	YYYYMMDD	N	
ABEX9042	可支配收入核定截止日期	date	YYYYMMDD	N	
ABEX9043	财产核定日期	date	YYYYMMDD	N	
ABEX9044	就业状态起始日期	date	YYYYMMDD	N	
ABEX9045	就业状态截止日期	date	YYYYMMDD	N	
ABEX9046	支出起始日期	date	YYYYMMDD	N	
ABEX9047	支出截止日期	date	YYYYMMDD	N	
ABEX9048	核对起始时间	date	YYYYMMDD	N	
ABEX9049	核对截止时间	date	YYYYMMDD	N	
ABEX9050	核对编号	string	an32	Y	
ABEX9051	发起查询的核对机构代码	string	an18	N	符合 GB 32100—2015《法人和其他组织统一社会信用代码编码规则》
ABEX9052	发起查询的核对机构名称	string	..100	N	
ABEX9053	发出查询反馈的核对机构代码	string	an18	N	符合 GB 32100—2015《法人和其他组织统一社会信用代码编码规则》

续表

标识符	中文描述	数据类型	数据格式	必选项	备注
ABEX9054	发出查询反馈的核对机构名称	string	..100	N	
ABEX9055	核对项目编号	string	an32	Y	
ABEX9056	核对项目名称	string	..100	N	
ABEX9057	委托单位名称	string	..100	N	
ABEX9058	参考标准值	string	..100	N	
ABEX9059	是否超出标准值	number		N	
ABEX9060	超标类型	string	..2	N	
ABEX9061	核对类型	string	..50	N	
ABEX9062	查询时间节点	date	YYYYMMDD	N	
ABEX9063	原批次号	string	an32	Y	各省份核对系统的批次号
ABEX9064	救助类型	string	n2	Y	见 JMGC/XX 204 中 CB001 社会救助业务类型代码
ABEX9065	现批次号	string	an32	Y	对应 BEX150 表主键 ID
ABEX9066	行政区划代码	string	n12	Y	前 6 位见 GB/T 2260(《中华人民共和国行政区划代码》),中间 3 位见 GB/T 10114—2003(《县以下行政区划代码编码规则》),最后 3 位为村或社区编码
ABEX9067	业务办理类型	string	..2	Y	见 JMGC/XX 204 中 C0003 业务办理类型代码
ABEX9011	创建人	string	..72	N	创建人
ABEX9012	创建日期	date	YYYYMMDD	N	创建日期
ABEX9013	更新人	string	..72	N	更新人
ABEX9014	更新日期	date	YYYYMMDD	N	更新日期
ABEX9068	证明材料	string	..100	N	证明材料
ABEX9069	复核原因	string	..100	N	复核原因 复核批次需要填写复核原因

A.1.11 BEX153 请求资源信息表

标识符	中文描述	数据类型	数据格式	必选项	备注
ABEX9071	唯一编号	string	an32	Y	主键,UUID,符合 GB/T 17969.8—2010
ABEX9072	新批次号	string	an32	Y	关联 BEX150 的主键 ID
ABEX9073	数据类别	string	..50	Y	

续表

标识符	中文描述	数据类型	数据格式	必选项	备注
ABEX9074	核对区域	string	n6	Y	前6位见GB/T 2260(《中华人民共和国行政区划代码》)
ABEX9011	创建人	string	..72	N	创建人
ABEX9012	创建日期	date	YYYYMMDD	N	创建日期
ABEX9013	更新人	string	..72	N	更新人
ABEX9014	更新日期	date	YYYYMMDD	N	更新日期
ABEX9075	交换状态	string	n2	Y	0 反馈结果待同步到核对系统 1 已同步到核对系统

A.1.12 BEX154 请求资源状态表

标识符	中文描述	数据类型	数据格式	必选项	备注
ABEX9081	唯一编号	string	an32	Y	主键,UUID,符合GB/T 17969.8—2010
ABEX9082	新批次号	string	an32	Y	关联BEX150的主键ID
ABEX9083	资源表ID	string	an32	Y	
ABEX9084	请求资源状态	string	n12	Y	见JMGC/XX 204中CB021请求资源状态代码
ABEX9011	创建人	string	..72	N	创建人
ABEX9012	创建日期	date	YYYYMMDD	N	创建日期
ABEX9013	更新人	string	..72	N	更新人
ABEX9014	更新日期	date	YYYYMMDD	N	更新日期
ABEX9085	资源代码	string	an32	N	资源类别代码
ABEX9086	协查单位行政区划代码	string	n12	N	前6位见GB/T 2260(《中华人民共和国行政区划代码》),中间3位见GB/T 10114—2003(《县以下行政区划代码编码规则》),最后3位为村或社区编码

A.1.13 BEX155 附件存储信息表

标识符	中文描述	数据类型	数据格式	必选项	备注
ABEX9091	唯一编号	string	an32	Y	主键,UUID,符合GB/T 17969.8—2010
ABEX9092	批次号	string	an32	Y	关联BEX150的主键ID
ABEX9093	文件名称	string	..72	Y	文件名称
ABEX9094	文件路径	string	..72	Y	文件路径

续表

标识符	中文描述	数据类型	数据格式	必选项	备注
ABEX9095	文件类型	string	..72	Y	1 查询申请函 2 证明材料
ABEX9011	创建人	string	..72	N	创建人
ABEX9012	创建日期	date	YYYYMMDD	N	创建日期
ABEX9013	更新人	string	..72	N	更新人
ABEX9014	更新日期	date	YYYYMMDD	N	更新日期

A.2 基层政权建设和社区治理业务

A.2.1 CAE05 社区组织表

标识符	中文名称	数据类型	数据格式	必选项	备注
ACAE0501	社区组织标识	string	an32	Y	本记录的唯一标识，取值为 UUID，符合 GB/T 17969.8—2010 的规定
AXBE0003	组织名称	string	..100	Y	统一社会信用代码上登记的组织全称
AXBE0002_1	所属社区统一社会信用代码	string	an18	Y	《国务院关于批转发展改革委等部门法人和其他组织统一社会信用代码制度建设总体方案的通知》(国发〔2015〕33 号)中确定的编制规则
ACAE0505	登记部门	string	..100	Y	
ACAE0506	登记日期	date	YYYYMMDD	N	
ACAE0507	组织类型	string	n1	Y	见 JMGC/XX 204 中 CC006 社区组织类型代码
AXBE0017	组织负责人或法定代表人姓名	string	..72	Y	填写中文字符、英文字符
ACAE0509	组织联系地址	string	..100	Y	标准格式示例：××省××市××区××街道××××××
AXBE0013	组织联系电话	string	..17	Y	有效的座机或手机号码。座机号码标准格式为：区号－电话号码，手机号码为 11 位数字
AXBE0006	业务主管单位	string	..100	N	
AXBE0002_2	主管单位统一社会信用代码	string	an18	N	组织所在地主管单位统一社会信用代码；《国务院关于批转发展改革委等部门法人和其他组织统一社会信用代码制度建设总体方案的通知》(国发〔2015〕33 号)中确定的编制规则
ACAE0514	组织简介	string	..500	N	

A. 2. 2 CAP17 社区组织成员表

标识符	中文名称	数据类型	数据格式	必选项	备注
ACAE0501	社区组织标识	string	an32	Y	社区组织表标识
AXCP0005	身份证号码	string	an18	Y	身份证件号码值域见 GB 11643—1999(《公民身份号码》)
AXCP0002	姓名	string	..72	Y	组织成员姓名;填写中文字符、英文字符
AXCP0006	性别	string	n1	Y	见 JMGC/XX 204 中 C0007 人的性别代码
AXCP0017	政治面貌	string	n2	Y	见 JMGC/XX 204 中 C0013 政治面貌代码
AXCP0008	民族	string	n2	Y	见 JMGC/XX 204 中 C0009 民族代码
ACAP1707	职务	string	..50	Y	
AXCP0009	学历	string	n2	Y	见 JMGC/XX 204 中 C0008 学历代码
AXZX0001	手机号码	string	n11	Y	长 11 位,第 1 位为 1,第二位为3—9
ACAP1710	入职时间	date	YYYYMMDD	Y	成员进入当前组织时间
ACAP1711	是否兼职	string	n1	N	1 是;0 否
ACAP1712	职称	string	n1	N	见 JMGC/XX 204 中 CK101 社会工作者职业水平等级代码
ACAP1713	月平均收入	string	n1	N	
ACAP1714	是否有财政负担的社会保险	string	n1	N	1 是;0 否
ACAP1715	是否签订劳动合同	string	n1	N	1 是;0 否

A. 2. 3 CAE04 社区服务机构表

标识符	中文名称	数据类型	数据格式	必选项	备注
ACAE0401	社区服务机构标识	string	an32	Y	本记录的唯一标识,取值为 UUID,符合 GB/T 17969.8—2010 的规定
AXBE0003	机构名称	string	..100	Y	统一社会信用代码上登记的机构全称
AXBE0002_1	所属社区统一社会信用代码	string	an18	Y	《国务院关于批转发展改革委等部门法人和其他组织统一社会信用代码制度建设总体方案的通知》(国发〔2015〕33 号)中确定的编制规则
ACAE0405	机构类型	string	n2	Y	见 JMGC/XX 204 中 CC007 社区服务机构与设施类型代码

续表

标识符	中文名称	数据类型	数据格式	必选项	备注
ACAE0406	登记部门类型	string	n2	Y	见 JMGC/XX 204 中 C0047 登记部门代码
ACAE0407	登记部门	string	..100	Y	
ACAE0408	登记日期	date	YYYYMMDD	N	
ACAE0409	机构联系地址	string	..100	Y	标准格式示例:××省××市××区××街道××××××
AXBE0013	机构联系电话	string	n17	Y	有效的座机或手机号码。座机号码标准格式为:区号-电话号码,手机号码为11位数字
AXBE0017	机构负责人或法定代表人姓名	string	..72	Y	填写中文字符、英文字符
AXBE0006	主管单位名称	string	..100	N	
AXBE0002_2	主管单位统一社会信用代码	string	an18	N	《国务院关于批转发展改革委等部门法人和其他组织统一社会信用代码制度建设总体方案的通知》(国发〔2015〕33号)中确定的编制规则
ACAE0415	机构简介	string	..500	N	

A.2.4 CAP09 社区服务机构成员表

标识符	中文名称	数据类型	数据格式	必选项	备注
ACAE0401	社区服务机构标识	string	an32	Y	社区服务机构表标识
AXCP0005	身份证号码	string	an18	Y	身份证件号码值域见 GB 11643—1999(《公民身份号码》)
AXCP0002	姓名	string	..72	Y	社区服务机构成员姓名;填写中文字符、英文字符
AXCP0006	性别	string	n1	Y	见 JMGC/XX 204 中 C0007 人的性别代码
AXCP0017	政治面貌	string	n2	Y	见 JMGC/XX 204 中 C0013 政治面貌代码
AXCP0008	民族	string	n2	Y	见 JMGC/XX 204 中 C0009 民族代码
ACAP0907	职务	string	..50	Y	在社区服务机构中所担任的职务
AXCP0009	学历	string	n2	Y	见 JMGC/XX 204 中 C0008 学历代码
AXZX0001	手机号码	string	n11	Y	长11位,第1位为1,第二位为3—9
ACAP0910	是否持证	string	n1	Y	1是;0否

续表

标识符	中文名称	数据类型	数据格式	必选项	备注
AKCP0203	职业水平证书管理编号	string	..28	N	职业水平证书上的管理编号
AKCP0204	证书等级	string	n2	N	见 JMGC/XX 204 中 CK101 社会工作者职业水平等级代码
AKCP0205	职业水平证书发放日期	date	YYYYMMDD	N	
AXCP0103	年龄	string	n3	N	
ACAP0911	职称	string	n1	N	见 JMGC/XX 204 中 CK101 社会工作者职业水平等级代码
ACAP0912	月平均收入	string	n1	N	
ACAP0913	是否有财政负担的社会保险	string	n1	N	1 是;0 否
ACAP0914	是否签订劳动合同	string	n1	N	1 是;0 否

A.2.5 CAE03 社区服务设施表

标识符	中文名称	数据类型	数据格式	必选项	备注
ACAE0301	社区服务设施标识	string	an32	Y	本记录的唯一标识,取值为 UUID,符合 GB/T 17969.8—2010 的规定
AXBE0002	所属社区统一社会信用代码	string	an18	Y	《国务院关于批转发展改革委等部门法人和其他组织统一社会信用代码制度建设总体方案的通知》(国发〔2015〕33 号)中确定的编制规则
ACAE0303	服务设施名称	string	..100	Y	
ACAE0304	设施类型	string	n2	Y	见 JMGC/XX 204 中 CC007 社区服务机构与设施类型代码
ACAE0308	设施面积	string	n5	Y	单位:㎡
ACAE0309	设施建成时间	date	YYYYMMDD	Y	
ACAE0310	设施维护单位名称	string	..100	Y	
ACAE0313	设施管理机构或组织名称	string	..100	Y	
ACAE0314	设施负责人	string	..72	Y	填写中文字符、英文字符
ACAE0315	建设投资(万元)	string	n10	Y	建设金额
ACAE0316	设施地址	string	..100	Y	填写具体设施所在位置
ACAE0317	服务时间	string	..100	N	填写具体服务时间,例:周一至周五(9:00—11:00)

A.3 区划地名业务

A.3.1 EAA12 行政区划变更备案表

标识符	中文名称	数据类型	数据格式	必选项	备注
AXAA1202	原行政区划代码	string	n9	Y	变更前的行政区划代码 前6位参考 GB/T 2260《中华人民共和国行政区划代码》,后3位参考 GB/T 10114—2003《县以下行政区划代码编码规则》 原行政区划代码与现行政区划代码二选一必录,且联合代表唯一记录
AXAA1203	原行政区划名称	string	..50	Y	变更前的行政区划名称
AEAA1110	行政区划变更类型	string	n2	Y	见 JMGC/XX 204 中 CE002 行政区划变更类型代码
AEAA1204	现行政区划代码	string	n9	Y	变更后的行政区划代码 前6位参考 GB/T 2260《中华人民共和国行政区划代码》,后3位参考 GB/T 10114—2003《县以下行政区划代码编码规则》
AEAA1205	现行政区划名称	string	..50	Y	变更后的行政区划名称
AEAA1121	批复文件名(含文号)	string	..100	Y	政府批复文件名称(含文号)
AEAA1122	批复时间	datetime	YYYYMMDD hh:mm:ss	Y	政府批复文件的时间
AXZX0006	备注	string	..200	N	必要的说明
AEAA0105	报送时间	datetime	YYYYMMDD hh:mm:ss	Y	行政区划变更上报时间

A.3.2 EAA21 区域界线调整备案表

标识符	中文名称	数据类型	数据格式	必选项	备注
AEAA2102	划出地行政区划代码	string	n9	Y	变更前的行政区划代码 前6位参考 GB/T 2260《中华人民共和国行政区划代码》,后3位参考 GB/T 10114—2003《县以下行政区划代码编码规则》 划出地行政区划代码与划入地行政区划代码联合代表唯一记录
AEAA2103	划出地行政区划名称	string	..50	Y	
AEAA2104	划出地区域面积(平方千米)	float	7,2	Y	

续表

标识符	中文名称	数据类型	数据格式	必选项	备注
AEAA2105	划出地区域人口(万人)	float	7,2	Y	
AEAA1206	划入地行政区划代码	string	n9	Y	变更后的行政区划代码 前6位参考GB/T 2260《中华人民共和国行政区划代码》,后3位参考GB/T 10114—2003《县以下行政区划代码编码规则》
AEAA1207	划入地行政区划名称	string	..50	Y	
AEAA2108	划入地区域面积(平方千米)	float	7,2	Y	
AEAA2109	划入地区域人口(万人)	float	7,2	Y	
AEAA2121	批复文件名(含文号)	string	..100	Y	
AEAA2122	批复时间	datetime	YYYYMMDD hh:mm:ss	Y	
AXZX0006	备注	string	..200	N	
AEAA0105	报送时间	datetime	YYYYMMDD hh:mm:ss	Y	

A.3.3 EBB01 楼门牌/地址维护信息表

标识符	中文名称	数据类型	数据格式	必选项	备注
AEBA0101	地名代码	string	n20	Y	参考《地名信息库规范》草案稿
AEBA0102	地名名称	string	..100	Y	无要求
AEBB0102	省级区划代码	string	n2	Y	参考GB/T 2260《中华人民共和国行政区划代码》
AEBB0103	市级区划代码	string	n4	Y	参考GB/T 2260《中华人民共和国行政区划代码》
AEBB0104	县级区划代码	string	n6	Y	参考GB/T 2260《中华人民共和国行政区划代码》
AEBB0105	乡镇(街道)区划代码	string	n9	Y	前6位参考GB/T 2260《中华人民共和国行政区划代码》,后3位参考GB/T 10114《县以下行政区划代码编码规则》
AEBB0108	社区/村级区划代码	string	n12	Y	前6位参考GB/T 2260《中华人民共和国行政区划代码》,中间3位参考GB/T 10114《县以下行政区划代码编码规则》,后3位为村或社区编码

续表

标识符	中文名称	数据类型	数据格式	必选项	备注
AEBB0106	详细地址(到楼牌号)	string	..200	Y	
AXZX0006	备注	string	..200	N	
AEAA0105	报送时间	datetime	YYYYMMDD hh:mm:ss	Y	

A.4 社会事务业务

A.4.1 婚姻管理业务

A.4.1.1 FAX01 婚姻登记业务表

标识符	中文名称	数据类型	数据格式	必选项	备注
AFAX0201	婚姻登记业务标识	string	an32	Y	本记录的唯一标识,取值为 UUID,符合 GB/T 17969.8 的规定
AFAX0003	登记证字号	string	an19	Y	婚姻登记号以"J"开头是结婚,以"L"开头是离婚,以"BJ"开头是补发结婚证,以"BL"开头是补发离婚证,字母后6位数是行政区划代码,中间4位数是当年年号,最后6位数是当年办理婚姻登记的顺序序号。J330302—2019—000000
AFAX0203	是否补办结婚登记	string	n1	Y	1 是 0 否
AFAX0211	是否复婚	string	n1	Y	1 是 0 否
AFAX0204	同居日期	date	YYYYMMDD	N	补办结婚登记时填写
AFAP0211_1	男方当事人身份类别代码	string	n1	Y	见 JMGC/XX 204 中 CFA02 婚姻当事人类别代码
AXCP0002_1	男方当事人姓名	string	..72	Y	
AXCP0004_1	男方当事人身份证件类型	string	n2	Y	见 JMGC/XX 204 中 C0015 身份证件类型代码
AXCP0005_1	男方当事人身份证件号码	string	..18	Y	对于身份证件类型为"内地居民身份证"的人员,身份证件号码值域符合 GB 11643
AXCP0097_1	男方当事人出生日期	date	YYYYMMDD	Y	
APCP0092_1	男方当事人婚姻状况代码	string	n2	Y	见 JMGC/XX 204 中 C0010 婚姻状况代码
AXCP0007_1	男方当事人国籍代码	string	n3	Y	见 JMGC/XX 204 中 C0005 世界各国和地区名称代码
AXCP0008_1	男方当事人民族代码	string	n2	Y	见 JMGC/XX 204 中 C0009 民族代码

续表

标识符	中文名称	数据类型	数据格式	必选项	备注
AXCP0016_1	男方当事人职业分类代码	string	..7	N	见 JMGC/XX 204 中 C0017 职业分类代码
AXCP0009_1	男方当事人学历代码	string	n2	N	见 JMGC/XX 204 中 C0008 学历代码
AXAA0001_1	男方当事人户口所在地行政区划代码	string	n12	Y	前 6 位见 GB/T 2260,后 3 位见 GB/T 10114,后 3 位为村或社区编码
AXCP0022_1	男方当事人户口详细地址	string	..100	Y	
AXAA0001_3	男方当事人现住址行政区划代码	string	n12	Y	前 6 位见 GB/T 2260,后 3 位见 GB/T 10114,后 3 位为村或社区编码
AXCP0022_3	男方当事人现住址详细地址	string	..100	Y	
AXZX0001_1	男方当事人手机号码	string	n11	N	长 11 位,第 1 位为 1,第 2 位为3—9
AFAX0702_1	男方证书印制号	string	an10	Y	
AFAP0063_1	男方军人证件类型	string	n2	N	见 JMGC/XX 204 中 C0015 身份证件类型代码
AFAP0064_1	男方军人证件号码	string	..100	N	
AFAP0211_2	女方当事人身份类别代码	string	n1	Y	见 JMGC/XX 204 中 CFA02 婚姻当事人类别代码
AXCP0002_2	女方当事人姓名	string	..72	Y	
AXCP0004_2	女方当事人身份证件类型	string	n2	Y	见 JMGC/XX 204 中 C0015 身份证件类型代码
AXCP0005_2	女方当事人身份证件号码	string	..18	Y	对于身份证件类型为“内地居民身份证”的人员,身份证件号码值域符合 GB 11643
AXCP0097_2	女方当事人出生日期	date	YYYYMMDD	Y	
APCP0092_2	女方当事人婚姻状况代码	string	n2	Y	见 JMGC/XX 204 中 C0010 婚姻状况代码
AXCP0007_2	女方当事人国籍代码	string	n3	Y	见 JMGC/XX 204 中 C0005 世界各国和地区名称代码
AXCP0008_2	女方当事人民族代码	string	n2	Y	见 JMGC/XX 204 中 C0009 民族代码
AXCP0016_2	女方当事人职业分类代码	string	..7	N	见 JMGC/XX 204 中 C0017 职业分类代码
AXCP0009_2	女方当事人学历代码	string	n2	N	见 JMGC/XX 204 中 C0008 学历代码
AXAA0001_2	女方当事人户口所在地行政区划代码	string	n12	Y	前 6 位符合 GB/T 2260,中间 3 位符合 GB/T 10114,最后 3 位为村或社区编码

续表

标识符	中文名称	数据类型	数据格式	必选项	备注
AXCP0022_2	女方当事人户口详细地址	string	..100	Y	
AXAA0001_4	女方当事人现住址行政区划代码	string	n12	Y	前6位符合GB/T 2260,中间3位符合GB/T 10114,最后3位为村或社区编码
AXCP0022_4	女方当事人现住址详细地址	string	..100	Y	
AXZX0001_2	女方当事人手机号码	string	n11	N	长11位,第1位为1,第2位为3—9
AFAX0702_2	女方证书印制号	string	an10	Y	
AFAX0007	登记时间	datetime	YYYYMMDD hh:mm:ss	Y	
AFAP0063_2	女方军人证件类型	string	n2	N	见JMGC/XX 204中C0015身份证件类型代码
AFAP0064_2	女方军人证件号码	string	..100	N	
AFAX1326	数据来源	string	n1	N	
AXCP0002_4	登记员姓名	string	..72	Y	登记员姓名,采用基础数据库统一定义标识符
AXBE0002	统一社会信用代码	string	an18	N	统一社会信用代码,采用基础数据库统一定义标识符 取值范围见GB 32100
AXAA0001_5	登记机关行政区划代码	string	n12	Y	前6位符合GB/T 2260,中间3位符合GB/T 10114,最后3位为村或社区编码
AXBE0003_1	登记机关名称	string	..100	Y	婚姻登记机构名称
AFAX0303	离婚原因代码	string	n2	Y	见JMGC/XX 204中CFA06离婚原因代码
AFAX0305	结婚登记证字号	string	..19	Y	办理离婚、补发结婚证时必填(婚姻登记号以"J"开头是结婚,以"L"开头是离婚,以"BJ"开头是补发结婚证,以"BL"开头是补发离婚证,字母后6位数是行政区划代码,中间4位数是当年年号,最后6位数是当年办理婚姻登记的顺序号,例:J330302—2019—000000,历史数据不应限制位数),初婚时,该字段不必填
AFAX0402	申请方代码	string	n1	Y	见JMGC/XX 204中CFA03婚姻业务申请方类型代码
AXBE0003_2	原登记机关名称	string	..100	Y	办理结婚登记的机构名称
AXAA0001_6	原登记机关区划代码	string	n12	Y	前6位符合GB/T 2260,中间3位符合GB/T 10114,最后3位为村或社区编码

续表

标识符	中文名称	数据类型	数据格式	必选项	备注
AFAX0404	结婚登记日期	date	YYYYMMDD	Y	
AFAX0407	补领原因代码	string	n1	N	见 JMGC/XX 204 中 CFA07 婚姻证件补领原因代码
AFAX0008	是否委托他人办理	string	n1	Y	1 是 0 否
AFAP0402	委托类型	string	n2	Y	1 男方委托 2 女方委托 3 双方均委托
AXCP0002_3	受委托人姓名	string	..72	Y	
AXCP0004_3	受委托人身份证件类型	string	n2	Y	见 JMGC/XX 204 中 C0015 身份证件类型代码
AFAP0405	公民身份号码	string	..18	Y	对于身份证件类型为"内地居民身份证"的人员,身份证件号码值域符合 GB 11643
AFAX0505	离婚登记证字号	string	..19	Y	办理补发离婚证时必填(婚姻登记号以"J"开头是结婚,以"L"开头是离婚,以"BJ"开头是补发结婚证,以"BL"开头是补发离婚证,字母后6位数是行政区划代码,中间4位数是当年年号,最后6位数是当年办理婚姻登记的顺序序号,例:J330302—2019—000000,历史数据不应限制位数)
AFAX0503	原离婚登记日期	date	YYYYMMDD	Y	原办理婚姻离婚登记日期
AFAX0009	撤销决定字号	string	..20	N	
AFAX0605	撤销结婚登记说明	string	..100	Y	
AFAX0604	撤销依据	string	..100	Y	
AFAX0608	恢复人身自由日	date	YYYYMMDD	Y	
AFAX0002	业务类型	string	an3	Y	见 JMGC/XX 204 中 CFA05 婚姻管理业务类型代码
AFAX0609	申请日期	date	YYYYMMDD	Y	申请离婚登记日期
AFAX0610	开始办理日期	date	YYYYMMDD	Y	冷静期届满日的次日
AFAX0611	结束办理日期	date	YYYYMMDD	Y	冷静期届满后三十日的最后一日
AFAX0612	状态	string	n1	Y	见 JMGC/XX 204 中 CFA12 申请离婚状态代码
AFAX0615	离婚申请原因	string	..200	Y	当事人申请离婚的原因
AFAX0618	离婚申请书受理和回执编号	string	n18	Y	前6位数是行政区划代码,中间4位数是当年年号,最后6位数是当年办理申请离婚登记的顺序序号,例:130302—2021—000000

续表

标识符	中文名称	数据类型	数据格式	必选项	备注
AFAX0619	撤回离婚登记申请和确认编号	string	n18	Y	前6位数是行政区划代码，中间4位数是当年年号，最后6位数是当年撤回申请离婚登记的顺序序号，例：130302—2021—000000
AFAX0620	撤回日期	date	YYYYMMDD	Y	撤回申请离婚登记日期
AFAX0621	申请撤回方	string	n1	Y	任何一方不愿意离婚的可以撤回申请离婚登记
AFAX0622	撤回离婚申请原因	string	..10	Y	见 JMGC/XX 204 中 CFA13 撤回离婚申请原因代码

A.4.1.2 FAX02 婚姻登记严重失信当事人名单业务表

标识符	中文名称	数据类型	数据格式	必选项	备注
AFAX0951	婚姻严重失信行为记录标识	string	an32	Y	本记录的唯一标识，取值为 UUID，符合 GB/T 17969.8 的规定
AXCP0002_1	失信当事人姓名	string	..72	Y	
AXCP0006	性别	string	n1	Y	失信当事人性别，采用基础数据库统一定义标识符 取值范围见 JMGC/XX 204 中 C0007 人的性别代码
AXCP0004	身份证件类型	string	n2	Y	失信当事人身份证件类型，采用基础数据库统一定义标识符 取值范围见 JMGC/XX 204 中 C0015 身份证件类型代码
AXCP0005	身份证件号码	string	..18	Y	失信当事人身份证件号码，采用基础数据库统一定义标识符 对于身份证件类型为“内地居民身份证”的人员，身份证件号码值域符合 GB 11643
AXAA0001	行政区划代码	string	..12	Y	前6位符合 GB/T 2260，中间3位符合 GB/T 10114，最后3位为村或社区编码
AXCP0022	门牌号	string	..255	Y	失信当事人详细地址，采用基础数据库统一定义标识符
AFAX0981	失信行为类型	string	n2	Y	见 JMGC/XX 204 中 CFA09 婚姻当事人失信类型代码
AFAX0982	失信行为说明	string	..200	Y	
AFAX0983	婚姻登记业务类型	string	n2	Y	见 JMGC/XX 204 中 CFA05 婚姻管理业务类型代码
AFAX0984	业务记录标识	string	an32	Y	
AFAX0007	登记时间	datetime	YYYYMMDD hh:mm:ss	Y	

续表

标识符	中文名称	数据类型	数据格式	必选项	备注
AXCP0002_2	登记员姓名	string	..72	Y	登记员姓名
AXBE0002	统一社会信用代码	string	an18	Y	统一社会信用代码,采用基础数据库统一定义标识符 取值范围见 GB 32100
AXBE0003	单位名称	string	..100	Y	婚姻登记机构名称,采用基础数据库统一定义标识符

A.4.1.3 FAX03 出具婚姻登记证明业务表

标识符	中文名称	数据类型	数据格式	必选项	备注
AFAX0801	出具婚姻证明业务标识	string	an32	Y	本记录的唯一标识,取值为 UUID,符合 GB/T 17969.8 的规定
AFAX0802	申请证明类型	string	n1	Y	见 JMGC/XX 204 中 CFA08 婚姻登记证明类型代码
AFAX0805	用途	string	..50	Y	记录开具证明用途
AFAX0806	使用国家或地区	string	n3	Y	见 JMGC/XX 204 中 C0005 世界各国和地区名称代码
AFAP0211_3	婚姻当事人身份类别代码	string	n1	Y	见 JMGC/XX 204 中 CFA02 婚姻当事人类别代码
AXCP0002_1	婚姻当事人姓名	string	..72	Y	
AXCP0004_1	婚姻当事人身份证件类型	string	n2	Y	见 JMGC/XX 204 中 C0015 身份证件类型代码
AXCP0005_1	婚姻当事人身份证件号码	string	..18	Y	对于身份证件类型为"内地居民身份证"的人员,身份证件号码值域符合 GB 11643
AXCP0097_1	婚姻当事人出生日期	date	YYYYMMDD	Y	
APCP0092_3	婚姻当事人婚姻状况代码	string	n2	N	见 JMGC/XX 204 中 C0010 婚姻状况代码
AXCP0007_1	婚姻当事人国籍代码	string	n3	Y	见 JMGC/XX 204 中 C0005 世界各国和地区名称代码
AXCP0008_1	婚姻当事人民族代码	string	n2	Y	见 JMGC/XX 204 中 C0009 民族代码
AXCP0016_1	婚姻当事人职业分类代码	string	..7	N	见 JMGC/XX 204 中 C0017 职业分类代码
AXCP0009_1	婚姻当事人学历代码	string	n2	N	见 JMGC/XX 204 中 C0008 学历代码
AXAA0001_1	婚姻当事人户口所在地行政区划代码	string	n12	Y	前6位符合 GB/T 2260,中间3位符合 GB/T 10114,最后3位为村或社区编码
AXCP0022_1	婚姻当事人户口详细地址	string	..100	Y	

续表

标识符	中文名称	数据类型	数据格式	必选项	备注
AXZX0001_1	婚姻当事人手机号码	string	n11	N	长11位,第1位为1,第2位为3—9
AFAX0008	是否委托他人办理	string	n1	Y	1 是 0 否
AXCP0002_2	受委托人姓名	string	..72	Y	
AXCP0004_2	受委托人身份证件类型	string	n2	Y	见JMGC/XX 204中C0015身份证件类型代码
AXCP0005_2	受委托人身份证件号码	string	..18	Y	对于身份证件类型为"内地居民身份证"的人员,身份证件号码值域符合GB 11643
AFAX0007	登记时间	datetime	YYYYMMDD hh:mm:ss	Y	
AXCP0002_3	登记员姓名	string	..72	Y	登记员姓名
AXBE0002	统一社会信用代码	string	an18	Y	统一社会信用代码,采用基础数据库统一定义标识符 取值范围见GB 32100
AXBE0003	单位名称	string	..100	Y	婚姻登记机构名称,采用基础数据库统一定义标识符

A.4.1.4 FAE01 婚姻登记机构基础信息表

标识符	中文名称	数据类型	数据格式	必选项	备注
AFAE0001	机构标识	string	an32	Y	婚姻登记机构的唯一标识,取值为UUID,符合GB/T 17969.8的规定
AXBE0002	统一社会信用代码	string	an18	Y	统一社会信用代码,采用基础数据库统一定义标识符 取值范围见GB 32100
AXBE0003	单位名称	string	..100	Y	婚姻登记机构名称,采用基础数据库统一定义标识符
AXBE0015	单位设立日期	date	YYYYMMDD	Y	婚姻登记机构设立日期,采用基础数据库统一定义标识符
AXBE0016	单位注销日期	date	YYYYMMDD	N	婚姻登记机构注销日期,采用基础数据库统一定义标识符
AXBE0013_1	婚姻登记机构联系电话	string	..17	Y	婚姻登记机构联系电话
AXBE0019	法定代表人身份证件号码	string	an18	Y	法定代表人身份证件号,采用基础数据库统一定义标识符 对于身份证件类型为"内地居民身份证"的人员,身份证件号码值域符合GB 11643
AXBE0017	法定代表人姓名	string	..72	Y	法定代表人姓名,采用基础数据库统一定义标识符

续表

标识符	中文名称	数据类型	数据格式	必选项	备注
AFAE0013	婚姻登记机构等级	string	n1	N	见 JMGC/XX 204 中 CFA01 婚姻登记机构等级代码
AXAA0001	行政区划代码	string	n12	Y	行政区划代码,采用基础数据库统一定义标识符 前 6 位见 GB/T 2260,后 3 位见 GB/T 10114,后 3 位为村或社区编码
AXBE0027	门牌号	string	..100	Y	婚姻登记机构地址,采用基础数据库统一定义标识符
AFAX0102	婚姻登记业务办理种类代码	string	n1	Y	见 JMGC/XX 204 中 CFA04 婚姻登记业务办理种类代码
AXBE0013_2	婚姻登记机构投诉电话	string	..17	N	区号(3—4)空格(1)号码(7—8)空格(1)分机号码(4)
AFAE0095	是否接入全国异地	string	n1	Y	1 是 0 否
AFAE0096	是否本省份跨区异地	string	n1	Y	1 是 0 否
AFAE0097	工作日	string	a7	Y	(周一到周日:YYYYYNN)Y 表示是工作日,N 表示不是工作日
AFAE0118	最大提前预约天数	number		Y	最大为 90
AFAE0119	最小提前预约天数	number		Y	最小为 1
AFAE0098	开通颁证服务标志	string	n1	Y	1 是 0 否
AFAE0099	开通家庭辅导标志	string	n1	Y	1 是 0 否
AFAE0100	开通法律咨询标志	string	n1	Y	1 是 0 否
AFAE0101	登记部门	string	n1	Y	见 JMGC/XX 204 中 C0047 登记部门代码
AFAE0102	机构类型	string	n2	N	见 JMGC/XX 204 中 C0039 机构类型代码
AFAE0103	变动类型	string	n1	N	见 JMGC/XX 204 中 C0040 机构变动类型代码

A.4.1.5 FAP01 婚姻登记机构人员信息表

标识符	中文名称	数据类型	数据格式	必选项	备注
AFAP0200	人员标识	string	an32	Y	婚姻登记机构的唯一标识,取值为 UUID,符合 GB/T 17969.8 的规定
AXBE0002	统一社会信用代码	string	an18	Y	统一社会信用代码,采用基础数据库统一定义标识符 取值范围见 GB 32100

续表

标识符	中文名称	数据类型	数据格式	必选项	备注
AXBE0003	单位名称	string	..100	Y	婚姻登记机构名称,采用基础数据库统一定义标识符
AXCP0002	姓名	string	..72	Y	登记机构人员姓名,采用基础数据库统一定义标识符
AXCP0006	性别代码	string	n1	N	登记机构人员性别,采用基础数据库统一定义标识符 取值范围见 JMGC/XX 204 中 C0007 人的性别代码
AXCP0004	身份证件类型	string	n2	N	登记机构人员身份证件类型,采用基础数据库统一定义标识符 取值范围见 JMGC/XX 204 中 C0015 身份证件类型代码
AXCP0005	身份证件号码	string	..18	N	登记机构人员身份证件号码 ,采用基础数据库统一定义标识符 对于身份证件类型为"内地居民身份证"的人员,身份证件号码值域符合 GB 11643
AFAP0212	办公电话	string	..17	N	区号(3—4)空格(1)号码(7—8)空格(1)分机号码(4)
AXZX0001	手机号码	string	n11	N	联系人手机号码,采用基础数据库统一定义标识符 长 11 位,第 1 位为 1,第 2 位为3—9
AXCP0097	出生日期	date	YYYYMMDD	N	出生日期,采用基础数据库统一定义标识符
AFAP0211	人员类型	string	n1	N	见 JMGC/XX 204 中 C0045 员工类型代码
AFAP0044	人员来源	string	n1	N	见 JMGC/XX 204 中 1 CFA11 婚姻家庭辅导员来源代码
AXCP0008	民族	string	n2	N	登记机构人员民族,采用基础数据库统一定义标识符 取值范围见 JMGC/XX 204 中 C0009 民族代码
AXAA0001	行政区划代码	string	n12	N	行政区划代码,采用基础数据库统一定义标识符 前 6 位见 GB/T 2260,后 3 位见 GB/T 10114,后 3 位为村或社区编码
AXCP0022	门牌号	string	..100	N	登记机构人员详细地址,采用基础数据库统一定义标识符

续表

标识符	中文名称	数据类型	数据格式	必选项	备注
AXCP0012	人员状态代码	string	n2	N	登记机构人员状态,采用基础数据库统一定义标识符 见 JMGC/XX 204 中 C0034 人员状态代码
AXCP0009	文化程度代码	string	n2	N	登记机构人员文化程度,采用基础数据库统一定义标识符 取值范围见 JMGC/XX 204 中 C0008 学历代码
AXCP0017	政治面貌代码	string	n2	N	登记机构人员政治面貌,采用基础数据库统一定义标识符 取值范围见 JMGC/XX 204 中 C0013 政治面貌代码
AFAP0040	是否具有社工资格	string	n1	Y	1 是 0 否
AFAP0041	是否具有信息咨询师资格	string	n1	Y	1 是 0 否
AFAP0042	是否具有婚姻家庭咨询师资格	string	n1	Y	1 是 0 否
AFAP0043	是否具有律师资格	string	n1	Y	1 是 0 否

A.4.1.6 FAP02 婚姻登记机构人员资格证书表

标识符	中文名称	数据类型	数据格式	必选项	备注
AFAP0600	资格证书标识	string	an32	Y	婚姻登记机构的唯一标识,取值为 UUID,符合 GB/T 17969.8 的规定
AXCP0002	人员姓名	string	..72	Y	登记机构人员姓名,采用基础数据库统一定义标识符
AXCP0004	人员身份证件类型	string	n2	N	登记机构人员身份证件类型,采用基础数据库统一定义标识符 取值范围见 JMGC/XX 204 中 C0015 身份证件类型代码
AXCP0005	人员身份证件号码	string	..18	N	登记机构人员身份证件号码,采用基础数据库统一定义标识符 对于身份证件类型为“内地居民身份证”的人员,身份证件号码值域符合 GB 11643
AFAP0602	资格证书代码	string	an4	Y	见 JMGC/XX 204 中 CFA10 婚姻登记机构人员资格证书代码
AFAP0603	证书取得日期	date	YYYYMMDD	Y	

A.4.2 殡葬管理业务

A.4.2.1 殡葬基础信息

A.4.2.1.1 FBE01 机构基本信息

标识符	中文名称	数据类型	数据格式	必选项	备注
AFBE0001	机构标识	string	an16	Y	见 MZ/T 098 表4 值域表达式列表 E3
AXAA0001	行政区划代码	string	n12	Y	行政区划代码,采用基础数据库统一定义标识符 前6位见 GB/T 2260,后3位见 GB/T 10114,后3位为村或社区编码
AXAA0002	行政区划单位	string	..50	Y	行政区划标准名称,采用基础数据库统一定义标识符
AFBA0034	区划类别	string	n2	Y	见 MZ/T 141 表60 区划单位类别代码
AFBA0035	经度	string	..50	N	按照 JMGC/XX 207 中 4.4 给出的规则描述,单位度(°)
AFBA0036	纬度	string	..50	N	按照 JMGC/XX 207 中 4.4 给出的规则描述,单位度(°)
AXBE0003	单位名称	string	..100	Y	殡葬服务机构名称,采用基础数据库统一定义标识符
AFBE0003	固定资产	float	9,2	N	单位:万元
AFBE0004	机构占地面积	float	9,2	N	单位:㎡
AXBE0033	单位所属行政区划	string	n12	Y	机构单位所属行政区划,采用基础数据库统一定义标识符 前6位见 GB/T 2260,后3位见 GB/T 10114,后3位为村或社区编码
AXBE0002	统一信用代码	string	an18	Y	统一社会信用代码,采用基础数据库统一定义标识符 取值范围见 GB 32100
AFBE0007	殡葬服务机构类型	string	n2	Y	见 MZ/T 141 表77 殡葬单位类型类别代码
AFBE0008	举办形式	string	n2	N	见 MZ/T 141 表78 殡葬单位举办形式类别代码
AFBE0009	殡葬服务机构性质	string	n2	Y	见 MZ/T 141 表76 殡葬单位性质类别代码
AXBE0027	单位地址	string	..100	Y	详细地址,采用基础数据库统一定义标识符
AFBE0011	服务电话	string	..18	N	
AXCP0002	姓名	string	..72	N	机构联系人,采用基础数据库统一定义标识符
AFBE0013	联系人电话	string	..18	N	
AFBE0014	机构网址	string	..256	N	

续表

标识符	中文名称	数据类型	数据格式	必选项	备注
AXBE0015	单位设立日期	date	YYYYMMDD	N	成立日期,采用基础数据库统一定义标识符
AFBE0016	服务范围	string	..1024	N	见 MZ/T 141 表 97 殡葬服务项目类型类别代码
AXBE0017	法定代表人姓名	string	..72	Y	法定代表人姓名,采用基础数据库统一定义标识符
AXBE0019	法定代表人身份证件号码	string	an18	Y	法定代表人身份证件号,采用基础数据库统一定义标识符 对于身份证件类型为“内地居民身份证”的人员,身份证件号码值域符合 GB 11643
AXBE0013	单位联系电话	string	..18	N	有效的座机或手机号码。采用基础数据库统一定义标识符。座机号码标准格式为:区号 - 电话号码,手机号码为:长 11 位,第 1 位为 1,第 2 位为 3—9
AFBE0028	证照信息标识	string	an40	Y	见 MZ/T 098 表 4 值域表达式列表 E11
AFBE0029	证照名称	string	..64	Y	
AFBE0030	证照编号	string	..64	N	
AFBE0031	发证机关	string	..64	Y	
AFBE0032	发证日期	date	YYYYMMDD	Y	
AFBE0033	土地使用方式	string	n2	Y	见 MZ/T 141 表 71 土地使用方式类别代码
AFBE0034	起始日期	date	YYYYMMDD	Y	土地使用起始日期
AFBE0035	使用年限	number		Y	土地使用年限
AFBE0036	土地面积	float	10,2	Y	单位：m²
AFBE0084	机构所在地邮政编码	string	n6	N	
AFBE0085	殡葬服务机构登记部门	string	n1	Y	见 JMGC/XX 204 中 C0047 登记部门代码 33
AFBE0086	殡葬服务机构变动类型	string	n1	N	见 JMGC/XX 204 中 C0040 机构变动类型代码
AFBE0087	变动时间	date	YYYYMMDD hh:mm:ss	N	

A.4.2.1.2 FBE02 机构批准信息

标识符	中文名称	数据类型	数据格式	必选项	备注
AFBE0001	机构标识	string	an16	Y	见 MZ/T 098 表 4 值域表达式列表 E3
AFBE0017	审批事项编号	string	..32	N	

续表

标识符	中文名称	数据类型	数据格式	必选项	备注
AFBE0018	批准部门	string	..64	Y	
AFBE0019	批准文号	string	..64	N	
AFBE0020	批准时间	datetime	YYYYMMDD hh:mm:ss	N	
AFBE0021	是否作废	string	n1	Y	1 是 0 否

A.4.2.1.3 FBE03 机构建设记录信息

标识符	中文名称	数据类型	数据格式	必选项	备注
AFBE0001	机构标识	string	an16	Y	见 MZ/T 098 表4 值域表达式列表 E3
AFBE0022	建设类型	string	n2	Y	见 MZ/T 141 表 70 建设类型代码
AFBE0023	建设日期	date	YYYYMMDD	Y	
AFBE0024	建设内容	string	..512	Y	
AFBE0025	建设投资总额	float	9,2	N	单位:万元
AFBE0026	自筹资金	float	8,2	N	单位:万元
AFBE0027	财政拨付	float	8,2	N	单位:万元

A.4.2.1.4 FBE07 机构财务收支记录信息

标识符	中文名称	数据类型	数据格式	必选项	备注
AFBE0001	机构标识	string	an16	Y	见 MZ/T 098 表4 值域表达式列表 E3
AFBE0047	财年(YYYY)	date	YYYY	Y	
AFBE0048	季度	string	n2	Y	见 MZ/T 141 表 63 季度类别代码
AFBE0049	业务收入	float	9,2	N	单位:万元
AFBE0050	财政补助	float	7,2	N	单位:万元
AFBE0051	其他收入	float	7,2	N	单位:万元
AFBE0052	运营支出	float	9,2	N	单位:万元
AFBE0053	人员支出	float	6,2	N	单位:万元
AFBE0054	基建支出	float	9,2	N	单位:万元
AFBE0055	设备购置支出	float	7,2	N	单位:万元
AFBE0056	其余支出	float	6,2	N	单位:万元
AFBE0057	结余(元)	float	13,2	N	单位:元
AFB058	更新时间	datetime	YYYYMMDD hh:mm:ss	N	

A.4.2.1.5 FBE06 机构职工汇总信息

标识符	中文名称	数据类型	数据格式	必选项	备注
AFBE0001	机构标识	string	an16	Y	见 MZ/T 098 表4 值域表达式列表 E3
AXBE0011	单位编制人数	number		Y	单位编制人数,采用基础数据库统一定义标识符
AFBE0038	职工总人数	number		N	
AFBE0039	大学专科以下人数	number		N	
AFBE0040	大学专科	number		N	
AFBE0041	大学本科及以上	number		N	
AFBE0042	男职工人数	number		N	
AFBE0043	女职工人数	number		N	
AFBE0044	中级技术职称(含)以上人数	number		N	
AFBE0045	持有殡葬职业技能证书人数	number		N	
AFBE0046	当前数据收录时间	datetime	YYYYMMDD hh:mm:ss	N	

A.4.2.1.6 FBP17 机构职工基本信息

标识符	中文名称	数据类型	数据格式	必选项	备注
AFBP0150	人员编号	string	an34	Y	见 MZ/T 098 表4 值域表达式列表 E4
AFBE0001	机构标识	string	an16	Y	见 MZ/T 098 表4 值域表达式列表 E3
AXCP0002	姓名	string	..72	Y	职工姓名,采用基础数据库统一定义标识符
AXCP0005	公民身份号码	string	an18	Y	身份证件号,采用基础数据库统一定义标识符 对于身份证件类型为“内地居民身份证”的人员,身份证件号码值域符合 GB 11643
AXCP0006	性别	string	n1	Y	职工性别,采用基础数据库统一定义标识符 取值范围见 JMGC/XX 204 中 C0007 人的性别代码
AFBP0154	职工岗位	string	..16	N	
AFBP0155	编制性质	string	n2	Y	见 MZ/T 141 表72 编制性质代码
AXCP0009	人员文化程度	string	n2	Y	职工学历,采用基础数据库统一定义标识符 取值范围见 JMGC/XX 204 中 C0008 学历代码

续表

标识符	中文名称	数据类型	数据格式	必选项	备注
AXCP0008	民族	string	n2	Y	职工民族,采用基础数据库统一定义标识符 取值范围见 JMGC/XX 204 中 C0009 民族代码
AFBP0158	入职日期	date	YYYYMMDD	N	
AFBP0159	是否在岗	string	n1	Y	1 是 0 否
AFBP0160	离岗日期	date	YYYYMMDD	N	
AFBP0161	离岗原因	string	..256	N	
AXCP0025	人员专业技术职务	string	n3	N	专业技术职务,采用基础数据库统一定义标识符 见 JMGC/XX 204 中 C0020 专业技术职务代码
AFBP0163	职称级别	string	n2	N	见 JMGC/XX 204 中 C0019 职称级别代码
AXCP0017	政治面貌	string	n2	N	职工政治面貌,采用基础数据库统一定义标识符 取值范围见 MZ/T 141 表 56 政治面貌类别代码
AFBP0165	薪资水平	float	9,2	N	单位:元
AFBP0166	当前数据收录时间	datetime	YYYYMMDD hh:mm:ss	N	

A. 4. 2. 1. 7 FBE08 机构岗位信息

标识符	中文名称	数据类型	数据格式	必选项	备注
AFBE0001	机构标识	string	an16	Y	见 MZ/T 098 表 4 值域表达式列表 E3
AFBP0150	人员编号	string	an34	Y	见 MZ/T 098 表 4 值域表达式列表 E4
AFBE0059	工种	string	n2	Y	见 MZ/T 141 表 79 殡葬工种类别代码
AFBE0060	机构登记时间	datetime	YYYYMMDD hh:mm:ss	N	

A. 4. 2. 1. 8 FBE09 殡葬设施信息

标识符	中文名称	数据类型	数据格式	必选项	备注
AFBE0001	机构标识	string	an16	Y	见 MZ/T 098 表 4 值域表达式列表 E3

续表

标识符	中文名称	数据类型	数据格式	必选项	备注
AFBE0061	设施标识	string	an38	Y	见 MZ/T 098 表4 值域表达式列表 E6
AFBE0062	设施名称	string	..64	Y	
AFBE0063	设施类型	string	n2	Y	见 MZ/T 141 表 82 殡葬设施类型类别代码
AFBE0064	建筑面积	float	7,2	N	单位:㎡
AFBE0065	设计容量	number		N	
AFBE0066	投入使用日期	date	YYYYMMDD	N	殡葬设施投入使用日期
AFBE0067	停用日期	date	YYYYMMDD	N	殡葬设施停用日期
AFBE0068	设施状态	string	n2	Y	见 MZ/T 141 表 83 殡葬设施状态类别代码

A.4.2.1.9 FBE10 殡葬设备信息

标识符	中文名称	数据类型	数据格式	必选项	备注
AFBE0069	设备标识	string	an39	Y	见 MZ/T 098 表4 值域表达式列表 E7
AFBE0001	机构标识	string	an16	Y	见 MZ/T 098 表4 值域表达式列表 E3
AFBE0070	设备名称	string	..64	Y	
AFBE0071	设备类型	string	n3	Y	见 MZ/T 141 表 84 殡葬设备类型类别代码
AFBE0072	设备型号	string	..64	N	
AFBE0073	生产厂商	string	..128	N	
AFBE0074	原产地	string	n3	N	见 MZ/T 141 表 73 原产地类别代码
AFBE0075	采购日期	date	YYYYMMDD	N	
AFBE0076	采购价格	float	11,2	N	单位:元
AFBE0077	投入使用日期	date	YYYYMMDD	N	
AFBE0078	设备状态	string	n2	Y	见 MZ/T 141 表 85 殡葬设备状态类别代码
AFBE0079	燃料类型	string	n2	N	火化机焚烧炉专用 见 MZ/T 141 表 74 燃料类型类别代码
AFBE0080	车牌号	string	..10	N	殡仪车辆专用
AFBE0081	停用/报废日期	date	YYYYMMDD	N	
AFBE0082	最后更新时间	datetime	YYYYMMDD hh:mm:ss	N	

A. 4. 2. 1. 10 FBE11 设备维修维护信息

标识符	中文名称	数据类型	数据格式	必选项	备注
AFBE0069	设备标识	string	an39	Y	见 MZ/T 098 表 4 值域表达式列表 E7
AFBE0083	维修结束时间	datetime	YYYYMMDD hh:mm:ss	N	

A. 4. 2. 1. 11 FBP05 经办人信息

标识符	中文名称	数据类型	数据格式	必选项	备注
AFBP0062	经办人标识	string	an42	Y	见 MZ/T 098 表 4 值域表达式列表 E9
AFBE0001	机构标识	string	an16	Y	见 MZ/T 098 表 4 值域表达式列表 E3
AXCP0002	经办人姓名	string	..72	Y	经办人姓名，采用基础数据库统一定义标识符
AXCP0004	身份证件类型	string	n2	Y	逝者身份证件类型，采用基础数据库统一定义标识符 取值范围见 JMGC/XX 204 中 C0015 身份证件类型代码
AXCP0005	身份证件号码	string	..18	Y	经办人身份证号码，无证置空，采用基础数据库统一定义标识符 对于人员身份证件类型为“内地居民身份证”的人员，人员身份证件号码值域见 GB 11643
AFBP0066	与逝者关系	string	n1	N	见 JMGC/XX 204 中 C0032 家庭关系代码
AFBP0067	是否为火化证明持证人	string	n1	Y	1 是 0 否
AFBP0068	是否为安葬/安放证持证人	string	n1	Y	1 是 0 否
AXBE0013	联系电话	string	..17	N	联系电话，采用基础数据库统一定义标识符
AFBP0070	录入时间	datetime	YYYYMMDD hh:mm:ss	N	

A. 4. 2. 2 殡葬政务信息

A. 4. 2. 2. 1 FBA01 政策信息规范

标识符	中文名称	数据类型	数据格式	必选项	备注
AXAA0001	所属行政区划编码	string	n12	Y	行政区划代码,采用基础数据库统一定义标识符 前 6 位见 GB/T 2260,后 3 位见 GB/T 10114,后 3 位为村或社区编码
AFBA0001	政策名称	string	..256	Y	
AFBA0002	文件编号	string	..256	N	
AFBA0003	内容	string	..1024	N	
AFBA0004	发布日期	date	YYYYMMDD	Y	
AFBA0005	发布单位	string	..256	Y	
AFBA0006	实施日期	date	YYYYMMDD	N	
AFBA0007	失效日期	date	YYYYMMDD	N	
AFBA0008	附件	binary		N	

A. 4. 2. 2. 2 FBA03 社会信息数据规范

标识符	中文名称	数据类型	数据格式	必选项	备注
AFBE0001	机构标识	string	an16	Y	见 MZ/T 098 表 4 值域表达式列表 E3
AXAA0001	行政区划编码	string	n12	Y	行政区划代码,采用基础数据库统一定义标识符 前 6 位见 GB/T 2260,后 3 位见 GB/T 10114,后 3 位为村或社区编码
AFBA0017	年份	date	YYYY	Y	
AFBA0018	人口总量	float	7,2	N	单位:万人
AFBA0019	城镇人口比例	float	4,2	N	上一年非农人口比例
AFBA0020	人均 GDP	float	5,2	N	单位:万元/人
AFBA0021	辖区面积	float	9,2	N	单位:km^2
AFBA0022	少数民族比例	float	4,2	N	上一年地区少数民族比例
AFBA0023	老龄比例	float	4,2	N	上一年地区老龄人口比例
AFBA0024	地区死亡率	float	4,2	N	上一年地区死亡率

A.4.2.2.3 FBA04 火化区/土葬改革区认定信息规范

标识符	中文名称	数据类型	数据格式	必选项	备注
AFBA0025	区域标识	string	an15	Y	见 MZ/T 098 表 4 值域表达式列表 E13
AXAA0001	行政区划编码	string	n12	Y	行政区划代码,采用基础数据库统一定义标识符 前 6 位见 GB/T 2260,后 3 位见 GB/T 10114,后 3 位为村或社区编码
AFBA0026	划分类型	string	n2	Y	见 MZ/T 141 表 80 火化区土葬改革区类型代码
AFBA0027	辖区面积	float	9,2	Y	单位:km^2
AFBA0028	辖区人口	number		N	单位:万人
AXBE0003	划分机构名称	string	..100	Y	机构名称,采用基础数据库统一定义标识符
AFBA0030	划分时间	datetime	YYYYMMDD hh:mm:ss	N	
AFBA0031	文件编号	string	..32	N	

A.4.2.2.4 FBE12 质检信息规范

标识符	中文名称	数据类型	数据格式	必选项	备注
AFBE0069	设备标识	string	an39	Y	见 MZ/T 098 表 4 值域表达式列表 E7
AFBE0084	检定机构	string	..32	Y	
AFBE0085	检定日期	date	YYYYMMDD	Y	
AFBE0086	证书名称	string	..32	N	
AFBE0087	证书编号	string	..32	N	
AFBE0088	发证日期	date	YYYYMMDD	N	
AFBE0089	有效期	number		N	单位:天

A.4.2.2.5 FBE13 环监信息规范

标识符	中文名称	数据类型	数据格式	必选项	备注
AFBE0069	设备标识	string	an39	Y	见 MZ/T 098 表 4 值域表达式列表 E7
AFBE0090	监测机构	string	..32	Y	
AFBE0091	监测日期	date	YYYYMMDD	Y	
AFBE0092	报告名称	string	..32	Y	

续表

标识符	中文名称	数据类型	数据格式	必选项	备注
AFBE0093	报告编号	string	..32	N	
AFBE0094	发布报告时间	datetime	YYYYMMDD hh:mm:ss	Y	
AFBE0095	有效期	number		N	单位:天

A.4.2.2.6 FBE14 价格管理信息规范

标识符	中文名称	数据类型	数据格式	必选项	备注
AFBE0028	信息标识	string	an40	Y	见 MZ/T 098 表 4 值域表达式列表 E11
AFBE0001	机构标识	string	an16	N	见 MZ/T 098 表 4 值域表达式列表 E3
AFBE0097	服务收费类型	string	n2	Y	见 MZ/T 141 表 67 服务收费类型代码
AFBE0098	收费名称	string	..32	Y	
AFBE0099	收费类型	string	n2	Y	见 MZ/T 141 表 68 收费类型类别代码
AFBE0100	收费标准	string	..32	N	
AFBE0101	价格单位	string	..32	N	
AFBE0102	减免类型	string	n2	N	见 MZ/T 141 表 66 减免类型代码
AFBE0103	减免标准	string	..32	N	
AFBE0104	生效时间	datetime	YYYYMMDD hh:mm:ss	N	
AFBE0105	失效时间	datetime	YYYYMMDD hh:mm:ss	N	

A.4.2.2.7 FBE15 处罚信息规范

标识符	中文名称	数据类型	数据格式	必选项	备注
AFBE0001	机构标识	string	an16	Y	见 MZ/T 098 表 4 值域表达式列表 E3
AFBE0028	信息标识	string	an40	Y	见 MZ/T 098 表 4 值域表达式列表 E11
AXBE0002	统一信用代码	string	an18	Y	被处罚统一社会信用代码,采用基础数据库统一定义标识符 取值范围见 GB 32100
AFBE0108	责任人	string	..256	Y	
AXBE0003	处罚机构	string	..100	Y	机构名称,采用基础数据库统一定义标识符

续表

标识符	中文名称	数据类型	数据格式	必选项	备注
AFBE0110	处罚类型	string	n2	Y	见 MZ/T 141 表 69 行政处罚类型类别代码
AFBE0111	处罚金额	float	11,2	N	单位:元
AFBE0112	处罚时间	datetime	YYYYMMDD hh:mm:ss	Y	
AFBE0113	有效期	number		N	单位:天
AFBE0114	处罚描述	string	..1024	N	

A.4.2.2.8 FBE16 服务评价信息规范

标识符	中文名称	数据类型	数据格式	必选项	备注
AFBP0062	经办人标识	string	an42	Y	见 MZ/T 098 表 4 值域表达式列表 E9
AFBE0001	机构标识	string	an16	Y	见 MZ/T 098 表 4 值域表达式列表 E3
AFBE0115	服务项目	string	n2	Y	见 MZ/T 141 表 97 殡葬服务项目类型类别代码
AFBE0116	评价内容	string	..1024	N	
AFBE0117	评价时间	datetime	YYYYMMDD hh:mm:ss	Y	
AFBE0118	评价结果	number		N	

A.4.2.2.9 FBE17 服务评估信息规范

标识符	中文名称	数据类型	数据格式	必选项	备注
AFBE0154	上级机构标识	string	an16	N	见 MZ/T 098 表 4 值域表达式列表 E3
AFBE0001	被评估机构标识	string	an16	Y	见 MZ/T 098 表 4 值域表达式列表 E3
AFBE0119	评估内容	string		N	
AFBE0120	评估时间	datetime	YYYYMMDD hh:mm:ss	Y	
AFBE0121	评估结果	number		N	

A. 4. 2. 2. 10 FBA06 突发事件逝者善后统计

标识符	中文名称	数据类型	数据格式	必选项	备注
AFBA0037	突发事件标识	string	an19	Y	见 MZ/T 098 表 4 值域表达式列表 E14
AXAA0001	所属行政区划编码	string	n12	Y	行政区划代码,采用基础数据库统一定义标识符 前 6 位见 GB/T 2260,后 3 位见 GB/T 10114,后 3 位为村或社区编码
AFBA0038	突发事件名称	string	..128	Y	
AFBA0039	突发事件类型	string	n2	Y	见 MZ/T 141 表 98 突发事件类别代码
AFBA0040	突发事件发生时间	datetime	YYYYMMDD hh:mm:ss	Y	
AFBA0041	突发事件发生地点	string	..1024	Y	
AFBA0042	逝者总数	number		N	单位:人
AFBA0043	集中安葬总数	number		N	单位:人
AFBA0044	火化总数	number		N	单位:人
AFBA0045	是否集中安葬	string	n1	Y	1 是 0 否

A. 4. 2. 2. 11 FBA07 突发事件人员登记信息

标识符	中文名称	数据类型	数据格式	必选项	备注
AFBA0037	突发事件标识	string	an19	Y	见 MZ/T 098 表 4 值域表达式列表 E14
AXCP0002	姓名	string	..72	N	姓名,采用基础数据库统一定义标识符
AXCP0004	身份证件类型	string	n2	N	身份证件类型,采用基础数据库统一定义标识符 取值范围见 JMGC/XX 204 中 C0015 身份证件类型代码
AXCP0005	身份证件号码	string	..18	N	身份证件号,采用基础数据库统一定义标识符 对于身份证件类型为“内地居民身份证”的人员,身份证件号码值域符合 GB 11643
AXCP0006	性别	string	n1	N	逝者性别,采用基础数据库统一定义标识符 取值范围见 JMGC/XX 204 中 C0007 人的性别代码

续表

标识符	中文名称	数据类型	数据格式	必选项	备注
AFBA0050	人员状态	string	n2	Y	见 MZ/T 141 表 108 人员状态类别代码
AFBA0051	遗体状态	string	n2	Y	见 MZ/T 141 表 81 遗体状态类别代码
AFBA0052	遗体处理方式	string	n2	Y	见 MZ/T 141 表 109 遗体处理方式类别代码

A. 4. 2. 2. 12 FBE18 诚信体系评估信息规范

标识符	中文名称	数据类型	数据格式	必选项	备注
AFBE0001	机构标识	string	an16	Y	见 MZ/T 098 表 4 值域表达式列表 E3
AFBE0122	信用等级	string	..128	N	
AFBE0123	失信记录	string	..2048	N	
AFBE0124	评价内容	string	..1024	N	
AFCX0103	评价时间	datetime	YYYYMMDD hh:mm:ss	N	
AFBE0126	评价单位	string	..128	N	

A. 4. 2. 2. 13 FBA02 惠民政策信息规范

标识符	中文名称	数据类型	数据格式	必选项	备注
AXAA0001	所属行政区划编码	string	n12	Y	行政区划代码,采用基础数据库统一定义标识符 前 6 位见 GB/T 2260,后 3 位见 GB/T 10114,后 3 位为村或社区编码
AFBA0009	政策名称	string	..256	Y	
AFBA0010	政策标准	string	..256	Y	
AFBA0011	适用范围	string	..1024	N	
AFBA0012	适用区域	string	..1024	N	
AFBA0013	覆盖人口数	number		N	单位:万人
AFBA0014	给付方式	string	n2	Y	见 MZ/T 141 表 105 给付方式代码
AFBA0015	资金来源	string	n2	Y	见 MZ/T 141 表 106 资金来源类型代码
AFBA0016	惠民政策资金额	float	11,2	N	单位:元

A. 4. 2. 3 殡葬服务信息

A. 4. 2. 3. 1 FBP01 遗体异地运输记录信息

标识符	中文名称	数据类型	数据格式	必选项	备注
AFBP0001	遗体异地运输业务标识	string	an44	Y	见 MZ/T 098 表4 值域表达式列表 E15
AFBP0002	出发机构标识	string	an16	N	见 MZ/T 098 表4 值域表达式列表 E3
AFBP0003	目的机构标识	string	an16	N	见 MZ/T 098 表4 值域表达式列表 E3
AFBP0004	车辆标识	string	..38	N	
AFBE0080	车牌号	string	..10	N	
AFBP0006	车辆隶属	string	n2	Y	见 MZ/T 141 表86 车辆隶属类别代码
AFBP0041	逝者/使用者标识	string	an41	Y	见 MZ/T 098 表4 值域表达式列表 E5
AFBP0007	出发地	string	..256	N	
AFBP0008	出发时间	datetime	YYYYMMDD hh:mm:ss	N	
AFBP0009	目的地	string	..256	N	
AFBP0010	到达时间	datetime	YYYYMMDD hh:mm:ss	N	
AFBP0011	司机标识	string	..34	N	
AFBP0012	机构职工	string	..1024	N	殡仪馆随车职工
AFBP0013	登记单位	string	..32	N	
AFBP0014	遗体运输登记人	string	..72	N	
AFBP0015	遗体运输登记时间	datetime	YYYYMMDD hh:mm:ss	N	
AFBP0016	最后更新时间	datetime	YYYYMMDD hh:mm:ss	N	
AFBP0017	完成情况	string	n2	N	见 MZ/T 141 表96 殡葬业务完成情况类别代码
AFBP0018	目的地批准单位	string	an16	N	见 MZ/T 098 表4 值域表达式列表 E3
AFBP0019	目的地批准日期	date	YYYYMMDD	N	
AFBP0020	接收地批准单位	string	an16	N	见 MZ/T 098 表4 值域表达式列表 E3
AFBP0021	接收地批准日期	date	YYYYMMDD	N	

A. 4. 2. 3. 2 FBP02 国际运尸信息

标识符	中文名称	数据类型	数据格式	必选项	备注
AFBP0022	国际运尸业务标识	string	an44	Y	见 MZ/T 098 表 4 值域表达式列表 E15
AFBP0041	逝者/使用者标识	string	an41	Y	见 MZ/T 098 表 4 值域表达式列表 E5
AFBE0001	机构标识	string	an16	Y	见 MZ/T 098 表 4 值域表达式列表 E3
AFBP0062	经办人标识	string	an42	N	见 MZ/T 098 表 4 值域表达式列表 E9
AFBP0023	运输方向	string	n2	Y	见 MZ/T 141 表 99 运输方向类别代码
AFBP0024	运输内容	string	n2	Y	见 MZ/T 141 表 100 运输内容类别代码
AFBP0025	入境后处理方式	string	n2	Y	见 MZ/T 141 表 101 入境后处理方式类别代码
AFBP0026	运输方式	string	n2	Y	见 MZ/T 141 表 102 运输方式代码
AFBP0027	包装材料	string	. . 254	N	
AFBP0028	是否密封	string	n1	Y	1 是 0 否
AFBP0029	经办单位意见	string	. . 1024	N	
AFBP0030	遗体防腐证明编号	string	. . 16	N	
AFBP0031	入殓证明编号	string	. . 16	N	
AFBP0032	卫生监管申报单编号	string	. . 16	N	
AFBP0033	出发地	string	. . 256	Y	
AFBP0034	出发时间	datetime	YYYYMMDD hh:mm:ss	Y	
AFBP0035	国际运尸目的地	string	. . 256	Y	
AFBP0036	到达时间	datetime	YYYYMMDD hh:mm:ss	Y	
AFBP0037	经办单位	string	. . 32	Y	
AFBP0038	国际运尸登记人	string	. . 72	N	
AFBP0039	国际运尸登记时间	datetime	YYYYMMDD hh:mm:ss	Y	
AFBP0040	最后更新时间	datetime	YYYYMMDD hh:mm:ss	N	
AFBP0167	完成情况	string	n2	Y	见 MZ/T 141 表 96 殡葬业务完成情况类别代码

A. 4. 2. 3. 3 FBP03 逝者/使用者信息

标识符	中文名称	数据类型	数据格式	必选项	备注
AFBP0041	逝者/使用者标识	string	an41	Y	见 MZ/T 098 表4 值域表达式列表 E5
AFBE0001	机构标识	string	an16	N	见 MZ/T 098 表4 值域表达式列表 E3
AFBP0042	不具名遗体	string	n1	Y	1 是 0 否
AXCP0002	逝者/使用者姓名	string	..72	N	逝者姓名,采用基础数据库统一定义标识符
AXCP0004	身份证件类型	string	n2	N	逝者身份证件类型,采用基础数据库统一定义标识符 取值范围见 JMGC/XX 204 中 C0015 身份证件类型代码
AXCP0005	身份证件号码	string	..18	N	逝者身份证号码,无证置空,采用基础数据库统一定义标识符 对于人员身份证件类型为“内地居民身份证”的人员,人员身份证件号码值域见 GB 11643
AXCP0097	出生日期	date	YYYYMMDD	N	
AFBP0047	逝者年龄	number		N	
AXCP0006	性别	string	n1	N	逝者性别,采用基础数据库统一定义标识符 取值范围见 JMGC/XX 204 中 C0007 人的性别代码
AXCP0008	民族	string	n2	N	逝者民族,采用基础数据库统一定义标识符 取值范围见 JMGC/XX 204 中 C0009 民族代码
AXAA0001	户籍所在地	string	n12	N	行政区划代码,采用基础数据库统一定义标识符 前 6 位见 GB/T 2260,后 3 位见 GB/T 10114,后 3 位为村或社区编码
AFBP0148	户籍住址	string	..300	N	
AXCP0007	国籍	string	n3	N	国籍,采用基础数据库统一定义标识符 取值范围见 JMGC/XX 204 中 C0005 世界各国和地区名称代码
AFBP0052	死亡日期	date	YYYYMMDD	N	
AFBP0053	死亡地点	string	..256	N	
AFBP0054	死亡原因	string	..2	Y	见 JMGC/XX 204 中 C0035 死亡原因代码
AFBP0055	致死疾病	string	n2	N	见 MZ/T 141 表65 致死疾病类型代码

续表

标识符	中文名称	数据类型	数据格式	必选项	备注
AFBP0056	死亡证明出具单位	string	..512	N	
AFBP0147	《死亡证》编号	String	..50	N	
AFBP0057	死亡证明开具时间	datetime	YYYYMMDD hh:mm:ss	N	
AFBP0058	减免类型	string	n2	N	见 MZ/T 141 表 66 减免类型代码
AFBP0059	是否异地死亡	string	n1	Y	1 是 0 否
AFBP0070	录入时间	datetime	YYYYMMDD hh:mm:ss	N	

A.4.2.3.4 FBP04 逝者照片信息

标识符	中文名称	数据类型	数据格式	必选项	备注
AFBP0041	逝者/使用者标识	string	an41	Y	见 MZ/T 098 表 4 值域表达式列表 E5
AFBP0060	图片名称	string	..64	N	
AFBP0061	图片文件	string	..60000	Y	

A.4.2.3.5 FBP06 遗体保存/守灵信息

标识符	中文名称	数据类型	数据格式	必选项	备注
AFBP0071	遗体保存/守灵业务标识	string	an44	Y	见 MZ/T 098 表 4 值域表达式列表 E15
AFBP0041	逝者/使用者标识	string	an41	N	见 MZ/T 098 表 4 值域表达式列表 E5
AFBE0001	机构标识	string	an16	N	见 MZ/T 098 表 4 值域表达式列表 E3
AFBP0072	遗体存入时间	datetime	YYYYMMDD hh:mm:ss	Y	
AFBP0073	取出时间	datetime	YYYYMMDD hh:mm:ss	Y	
AFBP0074	是否超期存放	string	n1	Y	1 是 0 否
AFBP0075	超期存放遗体类型	string	n2	N	见 MZ/T 141 表 110 超期存放遗体类别代码
AFBP0076	超期存放经费支出	float	11,2	N	单位:元

续表

标识符	中文名称	数据类型	数据格式	必选项	备注
AFBP0077	超期存放经费来源	string	n2	N	见 MZ/T 141 表 111 遗体超期存放经费来源类别代码
AFBP0078	超期存放遗体来源	string	n2	N	见 MZ/T 141 表 112 超期存放遗体来源类别代码
AFBP0079	超期存放遗体构成	string	n2	N	见 MZ/T 141 表 113 超期存放遗体构成类型类别代码
AFBP0080	超期存放遗体是否已处理	string	n1	Y	1 是 0 否
AFBP0081	超期存放遗体处理经费支出	float	11,2	N	单位:元
AFBP0082	超期存放遗体处理经费来源	string	n2	N	见 MZ/T 141 表 111 遗体超期存放经费来源类别代码

A. 4. 2. 3. 6 FBP07 火化记录信息

标识符	中文名称	数据类型	数据格式	必选项	备注
AFBP0083	火化业务标识	string	an44	Y	见 MZ/T 098 表 4 值域表达式列表 E15
AFBP0041	逝者/使用者标识	string	an41	Y	见 MZ/T 098 表 4 值域表达式列表 E5
AFBE0001	机构标识	string	an16	Y	见 MZ/T 098 表 4 值域表达式列表 E3
AFBP0084	火化工标识	string	an34	Y	见 MZ/T 098 表 4 值域表达式列表 E4
AFBP0085	火化证明编号	string	..16	N	
AFBP0086	火化证明开具时间	datetime	YYYYMMDD hh:mm:ss	N	

A. 4. 2. 3. 7 FBP08 取灰信息

标识符	中文名称	数据类型	数据格式	必选项	备注
AFBP0087	取灰业务标识	string	an44	Y	见 MZ/T 098 表 4 值域表达式列表 E15
AFBP0041	逝者/使用者标识	string	an41	Y	见 MZ/T 098 表 4 值域表达式列表 E5

续表

标识符	中文名称	数据类型	数据格式	必选项	备注
AFBE0001	机构标识	string	an16	Y	见 MZ/T 098 表4 值域表达式列表 E3
AXCP0002	取灰人姓名	string	..72	Y	姓名,采用基础数据库统一定义标识符
AXCP0004	证件类型	string	n2	Y	身份证件类型,采用基础数据库统一定义标识符 取值范围见 JMGC/XX 204 中 C0015 身份证件类型代码
AXCP0005	证件号码	string	..18	Y	身份证号码,无证置空,采用基础数据库统一定义标识符 对于人员身份证件类型为"内地居民身份证"的人员,人员身份证件号码值域见 GB 11643
AXBE0013	联系电话	string	..18	N	有效的座机或手机号码。采用基础数据库统一定义标识符。座机号码标准格式为:区号－电话号码,手机号码为长11位,第1位为1,第2位为3—9
AFBP0092	取灰时间	datetime	YYYYMMDD hh:mm:ss	N	
AFBP0093	骨灰去向	string	n2	Y	见 MZ/T 141 表95 骨灰去向类别代码
AFBP0094	骨灰去向地址	string	..256	N	

A.4.2.3.8 FBP09 遗体离馆信息

标识符	中文名称	数据类型	数据格式	必选项	备注
AFBP0095	遗体离馆业务标识	string	an44	Y	见 MZ/T 098 表4 值域表达式列表 E15
AFBP0041	逝者/使用者标识	string	an41	Y	见 MZ/T 098 表4 值域表达式列表 E5
AFBE0001	机构标识	string	an16	N	见 MZ/T 098 表4 值域表达式列表 E3
AFBP0096	离馆时间	datetime	YYYYMMDD hh:mm:ss	Y	
AFBP0097	离馆原因	string	..128	Y	
AFBP0098	离馆去向地址	string	..256	N	
AFBP0099	运输车辆标识	string	..64	N	
AFBP0100	批准人	string	..72	N	
AFBP0003	目的机构标识	string	an16	N	见 MZ/T 098 表4 值域表达式列表 E3

A.4.2.3.9 FBP10 殡仪服务消费信息

标识符	中文名称	数据类型	数据格式	必选项	备注
AFBP0041	逝者/使用者标识	string	an41	Y	见 MZ/T 098 表4 值域表达式列表 E5
AFBE0001	机构标识	string	an16	Y	见 MZ/T 098 表4 值域表达式列表 E3
AFBP0102	消费记录标识	string	an43	Y	见 MZ/T 098 表4 值域表达式列表 E12
AFBP0103	总消费	float	9,2	N	单位:元
AFBP0104	车辆运输消费	float	7,2	N	单位:元
AFBP0105	遗体保存消费	float	9,2	N	单位:元
AFBP0106	防腐/整容消费	float	9,2	N	单位:元
AFBP0107	告别消费	float	8,2	N	单位:元
AFBP0108	火化消费	float	7,2	N	单位:元
AFBP0109	用品消费	float	7,2	N	单位:元
AFBP0110	骨灰寄存消费	float	7,2	N	单位:元
AFBP0111	优惠金额	float	7,2	N	单位:元
AFBP0112	惠民减免金额	float	7,2	N	单位:元
AFBP0113	惠民奖补金额	float	7,2	N	单位:元

A.4.2.3.10 FBE21 墓位/格位信息

标识符	中文名称	数据类型	数据格式	必选项	备注
AFBE0136	墓位标识	string	an37	Y	见 MZ/T 098 表4 值域表达式列表 E16
AFBE0001	机构标识	string	an16	Y	见 MZ/T 098 表4 值域表达式列表 E3
AFBE0137	墓数类型	string	n2	Y	见 MZ/T 141 表 87 墓数类型类别代码
AFBE0138	墓位类型	string	n2	Y	见 MZ/T 141 表 88 墓位类型类别代码
AFBE0139	占地面积	float	4,2	N	单位:m²
AFBE0140	墓碑类型	string	n2	N	见 MZ/T 141 表 89 墓碑类型类别代码
AFBE0141	墓碑高度	float	4,2	N	单位:m
AFBE0142	格位类型	string	n2	N	见 MZ/T 141 表115 格位类型类别代码
AFBE0143	格位数类型	string	n2	N	见 MZ/T 141 表116 格位数类型类别代码

续表

标识符	中文名称	数据类型	数据格式	必选项	备注
AFBE0144	格位尺寸——长	float	4,2	N	单位:m
AFBE0145	格位尺寸——宽	float	4,2	N	单位:m
AFBE0146	格位尺寸——高	float	4,2	N	单位:m
AFBE0147	收费项目	string	n2	N	见 MZ/T 141 表 107 安放/安葬收费项目类型代码
AFBE0148	收费价格	float	9,2	N	单位:元
AFBE0149	墓位状态	string	n2	N	见 MZ/T 141 表 90 墓位状态类别代码
AFBE0150	建成日期	date	YYYYMMDD	N	
AFBE0151	墓位改造内容	string	..1024	N	
AFBE0152	墓位改造日期	date	YYYYMMDD	N	
AFBE0153	墓位改造类型	string	n2	N	见 MZ/T 141 表 114 墓地改造类型类别代码
AFBE0154	墓位售出日期	date	YYYYMMDD	N	

A.4.2.3.11 FBP12 安放/安葬信息

标识符	中文名称	数据类型	数据格式	必选项	备注
AFBE0028	信息标识	string	an40	Y	见 MZ/T 098 表 4 值域表达式列表 E11
AFBE0001	机构标识	string	an16	Y	见 MZ/T 098 表 4 值域表达式列表 E3
AFBP0041	逝者/使用者标识	string	an41	Y	见 MZ/T 098 表 4 值域表达式列表 E5
AXCP0004	证件类型	string	n2	N	逝者身份证件类型,采用基础数据库统一定义标识符 取值范围见 JMGC/XX 204 中 C0015 身份证件类型代码
AXCP0005	证件号	string	..18	N	逝者身份证号码,无证置空,采用基础数据库统一定义标识符 对于身份证件类型为"内地居民身份证"的人员,值域见 GB 11643
AFBP0121	处置方式	string	n2	Y	见 MZ/T 141 表 91 处置方式类别代码
AFBP0136	墓位标识	string	an37	Y	见 MZ/T 098 表 4 值域表达式列表 E16
AFBP0123	安葬证件编号	string	..64	N	
AFBP0124	安放/安葬时间	datetime	YYYYMMDD hh:mm:ss	N	
AFBP0125	安葬内容	string	n2	N	见 MZ/T 141 表 92 安葬内容类别代码

A. 4. 2. 3. 12 FBP14 骨灰撒散信息

标识符	中文名称	数据类型	数据格式	必选项	备注
AFBE0028	信息标识	string	an40	Y	见 MZ/T 098 表 4 值域表达式列表 E11
AFBE0001	机构标识	string	an16	Y	见 MZ/T 098 表 4 值域表达式列表 E3
AFBP0041	逝者/使用者标识	string	an41	Y	见 MZ/T 098 表 4 值域表达式列表 E5
AFBP0139	骨灰撒散类型	string	n2	Y	见 MZ/T 141 表 94 骨灰撒散类型类别代码
AFBP0140	撒散日期	date	YYYYMMDD	Y	
AFBP0141	撒散地点	string	..256	N	

A. 4. 2. 3. 13 FBP15 墓位迁出信息

标识符	中文名称	数据类型	数据格式	必选项	备注
AFBE0136	墓位标识	string	an37	Y	见 MZ/T 098 表 4 值域表达式列表 E16
AFBE0001	机构标识	string	an16	Y	见 MZ/T 098 表 4 值域表达式列表 E3
AFBP0041	逝者/使用者标识	string	an41	Y	见 MZ/T 098 表 4 值域表达式列表 E5
AFBP0062	经办人标识	string	an42	N	见 MZ/T 098 表 4 值域表达式列表 E9
AFBP0143	迁出时间	datetime	YYYYMMDD hh:mm:ss	N	
AFBP0144	迁出去向	string	n2	Y	见 MZ/T 141 表 95 骨灰去向类别代码
AFBP0145	迁往地址	string	..256	N	

A. 4. 2. 3. 14 FBP11 骨灰寄存信息

标识符	中文名称	数据类型	数据格式	必选项	备注
AFBP0114	骨灰寄存业务标识	string	an44	Y	见 MZ/T 098 表 4 值域表达式列表 E15
AFBE0001	机构标识	string	an16	Y	见 MZ/T 098 表 4 值域表达式列表 E3
AFBP0041	逝者/使用者标识	string	an41	Y	见 MZ/T 098 表 4 值域表达式列表 E5

续表

标识符	中文名称	数据类型	数据格式	必选项	备注
AFBP0115	持证人标识	string	..64	N	
AFBP0116	骨灰存入时间	datetime	YYYYMMDD hh:mm:ss	N	
AFBP0117	取出时间	datetime	YYYYMMDD hh:mm:ss	N	

A.4.2.3.15 FBP13 安放/安葬消费信息

标识符	中文名称	数据类型	数据格式	必选项	备注
AFBP0126	安葬/安放消费记录标识	string	an43	Y	见 MZ/T 098 表4 值域表达式列表 E12
AFBE0001	机构标识	string	an16	N	见 MZ/T 098 表4 值域表达式列表 E3
AFBP0041	逝者/使用者标识	string	an41	N	见 MZ/T 098 表4 值域表达式列表 E5
AFBP0127	总消费	float	11,2	N	单位:元
AFBP0128	墓穴/格位租用费	float	11,2	N	单位:元
AFBP0129	建墓工料费	float	11,2	N	单位:元
AFBP0130	安葬费	float	11,2	N	单位:元
AFBP0131	维护管理费	float	11,2	N	单位:元
AFBP0132	寄存消费	float	11,2	N	单位:元
AFBP0133	用品消费	float	11,2	N	单位:元
AFBP0134	服务消费	float	11,2	N	单位:元
AFBP0135	优惠金额	float	11,2	N	单位:元
AFBP0136	惠民减免金额	float	11,2	N	单位:元
AFBP0137	惠民奖补金额	float	11,2	N	单位:元

A.4.2.3.16 FBE19 预约服务信息

标识符	中文名称	数据类型	数据格式	必选项	备注
AFBE0001	机构标识	string	an16	Y	见 MZ/T 098 表4 值域表达式列表 E3
AFBE0028	信息标识	string	an40	Y	见 MZ/T 098 表4 值域表达式列表 E11
AFBE0128	预约方式	string	n2	Y	见 MZ/T 141 表103 预约方式代码
AFBE0129	预约服务类型	string	n2	Y	见 MZ/T 141 表104 预约服务类型代码

A. 4. 2. 3. 17 FBE20 祭祀祭扫管理信息规范

标识符	中文名称	数据类型	数据格式	必选项	备注
AFBE0001	机构标识	string	an16	Y	见 MZ/T 098 表 4 值域表达式列表 E3
AFBE0028	信息标识	string	an40	Y	见 MZ/T 098 表 4 值域表达式列表 E11
AFBE0131	日参加祭扫人数	number		N	单位:人
AFBE0132	日参加祭扫的车辆	number		N	单位:辆
AFBE0133	日机构保障人数	number		N	单位:人
AFBE0134	填报机构	string	..256	N	
AFBE0135	填报日期	date	YYYYMMDD	Y	

A. 4. 3 流浪乞讨人员救助业务

A. 4. 3. 1 FCE01 救助管理站表

标识符	中文名称	数据类型	数据格式	必选项	备注
AFCE0100	救助站编码	string	an32	Y	主键,UUID,符合 GB/T 17969.8
AXBE0002	统一社会信用代码	string	an18	Y	统一社会信用代码,采用基础数据库统一定义标识符 取值范围见 GB 32100
AXBE0003	单位名称	string	..100	Y	救助管理机构的名称,采用基础数据库统一定义标识符
AXBE0005	单位性质代码	string	n2	Y	机构性质,采用基础数据库统一定义标识符 取值范围见 JMGC/XX 204 中 C0038 单位性质代码
AXBE0017	法定代表人姓名	string	..72	Y	救助管理机构的法定代表人姓名,采用基础数据库统一定义标识符
AFCE0107	站长电话	string	..18	N	有效的座机或手机号码。座机号码标准格式为:区号 - 电话号码,手机号码为:长 11 位,第 1 位为 1,第 2 位为 3—9
AXBE0019	法定代表人身份证件号码	string	..18	N	法定代表人身份证件号码,采用基础数据库统一定义标识符 对于身份证件类型为“内地居民身份证”的人员,身份号码值域符合 GB 11643
AFCE0109	值班电话	string	..18	Y	有效的座机或手机号码。座机号码标准格式为:区号 - 电话号码,手机号码为:长 11 位,第 1 位为 1,第 2 位为 3—9

续表

标识符	中文名称	数据类型	数据格式	必选项	备注
AXAA0001	行政区划代码	string	n12	Y	救助站行政区域编码,采用基础数据库统一定义标识符 前6位见GB/T 2260,后3位见GB/T 10114,后3位为村或社区编码
AXBE0027	单位地址	string	..100	Y	救助站详细地址,采用基础数据库统一定义标识符
AFCE0112	救助站经度	float	9,6	N	按照JMGC/XX 207中4.4给出的规则描述,单位度(°)
AFCE0113	救助站纬度	float	9,6	N	按照JMGC/XX 207中4.4给出的规则描述,单位度(°)
AXBE0011	单位编制人数	number		N	救助管理机构编制人数,采用基础数据库统一定义标识符
AFCE0117	救助站现有人数	number		N	救助管理机构现有的人数
AFCE0118	评定等级	string	n1	N	见JMGC/XX 204中CFC34救助管理站评定等级代码
AFCE0119	总建筑面积	float	10,2	N	单位:m²
AFCE0120	救助用房间数	number		N	用于救助的房间数
AFCE0121	救助用房面积	float	10,2	N	单位:m²
AFCE0122	最大救助人数	number		N	救助管理机构目前最大救助人数
AFCE0123	床位数	number		N	救助管理机构现有床位数
AFCE0124	占地总面积	float	10,2	N	单位:m²
AFCE0125	救助站建立日期	date	YYYYMMDD	N	救助管理机构建立的日期
AFCE0126	救助站年度工作经费	float	12,2	N	单位:元
AFCE0127	救助站主管部门主键	string	n32	N	
AFCE0128	行政区划代码	string	n32	Y	
AFCE0130	救助站登记时间	date	YYYYMMDD	Y	救助站登记的时间
AFCE0131	登记部门	string	n1	Y	登记人所在部门

A.4.3.2 FCE02 机构信息表

标识符	中文名称	数据类型	数据格式	必选项	备注
AFCE0200	机构编码	string	an32	Y	主键,UUID,符合GB/T 17969.8
AFCE0201	机构类型	string	n1	Y	1 托养机构 2 医疗机构 3 安置机构
AXBE0002	统一社会信用代码	string	an18	Y	统一社会信用代码,采用基础数据库统一定义标识符 取值范围见GB 32100

续表

标识符	中文名称	数据类型	数据格式	必选项	备注
AXBE0003	单位名称	string	..100	Y	机构的名称，采用基础数据库统一定义标识符
AXBE0005	单位性质代码	string	n2	Y	机构性质，采用基础数据库统一定义标识符 取值范围见 JMGC/XX 204 中 C0038 单位性质代码
AFCE0202	成立时间	date	YYYYMMDD	Y	
AXBE0017	法定代表人姓名	string	..72	N	救助管理机构的联系人，采用基础数据库统一定义标识符
AXBE0013	单位联系电话	string	..18	N	有效的座机或手机号码。座机号码标准格式为：区号 - 电话号码，手机号码为：长 11 位，第 1 位为 1，第 2 位为 3—9，采用基础数据库统一定义标识符
AXBE0028	单位所在地行政区划	string	n12	Y	前 6 位见 GB/T 2260，后 3 位见 GB/T 10114，后 3 位为村或社区编码，采用基础数据库统一定义标识符
AXBE0027	单位地址	string	..100	Y	详细地址，采用基础数据库统一定义标识符

A.4.3.3 FCP11 工作人员信息表

标识符	中文名称	数据类型	数据格式	必选项	备注
AFCP1100	工作人员编码	string	an32	Y	主键，UUID，符合 GB/T 17969.8
AXCP0002	姓名	string	..72	Y	流浪乞讨人员姓名，采用基础数据库统一定义标识符
AXCP0006	性别	string	n1	Y	人员性别，采用基础数据库统一定义标识符 取值范围见 JMGC/XX 204 中 C0007 人的性别代码
AXCP0008	民族	string	n2	N	人员民族，采用基础数据库统一定义标识符 取值范围见 JMGC/XX 204 中 C0009 民族代码
AXCP0004	身份证件类型	string	n2	N	人员身份证件类型，采用基础数据库统一定义标识符 取值范围见 JMGC/XX 204 中 C0015 身份证件类型代码
AXCP0005	身份证件号码	string	..18	N	人员身份证件号码，采用基础数据库统一定义标识符 对于身份证件类型为“内地居民身份证”的人员，身份号码值域符合 GB 11643

续表

标识符	中文名称	数据类型	数据格式	必选项	备注
AXCP0039	出生日期	date	YYYYMMDD	N	流浪乞讨人员出生日期,采用基础数据库统一定义标识符
AXCP0009	人员文化程度	string	n2	Y	文化程度,采用基础数据库统一定义标识符 取值范围见 JMGC/XX 204 中 C0008 学历代码
AXCP0044	职务	string	...50	N	工作人员的职务,采用基础数据库统一定义标识符
AFCP1105	职业资质	string	N2	Y	见 JMGC/XX 204 中 CFC38 流浪乞讨人员救助职业资质代码
AFCE0100	所属机构编码	string	an32	Y	主键,UUID,符合 GB/T 17969.8
AXBE0013	联系电话	string	..17	N	有效的座机或手机号码。座机号码标准格式为:区号-电话号码,手机号码为:长11位,第1位为1,第2位为3—9,采用基础数据库统一定义标识符

A.4.3.4 FCP01 流浪人员基本信息表

标识符	中文名称	数据类型	数据格式	必选项	备注
AFCP0100	流浪人员编码	string	an32	Y	主键,UUID,符合 GB/T 17969.8
AXCP0002	姓名	string	..72	Y	流浪乞讨人员姓名,采用基础数据库统一定义标识符
AXCP0003	曾用名	string	..72	N	流浪乞讨人员曾经使用时间最长的姓名,采用基础数据库统一定义标识符
AXCP0006	性别	string	n1	Y	人员性别,采用基础数据库统一定义标识符 取值范围见 JMGC/XX 204 中 C0007 人的性别代码
AXCP0008	民族	string	n2	N	人员民族,采用基础数据库统一定义标识符 取值范围见 JMGC/XX 204 中 C0009 民族代码
AXCP0004	身份证件类型	string	n2	N	人员身份证件类型,采用基础数据库统一定义标识符 取值范围见 JMGC/XX 204 中 C0015 身份证件类型代码
AXCP0005	身份证件号码	string	..18	N	人员身份证件号码,采用基础数据库统一定义标识符 对于身份证件类型为“内地居民身份证”的人员,身份号码值域符合 GB 11643

续表

标识符	中文名称	数据类型	数据格式	必选项	备注
AXCP0039	出生日期	date	YYYYMMDD	N	流浪乞讨人员出生日期,采用基础数据库统一定义标识符
AXCP0009	人员文化程度	string	n2	N	文化程度,采用基础数据库统一定义标识符 取值范围见 JMGC/XX 204 中 C0008 学历代码
AFCP0109	口音	string	..10	N	流浪乞讨人员的口音
AFCP0110	血型	string	n1	N	见 JMGC/XX 204 中 C0012 血型代码
AXCP0041	户籍地址所在行政区划	string	n12	N	前 6 位见 GB/T 2260,后 3 位见 GB/T 10114,后 3 位为村或社区编码,采用基础数据库统一定义标识符
AXCP0040	户籍地址	string	..100	N	流浪乞讨人员的户籍详细地址,采用基础数据库统一定义标识符
AFCP0113	头像	string	an32	N	保存统一存储系统返回的文件 ID
AFCP0114	指纹采集状态	string	n1	Y	0 未采集 1 已采集
AFCP0115	邮政编码	string	n6	N	流浪乞讨人员户籍所在地的邮政编码
AFCP0116	电话	string	..18	N	有效的座机或手机号码。座机号码标准格式为:区号-电话号码,手机号码为:长 11 位,第 1 位为 1,第 2 位为 3—9

A.4.3.5 FCP02 流浪人员指纹库

标识符	中文名称	数据类型	数据格式	必选项	备注
AFCP0200	指纹库编码	string	an32	Y	主键,UUID,符合 GB/T 17969.8
AFCP0100	流浪人员编码	string	an32	Y	引用流浪人员基本信息表标识
AFCP0201	指纹特征	string	an32	Y	保存统一存储系统返回的文件 ID
AFCP0202	采集单位	string	an32	Y	引用救助管理站表标识
AFCP0203	采集时间	date	YYYYMMDD hh:mm:ss	Y	

A.4.3.6 FCP03 流浪人员人脸库

标识符	中文名称	数据类型	数据格式	必选项	备注
AFCP0300	人脸库编码	string	an32	Y	主键,UUID,符合 GB/T 17969.8

续表

标识符	中文名称	数据类型	数据格式	必选项	备注
AFCP0100	流浪人员编码	string	an32	Y	引用流浪人员基本信息表标识
AFCP0302	人脸分组	string	n32	N	
AFCE0304	人脸图片	string	an32	N	保存统一存储系统返回的文件 ID
AFCP0202	采集单位	string	an32	N	引用救助管理站表标识
AFCE0203	采集时间	date	YYYYMMDD hh:mm:ss	N	

A. 4. 3. 7 FCX01 流浪人员救助记录表

标识符	中文名称	数据类型	数据格式	必选项	备注
AFCX0100	救助记录编号	string	an32	Y	主键,UUID,符合 GB/T 17969. 8
AFCE0100	救助站编码	string	an32	Y	引用救助管理站表标识
AFCP0100	流浪人员编码	string	an32	Y	引用流浪人员基本信息表标识
AFCX0101	救助编号	string	n20	Y	行政区划代码(9 位到区县) + 年月日(8 位) +3 位自增数
AFCX0102	站内编号	string	..18	Y	无要求
AFCX0103	年龄	number		Y	
AFCX0104	身高	float	4,1	N	
AFCX0105	体重	float	4,1	N	单位:kg
AFCX0106	来站时间	datetime	YYYYMMDD hh:mm:ss	Y	
AFCX0107	来站方式	string	n1	Y	见 JMGC/XX 204 中 CFC07 流浪人员来站方式代码
AFCX0108	求助内容	string	..26	Y	多选,见 JMGC/XX 204 中 CFC08 流浪人员求助内容代码
AFCX0109	求助原因	string	..32	Y	多选,见 JMGC/XX 204 中 CFC09 流浪人员求助原因代码
AFCX0110	身体状况	string	..29	N	多选,见 JMGC/XX 204 中 CFC10 流浪人员入站登记身体状况代码
AFCX0111	安全检查状况	string	..35	N	多选,见 JMGC/XX 204 中 CFC11 流浪人员安全检查状况代码,见 JMGC/XX 204 中 CFC12 流浪人员安全检查详细代码
AFCX0113	救助状态	string	n1	Y	见 JMGC/XX 204 中 CFC06 流浪人员救助状态代码
AFCX0122	寻亲登记状态	string	n1	Y	见 JMGC/XX 204 中 CFC37 流浪乞讨人员救助寻亲登记状态代码
AFCX0123	离站时间	date	YYYYMMDD	N	
AFCX0201	安全检查状况其他	string	..100	N	安全检查其他情况描述

续表

标识符	中文名称	数据类型	数据格式	必选项	备注
AFCX0202	来站方式其他	string	..100	N	其他来站方式描述
AFCX0203	求助内容其他	string	..100	N	其他求助内容描述
AFCX0204	求助原因其他	string	..100	N	其他求助原因描述
AFCX0205	身体状况其他	string	..100	N	其他身体状况描述
AFCX0206	寄存物品	string	..100	Y	寄存物品描述
AFCX0207	流浪经历	string	..100	Y	流浪经历描述
AFCX0119	救助登记时间	date	YYYYMMDD	Y	登记时间
AFCX0131	是否申请家暴庇护救助	string	n1	Y	1 是 0 否

A.4.3.8 FCX47 街面救助记录表

标识符	中文名称	数据类型	数据格式	必选项	备注
AFCX4700	站外救助记录编码	string	an32	Y	主键,UUID,符合 GB/T 17969.8
AFCE0100	救助站编码	string	an32	Y	引用救助管理站表标识
AFCX0101	救助编号	string	n10	Y	行政区划代码(9 位到区县) + 年月日(8 位) +3 位自增数
AFCX0102	站内编号	string	..18	Y	无要求
AXCP0002	姓名	string	..72	Y	人员姓名,采用基础数据库统一定义标识符
AXCP0006	性别	string	n1	Y	人员性别,采用基础数据库统一定义标识符 取值范围见 JMGC/XX 204 中 C0007 人的性别代码
AXCP0008	民族	string	n2	N	人员民族,采用基础数据库统一定义标识符 取值范围见 JMGC/XX 204 中 C0009 民族代码
AXCP0004	身份证件类型	string	n2	N	人员身份证件类型,采用基础数据库统一定义标识符 取值范围见 JMGC/XX 204 中 C0015 身份证件类型代码
AXCP0005	身份证件号码	string	..18	N	人员身份证件号码,采用基础数据库统一定义标识符 对于身份证件类型为“内地居民身份证”的人员,身份号码值域符合 GB 11643

续表

标识符	中文名称	数据类型	数据格式	必选项	备注
AXCP0021	救助地点区划代码	string	n12	Y	前6位见GB/T 2260,后3位见GB/T 10114,后3位为村或社区编码
AXBE0022	门牌号	string	..100	Y	救助地点详细描述,采用基础数据库统一定义标识符
AFCX0103	年龄	number		Y	
AFCX0106	救助时间	datetime	YYYYMMDD hh:mm:ss	Y	
AFCX0108	救助内容	string	..11	Y	多选,见JMGC/XX 204中CFC08流浪人员求助内容代码
AFCX0109	救助原因	string	..32	Y	多选,见JMGC/XX 204中CFC09流浪人员求助原因代码
AFCX0203	救助内容其他	string	..100	N	其他求助内容描述
AFCX0204	救助原因其他	string	..100	N	其他求助原因描述

A.4.3.9 FCX14 流浪人员离站信息登记表

标识符	中文名称	数据类型	数据格式	必选项	备注
AFCX1400	离站登记表编码	string	an32	Y	主键,UUID,符合GB/T 17969.8
AFCE0100	救助站编码	string	an32	Y	引用救助管理站表标识
AFCP0100	流浪人员编码	string	an32	Y	引用流浪人员基本信息表标识
AFCX0100	救助记录编码	string	an32	Y	引用流浪人员救助记录表标识
AFCX1401	离站日期	date	YYYYMMDD	Y	无要求
AFCX1402	离站方式	string	n2	Y	见JMGC/XX 204中CFC17流浪救助离站方式代码
AFCX1403	在站天数	number		Y	
AFCX1804	护送目的地区划	string	n12	N	护送目的地区划代码。当离站方式为“救助管理机构护送”时,填写该字段 前6位见GB/T 2260,后3位见GB/T 10114,后3位为村或社区编码
AFCX1902	接领单位区划	string	n12	N	当离站方式为“救助管理机构接领”时,填写该字段 前6位见GB/T 2260,后3位见GB/T 10114,后3位为村或社区编码

A. 4. 3. 10 FCX10 流浪乞讨人员救助专业服务表

标识符	中文名称	数据类型	数据格式	必选项	备注
AFCX1000	流浪乞讨人员救助专业服务表编码	string	an32	Y	主键,UUID,符合 GB/T 17969. 8
AFCX0100	救助记录编码	string	an32	Y	引用流浪人员救助记录表标识
AFCX1001	服务项目	string	n1	Y	见 JMGC/XX 204 中 CFC15 流浪乞讨人员救助专业服务代码
AXCP0002	姓名	string	. . 72	Y	服务人员姓名,采用基础数据库统一定义标识符
AFCX1003	开始日期	date	YYYYMMDD	Y	
AFCX1004	结束日期	date	YYYYMMDD	N	
AFCX1005	服务内容	string	. . 200	Y	

A. 4. 3. 11 FCX12 流浪人员机构托养记录表

标识符	中文名称	数据类型	数据格式	必选项	备注
AFCX1200	流浪人员机构托养记录表编码	string	an32	Y	主键,UUID,符合 GB/T 17969. 8
AFCX0100	救助记录编码	string	an32	Y	引用救助记录表标识
AXBE0003	单位名称	string	. . 100	Y	托养单位名称,采用基础数据库统一定义标识符
AFCX1202	开始日期	date	YYYYMMDD	Y	
AFCX1004	结束日期	date	YYYYMMDD	N	
AFCX1204	托养状态	string	n1	Y	见 JMGC/XX 204 中 CFC30 流浪人员机构托养状态代码

A. 4. 3. 12 FCX06 流浪人员急病救治表

标识符	中文名称	数据类型	数据格式	必选项	备注
AFCX0600	流浪人员医疗救助表编码	string	an32	Y	主键,UUID,符合 GB/T 17969. 8
AFCX0100	救助记录编码	string	an32	Y	引用流浪人员救助记录表标识
AFCX0601	救助方式	string	n1	Y	见 JMGC/XX 204 中 CFC13 流浪人员医疗救助方式代码
AXBE0003	单位名称	string	. . 100	Y	医疗机构名称,采用基础数据库统一定义标识符
AFCX0602	开始日期	date	YYYYMMDD	Y	
AFCX1004	结束日期	date	YYYYMMDD	N	

A.4.3.13 FCP04 走失人员家属寻亲登记表

标识符	中文名称	数据类型	数据格式	必选项	备注
AFCP0400	寻亲登记表编码	string	an32	Y	主键,UUID,符合 GB/T 17969.8
AFCE0100	救助站编码	string	an32	Y	引用救助管理站表标识
AXCP0002	姓名	string	..72	Y	走失人员姓名,采用基础数据库统一定义标识符
AXCP0006	性别	string	n1	Y	人员性别,采用基础数据库统一定义标识符 取值范围见 JMGC/XX 204 中 C0007 人的性别代码
AFCP0403	体重	float	4,1	N	单位:kg
AXCP0041	户籍地址所在行政区划	string	n12	Y	前 6 位见 GB/T 2260,后 3 位见 GB/T 10114,后 3 位为村或社区编码
AXCP0040	户籍地址	string	..100	Y	走失人员的户籍详细地址,采用基础数据库统一定义标识符
AXCP0003	曾用名	string	..72	N	走失人员曾经使用时间最长的姓名,采用基础数据库统一定义标识符
AXCP0008	民族	string	n2	Y	人员民族,采用基础数据库统一定义标识符 取值范围见 JMGC/XX 204 中 C0009 民族代码
AXCP0004	身份证件类型	string	n2	N	人员身份证件类型,采用基础数据库统一定义标识符 取值范围见 JMGC/XX 204 中 C0015 身份证件类型代码
AXCP0005	身份证件号码	string	..18	N	人员身份证件号码,采用基础数据库统一定义标识符 对于身份证件类型为“内地居民身份证”的人员,身份号码值域符合 GB 11643
AFCP0411	身高	float	4,1	N	单位:cm
AXCP0039	出生日期	date	YYYYMMDD	N	走失人员出生日期,采用基础数据库统一定义标识符
AFCP0413	体态	string	n1	Y	见 JMGC/XX 204 中 CFC25 流浪乞讨人员救助寻亲人员体态代码
AFCP0414	头发卷曲	string	n1	Y	见 JMGC/XX 204 中 CFC26 流浪乞讨人员救助寻亲人员头发卷曲代码

续表

标识符	中文名称	数据类型	数据格式	必选项	备注
AFCP0415	头发颜色	string	n1	Y	见 JMGC/XX 204 5.5.3.14 CFC27 流浪乞讨人员救助寻亲人员头发颜色代码
AFCP0416	走失日期	date	YYYYMMDD	N	
AFCP0417	走失地点	string	..100	N	
AFCP0418	血型	string	n1	N	见 JMGC/XX 204 中 C0012 血型代码
AFCP0419	是否提取过 DNA	string	n1	Y	1 是 0 否
AFCP0420	走失时衣着特征	string	..100	N	
AFCP0421	有无身体残疾	string	n1	Y	0 无 1 有
AFCP0422	有无胎记	string	n1	Y	0 无 1 有
AFCP0423	身体残疾位置	string	..100	N	
AFCP0424	胎记位置	string	..100	N	
AFCP0425	有无文身	string	n1	Y	0 无 1 有
AFCP0426	文身位置	string	..100	N	
AFCP0427	有无肢体残疾	string	n1	Y	0 无 1 有
AFCP0428	肢体残疾位置	string	..100	N	
AFCP0429	有无智力残疾	string	n1	Y	0 无 1 有
AFCP0430	智力残疾描述	string	..100	N	
AFCP0631	精神状态	string	n1	Y	见 JMGC/XX 204 中 CFC23 流浪人员精神状态代码
AFCP0432	异常描述	string	..100	N	
AFCP0433	备注	string	..200	N	
AFCP0434	状态	string	n1	Y	见 JMGC/XX 204 中 CFC36 流浪人员寻亲状态代码
AFCP0436	身体残疾描述	string	..100	N	
AFCP0437	胎记描述	string	..100	N	
AFCP0438	文身描述	string	..100	N	
AFCP0439	肢体残疾描述	string	..100	N	
AFCP0440	寻亲登记人	string	..72	Y	登记人(经办人)姓名
AFCP0441	寻亲登记时间	datetime	YYYYMMDD hh:mm:ss	Y	
AFCP0442	照片	string	an32	Y	保存统一存储系统返回文件 ID
AFCX0103	年龄	number		Y	

A. 4. 3. 14 FCP06 流浪人员站内待寻记录表

标识符	中文名称	数据类型	数据格式	必选项	备注
AFCP0600	站内待寻记录表编码	string	an32	Y	主键,UUID,符合 GB/T 17969.8
AFCE0100	救助站编码	string	an32	Y	引用救助管理站表编码
AFCX0100	救助记录编码	string	an32	Y	引用救助记录表编码
AXCP0002	姓名	string	..72	Y	站内待寻人员姓名,采用基础数据库统一定义标识符
AXCP0006	性别	string	n1	Y	人员性别,采用基础数据库统一定义标识符 取值范围见 JMGC/XX 204 中 C0007 人的性别代码
AFCP0603	体重	float	4,1	N	单位:kg
AXCP0041	户籍所在地区划	string	n12	N	前 6 位见 GB/T 2260,后 3 位见 GB/T 10114,后 3 位为村或社区编码
AFCP0606	户籍所在地详细地址	string	..100	N	
AXCP0003	曾用名	string	..72	N	站内待寻人员曾经使用时间最长的姓名,采用基础数据库统一定义标识符
AXCP0008	民族	string	n2	N	人员民族,采用基础数据库统一定义标识符 取值范围见 JMGC/XX 204 中 C0009 民族代码
AXCP0004	身份证件类型	string	n2	N	人员身份证件类型,采用基础数据库统一定义标识符 取值范围见 JMGC/XX 204 中 C0015 身份证件类型代码
AXCP0005	身份证件号码	string	..18	N	人员身份证件号码,采用基础数据库统一定义标识符 对于身份证件类型为“内地居民身份证”的人员,身份号码值域符合 GB 11643
AFCP0611	身高	float	4,1	N	单位:cm
AXCP0039	出生日期	date	YYYYMMDD	N	待寻人员出生日期,采用基础数据库统一定义标识符
AFCP0413	体态	string	n1	Y	见 JMGC/XX 204 中 CFC25 流浪乞讨人员救助寻亲人员体态代码
AFCP0414	头发卷曲	string	n1	Y	见 JMGC/XX 204 中 CFC26 流浪乞讨人员救助寻亲人员头发卷曲代码
AFCP0415	头发颜色	string	n1	Y	见 JMGC/XX 204 中 CFC27 流浪乞讨人员救助寻亲人员头发颜色代码

续表

标识符	中文名称	数据类型	数据格式	必选项	备注
AFCP0616	发现日期	date	YYYYMMDD	N	
AFCP0617	发现地点	string	..100	N	
AFCP0418	血型	string	n1	N	见 JMGC/XX 204 中 C0012 血型代码
AFCP0419	是否提取过 DNA	string	n1	Y	1 是 0 否
AFCP0420	走失时衣着特征	string	..100	N	
AFCP0421	有无身体残疾	string	n1	Y	0 无 1 有
AFCP0422	有无胎记	string	n1	Y	0 无 1 有
AFCP0423	身体残疾位置	string	..100	N	
AFCP0424	胎记位置	string	..100	N	
AFCP0425	有无文身	string	n1	Y	0 无 1 有
AFCP0426	文身位置	string	..100	N	
AFCP0427	有无肢体残疾	string	n1	Y	0 无 1 有
AFCP0428	肢体残疾位置	string	..100	N	
AFCP0429	有无智力残疾	string	n1	Y	0 无 1 有
AFCP0430	智力残疾描述	string	..100	N	
AFCP0631	精神状态	string	n1	Y	见 JMGC/XX 204 中 CFC23 流浪人员精神状态代码
AFCP0432	异常描述	string	..100	N	
AFCP0433	备注	string	..200	N	
AFCP0634	其他寻亲服务	string	n1	Y	见 JMGC/XX 204 中 CFC29 流浪乞讨人员救助寻亲成功方式代码
AFCP0625	身体残疾描述	string	..100	N	当其他寻亲服务选择“其他”类型时,在此字段描述详细信息
AFCP0434	状态	string	.	N	见 JMGC/XX 204 中 CFC36 流浪人员寻亲状态代码
AFCP0436	身体残疾描述	string	..100	N	
AFCP0437	胎记描述	string	..100	N	
AFCP0438	文身描述	string	..100	N	
AFCP0439	肢体残疾描述	string	..100	N	
AFCP0440	寻亲登记人	string	..72	Y	登记人(经办人)姓名
AFCP0441	寻亲登记时间	datetime	YYYYMMDD hh:mm:ss	Y	
AFCP0643	照片	binary		Y	
AFCX0103	年龄	number		Y	

续表

标识符	中文名称	数据类型	数据格式	必选项	备注
AFCP0645	寻亲结果登记状态	string	n1	Y	0 未登记 1 已登记
AFCP0646	寻亲平台推送状态	string	n1	Y	见 JMGC/XX 204 中 CFC32 流浪乞讨人员救助寻亲推送状态代码

A. 4. 3. 15 FCX98 落户安置方案信息表

标识符	中文名称	数据类型	数据格式	必选项	备注
AFCX9800	安置方案编码	string	an32	Y	主键,UUID,符合 GB/T 17969. 8
AFCP0100	流浪人员编码	string	an32	Y	引用流浪人员基本信息表标识
AFCE0100	报请救助机构编码	string	an32	Y	引用救助管理站表标识
AFCX9801	报请政府时间	datetime	YYYYMMDD hh:mm:ss	Y	
AFCX9802	批复时间	datetime	YYYYMMDD hh:mm:ss	Y	
AFCX9803	批复意见	string	. . 100	Y	
AFCX9805	经办人	string	. . 72	Y	
AFCX9806	经办时间	datetime	YYYYMMDD hh:mm:ss	Y	
AFCX9807	安置时间	datetime	YYYYMMDD hh:mm:ss	Y	
AFCE0400	安置机构编码	string	an32	Y	
AXBE0028	单位所在地行政区划	string	n12	Y	单位所在地行政区划,采用基础数据库统一定义标识符 前 6 位见 GB/T 2260,后 3 位见 GB/T 10114,后 3 位为村或社区编码
AXBE0027	单位地址	string	. . 100	Y	落户安置的详细地址,采用基础数据库统一定义标识符

A. 4. 4 残疾人福利业务

A. 4. 4. 1 FDX88 补贴对象类型信息表

标识符	中文名称	数据类型	数据格式	必选项	备注
AFDX0801	补贴对象类型名称	string	. . 100	Y	全局唯一
AXCP0004	补贴类型	string	n1	Y	1: 生活补贴 2: 护理补贴

续表

标识符	中文名称	数据类型	数据格式	必选项	备注
AFDX0803	标准金额	float	9,2	Y	
AFDX0804	备注	string	..200	Y	
AFDX0805	标准状态	string	..2	Y	-1:未启用 1:启用 0:停用 2:历史标准
AFDX0806	省	string	..30	Y	
AFDX0807	市	string	..30	Y	
AFDX0808	县	string	..30	Y	
AFDX0809	文件依据	string	a200	N	
AFDX0810	启用月份	date	YYYYMM	Y	
AFDX0811	停用月份	date	YYYYMM	N	
AFDX0812	调标前的标准名称	string	..100	N	
AFDX0814	提标扩面	string	a8	Y	值域:提标、扩面、提标扩面
AFDX0815	发放类型	string	n1	Y	1: 全额发放 0: 补差发放
AFDX0816	区县民政录入人姓名	string	..20	Y	
AFDX0817	录入时间	datetime	YYYYMMDD hh:mm:ss	Y	
AFDX0818	修改时间	datetime	YYYYMMDD hh:mm:ss	Y	

A.4.4.2 FDX01 在册人员信息表

标识符	中文名称	数据类型	数据格式	必选项	备注
AXCP0002	残疾人姓名	string	..20	Y	
AXCP0006	性别	string	n1	Y	
AFDX0823	残疾人出生日期	date	YYYYMMDD	Y	
AXCP0008	民族	string	..15	Y	
AXCP0005	残疾人身份证号	string	..18	Y	
AFDP0505	残疾人证号	string	..20	Y	
AFDX0831	发证时间	datetime	YYYYMMDD hh:mm:ss	Y	最新一次的发证时间
AFDX0852	档案编号	string	n20	Y	如果没有,可以默认身份证号码

续表

标识符	中文名称	数据类型	数据格式	必选项	备注
AFDP0504	残疾类别	string	n1	Y	1：视力残疾 2：听力残疾 3：言语残疾 4：肢体残疾 5：智力残疾 6：精神残疾 7：多重残疾
AFDP0503	残疾人等级	string	a10	Y	值域：一级残疾人、二级残疾人、三级残疾人、四级残疾人
AFDX0053	补贴对象类型	string	..100	Y	与表 btgg03 保持一致
AXCP0014	补贴类型	string	a8	Y	值域：生活补贴、护理补贴
AFDX0055	补贴金额（元/月）	float	9,2	Y	
AFDX0851	月工资	float	9,2	N	补差发放必填
AFDX0561	发放起始月份	date	YYYYMM	Y	数据上报当前月
AFDX0829	户籍性质	string	a10	Y	值域：农业户口、非农业户口
AFDX0830	低保性质	string	a8	N	低保户必填，值域：城市低保、农村低保、特困供养
AFDX0820	户籍地址	string	..200	Y	
AFDX0824	残疾人家庭住址	string	..200	Y	
AFDX0819	邮政编码	string	..20	N	
AFDP0004	残疾人电话	string	n11	Y	
AFDX0843	残疾人联系人	string	..20	N	
AFDX0844	残疾人联系人电话	string	n11	N	
AXCP0027	开户行	string	..100	N	
AXCP0030	银行账户名	string	..20	N	
AXCP0029	银行卡号	string	..30	N	
AFD0806	省	string	..30	Y	
AFDX0807	市	string	..30	Y	
AFDX0808	县	string	..30	Y	
AFDX0802	乡镇	string	..30	Y	
AFDX0567	乡镇录入人姓名	string	..20	Y	如果没有请自行默认，下同
AFDX0568	乡镇录入人电话	string	n11	Y	
AFDX0566	乡镇录入意见	string	..200	Y	
AFDX0570	残联审核人姓名	string	..20	Y	
AFDX0571	残联审核人电话	string	n11	Y	
AFDX0569	残联审核意见	string	..200	Y	
AFDX1017	民政审定人姓名	string	..20	Y	

续表

标识符	中文名称	数据类型	数据格式	必选项	备注
AFDX0574	民政审定人电话	string	n11	Y	
AFDX0572	民政审定意见	string	..200	Y	
AFDX0868	乡镇初审时间	datetime	YYYYMMDD hh:mm:ss	Y	
AFDX0869	残联审核时间	datetime	YYYYMMDD hh:mm:ss	Y	
AFDX0870	民政审定时间	datetime	YYYYMMDD hh:mm:ss	Y	
AFDX0817	录入时间	datetime	YYYYMMDD hh:mm:ss	Y	
AFDX0818	修改时间	datetime	YYYYMMDD hh:mm:ss	Y	

注:第一次报送,以数据上报当前月在册人员为准,以前月的数据作历史数据上报。

A. 4. 4. 3 FDX02 新增人员信息表

标识符	中文名称	数据类型	数据格式	必选项	备注
AXCP0002	残疾人姓名	string	..20	Y	
AXCP0006	性别	string	a1	Y	
AFDX0823	残疾人出生日期	date	YYYYMMDD	Y	
AXCP0008	民族	string	..15	Y	
AXCP0005	残疾人身份证号	string	..18	Y	
AFDP0505	残疾人证号	string	..20	Y	
AFDX0831	发证时间	datetime	YYYYMMDD hh:mm:ss	Y	最新一次的发证时间
AFDX0852	档案编号	string	n20	Y	如果没有,可以默认身份证号码
AFDP0504	残疾类别	string	n1	Y	1:视力残疾 2:听力残疾 3:言语残疾 4:肢体残疾 5:智力残疾 6:精神残疾 7:多重残疾
AFDP0503	残疾人等级	string	a10	Y	值域:一级残疾人、二级残疾人、三级残疾人、四级残疾人
AFDX0053	补贴对象类型	string	..100	Y	与表 btgg03 保持一致
AXCP0014	补贴类型	string	a8	Y	值域:生活补贴、护理补贴
AFDX0055	补贴金额(元/月)	float	9,2	Y	
AFDX0851	月工资	float	9,2	N	补差发放必填

续表

标识符	中文名称	数据类型	数据格式	必选项	备注
AFDX0561	发放起始月份	date	YYYYMM	Y	数据上报当前月
AFDX0829	户籍性质	string	a10	Y	值域:农业户口、非农业户口
AFDX0830	低保性质	string	a8	N	低保户必填,值域:城市低保、农村低保、特困供养
AFDX0820	户籍地址	string	..200	Y	
AFDX0824	残疾人家庭住址	string	..200	Y	
AFDX0819	邮政编码	string	..20	N	
AFDP0004	残疾人电话	string	n11	Y	
AFDX0843	残疾人联系人	string	..20	N	
AFDX0844	残疾人联系人电话	string	n11	N	
AXCP0027	开户行	string	..100	N	
AXCP0030	银行账户名	string	..20	N	
AXCP0029	银行卡号	string	..30	N	
AFDX0806	省	string	..30	Y	
AFDX0807	市	string	..30	Y	
AFDX0808	县	string	..30	Y	
AFDX0802	乡镇	string	..30	Y	
AFDX0567	乡镇录入人姓名	string	..20	Y	如果没有请自行默认,下同
AFDX0568	乡镇录入人电话	string	n11	Y	
AFDX0566	乡镇录入意见	string	..200	Y	
AFDX0570	残联审核人姓名	string	..20	Y	
AFDX0571	残联审核人电话	string	n11	Y	
AFDX0569	残联审核意见	string	..200	Y	
AFDX1017	民政审定人姓名	string	..20	Y	
AFDX0574	民政审定人电话	string	n11	Y	
AFDX0572	民政审定意见	string	..200	Y	
AFDX0868	乡镇初审时间	datetime	YYYYMMDD hh:mm:ss	Y	
AFDX0869	残联审核时间	datetime	YYYYMMDD hh:mm:ss	Y	
AFDX0870	民政审定时间	datetime	YYYYMMDD hh:mm:ss	Y	
AFDX0817	录入时间	datetime	YYYYMMDD hh:mm:ss	Y	
AFDX0818	修改时间	datetime	YYYYMMDD hh:mm:ss	Y	

A. 4. 4. 4 FDX03 停发人员信息表

标识符	中文名称	数据类型	数据格式	必选项	备注
AXCP0002	残疾人姓名	string	..20	Y	
AXCP0006	性别	string	a1	Y	
AFDX0823	残疾人出生日期	date	YYYYMMDD	Y	
AXCP0008	民族	string	..15	Y	
AXCP0005	残疾人身份证号	string	..18	Y	
AFDP0505	残疾人证号	string	..20	Y	
AFDP0504	残疾类别	string	n1	Y	1：视力残疾 2：听力残疾 3：言语残疾 4：肢体残疾 5：智力残疾 6：精神残疾 7：多重残疾
AFDP0503	残疾人等级	string	a10	Y	值域：一级残疾人、二级残疾人、三级残疾人、四级残疾人
AFDX0829	户籍性质	string	a10	Y	值域：农业户口、非农业户口
AFDX0830	低保性质	string	a8	Y	低保户必填，值域：城市低保、农村低保、特困供养
AFDX0831	停发原因	string	..100	Y	
AFDX0832	补贴发放截止月份	date	YYYYMM	Y	
AXCP0004	停发的补贴类型	string	a8	Y	值域：生活补贴、护理补贴

A. 4. 4. 5 FDX04 补发人员信息表

标识符	中文名称	数据类型	数据格式	必选项	备注
AXCP0002	残疾人姓名	string	..20	Y	
AXCP0006	性别	string	a1	Y	
AFDX0823	残疾人出生日期	date	YYYYMMDD	Y	
AXCP0008	民族	string	..15	Y	
AXCP0005	残疾人身份证号	string	..18	Y	
AFDP0505	残疾人证号	string	..20	Y	
AFDP0504	残疾类别	string	n1	Y	1：视力残疾 2：听力残疾 3：言语残疾 4：肢体残疾 5：智力残疾 6：精神残疾 7：多重残疾

续表

标识符	中文名称	数据类型	数据格式	必选项	备注
AFDP0503	残疾人等级	string	a10	Y	值域:一级残疾人、二级残疾人、三级残疾人、四级残疾人
AFDX0829	户籍性质	string	a10	Y	值域:农业户口、非农业户口
AFDX0830	低保性质	string	a8	Y	低保户必填,值域:城市低保、农村低保、特困供养
AXCP0009	补发原因	string	..255	Y	
AXCP0010	补贴对象类型	string	..100	Y	
AXCP0011	补发起始月份	date	YYYYMM	Y	
AXCP0012	补发截止月份	date	YYYYMM	Y	
AXCP0013	发放月份	date	YYYYMM	Y	
AXCP0014	补发的补贴类型	string	a8	Y	值域:生活补贴、护理补贴
AFDX0055	补发金额(元/月)	float	9,2	Y	

A.4.4.6 FDX05 追缴人员信息表

标识符	中文名称	数据类型	数据格式	必选项	备注
AXCP0002	残疾人姓名	string	..20	Y	
AXCP0006	性别	string	a1	Y	
AFDX0823	残疾人出生日期	date	YYYYMMDD	Y	
AXCP0008	民族	string	..15	Y	
AXCP0005	残疾人身份证号	string	..18	Y	
AGCP0505	残疾人证号	string	..20	Y	
AFDP0504	残疾类别	string	n1	Y	1:视力残疾 2:听力残疾 3:言语残疾 4:肢体残疾 5:智力残疾 6:精神残疾 7:多重残疾
AFDP0503	残疾人等级	string	a10	Y	值域:一级残疾人、二级残疾人、三级残疾人、四级残疾人
AFDX0829	户籍性质	string	a10	Y	值域:农业户口、非农业户口
AFDX0830	低保性质	string	a8	Y	城市低保 农村低保 特困供养 (低保户必填)
AXCP0009	追缴原因	string	..255	Y	
AXCP0010	补贴对象类型	string	..100	Y	

续表

标识符	中文名称	数据类型	数据格式	必选项	备注
AXCP0011	追缴起始月份	date	YYYYMM	Y	
AXCP0012	追缴截止月份	date	YYYYMM	Y	
AXCP0013	追缴月份	date	YYYYMM	Y	
AXCP0014	追缴的补贴类型	string	a8	Y	值域:生活补贴、护理补贴
AXCP0015	追缴的金额(元/月)	float	9,2	Y	

A.4.4.7 FDX06 历史信息表

标识符	中文名称	数据类型	数据格式	必选项	备注
AXCP0002	残疾人姓名	string	..20	Y	
AXCP0006	性别	string	a1	Y	
AFDX0823	残疾人出生日期	date	YYYYMMDD	Y	
AXCP0008	民族	string	..15	Y	
AXCP0005	残疾人身份证号	string	..18	Y	
AFDP0505	残疾人证号	string	..20	Y	
AFDX0831	发证时间	datetime	YYYYMMDD hh:mm:ss	Y	最新一次的发证时间
AFDX0852	档案编号	string	n20	Y	如果没有,可以默认身份证号码
AFDP0504	残疾类别	string	n1	Y	1: 视力残疾 2: 听力残疾 3: 言语残疾 4: 肢体残疾 5: 智力残疾 6: 精神残疾 7: 多重残疾
AFDP0503	残疾人等级	string	a10	Y	值域:一级残疾人、二级残疾人、三级残疾人、四级残疾人
AFDX0053	补贴对象类型	string	..100	Y	与表 btgg03 保持一致
AXCP0014	补贴类型	string	a8	Y	值域:生活补贴、护理补贴
AFDX0054	补贴发放起始月份	date	YYYYMM	Y	
AFDX0055	补贴发放截止月份	date	YYYYMM	Y	
AFDX0851	月工资	float	9,2	N	补差发放必填
AFDX0561	发放起始月份	date	YYYYMM	Y	数据上报当前月
AFDX0829	户籍性质	string	a10	Y	值域:农业户口、非农业户口
AFDX0830	低保性质	string	a8	N	低保户必填,值域:城市低保、农村低保、特困供养

续表

标识符	中文名称	数据类型	数据格式	必选项	备注
AFDX0820	户籍地址	string	..200	Y	
AFDX0824	残疾人家庭住址	string	..200	Y	
AFDX0819	邮政编码	string	..20	N	
AFDP0004	残疾人电话	string	n11	Y	
AFDX0843	残疾人联系人	string	..20	N	
AFDX0844	残疾人联系人电话	string	n11	N	
AXCP0027	开户行	string	..100	N	
AXCP0030	银行账户名	string	..20	N	
AXCP0029	银行卡号	string	..30	N	
AFDX0806	省	string	..30	Y	
AFDX0807	市	string	..30	Y	
AFDX0808	县	string	..30	Y	
AFDX0802	乡镇	string	..30	Y	
AFDX0567	乡镇录入人姓名	string	..20	Y	如果没有请自行默认,下同
AFDX0568	乡镇录入人电话	string	n11	Y	
AFDX0566	乡镇录入意见	string	..200	Y	
AFDX0570	残联审核人姓名	string	..20	Y	
AFDX0571	残联审核人电话	string	n11	Y	
AFDX0569	残联审核意见	string	..200	Y	
AFDX1017	民政审定人姓名	string	..20	Y	
AFDX0574	民政审定人电话	string	n11	Y	
AFDX0572	民政审定意见	string	..200	Y	
AFDX0868	乡镇初审时间	datetime	YYYYMMDD hh:mm:ss	Y	
AFDX0869	残联审核时间	datetime	YYYYMMDD hh:mm:ss	Y	
AFDX0870	民政审定时间	datetime	YYYYMMDD hh:mm:ss	Y	
AFDX0817	录入时间	datetime	YYYYMMDD hh:mm:ss	Y	
AFDX0818	修改时间	datetime	YYYYMMDD hh:mm:ss	Y	

A.4.4.8 FDX07 发放汇总表

标识符	中文名称	数据类型	数据格式	必选项	备注
AFDX0806	省	string	..18	Y	

续表

标识符	中文名称	数据类型	数据格式	必选项	备注
AFDX0807	市	string	..200	Y	
AFDX0808	区县	string	..20	Y	
AFDX0901	发放月份	date	YYYY-MM	Y	如:2021-02
AFDX0902	发放人数	number		Y	等于字段 shffrc 的值加上字段 hlffrc 额值
AFDX0903	生活补贴发放人数	number		Y	
AFDX0904	护理补贴发放人数	number		Y	
AFDX0905	发放总金额	float	9,2	Y	等于字段 shbtje 的值加上字段 hlbtje 的值
AFDX0906	生活补贴发放总金额	float	9,2	Y	
AFDX0907	护理补贴发放总金额	float	9,2	Y	值域:生活补贴、护理补贴
AFDX0908	生活补发人数	number		Y	
AFDX0909	生活补发金额	float	9,2	Y	
AFDX0910	护理补发人数	number		Y	
AFDX0911	护理补发金额	float	9,2	Y	
AFDX0912	生活补贴新增人数	number		Y	
AFDX0913	生活补贴退出人数	number		Y	
AFDX0914	护理补贴新增人数	number		Y	
AFDX0915	护理补贴退出人数	number		Y	
AFDX0916	发放总人数	number		Y	等于字段 ffrs 的值减去字段 hlshnum 的值
AFDX0917	同时享受两种补贴总人数	number		Y	
AFDX0918	同时享受两种补贴总金额	float	9,2	Y	
AFDX0919	护理补贴续发人数	number		Y	
AFDX0920	生活补贴续发人数	number		Y	
AFDX0921	生活补发人数	number		Y	
AFDX0922	护理补发人数	number		Y	

注:一个区县一个月报送一条记录。

A.5 养老服务业务

A.5.1 HDEF1 养老服务机构基础信息表

标识符	中文描述	数据类型	数据格式	必选项	备注
AXBE0001	机构主键	string	an32	Y	主键
AHAE2348	机构组织代码	string	n10	Y	由6位区划代码+4位数字,如:4110020001,此字段将作为机构的唯一标识
AXBE0002	统一社会信用代码	string	an18	Y	《国务院关于批转发展改革委等部门法人和其他组织统一社会信用代码制度建设总体方案的通知》(国发〔2015〕33号)中确定的编制规则
AXBE0003	单位名称	string	..100	Y	
AXBE0017	单位建立日期	date	YYYYMMDD	Y	单位注册登记日期
AXBE0023	单位所属行政区划	string	n12	Y	前6位见GB/T 2260(《中华人民共和国行政区划代码》),后3位见GB T10114—2003(《县以下行政区划代码编码规则》)
AXBE0024	单位所在行政区划	string	n12	Y	前6位见GB/T 2260(《中华人民共和国行政区划代码》),后3位见GB T10114—2003(《县以下行政区划代码编码规则》)
AXBE0013	单位通信详细地址	string	..100	Y	
AXBE0021	法定代表人或负责人姓名	string	..100	Y	
AHAE0012	法定代表人或负责人联系方式	string	n11	Y	
AXBE0019	法定代表人或负责人证件类型	string	n2	Y	见JMGC/XX 204中C0015身份证件类型代码
AXBE0018	法定代表人或负责人证件号码	string	..18	Y	对于证件类型为“内地居民身份证”的人员,身份证件号码值域见GB 11643—1999(《公民身份号码》)
AHAE0010	法人登记机关	string	..72	Y	
AHAE0011	法人类型	string	n2	Y	见JMGC/XX 204中CH007养老机构法人性质代码
AHAE2343	全托床位数	number		Y	单位:张
AHAE0019	日托床位数量	number		Y	单位:张
AHAE2323	护理型床位数	number		Y	单位:张
AHAE2347	床位总数	number		Y	单位:张,床位总数=日托床位+全托床位
AHAE0021	建筑面积	float		Y	单位:平方米
AHAE0022	占地面积	float		Y	单位:平方米

续表

标识符	中文描述	数据类型	数据格式	必选项	备注
AHAE0016	场所性质	string	n2	Y	见 JMGC/XX 204 中 CH009 养老机构服务场所性质代码
AHAE2518	通过消防部门审验合格	string	n1	Y	1 是;0 否,填写"否"的应填写原因,请监管处核对此栏并补充
AHAE2519	未通过消防部门审验合格原因	string	..100	Y	
AHAE2520	未通过消防部门审验监管部门审核意见	string	..100	Y	
AHAE2521	是否取得食品生产许可证	string	n1	Y	1 是;0 否,填写"否"的应填写原因,请监管处核对此栏并补充
AHAE2522	未取得食品生产许可证原因	string	..100	Y	
AHAE2523	未取得食品生产许可证监管部门审核意见	string	..100	Y	
AXBE0005	单位性质	string	n2	Y	见 JMGC/XX 204 中 C0038 单位性质代码
AHAE2524	是否为特困救助供养机构	string	n1	Y	1 是;0 否 依法注册登记的,为特困老年人等提供 24 小时集中居住和养护照料服务的机构
AHAE2525	是否为光荣院	string	n1	Y	1 是;0 否 国家集中供养孤老和生活不能自理的抚恤优待对象,并对其实行特殊保障的优抚事业单位
AHAE2344	是否为街道(乡镇)区域性养老服务中心	string	n1	Y	1 是;0 否 是指具备全托、日托、上门服务等综合服务功能,并承担街道(乡镇)层面技术指导、资源统筹、区域协调职责的养老服务机构
AHAE0013	所处位置	string	n2	Y	见 JMGC/XX 204 中 CH012 养老机构所处位置代码
AHAE0017	兴办主体	string	n2	Y	见 JMGC/XX 204 中 CH010 养老机构兴办主体代码
AHAE0025	收住老人类型	string	n1	Y	见 JMGC/XX 204 中 CH052 收住老人类型代码
AHAE2527	收住老人类型_其他(说明)	string	..50	Y	
AHAE0024	是否投保责任险	string	n1	Y	1 是;0 否
AHAE2528	是否长护险定点机构	string	n1	Y	1 是;0 否
AHAE0023	是否提供居家养老上门服务	string	n1	Y	1 是;0 否

续表

标识符	中文描述	数据类型	数据格式	必选项	备注
AHAE2530	居家养老上门——服务项目——1. 家庭养老床位服务人次/月	string	n5	Y	如果“提供居家养老上门服务”一栏填了“是”，则填写此栏。 1. 家庭养老床位 ____服务人次/月 2. 上门助餐 ____服务人次/月 3. 上门助洁 ____服务人次/月 4. 上门助行 ____服务人次/月 5. 上门助浴 ____服务人次/月 6. 上门康复 ____服务人次/月 7. 上门助医 ____服务人次/月 8. 巡访关爱 ____服务人次/月 9. 其他居家上门服务 ____服务人次/月
AHAE2531	居家养老上门——服务项目——2. 上门助餐服务人次/月	string	n5	Y	
AHAE2532	居家养老上门——服务项目——3. 上门助洁服务人次/月	string	n5	Y	
AHAE2533	居家养老上门——服务项目——4. 上门助行服务人次/月	string	n5	Y	
AHAE2534	居家养老上门——服务项目——5. 上门助浴服务人次/月	string	n5	Y	
AHAE2535	居家养老上门——服务项目——6. 上门康复服务人次/月	string	n5	Y	
AHAE2536	居家养老上门——服务项目——7. 上门助医服务人次/月	string	n5	Y	
AHAE2537	居家养老上门——服务项目——8. 巡访关爱服务人次/月	string	n5	Y	
AHAE2538	居家养老上门——服务项目——9. 其他居家上门服务服务人次/月	string	n5	Y	
AHAE2539	是否提供社区养老服务	string	n1	Y	1 是;0 否

续表

标识符	中文描述	数据类型	数据格式	必选项	备注
AHAE2541	社区养老——服务项目——1. 日托(日间照料)服务人次/月	string	n5	Y	如果“提供社区养老服务”一栏填了“是”,则填写此栏。 1. 日托(日间照料) ____服务人次/月 2. 老年餐桌(食堂) ____服务人次/月 3. 社区文化娱乐 ____服务人次/月 4. 时间银行(志愿服务) ____服务人次/月 5. 社区康复 ____服务人次/月 6. 其他社区养老服务 ____服务人次/月
AHAE2542	社区养老——服务项目——2. 老年餐桌(食堂)服务人次/月	string	n5	Y	
AHAE2543	社区养老——服务项目——3. 社区文化娱乐服务人次/月	string	n5	Y	
AHAE2544	社区养老——服务项目——4. 时间银行(志愿服务)服务人次/月	string	n5	Y	
AHAE2545	社区养老——服务项目——5. 社区康复服务人次/月	string	n5	Y	
AHAE2546	社区养老——服务项目——6. 其他社区养老服务服务人次/月	string	n5	Y	
AHAE2547	社区养老——服务项目——其他服务	string	..50	Y	
AHAE0027	开展医疗服务方式	string	n2	Y	见 JMGC/XX 204 中 CH013 养老机构医疗服务形式一级代码
AHAE2548	医疗服务形式代码——二级代码	string	n2	Y	见 JMGC/XX 204 中 CH013 养老机构医疗服务形式二级代码
AHAE2549	是否取得医疗机构执业许可证书	string	n1	Y	如果选了内设医疗机构,则填写此项
AHAE2550	是否取得医疗保险定点医疗机构资格证书	string	n1	Y	如果选了内设医疗机构,则填写此项
AHAE2551	享受政府扶持优惠政策内容代码	string	..100	Y	见 JMGC/XX 204 中 CH059 政府扶持优惠政策内容代码,可多选
AHAE2552	收费方式	string	n1	Y	
AHAE2553	是否采用会员制方式收费	string	n1	Y	
AHAE2554	护理费(最高)	float		Y	单位:元/月
AHAE2555	护理费(最低)	float		Y	单位:元/月

续表

标识符	中文描述	数据类型	数据格式	必选项	备注
AHAE2556	床位费(最高)	float		Y	单位:元/月
AHAE2557	床位费(最低)	float		Y	单位:元/月
AHAE2558	膳食费(最高)	float		Y	单位:元/月
AHAE2559	膳食费(最低)	float		Y	单位:元/月
AHAE2560	押金/备用金(最高)	float		Y	单位:元/月
AHAE2561	押金/备用金(最低)	float		Y	单位:元/月
AHAE2562	是否其他收费	string	n1	Y	1 是(具体收费项目名称);0 否
AHAE2563	其他收费——项目名称	string	..50	Y	其他收费,如果选“是”则填新字段收费项目名称
AHAE2564	其他收费(最高)元/月	float		Y	单位:元/月
AHAE2565	其他收费(最低)元/月	float		Y	单位:元/月
AHAE2566	月末收住老年人数	number		Y	
AHAE0042	生存状态代码	string	n1	Y	见 JMGC/XX 204 中 CH026 养老服务机构生存状态代码
AHAE0051	是否备案	string	n1	Y	1 是;0 否
AHAE0041	备案时间	date	YYYYMMDD	N	

A.5.2 HDEF6 养老服务机构老年用品信息表

标识符	中文描述	数据类型	数据格式	必选项	备注
AHDE6117	养老服务机构老年用品信息标识	string	an32	Y	主键,UUID,符合 GB/T 17969.8—2010
AXBE0001	机构主键	string	an32	Y	主键
AHAE2348	机构组织代码	string	n10	Y	6 位区划代码 + 4 位数字,如:4110020001,唯一
AXBE0002	养老服务机构统一社会信用代码	string	an18	Y	《国务院关于批转发展改革委等部门法人和其他组织统一社会信用代码制度建设总体方案的通知》(国发〔2015〕33 号)中确定的编制规则
AXBE0003	养老服务机构名称	string	..100	Y	
AHDE6125	机构类型	string	n1	Y	1 养老机构;2 社区设施养老服务
AHDE6118	产品类型代码	string	n2	Y	见 JMGC/XX 204 中 CH001 养老机构老年用品类型代码
AHDE6119	产品中文描述	string	..100	Y	

续表

标识符	中文描述	数据类型	数据格式	必选项	备注
AHDE6122	产品生产厂商名称	string	..72	N	
AHDE6124	产品用途	string	..100	N	

A.5.3 HDEF8 社区养老服务机构

标识符	中文描述	数据类型	数据格式	必选项	备注
AHAE5000	设施唯一标识	string	an32	Y	主键,符合生成规范
AHAE5077	社区机构组织代码	string	n12	Y	由6位区划代码+6位数字,如:411002000001,此字段将作为机构的唯一标识
AXBE0002	统一社会信用代码	string	an18	N	《国务院关于批转发展改革委等部门法人和其他组织统一社会信用代码制度建设总体方案的通知》(国发〔2015〕33号)中确定的编制规则
AHAE5003	单位名称	string	..100	Y	
AHAE5024	单位建立日期	date	an19	Y	登记机构,填写登记日期;未经登记机构,填写正式投入运营日期
AHAE5001	单位所属行政区划	string	an12	Y	前6位见GB/T 2260(《中华人民共和国行政区划代码》),后3位见GB T10114—2003(《县以下行政区划代码编码规则》)
AHAE5021	单位所在行政区划	string	n12	Y	前6位见GB/T 2260(《中华人民共和国行政区划代码》),后3位见GB T10114—2003(《县以下行政区划代码编码规则》)
AHAE5004	单位通信详细地址	string	..100	Y	指精确到街道(乡镇)门牌号等具体地址
AHAE5026	法定代表人或负责人姓名	string	..72	Y	
AHAE5027	法定代表人或负责人联系方式	string	n11	Y	
AHAE5028	法定代表人或负责人证件类型	string	n2	Y	见JMGC/XX 204中C0015身份证件类型代码
AHAE5029	法定代表人或负责人证件号码	string	..18	Y	
AHAE5030	法人登记机关	string	..72	Y	
AHAE5025	法人类型	string	n2	Y	见JMGC/XX 204中CH007养老机构法人性质代码
AHAE5022	全托床位数量	number		Y	

续表

标识符	中文描述	数据类型	数据格式	必选项	备注
AXCP0038	日托床位数量	number		Y	
AHAE2527	护理型床位数量	number		Y	单位:张
AHAE2525	床位总数量	number		Y	单位:张
AHAE2526	建筑面积	float		Y	单位:平方米
AHAE5032	占地面积	float		Y	单位:平方米
AHAE5023	场所性质	string	an2	Y	见 JMGC/XX 204 中 CH032 社区养老服务设施服务场所性质代码
AHAE2524	是否享受社区养老服务税费减免	string	n1	Y	1 是;0 否
AHAE2510	类别	string	an2	Y	见 JMGC/XX 204 中 CH034 社区养老服务设施机构形式代码
AHAE5033	单位性质	string	an2	Y	见 JMGC/XX 204 中 C0038 单位性质代码
AHAE2344	是否为街道(乡镇)区域性养老服务中心	string	n1	Y	1 是;0 否
AHAE5034	所处位置	string	an1		见 JMGC/XX 204 中 CH012 养老机构所处位置代码
AHAE5035	兴办主体	string	an2		见 JMGC/XX 204 中 CH010 养老机构兴办主体代码
AHAE5036	是否投保责任险	string	n1	Y	1 是;0 否
AHAE5037	是否长护险定点机构	string	n1	Y	1 是;0 否
AHAE5039	全托服务人次	string	n8	Y	1. 全托 ____服务人次/月 2. 日托(日间照料) ____服务人次/月 3. 老年餐桌(食堂) ____服务人次/月 4. 社区文化娱乐 ____服务人次/月 5. 时间银行(志愿服务) ____服务人次/月 6. 社区康复 ____服务人次/月 7. 其他社区养老服务 ____服务人次/月
AHAE5040	日托服务人次	string	n8	Y	
AHAE5041	老年餐桌(食堂)服务人次	string	n8	Y	
AHAE5042	社区文化娱乐服务人次	string	n8	Y	
AHAE5043	时间银行(志愿服务)服务人次	string	n8	Y	
AHAE5044	社区康复服务人次	string	n8	Y	
AHAE5045	其他社区养老服务	string	n8	Y	
AHAE5046	其他社区养老服务服务人次	string	n8	Y	
AHAE5047	收住老人类型	string	an100	Y	若选择其他需要填写内容
AHAE5048	其他老人类型	string	an100	Y	如失独、华侨等类型可补充在其他选项。“服务项目”填写了全托、日托的机构填写本项
AHAE5049	是否提供居家养老上门服务	string	n1	Y	1 是;0 否

续表

标识符	中文描述	数据类型	数据格式	必选项	备注
AHAE5051	家庭养老床位服务人次	string	n8	Y	如果“提供居家养老上门服务”一栏填了“是”,则填写此栏。 1. 家庭养老床位 ____服务人次/月 2. 上门助餐 ____服务人次/月 3. 上门助洁 ____服务人次/月 3. 上门助行 ____服务人次/月 4. 上门助浴 ____服务人次/月 5. 上门康复 ____服务人次/月 6. 上门助医 ____服务人次/月 7. 巡访关爱 ____服务人次/月 8. 其他居家上门服务 ____服务人次/月
AHAE5052	上门助餐服务人次	string	n8	Y	
AHAE5053	上门助洁服务人次	string	n8	Y	
AHAE5054	上门助行服务人次	string	n8	Y	
AHAE5055	上门助浴服务人次	string	n8	Y	
AHAE5056	上门康复服务人次	string	n8	Y	
AHAE5057	上门助医服务人次	string	n8	Y	
AHAE5058	巡访关爱服务人次	string	n8	Y	
AHAE5059	其他居家上门服务	string	..50	Y	
AHAE5060	其他居家上门服务服务人次	string	n8	Y	
AHAE5061	开展医疗服务方式	string	n2	Y	见 JMGC/XX 204 中 CH013 养老机构医疗服务形式一级代码
AHAE5062	医疗服务方式二级	string	n2	Y	见 JMGC/XX 204 中 CH013 养老机构医疗服务形式二级代码
AHAE5063	是否取得医疗机构执业许可证书	string	n1	Y	1 是;0 否 如果选了内设医疗机构,则填写此项
AHAE5064	是否取得医疗保险定点医疗机构资格证书	string	n1	Y	1 是;0 否 如果选了内设医疗机构,则填写此项

A.5.4 HAPB1 从业人员基本信息表

标识符	中文描述	数据类型	数据格式	必选项	备注
AHDX6124	主键标识	string	an32	Y	主键,UUID,符合 GB/T 17969.8—2010
AXBE0001	机构主键	string	an32	Y	主键
AHAE2348	机构组织代码	string	n10	Y	6 位区划代码 + 4 位数字,如:4110020001
AXBE0002	机构统一社会信用代码	string	an18	Y	
AXCP0002	从业人员姓名	string	..72	Y	

续表

标识符	中文描述	数据类型	数据格式	必选项	备注
AXCP0004	身份证件类型	string	n2	Y	见 JMGC/XX 204 中 C0015 身份证件类型代码
AXCP0005	身份证件号码	string	..18	Y	对于证件类型为“内地居民身份证”的人员,身份证件号码值域见 GB 11643—1999(《公民身份号码》)
AHDX6129	联系电话	string	..17	Y	
AXCP0006	性别	string	n1	Y	见 JMGC/XX 204 中 C0007 人的性别代码
AHDX6143	职务	string	..50	Y	
AHDX6134	职业类型	string	n2	Y	见 JMGC/XX 204 中 CH061 职业类型代码
AHDX6144	其他职业类型	string	..50	Y	
AHDX6135	岗位类型	string	n2	Y	见 JMGC/XX 204 中 CH062 岗位类型代码
AXCP0010	学历	string	n2	Y	见 JMGC/XX 204 中 C0008 学历代码
AHDX6137	是否有护理人员等级证书	string	n1		1 是;0 否
AHDX6138	是否缴纳社保	string	n1		1 是;0 否
AHDX6141	护理员等级	string	n2		见 JMGC/XX 204 中 CH062 护理员等级代码 如“是否有护理人员等级证书”选择“是”,系统自动跳转到本栏;如选择“否”,本栏不显示

A.5.5 HAPB2 从业人员从业经历信息表

标识符	中文描述	数据类型	数据格式	必选项	备注
AHDX6142	从业经历记录标识	string	an32	Y	主键,UUID,符合 GB/T 17969.8—2010
AHDX6124	从业人员主键标识	string	an32	Y	主键,UUID,符合 GB/T 17969.8—2010
AHDX6162	单位名称	string	..100	N	
AHDX6134	职业类型	string	n2	N	见 JMGC/XX 204 中 CH061 职业类型代码
AHDX6144	其他职业类型	string	..50	N	
AHDX6145	入职日期	date	YYYYMMDD	N	
AHDX6146	离职日期	date	YYYYMMDD	N	

A.5.6 HAPB3 从业人员培训经历信息表

标识符	中文描述	数据类型	数据格式	必选项	备注
AHDX6149	培训经历标识	string	an32	Y	主键,UUID,符合 GB/T 17969.8—2010
AHDX6124	从业人员主键标识	string	an32	Y	主键,UUID,符合 GB/T 17969.8—2010
AHDX6156	培训机构名称	string	..100	Y	
AHDX6157	培训班名称	string	..100	Y	
AHDX6158	培训日期	date	YYYYMMDD	Y	
AHDX6159	培训内容	string	..300	Y	
AHDX6161	是否享受培训补贴	string	n1	Y	1 是;0 否
AHDX6162	培训补贴金额	number		Y	
AHDX6160	备注	string	..300	N	

A.5.7 HAPB5 从业人员处罚信息表

标识符	中文描述	数据类型	数据格式	必选项	备注
AHDX6176	从业人员处罚记录标识	string	an32	Y	主键,UUID,符合 GB/T 17969.8—2010
AHDX6124	从业人员主键标识	string	an32	Y	主键,UUID,符合 GB/T 17969.8—2010
AHDX6177	处罚日期	date	YYYYMMDD	N	
AHDX6178	处罚原因	string	..100	N	
AHDX6179	处罚内容	string	..200	N	
AHDX6180	处罚单位名称	string	..100	N	

A.5.8 HAPB6 从业人员奖励信息表

标识符	中文描述	数据类型	数据格式	必选项	备注
AHDX6164	奖励记录标识	string	an32	Y	主键,UUID,符合 GB/T 17969.8—2010
AHDX6124	从业人员主键标识	string	an32	Y	主键,UUID,符合 GB/T 17969.8—2010
AHDX6165	奖励日期	date	YYYYMMDD	N	
AHDX6166	奖励原因	string	..100	N	
AHDX6167	奖励内容	string	..100	N	
AHDX6168	奖励单位名称	string	..100	N	

A. 5. 9 HAPB7 从业人员补贴信息表

标识符	中文描述	数据类型	数据格式	必选项	备注
AHDX6170	补贴记录标识	string	an32	Y	主键,UUID,符合 GB/T 17969. 8—2010
AHDX6124	从业人员主键标识	string	an32	Y	主键,UUID,符合 GB/T 17969. 8—2010
AHDX6171	补贴类型	string	..72	N	见 JMGC/XX 204 中 CH022 从业人员补贴类型代码
AHDX6172	补贴标准	string	..50	N	
AHDX6173	补贴金额	float		N	单位:元
AHDX6174	接受补贴日期	date	YYYYMMDD	N	

A. 5. 10 HAPB8 从业人员资质信息表

标识符	中文描述	数据类型	数据格式	必选项	备注
AHDX6156	资质记录标识	string	an32	Y	主键,UUID,符合 GB/T 17969. 8—2010
AHDX6124	从业人员主键标识	string	an32	Y	主键,UUID,符合 GB/T 17969. 8—2010
AHDX6157	证书名称或者资质名称	string	..72	Y	
AHDX6158	证书编号	string	..50	N	
AHDX6159	证书获取日期	date	YYYYMMDD	N	
AHDX6160	证书颁发单位	string	..50	N	
AHDX6161	证书有效期	string	..10	N	单位:天
AHDX6154	备注	string	..300	N	

A. 5. 11 HAPC1 老年人基础信息表

标识符	中文描述	数据类型	数据格式	必选项	备注
AXCP0001	主键标识	string	an32	Y	主键,UUID,符合 GB/T 17969. 8—2010
AXBE0001	机构主键	string	an32	Y	主键
AHAE2348	机构组织代码	string	n10	Y	6 位区划代码 + 4 位数字,如:4110020001
AXCP0002	老人姓名	string	..72	Y	
AXCP0004	证件类型	string	n2	Y	见 JMGC/XX 204 中 C0015 身份证件类型代码

续表

标识符	中文描述	数据类型	数据格式	必选项	备注
AXCP0005	证件号码	string	..18	Y	对于证件类型为“内地居民身份证”的人员，身份证件号码值域见 GB 11643—1999（《公民身份号码》）
AXCP0006	性别	string	n1	Y	见 JMGC/XX 204 中 C0007 人的性别代码
AXCP0008	民族	string	n2	Y	见 JMGC/XX 204 中 C0009 民族代码
AHAP0008	婚姻状况	string	n2	Y	见 JMGC/XX 204 中 C0010 婚姻状况代码
AXCP0013	户籍类别	string	n2	Y	见 JMGC/XX 204 中 C0031 户籍类别代码
AHAP0009	户籍地行政区划	string	n12	N	前 6 位见 GB/T 2260（《中华人民共和国行政区划代码》），后 3 位见 GB T10114—2003（《县以下行政区划代码编码规则》）
AHAP0026	户籍地址	string	..100	N	
AHAP1026	固定电话	string	..17	N	
AXZX0001	移动电话	string	n11	N	
AHAP0027	居住地行政区划	string	an12	N	前 6 位见 GB/T 2260（《中华人民共和国行政区划代码》），后 3 位见 GB T10114—2003（《县以下行政区划代码编码规则》）
AHAP0028	居住地址描述	string	..120	N	
AHDP0029	是否残疾	string	n1	Y	
AHAP0025	残疾等级代码	string	n2	Y	见 JMGC/XX 204 中 C0025 残疾等级代码
AHAP0024	残疾类别代码	string	n2	Y	见 JMGC/XX 204 中 C0024 残疾类别代码
AHAP0029	残疾证号码	string	n20	Y	18 位身份证号加 1 位残疾类别代码和 1 位残疾人等级代码组成
AHAP0020	医保类别代码	string	n1	N	见 JMGC/XX 204 中 CH045 医保类别代码
AHAP0021	身体能力评估等级	string	n1	Y	见 JMGC/XX 204 中 CH047 老年人能力等级代码
AHAP0022	是否享受长护险	string	n1	Y	1 是;0 否
AHAP0011	是否失智老年人	string	n1	Y	1 是;0 否
AHAP0013	是否独居老年人代码	string	n1	Y	1 是;0 否
AHAP0014	是否孤老代码	string	n1	Y	1 是;0 否
AHAP0040	是否留守	string	n1	Y	1 是;0 否
AHAP0041	是否低保	string	n1	Y	1 是;0 否

续表

标识符	中文描述	数据类型	数据格式	必选项	备注
AHDP0030	是否计划生育特殊困难家庭老年人	string	n1	Y	1 是;0 否
AXZX0010	监护人姓名	string	..72	N	
AXZX0011	监护人移动电话	string	n11	N	
AHAP0019	与监护人关系代码	string	n2	N	见 JMGC/XX 204 中 C0032 家庭关系代码

A.5.12 HAPC2 老年人家庭信息表

标识符	中文描述	数据类型	数据格式	必选项	备注
AHAX1250	老年人家庭信息标识	string	an32	N	主键,UUID,符合 GB/T 17969.8—2010
AXCP0001	老年人基本信息表主键标识	string	an32	N	主键,UUID,符合 GB/T 17969.8—2010
AXCP0002	老年人姓名	string	..72	N	
AXCP0004	老年人证件类型代码	string	n2	N	见 JMGC/XX 204 中 C0015 身份证件类型代码
AXCP0005	老年人证件号码	string	..18	N	对于证件类型为"内地居民身份证"的人员,身份证件号码值域见 GB 11643—1999(《公民身份号码》)
AHAX1326	家庭成员姓名	string	..72	N	
AHAX1327	家庭成员证件类型代码	string	n2	N	见 JMGC/XX 204 中 C0015 身份证件类型代码
AHAX1328	家庭成员证件号码	string	..18	N	身份证号为 18 位
AXCP0006	家庭成员性别代码	string	n1	N	见 JMGC/XX 204 中 C0007 人的性别代码
AXCP0035	家庭成员与老年人关系	string	n2	N	见 JMGC/XX 204 中 C0032 家庭关系代码
AHAX1324	家庭成员联系电话	string	..17	N	
AHAX1325	家庭成员居住地址	string	..100	N	

A.5.13 HAPC3 老年人能力评估信息表

标识符	中文描述	数据类型	数据格式	必选项	备注
AHAE2490	老年人评估标识	string	an32	Y	主键,UUID,符合 GB/T 17969.8—2010

续表

标识符	中文描述	数据类型	数据格式	必选项	备注
AXCP0001	老年人基础信息主键标识	string	an32	Y	主键,UUID,符合 GB/T 17969.8—2010
AXBE0001	机构主键	string	an32	Y	主键
AHAE2348	机构组织代码	string	n10	Y	6 位区划代码 + 4 位数字,如:4110020001
AXCP0002	老年人姓名	string	an72	Y	
AXCP0004	老年人证件类型代码	string	n2	Y	见 JMGC/XX 204 中 C0015 身份证件类型代码
AXCP0005	老年人证件号码	string	an18	Y	对于证件类型为“内地居民身份证”的人员,身份证件号码值域见 GB 11643—1999(《公民身份号码》)
AHAE2494	评估标准	string	n1	Y	见 JMGC/XX 204 中老年人能力评估标准代码
AHAE2491	评估等级代码	string	n1	Y	见 JMGC/XX 204 中 CH047 老年人能力等级代码
AHAE2492	评估总分	float		N	
AHAE2493	评估日期	date	YYYYMMDD	Y	

A.5.14 HAPC4 老年人长护险信息表

标识符	中文描述	数据类型	数据格式	必选项	备注
AHDX6016	老年人长护险记录标识	string	an32	Y	主键,UUID,符合 GB/T 17969.8—2010
AXCP0001	老年人基础信息主键标识	string	an32	Y	主键,UUID,符合 GB/T 17969.8—2010
AHDX6020	长护险服务签约时间	datetime	YYYYMMDD-Dhh:mm:ss	N	
AHDX6025	长护险月报销资金	float		N	

A.5.15 HAPC6 社区适老化信息表

标识符	中文描述	数据类型	数据格式	必选项	备注
AHBX3101	主键标识	string	an32	Y	主键,UUID,符合 GB/T 17969.8—2010
AHBX3102	改造对象姓名	string	..72	Y	
AHBX3116	改造对象手机号码	string	n11	Y	
AHBX3113	是否特殊困难老年人	string	n1	Y	1 是;0 否

续表

标识符	中文描述	数据类型	数据格式	必选项	备注
AHBX3103	改造资金	float		Y	单位:元,保留两位小数
AHAE2327	财政补助资金	float		Y	单位:元,保留两位小数
AHBX3114	改造住房地址所在区划	string	n12	Y	前6位见GB/T 2260(《中华人民共和国行政区划代码》),后3位见GB T10114—2003(《县以下行政区划代码编码规则》)
AHBX3115	改造住房地址	string	..400	Y	
AHBX3117	改造对象身份代码	string	n2	Y	见JMGC/XX 204中CH048改造对象身份代码
AHBX3118	改造对象身份(其他)	string	..120	Y	
AHBX3119	改造内容代码	string	n2	Y	见JMGC/XX 204中CH049改造内容代码
AHBX3120	改造内容(其他)	string	..120	Y	

A.5.16 HAPC7 留守老年人基本信息表

标识符	中文名称	数据类型	数据格式	必选项	备注
AHDP5001	主键标识	string	an32	Y	主键,UUID,符合GB/T 17969.8—2010
AXCP0002	老年人姓名	string	..72	Y	
AXCP0008	留守老年人民族	string	n2	Y	见JMGC/XX 204中C0009民族代码
AHDP5004	留守老年人性别	string	n1	Y	见JMGC/XX 204中C0007人的性别代码
AXZX0002	老年人公民身份号码	string	an18	Y	
AXCP0040	户籍地址	string	..100	Y	
AXCP0042	居住地址	string	..100	Y	
AXCP0036	留守老年人婚姻情况	string	n2	Y	见JMGC/XX 204中C0010婚姻状况代码
AXZX0001	常用联系电话	string	..18	Y	有效的座机或手机号码。座机号码标准格式为:区号-电话号码,手机号码为11位数字
AHDP5010	老年人配偶姓名	string	..72	N	
AHDP5011	配偶公民身份号码	string	an18	N	
AHDP5013	审核状态	string	n2	N	见JMGC/XX 204中CH050审核状态代码
AXCP0041	户籍行政区划代码	string	..12	Y	前6位见GB/T 2260(《中华人民共和国行政区划代码》),后6位见GB T10114—2003(《县以下行政区划代码编码规则》)

续表

标识符	中文名称	数据类型	数据格式	必选项	备注
AHDP5017	老年人子女数量	number		N	
AXCP0043	居住行政区划代码	string	n12	Y	前6位见GB/T 2260(《中华人民共和国行政区划代码》),后6位见GB T10114—2003(《县以下行政区划代码编码规则》)
AXCP0039	老年人生日	date	YYYYMMDD	Y	
AHDP5020	户籍地址补充信息	string	..100	Y	
AHDP5021	居住地补充信息	string	..100	Y	
AHDP5022	老年人图片	string	..100	N	
AHAP0024	残疾类别	string	n2	Y	见JMGC/XX 204中C0024残疾类别代码
AHAP0025	残疾等级	string	n2	Y	见JMGC/XX 204中C0025残疾等级代码
AHDP5025	是否与户籍地址一致	boolean		Y	1是;0否
AHDP5026	其他救助信息	string	..100	Y	
AHDP5027	其他收入信息	string	..100	N	
AHDP5028	其他情形信息	string	..100	N	
AHDP5029	其他关爱服务信息	string	..100	Y	
AHDP5030	本人上年度可支配收入(元)	float	8,2	Y	
AHDP5031	生活照料人其他人员信息	string	..180	Y	
AHDP5032	老年人能力状况	string	n2	Y	见JMGC/XX 204中CH050留守老年人能力状况代码
AHDP5033	留守老年人生活经济状况	string	n2	Y	见JMGC/XX 204中CH046经济状况代码
AHDP5500	健康状况	string	n2	Y	见JMGC/XX 204中C0011健康状况代码

A.5.17 HAPC8 留守老年人其他信息表

标识符	中文名称	数据类型	数据格式	必选项	备注
AHDP5046	主键标识	string	an32	Y	主键,UUID,符合GB/T 17969.8—2010
AXZX0002	老年人公民身份号码	string	an18	Y	
AXCP0002	赡养人姓名	string	..72	Y	

续表

标识符	中文名称	数据类型	数据格式	必选项	备注
AAXCP0006	赡养人性别	string	n1	Y	见 JMGC/XX 204 中 C0007 人的性别代码
AHDP5052	赡养人常用联系电话	string	..18	Y	有效的座机或手机号码。座机号码标准格式为:区号-电话号码,手机号码为11位数字
AHDP5053	赡养人探望情况	string	..18	Y	
AHDP5054	与被赡养人关系	string	..50	Y	
AHDP5055	临时照料人姓名	string	..72	Y	
AHDP5057	临时照料人常用联系电话	string	..18	Y	有效的座机或手机号码。座机号码标准格式为:区号-电话号码,手机号码为11位数字
AHDP5058	探访人姓名	string	..72	Y	
AHDP5059	探访人性别	string	n2	Y	见 JMGC/XX 204 中 C0007 人的性别代码
AXBE0003	探访人所在单位	string	..100	Y	
AHDP5061	探访人职务	string	..200	Y	
AHDP5063	探访人常用联系电话	string	..18	Y	有效的座机或手机号码。座机号码标准格式为:区号-电话号码,手机号码为11位数字
AHDP5066	赡养义务人外出行政区划代码	string	n12	Y	前6位见 GB/T 2260(《中华人民共和国行政区划代码》),后6位见 GB T10114—2003(《县以下行政区划代码编码规则》)
AHDP5067	探防频次	string	n2	Y	
AHDP5068	探访人探望方式	string	n2	Y	
AHDP5069	探望方式其他信息	string	..200	Y	
AHDP5070	探访人探访日期	date	YYYYMMDD	Y	
AHDP5071	赡养人最后一次离家日期	date	YYYYMMDD	Y	
AHDP5072	是否有其他赡养人	boolen		Y	1 是;0 否
AXCP0017	探访人政治面貌	string	n2	Y	见 JMGC/XX 204 中 C0013 政治面貌代码
AHDP5073	其他赡养人探望次数	number		Y	
AHDP5074	赡养人与被赡养人关系其他信息	string	..100	N	
AHDP5330	其他赡养人公民身份号码	string	an18	N	
AHDP5501	探访频次其他信息	string	..100	Y	

A. 5. 18 HAPC9 留守老年人驳回信息表

标识符	中文名称	数据类型	数据格式	必选项	备注
AHDP5077	主键标识	string	an32	Y	主键,UUID,符合 GB/T 17969. 8—2010
AHDP5081	驳回原因	string	. . 500	N	
AHDP5112	上报日期	date	YYYYMMDD	N	
AHDP5082	驳回时间	datetime	YYYYMMDD hh:mm:ss	N	
AHDP5085	记录创建人行政区划	string	n12	N	前 6 位见 GB/T 2260(《中华人民共和国行政区划代码》),后 6 位见 GB T10114—2003(《县以下行政区划代码编码规则》)
AXCP0002	留守老年人姓名	string	. . 72	N	
AXZX0002	留守老年人公民身份号码	string	an18	N	

A. 5. 19 HAPC10 留守老年人子女信息表

标识符	中文名称	数据类型	数据格式	必选项	备注
AXZX0002	老年人公民身份号码	string	an18	Y	
AHDP5091	主键标识	string	an32	Y	主键,UUID,符合 GB/T 17969. 8—2010
AXCP0002	老年人子女姓名	string	. . 72	N	
AXZX0001	联系电话	string	. . 18	N	有效的座机或手机号码。座机号码标准格式为:区号 - 电话号码,手机号码为 11 位数字
AHDP5097	平均一年探望次数	number		N	
AHDP5098	子女配偶电话号码	string	. . 18	N	有效的座机或手机号码。座机号码标准格式为:区号 - 电话号码,手机号码为 11 位数字
AHDP5099	老年人子女配偶姓名	string	. . 72	N	
AHDP5100	外出地行政区划	string	n12	N	前 6 位见 GB/T 2260(《中华人民共和国行政区划代码》),后 6 位见 GB T10114—2003(《县以下行政区划代码编码规则》)
AHDP5101	是否有配偶	boolen		N	1 是;0 否
AHDP5102	最后一次离家日期	date	YYYYMMDD	N	

续表

标识符	中文名称	数据类型	数据格式	必选项	备注
AHDP5104	子女国外地址	string	..100	N	
AXCP0004	老年人子女证件类型	string	n2	N	见 JMGC/XX 204 中 C0015 身份证件类型代码
AXCP0005	老年人子女证件号码	string	..18	N	
AHDP5109	老年人子女配偶证件类型	string	n2	N	见 JMGC/XX 204 中 C0015 身份证件类型代码
AHDP5110	老年人子女配偶证件号码	string	..18	N	

A.5.20 HAPC11 留守老年人扩展信息表

标识符	中文名称	数据类型	数据格式	必选项	备注
AHDP5037	留守老人扩展信息 ID	string	an32	Y	主键，UUID，符合 GB/T 17969.8—2010
AHDP5038	留守老人 ID	string	an32	Y	
AHDP5039	创建时间	datetime	YYYYMMDD HH:mm:ss	Y	
AHDP5040	更新时间	datetime	YYYYMMDD HH:mm:ss	Y	
AHDP5041	扩展信息名称	string	an20	Y	见 JMGC/XX 204 中 CH053 扩展信息名称代码
AHDP5042	扩展信息键	string	n2	Y	见 JMGC/XX 204 中 CH054 收入来源代码、CH055 关爱服务需求代码、CH056 日常生活照料人代码、CH057 陪伴居住情况代码、CH058 家庭救助帮扶代码

A.5.21 HDEC1 先进个人管理信息表

标识符	中文描述	数据类型	数据格式	必选项	备注
AHAE2322	先进个人管理记录标识	string	an32	Y	主键，UUID，符合 GB/T 17969.8—2010
AHAE2323	被表彰人员姓名	string	..72	Y	
AHAE2324	被表彰人员性别	string	n1	Y	
AHAE2325	被表彰人员出生日期	date	YYYYMMDD	Y	
AHAE2326	被表彰人员证件类型代码	string	n2	Y	见 JMGC/XX 204 中 C0015 身份证件类型代码
AHAE2327	被表彰人员证件号码	string	an18	Y	定长 18 位，可以为字母和阿拉伯数字

续表

标识符	中文描述	数据类型	数据格式	必选项	备注
AHAE2328	表彰日期	date	YYYYMMDD	Y	
AHAE2329	先进事迹	string	..400	Y	
AHAE2330	资料上传地址	string	..120	N	地址路径
AHAE2331	表彰单位	string	..120	Y	
AHAE2332	推荐单位名称	string	..50	Y	
AHAE2333	被表彰人员工作单位	string	..120	Y	

A.5.22 HDEC2 先进单位管理信息表

标识符	中文描述	数据类型	数据格式	必选项	备注
AHAE2339	先进单位管理记录标识	string	an32	Y	主键,UUID,符合 GB/T 17969.8—2010
AHAE2351	先进单位名称	string	..100	Y	
AHAE2343	先进单位联系人	string	..n72	Y	
AHAE2344	先进单位联系电话	string	..17	Y	11 位手机号
AHAE2345	表彰名称	string	..120	Y	
AHAE2346	先进事迹	string	..400	Y	
AHAE2349	被表彰日期	date	YYYYMMDD	Y	
AHAE2348	表彰单位名称	string	..100	Y	
AHAE2350	先进单位所属行政区划	string	n12	Y	前 6 位见 GB/T 2260(《中华人民共和国行政区划代码》),后 3 位见 GB T10114—2003(《县以下行政区划代码编码规则》)

A.6 儿童福利业务

A.6.1 JEP01 儿童基础信息表

标识符	中文名称	数据类型	数据格式	必选项	备注
AJEP0100	主键标识	string	an32	Y	符合 GB/T 17969.8 通用唯一标识符(UUID)规范
AXCP0002	姓名	string	..72	Y	儿童人员姓名,采用基础数据库统一定义标识符
AXCP0005	身份证件号码	string	an18	Y	身份证件号码,采用基础数据库统一定义标识符 对于身份证件类型为“内地居民身份证”的人员,身份证件号码值域符合 GB 11643

续表

标识符	中文名称	数据类型	数据格式	必选项	备注
AXCP0006	性别	number		Y	儿童性别,采用基础数据库统一定义标识符 取值范围见 JMGC/XX 204 中 C0007 人的性别代码
AXCP0097	出生日期	date	YYYYMMDD	Y	
AXCP0008	民族	string	n2	Y	见儿童民族,采用基础数据库统一定义标识符 取值范围见 JMGC/XX 204 中 C0009 民族代码
AXCP0013	户籍类别	string	n2	Y	儿童户籍类别,采用基础数据库统一定义标识符 取值范围见 JMGC/XX 204 中 C00031 户籍类别代码
AJEP0110	学业状况	string	n2	Y	见 JMGC/XX 204 中 C00027 学业状况代码
AJEP0111	患病类型	string	n2	N	见 JMGC/XX 204 中 CJ005 儿童患病类型代码
AJEP0112	是否患病	string	n1	Y	1 是 0 否
AJEP0126	是否残疾	string	n1	Y	1 是 0 否
AJEP0113	残疾类型	string	n2	N	见 JMGC/XX 204 中 C0024 残疾类别代码
AJEP0114	残疾等级	string	n2	N	见 JMGC/XX 204 中 C0025 残疾等级代码
AJEP0115	特教类型	string	n1	Y	见 JMGC/XX 204 中 CJ006 特教训练类型代码
AJEP0116	患艾滋病情况	string	n1	Y	见 JMGC/XX 204 中 CJ007 患艾滋病情况代码
AXAA0001	行政区划代码	string	n12	Y	行政区划代码,采用基础数据库统一定义标识符 前 6 位见 GB/T 2260,后 3 位见 GB/T 10114,后 3 位为村或社区编码
AJEF0115	户籍地址——详细	string	..100	Y	
AJEF0124	现住址	string	..100	Y	
AJEF0125	住址所在地邮政编码	string	n6	Y	
AJEF0126	联系电话	string	an13	Y	
AJEP0120	记录时间	datetime	YYYYMMDD hh:mm:ss	Y	当前记录生成的时间
AJEP0121	记录状态	string	n1	Y	1 新增 2 变更 3 删除

A.6.2 JEF02 家庭信息表

标识符	中文描述	数据类型	数据格式	必选项	备注
AJEF0200	主键标识	string	an32	Y	符合 GB/T 17969.8 通用唯一标识符(UUID)规范
AXCP0002	姓名	string	..72	Y	户主人员姓名,采用基础数据库统一定义标识符
AXCP0004	身份证件类型	string	n2	Y	户主身份证件类型,采用基础数据库统一定义标识符 取值范围见 JMGC/XX 204 中 C0015 身份证件类型代码
AXCP0005	身份证件号码	string	an18	Y	户主身份证件号码,采用基础数据库统一定义标识符 对于身份证件类型为“内地居民身份证”的人员,身份证件号码值域符合 GB 11643
AJEF0221	成员数量	number		Y	
AXAA0001	行政区划代码	string	n12	Y	户籍所在地行政区划代码,采用基础数据库统一定义标识符 前6位见 GB/T 2260,后3位见 GB/T 10114,后3位为村或社区编码
AJEF0223	行政区划代码	string	n12	N	现住址行政区划代码 前6位见 GB/T 2260,后3位见 GB/T 10114,后3位为村或社区编码
AJEF0224	邮政编码	string	n6	N	
AJEF0225	家庭住址	string	..100	Y	
AJEF0226	联系电话	string	..17	Y	
AJEF0227	家庭经济年收入	float	9,2	N	单位:元
AJEF0230	家庭住房性质代码	string	n2	N	见 JMGC/XX 204 中 C0033 住房性质代码
AJEF0231	房屋间数	number		N	
AJEF0232	住房建筑日期	date	YYYYMMDD	N	
AJEF0233	是否享受购建房补助	string	n1	N	1 是 0 否
AJEF0234	建筑面积(m²)	float	7,2	N	
AJEF0235	人均建筑面积(m²)	float	7,2	N	
AJEF0236	房屋结构说明	string	..100	N	
AJEF0238	房屋质量说明	string	..100	N	
AJEF0239	房屋构造说明	string	..100	N	
AJEF0240	房屋状态说明	string	..100	N	
AJEF0242	财产估值	float	9,2	N	单位:元
AJEF0243	不动产权登记号	string	..30	N	

续表

标识符	中文描述	数据类型	数据格式	必选项	备注
AJEF0244	不动产权登记说明	string	..100	N	
AJEF0245	住房层数	string	n2	N	
AJEF0246	非农业户籍人数	number		N	
AJEF0247	农业户籍人数	number		N	
AJEF0248	家庭成员是否有精神病	string	n1	Y	1 是 0 否
AJEF0249	家庭成员是否有传染病	string	n1	Y	1 是 0 否
AJEF0250	家庭成员是否有犯罪记录	string	n1	Y	1 是 0 否
AJEP0120	记录时间	datetime	YYYYMMDD hh:mm:ss	Y	当前记录生成的时间
AJEP0121	记录状态	string	n1	Y	1 新增 2 变更 3 删除

A.6.3 JEF01 家庭成员信息表

标识符	中文描述	数据类型	数据格式	必选项	备注
AJEF0100	主键标识	string	an32	Y	符合 GB/T 17969.8 通用唯一标识符(UUID)规范
AJEF0200	家庭信息表主键标识	string	an32	Y	符合 GB/T 17969.8 通用唯一标识符(UUID)规范
AXCP0004	身份证件类型	string	n2	Y	身份证件类型,采用基础数据库统一定义标识符 取值范围见 JMGC/XX 204 中 C0015 身份证件类型代码
AXCP0002	姓名	string	..72	Y	
AXCP0003	曾用名	string	..72	N	
AXCP0006	性别	string	n1	Y	儿童性别,采用基础数据库统一定义标识符 取值范围见 JMGC/XX 204 中 C0007 人的性别代码
AXCP0097	出生日期	date	YYYYMMDD	Y	
AXCP0005	身份证件号码	string	an18	Y	身份证件号码,采用基础数据库统一定义标识符 对于身份证件类型为“内地居民身份证”的人员,身份证件号码值域符合 GB 11643

续表

标识符	中文描述	数据类型	数据格式	必选项	备注
AXCP0008	民族	string	n2	Y	儿童民族,采用基础数据库统一定义标识符 取值范围见 JMGC/XX 204 中 C0009 民族代码
AXCP0009	人员文化程度	string	n2	Y	文化程度,采用基础数据库统一定义标识符 取值范围见 JMGC/XX 204 中 C0008 学历代码
AXCP0010	人员健康状况	string	..2	Y	健康状况,采用基础数据库统一定义标识符 取值范围见 JMGC/XX 204 中 C0011 健康状况代码
AXCP0092	婚姻状况	string	n2	Y	婚姻状况,采用基础数据库统一定义标识符 取值范围见 JMGC/XX 204 中 C0010 婚姻状况代码
AXCP0016	职业分类	string	n1	Y	职业分类,采用基础数据库统一定义标识符 取值范围见 JMGC/XX 204 中 C0017 职业分类代码
AXCP0017	政治面貌	string	n2	Y	政治面貌,采用基础数据库统一定义标识符 取值范围见 JMGC/XX 204 中 C0013 政治面貌代码
AXCP0013	户籍类别	string	n2	Y	家庭成员户籍类别,采用基础数据库统一定义标识符 取值范围见 JMGC/XX 204 中 C00031 户籍类别代码
AJEF0124	现居住地地址——详细	string	..100	Y	
AJEF0224	现居住地邮政编码	string	n6	N	国家邮政局编制的邮政编码目录中的编码
AJEF0223	行政区划代码	string	n12	Y	现住址行政区划代码 采用基础数据库统一定义标识符 前 6 位见 GB/T 2260,后 3 位见 GB/T 10114,后 3 位为村或社区编码
AJEF0133	现居住地开始居住日期	date	YYYYMMDD	N	
AJEF0134	护照号码	string	an30	N	
AJEF0135	护照签发地	string	..100	N	
AJEF0136	港澳居民来往内地通行证号码	string	..30	N	

续表

标识符	中文描述	数据类型	数据格式	必选项	备注
AJEF0137	台湾居民来往内地通行证号码	string	..30	N	
AJEF0226	联系电话	string	..17	Y	
AJEF0126	电子邮件地址	string	..100	N	
AXAA0001	行政区划代码	string	n12	Y	户籍所在地行政区划代码 前6位见GB/T 2260,后3位见GB/T 10114,后3位为村或社区编码
AJEF0115	户籍所在地——详细	string	..100	Y	
AJEF0127	与儿童关系	string	n2	Y	见JMGC/XX 204中CJ009与儿童关系代码
AJEF0301	与户主关系	string	n1	Y	见JMGC/XX 204中C0032家庭关系代码
AJEP0120	记录时间	datetime	YYYYMMDD hh:mm:ss	Y	当前记录生成的时间
AJEP0121	记录状态	string	n1	Y	1 新增 2 变更 3 删除

A.6.4 JEE01 儿童福利机构信息表

标识符	中文描述	数据类型	数据格式	必选项	备注
AJEE0100	主键标识	string	an32	Y	符合GB/T 17969.8通用唯一标识符(UUID)规范
AXAA0001	行政区划代码	string	n12	Y	行政区划代码,采用基础数据库统一定义标识符 前6位见GB/T 2260,后3位见GB/T 10114,后3位为村或社区编码
AXBE0002	统一社会信用代码	string	an18	Y	统一社会信用代码,采用基础数据库统一定义标识符 取值范围见GB 32100
AXBE0003_1	单位名称	string	..20	Y	
AXBE0005	单位性质代码	string	..2	Y	儿童福利机构单位性质,采用基础数据库统一定义标识符 取值范围见JMGC/XX 204中CJ024儿童福利机构性质代码

续表

标识符	中文描述	数据类型	数据格式	必选项	备注
AJEE0115	机构类型	string	n2	Y	见 JMGC/XX 204 中 CJ023 儿童福利机构类型代码
AXBE0003_2	儿童福利机构登记机关名称	string	..50	Y	
AXBE0015	成立日期	date	YYYYMMDD	Y	
AJEE0108	院址	string	..100	Y	
AJEE0109	营业执照颁发日期	date	YYYYMMDD	Y	
AJEE0110	营业执照失效日期	date	YYYYMMDD	Y	
AJEF0224	邮政编码	string	n6	N	国家邮政局编制的邮政编码目录中的编码
AXBE0013	单位联系电话	string	..17	N	
AXBE0017	法定代表人姓名	string	..72	Y	
AXBE0018	法定代表人证件类型	string	n2	Y	法定代表人身份证件类型,采用基础数据库统一定义标识符 取值范围见 JMGC/XX 204 中 C0015 身份证件类型代码
AXBE0019	法定代表人证件号码	string	n18	Y	
AFCE0133	国民经济行业分类	string	n4	Y	见 JMGC/XX 204 中 C0036 国民经济行业分类
AHAE0031	医疗机构执业许可证号	string	an18	N	
AHAE0040	医疗保险定点医疗机构资格证书编码	string	an18	N	
AJEE0116	家庭寄养儿童数量	number		N	
AHAE0021	机构建筑面积(平方米)	float		N	
AJEE0117	相关单位统一社会信用代码	string	an18	N	
AJEE0118	相关单位名称	string	an72	N	
AJEP0120	记录时间	datetime	YYYYMMDD hh:mm:ss	Y	当前记录生成的时间
AJEP0121	记录状态	string	n1	Y	1 新增 2 变更 3 删除

A.6.5 JEE02 福利机构从业人员统计信息表

标识符	中文描述	数据类型	数据格式	必选项	备注
AJEE0200	主键标识	string	an32	Y	符合 GB/T 17969.8 通用唯一标识符(UUID)规范
AJEE0100	儿童福利机构信息主键标识	string	an32	Y	符合 GB/T 17969.8 通用唯一标识符(UUID)规范
AJEE0208	现有社会工作者——正式编制人员数量	number		N	
AJEE0209	现有社会工作者——临聘人员数量	number		N	
AJEE0210	现有社会工作者——公益岗位数量	number		N	
AJEE0211	现有职工——正式编制人员数量	number		N	
AJEE0212	现有职工——临聘人员数量	number		N	
AJEE0213	现有职工——公益岗位数量	number		N	
AJEE0214	现有医生——初级数量	number		N	
AJEE0215	现有医生——中级数量	number		N	
AJEE0216	现有医生——高级数量	number		N	
AJEE0217	现有护士——初级数量	number		N	
AJEE0218	现有护士——中级数量	number		N	
AJEE0219	现有护士——高级数量	number		N	
AJEE0220	现有教师——初级数量	number		N	
AJEE0221	现有教师——中级数量	number		N	
AJEE0222	现有教师——高级数量	number		N	
AJEE0223	现有康复保健师——初级数量	number		N	
AJEE0224	现有康复保健师——中级数量	number		N	
AJEE0225	现有康复保健师——高级数量	number		N	

续表

标识符	中文描述	数据类型	数据格式	必选项	备注
AJEE0226	现有营养配餐师——初级数量	number		N	
AJEE0227	现有营养配餐师——中级数量	number		N	
AJEE0228	现有营养配餐师——高级数量	number		N	
AJEE0229	现有社工人员——初级数量	number		N	
AJEE0230	现有社工人员——中级数量	number		N	
AJEE0231	现有社工人员——高级数量	number		N	
AJEE0232	现有护理员——初级数量	number		N	
AJEE0233	现有护理员——中级数量	number		N	
AJEE0234	现有护理员——高级数量	number		N	
AJEE0235	现有其他人员——初级数量	number		N	
AJEE0236	现有其他人员——中级数量	number		N	
AJEE0237	现有其他人员——高级数量	number		N	
AJEE0238	现有孤残儿童护理员——高级护理师数量	number		N	
AJEE0239	现有孤残儿童护理员——护理师数量	number		N	
AJEE0240	现有孤残儿童护理员——初级护理员数量	number		N	
AJEE0241	现有孤残儿童护理员——中级护理员数量	number		N	
AJEE0243	现有高级护理师数量	number		N	
AJEE0244	现有其他——护理师数量	number		N	
AJEE0245	现有初级护理员数量	number		N	
AJEE0246	现有中级护理员数量	number		N	
AJEE0247	年末职工人数（人）	number		N	

续表

标识符	中文描述	数据类型	数据格式	必选项	备注
AJEE0248	年末职工中女性人数(人)	number		N	
AJEE0249	年末职工人数中医护人员数(人)	number		N	
AJEE0250	年末职工中大学专科学历人数(人)	number		N	
AJEE0251	年末职工中大学本科及以上学历人数(人)	number		N	
AJEE0252	年末职工中助理社会工作师人数(人)	number		N	
AJEE0253	年末职工中社会工作师人数(人)	number		N	
AJEE0254	35 岁及以下(人)	number		N	
AJEE0255	36—45 岁(人)	number		N	
AJEE0256	46—55 岁(人)	number		N	
AJEE0257	56 岁及以上人数(人)	number		N	
AJEE0258	年末职工中机构管理人员(人)	number		N	
AJEE0259	年末职工中专业技术技能人员(人)	number		N	
AJEP0120	记录时间	datetime	YYYYMMDD hh:mm:ss	Y	当前记录生成的时间
AJEP0121	记录状态	string	n1	Y	1 新增 2 变更 3 删除

A.6.6 JEE03 未成年人救助保护机构信息表

标识符	中文描述	数据类型	数据格式	必选项	备注
AJEE0300	主键标识	string	an32	Y	符合 GB/T 17969.8 通用唯一标识符(UUID)规范
AXAA0001	行政区划代码	string	n12	Y	行政区划代码,采用基础数据库统一定义标识符 前 6 位见 GB/T 2260,后 3 位见 GB/T 10114,后 3 位为村或社区编码
AXBE0002	统一社会信用代码	string	an18	Y	统一社会信用代码,采用基础数据库统一定义标识符 取值范围见 GB 32100

续表

标识符	中文描述	数据类型	数据格式	必选项	备注
AXBE0003_1	单位名称	string	..20	Y	
AXBE0005	单位性质代码	string	..2	Y	儿童福利机构单位性质,采用基础数据库统一定义标识符 取值范围见 JMGC/XX 204 中 CJ024 儿童福利机构性质代码
AJEE0115	机构类型	string	n2	Y	见 JMGC/XX 204 中 CJ023 儿童福利机构类型代码
AXBE0003_2	救助保护机构登记机关名称	string	..50	Y	
AXBE0015	成立日期	date	YYYYMMDD	Y	
AJEE0108	机构地址	string	..100	Y	
AJEE0109	营业执照颁发日期	date	YYYYMMDD	Y	
AJEE0110	营业执照失效日期	date	YYYYMMDD	Y	
AJEF0224	邮政编码	string	n6	N	国家邮政局编制的邮政编码目录中的编码
AXBE0013	单位联系电话	string	..17	N	
AXBE0017	法定代表人姓名	string	..72	Y	
AXBE0018	法定代表人证件类型	string	n2	Y	法定代表人身份证件类型,采用基础数据库统一定义标识符 取值范围见 JMGC/XX 204 中 C0015 身份证件类型代码
AXBE0019	法定代表人证件号码	string	n18	Y	
AFCE0133	国民经济行业分类	string	n4	Y	见 JMGC/XX 204 中 C0036 国民经济行业分类
AJEP0120	记录时间	datetime	YYYYMMDD hh:mm:ss	Y	当前记录生成的时间
AJEP0121	记录状态	string	n1	Y	1 新增 2 变更 3 删除

A.6.7 JEE04 未成年人救助保护机构从业人员表

标识符	中文描述	数据类型	数据格式	必选项	备注
AJEE0400	主键标识	string	an32	Y	符合 GB/T 17969.8 通用唯一标识符(UUID)规范
AJEE0300	未成年人救助保护机构主键标识	string	an32	Y	符合 GB/T 17969.8 通用唯一标识符(UUID)规范
AJEE0401	年末职工人数(人)	number		N	

续表

标识符	中文描述	数据类型	数据格式	必选项	备注
AJEE0402	年末职工中女性人数(人)	number		N	
AJEE0403	年末职工中大学专科学历人数(人)	number		N	
AJEE0404	年末职工中大学本科及以上学历人数(人)	number		N	
AJEE0405	年末职工中助理社会工作师人数(人)	number		N	
AJEE0406	年末职工中社会工作师人数(人)	number		N	
AJEE0407	35 岁及以下(人)	number		N	
AJEE0408	36—45 岁(人)	number		N	
AJEE0409	46—55 岁(人)	number		N	
AJEE0410	56 岁及以上人数(人)	number		N	
AJEE0411	年末职工中机构管理人员(人)	number		N	
AJEE0412	年末职工中专业技术技能人员(人)	number		N	
AJEP0120	记录时间	datetime	YYYYMMDD hh:mm:ss	Y	当前记录生成的时间
AJEP0121	记录状态	string	n1	Y	1 新增 2 变更 3 删除

A. 6. 8 JEP03 孤儿信息表

标识符	中文描述	数据类型	数据格式	必选项	备注
AJEP0100	儿童基础信息主键标识	string	an32	Y	符合 GB/T 17969. 8 通用唯一标识符(UUID)规范
AJEF0200	家庭信息表主键	string	an32	Y	符合 GB/T 17969. 8 通用唯一标识符(UUID)规范
AJEP0301	登记(增员)日期	date	YYYYMMDD	Y	

续表

标识符	中文描述	数据类型	数据格式	必选项	备注
AJEP0302	福利证号	string	..50	N	由中华人民共和国民政部监制，由市、区(县)人民政府民政部门颁发给“0—18 岁的孤儿、查找不到生父母的儿童和事实上无人抚养的未成年人”的获得救助的凭证
AJEP0303	委托方	string	..50	Y	
AJEP0304	委托日期	date	YYYYMMDD	Y	
AJEP0305	接收后多久体检	number		Y	增员后首次体检间隔天数
AJEP0306	体检前是否隔离照料	string	n1	Y	1 是 0 否
AJEP0307	捡拾地	string	..100	N	
AJEP0308	捡拾日期	date	YYYYMMDD	N	
AJEP0320	福利补贴起领年月	date	YYYYMM	Y	
AJEP0321	福利补贴领取方式	string	n1	Y	见 JMGC/XX 204 中 CJ008 福利资金领取方式代码
AXCP0027	开户银行	string	n4	N	个人开户银行代码，采用基础数据库统一定义标识符 见 JMGC/XX 204 中 C0044 开户银行代码
AXCP0029	银行账号	string	n20	N	
AXCP0002	姓名	string	..72	N	领取人姓名，采用基础数据库统一定义标识符
AJEP0325	领取人与儿童关系	string	n2	Y	见 JMGC/XX 204 中 CJ009 与儿童关系代码
AJEP0326	是否集中供养	string	n1	Y	1 是 0 否
AJEE0100	儿童福利机构信息表主键	string	an32	N	符合 GB/T 17969.8 通用唯一标识符(UUID)规范
AJEP0327	备注	string	..1024	Y	备注信息
AJEP0120	记录时间	datetime	YYYYMMDD hh:mm:ss	Y	当前记录生成的时间
AJEP0121	记录状态	string	n1	Y	1 新增 2 变更 3 删除

A.6.9 JEP06 留守儿童信息表

标识符	中文描述	数据类型	数据格式	必选项	备注
AJEP0100	儿童基础信息主键标识	string	an32	Y	符合 GB/T 17969.8 通用唯一标识符(UUID)规范
AJEP0610	监护类型	string	n1	Y	见 JMGC/XX 204 中 CJ010 临时监护方式代码
AJEP0611	其他特殊情况	string	n1	Y	见 JMGC/XX 204 中 CJ011 其他特殊情况代码
AJEP0603	社会福利、救助、扶贫落实情况	string	n2	Y	见 JMGC/XX 204 中 CJ012 社会福利、救助、帮扶落实情况代码
AJEP0604	遭受监护人侵害的情形	string	n1	Y	见 JMGC/XX 204 中 CJ013 遭受监护人侵害的情况代码
AJEF0200	家庭信息表主键	string	an32	Y	符合 GB/T 17969.8 通用唯一标识符(UUID)规范
AJEP0120	记录时间	datetime	YYYYMMDD hh:mm:ss	Y	当前记录生成的时间
AJEP0121	记录状态	string	n1	Y	1 新增 2 变更 3 删除

A.6.10 JEP09 流浪儿童信息表

标识符	中文描述	数据类型	数据格式	必选项	备注
AJEP0100	儿童基础信息主键标识	string	an32	Y	符合 GB/T 17969.8 通用唯一标识符(UUID)规范
AJEP0901	儿童情况	string	..200	Y	情况描述
AJEP0902	特征(体态)	string	..50	Y	体态说明
AJEP0903	特征(头发)	string	..50	Y	头发颜色、长度等情况说明
AJEP0905	特征(身高)	string	..50	Y	以米为单位的具体身高;不方便测量的对身高进行说明
AJEP0906	发现时衣着特征	string	..50	Y	衣着颜色、款式等的说明
AJEP0907	发现日期	date	YYYYMMDD	Y	
AJEP0908	发现地点	string	..100	Y	
AJEP0909	救助日期	date	YYYYMMDD	Y	
AJEP0910	救助原因	string	..200	Y	
AJEP0120	记录时间	datetime	YYYYMMDD hh:mm:ss	Y	当前记录生成的时间
AJEP0121	记录状态	string	n1	Y	1 新增 2 变更 3 删除

A.6.11 JEP08 事实无人抚养儿童信息表

标识符	中文描述	数据类型	数据格式	必选项	备注
AJEP0100	儿童基础信息主键标识	string	an32	Y	符合 GB/T 17969.8 通用唯一标识符(UUID)规范
AJEF0200	家庭信息表主键标识	string	an32	Y	符合 GB/T 17969.8 通用唯一标识符(UUID)规范
AJEP0301	登记(增员)日期	date	YYYYMMDD	Y	
AJEP0801	健康状况	string	n2	Y	健康状况,采用基础数据库统一定义标识符 取值范围见 JMGC/XX 204 中 C0011 健康状况代码
AJEP0110	学业状况	string	n2	Y	见 JMGC/XX 204 中 C0027 学业状况代码
AJEP0802	父亲姓名	string	..72	Y	
AJEP0803	父亲身份证件号码	string	an18	Y	按照身份证号校验位算法校验
AJEP0805	父亲现状	string	n2	Y	见 JMGC/XX 204 中 CJ026 事实无人抚养儿童父母状况代码
AJEP0806	父亲联系电话	string	..17	Y	有效的座机或手机号码。座机号码标准格式为:区号 - 电话号码,手机号码为长:11 位,第 1 位为 1,第 2 位为 3—9
AJEP0807	母亲姓名	string	..72	Y	
AJEP0808	母亲身份证件号码	string	an18	Y	按照身份证号校验位算法校验
AJEP0809	母亲现状	string	n2	Y	见 JMGC/XX 204 中 CJ026 事实无人抚养儿童父母状况代码
AJEP0810	母亲联系电话	string	..17	Y	有效的座机或手机号码。座机号码标准格式为:区号 - 电话号码,手机号码为:长 11 位,第 1 位为 1,第 2 位为 3—9
AJEP0811	履行监护责任人信息 1(家庭成员信息表主键)	string	an32	Y	符合 GB/T 17969.8 通用唯一标识符(UUID)规范
AJEP0812	履行监护责任人信息 2(家庭成员信息表主键)	string	an32	Y	符合 GB/T 17969.8 通用唯一标识符(UUID)规范
AJEP0813	履行监护责任人信息 3(家庭成员信息表主键)	string	an32	Y	符合 GB/T 17969.8 通用唯一标识符(UUID)规范
AJEP0814	相关社会关系人信息 1(家庭成员信息表主键)	string	an32	Y	符合 GB/T 17969.8 通用唯一标识符(UUID)规范

续表

标识符	中文描述	数据类型	数据格式	必选项	备注
AJEP0815	相关社会关系人信息2(家庭成员信息表主键)	string	an32	Y	符合GB/T 17969.8通用唯一标识符(UUID)规范
AJEP0816	相关社会关系人信息3(家庭成员信息表主键)	string	an32	Y	符合GB/T 17969.8通用唯一标识符(UUID)规范
AJEP0320	福利补贴起领年月	date	YYYYMM	Y	
AJEP0321	福利补贴领取方式	string	n1	Y	见JMGC/XX 204中CJ026福利资金领取方式代码
AXCP0027	开户银行	string	n4	N	个人开户银行代码,采用基础数据库统一定义标识符 见JMGC/XX 204中C0044开户银行代码
AXCP0029	银行账号	string	n20	N	
AJEP0817	领取人员姓名	string	..72	N	
AJEF0127	与儿童关系	string	n2	Y	见JMGC/XX 204中CJ009与儿童关系代码
AJEP0326	是否集中供养	string	n1	Y	1 是 0 否
AJEE0100	儿童福利机构信息表主键	string	an32	N	符合GB/T 17969.8通用唯一标识符(UUID)规范
AJEP0327	备注	string	..1024	Y	备注信息
AJEP0120	记录时间	datetime	YYYYMMDD hh:mm:ss	Y	当前记录生成的时间
AJEP0121	记录状态	string	n1	Y	1 新增 2 变更 3 删除

A.6.12 JAX01 收养登记信息表

标识符	中文描述	数据类型	数据格式	必选项	备注
AJAX0100	主键标识	string	an32	Y	符合GB/T 17969.8通用唯一标识符(UUID)规范
AJAX0109	收养登记证印制号	string	n20	N	国内收养为必填项,涉外收养为非必填项
AJAX0110	收养登记证字号	string	..40	N	按国收养证编号规则编的号码
AJEP0100	儿童基础信息主键标识	string	an32	Y	符合GB/T 17969.8通用唯一标识符(UUID)规范
AJEE0100	儿童福利机构主键标识	string	an32	Y	符合GB/T 17969.8通用唯一标识符(UUID)规范
AJAX0119	人员类别	string	n1	Y	见JMGC/XX 204中CJ020被收养人类别代码

续表

标识符	中文描述	数据类型	数据格式	必选项	备注
AJAX0115	收养受理日期	date	YYYYMMDD	N	国内收养为必填项，涉外收养为非必填项
AJAX0116	收养申请结果代码	string	n1	N	见 JMGC/XX 204 中 CJ002 收养申请结果代码 国内收养为必填项，涉外收养为非必填项
AJAX0117	来华收养子女通知编号	string	an30	N	
AJAX0107	收养登记日期	date	YYYYMMDD	Y	
AJAX0118	收养关系状态代码	string	n1	N	见 JMGC/XX 204 中 CJ001 收养业务代码 国内收养为必填项，涉外收养为非必填项
AXAA0001	行政区划代码	string	n12	Y	行政区划代码，采用基础数据库统一定义标识符 前 6 位见 GB/T 2260，后 3 位见 GB/T 10114，后 3 位为村或社区编码
AJAX0602	事由原因	string	..200	N	解除收养事由/撤销收养登记原因/补领原因/出具证明原因
AJAX0402	出具证明原因	string	..200	N	出具收养登记证明必填
AJAX0405	出具收养登记证明字号	string	..20	N	出具收养登记证明必填
AJAX0604	审核意见	string	..200	N	收养登记时非必填
AJAX0504	补领证件印制号	string	n20	N	补领收养登记、补领解除收养登记时必填
AJAX0505	补领证件字号	string	..20	N	补领收养登记、补领解除收养登记时必填 按国内收养证编号规则编的号码
AXCP0002	人员姓名	string	..72	N	解除人/撤销人人员姓名
AJAX0231	处理日期	date	YYYYMMDD	N	解除/撤销日期
AJAX0607	解除收养关系证明字号	string	..20	N	解除登记必填
AJEP0120	记录时间	datetime	YYYYMMDD hh:mm:ss	Y	当前记录生成的时间
AJEP0121	记录状态	string	n1	Y	1 新增 2 变更 3 减员
AJAX0101	业务类别	string	n1	Y	1 收养登记 2 解除收养登记 3 撤销收养登记 4 补领收养登记 5 补领解除收养关系证明 6 出具收养登记证明

A. 6. 13 JAX02 收养人信息表

标识符	中文描述	数据类型	数据格式	必选项	备注
AJAX1200	主键标识	string	an32	Y	符合 GB/T 17969. 8 通用唯一标识符(UUID)规范
AJAX0100	收养登记信息主键标识	string	an32	Y	符合 GB/T 17969. 8 通用唯一标识符(UUID)规范
AXCP0005	身份证件号码	string	an18	Y	按照身份证号校验位算法校验
AXCP0002	姓名	string	. . 72	Y	
AJAX1203	别名名称	string	. . 72	N	
AXCP0006	性别	string	n1	Y	收养人性别,采用基础数据库统一定义标识符 取值范围见 JMGC/XX 204 中 C0007 人的性别代码
AXCP0097	出生日期	date	YYYYMMDD	Y	
AXCP0007	国籍	string	n3	Y	国籍,采用基础数据库统一定义标识符 取值范围见 JMGC/XX 204 中 C0005 世界各国和地区名称代码
AXCP0008	民族	string	n2	Y	收养人民族,采用基础数据库统一定义标识符 取值范围见 JMGC/XX 204 中 C0009 民族代码
AXCP0009	文化程度	string	n2	Y	文化程度,采用基础数据库统一定义标识符 取值范围见 JMGC/XX 204 中 C0008 学历代码
AXCP0010	健康状况	string	. . 2	Y	健康状况,采用基础数据库统一定义标识符 取值范围见 JMGC/XX 204 中 C0011 健康状况代码
AXCP0092	婚姻状况	string	n2	Y	婚姻状况,采用基础数据库统一定义标识符 取值范围见 JMGC/XX 204 中 C0010 婚姻状况代码
AXCP0016	职业分类	string	n1	Y	职业分类,采用基础数据库统一定义标识符 取值范围见 JMGC/XX 204 中 C0017 职业分类代码
AXAA0001	行政区划代码	string	n12	Y	行政区划代码,采用基础数据库统一定义标识符 前 6 位见 GB/T 2260,后 3 位见 GB/T 10114,后 3 位为村或社区编码

续表

标识符	中文描述	数据类型	数据格式	必选项	备注
AJAX1201	收养人地址	string	an72	Y	
AJAX1202	邮政编码	string	n6	Y	
AJAX1211	子女情况描述	string	..200	Y	
AJAX1212	人员类别名称	string	..20	N	
AJEF0227	家庭年收入(万元)	float	9,2	N	
AJAX1413	经济状况描述	string	..200	N	含涉外收养的年收入描述记录
AJAX1313	刑事处罚描述	string	..200	N	
AJAX1314	财产状况描述	string	..200	N	
AJAX1420	是否为收养申请人	string	n1	Y	1 是;0 否
AJEF0226	联系电话	string	..17	Y	
AJEP0120	记录时间	datetime	YYYYMMDD hh:mm:ss	Y	当前记录生成的时间
AJEP0121	记录状态	string	n1	Y	1 新增 2 变更 3 删除
AJAX0102	收养人身份类别	string	n1	Y	见 JMGC/XX 204 中 CJ025 收养人身份类别代码

A.6.14 JAF02 送养人(含机构)信息表

标识符	中文描述	数据类型	数据格式	必选项	备注
AJAF0200	主键标识	string	an32	Y	符合 GB/T 17969.8 通用唯一标识符(UUID)规范
AJAX0100	收养登记信息主键标识	string	an32	Y	符合 GB/T 17969.8 通用唯一标识符(UUID)规范
AXBE0003	机构名称	string	..20	Y	
AJEE0108	单位地址	string	..100	Y	
AXBE0013	单位联系电话	string	..17	Y	
AXAA0001	行政区划代码	string	n12	Y	行政区划代码,采用基础数据库统一定义标识符 前 6 位见 GB/T 2260,后 3 位见 GB/T 10114,后 3 位为村或社区编码
AXBE0017	法定代表人姓名	string	..72	Y	
AXBE0018	法定代表人证件类型	string	n2		法定代表人身份证件类型,采用基础数据库统一定义标识符 取值范围见 JMGC/XX 204 中 C0015 身份证件类型代码

续表

标识符	中文描述	数据类型	数据格式	必选项	备注
AXBE0019	法定代表人证件号码	string	n18		
AXCP0002	姓名	string	..72	Y	送养经办人人员姓名,采用基础数据库统一定义标识符
AXCP0005	身份证件号码	string	an18	N	身份证件号码,采用基础数据库统一定义标识符 对于身份证件类型为"内地居民身份证"的人员,身份证件号码值域符合 GB 11643
AXCP0006	性别	string	n1	N	送养经办人性别,采用基础数据库统一定义标识符 取值范围见 JMGC/XX 204 中 C0007 人的性别代码
AJAF0217	送养经办人职务	string	..20	N	
AJAF0218	送养经办人联系电话	string	..17	Y	
AJAF0203	送养经办人与被收养人关系	string	n2	Y	见 JMGC/XX 204 中 CJ009 与儿童关系代码
AJEF0200	送养人家庭信息表主键	string	an32	Y	符合 GB/T 17969.8 通用唯一标识符(UUID)规范
AJEP0120	记录时间	datetime	YYYYMMDD hh:mm:ss	Y	当前记录生成的时间
AJEP0121	记录状态	string	n1	Y	1 新增 2 变更 3 删除

A.6.15 JBP17 监护不当儿童信息表

标识符	中文描述	数据类型	数据格式	必选项	备注
AJEP0100	儿童基础信息主键标识	string	an32	Y	符合 GB/T 17969.8 通用唯一标识符(UUID)规范
AJEF0200	家庭信息表主键标识	string	an32	Y	符合 GB/T 17969.8 通用唯一标识符(UUID)规范
AJEP0301	登记(增员)日期	date	YYYYMMDD	Y	
AJBP1711	监护不当儿童其他特殊情况	string	n1	Y	见 JMGC/XX 204 中 CJ011 其他特殊情况代码
JBP1712	监护不当情形	string	n1	Y	见 JMGC/XX 204 中 CJ013 遭受监护人侵害的情况代码
AJBP1713	父亲信息(家庭成员信息表主键)	string	an32	Y	符合 GB/T 17969.8 通用唯一标识符(UUID)规范
AJBP1714	母亲信息(家庭成员信息表主键)	string	an32	Y	符合 GB/T 17969.8 通用唯一标识符(UUID)规范
AJBP1716	父母双方是否同时外出	string	n1	Y	1 是 0 否

续表

标识符	中文描述	数据类型	数据格式	必选项	备注
AJBP1717	父母一方外出,另一方无监护能力	string	n1	Y	1 是 0 否
AJBP1718	父母双方无监护能力	string	n1	Y	1 是 0 否
AJBP1719	父母外出有无委托其他监护人	string	n1	Y	1 是 0 否
AJBP1720	受委托监护人人员姓名	string	..72	Y	受委托监护人人员姓名 父母外出有无委托其他监护人为“1”时填写
AXCP0004	身份证件类型	string	n2	Y	受委托人身份证件类型,采用基础数据库统一定义标识符 父母外出有无委托其他监护人为“1”时填写 取值范围见 JMGC/XX 204 中 C0015 身份证件类型代码
AXCP0005	身份证件号码	string	an18	Y	受委托监护人身份证件号码,采用基础数据库统一定义标识符 父母外出有无委托其他监护人为“1”时填写 对于身份证件类型为“内地居民身份证”的人员,身份证件号码值域符合 GB 11643
AJEF0127	与儿童关系	string	n2	Y	父母外出有无委托其他监护人为“1”时填写 见 JMGC/XX 204 中 CJ009 与儿童关系代码
AJEF0226	联系电话	string	..17	Y	父母外出有无委托其他监护人为“是”时填写 监护人联系电话,采用基础数据库统一定义标识符 座机号码标准格式为:区号-电话号码,手机号码为:长 11 位,第 1 位为 1,第 2 位为 3—9
AJEP0801	健康状况	string	n2	Y	受委托人健康状况代码,采用基础数据库统一定义标识符 父母外出有无委托其他监护人为“1”时填写 见 JMGC/XX 204 中 C0011 健康状况代码
AJBP1723	受委托监护人其他特殊情况	string	n1	Y	见 JMGC/XX 204 中 CJ011 其他特殊情况代码
AJBP1724	祖父姓名	string	..72	N	
AJBP1725	祖父出生日期	date	YYYYMMDD	N	
AJBP1726	祖母姓名	string	..72	N	
AJBP1727	祖母出生日期	date	YYYYMMDD	N	

续表

标识符	中文描述	数据类型	数据格式	必选项	备注
AJBP1728	外祖父姓名	string	..72	N	
AJBP1729	外祖父出生日期	date	YYYYMMDD	N	
AJBP1730	外祖母姓名	string	..72	N	
AJBP1731	外祖母出生日期	date	YYYYMMDD	N	
AJEP0120	记录时间	datetime	YYYYMMDD hh:mm:ss	Y	当前记录生成的时间
AJEP0121	记录状态	string	n1	Y	1 新增 2 变更 3 删除

A.6.16 JBP03 儿童主任(儿童督导员)信息表

标识符	中文描述	数据类型	数据格式	必选项	备注
AJBP0300	主键标识	string	an32	Y	符合 GB/T 17969.8 通用唯一标识符(UUID)规范
AJBP0327	登记类型	string	n1	Y	1 儿童主任 0 儿童督导员
AXCP0002	姓名	string	..72	Y	儿童主任(儿童督导员)姓名,采用基础数据库统一定义标识符
AXCP0017	政治面貌	string	n2	Y	儿童主任(儿童督导员)政治面貌,采用基础数据库统一定义标识符 取值范围见 JMGC/XX 204 中 C0013 政治面貌代码
AXCP0006	性别	string	n1	Y	儿童主任(儿童督导员)性别,采用基础数据库统一定义标识符 取值范围见 JMGC/XX 204 中 C0007 人的性别代码
AXCP0009	文化程度	string	n2	Y	文化程度,采用基础数据库统一定义标识符 取值范围见 JMGC/XX 204 中 C0008 学历代码
AXCP0008	民族	string	n2	Y	儿童主任(儿童督导员)民族,采用基础数据库统一定义标识符 取值范围见 JMGC/XX 204 中 C0009 民族代码
AXCP0097	出生日期	date	YYYYMMDD	Y	出生日期,采用基础数据库统一定义标识符
AJBP0328	特长	string	..100	N	
AXCP0092	婚姻状况	string	n2	Y	婚姻状况,采用基础数据库统一定义标识符 取值范围见 JMGC/XX 204 中 C0010 婚姻状况代码

续表

标识符	中文描述	数据类型	数据格式	必选项	备注
AJBP0317	职责范围	string	..200	N	
AXCP0010	健康状况	string	..2	Y	健康状况,采用基础数据库统一定义标识符 取值范围见 JMGC/XX 204 中 C0011 健康状况代码
AJBP0313	从业情况	string	..200	N	
AJBP0310	是否专兼职	string	n1	Y	1 是 0 否
AXZX0001	手机号	string	n11	Y	
AJBP0316	座机号	string	..17	N	
AJBP0329	电子邮箱	string	..50	N	
AJBP0332	工作单位	string	..200	N	
AJBP0330	取得证书	string	..200	N	
AJBP0312	津贴	float	9,2	N	
AJBP0331	工作及培训经历	string	..200	N	
AXCP0005	人员身份证件号码	string	an18	Y	按照身份证号校验位算法校验
AJEP0120	记录时间	datetime	YYYYMMDD hh:mm:ss	Y	当前记录生成的时间
AJEP0121	记录状态	string	n1	Y	1 新增 2 变更 3 删除

A.6.17 JCE10 明天计划定点医疗机构信息表

标识符	中文描述	数据类型	数据格式	必选项	备注
AJCE1000	主键标识	string	an32	Y	符合 GB/T 17969.8 通用唯一标识符(UUID)规范
AXBE0003	定点医院名称	string	..20	Y	
AXBE0010	定点医院编号	string	..20	Y	
AJCE1003	医院等级	string	..2	Y	见 JMGC/XX 204 中 C0043 医院等级代码
AJCE1004	医院分类	string	n1	Y	见 JMGC/XX 204 中 CJ003 儿童福利定点医院分类代码
AJCE1005	医院性质	string	n1	Y	见 JMGC/XX 204 中 CJ004 儿童福利定点医院性质代码
AJCE1006	是否部级定点医院	string	n1	Y	1 是 0 否
AJCE1007	是否省级定点医院	string	n1	Y	1 是 0 否

续表

标识符	中文描述	数据类型	数据格式	必选项	备注
AJCE1008	优势科目	string	..200	N	
AJCE1009	床位数	number		N	
AXCP0002	姓名	string	..72	Y	相关联系人人员姓名
AXBE0013	单位联系电话	string	..17	Y	
AXAA0001	行政区划代码	string	n6	Y	行政区划代码,采用基础数据库统一定义标识符 前6位见GB/T 2260,后3位见GB/T 10114,后3位为村或社区编码
AJCE1015	详细地址	string	..100	Y	
AJEP0120	记录时间	datetime	YYYYMMDD hh:mm:ss	Y	当前记录生成的时间
AJEP0121	记录状态	string	n1	Y	1 新增 2 变更 3 删除

A.6.18 JCX31 定点康复基地信息表

标识符	中文描述	数据类型	数据格式	必选项	备注
AJCX3100	主键标识	string	an32	Y	符合GB/T 17969.8通用唯一标识符(UUID)规范
AJCX3101	基地编号	string	..30	N	
AJCX3102	基地名称	string	..20	Y	
AXAA0001	行政区划代码	string	n2	Y	行政区划代码,采用基础数据库统一定义标识符 前6位见GB/T 2260,后3位见GB/T 10114,后3位为村或社区编码
AJEE0100	所属儿童福利机构主键标识	string	an32	Y	符合GB/T 17969.8通用唯一标识符(UUID)规范
AJCX3105	基地地址	string	..100	Y	
AJCX3106	基地状态	string	n1	Y	见JMGC/XX 204中CJ017康复基地状态
AJEP0120	记录时间	datetime	YYYYMMDD hh:mm:ss	Y	当前记录生成的时间
AJEP0121	记录状态	string	n1	Y	1 新增 2 变更 3 删除

A.6.19 JCP04 艾滋病儿童信息表

标识符	中文描述	数据类型	数据格式	必选项	备注
AJEP0100	儿童基础信息主键标识	string	an32	Y	符合 GB/T 17969.8 通用唯一标识符(UUID)规范
AJCP0401	确认艾滋病感染日期	date	YYYYMMDD	Y	
AJCP0402	最可能感染艾滋病途径	string	..100	Y	
AJEP0320	福利补贴起领年月	date	YYYYMM	Y	
AJEP0321	福利补贴领取方式	string	n1	Y	见 JMGC/XX 204 中 CJ008 福利资金领取方式代码
AXCP0027	开户银行	string	n4	N	个人开户银行代码,采用基础数据库统一定义标识符 见 JMGC/XX 204 中 C0044 开户银行代码
AXCP0029	银行账号	string	an20	N	人员开户银行账号,采用基础数据库统一定义标识符
AXCP0002	姓名	string	..72	Y	领取人员姓名,采用基础数据库统一定义标识符
AJEF0127	与儿童关系	string	n2	Y	见 JMGC/XX 204 中 CJ009 与儿童关系代码
AJEF0200	家庭信息表主键	string	an32	Y	符合 GB/T 17969.8 通用唯一标识符(UUID)规范
AJEP0120	记录时间	datetime	YYYYMMDD hh:mm:ss	Y	当前记录生成的时间
AJEP0121	记录状态	string	n1	Y	1 新增 2 变更 3 删除

A.6.20 JCX09 寄养关系表

标识符	中文描述	数据类型	数据格式	必选项	备注
AJCX0900	主键标识	string	an32	Y	符合 GB/T 17969.8 通用唯一标识符(UUID)规范
AJEP0100	儿童基础信息主键标识	string	an32	Y	符合 GB/T 17969.8 通用唯一标识符(UUID)规范
AJCF0200	家庭信息主键标识	string	an32	Y	符合 GB/T 17969.8 通用唯一标识符(UUID)规范
AJCX0901	寄养关系确定日期	date	YYYYMMDD	Y	
AJCX0902	寄养开始日期	date	YYYYMMDD	Y	
AJCX0903	寄养结束日期	date	YYYYMMDD	N	

续表

标识符	中文描述	数据类型	数据格式	必选项	备注
AJCX0911	寄养关系解除日期	date	YYYYMMDD	N	
AJCX0912	寄养关系解除原因	string	..200	N	
AJEP0120	记录时间	datetime	YYYYMMDD hh:mm:ss	Y	当前记录生成的时间
AJEP0121	记录状态	string	n1	Y	1 新增 2 变更 3 删除

A.6.21 JCX04 儿童医疗救助信息表

标识符	中文描述	数据类型	数据格式	必选项	备注
AJCX0400	主键标识	string	an32	Y	符合 GB/T 17969.8 通用唯一标识符(UUID)规范
AJEP0100	儿童基础信息主键标识	string	an32	Y	符合 GB/T 17969.8 通用唯一标识符(UUID)规范
AJCE1000	定点医疗机构主键标识	string	an32	N	符合 GB/T 17969.8 通用唯一标识符(UUID)规范
AXCP0002	姓名	string	..72	Y	联系人人员姓名,采用基础数据库统一定义标识符
AJEF0226	联系电话	string	..17	Y	
AJCX0404	申请日期	date	YYYYMMDD	Y	
AJCX042	是否加入医保	string	n1	Y	1 是 0 否
AJCX0405	救治病种类型	string	n2	Y	见 JMGC/XX 204 中 CJ005 儿童患病类型代码
AJCX0406	救治病种名称	string	..20	Y	
AJEE0100	福利机构主键标识	string	an32	N	符合 GB/T 17969.8 通用唯一标识符(UUID)规范
AJCX0420	是否住院治疗	string	n1	Y	1 是 0 否
AJCX0603	住院日期	date	YYYYMMDD	N	
AJCX0604	出院日期	date	YYYYMMDD	N	
AJCX0606	治疗评估效果	string	..100	Y	
AJCX0607	评估日期	date	YYYYMMDD	Y	
AJCX0420	主管医师人员姓名	string	..72	Y	
AJCX0609	拟安置意见	string	..100	Y	
AJCX0610	是否定点医院救治	string	n1	Y	1 是 0 否

续表

标识符	中文描述	数据类型	数据格式	必选项	备注
AJCX0611	家庭/个人自付比例(%)	float	4,2	Y	
AJCX0701	医疗康复费用——诊疗费用	float	9,2	Y	单位:元
AJCX0702	医疗康复费用——康复费用	float	9,2	Y	单位:元
AJCX0703	医疗康复费用——特殊药品费用	float	9,2	Y	单位:元
AJCX0704	医疗康复费用——康复器具费用	float	9,2	Y	单位:元
AJCX0705	医疗康复费用——体检费用	float	9,2	Y	单位:元
AJCX0706	医疗康复费用——其他	float	9,2	Y	单位:元
AJCX0707	医疗康复费用——小计	float	9,2	Y	单位:元
AJCX0708	扣除项目——医保报销	float	9,2	Y	单位:元
AJCX0709	扣除项目——大病保险	float	9,2	Y	单位:元
AJCX0710	扣除项目——医疗救助	float	9,2	Y	单位:元
AJCX0711	扣除项目——康复救助	float	9,2	Y	单位:元
AJCX0712	扣除项目——慈善捐助	float	9,2	Y	单位:元
AJCX0713	扣除项目——其他	float	9,2	Y	单位:元
AJCX0714	扣除项目——小计	float	9,2	Y	单位:元
AJCX0715	申请“明天计划”资助金额——诊疗费用	float	9,2	Y	单位:元
AJCX0716	申请“明天计划”资助金额——康复费用	float	9,2	Y	单位:元
AJCX0717	申请“明天计划”资助金额——特殊药品费用	float	9,2	Y	单位:元
AJCX0718	申请“明天计划”资助金额——康复器具费用	float	9,2	Y	单位:元
AJCX0719	申请“明天计划”资助金额——体检费用	float	9,2	Y	单位:元

续表

标识符	中文描述	数据类型	数据格式	必选项	备注
AJCX0720	申请"明天计划"资助金额——住院服务费用	float	9,2	Y	单位:元
AJCX0721	申请"明天计划"资助金额——小计	float	9,2	Y	单位:元
AJEP0120	记录时间	datetime	YYYYMMDD hh:mm:ss	Y	当前记录生成的时间
AJEP0121	记录状态	string	n1	Y	1 新增 2 变更 3 删除

A. 6. 22 JCX24 儿童康复治疗信息表

标识符	中文描述	数据类型	数据格式	必选项	备注
AJCX2400	主键标识	string	an32	Y	符合 GB/T 17969. 8 通用唯一标识符(UUID)规范
AJEP0100	儿童基础信息主键标识	string	an32	Y	符合 GB/T 17969. 8 通用唯一标识符(UUID)规范
AJCX2410	申请登记日期	date	YYYYMMDD	Y	
AJEE0100	康复基地所属福利机构主键标识	string	an32	Y	符合 GB/T 17969. 8 通用唯一标识符(UUID)规范
AJCX2411	康复类型	string	n1	Y	见 JMGC/XX 204 中 CJ018 康复类型代码
AJCX2412	主管康复医师人员姓名	string	..72	N	
AJCX2413	康复师人员姓名	string	..72	N	
AJCX2414	护士人员姓名	string	..72	N	护士人员姓名
AJCX2415	康复训练开始日期	date	YYYYMMDD	Y	
AJCX2416	康复训练结束日期	date	YYYYMMDD	Y	
AJCX2417	训练效果	string	..100	Y	
AJEP0120	记录时间	datetime	YYYYMMDD hh:mm:ss	Y	当前记录生成的时间
AJEP0121	记录状态	string	n1	Y	1 新增 2 变更 3 删除

A.6.23 JCX22 儿童福利补贴资金发放信息表

标识符	中文描述	数据类型	数据格式	必选项	备注
AJCX2200	主键标识	string	an32	Y	符合 GB/T 17969.8 通用唯一标识符(UUID)规范
AJCX2210	补贴项目	string	n1	Y	见 JMGC/XX 204 中 CJ019 儿童基本生活费发放类型代码
AJCX2211	发放日期	date	YYYYMMDD	Y	
AJCX2212	发放周期	string	n1	Y	见 JMGC/XX 204 中 CJ022 儿童福利资金发放周期代码
AJCX2213	发放周期起始日期	date	YYYYMMDD	Y	
AJCX2214	发放周期结束日期	date	YYYYMMDD	Y	
AJCX2215	发放金额	float	9,2	Y	
AJCX2216	发放人数	number		Y	
AJEP0120	记录时间	datetime	YYYYMMDD hh:mm:ss	Y	当前记录生成的时间
AJEP0121	记录状态	string	n1	Y	1 新增 2 变更 3 删除

A.6.24 JDP01 农村留守妇女信息表

标识符	中文描述	数据类型	数据格式	必选项	备注
AJDP0100	主键标识	string	an32	Y	符合 GB/T 17969.8 通用唯一标识符(UUID)规范
AJEF0200	家庭信息表主键标识	string	an32	Y	符合 GB/T 17969.8 通用唯一标识符(UUID)规范
AXCP0002	姓名	string	..72	Y	
AXCP0008	民族	string	n2	Y	留守妇女民族,采用基础数据库统一定义标识符 取值范围见 JMGC/XX 204 中 C0009 民族代码
AJDP0104	是否登记户口	string	n1	Y	1 是 0 否
AXCP0005	身份证件号码	string	an18	Y	留守妇女身份证件号码,采用基础数据库统一定义标识符 取值范围符合 GB 11643—1999
AXAA0001	行政区划代码	string	n12	N	行政区划代码,采用基础数据库统一定义标识符 前 6 位见 GB/T 2260,后 3 位见 GB/T 10114,后 3 位为村或社区编码

续表

标识符	中文描述	数据类型	数据格式	必选项	备注
AJEF0115	户籍所在地——详细	string	..100	N	
AJEF0223	现住址行政区划代码	string	n12	Y	现住址行政区划代码,采用基础数据库统一定义标识符 前6位见GB/T 2260,后3位见GB/T 10114,后3位为村或社区编码
AJEF0124	现居住地地址——详细	string	..100	Y	
AXCP0010	健康状况	string	..2	Y	健康状况,采用基础数据库统一定义标识符 取值范围见JMGC/XX 204中C0011 健康状况代码
AXCP0009	文化程度	string	n2	Y	文化程度,采用基础数据库统一定义标识符 取值范围见JMGC/XX 204中C0008 学历代码
AXCP0092	婚姻状况	string	n2	Y	婚姻状况,采用基础数据库统一定义标识符 取值范围见JMGC/XX 204中C0010 婚姻状况代码
AJDP0125	公婆情况	string	n1	Y	见JMGC/XX 204中CJ014 留守妇女公婆情况代码
AJDP0122	丈夫外出务工情况说明	string	..200	N	
AJDP0126	最近一次回家探望日期	date	YYYYMMDD	N	
AJDP0127	家庭经济来源情况	string	n1	Y	见JMGC/XX 204中CJ015 家庭经济来源代码
AJDP0128	获得生产帮扶情况	string	n1	Y	见JMGC/XX 204中CJ016 留守妇女获得帮扶生产情况代码
AJEP0120	记录时间	datetime	YYYYMMDD hh:mm:ss	Y	当前记录生成的时间
AJEP0121	记录状态	string	n1	Y	1 新增 2 变更 3 删除

A.6.25 JAX06 解除收养登记信息表

标识符	中文描述	数据类型	数据格式	必选项	备注
AJAX0600	主键标识	string	an32	Y	符合GB/T 17969.8 通用唯一标识符(UUID)规范
AJAX0100	收养登记信息主键标识	string	an32	Y	符合GB/T 17969.8 通用唯一标识符(UUID)规范

续表

标识符	中文描述	数据类型	数据格式	必选项	备注
AJAX0602	解除收养事由	string	..200	Y	
AJAX0604	审核意见	string	..200	Y	
AXCP0002	姓名	string	..72	Y	解除人人员姓名,采用基础数据库统一定义标识符
AJAX0231	解除日期	date	YYYYMMDD	Y	
AJAX0607	解除收养关系证明字号	string	..20	Y	
AJEP0120	记录时间	datetime	YYYYMMDD hh:mm:ss	Y	当前记录生成的时间
AJEP0121	记录状态	string	n1	Y	1 新增 2 变更 3 删除

A.6.26 JAX07 撤销收养登记信息表

标识符	中文描述	数据类型	数据格式	必选项	备注
AJAX0700	主键标识	string	an32	Y	符合 GB/T 17969.8 通用唯一标识符(UUID)规范
AJAX0100	收养登记信息主键标识	string	an32	Y	符合 GB/T 17969.8 通用唯一标识符(UUID)规范
AJAX0701	撤销收养登记原因	string	..200	Y	
AJAX0604	审核意见	string	..200	Y	
AXCP0002	姓名	string	..72	Y	撤销人人员姓名,采用基础数据库统一定义标识符
AJAX0708	撤销日期	date	YYYYMMDD	Y	
AJEP0120	记录时间	datetime	YYYYMMDD hh:mm:ss	Y	当前记录生成的时间
AJEP0121	记录状态	string	n1	Y	1 新增 2 变更 3 删除

A.6.27 JAX05 补领收养登记证信息表

标识符	中文描述	数据类型	数据格式	必选项	备注
AJAX0500	主键标识	string	an32	Y	符合 GB/T 17969.8 通用唯一标识符(UUID)规范
AJAX0100	收养登记信息主键标识	string	an32	Y	符合 GB/T 17969.8 通用唯一标识符(UUID)规范
AJAX0501	补领原因	string	..200	Y	

续表

标识符	中文描述	数据类型	数据格式	必选项	备注
AJAX0604	审核意见	string	..200	Y	
AJAX0504	补领证件印制号	string	n20	Y	
AJAX0505	补领证件字号	string	..20	Y	按国内收养证编号规则编的号码
AJEP0120	记录时间	datetime	YYYYMMDD hh:mm:ss	Y	当前记录生成的时间
AJEP0121	记录状态	string	n1	Y	1 新增 2 变更 3 删除

A.6.28 JAX08 补领解除收养关系证明信息表

标识符	中文描述	数据类型	数据格式	必选项	备注
AJAX0800	主键标识	string	an32	Y	符合 GB/T 17969.8 通用唯一标识符(UUID)规范
AJAX0100	收养登记信息表主键标识	string	an32	Y	符合 GB/T 17969.8 通用唯一标识符(UUID)规范
AJAX0600	解除收养登记信息表主键标识	string	an32	Y	符合 GB/T 17969.8 通用唯一标识符(UUID)规范
AJAX0801	补领原因	string	..200	Y	
AJAX0604	审核意见	string	..200	Y	
AJAX0504	补领证件印制号	string	n20	Y	
AJAX0505	补领证件字号	string	..20	Y	按国内解除收养登记证号规则编制的号码
AJEP0120	记录时间	datetime	YYYYMMDD hh:mm:ss	Y	当前记录生成的时间
AJEP0121	记录状态	string	n1	Y	1 新增 2 变更 3 删除

A.6.29 JAX04 出具收养登记证明信息表

标识符	中文描述	数据类型	数据格式	必选项	备注
AJAX0400	主键标识	string	an32	Y	符合 GB/T 17969.8 通用唯一标识符(UUID)规范
AJAX0100	收养登记信息主键标识	string	an32	Y	符合 GB/T 17969.8 通用唯一标识符(UUID)规范
AJAX0401	出具证明类型	string	n1	Y	见 JMGC/XX 204 中 CJ021 出具登记证明种类代码
AJAX0402	出具证明原因	string	..600	Y	

续表

标识符	中文描述	数据类型	数据格式	必选项	备注
AJAX0604	审核意见	string	..600	Y	
AJAX0405	证明字号	string	..20	Y	
AJEP0120	记录时间	datetime	YYYYMMDD hh:mm:ss	Y	当前记录生成的时间
AJEP0121	记录状态	string	n1	Y	1 新增 2 变更 3 删除

A.7 慈善事业促进和社会工作

A.7.1 KCP01 社会工作者表

标识符	中文名称	数据类型	数据格式	必选项	备注
AXCP0004	身份证件类型	string	n2	Y	见 JMGC/XX 204 中 C0015 身份证件类型代码
AXCP0005	身份证件号码	string	an18	Y	对于身份证件类型为“内地居民身份证”的人员，身份证件号码值域见 GB 11643—1999(《公民身份号码》)
AXCP0002	姓名	string	..72	Y	社会工作者姓名;填写中文字符、英文字符
AXCP0006	性别	string	n1	Y	见 JMGC/XX 204 中 C0007 人的性别代码
AXCP0011	籍贯	string	..100	N	本人出生时祖父的居住地，填写到地市一级。例如：湖北省武汉市
AXCP0097	出生日期	date	YYYYMMDD	Y	
AXCP0092	婚姻状况	string	n2	N	见 JMGC/XX 204 中 C0010 婚姻状况代码
AXCP0017	政治面貌	string	n2	N	见 JMGC/XX 204 中 C0013 政治面貌代码
AXZX0001	手机号码	string	n11	Y	长 11 位，第 1 位为 1，第二位为3—9
AKCP0109	毕业院校	string	..100	N	填写最高学历毕业院校
AKCP0110	毕业日期	date	YYYYMMDD	N	选择最高学历毕业日期
AKCP0111	专业	string	..50	N	填写最高学历所学专业
AXCP0009	文化程度	string	n2	Y	见 JMGC/XX 204 中 C0008 学历代码
AXAA0001	工作所在地行政区划代码	string	n12	Y	前 6 位见 GB/T 2260(《中华人民共和国行政区划代码》)，后 3 位见 GB/T 10114—2003(《县以下行政区划代码编码规则》)，最后 3 位为村或社区编码(精确到区县级，即输入前 6 位即可，后 6 位填 0 补齐)

续表

标识符	中文名称	数据类型	数据格式	必选项	备注
AKCP0202	登记日期	date	YYYYMMDD	Y	最近一次登记日期
AKCP0206	登记状态	string	n1	Y	1为首次登记,2为再登记
AKCP0203	职业水平证书管理编号	string	..28	Y	职业水平证书上的管理编号
AKCP0204	证书等级	string	n1	Y	见JMGC/XX 204中CK101社会工作者职业水平等级代码
AKCP0205	职业水平证书发放日期	date	YYYYMMDD	N	
AXBE0002	所在单位统一社会信用代码	string	an18	N	《国务院关于批转发展改革委等部门法人和其他组织统一社会信用代码制度建设总体方案的通知》(国发〔2015〕33号)中确定的编制规则
AXBE0003	工作单位	string	..100	Y	所在工作单位名称
AKCP0210	服务领域一	string	an62	Y	见JMGC/XX 204中CK103社会工作服务领域代码(此处为单选)
AKCP0210_1	服务领域二	string	an62	Y	见JMGC/XX 204中CK103社会工作服务领域代码(此处为单选)
AKCP0211	线下继续教育时长	float	6,2	N	单位:小时

A.7.2 KCE01 社工机构表

标识符	中文名称	数据类型	数据格式	必选项	备注
AXBE0002	统一社会信用代码	string	an18	Y	《国务院关于批转发展改革委等部门法人和其他组织统一社会信用代码制度建设总体方案的通知》(国发〔2015〕33号)中确定的编制规则
AXBE0003	社工机构名称	string	..100	Y	与统一社会信用代码证书上所示名称保持一致
AKCE0104	社工机构类别	string	n1	Y	见JMGC/XX 204中CK108社会工作服务机构类型代码
AXAA0001	社工机构所在地行政区划代码	string	n12	Y	前6位见GB/T 2260(《中华人民共和国行政区划代码》),后3位见GB/T 10114—2003(《县以下行政区划代码编码规则》),最后3位为村或社区编码(精确到区县级,即输入前6位即可,后6位输0补齐)
AXCP0002	法人代表	string	..72	Y	机构法人代表姓名

续表

标识符	中文名称	数据类型	数据格式	必选项	备注
AXBE0013	联系电话	string	..17	Y	有效的座机或手机号码。座机号码标准格式为:区号-电话号码,手机号码为11位数字
AXBE0014	电子邮箱	string	..100	N	
AKCP0210	服务领域	string	an62	Y	见JMGC/XX 204中CK103社会工作服务领域代码,多选时选项用逗号进行分隔,如:13,21
AKCE0111	是否建立党支部	string	n1	Y	0. 否1. 是
AKCE0112	社工机构上年度项目经费总额	number	..5	N	单位:万元
AKCE0113	证书有效期起	date	YYYYMMDD	Y	
AKCE0114	证书有效期止	date	YYYYMMDD	Y	

A.7.3 KCX06 社工项目表

标识符	中文名称	数据类型	数据格式	必选项	备注
AKCX0602	社工项目名称	string	..100	Y	
AKCX0605	社工项目内容	string	..1000	N	项目内容简介
AKCX0606	项目开始日期	date	YYYYMMDD	Y	项目实际开始日期
AKCX0607	项目结束日期	date	YYYYMMDD	Y	项目实际结束日期;必须在项目实际开始日期之后
AKCX0608	合同金额	number	..10	N	合同中标金额(单位:元)
AXBE0002	承建单位统一社会信用代码	string	an18	Y	承建社工机构统一社会信用代码
AXBE0003_1	承建单位名称	string	..100	Y	
AXCP0006	承建单位负责人姓名	string	..72	Y	
AXZX0001	承建单位负责人手机号码	string	n11	Y	长11位,第1位为1,第二位为3—9
AKCP0210	服务领域	string	an62	N	见JMGC/XX 204中CK103社会工作服务领域代码,多选时选项用逗号进行分隔,如:13,21
AKCX0609	项目类型	string	n1	Y	1为政府投资项目,2为社会投资项目
AXAA0001	服务地点行政区划代码	string	n12	Y	前6位见GB/T 2260(《中华人民共和国行政区划代码》),后3位见GB/T 10114—2003(《县以下行政区划代码编码规则》),最后3位为村或社区编码(精确到区县级,即输入前6位即可,后6位输0补齐)

续表

标识符	中文名称	数据类型	数据格式	必选项	备注
AXBE0002_1	采购单位统一社会信用代码	string	an18	N	《国务院关于批转发展改革委等部门法人和其他组织统一社会信用代码制度建设总体方案的通知》(国发〔2015〕33号)中确定的编制规则
AXBE0003	采购单位名称	string	..100	Y	

A.7.4 KDP01 志愿者信息表

标识符	中文名称	数据类型	数据格式	必选项	备注
AKDP0101	志愿者信息标识	string	an32	N	符合UUID生成规范
AXCP0002	姓名	string	..72	Y	志愿者姓名;填写中文字符、英文字符
AXCP0004	身份证件类型	string	n2	Y	见JMGC/XX 204中C0015身份证件类型代码
AXCP0005	身份证件号码	string	..18	Y	对于身份证件类型为“内地居民身份证”的人员,身份证件号码值域见GB 11643—1999(《公民身份号码》)
AXCP0006	性别	string	n1	Y	见JMGC/XX 204中C0007人的性别代码
AXCP0007	国籍	string	n3	N	见GB/T 2659(《世界各国和地区名称代码》);选择国籍,见JMGC/XX 204中C0005世界各国和地区名称代码
AXCP0097	出生日期	date	YYYYMMDD	Y	
AXCP0008	民族	string	n2	N	当“国籍”值非“中国”时,民族值为空;见JMGC/XX 204中C0009民族代码
AXCP0009	文化程度	string	n2	N	见JMGC/XX 204中C0008学历代码
AXCP0011	籍贯	string	..100	N	本人出生时祖父的居住地,填写到地市一级。如:湖北省武汉市
AKDP0111	就业状况	string	n2	N	见JMGC/XX 204中C0016个人身份状况代码
AKDP0112	血型	string	n1	N	见JMGC/XX 204中C0012血型代码
AXZX0001	手机号码	string	n11	Y	长11位,第1位为1,第二位为3—9
AKDP0115	固定电话	string	..17	N	包含区号、固话号码、分机号
AXZX0005	电子邮箱	string	..100	N	志愿者电子邮箱

续表

标识符	中文名称	数据类型	数据格式	必选项	备注
AXAA0001	行政区划代码	string	n12	Y	居住区域的行政区划代码,前6位见GB/T 2260(《中华人民共和国行政区划代码》),后3位见GB/T 10114—2003(《县以下行政区划代码编码规则》),最后3位为村或社区编码,如:北京110000000000
AKDP0205	可提供务服时间	string	..71	N	多选,选择可提供服务时间,见JMGC/XX 204中"志愿者可提供服务时间代码",多个用逗号隔开。如:01,02
AKDP0206	服务类别	string	..19	Y	多选,最多4项;见JMGC/XX 204中CK214志愿者服务项目类别代码,全国性的由系统生成4位数,如:0001,0002;各省自定义的类别由系统生成4位数;如:(北京的)1101,1102
AKDP0307	个人特长	string	..71	Y	多选,选择个人特长,见JMGC/XX 204中CLB02志愿者特长代码,如:01,02
AXCP0017	政治面貌	string	n2	N	见JMGC/XX 204中C0013政治面貌代码

A.7.5 KDE03 志愿服务队伍基本信息表

标识符	中文名称	数据类型	数据格式	必选项	备注
AKDE0301	队伍信息标识	string	an32	N	符合UUID生成规范
AKDE0302	队伍名称	string	..100	Y	志愿队伍的名称
AKDE0303	队伍类型	string	n1	Y	选择志愿队伍类型:1. 志愿服务组织;2. 志愿服务团体;3. 其他开展志愿服务活动的法人组织
AKDE0304	登记部门	string	n1	N	登记状态为"法人组织"时,此处必选;选择团体登记部门:1. 民政部;2. 其他
AKDE0305	登记机关	string	..20	N	登记状态为"法人组织"时,此处必选;根据当前区域的显示名称,可以是省或市或区。如:湖北省民政厅、武汉市民政局、武昌区民政局
AXBE0002	统一社会信用代码	string	an18	N	登记状态为"法人组织"时,此处必填;《国务院关于批转发展改革委等部门法人和其他组织统一社会信用代码制度建设总体方案的通知》(国发〔2015〕33号)中确定的编制规则

续表

标识符	中文名称	数据类型	数据格式	必选项	备注
AKDE0308	同意成立志愿服务团体的单位/社区类型	string	n2	Y	见 JMGC/XX 204 中 CK204 同意成立志愿服务团体的单位/社区类型代码
AXBE0003	同意成立志愿服务团体的单位/社区名称	string	..100	Y	见 JMGC/XX 204 中 CK204 同意成立志愿服务团体的单位/社区名称
AXAA0001	行政区划代码	string	n12	Y	志愿队伍所在地行政区划代码,前6位见 GB/T 2260(《中华人民共和国行政区划代码》),后3位见 GB/T 10114—2003(《县以下行政区划代码编码规则》),最后3位为村或社区编码,如:北京 110000000000
AKDE0311	成立日期	date	YYYYMMDD	N	志愿队伍成立日期
AKDE0312	志愿者人数	integer	n..9	N	招募的志愿者人数
AKDP0206	服务类别	string	..19	Y	多选,最多4项;见 JMGC/XX 204 中 CK214 志愿者服务项目类别代码,全国性的由系统生成4位数,如:0001,0002;各省份自定义的类别由系统生成4位数;如:(北京的)1101,1102
AKDE0314	经度	float	9,6	N	志愿队伍所在地的经度值
AKDE0315	纬度	float	9,6	N	志愿队伍所在地的纬度值
AKDE0316	队伍简介	string	..2000	N	关于志愿队伍的成立、服务、目标等介绍内容
AKDE0319	是否有联络组织	string	n1	Y	1 是;0 否
AKDE0320	联络组织名称	string	..100	N	联络组织名称
AXCP0002—1	队伍联系人	string	..72	Y	队伍联系人姓名,填写中文字符、英文字符
AXZX0001—1	联系人手机	string	n11	Y	长11位,第1位为1,第二位为3—9
AXZX0005	联系人电子邮箱	string	..100	N	队伍联系人电子邮箱
AXCP0002—2	负责人姓名	string	..72	Y	队伍负责人姓名,填写中文字符、英文字符
AXCP0005	负责人身份证号码	string	an18	Y	身份证件号码值域见 GB 11643—1999(《公民身份号码》)
AXZX0001—2	负责人手机	string	n11	Y	长11位,第1位为1,第二位为3—9

A.7.6 KDX01 志愿服务项目信息表

标识符	中文名称	数据类型	数据格式	必选项	备注
AKDX0101	项目信息标识	string	an32	N	符合 UUID 生成规范
AKDE0301	队伍信息标识	string	an32	N	志愿队伍基本信息表标识
AKDE0302	队伍名称	string	..100	Y	志愿队伍的名称
AKDX0104	项目名称	string	..100	Y	志愿项目的项目名称
AKDX0105	项目开始日期	date	YYYYMMDD	Y	志愿项目的项目开始日期
AKDX0106	项目结束日期	date	YYYYMMDD	Y	志愿项目的项目结束日期
AKDX0107	项目报名人数	integer	n..9	Y	志愿项目报名的人数
AXAA0001	行政区划代码	string	n12	Y	项目开展地点的行政区划代码，前6位见 GB/T 2260《中华人民共和国行政区划代码》)，后3位见 GB/T 10114—2003(《县以下行政区划代码编码规则》)，最后3位为村或社区编码，如：北京 110000000000
AKDX0110	项目地点	string	..100	Y	项目开展的详细地址
AKDX0111	服务对象	string	..35	Y	多选，选择服务对象，见 JMGC/XX 204 中 CK206 志愿者服务对象代码，如：01，02
AKDP0206	服务类别	string	..19	Y	多选，最多4项；见 JMGC/XX 204 中 CK214 志愿者服务项目类别代码，全国性的由系统生成4位数，如：0001，0002；各省自定义的类别由系统生成4位数；如：(北京的) 1101，1102
AKDX0115	志愿者保障	string	..35	N	多选，选择志愿者保障，见 JMGC/XX 204 中 CK209 志愿者保障代码，如：01，02
AKDX0116	项目描述	string	..2000	N	志愿项目关于时间、地点、人物、事件、目的等的描述
AXCP0002	联系人姓名	string	..72	Y	项目联系人的姓名；填写中文字符、英文字符
AXZX0001	手机号码	string	n11	Y	项目联系人手机号码；长11位，第1位为1，第二位为3—9
AXZX0005	电子邮箱	string	..100	N	项目联系人的电子邮箱
AKDX0120	发布日期	date	YYYYMMDD	Y	志愿服务项目的发布日期
AKDE0314	经度	float	9,6	N	志愿服务项目实施地的经度值
AKDE0315	纬度	float	9,6	N	志愿服务项目实施地的纬度值
AKDX0123	结项日期	date	YYYYMMDD	Y	志愿服务项目的结项日期

A.7.7 KDX07 志愿服务时长信息表

标识符	中文名称	数据类型	数据格式	必选项	备注
AKDX0101	项目信息标识	string	an32	N	志愿服务项目信息表标识
AKDX0104	项目名称	string	..100	Y	志愿项目的项目名称
AKDP0101	志愿者信息标识	string	an32	N	志愿者信息表标识
AXCP0004	身份证件类型	string	n2	Y	见 JMGC/XX 204 中 C0015 身份证件类型代码
AXCP0005	身份证件号码	string	..18	Y	对于身份证件类型为“内地居民身份证”的人员，身份证件号码值域见 GB 11643—1999(《公民身份号码》)
AKDE0301	队伍信息标识	string	an32	N	志愿队伍基本信息表标识
AKDE0302	队伍名称	string	..100	Y	志愿队伍的名称
AKDX0702	服务时长	float	5,2	Y	录入的服务时长，单位：小时
AKDX0703	服务开始时间	datetime	YYYYMMDD HH:II:SS	Y	参与服务的开始时间
AKDX0704	服务结束时间	datetime	YYYYMMDD HH:II:SS	Y	参与服务的结束时间

A.7.8 KDX08 培训信息表

标识符	中文名称	数据类型	数据格式	必选项	备注
AKDX0801	培训信息标识	string	an32	N	符合 UUID 生成规范
AKDE0301	队伍信息标识	string	an32	N	志愿队伍基本信息表标识
AKDE0302	队伍名称	string	..100	Y	志愿队伍的名称
AKDP0101	志愿者信息标识	string	an32	N	志愿者信息表标识
AXCP0004	身份证件类型	string	n2	Y	见 JMGC/XX 204 中 C0015 身份证件类型代码
AXCP0005	身份证件号码	string	..18	Y	对于身份证件类型为“内地居民身份证”的人员，身份证件号码值域见 GB 11643—1999(《公民身份号码》)
AKDX0803	培训主题	string	..100	Y	培训信息的主题名称
AKDX0804	培训内容	string	..200	Y	培训信息的培训内容
AKDX0806	培训开始时间	datetime	YYYYMMDD HH:II:SS	Y	培训信息的开始时间
AKDX0807	培训结束时间	datetime	YYYYMMDD HH:II:SS	Y	培训信息的结束时间
AKDX0808	培训类型	string	n1	N	选择培训类型：1. 通用培训；2. 岗位培训；3. 专业培训

续表

标识符	中文名称	数据类型	数据格式	必选项	备注
AKDX0809	培训方式	string	n1	N	选择培训方式:1. 远程培训;2. 面授培训
AXAA0001	行政区划代码	string	n12	N	培训区域的行政区划代码,前6位见 GB/T 2260(《中华人民共和国行政区划代码》),后3位见 GB/T 10114—2003(《县以下行政区划代码编码规则》),最后3位为村或社区编码,如:北京110000000000
AKDX0813	培训学时	float	5,2	Y	培训的时长信息
AXCP0002	培训联系人姓名	string	..72	N	培训的联系人姓名
AXZX0001	联系人手机号码	string	n11	N	培训的联系人手机号码

A.7.9 KDX18 表彰信息表

标识符	中文名称	数据类型	数据格式	必选项	备注
AKDX1801	表彰信息标识	string	an32	N	符合 UUID 生成规范
AKDE0301	队伍信息标识	string	an32	N	志愿队伍基本信息表标识
AKDE0302	队伍名称	string	..100	Y	志愿队伍的名称
AKDP0101	志愿者信息标识	string	an32	N	志愿者信息表标识
AXCP0004	身份证件类型	string	n2	Y	见 JMGC/XX 204 中 C0015 身份证件类型代码
AXCP0005	身份证件号码	string	..18	Y	对于身份证件类型为"内地居民身份证"的人员,身份证件号码值域见 GB 11643—1999(《公民身份号码》)
AKDX1803	表彰奖励名称	string	..50	Y	表彰信息的名称
AKDX1804	获奖时间	datetime	YYYYMMDD HH:II:SS	Y	获取表彰奖励的时间
AKDX1805	颁发单位	string	..100	Y	表彰奖励的颁发单位
AKDX1806	奖励文书名称及文号	string	..100	N	表彰奖励的文书名称及文号
AKDX1807	奖励内容	string	..200	N	表彰奖励的奖励内容
AKDX1808	表彰图片	string	..100	N	表彰奖励的图片
AKDX1809	上传附件	string	..500	N	表彰奖励的附件信息

附录 B

（规范性）

数据回流内容

B.1 社会救助业务

B.1.1 BAX69 救助标准信息

标识符	中文名称	数据类型	数据格式	必选项	备注
ABAX6901	主键	string	an32	Y	主键,UUID,符合 GB/T 17969.8—2010
ABAX6002	救助业务类型	string	n3	Y	见 JMGC/XX 204 中 CB001 社会救助业务类型代码
ABAX6907	发布日期	date	YYYYMMDD	Y	
ABAX6908	启用日期	date	YYYYMMDD	Y	
ABAX6909	废止日期	date	YYYYMMDD	N	
ABAX6910	标准金额	float	9,2	Y	
ABAX6903	标准文件名称	string	..100	N	
ABAX6904	标准文件号	string	..100	N	
ABAX6911	救助标准状态	string	n1	Y	见 JMGC/XX 204 中 CB002 社会救助标准状态代码
AXAA0001	行政区划代码	string	n12	Y	前 6 位见 GB/T 2260(《中华人民共和国行政区划代码》),后 3 位见 GB/T 10114—2003(《县以下行政区划代码编码规则》),后 3 位为村或社区编码
ABAX6912	分类救助标准类型	string	n4	Y	

B.1.2 BAF01 家庭信息

标识符	中文名称	数据类型	数据格式	必选项	备注
ABAF0101	家庭信息表主键	string	an32	Y	主键,UUID,符合 GB/T 17969.8—2010
AXDF0002	申请人姓名	string	..72	Y	

续表

标识符	中文名称	数据类型	数据格式	必选项	备注
AXDF0004	申请人公民身份号码	string	..18	Y	对于身份证件类型为“内地居民身份证”的人员，身份证件号码值域见GB 11643—1999（《公民身份号码》）
AXDF0011	联系电话	string	..12	N	
AXDF0008	居住地址	string	..200	N	
AXDF0224	邮政编码	string	n6	N	国家邮政局编制的邮政编码目录中的编码
AXAA2701	所属社区行政区划代码	string	n12	Y	前6位见GB/T 2260（《中华人民共和国行政区划代码》），后3位见GB/T 10114—2003（《县以下行政区划代码编码规则》），后3位为村或社区编码
ABAX6002	救助业务类型	string	n3	Y	
AXDF0005	家庭人数	number	n2	Y	
ABAF0012	保障人数	number	n2	Y	
ABAF0006	家庭人口总收入/月	float	10,2	N	

B.1.3 BAP01 家庭成员信息

标识符	中文名称	数据类型	数据格式	必选项	备注
ABAP0101	家庭成员信息表主键	string	an32	Y	主键，UUID，符合GB/T 17969.8—2010
ABAF0101	家庭信息表主键	string	an32	Y	家庭信息表主键，对应BAF01表主键
AXCP0005	成员公民身份号码	string	..18	Y	对于身份证件类型为“内地居民身份证”的人员，身份证件号码值域见GB 11643—1999（《公民身份号码》）
AXCP0002	姓名	string	..72	Y	
AXCP0006	性别	string	n1	Y	见JMGC/XX 204中C0007人的性别代码
AXCP0097	出生日期	date	YYYYMMDD	Y	
ABAP0013	是否建档立卡扶贫对象	string	n1	Y	1是；0否
AXCP0008	民族	string	n2	Y	见JMGC/XX 204中C0009民族代码
AXCP0024	劳动能力	string	n2	Y	见JMGC/XX 204中C0014劳动能力鉴定等级代码
ABAP0007	残疾类别	string	n2	N	见JMGC/XX 204中C0024残疾类别代码

续表

标识符	中文名称	数据类型	数据格式	必选项	备注
ABAP0008	残疾等级	string	n2	N	见 JMGC/XX 204 中 C0025 残疾等级代码
ABAP0009	残疾证号	string	..20	N	
AXCP0010	健康状况	string	n2	Y	见 JMGC/XX 204 中 C0011 健康状况代码
AXCP0009	文化程度	string	n2	Y	见 JMGC/XX 204 中 C0008 学历代码
ABAP0003	学业状况	string	n2	Y	见 JMGC/XX 204 中 C0027 学业状况代码
ABAP0002	就业状况	string	n2	Y	见 JMGC/XX 204 中 C0028 就业状况代码
AXCP0092	婚姻状况	string	n2	Y	见 JMGC/XX 204 中 C0010 婚姻状况代码
ABAP0005	重病病种	string	n2	N	见 JMGC/XX 204 中 C0029 重病病种代码
ABAP0022	是否本地户籍	boolean		Y	1 是;0 否
ABAP0010	生活自理能力	string	n2	N	见 JMGC/XX 204 中 C0030 生活自理能力代码
AXCP0012	人员状态	string	n2	Y	见 JMGC/XX 204 中 C0034 人员状态代码
ABAF0004	户籍地址	string	..200	N	
AXCP0013	户籍类别	string	n2	N	见 JMGC/XX 204 中 C0031 户籍类别代码
AXCP0035	家庭关系	string	n2	Y	见 JMGC/XX 204 中 C0032 家庭关系代码
ABAP0017	是否保障对象	string	n2	Y	1 是;0 否
AXCP0003	曾用名	string	..72	N	
ABAP0029	年收入金额	float	9,2	N	

B.1.4 BAP97 成员救助待遇信息

标识符	中文名称	数据类型	数据格式	必选项	备注
ABAP9701	待遇表主键	string	an32	Y	主键,UUID,符合 GB/T 17969.8—2010
ABAF0101	家庭信息表主键	string	an32	Y	家庭信息表主键,对应 BAF01 表主键
ABAP0101	家庭成员信息表主键	string	an32	Y	家庭成员信息表主键,对应 BAP01 表主键
AXCP0005	成员公民身份号码	string	..18	Y	对于身份证件类型为“内地居民身份证”的人员,身份证件号码值域见 GB 11643—1999(《公民身份号码》)

续表

标识符	中文名称	数据类型	数据格式	必选项	备注
ABAX6002	救助业务类型	string	n3	Y	见 JMGC/XX 204 中 CCB001 救助业务类型代码
ABAP0040	待遇金额	float	9,2	Y	
ABAP0047	金额二	float	9,2		台账指标,对特殊人群的额外调节补助
ABAP0048	金额三	float	9,2		台账指标,对特殊人群的额外调节补助
ABAP0042	救助开始时间	date	YYYYMMDD	Y	
ABAP0043	救助截止时间	date	YYYYMMDD	N	
ABAF0008	供养方式	string	n2	N	见 JMGC/XX 204 中 CB009 供养方式代码
ABAF0009	供养机构	string	..100	N	供养机构名称
ABAP0049	备注	string	..4000		备注

B.1.5 BAF97 家庭救助待遇信息

标识符	中文名称	数据类型	数据格式	必选项	备注
ABAF9701	待遇表主键	string	an32	Y	业务主键,由数据上报方提供
ABAF0101	家庭信息表主键	string	an32	Y	家庭信息表主键,对应 BAF01 表主键
AXDF0004	户主公民身份号码	string	..18	Y	对于身份证件类型为"内地居民身份证"的人员,身份证件号码值域见 GB 11643—1999(《公民身份号码》)
ABAX6002	救助业务类型	string	n3	Y	见 JMGC/XX 204 中 CB001 救助业务类型代码
ABAP0050	救助事由	string	..4000	Y	
ABAP0040	待遇金额	float	9,2	Y	
ABAP0047	金额二	float	9,2	N	台账指标,对特殊人群的额外调节补助
ABAP0048	金额三	float	9,2	N	台账指标,对特殊人群的额外调节补助
ABAP0042	救助开始时间	date	YYYYMMDD	Y	
ABAP0043	救助截止时间	date	YYYYMMDD	N	
ABAF0025	待遇类型	string	n2	Y	见 JMGC/XX 204 中 CB010 待遇类型代码
ABAF0008	供养方式	string	n2	N	见 JMGC/XX 204 中 CB009 供养方式代码
ABAF0009	供养机构	string	..100	N	供养机构名称
ABAP0045	基本生活费	float	9,2	N	特困业务必填,其他业务非必填

续表

标识符	中文名称	数据类型	数据格式	必选项	备注
ABAP0044	照料护理费	float	9,2	N	特困业务必填,其他业务非必填
ABAP0046	服务描述	string	..200	N	当发放类型选择为"服务"时必填,如为多个服务,以";"(英文分号)隔开
ABAP0049	备注	string	..4000	N	备注

B.1.6 BAP98 成员待遇增减变化信息

标识符	中文名称	数据类型	数据格式	必选项	备注
ABAP9801	主键	string	an32	Y	主键,UUID,符合 GB/T 17969.8—2010
ABAP0101	家庭成员信息表主键	string	an32	Y	家庭成员信息表主键,对应 BAP01 表主键
AXCP0005	成员公民身份号码	string	..18	Y	
ABAP9802	动态变化类型	string	n2	Y	见 JMGC/XX 204 中 CB011 动态变化类型代码
ABAP9803	待遇变化金额	float	9,2	Y	
ABAP9804	生效年月	date	YYYYMM	Y	

B.1.7 BAX99 资金发放信息

标识符	中文描述	数据类型	数据格式	必选项	备注
ABAX9901	主键	string	an32	Y	主键,UUID,符合 GB/T 17969.8—2010
ABAF0101	家庭信息表主键	string	an32	Y	家庭信息表主键,对应 BAF01 表主键
ABAX9902	发放类型	string	n2	Y	见 JMGC/XX 204 中 CB013 发放类型代码
ABAX9903	发放年月	date	YYYYMM	Y	
ABAX9904	发放金额	float	9,2	Y	

B.1.8 BEX235 死亡信息表

标识符	中文描述	数据类型	数据格式	必选项	备注
ABEX9317	死亡原因	string	n2	N	见 JMGC/XX 204 中 C0035 死亡原因代码
ABEX9318	死亡时间	datetime	YYYYMMDD hh:mm:ss	N	

续表

标识符	中文描述	数据类型	数据格式	必选项	备注
ABEX9319	火化时间	datetime	YYYYMMDD hh:mm:ss	N	
ABEX9320	殡仪馆名称	string	..50	N	
AXCP0039	出生日期	date	YYYYMMDD	N	出生日期,采用基础数据库统一定义的标识符
ABEX9322	死亡证编号	string	..50	N	

B.1.9 BEX236 船舶信息表

标识符	中文描述	数据类型	数据格式	必选项	备注
AXCP0005	身份证件号码	string	..18	N	共有人身份证件号码,采用基础数据库统一定义的标识符 对于身份证件类型为“内地居民身份证”的人员,身份证件号码值域见 GB 11643—1999《公民身份号码》
ABEX9340	渔船名称	string	..50	N	
ABEX9341	船籍港	string	..50	N	
ABEX9342	船舶用途	string	n2	N	
ABEX9343	总吨位	float	6,2	N	单位:吨
ABEX9344	主机功率	string	..10	N	单位:KW
ABEX9345	所属地区	string	..100	N	

B.1.10 BEX237 存款金融信息表

标识符	中文描述	数据类型	数据格式	必选项	备注
AXCP0027	个人开户银行代码	string	n4	N	开户银行行别代码,采用基础数据库统一定义的标识符 见 JMGC/XX 204 中 C0044 开户银行代码
AXCP0028	个人开户银行名称	string	..100	N	开户银行名称,采用基础数据库统一定义的标识符
ABEX9363	账号或卡号或客户号	string	..50	N	
ABEX9364	持有基金市值	float	9,2	N	单位:元
ABEX9365	持有理财产品总额	float	9,2	N	单位:元
ABEX9366	活期存款余额	float	9,2	N	单位:元
ABEX9367	定期存款余额	float	9,2	N	单位:元

续表

标识符	中文描述	数据类型	数据格式	必选项	备注
ABEX9368	存款总余额	float	9,2	N	单位:元
ABEX9369	币种	string	an3	N	
ABEX9370	汇率	string	..50	N	
ABEX9371	换算人民币账户金额	float	9,2	N	单位:元
ABEX9372	信用额度	float	9,2	N	单位:元
ABEX9373	是否信用卡	boolean		N	
ABEX9374	支出总金额	float	9,2	N	单位:元
ABEX9375	资产所有人姓名	string	..72	N	
AXZX0002	公民身份号码	string	an18	N	
ABEX9377	理财产品名称	string	..50	N	
ABEX9378	资金账户	string	..50	N	
ABEX9380	到期日期	date	YYYYMMDD	N	
ABEX9381	交易账户	string	..50	N	
ABEX9383	开户网点	string	..50	N	
ABEX9384	产品名称	string	..50	N	
ABEX9385	购买金额	float	9,2	N	单位:元
ABEX9386	当前余额	float	9,2	N	单位:元
ABEX9387	份额	string	..50	N	

B.1.11 BEX238 残疾人信息表

标识符	中文描述	数据类型	数据格式	必选项	备注
ABEP0518	残疾等级	string	n2	N	见 JMGC/XX 204 中 C0025 残疾等级代码
ABEX9407	残疾类别	string	n2	N	见 JMGC/XX 204 中 C0024 残疾类别代码
ABEX9408	残疾证号	string	an50	N	
ABEX9410	注销时间	date	YYYYMMDD hh:mm:ss	N	
ABEX9411	残疾证注销原因	string	..500	N	
AXZX0004	发证日期	date	YYYYMMDD	N	
ABEX9F67	监护人姓名	string	..72	N	
AXZX0001	监护人联系方式	string	..18	N	有效的座机或手机号码。座机号码标准格式为:区号-电话号码,手机号码为11位数字

B.1.12 BEX239 银行交易信息表

标识符	中文描述	数据类型	数据格式	必选项	备注
ABEX9431	账户交易时间	datetime	YYYYMMDD hh:mm:ss	N	
ABEX9432	账户交易金额	float	9,2	N	单位:元
ABEX9433	账户交易方向	string	..50	N	

B.1.13 BEX240 车辆信息

标识符	中文描述	数据类型	数据格式	必选项	备注
ABEX9450	车辆品牌	string	..50	N	
ABEX9451	车牌号码	string	an15	N	GA 24.7—2005 机动车登记信息代码 第7部分:号牌种类代码
ABEX9452	机动车类型	string	an4	N	GA 24.4—2005 机动车登记信息代码 第4部分:车辆类型代码
ABEX9453	初次登记日期	date	YYYYMMDD	N	
ABEX9454	机动车登记原值	string	an50	N	
ABEX9455	使用性质	string	an4	N	GA 24.3—2005 机动车登记信息代码 第3部分:使用性质代码
ABEX9456	检验有效日期	date	YYYYMMDD	N	
ABEX9457	所有人变更情况	string	..500	N	
ABEX9458	车辆购值	float	9,2	N	单位:元
ABEX9459	购置日期	date	YYYYMMDD	N	
ABEX9460	使用状态	string	an4	N	GA 24.17—2005 机动车登记信息代码第17部分:机动车状态代码
ABEX9461	车辆所有人	string	..72	N	
ABEX9462	车辆排量	string	..50	N	
ABEX9463	号牌种类	string	n2	N	

B.1.14 BEX241 出入境信息表

标识符	中文描述	数据类型	数据格式	必选项	备注
ABEX9480	护照号码	string	..50	N	
AXBE0003	受理单位	string	..100	N	
ABEX9482	受理日期	date	YYYYMMDD	N	
ABEX9483	入境口岸	string	..50	N	

续表

标识符	中文描述	数据类型	数据格式	必选项	备注
ABEX9484	入境事由	string	..500	N	
ABEX9485	入境日期	date	YYYYMMDD	N	
ABEX9486	出境目的地	string	..50	N	
ABEX9487	出境日期	date	YYYYMMDD	N	
ABEX9488	出境原因	string	..500	N	
ABEX9489	出境口岸	string	..50	N	

B.1.15 BEX242 财政供养人员信息表

标识符	中文描述	数据类型	数据格式	必选项	备注
AXBE0003	工作单位	string	..100	N	
ABEX9508	职务	string	..50	N	见 JMGC/XX 204 中 C0017 职业分类代码
ABEX9509	实际月工资(元/月)	float	9,2	N	单位:元
AXCP0027	个人开户银行代码	string	n4	N	代发银行代码,采用基础数据库统一定义的标识符 取值范围见 JMGC/XX 204 中 C0044 开户银行代码
AXCP0029	个人开户银行账号	string	..30	N	个人开户银行账号,采用基础数据库统一定义的标识符
ABEX9512	上月领取失业保险金(元)	float	9,2	N	单位:元
ABEX9513	失业登记日期	date	YYYYMMDD	N	
ABEX9514	失业前身份	string	..50	N	
ABEX9515	失业登记注销日期	date	YYYYMMDD	N	
ABEX9516	失业登记注销原因	string	..500	N	
ABEX9517	就业登记日期	date	YYYYMMDD	N	
ABEX9521	就业开始日期	date	YYYYMMDD	N	
ABEX9522	身份是否一致	boolean		N	

B.1.16 BEX243 公积金贷款信息表

标识符	中文名称	数据类型	数据格式	必选项	备注
ABEX9539	已还本金	float	9,2	N	单位:元
ABEX9540	贷款余额	float	9,2	N	单位:元

续表

标识符	中文名称	数据类型	数据格式	必选项	备注
ABEX9542	单位代码	string	..50	N	
AXBE0003	单位名称	string	..100	N	
ABEX9544	借款合同编号	string	an50	N	
ABEX9545	月还金额	float	9,2	N	单位:元
ABEX9546	贷款金额	float	9,2	N	单位:元
ABEX9547	放贷日期	date	YYYYMMDD	N	
ABEX9548	贷款年限	string	an4	N	

B.1.17 BEX244 公积金缴纳信息表

标识符	中文名称	数据类型	数据格式	必选项	备注
ABEX9565	当前核定月缴存额	float	9,2	N	单位:元
ABEX9566	当前活期余额	float	9,2	N	单位:元
ABEX9567	当前定期余额	float	9,2	N	单位:元
ABEX9568	末次缴交年月	string	n6	N	格式:YYYYMM
ABEX9569	当前状态描述	string	n2	N	
AXCP0002	姓名	string	..72	N	姓名,采用基础数据库统一定义的标识符
ABEX9572	个人账号	string	..50	N	
AXBE0003	单位名称	string	..100	N	
AXCP0027	个人开户银行代码	string	n4	N	发生银行代码,采用基础数据库统一定义的标识符 取值范围见 JMGC/XX 204 中 C0044 开户银行代码
ABEX9580	公积金缴纳单位编号	string	..50	N	
AXBE0004	公积金缴纳单位名称	string	..100	N	
ABEX9582	初次缴费时间	datetime	YYYYMMDD hh:mm:ss	N	
ABEX9583	缴存基数	string	..50	N	
ABEX9584	个人缴纳比例	string	..50	N	
ABEX9585	单位缴存比例	string	..50	N	
ABEX9586	个人缴存额	float	9,2	N	单位:元
ABEX9587	单位缴存额	float	9,2	N	单位:元
ABEX9588	年缴存累计	float	9,2	N	单位:元
ABEX9590	年补缴累计	float	9,2	N	单位:元

B. 1. 18 BEX286 公积金提取信息表

标识符	中文名称	数据类型	数据格式	必选项	备注
ABEX9565	当前核定月缴存额	float	9,2	N	单位:元
ABEX9566	当前活期余额	float	9,2	N	单位:元
ABEX9567	当前定期余额	float	9,2	N	单位:元
ABEX9569	当前状态描述	string	..50	N	
AXCP0002	姓名	string	..72	N	公积金姓名,采用基础数据库统一定义的标识符
ABEX9572	个人账号	string	..50	N	
AXBE0003	单位名称	string	..100	N	
ABEX9574	提取类别	string	n2	N	
ABEX9575	提取时间	datetime	YYYYMMDD hh:mm:ss	N	
ABEX9576	提取发生额	float	9,2	N	单位:元
ABEX9577	提取利息	float	9,2	N	单位:元
ABEX9578	提取原因代码	string	n2	N	
AXCP0027	个人开户银行代码	string	n4	N	发生银行代码,采用基础数据库统一定义的标识符 取值范围见 JMGC/XX 204 中 C0044 开户银行代码
ABEX9589	年支取累计	float	9,2	N	单位:元

B. 1. 19 BEX245 个人税务登记信息表

标识符	中文名称	数据类型	数据格式	必选项	备注
AXCP0002	姓名	string	..72	N	纳税人姓名,采用基础数据库统一定义的标识符
AXZX0001	纳税人企业联系方式	string	..18	N	有效的座机或手机号码。座机号码标准格式为:区号-电话号码,手机号码为11位数字
ABEX9612	申报日期	date	YYYYMMDD	N	
ABEX9613	税种	string	an2	N	GB/T 18298—2001 税务信息分类与代码集
ABEX9614	税目	string	n4	N	
ABEX9615	收入	float	9,2	N	单位:元
ABEX9616	税额	float	9,2	N	单位:元
ABEX9617	税务登记证号	string	..50	N	
ABEX9618	税务登记类型	string	..50	N	

续表

标识符	中文名称	数据类型	数据格式	必选项	备注
AXBE0003	征税机构	string	n2	N	
ABEX9621	免税收入额	float	9,2	N	单位:元
ABEX9623	纳税人识别号	string	..50	N	
ABEX9624	税款所属期起	string	..50	N	
ABEX9625	税款所属期止	string	..50	N	
ABEX9626	支付类型名称	string	..50	N	
ABEX9628	缴纳车辆牌照号	string	..50	N	
ABEX9629	缴纳金额	float	9,2	N	单位:元
ABEX9630	车船税所属期	string	..50	N	
ABEX9450	车辆品牌	string	..50	N	

B.1.20 BEX285 企业税务登记信息表

标识符	中文名称	数据类型	数据格式	必选项	备注
ABEX9608	企业名称	string	..50	N	
ABEX9609	企业注册地址	string	..50	N	
ABEX9610	企业经营地址	string	..50	N	
ABEX9612	申报日期	date	YYYYMMDD	N	
ABEX9613	税种	string	n2	N	
ABEX9614	税目	string	n4	N	
ABEX9616	税额	float	9,2	N	单位:元
ABEX9617	税务登记证号	string	..50	N	
ABEX9618	税务登记类型	string	n2	N	
ABEX9619	企业编号	string	..50	N	
AXBE0003	征税机构	string	n2	N	
ABEX9621	免税收入额	float	9,2	N	单位:元
ABEX9624	税款所属期起	string	..50	N	
ABEX9625	税款所属期止	string	..50	N	
ABEX9626	支付类型名称	string	..50	N	
AXBE0027	单位地址	string	..200	N	标准格式示例:××省××市××区××街道×××××××
ABEX9628	缴纳车辆牌照号	string	..50	N	
ABEX9629	缴纳金额	float	9,2	N	单位:元
ABEX9630	车船税所属期	string	..50	N	
ABEX9450	车辆品牌	string	..50	N	

B. 1. 21 BEX246 户籍信息表

标识符	中文名称	数据类型	数据格式	必选项	备注
AXCP0013	户籍类别	string	n2	N	户籍类型，采用基础数据库统一定义的标识符 取值范围见 JMGC/XX 204 中 C0031 户籍类别代码
AXCP0040	户籍地址	string	..100	N	户籍地址，采用基础数据库统一定义的标识符
AXCP0041	户籍所在地行政区划代码	string	n12	N	户籍所在地行政区划代码，采用基础数据库统一定义的标识符 前 6 位见 GB/T 2260，后 3 位见 GB/T 10114—2003，后 3 位为村或社区编码
ABEX9651	现居住地地址	string	..100	N	
AXCP0043	居住所在行政区划地址	string	n12	N	现居住地行政区划代码，采用基础数据库统一定义的标识符 前 6 位见 GB/T 2260，后 3 位见 GB/T 10114—2003，后 3 位为村或社区编码
ABEX9653	现居住地开始居住时间	datetime	YYYYMMDD hh:mm:ss	N	
AXCP0009	人员文化程度	string	n2	N	文化程度，采用基础数据库统一定义的标识符 取值范围见 JMGC/XX 204 中 C0008 学历代码
AXCP0003	曾用名	string	..72	N	曾用名，采用基础数据库统一定义的标识符 曾用名对个人来说，指本人在读书和工作期间曾经使用过的名字。中国公民常住人口登记表、居民户口簿上登载的“曾用名”项目和户口迁移证上登载的“别名”项目均应填写为公民过去在户口登记机关申报登记并正式使用过的姓名。此处只填写最后一次使用过的曾用名
ABEX9086	配偶姓名	string	..72	N	
ABEX9B14	与户主关系	string	n1	N	见 JMGC/XX 204 中 C0032 家庭关系代码
ABEX9658	身份证有效日期	date	YYYYMMDD	N	
AXCP0008	民族	string	n2	N	民族，采用基础数据库统一定义的标识符 取值范围见 JMGC/XX 204 中 C0009 民族代码
AXCP0036	婚姻状况	string	n2	N	婚姻状况，采用基础数据库统一定义的标识符 取值范围见 JMGC/XX 204 中 C0010 婚姻状况代码

续表

标识符	中文名称	数据类型	数据格式	必选项	备注
ABEX9661	省市县区	string	..50	N	
ABEX9662	乡镇街道	string	..50	N	
ABEX9663	人口注销类别	string	..50	N	
ABEX9664	迁移日期	date	YYYYMMDD	N	
ABEX9089	配偶公民身份号码	string	an18	N	对于证件类型为"内地居民身份证"的人员,身份证件号码值域见GB 11643—1999《公民身份号码》
ABEX9666	居委会	string	..50	N	
ABEX9667	门楼牌号	string	..50	N	
ABEX9668	是否死亡	boolean		N	
ABEX9669	户籍注销原因	string	..500	N	
AXCP0006	性别	string	n1	N	性别,采用基础数据库统一定义的标识符 取值范围见 JMGC/XX 204 中C0007 人的性别代码
AXCP0039	出生日期	date	YYYYMMDD	N	出生日期,采用基础数据库统一定义的标识符
ABEX9672	兵役状况	string	..50	N	
AXCP0011	籍贯	string	..100	N	籍贯省市县,采用基础数据库统一定义的标识符

B.1.22 BEX247 婚姻登记信息表

标识符	中文名称	数据类型	数据格式	必选项	备注
AXCP0006	性别	string	n1	N	性别,采用基础数据库统一定义的标识符 取值范围见 JMGC/XX 204 中C0007 人的性别代码
AXCP0002	姓名	string	..72	N	配偶姓名,采用基础数据库统一定义的标识符
AXCP0003	曾用名	string	..72	N	配偶曾用名,采用基础数据库统一定义的标识符 曾用名对个人来说,指本人在读书和工作期间曾经使用过的名字。中国公民常住人口登记表、居民户口簿上登载的"曾用名"项目和户口迁移证上登载的"别名"项目均应填写为公民过去在户口登记机关申报登记并正式使用过的姓名。此处只填写最后一次使用过的曾用名

续表

标识符	中文名称	数据类型	数据格式	必选项	备注
AXCP0004	身份证件类型	string	n2	N	配偶证件类型,采用基础数据库统一定义的标识符 取值范围见 JMGC/XX 204 中 C0015 身份证件类型代码
AXCP0005	身份证件号码	string	..18	N	配偶身份证件号码,采用基础数据库统一定义的标识符 对于身份证件类型为"内地居民身份证"的人员,身份证件号码值域见 GB 11643—1999《公民身份号码》
AXCP0007	国籍	string	n3	N	配偶国籍,采用基础数据库统一定义的标识符 见 GB/T 2659(《世界各国和地区名称代码》)
AXCP0011	籍贯	string	..100	N	籍贯,采用基础数据库统一定义的标识符
ABEX9715	配偶户籍地址	string	..100	N	
ABEX9698	登记类型	string	n2	N	见 JMGC/XX 204 CFA05 中婚姻管理业务类型代码
ABEX9699	结婚登记日期	date	YYYYMMDD	N	
ABEX9700	登记机关	string	..50	N	
ABEX9701	离婚登记号	string	..50	N	
ABEX9702	结婚登记号	string	..50	N	
AXCP0036	婚姻状况	string	n2	N	婚姻状况,采用基础数据库统一定义的标识符 取值范围见 JMGC/XX 204 中 C0010 婚姻状况代码
ABEX9714	配偶婚姻状况	string	n2	N	见 JMGC/XX 204 中 C0010 婚姻状况代码
ABEX9705	地区代码	string	..50	N	
ABEX9706	男方年龄	number		N	
ABEX9707	女方年龄	number		N	
ABEX9708	离婚登记日期	date	YYYYMMDD	N	
ABEX9709	法院名称	string	..50	N	
ABEX9710	结案方式	string	..50	N	
ABEX9711	结案日期	date	YYYYMMDD	N	
ABEX9712	生效日期	date	YYYYMMDD	N	
ABEX9713	判决结果	string	..50	N	

B. 1. 23 BEX248 学籍信息表

标识符	中文名称	数据类型	数据格式	必选项	备注
ABEX9730	就读学校名称	string	..50	N	
ABEX9731	学校所在地市	string	..50	N	
ABEX9732	就读情况	string	..50	N	
ABEX9733	学籍号	string	..50	N	
ABEX9734	就读年级	string	..50	N	
ABEX9735	就读班级	string	..50	N	
AXZX0001	联系电话	string	..18	N	有效的座机或手机号码。座机号码标准格式为:区号 - 电话号码,手机号码为11位数字
ABEP0520	学业状况	string	n2	N	见JMGC/XX 204中C0027学业状况代码
AXCP0009	人员文化程度	string	n2	N	文化程度,采用基础数据库统一定义的标识符 取值范围见JMGC/XX 204中C0008学历代码
ABEX9739	入学日期	date	YYYYMMDD	N	
ABEX9740	毕(结)业日期	date	YYYYMMDD	N	
ABEX9741	专业	string	..50	N	
ABEX9743	学制	string	..50	N	
ABEX9744	证书编号	string	..50	N	
ABEX9745	是否毕业	boolean		N	
ABEX9745	是否毕业	boolean		N	

B. 1. 24 BEX287 助学信息表

标识符	中文名称	数据类型	数据格式	必选项	备注
ABEX9730	资助类型	string	n2	N	见JMGC/XX 204中CB025助学资助类型代码
ABEX9731	资助年度	string	..50	N	核对对象被助学的年度时间
ABEX9732	资助学年	string	..50	N	核对对象被资助的学年(春季、秋季等)
ABEX9733	资助金额	float	9,2	N	核对对象被助学的金额,单位:元

B.1.25 BEX249 救助信息表

标识符	中文名称	数据类型	数据格式	必选项	备注
ABEX9762	救助业务类型	string	n2	N	见 JMGC/XX 204 中 CB001 救助业务类型代码
ABEX9763	救助证号	string	..50	N	
ABEX9764	救助金额	float	9,2	N	单位:元
ABEX9765	享受救助待遇开始年月	string	n6	N	格式:YYYYMM
ABEX9766	享受救助待遇截止年月	string	n6	N	格式:YYYYMM
ABEX9767	银行账户	string	..20	N	
ABEX0445	家庭人口数	number		N	
ABEX9769	保障人口	string	..50	N	
ABEX9770	享受金额	float	9,2	N	单位:元
ABEX9771	发放金额	float	9,2	N	单位:元
ABEX9772	发放年月	string	n6	N	格式:YYYYMM
ABEX9774	保障类型	string	an2	N	见 JMGC/XX 204 中 C0001 民政业务分类代码
ABEX0447	致贫原因	string	..50	N	
AXCP0010	健康状况	string	n2	N	健康状况,采用基础数据库统一定义的标识符 见 JMGC/XX 204 中 C0011 健康状况代码
ABEX9407	残疾类别	string	n2	N	见 JMGC/XX 204 中 C0024 残疾类别代码
ABEP0518	残疾等级	string	n2	N	见 JMGC/XX 204 中 C0025 残疾等级代码
ABEX9779	建档立卡	boolean		N	
ABEX9780	住房所有权代码	string	n2	N	见社会救助业务 代码集"不动产权利类型代码"
ABEX9781	住房类型	string	n2	N	见社会救助业务 代码集"不动产性质代码"
ABEX9782	住房面积	float	5,2	N	单位:平方米
AXCP0009	人员文化程度	string	n2	N	文化程度,采用基础数据库统一定义的标识符 取值范围见 JMGC/XX 204 中 C0008 学历代码
AXCP0036	婚姻状况	string	n2	N	婚姻状况,采用基础数据库统一定义的标识符 取值范围见 JMGC/XX 204 中 C0010 婚姻状况代码

续表

标识符	中文名称	数据类型	数据格式	必选项	备注
AXCP0024	劳动能力	string	n2	N	劳动能力,采用基础数据库统一定义的标识符 取值范围见 JMGC/XX 204 中 C0014 劳动能力鉴定等级代码
ABEX9787	工作性质	string	an2	N	见 JMGC/XX 204 中 C0017 职业分类代码
ABEX9788	月收入金额	float	9,2	N	单位:元
AXBE0003	工作单位	string	..100	N	
AXBE0005	工作单位性质	string	n2	N	见 JMGC/XX 204 中 C0038 单位性质代码
ABEX9791	纳入医保报销费用	float	9,2	N	单位:元
ABEX9792	医保支付金额	string	..50	N	
ABEX9793	纳入大病保险报销费用	float	9,2	N	单位:元
ABEX9794	大病保险支付金额	float	9,2	N	单位:元
ABEX9795	医疗救助金额	float	9,2	N	单位:元
ABEX9796	自付金额	float	9,2	N	单位:元
ABEX9797	结算日期	date	YYYYMMDD	N	
ABEX9798	出院日期	date	YYYYMMDD	N	

B.1.26 BEX250 司法信息表

标识符	中文名称	数据类型	数据格式	必选项	备注
ABEX9815	援助原因	string	..500	N	
ABEX9816	援助形式	string	..50	N	
AXBE0003	援助机构	string	..100	N	
ABEX9818	援助时间	datetime	YYYYMMDD hh:mm:ss	N	
ABEX9819	援助内容	string	..50	N	
ABEX9820	是否失信人员	boolean		N	
ABEX9821	失信原因	string	..500	N	
ABEX9822	执行时间	datetime	YYYYMMDD hh:mm:ss	N	
ABEX9823	所在监狱	string	..50	N	
ABEX9824	刑期起日期	date	YYYYMMDD	N	
ABEX9825	刑期止日期	date	YYYYMMDD	N	

续表

标识符	中文名称	数据类型	数据格式	必选项	备注
ABEX9826	释放时间	datetime	YYYYMMDD hh:mm:ss	N	
ABEX9827	是否重点人员	boolean		N	

B. 1. 27 BEX251 涉农信息表

标识符	中文名称	数据类型	数据格式	必选项	备注
ABEX9844	宅基地面积	float	5,2	N	单位:平方米
ABEX9845	农用地面积	float	5,2	N	单位:亩
ABEX9866	农用地类型	string	n2	N	
ABEX9846	补贴总金额	float	9,2	N	单位:元
ABEX9847	补贴名称	string	..50	N	
ABEX9848	补偿年份	string	n4	N	
AXCP0027	个人开户银行代码	string	n4	N	代发银行,采用基础数据库统一定义的标识符 取值范围见 JMGC/XX 204 中 C0044 开户银行代码
ABEX9511	银行账号	string	..20	N	
ABEX9851	惠农补贴项目	string	n2	N	
ABEX9852	单台国补	float	9,2	N	单位:元
ABEX9853	单台省补	float	9,2	N	单位:元
ABEX9854	单台市补	float	9,2	N	单位:元
ABEX9855	单台县补	float	9,2	N	单位:元
ABEX9856	最终销售总价	float	9,2	N	单位:元
ABEX9857	购机日期	date	YYYYMMDD	N	
ABEX9858	结算日期	date	YYYYMMDD	N	
ABEX9859	农机类型	string	n2	N	
AXBE0031	登记日期	date	YYYYMMDD	N	
ABEX9861	登记原值	float	9,2	N	单位:元
ABEX9862	检验有效日期	date	YYYYMMDD	N	
ABEX9864	农机品牌	string	..50	N	
ABEX9865	农机号牌	string	..50	N	

B.1.28 BEX252 失业人员信息表

标识符	中文名称	数据类型	数据格式	必选项	备注
ABEX9882	社会保障号	string	..50	N	
AXBE0003	缴费单位名称	string	..100	N	
ABEX9884	领取时间	datetime	YYYYMMDD hh:mm:ss	N	
ABEX9885	领取金额	float	9,2	N	单位:元
ABEX9886	缴费基数	float	9,2	N	单位:元
ABEX9513	失业登记日期	date	YYYYMMDD	N	
ABEX9888	是否领取失业金	boolean		N	

B.1.29 BEX253 退休人员信息表

标识符	中文名称	数据类型	数据格式	必选项	备注
ABEX9882	社会保障号	string	..50	N	
AXBE0003	缴费单位名称	string	..100	N	
ABEX9907	退休日期	date	YYYYMMDD	N	
ABEX9908	退休金额	float	9,2	N	单位:元
ABEX9772	发放年月	string	n6	N	格式:YYYYMM
ABEX9910	退休类别	string	n2	N	
ABEX9882	社会保障号	string	..50	N	
AXBE0003	缴费单位名称	string	..100	N	
ABEX9907	退休日期	date	YYYYMMDD	N	
ABEX9908	退休金额	float	9,2	N	单位:元
ABEX9772	发放年月	string	n6	N	格式:YYYYMM
ABEX9910	退休类别	string	n2	N	

B.1.30 BEX254 医疗保险信息表

标识符	中文名称	数据类型	数据格式	必选项	备注
ABEX9927	个人登记号码	string	..50	N	
AXBE0003	缴存单位名称	string	..100	N	
ABEX9929	申报月均工资	float	9,2	N	单位:元
ABEX9930	缴费人员类别	string	an2	N	见 JMGC/XX 204 中 C0017 职业分类代码

续表

标识符	中文名称	数据类型	数据格式	必选项	备注
ABEX9931	医疗参保人员类别	string	an2	N	见 JMGC/XX 204 中 C0017 职业分类代码
ABEX9932	医保缴费基数	float	9,2	N	单位:元
ABEX9933	征缴起始年月	string	n6	N	格式:YYYYMM
ABEX9934	征缴截止年月	string	n6	N	格式:YYYYMM
AXCP0002	姓名	string	..72	N	姓名,采用基础数据库统一定义的标识符
ABEX9936	交易类型	string	..50	N	
ABEX9937	交易子类	string	..50	N	
ABEX9938	总金额	float	9,2	N	单位:元
ABEX9939	非医保结算范围金额	float	9,2	N	单位:元
ABEX9940	个人现金	float	9,2	N	单位:元
ABEX9941	账户支付	float	9,2	N	单位:元
ABEX9942	统筹金额	float	9,2	N	单位:元
ABEX9943	附加金额	float	9,2	N	单位:元
ABEX9944	流水号	string	..32	N	
ABEX9945	医院代码	string	..32	N	
ABEX9946	医院名称	string	..32	N	
ABEX9G20	入院日期	date	YYYYMMDD	N	
ABEX9948	住院天数	string	..50	N	单位:天
ABEX9949	结算日期	date	YYYYMMDD	N	
ABEX9950	零星报销费用年度	string	an4	N	
ABEX9951	医保办法	string	..50	N	

B.1.31 BEX256 证券信息表

标识符	中文名称	数据类型	数据格式	必选项	备注
ABEX9A07	沪市股票总市值	float	9,2	N	单位:元
ABEX9A08	深市股票总市值	float	9,2	N	单位:元
ABEX9A09	股转系统总股本	float	9,2	N	单位:元
ABEX9A10	股转系统总市值	float	9,2	N	单位:元
ABEX9A11	基金总市值	float	9,2	N	单位:元
ABEX9A12	债券总面值	float	9,2	N	单位:元
ABEX9A13	数据日期	date	YYYYMMDD	N	
ABEX9A14	结果代码	string	n5	N	

续表

标识符	中文名称	数据类型	数据格式	必选项	备注
ABEX9A15	结果说明	string	..500	N	
ABEX9A16	沪市托管商	string	..500	N	
ABEX9A17	深市托管商	string	..500	N	
ABEX9A18	股转系统托管商	string	..500	N	

B.1.32 BEX258 工商信息表

标识符	中文名称	数据类型	数据格式	必选项	备注
ABEX9A61	注册号	string	..50	N	
ABEX9608	企业名称	string	..50	N	
AXCP0002	姓名	string	..72	N	主要负责人姓名,采用基础数据库统一定义的标识符
AXCP0004	身份证件类型	string	n2	N	主要负责人证件类型,采用基础数据库统一定义的标识符 取值范围见 JMGC/XX 204 中 C0015 身份证件类型代码
AXCP0005	身份证件号码	string	..18	N	主要负责人身份证件号码,采用基础数据库统一定义的标识符 对于身份证件类型为“内地居民身份证”的人员,身份证件号码值域见 GB 11643—1999《公民身份号码》
ABEX9508	职务	string	n1	N	见 JMGC/XX 204 中 C0017 职业分类代码
ABEX9A67	注册资金	float	9,2	N	单位:元
ABEX9A68	实收资本	float	9,2	N	单位:元
ABEX9A69	经济性质	string	n2	N	见 JMGC/XX 204 中 C0036 国民经济行业分类
ABEX9A70	经营方式	string	n2	N	
ABEX9A71	经营范围	string	..500	N	
ABEX9A72	发证机关	string	..50	N	
AXZX0004	发证日期	date	YYYYMMDD	N	
ABEX9A74	成立日期	date	YYYYMMDD	N	
ABEX9A75	经营期限自	date	YYYYMMDD	N	
ABEX9A76	经营期限至	date	YYYYMMDD	N	
ABEX9A88	投资人姓名	string	..72	N	
ABEX9A89	投资人证件类型	string	n2	N	见 JMGC/XX 204 中 C0015 身份证件类型代码

续表

标识符	中文名称	数据类型	数据格式	必选项	备注
ABEX9A90	投资人身份证件号码	string	..18	N	对于身份证件类型为“内地居民身份证”的人员,身份证件号码值域见 GB 11643—1999《公民身份号码》
ABEX9A80	投资人认缴出资额	float	9,2	N	单位:元
AXBE0002	统一社会信用代码	string	an18	N	
ABEX9A83	经营场所	string	..50	N	
ABEX9A84	从业人数	string	..50	N	
ABEX9A85	法人变更日期	date	YYYYMMDD	N	
ABEX9A86	变更前法人信息	string	..50	N	
ABEX9A87	变更后法人信息	string	..50	N	

B.1.33 BEX259 扶贫信息表

标识符	中文名称	数据类型	数据格式	必选项	备注
ABEX9B05	贫困人口编号	string	..50	N	
ABEX9B06	贫困户编号	string	..50	N	
ABEX9B07	贫困户属性	string	n2	N	
ABEX9B08	脱贫标志	string	..50	N	
ABEX0447	致贫原因	string	..50	N	
ABEX9B11	首次录入时间	datetime	YYYYMMDD hh:mm:ss	N	
ABEX9B12	脱贫年度	string	an4	N	
ABEX9B13	返贫年度	string	an4	N	
ABEX9B14	与户主关系	string	n1	N	见 JMGC/XX 204 中 C0032 家庭关系代码
ABEX9B15	户主姓名	string	..72	N	
ABEX9B16	户主公民身份号码	string	an18	N	对于证件类型为“内地居民身份证”的人员,身份证件号码值域见 GB 11643—1999《公民身份号码》

B.1.34 BEX260 社保缴存信息表

标识符	中文名称	数据类型	数据格式	必选项	备注
ABEX9882	社会保障号	string	..50	N	
ABEX9E13	领取待遇开始时间	datetime	YYYYMMDD hh:mm:ss	N	

续表

标识符	中文名称	数据类型	数据格式	必选项	备注
ABEX9E14	最近发放月份	string	n6	N	
ABEX9E15	最近发放金额	float	9,2	N	单位:元
AXBE0003	参保单位名称	string	..100	N	
ABEX9E17	缴费开始年月	string	n6	N	格式:YYYYMM
ABEX9E18	缴费终止年月	string	n6	N	格式:YYYYMM
ABEX9E19	社保缴费基数	float	9,2	N	单位:元
ABEX9E20	最后缴纳养老保险金额	float	9,2	N	单位:元
ABEX9E21	参保险种	string	n2	N	见 JMGC/XX 204 中 CB0027 险种名称代码
ABEX9E24	单位申报月工资	float	9,2	N	单位:元
ABEX9E25	实际缴费年限合计	float	9,2	N	单位:元
ABEX9E26	个人缴费金额合计	float	9,2	N	单位:元
ABEX9E27	个人社保编号	string	..50	N	
ABEX9E28	单位社保编号	string	..50	N	
ABEX9E29	参保单位类型	string	n2	N	见 JMGC/XX 204 中 C0038 单位性质代码
ABEX9E30	参保日期	date	YYYYMMDD	N	

B.1.35 BEX261 驾驶员信息表

标识符	中文名称	数据类型	数据格式	必选项	备注
ABEX9E41	驾驶证号	string	..50	N	
ABEX9E42	初次领证日期	date	YYYYMMDD	N	
AXCP0039	出生日期	date	YYYYMMDD	N	出生日期,采用基础数据库统一定义的标识符
ABEX9E44	准驾车型	string	n2	N	
ABEX9A72	发证机关	string	..50	N	
ABEX9E46	有效起始日期	date	YYYYMMDD	N	
ABEX9E47	有效截止日期	date	YYYYMMDD	N	
ABEX9E48	有效期限	string	..50	N	
ABEX9E49	档案编号	string	..50	N	
AXCP0006	性别	string	n1	N	性别,采用基础数据库统一定义的标识符 取值范围见 JMGC/XX 204 中 C0007 人的性别代码

续表

标识符	中文名称	数据类型	数据格式	必选项	备注
AXCP0007	国籍	string	an3	N	国籍，采用基础数据库统一定义的标识符 取值范围见 GB/T 2659(《世界各国和地区名称代码》)
ABEX9E52	住址	string	..50	N	

B.1.36 BEX262 就业信息表

标识符	中文名称	数据类型	数据格式	必选项	备注
ABEX9517	就业登记日期	date	YYYYMMDD	N	
ABEX9521	就业开始日期	date	YYYYMMDD	N	
AXBE0003	单位名称	string	..100	N	

B.1.37 BEX264 公墓信息表

标识符	中文名称	数据类型	数据格式	必选项	备注
AXCP0002	姓名	string	..72	N	购墓者姓名，采用基础数据库统一定义的标识符 参见基础库 - 人员信息表 - 人员姓名
AXBE0003	公墓单位名称	string	..100	N	
ABEX9F13	实收金额	float	9,2	N	单位：元
ABEX9F14	管理期限开始日期	date	YYYYMMDD	N	
ABEX9F15	管理期限结束日期	date	YYYYMMDD	N	

B.1.38 BEX265 孤儿信息表

标识符	中文名称	数据类型	数据格式	必选项	备注
AXCP0039	出生日期	date	YYYYMMDD	N	出生日期，采用基础数据库统一定义的标识符
AXCP0008	民族	string	n2	N	民族，采用基础数据库统一定义的标识符 见 JMGC/XX 204 中 C0009“民族代码”
ABEX9F29	福利证号	string	..50	N	

续表

标识符	中文名称	数据类型	数据格式	必选项	备注
AXCP0040	户籍地址	string	..100	N	户籍地址，采用基础数据库统一定义的标识符
ABEX9F32	儿童现住址	string	..50	N	
ABEX9F33	福利机构名称	string	..50	N	
ABEX9F34	养育类型	string	n2	N	
ABEX9F37	患病类型	string	n2	N	见 JMGC/XX 204 中 CJ005 儿童患病类型代码
ABEX9F38	是否重病	boolean		N	
ABEX9407	残疾类别	string	n2	N	见 JMGC/XX 204 中 C0024 残疾类别代码
ABEP0518	残疾等级	string	n2	N	见 JMGC/XX 204 中 C0025 残疾等级代码
ABEX9F41	特教类型	string	n2	N	见 JMGC/XX 204 中 CJ006 特教训练类型代码
ABEX9F42	是否患艾滋病	boolean		N	
ABEX9F43	其他救助	string	..50	N	
ABEX9F44	起领年月	string	n6	N	格式：YYYYMM
ABEX9F45	停领年月	string	n6	N	格式：YYYYMM
ABEX9F46	领取方式	string	n2	N	见 JMGC/XX 204 中 CJ008 福利资金领取方式代码
ABEX9F47	开户人(领取人)	string	..50	N	
ABEX9F48	开户人(领取人)与受益人关系	string	..50	N	
AXCP0027	个人开户银行代码	string	n4	N	开户行，采用基础数据库统一定义的标识符 取值范围见 JMGC/XX 中 C0044 开户银行代码
ABEX9F50	银行账号	string	..20	N	
ABEX9F51	减员原因	string	..500	N	
ABEX9317	死亡原因	string	n2	N	见 JMGC/XX 204 中 C0035 死亡原因代码
ABEX9F53	死亡处理方式	string	n2	N	
ABEX9F54	家庭收入	float	9,2	N	单位：元
ABEX9F55	家庭资产	float	9,2	N	单位：元
ABEX9F56	人均居住面积	float	9,2	N	单位：平方米
AXCP0002	姓名	string	..72	N	父亲姓名，采用基础数据库统一定义的标识符
ABEX9F58	父亲公民身份号码	string	an18	N	对于证件类型为“内地居民身份证”的人员，身份证件号码值域见 GB 11643—1999 公民身份号码

续表

标识符	中文名称	数据类型	数据格式	必选项	备注
ABEX9F59	父亲当前情况	string	..500	N	
ABEX9F60	父亲是否患艾滋病	boolean		N	
ABEX9317	父亲死亡原因	string	n2	N	见 JMGC/XX 204 中 C0035 死亡原因代码
ABEX9F62	母亲姓名	string	..72	N	
ABEX9F63	母亲公民身份号码	string	an18	N	对于证件类型为“内地居民身份证”的人员，身份证件号码值域见 GB 11643—1999《公民身份号码》
ABEX9F65	母亲是否患艾滋病	boolean		N	
ABEX9F66	母亲死亡原因	string	n2	N	见 JMGC/XX 204 中 C0035 死亡原因代码
ABEX9F67	监护人姓名	string	..72	N	
ABEX9F68	监护人公民身份号码	string	an18	N	对于证件类型为“内地居民身份证”的人员，身份证件号码值域见 GB 11643—1999《公民身份号码》
AXZX0001	监护人联系电话	string	..18	N	有效的座机或手机号码。座机号码标准格式为：区号－电话号码，手机号码为 11 位数字
ABEX9F70	监护人关系	string	n2	N	见 JMGC/XX 204 中 CJ009 与儿童关系代码
ABEX9F71	是否同住	boolean		N	

B.1.39 BEX266 投注站信息表

标识符	中文名称	数据类型	数据格式	必选项	备注
ABEX9F83	原投注站反馈编号	string	..50	N	
ABEX9F85	投注站站号	string	..50	N	
AXCP0002	姓名	string	..72	N	站主姓名，采用基础数据库统一定义的标识符
AXZX0001	站主联系方式	string	..18	N	有效的座机或手机号码。座机号码标准格式为：区号－电话号码，手机号码为 11 位数字
ABEX9F88	投注站地址	string	..50	N	
ABEX9F89	代销品种	string	..50	N	
ABEX9F90	销量	string	..50	N	

B.1.40 BEX267 职工互助信息表

标识符	中文名称	数据类型	数据格式	必选项	备注
ABEX9G02	互助金支付额度	string	..50	N	
ABEX9G03	互助金即付日期	date	YYYYMMDD	N	

B.1.41 BEX268 少儿就医信息表

标识符	中文名称	数据类型	数据格式	必选项	备注
ABEX9G14	交换结算年月	string	n6	N	格式:YYYYMM
ABEX9G15	少儿基金总费用	float	9,2	N	单位:元
ABEX9G16	少儿基金支付费用	float	9,2	N	单位:元
ABEX9G17	居保住院总费用	float	9,2	N	单位:元
ABEX9G18	居保支付费用	float	9,2	N	单位:元
ABEX9946	医院名称	string	..32	N	
ABEX9G20	入院日期	date	YYYYMMDD	N	
ABEX9798	出院日期	date	YYYYMMDD	N	

B.1.42 BEX269 社会组织管理信息表

标识符	中文名称	数据类型	数据格式	必选项	备注
ABEX9G33	组织名称	string	..50	N	
ABEX9G34	登记证号	string	..50	N	
ABEX9G35	组织机构代码	string	..50	N	
AXBE0003	业务主管单位	string	..100	N	
ABEX9G37	行业分类	string	n2	N	见 JMGC/XX 204 中 C0037 单位行业分类代码
ABEX9G38	登记管理机关	string	..50	N	
ABEX9G39	开办资金(元)	float	9,2	N	单位:元
ABEX9G40	组织类型	string	n2	N	

B.1.43 BEX270 收养信息表

标识符	中文名称	数据类型	数据格式	必选项	备注
ABEX9G51	收养关系	string	..50	N	

续表

标识符	中文名称	数据类型	数据格式	必选项	备注
AXCP0002	姓名	string	..72	N	收养人男方姓名,采用基础数据库统一定义的标识符
ABEX9G53	收养人男方公民身份号码	string	an18	N	对于证件类型为“内地居民身份证”的人员,身份证件号码值域见GB 11643—1999《公民身份号码》
ABEX9G54	收养人女方姓名	string	..72	N	
ABEX9G55	收养人女方公民身份号码	string	an18	N	对于证件类型为“内地居民身份证”的人员,身份证件号码值域见GB 11643—1999《公民身份号码》
ABEX9G56	被收养人姓名	string	..72	N	
ABEX9G57	被收养人公民身份号码	string	an18	N	对于证件类型为“内地居民身份证”的人员,身份证件号码值域见GB 11643—1999《公民身份号码》
ABEX9G34	登记证号	string	..50	N	
ABEX9860	登记日期	date	YYYYMMDD	N	

B.1.44 BEX271 个人投保表

标识符	中文名称	数据类型	数据格式	必选项	备注
ABEX9G70	投保公司	string	..50	N	
ABEX9G71	缴费金额	float	9,2	N	单位:元
ABEX9G72	保额	float	9,2	N	单位:元

B.1.45 BEX272 自然资源表

标识符	中文名称	数据类型	数据格式	必选项	备注
ABEX9G83	类型名称	string	n2	N	见JMGC/XX 204中CB0026自然资源类型说明代码
ABEX9G84	坐落地址	string	..50	N	
ABEX9G85	占地面积	float	9,2	N	单位:平方米
ABEX9G86	资源用途	string	..50	N	
ABEX9G87	权利性质	string	n2	N	
ABEX9G88	权利类型	string	n2	N	
ABEX9860	登记时间	date	YYYYMMDD	N	
ABEX9G90	查封起始时间	datetime	YYYYMMDD hh:mm:ss	N	
ABEX9G91	查封结束时间	datetime	YYYYMMDD hh:mm:ss	N	

续表

标识符	中文名称	数据类型	数据格式	必选项	备注
ABEX9G92	不动产权证号	string	..50	N	
ABEX9G93	登记机构	string	..50	N	
ABEX9968	产权证编号	string	..50	N	
ABEX9969	房屋编号	string	..50	N	
ABEX9970	房屋建筑面积	float	5,2	N	单位:平方米
ABEX9971	房屋套内面积	float	5,2	N	单位:平方米
ABEX9975	购房日期	date	YYYYMMDD	N	
ABEX9976	购房价格	float	5,2	N	单位:万元
ABEX9980	房屋结构	string	..50	N	
ABEX9546	贷款金额	float	9,2	N	单位:元
ABEX9984	贷款利率	float	2,2	N	
ABEX9985	放款日期	date	YYYYMMDD	N	
ABEX9548	贷款年限	string	an4	N	
ABEX9987	合同编号	string	..50	N	
ABEX9988	合同金额	float	9,2	N	单位:元
ABEX9989	合同签订时间	datetime	YYYYMMDD hh:mm:ss	N	

B.1.46 BEX273 新生儿出生信息表

标识符	中文名称	数据类型	数据格式	必选项	备注
ABEX9188	母亲证件类型代码	string	n2	N	见 JMGC/XX 204 中 C0015 身份证件类型代码
ABEX9F63	母亲身份证件号码	string	..18	N	对于身份证件类型为“内地居民身份证”的人员,身份证件号码值域见 GB 11643—1999《公民身份号码》
ABEX9F62	母亲姓名	string	..72	N	
ABEX9189	父亲证件类型代码	string	n2	N	见 JMGC/XX 204 中 C0015 身份证件类型代码
ABEX9F58	父亲身份证件号码	string	..18	N	对于身份证件类型为“内地居民身份证”的人员,身份证件号码值域见 GB 11643—1999《公民身份号码》
ABEX9F57	父亲姓名	string	..72	N	
AXCP0002	姓名	string	..72	N	新生儿姓名,采用基础数据库统一定义的标识符

续表

标识符	中文名称	数据类型	数据格式	必选项	备注
AXCP0006	性别	string	n1	N	孩子性别代码，采用基础数据库统一定义的标识符 取值范围见 JMGC/XX 204 中 C0007 人的性别代码
ABEX9H17	孩子出生地点	string	..50	N	
ABEX9H24	出生时间	datetime	YYYYMMDD hh:mm	N	
ABEX9H25	医疗机构名称	string	..50	N	

B.1.47 BEX274 民政对象表

标识符	中文名称	数据类型	数据格式	必选项	备注
ABEX9H36	收入	float	9,2	N	单位:元
ABEX9H37	地址	string	..50	N	

B.1.48 BEX275 房屋租赁信息表

标识符	中文名称	数据类型	数据格式	必选项	备注
ABEX9H49	房屋坐落地址	string	..50	N	
ABEX9H50	房屋权利人/共有人	string	..72	N	
ABEX9H51	租赁租金	float	9,2	N	单位:元
ABEX9H52	租赁证号	string	..50	N	
ABEX9H37	地址	string	..50	N	
ABEX9H54	面积	float	5,2	N	单位:平方米
ABEX9H55	房屋用途	string	n2	N	
ABEX9H56	承租人	string	..50	N	
ABEX9H57	起始日期	date	YYYYMMDD	N	

B.1.49 BEX276 出租车营运信息表

标识符	中文名称	数据类型	数据格式	必选项	备注
ABEX9H68	公司名称	string	..50	N	
ABEX9H69	营运类型	string	..50	N	
ABEX9451	车牌号码	string	an15	N	GA 24.7—2005 机动车登记信息代码 第7部分:号牌种类代码

续表

标识符	中文名称	数据类型	数据格式	必选项	备注
ABEX9H71	承运开始日期	date	YYYYMMDD	N	
ABEX9H72	承运年限	string	an4	N	
AXZX0001	联系方式	string	..18	N	有效的座机或手机号码。座机号码标准格式为:区号－电话号码,手机号码为11位数字

B.1.50 BEX277 水费缴纳信息表

标识符	中文名称	数据类型	数据格式	必选项	备注
ABEX9H85	前六个月缴费总额	float	9,2	N	单位:元
ABEX9H86	末次缴费时间	datetime	YYYYMMDD hh:mm:ss	N	

B.1.51 BEX278 电费缴纳信息表

标识符	中文名称	数据类型	数据格式	必选项	备注
ABEX9H85	前六个月缴费总额	float	9,2	N	单位:元
ABEX9H86	末次缴费时间	datetime	YYYYMMDD hh:mm:ss	N	

B.1.52 BEX279 天然气费缴纳信息表

标识符	中文名称	数据类型	数据格式	必选项	备注
ABEX9H85	前六个月缴费总额	float	9,2	N	单位:元
ABEX9H86	末次缴费时间	datetime	YYYYMMDD hh:mm:ss	N	

B.1.53 BEX280 建档立卡户信息

标识符	中文名称	数据类型	数据格式	必选项	备注
ABEX0447	致贫原因	string	..50	N	
ABEX9J23	建档立卡时间	datetime	YYYYMMDD hh:mm:ss	N	

B. 1. 54 BEX281 民办非企业信息表

标识符	中文名称	数据类型	数据格式	必选项	备注
ABEX9J35	民办非企业名称	string	. . 50	N	
ABEX9G40	组织类型	string	n2	N	
ABEX9G34	登记证号	string	. . 50	N	
AXBE0003	业务主管单位	string	. . 100	N	
ABEX9G37	行业分类	string	n2	N	见 JMGC/XX 204 中 C0037 单位行业分类代码
AXCP0002	姓名	string	. . 72	N	主要负责人姓名,采用基础数据库统一定义的标识符
AXCP0004	身份证件类型	string	n2	N	主要负责人证件类型,采用基础数据库统一定义的标识符 取值范围见 JMGC/XX 204 中 C0015 身份证件类型代码
AXCP0005	身份证件号码	string	. . 18	N	主要负责人身份证件号码,采用基础数据库统一定义的标识符 对于身份证件类型为“内地居民身份证”的人员,身份证件号码值域见 GB 11643—1999 公民身份号码
AXCP0044	职务	string	. . 50	N	职务,采用基础数据库统一定义的标识符 取值范围见 JMGC/XX 204 中 C0017 职业分类代码
ABEX9A67	注册资金	float	5,2	N	单位:万元
ABEX9A71	经营范围	string	. . 500	N	
ABEX9A74	成立日期	date	YYYYMMDD	N	

B. 1. 55 BEX282 优抚信息表

标识符	中文名称	数据类型	数据格式	必选项	备注
ABEX9J57	抚恤类型	string	n2	N	
ABEX9J58	抚恤金额	float	9,2	N	单位:元
ABEX9J59	生活补助金额	float	9,2	N	单位:元
ABEX9J60	开始享受年份	string	n4	N	

B. 1. 56 BEX283 医院出院诊断信息表

标识符	中文名称	数据类型	数据格式	必选项	备注
ABEX9J72	出院诊断代码	string	. . 50	N	
ABEX9J73	出院诊断名称	string	. . 50	N	
ABEX9946	医院名称	string	. . 32	N	
ABEX9J75	诊断日期	date	YYYYMMDD	N	

B. 1. 57 BEX284 公益性岗位人员信息表

标识符	中文名称	数据类型	数据格式	必选项	备注
AXBE0003	工作单位	string	. . 100	N	
ABEX9J87	人员身份	string	. . 50	N	
ABEX9J88	参加工作时间	date	YYYYMMDD	N	
ABEX9J89	工资金额	float	9,2	N	单位:元

B. 2 基层政权建设和社区治理业务

B. 2. 1 CAE98 村(居)赋码信息表

标识符	中文名称	数据类型	数据格式	必选项	备注
ACAE8901	村居赋码标识	string	an32	Y	本记录的唯一标识,取值为 UUID,符合 GB/T 17969. 8—2010 的规定
AXAA0001	行政区划代码	string	n12	Y	组织所在地行政区划代码;前 6 位见 GB/T 2260(《中华人民共和国行政区划代码》),后 3 位见 GB/T 10114—2003(《县以下行政区划代码编码规则》),最后 3 位为村或社区编码
ACAE8902	村居名称	string	. . 100	Y	村(居)委会名称
ACAE8903	村(居)类型	string	n1	Y	4. 村民委员会;5. 居民委员会
AXBE0002	统一社会信用代码	string	an18	Y	《国务院关于批转发展改革委等部门法人和其他组织统一社会信用代码制度建设总体方案的通知》(国发〔2015〕33 号)中确定的编制规则
ACAE8904	有效期(始)	date	YYYYMMDD	Y	
ACAE8905	有效期(止)	date	YYYYMMDD	Y	
ACAE8906	发证机关	string	. . 100	Y	
ACAE8907	核准日期	date	YYYYMMDD	Y	

续表

标识符	中文名称	数据类型	数据格式	必选项	备注
ACAE8908	联系人	string	..72	Y	填写中文字符、英文字符
AXBE0013	联系电话	string	..17	Y	有效的座机或手机号码。座机号码标准格式为:区号－电话号码,手机号码为11位数字
ACAE8909	详细地址	string	..100	Y	标准格式示例:××省××市××区××街道××××××
ACAE8910	村(居)民小组数	string	n3	Y	小组数量
ACAE8911	户数	string	n5	Y	
ACAE8912	自然村数	string	n3	N	机构类型为村民委员会是填写自然村数
ACAE8913	小区数	string	n3	N	机构类型为居民委员会是填写小区数

B.2.2 CAP99 社区工作人员信息表

标识符	中文名称	数据类型	数据格式	必选项	备注
AXBE0002	社区统一社会信用代码	string	an18	Y	《国务院关于批转发展改革委等部门法人和其他组织统一社会信用代码制度建设总体方案的通知》(国发〔2015〕33号)中确定的编制规则
AXCP0005	身份证号码	string	an18	Y	身份证件号码值域见GB 11643—1999(《公民身份号码》)
AXCP0002	姓名	string	..72	Y	人员姓名;填写中文字符、英文字符
AXCP0006	性别	string	n1	Y	见JMGC/XX 204中C0007人的性别代码
AXCP0017	政治面貌	string	n2	Y	见JMGC/XX 204中C0013政治面貌代码
AXCP0008	民族	string	n2	Y	见JMGC/XX 204中C0009民族代码
ACAP9902	职务	string	..50	Y	
AXCP0009	学历	string	n2	Y	见JMGC/XX 204中C0008学历代码
AXZX0001	手机号码	string	n11	Y	长11位,第1位为1,第二位为3—9
ACAP9903	人员类型	string	n2	Y	见JMGC/XX 204中CC009社区服务人员类型代码
ACAP1711	是否兼职	string	n1	N	1是;0否
ACAP1712	职称	string	n1	N	见JMGC/XX 204中CK101社会工作者职业水平等级代码
ACAP1713	月平均收入	string	n1	N	
ACAP1714	是否有财政负担的社会保险	string	n1	N	1是;0否

B. 2. 3 CAE05 社区组织表

标识符	中文名称	数据类型	数据格式	必选项	备注
ACAE0501	社区组织标识	string	an32	Y	本记录的唯一标识,取值为 UUID,符合 GB/T 17969. 8—2010 的规定
AXBE0003	组织名称	string	. . 100	Y	统一社会信用代码上登记的组织全称
AXBE0002_1	所属社区统一社会信用代码	string	an18	Y	《国务院关于批转发展改革委等部门法人和其他组织统一社会信用代码制度建设总体方案的通知》(国发〔2015〕33 号)中确定的编制规则
ACAE0505	登记部门	string	. . 100	Y	
ACAE0506	登记日期	date	YYYYMMDD	N	
ACAE0507	组织类型	string	n1	Y	见 JMGC/XX 204 中 CC006 社区组织类型代码
AXBE0017	组织负责人或法定代表人姓名	string	. . 72	Y	填写中文字符、英文字符
ACAE0509	组织联系地址	string	. . 100	Y	标准格式示例:××省××市××区××街道×××××××
AXBE0013	组织联系电话	string	. . 17	Y	有效的座机或手机号码。座机号码标准格式为:区号 - 电话号码,手机号码为 11 位数字
AXBE0006	业务主管单位	string	. . 100	N	
AXBE0002_2	主管单位统一社会信用代码	string	an18	N	组织所在地主管单位统一社会信用代码;《国务院关于批转发展改革委等部门法人和其他组织统一社会信用代码制度建设总体方案的通知》(国发〔2015〕33 号)中确定的编制规则
ACAE0514	组织简介	string	. . 500	N	

B. 2. 4 CAP17 社区组织成员表

标识符	中文名称	数据类型	数据格式	必选项	备注
ACAE0501	社区组织标识	string	an32	Y	社区组织表标识
AXCP0005	身份证号码	string	an18	Y	身份证件号码值域见 GB 11643—1999(《公民身份号码》)
AXCP0002	姓名	string	. . 72	Y	组织成员姓名;填写中文字符、英文字符
AXCP0006	性别	string	n1	Y	见 JMGC/XX 204 中 C0007 人的性别代码
AXCP0017	政治面貌	string	n2	Y	见 JMGC/XX 204 中 C0013 政治面貌代码

续表

标识符	中文名称	数据类型	数据格式	必选项	备注
AXCP0008	民族	string	n2	Y	见 JMGC/XX 204 中 C0009 民族代码
ACAP1707	职务	string	..50	Y	
AXCP0009	学历	string	n2	Y	见 JMGC/XX 204 中 C0008 学历代码
AXZX0001	手机号码	string	n11	Y	长 11 位,第 1 位为 1,第二位为3—9
ACAP1710	入职时间	date	YYYYMMDD	Y	成员进入当前组织时间
ACAP1711	是否兼职	string	n1	N	1 是;0 否
ACAP1712	职称	string	n1	N	见 JMGC/XX 204 中 CK101 社会工作者职业水平等级代码
ACAP1713	月平均收入	string	n1	N	
ACAP1714	是否有财政负担的社会保险	string	n1	N	1 是;0 否
ACAP1715	是否签订劳动合同	string	n1	N	1 是;0 否

B. 2. 5 DAE04 社区服务机构表

标识符	中文名称	数据类型	数据格式	必选项	备注
ACAE0401	社区服务机构标识	string	an32	Y	本记录的唯一标识,取值为 UUID,符合 GB/T 17969. 8—2010 的规定
AXBE0003	机构名称	string	..100	Y	统一社会信用代码上登记的机构全称
AXBE0002_1	所属社区统一社会信用代码	string	an18	Y	《国务院关于批转发展改革委等部门法人和其他组织统一社会信用代码制度建设总体方案的通知》(国发〔2015〕33 号)中确定的编制规则
ACAE0405	机构类型	string	n2	Y	见 JMGC/XX 204 中 CC007 社区服务机构与设施类型代码
ACAE0406	登记部门类型	string	n2	Y	见 JMGC/XX 204 中 C0047 登记部门代码
ACAE0407	登记部门	string	..100	Y	
ACAE0408	登记日期	date	YYYYMMDD	N	
ACAE0409	机构联系地址	string	..100	Y	标准格式示例:××省××市××区××街道×××××××
AXBE0013	机构联系电话	string	n17	Y	有效的座机或手机号码。座机号码标准格式为:区号 - 电话号码,手机号码为 11 位数字
AXBE0017	机构负责人或法定代表人姓名	string	..72	Y	填写中文字符、英文字符

续表

标识符	中文名称	数据类型	数据格式	必选项	备注
AXBE0006	主管单位名称	string	..100	N	
AXBE0002_2	主管单位统一社会信用代码	string	an18	N	《国务院关于批转发展改革委等部门法人和其他组织统一社会信用代码制度建设总体方案的通知》(国发〔2015〕33号)中确定的编制规则
ACAE0415	机构简介	string	..500	N	

B.2.6 CAP09 社区服务机构成员表

标识符	中文名称	数据类型	数据格式	必选项	备注
ACAE0401	社区服务机构标识	string	an32	Y	社区服务机构表标识
AXCP0005	身份证号码	string	an18	Y	身份证件号码值域见GB 11643—1999(《公民身份号码》)
AXCP0002	姓名	string	..72	Y	社区服务机构成员姓名;填写中文字符、英文字符
AXCP0006	性别	string	n1	Y	见JMGC/XX 204中C0007人的性别代码
AXCP0017	政治面貌	string	n2	Y	见JMGC/XX 204中C0013政治面貌代码
AXCP0008	民族	string	n2	Y	见JMGC/XX 204中C0009民族代码
ACAP0907	职务	string	..50	Y	在社区服务机构中所担任的职务
AXCP0009	学历	string	n2	Y	见JMGC/XX 204中C0008学历代码
AXZX0001	手机号码	string	n11	Y	长11位,第1位为1,第二位为3—9
ACAP0910	是否持证	string	n1	Y	1是;0否
AKCP0203	职业水平证书管理编号	string	..28	N	职业水平证书上的管理编号
AKCP0204	证书等级	string	n2	N	见JMGC/XX 204中CK101社会工作者职业水平等级代码
AKCP0205	职业水平证书发放日期	date	YYYYMMDD	N	
AXCP0103	年龄	string	n3	N	
ACAP0911	职称	string	n1	N	见JMGC/XX 204中CK101社会工作者职业水平等级代码
ACAP0912	月平均收入	string	n1	N	
ACAP0913	是否有财政负担的社会保险	string	n1	N	1是;0否
ACAP0914	是否签订劳动合同	string	n1	N	1是;0否

B. 2. 7 CAE03 社区服务设施表

标识符	中文名称	数据类型	数据格式	必选项	备注
ACAE0301	社区服务设施标识	string	an32	Y	本记录的唯一标识,取值为 UUID,符合 GB/T 17969. 8—2010 的规定
AXBE0002	所属社区统一社会信用代码	string	an18	Y	《国务院关于批转发展改革委等部门法人和其他组织统一社会信用代码制度建设总体方案的通知》(国发〔2015〕33 号)中确定的编制规则
ACAE0303	服务设施名称	string	..100	Y	
ACAE0304	设施类型	string	n2	Y	见 JMGC/XX 204 中 CC007 社区服务机构与设施类型代码
ACAE0308	设施面积	string	n5	Y	单位:㎡
ACAE0309	设施建成时间	date	YYYYMMDD	Y	
ACAE0310	设施维护单位名称	string	..100	Y	
ACAE0313	设施管理机构或组织名称	string	..100	Y	
ACAE0314	设施负责人	string	..72	Y	填写中文字符、英文字符
ACAE0315	建设投资(万元)	string	n10	Y	建设金额
ACAE0316	设施地址	string	..100	Y	填写具体设施所在位置
ACAE0317	服务时间	string	..100	N	填写具体服务时间,例如:周一至周五(9:00—11:00)

B. 3 社会事务业务

B. 3. 1 婚姻管理业务

B. 3. 1. 1 FAX01 婚姻登记业务表

标识符	中文名称	数据类型	数据格式	必选项	备注
AFAX0201	婚姻登记业务标识	string	an32	Y	本记录的唯一标识,取值为 UUID,符合 GB/T 17969. 8 的规定
AFAX0003	登记证字号/撤销决定字号	String	an19	Y	婚姻登记号以"J"开头是结婚,以"L"开头是离婚,以"BJ"开头是补发结婚证,以"BL"开头是补发离婚证,字母后 6 位数是行政区划代码,中间 4 位数是当年年号,最后 6 位数是当年办理婚姻登记的顺序序号。J330302—2019—000000
AFAX0203	是否补办结婚登记	string	n1	Y	1 是 0 否

续表

标识符	中文名称	数据类型	数据格式	必选项	备注
AFAX0211	是否复婚	string	n1	Y	1 是 0 否
AFAX0701	结婚分类	string	n1	N	1 本市与本市 2 本市与外地
AFAX0204	同居日期	date	YYYYMMDD	N	补办结婚登记时填写
AFAP0211_1	男方当事人身份类别代码	string	n1	Y	见 JMGC/XX 204 中 CFA02 婚姻当事人类别代码
AXCP0002_1	男方当事人姓名	string	..72	Y	
AXCP0004_1	男方当事人身份证件类型	string	n2	Y	见 JMGC/XX 204 中 C0015 身份证件类型代码
AXCP0005_1	男方当事人身份证件号码	string	..18	Y	对于身份证件类型为“内地居民身份证”的人员,身份证件号码值域符合 GB 11643
AXCP0097_1	男方当事人出生日期	date	YYYYMMDD	Y	
APCP0092_1	男方当事人婚姻状况代码	string	n2	Y	见 JMGC/XX 204 中 C0010 婚姻状况代码
AXCP0007_1	男方当事人国籍代码	string	n3	Y	见 JMGC/XX 204 中 C0005 世界各国和地区名称代码
AXCP0008_1	男方当事人民族代码	string	n2	Y	见 JMGC/XX 204 中 C0009 民族代码
AXCP0016_1	男方当事人职业分类代码	string	..7	N	见 JMGC/XX 204 中 C0017 职业分类代码
AXCP0009_1	男方当事人学历代码	string	n2	N	见 JMGC/XX 204 中 C0008 学历代码
AXAA0001_1	男方当事人户口所在地行政区划代码	string	n12	Y	前 6 位见 GB/T 2260,后 3 位见 GB/T 10114,后 3 位为村或社区编码
AFAP0701_1	男方当事人户口所在(省)行政区划代码	string	n12	N	前 6 位见 GB/T 2260,后 3 位见 GB/T 10114,后 3 位为村或社区编码
AFAP0702_1	男方当事人户口所在(市)行政区划代码	string	n12	N	前 6 位见 GB/T 2260,后 3 位见 GB/T 10114,后 3 位为村或社区编码
AFAP0703_1	男方当事人户口所在(区县)行政区划代码	string	n12	N	前 6 位见 GB/T 2260,后 3 位见 GB/T 10114,后 3 位为村或社区编码
AFAP0704_1	男方当事人户口所在(街道)行政区划代码	string	n12	N	前 6 位见 GB/T 2260,后 3 位见 GB/T 10114,后 3 位为村或社区编码
AXCP0022_1	男方当事人户口详细地址	string	..100	Y	
AXAA0001_3	男方当事人现住址行政区划代码	string	n12	Y	前 6 位见 GB/T 2260,后 3 位见 GB/T 10114,后 3 位为村或社区编码

续表

标识符	中文名称	数据类型	数据格式	必选项	备注
AXCP0022_3	男方当事人现住址详细地址	string	..100	Y	
AXZX0001_1	男方当事人手机号码	string	n11	N	长11位,第1位为1,第2位为3—9
AFAX0702_1	男方证书印制号	string	an10	Y	
AFAP0063_1	男方军人证件类型	string	n2	N	见JMGC/XX 204中C0015身份证件类型代码
AFAP0064_1	男方军人证件号码	string	..100	N	
AFAP1320_1	男方证件材料	string	..600	Y	
AFAP0211_2	女方当事人身份类别代码	string	n1	Y	见JMGC/XX 204中CFA02婚姻当事人类别代码
AXCP0002_2	女方当事人姓名	string	..72	Y	
AXCP0004_2	女方当事人身份证件类型	string	n2	Y	见JMGC/XX 204中C0015身份证件类型代码
AXCP0005_2	女方当事人身份证件号码	string	..18	Y	对于身份证件类型为“内地居民身份证”的人员,身份证件号码值域符合GB 11643
AXCP0097_2	女方当事人出生日期	date	YYYYMMDD	Y	
APCP0092_2	女方当事人婚姻状况代码	string	n2	Y	见JMGC/XX 204中C0010婚姻状况代码
AXCP0007_2	女方当事人国籍代码	string	n3	Y	见JMGC/XX 204中C0005世界各国和地区名称代码
AXCP0008_2	女方当事人民族代码	string	n2	Y	见JMGC/XX 204中C0009民族代码
AXCP0016_2	女方当事人职业分类代码	string	..7	N	见JMGC/XX 204中C0017职业分类代码
AXCP0009_2	女方当事人学历代码	string	n2	N	见JMGC/XX 204中C0008学历代码
AXAA0001_2	女方当事人户口所在地行政区划代码	string	n12	Y	前6位符合GB/T 2260,中间3位符合GB/T 10114,最后3位为村或社区编码
AFAP0701_2	女方当事人户口所在(省)行政区划代码	string	n12	N	前6位见GB/T 2260,后3位见GB/T 10114,后3位为村或社区编码
AFAP0702_2	女方当事人户口所在(市)行政区划代码	string	n12	N	前6位见GB/T 2260,后3位见GB/T 10114,后3位为村或社区编码
AFAP0703_2	女方当事人户口所在(区县)行政区划代码	string	n12	N	前6位见GB/T 2260,后3位见GB/T 10114,后3位为村或社区编码
AFAP0704_2	女方当事人户口所在(街道)行政区划代码	string	n12	N	前6位见GB/T 2260,后3位见GB/T 10114,后3位为村或社区编码

续表

标识符	中文名称	数据类型	数据格式	必选项	备注
AXCP0022_2	女方当事人户口详细地址	string	..100	Y	
AXAA0001_4	女方当事人现住址行政区划代码	string	n12	Y	前6位符合GB/T 2260,中间3位符合GB/T 10114,最后3位为村或社区编码
AXCP0022_4	女方当事人现住址详细地址	string	..100	Y	
AXZX0001_2	女方当事人手机号码	string	n11	N	长11位,第1位为1,第2位为3—9
AFAX0702_2	女方证书印制号	string	an10	Y	
AFAX0007	登记时间	datetime	YYYYMMDD hh:mm:ss	Y	
AFAP0063_2	女方军人证件类型	string	n2	N	见JMGC/XX 204中C0015身份证件类型代码
AFAP0064_2	女方军人证件号码	string	..100	N	
AFAP1320_2	女方证件材料	string	..600	Y	
AFAX0209	档案页数	string	n2	Y	
AFAX0208	受理意见	string	n2	Y	
AFAX1326	数据来源	string	n1	N	
AXCP0002_4	登记员姓名	string	..72	Y	登记员姓名
AFAP0002	登记员ID	string	an32	N	
AXBE0002	统一社会信用代码	string	an18	N	统一社会信用代码,采用基础数据库统一定义标识符 取值范围见GB 32100
AXAA0001_5	登记机关行政区划代码	string	n12	Y	前6位符合GB/T 2260,中间3位符合GB/T 10114,最后3位为村或社区编码
AXBE0003_1	登记机关名称	string	..100	Y	婚姻登记机构名称
AFAX0303	离婚原因代码	string	n2	Y	见JMGC/XX 204中CFA06离婚原因代码
AFAX0305	结婚登记证字号	string	..19	Y	办理离婚、补发结婚证时必填(婚姻登记号以"J"开头是结婚,以"L"开头是离婚,以"BJ"开头是补发结婚证,以"BL"开头是补发离婚证,字母后6位数是行政区划代码,中间4位数是当年年号,最后6位数是当年办理婚姻登记的顺序号,例如:J330302—2019—000000,历史数据不应限制位数),初婚时,该字段不必填
AFAX0402	申请方代码	string	n1	Y	见JMGC/XX 204中CFA03婚姻业务申请方类型代码

续表

标识符	中文名称	数据类型	数据格式	必选项	备注
AXBE0003_2	原登记机关名称	string	..100	Y	办理结婚登记的机构名称
AXAA0001_6	原登记机关区划代码	string	n12	Y	前6位符合GB/T 2260,中间3位符合GB/T 10114,最后3位为村或社区编码
AFAX0404	结婚登记日期	date	YYYYMMDD	Y	
AFAX0407	补领原因代码	string	n1	N	见JMGC/XX 204中CFA07婚姻证件补领原因代码
AFAX0702	补领婚姻登记证类别	string	n1	N	1 结婚证 2 离婚证
AFAX0008	是否委托他人办理	string	n1	Y	1 是 0 否
AFAP0402	委托类型	string	n2	N	1 男方委托 2 女方委托 3 双方均委托
AXCP0002_3	受委托人姓名	string	..72	N	
AXCP0004_3	受委托人身份证件类型	string	n2	N	见JMGC/XX 204中C0015身份证件类型代码
AFAP0405	受委托人证件号码	string	..20	N	
AFAX0505	离婚登记证字号	string	..19	Y	办理补发离婚证时必填(婚姻登记号以"J"开头是结婚,以"L"开头是离婚,以"BJ"开头是补发结婚证,以"BL"开头是补发离婚证,字母后6位数是行政区划代码,中间4位数是当年年号,最后6位数是当年办理婚姻登记的顺序序号,例如:J330302—2019—000000,历史数据不应限制位数)
AFAX0503	原离婚登记日期	date	YYYYMMDD	Y	原办理婚姻离婚登记日期
AFAX0605	撤销结婚登记说明	string	..100	Y	
AFAX0604	撤销依据	string	..100	Y	
AFAX0608	恢复人身自由日	date	YYYYMMDD	Y	
AFAX0002	业务类型	string	an3	Y	见JMGC/XX 204中CFA05婚姻管理业务类型代码
AFAX0004	证书备注	string	..200	N	
AFAX0006	其他备注	string	..200	N	例如换证,将原证件号进行备注
AFAX0609	申请日期	date	YYYYMMDD	Y	申请离婚登记日期
AFAX0610	开始办理日期	date	YYYYMMDD	Y	冷静期届满日的次日
AFAX0611	结束办理日期	date	YYYYMMDD	Y	冷静期届满后30日的最后一日
AFAX0612	状态	string	n1	Y	见JMGC/XX 204中CFA12申请离婚状态代码

续表

标识符	中文名称	数据类型	数据格式	必选项	备注
AFAX0615	离婚申请原因	string	..200	Y	当事人申请离婚的原因
AFAX0618	离婚申请书受理和回执编号	string	n18	Y	前6位数是行政区划代码,中间4位数是当年年号,最后六位数是当年办理申请离婚登记的顺序序号,例如:130302—2021—000000
AFAX0619	撤回离婚登记申请和确认编号	string	n18	Y	前六位数是行政区划代码,中间四位数是当年年号,最后六位数是当年撤回申请离婚登记的顺序序号,例如:130302—2021—000000
AFAX0620	撤回日期	date	YYYYMMDD	Y	撤回申请离婚登记日期
AFAX0621	申请撤回方	string	n1	Y	任何一方不愿意离婚的可以撤回申请离婚登记
AFAX0622	撤回离婚申请原因	string	..10	Y	见 JMGC/XX 204 中 CFA13 撤回离婚申请原因代码
AFAX0705	审查处理意见	string	n2	N	
AFAX0711	归档日期	date	YYYYMMDD	N	
AFAX0712	归档状态	string	n1	Y	0 未归档 1 已归档
AFAX0706	归档年度	string	an4	N	
AFAX0709	归档页数	string	..900	N	
AFAX0708	归档室编卷号	string	..20	N	
AFAX0710	有效标志	string	n1	Y	0 无效 1 有效 9 作废

B.3.1.2 FAX02 婚姻登记严重失信当事人名单业务表

标识符	中文名称	数据类型	数据格式	必选项	备注
AFAX0951	婚姻严重失信行为记录标识	string	an32	Y	本记录的唯一标识,取值为UUID,符合GB/T 17969.8的规定
AXCP0002_1	失信当事人姓名	string	..72	Y	
AXCP0006	性别代码	string	..3	Y	失信当事人性别,采用基础数据库统一定义标识符 取值范围见 JMGC/XX 204 中 C0007 人的性别代码
AXCP0004	身份证件类型	string	..2	Y	失信当事人身份证件类型,采用基础数据库统一定义标识符 取值范围见 JMGC/XX 204 中 C0015 身份证件类型代码

续表

标识符	中文名称	数据类型	数据格式	必选项	备注
AXCP0005	身份证件号码	string	..18	Y	失信当事人身份证件号码,采用基础数据库统一定义标识符 对于身份证件类型为"内地居民身份证"的人员,身份证件号码值域符合 GB 11643
AXAA0001	行政区划代码	string	..12	Y	行政区划代码,采用基础数据库统一定义标识符。 前 6 位符合 GB/T 2260,中间 3 位符合 GB/T 10114,最后 3 位为村或社区编码
AXCP0022	门牌号	string	..255	Y	失信当事人详细地址,采用基础数据库统一定义标识符
AFAX0981	失信行为类型	string	n2	Y	见 JMGC/XX 204 中 CFA09 婚姻当事人失信类型代码
AFAX0982	失信行为说明	string	..200	Y	
AFAX0983	婚姻登记业务类型	string	n2	Y	见 JMGC/XX 204 中 CFA05 婚姻管理业务类型代码
AFAX0984	业务记录标识	string	an32	Y	
AFAX0007	登记时间	datetime	YYYYMMDD hh:mm:ss	Y	
AXCP0002_2	登记员姓名	string	..72	Y	登记员姓名
AXBE0002	统一社会信用代码	string	an18	Y	统一社会信用代码,采用基础数据库统一定义标识符 取值范围见 GB 32100
AXBE0003	单位名称	string	..100	Y	婚姻登记机构名称,采用基础数据库统一定义标识符

B. 3. 1. 3 FAX03 出具婚姻登记证明业务表

标识符	中文名称	数据类型	数据格式	必选项	备注
AFAX0801	出具婚姻证明业务标识	string	an32	Y	本记录的唯一标识,取值为 UUID,符合 GB/T 17969.8 的规定
AFAX0802	申请证明类型	string	n1	Y	见 JMGC/XX 204 中 CFA08 婚姻登记证明类型代码
AFAX0805	用途	string	..50	Y	记录开具证明用途
AFAX0806	使用国家或地区	string	n3	Y	见 JMGC/XX 204 中 C0005 世界各国和地区名称代码
AFAP0211_3	婚姻当事人身份类别代码	string	n1	Y	见 JMGC/XX 204 中 CFA02 婚姻当事人类别代码
AXCP0002_1	婚姻当事人姓名	string	..72	Y	
AXCP0004_1	婚姻当事人身份证件类型	string	n2	Y	见 JMGC/XX 204 中 C0015 身份证件类型代码

续表

标识符	中文名称	数据类型	数据格式	必选项	备注
AXCP0005_1	婚姻当事人身份证件号码	string	..18	Y	对于身份证件类型为“内地居民身份证”的人员，身份证件号码值域符合 GB 11643
AXCP0097_1	婚姻当事人出生日期	date	YYYYMMDD	Y	
AXCP0024_1	婚姻当事人性别	string	n2	N	婚姻当事人性别，见 JMGC/XX 204 中 C0007 人的性别代码
APCP0092_3	婚姻当事人婚姻状况代码	string	n2	N	见 JMGC/XX 204 中 C0010 婚姻状况代码
AXCP0007_1	婚姻当事人国籍代码	string	n3	Y	见 JMGC/XX 204 中 C0005 世界各国和地区名称代码
AXCP0008_1	婚姻当事人民族代码	string	n2	Y	见 JMGC/XX 204 中 C0009 民族代码
AXCP0016_1	婚姻当事人职业分类代码	string	..7	N	见 JMGC/XX 204 中 C0017 职业分类代码
AXCP0009_1	婚姻当事人学历代码	string	n2	N	见 JMGC/XX 204 中 C0008 学历代码
AXAA0001_1	婚姻当事人户口所在地行政区划代码	string	n12	Y	前 6 位符合 GB/T 2260，中间 3 位符合 GB/T 10114，最后 3 位为村或社区编码
AXCP0025	婚姻当事人户口所在（省）行政区划代码	string	n12	N	前 6 位符合 GB/T 2260，中间 3 位符合 GB/T 10114，最后 3 位为村或社区编码
AXCP0026	婚姻当事人户口所在（市）行政区划代码	string	n12	N	前 6 位符合 GB/T 2260，中间 3 位符合 GB/T 10114，最后 3 位为村或社区编码
AXCP0027	婚姻当事人户口所在（区县）行政区划代码	string	n12	N	前 6 位符合 GB/T 2260，中间 3 位符合 GB/T 10114，最后 3 位为村或社区编码
AXCP0028	婚姻当事人户口所在（街道）行政区划代码	string	n12	N	前 6 位符合 GB/T 2260，中间 3 位符合 GB/T 10114，最后 3 位为村或社区编码
AXCP0022_1	婚姻当事人户口详细地址	string	..100	Y	
AXZX0001_1	婚姻当事人手机号码	string	n11	N	长 11 位，第 1 位为 1，第 2 位为3—9
AFAX0008	是否委托他人办理	string	n1	Y	1 是 0 否
AXCP0002_2	受委托人姓名	string	..72	Y	
AXCP0004_2	受委托人身份证件类型	string	n2	Y	见 JMGC/XX 204 中 C0015 身份证件类型代码
AXCP0005_2	受委托人身份证件号码	string	..18	Y	对于身份证件类型为“内地居民身份证”的人员，身份证件号码值域符合 GB 11643

续表

标识符	中文名称	数据类型	数据格式	必选项	备注
AXCP0023_1	受委托人性别	string	n2	N	受委托人性别，见 JMGC/XX 204 中 C0007 人的性别代码
AFAX0007	登记时间	datetime	YYYYMMDD hh:mm:ss	Y	
AXCP0002_3	登记员姓名	string	..72	Y	登记员姓名
AXBE0002	统一社会信用代码	string	an18	Y	统一社会信用代码，采用基础数据库统一定义标识符 取值范围见 GB 32100
AXBE0003	单位名称	string	..100	Y	婚姻登记机构名称，采用基础数据库统一定义标识符
AFAX0204	提供证件材料	string	..100	N	
AFAX0203	查档起始日期	date	YYYYMMDD	N	

B. 3. 1. 4 FAE01 婚姻登记机构基础信息表

标识符	中文名称	数据类型	数据格式	必选项	备注
AFAE0001	机构标识	string	an32	Y	婚姻登记机构的唯一标识，取值为 UUID，符合 GB/T 17969.8 的规定
AXBE0002	统一社会信用代码	string	an18	Y	统一社会信用代码，采用基础数据库统一定义标识符 取值范围见 GB 32100
AXBE0003	单位名称	string	..100	Y	婚姻登记机构名称，采用基础数据库统一定义标识符
AXBE0015	单位设立日期	date	YYYYMMDD	Y	婚姻登记机构设立日期，采用基础数据库统一定义标识符
AXBE0016	单位注销日期	date	YYYYMMDD	N	婚姻登记机构注销日期，采用基础数据库统一定义标识符
AXBE0013_1	婚姻登记机构联系电话	string	..17	Y	婚姻登记机构联系电话
AXBE0019	法定代表人身份证件号码	string	an18	Y	法定代表人身份证件号，采用基础数据库统一定义标识符 对于身份证件类型为“内地居民身份证”的人员，身份证件号码值域符合 GB 11643
AXBE0017	法定代表人姓名	string	..72	Y	法定代表人姓名，采用基础数据库统一定义标识符
AFAE0013	婚姻登记机构等级	string	n1	N	见 JMGC/XX 204 中 CFA01 婚姻登记机构等级代码
AXAA0001	行政区划代码	string	n12	Y	行政区划代码，采用基础数据库统一定义标识符 前 6 位见 GB/T 2260，后 3 位见 GB/T 10114，后 3 位为村或社区编码

续表

标识符	中文名称	数据类型	数据格式	必选项	备注
AXBE0027	门牌号	string	..100	Y	婚姻登记机构地址，采用基础数据库统一定义标识符
AFAX0102	婚姻登记业务办理种类代码	string	n1	Y	见 JMGC/XX 204 中 CFA04 婚姻登记业务办理种类代码
AXBE0013_2	婚姻登记机构投诉电话	string	..17	N	区号(3—4)空格(1)号码(7—8)空格(1)分机号码(4)
AFAE0095	是否接入全国异地	string	n1	Y	1 是 0 否
AFAE0096	是否本省跨区异地	string	n1	Y	1 是 0 否
AFAE0097	工作日	string	a7	Y	(周一到周日：YYYYYNN) Y 表示是工作日，N 表示不是工作日
AFAE0118	最大提前预约天数	number		Y	最大为 90
AFAE0119	最小提前预约天数	number		Y	最小为 1
AFAE0098	开通颁证服务标志	string	n1	Y	1 是 0 否
AFAE0099	开通家庭辅导标志	string	n1	Y	1 是 0 否
AFAE0100	开通法律咨询标志	string	n1	Y	1 是 0 否
AFAE0056	存档日期	date	YYYYMMDD	N	
AFAE0015	全宗号	string	an12	N	
AFAE0101	登记部门	string	n1	Y	见 JMGC/XX 204 中 C0047 登记部门代码
AFAE0102	机构类型	string	n2	N	见 JMGC/XX 204 中 C0039 机构类型代码
AFAE0103	变动类型	string	n1	N	见 JMGC/XX 204 中 C0040 机构变动类型代码
AFAE0204	办公面积	string	n5	N	
AFAE0206	是否统一着装	string	n1	N	1 是 0 否
AFAE0207	批准编制人数(人)	string	n9	N	
AFAE0208	行政编制人数(人)	string	n9	N	
AFAE0209	参照公务员管理事业编制人数(人)	string	n9	N	
AFAE0210	财政补助事业编制人数(人)	string	n9	N	
AFAE0211	自收自支事业编制人数(人)	string	n9	N	
AFAE0212	台账部门编码	string	an18	N	

续表

标识符	中文名称	数据类型	数据格式	必选项	备注
AFAE0213	审查模式	string	n2	N	
AFAE0214	上级机构	string	n12	N	
AFAE0215	邮政编码	string	n6	N	
AFAE0216	审批表是否套打	string	n1	N	
AFAE0217	实际人数(人)	string	n9	N	
AFAE0218	行政编制人数(人)	string	n9	N	
AFAE0219	参照公务员管理事业编制人数(人)	string	n9	N	
AFAE0220	财政补助事业编制人数(人)	string	n9	N	
AFAE0221	自收自支事业编制人数(人)	string	n9	N	
AFAE0222	聘用人员(人)	string	n9	N	

B. 3. 1. 5 FAP01 婚姻登记机构人员信息表

标识符	中文名称	数据类型	数据格式	必选项	备注
AFAP0200	人员标识	string	an32	Y	婚姻登记机构的唯一标识,取值为UUID,符合 GB/T 17969. 8 的规定
AXBE0002	统一社会信用代码	string	an18	Y	统一社会信用代码,采用基础数据库统一定义标识符 取值范围见 GB 32100
AXBE0003	单位名称	string	. . 100	Y	婚姻登记机构名称,采用基础数据库统一定义标识符
AXCP0002	人员姓名	string	. . 72	Y	登记机构人员姓名,采用基础数据库统一定义标识符
AXCP0006	人员性别代码	string	n1	N	登记机构人员性别,采用基础数据库统一定义标识符 取值范围见 JMGC/XX 204 中 C0007 人的性别代码
AXCP0004	人员身份证件类型	string	n2	N	登记机构人员身份证件类型,采用基础数据库统一定义标识符 取值范围见 JMGC/XX 204 中 C0015 身份证件类型代码
AXCP0005	人员身份证件号码	string	. . 18	N	登记机构人员身份证件号码 ,采用基础数据库统一定义标识符 对于身份证件类型为“内地居民身份证”的人员,身份证件号码值域符合 GB 11643

续表

标识符	中文名称	数据类型	数据格式	必选项	备注
AFAP0212	办公电话	string	..17	N	区号(3—4)空格(1)号码(7—8)空格(1)分机号码(4)
AXZX0001	手机号码	string	n11	N	联系人手机号码,采用基础数据库统一定义标识符 长11位,第1位为1,第2位为3—9
AXCP0097	出生日期	date	YYYYMMDD	N	出生日期,采用基础数据库统一定义标识符
AFAP0211	人员类型	string	n1	N	见JMGC/XX 204中C0045员工类型代码
AFAP0044	人员来源	string	n1	N	见JMGC/XX 204中CFA11婚姻家庭辅导员来源代码
AXCP0008	人员民族代码	string	n2	N	登记机构人员民族,采用基础数据库统一定义标识符 取值范围见JMGC/XX 204中C0009民族代码
AXAA0001	行政区划代码	string	n12	N	行政区划代码,采用基础数据库统一定义标识符 前6位见GB/T 2260,后3位见GB/T 10114,后3位为村或社区编码
AXCP0022	门牌号	string	..100	N	登记机构人员详细地址,采用基础数据库统一定义标识符
AXCP0012	人员状态代码	string	n2	N	登记机构人员状态,采用基础数据库统一定义标识符 见JMGC/XX 204中C0034人员状态代码
AXCP0009	人员文化程度代码	string	n2	N	登记机构人员文化程度,采用基础数据库统一定义标识符 取值范围见JMGC/XX 204中C0008学历代码
AXCP0017	政治面貌代码	string	n2	N	登记机构人员政治面貌,采用基础数据库统一定义标识符 取值范围见JMGC/XX 204中C0013政治面貌代码
AFAP0040	是否具有社工资格	string	n1	Y	1是 0否
AFAP0041	是否具有信息咨询师资格	string	n1	Y	1是 0否
AFAP0042	是否具有婚姻家庭咨询师资格	string	n1	Y	1是 0否
AFAP0043	是否具有律师资格	string	n1	Y	1是 0否
AFAP0053	登录用户名	string	..72	N	
AFAP0045	专业	string	..100	N	

续表

标识符	中文名称	数据类型	数据格式	必选项	备注
AFAP0046	工作证号	string	..100	N	
AFAP0047	岗位职务	string	..100	N	
AFAP0048	登记员编号	string	..100	N	
AFAP0049	从事婚姻工作时间	string	n5	N	
AFAP0051	人员性质(行政、事业、自收自支)	string	..100	N	
AFAP0052	备注	string	..600	N	

B.3.1.6 FAP02 婚姻登记机构人员资格证书表

标识符	中文名称	数据类型	数据格式	必选项	备注
AFAP0600	资格证书标识	string	an32	Y	婚姻登记机构的唯一标识,取值为UUID,符合 GB/T 17969.8 的规定
AXCP0002	人员姓名	string	..72	Y	登记机构人员姓名,采用基础数据库统一定义标识符
AXCP0004	人员身份证件类型	string	n2	N	登记机构人员身份证件类型,采用基础数据库统一定义标识符 取值范围见 JMGC/XX 204 中 C0015 身份证件类型代码
AXCP0005	人员身份证件号码	string	..18	N	登记机构人员身份证件号码 ,采用基础数据库统一定义标识符 对于身份证件类型为“内地居民身份证”的人员,身份证件号码值域符合 GB 11643
AFAP0602	资格证书代码	string	an4	Y	见 JMGC/XX 204 中 CFA10 婚姻登记机构人员资格证书代码
AFAP0603	证书取得日期	date	YYYYMMDD	Y	

B.3.2 流浪乞讨人员救助业务

B.3.2.1 FCE01 救助管理站表

标识符	中文名称	数据类型	数据格式	必选项	备注
AFCE0100	救助站编码	string	an32	Y	主键,UUID,符合 GB/T 17969.8
AXBE0002	统一社会信用代码	string	an18	Y	统一社会信用代码,采用基础数据库统一定义标识符 取值范围见 GB 32100
AXBE0003	单位名称	string	..100	Y	救助管理机构的名称,采用基础数据库统一定义标识符

续表

标识符	中文名称	数据类型	数据格式	必选项	备注
AXBE0005	单位性质代码	string	n2	Y	机构性质,采用基础数据库统一定义标识符 取值范围见 JMGC/XX 204 中 C0038 单位性质代码
AXBE0017	法定代表人姓名	string	..72	Y	救助管理机构的法定代表人姓名,采用基础数据库统一定义标识符
AFCE0107	站长电话	string	..18	N	有效的座机或手机号码。座机号码标准格式为:区号-电话号码,手机号码为:长11位,第1位为1,第2位为3—9
AXBE0019	法定代表人身份证件号码	string	..18	N	法定代表人身份证件号码,采用基础数据库统一定义标识符 对于身份证件类型为"内地居民身份证"的人员,身份号码值域符合 GB 11643
AFCE0109	值班电话	string	..18	Y	有效的座机或手机号码。座机号码标准格式为:区号-电话号码,手机号码为:长11位,第1位为1,第2位为3—9
AXAA0001	行政区划代码	string	n12	Y	救助站行政区域编码,采用基础数据库统一定义标识符 前6位见 GB/T 2260,后3位见 GB/T 10114,后3位为村或社区编码
AXBE0027	单位地址	string	..100	Y	救助站详细地址,采用基础数据库统一定义标识符
AFCE0112	救助站经度	float	9,6	N	按照 JMGC/XX 207 中 4.4 给出的规则描述,单位度(°)
AFCE0113	救助站纬度	float	9,6	N	按照 JMGC/XX 207 中 4.4 给出的规则描述,单位度(°)
AXBE0011	救助站编制人数	number		N	救助管理机构编制人数,采用基础数据库统一定义标识符
AFCE0117	救助站现有人数	number		N	救助管理机构现有的人数
AFCE0118	评定等级	string	n1	N	见 JMGC/XX 204 中 CFC34 救助管理站评定等级代码
AFCE0119	总建筑面积	float	10,2	N	单位:m²
AFCE0120	救助用房间数	number		N	用于救助的房间数
AFCE0121	救助用房面积	float	10,2	N	单位:m²
AFCE0122	最大救助人数	number		N	救助管理机构目前最大救助人数
AFCE0123	床位数	number		N	救助管理机构现有床位数
AFCE0124	占地总面积	float	10,2	N	单位:m²
AFCE0125	救助站建立日期	date	YYYYMMDD	N	救助管理机构建立的日期
AFCE0126	救助站年度工作经费	float	12,2	N	单位:元

续表

标识符	中文名称	数据类型	数据格式	必选项	备注
AFCE0127	救助站主管部门主键	string	n32	N	
AFCE0128	区划代码	string	n32	Y	
AFCE0130	登记时间	date	YYYYMMDD	Y	救助站登记的时间
AFCE0131	登记部门	string	n1	Y	登记人所在部门

B. 3. 2. 2 FCP01 流浪人员基本信息表

标识符	中文名称	数据类型	数据格式	必选项	备注
AFCP0100	流浪人员编码	string	an32	Y	主键,UUID,符合 GB/T 17969. 8
AXCP0002	姓名	string	. . 72	Y	流浪乞讨人员姓名,采用基础数据库统一定义标识符
AXCP0003	曾用名	string	. . 72	N	流浪乞讨人员曾经使用时间最长的姓名,采用基础数据库统一定义标识符
AXCP0006	性别	string	n1	Y	人员性别,采用基础数据库统一定义标识符 取值范围见 JMGC/XX 204 中 C0007 人的性别代码
AXCP0008	民族	string	n2	N	人员民族,采用基础数据库统一定义标识符 取值范围见 JMGC/XX 204 中 C0009 民族代码
AXCP0004	身份证件类型	string	n2	N	人员身份证件类型,采用基础数据库统一定义标识符 取值范围见 JMGC/XX 204 中 C0015 身份证件类型代码
AXCP0005	身份证件号码	string	. . 18	N	人员身份证件号码,采用基础数据库统一定义标识符 对于身份证件类型为“内地居民身份证”的人员,身份证件号码值域符合 GB 11643
AXCP0039	出生日期	date	YYYYMMDD	N	流浪乞讨人员出生日期,采用基础数据库统一定义标识符
AXCP0009	人员文化程度	string	n2	N	文化程度,采用基础数据库统一定义标识符 取值范围见 JMGC/XX 204 中 C0008 学历代码
AFCP0109	口音	string	. . 10	N	流浪乞讨人员的口音
AFCP0110	血型	string	n1	N	见 JMGC/XX 204 中 C0012 血型代码

续表

标识符	中文名称	数据类型	数据格式	必选项	备注
AXCP0041	户籍地址所在行政区划	string	n12	N	前 6 位见 GB/T 2260,后 3 位见 GB/T 10114,后 3 位为村或社区编码,采用基础数据库统一定义标识符
AXCP0040	户籍地址	string	..100	N	流浪乞讨人员的户籍详细地址,采用基础数据库统一定义标识符
AFCP0113	头像	string	an32	N	保存统一存储系统返回的文件 ID
AFCP0114	指纹采集状态	string	n1	Y	0 未采集 1 已采集
AFCP0115	邮政编码	string	n6	N	流浪乞讨人员户籍所在地的邮政编码
AFCP0116	电话	string	..18	N	有效的座机或手机号码。座机号码标准格式为:区号 - 电话号码,手机号码为:长 11 位,第 1 位为 1,第 2 位为 3—9

B. 3. 2. 3 FCP02 流浪人员指纹库

标识符	中文名称	数据类型	数据格式	必选项	备注
AFCP0200	指纹库编码	string	an32	Y	主键,UUID,符合 GB/T 17969.8
AFCP0100	流浪人员编码	string	an32	Y	引用流浪人员基本信息表标识
AFCP0201	指纹特征	string	an32	Y	保存统一存储系统返回的文件 ID
AFCP0202	采集单位	string	an32	Y	引用救助管理站表标识
AFCP0203	采集时间	date	YYYYMMDD hh:mm:ss	Y	

B. 3. 2. 4 FCP03 流浪人员人脸库

标识符	中文名称	数据类型	数据格式	必选项	备注
AFCP0300	人脸库编码	string	an32	Y	主键,UUID,符合 GB/T 17969.8
AFCP0100	流浪人员编码	string	an32	Y	引用流浪人员基本信息表标识
AFCP0302	人脸分组	string	n32	N	
AFCE0304	人脸图片	string	an32	N	保存统一存储系统返回的文件 ID
AFCP0303	采集单位	string	an32	N	引用救助管理站表标识
AFCE0305	采集时间	date	YYYYMMDD hh:mm:ss	N	

B. 3. 2. 5 FCX01 流浪人员救助记录表

标识符	中文名称	数据类型	数据格式	必选项	备注
AFCX0100	救助记录编号	string	an32	Y	主键,UUID,符合 GB/T 17969.8
AFCE0100	救助站编码	string	an32	Y	引用救助管理站表标识
AFCP0100	流浪人员编码	string	an32	Y	引用流浪人员基本信息表标识
AFCX0101	救助编号	string	n20	Y	行政区划代码(9 位到区县) + 年月日(8 位) +3 位自增数
AFCX0102	站内编号	string	..18	Y	无要求
AFCX0103	年龄	number		Y	
AFCX0104	身高	float	4,1	N	
AFCX0105	体重	float	4,1	N	单位:kg
AFCX0106	来站时间	datetime	YYYYMMDD hh:mm:ss	Y	
AFCX0107	来站方式	string	n1	Y	见 JMGC/XX 204 中 CFC07 流浪人员来站方式代码
AFCX0108	求助内容	string	..26	Y	多选,见 JMGC/XX 204 中 CFC08 流浪人员求助内容代码
AFCX0109	求助原因	string	..32	Y	多选,见 JMGC/XX 204 中 CFC09 流浪人员求助原因代码
AFCX0110	身体状况	string	..29	N	多选,见 JMGC/XX 204 中 CFC10 流浪人员入站登记身体状况代码
AFCX0111	安全检查状况	string	..35	N	多选,见 JMGC/XX 204 中 CFC11 流浪人员安全检查状况代码,见 JMGC/XX 204 中 CFC12 流浪人员安全检查详细代码
AFCX0113	救助状态	string	n1	Y	见 JMGC/XX 204 中 CFC06 流浪人员救助状态代码
AFCX0122	寻亲登记状态	string	n1	Y	见 JMGC/XX 204 中 CFC37 流浪乞讨人员救助寻亲登记状态代码
AFCX0123	离站时间	date	YYYYMMDD	N	
AFCX0201	安全检查状况其他	string	..100	N	安全检查其他情况描述
AFCX0202	来站方式其他	string	..100	N	其他来站方式描述
AFCX0203	求助内容其他	string	..100	N	其他求助内容描述
AFCX0204	求助原因其他	string	..100	N	其他求助原因描述
AFCX0205	身体状况其他	string	..100	N	其他身体状况描述
AFCX0206	寄存物品	string	..100	Y	寄存物品描述
AFCX0207	流浪经历	string	..100	Y	流浪经历描述

B. 3. 2. 6 FCX14 流浪人员离站信息登记表

标识符	中文名称	数据类型	数据格式	必选项	备注
AFCX1400	离站登记表编码	string	an32	Y	主键,UUID,符合 GB/T 17969. 8
AFCE0100	救助站编码	string	an32	Y	引用救助管理站表标识
AFCP0100	流浪人员编码	string	an32	Y	引用流浪人员基本信息表标识
AFCX0100	救助记录编码	string	an32	Y	引用流浪人员救助记录表标识
AFCX1401	离站日期	date	YYYYMMDD	Y	无要求
AFCX1402	离站方式	string	n2	Y	见 JMGC/XX 204 中 CFC17 流浪救助离站方式代码
AFCX1403	在站天数	number		Y	

B. 3. 2. 7 FCX10 流浪乞讨人员救助专业服务表

标识符	中文名称	数据类型	数据格式	必选项	备注
AFCX1000	流浪乞讨人员救助专业服务表编码	string	an32	Y	主键,UUID,符合 GB/T 17969. 8
AFCX0100	救助记录编码	string	an32	Y	引用流浪人员救助记录表标识
AFCX1001	服务项目	string	n1	Y	见 JMGC/XX 204 中 CFC15 流浪乞讨人员救助专业服务代码
AXCP0002	姓名	string	. . 72	Y	服务人员姓名,采用基础数据库统一定义标识符
AFCX1003	开始日期	date	YYYYMMDD	Y	
AFCX1004	结束日期	date	YYYYMMDD	N	
AFCX1005	服务内容	string	. . 200	Y	

B. 3. 2. 8 FCX12 流浪人员机构托养记录表

标识符	中文名称	数据类型	数据格式	必选项	备注
AFCX1200	流浪人员机构托养记录表编码	string	an32	Y	主键,UUID,符合 GB/T 17969. 8
AFCX0100	救助记录编码	string	an32	Y	引用救助记录表标识
AXBE0003	单位名称	string	. . 100	Y	托养单位名称,采用基础数据库统一定义标识符
AFCX1003	开始日期	date	YYYYMMDD	Y	
AFCX1203	结束日期	date	YYYYMMDD	N	
AFCX1204	托养状态	string	n1	Y	见 JMGC/XX 204 中 CFC30 流浪人员机构托养状态代码

B. 3. 2. 9 FCX06 流浪人员急病救治表

标识符	中文名称	数据类型	数据格式	必选项	备注
AFCX0600	流浪人员医疗救助表编码	string	an32	Y	主键，UUID，符合 GB/T 17969.8
AFCX0100	救助记录编码	string	an32	Y	引用流浪人员救助记录表标识
AFCX0601	救助方式	string	n1	Y	见 JMGC/XX 204 中 CFC13 流浪人员医疗救助方式代码
AXBE0003	单位名称	string	..100	Y	医疗机构名称，采用基础数据库统一定义标识符
AFCX0602	开始日期	date	YYYYMMDD	Y	
AFCX1004	结束日期	date	YYYYMMDD	N	

B. 3. 2. 10 FCP04 走失人员家属寻亲登记表

标识符	中文名称	数据类型	数据格式	必选项	备注
AFCP0400	寻亲登记表编码	string	an32	Y	主键，UUID，符合 GB/T 17969.8
AFCE0100	救助站编码	string	an32	Y	引用救助管理站表标识
AXCP0002	姓名	string	..72	Y	走失人员姓名，采用基础数据库统一定义标识符
AXCP0006	性别	string	n1	Y	人员性别，采用基础数据库统一定义标识符 取值范围见 JMGC/XX 204 中 C0007 人的性别代码
AFCP0403	体重	float	4,1	N	单位：kg
AXCP0041	户籍地址所在行政区划	string	n12	Y	前 6 位见 GB/T 2260，后 3 位见 GB/T 10114，后 3 位为村或社区编码
AXCP0040	户籍地址	string	..100	Y	走失人员的户籍详细地址，采用基础数据库统一定义标识符
AXCP0003	曾用名	string	..72	N	走失人员曾经使用时间最长的姓名，采用基础数据库统一定义标识符
AXCP0008	民族	string	n2	Y	人员民族，采用基础数据库统一定义标识符 取值范围见 JMGC/XX 204 中 C0009 民族代码
AXCP0004	身份证件类型	string	n2	N	人员身份证件类型，采用基础数据库统一定义标识符 取值范围见 JMGC/XX 204 中 C0015 身份证件类型代码

续表

标识符	中文名称	数据类型	数据格式	必选项	备注
AXCP0005	身份证件号码	string	..18	N	人员身份证件号码,采用基础数据库统一定义标识符 对于身份证件类型为“内地居民身份证”的人员,身份号码值域符合 GB 11643
AFCP0411	身高	float	4,1	N	单位:cm
AXCP0039	出生日期	date	YYYYMMDD	N	走失人员出生日期,采用基础数据库统一定义标识符
AFCP0413	体态	string	n1	Y	见 JMGC/XX 204 中 CFC25 流浪乞讨人员救助寻亲人员体态代码
AFCP0414	头发卷曲	string	n1	Y	见 JMGC/XX 204 中 CFC26 流浪乞讨人员救助寻亲人员头发卷曲代码
AFCP0415	头发颜色	string	n1	Y	见 JMGC/XX 204 中 CFC27 流浪乞讨人员救助寻亲人员头发颜色代码
AFCP0416	走失日期	date	YYYYMMDD	N	
AFCP0417	走失地点	string	..100	N	
AFCP0418	血型	string	n1	N	见 JMGC/XX 204 中 C0012 血型代码
AFCP0419	是否提取过 DNA	string	n1	Y	1 是 0 否
AFCP0420	走失时衣着特征	string	..100	N	
AFCP0421	有无身体残疾	string	n1	Y	0 无 1 有
AFCP0422	有无胎记	string	n1	Y	0 无 1 有
AFCP0423	身体残疾位置	string	..100	N	
AFCP0424	胎记位置	string	..100	N	
AFCP0425	有无文身	string	n1	Y	0 无 1 有
AFCP0426	文身位置	string	..100	N	
AFCP0427	有无肢体残疾	string	n1	Y	0 无 1 有
AFCP0428	肢体残疾位置	string	..100	N	
AFCP0429	有无智力残疾	string	n1	Y	0 无 1 有
AFCP0430	智力残疾描述	string	..100	N	
AFCP0631	精神状态	string	n1	Y	见 JMGC/XX 204 中 CFC23 流浪人员精神状态代码
AFCP0432	异常描述	string	..100	N	
AFCP0433	备注	string	..200	N	

续表

标识符	中文名称	数据类型	数据格式	必选项	备注
AFCP0434	状态	string	n1	Y	见 JMGC/XX 204 中 CFC36 流浪人员寻亲状态代码
AFCP0436	身体残疾描述	string	..100	N	
AFCP0437	胎记描述	string	..100	N	
AFCP0438	文身描述	string	..100	N	
AFCP0439	肢体残疾描述	string	..100	N	
AFCP0440	寻亲登记人	string	..72	Y	登记人(经办人)姓名
AFCP0441	寻亲登记时间	datetime	YYYYMMDD hh:mm:ss	Y	
AFCP0442	照片	string	an32	Y	保存统一存储系统返回文件 ID
AFCX0103	年龄	number		Y	

B.3.2.11 FCP06 流浪人员站内待寻记录表

标识符	中文名称	数据类型	数据格式	必选项	备注
AFCP0600	站内待寻记录表编码	string	an32	Y	主键,UUID,符合 GB/T 17969.8
AFCE0100	救助站编码	string	an32	Y	引用救助管理站表编码
AFCX0100	救助记录编码	string	an32	Y	引用救助记录表编码
AXCP0002	姓名	string	..72	Y	站内待寻人员姓名,采用基础数据库统一定义标识符
AXCP0006	性别	string	n1	Y	人员性别,采用基础数据库统一定义标识符 取值范围见 JMGC/XX 204 中 C0007 人的性别代码
AFCP0603	体重	float	4,1	N	单位:kg
AXCP0041	户籍所在地区划	string	n12	N	前 6 位见 GB/T 2260,后 3 位见 GB/T 10114,后 3 位为村或社区编码
AFCP0606	户籍所在地详细地址	string	..100	N	
AXCP0003	曾用名	string	..72	N	站内待寻人员曾经使用时间最长的姓名,采用基础数据库统一定义标识符
AXCP0008	民族	string	n2	N	人员民族,采用基础数据库统一定义标识符 取值范围见 JMGC/XX 204 中 C0009 民族代码
AXCP0004	身份证件类型	string	n2	N	人员身份证件类型,采用基础数据库统一定义标识符 取值范围见 JMGC/XX 204 中 C0015 身份证件类型代码

续表

标识符	中文名称	数据类型	数据格式	必选项	备注
AXCP0005	身份证件号码	string	..18	N	人员身份证件号码,采用基础数据库统一定义标识符 对于身份证件类型为"内地居民身份证"的人员,身份证件号码值域符合 GB 11643
AFCP0611	身高	float	4,1	N	单位:cm
AXCP0039	出生日期	date	YYYYMMDD	N	待寻人员出生日期,采用基础数据库统一定义标识符
AFCP0413	体态	string	n1	Y	见 JMGC/XX 204 中 CFC25 流浪乞讨人员救助寻亲人员体态代码
AFCP0414	头发卷曲	string	n1	Y	见 JMGC/XX 204 中 CFC26 流浪乞讨人员救助寻亲人员头发卷曲代码
AFCP0415	头发颜色	string	n1	Y	见 JMGC/XX 204 中 CFC27 流浪乞讨人员救助寻亲人员头发颜色代码
AFCP0616	发现日期	date	YYYYMMDD	N	
AFCP0617	发现地点	string	..100	N	
AFCP0418	血型	string	n1	N	见 JMGC/XX 204 中 C0012 血型代码
AFCP0419	是否提取过 DNA	string	n1	Y	1 是 0 否
AFCP0420	走失时衣着特征	string	..100	N	
AFCP0421	有无身体残疾	string	n1	Y	0 无 1 有
AFCP0422	有无胎记	string	n1	Y	0 无 1 有
AFCP0423	身体残疾位置	string	..100	N	
AFCP0424	胎记位置	string	..100	N	
AFCP0425	有无文身	string	n1	Y	0 无 1 有
AFCP0426	文身位置	string	..100	N	
AFCP0427	有无肢体残疾	string	n1	Y	0 无 1 有
AFCP0428	肢体残疾位置	string	..100	N	
AFCP0429	有无智力残疾	string	n1	Y	0 无 1 有
AFCP0430	智力残疾描述	string	..100	N	
AFCP0631	精神状态	string	n1	Y	见 JMGC/XX 204 中 CFC23 流浪人员精神状态代码
AFCP0432	异常描述	string	..100	N	
AFCP0433	备注	string	..200	N	

续表

标识符	中文名称	数据类型	数据格式	必选项	备注
AFCP0634	其他寻亲服务	string	n1	Y	见 JMGC/XX 204 中 CFC29 流浪乞讨人员救助寻亲成功方式代码
AFCP0625	身体残疾描述	string	..100	N	当其他寻亲服务选择"其他"类型时,在此字段描述详细信息
AFCP0434	状态	string	.	N	见 JMGC/XX 204 中 CFC36 流浪人员寻亲状态代码
AFCP0436	身体残疾描述	string	..100	N	
AFCP0437	胎记描述	string	..100	N	
AFCP0438	文身描述	string	..100	N	
AFCP0439	肢体残疾描述	string	..100	N	
AFCP0440	寻亲登记人	string	..72	Y	登记人(经办人)姓名
AFCP0441	寻亲登记时间	datetime	YYYYMMDD hh:mm:ss	Y	
AFCP0643	照片	binary		Y	
AFCX0103	年龄	number		Y	
AFCP0645	寻亲结果登记状态	string	n1	Y	0 未登记 1 已登记
AFCP0646	寻亲平台推送状态	string	n1	Y	见 JMGC/XX 204 中 CFC32 流浪乞讨人员救助寻亲推送状态代码

B.3.3 残疾人福利业务

B.3.3.1 FDX88 补贴对象类型信息表

标识符	中文名称	数据类型	数据格式	必选项	备注
AFDX0800	主键	string	..20	Y	
AFDX0801	补贴对象类型名称	string	..100	Y	
AFDP0004	补贴类型	string	a8	Y	生活补贴 护理补贴
AFDX0803	标准金额	float	9,2	Y	
AFDX0804	备注	string	..200	Y	
AFDX0805	标准状态	string	a8	Y	未启用、启用、停用、历史标准
AFDX0806	省	string	..30	Y	
AFDX0807	市	string	..30	Y	
AFDX0808	县	string	..30	Y	
AFDX0809	文件依据	string	a200	N	
AFDX0810	启用月份	date	YYYYMM	Y	
AFDX0811	停用月份	date	YYYYMM	N	

续表

标识符	中文名称	数据类型	数据格式	必选项	备注
AFDX0812	调标前的标准名称	string	..100	N	
AFDX0813	是否发布	string	a1	N	1 是;0 否
AFDX0814	提标扩面	string	a8	Y	提标、扩面、提标扩面
AFDX0815	发放类型	string	a8	Y	全额发放、补差发放
AFDX0816	区县民政录入人姓名	string	..20	Y	
AFDX0817	录入时间	datetime	YYYYMMDD hh:mm:ss	Y	
AFDX0818	修改时间	datetime	YYYYMMDD hh:mm:ss	Y	

B.3.3.2 FDX89 残疾人两项补贴信息表

标识符	中文名称	数据类型	数据格式	必选项	备注
AFDX0799	主键	string	..20	Y	
AFDP0005	残疾人身份证号	string	..18	Y	
AFDX0820	户籍地址	string	..200	Y	
AFDP0002	残疾人姓名	string	..20	Y	
AFDP0006	性别	string	a1	Y	
AFDX0823	出生日期	date	YYYYMMDD	Y	
AFDX0824	家庭住址	string	..200	Y	
AFDX0802	乡镇	string	..30	Y	
AFDP0504	残疾类别	string	a8	Y	视力残疾 听力残疾 言语残疾 肢体残疾 智力残疾 精神残疾 多重残疾
AFDP0503	残疾人等级	string	a10	Y	一级残疾人 二级残疾人 三级残疾人 四级残疾人
AFDP0505	残疾人证号	string	..20	Y	
AFDX0829	户籍性质	string	a10	Y	农村户口、非农村户口
AFDX0830	低保性质	string	a8	Y	城市低保 农村低保 特困供养

续表

标识符	中文名称	数据类型	数据格式	必选项	备注
AFDX0831	发证时间	datetime	YYYYMMDD hh:mm:ss	Y	最新一次的发证时间 YYYYMMDD hh:mm:ss
AFDX0832	注销时间	datetime	YYYYMMDD hh:mm:ss	Y	YYYYMMDD hh:mm:ss
AFDP0004	残疾人电话	string	n11	Y	
AFDP0008	民族	string	..15	Y	
AFDP0004	补贴类型	string	a8	Y	生活补贴 护理补贴
AFDX0055	补贴金额(元/月)	float	9,2	Y	
AFDP0027	开户行	string	..100	N	
AFDP0029	银行卡号	string	..30	N	
AFDP0030	账户名	string	..20	N	
AFDX0564	两补申请审批状态	string	a12	Y	已提交到残联 残联审核通过 残联审核驳回 民政审定通过 民政审定驳回 民政撤销审定 残联撤销审核 未提交
AFDX0053	补贴对象类型	string	..100	Y	
AFDX0842	残疾人照片	string	an50	N	url 路径
AFDX0843	残疾人联系人	string	..20	N	
AFDX0844	残疾人联系人电话	string	n11	N	
AFDX0561	最新发放起始月份	date	YYYYMM	Y	
AFDX0911	是否进行了历史补贴上报	string	a1	Y	1 是;0 否
AFDX0847	补贴发放状态	string	a10	Y	未开始发放、发放中、已停发
AFDX0563	补贴截止年月	date	YYYYMM	N	
AFDX0944	停发审批状态	string	a12	N	乡镇提交审批 残联审批驳回 民政审定驳回 残联审核通过 民政审定通过 残联撤销审核 民政撤销审定

续表

标识符	中文名称	数据类型	数据格式	必选项	备注
AFDX0850	续发审批状态	string	a12	N	乡镇提交申请 残联审核通过 民政审定通过 残联审核驳回 民政审定驳回 残联撤销审核 民政撤销审定
AFDX0851	月工资	float	9,2	N	
AFDX0852	档案编号	string	n20	Y	
AFDX0853	标准变更审状态	string	a12	N	乡镇提交申请 残联审核通过 民政审定通过 残联审核驳回 民政审定驳回 残联撤销审核 民政撤销审定
AFDX0854	初始申请两补月份	date	YYYYMM	Y	由于调标、标准变更、续发等日常管理工作,beginYear Month 会跟随一起进行变化
AFDX0806	省	string	..30	Y	
AFDX0807	市	string	..30	Y	
AFDX0808	县	string	..30	Y	
AFDX0804	备注	string	..200	N	
AFDX0567	乡镇录入人姓名	string	..20	Y	
AFDX0568	乡镇录入人电话	string	n11	Y	
AFDX0566	乡镇录入意见	string	..200	Y	
AFDX0570	残联审核人姓名	string	..20	Y	
AFDX0571	残联审核人电话	string	n11	Y	
AFDX0569	残联审核意见	string	..200	Y	
AFDX1017	民政审定人姓名	string	..20	Y	
AFDX0574	民政审定人电话	string	n11	Y	
AFDX0572	民政审定意见	string	..200	Y	
AFDX0868	乡镇初审时间	datetime	YYYYMMDD hh:mm:ss	Y	
AFDX0869	残联审核时间	datetime	YYYYMMDD hh:mm:ss	Y	
AFDX0870	民政审定时间	datetime	YYYYMMDD hh:mm:ss	Y	
AFDX0817	录入时间	datetime	YYYYMMDD hh:mm:ss	Y	
AFDX0818	修改时间	datetime	YYYYMMDD hh:mm:ss	Y	
AFDX0819	邮政编码	string	..20		
AFDX0821	变动类型	string	n1		1 注销;2 变更

B. 3. 3. 3 FDX90 系统启用在享受人员的历史补贴表

标识符	中文名称	数据类型	数据格式	必选项	备注
AFDX0873	主键	string	. . 20	Y	
AFDX0053	补贴对象类型	string	. . 100	Y	
AFDP0005	残疾人身份证号	string	. . 18	Y	
AFDP0002	残疾人姓名	string	. . 20	Y	
AFDP0004	补贴类型	string	a8	Y	生活补贴、护理补贴
AFDX0055	补贴金额	string	n11	Y	
AFDX0562	补贴起始年月	date	YYYYMM	Y	
AFDX0563	补贴截止年月	date	YYYYMM	Y	
AFDX0806	省	string	. . 30	Y	
AFDX0807	市	string	. . 30	Y	
AFDX0808	县	string	. . 30	Y	
AFDX0802	乡镇	string	. . 30	Y	
AFDX0804	备注	string	. . 200	N	
AFDX0886	来源		a35	Y	用户录入 续发时系统生成 标准提标的历史数据 两补数据变更标准生成的历史数据
AFDX0851	月工资	float	9,2	N	
AFDX0567	乡镇录入人姓名	string	. . 20	Y	
AFDX0817	录入时间	datetime	YYYYMMDD hh:mm:ss	Y	
AFDX0818	修改时间	datetime	YYYYMMDD hh:mm:ss	Y	

B. 3. 3. 4 FDX91 历史退出人员信息表

标识符	中文名称	数据类型	数据格式	必选项	备注
AFDX0891	主键	string	. . 20	Y	
AFDP0005	残疾人身份证号	string	. . 18	Y	
AFDP0002	残疾人姓名	string	. . 20	Y	
AFDP0006	性别	string	a1	Y	
AFDX0823	残疾人出生日期	date	YYYYMMDD	Y	YYYY - MM - DD
AFDX0824	残疾人家庭住址	string	. . 200	Y	

续表

标识符	中文名称	数据类型	数据格式	必选项	备注
AFDX0802	乡镇	string	..30	Y	
AFDP0504	残疾类别	string	a8	Y	视力残疾 听力残疾 言语残疾 肢体残疾 智力残疾 精神残疾 多重残疾
AFDP0503	残疾人等级	string	a10	Y	一级残疾人 二级残疾人 三级残疾人 四级残疾人
AFDP0505	残疾人证号	string	an20	Y	
AFDX0841	残疾人电话	string	n11	N	
AFDP0008	民族	string	a15	Y	
AFDX0842	残疾人照片	string	an50	N	路径
AFDX0806	省	string	..30	Y	
AFDX0807	市	string	..30	Y	
AFDX0808	县	string	..30	Y	
AFDX0804	备注	string	..200	N	
AFDX0843	残疾人联系人	string	..20	N	
AFDX0844	残疾人联系人电话	string	n11	N	
AFDX0910	退出时间	date	YYYYMM	Y	
AFDX0911	是否进行了历史补贴上报	string	a1	Y	1 是;0 否
AFDX0912	退出原因	string	a25	Y	
AFDX0913	退出备注	string	..100	N	
AFDX0567	乡镇录入人姓名	string	..20	Y	
AFDX0817	录入时间	datetime	YYYYMMDD hh:mm:ss	Y	
AFDX0818	修改时间	datetime	YYYYMMDD hh:mm:ss	Y	

B.3.3.5 FDX92 历史退出人员的历史补贴表

标识符	中文名称	数据类型	数据格式	必选项	备注
AFDX0917	主键	string	..20	Y	主键
AFDX0053	补贴对象类型	string	..100	Y	

续表

标识符	中文名称	数据类型	数据格式	必选项	备注
AFDP0004	补贴类型	string	a8	Y	生活补贴 护理补贴
AFDX0055	补贴金额	float	9,2	Y	
AFDX0562	补贴起始年月	date	YYYYMM	Y	
AFDX0563	补贴截止年月	date	YYYYMM	Y	YYYY - MM
AFDP0002	残疾人姓名	string	..20	Y	
AFDP0005	残疾人身份证号	string	..18	Y	
AFDX0806	省	string	..30	Y	
AFDX0807	市	string	..30	Y	
AFDX0808	县	string	..30	Y	
AFDX0802	乡镇	string	..30	Y	
AFDX0567	乡镇录入人姓名	string	..20	Y	
AFDX0817	录入时间	datetime	YYYYMMDD hh:mm:ss	Y	YYYYMMDD hh:mm:ss
AFDX0818	修改时间	datetime	YYYYMMDD hh:mm:ss	Y	YYYYMMDD hh:mm:ss

B. 3. 3. 6 FDX93 残疾人两项补贴停发表

标识符	中文名称	数据类型	数据格式	必选项	备注
AFDX0932	主键	string	..20	Y	
AFDP0002	残疾人姓名	string	..20	Y	
AFDP0005	残疾人身份证号	string	..18	Y	
AFDX0567	乡镇录入人姓名	string	..20	Y	
AFDX0936	乡镇审批意见	string	..25	Y	
AFDX0937	乡镇录入时间	datetime	YYYYMMDD hh:mm:ss	Y	YYYYMMDD hh:mm:ss
AFDX0570	残联审批人姓名	string	..20	Y	
AFDX0569	残联审批意见	string	..100	Y	
AFDX0940	残联审批时间	datetime	YYYYMMDD hh:mm:ss	Y	YYYYMMDD hh:mm:ss
AFDX0573	民政审批人姓名	string	..20	Y	
AFDX0572	民政审批意见	string	..100	Y	
AFDX1016	民政审批时间	datetime	YYYYMMDD hh:mm:ss	Y	YYYYMMDD hh:mm:ss

续表

标识符	中文名称	数据类型	数据格式	必选项	备注
AFDX0944	停发审批状态	string	a12	Y	乡镇提交审批 残联审批驳回 民政审定驳回 残联审核通过 民政审定通过 残联撤销审核 民政撤销审定
AFDX0804	备注	string	..150	N	
AFDX0946	发放截止月份	date	YYYYMM	Y	
AFDX0817	录入时间	datetime	YYYYMMDD hh:mm:ss	Y	
AFDX0818	修改时间	datetime	YYYYMMDD hh:mm:ss	Y	

B.3.3.7 FDX94 残疾人两项补贴续发记录表

标识符	中文名称	数据类型	数据格式	必选项	备注
AFDX0947	主键	string	..20	Y	
AFDP0002	残疾人姓名	string	..20	Y	
AFDP0005	残疾人身份证号	string	..18	Y	
AFDX0950	原标准名称	string	..100	Y	
AFDX0951	原标准金额	float	9,2	Y	
AFDX0952	原发放起始月份	date	YYYYMM	Y	
AFDX0953	现标准名称	string	..100	Y	
AFDX0954	现标准金额	float	9,2	Y	
AFDX0955	现发放起始月份	date	YYYYMM	Y	
AFDP0004	补贴类型	string	a8	Y	生活补贴 护理补贴
AFDX0957	续发后月工资	float	9,2	n	
AFDX0567	乡镇录入人姓名	string	..20	Y	
AFDX0936	乡镇审批意见	string	..50	Y	
AFDX0937	乡镇录入时间		YYYYMMDD hh:mm:ss	Y	
AFDX0570	残疾审核人姓名	string	..20	Y	
AFDX0569	残联审批意见	string	..50	Y	
AFDX0940	残联审批时间	datetime	YYYYMMDD hh:mm:ss	Y	
AFDX0573	民政审定人姓名	string	..20	Y	
AFDX0572	民政审定意见	string	..50	Y	

续表

标识符	中文名称	数据类型	数据格式	必选项	备注
AFDX0943	民政审定人时间	datetime	YYYYMMDD hh:mm:ss	Y	
AFDX0967	审批状态	string	a12	Y	乡镇提交申请 残联审核通过 民政审定通过 残联审核驳回 民政审定驳回 残联撤销审核 民政撤销审定
AFDX0804	备注	string	a100	N	
AFDX0806	省	string	..30	Y	
AFDX0807	市	string	..30	Y	
AFDX0808	县	string	..30	Y	
AFDX0802	乡镇	string	..30	Y	
AFDX0973	续发前月工资	float	9,2	N	
AFDX0974	发放截止月份	date	YYYYMM	Y	
AFDX0817	录入时间	datetime	YYYYMMDD hh:mm:ss	Y	
AFDX0818	修改时间	datetime	YYYYMMDD hh:mm:ss	Y	

B.3.3.8 FDX95 残疾人两项补贴标准变更记录表

标识符	中文名称	数据类型	数据格式	必选项	备注
AFDX0975	主键	string	..20	Y	主键
AFDP0002	残疾人姓名	string	..20	Y	
AFDP0005	残疾人身份证号	string	..18	Y	
AFDX0950	原标准名称	string	..100	Y	
AFDX0951	原标准金额	float	9,2	Y	
AFDX0952	原发放起始月份	date	YYYYMM	Y	
AFDX0953	现标准名称	string	..100	Y	
AFDX0954	现标准金额	float	9,2	Y	
AFDX0955	现发放起始月份	date	YYYYMM	Y	
AFDP0004	补贴类型	string	a8	Y	
AFDX0985	变更后月工资	float	9,2	N	
AFDX0567	乡镇录入人姓名	string	..20	Y	
AFDX0936	乡镇审批意见	string	..50	Y	
AFDX0937	乡镇录入时间	datetime	YYYYMMDD hh:mm:ss	Y	

续表

标识符	中文名称	数据类型	数据格式	必选项	备注
AFDX0570	残疾审核人姓名	string	..20	Y	
AFDX0569	残联审批意见	string	..50	Y	
AFDX0940	残联审批时间	datetime	YYYYMMDD hh:mm:ss	Y	
AFDX0573	民政审定人姓名	string	..20	Y	
AFDX0572	民政审定意见	string	..50	Y	
AFDX0943	民政审定人时间	datetime	YYYYMMDD hh:mm:ss	Y	
AFDX0967	审批状态	string	a12	Y	乡镇提交申请 残联审核通过 民政审定通过 残联审核驳回 民政审定驳回 残联撤销审核 民政撤销审定
AFDX0804	备注	string	..100	N	
AFDX0806	省	string	..30	Y	
AFDX0807	市	string	..30	Y	
AFDX0808	县	string	..30	Y	
AFDX0802	乡镇	string	..30	Y	
AFDX1001	变更前月工资	float	9,2	N	
AFDX0817	录入时间	datetime	YYYYMMDD hh:mm:ss	Y	
AFDX0818	修改时间	datetime	YYYYMMDD hh:mm:ss	Y	

B.3.3.9 FDX96 残疾人两项补贴补发记录表

标识符	中文名称	数据类型	数据格式	必选项	备注
AFDX1002	主键	string	..20	Y	主键
AFDP0005	残疾人身份证号	string	..18	Y	
AFDP0002	残疾人姓名	string	..20	Y	
AFDX1005	补发原因	string	..100	Y	
AFDX1006	补发起始月份	date	YYYYMM	Y	
AFDX1007	补发截止月份	date	YYYYMM	Y	
AFDX0806	省	string	..30	Y	
AFDX0807	市	string	..30	Y	
AFDX0808	县	string	..30	Y	

续表

标识符	中文名称	数据类型	数据格式	必选项	备注
AFDX0802	乡镇	string	..30	Y	
AFDX0967	审核状态	string	a12	Y	残联审核 民政审定通过 民政审定驳回 残联审核通过 残联审核驳回 民政审定撤销 残联审核撤销
AFDX1013	驳回理由	string	..100	Y	
AFDX0940	残联审批时间	datetime	YYYYMMDD hh:mm:ss	Y	YYYYMMDD hh:mm:ss
AFDX1015	残联审批人姓名	string	..20	Y	
AFDX1016	民政审批时间	datetime	YYYYMMDD hh:mm:ss	Y	YYYYMMDD hh:mm:ss
AFDX1017	民政审批人姓名	string	..20	Y	
AFDX1018	实际补发月份	date	YYYYMM	Y	YYYY - MM
AFDX1019	实际补发金额	float	9,2	Y	
AFDX0054	补发类型	string	a8	Y	全额补发 差额补发
AFDX1020	全额补发的标准	string	..100	Y	
AFDX1021	差额补发的新标准	string	..100	Y	
AFDX1022	差额补发的旧标准	string	..100	Y	
AFDX0851	月工资	float	9,2	N	
AFDX0567	乡镇录入人姓名	string	..20	Y	
AFDX0817	录入时间	datetime	YYYYMMDD hh:mm:ss	Y	
AFDX0818	修改时间	datetime	YYYYMMDD hh:mm:ss	Y	

B.3.3.10 FDX98 残疾人两项补贴追缴记录表

标识符	中文名称	数据类型	数据格式	必选项	备注
AFDX1041	主键	string	..20	Y	主键
AFDX0567	乡镇录入人姓名	string	..20	Y	
AFDP0005	残疾人身份证号	string	..18	Y	
AFDP0002	残疾人姓名	string	..20	Y	
AFDX1045	追缴原因	string	..100	Y	
AFDX1046	追缴起始月份	date	YYYYMM	Y	

续表

标识符	中文名称	数据类型	数据格式	必选项	备注
AFDX1047	追缴截止月份	date	YYYYMM	Y	
AFDX0806	省	string	..30	Y	
AFDX0807	市	string	..30	Y	
AFDX0808	县	string	..30	Y	
AFDX0802	乡镇	string	..30	Y	
AFDX0967	审核状态	string	a12	Y	待残联审核 民政审定通过 民政审定驳回 残联审核通过 残联审核驳回 民政审定撤销 残联审核撤销
AFDX1013	驳回理由	string	..100	Y	
AFDX0940	残联审批时间	datetime	YYYYMMDD hh:mm:ss	Y	YYYYMMDD hh:mm:ss
AFDX1015	残联审批人姓名	string	..20	Y	
AFDX1016	民政审批时间	datetime	YYYYMMDD hh:mm:ss	Y	YYYYMMDD hh:mm:ss
AFDX1017	民政审批人姓名	string	..20	Y	user 表 truename
AFDX1058	追缴金额	float	9,2	Y	
AFDX1059	线下追缴月份	date	YYYYMM	Y	
AFDX0817	录入时间	datetime	YYYYMMDD hh:mm:ss	Y	user 表 truename
AFDX1061	变更时间	datetime	YYYYMMDD hh:mm:ss	Y	YYYYMMDD hh:mm:ss

B. 3. 3. 11 FDE80 残疾人福利机构信息

标识符	中文描述	数据类型	数据格式	必选项	备注
AGBE0080	残疾人福利机构信息标识	string	an32	Y	本记录的唯一标识,符合 UUID 生成规范
AXBE0002	机构统一社会信用代码	string	n18	Y	《国务院关于批转发展改革委等部门法人和其他组织统一社会信用代码制度建设总体方案的通知》(国发〔2015〕33 号)中确定的编制规则
AXBE0003	机构名称	string	..100	Y	
AGBE0042	机构类别	string	n2	Y	见 JMGC/XX 204 中“精神卫生社会福利机构类别代码”

续表

标识符	中文描述	数据类型	数据格式	必选项	备注
AXBE0022	机构所在区划编码	string	n12	Y	前6位见GB/T 2260(《中华人民共和国行政区划代码》),后3位见GB/T 10114—2003(《县以下行政区划代码编码规则》),后3位为村或社区编码
AXBE0005	机构类型	string	n2	Y	见JMGC/XX 204中CFD01“残疾人福利机构类型代码”
AFDE0007	机构资质情况	string	n2	Y	见JMGC/XX 204中CFD04“残疾人福利机构资质情况代码”
AFDE0008	民政主管部门类型	string	n2	Y	见JMGC/XX 204中CFD03“残疾人福利机构民政主管部门类型代码”
AXBE0017	机构法人姓名	string	..72	Y	
AXBE0018	法人身份证件类型	string	n1	Y	见JMGC/XX 204中C0015“身份证件类型代码”
AXBE0019	法人身份证件号码	string	..18	Y	对于证件类型为“内地居民身份证”的人员,身份证件号码值域见GB 11643—1999(《公民身份号码》)
AXBE0113	机构地址描述	string	..100	Y	
AXBE0013	机构联系电话号码	string	..17	N	0—9和字符“—”
AXBE0014	机构电子邮件地址	string	..100	N	
AXBE0015	机构设立日期	date	YYYYMMDD	Y	如:20160101
AXBE0004	机构状态	string	n2	Y	见JMGC/XX 204中C0041单位状态代码
AFDE0043	在院工作人员数量	number		Y	单位:人
AFDE0044	医护人员数量	number		Y	单位:人
AFDE0045	副高级以上职称人员数量	number		Y	单位:人
AFDE0046	在职人员平均工资	float	9,2	Y	单位:元/年
AFDE0047	床位数	number		Y	单位:张
AFDE0048	在院总人数	number		Y	单位:人
AFDE0052	其中:在院复员退伍军人人员数量	number		Y	单位:人
AFDE0053	其中:特困人员人员数量	number		Y	单位:人

续表

标识符	中文描述	数据类型	数据格式	必选项	备注
AFDE0054	其中:无户口滞留流浪乞讨人员人员数量	number		Y	单位:人
AFDE0055	其中:社会代养人员人员数量	number		Y	单位:人
AFDE0056	(复员退伍军人)供养/收费标准	float	9,2	Y	单位:元/月
AFDE0057	(特困人员)供养/收费标准	float	9,2	Y	单位:元/月
AFDE0058	(无户口滞留流浪乞讨人员)供养/收费标准	float	9,2	Y	单位:元/月
AFDE0051	(社会代养人员)供养/收费标准	float	9,2	Y	单位:元/月
AFDE0049	财政预算	float	9,2	Y	单位:万元
AFDE0050	所弥补资金缺口	float	9,2	Y	单位:万元
AFDX0101	同步类型	string	n1	Y	1 插入/2 更新/3 删除
AFDX0102	同步时间	datetime	YYYYMMDD hh:mm:ss	Y	如:20160101235959
AFDX0103	批次号	string	an32	Y	每次交换应唯一,用于数据对账
AFDX0104	数据来源省级行政区划代码	string	n2	Y	两位省级行政区划代码
AFDX0099	机构所在地邮政编码	string	..10	Y	
AFDX0100	国民经济行业分类	string	n4	Y	见 JMGC/XX 204 中 C0036 国民经济行业分类代码
AFDX0105	机构登记部门	string	..100	Y	
AFDX0106	变动类型	string	n1	Y	1 注销;2 变更
AFDX0107	变动时间	date		Y	
AFDX0108	医疗机构执业许可证登记号	string	..100	Y	
AFDX0109	医疗保险定点医疗机构资格证书编码	string	..100	Y	
AFDX0122	年末床位数中护理型床位数(个)	number		Y	
AFDX0134	机构建筑面积(平方米)	float	9,2	Y	
AFDX0135	相关单位统一社会信用代码	string	n18	Y	
AFDX0136	相关单位名称	string	n72	Y	

B.4 养老服务业务

B.4.1 HDEF1 养老服务机构基础信息表

标识符	中文描述	数据类型	数据格式	必选项	备注
AXBE0001	机构主键	string	an32	Y	主键
AHAE2348	机构组织代码	string	n10	Y	由6位区划代码+4位数字，如：4110020001，此字段将作为机构的唯一标识
AXBE0002	统一社会信用代码	string	an18	Y	《国务院关于批转发展改革委等部门法人和其他组织统一社会信用代码制度建设总体方案的通知》（国发〔2015〕33号）中确定的编制规则
AXBE0003	单位名称	string	..100	Y	
AXBE0017	单位建立日期	date	YYYYMMDD	Y	单位注册登记日期
AXBE0023	单位所属行政区划	string	n12	Y	前6位见GB/T 2260（《中华人民共和国行政区划代码》），后3位见GB T10114—2003（《县以下行政区划代码编码规则》）
AXBE0024	单位所在行政区划	string	n12	Y	前6位见GB/T 2260（《中华人民共和国行政区划代码》），后3位见GB T10114—2003（《县以下行政区划代码编码规则》）
AXBE0013	单位通信详细地址	string	..100	Y	
AXBE0021	法定代表人或负责人姓名	string	..100	Y	
AHAE0012	法定代表人或负责人联系方式	string	n11	Y	
AXBE0019	法定代表人或负责人证件类型	string	n2	Y	见JMGC/XX 204中C0015身份证件类型代码
AXBE0018	法定代表人或负责人证件号码	string	..18	Y	对于证件类型为"内地居民身份证"的人员，身份证件号码值域见GB 11643—1999（《公民身份号码》）
AHAE0010	法人登记机关	string	..72	Y	
AHAE0011	法人类型	string	n2	Y	见JMGC/XX 204中CH007养老机构法人性质代码
AHAE2343	全托床位数	number		Y	单位：张
AHAE0019	日托床位数量	number		Y	单位：张
AHAE2323	护理型床位数	number		Y	单位：张
AHAE2347	床位总数	number		Y	单位：张，床位总数＝日托床位＋全托床位

续表

标识符	中文描述	数据类型	数据格式	必选项	备注
AHAE0021	建筑面积	float		Y	单位:平方米
AHAE0022	占地面积	float		Y	单位:平方米
AHAE0016	场所性质	string	n2	Y	见 JMGC/XX 204 中 CH009 养老机构服务场所性质代码
AHAE2518	通过消防部门审验合格	string	n1	Y	1 是;0 否,填写“否”的应填写原因,请监管处核对此栏并补充
AHAE2519	未通过消防部门审验合格原因	string	..100	Y	
AHAE2520	未通过消防部门审验监管部门审核意见	string	..100	Y	
AHAE2521	是否取得食品生产许可证	string	n1	Y	1 是;0 否,填写“否”的应填写原因,请监管处核对此栏并补充
AHAE2522	未取得食品生产许可证原因	string	..100	Y	
AHAE2523	未取得食品生产许可证监管部门审核意见	string	..100	Y	
AXBE0005	单位性质	string	n2	Y	见 JMGC/XX 204 中 C0038 单位性质代码
AHAE2524	是否为特困救助供养机构	string	n1	Y	1 是;0 否 依法注册登记的,为特困老年人等提供 24 小时集中居住和养护照料服务的机构
AHAE2525	是否为光荣院	string	n1	Y	1 是;0 否 国家集中供养孤老和生活不能自理的抚恤优待对象,并对其实行特殊保障的优抚事业单位
AHAE2344	是否为街道(乡镇)区域性养老服务中心	string	n1	Y	1 是;0 否 是指具备全托、日托、上门服务等综合服务功能,并承担街道(乡镇)层面技术指导、资源统筹、区域协调职责的养老服务机构
AHAE0013	所处位置	string	n2	Y	见 JMGC/XX 204 中 CH012 养老机构所处位置代码
AHAE0017	兴办主体	string	n2	Y	见 JMGC/XX 204 中 CH010 养老机构兴办主体代码
AHAE0025	收住老人类型	string	n1	Y	见 JMGC/XX 204 中 CH052 收住老人类型代码
AHAE2527	收住老人类型_其他(说明)	string	..50	Y	
AHAE0024	是否投保责任险	string	n1	Y	1 是;0 否
AHAE2528	是否长护险定点机构	string	n1	Y	1 是;0 否

续表

标识符	中文描述	数据类型	数据格式	必选项	备注
AHAE0023	是否提供居家养老上门服务	string	n1	Y	1 是;0 否
AHAE2530	居家养老上门——服务项目——1. 家庭养老床位服务人次/月	string	n5	Y	如果"提供居家养老上门服务"一栏填了"是",则填写此栏 2. 家庭养老床位 ____服务人次/月 5. 上门助餐 ____服务人次/月 6. 上门助洁 ____服务人次/月 7. 上门助行 ____服务人次/月 5. 上门助浴 ____服务人次/月 6. 上门康复 ____服务人次/月 7. 上门助医 ____服务人次/月 8. 巡访关爱 ____服务人次/月 9. 其他居家上门服务 ____服务人次/月
AHAE2531	居家养老上门——服务项目——2. 上门助餐服务人次/月	string	n5	Y	
AHAE2532	居家养老上门——服务项目——3. 上门助洁服务人次/月	string	n5	Y	
AHAE2533	居家养老上门——服务项目——4. 上门助行服务人次/月	string	n5	Y	
AHAE2534	居家养老上门——服务项目——5. 上门助浴服务人次/月	string	n5	Y	
AHAE2535	居家养老上门——服务项目——6. 上门康复服务人次/月	string	n5	Y	
AHAE2536	居家养老上门——服务项目——7. 上门助医服务人次/月	string	n5	Y	
AHAE2537	居家养老上门——服务项目——8. 巡访关爱服务人次/月	string	n5	Y	
AHAE2538	居家养老上门——服务项目——9. 其他居家上门服务服务人次/月	string	n5	Y	
AHAE2539	是否提供社区养老服务	string	n1	Y	1 是;0 否

续表

标识符	中文描述	数据类型	数据格式	必选项	备注
AHAE2541	社区养老——服务项目——1. 日托(日间照料)服务人次/月	string	n5	Y	如果“提供社区养老服务”一栏填了“是”,则填写此栏 7. 日托(日间照料) ____服务人次/月 8. 老年餐桌(食堂) ____服务人次/月 9. 社区文化娱乐 ____服务人次/月 10. 时间银行(志愿服务) ____服务人次/月 11. 社区康复 ____服务人次/月 12. 其他社区养老服务 ____服务 ____服务人次/月
AHAE2542	社区养老——服务项目——2. 老年餐桌(食堂)服务人次/月	string	n5	Y	
AHAE2543	社区养老——服务项目——3. 社区文化娱乐服务人次/月	string	n5	Y	
AHAE2544	社区养老——服务项目——4. 时间银行(志愿服务)服务人次/月	string	n5	Y	
AHAE2545	社区养老——服务项目——5. 社区康复服务人次/月	string	n5	Y	
AHAE2546	社区养老——服务项目——6. 其他社区养老服务服务人次/月	string	n5	Y	
AHAE2547	社区养老——服务项目——其他服务	string	..50	Y	
AHAE0027	开展医疗服务方式	string	n2	Y	见 JMGC/XX 204 中 CH013 养老机构医疗服务形式一级代码
AHAE2548	医疗服务形式代码——二级代码	string	n2	Y	见 JMGC/XX 204 中 CH013 养老机构医疗服务形式二级代码
AHAE2549	是否取得医疗机构执业许可证书	string	n1	Y	如果选了内设医疗机构,则填写此项
AHAE2550	是否取得医疗保险定点医疗机构资格证书	string	n1	Y	如果选了内设医疗机构,则填写此项
AHAE2551	享受政府扶持优惠政策内容代码	string	..100	Y	见 JMGC/XX 204 中 CH059 政府扶持优惠政策内容代码,可多选
AHAE2552	收费方式	string	n1	Y	
AHAE2553	是否采用会员制方式收费	string	n1	Y	
AHAE2554	护理费(最高)	float		Y	单位:元/月
AHAE2555	护理费(最低)	float		Y	单位:元/月
AHAE2556	床位费(最高)	float		Y	单位:元/月
AHAE2557	床位费(最低)	float		Y	单位:元/月

续表

标识符	中文描述	数据类型	数据格式	必选项	备注
AHAE2558	膳食费(最高)	float		Y	单位:元/月
AHAE2559	膳食费(最低)	float		Y	单位:元/月
AHAE2560	押金/备用金(最高)	float		Y	单位:元/月
AHAE2561	押金/备用金(最低)	float		Y	单位:元/月
AHAE2562	是否其他收费	string	n1	Y	1 是(具体收费项目名称);0 否
AHAE2563	其他收费——项目名称	string	..50	Y	其他收费,如果选“是”则新字段收费项目名称
AHAE2564	其他收费(最高)元/月	float		Y	单位:元/月
AHAE2565	其他收费(最低)元/月	float		Y	单位:元/月
AHAE2566	月末收住老年人数	number		Y	
AHAE0042	生存状态代码	string	n1	Y	见 JMGC/XX 204 中 CH026 养老服务机构生存状态代码
AHAE0051	是否备案	string	n1	Y	1 是;0 否
AHAE0041	备案时间	date	YYYYMMDD	N	

B. 4. 2 HDEF8 社区养老服务设施

标识符	中文描述	数据类型	数据格式	必选项	备注
AHAE5000	设施唯一标识	string	an32	Y	主键,符合生成规范
AHAE5077	组织代码	string	n12	Y	由 6 位区划代码 + 6 位数字,如:411002000001,此字段将作为机构的唯一标识
AXBE0002	统一社会信用代码	string	an18	N	《国务院关于批转发展改革委等部门法人和其他组织统一社会信用代码制度建设总体方案的通知》(国发〔2015〕33 号)中确定的编制规则
AHAE5003	单位名称	string	..100	Y	
AHAE5024	单位建立日期	date	an19	Y	登记机构,填写登记日期;未经登记机构,填写正式投入运营日期
AHAE5001	单位所属行政区划	string	an12	Y	前 6 位见 GB/T 2260(《中华人民共和国行政区划代码》),后 3 位见 GB T10114—2003(《县以下行政区划代码编码规则》)

续表

标识符	中文描述	数据类型	数据格式	必选项	备注
AHAE5021	单位所在行政区划	string	n12	Y	前6位见GB/T 2260(《中华人民共和国行政区划代码》),后3位见GB T10114—2003(《县以下行政区划代码编码规则》)
AHAE5004	单位通信详细地址	string	..100	Y	指精确到街道(乡镇)门牌号等具体地址
AHAE5026	法定代表人或负责人姓名	string	..72	Y	
AHAE5027	法定代表人或负责人联系方式	string	n11	Y	
AHAE5028	法定代表人或负责人证件类型	string	n2	Y	见JMGC/XX 204中C0015身份证件类型代码
AHAE5029	法定代表人或负责人证件号码	string	..18	Y	
AHAE5030	法人登记机关	string	..72	Y	
AHAE5025	法人类型	string	n2	Y	见JMGC/XX 204中CH007养老机构法人性质代码
AHAE5022	全托床位数量	number		Y	
AXCP0038	日托床位数量	number		Y	
AHAE2527	护理型床位数量	number		Y	单位:张
AHAE2525	床位总数量	number		Y	单位:张
AHAE2526	建筑面积	float		Y	单位:平方米
AHAE5032	占地面积	float		Y	单位:平方米
AHAE5023	场所性质	string	an2	Y	见JMGC/XX 204中CH032社区养老服务设施服务场所性质代码
AHAE2524	是否享受社区养老服务税费减免	string	n1	Y	1是;0否
AHAE2510	类别	string	an2	Y	见JMGC/XX 204中CH034社区养老服务设施机构形式代码
AHAE5033	单位性质	string	an2	Y	见JMGC/XX 204中C0038单位性质代码
AHAE2344	是否为街道(乡镇)区域性养老服务中心	string	n1	Y	1是;0否
AHAE5034	所处位置	string	an1		见JMGC/XX 204中CH012养老机构所处位置代码
AHAE5035	兴办主体	string	an2		见JMGC/XX 204中CH010养老机构兴办主体代码
AHAE5036	是否投保责任险	string	n1	Y	1是;0否
AHAE5037	是否长护险定点机构	string	n1	Y	1是;0否

续表

标识符	中文描述	数据类型	数据格式	必选项	备注
AHAE5039	全托服务人次	string	n8	Y	8. 全托 ____服务人次/月 9. 日托(日间照料) ____服务人次/月 10. 老年餐桌(食堂) ____服务人次/月 11. 社区文化娱乐 ____服务人次/月 12. 时间银行(志愿服务) ____服务人次/月 13. 社区康复 ____服务人次/月 14. 其他社区养老服务 ____服务人次/月
AHAE5040	日托服务人次	string	n8	Y	
AHAE5041	老年餐桌(食堂)服务人次	string	n8	Y	
AHAE5042	社区文化娱乐服务人次	string	n8	Y	
AHAE5043	时间银行(志愿服务)服务人次	string	n8	Y	
AHAE5044	社区康复服务人次	string	n8	Y	
AHAE5045	其他社区养老服务	string	n8	Y	
AHAE5046	其他社区养老服务服务人次	string	n8	Y	
AHAE5047	收住老人类型	string	an100	Y	若选择其他需要填写内容
AHAE5048	其他老人类型	string	an100	Y	如失独、华侨等类型可补充在其他选项。“服务项目”填写了全托、日托的机构填写本项
AHAE5049	是否提供居家养老上门服务	string	n1	Y	1 是;0 否
AHAE5051	家庭养老床位服务人次	string	n8	Y	如果“提供居家养老上门服务”一栏填了“是”,则填写此栏 1. 家庭养老床位 ____服务人次/月 2. 上门助餐 ____服务人次/月 3. 上门助洁 ____服务人次/月 3. 上门助行 ____服务人次/月 4. 上门助浴 ____服务人次/月 5. 上门康复 ____服务人次/月 6. 上门助医 ____服务人次/月 7. 巡访关爱 ____服务人次/月 8. 其他居家上门服务 ____服务 ____服务人次/月
AHAE5052	上门助餐服务人次	string	n8	Y	
AHAE5053	上门助洁服务人次	string	n8	Y	
AHAE5054	上门助行服务人次	string	n8	Y	
AHAE5055	上门助浴服务人次	string	n8	Y	
AHAE5056	上门康复服务人次	string	n8	Y	
AHAE5057	上门助医服务人次	string	n8	Y	
AHAE5058	巡访关爱服务人次	string	n8	Y	
AHAE5059	其他居家上门服务	string	..50	Y	
AHAE5060	其他居家上门服务服务人次	string	n8	Y	
AHAE5061	开展医疗服务方式	string	n2	Y	见 JMGC/XX 204 中 CH013 养老机构医疗服务形式一级代码
AHAE5062	医疗服务方式二级	string	n2	Y	见 JMGC/XX 204 中 CH013 养老机构医疗服务形式二级代码

续表

标识符	中文描述	数据类型	数据格式	必选项	备注
AHAE5063	是否取得医疗机构执业许可证书	string	n1	Y	1 是;0 否 如果选了内设医疗机构,则填写此项
AHAE5064	是否取得医疗保险定点医疗机构资格证书	string	n1	Y	1 是;0 否 如果选了内设医疗机构,则填写此项

B. 4. 3 HAPB1 从业人员基本信息表

标识符	中文描述	数据类型	数据格式	必选项	备注
AHDX6124	主键标识	string	an32	Y	主键,UUID,符合 GB/T 17969. 8—2010
AXBE0001	机构主键	string	an32	Y	主键
AHAE2348	机构组织代码	string	n10	Y	6 位区划代码 + 4 位数字,如:4110020001
AXBE0002	机构统一社会信用代码	string	an18	Y	
AXCP0002	从业人员姓名	string	. . 72	Y	
AXCP0004	身份证件类型	string	n1	Y	见 JMGC/XX 204 中 C0015 身份证件类型代码
AXCP0005	身份证件号码	string	. . 18	Y	对于证件类型为“内地居民身份证”的人员,身份证件号码值域见 GB 11643—1999 (《公民身份号码》)
AHDX6129	联系电话	string	. . 17	Y	
AXCP0006	性别	string	n1	Y	见 JMGC/XX 204 中 C0007 人的性别代码
AHDX6143	职务	string	. . 50	Y	
AHDX6134	职业类型	string	n2	Y	见 JMGC/XX 204 中 CH061 职业类型代码
AHDX6144	其他职业类型	string	. . 50	Y	
AHDX6135	岗位类型	string	n2	Y	见 JMGC/XX 204 中 CH062 岗位类型代码
AXCP0010	学历	string	n2	Y	见 JMGC/XX 204 中 C0008 学历代码
AHDX6137	是否有护理人员等级证书				1 是;0 否
AHDX6138	是否缴纳社保				1 是;0 否
AHDX6141	护理员等级				见 JMGC/XX 204 中 CH062 护理员等级代码 如“是否有护理人员等级证书”选择“是”,系统自动跳转到本栏;如选择“否”,本栏不显示

B.4.4 HAPC1 老年人基础信息表

标识符	中文描述	数据类型	数据格式	必选项	备注
AXCP0001	主键标识	string	an32	Y	主键,UUID,符合 GB/T 17969.8—2010
AXBE0001	机构主键	string	an32	Y	主键
AHAE2348	机构组织代码	string	n10	Y	6 位区划代码 + 4 位数字,如:4110020001
AXCP0002	老人姓名	string	..72	Y	
AXCP0004	证件类型	string	n1	Y	见 JMGC/XX 204 中 C0015 身份证件类型代码
AXCP0005	证件号码	string	..18	Y	对于证件类型为"内地居民身份证"的人员,身份证件号码值域见 GB 11643—1999(《公民身份号码》)
AXCP0006	性别	string	n1	Y	见 JMGC/XX 204 中 C0007 人的性别代码
AXCP0008	民族	string	n2	Y	见 JMGC/XX 204 中 C0009 民族代码
AHAP0008	婚姻状况	string	n2	Y	见 JMGC/XX 204 中 C0010 婚姻状况代码
AXCP0013	户籍类别	string	n2	Y	见 JMGC/XX 204 中 C0031 户籍类别代码
AHAP0009	户籍地行政区划	string	n12	N	前 6 位见 GB/T 2260(《中华人民共和国行政区划代码》),后 3 位见 GB T10114—2003(《县以下行政区划代码编码规则》)
AHAP0026	户籍地址	string	..100	N	
AHAP1026	固定电话	string	..17	N	
AXZX0001	移动电话	string	n11	N	
AHAP0027	居住地行政区划	string	an12	N	前 6 位见 GB/T 2260(《中华人民共和国行政区划代码》),后 3 位见 GB T10114—2003(《县以下行政区划代码编码规则》)
AHAP0028	居住地址描述	string	..120	N	
AHDP0029	是否残疾	string	n1	Y	
AHAP0025	残疾等级代码	string	n2	Y	见 JMGC/XX 204 中 C0025 残疾等级代码
AHAP0024	残疾类别代码	string	n2	Y	见 JMGC/XX 204 中 C0024 残疾类别代码
AHAP0029	残疾证号码	string	n20	Y	18 位身份证号加 1 位残疾类别代码和 1 位残疾人等级代码组成

续表

标识符	中文描述	数据类型	数据格式	必选项	备注
AHAP0020	医保类别代码	string	n1	N	见 JMGC/XX 204 中 CH045 医保类别代码
AHAP0021	身体能力评估等级	string	n1	Y	见 JMGC/XX 204 中 CH047 老年人能力等级代码
AHAP0022	是否享受长护险	string	n1	Y	1 是;0 否
AHAP0011	是否失智老年人	string	n1	Y	1 是;0 否
AHAP0013	是否独居老年人代码	string	n1	Y	1 是;0 否
AHAP0014	是否孤老代码	string	n1	Y	1 是;0 否
AHAP0040	是否留守	string	n1	Y	1 是;0 否
AHAP0041	是否低保	string	n1	Y	1 是;0 否
AHDP0030	是否计划生育特殊困难家庭老年人	string	n1	Y	1 是;0 否
AXZX0010	监护人姓名	string	..72	N	
AXZX0011	监护人移动电话	string	n11	N	
AHAP0019	与监护人关系代码	string	n2	N	见 JMGC/XX 204 中 C0032 家庭关系代码

B.4.5 HAPC3 老年人能力评估信息表

标识符	中文描述	数据类型	数据格式	必选项	备注
AHAE2490	老年人评估标识	string	an32	Y	主键,UUID,符合 GB/T 17969.8—2010
AXCP0001	老年人基础信息主键标识	string	an32	Y	主键,UUID,符合 GB/T 17969.8—2010
AXBE0001	机构主键	string	an32	Y	主键
AHAE2348	机构组织代码	string	n10	Y	6 位区划代码 + 4 位数字,如:4110020001
AXCP0002	老年人姓名	string	an72	Y	
AXCP0004	老年人证件类型代码	string	n1	Y	见 JMGC/XX 204 中 C0015 身份证件类型代码
AXCP0005	老年人证件号码	string	an18	Y	对于证件类型为“内地居民身份证”的人员,身份证件号码值域见 GB 11643—1999(《公民身份号码》)
AHAE2494	评估标准	string	n1	Y	见 JMGC/XX 204 中老年人能力评估标准代码
AHAE2491	评估等级代码	string	n1	Y	见 JMGC/XX 204 中 CH047 老年人能力等级代码
AHAE2492	评估总分	float		N	
AHAE2493	评估日期	date	YYYYMMDD	Y	

B. 4. 6 HAPC8 留守老年人扩展信息表

标识符	中文名称	数据类型	数据格式	必选项	备注
AHDP5037	留守老人扩展信息 ID	string	an32	Y	主键,UUID,符合 GB/T 17969. 8—2010
AHDP5038	留守老人 ID	string	an32	Y	
DAHDP5039	创建时间	datetime	YYYYMMDD HH:mm:ss	Y	
AHDP5040	更新时间	datetime	YYYYMMDD HH:mm:ss	Y	
AHDP5041	扩展信息名称	string	an20	Y	见 JMGC/XX 204 中 CH053 扩展信息名称代码
AHDP5042	扩展信息键	string	n2	Y	见 JMGC/XX 204 中 CH054 收入来源代码;CH055 关爱服务需求代码;CH056 日常生活照料人代码;CH057 陪伴居住情况代码;CH058 家庭救助帮扶代码

B. 4. 7 HAPC7 留守老年人基本信息表

标识符	中文名称	数据类型	数据格式	必选项	备注
AHDP5001	主键标识	string	an32	Y	主键,UUID,符合 GB/T 17969. 8—2010
AXCP0002	老年人姓名	string	..72	Y	
AXCP0008	民族	string	n2	Y	见 JMGC/XX 204 中 C0009 民族代码
AHDP5004	性别	string	n1	Y	见 JMGC/XX 204 中 C0007 人的性别代码
AXZX0002	公民身份号码	string	an18	Y	
AXCP0040	户籍地址	string	n12	Y	
AXCP0042	居住地址	string	..100	Y	
AXCP0036	婚姻情况	string	n2	Y	见 JMGC/XX 204 中 C0010 婚姻状况代码
AXZX0001	常用联系电话	string	..18	Y	有效的座机或手机号码。座机号码标准格式为:区号－电话号码,手机号码为 11 位数字
AHDP5010	配偶姓名	string	..72	N	
AHDP5011	配偶公民身份号码	string	an18	N	
AHDP5013	审核状态	string	n2	N	见 JMGC/XX 204 中 CH050 审核状态代码

续表

标识符	中文名称	数据类型	数据格式	必选项	备注
AXCP0041	户籍行政区划代码	string	..12	Y	前6位见GB/T 2260(《中华人民共和国行政区划代码》),后6位见GB T10114—2003(《县以下行政区划代码编码规则》)
AHDP5017	老年人子女数量	number		N	
AXCP0043	老年人居住行政区划代码	string	n12	Y	前6位见GB/T 2260(《中华人民共和国行政区划代码》),后6位见GB T10114—2003(《县以下行政区划代码编码规则》)
AXCP0039	老年人生日	date	YYYYMMDD	Y	
AHDP5020	户籍地址补充信息	string	..100	Y	
AHDP5021	居住地补充信息	string	..100	Y	
AHDP5022	老年人图片	string	..100	N	
AHAP0024	残疾类别	string	n2	Y	见JMGC/XX 204中C0024残疾类别代码
AHAP0025	残疾等级	string	n2	Y	见JMGC/XX 204中C0025残疾等级代码
AHDP5025	是否与户籍地址一致	boolean		Y	1是;0否
AHDP5026	其他救助信息	string	..100	Y	
AHDP5027	其他收入信息	string	..100	N	
AHDP5028	其他情形信息	string	..100	N	
AHDP5029	其他关爱服务信息	string	..100	Y	
AHDP5030	本人上年度可支配收入(元)	float	8,2	Y	
AHDP5031	生活照料人其他人员信息	string	..180	Y	
AHDP5032	老年人能力状况	string	n2	Y	见JMGC/XX 204中CH050留守老年人能力状况代码
AHDP5033	留守老年人生活经济状况	string	n2	Y	见JMGC/XX 204中CH046经济状况代码
AHDP5500	健康状况	string	n2	Y	见JMGC/XX 204中C0011健康状况代码

B.4.8 HAPC8 留守老年人其他信息表

标识符	中文名称	数据类型	数据格式	必选项	备注
AHDP5046	主键标识	string	an32	Y	主键,UUID,符合GB/T 17969.8—2010

续表

标识符	中文名称	数据类型	数据格式	必选项	备注
AXZX0002	老年人公民身份号码	string	an18	Y	
AAXCP0006	赡养人性别	string	n1	Y	见 JMGC/XX 204 中 C0007 人的性别代码
AHDP5052	赡养人常用联系电话	string	..18	Y	有效的座机或手机号码。座机号码标准格式为:区号－电话号码,手机号码为 11 位数字
AHDP5053	赡养人探望情况	string	..18	Y	
AHDP5054	与被赡养人关系	string	..50	Y	
AHDP5055	临时照料人姓名	string	..72	Y	
AHDP5057	临时照料人常用联系电话	string	..18	Y	有效的座机或手机号码。座机号码标准格式为:区号－电话号码,手机号码为 11 位数字
AHDP5058	探访人姓名	string	..72	Y	
AHDP5059	探访人性别	string	n2	Y	见 JMGC/XX 204 中 C0007 人的性别代码
AXBE0003	探访人所在单位	string	..100	Y	
AHDP5061	探访人职务	string	..200	Y	
AHDP5057	探访人常用联系电话	string	..18	Y	有效的座机或手机号码。座机号码标准格式为:区号－电话号码,手机号码为 11 位数字
AHDP5066	赡养义务人外出行政区划代码	string	n12	Y	前 6 位见 GB/T 2260(《中华人民共和国行政区划代码》),后 6 位见 GB T10114—2003(《县以下行政区划代码编码规则》)
AHDP5067	探访频次	string	n2	Y	
AHDP5068	探访人探望方式	string	n2	Y	
AHDP5069	探望方式其他信息	string	..200	Y	
AHDP5070	探访人探访日期	date	YYYYMMDD	Y	
AHDP5071	赡养人最后一次离家日期	date	YYYYMMDD	Y	
AHDP5072	是否有其他赡养人	boolen		Y	1 是;0 否
AXCP0017	探访人政治面貌	string	n2	Y	见 JMGC/XX 204 中 C0013 政治面貌代码
AHDP5073	其他赡养人探望次数	number		Y	
AHDP5074	赡养人与被赡养人关系其他信息	string	..100	N	
AHDP5330	其他赡养人公民身份号码	string	an18	N	
AHDP5501	探访频次其他信息	string	..100	Y	

B. 4. 9 HAPC9 留守老年人驳回信息表

标识符	中文名称	数据类型	数据格式	必选项	备注
AHDP5077	主键标识	string	an32	Y	主键,UUID,符合 GB/T 17969. 8—2010
AHDP5081	驳回原因	string	. . 500	N	
AHDP5112	上报日期	date	YYYYMMDD	N	
AHDP5082	驳回时间	datetime	YYYYMMDD hh:mm:ss	N	
AHDP5085	记录创建人行政区划	string	n12	N	前 6 位见 GB/T 2260(《中华人民共和国行政区划代码》),后 6 位见 GB T10114—2003(《县以下行政区划代码编码规则》)
AXCP0002	留守老年人姓名	string	. . 72	N	
AXZX0002	留守老年人公民身份号码	string	an18	N	

B. 4. 10 HAPC10 留守老年人子女信息表

标识符	中文名称	数据类型	数据格式	必选项	备注
AXZX0002	老年人公民身份号码	string	an18	Y	
AHDP5091	主键标识	string	an32	Y	主键,UUID,符合 GB/T 17969. 8—2010
AXZX0001	联系电话	string	. . 18	N	有效的座机或手机号码。座机号码标准格式为:区号 - 电话号码,手机号码为 11 位数字
AHDP5097	平均一年探望次数	number		N	
AHDP5098	子女配偶电话号码	string	. . 18	N	有效的座机或手机号码。座机号码标准格式为:区号 - 电话号码,手机号码为 11 位数字
AHDP5099	老年人子女配偶姓名	string	. . 72	N	
AHDP5100	外出地行政区划	string	n12	N	前 6 位见 GB/T 2260(《中华人民共和国行政区划代码》),后 6 位见 GB T10114—2003(《县以下行政区划代码编码规则》)
AHDP5101	是否有配偶	boolen		N	1 是;0 否

续表

标识符	中文名称	数据类型	数据格式	必选项	备注
AHDP5102	最后一次离家日期	date	YYYYMMDD	N	
AHDP5104	子女国外地址	string	..100	N	
AXCP0004	老年人子女证件类型	string	n2	N	见JMGC/XX 204中证件类型代码
AXCP0005	老年人子女证件号码	string	..18	N	
AHDP5109	老年人子女配偶证件类型	string	n2	N	见JMGC/XX 204中人员身份证件类型代码
AHDP5110	老年人子女配偶证件号码	string	..18	N	

B.5 儿童福利业务

B.5.1 JEP01 儿童基础信息表

标识符	中文名称	数据类型	数据格式	必选项	备注
AJEP0100	主键标识	string	an32	Y	符合GB/T 17969.8通用唯一标识符(UUID)规范
AXCP0002	姓名	string	..72	Y	儿童人员姓名,采用基础数据库统一定义标识符
AXCP0005	身份证件号码	string	an18	Y	身份证件号码,采用基础数据库统一定义标识符 对于身份证件类型为"内地居民身份证"的人员,身份证件号码值域符合GB 11643
AXCP0006	性别	number		Y	儿童性别,采用基础数据库统一定义标识符 取值范围见JMGC/XX 204中C0007人的性别代码
AXCP0097	出生日期	date	YYYYMMDD	Y	
AXCP0008	民族	string	n2	Y	见儿童民族,采用基础数据库统一定义标识符 取值范围见JMGC/XX 204中C0009民族代码
AXCP0013	户籍类别	string	n2	Y	儿童户籍类别,采用基础数据库统一定义标识符 取值范围见JMGC/XX 204中C00031户籍类别代码
AJEP0110	学业状况	string	n2	Y	见JMGC/XX 204中C00027学业状况代码

续表

标识符	中文名称	数据类型	数据格式	必选项	备注
AJEP0111	患病类型	string	n2	N	见 JMGC/XX 204 中 CJ005 儿童患病类型代码
AJEP0112	是否患病	string	n1	Y	1 是 0 否
AJEP0126	是否残疾	string	n1	Y	1 是 0 否
AJEP0113	残疾类型	string	n2	N	见 JMGC/XX 204 中 C0024 残疾类别代码
AJEP0114	残疾等级	string	n2	N	见 JMGC/XX 204 中 C0025 残疾等级代码
AJEP0115	特教类型	string	n1	Y	见 JMGC/XX 204 中 CJ006 特教训练类型代码
AJEP0116	患艾滋病情况	string	n1	Y	见 JMGC/XX 204 中 CJ007 患艾滋病情况代码
AXAA0001	行政区划	string	n12	Y	行政区划代码,采用基础数据库统一定义标识符 前 6 位见 GB/T 2260,后 3 位见 GB/T 10114,后 3 位为村或社区编码
AJEF0115	户籍地址—详细	string	..100	Y	
AJEF0124	现住址	string	..100	Y	
AJEF0125	住址所在地邮政编码	string	n6	Y	
AJEF0126	联系电话	string	an13	Y	
AJEP0120	记录时间	datetime	YYYYMMDD hh:mm:ss	Y	当前记录生成的时间
AJEP0121	记录状态	string	n1	Y	1 新增 2 变更 3 删除

B.5.2 JEF02 家庭信息表

标识符	中文描述	数据类型	数据格式	必选项	备注
AJEF0200	主键标识	string	an32	Y	符合 GB/T 17969.8 通用唯一标识符(UUID)规范
AXCP0002	人员姓名	string	..72	Y	户主人员姓名,采用基础数据库统一定义标识符
AXCP0004	人员身份证件类型	string	n2	Y	户主身份证件类型,采用基础数据库统一定义标识符 取值范围见 JMGC/XX 204 中 C0015 身份证件类型代码

续表

标识符	中文描述	数据类型	数据格式	必选项	备注
AXCP0005	人员身份证件号码	string	an18	Y	户主身份证件号码,采用基础数据库统一定义标识符 对于身份证件类型为"内地居民身份证"的人员,身份证件号码值域符合 GB 11643
AJEF0221	成员数量	number		Y	
AXAA0001	行政区划代码	string	n12	Y	行政区划代码,采用基础数据库统一定义标识符 前6位见GB/T 2260,后3位见GB/T 10114,后3位为村或社区编码
AJEF0223	行政区划代码	string	n12	N	现住址行政区划代码 前6位见GB/T 2260,后3位见GB/T 10114,后3位为村或社区编码
AJEF0224	邮政编码	string	n6	N	
AJEF0225	家庭住址	string	..100	Y	
AJEF0226	联系电话	string	..17	Y	
AJEF0227	家庭经济年收入	float	9,2	N	单位:元
AJEF0230	家庭住房性质代码	string	n2	N	见 JMGC/XX 204 中 C0033 住房性质代码
AJEF0231	房屋间数	number		N	
AJEF0232	住房建筑日期	date	YYYYMMDD	N	
AJEF0233	是否享受购建房补助	string	n1	N	1 是 0 否
AJEF0234	建筑面积(m²)	float	7,2	N	
AJEF0235	人均建筑面积(m²)	float	7,2	N	
AJEF0236	房屋结构说明	string	..100	N	
AJEF0238	房屋质量说明	string	..100	N	
AJEF0239	房屋构造说明	string	..100	N	
AJEF0240	房屋状态说明	string	..100	N	
AJEF0242	财产估值	float	9,2	N	单位:元
AJEF0243	不动产权登记号	string	..30	N	
AJEF0244	不动产权登记说明	string	..100	N	
AJEF0245	住房层数	string	n2	N	
AJEF0246	非农业户籍人数	number		N	
AJEF0247	农业户籍人数	number		N	
AJEF0248	家庭成员是否有精神病	string	n1	Y	1 是 0 否

续表

标识符	中文描述	数据类型	数据格式	必选项	备注
AJEF0249	家庭成员是否有传染病	string	n1	Y	1 是 0 否
AJEF0250	家庭成员是否有犯罪记录	string	n1	Y	1 是 0 否
AJEP0120	记录时间	datetime	YYYYMMDD hh:mm:ss	Y	当前记录生成的时间
AJEP0121	记录状态	string	n1	Y	1 新增 2 变更 3 删除

B. 5. 3 JEF01 家庭成员信息表

标识符	中文描述	数据类型	数据格式	必选项	备注
AJEF0100	主键标识	string	an32	Y	符合 GB/T 17969. 8 通用唯一标识符(UUID)规范
AJEF0200	家庭信息表主键标识	string	an32	Y	符合 GB/T 17969. 8 通用唯一标识符(UUID)规范
AXCP0004	身份证件类型	string	n2	Y	身份证件类型,采用基础数据库统一定义标识符 取值范围见 JMGC/XX 204 中 C0015 身份证件类型代码
AXCP0002	姓名	string	..72	Y	
AXCP0003	曾用名	string	..72	N	
AXCP0006	性别代码	string	n1	Y	儿童性别,采用基础数据库统一定义标识符 取值范围见 JMGC/XX 204 中 C0007 人的性别代码
AXCP0097	出生日期	date	YYYYMMDD	Y	
AXCP0005	身份证件号码	string	an18	Y	身份证件号码,采用基础数据库统一定义标识符 对于身份证件类型为“内地居民身份证”的人员,身份证件号码值域符合 GB 11643
AXCP0008	民族	string	n2	Y	儿童民族,采用基础数据库统一定义标识符 取值范围见 JMGC/XX 204 中 C0009 民族代码
AXCP0009	文化程度	string	n2	Y	文化程度,采用基础数据库统一定义标识符 取值范围见 JMGC/XX 204 中 C0008 学历代码

续表

标识符	中文描述	数据类型	数据格式	必选项	备注
AXCP0010	健康状况	string	..2	Y	健康状况,采用基础数据库统一定义标识符 取值范围见 JMGC/XX 204 中 C0011 健康状况代码
AXCP0092	婚姻状况	string	n2	Y	婚姻状况,采用基础数据库统一定义标识符 取值范围见 JMGC/XX 204 中 C0010 婚姻状况代码
AXCP0016	职业分类	string	n1	Y	职业分类,采用基础数据库统一定义标识符 取值范围见 JMGC/XX 204 中 C0017 职业分类代码
AXCP0017	政治面貌	string	n2	Y	政治面貌,采用基础数据库统一定义标识符 取值范围见 JMGC/XX 204 中 C0013 政治面貌代码
AXCP0013	户籍类别	string	n2	Y	家庭成员户籍类别,采用基础数据库统一定义标识符 取值范围见 JMGC/XX 204 中 C00031 户籍类别代码
AJEF0124	现居住地地址——详细	string	..100	Y	
AJEF0224	现居住地址邮政编码	string	n6	N	国家邮政局编制的邮政编码目录中的编码
AJEF0223	行政区划代码	string	n12	Y	现住址行政区划代码 采用基础数据库统一定义标识符 前6位见 GB/T 2260,后3位见 GB/T 10114,后3位为村或社区编码
AJEF0133	现居住地开始居住日期	date	YYYYMMDD	N	
AJEF0134	护照号码	string	an30	N	
AJEF0135	护照签发地	string	..100	N	
AJEF0136	港澳居民来往内地通行证号码	string	..30	N	
AJEF0137	台湾居民来往内地通行证号码	string	..30	N	
AJEF0226	联系电话	string	..17	Y	
AJEF0126	电子邮件地址	string	..100	N	
AXAA0001	行政区划代码	string	n12	Y	户籍所在地行政区划代码 采用基础数据库统一定义标识符 前6位见 GB/T 2260,后3位见 GB/T 10114,后3位为村或社区编码

续表

标识符	中文描述	数据类型	数据格式	必选项	备注
AJEF0115	户籍所在地——详细	string	..100	Y	
AJEF0127	与申请人关系	string	n2	Y	见 JMGC/XX 204 中 CJ009 与儿童关系代码
AJEF0301	与户主关系代码	string	n1	Y	见 JMGC/XX 204 中 C0032 家庭关系代码
AJEP0120	记录时间	datetime	YYYYMMDD hh:mm:ss	Y	当前记录生成的时间
AJEP0121	记录状态	string	n1	Y	1 新增 2 变更 3 删除

B.5.4 JEE01 儿童福利机构信息表

标识符	中文描述	数据类型	数据格式	必选项	备注
AJEE0100	主键标识	string	an32	Y	符合 GB/T 17969.8 通用唯一标识符(UUID)规范
AXAA0001	行政区划代码	string	n12	Y	行政区划代码,采用基础数据库统一定义标识符 前 6 位见 GB/T 2260,后 3 位见 GB/T 10114,后 3 位为村或社区编码
AXBE0002	统一社会信用代码	string	an18	Y	统一社会信用代码,采用基础数据库统一定义标识符 取值范围见 GB 32100
AXBE0003_1	单位名称	string	..20	Y	
AXBE0005	单位性质代码	string	..2	Y	儿童福利机构单位性质,采用基础数据库统一定义标识符 取值范围见 JMGC/XX 204 中 CJ024 儿童福利机构性质代码
AJEE0115	机构类型	string	n2	Y	见 JMGC/XX 204 中 CJ023 儿童福利机构类型代码
AXBE0003_2	儿童福利机构登记机关名称	string	..50	Y	
AXBE0015	成立日期	date	YYYYMMDD	Y	
AJEE0108	院址	string	..100	Y	
AJEE0109	营业执照颁发日期	date	YYYYMMDD	Y	
AJEE0110	营业执照失效日期	date	YYYYMMDD	Y	
AJEF0224	邮政编码	string	n6	N	国家邮政局编制的邮政编码目录中的编码
AXBE0013	单位联系电话	string	..17	N	

续表

标识符	中文描述	数据类型	数据格式	必选项	备注
AXBE0017	法定代表人姓名	string	..72	Y	
AXBE0018	法定代表人证件类型	string	n2	Y	法定代表人身份证件类型,采用基础数据库统一定义标识符 取值范围见 JMGC/XX 204 中 C0015 身份证件类型代码
AXBE0019	法定代表人证件号码	string	n18	Y	
AFCE0133	国民经济行业分类	string	n4	Y	见 JMGC/XX 204 中 C0036 国民经济行业分类
AHAE0031	医疗机构执业许可证号	string	an18	N	
AHAE0040	医疗保险定点医疗机构资格证书编码	string	an18	N	
AJEE0116	家庭寄养儿童数量	number		N	
AHAE0021	机构建筑面积(平方米)	float		N	
AJEE0117	相关单位统一社会信用代码	string	an18	N	
AJEE0118	相关单位名称	string	an72	N	
AJEP0120	记录时间	datetime	YYYYMMDD hh:mm:ss	Y	当前记录生成的时间
AJEP0121	记录状态	string	n1	Y	1 新增 2 变更 3 删除

B.5.5 JEE02 福利机构从业人员统计信息表

标识符	中文描述	数据类型	数据格式	必选项	备注
AJEE0200	主键标识	string	an32	Y	符合 GB/T 17969.8 通用唯一标识符(UUID)规范
AJEE0100	儿童福利机构信息主键标识	string	an32	Y	符合 GB/T 17969.8 通用唯一标识符(UUID)规范
AJEE0208	现有社会工作者——正式编制人员数量	number		N	
AJEE0209	现有社会工作者——临聘人员数量	number		N	
AJEE0210	现有社会工作者——公益岗位数量	number		N	

续表

标识符	中文描述	数据类型	数据格式	必选项	备注
AJEE0211	现有职工——正式编制人员数量	number		N	
AJEE0212	现有职工——临聘人员数量	number		N	
AJEE0213	现有职工——公益岗位数量	number		N	
AJEE0214	现有医生——初级数量	number		N	
AJEE0215	现有医生——中级数量	number		N	
AJEE0216	现有医生——高级数量	number		N	
AJEE0217	现有护士——初级数量	number		N	
AJEE0218	现有护士——中级数量	number		N	
AJEE0219	现有护士——高级数量	number		N	
AJEE0220	现有教师——初级数量	number		N	
AJEE0221	现有教师——中级数量	number		N	
AJEE0222	现有教师——高级数量	number		N	
AJEE0223	现有康复保健师——初级数量	number		N	
AJEE0224	现有康复保健师——中级数量	number		N	
AJEE0225	现有康复保健师——高级数量	number		N	
AJEE0226	现有营养配餐师——初级数量	number		N	
AJEE0227	现有营养配餐师——中级数量	number		N	
AJEE0228	现有营养配餐师——高级数量	number		N	
AJEE0229	现有社工人员——初级数量	number		N	
AJEE0230	现有社工人员——中级数量	number		N	
AJEE0231	现有社工人员——高级数量	number		N	
AJEE0232	现有护理员——初级数量	number		N	
AJEE0233	现有护理员——中级数量	number		N	

续表

标识符	中文描述	数据类型	数据格式	必选项	备注
AJEE0234	现有护理员——高级数量	number		N	
AJEE0235	现有其他人员——初级数量	number		N	
AJEE0236	现有其他人员——中级数量	number		N	
AJEE0237	现有其他人员——高级数量	number		N	
AJEE0238	现有孤残儿童护理员——高级护理师数量	number		N	
AJEE0239	现有孤残儿童护理员——护理师数量	number		N	
AJEE0240	现有孤残儿童护理员——初级护理员数量	number		N	
AJEE0241	现有孤残儿童护理员——中级护理员数量	number		N	
AJEE0243	现有高级护理师数量	number		N	
AJEE0244	现有其他——护理师数量	number		N	
AJEE0245	现有初级护理员数量	number		N	
AJEE0246	现有中级护理员数量	number		N	
AJEE0247	年末职工人数(人)	number		N	
AJEE0248	年末职工中女性人数(人)	number		N	
AJEE0249	年末职工人数中医护人员数(人)	number		N	
AJEE0250	年末职工中大学专科学历人数(人)	number		N	
AJEE0251	年末职工中大学本科及以上学历人数(人)	number		N	
AJEE0252	年末职工中助理社会工作师人数(人)	number		N	
AJEE0253	年末职工中社会工作师人数(人)	number		N	

续表

标识符	中文描述	数据类型	数据格式	必选项	备注
AJEE0254	35 岁及以下(人)	number		N	
AJEE0255	36—45 岁(人)	number		N	
AJEE0256	46—55 岁(人)	number		N	
AJEE0257	56 岁及以上人数(人)	number		N	
AJEE0258	年末职工中机构管理人员(人)	number		N	
AJEE0259	年末职工中专业技术技能人员(人)	number		N	
AJEP0120	记录时间	datetime	YYYYMMDD hh:mm:ss	Y	当前记录生成的时间
AJEP0121	记录状态	string	n1	Y	1 新增 2 变更 3 删除

B.5.6 JEE03 未成年人救助保护机构信息表

标识符	中文描述	数据类型	数据格式	必选项	备注
AJEE0300	主键标识	string	an32	Y	符合 GB/T 17969.8 通用唯一标识符(UUID)规范
AXAA0001	行政区划代码	string	n12	Y	行政区划代码,采用基础数据库统一定义标识符 前 6 位见 GB/T 2260,后 3 位见 GB/T 10114,后 3 位为村或社区编码
AXBE0002	统一社会信用代码	string	an18	Y	统一社会信用代码,采用基础数据库统一定义标识符 取值范围见 GB 32100
AXBE0003_1	单位名称	string	..20	Y	
AXBE0005	单位性质代码	string	..2	Y	儿童福利机构单位性质,采用基础数据库统一定义标识符 取值范围见 JMGC/XX 204 中 CJ024 儿童福利机构性质代码
AJEE0115	机构类型	string	n2	Y	见 JMGC/XX 204 中 CJ023 儿童福利机构类型代码
AXBE0003_2	救助保护机构登记机关名称	string	..50	Y	
AXBE0015	成立日期	date	YYYYMMDD	Y	
AJEE0108	机构地址	string	..100	Y	
AJEE0109	营业执照颁发日期	date	YYYYMMDD	Y	

续表

标识符	中文描述	数据类型	数据格式	必选项	备注
AJEE0110	营业执照失效日期	date	YYYYMMDD	Y	
AJEF0224	邮政编码	string	n6	N	国家邮政局编制的邮政编码目录中的编码
AXBE0013	单位联系电话	string	..17	N	
AXBE0017	法定代表人姓名	string	..72	Y	
AXBE0018	法定代表人证件类型	string	n2	Y	法定代表人身份证件类型,采用基础数据库统一定义标识符 取值范围见 JMGC/XX 204 中 C0015 身份证件类型代码
AXBE0019	法定代表人证件号码	string	n18	Y	
AFCE0133	国民经济行业分类	string	n4	Y	见 JMGC/XX 204 中 C0036 国民经济行业分类
AJEP0120	记录时间	datetime	YYYYMMDD hh:mm:ss	Y	当前记录生成的时间
AJEP0121	记录状态	string	n1	Y	1 新增 2 变更 3 删除

B.5.7 JEE04 未成年人救助保护机构从业人员表

标识符	中文描述	数据类型	数据格式	必选项	备注
AJEE0400	主键标识	string	an32	Y	符合 GB/T 17969.8 通用唯一标识符(UUID)规范
AJEE0300	未成年人救助保护机构主键标识	string	an32	Y	符合 GB/T 17969.8 通用唯一标识符(UUID)规范
AJEE0401	年末职工人数(人)	number		N	
AJEE0402	年末职工中女性人数(人)	number		N	
AJEE0403	年末职工中大学专科学历人数(人)	number		N	
AJEE0404	年末职工中大学本科及以上学历人数(人)	number		N	
AJEE0405	年末职工中助理社会工作师人数(人)	number		N	
AJEE0406	年末职工中社会工作师人数(人)	number		N	

续表

标识符	中文描述	数据类型	数据格式	必选项	备注
AJEE0407	35岁及以下(人)	number		N	
AJEE0408	36—45岁(人)	number		N	
AJEE0409	46—55岁(人)	number		N	
AJEE0410	56岁及以上人数(人)	number		N	
AJEE0411	年末职工中机构管理人员(人)	number		N	
AJEE0412	年末职工中专业技术技能人员(人)	number		N	
AJEP0120	记录时间	datetime	YYYYMMDD hh:mm:ss	Y	当前记录生成的时间
AJEP0121	记录状态	string	n1	Y	1 新增 2 变更 3 删除

B.5.8 JEP03 孤儿信息表

标识符	中文描述	数据类型	数据格式	必选项	备注
AJEP0100	儿童基础信息主键标识	string	an32	Y	符合GB/T 17969.8通用唯一标识符(UUID)规范
AJEF0200	家庭信息表主键	string	an32	Y	符合GB/T 17969.8通用唯一标识符(UUID)规范
AJEP0301	登记(增员)日期	date	YYYYMMDD	Y	
AJEP0302	福利证号	string	..50	N	由中华人民共和国民政部监制,由市、区(县)人民政府民政部门颁发给"0—18岁的孤儿、查找不到生父母的儿童和事实上无人抚养的未成年人"的获得救助的凭证
AJEP0303	委托方	string	..50	Y	
AJEP0304	委托日期	date	YYYYMMDD	Y	
AJEP0305	接收后多久体检	number		Y	增员后首次体检间隔天数
AJEP0306	体检前是否隔离照料	string	n1	Y	1 是 0 否
AJEP0307	捡拾地	string	..100	N	
AJEP0308	捡拾日期	date	YYYYMMDD	N	
AJEP0320	福利补贴起领年月	date	YYYYMM	Y	
AJEP0321	福利补贴领取方式	string	n1	Y	见JMGC/XX 204中CJ008福利资金领取方式代码

续表

标识符	中文描述	数据类型	数据格式	必选项	备注
AXCP0027	开户行	string	n4	N	个人开户银行代码，采用基础数据库统一定义标识符 见 JMGC/XX 204 中 C0044 开户银行代码
AXCP0029	银行账号	string	n20	N	
AXCP0002	人员姓名	string	..72	N	领取人姓名，采用基础数据库统一定义标识符
AJEP0325	领取人与儿童关系	string	n2	Y	见 JMGC/XX 204 中 CJ009 与儿童关系代码
AJEP0326	是否集中供养	string	n1	Y	1 是 0 否
AJEE0100	儿童福利机构信息表主键	string	an32	N	符合 GB/T 17969.8 通用唯一标识符(UUID)规范
AJEP0327	备注	string	..1024	Y	备注信息
AJEP0120	记录时间	datetime	YYYYMMDD hh:mm:ss	Y	当前记录生成的时间
AJEP0121	记录状态	string	n1	Y	1 新增 2 变更 3 删除

B.5.9 JEP06 留守儿童信息表

标识符	中文描述	数据类型	数据格式	必选项	备注
AJEP0100	儿童基础信息主键标识	string	an32	Y	符合 GB/T 17969.8 通用唯一标识符(UUID)规范
AJEP0610	监护类型	string	n1	Y	见 JMGC/XX 204 中 CJ010 临时监护方式代码
AJEP0611	其他特殊情况	string	n1	Y	见 JMGC/XX 204 中 CJ011 其他特殊情况代码
AJEP0603	社会福利、救助、扶贫落实情况	string	n2	Y	见 JMGC/XX 204 中 CJ012 社会福利、救助、帮扶落实情况代码
AJEP0604	遭受监护人侵害的情形	string	n1	Y	见 JMGC/XX 204 中 CJ013 遭受监护人侵害的情况代码
AJEF0200	家庭信息表主键	string	an32	Y	符合 GB/T 17969.8 通用唯一标识符(UUID)规范
AJEP0120	记录时间	datetime	YYYYMMDD hh:mm:ss	Y	当前记录生成的时间
AJEP0121	记录状态	string	n1	Y	1 新增 2 变更 3 删除

B. 5. 10 JEP09 流浪儿童信息表

标识符	中文描述	数据类型	数据格式	必选项	备注
AJEP0100	儿童基础信息主键标识	string	an32	Y	符合 GB/T 17969. 8 通用唯一标识符(UUID)规范
AJEP0901	儿童情况	string	. . 200	Y	情况描述
AJEP0902	特征(体态)	string	. . 50	Y	体态说明
AJEP0903	特征(头发)	string	. . 50	Y	头发颜色、长度等情况说明
AJEP0905	特征(身高)	string	. . 50	Y	以米为单位的具体身高;不方便测量的对身高进行说明
AJEP0906	发现时衣着特征	string	. . 50	Y	衣着颜色、款式等的说明
AJEP0907	发现日期	date	YYYYMMDD	Y	
AJEP0908	发现地点	string	. . 100	Y	
AJEP0909	救助日期	date	YYYYMMDD	Y	
AJEP0910	救助原因	string	. . 200	Y	
AJEP0120	记录时间	datetime	YYYYMMDD hh:mm:ss	Y	当前记录生成的时间
AJEP0121	记录状态	string	n1	Y	1 新增 2 变更 3 删除

B. 5. 11 JEP08 事实无人抚养儿童信息表

标识符	中文描述	数据类型	数据格式	必选项	备注
AJEP0100	儿童基础信息主键标识	string	an32	Y	符合 GB/T 17969. 8 通用唯一标识符(UUID)规范
AJEF0200	家庭信息表主键标识	string	an32	Y	符合 GB/T 17969. 8 通用唯一标识符(UUID)规范
AJEP0301	登记(增员)日期	date	YYYYMMDD	Y	
AJEP0801	健康状况	string	n2	Y	健康状况,采用基础数据库统一定义标识符 取值范围见 JMGC/XX 204 中 C0011 健康状况代码
AJEP0110	学业状况	string	n2	Y	见 JMGC/XX 204 中 C00027 学业状况代码
AJEP0802	父亲姓名	string	. . 72	Y	
AJEP0803	父亲身份证件号码	string	an18	Y	按照身份证号校验位算法校验
AJEP0805	父亲现状	string	n2	Y	见 JMGC/XX 204 中 CJ026 事实无人抚养儿童父母状况代码

续表

标识符	中文描述	数据类型	数据格式	必选项	备注
AJEP0806	父亲联系电话	string	..17	Y	有效的座机或手机号码。座机号码标准格式为:区号-电话号码,手机号码为长11位,第1位为1,第2位为3—9
AJEP0807	母亲姓名	string	..72	Y	
AJEP0808	母亲身份证件号码	string	an18	Y	按照身份证号校验位算法校验
AJEP0809	母亲现状	string	n2	Y	见JMGC/XX 204中CJ026事实无人抚养儿童父母状况代码
AJEP08010	母亲联系电话	string	..17	Y	有效的座机或手机号码。座机号码标准格式为:区号-电话号码,手机号码为长11位,第1位为1,第2位为3—9
AJEP0811	履行监护责任人信息1(家庭成员信息表主键)	string	an32	Y	符合GB/T 17969.8通用唯一标识符(UUID)规范
AJEP0812	履行监护责任人信息2(家庭成员信息表主键)	string	an32	Y	符合GB/T 17969.8通用唯一标识符(UUID)规范
AJEP0813	履行监护责任人信息3(家庭成员信息表主键)	string	an32	Y	符合GB/T 17969.8通用唯一标识符(UUID)规范
AJEP0814	相关社会关系人信息1(家庭成员信息表主键)	string	an32	Y	符合GB/T 17969.8通用唯一标识符(UUID)规范
AJEP0815	相关社会关系人信息2(家庭成员信息表主键)	string	an32	Y	符合GB/T 17969.8通用唯一标识符(UUID)规范
AJEP0816	相关社会关系人信息3(家庭成员信息表主键)	string	an32	Y	符合GB/T 17969.8通用唯一标识符(UUID)规范
AJEP0320	福利补贴起领年月	date	YYYYMM	Y	
AJEP0321	福利补贴领取方式	string	n1	Y	见JMGC/XX 204中CJ026福利资金领取方式代码
AXCP0027	开户银行	string	n4	N	个人开户银行代码,采用基础数据库统一定义标识符 见JMGC/XX 204中C0044开户银行代码
AXCP0029	银行账号	string	n20	N	
AJEP0817	领取人员姓名	string	..72	N	
AJEF0127	与儿童关系	string	n2	Y	见JMGC/XX 204中CJ009与儿童关系代码

续表

标识符	中文描述	数据类型	数据格式	必选项	备注
AJEP0326	是否集中供养	string	n1	Y	1 是 0 否
AJEE0100	儿童福利机构信息表主键	string	an32	N	符合 GB/T 17969.8 通用唯一标识符(UUID)规范
AJEP0327	备注	string	..1024	Y	备注信息
AJEP0120	记录时间	datetime	YYYYMMDD hh:mm:ss	Y	当前记录生成的时间
AJEP0121	记录状态	string	n1	Y	1 新增 2 变更 3 删除

B.5.12 JAX01 收养登记信息表

标识符	中文描述	数据类型	数据格式	必选项	备注
AJAX0100	主键标识	string	an32	Y	符合 GB/T 17969.8 通用唯一标识符(UUID)规范
AJAX0109	收养登记证印制号	string	n20	N	国内收养为必填项,涉外收养为非必填项
AJAX0110	收养登记证字号	string	..40	N	按国收养证编号规则编的号码
AJEP0100	儿童基础信息主键标识	string	an32	Y	符合 GB/T 17969.8 通用唯一标识符(UUID)规范
AJEE0100	儿童福利机构主键标识	string	an32	Y	符合 GB/T 17969.8 通用唯一标识符(UUID)规范
AJAX0119	人员类别	string	n1	Y	见 JMGC/XX 204 中 CJ020 被收养人类别代码
AJAX0115	收养受理日期	date	YYYYMMDD	N	国内收养为必填项,涉外收养为非必填项
AJAX0116	收养申请结果代码	string	n1	N	见 JMGC/XX 204 中 CJ002 收养申请结果代码 国内收养为必填项,涉外收养为非必填项
AJAX0117	来华收养子女通知编号	string	an30	N	
AJAX0107	收养登记日期	date	YYYYMMDD	Y	
AJAX0118	收养关系状态代码	string	n1	N	见 JMGC/XX 204 中 CJ001 收养业务代码 国内收养为必填项,涉外收养为非必填项
AXAA0001	行政区划代码	string	n12	Y	行政区划代码,采用基础数据库统一定义标识符 前 6 位见 GB/T 2260,后 3 位见 GB/T 10114,后 3 位为村或社区编码

续表

标识符	中文描述	数据类型	数据格式	必选项	备注
AJAX0602	事由原因	string	..200	N	解除收养事由/撤销收养登记原因/补领原因/出具证明原因
AJAX0402	出具证明原因	string	..200	N	出具收养登记证明必填
AJAX0405	出具收养登记证明字号	string	..20	N	出具收养登记证明必填
AJAX0604	审核意见	string	..200	N	收养登记时非必填
AJAX0504	补领证件印制号	string	n20	N	补领收养登记、补领解除收养登记时必填
AJAX0505	补领证件字号	string	..20	N	补领收养登记、补领解除收养登记时必填 按国内收养证编号规则编的号码
AXCP0002	人员姓名	string	..72	N	解除人/撤销人人员姓名
AJAX0231	处理日期	date	YYYYMMDD	N	解除/撤销日期
AJAX0607	解除收养关系证明字号	string	..20	N	解除登记必填
AJEP0120	记录时间	datetime	YYYYMMDD hh:mm:ss	Y	当前记录生成的时间
AJEP0121	记录状态	string	n1	Y	1 新增 2 变更 3 删除
AJAX0101	业务类别	string	n1	Y	1 收养登记 2 解除收养登记 3 撤销收养登记 4 补领收养登记 5 补领解除收养关系证明 6 出具收养登记证明

B.5.13 JAX02 收养人信息表

标识符	中文描述	数据类型	数据格式	必选项	备注
AJAX1200	主键标识	string	an32	Y	符合 GB/T 17969.8 通用唯一标识符(UUID)规范
AJAX0100	收养登记信息主键标识	string	an32	Y	符合 GB/T 17969.8 通用唯一标识符(UUID)规范
AXCP0005	身份证件号码	string	an18	Y	按照身份证号校验位算法校验
AXCP0002	姓名	string	..72	Y	
AJAX1203	别名名称	string	..72	N	
AXCP0006	性别	string	n1	Y	收养人性别,采用基础数据库统一定义标识符 取值范围见 JMGC/XX 204 中 C0007 人的性别代码

续表

标识符	中文描述	数据类型	数据格式	必选项	备注
AXCP0097	出生日期	date	YYYYMMDD	Y	
AXCP0007	国籍	string	n3	Y	国籍,采用基础数据库统一定义标识符 取值范围见 JMGC/XX 204 中 C0005 世界各国和地区名称代码
AXCP0008	民族	string	n2	Y	收养人民族,采用基础数据库统一定义标识符 取值范围见 JMGC/XX 204 中 C0009 民族代码
AXCP0009	文化程度	string	n2	Y	文化程度,采用基础数据库统一定义标识符 取值范围见 JMGC/XX 204 中 C0008 学历代码
AXCP0010	健康状况	string	..2	Y	健康状况,采用基础数据库统一定义标识符 取值范围见 JMGC/XX 204 中 C0011 健康状况代码
AXCP0092	婚姻状况	string	n2	Y	婚姻状况,采用基础数据库统一定义标识符 取值范围见 JMGC/XX 204 中 C0010 婚姻状况代码
AXCP0016	职业分类	string	n1	Y	职业分类,采用基础数据库统一定义标识符 取值范围见 JMGC/XX 204 中 C0017 职业分类代码
AXAA0001	行政区划代码	string	n12	Y	行政区划代码,采用基础数据库统一定义标识符 前 6 位见 GB/T 2260,后 3 位见 GB/T 10114,后 3 位为村或社区编码
AJAX1201	收养人地址	string	an72	Y	
AJAX1202	邮政编码	string	n6	Y	
AJAX1211	子女情况描述	string	..200	Y	
AJAX1212	人员类别名称	string	..20	N	
AJEF0227	家庭年收入(万元)	float	9,2	N	
AJAX1413	经济状况描述	string	..200	N	含涉外收养的年收入描述记录
AJAX1313	刑事处罚描述	string	..200	N	
AJAX1314	财产状况描述	string	..200	N	
AJAX1420	是否为收养申请人	string	n1	Y	1 是 0 否
AJEF0226	联系电话	string	..17	Y	

续表

标识符	中文描述	数据类型	数据格式	必选项	备注
AJEP0120	记录时间	datetime	YYYYMMDD hh:mm:ss	Y	当前记录生成的时间
AJEP0121	记录状态	string	n1	Y	1 新增 2 变更 3 删除
AJAX0102	收养人身份类别	string	n1	Y	见 JMGC/XX 204 中 CJ025 收养人身份类别代码

B.5.14 JAF02 送养人(含机构)信息表

标识符	中文描述	数据类型	数据格式	必选项	备注
AJAF0200	主键标识	string	an32	Y	符合 GB/T 17969.8 通用唯一标识符(UUID)规范
AJAX0100	收养登记信息主键标识	string	an32	Y	符合 GB/T 17969.8 通用唯一标识符(UUID)规范
AXBE0003	机构名称	string	..20	Y	
AJEE0108	单位地址	string	..100	Y	
AXBE0013	单位联系电话	string	..17	Y	
AXAA0001	行政区划代码	string	n12	Y	行政区划代码,采用基础数据库统一定义标识符 前 6 位见 GB/T 2260,后 3 位见 GB/T 10114,后 3 位为村或社区编码
AXBE0017	法定代表人姓名	string	..72	Y	
AXBE0018	法定代表人证件类型	string	n2		法定代表人身份证件类型,采用基础数据库统一定义标识符 取值范围见 JMGC/XX 204 中 C0015 身份证件类型代码
AXBE0019	法定代表人证件号码	string	n18		
AXCP0002	姓名	string	..72	Y	送养经办人人员姓名,采用基础数据库统一定义标识符
AXCP0005	身份证件号码	string	an18	N	身份证件号码,采用基础数据库统一定义标识符 对于身份证件类型为“内地居民身份证”的人员,身份证件号码值域符合 GB 11643
AXCP0006	性别	string	n1	N	送养经办人性别,采用基础数据库统一定义标识符 取值范围见 JMGC/XX 204 中 C0007 人的性别代码
AJAF0217	送养经办人职务	string	..20	N	

续表

标识符	中文描述	数据类型	数据格式	必选项	备注
AJAF0218	送养经办人联系电话	string	..17	Y	
AJAF0203	送养经办人与被收养人关系	string	n2	Y	见 JMGC/XX 204 中 CJ009 与儿童关系代码
AJEF0200	送养人家庭信息表主键	string	an32	Y	符合 GB/T 17969.8 通用唯一标识符(UUID)规范
AJEP0120	记录时间	datetime	YYYYMMDD hh:mm:ss	Y	当前记录生成的时间
AJEP0121	记录状态	string	n1	Y	1 新增 2 变更 3 删除

B.5.15 JBP17 监护不当儿童信息表

标识符	中文描述	数据类型	数据格式	必选项	备注
AJEP0100	儿童基础信息主键标识	string	an32	Y	符合 GB/T 17969.8 通用唯一标识符(UUID)规范
AJEF0200	家庭信息表主键标识	string	an32	Y	符合 GB/T 17969.8 通用唯一标识符(UUID)规范
AJEP0301	登记(增员)日期	date	YYYYMMDD	Y	
AJBP1711	监护不当儿童其他特殊情况	string	n1	Y	见 JMGC/XX 204 中 CJ011 其他特殊情况代码
JBP1712	监护不当情形	string	n1	Y	见 JMGC/XX 204 中 CJ013 遭受监护人侵害的情况代码
AJBP1713	父亲信息(家庭成员信息表主键)	string	an32	Y	符合 GB/T 17969.8 通用唯一标识符(UUID)规范
AJBP1714	母亲信息(家庭成员信息表主键)	string	an32	Y	符合 GB/T 17969.8 通用唯一标识符(UUID)规范
AJBP1716	父母双方是否同时外出	string	n1	Y	1 是 0 否
AJBP1717	父母一方外出,另一方无监护能力	string	n1	Y	1 是 0 否
AJBP1718	父母双方无监护能力	string	n1	Y	1 是 0 否
AJBP1719	父母外出有无委托其他监护人	string	n1	Y	1 是 0 否
AJBP1720	受委托监护人人员姓名	string	..72	Y	受委托监护人人员姓名 父母外出有无委托其他监护人为"1"时填写

续表

标识符	中文描述	数据类型	数据格式	必选项	备注
AXCP0004	身份证件类型	string	n2	Y	受委托人身份证件类型,采用基础数据库统一定义标识符 父母外出有无委托其他监护人为“1”时填写 取值范围见 JMGC/XX 204 中 C0015 身份证件类型代码
AXCP0005	身份证件号码	string	an18	Y	受委托监护人身份证件号码,采用基础数据库统一定义标识符 父母外出有无委托其他监护人为“1”时填写 对于身份证件类型为“内地居民身份证”的人员,身份证件号码值域符合 GB 11643
AJEP0325	与儿童关系	string	n2	Y	父母外出有无委托其他监护人为“1”时填写 见 JMGC/XX 204 中 CJ009 与儿童关系代码
AJEF0226	联系电话	string	..17	Y	父母外出有无委托其他监护人为“是”时填写监护人联系电话,采用基础数据库统一定义标识符 座机号码标准格式为:区号-电话号码,手机号码为:长 11 位,第 1 位为 1,第 2 位为 3—9
AJEP0801	健康状况	string	n2	Y	受委托人健康状况代码,采用基础数据库统一定义标识符 父母外出有无委托其他监护人为“1”时填写 见 JMGC/XX 204 中 C0011 健康状况代码
AJBP1723	受委托监护人其他特殊情况	string	n1	Y	见 JMGC/XX 204 中 CJ011 其他特殊情况代码
AJBP1724	祖父姓名	string	..72	N	祖父姓名
AJBP1725	祖父出生日期	date	YYYYMMDD	N	
AJBP1726	祖母姓名	string	..72	N	祖母姓名
AJBP1727	祖母出生日期	date	YYYYMMDD	N	
AJBP1728	外祖父姓名	string	..72	N	外祖父姓名
AJBP1729	外祖父出生日期	date	YYYYMMDD	N	
AJBP1730	外祖母姓名	string	..72	N	外祖母姓名
AJBP1731	外祖母出生日期	date	YYYYMMDD	N	
AJEP0120	记录时间	datetime	YYYYMMDD hh:mm:ss	Y	当前记录生成的时间
AJEP0121	记录状态	string	n1	Y	1 新增 2 变更 3 删除

B. 5. 16 JBP03 儿童主任(儿童督导员)信息表

标识符	中文描述	数据类型	数据格式	必选项	备注
AJBP0300	主键标识	string	an32	Y	符合 GB/T 17969. 8 通用唯一标识符(UUID)规范
AJBP0327	登记类型	string	n1	Y	1 儿童主任 0 儿童督导员
AXCP0002	姓名	string	. . 72	Y	儿童主任(儿童督导员)姓名,采用基础数据库统一定义标识符
AXCP0017	政治面貌	string	n2	Y	儿童主任(儿童督导员)政治面貌,采用基础数据库统一定义标识符 取值范围见 JMGC/XX 204 中 C0013 政治面貌代码
AXCP0006	性别	string	n1	Y	儿童主任(儿童督导员)性别,采用基础数据库统一定义标识符 取值范围见 JMGC/XX 204 中 C0007 人的性别代码
AXCP0009	文化程度	string	n2	Y	文化程度,采用基础数据库统一定义标识符 取值范围见 JMGC/XX 204 中 C0008 学历代码
AXCP0008	民族	string	n2	Y	儿童主任(儿童督导员)民族,采用基础数据库统一定义标识符 取值范围见 JMGC/XX 204 中 C0009 民族代码
AXCP0097	出生日期	date	YYYYMMDD	Y	出生日期,采用基础数据库统一定义标识符
AJBP0328	特长	string	. . 100	N	
AXCP0092	婚姻状况	string	n2	Y	婚姻状况,采用基础数据库统一定义标识符 取值范围见 JMGC/XX 204 中 C0010 婚姻状况代码
AJBP0317	职责范围	string	. . 200	N	
AXCP0010	健康状况	string	. . 2	Y	健康状况,采用基础数据库统一定义标识符 取值范围见 JMGC/XX 204 中 C0011 健康状况代码
AJBP0313	从业情况	string	. . 200	N	
AJBP0310	是否专兼职	string	n1	Y	1 是 0 否
AXZX0001	手机号	string	n11	Y	
AJBP0316	座机号	string	. . 17	N	

续表

标识符	中文描述	数据类型	数据格式	必选项	备注
AJBP0329	电子邮箱	string	..50	N	
AJBP0332	工作单位	string	..200	N	
AJBP0330	取得证书	string	..200	N	
AJBP0312	津贴	float	9,2	N	
AJBP0331	工作及培训经历	string	..200	N	
AXCP0005	身份证件号码	string	an18	Y	按照身份证号校验位算法校验
AJEP0120	记录时间	datetime	YYYYMMDD hh:mm:ss	Y	当前记录生成的时间
AJEP0121	记录状态	string	n1	Y	1 新增 2 变更 3 删除

B.5.17 JCE10 明天计划定点医疗机构信息表

标识符	中文描述	数据类型	数据格式	必选项	备注
AJCE1000	主键标识	string	an32	Y	符合 GB/T 17969.8 通用唯一标识符(UUID)规范
AXBE0003	定点医院名称	string	..20	Y	
AXBE0010	定点医院编号	string	..20	Y	
AJCE1003	医院等级	string	..2	Y	见 JMGC/XX 204 中 C0043 医院等级代码
AJCE1004	医院分类	string	n1	Y	见 JMGC/XX 204 中 CJ003 儿童福利定点医院分类代码
AJCE1005	医院性质	string	n1	Y	见 JMGC/XX 204 中 CJ004 儿童福利定点医院性质代码
AJCE1006	是否部级定点医院	string	n1	Y	1 是 0 否
AJCE1007	是否省级定点医院	string	n1	Y	1 是 0 否
AJCE1008	优势科目	string	..200	N	
AJCE1009	床位数	number		N	
AXCP0002	人员姓名	string	..72	Y	相关联系人人员姓名
AXBE0013	单位联系电话	string	..17	Y	
AXAA0001	行政区划代码	string	n6	Y	行政区划代码,采用基础数据库统一定义标识符 前 6 位见 GB/T 2260,后 3 位见 GB/T 10114,后 3 位为村或社区编码
AJCE1015	详细地址	string	..100	Y	

续表

标识符	中文描述	数据类型	数据格式	必选项	备注
AJEP0120	记录时间	datetime	YYYYMMDD hh:mm:ss	Y	当前记录生成的时间
AJEP0121	记录状态	string	n1	Y	1 新增 2 变更 3 删除

B.5.18 JCX31 定点康复基地信息表

标识符	中文描述	数据类型	数据格式	必选项	备注
AJCX3100	主键标识	string	an32	Y	符合 GB/T 17969.8 通用唯一标识符(UUID)规范
AJCX3101	基地编号	string	..30	N	
AJCX3102	基地名称	string	..20	Y	
AXAA0001	行政区划代码	string	n2	Y	行政区划代码,采用基础数据库统一定义标识符 前 6 位见 GB/T 2260,后 3 位见 GB/T 10114,后 3 位为村或社区编码
AJEE0100	所属儿童福利机构主键标识	string	an32	Y	符合 GB/T 17969.8 通用唯一标识符(UUID)规范
AJCX3105	基地地址	string	..100	Y	
AJCX3106	基地状态	string	n1	Y	见 JMGC/XX 204 中 CJ017 康复基地状态
AJEP0120	记录时间	datetime	YYYYMMDD hh:mm:ss	Y	当前记录生成的时间
AJEP0121	记录状态	string	n1	Y	1 新增 2 变更 3 删除

B.5.19 JCP04 艾滋病儿童信息表

标识符	中文描述	数据类型	数据格式	必选项	备注
AJEP0100	儿童基础信息主键标识	string	an32	Y	符合 GB/T 17969.8 通用唯一标识符(UUID)规范
AJCP0401	确认艾滋病感染日期	date	YYYYMMDD	Y	
AJCP0402	最可能感染艾滋病途径	string	..100	Y	
AJEP0320	福利补贴起领年月	date	YYYYMM	Y	

续表

标识符	中文描述	数据类型	数据格式	必选项	备注
AJEP0321	福利补贴领取方式	string	n1	Y	见 JMGC/XX 204 中 CJ008 福利资金领取方式代码
AXCP0027	开户银行	string	n4	N	个人开户银行代码,采用基础数据库统一定义标识符 见 JMGC/XX 204 中 C0044 开户银行代码
AXCP0029	银行账号	string	an20	N	人员开户银行账号,采用基础数据库统一定义标识符
AXCP0002	姓名	string	..72	Y	领取人员姓名,采用基础数据库统一定义标识符
AJCP0415	与儿童关系	string	n2	Y	见 JMGC/XX 204 中 CJ009 与儿童关系代码
AJEF0200	家庭信息表主键	string	an32	Y	符合 GB/T 17969.8 通用唯一标识符(UUID)规范
AJEP0120	记录时间	datetime	YYYYMMDD hh:mm:ss	Y	当前记录生成的时间
AJEP0121	记录状态	string	n1	Y	1 新增 2 变更 3 删除

B.5.20 JCX09 寄养关系表

标识符	中文描述	数据类型	数据格式	必选项	备注
AJCX0900	主键标识	string	an32	Y	符合 GB/T 17969.8 通用唯一标识符(UUID)规范
AJEP0100	儿童基础信息主键标识	string	an32	Y	符合 GB/T 17969.8 通用唯一标识符(UUID)规范
AJCF0200	家庭信息主键标识	string	an32	Y	符合 GB/T 17969.8 通用唯一标识符(UUID)规范
AJCX0901	寄养关系确定日期	date	YYYYMMDD	Y	
AJCX0902	寄养开始日期	date	YYYYMMDD	Y	
AJCX0903	寄养结束日期	date	YYYYMMDD	N	
AJCX0911	寄养关系解除日期	date	YYYYMMDD	N	
AJCX0912	寄养关系解除原因	string	..200	N	
AJEP0120	记录时间	datetime	YYYYMMDD hh:mm:ss	Y	当前记录生成的时间
AJEP0121	记录状态	string	n1	Y	1 新增 2 变更 3 删除

B.5.21 JCX04 儿童医疗救助信息表

标识符	中文描述	数据类型	数据格式	必选项	备注
AJCX0400	主键标识	string	an32	Y	符合 GB/T 17969.8 通用唯一标识符(UUID)规范
AJEP0100	儿童基础信息主键标识	string	an32	Y	符合 GB/T 17969.8 通用唯一标识符(UUID)规范
AJCE1000	定点医疗机构主键标识	string	an32	N	符合 GB/T 17969.8 通用唯一标识符(UUID)规范
AXCP0002	姓名	string	..72	Y	联系人人员姓名,采用基础数据库统一定义标识符
AJEF0226	联系电话	string	..17	Y	
AJCX0404	申请日期	date	YYYYMMDD	Y	
AJCX042	是否加入医保	string	n1	Y	1 是 0 否
AJCX0405	救治病种类型	string	n2	Y	见 JMGC/XX 204 中 CJ005 儿童患病类型代码
AJCX0406	救治病种名称	string	..20	Y	
AJEE0100	福利机构主键标识	string	an32	N	符合 GB/T 17969.8 通用唯一标识符(UUID)规范
AJCX0420	是否住院治疗	string	n1	Y	1 是 0 否
AJCX0603	住院日期	date	YYYYMMDD	N	
AJCX0604	出院日期	date	YYYYMMDD	N	
AJCX0606	治疗评估效果	string	..100	Y	
AJCX0607	评估日期	date	YYYYMMDD	Y	
AXCP0002_1	人员姓名	string	..72	Y	主管医师人员姓名
AJCX0609	拟安置意见	string	..100	Y	
AJCX0610	是否定点医院救治	string	n1	Y	1 是 0 否
AJCX0611	家庭/个人自付比例(%)	float	4,2	Y	
AJCX0701	医疗康复费用——诊疗费用	float	9,2	Y	单位:元
AJCX0702	医疗康复费用——康复费用	float	9,2	Y	单位:元
AJCX0703	医疗康复费用——特殊药品费用	float	9,2	Y	单位:元
AJCX0704	医疗康复费用——康复器具费用	float	9,2	Y	单位:元
AJCX0705	医疗康复费用——体检费用	float	9,2	Y	单位:元

续表

标识符	中文描述	数据类型	数据格式	必选项	备注
AJCX0706	医疗康复费用——其他	float	9,2	Y	单位:元
AJCX0707	医疗康复费用——小计	float	9,2	Y	单位:元
AJCX0708	扣除项目——医保报销	float	9,2	Y	单位:元
AJCX0709	扣除项目——大病保险	float	9,2	Y	单位:元
AJCX0710	扣除项目——医疗救助	float	9,2	Y	单位:元
AJCX0711	扣除项目——康复救助	float	9,2	Y	单位:元
AJCX0712	扣除项目——慈善捐助	float	9,2	Y	单位:元
AJCX0713	扣除项目——其他	float	9,2	Y	单位:元
AJCX0714	扣除项目——小计	float	9,2	Y	单位:元
AJCX0715	申请“明天计划”资助金额——诊疗费用	float	9,2	Y	单位:元
AJCX0716	申请“明天计划”资助金额——康复费用	float	9,2	Y	单位:元
AJCX0717	申请“明天计划”资助金额——特殊药品费用	float	9,2	Y	单位:元
AJCX0718	申请“明天计划”资助金额——康复器具费用	float	9,2	Y	单位:元
AJCX0719	申请“明天计划”资助金额——体检费用	float	9,2	Y	单位:元
AJCX0720	申请“明天计划”资助金额——住院服务费用	float	9,2	Y	单位:元
AJCX0721	申请“明天计划”资助金额——小计	float	9,2	Y	单位:元
AJEP0120	记录时间	datetime	YYYYMMDD hh:mm:ss	Y	当前记录生成的时间
AJEP0121	记录状态	string	n1	Y	1 新增 2 变更 3 删除

B. 5. 22 JCX24 儿童康复治疗信息表

标识符	中文描述	数据类型	数据格式	必选项	备注
AJCX2400	主键标识	string	an32	Y	符合 GB/T 17969. 8 通用唯一标识符(UUID)规范
AJEP0100	儿童基础信息主键标识	string	an32	Y	符合 GB/T 17969. 8 通用唯一标识符(UUID)规范
AJCX2410	申请登记日期	date	YYYYMMDD	Y	
AJEE0100	康复基地所属福利机构主键标识	string	an32	Y	符合 GB/T 17969. 8 通用唯一标识符(UUID)规范
AJCX2411	康复类型	string	n1	Y	见 JMGC/XX 204 中 CJ018 康复类型代码
AJCX2412	主管康复医师人员姓名	string	. . 72	N	
AJCX2413	康复师人员姓名	string	. . 72	N	
AJCX2414	护士人员姓名	string	. . 72	N	
AJCX2415	康复训练开始日期	date	YYYYMMDD	Y	
AJCX2416	康复训练结束日期	date	YYYYMMDD	Y	
AJCX2417	训练效果	string	. . 100	Y	
AJEP0120	记录时间	datetime	YYYYMMDD hh:mm:ss	Y	当前记录生成的时间
AJEP0121	记录状态	string	n1	Y	1 新增 2 变更 3 删除

B. 5. 23 JCX22 儿童福利补贴资金发放信息表

标识符	中文描述	数据类型	数据格式	必选项	备注
AJCX2200	主键标识	string	an32	Y	符合 GB/T 17969. 8 通用唯一标识符(UUID)规范
AJCX2210	补贴项目	string	n1	Y	见 JMGC/XX 204 中 CJ019 儿童基本生活费发放类型代码
AJCX2211	发放日期	date	YYYYMMDD	Y	
AJCX2212	发放周期	string	n1	Y	见 JMGC/XX 204 中 CJ022 儿童福利资金发放周期代码
AJCX2213	发放周期起始日期	date	YYYYMMDD	Y	
AJCX2214	发放周期结束日期	date	YYYYMMDD	Y	
AJCX2215	发放金额	float	9,2	Y	
AJCX2216	发放人数	number		Y	

续表

标识符	中文描述	数据类型	数据格式	必选项	备注
AJEP0120	记录时间	datetime	YYYYMMDD hh:mm:ss	Y	当前记录生成的时间
AJEP0121	记录状态	string	n1	Y	1 新增 2 变更 3 删除

B.5.24 JDP01 农村留守妇女信息表

标识符	中文描述	数据类型	数据格式	必选项	备注
AJDP0100	主键标识	string	an32	Y	符合 GB/T 17969.8 通用唯一标识符(UUID)规范
AJEF0200	家庭信息表主键标识	string	an32	Y	符合 GB/T 17969.8 通用唯一标识符(UUID)规范
AXCP0002	人员姓名	string	..72	Y	
AXCP0008	民族	string	n2	Y	留守妇女民族,采用基础数据库统一定义标识符 取值范围见 JMGC/XX 204 中 C0009 民族代码
AJDP0104	是否登记户口	string	n1	Y	1 是 0 否
AXCP0005	身份证件号码	string	an18	Y	留守妇女身份证件号码,采用基础数据库统一定义标识符 取值范围符合 GB 11643—1999
AXAA0001	行政区划代码	string	n12	N	行政区划代码,采用基础数据库统一定义标识符 前 6 位见 GB/T 2260,后 3 位见 GB/T 10114,后 3 位为村或社区编码
AJEF0115	户籍所在地——详细	string	..100	N	
AJEF0223	现住址行政区划代码	string	n12	Y	现住址行政区划代码,采用基础数据库统一定义标识符 前 6 位见 GB/T 2260,后 3 位见 GB/T 10114,后 3 位为村或社区编码
AJEF0124	现居住地地址——详细	string	..100	Y	
AXCP0010	健康状况	string	..2	Y	健康状况,采用基础数据库统一定义标识符 取值范围见 JMGC/XX 204 中 C0011 健康状况代码
AXCP0009	文化程度	string	n2	Y	文化程度,采用基础数据库统一定义标识符 取值范围见 JMGC/XX 204 中 C0008 学历代码

续表

标识符	中文描述	数据类型	数据格式	必选项	备注
AXCP0092	婚姻状况	string	n2	Y	婚姻状况,采用基础数据库统一定义标识符 取值范围见 JMGC/XX 204 中 C0010 婚姻状况代码
AJDP0125	公婆情况	string	n1	Y	见 JMGC/XX 204 中 CJ014 留守妇女公婆情况代码
AJDP0122	丈夫外出务工情况说明	string	..200	N	
AJDP0126	最近一次回家探望日期	date	YYYYMMDD	N	
AJDP0127	家庭经济来源情况	string	n1	Y	见 JMGC/XX 204 中 CJ015 家庭经济来源代码
AJDP0128	获得生产帮扶情况	string	n1	Y	见 JMGC/XX 204 中 CJ016 留守妇女获得帮扶生产情况代码
AJEP0120	记录时间	datetime	YYYYMMDD hh:mm:ss	Y	当前记录生成的时间
AJEP0121	记录状态	string	n1	Y	1 新增 2 变更 3 删除

B.5.25 JAX06 解除收养登记信息表

标识符	中文描述	数据类型	数据格式	必选项	备注
AJAX0600	主键标识	string	an32	Y	符合 GB/T 17969.8 通用唯一标识符(UUID)规范
AJAX0100	收养登记信息主键标识	string	an32	Y	符合 GB/T 17969.8 通用唯一标识符(UUID)规范
AJAX0602	解除收养事由	string	..200	Y	
AJAX0604	审核意见	string	..200	Y	
AXCP0002	姓名	string	..72	Y	解除人人员姓名,采用基础数据库统一定义标识符
AJAX0231	解除日期	date	YYYYMMDD	Y	
AJAX0607	解除收养关系证明字号	string	..20	Y	
AJEP0120	记录时间	datetime	YYYYMMDD hh:mm:ss	Y	当前记录生成的时间
AJEP0121	记录状态	string	n1	Y	1 新增 2 变更 3 删除

B. 5. 26 JAX07 撤销收养登记信息表

标识符	中文描述	数据类型	数据格式	必选项	备注
AJAX0700	主键标识	string	an32	Y	符合 GB/T 17969. 8 通用唯一标识符(UUID)规范
AJAX0100	收养登记信息主键标识	string	an32	Y	符合 GB/T 17969. 8 通用唯一标识符(UUID)规范
AJAX0701	撤销收养登记原因	string	..200	Y	
AJAX0604	审核意见	string	..200	Y	
AXCP0002	姓名	string	..72	Y	撤销人人员姓名,采用基础数据库统一定义标识符
AJAX0708	撤销日期	date	YYYYMMDD	Y	
AJEP0120	记录时间	datetime	YYYYMMDD hh:mm:ss	Y	当前记录生成的时间
AJEP0121	记录状态	string	n1	Y	1 新增 2 变更 3 删除

B. 5. 27 JAX05 补领收养登记证信息表

标识符	中文描述	数据类型	数据格式	必选项	备注
AJAX0500	主键标识	string	an32	Y	符合 GB/T 17969. 8 通用唯一标识符(UUID)规范
AJAX0100	收养登记信息主键标识	string	an32	Y	符合 GB/T 17969. 8 通用唯一标识符(UUID)规范
AJAX0501	补领原因	string	..200	Y	
AJAX0604	审核意见	string	..200	Y	
AJAX0504	补领证件印制号	string	n20	Y	
AJAX0505	补领证件字号	string	..20	Y	按国内收养证编号规则编的号码
AJEP0120	记录时间	datetime	YYYYMMDD hh:mm:ss	Y	当前记录生成的时间
AJEP0121	记录状态	string	n1	Y	1 新增 2 变更 3 删除

B. 5. 28 JAX08 补领解除收养关系证明信息表

标识符	中文描述	数据类型	数据格式	必选项	备注
AJAX0800	主键标识	string	an32	Y	符合 GB/T 17969. 8 通用唯一标识符(UUID)规范

续表

标识符	中文描述	数据类型	数据格式	必选项	备注
AJAX0100	收养登记信息表主键标识	string	an32	Y	符合 GB/T 17969.8 通用唯一标识符(UUID)规范
AJAX0600	解除收养登记信息表主键标识	string	an32	Y	符合 GB/T 17969.8 通用唯一标识符(UUID)规范
AJAX0801	补领原因	string	..200	Y	
AJAX0604	审核意见	string	..200	Y	
AJAX0504	补领证件印制号	string	n20	Y	
AJAX0505	补领证件字号	string	..20	Y	按国内解除收养登记证号规则编制的号码
AJEP0120	记录时间	datetime	YYYYMMDD hh:mm:ss	Y	当前记录生成的时间
AJEP0121	记录状态	string	n1	Y	1 新增 2 变更 3 删除

B.5.29 JAX04 出具收养登记证明信息表

标识符	中文描述	数据类型	数据格式	必选项	备注
AJAX0400	主键标识	string	an32	Y	符合 GB/T 17969.8 通用唯一标识符(UUID)规范
AJAX0100	收养登记信息主键标识	string	an32	Y	符合 GB/T 17969.8 通用唯一标识符(UUID)规范
AJAX0401	出具证明类型	string	n1	Y	见 JMGC/XX 204 中 CJ021 出具登记证明种类代码
AJAX0402	出具证明原因	string	..600	Y	
AJAX0604	审核意见	string	..600	Y	
AJAX0405	证明字号	string	..20	Y	
AJEP0120	记录时间	datetime	YYYYMMDD hh:mm:ss	Y	当前记录生成的时间
AJEP0121	记录状态	string	n1	Y	1 新增 2 变更 3 删除

B.6 慈善事业促进和社会工作业务

B.6.1 KAE01 慈善组织信息表

标识符	中文描述	数据类型	数据格式	必选项	备注
AKAE0001	慈善组织标识	string	an32	Y	主键,符合 UUID 生成规范

续表

标识符	中文描述	数据类型	数据格式	必选项	备注
AXBE0002	统一社会信用代码	string	an18	Y	《国务院关于批转发展改革委等部门法人和其他组织统一社会信用代码制度建设总体方案的通知》(国发〔2015〕33号)中确定的编制规则
AXBE0003	单位名称	string	..100	Y	慈善组织登记名称
AXBE0015	单位建立日期	date	YYYYMMDD	Y	
AXBE0006	单位主管部门名称	string	..100	Y	慈善组织登记时的单位主管部门名称
AKAE0101	组织住所	string	..100	Y	慈善组织登记时的登记住所
AXBE0017	法定代表人姓名	string	..72	Y	
AXBE0013	单位联系电话	string	..17	Y	17位座机号
AKAE0102	业务范围	string	..100	Y	慈善组织登记时的业务范围
AKAE0103	电子邮箱地址	string	..100	N	字母、数字、@、.
AKAE0104	传真号	string	..100	N	
AKAE0105	门户网站	string	..150	N	
AKAE0106	官方微博	string	..150	N	
AXCP0002	联系人	string	..72	N	
AKAE0108	联系电话	string	..17	N	17位座机号
AKAE0109	官方微信公众号	string	..100	N	官方微信公众号
AKAE0110	移动客户端等其他网络平台	string	..150	N	移动客户端等其他网络平台
AKAE0002	登记标识	string	an32	Y	主键,符合UUID生成规范
AKAE0113	宗旨	string	..300	Y	慈善组织主要的思想或意图、主意
AKAE0114	慈善活动领域	string	..300	N	
AKAE0115	内部治理结构	string	..150		
AKAE0116	会员代表大会召开情况	string	..300	N	会员代表大会召开情况文字说明
AKAE0117	申请理由	string	..300	N	
AKAE0118	申请日期	date	YYYYMMDD	N	
AKAE0125	是否终止	boolean		Y	1是;0否
AKAE0126	是否清算	boolean		Y	1是;0否
AKAE8015	终止清算相关材料	string	..100	Y	终止清算相关材料附件名
AKAE8016	终止清算相关材料附件	string	..150	Y	终止清算相关材料附件地址
AKAE0127	是否取得公益性捐赠税前扣除资格	boolean		Y	1是;0否

续表

标识符	中文描述	数据类型	数据格式	必选项	备注
AKAE0128	税前扣除资格有效期起	date	YYYYMMDD	Y	
AKAE0129	税前扣除资格有效期止	date	YYYYMMDD	Y	
AKAE0130	是否具有公开募捐资格	boolean		Y	1 是;0 否
AKAE9001	同步类型	string	n1	Y	1—插入/2—更新/3—删除
AKAE9002	同步时间	datetime	YYYYMMDD hh:mm:ss	Y	
AKAE9003	批次号	string	an32	Y	每次交换应唯一,用于数据对账
AKAE9004	数据来源省级行政区划代码	string	n2	Y	两位行政区划代码

B.6.2 KAE03 慈善组织年报表

标识符	中文描述	数据类型	数据格式	必选项	备注
AKAE0003	年报标识	string	an32	Y	主键,符合 UUID 生成规范
AKAE0001	慈善组织标识	string	an32	Y	外键到慈善组织信息表标识
AKAE0119	年报类型	string	n1	Y	见 JMGC/XX 204 中 CK002 慈善组织年报类型
AKAE0120	年报名称	string	..100	Y	年报附件名称
AKAE8001	年报附件	string	..150	Y	年报附件存储地址
AKAE0121	年度	string	n4	Y	4 位年份
AKAE9001	同步类型	string	n1	Y	1—插入/2—更新/3—删除
AKAE9002	同步时间	datetime	YYYYMMDD hh:mm:ss	Y	
AKAE9003	批次号	string	an32	Y	每次交换应唯一,用于数据对账
AKAE9004	数据来源省级行政区划代码	string	n2	Y	两位行政区划代码

B.6.3 KAE04 慈善组织年检结论表

标识符	中文描述	数据类型	数据格式	必选项	备注
AKAE0004	年检结论标识	string	an32	Y	主键,符合 UUID 生成规范
AKAE0001	慈善组织标识	string	an32	Y	外键到慈善组织信息表标识
AKAE0119	年度	string	n4	Y	4 位年份
AKAE0124	年检结论	string	..300	Y	
AKAE9001	同步类型	string	n1	Y	1—插入/2—更新/3—删除

续表

标识符	中文描述	数据类型	数据格式	必选项	备注
AKAE9002	同步时间	datetime	YYYYMMDD hh:mm:ss	Y	
AKAE9003	批次号	string	an32	Y	每次交换应唯一,用于数据对账
AKAE9004	数据来源省级行政区划代码	string	n2	Y	两位行政区划代码

B.6.4 KAE10 慈善项目信息表

标识符	中文描述	数据类型	数据格式	必选项	备注
AKAE0010	慈善项目标识	string	an32	Y	主键,符合 UUID 生成规范
AKAE0001	慈善组织标识	string	an32	Y	外键到慈善组织信息表标识
AKAE0156	慈善项目编号	string	..100	N	系统对慈善项目生成的编号
AKAE0157	慈善项目名称	string	..100	Y	
AKAE0158	是否开展募捐	boolean		Y	1 是;0 否
AKAE0159	项目状态	string	n1	Y	见 JMGC/XX 204 中 CK003 慈善项目状态代码
AKAE0160	服务人群	string	..150	Y	慈善项目主要服务人群说明
AKAE0161	服务领域	string	..300	Y	慈善项目主要服务领域说明
AKAE0162	项目详情	string	..300	Y	慈善项目说明
AKAE0163	募捐目的	string	..300	Y	慈善项目募捐目的说明
AKAE0164	起始日期	date	YYYYMMDD	Y	
AKAE0365	终止日期	date	YYYYMMDD	Y	
AKAE0165	座机	string	n11	N	活动负责人 11 位座机号
AKAE0166	受益人	string	..100	N	
AXCP0002	活动负责人	string	..72	N	
AXZX0001	手机号	string	n11	N	活动负责人 11 位手机号
AKAE0169	募得款物用途	string	..100	N	
AKAE0170	募捐成本	float		N	单位:万元
AKAE0171	剩余财产处理方案	string	..300	N	
AKAE0172	发票开具方式	string	..100	N	
AKAE9001	同步类型	string	n1	Y	1—插入/2—更新/3—删除
AKAE9002	同步时间	datetime	YYYYMMDD hh:mm:ss	Y	
AKAE9003	批次号	string	an32	Y	每次交换应唯一,用于数据对账
AKAE9004	数据来源省级行政区划代码	string	n2	Y	两位行政区划代码

B.6.5 KAP01 慈善楷模表

标识符	中文描述	数据类型	数据格式	必选项	备注
AKAP0001	慈善楷模标识	string	an32	Y	主键,符合UUID生成规范
AXCP0002_1	姓名	string	..72	N	
AXCP0006	性别	string	n1	N	见JMGC/XX 204中C0007人的性别
AXCP0007	国籍	string	n3	N	见JMGC/XX 204中C0005世界各国和地区名称
AXCP0008	民族	string	n2	N	见JMGC/XX 204中C0009民族代码
AXCP0011	籍贯	string	..100	N	慈善楷模籍贯
AKAP0101	出生日期	date	YYYYMMDD	N	
AKAP0102	工作单位	string	..100	N	
AKAP0103	工作职务	string	..100	N	
AXCP0002_2	联系人姓名	string	..72	N	
AKAP0105	联系人职务	string	..100	N	
AKAP0106	联系人电话	string	..17	N	17位座机号
AXZX0001	联系人手机	string	n11	N	11位手机号
AKAP0108	联系人传真	string	n20	N	20位传真号码
AKAP0109	联系人邮编	string	n6	N	6位邮政编码
AXZX0005	联系人电子邮箱	string	..72	N	字母、数字、@、.
AKAP0111	联系人通信地址	string	..100	N	
AKAP0112	团体名称	string	..100	N	
AKAP0113	团体国籍	string	n3	N	见GB/T 2659(《世界各国和地区名称代码》)
AKAP0122	投身慈善活动年限	float		N	单位:年
AKAP0123	捐赠金额	float		N	单位:万元
AKAP0124	捐赠现金及有价证券金额	float		N	单位:万元
AKAP0125	捐赠物资折价金额	float		N	单位:万元
AKAP0126	累计捐赠总额	float		N	单位:万元
AKAP0127	志愿服务时间	string	..100	N	文字描述,如:1年
AKAP0128	累计志愿服务时间	string	..100	N	文字描述,如:1年
AKAP0129	捐助时间	string	..100	N	文字描述,如:1年
AKAP0130	捐助现金和有价证券	float		N	单位:万元
AKAP0131	捐助物资折价	float		N	单位:万元

续表

标识符	中文描述	数据类型	数据格式	必选项	备注
AKAP0132	接收方名称	string	..100	N	
AKAP0133	捐赠用途或项目名称	string	..100	N	
AKAP0134	是否减免税	boolean		N	1 是;0 否
AKAP0135	凭证编号	string	..100	N	
AKAP0136	日期	date	YYYYMMDD	N	
AKAP0137	开展慈善活动内容	string	..100	N	
AKAP0138	慈善效果	string	..300	N	
AXCP0002_3	证明人	string	..72	N	
AKAP0140	证明人联系方式	string	..17	N	17 位座机号
AKAP0141	主要慈善贡献及事迹	string	..300	N	
AKAP0142	所获主要荣誉	string	..300	N	
AKAP0143	相关新闻报道链接	string	..150	N	
AKAE9001	同步类型	string	n1	Y	1—插入/2—更新/3—删除
AKAE9002	同步时间	datetime	YYYYMMDD hh:mm:ss	Y	
AKAE9003	批次号	string	an32	Y	每次交换应唯一,用于数据对账
AKAE9004	数据来源省级行政区划代码	string	n2	Y	两位行政区划代码

B.6.6 KAX02 慈善项目(慈善信托)表

标识符	中文描述	数据类型	数据格式	必选项	备注
AKAP0002	慈善奖慈善项目标识	string	an32	Y	主键,符合 UUID 生成规范
AKAP0146	项目(慈善信托)名称	string	..100	N	
AKAP0147	申报单位名称	string	..100	N	申报慈善项目所属单位名称
AKAP0148	申报单位地域	string	..100	N	申报慈善项目所属单位地域
AKAP0149	受托人(慈善信托填写)	string	..72	N	
AKAP0150	申报单位性质	string	..100	N	
AKAP0151	合作单位名称	string	..100	N	
AKAP0152	实施地域	string	..100	N	
AKAP0153	年度项目(慈善信托)支出	float		N	单位:万元
AKAP0154	历年累计支出	float		N	单位:万元

续表

标识符	中文描述	数据类型	数据格式	必选项	备注
AKAP0155	项目(信托)持续时间	string	..100	N	文字描述,如:1年
AKAP0156	资金规模(万元)	float		N	单位:万元
AKAP0157	初始化规模(万元)	float		N	单位:万元
AKAP0158	最新规模(万元)	float		N	单位:万元
AKAP0159	慈善项目(慈善信托)简介	string	..300	N	
AKAP0160	项目(慈善信托)所属领域	string	..100	N	
AKAP0161	项目(慈善信托)受益对象	string	..100	N	
AKAP0162	项目网址	string	..150	N	
AXCP0002	联系人姓名	string	..72	N	
AKAP0105	联系人职务	string	..100	N	
AKAP0106	联系人电话	string	..17	N	17位座机号
AXZX0001	联系人手机	string	n11	N	11位手机号
AKAP0108	联系人传真	string	n20	N	20位传真号码
AKAP0109	联系人邮编	string	n6	N	6位邮政编码
AXZX0005	联系人电子邮箱	string	..72	N	字母、数字、@、.
AKAP0111	联系人通信地址	string	..100	N	
AKAP0171	项目(信托)详述	string	..300	N	
AKAP0142	所获主要荣誉	string	..300	N	
AKAP0143	相关新闻报道链接	string	..150	N	
AKAE9001	同步类型	string	n1	Y	1—插入/2—更新/3—删除
AKAE9002	同步时间	datetime	YYYYMMDD hh:mm:ss	Y	
AKAE9003	批次号	string	an32	Y	每次交换应唯一,用于数据对账
AKAE9004	数据来源省级行政区划代码	string	n2	Y	两位行政区划代码

B.6.7 KAE05 捐赠企业表

标识符	中文描述	数据类型	数据格式	必选项	备注
AKAP0003	捐赠企业标识	string	an32	Y	主键,符合UUID生成规范
AXBE0003	单位名称	string	..100	N	

续表

标识符	中文描述	数据类型	数据格式	必选项	备注
AXBE0002	统一社会信用代码	string	an18	N	《国务院关于批转发展改革委等部门法人和其他组织统一社会信用代码制度建设总体方案的通知》(国发〔2015〕33号)中确定的编制规则
AKAP0175	企业性质	string	..100	N	
AKAP0176	企业总部省份和城市	string	n4	N	见GB/T 2260(《中华人民共和国行政区划代码》) 四位市级行政区划代码
AKAP0177	所属行业	string	n2	N	见JMGC/XX 204中C0037单位行业分类
AKAP0178	员工规模	string	..100	N	
AKAP0179	企业法定代表人	string	..72	N	
AKAP0180	法定代表人工作职务	string	..100	N	
AKAP0181	上一年度企业利润(万元)	float		N	单位:万元
AKAP0182	企业网址	string	..150	N	
AXCP0002	联系人姓名	string	..72	N	
AKAP0105	联系人职务	string	..100	N	
AKAP0106	联系人电话	string	..17	N	17位座机号
AXZX0001	联系人手机	string	n11	N	11位手机号
AKAP0108	联系人传真	string	n20	N	20位传真号码
AKAP0109	联系人邮编	string	n6	N	6位邮政编码
AXZX0005	联系人电子邮箱	string	..72	N	字母、数字、@、.
AKAP0111	联系人通信地址	string	..100	N	
AKAP0190	企业捐赠和志愿服务信息	string	..300	N	
AKAP0192	企业慈善战略和行为	string	..300	N	
AKAP0141	主要慈善贡献及事迹	string	..300	N	
AKAP0142	所获主要荣誉	string	..300	N	
AKAP0143	相关新闻报道链接	string	..150	N	
AKAE9001	同步类型	string	n1	Y	1—插入/2—更新/3—删除
AKAE9002	同步时间	datetime	YYYYMMDD hh:mm:ss	Y	
AKAE9003	批次号	string	an32	Y	每次交换应唯一,用于数据对账
AKAE9004	数据来源省级行政区划代码	string	n2	Y	两位行政区划代码

B. 6. 8 KAP06 捐赠个人表

标识符	中文描述	数据类型	数据格式	必选项	备注
AKAP0003	捐赠个人标识	string	an32	Y	主键,符合 UUID 生成规范
AXCP0002_1	姓名	string	an72	Y	
AXCP0006	性别	string	n1	N	见 JMGC/XX 204 中 C0007 人的性别
AXCP0007	国籍	string	n3	N	见 JMGC/XX 204 中 C0005 世界各国和地区名称
AXCP0011	籍贯	string	..100	N	
AXCP0008	民族	string	n2	N	见 JMGC/XX 204 中 C0009 民族代码
AXCP0009	学历	string	n2	N	见 JMGC/XX 204 中 C0008 学历代码
AKAP0196	出生日期	date	YYYYMMDD	N	
AKAP0197	所属行业	string	..100	N	
AKAP0198	工作单位	string	..100	N	
AKAP0199	工作职务	string	..100	N	
AXCP0002_2	联系人姓名	string	..72	N	
AKAP0105	联系人职务	string	..100	N	
AKAP0106	联系人电话	string	..17	N	17 位座机号
AXZX0001	联系人手机	string	n11	N	11 位手机号
AKAP0108	联系人传真	string	n20	N	20 位传真号码
AKAP0109	联系人邮编	string	n6	N	6 位邮政编码
AXZX0005	联系人电子邮箱	string	..72	N	字母、数字、@、.
AKAP0111	联系人通信地址	string	..100	N	
AKAP0208	个人捐赠信息	string	..100	N	
AKAP0141	主要慈善贡献及事迹	string	..300	N	
AKAP0142	所获主要荣誉	string	..300	N	
AKAP0143	相关新闻报道链接	string	..150	N	
AKAE9001	同步类型	string	n1	Y	1—插入/2—更新/3—删除
AKAE9002	同步时间	datetime	YYYYMMDD hh:mm:ss	Y	
AKAE9003	批次号	string	an32	Y	每次交换应唯一,用于数据对账
AKAE9004	数据来源省级行政区划代码	string	n2	Y	两位行政区划代码

B. 6. 9 KCP01 社会工作者表

标识符	中文名称	数据类型	数据格式	必选项	备注
AXCP0004	身份证件类型	string	n2	Y	见 JMGC/XX 204 中 C0015 身份证件类型代码
AXCP0005	身份证件号码	string	an18	Y	对于身份证件类型为“内地居民身份证”的人员，身份证件号码值域见 GB 11643—1999(《公民身份号码》)
AXCP0002	姓名	string	..72	Y	社会工作者姓名；填写中文字符、英文字符
AXCP0006	性别	string	n1	Y	见 JMGC/XX 204 中 C0007 人的性别代码
AXCP0011	籍贯	string	..100	N	本人出生时祖父的居住地，填写到地市一级。例如：湖北省武汉市
AXCP0097	出生日期	date	YYYYMMDD	Y	
AXCP0092	婚姻状况	string	n2	N	见 JMGC/XX 204 中 C0010 婚姻状况代码
AXCP0017	政治面貌	string	n2	N	见 JMGC/XX 204 中 C0013 政治面貌代码
AXZX0001	手机号码	string	n11	Y	长 11 位，第 1 位为 1，第二位为3—9
AKCP0109	毕业院校	string	..100	N	填写最高学历毕业院校
AKCP0110	毕业日期	date	YYYYMMDD	N	选择最高学历毕业日期
AKCP0111	专业	string	..50	N	填写最高学历所学专业
AXCP0009	文化程度	string	n2	Y	见 JMGC/XX 204 中 C0008 学历代码
AXAA0001	工作所在地行政区划代码	string	n12	Y	前 6 位见 GB/T 2260(《中华人民共和国行政区划代码》)，后 3 位见 GB/T 10114—2003(《县以下行政区划代码编码规则》)，最后 3 位为村或社区编码(精确到区县级，即输入前 6 位即可，后 6 位填 0 补齐)
AKCP0202	登记日期	date	YYYYMMDD	Y	最近一次登记日期
AKCP0206	登记状态	string	n1	Y	1 为首次登记，2 为再登记
AKCP0203	职业水平证书管理编号	string	..28	Y	职业水平证书上的管理编号
AKCP0204	证书等级	string	n1	Y	见 JMGC/XX 204 中 CK101 社会工作者职业水平等级代码
AKCP0205	职业水平证书发放日期	date	YYYYMMDD	N	
AXBE0002	所在单位统一社会信用代码	string	an18	N	《国务院关于批转发展改革委等部门法人和其他组织统一社会信用代码制度建设总体方案的通知》(国发〔2015〕33 号)中确定的编制规则

续表

标识符	中文名称	数据类型	数据格式	必选项	备注
AXBE0003	工作单位	string	..100	Y	所在工作单位名称
AKCP0210	服务领域一	string	an62	Y	见JMGC/XX 204 中CK103 社会工作服务领域代码(此处为单选)
AKCP0210_1	服务领域二	string	an62	Y	见JMGC/XX 204 中CK103 社会工作服务领域代码(此处为单选)
AKCP0211	线下继续教育时长	float	6,2	N	单位:小时

B.6.10 KCE01 社工机构表

标识符	中文名称	数据类型	数据格式	必选项	备注
AXBE0002	统一社会信用代码	string	an18	Y	《国务院关于批转发展改革委等部门法人和其他组织统一社会信用代码制度建设总体方案的通知》(国发〔2015〕33号)中确定的编制规则
AXBE0003	社工机构名称	string	..100	Y	与统一社会信用代码证书上所示名称保持一致
AKCE0104	社工机构类别	string	n1	Y	见JMGC/XX 204 中CK108 社会工作服务机构类型代码
AXAA0001	社工机构所在地行政区划代码	string	n12	Y	前6位见GB/T 2260(《中华人民共和国行政区划代码》),后3位见GB/T 10114—2003(《县以下行政区划代码编码规则》),最后3位为村或社区编码(精确到区县级,即输入前6位即可,后6位输0补齐)
AXCP0002	法人代表	string	..72	Y	机构法人代表姓名
AXBE0013	联系电话	string	..17	Y	有效的座机或手机号码。座机号码标准格式为:区号-电话号码,手机号码为11位数字
AXBE0014	电子邮箱	string	..100	N	
AKCP0210	服务领域	string	an62	Y	见JMGC/XX 204 中CK103 社会工作服务领域代码,多选时选项用逗号进行分隔,如:13,21
AKCE0111	是否建立党支部	string	n1	Y	1是;0否
AKCE0112	社工机构上年度项目经费总额	number	..5	N	单位:万元
AKCE0113	证书有效期起	date	YYYYMMDD	Y	
AKCE0114	证书有效期止	date	YYYYMMDD	Y	

B.6.11 KCX06 社工项目表

标识符	中文名称	数据类型	数据格式	必选项	备注
AKCX0602	社工项目名称	string	..100	Y	
AKCX0605	社工项目内容	string	..1000	N	项目内容简介
AKCX0606	项目开始日期	date	YYYYMMDD	Y	项目实际开始日期
AKCX0607	项目结束日期	date	YYYYMMDD	Y	项目实际结束日期;必须在项目实际开始日期之后
AKCX0608	合同金额	number	..10	N	合同中标金额(单位:元)
AXBE0002	承建单位统一社会信用代码	string	an18	Y	承建社工机构统一社会信用代码
AXBE0003_1	承建单位名称	string	..100	Y	
AXCP0006	承建单位负责人姓名	string	..72	Y	
AXZX0001	承建单位负责人手机号码	string	n11	Y	长11位,第1位为1,第二位为3—9
AKCP0210	服务领域	string	an62	N	见JMGC/XX 204中CK103社会工作服务领域代码,多选时选项用逗号进行分隔,如:13,21
AKCX0609	项目类型	string	n1	Y	1为政府投资项目,2为社会投资项目
AXAA0001	服务地点行政区划代码	string	n12	Y	前6位见GB/T 2260(《中华人民共和国行政区划代码》),后3位见GB/T 10114—2003(《县以下行政区划代码编码规则》),最后3位为村或社区编码(精确到区县级,即输入前6位即可,后6位输0补齐)
AXBE0002_1	采购单位统一社会信用代码	string	an18	N	《国务院关于批转发展改革委等部门法人和其他组织统一社会信用代码制度建设总体方案的通知》(国发〔2015〕33号)中确定的编制规则
AXBE0003	采购单位名称	string	..100	Y	

B.6.12 KDP01 志愿者信息表

标识符	中文名称	数据类型	数据格式	必选项	备注
AKDP0101	志愿者信息标识	string	an32	N	符合UUID生成规范
AXCP0002	姓名	string	..72	Y	志愿者姓名;填写中文字符、英文字符
AXCP0004	身份证件类型	string	n2	Y	见JMGC/XX 204中C0015身份证件类型代码

续表

标识符	中文名称	数据类型	数据格式	必选项	备注
AXCP0005	身份证件号码	string	..18	Y	对于身份证件类型为“内地居民身份证”的人员，身份证件号码值域见 GB 11643—1999(《公民身份号码》)
AXCP0006	性别	string	n1	Y	见 JMGC/XX 204 中 C0007 人的性别代码
AXCP0007	国籍	string	n3	N	见 GB/T 2659(《世界各国和地区名称代码》)；选择国籍，见 JMGC/XX 204 中 C0005 世界各国和地区名称代码
AXCP0097	出生日期	date	YYYYMMDD	Y	
AXCP0008	民族	string	n2	N	当“国籍”值非“中国”时，民族值为空；见 JMGC/XX 204 中 C0009 民族代码
AXCP0009	文化程度	string	n2	N	见 JMGC/XX 204 中 C0008 学历代码
AXCP0011	籍贯	string	..100	N	本人出生时祖父的居住地，填写到地市一级。如：湖北省武汉市
AKDP0111	就业状况	string	n2	N	见 JMGC/XX 204 中 C0016 个人身份状况代码
AKDP0112	血型	string	n1	N	见 JMGC/XX 204 中 C0012 血型代码
AXZX0001	手机号码	string	n11	Y	长 11 位，第 1 位为 1，第二位为3—9
AKDP0115	固定电话	string	..17	N	包含区号、固话号码、分机号
AXZX0005	电子邮箱	string	..100	N	志愿者电子邮箱
AXAA0001	行政区划代码	string	n12	Y	居住区域的行政区划代码，前 6 位见 GB/T 2260(《中华人民共和国行政区划代码》)，后 3 位见 GB/T 10114—2003(《县以下行政区划代码编码规则》)，最后 3 位为村或社区编码，如：北京 110000000000
AKDP0205	可提供服务时间	string	..71	N	多选，选择可提供服务时间，见 JMGC/XX 204 中 CLB01 志愿者可提供服务时间代码，多个用逗号隔开。如：01,02
AKDP0206	服务类别	string	..19	Y	多选，最多 4 项；见 JMGC/XX 204 中 CK214 志愿者服务项目类别代码，全国性的由系统生成 4 位数，如：0001,0002；各省份自定义的类别由系统生成 4 位数；如：(北京的)1101,1102
AKDP0307	个人特长	string	..71	Y	多选，选择个人特长，见 JMGC/XX 204 中 CLB02 志愿者特长代码。如：01,02
AXCP0017	政治面貌	string	n2	N	见 JMGC/XX 204 中 C0013 政治面貌代码

B.6.13 KDE03 志愿服务队伍基本信息表

标识符	中文名称	数据类型	数据格式	必选项	备注
AKDE0301	队伍信息标识	string	an32	N	符合 UUID 生成规范
AKDE0302	队伍名称	string	..100	Y	志愿队伍的名称
AKDE0303	队伍类型	string	n1	Y	选择志愿队伍类型:1. 志愿服务组织;2. 志愿服务团体;3. 其他开展志愿服务活动的法人组织
AKDE0304	登记部门	string	n1	N	登记状态为"法人组织"时,此处必选;选择团体登记部门:1. 民政部;2. 其他
AKDE0305	登记机关	string	..20	N	登记状态为"法人组织"时,此处必选;根据当前区域的显示名称,可以是省或市或区。如:湖北省民政厅、武汉市民政局、武昌区民政局
AXBE0002	统一社会信用代码	string	an18	N	登记状态为"法人组织"时,此处必填;《国务院关于批转发展改革委等部门法人和其他组织统一社会信用代码制度建设总体方案的通知》(国发〔2015〕33号)中确定的编制规则
AKDE0308	同意成立志愿服务团体的单位/社区类型	string	n2	Y	见 JMGC/XX 204 中 CK204 同意成立志愿服务团体的单位/社区类型代码
AXBE0003	同意成立志愿服务团体的单位/社区名称	string	..100	Y	同意成立志愿服务团体的单位/社区名称
AXAA0001	行政区划代码	string	n12	Y	志愿队伍所在地行政区划代码,前6位见 GB/T 2260(《中华人民共和国行政区划代码》),后3位见 GB/T 10114—2003(《县以下行政区划代码编码规则》),最后3位为村或社区编码,如:北京 110000000000
AKDE0311	成立日期	date	YYYYMMDD	N	志愿队伍成立日期
AKDE0312	志愿者人数	integer	n..9	N	招募的志愿者人数
AKDP0206	服务类别	string	..19	Y	多选,最多4项;见 JMGC/XX 204 中 CK214 志愿者服务项目类别代码,全国性的由系统生成4位数,如:0001,0002;各省份自定义的类别由系统生成4位数;如:(北京的)1101,1102

续表

标识符	中文名称	数据类型	数据格式	必选项	备注
AKDE0314	经度	float	9,6	N	志愿队伍所在地的经度值
AKDE0315	纬度	float	9,6	N	志愿队伍所在地的纬度值
AKDE0316	队伍简介	string	..2000	N	关于志愿队伍的成立、服务、目标等介绍内容
AKDE0319	是否有联络组织	string	n1	Y	1 是;0 否
AKDE0320	联络组织名称	string	..100	N	联络组织名称
AXCP0002—1	队伍联系人	string	..72	Y	队伍联系人姓名,填写中文字符、英文字符
AXZX0001—1	联系人手机	string	n11	Y	长 11 位,第 1 位为 1,第二位为3—9
AXZX0005	联系人电子邮箱	string	..100	N	队伍联系人电子邮箱
AXCP0002—2	负责人姓名	string	..72	Y	队伍负责人姓名,填写中文字符、英文字符
AXCP0005	负责人身份证号码	string	an18	Y	身份证件号码值域见 GB 11643—1999(《公民身份号码》)
AXZX0001—2	负责人手机	string	n11	Y	长 11 位,第 1 位为 1,第二位为3—9

B. 6. 14 KDX01 志愿服务项目信息表

标识符	中文名称	数据类型	数据格式	必选项	备注
AKDX0101	项目信息标识	string	an32	N	符合 UUID 生成规范
AKDE0301	队伍信息标识	string	an32	N	志愿队伍基本信息表标识
AKDE0302	队伍名称	string	..100	Y	志愿队伍的名称
AKDX0104	项目名称	string	..100	Y	志愿项目的项目名称
AKDX0105	项目开始日期	date	YYYYMMDD	Y	志愿项目的项目开始日期
AKDX0106	项目结束日期	date	YYYYMMDD	Y	志愿项目的项目结束日期
AKDX0107	项目报名人数	integer	n..9	Y	志愿项目报名的人数
AXAA0001	行政区划代码	string	n12	Y	项目开展地点的行政区划代码,前 6 位见 GB/T 2260(《中华人民共和国行政区划代码》),后 3 位见 GB/T 10114—2003(《县以下行政区划代码编码规则》),最后 3 位为村或社区编码,如:北京 110000000000
AKDX0110	项目地点	string	..100	Y	项目开展的详细地址
AKDX0111	服务对象	string	..35	Y	多选,选择服务对象,见 JMGC/XX 204 中"志愿者服务对象代码",如:01,02

续表

标识符	中文名称	数据类型	数据格式	必选项	备注
AKDP0206	服务类别	string	..19	Y	多选,最多4项;见JMGC/XX 204中CK214志愿者服务项目类别代码,全国性的由系统生成4位数,如:0001,0002;各省自定义的类别由系统生成4位数;如:(北京的)1101,1102
AKDX0115	志愿者保障	string	..35	N	多选,选择志愿者保障,见JMGC/XX 204中CK209志愿者保障代码,如:01,02
AKDX0116	项目描述	string	..2000	N	志愿项目关于时间、地点、人物、事件、目的等的描述
AXCP0002	联系人姓名	string	..72	Y	项目联系人的姓名;填写中文字符、英文字符
AXZX0001	手机号码	string	n11	Y	项目联系人手机号码;长11位,第1位为1,第二位为3—9
AXZX0005	电子邮箱	string	..100	N	项目联系人的电子邮箱
AKDX0120	发布日期	date	YYYYMMDD	Y	志愿服务项目的发布日期
AKDE0314	经度	float	9,6	N	志愿服务项目实施地的经度值
AKDE0315	纬度	float	9,6	N	志愿服务项目实施地的纬度值
AKDX0123	结项日期	date	YYYYMMDD	Y	志愿服务项目的结项日期

B.6.15 KDX07 志愿服务时长信息表

标识符	中文名称	数据类型	数据格式	必选项	备注
AKDX0101	项目信息标识	string	an32	N	志愿服务项目信息表标识
AKDX0104	项目名称	string	..100	Y	志愿项目的项目名称
AKDP0101	志愿者信息标识	string	an32	N	志愿者信息表标识
AXCP0004	身份证件类型	string	n2	Y	见JMGC/XX 204中C0015身份证件类型代码
AXCP0005	身份证件号码	string	..18	Y	对于身份证件类型为“内地居民身份证”的人员,身份证件号码值域见GB 11643—1999(《公民身份号码》)
AKDE0301	队伍信息标识	string	an32	N	志愿队伍基本信息表标识
AKDE0302	队伍名称	string	..100	Y	志愿队伍的名称
AKDX0702	服务时长	float	5,2	Y	录入的服务时长,单位:小时
AKDX0703	服务开始时间	datetime	YYYYMMDD HH:II:SS	Y	参与服务的开始时间
AKDX0704	服务结束时间	datetime	YYYYMMDD HH:II:SS	Y	参与服务的结束时间

B. 6. 16 KDX08 培训信息表

标识符	中文名称	数据类型	数据格式	必选项	备注
AKDX0801	培训信息标识	string	an32	N	符合 UUID 生成规范
AKDE0301	队伍信息标识	string	an32	N	志愿队伍基本信息表标识
AKDE0302	队伍名称	string	..100	Y	志愿队伍的名称
AKDP0101	志愿者信息标识	string	an32	N	志愿者信息表标识
AXCP0004	身份证件类型	string	n2	Y	见 JMGC/XX 204 中 C0015 身份证件类型代码
AXCP0005	身份证件号码	string	..18	Y	对于身份证件类型为“内地居民身份证”的人员，身份证件号码值域见 GB 11643—1999(《公民身份号码》)
AKDX0803	培训主题	string	..100	Y	培训信息的主题名称
AKDX0804	培训内容	string	..200	Y	培训信息的培训内容
AKDX0806	培训开始时间	datetime	YYYYMMDD HH:II:SS	Y	培训信息的开始时间
AKDX0807	培训结束时间	datetime	YYYYMMDD HH:II:SS	Y	培训信息的结束时间
AKDX0808	培训类型	string	n1	N	选择培训类型:1. 通用培训;2. 岗位培训;3. 专业培训
AKDX0809	培训方式	string	n1	N	选择培训方式:1. 远程培训;2. 面授培训
AXAA0001	行政区划代码	string	n12	N	培训区域的行政区划代码,前 6 位见 GB/T 2260(《中华人民共和国行政区划代码》),后 3 位见 GB/T 10114—2003(《县以下行政区划代码编码规则》),最后 3 位为村或社区编码,如:北京 110000000000
AKDX0813	培训学时	float	5,2	Y	培训的时长信息
AXCP0002	培训联系人姓名	string	..72	N	培训的联系人姓名
AXZX0001	联系人手机号码	string	n11	N	培训的联系人手机号码

B. 6. 17 KDX18 表彰信息表

标识符	中文名称	数据类型	数据格式	必选项	备注
AKDX1801	表彰信息标识	string	an32	N	符合 UUID 生成规范
AKDE0301	队伍信息标识	string	an32	N	志愿队伍基本信息表标识
AKDE0302	队伍名称	string	..100	Y	志愿队伍的名称
AKDP0101	志愿者信息标识	string	an32	N	志愿者信息表标识
AXCP0004	身份证件类型	string	n2	Y	见 JMGC/XX 204 中 C0015 身份证件类型代码

续表

标识符	中文名称	数据类型	数据格式	必选项	备注
AXCP0005	身份证件号码	string	..18	Y	对于身份证件类型为“内地居民身份证”的人员,身份证件号码值域见 GB 11643—1999(《公民身份号码》)
AKDX1803	表彰奖励名称	string	..50	Y	表彰信息的名称
AKDX1804	获奖时间	datetime	YYYYMMDD HH:II:SS	Y	获取表彰奖励的时间
AKDX1805	颁发单位	string	..100	Y	表彰奖励的颁发单位
AKDX1806	奖励文书名称及文号	string	..100	N	表彰奖励的文书名称及文号
AKDX1807	奖励内容	string	..200	N	表彰奖励的奖励内容
AKDX1808	表彰图片	string	..100	N	表彰奖励的图片
AKDX1809	上传附件	string	..500	N	表彰奖励的附件信息

JMGC

民　政　部　金　民　工　程　标　准

JMGC/XX 204—2020

金民工程信息分类和编码规范

2020－12－30 发布　　　　2020－12－30 实施

民政部信息中心 发布

目　次

前　言

本文件按照 GB/T 1.1—2020《标准化工作导则 第1部分:标准化文件的结构和起草规则》的规定起草。

本文件由民政部信息中心提出并归口。

本文件起草单位:民政部信息中心、北京科迪智标信息技术有限公司、四川久远银海软件股份有限公司、上海速连信息科技有限公司、太极计算机股份有限公司、东软集团股份有限公司、北京久其软件股份有限公司、万达信息股份有限公司、深圳市永兴元科技股份有限公司、中科恒运股份有限公司。

本文件主要起草人:范一大、王兴玲、文长军、赵超、李杰、郑明煊、高媛、戴朝云、张荫芬、李坤林、肖樑、马守平、李俊梅、陈先杰、王鑫、谷峰帅。

金民工程信息分类与编码规范

1 范围

本文件规定了金民工程一期项目中所需要的信息分类与代码,包括代码标识符、编码方法、代码表等内容,是民政业务信息处理中使用的代码的汇总。

本文件适用于金民工程一期项目业务系统的开发和建设。

2 规范性引用文件

下列文件中的内容通过文中的规范性引用而构成本文件必不可少的条款。其中,注日期的引用文件,仅该日期对应的版本适用于本文件;不注日期的引用文件,其最新版本(包括所有的修改单)适用于本文件。

GB/T 2659 世界各国和地区名称代码

GB/T 2260 中华人民共和国行政区划代码

GB/T 2261.1 个人基本信息分类与代码 第1部分 人的性别代码

GB/T 2261.2 个人基本信息分类与代码 第2部分 婚姻状况代码

GB/T 2261.3 个人基本信息分类与代码 第3部分 健康状况代码

GB/T 3304 中国各民族名称的罗马字母拼写法和代码

GB/T 4657 中央党政机关、人民团体及其他机构代码

GB/T 4658 学历代码

GB/T 4754 国民经济行业分类

GB/T 4761 家庭关系代码

GB/T 4762 政治面貌代码

GB/T 6565 职业分类与代码

GB/T 8561 专业技术职务代码

GB/T 10114 县以下行政区划代码编码规则

GB 11643 公民身份号码

GB/T 12406 表示货币和资金的代码

GB/T 16180 劳动能力鉴定 职工工伤与职业病致残等级

GB/T 19632—2005 殡葬服务、设施、用品分类与代码

GB/T 26341 残疾人分类和分级

GB 32100—2015 法人和其他组织统一社会信用代码编码规则

GB/T 37276 养老机构等级划分与评定

MZ/T 012 民政业务数据共享与交换编码

MZ/T 024—2011 婚姻登记机关等级评定标准

MZ/T 061 志愿服务信息系统基本规范

MZ/T 098—2017 殡葬管理服务信息系统基本数据规范

GA 2000.37 公安信息代码 第37部分:血型代码

C 0101.1—2018 国家政务服务平台政务服务事项基本目录及实施清单 第1部分:编码要求

3 术语和定义

下列术语和定义适用于本文件。

3.1 信息分类

把具有某种共同属性或特征的信息归并在一起,把具有不同属性或特征的信息区别开来的过程。

[来源:GB/T 10113—2003, 2.1.3]

3.2 编码

给事物或概念赋予代码的过程。

[来源:GB/T 10113—2003, 2.2.1]

3.3 代码

表示特定事物(或概念)的一个或一组字符。

[来源:GB/T 10113—2003, 2.2.5]

4 代码的描述方法

4.1 描述方法

金民工程的信息分类和编码规范以代码的形式呈现,在本标准中,每一个代码均采用代码标识符、代码名称、说明、表示、编码方法和代码表来详细描述。

a) 代码标识符:代码的唯一标识,具体规定见4.2节;

b) 代码名称:代码的中文名称;

c) 说明:描述代码的具体含义;

d) 表示:代码值的类型及长度的表示格式;

e) 编码方法:描述信息编码的方法,通常有顺序码、层次码、缩写码、组合码等;

f) 代码表:表示代码名称与代码值关系的表。

4.2 代码标识符

代码标识符采用4位字母数字码表示，由三部分组成：

——第1部分为代码标识，用大写字母“C”表示，用以区别于数据元标识符等其他类型的标识符。

——第2部分为代码分组号，采用1—2位数字或字母表示，详见表1。

——第3部分为顺序号，采用2—3位数字表示。

表1 代码分组表

组号	分类	标识符
0	通用类	C0001—C9999
A	社会组织管理类	CA001—CA999
B	社会救助类	CB001—CB999
C	基层政权建设与社区治理类	CC001—CC999
E	区划地名类	CE001—CE999
F	社会事务类	
FA	婚姻登记类	CFA01—CFA99
FB	殡葬管理类	CFB01—CFB99
FC	流浪乞讨人员救助管理类	CFC01—CFC99
FD	残疾人福利类	CFD01—CFD99
H	养老服务类	CH001—CH999
J	儿童福利类	CJ001—CJ999
K	慈善事业促进和社会工作类	CK001—CK999

5 代码集

5.1 通用类代码

5.1.1 C0001 民政业务分类代码

说明：民政部业务的分类与对应的代码。

表示：1—2位字母码。

编码方法：采用层次码，1—2位字母顺序编码。

代码	大类	子类
A	社会组织管理	
AA		社会团体管理

续表

代码	大类	子类
AB		基金会管理
AC		社会服务机构管理
AD		涉外社会组织管理
AE		社会组织执法监督
B	社会救助	
BA		最低生活保障
BB		特困人员供养
BC		临时救助
BD		其他专项救助
BE		居民家庭经济状态核对
BF		社会救助监管
C	基层政权建设和社区治理	
CA		基层政权
CB		基层民主
CC		社区治理
CD		社区服务
E	区划地名	
EA		行政区划管理
EB		地名管理
EC		边界管理
F	社会事务	
FA		婚姻登记
FB		殡葬管理
FC		流浪乞讨人员救助管理
FD		残疾人福利
H	养老服务	
HA		老年人福利管理
HB		居家养老
HC		社区养老
HD		机构养老
J	儿童福利	
JA		儿童收养管理
JB		儿童保护管理
JC		儿童福利管理
JD		留守妇女管理

续表

代码	大类	子类
JE		儿童档案管理
JF		社会关爱管理
K	慈善事业促进和社会工作	
KA		慈善组织管理
KB		社会捐助管理
KC		社会工作
KD		志愿服务
X	基础数据	
XA		行政区划
XB		单位信息
XC		个人信息
XD		家庭信息
XE		电子证照
XZ		公用信息
Z	综合类	
ZA		统一受理
ZB		信访
ZC		新闻
ZD		信息公开
ZE		信用
ZF		决策
ZG		监督管理
ZH		关爱服务
ZJ		公共服务
ZK		公共服务管理
ZW		政务服务
ZZ		其他

5.1.2 C0002 民政政务服务事项代码

说明:民政部本级提供政务服务事项代码。

表示:12 位数字码。

编码方法:依据国家政务服务平台标准 C 0101.1—2018《国家政务服务平台政务服务事项基本目录及实施清单 第 1 部分:编码要求》的规则制定。第 1—2 位表示国家级;第 3—4 位表示事项类型代码,见 C 0101.1—2018 中 4.4 节表 2;第 5—9 位表示主项代码,其中第 5—6 位“11”代表民政部,第 7—9 位为该事项类型中的顺序编码;第 10—12 位表示子项代码,当无子项时，用“000”表示。其他各级民政机关提供的民政服务事项代码应按照国家政务服务平台标准 C 0101.1—2018 中第 4 章的要求编制。

所属事项代码	民政政务服务事项名称	事项办理结果名称
000111001000	社会团体成立、变更、注销登记	社会团体法人登记证书
000111002000	社会团体修改章程核准	
000111003000	民办非企业单位成立、变更、注销登记	民办非企业单位法人登记证书
000111004000	民办非企业单位修改章程核准	
000111005000	基金会成立、变更、注销登记	基金会法人登记证书
000111006000	基金会修改章程核准	
000111010000	外国商会成立、变更、注销登记	
000111011000	外国商会修改章程核准	
000111008000	建设殡仪馆、火葬场审批	
000111016000	建设殡仪服务站、骨灰堂审批	
000111017000	建设经营性公墓墓地审批	
000111018000	建设农村公益性墓地审批	
000111012000	地名审批或核准	
000111013000	公开募捐资格审核	公开募捐资格审核结果信息
000511001000	最低生活保障对象认定、保障金给付	
000511002000	临时救助对象认定、救助金给付	
000511004000	对孤儿基本生活保障金的给付	
000511005000	城市生活无着的流浪乞讨人员救助管理	生活无着人员救助基本信息
000511006000	特困人员认定、救助供养金给付	
000511008000	困难群众价格补贴、燃气补贴给付	
000511009000	困难残疾人生活补贴和重度残疾人护理补贴	残疾人两项补贴信息
000511011000	老年人福利补贴	老年人养老补贴信息
000711001000	涉外、涉港澳台、涉华侨婚姻登记	结婚证/离婚证
000711002000	涉外收养登记	
000711003000	内地居民婚姻登记	
000711004000	居住在中国内地的中国公民在内地收养登记、解除收养关系登记	
000711005000	华侨及居住在香港、澳门、台湾地区的中国公民在内地收养登记	
000711007000	撤销婚姻登记	撤销婚姻决定书
000711008000	撤销中国公民收养登记	撤销中国公民收养登记
000711017000	慈善组织认定	慈善组织认定结果信息
000811008000	慈善表彰	表彰名单信息

续表

所属事项代码	民政政务服务事项名称	事项办理结果名称
000811009000	全国民政系统先进集体、劳动模范、先进工作者(孺子牛奖)	
000811010000	全国殡葬事业单位先进集体和先进工作者表彰	
001011001000	养老机构评估管理	等级证书及牌匾
001011002000	慈善信托备案	慈善信托备案信息
001011003000	养老机构备案	备案回执

5.1.3 C0003 行政区划代码

说明:中华人民共和国县及县以上行政区划的标识代码。

表示:6 位数字码。

编码方法:采用 GB/T 2260《中华人民共和国行政区划代码》。

代码共分 3 层,从左至右的含义是:

第 1、第 2 位为第 1 层,表示省、自治区、直辖市和特别行政区。

第 3、第 4 位为第 2 层,表示市(地区、自治州、盟及国家直辖市所属市辖区和县)。

第 5、第 6 位为第 3 层,表示县(市辖区、县级市、旗)。

详见 GB/T 2260《中华人民共和国行政区划代码》,该标准为动态维护标准,增删改以民政部公布的为准。表 2 只给出了省、自治区、直辖市和特别行政区的代码表。

表 2　省、自治区、直辖市、特别行政区代码表

代码	名称	说明(字母码)
110000	北京市	BJ
120000	天津市	TJ
130000	河北省	HE
140000	山西省	SX
150000	内蒙古自治区	NM
210000	辽宁省	LN
220000	吉林省	JL
230000	黑龙江省	HL
310000	上海市	SH
320000	江苏省	JS
330000	浙江省	ZJ
340000	安徽省	AH
350000	福建省	FJ
360000	江西省	JX
370000	山东省	SD

续表

代码	名称	说明(字母码)
410000	河南省	HA
420000	湖北省	HB
430000	湖南省	HN
440000	广东省	GD
450000	广西壮族自治区	GX
460000	海南省	HI
500000	重庆市	CQ
510000	四川省	SC
520000	贵州省	GZ
530000	云南省	YN
540000	西藏自治区	XZ
610000	陕西省	SN
620000	甘肃省	GS
630000	青海省	QH
640000	宁夏回族自治区	NX
650000	新疆维吾尔自治区	XJ
710000	台湾省	TW
810000	香港特别行政区	HK
820000	澳门特别行政区	MO

5.1.4 C0004 行政区划行政级别代码

说明:行政区划行政级别代码。

表示:2 位数字码。

编码方法:顺序码,采用 2 位数字表示。

代码	名称	代码	名称
01	省	07	民族乡
02	设区市	08	镇
03	县	09	街道
04	县级市	11	其他
05	区	12	苏木
06	乡	13	民族苏木

5.1.5 C0005 世界各国和地区名称代码

说明:世界各国和地区名称代码。

表示:3 位数字码。

编码方法:无序码,采用 3 位数字表示。采用 GB/T 2659 中的 3 位数字代码。

代码	名称	代码	名称
004	阿富汗	426	莱索托
008	阿尔巴尼亚	430	利比里亚
012	阿尔及利亚	434	利比亚
016	美属萨摩亚	438	列支敦士登
020	安道尔	440	立陶宛
024	安哥拉	442	卢森堡
660	安圭拉	807	前南马其顿
010	南极洲	450	马达加斯加
028	安提瓜和巴布拉	454	马拉维
032	阿根廷	458	马来西亚
051	亚美尼亚	462	马尔代夫
533	阿鲁巴	466	马里
036	澳大利亚	470	马耳他
040	奥地利	584	马绍尔群岛
031	阿塞拜疆	474	马提尼克
044	巴哈马	478	毛里塔尼亚
048	巴林	480	毛里求斯
050	孟加拉国	175	马约特
052	巴巴多斯	484	墨西哥
112	白俄罗斯	583	密克罗尼西亚联邦
056	比利时	498	摩尔多瓦
084	伯利兹	492	摩纳哥
204	贝宁	496	蒙古
060	百慕大	500	蒙特塞拉特
064	不丹	504	摩洛哥
068	玻利维亚	508	莫桑比克
070	波黑	104	缅甸
072	博茨瓦纳	516	纳米比亚
074	布维岛	520	瑙鲁
076	巴西	524	尼泊尔
086	英属印度洋领地	528	荷兰
096	文莱	530	荷属安的列斯
100	保加利亚	540	新喀里多尼亚
854	布基纳法索	554	新西兰
108	布隆迪	558	尼加拉瓜
116	柬埔寨	562	尼日尔

续表

代码	名称	代码	名称
120	喀麦隆	566	尼日利亚
124	加拿大	570	纽埃
132	佛得角	574	诺福克岛
136	开曼群岛	580	北马里亚纳
140	中非	578	挪威
148	乍得	512	阿曼
152	智利	586	巴基斯坦
156	中国	585	帕劳
344	中国香港	275	巴勒斯坦
446	中国澳门	591	巴拿马
158	中国台湾	598	巴布亚新几内亚
162	圣诞岛	600	巴拉圭
166	科科斯(基林)群岛	604	秘鲁
170	哥伦比亚	608	菲律宾
174	科摩罗	612	皮特凯恩
178	刚果(布)	616	波兰
180	刚果(金)	620	葡萄牙
184	库克群岛	630	波多黎各
188	哥斯达黎加	634	卡塔尔
384	科特迪瓦	638	留尼汪
191	克罗地亚	642	罗马尼亚
192	古巴	643	俄罗斯联邦
196	塞浦路斯	646	卢旺达
203	捷克	654	圣赫勒拿
208	丹麦	659	圣基茨和尼维斯
262	吉布提	662	圣卢西亚
212	多米尼克	666	圣皮埃尔和密克隆
214	多米尼加	670	圣文森特和格林纳丁斯
626	东帝汶	882	萨摩亚
218	厄瓜多尔	674	圣马力诺
818	埃及	678	圣多美和普林西比
222	萨尔瓦多	682	沙特阿拉伯
226	赤道几内亚	686	塞内加尔
232	厄立特里亚	690	塞舌尔
233	爱沙尼亚	694	塞拉利昂

续表

代码	名称	代码	名称
231	埃塞俄比亚	702	新加坡
238	福克兰群岛(马尔维纳斯)	703	斯洛伐克
234	法罗群岛	705	斯洛文尼亚
242	斐济	090	所罗门群岛
246	芬兰	706	索马里
250	法国	710	南非
254	法属圭亚那	239	南乔治亚岛和南桑德维奇岛
258	法属波利尼西亚	724	西班牙
260	法属南部领地	144	斯里兰卡
266	加蓬	736	苏丹
270	冈比亚	740	苏里南
268	格鲁吉亚	744	斯瓦尔巴岛和扬马延岛
276	德国	748	斯威士兰
288	加纳	752	瑞典
292	直布罗陀	756	瑞士
300	希腊	760	叙利亚
304	格陵兰	762	塔吉克斯坦
308	格林纳达	834	坦桑尼亚
312	瓜德罗普	764	泰国
316	关岛	768	多哥
320	危地马拉	772	托克劳
324	几内亚	776	汤加
624	几内亚比绍	780	特立尼达和多哥巴
328	圭亚那	788	突尼斯
332	海地	792	土耳其
334	赫德岛和麦克唐纳岛	795	土库曼斯坦
340	洪都拉斯	796	特克斯和凯科斯群岛
348	匈牙利	798	图瓦卢
352	冰岛	800	乌干达
356	印度	804	乌克兰
360	印度尼西亚	784	阿联酋
364	伊朗	826	英国
368	伊拉克	840	美国
372	爱尔兰	581	美国本土外小岛屿
376	以色列	858	乌拉圭
380	意大利	860	乌兹别克斯坦
388	牙买加	548	瓦努阿图

续表

代码	名称	代码	名称
392	日本	336	梵蒂冈
400	约旦	862	委内瑞拉
398	哈萨克斯坦	704	越南
404	肯尼亚	092	英属维尔京群岛
296	基里巴斯	850	美属维尔京群岛
408	朝鲜	876	瓦利斯和富图纳
410	韩国	732	西撒哈拉
414	科威特	886	也门
417	吉尔吉斯斯坦	891	南斯拉夫
418	老挝	894	赞比亚
428	拉脱维亚	716	津巴布韦
422	黎巴嫩		

5.1.6 C0006 电子证照持证主体类型代码

说明:民政部电子证照持证主体类型代码。

表示:3 位数字码。

编码方法:3 位数字编码。

<table>
<tr><th>代码</th><th>大类</th><th>子类</th><th>持证主体类型</th></tr>
<tr><td>001</td><td rowspan="2">法人和其他组织</td><td>法人</td><td>统一社会信用代码</td></tr>
<tr><td>099</td><td>其他组织</td><td>其他法人或其他组织有效证件代码</td></tr>
<tr><td>111</td><td rowspan="15">自然人</td><td>一般居民</td><td>公民身份号码</td></tr>
<tr><td>114</td><td rowspan="6">军人</td><td>中国人民解放军军官证编号</td></tr>
<tr><td>115</td><td>中国人民武装警察部队警官证编号</td></tr>
<tr><td>118</td><td>中国人民解放军士兵证编号</td></tr>
<tr><td>119</td><td>中国人民武装警察部队士兵证编号</td></tr>
<tr><td>120</td><td>中国人民解放军文职人员证编号</td></tr>
<tr><td>122</td><td>中国人民武装警察部队文职人员编号</td></tr>
<tr><td>411</td><td rowspan="4">华侨和外籍人士</td><td>外交护照护照号</td></tr>
<tr><td>412</td><td>公务护照护照号</td></tr>
<tr><td>413</td><td>公务普通护照护照号</td></tr>
<tr><td>414</td><td>普通护照护照号</td></tr>
<tr><td>511</td><td>台湾人士</td><td>台湾居民往来大陆通行证号码</td></tr>
<tr><td>516</td><td>港澳人士</td><td>港澳居民来往内地通行证号码</td></tr>
<tr><td>999</td><td>其他自然人</td><td>其他自然人有效证件代码</td></tr>
</table>

5.1.7 C0007 人的性别代码

说明:自然人的性别代码。

表示:1 位数字码。

编码方法:采用 1 位数字表示,采用 GB/T 2261.1《个人基本信息分类与代码 第 1 部分:人的性别代码》。

代码	名称	代码	名称
0	未知的性别	2	女性
1	男性	9	未说明的性别

5.1.8 C0008 学历代码

说明:人员接受的最高学历代码。

表示:2 位数字码。

编码方法:采用 2 位数字表示,采用 GB/T 4658—2006《学历代码》。

代码	名称	代码	名称
00	文盲或半文盲	60	高中
11	博士研究生	70	初中
14	硕士研究生	80	小学
20	大学本科	90	幼儿园
30	大学专科和专科学校	91	学龄前
40	中等专业学校或中等技术学校	98	特殊教育
50	技工学校	99	未说明情况

5.1.9 C0009 民族代码

说明:人员所在民族的数字代码。

表示:2 位数字码。

编码方法:采用 2 位数字表示,采用 GB/T 3304—1991 中规定的数字代码。

代码	名称	代码	名称
01	汉族	30	土族
02	蒙古族	31	达斡尔族
03	回族	32	仫佬族

续表

代码	名称	代码	名称
04	藏族	33	羌族
05	维吾尔族	34	布朗族
06	苗族	35	撒拉族
07	彝族	36	毛南族
08	壮族	37	仡佬族
09	布依族	38	锡伯族
10	朝鲜族	39	阿昌族
11	满族	40	普米族
12	侗族	41	塔吉克族
13	瑶族	42	怒族
14	白族	43	乌孜别克族
15	土家族	44	俄罗斯族
16	哈尼族	45	鄂温克族
17	哈萨克族	46	德昂族
18	傣族	47	保安族
19	黎族	48	裕固族
20	傈僳族	49	京族
21	佤族	50	塔塔尔族
22	畲族	51	独龙族
23	高山族	52	鄂伦春族
24	拉祜族	53	赫哲族
25	水族	54	门巴族
26	东乡族	55	珞巴族
27	纳西族	56	基诺族
28	景颇族	97	其他
29	柯尔克孜族	98	外国血统中国籍人士

5.1.10 C0010 婚姻状况代码

说明:个人的健康状况代码。

表示:2 位数字码。

编码方法:层次码,采用 2 位数字表示,第 1 位表示大类,第 2 位表示小类。采用 GB/T 2261.2 规定的 2 位数字代码。

代码	名称	代码	名称
10	未婚	23	复婚
20	已婚	30	丧偶
21	初婚	40	离婚
22	再婚	90	未说明的婚姻状况

5.1.11 C0011 健康状况代码

说明:个人的健康状况代码。

表示:2 位数字码。

编码方法:层次码,采用 2 位数字表示,第 1 位表示大类,第 2 位表示小类。采用 GB/T 2261.3 规定的 2 位数字代码。

代码	名称	代码	名称
10	健康或良好	41	癌症
20	一般或较弱	49	其他慢性病
30	有慢性病	60	残疾
30/40	有慢性病	61	视力残疾
31	心血管病	62	听力残疾
32	脑血管病	63	言语残疾
33	慢性呼吸系统病	64	肢体残疾
34	慢性消化系统病	65	智力残疾
35	慢性肾炎	66	精神残疾
36	结核病	67	多重残疾
37	糖尿病	69	其他残疾
38	神经或精神疾病	70	未说明情况

5.1.12 C0012 血型代码

说明:个人的血型代码。

表示:1 位数字码。

编码方法:顺序码,采用 1 位数字表示。采用 GA/T 2000.37 规定的 1 位数字代码。

代码	名称	代码	名称
0	不明	3	O 型
1	A 型	4	AB 型
2	B 型	9	其他

5.1.13 C0013 政治面貌代码

说明:个人的政治面貌代码。

表示:2 位数字码。

编码方法:顺序码,采用 2 位数字表示。采用 GB/T 4762 规定的 2 位数字代码。

代码	名称	代码	名称
01	中国共产党党员	08	中国农工民主党党员
02	中国共产党预备党员	09	中国致公党党员
03	中国共产主义青年团团员	10	九三学社社员
04	中国国民党革命委员会会员	11	台湾民主自治同盟盟员
05	中国民主同盟盟员	12	无党派民主人士
06	中国民主建国会会员	13	群众
07	中国民主促进会会员	20	未说明情况

5.1.14 C0014 劳动能力鉴定等级代码

说明:职工在职业活动中因工负伤和因职业病致残程度的鉴定等级代码。

表示:2 位数字码。

编码方法:顺序码,采用 2 位数字表示。参照 GB/T 16180—2014 中 4.6“等级划分”,最重为第一级,最轻为第十级。具体鉴定原则和分级标准见 GB/T 16180—2014。

代码	名称	代码	名称
01	一级	07	七级
02	二级	08	八级
03	三级	09	九级
04	四级	10	十级
05	五级	20	未鉴定
06	六级		

5.1.15 C0015 身份证件类型代码

说明:个人在办理行政事务及其他活动中使用的身份证件类型代码。

表示:1 位数字码。

编码方法:顺序码,采用 1 位数字表示。

代码	名称	代码	名称
01	内地居民身份证	08	其他有效国籍旅行证件
02	香港居民身份证	09	香港居民来往内地通行证
03	澳门居民身份证	10	澳门居民来往内地通行证
04	台湾居民身份证	11	台湾居民来往内地通行证
05	护照	12	香港同胞回乡证
06	军官证	13	澳门同胞回乡证
07	士兵证	14	台湾同胞回乡证

5.1.16 C0016 个人身份状况代码

说明:个人身份状况代码。

表示:2 位数字码。

编码方法:顺序码,采用 2 位数字表示。参考 GB/T 2261.4—2003 就业状况代码的规定。

代码	名称	代码	名称
11	国家公务员	37	现役军人
13	专业技术人员	51	自由职业
17	职员	54	个体经营者
21	企业管理人员	70	无业人员
24	工人	80	退(离)休人员
27	农民	90	其他
31	学生		

5.1.17 C0017 职业分类代码

说明:个人的职业所属领域代码。

表示:1 位数字码。

编码方法:顺序码,采用 1 位数字表示。采用 GB/T 6565—2015 中职业分类的第 1 位大类代码。

代码	名称	代码	名称
1	国家机关、党群组织、企业、事业单位负责人	6	生产、运输设备操作人员及有关人员
2	专业技术人员	7	军人
3	办事人员和有关人员	8	不便分类的其他从业人员
4	商业、服务业人员	9	无业人员
5	农、林、牧、渔、水利业生产人员		

5.1.18 C0018 工作人员职业资格代码

说明:工作人员的职业资格代码。

表示:1 位数字码。

编码方法:顺序码,采用 1 位数字表示,参考《国家职业资格目录》。

代码	名称	代码	名称
1	无	6	执业药师
2	教师资格	7	社会工作者职业资格
3	法律职业资格	8	卫生专业技术资格
4	医师	9	心理咨询员(师)
5	护士执业资格		

5.1.19 C0019 职称级别代码

说明:个人的职称级别代码。

表示:2 位数字码。

编码方法:顺序码,采用 2 位数字表示。

代码	名称	代码	名称
01	初级	03	副高级
02	中级	04	正高级

引用来源:MZ/T 098—2017 殡葬管理服务信息系统基本数据规范。

5.1.20 C0020 专业技术职务代码

说明:个人的专业技术职务代码。

表示:3 位数字码。

编码方法:顺序码,采用 3 位数字表示,采用 GB/T 8561—2001《专业技术职务代码》。

代码	名称	代码	名称
011	教授	311	一级导演
012	副教授	312	二级导演
013	讲师(高校)	313	三级导演
014	助教(高校)	314	四级导演
022	高级讲师(中专)	321	一级指挥
023	讲师(中专)	322	二级指挥

续表

代码	名称	代码	名称
024	助理讲师(中专)	323	三级指挥
025	教员(中专)	324	四级指挥
032	高级讲师(技校)	331	一级作曲
033	讲师(技校)	332	二级作曲
034	助理讲师(技校)	333	三级作曲
035	教员(技校)	334	四级作曲
042	高级实习指导教师	341	一级美术师
043	一级实习指导教师	342	二级美术师
044	二级实习指导教师	343	三级美术师
045	三级实习指导教师	344	美术员
052	中学高级教师(中学)	351	一级舞美设计师
053	中学一级教师(中学)	352	二级舞美设计师
054	中学二级教师(中学)	353	三级舞美设计师
055	中学三级教师(中学)	354	舞美设计员
072	高级实验师	362	主任舞台技师
073	实验师	363	舞台技师
074	助理实验师	364	舞台技术员
075	实验员	371	国家级教练
082	高级工程师	372	高级教练
083	工程师	373	一级教练
084	助理工程师	374	二级教练
085	技术员	375	三级教练
091	农业技术推广研究员(农艺)	391	一级律师
092	高级农艺师	392	二级律师
093	农艺师	393	三级律师
094	助理农艺师	394	四级律师
095	农业技术员	395	律师助理
101	农业技术推广研究员(兽医)	401	一级公证员
102	高级兽医师	402	二级公证员
103	兽医师	403	三级公证员
104	助理兽医师	404	四级公证员
105	兽医技术员	405	公证助理员
111	农业技术推广研究员(畜牧)	413	高级教师(小学)
112	高级畜牧师	414	一级教师(小学)
113	畜牧师	415	二级教师(小学)

续表

代码	名称	代码	名称
114	助理畜牧师	416	三级教师(小学)
115	畜牧技术员	422	高级船长
122	高级经济师	423	船长(大副)
123	经济师	424	二副
124	助理经济师	425	三副
125	经济员	432	高级轮机长
132	高级会计师	433	轮机长(大管轮)
133	会计师	434	二管轮
134	助理会计师	435	三管轮
135	会计员	442	高级电机员
142	高级统计师	443	通用电机员(一等电机员)
143	统计师	444	二等电机员
144	助理统计师	452	高级报务员
145	统计员	453	通用报务员
151	编审	454	二等报务员
152	副编审	455	限用报务员
153	编辑	462	一级飞行员
154	助理编辑	463	二级飞行员
163	技术编辑	464	三级飞行员
164	助理技术编辑	465	四级飞行员
165	技术设计员	472	一级领航员
173	一级校对	473	二级领航员
174	二级校对	474	三级领航员
175	三级校对	475	四级领航员
181	译审	482	一级飞行通信员
182	副译审	483	二级飞行通信员
183	翻译	484	三级飞行通信员
184	助理翻译	485	四级飞行通信员
191	高级记者	492	一级飞行机械员
192	主任记者	493	二级飞行机械员
193	记者	494	三级飞行机械员
194	助理记者	495	四级飞行机械员
201	高级编辑	502	高级引航员
202	主任编辑	503	一、二级引航员
203	编辑	504	三、四级引航员

续表

代码	名称	代码	名称
204	助理编辑	611	研究员(自然科学)
221	播音指导	612	副研究员(自然科学)
222	主任播音员	613	助理研究员(自然科学)
223	一级播音员	614	研究实习员(自然科学)
224	二级播音员	621	研究员(社会科学)
225	三级播音员	622	副研究员(社会科学)
231	主任医师	623	助理研究员(社会科学)
232	副主任医师	624	研究实习员(社会科学)
233	主治医师	641	研究馆员(图书)
234	医师	642	副研究馆员(图书)
235	医士	643	馆员(图书)
241	主任药师	644	助理馆员(图书)
242	副主任药师	645	管理员(图书)
243	主管药师	651	研究馆员(文博)
244	药师	652	副研究馆员(文博)
245	药士	653	馆员(文博)
251	主任护师	654	助理馆员(文博)
252	副主任护师	655	管理员(文博)
253	主管护师	661	研究馆员(档案)
254	护师	662	副研究馆员(档案)
255	护士	663	馆员(档案)
261	主任技师	664	助理馆员(档案)
262	副主任技师	665	管理员(档案)
263	主管技师	671	研究馆员(群众文化)
264	技师	672	副研究馆员(群众文化)
265	技士	673	馆员(群众文化)
272	高级工艺美术师	674	助理馆员(群众文化)
273	工艺美术师	675	管理员(群众文化)
274	助理工艺美术师	682	高级审计师
275	工艺美术员	683	审计师
281	一级演员	684	助理审计师
282	二级演员	685	审计员
283	三级演员	691	主任法医师
284	四级演员	692	副主任法医师
291	一级演奏员	693	主检法医师

续表

代码	名称	代码	名称
292	二级演奏员	694	法医师
293	三级演奏员	695	法医士
294	四级演奏员	982	高级政工师
301	一级编剧	983	政工师
302	二级编剧	984	助理政工师
303	三级编剧	985	政工员
304	四级编剧	986	社会工作师

引用来源:GB/T 8561—2001《专业技术职务代码》。

5.1.21 C0021 语言类型代码

说明:世界语言种类代码。

表示:4 位数字码。

编码方法:顺序码,采用 4 位数字表示。

代码	名称	代码	名称
4887	汉语	4921	匈牙利语
4888	广东话	4922	冰岛语
4889	英语	4923	印尼语
4890	法语	4924	哈萨克语
4891	俄语	4925	高棉语
4892	德语	4926	吉尔吉斯语
4893	西班牙语	4927	老挝语
4894	日语	4928	拉脱维亚语
4895	阿拉伯语	4929	立陶宛语
4896	葡萄牙语	4930	马其顿语
4897	朝鲜语	4931	摩尔多瓦语
4898	意大利语	4932	蒙古语
4899	阿尔巴尼亚语	4933	尼泊尔语
4900	阿姆哈拉语	4934	挪威语
4901	亚美尼亚语	4935	其他
4902	阿塞拜疆语	4936	普什图语
4903	马来西亚语	4937	菲律宾语
4904	白俄罗斯语	4938	波兰语
4905	孟加拉语	4939	罗马尼亚语

续表

代码	名称	代码	名称
4906	保加利亚语	4940	塞尔维亚语
4907	缅甸语	4941	僧伽罗语
4908	加泰罗尼亚语	4942	斯洛文尼亚语
4909	克罗地亚语	4943	索马里语
4910	捷克语	4944	斯瓦希里语
4911	丹麦语	4945	瑞典语
4912	达里语	4946	叙利亚语
4913	迪维希语	4947	塔加拉语
4914	荷兰语	4948	塔吉克语
4915	波斯语	4949	泰语
4916	芬兰语	4950	土耳其语
4917	格鲁吉亚语	4951	乌克兰语
4918	希腊语	4952	乌尔都语
4919	希伯来语	4953	乌兹别克语
4920	印地语	4954	越南语

5.1.22 C0022 语种熟练程度代码

说明:某人对世界某种语言熟练掌握程度的代码。

表示:1 位数字码。

编码方法:顺序码,采用 1 位数字表示。采用 GB/T 6865 中的语种熟练程度代码。

代码	名称	代码	名称
1	精通	3	良好
2	熟练	4	一般

5.1.23 C0023 外语能力水平代码

说明:某人对某种语言进行能力水平测试时的类型代码。

表示:2 位数字码。

编码方法:顺序码,采用 2 位数字表示。

代码	名称	代码	名称
11	笔译	12	口译

5.1.24 C0024 残疾类别代码

说明:残疾人类别代码。

表示:2 位数字码。

编码方法:层次码,采用 2 位数字表示。采用 GB/T 2261.3 规定的 2 位数字代码。

代码	名称	代码	名称
61	视力残疾	65	智力残疾
62	听力残疾	66	精神残疾
63	言语残疾	67	多重残疾
64	肢体残疾	69	其他残疾

5.1.25 C0025 残疾等级代码

说明:残疾人的残疾等级代码。

表示:1 位数字码。

编码方法:顺序码,采用 1 位数字表示。采用 GB/T 26341 中第 6.3 节规定的最后 1 位数字代码,分级原则见 GB/T 26341 中的第 5 章。

代码	名称	代码	名称
1	一级残疾	3	三级残疾
2	二级残疾	4	四级残疾

5.1.26 C0026 伤残等级代码

说明:伤残等级代码。

表示:1 位数字码。

编码方法:顺序码,采用 1 位数字表示。

代码	名称	代码	名称
0	十级	5	五级
1	一级	6	六级
2	二级	7	七级
3	三级	8	八级
4	四级	9	九级

5.1.27 C0027 学业状况代码

说明:个人学业状况代码。

表示:2 位数字码。

编码方法:顺序码,采用 2 位数字表示。

代码	名称	代码	名称
01	在读	04	结业
02	毕业	05	休学
03	肄业	99	其他

5.1.28 C0028 就业状况代码

说明:个人就业状况代码。

表示:2 位数字码。

编码方法:顺序码,采用 2 位数字表示。

代码	名称	代码	名称
01	在职人员	06	务农人员
02	登记失业人员	07	务工人员
03	无就业条件(原未登记失业人员)	08	在读人员
04	灵活就业人员	99	非法定年龄就业状况
05	离退休人员		

5.1.29 C0029 重病病种代码

说明:个人重病病种代码。

表示:2 位数字码。

编码方法:顺序码,采用 2 位数字表示。

代码	名称	代码	名称
01	急性白血病(再生障碍性贫血)	07	急性传染性肺结核及国家规定的特种传染病
02	恶性肿瘤	08	严重心脑血管疾病/中风(有明显后遗症)
03	严重传染性肝炎(并发症)	09	严重肾病综合征慢性肾衰竭(尿毒症)
04	系统性红斑狼疮晚期	10	急性心力衰竭/心肌梗死/风湿性心脏病
05	孕产妇高危重症抢救	11	民政部门认定的其他病种
06	严重精神病	12	艾滋病

5.1.30 C0030 生活自理能力代码

说明:个人生活自理能力代码。

表示:2 位数字码。

编码方法:顺序码,采用 2 位数字表示。

代码	名称	代码	名称
01	有生活自理能力	03	无生活自理能力
02	部分生活自理能力		

5.1.31 C0031 户籍类别代码

说明:中华人民共和国居民的类别代码。

表示:2 位数字码。

编码方法:顺序码,采用 2 位数字表示。

代码	名称	代码	名称
01	农业户口	03	居民户口
02	非农业户口	99	其他

5.1.32 C0032 家庭关系代码

说明:居民本人与其亲属之间的关系代码。

表示:1 位数字码。

编码方法:顺序码,采用 1 位数字表示。采用 GB/T 4761 中的 1 位数字代码。

代码	名称	代码	名称
0	本人/户主	5	父母/岳父母/公婆
1	配偶	6	祖父母/外祖父母
2	子/婿	7	兄弟姐妹
3	女/媳	9	其他
4	孙子女/外孙子女		

5.1.33 C0033 住房性质代码

说明:家庭住房的性质代码。

表示:2 位数字码。

编码方法:顺序码,采用 2 位数字表示。

代码	名称	代码	名称
10	产权房	18	公租房
11	商品房	19	公建房
12	单位福利房	20	租赁房
13	拆迁安置房	21	租赁共有
14	经济适用房	22	租赁私有
15	自建住房	23	廉租房
16	自有住房	30	借住房
17	共有产权房	90	其他

5.1.34 C0034 人员状态代码

说明:人员状态代码。

表示:1 位数字码。

编码方法:顺序码,采用 1 位数字表示。

代码	名称	代码	名称
1	有效	4	迁出中
2	死亡	5	注销
3	已迁出	9	其他

5.1.35 C0035 死亡原因代码

说明:个人死亡原因代码。

表示:1 位数字码。

编码方法:顺序码,采用 1 位数字表示。采用 MZ/T 012—2014 中的表 121“死亡原因代码”,并增加“衰老”和“自然灾害”。

代码	名称	代码	名称
1	因病	5	衰老
2	自杀	6	自然灾害
3	被害	9	其他
4	车祸		

5.1.36 C0036 国民经济行业分类代码

说明:全社会经济活动的分类与代码。

表示:4 位数字码。

编码方法:层次码,采用 4 位数字表示。采用 GB/T 4754—2017 国民经济行业分类的 4 位数字代码。

代码	名称	代码	名称
7970	婚姻服务	8429	其他不提供住宿的社会工作
7980	殡葬服务	8760	烈士陵园、纪念馆
7990	其他居民服务	8930	彩票活动
841	提供住宿的社会工作	912	国家行政机构
8411	干部休养所	9121	综合事务管理机构
8412	护理机构服务	9124	社会事务管理机构
8413	精神康复服务	942	社会团体
8414	老年人、残疾人养护服务	9429	其他社会团体
8415	孤残儿童收养和庇护服务	9430	基金会
8419	其他提供住宿社会救助	9510	社区居民自治组织
842	不提供住宿的社会工作	9520	村民自治组织
8421	社会看护与帮助服务	9900	民办非企业单位

5.1.37 C0037 单位行业分类代码

说明:单位行业分类代码。

表示:2 位数字码。

编码方法:顺序码,采用 2 位数字表示。

代码	名称	代码	名称
01	工商服务	08	生态环境
02	农业及农村发展	09	社会服务
03	科学研究	10	法律
04	教育	11	宗教
05	卫生	12	职业及从业者组织
06	文化	13	国际及涉外组织
07	体育	14	其他

5.1.38 C0038 单位性质代码

说明:单位性质代码。

表示:1—2 位数字码。

编码方法:层次码,采用1—2位数字表示。

代码	名称	代码	名称
10	行政机关	33	外商投资企业
20	事业单位	40	社会组织
21	公益一类	41	社会团体
22	公益二类	42	民办非企业单位
23	其他	43	基金会
30	企业		
31	内资企业		
32	港澳台商投资企业		

5.1.39 C0039 机构类型代码

说明:机构类型代码。

表示:2位数字码。

编码方法:层次码,采用2位数字表示。

代码	名称	代码	名称
10	企业	42	民办非企业
20	行政机关	43	基金会
30	事业单位	50	自治组织
40	社会组织	51	村委会
41	社会团体	52	居委会

5.1.40 C0040 机构变动类型代码

说明:机构变动类型代码。

表示:1位数字码。

编码方法:顺序码,采用1位数字表示。

代码	名称	代码	名称
1	注销	3	取缔
2	撤销	4	变动

5.1.41 C0041 单位状态代码

说明:单位状态代码。

表示:2 位数字码。

编码方法:顺序码,采用 2 位数字表示。

代码	名称	代码	名称
01	申办中	05	停止营业(注销)
02	设立中	06	停止营业(吊销、撤销)
03	营业中	09	未说明的单位状态
04	暂停营业		

5.1.42 C0042 单位隶属关系代码

说明:单位隶属关系代码。

表示:2 位数字码。

编码方法:层次码,采用 2 位数字表示。

代码	名称	代码	名称
10	中央	60	街道、镇、乡
20	省(自治区、直辖市)	70	居民、村民委员会
40	市、地区	90	其他
50	县		

5.1.43 C0043 医院等级代码

说明:医院等级代码。

表示:1 位数字码。

编码方法:顺序码,采用 1 位数字表示。

代码	名称	代码	名称
1	未定级	6	二级乙等
2	一级甲等	7	二级丙等
3	一级乙等	8	三级甲等
4	一级丙等	9	三级乙等
5	二级甲等	10	三级丙等

5.1.44 C0044 开户银行代码

说明:开户银行代码。

表示:4 位数字码。

编码方法:层次码,采用 4 位数字表示。

代码	名称	代码	名称
1000	国有银行	3039	昆明市商业银行
1001	中国工商银行	3040	莱芜市商业银行
1002	中国农业银行	3041	兰州市商业银行
1003	中国银行	3042	廊坊市商业银行
1004	中国建设银行	3043	乐山市商业银行
1005	交通银行	3044	辽阳市商业银行
2000	股份制银行	3045	柳州市商业银行
2001	中信银行	3046	泸州市商业银行
2002	中国光大银行	3047	洛阳市商业银行
2003	华夏银行	3048	牡丹江市商业银行
2004	广东发展银行	3049	南昌市商业银行
2005	深圳发展银行	3050	南京银行
2006	招商银行	3051	南宁市商业银行
2007	上海浦东发展银行	3052	宁波银行
2008	兴业银行	3053	盘锦市商业银行
2009	民生银行	3054	齐齐哈尔市商业银行
2010	恒丰银行	3055	秦皇岛市商业银行
2011	浙商银行	3056	青岛市商业银行
2012	渤海银行	3057	曲靖市商业银行
3000	商业银行	3058	泉州市商业银行
3001	鞍山市商业银行	3059	日照市商业银行
3002	蒙商银行	3060	上海银行
3003	北京银行	3061	上饶市商业银行
3004	沧州市商业银行	3062	绍兴市商业银行
3005	长春市商业银行	3063	深圳平安银行
3006	长沙市商业银行	3064	盛京银行
3007	成都市商业银行	3065	石家庄市商业银行
3008	承德市商业银行	3066	台州市商业银行
3009	大连银行	3067	唐山市商业银行
3010	大庆市商业银行	3068	天津银行
3011	丹东市商业银行	3069	铁岭市商业银行
3012	德阳市商业银行	3070	潍坊市商业银行
3013	德州市商业银行	3071	温州市商业银行

续表

代码	名称	代码	名称
3014	东营市商业银行	3072	乌海市商业银行
3015	鄂尔多斯市商业银行	3073	乌鲁木齐市商业银行
3016	福州市商业银行	3074	武汉市商业银行
3017	抚顺市商业银行	3075	厦门市商业银行
3018	阜新市商业银行	3076	湘潭市商业银行
3019	赣州市商业银行	3077	襄阳市商业银行
3020	贵阳市商业银行	3078	孝感市商业银行
3021	桂林市商业银行	3079	新乡市商业银行
3022	哈尔滨市商业银行	3080	烟台市商业银行
3023	杭州市商业银行	3081	宜昌市商业银行
3024	衡阳市商业银行	3082	银川市商业银行
3025	呼和浩特市商业银行	3083	营口市商业银行
3026	湖州市商业银行	3084	玉溪市商业银行
3027	葫芦岛市商业银行	3085	岳阳市商业银行
3028	黄石市商业银行	3086	张家口市商业银行
3029	徽商银行	3087	浙江稠州商业银行
3030	吉林市商业银行	3088	浙江民泰商业银行
3031	济南市商业银行	3089	浙江泰隆商业银行
3032	嘉兴市商业银行	3090	重庆市商业银行
3033	江苏银行	3091	株洲市商业银行
3034	焦作市商业银行	3092	遵义市商业银行
3035	金华市商业银行	9000	其他
3036	锦州市商业银行	9001	中国邮政储蓄银行
3037	荆州市商业银行	9999	其他金融机构

5.1.45 C0045 员工类型代码

说明:员工类型代码。

表示:2 位数字码。

编码方法:顺序码,采用 2 位数字表示。

代码	名称	代码	名称
01	正式岗位员工	02	外聘岗位员工

5.1.46 C0046 渠道代码

说明:渠道代码。

表示:2 位数字码。

编码方法:顺序码,采用 2 位数字表示。

代码	名称	代码	名称
01	PC	04	公众号
02	App	05	其他
03	小程序		

5.1.47 C0047 登记部门代码

说明:企业或机构的登记部门代码。

表示:1 位数字码。

编码方法:顺序码,采用 1 位数字表示。

代码	名称	代码	名称
1	工商部门登记	4	一个机构多个牌子
2	民政部门登记	5	设施
3	编制部门登记	6	未登记

5.1.48 C0048 公务员领导职务层次与级别代码

说明:公务员领导职务层次与级别代码。

表示:2 位数字码。

编码方法:顺序码,采用 2 位数字表示。依据《国家公务员级别划分标准 2016》。

代码	名称	代码	名称
01	省部级正职	06	县处级副职或副调研员
02	省部级副职	07	乡科级正职或主任科员
03	厅局级正职或巡视员	08	乡科级副职或副主任科员
04	厅局级副职或副巡视员	09	科员
05	县处级正职或调研员	10	办事员

5.1.49 C0049 荣誉级别代码

说明:荣誉级别代码。

表示:2 位数字码。

编码方法:顺序码,采用 2 位数字表示。

代码	名称	代码	名称
01	国家级	04	市级
02	部级	05	行业
03	省级	99	其他

5.1.50 C0050 荣誉类型代码

说明:荣誉类型代码。

表示:2 位数字码。

编码方法:顺序码,采用 2 位数字表示。

代码	名称	代码	名称
01	个人	02	集体

5.1.51 C0051 赡抚养关系代码

说明:赡抚养关系代码。

表示:2 位数字码。

编码方法:顺序码,采用 2 位数字表示。

代码	名称	代码	名称
01	赡养	03	扶养
02	抚养		

5.1.52 C0052 学校类别代码

说明:学校类别代码。

表示:2 位数字码。

编码方法:顺序码,采用 2 位数字表示。

代码	名称	代码	名称
01	公办	02	民办

5.1.53 C0053 专业岗位证书级别代码

说明:专业岗位证书级别代码。

表示:1 位数字码。

编码方法:顺序码,采用 1 位数字表示。

代码	名称	代码	名称
1	无	4	高级
2	初级	9	未作说明
3	中级		

5.1.54 C0054 执行会计制度代码

说明:执行会计制度代码。

表示:1 位数字码。

编码方法:顺序码,采用 1 位数字表示。

代码	名称	代码	名称
1	企业会计制度	3	民间非营利组织会计制度
2	事业单位会计制度	4	行政单位会计制度

5.1.55 C0055 城乡区划代码

说明:城乡区划代码。

表示:1 位数字码。

编码方法:顺序码,采用 1 位数字表示。

代码	名称	代码	名称
1	城市	2	农村

5.1.56 C0056 服务类型代码

说明:服务类型代码。

表示:1 位数字码。

编码方法:顺序码,采用 1 位数字表示。

代码	名称	代码	名称
1	可以为居民提供便民办事服务的机构	4	可以为居民提供便民信息服务的机构
2	可以为居民提供活动场所的机构	5	可以为居民提供其他服务的机构
3	可以为居民提供养老服务的机构		

5.2 社会救助类代码

5.2.1 CB001 社会救助业务类型代码

说明:救助业务类型代码。

表示:3 位数字码。

编码方法:层次码,采用 3 位数字表示。

代码	名称	代码	名称
110	城市居民最低生活保障	435	粮油帮困救助
120	农村居民最低生活保障	436	一次性临时救助
131	城市特困人员救助供养	500	临时救助
132	农村特困人员救助供养	510	教育救助
430	其他专项救助	520	住房救助
431	节日补贴	530	医疗救助
432	水电燃气救助	540	就业救助
433	物价补贴	550	受灾人员救助
434	取暖救助	600	低收入救助

5.2.2 CB002 救助标准状态代码

说明:救助标准状态代码。

表示:1 位数字码。

编码方法:顺序码,采用 1 位数字表示。

代码	名称	代码	名称
1	有效	0	无效

5.2.3 CB003 业务办理类型代码

说明:业务办理类型代码。

表示:2 位数字码。

编码方法:顺序码,采用 2 位数字表示。

代码	名称	代码	名称
01	新申请	04	迁入
02	复查	05	停发
03	迁出	06	信息变更

5.2.4 CB004 入户调查结果代码

说明:入户调查结果代码。

表示:2 位数字码。

编码方法:顺序码,采用 2 位数字表示。

代码	名称	代码	名称
01	通过	02	不通过

5.2.5 CB005 民主评议结果代码

说明:民主评议结果代码。

表示:2 位数字码。

编码方法:顺序码,采用 2 位数字表示。

代码	名称	代码	名称
01	通过	02	不通过

5.2.6 CB006 公示结果代码

说明:公示结果代码。

表示:2 位数字码。

编码方法:顺序码,采用 2 位数字表示。

代码	名称	代码	名称
01	无异议	02	有异议

5.2.7 CB007 审核结果代码

说明:社会救助审核结果代码。

表示:2 位数字码。

编码方法:顺序码,采用 2 位数字表示。

代码	名称	代码	名称
01	同意救助	02	不同意救助

5.2.8 CB008 审批结果代码

说明:社会救助审批结果代码。

表示:2 位数字码。

编码方法:顺序码,采用 2 位数字表示。

代码	名称	代码	名称
01	同意救助	02	不同意救助

5.2.9 CB009 供养方式代码

说明:社会救助供养方式代码。

表示:2 位数字码。

编码方法:顺序码,采用 2 位数字表示。

代码	名称	代码	名称
01	集中供养	02	分散供养

5.2.10 CB010 待遇发放类型代码

说明:待遇发放类型代码。

表示:2 位数字码。

编码方法:顺序码,采用 2 位数字表示。

代码	名称	代码	名称
01	正常	03	补发

5.2.11 CB011 动态变化类型代码

说明:动态变化类型代码。

表示:2 位数字码。

编码方法:顺序码,采用 2 位数字表示。

代码	名称	代码	名称
01	调增	05	未变化
02	调减	06	申请未成功
03	新增	07	迁出退出
04	退出	08	迁入新增

5.2.12 CB012 主要致贫原因代码

说明:主要致贫原因代码。

表示:2 位数字码。

编码方法:顺序码,采用 2 位数字表示。

代码	名称	代码	名称
01	疾病	05	失业(仅用于城市低保)
02	灾害	06	失地(仅用于农村低保)
03	残疾	99	其他
04	缺乏劳动力		

5.2.13 CB013 发放类型代码

说明:发放类型代码。

表示:2 位数字码。

编码方法:顺序码,采用 2 位数字表示。

代码	名称	代码	名称
01	现金	03	服务
02	实物	04	其他

5.2.14 CB014 计算方式代码

说明:计算方式代码。

表示:1 位数字码。

编码方法:顺序码,采用 1 位数字表示。

代码	名称	代码	名称
1	全额发放	3	分档发放
2	差额发放		

5.2.15 CB015 业务办理类型代码

说明:业务办理类型代码。

表示:1 位数字码。

编码方法:顺序码,采用 1 位数字表示。

代码	名称	代码	名称
1	新申请	2	复查

5.2.16 CB016 核对办理类型代码

说明:核对办理类型代码。

表示:1 位数字码。

编码方法:顺序码,采用 1 位数字表示。

代码	名称	代码	名称
1	正常核对	2	复核

5.2.17 CB017 数据操作标识代码

说明:数据操作标识代码。

表示:1 位数字码。

编码方法:顺序码,采用 1 位数字表示。

代码	名称	代码	名称
0	省端往部端发送的核对请求	1	省端接收部端的核对请求

5.2.18 CB018 状态代码

说明:状态代码。

表示:1 位数字码。

编码方法:顺序码,采用 1 位数字表示。

代码	名称	代码	名称
0	初始值(省端操作)	2	已反馈
1	已发送	3	已读取(省端操作)

5.2.19 CB019 最后更新类型代码

说明:最后更新类型代码。

表示:1 位字母码。

编码方法:缩写码,采用 1 位字母表示。

代码	名称	代码	名称
A	新增	M	修改
D	删除		

5.2.20 CB020 复核请求状态代码

说明:复核请求状态代码。

表示:1 位数字码。

编码方法:顺序码,采用 1 位数字表示。

代码	名称	代码	名称
0	初始状态	2	结果已取走
1	结果已反馈		

5.2.21 CB021 请求资源状态代码

说明:请求资源状态代码。

表示:1—2 位数字码。

编码方法:层次码,采用 1—2 位数字表示。

代码	名称	代码	名称
1	初始状态	41	协查省反馈失败
10	部级接收成功	50	结果数据插入成功
11	部级接收失败	51	结果数据插入失败
20	转发协查省成功	60	部级反馈成功
21	转发协查省失败	61	部级反馈失败
30	协查省接收成功	70	结果数据取走成功
31	协查省接收失败	71	结果数据取走失败
40	协查省反馈成功		

5.2.22 CB022 数据来源代码

说明:数据来源代码。

表示:1 位数字码。

编码方法:顺序码,采用 1 位数字表示。

代码	名称	代码	名称
1	民政部	0	地方

5.2.23 CB023 记录说明代码

说明:记录说明代码。

表示:1 位数字码。

编码方法:顺序码,采用 1 位数字表示。

代码	名称	代码	名称
1	有记录	3	姓名与身份证号不一致
2	未查询到记录		

5.2.24 CB024 流程状态代码

说明:流程状态代码。

表示:2位数字码。

编码方法:顺序码,采用2位数字表示。

代码	名称	代码	名称
01	采集	06	核对
02	受理	07	生成
03	审核	09	核对完成
04	请求	10	不同意核对
05	响应		

5.2.25 CB025 助学资助类型代码

说明:助学资助类型代码。

表示:2位数字码。

编码方法:顺序码,采用2位数字表示。

代码	名称	代码	名称
01	义务教育生活补助	03	高考入学资助
02	高中助学金	04	其他

5.2.26 CB026 自然资源类型说明代码

说明:自然资源类型说明代码。

表示:2位数字码。

编码方法:顺序码,采用2位数字表示。

代码	名称	代码	名称
01	建设用地	04	林业资源
02	宅基地	05	构(建)筑物
03	房地产	06	抵押

5.2.27 CB027 险种名称代码

说明:险种名称代码。

表示:2 位数字码。

编码方法:顺序码,采用 2 位数字表示。

代码	名称	代码	名称
01	养老保险	04	工伤保险
02	医疗保险	05	生育保险
03	失业保险		

5.2.28 CB028 待遇发放形式代码

说明:待遇发放形式代码。

表示:2 位数字码。

编码方法:顺序码,采用 2 位数字表示。

代码	名称	代码	名称
01	现金	03	服务
02	实物	04	其他

5.2.29 CB029 发放方式代码

说明:发放方式代码。

表示:2 位数字码。

编码方法:顺序码,采用 2 位数字表示。

代码	名称	代码	名称
01	社会化发放	02	手工发放

5.2.30 CB030 发送状态代码

说明:发送状态代码。

表示:2 位数字码。

编码方法:顺序码,采用 2 位数字表示。

代码	名称	代码	名称
0	初始状态	01	协查数据已上传 sftp 服务器
1	数据已读取	90	终止核对
2	数据加密成功	91	数据校验未通过
3	数据发送成功	92	审核不通过
4	部级核对平台正在处理		
5	数据已全部反馈		
6	数据已全部取走		

5.2.31 CB031 数据来源数据库类型代码

说明:数据来源数据库类型代码。

表示:2 位数字码。

编码方法:顺序码,采用 2 位数字表示。

代码	名称	代码	名称
01	ORACLE	04	金仓
02	MYSQL	05	达梦
03	SQLSERVER	06	南大通用

5.3 基层政权建设与社区治理类代码

5.3.1 CC001 社区(村)党组织建制类别代码

说明:社区(村)党组织建制类别代码。

表示:1 位数字码。

编码方法:顺序码,采用 1 位数字表示。

代码	名称	代码	名称
1	党委(党组)	3	支部
2	总支	4	小组

5.3.2 CC002 农村经济组织类型代码

说明:农村经济组织类型代码。

表示:1 位数字码。

编码方法:顺序码,采用 1 位数字表示。

代码	名称	代码	名称
1	农民合作社	4	专业联合会
2	专业协会	9	其他
3	专业联合社		

5.3.3 CC003 社区社会组织类型代码

说明:社区社会组织类型代码。

表示:2 位数字码。

编码方法:顺序码,采用 2 位数字表示。

代码	名称	代码	名称
01	社区党组织	06	村(居)务监督组织
02	基层群众自治组织	07	社区社会组织
03	社区群团组织	08	物业服务企业
04	集体经济组织	09	业主委员会
05	农业专业合作组织	99	其他

5.3.4 CC004 社区服务机构与设施类型代码

说明:社区服务机构类型代码。

表示:1 位数字码。

编码方法:顺序码,采用 1 位数字表示。

代码	名称	代码	名称
1	社区服务指导中心	4	社区服务企业
2	社区服务中心	5	社会服务类社会组织
3	社区服务站	9	其他

5.3.5 CC005 社区服务人员类型代码

说明:从事社区服务的人员类型代码。

表示:1 位数字码。

编码方法:顺序码,采用 1 位数字表示。

代码	名称	代码	名称
1	村(居)委会成员	6	村(居)务监督委员会成员

续表

代码	名称	代码	名称
2	村(社区)专职工作人员	7	村(居)民小组长
3	村(社区)党组织成员	8	社区网格员
4	街道(乡)派驻人员	9	其他人员
5	社区公益岗位		

5.3.6 CC006 村(居)委员会成员职务代码

说明:村(居)委员会成员职务代码。

表示:1 位数字码。

编码方法:顺序码,采用 1 位数字表示。

代码	名称	代码	名称
1	主任	3	委员
2	副主任		

5.3.7 CC007 选举方式代码

说明:选举方式代码。

表示:1 位数字码。

编码方法:顺序码,采用 1 位数字表示。

代码	名称	代码	名称
1	全体居民选举	3	居民代表选举
2	户代表选举		

5.3.8 CC008 社区(村)组织成员职务代码

说明:基层党组织成员职务代码。

表示:1 位数字码。

编码方法:顺序码,采用 1 位数字表示。

代码	名称	代码	名称
1	书记	3	委员
2	副书记	9	其他

5.3.9 CC009 村(居)务公开类型代码

说明:村(居)务公开类型代码。

表示:1 位数字码。

编码方法:顺序码,采用 1 位数字表示。

代码	名称	代码	名称
1	党务公开	2	政务公开
3	财务公开	4	服务公开

5.3.10 CC010 社区人员平均收入代码

说明:社区人员平均收入代码。

表示:1 位数字码。

编码方法:顺序码,采用 1 位数字表示。

代码	名称	代码	名称
0	2000 元/月以下	1	2001—3000 元/月
2	3001—4000 元/月	3	4001—5000 元/月
4	5001—6000 元/月	5	6001—7000 元/月
6	7001—8000 元/月	7	8001—10000 元/月
8	10001 元/月以上		

5.4 区划地名类代码

5.4.1 CE001 行政区划备案类别代码

说明:行政区划备案类别代码。

表示:2 位数字码。

编码方法:顺序码,采用 2 位数字表示。

代码	名称	代码	名称
01	国务院授权省级人民政府审批的行政区域界线的变更备案	03	撤销备案
02	国务院授权省级人民政府审批的人民政府驻地的迁移备案	99	其他

5.4.2 CE002 行政区划变更类型代码

说明:行政区划变更类型代码。

表示:2 位数字码。

编码方法:顺序码,采用 2 位数字表示。

代码	名称	代码	名称
01	行政区划的设立	05	变更人民政府驻地
02	行政区划的撤销	06	变更行政区划名称
03	变更隶属关系	99	其他行政区划变更
04	变更行政区域界线		

5.4.3 CE003 行政区划审批主体类型代码

说明:行政区划审批的主体类型代码。

表示:2 位数字码。

编码方法:顺序码,采用 2 位数字表示。

代码	名称	代码	名称
01	全国人大批准的	03	省级人民政府审批的
02	国务院审批的	04	设区的市级人民政府审批的

5.4.4 CE004 行政区划变更申请材料代码

说明:行政区划变更申请材料的代码。

表示:2 位数字码。

编码方法:顺序码,采用 2 位数字表示。

代码	名称	代码	名称
01	申请书	05	变更前的行政区划图
02	风险评估报告	06	变更方案示意图
03	专家论证报告	07	组织实施总体方案
04	征求社会公众等意见的情况	99	其他材料

5.4.5 CE005 行政区划要素代码

说明:行政区划审批的主体类型代码。

表示:2 位数字码。

编码方法:顺序码,采用 2 位数字表示。

代码	名称	代码	名称
01	名称	05	行政区划代码
02	类型	06	隶属关系
03	驻地	99	其他
04	人口		

5.5 社会事务类代码

5.5.1 婚姻登记类

5.5.1.1 CFA01 婚姻登记机构等级代码

说明:婚姻登记机构等级代码。

表示:2 位数字字母码。

编码方法:顺序码,采用 2 位数字字母码表示,依据 MZ/T 024—2011 对婚姻登记机构进行等级评定。

代码	名称	代码	名称
3A	3A	5A	5A
4A	4A		

5.5.1.2 CFA02 婚姻当事人类别代码

说明:婚姻当事人类别代码。

表示:1 位数字码。

编码方法:顺序码,采用 1 位数字表示。

代码	名称	代码	名称
1	内地居民	5	华侨
2	香港居民	6	外国人
3	澳门居民	7	军人
4	台湾居民		

5.5.1.3 CFA03 婚姻业务申请方类型代码

说明:申请办理婚姻业务的申请方类型代码。

表示:1 位数字码。

编码方法:顺序码,采用 1 位数字表示。

代码	名称	代码	名称
0	男方	2	双方
1	女方		

5.5.1.4 CFA04 婚姻登记业务办理种类代码

说明:婚姻登记业务办理种类代码。

表示:2 位数字码。

编码方法:顺序码,采用 2 位数字表示。

代码	名称	代码	名称
01	双方均为内地居民	02	一方为内地居民,一方为外国人、港澳台居民、华人华侨

5.5.1.5 CFA05 婚姻管理业务类型代码

说明:婚姻登记管理的业务类型代码。

表示:2 位数字码。

编码方法:顺序码,采用 2 位数字表示。采用 MZ/T 012—2014 中的表 97“婚姻业务登记类型代码”。

代码	名称	代码	名称
01	结婚登记类	05	撤销婚姻类
02	离婚登记类	06	出具(无)婚姻登记记录证明
03	补发结婚登记证类	07	婚姻档案查询
04	补发离婚登记证类	09	申请离婚登记类

5.5.1.6 CFA06 离婚原因代码

说明:离婚原因代码。

表示:2 位数字码。

编码方法:顺序码,采用 2 位数字表示。

代码	名称	代码	名称
01	感情不和	07	夫妻性生活不和谐
02	经济困难	08	一方有违法犯罪行为
03	第三者插足	09	一方有不良生活习惯
04	两地生活	10	婚前缺乏了解
05	教育子女	11	其他
06	家庭纠纷		

5.5.1.7 CFA07 婚姻证件补领原因代码

说明:补领婚姻证件的原因代码。

表示:1 位数字码。

编码方法:顺序码,采用 1 位数字表示。

代码	名称	代码	名称
1	遗失	3	与原身份信息不符
2	损毁	9	其他

5.5.1.8 CFA08 婚姻登记证明类型代码

说明:婚姻登记证明类型代码。

表示:2 位数字码。

编码方法:顺序码,采用 2 位数字表示。依据《民政部关于进一步规范(无)婚姻登记记录证明相关工作的通知》(民函〔2015〕266 号)。

代码	名称	代码	名称
01	婚姻登记记录证明	02	无婚姻登记记录证明

5.5.1.9 CFA09 婚姻当事人失信类型代码

说明:婚姻当事人失信类型代码。

表示:2 位数字码。

编码方法:顺序码,采用 2 位数字表示。依据民政部办公厅关于印发《婚姻登记严重失信当事人名单管理办法(试行)》的通知(民办发〔2018〕37 号)。

代码	名称	代码	名称
01	使用伪造、变造或者冒用他人身份证件、户口簿、无配偶证明及其他证件、证明材料	03	故意隐瞒对方无民事行为能力或限制民事行为能力状况,严重损害对方合法权益
02	作无配偶、无直系亲属关系、无三代以内旁系血亲等虚假声明	04	其他严重违反《中华人民共和国婚姻法》和《婚姻登记条例》行为

5.5.1.10 CFA10 婚姻登记机构人员资格证书代码

说明:婚姻登记机构中人员资格证书的代码。

表示:4 位数字码。

编码方法:层次码,采用4位数字表示。

代码	名称	代码	名称
0101	助理社会工作师	0301	一级婚姻家庭咨询师
0102	社会工作师	0302	二级婚姻家庭咨询师
0103	高级社会工作师	0303	三级婚姻家庭咨询师
0201	心理咨询师一级	0401	A类律师资格证
0202	心理咨询师二级	0402	B类律师资格证
0203	心理咨询师三级	0403	C类律师资格证

5.5.1.11 CFA11 婚姻家庭辅导员来源代码

说明:婚姻家庭辅导员的来源代码。

表示:1位数字码。

编码方法:顺序码,采用1位数字表示。

代码	名称	代码	名称
1	政府购买服务	3	其他
2	公开招募志愿者		

5.5.1.12 CFA12 申请离婚状态代码

说明:申请离婚状态代码。

表示:1位数字码。

编码方法:顺序码,采用1位数字表示。

代码	名称	代码	名称
1	对子女抚养、财产及债务处理等事项未协商一致	3	本人/对方不愿离婚
2	男女双方自愿维持婚姻关系	4	其他(需注明具体原因)

5.5.1.13 CFA13 撤回离婚申请原因代码

说明:撤回离婚申请离婚原因代码。

表示:1位数字码。

编码方法:顺序码,采用1位数字表示。

代码	名称	代码	名称
1	冷静期	4	已撤回
2	待办理	5	已失效
3	缓办理	6	不予办理

5.5.2 殡葬管理类代码

5.5.2.1 CFB01 宗教信仰类别代码

说明:宗教信仰类别代码。

表示:1 位数字码。

编码方法:顺序码,采用 1 位数字表示。

代码	名称	代码	名称
0	佛教	4	基督教
1	道教	5	无
2	伊斯兰教	9	其他
3	天主教		

5.5.2.2 CFB02 受灾类型名称类别代码

说明:受灾类型名称类别代码。

表示:1 位数字码。

编码方法:顺序码,采用 1 位数字表示。

代码	名称	代码	名称
1	旱灾	6	雪灾
2	洪涝灾害	7	病虫灾
3	风雹灾	8	地震灾
4	台风灾	9	滑坡泥石流
5	低温冷冻灾		

注:为遵循现有标准和与金民工程对接,采用上述受灾类型标准。实际上,常用的人员灾害致死类型主要为自然灾害,包括地震灾、滑坡泥石流灾、台风灾、洪涝灾害、雪灾等。

5.5.2.3 CFB03 减免类型代码

说明:减免类型代码。

表示:2 位数字码。

编码方法:顺序码,采用 2 位数字表示。

代码	名称	代码	名称
01	本地户籍居民	07	无名遗体
02	城乡低保对象	08	福利救助机构收养救助的人员
03	农村五保对象	09	非本地户籍大中专学生
04	城市“三无”人员	10	驻本地现役军人
05	优抚对象	11	外来务工人员
06	因灾死亡人员	99	其他

5.5.2.4 CFB04 殡葬单位类型类别代码

说明:殡葬单位类型类别代码。

表示:2 位数字码。

编码方法:顺序码,采用 2 位数字表示。

代码	名称	代码	名称
01	殡仪馆	11	火葬场
02	公墓	12	殡葬管理所[备注:申请修改为“殡葬管理机构”]
03	殡葬服务机构[备注:申请修改为“殡葬中介服务机构”]	13	经营性公墓
04	殡葬用品生产销售单位	14	城镇公益性公墓
05	公益性公墓	15	农村公益性公墓
06	骨灰堂	16	殡葬社会组织
07	红白理事会	17	殡葬科研机构
08	殡仪服务站	18	殡葬教育机构
09	殡葬执法队[备注:申请修改为“殡葬执法机构”]	99	其他
10	骨灰寄存设施[备注:申请建议取消]		

5.5.2.5 CFB05 殡葬工种类别代码

说明:殡葬工种类别代码。

表示:2 位数字码。

编码方法:顺序码,采用 2 位数字表示。

代码	名称	代码	名称
01	殡仪服务员	05	遗体火化师
02	遗体接运工	06	墓地管理员
03	遗体防腐师	07	骨灰管理员
04	遗体整容师	99	其他

5.5.2.6 CFB06 殡葬职业等级类别代码

说明:殡葬职业等级类别代码。

表示:2 位数字码。

编码方法:顺序码,采用 2 位数字表示。

代码	名称	代码	名称
01	国家五级	04	国家二级
02	国家四级	05	国家一级
03	国家三级		

5.5.2.7 CFB07 遗体状态类别代码

说明:遗体状态类别代码。

表示:2 位数字码。

编码方法:顺序码,采用 2 位数字表示。

代码	名称	代码	名称
01	完好	04	标本
02	腐败	05	遗骸
03	缺失	99	其他

5.5.2.8 CFB08 殡葬设施类型代码

说明:殡葬设施类型代码。

表示:2 位数字码。

编码方法:顺序码,采用 2 位数字表示。

代码	名称	代码	名称
01	接尸间	11	纪念碑(堂、廊、墙等)
02	停尸间	12	焚烧设施

续表

代码	名称	代码	名称
03	冷藏间	13	休息室
04	防腐室	14	服务设施(营业厅、销售展厅、洽谈室等)
05	整容室	15	管理设施(办公室、会议室、值班室等)
06	守灵室	16	档案室
07	悼念厅	17	机房
08	火化间	18	法医室(解剖室)
09	候灰室	99	其他
10	骨灰楼(堂、廊、塔、墙、地宫等)		

5.5.2.9 CFB09 殡葬设备类型类别代码

说明:殡葬设备类型类别代码。

表示:2—3 位数字码。

编码方法:层次码,采用 2—3 位数字表示。

代码	名称	代码	名称
01	车辆	043	捡灰式火化机
02	冷冻冷藏设备	049	其他火化机
03	防腐整容设备	05	遗物焚烧设备
04	火化机	061	火化后处理设备
041	架条式火化机	062	遗物祭品焚烧后处理设备
042	平板式火化机	99	其他设备

[GB/T 19632—2005]

5.5.2.10 CFB10 殡葬用品类型代码

说明:殡葬用品类型类别代码。

表示:2 位数字码。

编码方法:顺序码,采用 GB/T 19632—2005 中殡葬用品分类代码的前 2 位数字。

代码	名称	代码	名称
01	棺材(考虑土葬改革区)	12	祭奠花篮
02	骨灰盒	13	祭奠花圈
03	骨灰坛(考虑南方地区实际情况)	17	祭奠用品
05	寿衣(服)	99	其他

5.5.2.11 CFB11 火化类型类别代码

说明:火化类型类别代码。

表示:2 位数字码。

编码方法:顺序码,采用 2 位数字表示。

代码	名称	代码	名称
01	遗体	04	残肢
02	标本	99	其他
03	胎儿		

5.5.2.12 CFB12 墓位状态类别代码

说明:墓位状态类别代码。

表示:2 位数字码。

编码方法:顺序码,采用 2 位数字表示。

代码	名称	代码	名称
01	空置	05	已安葬
02	留墓	06	已迁出
03	定墓	99	其他
04	已售		

5.5.2.13 CFB13 安葬内容类别代码

说明:安葬内容类别代码。

表示:2 位数字码。

编码方法:顺序码,采用 2 位数字表示。

代码	名称	代码	名称
01	骨灰	03	遗体
02	骨殖	99	其他

5.5.2.14 CFB14 安葬服务方式类别代码

说明:安葬服务方式类别代码。

表示:1 位数字码。

编码方法:顺序码,采用 1 位数字表示。采用 MZ/T 012—2014 中的表 122“安葬服务方式代码”。

代码	名称	代码	名称
1	墓地安葬	6	树葬
2	寄存	7	花葬
3	壁葬	8	草坪葬
4	塔陵葬	9	其他
5	海葬		

5.5.2.15 CFB15 骨灰撒散类型类别代码

说明:骨灰撒散类型类别代码。

表示:2 位数字码。

编码方法:顺序码,采用 2 位数字表示。

代码	名称	代码	名称
01	撒海	04	草坪撒散葬
02	树下撒散葬	05	深埋撒散葬
03	花坛撒散葬	99	其他

5.5.2.16 CFB16 骨灰去向类别代码

说明:骨灰去向类别代码。

表示:2 位数字码。

编码方法:顺序码,采用 2 位数字表示。

代码	名称	代码	名称
01	殡仪馆骨灰寄存	06	不保留骨灰
02	公益性公墓安放	07	骨灰撒散
03	公益性公墓安葬	08	自行安葬
04	经营性公墓安放	99	其他
05	经营性公墓安葬		

5.5.2.17 CFB17 殡葬服务项目类型类别代码

说明:殡葬服务项目类型类别代码。

表示:2 位数字码。

编码方法:顺序码,采用 2 位数字表示。

代码	名称	代码	名称
01	火化	07	防腐
02	整容	08	告别
03	墓葬(安葬)	09	撒散
04	骨灰存放(安放/寄存)	10	祭祀/祭扫
05	接运	99	其他
06	国际运尸		

5.5.2.18 CFB18 突发事件类别代码

说明:突发事件类别代码。

表示:2 位数字码。

编码方法:顺序码,采用 2 位数字表示。依据国务院《特别重大、重大突发公共事件分级标准》。

代码	名称	代码	名称
01	自然灾害类	03	公共卫生事件类
02	事故灾难类	04	社会安全事件类

5.5.2.19 CFB19 运输内容类别代码

说明:运输内容类别代码。

表示:2 位数字码。

编码方法:顺序码,采用 2 位数字表示。

代码	名称	代码	名称
01	遗体	03	骨灰
02	骸骨	99	其他

5.5.2.20 CFB20 预约服务类型代码

说明:预约服务类型代码。

表示:2 位数字码。

编码方法:顺序码,采用 2 位数字表示。

代码	名称	代码	名称
01	运尸	04	订墓
02	告别	05	留墓
03	火化	99	其他

5.5.2.21 CFB21 给付方式代码

说明:给付方式代码。

表示:2 位数字码。

编码方法:顺序码,采用 2 位数字表示。

代码	名称	代码	名称
01	给当事人	03	给公墓
02	给殡仪馆	99	其他

5.5.2.22 CFB22 安放/安葬收费项目类型代码

说明:安放/安葬收费项目类型代码。

表示:2 位数字码。

编码方法:顺序码,采用 2 位数字表示。

代码	名称	代码	名称
01	墓穴/格位租用费	05	骨灰寄存费
02	建墓工料费	06	服务费
03	安葬费	99	其他
04	维护管理费		

5.5.2.23 CFB23 人员状态类别代码

说明:人员状态类别代码。

表示:2 位数字码。

编码方法:顺序码,采用 2 位数字表示。

代码	名称	代码	名称
01	轻伤	04	死亡
02	重伤	99	其他
03	失联		

5.5.2.24 CFB24 遗体处理方式类别代码

说明:遗体处理方式类别代码。

表示:2 位数字码。

编码方法:顺序码,采用 2 位数字表示。

代码	名称	代码	名称
01	集中安葬	03	冷藏
02	火化	99	其他

5.5.2.25 CFB25 超期存放遗体构成类型类别代码

说明:超期存放遗体构成类型类别代码。

表示:2 位数字码。

编码方法:顺序码,采用 2 位数字表示。

代码	名称	代码	名称
01	交通事故	04	刑事案件
02	工程事故	99	其他
03	医疗纠纷		

5.5.2.26 CFB26 格位类型类别代码

说明:格位类型类别代码。

表示:2 位数字码。

编码方法:顺序码,采用 2 位数字表示。

代码	名称	代码	名称
01	骨灰楼	05	塔
02	骨灰堂	06	地宫
03	骨灰廊	99	其他
04	骨灰墙		

5.5.3 流浪乞讨人员救助管理类代码

5.5.3.1 CFC06 流浪人员救助状态代码

说明:流浪人员救助状态代码。

表示:1 位数字码。

编码方法:顺序码,采用1位数字表示。

代码	名称	代码	名称
1	在站	3	在站托养
2	离站	4	站外住院

5.5.3.2 CFC07 流浪人员来站方式代码

说明:流浪人员来站方式代码。

表示:1位数字码。

编码方法:顺序码,采用1位数字表示。

代码	名称	代码	名称
1	自行来站	6	其他站护送
2	公安护送	7	本站接回
3	城管护送	8	乡镇街道协助申请
4	本站主动救助	9	其他
5	其他人员护送		

5.5.3.3 CFC08 流浪人员求助内容代码

说明:流浪人员求助内容代码。

表示:2位数字码。

编码方法:顺序码,采用2位数字表示。

代码	名称	代码	名称
01	饮食	06	护送返乡
02	住宿	07	教育培训
03	通信	08	寻亲服务
04	乘车凭证	09	其他
05	转介服务		

5.5.3.4 CFC09 流浪人员求助原因代码

说明:流浪人员求助原因代码。

表示:2位数字码。

编码方法:顺序码,采用2位数字表示。

代码	名称	代码	名称
01	乞讨	07	被拐
02	务工不着	08	因灾
03	寻亲不遇	09	拾荒
04	遗失钱财	10	走失
05	被盗被抢	99	其他
06	被骗		

5.5.3.5 CFC10 流浪人员入站登记身体状况代码

说明:流浪人员入站登记身体状况代码。

表示:2 位数字码。

编码方法:顺序码,采用 2 位数字表示。

代码	名称	代码	名称
01	基本健康	06	行动困难
02	肢体残疾	07	明显外伤
03	智力残疾	08	严重抑郁
04	疑似精神障碍	09	躁动不安
05	疑似传染病	99	其他

5.5.3.6 CFC11 流浪人员安全检查状况代码

说明:流浪人员安全检查状况代码。

表示:1 位数字码。

编码方法:顺序码,采用 1 位数字表示。

代码	名称	代码	名称
1	需要公安处理的物品	3	需要丢弃物品
2	需要代为保管的物品	4	没有上述物品

5.5.3.7 CFC12 流浪人员安全检查详细代码

说明:流浪人员安全检查详细代码。

表示:3 位数字码。

编码方法:顺序码,采用 3 位数字表示。

代码	名称	代码	名称
101	炸药雷管	201	锐器利器
102	腐蚀物品	202	打火器具
103	管制刀具	299	其他
104	其他		

5.5.3.8 CFC13 流浪人员医疗救助方式代码

说明:医疗救助方式代码。

表示:1 位数字码。

编码方法:顺序码,采用 1 位数字表示。

代码	名称	代码	名称
1	站外住院	3	站外门诊
2	在站就医		

5.5.3.9 CFC15 流浪乞讨人员救助专业服务代码

说明:专业服务代码。

表示:1 位数字码。

编码方法:顺序码,采用 1 位数字表示。

代码	名称	代码	名称
1	心理关爱	5	社工援助
2	教育矫治	6	康复援助
3	技能培训		
4	法律援助		

5.5.3.10 CFC17 流浪救助离站方式代码

说明:流浪救助离站方式代码。

表示:2 位数字码。

编码方法:顺序码,采用 2 位数字表示。采用 MZ/T 012—2014 中“受助人离站方式代码”的规定。

代码	名称	代码	名称
01	自行离站	07	擅自离站
02	单位亲属村(居)委会接领	08	司法带离
03	救助管理机构接领	09	死亡(另附证明材料)
04	救助管理机构护送	10	随成年人离站
05	终止救助	11	由救助站提供乘车凭证、现金后自己离站
06	长期安置	99	其他

5.5.3.11 CFC23 流浪人员精神状态代码

说明:流浪人员的精神状态代码。

表示:1 位数字码。

编码方法:顺序码,采用 1 位数字表示。

代码	名称	代码	名称
1	正常	2	异常

5.5.3.12 CFC25 流浪乞讨人员救助寻亲人员体态代码

说明:寻访人员体态代码。

表示:1 位数字码。

编码方法:顺序码,采用 1 位数字表示。

代码	名称	代码	名称
1	肥胖	4	偏瘦
2	微胖	5	很瘦
3	标准		

5.5.3.13 CFC26 流浪乞讨人员救助寻亲人员头发卷曲代码

说明:寻亲人员头发卷曲代码。

表示:1 位数字码。

编码方法:顺序码,采用 1 位数字表示。

代码	名称	代码	名称
1	直发	3	秃头
2	卷发	4	光头

5.5.3.14 CFC27 流浪乞讨人员救助寻亲人员头发颜色代码

说明:寻亲人员头发颜色代码。

表示:1 位数字码。

编码方法:顺序码,采用 1 位数字表示。

代码	名称	代码	名称
1	黑色	4	黄色
2	白色	5	棕色
3	灰色	9	其他

5.5.3.15 CFC29 流浪乞讨人员救助寻亲成功方式代码

说明:寻亲成功方式代码。

表示:1 位数字码。

编码方法:顺序码,采用 1 位数字表示。

代码	名称	代码	名称
1	问询沟通	4	DNA 比对
2	全国救助寻亲网	5	公安机关通报
3	寻亲公告	6	其他方式

5.5.3.16 CFC32 流浪乞讨人员救助寻亲推送状态代码

说明:流浪乞讨人员救助寻亲平台 d 推送状态代码。

表示:1 位数字码。

编码方法:顺序码,采用 1 位数字表示。

代码	名称	代码	名称
0	未推送	4	审核中
1	推送成功	5	审核通过
2	推送失败	6	审核驳回
3	已撤回	7	撤回失败

5.5.3.17 CFC30 流浪人员机构托养状态代码

说明:流浪人员机构托养状态代码。

表示:1 位数字码。

编码方法:顺序码,采用 1 位数字表示。

代码	名称	代码	名称
1	托养中	3	死亡
2	结束托养		

5.5.3.18 CFC34 救助管理站评定等级代码

说明:救助管理站评定等级代码。

表示:1 位数字码。

编码方法:顺序码,采用 1 位数字表示,依据 MZ/T 025—2011 救助管理机构等级评定。

代码	名称	代码	名称
0	无	2	国家二级
1	国家一级	3	国家三级

5.5.3.19 CFC35 街面救助求助内容代码

说明:街面救助求助内容代码。

表示:1 位数字码。

编码方法:顺序码,采用 1 位数字表示。

代码	名称	代码	名称
1	水	4	棉被
2	食物	5	劝导服务
3	衣物	6	其他

5.5.3.20 CFC36 流浪人员寻亲状态代码

说明:流浪人员寻亲状态代码。

表示:1 位数字码。

编码方法:顺序码,采用 1 位数字表示。

代码	名称	代码	名称
1	寻亲中	3	已撤销
2	寻亲成功		

5.5.3.21 CFC37 流浪乞讨人员救助寻亲登记状态代码

说明:流浪乞讨人员救助寻亲登记状态的代码。

表示:1 位数字码。

编码方法:顺序码,采用 1 位数字表示。

代码	名称	代码	名称
0	未登记	3	无须登记
2	已登记		

5.5.3.22 CFC38 流浪乞讨人员救助职业资质代码

说明:流浪乞讨人员救助职业资质的代码。

表示:1 位数字码。

编码方法:顺序码,采用 1 位数字表示。

代码	名称	代码	名称
1	无	6	执业药师
2	教师资格	7	社会工作者职业资格
3	法律职业资格	8	卫生专业技术资格
4	医师	9	心理咨询师
5	护士执业资格		

5.5.4 残疾人福利类

5.5.4.1 CFD01 残疾人福利机构类别代码

说明:残疾人福利机构类别代码。

表示:2 位数字码。

编码方法:顺序码,采用 2 位数字表示。

代码	名称	代码	名称
01	精神卫生福利机构	03	民办精神卫生福利机构
02	综合性医院	09	其他

5.5.4.2 CFD02 残疾人福利机构类型代码

说明:残疾人福利机构类型代码。

表示:2 位数字码。

编码方法:顺序码,采用 2 位数字表示。

代码	名称	代码	名称
01	公办公营	03	民办
02	公建民营		

5.5.4.3 CFD03 残疾人福利机构民政主管部门类型代码

说明:残疾人福利机构民政主管部门类型代码。

表示:2 位数字码。

编码方法:顺序码,采用 2 位数字表示。

代码	名称	代码	名称
01	福利	03	事务
02	救助	09	其他

5.5.4.4 CFD04 残疾人福利机构资质情况代码

说明:残疾人福利机构资质情况代码。

表示:2 位数字码。

编码方法:顺序码,采用 2 位数字表示。

代码	名称	代码	名称
01	一级医院	03	三级医院
02	二级医院	09	其他

5.5.4.5 CFD05 残疾人福利机构状态代码

说明:残疾人福利机构状态代码。

表示:2 位数字码。

编码方法:顺序码,采用 2 位数字表示。

代码	名称	代码	名称
01	运营中	04	设立中
02	停止营业(吊销、撤销)	09	未说明的单位状态
03	暂停营业		

5.5.4.6 CFD06 残疾人补贴对象类型代码

说明:残疾人补贴对象类型代码。

表示:2 位数字码。

编码方法:顺序码,采用 2 位数字表示。

代码	名称	代码	名称
01	困难残疾人	02	重度残疾人

5.5.4.7 CFD07 残疾人补贴类型代码

说明:残疾人补贴类型代码。

表示:2 位数字码。

编码方法:顺序码,采用 2 位数字表示。

代码	名称	代码	名称
01	生活补贴	02	护理补贴

5.5.4.8 CFD08 两补申请类型代码

说明:两补申请类型代码。

表示:2 位数字码。

编码方法:顺序码,采用 2 位数字表示。

代码	名称	代码	名称
01	乡镇未申请	05	民政审定驳回
02	待残联审核	06	民政撤销审定
03	待民政审定	07	残联撤销审核
04	残联审核驳回	08	审批完成

5.5.4.9 CFD09 两补停发类型代码

说明:两补停发类型代码。

表示:2 位数字码。

编码方法:顺序码,采用 2 位数字表示。

代码	名称	代码	名称
01	未开始发放	03	已停发
02	正常发放		

5.6 养老服务类代码

5.6.1 CH001 养老机构老年用品类型代码

说明:养老机构老年用品类型代码。

表示:2 位数字码。

编码方法:顺序码,采用 2 位数字表示。

代码	名称	代码	名称
01	基层诊疗随访设备	09	人心电监测类设备
02	家庭服务机器	10	血糖监测类设备
03	家庭或社区用便携式多功能健康监测类设备	11	血压监测类设备
04	社区自助体验设备	12	血氧监测类设备
05	手表类	13	智能监测设备
06	手环(腕带)、腰带、胸带类	14	智能康复设备
07	体温监测类设备	15	智能听诊设备
08	体重/体脂监测类设备	16	其他

5.6.2 CH002 设施设备类型代码

说明:设施设备类型代码。

表示:1 位数字码。

编码方法:顺序码,采用 1 位数字表示。

代码	名称	代码	名称
1	房间设备	4	安全保障设备
2	公共服务设备	5	消防安全设备
3	医疗康复设备	6	行政办公设备

5.6.3 CH003 处理状态代码

说明:处理状态代码。

表示:1 位数字码。

编码方法:顺序码,采用 1 位数字表示。

代码	名称	代码	名称
0	未处理	1	已处理

5.6.4 CH004 养老机构等级代码

说明:养老机构等级代码。

表示:1 位数字码。

编码方法:顺序码,采用 1 位数字表示,根据 GB/T 37276 对养老机构等级划分编码。

代码	名称	代码	名称
0	未评级	3	三级
1	一级	4	四级
2	二级	5	五级

5.6.5 CH005 老人能力等级代码

说明:老人能力等级代码。

表示:1 位数字码。

编码方法:顺序码,采用 1 位数字表示。

代码	名称	代码	名称
0	能力完好	2	中度失能
1	轻度失能	3	重度失能

注:参考关于发布《民政业务数据共享与交换 编码》行业标准的公告(公告第 339 号),表 93 劳动能力代码。

5.6.6 CH006 医疗机构等级代码

说明:医疗机构等级代码。

表示:2 位数字码。

编码方法:顺序码,采用 2 位数字表示。

代码	名称	代码	名称
01	三级特等	07	二级丙等
02	三级甲等	08	一级甲等
03	三级乙等	09	一级乙等
04	三级丙等	10	一级丙等
05	二级甲等	11	无等级
06	二级乙等		
注:参考《医院分级管理标准》			

5.6.7 CH007 养老机构法人性质代码

说明:养老机构/社区养老服务设施法人性质代码。

表示:2 位数字码。

编码方法:顺序码,采用 2 位数字表示。

代码	名称	代码	名称
01	社会团体(民办非企业)法人	04	未经法人登记
02	事业单位法人	99	其他
03	工商企业法人		

5.6.8 CH008 养老机构类别代码

说明:养老机构类别代码。

表示:2 位数字码。

编码方法:顺序码,采用 2 位数字表示。

代码	名称	代码	名称
01	自理型养老机构(主要接收自理老年人)	03	综合型养老机构(主要接收生活完全自理老年人、生活部分自理老年人和生活完全不能自理老年人)
02	护理型养老机构(主要接收生活部分自理老年人、生活完全不能自理老年人)	99	其他

5.6.9 CH009 养老机构服务场所性质代码

说明:养老机构服务场所性质代码。

表示:2 位数字码。

编码方法:顺序码,采用 2 位数字表示。

代码	名称	代码	名称
01	自有产权	03	合作使用
02	租赁	99	其他

5.6.10 CH010 养老机构兴办主体代码

说明:养老机构兴办主体代码。

表示:2 位数字码。

编码方法:顺序码,采用 2 位数字表示。

代码	名称	代码	名称
01	省级民政部门	06	企业
02	地级民政部门	07	社会组织
03	县级民政部门	08	与境外合资合作或者外资独资
04	乡镇人民政府	09	村委会或居委会
05	街道办事处	10	个人

5.6.11 CH011 养老机构服务(经营)范围代码

说明:养老机构服务(经营)范围代码。

表示:2 位数字码。

编码方法:顺序码,采用 2 位数字表示。

代码	名称	代码	名称
00	全国	04	本街道
01	全省(自台区、直辖市)	05	本乡村
02	全市	99	其他
03	本区		

5.6.12 CH012 养老机构所处位置代码

说明:养老机构所处位置代码。

表示:1 位数字码。

编码方法:顺序码,采用 1 位数字表示。

代码	名称	代码	名称
1	城区	3	农村
2	郊区	9	其他

5.6.13 CH013 养老机构医疗服务形式一级代码

说明:养老机构医疗服务形式一级代码。

表示:2 位数字码。

编码方法:顺序码,采用 2 位数字表示。

代码	名称	代码	名称
01	内设医疗机构(自我医疗保障)	03	未开展
02	与医疗机构合作(协议医疗保障)		

5.6.14 CH014 养老机构医疗服务形式二级代码

说明:养老机构医疗服务形式二级代码。

表示:2 位数字码。

编码方法:顺序码,采用 2 位数字表示。

代码	名称	代码	名称
11	自办医院	22	乡镇卫生院
12	护理站	21	医院
13	医务室	23	村(社区)卫生服务站(中心)

5.6.15 CH015 养老机构补贴类型代码

说明:养老机构补贴类型代码。

表示:2 位数字码。

编码方法:顺序码,采用 2 位数字表示。

代码	名称	代码	名称
01	养老机构建设补贴	02	养老机构运营补贴

5.6.16 CH016 老年人补贴类型代码

说明:老年人补贴类型代码。

表示:2 位数字码。

编码方法:顺序码,采用 2 位数字表示。

代码	名称	代码	名称
01	高龄津贴	03	失能老年人养老护理补贴
02	经济困难老年人养老服务补贴		

5.6.17 CH018 养老服务类型代码

说明:养老服务类型代码。

表示:2 位数字码。

编码方法:顺序码,采用 2 位数字表示。

代码	名称	代码	名称
01	社区居家照护	03	住院医疗护理
02	养老机构照护		

5. 6. 18 CH019 补贴发放周期类别代码

说明:补贴发放周期类别代码。

表示:2 位数字码。

编码方法:顺序码,采用 2 位数字表示。

代码	名称	代码	名称
01	周	03	季
02	月	04	年

5. 6. 19 CH020 护理员等级

说明:护理员等级代码。

表示:2 位数字码。

编码方法:顺序码,采用 2 位数字表示。

代码	名称	代码	名称
00	未评级	03	三级
01	一级	04	四级
02	二级	05	五级

5. 6. 20 CH021 2017 年(含)之前获得的养老护理员国家职业资格等级代码

说明:护理员获得的国际职业资格等级代码。

表示:2 位数字码。

编码方法:顺序码,采用 2 位数字表示。

代码	名称	代码	名称
00	未评级	03	高级
01	初级	04	技师
02	中级		

5.6.21 CH022 从业人员补贴类型代码

说明:从业人员补贴类型代码。

表示:2 位数字码。

编码方法:顺序码,采用 2 位数字表示。

代码	名称	代码	名称
01	岗位津贴	03	培训补贴
02	入职补贴	09	其他

5.6.22 CH023 社区养老服务设施服务类型代码

说明:社区养老服务设施提供的服务类型代码。

表示:2 位数字码。

编码方法:顺序码,采用 2 位数字表示。

代码	名称	代码	名称
01	全托	03	上门服务
02	日托		

5.6.23 CH024 等级评定的标准代码

说明:养老机构等级评定标准代码。

表示:2 位数字码。

编码方法:顺序码,采用 2 位数字表示。

代码	名称	代码	名称
01	国标	02	地标

5.6.24 CH026 养老服务机构生存状态代码

说明:养老服务机构生存状态代码。

表示:2 位数字码。

编码方法:顺序码,采用 2 位数字表示。

代码	名称	代码	名称
01	运营中	04	设立中
02	停止营业(吊销、撤销)	09	未说明的单位状态
03	暂停营业		

5.6.25 CH027 服务质量检查指标项适用对象代码

说明:服务质量检查指标项适应对象代码。

表示:1 位数字码。

编码方法:顺序码,采用 1 位数字表示。

代码	名称	代码	名称
1	敬老院	2	服务社会老年人的养老院

5.6.26 CH028 服务质量自查结果代码

说明:服务质量自查结果代码。

表示:1 位数字码。

编码方法:顺序码,采用 1 位数字表示。

代码	名称	代码	名称
1	符合	3	不符合
2	部分符合	4	未开展

5.6.27 CH029 合同状态代码

说明:老年人与养老机构签订合同状态代码。

表示:1 位数字码。

编码方法:顺序码,采用 1 位数字表示。

代码	名称	代码	名称
0	未入住	8	正常退住(合同终止)
1	在住	9	提前退住(合同终止)
7	作废		

5.6.28 CH030 在院人员性质代码

说明:养老机构中老年人的性质代码。

表示:2 位数字码。

编码方法:顺序码,采用 2 位数字表示。

代码	名称	代码	名称
1	特困	9	其他
2	自费		

5.6.29 CH031 在院人员能力等级代码

说明:老年人自理能力等级代码。

表示:1 位数字码。

编码方法:顺序码,采用 1 位数字表示。

代码	名称	代码	名称
1	能力完好	3	完全失能
2	部分完好		

5.6.30 CH032 社区养老服务设施服务场所性质代码

说明:社区养老服务设施服务场所性质代码。

表示:1 位数字码。

编码方法:顺序码,采用 1 位数字表示。

代码	名称	代码	名称
01	民办非企业法人	04	未经法人登记
02	事业单位法人	05	其他
03	企业法人		

5.6.31 CH033 社区养老服务设施机构类型代码

说明:社区养老服务设施机构类型代码。

表示:2 位数字码。

编码方法:顺序码,采用 2 位数字表示。

代码	名称	代码	名称
01	自有产权	03	属于其他产权人(含租赁)
02	政府产权		

5.6.32 CH034 社区养老服务设施机构形式代码

说明:社区养老服务设施机构形式代码。

表示:2 位数字码。

编码方法:顺序码,采用 2 位数字表示。

代码	名称	代码	名称
01	街道层面综合性社区养老服务机构(含全托床位)	03	老年人日间照料中心(不含全托床位)
02	嵌入式社区养老服务机构(含全托床位)		

5.6.33 CH035 社区养老服务设施服务价格类型代码

说明:社区养老服务设施服务价格代码。

表示:2 位数字码。

编码方法:顺序码,采用 2 位数字表示。

代码	名称	代码	名称
01	市场型(机构自主按市场定价)	02	普惠型(政府有资助或要求,参照当地老年人平均收入定价)

5.6.34 CH036 处罚部门代码

说明:处罚部门代码。

表示:2 位数字码。

编码方法:顺序码,采用 2 位数字表示。

代码	名称	代码	名称
00	民政部门	02	住建委
01	市场监督管理局	03	消防部门

5.6.35 CH037 联合惩戒条款内容代码

说明:联合惩戒条款内容代码。

表示:2 位数字码。

编码方法:顺序码,采用 2 位数字表示。

代码	名称	代码	名称
01	(一)超出章程规定的宗旨和业务范围进行活动的	06	(六)存在采取虚报冒领等方式骗取政府补贴资金等涉及财政资金违法行为的
02	(二)因养老服务行为侵害老年人合法权益的	07	(七)拒不接受或者不按照规定接受监督检查,或者在接受监督检查时隐瞒真实情况、弄虚作假的
03	(三)以非法集资或者欺骗手段销售"保健"产品等方式诈骗老年人财物的	08	(八)不按照规定报送年度工作报告、履行信息公开义务的
04	(四)存在重大火灾隐患,无故拖延,逾期不改的	09	(九)其他违反养老服务管理有关规定的严重违法失信情形
05	(五)对发生的安全事故负有主要或者直接责任的	10	(十)被人民法院认定为失信被执行人

5.6.36 CH038 移出类型代码

说明:移出类型代码。

表示:2 位数字码。

编码方法:顺序码,采用 2 位数字表示。

代码	名称	代码	名称
00	直接移出	01	到期移出

5.6.37 CH039 移出申请原因代码

说明:移出申请原因代码。

表示:2 位数字码。

编码方法:顺序码,采用 2 位数字表示。

代码	名称	代码	名称
00	判决失效	02	名单到期
01	处罚撤销		

5.6.38 CH040 核查结果代码

说明:核查结果代码。

表示:1 位数字码。

编码方法:顺序码,采用 1 位数字表示。

代码	名称	代码	名称
0	不通过	1	通过

5.6.39 CH041 核查原因代码

说明:核查原因代码。

表示:2 位数字码。

编码方法:顺序码,采用 2 位数字表示。

代码	名称	代码	名称
01	未再发生违法失信行为	10	再次发生违法失信行为
02	已履行相应义务	11	未履行相应义务
03	整改到位	12	整改不到位
09	其他	19	其他

5.6.40 CH042 来源途径代码

说明:来源途径代码。

表示:2 位数字码。

编码方法:顺序码,采用 2 位数字表示。

代码	名称	代码	名称
00	检查发现	02	政府网站
01	信用平台	03	其他居委办

5.6.41 CH043 采集方式代码

说明:采集方式代码。

表示:2 位数字码。

编码方法:顺序码,采用 2 位数字表示。

代码	名称	代码	名称
01	系统录入	03	接口采集
02	文件导入		

5.6.42 CH044 人员类别代码

说明:人员类别代码。

表示:2 位数字码。

编码方法:顺序码,采用 2 位数字表示。

代码	名称	代码	名称
01	法定代表人	04	养老护理员
02	主要负责人	99	其他
03	高级管理人员		

5.6.43 CH045 医保类别代码

说明:医保类别代码。

表示:2 位数字码。

编码方法:顺序码,采用 2 位数字表示。

代码	名称	代码	名称
01	城保	04	商业医疗保险
02	居保、镇保	05	公费医疗(干部保健等)
03	新农合	09	其他

5.6.44 CH046 经济状况代码

说明:经济状况代码。

表示:2 位数字码。

编码方法:顺序码,采用 2 位数字表示。

代码	名称	代码	名称
01	建档立卡贫困户	03	低保
02	一般农户		

5.6.45 CH047 老年人能力等级代码

说明:老年人能力等级代码。

表示:1 位数字码。

编码方法:顺序码,采用 1 位数字表示。

代码	名称	代码	名称
0	能力完好	2	中度失能
1	轻度失能	3	重度失能

5.6.46 CH048 改造对象身份代码

说明:改造对象身份代码。

表示:2 位数字码。

编码方法:顺序码,采用 2 位数字表示。

代码	名称	代码	名称
01	分散供养特困人员	03	低保
02	建档立卡贫困老年人	99	其他

5.6.47 CH049 改造内容代码

说明:改造内容代码。

表示:2 位数字码。

编码方法:顺序码,采用 2 位数字表示。

代码	名称	代码	名称
01	地面防滑处理	05	配置手杖
02	高差处理	06	配置淋浴椅
03	安装床边护栏或抓杆	07	防走失装置
04	安装扶手	99	其他

5.6.48 CH050 留守老年人能力状况代码

说明:留守老年人能力状况代码。

表示:2 位数字码。

编码方法:顺序码,采用 2 位数字表示。

代码	名称	代码	名称
01	完全自理	03	失能
02	半失能		

5.6.49 CH051 审核状态代码

说明:审核状态代码。

表示:1 位数字码。

编码方法:顺序码,采用 1 位数字表示。

代码	名称	代码	名称
0	未审核	2	审核通过
1	驳回		

5.6.50 CH052 机构上报收住特困人员机构类型代码

说明:机构上报收住特困人员机构类型代码。

表示:2 位数字码。

编码方法:顺序码,采用 2 位数字表示。

代码	名称	代码	名称
01	农村特困人员供养服务机构(农村敬老院)	03	面向社会老年人的养老机构
02	城市特困人员供养服务机构(城市福利院)		

5.6.51 CH053 机构上报房屋性质代码

说明:机构上报房屋性质代码。

表示:2 位数字码。

编码方法:顺序码,采用 2 位数字表示。

代码	名称	代码	名称
01	自有产权	03	合作使用
02	租赁	99	其他

5.6.52 CH054 机构上报无养老机构设立许可证原因代码

说明:机构上报无养老机构设立许可证原因代码。

表示:2 位数字码。

编码方法:顺序码,采用 2 位数字表示。

代码	名称	代码	名称
01	无相关消防审核意见	03	无相关环评意见
02	无相关食药监意见	99	其他

5.6.53 CH055 机构上报养老机构法人性质代码

说明:机构上报养老机构法人性质代码。

表示:2 位数字码。

编码方法:顺序码,采用 2 位数字表示。

代码	名称	代码	名称
01	社会团体(民办非企业)法人	04	未经法人登记
02	事业单位法人	99	其他
03	工商企业法人		

5.6.54 CH056 机构上报经营方式代码

说明:机构上报经营方式代码。

表示:2 位数字码。

编码方法:顺序码,采用 2 位数字表示。

代码	名称	代码	名称
01	公办(建)公营	02	公办(建)民营

5.6.55 CH057 机构上报养老机构类别代码

说明:机构上报养老机构类别代码。

表示:2 位数字码。

编码方法:顺序码,采用 2 位数字表示。

代码	名称	代码	名称
01	自理型养老机构	03	综合性养老机构
02	护理型养老机构		

5.6.56 CH058 机构上报医疗服务方式代码

说明:机构上报医疗服务方式代码。

表示:2 位数字码。

编码方法:顺序码,采用 2 位数字表示。

代码	名称	代码	名称
01	内设医疗机构(自我医疗保障)	03	未开展
02	与医疗机构合作(协议医疗保障)		

5.6.57 CH059 机构上报内设医疗机构代码

说明:机构上报内设医疗机构代码。

表示:2 位数字码。

编码方法:顺序码,采用 2 位数字表示。

代码	名称	代码	名称
01	自办医院	03	医务室
02	护理站		

5.6.58 CH060 机构上报与医疗机构合作代码

说明:机构上报与医疗机构合作代码。

表示:2 位数字码。

编码方法:顺序码,采用 2 位数字表示。

代码	名称	代码	名称
01	医院	03	村(社区)卫生服务站(中心)
02	乡镇卫生院		

5.6.59 CH061 机构上报机构提供的服务代码

说明:机构上报机构提供的服务代码。

表示:2 位数字码。

编码方法:顺序码,采用 2 位数字表示。

代码	名称	代码	名称
01	生活照料服务	09	教育培训服务
02	膳食服务	10	安全保护服务
03	清洁卫生服务	11	医疗保健服务
04	洗涤服务	12	出行服务
05	护理服务	13	陪同就医服务
06	文化娱乐服务	14	短期托养服务
07	心理/精神支持及其他社会工作	15	其他
08	咨询服务		

5.6.60 CH062 机构上报入院评估标准代码

说明:机构上报入院评估标准代码。

表示:2 位数字码。

编码方法:顺序码,采用 2 位数字表示。

代码	名称	代码	名称
01	民政部制定的评估标准	03	机构内部制定的评估标准
02	地方民政部门制定的评估标准	04	按照《特困人员认定办法》关于生活自理能力的六项指标评估标准

5.6.61 CH063 机构上报服务评比频率代码

说明:机构上报服务评比频率代码。

表示:2 位数字码。

编码方法:顺序码,采用 2 位数字表示。

代码	名称	代码	名称
01	每年 2 次以上	03	每年少于 1 次
02	每年 1—2 次		

5.6.62 CH064 机构上报娱乐活动频率代码

说明:机构上报娱乐活动频率代码。

表示:2 位数字码。

编码方法:顺序码,采用 2 位数字表示。

代码	名称	代码	名称
01	每天	04	每季度 2 次以上
02	每周 2 次以上	05	每年 2 次
03	每月 2 次以上		

5.6.63 CH065 机构上报食谱更新频率代码

说明:机构上报食谱更新频率代码。

表示:2 位数字码。

编码方法:顺序码,采用 2 位数字表示。

代码	名称	代码	名称
01	每周更新	03	每季度更新
02	每月更新		

5.6.64 CH066 机构上报收费周期代码

说明:机构上报收费周期代码。

表示:2 位数字码。

编码方法:顺序码,采用 2 位数字表示。

代码	名称	代码	名称
01	月付	99	其他
02	年付		

5.6.65 CH067 与对象签订入住合同类型代码

说明:与对象签订入住合同类型代码。

表示:2 位数字码。

编码方法:顺序码,采用 2 位数字表示。

代码	名称	代码	名称
01	养老机构自行制定的合同	03	签订民政部门制定的特困人员供养服务协议
02	使用民政部门制定的《养老机构服务合同》示范文本		

5.6.66 CH068 自然灾害隐患类型代码

说明:自然灾害隐患类型代码。

表示:2 位数字码。

编码方法:顺序码,采用 2 位数字表示。

代码	名称	代码	名称
01	泥石流	03	森林火灾
02	洪水		

5.6.67 CH069 房屋类型代码

说明:房屋类型代码。

表示:2 位数字码。

编码方法:顺序码,采用 2 位数字表示。

代码	名称	代码	名称
01	楼房	02	平房

5.6.68 CH070 公共服务用房代码

说明:公共服务用房代码。

表示:2 位数字码。

编码方法:顺序码,采用 2 位数字表示。

代码	名称	代码	名称
01	厨房	04	洗衣房
02	餐厅	99	其他
03	公共浴室		

5.6.69 CH071 社会工作用房代码

说明:社会工作用房代码。

表示:2 位数字码。

编码方法:顺序码,采用 2 位数字表示。

代码	名称	代码	名称
01	个案工作房间	02	小组工作房间

5.6.70 CH072 医疗康复用房代码

说明:医疗康复用房代码。

表示:2 位数字码。

编码方法:顺序码,采用 2 位数字表示。

代码	名称	代码	名称
01	医务室	05	灭菌室
02	观察室	06	隔离室
03	康复室	99	其他
04	治疗室		

5.6.71 CH073 文化娱乐用房代码

说明:文化娱乐用房代码。

表示:2 位数字码。

编码方法:顺序码,采用 2 位数字表示。

代码	名称	代码	名称
01	活动室	06	多功能厅
02	健身房	07	音乐舞蹈室
03	书画室	08	心理疏导室
04	图书室	99	其他
05	手工制作室		

5.6.72 CH074 行政辅助用房代码

说明:行政辅助用房代码。

表示:2 位数字码。

编码方法:顺序码,采用 2 位数字表示。

代码	名称	代码	名称
01	办公室	05	库房
02	门卫室	06	培训室
03	接待室	99	其他
04	会议室		

5.6.73 CH075 房间设备代码

说明:房间设备代码。

表示:2 位数字码。

编码方法:顺序码,采用 2 位数字表示。

代码	名称	代码	名称
01	床头灯	08	电话
02	电视机	09	洗衣机
03	电风扇	10	电脑
04	暖气	11	网络
05	衣柜	12	紧急呼叫设备
06	空调	99	其他
07	电冰箱		

5.6.74 CH076 公共服务设备代码

说明:公共服务设备代码。

表示:2 位数字码。

编码方法:顺序码,采用 2 位数字表示。

代码	名称	代码	名称
01	公用电话	05	公共上网区域
02	普通电梯	06	救护车
03	医用电梯	99	其他
04	生活用车		

5.6.75 CH077 医疗康复设备代码

说明:医疗康复设备代码。

表示:2 位数字码。

编码方法:顺序码,采用 2 位数字表示。

代码	名称	代码	名称
01	制氧机	06	心电图
02	呼吸机	07	吸痰器
03	血压计	08	中医理疗康复
04	血糖仪	09	轮椅
05	代步车	99	其他

5.6.76 CH078 安全保障设备代码

说明:安全保障设备代码。

表示:2 位数字码。

编码方法:顺序码,采用 2 位数字表示。

代码	名称	代码	名称
01	轮椅坡道	05	消防设备
02	安全扶手	06	无障碍卫生间
03	防滑地板	99	其他
04	监控设备		

5.6.77 CH079 消防安全设备代码

说明:消防安全设备代码。

表示:2 位数字码。

编码方法:顺序码,采用 2 位数字表示。

代码	名称	代码	名称
01	火灾自动报警系统	05	消防水栓
02	简易喷淋装置	06	防排烟风机
03	应急照明	07	防火卷帘
04	灭火器	99	其他

5.6.78 CH080 行政办公设备代码

说明:行政办公设备代码。

表示:2 位数字码。

编码方法:顺序码,采用 2 位数字表示。

代码	名称	代码	名称
01	电脑	04	电话
02	传真机	05	网络
03	养老服务管理软件	06	防排烟风机

5.6.79 CH081 参加人员类别代码

说明:参加人员类别代码。

表示:2 位数字码。

编码方法:顺序码,采用 2 位数字表示。

代码	名称	代码	名称
01	管理人员	05	志愿者
02	养老护理员	06	工勤人员
03	专业技术人员(医师、护士、康复师、财务、心理咨询师)	07	全体人员
04	社会工作者		

5.6.80 CH082 消防标识检查结果代码

说明:消防标识检查结果代码。

表示:2 位数字码。

编码方法:顺序码,采用 2 位数字表示。

代码	名称	代码	名称
01	有故障	02	无故障

5.6.81 CH083 消防设施检查方式代码

说明:消防设施检查方式代码。

表示:2 位数字码。

编码方法:顺序码,采用 2 位数字表示。

代码	名称	代码	名称
01	养老机构内部检查	02	委托专业机构检查

5.7 儿童福利类代码

5.7.1 CJ001 收养业务状态代码

说明:儿童收养业务状态代码。

表示:1 位数字码。

编码方法:顺序码,采用 1 位数字表示。

代码	名称	代码	名称
1	收养登记	4	补领收养登记证
2	解除收养登记	5	解除收养登记证明
3	撤销收养登记	6	出具收养登记证明

5.7.2 CJ002 收养申请结果代码

说明:收养申请结果代码。

表示:1 位数字码。

编码方法:顺序码,采用 1 位数字表示。

代码	名称	代码	名称
1	同意	3	未办结
2	不同意		

5.7.3 CJ003 儿童福利定点医院分类代码

说明:儿童福利机构的定点医院分类代码。

表示:1 位数字码。

编码方法:顺序码,采用 1 位数字表示。

代码	名称	代码	名称
1	综合医院	2	专科医院

5.7.4 CJ004 儿童福利定点医院性质代码

说明:儿童福利机构的定点医院性质代码。

表示:1 位数字码。

编码方法:顺序码,采用 1 位数字表示。

代码	名称	代码	名称
1	公立	2	私立

5.7.5 CJ005 儿童患病类型代码

说明:儿童患病类型代码。

表示:1—2 位数字码。

编码方法:顺序码,采用 1—2 位数字表示。

代码	名称	代码	名称
1	无疾病	12	消化系统疾病
2	心脏病	13	皮肤病
3	脑瘫	14	肌肉骨骼病
4	五官科疾病	15	泌尿系统疾病
5	外科疾病	16	妇科病
6	血液病	17	先天畸形
7	内分泌疾病	18	染色体和遗传代谢疾病
8	精神和行为障碍	19	儿童过敏性紫癜
9	神经系统疾病	20	慢性肾衰竭尿毒自闭症
10	循环系统疾病	21	多重疾病
11	呼吸系统疾病	22	其他

5.7.6 CJ006 特教训练类型代码

说明:特教训练类型代码。

表示:1 位数字码。

编码方法:顺序码,采用 1 位数字表示。

代码	名称	代码	名称
1	未特教	6	自闭症训练
2	发音训练	7	智力训练
3	盲文训练	8	肢体训练
4	手语训练	9	其他
5	听力训练		

5.7.7 CJ007 患艾滋病情况代码

说明:患艾滋病情况代码。

表示:1 位数字码。

编码方法:顺序码,采用 1 位数字表示。

代码	名称	代码	名称
1	无艾滋病	3	携带或感染艾滋病
2	受艾滋病影响	9	其他

5.7.8 CJ008 福利资金领取方式代码

说明:福利资金领取方式代码。

表示:1 位数字码。

编码方法:顺序码,采用 1 位数字表示。

代码	名称	代码	名称
1	现金领取	2	银行转账

5.7.9 CJ009 与儿童关系代码

说明:与儿童关系代码。

表示:2 位数字码。

编码方法:顺序码,采用 2 位数字表示。

代码	名称	代码	名称
01	父亲	07	姑(父)
02	母亲	08	舅(母)
03	祖父母	09	姨(父)
04	外祖父母	10	成年兄姐
05	叔(婶)	11	本人
06	伯(母)	99	其他

5.7.10 CJ010 临时监护方式代码

说明:儿童的临时监护方式代码。

表示:1 位数字码。

编码方法:顺序码,采用 1 位数字表示。

代码	名称	代码	名称
1	家庭寄养	3	学校寄宿
2	机构抚养		

5.7.11 CJ011 其他特殊情况代码

说明:其他特殊情况代码。

表示:1 位数字码。

编码方法:顺序码,采用 1 位数字表示。

代码	名称	代码	名称
1	死亡	4	服役
2	失踪	5	强制戒毒
3	失联	6	其他

5.7.12 CJ012 社会福利、救助、帮扶落实情况代码

说明:社会福利、救助、帮扶落实情况代码。

表示:2 位数字码。

编码方法:顺序码,采用 2 位数字表示。

代码	名称	代码	名称
01	建档立卡贫困户	07	困难残疾人生活补贴
02	最低生活保障	08	孤儿基本生活保障
03	特困供养	09	孤儿助学
04	临时救助	10	事实无人抚养儿童津贴
05	医疗救助(明天计划)	11	残疾儿童康复救助
06	住房救助	99	其他

5.7.13 CJ013 遭受监护人侵害的情况代码

说明:遭受监护人侵害的情况代码。

表示:1 位数字码。

编码方法:顺序码,采用 1 位数字表示。

代码	名称	代码	名称
1	监护人不履行监护职责	5	被监护人胁迫
2	遭受监护人身体暴力	6	利用非法牟利
3	遭受监护人精神暴力	7	无侵害行为
4	遭受监护人性侵	9	其他

5.7.14 CJ014 留守妇女公婆情况代码

说明:留守妇女公婆情况代码。

表示:1 位数字码。

编码方法:顺序码,采用 1 位数字表示。

代码	名称	代码	名称
1	双方健在	3	双方去世
2	一方健在		

5.7.15 CJ015 家庭经济来源代码

说明:家庭经济来源代码。

表示:1 位数字码。

编码方法:顺序码,采用 1 位数字表示。

代码	名称	代码	名称
1	外出打工	4	亲朋接济
2	种植养殖	5	其他
3	政府救济		

5.7.16 CJ016 留守妇女帮扶生产情况代码

说明:留守妇女帮扶生产情况代码。

表示:1 位数字码。

编码方法:顺序码,采用 1 位数字表示。

代码	名称	代码	名称
1	获得社会救助	4	接受技能培训
2	获得小额担保贷款	5	其他帮扶
3	加入生产互助组		

5.7.17 CJ017 康复基地状态

说明:康复基地状态代码。

表示:1 位数字码。

编码方法:顺序码,采用 1 位数字表示。

代码	名称	代码	名称
1	正常	2	废止

5.7.18 CJ018 康复类型代码

说明:康复类型代码。

表示:2 位数字码。

编码方法:顺序码,采用 2 位数字表示。

代码	名称	代码	名称
01	言语残疾康复	07	多重残疾康复
02	听力残疾康复	11	行为障碍康复
03	肢体残疾康复	10	读写障碍康复
04	视力残疾康复	12	注意力障碍康复
05	智力残疾康复	13	情绪障碍康复
06	精神残疾康复		

5.7.19 CJ019 儿童基本生活费发放类型代码

说明:儿童基本生活费发放类型代码。

表示:1 位数字码。

编码方法:顺序码,采用 1 位数字表示。

代码	名称	代码	名称
0	机构养育儿童类型	4	艾滋病病毒感染儿童
1	机构代养儿童类型	5	民间养育儿童类型
2	社会散居儿童类型	6	孤儿助学
3	事实无人抚养儿童		

5.7.20 CJ020 被收养人类别代码

说明:儿童被收养的类型代码。

表示:1 位数字码。

编码方法:顺序码,采用 1 位数字表示,分类参考《中华人民共和国收养法》。

代码	名称	代码	名称
1	福利机构抚养的弃婴和儿童	5	生父母有特殊困难无力抚养的子女
2	福利机构抚养的孤儿父母	6	三代以内同辈旁系血亲的子女
3	均不具备完全民事行为能力,且有严重危害可能的子女	7	非福利机构监护的孤儿
4	继子女	8	非福利机构抚养的弃婴

5.7.21 CJ021 出具登记证明种类代码

说明:出具登记证明种类的代码。

表示:1 位数字码。

编码方法:顺序码,采用 1 位数字表示。

代码	名称	代码	名称
1	解除收养关系证明	2	收养登记证明

5.7.22 CJ022 儿童福利资金发放周期代码

说明:儿童福利资金发放周期代码。

表示:1 位数字码。

编码方法:顺序码,采用 1 位数字表示。

代码	名称	代码	名称
0	月度	2	年度
1	季度		

5.7.23 CJ023 儿童福利机构类型代码

说明:儿童福利机构类型代码。

表示:1 位数字码。

编码方法:顺序码,采用 1 位数字表示。

代码	名称	代码	名称
0	儿童福利机构	2	农村敬老院
1	综合福利机构	9	其他

5.7.24 CJ024 儿童福利机构性质代码

说明:儿童福利机构性质代码。

表示:1 位数字码。

编码方法:顺序码,采用 1 位数字表示。

代码	名称	代码	名称
1	公益一类事业单位	3	公益二类事业单位国家不拨款事业单位
2	国家不拨款事业单位	9	其他

5.7.25 CJ025 收养人身份类别

说明:儿童收养人身份代码。

表示:1 位数字码。

编码方法:顺序码,采用 1 位数字表示。

代码	名称	代码	名称
0	内地	4	华侨
1	香港	5	外国人
2	澳门	6	无
3	台湾		

5.7.26 CJ026 事实无人抚养儿童父母状况代码

说明:事实无人抚养儿童的父母状况代码。

表示:2 位数字码。

编码方法:顺序码,采用 2 位数字表示。

代码	名称	代码	名称
01	死亡	06	服刑在押
02	失踪	07	强制隔离戒毒
03	重病	08	被执行其他限制人身自由的措施
04	重残	99	其他
05	失联		

5.7.27 CJ027 未成年人救助保护机构类型代码

说明:未成年人救助保护机构类型代码。

表示:1 位数字码。

编码方法:顺序码,采用 1 位数字表示。

代码	名称	代码	名称
1	未成年人保护中心	4	没有按照事业单位法人登记,但实际承担未成年人保护工作的相关机构
2	未成年人救助保护中心	9	其他
3	设有未成年人救助保护科(室)的救助管理站		

5.7.28 CJ028 未成年人救助保护机构性质代码

说明:未成年人救助保护机构性质代码。

表示:1 位数字码。

编码方法:顺序码,采用 1 位数字表示。

代码	名称	代码	名称
1	事业编	3	不在编
2	参公	9	其他

5.8 慈善事业促进和社会工作类代码

5.8.1 CK001 中华慈善奖申报奖项代码

说明:中华慈善奖申报奖项代码。

表示:1 位数字码。

编码方法:顺序码,采用 1 位数字表示。

代码	名称	代码	名称
1	慈善楷模	3	捐赠企业
2	慈善项目(慈善信托)	4	捐赠个人
参考"中华慈善奖"评选表彰办法(民发〔2017〕146 号)中第三条"中华慈善奖"每两年评选表彰一次。奖项设置慈善楷模、慈善项目(慈善信托)捐赠企业、捐赠个人等类别。			

5.8.2 CK002 慈善组织年报类型代码

说明:慈善组织年报类型代码。

表示:1 位数字码。

编码方法:顺序码,采用 1 位数字表示。

代码	名称	代码	名称
1	年检报告	2	审计报告

5.8.3 CK003 慈善项目状态代码

说明:慈善项目状态代码。

表示:1 位数字码。

编码方法:顺序码,采用 1 位数字表示。

代码	名称	代码	名称
1	未开始	3	已过期
2	有效期内		

5.8.4 CK004 慈善捐赠来源/去向代码

说明:慈善捐赠来源/去向代码。

表示:1 位数字码。

编码方法:顺序码,采用 1 位数字表示。

代码	名称	代码	名称
1	来源	2	去向

5.8.5 CK101 社会工作者职业水平等级代码

说明:社会工作者职业水平等级代码。

表示:1 位数字码。

编码方法:顺序码,采用 1 位数字表示。

代码	名称	代码	名称
1	助理社会工作师	3	高级社会工作师
2	社会工作师	9	无

5.8.6 CK102 社会工作者工作单位类别代码

说明:社会工作者工作单位类别代码。

表示:1 位数字码。

编码方法:顺序码,采用 1 位数字表示。

代码	名称	代码	名称
1	社会服务机构	5	事业单位
2	社会团体	6	居(村)委会
3	基金会	7	企业
4	党政机关	9	其他

5.8.7 CK103 社会工作服务领域代码

说明:社会工作服务领域代码。

表示:2 位数字码。

编码方法:顺序码,采用 2 位数字表示。

代码	名称	代码	名称
01	儿童及青少年服务	13	慈善事业
02	老人社会服务	14	就业援助
03	妇女社会服务	15	职工帮扶
04	医疗社会工作	16	犯罪预防
05	心理健康服务	17	禁毒戒毒
06	城乡社区发展	18	矫治帮教
07	家庭婚姻	19	卫生健康
08	残障康复	20	纠纷调解

续表

代码	名称	代码	名称
09	教育辅导	21	社会工作行政
10	社会福利	22	退役军人事务
11	社会救助	23	政法综治
12	社区建设	24	应急处置
		99	其他

5.8.8 CK107 社会工作项目采购方式代码

说明:社会工作项目采购方式代码。

表示:1 位数字码。

编码方法:顺序码,采用 1 位数字表示。

代码	名称	代码	名称
1	公开招标	9	其他
2	单一来源采购		

5.8.9 CLB01 志愿者可提供服务时间代码

说明:志愿者可提供服务时间代码。

表示:2 位数字码。

编码方法:顺序码,采用 2 位数字表示。

代码	名称	代码	名称
01	星期一上午	13	星期五上午
02	星期一下午	14	星期五下午
03	星期一晚上	15	星期五晚上
04	星期二上午	16	星期六上午
05	星期二下午	17	星期六下午
06	星期二晚上	18	星期六晚上
07	星期三上午	19	星期日上午
08	星期三下午	20	星期日下午
09	星期三晚上	21	星期日晚上
10	星期四上午	22	节假日上午
11	星期四下午	23	节假日下午
12	星期四晚上	24	节假日晚上

5.8.10 CLB02 志愿者特长代码

说明:志愿者特长代码。

表示:2 位数字码。

编码方法:顺序码,采用 2 位数字表示。

代码	名称	代码	名称
01	医疗急救	13	客服接待
02	体育竞技	14	物业养护
03	驾驶运输	15	新闻写作
04	法律服务	16	精通外语
05	信息技术	17	音乐
06	经营管理	18	心理咨询
07	公共关系	19	护理照护
08	教育培训	20	手工制作
09	电器维修	21	文化艺术
10	安全保卫	22	网络技术
11	财会金融	23	摄像摄影
12	设计创意	99	其他

5.8.11 CK204 同意成立志愿服务团体的单位/社区类型代码

说明:同意成立志愿服务团体的单位/社区类型代码。

表示:2 位数字码。

编码方法:顺序码,采用 2 位数字表示。

代码	名称	代码	名称
01	党政机关	09	居民委员会
02	教育事业单位	10	村民委员会
03	卫生事业单位	11	国有企业
04	科技事业单位	12	非国有企业
05	文化事业单位	13	社会团体
06	社会福利事业单位	14	社会服务机构
07	其他事业单位	15	基金会
08	群团组织	99	其他

5.8.12 CK206 志愿者服务对象代码

说明:志愿者服务对象代码。

表示:2 位数字码。

编码方法:顺序码,采用 2 位数字表示。

代码	名称	代码	名称
01	老年人	07	特殊群体
02	妇女	08	病患者
03	儿童	09	农村居民
04	残障人士	10	城镇居民
05	贫困家庭	11	社会公众
06	优抚对象	99	其他

5.8.13 CK209 志愿者保障代码

说明:志愿者保障代码。

表示:2 位数字码。

编码方法:顺序码,采用 2 位数字表示。

代码	名称	代码	名称
01	志愿者保险	07	志愿者服装
02	集中乘车	08	志愿服务工具
03	交通补贴	09	免费体检
04	餐饮或食物	10	专项培训
05	提供饮水	11	志愿服务证书
06	提供住宿	12	其他(手工录入)

5.8.14 CK214 志愿者服务项目类别代码

说明:志愿者服务项目类别代码。

表示:2 位数字码。

编码方法:顺序码,采用 2 位数字表示。

代码	名称	代码	名称
01	社区服务	11	交通引导
02	扶贫减贫	12	志愿消防
03	支教助学	13	应急救援
04	卫生保健	14	禁毒宣传

续表

代码	名称	代码	名称
05	法律服务	15	体育健身
06	环境保护	16	旅游服务
07	科技科普	17	关爱特殊群体
08	文化艺术	18	大型活动
09	平安综治	19	海外志愿服务
10	文明风尚	99	其他

参考文献

GB/T 10113 分类与编码通用术语

JMGC

民 政 部 金 民 工 程 标 准

JMGC/XX 205—2020

金民工程信用信息分类

2020－12－30 发布 2020－12－30 实施

民政部信息中心 发布

目　　次

前　　言

本文件按照 GB/T 1.1—2020《标准化工作导则 第1部分：标准化文件的结构和起草规则》的规定起草。

请注意本文件的某些内容可能涉及专利。本文件的发布机构不承担识别专利的责任。

本文件由民政部信息中心提出并归口。

本文件起草单位：民政部信息中心、北京科迪智标信息技术有限公司、四川久远银海软件股份有限公司。

本文件主要起草人：王兴玲、文长军、赵超、李杰、郑明煊、高媛、戴朝云、张荫芬、李坤林。

金民工程信用信息分类

1 范围

本文件规定了金民工程一期项目中信用信息的分类原则、信用信息的分类表以及各类信用信息包含的具体数据项。

本文件适用于金民工程一期项目信用信息的收集、处理。

2 规范性引用文件

下列文件中的内容通过文中的规范性引用而构成本文件必不可少的条款。其中,注日期的引用文件,仅该日期对应的版本适用于本文件;不注日期的引用文件,其最新版本(包括所有的修改单)适用于本文件。

GB/T 2260 中华人民共和国行政区划代码

GB/T 10113 分类与编码通用术语

GB 32100—2015 法人和其他组织统一社会信用代码编码规则

GB/T 22117 信用 基本术语

GB/T 37914 信用信息分类与编码规范

MZ/T 097 社会组织业务元数据

JMGC/XX 204 金民工程信息分类和编码规范

3 术语和定义

下列术语和定义适用于本文件。

3.1 信用信息

个人或组织在社会与经济活动中产生的与信用有关的记录,以及与评价其信用价值相关的各类信息。

注:信用信息包括经济领域和社会领域的信用信息。

[来源:GB/T 22117—2018,2.22]

3.2 法人

具有民事权利能力和民事行为能力,依法独立享有民事权利和承担民事义务的组织。

[来源:GB 32100—2015,3.2]

3.3 社会组织

合法成立、有一定的组织机构和财产，不具备法人资格的组织。

[来源：GB 32100—2015，3.3]

3.4 信息分类

把具有某种共同属性或特征的信息归并在一起，把具有不同属性或特征的信息区别开来的过程。

[来源：GB/T 10113—2003，2.1.3]

4 基本原则

4.1 唯一性

在选用不同分类方式进行分类时，不同分类方式的类目设置不应重复。每一类信用信息编码仅对应一个代码，一个代码仅标识一类信用信息。

4.2 通用性

应按照应用需求为导向，保证信用信息分类的实用性和可操作性，以实现信用信息的有序管理和开发利用。

4.3 可扩展性

应尽可能保持代码系统的相对稳定性，考虑到事物的发展，编码时应根据需要预留适当空位，有时还需设置一个收容项——“其他”，以便适应不断扩充的需要。

5 金民工程信用信息分类

5.1 编码规则

根据 GB/T 37914 规则，信用信息分类代码由三段代码（共 6 位数字）组成：

——第一段码（主体分类包括自然人、社会组织，2 位数字码），表示信用信息数据项所属主体的属性识别码；

——第二段码（一级分类代码，2 位数字码），表示数据项所属属性或应用的类目；

——第三段码（二级分类代码，2 位数字码），表示数据项所属属性或应用类目的子类。

代码的编码结构和规则如图 1 所示：

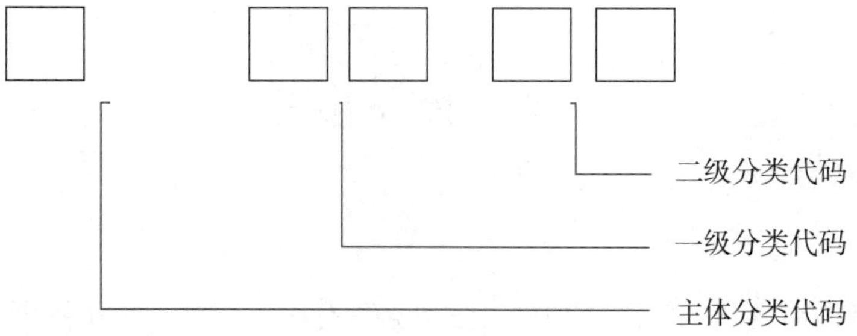

图 1　信用信息分类编码结构

5.2 分类与代码

金民工程一期项目信用信息按照主体分类包括自然人信用信息和社会组织信用信息，根据 GB/T 37914 的规则，分类表见表 1。

表 1 金民工程信用信息分类表

主体标识	主体分类	一级代码	一级分类	二级代码	二级分类	说明
10	自然人	01	基础登记类	01	身份识别信息	自然人身份证、护照、军官证、驾驶证等信息
				02	家庭状况信息	自然人婚姻、父母及子女状况
				03	政治面貌信息	自然人的政治面貌，如中共党员、共青团员、群众等
				04	职业信息	自然人的职业及工作信息
				05	教育信息	自然人的学历及教育信息
				06	联系信息	居住地址、联系电话信息
		02	公共信用类	12	社会保障信息	政府对自然人在伤残、养老、遭遇灾害时提供的保障信息
				18	婚姻联合惩戒信息	自然人被婚姻登记部门联合惩戒的信用信息
		03	运营及财务类	01	家庭资产信息	自然人家庭拥有的全部祖产信息，如现金、房产、车辆、股票、基金、债券以及各种投资信息等
		05	社会评价类	02	民政部门认定信息	民政部门对自然人的信用评价
				06	信用档案信息	民政部门掌握的信用档案记录
20	社会组织	01	基础登记类	01	主体识别信息	由国家机关赋予的标明、识别信息主体的文字及符号，主要指法人或其他组织的统一社会信用代码等
		02	公共信用类	02	行政处罚信息	民政部门对社会组织的行政处罚信息
				06	行政检查信息	民政部门对社会组织进行监督检查的信息
		05	社会评价类	01	民政部门认定信息	民政部门对社会组织在不同行业的评价评级信息
				04	信用档案信息	记录社会组织的用户评价及媒体评价信息。如社会荣誉、奖励等正面评价信息，或负面评价信息

5.3 数据表示格式

5.3.1 数据类型

金民工程一期项目信用信息中数据项的类型见表 2。

表 2　数据类型表

数据类型	说明
string(字符型)	通过字符形式表达的值的类型
number(整数型)	通过“0”到“9”数字表达的整数类型的值
float(浮点型)	通过“0”到“9”数字和小数点“.”表达的实数
date(日期型)	通过 YYYYMMDD 的形式表达的值的类型
datetime(日期时间型)	通过 YYYYMMDD hh:mm:ss 的形式表达的值的类型
boolean(布尔型)	两个且只有两个表明条件的值

5.3.2 数据格式

从业务的角度规定的数据项的格式需求,包括所允许的最大和(或)最小字符长度,数据项值的表示格式等。数据格式中使用的字符含义见表 3。

表 3　数据格式表

数据格式	说明
a	字母字符
n	数字字符
an	字母数字字符
m(m 为自然数)	定长 m 个字符,字符集默认为 GB 18030 的全部
..ul	长度不确定的
..	从最小长度到最大长度,前面附加最小长度,后面附加最大长度
YYYYMMDD hh:mm:ss	“YYYY”表示年份,“MM”表示月份,“DD”表示日期,“hh”表示小时,“mm”表示分钟,“ss”表示秒,可以视实际情况组合使用
m,n	float 的精度,m 表示总长度,n 表示小数位

5.4 自然人信用信息

5.4.1 身份识别信息

身份识别信息见表 4。

表 4　身份识别信息表

中文名称	数据类型	数据格式	备注
人员 ID	string	an32	
姓名	string	..72	
证件号码	string	..18	证件类型为“内地居民身份证”的人员,身份证件号码值域见 GB 11643—1999(《公民身份号码》)
证件类型	string	n1	见 JMGC/XX 204 中的“身份证件类型代码”

续表

中文名称	数据类型	数据格式	备注
性别代码	string	n1	见 JMGC/XX 204 中的“人的性别代码”
出生日期	date	YYYYMMDD	
国籍代码	string	n3	见 JMGC/XX 204 中的“世界各国和地区名称代码”
民族代码	string	n2	见 JMGC/XX 204 中的“民族代码”
籍贯	string	..100	

5.4.2 家庭状况信息

家庭状况信息见表5。

表5　家庭状况信息表

中文名称	数据类型	数据格式	备注
婚姻状况代码	string	n2	见 JMGC/XX 204 中的“婚姻状况代码”
户籍类别代码	string	n1	见 JMGC/XX 204 中的“户籍类别代码”
户籍地行政区划代码	string	an12	前6位采用 GB/T 2260 规定的6位数字码;第7—9位为县以下行政区划代码,应符合 GB/T 10114 的编码规则;后3位为村或社区编码

5.4.3 政治面貌信息

政治面貌信息见表6。

表6　政治面貌信息表

中文名称	数据类型	数据格式	备注
政治面貌代码	string	n2	见 JMGC/XX 204 中的“政治面貌代码”

5.4.4 职业信息

职业信息见表7。

表7　职业信息表

中文名称	数据类型	数据格式	备注
职业代码	string	n1	见 JMGC/XX 204 中的“职业分类代码”

5.4.5 教育信息

教育信息见表8。

表 8　教育信息表

中文名称	数据类型	数据格式	备注
学历代码	string	n2	见 JMGC/XX 204 中的“学历代码”

5.4.6 联系信息

联系信息见表 9。

表 9　联系信息表

中文名称	数据类型	数据格式	备注
详细住址描述	string	..100	按《金民工程业务时空要素基准规范》4.7 给出的规则描述
居住地址行政区划代码	string	n12	前 6 位采用 GB/T 2260 规定的 6 位数字码;第 7—9 位为县以下行政区划代码,应符合 GB/T 10114 的编码规则;后 3 位为村或社区编码
联系电话	string	..32	

5.4.7 社会保障信息

社会保障信息见表 10。

表 10　社会保障信息表

中文名称	数据类型	数据格式	备注
家庭收入	float	8,2	单位:元
健康状况代码	string	n2	见 JMGC/XX 204 中的“健康状况代码”
社会救助类型	string	n2	见 JMGC/XX 204 中的“救助业务类型代码”
养老服务类型	string	n2	见 JMGC/XX 204 中的“养老服务类型代码”

5.4.8 婚姻联合惩戒信息

婚姻联合惩戒信息见表 11。

表 11　婚姻联合惩戒信息表

中文名称	数据类型	数据格式	备注
失信行为类型	string	n2	见 JMGC/XX 204 中的“婚姻当事人失信类型代码”
失信行为说明	string	..200	
婚姻登记业务类型	string	n2	见 JMGC/XX 204 中的“婚姻管理业务类型代码”
登记时间	datetime	YYYYMMDD hh:mm:ss	

5.4.9 民政部门认定信息

民政部门认定信息见表12。

表12 民政部门认定信息

中文名称	数据类型	数据格式	值域
所属年度	string	n4	
指标编码	string	an32	
评价等级	string	n1	见附录A“自然人信用评估等级代码”
信用得分	float	10,2	

5.4.10 信用档案信息

信用档案信息见表13。

表13 信用档案信息表

中文名称	数据类型	数据格式	值域
档案编码	string	an32	
档案名称	string	..100	
人员ID	string	an32	
失信行为	string	..100	

5.5 社会组织信用信息

5.5.1 主体识别信息

主体识别信息见表14。

表14 主体识别信息表

中文名称	数据类型	数据格式	值域
统一社会信用代码	string	an18	采用GB 32100—2015 编码规则
社会组织名称	string	..100	
成立时间	date	YYYYMMDD	
机构性质	string	n2	
住所所在行政区划代码	string	n6	采用GB/T 2260 规定的6位数字码
行业分类代码	string	n2	见JMGC/XX 204 中的“单位行业分类代码”
联系电话	string	..32	
法定代表人	string	..72	
法人证件号码	string	an18	

5.5.2 行政处罚信息

行政处罚信息见表 15。

表 15　行政处罚信息表

中文名称	数据类型	数据格式	值域
行政处罚类型	string	n1	见 MZ/T 097 中的“行政处罚类型代码”
行政处罚决定书文号	string	..30	
处罚名称	string	..512	
违法事实	string	..4096	
处罚依据	string	..4096	
处罚结果	string	..128	
处罚部门	string	..64	
处罚决定日期	date	YYYYMMDD	

5.5.3 行政检查信息

行政检查信息见表 16。

表 16　行政检查信息表

中文名称	数据类型	数据格式	值域
年检年度	date	YYYY	
年检结果	string	n2	见 MZ/T 097 中的“年检结果代码”
整改情况	string	..2048	采用 GB/T 2260 规定的 6 位数字码

5.5.4 民政部门认定信息

民政部门认定信息见表 17。

表 17　民政部门认定信息表

中文名称	数据类型	数据格式	值域
评估等级	string	n1	见附录 B “社会组织信用评估等级代码”
有效期起	date	YYYYMMDD	
有效期止	date	YYYYMMDD	

5.5.5 信用档案信息

信用档案信息见表 18。

表18　信用档案信息表

中文名称	数据类型	数据格式	值域
档案编码	string	an32	
档案名称	string	..100	
评估等级	string	n1	见附录B"社会组织信用评估等级代码"
奖励信息	string	..200	
绩效信息	string	..200	
荣誉信息	string	..200	
舆情监控信息	string	..200	
社会组织惩罚信息	string	..50	
社会组织执法信息	string	..200	
举报投诉信息	string	..200	
投诉信息核实情况	string	..200	
非法社会组织信息	string	..200	

附录 A

（规范性）

自然人信用评估等级代码

自然人信用信息包括基础信息、社会保障信息、婚姻联合惩戒信息和其他信息。评估机构对自然人进行评估的等级见表 A.1。

表 A.1 自然人评估等级代码表

代码	评估等级
5	5A 级（AAAAA）
4	4A 级（AAAA）
3	3A 级（AAA）
2	2A 级（AA）
1	1A 级（A）

附录 B

（规范性）

社会组织信用评估等级代码

根据《社会组织信用信息管理办法》，社会组织信用信息包括基础信息、年报信息、行政检查信息、行政处罚信息和其他信息。评估机构对社会组织进行评估的等级见表 B. 1。

表 B. 1　社会组织评估等级代码表

代码	评估等级
5	5A 级（AAAAA）
4	4A 级（AAAA）
3	3A 级（AAA）
2	2A 级（AA）
1	1A 级（A）

JMGC

民 政 部 金 民 工 程 标 准

JMGC/XX 206—2020

金民工程数据共享基本要求

2020－12－30 发布　　2020－12－30 实施

民政部信息中心 发布

目　次

前　言

本文件按照 GB/T 1. 1—2020《标准化工作导则 第1部分:标准化文件的结构和起草规则》的规定起草。

请注意本文件的某些内容可能涉及专利。本文件的发布机构不承担识别专利的责任。

本文件的附录 A 为规范性附录。

本文件由民政部信息中心提出并归口。

本文件起草单位:民政部信息中心、北京科迪智标信息技术有限公司、四川久远银海软件股份有限公司、上海速连信息科技有限公司、中科恒运股份有限公司、太极计算机股份有限公司、东软集团股份有限公司、万达信息股份有限公司、深圳市永兴元科技股份有限公司、北京久其软件股份有限公司。

本文件主要起草人:范一大、王兴玲、文长军、郑明煊、高媛、赵超、李杰、戴朝云、杨天荣、邢立强、赵周全、屈莹、肖樑、马守平、李俊梅、陈先杰、王鑫、谷峰帅、胡映。

金民工程数据共享基本要求

1 范围

本文件规定了金民工程一期项目向其他各部门共享数据的内容及质量要求。

本文件适用于金民工程一期项目向其他部门共享数据。

2 规范性引用文件

下列文件中的内容通过文中的规范性引用而构成本文件必不可少的条款。其中,注日期的引用文件,仅该日期对应的版本适用于本文件;不注日期的引用文件,其最新版本(包括所有的修改单)适用于本文件。

GB/T 2260 中华人民共和国行政区划代码

GB/T 2659 世界各国和地区名称代码

GB/T 4657 中央党政机关、人民团体及其他机构代码

GB/T 10114 县以下行政区划代码编码规则

GB 11643 公民身份号码

GB/T 17969.8 信息技术 开放系统互连 OSI 登记机构操作规程 第 8 部分:通用唯一标识符(UUID)的生成和登记及其用

GB 32100 法人和其他组织统一社会信用代码编码规则

JMGC/XX 201—2020 金民工程数据库设计规范

3 数据表示格式

3.1 标识符

标识符规则见 JMGC/XX 201—2020 第 6.2.1 节。

3.2 数据类型

本标准中用于数据共享的数据项的类型见表 1。

表 1　数据类型表

数据类型	说明
string(字符型)	通过字符形式表达的值的类型

续表

数据类型	说明
integer(整数型)	通过“0”到“9”数字表达的整数类型的值
float(浮点型)	通过“0”到“9”数字和小数点“.”表达的实数
date(日期型)	通过 YYYYMMDD 的形式表达的值的类型
datetime(日期时间型)	通过 YYYYMMDD hh:mm:ss 的形式表达的值的类型
boolean(布尔型)	两个且只有两个表明条件的值
binary(二进制)	上述类型无法表示的其他数据类型,比如图像、音频等

3.3 数据格式

从业务的角度规定的数据项的格式需求,包括所允许的最大和(或)最小字符长度,数据项值的表示格式等。数据格式中使用的字符含义见表2。

表2 数据格式表

数据格式	说明
a	字母字符
n	数字字符
an	字母数字字符
m(m 为自然数)	定长 m 个字符,字符集默认为 GB 18030 的全部部分
..ul	长度不确定的
..	从最小长度到最大长度,前面附加最小长度,后面附加最大长度
YYYYMMDD hh:mm:ss	“YYYY”表示年份,“MM”表示月份,“DD”表示日期,“hh”表示小时,“mm”表示分钟,“ss”表示秒,可以视实际情况组合使用
m,n	float 的精度,m 表示总长度,n 表示小数位

3.4 必选项

数据项标明为必选项的,要求在金民工程一期项目数据共享过程中作为必选数据项予以设置。未标明为必选项的,仅作为金民工程一期项目数据共享过程中的推荐数据项。

4 共享内容及方式

4.1 概述

民政部向其他相关部委提供共享信息分类见表3,具体共享的数据项及数据交换格式见4.2—4.14。共享方式可根据共享对象及共享部门的需求选择采用《金民工程数据交换规范》中第6章规定的接口调用方式、数据库对接方式或文件交换方式。

表3 共享信息分类表

共享信息大类	共享信息名称	共享信息描述
社会组织	社会组织团体法人登记证书	社会团体名称、统一社会信用代码、业务范围、法定代表人、活动资金、住所、有效期始、有效期止、活动地域、发证机关、发证日期、业务主管单位、登记类型、是否为慈善组织
	基金会法人登记证书	基金会名称、统一社会信用代码、业务范围、法定代表人、注册资金、住所、有效期始、有效期止、发证机关、发证日期、业务主管单位、登记类型、是否为慈善组织
	民办非企业单位登记证书	民办非企业单位名称、统一社会信用代码、业务范围、法定代表人、开办资金、住所、有效期始、有效期止、发证机关、发证日期、业务主管单位、登记类型、是否为慈善组织
	社会团体名称变更登记记录	社会团体名称、统一社会信用代码、变更日期、变更前名称、变更后名称
	基金会名称变更登记记录	基金会名称、统一社会信用代码、变更日期、变更前名称、变更后名称
	民办非企业单位名称变更登记记录	民办非企业单位名称、统一社会信用代码、变更日期、变更前名称、变更后名称
社会救助	社会救助信息	户主身份证号码、成员姓名、成员身份证号码、与户主关系、救助类型、救助金额
基层政权建设和社区治理	村(居)赋码	村(居)名称、行政区划代码、统一社会信用代码
区划地名	区划变更	行政区划名称、行政区划代码、变更类型、变更后内容、变更日期
社会事务	婚姻登记信息	男方当事人姓名、女方当事人姓名、男方当事人身份证件号码、女方当事人身份证件号码、男方婚姻状况代码、女方婚姻状况代码
	遗体火化信息	逝者姓名、逝者证件号、逝者性别、逝者户籍所在地、遗体火化日期、火化场行政区划代码
儿童福利	全国留守儿童和困境儿童信息	儿童姓名、身份证号码、儿童性别、出生日期、民族、户籍所在地行政区划、是否留守儿童、是否困境儿童
	收养登记信息	被收养人员姓名、被收养人员身份证件号码、收养登记证号、男方收养人员姓名、男方收养人员身份证件号码、女方收养人员姓名、女方收养人员身份证件号码
	孤儿信息	儿童姓名、身份证号码、儿童性别、出生日期、民族、户籍所在地行政区划、是否散居孤儿、是否福利机构抚养、福利机构名称
慈善事业促进和社会工作	社会工作者信息	社会工作者姓名、身份证件号码、服务领域
	志愿者信息	志愿者姓名、身份证件号码、志愿服务时间

4.2 社会组织管理

4.2.1 社会组织信息

社会组织共享信息及数据格式见表4。

表 4　社会组织信息

标识符	中文名称	数据类型	数据格式	必选项	备注
AAAE0103	社会组织名称	string	an200	Y	
AAAE0123	社会组织登记日期	date	YYYYMMDD	Y	
AAAE0105	类型	string	n1	Y	见附录 A“社会组织类型代码”
AAAE0106	登记类型	string	n1	Y	见附录 A“社会组织登记类型代码”
AAAE0116	注册地址	string	..128	Y	
AAAE0113	法人代表姓名	string	..72	Y	

4.2.2 社会团体法人登记证书信息

社会团体法人登记证书共享信息及数据格式见表 5。

表 5　社会团体法人登记证书信息

标识符	中文名称	数据类型	数据格式	必选项	备注
AAAE0103	社会团体名称	string	an200	Y	
AAAE0102	统一社会信用代码	string	an18	Y	符合 GB 32100 的规则
AAAE0122	业务范围	string	..2048	Y	
AAAE0113	法定代表人	string	..72	Y	
AAAE0129	活动资金	float		Y	
AAAE0116	住所	string	..128	Y	
AAAE0703	有效期始	date	YYYYMMDD	N	
AAAE0704	有效期止	date	YYYYMMDD	N	
AAAE0130	活动地域	string	..128	Y	
AAAE0706	发证机关	string	..64	N	
AAAE0131	发证日期	date	YYYYMMDD	Y	
AAAE0109	业务主管单位	string	..64	N	
AAAE0136	是否为慈善组织	boolean		Y	

4.2.3 基金会法人登记证书信息

基金会法人登记证书共享信息及数据格式见表 6。

表 6　基金会法人登记证书信息

标识符	中文名称	数据类型	数据格式	必选项	备注
AAAE0103	基金会名称	string	an200	Y	

续表

标识符	中文名称	数据类型	数据格式	必选项	备注
AAAE0102	统一社会信用代码	string	an18	Y	符合 GB 32100 的规则
AAAE0122	业务范围	string	..2048	Y	
AAAE0113	法定代表人	string	..72	Y	
AAAE0129	注册资金	float		Y	
AAAE0116	住所	string	..128	Y	
AAAE0703	有效期始	date	YYYYMMDD	N	
AAAE0704	有效期止	date	YYYYMMDD	N	
AAAE0706	发证机关	string	..64	N	
AAAE0131	发证日期	date	YYYYMMDD	Y	
AAAE0109	业务主管单位	string	..64	N	
AAAE0136	是否为慈善组织	boolean		Y	

4.2.4 民办非企业单位登记证书信息

民办非企业单位登记证书共享信息及数据格式见表7。

表7　民办非企业单位登记证书信息

标识符	中文名称	数据类型	数据格式	必选项	备注
AAAE0103	民办非企业单位名称	string	an200	Y	
AAAE0102	统一社会信用代码	string	an18	Y	符合 GB 32100 的规则
AAAE0122	业务范围	string	..2048	Y	
AAAE0113	法定代表人	string	..72	Y	
AAAE0129	开办资金	float		Y	
AAAE0116	住所	string	..128	Y	
AAAE0703	有效期始	date	YYYYMMDD	N	
AAAE0704	有效期止	date	YYYYMMDD	N	
AAAE0706	发证机关	string	..64	N	
AAAE0131	发证日期	date	YYYYMMDD	Y	
AAAE0109	业务主管单位	string	..64	N	
AAAE0136	是否为慈善组织	boolean		Y	

4.2.5 社会团体名称变更登记记录

社会团体名称变更登记记录共享信息及数据格式见表8。

表 8　社会团体名称变更登记记录

标识符	中文名称	数据类型	数据格式	必选项	备注
AAAE0103	社会团体名称	string	an200	Y	
AAAE0102	统一社会信用代码	string	an18	Y	
AAAE1306	变更日期	date	YYYYMMDD	Y	
AAAE1304	变更前名称	string	..512	Y	
AAAE1305	变更后名称	string	..512	Y	

4.2.6 基金会名称变更登记记录

基金会名称变更登记记录共享信息及数据格式见表 9。

表 9　基金会名称变更登记记录

标识符	中文名称	数据类型	数据格式	必选项	备注
AAAE0103	基金会名称	string	an200	Y	
AAAE0102	统一社会信用代码	string	an18	Y	
AAAE1306	变更日期	date	YYYYMMDD	Y	
AAAE1304	变更前名称	string	..512	Y	
AAAE1305	变更后名称	string	..512	Y	

4.2.7 民办非企业单位名称变更登记记录

民办非企业单位名称变更登记记录共享信息及数据格式见表 10。

表 10　民办非企业单位名称变更登记记录

标识符	中文名称	数据类型	数据格式	必选项	备注
AAAE0103	民办非企业单位名称	string	an200	Y	
AAAE0102	统一社会信用代码	string	an18	Y	
AAAE1306	变更日期	date	YYYYMMDD	Y	
AAAE1304	变更前名称	string	..512	Y	
AAAE1305	变更后名称	string	..512	Y	

4.3 社会救助

社会救助共享信息及数据格式见表 11。

表 11　社会救助信息

标识符	中文名称	数据类型	数据格式	必选项	备注
AXCP0002	成员姓名	string	..72	Y	
AXCP0005	成员公民身份号码	string	..18	Y	
AXAA0001	行政区划代码	string	n12	Y	
AXDF0004	户主公民身份号码	string	..18	Y	
AXCP0035	与户主关系	string	n2	Y	见附录 A“家庭关系代码”
ABAP0040	救助金额	float		Y	
ABAX6002	救助业务类型	string	n3	Y	见附录 A“救助业务类型代码”
ABAZ9001	救助月份	date	YYYYMM	Y	

4.4 基层政权建设和社区治理

4.4.1 村(居)赋码

村(居)赋码共享信息及数据格式见表 12。

表 12　村(居)赋码信息

标识符	中文名称	数据类型	数据格式	必选项	备注
AXAA0001	行政区划代码	string	n12	Y	前 6 位采用 GB/T 2260 中规定的 6 位数字码;第 7—9 位为县以下行政区划代码,应符合 GB/T 10114 的编码规则;后 3 位为村或社区编码
ACAE8902	村居名称	string	..100	Y	村(居)委会名称
ACAE8903	村(居)类型	string	n1	Y	4. 村民委员会 5. 居民委员会
AXBE0002	统一社会信用代码	string	an18	Y	《国务院关于批转发展改革委等部门法人和其他组织统一社会信用代码制度建设总体方案的通知》(国发〔2015〕33 号)中确定的编制规则
ACAE8904	有效期(始)	date	YYYYMMDD	Y	
ACAE8905	有效期(止)	date	YYYYMMDD	Y	
ACAE8906	发证机关	string	..100	Y	
ACAE8907	核准日期	date	YYYYMMDD	Y	
ACAE8908	联系人	string	..72	Y	
AXBE0013	联系电话	string	..17	Y	有效的座机或手机号码。座机号码标准格式为:区号 - 电话号码,手机号码为 11 位数字
ACAE8909	详细地址	string	..100	Y	
ACAE8910	村(居)民小组数	string	n3	Y	

续表

标识符	中文名称	数据类型	数据格式	必选项	备注
ACAE8911	户数	string	n5	Y	
ACAE8912	自然村数	string	n3	N	村(居)类型为村民委员会时,必填
ACAE8913	小区数	string	n3	N	村(居)类型为居民委员会时,必填

4.5 区划地名

4.5.1 区划变更信息

区划变更共享信息及数据格式见表13。

表13　区划变更信息

标识符	中文名称	数据类型	数据格式	必选项	备注
AXAA1202	原行政区划代码	string	n12	Y	前6位采用GB/T 2260中规定的6位数字码;第7—9位为县以下行政区划代码,应符合GB/T 10114的编码规则;后3位为村或社区编码
AXAA1203	原行政区划名称	string	..50	Y	
AEAA1110	行政区划变更类型	string	n2	Y	见附录A“行政区划变更类型”
AEAA1204	现行政区划代码	string	n12	Y	前6位采用GB/T 2260中规定的6位数字码;第7—9位为县以下行政区划代码,应符合GB/T 10114的编码规则;后3位为村或社区编码
AEAA1205	现行政区划名称	string	..50	Y	
AEAA1121	批准文件	string	..200	Y	
AEBA0381	变更发布年月	date	YYYYMMDD	Y	日期类型校验,必须小于等于当前日期,前台显示格式化成YYYYMM

4.6 社会事务

4.6.1 婚姻登记信息

婚姻登记共享信息及数据格式见表14。

表14　婚姻登记信息

标识符	中文名称	数据类型	数据格式	必选项	备注
AXCP0002_1	男方当事人姓名	string	..72	N	

续表

标识符	中文名称	数据类型	数据格式	必选项	备注
AXCP0004_1	男方当事人身份证件类型	string	n1	N	见附录 A“身份证件类型代码”
AXCP0005_1	男方当事人身份证件号码	string	..18	N	
AXCP0092_1	男方婚姻状况代码	string	n2	N	见附录 A“婚姻状况代码”
AXCP0002_2	女方当事人姓名	string	..72	N	
AXCP0004_2	女方当事人身份证件类型	string	n1	N	见附录 A“身份证件类型代码”
AXCP0005_2	女方当事人身份证件号码	string	..18	N	
AXCP0092_2	女方婚姻状况代码	string	n2	N	见附录 A“婚姻状况代码”

4.6.2 遗体火化信息

遗体火化共享信息及数据格式见表 15。

表 15 遗体火化信息

标识符	中文名称	数据类型	数据格式	必选项	备注
AFBE0005	火化场行政区划代码	string	n12	Y	见附录 A“殡葬值域代码 E1”
AXCP0002_1	逝者姓名	string	..72	N	无名置空
AXCP0004_1	逝者证件类型	string	n1	N	见附录 A“身份证件类型代码”
AXCP0005_1	逝者证件号	string	..18	N	无证置空，对于身份证件类型为“内地居民身份证”的人员，公民身份号码值域见 GB 11643—1999(《公民身份号码》)
AXCP0006	逝者性别	string	n1	N	见附录 A“人的性别代码”
AXAA0001	逝者户籍所在地	string	n12	N	见附录 A“殡葬值域代码 E1”
AXCP0007	逝者国名和地区名代码	string	n3	N	见附录 A“世界各国和地区名称代码”
AFBP0085	火化证明编号	string	..16	N	
AXBE0003	火化机构全称	string	..100	Y	
AXBE0027	火化机构地址	string	..200	Y	
AFBP0086	遗体火化日期	datetime	YYYYMMDD	Y	

4.7 儿童福利

4.7.1 全国留守儿童和困境儿童信息

全国留守儿童和困境儿童共享信息及数据格式见表 16。

表 16 全国留守儿童和困境儿童信息

标识符	中文名称	数据类型	数据格式	必选项	备注
AXCP0002	儿童姓名	string	..72	Y	
AXCP0005	公民身份号码	string	an18	Y	按照公民身份号码校验位算法校验
AXCP0006	性别	integer	n1	Y	见附录 A“人的性别代码”
AXCP0097	出生日期	date	YYYYMMDD	Y	
AXCP0008	民族	string	n2	Y	见附录 A“民族代码”
AXCP0013	户籍类别	string	n2	Y	见附录 A“户籍类别代码”
AXCP0010	健康状况	string	n2	Y	见附录 A“健康状况代码”
AJEP0110	就学情况	string	n2	Y	见附录 A“学业状况代码”
AXAA0001	户籍所在地行政区划	string	n12	Y	前 6 位采用 GB/T 2260 中规定的 6 位数字码;第 7—9 位为县以下行政区划代码,应符合 GB/T 10114 的编码规则;后 3 位为村或社区编码
AJEP0125	户籍所在地详细地址	string	..100	Y	
AJEP0605	是否留守儿童	string	n1	Y	1 是;0 否
AJEP0606	是否困境儿童	string	n1	Y	1 是;0 否

4.7.2 收养登记信息

收养登记共享信息及数据格式见表 17。

表 17　收养登记信息

标识符	中文名称	数据类型	数据格式	必选项	备注
AXCP0002	男方收养人员姓名	string	..72	N	
AXCP0005	男方收养人身份证件类型	string	n1	N	见附录 A“身份证件类型代码”
AXCP0004	男方收养人员身份证件号码	string	an18	N	
AXCP0097	男方收养人员出生日期	date	YYYYMMDD	N	
AXCP0007	男方收养人员国籍代码	string	n3	N	见附录 A“世界各国和地区名称代码”
AXCP0002_1	女方收养人员姓名	string	..72	N	
AXCP0005_1	女方收养人身份证件类型	string	n1	N	见附录 A“身份证件类型代码”
AXCP0004_1	女方收养人员身份证件号码	string	an18	N	
AXCP0097_1	女方收养人员出生日期	date	YYYYMMDD	N	

续表

标识符	中文名称	数据类型	数据格式	必选项	备注
AXCP0007_1	女方收养人员国籍代码	string	n3	N	见附录 A“世界各国和地区名称代码”
AXCP0002_2	被收养人员姓名	string	..72	Y	
AXCP0005_2	被收养人身份证件类型	string	n1	Y	见附录 A“身份证件类型代码”
AXCP0004_2	被收养人员身份证件号码	string	an18	Y	
AXCP0006_2	被收养人员性别代码	string	n1	Y	见附录 A“人的性别代码”
AXCP0097_2	被收养人员出生日期	date	YYYYMMDD	Y	
AXCP0007_2	被收养人员国籍代码	string	n3	Y	见附录 A“世界各国和地区名称代码”
AJAX0110	收养登记证号	string	..20	Y	
AJAX0121	业务类别	string	n1	Y	见附录 A“收养业务代码”
AJAX0122	登记日期	date	YYYYMMDD	Y	
AXBE0003	登记机关	string	..20	Y	

4.7.3 孤儿信息

孤儿共享信息及数据格式见表 18。

表 18　孤儿信息

标识符	中文名称	数据类型	数据格式	必选项	备注
AXCP0002	儿童姓名	string	..72	Y	
AXCP0005	公民身份号码	string	an18	N	见 GB 11643—1999(《公民身份号码》)
AXCP0006	性别	integer	n1	Y	见附录 A“人的性别代码”
AXCP0097	出生日期	date	YYYYMMDD	Y	
AXCP0008	民族	string	n2	Y	见附录 A“民族代码”
AXCP0013	户籍类别	string	n2	Y	见附录 A“户籍类别代码”
AXCP0010	健康状况	string	n2	Y	见附录 A“健康状况代码”
AJEP0110	就学情况	string	n2	Y	见附录 A“学业状况代码”
AXAA0001	户籍所在地行政区划	string	n12	Y	前 6 位采用 GB/T 2260 中规定的 6 位数字码;第 7—9 位为县以下行政区划代码,应符合 GB/T 10114 的编码规则;后 3 位为村或社区编码
AJEP0125	户籍所在地详细地址	string	..100	Y	
AJEP0301	登记日期	date	YYYYMMDD	Y	

续表

标识符	中文名称	数据类型	数据格式	必选项	备注
AJEP0331	是否散居孤儿	string	n1	Y	1 是;0 否
AJEP0332	是否机构抚养孤弃儿童	string	n1	Y	1 是;0 否
AXBE0003	福利机构名称	string	..20	N	
AXBE0002	福利机构统一社会信用代码	string	an18	N	符合 GB 32100 的规则
AXAA0001_1	福利机构所在地行政区划代码	string	n12	N	前6位采用GB/T 2260中规定的6位数字码;第7—9位为县以下行政区划代码,应符合 GB/T 10114 的编码规则;后3位为村或社区编码
AJEE0108	福利机构详细地址	string	..100	N	

4.8 慈善事业促进和社会工作

4.8.1 社会工作者

社会工作者共享信息及数据格式见表19。

表19 社会工作者信息

标识符	中文名称	数据类型	数据格式	必选项	备注
AXCP0002	姓名	string	..72	Y	社会工作者姓名;填写中文字符、英文字符
AXCP0004	身份证件类型	string	n2	Y	见附录A“身份证件类型代码”
AXCP0005	身份证件号码	string	an18	Y	对于身份证件类型为“内地居民身份证”的人员,身份证件号码值域见 GB 11643—1999(《公民身份号码》)
AXCP0006	性别	string	n1	Y	见附录A“人的性别代码”
AXCP0011	籍贯	string	..100	N	本人出生时祖父的居住地,填写到地市一级。例如:湖北省武汉市
AXCP0097	出生日期	date	YYYYMMDD	Y	
AXCP0092	婚姻状况	string	n2	N	见附录A“婚姻状况代码”
AXCP0017	政治面貌	string	n2	N	见附录A“政治面貌代码”
AXZX0001	手机号码	string	n11	Y	
AKCP0109	毕业院校	string	..100	N	填写最高学历毕业院校
AKCP0110	毕业日期	date	YYYYMMDD	N	选择最高学历毕业日期
AKCP0111	专业	string	..50	N	填写最高学历所学专业
AXCP0009	文化程度	string	n2	Y	见附录A“学历代码”

续表

标识符	中文名称	数据类型	数据格式	必选项	备注
AXAA0001	工作所在地行政区划代码	string	n12	Y	前6位采用GB/T 2260中规定的6位数字码;第7—9位为县以下行政区划代码,应符合GB/T 10114的编码规则;后3位为村或社区编码
AKCP0202	登记日期	date	YYYYMMDD	Y	最近一次登记日期
AKCP0206	登记状态	string	n1	Y	1为首次登记,2为再登记
AKCP0203	职业水平证书管理编号	string	..28	Y	职业水平证书上的管理编号
AKCP0204	证书等级	string	n1	Y	见附录A"社会工作者职业水平等级代码"
AKCP0205	职业水平证书发放日期	date	YYYYMMDD	N	
AXBE0002	所在单位统一社会信用代码	string	an18	N	《国务院关于批转发展改革委等部门法人和其他组织统一社会信用代码制度建设总体方案的通知》(国发〔2015〕33号)中确定的编制规则
AXBE0003	工作单位	string	..100	Y	所在工作单位名称
AKCP0210	服务领域一	string	an62	Y	见附录A"社会工作服务领域代码"
AKCP0210_1	服务领域二	string	an62	Y	见附录A"社会工作服务领域代码"
AKCP0211	线下继续教育时长	float	6,2	N	单位:小时

4.8.2 志愿者信息

志愿者共享信息及数据格式见表20。

表20　志愿者信息

标识符	中文名称	数据类型	数据格式	必选项	备注
AXCP0002	姓名	string	..72	Y	志愿者姓名
AXCP0004	身份证件类型	string	n1	Y	见附录A"身份证件类型代码"
AXCP0005	身份证件号码	string	..18	Y	对于身份证件类型为"内地居民身份证"的人员,公民身份号码值域见GB 11643—1999(《公民身份号码》)
AXCP0006	性别	string	n1	Y	见附录A"人的性别代码"
AXCP0007	国籍	string	n3	Y	见附录A"世界各国和地区名称代码"
AKCP0106	出生日期	date	YYYYMMDD	Y	
AXZX0001	手机号码	string	n11	Y	实名认证的手机号码

续表

标识符	中文名称	数据类型	数据格式	必选项	备注
AKDP0115	固定电话	string	..17	N	包含区号、固话号码、分机号
AXZX0005	电子邮箱	string	..100	Y	志愿者电子邮箱
AKDP0119	志愿者编号	string	an18	Y	志愿者注册成功之后系统自动生成的唯一编号,首次填写的居住区域(000000)+001(志愿服务信息系统 ID 编码,3 位)+不重复的随机数字(9 位),如:4201000010000000
AKDP0120	注册日期	date	YYYYMMDD	Y	志愿者的注册日期
AXAA0001	行政区划代码	string	n12	Y	前 6 位采用 GB/T 2260 中规定的 6 位数字码;第 7—9 位为县以下行政区划代码,应符合 GB/T 10114 的编码规则;后 3 位为村或社区编码
AKDP0205	可提供服务时间	string	..71	N	多选,选择可提供服务时间,代码集为"志愿者可提供服务时间代码",多个用逗号隔开。如:01,02
AKDP0206	服务类别	string	..19	Y	多选,最多 4 项;代码集为"志愿者服务项目类别代码",民政行标里定义的类别是 2 位数,如:01,02;各省份自定义的类别由系统生成 4 位数;如:(北京的)1101,1102
AKDP0303	母语	string	n4	Y	代码集为"语言类型代码"
AKDP0307	个人特长	string	..53	N	多选,选择个人特长,代码集为"志愿者特长代码"。如:01,02

5 数据质量管理

5.1 格式检查

在数据采集过程中应对共享数据内容的结构及完整性进行检查,包括数据来源是否合法、数据编码格式是否合规、必选项是否完整、名称是否合规等。

5.2 值域检查

按照附录 A 的规范,对数据的取值范围进行合理性检查,超过值域范围的数据为错误数据:

a)单位信息中统一社会信用代码应符合 GB 32100—2015 的法人和其他组织统一社会信用代码编码规则;

b)个人信息中公民身份号码应符合 GB 11643—1999 的公民身份号码验证规则;

c)"备注"中标明采用代码的数据项,其值域应符合附录 A 中的取值范围。

5.3 数据质量服务功能

业务系统应提供数据质量检查功能,应在向其他部门进行数据共享前,进行数据的质量检查。对发现的异常数据进行单独处理,必要时进行上报。

6 数据服务

6.1 服务接口

服务接口采用 HTTP POST 方式提供,请求和响应的参数均采用 JSON 格式,编码均为 UTF—8 格式:

a)请求地址示例

http:// 域名或 IP:端口号/应用名_服务名。

b)请求内容示例

API 网关提供的接口请求内容结构均保持一致,请求参数和返回值均采用 JSON 格式字符串,接口请求内容示例,如表 21 所示。

表 21　接口请求示例

接口名称	结婚登记查询接口
请求地址	http:// 域名或 IP:端口号/应用名_服务名
接口协议	HTTP
请求类型	POST
请求 Header 设置	
Content - Type	application/json;charset = utf - 8
请求 Body 格式(请求参数)	

{
"access_key":"hydj",
"format":"json",
"request_id":"3fc89826ad5c4e8fbf40",
"timestamp":"1553737749174",
"sign":"",
"biz_content":{
}
}	

返回值
{
"msg":"接入系统不存在或已被禁用",
"code":" - 103",
"biz_data":""
}	

请求参数采用 JSON 格式字符串,请求参数说明如表 22 所示。

表 22　接口请求参数说明

参数代码	参数名称	数据格式	是否必填	注释说明
access_key	接入系统标识	string	Y	值类型为 string
format	返回数据格式 JSON	string	N	值类型为 string
request_id	请求唯一编码(流水号)	string	N	值类型为 string
sign	参数签名	string	Y	值类型为 string
timestamp	发送请求的时间(毫秒)	string	Y	值类型为 string
biz_content	业务请求参数	string	Y	值类型为 string,JSON 格式

不同接口的 biz_content 参数内容由具体的接口技术对接文档说明,返回值说明如表 23 所示。

表 23　接口返回值说明

参数代码	参数名称	数据格式	是否必填	注释说明
code	运行代码	string	Y	运行代码
msg	信息提示	string	N	信息提示
biz_data	业务数据	string	N	返回数据,JSON 格式

示例	运行异常:
	{
	"msg":"接入系统不存在或已被禁用",
	"code":"-103",
	"biz_data":""
	}			

不同接口的 biz_data 业务数据由具体的共享接口技术对接文档说明。

c)运行代码说明

接口调用成功或失败返回的运行代码,如表 24 所示。

表 24　服务接口调用返回运行代码说明

代码	运行代码说明
-101	参数错误
-102	数字证书签名失败
-103	接入系统不存在或已被禁用
-104	此 IP 未被允许访问服务
-105	服务器繁忙,请稍后重试

续表

代码	运行代码说明
-106	非平台协议服务需要通过配置的接口地址访问
-107	服务未定义或已下线
-108	服务不可用
-109	不支持的数据库
-110	不支持的数据类型
-201	无访问服务权限
-202	无服务字段权限
-300	执行错误
-400	服务处于熔断状态,请稍后再试
1	调用成功

6.2 服务清单

服务清单信息如表25所示。

表25　服务清单

共享信息大类	共享信息名称	共享方式	数据更新周期
社会组织	社会组织信息	服务接口	每天
社会救助	社会救助信息	服务接口	每月
基层政权建设和社区治理	村(居)赋码信息	服务接口	每月
区划地名	区划变更	服务接口	每月
社会事务	婚姻登记信息	服务接口	每天
	遗体火化信息	服务接口	每季度
儿童福利	全国留守儿童和困境儿童信息	服务接口	每天
	收养登记信息	服务接口	每天
	孤儿信息	服务接口	每天
慈善事业促进和社会工作	社会工作者信息	服务接口	实时
	志愿者信息	服务接口	实时

附录 A

（规范性）

代码集

A.1 身份证件类型代码

身份证件类型代码见表 A.1。

表 A.1 身份证件类型代码表

代码	名称	代码	名称
01	内地居民身份证	07	士兵证
02	香港居民身份证	08	其他有效国籍旅行证件
03	澳门居民身份证	09	香港居民来往内地通行证
04	台湾居民身份证	10	澳门居民来往内地通行证
05	护照	11	台湾居民来往内地通行证
06	军官证		

A.2 民族代码

民族代码见表 A.2。

表 A.2 民族代码表

代码	名称	代码	名称
01	汉族	30	土族
02	蒙古族	31	达斡尔族
03	回族	32	仫佬族
04	藏族	33	羌族
05	维吾尔族	34	布朗族
06	苗族	35	撒拉族
07	彝族	36	毛南族
08	壮族	37	仡佬族
09	布依族	38	锡伯族
10	朝鲜族	39	阿昌族

续表

代码	名称	代码	名称
11	满族	40	普米族
12	侗族	41	塔吉克族
13	瑶族	42	怒族
14	白族	43	乌孜别克族
15	土家族	44	俄罗斯族
16	哈尼族	45	鄂温克族
17	哈萨克族	46	德昂族
18	傣族	47	保安族
19	黎族	48	裕固族
20	傈僳族	49	京族
21	佤族	50	塔塔尔族
22	畲族	51	独龙族
23	高山族	52	鄂伦春族
24	拉祜族	53	赫哲族
25	水族	54	门巴族
26	东乡族	55	珞巴族
27	纳西族	56	基诺族
28	景颇族	97	其他
29	柯尔克孜族	98	外国血统中国籍人士

A.3 婚姻状况代码

婚姻状况代码见表 A.3。

表 A.3　婚姻状况代码表

代码	名称	代码	名称
10	未婚	23	复婚
20	已婚	30	丧偶
21	初婚	40	离婚
22	再婚	90	未说明的婚姻状况

注:参考 GB/T 2261.2—2003 婚姻状况代码的规定。

A.4 人的性别代码

性别代码见表 A.4。

表 A.4 性别代码表

代码	名称	代码	名称
0	未知的性别	2	女性
1	男性	9	未说明的性别

注:参考 GB/T 2261.1—2003 人的性别代码的规定。

A.5 学历代码

学历代码见表 A.5。

表 A.5 学历代码表

代码	名称	代码	名称
11	博士研究生	60	高中
14	硕士研究生	70	初中
20	大学本科	80	小学
30	大学专科和专科学校	00	文盲或半文盲
40	中等专业学校或中等技术学校	99	未说明情况
50	技工学校		

注:参考 GB/T 4658—2006 学历代码的规定。

A.6 健康状况代码

健康状况代码见表 A.6。

表 A.6 健康状况代码表

代码	名称	代码	名称
1	健康或良好	41	癌症
2	一般或较弱	49	其他慢性病
3	有慢性病	60	残疾
30/40	有慢性病	61	视力残疾
31	心血管病	62	听力残疾
32	脑血管病	63	言语残疾
33	慢性呼吸系统病	64	肢体残疾
34	慢性消化系统病	65	智力残疾
35	慢性肾炎	66	精神残疾
36	结核病	67	多重残疾
37	糖尿病	69	其他残疾
38	神经或精神疾病	70	未说明情况

注:参考 GB/T 2261.3—2003 健康状况代码的规定。

A.7 个人身份状况代码

个人身份状况代码见表 A.7。

表 A.7 个人身份状况代码表

代码	名称	代码	名称
11	国家公务员	37	现役军人
13	专业技术人员	51	自由职业
17	职员	54	个体经营者
21	企业管理人员	70	无业人员
24	工人	80	退(离)休人员
27	农民	90	其他
31	学生		

A.8 职业分类代码

职业分类代码见表 A.8。

表 A.8 职业分类代码表

代码	名称	代码	名称
0	国家机关、党群组织、企业、事业单位负责人	6/7/8/9	生产、运输设备操作人员及有关人员
1/2	专业技术人员	X	军人
3	办事人员和有关人员	Y	不便分类的其他从业人员
4	商业、服务业人员	Z	无业人员
5	农、林、牧、渔、水利业生产人员		

注:参考 GB/T 6565—2015 职业分类与代码的规定。

A.9 户籍类别代码

户籍类别代码见表 A.9。

表 A.9 户籍类别代码表

代码	名称	代码	名称
01	农业户口	99	其他
02	非农业户口		

A.10 家庭关系代码

家庭关系代码见表 A.10。

表 A.10　家庭关系代码表

代码	名称	代码	名称
0	本人/户主	5	父母/岳父母/公婆
1	配偶	6	祖父母/外祖父母
2	子/婿	7	兄弟姐妹
3	女/媳	9	其他
4	孙子女/外孙子女		

注:参考 GB/T 4761—2008 家庭关系代码的规定,其中名称根据民政工作需要做了必要的调整。

A.11 人员状态代码

人员状态代码见表 A.11。

表 A.11　人员状态代码表

代码	名称	代码	名称
1	有效	4	迁出中
2	死亡	5	注销
3	已迁出	9	其他

A.12 世界各国和地区名称代码

世界各国和地区代码见表 A.12。

表 A.12　世界各国和地区代码表

代码	名称	代码	名称
004	阿富汗	426	莱索托
008	阿尔巴尼亚	430	利比里亚
012	阿尔及利亚	434	利比亚
016	美属萨摩亚	438	列支敦士登
020	安道尔	440	立陶宛
024	安哥拉	442	卢森堡
660	安圭拉	807	前南马其顿
010	南极洲	450	马达加斯加
028	安提瓜和巴布拉	454	马拉维
032	阿根廷	458	马来西亚
051	亚美尼亚	462	马尔代夫

续表

代码	名称	代码	名称
533	阿鲁巴	466	马里
036	澳大利亚	470	马耳他
040	奥地利	584	马绍尔群岛
031	阿塞拜疆	474	马提尼克
044	巴哈马	478	毛里塔尼亚
048	巴林	480	毛里求斯
050	孟加拉国	175	马约特
052	巴巴多斯	484	墨西哥
112	白俄罗斯	583	密克罗尼西亚联邦
056	比利时	498	摩尔多瓦
084	伯利兹	492	摩纳哥
204	贝宁	496	蒙古
060	百慕大	500	蒙特塞拉特
064	不丹	504	摩洛哥
068	玻利维亚	508	莫桑比克
070	波黑	104	缅甸
072	博茨瓦纳	516	纳米比亚
074	布维岛	520	瑙鲁
076	巴西	524	尼泊尔
086	英属印度洋领地	528	荷兰
096	文莱	530	荷属安的列斯
100	保加利亚	540	新喀里多尼亚
854	布基纳法索	554	新西兰
108	布隆迪	558	尼加拉瓜
116	柬埔寨	562	尼日尔
120	喀麦隆	566	尼日利亚
124	加拿大	570	纽埃
132	佛得角	574	诺福克岛
136	开曼群岛	580	北马里亚纳
140	中非	578	挪威
148	乍得	512	阿曼
152	智利	586	巴基斯坦
156	中国	585	帕劳
344	中国香港	275	巴勒斯坦
446	中国澳门	591	巴拿马

续表

代码	名称	代码	名称
158	中国台湾	598	巴布亚新几内亚
162	圣诞岛	600	巴拉圭
166	科科斯(基林)群岛	604	秘鲁
170	哥伦比亚	608	菲律宾
174	科摩罗	612	皮特凯恩
178	刚果(布)	616	波兰
180	刚果(金)	620	葡萄牙
184	库克群岛	630	波多黎各
188	哥斯达黎加	634	卡塔尔
384	科特迪瓦	638	留尼汪
191	克罗地亚	642	罗马尼亚
192	古巴	643	俄罗斯联邦
196	塞浦路斯	646	卢旺达
203	捷克	654	圣赫勒拿
208	丹麦	659	圣基茨和尼维斯
262	吉布提	662	圣卢西亚
212	多米尼克	666	圣皮埃尔和密克隆
214	多米尼加	670	圣文森特和格林纳丁斯
626	东帝汶	882	萨摩亚
218	厄瓜多尔	674	圣马力诺
818	埃及	678	圣多美和普林西比
222	萨尔瓦多	682	沙特阿拉伯
226	赤道几内亚	686	塞内加尔
232	厄立特里亚	690	塞舌尔
233	爱沙尼亚	694	塞拉利昂
231	埃塞俄比亚	702	新加坡
238	福克兰群岛(马尔维纳斯)	703	斯洛伐克
234	法罗群岛	705	斯洛文尼亚
242	斐济	090	所罗门群岛
246	芬兰	706	索马里
250	法国	710	南非
254	法属圭亚那	239	南乔治亚岛和南桑德维奇岛
258	法属波利尼西亚	724	西班牙
260	法属南部领地	144	斯里兰卡
266	加蓬	736	苏丹

续表

代码	名称	代码	名称
270	冈比亚	740	苏里南
268	格鲁吉亚	744	斯瓦尔巴岛和扬马延岛
276	德国	748	斯威士兰
288	加纳	752	瑞典
292	直布罗陀	756	瑞士
300	希腊	760	叙利亚
304	格陵兰	762	塔吉克斯坦
308	格林纳达	834	坦桑尼亚
312	瓜德罗普	764	泰国
316	关岛	768	多哥
320	危地马拉	772	托克劳
324	几内亚	776	汤加
624	几内亚比绍	780	特立尼达和多哥巴
328	圭亚那	788	突尼斯
332	海地	792	土耳其
334	赫德岛和麦克唐纳岛	795	土库曼斯坦
340	洪都拉斯	796	特克斯和凯科斯群岛
348	匈牙利	798	图瓦卢
352	冰岛	800	乌干达
356	印度	804	乌克兰
360	印度尼西亚	784	阿联酋
364	伊朗	826	英国
368	伊拉克	840	美国
372	爱尔兰	581	美国本土外小岛屿
376	以色列	858	乌拉圭
380	意大利	860	乌兹别克斯坦
388	牙买加	548	瓦努阿图
392	日本	336	梵蒂冈
400	约旦	862	委内瑞拉
398	哈萨克斯坦	704	越南
404	肯尼亚	092	英属维尔京群岛
296	基里巴斯	850	美属维尔京群岛
408	朝鲜	876	瓦利斯和富图纳
410	韩国	732	西撒哈拉
414	科威特	886	也门

续表

代码	名称	代码	名称
417	吉尔吉斯斯坦	891	南斯拉夫
418	老挝	894	赞比亚
428	拉脱维亚	716	津巴布韦
422	黎巴嫩		

A.13 学业状况代码

学业状况代码见表 A.13。

表 A.13 学业状况代码表

代码	名称	代码	名称
01	在读	02	毕业
03	肄业	04	结业
05	休学	99	其他

A.14 血型代码

血型代码见表 A.14。

表 A.14 血型代码表

代码	名称	代码	名称
0	不明	1	A 型
2	B 型	3	O 型
4	AB 型	9	其他

引用来源:GA/T 2000.37—2014 公安信息代码 第 37 部分:血型代码。

A.15 社会组织类型代码

采用 GB 32100—2015《法人和其他组织统一社会信用代码编码规则》中的 4.2.2 的表 3“机构类别代码标识”。

A.16 社会组织登记类型代码

社会组织登记类型代码见表 A.15。

表 A.15 社会组织登记类型代码表

代码	名称	代码	名称
1	个体	2	合伙
3	法人		

A.17 殡葬值域代码

值域是根据相应属性中所规定的数据元值的类型、数据格式而决定的数据元的允许值的集合,殡葬值域代码见表16。该集合可能通过以下六种方式给出:

(1)通过名称给出,即直接指出值域的名称。例如,数据元"机构类型"的值域见殡葬单位类型类别代码。

(2)通过参考资料给出。例如,数据元"单位统一信用代码"的值域见GB 32100—2015 法人和其他组织统一社会信用代码编码规则。

(3)通过一一列举的方式给出所有可能的取值以及每一个值对应的实例或含义。例如,数据元"是否在岗"的值域是0:否,1:是。

(4)通过规则间接给出。例如,数据元"业务收入(万元)"的值域为大于0.00小于1000000.00。

(5)无具体要求,即与数据类型的值域相同。

(6)自定义值域表达式的方式给出。如殡葬值域代码所示,值域表达式给出每个分段的类型及它们之间的连接符。其中,a、b为数字,areaCode为行政区划6位编码(见GB/T 2260),YYYY为年,MM为月,DD为日,hh、mm、ss分别为时、分、秒,instCode为18位统一信用代码(见GB 32100—2015 法人和其他组织统一社会信用代码编码规则),xx…xx表示顺序号,其他大写字母标识对应的英文字符。

表 A.16 殡葬值域代码表

编号	值域表达式名称	值域表达式	说明
E1	地理编码	aaaaaaaaaaaa	标准12位地理编码,前6位参见GB/T 2260—2013,中间3位参见GB/T 10114—2003(县以下行政区划代码编码规则),后3位为村或社区编码
E2	联系电话	bbbb - aaaaaaaa - bbbb	区号、固定电话号和分机号以"-"串联
E3	机构标识	areaCode_TT_xxxxxx	"TT"为殡葬单位类型类别代码
E4	人员编号	S_areaCode_instCode_xxxxxx	以字母"S"开始
E5	逝者/使用者标识	D_areaCode_instCode_YYYYMMDD_xxxx	以字母"D"开始
E6	设施标识	IM_areaCode_instCode_TT_xxxxxx	以"IM"开始,"TT"为殡葬设施类型类别代码
E7	设备标识	EQ_areaCode_instCode_TTT_xxxxxx	以"EQ"开始,"TTT"为殡葬设备类型类别代码
E8	用品标识	SP_areaCode_instCode_TT_xxxxxx	以"SP"开始,"TT"为殡葬用品类型类别代码

续表

编号	值域表达式名称	值域表达式	说明
E9	经办人标识	F_areaCode_instCode_YYYYMMDD_xxxxx	以字母“F”开始
E10	图片标识	P_areaCode_instCode_T_xxxxxxxxxx	以“P”开始,“T”为图片类型代码
E11	信息标识	C_areaCode_instCode_YYYY_xxxxxxx	以字母“C”开始
E12	消费记录标识	B_areaCode_instCode_YYYYMMDD_xxxxxx	以字母“B”开始
E13	区域标识	Q_areaCode_xxxxxx	以字母“Q”开始
E14	突发事件标识	E_areaCode_YYYY_xxxxx	以字母“E”开始
E15	业务标识	K _ areaCode _ instCode _ YYYYMMDD _ TT_xxxx	以“K”开始,“TT”为殡葬服务项目类型类别代码
E16	墓位/格位标识	GN_areaCode_instCode_xxxxxxxx	以字母“GN”开始
E17	火化证明编号	H_instCode_YYYYMMDD_xxxxxx	以字母“H”开始

注:MZ/T 098—2017 殡葬管理服务信息系统基本数据规范。

A. 18 收养业务代码

收养业务代码见表 A. 17。

表 A. 17　收养业务代码表

代码	名称	代码	名称
1	收养登记	2	解除收养登记
3	撤销收养登记	4	补领收养登记证
5	补领解除收养关系证明	6	出具收养登记证明

A. 19 行政区划变更类型

行政区划变更类型代码见表 A. 18。

表 A. 18　行政区划变更类型代码表

代码	名称	代码	名称
1	新设立	2	撤销
3	撤销设立	4	撤销合并
5	名称变更		

A. 20 救助业务类型代码

救助业务类型代码见表 A. 19。

表 A.19　救助业务类型代码表

代码	名称	代码	名称
110	城市低保	120	农村低保
130	特困人员救助供养（原农村五保供养）	430	其他专项救助
431	其他专项救助	432	水电燃气救助
433	物价补贴	434	取暖救助
435	粮油帮困救助	436	一次性临时救助
500	临时救助		

A.21 社会工作者职业水平等级代码

社会工作者职业水平等级代码见表 A.20。

表 A.20　社会工作者职业水平等级代码表

代码	名称	代码	名称
01	公共服务	02	生活帮扶
03	支教助学	04	卫生保健
05	法律服务	06	环境保护
07	科技推广	08	治安防控
09	文明引导	10	群众文化
11	大型活动	12	应急救援
99	其他		

A.22 社会工作者服务领域代码

社会工作者服务领域代码见表 A.21。

表 A.21　社会工作者服务领域代码表

代码	名称	代码	名称
01	儿童及青少年服务	02	老人社会服务
03	妇女社会服务	04	医疗社会工作
05	心理健康服务	06	城乡社区发展
07	家庭婚姻	08	残障康复
09	教育辅导	10	社会福利
11	社会救助	12	社区建设
13	慈善事业	14	就业援助
15	职工帮扶	16	犯罪预防

续表

代码	名称	代码	名称
17	禁毒戒毒	18	矫治帮教
19	人口计生	20	纠纷调解
21	社会工作行政	99	其他

A. 23 志愿者服务项目类别代码

志愿者服务项目类别代码见表 A. 22。

表 A. 22　志愿者服务项目类别代码表

代码	名称	代码	名称
01	公共服务	02	生活帮扶
03	支教助学	04	卫生保健
05	法律服务	06	环境保护
07	科技推广	08	治安防控
09	文明引导	10	群众文化
11	大型活动	12	应急救援
99	其他		

A. 24 志愿者可提供服务时间代码

志愿者可提供服务时间代码见表 A. 23。

表 A. 23　志愿者可提供服务时间代码表

代码	名称	代码	名称
01	星期一上午(7:00—12:00)	02	星期一下午(12:00—19:00)
03	星期一晚上(19:00—21:00)	04	星期二上午(7:00—12:00)
05	星期二下午(12:00—19:00)	06	星期二晚上(19:00—21:00)
07	星期三上午(7:00—12:00)	08	星期三下午(12:00—19:00)
09	星期三晚上(19:00—21:00)	10	星期四上午(7:00—12:00)
11	星期四下午(12:00—19:00)	12	星期四晚上(19:00—21:00)
13	星期五上午(7:00—12:00)	14	星期五下午(12:00—19:00)
15	星期五晚上(19:00—21:00)	16	星期六上午(7:00—12:00)
17	星期六下午(12:00—19:00)	18	星期六晚上(19:00—21:00)
19	星期日上午(7:00—12:00)	20	星期日下午(12:00—19:00)
21	星期日晚上(19:00—21:00)	22	节假日上午(7:00—12:00)
23	节假日下午(12:00—19:00)	24	节假日晚上(19:00—21:00)

A. 25 行政区划变更类型代码

行政区划变更类型代码见表 A. 22。

表 A. 24　行政区划变更类型代码表

代码	名称	代码	名称
01	行政区划的设立	05	变更人民政府驻地
02	行政区划的撤销	06	变更行政区划名称
03	变更隶属关系	99	其他行政区划变更
04	变更行政区划界线		

JMGC

民 政 部 金 民 工 程 标 准

JMGC/XX 207—2020

金民工程业务时空基准规范

2020 －12 －30 发布　　2020 －12 －30 实施

民政部信息中心 发布

目　次

前　言

本文件按照 GB/T 1.1—2020《标准化工作导则 第 1 部分:标准化文件的结构和起草规则》的规定起草。

请注意本文件的某些内容可能涉及专利。本文件的发布机构不承担识别专利的责任。

本文件由民政部信息中心提出并归口。

本文件起草单位:民政部信息中心、北京科迪智标信息技术有限公司、四川久远银海软件股份有限公司。

本文件主要起草人:王兴玲、陶亮、杨天荣、赵超、邢立强、彭鑫森、张荫芬。

金民工程业务时空基准规范

1 范围

本文件规定了金民工程一期项目时间和空间基准描述总则，以及与社会救助、社区服务、社会事务、区划地名、养老服务、儿童福利、慈善事业、社会工作、志愿服务等业务相关的时间和空间基准及其表示格式。

本文件适用于金民工程业务时空基准的规划、建设。

2 规范性引用文件

下列文件中的内容通过文中的规范性引用而构成本文件必不可少的条款。其中，注日期的引用文件，仅该日期对应的版本适用于本文件；不注日期的引用文件，其最新版本（包括所有的修改单）适用于本文件。

GB/T 2260 中华人民共和国行政区划代码

GB/T 7408 数据元和交换格式 信息交换 日期和时间表示法

GB/T 10114 县以下行政区划代码编码规则

GB/T 14911 测绘基本术语

GB/T 17969.8—2010 信息技术 开放系统互连 OSI 登记机构操作规程 第 8 部分：通用唯一标识符（UUID）的生成和登记及其用作 ASN.1 客体标识符部件

GB/T 23705 数字城市地理信息公共平台地名/地址编码规则

GB/T 30428.3 数字化城市管理信息系统 第 3 部分：地理编码

GB/T 35776 智慧城市时空基础设施 基本规定

GB/T 37149 统一社会信用代码地理信息采集规范

JMGC/XX 204 金民工程信息分类和编码规范

3 术语和定义

下列术语和定义适用于本文件。

3.1 时空基准

时间和地理空间维度上的基本参照依据和度量的起算数据。

[来源：GB/T 35776—2017，3.3]

3.2 地址

具有地名的某一空间位置上自然或人文地理实体位置的结构化描述,是人、建筑物及其他空间物体的定位实现。

[来源:GB/T 37149—2020,3.1.3]

3.3 地片

具有地名意义的区域。

[来源:GB/T 30428.3—2016,3.7]

3.4 片区

城镇居民点内部的区域。

[来源:GB/T 30428.3—2016,3.8]

3.5 兴趣点

具有地理标识作用的建筑物、单位、公共设施或店铺等。

[来源:GB/T 30428.3—2016,3.9]

3.6 大地坐标系

以参考椭球面为基准面,用以表示地面点位置的参考系。

[来源:GB/T 14911—2008,2.27]

3.7 2000 国家大地坐标系

采用2000参考椭球,原点在地心的右手地固直角坐标系。Z轴为国际地球自转与参考系统服务组织(IERS)定义的参考极方向,X轴为IERS定义的参考子午面与垂直于Z轴的赤道面的交线,Y轴与Z轴和X轴构成右手正交坐标系。

[来源:GB/T 14911—2008,2.32]

4 总则

4.1 时空基准是时空数据在时间和空间维度上的基本依据,呈现为时间基准和空间基准。

4.2 时间基准中日期应采用公历纪元,时间应采用北京时间,日期时间的表示格式应遵循GB/T 7408的规定。

4.3 行政区划代码用12位数字表示,前6位应采用GB/T 2260中规定的6位数字码;第7—9位为县以下行政区划代码,应符合GB/T 10114的编码规则;后3位为村或社区编码。

4.4 民政服务机构、地名等经纬度采用2000国家大地坐标系,采用“度”为单位,用浮点数表示,保留6位小数。其数字记录格式为:

a)纬度:×××.××××××;

b)经度:×××.××××××。

其中纬度缺省为北纬(N),经度缺省为东经(E)。

采用度、分、秒表示的经纬度通过以下公式转化为度:

$AA°BB'CC'' = (AA + BB \div 60 + CC \div 3600)°$

$AA°BB.CC' = (AA + BB.CC \div 60)°$

4.5 长度、距离、面积等采用米制单位。

4.6 地址组成包括以下方面:

a)行政区域地名,按照 GB/T 23705—2009 执行。

b)地片和区片地名,应为标准地名全称,是描述地片、区片的最小单元。

c)街巷地名,应包含有地名标牌的街巷,名称应为街牌和巷牌标示的汉字名称,是描述街巷地名信息的最小单元。

d)门楼牌地址,包含门牌地址和楼牌地址:

l 门牌地址的基本地点名称应为:[顺序号|号(院)];

l 楼牌地址的基本地点名称应为:[顺序号|号楼(栋)]。

e)POI 与标识物地址,应包括以下内容:

l 具有地名意义的自然物,包括湖泊、山峰、河流等;

l 具有地名意义的单位与院落,包括医院、学校、单位、宗教设施(佛庙宇、道观、教堂、清真寺)等;

l 具有地名意义的纪念地与建筑物,包括建筑物、广场、体育设施、公园陆地、纪念地、名胜古迹等;

l 具有地名意义的交通附属设施,包括桥梁、道路环岛、交通站场等;

l 具有地名意义的其他设施,包括闸、坝、微波塔、水塔等。

4.7 地址采用表 1 给出的各级基本地点信息描述,并符合以下组合规则:

a)[(1 级名称)|(2 级名称)|(3 级名称)|(4 级名称/5 级名称/6 级名称)|(7 级名称)|8 级名称/9 级名称];

b)[(1 级名称)|(2 级名称)|(3 级名称)|(4 级名称/5 级名称/6 级名称)|(7 级名称)|8 级名称/9 级名称|(补充说明)];

c)[(1 级名称)|(2 级名称)|(3 级名称)|(4 级名称/5 级名称/6 级名称)|(7 级名称) |10 级名称];

d)[(1 级名称)|(2 级名称)|(3 级名称)|(4 级名称/5 级名称/6 级名称)|(7 级名称)|10 级名称|(方位) |(补充说明)];

e)[(1 级名称)|(2 级名称)|(3 级名称)|(4 级名称/5 级名称/6 级名称)|(7 级名称)|10 级名称|(方位) |10 级名称|(方位)|(补充说明)]。

表 1　基本地点名称优先级

级别	基本地点名称	级别	基本地点名称
1 级	省、自治区、直辖市、特别行政区	6 级	道路、街巷
2 级	市、地区、自治州、盟	7 级	地片、区片
3 级	县、自治县、县级市、旗、自治旗、市辖区、林区、特区	8 级	门牌号
4 级	乡、民族乡、苏木、镇、街道、政企合一单位	9 级	楼牌号
5 级	村、社区、屯、嘎查	10 级	POI、标识物

地点描述能具体到门(楼)牌地址的优先考虑具体到门(楼)牌地址,无法用门(楼)牌地址表示清楚的考虑使用标识物地址或 POI 地址表示。如果以上组合还不能清楚描述地点,再考虑使用标识物、方位组合说明。

补充说明包括对地址的补充性说明,包括支号、数量性说明等。

支号一般用于区分同一建筑物的组织机构。

数量性说明一般出现在地址建设不太规范的地区,例如"××南 500 米",这种数量性说明仅作为定位参考,不作为定位依据。

5 数据表示格式

5.1 数据类型

本标准中金民工程一期项目业务时空要素中数据项的类型见表 2。

表 2　数据类型表

数据类型	说明
string(字符型)	通过字符形式表达的值的类型
integer(整数型)	通过"0"到"9"数字表达的整数类型的值
float(浮点型)	通过"0"到"9"数字和小数点"."表达的实数
date(日期型)	通过 YYYYMMDD 的形式表达的值的类型
datetime(日期时间型)	通过 YYYYMMDD hh:mm:ss 的形式表达的值的类型
boolean(布尔型)	两个且只有两个表明条件的值
binary(二进制)	上述类型无法表示的其他数据类型,比如图像、音频等

5.2 数据格式

从业务的角度规定的数据项的格式需求,包括所允许的最大和(或)最小字符长度,数据项值的表示格式等。数据格式中使用的字符含义见表 3。

表 3　数据格式表

数据格式	说明
a	字母字符
n	数字字符
an	字母数字字符
m(m 为自然数)	定长 m 个字符,字符集默认为 GB 18030 的全部部分
..ul	长度不确定的
..	从最小长度到最大长度,前面附加最小长度,后面附加最大长度
YYYYMMDD hh:mm:ss	"YYYY"表示年份,"MM"表示月份,"DD"表示日期,"hh"表示小时,"mm"表示分钟,"ss"表示秒,可以视实际情况组合使用
m,n	float 的精度,m 表示总长度,n 表示小数位

6 金民工程业务时间和空间要素

6.1 社会救助业务

社会救助业务的时空基准信息包括:

a)社会救助审批信息,见表 4。

表 4　社会救助审批信息

中文名称	数据类型	数据格式	备注
申请人姓名	string	..72	
申请人身份证号码	string	..18	
申请日期	date	YYYYMMDD	
受理日期	date	YYYYMMDD	
入户调查日期	date	YYYYMMDD	
评议日期	date	YYYYMMDD	
公示开始日期	date	YYYYMMDD	
公示结束日期	date	YYYYMMDD	
审批日期	date	YYYYMMDD	
区划代码	string	n12	前 6 位采用 GB/T 2260 中规定的 6 位数字码;第 7—9 位为县以下行政区划代码,应符合 GB/T 10114 的编码规则;后 3 位为村或社区编码
居住地址	string	..100	按第 4.7 给出的规则描述

b)社会救助待遇信息,见表5。

表5　社会救助待遇信息

中文名称	数据类型	数据格式	备注
救助开始日期	date	YYYYMMDD	
救助截止日期	date	YYYYMMDD	

c)社会救助增减变化信息,见表6。

表6　社会救助增减变化信息

中文名称	数据类型	数据格式	备注
动态变化类型	string	n2	见动态变化类型代码
生效年月	date	YYYYMM	

d)社会救助资金发放信息,见表7。

表7　社会救助资金发放信息

中文名称	数据类型	数据格式	备注
发放类型	string	n2	见发放类型代码
生效年月	date	YYYYMM	

e)社会救助核对信息,见表8。

表8　社会救助核对信息

中文名称	数据类型	数据格式	备注
唯一编号	string	an32	
申请人证件类型	string	n1	见 JMGC/XX 204 中的“身份证件类型代码”
申请人证件号码	string	..18	证件类型为“内地居民身份证”的人员,身份证件号码值域见 GB 11643—1999(《公民身份号码》)
申请人姓名	string	..72	
行政区划代码	string	n12	前6位采用 GB/T 2260 中规定的6位数字码;第7—9位为县以下行政区划代码,应符合 GB/T 10114 的编码规则;后3位为村或社区编码
户籍地址	string	..100	按第4.7给出的规则描述
申请人配偶姓名	string	..72	
申请人配偶曾用名	string	..72	

续表

中文名称	数据类型	数据格式	备注
申请人配偶证件类型	string	n1	
申请人配偶证件号码	string	..18	
可支配收入核定起始日期	date	YYYYMMDD	
可支配收入核定截止日期	date	YYYYMMDD	
财产核定日期	date	YYYYMMDD	
就业状态起始日期	date	YYYYMMDD	
就业状态截止日期	date	YYYYMMDD	
支出起始日期	date	YYYYMMDD	
支出截止日期	date	YYYYMMDD	
核对起始时间	date	YYYYMMDD	
核对截止时间	date	YYYYMMDD	
核对编号	string	an32	
发起查询的核对机构代码	string	an18	

6.2 基层政权建设和社区治理业务

基层政权和社区治理业务的时空基准信息包括：

a）社区组织信息，见表9。

表9　社区组织信息

中文名称	数据类型	数据格式	备注
社区组织标识	string	an32	
行政区划代码	string	n12	前6位采用GB/T 2260中规定的6位数字码；第7—9位为县以下行政区划代码，应符合GB/T 10114的编码规则；后3位为村或社区编码
组织名称	string	..100	
组织联系地址	string	..100	按第4.7给出的规则描述

b）社区服务机构信息，见表10。

表10　社区服务机构信息

中文名称	数据类型	数据格式	备注
社区服务机构标识	string	an32	

续表

中文名称	数据类型	数据格式	备注
行政区划代码	string	n12	前6位采用GB/T 2260中规定的6位数字码;第7—9位为县以下行政区划代码,应符合GB/T 10114的编码规则;后3位为村或社区编码
机构名称	string	..100	
机构联系地址	string	..100	按第4.7给出的规则描述

6.3 区划地名业务

区划地名的时空基准信息包括:

a)行政区划备案信息,见表11。

表11　行政区划备案信息

中文名称	数据类型	数据格式	备注
行政区划代码	string	n12	前6位采用GB/T 2260中规定的6位数字码;第7—9位为县以下行政区划代码,应符合GB/T 10114的编码规则;后3位为村或社区编码
行政区划名称	string	..50	
政府驻地	string	..100	当前行政区划所属政府所在地名称
上级行政区划代码	string	n12	前6位采用GB/T 2260中规定的6位数字码;第7—9位为县以下行政区划代码,应符合GB/T 10114的编码规则;后3位为村或社区编码
下级行政区划名称	string	..400	指当前行政区划的下一级行政区划名称,含多个,需考虑少数民族政区等复杂名字
电话区号	string	n3..4	
隶属关系	string	n2	参考GB/T 12404—1997单位隶属关系代码的规定
行政类别	string	n2	见JMGC/XX 204中"行政区划行政类别代码"的规定
总面积数	float	n..10,2	面积单位为"平方千米"
总人口数	float	n..10,2	人口数量单位为"万人"
设立日期	date	YYYYMMDD	
撤销日期	date	YYYYMMDD	
备案日期	date	YYYYMMDD	

b)楼门牌/地址维护信息,见表12。

表12　楼门牌/地址维护信息

中文名称	数据类型	数据格式	备注
地址流水号	string	an32	区分数据唯一的主键值,UUID码

续表

中文名称	数据类型	数据格式	备注
地名代码	string	n20	地名代码编制规则符合民地办发〔2010〕1 号,格式为:9 位行政区划代码+5 位地名属性类别代码+6 位附加码,其中行政区划代码符合 GB/T 2260 和 GB/T 10114—2003,附加码代码段为 000000—999999,用以区分同一类别并且是同一行政区的地名并进行排序
地名名称	string	..100	
省级区划代码	string	n6	见 GB/T 2260(《中华人民共和国行政区划代码》)
市级区划代码	string	n6	见 GB/T 2260(《中华人民共和国行政区划代码》)
县级区划代码	string	n6	见 GB/T 2260(《中华人民共和国行政区划代码》)
乡镇(街道)区划代码	string	n9	前 6 位采用 GB/T 2260 中规定的 6 位数字码;第 7—9 位为县以下行政区划代码,应符合 GB/T 10114 的编码规则
社区/村级区划代码	string	n12	前 6 位采用 GB/T 2260 中规定的 6 位数字码;第 7—9 位为县以下行政区划代码,应符合 GB/T 10114 的编码规则;后 3 位为村或社区编码
详细地址	string	..100	按第 4.7 给出的规则描述

c)地名信息,见表 13。

表 13　地名信息

中文名称	数据类型	数据格式	备注
地名代码	string	n20	地名代码编制规则符合民地办发〔2010〕1 号,格式为:9 位行政区划代码+5 位地名属性类别代码+6 位附加码,其中行政区划代码符合 GB/T 2260 和 GB/T 10114—2003,附加码代码段为 000000—999999,用以区分同一类别并且是同一行政区的地名并进行排序
地名名称	string	..100	
别名	string	..100	
简称	string	..50	
曾用名	string	..50	
少数民族书写	string	..200	
地名原读音	string	..200	
汉语普通话读音	string	..200	
罗马字母拼音	string	..200	
地名语种	string	n3	见 JMGC/XX 204 中“语种代码”的规定
经度起	float	9,6	按照第 4.4 给出的规则描述,单位度(°)
经度止	float	9,6	按照第 4.4 给出的规则描述,单位度(°)
纬度起	float	9,6	按照第 4.4 给出的规则描述,单位度(°)

续表

中文名称	数据类型	数据格式	备注
纬度止	float	9,6	按照第4.4给出的规则描述,单位度(°)
地名普查状态	string	n2	不变/增加/删除/修改
设立年份	date	YYYY	
废止年份	date	YYYY	

6.4 社会事务业务

6.4.1 婚姻登记业务

婚姻登记业务中的时空信息见表14。

表14 婚姻登记信息

中文名称	数据类型	数据格式	备注
男方当事人姓名	string	..72	
男方当事人身份证件类型	string	n1	
男方当事人身份证件号码	string	..18	
男方当事人出生日期	date	YYYYMMDD	
男方当事人户口所在地行政区划代码	string	n12	前6位采用GB/T 2260中规定的6位数字码;第7—9位为县以下行政区划代码,应符合GB/T 10114的编码规则;后3位为村或社区编码
男方当事人户口详细地址	string	..100	按第4.7给出的规则描述
女方当事人姓名	string	..72	
女方当事人身份证件类型	string	n1	
女方当事人身份证件号码	string	..18	
女方当事人出生日期	date	YYYYMMDD	
女方当事人户口所在地行政区划代码	string	n12	前6位采用GB/T 2260中规定的6位数字码;第7—9位为县以下行政区划代码,应符合GB/T 10114的编码规则;后3位为村或社区编码
女方当事人户口详细地址	string	..100	按第4.7给出的规则描述
登记时间	datetime	YYYYMMDD hh:mm:ss	具体到当日登记系统的时分秒

6.4.2 殡葬管理业务

殡葬管理业务中的时空信息包括:

a)殡葬机构地址信息，见表15。

表15　殡葬机构地址

中文名称	数据类型	数据格式	备注
地理编码	string	n12	
区划名称	string	..50	
区划类别	string	n2	见 JMGC/XX 204 中"区划类型代码"的规定
经度	float	9,6	按照第4.4给出的规则描述，单位度(°)
纬度	float	9,6	按照第4.4给出的规则描述，单位度(°)

b)突发事件逝者统计信息，见表16。

表16　突发事件逝者统计信息

中文名称	数据类型	数据格式	备注
所属行政区划编码	string	n12	
突发事件名称	string	..128	
突发事件类型	string	n2	
突发事件发生时间	datetime	YYYYMMDD hh:mm:ss	
突发事件发生地点	string	..100	按第4.7给出的规则描述
逝者总数	number		

c)逝者信息，见表17。

表17　逝者信息

中文名称	数据类型	数据格式	备注
逝者姓名	string	..72	
证件类型	string	n1	
证件号	string	..18	
突发事件发生时间	datetime	YYYYMMDD hh:mm:ss	
出生日期	date	YYYYMMDD	
死亡证明开具时间	datetime	YYYYMMDD hh:mm:ss	
死亡证明出具单位	string	..100	

d)火化记录信息,见表18。

表18　火化记录信息

中文名称	数据类型	数据格式	备注
逝者标识	string	an41	
火化工标识	string	an34	
火化证明开具时间	datetime	YYYYMMDD hh:mm:ss	

6.4.3 流浪救助业务

流浪救助业务中的时空信息包括:

a)救助站地址信息,见表19。

表19　救助站地址信息

中文名称	数据类型	数据格式	备注
救助站编码	string	an32	
救助站所在地行政区划代码	string	n12	前6位采用GB/T 2260中规定的6位数字码;第7—9位为县以下行政区划代码,应符合GB/T 10114的编码规则;后3位为村或社区编码
救助站详细地址	string	..100	按第4.7给出的规则描述

b)流浪人员信息,见表20。

表20　流浪人员信息

中文名称	数据类型	数据格式	备注
救助记录编号	string	an32	
救助站编码	string	an32	
流浪人员编码	string	an32	
救助记录编码	string	an32	
姓名	string	..72	
户籍所在地行政区划代码	string	n12	前6位采用GB/T 2260中规定的6位数字码;第7—9位为县以下行政区划代码,应符合GB/T 10114的编码规则;后3位为村或社区编码
户籍所在地详细地址	string	..100	按第4.7给出的规则描述
发现日期	date	YYYYMMDD	
登记时间	datetime	YYYYMMDD hh:mm:ss	

c)走失人员家属寻求信息,见表21。

表21　走失人员家属寻求信息

中文名称	数据类型	数据格式	备注
寻亲登记表编码	string	an32	
救助站编码	string	an32	
户籍所在地行政区划代码	string	n12	前6位采用GB/T 2260中规定的6位数字码;第7—9位为县以下行政区划代码,应符合GB/T 10114的编码规则;后3位为村或社区编码
户籍所在地详细地址	string	..100	按第4.7给出的规则描述
出生日期	date	YYYYMMDD	
走失日期	date	YYYYMMDD	
走失地点	string	..100	按第4.7给出的规则描述

6.4.4 残疾人福利业务

残疾人福利业务中的时空信息,见表22。

表22　残疾人福利

中文名称	数据类型	数据格式	备注
残疾人身份证号	string	..18	身份证件号码值域见GB 11643—1999(《公民身份号码》)
残疾人姓名	string	..20	
残疾人出生日期	date	YYYYMMDD	
残疾人家庭住址	string	..100	按第4.7给出的规则描述
户籍所在地行政区划代码	string	n12	前6位采用GB/T 2260中规定的6位数字码;第7—9位为县以下行政区划代码,应符合GB/T 10114的编码规则;后3位为村或社区编码
户籍所在地详细地址	string	..100	按第4.7给出的规则描述
残疾人证号	string	..20	
发证时间	datetime	YYYYMMDD hh:mm:ss	
注销时间	datetime	YYYYMMDD hh:mm:ss	
最新发放起始月份	date	YYYYMM	
发放截止月份	date	YYYYMM	
乡镇初审时间	datetime	YYYYMMDD hh:mm:ss	
残联审核时间	datetime	YYYYMMDD hh:mm:ss	
民政审定时间	datetime	YYYYMMDD hh:mm:ss	

6.5 养老服务业务

养老服务业务的时空基准信息包括：

a)养老服务机构信息，见表23。

表23 养老服务机构信息

中文名称	数据类型	数据格式	备注
养老服务机构统一社会信用代码	string	an18	《国务院关于批转发展改革委等部门法人和其他组织统一社会信用代码制度建设总体方案的通知》(国发〔2015〕33号)中确定的编制规则
养老服务机构名称	string	..100	
养老服务机构建立日期	date	YYYYMMDD	单位注册登记日期
养老服务机构开业日期	date	YYYYMMDD	单位正式营业日期
养老服务机构地址	string	..100	按第4.7给出的规则描述
养老服务机构所在行政区划代码	string	n12	前6位采用GB/T 2260中规定的6位数字码；第7—9位为县以下行政区划代码，应符合GB/T 10114的编码规则；后3位为村或社区编码

b)老年人信息，见表24。

表24 老年人信息

中文名称	数据类型	数据格式	备注
老年人姓名	string	..72	
老年人证件类型代码	string	n2	对于证件类型为“内地居民身份证”的人员，公民身份证件号值域见GB 11643—1999(《公民身份号码》)
老年人证件号码	string	..18	见JMGC/XX 204中的“身份证件类型代码”
老年人户籍地行政区划代码	string	n12	前6位采用GB/T 2260中规定的6位数字码；第7—9位为县以下行政区划代码，应符合GB/T 10114的编码规则；后3位为村或社区编码
老年人户籍地址	string	..100	按第4.7给出的规则描述
老年人居住地行政区划代码	string	an12	前6位采用GB/T 2260中规定的6位数字码；第7—9位为县以下行政区划代码，应符合GB/T 10114的编码规则；后3位为村或社区编码
老年人居住地址	string	..100	按第4.7给出的规则描述
身体能力评估等级	string	n1	见JMGC/XX 204中的“老年人能力等级代码”
评估日期	date	YYYYMMDD	
长护险签约单位统一社会信用代码	string	an18	

续表

中文名称	数据类型	数据格式	备注
长护险签约单位名称	string	..100	
长护险服务签约时间	datetime	YYYYMMDD hh:mm:ss	
长护险服务计划开始时间	datetime	YYYYMMDD hh:mm:ss	
长护险服务计划结束时间	datetime	YYYYMMDD hh:mm:ss	

6.6 儿童福利业务

儿童福利业务的时空基准信息包括：

a)儿童福利机构信息，见表25。

表25 儿童福利机构信息

中文名称	数据类型	数据格式	备注
儿童福利机构标识	string	an32	符合GB/T 17969.8—2010通用唯一标识符（UUID）规范
所在地行政区划代码	string	n12	前6位采用GB/T 2260中规定的6位数字码；第7—9位为县以下行政区划代码，应符合GB/T 10114的编码规则；后3位为村或社区编码
统一社会信用代码	string	an18	符合GB 32100—2015《法人和其他组织统一社会信用代码编码规则》
组织单位编码	string	..20	
成立日期	date	YYYYMMDD	
详细地址	string	..100	按第4.7给出的规则描述

b)定点康复基地信息，见表26。

表26 定点康复基地信息

中文名称	数据类型	数据格式	备注
基地编号	string	..30	
基地名称	string	..100	
所在地行政区划代码	string	n2	前6位采用GB/T 2260中规定的6位数字码；第7—9位为县以下行政区划代码，应符合GB/T 10114的编码规则；后3位为村或社区编码
所属儿童福利机构主键标识	string	an32	符合GB/T 17969.8—2010通用唯一标识符（UUID）规范
基地地址	string	..100	按第4.7给出的规则描述

c)未成年人救助保护机构信息,见表27。

表27 未成年人救助保护机构信息

中文名称	数据类型	数据格式	备注
救助机构标识	string	an32	符合 GB/T 17969.8—2010 通用唯一标识符(UUID)规范
所在地行政区划代码	string	n12	前6位采用 GB/T 2260 中规定的6位数字码;第7—9位为县以下行政区划代码,应符合 GB/T 10114 的编码规则;后3位为村或社区编码
统一社会信用代码	string	an18	符合 GB 32100—2015《法人和其他组织统一社会信用代码编码规则》
成立日期	date	YYYYMMDD	符合 GB/T 17969.8—2010 通用唯一标识符(UUID)规范

d)孤儿登记信息,见表28。

表28 孤儿登记信息

中文名称	数据类型	数据格式	备注
儿童标识	string	an32	符合 GB/T 17969.8—2010 通用唯一标识符(UUID)规范
登记(增员)日期	date	YYYYMMDD	前6位采用 GB/T 2260 中规定的6位数字码;第7—9位为县以下行政区划代码,应符合 GB/T 10114 的编码规则;后3位为村或社区编码
福利证号	string	..50	符合 GB 32100—2015《法人和其他组织统一社会信用代码编码规则》
委托方	string	..100	
委托日期	date	YYYYMMDD	
捡拾地点	string	..100	按第4.7给出的规则描述
捡拾日期	date	YYYYMMDD	
福利补贴起领年月	date	YYYYMM	

e)流浪登记信息,见表29。

表29 流浪登记信息

中文名称	数据类型	数据格式	备注
流浪人员标识	string	an32	符合 GB/T 17969.8—2010 通用唯一标识符(UUID)规范
儿童情况	string	..200	情况描述
发现日期	date	YYYYMMDD	
发现地点	string	..100	按第4.7给出的规则描述
救助日期	date	YYYYMMDD	

f)收养登记信息,见表30。

表30　收养登记信息

中文名称	数据类型	数据格式	备注
收养登记证印制号	string	n20	国内收养为必填项,涉外收养为非必填项
收养登记证字号	string	..40	按国内收养证编号规则编的号码
儿童标识	string	an32	符合 GB/T 17969.8—2010 通用唯一标识符(UUID)规范
收养受理日期	date	YYYYMMDD	
收养登记日期	date	YYYYMMDD	
收养登记机关所在行政区划代码	string	n12	

6.7 慈善事业促进和社会工作业务

6.7.1 慈善组织管理业务

慈善组织管理的时空基准信息包括:

a)慈善组织信息,见表31。

表31　慈善组织信息

中文名称	数据类型	数据格式	备注
统一社会信用代码	string	an18	
单位名称	string	..100	
单位建立日期	date	YYYYMMDD	
申请理由	string	..300	
申请日期	date	YYYYMMDD	
是否取得公益性捐赠税前扣除资格	boolean		
税前扣除资格有效期起	date	YYYYMMDD	
税前扣除资格有效期止	date	YYYYMMDD	
省级行政区划代码	string	n2	见 GB/T 2260 规定的前2位数字码

b)慈善项目信息,见表32。

表 32　慈善项目信息

中文名称	数据类型	数据格式	备注
慈善项目标识	string	an32	符合 UUID 生成规范
慈善项目名称	string	..100	
是否开展募捐	boolean		
起始日期	date	YYYYMMDD	
终止日期	date	YYYYMMDD	
省级行政区划代码	string	n2	见 GB/T 2260 规定的前 2 位数字码

6.7.2 社会工作业务

社会工作的时空基准信息包括：

a)社会工作者信息，见表 33。

表 33　社会工作者信息

中文名称	数据类型	数据格式	备注
身份证号码	string	an18	
姓名	string	..72	
国籍	string	n3	见 GB/T 2659(《世界各国和地区名称代码》)
出生日期	date	YYYYMMDD	
登记日期	date	YYYYMMDD	
工作所在地行政区划	string	n12	前 6 位采用 GB/T 2260 中规定的 6 位数字码；第 7—9 位为县以下行政区划代码，应符合 GB/T 10114 的编码规则；后 3 位为村或社区编码
职业水平证书管理编号	string	..28	职业水平证书上的管理编号
证书等级	string	n1	见 JMGC/XX 204 中的“社会工作者职业水平等级代码”
职业水平证书发放日期	date	YYYYMMDD	

b)社会工作机构信息，见表 34。

表 34　社会工作机构信息

中文名称	数据类型	数据格式	备注
统一社会信用代码	string	an18	
社会工作机构名称	string	..100	
行政区划代码	string	n12	前 6 位采用 GB/T 2260 中规定的 6 位数字码；第 7—9 位为县以下行政区划代码，应符合 GB/T 10114 的编码规则；后 3 位为村或社区编码

c)社会工作项目信息,见表35。

表35 社会工作项目信息

中文名称	数据类型	数据格式	备注
社会工作项目名称	string	..100	
项目开始日期	date	YYYYMMDD	
项目结束日期	date	YYYYMMDD	
服务地点行政区划代码	string	n12	前6位采用GB/T 2260中规定的6位数字码;第7—9位为县以下行政区划代码,应符合GB/T 10114的编码规则;后3位为村或社区编码

6.7.3 志愿服务业务

志愿服务时空基准信息包含:

a)志愿者信息,见表36。

表36 志愿者信息

中文名称	数据类型	数据格式	备注
志愿者标识	string	an32	符合UUID生成规范
姓名	string	..72	志愿者姓名;填写中文字符、英文字符
身份证件类型	string	n2	见JMGC/XX 204中的"身份证件类型代码"
身份证件号码	string	..18	对于身份证件类型为"内地居民身份证"的人员,身份证件号码值域见GB 11643—1999(《公民身份号码》)
国籍	string	n3	见GB/T 2659(《世界各国和地区名称代码》)
出生日期	date	YYYYMMDD	
志愿者编号	string	an18	
注册日期	date	YYYYMMDD	
行政区划代码	string	n12	前6位采用GB/T 2260中规定的6位数字码;第7—9位为县以下行政区划代码,应符合GB/T 10114的编码规则;后3位为村或社区编码

b)志愿团体信息,见表37。

表37 志愿团体信息

中文名称	数据类型	数据格式	备注
团体信息标识	string	an32	符合UUID生成规范
团体名称	string	..100	志愿团体的名称

续表

中文名称	数据类型	数据格式	备注
统一社会信用代码	string	an18	《国务院关于批转发展改革委等部门法人和其他组织统一社会信用代码制度建设总体方案的通知》(国发〔2015〕33号)中确定的编制规则
行政区划代码	string	n12	前6位采用GB/T 2260中规定的6位数字码;第7—9位为县以下行政区划代码,应符合GB/T 10114的编码规则;后3位为村或社区编码
成立日期	date	YYYYMMDD	

c)志愿服务项目信息,见表38。

表38 志愿服务项目信息

中文名称	数据类型	数据格式	备注
项目信息标识	string	an32	符合UUID生成规范
项目编号	string	an18	字母P(1)+县级行政区划代码(000000)+年月日(20190827)+累加(3位),如:P42010020190827001
项目名称	string	..100	
项目开始日期	date	YYYYMMDD	
项目结束日期	date	YYYYMMDD	
招募开始日期	date	YYYYMMDD	志愿项目的招募开始日期,必须在项目开始日期内,不能超过项目结束日期
招募结束日期	date	YYYYMMDD	志愿项目的招募结束日期,必须在项目开始日期内,不能超过项目结束日期
行政区划代码	string	n12	前6位采用GB/T 2260中规定的6位数字码;第7—9位为县以下行政区划代码,应符合GB/T 10114的编码规则;后3位为村或社区编码
项目地点	string	..100	按第4.7给出的规则描述

JMGC

民 政 部 金 民 工 程 标 准

JMGC/XX 208—2020

金民工程电子档案存储规范

2020－12－30 发布　　　　2020－12－30 实施

民政部信息中心 发布

目　次

前　言

本文件按照 GB/T 1. 1—2020《标准化工作导则 第 1 部分:标准化文件的结构和起草规则》的规定起草。

请注意本文件的某些内容可能涉及专利。本文件的发布机构不承担识别专利的责任。

本文件由民政部信息中心提出并归口。

本文件主要起草单位:民政部信息中心、北京科迪智标信息技术有限公司、四川久远银海软件股份有限公司。

本文件主要起草人:王兴玲、夏洪畅、李杰、戴朝云、赵超、高媛、邢立强、彭鑫森、张荫芬。

金民工程电子档案存储规范

1 范围

本文件规定了对金民工程应用系统使用中产生的,具有保存价值的民政电子文件的收集、整理、归档、编目,以及所形成电子档案的存储管理。

本文件适用于各级民政部门对使用金民工程应用系统产生的电子档案进行管理。

2 规范性引用文件

下列文件中的内容通过文中的规范性引用而构成本文件必不可少的条款。其中,注日期的引用文件,仅该日期对应的版本适用于本文件;不注日期的引用文件,其最新版本(包括所有的修改单)适用于本文件。

GB/T 2828.1 计数抽样检验程序 第1部分:按接收质量限检索的逐批检验抽样计划

GB/T 7156 文献保密等级代码与标识

GB/T 12628 硬磁盘驱动器通用规范

GB/T 17678 CAD电子文件光盘存储、归档与档案管理要求

GB/T 18894 电子文件归档与电子档案管理规范

GB/T 26163.1 信息与文献 文件管理过程 文件元数据 第1部分:原则

GB/T 20988 信息安全技术 信息系统灾难恢复规范

GB/T 29194 电子文件管理系统通用功能要求

GB/T 31500 信息安全技术 存储介质数据恢复服务要求

GB/T 33190 电子文件存储与交换格式 版式文档

DA/T 1 档案工作基本术语

DA/T 13 档号编制规则

DA/T 15 磁性载体档案管理与保护规范

DA/T 18 档案著录规则

DA/T 31 纸质档案数字化规范

DA/T 38 电子文件归档光盘技术要求和应用规范

DA/T 46 文书类电子文件元数据方案

DA/T 47 版式电子文件长期保存格式需求

DA/T 48 基于 XML 的电子文件封装规范

国档发〔1987〕4 号 编制全国档案馆名称代码实施细则

3 术语和定义

DA/T 1、DA/T 13、DA/T 46 界定的以及下列术语和定义适用于本文件。

3.1 电子文件

国家机构、社会组织或个人在履行其法定职责或处理事务过程中，通过计算机等电子设备形成、办理、传输和存储的数字格式的各种信息记录。电子文件由内容、结构、背景组成。

[来源：GB/T 18894，3.1]

3.2 电子档案

具有凭证、查考和保存价值并归档的电子文件。

[来源：GB/T 18894，3.2]

3.3 真实性

电子文件、电子档案的内容、逻辑结构和形成背景与形成时的原始状况相一致的性质。

[来源：GB/T 18894，3.5]

3.4 完整性

电子文件、电子档案的内容、逻辑结构和背景信息齐全且没有破坏、变异或丢失的性质。

[来源：GB/T 18894，3.7]

3.5 采集

对电子文件、电子档案及其元数据进行收集和存储的方法与过程。

[来源：GB/T 18894，3.11]

3.6 归档

将具有凭证、查考和保存价值且办理完毕、经系统整理的电子文件及其元数据管理权限向档案部门提交的过程。

[来源：GB/T 18894，3.12]

3.7 存储介质

承载电子数据的各类载体或设备，包括但不限于计算机硬件、磁带、软盘、光盘、各种形式的存储卡等。

[来源：GB/T 31500，3.2]

3.8 电子档案管理系统

对电子文件、电子档案进行采集、归档、编目、管理和处置的计算机信息系统。

[来源：GB/T 18894，3.10]

4 总则

4.1 金民工程电子文件归档与电子档案管理应纳入民政部信息化建设规划、遵循技术与管理并重、便于利用和安全可靠的原则。

4.2 应对金民工程应用系统使用中产生的电子文件、电子档案实施全程和集中管理，确保电子档案的真实性、可靠性、完整性与可用性。

4.3 应建立严格的管理制度，明确相关部门金民工程电子文件归档和金民工程电子档案管理的职责与分工，主要包括以下三类部门的职责与分工：

a）民政部负责制定金民工程电子文件归档与电子档案管理制度，提出金民工程应用系统中产生的电子文件归档功能要求，负责金民工程电子档案管理系统的建设与应用培训；

b）省级民政部门负责指导各级民政部门按归档要求管理应归档金民工程电子文件，负责金民工程电子文件归档和金民工程电子档案编目、管理和处置等各项工作。

4.4 应明确金民工程电子文件及其元数据的归档范围、时间、程序、接口和格式等要求。

4.5 应执行规范的工作程序，采取必要的技术手段，对金民工程电子文件归档和金民工程电子档案管理全过程实行监控。

4.6 应基于安全的网络和离线存储介质实施金民工程电子文件归档和金民工程电子档案管理。

5 金民工程应用系统与金民工程电子档案管理系统

5.1 金民工程应用系统电子文件归档功能

5.1.1 应按第6章、第7章以及8.1—8.4给出的相关要求形成、收集、整理、归档金民工程电子文件及其元数据。

5.1.2 应内置金民工程电子文件分类方案、保管期限表等工具，支持金民工程电子文件形成或办理部门完整收集、整理应归档金民工程电子文件及其元数据。

5.1.3 应以单个流式文档集中记录金民工程电子文件拟制、办理过程中对其进行的全部修改信息。

5.1.4 应按内置规则自动命名、存储金民工程电子文件及其组件，保持金民工程电子文件内在的有机联系，建立金民工程电子文件与元数据之间的关联关系。

5.1.5 应按第6章的要求生成金民工程电子文件及其元数据归档数据包，或向归档接口推送金民工程电子文件及其元数据。

5.1.6 应对已收集、积累的金民工程电子文件的所有操作进行跟踪、审计。

5.1.7 需通过金民工程应用系统开展电子档案管理活动时，金民工程应用系统电子档案管理功能应参照GB/T 29194—2012以及5.2给出的要求执行。

5.2 金民工程电子档案管理系统基本功能

5.2.1 金民工程电子档案管理系统基本功能和可选功能应符合GB/T 29194—2012、DA/T

31 等标准以及同级国家综合档案馆的相关要求执行。

5.2.2 应具备电子档案管理配置功能,包括分类方案管理、档号规则管理、保管期限表管理、元数据方案管理、门类定义等功能。

5.2.3 应具备电子档案管理功能,包括金民工程电子档案及其元数据的采集、登记、分类、编目、命名、存储、利用、统计、鉴定、销毁、移交、备份、报表管理等功能。

5.2.4 应具备电子档案安全管理功能,包括身份认证、权限管理、跟踪审计、生成固化信息等功能。

5.2.5 应具备系统管理功能,包括系统参数管理、系统用户和资源管理、系统功能配置、操作权限分配、事件报告等功能。

5.2.6 应具备档案管理功能,包括对金民工程电子档案和纸质档案同步编目、排序、编制档号等功能。

5.3 金民工程档案信息化基础设施

5.3.1 金民工程档案信息化基础设施和信息安全设施应能保障金民工程电子档案管理系统的正常运行,满足金民工程电子文件归档与电子档案管理活动的实际需求。

5.3.2 应为金民工程电子文件形成或办理部门配备局域网、政务网和互联网等网络基础设施,网络性能应能适应电子文件、电子档案传输、利用要求。

5.3.3 应配备与金民工程电子档案管理系统以及电子档案管理需求相适应的系统硬件、基础软件和存储、备份等设施。

5.3.4 应配备与金民工程电子档案管理系统相适应的安全保障设施,包括杀毒软件、防火墙等设备。

5.4 金民工程电子档案管理系统安全管理

5.4.1 金民工程电子档案管理系统安全管理应参照《档案信息系统安全等级保护定级工作指南》、涉密计算机信息系统分级保护等规定执行。

5.4.2 应建立金民工程电子档案管理系统安全管理制度,明确管理职责和要求,规范操作行为。

5.4.3 金民工程电子档案管理系统以及金民工程档案信息化基础设施、信息安全设施等各种设备的选型、采购应符合国家有关信息安全和知识产权保护等方面的规定。

5.4.4 严格管理金民工程电子档案管理系统的专用离线存储介质及其用户,定期查杀病毒,监控非授权用户的登录与操作行为。

6 金民工程电子文件元数据

6.1 归档的电子文件元数据应与电子文件一并收集、归档。

6.2 电子文件元数据的设计与著录遵循 DA/T 46 的要求,应至少包括:

a）题名、责任者、日期、机构或问题、保管期限、密级、格式信息、计算机文件名、计算机文件大小等文件实体元数据，具体元数据属性见表 1，根据需要可按照 DA/T 46 的要求增加新元数据。值域及取值范围见附录 A；

表 1　金民工程电子文件元数据

编号	元数据	编号	元数据
M1	聚合层次		
M2	来源	M3	档案馆名称
		M4	档案馆代码
		M5	全宗名称
		M6	立档单位名称
M7	电子文件号		
M8	档号 （见 8.7 的规定，全宗号 - 类别号．年度 - 保管期限 - 机构 - 件号）	M9	全宗号
		M11	年度
		M12	保管期限
		M13	机构或问题
		M14	类别号
		M16	馆编案卷号
		M18	馆编件号
		M19	文档序号
		M20	页号
M21	内容描述	M22	题名
		M28	人名
		M29	摘要
		M30	分类号，详见 8.1
		M31	文件编号
		M32	责任者
		M33	日期
		M38	密级
		M39	保密期限
M40	形式特征	M41	文件组合类型
		M42	件数
		M43	页数
M46	电子属性	M47	格式信息
		M48	计算机文件名
		M49	计算机文件大小

续表

编号	元数据	编号	元数据
M52	数字化属性	M54	扫描分辨率
		M55	扫描色彩模式
		M56	图像压缩方案
M65	存储位置	M66	当前位置
		M67	脱机载体编号
		M68	脱机载体存址
M70	权限管理	M72	授权对象
		M73	授权行为
		M74	控制标识
M75	附注		

b）记录有关金民工程电子文件拟制、办理活动的业务行为、行为时间和机构人员名称等元数据。

7 金民工程电子文件的收集与整理

7.1 电子文件及其元数据的收集

7.1.1 金民工程应用系统应在电子文件拟制、办理过程中完成金民工程电子文件的收集，声像类电子文件，在单台计算机中经办公、绘图等应用软件形成的电子文件的收集由电子文件形成部门基于金民工程电子档案管理系统或手工完成。

7.1.2 应齐全、完整地收集金民工程电子文件及其组件，金民工程电子文件内容信息与其形成时保持一致，包括但不限于下列要求：

a）同一业务活动形成的电子文件应齐全、完整；

b）声像类电子文件应能客观、完整反映业务活动的主要内容、人物和场景等。

7.1.3 金民工程应用系统应按照 6.2 给出的要求，在电子文件拟制、办理过程中采集文书类电子文件元数据。

7.1.4 可使用 WPS 表格或金民工程电子管理系统按照 6.2 a）给出的要求著录、采集在单台计算机中经办公、绘图等应用软件形成的金民工程电子文件元数据，以及声像类电子文件元数据。

7.2 电子文件的整理

7.2.1 应在电子文件拟制、办理或收集过程中完成保管期限鉴定、分类、排序、命名、存储等整理活动，并同步完成纸质文件的整理。

7.2.2 应以件为管理单位整理金民工程电子文件。整理活动应保持电子文件内在的有机联系，建立电子文件与元数据的关联。

7.2.3 应基于金民工程应用系统完成金民工程电子文件、纸质文件的整理，声像类电子文件的整理由电子文件形成部门基于金民工程电子档案管理系统或手工完成。

7.2.4 应归档金民工程电子文件保管期限分为永久、定期30年、定期10年等。

7.2.5 金民工程电子文件分类可按照保管期限、类别号、机构进行分类。类别号可分为文书类、声像类等。

7.2.6 应在整理过程中基于金民工程应用系统电子文件元数据库建立纸质文件目录数据，目录数据项应符合6.2 a)给出的要求执行。

7.2.7 应在分类方案下按照业务活动、形成时间等关键字，对电子文件元数据、纸质文件目录数据进行同步排序，排序结果应能保持电子文件、纸质文件之间的有机联系。

7.2.8 应按规则命名金民工程电子文件，命名规则应能保持金民工程电子文件及其组件的内在有机联系与排列顺序，能通过计算机文件名元数据建立金民工程电子文件与相应元数据的关联，具体要求如下：

a）应由金民工程应用系统按照内置命名规则自动、有序地为金民工程电子文件及其组件命名；

b）在单台计算机中经办公、绘图等类应用软件形成的金民工程电子文件，应采用完整、准确的金民工程电子文件题名命名；

c）声像类电子文件可采用数字摄录设备自动赋予的计算机文件名。

8 金民工程电子文件归档与金民工程电子档案编目

8.1 金民工程电子文件分类

金民工程电子文件应分类保管，档案分类号、归档范围见表2。

表2 金民工程档案分类表

类别号	档案类别	分类号	业务子类	归档范围
A	社会组织管理	AA	社会团体管理	社会团体、民办非企业的成立、变更、注册登记；社会团体修改章程核准
		AB	基金会管理	基金会的成立、变更、注册登记；社会团体修改章程核准
		AC	社会服务机构管理	
		AD	涉外社会组织管理	外国商会的成立、变更、注册登记
		AE	社会组织执法监督	
B	社会救助	BA	最低生活保障	最低生活保障救助资金的给付
		BB	特困人员供养	特困人员供养申请的审核
		BC	临时救助	临时救助对象的认定；申请的审核
		BD	其他专项救助	
		BE	居民家庭经济状况核对	

续表

类别号	档案类别	分类号	业务子类	归档范围
C	基层政权和社区治理	CA	基层政权	
		CB	基层民主	
		CC	社区治理	
		CD	社区服务	
E	区划地名	EA	行政区划管理	地名命名、更名、登记审批;地名核准;性质区域界线认定
		EB	地名管理	
		EC	边界管理	
F	社会事务	FA	婚姻登记	涉外、涉港澳台、涉华侨婚姻登记;内地居民婚姻登记;撤销婚姻登记
		FB	殡葬管理	建设殡仪馆、火葬场、殡仪服务站、骨灰堂审批,经营性公墓、农村公益性墓地审批
		FC	流浪救助管理	城市生活无着的流浪乞讨人员救助管理
		FD	残疾人福利	
H	养老服务	HA	老年人福利管理	老年人福利补贴
		HB	居家养老	
		HC	社区养老	
		HD	机构养老	养老机构备案
J	儿童福利	JA	儿童收养管理	
		JB	儿童保护管理	
		JC	儿童福利管理	
		JD	留守妇女管理	
		JE	儿童档案管理	
		JF	社会关爱管理	
K	慈善事业和社会工作	KA	慈善组织管理	
		KB	社会捐助管理	
		KC	社会工作	
		KD	志愿服务	

8.2 金民工程电子文件归档程序与要求

8.2.1 金民工程电子文件形成或办理部门、档案部门可在归档过程中基于金民工程应用系统、金民工程电子档案管理系统完成金民工程电子文件及其元数据的清点、鉴定、登记、填写电子文件归档登记表等主要归档程序。

8.2.2 应清点、核实金民工程电子文件的门类、形成年度、保管期限、件数及其元数据数量等。

8.2.3 应对金民工程电子文件的真实性、可靠性、完整性和可用性进行鉴定，鉴定合格率应达到100%，包括：

a）金民工程电子文件及其元数据的形成、收集和归档符合制度要求；

b）金民工程电子文件及其元数据能一一对应，数量准确且齐全、完整；

c）金民工程电子文件与元数据格式符合8.4、8.5给出的要求；

d）以专有格式归档的，其专用软件、技术资料等齐全、完整；

e）金民工程电子文件及其元数据经安全网络或专用离线存储介质传输、移交；

f）金民工程电子文件无病毒，电子文件离线存储介质无病毒、无损伤、可正常使用。

8.2.4 档案部门应将清点、鉴定合格的金民工程电子文件及其元数据导入金民工程电子档案管理系统预归档库，自动采集电子文件结构元数据，通过计算机文件名建立金民工程电子文件与元数据的关联，在元数据管理过程中记录登记行为，登记归档金民工程电子文件。

8.2.5 应依据清点、鉴定结构，按批次或归档年度完成金民工程电子文件的归档。

8.3 金民工程电子文件归档时间与归档方式

8.3.1 金民工程电子文件形成或办理部门应定期将已收集、积累并经过整理的金民工程电子文件及其元数据向档案部门提交归档，归档时间最迟不能超过电子文件形成后的第2年6月份。

8.3.2 应基于安全的网络环境或专用离线存储介质，采用在线归档或离线归档方式，通过金民工程电子档案管理系统客户端或归档接口完成电子文件及其元数据的归档。

8.3.3 应结合金民工程应用系统、金民工程电子档案管理系统运行网络环境以及本单位实际，确定电子文件及其元数据归档接口并作出书面说明，归档接口通常包括但不限于以下三种：

a）WebService归档接口，采用XML技术对归档接口进行封装时，应遵循DA/T 48；

b）中间数据库归档接口；

c）归档电子文件及其元数据的规范存储结构。

8.4 金民工程电子文件归档格式

8.4.1 金民工程电子文件归档格式应具备格式开发、不绑定软硬件、显示一致性、可转换、易于利用等性能，能够支持同级国家综合档案馆向长期保存格式转换。

8.4.2 金民工程电子文件应以版式格式收集并归档，或在归档前转换为版式格式。版式文件格式应采用GB 33190规定的OFD格式。

8.4.3 金民工程电子文件、组件应以版式文件、RTF、WPS、DOCX、JPG、TIF、PNG等通用格式归档；或将金民工程电子文件及其组件按顺序合并转化为一个版式文件。

8.4.4 以数据库文件形成的金民工程电子文件，应根据数据库表结构及电子档案管理要求转换为以下格式归档：

a）应采用XML的格式归档；

b)参照纸质表单或电子表单版面格式,将应归档数据库数据转换为版式文件归档。

8.4.5 照片类电子文件以 JPG、TIF 和 OFD 等格式归档;音频类电子文件以 AVS、MP3 等格式归档;视频类电子文件以 AVS、MPEG、MP4 等格式归档,珍贵且需永久保存的可收集、归档一套 MXF 格式文件。

8.5 金民工程电子文件元数据归档格式

8.5.1 应根据金民工程电子文件归档接口以及元数据形成情况确定电子文件元数据归档格式。

8.5.2 经金民工程应用系统形成的金民工程电子文件元数据应根据归档接口确定归档格式:

a)选择 8.3.3a)或 8.3.3c)所述归档接口时,应采用 XML 格式归档;

b)选择 8.3.3b)所述归档接口时,可与金民工程电子文件一并由金民工程信息资源库导出数据库数据文件。

8.5.3 声像类电子文件元数据、在单台计算机中经办公、绘图等应用软件形成的电子文件,可以 ET、XLS、DBF 等格式归档。

8.6 金民工程电子档案的编目

8.6.1 应对金民工程电子档案与纸质档案进行同步整理审核、编制档号等编目活动。

8.6.2 应对整理阶段划定的金民工程电子档案保管期限与分类结果进行审核和确认,对不合理或不准确的应进行修正。

8.6.3 应在整理审核基础上,对金民工程电子档案、纸质档案重新排序,并依据排序结果编制文件级档号。

8.6.4 应采用文件级档号或唯一标识符作为要素为金民工程电子档案及其组件重命名,同时更新相应的计算机文件名元数据。

8.6.5 应按照 DA/T 18—1999 以及 6.2 给出的要求对金民工程电子档案、纸质档案做进一步著录,规范、客观、准确地描述主题内容与形式特征。

8.6.6 完成整理编目后,应将金民工程电子档案及其元数据、纸质档案目录数据归入金民工程电子档案管理系统正式库。

8.7 档号编制要求

8.7.1 应按照 DA/T 13—1994 等标准以及金民工程电子档案全程管理要求确定编制规则。档号可采用"全宗号 - 类别号 · 年度 - 保管期限 - 机构或问题 - 件号"结构。

8.7.2 档号应能唯一标识全宗内任意金民工程电子档案或纸质档案。

8.7.3 用档号作为金民工程电子档案命名要素时,计算机文件名应能在计算机存储器中唯一标识、有序存储全宗内任意一件金民工程电子档案及其组件。

9 金民工程电子档案的管理

9.1 金民工程电子档案的存储

9.1.1 应为金民工程电子档案及其元数据的安全存储配置与金民工程电子档案管理系统

相适应的在线存储设备。

9.1.2 金民工程电子档案管理系统应依据档号等标识符构成要素在计算机存储器中逐级建立文件夹,分门别类、集中有序地存储电子档案及其组件,并在元数据中自动记录电子档案在线存储路径。

9.1.3 连机存储系统应实施容错技术方案,定期扫描、诊断硬磁盘,发现问题及时处置。

9.2 金民工程电子档案的备份

9.2.1 应结合金民工程电子档案管理和信息化建设实际,在确保电子档案的真实、完整、可用和安全基础上,统筹制订电子档案备份方案和策略,实施电子档案及其元数据、电子档案管理系统及其配置数据、日志数据等备份管理。

9.2.2 金民工程电子档案近线备份与灾难备份的基本要求如下:

a)宜采用磁盘备份系统进行近线备份,应定期对金民工程电子档案及其元数据、金民工程电子档案管理系统的配置数据和日志数据等进行全量、增量或差异备份;

b)金民工程电子档案数量达到一定量且条件许可时,可实施金民工程电子档案管理系统和数据库系统的热备份;

c)本单位建设灾难备份中心时,应将金民工程电子档案及其元数据、金民工程电子档案管理系统的灾难备份纳入规划之中,进行同步分析、设计和建设。金民工程电子档案的灾难备份和灾难恢复应符合 GB/T 20988—2007 的要求。

9.2.3 金民工程电子档案离线备份的基本要求如下:

a)应采用一次写光盘、磁带、硬磁盘等离线存储介质,参照 GB/T 2828.1—2012、GB/T 12628—2008、GB/T 17678—1999、DA/T 15—1995、DA/T 38—2008 等标准实施金民工程电子档案及其元数据、金民工程电子档案管理系统配置数据、日志数据等脱机备份。

b)金民工程电子档案离线存储介质至少应制作一套。可根据异地备份、电子档案珍贵程度和日常应用需要等实际情况,制作第二套、第三套离线存储介质,在装具上标识套别。

c)应对离线存储介质进行规范管理,按规则编制离线存储介质编号,按规范结构存储备份对象和相应的说明文件,标识离线存储介质。禁止在光盘表面粘贴标签。

d)离线存储介质的保管除参照纸质档案保管要求外,还应符合下列条件:

- 应作防写处理。避免擦、划、触摸记录涂层;
- 应装盒,竖立存放或平放,避免挤压;
- 应远离强磁场、强热源,并与有害气体隔离;
- 保管环境温度选定范围:光盘 17℃—20℃,磁性载体 15℃—27℃;相对湿度选定范围:光盘 20%—50%,磁性载体 40%—60%。具体要求见 DA/T 15—1995、DA/T 38—2008。

e)金民工程电子档案或电子档案离线存储介质自形成起一年内可送同级国家综合档案馆电子档案中心进行备份。

f)应定期对磁性载体进行抽样检测,抽样率不低于10%;抽样检测过程中如果出现永久性误差时应扩大抽检范围或进行100%的检测,并立即对发生永久性误差的磁盘存储介质进行复制或更新。

g)对光盘进行定期检测,检测结果超过三级预警线时应立即实施更新。

h)离线存储介质所采用的技术即将淘汰时,应立即将其中存储的金民工程电子档案及其元数据等转换至新型且性能可靠的离线存储介质之中。

i)确认离线存储介质的复制、更新和转换等管理活动成功时,再按照相关规定对原离线存储介质实施破坏性销毁。应对离线存储介质管理活动进行登记。

9.3 金民工程电子档案的利用

9.3.1 应根据工作岗位、职责等要求在金民工程电子档案管理系统为利用者设置相应的金民工程电子档案利用权限。

9.3.2 利用者应在权限允许范围内检索、浏览、复制、下载金民工程电子档案、金民工程电子档案组件及其元数据。

9.3.3 金民工程电子档案及其元数据的离线存储介质不得外借,其使用应在档案部门的监控范围内。

9.3.4 对金民工程电子档案采用在线方式提供利用时,应遵守国家有关信息安全的相关规定,从技术和管理两方面采取严格的管理措施。

9.4 金民工程电子档案的统计

9.4.1 应按照档案统计年报要求及本单位实际需要对金民工程电子档案情况进行统计。

9.4.2 可按照民政业务主题三级分类代码、年度、保管期限、卷数、件数、大小、格式、销毁、移交等要素,对金民工程电子档案数量等情况进行统计。

9.5 金民工程电子档案元数据的维护

9.5.1 应基于金民工程电子档案管理系统在金民工程电子档案管理全过程中持续开展电子档案元数据采集、备份、转换和迁移等管理活动。

9.5.2 实施金民工程电子档案管理系统升级或更新、金民工程电子档案格式转换等管理活动时,应自动采集新增的金民工程电子档案背景、结构元数据,包括信息系统描述、格式信息、音频编解码标准、技术参数等。

9.5.3 应符合GB/T 26163.1—2010等标准持续并自动采集金民工程电子档案管理过程元数据,应记录的金民工程电子档案管理过程包括登记、格式转换、迁移、鉴定、销毁、移交等,具体见8.2.4、10.2.5、10.3.4的要求。

9.5.4 应通过备份、格式转换、迁移等措施管理金民工程电子档案元数据,包括金民工程电子文件归档接收的以及归档后形成的金民工程电子档案元数据,具体见9.2、10.2、10.3.4给出的要求。

9.5.5 不应修改金民工程电子档案背景、结构和管理过程元数据，对题名、责任者、文件编号、日期、保管期限等元数据的修改应符合管理规定，修改操作应记录于日志文件中。

9.5.6 应维护金民工程电子档案与其元数据之间的关联关系。

10 金民工程电子档案的处置

10.1 金民工程电子档案的鉴定

10.1.1 应定期对电子档案进行销毁鉴定，鉴定程序应符合国家有关规定。

10.1.2 档案部门应根据本单位档案保管期限表进行电子档案销毁鉴定，提出被鉴定对象的续存或销毁意见，必要时可协商相关职能部门。销毁鉴定意见经上级领导或主管部门审核、批准后方可实施。

10.2 金民工程电子档案的转换与迁移

10.2.1 应在确保电子档案的真实、可靠、完整和可用基础上，参照 ISO 13008—2012 等标准实施电子档案及其元数据的转换或迁移。

10.2.2 出现以下但不限于以下情况时，应实施电子档案及其元数据的转换或迁移：

a）电子档案当前格式将被淘汰或是去技术支持时，应实施电子档案或元数据的格式转换；

b）因技术更新、介质检测不合格等原因需更换离线存储介质时，应实施社会电子档案或元数据离线存储介质的转换；

c）支持电子档案管理系统运行的操作系统、数据库管理系统、台式计算机、服务器、磁盘阵列等主要系统硬件、基础软件等设备升级、更新时应实施电子档案管理系统、电子档案及其元数据的迁移；

d）电子档案管理系统更新时，应实施电子档案及其元数据的迁移。

10.2.3 应按照确认转换或迁移需求、评估转换或迁移风险、制订转换或迁移方案、审批转换或迁移方案、转换或迁移测试、实施转换或迁移、评估转换或迁移结果、报告转换或迁移结果等步骤实施电子档案或元数据的转换或迁移。

10.2.4 应在确信转换或迁移活动成功实施之后，根据本单位实际对转换或迁移前的电子档案及其元数据进行销毁或继续留存的处置。

10.2.5 电子档案及其元数据库的转换、迁移活动应记录于电子档案元数据管理过程中。

10.2.6 重新对经过格式转换后的电子档案及其元数据进行备份。

10.3 金民工程电子档案的移交与销毁

10.3.1 保管期限为永久的电子档案及其元数据自形成之日起 5 年内应向同级国家综合档案馆移交，移交工作按照《电子档案移交与接收办法》和同级国家综合档案馆的要求执行。

10.3.2 纸质、银盐感光材料等各门类传统载体档案应以数字副本及其目录数据移交进馆，以确保移交年度内数字档案资源的完整性。纸质档案数字化转化应按照 DA/T 31、ISO/TR

13028—2010 以及同级国家综合档案馆的要求执行。

10. 3. 3 电子档案的销毁应参照国家关于档案销毁的有关规定与程序执行。

10. 3. 4 应从在线存储设备、异地容灾备份系统中彻底删除应销毁电子档案，电子档案管理系统应在管理元数据、日志过程中自动记录鉴定、销毁活动，将被销毁电子档案的元数据移入销毁数据库。

10. 3. 5 应销毁电子档案的离线存储介质，应对其实施破坏性销毁。实施销毁前，应对备份其中的其他电子档案进行离线存储介质的转换。

附录 A

（规范性）

金民工程电子文件元数据描述

A.1 聚合层次

聚合层次的元数据描述信息，见表 A.1。

表 A.1 聚合层次

编号	M1
中文名称	聚合层次
英文名称	aggregation level
定义	电子文件在分类、整理、著录、保管和提供利用时，作为个体和特定群体的控制层次，如宗、目、卷、件等
目的	利用对电子文件的管理，为电子文件在某一层次的著录、检索提供条件
约束性	必选
可重复性	不可重复
元素类型	简单型
数据类型	字符型
编码修饰体系	—
值域	案卷 文件
缺省值	文件
子元素	—
信息来源	在形成、处理、管理电子文件的系统中通过值域列表选择著录或手工著录
相关元素	—
注释	推荐使用预定义值域列表选择著录

A.2 来源

来源的元数据描述信息，见表 A.2。

表 A.2 来源

编号	M2
中文名称	来源

续表

英文名称	provenance
定义	对形成、归档、移交、保管电子文件的单位(个人)和全宗的描述
目的	提供电子文件的背景信息,利用对电子文件的理解、管理和利用
约束性	必选
可重复性	不可重复
数据类型	—
编码修饰体系	—
值域	—
缺省值	—
子元素	档案馆名称(M3) 档案馆代码(M4) 全宗名称(M5) 立档单位名称(M6)
信息来源	—
相关元素	—
注释	—

A. 2. 1 档案馆名称

档案馆名称的元数据描述信息,见表 A. 3。

表 A. 3　档案馆名称

编号	M3
中文名称	档案馆名称
英文名称	Archives name
定义	集中管理特定范围内档案的专门机构的名称
目的	标识电子文件所属馆藏机构,利用电子文件交换、公布和全国性、区域性目录中心建设
约束性	必选
可重复性	不可重复
元素类型	简单型
数据类型	—
编码修饰体系	—
值域	—
缺省值	—
子元素	—
信息来源	—
相关元素	档案馆代码(M4)
注释	—

A.2.2 档案馆代码

档案馆代码的元数据描述信息，见表 A.4。

表 A.4　档案馆代码

编号	M4
中文名称	档案馆代码
英文名称	Archivesidentifier
定义	依据《编制全国档案馆名称代码实时细则》对档案馆所赋予的代码
目的	唯一标识档案馆，利用电子文件的管理和利用
约束性	条件选
可重复性	不可重复
元素类型	简单型
数据类型	字符型
编码修饰体系	标识，依据《编制全国档案馆名称代码实时细则》
值域	—
缺省值	—
子元素	—
信息来源	在管理电子文件的系统中通过预定义值域列表选择著录或手工著录
相关元素	档案馆名称(M3)
注释	由档案馆著录，在建立目录中心或公布，交换电子文件时，本元素必选。推荐使用预定义值域列表选择著录

A.2.3 全宗名称

全宗名称的元数据描述信息，见表 A.5。

表 A.5　全宗名称

编号	M5
中文名称	全宗名称
英文名称	fonds name
定义	档案馆赋予全宗的标识
目的	区分电子文件来源，利用电子文件的管理，提供检索点
约束性	条件选
可重复性	不可重复
元素类型	简单型
数据类型	字符型

续表

编码修饰体系	—
值域	—
缺省值	—
子元素	—
信息来源	在形成、处理、管理电子文件的系统中通过值域列表选择著录或手工著录
相关元素	立案单位名称(M6) 全宗号(M9)
注释	全宗名称一般由接收、保管电子文件的档案馆给定,当给定全宗名称时,本元素必选。推荐使用预定义值域列表选择著录

A. 2. 4 立档单位名称

立档单位的元数据描述信息,见表 A. 6。

表 A. 6　立档单位

编号	M6
中文名称	立档单位名称
英文名称	fonds constituting unit name
定义	构成档案(电子文件)全宗的国家机构、社会组织或个人的名称
目的	记录全宗构成者名称,明确电子文件来源,利于电子文件的管理和利用检索点
约束性	必选
可重复性	不可重复
元素类型	简单型
数据类型	字符型
编码修饰体系	—
值域	—
缺省值	—
子元素	—
信息来源	在形成、处理、管理电子文件的系统中通过值域列表选择著录或手工著录
相关元素	全宗名称(M5) 全宗号(M9)
注释	按照 DA/T 14 中的 5. 1. 1 条规定著录。推荐使用预定义值域列表选择著录

A. 3 电子文件号

电子文件号的元数据描述信息,见表 A. 7。

表 A.7 电子文件号

编号	M7
中文名称	电子文件号
英文名称	Electronic record code
定义	唯一标识电子文件的一组代码
目的	为电子文件(包括文件和案卷)提供唯一表示;在电子文件之间、电子文件与其传统载体档案之间提供关联标识
约束性	必选
可重复性	不可重复
元素类型	简单型
数据类型	—
编码修饰体系	—
值域	—
缺省值	—
子元素	—
信息来源	—
相关元素	—
注释	电子文件号应具备语义,并保证相对唯一性和稳定性

A.4 档号

档号的元数据描述信息,见表 A.8。

表 A.8 档号

编号	M8	
中文名称	档号	
英文名称	archival code	
定义	以字符形式赋予档案(电子文件)的用以固定和反映档案(电子文件)排列顺序的一组代码	
目的	揭示电子文件分类、组合、排列、编目的结果,利于统计、管理和利用,在电子文件与其传统载体档案之间提供关联标识	
约束性	必选	
可重复性	不可重复	
元素类型	复合型	
数据类型	字符型	
编码修饰体系	标识	名称
	DA/T 13—1994	档案编制规则
值域	—	

续表

缺省值	—
子元素	全宗号(M9) 年度(M11) 保管期限(M12) 机构或问题(M13) 类别号(M14)
信息来源	由管理电子文件的系统按照设定的规则生成
相关元素	—
注释	由档案馆根据电子文件实际整理结果设定档号结构。未经整理、立卷、归档,尚未形成档号时,本元素可以为空值

A.4.1 全宗号

全宗号的元数据描述信息,见表 A.9。

表 A.9　全宗号

编号	M9
中文名称	全宗号
英文名称	fonds identifier
定义	档案馆分配给全宗的代码
目的	标识全宗,利于电子文件的管理和利用
约束性	条件选
可重复性	不可重复
元素类型	简单型
数据类型	字符型
编码修饰体系	—
值域	—
缺省值	—
子元素	—
信息来源	在形成、处理、管理电子文件的系统中通过预定义值域列表选择著录或手工著录
相关元素	全宗名称(M5) 立案单位名称(M6)
注释	全宗号一般由接收、保管电子文件的档案馆给定,当给定全宗号时,本元素必选。推荐使用预定义值域列表选择著录

A.4.2 年度

年度的元数据描述信息,见表 A.10。

表 A.10　年度

编号	M11
中文名称	年度
英文名称	year
定义	电子文件按年度分类后标记的形成处理年度
目的	标识电子文件年度，利于电子文件的管理和利用
约束性	必选
可重复性	不可重复
元素类型	简单型
数据类型	数值型
编码修饰体系	—
值域	—
缺省值	—
子元素	—
信息来源	在形成、处理、管理电子文件的系统中通过预定义值域列表选择著录或手工著录
相关元素	
注释	—

A.4.3 保管期限

保管期限的元数据描述信息，见表 A.11。

表 A.11　保管期限

编号	M12
中文名称	保管期限
英文名称	retentionperiod
定义	对电子文件划定的存留年限
目的	标识电子文件保存期限，利于电子文件的鉴定、统计和管理
约束性	必选
可重复性	不可重复
元素类型	简单型
数据类型	字符型
编码修饰体系	—
值域	永久 长期 短期 30 年 10 年 其他

续表

缺省值	—
子元素	—
信息来源	在形成、处理、管理电子文件的系统中通过预定义值域列表选择著录或手工著录
相关元素	
注释	值域中列出的是《国家档案局关于机关档案保管期限的规定》(国档发〔1987〕27 号)和《机关文件材料归档范围和文书档案保管期限规定》(国家档案局令第 8 号)规定的保管期限。值域中的其他,由用户结合实际自定义

A. 4. 4 机构或问题

机构或问题的元数据描述信息,见表 A. 12。

表 A. 12　机构或问题

编号	M13
中文名称	机构或问题
英文名称	Organizational structure or function
定义	对电子文件进行实体分类整理时按部门或问题分类的结果
目的	区分电子文件类别,利于电子文件的管理,提供检索点
约束性	条件选
可重复性	不可重复
元素类型	简单型
数据类型	字符型
编码修饰体系	—
值域	—
缺省值	—
子元素	—
信息来源	在形成、处理、管理电子文件的系统中通过预定义值域列表选择著录或手工著录
相关元素	
注释	当电子文件按机构或问题分类整理时,本元素必选。推进使用预定义值域列表选择著录

A. 4. 5 类别号

类别号的元数据描述信息,见表 A. 13。

表 A. 13　类别号

编号	M14
中文名称	类别号

续表

英文名称	Cataloguecode
定义	根据电子文件实体分类方案赋予电子文件的类别代码,如文书类、声像类等
目的	标识电子文件所属目录,利于电子文件的管理和利用
约束性	可选
可重复性	不可重复
元素类型	简单型
数据类型	字符型
编码修饰体系	—
值域	见 8.1 的规定
缺省值	—
子元素	—
信息来源	在形成、处理、管理电子文件的系统中通过预定义值域列表选择著录或手工著录
相关元素	
注释	金民工程中业务类电子文件整理过程中应区分类别,见 8.1 规定

A.4.6 馆编案卷号

馆编案卷号的元数据描述信息,见表 A.14。

表 A.14 馆编案卷号

编号	M16
中文名称	馆编案卷号
英文名称	archivesfile number
定义	档案馆编制的案卷顺序号
目的	标识电子文件所属案卷,利于电子文件的管理和利用
约束性	条件选
可重复性	不可重复
元素类型	简单型
数据类型	字符型
编码修饰体系	—
值域	—
缺省值	—
子元素	—
信息来源	在管理电子文件的系统中手工著录
相关元素	—
注释	满足下列任一条件时,本元素必选: a)聚合层次(M1)的值为“案卷”且由档案馆著录; b)聚合层次(M1)的值为“文件”且文件按立卷方式整理并由档案馆著录

A.4.7 馆编件号

馆编件号的元数据描述信息，见表 A.15。

表 A.15　馆编件号

编号	M18
中文名称	馆编件号
英文名称	archivesitem number
定义	档案馆编制的文件或组合文件的排列顺序号
目的	标识电子文件排列顺序，利于电子文件的管理和利用
约束性	条件选
可重复性	不可重复
元素类型	简单型
数据类型	数值型
编码修饰体系	—
值域	—
缺省值	—
子元素	—
信息来源	在管理电子文件的系统中手工著录
相关元素	—
注释	当聚合层次(M1)的值为“文件”且由档案馆著录时，本元素必选

A.4.8 文档序号

文档序号的元数据描述信息，见表 A.16。

表 A.16　文档序号

编号	M19
中文名称	文档序号
英文名称	Document sequence number
定义	文档在组合文件中的排列顺序号
目的	揭示文件中文档的组合顺序，利于电子文件的管理和利用
约束性	条件选
可重复性	不可重复
元素类型	简单型
数据类型	字符型
编码修饰体系	—
值域	—

续表

缺省值	—
子元素	—
信息来源	在形成、管理电子文件的系统中手工著录
相关元素	—
注释	当文件组合类型(M41)的值为“组合文件”时,本元素必选,文档一般用阿拉伯数字表示

A.4.9 页号

页号的元数据描述信息,见表 A.17。

表 A.17 页号

编号	M20
中文名称	页号
英文名称	page number
定义	与电子文件对应的纸质档案在案卷内的页面顺序号
目的	利于电子文件的统计、管理
约束性	可选
可重复性	不可重复
元素类型	简单型
数据类型	字符型
编码修饰体系	—
值域	—
缺省值	—
子元素	—
信息来源	在形成、处理、管理电子文件的系统中手工著录
相关元素	—
注释	—

A.5 内容描述

内容描述的元数据描述信息,见表 A.18。

表 A.18 内容描述

编号	M21
中文名称	内容描述
英文名称	contentdescription

续表

定义	以电子文件题名、主题、编号等内容特征的描述
目的	提供电子文件内容描述信息,利于检索和利用
约束性	必选
可重复性	不可重复
元素类型	容器型
数据类型	—
编码修饰体系	—
值域	—
缺省值	—
子元素	题名(M22) 人名(M28) 摘要(M29) 分类号(M30) 文件编号(M31) 责任者(M32) 日期(M33) 密级(M38) 保密期限(M39)
信息来源	—
相关元素	—
注释	—

A. 5. 1 人名

人名的元数据描述信息,见表 A. 19。

表 A. 19　人名

编号	M28
中文名称	人名
英文名称	personalname
定义	文件内容涉及的具有检索意义的人物姓名
目的	提供检索点
约束性	可选
可重复性	不可重复
元素类型	简单型
数据类型	字符型
编码修饰体系	—
值域	—
缺省值	—

续表

子元素	—
信息来源	在形成、处理、管理电子文件的系统中手工著录或由系统捕获
相关元素	—
注释	著录多个人名时,人名之间空一个汉字位置

A. 5. 2 摘要

摘要的元数据描述信息,见表 A. 20。

表 A. 20　摘要

编号	M29
中文名称	摘要
英文名称	abstract
定义	对电子文件核心内容的简单陈述
目的	提供电子文件简要信息,利于在较短时间内了解文件内容
约束性	可选
可重复性	不可重复
元素类型	简单型
数据类型	字符型
编码修饰体系	—
值域	—
缺省值	—
子元素	—
信息来源	在形成、处理、管理电子文件的系统中手工著录或由系统捕获
相关元素	主题词(M26) 关键词(M27)
注释	—

A. 5. 3 分类号

分类号的元数据描述信息,见表 A. 21。

表 A. 21　分类号

编号	M30
中文名称	分类号
英文名称	class code
定义	采用《中国档案分类法》对电子文件进行主题分析,并依照电子文件的内容和特点分门别类后形成类目标记符号

续表

目的	揭示电子文件的分类结果,提供检索点	
约束性	可选	
可重复性	不可重复	
元素类型	简单型	
数据类型	字符型	
编码修饰体系	标识	名称
	CAC	中国档案分类法
值域	—	
缺省值	—	
子元素	—	
信息来源	在管理电子文件的系统中手工著录	
相关元素	—	
注释	依据《中国档案分类法》和 GB/T 15418 的有关规定著录	

A. 5. 4 文件编号

文件编号的元数据描述信息,见表 A. 22。

表 A. 22　文件编号

编号	M31
中文名称	文件编号
英文名称	document number
定义	文件制发过程中由制发机关、团体或个人赋予文件的顺序号,也称文号
目的	提供检索点
约束性	可选
可重复性	不可重复
元素类型	简单型
数据类型	字符型
编码修饰体系	—
值域	—
缺省值	—
子元素	—
信息来源	在形成、处理、管理电子文件的系统中手工著录或由系统捕获
相关元素	—
注释	按照 DA/T 18—1999 中 9. 1. 2 规定著录

A.5.5 责任者

责任者的元数据描述信息,见表 A.23。

表 A.23 责任者

编号	M32
中文名称	责任者
英文名称	author
定义	对电子文件内容进行创造、负有责任的团体或个人
目的	明确电子文件的责任主体,提供检索点
约束性	条件选
可重复性	不可重复
元素类型	简单型
数据类型	字符型
编码修饰体系	—
值域	—
缺省值	—
子元素	—
信息来源	在形成、处理、管理电子文件的系统中手工著录或由系统捕获
相关元素	—
注释	当聚合层次(M1)的值为“文件”时,本元素必选,按照 DA/T 18—1999 中 9.1.3 规定著录

A.5.6 日期

日期的元数据描述信息,见表 A.24。

表 A.24 日期

编号	M33
中文名称	日期
英文名称	date
定义	文件形成的日期或者案卷内文件的起止日期
目的	明确文件形成时间或案卷内文件起止日期,提供检索点
约束性	必选
可重复性	不可重复
元素类型	简单型
数据类型	字符型

续表

编码修饰体系	标识	名称
	GB/T 7408—2005	元数据和交换格式 信息交换 日期和时间表示法
值域	—	
缺省值	—	
子元素	—	
信息来源	在形成、处理、管理电子文件的系统中手工著录或由系统捕获	
相关元素	—	
注释	当聚合层次(M1)的值为“文件”时,著录成文时间。著录时,依据 DA/T 18—1999 中 9.4.1 相应规定选择著录发文时间、发表时间、签署时间或通过时间。时间精确到日按照 DA/T 22—2000 中 5.5.1.5 和 DA/T 18—1999 中 9.4.2 规定,采用 GB/T 7408—2005 中 5.2.1.1 规定的基本格式(YYYYMMDD)著录。例如:1985 年 8 月 10 日表示为:19850810 当聚合层次(M1)的值为“案卷”时,著录案卷内文件起止时间。时间精确到日,著录时采用 GB/T 7408—2005 中 5.2.4.1 规定的基本格式并省略日中时间(YYYYMMDD/YYYYMMDD)。例如:1985 年 8 月 10 日至 1995 年 8 月 10 日表示为:19850810/19950810	

A.5.7 密级

密级的元数据描述信息,见表 A.25。

表 A.25 密级

编号	M38	
中文名称	密级	
英文名称	security classification	
定义	电子文件保密程度的等级	
目的	利于电子文件的管理和利用	
约束性	必选	
可重复性	不可重复	
元素类型	简单型	
数据类型	字符型	
编码修饰体系	标识	名称
	GB/T 7156—2003	文献保密等级代码与标识
值域	公开 限制 秘密 机密 绝密	
缺省值	—	
子元素	—	
信息来源	在形成、处理、管理电子文件的系统中通过预定义值域列表选择著录或手工著录	
相关元素	—	
注释	电子文件秘密等级为公开时,本元素可以为空值	

A.5.8 保密期限

保密期限的元数据描述信息，见表 A.26。

表 A.26　保密期限

编号	M39
中文名称	保密期限
英文名称	secrecy period
定义	对电子文件密级时效的规定和说明
目的	利于电子文件的管理和利用
约束性	可选
可重复性	不可重复
元素类型	简单型
数据类型	字符型
编码修饰体系	—
值域	—
缺省值	—
子元素	—
信息来源	在形成、处理、管理电子文件的系统中手工著录或系统捕获
相关元素	密级(M38)
注释	—

A.6 形式特征

形式特征的元数据描述信息，见表 A.27。

表 A.27　形式特征

编号	M40
中文名称	形式特征
英文名称	formal characteristics
定义	电子文件外在征象
目的	记录电子文件形式特征信息，利于电子文件的统计和利用
约束性	必选
可重复性	可重复
元素类型	容器型
数据类型	—

续表

编码修饰体系	—
值域	—
缺省值	—
子元素	文件组合类型(M41) 件数(M42) 页数(M43) 语种(M44) 稿本(M45)
信息来源	—
相关元素	—
注释	—

A.6.1 文件组合类型

文件组合类型的元数据描述信息,见表A.28。

表A.28 文件组合类型

编号	M41
中文名称	文件组合类型
英文名称	document aggregation
定义	文件聚合层次上文档聚合状况的分类
目的	区分单份文件和组合稳健,利于电子文件的管理和利用
约束性	条件选
可重复性	不可重复
元素类型	简单型
数据类型	字符型
编码修饰体系	—
值域	单件 组合文件
缺省值	单件
子元素	—
信息来源	在形成、处理、管理电子文件的系统中通过预定义值域列表选择著录或手工著录
相关元素	—
注释	当聚合层次(M1)的值为“文件”时,本元素必选。单件表示文件由一个文档构成,组合稳健表示文件由两个或两个以上的文档构成

A.6.2 件数

件数的元数据描述信息,见表A.29。

表 A.29 件数

编号	M42
中文名称	件数
英文名称	total number items
定义	文案卷内文件的数量
目的	记录案卷内文件数量,利于统计和管理
约束性	条件选
可重复性	不可重复
元素类型	简单型
数据类型	数值型
编码修饰体系	—
值域	—
缺省值	—
子元素	—
信息来源	在管理电子文件的系统中自动生成或手工著录
相关元素	—
注释	当聚合层次(M1)的值为“案卷”时,本元素必选

A.6.3 页数

页数的元数据描述信息,见表 A.30。

表 A.30 页数

编号	M43
中文名称	页数
英文名称	total number of pages
定义	双套保存时,与电子文件对应的纸质文件/档案的页数
目的	利于档案的统计、管理
约束性	条件选
可重复性	不可重复
元素类型	简单型
数据类型	字符型
编码修饰体系	—
值域	—
缺省值	—
子元素	—
信息来源	在形成、处理、管理电子文件的系统中自动生成或手工著录

续表

相关元素	—
注释	当聚合层次(M1)的值为“案卷”时,或者当聚合层次(M1)的值为“文件”且按 DA/T 22—2000 整理时,本元素必选。当聚合层次(M1)的值为“案卷”时,著录卷内全部文件的总页数,当聚合层次(M1)的值为“文件”时,著录文件页数

A.7 电子属性

电子属性的元数据描述信息,见表 A.31。

表 A.31 电子属性

编号	M46
中文名称	电子属性
英文名称	electronic attributes
定义	电子文件作为计算机文件所具有的一组特征
目的	记录电子文件的创建环境,保障电子文件真实、完整、有效,利于长期保存、管理和利用
约束性	条件选
可重复性	不可重复
元素类型	容器型
数据类型	—
编码修饰体系	—
值域	—
缺省值	—
子元素	格式信息(M47) 计算机文件名(M48) 计算机文件大小(M49) 文档创建程序(M50) 信息系统描述(M51)
信息来源	—
相关元素	—
注释	当聚合层次(M1)的值为“文件”时,本元素必选

A.7.1 格式信息

格式信息的元数据描述信息,见表 A.32。

表 A.32 格式信息

编号	M47
中文名称	格式信息

续表

英文名称	format information
定义	电子文件格式的一组描述信息
目的	描述电子文件的格式信息,利于分类管理、格式转换和提供利用
约束性	可选
可重复性	不可重复
元素类型	简单型
数据类型	字符型
编码修饰体系	—
值域	—
缺省值	—
子元素	—
信息来源	由形成、处理、管理电子文件的系统捕获或手工著录
相关元素	—
注释	建议尽可能选用本元素,使用结构化方式著录,可以是下列形式中的一种: a)格式名称:××××,格式版本:×××,MIME 媒体类型:××××; b)格式注册系统名称:××××,注册 ID:×××

A.7.2 计算机文件名

计算机文件名的元数据描述信息,见表 A.33。

表 A.33　计算机文件名

编号	M48
中文名称	计算机文件名
英文名称	computer file name
定义	表示计算机文件的一组特定字串
目的	记录电子文件形式特征,利于电子文件的控制和管理
约束性	条件选
可重复性	不可重复
元素类型	简单型
数据类型	字符型
编码修饰体系	—
值域	—
缺省值	—
子元素	—
信息来源	由形成、处理、管理电子文件的系统捕获
相关元素	—
注释	当聚合层次(M1)的值为“文件”时,本元素必选。计算机文件名一般由文件名和扩展名组成,必要时,可增加著录路径

A.7.3 计算机文件大小

计算机文件大小的元数据描述信息,见表 A.34。

表 A.34 计算机文件大小

编号	M49
中文名称	计算机文件大小
英文名称	computer filesize
定义	计算机文件的字节数
目的	记录电子文件形式特征,利于电子文件存储、交换、统计和管理
约束性	条件选
可重复性	不可重复
元素类型	简单型
数据类型	字符型
编码修饰体系	—
值域	—
缺省值	—
子元素	—
信息来源	由形成、处理、管理电子文件的系统捕获
相关元素	—
注释	当聚合层次(M1)的值为“文件”时,本元素必选。计算机文件大小的统计单位为“字节”。本元素的值由数量和单位两部分组成,例如:1024 字节

A.8 数字化属性

数字化属性的元数据描述信息,见表 A.35。

表 A.35 数字化属性

编号	M52
中文名称	数字化属性
英文名称	digitization attributes
定义	文件或档案数字化的一组关键特征描述
目的	记录电子文件来源的客观性和合法性信息,利于电子文件的利用
约束性	条件选
可重复性	不可重复
元素类型	容器型
数据类型	—
编码修饰体系	—

续表

值域	—
缺省值	—
子元素	数字化对象形态(M53) 扫描分辨率(M54) 扫描色彩模式(M55) 图像压缩方案(M56)
信息来源	—
相关元素	—
注释	当电子文件由扫描或缩微影像转换形成时,本元素必选

A. 8. 1 扫描分辨率

扫描分辨率的元数据描述信息,见表 A. 36。

表 A. 36 扫描分辨率

编号	M54
中文名称	扫描分辨率
英文名称	scanning resolution
定义	文件或档案被数字化时,相关数字化设备所采用的取样分辨率,即单位长度内的取样点数,一般用每英寸点数(dpi)表示
目的	记录电子文件的质量特征,满足不同应用需求
约束性	条件选
可重复性	不可重复
元素类型	简单型
数据类型	字符型
编码修饰体系	—
值域	—
缺省值	—
子元素	—
信息来源	由数字化系统捕获或手工著录
相关元素	—
注释	当电子文件由扫描或缩微影像转换形成时,本元素必选。本元素的值由数量和单位两部分组成,例如:300dpi

A. 8. 2 扫描色彩模式

扫描色彩模式的元数据描述信息,见表 A. 37。

表 A.37　扫描色彩模式

编号	M55
中文名称	扫描色彩模式
英文名称	scanning color model
定义	文件或档案被数字化时,相关数字化设备所采用的扫描模式
目的	记录电子文件的数字化特征,满足不同应用需求
约束性	条件选
可重复性	不可重复
元素类型	简单型
数据类型	字符型
编码修饰体系	—
值域	黑白二值 灰度 彩色
缺省值	—
子元素	—
信息来源	在数字化系统中通过预定义列表选择著录或手工著录
相关元素	—
注释	当电子文件由扫描或缩微影像转换形成时,本元素必选。扫描色彩模式的选择应符合 DA/T 31—2005 的有关规定

A.8.3 图像压缩方案

图像压缩方案的元数据描述信息,见表 A.38。

表 A.38　图像压缩方案

编号	M56
中文名称	图像压缩方案
英文名称	image compression scheme
定义	文件或档案数字化生成时数字图像所采用的压缩方案
目的	记录电子文件数字化特征,利于评估图像质量和维护电子文件的有效性
约束性	可选
可重复性	不可重复
元素类型	简单型
数据类型	字符型
编码修饰体系	—
值域	—
缺省值	—

续表

子元素	—
信息来源	由数字化系统捕获或手工著录
相关元素	—
注释	可著录图像压缩方案名称,例如:CCITT Group 4

A.9 存储位置

存储位置的元数据描述信息,见表A.39。

表A.39 存储位置

编号	M65
中文名称	存储位置
英文名称	storage location
定义	对电子文件物理和逻辑存址的一组描述信息
目的	利于电子文件的控制、管理和利用
约束性	必选
可重复性	不可重复
元素类型	容器型
数据类型	—
编码修饰体系	—
值域	—
缺省值	—
子元素	当前位置(M66) 脱机载体编号(M67) 脱机载体存址(M68) 缩微号(M69)
信息来源	—
相关元素	—
注释	—

A.9.1 当前位置

当前位置的元数据描述信息,见表A.40。

表A.40 当前位置

编号	M66
中文名称	当前位置

续表

英文名称	Current location
定义	电子文件在文档管理系统中存储位置
目的	利于电子文件的管理和利用
约束性	可选
可重复性	不可重复
元素类型	简单型
数据类型	字符型
编码修饰体系	—
值域	—
缺省值	—
子元素	—
信息来源	由形成、处理、管理电子文件的系统捕获或手工著录
相关元素	—
注释	当前位置可以是系列形式中的一种： a)统一资源标识符(URI)； b)计算机名(服务器名)+盘符+路径； c)国家或行业标准规定的其他表示方法

A. 9. 2 脱机载体编号

脱机载体编号的元数据描述信息，见表 A. 41。

表 A. 41　脱机载体编号

编号	M67
中文名称	脱机载体编号
英文名称	Offline medium identifier
定义	电子文件脱机存储载体排列顺序的一组代码
目的	利于电子文件的保管和利用
约束性	必选
可重复性	可重复
元素类型	简单型
数据类型	字符型
编码修饰体系	—
值域	—
缺省值	—
子元素	—
信息来源	在管理电子文件的系统中手工著录

续表

相关元素	脱机载体存址(M68)
注释	脱机载体编号由组织机构代码(档案馆代码)、存储载体代码、排列顺序号三部分组成。其格式为:组织机构代码(档案馆代码) - 存储载体代码 - 排列顺序号。存储载体代码用字母表示,“CD”表示光盘,“MT”表示磁带,“DK”表示磁盘,排列顺序号用阿拉伯数字表示

A.9.3 脱机载体存址

脱机载体存址的元数据描述信息,见表 A.42。

表 A.42 脱机载体存址

编号	M68
中文名称	脱机载体存址
英文名称	Offline medium storage location
定义	电子文件机及载体的存放位置
目的	利于电子文件的管理和利用
约束性	可选
可重复性	可重复
元素类型	简单型
数据类型	字符型
编码修饰体系	—
值域	—
缺省值	—
子元素	—
信息来源	在管理电子文件的系统中手工著录
相关元素	脱机载体编号(M67)
注释	—

A.10 权限管理

权限管理的元数据描述信息,见表 A.43。

表 A.43 权限管理

编号	M70
中文名称	权限管理
英文名称	rights management
定义	对电子文件内容涉及或具有的权益以及被赋予权限的一组描述信息

续表

目的	描述电子文件权限信息,以利于电子文件安全管理、控制和利用
约束性	必选
可重复性	不可重复
元素类型	容器型
数据类型	—
编码修饰体系	—
值域	—
缺省值	—
子元素	授权对象(M72) 授权行为(M73) 控制标识(M74)
信息来源	—
相关元素	—
注释	—

A. 10. 1 授权对象

授权对象的元数据描述信息,见表 A. 44。

表 A. 44　授权对象

编号	M72
中文名称	授权对象
英文名称	authorized agent
定义	被授权操作、利用电子文件的组织和个人
目的	保证电子文件在规定范围内被操作和利用
约束性	可选
可重复性	可重复
元素类型	简单型
数据类型	字符型
编码修饰体系	—
值域	—
缺省值	—
子元素	—
信息来源	在形成、处理电子文件的系统中手工著录
相关元素	知识产权说明(M71) 授权行为(M73)
注释	授权对象(M72)和授权运行为(M73)著录时需一一对应

A.10.2 授权行为

授权行为的元数据描述信息,见表 A.45。

表 A.45 授权行为

编号	M73
中文名称	授权行为
英文名称	permission assignment
定义	授权对象被授予的对电子文件操作和利用的行为类型
目的	利于加强对电子文件的安全管理、控制和利用
约束性	可选
可重复性	可重复
元素类型	简单型
数据类型	字符型
编码修饰体系	—
值域	公布 复制 浏览 解密 [其他]
缺省值	—
子元素	—
信息来源	在形成、管理电子文件的系统通过预定义值域列表选择著录或手工著录
相关元素	知识产权说明(M71) 授权对象(M72)
注释	授权行为(M73)和授权对象(M72)著录时需一一对应。值域中的“[其他]”表示值域中所列授权行为外的其他授权行为,由用户结合实际自定义

A.10.3 控制标识

控制标识的元数据描述信息,见表 A.46。

表 A.46 控制标识

编号	M74
中文名称	控制标识
英文名称	control identifier
定义	电子文件是否公开、开放或控制使用的标识
目的	保障信息安全,促进开放利用
约束性	可选
可重复性	不可重复

续表

元素类型	简单型
数据类型	字符型
编码修饰体系	—
值域	开放 控制 [其他]
缺省值	—
子元素	—
信息来源	在管理电子文件的系统中通过预定义值域列表选择著录或手工著录
相关元素	—
注释	建议尽可能选用本元素。值域中“[其他]”表示值域中所列控制标识外的其他控制标识,由用户结合实际自定义

A.11 附注

附注的元数据描述信息,见表 A.47。

表 A.47　附注

编号	M75
中文名称	附注
英文名称	annotation
定义	电子文件和元数据中需要解释和补充说明的事项
目的	提供电子文件及其元数据有关补充信息
约束性	可选
可重复性	可重复
元素类型	简单型
数据类型	字符型
编码修饰体系	—
值域	—
缺省值	—
子元素	—
信息来源	在形成、处理电子文件的系统中手工著录
相关元素	—
注释	参照 DA/T 18—1999 著录

参考文献

档案信息系统安全等级保护定级工作指南(档办发〔2013〕5号)

三、技术类标准

JMGC

民 政 部 金 民 工 程 标 准

JMGC/JS 301—2020

金民工程应用系统集成要求

2020 -12 -30 发布 2020 -12 -30 实施

民政部信息中心 发布

目　次

前　　言

本文件按照 GB/T 1.1—2020《标准化工作导则 第1部分:标准化文件的结构和起草规则》的规定起草。

请注意本文件的某些内容可能涉及专利。本文件的发布机构不承担识别专利的责任。

本文件由民政部信息中心提出并归口。

本文件起草单位:民政部信息中心、北京科迪智标信息技术有限公司、四川久远银海软件股份有限公司。

本文件主要起草人:范一大、张建民、王兴玲、张彤、陶亮、贾雅杰、邢立强、彭鑫森、许应成、屈莹。

金民工程应用系统集成要求

1 范围

本文件规定了金民工程一期项目应用系统集成的基本原则、总体逻辑架构及应用系统、应用系统集成一般要求、应用集成要求、界面集成要求、功能集成要求、数据集成要求等内容。

本文件适用于金民工程一期项目应用系统集成工作。

2 规范性引用文件

下列文件中的内容通过文中的规范性引用而构成本文件必不可少的条款。其中,注日期的引用文件,仅该日期对应的版本适用于本文件;不注日期的引用文件,其最新版本(包括所有的修改单)适用于本文件。

GB/T 9386—2008 计算机软件测试文档编制规范

GB/T 15532—2008 计算机软件测试规范

GB/T 20158—2006 信息技术软件生存周期过程配置管理

GB/T 30883—2014 信息技术数据集成中间件

GB/T 32419.5—2017 信息技术 SOA 技术实现规范 第5部分:服务集成开发

JMGC/JS 304—2020 金民工程桌面端应用界面 UI 设计规范

JMGC/JS 305—2020 金民工程移动端界面 UI 设计规范

JMGC/ZT 103—2020 金民工程总体技术构架及应用系统建设部署要求

3 术语和定义

下列术语和定义适用于本文件。

3.1 应用系统集成

指将子系统集成到一个系统的过程,并确保子系统作为一个系统可以一起运行,使资源达到充分共享,实现集中、高效、便利的管理。

3.2 数据组织

指数据的存储结构和表示形式,即将某种逻辑关系的数据按照一定的规则进行存储或表示。

3.3 数据集成

指把不同来源、格式、特点性质的数据有机地集中,形成基础数据集。

3.4 界面集成

指为用户提供一个与信息系统进行交互的统一视图和访问入口,使用户能与人、内容、应用和流程进行个性化的、安全的、单点式的互动交流。

3.5 应用集成

将各个分离的功能和信息等应用有机地集成到一个单一系统中,并使它们就像一个整体一样,进行业务处理和信息共享。

3.6 功能集成

将分散在各系统中的功能有机集成到一个单一应用系统中,使应用系统达到整体功能最优。

4 缩略语

下列缩略语适用于本文件。

API 应用程序接口(Application Programming Interface)

ETL 抽取、转换和装载(Extract Transform Load)

J2EE Java 2 平台企业版(Java 2 Platform Enterprise Edition)

UI 用户界面(User Interface)

5 基本原则

5.1 概述

应用系统集成的基本原则包括实用性原则、经济性原则、先进性原则、成熟性原则、标准性原则、安全性原则、可靠性原则、开放性原则和可扩展性原则等。

5.2 实用性和经济性原则

应充分利用原有系统的硬件资源、软件资源和数据资源,尽量减少投入,确保实用有效。

5.3 先进性和成熟性原则

应选用先进的硬件、软件和成熟的技术,确保集成工作高效开展。

5.4 安全性和可靠性原则

应建立网络、数据等安全保护措施,确保应用系统不被非法用户越权使用和非正常工作环境下及时恢复。

5.5 开放性和可扩展性原则

应选择互联性、互通性及互操作性较好的硬件、软件和数据库,确保数据无缝连接以及集成后的应用系统便于扩展。

5.6 规范性原则

应按照国家计算机软件开发规范,对应用系统集成过程中各阶段的实施步骤、实施要求、测试及验收等制定标准,确保集成工作开展规范、有效。

6 金民工程一期项目总体逻辑架构及应用系统

6.1 金民工程一期项目总体逻辑架构

金民工程一期项目依据国家电子政务体系架构,采用"四横四纵"架构设计。重点建设社会救助、社会福利与慈善、专项社会事务管理、公共服务与决策支持等系统,总体逻辑架构见图1,具体功能模块详见 JMGC/ZT 103—2020《金民工程总体技术构架及应用系统建设部署要求》。

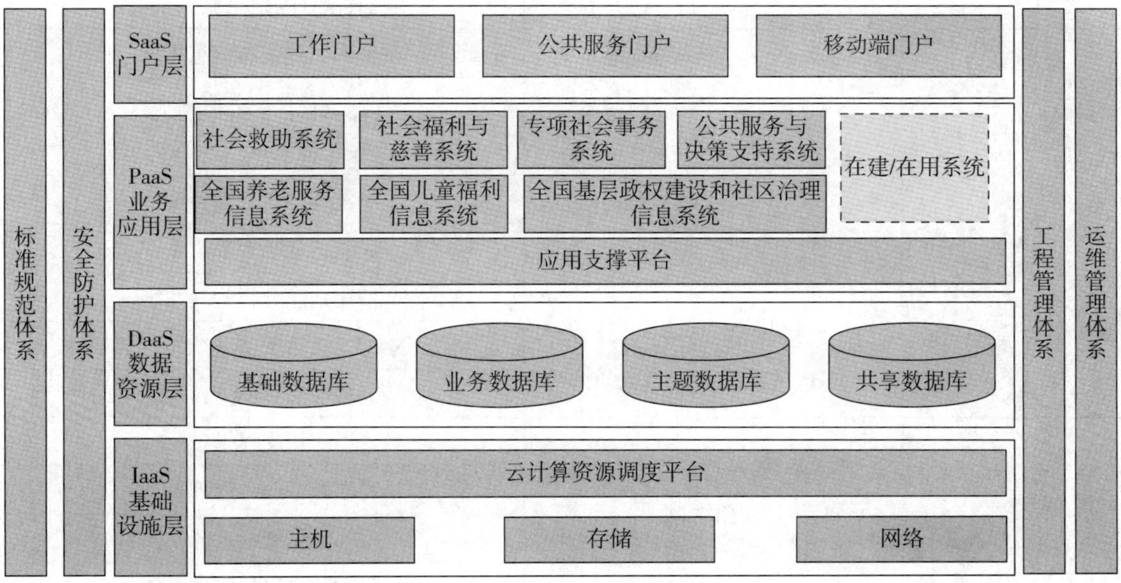

图1 金民工程一期项目总体逻辑架构

6.2 应用系统

金民工程一期项目新建应用系统和需对接的已有应用系统分别如表1、表2所示。

表1 金民工程一期项目新建应用系统

序号	业务类型	系统名称
1	社会救助	全国社会救助信息系统
		居民家庭经济状况核对信息系统
		全国社会救助监管信息系统
2	社会事务	全国婚姻登记管理信息系统
		全国流浪乞讨人员救助管理信息系统
		全国殡葬管理信息系统
		残疾人福利信息系统

续表

序号	业务类型	系统名称
3	基层政权建设和社区治理	全国基层政权建设和社区治理信息系统
4	区划地名	全国区划地名管理信息系统
5	养老服务	全国养老服务信息系统
6	儿童福利	全国儿童福利信息系统
7	慈善事业促进和社会工作	社会慈善与募捐信息系统
		全国志愿服务信息系统
		全国社会工作信息系统
8	规划财务	福利彩票公益金管理信息系统
		民政统计与信息服务系统
9	公共服务	全国民政信访信息系统
		民政一体化政务服务平台
		金民工程信息化培训平台
		空间分析管理系统
		民政信息统一采集系统
		信用信息分析管理系统
		决策支持系统
		民政部协同办公系统
10	应用支撑	应用支撑平台
		民政政务服务管理系统
		数据交换平台
		民政信息资源管理系统

表 2　金民工程一期项目需对接的已有应用系统

序号	应用系统
1	全国村(居)委会统一赋码管理系统
2	残疾人两项补贴系统
3	全国农村“三留守”人员信息管理系统

7 应用系统集成一般要求

7.1 概述

依据 GB/T 30883—2014、GB/T 32419.5—2017 等标准，应用系统集成包括应用集成、界面集成、功能集成、数据集成等。

7.2 一般要求

应用集成应从新建应用系统和已有系统两方面考虑，新建应用系统在设计和建设时应具备良好的扩展性、互操作性,以及与现有系统的兼容性,避免新的不同架构系统出现,减少集成问题,降低集成难度;已有应用系统,对于在一段时期内还发挥着重要作用、需要集成的应用系统,可根据需要从界面、功能、流程等方面进行调整,实现应用系统集成。

界面集成应根据金民工程一期项目建设需求,为用户提供一个与应用系统进行交互的统一视图和访问入口,使用户能与人、内容、应用和流程进行个性化的、安全的、单点式的互动交流。

功能集成应根据金民工程一期项目用户现实和发展的应用需求,合理地集成应用系统各项功能,充分发挥各自的优势,使应用系统达到整体功能最优。

数据集成应依据金民工程一期项目信息资源内容管理的范围,结合数据的基本特点,按照多种方式对数据进行组织,定义统一和标准的格式,采用适用的交换技术,实现数据的交换和共享。

8 应用集成要求

8.1 新建应用系统集成

8.1.1 应用系统体系结构设计要求

新建应用系统建设应参考金民工程一期项目总体逻辑架构,按照多层结构,设计可拓展、开放、柔性的系统体系结构。在信息资源共享平台和应用支撑平台的基础上建设新的应用系统,分别从数据应用和业务应用两个方面考虑。分层设计结构如图 2 所示。

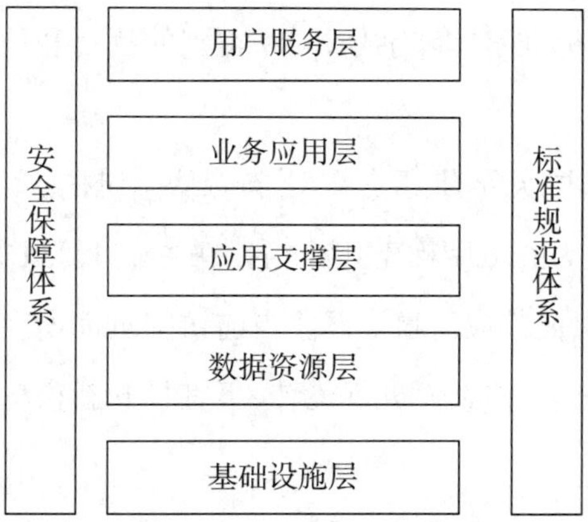

图 2　应用系统体系结构

应用系统体系结构设计的基本要求包括但不局限于:

a)应按照多层体系结构进行设计,至少包括:用户服务层、业务应用层、数据资源层;

b)可根据实际需要增加应用支撑层;

c)安全保障体系中与应用安全相关的信任和授权管理,应遵循国家信息安全相关的标准。

8.1.2 应用系统实现要求

新建应用系统技术实现的基本要求包括但不局限于:

a)设计和开发时展现应用与业务逻辑相分离;

b)采用组件模式,保持业务应用层或应用支撑层功能组件的“松耦合”,且具有被封装为不同粒度“服务”的可能;

c)对涉及业务流程的应用系统,采用工作流技术开发,确保具有灵活的业务流程管理功能;

d)采用数据持久化技术,且能够支持多种类型的数据库管理系统。

8.2 与已有应用系统集成

已有系统通过金民工程统一身份认证进行系统登录,与已有应用系统集成要求详见9、10、11等章节。

9 界面集成要求

金民工程一期项目所有应用系统原则上应接入统一门户,无须接入的应用系统,应单独提出申请,并经民政部信息中心同意后,方可使用单独的登录界面。

桌面端用户界面集成总体要求包括:

a)页面应简洁明了,清新大气,保持统一风格。

b)页面设计宜按适配常用分辨率的规格设计,页面分辨率宜设置为每英寸72像素,页面画布尺寸宽度宜设置为1920px,页面整体需支持X轴自适应屏幕,X轴不小于1024px,中间内容区域宽度宜设置为1100px。

c)使用符合用户习惯的标准字体和字号,同一类别的栏目和信息应使用同一模板,统一字体、字号、行间距和布局。

d)页面布局应科学合理、层次分明、重点突出,符合从左到右、从上到下的阅读习惯;首页页面设计不宜过长,尽量少使用过大的图片及音视频文件,在主流计算机配置下,页面能较快加载。

e)除了首页以外,每个页面都应清晰地标注当前访问页面所在的位置,并且可逐级访问各子页面;打开子页面时,应通过当前页面进行跳转,不宜打开新窗口展现;每个子页面都应设置跳转到首页的链接。

f)对主流类别及常用版本浏览器具有较好的兼容性,页面整齐不变形,不可出现文字错行、表格错位、功能和组件不可用的情况。

具体要求参见JMGC/JS 304—2020。

金民工程一期项目移动端界面设计应从民政工作人员、使用民政系统的其他相关人员、自然人、法人和其他组织使用便利角度出发,减少用户操作,方便用户浏览和查询相关内容,总体要求包括但不限于如下:

a)符合移动设备的交互方式,应兼容当前主流移动设备的屏幕尺寸与分辨率。

b)显示内容中图片、附件、视频等应有效可用,名称要直观准确。图片、附件、视频采用JPG、PNG、OFD、PDF、MP4等主流常用格式,其中附件宜使用网页阅读(避免使用浏览器插件)

模式,便于跨平台的兼容性和浏览的流畅度。

c)避免使用弹出窗口、漂浮窗口,确需使用时,不得使用多个窗口,且窗口应提供关闭按钮。

具体要求参见 JMGC/JS 305—2020。

10 功能集成要求

已有系统功能集成需要保持原系统所有功能模块、服务接口能够完整继承并稳定使用。金民工程一期项目建设中需要与已有系统进行有机融合,最终以一个独立的软件系统进行管理。应对平台类功能和业务类功能的封装接口进行完整继承,并尽可能减少进行二次开发。

为满足复杂多变的业务流程活动的要求,已有系统的业务逻辑与业务流程逻辑宜分离,使业务流程的改变不引起应用系统的改变,实现松耦合的应用集成。

功能集成要求包括:

a)涉及集成的业务流程较简单且稳定,可使用静态的工作流集成,即业务流程的活动是固定的;

b)如果要求更高的灵活性,则需要使用动态工作流技术,即可灵活定制业务流程;

c)选用至少提供工作流引擎、流程设计器,并且提供良好的定制开发接口的工作流管理工具。

11 数据集成要求

11.1 基础数据集成

金民工程一期项目应用系统基础数据的集成分为两部分,一部分是存量基础数据,采用一次性导入的方式进行数据集成;另外一部分是增量基础数据,该部分数据的更新由基础数据库提供的实时数据更新服务实现。基础数据的集成如图 3 所示。

基础数据库提供的实时数据更新服务包括两个层级,一个由省级基础信息库提供,用于与省级部署的业务系统对接;一个由部级基础信息库提供,用于与部级部署的业务系统对接。部省两级基础信息库之间的信息同步采用消息队列的方式实现。基础数据库中的核心数据具体参见《金民工程数据交换规范》和《金民工程数据共享要求》。

11.2 业务数据集成

金民工程一期项目应用系统业务数据集成分为两部分,一部分是存量业务数据,采用一次性导入的方式进行数据集成;一部分是增量业务数据,采用定时导入的方式进行数据集成。业务数据的集成如图 4 所示。

业务数据的定时数据更新包括两个层级,一个由省级业务信息库与省级部署的业务系统对接,由各省级业务系统按业务数据集成标准通过 ETL 写入省级业务信息库;一个由部级业务信息库与部级部署的业务系统对接,由各部级业务系统按业务数据集成标准通过 ETL 写入部级

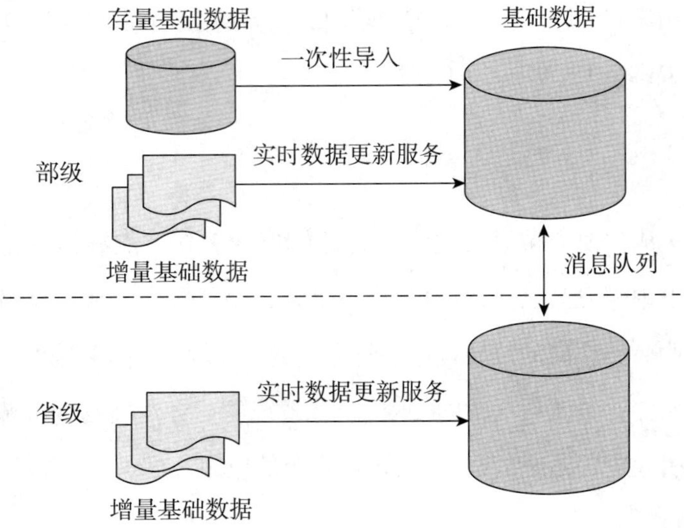

图3　基础数据集成

业务信息库。部省两级业务信息库之间的信息同步采用定时任务的方式实现。

部省两级部署业务系统时,应将数据实时集成到部级业务信息库,如婚姻系统省级部署,登记业务数据应实时汇聚到部级的婚姻业务数据库。

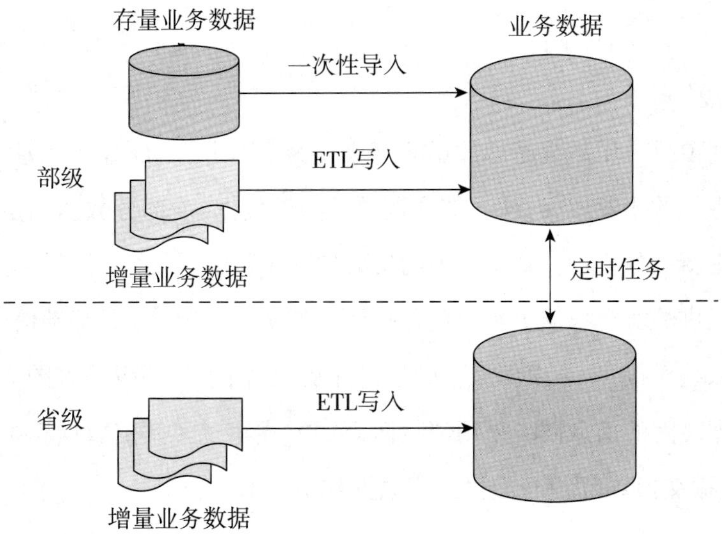

图4　业务数据集成

12 集成技术

集成技术包括数据仓库、容器云和微服务等,金民工程一期项目应用系统集成中,应根据实际需求,选择其中一种或多种集成技术。

13 集成方式

13.1 概述

金民工程一期项目应用系统集成的方式一般分为三种，即封装式、接口式和间接式，应根据实际需求，选择其中的一种或多种。

13.2 封装式

封装式是将应用系统中的数据和操作的实现方法隐藏在所定义的对象中，使数据和操作有了统一的模型界面，提供了逻辑独立性。应用系统中封装的程序能够自动识别、存储和管理由所封装程序产生的文件，但是不能识别文件的内容，如：特征参数、任务信息等，所以集成度较低。

13.3 接口式

接口式是通过编写接口程序在应用系统之间进行数据共享、信息协同的，此方法集成度高、易于实现，无须用户介入就能在应用系统之间进行文件内部数据的交换。接口集成方式是把应用系统之间需要共享的数据模型抽取出来，定义到应用系统集成的整体模型中，实现应用系统数据结构的统一。接口式比封装式集成度更高，而且实现起来更加灵活，是值得推荐的一种集成方式。

13.4 间接式

间接式有两种实现方法，其一是通过系统开发中间组件来实现，其二是通过中间数据库来实现。中间组件技术就是将开发的组件和组件系统进行封装并留有标准接口，应用系统通过接口访问中间组件来交互数据。中间数据库方式是要开发一个应用系统访问数据库的工具，通过数据库工具来进行两系统间数据的交互。

参考文献

[1]GB/T 21064—2007 电子政务系统总体设计要求

[2]GB/T 26335—2010 工业企业信息化集成系统规范

[3]HJ/T 418—2007 环境信息系统集成技术规范

[4]C 0130—2018 国家政务服务平台政务服务数据整合要求

[5]C 0102—2018 国家政务服务平台政务服务门户建设要求

[6]GB/T 8566—2007 信息技术软件生存周期过程

[7]“互联网+政务服务”技术体系建设指南(国办函〔2016〕108 号)

JMGC

民　政　部　金　民　工　程　标　准

JMGC/JS 302—2020

金民工程应用系统接口规范

2020－12－30 发布　　　　2020－12－30 实施

民政部信息中心 发布

目　次

前　言

本文件按照 GB/T 1.1—2020《标准化工作导则 第1部分:标准化文件的结构和起草规则》的规定起草。

请注意本文件的某些内容可能涉及专利。本文件的发布机构不承担识别专利的责任。

本文件由民政部信息中心提出并归口。

本文件起草单位:民政部信息中心、北京科迪智标信息技术有限公司、四川久远银海软件股份有限公司。

本文件主要起草人:范一大、张建民、王兴玲、张彤、陶亮、戴朝云、赵超、邢立强、彭鑫森、许应成、屈莹。

金民工程应用系统接口规范

1 范围

本文件规定了金民工程一期项目应用系统可提供的各类服务接口和访问接口,包括文件交换接口要求、数据库接口要求、服务调用接口要求和消息通知服务对接要求等内容。

本文件适用于金民工程一期项目应用系统之间以及系统内各模块之间通过接口进行数据交互。

2 规范性引用文件

下列文件中的内容通过文中的规范性引用而构成本文件必不可少的条款。其中,注日期的引用文件,仅该日期对应的版本适用于本文件;不注日期的引用文件,其最新版本(包括所有的修改单)适用于本文件。

GB/T 17969.8—2010 信息技术开放系统互连 OSI 登记机构操作规程 第 8 部分:通用唯一标识符(UUID)的生成和登记及其用作 ASN.1 客体标识符部件

GB/T 21062.3—2007 政务信息资源交换体系 第 3 部分:数据接口规范

JMGC/XX 203—2020 金民工程数据交换规范

JMGC/JS 307—2020 金民工程服务接口

JMGC/JS 313—2020 金民工程统一消息通知服务对接要求

《金民工程一期系统集成实施方案》

3 术语和定义

下列术语和定义适用于本文件。

3.1 资源提供方

提供服务接口,且对接口的完整性、正确性、真实性等负有责任的应用系统或系统内模块。

3.2 资源需求方

向金民工程一期项目应用系统申请、调用服务接口的应用系统或系统内模块。

3.3 服务集成平台

金民工程一期项目中用于统一管理服务注册、发布、管理的系统。

3.4 应用程序接口

简称 API,又称应用编程接口,是应用系统不同组成部分衔接的约定。

3.5 服务

一种在后台运行的应用程序类型。

4 缩略语

DB 数据库(Database)

HTTP 超文本传输协议(Hyper Text Transfer Protocol)

JMS　Java 消息服务(Java Message Service)

JSON　JavaScript 对象标记(Java Script Object Notation)

MQ 消息队列(Message Queue)

REST　表述性状态转移(Repres Entational State Transfer)

SOAP 简单对象访问协议(Simple Object Access Protocol)

UTF—8Unicode 的可变长度字符编码(8 - bit Unicode Transformation Format)

WebService　Web 服务(WebService)

XML 可扩展标记语言(Extensible Markup Language)

5 接口分类和要求

5.1 交换接口分类

金民工程一期项目应用系统交换接口包括文件交换接口、数据库交换接口、服务调用交换接口、消息通知服务接口等类型。

5.2 接口技术要求

金民工程一期项目应用系统接口技术应满足以下要求:

a)应至少提供文件交换接口、数据库交换接口和服务调用交换接口中的一种;

b)应提供消息队列中间件应用条件;

c)应支持多种计算机语言和不同开发平台调用。

6 一般要求

6.1 概述

对金民工程一期项目应用系统接口的设计应以业务模型和数据模型规范为基础,充分考虑各业务定义、数据流向、功能要求和数据要素等内容,详见《金民工程一期系统集成实施方案》。

6.2 通信技术要求

应建立接口通信协议,确保资源提供方和资源需求方通信畅通。

6.3 内容要求

应建立检查机制,确保资源提供方和资源需求方请求资源的内容真实、完整。

6.4 可靠性要求

应遵循国家相关法律法规和标准规范，确保接口安全和传输控制安全；应提供可靠的运行环境，保证系统在内部、外部的不可预知的出错情况下，能提供正确的容错处理机制，防止数据丢失。

6.5 其他要求

为保证金民工程一期项目应用系统的完整性和健壮性，接口设计应满足以下要求：

a）可伸缩性，保证在充分利用系统资源的前提下，实现接口能力的平滑移植和扩展，同时在访问并发量增加时提供接口能力的动态扩展，以保证接口的稳定性；

b）可用性，具备异常处理能力，支持多机集群的部署方式，能提供必要的日志、监控、告警能力；

c）可扩展性，在新业务扩展和新系统接入中，提供快速、方便和准确的实现方式；

d）可管理性，提供良好的接口管理机制，保证在接口的运行过程中提供给管理员方便的管理方式，以处理各种情况；

e）可监控性，提供有效的接口监控机制，使接口的运行情况可监控，方便及时发现错误及排除故障。

7 文件交换接口要求

7.1 概述

文件交换方式是通过可靠文件传送服务，进行数据文件的传送，适用于大量数据记录传送，要求资源提供节点给出文件格式及数据资源描述。

7.2 交换格式

金民工程一期项目支持三种文件交换格式，分别为XML格式、EXCEL格式、TXT格式，三种交换格式的文件名见《金民工程数据交换规范》。

8 数据库交换接口要求

8.1 概述

数据库对接方式是通过在部省交换节点之间搭建交换库，将要交换的数据通过前置数据库进行对接交换，这种方式一般用于实现大批量的数据交换。

省级交换节点通过数据库对接方式与部级交换节点交换数据可分为两种：

a）在省级交换节点搭建一个交换库，省级将要上报的数据放到省级交换库中，由部级交换节点完成数据从省级交换库到部级交换库的抽取，如图1所示；

b）省级交换节点不搭建交换库，直接将数据写入部级交换节点的交换库中，如图2所示。

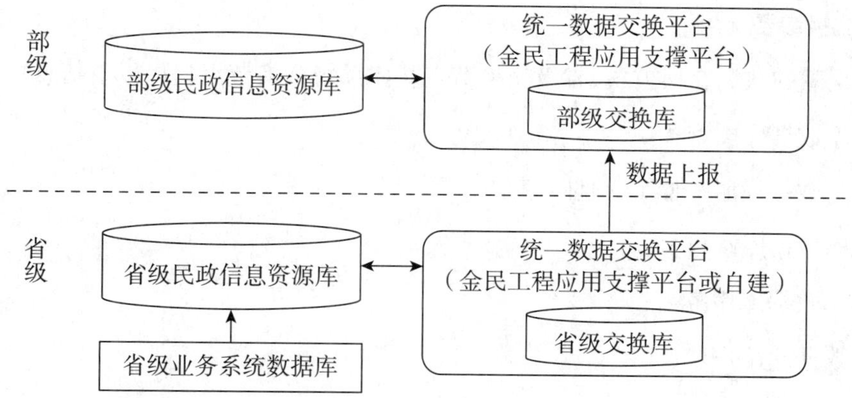

图1　省级部署交换库示意图

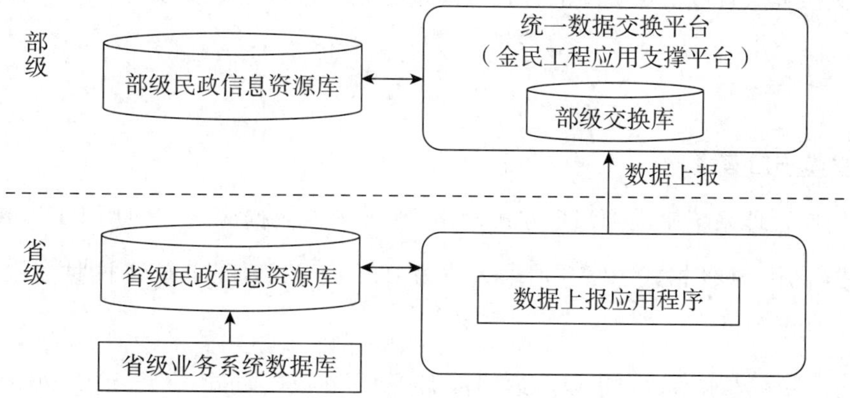

图2　省级未部署交换库示意图

8.2 对接步骤

采用数据库对接方式进行数据交换时,应遵循以下步骤:

a)表资源目录发布:部级交换节点将需要交换的数据库表整理成表资源目录,并将此目录进行发布,告知省级交换节点要交换的数据资源。

b)搭建交换库:部级交换节点在部级交换库上创建相应的交换库数据库表,省级交换节点在省级交换库上建立与部级一一对应的交换库数据库表。

c)数据交换:省级将需要上报的数据推送到省级交换库中,并发信息告知部级统一数据交换平台,部级数据交换平台从省级交换库中将上报数据抽取到部级交换库中。

d)确认机制:省级将上报数据推送到省级交换库后,部级统一数据交换平台会到省级交换库中去采集记录上报数据信息(数据表上报记录总数、其中新增记录数、更新记录数、删除记录数),然后进行数据抽取。当数据抽取完成后,再与抽取数据前记录的上报信息进行对账比对,如果比对结果一致则确认此次数据上报任务成功完成。

e)异常处理:数据上报或回流过程中,对账不成功的异常情况,部省两级的交换节点需各自查找错误原因,然后重新上报或回流这批数据,直到对账成功。

8.3 数据库交换参数

基于数据库的数据交换方式,省级交换节点应向部级交换节点提供以下信息:

a)交换库数据库类型;

b)交换库数据库服务器 IP 地址;

c)交换库数据库端口号;

d)交换库数据库服务名;

e)登录数据库用户名;

f)登录数据库密码。

8.4 交换内容

各省端交换节点宜以增量更新的方式按规定的频率进行数据交换,具体见《金民工程数据交换规范》。

9 服务调用交换接口要求

微服务集成管理系统使用 HTTP 方式调用,接口参数数据应统一使用 UTF—8 编码格式。接口返回数据采用 JSON 格式。服务请求方式为 HTTP POST、HTTP GET 两种。服务调用示例参见附录 A。

接口要求、服务请求参数要求以及返回数据要求等应符合 JMGC/JS 307—2020《金民工程服务接口》。

10 消息通知服务对接要求

根据金民工程一期项目统一规划,消息服务接口应统一注册到应用支撑平台,供第三方业务系统调用。消息通知服务对外提供的接口包括发送和查询接口。

金民工程一期项目统一消息通知服务对接要求应符合 JMGC/JS 313—2020《金民工程统一消息通知服务对接要求》。

11 应用接口管理要求

11.1 交换审计和考核

金民工程一期项目应用系统数据交换过程应满足安全性、时效性等要求,应对交换共享的过程进行全面记录并进行交换审计,包括但不限于交换接入审计、信息溯源审计。

交换考核是各交换节点通过传输服务管理机制,进行交换考核,包括交换信息统计以及数据质量考核,并完成工作统计报告和自查报告。统计考核项目包括:定期更新信息分类统计、错误信息分类统计。

11.2 异常处理

数据交换应建立异常处理机制解决数据交换过程中发生异常情况，对异常进行分析确定异常产生原因，根据分析结果协调资源解决异常情况，恢复数据交换，异常处理中的状态码使用HTTP状态码表示。

异常处理流程分为以下步骤：

——异常捕获：数据交换平台建立交换全过程异常捕获功能，获取异常情况并提供异常预警功能；

——异常分析：对于发生的异常进行分析，并确定异常原因；

——异常处理：协调处理一场所需相关资源，对异常进行统筹处理恢复数据交换。

附录 A

（资料性）

服务调用示例

调用示例代码：

```
public class Test {
public static void main(String[] args) {
        //签名串
        String sign =“...”;
        //原生 http 调用签名串中的 + 需要转义为%2B（如果使用 httpclient、okhttp 等组件不需要）
        sign = sign.replaceAll("[+]","%2B");
        //服务地址
        String address = "http://localhost:8082/rest/LOCAL_QUERY";
        //参数
        String paramStr = "...";
paramStr += "&sign=" + sign;
OutputStreamWriter out = null;
BufferedReader in = null;
        try {
            URL url = newURL(address);
URLConnection conn =url.openConnection();
conn.setRequestProperty("accept","*/*");
conn.setRequestProperty("connection","Keep-Alive");
conn.setRequestProperty("user-agent","Mozilla/6.0 (compatible; MSIE 11; Windows Server 2018; SV1)");
            //post 传递参数
conn.setDoOutput(true);
conn.setDoInput(true);
out = new OutputStreamWriter(conn.getOutputStream(),"UTF-8");
```

```
out. write( paramStr) ;
out. flush( ) ;
in = new BufferedReader( new InputStreamReader( conn. getInputStream( ) ) ) ;
                String line;
                StringBuilder resultBuilder = newStringBuilder( ) ;
while ( ( line = in. readLine( ) ) ! = null) {
resultBuilder. append( line) ;
                }
                //结果输出
System. out. println( resultBuilder. toString( ) ) ;
           } catch (Exception e) {
e. printStackTrace( ) ;
           } finally {
                try {
                if (in ! = null) {
in. close( ) ;
                     }
if (out ! = null) {
out. close( ) ;
                     }
                } catch (Exception e) {
                }
           }
      }
}
```

参考文献

[1]GB/T 1.1—2009 标准化工作导则 第1部分:标准的结构和编写

[2]GB/T 21062.3—2007 政务信息资源交换体系 第3部分:数据接口规范

[3]DB 14/T 1421.3—2017 信用信息共享平台 第3部分:公共信用信息交换规范

[4]DB 34/T 2733.2—2016 公共信用信息 第2部分:数据交换规范

[5]C0126.2—2019 国家政务服务平台数据交换与共享接口 第2部分:共享接口要求

[6]C0128—2019 国家政务服务平台政务服务数据服务接口要求

JMGC

民 政 部 金 民 工 程 标 准

JMGC/JS 303—2020

金民工程应用系统测试要求

2020－12－30发布 2020－12－30实施

民政部信息中心 发布

目　次

前　言

本文件按照 GB/T 1.1—2020《标准化工作导则 第1部分:标准化文件的结构和起草规则》的规定起草。

请注意本文件的某些内容可能涉及专利。本文件的发布机构不承担识别专利的责任。

本文件由民政部信息中心提出并归口。

本文件起草单位:民政部信息中心、北京科迪智标信息技术有限公司、四川久远银海软件股份有限公司、上海速连信息科技有限公司、中科恒运股份有限公司、太极计算机股份有限公司、东软集团股份有限公司、万达信息股份有限公司、深圳市永兴元科技股份有限公司、北京久其软件股份有限公司。

本文件主要起草人:范一大、张建民、王兴玲、张彤、陶亮、戴朝云、贾雅杰、邢立强、彭鑫森、许应成、屈莹、肖樑、马守平、李俊梅、陈先杰、王鑫、谷峰帅、王夫。

金民工程应用系统测试要求

1 范围

本文件规定了金民工程一期项目应用系统测试的目的和原则,并对测试类别、测试过程、测试方法、测试用例、测试管理、测试文档、测试工具、测试报告等进行了规范。

本文件适用于金民工程一期项目应用系统的开发机构、第三方测试机构、用户及相关人员参考使用。

2 规范性引用文件

下列文件中的内容通过文中的规范性引用而构成本文件必不可少的条款。其中,注日期的引用文件,仅该日期对应的版本适用于本文件;不注日期的引用文件,其最新版本(包括所有的修改单)适用于本文件。

GB/T 8566—2007 信息技术 软件生存周期过程

GB/T 9386—2008 计算机软件测试文档编制规范

GB/T 15532—2008 计算机软件测试规范

GB/T 20158—2006 信息技术 软件生存周期过程配置管理

GB/T 25000.51—2016 系统与软件工程 系统与软件质量要求和评价(SQuaRE) 第51部分:就绪可用软件产品(RUSP)的质量要求和测试细则

GB/T 25000.10—2016 系统与软件工程 系统与软件质量要求和评价(SQuaRE) 第10部分:系统与软件质量模型

3 术语和定义

GB/T 11457—2006《信息技术 软件工程术语》中确立的术语和定义适用于本文件。

4 测试类别及要求

4.1 按软件生存周期分类

根据 GB/T 8566 的要求,测试类别一般包括:

a)单元测试;

b)集成测试;

c)配置项测试(也称软件合格性测试或确认测试);

d)系统测试;

e)验收测试。

可根据应用系统的规模、类型、完整性级别选择执行测试类别。

回归测试是指修改了旧代码后,重新进行测试以确认修改没有引入新的错误或导致其他代码产生错误。回归测试可出现在上述每个测试类别中,可贯穿于整个软件生存周期。

4.2 按测试内容分类

4.2.1 功能测试及要求

功能测试的目标是测试系统是否逐项满足建设需求。

功能测试应采用等价类划分、边界分析、场景法、决策树、因果图、随机测试和探索性测试等黑盒测试技术,设计覆盖全部系统功能实现的测试用例,从功能实现的正确性、完整性、准确性等方面对系统功能性进行质量测试,并将功能性检测结果与项目需求中的功能要求比较,评价该软件产品功能是否满足项目需求和文档要求。

测试用例应按照测试目标进行分组,测试用例的组成包括前置条件、输入数据、操作步骤、预期结果、后置条件、优先级等。测试用例既包括正常用例,也包括异常用例。

4.2.2 性能测试及要求

测试各应用系统的性能是否符合预期的要求,从而保证各应用系统快速稳定的运行。通过模拟一定量用户在一段时间内集中进行业务操作,以检验应用系统运营服务能力和运行支撑平台的业务负载能力及资源利用情况,及时发现系统是否存在性能瓶颈,并采取相应解决措施,同时对整体服务情况进行预测和评估。

4.2.3 可靠性(稳定性)测试及要求

测试各应用系统在各种条件下使用时,系统各功能操作应具有一定的可靠性,确保系统持续运行中数据不丢失。可靠性测试应包括以下方面:

——成熟性:验证软件为避免由软件中故障导致的失效的能力,比如相关软件或最终用户造成的不正确输入;

——容错性:在软件出现故障或者违反其指定接口、操作模式的情况下,验证软件维持规定的性能级别的能力,比如系统使用容量达到或超出规定的极限。

4.2.4 兼容性测试及要求

应用系统应具有与相关的各种硬件设备、操作系统、相关支撑软件以及其他相关应用系统的兼容性,还应具有良好的浏览器兼容性,至少支持 IE、Google Chrome 等主流浏览器。

4.2.5 信息安全测试及要求

应用系统应具有防止对程序或数据被非授权访问(故意或意外)的能力,主要包括权限管理、日志记录、操作安全性、存储安全性、传输安全性、数据备份与恢复策略、软件系统防御来自系统内部和外界的窃密篡改和恶意攻击的能力等。

4.2.6 用户文档测试及要求

应用系统测试提交的文档应满足规范性、符合性、完整性、一致性等要求。具体内容包括：

——规范性:用户文档描述规范,有版本控制和修改记录；

——符合性:用户文档与需求和设计文档的符合程度；

——完整性:用户手册内容基本完整,对具体操作的说明比较详细；

——一致性:用户手册的描述与软件的实际功能基本一致,对重要功能的说明比较全面,用户手册中具有产品版本号描述；

——易理解程度:用户手册对操作有图例和文字说明,较易理解；

——操作实例:用户手册提供详细的应用实例。

4.2.7 易用性测试及要求

面向公众的门户应用系统应具有易用性,具体包括可辨识性、易学性、易操作性、用户差错防御性、用户界面舒适性和易访问性等。

4.2.8 工程开发框架匹配性测试及要求

测试应与《总体技术架构规范及应用系统建设部署要求》文档进行匹配度计算,检测开发成果与工程标准的一致性程度。

4.2.9 源代码质量检测及要求

测试应从文件命名、包命名、类和接口、变量、方法命名、编码、注释、SQL 等方面对源代码的规范性进行质量检测。

4.2.10 代码安全审计及要求

应对重要系统或者重要组件的代码进行自动化工具检测,以发现不可控的内存分配、代码注入、跨站脚本、输入验证、API 误用、配置错误、危险函数等类型的漏洞风险。

4.2.11 软件开发过程规范性测试及要求

应按照软件开发的需求分析、概要设计、详细设计、测试、部署等过程进行规范符合性测试。

5 测试过程

5.1 概述

金民工程一期项目应用系统测试过程一般包括四项活动,按顺序依次是:测试策划、测试设计、测试执行、测试总结。

5.2 测试策划

测试策划主要是进行测试需求分析。即确定需要测试的内容或质量特性,确定测试的充分性要求;提出测试的基本方法;确定测试的资源和技术需求;进行风险分析与评估;制订测试计划(含资源计划和进度计划)。有关测试计划的内容和要求见 GB/T 9386。

5.3 测试设计

依据测试需求,分析并选用已有的测试用例或设计新的测试用例;获取并验证测试数据;根据测试资源、风险等约束条件,确定测试用例执行顺序;建立并校准测试环境;进行测试就绪审查,主要审查测试计划的合理性和测试用例的正确性、有效性和覆盖充分性,审查测试组织、环境和设备工具是否齐备并符合要求。在进入下一阶段工作之前,应通过测试就绪审查。

5.4 测试执行

执行测试用例,获取测试结果;分析并判定测试结果。根据不同的判定结果采取相应的措施;对测试过程的正常或异常终止情况进行核对,并根据核对结果,对未达到测试终止条件的测试用例,决定是停止测试,还是需要修改或补充测试用例集,并进一步测试。

如在测试中发现问题,可用回归测试对相关问题进行回归复测,直到问题解决。

5.5 测试总结

整理和分析测试数据、评价测试效果和被测软件项、描述测试状态,如实际测试与测试计划和测试说明的差异、测试充分性分析、未能解决的测试事件等;描述被测软件项的状态,如被测软件与需求的差异,发现的软件差错等;最后,完成软件测试报告,并通过测试评审。

6 测试方法

应用系统的测试方法多样。从是否关系内部结构看,分为白盒测试、黑盒测试和灰盒测试;从是否执行代码看,分为静态测试和动态测试;从执行过程是否需要人工干预来看,分为手工测试和自动测试;从测试实施组织来看,分为开发测试、用户测试和第三方测试;从测试所处环境来看,分为阿尔法测试和贝塔测试。金民工程一期项目根据实际测试需要,应选择一种或多种测试方法。

软件测试大纲和测试技术规范书应明确规定在测试中针对系统的每一项功能或性能应完成的基本测试项目和测试评判依据。无论采用自动测试还是手动测试,都应满足测试大纲和技术规范书的要求。

金民工程一期项目测试大纲参见附录 A。

7 测试用例

测试用例描述了测试的前提条件、输入参数、验证点及期望的输出结果等,主要应包括如下内容:

a)在实施测试时测试用例作为软件测试的标准,测试人员要严格按照测试用例的测试项目和测试步骤逐一实施测试,并将测试情况进行记录。

b)按照测试用例配套准备一组或若干组测试原始数据,以及标准测试结果。除了正常数据之外,还应根据测试用例设计大量边缘数据和错误数据。测试数据不应包含真实业务数据,如必须使用真实业务数据作测试数据,需要将信息脱敏后使用。

c)完成软件测试后需要对测试结果进行评估,并且编制测试报告。判断软件测试是否完成,衡量测试质量需要有量化的结果,如测试覆盖率是多少、测试合格率是多少、重要测试合格率是多少等。采用测试用例作度量基准将更加准确、有效。

d)通过收集缺陷,对比测试用例和缺陷数据库,分析确认是漏测还是缺陷复现。漏测反映了测试用例的不完善,应立即补充相应测试用例,最终达到逐步完善软件质量的目的。如果已有相应的测试用例,则反映实施测试或变更处理存在问题。

测试用例设计参见附录 B。

8 测试管理

8.1 测试配置管理

应按照软件配置管理的要求,将测试过程中所使用的各类测试数据以及产生的各种软件工作产品纳入配置管理。由开发方实施的软件测试,应将所使用的各类测试数据和测试工作产品纳入软件项目的配置管理;由独立测试组织实施的软件测试,应建立配置管理库,将所使用的各类测试数据、被测试对象和测试工作产品纳入配置管理。配置管理要求见GB/T 20158。

8.2 测试评审

8.2.1 测试就绪审查

在测试执行前,对测试计划和测试说明等进行审查,审查测试计划的合理性、测试用例的正确性、完整性和覆盖充分性,以及测试组织、测试环境和设备工具是否齐全并符合技术要求等。审查的具体内容和要求应包括:

a)审查测试文档内容的完整性、正确性和规范性;

b)通过比较测试环境与软件真实运行的软件、硬件环境的差异,审查测试环境要求是否正确合理,满足测试要求;

c)审查测试活动的独立性;

d)审查测试项选择的完整性和合理性;

e)审查测试用例的可行性、正确性和充分性。

8.2.2 测试评审

在测试完成后,评审测试过程和测试结果的有效性,确定是否达到测试目的。主要对测试记录、测试报告进行评审。其具体内容和要求应包括:

a)评审文档和记录内容的完整性、正确性和规范性;

b)评审测试活动的独立性和有效性;

c)评审测试环境是否符合测试要求;

d)评审测试记录、测试数据以及测试报告内容与实际测试过程和结果的一致性；

e)评审实际测试过程与测试计划和测试说明的一致性；

f)评审未测试项和新增测试项的合理性；

g)评审测试结果的真实性和正确性；

h)评审对测试过程中出现的异常进行处理的正确性。

9 测试文档

软件测试文档一般包括测试计划、测试说明(需要时进一步细分为测试设计说明、测试用例说明和测试规程说明)、测试日志、测试记录、测试问题报告(也称测试事件报告)和测试总结报告,根据软件的完整性级别和软件规模等级可进行合理的取舍与合并。测试文档的基本内容和要求见 GB/T 9386。

10 测试工具

测试工具的分类和选择应符合 GB/T 15532 的规定。

11 测试报告

金民工程一期项目应用系统的测试活动和测试结果应汇总在测试报告中。测试报告可包括以下内容:

a)测试报告名称

b)概述

1)简述测试活动;

2)被测试项及其版本/修订级别;

3)测试环境;

4)所参照的技术规范书或设计说明书及其版本。

c)测试活动描述

1)测试日期和时间;

2)测试数据;

3)预期结果;

4)测试记录、实际结果;

5)异常现象;

6)测试人员。

d)测试评价

1)测试评价:以测试结果和测试项的通过准则为依据,对每个测试项进行判定和评价。

2)差异评价:测试报告项与技术规范书或设计说明书之间的差别,指出测试活动与测试计划之间的差别,并说明原因。

3)测试结论。

附录 A

（资料性）

金民工程一期项目应用系统测试大纲

A.1 测试范围

金民工程一期项目测试项目测试对象范围包括：应用支撑平台开发集成项目、社会救助业务系统项目 01 包、社会救助业务系统项目 02 包、社会福利与慈善业务系统项目 01 包、专项社会事务管理业务系统项目 01 包、专项社会事务管理业务系统项目 02 包、公共服务与决策支持系统项目 01 包、公共服务与决策支持系统项目 02 包、民政统计信息管理系统升级改造包等已招标业务软件和待招标业务软件。

A.2 引用文件

下列文档用作该测试大纲的信息源：

a）金民工程一期项目—软件测试项目—招标文件；

b）金民工程一期项目—软件测试项目—投标文件；

c）金民工程一期项目—软件测试项目—测试合同；

d）金民工程一期项目—软件测试项目—需求规格说明书；

e）金民工程一期项目—软件测试项目—概述设计说明书；

f）金民工程一期项目—软件测试项目详细设计说明书；

g）GB/T 25000.51—2016《系统与软件工程 系统与软件质量要求和评价（SQuaRE）第 51 部分：就绪可用软件产品（RUSP）的质量要求和测试细则》；

h）GB/T 25000.10—2016《系统与软件工程 系统与软件质量要求和评价（SQuaRE）第 10 部分：系统与软件质量模型》；

i）GBT 15532—2008《计算机软件测试规范》。

A.3 测试方法

金民工程一期项目软件测试方法包括：

——功能性测试方法；

——性能效率测试方法；

——可靠性（稳定性）测试方法；

——兼容性测试方法；

——信息安全性测试方法；

——用户文档测试方法；

——易用性测试方法；

——工程开发框架匹配性测试方法；

——源代码质量检测方法；

——源代码安全审计方法；

——软件开发过程规范性测试方法。

A.4 测试任务

金民工程一期项目—软件测试项目由三家测试机构提供测试服务，每一家测试机构承担的测试任务最多不超过4个，测试任务由民政部信息中心确定。测试地点同项目建设地点。具体测试任务见表A.1。

表A.1　测试任务列表

序号	测评对象	软件包承建方	第三方测试公司
1	应用支撑平台开发集成项目	久远银海	北京新国信软件评测技术有限公司
2	公共服务与决策支持系统项目01包	东软集团	
3	专项社会事务管理业务系统项目02包	深圳永兴元	
4	专项社会事务管理业务系统项目01包	中科恒运	北京亮点软测科技有限公司
5	社会救助业务系统项目01包	上海速连	
6	社会救助业务系统项目02包	太极计算机	
7	公共服务与决策支持系统项目02包	久其软件	北京通和实益电信科学技术研究所有限公司
8	社会福利与慈善业务系统项目01包	万达信息	
9	民政统计信息管理系统升级改造项目	久远银海	

A.5 测试通过准则

金民工程一期项目软件测试通过准则包括：

a)测试项应覆盖测试对象需求规格说明书定义的所有功能模块和测试的特性；

b)测试项执行时实际结果与预期相符合视为通过；否则为未通过；

c)测试项执行中发现的缺陷已经得到修改，各级缺陷修复率达到标准。

A.6 测试暂停准则和恢复要求

A.6.1 暂停准则

金民工程一期项目软件测试暂停准则包括：

a)在进行验收测试时，发现程序存在重大缺陷（影响基本功能性的）或缺陷过多导致测试无法正常进行，可申请暂停测试；

b)软件项目需暂停以进行调整时，测试应随之暂停，并备份暂停点数据；

c)软件项目在其开发生命周期内出现重大估算、进度偏差,需暂停或中止时,测试应随之暂停或中止,并备份暂停或中止点数据。

A.6.2 恢复要求

金民工程一期项目软件测试暂停后重新恢复要求包括:

a)重大缺陷被解决或程序通过重新修正,且开发方自测通过;

b)软件项目被调整后重新启动,测试任务应随之启动。

A.7 测试交付项

A.7.1 实施方案

测试实施方案指在本阶段测试实施开始前,对软件测试所作的一个执行方案,主要包括测试目的、测试依据、测试范围、测试内容及方法、测试环境要求以及测试输出成果等。

A.7.2 问题报告

问题报告指在测试实施完成后,第三方测评单位提交的软件问题报告。主要内容包括问题的严重等级、问题产生的详细操作过程及结果描述等。

A.7.3 测试报告

测试最终产出物为测试报告,即由第三方测评单位提交的电子版测试报告,主要内容为对软件功能性质量特性的测试结果描述与汇报。

A.8 测试环境要求

A.8.1 硬件

被测对象的测试应在民政部信息中心提供的硬件环境下进行。

A.8.2 软件

被测对象的测试应在民政部信息中心提供的软件环境下进行。

A.8.3 工具

金民工程一期项目软件测试工具应包括性能测试工具(LoadRunner)和源代码安全检测工具(Fortify SCA)等。

A.9 职责划分

A.9.1 第三方测试组

第三方测试组职责包括:

——编写测试计划和测试规范;

——编制系统测试记录模板;

——确定被测对象及环境、安装部署监控工具;

——负责系统测试实施;

——负责测试过程记录,及时提交测试缺陷报告;

——汇报测试工作情况、出具最终测试报告。

A.9.2 建设管理组

建设管理组职责包括：

——负责测试过程中的相关协调沟通工作；

——提供必要的测试环境测试场地支持，包括提供交换机接入接口。

A.9.3 开发项目组

开发项目组职责包括：

——搭建模拟测试环境，提供系统测试环境网络拓扑图；提供测试环境主机软件安装信息，主要为操作系统、数据库、中间件等信息；

——向测试方提供生产环境需要监控服务器的 IP 地址、管理员用户名和密码；

——测试开始前对测试方的人员进行系统演示；

——提供系统用户手册、系统需求说明书；

——提供系统的测试账户；

——协助测试方调试测试脚本工作；

——负责向应用系统数据库中导入初始化数据和历史数据；

——做好测试环境系统备份，当系统出现异常时，协助恢复系统；

——负责协助解决测试过程中遇到的技术问题。

A.10 人员要求

第三方测评应成立合理的组织机构，建立健全保障评测工作顺利实施的各项管理制度和质量保证体系；应建立测试方、开发方、管理方专人接口、实时沟通的处理机制。应提供足够的测试实施人员，保证在本项目进度要求的时间范围内完成项目的全部工作。组建测试团队开展评测实施，测试人员应具备知识产权意识，确保有关利益和机密不被泄露。

测试经理应自始至终专职承担本项目相应工作。应保证项目经理、测试经理和项目核心人员参加由民政部信息中心组织与项目实施相关的会议，项目经理应参加由民政部信息中心组织的各里程碑阶段会议。

A.11 测试进度要求

每个测试任务完成交付第三方测评机构后，测评机构应最长不超过 33 个工作日内完成测评工作。

A.12 风险和应急管理

应建立风险预防与应对机制，并制定相关应急预案，确保金民工程一期项目测试工作顺利完成。

附录 B

（资料性）

测试用例和测试脚本设计

B.1 设计的基本准则

测试用例的设计应满足以下要求：

a)测试用例和测试脚本的代表性：应能代表各种合理和不合理的、边界和越界的以及极限的输入数据、操作和环境设置等；

b)测试结果的可判定性：测试执行结果的正确性应是可判定的或可评估的；

c)测试结果的可再现性：对同样的测试用例，系统的执行结果应是相同的。

B.2 基本的编制方法

编写测试用例文档并脚本化形成测试脚本。编写测试用例文档应有文档模板，须符合内部的规范要求。测试用例文档由简介和测试用例两部分组成。简介部分包括测试目的、测试范围、术语定义、参考文档、概述等。测试用例部分则逐一列示各测试用例，每个具体测试用例都应包括下列详细信息：用例编号、用例名称、测试等级、入口准则、验证步骤、期望结果（含判断标准）、出口准则、注释等。最后用测试用例编译为测试工具可接受的测试脚本。

设置测试用例。常见的设置有按功能设置和按路径设置。按功能测试是最便捷的，即按测试用例的规约遍测每一功能。但对于操作复杂的程序模块，各功能的实施是相互影响、紧密相关的，没有严密的逻辑分析，产生遗漏在所难免。因此，最好结合路径分析方法，以避免漏测试。

测试用例可以分为基本事件、备选事件和异常事件的用例。设计基本事件的用例，应参照用例规约（或设计说明书），根据关联的功能、操作按路径分析法设计测试用例。而对孤立的功能则直接按功能设计测试用例。基本事件的测试用例应包含所有需要实现的需求功能，覆盖率达 100%。而设计备选事件和异常事件的用例，则相对复杂和困难得多，可采用软件测试常用的基本方法来设计完整的测试用例。

B.3 测试用例和测试脚本的作用

B.3.1 测试数据的规划

按照测试用例配套准备一组或若干组测试原始数据，以及标准测试结果。除了正常数据之外，还应根据测试用例设计大量边缘数据和错误数据。

B.3.2 评估测试结果的度量基准

完成软件测试后需要对测试结果进行评估，并且编制测试报告。判断软件测试是否完成，衡量测试质量需要有量化的结果,如测试覆盖率是多少、测试合格率是多少、重要测试合格率是多少等。采用测试用例作度量基准将更加准确、有效。

B. 3. 3 分析缺陷的标准

通过收集缺陷,对比测试用例和缺陷数据库,分析确证是漏测还是缺陷复现。漏测反映了测试用例的不完善,应立即补充相应测试用例,最终达到逐步完善软件质量的目的。如果已有相应的测试用例,则反映实施测试或变更处理存在问题。

B. 4 其他要求

B. 4. 1 测试用例和测试脚本的评审

测试用例是软件测试的准则,测试脚本是软件测试实施的依据。但并不是一经编制完成就能成为准则的。测试用例在设计编制过程中要组织同级互查。完成编制后应组织专家审查,需获得通过才可以使用。审查人员可由项目负责人、测试、编程、分析设计等有关人员组成,也可邀请用户代表参加。

B. 4. 2 测试用例的修改更新

测试用例在形成文档后还需要不断完善,主要来自三方面的原因:

a)在测试过程中发现设计测试用例时考虑不周,需要完善;

b)在软件交付使用后反馈的软件缺陷是由于测试用例存在漏洞而造成的;

c)软件自身的新增功能以及版本的更新,测试用例也应配套修改更新。

B. 4. 3 测试用例的管理软件运用

测试用例如需配备测试用例管理软件,其主要功能有:

a)能将测试用例文档的关键内容,如编号、名称等自动导入管理数据库,形成与测试用例文档完全对应的记录;

b)可供测试实施时及时输入测试情况;

c)最终实现自动生成测试结果文档,包含各测试度量值、测试覆盖表、测试通过或不通过的测试用例清单列表。

B. 5 测试用例库

金民工程一期项目应用系统各类测试用例应纳入数据库管理,对于测试用例的测试试题、测试数据、测试结果基准、评价指标应以测试工具进行标准化管理,按照设定的规则将测试用例库自动生成测试试卷,输出用于测试的标题标准格式文档。并制定测试试题描述规范,将测试用例导入、导出测试用例库。

完整的测试用例生成,不仅需要严格按照执行测试脚本模型生成脚本模板,还需要结合测试用例,生成 XML 测试文档,其中包含了用于功能测试的测试数据,还包含了各项功能测试所需要的参数,这些参数需严格按照功能测试大纲中的描述进行补充。

一个参考测试脚本设计如表 B. 1 所示。

表 B.1　测试脚本结构

编号	脚本类型	脚本数据项	参考字段类型	是否允许为空	说明	备注
1	脚本信息	测试编号	STRING(20)	否	测试脚本必要信息	
2		测试名称	STRING(20)	否		
3		测试说明	STRING(200)	是		
4		编制单位	STRING(50)	是		
5		编制人员	STRING(10)	是		
6		编制日期	DATA	是		
7		审核单位	STRING(50)	是		
8		审核人员	STRING(10)	是		
9		审核日期	DATA	是		
10	参考软件	参考软件	STRING(20)	作为标靶的参考软件信息		
11		参考软件说明	STRING(200)			
12		参考软件测试脚本	STRING(100)			
13		……	……	……		
14	参考答案	参考答案数据	STRING(200)	是	参考软件运行结果	
15		……	……	……		
16	被测软件	被测软件	STRING(20)	是	被测软件信息	
17		被测软件说明	STRING(200)	是		
18		被测软件测试脚本	STRING(100)	是		
19		……	……	……		
20	被测软件答案	被测软件答案数据	STRING(50)	是	被测软件的运行结果	
21		被测软件答案数据库存储位置	STRING(100)	是		
22		日志信息	STRING(200)	是		
23		……	……	……		
24	测试配置信息	数据库信息	STRING(50)	否	测试软硬件环境等,测试过程一般采用相同的软硬件环境	
25		硬件环境	STRING(200)	否		
26		软件环境	STRING(200)	否		
27	检测数据	检测数据存储位置	STRING(50)	是	自动生成的检测数据,可用于栅格、矢量、DEM等的数据测试	
28		检测点数据	STRING(200)	是		
29		检测线数据	STRING(200)	是		
30		检测面数据	STRING(200)	是		
31	组合测试	允许组合测试	BOOL	否	是否和进行组合测试	
32		组合测试输入	STRING(100)	是		
33		组合测试输出	STRING(100)	是		
34	其他	备用	STRING(50)	是	其他信息	

参考文献

[1]GB/T 15532—2008 计算机软件测试规范

[2]GB/T 11457—2006 信息技术软件工程术语

[3]GB/T 33447—2016 地理信息系统软件测试规范

[4]GB/T 31021.2—2014 电子文件系统测试规范第2部分:归档管理系统功能符合性测试细则

[5]YD/B 125—2013 区域空间应急通信系统测试方法

四、业务类标准

JMGC

民 政 部 金 民 工 程 标 准

JMGC/YW 401—2020

社会救助业务功能规划要求

2020－12－30 发布 2020－12－30 实施

民政部信息中心 发布

目　　次

前　言

本文件按照 GB/T 1.1—2020《标准化工作导则 第1部分:标准化文件的结构和起草规则》的规定起草。

请注意本文件的某些内容可能涉及专利。本文件的发布机构不承担识别专利的责任。

本文件由民政部信息中心提出并归口。

本文件起草单位:民政部信息中心、民政部社会救助司、北京科迪智标信息技术有限公司、上海速连信息科技有限公司、太极计算机股份有限公司。

本文件主要起草人:范一大、王兴玲、李杰、文长军、高媛、郑明煊、戴朝云、赵超、刘硕明、钟一涵、程永红、肖樑、李俊梅。

社会救助业务功能规划要求

1 范围

本文件规定了金民工程一期项目中社会救助业务管理功能、经济状况核对功能、社会救助监管功能等要求。

本文件适用于金民工程一期项目中社会救助业务系统功能规划。

2 规范性引用文件

下列文件中的内容通过文中的规范性引用而构成本文件必不可少的条款。其中,注日期的引用文件,仅该日期对应的版本适用于本文件;不注日期的引用文件,其最新版本(包括所有的修改单)适用于本文件。

JMGC/YW 407.1—2020 社会救助业务术语

3 术语和定义

JMGC/YW 407.1—2020 界定的术语和定义适用于本文件。

4 概述

4.1 社会救助业务功能架构

社会救助业务功能总体规划应包括:社会救助业务管理、经济状况核对、社会救助监管三个部分。

社会救助业务功能目标架构如图 1 所示。

4.2 社会救助业务功能目标

社会救助业务功能应满足最低生活保障、特困人员救助供养、临时救助、低收入救助等业务信息管理需求,同时需满足对未来可预见的管理、服务需求,并适应未来政务信息化发展方向。通过对社会救助业务的信息管理,实现社会救助业务数字化、办理信息化、服务便民化、资金发放社会化。为社会救助工作规范化、管理信息化、数据标准化提供技术支撑。

5 社会救助业务功能规划要求

5.1 社会救助业务管理功能要求

5.1.1 总体要求

社会救助业务系统功能应实现社会救助业务的受理办理、动态管理、综合管理、业务适配等基本功能要求。

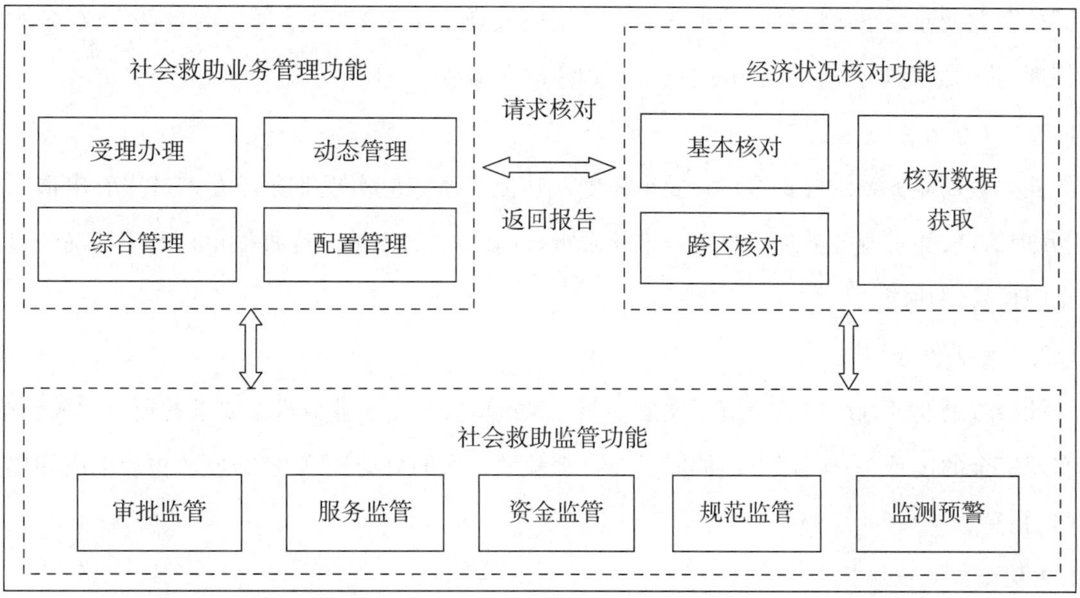

图1　社会救助业务功能规划目标架构

5.1.2 受理办理功能要求

5.1.2.1 概述

受理办理功能实现各类社会救助业务申请受理、业务办理、资金发放全过程的业务功能，应包括受理、发起经济状况核对及接收核对报告、入户调查、民主评议、公示、审核及审核确认、资金发放、救助对象查询等子功能。

5.1.2.2 受理

社会救助业务系统应具有受理功能。可实现申请对象的基本信息采集、录入，材料电子化等基础要求，提供基础信息纠错提醒、基于移动端的多服务入口支持，同时应支持国家政务一体化要求下的统一受理、一窗办理业务模式。

5.1.2.3 发起经济状况核对及接收核对报告

社会救助业务系统应具有自动发起、接收信息核对结果的功能。系统应实现在社会救助业务办理过程中自动发起经济状况核对申请；待核对完成后，自动接收核对结果，查看核对报告等功能。

5.1.2.4 入户调查

社会救助业务系统应具有入户调查功能。系统应实现入户调查任务的自动生成，入户调查过程管理，入户调查信息归档等功能，并提供入户调查的移动端功能。

5.1.2.5 民主评议

社会救助业务系统应具有民主评议功能。系统应实现民主评议的组织、任务的自动生成，民主评议过程管理，民主评议信息归档等功能，并提供民主评议的移动端功能。

5.1.2.6 公示

社会救助业务系统应具有公示功能。系统应实现公示文本、公示任务的自动生成,公示过程管理,公示信息归档等功能,并提供公示的移动端功能。

5.1.2.7 审核及审核确认

社会救助业务系统应具有审核及审核确认功能。系统应实现业务经办人员查看申请人申请、办理信息,并对业务办理结果进行审核及审核确认的功能,同时需提供审核及审核确认过程信息归档管理功能。

5.1.2.8 资金发放

社会救助业务系统应具有资金发放功能。系统应实现基于业务规范要求的资金发放功能,可实现资金的按月、一次性发放,同时具有社会救助待遇的自动计算、资金发放报表生成导出及归档功能。

5.1.2.9 救助对象查询

社会救助业务系统应具有救助对象查询功能。系统应实现基于电脑、移动端的救助对象查询功能,实现工作人员实时查看社会救助对象基本信息。

5.1.3 动态管理功能要求

5.1.3.1 概述

动态管理功能实现对在保社会救助对象的动态信息管理。动态管理功能应包括批量发起经济状况核对及接收核对报告、入户调查、变更、迁移等子功能。

5.1.3.2 批量发起经济状况核对及接收核对报告

社会救助业务系统应实现在保社会救助对象的批量核对发起及核对报告接收功能。系统应满足社会救助业务动态管理过程中对在保社会救助对象的批量核对业务需求,并实现核对结果的查看、归档等业务管理需求。

5.1.3.3 入户调查

社会救助业务系统应实现在保社会救助对象的单独、批量入户发起功能。系统应满足社会救助业务动态管理过程中对在保社会救助对象的单独入户调查、批量入户调查发起功能,并实现对入户调查过程记录,入户调查结果查看、归档等功能需求。

5.1.3.4 变更

社会救助业务系统应实现在保社会救助对象的信息变更功能。系统应满足救助业务动态管理过程中因在保社会救助对象个体信息变化而引发的系统内数据的新增、修改、删除,人员的新增、退出、停保等功能,并通过审核及审核确认实现救助对象相应待遇的变化。

5.1.3.5 迁移

社会救助业务系统应实现在保社会救助对象的迁移功能。系统应满足救助业务动态管理过程中因人口迁移、救助类型变化等原因而产生的救助对象业务迁移的需求。需满足区划迁移、人员迁移、业务迁移等业务需求。

5.1.4 综合管理功能要求

5.1.4.1 概述

综合管理功能应包括报表查询、统计分析、主动发现、资金管理、机构管理等子功能。

5.1.4.2 报表查询

社会救助业务系统应具有报表查询功能。系统应能满足各级社会救助业务经办及管理人员对社会救助各类业务报表的查询、查看、导出等功能需求。

5.1.4.3 统计分析

社会救助业务系统应具有统计分析功能。系统应能满足各级社会救助业务经办及管理人员对社会救助业务数据的统计分析需求,需实现多维度救助统计、统计报表导出、业务数据可视化展示等管理需求,为社会救助业务管理人员的管理工作及业务规划工作提供数据支撑。

5.1.4.4 主动发现

社会救助业务系统应具有主动发现功能。系统应适应信息化发展方向,实现基于历史数据、政务大数据、巡查走访等方式的社会救助对象主动发现功能。

5.1.4.5 资金管理

社会救助业务系统应具有社会救助资金管理功能。系统应具有社会救助资金汇入、转出、下拨、接受捐赠等管理功能。

5.1.4.6 机构管理

社会救助业务系统应具有机构管理功能。系统应适应救助业务发展的方向,提供基于特困人员供养救助等救助服务的机构管理功能。应实现机构的增加、删除、启用、停用、机构信息的修改等功能。

5.1.4.7 系统运行管理

社会救助业务系统应具有系统运行管理功能。系统运行管理功能应由系统运行监测、日志记录等子功能组成。

5.1.5 业务适配功能要求

5.1.5.1 概述

业务适配功能应包括业务配置、人员管理、区划管理、组织管理等子功能。

5.1.5.2 业务配置

社会救助业务系统应具有业务配置功能。系统应适应现有救助业务需求,并可灵活适应未来业务发展需要,为业务标准化、规范化提供支撑。系统应具有灵活字段配置、灵活流程配置、灵活标准配置、灵活材料配置等功能,可适应全国各地救助业务的不同需求。

5.1.5.3 人员管理

社会救助业务系统应具有人员管理功能。系统应适应现有社会救助基层工作人员流动性大的实际情况，应实现业务经办、管理人员的灵活配置，实现人员的增加、删除、启用、停用等业务功能。

5.1.5.4 区划管理

社会救助业务应具有区划管理功能。系统应适应现有救助业务的属地化管理工作要求，可适应各地因城市化发展而引发的区划变化调整。系统应具有区划的新增、删除、迁移、启用、停用等业务功能。

5.1.5.5 组织管理

社会救助业务应具有组织管理功能。系统应适应现有社会救助业务组织管理工作需要，并为救助业务未来的社会化发展、社会力量引入而产生的新的组织管理需要提供支持。系统应具有组织的新增、删除、启用、停用等管理功能。

5.2 经济状况核对功能要求

5.2.1 概述

经济状况核对实现对居民家庭的收入信息、支出信息、财产信息等的核对功能。核对机构从信息共享单位获取收入信息数据、支出信息数据、财产信息数据，通过信息化手段，将申报信息与共享单位数据比对，为社会救助业务的申请办理提供参考依据。

5.2.2 核对数据获取

核对数据获取实现核对机构从信息共享单位获取社会救助申请家庭的收入信息、支出信息、财产信息等数据的功能。

核对数据获取功能应由户籍信息数据获取子模块、殡葬信息数据获取子模块、婚姻信息数据获取子模块、低保信息数据获取子模块、民办非企业信息数据获取子模块、学历信息数据获取子模块、助学信息数据获取子模块、卫计委新农合信息数据获取子模块、残联残疾人员信息数据获取子模块、人社职工状态及缴费信息数据获取子模块、公积金缴费信息数据获取子模块、工商登记信息数据获取子模块、税务登记信息数据获取子模块、车辆信息数据获取子模块、股票信息数据获取子模块、基金信息数据获取子模块、债券信息数据获取子模块、住房信息数据获取子模块、银行开户信息数据获取子模块、日常生活基本项支出信息获取子模块、收入信息数据汇聚子模块、财产信息数据汇聚子模块、公共事业缴费信息数据汇聚子模块、支出信息数据汇聚子模块组成。

5.2.3 基本核对

基本核对支撑基层民政部门核对业务开展，为各类社会救助业务办理提供准确的家庭经济状况核对报告。

基本核对功能应包括接收委托请求、受理委托请求、审核委托申请、获取共享数据、数据响应、核对、核对结果审核、生成核对报告、核对结果查询等子功能。

5.2.4 跨区核对

跨区域核对支撑跨区县、跨市州、跨省份的核对业务开展，为异地申请社会救助业务办理提供准确的家庭经济状况核对报告。

跨区域核对功能应由接收跨区域委托申请、受理跨区域委托申请、审核委托申请、发送跨区域核对请求、接收核查申请、手动审核、转发核查请求、转发核查结果、终止核对、核对、核对结果审核、生成核对报告、核对结果查询等子功能组成。

5.3 社会救助监管功能要求

5.3.1 概述

社会救助监管实现社会救助相关业务资金监管、审批监管、服务信息管理、救助业务规范化管理与评估等功能，为社会救助业务资金使用合理化、社会救助审批公平化、社会救助政务公开化、救助业务规范化提供技术支撑。

社会救助监管应包括社会救助资金监管模块、社会救助审批监管模块、社会救助服务监管模块、救助业务规范化管理与评估模块、社会救助监测预警模块。

5.3.2 社会救助资金监管

实现对各类社会救助资金的监管功能和救助服务机构资金监管的功能。应实现监管规则制定、资金运行信息提取、资金运行信息核查、资金运行情况评估等功能。

5.3.3 社会救助审批监管

社会救助审批监管应实现社会救助信用管理、绩效评估、监督检查等功能，为社会救助业务提供审批监管服务。

社会救助审批监管功能应包括信用管理、绩效评估、监督检查三个子功能。

5.3.4 社会救助服务监管

社会救助服务监管应实现互动咨询交流、信息公开等功能，为社会公众、专业科研机构及各级政府机构提供社会救助信息服务，促进社会化监督管理功能。

社会救助服务监管功能应包括咨询交流、政务信息公开两个子功能。

5.3.5 救助业务规范化管理与评估

救助业务规范化管理与评估功能应依据民政部制定的基层工作规范化管理和评估标准，实现等级划分管理、评估标准管理、等级评估机构管理、等级评估专家库管理、等级评估人员管理、评估文件管理、等级评估业务管理等功能。应采取自动积分和主观审核相结合的方式进行评估。

救助业务规范化管理与评估功能应包括评估文件管理、等级划分管理、评估标准管理、等级评估机构管理、等级评估专家库管理、等级评估人员管理、等级评估业务管理等子功能。

5.3.6 社会救助监测预警

社会救助监测预警业务功能应实现对社会救助的各项业务实施情况的监测预警管理。

社会救助监测预警功能应包括监测指标配置、预警规则配置、获取监测数据、分析与展现、短信及邮件提醒等子功能。

参考文献

[1]《社会救助暂行办法》(中华人民共和国国务院令第649号).2014年2月21日

[2]《城市居民最低生活保障条例》(中华人民共和国国务院令第271号).1999年10月1日

[3]《国务院关于在全国建立农村最低生活保障制度的通知》(国发〔2007〕19号).2007年7月11日

[4]《民政部关于进一步建立健全临时救助制度的通知》(民发〔2007〕92号).2007年6月27日

[5]《国务院关于进一步加强和改进最低生活保障工作的意见》(国发〔2012〕45号).2012年9月1日

[6]民政部关于印发《最低生活保障审核审批办法(试行)》的通知(民发〔2012〕220号).2012年12月12日

[7]《国务院关于全面建立临时救助制度的通知》(国发〔2014〕47号).2014年10月3日

[8]《国务院关于进一步健全特困人员救助供养制度的意见》(国发〔2016〕14号).2016年2月10日

[9]民政部关于印发《特困人员认定办法》的通知(民发〔2016〕178号).2016年10月10日

[10]《民政部 财政部关于进一步加强和改进临时救助工作的意见》(民发〔2018〕23号).2018年1月23日

[11]民政部 国务院扶贫办关于印发《社会救助兜底脱贫行动方案》的通知(民发〔2020〕18号).2020年2月20日

JMGC

民 政 部 金 民 工 程 标 准

JMGC/YW 402—2020

慈善事业促进和社会工作业务功能规划要求

2020-12-30 发布 2020-12-30 实施

民政部信息中心 发布

目　次

前　言

本文件按照 GB/T 1.1—2020《标准化工作导则 第1部分:标准化文件的结构和起草规则》的规定起草。

请注意本文件的某些内容可能涉及专利。本文件的发布机构不承担识别专利的责任。

本文件由民政部信息中心提出并归口。

本文件起草单位:民政部信息中心、北京科迪智标信息技术有限公司、万达信息股份有限公司、深圳市永兴元科技股份有限公司。

本文件主要起草人:范一大、王兴玲、杨天荣、荆方明、赵超、邢立强、王鑫、谷峰帅。

慈善事业促进和社会工作业务功能规划要求

1 范围

本文件规定了金民工程一期项目中的慈善事业促进和社会工作业务信息系统功能要求。

本文件适用于金民工程一期项目中的慈善事业促进和社会工作业务信息系统功能规划。

2 规范性引用文件

下列文件中的内容通过文中的规范性引用而构成本文件必不可少的条款。其中,注日期的引用文件,仅该日期对应的版本适用于本文件;不注日期的引用文件,其最新版本(包括所有的修改单)适用于本文件。

MZ/T 059—2014 社会工作服务项目绩效评估指南

JMGC/YW 429.1—2020 慈善事业促进和社会工作业务 数据元 社会工作

JMGC/YW 429.2—2020 慈善事业促进和社会工作业务 数据元 志愿服务

JMGC/YW 429.3—2020 慈善事业促进和社会工作 数据元 社会慈善与募捐

《社会工作者继续教育办法》

《社会工作者职业水平证书登记管理办法》

《中华人民共和国慈善法》

《慈善组织认定办法》

《志愿服务条例》

3 术语和定义

下列术语和定义适用于本文件。

3.1 慈善组织

依法成立、符合《中华人民共和国慈善法》规定,以面向社会开展慈善活动为宗旨的非营利性组织。可以采取基金会、社会团体、社会服务机构等组织形式。

引自《中华人民共和国慈善法》。

3.2 慈善募捐

慈善组织基于慈善宗旨募集财产的活动。包括面向社会公众的公开募捐和面向特定对象的定向募捐。

引自《中华人民共和国慈善法》。

3.3 慈善捐赠

自然人、法人和其他组织基于慈善目的，自愿、无偿赠与财产的活动。

引自《中华人民共和国慈善法》。

3.4 慈善信托

委托人基于慈善目的，依法将其财产委托给受托人，由受托人按照委托人意愿以受托人名义进行管理和处分，开展慈善活动的行为。

3.5 社会工作信息管理系统

从构建社会工作者服务保障体系、社会工作大数据监管体系、社会工作网上服务平台等方面，建立的社会工作信息化服务系统。

3.6 社会工作

运用科学的专业方法，帮助有需要的困难群体，解决其生活困境问题，协助个人及其社会环境更好地相互适应的职业活动。

3.7 社会工作者

在社会福利、社会救助、社会慈善、残障康复、优抚安置、医疗卫生、青少年服务、司法矫治等社会服务机构中从事专门性社会服务工作的专业技术人员，简称社工。

3.8 志愿者

以自己的时间、知识、技能、体力等从事志愿服务的自然人。

3.9 志愿服务组织

依法成立，以开展志愿服务为宗旨的非营利性组织。

4 功能架构

4.1 慈善事业促进和社会工作业务系统基本业务功能

慈善事业促进和社会工作管理业务系统功能规划应包括以下方面：

——慈善与募捐；

——社会工作；

——志愿服务。

4.2 慈善事业促进和社会工作业务信息系统功能架构

慈善事业促进和社会工作业务信息系统功能架构如图 1 所示。

5 慈善与募捐业务功能要求

5.1 概述

慈善与募捐业务包括慈善组织登记与认定、慈善项目发布与管理、募捐管理与备案。

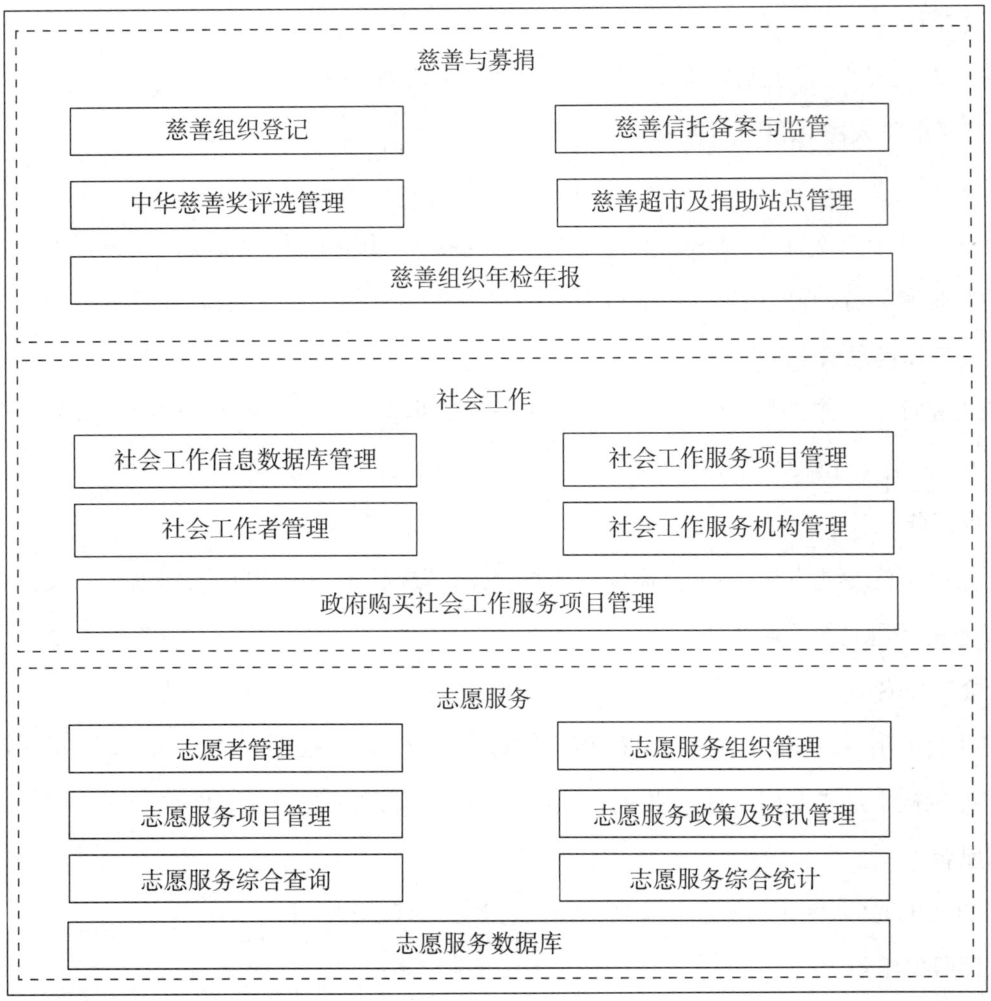

图1　慈善事业促进和社会工作业务信息系统功能架构

5.2 慈善组织登记功能

慈善组织登记功能要求如下：

a)应支持慈善组织登记业务、登记相关材料提交、管理与维护；

b)应支持慈善组织开展年检以及终止清算业务，包括：慈善组织年度工作报告、年报上传及对外公开情况、民政部门检查情况等信息管理维护；

c)慈善、组织登记、年检及终止相关要素数据项应符合 JMGC/YW 429.3—2020。

5.3 慈善信托备案与监管功能

慈善信托备案与监管功能要求如下：

a)应支持民政部门通过互联网进行信息公开，公开的信息应包括：慈善信托备案事项；慈善信托终止事项；对慈善信托检查、评估的结果；对慈善信托受托人的行政处罚和监管措施的结果；法律法规应当公开的其他信息。

b)应支持慈善信托的受托人通过互联网进行信息公开，公开的信息应包括：慈善信托设立情况说明;信托事务处理情况报告、财产状况报告;慈善信托变更、终止事由;清算报告;民政部门要求公开的其他信息。

c)应支持对慈善组织、慈善项目、慈善财产监督、投诉、举报信息的管理维护。

d)应支持对慈善组织的行政处罚信息进行公开或取消公开。

e)慈善信托备案与监管要素数据项要求应符合 JMGC/YW 429.3—2020 的规定。

5.4 中华慈善奖评选管理功能

中华慈善奖评选管理功能要求如下:

a)应支持中华慈善奖评选业务的管理;

b)功能应包括:申报和初评,候选对象推荐,形式审查,候选对象评价,表彰对象的公示与发布;

c)中华慈善奖评选业务要素数据项要求应符合 JMGC/YW 429.3—2020 的规定。

5.5 慈善超市及捐赠站点管理功能

慈善超市及捐赠站点管理功能要求如下:

a)应支持慈善超市、捐赠站点的信息维护和发布;

b)应支持慈善超市信息的填报、编辑、删除和审核;

c)应支持主管部门对慈善超市的经营状况进行监督管理;

d)应支持对慈善捐赠资金、物资进行登记管理,并对资金、物资捐赠的来源/去向进行统计,对资金、物资捐助按月度、年度进行统计;

e)慈善超市及捐赠站点管理业务要素的数据项要求应符合 JMGC/YW 429.3—2020 的规定。

5.6 慈善组织年检年报功能

慈善组织年检年报功能要求如下:

a)材料接收

用于接收本登记管理机关管理的基金会的年检资料,该功能根据权限配置向用户开放,用户有可能是政务大厅办公人员,也有可能是民政系统相关工作人员。

b)提取报告书摘要

从基金会年检年报中提取重点关注的数据形成摘要,方便审核时查看。

c)年检补充材料接收

基金会对已经提交、不能修改的年检年报进行说明或修改。基金会可随时提交,登记管理机关接收即可。

d)材料核对

指定的工作人员对管辖范围内的基金会的年报进行核对,该工作人员根据不同登记管理机关自行指定,本功能根据权限配置即可。

e)材料审批

该功能需要工作流引擎,相关工作人员将通过此功能进行审核审批,审批流程全国范围内差异较大,一般一个流程会在一个登记管理机关内由多个不同级别用户完成,不会出现跨行政级别的审批。

f)责令整改通知书和改进建议

登记管理机关可对管辖的基金会开具责令整改通知书和改进建议通知书。

g)办结并发布年检公告

审批通过的年检报告可在此发布公告。

h)材料发布

将结果发布到互联网平台,向公众公示年报、年报摘要、补充材料、年检结论等。

6 社会工作业务系统功能要求

6.1 概述

社会工作业务系统功能包括社会工作信息数据库管理、社会工作服务项目管理、社会工作者管理、社会工作服务机构管理、政府购买社会工作服务项目管理。

6.2 社会工作信息数据库管理功能

社会工作信息数据库管理功能要求如下:

a)应支持社会工作信息数据库建立,包括:社会工作政策法规库、社会工作专业人才库、社会工作专家(督导)库、社会工作服务机构信息库、社会工作行业组织库、社会工作培训基地库、社会工作实训基地库、社会工作试点示范单位库、社会工作教育资源库、社会工作服务需求库、社会工作服务项目库、社会工作地图库等;

b)应支持对社会工作专业人才信息、社会工作服务机构信息和社会工作辅助信息的分级授权、全过程管理;

c)应支持社会工作专业人才、社会工作服务机构和社会工作服务项目查询检索、政务咨询;

d)应支持社会工作者评价、社会工作服务项目评价、社会工作服务机构评价、社会工作数据统计等。

6.3 社会工作服务项目管理功能

社会工作服务项目管理功能要求如下:

a)应支持社会工作专业人才管理、社会工作服务机构管理、购买社会工作服务管理等,包括:社会工作者登记管理、社会工作服务机构信息管理、机构项目管理、机构项目执行情况管理及机构社会工作者黑名单管理;

b)应支持社会工作服务项目管理,包括:社会工作服务项目申报、立项评审、购买社会工作服务管理、合作协议管理、项目过程管理、项目绩效评估、资金拨付与收回等;

c)应支持社会工作者培训和继续教育管理，包括：持证社工培训管理、非持证社工培训管理、非持证社工信息收集、社会工作者线上培训；

d)应支持社会工作者远程教育解决方案，实现线上报名、线上学习、记录学时、线上考试、线上评分等。

6.4 社会工作者管理功能

社会工作者管理功能要求如下：

a)应支持社会工作者申请登记业务，包括：社会工作者个人信息表、社会工作者首次登记表、社会工作者再登记申请表等；

b)应支持对社会工作者提交的申请材料进行审核、打印登记证书等。

6.5 社会工作服务机构管理功能

社会工作服务机构管理功能要求如下：

a)应支持社会工作服务机构登记业务；

b)应支持社会工作服务机构数据管理与维护；

c)应支持社会工作服务机构信息的公示。

6.6 政府购买社会工作服务项目管理功能

政府购买社会工作服务项目管理功能要求如下：

a)应支持对政府购买社会工作服务项目进行全过程管理，包括：项目申报、立项评审、服务过程、绩效评估等；

b)应支持购买方对机构申报社会工作服务项目材料进行评审，并将结果公示；

c)应支持对社会工作服务项目进行评估管理；

d)应支持对社会工作服务项目验收材料进行评审和管理。

7 志愿服务业务系统功能要求

7.1 概述

志愿服务功能主要包含志愿者管理、志愿服务组织管理、志愿服务项目管理、志愿服务政策及信息管理等。

7.2 志愿者管理功能

志愿者管理功能要求如下：

a)应支持志愿者注册功能，包括：志愿者注册、登录、密码找回和用户名找回等；

b)应支持志愿者实名认证管理；

c)应支持建立志愿者主页，包括：志愿者基本信息、服务信息、排名信息、加入团体和参与项目的统计信息、所获得的评价信息以及个人资料修改等；

d)应支持志愿服务组织的展示与查询，志愿服务项目的展示与查询等；

e)应支持志愿者对加入的志愿服务组织的查询、退出、撤回申请等；

f)应支持志愿服务记录信息管理，包括：志愿服务记录信息添加、修改、删除、查询；

g)应支持志愿者信用信息管理，包括：志愿者信用信息的查询、轻微不良信用记录修复；

h)应支持志愿者培训记录信息管理，包括：培训记录的查询、外部培训记录的新增、修改、提交、删除和查询。

7.3 志愿服务组织管理功能

志愿服务组织管理功能要求如下：

a)应支持志愿服务组织注册、登录、账号找回、密码找回、设置、修改资料等；

b)应支持对下级志愿服务组织的审核、查询、分组、权限管理等；

c)应支持对志愿组织成员的管理，包括：成员申请的审核、成员的剔除、分组、查询、成员邀请、志愿服务证明打印等；

d)应支持志愿服务培训信息管理，包括：培训信息的新增、修改、删除、查询、审核等；

e)应支持对志愿者、志愿服务组织、志愿服务项目表彰信息的管理；

f)应支持对物资筹集信息的管理，包括：对物资筹集、物资使用信息的查询检索；

g)应支持服务组织信息的查询统计，包括：对组织成员统计、组织项目统计、下级组织统计、服务时长的查询统计。

7.4 志愿服务项目管理功能

志愿服务项目管理功能要求如下：

a)应支持志愿服务需求管理，包括：志愿服务需求的新增、修改、删除、发布、回应、查询、智能推荐等；

b)应支持志愿服务项目的发布，包括：志愿服务项目的新增、补录、修改、删除、发布、查询以及对下级志愿服务项目的审核等；

c)应支持志愿者招募管理，包括：邀请志愿者、申请加入志愿服务项目、申请审核、岗位调整和设置项目负责人等；

d)应支持志愿服务项目实施管理，包括：项目成员排班、项目动态管理和查询；

e)应支持志愿服务时长管理，包括：服务时长的添加、服务时长的审核、时长码生成、时长码录入、服务时长修改、服务时长删除和查询；

f)应支持志愿服务项目结项管理，包括：项目的结项、延期处理和复制。

7.5 志愿服务政策及信息管理功能

志愿服务政策及信息管理要求如下：

a)应支持志愿服务政策及信息管理，包括：信息的新增、发布、删除、查询。

b)应支持志愿者、志愿服务组织和志愿服务项目的综合查询。

c)应支持志愿服务信息的综合统计；包括：志愿者、志愿服务组织和志愿服务项目的综合统计。

7.6 志愿服务数据库管理功能

志愿服务数据库管理功能要求如下：

a)应支持对全国各类志愿者信息数据的归集、管理、查询，以及志愿服务资料库建设。

b)应支持对全国各类志愿服务组织信息数据的归集、管理、查询功能，以及志愿服务组织资料库建设。

c)应支持对全国各类志愿服务项目数据的归集、编号、管理、查询功能，以及志愿服务项目库建设。

d)应支持对全国优秀志愿服务数据的归集、管理、查询功能，以及优秀志愿服务资料库的建设；系统对优秀志愿者、优秀志愿服务组织、优秀志愿服务项目信息采集的更新和管理。

JMGC

民 政 部 金 民 工 程 标 准

JMGC/YW 403—2020

社会事务管理业务功能规划要求

2020－12－30 发布　　2020－12－30 实施

民政部信息中心 发布

目　次

前　言

本文件按照 GB/T 1.1—2020《标准化工作导则 第1部分:标准化文件的结构和起草规则》的规定起草。

请注意本文件的某些内容可能涉及专利。本文件的发布机构不承担识别专利的责任。

本文件由民政部信息中心提出并归口。

本文件起草单位:民政部信息中心、北京科迪智标信息技术有限公司、中科恒运股份有限公司、万达信息股份有限公司。

本文件主要起草人:范一大、王兴玲、李杰、文长军、郑明煊、高媛、戴朝云、赵超、程永红、马守平、王鑫。

社会事务管理业务功能规划要求

1 范围

本文件规定了金民工程一期项目中的婚姻管理、流浪乞讨人员救助管理、殡葬管理和残疾人福利业务系统功能架构和业务功能要求。

本文件适用于金民工程一期项目中的婚姻管理、流浪乞讨人员救助管理、殡葬管理和残疾人福利业务系统功能规划。

2 规范性引用文件

下列文件中的内容通过文中的规范性引用而构成本文件必不可少的条款。其中,注日期的引用文件,仅该日期对应的版本适用于本文件;不注日期的引用文件,其最新版本(包括所有的修改单)适用于本文件。

GB/T 23245—2009 流浪乞讨人员社会救助基本术语

GB/T 23287—2009 殡葬术语

MZ/T 017—2011 殡葬服务术语

MZ/T 060—2015 流浪乞讨人员机构托养工作指南

MZ/T 082—2017 婚姻登记术语

JMGC/YW 426.4—2020 社会事务管理 数据元 残疾人福利

JMGC/YW 422.1—2020 社会事务管理 业务术语 婚姻管理

JMGC/YW 422.2—2020 社会事务管理 业务术语 流浪乞讨人员救助管理

JMGC/YW 422.3—2020 社会事务管理 业务术语 殡葬管理

JMGC/YW 422.4—2020 社会事务管理 业务术语 残疾人福利

3 术语和定义

GB/T 23245—2009、GB/T 23287—2009、MZ/T 017—2011、MZ/T 082—2017、JMGC/YW 422.1—2020、JMGC/YW 422.2—2020、JMGC/YW 422.3—2020 和 JMGC/YW 422.4—2020 界定的术语和定义适用于本文件。

4 概述

4.1 社会事务管理业务系统基本功能要素

社会事务管理业务系统基本功能包括以下方面：

——婚姻管理业务；

——流浪乞讨人员救助管理业务；

——殡葬管理业务；

——残疾人福利业务。

4.2 社会事务管理业务功能架构

社会事务管理业务系统业务功能组成如图1所示。

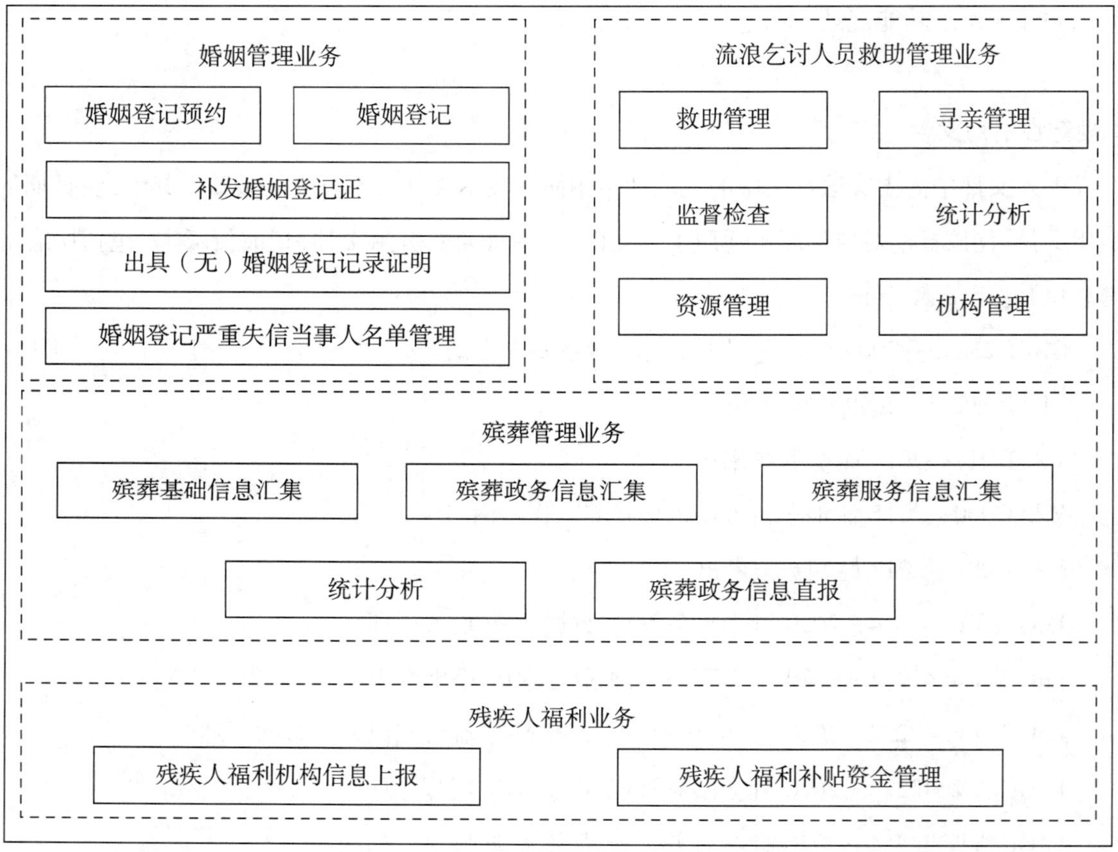

图1 社会事务管理业务功能架构

5 社会事务管理业务系统功能规划要求

5.1 婚姻管理业务

5.1.1 婚姻登记预约功能要求

婚姻登记预约功能要求如下：

a)应支持当事人选择办理业务的省份，阅读并确认婚姻登记业务办理预约协议，了解预约

婚姻登记的操作步骤及注意事项;

b)应支持当事人选择具体需要预约的婚姻登记业务办理类型,填写当事人信息;

c)应支持当事人选择婚姻登记机关,选择预约办理的具体日期及办理时间段;

d)应支持当事人对已经填写完成的预约信息进行确认,确认无误后提交;如信息有误,应支持返回修改。

5.1.2 婚姻登记功能要求

婚姻登记功能要求如下:

a)应支持婚姻登记员对当事人提出的婚姻登记申请进行初审,核实当事人年龄,确认身份信息;

b)应支持婚姻登记员根据当事人户籍所在地、国籍、身份类别、婚姻状况等信息,清点当事人提供的证明材料,受理申请;

c)应支持婚姻登记员接收当事人提交的证件证明材料,在受理申请后,对婚姻登记业务办理要件进行审查;

d)应支持对不符合婚姻登记业务办理要件要求的申请,出具不予受理告知书;

e)应支持婚姻登记员对当事人提交的证件、证明材料和婚姻登记业务办理要件的合法性进行审查,审查通过后,打印《婚姻登记个人信用风险告知书》《声明书》等。

5.1.3 补发婚姻登记证功能要求

补发婚姻登记证功能要求如下:

a)应支持婚姻登记员接收当事人补发婚姻登记证的申请,核实婚姻登记双方当事人或受托人的身份信息。

b)应支持不同身份类别的当事人提交《婚姻登记工作规范》中规定的不同有效证件或材料。

c)应支持婚姻登记员接收当事人提交的证件证明材料,对补发婚姻登记证业务办理要件进行核验。

d)应支持对不符合补领婚姻登记证要件要求的申请,出具不予受理告知书。

e)应支持婚姻登记员在完成受理业务后,打印《声明书》《婚姻登记个人信用风险告知书》。

5.1.4 出具(无)婚姻登记记录证明功能要求

出具(无)婚姻登记记录证明功能要求如下:

a)应支持当事人本人或委托他人提出出具(无)婚姻登记记录证明申请。当事人本人申请的,应提供本人有效身份证件;当事人委托他人申请的,受托人应提供本人有效身份证件以及当事人写明委托事项的授权委托书。

b)应支持不同身份类别的当事人出具《婚姻登记工作规范》中规定的不同有效身份证件或材料。

c)应支持为符合条件的当事人打印出具婚姻登记记录证明。

5.1.5 婚姻登记严重失信当事人名单管理功能要求

婚姻登记严重失信当事人名单管理功能要求如下：

a)应支持记录婚姻登记严重失信当事人失信行为的基本信息；

b)应支持将婚姻登记当事人严重失信名单推送至全国信用信息共享平台。

c)应支持向全国信用信息共享平台提出婚姻登记严重失信当事人信息更正或者移出的请求,并附理由。

5.2 流浪乞讨人员救助管理业务

5.2.1 救助管理功能要求

5.2.1.1 入站登记

应支持对流浪乞讨人员信息进行登记及人脸识别,查询救助历史记录。

5.2.1.2 站内服务

应支持对流浪乞讨人员进行床位安排、生活物品发放、药物发放、专业服务等。

5.2.1.3 离站管理

应支持对流浪乞讨人员离站的相关信息进行管理。

5.2.1.4 托养管理

应支持对流浪乞讨人员托养的相关信息进行管理,包含托养登记、健康状况登记等。

5.2.1.5 站外救助

应支持记录街面流浪乞讨人员信息和被救治的站外危重病人信息。

5.2.1.6 落户安置

应支持流浪乞讨人员的落户安置信息管理,包括落户安置申请和落户安置方案。

5.2.1.7 跨区域协调

应支持跨区域协调申请、处理跨区域协调申请。并对跨区域协调人员进行统计分析。

5.2.1.8 档案管理

应支持民政部门对所辖区域流浪乞讨人员信息的查询和导出。

5.2.1.9 急病救治

应支持站内人员急病救治信息管理,包括站外就医、住院等信息管理。

5.2.2 寻亲管理功能要求

5.2.2.1 站内待寻人员管理

应支持寻亲公告发布、寻亲公告推送、DNA 采集比对、公安情况核实、联系信息核实、寻亲结果登记等。

5.2.2.2 走失家人信息管理

应支持走失家人信息管理,实现走失家人信息录入、检索功能。

5.2.2.3 检索比对

应支持检索结果与待寻人员、易流浪走失人员库中人员进行比对。

5.2.3 监督检查功能要求

5.2.3.1 机构监管

应支持机构监管责任登记、整改责任登记。

5.2.3.2 源头治理

应支持送返人员库、易流浪走失人员库、建档立卡人员库的录入登记。

5.2.3.3 专项工作事务

应支持专项工作事务的录入、发布,对符合专项事务的救助人员进行数据统计。

5.2.3.4 救助机制

应支持救助机制考核体系的登记、协调机制登记、协同机制登记等。

5.2.3.5 社会力量参与监管

应支持监督员监管登记、监督员管理、志愿活动登记、第三方评估结果录入。

5.2.4 统计分析功能要求

5.2.4.1 救助工作统计

应支持对救助站管理工作情况表、救助工作汇总表进行统计。

5.2.4.2 数据分析

应支持流浪救助数据分析、人员流向分析。

5.2.5 机构管理功能要求

5.2.5.1 救助机构

应支持救助机构信息的管理与维护。供系统用户查看相关信息。

5.2.5.2 托养机构

应支持托养机构信息的管理维护,包括托养机构信息的新增、修改、删除。

5.2.5.3 医疗机构

应支持合作医疗机构信息的管理维护,包括合作医疗机构信息的新增、修改、删除。

5.2.5.4 安置机构

应支持安置机构信息的管理维护,包括安置机构信息的新增、修改、删除。

5.2.5.5 工作人员

应支持工作人员信息的管理维护,包括工作人员信息的新增、修改、删除。

5.2.5.6 民政机构

应支持上级民政机构对下级民政机构信息的修改和查询。

5.2.6 资源管理功能要求

5.2.6.1 资金管理

应支持资金来源渠道、资金用途和资金收支信息的新增、修改、删除。

5.2.6.2 公文发放

应实现公文发件箱和公文收件箱功能。

5.2.6.3 站内通知

应实现通知收件箱和通知发件箱功能。

5.2.6.4 救助宣传

应支持救助宣传信息的管理维护,包括信息发布、修改、删除。

5.2.6.5 救助知识库

应支持救助知识的管理维护,包括救助知识的发布、修改、删除。

5.2.6.6 物资管理

应支持救助物资信息管理,包括物品管理、出入库历史记录、物品分类。

5.2.6.7 床位管理

应支持对救助站内部床位信息的管理维护,包括床位信息的新增、修改、删除。

5.3 殡葬管理业务

5.3.1 殡葬基础信息汇集功能要求

应支持殡仪馆、公墓和骨灰堂、殡葬服务站和殡葬管理事业单位等殡葬服务机构信息、工作人员信息、设施设备信息、殡葬服务项目收费标准信息的汇集。

5.3.2 殡葬政务信息汇集功能要求

应支持殡葬服务机构审批报备、火葬区和土葬改革区划分备案审核、违法违规事项监管执法、殡葬行业先进表彰、国际运尸和国内遗体异地运输审批和殡葬政策标准等信息的汇集。

5.3.3 殡葬服务信息汇集功能要求

应支持殡仪服务中的遗体保存/守灵服务、火化服务、取灰服务、遗体离馆、殡仪服务;安放/安葬中的骨灰撒散、墓位迁出、骨灰寄存、安放/安葬、祭祀/祭扫、惠民政策等信息的汇集。

5.3.4 统计分析的功能要求

应支持对殡仪馆、公墓、火葬区/土葬区、死亡死因分析、生态节地安葬业务分析。

5.3.5 殡葬政务信息直报功能要求

应支持职工基础信息、设施/设备信息、墓位/格位信息、火化信息、安放/安葬信息以及机构基础信息的直报。

5.4 残疾人福利业务

5.4.1 残疾人福利机构信息上报功能要求

5.4.1.1 上报信息填写

应支持下属残疾人福利机构基本信息、运营信息填写并上报。应支持市级民政对下属区县级民政部门的上报信息进行审核,省级民政部门对下属市级民政部门的上报信息进行审核。

5.4.1.2 上报进度查询

应支持上级民政部门可对下属民政部门的上报信息情况、上报进度情况进行查询。

5.4.2 残疾人福利补贴资金管理功能要求

5.4.2.1 补贴申请

应支持残疾人提交困难残疾人生活补贴和重度残疾人护理补贴申请资料。包括提交补充资料。

5.4.2.2 街道(镇)初审

应支持对困难残疾人生活补贴、护理补贴申请材料进行初审;接收市(县)残联的审核意见;为补贴对象建立补贴档案。

5.4.2.3 市(县)残联审核

应支持对通过街道(镇)初审合同的材料进行审核;接收市(县)、区民政局的审批结果;向财政提交拨付申请;为补贴对象保存档案。

5.4.2.4 市(县)、区民政局审定

应支持对补贴申请进行审定,对享受低保信息进行核对;将补贴对象姓名、补贴类型、补贴金额等基本信息在网上进行公示。

参考文献

[1]《婚姻登记条例》(国务院令第 387 号).2003 年 10 月 1 日

[2]《婚姻登记工作规范》(民政部 民发〔2015〕230 号).2015 年 12 月 8 日

[3]《殡葬管理条例》(国务院令第 225 号).1997 年 7 月 21 日

JMGC

民 政 部 金 民 工 程 标 准

JMGC/YW 404—2020

养老服务业务功能规划要求

2020－12－30 发布　　2020－12－30 实施

民政部信息中心 发布

目　　次

前　言

本文件按照 GB/T 1.1—2020《标准化工作导则 第1部分:标准化文件的结构和起草规则》的规定起草。

请注意本文件的某些内容可能涉及专利。本文件的发布机构不承担识别专利的责任。

本文件由民政部信息中心提出并归口。

本文件起草单位:民政部信息中心、北京科迪智标信息技术有限公司、万达信息股份有限公司。

本文件主要起草人:范一大、王兴玲、李杰、文长军、高媛、郑明煊、戴朝云、赵超、程永红、王鑫。

养老服务业务功能规划要求

1 范围

本文件规定了金民工程一期项目中全国养老服务信息系统业务功能等要求。

本文件适用于金民工程一期项目中全国养老服务信息系统业务功能规划,其他养老服务信息系统规划可参照使用。

2 规范性引用文件

下列文件中的内容通过文中的规范性引用而构成本文件必不可少的条款。其中,注日期的引用文件,仅该日期对应的版本适用于本文件;不注日期的引用文件,其最新版本(包括所有的修改单)适用于本文件。

GB/T 29353—2012 养老机构基本规范

GB/T 35796—2017 养老机构服务质量基本规范

GB/T 37276—2018 养老机构等级划分与评定

GB 38600—2019 养老机构服务安全基本规范

JMGC/YW 435—2020 养老服务 业务术语

JMGC/YW 437—2020 养老服务 数据元

3 术语和定义

JMGC/YW 435—2020 界定的以及下列术语和定义适用于本文件。

3.1 养老机构

为老年人提供生活照料、膳食、康复、护理、医疗保健等综合性服务的各类组织。

[来源:GB/T 29353—2012,3.1]

3.2 生活照料服务

协助或照顾老年人饮食、起居、清洁、卫生等日常生活的活动。

[来源:GB/T 35796—2017,3.1]

3.3 医疗护理服务

为老年人提供疾病预防、保健、康复、照护的活动。

[来源:GB/T 35796—2017,3.2]

3.4 等级

在综合考察养老机构的环境、设施设备、运营管理、服务的基础上所作的分级。

[来源:GB/T 37276—2018,3.1]

3.5 养老机构等级

养老机构的评定分五个等级,从低到高依次为一级、二级、三级、四级、五级,级数越高,表示养老机构在环境、设施设备、运营管理、服务方面的综合服务能力越强。

[来源:GB/T 37276—2018,4.1]

3.6 机构入住率

入住老年人总数与养老机构总床位数的比率(%)。

[来源:GB/T 37276—2018,3.5]

4 全国养老服务信息系统基本功能架构

全国养老服务信息系统包含以下基本业务功能:

——养老服务机构监管;

——养老补贴资金管理;

——养老服务统计分析;

——养老机构内部管理。

全国养老服务信息系统业务功能架构如图1所示:

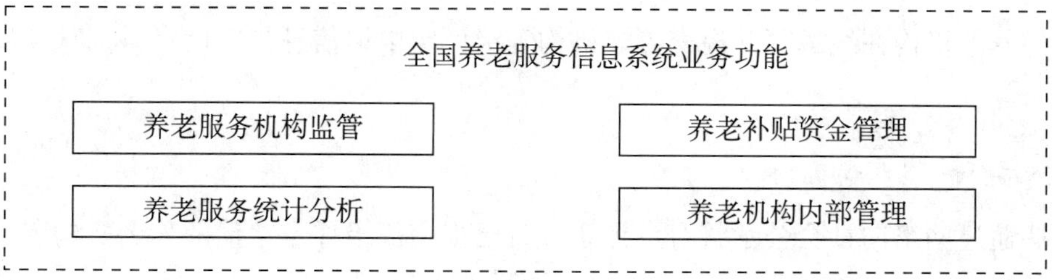

图1 全国养老服务信息系统业务功能架构

5 养老服务业务功能要求

5.1 养老机构监管业务功能

5.1.1 概述

养老机构业务监管功能包括养老机构备案、养老服务质量检查、养老机构登记评定、机构监管和养老机构运营和建设审批等。

5.1.2 养老机构备案功能要求

5.1.2.1 备案办理

应支持对养老机构提交的备案申请材料进行受理,材料齐全的予以备案向养老机构打印备案回执;材料不齐不通过,说明不通过理由并指正。

5.1.2.2 补充材料或整改

应支持申请人按照养老机构基本运营条件和相关标准规范进行整改、完善相关材料后重新申请。

5.1.2.3 养老机构备案业务要素

养老机构备案业务要素的数据项要求应符合 JMGC/YW 437—2020《养老服务 数据元》的规定。

5.1.3 养老服务质量大检查

5.1.3.1 检查通知公告

应支持对已备案的养老机构下发养老服务质量检查的通知公告。

5.1.3.2 服务质量检查

应支持区县民政部门对辖区内的养老服务机构进行服务质量检查,依据 GB/T 35796—2017《养老机构服务质量基本规范》等相关国家标准对养老服务机构开展服务质量的检查与核验。

5.1.3.3 养老服务机构质量大检查业务要素

养老服务机构质量大检查业务要素的数据项要求应符合 JMGC/YW 437—2020《养老服务 数据元》的规定。

5.1.4 养老机构等级评定

5.1.4.1 等级评定申请

应支持养老机构在线填写并提交养老机构等级评定申请信息与申请资料,获取等级评定申请书。

5.1.4.2 公示待受理养老机构

应支持通过网络向社会公示符合参评条件且已提交等级评定申请的养老机构名单。

5.1.4.3 等级评定受理

应支持对养老机构提交的等级评定申请材料进行受理;受理通过的,打印回执反馈养老机构;受理不通过,打印回执反馈养老受理不通过原因及需要补充的材料,养老机构线下补充资料,重新进行申请。

5.1.4.4 评定信息录入

应支持评定专家对养老机构进行评定,并将评定结果录入系统,给出初步评定结果与意见,提交评定委员会进行审核。

5.1.4.5 评定结果审核

应支持对评定结果进行分级审核,一到三级养老机构由县级评定委员会进行审核,四级养老机构由市县两级评定委员会进行审核,五级养老机构由省市两级进行审核。

5.1.4.6 评定结果公示

应支持反馈审核结果给养老机构,并对评定结果进行公示。

5.1.4.7 养老机构等级评定业务要素

养老机构等级评定业务要素包括以下内容:

a)等级评定申请要素;

b)公示待受理养老机构要素;

c)等级评定受理要素;

d)评定专家抽取要素;

e)评定信息录入要素;

f)评定结果审核要素。

业务要素的数据项要求应符合 JMGC/YW 437—2020《养老服务 数据元》的规定。

5.1.5 养老机构监管

5.1.5.1 机构监管功能要求

应支持对养老机构监管信息的管理维护,养老机构监管内容应包括:

a)日常监管检查;

b)重点监管检查;

c)现场监督检查。

5.1.5.2 联合惩戒管理功能要求

应支持对养老服务机构和养老从业人员失信的信息进行核实、认定。

联合惩戒管理功能应包含以下方面:

a)失信信息管理;

b)联合惩戒名单管理;

c)重点关注名单管理;

d)名单信息查询。

5.1.6 养老机构运营和建设补贴审批

5.1.6.1 补贴申请

应支持养老机构在线向市级或区县级民政部门提出补贴申请,并提交相关申请材料。

5.1.6.2 补贴审批

应支持市级或区县级民政部门对辖区内养老机构提交的补贴申请进行审批。审批通过,进行公示。

5.1.6.3 养老机构运营和建设补贴审批业务要素

养老机构运营和建设补贴审批业务要素应包括:

a)自助申请要素;

b)补贴审批要素。

业务要素的数据项要求应符合 JMGC/YW 437—2020《养老服务 数据元》的规定。

5.2 养老补贴资金管理功能要求

5.2.1 概述

养老补贴资金管理包括养老补贴申请、老年人能力评估、老年人补贴管理等业务功能。

5.2.2 养老补贴申请

应支持老年人养老补贴申请材料的录入、管理。

5.2.3 老年人能力评估

应支持对老年人能力评估结果信息、老年人的服务需求和享受的补贴信息进行管理维护。

5.2.4 老年人补贴管理

5.2.4.1 受理

应支持老年人的基本信息、申请信息、代理人信息的录入、相关材料的上传及补贴申请的受理。

5.2.4.2 审核/审批

应支持对老年人补贴申请进行审核,检查申请人提交的申请材料,记录业务审核状态信息,生成补贴的发放单,并记录业务审批状态信息。

5.2.4.3 发放

应支持经办机构对于管辖范围内待统一发放补贴信息进行汇总,形成资金发放明细,汇总发放金额。

5.2.4.4 老年人补贴业务要素

老年人补贴业务要素包括:

a)受理要素;

b)审核要素。

要素的数据项要求应符合 JMGC/YW 437—2020《养老服务 数据元》的规定。

5.3 养老机构内部管理

5.3.1 概述

养老机构内部管理功能应包括:组织管理、房间管理、服务项目管理、日常活动管理、捐赠信息管理、重大事件管理、入住管理、合同签订、老人能力评估、老人照料护理管理、健康管理、客户建议、员工管理、档案管理、财务管理、物资管理、统计分析等。

5.3.2 组织管理

应支持养老机构基本信息以及机构组织架构信息的管理维护。

5.3.3 房间管理

应支持对养老机构房间及床位信息进行管理维护。

5.3.4 服务项目管理

应支持养老机构内部服务项目、服务类型管理维护。其中:

a)服务项目维护应包括:服务项目名称、服务类型、服务支持模式(居家、机构)、服务费用、服务内容及规范等。

b)服务类型管理应包括:医疗护理服务、生活照料、心理精神支持、清洁卫生服务、洗涤服务、安宁服务。

5.3.5 日常活动管理

应支持养老机构日常活动及活动室相关信息的管理维护。

5.3.6 捐赠信息管理

应支持社会各界对养老机构捐赠信息的管理维护。

5.3.7 老人入住管理

应支持老人入住相关信息管理,包括:入住轮候、入住登记、换房登记、退住申请等。

5.3.8 合同管理

应支持养老服务合同或协议信息维护,包括:增加、删除、修改、查询以及合同等资料的上传下载。

5.3.9 老人能力评估

应支持对老人能力评估相关信息进行管理维护,包括:评估内容、评估结果、评估时间等信息的录入,老人能力评估结果的生成等。

5.3.10 老人照料护理

5.3.10.1 照料护理计划

应支持养老机构经办人员针对老人制订护理计划,查询所有服务并选择需要的服务指定给老人,包括删除、修改指定给老人的护理服务。

5.3.10.2 服务工单管理

应支持机构经办人员为老人制定服务工单,查看老人的信息、选择护理服务名称、选择服务人员的姓名、服务时间等 。

5.3.10.3 服务工单进度查询

应支持对已派发工单的服务进度进行查询。

5.3.11 健康管理

应支持对老人的健康信息进行管理,包括:既往病史、过敏史、日常用药、体征等信息的管理。

5.3.12 服务质量控制

应支持养老服务机构服务质量信息的管理,包括:服务质量投诉信息、客户建议等信息的管理。

5.3.13 员工管理

应支持对养老机构员工信息的管理维护。包括:员工姓名、年龄、性别、工号、身份证、岗位、所属部门、联系方式、学历情况、籍贯、家庭地址、员工入职时间、离职时间、员工状态(在职、离职)、员工资质信、从业经历、奖励与处罚等信息管理维护。

5.3.14 档案管理

应支持对客户档案信息的管理维护。包括:老人基本信息、入住信息、护理记录、健康记录、评估记录、家庭信息及联系人信息等进行管理维护。

5.3.15 财务管理

应支持对养老服务机构财务信息进行管理维护。包括:合同或协议费用,订金费用、消费账单;收费形式包括从老人账户扣除、现金、银行卡、支付宝、微信等。

5.3.16 物资管理

实现对养老机构物资的入库、出库、库存及固定资产等相关信息的管理与维护功能。

参考文献

[1]《养老机构管理办法》(中华人民共和国民政部令第66号).2020年9月1日

[2]《民政部 国家卫生健康委 应急管理部 市场监管总局关于做好2019年养老院服务质量建设专项行动工作的通知》(民发〔2019〕52号). 2019年5月13日

[3]《民政部关于贯彻落实新修改的〈中华人民共和国老年人权益保障法〉的通知》(民函〔2019〕1号). 2019年1月3日

[4]《民政部关于印发〈养老服务市场失信联合惩戒对象名单管理办法(试行)〉的通知》(民发〔2019〕103号). 2019年11月1日

[5]《全国养老院服务质量大检查指南》(民发〔2017〕51号). 2017年3月22日

JMGC

民　政　部　金　民　工　程　标　准

JMGC/YW 405—2020

民政政务服务事项编制规范

2020－12－30 发布　　　　2020－12－30 实施

民政部信息中心 发布

目　次

前　言

本文件按照 GB/T 1.1—2020《标准化工作导则 第1部分:标准化文件的结构和起草规则》的规定起草。

请注意本文件的某些内容可能涉及专利。本文件的发布机构不承担识别专利的责任。

本文件由民政部信息中心提出并归口。

本文件的附录 A 为资料性附录。

本文件起草单位:民政部信息中心、北京科迪智标信息技术有限公司。

本文件主要起草人:范一大、王兴玲、荆方明、杨天荣、文长军、高媛、邢立强、屈莹。

民政政务服务事项编制规范

1 范围

本文件规定了民政政务服务事项编制的基本要求、编码要求、基本目录及实施清单要素要求。

本文件适用于民政政务服务事项基本目录、实施清单的编制、管理及信息交换共享。

2 规范性引用文件

下列文件中的内容通过文中的规范性引用而构成本文件必不可少的条款。其中,注日期的引用文件,仅该日期对应的版本适用于本文件;不注日期的引用文件,其最新版本(包括所有的修改单)适用于本文件。

GB/T 10113—2003 分类与编码通用术语

GB/T 39554.1—2020 全国一体化政务服务平台政务服务事项基本目录及实施清单 第1部分:编码要求

GB/T 39554.2—2020 全国一体化政务服务平台政务服务事项基本目录及实施清单 第2部分:要素要求

3 术语和定义

下列术语和定义适用于本文件。

3.1 行政权力事项

由法定行政机关或组织实施的对自然人、法人和其他组织权利义务产生直接影响的具体行政行为。

[来源:GB/T 39554.1—2020,3.1]

3.2 公共服务事项

由政府部门面向自然人、法人或其他组织,除行政权力事项之外办理的受益性事项。

[来源:GB/T 39554.1—2020,3.2]

3.3 政务服务事项

政府部门及其授权或委托的其他组织行政依申请办理的行政权力和公共服务事项过程中提供的服务事项。

［来源:GB/T 39554.1—2020,3.3］

3.4 基本目录

含有事项名称、事项类型、基本编码、设定依据、行使层级等基本属性要素的政务服务事项清单。

注:基本目录包括国家基本目录和地方基本目录。国家基本目录是国务院部门依据国家法律、行政法规、部门规章及政策编制的政务服务事项的基本目录。地方基本目录是国家法律、行政法规、部门规章及政策未设定的,地方通过地方性法规、自治条例、单行条例或地方政府规章创设的政务服务事项的基本目录。

［来源:GB/T 39554.1—2020,3.4］

3.5 实施清单

由政务服务实施主体对基本目录中实施的政务服务事项进行细化完善形成的清单。

［来源:GB/T 39554.1—2020,3.5］

3.6 代码

表示特定事物或概念的一个或一组字符。

［来源:GB/T 10113—2003,2.2.5］

4 民政政务服务事项基本要求

4.1 民政政务服务事项名称要求

民政政务服务事项名称应符合以下要求:

a)依据国家相关法律和行政法规,民政部部门规章和政策文件,地方性法规、自治条例及单行条例等进行系统梳理;

b)名称中不能加入实施机关或实施主体的名称、地名和数字;

c)国家、省、市、县四级不同级别或同级别间相同事项名称应保持一致。

4.2 民政政务服务事项类型要求

民政政务服务事项类型见 GB/T 39554.1—2020 中 4.4 的规定。为便于本标准的使用,以下列出服务事项类型及代码,见表1。

表1　事项类型及代码

代码	事项类型名称
01	行政许可
02	行政处罚
03	行政强制
04	行政征收

续表

代码	事项类型名称
05	行政给付
06	行政检查
07	行政确认
08	行政奖励
09	行政裁决
10	其他行政权力
20	公共服务

4.3 民政政务服务事项设定依据要求

民政政务服务事项的设定依据应包括制定机关的全称，发布文号、令号，如有修改，还应给出修正令号，具体内容需定位到事项设定相关的条、款、项，避免全文引用。

国家、省、市、县四级同级别间相同事项设定依据应保持一致。

4.4 民政政务服务事项行使层级要求

行使层级代码以1位数字表示，用于标识事项行使层级，包括国家级、省级、市级、县级、乡（镇、街道）级和分级管理，其中公共服务事项行使层级还包括村（社区）级。在具备本级管理权限基础上，同时承接上级下放事项的情况下，行使层级为分级管理，如新区、自贸区等。行使层级代码见表2。

表2　行使层级代码

代码	行使层级
1	国家级/局（署、会）
2	省级/直属
3	市级/隶属
4	县级
5	乡（镇、街道）级
6	村（社区）级
7	分级管理

4.5 民政政务服务事项状态要求

事项状态以1位数字表示，用于标识事项是否在用、暂停或取消。事项状态代码见表3。

表3　事项状态代码

代码	事项状态
1	在用
2	暂停
3	取消

4.6 民政政务服务事项业务办理流程要求

民政政务服务事项办理流程应包括法定程序和环节(如申请、受理、审查、决定、制证发证等),并附以相应的文字说明,法定程序和环节步骤应根据实际情况描述。办理流程可以是文字说明、流程图或文字说明+流程图。

5 民政政务服务事项编码要求

5.1 基本目录编码要求

基本目录编码是每一项政务服务事项的唯一标识代码。不同层级行使的相同政务服务事项,应采用相同的基本编码。

基本目录编码共12位,由2位行政区划代码、2位事项类型代码、5位主项代码以及3位子项代码四部分组成。基本目录编码要求见GB/T 39554.1—2020中第4章规定,编码示例见附录A.1。

5.2 实施清单编码要求

在基本目录编码的基础上扩展形成实施清单编码,同时标识政务服务事项的具体实施主体,是每一条政务服务实施清单的唯一标识。基本目录中每一个政务服务事项由不同的实施主体实施时,将被分别赋予一个唯一的实施清单编码。

实施清单编码为组合码,共31位,由18位统一社会信用代码、1位行使层级代码以及12位事项基本编码三部分组成。实施清单编码要求见GB/T 39554.1—2020中第5章规定,编码示例见附录A.2。

5.3 业务办理项编码要求

每一个政务服务实施事项在实际运行过程中,可能会根据不同的情形分成一至多项业务来办理,其中每项业务均应分配一个业务办理项编码。业务办理项编码在实施清单编码的基础上扩展而来,用于标识每一个业务办理项。业务办理项为可选项,各级民政部门可根据自身实际情况选用。

业务办理项编码为组合码,共33位,由31位实施清单编码、2位业务项代码两部分组成。业务办理项编码要求见GB/T 39554.1—2020中第6章的规定,编码示例见附录A.3。

6 民政政务服务事项基本目录及实施清单信息要素要求

6.1 民政政务服务事项基本目录要素要求

民政政务服务事项基本目录要素包括服务事项名称、基本编码、事项类型、设定依据、行使层级、事项状态、事项版本、计划生效日期、计划取消日期等。

民政政务服务事项基本目录要素见表4。

表4 政务服务事项基本目录要素

名称	值域	是否必要	说明与要求
事项名称	自由文本	是	填写事项的名称,应符合4.1的要求
基本编码	自由文本	是	见5.1
事项类型	代码"事项类型"	是	见4.2
设定依据	自由文本	是	见4.3
行使层级	代码"行使层级"	是	见4.4
事项状态	代码"事项状态"	是	见4.5
事项版本	自由文本	是	
计划生效日期	自由文本	否	
计划取消日期	自由文本	否	

6.2 民政政务服务事项实施清单要素要求

6.2.1 依申请类政务服务事项要素要求

依申请类政务服务事项包括行政许可、行政给付、行政奖励、行政确认、行政裁决及其他。基本信息要素见GB/T 39554.2—2020中4.2.1规定。

6.2.2 公共服务类事项要素要求

公共服务类事项基本信息要素见GB/T 39554.2—2020中4.2.2规定。

附录 A

（资料性）

民政政务服务事项编码示例

A.1 民政政务服务事项基本目录编码示例

以民政政务服务事项的“社会团体登记”为例，其对应行政区划代码为 00，事项类型代码为 01（行政许可），中央业务指导（实施）部门（中华人民共和国民政部）的部门编码 11 作为主项代码的前 2 位，主项代码的后 3 位为事项在部门中该事项类型的顺序码 001，该主项有子项，基本目录编码为：

000111001001——社会团体成立、变更、注销登记

民政政务服务事项基本目录编码示例见表 A.1。

表 A.1　基本目录编码示例

中央业务指导（实施）部门	事项类型	主项名称	主项的基本目录编码（有子项）	子项名称	子项的基本目录编码
民政部	行政许可	社会团体登记	00011100100Y	社会团体成立、变更、注销登记	000111001001

A.2 民政政务服务事项实施清单编码示例

以××市民政局政务服务事项“社会团体成立、变更、注销登记”为例，该实施机构的统一社会信用代码为 11320100*********0，事项行使层级为市级，对应行使层级代码为 3，再加上 12 位基本目录编码，民政政务服务事项实施清单编码示例参见表 A.2 及见图 A.1。

表 A.2　××市民政局社会团体成立、变更、注销登记实施清单编码示例

实施机构名称	事项类型	事项名称	实施清单编码
××市民政局	行政许可	社会团体成立、变更、注销登记	11320100*********03000111001001

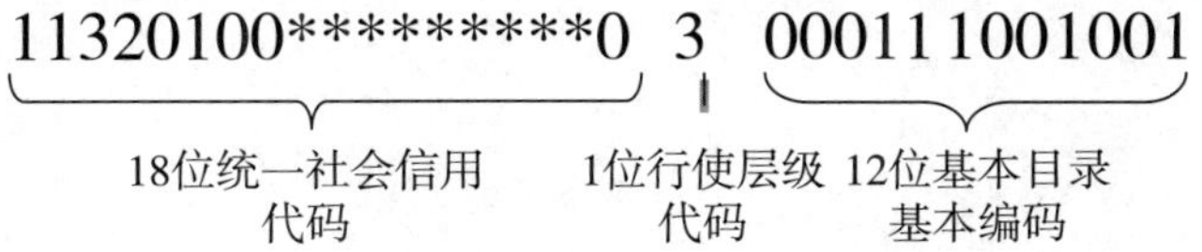

图 A.1　××市民政局社会团体成立、变更、注销登记实施清单编码示例

以××市××区民政局政务服务事项“社会团体成立、变更、注销登记”为例，该实施机构的统一社会信用代码为11320113＊＊＊＊＊＊＊＊＊3，事项行使层级为县级，对应行使层级代码为4，再加上12位基本目录编码，政务服务事项实施清单编码示例参见表A.3及见图A.2。

表A.3　××市××区民政局社会团体成立、变更、注销登记实施清单编码示例

实施机构名称	事项类型	事项名称	实施清单编码
××市××区民政局	行政许可	社会团体成立、变更、注销登记	11320100＊＊＊＊＊＊＊＊＊34000111001001

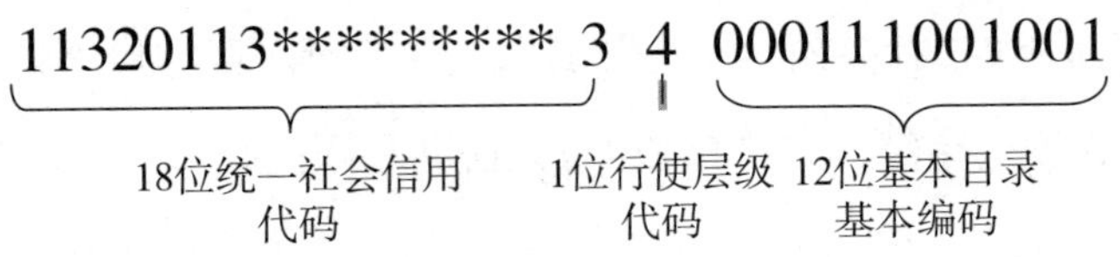

图A.2　××市××区民政局社会团体成立、变更、注销登记实施清单编码示例

A.3 民政政务服务事项业务办理项编码示例

以××市××区民政局政务服务事项“社会团体登记”为例，该事项实施清单编码为11320100＊＊＊＊＊＊＊＊＊34000111001001，事项业务项为注销，业务项代码为03，民政政务服务事项业务办理项编码示例参见表A.4及见图A.3。

表A.4　××市××区民政局社会团体注销登记业务办理项编码示例

实施机构名称	事项类型	事项名称	业务办理项编码
××市××区民政局	行政许可	社会团体注销登记	11320100＊＊＊＊＊＊＊＊＊3400011100100103

图A.3　××市××区民政局社会团体注销登记业务办理项编码示例

JMGC

民 政 部 金 民 工 程 标 准

JMGC/YW 410—2020

儿童福利业务功能规划要求

2020 - 12 - 30 发布　　　　2020 - 12 - 30 实施

民政部信息中心 发布

目　　次

前　言

本文件按照 GB/T 1.1—2020《标准化工作导则 第1部分:标准化文件的结构和起草规则》的规定起草。

请注意本文件的某些内容可能涉及专利。本文件的发布机构不承担识别专利的责任。

本文件由民政部信息中心提出并归口。

本文件起草单位:民政部信息中心、民政部儿童福利司、北京科迪智标信息技术有限公司、中科恒运股份有限公司。

本文件主要起草人:范一大、王兴玲、文长军、李杰、赵超、李勇、张留军、程永红、马守平。

儿童福利业务功能规划要求

1 范围

本文件规定了金民工程一期项目中的全国儿童福利信息系统基本功能规划要求,包含儿童福利业务办理功能、儿童福利机构管理功能、福利资金管理功能、儿童档案管理功能、查询与统计功能、专项工作、相关政策和儿童寻亲功能等要求。

本文件适用于金民工程一期项目中的全国儿童福利信息系统业务功能规划。

2 规范性引用文件

下列文件中的内容通过文中的规范性引用而构成本文件必不可少的条款。其中,注日期的引用文件,仅该日期对应的版本适用于本文件;不注日期的引用文件,其最新版本(包括所有的修改单)适用于本文件。

MZ 010—2013 儿童福利机构基本规范

JMGC/YW 421—2020 儿童福利业务术语

3 术语和定义

JMGC/YW 421—2020 界定的术语和定义适用于本文件。

4 概述

4.1 全国儿童福利信息系统基本业务功能要素

全国儿童福利信息系统基本业务功能包括以下方面:

a)儿童福利业务办理功能;

b)儿童福利机构管理功能;

c)档案查询功能;

d)查询统计功能;

e)专项工作功能;

f)相关政策功能;

g)儿童寻亲功能。

4.2 全国儿童福利信息系统业务功能架构

全国儿童福利信息系统业务功能应包括:福利业务、保护业务、收养业务、福利资金管理、查询统计、专项工作、儿童寻亲等功能。全国儿童福利信息系统业务功能架构如图1所示。

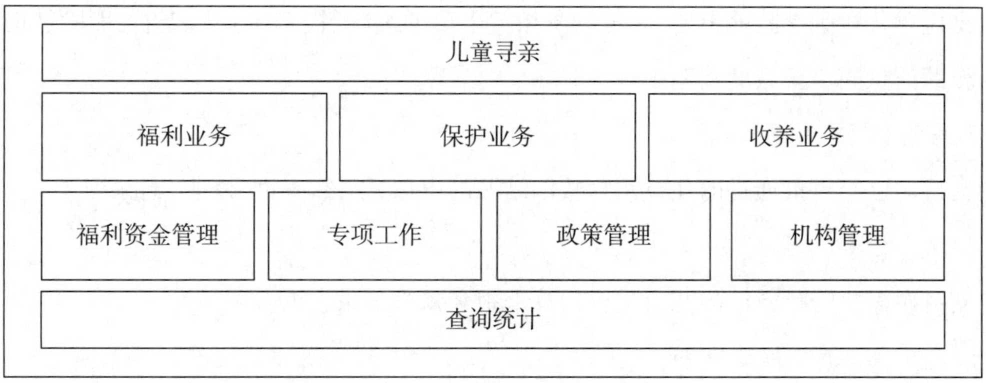

图1　全国儿童福利信息系统业务功能架构

5 儿童福利业务功能规划要求

5.1 福利业务办理功能要求

5.1.1 概述

实现基本生活费申请、信息变更管理、减员管理、超龄管理、医疗救助、审核对管理、康复治疗、家庭寄养管理、助养管理、资金发放管理以及养育过程管理。

5.1.2 基本生活费申请

应支持对福利机构养育的儿童、社会散居孤儿、艾滋病感染儿童等的增员以及基本生活费申请。

5.1.3 信息变更管理

应支持对监护儿童信息的变更管理,包括:儿童基础信息和身份状态变更;儿童信息的变更应包含两种:

a)对儿童非重要身份信息可以直接编辑修改;

b)对儿童的重要信息需要提出变更申请。

5.1.4 儿童减员管理

应支持儿童减员的申请、儿童减员记录信息的管理维护。

5.1.5 超龄儿童管理

应支持对已超龄儿童进行减员申请、基本生活费续发申请;同时实现对儿童减员记录、续发记录的查询功能。

5.1.6 医疗救助管理

5.1.6.1 概述

应支持对需要进行医疗救助的儿童提供医疗救助,记录儿童医疗救助申请、结账信息;应支持对已经救助完成的儿童医疗救助信息进行归档、查询与汇总。包括:救助申请管理、结账管理、救助预算、儿童医疗救助档案管理、定点医院备案等。

5.1.6.2 救助申请

应支持对儿童医疗救助申请、变更以及相关事项的编辑、提交、撤回、查看、删除功能;并将其医疗救助信息同步至救助档案中。

5.1.6.3 结账管理

应支持对已经审批通过的儿童医疗救助结账的申请、审核、查询、修改、删除等。

5.1.6.4 预算上报

应支持对需要医疗救助的儿童进行预算上报和预算记录查询。

5.1.6.5 儿童医疗救助档案管理

应支持对儿童的医疗救助档案信息的管理维护。包括:儿童基本信息、救助申请信息、结账信息、变更信息的管理维护。

5.1.6.6 定点医院备案

应支持对定点医院备案信息进行管理维护,包括定点医院信息的登记、编辑、查看、删除等。

5.1.7 审核管理功能要求

5.1.7.1 概述

实现对儿童福利业务中各项涉及审批业务的事项进行审核。包括:儿童增员审核、儿童减员审核、信息变更审核、医疗救助审核、医疗结算审核、事实无人抚养儿童审核管理等功能。

5.1.7.2 儿童增员审核

应支持对儿童增员申请的审批、查询、评估。

5.1.7.3 儿童减员审核

应支持对儿童减员申请的审批、减员申请记录查询。

5.1.7.4 信息变更审核

应支持对已增员儿童信息变更申请的审批、查询。

5.1.7.5 医疗救助审核

应支持对儿童医疗救助申请的审批、救助申请变更的审批以及结账申请的审批。

5.1.7.6 医疗结算审核

应支持对各省份上报的儿童医疗救助资金进行结算审批。

5.1.7.7 事实无人抚养儿童审批管理

应支持对事实无人抚养儿童信息上报、信息变更、身份状态变更的审批、记录查询、编辑、撤回、删除等。

5.1.8 康复治疗管理

5.1.8.1 概述

实现对已入院(增员)儿童中需要进行康复治疗的儿童提供康复治疗服务,记录儿童康复治疗全周期信息。包括:儿童康复救助管理、基地信息管理、儿童康复管理、从业人员培训记录等功能。

5.1.8.2 儿童康复救助管理

应支持对需要申请康复救助的残疾儿童进行登记,记录儿童康复救助申请信息。

5.1.8.3 基地信息管理

应支持康复治疗基地信息的管理与维护。

5.1.8.4 儿童康复管理

应支持对儿童康复治疗过程信息的管理。实现对儿童康复治疗过程信息的登记、修改、查询、删除、评估等功能。支持对已经归档的儿童康复治疗信息进行查询、导出。

5.1.8.5 从业人员培训记录

应支持对康复基地工作人员培训记录的管理维护;实现对培训日志的新增、修改、删除、查询、导出等功能。

5.1.9 寄养管理

5.1.9.1 概述

实现对适合家庭寄养的儿童提供家庭寄养救助服务,管理维护儿童寄养期间的寄养信息。包括:寄养双方信息管理、寄养关系管理、寄养记录管理。

5.1.9.2 寄养双方信息管理

应支持寄养双方信息的管理维护,包括:寄养儿童信息的导入、编辑、查看、删除;寄养家庭信息的新增、编辑、查看。

5.1.9.3 寄养关系管理

应支持对寄养儿童与寄养家庭关系的管理;实现确认寄养儿童、解除寄养关系功能。

5.1.9.4 寄养记录管理

应支持对儿童寄养情况进行跟踪评估,对寄养经费进行记录。

5.1.10 助养管理

应支持对助养组织/个人信息的管理维护。实现助养组织/个人信息的新增、编辑、查看、删除等功能;实现对助养关系的管理,包括:选择助养儿童、解除助养关系、查询助养记录等。

5.1.11 资金发放管理

应支持对各类儿童资金发放计划和资金发放情况的管理维护。

5.1.12 养育过程管理

5.1.12.1 概述

实现对已入院(增员)儿童的基本情况进行维护,包括:儿童的户口、受教育、医疗保险、体检、疫苗接种等信息管理维护;儿童离院后,对儿童后期的跟踪回访情况进行记录维护。

5.1.12.2 户口办理

应支持对没有户口的儿童及时进行户口办理,登记户口信息,记录儿童户口变化情况。包括:落户、销户、迁户等功能。

5.1.12.3 受教育信息管理

应支持对增员儿童受教育的信息进行管理维护,包括:信息更新、查询。

5.1.12.4 医疗保险信息管理

应支持对儿童医疗保险信息进行管理维护。应支持对多名儿童医疗保险信息进行批量录入。

5.1.12.5 儿童体检信息管理

应支持对儿童体检信息的管理维护。包括体检信息的记录、修改等。

5.1.12.6 疫苗接种信息管理

应支持对儿童疫苗接种信息的管理维护,包括疫苗接种信息的记录、更新等。应支持对多名儿童的疫苗接种信息进行批量录入。

5.1.12.7 跟踪回访信息管理

应支持对已离院或减员儿童就业、住房、生活、成长、健康状况进行跟踪回访,实现回访信息的记录、修改等功能。

5.2 保护业务功能要求

5.2.1 概述

保护业务功能应实现对各类对象的信息上报,以及对未成年人的救助保护管理。

5.2.2 信息采集

应支持对困境儿童、留守儿童、留守妇女、儿童主任信息的采集;采集要求如下:

a)困境儿童信息采集应包括:儿童基本信息、父母信息、其他监护人信息、帮扶建议等;

b)留守儿童信息采集应包括:儿童基本信息、父母信息、其他监护人信息、帮扶建议等;

c)留守妇女信息采集应包括:妇女基本信息、婚姻登记情况、家庭情况;

d)儿童主任信息应动态维护,及时更新,确保儿童主任信息的准确性。

5.2.3 儿童督导员信息管理

应支持对儿童督导员信息的管理维护。

5.2.4 救助保护管理

应支持对未成年人进行调查评估、临时监护、转介帮扶、帮扶情况落实催办、儿童个案管理等,记录救助帮扶信息。

5.3 收养业务功能要求

5.3.1 概述

收养业务功能应实现可送养儿童信息发布、收养预约、预约审核、收养能力评估、收养登记管理功能。

5.3.2 可送养儿童信息发布

应支持可送养儿童信息的对外发布。

5.3.3 收养预约

应支持对待收养儿童进行收养预约申请,并可对收养预约申请记录、收养预约审核进度进行查询。

5.3.4 收养预约审核

应支持对收养预约申请进行审核。

5.3.5 收养能力评估管理

应支持对收养人能力评估结果进行登记、历史评估记录进行查询等。

5.3.6 收养登记管理

应支持收养登记业务办理。包括:收养登记、解除收养登记、撤销收养登记、出具收养登记证明、补领登记、补录登记、收养信息维护等。

5.4 福利资金管理功能要求

5.4.1 概述

实现对儿童福利资金的预算上报、资金到账下拨以及儿童福利资金的发放等资金信息的管理。包括:福利资金发放、儿童福利资金预算管理、困境儿童福利补贴资金管理、孤儿福利补贴资金管理、儿童福利项目资金管理等。

5.4.2 福利资金发放

应支持对儿童资金发放、补发放情况的登记、修改、查询。实现按照不同类别(孤儿、事实无人抚养儿童、艾滋病感染儿童、孤儿助学)的基本生活费发放标准设置、补发标准设置功能。

5.4.3 儿童福利资金预算管理

应支持对儿童福利资金预算方案进行管理维护,包括预算任务的新增、修改、删除、查看。

5.4.4 困境儿童福利补贴资金管理

应支持对困境儿童福利补贴资金到账及下拨情况进行登记、查询。实现对福利补贴资金使用情况的监管功能。

5.4.5 孤儿福利补贴资金管理

应支持对孤儿基本生活费到账及下拨情况进行登记、查询,对孤儿基本生活费发放信息的新增、修改、删除、查询。

5.4.6 儿童福利项目资金管理

应支持对儿童福利项目资金的到账及下拨情况进行登记、查询。实现对儿童福利项目资金使用情况的监管功能。

5.5 机构管理功能要求

5.5.1 概述

实现对福利机构和救助保护机构内部管理,包括:物资、人员、培训、机构基础信息等;实现对机构监管,包括:福利机构监管、福利机构内部管理、救助机构内部管理、机构信息管理等功能。

5.5.2 福利机构监管

应支持从机构设置、变更、制度备案、年度检查、工作报告、监督处罚等不同方面对福利机构实现监管。包括:机构设置管理、机构变更管理、机构分立、合并、解散管理、机构制度备案管理、机构年度检查管理、机构工作报告管理、机构监督处罚管理等功能。

5.5.3 福利机构内部管理

应支持对福利机构内部进行管理。包括:机构内部物资、从业人员、业务培训等信息管理。

5.5.4 未成年人救助保护机构内部管理

应支持对未成年人救助保护机构内部进行管理。包括:机构内部物资、从业人员、业务培训等信息管理。

5.5.5 机构信息管理

应支持对未成年人救助保护机构、收养登记机构基础信息进行管理维护。实现对机构信息的新增、修改、删除、查看功能。

5.6 儿童寻亲功能要求

5.6.1 概述

实现儿童寻亲信息的查询与比对,获取寻亲儿童信息。包括:儿童寻亲管理、寻人公告功能。

5.6.2 儿童寻亲管理

应支持对儿童寻亲信息的发布、撤销、查看。

5.6.3 寻人公告

应支持寻人公告信息的管理维护,包括寻人公告的发布、修改、删除。

5.7 专项工作功能要求

5.7.1 概述

实现对专项排查和社会服务关爱两项专项工作进行分类管理。专项工作功能应包含:

a)专项排查工作,主要负责检查儿童福利落实情况;

b)社会关爱服务,主要管理社会关爱服务资源和儿童需求的匹配情况。

5.7.2 专项排查

应支持对落实儿童福利情况进行专项检查。包括:专项排查任务管理、专项排查结果录入、专项排查综合查询、专项排查统计分析等。

5.7.3 社会关爱服务

实现儿童需求、留守妇女需求与社会关爱服务资源之间的匹配,提升社会资源的价值。包括:相关信息发布、信息查询、信息匹配。

5.8 政策管理功能要求

应支持对政策文件的维护管理。包括:政策发布、政策删除、未发布政策编辑、政策查询等。

5.9 查询统计功能要求

应支持对儿童保护、儿童收养、儿童福利三项业务数据的信息查询与统计。包括：儿童收养业务、农村留守妇女信息、儿童主任（儿童督导员）信息、儿童福利救助业务以及儿童基础信息的查询统计。

参考文献

[1]《中华人民共和国未成年人保护法》(中华人民共和国主席令第 60 号). 2013 年 1 月 1 日

[2]《儿童福利机构管理办法》(中华人民共和国民政部令第 63 号). 2019 年 1 月 1 日

[3]《社会救助暂行办法》(中华人民共和国国务院令第 649 号). 2014 年 2 月 21 日

五、管理标准

JMGC

民 政 部 金 民 工 程 标 准

JMGC/GL 501—2020

金民工程网络管理技术规范

2020－12－30 发布　　　　2020－12－30 实施

民政部信息中心 发布

目　次

前　言

本文件按照 GB/T 1.1—2020《标准化工作导则 第1部分:标准化文件的结构和起草规则》的规定起草。

请注意本文件的某些内容可能涉及专利。本文件的发布机构不承担识别专利的责任。

本文件由民政部信息中心提出并归口。

本文件起草单位:民政部信息中心、北京科迪智标信息技术有限公司、四川久远银海软件股份有限公司、新晨科技股份有限公司。

本文件主要起草人:胡建山、李伦洪、陆浩、周波、邢立强、彭鑫森、许应成、屈莹、葛千帆。

金民工程网络管理技术规范

1 范围

本文件规定了金民工程一期项目网络总体要求、网络连接、网络拓扑设计、网络管理、网络安全设计等内容。

本文件适用于金民工程一期项目网络建设和运行管理等活动。

2 规范性引用文件

下列文件中的内容通过文中的规范性引用而构成本文件必不可少的条款。其中,注日期的引用文件,仅该日期对应的版本适用于本文件;不注日期的引用文件,其最新版本(包括所有的修改单)适用于本文件。

GB/T 22239—2019 信息安全技术网络安全等级保护基本要求

GB/T 28827.1—2012 信息技术服务运行维护 第1部分:通用要求

GB/T 28827.2—2012 信息技术服务运行维护 第2部分:交付规范

YD/T 1170—2001IP 网络技术要求 网络总体

3 术语和定义

下列术语和定义适用于本文件。

3.1 网络

指由计算机或者其他信息终端及相关设备组成的按照一定的规则和程序对信息进行收集、存储、传输、交换、处理的系统。

3.2 网络安全

通过采取必要措施,防范对网络的攻击、侵入、干扰、破坏和非法使用以及意外事故,使网络处于稳定可靠运行的状态,以及保障网络数据的完整性、保密性、可用性的能力。

[来源:GB/T 22239—2019,3.1]

4 缩略语

AP 接入点(Access Point)

BCP-4 边界网管协议版本 4(Border Cateway Protocol-4)

CORBA 公共对象请求代理体系结构(Common Object Request Broker Architecture)

FTP 文件传输协议(File Transfer Protocol)

HTTPS 超文本传输安全协议(Hypertext Transfer Protocol Secure)

IP 互联网协议(Internet Protocol)

IP - VPN IP 虚拟专用网(IP - Virtual Private Network)

IS - IS 中间系统 - 中间系统协议(Intermediate System - to - Intermediate System)

MSTD 多业务传送平台(Multi - Services Transfer Delay)

OSPF 开放的最短通路优先版本(Open Shortest Path First)

PDH 准同步数字体系(Plesiochronous Digital Hierarchy)

SDH 同步数字体系(Synchronous Digital Hierarchy)

SNMP 简单网络管理协议(Simple Network Management Protocol)

SSID 服务集标(Service Set Identifier)

STM 同步传送模块(Synchronous Transport Module)

VC 虚容器(Virtual Local Area Network)

WEP 有线等效保密(Wired Equivalent Privacy)

5 总体要求

5.1 概述

网络系统是金民工程一期项目信息基础设施建设的重要组成部分。

5.2 基本要求

网络互通的基本要求为:

a)网络层的互通,要求路由可达;

b)应保证可靠性、稳定性、安全性和可拓展性;

c)根据不同应用可提供不同 QoS 保障及路由策略。

5.3 技术要求

网络互通的技术要求为:

a)互通的技术要求符合 YD/T 1170—2001;

b)各应用系统网络宜设置成独立自治域;

c)业务网络内宜采用内部路由协议静态、OSPF 或 IS - IS。

6 网络连接

网络连接包括互联网连接、广域网连接和电子政务外网连接。

7 网络拓扑设计

金民工程一期项目依据业务需求，网络系统划分为互联网区和电子政务外网区，互联网区和电子政务外网区通过网闸逻辑隔离。整个数据中心网络按照网络模块化、层次化思路设计安全域，互联网区和电子政务外网区均划分为核心交换区、业务应用区、管理支撑区、安全接入区以及安全管理区等网络区域。金民工程一期项目网络拓扑结构示意图见图1。

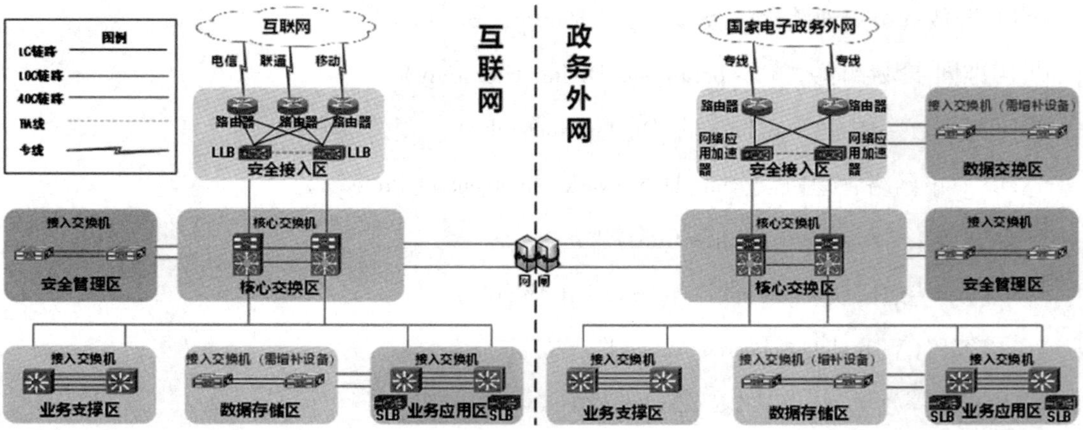

图1　金民工程一期项目网络拓扑结构示意

7.1 互联网区

互联网区设计包括：

a）核心交换区：金民工程一期项目互联网核心交换区域，负载区域间的数据转发。

b）业务应用区：业务系统服务器、数据库服务器及存储设备接入区域，主要部署社会救助业务系统、社会福利与慈善业务系统、专项社会事务管理业务系统、公共服务与决策支持系统等。

c）业务支撑区：管理类服务器接入区域，主要部署监控系统、邮件系统、FTP服务器等。

d）安全接入区：互联网、省级节点以及部委节点接入区域。

e）数据存储区：数据库服务器及存储设备接入区域，部署各类业务数据库，生产数据库和备份系统。

f）安全管理区：主要负责金民工程一期项目数据中心互联网设备的管理、运维、监控；部署漏洞扫描、安管平台、堡垒机、网页防篡改、防病毒、认证系统、补丁系统等。

7.2 电子政务外网区

电子政务外网区设计包括：

a）核心交换区：金民工程一期项目电子政务外网核心交换区域，负载区域间的数据转发。

b）业务应用区：业务系统服务器、数据库服务器及存储设备接入区域，主要部署社会救助业务系统、社会福利与慈善业务系统、专项社会事务管理业务系统、公共服务与决策支持系统等。

c)业务支撑区：管理类服务器接入区域，主要部署监控系统、邮件系统、FTP 服务器等。

d)安全接入区：省级节点、部委节点接入区域。

e)数据存储区：数据库服务器及存储设备接入区域，部署各类业务数据库，生产数据库和备份系统。

f)数据交换区：负责民政部与各省(区、市)民政厅(局)、各部委之间的数据交换。

g)安全管理区：主要负责金民工程一期项目数据中心电子政务外网设备的管理、运维、监控；部署漏洞扫描、主机设计、安管平台、堡垒机、网页防篡改、补丁系统、认证系统等。

8 网络管理

8.1 网络管理功能

8.1.1 配置管理

金民工程一期项目网络配置管理包括对路由器、交换机、负载、IP－VPN 等 IP 网络设备和业务的管理，至少应包括以下内容：

a)根据用户需求查询、修改路由器设备的系统信息、路由信息及接口信息，并对已配置完毕的信息进行备份。

b)查询、修改 IP－VPN 业务信息，并对已配置完毕的信息进行备份。

c)查询、修改交换机设备信息，并对已配置完毕的信息进行备份。

d)查询、修改负载设备信息，并对已配置完毕的信息进行备份。

8.1.2 性能管理

金民工程一期项目网络性能管理至少应包括如下内容：

a)性能监控：包括定时/非定时采集线路和路由器的流量、延迟、丢包率、CPU 利用率、内存余量等性能参数，并生成性能报告。

b)设置性能监视门限值，当性能参数越过一定的门限值时，发出告警通知。

c)性能分析：对性能数据进行统计分析。

d)性能报告：对实际性能监控情况形成可视化报告。

8.1.3 IP 地址分配管理

金民工程一期项目在 IP 地址分配管理至少应包括如下内容：

a)体系化编址：从网络总体来说，体系化编址由于相邻或者具有相同服务性质的主机或办公群落都在 IP 地址上也是连续的，这样在各个区块的边界路由设备上便于进行有效的路由汇总，使整个网络的结构清晰，路由信息明确，也能减小路由器中的路由表。而每个区域的地址与其他的区域地址相对独立，也便于独立灵活的管理。

b)可持续扩展性:IP 地址最开始是按有类划分的,A、B、C 各类标准网段都只能严格按照规定使用地址。现在发展到了无类阶段,可以自由规划子网的大小和实际的主机数,使得地址资源分配得更加合理,增大了可拓展性。私有 IP 地址(private IP address)为了节约 IP 地址空间,保留一些 IP 地址段作为私网 IP,在公网上不出现。处于私有 IP 地址的网络称为内网或私网,与外部进行通信应通过网络地址翻译(NAT)。

互联网和政务外网的 IPV4 地址分配,分别见表 1 和表 2。针对 IPV4 到 IPV6 过渡问题,宜采用双栈技术、地址协议转换技术等进行解决。

表 1　互联网 IP 地址分配表

用途		可选地址范围	容量
总体地址		172. 20. 0. 0/16	1 个 B 类地址
1	网络设备互联地址	172. 20. 0. 0/24—172. 20. 10. 0/24	11 个 C 类地址
2	Loopback 地址	172. 20. 250. 0/24—172. 20. 251. 0/24	2 个 C 类地址
3	业务应用区地址	172. 20. 200. 0/24—172. 20. 209. 0/24	10 个 C 类地址
4	业务支撑区地址	172. 20. 210. 0/24—172. 20. 213. 0/24	4 个 C 类地址
5	安全管理区地址	172. 20. 252. 0/24—172. 20. 255. 0/24	4 个 C 类地址
6	数据存储区地址	172. 20. 214. 0/24—172. 20. 217. 0/24	4 个 C 类地址
7	预留地址	172. 20. 218. 0/24—172. 20. 249. 0/24	221 个 C 类地址
		172. 20. 11. 0/24—172. 20. 199. 0/24	

表 2　政务外网 IP 地址分配表

用途		可选地址范围	容量
总体地址		172. 25. 0. 0/16	1 个 B 类地址
1	网络设备互联地址	172. 25. 0. 0/24—172. 25. 10. 0/24	11 个 C 类地址
2	Loopback 地址	172. 25. 250. 0/24—172. 25. 251. 0/24	2 个 C 类地址
3	业务应用区地址	172. 25. 200. 0/24—172. 25. 209. 0/24	10 个 C 类地址
4	业务支撑区地址	172. 25. 210. 0/24—172. 25. 213. 0/24	4 个 C 类地址
5	安全管理区地址	172. 25. 252. 0/24—172. 25. 255. 0/24	4 个 C 类地址
6	数据存储区地址	172. 25. 214. 0/24—172. 25. 217. 0/24	4 个 C 类地址
7	数据交换区地址	172. 25. 218. 0/24—172. 25. 219. 0/24	2 个 C 类地址
8	预留地址	172. 25. 220. 0/24—172. 25. 249. 0/24	219 个 C 类地址
		172. 25. 11. 0/24—172. 25. 199. 0/24	

8.1.4 故障管理

金民工程一期项目网络故障管理至少应包括如下内容:

a)故障信息采集:采集网元设备的告警信息,包括设备故障告警、链路故障告警、各种门限告警、设备/端口/链路状态变化告警等;

b)故障监视:对网元和网络路由进行监视,出现故障时进行显示;

c)故障告警通知:对出现的故障进行警示通知,将以各种手段通知给运维人员或相关人员;

d)故障处理过程管理:记录排错行为,包括故障产生、变化、消除过程;

e)故障分级管理:将故障按照从高到低的优先级进行分级,并产生相应优先级的警告,再根据轻重缓急的顺序解决故障;

f)故障信息的查询与统计。

8.1.5 记账管理

记录网络资源的使用,目的是控制和监测网络操作的费用和代价。

8.2 网络管理接口

8.2.1 IP 网网元网络管理接口

IP 网网元应提供基于 SNMP 协议的网络管理接口,应符合 RFC1213、RFC1901、RFC1910、RFC2574、RFC3418 等规范。

8.2.2 网络管理间的接口

金民工程一期项目网络管理系统之间存在接口,能够根据要求进行网监信息的交互,包括配置、故障和性能数据。

该接口可选择开放的国际协议标准,如 CORBA、WebService 等标准接口。

8.2.3 网络数据采集接口

网络收集采集接口应满足以下基本要求:

a)网络及安全设备应支持 Syslog 等格式的日志采集接口;

b)网络及安全设备应支持 SNMP 等协议。

8.2.4 远程访问接口

远程访问接口应满足以下基本要求:

a)应限制互联网远程访问

1)出口防火墙应关闭除 VPN 接口外的远程访问接口,如 21、22、3389 端口等;

2)应禁止对外开放中间件管理控制台端口。

b)VPN 使用时应遵循以下要求

1)应根据用户设置 VPN 访问权限和有效期;

2)应保留 VPN 用户的登录信息和操作信息;

3)应定期检查 VPN 账户,清除过期账户。

8.2.5 网络数据收集接口

网络数据收集接口应满足以下基本要求:

a)应明确数据采集接口,用于从各种检测对象中采集日志数据、脆弱性数据、配置数据和状态数据。

b)系统应启动 SNMP Service 服务,使用统一的团体串在默认或自定义端口上监听,以获取安全设备发来的 SNMP 信息;应使用 SNMP V2C 及以上版本并修改默认团体字。

c)应启动 Syslog 服务,使用默认或自定义端口监听,以获取安全设备发来的 Syslog 信息。

d)应具备网络文件、本地文件的定期或触发提取功能,获取其中的日志信息。

e)对于特殊的、缺乏共性的信息存储方式,应支持通过编写代理程序方式获取其中的日志信息,代理程序应支持与目标数据部署在一起,也支持远程部署。

8.2.6 网络管理系统功能要求

金民工程一期项目网络管理系统功能要求如下:

a)应提供网管数据的备份功能,包括自动和手工备份,需要时可将备份数据恢复;

b)应对未授权操作人员进行限制;

c)应保证网管与被管网络数据的一致性;

d)网络设备运行正常情况下,告警平均响应时间(指从网元发生告警到显示告警)不大于20s,在系统满负荷情况下,告警响应时间应不大于以上指标的150%;

e)各种日志文件应至少能保存6个月的时间;

f)采取监测、记录网络运行状态、网络安全事件的技术措施,并按照规定留存相关的网络日志不少于6个月;

g)时间戳的精度为1s。

9 网络安全管理

9.1 一般要求

金民工程一期项目网络应具备身份鉴别、访问控制、安全审计、安全监控、设备安全防护等能力,并根据承载信息系统安全等级要求进行网络传输数据的保密性和完整性保护。

9.2 身份鉴别要求

身份鉴别应满足以下基本要求:

a)设备管理员应对网络设备和安全设备的口令进行统一管理,根据不同维护人员设置不同的权限;

b)所有设备口令应采用数字、字母、符号的无规律混排方式,且长度不小于8位;

c)应定期修改设备口令,口令至少3—6个月更改一次;

d)设备应设置登录失败处理功能和超时退出功能;

e)设备应采取两种或两种以上组合鉴别机制进行鉴别。

9.3 访问控制要求

访问控制应满足以下基本要求:

a)防火墙应采用最小化原则设置访问控制策略,颗粒度应达到端口级;

b)防火墙除受控接口允许通信外,应拒绝其他所有通信;

c)应定期删除防火墙多余或无效的访问控制规则,并优化访问控制列表;

d)应限制远程访问设备的地址,只有管理员可以访问网络及安全设备等资产。

9.4 恶意攻击防范要求

恶意攻击防范应满足以下要求:

a)应采取有效的安全防护措施, 防止网络攻击特别是新型网络攻击行为的发生;

b)应构建 Web 应用安全防护措施,对 SQL 注入、跨站攻击、非法上传、暴力破解、网络爬虫等攻击及潜在不安全行为进行阻断,从而抵御和过滤外部安全威胁;

c)应针对政务服务门户和移动应用 App 对外发布的 Web 服务器,在服务器的操作系统内安装网页防篡改系统,防止服务页面内容被恶意篡改;

d)应部署主机安全加固系统,采用主动防御机制,通过过滤、隔离、认证等技术,从操作系统核心层实现对操作系统的安全增强;

e)应部署主机恶意代码防护系统,并保持恶意代码库实时更新;

f)应针对数据库攻击行为部署安全技术措施, 对攻击行为进行有效检测和阻断,实现对数据库的安全防护;

g)应采用数字签名技术校验移动应用 App,防止数据被恶意篡改。

9.5 安全接入控制要求

完全接入控制应满足以下要求:

a)与金民工程一期项目应用系统进行数据交换和授权访问时,应对各类接入业务进行注册、监控与审计,并从链路、网络、主机、应用等方面采取必要的安全技术措施,保障金民工程一期项目应用系统自身的安全;

b)应保证信息在接入过程中不被非法获取及篡改;

c)应对各地区各部门接入金民工程一期项目应用系统的主要运行参数及安全状况等情况进行集中监控与审计;

d)应通过网络安全等级保护测评,并提供相应的测评报告;

e)应通过信息系统密码应用安全评估,并提供相应的评估报告;

f)为移动终端接入提供统一的服务接口或链路接口;

g)移动终端应通过 IPSec VPN、SSL VPN 等方式接入金民工程一期项目应用系统;

h)应实现对移动终端接入的统一身份认证与授权管理;

i)应对接入的移动终端进行运行情况监测、用户行为审计和配置管理。

9.6 安全审计要求

安全审计应满足以下基本要求:

a)应配置审计功能,对金民工程一期项目应用系统中的业务模块及其所依托的网络设备、安全设备、主机操作系统、数据库系统、中间件等基础设施进行安全审计;

b)审计范围应覆盖每个用户及应用系统重要安全事件,如用户登录/退出、改变访问控制策略、增加/删除用户、改变用户权限和增加/删除/修改业务数据等,并可对应用系统异常等重要的系统事件进行审计;

c)审计内容至少应包括事件的日期、时间、发起者信息、类型、描述和结果等;

d)应部署统一的日志收集、存储系统, 日志留存时间应至少为 6 个月;

e)应能够对审计记录数据进行统计、查询、分析及生成审计报表;

f)应保护审计进程,避免单独结束审计进程;

g)审计记录产生时的时间应由系统范围内唯一确定的时钟产生,以确保审计分析的正确性。

9.7 安全监控要求

安全监控应满足以下基本要求:

a)应对重要的网络节点进行监视,包括监视设备 CPU、硬盘、内存等资源的使用情况;

b)应对设备服务水平降低到预先规定的最小值进行检测和报警;

c)应记录网络系统异常和网络系统故障的时间、现象、应急处理方法等信息。

10 设备安全防护要求

对金民工程一期项目网络设备、安全设备、无线接入设备等进行安全防护管理,应满足以下基本要求:

a)应使用加密的方式对设备进行管理,如 SSH、HTTPS 等,禁止使用 Telnet 进行管理;

b)应禁用设备多余的物理端口,并设置 console 端口密码;

c)设备应采取最小服务配置,并对配置文件进行定期离线备份;

d)网络设备和安全设备应采用 SNMPV2C 及以上版本,并修改默认字符串;

e)应定期对网络设备、安全设备和无线接入设备进行漏洞扫描,对发现的漏洞及时进行修补;

f)应禁用无线接入设备和无线接入网关存在风险的功能,如:SSID 广播、WEP 认证等;

g)应禁止多个 AP 使用同一个鉴别密钥。

参考文献

[1]C0116—2018 国家政务服务平台网络安全保障要求

[2]GB/T 21061—2007 国家电子政务网络技术和运行管理规范

[3]GB/T 35273—2017 信息安全技术个人信息安全规范

[4]GM/T 0054—2018 信息系统密码应用基本要求

[5]GW 0013—2017 政务云安全要求

[6]GW 0202—2014 国家电子政务外网安全接入平台技术规范

[7]GW 0205—2014 国家电子政务外网跨网数据安全交换技术要求与实施指南

[8]C0117—2018 全国一体化在线政务服务平台应急保障要求

JMGC

民　政　部　金　民　工　程　标　准

JMGC/GL 502—2020

金民工程应用系统运行管理基本要求

2020－12－30发布　　　　2020－12－30实施

民政部信息中心　发布

目　次

前　言

本文件按照 GB/T 1. 1—2020《标准化工作导则 第 1 部分:标准化文件的结构和起草规则》的规定起草。

请注意本文件的某些内容可能涉及专利。本文件的发布机构不承担识别专利的责任。

本文件由民政部信息中心提出并归口。

本文件起草单位:民政部信息中心、北京科迪智标信息技术有限公司、四川久远银海软件股份有限公司。

本文件主要起草人:范一大、张建民、王兴玲、张彤、陶亮、邢立强、彭鑫森、许应成、屈莹。

金民工程应用系统运行管理基本要求

1 范围

本文件规定了金民工程一期项目应用系统运行管理的术语和定义、运行管理机构和系统运行管理要求。

本文件适用于金民工程一期项目应用系统的运行管理,其他系统可参考采用。

2 规范性引用文件

下列文件中的内容通过文中的规范性引用而构成本文件必不可少的条款。其中,注日期的引用文件,仅该日期对应的版本适用于本文件;不注日期的引用文件,其最新版本(包括所有的修改单)适用于本文件。

GB/T 20984 信息安全技术 信息安全风险评估规范

GB/Z 20986 信息安全技术 信息安全事件分类分级指南

GB/T 22239 信息安全技术 网络安全等级保护基本要求

GB/T 22240 信息安全技术 网络安全等级保护定级指南

GB/T 28827.1 信息技术服务 运行管理 第1部分:通用要求

GB/T 28827.2 信息技术服务 运行管理 第2部分:交付规范

GB/T 28827.3 信息技术服务 运行管理 第3部分:应急响应规范

DA/T 56 档案信息系统运行管理规范

3 术语和定义

下列术语和定义适用于本文件。

3.1 日常维护

对应用系统日常的运行管理工作,包括巡检、备份、调优等。

3.2 响应支持

对运行管理请求或故障申报提供的即时运行管理工作。

3.3 优化改善

对运行管理对象进行的功能和性能的调优工作。

3.4 调研评估

通过对运行管理对象的调查研究或分析评价,给出报告或建议。

[来源:DA/T 56—2014,3.5]

3.5 供方

根据需求方要求,对金民工程一期项目应用系统提供运行维护服务的企业或单位。

3.6 应用系统运行管理

指对金民工程一期项目软件系统运行管理,不包括硬件、环境、网络安全和基础设施等。

4 运行管理机构

4.1 组织建立

组织建立包括以下内容:

a)应结合金民工程一期项目应用系统实际工作情况,明确运行管理工作的组织机构及其职责。

b)运行管理组织由管理、业务、技术和后勤等人员组成,外包情况下可吸收外部运行维护提供方的技术或管理人员参加。

4.2 工作职责

金民工程一期项目应用系统运行管理机构工作职责包括但不限于以下事项:

a)提供必要的运行管理资源;

b)分析运行管理需求(如风险评估、业务影响分析等);

c)制订运行管理计划细则;

d)制定具体角色和职责分工细则;

e)制订运行管理协同调度方案;

f)执行运行管理计划,负责日常操作的实施;

g)负责处理应急响应事件,保障信息安全并对处理结果负责;

h)总结运行管理工作,提交运行管理总结报告;

i)执行运行管理计划的评议、修订任务。

4.3 人员管理

供方应从以下方面实施人员管理:

a)人员储备

供方应建立与运行维护服务相关的人员储备计划和机制,确保有足够的人员,以满足与需求方约定的当前和未来的运行维护服务需求。

b)人员培训

供方应建立与运行维护服务相关的培训体系或机制,在制订培训计划时应识别培训要求,提供及时和有效的培训。

c)绩效考核

供方应建立与运行维护服务相关的绩效考核体系或机制,并能够有效组织实施。

4.4 运行管理

4.4.1 人员分类

金民工程一期项目应用系统运行管理人员包括管理岗位人员、技术支持岗位人员和操作岗位人员。

4.4.2 管理岗位人员

管理岗位人员职责要求如下：

a)负责应用系统运行维护服务；

b)与需求方建立顺畅的沟通渠道，准确地将需求方的需求传递到运行维护服务团队；

c)规划、检查运行维护服务的各个过程，对运行维护服务的策划、实施、检查、改进的范围、过程、信息安全和成果负责。

4.4.3 技术支持岗位人员

技术支持岗位人员职责要求如下：

a)在运行维护服务中负责技术支持，包括网络、操作系统、数据库、中间件、应用开发、硬件、集成、信息安全等；

b)对运行维护服务过程中的请求、时间和问题作出响应，保障信息安全并对处理结果负责。

4.4.4 操作岗位人员

操作岗位人员职责要求如下：

a)在运行维护服务中负责日常操作的实施；

b)根据规范和手册，执行运行维护服务各过程，并对其执行结果负责。

4.4.5 技能

在运行管理过程中应关注运行维护服务人员的技能，包括：

a)确定运行维护服务人员在服务过程中所必备沟通、协调能力；

b)要求运行维护服务人员具备从事相关运行维护服务的技术资质和业务等级水平；

c)特殊环境运行维护服务人员应具备的特定技术资格。

4.4.6 经验

在运行管理过程中应关注运行维护服务人员的经验，包括：

a)运行维护服务人员应具备所从事运行维护服务活动的经验；

b)供方应具备一定的从事运行维护服务活动的经验。

4.5 运行管理所需资源

4.5.1 运行管理工具

供方宜使用有效工具实施和管理运行维护服务，包括：

a)监控工具，对运行维护服务对象进行数据的采集和监控，评估可能导致运行维护服务对象故障的因素；

b)过程管理工具宜包括日常运行管理、记录、测量、监督和评估等功能；

c)专用工具，根据服务要求配备的安全工具和用于特殊要求的工具。

4.5.2 服务台

供方应使用有效手段和方法受理需求方的运行维护请求，及时跟踪服务请求的处理进展，确保实现服务级别协议（SLA）要求，包括：

a)约定沟通渠道作为与需求方的联络方式，沟通渠道可以是热线电话、传真、网站、电子邮箱等；

b)设定专人负责服务请求的处理；

c)针对沟通渠道整合服务过程，建立管理制度，包括服务请求的接收、记录、跟踪和反馈等机制，以及日常工作的监督和考核。

4.5.3 备件库

供方应具备并有效管理运行维护服务活动所需的备件资源，为所运行管理的设备或系统提供备件服务，按照要求恢复设备或系统的正常运行。对备件库的管理要求包括：

a)备件响应方式和级别定义，能够满足所约定的备件支持；

b)备件供应商管理：能够规范备件的采购过程，对供应商进行选择和评价；

c)备件出入库管理：能够对入库备件进行标识，规范备件的使用和核销，备件物品的账务管理；

d)备件可用性管理：能够定期对备件状态进行检测，以确保其功能满足运行管理需求。

4.5.4 知识库

供方应具备运行维护服务活动相关的知识积累，以保证在整个组织内收集、共享、重复使用所积累的知识和信息，包括：

a)针对常见问题的描述、分析和解决方法建立知识库；

b)确保整个组织内的知识是可用的、可共享的；

c)选择一种合适的知识管理策略；

d)知识库具备知识的添加、更新和查询功能；

e)针对知识管理要求制定相关管理制度，并对知识进行生命周期管理。

5 系统运行管理

5.1 日常维护

5.1.1 监测和预警

监测与预警包括以下内容：

a)运行管理实施小组应负责加强运行管理相关信息的监测、分析和预警工作，建立事件报告和通报制度。

b)发现金民工程一期项目应用系统隐患的部门,应立即向运行管理实施小组报告。运行管理实施小组接到隐患报告后,应当经初步核实后,进行隐患情况的综合汇总,研究分析可能造成损害的程度和影响范围,提出初步行动对策,并根据隐患严重情况向系统管理部门报告。系统管理部门负责召集协调会,决策行动方案,发布指示和命令。

5.1.2 巡检管理

巡检管理指对金民工程一期项目应用系统相关的系统软件和应用软件运行状况的巡检,协调各部门、系统集成商、相关厂商的关系,管控巡检进度和质量。

5.1.3 故障管理

运行管理实施小组发现系统或设备运行故障,立即进行故障分析定位,并尝试进行故障排除。对于运行管理实施小组无法定位和无法排除的故障,立即通知相关厂商售后服务接口人,厂商工程师需要在4小时内到场,12小时内排除故障。

5.1.4 问题管理

问题管理包括以下内容:

a)应建立金民工程一期项目应用系统运行问题库,在系统运行管理中或在故障处理中发现的系统隐患或暂时不能解决的故障应列入问题库进行持续的跟踪监控。

b)问题可由任何人在运行管理例会、故障分析会、维护分析报告上以多种形式提出。问题一经提出,由系统管理部门组织讨论,明确问题的责任人、配合人员,制订解决方案、工作计划和时限要求。

c)应分析问题出现的根本原因,必要时通过变更管理或控制流程采取应对措施以预防同样问题的再次发生,将未能解决的问题造成的影响降到最低。

d)问题责任人根据解决方案、工作计划组织开展工作,并按照工作计划进度要求向系统管理部门定期汇报工作进度。

e)问题责任人认为问题已经解决,应由提出人测试验证后,从问题库中删除,问题处理中产生的所有文档应进行统一管理。

5.1.5 事件管理

事件管理要求包括:

a)安全管理应符合信息系统安全等级保护的相关规定,具体要求参见GB/T 22239—2019《信息安全技术 网络安全等级保护基本要求》和GB/T 22240—2019《信息安全技术 网络安全等级保护定级指南》;

b)应定期对金民工程一期项目应用系统涉及的运行环境和系统进行风险评估,评估的要求和指南参见GB/T 20984《信息安全技术 信息安全风险评估规范》;

c)应根据对金民工程一期项目应用系统运行环境和系统的实际需求,制定和实施安全机制和策略，包括加密机制、访问控制机制、身份认证机制、数据完整性机制、数字签名机制等，制定信息安全事件应急预案，确保金民工程一期项目应用系统的安全；

d）应监控信息安全状况，建立信息安全监控的规程或制度，明确信息安全监控的职责，确保信息安全；

e）应建立信息安全响应机制，建立各个系统安全响应的工作流程，确保在信息安全事件发生之后，及时响应，恢复正常工作、调查安全事件根源、做出事件分析报告，提出安全建议，最大限度地减少安全事件带来的损失，保证金民工程一期项目应用系统安全运行；

f）应制定安全预警发布机制，定期发布安全预警和漏洞补丁信息，或在大规模病毒暴发或对业务有潜在的重大影响的安全事件发生时，发布预警信息并提供有效的措施和建议。

5.1.6 配置管理

运行管理实施小组应负责建立配置管理数据库，并参照配置管理流程对金民工程一期项目应用系统资产（软件、硬件、文件、合同等）及其配置进行管理，确保系统、服务和部件等配置项的完整性，保证配置项的变更是可追踪和可审核的。

5.1.7 备份及日志管理

备份及日志管理包括以下内容：

a）对各项操作均应进行日志记录，内容应包括操作人、操作时间和操作内容等详细信息。运行管理人员应定期对操作日志、安全日志进行审查，对异常事件及时跟进解决。

b）运行管理实施小组应负责针对每个子系统，依据数据变动的频繁程度以及业务数据重要性制订备份计划，经过系统管理部门批准后组织实施。备份数据应包括系统软件和数据、业务数据、操作日志。

c）运行管理实施小组应按照备份计划，对金民工程一期项目应用系统进行定期备份。对所有系统的增量数据，每天定时进行备份。对不同系统，按照不同数据量级别，每周、每月、每半年或每一年进行一次数据全量备份。每次本地备份任务完成后，进行异地灾备数据备份。对于需实施系统升级等变更的系统，在变更实施前后均应进行数据备份，必要时进行系统级备份。

5.1.8 技术资料管理

系统运行管理实施小组负责技术资料的管理，应建立健全必要的技术资料和原始记录，包括系统资料、配置数据资料和运行记录资料等。

5.1.8.1 系统资料

系统资料包括：

a）系统结构图及相关技术资料；

b）网络连接图和相关配置资料；

c）各类软硬件设备配置清单；

d）应用系统源代码；

e)设备或系统使用手册、运行管理规章制度等资料；

f)所有应用系统的介质、许可证书、版本资料等；

g)所有应用系统的安装手册、操作使用手册等技术资料；

h)上述资料的变更记录。

5.1.8.2 配置数据资料

配置数据资料包括：

a)配置数据管理应包含各种静态数据资料(如系统的各种参数设置等)及变更记录；

b)维护人员应维护最新的当前系统配置数据。

5.1.8.3 运行记录资料

运行记录资料包括：

a)维护计划和适用的各种规章制度；

b)系统运行记录和检查记录；

c)故障及处理、设备检修、返修记录；

d)系统备份磁带、磁盘、光盘的更换及相关信息汇总记录；

e)软件、硬件设备变更和系统参数变更。

5.1.9 应急管理

运行管理应急响应过程可划分为应急准备、监测与预警、应急处置和总结改进等主要阶段，其基本过程和管理方法应符合 GB/T 28827.3—2012《信息技术服务 运行维护 第 3 部分：应急响应规范》的规定。对发生断电、地震等不可抗力因素的应急事件时，应启动应急处理机制及应急预案。

5.1.10 变更管理

5.1.10.1 一般要求

变更管理一般要求包括：

a)系统变更包括硬件扩容、软件升级、数据移植、数据维护等工作以及电子表格模板、文档模板、安全策略、配置参数、系统结构、部署的改变等。

b)建立变更类型和范围的管理的机制，并对变更过程进行全程管理，包括变更请求、评估、审核、实施、确认和回顾等。

c)任何变更及调整应经过系统管理部门批准。变更应在非主要业务时间进行，应根据变更情况，按预先方案进行测试验证，验证通过后，向系统管理部门汇报结果，并完成相关文档资料的更新。所有变更记录应详细和完整。

5.1.10.2 业务需求变更

金民工程一期项目业务需求变更管理包括以下几个阶段：

a)业务部门向应用系统运行维护实施小组人员提出需求变更的要求(可能包括多项变

更），就具体变更内容进行沟通和交流，明确变更需求，填写“需求变更申请单”。

b）系统管理部门和运行维护实施负责人分析需求变更的内容范围、合理性和可行性。对于存在问题的需求，需要反馈给业务部门关闭变更。符合要求的变更，软件开发方负责人在“需求变更申请单”填写开发方意见后，提交给系统管理部门。

c）系统管理部门组织审查和确认需求变更内容。审查不通过，反馈给业务部门关闭变更。评审通过，由现场实施人员录入问题管理平台，并将“需求变更申请单”提交给开发方。

d）开发完成后，由实施负责人和业务部门共同进行验证，并将结果反馈给系统管理部门。

5.2 系统调优

系统调优包括以下内容：

a）应对运行管理的对象进行功能和性能的调优工作，如数据库优化、计算资源调整等；

b）进行优化改善工作前应编写相应的方案，方案中宜包含目标、内容、步骤、人员、预算、进度、考核指标、风险预案和回退方案等；

c）优化改善方案通过评审后，按方案实施并设有一定的观察期，对遗留问题制定改进措施并跟进，优化改善完成后进行必要的回顾总结；

d）在优化改善过程中，应确保人员、操作、数据以及工具等符合安全要求。

5.3 调研评估

调研评估包括以下内容：

a）应通过对运行管理对象的调研和分析，提出规划方案或相关建议；

b）应制订调研评估计划，包括目标、内容、步骤、人员、预算、进度等；

c）应编写现状评估、访谈调研、需求分析、后续建议等调研评估报告；

d）应持续跟踪调研评估的执行情况；

e）在调研评估过程中，应确保人员、操作、数据以及工具等符合安全要求。

5.4 运行管理检查

金民工程一期项目应用系统进入运行状态后，系统管理部门应负责组织实施检查工作，检查是否符合运行管理计划的要求和目标，对运行管理过程和实施结果进行监控、测量、分析和评审。运行管理检查应包括：

a）定期评审运行管理过程及相关管理体系，确保运行管理能力的适宜和有效；

b）调查系统使用者的满意度，并对运行服务结果进行统计分析；

c）检查各项指标的达到情况。

5.5 运行管理改进

通过对金民工程一期项目应用系统运行情况跟踪和检查，系统管理部门应组织实施改进工作，对运行管理情况进行评估，并改进运行管理过程中的不足，修改和优化运行管理计划，提供持续改进建议和提升运行管理能力。运行管理改进应包括：

a)建立金民工程一期项目应用系统运行管理改进机制；

b)对不符合策划要求的运行管理行为进行总结分析；

c)对未达到的运行管理指标进行分析；

d)根据分析结果确定改进措施,制订运行管理改进计划；

e)实施改进,并按照计划对改进结果和改进过程进行监控、评审并记录。

参考文献

[1]GB/T 33483—2016 党政机关电子公文系统运行管理规范

[2]GB/T 28827.1—2012 信息技术服务运行管理 第1部分:通用要求

[3]DB15/T 1109—2017 信用信息系统运行维护管理规范

[4]DB32/T 3201—2017 社会治安综合治理信息系统运行管理规范

[5]C0117—2018 全国一体化在线政务服务平台应急保障要求

[6]C0105—2018 国家政务服务平台一体化移动应用支撑平台运维保障要求

六、安全类标准

JMGC
民 政 部 金 民 工 程 标 准
JMGC/AQ 601—2020

金民工程身份管理要求

2020－12－30 发布 2020－12－30 实施

民政部信息中心 发布

目　　次

前　言

本文件按照 GB/T 1.1—2020《标准化工作导则 第1部分:标准化文件的结构和起草规则》的规定起草。

请注意本文件的某些内容可能涉及专利。本文件的发布机构不承担识别专利的责任。

本文件由民政部信息中心提出并归口。

本文件起草单位:民政部信息中心、北京科迪智标信息技术有限公司、四川久远银海软件股份有限公司。

本文件主要起草人:张建民、王兴玲、张彤、陶亮、赵超、文长军、邢立强、彭鑫森、许应成、屈莹。

金民工程身份管理要求

1 范围

本文件规定了金民工程一期项目应用系统身份管理的总体技术要求、统一身份认证技术要求、统一授权管理技术要求等内容。

本文件适用于金民工程一期项目应用系统的身份管理,其他系统参考采用。

2 规范性引用文件

下列文件中的内容通过文中的规范性引用而构成本文件必不可少的条款。其中,注日期的引用文件,仅该日期对应的版本适用于本文件;不注日期的引用文件,其最新版本(包括所有的修改单)适用于本文件。

GB/T 31072—2014 科技平台 统一身份认证

GB/T 32419.6—2017 信息技术 SOA 技术实现规范 第6部分:身份管理服务

3 术语和定义

下列术语和定义适用于本文件。

3.1 用户

被授权使用或负责维护应用系统的人员。

3.2 权限

允许用户操作应用系统中某功能点或功能点集合的权力范围。

3.3 角色

用户权限的集合。

[来源:GB/T 31072—2014,3.1.3]

3.4 用户标识

用来标明用户的身份,确保用户在系统中的唯一性和可辨认性。一般以用户名称和用户标识符(UID)来标明系统中的用户。用户名称和用户标识符都是公开的明码信息。

3.5 用户身份

用户在信息系统中的映射,包括用户的标识和相关属性。

[来源 GB/T 32419.6—2017,3.2,有修改]

3.6 身份管理

对用户的身份标识、属性和生命周期所进行的管理。

[来源:GB/T 32419.6—2017,3.3]

3.7 属性证书

属性授权机构进行数字签名的数据机构,把持有者的身份信息与一些属性值绑定。

3.8 统一用户身份信息

指采用统一的用户身份信息规范,以记录、存储和描述每一个用户的身份信息。

3.9 双因子认证

指结合密码以及实物(U盾、密码器、手机短消息、指纹等)两种条件对用户进行认证的方法。

3.10 多因子认证

指结合密码以及实物(U盾、密码器、手机短消息、指纹等)两种以上条件对用户进行认证的方法。

4 缩略语

下列缩略语适用于本文件。

App 应用程序(Application)

OCR 光学字符识别(Optical Character Recognition)

PC 个人电脑(Person Computer)

PMS 授权管理系统(Privilege Management System)

5 总体技术要求

5.1 概述

金民工程一期项目身份管理包括统一身份认证管理和统一授权管理两个方面内容,逻辑关系如图1所示。

5.2 统一身份信息管理

应集中存储和管理用户资料,保证用户信息一致性。

5.3 统一身份认证

应对用户的身份进行集中统一认证。

5.4 统一授权管理

应集中控制和管理用户权限,根据系统中不同的用户,统一设置不同的权限。

5.5 用户身份不可伪造、不可抵赖

应明确金民工程一期项目用户身份的不可伪造性和不可抵赖性。

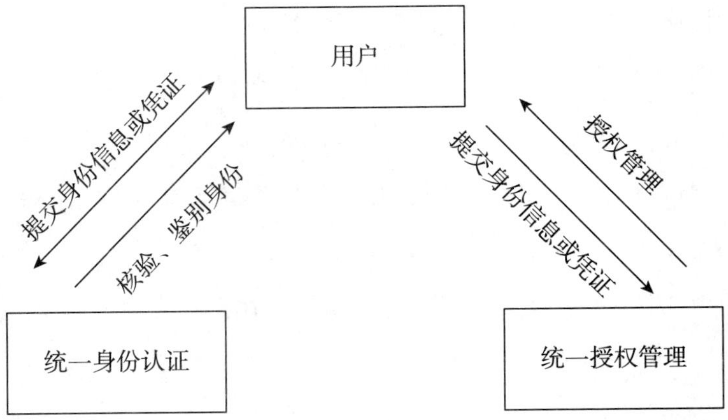

图1　逻辑关系

5.6 系统部署要求

统一身份认证系统应由统一身份认证服务器和统一用户管理系统组成,统一身份认证服务器部署于金民工程一期项目应用系统的业务支撑区,统一用户管理系统部署于安全管理区;统一授权管理系统作为安全管理中心的一部分,与统一用户管理系统一起部署于安全管理区。部省两级部署的系统,应使用同一个统一用户认证系统。

5.7 存储安全要求

对统一用户管理系统中用户的认证信息进行安全存储和管理,采用加密或哈希运算后存储,并使用数据库权限安全限制。统一授权管理系统中的授权信息存储于授权管理数据库中,与统一授权管理系统一起部署于安全管理区域。

6 统一身份认证技术要求

6.1 统一用户标识

6.1.1 用户分类

金民工程一期项目应用系统包括三类用户,一是自然人用户,二是法人用户,三是民政服务机构。

自然人用户包括最低生活保障人员、特困供养人员、临时救助人员、民政服务机构工作人员、社会工作者和志愿者等;法人用户包括社会团体法人、民间非营利性组织法人和基金会法人;民政服务机构包括养老机构、儿童福利机构、民政精神卫生福利机构、流浪乞讨人员救助管理机构和殡葬服务机构等。用户分类如图2所示。

6.1.2 统一用户身份信息

金民工程一期项目应用系统需要根据民政部门的实际情况将用户信息进行统一管理。用户身份信息应包括统一用户编码、用户名称、用户基本信息、用户身份认证信息、用户身份扩展

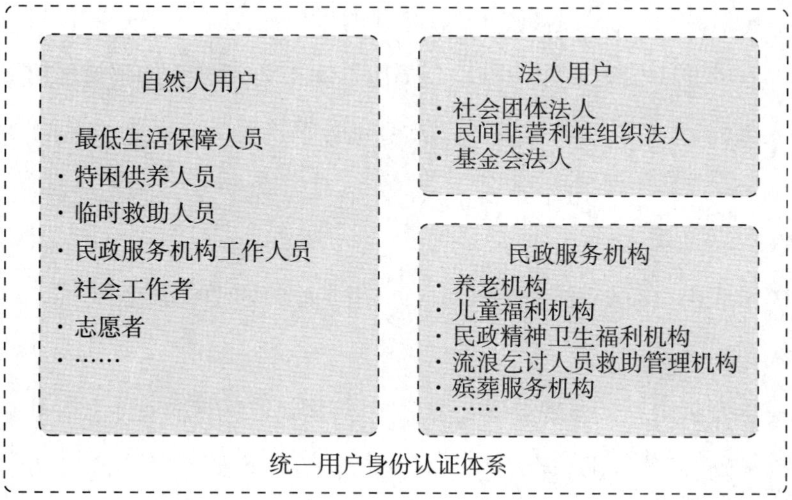

图 2　用户分类示意

信息等。

6.1.3 统一用户编码

统一用户编码根据民政部门、人员编制情况，通过为每一个用户、部门进行统一编码，使其在金民工程一期项目应用系统的身份认证系统中具有唯一的标识。

系统利用属性结构组织部门与用户信息，对其进行分级管理。人员管理系统是树的根节点，下设的各一级部门是根节点的子节点；一级部门管理的用户和下级部门是其子节点；下级部门又可继续下设用户子部门；以此类推，所有的部门节点与用户节点构成“用户树”，该树的非叶子节点（用户节点不能建立下级节点）构成“部门数”，统一用户编码如图 3 所示。

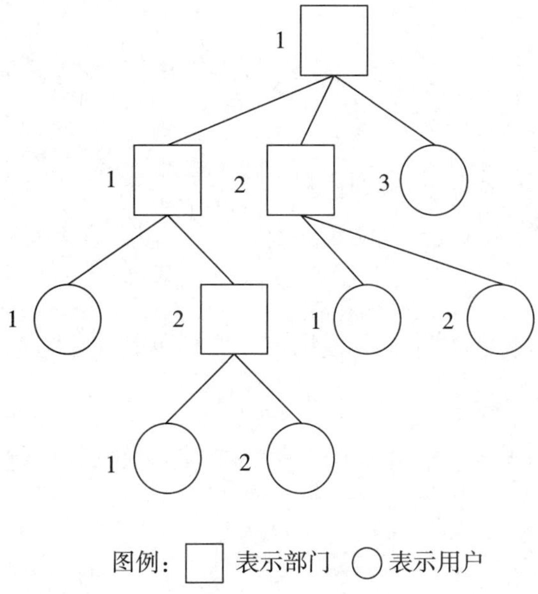

图 3　统一用户编码方式

统一用户编码方式的示意图如图3所示的属性结构中，节点编号是由一个整数序列组成，代表部门或用户身份，整数之间以圆点分割，整数的个数决定了该节点的深度。例如根节点1代表用户管理中心A，1.1代表A下设的以及部门B，1.1.2代表B的下设部门F，1.1.2.1代表部门F的负责人，而1.1.2.2可表示该部门的第一副职领导。根据编码可解析出对应节点的编号。

6.1.4 用户名称

用户名称表示此用户在金民工程一期项目应用系统中的唯一名称。

6.1.5 用户基本信息

用户基本信息表示用户个人基本情况信息，包括基础信息和扩展信息。基础信息包括用户姓名、性别、证件类别、证件号码、电话号码，扩展信息包括年龄、民族、籍贯、出生日期、工作日期、政治面貌、入党(团)时间、职务、级别、职称、住址、电子邮箱等。

6.1.6 用户身份认证信息

用户身份认证信息表示此用户在金民工程一期项目应用系统中用于身份认证的相关特征信息。用户身份认证信息主要包括此用户的认证方式和每种认证方式对应的特征信息。认证方式包括口令认证、证书认证、指纹认证、人脸影像认证等多种认证方式，其中口令认证、证书认证是较常用的认证方式，指纹认证、人脸影像认证等方式属于生物特征认证方式，用于安全级别较高的应用场景。认证方式对应的特征信息包括用户口令、证书信息、生物特征值等信息。

6.1.7 用户身份扩展信息

用户身份扩展信息表示此用户在金民工程一期项目应用系统中与身份相关的扩展信息。

6.2 身份认证方式

6.2.1 口令认证

口令认证的基本过程是认证系统通过比较用户输入的口令与系统内部存储的口令是否一致来判断用户身份。

口令不应以明文形式传输和存储，应以口令的散列值或加密后的密文传输和存储。用户进行口令方式认证时，除需要输入用户名和口令之外，还要输入校验码进行登录。

6.2.2 数字认证

数字证书认证是数字认证的一种方式，通过数字证书获取用户的公钥信息，并利用公钥验证用户提交的消息签名值是否合法以鉴别用户身份。

金民工程一期项目应用系统使用数字证书进行身份鉴别时，应确保信息传递的保密性、安全性、完整性。

6.2.3 生物特征识别

生物特征认证利用人类本身所拥有且能标识其身份的生物特征进行身份认证，生物特征认证方式主要包括指纹鉴别、虹膜鉴别、影像鉴别等。

金民工程一期项目应用系统应预留生物特征识别相关接口,方便以后使用。

6.2.4 移动端身份识别

移动端身份证识别是基于移动平台的身份证识别应用程序,支持 Android、iOS 等移动操作系统。移动端身份证识别应采用密码认证方式。

6.2.5 多因子认证

6.2.5.1 管理要求

按照 GB/T 22240—2019 等级保护标准对身份鉴别的要求,金民工程一期项目应采用两种或两种以上组合的鉴别技术对用户进行身份鉴别,且其中一种鉴别技术至少应使用动态口令、密码技术或生物技术来实现。

对重要核心设备如交换机、路由器、防火墙、主机、Windows/Linux 操作系统等,应采用两种或两种以上鉴别技术,实现对访问者身份鉴别和信息安全防护。须通过测评机构认证,三级及以上系统每年都要进行一次评测。

6.2.5.2 使用要求

多因子认证的使用要求包括:

a)支持国密 SSF33/SM1/SM2/SM3/SM4 等,满足 GB/T 22240—2019 对双因子认证标准;

b)满足运维安全的高要求,易于接入 Windows/Linux 主机、网络安全设备及应用系统;

c)支持 Radius/Tacacs + 与交换机、路由器、防火墙等网络设备对接,实现多个设备一个用户一个认证服务器,无须盾牌等;

d)系统架构应采用模块化设计。

6.2.5.3 功能要求

多因子认证的功能要求包括:

a)支持 OTP,可基于 RFC6238OTP 算法等,支持国密 SM3 算法生成动态口令,每 30 秒变化一次;基于 BYOD,无须使用 USB 盘或 RSA 令牌;

b)一次一密,不能重复使用;

c)可支持硬件令牌,采用国产高性能智能卡芯片,内置 SSF33、SM1、SM2、SM3、SM4 等国产算法,支持高速数据国密算法加解密,提供 CSP 以及 PKCS11 和国密接口,支持 JAVA 等集成方式,符合国家密码管理局关于“密钥不落地”的技术规范要求;

d)支持 Radius 协议,可通过 Radius 实现多种网络设备如:路由器、交换机、防火墙等的二次认证,指向同一个认证源服务器,并可选择账户 + 密码 + OTP 码三要素组合的认证方式。

6.2.6 面向信息分类防护的认证方式选择

6.2.6.1 自然人账户实名认证等级

自然人账户实名认证分为五级实名认证等级,根据不同的认证方式,逐级提升。自然人用户实名认证等级见表 1。

表1　自然人用户实名认证等级

等级	实名认证方式
一级	邮箱/账号口令
二级	手机号/短信验证码交互
三级	身份证实名核验(公民身份号码+姓名+有效时间) 社保核验(公民身份号码、姓名、发卡地、卡号) 以上两种方式任意一种均可
四级	在三级基础上进行实人核验,使用人脸或其他生物特征进行核验
五级	在四级基础上,使用身份证专用识别设备或支持 NFC 的手机配合专用 App 进行实名核验

6.2.6.2 法人账户实名认证

法人账户不使用实名认证等级体系,仅标注“已实名认证”和“未实名认证”。金民工程一期项目法人用户实名认证采用国家政务服务平台认证能力。

6.3 数字签名

数字签名机制作为保障金民工程一期项目应用系统信息安全的方法之一,可以解决伪造、鉴别身份、抵赖、冒充和篡改等问题。数字签名的使用应遵循国家相关的技术规范和标准要求。

6.4 密码算法

密码产品应采用通过国家密码管理局认证的产品,使用应遵循国家密码管理局的相关技术规范。

6.5 认证协议

认证协议是通过参与者为完成相互的身份认证或识别而采用的规定、约定、约束和交换信息的总和。在认证系统对用户、终端、设备、装置等进行身份认证的过程中,应选用安全的认证协议,为其提供机密性、完整性、不可否认性保护,抵御消息重放、第三方假冒等攻击。

7 统一授权管理技术要求

7.1 角色管理

7.1.1 角色的层次结构

金民工程一期项目应用系统中,角色可根据组织结构中的岗位职责进行定义,也可根据应用系统中的功能划分来进行定义。角色层次组织成树形结构,允许一个角色拥有多个子角色和至多一个父角色。

7.1.2 角色的编码原则

根据角色的层次关系,授权管理系统对角色进行统一的编码。角色的编码应遵循以下原则:

a)在角色层次中,每一个角色的编码都是唯一的;

b)子角色的编码应其父角色的编码为前缀,体现角色的层次结构;

c)根据角色的编码,能求出其父角色及所有祖先角色的编码。

7.1.3 基于信息分类防护的角色分类

按照信息分类防护要求,将角色分为公开角色、内部共享角色和内部受控角色3种类型。

7.1.4 角色的权限类型

7.1.4.1 角色的权限分类

角色的权限分为以下三类:

a)公开权限:直接分配给角色的可被上级角色继承的权限;

b)私有权限:直接分配给角色的但不可被任何角色继承的权限;

c)继承权限:从下级角色继承而来的可继续被上级角色继承的权限。

7.1.4.2 角色之间的权限继承关系

当角色之间没有权限继承关系时,上级角色不继承下级角色的权限,角色的所有权限均为私有权限。当角色之间存在权限继承关系时,上下级角色之间的权限集成仅限于在一个授权管理系统内部,不应跨授权管理系统的权限继承。

7.2 资源管理

7.2.1 资源分类

资源分类是金民工程一期项目应用系统中资源种类的划分,主要包括:网页、文件系统、数据库、功能模块,其中网页中包含了HTML代码段和脚本程序段,通常在脚本程序段中会包含应用组件,HTML代码段中可嵌套HTML代码段和脚本程序段,并使用相关控件资源,控件之间有时也存在嵌套关系;文件系统中通常包含文件和文件夹,文件夹中又包含文件资源;数据库资源由数据表组成,数据表由数据字段构成。

7.2.2 资源操作

金民工程一期项目应用系统中资源操作是指用户对系统中资源的操作权限,根据资源的类型不同,操作种类也不相同,对资源操作的种类包括但不局限于查看、创建、编辑、删除和共享等。

7.2.3 资源编码

金民工程一期项目应用系统中所有资源均有一个唯一编码,编码由系统自动生成,不能重复使用、重复分配和修改。

7.3 权限管理

7.3.1 权限管理要求

应采用基于角色的访问控制对权限进行管理。权限与角色关联,用户通过成为角色成员,从角色上获取到相应的权限。权限管理里面涉及的几个实体包含:组织机构、用户、角色、权限、授权对象。几种实体的关联关系见图4。

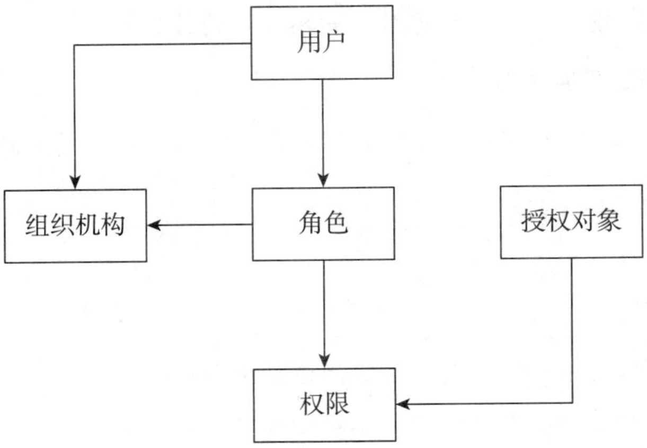

图4 实体关联关系

7.3.2 角色操作流程

7.3.2.1 添加下级角色

添加下级角色操作流程如下：

a)获得当前进行操作的角色节点位置；

b)添加角色信息，包括角色名称、权限用户数、角色类型，并自动为新添加角色生成角色编号、建立日期、子角色数、是否授权等信息，更新对应父角色的子角色个数。

7.3.2.2 修改角色

修改角色流程如下：

a)获得当前进行操作的角色节点位置；

b)对角色名称、限制用户数进行修改。

该操作仅允许对角色名称、限制用户数进行修改，其余角色信息不允许修改。

7.3.2.3 删除角色

删除角色的流程如下：

a)获得当前进行操作的角色节点位置，若为根节点，则退出，否则进行下一步；

b)删除该角色及其所有子角色，以及他们所对应的所有权限，同时删除所有上级角色中从该角色处继承的权限，更新对应父角色的子角色个数，并从相关用户的权限中删除该角色，从相关互斥角色集中删除该角色。

7.3.3 角色权限管理流程

7.3.3.1 为角色分配权限

为角色分配权限的流程如下：

a)获得当前角色，按照信息分类保护要求，为其授予响应的权限集合，公开角色可被授予公开的信息资源，内部共享角色可被授予内部共享和公开的信息资源，内部受控角色可被授予公开、内部共享、内部受控的信息资源；

b)指定权限的类别为公开权限或私有权限；

c)权限继承深度策略所允许的上级角色可继承该角色的公开权限,并标记这些权限为继承权限。

7.3.3.2 撤销角色权限

撤销角色权限的流程如下：

a)获得当前角色和要撤销的权限,从当前角色的权限中集中删除要撤销的权限；

b)若要撤销的权限已被上级角色继承,则从上级角色的继承权限中删除这些权限。

7.3.4 用户角色管理流程

7.3.4.1 为用户分配角色

为用户分配角色的流程如下：

a)获得当前用户和将分配的角色；

b)获得当前用户的已有角色集,若该角色已存在于用户的已有角色集中,则退出；

c)将该角色与用户已有角色形成并集,若该并集与某一互斥角色集相交,并且交集的元素个数大于该互斥角色集的基数,则退出；

d)将该角色加入当前用户的角色集中。

7.3.4.2 撤销用户已有角色

撤销用户已有角色的流程如下：

a)获得当前用户及其要撤销的角色,更新该角色对应的用户数；

b)从当前用户的角色集中删除该角色。

7.4 授权管理系统服务模式

7.4.1 用户授权服务方式

金民工程一期项目应用系统对用户授权服务方式采用在线查询方式,由授权管理系统向认证服务器提供在线权限查询服务。

7.4.2 角色授权服务方式

授权管理系统角色的授权应提供两种服务方式,对未包含在下列内容中的服务方式,应根据实际网络环境和服务的功能、性质进行处理：

a)权限裁决服务方式:由授权管理系统向应用服务器提供在线的权限裁决服务,当用户进行访问时,应用系统获得用户的角色和访问目标等信息,向授权管理系统发起权限裁决请求,授权管理系统根据请求信息和角色权限作出裁决,将裁决结果返回给应用系统；

b)应用系统自主裁决方式:授权管理系统将角色的权限信息实时同步给应用系统,由应用系统进行访问控制的裁决。

参考文献

[1]GB/T 24294.3—2017 信息安全技术基于互联网电子政务信息安全实施指南 第3部分:身份认证与授权

[2]GB/T 31072—2014 科技平台统一身份认证

[3]GB/T 32419.6—2017 信息技术 SOA 技术实现规范 第6部分:身份管理服务

[4]YD/T 2592—2013 身份管理(IDM)术语

[5]C0131—2018 国家政务服务平台统一身份认证隐私保护要求

[6]C0111—2018 国家政务服务平台统一身份认证系统身份认证技术要求

[7]C0110—2018 国家政务服务平台统一身份认证系统接入要求

JMGC

民 政 部 金 民 工 程 标 准

JMGC/AQ 602—2020

金民工程数据安全管理规范

2020－12－30 发布　　2020－12－30 实施

民政部信息中心 发布

目　次

前　言

本文件按照 GB/T 1. 1—2020《标准化工作导则 第 1 部分:标准化文件的结构和起草规则》的规定起草。

请注意本文件的某些内容可能涉及专利。本文件的发布机构不承担识别专利的责任。

本文件由民政部信息中心提出并归口。

本文件起草单位:民政部信息中心、北京科迪智标信息技术有限公司、四川久远银海软件股份有限公司。

本文件主要起草人:王兴玲、胡建山、李伦洪、文长军、李杰、陆浩、周波、郑明煊、高媛、赵超、邢立强、许应成、李坤林、屈莹。

金民工程数据安全管理规范

1 范围

本文件规定了金民工程一期项目应用系统数据安全管理规范的基本要求、云环境下基本要求、技术要求和应急处置要求等内容。

本文件适用于金民工程一期项目应用系统数据安全管理,其他系统可参考采用。

2 规范性引用文件

下列文件中的内容通过文中的规范性引用而构成本文件必不可少的条款。其中,注日期的引用文件,仅该日期对应的版本适用于本文件;不注日期的引用文件,其最新版本(包括所有的修改单)适用于本文件。

GB/T 4894—2009 信息与文献 术语

GB/T 22239—2019 信息安全技术网络安全等级保护基本要求

3 术语和定义

下列术语和定义适用于本文件。

3.1 数据安全

为保证数据完整性、可用性和保密性所采取的数据保护措施的结果。

[来源:GB/T 4894—2009,4.7.3.3.1.2,有修改]

4 缩略语

下列缩略语适用于本文件。

IP 网络协议(Internet Protocol)

RAID 独立磁盘冗余阵列(Redundant Array of Independent Disks)

SSH 安全外壳协议(Secure Shell)

SSL 安全套接层(Secure Sockets Layer)

VPN 虚拟专用网络(Virtual Private Network)

5 数据安全管理基本要求

5.1 物理环境要求

5.1.1 物理位置选择

本项要求包括：

a)机房场地应选择在具有防震、防风和防雨等能力的建筑内；

b)机房场地应避免设在建筑物的顶层或地下室，否则应加强防水和防潮措施。

5.1.2 物理访问控制

机房出入应配置电子门禁系统，控制、鉴别和记录进入的人员。

5.1.3 防盗窃和防破坏

本项要求包括：

a)应将设备或主要部件进行固定，并设置明显的不易除去的标识；

b)应将通信线缆铺设在隐蔽安全处；

c)应设置机房防盗报警系统或设置有专人值守的视频监控系统。

5.1.4 防雷击

本项要求包括：

a)应将各类机柜、设施和设备等通过接地系统安全接地；

b)应采取措施防止感应雷，例如设置防雷保安器或过压保护装置等。

5.1.5 防火

本项要求包括：

a)机房应设置火灾自动消防系统，能够自动检测火情、自动报警，并自动灭火；

b)机房及相关的工作房间和辅助房应采用具有耐火等级的建筑材料；

c)应对机房划分区域进行管理，区域和区域之间设置隔离防火措施。

5.1.6 防水和防潮

本项要求包括：

a)应采取措施防止雨水通过机房窗户、屋顶和墙壁渗透；

b)应采取措施防止机房内水蒸气结露和地下积水的转移与渗透；

c)应安装对水敏感的检测仪表或元件，对机房进行防水检测和报警。

5.1.7 防静电

本项要求包括：

a)应采用防静电地板或地面并采用必要的接地防静电措施；

b)应采取措施防止静电的产生，例如采用静电消除器、佩戴防静电手环等。

5.1.8 温湿度控制

应设置温湿度自动调节设施，使机房温湿度的变化在设备运行所允许的范围之内。

5.1.9 电力供应

本项要求包括：

a)应在机房供电线路上配置稳压器和过电压防护设备；

b)应提供短期的备用电力供应，至少满足设备在断电情况下的正常运行要求；

c)应设置冗余或并行的电力电缆线路为计算机系统供电。

5.1.10 电磁防护

本项要求包括：

a)电源线和通信线缆应隔离铺设，避免互相干扰；

b)应对关键设备实施电磁屏蔽。

5.2 基于数据生命周期的数据安全管理

5.2.1 一般要求

采用数据防护、数据保密、数据备份等技术和方法，对金民工程一期项目数据生命周期内的数据创建、数据存储、数据传输、数据使用和数据销毁等阶段数据进行管理，确保数据完整性和安全性。

5.2.2 数据创建

通过采集、输入、查询、整编等方式创建数据，为保障这一过程的可信与安全，应对数据进行加密和访问权限、安全等级等控制。

5.2.3 数据存储

数据产生后被存储在内存、硬盘等存储空间中，为保证这一阶段的数据安全，应采取数据加密、完整性保证、数据隔离等措施。

5.2.4 数据传输

金民工程一期项目数据有可能通过网络、远程通信等方式提供给用户或其他虚拟服务所使用，应采用 VPN、SM2、SM9、SSL 或 SSH 等方式，维护传输过程中的保密性和传输后的数据完整性。

5.2.5 数据使用

数据在被终端用户或其他服务使用时，应检查数据的来源以及完整性，同时进行解密。

5.2.6 数据销毁

采用消磁、高级清零或多次复写等方式，在用户要求删除数据或设备在弃置前将其上所有数据彻底删除，并无法复原。

5.3 数据防护

5.3.1 身份鉴别

应对金民工程一期项目中的账户进行身份鉴别，包括对网络设备、安全设备、主机操作系统、数据库、中间件等基础运行环境中的系统账户和管理员账户进行身份鉴别，其要求包括：

a)应对登录的用户进行身份标识和鉴别,身份标识具有唯一性,身份鉴别信息具有复杂度要求并定期更换;

b)应具有登录失败处理功能,应设置并启用结束会话、限制非法登录次数和当登录连接超时自动退出等相关措施;

c)当进行远程管理时,应采取必要措施防止鉴别信息在网络传输过程中被窃听;

d)应采用口令、密码技术、生物技术等两种或两种以上组合的鉴别技术对用户进行身份鉴别,且其中一种鉴别技术至少应使用密码技术来实现。

5.3.2 访问控制

应对金民工程一期项目中的系统账户和管理员账户进行访问控制,包括对网络设备、安全设备、主机操作系统、数据库、中间件等基础运行环境中的系统账户和管理员账户进行访问控制,其要求包括:

a)应对登录的用户分配账户和权限;

b)应重命名或删除默认账户,修改默认账户的默认口令;

c)应及时删除或停用多余的、过期的账户,避免共享账号的存在;

d)应授予管理用户所需的最小权限,实现管理用户的权限分离;

e)应由授权主体配置访问控制策略,访问控制策略规定主体对客体的访问规则;

f)访问控制的粒度应达到主体为用户级或进程级,客体为文件、数据库表级;

g)应对重要主体和客体设置安全标记,并控制主体对有安全标记信息资源的访问。

5.3.3 权限管理

金民工程一期项目应采用基于用户组或角色的方法,进行用户组、角色统一创建、管理、权限分配,保障客体访问数据的权限边界。

5.3.4 分级管理

根据数据重要性及敏感性程度,应对数据进行分级管理。在数据创建、数据存储、数据传输、数据使用和数据销毁等阶段,应对数据进行标记,根据标记对数据安全等级进行识别,并采取相应的安全防护措施。

5.3.5 数据监控

提供数据的基本监控手段,如通过数据的变更日志,可获取数据的历史访问活动。

5.3.6 入侵防范

应满足如下要求:

a)应提供数据有效性检验功能,保证通过人机接口输入或通过通信接口输入的内容符合系统设定要求;

b)应能发现可能存在的已知漏洞,并在经过充分测试评估后,及时修补漏洞;

c)应能够检测到对重要数据进行入侵的行为,并在发生严重入侵事件时提供报警。

5.3.7 安全审计

应满足如下要求：

a)应在网络边界、重要网络节点进行安全审计，对重要的用户行为和重要安全事件进行审计；

b)应对在远程管理时执行的特权命令进行审计，至少包括虚拟机删除、虚拟机重启；

c)审计记录应包括事件的日期和时间、用户、事件类型、时间是否成功及其他与审计相关的信息；

d)应对审计记录进行保护，定期备份，避免受到未预期的删除、修改或覆盖等。

5.4 数据保密

5.4.1 加密方式

应采用密码技术保证金民工程一期项目重要数据在传输和存储过程中的保密性。加密方式应符合国家密码算法相关规定，密码算法一般采用国产密码 SM2、SM3、SM4 和 SM9 等算法。

5.4.2 敏感标记

应对金民工程一期项目中涉及个人隐私的重要数据进行敏感标记，避免相关敏感数据的泄露。

5.4.3 剩余信息保护

金民工程一期项目剩余信息保护要求包括：

a)应保证鉴别信息所在的存储空间被释放或重新分配前得到完全清除；

b)应保证存有敏感数据的存储空间被释放或重新分配前得到完全清除。

5.4.4 个人信息保护

金民工程一期项目个人信息保护要求包括：

a)应仅采集和保存业务必需的用户个人信息；

b)应禁止未授权访问和非法使用用户个人信息。

5.5 数据备份

5.5.1 备份技术

金民工程一期项目应采用不局限于磁盘阵列、磁盘镜像等技术进行数据备份。

5.5.2 备份恢复

金民工程一期项目应提供本地数据备份与恢复功能，备份周期可以按照实时、小时、天、周、月、年，按照实际需要进行确定。

5.5.3 备份方式

金民工程一期项目应有本地备份、同城备份和异地容灾备份等，保障金民工程一期项目数据可用性、完整性和安全性。

5.6 数据完整性

根据 GB/T 22239—2019 要求，金民工程一期项目数据完整性要求包括：

a)应采用校验技术或密码技术保证重要数据在传输过程中的完整性,包括但不限于鉴别数据、重要业务数据、重要审计数据、重要配置数据、重要视频数据和重要个人信息等;

b)应采用校验技术或密码技术保证重要数据在存储过程中的完整性,包括但不限于鉴别数据、重要业务数据、重要审计数据、重要配置数据、重要视频数据和重要个人信息等。

5.7 数据保密性

根据 GB/T 22239—2019 要求,金民工程一期项目数据保密性要求包括:

a)应采用密码技术保证重要数据在传输过程中的保密性,包括但不限于鉴别数据、重要业务数据和重要个人信息等;

b)应采用密码技术保证重要数据在存储过程中的保密性,包括但不限于鉴别数据、重要业务数据和重要个人信息等。

5.8 双向强身份认证

对金民工程一期项目数据资源的访问应满足双向强身份认证,即需要服务端和客户端提供身份认证,且只能是服务端允许的客户能去访问,确保数据安全。

6 云环境下的数据安全管理基本要求

6.1 镜像和快照保护

本项要求包括:

a)应针对重要应用系统提供加固的操作系统镜像或操作系统安全加固服务;

b)应提供虚拟机镜像、快照完整性校验功能,防止虚拟机镜像被恶意篡改;

c)应采取密码技术或其他技术手段防止虚拟机镜像、快照中可能存在的敏感资源被非法访问。

6.2 数据完整性和保密性

本项要求包括:

a)应确保云服务客户数据、用户个人信息等存储于指定设备;

b)应确保只有在云服务客户授权下,云服务商或第三方才具有云服务客户数据的管理权限;

c)应使用校验码或密码技术确保虚拟机迁移过程中重要数据的完整性,并在检测到完整性受破坏时采取必要的恢复措施;

d)应支持云服务客户部署密钥管理解决方案,保证云服务客户自行实现数据的加解密过程。

6.3 数据备份恢复

本项要求包括:

a)云服务客户应在本地保存其业务数据的备份;

b)应提供查询云服务客户数据及备份存储位置的能力；

c)应保证云服务客户数据存在若干个可用的副本，各副本之间的内容应保持一致；

d)应为云服务客户将应用系统及数据迁移到其他云计算平台和本地系统提供技术手段，并协助完成迁移过程。

6.4 剩余信息保护

本项要求包括：

a)应保证虚拟机所使用的内存和存储空间回收时得到完全清除；

b)云服务客户删除业务应用数据时，云计算平台应将云存储中所有副本删除。

7 数据安全管理技术要求

7.1 隔离要求

7.1.1 基础环境隔离

基础环境隔离应遵循以下要求：

a)金民工程一期项目应用系统数据库应与互联网逻辑隔离，如使用防火墙等边界设备进行隔离；

b)应避免将重要网段部署在网络边界处，重要网段与其他网段之间应采取可靠的技术隔离手段。

7.1.2 虚拟机隔离

虚拟机隔离应遵循以下要求：

a)物理主机上的多个虚拟机应隶属同一个安全域；

b)不同安全域间虚拟机之间通信应选择建立 VPN 安全通道、身份认证或访问控制；

c)虚拟机之间应实现网络逻辑隔离；

d)虚拟机之间应采用 VLAN 和不同的 IP 网段的方式进行逻辑上的隔离；

e)应在防火墙配置中对每台虚拟机做相应的安全设置，进一步对它们进行保护和隔离。

7.1.3 应用与数据隔离

应用与数据隔离应遵循以下要求：

a)应对不同虚拟机的数据处理进行隔离；

b)关键用户数据应采用单独密钥进行加密隔离。

7.2 日常监测要求

日常监测应遵循以下要求：

a)应对通信线路、主机、网络设备和应用软件的运行状况、网络流量、用户行为等进行监测和报警，形成记录并妥善保存；

b)应根据监测指令对金民工程一期项目应用系统的双向流量数据进行监测，对发现的违

法信息进行记录,形成监测日志,并及时上报给金民工程相关管理部门;

c)应根据过滤指令对金民工程一期项目应用系统的双向流量数据进行过滤,对发现的违法信息进行过滤处置,并进行记录,形成过滤日志,及时上报给民政部信息中心;

d)应定期对监测和报警记录进行分析、评审,发现可疑行为,形成分析报告,并采取必要的应对措施;

e)应对设备状态、恶意代码、补丁升级、安全审计等安全相关事项进行集中管理;

f)应对系统数据的使用进行预测,以确保充足的处理速度和存储容量;

g)对通过平台接入系统对公众发布的信息内容应具备实时安全监控能力,并进行日志留存;

h)对管理用户进行审计,经过认证的用户才能够登录配置设备,并全程记录管理行为;

i)应定期对运行日志和审计数据进行分析,以便及时发现异常行为。

7.3 安全审计要求

应能对以下事件生成审计日志:

a)管理员和用户鉴别;

b)管理员和用户的新建、修改、删除等操作行为;

c)网络访问控制,包括平台、主机和数据库的远程连接、远程操作、远程数据传输进行记录及审计;

d)审计日志应包括事件类型、事件时间、事件主体、事件客体、用户IP、事件成功/失败、事件详细信息等字段;

e)应提供审计日志的可选择查询功能,支持按以下条件之一或组合进行查询:事件类型、事件时间、触发事件用户、事件主体查询;

f)应保护审计日志不被未授权的访问、修改和破坏;

g)审计日志存储设备应采取相应措施,保证审计日志不丢失;

h)应提供对审计日志的统计、查询、分析、生成审计报表、导出和清空功能。

7.4 数据定位溯源要求

数据定位溯源应遵循以下要求:

a)应建立数据定位溯源技术能力,能准确定位存在信息安全问题的应用或服务的源头,并保存相关记录,及时上报民政部信息中心;

b)应启用数据溯源机制,对非溯源数据进行警示;

c)应具备出现问题之后可以立即启用溯源的技术手段,确保溯源的及时有效。

7.5 日志留存要求

日志留存应遵循以下要求:

a)应根据监测指令和过滤指令对金民工程一期项目应用系统的流量数据进行监测,形成监测日志和过滤日志；

b)监测日志和过滤日志记录应包括源/目的 IP,采集时间以及触发监测动作的监测指令标识等内容；

c)日志应留存不应少于 6 个月,对超过 6 个月的日志通过存储介质备份后可将其删除；

d)应提供日志查询功能,可依据时间、IP 地址、URL 等进行独立或条件组合查询；

e)日志留存的信息存储应当与其他业务系统进行有效隔离；

f)应记录系统管理员的操作日志,日志记录至少应包括:操作用户、操作时间、操作用户 IP 地址、操作内容等日志信息,并定期对操作日志进行审计；

g)对用户信息、日志信息等负有保密义务,不得出售、篡改、故意泄露或违法使用用户及日志信息。

8 应急处置要求

应急处置应满足以下要求:

a)信息中心和应用系统运维单位应成立数据应急处置小组,建立相应的应急处置技术能力,并编制应急处理方案,以对存在信息安全问题的应用或服务及时处理；

b)在紧急情况下,应能够停止全部或部分服务,并保存相关记录,及时上报相关管理部门。

参考文献

[1]GM/T 0004—2012 SM3 密码杂凑算法

[2]GB/T 20271—2006 信息安全技术 信息系统通用安全技术要求

[3]GB/T 25070—2019 信息安全技术 网络安全等级保护安全设计技术要求

[4]DB44/T 1342—2014 云计算数据安全规范

[5]JR/T 0055.4—2009 银行卡联网联合技术规范 第4部分:数据安全传输控制

[6]GB/T 22239—2019 信息安全技术 网络安全等级保护基本要求

[7]GB/T 5271.1—2000 信息技术 词汇 第1部分:基本术语

[8]GB/T 25069—2010 信息安全技术术语

JINMIN GONGCHENG YIQI XIANGMU
BIAOZHUN GUIFAN HUIBIAN

金民工程一期项目
标准规范汇编（第二册）

民政部网络安全和信息化领导小组办公室
民政部信息中心
编

中国社会出版社
国家一级出版社 · 全国百佳图书出版单位

第二篇　金民工程分项标准

一、总体类标准

JMGC

民 政 部 金 民 工 程 标 准

JMGC/ZT 103—2020

金民工程 总体技术架构及应用系统建设部署要求

2020－12－30 发布　　　　2020－12－30 实施

民政部信息中心 发布

目　次

前　言

本文件按照 GB/T 1. 1—2020《标准化工作导则 第1部分:标准化文件的结构和起草规则》的规定起草。

请注意本文件的某些内容可能涉及专利。本文件的发布机构不承担识别专利的责任。

本文件由民政部信息中心提出并归口。

本文件起草单位:民政部信息中心、四川久远银海软件股份有限公司。

本文件主要起草人:王兴玲、张建民、张彤、陶亮、贾雅杰、陈思、李双君、钟爱伦、刘渝、张进科、欧海莉、王荣。

金民工程 总体技术架构及应用系统建设部署要求

1 范围

本文件规定了金民工程项目中技术架构和系统开发的总体要求。对金民工程项目的总体逻辑架构、总体应用架构、数据架构、应用集成架构、技术路线进行了明确的说明;明确了业务应用系统开发要求,包括数据库设计、技术选型、开发框架、代码分层架构、UI 设计、应用系统部署要求;规定了各应用系统与应用支撑平台组件的集成要求。

本文件适用于金民工程项目中各个软件包。

2 规范性引用文件

下列文件中的内容通过文中的规范性引用而构成本文件必不可少的条款。其中,注日期的引用文件,仅该日期对应的版本适用于本文件;不注日期的引用文件,其最新版本(包括所有的修改单)适用于本文件。

JMGC/JS 304 金民工程桌面端应用界面 UI 设计要求

JMGC/JS 305 金民工程移动端界面 UI 设计要求

JMGC/JS 306 金民工程统一用户身份认证

JMGC/JS 308 金民工程非结构化数据存储接口

JMGC/JS 309 金民工程电子签章接口

JMGC/JS 310 金民工程 GIS 引擎接口

JMGC/JS 311 金民工程搜索引擎接口

JMGC/JS 312 金民工程短信接口

JMGC/JS 313 金民工程统一消息通知服务对接要求

JMGC/JS 314 金民工程共享业务组件接口

JMGC/JS 323 金民工程业务门户集成规范

JMGC/JS 324 金民工程开发环境要求及编码要求

JMGC/YW 406 金民工程信息化术语

JMGC/GL 503 金民工程日志记录要求

JMGC/GL 504 金民工程监控集成要求

JMGC/GL 505 金民工程信息系统运维管理要求

3 术语和定义

JMGC/YW 406 界定的术语和定义适用于本文件。

4 缩略语

GIS:地理信息系统(Geographic Information System 或 Geo-Information System)

ITSS:信息技术服务标准(Information Technology Service Standards)

JSON:轻量级的数据交换格式(Java Script Object Notation)

UI:用户界面(User Interface)

5 总体逻辑架构概述

金民工程项目依据国家电子政务体系架构,采用“四横四纵”架构设计。重点建设社会救助、社会福利与慈善、专项社会事务管理、公共服务与决策支持等系统,同时构建统一的基础设施平台与统一的应用支撑平台。金民工程项目总体逻辑架构见图1。

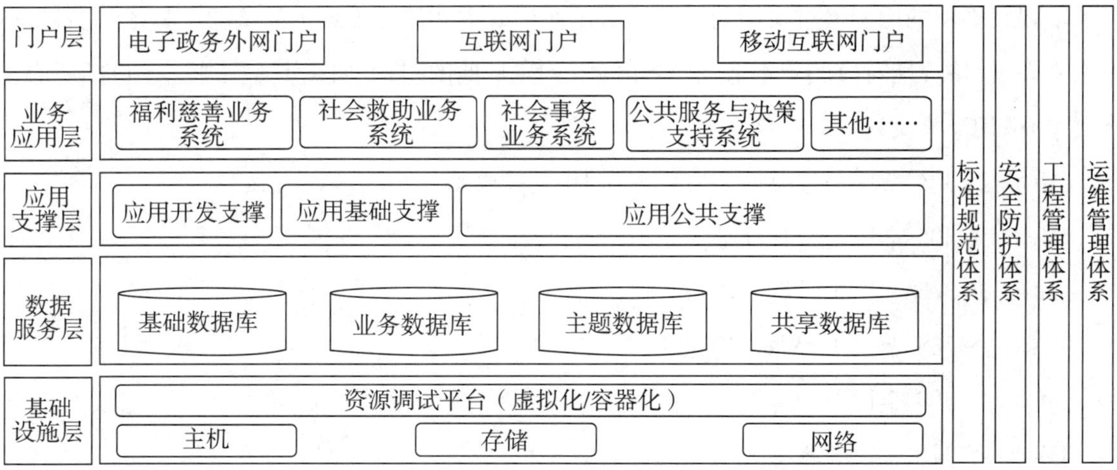

图1 总体逻辑架构

a)基础设施层

包括主机、存储、网络设施、安全设备以及实现云化管理的虚拟化平台及容器化平台,为数据存储、软件运行、数据传输提供设备支持。

b)数据服务层

构建统一的民政信息资源库,包括基础数据库、业务数据库与共享数据库,形成数据服务中心,为跨层级、跨部门的数据共享、业务协同提供数据服务。

c)应用支撑层

应用支撑层包含了应用开发支撑、应用基础支撑、应用公共支撑。其中,应用开发支撑包括开发工具、开发框架等;应用基础支撑包含应用中间件、关系型数据库、内存数据库、消息中间件等;应用公共支撑包括微服务平台、消息通知平台、文件存储平台等。

d)业务应用层

包括应用支撑平台和业务系统。应用支撑平台提供软件开发支撑、软件的基础支撑和应用的公共支撑,其总体逻辑架构见附录 A 应用支撑平台逻辑架构;业务系统构建面向民政的社会救助、社会福利与慈善、专项社会事务管理、公共服务与决策支持等 7 大业务系统。

e)门户层

以业务系统和应用支撑平台为基础,构建面向民政不同使用对象和服务对象的软件使用门户系统,包括面向民政内部人员的电子政务外网业务门户、面向服务对象的互联网门户和移动互联网门户。

f)标准规范体系

构建一整套面向金民工程项目的相关技术标准与业务标准。

g)安全防护体系

建立金民工程安全防护体系,通过标准规范、制度要求、安全设备等保证应用系统运行安全和数据安全。

h)工程管理体系

采用成熟的工程管理体系,包含沟通管理、实施管理、配置管理、风险管理等措施保障项目建设过程规范性。

i)运维管理体系

构建金民工程运维管理体系,建设系统运维标准,符合 ITSS 要求,采用运维管理工具等信息化手段保障系统运维过程规范性。

6 数据架构说明

金民工程项目数据架构见图 2。

金民工程项目数据库共分为,基础支撑层、平台支撑层、数据资源层、服务层、应用层。每层的定位和作用:

a)基础支撑层:为构建金民工程信息资源库的基础设施,包括计算资源池和存储资源池;

b)平台支撑层:支撑构建金民工程信息资源库的数据集成工具和存储计算平台,包括 ETL 工具、同步复制软件、统一数据交换平台、Gbase8s 交易型数据库、Gbase8a 分析型数据库、Redis 分布式内存数据库等;

c)数据资源层:数据资源层汇聚来自部级业务数据库、省级业务数据库、外部共享,构建成基础数据库、业务数据库、主题库、共享数据库;

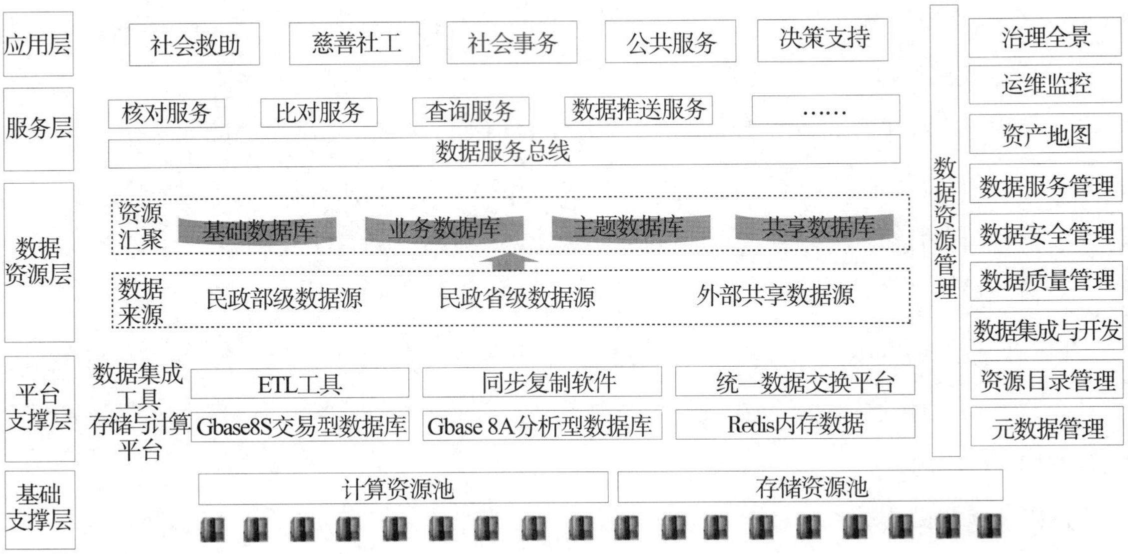

图2　金民工程项目数据架构

1)基础数据库:存储民政服务对象和管理对象的基础共用数据,比如:人员信息、法人信息、服务机构信息;

2)业务数据库:汇聚部级和省级各类业务办理的结果数据;

3)共享数据库:存储民政行业需要对外部部门共享交换的数据,已经外部部门共享给民政部门的数据;

4)主题数据库:从基础库和业务抽取,构建用于主题分析、决策支持和支撑大数据应用的数据。

d)服务层:基于数据资源层四大数据库构建的数据服务,包括:核对服务、比对服务、查询服务、数据推送服务、数据共享服务等;

e)应用层:指金民工程建设的业务系统和应用系统;

f)基础信息库、共享数据库、业务信息库、主题库是通过数据共享交换平台汇聚省级业务系统数据、部级业务系统数据、外部数据,经过清洗转换而来。数据库汇聚架构见图3。

汇聚的来源:部级部署的业务系统数据库、省级部署的民政业务系统数据库、国家数据共享交换平台交换过来的数据。

汇集的渠道:通过数据库连接的方式实现数据资源的非实时采集、通过民政信息数据服务接口实现实时采集,部分需要实时共享的基础信息数据和业务状态数据需要实时更新采集,如婚姻状态变更。

各业务系统负责按民政数据资源目录规划的内容和数据结构标准,对业务系统数据进行ETL到交换库,数据综合管理系统会将交换库中的更新数据按民政信息数据库的数据结构更新到民政信息数据库中。

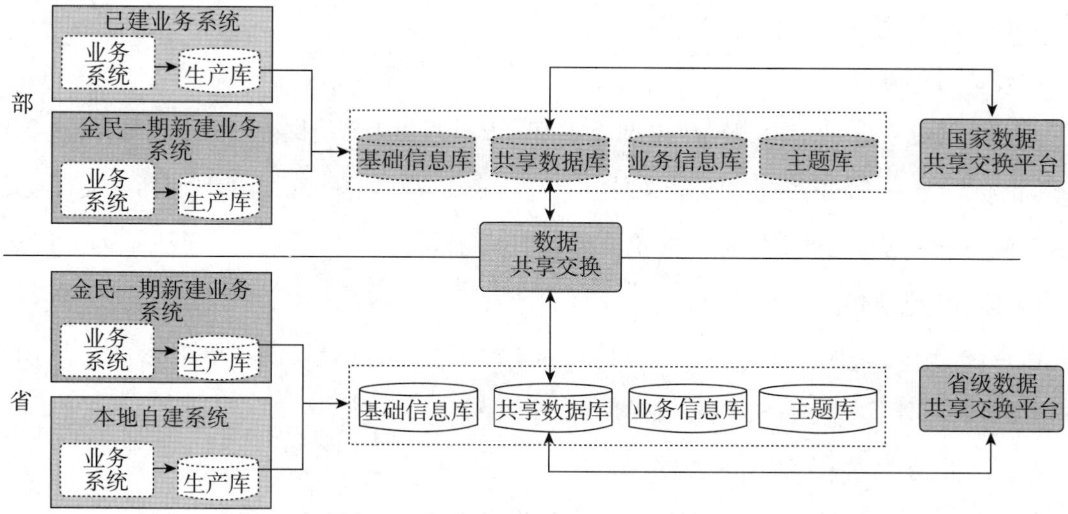

图 3　民政信息数据库数据汇聚架构

7 应用总体集成架构

7.1 概述

金民工程项目通过应用支撑平台实现整个应用系统的集成,使得整个应用系统成为一个逻辑的整体,实现内部、外部数据共享、业务协同,实现面向软件使用者的一体化的使用入口、单点登录、统一身份认证和统一门户。应用总体集成架构见图 4。

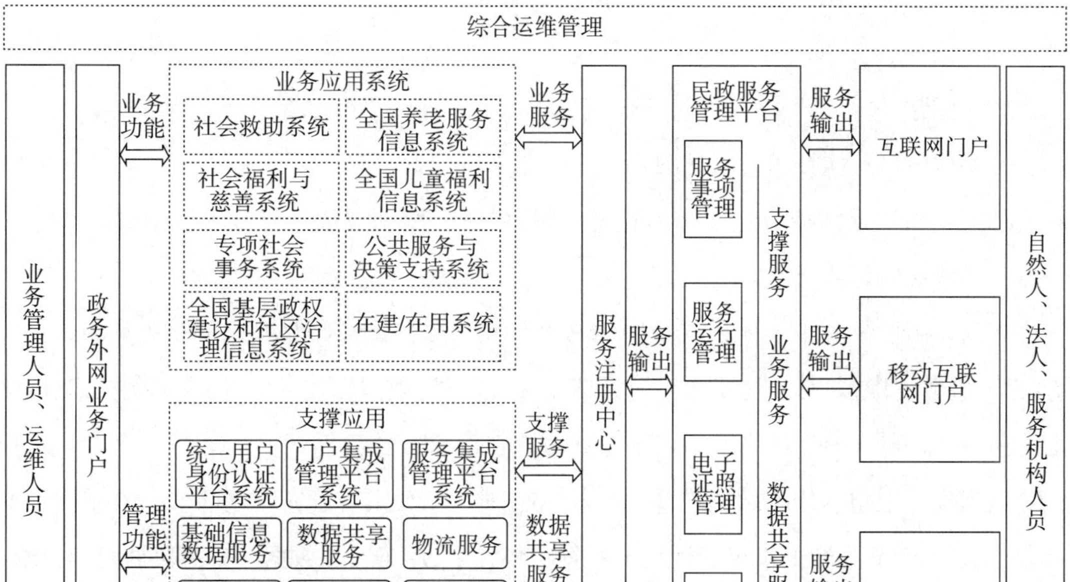

图 4　应用总体集成架构

7.2 说明

a)政务外网业务门户

政务外网业务门户面向民政部门的业务管理人员或运维人员提供统一的工作台,门户系统根据不同的角色显示不同的内容和功能菜单。通过门户集成管理平台系统实现对所有支撑类应用和业务应用系统的功能集成管理,对接统一用户身份认证平台系统实现统一登录认证及单点登录。

b)服务注册中心

服务注册中心是所有应用系统暴露的 HTTP RESTful 服务接口的注册中心和统一访问入口,由服务集成管理平台系统对服务接口进行管理。

c)政务服务管理平台

政务服务管理平台实现统一的政务服务事项管理、电子证照管理和电子监察,通过对接业务系统,将业务服务按服务事项标准输出给互联网门户、移动互联网门户、统一受理系统,支撑业务系统与公共服务门户的双向交互。

d)综合运维管理

综合运维管理的集成主要是针对应用的监控和应用的日志集成。其中监控是通过部署探针程序实现应用的运行监控数据采集;应用的日志采集有两种方式,一种是通过安装采集探针程序自动采集,一种是根据日志记录主动采集。

e)应用基础支撑

应用基础支撑主要涉及应用的部署环境,数据的存储环境。

8 技术架构说明

金民工程项目总体技术框架见图 5。

金民工程项目采用业界主流技术选型,并提供民政统一应用开发技术框架(Livebase),形成金民工程项目的总体技术架构。

a)基础设施层是基于云计算技术构建的民政政务服务云,云架构采用 Open Stack,主要的技术包括:服务器虚拟化技术、操作系统虚拟化技术、CPU 虚拟化技术、存储虚拟化技术、网络虚拟化技术、容器云技术等,网络技术采用 VXLAN 叠加网络架构;

b)数据支撑层包括用于数据转换、清洗等的 ETL 技术,用于数据库之间数据复制同步的数据同步技术,用于部省数据汇聚和回访的数据交换技术,用于对外数据共享的数据交换技术。

c)云支撑层服务层包含支撑应用运行通用技术组件,如:分布式服务框架、API 服务网关、服务注册中心、分布式消息队列服务、分布式任务调度服务、分布式缓存服务、搜索引擎服务、文件存储服务等;

d)应用层按前后端分离技术来划分,界面前端和服务端。界面前端包含:Android、iOS 移动 APP 技术、VueJs/H5/JavaScript 技术,以及公众号、小程序技术等。服务端采用 JAVAEE 技术

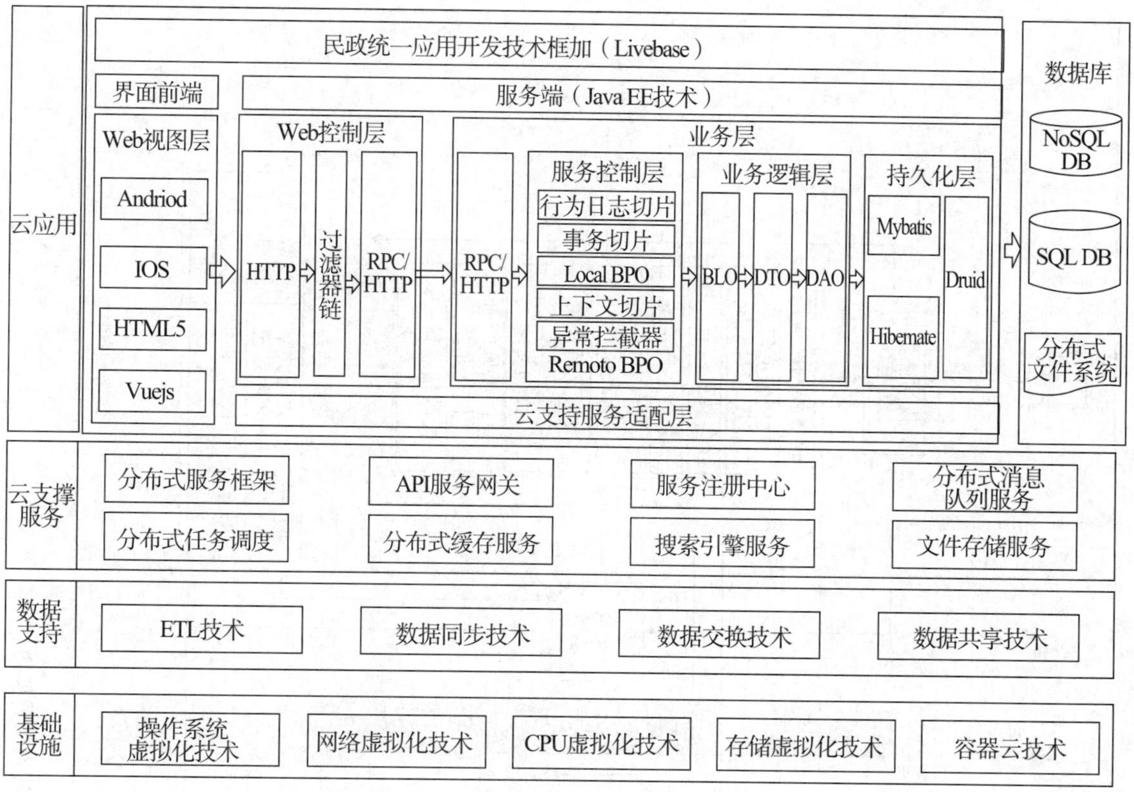

图5 金民工程项目总体技术架构

栈，包含控制层和业务层。控制层采用 Spring MVC 和 Spring Security 技术，业务层采用 Spring Cloud 和 Spring Boot 技术，数据访问层包含 MyBatis 和 Druid 技术。数据库层包含了 SQL DB 关系型数据库、NoSQL 内存数据库，以及存储非结构化数据的分布式文件系统。

9 部署架构说明

应用系统的部署总体分为用户访问层、业务支撑层和数据支撑层，其应用部署架构见图 6。

用户访问层、业务支撑层和数据支撑层分别承担不同的功能：

a）用户访问层位于网络区域中的业务应用区，主要部署前端应用和 Nginx 代理，负责与通过互联网或政务外网接入的用户进行交互，响应用户的请求并返回结果。

b）业务支撑层位于网络区域中的业务应用区，主要在 TongWeb 应用中间件中部署各系统后端应用，向用户访问层的前端应用和 Nginx 代理提供业务服务。

c）数据支撑层位于网络区域中的数据存储区，部署了 Gbase8s 关系型数据库、Gbase8a 分析型数据库和 NAS 文件存储，向业务支撑层提供数据存储服务。

10 业务应用系统开发要求

10.1 数据库设计要求

各应用系统应遵循统一的数据库设计要求，应符合 JMGC/XX 210 的要求。

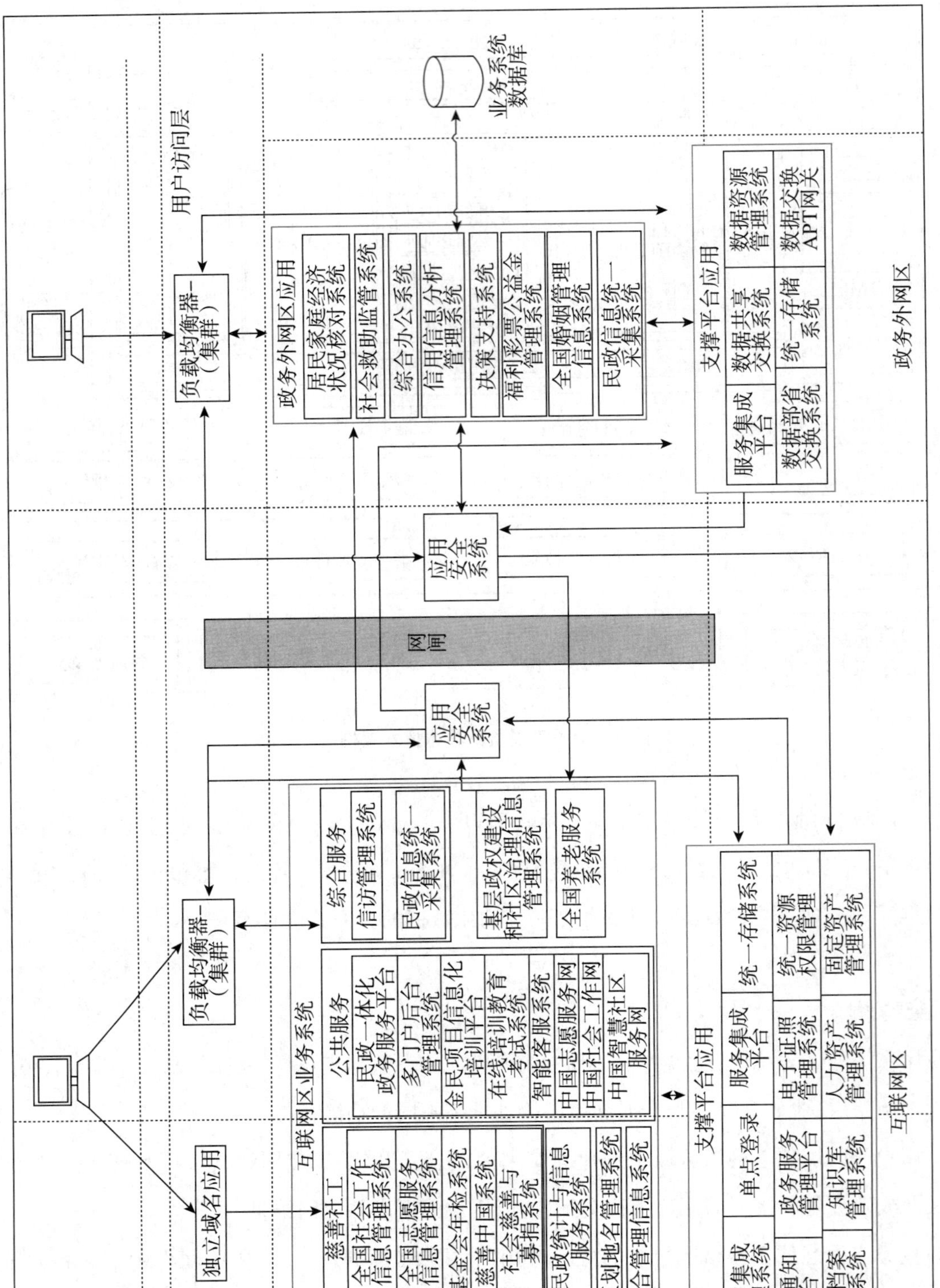

图6 金民工程项目应用部署架构

10.2 应用依赖环境技术选型要求

金民工程应用依赖环境技术选型遵循国产自主可控、产品稳定可靠等原则，选型要求见表1。

表1　应用依赖环境技术选型要求

分类	产品	选型标准
中间件	应用中间件	Tongweb V7.0
	Web服务中间件	Nginix/nodejs
	消息中间件	TongLink/Q V8.1
数据库相关	事务型数据库软件	Gbase 8s
	分析型数据库软件	Gbase 8a MPP Cluster
辅助软件	数据库同步软件	GBase RTSync
	数据备份软件	DBackup V8.0
	数据库加密系统	安华金和数据库加密系统 V3.2
	数据迁移归档软件	InforArchiver V3.0
	双机软件	EterneCluster - DN V7.0
	交换系统软件	GLAV2.0
	大数据分析软件	SDC BE V3.0.4
	运维管理软件	Gabriel 智能监控运维管理平台 V3.0
	网络信息雷达系统	BIRADAR V4.0
	电子签章软件	国脉信安 V1.0
	能效监控系统	Gabriel - EMS1.0
操作系统	服务器操作系统	普华 V4. 2
	客户端操作系统	Windows7 +
	手机端操作系统	Android5 + ,iOS8.0 +
依赖环境	JDK	Oracle jdk1.8.0_192—b12
	JAVAEE	JAVAEE6.0
	浏览器	IE10 + , Chrome40.0 以上 80.0 以下, 360 浏览器(含 chrome 核心), 搜狗浏览器(含 chrome 核心), 火狐 81.0a1 + ,Edge42.1 +

10.3 应用系统开发技术框架选型要求

业务系统采用统一的开发技术框架和共建共享模式，由软件总集成商提供1.0版本，代号Livebase1.0。Livebase1.0版本具备应用软件开发的基础平台，包括基础程序框架，UI组件和应用软件基础通用功能。源代码放置在民政部代码管理服务器上，并在内部向各厂商开源。

应成立开发平台管理组织，由各系统开发商安排技术骨干作为开发框架项目成员，参与制定框架标准,参与贡献开发框架新增组件,项目开发人员也可贡献代码,由框架组织审核提交。

应用开发技术框架总体构成见图 7。

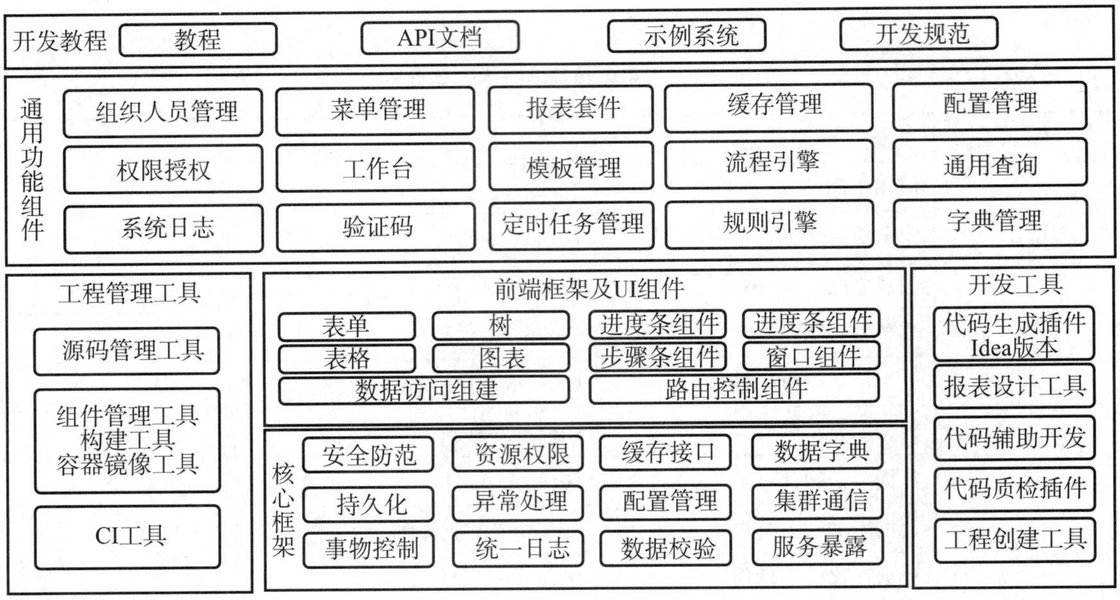

图 7 应用开发技术框架总体构成

技术框架包括了核心框架、代码工程管理工具、开发工具、前端框架及 UI 组件库、通用功能组件、开发教程。应用系统开发应使用本文件中规定的开源组件。主要技术选型见表 2。

表 2 组件

组件	选型	版本
基础框架	Spring	5.0 +
微服务开发	Spring Boot	2.0 +
Web 基础框架	Spring MVC	5.0 +
日志框架	Slf4j	1.7.30
	Logback	1.2.3
JSON 工具	FastJson	1.2.68
权限框架	SpringSecurity	5.0 +
持久化框架	Mybatis	3.0 +
	myBatis - Spring	1.3.2
连接池框架	Druid	1.1.18
单元测试框架	Junit	4.12
任务调度框架	XXL - JOB	2.2.1
序列化	Jackson/Kryo	

续表

组件	选型	版本
定时服务	Quartz	2.2 +
后端工程管理	Maven	3.5 +
JavaScript 框架	Vue	3.0 +
UI 组件	Elements	3.0 +
	Ant - design - vue	3.0 +
组件管理	Npm	
前端工程管理	Webpack	

10.4 开发代码分层架构要求

代码分层将应用系统划分为若干层,每一层只解决问题的一部分,通过各层的协作提供整体解决方案。分层架构具有良好的可扩展性,架构易于维护。

代码分层架构规定了基于统一开发技术框架开发应用的代码分层要求,整体分层架构见图8。

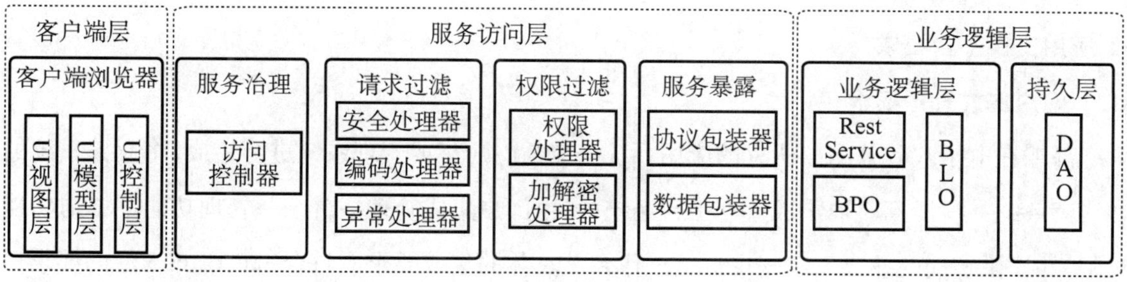

图8 整体分层架构

金民工程代码分层包括客户端层、服务访问层、业务逻辑层:

a)客户端层:应用系统页面内容,包含 UI 视图层、UI 模型层以及 UI 控制层;

1)UI 视图层:提供页面展示模板和页面操作功能;

2)UI 模型层:提供页面模板对应的数据模型;

3)UI 控制层:提供页面通过资源地址访问的规则。

b)服务访问层:由开发框架提供, 包含了针对服务的治理、过滤、权限验证等功能;

c)业务逻辑层:包括 RestService 层、BPO 层、BLO 层、PO 层、VO 层和持久层;

1)RestService 层:暴露 BPO 形成 HTTP 服务的服务包装层,该层提供了客户端和服务端的数据交换,以及 BPO 暴露为 HTTP 服务的地址描述;

2)BPO 层:该层包含了一个完整的业务功能或主要的业务逻辑,可由多个 BLO 组成,也是主要的事务入口;

3）BLO层：原子业务逻辑层，包含一个单一职责的业务逻辑单元；

4）PO层：该层包含了数据库实体表所对应的JAVA实体对象类；

5）VO层：该层为数据交换对象类或查询对象类；

6）持久层：数据持久层，包含数据库的基本操作。

10.5 应用UI设计要求

金民工程项目新建业务系统应遵循统一的UI设计要求，应符合JMGC/JS 304、JMGC/JS 305的要求。

10.6 应用系统部署要求

应用系统部署要求描述了应用打包的类型以及部署方式。

a）war包部署方式：通过Maven工具，打包成war包，在中间件管理控制台进行发布；

b）Docker镜像部署方式：

1）通过Maven的Docker工具进行打包；

2）配置应用镜像仓库，并上传至镜像仓库；

3）镜像在仓库中应当配置合理的版本号。

11 应用支撑平台要求

11.1 门户集成管理要求

部署在电子政务外网上所有的应用系统都应与门户集成管理系统进行集成，将业务系统的功能菜单统一注册到门户集成管理平台系统中，由门户集成管理平台统一管理功能菜单与功能权限，并提供统一的业务系统门户首页工作台。具体的集成要求应符合JMGC/JS 323的要求。

11.2 服务集成管理要求

业务应用系统暴露的接口应遵循统一的技术标准，统一使用HTTP restful暴露服务接口，按统一的参数结构实现数据交互。通过服务集成管理系统支撑应用系统接口的统一注册管理、权限管理及服务接口调用管理，为整个信息系统提供服务化架构治理的支撑。服务接口的开发、调用具体技术要求应符合JMGC/JS 307的要求。

服务抽取应符合高内聚、低耦合的原则。抽取内容包括但不限于：

a）能够统一对外提供支撑的公共服务，如身份认证服务、文件存储服务、消息通知服务；

b）业务需要进行系统间协同的服务：如经济状况核对服务、婚姻状态查询服务。

12 应用集成要求

12.1 统一身份认证集成要求

金民工程项目信息系统中各业务系统均使用统一身份认证平台实现用户登录认证及身份认证。各应用系统需要对接实现单点登录集成，集成要求应符合JMGC/JS 306的要求。

12.2 开发环境要求

开发环境应符合 JMGC/JS 324 的要求。

12.3 日志记录要求

日志记录应符合 JMGC/GL 503 的要求。

12.4 监控集成要求

监控集成应符合 JMGC/GL 504 的要求。

12.5 运维过程要求

运维过程应符合 JMGC/GL 505 的要求。

12.6 非结构化数据要求

非结构化数据应符合 JMGC/JS 308 的要求。

12.7 电子签章接口要求

电子签章接口应符合 JMGC/JS 309 的要求。

12.8 GIS 引擎接口要求

GIS 引擎接口应符合 JMGC/JS 310 的要求。

12.9 搜索引擎接口要求

搜索引擎接口应符合 JMGC/JS 311 的要求。

12.10 短信接口要求

短信接口应符合 JMGC/JS 312 的要求。

12.11 消息通知接口要求

消息通知接口应符合 JMGC/JS 313 的要求。

12.12 共享业务组件接口要求

共享业务组件接口应符合 JMGC/JS 314 的要求。

附录 A

（资料性）

应用支撑平台逻辑架构

应用支撑平台作为金民工程项目的公共支撑平台，主要为业务系统提供应用的开发支撑、基础支撑和公共支撑，其逻辑架构见图 A.1。

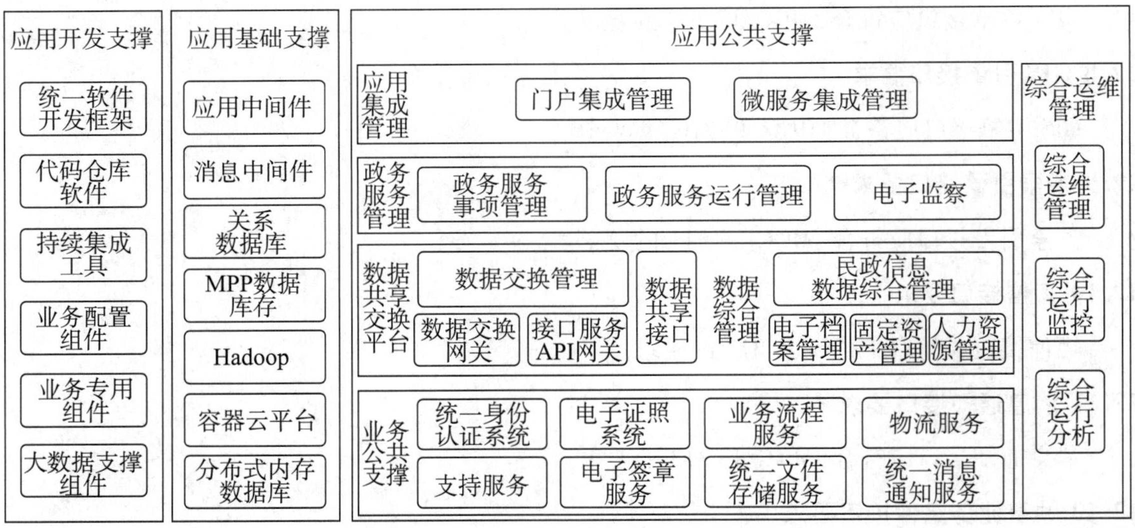

图 A.1　应用支撑平台逻辑架构

JMGC

民 政 部 金 民 工 程 标 准

JMGC/ZT 106—2020

金民工程 文档格式要求

2020-12-30 发布　　2020-12-30 实施

民政部信息中心 发布

目　　次

前　言

本文件按照 GB/T 1.1—2020《标准化工作导则 第 1 部分:标准化文件的结构和起草规则》的规定起草。

请注意本文件的某些内容可能涉及专利。本文件的发布机构不承担识别专利的责任。

本文件由民政部信息中心提出并归口。

本文件起草单位:民政部信息中心、四川久远银海软件股份有限公司。

本文件主要起草人:王兴玲、张建民、张彤、陶亮、贾雅杰、刘渝、余青芸、欧海莉、王荣。

金民工程 文档格式要求

1 范围

本文件规定了金民工程项目中文档撰写涉及各类设计的描述原则和方法,用于描述金民工程一期的文档、民政信息资源数据集的标识、内容、管理以及维护等信息。

本文件适用于金民工程项目中各个软件包的设计阶段文档,包括但不限于:需求分析报告、需求规格说明书、概要设计、详细设计、数据库设计等。

2 规范性引用文件

下列文件中的内容通过文中的规范性引用而构成本文件必不可少的条款。其中,注日期的引用文件,仅该日期对应的版本适用于本文件;不注日期的引用文件,其最新版本(包括所有的修改单)适用于本文件。

JMGC/YW 406 金民工程信息化术语

3 术语和定义

JMGC/YW 406 界定的术语和定义适用于本文件。

4 文档封面要求

4.1 项目编号与文档名称

项目编号与文档名称,置于封面左上角,宋体 5 号,无缩进,段前、段后间距为 0,单倍行距,项目编号与文档名称之间以“_”相连,参考示例见附录 A。

4.2 项目名称

项目名称,一号黑体加粗居中,无缩进,段前、段后间距为 0,1.5 倍行距,项目编号二号黑体居中,无缩进,段前、段后间距为 0,单倍行距,参考示例见附录 A。

4.3 文档名称

文档名称,一号黑体加粗居中,无缩进,段前、段后间距为 0,1.5 倍行距,参考示例见附录 A。

4.4 其他信息

建设单位、编制单位、编制日期信息,小三号黑体居左,首行缩进 4 字符,段前、段后间距为

0,1.5 倍行距,参考示例见附录 A。

5 文档页面设置要求

文档页面规格 A4,页面上下边距 2.5 厘米,左右 3 厘米,页眉 1.5 厘米,页脚 1.75 厘米,双面印刷。

6 文档目录要求

6.1 目录标题

目录标题,小二号宋体加粗居中,无缩进,段前、段后间距为 0,1.5 倍行距,“目”与“录”间隔 2 个空格,参考示例。

目　　录

6.2 一级目录

一级目录,小四号加粗宋体,无缩进,段前后间距 6 磅,参考示例如下。

6.3 二级目录

二级目录,小四号宋体,文本前缩进 0.37cm,文本后无缩进,段前后无间距,参考示例如下。

6.4 三级目录

三级目录,小四号宋体,文本前缩进 0.74cm,文本后无缩进,段前后无间距,参考示例如下。

6.5 四级目录

四级目录,小四号宋体,文本前缩进 1.11cm,文本后无缩进,段前后无间距,参考示例如下。

7 文档内容

7.1 一级标题

一级标题,二号宋体加粗居中,文本前后无缩进,段前间距 12 磅、段后间距 6 磅,1.5 倍行距,参考示例如下。

第一章　章节标题

7.2 二级标题

二级标题,小二号黑体加粗居左,文本前后无缩进,悬挂缩进 2.2cm,段前间距 12 磅、段后间距 6 磅,1.75 倍行距,参考示例如下。

1.1 章节标题

7.3 三级标题

三级标题,三号宋体加粗居左,文本前后无缩进,悬挂缩进 2.2cm,段前间距 12 磅、段后间距 6 磅,1.75 倍行距,参考示例如下。

1.1.1 章节标题

7.4 四级标题

四级标题,小三号黑体加粗居左,文本前后无缩进,悬挂缩进 2.2cm,段前间距 0 磅、段后间距 0 磅,1.6 倍行距,参考示例如下。

1.1.1.1 章节标题

7.5 五级标题

五级标题,小四号宋体,首行缩进 2 字符,居左,段前、段后无空行,1.5 倍行距,参考示例如下。

a)五级标题

7.6 六级标题

六级标题,小四号宋体,首行缩进 2 字符,居左,段前、段后无空行,1.5 倍行距,参考示例如下。

b)六级标题

7.7 七级标题

七级标题,小四号宋体,首行缩进 2 字符,居左,段前、段后无空行,1.5 倍行距,参考示例如下。

a)七级标题

7.8 正文

正文,小四号宋体,首行缩进 2 字符,居左,段前、段后无空行,1.5 倍行距,参考示例如下。

正文部分内容

8 文档图表

8.1 插图

插图要求包括：

a）插图包括图解、示意图、流程图、照片、图版等；

b）插图居中，无缩进，需注明“图号、图题”，置于图的下方居中；

c）图号编码用章序号，如“图2.1－1”表示第2章第一节第1图，图号与图题文字间置一字空格，字体为10号黑体，居中，段前、段后无空行，行间距1.5倍，全文统一。

8.2 表

表要求包括：

a）表的一般格式是数据依序竖排，内容和项目由左至右横读，通版排版；

b）需注明“表号、表题”，置于表的上方居中；

c）表号编码用章序号，如：“表2.1－1”表示第2章第一节第1表，表号与表题文字间置一字空格，字体为10号黑体，居中，段前、段后无空行，行间距1.5倍，全文统一；

d）表头采用5号宋体加粗、无缩进，单元格水平、垂直居中，行间距1倍；表格内容采用5号宋体、无缩进，单元格水平居左、垂直居中，行间距1倍；当表格内容跨页显示时，重复标题行显示。

9 文档页眉/页脚

9.1 整体要求

文档封面、文档信息页和文档修订页不加页眉、页脚，目录页不要页眉。

9.2 页眉

页眉统一采用宋体、小5号字体，左对齐，无缩进，段前、段后间距为0，单倍行距；其中左上角为“项目名称文档名称”，并且页眉加下边线。

9.3 页脚

页脚页码编号统一采用宋体、小5号字体，左对齐，无缩进，段前、段后间距为0，单倍行距；目录页码使用罗马数字拉通“Ⅰ、Ⅱ”编码居中显示，正文内容页码使用“第＊页”（其中＊为阿拉伯数字）居中显示。

10 文档命名

10.1 文档命名规则

文档命名规则：项目编号－文档大类－文档小类－文档细类－发布日期和版本号。

a)项目编号,为金民工程一期项目子包合同编号;

b)文档大类,以文档大类2位拼音缩写表示,其中文档大类包括项目管理文档(GL)、设计阶段文档(SJ)、实施阶段文档(SS)、设备文档及系统软件(SB)和验收文档(YS);

c)文档小类,文档大类下的细化,以2位拼音表示;

d)文档发布日期及文档版本,发布日期的格式为"YYYYMMDD",文档版本的格式为"V+具体版本号",版本号从1.0开始递增;

e)以下会议纪要示例中,01为流水号,如果涉及同类文档的,可在文档名称后面加流水号;

f)样式见图1。

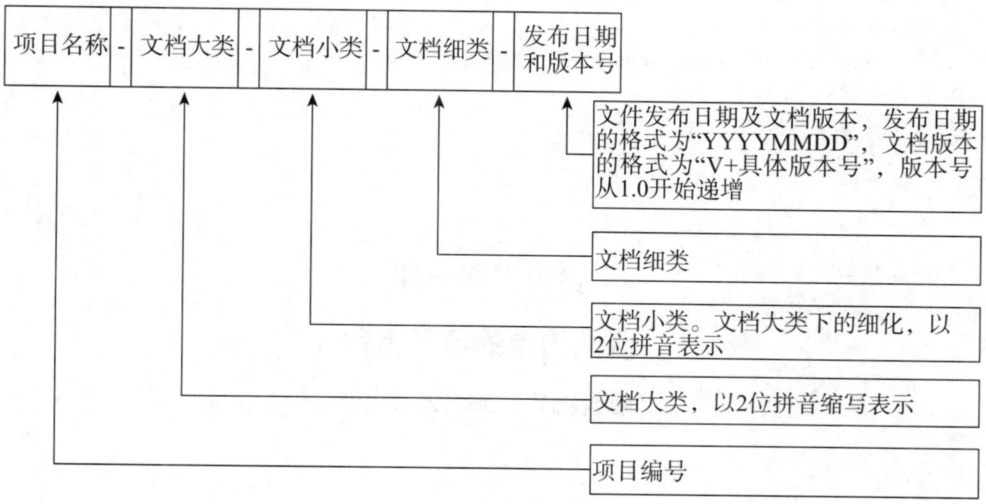

图1 文档命名规则

10.2 文档命名示例

文档命名示例见表1。

表1 文档命名示例

第一层	第二层	第三层	第四层	第五层	文档命名示例
项目编号	文档大类	文档小类	文档细类	发布日期和版本号	
金民工程应用支撑平台开发项目	设计阶段文档	需求分析文档	需求规格说明书	20180720V1.0	/
项目编号	SJ	XQ	需求规格说明书	20180720V1.0	JMGC2018003_SJ_XQ_需求规格说明书_20180720V1.0
金民工程应用支撑平台开发项目	过程性文档	过程记录文档	会议纪要	20180720V1.0	/
项目编号	GC	JL	会议纪要_01	20180720V1.0	JMGC2018003_GC_JL_会议纪要_01_20180720V1.0

附录 A

（规范性）

文档封面示例

文档编号：项目编号_YS_JL_文档名称_20210126V1.0

金民工程一期

合同约定的项目名称

（项目编号：JMGC2018003）

文档名称

承建单位：XXXXXXXXXX 公司

编制日期：20XX 年 X 月

图 A.1　文档封面示例

二、信息资源类标准

JMGC

民　政　部　金　民　工　程　标　准

JMGC/XX 209—2020

金民工程 元数据管理要求

2020－12－30发布　　　　2020－12－30实施

民政部信息中心 发布

目　次

前　言

本文件按照 GB/T 1. 1—2020《标准化工作导则 第1部分:标准化文件的结构和起草规则》的规定起草。

请注意本文件的某些内容可能涉及专利。本文件的发布机构不承担识别专利的责任。

本文件由民政部信息中心提出并归口。

本文件起草单位:民政部信息中心、四川久远银海软件股份有限公司。

本文件主要起草人:王兴玲、张建民、张彤、陶亮、贾雅杰、彭伟、彭鑫森、李双君、欧海莉、王荣。

金民工程 元数据管理要求

1 范围

本文件规定了金民工程项目中民政信息资源元数据的描述原则和方法,用以描述民政信息资源元数据的标识、内容、管理以及维护等信息。

本文件适用于金民工程项目中民政信息资源的编目、归档、建库、发布、共享和查询等。

2 规范性引用文件

下列文件中的内容通过文中的规范性引用而构成本文件必不可少的条款。其中,注日期的引用文件,仅该日期对应的版本适用于本文件;不注日期的引用文件,其最新版本(包括所有的修改单)适用于本文件。

GB/T 2260—2007 中华人民共和国行政区划代码

GB/T 7156—2003 文献保密等级代码与标识

GB/T 18391.1—2009 信息技术 元数据注册系统(MDR) 第1部分:框架

GB/T 26816—2011 信息资源核心元数据

JMGC/XX 204—2020 金民工程 信息分类和编码规范

JMGC/XX 210 金民工程数据库对象命名要求

JMGC/YW 406 金民工程信息化术语

3 术语和定义

JMGC/YW 406 界定的及下列术语和定义适用于本文件。

3.1 数据元

用一组属性描述定义、标识、表示和允许值的数据单元。

[来源:GB/T 18391.1—2009,3.3.8]

3.2 元数据元素

元数据的基本单元。元数据元素在元数据实体中是唯一的,与 UML 术语中的属性同义。

[来源:GB/T 19710—2005,4.6]

3.3 元数据实体

一组说明数据相同特性的元数据元素。可以包含一个或一个以上元数据实体。

［来源：GB/T 19710—2005，4.7］

3.4 值域

允许值的集合。

［来源：GB/T 18391.1—2009，3.3.38］

3.5 信息资源

在政治、经济和社会等各领域产生和使用、具有各种载体形式的信息内容。

［来源：GB/T 26816—2011，3.1］

3.6 特性

一个对象或对象集特性的抽象结果。

注：特征用于描述概念。

［来源：GB/T 18391.1—2009，3.2.2］

4 元数据描述方法

4.1 元数据的属性

4.1.1 总则

本文件采用摘要表示的方式定义和描述元数据，摘要内容包括以下几个属性：中文名称、英文名称、定义、数据类型、值域、短名、注解。

4.1.2 中文名称

指元数据元素或元数据实体的中文名称，用6.2中各条的标题来表达。

4.1.3 英文名称

元数据元素的英文名称，一般用小写英文全称，英文单词之间用空格分隔。

元数据实体的英文名称中没有空格，而是多个单词连写，其中每一个单词首字母为大写。

4.1.4 定义

给出民政信息资源某个内涵内容的特性的解释和说明。

4.1.5 数据类型

说明元数据元素或元数据实体的数据类型。

例如：复合型、数值型、布尔型、字符串、日期型等。

4.1.6 值域

规定了元数据元素的有效取值范围。

4.1.7 短名

短名用于在本标准内唯一识别元数据实体或元数据元素，其要求包含但不限于如下：

a）短名在本标准范围内必须唯一；

b）对存在国际或行业领域惯用英文缩写的元数据实体或元数据元素，其短名直接采用该

英文缩写;

c)对于根据英文名称形成的短名,在保持唯一性的前提下统一取每个单词前三个字母作为其短名,当如此取词不能保证唯一性时应延展取词位数,通常仅增加一位,如此仍不能保证唯一性时,继续延长取词,直至保证唯一性为止;

d)元数据元素的短名的写法是,所有组成词汇的缩写为无缝连写,首词汇缩写全部采用小写字母,其余每个词汇缩写的首字母大写。

e)元数据实体的短名的写法是,所有组成词汇的缩写为无缝连写,并且每个词汇缩写的首字母大写。

4.1.8 注解

对元数据的含义的进一步解释,包括该元数据的约束/条件(必选项、可选项或条件必选项)和最大出现次数。当该元素为条件必须时,应注明其约束条件,包含如下:

a)约束/条件

说明一个元数据元素或元数据实体是否选取的属性。包括必选项,可选项和条件必选项;

必选项 :表明该元数据元素或元数据实体必须选择。

可选项:

根据实际应用可选择也可不选的元数据元素或元数据实体。已经定义的可选元数据元素和可选元数据实体,可指导部门元数据标准制定人员充分说明其信息;

如果一个可选元数据实体未被使用,则该实体所包含的元素(包括必选元素)也不选用。可选元数据实体可有必选元素,但只当可选实体被选用时才成为必选。

条件必选项:

当满足约束条件中所定义的条件时应选择。条件必选用于以下三种可能性之一:

1) 当在 2 个或 2 个以上元数据实体或元数据元素中进行选择,至少存在一个元数据实体或元数据元素必选;

2)当已经选用另一个元数据实体或元数据元素时,此元数据实体或元数据元素为必选;

3)当另一个元数据元素已经选择了一个特定值时,选用一个元数据元素。

b)最大出现次数

说明元数据实体或元数据元素可以出现的最大实例数目。只出现一次的用“1”表示,多次重复出现的用“N”表示。可不为 1 的固定出现次数用相应的数字表示,例如“2”“3”“4”等。

4.2 子元素

子元素用于通过一定的标识规则以确定一个元数据实体中的下一级的元数据实体或元数据元素。标识规则为:“标识符 = 表达式”。表达式中各符号的含义见表 1。

表 1　表达式的符号

符号	含义
=	由……替换、生成,由……组成
+	与
|	或(选择),即在由“|”分开的两项之中选择其一
0{a}1	表示{}中的元数据元素 a 为可选项或者条件必选项,且最大出现次数为 1;若为条件必选项,其约束/条件说明见注释
0{a}n	表示{}中的元数据元素 a 为可选项或者条件必选项,且最大出现次数为 N;若为条件必选项,其约束/条件说明见注释
a	表示元数据 a 为必选项,且最大出现次数为 1
1{a}n	表示{}中的元数据元素 a 为必选项,且最大出现次数为 N
注:在子元素表示中,{}中均使用元数据元素或元数据实体的中文名称	

4.3 扩展巴氏范式

扩展巴氏范式可更加规范化地表示一个元数据实体与其下一级的元数据实体或元数据元素之间的关系,便于系统实现,与子元素的表示法不同的是,扩展巴氏范式用“,”代替子元素中的“+”,表示“与”关系,{}中均使用该元数据元素的短名,并以“;”作为表达式的结尾。

4.4 元数据的摘要表示示例

元数据的摘要表示示例如下:

4.4.1 标识信息
　英文名称:IdentificationInfo
　定　　义:元数据描述的民政信息数据集的基本信息
　数据类型:复合型
　短　　名:IdInfo
　注　　解:必选项;最大出现次数为 N
　子 元 素:标识信息 =
　　　　数据集名称 +
　　　　0{数据集发布日期}1 +
　　　　数据集摘要 +
　　　　1{数据集提供方}n +
　　　　1{关键字}n +
　　　　1{数据集分类}n +
　扩展巴氏范式:IdInfo = resTitle,0{pubDate}1,abstract,1{IdPoC}n,1{keyword}n,1{TpCat}n;

4.4.2 数据集名称
　英文名称:resource title
　定　　义:缩略描述民政信息数据集内容的标题
　数据类型:字符串
　值　　域:自由文本
　短　　名:resTitle
　注　　解:必选项;最大出现次数为 1

5 元数据框架

民政信息元数据包括标识信息、数据质量信息、覆盖范围信息、分发信息、维护信息、限制信息、内容信息和元数据描述信息共 8 个元数据子集。其整体关系如图 1 所示。

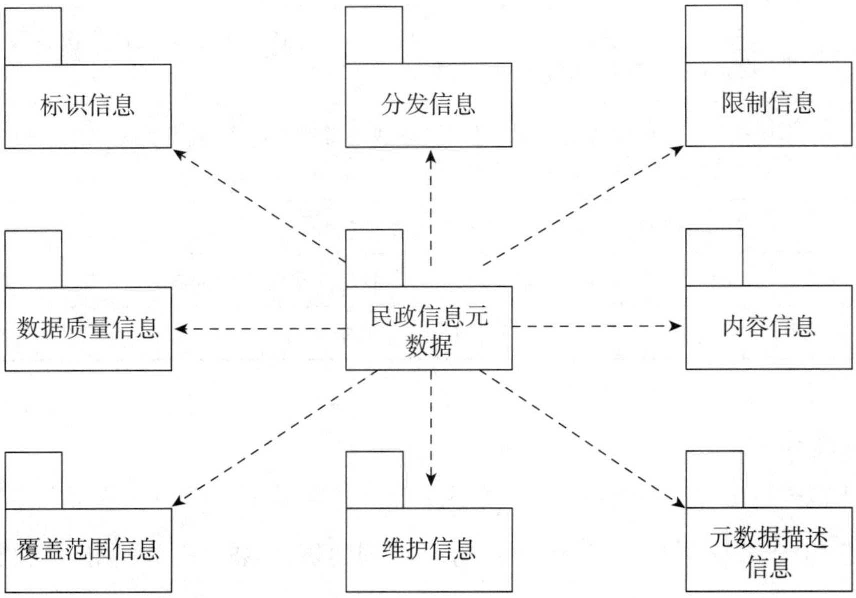

图 1　民政信息元数据整体框架

各元数据子集的内容见表 2。

表 2　民政信息元素据子集描述

序号	子集名称	子集内容
1	标识信息	标识信息包含唯一标识数据的信息,标识信息包括有关资源的名称、摘要、提供方、关键字、分类等信息。标识信息是必选的
2	数据质量信息	数据集质量的总体评价以及用于生产数据集的数据源和生产过程(数据志)信息。数据质量信息是可选的
3	覆盖范围信息	覆盖范围信息提供数据覆盖范围的描述信息,内容包括信息资源的空间范围和时间范围。覆盖范围信息实体是可选的
4	分发信息	有关资源分发方和可选的如何获取资源的信息。分发信息实体是可选的
5	维护信息	维护信息包含有关数据集的更新频率、版本和范围的信息。维护信息实体是可选的
6	限制信息	限制信息包含访问和使用数据集的限制,限制信息实体是可选的
7	内容信息	标识所使用的要素类目信息或描述数据集数据覆盖层内容的信息。内容信息是必选的
8	元数据描述信息	元数据描述信息是对民政业务信息元数据的描述信息。元数据描述信息是可选的

6 元数据内容

6.1 总则

民政信息元数据由 8 个元数据子集组成,包括 5 个元数据实体,19 个元数据元素,可用于民政信息数据集的编目、数据交换活动和对数据集的描述。

民政信息元数据包含 2 个必选的元数据实体和 10 个必选的元数据元素,分别是:

a)元数据实体

1)数据集提供方,见 6.2.1.4

2)数据集分类,见 6.2.1.7

b)元数据元素

1)数据集名称,见 6.2.1.1

2)数据集摘要,见 6.2.1.3

3)关键字,见 6.2.1.6

4)数据集标识符,见 6.2.1.9

5)数据志说明,见 6.2.2.1

6)数据分发格式,见 6.2.4.2

7)业务域,见 6.2.7.1

8)业务分类,见 6.2.7.2

9)数据内容信息,见 6.2.7.3

10)元数据标识符,见 6.2.8.1

6.2 元数据实体和元素定义

6.2.1 标识信息

英文名称:IdentificationInfo

定　　义:元数据描述的民政业务信息数据集的基本信息

数据类型:复合型

短　　名:IdInfo

注　　解:必选项;最大出现次数为 N

子 元 素:标识信息 =

数据集名称 +

0{数据集发布日期}1 +

数据集摘要 +

1{数据集提供方}n +

1{数据集审核方}n +

1{关键字}n +

1{数据集分类}n +

0{数据量}1 +

数据集标识符

扩展巴氏范式:IdInfo = resTitle,0{pubDate}1,abstract,1{IdPoC}n,1{Auditor}n,1{keyword}n,1{TpCat}n,0{dataQuantity}1,datId;

6.2.1.1 数据集名称

英文名称:resource title

定　　义:简要描述民政业务信息数据集内容的标题

数据类型:字符串

值　　域:自由文本

短　　名:resTitle

注　　解:必选项;最大出现次数为1

6.2.1.2 数据集发布日期

英文名称:date of publication

定　　义:民政业务信息数据集提供方发布数据集的日期

数据类型:日期型

值　　域:格式为 CCYY - MM - DD

短　　名:pubDate

注　　解:必选项;最大出现次数为1

6.2.1.3 数据集摘要

英文名称:abstract

定　　义:对数据集内容进行概要说明的文字,还可包含民政业务数据的详细描述信息

数据类型:字符串

值　　域:自由文本

短　　名:abstract

注　　解:必选项;最大出现次数为1

6.2.1.4 数据集提供方

英文名称:PointOfContact

定　　义:负责数据集的人或单位的名称和地址信息

数据类型:复合型

短　　名:PoOfCon

注　　解:必选项;最大出现次数为 N

子 元 素:数据集提供方 =

数据集提供方分类 +

数据集提供方 +

0{数据集提供方电话}n +

0{数据集提供方地址}1 +

0{数据集提供方电子邮件地址}n

扩展巴氏范式: IdPoC = rpOrgName, rpOrgType, 0 { cntPhone } n, 0 { cntAddress } 1, 0 {eMailAdd}n;

6.2.1.4.1 数据集提供方分类

英文名称:data set provider type

定　　义:数据集提供方分类

数据类型:字符串

值　　域:自由文本,一般为:民政内部、其他

短　　名:dataSetPrdType

注　　解:必选项;最大出现次数为 1

6.2.1.4.2 数据集提供方

英文名称:data set provider name

定　　义:提供民政业务信息数据集的单位名称或业务系统名称

数据类型:字符串

值　　域:自由文本

短　　名:dataSetPrdName

注　　解:必选项;最大出现次数为 1

6.2.1.4.3 数据集提供方电话

英文名称:data set provider telephone

定　　义:数据集提供方的联系电话号码

数据类型:字符串

值　　域:自由文本

短　　名:dataSetPrdTel

注　　解:可选项;最大出现次数为 N

6.2.1.4.4 数据集提供方地址

英文名称:data set provider address

定　　义:数据集提供方的物理联系地址

数据类型:字符串

值　　域:自由文本

短　　名:dataSetPrdAddr

注　　解:可选项;最大出现次数为 1

6.2.1.4.5 数据集提供方电子邮件地址

英文名称:data set provider E – mail

定　　义:数据集提供方的电子邮件地址

数据类型:字符串

值　　域:自由文本

短　　名:dataSetPrdEml

注　　解:可选项;最大出现次数为 N

6.2.1.5 数据审核方

英文名称:Auditor

定　　义:负责对数据集进行审核的单位名称和地址信息

数据类型:复合型

短　　名:Auditor

注　　解:可选项;最大出现次数为 N

子 元 素:数据审核方信息 =

数据集审核单位 +

0{数据集审核方负责人}n +

0{数据集审核方电话}n +

0{数据集审核方地址}1 +

0{数据集审核方电子邮件地址}n

扩展巴氏范式:Auditor = audUni,0{audRes}n,0{audPho}n,0{audAdd}1,0{audEmail}n;

6.2.1.5.1 数据集审核单位

英文名称:audit unit

定　　义:审核数据集的单位的名称

数据类型:字符串

值　　域:自由文本

短　　名:audUni

注　　解:必选项;最大出现次数为 1

6.2.1.5.2 数据集审核方负责人

英文名称:audit resposibility

定　　义:负责审核数据集的人

数据类型:字符串

值　　域:自由文本

短　　名:audRes

注　　解:可选项;最大出现次数为 N

6.2.1.5.3 数据集审核方电话

英文名称:auditor telephone

定　　义:负责审核数据集的单位的电话

数据类型:字符串

值　　域:自由文本

短　　名:audTel

注　　解:可选项;最大出现次数为 N

6.2.1.5.4 数据集审核方地址

英文名称:audito raddress

定　　义:负责审核数据集的单位的物理地址

数据类型:字符串

值　　域:自由文本

短　　名:audAdd

注　　解:可选项;最大出现次数为 1

6.2.1.5.5 数据集审核方电子邮件地址

英文名称:auditor E – mail

定　　义:负责审核数据集的单位的电子邮件地址

数据类型:字符串

值　　域:自由文本

短　　名:audEml

6.2.1.6 关键字

英文名称:keyword

定　　义:用于概括民政业务信息数据集主要内容的通用词、形式化词或短语

数据类型:字符串

值　　域:自由文本

短　　名:keyword

注　　解:必选项;最大出现次数为 N;可从特定的主题词典中选用或由各业务部门自定义填写

6.2.1.7 数据集分类

英文名称:Topic Category

定　　义:说明民政信息数据集分类方式及其相应的分类信息

数据类型:复合型

短　　名:TpCat

注　　解:必选项;最大出现次数为 N

子 元 素:数据集分类 =

大类目名称 +

子类目名称 +

类目编码 +

分类标准

扩展巴氏范式:TpCat = cateNameMain， cateNameSub,cateCode,cateStd;

6.2.1.7.1 大类目名称

英文名称:main category name

定　　义:用于描述主题的通用词、形式化词或短语

数据类型:字符串

值　　域:自由文本,见 JMGC/XX 204—2020 5.1.1 C0001 民政业务分类代码中“大类”的取值

短　　名:mainCcateName

注　　解:必选项;最大出现次数为 1

6.2.1.7.2 子类目名称

英文名称:sub category name

定　　义:用于描述主题的通用词、形式化词或短语

数据类型:字符串

值　　域:自由文本,见 JMGC/XX 204—2020 5.1.1 C0001 民政业务分类代码中“子类”的取值

短　　名:subCateName

注　　解:必选项;最大出现次数为 1

6.2.1.7.3 类目编码

英文名称:category code

定　　义:类目名称对应的编码

数据类型:字符串

值　　域:自由文本,见 JMGC/XX 204—2020 5.1.1 C0001 民政业务分类代码中“代码”取值

短　　名:cate Code

注　　解:必选项;最大出现次数为 1

6.2.1.7.4 分类标准

英文名称:categroy standard

定　　义:说明数据集分类所依据的分类标准

数据类型:字符串

值　　域:自由文本,一般为 JMGC/XX 204—2020 5.1.1 C0001 民政业务分类代码

短　　名:cateStd

注　　解:必选项;最大出现次数为 1

6.2.1.8 数据量

英文名称:data quantity

定　　义:民政业务信息数据集的大小

数据类型:字符串

值　　域:自由文本

短　　名:dataQuantity

注　　解:可选项;最大出现次数为 1

6.2.1.9 数据集标识符

英文名称:data set identifier

定　　义:数据集的唯一标识

数据类型:字符串

值　　域:自由文本 ,按 JMGC/XX 210 执行,采用三层五位字符形式表示,反映所属业务类别和信息主体类型等特征

短　　名:dataSetId

注　　解:必选项;最大出现次数为 1

6.2.2 数据质量信息

英文名称:Data Quality

定　　义:数据集数据质量总体评价信息

数据类型:复合型

短　　名:DataQua

注　　解:可选项;最大出现次数为 N

子 元 素:数据质量信息 =

数据日志说明

扩展巴氏范式:DataQua = statement;

6.2.2.1 数据日志说明

英文名称:statement

定　　义:数据生产者有关数据集的产生背景、采集过程等信息的一般说明,一般涉及民政业务信息数据采集来源、引用标准、相关业务数据、数据一致性等信息

数据类型:字符串

值　　域:自由文本

短　　名:statement

注　　解:必选项;最大出现次数为 1

6.2.3 覆盖范围信息

英文名称:Geographic Extent

定　　义:描述民政业务信息数据集的空间和时间覆盖范围的信息

数据类型:复合型

短　　名:GeoExt

注　　解:必选项;最大出现次数为 N

子 元 素:覆盖范围信息 =

0{空间范围}n +

0{时间范围}1

扩展巴氏范式:GeoExt = 0{spatDom}n,0{TimePeriod}1;

6.2.3.1 空间范围

英文名称:spatial domain

定　　义:数据集涉及的空间范围

数据类型:字符串

值　　域:“全国”或省市名称,其中省市名称按 GB/T 2260—2007,“表 1 省、自治区、直辖市、特别行政区代码表”中的“名称”取值

短　　名:spatDom

注　　解:可选项;最大出现次数为 N

6.2.3.2 时间范围

英文名称:Time Period

定　　义:数据集内容跨越的时间段

数据类型:复合型

短　　名:Time Period

注　　解:可选项;最大出现次数为 1

子 元 素:时间范围 =

起始时间 +

结束时间

扩展巴氏范式:TimePeriod = begDate,endDate;

6.2.3.2.1 起始时间

英文名称:beginning date

定　　义:数据集内容跨越的时间段的起始时间

数据类型:日期型

值　　域:格式为 CCYY - MM - DD

短　　名:begDate

注　　解:必选项;最大出现次数为 1

6.2.3.2.2 结束时间

英文名称:ending date

定　　义:数据集内容跨越的时间段的截止时间

数据类型:日期型

值　　域:格式为 CCYY - MM - DD

短　　名:endDate

注　　解:必选项;最大出现次数为 1

6.2.4 分发信息

英文名称:DistributionInfo

定　　义:提供获取民政信息数据集的途径信息

数据类型:复合型

短　　名:DistInfo

注　　解:可选项;最大出现次数为 1

子 元 素:分发信息 =

0{在线资源链接地址}n +

数据分发格式

扩展巴氏范式:DistInfo = 0{onLineSrc}n,distFormat;

6.2.4.1 在线资源链接地址

英文名称:online source

定　　义:可获取民政信息数据集的网络地址,一般指向具体的数据资源应用

数据类型:字符串

值　　域:自由文本

短　　名:onlineSrc

注　　解:可选项;最大出现次数为 N

6.2.4.2 数据分发格式

英文名称:distribution format

定　　义:数据分发的格式说明

数据类型:字符串

值　　域:自由文本

短　　名:distFormat

注　　解:必选项;最大出现次数为 1

6.2.5 维护信息

英文名称:MaintenanceInformation

定　　义:描述民政信息数据集更新频率的信息

数据类型:复合型

短　　名:MaintInfo

注　　解:可选项;最大出现次数为 1

子 元 素:维护信息 =

0{更新频率}1

扩展巴氏范式:MaintInfo = 0{mainFreq}1;

6.2.5.1 更新频率

英文名称:update frequency

定　　义:在数据集初次完成后,对其进行修改和补充的频率

数据类型:字符串

值　　域:见附录 A.1 数据集更新频率代码表“名称”列

短　　名:updFreq

注　　解:可选项;最大出现次数为 1

6.2.6 限制信息

英文名称:Constraints

定　　义:描述用户访问和使用民政信息数据集的限制

数据类型:复合型

注　　解:可选项;最大出现次数为 N

短　　名:Consts

子 元 素:限制信息 =

0{数据集安全限制分级}1

扩展巴氏范式:Consts = 0{class}1;

6.2.6.1 数据集安全限制分级

英文名称:classification

定　　义:对数据集处理的限制的名称

数据类型:字符串

值　　域:见附录 A.2 数据集安全限制分级代码表中“名称”

短　　名:class

注　　解:可选项;最大出现次数为 1

6.2.7 内容信息

英文名称:CeontentInfo

定　　义:提供数据内容特征的描述信息

数据类型:复合型

短　　名:CeontInfo

注　　解:必选项;最大出现次数为 1

子 元 素:内容信息 =

业务域 +

业务分类 +

数据内容信息 +

0{关键词}n +

0{更新方式}1 +

数据提供方信息 +

0{数据审核方信息}n +

扩展巴氏范式:contInfo = serDomain,serTpye,resContent,0{resKeyword}n,0{Auditor}1;

6.2.7.1 业务域

英文名称:service domain

定　　义:数据资源所属的业务范围

数据类型:字符串

值　　域:见 JMGC/XX 204—2020 5.1.1 C0001 民政业务分类代码中“大类”的取值

短　　名:serviceDom

注　　解:必选项;最大出现次数为 1

6.2.7.2 业务分类

英文名称:service tpye

定　　义:数据资源所属的业务范围

数据类型:字符串

值　　域:见 JMGC/XX 204—2020 5.1.1 C0001 民政业务分类代码中“子类”的取值

短　　名:serTpye

注　　解:必选项;最大出现次数为 1

6.2.7.3 数据内容信息

英文名称:resource content

定　　义:业务数据的具体内容信息的简要描述

数据类型:字符串

值　　域:自由文本

短　　名:resContent

注　　解:必选项;最大出现次数为1

6.2.7.4 内容关键词

英文名称:resource keyword

定　　义:用于概要描述主要内容的通用词、形式化词或短语

数据类型:字符串

值　　域:自由文本

短　　名:resKeyword

注　　解:可选项;最大出现次数为N;可从特定的主题词典中选用或由各业务部门自定义填写

6.2.7.5 更新方式

英文名称:update type

定　　义:用于概要描述主要内容的通用词、形式化词或短语

数据类型:字符串

值　　域:系统自动、人工更新

短　　名:updType

注　　解:可选项;最大出现次数为N;可从特定的主题词典中选用或由各业务部门自定义填写

6.2.8 元数据描述信息

英文名称:Metadata Description

定　　义:对民政业务信息元数据的描述信息

数据类型:复合型

短　　名:MdDesp

注　　解:可选项;最大出现次数为1

子 元 素:元数据描述信息 =

元数据标识符 +

0{元数据维护方}n +

0{元数据更新日期}1

扩展巴氏范式:MdDesp = mdId,0{MdContact}n,0{mdDateUpd}1;

6.2.8.1 元数据标识符

英文名称:metadata identifier

定　　义:元数据的唯一标识

数据类型:字符串

值　　域:变长字符串

短　　名:mdId

注　　解:必选项;最大出现次数为1;全域唯一,由字母[含下划线(_)短划线(-)点(.)斜线(/)逗号(,)和空格( )]或数字组成,一般由系统自动随机产生。

6.2.8.2 元数据维护方

英文名称:Metadata Contact

定　　义:对元数据内容负责的单位的名称和地址信息

数据类型:复合型

短　　名:MdContact

注　　解:可选项;最大出现次数为N

子 元 素:元数据维护方 =

元数据维护单位 +

0{元数据维护方电话}n +

0{元数据维护方地址}1 +

0{元数据维护方电子邮件地址}n

扩展巴氏范式:MdContact = rpOrgName,0{cntPhone}n,0{cntAddress}1,0{eMailAdd}n;

6.2.8.2.1 元数据维护单位

英文名称:metadata maintainer name

定　　义:负责对元数据内容进行维护的单位名称

数据类型:字符串

值　　域:自由文本

短　　名:Matr Name

注　　解:必选项;最大出现次数为1

6.2.8.2.2 元数据维护方电话

英文名称:metadata maintainer telephone

定　　义:元数据维护单位的联系电话号码

数据类型:字符串

值　　域:自由文本

短　　名:mdMatrTel

注　　解:可选项;最大出现次数为 N

6.2.8.2.3 元数据维护方地址

英文名称:metadata maintainer address

定　　义:元数据维护单位的物理联系地址

数据类型:字符串

值　　域:自由文本

短　　名:mdMatrAddr

注　　解:可选项;最大出现次数为 1

6.2.8.2.4 元数据维护方电子邮件地址

英文名称:metadata maintainer E－mail

定　　义:元数据维护单位的电子邮件地址

数据类型:字符串

值　　域:自由文本

短　　名:mdMatrEml

注　　解:可选项;最大出现次数为 N

6.2.8.3 元数据更新日期

英文名称:meta data update date

定　　义:更新元数据的日期

数据类型:日期型

值　　域:格式为 CCYY－MM－DD

短　　名:mdUpdDate

注　　解:可选项;最大出现次数为 1

7 元数据扩展要求

本文件中的元数据可根据业务应用需要进行扩展,并满足如下要求:

a)扩展的元数据项不应与已定义的元数据重名或含义相同;

b)扩展的元数据项应按照第 4 章确定的规则描述;

c)新建的元数据实体可同时采用已有的和新建的元数据实体或元素作为其组成部分;

d)可用代码表替代阈值为自由文本的已有元数据元素的值域;

e)可减少或增加已有代码表中的代码表元素,扩充后的代码表应与扩展前的代码表在逻辑上保持一致;

f)可对已有元数据的可选项和最大出现次数施以更严格的限制。

8 元数据管理要求

8.1 总则

元数据管理是为满足数据的可用性需求所实施的信息管理过程，这些元数据信息描述数据的语境、活动和相关知识；元数据管理包含如下8个方面的内容：

a）元数据采集

b）元数据入库

c）元数据审核

d）元数据发布

e）元数据维护

f）元数据查询

g）元数据版本

h）元数据删除

8.2 元数据采集

元数据的生成工作原则上核心元数据应由系统提供自动获取功能实现采集，扩展元数据可通过人工填报补充，通过整合分散在各个系统、应用、数据库等不同数据源中的元数据，将它们集中在一起。

元数据采集包含4个流程步骤：

a）数据源信息获取

b）内容/结构解析

c）元数据提取

d）扩展元数据信息补充

8.3 元数据入库

元数据采用统一存储方式，建立金民工程项目元数据库，并提供统一接口实现元数据的交换和共享。

8.4 元数据审核

元数据审核是对已入库的元数据进行有效性审核，元数据有效审核包含自动审核与手动审核两个部分，元数据完成入库后应启动自动审核机制对数据进行初步检查，主要以过滤结构性错误为主，自动检查主动将错误数据放入问题栏，再通过数据管理员进行人工审核，人工审核确认数据无误可强制确认有效。手动审核包括确认无误、退回重报、更新元数据内容等操作，同时记录人工审核操作日志，用以审计。

8.5 元数据发布

元数据通过审核后正式发布启用，并反馈元数据报送单位；已发布并应用的元数据不可直接更新和删除,应通过元数据维护功能完成变更。

8.6 元数据维护

元数据维护用于查看和维护已发布的元数据,因元数据发布必须通过严格的审核流程,一旦审核通过,原则上元数据的更改需要重新走元数据申报流程,包括已发布元数据的实效申请和新元数据的添加申请,而不可对已发布的元数据直接修改;普通管理员仅具有元数据查看权限,超级管理员才具有维护功能权限。

8.7 元数据查询

元数据查询包含基础信息查询、血缘关系查询以及影响分析查询3个核心点:

基础信息查询:基于元数据的属性信息的条件匹配查询。

血缘关系查询:以目标元数据分析对象为终点,按照转化关系逐层扩展,向上追溯元数据对象的数据来源,以血缘图展示目标元数据对象的产生过程。

影响分析查询:以目标元数据分析对象为起点,按照影响关系逐层扩展,向下追溯元数据对象对下游的影响。

8.8 元数据版本

元数据版本用于对元数据信息变更的维护,以版本号的形式对元数据对象的变化历史进行记录;针对不同的元数据类型,可采用与之相匹配的版本管理方式。

8.9 元数据删除

元数据删除是做逻辑删除,以打废弃标签的方式实现元数据的删除;不可直接物理删除元数据信息。

附录 A

（规范性）

代码表

A.1 数据集更新频率代码表

数据集更新频率代码见表 A.1。

表 A.1　数据集更新频率代码

名称	代码
年	01
季度	02
月	03
旬	04
周	05
日	06
时	07
分	08
秒	09

A.2 数据集安全限制分级代码表

数据集安全限制分级代码见表 A.2。

表 A.2　数据集安全限制分级代码

名称	代码	定义
公开级	001	文献可在国内外发行和交换
限制级	002	文献内容不涉及国家秘密，但在一定时间内限制其交流和使用范围
秘密级	003	文献内容涉及一般国家秘密
机密级	004	文献内容涉及重要的国家秘密
绝密级	005	文献内容涉及最重要的国家秘密
注：根据 GB/T 7156—2003《文献保密等级代码与标识》制定本代码表		

附录 B

（资料性）

婚姻登记业务数据集元数据应用示例


```
<? xml version = "1.0" encoding = " GB 18030"? >
<Metadata xmlns:xsi = "http://www.w3.org/2001/XMLSchema-instance" xsi:noNamespaceSchemaLocation = "../../metadata_schema._app3.xsd" [a] >
  <IdInfo>
    <resTitle>婚姻登记业务数据集</resTitle>
    <pubDate>2019-01-31</pubDate>
    <abstract>截至2018年底，全国婚姻登记业务办理情况。</abstract>
    <IdPoC>
      <rpOrgName>民政部信息中心</rpOrgName>
      <rpOrgType>民政内部</rpOrgType>
      <cntPhone>010-********</cntPhone>
      <cntAddress>北京市***区****街**号</cntAddress>
    </IdPoC>
    <keyword>婚姻登记</keyword>
    <TpCat>
      <cateNameMain>社会事务</cateNameMain>
      <cateNameSub>婚姻登记</cateNameSub>
      <cateCode>FA</cateCode>
      <CateStd>民政业务分类与代码</CateStd>
    </TpCat>
    <dataQuantity>160GB</dataQuantity>
    <datId>XXXXXXXXX/2008-12003</datId>
  </IdInfo>
  <GeoExt>
    <spatDom>全国</spatDom>
    <TimePeriod>
```

```
        <begDate>20**-**-**</begDate>
        <endDate>20**-**-**</endDate>
      </TimePeriod>
    </GeoExt>
    <MaintInfo>
      <mainFreq>天</mainFreq>
    </MaintInfo>
    <Consts>
      <class>公开</class>
    </Consts>
    <DqInfo>
      <statement>由民政部信息中心对全国各省市的婚姻业务办理数据进行管理。</
statement>
    </DqInfo>
    <DistInfo>
      <distFormat>CSV/TXT</distFormat>
    </DistInfo>
    <contInfo>
      <resDomain>社会事务</resDomain>
      <serTpye>婚姻登记</serTpye>
      <resContent>全国婚姻登记信息</resContent>
    </contInfo>
    <MdDesp>
      <mdId>FAX01</mdId>
      <MdContact>
        <rpOrgName>民政部信息中心</rpOrgName>
        <cntAddress>北京市**区**街*号</cntAddress>
        <cntPhone>010-********</cntPhone>
        <eMailAdd>webmaster@cnemc.cn</eMailAdd>
      </MdContact>
    </MdDesp>
  </Metadata>
```

参考文献

GB/T 30522—2014 科技平台 元数据标准化基本原则与方法

JMGC

民 政 部 金 民 工 程 标 准

JMGC/XX 210—2020

金民工程 数据对象命名要求

2020－12－30 发布　　2020－12－30 实施

民政部信息中心 发布

目　　次

前　言

本文件按照 GB/T 1.1—2020《标准化工作导则 第1部分:标准化文件的结构和起草规则》的规定起草。

请注意本文件的某些内容可能涉及专利。本文件的发布机构不承担识别专利的责任。

本文件由民政部信息中心提出并归口。

本文件起草单位:民政部信息中心、四川久远银海软件股份有限公司。

本文件主要起草人:王兴玲、张建民、张彤、陶亮、贾雅杰、彭鑫森、钟爱伦、李坤林、李双君、王荣、欧海莉、张进科。

金民工程 数据库对象命名要求

1 范围

本文件规定了金民工程项目中各业务系统的数据指标命名、库表命名规范；对项目中各类数据库(表)及其所管理指标的构成规则、信息分类、指标编码、数据库表名、字段名的命名规则及数据设计应遵循的范式要求等作出了规定。

本文件适用于金民工程项目中各软件包。

2 规范性引用文件

下列文件中的内容通过文中的规范性引用而构成本文件必不可少的条款。其中，注日期的引用文件，仅该日期对应的版本适用于本文件；不注日期的引用文件，其最新版本(包括所有的修改单)适用于本文件。

JMGC/YW 406 金民工程信息化术语

JMGC/XX 204—2020 金民工程信息分类与编码规范

3 术语和定义

JMGC/YW 406 界定的术语和定义适用于本文件。

4 业务类指标体系

4.1 概述

业务类指标是信息系统中反映信息主体(如民政服务机构信息、人员信息等)的属性和度量的原始指标。指标体系包括指标名称、编码、类型、长度、数值单位、检索项标识和指标解释。

4.2 指标名称

指标名称采用国际、国内标准已定义的名称，或使用通用、明确的词语。

4.3 指标编码

指标的编码采用四层八位字符形式表示，反映指标的定义级别、所属业务类别、信息主体类型特征和顺序号等。表示形式见图1。

第一层　指标的定义级别用一位大写英文字母表示，其中：

A—部级　　B—省级　　C—市级　　D—县级

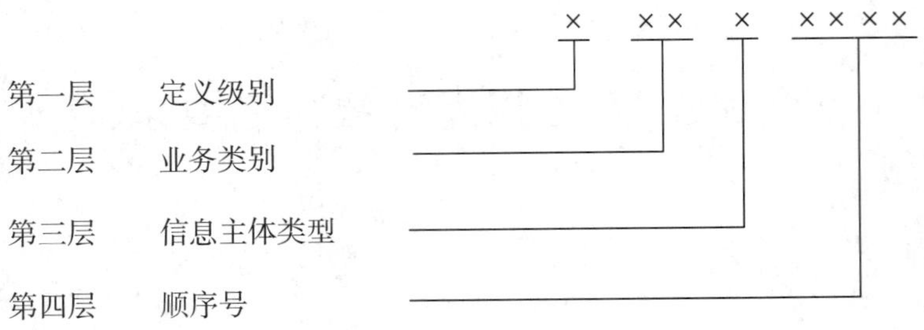

图 1 指标编码形式

第二层 指标所属的业务类别用两位大写英文字母表示，两位分别按 A—Z 顺序排列，但字母 O、字母 I、字母 T 不得使用。分别代表民政业务大类及子类，具体分类代码见 JMGC/XX 204—2020 5. 1. 1 C0001 民政业务分类代码。

第三层 信息主体类型用一位大写英文字母表示，其中：

A—行政区划　　E—机构　　P—个人

F—家庭　　　　X—其他

在业务分类发生变化时，如基本内涵不变，只是名称改变和（或）外延发生局部调整，可修改名称和（或）定义，不改变业务类别代码；如有新的业务产生，则采用未被使用的代码，插入新的分类，顺序占用字母作为代码；对于停办的业务，其原用代码不再使用；停办后又恢复的业务，仍使用原用代码。

第四层 顺序号共四位数字，取值范围为 0001—9999。顺序号可分段使用；停用的指标，其原用顺序号不再使用；停用后又恢复使用的指标，仍使用原顺序号。顺序号确需超过 9999 时可从百位到个位逐步扩充使用大写英文字母 A—Z，但字母 O、字母 I 和字母 T 不得使用。

业务类指标定义实例见附录 A 指标/数据库实例“业务类指标实例”。

4.4 指标类型

指标类型分为：数值型、字符型、时间型、布尔型和图形图像型等。

4.5 数值型指标长度规则

数值型指标的长度以“m，n”或“m”的形式定义，其中 n 表示小数位数，m 减 n 为整数部分位数。时间型指标精确到秒（格式为“YYYYMMDD hh：mm：ss”）。需要精确到年、月、日的时间指标，采用数值型（格式为“YYYYMMDD”）。

4.6 数值型指标的数值单位

数值型指标的数值单位一般采用标准单位，如元、人、个、件、百分比等，其他类型的指标无数值单位。

4.7 检索标识符

检索项标识用以确定该指标是否为检索性指标。检索性指标类型为字符型。同一个检索项指标代码值一律采用等长的数字,必要时可分层或分段。

4.8 指标解释

指标解释包括指标的定义、范围和指标间的关系等说明。

5 业务类数据库(表)和字段的命名规则

5.1 数据库表设计

数据库表应分为三类:基本表、冗余表和关联表。

基本表:存储基本数据的表。

冗余表:冗余表的作用通常是缓存一些要经常使用的而且需要通过较长时间计算才能得到的数据。如某数据列的合计、最大值等数据。

关联表:通常用于存储两个数据列的二元多对多关系(关联表也可表示多元关系,但一般这种情况较少见)。一般为两列数据:关联项一,关联项二,每行代表一条关系。

5.2 数据库(表)定义

数据库(表)是按照结构化方式存储在一起相关数据的集合。业务类数据库(表)中存放的数据来源主要有两种:一是由前台经办业务所产生的行政记录或必要的辅助信息;二是由基层填报单位直接填报的基层表中的数据项。业务类数据库(表)名称的编码采用三层五位字符形式表示,反映所属业务类别和信息主体类型等特征。表示形式见图 2。

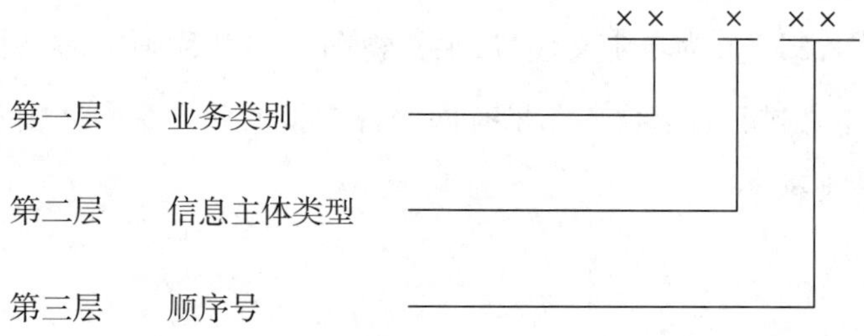

图 2　业务类数据库(表)名称编码形式

5.3 业务类别和信息主体类型的分类

业务类别和信息主体类型的分类、编码规则与第七条中业务类别、信息主体类型所述相同。第二层信息主体类型如果是大写字母“Y”,代表交换类标志位,特指该数据库(表)为交换类数据库(表)。交换类数据库(表)主要包括业务交换库、财务交换库,以及跨地区、跨部门进行数据交换的数据库(表)。

顺序号共两位数字,取值范围为 01—99。顺序号可分段使用;停用的数据库(表),其原用顺序号不再使用;停用后又恢复使用的数据库(表),仍使用原顺序号。顺序号确需超过 99 时可从十位到个位逐步扩充使用大写英文字母 A—Z,但字母 O、字母 I 和字母 T 不得使用。

5.4 业务类数据库(表)名称规则

业务类数据库(表)名称采用国际、国内标准已定义的名称,或使用通用、明确的词语,应能概括表内字段的基本信息。

5.5 数据库(表)中字段规则

数据库(表)中除辅助字段[无实际业务含义,仅为数据库(表)服务的字段]外的全部字段为指标体系的真子集,字段名采用相应指标的编码,字段的类型、长度、数值单位等定义与业务类指标体系相一致。在不同数据库(表)中的同一字段原则上采用相同的指标名,因字段所在数据库(表)的不同、所处场景不同而导致有外延含义差异的,在备注中说明该字段在具体场景下的含义。业务类数据库(表)定义命名实例见附录 A 指标/数据库实例“业务类数据库(表)命名实例”。

5.6 索引命名规则

索引包括主索引、次索引、组合索引等。索引命名规则如下:

a)表主键对应的索引命名为:IDX_<表名>_PK;

b)唯一性索引的命名为:IDX_<表名>_UK。假如表有多个唯一性,则命名为 IDX_<表名>_UK##,其中##为编号,以阿拉伯数字表示;

c)其他索引的命名为:IDX_<表名>_##,其中##为编号,以阿拉伯数字表示。

5.7 视图命名规则

视图命名规则为:V_<数据库类别码>_XXXX。

其中,V 表示视图,XXXX 为自定义代号,根据视图中文名称确定,采用中文名称首字的全拼,其后接其他字的中文拼音首字母。如果有两个视图根据此方法命名出现重复,则对两个视图都用完整中文拼音来表示。

6 统计类指标体系

6.1 统计类指标定义

统计类指标是对业务类指标加工归纳后形成的反映某一群体(如某行业全部国有企业、某地区全部失业人员等)的度量或水平的衍生性指标。指标体系包括指标名称、编码、类型、长度、数值单位、计算公式和指标解释。

6.2 统计类指标名称规则

指标名称采用国际、国内标准已定义的名称,或使用通用、明确的词语。

6.3 统计类指标编码规则

指标的编码采用三层七位字符形式表示,反映指标的定义级别和业务类别特征。表示形式见图 3。

指标的定义级别、业务类别的分类和编码与第七条中的定义级别、业务类别所述相同。统

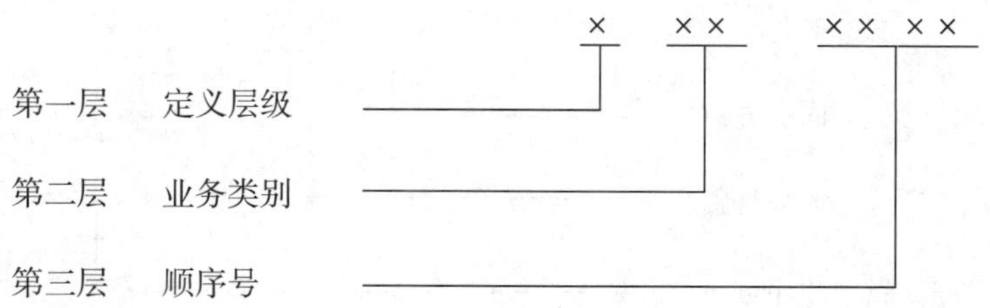

图 3　统计类指标编码形式

计类指标定义实例见附录 A 指标/数据库实例“统计类指标实例”。

6.4 统计类指标顺序号

顺序号应为四位数字，取值范围为 0001—9999。顺序号可分段使用；停用的指标，其原用顺序号不再使用；停用后又恢复使用的指标，仍使用原顺序号。顺序号确需超过 9999 时可从百位到个位逐步扩充使用大写英文字母 A—Z，但字母 O、字母 I 和字母 T 不得使用。

6.5 数值型指标长度定义

指标类型为数值型。指标的长度以“m，n”或“m”的形式定义，其中 n 表示小数位数，m 减 n 为整数部分位数。

6.6 统计类指标的数值单位

统计类指标的数值单位一般采用标准单位，如元、人、个、件、百分比等。

6.7 统计类指标计算公式

统计类指标的计算公式有两类：一是对某一个或某几个业务类指标进行计数、求和、平均等操作；二是对某一个或某几个统计类指标进行数学运算。来自其他行业或部门发布的统计指标无计算公式。

6.8 统计类指标解释

指标解释包括指标的定义、范围和指标间的关系等说明。

7 统计类数据库（表）和字段的命名规则

7.1 统计类数据库（表）命名规则

统计类数据库（表）中存放的数据来源主要有两种：一是从业务类数据库（表）中提炼出来的反映群体特征的数据；二是由综合填报单位填写或经基础表汇总后的数据。统计类数据库（表）名称的编码采用三层八位字符形式表示，反映统计业务类别特征。表示形式见图 4。

业务类别的分类和编码规则与“4.3 指标编码”章节中的业务类别所述相同。顺序号的取值规则与“4.3 指标编码”章节中的顺序号取值规则相同。

统计类数据库（表）名称采用国际、国内标准已定义的名称，或使用通用、明确的词语，应能概括表内字段的基本信息。

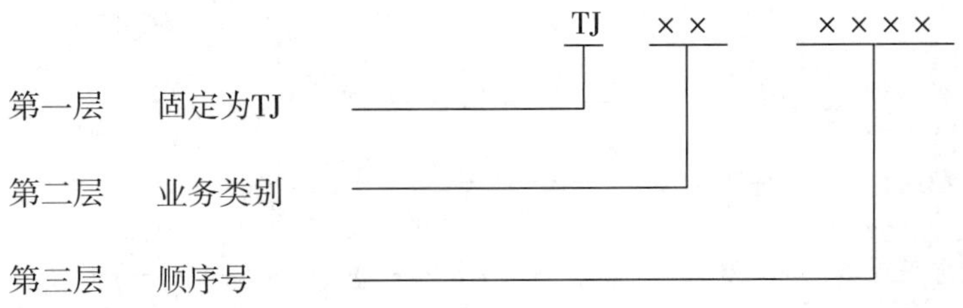

图4 统计类数据库(表)名称编码形式

7.2 统计类数据库(表)编码注意事项

统计类数据库(表)的全部字段构成统计类指标体系的真子集,字段名采用相应指标的编码,字段的类型、长度、数值单位等定义与统计类指标体系相一致。在不同数据库(表)中的同一字段原则上采用相同的指标名,因字段所在数据库(表)的不同、所处场景不同而导致有外延含义差异的,在备注中说明该字段在具体场景下的含义。

7.3 统计类数据库(表)对应情况

统计类数据库(表)的一条记录对应一个分组,分组是指统计类指标的统计范围(如总计、城市低保、临时救助等)。分组可由业务类检索项和数据项以一定的规则组成。主要分为三种:一是由一个业务类检索性指标的某一取值或某一区域的取值决定;二是由业务类数据性指标的某一或某几个取值范围决定;三是由以上两种分组的并集或交集决定。分组的内容和顺序由统计库(表)的制定单位严格规定。统计类数据库(表)命名实例见附录A指标/数据库实例“统计类数据库(表)命名实例”。

8 过渡类指标体系

8.1 过渡类指标体系

过渡类指标是为了满足系统业务计算、汇总、转换、单个业务环节事务内数据临时存放等用途衍生性指标。该类指标数据的时效性应不会影响业务经办回放、业务信息追溯、业务结果汇总以及与其他的业务协同。指标体系包括指标名称、编码、类型、长度、数值单位。

8.2 过渡类指标名称规则

指标名称采用国际、国内标准已定义的名称,或使用通用、明确的词语。

8.3 过渡类指标编码规则

指标的编码采用三层不定位字符形式表示,反映指标的分类等信息。表示形式如下图5。

第一层 指标的定义用一位大写英文字母“T”表示;

第二层 指标的定义用符号下划线“_”作为分隔符;

第三层 规则可以由系统承建商自行定义。

其中第一层与第二层联合作为过渡性指标的识别标识。

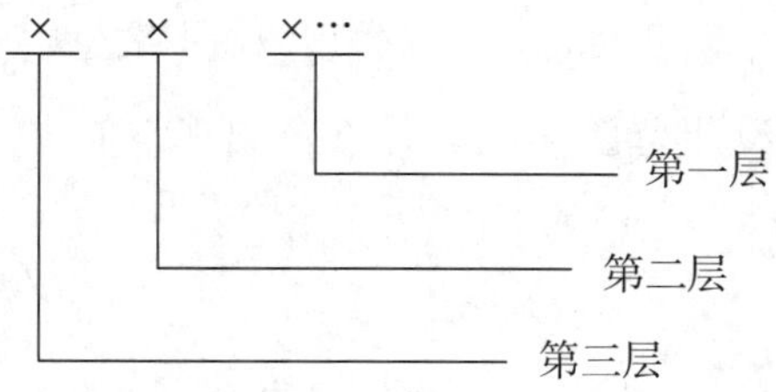

图5 过度类指标编码形式

8.4 过渡类指标类型规则

过渡类指标类型分为:数值型、字符型、时间型、布尔型和图形图像型等。

8.5 数值型指标长度规则

数值型指标的长度以“m,n”或“m”的形式定义,其中 n 表示小数位数,m 减 n 为整数部分位数。时间型指标精确到秒(格式为“YYYYMMDD hh:mm:ss”)。需要精确到年、月、日的时间指标,采用数值型(格式为“YYYYMMDD”)。

8.6 数值型指标数值单位规则

数值型指标的数值单位一般采用标准单位,如元、人、个、件、百分比等,其他类型的指标无数值单位。

9 过渡类数据库(表)和字段

9.1 过渡类数据库表释义

过渡类数据库表信息来源于系统业务计算、汇总、转换、单个业务环节事务内数据临时存放的信息。表现形式与“8.3 过渡类指标编码规则”一致。

9.2 过渡类数据库(表)中的字段应用规则

过渡类数据库(表)中的字段可以引用业务类数据库字段或统计类数据库字段,也可以自行定义。但表现形式应该与“8.3 过渡类指标编码规则”章节一致。

10 数据库范式要求

金民工程项目数据库设计应严格遵守三大范式中的第一范式(1NF)和第二范式(2NF),尽可能遵守第三范式(3NF)。为提高数据查询效率,减少表连接操作,在一些关系复杂、数据量庞大的数据表中允许进行字段冗余设计。

11 表数据变更时间戳要求

金民工程项目在进行业务类数据库(表)设计时,每条数据记录上都应包含“数据更新时间”字段,用以记录数据的最新变更时间。“数据更新时间”字段具体要求如下:

a)“数据更新时间”字段使用 updatetime 作为字段标识符;

b)“数据更新时间”字段采用 datetime 数据类型,数据格式为“YYYYMMDD hh:mm:ss”;

c)“数据更新时间”字段设计为必填字段,不允许出现空值。

12 数据增量抽取设计要求

为保证数据能够识别增量变化,金民工程项目在进行业务类数据库(表)设计时,每条数据记录上,都应包含“数据更新时间”和“数据操作标识”两个字段,下面具体说明这两个特殊字段的数据计算规则。

a)“数据更新时间”取值方式:取数据库的系统时间,格式为“YYYYMMDD hh:mm:ss”;

b)“数据操作标识”取值方式:新增数据为“I”,修改数据为“U”,删除数据为“D”;

c)每次做完数据抽取后,应获取当前抽取数据中的值最大的“数据更新时间”并记录,下一次抽取数据只抽取“数据更新时间”比记录值大的数据记录。“数据操作标识”用来识别数据的变化是进行了“新增”“修改”还是“删除”操作。

附录 A

（资料性）

指标/数据库实例

A.1 业务类指标实例

业务类指标实例见表 A.1。

表 A.1　业务类指标实例

	例一	例二
指标名称	性别	惠民殡葬补贴金额
编码	AXCP0003	AFBP0021
类型	字符型	数值型
长度	1	16,2
数值单位	无	元
检索项标识	是	否

说明：

在例一中，性别编码的第一位字母 A 表示该指标的定义级别为部级；第二、三位字母 XC 表示该指标所属业务类别为基础数据中的个人信息；第四位字母 P 表示该指标的信息主体为个人，第五到八位数字 0003 为顺序号。

在例二中，惠民殡葬补贴编码的第一位字母 A 表示该指标的定义级别为部级；第二、三位字母 FB 表示该指标所属业务类别为社会事务中的殡葬服务类；第四位字母 P 表示该指标的信息主体为个人，第五到七位数字 021 为顺序号。

A.2 业务类数据库（表）命名实例

例一：

婚姻登记机构数据库（表）的编码为 FAE01。

说明：第一、二位字母 FA 表示该数据库（表）所属业务类别为社会事务类的子类婚姻登记；第三位字母 E 表示该数据库（表）的信息主体为机构；第四、五位数字 01 为顺序号。

例二：

儿童福利机构数据库（表）的编码为 JGY03。

说明：第一、二位字母 JG 表示该数据库（表）所属业务类别为儿童福利类的子类儿童收养管理;第三位字母 Y 表示该数据库(表)为交换类数据库(表);第四、五位数字 03 为顺序号。

A.3 统计类指标实例

统计类指标实例见表 A.2。

表 A.2　统计类指标

	例一	例二
指标名称	全国农村低保人员总数	全国养老补贴支出
编码	ABA0789	AHA0256
类型	数值型	数值型
长度	10	12,2
数值单位	人	元
计算公式	(略)	(略)

说明:

在例一中,全国农村低保人员总数编码的第一位字母 A 表示该指标的定义级别为部级;第二、三位字母 BA 表示为社会救助类的子类全国最低生活保障类;第四到七位数字 0789 为顺序号。

在例二中,全国养老补贴支出编码的第一位字母 A 表示该指标的定义级别为部级;第二、三位字母 HA 表示该指标所属业务类别为养老服务类的子类老年人福利管理;第四到六位数字 256 为顺序号。

A.4 统计类数据库(表)命名实例

流浪救助人员统计数据库(表)的编码为 TJ_FD0001。

说明:第一、二位字母 TJ_表示该数据库(表)的统计类;第三、四位字母 FD 表示该数据库(表)所属业务类别为社会事务类的子类社会事务监管类;第五到八位数字 0001 为顺序号。

附录 B

（资料性）

数据库三大范式

数据库三大范式内容如下：

a）当关系模式 R 的所有属性都不能再分解为更基本的数据单位时，称 R 是满足第一范式的，简记为 1NF

b）如果关系模式 R 满足第一范式，并且 R 的所有非主属性都完全依赖于 R 的每一个候选关键属性，称 R 满足第二范式，简记为 2NF

c）假设 R 是一个满足第一范式条件的关系模式，X 是 R 的任意属性集，如果 X 非传递依赖于 R 的任意一个候选关键字，称 R 满足第三范式，简记为 3NF

JMGC

民 政 部 金 民 工 程 标 准

JMGC/XX 211—2020

金民工程 基础数据管理要求

2020－12－30 发布 2020－12－30 实施

民政部信息中心 发布

目　次

前　言

本文件按照 GB/T 1.1—2020《标准化工作导则 第1部分:标准化文件的结构和起草规则》的规定起草。

请注意本文件的某些内容可能涉及专利。本文件的发布机构不承担识别专利的责任。

本文件由民政部信息中心提出并归口。

本文件起草单位:民政部信息中心、四川久远银海软件股份有限公司。

本文件主要起草人:王兴玲、张建民、张彤、陶亮、贾雅杰、彭鑫森、钟爱伦、刘渝、李坤林、王荣、欧海莉、张进科、李双君。

金民工程基础数据管理要求

1 范围

本文件规定了金民工程项目中人员数据、服务机构数据、行政区划数据的基础数据元及服务管理要求。

本文件适用于金民工程项目中各软件包。

2 规范性引用文件

下列文件中的内容通过文中的规范性引用而构成本文件必不可少的条款。其中,注日期的引用文件,仅该日期对应的版本适用于本文件;不注日期的引用文件,其最新版本(包括所有的修改单)适用于本文件。

GB 11643 公民身份号码

GB/T 17969.8—2010 信息技术 开放系统互连 OSI 登记机构操作规程 第8部分:通用唯一标识符(UUID)的生成和登记及其用作 ASN.1 客体标识符部件

GB 32100 法人和其他组织统一社会信用代码编码规则

JMGC/XX 204—2020 金民工程信息分类与编码规范

JMGC/XX 210 金民工程数据对象命名要求

JMGC/YW 406 金民工程信息化术语

3 术语和定义

JMGC/YW 406 界定的以及下列术语和定义适用于本文件。

3.1 基础数据

民政多个业务领域所共用的业务数据对象信息。

4 缩略语

HTTP:超文本传输协议(Hyper Text Transfer Protocol)

HTTPS:HTTP 加上 TLS/SSL 协议构建的可进行加密传输、身份认证的网络协议(Hyper Text Transfer Protocol Over Secure Socket Layer)

JSON:轻量级的数据交换格式(Java Script Object Notation)

URL:统一资源定位器(Uniform Resource Locator)

UTF-8:Unicode 的一种可变长度字符编码(8-bit,Unicode Transformation Format)

XML:可扩展标记语言(Extensible Markup Language)

5 基础数据元属性

5.1 标识符

标识符为数据库中该字段的唯一标识,编码规则应符合 JMGC/XX 210 的要求。

5.2 中文名称

中文名称采用中文描述,表示数据字段的中文含义。

5.3 数据类型

本文件中数据元的数据类型见表 1。

表 1 数据类型

数据类型	说明
string(字符型)	通过字符形式表达的值的类型
number(整数型)	通过“0”到“9”数字表达的整数类型的值
float(浮点型)	通过“0”到“9”数字和小数点“.”表达的实数
date(日期型)	通过 YYYYMMDD 的形式表达的值的类型
datetime(日期时间型)	通过 YYYYMMDD hh:mm:ss 的形式表达的值的类型
boolean(布尔型)	两个且只有两个表明条件的值

5.4 数据格式

从业务的角度规定的数据元的格式需求,包括所允许的最大和(或)最小字符长度,表示格式等。数据格式中使用的字符含义见表 2。

表 2 数据格式

数据格式	说明
a	字母字符
n	数字字符
an	字母数字字符
m(m 为自然数)	定长 m 个字符,字符集默认为 GB 18030
..ul	长度不确定的
..	从最小长度到最大长度,前面附加最小长度,后面附加最大长度
YYYYMMDD hh:mm:ss	“YYYY”表示年份,“MM”表示月份,“DD”表示日期,“hh”表示小时,“mm”表示分钟,“ss”表示秒,可视实际情况组合使用
m,n	float 的精度,m 表示总长度,n 表示小数位

5.5 必选项

必选项描述该字段是否可插入空值，填“Y”表示该字段不可为空值，填“N”表示该字段可为空值。

5.6 备注

备注应对字段的意义、取值范围、计量单位、参考标准等提出要求。

6 基础数据元描述

6.1 人员基础信息

6.1.1 人员基础信息表

人员基础信息包括如下：

a)本表存储人员基本属性信息；

b)表标识：XCP01；

c)主键：AXCP0001；

d)各字段定义见表3。

表3 人员基础信息表

标识符	中文名称	数据类型	数据格式	必选项	备注
AXCP0001	人员ID	string	an32	Y	本记录的唯一标识，取值为UUID，符合GB/T 17969.8—2010的规定
AXCP0002	姓名	string	..72	Y	汉语（中国），应姓在前，名在后
AXCP0003	曾用名	string	..72	N	曾用名对个人来说，指本人在读书和工作期间曾经使用过的名字。中国公民常住人口登记表、居民户口簿上登载的“曾用名”项目和户口迁移证上登载的“别名”项目均应填写为公民过去在户口登记机关申报登记并正式使用过的姓名。此处只填写最后一次使用过的曾用名
AXCP0006	性别	string	n1	Y	见JMGC/XX 204—2020 5.1.7 C0007 人的性别代码
AXCP0007	国籍	string	n3	Y	见JMGC/XX 204—2020 5.1.5 C0005 世界各国和地区名称代码
AXCP0008	民族	string	n2	Y	见JMGC/XX 204—2020 5.1.9 C0009 民族代码
AXCP0009	学历	string	n2	N	见JMGC/XX 204—2020 5.1.8 C0008 学历代码

续表

标识符	中文名称	数据类型	数据格式	必选项	备注
AXCP0010	健康状况	string	n2	N	见 JMGC/XX 204—2020 5.1.11 C0011 健康状况代码
AXCP0011	籍贯	string	..100	N	指曾祖父及以上父系祖先的长久居住地或出生地,原则上一般从父,个别特殊情况从母系的,原籍地是原来的籍贯
AXZX0001	手机号码	string	n11	N	11 位手机号码,第 1 位为 1,第二位为 3—9
AXZX0005	电子邮件	string	..100	N	
AXCP0012	人员状态	string	n1	Y	见 JMGC/XX 204—2020 5.1.34 C0034 人员状态代码
AXCP0037	婚姻状况	string	n2	Y	见 JMGC/XX 204—2020 5.1.10 C0010 婚姻状况代码

6.1.2 人员身份证件信息表

人员身份证件信息包括如下:

a)本表存储人员身份证基本信息;

b)表标识:XCP02;

c)主键:AXCP0001;

d)各字段定义见表 4。

表 4　人员身份证件信息表

标识符	中文名称	数据类型	数据格式	必选项	备注
AXCP0005	身份证件号码	string	..18	Y	对于身份证件类型为“内地居民身份证”的人员,值域见 GB 11643
AXCP0004	证件类型	string	n1	Y	见 JMGC/XX 204—2020 5.1.15 C0015 身份证件类型代码
AXCP0001	人员 ID	string	an32	Y	取值为 UUID,符合 GB/T 17969.8—2010 的规定

6.1.3 人员地址信息表

人员地址信息包括如下:

a)本表存储人员地址信息;

b)表标识:XCP03;

c)主键:AXCP0301;

d)各字段定义见表 5。

表5 人员地址信息表

标识符	中文名称	数据类型	数据格式	必选项	备注
AXCP0301	地址 ID	string	an32	Y	本记录的唯一标识，取值为UUID，符合 GB/T 17969.8—2010的规定
AXCP0001	人员 ID	string	an32	Y	人员信息表主键 AXCP0001
AXCP0018	省	string	an12	Y	两位行政区划代码，不足位后面补零
AXCP0019	市	string	an12	Y	四位行政区划代码，不足位后面补零
AXCP0020	区县	string	an12	Y	六位行政区划代码，不足位后面补零
AXCP0021	街道	string	an12	Y	九位行政区划代码，不足位后面补零
AXCP0022	详细地址	string	..100	Y	标准格式示例：××省××市××区××街道××××××
AXCP0023	地址类型	string	n1	Y	1 户籍地址 2 居住地址

6.1.4 人员婚姻关系信息表

人员婚姻关系信息包括如下：

a)本表存储人员婚姻关系信息；

b)表标识：XCP04；

c)主键：AXCP0401；

d)各字段定义见表6。

表6 婚姻关系信息表

标识符	中文名称	数据类型	数据格式	必选项	备注
AXCP0401	婚姻记录 ID	string	an32	Y	本记录的唯一标识，取值为UUID，符合 GB/T 17969.8—2010的规定
AXCP1001	人员 ID(男)	string	an32	Y	人员信息表主键 AXCP0001
AXCP1002	人员 ID(女)	string	an32	Y	人员信息表主键 AXCP0001
AXCP0036	婚姻行为	string	n2	Y	01 结婚登记 02 离婚登记 03 法院判决离婚 04 撤销婚姻

6.1.5 人员家庭关系信息表

人员家庭关系信息包括如下：

a)本表存储人员家庭关系信息;

b)表标识:XCP05;

c)主键:无;

d)各字段定义见表7。

表7　人员家庭关系信息表

标识符	中文名称	数据类型	数据格式	必选项	备注
AXCP1001	人员 ID(主)	string	an32	Y	人员信息表主键 AXCP0001
AXCP1002	人员 ID(从)	string	an32	Y	人员信息表主键 AXCP0001
AXCP0035	与本人关系	string	n2	Y	见 JMGC/XX 204—2020 5.1.32 C0032 家庭关系代码

6.1.6 人员收养关系信息表

人员收养关系信息包括如下:

a)本表存储人员收养关系信息;

b)表标识:XCP06;

c)主键:AXCP0601;

d)各字段定义见表8。

表8　人员收养关系信息表

标识符	中文名称	数据类型	数据格式	必选项	备注
AXCP0601	收养记录 ID	string	an32	Y	本记录的唯一标识,取值为 UUID,符合 GB/T 17969.8 的规定
AXCP0001_1	收养人员 ID	string	an32	Y	人员信息表主键 AXCP0001
AXCP0001_2	被收养人员 ID	string	an32	Y	人员信息表主键 AXCP0001
AXCP0033	与被收养人关系	string	n2	Y	01 养父 02 养母
AXCP0034	收养日期	date	YYYYMMDD	Y	

6.1.7 人员银行账户信息表

人员银行账户信息包括如下:

a)本表存储人员银行账户信息;

b)表标识:XCP07;

c)主键:AXCP0701;

d)各字段定义见表9。

表 9　人员银行账户信息表

标识符	中文名称	数据类型	数据格式	必选项	备注
AXCP0701	银行账户记录 ID	string	an32	Y	本记录的唯一标识，取值为 UUID，符合 GB/T 17969.8—2010 的规定
AXCP0001	人员 ID	string	an32	Y	人员信息表主键 AXCP0001
AXCP0027	个人开户银行代码	string	n4	N	见 JMGC/XX 204—2020 5.1.44 C0044 开户银行代码
AXCP0028	个人开户银行名称	string	..100	N	开户银行的名字全称
AXCP0029	个人开户银行账号	string	n30	Y	
AXCP0030	个人开户银行户名	string	..72	Y	开户人姓名

6.1.8 人员通行证信息表

人员通行证信息包括如下：

a)本表存储人员通行证信息；

b)表标识：XCP08；

c)主键：AXCP0801；

d)各字段定义见表 10。

表 10　人员通行证信息表

标识符	中文名称	数据类型	数据格式	必选项	备注
AXCP0801	通行证 ID	string	an32	Y	本记录的唯一标识，取值为 UUID，符合 GB/T 17969.8—2010 的规定
AXCP0001	人员 ID	string	an32	Y	人员信息表主键 AXCP0001
AXCP0014	通行证类型	string	n2	Y	01 港澳通行证 02 台湾通行证
AXCP0015	通行证号码	string	n18	Y	

6.1.9 人员职业信息表

人员职业信息包括如下：

a)本表存储人员职业信息；

b)表标识：XCP09；

c)主键：AXCP0901；

d)各字段定义见表 11。

表 11　人员职业信息表

标识符	中文名称	数据类型	数据格式	必选项	备注
AXCP0901	职业记录 ID	string	an32	Y	本记录的唯一标识，取值为 UUID，符合 GB/T 17969.8—2010 的规定
AXCP0001	人员 ID	string	an32	Y	人员信息表主键 AXCP0001
AXCP0016	职业代码	string	n2	Y	见 JMGC/XX 204—2020 5.1.17 C0017 职业分类代码
RECORDTIME	记录时间	datetime	YYYYMMDD hh:mm:ss	Y	

6.1.10 人员政治面貌信息表

人员政治面貌信息包括如下：

a）本表存储人员政治面貌信息；

b）表标识：XCP10；

c）主键：AXCP01001；

d）各字段定义见表 12。

表 12　人员政治面貌信息表

标识符	中文名称	数据类型	数据格式	必选项	备注
AXCP1001	政治面貌记录 ID	string	an32	Y	本记录的唯一标识，取值为 UUID，符合 GB/T 17969.8—2010 的规定
AXCP0001	人员 ID	string	an32	Y	人员信息表主键 AXCP0001
AXCP0017	政治面貌代码	string	n2	Y	见 JMGC/XX 204—2020 5.1.13 C0013 政治面貌代码

6.1.11 人员户籍信息表

人员户籍信息包括如下：

a）本表存储人员户籍信息；

b）表标识：XCP11；

c）主键：AXCP01101；

d）各字段定义见表 13。

表 13　人员户籍信息表

标识符	中文名称	数据类型	数据格式	必选项	备注
AXCP1101	户籍类型记录 ID	string	an32	Y	本记录的唯一标识，取值为UUID,符合 GB/T 17969.8—2010 的规定
AXCP0001	人员 ID	string	an32	Y	人员信息表主键 AXCP0001
AXCP0013	户籍类别	string	n2	Y	见 JMGC/XX 204—2020 5.1.31 C0031 户籍类别代码

6.1.12 人员劳动力信息表

人员劳动力信息包括如下：

a)本表存储人员劳动力信息；

b)表标识:XCP12；

c)主键:AXCP01201；

d)各字段定义见表 14。

表 14　人员劳动力信息表

标识符	中文名称	数据类型	数据格式	必选项	备注
AXCP1201	劳动能力记录 ID	string	an32	Y	本记录的唯一标识，取值为UUID,符合 GB/T 17969.8—2010 的规定
AXCP0001	人员 ID	string	an32	Y	人员信息表主键 AXCP0001
AXCP0024	劳动能力丧失情况	string	n2	Y	见 JMGC/XX 204—2020 5.1.14 C0014 劳动能力鉴定等级代码

6.1.13 人员照片信息表

人员照片信息包括如下：

a)本表存储人员照片信息；

b)表标识:XCP13；

c)主键:AXCP01301；

d)各字段定义见表 15。

表 15　人员照片信息表

标识符	中文名称	数据类型	数据格式	必选项	备注
AXCP1301	个人照片 ID	string	an32	Y	本记录的唯一标识，取值为UUID,符合 GB/T 17969.8—2010 的规定
AXCP0001	人员 ID	string	an32	Y	人员信息表主键 AXCP0001

续表

标识符	中文名称	数据类型	数据格式	必选项	备注
AXCP0026	照片存放路径	string	..100	Y	照片由金民工程统一文件存储系统管理存放,数据库仅记录存放地址路径

6.1.14 人员岗位证书信息表

人员岗位证书信息包括如下:

a)本表存储人员岗位证书信息;

b)表标识:XCP14;

c)主键:AXCP01401;

d)各字段定义见表16。

表16　人员岗位证书信息表

标识符	中文名称	数据类型	数据格式	必选项	备注
AXCP1401	专业岗位证书记录ID	string	an32	Y	本记录的唯一标识,取值为UUID,符合GB/T 17969.8—2010的规定
AXCP0001	人员ID	string	an32	Y	人员信息表主键AXCP0001
AXCP0031	人员专业岗位证书级别	string	n1	Y	见JMGC/XX 204—2020 5.1.53 C0053 专业岗位证书级别代码
AXCP0032	证书获取日期	date	YYYYMMDD	Y	

6.1.15 人员专业技术职务信息表

人员专业技术职务信息包括如下:

a)本表存储人员专业技术职务信息;

b)表标识:XCP15;

c)主键:AXCP01501;

d)各字段定义见表17。

表17　人员专业技术职务信息表

标识符	中文名称	数据类型	数据格式	必选项	备注
AXCP1501	专业技术职务记录ID	string	an32	Y	本记录的唯一标识,取值为UUID,符合GB/T 17969.8—2010的规定
AXCP0001	人员ID	string	an32	Y	人员信息表主键AXCP0001
AXCP0025	人员专业技术职务代码	string	n3	Y	见JMGC/XX 204—2020 5.1.20 C0020 专业技术职务代码

6.2 服务机构基础信息

6.2.1 管理者单位信息表

管理者单位信息包括如下：

a)本表存储管理者单位信息；

b)表标识：XBE01；

c)主键：AXBE0001；

d)各字段定义见表18。

表18　管理者单位信息表

标识符	中文名称	数据类型	数据格式	必选项	备注
AXBE0001	单位ID	string	an32	Y	本记录的唯一标识，取值为UUID，符合GB/T 17969.8—2010的规定
AXBE0002	统一社会信用代码	string	an18	Y	见GB 32100
AXBE0003	单位名称	string	..100	Y	
AXBE0004	单位状态代码	string	n2	Y	见JMGC/XX 204—2020 5.1.41 C0041 单位状态代码
AXBE0005	单位性质代码	string	n2	N	见JMGC/XX 204—2020 5.1.38 C0038 单位性质代码
AXBE0006	单位主管部门名称	string	..100	N	
AXBE0007	主管部门统一社会信用代码	string	an18	N	见GB 32100
AXBE0008	单位隶属关系代码	string	n2	N	见JMGC/XX 204—2020 5.1.42 C0042 单位隶属关系代码
AXBE0009	单位行业分类代码	string	n2	N	见JMGC/XX 204—2020 5.1.37 C0037 单位行业分类代码
AXBE0010	单位注册或登记号	string	..30	N	企业法人营业执照注册号、事业单位证书号、社团登记号
AXBE0011	单位编制人数	number		N	
AXBE0012	单位从事民政业务人数	number		N	
AXBE0013	单位联系电话	string	..18	N	区号(3—4)空格(1)号码(7—8)空格(1)分机号码(4)
AXBE0014	注册地址描述	string	..100	N	
AXBE0015	单位建立日期	date	YYYYMMDD	Y	
AXBE0016	单位注销日期	date	YYYYMMDD	N	
AXBE0028	单位注册资金	number		N	单位：元

6.2.2 被管理者单位信息表

被管理者单位信息包括如下：

a)本表存储被管理者单位信息；

b)表标识：XBE02；

c)主键：AXBE0001；

d)各字段定义见表 19。

表 19　被管理者单位信息表

标识符	中文名称	数据类型	数据格式	必选项	备注
AXBE0001	单位 ID	string	an32	Y	本记录的唯一标识，取值为 UUID，符合 GB/T 17969.8—2010 的规定
AXBE0002	统一社会信用代码	string	an18	Y	见 GB 32100
AXBE0003	单位名称	string	..100	Y	
AXBE0004	单位状态代码	string	n2	Y	见 JMGC/XX 204—2020 5.1.41 C0041 单位状态代码
AXBE0005	单位性质代码	string	n2	N	见 JMGC/XX 204—2020 5.1.38 C0038 单位性质代码
AXBE0006	单位主管部门名称	string	..100	N	
AXBE0007	主管部门统一社会信用代码	string	an18	N	见 GB 32100
AXBE0008	单位隶属关系代码	string	n2	N	见 JMGC/XX 204—2020 5.1.42 C0042 单位隶属关系代码
AXBE0009	单位行业分类代码	string	n2	N	见 JMGC/XX 204—2020 5.1.37 C0037 单位行业分类代码
AXBE0010	单位注册或登记号	string	an30	N	企业法人营业执照注册号、事业单位证书号、社团登记号
AXBE0011	单位编制人数	number		N	
AXBE0012	单位从事民政业务人数	number		N	
AXBE0013	单位联系电话	string	..18	N	区号(3—4)空格(1)号码(7—8)空格(1)分机号码(4)
AXBE0014	注册地址描述	string	..100	N	
AXBE0015	单位建立日期	date	YYYYMMDD	Y	
AXBE0016	单位注销日期	date	YYYYMMDD	N	
AXBE0028	单位注册资金	number		N	单位：元

6.2.3 单位法定代表人信息表

单位法定代表人信息包括如下：

a)本表存储单位法定代表人信息；

b)表标识：XBE03；

c)主键:无;

d)各字段定义见表20。

表20　单位法定代表人信息表

标识符	中文名称	数据类型	数据格式	必选项	备注
AXBE0001	单位 ID	string	an32	Y	本记录的唯一标识,取值为UUID,符合 GB/T 17969.8—2010的规定
AXBE0017	法定代表人姓名	string	..72	Y	同人员信息表“AXCP0002”
AXBE0018	法定代表人证件类型	string	n2	Y	见 JMGC/XX 204—2020 5.1.15 C0015 身份证件类型代码
AXBE0019	法定代表人证件号码	string	an18	Y	对于证件类型为“内地居民身份证”的人员,身份证件号码值域见 GB 11643
AXBE0020	任职日期始	date	YYYYMMDD	N	
AXBE0021	任职日期止	date	YYYYMMDD	N	

6.2.4 单位地址记录表

单位地址记录信息包括如下:

a)本表存储单位地址记录;

b)表标识:XBE04;

c)主键:无;

d)各字段定义见表21。

表21　单位地址记录表

标识符	中文名称	数据类型	数据格式	必选项	备注
AXBE0001	单位 ID	string	an32	Y	本记录的唯一标识,取值为UUID,符合 GB/T 17969.8—2010的规定
AXBE0022	地址类型	string	n1	Y	1 注册地址 2 办公地址
AXBE0023	省	string	n12	Y	两位行政区划代码,不足位后面补零
AXBE0024	市	string	n12	Y	四位行政区划代码,不足位后面补零
AXBE0025	区县	string	n12	Y	六位行政区划代码,不足位后面补零
AXBE0026	街道	string	n12	Y	九位行政区划代码,不足位后面补零
AXBE0027	详细地址	string	..200	Y	标准格式示例:××省××市××区××街道×××××××

6.3 行政区划信息

6.3.1 省级行政区划信息表

省级行政区划信息包括如下：

a)本表存储省级行政区划信息；

b)表标识：XAA01；

c)主键：AXAA0001；

d)各字段定义见表22。

表22　省级行政区划信息表

标识符	中文名称	数据类型	数据格式	必选项	备注
AXAA0001	行政区划代码	string	n12	Y	1. 两位省级行政区划代码，不足位后面补零 2. 前6位见GB/T 2260(《中华人民共和国行政区划代码》)，后3位见GB/T 10114—2003(《县以下行政区划代码编码规则》)，后3位为村或社区编码
AXAA0002	行政区划单位	string	..50	Y	行政区划标准名称，例如：四川省
AXAA0003	行政区划简称	string	2	Y	长度：一个字，例如：湘
AXAA0004	简拼	string	..30	N	简拼，例如：Bājífǔ Jiēdào
AXAA0005	行政区划长途电话区号	string	..4	N	行政区域常用电话区划号码，例如：成都，区号为028

6.3.2 市级行政区划信息表

市级行政区划信息包括如下：

a)本表存储市级行政区划信息；

b)表标识：XAA02；

c)主键：AXAA0001；

d)各字段定义见表23。

表23　市级行政区划信息表

标识符	中文名称	数据类型	数据格式	必选项	备注
AXAA0001	行政区划代码	string	n12	Y	1. 四位市级行政区划代码，不足位后面补零 2. 前6位见GB/T 2260(《中华人民共和国行政区划代码》)，后3位见GB/T 10114—2003(《县以下行政区划代码编码规则》)，后3位为村或社区编码

续表

标识符	中文名称	数据类型	数据格式	必选项	备注
AXAA0002	行政区划单位	string	..50	Y	行政区划标准名称,例如:成都市
AXAA0003	行政区划简称	string	2	Y	长度:一个字,例如:蓉
AXAA0004	简拼	string	..30	N	简拼,例如:Bājǐfǔ Jiēdào
AXAA0005	行政区划长途电话区号	string	..4	N	行政区域常用电话区划号码,例如:成都,区号为028

6.3.3 县级行政区划信息表

县级行政区划信息包括如下:

a)本表存储县级行政区划信息;

b)表标识:XAA03;

c)主键:AXAA0001;

d)各字段定义见表24。

表24　县级行政区划信息表

标识符	中文名称	数据类型	数据格式	必选项	备注
AXAA0001	行政区划代码	string	n12	Y	1. 四位县级行政区划代码,不足位后面补零 2. 前6位见GB/T 2260(《中华人民共和国行政区划代码》),后3位见GB/T 10114—2003(《县以下行政区划代码编码规则》),后3位为村或社区编码
AXAA0002	行政区划单位	string	..50	Y	行政区划标准名称,例如:锦江区
AXAA0004	简拼	string	..30	N	简拼,例如:Bǎjǐfǔ Jiēdào
AXAA0012	是否标准区划	boolean		Y	该区划代码是否为官方已发布的标准区划

6.3.4 乡镇级行政区划信息表

乡镇级行政区划信息包括如下:

a)本表存储乡镇级行政区划信息;

b)表标识:XAA04;

c)主键:AXAA0001;

d)各字段定义见表25。

表 25　乡镇级行政区划信息表

标识符	中文名称	数据类型	数据格式	必选项	备注
AXAA0001	行政区划代码	string	n12	Y	1. 四位乡镇级行政区划代码，不足位后面补零 2. 前 6 位见 GB/T 2260(《中华人民共和国行政区划代码》)，后 3 位见 GB/T 10114—2003(《县以下行政区划代码编码规则》)，后 3 位为村或社区编码
AXAA0002	行政区划单位	string	..50	Y	行政区划标准名称，例如：盐市口街道办事处
AXAA0004	简拼	string	..30	N	简拼，例如：Bājífǔ Jiēdào
AXAA0012	是否标准区划	boolean		Y	该区划代码是否为官方已发布的标准区划

6.3.5 村级行政区划信息表

村级行政区划信息包括如下：

a)本表存储村级行政区划信息；

b)表标识：XAA04；

c)主键：AXAA0001；

d)各字段定义见表 26。

表 26　村级行政区划信息表

标识符	中文名称	数据类型	数据格式	必选项	备注
AXAA0001	行政区划代码	string	n12	Y	1. 十二位乡级行政区划代码 2. 前 6 位见 GB/T 2260(《中华人民共和国行政区划代码》)，后 3 位见 GB/T 10114—2003(《县以下行政区划代码编码规则》)，后 3 位为村或社区编码
AXAA0002	行政区划单位	string	..50	Y	行政区划标准名称，例如：青年路社区居委会
AXAA0004	简拼	string	..30	N	简拼，例如：Bājífǔ Jiēdào
AXAA0012	是否标准区划	boolean		Y	该区划代码是否为官方已发布的标准区划

6.3.6 行政区划关系表

行政区划关系包括如下：

a)本表存储行政区划关系；

b)表标识：XAA06；

c)主键:AXAA0001;

d)各字段定义见表27。

表27　行政区划关系表

标识符	中文名称	数据类型	数据格式	必选项	备注
AXAA0001	行政区划代码	string	n12	Y	前6位见GB/T 2260(《中华人民共和国行政区划代码》),后3位见GB/T 10114—2003(《县以下行政区划代码编码规则》),后3位为村或社区编码,不足位补零
AXAA0006	上级行政区划代码	string	n12	Y	省级的上级行政区域代码为国家级代码12位0
EFFECTIVE	是否有效	boolean		Y	

6.3.7 行政区划变更记录表

行政区划变更记录包括如下:

a)本表存储行政区划变更记录;

b)表标识: XAA07;

c)主键:AXAA0001;

d)各字段定义见表28。

表28　行政区划变更记录表

标识符	中文名称	数据类型	数据格式	必选项	备注
AXAA0001	行政区划代码	string	n12	Y	前6位见GB/T 2260(《中华人民共和国行政区划代码》),后3位见GB/T 10114—2003(《县以下行政区划代码编码规则》),后3位为村或社区编码
AXAA0009	变更类型	string	n1	Y	1 区划新增(拆分) 2 区划撤销(合并) 3 区划代码变更(单位可变可不变) 4 行政区划单位变更(代码不变)
AXAA0010	原行政区划代码	string	n12	N	变更前行政区划代码
AXAA0011	原行政区划单位	string	..50	N	行政区划标准名称,例如:八吉府街道

7 基础数据服务接口总体要求

7.1 接口类型要求

基础数据服务支持 HTTP/HTTPS、WebService 两种服务类型，接口参数数据全部使用 UTF—8 编码格式。

接口返回数据可选取采用 XML 和 JSON 两种格式，WebService 方法调用只能返回 XML 格式。

7.2 接口要求

使用基础数据服务接口应满足以下要求：

a）服务接口的请求参数应和接口登记时录入的参数完全一致；

b）返回错误码应和接口登记时录入的参数完全一致；

c）返回数据时的数据项名称应和接口登记的数据项英文名完全一致；

d）接口登记的数据项英文名应和信息资源目录注册的信息项英文名保持一致；

e）资源提供方开发的服务接口，无论是 HTTP 类型的服务接口还是 WebService 类型的服务接口，在设计传入参数时，不可在 Header 传递参数，应在 Body 中进行传递；

f）如果提供接口存在管控参数，例如：密钥、用户名、密码等，需要告知应用支撑平台具体参数数据并给予访问权限，管控值应固定；

g）服务提供方应明确原始接口地址是否有调用限制，例如，有 IP 或端口限制；

h）服务参数不可是接口 URL 的一部分，即：不可 URL 路径传参。

7.3 请求参数要求

请求可采用 URL 参数传参的方式，例如：param1 = value1&param2 = value2 ，

也可采用 JSON 传参，例如：{“param1”:“value1”,“param2”:“value2”}，

请求方法 POST 和 GET 均可。

7.4 返回数据要求

返回数据采用 JSON，返回数据应包含业务 code、业务提示信息、业务数据三个部分，示例如下：

```
{
    “code”:“001”,
    “msg”:“执行成功”,
    “biz_data”:{
        “aac001”:“01”,
        “aac002”:[{“yab001”:“1”}]
    }
}
```

7.5 状态码

接口调用成功或失败返回的状态码,见表29。

表 29　状态码

代码	说明
-101	参数错误
-102	数字证书签名失败
-103	接入系统不存在或已被禁用
-104	此 IP 未被允许访问服务
-105	服务器繁忙,请稍后重试
-106	非平台协议服务需要通过配置的接口地址访问
-107	服务未定义或已下线

8 基础数据服务接口管理要求

8.1 人员数据服务接口管理要求

人员数据服务分为人员信息查询接口、人员信息新增接口和人员信息更新接口。使用限制如下:

a)业务系统均可调用人员信息查询服务接口,但应有调用次数限制;

b)使用人员信息查询服务接口时,应传入 AXCP0002(姓名)和 AXCP0005(身份证件号码)两个参数;

c)人员婚姻状态信息仅可由婚姻管理业务系统,调用人员信息新增服务或人员信息更新服务接口对其进行变更;

d)人员状态信息仅可由殡葬管理业务系统,调用人员信息新增服务或人员信息更新服务接口对其进行变更。

8.2 服务机构数据服务接口管理要求

服务机构数据服务分为服务机构查询服务接口、服务机构新增服务接口和服务机构更新服务接口。使用限制如下:

a)业务系统均可调用服务机构查询服务接口,但应有调用次数限制;

b)使用服务机构查询服务接口时,应传入 AXBE0002(统一社会信用代码)和 AXBE0003(单位名称)两个参数;

c)单位性质为“社会组织”的服务机构数据仅可由社会组织管理业务,通过服务机构新增服务接口或服务机构更新服务接口进行维护,其他业务系统不可进行新增和更新。

8.3 行政区划接口管理要求

行政区划数据接口分为行政区划查询服务接口、行政区划新增服务接口和行政区划更新服务接口。使用限制如下：

a)业务系统均可调用行政区划查询服务接口,但应有调用次数限制；

b)区划地名系统和应用支撑平台统一资源权限管理系统可调用行政区划新增服务接口和行政区划更新服务接口更新所有区划数据,其他应用系统不可新增和更新标准区划数据。

注：AXAA0012(是否标准区划)值为 false 的行政区划数据。

JMGC

民 政 部 金 民 工 程 标 准

JMGC/XX 212—2020

金民工程 电子报文要求

2020－12－30 发布　　　　2020－12－30 实施

民政部信息中心 发布

目　次

前　言

本文件按照 GB/T 1.1—2020《标准化工作导则 第1部分:标准化文件的结构和起草规则》的规定起草。

请注意本文件的某些内容可能涉及专利。本文件的发布机构不承担识别专利的责任。

本文件由民政部信息中心提出并归口。

本文件起草单位:民政部信息中心、四川久远银海软件股份有限公司。

本文件主要起草人:王兴玲、张建民、张彤、陶亮、钟爱伦、刘渝、李双君、陈超、欧海莉、王荣。

金民工程 电子报文要求

1 范围

本文件规定了金民工程项目中以电子报文方式进行数据传输交换的要求。

本文件适用于金民工程项目。

2 规范性引用文件

下列文件中的内容通过文中的规范性引用而构成本文件必不可少的条款。其中,注日期的引用文件,仅该日期对应的版本适用于本文件;不注日期的引用文件,其最新版本(包括所有的修改单)适用于本文件。

JMGC/YW 406—2020 金民工程信息化术语

3 术语和定义

JMGC/YW 406—2020 界定的术语和定义适用于本文件。

4 报文通讯方式

报文通讯方式采用 SOCKET 协议。

5 符号约定要求

5.1 数据类型

本文件中使用的数据类型见表 1。

表 1　数据类型

数据类型	说明
string(字符型)	通过字符形式表达的值的类型
number(整数型)	通过"0"到"9"数字表达的整数类型的值
float(浮点型)	通过"0"到"9"数字和小数点"."表达的实数
date(日期型)	通过 YYYYMMDD 的形式表达的值的类型
datetime(日期时间型)	通过 YYYYMMDD hh:mm:ss 的形式表达的值的类型
boolean(布尔型)	两个且只有两个表明条件的值

5.2 数据文件格式约定

数据文件格式约定要求包括但不限于如下：

a)原始数据文件为纯文本文件；

b)数据文件内主体采用定长报文格式,字符型数据不足位用空格填充,数字型数据不足位前补0,没有分隔符；

c)日期的格式为 YYYYMMDD；

d)文件命名规则如下：

XXXXXXXX +“_” + YYYYYYYY + “_” + nnnnnnn +“_”+ YYYYMMDD +“_”+ BATCHNO +“. txt”

其中：

XXXXXXXX：表示文件发送方代码；

YYYYYYYY：表示文件接收方代码；

nnnnnnnn：文件类型代码；

YYYYMMDD：发送文件的年月日；

BATCHNO：数据批次号,该批次号为不重复的流水号；

例如,“12345678 _87654321 _ NJF01001 _20120205 _432094830284734. txt”表示发送方12345678 发送给受托人系统 87654321 的类型为 NJF01001 的文件,该文件是 2012 年 2 月 5 日发送,数据批次号为 432094830284734；

e)文件的正文需逐行加密,采用国模 SM4 加密算法,文件的签名和解密密钥通过 SOCKET 报文传输；

f)文件发送前采用 gzip 算法进行压缩,压缩文件名在原文本文件名后直接添加扩展名 . gz。例如：“12345678_87654321_ NJF01001_20120205_432094830284734. txt. gz”。

6 报文格式约定

6.1 报文的签名与加密

报文数据的签名算法应采用 SHA1WithRSA。

加密算法应采用国密 SM4 算法。

6.2 报文构成

SOCKET 消息格式分为消息头、消息体两部分。其中消息头由报文长度、接入方代码、交易编号三个固定长度的子项组成。消息头和签名域明文传输、消息体加密传输。消息格式完整定义参见表 2。

表 2　消息格式完整定义

消息头			消息体
报文长度	密钥域	消息正文明文的签名	消息正文
4 字节、明文	128 字节、加密密文	128 字节、签名	不定长、加密密文

a)报文长度域:由 4 个字节组成的 16 进制数字,代表消息体长度加上数字签名域的长度,比如前面 4 个字节的 hex 码为 0x00000666,代表后续报文长度为 1638 字节,即消息体 + 数字签名域的长度为 1638 字节,不包括报文长度域本身的 4 个字节长度;

b)消息体:报文的正文即数据主体;

c)数字签名域:128 位的数字签名。

6.3 消息体语法

消息体采用 XML 格式描述,消息体的语法规则完全遵循 XML 语法规则,编码字符集为 UTF—8。每一个消息体由一个通用域和一个业务域组成。整个 XML 格式的消息体以 <PensionData> 为根节点,通用域没有节点,业务域以 <PensionInfo> 为节点名称。注意,在本文中,为方便阅读,XML 节点中可能使用了大小写字母。但在实际使用中,XML 的所有节点均使用小写字母。消息体报文格式如下:

```
<? xml version = "1.0" encoding = "UTF—8" ? >
<PensionData>
    通用域
<PensionInfo>业务域</PensionInfo>
</PensionData>
```

每一笔交互消息有一个通用域,该通用域指明消息类型、发送起始点、发送目的地、发送时间、消息标识号以及其他一些通用信息。通用域数据指标项参见表 3。

表 3　通用域数据指标项

要素名称	XMLTag	是否必填	元素类型	备注
标准版本号	<Version>	Y	X4	例如:v1.0
发送机构	<SendCode>	Y	X30	消息发送者标识
接收机构	<ReceiveCode>	Y	X30	消息接收者标识
发送人	<SenderName>	N	X50	发送人
接收人	<ReceiverName>	N	X50	接收人
日期	<SendDate>	Y	N8	消息发送日期,格式:YYYYMMDD
时间	<SendTime>	Y	N6	消息发送时间,格式:HHMMSS
数据集类型	<DataSetType>	N	X4	本数据文件中所包含的数据集类型
交易编号	TypeCode	Y	X4	
数据集名称	TypeName	N	X30	

续表

要素名称	XMLTag	是否必填	元素类型	备注
数据集类型	</DataSetType>			
摘要	<dgst>	N	X200	
返回代码	<AppCode>	N	X4	AppCode,AppMsg 仅出现且必须出现在应答报文中。用于标识应答方处理成功失败情况。其中返回代码为"0000"时表示正常,此时 AppMsg 可以为空;返回代码不为"0000"时,必须有返回信息来描述异常或失败原因。 0000 正常 1001 后续未列出的其他原因的失败 1002 重复的报文标识 1003 通讯报文头格式错误 1004 通讯业务体格式错误 1005 报文签名验证失败 1006 密钥不一致 5001 原交易不存在 9900 备用自定义编码 9999 因不符合业务规则引发的失败
出错提示信息	<AppMsg>	N	X500	

6.4 消息报文示例

6.4.1 请求报文

消息体明文部分如下：


```
<? xml version = "1.0"  encoding = "utf-8"?  >
<pensiondata>
    <version>1.0.0</version>
    <sendcode>S51</sendcode>
    <receivecode>T01</receivecode>
    <sendername/>
    <receivername/>
    <senddate>20170517</senddate>
    <sendtime>103149</sendtime>
    <datasettype>
        <typecode>1201</typecode>
        <typename/>
    </datasettype>
    <pensioninfo>
        <serviceResponse>
            <authenticationSuccess>
                <user>bzyw130102</user>
                <attributes>
                    <country>CN</country>
                    <unionid>oFtC6s1VbainMc239YpECq5tkCt8</unionid>
                    <city>Mianyang</city>
                    <openid>onXIewH5wgORgyz1BcMeGYpT4fk4</openid>
                    <sex>1</sex>
                    <language>zh_CN</language>
```

```
                    <privilege>[ ]</privilege>
                    <access_token>38_0EglaXIZVOoO1Wt_UIJ_ </access_token>
                    <refresh_token>38_wL-yD3qgb9fsst94 </refresh_token>
                    <province>Sichuan</province>
                    <nickname>张三</nickname>
                    <headimgurl> </headimgurl>
                    <expires_in>7200</expires_in>
                </attributes>
            </authenticationSuccess>
        </serviceResponse>
    </pensioninfo>
</pensiondata>
```


SOCKET 报文全文：

假设消息体明文部分的长度为 733，加密后的长度为 736。因加密后密钥的密文及报文签名的长度均为 128，因此，报文的总长度为 736 + 128 + 128 = 992，992 的 16 进制值为 0x03E0，往前填充两个 0x00，达到约定的 4 字节长度，结果为 0x000003E0。则完整的 SOCKET 报文全文示例如下：

0x000003E0 用 RSA 算法加密后的 AES 密钥的密文消息体明文的 RSA 签名数据用 AES 算法加密后的消息体。

6.4.2 应答报文

应答报文格式和请求报文完全一样，但消息体的公共域部分增加了 AppCode 和 AppMsg 两个节点，分别表示返回代码和出错提示信息。PensionInfo 节点内的由各业务环节业务要素确定。示例如下：


```
<? xml version="1.0" encoding="utf-8"? >
<pensiondata>
    <version>1.0.0</version>
    <sendcode>S51</sendcode>
    <receivecode>T01</receivecode>
    <sendername/>
    <receivername/>
    <senddate>20170517</senddate>
    <sendtime>103149</sendtime>
    <datasettype>
        <typecode>1201</typecode>
        <typename/>
    </datasettype>
    <appcode>0000</appcode>
    <appmsg> </appmsg>
    <pensioninfo>
        <bizcontent>
            <isbizsuccess>true</isbizsuccess>
            <data> </data>
            <message> </message>
```

```
        </bizcontent>
    </pensioninfo>
</pensiondata>
```

JMGC

民 政 部 金 民 工 程 标 准

JMGC/XX 213—2020

民政监管业务数据交换要求

2020－12－30 发布　　　　2020－12－30 实施

民政部信息中心 发布

目　　次

前　言

本文件按照 GB/T 1. 1—2020《标准化工作导则 第 1 部分:标准化文件的结构和起草规则》的规则起草。

请注意本文件的某些内容可能涉及专利。本文件的发布机构不承担识别专利的责任。

本文件由民政部信息中心提出并归口。

本文件主要起草单位:民政部信息中心、东软集团股份有限公司。

本文件主要起草人:王兴玲、李杰、文长军、高媛、杨天荣、王伟、宋磊、徐洪凯。

民政监管业务数据交换要求

1 范围

本文件规定了金民工程一期民政政务监管系统建设项目与国家“互联网+监管”系统、各省“互联网+监管”系统数据交换的实现方式,包括接口调用方式、库表对接方式以及交换内容的具体描述。

本文件适用于金民工程一期民政政务监管系统建设项目与国家“互联网+监管”系统、各省“互联网+监管”系统之间的数据交换的实现。

2 规范性引用文件

下列文件对于本文件的应用是必不可少的。凡是注日期的引用文件,仅注日期的版本适用于本文件;凡是不注日期的引用文件,其最新版本(包括所有的修改单)适用于本文件。

JMGC/YW 438—2020 民政监管数据元

C5106—2019 国家“互联网+监管”系统监管数据标准

3 术语和定义

下列术语和定义适用于本文件。

3.1 统一数据交换平台

金民工程应用支撑平台的组成部分,是金民工程实现数据交换的平台,主要提供数据传输、数据适配、数据交换日志、数据访问控制、数据交换流程管理、数据存取等服务。

3.2 部级交换节点

部省数据交换中,部级的前置库服务器。

3.3 省级交换节点

部省数据交换中,各省的前置库服务器。

3.4 API 网关

金民工程统一数据交换平台中负责进行服务调度的功能模块,包括服务接入、服务发布、服务转发、服务调用等功能。

4 缩略语

下列缩略语适用于本文件。

HTTP 超文本传输协议 Hyper Text Transfer Protocol。

JSON 是一种轻量级的数据交换格式 Java Script Object Notation。

ETL 用来描述将数据从来源端经过抽取、转换、加载至目的端的过程 Extract Transform Load。

5 与国家、省级数据交换概述

民政政务监管系统与国家“互联网 + 监管”系统、省级系统的数据交换是以国家、部级和省级为单位统一进行的,省级通过统一数据交换平台汇聚所有需要上报的民政业务数据,统一上报至民政部;民政部通过统一数据交换平台汇聚所有需要上报的民政业务数据,统一上报至国家;国家通过统一数据交换平台汇聚所有需要回流的民政业务数据,统一进行回流至民政部;部级通过统一数据交换平台汇聚所有需要回流的民政业务数据,统一进行回流至省(直辖市)。

民政政务监管系统与国家“互联网 + 监管”系统、省级系统数据交换分为实时数据交换和批量数据交换,实时数据交换可通过 API 网关以接口调用方式实现,批量数据交换可通过统一数据交换平台的前置库对接方式实现。民政政务监管系统与国家“互联网 + 监管”系统、省级系统数据交换包括数据上报和数据回流。数据上报是指省级将本地存储的民政数据上报到部级,部级将本地存储的民政数据上报到国家;数据回流是指国家将民政数据回流到部级,部级将全国大集中部署的监管系统数据按归属地回流到省级。民政政务监管系统与国家“互联网 + 监管”系统、省级系统数据交换关系如图 1 所示。

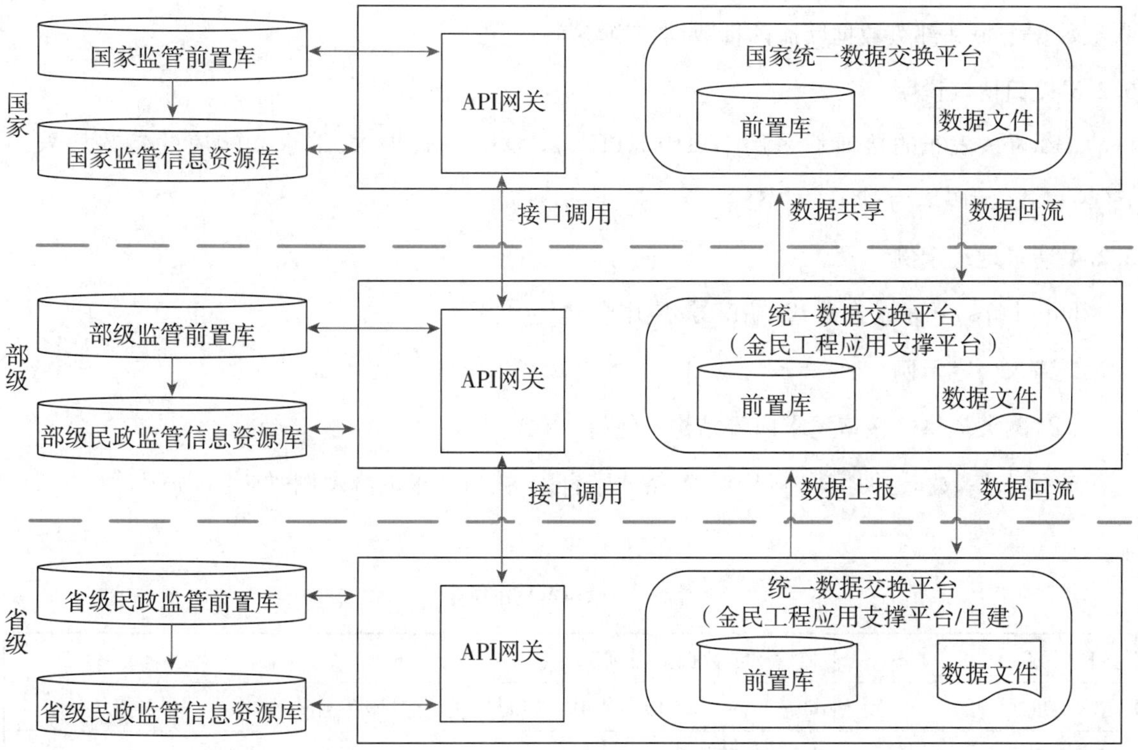

图 1　国家、民政部、省数据交换关系示意

a)数据上报

数据存储在省级民政信息资源库,按照 JMGC/YW 438—2020 标准文件进行数据上报,通过统一数据交换平台交换至部级民政信息资源库中;数据存储在部级民政信息资源库,按照 C5106—2019 标准文件进行数据上报。

b)数据回流

数据存储在国家监管资源库,按照 C5106—2019 标准文件进行数据回流;数据存储在部级民政信息资源库,按照 JMGC/YW 438—2020 标准文件进行数据回流,通过统一数据交换平台将数据回流至省级民政信息资源库中。

6 数据交换方式

6.1 交换方式

统一数据交换平台支持两种交换方式:接口调用方式、库表对接方式。

6.2 接口调用方式

6.2.1 方式说明

接口调用方式适用于数据实时共享交换。部级交换节点通过 API 网关发布接口服务供省级交换节点调用,省级交换节点通过调用这些接口实现数据实时上报和回流。

6.2.2 接口类型说明

部级 API 网关发布的接口服务分为数据上报接口和数据回流接口,这两类接口分别应用于省级数据上报和部级数据回流两种数据交换场景。

6.2.3 接口协议说明

API 网关发布的接口均采用 HTTP(HTTPS) POST 方式提供,请求和响应的参数均采用 JSON 格式,编码均为 UTF—8 格式。

6.2.4 请求地址示例

http(https)://域名或 IP:端口号/应用名_服务名。

6.2.5 请求内容示例

API 网关提供的接口请求内容结构均保持一致。

a)请求参数和返回值均采用 JSON 格式字符串,接口请求内容示例,如表 1 所示。

表 1 接口请求示例

接口名称	监管事项数据上报接口
请求地址	http(https)://域名或 IP:端口号/应用名_服务名
接口协议	HTTP(HTTPS)
请求类型	POST

续表

请求 Header 设置	
Content - Type	application/json;charset = utf - 8
请求 Body 格式(请求参数)	

{
"access_key":"hydj",
"format":"json",
"request_id":"3fc89826ad5c4e8fbf40",
"timestamp":"1553737749174",
"sign":"",
"biz_content":{
}
}	

返回值	

{
"msg":"接入系统不存在或已被禁用",
"code":"103",
"biz_data":""
}	

b)请求参数采用 JSON 格式字符串,请求参数说明如表 2 所示。

表 2　接口请求参数说明

参数代码	参数名称	数据格式	是否必填	注释说明
access_key	接入系统标识	string	是	在微服务中注册的系统标识
format	返回数据格式 json/xml	string	否	返回格式为 json/xml
request_id	请求唯一编码(流水号)	string	否	请求的唯一流水号
sign	参数签名	string	是	对传入参数签名后的字符串
timestamp	发送请求的时间(ms)	string	是	精确到毫秒
version	版本	string	否	微服务版本号
biz_content	入参	string	是	具体的业务接口输入参数,见表 3

注:不同接口的 biz_content 参数内容由具体的接口技术对接文档说明。

c)接口返回值说明如表 3 所示。

表 3　接口返回值说明

参数代码	参数名称	数据格式	是否必填	注释说明
code	运行代码	string	Y	运行代码

续表

msg	信息提示	string	N	信息提示
biz_data	业务数据	string	N	返回数据,JSON 格式

范例	运行异常:
	{
	"msg":"接入系统不存在或已被禁用",
	"code":"103",
	"biz_data":""
	}			

注:不同接口的 biz_data 业务数据由具体的接口技术对接文档说明。

6.2.6 运行代码说明

接口调用成功或失败返回的运行代码,如表 4 所示。

表 4　服务接口调用返回运行代码说明

代码	运行代码说明
101	参数错误
102	数字证书签名失败
103	接入系统不存在或已被禁用
104	此 IP 未被允许访问服务
105	服务器繁忙,请稍后重试
106	非平台协议服务需要通过配置的接口地址访问
107	服务未定义或已下线
108	服务不可用
109	不支持的数据库
110	不支持的数据类型
200	调用成功
201	无访问服务权限
202	无服务字段权限
300	执行错误
400	服务处于熔断状态,请稍后再试

6.3 库表对接方式

6.3.1 方式说明

库表对接方式是通过在国家、部级、省级交换节点之间搭建前置库,将要交换的数据通过前置库进行对接交换,这种方式一般用于实现大批量的数据交换。如图 2 所示。

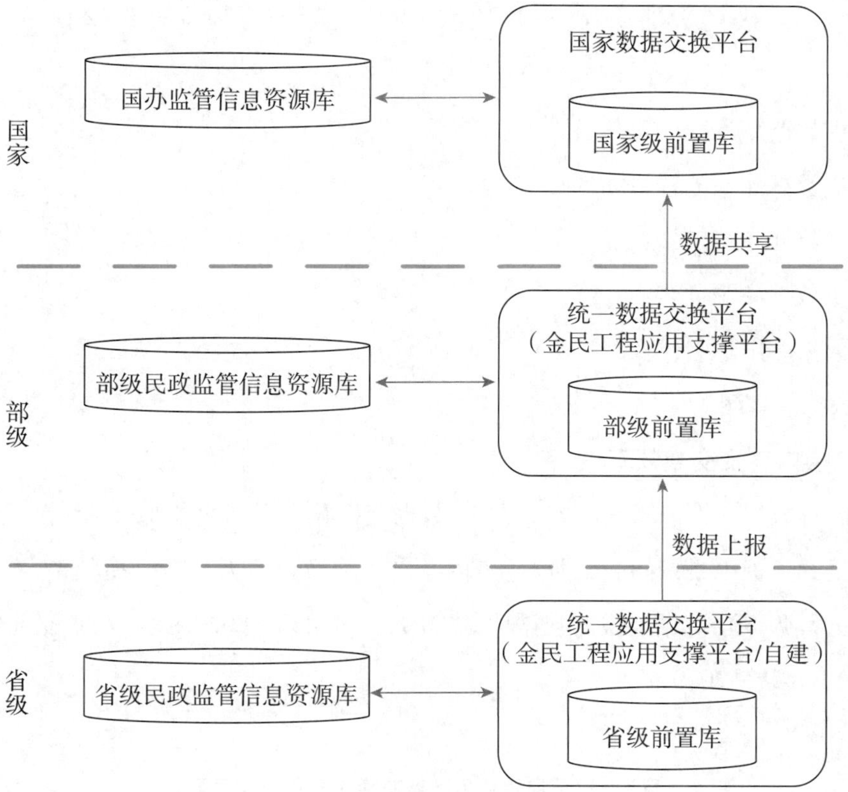

图 2　国家、部级、省级部署交换库示意

6.3.2 对接步骤

采用库表对接方式进行数据交换时，应遵循以下步骤：

a）表资源目录发布：部级交换节点将按国家监管数据交换标准整理成表资源目录，并将此目录进行发布，告知省级交换节点要交换的数据资源。

b）搭建前置库：部级交换节点在部级前置库上创建相应的前置库数据表，省级交换节点在省级前置库上建立与部级一一对应的前置库数据表。部级交换节点在与国家交换数据的前置机服务器上同步创建与国家一一对应的前置库数据表。

c）数据交换：省级将需要上报的数据推送到省级前置库中，部级统一数据交换平台通过定时任务，从省级前置库中将上报数据抽取到部级前置库中，再通过国家数据交换平台，将数据上传到国家监管信息资源库中。

d）确认机制：上报数据推送到国家、部级、省级前置库后，部级统一数据交换平台会到部级、省级前置库中去采集上报数据对账信息（数据表上报记录总数、其中新增记录数、更新记录数、删除记录数），然后进行数据抽取。当数据抽取完成后，再与抽取数据前记录的上报信息进行对账比对，如果比对结果一致则确认此次数据上报任务成功完成。

e）异常处理：国家、部、省三级的交换节点需各自查找错误原因，然后重新上报或回流这批数据，直到对账成功。数据异常处理详见 7.1.5。

6.3.3 数据库库表交换参数

基于数据库库表的数据交换方式，国家、省级交换节点应向部级交换节点提供以下信息：

a）前置机数据库类型；

b）前置机数据库服务器 IP 地址；

c）前置机数据库端口号；

d）前置机数据库服务名；

e）登录数据库用户名；

f）登录数据库密码。

6.3.4 数据交换内容及交换频率

国家、部、省数据交换以增量的方式进行，数据交换频率根据业务要求灵活配置。民政监管业务数据上报的表资源目录如表 5 所示（表内给出的交换频率为参考交换频率，实际交换频率应根据需求进行调整），数据上报的数据项见 JMGC/YW 438—2020 标准文件，数据回流的数据项见 JMGC/YW 438—2020 标准文件。

表 5　民政监管业务数据交换内容及交换频率

业务类别		表中文名	表英文名	交换频率	汇聚范围
民政监管	监管事项	监管事项信息表	ZGX01	1 次/天	各省、民政部、国家
		监管事项子项信息表	ZGX02	1 次/天	各省、民政部、国家
		监管事项检查实施清单信息表	ZGX03	1 次/天	各省、民政部、国家
		监管事项行政许可信息表	ZGX04	1 次/天	各省、民政部、国家
	监管对象	法人基本信息表	ZGX13	1 次/天	各省、民政部、国家
		自然人信息表	ZGX14	1 次/天	各省、民政部、国家
	执法人员	执法监管人员信息表	ZGX20	1 次/天	各省、民政部、国家
	监管行为	行政检查行为信息表	ZGX30	1 次/天	各省、民政部、国家
		行政处罚行为信息表	ZGX31	1 次/天	各省、民政部、国家
		其他行为信息表	ZGX39	1 次/天	各省、民政部、国家
	双随机、一公开	双随机一公开数据的年度计划信息表	ZGX40	1 次/天	各省、民政部、国家
		双随机一公开数据的年度计划抽查的监管对象信息表	ZGX41	1 次/天	各省、民政部、国家
		双随机一公开数据的专项计划信息表	ZGX42	1 次/天	各省、民政部、国家
		双随机一公开数据的专项计划抽查的监管对象信息表	ZGX43	1 次/天	各省、民政部、国家
	联合监管	联合监管任务书信息表	ZGX50	1 次/天	各省、民政部、国家
		联合监管检查对象信息表	ZGX51	1 次/天	各省、民政部、国家
		联合监管任务反馈关联表	ZGX52	1 次/天	各省、民政部、国家

续表

业务类别		表中文名	表英文名	交换频率	汇聚范围
民政监管	信用信息	信用评估结果信息表	ZGX60	1 次/天	各省、民政部、国家
		组织机构行政处罚记录信息表	ZGX61	1 次/天	各省、民政部、国家
		活动异常名录信息表	ZGX62	1 次/天	各省、民政部、国家
		组织机构严重违法失信名单信息表	ZGX63	1 次/天	各省、民政部、国家
		自然人严重违法失信名单信息表	ZGX66	1 次/天	各省、民政部、国家
		自然人行政处罚记录信息表	ZGX67	1 次/天	各省、民政部、国家
	投诉举报	监管投诉举报用户信息表	ZGX71	1 次/天	各省、民政部、国家
		监管投诉信息表	ZGX72	1 次/天	各省、民政部、国家
		监管举报信息表	ZGX73	1 次/天	各省、民政部、国家
		监管催办信息表	ZGX76	1 次/天	各省、民政部、国家
		监管投诉举报附件信息表	ZGX77	1 次/天	各省、民政部、国家
	风险预警	风险预警信号信息表	ZGX80	1 次/天	各省、民政部、国家
		风险预警线索反馈信息表	ZGX81	1 次/天	各省、民政部、国家
	知识库	法律法规库信息表	ZGX90	1 次/天	各省、民政部、国家
		案例库信息表	ZGX91	1 次/天	各省、民政部、国家
		预案库信息表	ZGX92	1 次/天	各省、民政部、国家
		风险特征库信息表	ZGX93	1 次/天	各省、民政部、国家
		规则库信息表	ZGX94	1 次/天	各省、民政部、国家
	资金记录	资金记录信息表	ZGX95	1 次/天	各省、民政部、国家
	互联网舆情	舆情信息表	ZGXA0	1 次/天	各省、民政部、国家
		舆情事件媒体关联信息表	ZGXA1	1 次/天	各省、民政部、国家
		舆情事件单位关联信息表	ZGXA2	1 次/天	各省、民政部、国家
		舆情信号详情信息表	ZGXA3	1 次/天	各省、民政部、国家
	重点事件	重点事件信息表	ZGXB0	1 次/天	各省、民政部、国家
		重点事件动态信息表	ZGXB1	1 次/天	各省、民政部、国家
		重点事件附件信息表	ZGXB2	1 次/天	各省、民政部、国家

7 数据交换

7.1 数据上报

7.1.1 数据上报流程

数据上报流程如图 3 所示：

省级将上报数据推送至省级前置库，部级将上报数据推送至部级前置库，并记录上报数据的详细情况（上报记录总数、其中新增记录数、更新记录数、删除记录数）；部级统一数据交换平台定时执行数据抽取程序，将数据从省级前置库抽取到部级前置库，同时与省级记录的上报数据详细情况进行对账，确认数据收取成功。

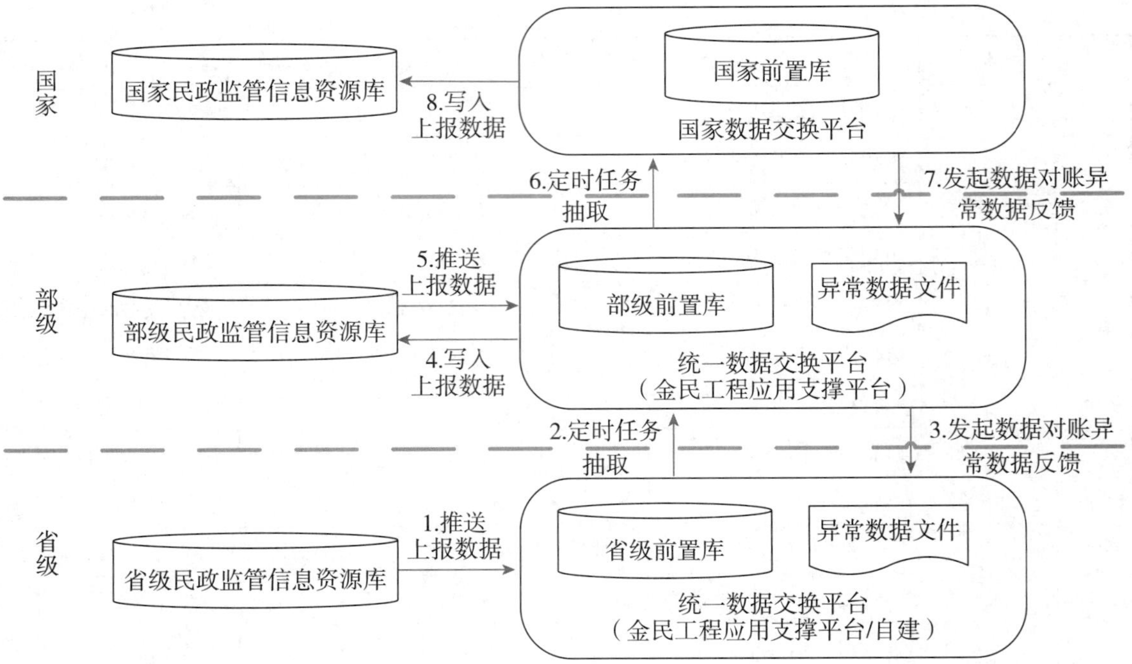

图3 数据上报流程

对于实时上报的数据内容，部级交换节点通过 API 网关发布相关服务供省级交换节点调用，省级交换节点通过调用此服务，完成实时数据上报。

7.1.2 准备阶段

7.1.2.1 省级交换节点

省级交换节点应准备用于部省数据交换用的前置库、安装数据库，数据库命名规则为：swap_本省行政区划代码，然后在该前置库中按照 JMGC/YW 438—2020 标准文件提供的表资源创建库表。

省级交换节点应在前置库中创建文件服务器，准备文件交换所使用的系统环境，为部级交换节点获取文件分配相应权限。

7.1.2.2 部级交换节点

部级交换节点应准备用于部省数据交换用的前置库、安装数据库，并为每个省创建一个前置库，命名规则为：swap_省级行政区划代码。然后按照 JMGC/YW 438—2020 标准文件提供的表资源创建库表。

部级交换节点应在交换库中创建文件服务器，并为每个省创建一个文件交换目录，准备文件交换所使用的系统环境，为省级交换节点获取文件分配相应权限。

7.1.3 运行阶段

7.1.3.1 省级交换节点

省级应按照数据上报的频率，负责将各业务系统该时间段内生成的数据推送到省级前置库中。

省级生成数据时,每条数据都应包含"数据更新时间""数据操作标识"和"数据上传批次"三个字段,下面具体说明这三个特殊字段的数据计算规则。

a)数据更新时间取值方式:数据更新时间固定取省级数据交换前置库的系统时间;

b)操作标识取值方式:新增数据为"I",修改数据为"U",删除数据为"D";

c)数据上传批次计算规则:省级行政区划代码_对应表名_上传日期_两位序号。

省级在省级数据交换前置库生成数据时,只采用数据插入的方式生成新数据,不允许做更新和删除操作,即业务系统在新增一条数据时,往省级数据交换前置库插入这条数据的同时,"数据操作标识"的值为"I",当业务系统修改或者删除一条数据时,往省级数据交换前置库插入这条数据的同时,"数据操作标识"的值为"U"或"D"。因此前置库中的库表主键需要各省在前置库中建立。

为保证数据处理性能,各省级数据交换节点前置库的数据表中的数据只保留最近两月的数据,超过两个月的数据需要定期清理到其他存储媒体保存。

7.1.3.2 部级交换节点

部级交换节点对增量数据的获取通过部级统一数据交换平台来完成,实现方式为定时ETL任务。

部级交换节点需要预先在统一数据交换平台配置针对所有上传数据省份的定时ETL任务,并预先分配好这些任务各自的执行节点。

对表数据上传方式,统一数据交换平台配置的定时数据交换任务,会自动按照执行计划,到各省级交换节点的对应前置库的标准增量数据表中,检测其最新数据更新时间,当检测到有超过上次交换数据中最新数据更新时间的数据时,开始执行数据抽取任务脚本,并在抽取任务完成后记录本次任务执行的日志及本次抽取数据的最大数据更新时间。

对文件数据上传方式,统一数据交换平台配置的定时数据交换任务,会自动按照执行计划,到文件服务器上各省级上传文件的目录下检测未处理的数据文件,当检测到未处理的数据文件时,开始执行数据抽取任务脚本,并在抽取任务完成后记录本次任务执行的日志及本次抽取数据的文件名。

为保证数据处理性能,部级数据交换节点交换库中的数据保留1年,超过1年的数据定期清理到其他存储媒体保存。

7.1.4 API网关

针对数据上报,国家、部级均提供API网关,用于数据实时上报服务的管理和注册,将注册的服务提供给省级交换节点调用,省级交换节点通过调用相关的服务,将变化的数据实时更新到部级民政监管信息资源库中。

7.1.5 数据异常处理

7.1.5.1 省级交换节点

省级统一数据交换平台收到部级发过来的异常数据处理通知后,到部级前置库指定的异常文件目录中读取异常数据文件,将异常数据处理好后,重新上报部级交换节点。

7.1.5.2 部级交换节点

部级交换节点对省级上报的数据进行处理,将异常数据放在一个文件中,将文件放到部级前置库异常文件目录中(文件服务器的/problemData 目录),这些文件的命名规则为:对应表名_YYYYMMDD,同时通知省级统一数据交换平台。

7.2 数据回流

7.2.1 数据回流流程

部级数据回流流程如图 4 所示:

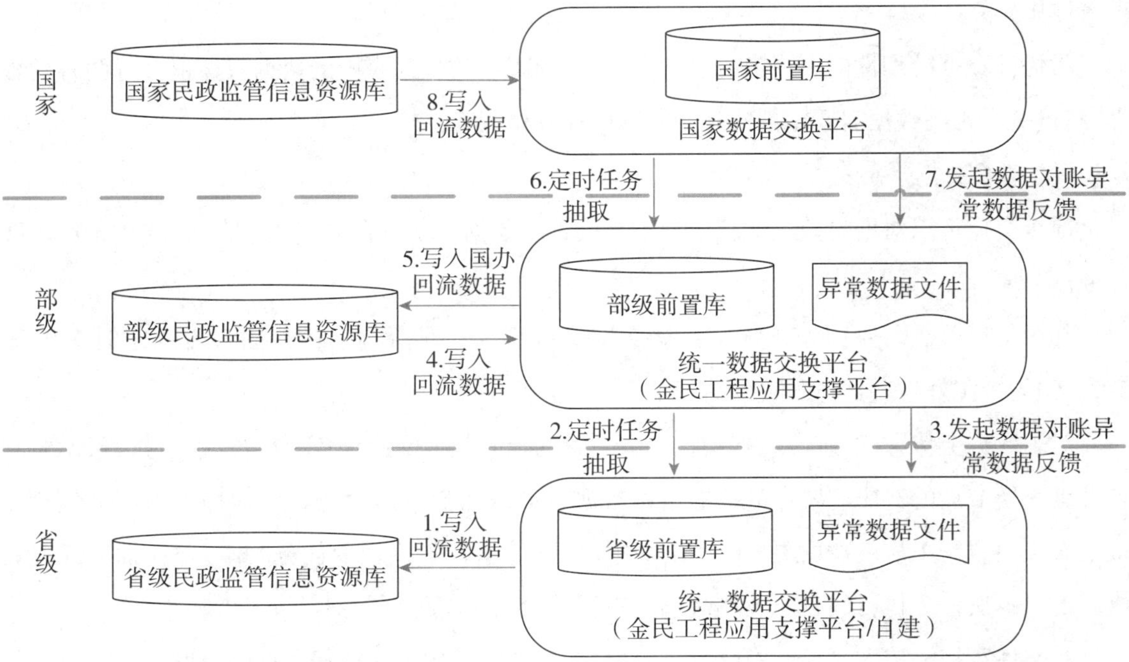

图 4 数据回流流程

国家数据回流推送到国家数据交换平台,部级将回流数据推送至部级前置库并记录回流数据的详细情况(回流记录总数、其中新增记录数、更新记录数、删除记录数);省级统一数据交换平台负责将回流数据从部级前置库抽取到省级前置库,同时与部级回流数据的详细情况进行对账,确认数据回流成功。

7.2.2 准备阶段

7.2.2.1 省级交换节点

在省级前置库上创建数据回流数据库,按照 JMGC/YW 438—2020 标准文件提供的表资源,在数据回流数据库上创建好数据表。数据回流数据库的命名规则为:d_swap_本省行政区划代码。

7.2.2.2 部级交换节点

在部级前置库上创建数据回流数据库(一个省对应一个数据回流数据库),在数据库中按照 JMGC/YW 438—2020 标准文件提供的表资源创建数据表。数据回流数据库的命名规则为:d_swap_省级行政区划代码。

7.2.3 运行阶段

7.2.3.1 省级交换节点

省级交换节点应预先在统一数据交换平台配置获取部级节点回流数据的定时 ETL 任务。

统一数据交换平台配置的定时数据交换任务,会自动按执行计划,到部级交换节点的对应前置库的标准增量数据表中,检测其最大数据更新时间,当检测到有超过上次交换数据中最大数据更新时间的数据时,开始执行数据抽取任务脚本,并在抽取任务完成后记录本次任务执行的日志及本次抽取数据的最大数据更新时间。

为保证数据处理性能,省级数据交换节点前置库中的数据应保留 1 年,超过 1 年的数据定期清理到其他存储媒体保存。

7.2.3.2 部级交换节点

部级交换节点按照约定的数据回流频率,将回流数据推送到部级前置库数据回流数据库中。每条回流数据应包含"数据更新时间""数据操作标识"和"数据回流批次"三个字段,这三个字段的值分别是:

a)"数据更新时间"字段的值取数据回流数据库的当前系统时间;

b)"数据操作标识"字段的值为"I""U""D"中的一个,新增数据为"I",修改数据为"U",删除数据为"D";

c)"数据回流批次"字段的值为:省级行政区划代码_对应表名_回流日期_两位序号。

部级交换节点向部级数据回流数据库中推送回流数据时,数据操作标识字段的取值应遵循以下规则:

a)业务系统中新增的数据,推送到数据回流数据库时,"数据操作标识"字段的值为"I";

b)业务系统中修改的数据,推送到数据回流数据库时,"数据操作标识"字段的值为"U";

c)业务系统中删除的数据,推送到数据回流数据库时,"数据操作标识"字段的值为"D"。

为保证数据处理性能,部级数据交换节点前置库中的数据应保留 1 年,超过 1 年的数据定期清理到其他存储媒体保存。

7.2.4 数据异常处理

7.2.4.1 省级交换节点

省级交换节点对部级回流的数据进行处理,将异常数据放在一个文件中,将文件放到省级前置库异常文件目录中(文件服务器的/problemData 目录),这些文件的命名规则为:对应表名_YYYYMMDD,同时通知部级统一数据交换平台。

7.2.4.2 部级交换节点

部级统一数据交换平台收到省级发过来的异常数据处理通知后，到省级前置库指定的异常数据文件目录中读取异常数据文件，将异常数据处理后，重新回流到省级交换节点。

7.3 数据对账

数据对账是对国家、部、省数据交换过程中数据的交换数据量进行记账和比对，可确保交换数据的准确一致。

省级将上报数据推送到省级前置库后，应记录报送数据详细情况（数据表上报记录总数、其中新增记录数、更新记录数、删除记录数）；部级收取完省级上报数据后，应与省级的报送记录数进行对账，确认一致后说明数据上报成功。

部级将上报数据推送到部级前置库后，应记录报送数据详细情况（数据表上报记录总数、其中新增记录数、更新记录数、删除记录数）。

国家将回流数据推送到国家前置库后，部级统一数据交换平台获取回流数据，应与国家的回流记录数进行对账，确认一致后说明数据回流成功。

部级将回流数据推送到部级前置库后，应记录回流数据详细情况（数据表回流记录总数、其中新增记录数、更新记录数、删除记录数）；省级统一数据交换平台获取回流数据后，应与部级的回流记录数进行对账，确认一致后说明数据回流成功。

7.4 特殊情况处理

省级前置库、部级前置库如发生以下情况，应互相通知并进行特殊处理：

a）省级、部级软件系统升级，业务数据表的唯一标识字段（主键）发生变化；

b）上报数据内容不符合标准，数据上报内容见 JMGC/YW 438—2020 标准文件；

c）上报数据内容不符合本文件的代码集标准，代码集见 JMGC/YW 438—2020 标准文件；

d）增量汇聚机制出现故障，无法继续识别增量数据。

三、技术类标准

JMGC

民 政 部 金 民 工 程 标 准

JMGC/JS 304—2020

金民工程 桌面端应用
界面 UI 设计要求

2020－12－30 发布 2020－12－30 实施

民政部信息中心 发布

目　次

前　言

本文件按照 GB/T 1. 1—2020《标准化工作导则 第 1 部分:标准化文件的结构和起草规则》的规定起草。

请注意本文件的某些内容可能涉及专利。本文件的发布机构不承担识别专利的责任。

本文件由民政部信息中心提出并归口。

本文件起草单位:民政部信息中心、四川久远银海软件股份有限公司。

本文件主要起草人:王兴玲、张建民、张彤、陶亮、贾雅杰、杨艺可、刘渝、欧海莉、王荣。

金民工程 桌面端应用界面 UI 设计规范

1 范围

本文件规定了金民工程项目中桌面端应用系统 UI 设计原则。

本文件适用于金民工程项目中各软件包。

2 规范性引用文件

下列文件中的内容通过文中的规范性引用而构成本文件必不可少的条款。其中，注日期的引用文件，仅该日期对应的版本适用于本文件；不注日期的引用文件，其最新版本（包括所有的修改单）适用于本文件。

JMGC/YW 406 金民工程信息化术语

3 术语和定义

JMGC/YW 406 界定的术语和定义适用于本文件。

4 缩略语

UI：用户界面（User Interface）

UE：用户体验（User Experience）

PX：像素（Pixel）

5 总体要求

总体要求包括：

a）页面应简洁明了，清新大气，保持统一风格；

b）页面设计宜按适配常用分辨率的规格设计，页面分辨率宜设置为每英寸 72 像素，页面画布尺寸宽宜设置为 1920px，页面整体需支持 X 轴自适应屏幕，X 轴不小于 1024px，中间内容区域宽度宜设置为 1100px；

c）使用符合用户习惯的标准字体和字号，同一类别的栏目和信息应使用同一模板，统一字体、字号、行间距和布局；

d）页面布局应科学合理、层次分明、重点突出，符合从左到右、从上到下的阅读习惯；首页页面设计不宜过长，尽量少使用过大的图片及音视频文件，在主流计算机配置下，页面能较快加载；

e）除了首页以外，每个页面都应清晰地标注当前访问页面所在的位置，并且可逐级访问各子页面；打开子页面时，应通过当前页面进行跳转，不宜打开新窗口展现；每个子页面都应设置跳转到首页的链接；

f）对主流类别及常用版本浏览器具有较好的兼容性，页面整齐不变形，不可出现文字错行、表格错位、功能和组件不可用的情况。

6 系统通用设计原则

6.1 字体

界面的常规中文字体为微软雅黑 16px，常用英文字体为 Arial 16px，行距可采用 1.5 倍行距。（本文稿标准字样式只作为示例，具体以字号为准）

系统常用文字字号见表 1。

表 1　字号

样式	字号	使用场景
标准字	18px	用于标题文字
标准字	16px	用于大多数正文
标准字	14px	用于提示性语句
标准字	12px	最小使用字号

系统常用文字样式见表 2（字体颜色以民政蓝色配色为例）。

表 2　标准字

字号	颜色	色号（十六进制）	色号（RGBA）	样式	使用场景
18px		#087cd6	（8，124，214）	标准字	用于标题文字
18px		#000000 Alpha：0. 85	（0，0，0，85）	标准字	用于栏目大标题
16px		#000000 Alpha：0. 85	（0，0，0，85）	标准字	用于标签文字
16px		#000000 Alpha：0. 85	（0，0，0，85）	标准字	用于重要的内容文字
16px		#000000 Alpha：0. 75	（0，0，0，75）	标准字	用于大多数正文

续表

字号	颜色	色号(十六进制)	色号(RGBA)	样式	使用场景
16px		#000000 Alpha:0. 65	(0,0,0,65)	标准字	用于正文次要文字 (如表格统计内容)
16px		#000000 Alpha:0. 25	(0,0,0,25)	标准字	用于置灰的文字 (如输入框内提示性文字)
16px		#087cd6	(8,124,214)	标准字	用于带操作性的文字

6. 2 颜色

界面可以支持选色(本文档仅以民政蓝配色为例)。因涉及系统颜色较多,图 1 仅列出了部分系统常用颜色,开发者可以在指定色彩范围内根据项目不同进行适当更改,但应保证系统颜色统一性。

主色和辅助色示例见图 1。

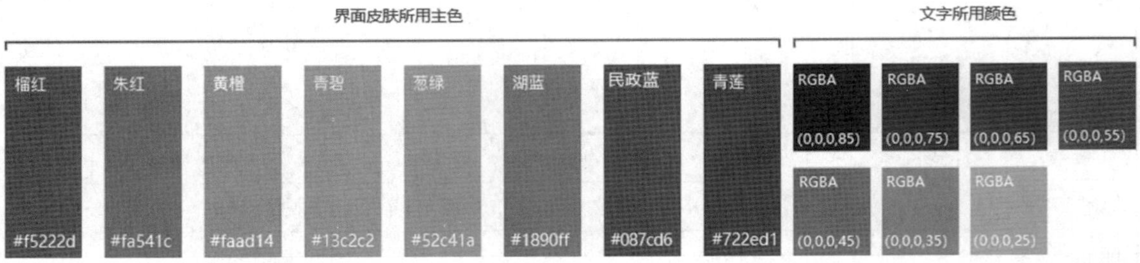

图 1　颜色(主色和辅助色)

6. 3 按钮

按钮应摆放整齐,按照重要程度先后排列(较重要的按钮可使用对比度较大的颜色),按钮需提供至少两种状态,如 active 及 hover,即作交互响应。特殊业务界面的操作按钮基于业务交互的特殊性可根据实际情况设置摆放位置。

6. 3. 1 按钮级别

按钮分为一、二、三级,示例见图 2。

图 2　按钮级别

a)一级按钮

按钮宽度由按钮文本长度确定,文字距按钮左右边缘不小于 16px,上下左右居中,按钮高度为 40px,圆角 4px,文本为 16 号微软雅黑;

b)二级按钮

按钮宽度由按钮文本长度确定,文字距按钮左右边缘不小于 16px,上下左右居中,按钮高度为 32px,圆角 4px,文本为 16 号微软雅黑;

c)三级按钮

按钮宽度由按钮文本长度确定,文字距按钮左右边缘不小于 8px,上下左右居中,按钮高度为 24px,圆角 4px,文本为 16 号微软雅黑。

一级按钮主要运用于整个页面的保存、确定等操作,二级按钮主要用于查询、审核、导入、导出等,三级按钮运用于一些控件上。

6.3.2 按钮命名

按钮命名可 2 个字至 4 个字,2 字为动作(如:保存),4 字为动词与名词的结合(如:数据审核),尽量简洁精练通俗易懂。

同功能的按钮名称命名应统一:

a)新增、删除、修改、导入、导出操作统一使用“新增”“删除”“修改”“导入”“导出”命名;

b)查询操作使用“查询”,代替“检索”“搜索”等;

c)确定操作一律为“确定”,代替“OK”“确认”等;

d)取消操作一律为“取消”,代替“cancel”“撤销”等;

e)重置操作一律为“重置”,代替“恢复”“复原”等;

f)统一输入域字段“用户名”,代替“Username”“账户”等;

g)统一输入域字段“邮箱”,代替“E - mail”等;

h)统一输入域字段“备注”,代替“说明”“注释”等。

按钮除特殊情况外都不配图标,简单明了。可配置图标的按钮类型:下载,新增,导入,导出,打印,保存,查询,登录,登出。示例见图 3。

图 3　可配置图标的按钮示例

6.3.3 按钮颜色

按钮颜色示例见图 4。

图 4　按钮颜色

按钮色值见表 3。

表 3　按钮色值

默认样式	鼠标移入样式	鼠标按下样式	默认样式	鼠标移入样式	鼠标按下样式
主色 按钮#087cd6 文本#ffffff	主色 按钮#2194ed 文本#ffffff	主色 按钮#0467b3 文本#ffffff	主色 边线#d9d9d9 按钮文本#676767	主色 边线#2194ed 按钮文本#2194ed 填充色#e6f7ff	主色 边线#0467b3 按钮文本#0467b3 填充色#e6f7ff

续表

默认样式	鼠标移入样式	鼠标按下样式	默认样式	鼠标移入样式	鼠标按下样式
成功 按钮#52c41a 文本#ffffff	成功 按钮#96e370 文本#ffffff	成功 按钮#4ea921 文本#ffffff	成功 边线#52c41a 文本#52c41a	成功 边线#96e370 文本#96e370 填充色#f0ffe9	成功 边线#4ea921 文本#4ea921 填充色#f0ffe9
警告 按钮#faad14 文本#ffffff	警告 按钮#ffc53d 文本#ffffff	警告 按钮#d48806 文本#ffffff	警告 边线#faad14 文本#faad14	警告 边线#ffc53d 文本#ffc53d 填充色#fff9ea	警告 边线#d48806 文本#d48806 填充色#fff9ea
危险 按钮#f5222d 文本#ffffff	危险 按钮#ff4d4f 文本#ffffff	危险 按钮#cf1322 按钮#ffffff	危险 边线#f5222d 文本#f5222d	危险 边线#ff4d4f 文本#ff4d4f 填充色#ffeded	危险 边线#cf1322 文本#cf1322 填充色#ffeded
禁用 边线#d9d9d9 文本#d9d9d9 填充色#f5f5f5,	禁用 边线#d9d9d9 文本#d9d9d9 填充色#f5f5f5,	禁用 边线#d9d9d9 文本#d9d9d9 填充色#f5f5f5,			

7 主页面设计原则

7.1 风格布局

开发单位须按照此框架布局方式和风格样式来规划各自系统。对于业务区域外边距、控件间距等细节,可以此标准值为参考,需保证元素空间布局合理,疏密适当。界面风格布局见图5。

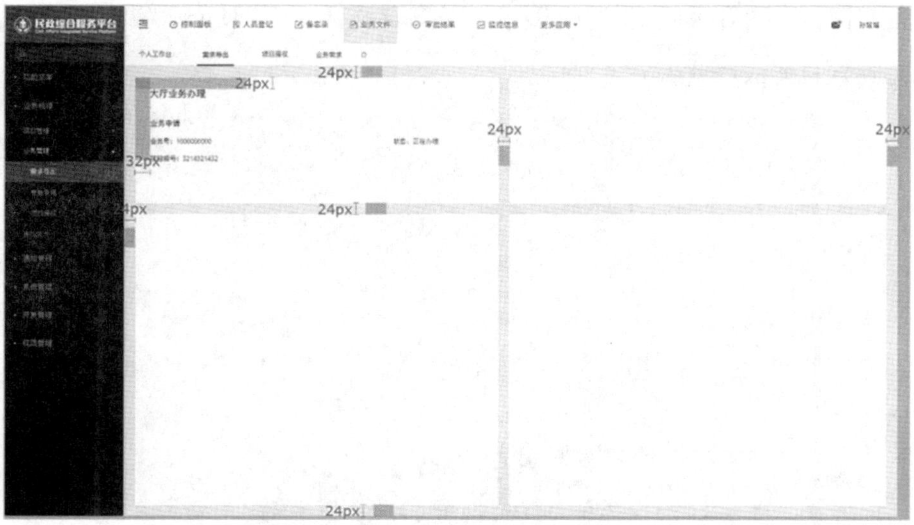

图5　风格布局

7.2 系统风格

色彩主要集中在界面总导航区和菜单栏，主色可以自定义，符合大部分使用场景；工作区的颜色以浅灰色为底，配少量主色及辅助色，色调宜简洁明快；总导航、菜单栏和工作区区分清晰方便易用，让用户使用时可以保持较长时间的新鲜感，界面整体风格清爽简洁。

7.3 系统布局

系统布局示例见图6。

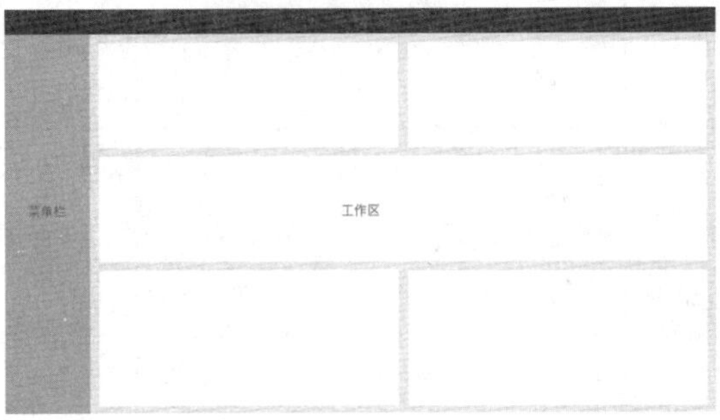

图6　系统布局

总导航区：该区域包含系统标志、系统标题、系统一级菜单、当前用户信息以及通知等。

菜单栏：该区域为系统一、二、三级菜单以及常用菜单展示区，内容随总导航变动。

工作区：该区域为用户工作界面，背景色为浅灰色#f0f2f5为底，工作台内容根据业务不同分别装在白底模块内。

7.4 互联网门户布局规范

互联网门户布局应包含3个区域，分别是头部标题信息区域、内容区域、底部区域。页面中心区域横向宽度应为1100px；头部标题信息区域高度应为140px；宽度应自适应浏览器宽度且中心区域为1100px。内容区域宽度为1100px。底部区域高度为215px；宽度应自适应浏览器宽度且中心区域为1100px。见图7。

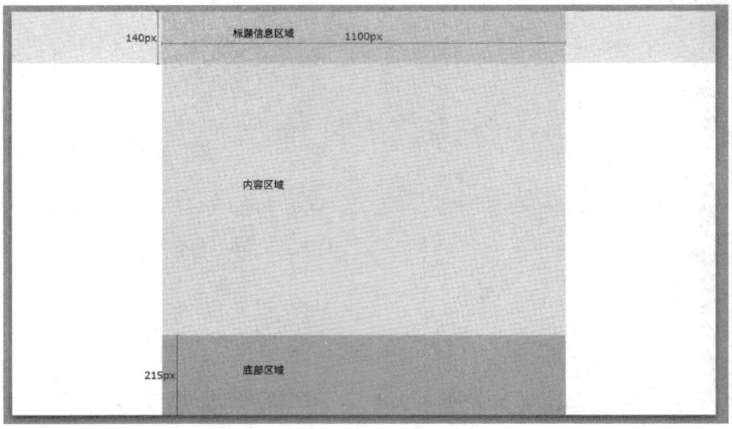

图7　互联网门户布局规范

7.5 电子政务外网门户布局规范

电子政务外网门户布局应包含3个区域，分别是头部标题信息区域、内容区域、底部区域。页面应自适应浏览器横向宽度，头部标题信息区域高度应为100px；宽度应自适应浏览器宽度。内容区应自适应浏览器宽度且中心区域为1200px。底部区域高度为80px；宽度应自适应浏览器宽度且中心区域保持在1200px以内。见图8。

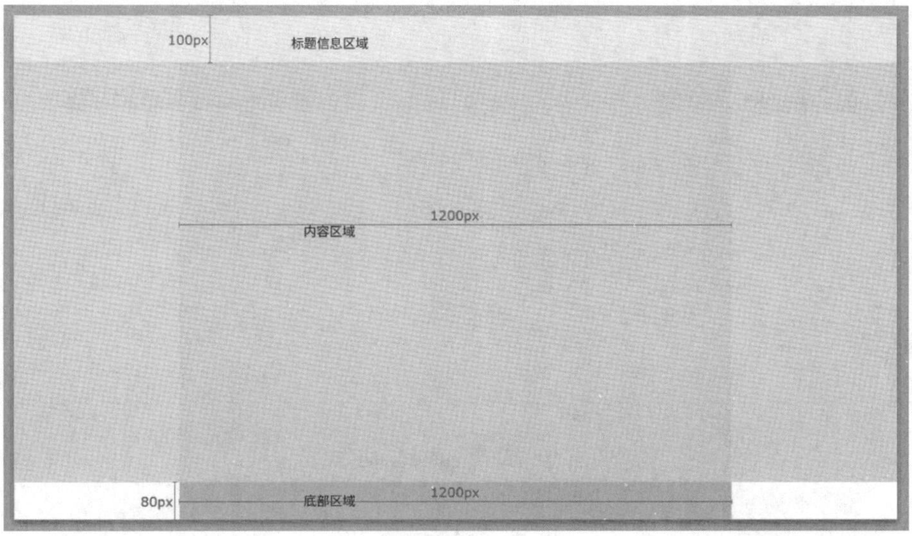

图8 电子政务外网门户布局规范

7.6 导航设计

7.6.1 L型菜单结构

L型菜单样式示例见图9。

图9 L型菜单基本样式

为了让系统操作面积达到最大,L 型菜单样式支持切换到简洁模式,菜单收缩后效果图见图 10。

图 10　L 型菜单简洁模式

7.6.2 竖式菜单结构

竖式菜单结构适用于菜单较少的系统,使界面风格更加简洁。竖式菜单样式示例见图 11。

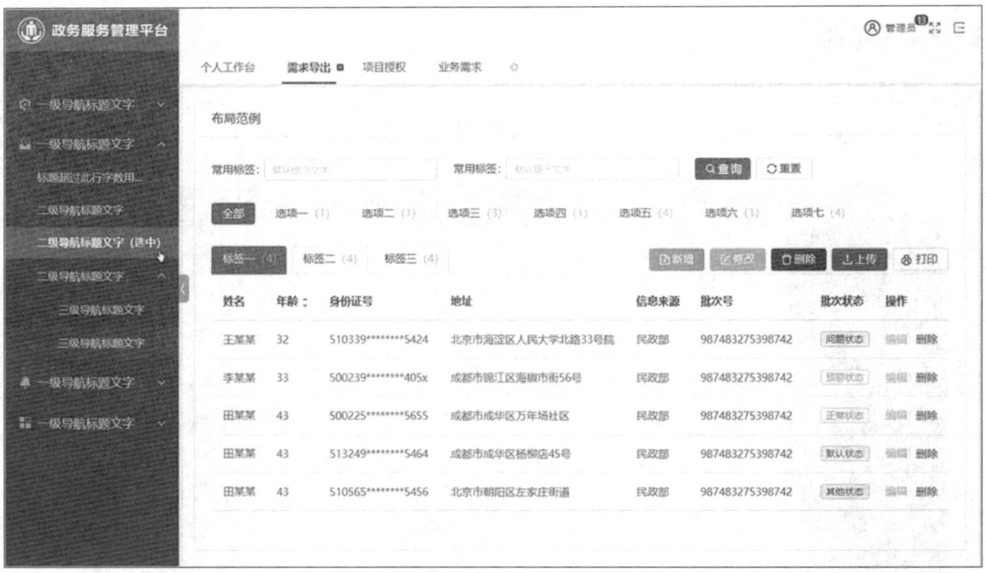

图 11　竖式菜单基本样式

为了让系统操作面积达到最大,竖式菜单样式支持切换到菜单简洁模式,菜单收缩后效果图见图 12。

图 12　竖式菜单简洁模式

7.7 总导航区规范

7.7.1 概述

总导航区由于菜单形式不同分为 L 型菜单总导航区和竖式菜单总导航区，总导航区的导航按钮应按照一定顺序排放，从左到右的顺序依次为：工作台、主要业务功能、次要业务功能、系统管理，如为同级业务功能，将常用业务功能放在居左靠前位置。

7.7.2 L 型菜单总导航区规范

a）所用标志大小为 40px＊40px，系统标题所用字号为粗体微软雅黑，大小为 26px。界面见图 13。

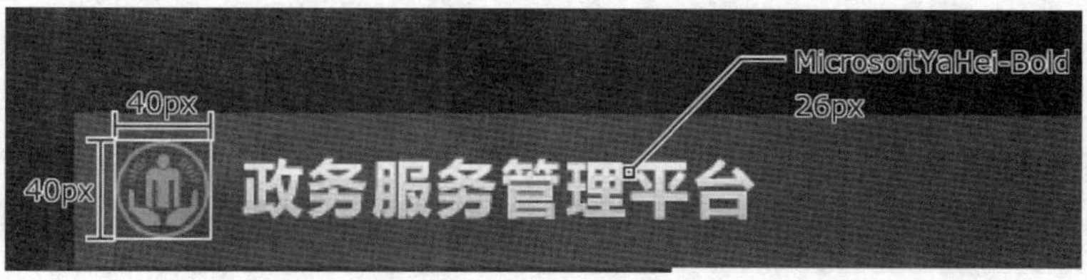

图 13　系统标志规定

b）顶部菜单采用靠右对齐的方式，一级菜单字体大小为 18px。界面见图 14。

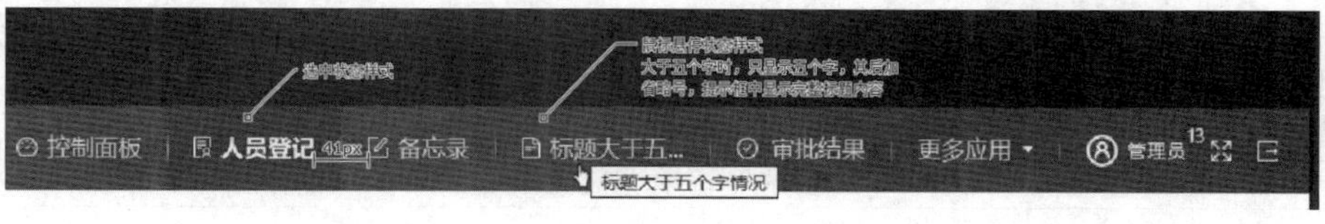

图 14　顶部菜单样式

c）系统名称与一级菜单间应保持一定距离，最小距离为100px，即下图所示半透明红色块的宽度最小为100px。界面见图15。

图15　系统名称与一级菜单的距离规范

7.7.3 竖式菜单总导航区规范

a）所用标志大小为40px＊40px，系统标题所用字号为粗体微软雅黑，大小控制在20px—26px整数区间，标题和标志不能超过菜单宽度即256px。界面见图16。

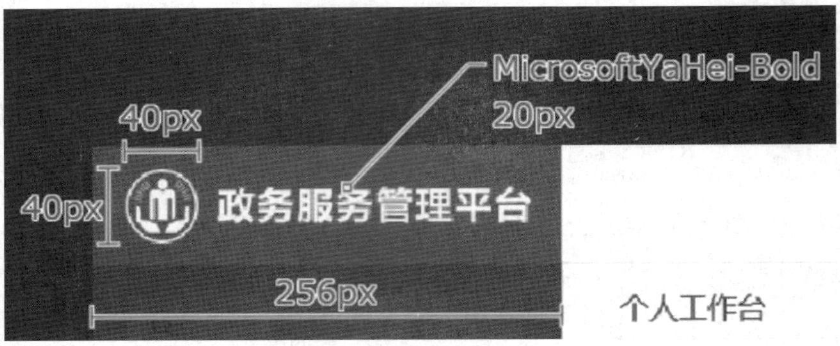

图16　系统标志规定

b）顶部菜单采用靠右对齐的方式，一级菜单字体大小为18px。界面见图17。

图17　顶部菜单样式

7.8 菜单栏区域规范

a）菜单选中状态与未选中状态的配色应该反差明显，易于阅读；左侧菜单层级区分应该明显，二级菜单字体大小为18px，三级和四级菜单字体为16px。界面见图18。

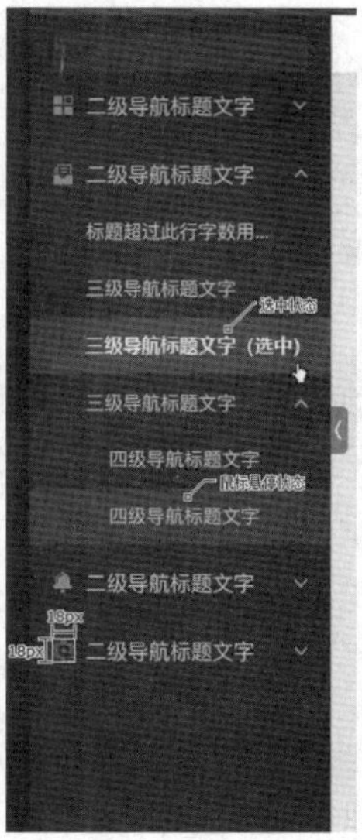

图 18　左侧菜单规范

b)菜单展开收起箭头位于左侧菜单右侧,配色应该做到醒目协调。界面见图 19。

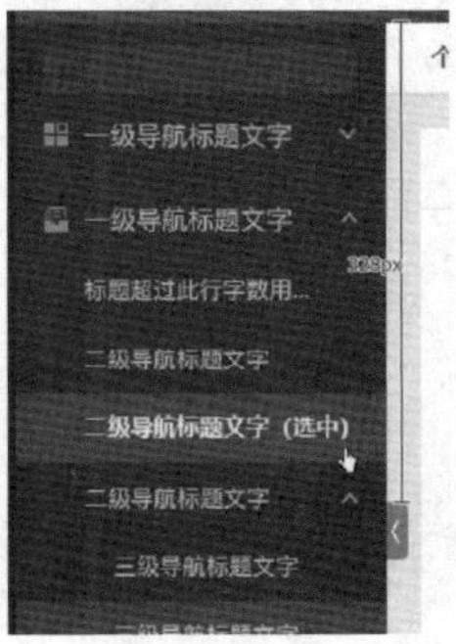

图 19　菜单展开收起箭头

c)菜单简洁模式应符合下图规范,见图 20。

图 20　菜单简洁模式规范

7.9 次级导航

a)选项卡形式

当用户同时打开多个窗口,窗口可以任意切换。界面见图21。

图21　选项卡形式

b)面包屑形式(谨慎使用)

由于不能支持窗口任意切换功能,所以仅适用于简单业务办理系统。界面见图22。

图22　面包屑形式

7.10 用户信息/通知

消息通知界面见图23。

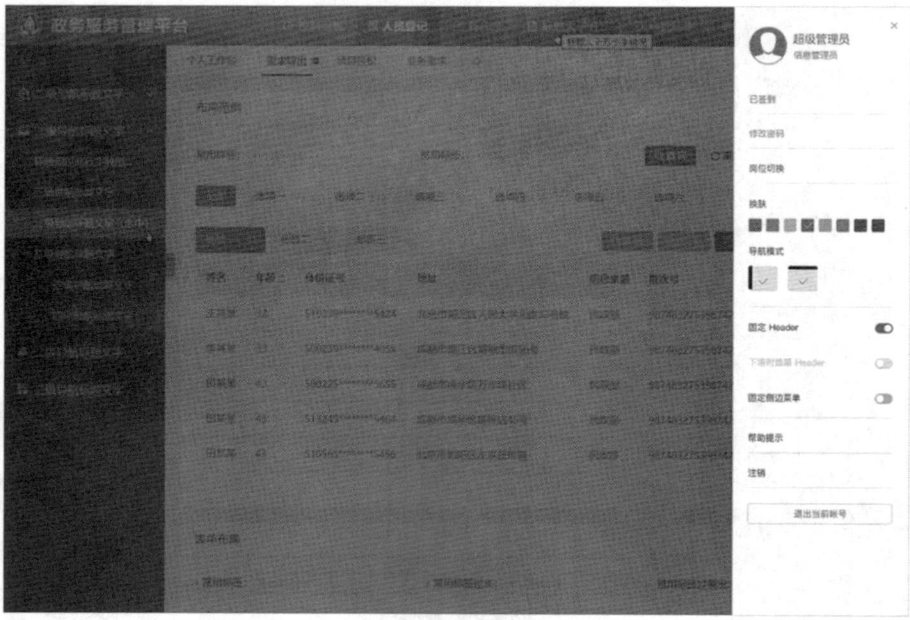

图23　通知消息－详情

7.11 数据录入

7.11.1 表单

7.11.1.1 表单的组成

表单组成界面见图 24。

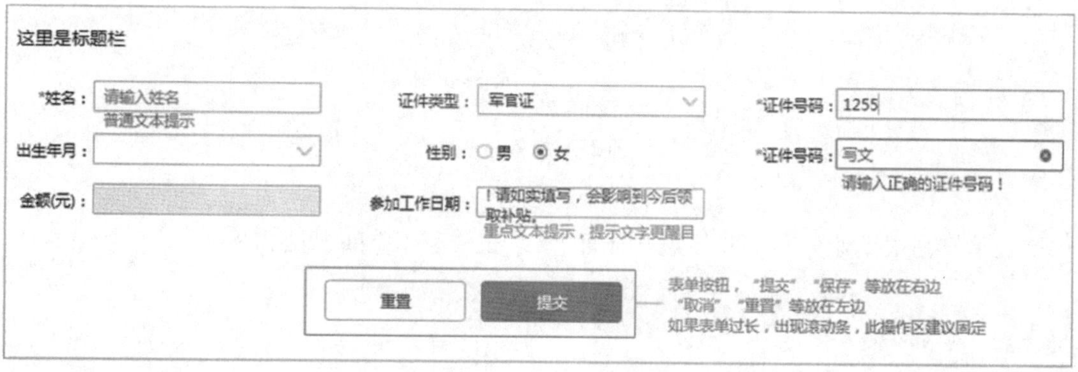

图 24　表单组成

7.11.1.2 表单的样式

a)标签横向对齐

本项目大多采用此形式。见图 25。

图 25　默认样式

b)标签顶部对齐

如果标题过长,可以考虑顶部对齐形式。见图 26。

图 26　标签顶部对齐

c)表单标签的对齐方式以标签冒号为准上下对齐,见图 27。

图 27　标签对齐

d)表单排列根据业务归类并长短互补排列,以充分利用空间,见图 28。

图 28　表单排列

7.11.1.3 表单自定义校验

表单自定义校验示例见图 29。

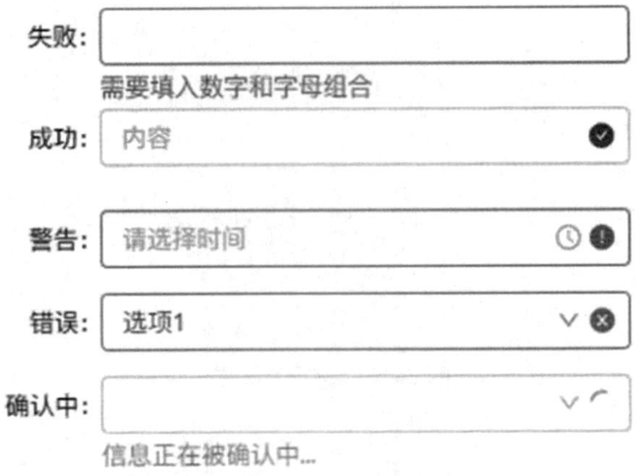

图 29　表单自定义校验

7.11.1.4 表单输入提示

如果需要对表单标签内容加以解释说明，可在标签后加入提示符号，鼠标悬浮之上显示具体提示内容（表单内容计算公式、执行标准都可以作为提示内容）。见图 30。

图 30　表单输入提示

7.11.1.5 表单自动处理数据

自动获取信息，性别和出生日期可以根据填写的身份证信息，自动反馈，见图 31。

图 31　表单自动获取信息(1)

当用户选择了所在地区后，自动填充邮政编码。见图 32 所示。

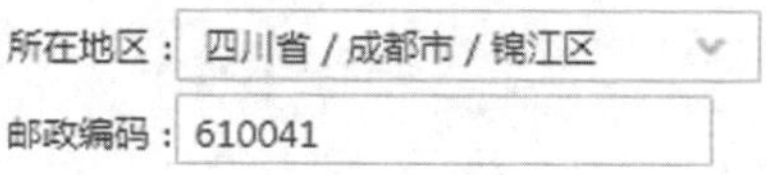

图 32　表单自动获取信息(2)

7.11.2 输入框

输入框的高度为：32px，查询输入框见图 33。

图 33　查询输入框

输入框组合见图 34。

图 34　输入框组合

前置/后置标签见图35。

图35　前置/后置标签

数字框输入框见图36。

图36　数字框输入框

多行输入框,可自适应高度,也可通过右下角手柄手动改变输入框的大小,见图37。

图37　多行输入框

7.11.3 Steps 步骤条

当任务复杂或者存在先后关系时,将其分解成一系列步骤,从而简化任务。界面见图38、图39。

图38　横向步骤条

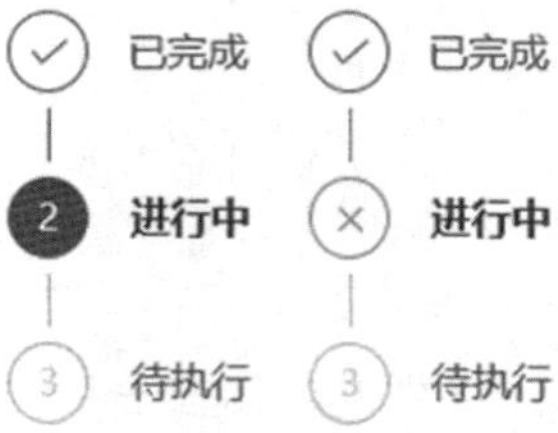

图39　纵向步骤条

7.11.4 选择器

如果选项少于五项，可将选项平铺。

普通选择器，少于（含）20 个选项，不用查询功能，大于 20 个选项，带查询匹配功能。若因选项字段过长而不能完全展示，用“...”示意，鼠标悬浮上方，出现完整字段。见图 40。

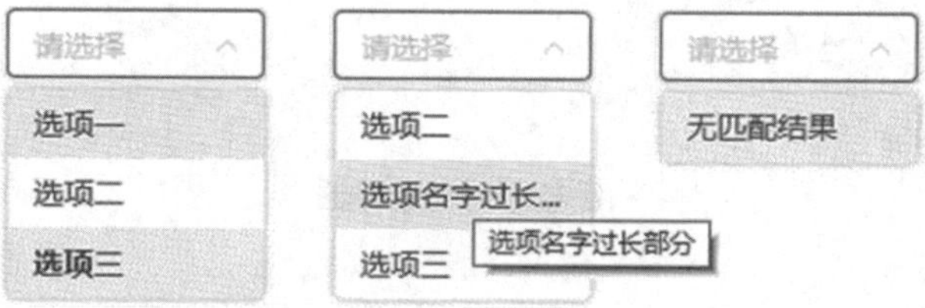

图 40　普通选择器

多选选择器，适用于需要同时选择多个选项的情景。见图 41。

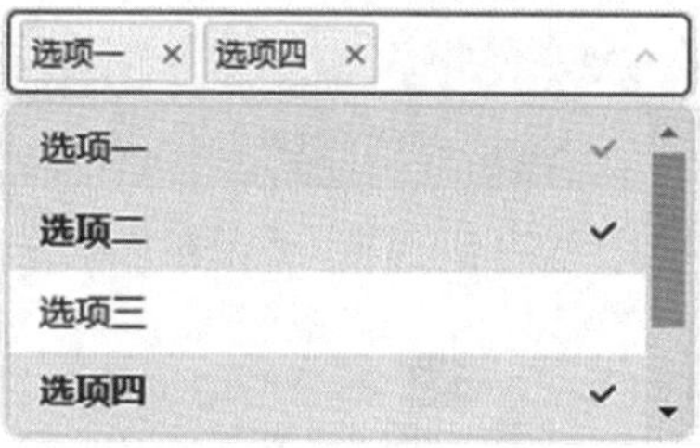

图 41　多选选择器

7.11.5 级联选择

从一组相关联的数据集合进行选择，例如省区市、公司层级、事物分类等。

级联选择有两种样式：1. 基本样式，点击最后一级完成选择。2. 可选择父级，一旦选择父级，输入框发生相应改变。见图 42。

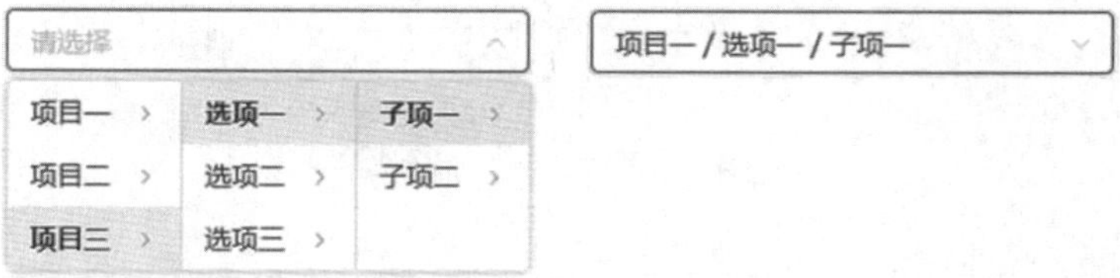

图 42　级联选择

7.11.6 树形选择器

首选级联，如果级联不能表达，可用树形选择器，可单选或多选。见图 43。

图 43　树形选择器

7.11.7 日期选择框

简单的日历控件，没有确定键，选择日期后，自动填充到输入框。见图 44、图 45、图 46。

图 44　日期选择框

图 45　月份选择框

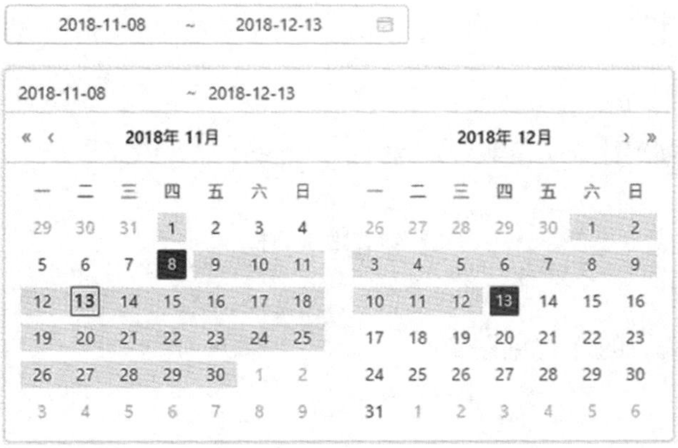

图 46　日期段选择框

日期选择框填入内容后，当鼠标悬停在日期选择框上时，日历图标替换为删除图标，同时日期选择框高亮显示。点击删除图标可清空对应日期选择框里内容。如图 47 所示。

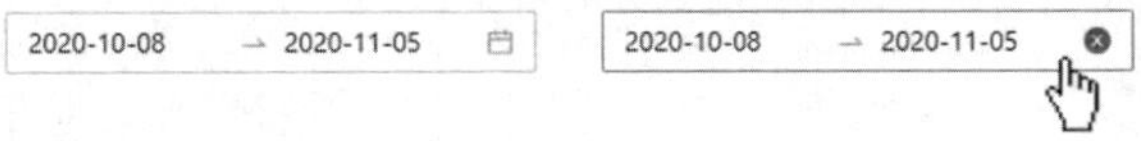

图 47　日期选择框内容清空

7.11.8 时间选择框

选用 24 小时制，可选择时分秒，鼠标悬浮出现滚动条。当鼠标悬停在时间选择框上时，时钟图标替换为删除图标，同时时间选择框高亮显示。点击删除图标可清空对应时间选择框里内容，见图 48。

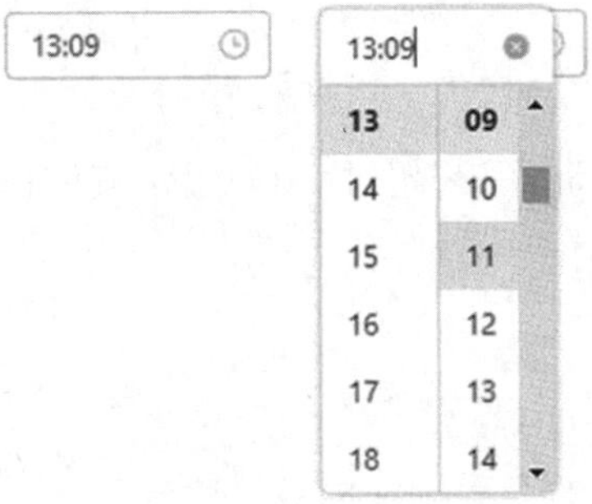

图 48　时间选择框

7.11.9 单选框

从用户体验的角度出发，5 个以内（含）的选项，选项框宜全部展现出来，5 个以上的选项宜使用选择器。请根据具体业务设计。

a)选择性别时使用的样式见图 49。

图 49　性别选择

b)其他情况使用按钮的样式见图 50。

图 50　其他情况单选

7.11.10 多选框

多选框样式见图 51。

图 51　多选框

7.11.11 穿梭框

用直观的方式在两栏中移动元素,完成选择行为。选择一个或以上的选项后,点击对应的方向键,可以把选中的选项移动到另一栏。

其中,左边一栏为“源”,右边一栏为“目标”。

少于(含)20 个选项,不带查询框,若超过,则使用带查询框的样式。样式见图 52。

图 52　穿梭框

7.11.12 附件上传

附件上传类型包括:

a)文件类上传样式见图53。

图53　文件类上传

常用上传文件类型及文件扩展名见表4。

表4　常用文件类型及文件扩展名

文件类型	文件扩展名
文档文件	txt、docx、doc、xlsx、xls、pptx、ppt、ofd、pdf、wps、wpt、et、ett、dps、dpt
压缩文件	rar、zip
图片文件	bmp、gif、jpg、png
声音文件	wav、mp3
动画文件	avi、mp4、mov、swf

b)图片类上传,当上传照片数达到限制后,上传按钮消失。样式见图54。

图54　图片类上传

有的业务申报中,上传的资料包括文件类、图片类(比如合同印章),这类附件可全部当作文件类附件上传,不需要分开。

7.12 数据展示

7.12.1 表格

7.12.1.1 构成元素

根据业务不同,可在模板上进行调整。

底栏中,左边为统计数据项,右边为页码。样式见图55。

图 55　构成元素（原型图）

筛选区域样式见图 56。

图 56　筛选区域展开（原型图）

7.12.1.2 对齐规则

通过对齐，会让表格更加规范易理解，给用户视觉上的统一感，让用户快速地捕捉到所需内容。

在任何情况下，单元格都不应该空置出现，对于不存在的数据，需要用短横线代替，对于数据为零的单元格，与上下数据单位、小数点相同的 0 来表示。

数据的度量单位无须重复，只需要在表头标识清楚即可，样式见图 57、图 58。

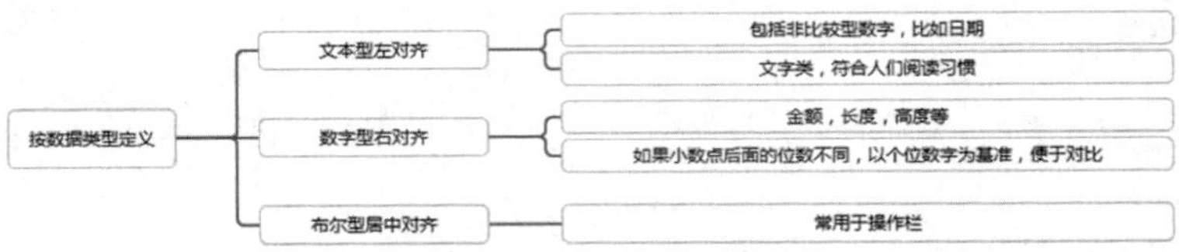

图 57　对齐规则（原型图）

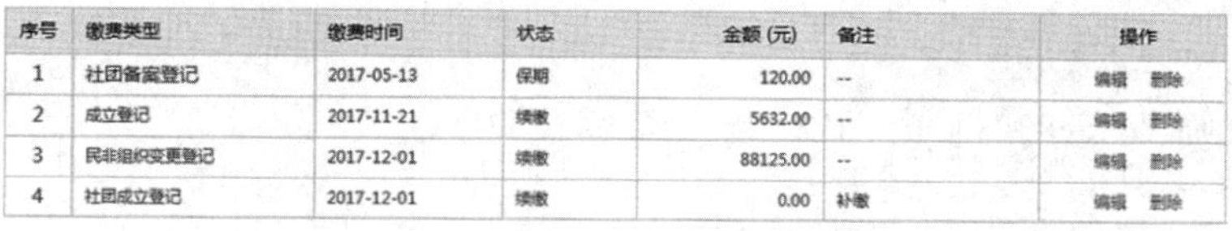

序号	缴费类型	缴费时间	状态	金额(元)	备注	操作
1	社团备案登记	2017-05-13	保期	120.00	--	编辑 删除
2	成立登记	2017-11-21	续缴	5632.00	--	编辑 删除
3	民非组织变更登记	2017-12-01	续缴	88125.00	--	编辑 删除
4	社团成立登记	2017-12-01	续缴	0.00	补缴	编辑 删除

图 58　对齐规则(原型图)

7.12.1.3 普通表格

普通表格为了界面整齐大方,可不使用竖向分割线,如遇数据量大的情况,可以使用竖向分割线进行分割。可使用中号表格,以让数据更加集中。

大号表格样式见图 59。

		年龄	金额(元)	地址
		32	¥12,880.00	北京市朝阳区
		33	--	成都市锦江区
		43	¥156,000.00	成都市成华区
	房某某	24	¥1,256,000.00	成都市锦江区

图 59　大号表格

中号表格样式见图 60。

	姓名	年龄	金额(元)	地址
	王某某	32	¥12,880.00	北京市朝阳区
	李某某	33	--	成都市锦江区
	田某某	43	¥156,000.00	成都市成华区
	房某某	24	¥1,256,000.00	成都市锦江区

图 60　中号表格

小号表格样式见图 61。

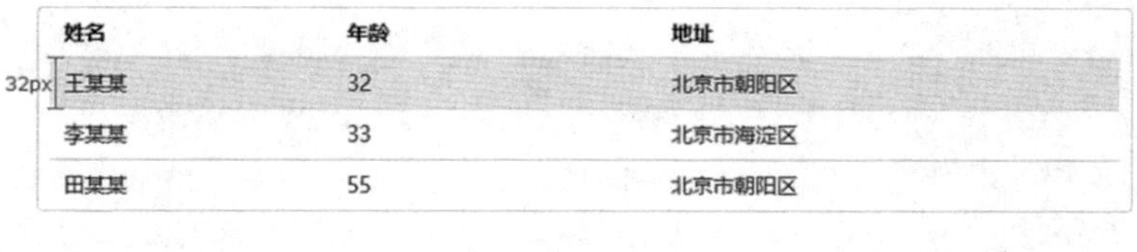

姓名	年龄	地址
王某某	32	北京市朝阳区
李某某	33	北京市海淀区
田某某	55	北京市朝阳区

图 61　小号表格

7.12.1.4 筛选

表头上放置筛选条件及排序方式样式见图 62、图 63。

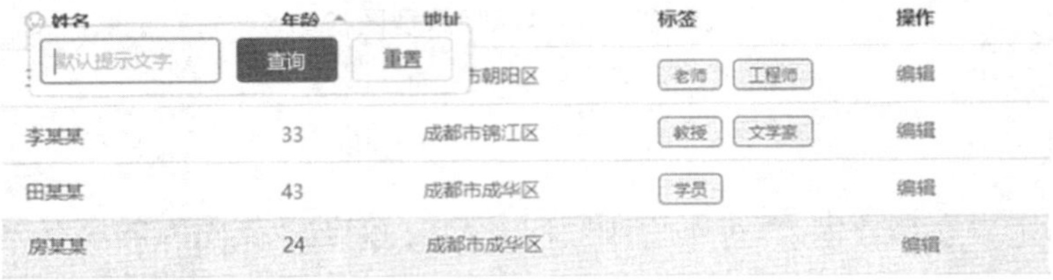

图 62　表格筛选(查询)

图 63　表格筛选(下拉)

7.12.1.5 行的操作

表格中操作区的位置位于最后一列,操作区文字用色请参考图 4 按钮颜色。样式见图 64。

图 64　行的操作

单行操作项跟在条目后面。样式见图 65。

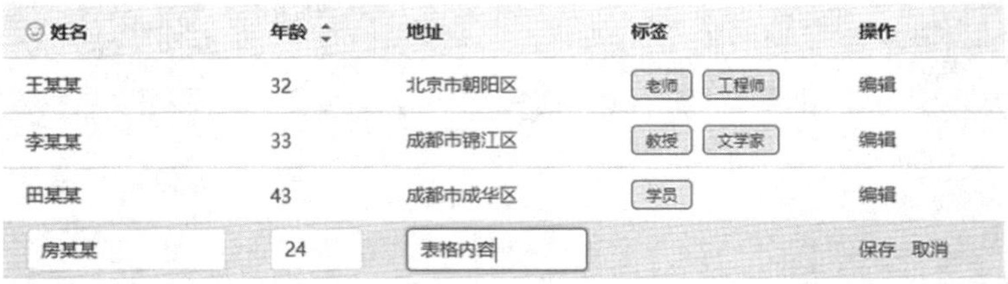

图 65　行的操作

若操作项超过3个,把最常用的展示,其余操作折叠。样式见图66。

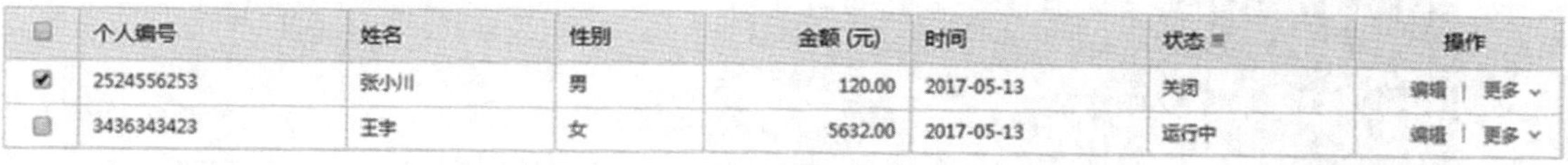

图66　操作项的位置

点击“删除”按钮时,弹出气泡式的确认框,请用户进一步确认。此交互与全屏居中模态对话框相比,交互形式更轻量。样式见图67。

图67　气泡确认框

点“新增”按钮,以右抽屉式弹窗的形式新增。样式见图68、图69。

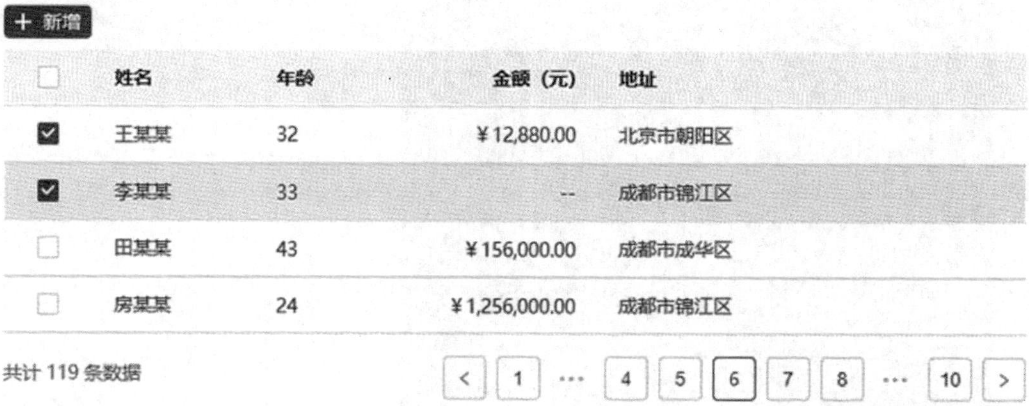

图68　新增按钮

图 69　右抽屉式弹窗

如果右弹窗内的表格还需新增行,可在表格内以添加行的方式新增,而不是出现第三个弹窗。样式见图 70。

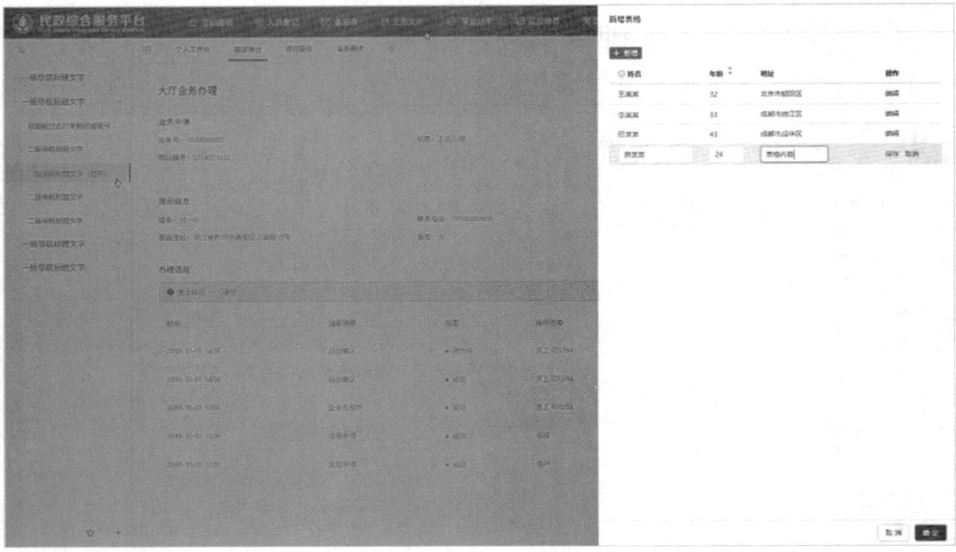

图 70　表格内－新增/编辑

点击“编辑”按钮,有两种方式:a) 右抽屉式弹窗内编辑;b) 原表格内直接编辑。如果表格内编辑的字段较少,或者表格已经在弹窗里了,采用原表格内编辑的方式(见图 65)。

7.12.1.6 表格内展开/折叠方式

当表格内容较多不能一次性完全展示时，只展示重要内容，其余部分折叠。样式见图71。

图71　行的展开

7.12.1.7 固定列

业务系统里，表格的字段过多，必须出现横向滚动条，固定列可以让业务操作更便捷。我们一般固定前面的列(通常首列信息重要)，即固定操作列。样式见图72。

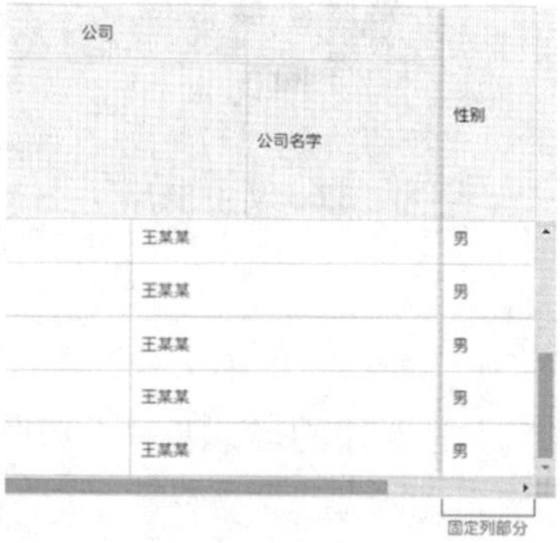

图72　固定列

7.12.1.8 固定表头

固定表头可以让用户理解当前单元格内信息的属性和含义。当数据列差异不大，用户不能直观地根据表格中的数据分辨出数据类型时，尤其需要固定表头。样式见图73。

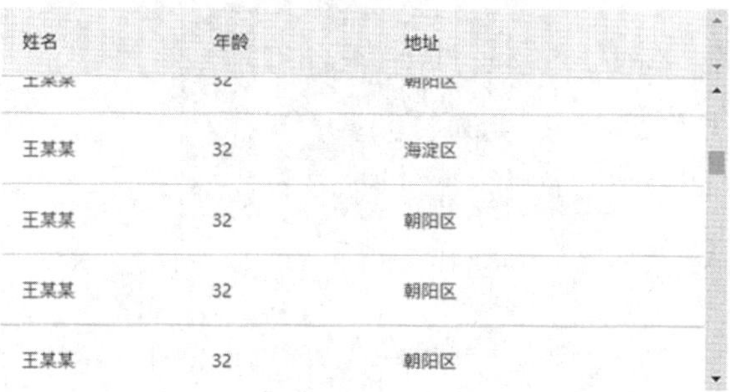

图73　固定表头

7.12.1.9 分页

完整分页，有跳转功能，并且可以自定义一页展示多少条（非必选）。样式见图74、图75。

图74　完整分页

图75　简易分页

7.12.2 头像

可使用圆形样式见图76。

图76　默认头像图片

7.12.3 卡片

卡片分为经典卡片和带图卡片，两种卡片的样式见图77、图78。

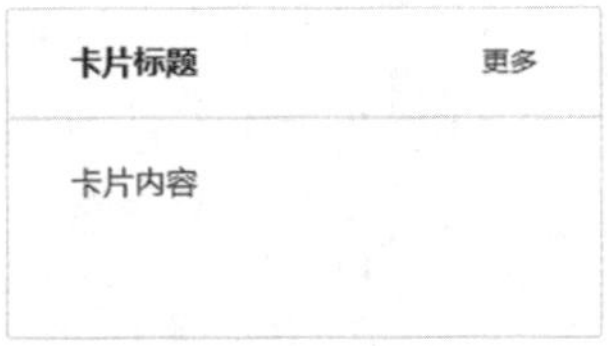

图77　经典卡片

图78　带图卡片

7.12.4 标签页

同一个页面的标签样式应不超过3级,一级标签的样式见图79,二级标签的样式见图80。

图79　一级样式

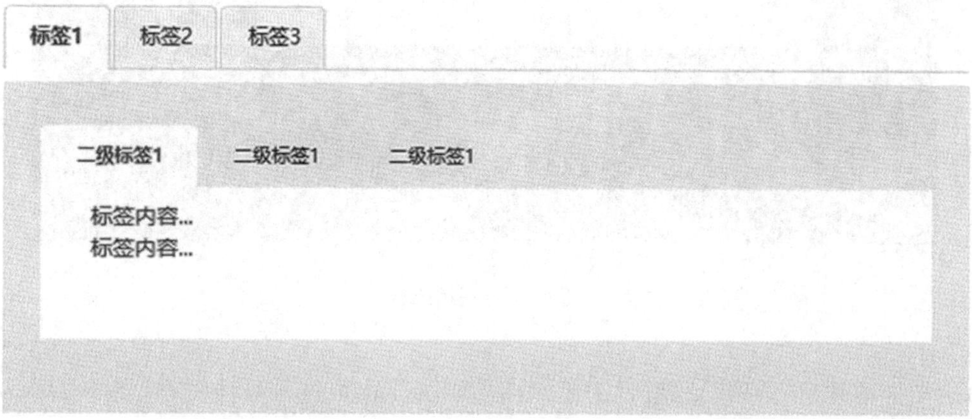

图80　二级样式

7.12.5 文字提示

简单的文字提示气泡框,鼠标移入则显示提示,移出消失,气泡浮层不承载复杂文本和操作(颜色通常使用红色,色值为#f5222d)。样式见图81。

图81　气泡文字提示

7.13 反馈

反馈分为:强提示弹窗、通知提醒弹窗和全局提示三类。

a)强提示弹窗,强制用户与弹窗互动后,操作才能继续。对话框通常被用在独立、强制的流程中。一般适用特别重要的交互操作(比如:删除账户、同意协议等)。样式见图82。

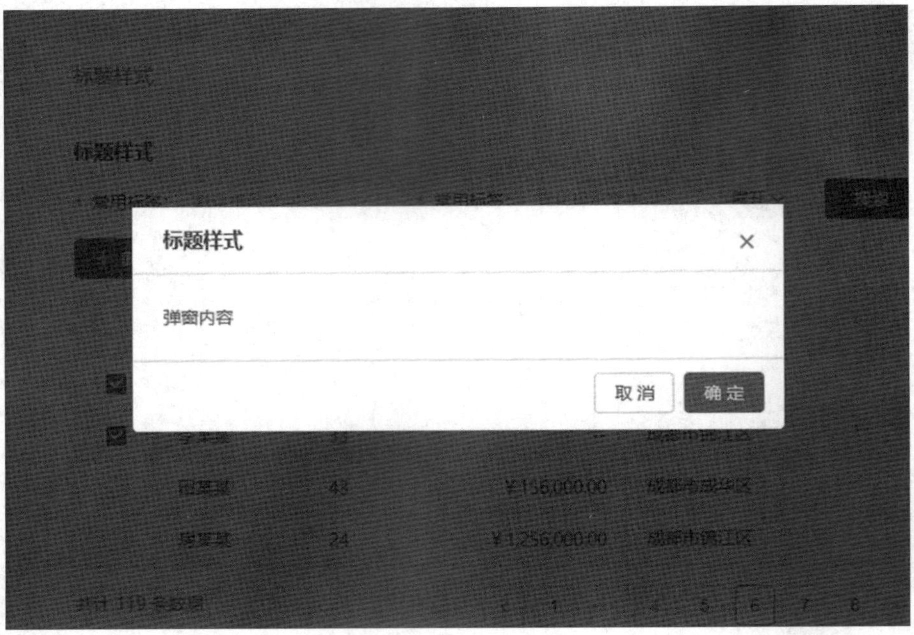

图 82　强提示弹窗

b)通知提醒弹窗,适用于一般性提示。用户不关闭也可进行其他操作。5 秒后自动关闭,出现在系统右上角。样式见图 83。

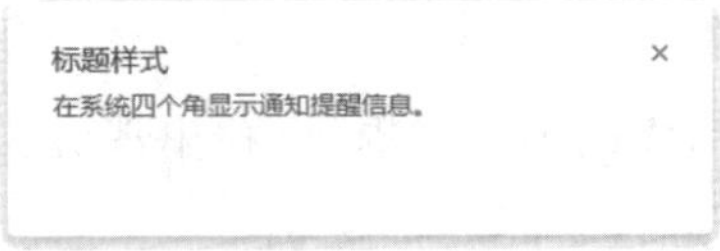

图 83　通知提醒弹窗

c)全局提示,自动消失的弹窗属于一种轻量级的反馈方式,出现 3 秒后会自行消失,一般位于操作区域的顶部中间位置。样式见图 84。

图 84　全局提示

7.14 其他组件

7.14.1 预览

预览组件一般用于图片文件的放大查看。样式见图 85。

图 85　预览组件

7.14.2 状态提示

状态提示宜用闪烁的不同颜色的圆点来对不同状态进行区分，使状态情况更加直观（例如：蓝色圆点代表进行中，红色圆点代表失败，绿色圆点代表成功，黄色圆点代表警告）。样式见图 86。

时间	当前进度	状态
2018-10-01 14:10	后台确认	• 进行中
2018-10-01 14:05	前台确认	• 失败
2018-10-01 13:05	业务员接单	• 成功
2018-10-01 13:00	接受申请	• 成功
2018-10-01 12:00	发起申请	• 成功

图 86　状态提示

7.14.3 筛选器

筛选器一般应用于系统数据较多时，需要对数据进行定向查询时使用。样式见图 87。

图 87　筛选器

7.14.4 加载动画

由四个分布均匀的原型图标构成，这个图形在加载时以中心做圆周运动，并伴以不同透明度的颜色渐变。样式见图88。

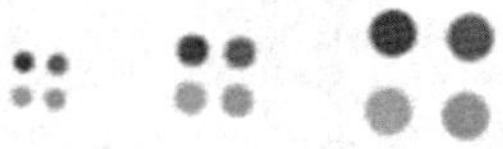

图88 加载动画

7.14.5 常用报错页面

以下列举了系统采用报错页面，可以作为插画风格定位，使用者可根据需要选用或者添加。样式见图89、图90、图91。

图89 常用报错页(1)

图90 常用报错页(2)

图91 常用报错页(3)

7.14.6 锚点

当表单内容比较多时，可对内容进行分类，并且使用锚点定位，可以让用户快速在不同板块间跳动，更容易找到需要的内容。

7.14.7 回到顶部

当页面内容区域比较长，并且用户需要频繁返回顶部查看相关内容时使用。样式见图92。

图92 回到顶部按钮

7.15 系统皮肤

7.15.1 自定义配色

系统配色方案可根据各个系统特点，进行设计（以下列举其中三种常用配色）。样式见图93、图94、图95。

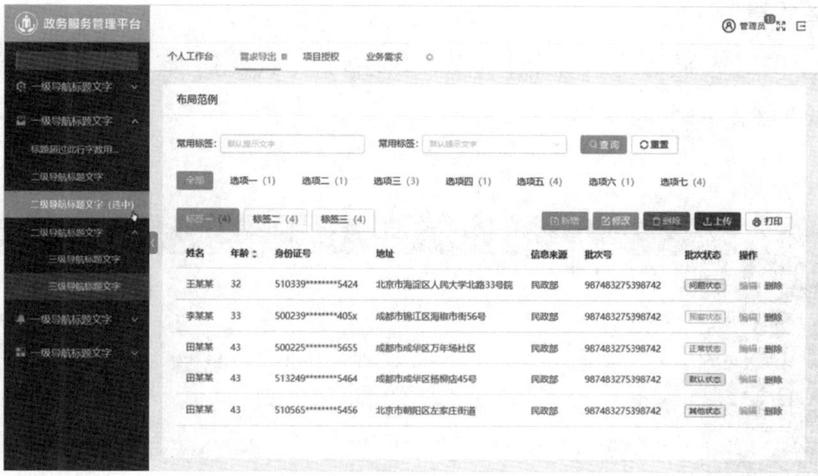

图93 青碧色皮肤

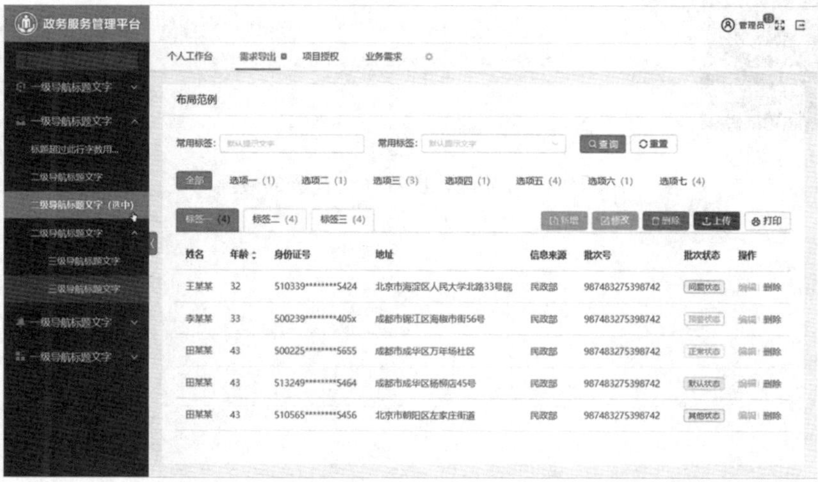

图94 朱红色皮肤

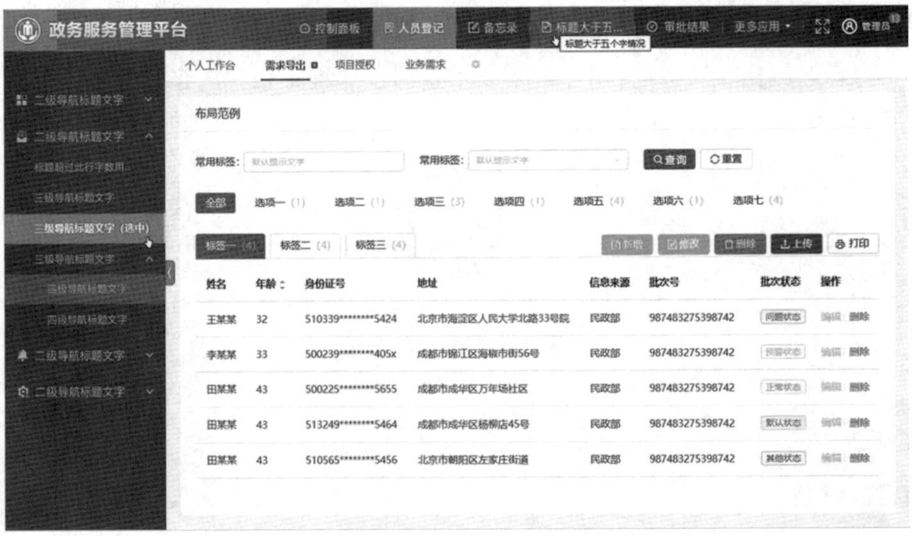

图 95　科技色皮肤

7. 15. 2 导航区背景

系统框架因需求不同可使用图片作为某一区块的背景（见图所示的一级菜单背景），以起到装饰的作用。样式见图 96。

图 96　导航区以图片作为背景的效果

JMGC

民 政 部 金 民 工 程 标 准

JMGC/JS 305—2020

金民工程 移动端界面 UI 设计要求

2020－12－30 发布　　　　2020－12－30 实施

民政部信息中心 发布

目　次

前　言

本文件按照 GB/T 1.1—2020《标准化工作导则 第1部分:标准化文件的结构和起草规则》的规定起草。

请注意本文件的某些内容可能涉及专利。本文件的发布机构不承担识别专利的责任。

本文件由民政部信息中心提出并归口。

本文件起草单位:民政部信息中心、四川久远银海软件股份有限公司。

本文件主要起草人:王兴玲、张建民、张彤、陶亮、贾雅杰、杨艺可、刘渝、欧海莉、王荣。

金民工程 移动端应用界面 UI 设计要求

1 范围

本文件规定了金民工程项目中移动端应用界面的 UI 设计原则。

本文件适用于金民工程项目中各软件包。

2 规范性引用文件

下列文件中的内容通过文中的规范性引用而构成本文件必不可少的条款。其中,注日期的引用文件,仅该日期对应的版本适用于本文件;不注日期的引用文件,其最新版本(包括所有的修改单)适用于本文件。

JMGC/YW 406 金民工程信息化术语

3 术语和定义

JMGC/YW 406 界定的术语和定义适用于本文件。

4 缩略语

UI:用户界面(User Interface)

UE:用户体验(User Experience)

PX:像素(Pixel)

5 界面设计要求

5.1 总体要求

本标准采用设计稿通用做法,选择中间分辨率 750px × 1334px 作为基准,来适配多个分辨率及平台(iOS、Android),以提升设计效率。(注:本文档组件尺寸均以其在 750px × 1334px 分辨率下进行设计。)

民政部金民工程移动端界面设计应从民政工作人员、使用民政系统的其他相关人员、自然人、法人和其他组织使用便利角度出发,减少用户操作,方便用户浏览和查询相关内容,总体要求包括但不限于如下:

a)符合移动设备的交互方式,应兼容当前主流移动设备的屏幕尺寸与分辨率。

b）显示内容中图片、附件、视频等应有效可用，名称要直观准确。图片、附件、视频采用JPG、PNG、OFD、PDF、MP4等主流常用格式，其中附件宜使用网页阅读（避免使用浏览器插件）模式，便于跨平台的兼容性和浏览的流畅度。

c）避免使用弹出窗口、漂浮窗口，确需使用时，不得使用多个窗口，且窗口应提供关闭按钮。

d）国家民政部金民工程移动端应支持通用移动终端操作系统。

5.2 颜色

因该移动应用涉及场景较多、涉及领域较广，颜色使用上不做硬性规定。图1仅列出了部分系统常用颜色，开发者可以根据项目不同进行适当更改，但所设计的风格应该具有一致性。（本标准示例仅以民政蓝色为主色进行讲解）见图1。

图1　系统色示例

颜色要求见表1。

表1　UI颜色要求

	颜色	色值	使用场景
主色调		#087cd6	主色，用于指示性强烈的控件、标签以及在特定场景下需要突出的信息
辅色调		#ff943d	辅色，小面积使用，用于特别需要强调和突出的内容
		#e5e5e5	用于模块的边界线、分割线
		#f5f5f9	用于页面底色、模块的分割色
文字		#333333	用于重要的文字、标题文字、正文文字
		#666666	用于辅助性的文字
		#999999	用于次要的文字 如日期、地址，说明性文字
		#cccccc	用于弱信息文字 如输入框提示输入文字

5.3 字体

字体要求如下：

a) iOS 字体

中文字体:苹方/PingFang SC

英文字体、数字:San Francisco pro

b) Android 字体

中文字体:思源黑体/Noto Sans Han

英文字体、数字:Roboto

标准字样式见表 2。文稿标准字样式只作为示例,具体大小以字号为准。

表 2　标准字

重要性	样式	字号	使用场景
重要	标准字	42px	用于文章页面标题
重要	标准字	36px	用于导航栏标题文字
一般	标准字	32px	用于大多数正文
一般	标准字	28px	用于辅助性文字
较弱	标准字	24px	用于次要辅助性文字

5.4 系统图标

系统图标包括:

a) 系统图标栅格。视觉比例保持一致,圆形图标视觉张力较小,应撑满整格;方形图标视觉张力较大,应等比例适当缩小;竖长图标应上下撑满格,左右留等量间距;横长图标左右撑满格,上下留等量间距。样式见图 2。

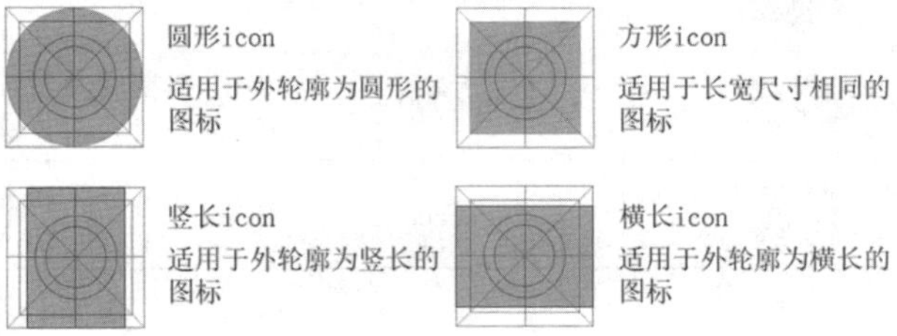

图 2　系统图标栅格

b)统一风格图标。建立各自统一风格的图标,包括造型规则、圆角大小、线框粗细,图形样式和个性化细节等元素应按各自规则统一设计。样式见图3。

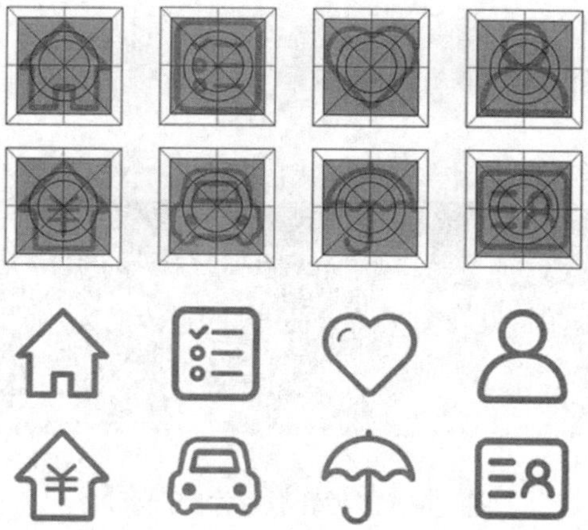

图3 统一风格图标

5.5 通用布局要求

页面常用组件布局应遵循以下尺寸要求见图4。

a)页面布局标准

1)状态栏:40px;

2)导航栏:88px;

3)导航栏下导航:80px;

4)按钮高度:88px;

5)标签栏:98px。

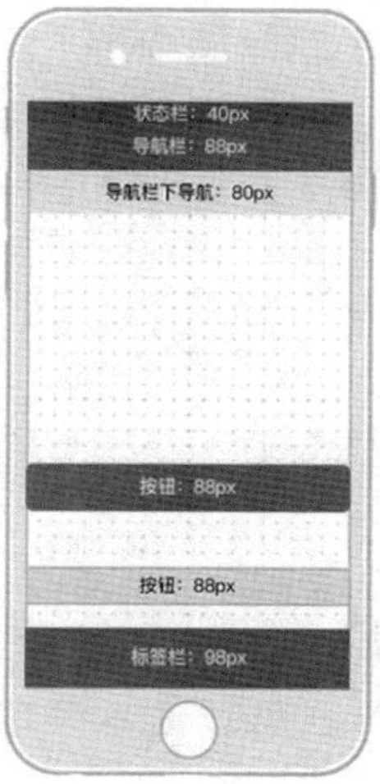

(750*1334px)

图4 页面布局标准

b)状态栏和导航栏常用布局要求;

1)状态栏。用于显示信号、时间、电量等信息,宽高根据系统原生控件而定,位于移动端界面顶部,样式见图5。

2)导航栏。用于显示搜索、消息通知等控件,宽高(750×88px),位于状态栏下方,底色为移动端界面主色,样式见图5。

图5　状态栏和导航栏布局标准

c)标签栏常用布局要求见图6;

用于不同的子任务进行切换,宽高(750×98px),位于移动端界面底部,最多不超过5个子任务。

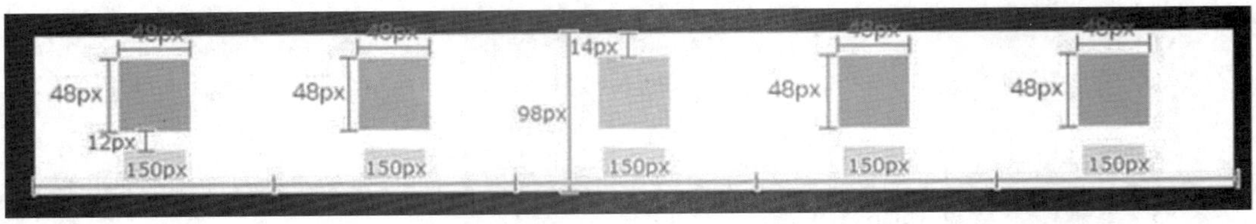

图6　标签栏布局标准

d)常用组件及布局要求见表3;

表3　常用组件尺寸

顶部状态栏高度:40px	导航栏最小高度:88px
导航栏下滑动 tab 高度:80px	底部标签栏高度:98px
内容块之间最小间距:16px	一行常规内容块高度:88px
列表内容高度:88px	全局按钮高度:88px

e)全局边距。用于控制页面内容到移动设备屏幕边缘的距离,宽度(24px),样式见图7。

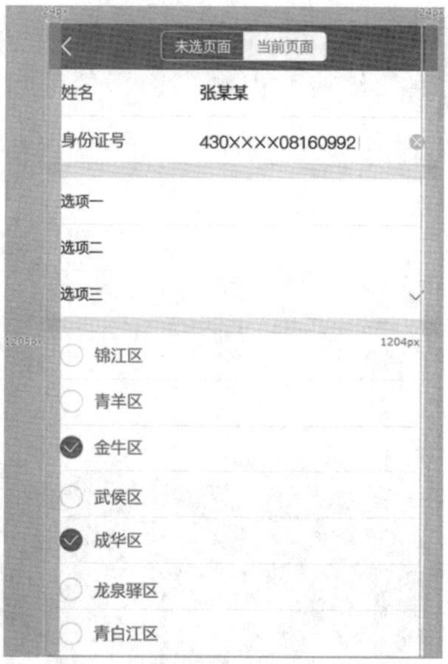

图 7　全局边距

5.6 常用控件样式及布局要求

5.6.1 首页常用控件

移动应用的首页常用控件及样式，其设计规范见图 8。

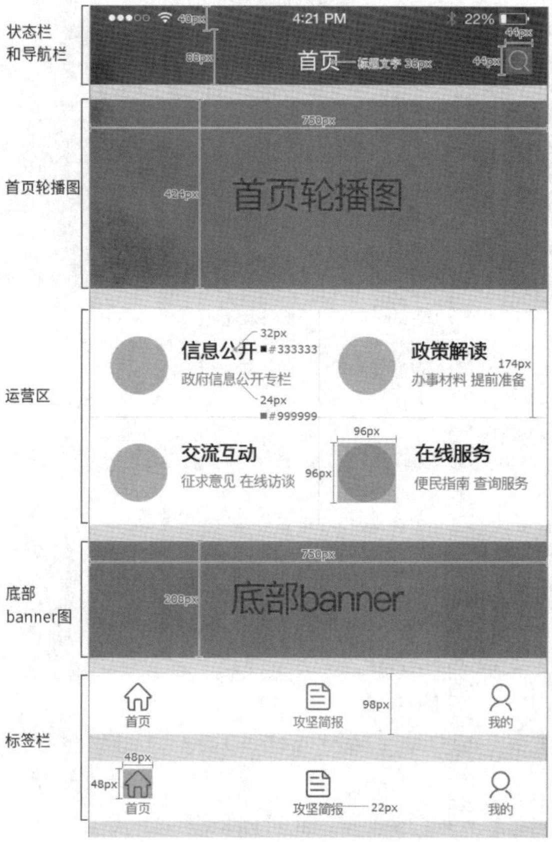

图 8　首页常用控件

状态栏、导航栏及标签栏详细规范见:4.5 通用布局要求。如图 8 所示,首页轮播图应置于导航栏下方,由多张尺寸相同的图片组成并以顺序进行轮流播放。运营区通常位于轮播图以下,圆圈处可以设置插画或图标,其内容应与对应文案内容保持一致。底部 banner 应位于运营区以下位置。

5.6.2 头像控件

头像控件通常用于个人中心页面,其设计规范见图 9。

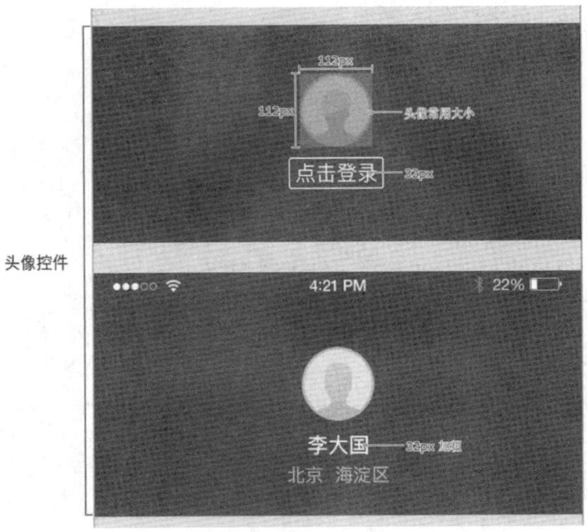

图 9　头像控件

5.6.3 表单控件

移动应用的表单控件用于接收用户输入的数据,其设计规范见图 10。

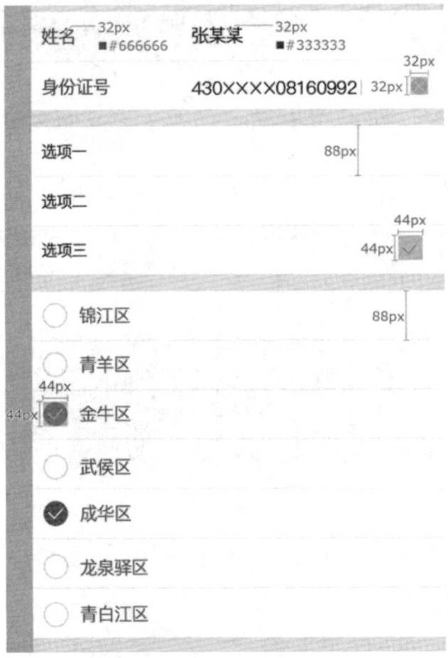

图 10　表单控件

5.6.4 分类导航

分类导航控件其分类标签文字字数不应超过 6 个,其设计规范见图 11。

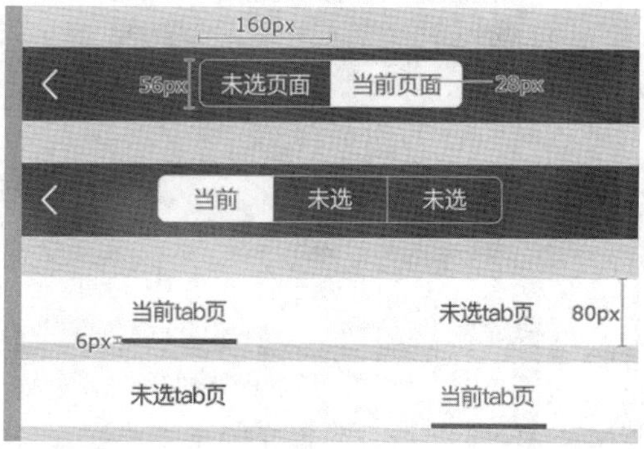

图 11　分类导航

5.6.5 筛选控件

筛选控件主要应用于对系统数据的筛选,筛选控件的设计规范见图 12。

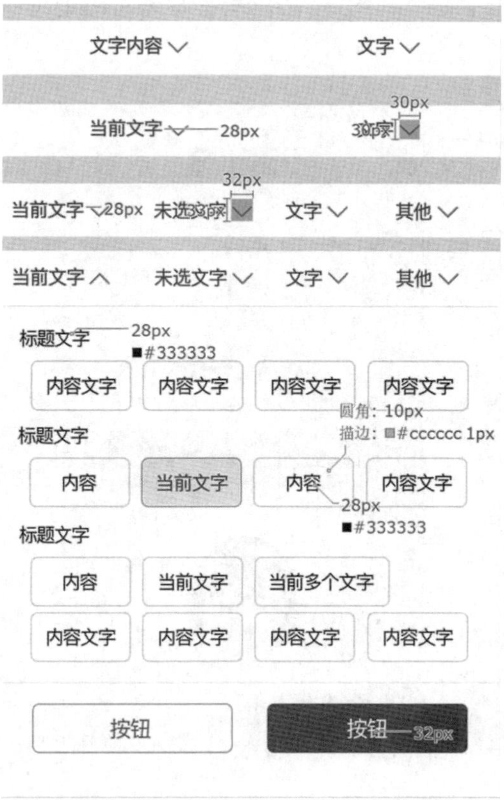

图 12　筛选控件

5.6.6 搜索控件

搜索控件主要应用于对系统数据较多,又非固定数据类型时使用,其设计规范见图 13。

图 13　搜索控件

5.6.7 提示

该插画状态提示图仅作示例，请开发单位根据实际项目需求进行设计。示例见图 14。

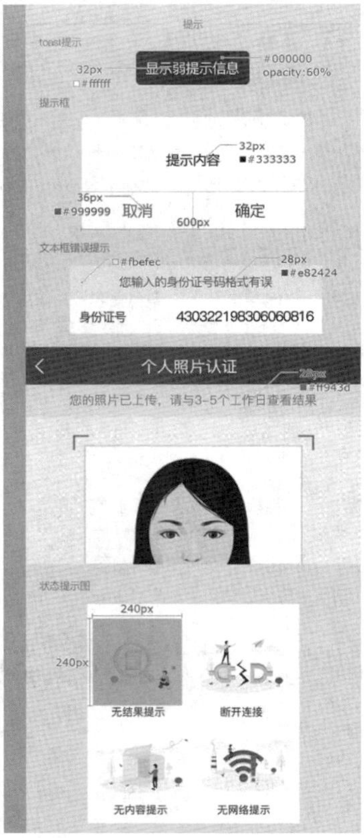

图 14　提示

5.6.8 列表

列表分为“图＋文”列表、“图标＋文”列表和纯文字列表三种。

a)“图＋文”列表：分为小图形式和大图形式。小图形式：文案左对齐置于图片右侧。主要字段和次要字段分别对齐图片的上缘和下缘。大图形式：主要字段和次要字段分别置于图片上方和下方，并与图片左对齐。大图形式列表可设置标签，标签与次要字段同行，并与图片右侧对齐，规范见图15。

图15 “图＋文”列表

b)“图标＋文”列表：由图标和文字组成，图标置于主要字段前部，次要字段提行与主要字段左对齐。在列表右侧，设置“ > ”图标，规范见图16。

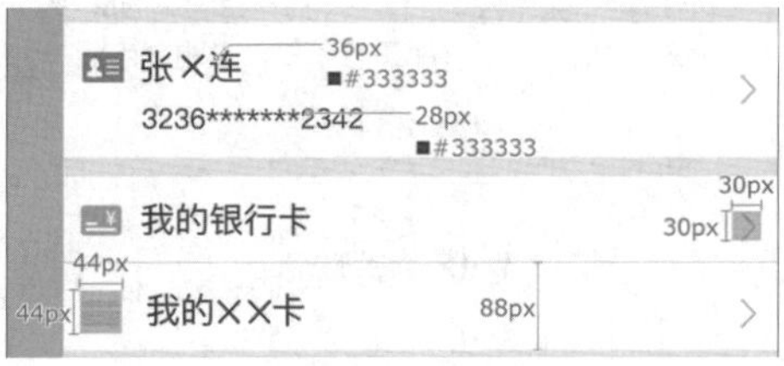

图16 “图标＋文”列表

c)纯文字列表：文字均采用左对齐排版。列表可添加次要字段，颜色和字号均弱于主要字段。如为时间区间字段，需添加外框；如为地址字段，需在地址前添加图钉图标，规范见图17。

图 17　纯文字列表

5.6.9 详情页

详情页主要用于新闻资讯页面的详细内容展示，其设计规范见图 18。

图 18　详情页

5.7 交互组件

5.7.1 按钮

按钮按形态不同分为：背景 + 文字按钮、文字按钮、图标按钮三种形式。

5.7.1.1 背景 + 文字按钮

背景 + 文字的按钮形式一般用于执行性的操作。大尺寸按钮位置由页面内容决定，而不是全部置于页面底部，比如短表单的按钮应该紧跟表单下方，以免被软键盘遮挡。样式见图19。

图19　背景+文字按钮

5.7.1.2 文字按钮

文字按钮一般用于顶部导航栏以及提示框上。受限于显示面积，导航栏的文字按钮一般中文字符不宜超过4个字符。样式见图20。

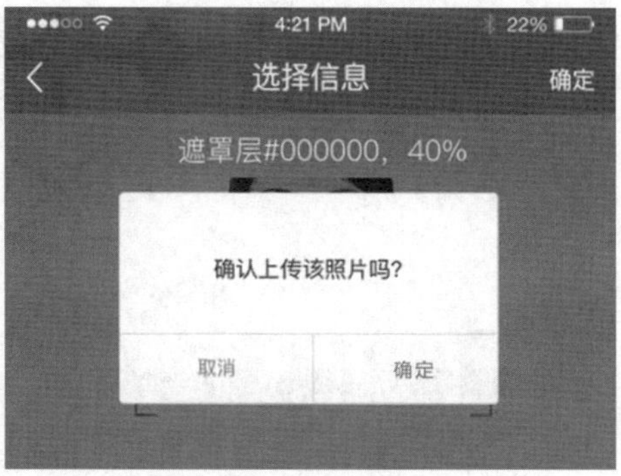

图20　文字按钮

5.7.1.3 图标按钮

图标按钮一般用于顶部导航栏、筛选栏和列表中。图标按钮表达的内容应清晰易懂。样式见图21。

图21　图标按钮

5.7.2 控制元素

5.7.2.1 加载器

显示有任务或进程正在处理中，表达一个持续时间不明的进程。加载器可用于数据加载、页面转场等（以下加载器为两段旋转的曲线循环播放）样式见图 22。

图 22　加载器

5.7.2.2 进度指示器

用于展示可预测完成度的任务或过程的完成情况。比如下载更新进度条（iOS 无此进度条），优点是能给用户一个明确的心理预期。样式见图 23。

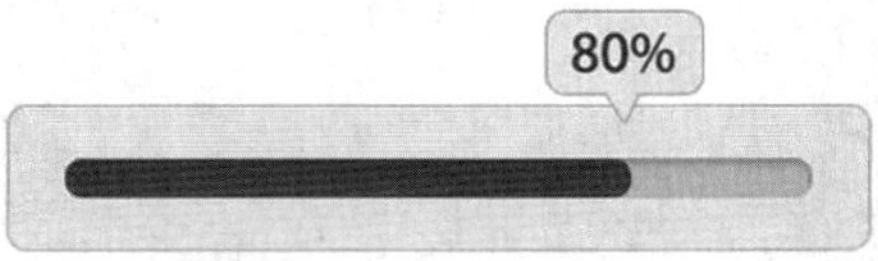

图 23　进度指示器

5.7.2.3 页码控制器

显示共有多少页视图，当前展示的是第几页，用圆点展示，顺序与视图的顺序一致。高亮的原点代表当前打开的视图，样式见图 24。

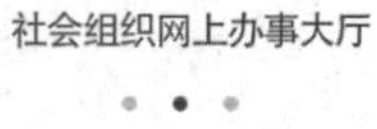

图 24　页码控制器

5.7.2.4 刷新控件

拉动页面刷新加载，统一为菊花转，样式见图 25。

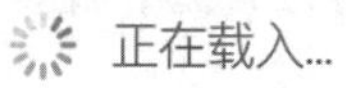

图 25　刷新控件

5.7.2.5 开关（切换器）

用于切换两种互斥的选择或状态，样式见图 26。

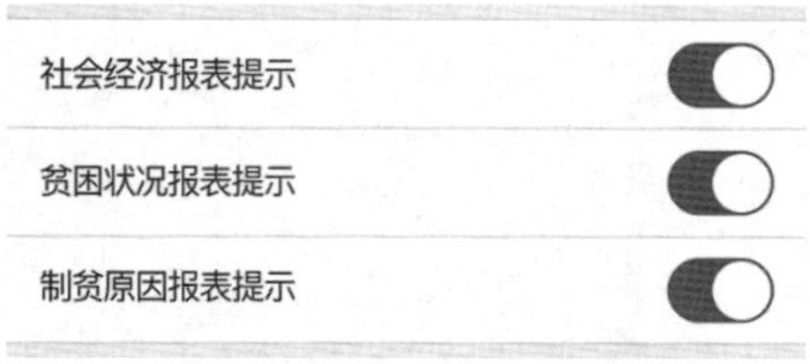

图 26　开关（切换器）

5.7.2.6 分段控件

用于控制处于并列关系的选项，一般不超过 3 个选项，超过 3 个选项可以使用选项卡控件。高亮的分段表示当前选项，样式见图 27。

图 27　分段控件

5.7.2.7 选项卡

选项卡用于二级菜单选项，多于四个选项时，应支持左右滑动查看，样式见图 28。

图 28　选项卡

5.7.3 筛选控件

5.7.3.1 选择器

根据所选内容类型、选项数量，选择器形式可分为三种：

a）选项较多的应另起一页选项页，用户轻触选项框自动跳转到选项页，如是单选，点选一项后自动返回上一级页面,如是多选,点完成按钮自动返回,样式见图 29。

图 29　选择器(选项较多)

b)选项少于 5 项且是固定单选选项,宜采用浮层选择器。用户轻触选项框,选择器从页面底部弹出,点选选项或取消按钮,选择器向下退出消失,样式见图 30。

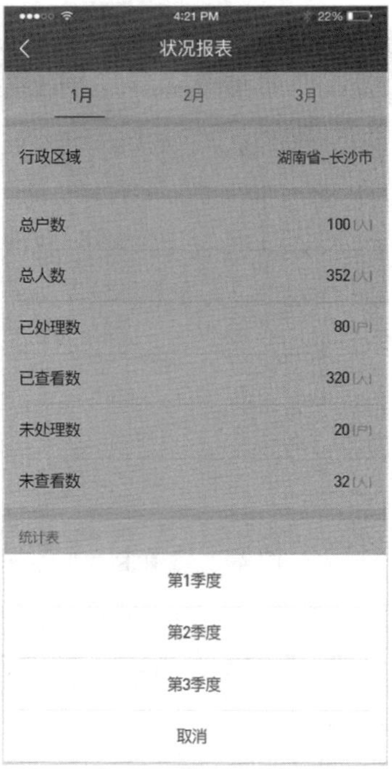

图 30　选择器(少于 5 项)

c）选择时间采用通用的时间选择器，可以增加其他相关的选项。用户轻触选项框，选择器从页面底部弹出，拨动滚轮选择时间，点确定/取消按钮，选择器向下退出消失，样式见图 31。

图 31　时间选择器

5.7.3.2 筛选栏

筛选栏位于标题栏的下面，受所处位置限制，并列的筛选项不得超过 4 个，多于 4 个的筛选项合并为“其他”项。根据筛选项的多少以及单、多选的功能需求，筛选样式分为以下几种：

a）单选的选项列表展示，用户点选一个筛选项，选项列表浮层由上向下弹出，用户点选一个选项后列表向上收起消失，筛选项文字恢复正常，样式见图 32。

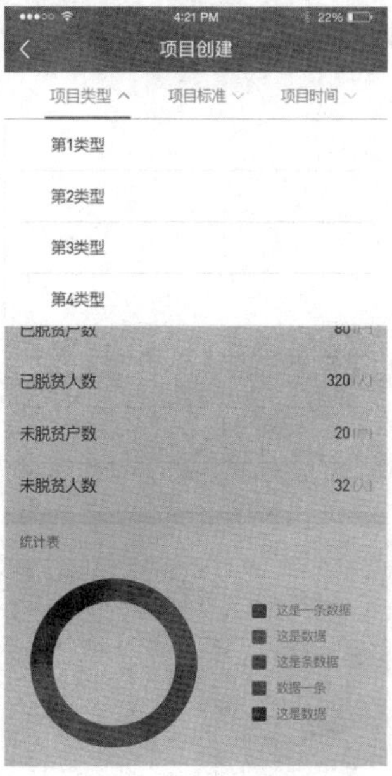

图 32　筛选栏 1

b)“其他”项集合多个筛选项,采用左右 tab 结构。用户对多个筛选项进行选择后,点“确定”按钮确认所有选择结果,点“重置”按钮重置所有选择结果,样式见图 33。

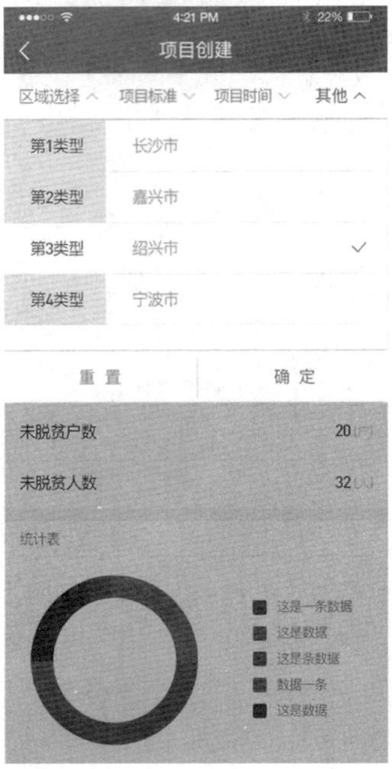

图 33　筛选栏 2

c)如果用户需要对几个单选/多选的筛选项进行多重选择,则用这种样式。轻触一个选项为选中,蓝色高亮显示;再次轻触为取消选择,样式见图 34。

图 34　筛选栏 3

5.7.4 表单控件

5.7.4.1 文本框

文本框采用通栏样式，文本框里应有提示性文字；根据需要设置文本框的标签。不同的文本框应该有输入限制，比如身份证文本框限制只能输入数字和字母 x，最多只能输入 18 位；手机号码输入框限制数字输入和最多 11 位等。

文本框已有内容且还处于获取焦点状态出现“清除图标”，失去焦点后“清除图标”消失，样式见图 35。

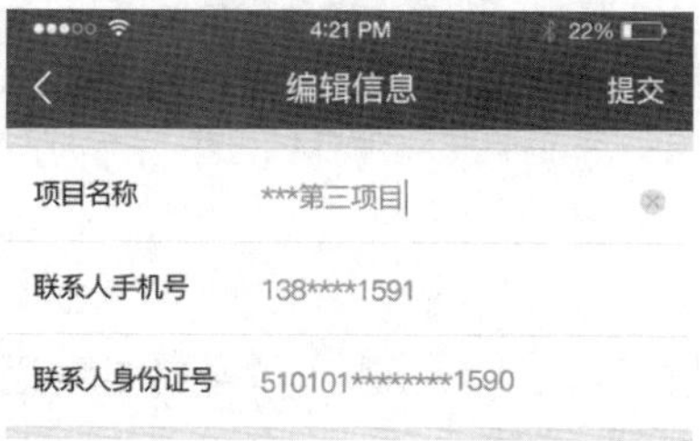

图 35　文本框

5.7.4.2 多选控件

用户可以选择一个或者多个选项。选中状态与非选中状态的样式有明显区分。用户轻触一个选项为选中，再次轻触为取消选中，样式见图 36。

图 36　多选控件

5.7.4.3 单选控件

用户轻触选项 A 为选中该项,轻触选项 B 则是选择 B 同时放弃选项 A,样式见图 37。

图 37　单选控件

5.7.5 浮层控件

5.7.5.1 提示框浮层

浮层提示用户对当前操作进行确认,应点确定/取消/关闭按钮,才能关闭浮层,样式见图 38。

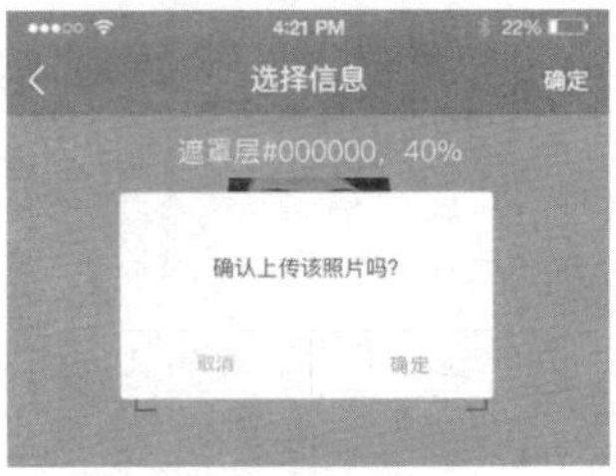

图 38　提示框浮层

5.7.5.2 选择浮层

用户轻触浮层内容区之外的区域,可以关闭浮层,样式见图 39。

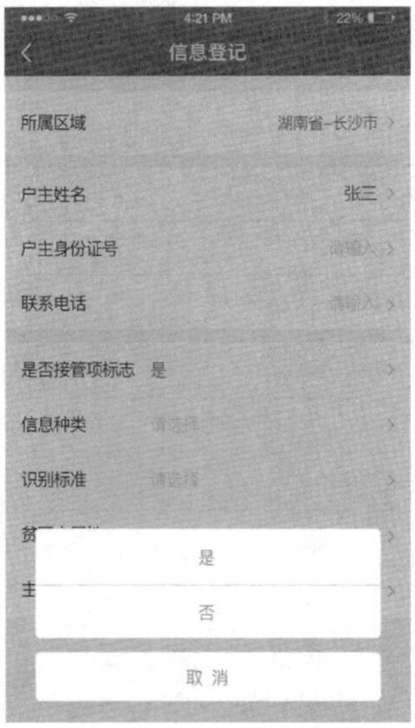

图 39　选择浮层

5.7.6 提示控件

5.7.6.1 提示

属于纯告知提示,用于告知用户当前状况。

iOS 提示统一为页面中部渐显与渐隐,Android 提示出现方式因机型而异,显示时间都为 2 秒后消失,样式见图 40。

图 40 提示

5.7.6.2 文本框错误提示

提示用户信息输入错误,需要用户重新输入。提示信息位于文本框上方。例如,身份证和姓名两项只要有一项输入错误,提示话术"您输入的××或××××××有误"。

用户点"下一步"/"提交",错误提示在文本框上方快速渐显出现,文本框再次处于获取焦点状态时,提示语消失,样式见图 41。

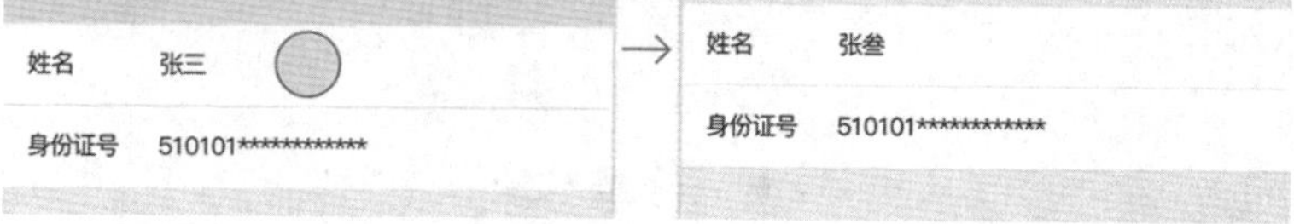

图 41 文本框错误提示

5.7.6.3 提示框

强提示，提示用户对当前操作进行确认（可取消），多用于不可逆转的操作。例如，上传照片确认，话术“确定××××××××吗?”确定按钮在右，取消按钮在左。

提示框不需要标题，点“确定”，关闭提示框，执行该操作；点“取消”，关闭提示框，放弃该操作，样式见图42。

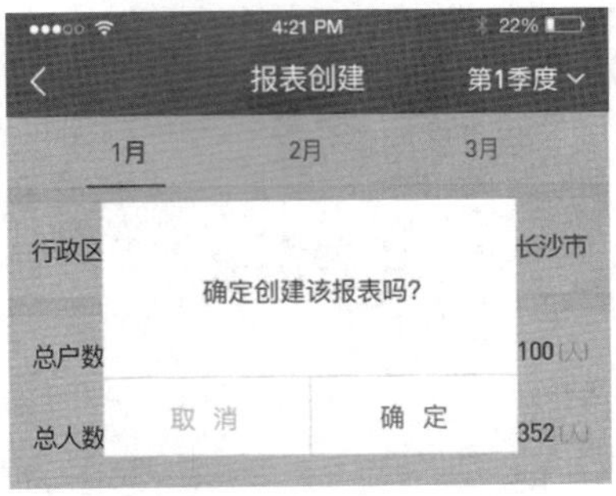

图42 提示框

5.7.6.4 提示信息条

提示信息条位于标题栏下部，用于需要向用户说明当前的状态，且是持续性的情况，样式见图43。

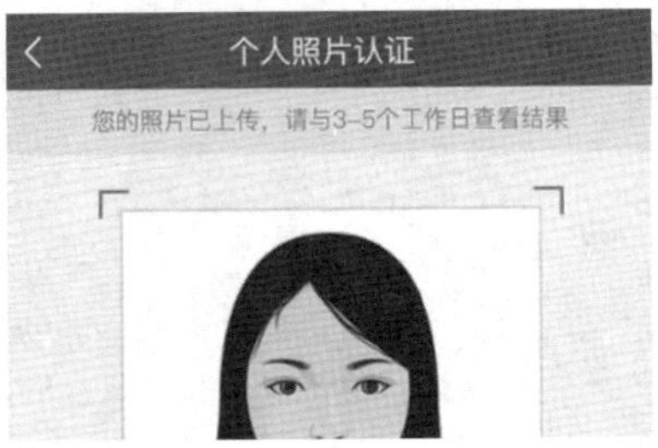

图43 提示信息条

5.7.6.5 无结果提示

当无搜索结果时或当前页面没有内容时，显示该提示话术“抱歉，没有相关记录”，样式见图44。

图44 无结果显示

5.7.6.6 无网络提示

网络中断导致页面所有数据加载不了,显示该提示话术“啊哦,网络飞走了,请稍后再试”,样式见图45。

图45　无网络提示

5.7.6.7 页面无内容

当该页面无具体内容或内容已迁移,显示该提示话术“该页面内容不见了,返回试一下吧”,样式见图46。

图46　页面跳转失败

5.7.6.8 软键盘

用户轻触输入框,软键盘从屏幕底部自动弹出。软键盘的类型应由输入框的类型判断,比如输入电话号码文本框,应该直接调出数字键盘;搜索输入框的键盘右下角应该变为“搜索”键,其他类型的输入框为“完成”键。

情景一:搜索输入框调出的软键盘右下角为“搜索”键,轻触“搜索”键执行搜索操作,且键盘向下退出消失(Android受限于机型输入法,不能保证都能定义为“搜索”,所以Android和iOS的搜索栏样式有所不同),样式见图47。

图 47　搜索框所调出软键盘

情景二：其他类型输入框调出的软键盘右下角为"完成"键，轻触"完成"键，软键盘向下退出消失，样式见图 48。

图 48　其他类型所调出软键盘

5.7.6.9 搜索

搜索的入口一般为搜索图标,用户轻触搜索图标页面跳转至搜索页,同时软键盘自动弹出。

搜索页如果有历史搜索记录,则显示 10 条最近的;如果没有则显示“暂无历史搜索记录”。历史搜索记录可清除,样式见图 49。

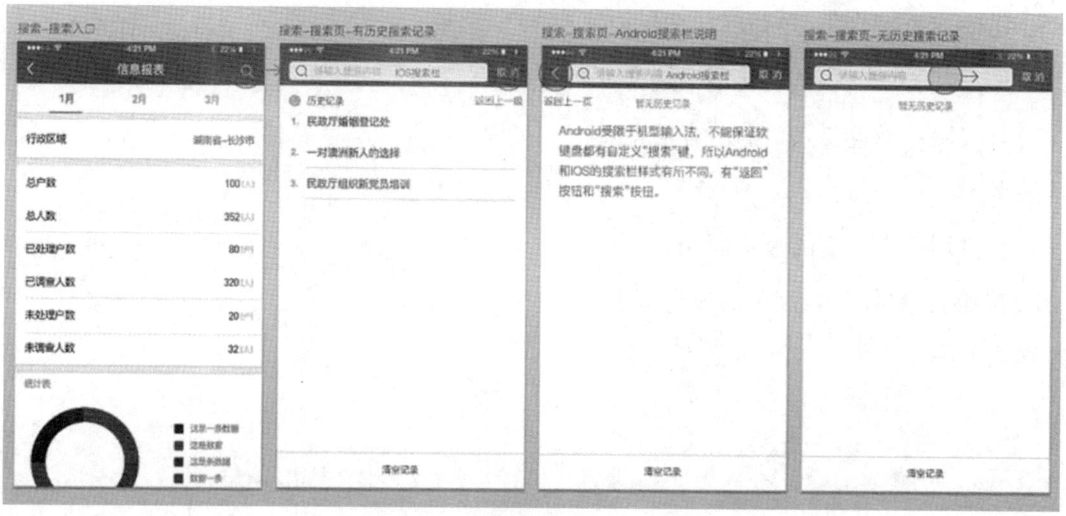

图 49　搜索 1

用户输入关键字,点“搜索”键执行搜索操作,才可记录为历史搜索。如果用户只输入空格键,点“搜索键”不执行搜索操作,且弹出弱提示“请输入关键字搜索”,样式见图 50。

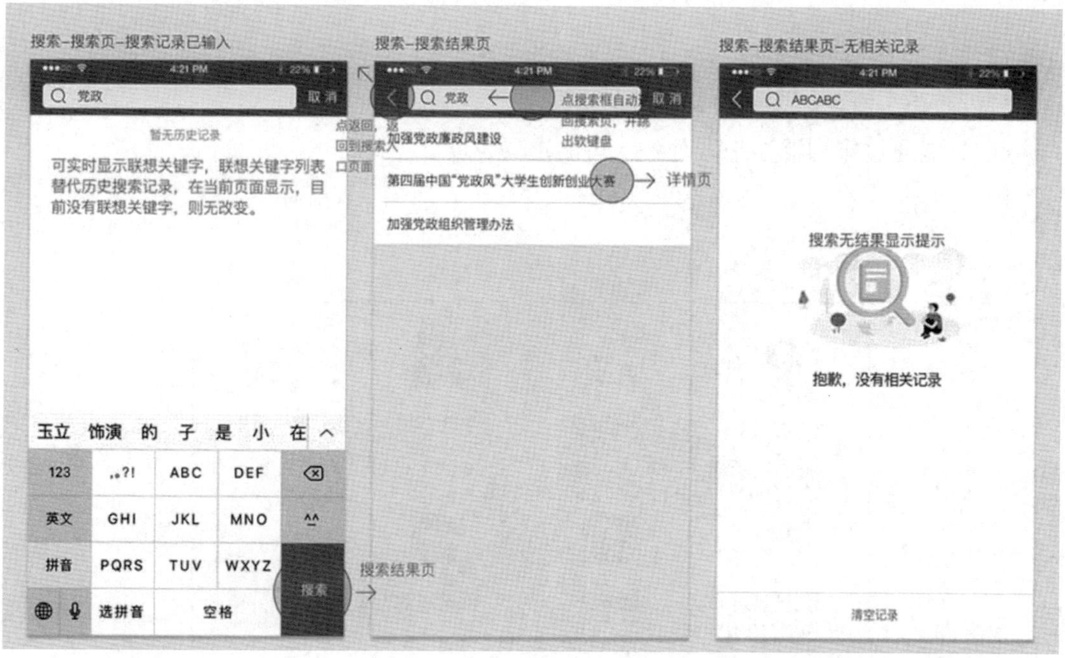

图 50　搜索 2

5.8 布局导航

5.8.1 导航

5.8.1.1 标签导航

标签导航是一种全局导航模式。一般全局用于标签栏部分。

优点：

a)用户清楚当前所在的入口位置；

b)用户在各入口频繁跳转不会迷失方向；

c)直接展示最重要入口的内容信息。

缺点：

a)会占用一定高度的显示面积；

b)功能入口过多时,该模式显得笨重。

样式见图51。

图51　标签导航

5.8.1.2 宫格式导航

宫格式导航通常用于二级页面且功能需要平铺展示的页面。

优点：

a)能展示较多内容；

b)图形化展示,形式更自由。

缺点:只能通过排列顺序来区分各入口的重要程度。

样式见图52。

图52　宫格式导航

5.8.1.3 列表式导航

列表式导航通常用于个人中心页面或标题内容较长的导航页面。

优点：

a)可展示内容较长的标题；

b)可展示说明性文字。

缺点：

a)同级内容过多时，用户浏览易产生疲劳感；

b)只能通过排列顺序和颜色来区分各入口的重要程度。

样式见图53。

图53　列表式导航

5.9 手势

手势作为隐藏快捷操作可以提升用户的操作效率。使用手势操作可以极大地提升用户的使用体验。苹果和谷歌的系统已经让用户对基本的手势操作有所认识，而我们只要遵循和支持系统已有的操作就能提升用户的体验，样式见图54。

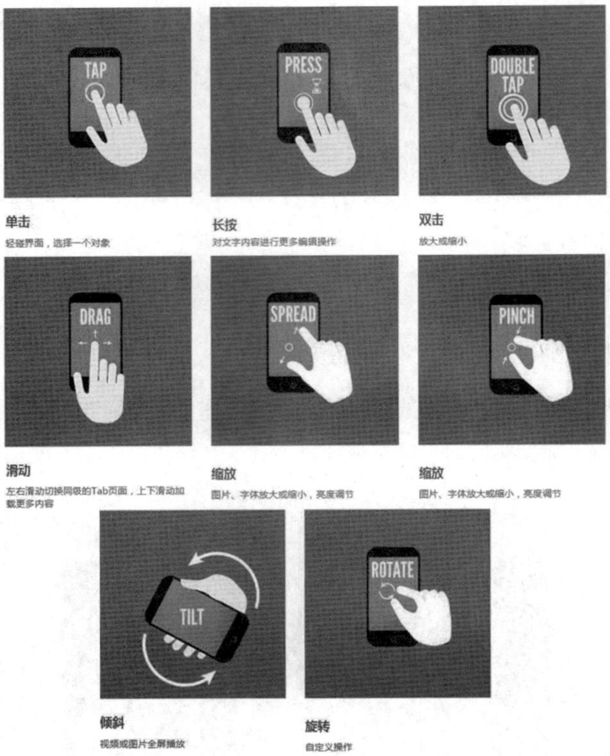

图 54　手势

5.10 输出要求

输出要求包括：

界面标注。应对标题栏、横幅、图标、图片、文字标注宽高，与周边内容距离，文字（字体、字号、颜色），应单独标出，样式见图 55。

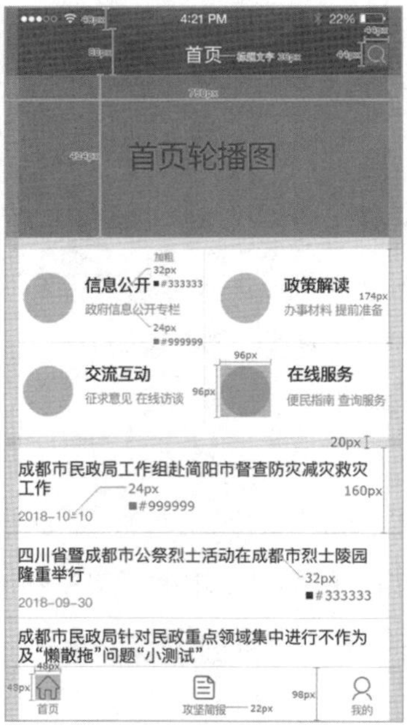

图 55　页面标注

输出切片应以 SVG 矢量格式或 PNG 格式图片输出,同时提供 2 倍图来适配高清屏幕。

JMGC

民 政 部 金 民 工 程 标 准

JMGC/JS 306—2020

金民工程 统一用户身份认证

2020 －12 －30 发布　　2020 －12 －30 实施

民政部信息中心 发布

目　次

前　言

本文件按照 GB/T 1.1—2020《标准化工作导则 第1部分:标准化文件的结构和起草规则》的规定起草。

请注意本文件的某些内容可能涉及专利。本文件的发布机构不承担识别专利的责任。

本文件由民政部信息中心提出并归口。

本文件起草单位:民政部信息中心、四川久远银海软件股份有限公司。

本文件主要起草人:王兴玲、张建民、张彤、陶亮、贾雅杰、李双君、杜林锴、李坤林、刘渝、欧海莉、王荣、张进科。

金民工程 统一用户身份认证

1 范围

本文件描述了金民工程项目中的账户体系划分原则、统一资源权限管理、统一身份认证提供的服务接口、应用系统接入统一身份认证的要求以及应用系统单点登录改造要求。

本文件适用于金民工程项目中集成的全部应用系统。

2 规范性引用文件

下列文件中的内容通过文中的规范性引用而构成本文件必不可少的条款。其中,注日期的引用文件,仅该日期对应的版本适用于本文件;不注日期的引用文件,其最新版本(包括所有的修改单)适用于本文件。

GB 32100 法人和其他组织统一社会信用代码编码规则

JMGC/YW 406 金民工程信息化术语

3 术语和定义

JMGC/YW 406 界定的术语和定义适用于本文件。

4 缩略语

下列缩略语适用于本文件。

HTTP:超文本传输协议(Hyper Text Transfer Protocol)

HTTPS:HTTP 加上 TLS/SSL 协议构建的可进行加密传输、身份认证的网络协议(Hyper Text Transfer Protocol Over Secure Socket Layer)

IP:网际互联协议(Internetworking Protocol)

XML:可扩展标记语言(Extensible Markup Language)

JSON:轻量级的数据交换格式(Java Script Object Notation)

URL:统一资源定位器(Uniform Resource Locator)

OTP:一次性口令(One - time Password)

5 账户体系介绍

5.1 概述

金民工程系统账户从账户主体上可划分为自然人账户和法人账户。

a)自然人账户是指以自然人为主体的账户,由自然人服务对象和政府工作人员组成。

b)法人账户是指以机构组织为主体对象注册的账户。

5.2 自然人账户

自然人用户身份信息包括基础信息和拓展信息。自然人身份基础信息见表1。

表1　自然人身份基础信息表

序号	属性名称	属性说明
1	用户 ID	系统内部的唯一标识
2	登录账号	登录账号
3	口令	登录口令
4	姓名	用户姓名
5	邮箱	用户邮箱
6	证件类型	身份证、护照等证件类型
7	证件号码	与证件类型对应的证件号码
8	证件号码散列值	证件号码散列值
9	手机号	手机号码
10	实名核验等级	自然人通过的实名认证等级
11	实名核验日期	自然人最近一次提升实名认证等级的时间

其中口令应使用国密 SM3 算法散列运算加密存储,证件号码和手机号等自然人关键信息应使用国密 SM2 或 SM4 算法进行加密存储。

自然人用户的拓展信息为可选信息,是对基础信息外的一个补充信息,见表2。

表2　自然人身份拓展信息表

序号	属性名称	属性说明
1	注册时间	自然人的注册时间
2	出生日期	自然人的出生日期
3	性别	性别
4	学历	自然人受教育的程度
5	国籍	自然人国籍
6	支付宝账号	自然人支付宝的登录账户
7	微信号	自然人微信的登录账户
8	户籍地行政区划	自然人户籍地地区的行政区划编码
9	居住地行政区划	自然人现今居住地地区的行政区划编码
10	详细住址	自然人家庭居住的详细地址

续表

序号	属性名称	属性说明
11	工作单位	自然人目前工作的公司或单位名称
12	用户状态	账户是否可用状态
13	注册组织	自然人所属的组织机构名称
14	民族	自然人所属的民族
15	第二手机号	自然人可能拥有用于通信的第二个手机号码
16	第三手机号	自然人可能拥有用于通信的第三个手机号码
17	邮政编码	自然人联系地址所在区域的邮政编码

5.3 法人账户

5.3.1 法人账户模型

法人账户是当前机构信息为主体注册的账户，法人账户下可绑定多个管理员或经办人员，被绑定的管理员和经办人员应是自然人账户，需要通过实名认证三级核验，实名认证体系见4.3。

法人账户下绑定的管理员或经办人员账户，登录后均可代表法人办理业务。

5.3.2 法人身份信息

法人的信息包括法人基础信息和法人拓展信息，法人身份基础信息见表3。

表3　法人身份基础信息表

序号	属性名称	属性说明
1	法人名称	法人的名称
2	法人登录账号	法人账户的登录账号
3	统一社会信用代码	法人机构统一社会信用代码
4	统一社会信用代码散列值	统一社会信用代码散列值
5	法人证件号码	法人的证件号码
6	法人类型	企业、机关、事业单位、社会团体等
7	证件有效期起始日期	法人证件有效期起始日期
8	证件有效期结束日期	法人证件有效期结束日期
9	实名状态	已实名或未实名
10	实名日期	通过实名认证的日期
11	法人状态	可用、不可用
12	法人账户类型	法人用户的账户类型
13	法定代表人证件类型	法定代表人的证件类型
14	法定代表人证件号码散列值	法定代表人证件号码散列值
15	法定代表人姓名	法定代表人姓名
16	法定代表人手机号	法定代表人的注册手机号码

其中口令应使用国密 SM3 算法散列运算加密存储，统一社会信用代码、法定代表人证件号码、法定代表人手机号等法人关键信息应使用国密 SM2 或 SM4 算法进行加密存储。

法人的拓展信息见表 4。

表 4　法人身份拓展信息表

序号	属性名称	属性说明
1	注册地址	法人的所在地址
2	注册金额	法人注册的资本金额
3	经营范围	法人业务经营的经营范围
4	注册日期	法人用户的注册时间
5	企业代码类型	企业代码的类型
6	行业类别	法人所属行业的大类分类
7	行业小类	法人所属行业的小类分类
8	经营有效期起	允许经营的有效期限开始
9	经营有效期止	允许经营的有效期限结束
10	核准日期	法人证件核准下发的时间
11	核准机构	法人证件核准下发的机构
12	企业状态	法人企业是否有效
13	创建时间	法人的创建时间
14	创建方式	法人的创建方式
15	电子营业执照	法人的电子营业执照编号
16	所在地行政区划	法人所在地的行政区划
17	单位性质	法人用户的性质
18	联系人	法人的联系人姓名
19	联系电话	法人联系人的联系电话
20	邮箱	法人的邮箱

5.3.3 法人账户多级授权

法人账户应按照《国务院办公厅关于印发“互联网＋政务服务”技术体系建设指南的通知》（国办函〔2016〕108 号）的要求，设立三级授权层级。法人账户拥有最高权限，可以授予一级被授权人的业务经办权限和授权权限；一级被授权人可指定二级被授权人的经办权限和授权权限；二级被授权人可指定三级被授权人的经办权限；三级被授权人只能拥有经办权限，不拥有授权权限。权限模型见图 1。

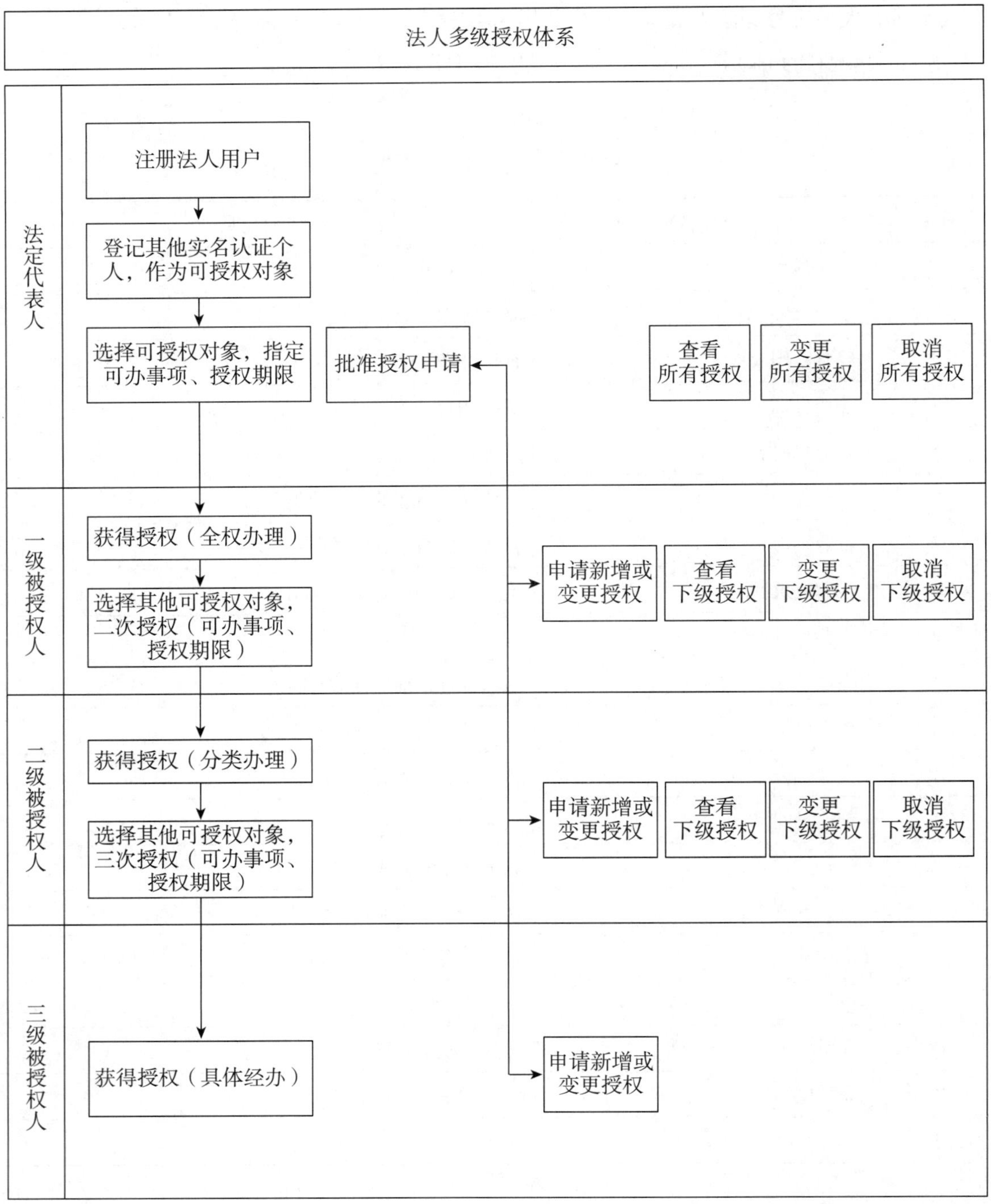

图1　多级授权示意

5.4 实名认证体系

5.4.1 自然人账户实名认证等级

自然人账户实名认证分为五级实名认证等级,根据不同的认证方式,逐级提升。自然人用户实名认证等级见表5。

表5 自然人用户实名认证等级

等级	实名认证方式
一级	邮箱/账号口令
二级	手机号/短信验证码交互
三级	身份证实名核验(公民身份号码+姓名+有效时间) 社保核验(公民身份号码、姓名、发卡地、卡号) 以上两种方式任意一种均可
四级	在三级基础上进行实人核验,使用人脸或其他生物特征进行核验
五级	在四级基础上,使用身份证专用识别设备或支持NFC的手机配合专用APP进行实名核验

5.4.2 法人账户实名认证

法人账户不使用实名认证等级体系,仅标注“已实名认证”和“未实名认证”。金民工程项目法人用户实名认证采用国家政务服务平台认证能力。

6 统一资源权限管理

6.1 概述

金民工程项目组织机构、用户、权限数据应在统一资源权限管理系统中进行统一管理,业务系统不应进行单独的管理。统一资源权限系统通过数据库层和消息中间件共享的方式将数据共享给业务系统,业务系统获取数据后用于支撑各自系统的运行和业务经办。业务系统可基于共享的数据扩展本地的组织、用户、权限相关需求。

6.2 组织机构管理

6.2.1 基础组织机构

6.2.1.1 基础组织机构数据模型

此处的组织机构描述的是金民工程项目中涉及的民政相关机构和部门的物理组织机构层级关系,用于承载用户和角色实体,不作为业务上的数据归属关系依据。组织机构是一个树形结构,其节点类型包含了机构、部门、组等。基础组织机构数据模型包含以下信息,见表6。

表6 基础组织机构数据模型

序号	英文名	含义
1	ORGID	组织编号
2	ORGNAME	组织名称
3	SPELL	组织名称拼音简写
4	PARENTID	父组织编号
5	IDPATH	组织编号路径
6	NAMEPATH	组织名称路径

续表

序号	英文名	含义
7	CUSTOMNO	自定义编码
8	ORDERNO	排序号
9	ORGLEVEL	组织层级
10	AREA	行政区划编号
11	EFFECTIVE	有效性
12	ORGTYPE	组织类型
13	CREATEUSER	创建人
14	CREATETIME	创建时间
15	MODIFYTIME	最后更新时间
16	ORGMANAGER	机构负责人
17	ORGCODE	机构编码
18	CONTACTS	机构联系人
19	ADDRESS	联系人地址
20	TEL	联系人电话
21	DESTORY	是否销毁
22	FIELD01	扩展字段 1
23	FIELD02	扩展字段 2
24	FIELD03	扩展字段 3
25	FIELD04	扩展字段 4
26	FIELD05	扩展字段 5
27	FIELD06	扩展字段 6
28	FIELD07	扩展字段 7
29	FIELD08	扩展字段 8
30	FIELD09	扩展字段 9
31	FIELD10	扩展字段 10

6.2.1.2 组织机构信息扩展

统一认证系统提供了预留扩展字段和添加标签的手段来扩展组织机构信息属性，以满足项目上对组织机构信息属性的扩展需求。扩展字段使用要求如下：

a）可扩展通用属性，不支持业务个性化属性扩展。

b）机构标签可为组织机构添加多个标签。

c）在此范围外的扩展需求，应由应用系统利用共享数据自行扩展。

6.2.2 自定义组织机构

在实际业务中，如果组织机构数据不满足业务需要，可在统一身份认证管理系统中按照业务需求自定义多套组织机构数据,同步到应用系统使用。自定义组织架构数据模型包含以下信息,见表7。

表7　自定义组织架构数据模型

序号	英文名	含义
1	CUSTOMORGID	自定义组织 ID
2	PARENTID	当前组织父级 ID
3	CUSTOMCODE	自定义编码
4	CUSTOMORGTYPENAMEID	自定义组织名称 ID
5	EFFECTIVE	有效标识
6	ORDERNO	排序号
7	CUSTOMORGNAME	自定义组织名称
8	CUSTOMORGPATHID	自定义组织路径 ID
9	CUSTOMORGPATH	自定义组织全路径
10	CREATEUSER	创建人
11	CREATETIME	创建时间
12	UPDATETIME	更新时间
13	DESTORY	销毁标识
14	SPELL	拼音简写
15	ORGMANAGER	组织负责人
16	ORGCODE	组织代码
17	CONTACTS	单位联系人
18	ADDRESS	联系地址
19	TEL	联系电话
20	FIELD01	扩展字段 01
21	FIELD02	扩展字段 02
22	FIELD03	扩展字段 03
23	FIELD04	扩展字段 04
24	FIELD05	扩展字段 05
25	FIELD06	扩展字段 06
26	FIELD07	扩展字段 07
27	FIELD08	扩展字段 08
28	FIELD09	扩展字段 09
29	FIELD10	扩展字段 10

6.3 用户管理

6.3.1 用户信息数据模型

这里的用户管理是针对自然人为主体的政府工作人员账户,其数据模型见表8。

表8 用户信息数据模型

序号	英文名	含义
1	USERID	用户 ID
2	LOGINID	登录账号
3	PASSWORD	登录口令
4	PASSWORDDEFAULTNUM	口令错误次数
5	PWDLASTMODIFYDATE	口令最后修改时间
6	ISLOCK	是否锁定
7	ORDERNO	排序号
8	NAME	姓名
9	SEX	性别
10	IDCARDTYPE	证件类型
11	IDCARDNO	证件号码
12	MOBILE	手机号码
13	CREATEUSER	创建人
14	CREATETIME	创建时间
15	MODIFYTIME	修改时间
16	DESTORY	销毁标识
17	ACCOUNTSOURCE	账户注册渠道
18	EFFECTIVE	有效标识
19	EFFECTIVETIME	有效时间
20	JOBNUMBER	工号
21	STATE	国家地区
22	BIRTHPLACE	户籍地(行政区划代码)
23	ADDRESS	联系地址
24	ZIPCODE	邮政编码
25	EMAIL	邮箱地址
26	PHONE	联系电话
27	EDUCATION	学历
28	GRADUATESCHOOL	毕业学校
29	WORKPLACE	工作单位
30	FIELD01	扩展字段 01

续表

序号	英文名	含义
31	FIELD02	扩展字段 02
32	FIELD03	扩展字段 03
33	FIELD04	扩展字段 04
34	FIELD05	扩展字段 05
35	FIELD06	扩展字段 06
36	FIELD07	扩展字段 07
37	FIELD08	扩展字段 08
38	FIELD09	扩展字段 09
39	FIELD10	扩展字段 10

6.3.2 用户信息扩展

统一认证系统提供了预留扩展字段和用户信息添加标签的手段来扩展属性,以满足项目上对用户信息属性的扩展需求。扩展字段可在线配置字段含义,仅可扩展通用属性,不支持业务个性化属性扩展;用户信息标签可为用户添加多个标签。统一认证系统不支持其他扩展需求,应用系统可使用共享数据自行扩展。

在用户数据存储时,登录口令应使用国密 SM3 算法散列运算加密存储,证件号码和手机号码等政府工作人员关键信息应使用国密 SM2 或 SM4 算法进行加密存储。

6.4 权限管理

6.4.1 权限管理策略

权限管理采用业界流行的权限管理思路,RBAC(Role - Based Access Control)基于角色的访问控制。权限与角色关联,用户通过成为角色成员,从角色上获取到相应的权限。权限管理里面涉及的几个实体包含:组织、人员、角色、授权对象。几种实体的关联关系见图 2。

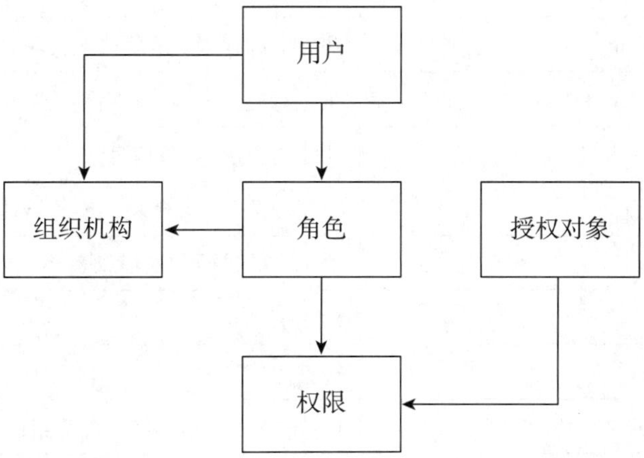

图 2　实体关联关系

其中基于等保三级对角色三权分立的要求,角色划分为管理员、审核员、审计员三种角色。管理员在创建用户、授权等操作后需要审核员审核才会生效,审计日志只能由审计员查看,无法删除。

6.4.2 权限管理方式

金民工程项目原则上采用功能菜单权限集中管理的方式,通过统一用户身份认证管理系统,统一管理组织数据、用户数据、角色数据以及功能菜单权限。权限管理结果数据同步到应用系统中,应用系统需要根据权限数据进行相应的权限控制,也可使用相关数据扩展应用系统个性化的权限需求。

统一资源权限管理中管理员负责对其他业务经办账户进行分配创建(增删查改)和权限管理。授权细粒度可细化到菜单、模块、按钮等。

6.4.3 权限管理边界

统一身份认证管理系统仅提供功能资源权限管理,除此之外的权限(比如业务数据权限)应由应用系统自行管理。

6.5 数据共享

6.5.1 数据共享内容

数据共享内容包含了用户、组织架构、权限相关所有表的数据,内容清单见表9。

表9 数据共享内容

序号	表名	含义
1	tauser	人员信息表,存储了人员相关信息
2	taorg	组织表,存储了组织相关信息
3	tauserorg	人员组织关联表
4	tarole	角色信息表,存储了所有角色信息
5	taroleuser	角色人员信息关联表
6	taroleauthority	功能资源权限, 角色权限关联表
7	taroleurlauthority	角色对应的 RestUrl 权限信息
8	taresource	功能资源表,菜单信息
9	taresourceurl	功能资源 Rest url 表, rest 后台服务表
10	taresourceui	菜单下的界面元素信息表
11	tatag	标签信息表
12	tataggroup	标签组信息表
13	taobjecttags	标签与对象的关表(目前为组织、人员)
14	taextendsetting	用户可配置字段

6.5.2 数据共享方式

6.5.2.1 数据库同步

数据库同步是指，通过数据库数据同步工具、视图等技术手段，在数据库层面完成数据共享。统一认证系统数据库将数据同步到应用系统的数据库中，应用系统数据库中将接收到的数据转换存入本系统的数据库表中。数据库同步方式适用于相同数据库且数据库之间网络通信畅通的场景。数据库同步流程见图3。

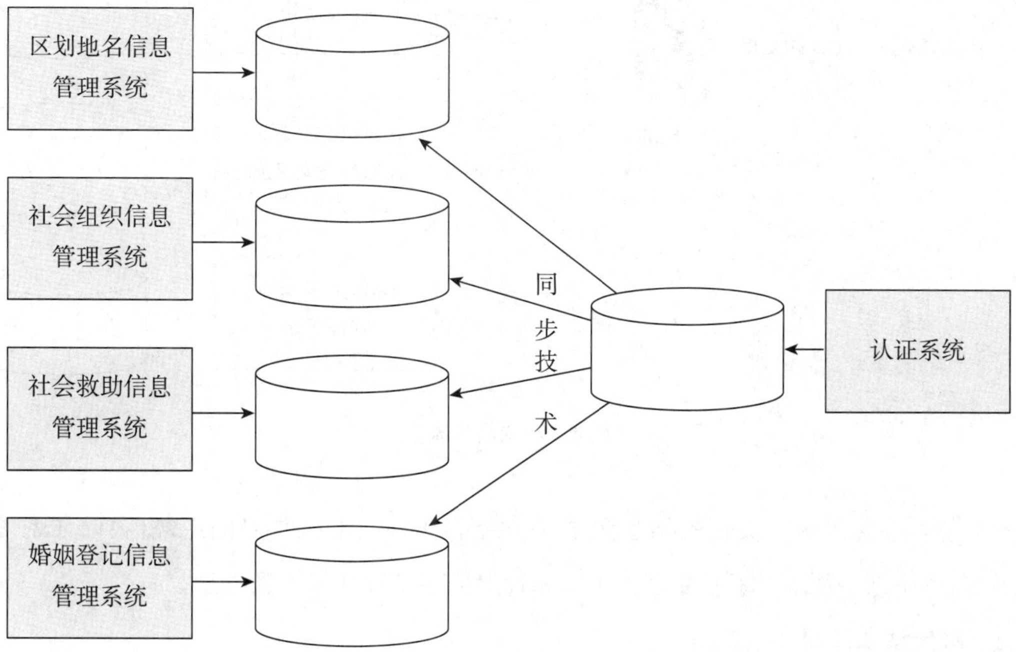

图3 数据库同步流程

6.5.2.2 消息同步

消息同步是指认证系统数据变更时，向消息中间件发布一条消息，需要同步变更的应用系统，订阅此消息，收到消息后写入本地数据库中，并确认消息接收状态。消息同步适用于不同数据库或数据库之间网络通信隔离，系统间仅通过服务地址暴露的场景。消息同步流程见图4。

7 统一身份认证

7.1 接入统一身份认证要求

金民工程所有应用系统，均应集成到统一身份认证系统，以完成用户、权限、组织机构的统一管理及业务系统间的单点登录。

政务工作人员账户创建时已经完成实名认证，且用户信息（包含用户、角色、所属组织机构、权限等）已经同步给接入系统，无须使用本章后续接口即可完成身份认证。

本章余下内容针对经由注册产生的自然人和法人账户，可通过后续接口完成统一身份认证

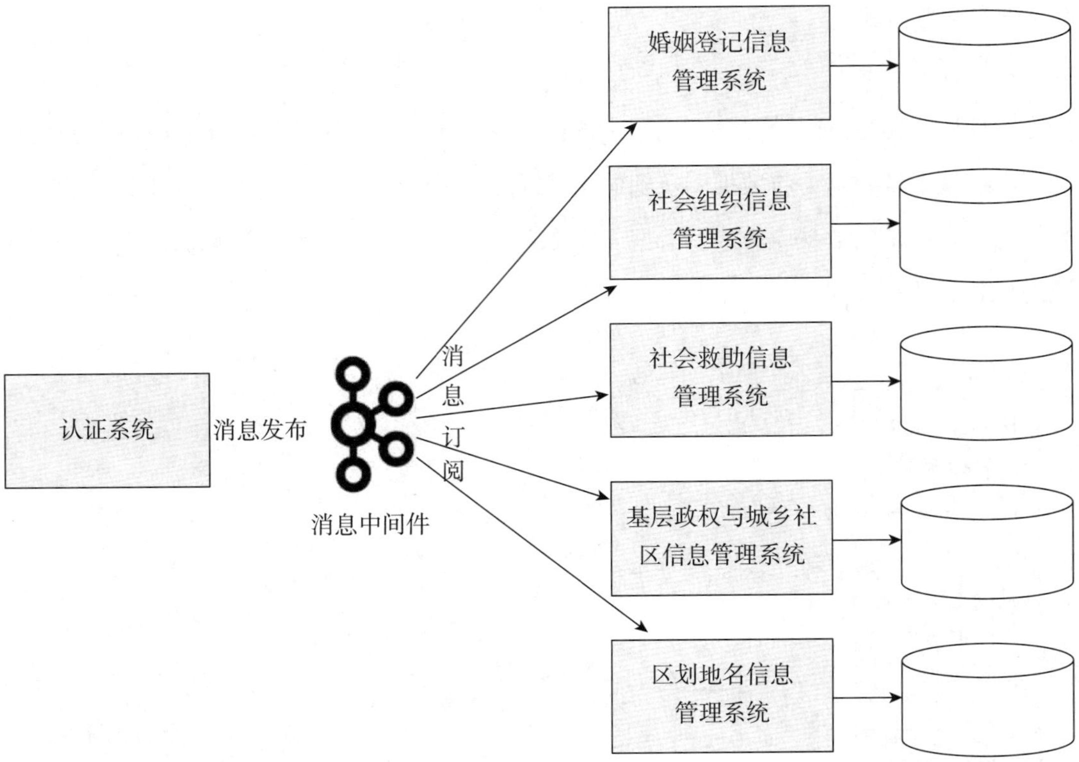

图4　消息同步流程

各场景功能。在接入统一认证平台之前,首先在平台中注册配置自身的系统信息,如系统 ID、系统名称、系统网络地址、端口、访问上下文路径等应用系统基本信息。

7.2 统一身份认证接口

7.2.1 服务接口列表

统一认证系统所有接口均通过 HTTP(HTTPS)服务方式发布到微服务集成管理平台上,可提供的接口见表 10。

表10　统一认证系统接口

序号	服务接口名称	微服务集成系统服务标识
1	查询用户信息	auth_getAccountInfo
2	验证用户名和口令	auth_login
3	修改口令	auth_changeAccountPassword
4	重置口令	auth_resetAccountPassword
5	获取自然人用户注册表单配置	auth_getNaturalExtendSetting
6	获取法人用户注册表单配置	auth_getLegalExtendSetting
7	验证登录账号是否可用	auth_checkLoginidRepeat
8	注册自然人账户	auth_registerNaturalAccount

续表

序号	服务接口名称	微服务集成系统服务标识
9	注册法人账户	auth_registerLegalAccount
10	查询口令强度配置	auth_getPasswordConfig
11	保存实名认证校验记录	auth_addRealLevelRecord
12	身份证实名认证校验	auth_verifyIdcard
13	自然人登录账号找回	auth_queryLoginid
14	自然人账户信息修改	auth_changeNaturalInfo
15	法人账户信息修改	auth_changeLegalInfo
16	验证短信验证码	auth_ verifyCheckcode
17	发送短信	auth_sendSms
18	发送模板短信	auth_sendTempletSms
19	发送邮件	auth_sendEmail
20	绑定手机	auth_savePhoneBind
21	获取 token	auth_getToken
22	查询登录历史	auth_getLoginHistory

7.2.2 查询用户信息

7.2.2.1 接口描述

查询用户信息接口可提供用户信息查询功能。该接口通过金民工程应用支撑平台的微服务集成管理系统对外提供。其在微服务集成管理系统中的注册信息如下：

a)系统接入标识：auth；

b)服务标识：auth_getAccountInfo。

7.2.2.2 接口地址

接口地址：http(https)://IP:端口/fwjc_engine_int/rest/auth_getAccountInfo

7.2.2.3 请求方式

HTTP(HTTPS) POST

7.2.2.4 请求参数

查询用户信息接口请求参数见表 11。

表 11 查询用户信息接口请求参数

参数	参数名称	数据类型	数据格式	是否必填	说明
access_key	接入系统标识	string	..50	是	在微服务中注册的系统标识
format	返回数据格式	string	..10	否	返回格式为 json/xml
request_id	请求唯一编码	string	..50	否	请求的唯一流水号

续表

参数	参数名称	数据类型	数据格式	是否必填	说明
sign	参数签名	string	..ul	是	对传入参数签名后的字符串
timestamp	发送请求的时间	string	n13	是	精确到毫秒
version	版本	string	..20	否	微服务版本号
biz_content	输入参数	string	..ul	是	按 JSON 类型返回,具体的业务接口输入参数,见表 12

查询用户信息接口请求参数中 biz_content 业务参数见表 12。

表 12　查询用户信息接口请求参数中 biz_content 业务参数

参数	参数名称	数据类型	数据格式	是否必填	说明
invokerSystemId	调用方系统标识	string	..50	是	调用方系统 ID,需要在认证系统的接入系统管理功能内配置该接入系统
token	token 值	string	..ul	否	统一认证验证 token 时使用
timeMillis	调用时间戳	string	..20	否	统一认证开启防重放时使用
nonce	随机字符串	string	..40	否	统一认证开启防重放时使用
userid	用户 ID	string	..40	否	系统内部的唯一标识,与 loginid 必填一个,同时存在时只查询 userid
loginid	登录账号	string	..40	否	用户登录使用的账号,与 userid 必填一个,同时存在时只查询 userid

7.2.2.5 返回参数

查询用户信息接口返回参数见表 13。

表 13　查询用户信息接口返回参数

参数	参数名称	参数类型	说明
code	返回码值	string	服务调用是否成功的状态值
msg	返回码描述	string	返回码的描述信息
biz_data	业务输出参数	string	详见表 14

查询用户信息接口返回参数中 biz_data 业务参数见表 14。

表 14　查询用户信息接口返回参数中 biz_data 业务参数

参数	参数名称	参数类型	说明
commonResult	返回结果	string	统一返回结果,具体参数见表 15

查询用户信息接口返回参数中 commonResult 业务参数见表 15。

表 15　查询用户信息接口返回参数中 commonResult 业务参数

参数	参数名称	参数类型	说明
isBizSuccess	成功标识	string	接口调用是否成功
data	数据	string	接口返回数据，分自然人用户和法人用户信息，自然人用户信息参数见表16，法人用户信息参数见表 17
message	错误信息	string	接口调用错误信息

查询用户信息接口返回参数中 data 自然人业务参数见表 16。

表 16　查询用户信息接口返回参数中 data 自然人业务参数

参数	参数名称	参数类型	说明
accountType	用户类型	string	见附录 B. 1 数据字典“ACCOUNT-TYPE”
userid	用户 ID	string	系统内部的唯一标识
name	姓名	string	用户姓名
certType	证件类型	string	身份证、护照等证件类型
certNo	证件号码	string	与证件类型对应的证件号码
certKey	证件号码散列值	string	用户证件号码散列值
mobile	手机号	string	用户手机号
isMobileBind	手机号码是否绑定	string	用户手机号码是否绑定
email	邮箱	string	用户邮箱
isEmailBind	邮箱是否绑定	string	用户邮箱是否绑定
effective	有效标识	string	见附录 B. 1 数据字典“EFFECTIVE”
destory	销毁标志	string	见附录 B. 1 数据字典“DESTORY”
realLevel	实名等级	string	实名等级
loginid	登录账号	string	登录账号

查询用户信息接口返回参数中 data 法人业务参数见表 17。

表 17　查询用户信息接口返回参数中 data 法人业务参数

参数	参数名称	参数类型	说明
accountType	用户类型	string	见附录 B. 1 数据字典“ACCOUNTTYPE”
userid	用户 ID	string	系统内部的唯一标识
name	姓名	string	用户姓名
certNo	证件号码	string	与证件类型对应的证件号码

续表

参数	参数名称	参数类型	说明
certKey	证件号码散列值	string	用户证件号码散列值
legalType	法人类型	string	企业、机关、事业单位、社会团体等
legalRepresentative	法人标识	string	法人标识
effDate	证件有效期起始日期	string	法人证件有效期起始日期
expDate	证件有效期结束日期	string	法人证件有效期结束日期
realStatus	实名状态	string	已实名或未实名

表 17　查询用户信息接口返回参数中 data 法人业务参数(续)

参数	参数名称	参数类型	说明
realDate	实名日期	string	通过实名认证的日期
effective	有效标识	string	见附录 B.1 数据字典"EFFECTIVE"
destory	销毁标志	string	见附录 B.1 数据字典"DESTORY"
loginid	登录账号	string	登录账号

自然人接口返回示例如下：


```
{
  "code": "200",
  "msg": "成功",
  "biz_data": {
    "commonResult": {
      "isBizSuccess": true,
      "data": {
        "accountType": "10",
        "userid": "13233443",
        "name": "张三",
        "certType": "111",
        "certNo": "510723199311113037",
        "certKey": null,
        "mobile": "13712341234",
        "isMobileBind": true,
        "email": "",
        "isEmailBind": false,
        "effective": "1",
        "destory": "0",
        "realLevel": "3",
        "loginid": "zhangsan"
      },
      "message": null
    }
  }
}
```

法人接口返回示例如下：


```
{
  "code": "200",
  "msg": "成功",
  "biz_data": {
    "commonResult": {
        "isBizSuccess": true,
        "data": {
          "accountType": "20",
          "userid": "13233443",
          "name": "xxxxxxxxxxxxxx",
          "certNo": "xxxxxxxxxxxxxxxxxx",
          "certKey": null,
          "legalType": "C04",
          "legalRepresentative": "xxxxxxxxxxxxxxxxxx",
          "effDate": "2020-08-10",
          "expDate": "2022-08-10",
          "realStatus": "1",
          "realDate": "2022-08-10 12:00:00",
          "effective": "1",
          "destory": "0",
          "loginid": "yinhai"
        },
        "message": null
    }
  }
}
```


7.2.3 口令维护

7.2.3.1 验证用户名和口令

7.2.3.1.1 接口描述

验证用户名和口令接口可提供用户名口令校验功能。该接口通过金民工程应用支撑平台的微服务集成管理系统对外提供。其在微服务集成管理系统中的注册信息如下：

a)系统接入标识：auth；

b)服务标识：auth_login。

7.2.3.1.2 接口地址

接口地址：http(https)://IP:端口/fwjc_engine_int/rest/auth_login

7.2.3.1.3 请求方式

HTTP(HTTPS) POST

7.2.3.1.4 请求参数

验证用户名和口令接口请求参数见表18。

表 18　验证用户名和口令接口请求参数

参数	参数名称	数据类型	数据格式	是否必填	说明
access_key	接入系统标识	string	..50	是	在微服务中注册的系统标识
format	返回数据格式	string	..10	否	返回格式为 json/xml
request_id	请求唯一编码	string	..50	否	请求的唯一流水号
sign	参数签名	string	..10	是	对传入参数签名后的字符串
timestamp	发送请求的时间	string	n18	是	精确到毫秒
version	版本	string	..ul	否	微服务版本号
biz_content	输入参数	string	..50	是	具体的业务接口输入参数，见表 19

验证用户名和口令接口请求参数中 biz_content 业务参数见表 19。

表 19　验证用户名和口令接口请求参数中 biz_content 业务参数

参数	参数名称	数据类型	数据格式	是否必填	说明
invokerSystemId	调用方系统标识	string	..50	是	调用方系统 ID，需要在认证系统的接入系统管理功能内配置该接入系统
token	token 值	string	..500	否	统一认证要求验证 token 时使用
timeMillis	调用时间戳	string	..20	否	统一认证开启防重放时使用
nonce	随机字符串	string	..40	否	统一认证开启防重放时使用
authType	验证类型	string	..10	是	X00
certificateKey	登录账号	string	..40	是	登录账号（需用 SM4Utils 工具类的 encrypt 方法进行加密）
certificateValue	口令	string	..40	是	口令（需用 SM4Utils 工具类的 encrypt 方法进行加密）
relationId	关联账号	string	..40	否	关联账号
sysSource	系统来源	string	..20	否	系统来源
ip	登录网络地址	string	..20	否	登录网络地址
osType	操作系统	string	..50	否	操作系统
browserType	浏览器类型	string	..50	否	浏览器类型
location	位置	string	..50	否	位置

7.2.3.1.5 返回参数

验证用户名和口令接口返回参数见表20。

表20 返回参数

参数	参数名称	参数类型	说明
code	返回码值	string	服务调用是否成功的状态值
msg	返回码描述	string	返回码的描述信息
biz_data	业务输出参数	string	详见表21

验证用户名和口令接口返回参数中biz_data业务参数见表21。

表21 biz_data业务参数

参数	参数名称	参数类型	说明
commonResult	返回结果	string	统一返回结果,具体参数见表22

验证用户名和口令接口返回参数中commonResult业务参数见表22。

表22 验证用户名和口令接口返回参数中commonResult业务参数

参数	参数名称	参数类型	说明
isBizSuccess	成功标识	string	口令校验成功
data	数据	string	null
message	错误信息	string	口令校验失败时的错误信息

接口返回示例如下:


```
{
  "code": "200",
  "msg": "成功",
  "biz_data": {
    "commonResult": {
      "isBizSuccess": true,
      "data": null,
      "message": null
    }
  }
}
```


7.2.3.2 修改口令

7.2.3.2.1 接口描述

修改口令接口可提供用户名口令修改功能。该接口通过金民工程应用支撑平台的微服务集成管理系统对外提供。其在微服务集成管理系统中的注册信息如下：

a)系统接入标识：auth；

b)服务标识：auth_changeAccountPassword。

7.2.3.2.2 接口地址

接口地址：http(https)://IP:端口/fwjc_engine_int/rest/auth_changeAccountPassword

7.2.3.2.3 请求方式

HTTP(HTTPS) POST

7.2.3.2.4 请求参数

修改口令接口请求参数见表23。

表23 修改口令接口请求参数

参数	参数名称	数据类型	数据格式	是否必填	说明
access_key	接入系统标识	string	..50	是	在微服务中注册的系统标识
format	返回数据格式	string	..10	否	返回格式为 json/xml
request_id	请求唯一编码	string	..50	否	请求的唯一流水号
sign	参数签名	string	..10	是	对传入参数签名后的字符串
timestamp	发送请求的时间	string	n18	是	精确到毫秒
version	版本	string	..ul	否	微服务版本号
biz_content	输入参数	string	..50	是	具体的业务接口输入参数，见表24

修改口令接口请求参数中 biz_content 业务参数见表24。

表24 修改口令接口请求参数中 biz_content 业务参数

参数	参数名称	数据类型	数据格式	是否必填	说明
invokerSystemId	调用方系统标识	string	..50	是	调用方系统 ID，需要在认证系统的接入系统管理功能内配置该接入系统
token	token 值	string	..500	否	统一认证要求验证 token 时使用
timeMillis	调用时间戳	string	..20	否	统一认证开启防重放时使用
nonce	随机字符串	string	..40	否	统一认证开启防重放时使用
Loginid	登录账号	string	..40	是	需用 SM4Utils 工具类的 encrypt 方法进行加密
password	旧口令	string	..40	是	需用 SM4Utils 工具类的 encrypt 方法进行加密
newPassword	新口令	string	..40	是	需用 SM4Utils 工具类的 encrypt 方法进行加密

7.2.3.2.5 返回参数

修改口令接口返回参数见表25。

表25　修改口令接口返回参数

参数	参数名称	参数类型	说明
code	返回码值	string	服务调用是否成功的状态值
msg	返回码描述	string	返回码的描述信息
biz_data	业务输出参数	string	详见表26

修改口令返回参数中 biz_data 业务参数见表26。

表26　修改口令返回参数中 biz_data 业务参数

参数	参数名称	参数类型	说明
commonResult	返回结果	string	统一返回结果,具体参数见表27

修改口令返回参数中 commonResult 业务参数见表27。

表27　修改口令返回参数中 commonResult 业务参数

参数	参数名称	参数类型	说明
isBizSuccess	成功标识	string	口令修改成功标识
data	数据	string	null
message	错误信息	string	口令修改失败时的错误信息

接口返回示例如下：


```
{
  "code"："200",
  "msg"："成功",
  "biz_data"：{
    "commonResult"：{
      "isBizSuccess"：true,
      "data"：null,
      "message"：null
    }
  }
}
```


7.2.3.3 重置口令

7.2.3.3.1 接口描述

重置口令接口可提供用户名口令重置功能。该接口通过金民工程应用支撑平台的微服务集成管理系统对外提供。其在微服务集成管理系统中的注册信息如下：

a）系统接入标识：auth；

b）服务标识：auth_resetAccountPassword。

7.2.3.3.2 接口地址

接口地址：http（https）://IP：端口/fwjc_engine_int/rest/auth_resetAccountPassword

7.2.3.3.3 请求方式

HTTP（HTTPS）POST

7.2.3.3.4 请求参数

重置口令接口请求参数见表28。

表28　重置口令接口请求参数

参数	参数名称	数据类型	数据格式	是否必填	说明
access_key	接入系统标识	string	..50	是	在微服务中注册的系统标识
format	返回数据格式	string	..10	否	返回格式为 json/xml
request_id	请求唯一编码	string	..50	否	请求的唯一流水号
sign	参数签名	string	..10	是	对传入参数签名后的字符串
timestamp	发送请求的时间	string	n18	是	精确到毫秒
version	版本	string	..ul	否	微服务版本号
biz_content	输入参数	string	..50	是	具体的业务接口输入参数，见表29

重置口令接口请求参数中 biz_content 业务参数见表29。

表29　重置口令接口请求参数中 biz_content 业务参数

参数	参数名称	数据类型	数据格式	是否必填	说明
invokerSystemId	调用方系统标识	string	..50	是	调用方系统 ID，需要在认证系统的接入系统管理功能内配置该接入系统
token	token 值	string	..500	否	统一认证要求验证 token 时使用
timeMillis	调用时间戳	string	..20	否	统一认证开启防重放时使用
nonce	随机字符串	string	..40	否	统一认证开启防重放时使用
loginid	登录账号	string	..40	是	需用 SM4Utils 工具类的 encrypt 方法进行加密
newPassword	新口令	string	..40	是	需用 SM4Utils 工具类的 encrypt 方法进行加密

7.2.3.3.5 返回参数

重置口令接口返回参数见表30。

表30　重置口令接口返回参数

参数	参数名称	参数类型	说明
code	返回码值	string	服务调用是否成功的状态值
msg	返回码描述	string	返回码的描述信息
biz_data	业务输出参数	string	详见表31

重置口令接口返回参数中 biz_data 业务参数见表31。

表31　重置口令接口返回参数中 biz_data 业务参数

参数	参数名称	参数类型	说明
commonResult	返回结果	string	统一返回结果,具体参数见表32

重置口令接口返回参数中 commonResult 业务参数见表32。

表32　重置口令接口返回参数中 commonResult 业务参数

参数	参数名称	参数类型	说明
isBizSuccess	成功标识	string	口令重置成功标识
data	数据	string	null
message	错误信息	string	口令修改失败时的错误信息

接口返回示例如下:


```
{
  "code": "200",
  "msg": "成功",
  "biz_data": {
    "commonResult": {
      "isBizSuccess": true,
      "data": null,
      "message": null
    }
  }
}
```


7.2.4 用户注册

7.2.4.1 获取自然人用户注册表单配置

7.2.4.1.1 接口描述

获取自然人用户注册表单配置接口可提供获取自然人用户注册表单配置功能。该接口通过金民工程应用支撑平台的微服务集成管理系统对外提供。其在微服务集成管理系统中的注册信息如下：

a）系统接入标识：auth；

b）服务标识：auth_getNaturalExtendSetting。

7.2.4.1.2 接口地址

接口地址：http（https）：//IP：端口/fwjc_engine_int/rest/auth_getNaturalExtendSetting

7.2.4.1.3 请求方式

HTTP（HTTPS）POST

7.2.4.1.4 请求参数

获取自然人用户注册表单配置接口请求参数见表33。

表33 获取自然人用户注册表单配置接口请求参数

参数	参数名称	数据类型	数据格式	是否必填	说明
access_key	接入系统标识	string	..50	是	在微服务中注册的系统标识
format	返回数据格式	string	..10	否	返回格式为json/xml
request_id	请求唯一编码	string	..50	否	请求的唯一流水号
sign	参数签名	string	..10	是	对传入参数签名后的字符串
timestamp	发送请求的时间	string	n18	是	精确到毫秒
version	版本	string	..ul	否	微服务版本号
biz_content	输入参数	string	..50	是	具体的业务接口输入参数，见表34

获取自然人用户注册表单配置接口请求参数中biz_content业务参数见表34。

表34 获取自然人用户注册表单配置接口请求参数中biz_content业务参数

参数	参数名称	数据类型	数据格式	是否必填	说明
invokerSystemId	调用方系统标识	string	..50	是	调用方系统ID，需要在认证系统的接入系统管理功能内配置该接入系统
token	token值	string	..500	否	统一认证要求验证token时使用
timeMillis	调用时间戳	string	..20	否	统一认证开启防重放时使用
nonce	随机字符串	string	..40	否	统一认证开启防重放时使用

7.2.4.1.5 返回参数

获取自然人用户注册表单配置接口返回参数见表35。

表 35　获取自然人用户注册表单配置接口返回参数

参数	参数名称	参数类型	说明
code	返回码值	string	服务调用是否成功的状态值
msg	返回码描述	string	返回码的描述信息
biz_data	业务输出参数	string	详见表 36

获取自然人用户注册表单配置接口返回参数中 biz_data 业务参数见表 36。

表 36　获取自然人用户注册表单配置接口返回参数中 biz_data 业务参数

参数	参数名称	参数类型	说明
commonResult	返回结果	string	统一返回结果，具体参数见表 37

获取自然人用户注册表单配置接口返回参数中 commonResult 业务参数见表 37。

表 37　获取自然人用户注册表单配置接口返回参数中 commonResult 业务参数

参数	参数名称	参数类型	说明
isBizSuccess	成功标识	string	接口调用成功标识
data	数据	string	接口返回数据，参见表 38
message	错误信息	string	接口调用失败时的错误信息

获取自然人用户注册表单配置接口返回参数中 data 业务参数见表 38。

表 38　获取自然人用户注册表单配置接口返回参数中 data 业务参数

参数	参数名称	参数类型	说明
accountType	账户类型	string	见附录 B.1 数据字典“ACCOUNT-TYPE”
fieldId	字段名	string	字段名
effective	有效标识	string	见附录 B.1 数据字典“EFFECTIVE”
hide	是否隐藏	string	见附录 B.1 数据字典“YESORNO”
description	提示信息文字	string	提示信息文字
title	标题文字	string	标题文字
required	是否必填	string	见附录 B.1 数据字典“YESORNO”
unchangeable	是否不可修改	string	见附录 B.1 数据字典“YESORNO”
formType	表单元素类型	string	见附录 B.1 数据字典“REGFORM-TYPE”

续表

参数	参数名称	参数类型	说明
contentSize	内容长度	string	内容长度
validReg	验证表达式	string	验证表达式
sortNo	顺序号	string	顺序号
connectAa10	是否关联数据字典	string	见附录 B. 1 数据字典"YESORNO"
collection	关联的数据字典	string	关联的数据字典
protextPrivacy	是否隐私保护	string	见附录 B. 1 数据字典"YESORNO"
protectType	隐私保护类型	string	见附录 B. 1 数据字典"PROTECT-TYPE"

接口返回示例如下：


```
{
    "code":"200",
    "msg":"成功",
    "biz_data":{
      "commonResult":{
        "isBizSuccess":true,
        "data":[{
          "accountType":"10",
          "collection":"0",
          "connectAa10":"0",
          "contentSize":null,
          "description":"注册时间",
          "effective":"1",
          "fieldId":"createtime",
          "formType":null,
          "hide":"1",
          "protectPrivacy":"0",
          "protectType":null,
          "required":"0",
          "sortNo":2,
          "title":"注册时间",
          "unchangeable":"0",
          "validReg":null
        }],
      "message":null
    }
  }
}
```


7.2.4.2 获取法人用户注册表单配置

7.2.4.2.1 接口描述

获取法人用户注册表单配置接口可提供获取法人用户注册表单配置功能。该接口通过金民工程应用支撑平台的微服务集成管理系统对外提供。其在微服务集成管理系统中的注册信息如下：

a）系统接入标识：auth；

b）服务标识：auth_getLegalExtendSetting。

7.2.4.2.2 接口地址

接口地址：http（https）://IP：端口/fwjc_engine_int/rest/auth_getLegalExtendSetting

7.2.4.2.3 请求方式

HTTP（HTTPS）POST

7.2.4.2.4 请求参数

获取法人用户注册表单配置接口请求参数见表39。

表39 获取法人用户注册表单配置接口请求参数

参数	参数名称	数据类型	数据格式	是否必填	说明
access_key	接入系统标识	string	..50	是	在微服务中注册的系统标识
format	返回数据格式	string	..10	否	返回格式为json/xml
request_id	请求唯一编码	string	..50	否	请求的唯一流水号
sign	参数签名	string	..10	是	对传入参数签名后的字符串
timestamp	发送请求的时间	string	n18	是	精确到毫秒
version	版本	string	..ul	否	微服务版本号
biz_content	输入参数	string	..50	是	具体的业务接口输入参数，见表40

获取法人用户注册表单配置接口请求参数中biz_content业务参数见表40。

表40 获取法人用户注册表单配置接口请求参数中biz_content业务参数

参数	参数名称	数据类型	数据格式	是否必填	说明
invokerSystemId	调用方系统标识	string	..50	是	调用方系统ID，需要在认证系统的接入系统管理功能内配置该接入系统
token	token值	string	..500	否	统一认证验证token时使用
timeMillis	调用时间戳	string	..20	否	统一认证开启防重放时使用
nonce	随机字符串	string	..40	否	统一认证开启防重放时使用

7.2.4.2.5 返回参数

获取法人用户注册表单配置接口返回参数见表41。

表 41　获取法人用户注册表单配置接口返回参数

参数	参数名称	参数类型	说明
code	返回码值	string	服务调用是否成功的状态值
msg	返回码描述	string	返回码的描述信息
biz_data	业务输出参数	string	详见表 42

获取法人用户注册表单配置接口返回参数中 biz_data 业务参数见表 42。

表 42　获取法人用户注册表单配置接口返回参数中 biz_data 业务参数

参数	参数名称	参数类型	说明
commonResult	返回结果	string	统一返回结果,具体参数见表 43

获取法人用户注册表单配置接口返回参数中 commonResult 业务参数见表 43。

表 43　获取法人用户注册表单配置接口返回参数中 commonResult 业务参数

参数	参数名称	参数类型	说明
isBizSuccess	成功标识	string	接口调用成功标识
data	数据	string	接口返回数据,参见表 44
message	错误信息	string	接口调用失败时的错误信息

获取法人用户注册表单配置接口返回参数中 data 业务参数见表 44。

表 44　获取法人用户注册表单配置接口返回参数中 data 业务参数

参数	参数名称	参数类型	说明
accountType	账户类型	string	见附录 B.1 数据字典“ACCOUNT-TYPE”
fieldId	字段名	string	字段名
effective	有效标识	string	见附录 B.1 数据字典“EFFECTIVE
hide	是否隐藏	string	见附录 B.1 数据字典“YESORNO”
description	提示信息文字	string	提示信息文字
title	标题文字	string	标题文字
required	是否必填	string	见附录 B.1 数据字典“YESORNO”
unchangeable	是否不可修改	string	见附录 B.1 数据字典“YESORNO”
formType	表单元素类型	string	见附录 B.1 数据字典“REGFORM-TYPE”
contentSize	内容长度	string	内容长度

续表

参数	参数名称	参数类型	说明
validReg	验证表达式	string	验证表达式
sortNo	顺序号	string	顺序号
connectAa10	是否关联数据字典	string	见附录 B.1 数据字典“YESORNO”
collection	关联的数据字典	string	关联的数据字典
protextPrivacy	是否隐私保护	string	见附录 B.1 数据字典“YESORNO”
protectType	隐私保护类型	string	见附录 B.1 数据字典“PROTECT-TYPE”

接口返回示例如下：


```
{
  "code": "200",
  "msg": "成功",
  "biz_data": {
    "commonResult": {
      "isBizSuccess": true,
      "data": [{
        "accountType": "20",
        "collection": null,
        "connectAa10": "0",
        "contentSize": null,
        "description": "联系电话",
        "effective": "1",
        "fieldId": "contactPhone",
        "formType": null,
        "hide": "0",
        "protectPrivacy": "0",
        "protectType": null,
        "required": "0",
        "sortNo": 3,
        "title": "联系电话",
        "unchangeable": "0",
        "validReg": null
      }],
      "message": null}
  }
}
```


7.2.4.3 验证登录账号是否可用

7.2.4.3.1 接口描述

验证登录账号是否可用接口可提供登录账号是否可用的验证功能。该接口通过金民工程应用支撑平台的微服务集成管理系统对外提供。其在微服务集成管理系统中的注册信息如下：

a)系统接入标识：auth；

b)服务标识：auth_checkLoginidRepeat。

7.2.4.3.2 接口地址

接口地址：http(https)://IP：端口/fwjc_engine_int/rest/auth_checkLoginidRepeat

7.2.4.3.3 请求方式

HTTP(HTTPS) POST

7.2.4.3.4 请求参数

验证登录账号是否可用接口请求参数见表45。

表45 验证登录账号是否可用接口请求参数

参数	参数名称	数据类型	数据格式	是否必填	说明
access_key	接入系统标识	string	..50	是	在微服务中注册的系统标识
format	返回数据格式	string	..10	否	返回格式为json/xml
request_id	请求唯一编码	string	..50	否	请求的唯一流水号
sign	参数签名	string	..10	是	对传入参数签名后的字符串
timestamp	发送请求的时间	string	n18	是	精确到毫秒
version	版本	string	..ul	否	微服务版本号
biz_content	输入参数	string	..50	是	具体的业务接口输入参数，见表46

验证登录账号是否可用接口请求参数中biz_content业务参数见表46。

表46 验证登录账号是否可用接口请求参数中biz_content业务参数

参数	参数名称	数据类型	数据格式	是否必填	说明
invokerSystemId	调用方系统标识	string	..50	是	调用方系统ID，需要在认证系统的接入系统管理功能内配置该接入系统
token	token值	string	..500	否	统一认证要求验证token时使用
timeMillis	调用时间戳	string	..20	否	统一认证开启防重放时使用
nonce	随机字符串	string	..40	否	统一认证开启防重放时使用
loginid	登录账号	string	..40	是	需要验证的登录账号

7.2.4.3.5 返回参数

验证登录账号是否可用接口返回参数见表47。

表 47　验证登录账号是否可用接口返回参数

参数	参数名称	参数类型	说明
code	返回码值	string	服务调用是否成功的状态值
msg	返回码描述	string	返回码的描述信息
biz_data	业务输出参数	string	详见表 48

验证登录账号是否可用接口返回参数中 biz_data 业务参数见表 48。

表 48　验证登录账号是否可用接口返回参数中 biz_data 业务参数

参数	参数名称	参数类型	说明
commonResult	返回结果	string	统一返回结果，具体参数见表 49

验证登录账号是否可用接口返回参数中 commonResult 业务参数见表 49。

表 49　验证登录账号是否可用接口返回参数中 commonResult 业务参数

参数	参数名称	参数类型	说明
isBizSuccess	成功标识	string	接口调用成功标识
data	数据	string	null
message	错误信息	string	接口调用失败时的错误信息

接口返回示例如下：


```
{
  "code": "200",
  "msg": "成功",
  "biz_data": {
    "commonResult": {
      "isBizSuccess": true,
      "data": null,
      "message": null
    }
  }
}
```


7.2.4.4 查询口令强度配置

7.2.4.4.1 接口描述

查询口令强度配置接口可提供口令强度配置查询功能。该接口通过金民工程应用支撑平台的微服务集成管理系统对外提供。其在微服务集成管理系统中的注册信息如下：

a）系统接入标识：auth；

b）服务标识：auth_getPasswordConfig。

7.2.4.4.2 接口地址

接口地址：http（https）：//IP：端口/fwjc_engine_int/rest/auth_getPasswordConfig

7.2.4.4.3 请求方式

HTTP（HTTPS） POST

7.2.4.4.4 请求参数

查询口令强度配置接口请求参数见表50。

表50 查询口令强度配置接口请求参数

参数	参数名称	数据类型	数据格式	是否必填	说明
access_key	接入系统标识	string	..50	是	在微服务中注册的系统标识
format	返回数据格式	string	..10	否	返回格式为json/xml
request_id	请求唯一编码	string	..50	否	请求的唯一流水号
sign	参数签名	string	..10	是	对传入参数签名后的字符串
timestamp	发送请求的时间	string	n18	是	精确到毫秒
version	版本	string	..ul	否	微服务版本号
biz_content	输入参数	string	..50	是	具体的业务接口输入参数，见表51

查询口令强度配置接口请求参数中biz_content业务参数见表51。

表51 查询口令强度配置接口请求参数中biz_content业务参数

参数	参数名称	数据类型	数据格式	是否必填	说明
invokerSystemId	调用方系统标识	string	..50	是	调用方系统ID，需要在认证系统的接入系统管理功能内配置该接入系统
Token	token值	string	..500	否	统一认证要求验证token时使用
timeMillis	调用时间戳	string	..20	否	统一认证开启防重放时使用
nonce	随机字符串	string	..40	否	统一认证开启防重放时使用

7.2.4.4.5 返回参数

查询口令强度配置接口返回参数见表52。

表 52　查询口令强度配置接口返回参数

参数	参数名称	参数类型	说明
code	返回码值	string	服务调用是否成功的状态值
msg	返回码描述	string	返回码的描述信息
biz_data	业务输出参数	string	详见表 53

查询口令强度配置接口返回参数中 biz_data 业务参数见表 53。

表 53　查询口令强度配置接口返回参数中 biz_data 业务参数

参数	参数名称	参数类型	说明
commonResult	返回结果	string	统一返回结果,具体参数见表 54

查询口令强度配置接口返回参数中 commonResult 业务参数见表 54。

表 54　查询口令强度配置接口返回参数中 commonResult 业务参数

参数	参数名称	参数类型	说明
isBizSuccess	成功标识	string	接口调用成功标识
data	数据	string	接口返回数据,参见表 55
message	错误信息	string	接口调用失败时的错误信息

查询口令强度配置接口返回参数中 data 业务参数见表 55。

表 55　查询口令强度配置接口返回参数中 data 业务参数

参数	参数名称	参数类型	说明
cfgKey	配置键	string	配置键
cfgValue	配置值	string	配置值
cfgName	配置名称	string	配置名称
cfgDesc	配置描述	string	配置描述

接口返回示例如下：


```
{
  "code": "200",
  "msg": "成功",
  "biz_data": {
    "commonResult": {
      "isBizSuccess": true,
      "data": {
```

```
          "cfgDesc": "口令必须包含有字母和数字,长度为6—50位",
          "cfgKey": "ciphercomplexity",
          "cfgName": "口令复杂强度",
          "cfgValue": "^(?! [^a-zA-Z]+$)(?! \\D+$).{6,50}$"
        },
        "message": null
      }
    }
}
```


7.2.4.5 注册自然人用户

7.2.4.5.1 接口描述

注册自然人用户接口可提供自然人用户的注册证功能。该接口通过金民工程应用支撑平台的微服务集成管理系统对外提供。其在微服务集成管理系统中的注册信息如下:

a)系统接入标识:auth;

b)服务标识:auth_registerNaturalAccount。

7.2.4.5.2 接口地址

接口地址:http(https)://IP:端口/fwjc_engine_int/rest/auth_registerNaturalAccount

7.2.4.5.3 请求方式

HTTP(HTTPS) POST

7.2.4.5.4 请求参数

注册自然人用户接口请求参数见表56。

表56 注册自然人用户接口请求参数

参数	参数名称	数据类型	数据格式	是否必填	说明
access_key	接入系统标识	string	..50	是	在微服务中注册的系统标识
format	返回数据格式	string	..10	否	返回格式为json/xml
request_id	请求唯一编码	string	..50	否	请求的唯一流水号
sign	参数签名	string	..10	是	对传入参数签名后的字符串
timestamp	发送请求的时间	string	n18	是	精确到毫秒
version	版本	string	..ul	否	微服务版本号
biz_content	输入参数	string	..50	是	具体的业务接口输入参数,见表57

注册自然人用户接口请求参数中biz_content业务参数见表57。

表57　注册自然人用户接口请求参数中biz_content业务参数

参数	参数名称	数据类型	数据格式	是否必填	说明
invokerSystemId	调用方系统标识	string	..50	是	调用方系统ID,需要在认证系统的接入系统管理功能内配置该接入系统
token	token值	string	..500	否	统一认证验证token时使用
timeMillis	调用时间戳	long	..20	否	统一认证开启防重放时使用
nonce	随机字符串	string	..40	否	统一认证开启防重放时使用
loginid	登录账号	string	..40	是	登录账号(需用SM4Utils工具类的encrypt方法进行加密)
password	登录口令	string	..40	是	登录口令(需用SM4Utils工具类的encrypt方法进行加密)
name	姓名	string	..50	是	姓名
certType	证件类型	string	..50	是	身份证、护照等证件类型
certNo	证件号码	string	..10	是	与证件类型对应的证件号码
mobile	手机号	string	n11	是	手机号
email	邮箱	string	..20	否	邮箱
birthday	出生日期	string	n18	依据自然人注册表单项确定	自然人的出生日期
sex	性别	string	..10	依据自然人注册表单项确定	性别
education	学历	string	..20	依据自然人注册表单项确定	自然人受教育的程度
alipay	支付宝账号	string	..50	依据自然人注册表单项确定	自然人支付宝的登录账户
weixin	微信号	string	..50	依据自然人注册表单项确定	自然人微信的登录账户
registerPlace	户籍地行政区划	string	..100	依据自然人注册表单项确定	自然人户籍地地区的行政区划编码
livePlace	居住地行政区划	string	..100	依据自然人注册表单项确定	自然人现今居住地地区的行政区划编码
address	详细住址	string	..100	依据自然人注册表单项确定	自然人家庭居住的详细地址
company	工作单位	string	..100	依据自然人注册表单项确定	自然人目前工作的公司或单位名称
status	用户状态	string	..10	依据自然人注册表单项确定	账户是否可用状态
registerOrg	注册组织	string	..100	依据自然人注册表单项确定	自然人所属的组织机构名称
ethnicity	民族	string	..10	依据自然人注册表单项确定	自然人所属的民族
nationality	国籍	string	..100	依据自然人注册表单项确定	自然人国籍
secondMobile	第二手机号	string	n11	依据自然人注册表单项确定	自然人可能拥有用于通信的第二个手机号码

续表

参数	参数名称	数据类型	数据格式	是否必填	说明
thirdMobile	第三手机号	string	n11	依据自然人注册表单项确定	自然人可能拥有用于通信的第三个手机号码
granduateSchool	毕业学校	string	..100	依据自然人注册表单项确定	为自然人颁发最高学历的学校
zipcode	邮政编码	string	..10	依据自然人注册表单项确定	自然人联系地址所在区域的邮政编码
field1	扩展字段 1	string	..50	依据自然人注册表单项确定	扩展字段 1
field2	扩展字段 2	string	..50	依据自然人注册表单项确定	扩展字段 2
field3	扩展字段 3	string	..50	依据自然人注册表单项确定	扩展字段 3
field4	扩展字段 4	string	..50	依据自然人注册表单项确定	扩展字段 4
field5	扩展字段 5	string	..50	依据自然人注册表单项确定	扩展字段 5
field6	扩展字段 6	string	..50	依据自然人注册表单项确定	扩展字段 6
field7	扩展字段 7	string	..50	依据自然人注册表单项确定	扩展字段 7
field8	扩展字段 8	string	..50	依据自然人注册表单项确定	扩展字段 8
field9	扩展字段 9	string	..50	依据自然人注册表单项确定	扩展字段 9
field10	扩展字段 10	string	..50	依据自然人注册表单项确定	扩展字段 10

7.2.4.5.5 返回参数

注册自然人用户接口返回参数见表 58。

表 58　注册自然人用户接口返回参数

参数	参数名称	参数类型	说明
code	返回码值	string	服务调用是否成功的状态值
msg	返回码描述	string	返回码的描述信息
biz_data	业务输出参数	string	详见表 59

注册自然人用户接口返回参数中 biz_data 业务参数见表 59。

表 59　注册自然人用户接口返回参数中 biz_data 业务参数

参数	参数名称	参数类型	说明
commonResult	返回结果	string	统一返回结果,具体参数见表 60

注册自然人用户接口返回参数中 commonResult 业务参数见表 60。

表 60　注册自然人用户接口返回参数中 commonResult 业务参数

参数	参数名称	参数类型	说明
isBizSuccess	成功标识	string	接口调用成功标识
data	数据	string	null
message	错误信息	string	接口调用失败时的错误信息

接口返回示例如下：


```
{
  "code": "200",
  "msg": "成功",
  "biz_data": {
    "commonResult": {
      "isBizSuccess": true,
      "data": null,
      "message": null
    }
  }
}
```


7.2.4.6 注册法人用户

7.2.4.6.1 接口描述

注册法人用户接口可提供法人用户的注册证功能。该接口通过金民工程应用支撑平台的微服务集成管理系统对外提供。其在微服务集成管理系统中的注册信息如下：

a)系统接入标识:auth;

b)服务标识:auth_registerLegalAccount。

7.2.4.6.2 接口地址

接口地址:http(https)://IP:端口/fwjc_engine_int/rest/auth_registerLegalAccount

7.2.4.6.3 请求方式

HTTP(HTTPS) POST

7.2.4.6.4 请求参数

注册法人用户接口请求参数见表 61。

表 61　注册法人用户接口请求参数

参数	参数名称	数据类型	数据格式	是否必填	说明
access_key	接入系统标识	string	..50	是	在微服务中注册的系统标识
format	返回数据格式	string	..10	否	返回格式为 json/xml

续表

参数	参数名称	数据类型	数据格式	是否必填	说明
request_id	请求唯一编码	string	..50	否	请求的唯一流水号
sign	参数签名	string	..10	是	对传入参数签名后的字符串
timestamp	发送请求的时间	string	n18	是	精确到毫秒
version	版本	string	..ul	否	微服务版本号
biz_content	输入参数	string	..50	是	具体的业务接口输入参数，见表62

注册法人用户接口请求参数中 biz_content 业务参数见表62。

表62　注册法人用户接口请求参数中 biz_content 业务参数

参数	参数名称	数据类型	数据格式	是否必填	说明
invokerSystemId	调用方系统标识	string	..50	是	调用方系统 ID，需要在认证系统的接入系统管理功能内配置该接入系统
token	token 值	string	..500	否	统一认证要求验证 token 时使用
timeMillis	调用时间戳	string	..20	否	统一认证开启防重放时使用
nonce	随机字符串	string	..40	否	统一认证开启防重放时使用
loginid	登录账号	string	..40	是	需要验证的登录账号
password	登录口令	string	..40	是	登录口令（需用 SM4Utils 工具类的 encrypt 方法进行加密）
name	法人名称	string	..50	是	法人的名称
certNo	统一社会信用代码	string	..50	是	法人机构统一社会信用代码
legalType	法人类型	string	..10	否	企业、机关、事业单位、社会团体等
legalRepresentative	法人标识	string	..20	否	法人标识
effDate	证件有效期起始日期	string	n18	否	法人证件有效期起始日期
expDate	证件有效期结束日期	string	n18	否	法人证件有效期结束日期
realStatus	实名状态	string	..10	否	已实名或未实名
realDate	实名日期	string	n18	否	通过实名认证的日期
registerAddress	注册地址	string	..100	否	法人的所在地址
registerMoney	注册金额	string	..100	否	法人注册的资本金额
businessScope	经营范围	string	..500	否	法人业务经营的经营范围
registerDate	注册日期	string	n18	否	法人用户的注册时间
codeType	企业代码类型	string	..20	否	企业代码的类型

续表

参数	参数名称	数据类型	数据格式	是否必填	说明
industryType	行业类别	string	..100	否	法人所属行业的大类分类
smallIndustry-Type	行业小类	string	..100	否	法人所属行业的小类分类
effBusinessDate	经营期限起始	string	n18	否	允许经营的有效期限开始
expBusinessDate	经营有效期止	string	n18	否	允许经营的有效期限结束
checkDate	核准日期	string	n18	否	法人证件核准下发的时间
checkOrg	核准机构	string	..20	否	法人证件核准下发的机构
legalSign	法人标识	string	..20	否	依据法人注册表单项确定
enterpriseState	企业状态	string	..10	否	法人企业是否有效
createWay	创建方式	string	..10	否	法人的创建方式
electronicLicense	电子营业执照	string	..50	否	法人的电子营业执照编号
region	所在地行政区划	string	..50	否	法人所在地的行政区划
unitcharacter	单位性质	string	..50	否	法人用户的性质
contactPerson	联系人	string	..50	否	法人的联系人姓名
contactPhone	联系电话	string	..50	否	法人联系人的联系电话
email	邮箱	string	..50	否	法人用户的邮箱
field1	扩展字段 1	string	..50	否	扩展字段,暂未使用
field2	扩展字段 2	string	..50	否	扩展字段,暂未使用
field3	扩展字段 3	string	..50	否	扩展字段,暂未使用
field4	扩展字段 4	string	..50	否	扩展字段,暂未使用
field5	扩展字段 5	string	..50	否	扩展字段,暂未使用
field6	扩展字段 6	string	..50	否	扩展字段,暂未使用
field7	扩展字段 7	string	..50	否	扩展字段,暂未使用
field8	扩展字段 8	string	..50	否	扩展字段,暂未使用
field9	扩展字段 9	string	..50	否	扩展字段,暂未使用
field10	扩展字段 10	string	..50	否	扩展字段,暂未使用

7.2.4.6.5 返回参数

注册法人用户接口返回参数见表 63。

表 63 注册法人用户接口返回参数

参数	参数名称	参数类型	说明
code	返回码值	string	服务调用是否成功的状态值
msg	返回码描述	string	返回码的描述信息
biz_data	业务输出参数	string	详见表 64

注册法人用户接口返回参数中 biz_data 业务参数见表 64。

表 64　注册法人用户接口返回参数中 biz_data 业务参数

参数	参数名称	参数类型	说明
commonResult	返回结果	string	统一返回结果,具体参数见表 65

注册法人用户接口返回参数中 commonResult 业务参数见表 65。

表 65　注册法人用户接口返回参数中 commonResult 业务参数

参数	参数名称	参数类型	说明
isBizSuccess	成功标识	string	接口调用成功标识
data	数据	string	null
message	错误信息	string	接口调用失败时的错误信息

接口返回示例如下:

```
{
  "code": "200",
  "msg": "成功",
  "biz_data": {
    "commonResult": {
    "isBizSuccess": true,
    "data": null,
    "message": null
    }
  }
}
```

7.2.5 实名认证

7.2.5.1 保存实名认证校验记录

7.2.5.1.1 接口描述

保存实名认证校验记录接口可提供实名认证核验记录保存功能。该接口通过金民工程应用支撑平台的微服务集成管理系统对外提供。其在微服务集成管理系统中的注册信息如下:

a)系统接入标识:auth;

b)服务标识:auth_addRealLevelRecord。

7.2.5.1.2 接口地址

接口地址:http(https)://IP:端口/fwjc_engine_int/rest/auth_addRealLevelRecord

7.2.5.1.3 请求方式

HTTP(HTTPS) POST

7.2.5.1.4 请求参数

保存实名认证校验记录接口请求参数见表66。

表66 保存实名认证校验记录接口请求参数

参数	参数名称	数据类型	数据格式	是否必填	说明
access_key	接入系统标识	string	..50	是	在微服务中注册的系统标识
format	返回数据格式	string	..10	否	返回格式为json/xml
request_id	请求唯一编码	string	..50	否	请求的唯一流水号
sign	参数签名	string	..10	是	对传入参数签名后的字符串
timestamp	发送请求的时间	string	n18	是	精确到毫秒
version	版本	string	..ul	否	微服务版本号
biz_content	输入参数	string	..50	是	具体的业务接口输入参数，见表67

保存实名认证校验记录接口请求参数中biz_content业务参数见表67。

表67 保存实名认证校验记录接口请求参数中biz_content业务参数

参数	参数名称	数据类型	数据格式	是否必填	说明
invokerSystemId	调用方系统标识	string	..50	是	调用方系统ID，需要在认证系统的接入系统管理功能内配置该接入系统
token	token值	string	..500	否	统一认证要求验证token时使用
timeMillis	调用时间戳	long	..20	否	统一认证开启防重放时使用
nonce	随机字符串	string	..40	否	统一认证开启防重放时使用
userid	用户ID	string	..40	是	系统内部的唯一标识
type	实名核验类型	string	..10	是	实名核验类型（见附录B.1数据字典“REALCHECK-TYPE”）

7.2.5.1.5 返回参数

保存实名认证校验记录接口返回参数见表68。

表68 保存实名认证校验记录接口返回参数

参数	参数名称	参数类型	说明
code	返回码值	string	服务调用是否成功的状态值
msg	返回码描述	string	返回码的描述信息
biz_data	业务输出参数	string	详见表69

保存实名认证校验记录接口返回参数中 biz_data 业务参数见表 69。

表 69　保存实名认证校验记录接口返回参数中 biz_data 业务参数

参数	参数名称	参数类型	说明
commonResult	返回结果	string	统一返回结果,具体参数见表 70

保存实名认证校验记录接口返回参数中 commonResult 业务参数见表 70。

表 70　保存实名认证校验记录接口返回参数中 commonResult 业务参数

参数	参数名称	参数类型	说明
isBizSuccess	成功标识	string	接口调用成功标识
data	数据	string	null
message	错误信息	string	接口调用失败时的错误信息

接口返回示例如下:


```
{
  "code": "200",
  "msg": "成功",
  "biz_data": {
    "commonResult": {
      "isBizSuccess": true,
      "data": null,
      "message": null
    }
  }
}
```


7.2.5.2 身份证实名认证核验

7.2.5.2.1 接口描述

身份证实名认证核验接口可提供自然人身份证实名认证功能。该接口通过金民工程应用支撑平台的微服务集成管理系统对外提供。其在微服务集成管理系统中的注册信息如下:

a) 系统接入标识:auth;

b) 服务标识:auth_verifyIdcard。

7.2.5.2.2 接口地址

接口地址:http(https)://IP:端口/fwjc_engine_int/rest/auth_verifyIdcard

7.2.5.2.3 请求方式

HTTP(HTTPS) POST

7.2.5.2.4 请求参数

身份证实名认证核验接口请求参数见表 71。

表 71　身份证实名认证核验接口请求参数

参数	参数名称	数据类型	数据格式	是否必填	说明
access_key	接入系统标识	string	..50	是	在微服务中注册的系统标识
format	返回数据格式	string	..10	否	返回格式为 json/xml
request_id	请求唯一编码	string	..50	否	请求的唯一流水号
sign	参数签名	string	..10	是	对传入参数签名后的字符串
timestamp	发送请求的时间	string	n18	是	精确到毫秒
version	版本	string	..ul	否	微服务版本号
biz_content	输入参数	string	..50	是	具体的业务接口输入参数，见表 72

身份证实名认证核验接口请求参数中 biz_content 业务参数见表 72。

表 72　身份证实名认证核验接口请求参数中 biz_content 业务参数

参数	参数名称	数据类型	数据格式	是否必填	说明
invokerSystemId	调用方系统标识	string	..50	是	调用方系统 ID,需要在认证系统的接入系统管理功能内配置该接入系统
token	token 值	string	..500	否	统一认证要求验证 token 时使用
timeMillis	调用时间戳	long	..20	否	统一认证开启防重放时使用
nonce	随机字符串	string	..40	否	统一认证开启防重放时使用
userid	用户 ID	string	..40	是	系统内部的唯一标识
idcardno	公民身份号码	string	..10	是	公民身份号码
name	姓名	string	..50	是	姓名
usefulTimeStart	有效时间开始	string	n18	是	有效时间开始(YYYY－MM－DD)
usefulTimeEnd	有效时间结束	string	n18	是	有效时间结束(YYYY－MM－DD)

7.2.5.2.5 返回参数

身份证实名认证核验接口返回参数见表 73。

表 73　身份证实名认证核验接口返回参数

参数	参数名称	参数类型	说明
code	返回码值	string	服务调用是否成功的状态值
msg	返回码描述	string	返回码的描述信息
biz_data	业务输出参数	string	详见表 74

身份证实名认证核验接口返回参数中 biz_data 业务参数见表 74。

表 74　身份证实名认证核验接口返回参数中 biz_data 业务参数

参数	参数名称	参数类型	说明
commonResult	返回结果	string	统一返回结果,具体参数见表 75

身份证实名认证核验接口返回参数中 commonResult 业务参数见表 75。

表 75　身份证实名认证核验接口返回参数中 commonResult 业务参数

参数	参数名称	参数类型	说明
isBizSuccess	成功标识	string	身份证核验通过标识
data	数据	string	null
message	错误信息	string	接口调用失败时的错误信息

接口返回示例如下:

```
{
  "code": "200",
  "msg": "成功",
  "biz_data": {
    "commonResult": {
      "isBizSuccess": true,
      "data": null,
      "message": null
    }
  }
}
```

7.2.6 自然人登录账号找回

7.2.6.1.1 接口描述

自然人登录账户找回接口可提供登录账号找回功能。该接口通过金民工程应用支撑平台的微服务集成管理系统对外提供。其在微服务集成管理系统中的注册信息如下:

a)系统接入标识:auth;

b)服务标识:auth_queryLoginid。

7.2.6.1.2 接口地址

接口地址:http(https)://IP:端口/fwjc_engine_int/rest/auth_queryLoginid

7.2.6.1.3 请求方式

HTTP(HTTPS) POST

7.2.6.1.4 请求参数

自然人登录账户找回接口请求参数见表 76。

表 76　自然人登录账户找回接口请求参数

参数	参数名称	数据类型	数据格式	是否必填	说明
access_key	接入系统标识	string	..50	是	在微服务中注册的系统标识
format	返回数据格式	string	..10	否	返回格式为 json/xml
request_id	请求唯一编码	string	..50	否	请求的唯一流水号
sign	参数签名	string	..10	是	对传入参数签名后的字符串
timestamp	发送请求的时间	string	n18	是	精确到毫秒
version	版本	string	..ul	否	微服务版本号
biz_content	输入参数	string	..50	是	具体的业务接口输入参数，见表 77

自然人登录账户找回接口请求参数中 biz_content 业务参数见表 77。

表 77　自然人登录账户找回接口请求参数中 biz_content 业务参数

参数	参数名称	数据类型	数据格式	是否必填	说明
invokerSystemId	调用方系统标识	string	..50	是	调用方系统 ID，需要在认证系统的接入系统管理功能内配置该接入系统
token	token 值	string	..500	否	统一认证要求验证 token 时使用
timeMillis	调用时间戳	long	..20	否	统一认证开启防重放时使用
nonce	随机字符串	string	..40	否	统一认证开启防重放时使用
name	姓名	string	..50	是	姓名
certType	证件类型	string	..10	是	身份证、护照等证件类型
certNo	证件号码	string	..50	是	与证件类型对应的证件号码

7.2.6.1.5 返回参数

自然人登录账户找回接口返回参数见表 78。

表 78　自然人登录账户找回接口返回参数

参数	参数名称	参数类型	说明
code	返回码值	string	服务调用是否成功的状态值
msg	返回码描述	string	返回码的描述信息
biz_data	业务输出参数	string	详见表 79

自然人登录账户找回接口返回参数中 biz_data 业务参数见表 79。

表 79　自然人登录账户找回接口返回参数中 biz_data 业务参数

参数	参数名称	参数类型	说明
commonResult	返回结果	string	统一返回结果,具体参数见表 80

自然人登录账户找回接口返回参数中 commonResult 业务参数见表 80。

表 80　自然人登录账户找回接口返回参数中 commonResult 业务参数

参数	参数名称	参数类型	说明
isBizSuccess	成功标识	string	接口调用成功标识
data	数据	string	返回数据参见表 81
message	错误信息	string	接口调用失败时的错误信息

自然人登录账户找回接口返回参数中 data 业务参数见表 81。

表 81　自然人登录账户找回接口返回参数中 data 业务参数

参数	参数名称	参数类型	说明
userid	用户 ID	string	系统内部的唯一标识
loginid	登录账号	string	登录账号

接口返回示例如下：


```
{
  "code"："200",
  "msg"："成功",
  "biz_data"：{
    "CommonResult"：{
      "isBizSuccess"：true,
      "data"：{
        "userid"："133565543342",
        "loginid"："zhangsan"
      },
      "message"：null
    }
  }
}
```


7.2.7 用户信息维护

7.2.7.1 自然人用户信息修改

7.2.7.1.1 接口描述

自然人用户信息修改接口用于自然人基本信息发生变更时,调用此接口完成自然人用户信息修改。

该接口通过金民工程应用支撑平台的微服务集成管理系统对外提供。其在微服务集成管理系统中的注册信息如下：

a)系统接入标识：auth；

b)服务标识：auth_changeNaturalInfo。

7.2.7.1.2 接口地址

接口地址：http(https)://IP：端口/fwjc_engine_int/rest/auth_changeNaturalInfo

7.2.7.1.3 请求方式

HTTP(HTTPS) POST

7.2.7.1.4 请求参数

自然人用户信息修改接口请求参数见表82。

表82 自然人用户信息修改接口请求参数

参数	参数名称	数据类型	数据格式	是否必填	说明
access_key	接入系统标识	string	..50	是	在微服务中注册的系统标识
format	返回数据格式	string	..10	否	返回格式为json/xml
request_id	请求唯一编码	string	..50	否	请求的唯一流水号
sign	参数签名	string	..10	是	对传入参数签名后的字符串
timestamp	发送请求的时间	string	n18	是	精确到毫秒
version	版本	string	..ul	否	微服务版本号
biz_content	输入参数	string	..50	是	具体的业务接口输入参数，见表83

自然人用户信息修改接口请求参数中biz_content业务参数见表83。

表83 自然人用户信息修改接口请求参数中biz_content业务参数

参数	参数名称	数据类型	数据格式	是否必填	说明
invokerSystemId	调用方系统标识	string	..50	是	调用方系统ID，需要在认证系统的接入系统管理功能内配置该接入系统
token	token值	string	..500	否	统一认证要求验证token时使用
timeMillis	调用时间戳	long	..20	否	统一认证开启防重放时使用
nonce	随机字符串	string	..40	否	统一认证开启防重放时使用
userid	用户ID	string	..40	否（与loginid必填一个）	系统内部的唯一标识，与loginid必填一个，同时存在时只使用userid

续表

参数	参数名称	数据类型	数据格式	是否必填	说明
loginid	登录账号	string	..40	否（与userid必填一个）	登录账号，与userid必填一个，同时存在时只使用userid
name	姓名	string	..50	否	姓名
certType	证件类型	string	..50	否	身份证、护照等证件类型
certNo	证件号码	string	..10	否	与证件类型对应的证件号码
mobile	手机号	string	n11	否	手机号
email	邮箱	string	..20	否	邮箱
birthday	出生日期	string	n18	否	自然人的出生日期
sex	性别	string	..10	否	性别
education	学历	string	..20	否	自然人受教育的程度
alipay	支付宝账号	string	..50	否	自然人支付宝的登录账户
weixin	微信号	string	..50	否	自然人微信的登录账户
registerPlace	户籍地行政区划	string	..100	否	自然人户籍地地区的行政区划编码
livePlace	居住地行政区划	string	..100	否	自然人现今居住地地区的行政区划编码
address	详细住址	string	..100	否	自然人家庭居住的详细地址
company	工作单位	string	..100	否	自然人目前工作的公司或单位名称
status	用户状态	string	..10	否	账户是否可用状态
registerOrg	注册组织	string	..100	否	自然人所属的组织机构名称
ethnicity	民族	string	..10	否	自然人所属的民族
nationality	国籍	string	..100	否	自然人国籍
secondMobile	第二手机号	string	n11	否	自然人可能拥有用于通信的第二个手机号码
thirdMobile	第三手机号	string	n11	否	自然人可能拥有用于通信的第三个手机号码
granduateSchool	毕业学校	string	..100	否	为自然人颁发最高学历的学校
zipcode	邮政编码	string	..10	否	自然人联系地址所在区域的邮政编码
field1	扩展字段1	string	..50	否	扩展字段1
field2	扩展字段2	string	..50	否	扩展字段2
field3	扩展字段3	string	..50	否	扩展字段3

续表

参数	参数名称	数据类型	数据格式	是否必填	说明
field4	扩展字段 4	string	..50	否	扩展字段 4
field5	扩展字段 5	string	..50	否	扩展字段 5
field6	扩展字段 6	string	..50	否	扩展字段 6
field7	扩展字段 7	string	..50	否	扩展字段 7
field8	扩展字段 8	string	..50	否	扩展字段 8
field9	扩展字段 9	string	..50	否	扩展字段 9
field10	扩展字段 10	string	..50	否	扩展字段 10

7.2.7.1.5 返回参数

自然人用户信息修改接口返回参数见表 84。

表 84　自然人用户信息修改接口返回参数

参数	参数名称	参数类型	说明
code	返回码值	string	服务调用是否成功的状态值
msg	返回码描述	string	返回码的描述信息
biz_data	业务输出参数	string	返回为空

自然人用户信息修改接口返回参数中 biz_data 业务参数见表 85。

表 85　自然人用户信息修改接口返回参数中 biz_data 业务参数

参数	参数名称	参数类型	说明
commonResult	返回结果	string	统一返回结果,具体参数见表 86

自然人用户信息修改接口返回参数中 commonResult 业务参数见表 86。

表 86　自然人用户信息修改接口返回参数中 commonResult 业务参数

参数	参数名称	参数类型	说明
isBizSuccess	成功标识	string	接口调用是否成功
data	数据	string	接口返回数据,为 null
message	错误信息	string	接口调用错误信息

接口返回示例如下:

```
{
  "code": "200",
  "msg": "成功",
  "biz_data": {
    "commonResult": {
      "isBizSuccess": true,
      "data":null ,
      "message": null
    }
  }
}
```


7.2.7.2 法人用户信息修改

7.2.7.2.1 接口描述

法人用户信息修改接口用于法人基本信息发生变更时,调用此接口完成法人用户信息修改。

该接口通过金民工程应用支撑平台的微服务集成管理系统对外提供。其在微服务集成管理系统中的注册信息如下:

a)系统接入标识:auth;

b)服务标识:auth_changeLegalInfo。

7.2.7.2.2 接口地址

接口地址:http(https)://IP:端口/fwjc_engine_int/rest/auth_changeLegalInfo

7.2.7.2.3 请求方式

HTTP(HTTPS) POST

7.2.7.2.4 请求参数

法人用户信息修改接口请求参数见表87。

表87 法人用户信息修改接口请求参数

参数	参数名称	数据类型	数据格式	是否必填	说明
access_key	接入系统标识	string	..50	是	在微服务中注册的系统标识
format	返回数据格式	string	..10	否	返回格式为json/xml
request_id	请求唯一编码	string	..50	否	请求的唯一流水号
sign	参数签名	string	..10	是	对传入参数签名后的字符串
timestamp	发送请求的时间	string	n18	是	精确到毫秒
version	版本	string	..ul	否	微服务版本号
biz_content	输入参数	string	..50	是	具体的业务接口输入参数,见表88

法人用户信息修改接口请求参数中biz_content业务参数见表88。

表 88　法人用户信息修改接口请求参数中 biz_content 业务参数

参数	参数名称	数据类型	数据格式	是否必填	说明
invokerSystemId	调用方系统标识	string	..50	是	调用方系统 ID,需要在认证系统的接入系统管理功能内配置该接入系统
token	token 值	string	..500	否	统一认证要求验证 token 时使用
timeMillis	调用时间戳	string	..20	否	统一认证开启防重放时使用
nonce	随机字符串	string	..40	否	统一认证开启防重放时使用
userid	用户 ID	string	..40	否（与 loginid 必填一个）	系统内部的唯一标识,与 loginid 必填一个,同时存在时只使用 userid
loginid	登录账号	string	..40	否（与 userid 必填一个）	登录账号,与 userid 必填一个,同时存在时只使用 userid
name	法人名称	string	..50	否	法人的名称
certNo	统一社会信用代码	string	..50	否	法人机构统一社会信用代码
legalType	法人类型	string	..10	否	企业、机关、事业单位、社会团体等
legalRepresentative	法人标识	string	..20	否	法人标识
effDate	证件有效期起始日期	string	n18	否	法人证件有效期起始日期
expDate	证件有效期结束日期	string	n18	否	法人证件有效期结束日期
realStatus	实名状态	string	..10	否	已实名或未实名
realDate	实名日期	string	n18	否	通过实名认证的日期
registerAddress	注册地址	string	..100	否	法人的所在地址
registerMoney	注册金额	string	..100	否	法人注册的资本金额
businessScope	经营范围	string	..500	否	法人业务经营的经营范围
registerDate	注册日期	string	n18	否	法人用户的注册时间
codeType	企业代码类型	string	..20	否	企业代码的类型
industryType	行业类别	string	..100	否	法人所属行业的大类分类
smallIndustryType	行业小类	string	..100	否	法人所属行业的小类分类
effBusinessDate	经营期限起始	string	n18	否	允许经营的有效期限开始
expBusinessDate	经营有效期止	string	n18	否	允许经营的有效期限结束
checkDate	核准日期	string	n18	否	法人证件核准下发的时间
checkOrg	核准机构	string	..20	否	法人证件核准下发的机构
legalSign	法人标识	string	..20	否	依据法人注册表单项确定

续表

参数	参数名称	数据类型	数据格式	是否必填	说明
enterpriseState	企业状态	string	..10	否	法人企业是否有效
createWay	创建方式	string	..10	否	法人的创建方式
electronicLicense	电子营业执照	string	..50	否	法人的电子营业执照编号
region	所在地行政区划	string	..50	否	法人所在地的行政区划
unitcharacter	单位性质	string	..50	否	法人用户的性质
contactPerson	联系人	string	..50	否	法人的联系人姓名
contactPhone	联系电话	string	..50	否	法人联系人的联系电话
email	邮箱	string	..50	否	法人用户的邮箱
field1	扩展字段 1	string	..50	否	扩展字段,暂未使用
field2	扩展字段 2	string	..50	否	扩展字段,暂未使用
field3	扩展字段 3	string	..50	否	扩展字段,暂未使用
field4	扩展字段 4	string	..50	否	扩展字段,暂未使用
field5	扩展字段 5	string	..50	否	扩展字段,暂未使用
field6	扩展字段 6	string	..50	否	扩展字段,暂未使用
field7	扩展字段 7	string	..50	否	扩展字段,暂未使用
field8	扩展字段 8	string	..50	否	扩展字段,暂未使用
field9	扩展字段 9	string	..50	否	扩展字段,暂未使用
field10	扩展字段 10	string	..50	否	扩展字段,暂未使用

7.2.7.2.5 返回参数

法人用户信息修改接口返回参数见表 89。

表 89 法人用户信息修改接口返回参数

参数	参数名称	参数类型	说明
code	返回码值	string	服务调用是否成功的状态值
msg	返回码描述	string	返回码的描述信息
biz_data	业务输出参数	string	返回为空

法人用户信息修改接口返回参数中 biz_data 业务参数见表 90。

表 90 法人用户信息修改接口返回参数中 biz_data 业务参数

参数	参数名称	参数类型	说明
commonResult	返回结果	string	统一返回结果,具体参数见表 91

法人用户信息修改接口返回参数中 commonResult 业务参数见表 91。

表 91　法人用户信息修改接口返回参数中 commonResult 业务参数

参数	参数名称	参数类型	说明
isBizSuccess	成功标识	string	接口调用是否成功
data	数据	string	接口返回数据,为 null
message	错误信息	string	接口调用错误信息

接口返回示例如下：


```
{
  "code": "200",
  "msg": "成功",
  "biz_data": {
    "commonResult": {
      "isBizSuccess": true,
      "data":null ,
      "message": null
    }
  }
}
```


7.2.8 信息推送

7.2.8.1 验证短信验证码

7.2.8.1.1 接口描述

验证短信验证码接口用于在重置口令、绑定手机等需要验证手机真实可用的场景下,先调用发送模板短信接口发送验证码,而后调用此接口进行验证码的校验。

该接口通过金民工程应用支撑平台的微服务集成管理系统对外提供。其在微服务集成管理系统中的注册信息如下：

a)系统接入标识:auth;

b)服务标识:auth_verifyCheckcode。

7.2.8.1.2 接口地址

接口地址:http(https)://IP:端口/fwjc_engine_int/rest/auth_verifyCheckcode

7.2.8.1.3 请求方式

HTTP(HTTPS) POST

7.2.8.1.4 请求参数

验证短信验证码接口请求参数见表 92。

表 92　验证短信验证码接口请求参数

参数	参数名称	数据类型	数据格式	是否必填	说明
access_key	接入系统标识	string	..50	是	在微服务中注册的系统标识
format	返回数据格式	string	..10	否	返回格式为 json/xml
request_id	请求唯一编码	string	..50	否	请求的唯一流水号
sign	参数签名	string	..10	是	对传入参数签名后的字符串
timestamp	发送请求的时间	string	n18	是	精确到毫秒
version	版本	string	..ul	否	微服务版本号
biz_content	输入参数	string	..50	是	具体的业务接口输入参数，见表 93

验证短信验证码接口请求参数中 biz_content 业务参数见表 93。

表 93　验证短信验证码接口请求参数中 biz_content 业务参数

参数	参数名称	数据类型	数据格式	是否必填	说明
invokerSystemId	调用方系统标识	string	..50	是	调用方系统 ID,需要在认证系统的接入系统管理功能内配置该接入系统
token	token 值	string	..500	否	统一认证要求验证 token 时使用
timeMillis	调用时间戳	string	..20	否	统一认证开启防重放时使用
nonce	随机字符串	string	..40	否	统一认证开启防重放时使用
checkcodeId	验证码 ID	string	..40	是	调用验证码生成时验证码对应的内部 ID
checkcode	验证码值	string	..10	是	验证码值

7.2.8.1.5 返回参数

验证短信验证码接口返回参数见表 94。

表 94　验证短信验证码接口返回参数

参数	参数名称	参数类型	说明
code	返回码值	string	服务调用是否成功的状态值
msg	返回码描述	string	返回码的描述信息
biz_data	业务输出参数	string	返回为空

验证短信验证码接口返回参数中 biz_data 业务参数见表 95。

表 95　验证短信验证码接口返回参数中 biz_data 业务参数

参数	参数名称	参数类型	说明
commonResult	返回结果	string	统一返回结果,具体参数见表 96

验证短信验证码接口返回参数中 commonResult 业务参数见表 96。

表 96　验证短信验证码接口返回参数中 commonResult 业务参数

参数	参数名称	参数类型	说明
isBizSuccess	成功标识	string	接口调用是否成功
data	数据	string	接口返回数据,为 null
message	错误信息	string	接口调用错误信息

接口返回示例如下:


```
{
  "code": "200",
  "msg": "成功",
  "biz_data": {
    "commonResult": {
      "isBizSuccess": true,
      "data":null ,
      "message": null
    }
  }
}
```


7.2.8.2 发送短信

7.2.8.2.1 接口描述

发送短信接口可向自然人用户发送自定义通知消息的场合。该接口通过金民工程应用支撑平台的微服务集成管理系统对外提供。其在微服务集成管理系统中的注册信息如下:

a)系统接入标识:auth;

b)服务标识:auth_sendSms。

7.2.8.2.2 接口地址

接口地址:http(https)://IP:端口/fwjc_engine_int/rest/auth_sendSms

7.2.8.2.3 请求方式

HTTP(HTTPS) POST

7.2.8.2.4 请求参数

发送短信接口请求参数见表 97。

表 97　发送短信接口请求参数

参数	参数名称	数据类型	数据格式	是否必填	说明
access_key	接入系统标识	string	..50	是	在微服务中注册的系统标识
format	返回数据格式	string	..10	否	返回格式为 json/xml
request_id	请求唯一编码	string	..50	否	请求的唯一流水号
sign	参数签名	string	..10	是	对传入参数签名后的字符串
timestamp	发送请求的时间	string	n18	是	精确到毫秒
version	版本	string	..ul	否	微服务版本号
biz_content	输入参数	string	..50	是	具体的业务接口输入参数，见表 98

发送短信接口请求参数中 biz_content 业务参数见表 98。

表 98　发送短信接口请求参数中 biz_content 业务参数

参数	参数名称	数据类型	数据格式	是否必填	说明
invokerSystemId	调用方系统标识	string	..50	是	调用方系统 ID，需要在认证系统的接入系统管理功能内配置该接入系统
token	token 值	string	..500	否	统一认证要求验证 token 时使用
timeMillis	调用时间戳	string	..20	否	统一认证开启防重放时使用
nonce	随机字符串	string	..40	否	统一认证开启防重放时使用
userid	用户 ID	string	..40	是	系统内部的唯一标识
mobileno	手机号	string	n11	是	手机号码
message	短信内容	string	..500	是	发送短信内容

7.2.8.2.5 返回参数

发送短信接口返回参数见表 99。

表 99　发送短信接口返回参数

参数	参数名称	参数类型	说明
code	返回码值	string	服务调用是否成功的状态值
msg	返回码描述	string	返回码的描述信息
biz_data	业务输出参数	string	返回为空

发送短信接口返回参数中 biz_data 业务参数见表 100。

表 100　发送短信接口返回参数中 biz_data 业务参数

参数	参数名称	参数类型	说明
commonResult	返回结果	string	统一返回结果,具体参数见表 101

发送短信接口返回参数中 commonResult 业务参数见表 101。

表 101　发送短信接口返回参数中 commonResult 业务参数

参数	参数名称	参数类型	说明
isBizSuccess	成功标识	string	接口调用是否成功
data	数据	string	接口返回数据,为 null
message	错误信息	string	接口调用错误信息

接口返回示例如下:


```
{
  "code": "200",
  "msg": "成功",
  "biz_data": {
    "commonResult": {
      "isBizSuccess": true,
      "data":null ,
      "message": null
    }
  }
}
```


7.2.8.3 发送模板短信

7.2.8.3.1 接口描述

统一认证系统中预设了很多短信模板,发送模板短信接口用于方便接入系统快速批量发送定制化短信,也可使用此接口发送短信验证码。

该接口通过金民工程应用支撑平台的微服务集成管理系统对外提供。其在微服务集成管理系统中的注册信息如下:

a)系统接入标识:auth;

b)服务标识:auth_sendTempletSms。

7.2.8.3.2 接口地址

接口地址:http(https)://IP:端口/fwjc_engine_int/rest/auth_sendTempletSms

7.2.8.3.3 请求方式

HTTP(HTTPS) POST

7.2.8.3.4 请求参数

发送模板短信接口请求参数见表 102。

表 102 发送模板短信接口请求参数

参数	参数名称	数据类型	数据格式	是否必填	说明
access_key	接入系统标识	string	..50	是	在微服务中注册的系统标识
format	返回数据格式	string	..10	否	返回格式为 json/xml
request_id	请求唯一编码	string	..50	否	请求的唯一流水号
sign	参数签名	string	..10	是	对传入参数签名后的字符串
timestamp	发送请求的时间	string	n18	是	精确到毫秒
version	版本	string	..ul	否	微服务版本号
biz_content	输入参数	string	..50	是	具体的业务接口输入参数，见表 103

发送模板短信接口请求参数中 biz_content 业务参数见表 103。

表 103 发送模板短信接口请求参数中 biz_content 业务参数

参数	参数名称	数据类型	数据格式	是否必填	说明
invokerSystemId	调用方系统标识	string	..50	是	调用方系统 ID,需要在认证系统的接入系统管理功能内配置该接入系统
token	token 值	string	..500	否	统一认证要求验证 token 时使用
timeMillis	调用时间戳	string	..20	否	统一认证开启防重放时使用
nonce	随机字符串	string	..40	否	统一认证开启防重放时使用
userid	用户 ID	string	..40	是	系统内部的唯一标识
phonenumber	手机号	string	n11	是	手机号码
businesscode	模板编号	string	..5	是	短信模板的编号

7.2.8.3.5 返回参数

发送模板短信接口返回参数见表 104。

表 104 发送模板短信接口返回参数

参数	参数名称	参数类型	说明
code	返回码值	string	服务调用是否成功的状态值
msg	返回码描述	string	返回码的描述信息
biz_data	业务输出参数	string	返回为空

发送模板短信接口返回参数中 biz_data 业务参数见表 105。

表 105　发送模板短信接口返回参数中 biz_data 业务参数

参数	参数名称	参数类型	说明
commonResult	返回结果	string	统一返回结果,具体参数见表 106

发送模板短信接口返回参数中 commonResult 业务参数见表 106。

表 106　发送模板短信接口返回参数中 commonResult 业务参数

参数	参数名称	参数类型	说明
isBizSuccess	成功标识	string	接口调用是否成功
data	数据	string	接口返回数据,一般为 null,当调用发送短信验证码时为验证码编号
message	错误信息	string	接口调用错误信息

接口返回示例如下:

```
{
  "code": "200",
  "msg": "成功",
  "biz_data": {
    "commonResult": {
      "isBizSuccess": true,
      "data":null (当发送短信验证码时为验证码编号,如:, "data":25824643567)
      "message": null
    }
  }
}
```

7.2.8.4 发送邮件

7.2.8.4.1 接口描述

发送邮件接口可用于向自然人用户邮箱发送自定义通知邮件的场合。该接口通过金民工程应用支撑平台的微服务集成管理系统对外提供。其在微服务集成管理系统中的注册信息如下:

a) 系统接入标识:auth;

b) 服务标识:auth_sendEmail。

7.2.8.4.2 接口地址

接口地址:http(https)://IP:端口/fwjc_engine_int/rest/auth_sendEmail

7.2.8.4.3 请求方式

HTTP(HTTPS) POST

7.2.8.4.4 请求参数

发送邮件接口请求参数见表 107。

表 107　发送邮件接口请求参数

参数	参数名称	数据类型	数据格式	是否必填	说明
access_key	接入系统标识	string	..50	是	在微服务中注册的系统标识
format	返回数据格式	string	..10	否	返回格式为 json/xml
request_id	请求唯一编码	string	..50	否	请求的唯一流水号
sign	参数签名	string	..10	是	对传入参数签名后的字符串
timestamp	发送请求的时间	string	n18	是	精确到毫秒
version	版本	string	..ul	否	微服务版本号
biz_content	输入参数	string	..50	是	具体的业务接口输入参数，见表 108

发送邮件接口请求参数中 biz_content 业务参数见表 108。

表 108　发送邮件接口请求参数中 biz_content 业务参数

参数	参数名称	数据类型	数据格式	是否必填	说明
invokerSystemId	调用方系统标识	string	..50	是	调用方系统 ID，需要在认证系统的接入系统管理功能内配置该接入系统
token	token 值	string	..500	否	统一认证要求验证 token 时使用
timeMillis	调用时间戳	string	..20	否	统一认证开启防重放时使用
nonce	随机字符串	string	..40	否	统一认证开启防重放时使用
userid	用户 ID	string	..40	是	系统内部的唯一标识
email	邮箱地址	string	..100	是	接收邮件的邮箱地址
title	邮件主题	string	..100	是	邮件主题
message	邮件内容	string	..1000	是	发送邮件内容

7.2.8.4.5 返回参数

发送邮件接口返回参数见表 109。

表 109　发送邮件接口返回参数

参数	参数名称	参数类型	说明
code	返回码值	string	服务调用是否成功的状态值
msg	返回码描述	string	返回码的描述信息
biz_data	业务输出参数	string	返回为空

发送邮件接口返回参数中 biz_data 业务参数见表 110。

表 110　发送邮件接口返回参数中 biz_data 业务参数

参数	参数名称	参数类型	说明
commonResult	返回结果	string	统一返回结果,具体参数见表 111

发送邮件接口返回参数中 commonResult 业务参数见表 111。

表 111　发送邮件接口返回参数中 commonResult 业务参数

参数	参数名称	参数类型	说明
isBizSuccess	成功标识	string	接口调用是否成功
data	数据	string	接口返回数据,为 null
message	错误信息	string	接口调用错误信息

接口返回示例如下:


```
{
  "code": "200",
  "msg": "成功",
  "biz_data": {
    "commonResult": {
      "isBizSuccess": true,
      "data":null
      "message": null
    }
  }
}
```


7.2.8.5 绑定手机

7.2.8.5.1 接口描述

绑定手机接口可用于通过短信验证自然人用户注册时填写的手机号码真实性,方便重置口令时进行校验。该接口通过金民工程应用支撑平台的微服务集成管理系统对外提供。其在微服务集成管理系统中的注册信息如下:

a)系统接入标识:auth;

b)服务标识:auth_savePhoneBind。

7.2.8.5.2 接口地址

接口地址:http(https)://IP:端口/fwjc_engine_int/rest/auth_savePhoneBind

7.2.8.5.3 请求方式

HTTP(HTTPS) POST

7.2.8.5.4 请求参数

绑定手机接口请求参数见表112。

表112 绑定手机接口请求参数

参数	参数名称	数据类型	数据格式	是否必填	说明
access_key	接入系统标识	string	..50	是	在微服务中注册的系统标识
format	返回数据格式	string	..10	否	返回格式为json/xml
request_id	请求唯一编码	string	..50	否	请求的唯一流水号
sign	参数签名	string	..10	是	对传入参数签名后的字符串
timestamp	发送请求的时间	string	n18	是	精确到毫秒
version	版本	string	..ul	否	微服务版本号
biz_content	输入参数	string	..50	是	具体的业务接口输入参数，见表113

绑定手机接口请求参数中biz_content业务参数见表113。

表113 绑定手机接口请求参数中biz_content业务参数

参数	参数名称	数据类型	数据格式	是否必填	说明
invokerSystemId	调用方系统标识	string	..50	是	调用方系统ID，需要在认证系统的接入系统管理功能内配置该接入系统
token	token值	string	..500	否	统一认证要求验证token时使用
timeMillis	调用时间戳	string	..20	否	统一认证开启防重放时使用
nonce	随机字符串	string	..40	否	统一认证开启防重放时使用
userid	用户ID	string	..40	是	系统内部的唯一标识
mobile	绑定的手机号码	string	n11	是	绑定真实的手机号码

7.2.8.5.5 返回参数

绑定手机接口返回参数见表114。

表114 绑定手机接口返回参数

参数	参数名称	参数类型	说明
code	返回码值	string	服务调用是否成功的状态值
msg	返回码描述	string	返回码的描述信息
biz_data	业务输出参数	string	返回为空

绑定手机接口返回参数中 biz_data 业务参数见表 115。

表 115　绑定手机接口返回参数中 biz_data 业务参数

参数	参数名称	参数类型	说明
commonResult	返回结果	string	统一返回结果,具体参数见表 116

绑定手机接口返回参数中 commonResult 业务参数见表 116。

表 116　绑定手机接口返回参数中 commonResult 业务参数

参数	参数名称	参数类型	说明
isBizSuccess	成功标识	string	接口调用是否成功
data	数据	string	接口返回数据,为 null
message	错误信息	string	接口调用错误信息

接口返回示例如下:


```
{
  "code": "200",
  "msg": "成功",
  "biz_data": {
    "commonResult": {
      "isBizSuccess": true,
      "data":null
      "message": null
    }
  }
}
```


7.2.9 其他

7.2.9.1 获取 token

7.2.9.1.1 接口描述

获取 token 接口可支持使用 token 安全校验令牌来进行所有接口调用的安全合法性校验。该接口通过金民工程应用支撑平台的微服务集成管理系统对外提供。其在微服务集成管理系统中的注册信息如下:

a)系统接入标识:auth;

b)服务标识:auth_getToken。

7.2.9.1.2 接口地址

接口地址:http(https)://IP:端口/fwjc_engine_int/rest/auth_getToken

7.2.9.1.3 请求方式

HTTP(HTTPS) POST

7.2.9.1.4 请求参数

获取 token 接口请求参数见表 117。

表 117 获取 token 接口请求参数

参数	参数名称	数据类型	数据格式	是否必填	说明
access_key	接入系统标识	string	..50	是	在微服务中注册的系统标识
format	返回数据格式	string	..10	否	返回格式为 json/xml
request_id	请求唯一编码	string	..50	否	请求的唯一流水号
sign	参数签名	string	..10	是	对传入参数签名后的字符串
timestamp	发送请求的时间	string	n18	是	精确到毫秒
version	版本	string	..ul	否	微服务版本号
biz_content	输入参数	string	..50	是	具体的业务接口输入参数，见表 118

获取 token 接口请求参数中 biz_content 业务参数见表 118。

表 118 获取 token 接口请求参数中 biz_content 业务参数

参数	参数名称	数据类型	数据格式	是否必填	说明
invokerSystemId	调用方系统标识	string	..50	是	调用方系统 ID，需要在认证系统的接入系统管理功能内配置该接入系统
token	token 值	string	..500	否	统一认证要求验证 token 时使用
timeMillis	调用时间戳	string	..20	否	统一认证开启防重放时使用
nonce	随机字符串	string	..40	否	统一认证开启防重放时使用
appid	接入系统 ID	string	..40	是	调用系统在统一认证系统接入系统管理功能配置的 appid
encryptStr	加密字符串	string	..100	是	加密串，可使用认证平台提供的 Map com.yinhai.sdk.auth.util.AuthUtil.getTokenParam(string invokerSystemId, string appid)方法获取加密信息 map，然后从 map 中取出 encryptStr(此时参数 timeMillis 也从此 map 中获取)

7.2.9.1.5 返回参数

获取 token 接口返回参数见表 119。

表 119　获取 token 接口返回参数

参数	参数名称	参数类型	说明
code	返回码值	string	服务调用是否成功的状态值
msg	返回码描述	string	返回码的描述信息
biz_data	业务输出参数	string	返回为空

获取 token 接口返回参数中 biz_data 业务参数见表 120。

表 120　获取 token 接口返回参数中 biz_data 业务参数

参数	参数名称	参数类型	说明
commonResult	返回结果	string	统一返回结果,具体参数见表 121

获取 token 接口返回参数中 commonResult 业务参数见表 121。

表 121　获取 token 接口返回参数中 commonResult 业务参数

参数	参数名称	参数类型	说明
isBizSuccess	成功标识	string	接口调用是否成功
data	数据	string	接口返回数据,为统一认证平台生成的 token 值
message	错误信息	string	接口调用错误信息

接口返回示例如下:

```
{
  "code": "200",
  "msg": "成功",
  "biz_data": {
    "commonResult": {
      "isBizSuccess": true,
      "data":,"e9fe1efde8f2ryn244",
      "message": null
    }
  }
}
```

7.2.9.2 查询登录历史

7.2.9.2.1 接口描述

查询登录历史接口可提供给用户查看自己的历史登录记录,一旦发现疑似登录异常,用户可修改口令来保证账户的安全性。该接口通过金民工程应用支撑平台的微服务集成管理系统对外提供。其在微服务集成管理系统中的注册信息如下:

a)系统接入标识:auth;

b)服务标识:auth_getLoginHistory。

7.2.9.2.2 接口地址

接口地址:http(https)://IP:端口/fwjc_engine_int/rest/auth_getLoginHistory

7.2.9.2.3 请求方式

HTTP(HTTPS) POST

7.2.9.2.4 请求参数

查询登录历史接口请求参数见表122。

表122 查询登录历史接口请求参数

参数	参数名称	数据类型	数据格式	是否必填	说明
access_key	接入系统标识	string	..50	是	在微服务中注册的系统标识
format	返回数据格式	string	..10	否	返回格式为json/xml
request_id	请求唯一编码	string	..50	否	请求的唯一流水号
sign	参数签名	string	..10	是	对传入参数签名后的字符串
timestamp	发送请求的时间	string	n18	是	精确到毫秒
version	版本	string	..ul	否	微服务版本号
biz_content	输入参数	string	..50	是	具体的业务接口输入参数,见表123

查询登录历史接口请求参数中biz_content业务参数见表123。

表123 查询登录历史接口请求参数中biz_content业务参数

参数	参数名称	数据类型	数据格式	是否必填	说明
invokerSystemId	调用方系统标识	string	..50	是	调用方系统ID,需要在认证系统的接入系统管理功能内配置该接入系统
token	token值	string	..500	否	统一认证要求验证token时使用
timeMillis	调用时间戳	string	..20	否	统一认证开启防重放时使用
nonce	随机字符串	string	..40	否	统一认证开启防重放时使用
userid	用户userid	string	..40	是	用户ID

7.2.9.2.5 返回参数

查询登录历史接口返回参数见表124。

表124　查询登录历史接口返回参数

参数	参数名称	参数类型	说明
code	返回码值	string	服务调用是否成功的状态值
msg	返回码描述	string	返回码的描述信息
biz_data	业务输出参数	string	返回为空

查询登录历史接口返回参数中 biz_data 业务参数见表 125。

表125　查询登录历史接口返回参数中 biz_data 业务参数

参数	参数名称	参数类型	说明
commonResult	返回结果	string	统一返回结果,具体参数见表 126

查询登录历史接口返回参数中 commonResult 业务参数见表 126。

表126　查询登录历史接口返回参数中 commonResult 业务参数

参数	参数名称	参数类型	说明
isBizSuccess	成功标识	string	接口调用是否成功
data	数据	string	接口返回数据,为 list 形式记录的登录历史记录参数,具体参数见表 6
message	错误信息	string	接口调用错误信息

查询登录历史接口返回参数中 commonResult 中 data 参数见表 127。

表127　查询登录历史接口返回参数中 commonResult 中 data 参数

参数	参数名称	参数类型	说明
ip	登录网络地址	string	用户浏览器客户端访问的公网网络地址
osType	操作系统类型	string	用户操作系统类型
browserType	浏览器类型	string	用户访问的浏览器类型
loginTime	登录时间	string	用户登录时间
authTypeDesc	登录验证方式	string	用户登录时所采用的验证方式
location	登录地点	string	用户登录所在地区
sysSource	登录系统来源标识	string	用户的登录渠道标识
sysSiyrceName	登录系统来源名称	string	用户的登录渠道名称

接口返回示例如下:

```
{
  "code": "200",
  "msg": "成功",
  "biz_data": {
    "commonResult": {
      "isBizSuccess": true,
      "data":,[
        {"ip":"192.168.1.1",
        "osType":"Windows8.1",
        " browserType ":"Firefox",
        " loginTime ":"2020-10-12 12:23:45",
        " authTypeDesc ":"用户名口令",
        " location ":"廊坊市",
        " sysSource ":"ssologin",
        " sysSiyrceName ":"互联网单点登录"
        },
        {"ip":"202.123.12.54",
        "osType":"Windows8.1",
        " browserType ":"Firefox",
        " loginTime ":"2020-10-12 12:23:45",
        " authTypeDesc ":"微信",
        " location ":"北京市",
        " sysSource ":"ssologin",
        " sysSiyrceName ":"互联网单点登录"
        }],
      "message": null
    }
  }
}
```


8 单点登录接入要求

8.1 单点登录系统概述

金民工程单点登录系统分为政务外网单点登录系统和互联网单点登录系统。其功能分别如下：

a)政务外网单点登录为部署在政务外网的应用系统提供单点登录服务，向政务外网的所有系统提供统一的登录入口和统一的单点登出；

b)互联网单点登录系统为部署在互联网区域的应用系统提供单点登录服务。

8.2 单点登录使用规则及要求

8.2.1 客户端要求

客户端约定如下：

a)只支持 PC 端 B/S 方式，不支持 C/S 方式；

b)同一台计算机上，同一浏览器类型同一窗口实例内，全网范围内共享一个身份登录；

c)不同浏览器或同一浏览器类型的不同窗口实例间，同一用户只允许在一个终端进行登录，新登录将提示强制注销前次登录。

8.2.2 会话要求

接入系统会话识别和保持应采用 Cookie 方式,不得使用 token 等非 Cookie 方式。

同一用户终端上的同一浏览器实例,视为同一会话,使用同一 Cookie。同一用户终端上的不同浏览器,或同一浏览器的不同实例,不视为同一会话、不使用同一 Cookie,不共享同一登录会话和票据。

接入系统需实现同一应用多个服务器节点之间的 session 共享或请求响应服务器节点将自身真实网络地址信息传递给单点登录服务端。

8.2.3 网络要求

接入系统各服务器节点应与单点登录服务端服务器保持双向互通,以便接收单点登录服务端发出的单点退出请求,完成本地退出。

8.3 登录方式

统一身份认证系统不仅支持账户 + 口令方式登录,同时支持移动端、小程序端、扫码等快捷登录方式登录。

a)账户 + 口令登录:通过统一资源权限系统已分配的用户名和口令进行登录;统一资源权限会检验口令复杂度,要求口令长度 8 位以上,至少包括大写字母、小写字母、数字和特殊字符这四种要求中的三种;用户首次登录系统时,强制修改密码。依据配置,统一身份认证系统每隔 90 天提示用户强制更换口令;登录失败时系统会进行计数,超过配置的错误次数(默认错误 5 次)自动锁定用户。

b)移动端第三方应用快捷登录:通过移动端的第三方应用扫码登录。

注:首次登录时,应通过单点登录系统的页面引导,先进行账户与移动端第三方应用的绑定。

c)扫码登录:用户通过政务服务公众号或政务服务 App 等移动端,扫描单点登录系统界面上生成的二维码,移动端确认登录后,单点登录系统验证用户信息与二维码信息的有效性后自动完成登录。

移动端第三方登录和扫码登录充分利用了第三方平台以及统一身份认证统一的用户体系,通过用户映射与绑定,建立起了异构多渠道协同身份鉴权体系,能够提供给用户多种便捷的身份鉴权认证方式。

单点登录支持短信验证码、CA 数字证书认证方式。

基于等级保护三级的要求,单点登录针对管理员用户和重要业务用户采用用户名 + 口令和第三方厂商 OTP 码构成双因子认证,其中 OTP 码支持国密 SM3 算法动态生成,每 30 秒变化一次,动态口令有且仅能验证一次,符合标准要求;对普通或安全等级要求较低的用户采用用户名 + 口令或移动端第三方登录。

8.4 业务系统集成单点登录集成

8.4.1 单点登录接入流程

单点登录集成应遵循以下流程:

a)应用系统开发商向总集成单位提交集成申请;

b)总集成单位在门户管理系统中配置接入系统信息,并设置为允许接入;

c)业务系统按照本文件规定的接入要求进行接入;

d)接入开发完成后,与单点登录服务端进行联调测试;

e)联调通过后,系统上线,正式接入单点登录。

8.4.2 应用系统单点登录改造要求

金民工程应用系统均应采用 Livebase 框架进行开发。基于 Livebase 框架开发的应用系统集成单点登录时,应对以下两部分内容进行改造:

a)添加依赖

Livebase 是基于 spring boot、spring security 框架,使用 maven 构建的项目,在项目启动模块的 pom. xml 文件(如 ta404 - project - test 模块的 pom. xml 文件)添加单点登录客户端相关的依赖。添加内容示例如下。

```
<! --spring security 整合单点登录-- >
<dependency>
    <groupId>org.springframework.security</groupId>
    <artifactId>spring-security-cas-client</artifactId>
    <version>3.0.8.RELEASE</version>
    <exclusions>
        <exclusion>
            <artifactId>commons-logging</artifactId>
            <groupId>commons-logging</groupId>
        </exclusion>
    </exclusions>
</dependency>
<! --单点登录客户端核心-- >
<dependency>
    <groupId>org.jasig.cas</groupId>
    <artifactId>cas-client-core</artifactId>
    <version>3.1.10</version>
    <exclusions>
        <exclusion>
            <artifactId>commons-logging</artifactId>
            <groupId>commons-logging</groupId>
        </exclusion>
    </exclusions>
</dependency>
```

b)application. yml 修改

application. yml 文件为 Livebase 后端应用的重要配置文件,应在此配置文件中添加单点登录的相关配置。

添加方式:在 ta404. modules. security 层级添加平行的 cas 层级配置属性。具体配置参数见表 128。

表 128 application. yml 配置项说明

名称	是否必填	说明	标准值
casServerLoginUrl	是	单点登录服务端登录页面地址	
casServerUrlPrefix	是	单点登录服务端地址	
serverName	是	接入系统地址	地址格式为网络地址 + 端口 + 上下文 + /j_spring_cas_security_check
ssoLogoutUrl	是	单点登录服务端退出地址	
isOpenSso	是	是否开启单点登录，使用单点登录时 true，使用 Livebase 自身的登录服务时改为 false 注：此属性与 application. yml 本文件中 ta404. modules. security. isOpenSecuirty-Managemer 属性为互斥属性，isOpenSso 为 true，则 isOpenSecuirtyManagemer 为 false，反之亦然	true/false
logoutFilterProces-sUrl	是	后端的退出地址，一般默认为/logout. do 即可，无须修改	/logout. do
filterProcessUrl	是	spring security 集成 cas 的入口地址，固定写法，无须修改	/j_spring_cas_security_check
decisionVoters	是	访问管理器的相关配置，固定写法	– org. springframework. security. access. vote. RoleVoter – org. springframework. security. access. vote. AuthenticatedVoter
ssoLogoutTargetUrl	否	退出后系统默认跳转前端地址，适用于前端页面退出到统一一个地址的应用场景，可不填，不填时采用前端调用接口时传递的 frontUrl 前端地址来进行跳转	
localSystemId	否	本地系统 ID，适用于用户映射场景，一般不填	
isTransSSOLoginId-ToLocalLoginId	否	是否采用本地用户映射，一般为 false	true/false
permitUrls	否	无须登录即可访问地址，可根据项目需求自行配置相关地址，多个地址之间以“ – ”进行分隔，可通配符“ * ”	
loginPermitUrls	否	任意角色登录后都可访问的地址，可根据项目需求自行配置，多个地址之间以“ – ”进行分隔，可通配符“ * ”	

添加内容示例如下。

```
cas:
  #单点登录服务器登录页地址(示例地址)
  casServerLoginUrl: http(https)://dulk.tcpip.cxm/casserver/login
  #单点服务器地址(示例地址)
  casServerUrlPrefix: http(https)://dulk.tcpip.cxm/casserver
  #接入单点应用地址(示例地址)
  serverName: http(https)://localhost:8081/j_spring_cas_security_check
  #单点服务器退出地址(示例地址)
  ssoLogoutUrl: http(https)://dulk.tcpip.cxm/casserver/logout
  #退出后前端默认跳转地址,优先级比 frontUrl 高
  ssoLogoutTargetUrl:
  #本地系统 ID,默认留空
  localSystemId:
  #是否启用本地用户转换,默认为 false
  isTransSSOLoginIdToLocalLoginId: false
  #是否启用单点登录,启用单点同时需关闭普通通过 spring security 登录的登录方式 也即修改 isOpenSe-
cuirtyManagemer 属性为 false
  isOpenSso: true
  #退出请求地址
  logoutFilterProcessUrl: /logout.do
  #固定写法,spring security 集成 cas 单点登录地址
  filterProcessUrl: /j_spring_cas_security_check
  #访问权限投票配置 只要有一个 Voter 可以通过权限要求,就可以访问
  decisionVoters:
    - org.springframework.security.access.vote.RoleVoter
    - org.springframework.security.access.vote.AuthenticatedVoter
  # 无需登录即可访问
  permitUrls:
    - /error
  # 登录之后任意角色都能访问
  loginPermitUrls:
    - /indexRestService!getCurUserAccount.do
    - /codetable!getCode.do
    - /menu/menuAction!queryRootChildrenMenus.do
    - /indexRestService!defaultOpen.do
```

8.4.3 应用系统单点退出改造要求

8.4.3.1 本地退出改造要求

本地退出是指接入系统先完成本地退出后,再通知单点登录服务端完成退出,进而由单点登录服务端通知其他已登录系统执行退出。

流程:本地完成退出 - >重定向到单点登录退出地址 - >单点登录退出并重定向回到接入系统。

退出地址为:http//IP:端口/单点服务端上下文/logout? service = 接入应用前端地址。

8.4.3.2 单点退出改造要求

单点退出是指单点登录服务端通知接入系统执行退出操作,单点登录服务端以 SAML 断言的方式发送退出请求,通知接入系统退出当前登录。

接入系统端可通过 filter 的方式拦截解析单点退出请求,完成对应会话注销。

退出请求示例如下：

```
http(https)://接入系统回调地址？logoutRequest = <samlp:LogoutRequest xmlns:samlp = "urn:oasis:names:tc:SAML:2.0:protocol" ID = "LR-5-jmyz1Ns3mLIJH3iXDgm05lMi5sXwBkr7vx5" Version = "2.0" IssueInstant = "2019-09-25T15:57:58Z" > <saml:NameID xmlns:saml = "urn:oasis:names:tc:SAML:2.0:assertion" >@NOT_USED@ </saml:NameID> <samlp:SessionIndex>ST-185-OY3gLfe27Wve3muisans-cas</samlp:SessionIndex> </samlp:LogoutRequest>
```

注 1：ST 票据是指 service ticket 服务校验凭证。

注 2：<samlp:SessionIndex>是登录时，单点登录服务端返回的 ST 票据信息，接入系统在登录完成时应本地缓存 ST 票据并与对应用户会话建立关联，单点退出时可从服务端返回的报文中解析出 ST 票据，根据票据 ID 查找出对应会话并注销，以此完成退出。

附录 A

（资料性）

省级组织架构模型

省级组织架构模型见图 A.1。

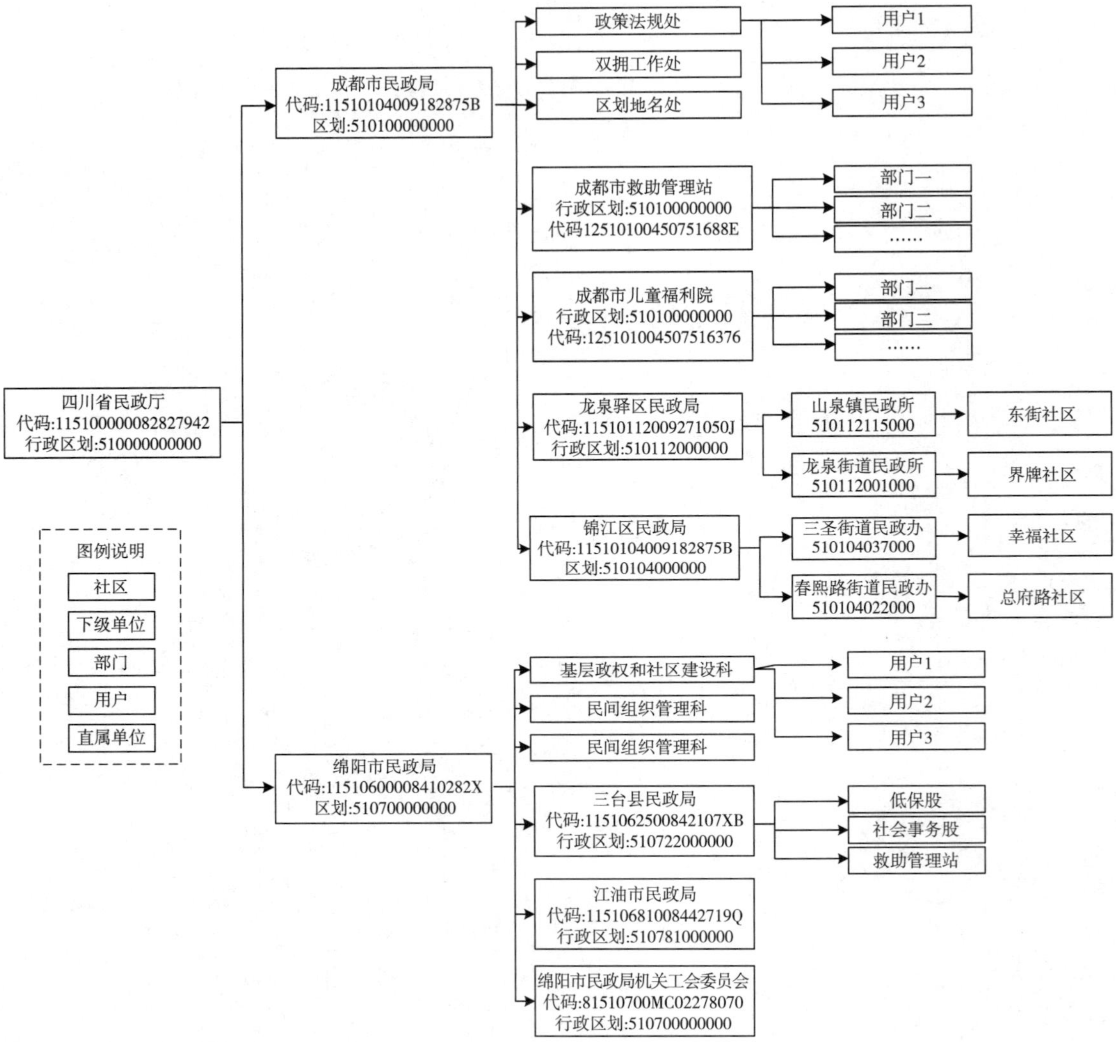

图 A.1　省级组织架构模型

附录 B

（规范性）

数据字典

数据字典见表 B. 1。

表 B. 1　数据字典

数据字典类型	数据字典类型描述	码值	码值描述
REALSTATUS	认证状态	0	待认证
REALSTATUS	认证状态	1	已认证
REALSTATUS	认证状态	2	未通过
REALSTATUS	认证状态	3	已解除
REALSTATUS	认证状态	4	未认证
REALTYPE	实名认证类型	FACE	人脸实名认证
REALTYPE	实名认证类型	GT	柜台实名认证
REALTYPE	实名认证类型	VEIN	指静脉实名认证
REALTYPE	实名认证类型	YL	银联实名认证
REALTYPE	实名认证类型	ZFB	支付宝实名认证
REALTYPE	实名认证类型	ZJ	证件照实名认证
LEGALTYPE	法人类型	C04	个体工商户法人
LEGALTYPE	法人类型	C09	其他法人
REALCHECKTYPE	实名核验类型	MOBILE	手机短信
REALCHECKTYPE	实名核验类型	EMAIL	邮箱
REALCHECKTYPE	实名核验类型	FACE	人脸
REALCHECKTYPE	实名核验类型	IDCARD	身份证
REALCHECKTYPE	实名核验类型	SOCIAL	社保卡
REALCHECKTYPE	实名核验类型	ID2	身份证专用识别设备
PROTECTTYPE	隐私保护类型	4	登录账号
PROTECTTYPE	隐私保护类型	9	其他
REALCHECKTYPE	实名核验类型	PWD	账号口令
EFFECTIVE	有效标志	1	有效
EFFECTIVE	有效标志	0	无效
YESORNO	是否	1	是

续表

数据字典类型	数据字典类型描述	码值	码值描述
YESORNO	是否	0	否
NATURALCERTTYPE	自然人证件类型	111	居民身份证
NATURALCERTTYPE	自然人证件类型	113	户口簿
NATURALCERTTYPE	自然人证件类型	414	普通护照
NATURALCERTTYPE	自然人证件类型	511	台湾居民来往大陆通行证
NATURALCERTTYPE	自然人证件类型	117	出生医学证明
NATURALCERTTYPE	自然人证件类型	516	港澳居民来往内地通行证
NATURALCERTTYPE	自然人证件类型	553	外国人永久居留身份证
LEGALTYPE	法人类型	C01	企业法人
LEGALTYPE	法人类型	C02	社会组织法人
LEGALTYPE	法人类型	C03	机关事业单位法人
REGFORMTYPE	表单类型	text	文本
REGFORMTYPE	表单类型	number	数字
REGFORMTYPE	表单类型	region	行政区划
PROTECTTYPE	隐私保护类型	1	证件号码
PROTECTTYPE	隐私保护类型	2	电话号码
PROTECTTYPE	隐私保护类型	3	邮箱
ACCOUNTTYPE	账户类型	10	自然人
ACCOUNTTYPE	账户类型	20	法人
ACCOUNTTYPE	账户类型	30	政务人员

参考文献

[1]C 0110 国家政务服务平台统一身份认证系统接入要求

[2]C 0111 国家政务服务平台统一身份认证系统身份认证技术要求

[3]C 0112 国家政务服务平台统一身份认证系统信任传递要求

[4]C 0114 国家政务服务平台可信身份等级定级要求

[5]国办函〔2016〕108 号国务院办公厅关于印发“互联网 + 政务服务”技术体系建设指南的通知

JMGC

民 政 部 金 民 工 程 标 准

JMGC/JS 307—2020

金民工程 服务接口要求

2020－12－30 发布　　2020－12－30 实施

民政部信息中心 发布

目　次

前　言

本文件按照 GB/T 1. 1—2020《标准化工作导则 第1部分:标准化文件的结构和起草规则》的规定起草。

请注意本文件的某些内容可能涉及专利。本文件的发布机构不承担识别专利的责任。

本文件由民政部信息中心提出并归口。

本文件起草单位:民政部信息中心、四川久远银海软件股份有限公司。

本文件主要起草人:王兴玲、张建民、张彤、陶亮、贾雅杰、李坤林、陈超、李双君、刘渝、欧海莉、王荣。

金民工程 服务接口要求

1 范围

本文件规定了金民工程项目中微服务的接入流程、服务接口内容和服务接口要求。

本文件适用于金民工程项目中各软件包。

2 规范性引用文件

下列文件中的内容通过文中的规范性引用而构成本文件必不可少的条款。其中,注日期的引用文件,仅该日期对应的版本适用于本文件;不注日期的引用文件,其最新版本(包括所有的修改单)适用于本文件。

JMGC/YW 406 金民工程 信息化术语

3 术语和定义

JMGC/YW 406 界定的术语、定义适用于本文件。

4 缩略语

HTTP:超文本传输协议(Hyper Text Transfer Protocol)

HTTPS:HTTP 加上 TLS/SSL 协议构建的可进行加密传输、身份认证的网络协议(Hyper Text Transfer Protocol Over Secure Socket Layer)

JSON:轻量级的数据交换格式(JavaScript Object Notation, JS 对象简谱)

URL:统一资源定位器(Uniform Resource Locator)

XML :可扩展标记语言(Extensible Markup Language)

5 微服务集成管理系统

微服务集成管理系统是面向服务化架构的分布式服务 API 网关及服务管理平台,适用于服务集成管理和使用的各种场景。以服务总线集成的方式,为各个系统间的服务提供内部或外部的协同,实现跨技术体系、跨网络区域应用系统的通信、互连、集成。

6 服务接入流程

6.1 接入流程

整个流程可以分为四大步骤:

a)注册接入系统；

b)注册服务；

c)发布服务；

d)配置服务。

服务提供方的接口开发完成后，应注册、发布并配置授权后，服务调用方才能调用。系统接入流程见图1。

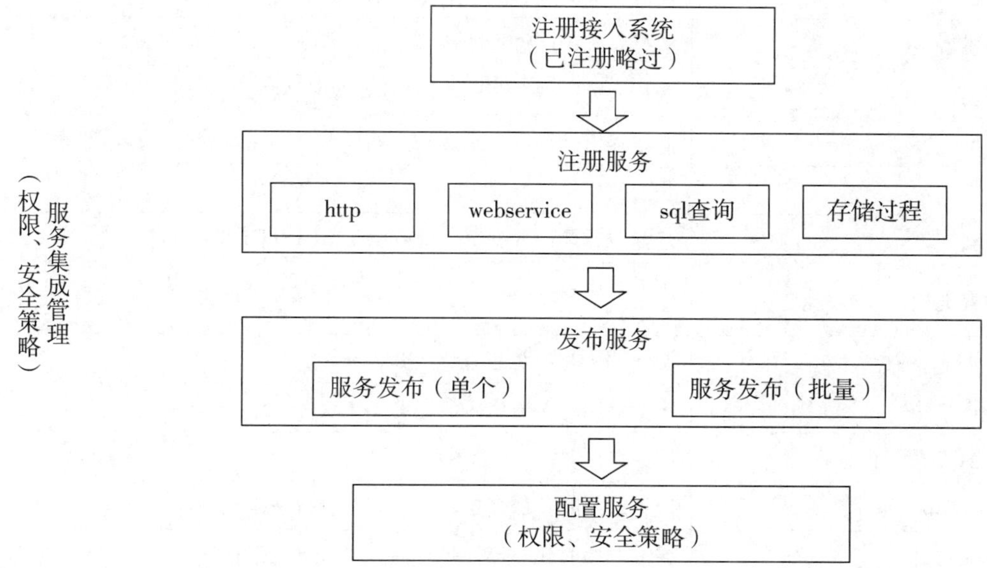

图1　系统接入流程

6.2 注册接入系统

服务调用方的系统和服务提供方的系统都应在微服务集成管理系统中注册为接入系统。微服务集成管理系统将通过接入系统管理功能，对服务调用方权限和服务提供方的服务进行管理。微服务集成管理系统采用RSA签名认证的方式进行身份认证，服务调用方应提供RSA公钥在平台进行注册。接入系统参数见表1。

表1　接入系统参数

参数名称	说明
系统标识	在微服务集成管理系统中唯一的标识符
系统名称	系统名称
系统类型	Web端、移动端、自助服务终端
应用类型	普通应用、嵌入式服务、API网关应用
应用角色	服务提供者、服务消费者、服务提供者和消费者
系统公钥	如果应用角色选择为服务消费者或者服务提供者和消费者，需要上传公钥

6.3 注册服务

将服务提供方开发的服务接口在平台中进行注册,配置服务的基本配置信息,为下一步的发布服务做好准备。注册服务参数见表2。

表2 注册服务参数

参数名称	说明
服务注册名称	在微服务集成管理系统中展示的服务名称
服务提供者	选择系统中已添加的接入系统
所属网络区域	选择服务所属网络区域:政务外网区、互联网区
服务地址	服务提供者提供的具体服务地址
平台桥接	是否使用桥接方式:是、否
提交方法	选择服务调用的提交方式:POST、GET、PUT、DELETE
提交内容类型	服务调用时提交内容的类型:表单字段、文件流、JSON 字符串、XML 字符串
输入 header 参数	服务调用时参数是否放在 header 中:是、否
输入 body 参数	服务调用时参数是否放在 body 中:是、否
BASIC AUTH 验证	服务调用时是否进行验证:是、否
获取连接超时	服务调用时获取连接超时的时长,单位:毫秒
建立连接超时	服务调用时建立连接超时的时长,单位:毫秒
读取数据超时	服务调用时读取数据超时的时长,单位:毫秒
入参格式	微服务集成平台对外提供服务的入参格式:JSON、STRING、XML
出参格式	微服务集成平台对外提供服务的出参格式:JSON、STRING、XML

6.4 发布服务

将已注册服务通过服务 API 网关以唯一接口标识的方式对外暴露服务,并提供服务调用、身份认证、访问鉴权、限流熔断、网络地址访问控制等一系列功能特性。发布支持单个发布(已注册服务、组装服务、mock 模拟服务)和批量发布。发布服务参数见表3。

表3 发布服务参数

参数名称	说明
服务标识	微服务集成管理系统中服务发布唯一标识
服务名称	服务发布后对外展示的名称
服务版本	发布服务的版本,格式如:V2.0
服务类别	发布服务的类别:查询类、新增类
业务类别	发布服务的业务类别:一般查询、新增
发布区域	服务发布后,能调用服务的区域:政务外网区、互联网区

续表

参数名称	说明
授权方式	服务具体的授权方式:服务级授权、数据级授权、无须授权
是否记录日志	服务调用时是否需要记录日志:是、否
是否备份日志	服务调用的日志是否需要备份:是、否
是否记录入参	日志中是否记录入参:是、否
是否记录出参	日志中是否记录出参:是、否

6.5 配置服务

服务发布之后,通过服务治理功能配置服务的并发限流策略、网络地址白名单等配置。配置服务参数见表4。

表4 配置服务参数

参数名称	说明
开启并发策略功能	是否开启并发策略功能:是、否
超时设置	是否开启超时控制:是、否
超时时间	设置超时时间,单位:毫秒
最大并发数	设置服务调用时最大的并发数
最大排队超时	设置服务调用时排队超时的最大时长,单位:毫秒
熔断检查间隔(毫秒)	设置服务调用过程中的熔断检查间隔时长,单位:毫秒
熔断错误率(%)	设置超过最大并发数后,服务调用的拦截率(%)
网络地址白名单配置	设置具体的网络地址白名单

通过服务权限管理功能,管理功能配置服务调用方的服务访问权限。配置服务调用权限见表5。

表5 配置服务调用权限

参数名称	说明
调用方系统标识	选择5.2中录入的接入系统
待授权服务标识	选择5.3中发布的服务标识

7 服务接入范围

业务系统对外提供服务时,应统一通过微服务集成管理系统对外提供。

可接入服务包括但不限于:统一文件存储上传寻址、统一文件存储下载寻址、电子签章、消息通知等。

8 服务接口要求

8.1 接口类型

微服务集成管理系统使用 HTTP 或 HTTPS 方式调用,接口参数数据应统一使用 UTF-8 编码格式。接口返回数据采用 JSON 格式。

8.2 接口要求

接口要求包括但不限于如下:

a)服务接口的请求参数应和接口登记时录入的参数完全一致;

b)返回错误码应和接口登记时录入的参数完全一致;

c)返回数据时的数据项名称应和接口登记的数据项英文名完全一致;

d)资源提供方开发的服务接口,不可在 Header 中传递参数,应在 Body 中进行传递;

e)提供接口存在管控参数,例如:密钥、用户名、口令,应提供具体参数数据给微服务集成管理系统,并授权访问,管控值应固定;

f)服务提供方应明确原始接口地址是否有调用限制,例如:网络地址或端口限制。如有限制,需提供具体限制参数。

8.3 服务请求方式

HTTP(HTTPS)POST

8.4 服务请求参数

服务请求可采用 URL 参数传参的方式,也可采用 JSON 传参。

注 1:URL 传参示例,param1 = value1&param2 = value2

注 2:JSON 传参示例,{"param1":"value1"," param2":"value2"}。服务请求参数见下表 6。

表 6　服务请求参数

参数	参数名称	数据类型	数据格式	是否必填	说明
access_key	接入系统标识	string	..50	是	在微服务中注册的系统标识
format	数据格式	string	..10	否	格式为 json/xml
request_id	请求唯一编码	string	..50	否	请求的唯一流水号
sign	参数签名	string	..10	是	对传入参数签名后的字符串
timestamp	发送请求的时间	string	n18	是	精确到毫秒
version	版本	string	..ul	否	微服务版本号
biz_content	输入参数	string	..50	是	具体的业务接口输入参数

续表

请求示例

{
"access_key":"TEST",
"format":"JSON",
"request_id":"89229b023d4845bfa55c",
"timestamp":"1601120307838",
"sign":null,
"version":null
"biz_content":{
"syssource":"test"
},
}

8.5 服务返回参数

服务返回数据应采用JSON,返回数据应包含业务code、业务提示信息、业务数据三个部分,返回参数字段见表7。

表7 返回参数

参数	参数名称	数据类型	是否必填	说明
code	返回码值	string	是	服务调用是否成功的状态值。状态码说明见附录A
msg	返回码描述	string	是	返回码的描述信息
biz_data	业务输出参数	string	否	按JSON格式返回具体的业务接口输出参数
返回示例				

{
"code":"200",
"msg":"成功",
"biz_data":{
"业务参数1":"返回示例",// 注释
}
}				

附录 A

（规范性）

状态码

接口调用成功或失败返回的状态码示例见表 A. 1。

表 A. 1　状态码

状态码	状态码说明
200	成功
-101	参数错误
-102	数字证书签名失败
-103	接入系统不存在或已被禁用
-104	此网络地址禁止访问服务
-105	服务器繁忙，请稍后重试
-106	非平台协议服务需要通过配置的接口地址访问
-107	服务未定义或已下线

JMGC

民 政 部 金 民 工 程 标 准

JMGC/JS 308—2020

金民工程 非结构化数据存储接口

2020－12－30 发布 2020－12－30 实施

民政部信息中心 发布

目　次

前　言

本文件按照 GB/T 1.1—2020《标准化工作导则 第 1 部分:标准化文件的结构和起草规则》的规定起草。

请注意本文件的某些内容可能涉及专利。本文件的发布机构不承担识别专利的责任。

本文件由民政部信息中心提出并归口。

本文件起草单位:民政部信息中心、四川久远银海软件股份有限公司。

本文件主要起草人:王兴玲、张建民、张彤、陶亮、贾雅杰、钟爱伦、李双君、彭鑫森、李坤林、刘渝、欧海莉、王荣。

金民工程 非结构化数据存储接口

1 范围

本文件规定了金民工程项目中非结构化文件存储服务的文件上传、文件下载、文件更新要求。

本文件适用于金民工程项目中各个软件包。

2 规范性引用文件

下列文件中的内容通过文中的规范性引用而构成本文件必不可少的条款。其中,注日期的引用文件,仅该日期对应的版本适用于本文件;不注日期的引用文件,其最新版本(包括所有的修改单)适用于本文件。

JMGC/YW406 金民工程信息化术语

3 术语和定义

JMGC/YW 406 界定的术语和定义适用于本文件。

3.1 非结构化数据

非结构化数据是数据结构不规则或不完整,没有预定义的数据模型,不方便用数据库二维逻辑表来表现的数据。包括所有格式的办公文档、文本、图片、XML、HTML、各类报表、图像和音/视频信息等等。

3.2 统一文件存储服务系统

统一文件存储服务系统是由总控后台管理系统和接口应用两部分组成。总控后台管理系统主要提供第三方接入系统访问接口应用的网关控制、文件流转、文件流量监控等功能;接口应用主要提供文件上传和下载服务,可适配多种文件存储系统。

按系统设计架构,接口调用分为两部分。接入系统应先在总控后台管理系统中调用寻址服务,调用寻址服务可获取文件存储对应的接口地址;通过调用接口地址实现文件上传下载服务,完成文件存储。

4 缩略语

HTTP:超文本传输协议(Hyper Text Transfer Protocol)

HTTPS：HTTP 加上 TLS/SSL 协议构建的可进行加密传输、身份认证的网络协议（Hyper Text Transfer Protocol Over Secure Socket Layer）

HTML：超文本标记语言（Hyper Text Markup Language）

XML：可扩展标记语言（Extensible Markup Language）

5 对接流程要求

5.1 文件上传流程

文件上传流程见图 1。

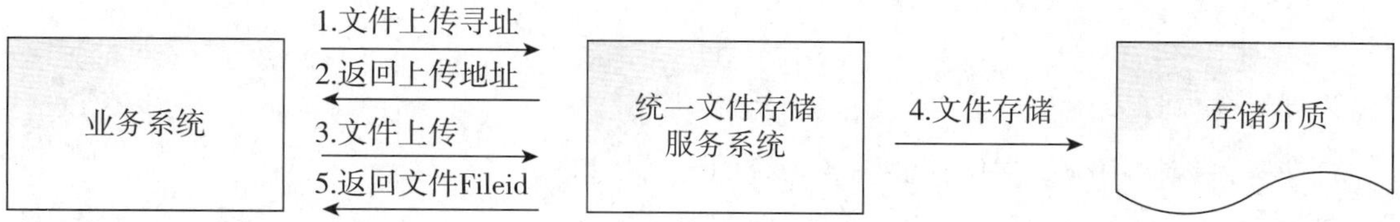

图 1　文件上传流程

文件上传流程为：

a）业务系统调用文件存储服务的文件上传寻址地址；

b）统一文件存储服务系统返回文件上传的地址，供业务系统调用；

c）业务系统使用返回的文件上传地址进行文件上传；

d）统一文件存储服务系统将文件保存到存储媒体中；

e）统一文件存储服务系统返回文件的 Fileid。

5.2 文件下载流程 I

文件下载流程见图 2。

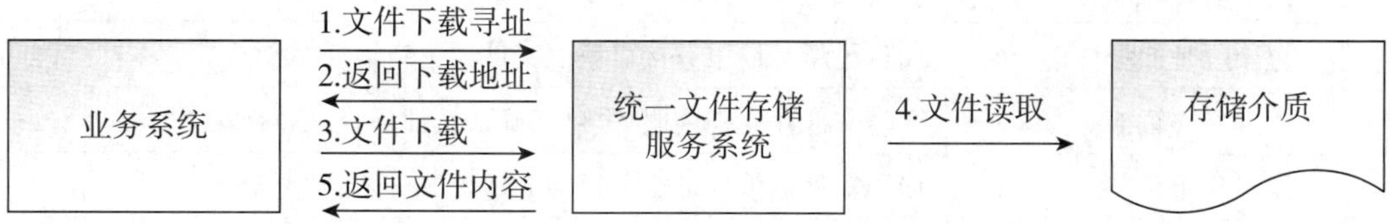

图 2　文件下载流程

文件下载流程为：

a）业务系统根据 Fileid 调用文件下载寻址地址；

b）统一文件存储服务系统返回文件的下载地址，供业务系统调用；

c）业务系统使用返回的信息调用统一文件存储服务系统的下载接口，进行文件下载；

d)统一文件存储服务系统从存储媒体中读取文件；

e)统一文件存储服务系统返回文件内容给业务系统。

5.3 文件更新流程

文件更新流程见图3。

图3　文件更新流程

文件更新流程为：

a)业务系统调用统一文件存储服务系统的更新接口；

b)统一文件存储服务系统进行文件更新操作；

c)统一文件存储服务系统更新文件成功后返回文件的 Fileid 给业务系统。

6 统一文件存储服务系统接口

6.1 服务接口列表

服务接口列表见表1。

表1　服务接口列表

服务接口名称	功能描述
上传寻址服务	通过上传寻址服务接口获取文件的上传地址
下载寻址服务	通过下载寻址服务接口获取文件的下载地址
批量下载寻址服务	通过批量下载寻址服务接口获取文件的批量下载地址
更新寻址服务	通过更新寻址服务接口获取文件的更新地址
文件存在查询服务	通过文件存在查询服务接口，确认文件是否已经存在
文件上传	使用文件上传寻址服务返回的地址，进行文件上传
文件下载	使用文件下载寻址服务返回的地址，进行文件下载
文件更新	使用更新寻址服务返回的地址，进行文件更新

6.2 上传寻址服务

6.2.1 接口描述

上传寻址服务接口可提供文件上传时获取上传地址功能。该接口通过金民工程应用支撑平台的微服务集成管理系统对外提供。其在微服务集成管理系统中的注册信息如下：

a)系统接入标识:tycc

b)服务标识:getUploadUrl

6.2.2 接口地址

接口地址:http(https)://IP:端口/yhbcp-engine/rest/getUploadUrl

6.2.3 请求方式

HTTP(HTTPS) POST

6.2.4 请求参数

请求参数见表2。

表2 上传寻址服务请求参数

参数	参数名称	数据类型	数据格式	是否必填	说明
access_key	接入系统标识	string	..50	是	在微服务中注册的系统标识
format	返回数据格式	string	..10	否	返回格式为json/xml
request_id	请求唯一编码	string	..50	否	请求的唯一流水号
sign	参数签名	string	..ul	是	对传入参数签名后的字符串
timestamp	发送请求的时间	string	n13	是	精确到毫秒
version	版本	string	..20	否	微服务版本号
biz_content	输入参数	string	..ul	是	按JSON类型返回,具体的业务接口输入参数,见表3

上传寻址服务请求参数中的biz_content业务参数见表3。

表3 上传寻址服务请求参数中的biz_content业务参数

参数	参数名称	数据类型	数据格式	是否必填	说明
sysid	接入系统标识	string	..50	是	统一文件存储服务系统中注册的系统接入标识
addrcode	寻址代码	string	..10	是	统一文件存储服务系统中注册的寻址代码
loginid	操作人标识	string	..50	是	接口调用人员标识
busitype	业务类别	string	..10	是	业务类别如:FILE、IMAGE、VIDEO
isexternal	是否外网寻址	string	n1	是	是否外网寻址(1是;0否)

6.2.5 返回参数

上传寻址服务返回参数见表4。

表 4　上传寻址服务返回参数

参数	参数名称	参数类型	说明
code	返回码值	string	服务调用是否成功的状态值
msg	返回码描述	string	返回码的描述信息
biz_data	业务输出参数	string	按 JSON 格式返回,具体的业务接口输出参数,见表 5

返回参数中的 biz_data 业务参数见表 5。

表 5　上传寻址服务返回参数中的 biz_data 业务参数

参数	参数名称	参数类型	说明
isBizSuccess	寻址是否成功	string	寻址是否成功:true、false
data	结果信息	string	寻址返回结果信息, 如果 isBizSuccess 为 true,data 为寻址结果
message	错误信息	string	寻址报错返回的错误信息, 如 isBizSuccess 为 false,message 为错误消息

接口成功返回示例如下:


```
{
    "msg": "成功",
    "code": "1",
    "biz_data": {
        "data": "http(https)://IP:端口/tyccyy_int",
        "isBizSuccess": true
    }
}
```


接口失败返回示例如下:


```
{
    "msg": "成功",
    "code": "1",
    "biz_data": {
        "isBizSuccess": false,
        "message": "接入系统无效或已删除"
    }
}
```


6.3 下载寻址服务

6.3.1 接口描述

下载寻址服务接口可提供文件下载时获取下载地址以及下载参数的功能。该接口通过金民工程应用支撑平台的微服务集成管理系统对外提供。其在微服务集成管理系统中的注册信息如下：

a）系统接入标识：tycc

b）服务标识：getDownloadUrl

6.3.2 接口地址

接口地址：http（https）：//IP：端口/yhbcp－engine/rest/getDownloadUrl

6.3.3 请求方式

HTTP（HTTPS） POST

6.3.4 请求参数

下载寻址服务请求参数见表6。

表6　下载寻址服务请求参数

参数	参数名称	数据类型	数据格式	是否必填	说明
access_key	接入系统标识	string	..50	是	在微服务中注册的系统标识
format	返回数据格式	string	..10	否	返回格式为 json/xml
request_id	请求唯一编码	string	..50	否	请求的唯一流水号
sign	参数签名	string	..ul	是	对传入参数签名后的字符串
timestamp	发送请求的时间	string	n13	是	精确到毫秒
version	版本	string	..20	否	微服务版本号
biz_content	输入参数	string	..ul	是	按 JSON 类型返回，具体的业务接口输入参数，见表7

下载寻址服务请求参数中的 biz_content 业务参数见表7。

表7　下载寻址服务请求参数中的 biz_content 业务参数

参数	参数名称	数据类型	数据格式	是否必填	说明
sysid	接入系统标识	string	..50	是	统一文件存储服务系统中注册的系统接入标识
addrcode	寻址代码	string	..10	是	统一文件存储服务系统中注册的寻址代码
loginid	操作人标识	string	..50	是	接口调用人员标识
busitype	业务类别	string	..10	是	业务类别如：FILE、IMAGE、VIDEO
isexternal	是否外网寻址	string	n1	是	是否外网寻址（1是；0否）
fileid	文件ID	string	an32	是	文件存储的唯一标识
expiretime	临时key过期时间	string	..10	否	临时key的过期时间，默认为0。0表示不过期

6.3.5 返回参数

下载寻址服务返回参数见表8。

表8　下载寻址服务返回参数

参数	参数名称	参数类型	说明
code	返回码值	string	服务调用是否成功的状态值
msg	返回码描述	string	返回码的描述信息
biz_data	业务输出参数	string	按JSON格式返回,具体的业务接口输出参数,见表9

下载寻址服务返回参数中的biz_data业务参数见表9。

表9　下载寻址服务返回参数中的biz_data业务参数

参数	参数名称	参数类型	说明
isBizSuccess	寻址是否成功	string	寻址是否成功:true、false
data	结果信息	string	寻址返回结果信息, 如果isBizSuccess为true,data为寻址结果
message	错误信息	string	寻址报错返回的错误信息,如isBizSuccess为false,message为错误消息

下载寻址服务返回参数中biz_data中的data业务参数见表10。

表10　下载寻址服务返回参数中biz_data中的data业务参数

参数	参数名称	参数类型	说明
downloadurl	下载服务地址	string	下载服务地址
accesskey	临时key	string	文件下载临时key
realid	真实文件ID	string	真实文件ID
crosscity	是否文件归集	string	1表示跨接口应用访问,0表示从当前接口默认下载
fromprovince	是否从中心拉取文件	string	1表示拉取中心文件,0表示从接口应用直接下载

接口成功返回示例如下:

```
{
    "msg": "成功",
    "code": "1",
    "biz_data": {
        "data": {
            "fromprovince": "0",
            "accesskey": "jDYveK8O516yXXXXXXXXXXXLE",
            "downloadurl": "http(https)://域名地址:8001/tyccyy_int",
            "crosscity": "0",
            "realid": "101344948"
        },
        "isBizSuccess": true
    }
}
```


接口失败返回示例如下：


```
{
    "msg": "成功",
    "code": "1",
    "biz_data": {
        "isBizSuccess": false,
        "message": "文件不存在"
    }
}
```


6.4 批量下载寻址服务

6.4.1 接口描述

批量下载寻址服务接口可提供文件批量下载时获取下载地址以及下载参数的功能。该接口通过金民工程应用支撑平台的微服务集成管理系统对外提供。其在微服务集成管理系统中的注册信息如下：

a)系统接入标识：tycc

b)服务标识：getDownloadUrlBatch

6.4.2 接口地址

接口地址：http(https)://IP:端口/yhbcp－engine/rest/getDownloadUrlBatch

6.4.3 请求方式

HTTP(HTTPS) POST

6.4.4 请求参数

批量下载寻址服务请求参数见表11。

表11　批量下载寻址服务请求参数

参数	参数名称	数据类型	数据格式	是否必填	说明
access_key	接入系统标识	string	..50	是	在微服务中注册的系统标识

续表

参数	参数名称	数据类型	数据格式	是否必填	说明
format	返回数据格式	string	..10	否	返回格式为 json/xml
request_id	请求唯一编码	string	..50	否	请求的唯一流水号
sign	参数签名	string	..ul	是	对传入参数签名后的字符串
timestamp	发送请求的时间	string	n13	是	精确到毫秒
version	版本	string	..20	否	微服务版本号
biz_content	输入参数	string	..ul	是	按 JSON 类型返回,具体的业务接口输入参数,见表 12

批量下载寻址服务请求参数中的 biz_content 业务参数见表 12。

表 12 批量下载寻址服务请求参数中的 biz_content 业务参数

参数	参数名称	数据类型	数据格式	是否必填	说明
sysid	接入系统标识	string	..50	是	统一文件存储服务系统中注册的系统接入标识
addrcode	寻址代码	string	..10	是	统一文件存储服务系统中注册的寻址代码
loginid	操作人标识	string	..50	是	接口调用人员标识
busitype	业务类别	string	..10	是	业务类别如:FILE、IMAGE、VIDEO
isexternal	是否外网寻址	string	n1	是	是否外网寻址(1 是;0 否)
fileidstr	文件 ID(逗号分隔)	string	..ul	是	多个文件 ID,逗号分隔
expiretime	临时 key 过期时间	string	..10	否	临时 key 的过期时间,默认为 0。0 表示不过期

6.4.5 返回参数

批量下载寻址服务返回参数见表 13。

表 13 批量下载寻址服务返回参数

参数	参数名称	参数类型	说明
code	返回码值	string	服务调用是否成功的状态值
msg	返回码描述	string	返回码的描述信息
biz_data	业务输出参数	string	按 JSON 格式返回,具体的业务接口输出参数,见表 14

批量下载寻址服务返回参数中的 biz_data 业务参数见表 14。

表 14　批量下载寻址服务返回参数中的 biz_data 业务参数

参数	参数名称	参数类型	说明
isBizSuccess	寻址是否成功	string	寻址是否成功:true、false
data	结果信息	string	寻址返回结果信息, 如果 isBizSuccess 为 true,data 为寻址结果
message	错误信息	string	寻址报错返回的错误信息,如 isBizSuccess 为 false,message 为错误消息

批量下载寻址服务返回参数中 biz_data 中的 data 业务参数见表 15。

表 15　批量下载寻址服务返回参数中 biz_data 中的 data 业务参数

参数	参数名称	参数类型	说明
downloadurl	下载服务地址	string	下载服务地址
accesskey	临时 key	string	文件下载临时 key
realid	真实文件 ID	string	真实文件 ID
crosscity	是否文件归集	string	1 表示跨接口应用访问,0 表示从当前接口默认下载
fromprovince	是否从中心拉取文件	string	1 表示拉取中心文件,0 表示从接口应用直接下载

接口成功返回示例如下:


```
{
    "msg": "成功",
    "code": "1",
    "biz_data": {
"data": [
            {
                "fromprovince": "0",
                "accesskey": "vZJNkYcepkj1ss3eEio4lIcb8KLcc9psxxxxxMxn1",
                "downloadurl": "http(https)://域名地址:8001/tyccyy_int",
                "crosscity": "0",
                "realid": "111111",
                "fileid": "9ee1beeef0a14f299c2a98fxxxx97422"
            },
            {
                "fromprovince": "0",
                "accesskey": "Jgc7jPjjBicxxxxxxxxWpo81",
                "downloadurl": "http(https)://域名地址:8001/tyccyy_int",
                "crosscity": "0",
                "realid": "111111",
                "fileid": "78af42181c5xxxxxxx597f5e508f0"
            }
        ],
        "isBizSuccess": true
    }
}
```

接口失败返回示例如下：


```
{
    "msg"："成功",
    "code"："1",
    "biz_data"：{
        "isBizSuccess"：false,
        "message"："文件 9ee11beeef0a14f299c2a98f745b97420 不存在"
    }
}
```


6.5 更新寻址服务

6.5.1 接口描述

更新寻址服务接口可提供文件更新时获取文件更新地址的功能。该接口通过金民工程应用支撑平台的微服务集成管理系统对外提供。其在微服务集成管理系统中的注册信息如下：

a)系统接入标识：tycc

b)服务标识：getUpdateUrl

6.5.2 接口地址

接口地址：http(https)://IP：端口/yhbcp-engine/rest/getUpdateUrl

6.5.3 请求方式

HTTP(HTTPS) POST

6.5.4 请求参数

更新寻址服务请求参数见表 16。

表 16 更新寻址服务请求参数

参数	参数名称	数据类型	数据格式	是否必填	说明
access_key	接入系统标识	string	..50	是	在微服务中注册的系统标识
format	返回数据格式	string	..10	否	返回格式为 json/xml
request_id	请求唯一编码	string	..50	否	请求的唯一流水号
sign	参数签名	string	..ul	是	对传入参数签名后的字符串
timestamp	发送请求的时间	string	n13	是	精确到毫秒
version	版本	string	..20	否	微服务版本号
biz_content	输入参数	string	..ul	是	按 JSON 类型返回，具体的业务接口输入参数，见表 17

更新寻址服务请求参数中的 biz_content 业务参数见表 17。

表 17　更新寻址服务请求参数中的 biz_content 业务参数

参数	参数名称	数据类型	数据格式	是否必填	说明
sysid	接入系统标识	string	..50	是	统一文件存储服务系统中注册的系统接入标识
addrcode	寻址代码	string	..10	是	统一文件存储服务系统中注册的寻址代码
loginid	操作人标识	string	..50	是	接口调用人员标识
busitype	业务类别	string	..10	是	业务类别如：FILE、IMAGE、VIDEO
isexternal	是否外网寻址	string	n1	是	是否外网寻址（1 是；0 否）
fileidstr	文件 ID	string	..ul	是	多个文件 ID，逗号分隔

6.5.5 返回参数

更新寻址服务返回参数见表 18。

表 18　更新寻址服务返回参数

参数	参数名称	参数类型	说明
code	返回码值	string	服务调用是否成功的状态值
msg	返回码描述	string	返回码的描述信息
biz_data	业务输出参数	string	按 JSON 格式返回，具体的业务接口输出参数，见表 19

更新寻址服务返回参数中的 biz_data 业务参数见表 19。

表 19　更新寻址服务返回参数中的 biz_data 业务参数

参数	参数名称	参数类型	说明
isBizSuccess	寻址是否成功	string	寻址是否成功：true、false
data	结果信息	string	寻址返回结果信息， 如果 isBizSuccess 为 true，data 为寻址结果
message	错误信息	string	寻址报错返回的错误信息，如 isBizSuccess 为 false，message 为错误消息

接口成功返回示例如下：

```
{
  "msg":"成功",
  "code":"1",
  "biz_data":{
      "data":"http(https)://zwxt.mca.gov.cn:8001/tyccyy_int",
      "isBizSuccess":true
  }
}
```

接口失败返回示例如下：


```
{
    "msg"："成功",
    "code"："1",
    "biz_data"：{
        "isBizSuccess"：false,
        "message"："文件 ID 为空"
    }
}
```


6.6 文件存在查询服务

6.6.1 接口描述

文件存在查询服务接口可提供查询文件是否存在的功能。该接口通过金民工程应用支撑平台的微服务集成管理系统对外提供。其在微服务集成管理系统中的注册信息如下：

a)系统接入标识：tycc

b)服务标识：doesObjectExist

6.6.2 接口地址

接口地址：http(https)://IP：端口/yhbcp－engine/rest/doesObjectExist

6.6.3 请求方式

HTTP(HTTPS) POST

6.6.4 请求参数

文件存在查询服务请求参数见表 20。

表 20　文件存在查询服务请求参数

参数	参数名称	数据类型	数据格式	是否必填	说明
access_key	接入系统标识	string	..50	是	在微服务中注册的系统标识
format	返回数据格式	string	..10	否	返回格式为 json/xml
request_id	请求唯一编码	string	..50	否	请求的唯一流水号
Sign	参数签名	string	..ul	是	对传入参数签名后的字符串
timestamp	发送请求的时间	string	n13	是	精确到毫秒
version	版本	string	..20	否	微服务版本号
biz_content	输入参数	string	..ul	是	按 JSON 类型返回，具体的业务接口输入参数，见表 21

文件存在查询服务请求参数中 biz_content 业务参数见表 21。

表 21　文件存在查询服务请求参数中 biz_content 业务参数

参数	参数名称	数据类型	数据格式	是否必填	说明
sysid	接入系统标识	string	..50	是	统一文件存储服务系统中注册的系统接入标识
addrcode	寻址代码	string	..10	是	统一文件存储服务系统中注册的寻址代码
loginid	操作人标识	string	..50	是	接口调用人员标识
busitype	业务类别	string	..10	是	业务类别如：FILE、IMAGE、VIDEO
fileidstr	文件 ID	string	..ul	是	多个文件 ID，逗号分隔

6.6.5 返回参数

文件存在查询服务返回参数见表 22。

表 22　文件存在查询服务返回参数

参数	参数名称	参数类型	说明
code	返回码值	string	服务调用是否成功的状态值
msg	返回码描述	string	返回码的描述信息
biz_data	业务输出参数	string	按 JSON 格式返回，具体的业务接口输出参数，见表 23

文件存在查询服务返回参数中的 biz_data 业务参数见表 23。

表 23　文件存在查询服务返回参数中的 biz_data 业务参数

参数	参数名称	参数类型	说明
isBizSuccess	寻址是否成功	string	寻址是否成功：true、false
data	结果信息	string	寻址返回结果信息， 如果 isBizSuccess 为 true，data 为寻址结果
message	错误信息	string	寻址报错返回的错误信息，如 isBiz-Success 为 false，message 为错误消息

文件存在查询服务返回参数中 biz_data 中的 data 业务参数见表 24。

表 24　文件存在查询服务返回参数中的 biz_data 中 data 业务参数

参数	参数名称	参数类型	说明
isExist	文件是否存在标识	string	文件是否存在标识
message	返回消息	string	返回消息

接口成功返回示例如下：


```
{
    "msg": "成功",
    "code": "1",
    "biz_data": {
        "data": [
            {
                "message": "文件存在",
                "isExist": "true",
                "fileid": "9ee1beeef0a14f299c2a98f745b97420"
            }
        ],
        "isBizSuccess": true
    }
}
```


接口失败返回示例如下：


```
{
    "msg": "成功",
    "code": "1",
    "biz_data": {
        "data": [
            {
                "message": "文件不存在",
                "isExist": "false",
                "fileid": "9ee1b1eeef0a14f299c2a98f745b97420"
            }
        ],
        "isBizSuccess": true
    }
}
```


6.7 文件上传

6.7.1 接口描述

接入系统使用文件上传寻址服务返回的地址,进行文件上传。

6.7.2 接口地址

接口地址:上传寻址返回地址/ucm/ucmAction! postFile. do

6.7.3 请求方式

HTTP(HTTPS) POST

6.7.4 请求参数

文件上传请求参数见表 25。

表 25 文件上传请求参数

参数	参数名称	数据类型	数据格式	是否必填	说明
sysid	接入系统标识	string	..50	是	统一文件存储服务总控中配置

续表

参数	参数名称	数据类型	数据格式	是否必填	说明
addrcode	寻址代码	string	..10	是	统一文件存储服务总控中配置
busitype	文件类别	string	..50	是	FILE、IMAGE 等
loginid	操作人标识	string	..50	是	接口调用人员标识
businessprop	业务属性	string	..10	是	接口调用方传入的自定义参数

6.7.5 返回参数

文件上传成功返回参数见表 26。

表 26　文件上传成功返回参数

参数	参数名称	参数类型	说明
success	上传成功返回信息	string	按 JSON 格式返回,具体结果信息,见表 27

文件上传成功返回参数中 success 业务参数见表 27。

表 27　文件上传成功返回参数中 success 业务参数

参数	参数名称	参数类型	说明
code	返回 code	string	上传成功返回 code
data	返回结果信息	string	按 JSON 数组格式返回,具体结果信息,见表 28
message	成功信息	string	上传成功后返回信息

文件上传成功返回参数中 success 中 data 业务参数见表 28。

表 28　文件上传成功返回参数中 success 中 data 业务参数

参数	参数名称	参数类型	说明
filename	文件名称	string	文件名称
fileid	文件 ID	string	文件存储的唯一标识

文件上传失败返回参数见表 29。

表 29　文件上传失败返回参数

参数	参数名称	参数类型	说明
error	失败信息	string	按 JSON 格式返回,具体结果信息,见表 30

文件上传失败返回参数中的 error 业务参数见表 30。

表 30 文件上传失败返回参数中 error 业务参数

参数	参数名称	参数类型	说明
code	返回 code	string	返回 code
message	错误信息	string	错误信息

接口成功返回示例如下：


```
{
"success":
{
"code":"FileUploadSuccess",
"data":
[
{
"filename":"8.8-12.txt",
"fileid":"711d86eeaa57476a3452d"
}
],
"message":"文件上传成功"
}
}
```


接口失败返回示例如下：


```
{
"error":
{
"code":"FileUploadFailed",
"message":"上传文件到服务器失败"
}
}
```


6.8 文件下载

6.8.1 接口描述

接入系统使用文件下载寻址服务返回的地址，进行文件下载。如下载成功则直接下载，无返回参数。

6.8.2 接口地址

接口地址：上传寻址返回地址/ucm/ucmAction! getFile.do

6.8.3 请求方式

HTTP(HTTPS) POST

6.8.4 请求参数

文件下载请求参数见表 31。

表 31　文件下载请求参数

参数	参数名称	数据类型	数据格式	是否必填	说明
fileid	文件 ID	string	..32	是	文件存储的唯一标识
sysid	接入系统标识	string	..50	是	统一文件存储服务总控中配置的接入系统标识
addrcode	寻址代码	string	..10	是	统一文件存储服务总控中配置的寻址代码
busitype	业务属性	string	an10	是	FILE、IMAGE 等
loginid	操作人标识	string	an32	是	操作人标识
realid	真实文件 ID	string	..32	是	真实文件 ID
accesskey	临时 key	string	..32	是	文件下载的临时 key
crosscity	是否文件归集	string	a1	是	1 表示跨接口应用访问,0 表示从当前接口默认下载
fromprovince	是否从中心拉取文件	string	a1	是	1 表示拉取中心文件,0 表示从接口应用直接下载

6.8.5 返回参数

文件下载失败返回参数见表 32。

表 32　文件下载失败返回参数

参数	参数名称	参数类型	说明
error	下载失败返回信息	string	按 JSON 格式返回,具体结果信息,见表 33

文件下载失败返回参数中的 error 业务参数见表 33。

表 33　文件下载失败返回参数中 error 业务参数

参数	参数名称	参数类型	说明
code	返回 code	string	返回 code
message	错误信息	string	错误信息

接口失败返回示例如下：

```
{
"error":
{
"code":"FileNotExists",
"message":"文件不存在"
}
}
```

6.9 文件更新

6.9.1 接口描述

接入系统使用文件更新寻址服务返回的地址,进行文件更新。

6.9.2 接口地址

接口地址:上传寻址返回地址/ucm/ucmAction! updateFile.do

6.9.3 请求方式

HTTP(HTTPS) POST

6.9.4 请求参数

文件更新请求参数见表34。

表34 文件更新请求参数

参数	参数名称	数据类型	数据格式	是否必填	说明
sysid	接入系统标识	string	..50	是	统一文件存储服务总控中配置
addrcode	寻址代码	string	..10	是	统一文件存储服务总控中配置
busitype	文件类别	string	..50	是	FILE、IMAGE 等
loginid	操作人标识	string	..50	是	接口调用人员标识
businessprop	业务属性	string	..10	是	接口调用方传入的自定义参数
fileid	文件 ID	string	an32	是	原文件 ID

6.9.5 返回参数

文件更新成功返回参数见表35。

表35 文件更新成功返回参数

参数	参数名称	参数类型	说明
success	更新成功返回信息	string	按 JSON 格式返回,具体结果信息,见表36

文件更新成功返回参数中 success 业务参数见表36。

表36 文件更新成功返回参数中 success 业务参数

参数	参数名称	参数类型	说明
code	成功返回 code	string	更新成功返回 code
data	成功后返回结果信息	string	更新成功后返回文件 ID
message	成功信息	string	更新成功后返回信息

文件更新失败返回参数见表37。

表37　文件更新失败返回参数

参数	参数名称	参数类型	说明
error	失败信息	string	按JSON格式返回,具体结果信息,见表38

文件更新失败返回参数中error业务参数见表38。

表38　文件更新失败返回参数中error业务参数

参数	参数名称	参数类型	说明
code	返回code	string	返回code
message	错误信息	string	错误信息

接口成功返回示例如下:


```
{
"success":
{
"code":"FileUploadSuccess",
"data":"3576749ba8884c82ae3f9f65171d0795",
"message":"更新文件成功"
}
}
```


接口失败返回示例如下:


```
{
"error":
{
"code":"FileUploadFailed",
"message":"上传文件到服务器失败"
}
}
```


接入系统采用HTTP方式,使用文件更新寻址服务返回的地址,进行文件更新。接口描述见表39。

表39　文件更新接口描述

接口名称	文件更新
接口说明	文件上传采用Http Post上传方式: 接口URL:上传寻址+"/ucm/ucmAction! updateFile.do"

续表

接口名称	文件更新			
接口参数	参数	参数名称	数据类型	说明
	sysid	接入系统标识	string	统一文件存储服务总控中配置
	addrcode	寻址代码	string	统一文件存储服务总控中配置
	busitype	文件类别	string	FILE、IMAGE 等
	loginid	操作人标识	string	操作人员的唯一标识符
	businessprop	业务属性	string	接口调用方传入的自定义参数
	fileid	文件 ID	string	文件存储唯一标识
返回结果	返回 GenericResult 的 JSON 结果：如果 isBizSuccess 为 true，data 为寻址结果；如果 isBizSuccess 为 false，message 为错误消息 成功示例： {"success"：{"code"："FileUploadSuccess"，"data"："3576749ba8884c82ae3f9f65171d0795"，"message"："更新文件成功"}} 失败示例： {"error"：{"code"："FileUploadFailed"，"message"："更新文件到服务器失败"}}			

JMGC

民 政 部 金 民 工 程 标 准

JMGC/JS 309—2020

金民工程 电子签章接口

2020－12－30 发布　　2020－12－30 实施

民政部信息中心 发布

目　次

前　言

本文件按照 GB/T 1.1—2020《标准化工作导则 第1部分:标准化文件的结构和起草规则》的规定起草。

请注意本文件的某些内容可能涉及专利。本文件的发布机构不承担识别专利的责任。

本文件由民政部信息中心提出并归口。

本文件起草单位:民政部信息中心、四川久远银海软件股份有限公司。

本文件主要起草人:王兴玲、张建民、张彤、陶亮、贾雅杰、陈薛兵、钟爱伦、李双君、刘渝、欧海莉、王荣。

金民工程 电子签章接口

1 范围

本文件规定了金民工程项目中电子印章系统的自由签章接口、对外模板签章接口、关键字签章接口、骑缝章签章接口、电子签章文件验证接口的规范。

本文件适用于金民工程项目中各软件包。

2 规范性引用文件

下列文件中的内容通过文中的规范性引用而构成本文件必不可少的条款。其中,注日期的引用文件,仅该日期对应的版本适用于本文件;不注日期的引用文件,其最新版本(包括所有的修改单)适用于本文件。

GB/T 38540—2020 信息安全技术 安全电子签章密码技术规范

JMGC/YW 406 金民工程 信息化术语

3 术语和定义

JMGC/YW 406 界定的以及下列术语和定义适用于本文件。

3.1 电子签章

使用电子签章签署电子文件的过程。

注:电子签章可实现与纸质文件盖章相似的可视效果,可保障数据来源的真实性、数据完整性以及签名人行为的不可否认性。

[来源:GB/T 38540—2020,3.2]

3.2 原文

需要进行电子签章或数字签名处理的电子文件。

[来源:GB/T 38540—2020,3.3]

3.3 电子签章数据

电子签章过程产生的包含电子印章、原文信息和数字签名等信息的数据。

[来源:GB/T 38540—2020,3.4]

3.4 电子签章系统

电子签章管理系统和电子签章软件的统称。

［来源:GB/T 38540—2020,3.5］

4 缩略语

API:应用程序编程接口(Application Programming Interface)

GUID:全局唯一标识符(Globally Unique Identifier)

HTTP:超文本传输协议(HTTP,Hyper Text Transfer Protocol)

HTTPS:HTTP 加上 TLS/SSL 协议构建的可进行加密传输、身份认证的网络协议(Hyper Text Transfer Protocol Over Secure Socket Layer)

JSON:轻量级的数据交换格式(Java Script Object Notation)

URL:统一资源定位器(Uniform Resource Locator)

5 印章服务接口要求

各应用系统通过微服务系统调用用章服务接口,进行盖章申请并由用章系统验证后进行盖章处理并返回结果;各应用系统再通过微服务系统调用查询文件接口,对盖章文件进行查看、下载等操作。

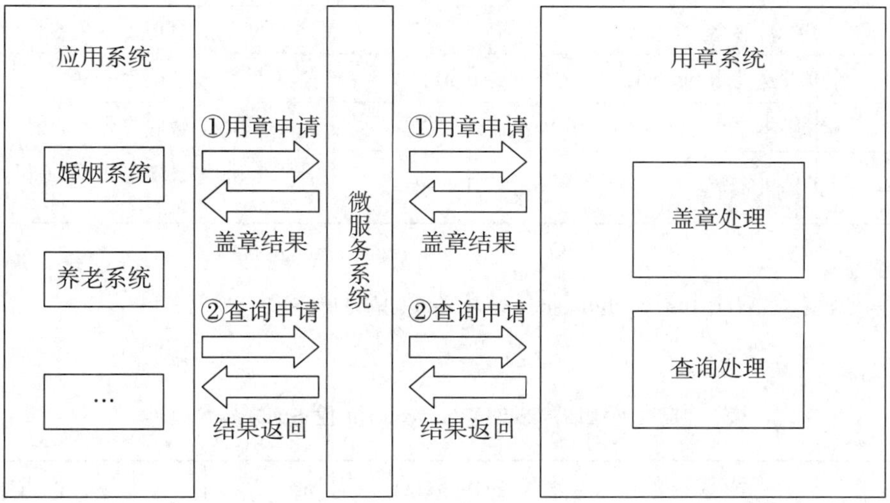

图1 印章系统关系

5.1 概述

印章服务接口应采用 HTTP(HTTPS) POST 方式提供,请求和相应的参数均采用 JSON 格式,编码均为 UTF—8 格式。

5.2 自由签章

5.2.1 接口描述

自由签章服务接口可提供根据传递的参数在文件中对应位置盖章的功能。该接口通过金民工程应用支撑平台的微服务集成管理系统对外提供。其在微服务集成管理系统中的注册信息如下：

a）系统接入标识：dzyz

b）服务标识：dzyz_dynamicSign

5.2.2 接口地址

http(https)://域名地址/yhbcp－engine/rest/dzyz_dynamicSign

5.2.3 请求方式

HTTP(HTTPS) POST

5.2.4 请求参数

自由签章请求参数说明见表1。

表1　自由签章请求参数说明

参数	参数名称	数据类型	数据格式	是否必填	说明
access_key	接入系统标识	string	..50	是	在微服务中注册的系统标识
format	返回数据格式	string	..10	否	返回格式为 json/xml
request_id	请求唯一编码	string	..50	否	请求的唯一流水号
sign	参数签名	string	..ul	是	对传入参数签名后的字符串
timestamp	发送请求的时间	string	n13	是	精确到毫秒
version	版本	string	..20	是	微服务版本号
biz_content	输入参数	string	..ul	是	具体的业务接口输入参数，见表2

自由签章请求参数中 biz_content 业务请求参数说明见表2。

表2　自由签章请求参数中 biz_content 业务请求参数说明

参数	参数名称	数据类型	数据格式	是否必填	说明
timestamp	签章时间	string	n13	是	时间戳。取当前时间的毫秒数
outUserId	用章人编号	string	..50	是	用章人 ID
title	文件标题	string	..100	是	为文档设置的标题，长度不超过100个字符。业务系统可通过该参数为每个文档设置不同的标题，以便后续对文档进行检索
file	待签章文件	string	..ul	是	待签章文件。将文件读取为 byte 数组后使用 BASE64 编码为 string

续表

<table>
<tr><th colspan="2">参数</th><th>参数名称</th><th>数据类型</th><th>数据格式</th><th>是否必填</th><th>说明</th></tr>
<tr><td colspan="2">orderId</td><td>业务编号</td><td>string</td><td>..200</td><td>是</td><td>由业务系统生成的业务号，长度不超过200个字符。同一业务系统内，所有业务号的编号必须唯一。电子签章用章系统将有唯一的文档与之对应。最简单方案就是一个GUID</td></tr>
<tr><td rowspan="4">signatories List：多个签章信息</td><td>业务流水号</td><td>签约模板编号</td><td>string</td><td>..10</td><td>是</td><td>该签署用户在签约模板中的编号(从1开始计数)。获取sigerIndex请使用导出模板签署用户签署控件列表接口</td></tr>
<tr><td>x</td><td>X坐标</td><td>string</td><td>..10</td><td>否</td><td>x坐标</td></tr>
<tr><td>y</td><td>Y坐标</td><td>string</td><td>..10</td><td>否</td><td>y坐标</td></tr>
<tr><td>sealId</td><td>电子印章编号</td><td>string</td><td>..50</td><td>是</td><td>该签署用户在签署时使用电子印章编号</td></tr>
</table>

5.2.5 返回参数

自由签章返回参数说明见表3。

表3　自由签章接口返回参数说明

参数	参数名称	数据类型	是否必填	说明
code	返回码值	string	是	服务调用是否成功的状态值
msg	返回码描述	string	是	返回码的描述信息
biz_data	业务输出参数	string	否	具体的业务接口输出参数，见表4

自由签章返回业务参数biz_data结果说明见表4。

表4　自由签章返回业务参数biz_data结果说明

参数	参数名称	参数类型	说明
success	是否成功	string	true：操作成功 false：操作失败
message	提示内容	string	见具体提示
errorCode	错误码	string	success为false时该值传入
errorMsg	错误消息	string	success为false时该值传入
total	匹配的总数	string	0或null表示无匹配记录
data	数据体	string	签章完成的文件的地址列表，注意是文件系统地址的相对路径
layoutPath	文件保存地址	string	签章完成后的文件保存地址

接口返回示例如下：


```
{
    "code"："200",
    "msg"："成功",
    "biz_data"：{
            "success"：true,
            "message"：null,
            "errorCode"："0",
            "errorMsg"：null,
            "total"：0,
            "data"：[
                {
                    "layoutPath"："signSuccess/1531557091414. pdf"
                }
            ]
    }
}
```


5.3 对外模板签章

5.3.1 接口描述

对外模板签章服务接口可提供根据传递的参数选取对应的模板并进行盖章的功能。该接口通过金民工程应用支撑平台的微服务集成管理系统对外提供。其在微服务集成管理系统中的注册信息如下：

a)系统接入标识：dzyz

b)服务标识：dzyz_openTempletSign

5.3.2 接口地址

http(https)://域名地址/yhbcp - engine/rest/dzyz_openTempletSign

5.3.3 请求方式

HTTP(HTTPS) POST

5.3.4 请求参数

对外模板签章请求参数说明见表5。

表5　对外模板签章请求参数说明

参数	参数名称	数据类型	数据格式	是否必填	说明
access_key	接入系统标识	string	..50	是	在微服务中注册的系统标识
format	返回数据格式	string	..10	否	返回格式为json/xml
request_id	请求唯一编码	string	..50	否	请求的唯一流水号
sign	参数签名	string	..ul	是	对传入参数签名后的字符串
timestamp	发送请求的时间	string	n13	是	精确到毫秒
version	版本	string	..20	是	微服务版本号
biz_content	输入参数	string	..ul	是	具体的业务接口输入参数，见表6

对外模板签章请求参数中 biz_content 业务请求参数说明见表 6。

表 6 对外模板签章请求参数中 biz_content 业务请求参数说明

参数	参数名称	数据类型	数据格式	是否必填	说明
title	模板名称	string	..50	是	业务系统在线创建的模板名称
orderId	业务流水号	string	..200	是	业务系统生成的业务号,同一业务系统所有业务的编号必须唯一,最长不超过 200 个字符。电子签章用章系统将有唯一的文档与之对应。最简单方案就是一个 GUID
timestamp	签章时间	string	n13	是	时间戳。取当前时间的毫秒数或者纳秒数
file	待签章文件	string	..ul	是	待签章文件。将文件读取为 byte 数组后使用 BASE64 编码为 string
outUserId	用户编号	string	..50	是	用户 ID
siteId	系统编号	string	..50	是	分配各个业务系统的 ID

5.3.5 返回参数

对外模板签章返回参数说明见表 7。

表 7 对外模板签章返回参数说明

参数	参数名称	数据类型	是否必填	说明
code	返回码值	string	是	服务调用是否成功的状态值
msg	返回码描述	string	是	返回码的描述信息
biz_data	业务输出参数	string	否	具体的业务接口输出参数,见表 8

对外模板签章接口返回业务参数 biz_data 结果说明见表 8。

表 8 对外模板签章接口返回业务参数 biz_data 结果说明

参数	参数名称	参数类型	说明
success	是否成功	string	true:操作成功 false:操作失败
message	提示内容	string	见具体提示

续表

参数	参数名称	参数类型	说明
errorCode	错误码	string	success 为 false 时该值传入
errorMsg	错误消息	string	success 为 false 时该值传入
total	匹配的总数	string	0 或 null 表示无匹配记录
data	数据体	string	签章完成的文件的地址列表,注意是文件系统地址的相对路径
layoutPath	文件保存地址	string	签章完成后的文件保存地址

接口返回示例如下：


```
{
    "code":"200",
    "msg":"成功",
    "biz_data":{
        "success":true,
        "message":null,
        "errorCode":"0",
        "errorMsg":null,
        "total":0,
        "data":[
            {
                "layoutPath":"signSuccess/1531557091414.pdf"
            }
        ]
    }
}
```


5.4 关键字签章

5.4.1 接口描述

关键字签章服务接口可提供根据传递的参数选取文件中对应位置的关键字并在此处进行盖章的功能。该接口通过金民工程应用支撑平台的微服务集成管理系统对外提供。其在微服务集成管理系统中的注册信息如下：

a)系统接入标识:dzyz

b)服务标识:dzyz_openKeySign

5.4.2 接口地址

http(https)://域名地址/yhbcp - engine/rest/dzyz_openKeySign

5.4.3 请求方式

HTTP(HTTPS) POST

5.4.4 请求参数

关键字签章请求参数说明见表 9。

表 9　关键字签章请求参数说明

参数	参数名称	数据类型	数据格式	是否必填	说明
access_key	接入系统标识	string	..50	是	在微服务中注册的系统标识
format	返回数据格式	string	..10	否	返回格式为 json/xml
request_id	请求唯一编码	string	..50	否	请求的唯一流水号
sign	参数签名	string	..ul	是	对传入参数签名后的字符串
timestamp	发送请求的时间	string	n13	是	精确到毫秒
version	版本	string	..20	是	微服务版本号
biz_content	输入参数	string	..ul	是	具体的业务接口输入参数，见表 10

关键字签章请求参数中 biz_content 业务请求参数说明见表 10。

表 10　关键字签章请求参数中 biz_content 业务请求参数说明

参数		参数名称	数据类型	数据格式	是否必填	说明
timestamp		签章时间	string	n13	是	时间戳。取当前时间的毫秒数
documentName		文件名称	string	..50	是	文件名称
documentPath		相对路径	string	..50	是	文件系统地址的相对路径
siteId		系统编号	string	..50	是	分配各个业务系统的 ID
outUserId		用户编号	string	..50	是	用章人 ID
title		文件标题	string	..50	是	为文档设置的标题，最长不超过 100 个字符。对接业务系统可通过该参数为每个文档设置不同的标题，以便后续对文档进行检索
signatoriesList：多个签章信息	page	文件页码	string	..10	是	文件页码
signatoriesList：多个签章信息	keyWord	关键字	string	..50	是	签章关键字字段
signatoriesList：多个签章信息	sealId	电子印章编号	string	..50	是	签章时使用的电子印章编号
signatoriesList：多个签章信息	localType	签章顺序	string	..10	否	关键字签章顺序（0：从最后一页向前，1：从第一页向后）

5.4.5 返回参数

关键字签章接口返回参数说明见表 11。

表 11 关键字签章接口返回参数说明

参数	参数名称	数据类型	是否必填	说明
code	返回码值	string	是	服务调用是否成功的状态值
msg	返回码描述	string	是	返回码的描述信息
biz_data	业务输出参数	string	否	具体的业务接口输出参数,见表 12

关键字签章接口返回业务参数 biz_data 结果说明见表 12。

表 12 关键字签章接口返回业务参数 biz_data 结果说明

参数	参数名称	参数类型	说明
success	是否成功	string	true:操作成功 false:操作失败
message	提示内容	string	见具体提示信息
errorCode	错误码	string	success 为 false 时该值返回
errorMsg	错误消息	string	success 为 false 时该值返回
total	匹配的总数	string	0 或 null 表示无匹配记录
data	数据体	string	签章完成的文件的地址列表,注意是文件系统地址的相对路径
layoutPath	文件保存地址	string	签章完成后的文件保存地址

接口返回示例如下:


```
{
    "code": "200",
    "msg": "成功",
    "biz_data": {
        "success": true,
        "message": null,
        "errorCode": "0",
        "errorMsg": null,
        "total": 0,
        "data": [
            {
                "layoutPath": "esus/api/0/2019/6/14/1560492550720_3481.pdf"
            }
        ]
    }
}
```


5.5 骑缝章签章

5.5.1 接口描述

骑缝章签章服务接口可提供根据传递的参数在文件对应位置进行盖章的功能。该接口通过金民工程应用支撑平台的微服务集成管理系统对外提供。其在微服务集成管理系统中的注册信息如下：

a）系统接入标识：dzyz

b）服务标识：dzyz_openSeamSign

5.5.2 接口地址

http（https）：//域名地址/yhbcp－engine/rest/dzyz_openSeamSign

5.5.3 请求方式

HTTP（HTTPS）POST

5.5.4 请求参数

骑缝章签章请求参数说明见表13。

表13 骑缝章签章请求参数说明

参数	参数名称	数据类型	数据格式	是否必填	说明
access_key	接入系统标识	string	..50	是	在微服务中注册的系统标识
format	返回数据格式	string	..10	否	返回格式为json/xml
request_id	请求唯一编码	string	..50	否	请求的唯一流水号
sign	参数签名	string	..ul	是	对传入参数签名后的字符串
timestamp	发送请求的时间	string	n13	是	精确到毫秒
version	版本	string	..20	是	微服务版本号
biz_content	输入参数	string	..ul	是	具体的业务接口输入参数，见表14

骑缝章签章请求参数中biz_content业务请求参数说明见表14。

表14 骑缝章签章请求参数中biz_content业务参数说明

参数	参数名称	数据类型	数据格式	是否必填	说明
timestamp	签章时间	string	n13	是	时间戳。取当前时间的毫秒数
documentName	文件名称	string	..50	是	文件名称
documentPath	相对路径	string	..50	是	文件系统地址的相对路径
siteId	系统编号	string	..50	是	分配各个业务系统的ID
outUserId	用户编号	string	..50	是	用章人ID
title	文件标题	string	..50	是	为文档设置的标题，最长不超过100个字符。对接业务系统可通过该参数为每个文档设置不同的标题，以便后续对文档进行检索

续表

<table>
<tr><th colspan="2">参数</th><th>参数名称</th><th>数据类型</th><th>数据格式</th><th>是否必填</th><th>说明</th></tr>
<tr><td rowspan="6">signa-
tories
List：
多个
签章
信息</td><td>page</td><td>文件页码</td><td>string</td><td>..10</td><td>是</td><td>印章签署的页码</td></tr>
<tr><td>x</td><td>x 坐标</td><td>string</td><td>..10</td><td>是</td><td>x 坐标</td></tr>
<tr><td>y</td><td>y 坐标</td><td>string</td><td>..10</td><td>是</td><td>y 坐标</td></tr>
<tr><td>posY</td><td>纵坐标</td><td>string</td><td>..10</td><td>是</td><td>骑缝章中心点在 PDF 页面上的纵坐标</td></tr>
<tr><td>maxPage-
Count</td><td>最大覆盖页数</td><td>string</td><td>..10</td><td>是</td><td>一个骑缝章印模图片所能覆盖最大页数</td></tr>
<tr><td>sealId</td><td>电子印章编号</td><td>string</td><td>..50</td><td>是</td><td>该签署用户在签署时使用电子印章编号</td></tr>
<tr><td colspan="2">示例</td><td colspan="5">{
"documentPath"："esus/api/0/2019/6/11/1560241835783_9404. pdf",
"outUserId"："123",
"signatoriesList"：[{
"sealId"："11010000026082",
"page"：1,
"x"："0. 23",
"y"："0. 23",
"posY"："1",
"maxPageCount"："1"
}],
"title"："测试 demo",
"documentName"："pdf. pdf",
"timestamp"：123,
"siteId"：10000
}</td></tr>
</table>

5.5.5 返回参数

骑缝章签章接口返回参数见表 15。

表 15　骑缝章签章接口返回参数

参数	参数名称	数据类型	是否必填	说明
code	返回码值	string	是	服务调用是否成功的状态值
msg	返回码描述	string	是	返回码的描述信息
biz_data	业务输出参数	string	否	具体的业务接口输出参数，见表 16

骑缝章签章返回业务参数 biz_data 结果说明见表 16。

表 16　骑缝章签章返回业务参数 biz_data 结果说明

参数	参数名称	参数类型	说明
success	是否成功	string	true：操作成功 false：操作失败

续表

参数	参数名称	参数类型	说明
message	提示内容	string	见具体提示
errorCode	错误码	string	success 为 false 时该值返回
errorMsg	错误消息	string	success 为 false 时该值返回
total	匹配的总数	string	0 或 null 表示无匹配记录
Data	数据体	string	签章完成的文件地址列表。注意是文件系统地址的相对路径
layoutPath	文件保存地址	string	签章完成后的文件保存地址

接口返回示例如下：


```
{
  "code": "200",
  "msg": "成功",
  "biz_data": {
    "success": true,
    "message": null,
    "errorCode": "0",
    "errorMsg": null,
    "total": 0,
    "data": [{
        "layoutPath": "esus/api/0/2019/6/14/1560492550720_3481. pdf"
    }]
  }
}
```


5.6 电子签章文件验证

5.6.1 接口描述

文件验证服务接口可提供根据传递的参数对签章文件进行验证的功能。该接口通过金民工程应用支撑平台的微服务集成管理系统对外提供。其在微服务集成管理系统中的注册信息如下：

a)系统接入标识：dzyz

b)服务标识：dzyz_verifyDoc

5.6.2 接口地址

http(https)://域名地址/yhbcp－engine/rest/dzyz_verifyDoc

5.6.3 请求方式

HTTP(HTTPS) POST

5.6.4 请求参数

电子签章文件验证请求参数说明见表17。

表 17　电子签章文件验证请求参数说明

参数	参数名称	数据类型	数据格式	是否必填	说明
access_key	接入系统标识	string	..50	是	在微服务中注册的系统标识
format	返回数据格式	string	..10	否	返回格式为 json/xml
request_id	请求唯一编码	string	..50	否	请求的唯一流水号
sign	参数签名	string	..ul	是	对传入参数签名后的字符串
timestamp	发送请求的时间	string	n13	是	精确到毫秒
version	版本	string	..20	是	微服务版本号
biz_content	输入参数	string	..ul	是	具体的业务接口输入参数，见表 18

电子签章文件验证接口请求参数中 biz_content 业务参数说明见表 18。

表 18　电子签章文件验证接口请求参数中 biz_content 业务参数说明

参数	参数名称	数据类型	是否必填	数据格式	描述
file	待签文件	string	是	..ul	要验签的文件。将文件读取为 byte 数组后使用 BASE64 编码为 string
timestamp	签章时间	string	是	n13	时间戳。取当前时间的毫秒数

5.6.5 返回参数

电子签章文件验证接口返回参数见表 19。

表 19　电子签章文件验证接口返回参数

参数	参数名称	数据类型	是否必填	说明
code	返回码值	string	是	服务调用是否成功的状态值
msg	返回码描述	string	是	返回码的描述信息
biz_data	业务输出参数	string	否	具体的业务接口输出参数，见表 20

电子签章文件验证接口返回业务参数 biz_data 结果说明见表 20。

表 20　电子签章文件验证接口返回业务参数 biz_data 结果说明

参数	参数名称	参数类型	说明
success	是否成功	string	true:操作成功 false:操作失败
message	提示内容	string	见具体提示

续表

参数	参数名称	参数类型	说明
errorCode	错误码	string	success 为 false 时该值返回
errorMsg	错误消息	string	success 为 false 时该值返回
Total	匹配的总数	string	0 或 null 表示无匹配记录
data	数据体	string	签章文件中验证结果列表。见附录 A 验章结果结构体“验章结果结构体”

接口返回示例如下：


```
{
  "code"："200",
  "msg"："成功",
  "biz_data"：{
    "success"：true,
    "message"：null,
    "errorCode"："0",
    "errorMsg"：null,
    "total"：0,
    "data"：[{
    "id"："ES",
    "index"：0,
    "name"："测试 0705",
    "availability"：1,
    "formatErrorCode"："FEC_SUCCESS"
    }]
  }
}
```

附录 A

（规范性）

验章结果结构体

A.1 验章结果结构体

验章结果结构体见表 A.1。

表 A.1　返回结果说明

参数	参数名称	数据类型	说明
id	章的 ID	string	
index	盖章的相对顺序	string	盖章的顺序，从 0 开始
name	印章名称	string	
availability	章是否有效	string	
formatErrorCode	错误列表	string	见附录 A 验章结果结构体“验章错误列表”

A.2 验章错误列表

表 A.2　错误列表说明

返回值	说明
FEC_SUCCESS	正确
FEC_FILE_UNSUPPORT	不支持的文件类型
FEC_SEAL_NULL	空章
FEC_LOADLIBRARY_ERROR	加载库错误
FEC_SEAL_ERROR	获取印章错误
FEC_SIGN_ERROR	签名失败
FEC_VERIFY_ERROR	验签失败
FEC_OPENILE_ERROR	打开文件失败
FEC_TARGETFILE_ERROR	目标文件夹不存在
FEC_SOURCEFILE_ERROR	文件不存在
FEC_PARAMETER_ERROR	参数错误
FEC_PDF_EXCEPTION	PDF 异常

续表

返回值	说明
FEC_WATER_MARK_UNAVAILABLE	无效水印
FEC_OUT_OF_PAGE_COUNT	无效页码
FEC_NOT_SAME_TYPE	文件类型不一致
FEC_NOT_SAME_FILE	文件不一致
FEC_SEAL_PARSE_ERROR	章解析失败
FEC_SEAL_SELECT_BY_ID_COUNT_ERROR	通过 ID 获取章的数量异常
FEC_SEAL_TAG_TYPE_ERROR	拼接章标识为空
FEC_POINT_ERROR	坐标参数错误
FEC_PAGE_ERROR	页码参数错误
FEC_FILE_DAMAGE	文件损坏
FEC_FILE_NO_SIGN	未签署文件
FEC_JSON_PARSE	JSON 转换异常
FEC_INVOKING_SERVICE_EXCEPTION	请求印章数据错误

JMGC

民 政 部 金 民 工 程 标 准

JMGC/JS 310—2020

金民工程 GIS 引擎接口

2020 - 12 - 30 发布　　2020 - 12 - 30 实施

民政部信息中心 发布

目　次

前　言

本文件按照 GB/T 1.1—2020《标准化工作导则 第1部分:标准化文件的结构和起草规则》的规定起草。

请注意本文件的某些内容可能涉及专利。本文件的发布机构不承担识别专利的责任。

本文件由民政部信息中心提出并归口。

本文件起草单位:民政部信息中心、四川久远银海软件股份有限公司。

本文件主要起草人:王兴玲、张建民、张彤、陶亮、贾雅杰、钟爱伦、李双君、李坤林、欧海莉、王荣。

金民工程 GIS 引擎接口

1 范围

本文件规定了金民工程项目中使用地图基础类、地图绘制、地图事件等基本规则和要求。

本文件适用于金民工程项目中 GIS 引擎接口标准开发。

2 规范性引用文件

下列文件中的内容通过文中的规范性引用而构成本文件必不可少的条款。其中,注日期的引用文件,仅该日期对应的版本适用于本文件;不注日期的引用文件,其最新版本(包括所有的修改单)适用于本文件。

JMGC/YW 406 金民工程信息化术语

3 术语和定义

JMGC/YW 406 界定的以及下列术语和定义适用于本文件。

3.1 地图容器

承载所有图层、点标记、矢量图形、控件的容器。

3.2 图层

在视觉上覆盖一定地图范围,用来描述全部或者部分现实世界区域内的地图要素的抽象概念,一幅地图通常由一个或者多个图层组成。

3.3 矢量图形

覆盖于底图图层之上,通过矢量的方式(路径或者实际大小)来描述其形状,用几何的方式来展示真实的地图要素,会随着地图缩放而发生视觉大小的变化,但其代表的实际路径或范围不变。

3.4 点标记

用来标示某个位置点信息的一种地图要素,覆盖于图层之上。

3.5 地图控件

控件浮在所有图层和地图要素之上,用于满足一定的交互或提示功能。一般相对于地图容器静止,不随着地图缩放和中心变化而发生位置的变化。

3.6 插件

独立于 JS API 地图核心模块之外的一些功能。

3.7 地图级别

级别与地图的比例尺成正比，每增大一级，地图的比例尺也增大一倍，地图显示得越详细。

3.8 经纬度

坐标通常指经纬度坐标，地图的坐标范围大致为：东西经 180 度（－180°至 180°，西半球为负，东半球为正），南北纬 85 度（－85°至 85°，北半球为正，南半球为负）。

3.9 底图

底图指处于所有图层和图形最下方的一个图层，通常不透明。

3.10 地图要素

展示在地图上的地理要素。

3.11 标注

底图上自带的标示一定信息的文字或图标称为标注。

3.12 三维空间坐标

3D 地图模式下的世界坐标，由 x、y、z 三个纬度组成。

4 缩略语

JS：一种具有函数优先的轻量级，解释型或即时编译型的高级编程语言（JavaScript）

API：应用程序编程接口（Application Programming Interface）

5 基本使用

5.1 开发准备要求

开发准备要求包括：

a）在页面添加 JS API 的入口脚本标签；

<script type = " text/javascript" src = " 域名？ v = 1. 4. 15&key = 您申请的 key 值" > </script >

b）添加 div 标签作为地图容器，同时为该 div 指定 ID 属性；

<div id = " container" > </div >

c）为地图容器指定高度、宽度；

#container {width:300px; height: 180px; }。

5.2 开发示例

5.2.1 图层

默认情况下，地图只显示标准底图，如需要叠加别的图层，可通过 map. add 方法添加图层，添加示例见下。

```
var map = new AMap.Map('container', {
        resizeEnable: true,
        center: [116.397428, 39.90923],
        zoom: 13
    });
    //实时路况图层
    var trafficLayer = new AMap.TileLayer.Traffic({
        zIndex: 10
    });
    map.add(trafficLayer);//添加图层到地图
  var map = new AMap.Map('container', {
        center: [116.397428, 39.90923],
        layers: [//使用多个图层
            new AMap.TileLayer.Satellite(),
            new AMap.TileLayer.RoadNet()
        ],
        zooms: [4,18],//设置地图级别范围
        zoom: 13
    });
```

5.2.2 点标记与矢量图形

JS API 提供了在地图之上绘制覆盖物的能力，比如点标记 Marker、文本标记 Text、圆点标记 CircleMarker。

添加一个默认样式的 Marker 见下。

```
var marker = new AMap.Marker({
        position:[116.39, 39.9]//位置
    })
map.add(marker);//添加到地图
map.remove(marker)
var lineArr = [
        [116.368904, 39.913423],
        [116.382122, 39.901176]
    ];
    var polyline = new AMap.Polyline({
        path: lineArr,            //设置线覆盖物路径
        strokeColor: "#3366FF",//线颜色
        strokeWeight: 5,          //线宽
        strokeStyle: "solid",    //线样式
    });
    map.add(polyline);
```

5.2.3 事件功能与信息窗体

JSAPI 提供的 Map、点标记、矢量图形的实例均支持事件，给实例绑定事件后，鼠标操作或者触摸操作均会触发相应的事件，如鼠标的点击、移动等，触发相应事件后，可展开信息窗体。通过给点标记绑定 click 事件来简单了解事件系统和信息窗体的基本使用，绑定示例及信息窗体使用的示例的使用见下。

```
var infoWindow = new AMap.InfoWindow({ //创建信息窗体
        isCustom: true, //使用自定义窗体
        content:'<div>信息窗体</div>', //信息窗体的内容可以是任意 html 片段
        offset: new AMap.Pixel(16, -45)
    });
    var onMarkerClick = function(e) {
        infoWindow.open(map, e.target.getPosition());//打开信息窗体
        //e.target 就是被点击的 Marker
    }
    var marker = new AMap.Marker({
        position: [116.481181, 39.989792]
    })
    map.add(marker);
    marker.on('click',onMarkerClick);//绑定 click 事件
dd(polyline);
```

5.3 插件使用要求

5.3.1 插件表

JS API 提供多种地图插件，开发人员可根据自身业务情况，选择插件使用，插件列表见表 1。

表 1　插件表

类名	类功能说明
AMap.ElasticMarker	灵活点标记，可以随着地图级别改变样式和大小的 Marker
AMap.ToolBar	工具条，控制地图的缩放、平移等
AMap.Scale	比例尺，显示当前地图中心的比例尺
AMap.OverView	鹰眼，显示缩略图
AMap.MapType	图层切换，用于几个常用图层切换显示
AMap.Geolocation	定位，提供了获取用户当前准确位置、所在城市的方法
AMap.AdvancedInfoWindow	高级信息窗体，整合了周边搜索、路线规划功能
AMap.Autocomplete	输入提示，提供了根据关键字获得提示信息的功能
AMap.PlaceSearch	地点搜索服务，提供了关键字搜索、周边搜索、范围内搜索等功能
AMap.DistrictSearch	行政区查询服务，提供了根据名称关键字、citycode、adcode 来查询行政区信息的功能
AMap.LineSearch	公交路线服务，提供公交路线相关信息查询服务
AMap.StationSearch	公交站点查询服务，提供途经公交线路、站点位置等信息
AMap.Driving	驾车路线规划服务，提供按照起、终点进行驾车路线的功能
AMap.TruckDriving	货车路线规划
AMap.Transfer	公交路线规划服务，提供按照起、终点进行公交路线的功能
AMap.Walking	步行路线规划服务，提供按照起、终点进行步行路线的功能
AMap.Riding	骑行路线规划服务，提供按照起、终点进行骑行路线的功能

续表

类名	类功能说明
AMap. DragRoute	拖拽导航插件,可拖拽起终点、途经点重新进行路线规划
AMap. ArrivalRange	公交到达圈,根据起点坐标,时长计算公交出行是否可达及可达范围
AMap. Geocoder	地理编码与逆地理编码服务,提供地址与坐标间的相互转换
AMap. CitySearch	城市获取服务,获取用户所在城市信息或根据给定网络地址参数查询城市信息
AMap. IndoorMap	室内地图,用于在地图中显示室内地图
AMap. MouseTool	鼠标工具插件
AMap. CircleEditor	圆编辑插件
AMap. PolyEditor	折线、多边形编辑插件
AMap. MarkerClusterer	点聚合插件
AMap. RangingTool	测距插件,可以用距离或面积测量
AMap. CloudDataLayer	云图图层,用于展示云图信息
AMap. CloudDataSearch	云图搜索服务,根据关键字搜索云图点信息
AMap. Weather	天气预报插件,用于获取未来的天气信息
AMap. RoadInfoSearch	道路信息查询,已停止数据更新,反馈信息仅供参考
AMap. Hotspot	热点插件,地图热点已默认开启,不用手动添加,由 Map 的 isHotspot 属性替代
AMap. Heatmap	热力图插件
AMap. PlaceSearchLayer	服务已下线,请勿使用
Map3D	使用 ObjectLayer 等三维图形的时候需要引用

5.3.2 插件的使用流程

使用插件的功能通常需要三个步骤:

a)引入插件,支持按需异步加载和同步加载,可同时引入多个插件;

b)创建插件实例,非特殊情况需避免重复创建多个实例,复用同一个实例即可;

c)调用实例的方法,使用相关功能。

5.3.3 异步加载单个插件

异步加载指的是在 JS API 加载完成之后,在需要使用到某个插件的时候,通过 AMap. plugin 方法引入插件,在 plugin 回调之后使用插件功能,示例见下。

```
<script type="text/javascript" src="https://webapi.amap.com/maps?v=1.4.15&key=您申请的 key 值"
></script>
<script type="text/javascript" >
    var map = new AMap.Map('container',{
      zoom:12,
      center:[116.39,39.9]
    });
    AMap.plugin('AMap.ToolBar',function(){//异步加载插件
```

```
        var toolbar  =  new AMap. ToolBar( ) ;
        map. addControl( toolbar) ;
    }) ;
</script>
```

5.3.4 异步加载多个插件

AMap. plugin 的第一个参数使用数组即可同时加载引入多个插件,示例见下。

```
AMap. plugin( [ 'AMap. ToolBar', 'AMap. Driving' ] ,function( ) {//异步同时加载多个插件
    var toolbar  =  new AMap. ToolBar( ) ;
    map. addControl( toolbar) ;
    var driving  =  new AMap. Driving( ) ;//驾车路线规划
    driving. search(/ * 参数 * /)
  }) ;
```

5.3.5 同步加载单个插件

如果要和 JS API 的主体同步加载某些插件,而不是异步加载,可以在 JS API 的入口地址中添加 plugin 参数,将需要使用的一个或者多个插件的名称作为参数即可,这种用法在 JS API 加载完毕之后便可直接使用插件功能,示例见下。

```
    <script type = "text/javascript"  src = "https://webapi. amap. com/maps? v = 1. 4. 15&key = 您申请的 key
值 &plugin = AMap. ToolBar" > </script >
    <script type = "text/javascript"  >
      var map  =  new AMap. Map( 'mapContainer', {
        zoom:12,
        center:[116. 39,39. 9]
      }) ;
      var toolbar  =  new AMap. ToolBar( ) ;
      map. plugin( toolbar) ;
    </script >
```

5.3.6 同步加载多个插件

需要加载多个插件时,plugin 参数中的插件名称之间以逗号分隔,示例见下。

```
    <script type = "text/javascript"  src = "https://webapi. amap. com/maps? v = 1. 4. 15&key = 您申请的 key
值 &plugin = AMap. ToolBar, AMap. Driving" > </script >
    <script type = "text/javascript"  >
      var map  =  new AMap. Map( 'mapContainer', {
        zoom:12,
        center:[116. 39,39. 9]
      }) ;
      var toolbar  =  new AMap. ToolBar( ) ;
      map. plugin( toolbar) ;
      var driving  =  new AMap. Driving( ) ;
      driving. search(/ * 参数 * /)
    </script >
```

6 接口说明

6.1 基础类

6.1.1 Pixel 类

像素坐标,确定地图上的一个像素点,Pixel 类构造函数说明见表 2。

表 2　Pixel 类构造函数说明

构造函数	说明
AMap. Pixel(x:Number,y:Number)	构造一个像素坐标对象

Pixel 类方法说明见表 3。

表 3　Pixel 类方法说明

方法	说明
getX( )	获得 X 方向像素坐标
getY( )	获得 Y 方向像素坐标
equals(point:Pixel)	当前像素坐标与传入像素坐标是否相等
toString( )	以字符串形式返回像素坐标对象

6.1.2 LngLat 类

经纬度坐标,确定地图上的一个点,LngLat 类构造函数说明见表 4。

表 4　LngLat 类构造函数说明

构造函数	说明
AMap. LngLat(lng:Number,lat:Number,noAutofix:bool)	构造一个地理坐标对象,lng、lat 分别代表经度、纬度值;noAutoFix 表示是否自动将经度修正到[-180,180]区间内,缺省为 false,此时会自动修正,比如传入[190,30],会被自动修正为[-170,30] noAutoFix 为 true 时不会自动修正,可以用来进行跨日期限的覆盖物绘制

LngLat 类方法说明见表 5。

表 5　LngLat 类方法说明

方法	说明
offset(w:Number,s:Number)	当前经纬度坐标值经度移动 w,纬度移动 s,得到新的坐标 经度向右移为正值,纬度向上移为正值,单位为米

续表

方法	说明
distance(lnglat:LngLat|Array.<LngLat>)	当前经纬度和传入经纬度或者经纬度数组连线之间的地面距离,单位为米
getLng( )	获取经度值
getLat( )	获取纬度值
equals(lnglat:LngLat)	判断当前坐标对象与传入坐标对象是否相等
toString( )	LngLat 对象以字符串的形式返回

6.1.3 Bounds 类

地物对象的经纬度矩形范围,Bounds 类构造函数说明见表 6。

表 6 Bounds 类构造函数说明

构造函数	说明
AMap.Bounds(southWest:LngLat, northEast:LngLat)	矩形范围的构造函数 参数 southWest、northEast 分别代表地物对象西南角经纬度和东北角经纬度值

Bounds 类方法说明见表 7。

表 7 Bounds 类方法说明

方法	说明
contains(point:LngLat)	指定点坐标是否在矩形范围内
getCenter( )	获取当前 Bounds 的中心点经纬度坐标
getSouthWest( )	获取西南角坐标
getNorthEast( )	获取东北角坐标
toString( )	以字符串形式返回地物对象的矩形范围

6.2 地图

地图对象类,封装了地图的属性设置、图层变更、事件交互等接口的类。地图对象类构造函数说明见表 8。

表 8 地图对象类构造函数说明

构造函数	说明
AMap.Map(container:String/HTMLDivElement, opts:MapOptions)	构造一个地图对象,参数 container 中传入地图容器 DIV 的 ID 值或者 DIV 对象,opts 地图初始化参数对象,参数详情参看 MapOptions 列表

地图对象类 MapOptions 说明见表 9。

表 9　地图对象类 MapOptions 说明

地图对象类	说明
layers	地图图层数组,数组可以是图层中的一个或多个,默认为普通二维地图。当叠加多个图层时,普通二维地图需通过实例化一个 TileLayer 类实现
zoom	地图显示的缩放级别,若 center 与 level 未赋值,地图初始化默认显示用户所在城市范围 3D 地图下,zoom 值,可以设置为浮点数
center	地图中心点坐标值
labelzIndex	地图标注显示顺序,大于 110 即可将底图上的默认标注显示在覆盖物(圆、折线、面)之上
zooms	地图显示的缩放级别范围 在 PC 上,默认为[3,18],取值范围[3 - 18] 在移动设备上,默认为[3,19],取值范围[3 - 19]
lang	地图语言类型 可选值:zh_cn:中文简体,en:英文,zh_en:中英文对照 默认为: zh_cn:中文简体 注:由于图面内容限制,中文、英文 、中英文地图 POI 可能存在不一致的情况 自定义地图不支持英文与中英文显示
defaultCursor	地图默认鼠标样式。参数 defaultCursor 应符合 CSS 的 cursor 属性规范
crs	地图显示的参考坐标系,取值:"EPSG3857" "EPSG3395" "EPSG4326"
animateEnable	地图平移过程中是否使用动画(如调用 panBy、panTo、setCenter、setZoomAndCenter 等函数,将对地图产生平移操作,是否使用动画平移的效果),默认为 true
isHotspot	是否开启地图热点和标注的 hover 效果。PC 端默认是 true,移动端默认是 false
defaultLayer	当前地图中默认显示的图层。默认图层可以是 TileLayer. Satellite 等切片地图,也可以是通过 TileLayer 自定义的切片图层
rotateEnable	地图是否可旋转,3D 视图默认为 true,2D 视图默认为 false
resizeEnable	是否监控地图容器尺寸变化,默认值为 false
showIndoorMap	是否在有矢量底图的时候自动展示室内地图,PC 端默认是 true,移动端默认是 false
indoorMap	在展示矢量图的时候自动展示室内地图图层,当地图 complete 之后可以获取到该对象

续表

地图对象类	说明
expandZoomRange	是否支持可以扩展最大缩放级别，和 zooms 属性配合使用 设置为 true 的时候，zooms 的最大级别在 PC 上可以扩大到 20 级，移动端还是高清 19/非高清 20
dragEnable	地图是否可通过鼠标拖拽平移，默认为 true。此属性可被 setStatus/getStatus 方法控制
zoomEnable	地图是否可缩放，默认值为 true。此属性可被 setStatus/getStatus 方法控制
doubleClickZoom	地图是否可通过双击鼠标放大地图，默认为 true。此属性可被 setStatus/getStatus 方法控制
keyboardEnable	地图是否可通过键盘控制，默认为 true 方向键控制地图平移，“+”和“-”可以控制地图的缩放 Ctrl +“→”顺时针旋转，Ctrl +“←”逆时针旋转 此属性可被 setStatus/getStatus 方法控制
jogEnable	地图是否使用缓动效果，默认值为 true。此属性可被 setStatus/getStatus 方法控制
scrollWheel	地图是否使用缓动效果，默认值为 true。此属性可被 setStatus/getStatus 方法控制
touchZoom	地图在移动终端上是否可通过多点触控缩放浏览地图，默认为 true。关闭手势缩放地图，请设置为 false
touchZoomCenter	可缺省，当 touchZoomCenter = 1 的时候，手机端双指缩放的以地图中心为中心，否则默认以双指中间点为中心
mapStyle	设置地图的显示样式，目前支持两种地图样式 第一种：自定义地图样式，如： “amap://styles/d6bf8c1d69cea9f5c696185ad4ac4c86” 可前往地图自定义平台定制自己的个性地图样式； 第二种：官方样式模板，如“amap://styles/grey”
features	设置地图上显示的元素种类 支持“bg”（地图背景）、“point”（POI 点）、“road”（道路）、“building”（建筑物）
showBuildingBlock	设置地图显示 3D 楼块效果，移动端也可使用。推荐使用
viewMode	默认为“2D”，可选“3D”，选择“3D”会显示 3D 地图效果
pitch	俯仰角度，默认 0，[0,83]，2D 地图下无效
pitchEnable	是否允许设置俯仰角度，3D 视图下为 true，2D 视图下无效
buildingAnimation	楼块出现和消失的时候是否显示动画过程，3D 视图有效，PC 端默认 true，手机端默认 false
skyColor	调整天空颜色，配合自定义地图，3D 视图有效，如“#ff0000”

地图对象类方法说明见表 10。

表 10　地图对象类方法说明

方法	说明
getZoom( )	获取当前地图缩放级别,在 PC 上,默认取值范围为[3,18];在移动设备上,默认取值范围为[3－19] 3D 地图会返回浮点数,2D 视图为整数
getLayers( )	获取地图图层数组,数组为一个或多个图层
getCenter( )	获取地图中心点经纬度坐标值
getContainer( )	返回地图对象的容器
getCity( )	获取地图中心点所在区域,回调函数返回对象属性分别对应为{省,市,区/县}
getBounds( )	获取当前地图视图范围,获取当前可视区域
getLabelzIndex( )	获取当前地图标注的显示顺序
getLimitBounds( )	获取 Map 的限制区域
getStatus( )	获取当前地图状态信息,包括是否可鼠标拖拽移动地图、地图是否可缩放、地图是否可旋转(rotateEnable)、是否可双击放大地图、是否可以通过键盘控制地图旋转(keyboardEnable)等
getResolution(point:LngLat)	获取指定位置的地图分辨率,单位:米/像素。参数 point 有指定值时,返回指定点地图分辨率,point 缺省时,默认返回当前地图中心点位置的分辨率
getScale(dpi:Number)	获取当前地图比例尺。表示当前屏幕距离一米代表实际距离多少米
setZoom(level:Number)	设置地图显示的缩放级别,在 PC 上,参数 zoom 可设范围:[3,18]
setLabelzIndex(index:Number)	设置地图标注显示的顺序
setLayers(layers:Array)	设置地图图层数组,数组为一个或多个图层。当叠加多个图层时,普通二维地图需通过实例化一个 TileLayer 类实现
add(overlayers:Array)	添加覆盖物/图层。参数为单个覆盖物/图层,或覆盖物/图层的数组
remove(overlayers:Array)	删除覆盖物/图层。参数为单个覆盖物/图层,或覆盖物/图层的数组
getAllOverlays(type)	返回添加的覆盖物对象,可选类型包括 marker、circle、polyline、polygon;Type 可缺省,缺省时返回所有覆盖物(marker、circle、polyline、polygon)。返回结果不包含官方覆盖物等,比如定位 marker,周边搜索圆等
setCenter(position:LngLat)	设置地图显示的中心点
setZoomAndCenter(zoomLevel:Number,center:LngLat)	地图缩放至指定级别并以指定点为地图显示中心点
zoomIn( )	地图放大一级显示
zoomOut( )	地图缩小一级显示
panTo(positon:LngLat)	地图中心点平移至指定点位置

续表

方法	说明
setFitView(overlayList:Array/null, immediately:bool, avoid:[Number,Number,Number,Number], maxZoom:Number)	根据地图上添加的覆盖物分布情况,自动缩放地图到合适的视野级别,参数均可缺省 overlayList 为覆盖物数组,缺省时为当前地图上添加的所有覆盖物图层 immediately 代表是否需要动画过程,avoid 代表上下左右的像素避让宽度,maxZoom 代表 fitView 之后的最大级别
clearMap( )	删除地图上所有的覆盖物
destroy( )	注销地图对象,并清空地图容器
addControl(obj:Object)	添加控件。参数可以是插件列表中的任何插件对象,如:ToolBar、OverView、Scale 等
removeControl(obj:Object)	移除地图上的指定控件
clearInfoWindow( )	清除地图上的信息窗体
getMapStyle( )	获取地图显示样式
setFeatures(feature:Array)	设置地图上显示的元素种类,支持 bg(地图背景)、point(兴趣点)、road(道路)、building(建筑物)
getFeatures( )	获取地图显示元素种类

地图对象类事件说明见表 11。

表 11　地图对象类事件说明

事件	说明
complete	地图图块加载完成后触发事件
click	鼠标左键单击事件
dblclick	鼠标左键双击事件
mapmove	地图平移时触发事件
hotspotclick	鼠标点击热点时触发
hotspotover	鼠标滑过热点时触发
hotspotout	鼠标移出热点时触发
movestart	地图平移开始时触发
moveend	地图移动结束后触发,包括平移,以及中心点变化的缩放。如地图有拖拽缓动效果,则在缓动结束后触发
zoomchange	地图缩放级别更改后触发
zoomstart	缩放开始时触发
zoomend	缩放停止时触发
mousemove	鼠标在地图上移动时触发
mousewheel	鼠标滚轮开始缩放地图时触发
mouseover	鼠标移入地图容器内时触发

续表

事件	说明
mouseout	鼠标移出地图容器时触发
mouseup	鼠标在地图上单击抬起时触发
mousedown	鼠标在地图上单击按下时触发
rightclick	鼠标右键单击事件
dragstart	开始拖拽地图时触发
dragging	拖拽地图过程中触发
dragend	停止拖拽地图时触发。如地图有拖拽缓动效果，则在拽停止，缓动开始前触发
resize	地图容器大小改变事件
touchstart	触摸开始时触发事件，仅适用移动设备
touchmove	触摸移动进行中时触发事件，仅适用移动设备
touchend	触摸结束时触发事件，仅适用移动设备

6.3 事件

事件有两种使用方式，第一种，针对 Map、覆盖物等常用类，我们推荐直接使用这些类的对象的 on、off 成员方法来实现事件的简单绑定和移除，具有使用方便、代码简洁的特点。事件成员方法见表 12。

表 12　事件成员方法说明

方法	说明
on(eventName, handler, context)	注册事件，给 Map 或者覆盖物对象注册事件 eventName：事件名称（必填） handler：事件回调函数（必填） context：事件回调中的上下文（可选，缺省时，handler 中 this 为调用 on 方法的对象本身，否则 this 指向 context 引用的对象） 注意：多次绑定时，当 eventName、handler 函数对象、context 对象有任意一个不一样就会再次绑定
off(eventName, handler, context)	移除事件绑定 eventName：事件名称（必填） handler：事件功能函数（必填） context：事件上下文（可选，缺省时为调用 off 方法的对象本身，否则为 context 引用的对象） 注意：只有当 off 与 on 的 eventName、handler 函数对象、context 对象完全一致时才能有效移除监听

第二种，使用 AMap. event 命名空间，AMap. event 方法说明见表 13。

表 13　AMap. event 方法说明

方法	说明
addDomListener (instance, eventName, handler, context)	注册 DOM 对象事件:给 DOM 对象注册事件,并返回 eventListener。运行 AMap. event. removeListener(eventListener)可以删除该事件的监听器 参数: instance:需注册事件的 DOM 对象(必填) eventName:事件名称(必填) handler:事件功能函数(必填) context:事件上下文(可选,缺省时,handler 中 this 指向参数 instance 引用的对象,否则 this 指向 context 引用的对象)
addListener (instance, eventName, handler, context)	注册对象事件:给对象注册事件,并返回 eventListener 运行 AMap. event. removeListener(eventListener)可以删除该事件的监听器 参数: instance:需注册事件的对象(必填) eventName:事件名称(必填) handler:事件功能函数(必填) context:事件上下文(可选,缺省时,handler 中 this 指向参数 instance 引用的对象,否则 this 指向 context 引用的对象)
addListenerOnce (instance, eventName, handler, context)	类似于 addListener,但事件只会被触发一次,之后将自动移除
removeListener(listener)	删除由上述 event. addDomListener 和 event. addListener 传回的指定侦听器
trigger(instance,eventName,extArgs)	触发非 DOM 事件 触发非 DOM 事件 eventName 时,extArgs 将扩展到事件监听函数(handler)接受到的 event 参数中 如:在 extArgs 内写入{m:10,p:2},eventName 监听函数(handler)可以接收到包含 m,p 两个 key 值的 event 对象

6.4 图层:TileLayer 类

切片图层类,该类为基础类,不指定 getTileUrl 时为默认底图。TileLayer 类构造函数说明见表 14。

表 14　TileLayer 类构造函数说明

构造函数	说明
AMap. TileLayer(tileOpt:TileLayerOptions)	构造一个切片图层对象,通过 TileLayerOptions 设置图层属性

TileLayer 类 TileLayerOptions 说明见表 15。

表 15　TileLayer 类 TileLayerOptions 说明

TileLayerOptions	说明
map	要显示该图层的地图对象
tileSize	切片大小,取值: 256,表示切片大小为 256 * 256 128,表示切片大小为 128 * 128 64,表示切片大小为 64 * 64。默认值为 256
tileUrl	切片取图地址(自 1.3 版本起,该属性与 getTileUrl 属性合并)如'https://abc. amap. com/tile? x = [x]&y = [y]&z = [z]' [x]、[y]、[z]分别替代切片的 xyz
errorUrl	取图错误时的代替地址
getTileUrl	获取图块取图地址,该属性值为一个字符串或者一个函数字符串如:'https://abc. amap. com/tile? x = [x]&y = [y]&z = [z]函数参数 z 为地图缩放级别,x,y 分别为相应缩放级别下图块横向、纵向索引号 该属性可以用来改变取图地址,实现自定义栅格图
zIndex	图层叠加的顺序值,0 表示最底层。默认 zIndex:1
opacity	图层的透明度,取值范围[0,1],1 代表完全不透明,0 代表完全透明
zooms	支持的缩放级别范围,默认范围[3 - 18],在 PC 上,取值范围为[3 - 18];在移动设备上,取值范围为[3 - 19]
detectRetina	是否在高清屏下进行清晰度适配,默认为 true 将根据移动设备屏幕设备像素比,采用相应的技术手段,保证图层在不同设备像素比下的清晰度

6.5 覆盖物

6.5.1 Marker 类

点标记,Marker 类构造函数说明见表 16。

表 16　Marker 类构造函数说明

构造函数	说明
AMap. Marker(opt:MarkerOptions)	构造一个点标记对象,通过 MarkerOptions 设置点标记对象的属性

Marker 类 MarkerOptions 说明见表 17。

表 17 Marker 类 MarkerOptions 说明

MarkerOptions	说明
map	要显示该 Marker 的地图对象
position	点标记在地图上显示的位置,默认为地图中心点
icon	需在点标记中显示的图标。可以是一个本地图标地址,或者 Icon 对象。有合法的 content 内容时,此属性无效
content	点标记显示内容,可以是 HTML 要素字符串或者 HTML DOM 对象。content 有效时,icon 属性将被覆盖
topWhenClick	鼠标点击时 Marker 是否置顶,默认 false ,不置顶
draggable	设置点标记是否可拖拽移动,默认为 false
raiseOnDrag	设置拖拽点标记时是否开启点标记离开地图的效果
cursor	指定鼠标悬停时的鼠标样式,自定义 cursor,IE 仅支持 cur/ani/ico 格式,Opera 不支持自定义 cursor
visible	点标记是否可见,默认为 true
zIndex	点标记的叠加顺序。地图上存在多个点标记叠加时,通过该属性使级别较高的点标记在上层显示 默认 zIndex:100
animation	点标记的动画效果,默认值: “AMAP_ANIMATION_NONE” 可选值: “AMAP_ANIMATION_NONE”,无动画效果 “AMAP_ANIMATION_DROP”,点标掉落效果 “AMAP_ANIMATION_BOUNCE”,点标弹跳效果
shadow	点标记阴影,不设置该属性则点标记无阴影
title	鼠标滑过点标记时的文字提示,不设置则鼠标滑过点标无文字提示
clickable	点标记是否可点击
shape	设置 Marker 的可点击区域,在定义的区域内可触发 Marker 的鼠标点击事件
extData	用户自定义属性,支持 JavaScript API 任意数据类型,如 Marker 的 ID 等
label	添加文本标注。content 为文本标注的内容。direction 为文本标注方位(自 v1.4.14 新增属性),可选值:‘top’|‘right’|‘bottom’|‘left’|‘center’,默认值:‘top’ 。offset 为偏移量(默认基准点为图标左上角),如设置了 direction,以 direction 方位为基准点进行偏移

Marker 类方法说明见表 18。

表 18 Marker 类方法说明

方法	说明
markOnAMAP(obj:Object)	唤起地图客户端标注页 其中 Object 里面包含有{ name:String,name 属性 必要参数 position: LngLat 坐标点 }

续表

方法	说明
setClickable(clickable:Boolean)	设置点标记是支持鼠标单击事件
getClickable( )	获取点标记是否支持鼠标单击事件
getPosition( )	获取点标记的位置
setPosition(lnglat:LngLat)	设置点标记位置
setzIndex(index:Number)	设置点标记的叠加顺序,默认最先添加的点标记在最底层
getzIndex( )	获取点标记的叠加顺序
setIcon(content:String/Icon)	设置点标记的显示图标 参数 image 可传入 String、Icon 两种类型的值 若为 String(图片 url),表示点标记以指定图片形式显示; 若为 Icon,表示点标记以 Icon 对象形式显示
getIcon( )	当点标记未自定义图标时,获取 Icon 内容
getDraggable( )	获取点标记对象是否可拖拽移动
hide( )	点标记隐藏
show( )	点标记显示

6.5.2 Polyline 类

覆盖物 > 折线。Polyline 类构造函数说明见表 19。

表 19　Polyline 类构造函数说明

构造函数	说明
AMap. Polyline(opt:PolylineOptions)	构造折线对象,通过 PolylineOptions 指定折线样式

Polyline 类 PolylineOptions 说明见表 21。

表 19　Polyline 类 PolylineOptions 说明

PolylineOptions	说明
map	要显示该 Polyline 的地图对象
* 2zIndex	折线覆盖物的叠加顺序。默认叠加顺序,先添加的线在底层,后添加的线在上层。通过该属性可调整叠加顺序,使级别较高的折线覆盖物在上层显示 默认 zIndex:50
bubble	是否将覆盖物的鼠标或 touch 等事件冒泡到地图上 默认值:false
cursor	指定鼠标悬停时的鼠标样式,自定义 cursor,IE 仅支持 cur/ani/ico 格式,Opera 不支持自定义 cursor

续表

PolylineOptions	说明

geodesic	是否绘制成大地线,默认 false
	示例:
	<! doctype html >
	<html>
	<head>
	<meta charset = "utf-8" >
	<meta http-equiv = "X-UA-Compatible" content = "IE = edge" >
	<meta name = "viewport" content = "initial-scale = 1.0, user-scalable = no, width = device-width" >
	<title>绘制大地线</title>
	<style>
	html,
	body,
	#container {
	width: 100%;
	height: 100%;
	}
	</style>
	<script src = "https://webapi.amap.com/maps? v = 1.4.15&key = 您申请的 key 值" > </script>
	<script type = "text/javascript" src = "https://cache.amap.com/lbs/static/addToolbar.js" > </script>
	</head>
	<body>
	<div id = "container" > </div>
	<script>
	var map = new AMap.Map('container', {
	resizeEnable: true,
	center: [116.397428, 39.90923],
	zoom: 3
	});
	var lineArr = [
	['75.757904', '38.118117'],
	['117.375719', '24.598057']
	];
	var polyline = new AMap.Polyline({
	path: lineArr, //设置线覆盖物路径
	strokeColor: '#3366FF', // 线颜色
	strokeOpacity: 1, //线透明度
	strokeWeight: 2, //线宽
	strokeStyle: 'solid', //线样式
	strokeDasharray: [10, 5], //补充线样式
	geodesic: true //绘制大地线
	});
	polyline.setMap(map);
	</script>
	</body>
	</html>

isOutline	线条是否带描边,默认 false
borderWeight	描边的宽度,默认为 1
outlineColor	线条描边颜色,此项仅在 isOutline 为 true 时有效,默认:#000000

续表

PolylineOptions	说明
path	折线的节点坐标数组
strokeOpacity	线条透明度，取值范围[0,1]，0 表示完全透明，1 表示不透明。默认为 0.9
draggable	设置折线是否可拖拽移动，默认为 false

6.6 信息窗体：InfoWindow 类

用于在地图上弹出一个详细信息展示窗体，地图上只允许同时展示 1 个信息窗体。InfoWindow 类构造函数说明见表 20。

表 20　InfoWindow 类构造函数说明

构造函数	说明
AMap. InfoWindow(opt：InforWindowOptions)	构造详细信息展示窗体

InfoWindow 类 InfoWindowOptions 说明见表 21。

表 21　InfoWindow 类 InfoWindowOptions 说明

类属性	说明
isCustom	是否自定义窗体。设为 true 时，信息窗体外框及内容完全按照 content 所设的值添加（默认为 false，即在系统默认的信息窗体外框中显示 content 内容）
autoMove	是否自动调整窗体到视野内（当信息窗体超出视野范围时，通过该属性设置是否自动平移地图，使信息窗体完全显示）
closeWhenClickMap	控制是否在鼠标点击地图后关闭信息窗体，默认 false，鼠标点击地图后不关闭信息窗体
content	显示内容，可以是 HTML 要素字符串或者 HTMLElement 对象
size	信息窗体尺寸（isCustom 为 true 时，该属性无效）
anchor	信息窗体锚点 默认值：'bottom - center' 可选值：'top - left' | 'top - center' | 'top - right' | 'middle - left' | 'center' | 'middle - right' | 'bottom - left' | 'bottom - center' | 'bottom - right'
offset	信息窗体显示位置偏移量。默认基准点为信息窗体的底部中心（若设置了 anchor，则以 anchor 值为基准点）
position	信息窗体显示基点位置
showShadow	Boolean 控制是否显示信息窗体阴影，取值 false 时不显示窗体阴影，取值 true 时显示窗体阴影 默认值：false
retainWhenClose	信息窗体关闭时，是否将其 Dom 元素从页面中移除，默认为 false

InfoWindow 类方法说明见表 22。

表 22　InfoWindow 类方法说明

方法	说明
open(map:Map,pos:AMap. LngLat)	在地图的指定位置打开信息窗体
close( )	关闭信息窗体
getIsOpen( )	获取信息窗体是否打开
setContent(content:String|htmlDOM)	设置信息窗体内容,可通过该函数动态更新信息窗体中的信息
getContent( )	获取信息窗体内容 ,结果以字符串方式返回
setPosition(lnglat:LngLat)	设置信息窗体显示基点位置
getPosition( )	获取信息窗体显示基点位置
getAnchor( )	获取信息窗体锚点
setAnchor( )	设置信息窗体锚点 可选值: 'top - left'|'top - center'|'top - right'|'middle - left'|'center'|'middle - right'|'bottom - left'|'bottom - center'|'bottom - right'
setSize(size:Size)	设置信息窗体大小(isCustom 为 false 时有效)
getSize( )	获取信息窗体大小

JMGC

民　政　部　金　民　工　程　标　准

JMGC/JS 311—2020

金民工程 搜索引擎接口

2020－12－30 发布　　　　2020－12－30 实施

民政部信息中心 发布

目　次

前　言

本文件按照 GB/T 1. 1—2020《标准化工作导则 第 1 部分:标准化文件的结构和起草规则》的规定起草。

请注意本文件的某些内容可能涉及专利。本文件的发布机构不承担识别专利的责任。

本文件由民政部信息中心提出并归口。

本文件起草单位:民政部信息中心、四川久远银海软件股份有限公司。

本文件主要起草人:王兴玲、张建民、张彤、陶亮、贾雅杰、钟爱伦、李坤林、李双君、欧海莉、王荣。

金民工程 搜索引擎接口

1 范围

本文件规定了金民工程项目中媒体搜索服务、文件搜索服务、热点数据搜索、关键词主题搜索、重点监控文字搜索等9个服务接口使用的基本规则和要求。

本文件适用于金民工程项目中搜索引擎接口标准开发。

2 规范性引用文件

下列文件中的内容通过文中的规范性引用而构成本文件必不可少的条款。其中,注日期的引用文件,仅该日期对应的版本适用于本文件;不注日期的引用文件,其最新版本(包括所有的修改单)适用于本文件。

JMGC/YW 406 金民工程信息化术语

3 术语和定义

JMGC/YW 406 界定的以及下列术语和定义适用于本文件。

3.1 媒体

a)承载信息的物体;

b)储存、呈现、处理、传递信息的实体。

3.2 行业

同类相互密切替代商品或服务的公司。

3.3 关键词

单个媒体在制作使用索引时,所用到的词汇。

3.4 热词

即热门词汇。作为一种词汇现象,反映了一个国家、一个地区在一个时期人们普遍关注的问题和事物。具有时代特征,反映一个时期的热点话题及民生问题。

3.5 趋势

事物发展的动向,表示一种向尚不明确的或只是模糊地制定的遥远的目标持续发展的总的运动。

3.6 舆情

在一定的社会空间内,围绕中介性社会事件的发生、发展和变化,作为主体的民众对作为客体的社会管理者、企业、个人及其他各类组织及其政治、社会、道德等方面的取向产生和持有的社会态度。

3.7 媒介

人与人、人与事物或事物与事物之间产生联系或发生关系的物质。

4 缩略语

HTTP:超文本传输协议(Hyper Text Transfer Protocol)

HTTPS:HTTP 加上 TLS/SSL 协议构建的可进行加密传输、身份认证的网络协议(Hyper Text Transfer Protocol Over Secure Socket Layer)

JSON:轻量级的数据交换格式(Java Script Object Notation)

UTF-8:Unicode 的一种可变长度字符编码(8-bit,Unicode Transformation Format)

5 接口说明

5.1 概述

搜索引擎接口应采用 http(https) POST 方式提供,请求和相应的参数均采用 JSON 格式,编码均为 UTF-8 格式。

5.2 媒体搜索排行接口

5.2.1 接口描述

微博或微信的媒体排行。该接口通过金民工程应用支撑平台的微服务集成管理系统对外提供。其在微服务集成管理系统中的注册信息如下:

a)系统接入标识:search_engine

b)服务标识:micro_rank

5.2.2 接口地址

http(https)://域名地址/yhbcp-engine/rest/micro_rank

注:通过微服务集成管理系统统一授权后允许调用。

5.2.3 请求参数

调用媒体搜索排行接口时,应传入请求参数见表 1。

表 1 媒体搜索排行接口请求参数

参数	参数名称	数据类型	数据格式	是否必填	说明
access_key	接入系统标识	string	..50	是	在微服务中注册的系统标识
format	返回数据格式	string	..10	否	返回格式为 json/xml
request_id	请求唯一编码	string	..50	否	请求的唯一流水号

续表

参数	参数名称	数据类型	数据格式	是否必填	说明
sign	参数签名	string	..ul	是	对传入参数签名后的字符串
timestamp	发送请求的时间	string	n13	是	精确到毫秒
version	版本	string	..20	是	微服务版本号
biz_content	输入参数	string	..ul	是	具体的业务接口输入参数见表2

媒体搜索排行接口请求参数中的 biz_content 业务参数见表2。

表2 媒体搜索排行接口请求参数中的 biz_content 业务参数

参数	参数名称	数据类型	数据格式	是否必填	说明
micro_type	媒体类型	string	..20	是	wx:微信;wb:微博
pagenum	页码	string	..10	是	页码
pagesize	一页数量	string	..10	是	一页的数量

5.2.4 返回参数

媒体搜索排行接口返回参数见表3。

表3 媒体搜索排行接口返回参数

参数	参数名称	参数类型	说明
code	返回码	string	状态返回码
allNum	总数	string	总数
data	数据	string	数据内容
public_id	媒体号 ID	string	微信 ID 或是微博 ID
name	媒体名称	string	媒体名称
type	类型	string	无
article	文章数	string	无

媒体搜索排行接口返回示例如下：


```
"code": 0,
"allNum": 4,
"data": [
  {
    "public_id": "shanxi_gov",
    "name": "山西省人民政府",
    "type": 0,
    "article": 748
```

```
    },{
......
    },
  ]
}
```


5.3 文章搜索排行接口

5.3.1 接口描述

首页的热点文章接口。该接口通过金民工程应用支撑平台的微服务集成管理系统对外提供。其在微服务集成管理系统中的注册信息如下:

a)系统接入标识:search_engine

b)服务标识:getHeadSelectData

5.3.2 接口地址

http(https)://域名地址/yhbcp - engine/rest/getHeadSelectData

注:通过微服务集成管理系统统一授权后允许调用。

5.3.3 请求参数

调用文章搜索排行接口时,应传入以下请求参数见表4。

表4　文章搜索排行接口请求参数

参数	参数名称	数据类型	数据格式	是否必填	说明
access_key	接入系统标识	string	..50	是	在微服务中注册的系统标识
format	返回数据格式	string	..10	否	返回格式为 json/xml
request_id	请求唯一编码	string	..50	否	请求的唯一流水号
sign	参数签名	string	..ul	是	对传入参数签名后的字符串
timestamp	发送请求的时间	string	n13	是	精确到毫秒
version	版本	string	..20	是	微服务版本号
biz_content	输入参数	string	..ul	是	具体的业务接口输入参数见表5

文章搜索排行接口请求参数中的 biz_content 业务参数见表5。

表5　文章搜索排行接口请求参数中的 biz_content 业务参数

参数	参数名称	数据类型	数据格式	是否必填	说明
userid	用户 ID	string	..32	是	无
typeid	类型	string	n2	是	文章类型 ID
topicid	热点专题 ID	string	an18	是	热点专题 ID
articlenum	文章数量	string	..10	是	文章数量

续表

参数	参数名称	数据类型	数据格式	是否必填	说明
isneg	是否负面	String	n1	是	是否是负面 1:是; 0:否
select	选择参数	string	..ul	是	无

5.3.4 返回参数

文章搜索排行接口返回参数见表6。

表6　文章搜索排行接口返回参数

参数	参数名称	参数类型	说明
name	名称	string	搜索名称
data	数据	string	数据内容
topicid	主题ID	string	主题编号
focusid	关注ID	string	无
linkid	链接ID	string	无
title	标题	string	文章标题
description	描述	string	文章内容
source	来源	string	文章的来源
datetime	时间	string	无
num	数字	string	无
carriertype	数据载体类型	string	无
content	文章内容	string	文章的具体内容

文章搜索排行接口返回示例如下：


```
{
  "name": "金民工程一期系统集成项目实施方案",
  "data": [
    {
        "topicid": "295",
        "focusid": "26646",
        "linkid": "230545",
        "title": "民政部信息中心召开金民工程一期项目系统集成实施方案专家视频评审会",
        "description": "2020年3月19日,民政部信息中心通过云视频方式,在京组织召开《金民工程一期系统集成项目实施方案》(以下简称《方案》)专家评审会….
        "source": "民政部",
        "datetime": "2020-08-17 17:01:19",
        "num": -1,
        "carriertype": "信息中心召开金民工程一期软件测试大纲及测试实施方案专家评审",
        "content": "2020年3月10日,民政部信息中心在…..专家评审会。
    }
,
……
  ]
}
```

5.4 热点数据搜索接口

5.4.1 接口描述

热点文章数据获取主接口。该接口通过金民工程应用支撑平台的微服务集成管理系统对外提供。其在微服务集成管理系统中的注册信息如下：

a)系统接入标识：search_engine

b)服务标识：getTopicNewsList

5.4.2 接口地址

http(https)://域名地址/yhbcp - engine/rest/getTopicNewsList

注：通过微服务集成管理系统统一授权后允许调用。

5.4.3 请求参数

调用热点数据搜索接口时，应传入请求参数见表7。

表7 热点数据搜索接口请求参数

参数	参数名称	数据类型	数据格式	是否必填	说明
access_key	接入系统标识	string	..50	是	在微服务中注册的系统标识
format	返回数据格式	string	..10	否	返回格式为 json/xml
request_id	请求唯一编码	string	..50	否	请求的唯一流水号
sign	参数签名	string	..ul	是	对传入参数签名后的字符串
timestamp	发送请求的时间	string	n13	是	精确到毫秒
version	版本	string	..20	是	微服务版本号
biz_content	输入参数	string	..ul	是	具体的业务接口输入参数见表8

热点数据搜索接口请求参数中的 biz_content 业务参数见表8。

表8 热点数据搜索接口请求参数中的 biz_content 业务参数

参数	参数名称	数据类型	数据格式	是否必填	说明
topicid	关键词 ID	string	..ul	是	关键词配置 ID，这里为主题列表返回数组中 ID
datespan	数据日期	string	n1	是	定长数值型字符串，0：全部；1：今天；2：昨天；3：近7天；
carrier_type	数据载体类型	string	n1	否	定长数值型字符串，0：全部；1：新闻；2：微博；3：博客；4：论坛；5：贴吧；6：微信；7：数字报；8：手机 App
isNeg	信息类型	string	n1	否	定长数值型字符串，0：全部；1：负面信息
order_by	排序方式	string	n1	否	定长数值型字符串，0：智能排序；1：按时间排序
page	页码	string	..10	否	无

5.4.4 返回参数

热点数据搜索返回参数见表9。

表9　热点数据搜索返回参数

参数	参数名称	参数类型	说明
name	名称	string	热点数据名称
data	数据	string	数据内容
topicid	主题 ID	string	无
focusid	关注 ID	string	关注 ID
linkid	链接 ID	string	链接的 ID
title	标题	string	无
description	描述	string	热点数据描述
source	来源	string	数据来源
datetime	时间	string	数据发布的时间
num	数字	string	无
carriertype	数据载体类型	string	定长数值型字符串,0:智能排序;1:按时间排序
content	文章内容	string	无

热点数据搜索返回如下:


```
{
  "name":"金民工程一期系统集成架构设计方案",
  "data":[
    {
      "topicid":275,
      "focusid":"91649",
      "linkid":"167",
      "title":"民政部信息中心召开金民工程一期项目系统集成架构设计方案专家评审会",
      "description":"2020年3月3日,技术路线可行,能够支撑业务系统的部署需求。按照网络安全等级保护2.0进行了网络安全设计,可操作性强。",
      "source":"www.jinyinet.com",
      "datetime":"2020-08-17 10:21:38",
      "num":-1,
"content":"2020年3月10日,民政部信息中心在…..专家评审会,
"carriertype":1
    },
……
  ]
}
```

5.5 关键词主题搜索接口

5.5.1 接口描述

获取主题关键词列表的接口。该接口通过金民工程应用支撑平台的微服务集成管理系统对外提供。其在微服务集成管理系统中的注册信息如下：

a）系统接入标识：search_engine

b）服务标识：getTopicGroup

5.5.2 接口地址

http（https）：//域名地址/yhbcp－engine/rest/getTopicGroup

注：通过微服务集成管理系统统一授权后允许调用。

5.5.3 请求参数

调用关键词主题搜索接口时，应传入请求参数见表10。

表10 关键词主题搜索接口请求参数

参数	参数名称	数据类型	数据格式	是否必填	说明
access_key	接入系统标识	string	..50	是	在微服务中注册的系统标识
format	返回数据格式	string	..10	否	返回格式为json/xml
request_id	请求唯一编码	string	..50	否	请求的唯一流水号
sign	参数签名	string	..ul	是	对传入参数签名后的字符串
timestamp	发送请求的时间	string	n13	是	精确到毫秒
version	版本	string	..20	是	微服务版本号
biz_content	输入参数	string	..ul	是	具体的业务接口输入参数见表11

关键词主题搜索接口请求参数中的biz_content业务参数见表11。

表11 关键词主题搜索接口请求参数中的biz_content业务参数

参数	参数名称	数据类型	数据格式	是否必填	说明
type_id	类型ID	string	..10	是	类型typeid type_ID当前type_ID值为1
userid	用户ID	string	..32	是	当前账户userid的值

5.5.4 返回参数

关键词主题搜索接口返回示例见表12。

表 12　关键词主题搜索返回参数

参数	参数名称	参数类型	说明
state	状态码	string	无
data	数据	string	无
id	关键词主题 ID	string	无
topicname	关键词主题名称	string	无

关键词主题搜索接口返回如下。


```
{
    "state":0,
    "data":[
        {
            "id":"1",
            "topicname":"新中国成立 70 周年"
        },
        {
……
        },

        {
            "id":"7",
            "topicname":"第二届进博会"
        }
    ]
}
```


5.6 重点监测文章搜索接口

5.6.1 接口描述

获取重点监测的文章数据。该接口通过金民工程应用支撑平台的微服务集成管理系统对外提供。其在微服务集成管理系统中的注册信息如下:

a)系统接入标识:search_engine

b)服务标识:getImportantNewsList

5.6.2 接口地址

http(https)://域名地址/yhbcp-engine/rest/getImportantNewsList

注:通过微服务集成管理系统统一授权后允许调用。

5.6.3 请求参数

调用重点监测文章搜索接口时,应传入请求参数见表 13。

表 13　重点监测文章搜索接口请求参数

参数	参数名称	数据类型	数据格式	是否必填	说明
access_key	接入系统标识	string	..50	是	在微服务中注册的系统标识

续表

参数	参数名称	数据类型	数据格式	是否必填	说明
format	返回数据格式	string	..10	否	返回格式为 json/xml
request_id	请求唯一编码	string	..50	否	请求的唯一流水号
sign	参数签名	string	..ul	是	对传入参数签名后的字符串
timestamp	发送请求的时间	string	n13	是	精确到毫秒
version	版本	string	..20	是	微服务版本号
biz_content	输入参数	string	..ul	是	具体的业务接口输入参数见表 14

重点监测文章搜索接口请求参数中的 biz_content 业务参数见表 14。

表 14　重点监测文章搜索接口请求参数中的 biz_content 业务参数

参数	参数名称	数据类型	数据格式	是否必填	说明
topicid	类型 ID	string	..10	是	关键词配置 ID，为主题列表返回数组中 ID
datespan	数据日期	string	n1	是	定长数值型字符串，0：全部；1：今天；2：昨天；3：近 7 天
carrier_type	数据载体类型	string	n1	是	定长数值型字符串，0：全部；1：新闻；2：微博；3：博客；4：论坛；5：贴吧；6：微信；7：数字报；8：手机 App
isNeg	信息类型	string	n1	是	定长数值型字符串，0：全部；1：负面信息
order_by	排序方式	string	n1	是	定长数值型字符串，0：智能排序；1：按时间排序
page	页码	string	..10	是	无

5.6.4 返回参数

重点监测文章搜索接口返回参数见表 15。

表 15　重点监测文章搜索接口返回参数

参数	参数名称	参数类型	说明
name	名称	string	重点监测文章名称
data	数据	string	数据内容
topicid	主题 ID	string	无
focusid	关注 ID	string	关注的 ID
linkid	链接 ID	string	链接的 ID
title	标题	string	无

续表

参数	参数名称	参数类型	说明
description	描述	string	热点数据描述
source	来源	string	数据来源
datetime	时间	string	数据发布的时间
num	数字	string	无
carriertype	数据载体类型	string	定长数值型字符串,0:智能排序;1:按时间排序
content	文章内容	string	无

重点监测文章搜索接口返回如下。


```
{
  "name":"四川省法治政府建设第三方评估组",
  "data":[
    {
      "topicid":275,
      "focusid":"195127",
      "linkid":"2174",
      "title":"四川省法治政府建设第三方评估组到民政厅开展评估检查",
      "description":"7月27日,四川省法治政府建设工作领导小组办公室委托省委党校对各地各部门贯彻落实中共中央、国务院《法治政府建设实施纲要(2015—2020年)》情况进行第三方评估。",
      "source":"北青网财经",
      "datetime":"2020-08-14 23:22:57",
      "carriertype":1,
      "num":-1,
    "content":"文章内容"
    },
…..
  ]
}
```


5.7 行业搜索接口

5.7.1 接口描述

获取行业列表的接口。该接口通过金民工程应用支撑平台的微服务集成管理系统对外提供。其在微服务集成管理系统中的注册信息如下:

a)系统接入标识:search_engine

b)服务标识:getUserEnterprise

5.7.2 接口地址

http(https)://域名地址/yhbcp-engine/rest/getUserEnterprise

注:通过微服务集成管理系统统一授权后允许调用。

5.7.3 请求参数

调用行业搜索接口时,应传入请求参数见表16。

表 16　行业搜索接口请求参数

参数	参数名称	数据类型	数据格式	是否必填	说明
access_key	接入系统标识	string	..50	是	在微服务中注册的系统标识
format	返回数据格式	string	..10	否	返回格式为 json/xml
request_id	请求唯一编码	string	..50	否	请求的唯一流水号
sign	参数签名	string	..ul	是	对传入参数签名后的字符串
timestamp	发送请求的时间	string	n13	是	精确到毫秒
version	版本	string	..20	是	微服务版本号
biz_content	输入参数	string	..ul	是	具体的业务接口输入参数见表 17

行业搜索接口请求参数中的 biz_content 业务参数见表 17。

表 17　行业搜索接口请求参数中的 biz_content 业务参数

参数	参数名称	数据类型	数据格式	是否必填	说明
userid	用户 ID	string	..32	是	无

5.7.4 返回参数

行业搜索接口返回参数见表 18。

表 18　行业搜索接口返回参数

参数	参数名称	参数类型	说明
state	状态	string	状态
date	行业列表	string	具体行业列表

行业搜索接口返回示例如下：


```
{
  "state":0,
  "data":[
    "报纸",
    "电子电工",
    "家居用品",
  ]
}
```


5.8 热词搜索接口

5.8.1 接口描述

获取某个行业的热词和对应的数量。该接口通过金民工程应用支撑平台的微服务集成管理系统对外提供。其在微服务集成管理系统中的注册信息如下：

a)系统接入标识:search_engine

b)服务标识:getHotWord

5.8.2 接口地址

http(https)://域名地址/yhbcp - engine/rest/getHotWord

注:通过微服务集成管理系统统一授权后允许调用。

5.8.3 请求参数

调用热词搜索接口时,应传入请求参数见表19。

表19 热词搜索接口请求参数

参数	参数名称	数据类型	数据格式	是否必填	说明
access_key	接入系统标识	string	..50	是	在微服务中注册的系统标识
format	返回数据格式	string	..10	否	返回格式为json/xml
request_id	请求唯一编码	string	..50	否	请求的唯一流水号
sign	参数签名	string	..ul	是	对传入参数签名后的字符串
timestamp	发送请求的时间	string	n13	是	精确到毫秒
version	版本	string	..20	是	微服务版本号
biz_content	输入参数	string	..ul	是	具体的业务接口输入参数见表20

热词搜索接口请求参数中的biz_content业务参数见表20。

表20 热词搜索接口请求参数中的biz_content业务参数

参数	参数名称	数据类型	数据格式	是否必填	说明
ename	行业名称	string	..ul	是	无

5.8.4 返回参数

热词搜索接口返回参数见表21。

表21 热词搜索接口返回参数

参数	参数名称	参数类型	说明
state	返回状态	string	返回的状态值
data	返回数据	string	返回数据JSON格式
name	热词名称	string	无
nums	数量	string	无

热词搜索接口返回示例如下:

```
{
  "state": 0,
  "data": [
    {
      "name": "中国",
      "nums": 247
    },
……
  ]
}
```


5.9 热点专题搜索接口

5.9.1 接口描述

获取热点专题列表的接口。该接口通过金民工程应用支撑平台的微服务集成管理系统对外提供。其在微服务集成管理系统中的注册信息如下：

a）系统接入标识：search_engine

b）服务标识：getTopicGroup

5.9.2 接口地址

http(https)://域名地址/yhbcp - engine/rest/getTopicGroup

注：通过微服务集成管理系统统一授权后允许调用。

5.9.3 请求参数

调用热点专题搜索接口时，应传入请求参数见表22。

表22　热点专题搜索接口请求参数

参数	参数名称	数据类型	数据格式	是否必填	说明
access_key	接入系统标识	string	..50	是	在微服务中注册的系统标识
format	返回数据格式	string	..10	否	返回格式为json/xml
request_id	请求唯一编码	string	..50	否	请求的唯一流水号
sign	参数签名	string	..ul	是	对传入参数签名后的字符串
timestamp	发送请求的时间	string	n13	是	精确到毫秒
version	版本	string	..20	是	微服务版本号
biz_content	输入参数	string	..ul	是	具体的业务接口输入参数见表23

热点专题搜索接口请求参数中的biz_content业务参数见表23。

表23　热点专题搜索接口请求参数中的biz_content业务参数

参数	参数名称	数据类型	数据格式	是否必填	说明
userid	用户ID	string	..32	是	无
typeid	类型ID	string	..10	是	填1

5.9.4 返回参数

热点专题数据搜索接口返回参数见表24。

表24 热点专题搜索接口返回参数

参数	参数名称	参数类型	说明
state	请求返回状态码	string	无
data	返回数据	string	JSON 格式返回
id	热点专题 ID	string	无
topicname	专题名称	string	无

热点专题数据搜索接口返回示例如下：


```
{
  "state": 0,
  "data": [
    {
      "id": "275",
      "topicname": "四川省民政厅"
    },
……
    ]
}
```


5.10 专题监测文章搜索接口

5.10.1 接口描述

专题监测的文章获取接口，通过参数筛选想要的数据。该接口通过金民工程应用支撑平台的微服务集成管理系统对外提供。其在微服务集成管理系统中的注册信息如下：

a）系统接入标识：search_engine

b）服务标识：getReportHotInfo

5.10.2 接口地址

http(https)://域名地址/yhbcp - engine/rest/getReportHotInfo

注：通过微服务集成管理系统统一授权后允许调用。

5.10.3 请求参数

调用专题监测文章搜索接口时，应传入请求参数见表25。

表25 专题监测文章搜索接口请求参数

参数	参数名称	数据类型	数据格式	是否必填	说明
access_key	接入系统标识	string	..50	是	在微服务中注册的系统标识
format	返回数据格式	string	..10	否	返回格式为 json/xml

续表

参数	参数名称	数据类型	数据格式	是否必填	说明
request_id	请求唯一编码	string	..50	否	请求的唯一流水号
sign	参数签名	string	..ul	是	对传入参数签名后的字符串
timestamp	发送请求的时间	string	n13	是	精确到毫秒
version	版本	string	..20	是	微服务版本号
biz_content	输入参数	string	..ul	是	具体的业务接口输入参数见表26

专题监测文章搜索接口请求参数中的biz_content业务参数见表26。

表26　专题监测文章搜索接口请求参数中的biz_content业务参数

参数	参数名称	数据类型	数据格式	是否必填	说明
topicid	热点专题ID	string	..10	是	专题热点ID
Datespan	数据日期	string	n1	是	定长数值型字符串,0:全部;1:今天;2:昨天;3:近7天
carrier_type	数据载体类型	string	n1	否	定长数值型字符串,0:全部;1:新闻;2:微博;3:博客;4:论坛;5:贴吧;6:微信;7:数字报;8:手机App
isNeg	信息类型	string	n1	否	定长数值型字符串,0:全部;1:负面信息
order_by	排序方式	string	n1	否	定长数值型字符串,0:智能排序;1:按时间排序
page	页码	string	..10	否	无

5.10.4 返回参数

专题监测文章搜索接口返回示例见表27。

表27　专题监测文章搜索接口返回参数

参数	参数名称	参数类型	说明
name	名称	string	专题监测文章名称
data	数据	string	数据内容
topicid	主题ID	string	无
focusid	关注ID	string	关注的ID
linkid	链接ID	string	链接的ID
title	标题	string	无
description	描述	string	热点数据描述
source	来源	string	数据来源

续表

参数	参数名称	参数类型	说明
datetime	时间	string	数据发布的时间
num	数字	string	无
carriertype	数据载体类型	string	定长数值型字符串,0:智能排序;1:按时间排序
content	文章内容	string	无

专题监测文章搜索接口返回示例如下:


```
{
  "name":"91649",
  "data":[
    {
      "topicid":275,
      "focusid":"91649",
      "linkid":"167",
      "title":"邓为副厅长带队到眉山市调研儿童福利工作",
      "description":"6月23日,四川省民政厅党组成员、副厅长邓为一行到眉山市仁寿县调研儿童工作
……",
      "source":"www.jinyinet.com",
      "datetime":"2020-08-17 10:21:38",
      "carriertype":1,
      "num":-1,
    "content":"文章内容"
    },
    {
……
    }
}
```

JMGC

民 政 部 金 民 工 程 标 准

JMGC/JS 312—2020

金民工程 短信接口

2020－12－30 发布　　　　2020－12－30 实施

民政部信息中心 发布

目　次

前　言

本文件按照 GB/T 1.1—2020《标准化工作导则 第1部分:标准化文件的结构和起草规则》的规定起草。

请注意本文件的某些内容可能涉及专利。本文件的发布机构不承担识别专利的责任。

本文件由民政部信息中心提出并归口。

本文件起草单位:民政部信息中心、四川久远银海软件股份有限公司。

本文件主要起草人:王兴玲、张建民、张彤、陶亮、贾雅杰、李坤林、王鹏、张进科、李双君、刘渝、欧海莉、王荣。

金民工程 短信接口

1 范围

本文件规定了金民工程项目中单条短信、批量短信、模板短信调用的接口标准。

本文件适用于金民工程项目中各软件包,其他系统需要使用短信平台时可参照使用。

2 规范性引用文件

下列文件中的内容通过文中的规范性引用而构成本文件必不可少的条款。其中,注日期的引用文件,仅该日期对应的版本适用于本文件;不注日期的引用文件,其最新版本(包括所有的修改单)适用于本文件。

JMGC/YW 406 金民工程信息化术语

3 术语和定义

JMGC/YW 406 界定的以及下列术语和定义适用于本文件。

3.1 短消息服务

通过移动网络用手机等移动终端收发简短文本信息的一种通信服务。通常简称为“短信”,英文缩写 SMS。

3.2 短信下行

由服务商发送至手机的过程为下行(MT),由服务商向用户手机等终端发送短信的过程即称为短信下行。

4 缩略语

下列缩略语适用于本文件。

HTTP:超文本传输协议(Hyper Text Transfer Protocol)

HTTPS:HTTP 加上 TLS/SSL 协议构建的可进行加密传输、身份认证的网络协议(Hyper Text Transfer Protocol Over Secure Socket Layer)

JSON:轻量级的数据交换格式(Java Script Object Notation)

UTF—8:Unicode 的一种可变长度字符编码(8 - bit,Unicode Transformation Format)

5 金民工程一期短信平台域名

api. sms. caih. com

6 短信下行

6.1 请求地址

http(https)://域名/sms－partner/access/{用户账号}/sendsms

注:为了确保数据隐私和安全,用户应通过 http(https) POST 方式发送请求,消息应为 JSON 格式。

6.2 标准包头字段

Accept:application/json;

Content－Type:application/json;charset＝utf－8。

6.3 请求包体

调用接口时需要携带的参数见表 1。

表 1　短信下行请求包体

参数	参数名称	数据类型	数据格式	是否必填	说明
clientId	子账号	string	..6	是	子账号,6 位
password	口令	string	..12	是	口令,8—12 位,MD5 加密后 32 位,小写,必须包含大小写字母与数字
mobile	发送手机号码	string	n11	是	发送手机号码
smstype	短信类型	string	n1	是	短信类型,“0”:通知短信,“4”:验证码短信,“5”:营销短信
content	短信内容	string	ul	是	签名＋短信内容,最长 500 个字(包括英文字母),其中签名 2—12 个字(包括英文字母)
sendtime	发送时间	string	n13	否	发送时间,为空表示立即发送,定时发送格式:2018－11－11 09:00:00
uid①	自定义 ID	string	n60	否	自定义 ID,随状态报告返回,最长 60 位
注: ①uid 字段用户在单、群发短信时,由用户生成并下发到平台的序列号(最长不超过 60 位),该 uid 将在应答、状态报告中返回给客户,用于客户区分或对应单、群发短信的批次。					

6.4 响应包体

接口调用成功后返回的参数见表2。

表2　短信下行响应包体

参数	参数名称	数据类型	是否必填	说明
total_fee①	短信发送的计费总条数	string	是	短信发送的计费总条数
code	返回码	string	是	短信请求响应返回码
msg	描述	string	是	短信请求响应返回中文描述
fee②	成功发送的短信计费条数	string	是	成功发送的短信计费条数,计费规则如下:70个字一条,超出70个字时按每67字一条计费(英文按字母个数计算)
mobile	手机号码	string	是	接收短信的手机号码
sid③	短信标识符	string	是	短信标识符(用于匹配状态报告),一次请求对应同一个sid
uid④	自定义ID	string	是	自定义ID,随状态报告返回

注:
①total_fee表示单(群)发短(长)短信总共计费的条数;
②fee表示每个短信接收的手机号码收到短信的计费条数(长短信按照短信计费规则进行计费,长短信拆分最大不超过10条);
③sid是短信平台产生的唯一标识,用于下发短信与状态报告相对应;
④uid字段返回内容,用于客户区分或对应单、群发短信的批次。

7 批量短信下行

7.1 请求地址

http(https)://域名/sms-partner/access/{用户账号}/batchsms

注:为了确保数据隐私和安全,用户应通过http(https) POST方式发送请求,消息应为JSON格式。

7.2 标准包头字段

Accept:application/json;

Content-Type:application/json;charset=utf-8。

7.3 请求包体

调用接口时需要携带的参数见表3。

表3　批量短信下行请求包体

参数	参数名称	数据类型	数据格式	是否必填	说明
clientId	子账号	string	..6	是	子账号,6位

续表

参数	参数名称	数据类型	数据格式	是否必填	说明
password	口令	string	..12	是	口令,8—12 位,MD5 加密后 32 位,小写,必须包含大小写字母与数字
mobile	手机号	string	n11	是	发送手机号码
content	短信内容	string	ul	是	签名 + 短信内容,最长 500 个字(包括英文字母),其中签名 2—12 个字(包括英文字母)
uid①	自定义 ID	string	n60	否	自定义 ID,随状态报告返回,最长 60 位
注: ①uid 字段用户在单、群发短信时,由用户生成并下发到平台的序列号(最长不超过 60 位),该 uid 将在应答、状态报告中返回给客户,用于客户区分或对应单、群发短信的批次。群发一次最多 100 组短信,每组一个号码。					

7.4 响应包体

接口调用成功后返回的参数见表 4。

表 4　批量短信下行响应包体

参数	参数名称	数据类型	是否必填	说明
total_fee	短信发送的计费总条数	string	是	短信发送的计费总条数
code	返回码	string	是	短信请求响应返回码
msg	描述	string	是	短信请求响应返回中文描述
fee	成功发送的短信计费条数	string	是	成功发送的短信计费条数,计费规则如下:70 个字一条,超出 70 个字时按每 67 字一条计费(英文按字母个数计算)
mobile	手机号码	string	是	接收短信的手机号码
sid	短信标识符	string	是	短信标识符,一个号码对应一个 sid
uid	自定义 ID	string	否	自定义 ID,随状态报告返回

8 模板短信下行

8.1 请求地址

http(https)://域名/sms - partner/access/{用户账号}/templatesms

注:为了确保数据隐私和安全,用户需要通过 http(https) POST 方式发送请求,消息格式:JSON 格式。

8.2 标准包头字段

Accept:application/json;

Content - Type:application/json;charset = utf - 8。

8.3 请求包体

调用接口时需要携带的参数见表5。

表5 模板短信下行请求包体

参数	参数名称	数据类型	数据格式	是否必填	说明
clientId	账号	string	..6	是	账号,6位
password	口令	string	..12	是	口令,8—12位,MD5加密后32位,小写,必须包含大小写字母与数字
mobile	手机号码	string	n11	是	发送手机号码
templateid	模板ID	string	..20	是	模板ID
param	模板参数	string	ul	是	模板中对应的参数值，设置规则如下： a)多个参数值以英文分号(;全/半角)间隔 b)参数值顺序与模板中变量顺序相对应 c)参数值个数必须与模板中变量个数一致 d)格式为“参数值;参数值;参数值”的方式 e)模板中无参数值时,可以为空 f)当compress_type字段值为“1”时，每个参数值都用BASE64加密
sendtime	定时发送时间	string	..13	否	定时发送时间,为空表示立即发送，定时发送格式：2018-11-11 09:00:00(未生效)
uid①	自定义ID	string	n60	否	自定义ID
compress_type	加密	string	n1	否	默认为不加密,“0”：不加密,“1”：BASE64加密

注：
①uid字段用户客户在单、群发短信时由客户生成并下发到平台的序列号(最长不超过60位)。群发一次最多1000个号码。

8.4 响应包体

接口调用成功后返回的参数见表6。

表6　模板短信下行响应包体

参数	参数名称	数据类型	是否必填	说明
total_fee	短信发送的计费总条数	string	是	短信发送的计费总条数
code	返回码	string	是	短信请求响应返回码,参考"请求响应返回码"定义的返回码
msg	描述	string	是	短信请求响应返回中文描述,参考"请求响应返回码"定义的中文描述
fee	成功发送的短信计费条数	string	是	成功发送的短信计费条数,计费规则如下:70个字一条,超出70个字时按每67字一条计费(英文按字母个数计算)
mobile	手机号码	string	是	接收短信的手机号码
sid	短信标识符	string	是	短信标识符(用于匹配状态报告),一次请求对应同一个sid
uid	自定义ID	string	否	自定义ID,随状态报告返回

JMGC

民 政 部 金 民 工 程 标 准

JMGC/JS 313—2020

金民工程 统一消息通知服务对接要求

2020－12－30 发布　　　　2020－12－30 实施

民政部信息中心 发布

目　　次

前　言

本文件按照 GB/T 1.1—2020《标准化工作导则 第1部分:标准化文件的结构和起草规则》的规定起草。

请注意本文件的某些内容可能涉及专利。本文件的发布机构不承担识别专利的责任。

本文件由民政部信息中心提出并归口。

本文件起草单位:民政部信息中心、四川久远银海软件股份有限公司。

本文件主要起草人:王兴玲、张建民、张彤、陶亮、贾雅杰、王鹏、李双君、李坤林、张进科、欧海莉、王荣。

金民工程 统一消息通知服务对接要求

1 范围

本文件规定了金民工程项目中系统接入要求和统一消息服务提供的接口。

本文件适用于金民工程项目中各软件包。

2 规范性引用文件

下列文件中的内容通过文中的规范性引用而构成本文件必不可少的条款。其中,注日期的引用文件,仅该日期对应的版本适用于本文件;不注日期的引用文件,其最新版本(包括所有的修改单)适用于本文件。

JMGC/YW 406 金民工程信息化术语

3 术语和定义

JMGC/YW 406 界定的术语和定义适用于本文件。

4 缩略语

App:手机软件(Application)

HTTP:超文本传输协议(Hyper Text Transfer Protocol)

HTTPS:HTTP 加上 TLS/SSL 协议构建的可进行加密传输、身份认证的网络协议(Hyper Text Transfer Protocol Over Secure Socket Layer)

IP:网际互联协议(Internet Protocol)

5 消息接入要求

5.1 接入系统要求

调用消息服务平台的统一发送消息的接口前,应用系统应先在消息服务平台上完成注册,并获得对应的证书。

5.2 消息类型介绍

统一消息服务对接各个消息发送渠道,输出统一的消息服务接口,供应用系统调用。消息服务平台支持的发送渠道为 App、微信公众号、邮件、短信,应用系统应可根据实际情况,选择合适渠道。同时发送多个渠道消息时,发送顺序为配置时选择渠道的先后顺序。

a)App 消息推送:App 消息推送是指系统将消息推送到用户指定的手机 App 中,该 App 接收到消息后可向用户展示。

b)微信公众号消息推送:微信公众号消息推送是指系统通过微信公众号向用户推送消息。

c)邮件消息推送:邮件消息推送是指系统将通知信息以邮件的形式发送到对应的用户邮箱地址。邮件消息可推送携带附件的消息内容,附件大小与邮箱本身限制有关。

d)短信消息推送:短信消息推送是指系统将通知信息以短信的方式发送到对应的手机。短信消息可推送少量业务办理内容给用户,也可用于短信验证码登录,目前仅支持 +86 手机号。

6 统一消息服务接口

6.1 统一消息服务接口列表

根据金民工程统一规划,金民工程消息服务接口应统一注册到应用支撑平台,供第三方业务系统调用。消息通知服务对外提供的接口包括发送和查询接口,见表 1。

表 1　服务接口列表

服务接口名称	功能描述
统一消息发送	调用该接口进行消息发送
统一消息查询	提供已发送消息的查询服务

6.2 统一消息发送接口

6.2.1 接口描述

统一消息发送接口可提供统一的消息推送功能。该接口通过金民工程应用支撑平台的微服务集成管理系统对外提供。其在微服务集成管理系统中的注册信息如下:

a)系统接入标识:message

b)服务标识:send_message

6.2.2 接口地址

接口地址:http/https://IP:端口/fwjc_engine_int/rest/send_message

6.2.3 请求方式

HTTP/HTTPS POST

6.2.4 请求参数

统一消息发送接口请求参数见表 2。

表 2　统一消息发送接口请求参数

参数	参数名称	数据类型	数据格式	是否必填	说明
access_key	接入系统标识	string	..50	是	在微服务中注册的系统标识
format	返回数据格式	string	..10	否	返回格式为 json/xml
request_id	请求唯一编码	string	..50	否	请求的唯一流水号
sign	参数签名	string	..ul	是	对传入参数签名后的字符串
timestamp	发送请求的时间	string	n13	是	精确到毫秒
version	版本	string	..20	否	微服务版本号
biz_content	输入参数	string	..ul	是	按 JSON 类型返回，具体的业务接口输入参数，见表 2

统一消息发送接口请求参数中 biz_content 业务参数见表 3。

表 3　统一消息发送接口请求参数中 biz_content 业务参数

参数	参数名称	数据类型	数据格式	是否必填	说明
ticket	接入系统证书	string	..50	是	验证系统是否有调用权限
msgjsonstr	消息内容	string	..ul	是	详细参见表 4 msgjsonstr 参数详细说明
file	消息附件	string	..ul	否	消息发送的附件

统一消息发送接口请求参数中 msgjsonstr 参数见表 4。

表 4　统一消息发送接口请求参数中 msgjsonstr 参数

参数	参数名称	数据类型	数据格式	是否必填	说明
user	发件人	string	..ul	是	发件人信息，详细参见表 5 user 参数详细说明
userlist	收件人	string	..ul	是	收件人信息，详细参见表 6 userList 详细说明
message	消息内容	string	..ul	是	推送消息的具体内容，详细参见表 7 message 详细说明

统一消息发送接口请求参数中 user 参数见表 5。

表 5　统一消息发送接口请求参数中 user 参数

参数	参数名称	数据类型	数据格式	是否必填	说明
appId	接入系统 ID	string	..50	是	发件人所属系统注册 ID
userId	发件人 ID	string	..50	是	发件人用户 ID
name	发件人姓名	string	..72	是	发件人用户姓名

统一消息发送接口请求参数中 userList 参数见表 6。

表 6　统一消息发送接口请求参数中 userList 参数

参数	参数名称	数据类型	数据格式	是否必填	说明
appId	接入系统 ID	string	..50	是	收件人所属系统注册 ID
userId	收件人 ID	string	..50	是	收件人用户 ID
name	收件人姓名	string	..72	是	收件人用户姓名
email	收件人邮箱地址	string	..50	否	收件人邮箱地址
sms	收件人短信手机	string	n11	否	收件人手机号
weChat	微信公众号 openId	string	..200	否	微信公众号 openId
registrationId	App 唯一标识	string	..200	否	收件人 App 唯一标识

统一消息发送接口请求参数中 message 参数见表 7。

表 7　统一消息发送接口请求参数中 message 参数

参数	参数名称	数据类型	数据格式	是否必填	说明
title	消息标题	string	..100	是	消息的标题
content	消息内容	string	..ul	否	消息内容的文本信息
messageTypes	消息类型	string	n2	是	消息类型:01:App 消息;02:微信公众号消息;03:邮件消息;04:短信消息

6.2.5 返回参数

统一消息发送接口返回参数见表 8。

表 8　统一消息发送接口返回参数

参数	参数名称	参数类型	说明
code	返回码值	string	服务调用是否成功的状态值
msg	返回码描述	string	返回码的描述信息
biz_data	业务输出参数	string	返回为空值

接口返回示例如下:


```
{
  "code": "200",
  "msg": "成功",
  "biz_data":""
}
```

6.3 统一消息查询接口

6.3.1 接口描述

统一消息查询接口可提供已发送消息查询功能。该接口通过金民工程应用支撑平台的微服务集成管理系统对外提供。其在微服务集成管理系统中的注册信息如下：

a)系统接入标识：message

b)服务标识：query_message

6.3.2 接口地址

接口地址：http/https：//IP：端口/fwjc_engine_int/rest/query_message

6.3.3 请求方式

HTTP/HTTPS POST

6.3.4 请求参数

统一消息查询接口请求参数见表9。

表9 统一消息查询接口请求参数

参数	参数名称	数据类型	数据格式	是否必填	说明
access_key	接入系统标识	string	..50	是	在微服务中注册的系统标识
format	返回数据格式	string	..10	否	返回格式为json/xml
request_id	请求唯一编码	string	..50	否	请求的唯一流水号
sign	参数签名	string	..ul	是	对传入参数签名后的字符串
timestamp	发送请求的时间	string	n13	是	精确到毫秒
version	版本	string	..20	否	微服务版本号
biz_content	输入参数	string	..ul	是	按JSON类型返回，具体的业务接口输入参数，见表2

统一消息查询接口请求参数中biz_content业务参数见表10。

表10 统一消息查询接口请求参数中biz_content业务参数

参数	参数名称	数据类型	数据格式	是否必填	说明
searchParameter	查询参数	string	..ul	是	查询消息时的参数，见表11

统一消息查询接口请求参数中searchParameter参数见表11。

表 11 统一消息查询接口请求参数中 searchParameter 参数

参数	参数名称	数据类型	数据格式	是否必填	说明
userid	发件人 ID	string	..50	是	发件人用户 ID
systemid	接入系统 ID	string	..50	是	接入系统的 ID
page	当前页码	string	..10	是	查询消息分页的页码
limit	每页条数	string	..3	是	查询消息分页的每页条数

6.3.5 返回参数

统一消息查询接口返回参数见表 12。

表 12 统一消息查询接口返回参数

参数	参数名称	参数类型	说明
code	返回码值	string	服务调用是否成功的状态值
msg	返回码描述	string	返回码的描述信息
biz_data	业务输出参数	string	按 JSON 格式返回,具体的业务接口输出参数,见表 13

统一消息查询接口返回参数中 biz_data 的业务参数见表 13。

表 13 统一消息查询接口返回参数中 biz_data 的业务参数

参数	参数名称	参数类型	说明
msgid	消息主键	string	消息对应的主键
title	消息标题	string	返回码的描述信息
content	消息内容	string	按 JSON 格式返回,具体的业务接口输出参数,见表 10
attachment	附件内容	string	附件文件
mgdateshow	消息发送时间	string	消息发送的时间
suserid	发送用户 ID	string	发送消息的用户 ID
sname	发送用户姓名	string	发送消息的用户姓名
read	是否已读	string	是否已读

接口返回示例如下:

```
{
  "code": "200",
  "msg": "成功",
  "biz_data":{
    "mgid":"3444321",
    "title":"测试消息_标题",
    "content":"测试消息_内容",
    "attachment":null,
    "mgdateshow":"2020-10-11 12:00:00",
    "suserid":"22143345679",
    "sname":"张三",
    "read":"1"
  }
}
```

JMGC

民　政　部　金　民　工　程　标　准

JMGC/JS 314—2020

金民工程 共享业务组件接口

2020－12－30 实施　　　　2020－12－30 发布

民政部信息中心 发布

目　次

前 言

本文件按照 GB/T 1.1—2020《标准化工作导则 第1部分:标准化文件的结构和起草规则》的规定起草。

请注意本文件的某些内容可能涉及专利。本文件的发布机构不承担识别专利的责任。

本文件由民政部信息中心提出并归口。

本文件起草单位:民政部信息中心、四川久远银海软件股份有限公司。

本文件主要起草人:王兴玲、张建民、张彤、陶亮、钟爱伦、彭鑫森、李双君、李坤林、刘渝、欧海莉、王荣、张进科。

金民工程 共享业务组件接口

1 范围

本文件规定了金民工程项目中各应用系统之间开展业务协同的服务对接方式。

本文件适用于金民工程项目中各个软件包。

2 规范性引用文件

下列文件中的内容通过文中的规范性引用而构成本文件必不可少的条款。其中,注日期的引用文件,仅该日期对应的版本适用于本文件;不注日期的引用文件,其最新版本(包括所有的修改单)适用于本文件。

C0109.2 国家政务服务平台政务服务事项基本目录清单及实施清单 第2部分:要素要求

C0126.1 国家政务服务平台数据交换与共享接口 第1部分:数据交换要求

JMGC/YW 406 金民工程信息化术语

3 术语和定义

JMGC/YW 406 界定的术语和定义适用于本文件。

4 缩略语

下列缩略语适用于本文件。

HTTP:超文本传输协议(HTTP,Hyper Text Transfer Protocol)

HTTPS:HTTP 加上 TLS/SSL 协议构建的可进行加密传输、身份认证的网络协议(Hyper Text Transfer Protocol Over SecureSocket Layer)

JSON:轻量级的数据交换格式(JavaScript Object Notation)

UTF-8:Unicode 的一种可变长度字符编码(8-bit,Unicode Transformation Format)

5 共享业务服务接口要求

5.1 概述

业务共享接口应采用 HTTP(HTTPS) POST 方式提供,请求和返回的参数均采用 JSON 格式,编码均为 UTF-8 字符集。

5.2 统一查询接口

5.2.1 接口描述

供门户系统、业务经办系统查询业务办理详细进度及办理情况的查询功能。

该接口通过金民工程应用支撑平台的微服务集成管理系统对外提供。其在微服务集成管理系统中的注册信息如下：

a)系统接入标识：zwfw

b)服务标识：zwfw_query

注：该接口设计参照《C0109.2—2018 国家政务服务平台政务服务事项基本目录清单及实施清单 第2部分：要素要求》文件中第6章政务服务事项办件信息要素。

5.2.2 接口地址

http(https)://IP:端口/yhbcp - engine/rest/zwfw_query

注：通过微服务集成管理系统统一授权接口调用权限后允许调用。

5.2.3 请求方式

HTTP(HTTPS) POST

5.2.4 请求参数

调用统一查询接口时，应传入接入系统标识、返回数据格式、流水号、参数签名、发送请求的时间等参数，具体接口请求参数见表1。

表1 统一查询接口请求参数

参数	参数名称	数据类型	数据格式	是否必填	说明
access_key	接入系统标识	string	..50	是	在微服务中注册的系统标识
format	返回数据格式	string	..10	否	返回格式为JSON/XML
request_id	请求唯一编码	string	..50	否	请求的唯一流水号
sign	参数签名	string	..10	是	对传入参数签名后的字符串
timestamp	发送请求的时间	string	n13	是	当前时间戳，如：1614849663248
version	版本	string	..20	是	微服务版本号
biz_content	输入参数	string	..ul	是	具体的业务接口输入参数，见表2

统一查询接口请求参数中的biz_content业务参数见表2。

表 2　统一查询接口请求参数中的 biz_content 业务参数

参数	参数名称	数据类型	数据格式	是否必填	说明
axcp0004	操作人姓名	string	..72	否	操作人姓名（与证件号码、所在单位、统一社会信用代码至少传一个）
axcp0002	操作人公民身份号码	string	an18	否	操作人公民身份号码（与操作人姓名、所在单位、统一社会信用代码至少传一个）
axbe0003	所在单位	string	..100	否	所在单位（与操作人姓名、证件号码、统一社会信用代码至少传一个）
axbe0002	统一社会信用代码	string	an18	否	统一社会信用代码（与操作人姓名、证件号码、所在单位至少传一个）

5.2.5 返回参数

统一查询接口返回参数见表 3。

表 3　统一查询接口返回参数

参数	参数名称	数据类型	是否必填	说明
code	返回码值	string	是	服务调用是否成功的状态值
msg	返回码描述	string	是	返回码的描述信息
biz_data	业务输出参数	string	否	具体的业务接口输出参数，见表 4

统一查询接口返回参数中的 biz_data 业务参数见表 4。

表 4　统一查询接口返回参数中的 biz_data 业务参数

参数	参数名称	数据类型	是否必填	说明
caller_info	调用方信息	string	否	见表 5 调用方信息（caller_info）数据表
base_info	办件基本信息	string	是	见表 6 办件基本信息（base_info）数据表
contact_info	自然人信息	string	是	见表 7 自然人信息（contact_infocontact_info）数据表
legal_info	法定代表人信息	string	是	见表 8 法定代表人信息（legal_info）数据表
other_organization_info	其他组织信息	string	是	见表 9 其他组织信息（other_organization_info）数据表
mail_info	寄件信息	string	是	见表 10 寄件信息（mail_info）数据表
business_segment_info	业务环节信息	string	是	见表 11 业务环节信息（business_segment_info）数据表
accept_info	受理信息	string	是	见表 12 受理信息（accept_info）数据表

续表

参数	参数名称	数据类型	是否必填	说明
result_info	结果信息	string	是	见表 13 结果信息(result_info)数据表
special_program	特别程序信息	string	是	见表 14 特别程序信息(special_program)数据表
material_info	材料信息	string	是	见表 15 材料信息(material_info)数据表

调用方信息数据见表 5。

表 5　调用方信息(caller_info)数据

参数	参数名称	数据类型	是否必填	说明
AZWX1022	办件编号	string	是	无
AXCP0004	调用人姓名	string	否	无
AXCP0002	调用人证件号码	string	否	无
AXBE0003	调用人单位名称	string	否	无
AXBE0002	调用人单位统一社会信用代码	string	否	无

办件基本信息数据见表 6。

表 6　办件基本信息(base_info)数据

参数	参数名称	数据类型	是否必填	说明
AZWX1042	办件编号	string	是	无
AZWX0032	实施编码	string	是	无
AZWX0028	实施事项版本	string	是	无
AZWX0033	业务办理项编码	string	否	无
AZWX1044	办件类型	string	是	见附录 A.4 办件类型
AZWX1053	申请类型	string	是	见附录 A.8 申请类型
AZWX1050	收费金额	string	否	无
AXCP0004	办理人姓名	string	是	无
AXCP0003	办理人证件类型	string	是	见附录 A.10 证件类型
AXCP0002	办理人证件号码	string	是	无
AZWX1049	办理人联系电话	string	是	无
AZWX1054	申请主体类型	string	是	见附录 A.2 服务对象
AZWX1047	办件摘要	string	否	无
AZWX1048	申请时间	string	是	

自然人信息数据见表7。

表7　自然人信息(contact_info)数据

参数	参数名称	数据类型	是否必填	说明
AXCP0002	姓名	string	是	无
AXCP0004	证件类型	string	是	见附录 A.10 证件类型
AXCP0005	证件号码	string	是	证件号码,可为多个,用符号“^” 隔开
AXZX0001	联系电话	string	否	无
AXCP0021	地址	string	否	无
AXZX0005	电子邮箱	string	否	无
AXZX0006	邮编	string	否	无

法定代表人信息数据见表8。

表8　法定代表人信息(legal_info)数据

参数	参数名称	数据类型	是否必填	说明
AXEX0007	主体性质	string	是	见附录 A.1 实施主体性质
AZWX1074	机构证件类型	string	是	见附录 A.10 证件类型
AZWX1075	机构证件号码	string	是	无
AXBE0003	机构名称	string	是	无
AXBE0013	机构地址	string	是	无
AXBE0020	法定代表人姓名	string	是	无
AXBE0018	法定代表人证件类型	string	是	见附录 A.10 证件类型
AXBE0019	法定代表人证件号码	string	是	无
AZWX1081	法定代表人地址	string	否	无
AXZX0006	法定代表人地址邮编	string	否	无
AXZX0001	法定代表人联系电话	string	否	无

其他组织信息数据见表9。

表9　其他组织信息(other_organization_info)数据

参数	参数名称	数据类型	是否必填	说明
AZWX1093	主体性质	string	是	见附录 A.1 实施主体性质

续表

参数	参数名称	数据类型	是否必填	说明
AZWX1094	证件类型	string	是	见附录 A. 10 证件类型
AZWX1095	证件号码	string	是	无
AZWX1096	机构名称	string	是	无
AZWX1098	通信地址	string	否	无
AXZX0006	邮编	string	否	无
AXZX0001	联系电话	string	否	无

寄件信息数据见表 10。

表 10　寄件信息(mail_info)数据

参数	参数名称	数据类型	是否必填	说明
AXZX0006	邮编	string	否	无
AZWX1114	地址	string	否	无
AZWX1115	取件方式	string	否	见附录 A. 12 取件方式
AZWX1116	取件人	string	否	无
AXZX0001	联系电话	string	否	无

业务环节信息数据见表 11。

表 11　业务环节信息(business_segment_info)数据

参数	参数名称	数据类型	是否必填	说明
AZWX1133	环节类型	string	是	见附录 A. 11 环节类型
AZWX1147	环节名称	string	是	无
AZWX1134	开始时间	string	是	无
AZWX1135	结束时间	string	是	无
AZWX1136	业务动作	string	否	见附录 A. 5 业务动作
AZWX1137	流程节点意见	string	否	无
AZWX1139	经办人 ID	string	否	无
AZWX1140	经办人单位名称	string	否	无
AZWX1141	经办人单位统一社会信用代码	string	否	无
AZWX1142	经办人名称	string	否	无
AZWX1143	经办人区划	string	否	无
AZWX1146	备注	string	是	无

受理信息数据见表 12。

表 12　受理信息(accept_info)数据

参数	参数名称	数据类型	是否必填	说明
AZWX1163	是否受理	string	否	0 否 1 是
AZWX1164	受理时间	string	否	无
AZWX1165	受理人 ID	string	否	无
AZWX1166	受理人姓名	string	否	无
AZWX1167	不予受理结论	string	否	无
AZWX1168	受理意见	string	否	无
AXBE0003	受理人单位名称	string	否	无
AXBE0002	受理单位统一社会信用代码	string	否	无
AZWX1171	备注	string	否	无
AXBE0022	受理人单位区划代码	string	否	无
AZWX1173	受理文书编号	string	否	无

结果信息数据见表 13。

表 13　结果信息(result_info)数据

参数	参数名称	数据类型	是否必填	说明
AXEX0009	证照编号	string	否	无
AXEX0008	结果证照名称	string	否	无
AZWX1188	业务数据	string	否	无
AZWX1189	是否快递递送结果	string	否	0 否,1 是
AZWX1190	办结时间	string	否	无
AZWX1191	办理结果	string	否	见附录 A.6 办理结果
AZWX1183	办件结果描述	string	否	无
AZWX1185	满意度	string	否	见附录 A.9 满意度
AZWX1186	备注	string	否	无

特别程序信息数据见表 14。

表 14　特别程序信息(special_program)数据

参数	参数名称	数据类型	是否必填	说明
AZWX1214	特别程序种类	string	否	见附录 A.7 特别程序种类
AZWX1215	特别程序种类名称	string	否	无
AZWX1216	特别程序开始时间	string	否	无
AZWX1217	特别程序启动理由或依据	string	否	无
AZWX1218	申请人	string	否	无
AZWX1219	特别程序结束时间	string	否	无
AZWX1220	特别程序结果	string	否	无
AZWX1221	特别程序办理意见	string	否	无
AZWX1222	办理人	string	否	无
AZWX1223	备注	string	否	无

材料信息数据见表 15。

表 15　材料信息(material_info)数据

参数	参数名称	数据类型	是否必填	说明
AZWX1244	材料名称	string	否	无
AZWX1245	收取方式	string	否	见附录 A.3 收取方式
AZWX1246	收取数量	string	否	无
AZWX1247	附件名称	string	否	无
AZWX1248	备注	string	否	无

统一查询接口返回示例如下。

```
{
  "code":"200",
  "message":"成功",
  " biz_data":{
  "caller_info":{//调用信息
    "azwx1022":"1151000000828236482512001635002",//办件编号
    "axcp0004":"axcp0004 ",//调用人姓名
    "axcp0002":"511028xxxxxx010039",//调用人公民身份号码
    "axbe0003":"axbe0003 ",//所在单位
    "axbe0002":"511028xxxxxx010039"//统一社会信用代码
  },
  "base_info":{//办件基础信息
    "azwx1042":"1151000000828236482512001635002",//办件编号
```

```
  "azwx0032": "1151000000828236482512001635001",//实施编码
  "azwx0028": "1",//实施事项版本
  "azwx0033": "115100000082823648251200163500101",//业务办理项编码
  "azwx1044": "1",//办件类型
  "azwx1053": "1",//申请类型
  "azwx1050": "50",//收费金额
  "axcp0004": "axcp0004",//办理人姓名
  "azwx1054": "5",//申请主体类型
  "axcp0003": "1",//办理人证件类型
  "axcp0002": "511028xxxxxx010039",//办理人证件号码
  "azwx1047": "azwx1047",//办件摘要
  "azwx1048": "2019-2-19"//申请时间
},
"contact_info": {//自然人信息
  "azwx1065": "azwx1065",//姓名
  "azwx1066": "1",//证件类型
  "azwx1067": "511028xxxxxx010039",//证件号码
  "axzx0003": "184xxxx7797",//联系电话
  "axcp0021": "axcp0021 ",//地址
  "azwx1063": "azwx1063",//电子邮箱
  "azwx1064": "642150"//邮编
},
"legal_info": {//法定代表人信息
  "axex0007": "1",//主体性质
  "azwx1074": "1",//机构证件类型
  "azwx1075": "1",//机构证件号码
  "axbe0003": "axbe0003 ",//机构名称
  "axbe0013": "axbe0013 ",//机构地址
  "axbe0020": "axbe0020 ",//法定代表人姓名
  "axbe0019": "1",//法定代表人证件类型
  "axbe0018": "511028xxxxxx010039",//法定代表人证件号码
  "azwx1081": "azwx1081 ",//法定代表人地址
  "azwx1082": "642150",//法定代表人地址邮编
  "azwx1083": "18482107797"//法定代表人联系电话
},
"other_organization_info": {//其他组织信息
  "azwx1093": "1",//主体性质
  "azwx1094": "1",//证件类型
  "azwx1095": "511028xxxxxx010039",//证件号码
  "azwx1096": "azwx1096 ",//机构名称
  "azwx1098": "azwx1098 ",//通信地址
  "azwx1099": "642150",//邮编
  "azwx1100": "184xxxx7797"//联系电话
},
"mail_info": {//寄件信息
  "azwx1113": "610501",//邮编
  "azwx1114": "azwx1114 ",//邮寄地址
  "azwx1115": "1",//取件方式
  "azwx1116": "azwx1116 ",//取件人
  "azwx1117": "184xxxx7797"//联系电话
},
"business_segment_info": {//业务环节信息  "azwx1133": "2",//环节类型
  "azwx1147": "azwx1147 ",//环节名称
```

```
    "azwx1134":"20190228",//开始时间
    "azwx1135":"20190229",//结束时间
    "azwx1136":"1",//业务动作
    "azwx1137":"azwx1137 ",//流程节点意见
    "azwx1139":"azwx1139 ",/经办人 ID
    "azwx1140":"azwx1140 ",/经办人单位名称
    "azwx1141":"1",//经办人单位信用代码
    "azwx1142":"azwx1142 ",//经办人名称
    "azwx1143":"420100000",//经办人区划代码
    "azwx1146":"azwx1146 "//备注
  },
  "accept_info":{//受理信息
    "azwx1163":"1",//是否受理
    "azwx1164":"20190228",//受理时间
    "azwx1165":"azwx1165 ",//受理人 ID
    "azwx1166":"azwx1166 ",//受理人姓名
    "azwx1167":"azwx1167 ",//不予受理结论
    "azwx1168":"azwx1168 ",//受理意见
    "axbe0003":"axbe0003 ",//受理人单位名称
    "axbe0002":"511028xxxxxx010039",//单位统一社会信用代码
    "azwx1171":"azwx1171 ",//备注
    "axbe0022":"420100000",//受理人单位所在行政区划
    "azwx1173":"azwx1173 "//受理文书编号
  },
  "material_info":[
    {
      "AZWX1244":"AZWX1244",//材料名称
      "AZWX1245":"2",//收取方式
      "AZWX1246":"2",//收取数量
      "AZWX1247":"AZWX1247 ",//附件名称
      "AZWX1248":"AZWX1248 "//备注
    },
    {
      "AZWX1244":"AZWX1244 ",//材料名称
      "AZWX1245":"1",//收取方式
      "AZWX1246":"1",//收取数量
      "AZWX1247":"AZWX1247",//附件名称
      "AZWX1248":"AZWX1248"//备注
    }
  ]
            }
        }
    },
    "errors":null,
    "serviceSuccess":true,
    "redirectUrl":null
}
```


5.3 统一申请/受理办件接口

5.3.1 接口描述

用户通过门户系统完成申请/受理业务流程环节后,应调用该接口将申请/受理信息写入政务服务管理平台,平台将申请/受理业务信息推送到消息中间件,业务系统接收到此项信息后,

进行数据解析以及业务流转办理。

该接口通过金民工程应用支撑平台的微服务集成管理系统对外提供。其在微服务集成管理系统中的注册信息如下：

a）系统接入标识：zwfw

b）服务标识：zwfw_apply

注：该接口设计参照《C0109.2—2018 国家政务服务平台政务服务事项基本目录清单及实施清单 第2部分：要素要求》文件中“第6章 政务服务事项办件信息要素”和《C0126.1 国家政务服务平台数据交换与共享接口 第1部分：数据交换要求》中“第6.4章 数据汇聚内容”。

5.3.2 接口地址

http(https)://IP:端口/yhbcp-engine/rest/zwfw_apply

注：通过微服务集成管理系统统一授权接口调用权限后允许调用。

5.3.3 请求方式

HTTP(HTTPS) POST

5.3.4 请求参数

调用统一申请/受理办件接口时，应传入接入系统标识、返回数据格式、流水号、参数签名、发送请求的时间、具体业务参数等，具体请求参数见表16。

表16　统一申请/受理办件接口请求参数

参数	参数名称	数据类型	数据格式	是否必填	说明
access_key	接入系统标识	string	..50	是	在微服务中注册的系统标识
format	返回数据格式	string	..10	否	返回格式为JSON/XML
request_id	请求唯一编码	string	..50	否	请求的唯一流水号
sign	参数签名	string	..10	是	对传入参数签名后的字符串
timestamp	发送请求的时间	string	n13	是	当前时间戳，如：1614849663248
version	版本	string	..20	是	微服务版本号
biz_content	输入参数	string	..ul	是	具体的业务接口输入参数，见表17

统一申请/受理办件接口请求参数中的biz_content业务参数见表17。

表17　统一申请/受理办件接口请求参数中的biz_content业务参数

参数	参数名称	数据类型	是否必填	说明
base_info	办件基本信息	string	是	见表6办件基本信息(base_info)数据表
contact_info	自然人信息	string	是	见表7自然人信息(contact_infocontact_info)数据表

续表

参数	参数名称	数据类型	是否必填	说明
legal_info	法定代表人信息	string	是	见表8 法定代表人信息(legal_info)数据表
other_organization_info	其他组织信息	string	是	见表9 其他组织信息(other_organization_info)数据表
mail_info	寄件信息	string	是	见表10 寄件信息(mail_info)数据表
business_segment_info	业务环节信息	string	是	见表11 业务环节信息(business_segment_info)数据表
accept_info	受理信息	string	是	见表12 受理信息(accept_info)数据表
material_info	材料信息	string	是	见表15 材料信息(material_info)数据表

5.3.5 返回参数

统一申请/受理办理接口返回参数见表18。

表18　统一申请/受理办理接口返回参数

参数	参数名称	数据类型	是否必填	说明
code	返回码值	string	是	服务调用是否成功的状态值
msg	返回码描述	string	是	返回码的描述信息
biz_data	业务输出参数	string	否	业务参数为空

统一申请/受理办理接口返回示例如下。

```
{
  "code": "200",
  "message": "成功",
  " biz_data": {
}
```

5.4 业务环节数据回执接口

5.4.1 接口描述

用户通过业务系统完成业务流程环节后,需要调用该接口将业务环节信息回执给政务服务平台。

该接口通过金民工程应用支撑平台的微服务集成管理系统对外提供。其在微服务集成管理系统中的注册信息如下:

a)系统接入标识: zwfw

b)服务标识:zwfw_receipt

注:该接口设计参照《C0109.2—2018 国家政务服务平台政务服务事项基本目录清单及实施清单 第2部分:要素要求》文件中“第6章 政务服务事项办件信息要素”和《C0126.1 国家政务服务平台数据交换与共享接口 第1部分:数据交换要求》中“第6.4章 数据汇聚内容”。

5.4.2 接口地址

http(https)://IP:端口/yhbcp－engine/rest/zwfw_receipt

注:通过微服务集成管理系统统一授权接口调用权限后允许调用。

5.4.3 请求方式

HTTP(HTTPS) POST

5.4.4 请求参数

调用业务环节数据回执接口时,应传入接入系统标识、返回数据格式、流水号、参数签名、发送请求的时间、具体业务参数等数据,通过微服务集成管理系统授权才可访问,有效保证接口的安全性,具体请求参数见表19。

表19 业务环节数据回执接口请求参数

参数	参数名称	数据类型	数据格式	是否必填	说明
access_key	接入系统标识	string	..50	是	在微服务中注册的系统标识
format	返回数据格式	string	..10	否	返回格式为JSON/XML
request_id	请求唯一编码	string	..50	否	请求的唯一流水号
sign	参数签名	string	..10	是	对传入参数签名后的字符串
timestamp	发送请求的时间	string	n13	是	当前时间戳,如:1614849663248
version	版本	string	..20	是	微服务版本号
biz_content	输入参数	string	..ul	是	具体的业务接口输入参数,见表21

业务环节数据回执接口请求参数中的biz_content业务参数见表20。

表20 业务环节数据回执接口请求参数中的biz_content业务参数

参数	参数名称	数据类型	是否必填	说明
caller_info	调用方信息	string	否	见表5 调用方信息(caller_info)数据表
base_info	办件基础信息	string	是	见表6 办件基本信息(base_info)数据表
business_segment_info	业务环节信息	string	是	见表11 业务环节信息(business_segment_info)数据表
result_info	办结结果信息	string	否	见表13 结果信息说明(result_info)数据表
special_program	特别程序信息	string	否	见表14 特别程序信息(special_program)数据表
biz_content	入参	string	是	入参

5.4.5 返回参数

业务环节数据回执接口返回参数见表21。

表 21　业务环节数据回执接口返回参数

参数	参数名称	数据类型	是否必填	说明
code	运行代码	string	是	运行代码
msg	信息提示	string	否	信息提示
biz_data	业务数据	string	否	业务参数为空

统一申请/受理办理接口返回示例如下。


```
{
  "code":"200",
  "message":"成功",
  " biz_data":{
}
```


5.5 事项信息查询接口

5.5.1 接口描述

事项信息查询接口适用于通过传入相应编码查询其对应目录信息的场景。

a)传入基本编码,查询基本目录信息;

b)传入实施编码,查询实施清单详细信息。

该接口通过金民工程应用支撑平台的微服务集成管理系统对外提供。其在微服务集成管理系统中的注册信息如下:

a)系统接入标识: zwfw;

b)服务标识:zwfw_matter_info。

注:该接口设计参照《C0109.2—2018 国家政务服务平台政务服务事项基本目录清单及实施清单 第 2 部分:要素要求》文件中“第 5.1 章　政务服务事项基本目录要素”。

5.5.2 接口地址

http(https)://IP:端口/yhbcp - engine/rest/zwfw_matter_info

注:通过微服务集成管理系统统一授权接口调用权限后允许调用。

5.5.3 请求方式

HTTP(HTTPS) POST

5.5.4 请求参数

调用事项信息查询接口时,应传入接入系统标识、返回数据格式、流水号、参数签名、发送请求的时间、业务参数等,具体请求参数见表 22。

表 22　事项信息查询接口实际请求参数

参数	参数名称	数据类型	数据格式	是否必填	说明
access_key	接入系统标识	string	..50	是	在微服务中注册的系统标识

续表

参数	参数名称	数据类型	数据格式	是否必填	说明
format	返回数据格式	string	..10	否	返回格式为 JSON/XML
request_id	请求唯一编码	string	..50	否	请求的唯一流水号
sign	参数签名	string	..10	是	对传入参数签名后的字符串
timestamp	发送请求的时间	string	n13	是	当前时间戳,如:1614849663248
version	版本	string	..20	是	微服务版本号
biz_content	输入参数	string	..ul	是	具体的业务接口输入参数,见表 25

事项信息查询接口请求参数中的 biz_content 业务参数见表 23。

表 23　事项信息查询接口请求参数中的 biz_content 业务参数

参数	参数名称	数据类型	是否必填	说明
basicCode	事项编码	string	是	传入基本编码,查询基本目录信息;传入实施编码,查询实施清单详细信息

5.5.5 返回参数

事项信息查询接口返回参数见表 24。

表 24　事项信息查询接口返回参数

参数	参数名称	数据类型	是否必填	说明
code	运行代码	string	是	运行代码
msg	信息提示	string	否	信息提示
biz_data	业务数据	string	否	查询数据

事项信息查询接口返回参数中的 biz_data 业务参数见表 25。

表 25　事项信息查询接口返回参数中的 biz_data 业务参数

参数	参数名称	数据类型	是否必填	说明
AZWX0003	基本编码	string	是	无
AZWX0004	事项类型	string	是	见附录 A 代码集“事项类型”
AZWX0005	设定依据	string	是	无
AZWX0006	行使层级	string	是	行使层级类型有:国家级、省级、市级、县级,可以多个层级组合,用符号“^”隔开 见附录 A 代码集“行使层级”

续表

参数	参数名称	数据类型	是否必填	说明
AZWX0007	事项状态	string	是	见附录 A 代码集“事项状态”
AZWX0008	事项版本	string	是	基本目录的当前版本，从 1 开始，事项每修改一次版本加 1
AZWX0009	计划生效日期	string	否	无
AZWX0010	计划失效日期	string	否	无
AZWX0013	事项主题	string	是	见附录 A 代码集“事项主题”
AXZX0009	经办人编号	string	是	无
AXCP0002	经办人姓名	string	是	无
AXZX0011	经办人所属机构编号	string	是	无
AXZX0012	经办日期	string	是	无

事项信息查询接口返回示例如下。


```
{
 "code": "200",
 "message": "成功",
 " biz_data": { "azwx0002": "事项一拆分 V3.1",//事项名称
              "azwx0003": "510104386000",//3 基本编码
              "azwx0004": "行政许可",//事项类型
              "azwx0006": "国家级/局(署、会)^省级/直属",//行使层级
              "azwx0007": "取消",//事项状态
              "azwx0008": "1",//事项版本
              "azwx0009": "2019-02-08",//计划生效日期
              "azwx0010": "2019-02-15",//计划失效日期
              "azwx0013": "社会组织",//事项版本来源
              "axzx0009": "1",//经办人编号
              "axzx0008": "超级管理员",//经办人姓名
              "axzx0011": 123456,//经办人所属机构编号
              "axzx0012": "2019-02-26 14:55:29"//经办日期
}
```


5.6 事项基本目录信息(全量)查询接口

5.6.1 接口描述

该接口通过金民工程应用支撑平台的微服务集成管理系统对外提供。其在微服务集成管理系统中的注册信息如下：

a)系统接入标识：zwfw

b)服务标识：zwfw_matterBasicCatalogInfoAll

注：该接口设计参照《C0109.2—2018 国家政务服务平台政务服务事项基本目录清单及实施清单 第 2 部分：要素要求》文件中“第 5.1 章　政务服务事项基本目录要素”。

5.6.2 接口地址

http(https)://IP:端口/yhbcp-engine/rest/zwfw_matterBasicCatalogInfoAll

注:通过微服务集成管理系统统一授权接口调用权限后允许调用。

5.6.3 请求方式

HTTP(HTTPS) POST

5.6.4 请求参数

调用事项基本目录信息(全量)查询接口时,应传入接入系统标识、返回数据格式、流水号、参数签名、发送请求的时间、具体业务参数等,具体请求参数见表26。

表26 事项基本目录信息(全量)查询接口请求参数

参数	参数名称	数据类型	数据格式	是否必填	说明
access_key	接入系统标识	string	..50	是	在微服务中注册的系统标识
format	返回数据格式	string	..10	否	返回格式为JSON/XML
request_id	请求唯一编码	string	..50	否	请求的唯一流水号
sign	参数签名	string	..10	是	对传入参数签名后的字符串
timestamp	发送请求的时间	string	n13	是	当前时间戳,如:1614849663248
version	版本	string	..20	是	微服务版本号
biz_content	输入参数	string	..ul	是	具体的业务接口输入参数

事项基本目录信息(全量)查询接口请求参数中的biz_content业务参数见表27。

表27 事项基本目录信息(全量)查询接口请求参数中的biz_content业务参数

参数代码	参数名称	数据类型	格式	说明
无	无	无	无	param传入空对象即可

5.6.5 返回参数

事项基本目录信息(全量)查询接口返回参数见表28。

表28 事项基本目录信息(全量)查询接口返回参数

参数	参数名称	数据类型	是否必填	说明
code	运行代码	string	是	运行代码
msg	信息提示	string	否	信息提示
biz_data	业务数据	string	否	查询数据,结果中事项基本目录信息,见表31

事项基本目录信息(全量)查询接口返回参数中的biz_data业务参数见表29。

表 29　事项基本目录信息(全量)查询接口返回参数中的 biz_data 业务参数

参数	参数名称	数据类型	是否必填	说明
AZWX0003	基本编码	string	是	无
AZWX0004	事项类型	string	是	见附录 A. 13 事项类型
AZWX0005	设定依据	string	是	无
AZWX0006	行使层级	string	是	行使层级类型有:国家级、省级、市级、县级,可以多个层级组合,用符号“^”隔开 见附录 A. 14 行使层级
AZWX0007	事项状态	string	是	见附录 A. 16 事项状态
AZWX0008	事项版本	string	是	基本目录的当前版本,从 1 开始,事项每修改一次版本加 1
AZWX0009	计划生效日期	string	否	无
AZWX0010	计划失效日期	string	否	无
AZWX0013	事项主题	string	是	见附录 A. 15 事项主题
AXZX0009	经办人编号	string	是	无
AXCP0002	经办人姓名	string	是	无
AXZX0011	经办人所属机构编号	string	是	无
AXZX0012	经办日期	string	是	无

事项基本目录信息(全量)查询接口返回示例如下。


```
{
  "code": "200",
  "message": "成功",
  " biz_data": { ["azwx0002": "事项一拆分 V3. 1",//事项名称
               "azwx0003": "510104386000",//3 基本编码
               "azwx0004": "行政许可",//事项类型
               "azwx0006": "国家级/局(署、会)^省级/直属",//行使层级
               "azwx0007": "取消",//事项状态
               "azwx0008": "1",//事项版本
               "azwx0009": "2019 - 02 - 08",//计划生效日期
               "azwx0010": "2019 - 02 - 15",//计划失效日期
               "azwx0013": "社会组织",//事项版本来源
               "axzx0009": "1",//经办人编号
               "axzx0008": "超级管理员",//经办人姓名
               "axzx0011": 123456,//经办人所属机构编号
               "axzx0012": "2019 - 02 - 26 14:55:29"//经办日期
               }]
}
```


5.7 事项实施清单目录信息(全量)查询接口

5.7.1 接口描述

该接口通过金民工程应用支撑平台的微服务集成管理系统对外提供。其在微服务集成管理系统中的注册信息如下:

a)系统接入标识: zwfw

b)服务标识:zwfw_matterImplementCatalogInfoAll

5.7.2 接口地址

http(https)://IP:端口/yhbcp - engine/rest/zwfw_matterImplementCatalogInfoAll

注:通过微服务集成管理系统统一授权接口调用权限后允许调用。

5.7.3 请求方式

HTTP(HTTPS) POST

5.7.4 请求参数

调用事项实施清单目录信息(全量)查询接口时,应传入接入系统标识、返回数据格式、流水号、参数签名、发送请求的时间、具体业务参数等,具体参数见表30。

表30 事项实施清单目录信息(全量)查询接口请求参数

参数	参数名称	数据类型	数据格式	是否必填	说明
access_key	接入系统标识	string	..50	是	在微服务中注册的系统标识
format	返回数据格式	string	..10	否	返回格式为 JSON/XML
request_id	请求唯一编码	string	..50	否	请求的唯一流水号
sign	参数签名	string	..10	是	对传入参数签名后的字符串
timestamp	发送请求的时间	string	n13	是	当前时间戳,如:1614849663248
version	版本	string	..20	是	微服务版本号
biz_content	输入参数	string	..ul	是	具体的业务接口输入参数

事项实施清单目录信息(全量)查询接口请求参数中的 biz_content 业务参数见表31。

表31 事项实施清单目录信息(全量)查询接口请求参数中的 biz_content 业务参数

参数代码	参数名称	数据类型	数据格式	说明
无	无	无	无	param 传入空对象即可

5.7.5 返回参数

事项实施清单目录信息(全量)查询接口返回参数表32。

表32 事项实施清单目录信息(全量)查询接口返回参数

参数	参数名称	数据类型	是否必填	说明
code	运行代码	string	是	运行代码
msg	信息提示	string	否	信息提示
biz_data	业务数据	string	否	查询数据,结果中事项基本目录信息,见表35

事项实施清单目录信息(全量)查询接口返回参数中的 biz_data 业务参数见表 33。

表 33　事项实施清单目录信息(全量)查询接口返回参数中的 biz_data 业务参数

参数	参数名称	数据类型	是否必填	说明
implement_info	实施清单基本信息	string	是	见表 36 实施清单基本信息(implement_info)说明表
matter_extend_inf	实施清单事项扩展信息	string	否	见表 37 实施清单事项扩展信息(matter_extend_info)说明表
matter_material_info	实施清单事项材料信息	string	是	见表 38 实施清单事项材料信息(matter_material_info)说明表
matter_charge_info	实施清单收费项目信息	string	是	见表 39 实施清单收费项目信息(matter_charge_info)说明表
common_question_answer_info	实施清单事项常见问题解答信息	string	否	见表 40 实施清单事项常见问题解答信息(common_question_answer_info)说明表
matter_accept_condition_info	实施清单事项受理条件信息	string	是	见表 41 实施清单事项受理条件信息(matter_accept_condition_info)说明表
matter_intermediary_service_info	实施清单事项中介服务信息	string	是	见表 42 实施清单事项中介服务信息(matter_intermediary_service_info)说明表

实施清单基本信息说明见表 34。

表 34　实施清单基本信息(implement_info)说明

参数	参数名称	数据类型	是否必填	说明
AZWX0002	事项名称	string	是	无
AZWX0003	基本编码	string	是	无
AZWX0008	事项版本	string	是	基本目录的当前版本 从 1 开始,事项每修改一次版本加 1
AZWX0028	实施事项版本	string	是	无
AZWX0029	实施事项状态	string	是	见附录 A.16 事项状态
AZWX0030	权力来源	string	是	见附录 A.17 权力来源
AZWX0031	行使层级	string	是	见附录 A.14 行使层级
AZWX0032	实施编码	string	是	无
AZWX0033	业务办理项编码	string	是	无
AZWX0034	实施主体	string	是	无
AZWX0035	实施主体性质	string	是	见附录 A.1 实施主体性质
AXBE0002	实施主体编码	string	是	无
AZWX0037	委托部门	string	是	无

续表

参数	参数名称	数据类型	是否必填	说明
AZWX0065	法定办结时限	string	是	数字,管控相关
AZWX0039	法定办结时限单位	string	是	无
AZWX0038	法定办结时限	string	是	无
AZWX0066	承诺办结时限	string	是	数字,管控相关
AZWX0041	承诺办结时限单位	string	是	无
AZWX0042	受理条件	string	是	无
AZWX0043	办理流程	string	是	无
AZWX0064	办理流程图,base64	string	是	无
AZWX0044	是否收费	string	是	无
AZWX0045	收费依据	string	是	在此处填写或在收费信息表中填写。若本要素有值,将忽略收费项目信息表中的收费依据内容
AZWX0046	服务对象	string	是	服务对象类型可以多个对象组合,用“^”分隔
AZWX0047	办件类型	string	是	见附录 A. 5 办件类型
AZWX0048	办理形式	string	是	多种形式组合,用“^”隔开
AZWX0049	到办事现场次数	string	是	无
AZWX0050	特别程序	string	是	无
AZWX0051	移动端是否对接单点登录	string	是	
AZWX0052	移动端办理地址	string	是	无
AZWX0053	计算机端是否对接单点登录	string	是	
AZWX0054	计算机端在线办理跳转地址	string	是	无
AZWX0055	办理地点	string	是	无
AZWX0056	办理时间	string	是	无
AZWX0057	咨询方式	string	是	无
AZWX0058	监督投诉方式	string	是	无
AZWX0059	计划生效日期	string	是	无
AZWX0060	计划失效日期	string	是	无
AZWX0061	处罚的种类	string	是	无
AZWX0062	是否涉及征收(税)费减免的审批	string	是	
AZWX0063	征收种类	string	是	见附录 A. 18 征收种类
AZWX0067	是否有业务办理项	string	是	
AZWX0013	事项主题	string	是	见附录 A. 15 事项主题

实施清单事项扩展信息说明见表 35。

表 35　实施清单事项扩展信息(matter_extend_info)说明

参数	参数名称	数据类型	是否必填	说明
AZWX0032	实施编码	string	是	无
AZWX0033	业务办理项编码	string	是	无
AZWX0082	是否进驻政务大厅	string	是	
AZWX0083	通办范围	string	是	见附录 A. 24 通办范围
AZWX0084	联办机构	string	是	两个或两个以上同级实施主体联合办理时须填报联办机构,可以填写多个联办机构,用符号“^”隔开
AZWX0085	中介服务	string	是	无
AZWX0086	数量限制	string	是	无
AZWX0087	审批结果类型	string	是	见附录 A. 19 审批结果类型
AZWX0088	审批结果名称	string	是	无
AZWX0089	审批结果样本	string	是	无
AZWX0090	是否支持预约办理	string	是	无
AZWX0091	是否支持网上支付	string	是	
AZWX0092	是否支持物流快递	string	是	
AZWX0108	是否支持自助终端办理	string	是	

实施清单事项材料信息说明见表 36。

表 36　实施清单事项材料信息(matter_material_info)说明

参数	参数名称	数据类型	是否必填	说明
AZWX0124	材料形式	string	是	见附录 A. 23 材料形式
AZWX0122	材料名称	string	是	无
AZWX0123	材料类型	string	是	见附录 A. 22 材料类型
AZWX0125	材料必要性	string	是	无
AZWX0126	空白附件 ID	string	否	无
AZWX0127	示例附件 ID	string	否	无
AZWX0128	来源渠道	string	是	无
AZWX0129	来源渠道说明	string	是	无

续表

参数	参数名称	数据类型	是否必填	说明
AZWX0130	纸质材料份数	string	是	无
AZWX0131	纸质材料规格	string	是	无
AZWX0132	填报须知	string	否	无
AZWX0133	受理标准	string	是	无
AZWX0134	要求提供材料的依据	string	是	无
AZWX0135	备注	string	否	无
AZWX0136	排序	string	是	无
AZWX0032	实施编码	string	是	无
AZWX0033	业务办理项编码	string	是	无

实施清单收费项目信息说明见表37。

表37 实施清单收费项目信息(matter_charge_info)说明

参数	参数名称	数据类型	是否必填	说明
AZWX0032	实施编码	string	是	无
AZWX0033	业务办理项编码	string	是	无
AZWX0152	收费项目名称	string	是	无
AZWX0153	收费标准	string	是	无
AZWX0154	收费依据	string	是	无
AZWX0155	是否允许减免	string	是	0 否 1 是
AZWX0156	允许减免依据	string	是	无
AZWX0157	备注	string	否	无
AZWX0136	排序	string	是	无

实施清单事项常见问题解答信息说明见表38。

表38 实施清单事项常见问题解答信息(common_question_answer_info)说明

参数	参数名称	数据类型	是否必填	说明
AZWX0032	实施编码	string	是	无
AZWX0033	业务办理项编码	string	是	无
AZWX0172	问题	string	是	无
AZWX0173	解答	string	是	无
AZWX0136	排序	string	是	无

实施清单事项受理条件信息说明见表39。

表39　实施清单事项受理条件信息(matter_accept_condition_info)说明

参数	参数名称	数据类型	是否必填	说明
AZWX0202	内容	string	是	无
AZWX0136	排序	string	是	无

实施清单事项中介服务信息说明见表40。

表40　实施清单事项中介服务信息(matter_intermediary_service_info)说明

参数	参数名称	数据类型	是否必填	说明
AZWX0212	中介服务事项名称	string	是	无
AZWX0213	文件名称	string	是	无
AZWX0214	文号	string	是	无
AZWX0215	发布部门	string	是	无
AZWX0216	发文时间	string	是	无
AZWX0217	收费依据及收费标准	string	是	无
AZWX0218	中介服务实施机构及资质资格要求	string	是	无
AZWX0219	服务时限	string	是	无
AZWX0220	备注	string	否	无
AZWX0221	序号	string	是	无

统一申请/受理办理接口返回示例如下。

```
{
  "code":"200",
  "message":"成功",
  " biz_data":[{
              "common_question_answer_info":[{ //事项常见问答解答
              "azwx0136":1, //排序
              "azwx0032":"999999999999999999998888888777", //实施编码
              "azwx0033":null, //业务办理项编码
              "azwx0172":"12331", //问题
              "azwx0173":"jkasdoianjvc" //解答
              }],
              "matter_extend_info":{ //事项扩展信息
              "azwx0101":"123", //村居社区名称
              "azwx0102":"321", //村居社区代码
```

"azwx0103"："123"，//扩展字段
"azwx0104"："1"，//办理结果类型
"azwx0086"："3"，//数量限制
"azwx0087"："证照"，//审批结果类型
"azwx0088"："3"，//审批结果名称
"azwx0089"："1"，//审批结果样本
"azwx0100"："13"，//乡镇街道代码
"azwx0082"："是"，//是否进驻政务大厅
"azwx0083"："全国"，//通办范围
"azwx0084"："2"，//联办机构
"azwx0085"：null，//中介服务
"azwx0109"："2"，//网办地址
"azwx0105"："123"，//办理结果名称
"azwx0106"："123"，//办理结果样本
"azwx0107"："是"，//是否网办
"azwx0108"：""，//是否支持自助终端办理
"azwx0097"："互联网咨询"，//网上办理深度
"azwx0032"："99999999999999999999988888888777"，//实施编码
"azwx0098"："3"，//必须现场办理原因说明
"azwx0033"：null，//业务办理项编码
"azwx0099"："123"，//乡镇街道名称
"azwx0093"："生育收养"，//面向自然人事项主题分类
"azwx0094"："3"，//面向自然人地方特色主题分类
"azwx0095"："设立变更"，//面向法定代表人事项主题分类
"azwx0096"："2"，//面向法定代表人地方特色主题分类
"azwx0090"："是"，//是否支持预约办理
"azwx0091"："是"，//是否支持网上支付
"azwx0092"："是" //是否支持物流快递
}，
"matter_accept_condition_info"：[{ //事项受理条件，可能多个
"azwx0202"："qweqweasdasdzxcz"，//内容
"azwx0136"：1 //排序
}]，
"matter_charge_info"：[//事项收费项目信息，可能多条
{
"azwx0156"："依据 xxxxx"，//允许减免依据
"azwx0157"："sssss"，//备注
"azwx0136"：1，//排序
"azwx0152"："名称一"，//收费项目名称
"azwx0032"："5109222222222555566666478547854"，
"azwx0153"："收费标准"，//收费标准
"azwx0033"：null，//业务办理项编码
"azwx0154"："收费依据"，//收费依据
"azwx0155"："是" //是否允许减免
}]，
"matter_intermediary_service_info"：[{ //事项中介服务，可能多条
"azwx0219"："c"，//服务时限
"azwx0215"："c"，//发布部门
"azwx0216"："2019－03－20 00:00:00"，//发文时间
"azwx0217"："c"，//收费依据及收费标准
"azwx0218"："cvvv"，//中介服务实施机构及资质资格要求
"azwx0212"："c"，//中介服务事项名称

"azwx0213"："c"，//文件名称
"azwx0214"："c"，//文号
"azwx0220"："c"，//备注
"azwx0221"：1 //序号
}]，
"matter_material_info"：[{ //事项材料信息，可能多条
"azwx0127"："aaa"，//示例样表，保存附件 ID
"azwx0128"："其他"，//来源渠道
"azwx0129"："自行车"，//来源渠道说明
"azwx0123"："复印件"，//材料类型
"azwx0134"："asd"，//要求提供材料的依据
"azwx0124"："1"，//材料形式
"azwx0135"："1wdaszx"，//备注
"azwx0125"："必要"，//材料必要性
"azwx0136"：1，//排序
"azwx0126"："666"，//空白表格，保存附件 ID
"azwx0130"："4"，//纸质材料份数
"azwx0032"：null，//填报须知
"azwx0131"："5"，//纸质材料规格
"azwx0033"：null，//受理标准
"azwx0132"："5"，//填报须知
"azwx0122"："3332"，//材料名称
"azwx0133"："wqe" //受理标准
}，
{…}]，
"implement_info"：{ //实施清单基本信息
"azwx0039"："1"，//法定办结时限单位
"azwx0046"："1"，//服务对象
"azwx0002"："事项一"，//事项名称
"azwx0003"："510104386000"，//基本编码
"azwx0047"："1"，//办件类型
"azwx0048"："1"，//办理形式，多种形式组合，用"^"隔开
"azwx0049"："1"，//到办事现场次数
"azwx0042"：null，//受理条件
"azwx0043"：null，//办理流程
"azwx0044"："1"，//是否收费
"azwx0045"："33"，//收费依据
"azwx0040"："2"，//承诺办结时限
"azwx0041"："1"，//承诺办结时限单位
"axzx0009"："1"，//经办人编号
"axbe0002"："5110000050001920X6"，//实施主体编码
"axzx0008"："超级管理员"，//经办人姓名
"azwx0008"："1"，//经办人姓名
"azwx0057"："2"，//咨询方式
"azwx0058"："3"，//监督投诉方式
"azwx0059"："2019-03-07 00:00:00" //计划生效日期，
"azwx0053"："1"，//计算机端是否对接单点登录
"azwx0054"："3"，//计算机端在线办理跳转地址
"azwx0055"："2"，//办理地点
"azwx0056"："2"，//办理时间
"azwx0050"："2"，//特别程序
"azwx0051"："1"，//移动端是否对接单点登录

```
            "azwx0052"：“2”，//移动端办理地址
            "axzx0012"："2019－03－05 16:13:52"，//经办日期
        "axzx0011"："fd811ab9c30440088df3e29ea784460a"，//经办人所属机构编号
            "azwx0064"：null，//办理流程图，base64
            "azwx0065"：2，//法定办结时限(数字)，管控相关
            "azwx0066"：2，//承诺办结时限(数字)，管控相关
            "azwx0067"："1"，//是否有业务办理项
            "azwx0060"："2019－03－04 00:00:00"，//计划失效日期
            "azwx0061"：null，//处罚的种类、行为、幅度
            "azwx0062"：null，//是否涉及征收(税)费减免的审批
            "azwx0063"：null，//征收种类
            "azwx0028"：1，//实施事项版本
            "azwx0029"："1"，//实施事项状态
            "azwx0035"："1"，//实施主体性质
            "azwx0037"："11"，//委托部门
            "azwx0038"："2"，//法定办结时限
            "azwx0031"："2"，//行使层级
            "azwx0032"："5110000050001920X69988888888777"，//实施编码
            "azwx0033"：null，//业务办理项编码
            "azwx0034"："789zxc"，//实施主体
            "azwx0030"："1" //权力来源
            }
        }，
        {…}，
        {…}，
    ]
}
```


5.8 流程任务创建服务接口

5.8.1 接口描述

该接口供网厅用户提交事项申请时调用，完成流程任务创建。该接口通过金民工程应用支撑平台的微服务集成管理系统对外提供。其在微服务集成管理系统中的注册信息如下：

a)系统接入标识：zwfw

b)服务标识：zwfw_process_driven

5.8.2 接口地址

http(https)://IP:端口/yhbcp－engine/rest/zwfw_process_driven

注：通过微服务集成管理系统统一授权接口调用权限后允许调用。

5.8.3 请求方式

HTTP(HTTPS) POST

5.8.4 请求参数

调用流程任务创建服务接口时，应传入接入系统标识、返回数据格式、流水号、参数签名、发送请求的时间、具体业务等，具体参数见表41。

表 41　流程任务创建服务请求参数

参数	参数名称	数据类型	数据格式	是否必填	说明
access_key	接入系统标识	string	..50	是	在微服务中注册的系统标识
format	返回数据格式	string	..10	否	返回格式为 JSON/XML
request_id	请求唯一编码	string	..50	否	请求的唯一流水号
sign	参数签名	string	..10	是	对传入参数签名后的字符串
timestamp	发送请求的时间	string	n13	是	当前时间戳,如:1614849663248
version	版本	string	..20	是	微服务版本号
biz_content	输入参数	string	..ul	是	具体的业务接口输入参数

流程任务创建服务接口请求参数中的 biz_content 业务参数见表 42。

表 42　流程任务创建服务接口请求参数中的 biz_content 业务参数

参数	参数名称	数据类型	数据格式	是否必填	说明
eyax0006	实施编码	string	an31	是	
eyax0062	业务流水号	string	an18	是	

5.8.5 返回参数

流程任务创建服务接口运行状态描述见表 43。

表 43　流程任务创建服务接口返回参数

参数	参数名称	数据类型	是否必填	说明
code	运行代码	string	是	
msg	信息提示	string	否	
biz_data	业务数据	string	否	业务参数为空

统一申请/受理办理接口返回示例如下。


```
{
  "code": "200",
  "message": "成功",
  " biz_data": {
}
```


5.9 流程任务驱动服务接口

5.9.1 接口描述

业务系统在执行受理、审核、审批的时候调用此接口,用于完成流程及节点驱动。该接口通过金民工程应用支撑平台的微服务集成管理系统对外提供。其在微服务集成管理系统中的注

册信息如下:

a)系统接入标识:zwfw

b)服务标识:zwfw_process_driven_driven

5.9.2 接口地址

http(https)://IP:端口/yhbcp－engine/rest/zwfw_process_driven_driven

注:通过微服务集成管理系统统一授权接口调用权限后允许调用。

5.9.3 请求方式

HTTP(HTTPS) POST

5.9.4 请求参数

调用流程任务驱动服务接口时,应传入接入系统标识、返回数据格式、流水号、参数签名、发送请求的时间、具体业务等,具体参数见表44。

表44 流程任务驱动服务请求参数

参数	参数名称	数据类型	数据格式	是否必填	说明
access_key	接入系统标识	string	..50	是	在微服务中注册的系统标识
format	返回数据格式	string	..10	否	返回格式为JSON/XML
request_id	请求唯一编码	string	..50	否	请求的唯一流水号
sign	参数签名	string	..10	是	对传入参数签名后的字符串
timestamp	发送请求的时间	string	n13	是	当前时间戳,如:1614849663248
version	版本	string	..20	是	微服务版本号
biz_content	输入参数	string	..ul	是	具体的业务接口输入参数

流程任务驱动服务接口请求参数中的biz_content业务参数见表45。

表45 流程任务驱动服务接口请求参数中的biz_content业务参数

参数	参数名称	数据类型	数据格式	是否必填	说明
eyax0062	业务流水号	string	an18	是	必填
eyax0115	当前操作用户编号	string	an18	是	当前操作用户编号
operationType	操作类型	string	n2	是	流程节点驱动类型 1 审核通过(进入下一步流程) 2 审核不通过(流程终止) 3 回退(返回上一步流程)

5.9.5 返回参数

流程任务驱动服务接口返回参数见表46。

表 46 流程任务驱动服务接口返回参数

参数	参数名称	数据类型	是否必填	说明
code	运行代码	string	是	
msg	信息提示	string	否	
biz_data	业务数据	string	否	业务参数为空

统一申请/受理办理接口返回示例如下。

```
{
  "code": "200",
  "message": "成功",
  " biz_data": {
}
```

5.10 业务流水号获取流程任务信息接口

5.10.1 接口描述

用户通过业务流水号获取对应流程任务候选人编号。该接口通过金民工程应用支撑平台的微服务集成管理系统对外提供。其在微服务集成管理系统中的注册信息如下：

a）系统接入标识：zwfw

b）服务标识：zwfw_candidate_number

5.10.2 接口地址

http（https）://IP：端口/yhbcp－engine/rest/zwfw_candidate_number

注：通过微服务集成管理系统统一授权接口调用权限后允许调用。

5.10.3 请求方式

HTTP（HTTPS）POST

5.10.4 请求参数

调用业务流水号获取流程任务信息接口时，应传入接入系统标识、返回数据格式、流水号、参数签名、发送请求的时间、具体业务等，具体参数见表 47。

表 47 业务流水号获取流程任务信息请求参数

参数	参数名称	数据类型	数据格式	是否必填	说明
access_key	接入系统标识	string	..50	是	在微服务中注册的系统标识
format	返回数据格式	string	..10	否	返回格式为 JSON/XML
request_id	请求唯一编码	string	..50	否	请求的唯一流水号
sign	参数签名	string	..10	是	对传入参数签名后的字符串
timestamp	发送请求的时间	string	n13	是	当前时间戳，如：1614849663248
version	版本	string	..20	是	微服务版本号
biz_content	输入参数	string	..ul	是	具体的业务接口输入参数

业务流水号获取流程任务信息接口请求参数中的 biz_content 业务参数见表 48。

表 48　业务流水号获取流程任务信息接口请求参数中的 biz_content 业务参数

参数	参数名称	数据类型	数据格式	是否必填	说明
eyax0062	业务流水号	string	an18	是	必填

5.10.5 返回参数

业务流水号获取流程任务信息接口返回参数见表 49。

表 49　业务流水号获取流程任务信息接口请求参数

参数	参数名称	数据类型	是否必填	说明
code	运行代码	string	是	
msg	信息提示	string	否	
biz_data	业务数据	string	否	

业务流水号获取流程任务信息接口请求参数中的 biz_data 业务参数见表 50。

表 50　业务流水号获取流程任务信息接口请求参数中的 biz_data 业务参数

参数	参数名称	数据类型	说明
EYAX0082	候选人员编号	string	无

统一申请/受理办理接口返回示例如下。


```
{
  "code": "200",
  "message": "成功",
  " biz_data": { "eyax0082": [ //候选人员编号集
                {"d7a572e0a8a94f77ae81c4894151d92c",
                "1"},
                   {…}],
          ]
}
```


5.11 实施编码获取流程任务信息接口

5.11.1 接口描述

用户通过实施事项编号获取业务流水号和与其对应的候选人编号。该接口通过金民工程应用支撑平台的微服务集成管理系统对外提供。其在微服务集成管理系统中的注册信息如下：

a) 系统接入标识：zwfw

b) 服务标识：zwfw_task_information

5.11.2 接口地址

http(https)://IP:端口/yhbcp - engine/rest/zwfw_task_information

注:通过微服务集成管理系统统一授权接口调用权限后允许调用。

5.11.3 请求方式

HTTP(HTTPS) POST

5.11.4 请求参数

调用实施编码获取流程任务信息接口时,应传入接入系统标识、返回数据格式、流水号、参数签名、发送请求的时间,具体业务等,具体请求参数见表 51。

表 51　实施编码获取流程任务信息接口请求参数

参数	参数名称	数据类型	数据格式	是否必填	说明
access_key	接入系统标识	string	..50	是	在微服务中注册的系统标识
format	返回数据格式	string	..10	否	返回格式为 JSON/XML
request_id	请求唯一编码	string	..50	否	请求的唯一流水号
sign	参数签名	string	..10	是	对传入参数签名后的字符串
timestamp	发送请求的时间	string	n13	是	当前时间戳,如:1614849663248
version	版本	string	..20	是	微服务版本号
biz_content	输入参数	string	..ul	是	具体的业务接口输入参数

实施编码获取流程任务信息接口请求参数中的 biz_content 业务参数见表 52。

表 52　实施编码获取流程任务信息接口请求参数中的 biz_content 业务参数

参数	参数名称	数据类型	数据格式	是否必填	说明
EYAX0082	候选人员编号	string	是	无	无
EYAX0062	业务流水号	string	是	无	

5.11.5 返回参数

实施编码获取流程任务信息接口返回参数见表 53。

表 53　实施编码获取流程任务信息接口返回参数

参数	参数名称	数据类型	是否必填	说明
code	运行代码	string	是	
msg	信息提示	string	否	
biz_data	业务数据	string	否	

实施编码获取流程任务接口请求参数中的 biz_data 业务参数见表见表 54。

表 54 实施编码获取流程任务接口请求参数中的 biz_data 业务参数

参数	参数名称	数据类型	说明
eyax0062	业务流水号	string	无
eyea0082	候选人员编号	string	无

统一申请/受理办理接口返回示例如下。


```
{
  "code": "200",
  "message": "成功",
  " biz_data": { "taskInformations": [
                {
                    "eyax0062": "1010101010101111111", //业务流水号
                    "eyax0082": [ //候选人员编号集
                  {"d7a572e0a8a94f77ae81c4894151d92c",
                 "1"},
                    {…}],
                },
}
```


5.12 使用中流程任务的信息接口

5.12.1 接口描述

用户获取所有流程状态为“进行中”的流程运行信息和节点信息，返回业务流水号和与其对应的候选人编号。

该接口通过金民工程应用支撑平台的微服务集成管理系统对外提供。其在微服务集成管理系统中的注册信息如下：

a）系统接入标识：zwfw

b）服务标识：zwfw_process_info

5.12.2 接口地址

http（https）://IP：端口/yhbcp－engine/rest/zwfw_process_info

注：通过微服务集成管理系统统一授权接口调用权限后允许调用。

5.12.3 请求方式

HTTP（HTTPS） POST

5.12.4 请求参数

调用使用中流程任务的信息接口时，应传入接入系统标识、返回数据格式、流水号、参数签名、发送请求的时间、具体业务等，具体参数见表 55。

表 55　使用中流程任务的信息接口实际请求参数

参数	参数名称	数据类型	数据格式	是否必填	说明
access_key	接入系统标识	string	..50	是	在微服务中注册的系统标识
format	返回数据格式	string	..10	否	返回格式为 JSON/XML
request_id	请求唯一编码	string	..50	否	请求的唯一流水号
sign	参数签名	string	..10	是	对传入参数签名后的字符串
timestamp	发送请求的时间	string	n13	是	当前时间戳,如:1614849663248
version	版本	string	..20	是	微服务版本号
biz_content	输入参数	string	..ul	是	具体的业务接口输入参数

使用中流程任务的信息接口请求参数中的 biz_content 业务参数见表 56。

表 56　使用中流程任务的信息接口请求参数中的 biz_content 业务参数

参数	参数名称	数据类型	数据格式	是否必填	说明
eyax0006	实施编码	string	an31	是	

5.12.5 返回参数

使用中流程任务的信息接口返回参数见表 57。

表 57　使用中流程任务的信息接口返回参数

参数	参数名称	数据类型	是否必填	说明
code	运行代码	string	是	
msg	信息提示	string	否	
biz_data	业务数据	string	否	

使用中流程任务的信息接口返回参数中的 biz_data 业务参数见表 58。

表 58　使用中流程任务的信息接口返回参数中的 biz_data 业务参数

参数	参数名称	数据类型	说明
eyax0062	业务流水号	string	
eyea0082	候选人员编号	string	无

统一申请/受理办理接口返回示例如下。

```
{
  "code": "200",
  "message": "成功",
  " biz_data": {
        "taskInformations": [
            {
                "eyax0062": "101010101010", //业务流水号
                "eyax0082": [   //候选人员编号集
                    {"d7a572e0a8a94f77ae81c4894151d92c",
                    "1"},
                    {…}],
            }
    ]
}
}
```


5.13 获取流程定义信息接口

5.13.1 接口描述

用户通过“实施事项编号”获取实施事项对应的正在使用中的流程定义信息，将流程定义信息返回。该接口通过金民工程应用支撑平台的微服务集成管理系统对外提供。其在微服务集成管理系统中的注册信息如下：

a)系统接入标识：zwfw

b)服务标识：zwfw_process_definition_info

5.13.2 接口地址

http(https)://IP:端口/yhbcp - engine/rest/zwfw_process_definition_info

注：通过微服务集成管理系统统一授权接口调用权限后允许调用。

5.13.3 请求方式

HTTP(HTTPS) POST

5.13.4 请求参数

调用获取流程定义信息接口时，应传入接入系统标识、返回数据格式、流水号、参数签名、发送请求的时间、具体业务等，具体请求参数见表59。

表59　获取流程定义信息接口实际请求参数

参数	参数名称	数据类型	数据格式	是否必填	说明
access_key	接入系统标识	string	..50	是	在微服务中注册的系统标识
Format	返回数据格式	string	..10	否	返回格式为JSON/XML
request_id	请求唯一编码	string	..50	否	请求的唯一流水号
sign	参数签名	string	..10	是	对传入参数签名后的字符串
timestamp	发送请求的时间	string	n13	是	当前时间戳，如：1614849663248

续表

参数	参数名称	数据类型	数据格式	是否必填	说明
version	版本	string	..20	是	微服务版本号
biz_content	输入参数	string	..ul	是	具体的业务接口输入参数

获取流程定义信息接口请求参数中的 biz_content 业务参数见表 60。

表 60　获取流程定义信息接口请求参数中的 biz_content 业务参数

参数	参数名称	数据类型	数据格式	是否必填	说明
eyax0006	实施编码	string	an31	是	

5.13.5 返回参数

获取流程定义信息接口返回参数表 61。

表 61　获取流程定义信息接口返回参数

参数	参数名称	数据类型	是否必填	说明
code	运行代码	string	是	运行代码
msg	信息提示	string	是	信息提示
biz_data	业务数据	string	是	查询结果数据,返回信息见表 65

获取流程定义信息接口返回参数中的 biz_data 业务参数见表 62。

表 62　获取流程定义信息接口返回参数中的 biz_data 业务参数

参数	参数名称	数据类型	是否必填	说明
EYAX0001	流程主键	string	是	无
EYAX0002	流程名称	string	是	无
EYAX0003	版本	string	是	无
EYAX0004	描述	string	是	无
EYAX0005	流程状态	string	是	1. 进行中 2. 已完成 3. 终止
EYAX0006	实施编码	string	是	无
EYAX0007	流程标识	string	是	无

统一申请/受理办理接口返回示例如下。

```
{
  "code": "200",
  "message": "成功",
  " biz_data": {
        "processDefinition": [
            {
            "eyax0001": "603260cbb2fe41f8b57e12f0f59160f6", //流程主键
            "eyax0002": "流程一", //流程名称
            "eyax0003": "0.4", //版本
            "eyax0004": "流程一描述", //描述
            "eyax0005": "1", //流程状态
            "eyax0006": "5a778e106e8d419db939d291f5796a98", //实施编码
            "eyax0007": "sadf", //流程标识
            "yax02PoList": null //无用
            }
    ] }
}
```

附录 A

（规范性）

代码集

A.1 实施主体性质

实施主体性质代码以 1 位数字表示，其代码见表 A.1。

表 A.1　实施主体性质

代码	代码描述
1	法定机关
2	授权组织
3	受委托组织

A.2 服务对象

服务对象代码以 1 位数字表示，其代码见表 A.2。

表 A.2　服务对象

代码	代码描述
1	自然人
2	企业法定代表人
3	事业单位法定代表人
4	社会组织法定代表人
5	非法定代表人企业
6	行政机关
9	其他组织

A.3 收取方式

收取方式代码以 1 位数字表示，其代码见表 A.3。

表 A.3　收取方式

代码	代码描述
1	收取纸质材料
2	上传电子文件
3	证照库引用

A.4 办件类型

办件类型代码以 1 位数字表示，其代码见表 A.4。

表 A.4　办件类型

代码	代码描述
1	即办件
2	承诺件

A.5 业务动作

业务动作代码以 1 位数字表示，其代码见表 A.5。

表 A.5　业务动作

代码	代码描述
1	通过
2	退回
9	其他

A.6 办理结果

办理结果代码以 1 位数字表示，其代码见表 A.6。

表 A.6　办理结果

代码	代码描述
0	不予批准
1	批准
2	转报
3	终止办件

A.7 特别程序种类

特别程序种类代码以 1 位数字表示，其代码见表 A.7。

表 A.7 特别程序种类

代码	代码描述
1	延长审批
2	除延长审批之外的情况

A.8 申请类型

申请类型代码以 1 位数字表示，其代码见表 A.8。

表 A.8 申请类型

代码	代码描述
1	窗口申请
2	网上申请
3	其他申请方式

A.9 满意度

满意度代码以 1 位数字表示，其代码见表 A.9。

表 A.9 满意度

代码	代码描述
1	很不满意
2	不满意
3	基本满意
4	满意
5	很满意

A.10 证件类型

证件类型以数字表示，其代码见表 A.10。

表 A.10 证件类型

代码	代码描述
01	统一社会信用代码证
02	组织机构代码
03	工商登记号(营业执照)

续表

代码	代码描述
04	事业单位法定代表人证书
05	社会团体法定代表人登记证书
06	党政机关法定代表人(无证书)
099	其他法定代表人或其他组织有效证件
111	居民身份证
112	临时居民身份证
113	户口簿
114	中国人民解放军军官证
115	中国人民武装警察部队警官证
117	出生医学证明
118	中国人民解放军士兵证
119	中国人民武装警察部队士兵证
120	中国人民解放军文职人员证
122	中国人民武装警察部队文职人员证
154	居住证
411	外交护照
412	公务护照
413	公务普通护照
414	普通护照
415	旅行证
418	外国人旅行证
511	台湾居民来往大陆通行证
516	港澳居民来往内地通行证
553	外国人永久居留身份证
554	外国人居留证或居留许可
555	外国人临时居留证
791	外交人员身份证明
792	境外人员身份证明
813	驻华机构证明
821	营业执照
830	律师事务所执业许可证
999	其他

A.11 环节类型

环节类型以 1 位数字表示,其代码见表 A.11。

表 A.11　环节类型

代码	代码描述
1	申请
2	受理
3	办理中
4	特别程序
5	办结
6	终止
7	预受理

A.12 取件方式

取件方式以 1 位数字表示,其代码见表 A.12。

表 A.12　取件方式

代码	代码描述
0	现场取件
1	邮寄取件

A.13 事项类型

事项类型以 2 位数字表示,其代码见表 A.13。

表 A.13　事项类型

代码	代码描述
01	行政许可
02	行政处罚
03	行政强制
04	行政征收
05	行政给付
06	行政监察
07	行政确认
08	行政奖励
09	行政裁决
10	其他行政权力
20	公共服务

A.14 行使层级

行使层级以 1 位数字表示，其代码见表 A.14。

表 A.14　行使层级

代码	代码描述
1	国家级/局（署、会）
2	省级/直属
3	市级/隶属
4	县级
5	镇（乡、街道）级
6	村（社区）级
7	分级管理

A.15 事项主题

事项主题以 2 位数字表示，其代码见表 A.15。

表 A.15　事项主题

代码	代码描述
01	社会组织
02	社会救助
03	基层政权
04	社区治理
05	区划地名
06	流浪救助
07	殡葬管理
08	婚姻管理
09	残疾人福利
10	养老服务
11	儿童福利
12	慈善事业
13	慈善组织
14	福利彩票
15	社会工作
16	志愿服务

A.16 事项状态

事项状态以 1 位数字表示,其代码见表 A.16。

表 A.16　事项状态

代码	代码描述
1	在用
2	暂停
3	取消

A.17 权力来源

权力来源以 1 位数字表示,其代码见表 A.17。

表 A.17　权力来源

代码	代码描述
1	法定本级行使
2	上级下放
3	上级授权
4	同级授权
5	上级委托
6	同级委托

A.18 征收种类

征收种类以 1 位数字表示,其代码见表 A.18。

表 A.18　征收种类

代码	代码描述
1	税收
2	行政事业性收费
3	其他

A.19 审批结果类型

审批结果类型以 1 位数字表示,其代码见表 A.19。

表 A.19　审批结果类型

代码	代码描述
1	证照
2	批文
3	其他
4	无

A.20 面向自然人事项主题分类

面向自然人事项主题分类以 3 位数字表示，其代码见表 A.20。

表 A.20　面向自然人事项主题分类

代码	代码描述
005	生育收养
010	户籍办理
015	民族宗教
020	教育科研
025	入伍服役
030	就业创业
035	设立变更
040	准营准办
045	抵押质押
050	职业资格
055	纳税缴费
060	婚姻登记
065	优待抚恤
070	规划建设
075	住房保障
085	社会保障（社会保险、社会救助）
090	证件办理
095	交通出行
100	旅游观光
105	出境入境
110	消费维权
115	公共安全
120	司法公证
125	知识产权

续表

代码	代码描述
130	环保绿化
135	文化体育
140	公用事业
145	医疗卫生
150	离职退休
155	死亡殡葬
998	地方特色分类
999	其他

A.21 面向法定代表人事项主题分类

面向法定代表人事项主题分类以3位数字表示,其代码见表A.21。

表A.21　面向法定代表人事项主题分类

代码	代码描述
005	设立变更
010	准营准办
015	资质认证
020	年检年审
025	税收财务
030	人力资源
035	社会保障
040	投资审批
045	融资信贷
050	抵押质押
055	商务贸易
060	招标拍卖
065	海关口岸
070	涉外服务
075	农林牧渔
085	国土和规划建设
090	交通运输
095	环保绿化
100	应对气候变化
105	水务气象

续表

代码	代码描述
110	医疗卫生
115	科技创新
120	文体教育
125	知识产权
130	民族宗教
135	质量技术
140	检验检疫
145	安全生产
150	公共消防
155	司法公证
160	公用事业
165	法定代表人注销
170	档案文物
998	地方特色分类
999	其他

A. 22 材料类型

材料类型以 1 位数字表示,其代码见表 A. 22。

表 A. 22　材料类型

代码	代码描述
1	原件
2	复印件
3	原件和复印件

A. 23 材料形式

材料形式以 1 位数字表示,其代码见表 A. 23。

表 A. 23　材料形式

代码	代码描述
1	纸质
2	电子
3	纸质、电子

A.24 通办范围

通办范围以1位数字表示,其代码见表A.24。

表A.24 通办范围

代码	代码描述
1	全国
2	全省
3	全市
4	全县
5	全镇(乡、街道)

A.25 网上办理深度

网上办理深度以1位数字表示,其代码见表A.25。

表A.25 网上办理深度

代码	代码描述
1	互联网咨询
2	互联网收件
3	互联网预审
4	互联网受理
5	互联网办理
6	互联网办理结果信息反馈
7	互联网电子证照反馈
9	其他

参考文献

[1]GB/T 2260—2007 中华人民共和国行政区划代码

[2]GB/T 17969.8—2010 信息技术 开放系统互连 OSI 登记机构操作规程 第8部分:通用唯一标识符(UUID)的生成和登记及其用作 ASN.1 客体标识符部件

[3]GB/T 21062.3—2007 政务信息资源交换体系 第3部分:数据接口规范

[4]C 0109.1—2018 国家政务服务平台政务服务事项基本目录清单及实施清单 第1部分:编码要求

[5]国办发〔2018〕45号 国务院办公厅关于印发进一步深化"互联网+政务服务"推进政务服务"一网、一门、一次"改革实施方案的通知

[6]国办函〔2016〕108号 国务院办公厅关于印发"互联网+政务服务"技术体系建设指南的通知

JMGC

民 政 部 金 民 工 程 标 准

JMGC/JS 315.1—2020

业务系统共享接口
第1部分:救助业务

2020-12-30 发布　　　　2020-12-30 实施

民政部信息中心 发布

目　次

前　言

本文件按照 GB/T 1. 1—2020《标准化工作导则 第1部分:标准化文件的结构和起草规定》的规则起草。

请注意本文件的某些内容可能涉及专利。本文件的发布机构不承担识别专利的责任。

本文件是 JMGC/JS 315《业务系统共享接口》的第1部分。JMGC/JS 315 已经发布了以下部分:

——第1部分:救助业务;

——第2部分:核对业务;

——第3部分:公共服务;

——第4部分:决策支持;

——第5部分:儿童福利管理、婚姻管理、流浪乞讨人员救助管理和殡葬管理;

——第6部分:基层政权建设和社区治理、社会工作和志愿服务;

——第7部分:养老服务、残疾人福利、慈善与募捐。

本文件由民政部信息中心提出并归口。

本文件起草单位:民政部信息中心、上海速连信息科技有限公司。

本文件主要起草人:戴朝云、高媛、赵超、肖樑、孙闻政、方杰、方普、白景波。

引　　言

JMGC/JS 315《业务系统共享接口》由七个部分构成。

——第 1 部分:救助业务。目的在于确立社会救助业务系统与金民工程其他业务系统之间相关接口要求,明确接口地址、请求方式、参数信息。

——第 2 部分:核对业务。目的在于确立居民家庭经济状况核对业务系统与金民工程其他业务系统之间相关接口要求,明确接口地址、请求方式、参数信息。

——第 3 部分:公共服务。目的在于确立公共服务业务系统与金民工程其他业务系统之间相关接口要求,明确接口地址、请求方式、参数信息。

——第 4 部分:决策支持。目的在于确立决策支持业务系统与金民工程其他业务系统之间相关接口要求,明确接口地址、请求方式、参数信息。

——第 5 部分:儿童福利管理、婚姻管理、流浪乞讨人员救助管理和殡葬管理。目的在于确立儿童福利管理、婚姻管理、流浪乞讨人员救助管理和殡葬管理系统与金民工程其他业务系统之间相关接口要求,明确接口地址、请求方式、参数信息。

——第 6 部分:基层政权建设和社区治理、社会工作和志愿服务。目的在于确立基层政权建设和社区治理、社会工作和志愿服务系统与金民工程其他业务系统之间相关接口要求,明确接口地址、请求方式、参数信息。

——第 7 部分:养老服务、残疾人福利、慈善与募捐。目的在于确立养老服务、残疾人福利、慈善与募捐系统与金民工程其他业务系统之间相关接口要求,明确接口地址、请求方式、参数信息。

业务系统共享接口 第1部分:救助业务

1 范围

本文件规定了金民工程项目中全国社会救助业务系统的业务共享接口实现方式。

本文件适用于金民工程项目中全国社会救助业务信息化工作。

2 规范性引用文件

下列文件对于本文件的应用是必不可少的。凡是注日期的引用文件,仅注日期的版本适用于本文件;凡是不注日期的引用文件,其最新版本(包括所有的修改单)适用于本文件。

GB/T5271.1 信息技术 词汇 第1部分:基本术语

JMGC/YW 407.1 社会救助业务术语 第1部分:救助业务

3 术语和定义

JMGC/YW 407.1 界定的以及下列术语和定义适用于本文件。

3.1 接口

两个功能单元共享的边界,它由各种特征(如功能、物理互联、信号交换等)来定义。

[来源:GB/T 5271.1,01.01.38]

3.2 数据

信息的可再解释的形式化表示,以适用于通信、解释或处理。

[来源:GB/T 5271.1,01.01.02]

4 接口实现

4.1 接口总体说明

根据金民工程统一规划,金民工程全国社会救助信息系统将相关服务接口统一注册到应用支撑平台,供第三方业务系统调用。

金民工程全国社会救助信息系统可提供的接口,见表1。

表 1　业务共享接口列表

系统名称	接口名称	功能描述
全国社会救助信息系统	社会救助业务受理结果查询接口	社会救助业务受理结果查询接口可提供社会救助业务受理结果查询功能
全国社会救助信息系统	社会救助保障对象查询接口	社会救助保障对象查询接口可提供社会救助保障对象查询功能

4.2 社会救助业务系统

4.2.1 社会救助业务受理结果查询接口

4.2.1.1 接口描述

社会救助业务受理结果查询接口可提供社会救助业务受理结果查询功能。该接口通过金民工程应用支撑平台的微服务集成管理系统对外提供。其在微服务集成管理系统中的注册信息如下：

a)系统接入标识：sulian - shjz；

b)服务标识：saveStatus。

4.2.1.2 接口地址

接口地址：http(https)://IP:port/fwjc_engine_int/rest/saveStatus

4.2.1.3 请求方式

HTTP(HTTPS) POST

4.2.1.4 请求参数

请求参数见表 2。

表 2　请求参数

参数	参数名称	参数类型	是否必填	说明
access_key	接入系统标识	string	是	在微服务中注册的系统标识
format	返回数据格式	string	否	返回格式为 json/xml
request_id	请求唯一编码	string	否	请求的唯一流水号
sign	参数签名	string	是	对传入参数签名后的字符串
timestamp	发送请求的时间	string	是	精确到毫秒
version	版本	string	否	微服务版本号
biz_content	输入参数	string	是	具体的业务接口输入参数，见表 3

请求参数中的 biz_content 业务参数见表 3。

表 3 biz_content 业务参数

参数	参数名称	参数类型	是否必填	说明
AXZX0002	公民身份号码	string	是	参数示例:110101198001010096

4.2.1.5 返回参数

返回参数见表4。

表 4 返回参数

参数	参数名称	参数类型	说明
code	返回码值	string	服务调用是否成功的状态值
msg	返回码描述	string	返回码的描述信息
biz_data	业务输出参数	string	具体的业务接口输出参数,见表5

返回参数中的 biz_data 业务参数见表5。

表 5 biz_data 业务参数

参数	参数名称	参数类型	说明
AXZX0002	公民身份号码	string	参数示例:110101198001010096
ABAF0026	审批时间	date	审批的时间
ABAP9614	审批结果	string	审批的结果

4.2.1.6 返回示例

```
{
  "code":"200",
  "msg":"成功",
  "biz_data":{
        "affairInfoId":"46079a0eff394c0dbf5fdggdf1cc",
        "AXZX0002":"130181199405067614",
        "ABAF0026":"2020-07-24",
        "status":1,
        "ABAP9614":"通过",
        }
 "errors":[],
 "requestId":"9ce0a2dc-f573-4757-b540-2d88630330af",\\请求唯一编码
 "serviceSuccess":true

}
```

4.2.2 社会救助保障对象查询接口

4.2.2.1 接口描述

社会救助保障对象查询接口可提供社会救助保障对象查询功能。该接口通过金民工程应

用支撑平台的微服务集成管理系统对外提供。其在微服务集成管理系统中的注册信息如下:

a)系统接入标识:sulian - shjz;

b)服务标识:querySalvageTargetByIdCard。

4.2.2.2 接口地址

接口地址:http(https)://IP:port/fwjc_engine_int/rest/querySalvageTargetByIdCard

4.2.2.3 请求方式

HTTP(HTTPS) POST

4.2.2.4 请求参数

请求参数见表6。

表6 请求参数

参数	参数名称	参数类型	是否必填	说明
access_key	接入系统标识	string	是	在微服务中注册的系统标识
format	返回数据格式	string	否	返回格式为json/xml
request_id	请求唯一编码	string	否	请求的唯一流水号
sign	参数签名	string	是	对传入参数签名后的字符串
timestamp	发送请求的时间	string	是	精确到毫秒
version	版本	string	否	微服务版本号
biz_content	输入参数	string	是	具体的业务接口输入参数,见表7

请求参数中的biz_content业务参数见表7。

表7 biz_content业务参数

参数	参数名称	参数类型	是否必填	说明
AXZX0002	公民身份号码	string	是	参数示例:110101198001010096

4.2.2.5 返回参数

返回参数见表8。

表8 返回参数

参数	参数名称	参数类型	说明
code	返回码值	string	服务调用是否成功的状态值
msg	返回码描述	string	返回码的描述信息
biz_data	业务输出参数	string	具体的业务接口输出参数,见表9

返回参数中 biz_data 的业务参数见表 9。

表 9　biz_data 业务参数

参数	参数名称	参数类型	说明
ABAP0017	是否保障对象	boolean	查询人员是否是保障对象

4.2.2.6 返回示例


```
{
    "code":"200",
    "msg":"成功",
    "biz_data":{
            "ABAP0017":"2"
}
"errors":[],
"requestId":"22159288 - f316 - 4f24 - 82db - c97fc5c6d217",\\请求唯一编码
"serviceSuccess":true

}
```

JMGC

民 政 部 金 民 工 程 标 准

JMGC/JS 315.2—2020

业务系统共享接口
第2部分:核对业务

2020－12－30发布 2020－12－30实施

民政部信息中心 发布

目　次

前　言

本文件按照 GB/T 1. 1—2020《标准化工作导则 第 1 部分:标准化文件的结构和起草规则》的规定起草。

本文件是 JMGC/JS 315《业务系统共享接口》的第 2 部分。JMGC/JS 315 已经发布了以下部分:

——第 1 部分:救助业务;

——第 2 部分:核对业务;

——第 3 部分:公共服务;

——第 4 部分:决策支持;

——第 5 部分:儿童福利管理、婚姻管理、流浪乞讨人员救助管理和殡葬管理;

——第 6 部分:基层政权建设和社区治理、社会工作和志愿服务;

——第 7 部分:养老服务、残疾人福利、慈善与募捐。

请注意本文件的内容可能涉及专利。本文件的发布机构不承担识别专利的责任。

本文件由民政部信息中心提出并归口。

本文件起草单位:民政部信息中心、太极计算机股份有限公司。

本文件主要起草人:戴朝云、高媛、宝力高、胡浩、李俊梅、常凯强、张杰、刘鹏飞。

引　言

JMGC/JS 315《业务系统共享接口》由七个部分构成。

——第1部分:救助业务。目的在于确立社会救助业务系统与金民工程其他业务系统之间相关接口要求,明确接口地址、请求方式、参数信息。

——第2部分:核对业务。目的在于确立居民家庭经济状况核对业务系统与金民工程其他业务系统之间相关接口要求,明确接口地址、请求方式、参数信息。

——第3部分:公共服务。目的在于确立公共服务业务系统与金民工程其他业务系统之间相关接口要求,明确接口地址、请求方式、参数信息。

——第4部分:决策支持。目的在于确立决策支持业务系统与金民工程其他业务系统之间相关接口要求,明确接口地址、请求方式、参数信息。

——第5部分:儿童福利管理、婚姻管理、流浪乞讨人员救助管理和殡葬管理。目的在于确立儿童福利管理、婚姻管理、流浪乞讨人员救助管理和殡葬管理系统与金民工程其他业务系统之间相关接口要求,明确接口地址、请求方式、参数信息。

——第6部分:基层政权建设和社区治理、社会工作和志愿服务。目的在于确立基层政权建设和社区治理、社会工作和志愿服务系统与金民工程其他业务系统之间相关接口要求,明确接口地址、请求方式、参数信息。

——第7部分:养老服务、残疾人福利、慈善与募捐。目的在于确立养老服务、残疾人福利、慈善与募捐系统与金民工程其他业务系统之间相关接口要求,明确接口地址、请求方式、参数信息。

业务系统共享接口 第2部分:核对业务

1 范围

本文件规定了金民工程项目中社会救助业务核对系统的业务共享接口实现方式。

本文件适用于金民工程项目中全国居民家庭经济状况核对系统建设。

2 规范性引用文件

下列文件中的内容通过文中的规范性引用而构成本文件必不可少的条款。其中,注日期的引用文件,仅该日期对应的版本适用于本文件;不注日期的引用文件,其最新版本(包括所有的修改单)适用于本文件。

GB/T5271.1 信息技术 词汇 第1部分:基本术语

3 术语和定义

3.1 接口

两个功能单元共享的边界,它由各种特征(如功能、物理互联、信号交换等)来定义。

[来源:GB/T 5271.1—2000,01.01.38]

3.2 数据

信息的可再解释的形式化表示,以适用于通信、解释或处理。

[来源:GB/T 5271.1—2000,01.01.02]

4 接口实现

4.1 接口总体说明

根据金民工程统一规划,金民工程社会救助核对系统将相关服务接口统一注册到应用支撑平台,供第三方业务系统调用。

金民工程社会救助核对系统提供的共享业务接口,见表1。

表1 共享业务接口

系统名称	接口名称	功能描述
全国居民家庭经济状况核对系统	核对报告接口	通过核对报告接口获取核对报告的数据

续表

系统名称	接口名称	功能描述
全国居民家庭经济状况核对系统	监管预警信息接口	通过监管预警信息接口获取监管预警信息的数据
全国居民家庭经济状况核对系统	监管信用信息接口	通过监管信用信息接口获取监管信用信息的数据
全国居民家庭经济状况核对系统	推送核对委托信息接口	通过核对委托信息接口推送核对委托信息的数据
全国居民家庭经济状况核对系统	推送审核结果接口	通过全审核结果接口推送审核结果的数据

4.2 查询类接口说明

4.2.1 核对报告接口说明

4.2.1.1 接口描述

核对报告接口可提供核对报告查询功能。该接口通过金民工程应用支撑平台的微服务集成管理系统对外提供。其在微服务集成管理系统中的注册信息如下：

a）系统接入标识：taiji；

b）服务标识：getCheckReport。

4.2.1.2 接口地址

接口地址：http（https）：//IP：端口/yhbcp－engine_gov/rest/getCheckReport。

4.2.1.3 请求方式

HTTP（HTTPS） POST。

4.2.1.4 请求参数

请求参数见表2。

表2 请求参数

参数	参数名称	参数类型	是否必填项	说明
access_key	接入系统标识	string	是	在微服务中注册的系统标识
format	返回数据格式 json/xml	string	否	返回格式为 json/xml
request_id	请求唯一编码（流水号）	string	否	请求的唯一流水号
sign	参数签名	string	是	对传入参数签名后的字符串
timestamp	发送请求的时间（ms）	string	是	精确到毫秒
version	版本	string	否	微服务版本号
biz_content	入参	string	是	具体的业务接口输入参数，见表3

biz_content 业务参数见表3。

表 3 biz_content 业务参数

参数	参数名称	参数类型	是否必填	说明
axcp0005	公民身份号码	string	是	对于身份证件类型为“内地居民身份证”的人员，身份证件号码值域见 GB 11643—1999 公民身份号码

4.2.1.5 返回参数

返回参数见表4。

表 4 返回参数

参数	参数名称	参数类型	说明
code	返回码值	string	服务调用是否成功的状态值
msg	返回码描述	string	返回码的描述信息
biz_data	业务输出参数	string	具体的业务接口输出参数，见表5

返回参数中 biz_data 的业务参数见表5。

表 5 biz_data 业务参数

参数	参数名称	参数类型	说明
reportID	核对报告	string	核对报告文件

接口返回示例如下：

```
{
    "code": "200",
    "msg": "成功",
    "biz_data":{
    "reportID": "1876319876672887352"   // 核对报告文件
  }
}
```

4.2.2 核对进度接口说明

4.2.2.1 接口描述

核对进度接口可提供核对进度查询功能。该接口通过金民工程应用支撑平台的微服务集成管理系统对外提供。其在微服务集成管理系统中的注册信息如下：

a) 系统接入标识：taiji；

b) 服务标识：getCheckStatus。

4.2.2.2 接口地址

接口地址:http(https)://IP:端口/yhbcp - engine_gov/rest/getCheckStatus。

4.2.2.3 请求方式

HTTP(HTTPS) POST。

4.2.2.4 请求参数

请求参数见表6。

表6　请求参数

参数	参数名称	参数类型	是否必填项	说明
access_key	接入系统标识	string	是	在微服务中注册的系统标识
request_id	请求唯一编码(流水号)	string	否	请求的唯一流水号
sign	参数签名	string	是	对传入参数签名后的字符串
timestamp	发送请求的时间(ms)	string	是	精确到毫秒
version	版本	string	否	微服务版本号
biz_content	入参	string	是	具体的业务接口输入参数,见表7

biz_content 业务参数见表7。

表7　biz_content 业务参数

参数	参数名称	参数类型	是否必填	说明
axcp0005	公民身份号码	string	是	对于身份证件类型为“内地居民身份证”的人员,身份证件号码值域见 GB 11643—1999《公民身份号码》

4.2.2.5 返回参数

返回参数见表8。

表8　返回参数

参数	参数名称	参数类型	说明
code	返回码值	string	服务调用是否成功的状态值
msg	返回码描述	string	返回码的描述信息
biz_data	业务输出参数	string	具体的业务接口输出参数,见表9

返回参数中 biz_data 的业务参数见表9。

表 9　biz_data 业务参数

参数	参数名称	参数类型	说明
checkStatus	核对进度	string	02 - 受理,03 - 审核,04 - 请求, 09 - 核对完成

接口返回示例如下:


```
{
    "code": "200",
    "msg": "成功",
    "biz_data":{
        "checkStatus": "03"    //02 - 受理,03 - 审核,04 - 请求,09 - 核对完成
    }
}
```


4.2.3 监管预警信息接口说明

4.2.3.1 接口描述

监管预警信息接口可提供监管预警信息查询功能。该接口通过金民工程应用支撑平台的微服务集成管理系统对外提供。其在微服务集成管理系统中的注册信息如下:

a)系统接入标识:taiji;

b)服务标识:getPeopleWarning。

4.2.3.2 接口地址

接口地址:http(https)://IP:端口/yhbcp - engine_gov/rest/getPeopleWarning。

4.2.3.3 请求方式

HTTP(HTTPS) POST。

4.2.3.4 请求参数

请求参数见表 10。

表 10　请求参数

参数	参数名称	参数类型	是否必填项	说明
access_key	接入系统标识	string	是	在微服务中注册的系统标识
format	返回数据格式 json/xml	string	否	返回格式为 json/xml
request_id	请求唯一编码(流水号)	string	否	请求的唯一流水号
sign	参数签名	string	是	对传入参数签名后的字符串
timestamp	发送请求的时间(ms)	string	是	精确到毫秒
version	版本	string	否	微服务版本号
biz_content	入参	string	是	具体的业务接口输入参数,见表 11

biz_content 业务参数见表 11。

表 11 biz_content 业务参数

参数	参数名称	参数类型	是否必填	说明
axcp0005	公民身份号码	string	是	对于身份证件类型为"内地居民身份证"的人员，身份证件号码值域见 GB 11643—1999《公民身份号码》

4.2.3.5 返回参数

返回参数见表 12。

表 12 返回参数

参数	参数名称	参数类型	说明
code	返回码值	string	服务调用是否成功的状态值
msg	返回码描述	string	返回码的描述信息
biz_data	业务输出参数	string	具体的业务接口输出参数，见表 13

返回参数中 biz_data 的业务参数见表 13。

表 13 biz_data 业务参数

参数	参数名称	参数类型	说明
axcp0005	公民身份号码	string	对于身份证件类型为"内地居民身份证"的人员，身份证件号码值域见 GB 11643—1999《公民身份号码》
warningType	预警类型	string	b1：年龄预警 b3：婚姻 b4：殡葬 b5：重复救助 b6：核对数据预警
warningValue	预警的具体值	string	年龄预警时候值为"年龄"、婚姻则为"婚姻状况"、重复救助为"重复的救助情况"、殡葬预警为"死亡"、核对数据预警为"核对预警"

接口返回示例如下：

```
{
    "code" : "200",
    "msg" : "成功",
    "biz_data" :{
        "axcp0005" : "130102198506020070",  //公民身份号码
        "warningType" : "b1",  //年龄预警 b1,婚姻 b3,死亡 b4,重复救助 b5,核对数据预警 b6
        "warningValue" : "87"  //年龄预警时候值为年龄、婚姻则为婚姻状况、重复救助为重复的救助情况、核对数//据预警为核对的预警
    }
}
```


4.2.4 监管信用信息接口说明

4.2.4.1 接口描述

监管预警信息接口可提供监管预警信息查询功能。该接口通过金民工程应用支撑平台的微服务集成管理系统对外提供。其在微服务集成管理系统中的注册信息如下：

a)系统接入标识:taiji;

b)服务标识:getCreditInfo。

4.2.4.2 接口地址

接口地址:http(https)://IP:端口/yhbcp-engine_gov/rest/getCreditInfo。

4.2.4.3 请求方式

HTTP(HTTPS) POST。

4.2.4.4 请求参数

请求参数见表14。

表14 请求参数

参数	参数名称	参数类型	是否必填项	说明
access_key	接入系统标识	string	是	在微服务中注册的系统标识
format	返回数据格式 json/xml	string	否	返回格式为 json/xml
request_id	请求唯一编码(流水号)	string	否	请求的唯一流水号
sign	参数签名	string	是	对传入参数签名后的字符串
timestamp	发送请求的时间(ms)	string	是	精确到毫秒
version	版本	string	否	微服务版本号
biz_content	入参	string	是	具体的业务接口输入参数,见表15

biz_content 业务参数见表15。

表 15 biz_content 业务参数

参数	参数名称	参数类型	是否必填	说明
queryCode	查询类型	string	是	1:个人 2:机构
idCard	公民身份号码/统一社会信用代码	string	是	当 queryCode 为"1"则为公民身份号码;当 queryCode 为"2"则为统一社会信用代码

4.2.4.5 返回参数

返回参数见表 16。

表 16 返回参数

参数	参数名称	参数类型	说明
code	返回码值	string	服务调用是否成功的状态值
msg	返回码描述	string	返回码的描述信息
biz_data	业务输出参数	string	具体的业务接口输出参数,见表 17

返回参数中 biz_data 的业务参数见表 17。

表 17 biz_data 业务参数

参数	参数名称	参数类型	说明
score	失信分值	string	个人或机构的失信分值
name	个人姓名或机构名称	string	个人姓名或机构名称
info	失信详情	string	个人或机构失信详情信息

接口返回示例如下:

```
{
    "code":"200",
    "msg":"成功",
    "biz_data":{
        "score":"30",  //个人或机构的失信分值
        "name":"张三",  //个人姓名或机构名称
        "info":"申请救助时提供虚假材料信息"   //个人或机构失信详情信息
    }
}
```

4.3 操作类接口说明

4.3.1 核对委托信息接口说明

4.3.1.1 接口描述

核对委托信息接口可提供核对委托信息推送功能。该接口通过金民工程应用支撑平台的

微服务集成管理系统对外提供。其在微服务集成管理系统中的注册信息如下:

a)系统接入标识:taiji;

b)服务标识:push_applyinfo。

4.3.1.2 接口地址

接口地址:http(https)://IP:端口/yhbcp-engine_gov/rest/push_applyinfo。

4.3.1.3 请求方式

HTTP(HTTPS) POST。

4.3.1.4 请求参数

请求参数见表18。

表18 请求参数

参数	参数名称	参数类型	是否必填项	说明
access_key	接入系统标识	string	是	在微服务中注册的系统标识
format	返回数据格式 json/xml	string	否	返回格式为 json/xml
request_id	请求唯一编码(流水号)	string	否	请求的唯一流水号
sign	参数签名	string	是	对传入参数签名后的字符串
timestamp	发送请求的时间(ms)	string	是	精确到毫秒
version	版本	string	否	微服务版本号
biz_content	入参	string	是	具体的业务接口输入参数,见表19

biz_content 业务参数见表19。

表19 biz_content 业务参数

参数	参数名称	参数类型	是否必填	说明
abex9762	救助业务类型	string	是	
axbe0003	委托机构	string	是	
axaa0001	行政区划	string	是	前6位采用GB/T 2260中规定的6位数字码;第7—9位为县以下行政区划代码,应符合GB/T 10114的编码规则;后3位为村或社区编码
abex9081	批次编号	string	是	委托请求的批次编号,生成规则为:行政区划编码+时间戳(YYYYMMDDhhmmsss)
axcp0002	申请人姓名	string	是	
axcp0004	证件类型	string	是	默认0(内地居民身份证)

续表

参数	参数名称	参数类型	是否必填	说明
axcp0005	证件号码	string	是	对于身份证件类型为"内地居民身份证"的人员，身份证件号码值域见 GB 11643—1999《公民身份号码》
axcp0035	与申请人关系	string	是	
axcp0017	政治面貌	string	否	
axcp0036	婚姻状况	string	否	
fileName	材料名称	varchar	否	
materialType	材料类型	Char	否	
fileType	文件类型	varchar	否	
fileid	上传文件返回 ID	varchar	否	

4.3.1.5 返回参数

返回参数见表 20。

表 20 返回参数

参数	参数名称	参数类型	说明
code	返回码值	string	服务调用是否成功的状态值
msg	返回码描述	string	返回码的描述信息
biz_data	业务输出参数	string	具体的业务接口输出参数，见表 21

返回参数中 biz_data 的业务参数见表 21。

表 21 biz_data 业务参数

参数	参数名称	参数类型	说明
resourceType	是否受理核对	string	核对委托信息是否受理核对结果 1:受理 2:退回

接口返回示例如下：

```
{
    "code": "200",
    "msg": "成功",
    "biz_data":{
        "resourceType": "1",   //核对委托信息是否受理核对结果:1 为受理,2 为退回
    }
}
```

4.3.2 审核结果接口说明

4.3.2.1 接口描述

审核结果接口可提供审核结果推送功能。该接口通过金民工程应用支撑平台的微服务集成管理系统对外提供。其在微服务集成管理系统中的注册信息如下：

a）系统接入标识：taiji；

b）服务标识：audit_result。

4.3.2.2 接口地址

接口地址：http(https)://IP:端口/yhbcp-engine_gov/rest/audit_result。

4.3.2.3 请求方式

HTTP(HTTPS) POST。

4.3.2.4 请求参数

请求参数见表22。

表22　请求参数

参数	参数名称	参数类型	是否必填项	说明
access_key	接入系统标识	string	是	在微服务中注册的系统标识
format	返回数据格式 json/xml	string	否	返回格式为 json/xml
request_id	请求唯一编码（流水号）	string	否	请求的唯一流水号
sign	参数签名	string	是	对传入参数签名后的字符串
timestamp	发送请求的时间(ms)	string	是	精确到毫秒
version	版本	string	否	微服务版本号
biz_content	入参	string	是	具体的业务接口输入参数，见表23

biz_content 业务参数见表23。

表23　biz_content 业务参数

参数	参数名称	参数类型	是否必填	说明
familyID	家庭 ID	string	是	
abex9762	救助业务类型	string	是	
axcp0002	申请人姓名	string	是	
axcp0005	申请人公民身份号码	string	是	对于身份证件类型为“内地居民身份证”的人员，身份证件号码值域见 GB 11643—1999《公民身份号码》

续表

参数	参数名称	参数类型	是否必填	说明
result	审批结果	string	是	
abex9081	批次编号	string	是	委托请求的批次编号,生成规则为:行政区划编码 + 时间戳(YYYYMMDDhhmmsss)

4.3.2.5 返回参数

返回参数见表24。

表24 返回参数

参数	参数名称	参数类型	说明
code	返回码值	string	服务调用是否成功的状态值
msg	返回码描述	string	返回码的描述信息
biz_data	业务输出参数	string	具体的业务接口输出参数,见表25

返回参数中 biz_data 的业务参数见表25。

表25 biz_data 业务参数

参数	参数名称	参数类型	说明
serviceSuccess	是否成功进行核对	string	核对委托信息是否受理核对结果 1:核对成功 2:核对失败

接口返回示例如下:

```
{
        "code":"200",
        "msg":"成功",
        "biz_data":{
            "serviceSuccess":"1",   //是否成功进行核对:1 为核对成功,2 为核对失败
        }
    }
```

JMGC

民 政 部 金 民 工 程 标 准

JMGC/JS 315.3—2020

业务系统共享接口
第3部分:公共服务

2020-12-30 发布　　2020-12-30 实施

民政部信息中心 发布

目　　次

前　言

本文件按照 GB/T 1.1—2020《标准化工作导则 第1部分:标准化文件的结构和起草规则》的规定起草。

请注意本文件的某些内容可能涉及专利。本文件的发布机构不承担识别专利的责任。

本文件是 JMGC/JS 315《业务系统共享接口》的第3部分。JMGC/JS 315 已经发布了以下部分:

第1部分:救助业务;

第2部分:核对业务;

第3部分:公共服务;

第4部分:决策支持;

第5部分:儿童福利管理、婚姻管理、流浪乞讨人员救助管理和殡葬管理;

第6部分:基层政权建设和社区治理、社会工作和志愿服务;

第7部分:养老服务、残疾人福利、慈善与募捐。

本标准由民政部信息中心提出并归口。

本标准起草单位:民政部信息中心、东软集团股份有限公司。

本标准主要起草人:荆方明、杨天荣、薛飞、王伟、陈先杰、徐洪凯。

引　言

JMGC/JS 315《业务系统共享接口》由七个部分构成。

——第1部分:救助业务。目的在于确立社会救助业务系统与金民工程其他业务系统之间相关接口要求,明确接口地址、请求方式、参数信息。

——第2部分:核对业务。目的在于确立居民家庭经济状况核对业务系统与金民工程其他业务系统之间相关接口要求,明确接口地址、请求方式、参数信息。

——第3部分:公共服务。目的在于确立公共服务业务系统与金民工程其他业务系统之间相关接口要求,明确接口地址、请求方式、参数信息。

——第4部分:决策支持。目的在于确立决策支持业务系统与金民工程其他业务系统之间相关接口要求,明确接口地址、请求方式、参数信息。

——第5部分:儿童福利管理、婚姻管理、流浪乞讨人员救助管理和殡葬管理。目的在于确立儿童福利管理、婚姻管理、流浪乞讨人员救助管理和殡葬管理系统与金民工程其他业务系统之间相关接口要求,明确接口地址、请求方式、参数信息。

——第6部分:基层政权建设和社区治理、社会工作和志愿服务。目的在于确立基层政权建设和社区治理、社会工作和志愿服务系统与金民工程其他业务系统之间相关接口要求,明确接口地址、请求方式、参数信息。

——第7部分:养老服务、残疾人福利、慈善与募捐。目的在于确立养老服务、残疾人福利、慈善与募捐系统与金民工程其他业务系统之间相关接口要求,明确接口地址、请求方式、参数信息。

业务系统共享接口 第3部分:公共服务

1 范围

本文件规定了金民工程项目公共服务业务系统的业务共享接口实现方式。

本文件适用于金民工程项目公共服务业务系统业务共享接口建设。

2 规范性引用文件

下列文件中的内容通过文中的规范性引用而构成本文件必不可少的条款。其中,注日期的引用文件,仅该日期对应的版本适用于本文件;不注日期的引用文件,其最新版本(包括所有的修改单)适用于本文件。

GB/T 5271.1—2000 信息技术 词汇 第1部分:基本术语

JMGC/YW 417—2020 信访工作数据元

3 术语和定义

3.1 接口

两个功能单元共享的边界,它由各种特征(如功能、物理互联、信号交换等)来定义。

[来源:GB/T 5271.1—2000,01.01.38]

3.2 数据

信息的可再解释的形式化表示,以适用于通信、解释或处理。

[来源:GB/T 5271.1—2000,01.01.02]

4 接口实现

4.1 接口总体说明

根据金民工程统一规划,金民工程公共服务业务系统将相关服务接口统一注册到应用支撑平台,供第三方业务系统调用。金民工程公共服务业务系统主要提供以下几个接口,见表1。

表1　业务共享接口列表

系统名称	接口名称	功能描述
全国民政信访信息系统	信访信息查询接口	通过全国民政信访信息系统实现的供金民工程其他业务系统获取民政信访业务信息
全国民政信访信息系统	信访信息上传接口	通过全国民政信访信息系统实现的供地方民政信访业务系统上传本地民政信访业务信息
民政一体化政务服务平台	信息公开统计接口	通过民政一体化政务服务平台实现的供金民工程统计系统上传统计信息 PDF 文件到公共服务门户

4.2 民政信访信息系统

4.2.1 信访信息查询接口说明

4.2.1.1 接口描述

信访信息查询接口可提供信访件信息查询功能。该接口通过金民工程应用支撑平台的微服务集成管理系统对外提供。其在微服务集成管理系统中的注册信息如下：

a)系统接入标识：neusoft_services_id；

b)服务标识:queryLetterInfo。

4.2.1.2 接口地址

接口地址:http(https)://mzxf.mca.gov.cn/xfgl/letterInterface/queryLetterInfo。

4.2.1.3 请求方式

HTTP(HTTPS) POST。

4.2.1.4 请求参数

请求参数见表2。

表2　请求参数

参数	参数名称	参数类型	是否必填项	说明
access_key	接入系统标识	string	是	在微服务中注册的系统标识
format	返回数据格式 json/xml	string	否	返回格式为 json/xml
request_id	请求唯一编码(流水号)	string	否	请求的唯一流水号
sign	参数签名	string	是	对传入参数签名后的字符串
timestamp	发送请求的时间(ms)	string	是	精确到毫秒
version	版本	string	否	微服务版本号
biz_content	入参	string	是	具体的业务接口输入参数,见表3

biz_content 业务参数见表3。

表 3　biz_content 业务参数

参数	参数名称	参数类型	是否必填	说明
number	信访件编号	string	是	信访件编码:20200921IK4M9QSO
type	信访形式	string	否	见 JMGC/YW 417—2020 附录 A 代码集,表 A.5 信访形式代码
startTime	时间起	date	否	YYYYMMDD
endTime	时间止	date	否	YYYYMMDD
pageNumber	当前页数	number	否	
pageSize	每页大小	number	否	

4.2.1.5 返回参数

返回参数见表 4。

表 4　返回参数

参数	参数名称	参数类型	说明
code	返回码值	string	服务调用是否成功的状态值
msg	返回码描述	string	返回码的描述信息
biz_data	业务输出参数	string	具体的业务接口输出参数,见表 5

返回参数中 biz_data 的业务参数见表 5。

表 5　biz_data 业务参数

参数	参数名称	参数类型	说明
azbx0501	信访件主键	string	返回信访件主键
azbx0502	信访件编号	string	返回信访件编号
azbx0402	概况信息	string	返回信访概况信息
azbx0403	投诉及理由	string	返回信访投诉及理由
azbx0404	信访目的代码	string	返回信访目的代码
azbx0405	内容分类代码	string	返回信访内容分类代码
azbx0408	信访原因代码	string	返回信访原因代码
azbx0409	接谈人	string	返回接谈人姓名
azbx0410	热点问题	string	返回热点问题信息
azbx0411	信访形式	string	返回信访形式信息
azbx0412	信访人数	number	返回信访人数
azbx0413	涉及人数	number	返回信访件涉及人数
azbx0414	集体访标志	string	返回是否为集体访

续表

参数	参数名称	参数类型	说明
azbx0415	信访日期	date	返回信访日期
azbx0416	限办截止时间	date	返回截止日期
azbx0425	三跨三分离标志	string	返回三跨三分离标志
azbx0426	是否依法逐级走访	string	返回是否依法逐级走访
azbx0427	涉法涉诉标志	string	返回是否涉法涉诉
azbx0428	涉港标志	string	返回是否涉港
azbx0429	涉澳标志	string	返回是否涉澳
azbx0430	涉台标志	string	返回是否涉台
azbx0431	涉外标志	string	返回是否涉外
azbx0432	涉侨标志	string	返回是否涉侨
azbx0433	信访件状态	string	返回信访件状态
azbx0434	是否已告知	string	返回是否已告知
azbx0435	是否已答复	string	返回是否已答复
azbx0437	办结标志	string	返回是否办结标志
axzx0010	登记机构名称	string	返回登记机构名称

接口返回示例如下：


```
{
        "code": 200,
        "msg": "查询成功",
"biz_data": {
        "result": {
            "bizData": {
                "total": 1,
                "pages": 1,
                "pageSize": 10,
                "list": [
                    {
                        "azbx0414": "0", //集体访标志
                        "azbx0415": "2020-08-04 18:22:43", //信访日期
                        "azbx0437": "0", //办结标志
                        "azbx0412": 1.0, //信访人数
                        "azbx0434": "1", //是否已告知
                        "azbx0413": 1.0, //涉及人数
                        "azbx0435": "0", //是否已答复
                        "azbx0410": "13", //热点问题
                        "azbx0432": "0", //涉侨标志
                        "azbx0411": "100", //信访形式
                        "azbx0433": "3", //信访件状态
                        "azbx0430": "0", //涉台标志
                        "azbx0431": "0", //涉外标志
                        "axzx0010": "民政部", //登记机构名称
```

```
                    "azbx0416"："2020－11－02 08:00:00"，//限办截止时间
                    "azbx0425"："0"，//三跨三分离标志
                    "azbx0502"："20200804PLJJP9L6"，//信访件编号
                    "azbx0404"："02"，//信访目的代码
                    "azbx0426"："1"，//是否依法逐级走访
                    "azbx0402"："＊＊＊"，//概况信息
                    "azbx0501"："12a6747c895d40219ef353c0a8ada823"，//信访件 ID
                    "azbx0409"："张＊＊"，//接谈人
                    "azbx0429"："0"，//涉澳标志
                    "azbx0408"："3"，//信访原因代码
                    "azbx0405"："990000/990100"，//内容分类代码
                    "azbx0427"："0"，//涉法涉诉标志
                    "azbx0428"："0" //涉港标志
                }
            ],
            "pageNum"：1,
            "currentSize"：1
        },
        "code"："1"
    }
},
"errors"：[],
"requestId"："eff11369－f0dc－4a84－9fec－398314c4c1b3",
"serviceSuccess"：true
}
```


4.2.2 信访信息上传接口说明

4.2.2.1 接口描述

信访信息上传接口可提供地方信访信息上传功能。该接口通过金民工程应用支撑平台的微服务集成管理系统对外提供。其在微服务集成管理系统中的注册信息如下：

a）系统接入标识：neusoft_services_id；

b）服务标识：guangXiExchangeIn。

4.2.2.2 接口地址

接口地址：http(https)://mzxf.mca.gov.cn/xfgl/dataExchange/guangXiExchangeIn。

4.2.2.3 请求方式

HTTP(HTTPS) POST。

4.2.2.4 请求参数

请求参数见表6。

表6 请求参数

参数	参数名称	参数类型	是否必填项	说明
access_key	接入系统标识	string	是	在微服务中注册的系统标识

续表

参数	参数名称	参数类型	是否必填项	说明
format	返回数据格式 json/xml	string	否	返回格式为 json/xml
request_id	请求唯一编码(流水号)	string	否	请求的唯一流水号
sign	参数签名	string	是	对传入参数签名后的字符串
timestamp	发送请求的时间(ms)	string	是	精确到毫秒
version	版本	string	否	微服务版本号
biz_content	入参	string	是	具体的业务接口输入参数,见表 7

biz_content 业务参数见表 7。

表 7　biz_content 业务参数

参数	参数名称	参数类型	是否必填	说明
result	上传信访件结果	string	是	json 格式上传信访件结果数据
code	校验码	string	是	接口是否合法的校验位

4.2.2.5 返回参数

返回参数见表 8。

表 8　返回参数

参数	参数名称	参数类型	说明
code	返回码值	string	服务调用是否成功的状态值
msg	返回码描述	string	返回码的描述信息
biz_data	业务输出参数	string	具体的业务接口输出参数,见表 9

返回参数中 biz_data 的业务参数见表 9。

表 9　biz_data 业务参数

参数	参数名称	参数类型	说明
status	上传是否成功标识	string	1:成功;2:失败;99:验证码错误

接口返回示例如下:

```
{
    "code": "200",
    "msg": "成功调用上传接口",
    "biz_data": {
        " status ": "1" //成功标识，1:成功;2:失败;99:验证码错误。
    }
}
```


4.3 一体化政务服务平台

4.3.1 信息公开统计接口说明

4.3.1.1 接口描述

信息公开统计接口可提供上传 PDF 格式的统计材料功能。该接口通过金民工程应用支撑平台的微服务集成管理系统对外提供。其在微服务集成管理系统中的注册信息如下：

a）系统接入标识：neusoft_services_id；

b）服务标识：UploadPDF。

4.3.1.2 接口地址

接口地址：http(https)://zwfw.mca.gov.cn/webglbiz/api/ApiZkx61/UploadPDF。

4.3.1.3 请求方式

HTTP(HTTPS) POST。

4.3.1.4 请求参数

请求参数见表10。

表10 请求参数

参数	参数名称	参数类型	是否必填项	说明
access_key	接入系统标识	string	是	在微服务中注册的系统标识
format	返回数据格式 json/xml	string	否	返回格式为 json/xml
request_id	请求唯一编码（流水号）	string	否	请求的唯一流水号
sign	参数签名	string	是	对传入参数签名后的字符串
timestamp	发送请求的时间（ms）	string	是	精确到毫秒
version	版本	string	否	微服务版本号
biz_content	入参	string	是	具体的业务接口输入参数，见表11

biz_content 业务参数见表11。

表 11 biz_content 业务参数

参数	参数名称	参数类型	是否必填	说明
azkx6000	信息类别编码	string	是	约定的类别编码:1004
azkx6013	信息类别名称	string	是	约定的类别名称:信息公开
azkx6101	来源	string	是	信息来源:民政部
azkx6102	标题	string	是	信息公开文章的标题
azkx6104	内容摘要	string	是	信息公开的正文摘要内容

4.3.1.5 返回参数

返回参数见表 12。

表 12 返回参数

参数	参数名称	参数类型	说明
code	返回码值	string	服务调用是否成功的状态值
msg	返回码描述	string	返回码的描述信息
biz_data	业务输出参数	string	具体的业务接口输出参数,见表 13

返回参数中 biz_data 的业务参数见表 13。

表 13 biz_data 业务参数

参数	参数名称	参数类型	说明
azkx6100	信息公开主键	string	业务主键信息
azkx6000	信息类别编码	string	业务类别编码:1004
azkx6013	信息类别名称	string	业务信息名称:信息公开
azkx6015	是否置顶	string	是否置顶状态
azkx6016	置顶时间	date	显示置顶有效时间
azkx6101	来源	string	信息来源:民政部
azkx6102	标题	string	信息公开的标题
azkx6103	副标题	string	信息公开的副标题
azkx6104	内容摘要	string	信息公开的内容摘要
azkx6105	附件名称	string	信息公开的附件名称
azkx6107	附件资源主键	string	信息公开的附件主键
axzx0007	有效状态	string	信息公开的有效状态
axzx0008	经办人	string	信息公开经办人姓名
axzx0009	经办人[编码]	string	信息公开经办人编码

续表

参数	参数名称	参数类型	说明
axzx0010	经办机构	string	信息公开经办机构名称
axzx0011	经办机构[编码]	string	信息公开经办机构编码
axzx0012	经办时间	date	信息公开经办时间
axaa0015	机构所属行政区划代码	string	信息公开经办机构所属行政区划

接口返回示例如下：


```
{
    "code"："200",
    "msg"："信息公开上传接口调用成功",
    "data"：{
        "azkx6100"：" 86c72947cbd14f49998c3d75c207c8dd " // 信息公开主键
        "azkx6000"："1004" //信息类别编码
        "azkx6013"：" 信息公开" //信息类别名称
        "azkx6015"：" 1" // 是否置顶
        "azkx6016"：" 2020 - 09 - 09" // 置顶时间
        "azkx6101"：" 民政部" // 来源
        "azkx6102"：" 信息公开文章" // 标题
        "azkx6103"：" 信息公开文章副标题" // 副标题
        "azkx6104"：" 信息公开文章" //内容摘要
        "azkx6105"：" 附件名称" // 附件名称
        "azkx6107"：" 86c72947cbd14f49998c3d75c207c8dd " // 附件资源主键
        "axzx0007"：" 1" // 有效状态
        "axzx0008"：" 超级管理员" // 经办人
        "axzx0009"：" 86c72947cbd14f49998c3d75c207c8dd " // 经办人[编码]
        "axzx0010"：" 顶级组织" // 经办机构
        "axzx0011"：" fd811ab9c30440088df3e29ea784460a" // 经办机构[编码]
        "axzx0012"：" 2020/4/29" // 经办时间
        "axaa0015"：" 86c72947cbd14f49998c3d75c207c8dd " // 机构所属行政区划代码
    }
}
```

JMGC

民 政 部 金 民 工 程 标 准

JMGC/JS 315.4—2020

业务系统共享接口
第4部分:决策支持

2020-12-30发布 2020-12-30实施

民政部信息中心 发布

目　　次

前　言

本文件按照 GB/T 1.1—2020《标准化工作导则 第1部分：标准的结构和编写》给出的规则起草。

请注意本文件的某些内容可能涉及专利。本文件的发布机构不承担识别专利的责任。

本文件是 JMGC/JS 315《业务系统共享接口》的第4部分。JMGC/JS 315 已经发布了以下部分：

——第1部分：救助业务；

——第2部分：核对业务；

——第3部分：公共服务；

——第4部分：决策支持；

——第5部分：儿童福利管理、婚姻管理、流浪乞讨人员救助管理和殡葬管理；

——第6部分：基层政权建设和社区治理、社会工作和志愿服务；

——第7部分：养老服务、残疾人福利、慈善与募捐。

本文件由民政部信息中心提出并归口。

本文件起草单位：民政部信息中心、北京久其软件股份有限公司。

本文件主要起草人：王兴玲、郑明煊、王夫、王风涛、邹博仁、陈美春。

引　言

JMGC/JS 315《业务系统共享接口》由七个部分构成。

——第1部分:救助业务。目的在于确立社会救助业务系统与金民工程其他业务系统之间相关接口要求,明确接口地址、请求方式、参数信息。

——第2部分:核对业务。目的在于确立居民家庭经济状况核对业务系统与金民工程其他业务系统之间相关接口要求,明确接口地址、请求方式、参数信息。

——第3部分:公共服务。目的在于确立公共服务业务系统与金民工程其他业务系统之间相关接口要求,明确接口地址、请求方式、参数信息。

——第4部分:决策支持。目的在于确立决策支持业务系统与金民工程其他业务系统之间相关接口要求,明确接口地址、请求方式、参数信息。

——第5部分:儿童福利管理、婚姻管理、流浪乞讨人员救助管理和殡葬管理。目的在于确立儿童福利管理、婚姻管理、流浪乞讨人员救助管理和殡葬管理系统与金民工程其他业务系统之间相关接口要求,明确接口地址、请求方式、参数信息。

——第6部分:基层政权建设和社区治理、社会工作和志愿服务。目的在于确立基层政权建设和社区治理、社会工作和志愿服务系统与金民工程其他业务系统之间相关接口要求,明确接口地址、请求方式、参数信息。

——第7部分:养老服务、残疾人福利、慈善与募捐。目的在于确立养老服务、残疾人福利、慈善与募捐系统与金民工程其他业务系统之间相关接口要求,明确接口地址、请求方式、参数信息。

业务系统共享接口 第4部分:决策支持

1 范围

本文件规定了决策支持系统与金民工程一期项目其他业务系统之间相关接口要求。

本文件适用于金民工程项目建设,民政其他相关业务工作可参照使用。

2 规范性引用文件

本文件没有规范性引用文件。

3 术语和定义

无术语和定义适用于本文件。

4 缩略语

无。

5 接口实现

5.1 接口总体说明

根据金民工程统一规划,金民工程民政统计与信息服务系统、信用信息分析系统将相关服务接口统一注册到应用支撑平台,供第三方业务系统调用。系统可提供的接口,见表1。

表1 业务共享接口列表

系统名称	接口名称	功能描述
民政统计与信息服务系统	月报查询接口	通过民政统计与信息服务系统月报查询接口获取月报的数据
民政统计与信息服务系统	发布标准查询接口	通过民政统计与信息服务系统发布标准查询接口获取发布标准的数据
信用信息分析管理系统	自然人信用报告查询接口	通过信用信息分析管理系统自然人信用报告查询接口获取自然人信用报告的数据
信用信息分析管理系统	社会组织信用报告查询接口	通过信用信息分析管理系统社会组织信用报告查询接口获取社会组织信用报告的数据
信用信息分析管理系统	信用报告下载接口	通过信用信息分析管理系统信用报告下载接口获取信用报告的数据

5.2 民政统计与信息服务系统

5.2.1 月报查询接口共享接口

5.2.1.1 接口描述

月报查询接口可提供查询最新和往期历史月报功能。该接口通过金民工程应用支撑平台的微服务集成管理系统对外提供。其在微服务集成管理系统中的注册信息如下：

a)系统接入标识：jinmintj；

b)服务标识：getMonthlyReport。

5.2.1.2 接口地址

接口地址：http(https)://网络地址：端口/jinmintj/shareManagement/getMonthlyReport。

5.2.1.3 请求方式

HTTP(HTTPS) POST。

5.2.1.4 请求参数

请求参数见表1。

表1 请求参数

参数	参数名称	参数类型	是否必填	说明
access_key	接入系统标识	string	是	在微服务中注册的系统标识
format	返回数据格式	string	否	返回格式为 json/xml
request_id	请求唯一编码	string	否	请求的唯一流水号
sign	参数签名	string	是	对传入参数签名后的字符串
timestamp	发送请求的时间	string	是	精确到毫秒
version	版本	string	否	微服务版本号
biz_content	输入参数	string	是	具体的业务接口输入参数，见表2

请求参数中的 biz_content 业务参数见表2。

表2 biz_content 业务参数

参数	参数名称	参数类型	是否必填	说明
belong_time	月报时间	string	是	参数示例：2019Y0001

5.2.1.5 返回参数

返回参数见表3。

表 3　返回参数

参数	参数名称	参数类型	说明
code	返回码值	string	服务调用是否成功的状态值
msg	返回码描述	string	返回码的描述信息
biz_data	业务输出参数	string	具体的业务接口输出参数,见表 4

返回参数中 biz_data 的业务参数见表 4。

表 4　biz_data 业务参数

参数	参数名称	参数类型	说明
report_id	月报 ID	string	示例:2019Y0001TRTEFGFG
belong_time	月报数据时期	string	示例:2019Y0001
report_title	月报标题	string	月报标题

接口返回示例如下:

```
{
    "code":200, // 返回码值
    "msg": "成功", // 返回码描述
    "biz_data": {
        "report_id":"一月份月报", // 月报 ID
        "belong_time":"2019Y0001", //月报数据时期
        "report_title":"一月份月报" // 月报标题
    }
}
```

5. 2. 2 发布标准查询接口

5. 2. 2. 1 接口描述

发布标准查询接口可提供发布标准查询功能。该接口通过金民工程应用支撑平台的微服务集成管理系统对外提供。其在微服务集成管理系统中的注册信息如下:

a)系统接入标识:jinmincj;

b)服务标识:queryPublishStandard。

5. 2. 2. 2 接口地址

接口地址:http(https)://网络地址:端口/jinmincj/shareManagement/queryPublishStandard。

5. 2. 2. 3 请求方式

HTTP(HTTPS) POST。

5. 2. 2. 4 请求参数

请求参数见表 5。

表5 请求参数

参数	参数名称	参数类型	是否必填	说明
access_key	接入系统标识	string	是	在微服务中注册的系统标识
format	返回数据格式	string	否	返回格式为 json/xml
request_id	请求唯一编码	string	否	请求的唯一流水号
sign	参数签名	string	是	对传入参数签名后的字符串
timestamp	发送请求的时间	string	是	精确到毫秒
version	版本	string	否	微服务版本号
biz_content	输入参数	string	是	具体的业务接口输入参数,见表6

请求参数中的 biz_content 业务参数见表6。

表6 biz_content 业务参数

参数	参数名称	参数类型	是否必填	说明
standard_id	发布标准 ID	string	是	发布标准 ID

5.2.2.5 返回参数

返回参数见表7。

表7 返回参数

参数	参数名称	参数类型	说明
code	返回码值	string	服务调用是否成功的状态值
msg	返回码描述	string	返回码的描述信息
biz_data	业务输出参数	string	具体的业务接口输出参数,见表8

返回参数中 biz_data 的业务参数见表8。

表8 biz_data 业务参数

参数	参数名称	参数类型	说明
standard_id	标准 ID	string	标准 ID
standard_name	标准名称	string	标准名称
standard_time	标准发布时间	string	标准发布时间

接口返回示例如下：


```
{
    "code":200, // 返回码值
    "msg": "成功", // 返回码描述
    "biz_data": {
        "standard_id":"537d763e-3b5b-4598-9764-2e410bf8115e", // 标准 ID
        "standard_name":"2020 金民统计标准", // 标准名称
        "standard_time":"2020-09-21" // 标准发布时间
    }
}
```


5.3 信用信息分析管理系统

5.3.1 自然人信用报告查询接口

5.3.1.1 接口描述

自然人信用报告查询接口可提供查询自然人信用报告功能。该接口通过金民工程应用支撑平台的微服务集成管理系统对外提供。其在微服务集成管理系统中的注册信息如下：

a)系统接入标识：jinmintj；

b)服务标识：getNaturalPersonCreditReport。

5.3.1.2 接口地址

接口地址：http(https)://网络地址：端口/jinmintj/shareManagement/getNaturalPersonCreditReport。

5.3.1.3 请求方式

HTTP(HTTPS) POST。

5.3.1.4 请求参数

请求参数见表9。

表9 请求参数

参数	参数名称	参数类型	是否必填	说明
access_key	接入系统标识	string	是	在微服务中注册的系统标识
format	返回数据格式	string	否	返回格式为 json/xml
request_id	请求唯一编码	string	否	请求的唯一流水号
sign	参数签名	string	是	对传入参数签名后的字符串
timestamp	发送请求的时间	string	是	精确到毫秒
version	版本	string	否	微服务版本号
biz_content	输入参数	string	是	具体的业务接口输入参数，见表10

请求参数中的 biz_content 业务参数见表10。

表 10　biz_content 业务参数

参数	参数名称	参数类型	是否必填	说明
axcp0001	基础信息 ID	string	是	基础信息 ID
axcp0002	姓名	string	是	自然人姓名
axcp0004	证件类型	string	是	见 JMGC/XX 203—2020 附录 C 代码集“身份证件类型代码”
axcp0005	证件号码	string	是	自然人对应证件类型的证件号码

5.3.1.5 返回参数

返回参数见表 11。

表 11　返回参数

参数	参数名称	参数类型	说明
code	返回码值	string	服务调用是否成功的状态值
msg	返回码描述	string	返回码的描述信息
biz_data	业务输出参数	string	具体的业务接口输出参数，见表 12

返回参数中 biz_data 的业务参数见表 12。

表 12　biz_data 业务参数

参数	参数名称	参数类型	说明
axcp0001	基础信息 ID	string	基础信息 ID
axcp0002	姓名	string	自然人姓名
axcp0004	证件类型	string	见 JMGC/XX 203—2020 附录 C 代码集“身份证件类型代码”
axcp0005	证件号码	string	自然人对应证件类型的证件号码
axcp0003	曾用名	string	曾用名
axcp0006	人员性别代码	string	人员性别代码
axcp0007	人员国籍代码	string	人员国籍代码
axcp0008	民族	string	民族
axcp0009	文化程度	string	文化程度
axcp0010	健康状况	string	健康状况
axcp0011	籍贯	string	籍贯
axzx0001	移动终端号码	string	移动终端号码
axzx0005	电子邮件	string	电子邮件
axaa0001	地址（行政区划）	string	地址（行政区划）
axcp0017	地址（详细地址）	string	地址（详细地址）

续表

参数	参数名称	参数类型	说明
axcp0036	婚姻状况	string	婚姻状况
axcp0016	职业分类	string	职业分类
axcp0022	政治面貌	string	政治面貌
axcp0013	户籍类别	string	户籍类别
axcp0024	劳动能力鉴定等级	string	劳动能力鉴定等级
axcp0031	专业岗位证书级别	string	专业岗位证书级别
axcp0025	专业技术职务	string	专业技术职务
axcp0012	人员状态	string	人员状态

接口返回示例如下：


```
{
    "code":200, // 返回码值
    "msg":"成功", // 返回码描述
    "biz_data":{
        "axcp0001":"9feecdc9 - 1266 - 4c3c - bdd7 - 1e2aa06bc050", // 基础信息 ID
        "axcp0002":"张三", // 姓名
        "axcp0004":"1", // 证件类型
        "axcp0005":"362425199205262145", // 证件号码
        "axcp0003":"张 XX", // 曾用名
        "axcp0006":"1", // 人员性别代码
        "axcp0007":"1", // 人员国籍代码
        "axcp0008":"1", // 民族
        "axcp0009":"20", // 文化程度
        "axcp0010":"1", // 健康状况
        "axcp0011":"北京市", // 籍贯
        "axzx0001":"15603298645", // 移动终端号码
        "axzx0005":"1545454454@ XXX", // 电子邮件
        "axaa0001":"海定区", // 地址(行政区划)
        "axcp0017":"五道口", // 地址(详细地址)
        "axcp0036":"10", // 婚姻状况
        "axcp0016":"3", // 职业分类
        "axcp0022":"2", // 政治面貌
        "axcp0013":"2", // 户籍类别
        "axcp0024":"8", // 劳动能力鉴定等级,
        "axcp0031":"2", // 专业岗位证书级别,
        "axcp0025":"070", // 专业技术职务,
        "axcp0012":"1", // 人员状态
    }
}
```


5. 3. 2 社会组织信用报告查询接口

5. 3. 2. 1 接口描述

社会组织信用报告查询接口可提供社会组织信用报告功能。该接口通过金民工程应

用支撑平台的微服务集成管理系统对外提供。其在微服务集成管理系统中的注册信息如下：

a）系统接入标识：jinmintj；

b）服务标识：getSocialOrgCreditReport。

5.3.2.2 接口地址

http（https）：//网络地址：端口/jinmintj/shareManagement/getSocialOrgCreditReport。

5.3.2.3 请求方式

HTTP（HTTPS）POST。

5.3.2.4 请求参数

请求参数见表13。

表13 请求参数

参数	参数名称	参数类型	是否必填	说明
access_key	接入系统标识	string	是	在微服务中注册的系统标识
format	返回数据格式	string	否	返回格式为json/xml
request_id	请求唯一编码	string	否	请求的唯一流水号
sign	参数签名	string	是	对传入参数签名后的字符串
timestamp	发送请求的时间	string	是	精确到毫秒
version	版本	string	否	微服务版本号
biz_content	输入参数	string	是	具体的业务接口输入参数，见表14

请求参数中的biz_content业务参数见表14。

表14 biz_content业务参数

参数	参数名称	参数类型	是否必填	说明
axbe0001	基础信息ID	string	是	基础信息ID
axbe0003	社会组织名称	string	是	社会组织名称
axbe0002	统一社会信用代码	string	是	统一社会信用代码

5.3.2.5 返回参数

返回参数见表15。

表 15　返回参数

参数	参数名称	参数类型	说明
code	返回码值	string	服务调用是否成功的状态值
msg	返回码描述	string	返回码的描述信息
biz_data	业务输出参数	string	具体的业务接口输出参数，见表 16

返回参数中 biz_data 的业务参数见表 16。

表 16　biz_data 业务参数

参数	参数名称	参数类型	说明
axbe0001	基础信息 ID	string	基础信息 ID
axbe0003	社会组织名称	string	社会组织名称
axbe0002	统一社会信用代码	string	统一社会信用代码
axbe0005	社会组织类型	string	社会组织类型
axbe0020	法定代表人姓名	string	法定代表人姓名
axbe0021	社会组织标识	string	社会组织标识
axbe0017	成立登记时间	string	成立登记时间
axbe0022	登记类型	string	登记类型
axbe0023	登记管理机关	string	登记管理机关
axbe0024	业务主管单位	string	业务主管单位
axaa0001	行政区划	string	行政区划
axbe0025	注册资金	string	注册资金
axbe0026	登记证号	string	登记证号
axbe0027	住所	string	住所
axbe0028	登记状态	string	登记状态
axbe0029	数据状态	string	数据状态
axbe9030	归档时间	string	归档时间

接口返回示例如下：

```
{
    "code":200, // 返回码值
    "msg": "成功", // 返回码描述
    "biz_data": {
        "axbe0001":"142e5960-6135-451c-9abe-89eaae523569", // 基础信息 ID
        "axbe0003":"XXX 单位", // 社会组织名称
        "axbe0002":" 713751037535471553", // 统一社会信用代码
        "axbe0005":"1", // 社会组织类型
```

```
        "axbe0020":"张三", // 法定代表人姓名
        "axbe0021":"1", // 社会组织标识
        "axbe0017":"2020-01-12", // 成立登记时间
        "axbe0022":"1", // 登记类型
        "axbe0023":"1", // 登记管理机关
        "axbe0024":"XXX单位", // 业务主管单位
        "axaa0001":"1", // 行政区划
        "axbe0025":"20000000", // 注册资金
        "axbe0026":"154564212457", // 登记证号
        "axbe0027":"1", // 住所
        "axbe0028":"1", // 登记状态
        "axbe0029":"1",// 数据状态
        "axbe9030":"2020-07-12" // 归档时间
        }
}
```


5.3.3 信用报告下载接口

5.3.3.1 接口描述

信用报告下载接口可提供信用报告下载功能。该接口通过金民工程应用支撑平台的微服务集成管理系统对外提供。其在微服务集成管理系统中的注册信息如下:

a)系统接入标识:jinmincj;

b)服务标识:downloadCreditReport。

5.3.3.2 接口地址

接口地址:http(https)://网络地址:端口/jinmincj/shareManagement/downloadCreditReport。

5.3.3.3 请求方式

HTTP(HTTPS) POST。

5.3.3.4 请求参数

请求参数见表17。

表17 请求参数

参数	参数名称	参数类型	是否必填	说明
access_key	接入系统标识	string	是	在微服务中注册的系统标识
format	返回数据格式	string	否	返回格式为json/xml
request_id	请求唯一编码	string	否	请求的唯一流水号
sign	参数签名	string	是	对传入参数签名后的字符串
timestamp	发送请求的时间	string	是	精确到毫秒
version	版本	string	否	微服务版本号
biz_content	输入参数	string	是	具体的业务接口输入参数,见表18

请求参数中的biz_content业务参数见表18。

表 18　biz_content 业务参数

参数	参数名称	参数类型	是否必填	说明
credit_report_id	信用报告 ID	string	是	信用报告 ID

5. 3. 3. 5 返回参数

返回参数见表 19。

表 19　返回参数

参数	参数名称	参数类型	说明
code	返回码值	string	服务调用是否成功的状态值
msg	返回码描述	string	返回码的描述信息
biz_data	业务输出参数	string	具体的业务接口输出参数,见表 20

返回参数中 biz_data 的业务参数见表 20。

表 20　biz_data 业务参数

参数	参数名称	参数类型	说明
credit_report_id	信用报告 ID	string	信用报告 ID
credit_report_name	信用报告名称	string	信用报告名称
credit_report_time	信用报告生成时间	string	信用报告生成时间
report_category	信用报告类别	string	信用报告类别
creditrating	信用评级	string	信用评级

接口返回示例如下:

```
{
    "code":200, // 返回码值
    "msg": "成功", // 返回码描述
    "biz_data": {
        "credit_report_id":"02e745ef-06c0-4dc0-a50a-80622c180511", // 信用报告 ID
        "credit_report_name":"XXX 个人信用报告", //信用报告名称
        "credit_report_time":"2020-09-21", // 信用报告生成时间
        "report_category":"1", // 信用报告类别
        "creditrating":"A" // 信用评级
    }
}
```

JMGC

民 政 部 金 民 工 程 标 准

JMGC/JS 315.5—2020

业务系统共享接口 第5部分:儿童福利管理、婚姻管理、流浪乞讨人员救助管理和殡葬管理

2020-12-30 发布 2020-12-30 实施

民政部信息中心 发布

目　　次

前　　言

本文件按照 GB/T 1. 1—2020《标准化工作导则 第 1 部分:标准的结构和编写》给出的规则起草。

请注意本文件的某些内容可能涉及专利。本文件的发布机构不承担识别专利的责任。

本文件是 JMGC/JS 315《业务系统共享接口》的第 5 部分。JMGC/JS 315 已经发布了以下部分:

——第 1 部分:救助业务;

——第 2 部分:核对业务;

——第 3 部分:公共服务;

——第 4 部分:决策支持;

——第 5 部分:儿童福利管理、婚姻管理、流浪乞讨人员救助管理和殡葬管理;

——第 6 部分:基层政权建设和社区治理、社会工作和志愿服务;

——第 7 部分:养老服务、残疾人福利、慈善与募捐。

本文件由民政部信息中心提出并归口。

本文件起草单位:民政部信息中心、中科恒运股份有限公司。

本文件主要起草人:文长军、赵超、马守平、甘会强、王道琨、张立利。

引　言

JMGC/JS 315《业务系统共享接口》由七个部分构成。

——第1部分:救助业务。目的在于确立社会救助业务系统与金民工程其他业务系统之间相关接口要求,明确接口地址、请求方式、参数信息。

——第2部分:核对业务。目的在于确立居民家庭经济状况核对业务系统与金民工程其他业务系统之间相关接口要求,明确接口地址、请求方式、参数信息。

——第3部分:公共服务。目的在于确立公共服务业务系统与金民工程其他业务系统之间相关接口要求,明确接口地址、请求方式、参数信息。

——第4部分:决策支持。目的在于确立决策支持业务系统与金民工程其他业务系统之间相关接口要求,明确接口地址、请求方式、参数信息。

——第5部分:儿童福利管理、婚姻管理、流浪乞讨人员救助管理和殡葬管理。目的在于确立儿童福利管理、婚姻管理、流浪乞讨人员救助管理和殡葬管理系统与金民工程其他业务系统之间相关接口要求,明确接口地址、请求方式、参数信息。

——第6部分:基层政权建设和社区治理、社会工作和志愿服务。目的在于确立基层政权建设和社区治理、社会工作和志愿服务系统与金民工程其他业务系统之间相关接口要求,明确接口地址、请求方式、参数信息。

——第7部分:养老服务、残疾人福利、慈善与募捐。目的在于确立养老服务、残疾人福利、慈善与募捐系统与金民工程其他业务系统之间相关接口要求,明确接口地址、请求方式、参数信息。

业务系统共享接口 第5部分:儿童福利管理、婚姻管理、流浪乞讨人员救助管理和殡葬管理

1 范围

本文件规定了金民工程项目中儿童福利管理、婚姻管理、流浪乞讨人员救助管理和殡葬管理系统的业务共享接口实现方式。

本文件适用于金民工程项目中儿童福利管理、婚姻管理、流浪乞讨人员救助管理和殡葬管理系统建设。

2 规范性引用文件

下列文件中的内容通过文中的规范性引用而构成本文件必不可少的条款。其中,注日期的引用文件,仅该日期对应的版本适用于本文件;不注日期的引用文件,其最新版本(包括所有的修改单)适用于本文件。

GB 11643 公民身份号码

GB 32100 法人和其他组织统一社会信用代码编码规则

GB/T 2260 中华人民共和国行政区划代码

GB/T5271.1 信息技术 词汇 第1部分:基本术语

GB/T 10114 县级以下行政区划代码编制规则

GB/T 11457 信息技术 软件工程术语

MZ/T 098 殡葬管理服务信息系统基本数据规范

MZ/T 141 殡葬管理服务信息系统数据共享和交换规范

JMGC/XX 204 金民工程 信息分类和编码规范

JMGC/XX 207 金民工程 业务时空基准规范

JMGC/YW 421 儿童福利 业务术语

JMGC/YW 422.1 社会事务管理业务术语 第1部分:婚姻管理

JMGC/YW 422.2 社会事务管理业务术语 第2部分:流浪乞讨人员救助管理

JMGC/YW 422.30 社会事务管理业务术语 第3部分:殡葬管理

JMGC/YW 425 儿童福利 数据元

JMGC/YW 426.1 社会事务管理数据元 第1部分:婚姻管理

JMGC/YW 426.2 社会事务管理数据元 第2部分:流浪乞讨人员救助管理

JMGC/YW 426.3 社会事务管理数据元 第3部分:殡葬管理

3 术语和定义

JMGC/YW 421、JMGC/YW 422.1、JMGC/YW 422.2、JMGC/YW 422.3 界定的以及下列术语和定义适用于本文件。

3.1 接口

两个功能单元共享的边界,它由各种特征(如功能、物理互联、信号交换等)来定义。

[GB/T 5271.1,01.01.38]

3.2 数据

信息的可再解释的形式化表示,以适用于通信、解释或处理。

[GB/T5271.1,01.01.02]

4 缩略语

下列缩略语适用于本文件。

JSON JavaScript 对象标记(Java Script Object Notation)

REST 表述性状态传递(Repres Entational State Transfer)

HTTP 超文本传输协议(Hyper Text Transfer Protocol)

5 接口实现

5.1 接口总体说明

根据金民工程统一规划,金民工程全国儿童福利信息系统、全国婚姻登记管理系统、全国流浪乞讨人员救助管理信息系统和全国殡葬管理信息系统将相关服务接口统一注册到应用支撑平台,供第三方业务系统调用。

金民工程全国儿童福利信息系统、全国婚姻登记管理系统、全国流浪乞讨人员救助管理信息系统和全国殡葬管理信息系统可提供的接口,见表1。

表1 业务共享接口列表

系统名称	接口名称	功能描述
全国儿童福利信息系统	获取儿童基本信息共享接口	通过全国儿童福利信息系统获取儿童基本信息的数据
全国儿童福利信息系统	获取孤儿信息共享接口	通过全国儿童福利信息系统获取孤儿信息的数据
全国儿童福利信息系统	获取留守儿童信息共享接口	通过全国儿童福利信息系统获取留守儿童信息的数据

续表

系统名称	接口名称	功能描述
全国儿童福利信息系统	获取监护不当儿童信息共享接口	通过全国儿童福利信息系统获取监护不当儿童信息的数据
全国儿童福利信息系统	获取艾滋病儿童信息共享接口	通过全国儿童福利信息系统获取艾滋病儿童信息的数据
全国儿童福利信息系统	获取流浪儿童信息共享接口	通过全国儿童福利信息系统获取流浪儿童信息的数据
全国儿童福利信息系统	农村留守妇女信息共享接口	通过全国儿童福利信息系统获取农村留守妇女信息的数据
全国儿童福利信息系统	儿童主任(儿童督导员)信息共享接口	通过全国儿童福利信息系统获取儿童主任(儿童督导员)信息的数据
全国儿童福利信息系统	收养登记信息共享接口	通过全国儿童福利信息系统获取收养登记信息的数据
全国儿童福利信息系统	解除收养登记信息共享接口	通过全国儿童福利信息系统获取解除收养登记信息的数据
全国儿童福利信息系统	撤销收养登记信息共享接口	通过全国儿童福利信息系统获取撤销收养登记信息的数据
全国儿童福利信息系统	出具收养登记证明信息共享接口	通过全国儿童福利信息系统获取出具收养登记证明信息的数据
全国儿童福利信息系统	儿童福利机构信息共享接口	通过全国儿童福利信息系统获取儿童福利机构信息的数据
全国儿童福利信息系统	未成年人救助保护机构信息共享接口	通过全国儿童福利信息系统获取未成年人救助保护机构信息的数据
全国婚姻登记管理系统	全国联网审查结果列表共享接口	通过全国联网审查结果列表接口获取婚姻双方当事人婚姻轨迹的数据
全国婚姻登记管理系统	全国联网审查详情信息共享接口	通过全国联网审查详情信息接口获取婚姻双方当事人婚姻轨迹中某条记录的详细数据
全国流浪乞讨人员救助管理信息系统	救助管理机构共享接口	通过全国流浪乞讨人员救助管理系统获取救助管理机构信息的数据
全国流浪乞讨人员救助管理信息系统	流浪乞讨人员信息共享接口	通过全国流浪乞讨人员救助管理信息系统获取流浪乞讨人员信息的数据
全国殡葬管理信息系统	机构基础数据上报共享接口	通过全国殡葬政务直报系统上报机构基础信息
全国殡葬管理信息系统	逝者数据上报共享接口	通过全国殡葬政务直报系统上报逝者数据
全国殡葬管理信息系统	火化数据上报共享接口	通过全国殡葬政务直报系统上报火化数据
全国殡葬管理信息系统	安放/安葬数据上报共享接口	通过全国殡葬政务直报系统上报安放数据
全国殡葬管理信息系统	设备数据上报共享接口	通过全国殡葬政务直报系统上报设备数据
全国殡葬管理信息系统	设施数据上报共享接口	通过全国殡葬政务直报系统上报设施数据
全国殡葬管理信息系统	机构职工数据上报共享接口	通过全国殡葬政务直报系统上报机构职工数据
全国殡葬管理信息系统	墓位/格位数据上报共享接口	通过全国殡葬政务直报系统上报墓位/格位数据

5.2 全国儿童福利信息系统

5.2.1 获取儿童基本信息共享接口

5.2.1.1 接口描述

获取儿童基本信息共享接口可提供查询儿童基本信息功能。该接口通过金民工程应用支撑平台的微服务集成管理系统对外提供。其在微服务集成管理系统中的注册信息如下：

a）系统接入标识：zkhy_ergl；

b）服务标识：queryChildBaseInformation。

5.2.1.2 接口地址

接口地址：http（https）：// 网络地址：端口号/fwjc_engine_int/rest/queryChildBaseInformation。

5.2.1.3 请求方式

HTTP（HTTPS）POST。

5.2.1.4 请求参数

请求参数见表2。

表2　请求参数

参数	参数名称	参数类型	是否必填	说明
AXCP0005	身份证件号码	string	否	儿童身份证件号码，采用基础数据库统一定义标识符 对于身份证件类型为“内地居民身份证”的人员，身份号码值域符合 GB 11643

5.2.1.5 返回参数

返回参数见表3。

表3　返回参数

参数	参数名称	参数类型	说明
code	返回码值	string	服务调用是否成功的状态值
msg	返回码描述	string	返回码的描述信息
biz_data	业务输出参数	string	具体的业务接口输出参数，见表4

返回参数中 biz_data 的业务参数见表4。

表4　biz_data 业务参数

参数	参数名称	参数类型	说明
AJEP0100	ID	string	儿童基础信息主键标识
AXCP0002	姓名	string	儿童人员姓名，采用基础数据库统一定义标识符
AXCP0005	身份证件号码	string	儿童身份证件号码，采用基础数据库统一定义标识符 对于身份证件类型为“内地居民身份证”的人员，身份号码值域符合 GB 11643

续表

参数	参数名称	参数类型	说明
AXCP0006	性别	string	儿童性别,采用基础数据库统一定义标识符 取值范围见 JMGC/XX 204 5.1.7 C0007 人的性别代码
AXCP0097	出生日期	date	出生日期,采用基础数据库统一定义标识符
AXCP0008	民族	string	儿童民族,采用基础数据库统一定义标识符 取值范围见 JMGC/XX 204 5.1.9 C0009 民族代码
AJEP0110	学业状况	string	见 JMGC/XX 204 5.1.27 C0027 学业状况代码
AJEP0111	患病类型	string	见 JMGC/XX 204 5.7.5 CJ005 儿童患病类型代码
AJEP0112	是否患病	boolean	
AJEP0126	是否残疾	boolean	
AJEP0113	残疾类型	string	见 JMGC/XX 204 5.1.24 C0024 残疾类别代码
AJEP0114	残疾等级	string	见 JMGC/XX 204 5.1.25 C0025 残疾等级代码
AJEP0115	特教类型	string	见 JMGC/XX 204 5.7.6 CJ006 特教训练类型代码
AJEP0116	患艾滋病情况	string	见 JMGC/ XX 2045.7.7 CJ007 患艾滋病情况代码

接口返回示例如下：


```
{ "code": 200,
"biz_data": {
"AJEP0100": "242922cc602d4f8a9d774335852517e5",
"AXCP0002":"张晨",
"AXCP0005": "110101201403078039",
"AXCP0006": "1",
"AXCP0097":"2014 - 03 - 07 00:00:00",
"AXCP0008": "01",
"AXCP0013": "01",
"AJEP0110": "02",
"AJEP0111": "01",
"AJEP0112": "1",
"AJEP0126": "0",
"AJEP0113": "61,62,67",
"AJEP0114": "02",
"AJEP0115": "1",
"AJEP0116": "02"},
"msg": "成功" }
```


5.2.2 获取孤儿信息共享接口

5.2.2.1 接口描述

获取孤儿信息共享接口可提供查询孤儿信息功能。该接口通过金民工程应用支撑平台的微服务集成管理系统对外提供。其在微服务集成管理系统中的注册信息如下：

a）系统接入标识：zkhy_ergl；

b）服务标识：queryOrphanInfo。

5.2.2.2 接口地址

接口地址：http(https)://网络地址：端口号/fwjc_engine_int/rest/queryOrphanInfo。

5.2.2.3 请求方式

HTTP(HTTPS) POST。

5.2.2.4 请求参数

请求参数见表5。

表5 请求参数

参数	参数名称	参数类型	是否必填	说明
AJEP0100	儿童基础信息主键标识	string	是	由UUID生成的主键
AJEP0302	福利证号	string	否	由中华人民共和国民政部监制，由市、区(县)人民政府民政部门颁发给“0—18岁的孤儿、查找不到生父母的儿童和事实上无人抚养的未成年人”的获得救助的凭证

5.2.2.5 返回参数

返回参数见表6。

表6 返回参数

参数	参数名称	参数类型	说明
code	返回码值	string	服务调用是否成功的状态值
msg	返回码描述	string	返回码的描述信息
biz_data	业务输出参数	string	具体的业务接口输出参数，见表7

返回参数中biz_data的业务参数见表7。

表7 biz_data业务参数

参数	参数名称	参数类型	说明
AJEP0100	儿童基础信息主键标识	string	由UUID生成的主键
AJEF0200	家庭信息表主键	string	
AJEP0301	登记(增员)日期	date	

续表

参数	参数名称	参数类型	说明
AJEP0302	福利证号	string	由中华人民共和国民政部监制，由市、区（县）人民政府民政部门颁发给“0—18 岁的孤儿、查找不到生父母的儿童和事实上无人抚养的未成年人”的获得救助的凭证
AJEP0303	委托方	string	
AJEP0304	委托日期	date	
AJEP0305	接收后多久体检	number	增员后首次体检间隔天数
AJEP0306	体检前是否隔离照料	string	0 否，1 是
AJEP0307	捡拾地	string	
AJEP0308	捡拾日期	date	
AJEP0320	福利补贴起领年月	date	
AJEP0321	福利补贴领取方式	string	见 JMGC/XX 204 5.7.8 CJ008 福利资金领取方式代码
AXCP0027	个人开户银行代码	string	个人开户银行代码，采用基础数据库统一定义标识符 见 JMGC/XX 204 5.1.44 C0044 开户银行代码
AXCP0029	个人开户银行账号	string	个人开户银行账号，采用基础数据库统一定义标识符
AXCP0002	姓名	string	领取人姓名，采用基础数据库统一定义标识符

接口返回示例如下：


```
{"code": 200,
"biz_data": {
"AJEP0100":"9d4a43a959194e10ae2d8679346c6033",
"AJEF0200":"42801f63f5014546a0a5174bdeb9e3e9",
"AJEP0301":"2014-03-07 00:00:00",
"AJEP0302":"S130104-2020-0201",
"AJEP0303":"01",
"AJEP0304":"2014-03-07 00:00:00",
"AJEP0305":"1",
"AJEP0306":"1",
"AJEP0307":"开发区红叶社区村部",
"AJEP0308":"1",
"AJEP0320":"2014-03-07 00:00:00",
"AJEP0321":"现金领取",
"AXCP0027":"河北省石家庄市长安区中山路建设银行",
"AXCP0029":"9559480089071474413",
"AXCP0002":"王思",
"createTime":"",
"createUser":"1021031"},
"msg": "成功"}
```

5.2.3 获取留守儿童信息共享接口

5.2.3.1 接口描述

获取留守儿童信息共享接口可提供查询留守儿童信息功能。该接口通过金民工程应用支撑平台的微服务集成管理系统对外提供。其在微服务集成管理系统中的注册信息如下:

a)系统接入标识: zkhy_ergl;

b)服务标识:queryLeftOverChildrenInfo。

5.2.3.2 接口地址

接口地址:http(https)://网络地址:端口号/fwjc_engine_int/rest/queryLeftOverChildrenInfo。

5.2.3.3 请求方式

HTTP(HTTPS)POST。

5.2.3.4 请求参数

请求参数见表8。

表8 请求参数

参数	参数名称	参数类型	是否必填	说明
AJEP0100	儿童基础信息主键标识	string	是	由UUID生成的主键

5.2.3.5 返回参数

返回参数见表9。

表9 返回参数

参数	参数名称	参数类型	说明
code	返回码值	string	服务调用是否成功的状态值
msg	返回码描述	string	返回码的描述信息
biz_data	业务输出参数	string	具体的业务接口输出参数,见表10

返回参数中biz_data的业务参数见表10。

表10 业务参数

参数	参数名称	参数类型	说明
AJEP0100	儿童基础信息主键标识	string	由UUID生成的主键
AJEP0610	监护类型	string	见JMGC/XX 204 5.7.10 CJ010 临时监护方式代码

续表

参数	参数名称	参数类型	说明
AJEP0611	其他特殊情况	string	见 JMGC/XX 204 5.7.11 CJ011 其他特殊情况代码
AJEP0603	社会福利、救助、扶贫落实情况	string	见 JMGC/XX 204 5.7.12 CJ012 社会福利、救助、帮扶落实情况代码
AJEP0604	遭受监护人侵害的情形	string	见 JMGC/XX 204 5.7.13 CJ013 遭受监护人侵害的情况代码
AJEF0200	家庭信息表主键	string	
AJEP0120	记录时间	datetime	当前记录生成的时间
AJEP0121	记录状态	string	1 新增;2 变更;3 删除

接口返回示例如下：


```
{"code": 200,
"biz_data": {
"AJEP0100":"9d4a43a959194e10ae2d8679346c6033",
"AJEP0610":"1",
"AJEP0611":"2",
"AJEP0603":"01,02",
"AJEP0604":"",
"AJEF0200":"84004c43e4d54b21a43b9b171cfb029e",
"AJEP0120":"2014-03-07 00:00:00",
"AJEP0121":"01"},
"msg": "成功"}
```


5.2.4 获取监护不当儿童信息共享接口

5.2.4.1 接口描述

获取监护不当儿童信息共享接口可提供查询监护不当儿童信息功能。该接口通过金民工程应用支撑平台的微服务集成管理系统对外提供。其在微服务集成管理系统中的注册信息如下：

a)系统接入标识：zkhy_ergl；

b)服务标识：queryPoolChildInfo。

5.2.4.2 接口地址

接口地址：http(https)://网络地址:端口号/fwjc_engine_int/rest/queryPoolChildInfo。

5.2.4.3 请求方式

HTTP(HTTPS) POST。

5.2.4.4 请求参数

获取监护不当儿童信息接口参数信息见表 11。

表11 请求参数

参数	参数名称	参数类型	是否必填	说明
AJEP0100	儿童基础信息主键标识	string	是	由UUID生成的主键

5.2.4.5 返回参数

返回参数见表12。

表12 返回参数

参数	参数名称	参数类型	说明
code	返回码值	string	服务调用是否成功的状态值
msg	返回码描述	string	返回码的描述信息
biz_data	业务输出参数	string	具体的业务接口输出参数,见表13

返回参数中biz_data的业务参数见表13。

表13 业务参数

参数	参数名称	参数类型	说明
AJEP0100	儿童基础信息主键标识	string	由UUID生成的主键
AJEP0301	登记(增员)日期	date	
AJEF0200	家庭信息表主键标识	string	
AJEP0611_1	监护不当儿童其他特殊情况	string	见JMGC/XX 204 5.7.11 CJ011 其他特殊情况代码
JBP1712	监护不当情形	string	见JMGC/XX 204 5.7.13 CJ013 遭受监护人侵害的情况代码
AJEF0100_1	父亲信息(家庭成员信息表主键)	string	
AJEF0100_2	母亲信息(家庭成员信息表主键)	string	
AJBP1716	父母双方是否同时外出	string	0否,1是
AJBP1717	父母一方外出,另一方无监护能力	string	0否,1是
AJBP1718	父母双方无监护能力	string	0否,1是
AJBP1719	父母外出有无委托其他监护人	string	0否,1是
AXCP0002_5	姓名	string	受委托监护人人员姓名,采用基础数据库统一定义标识符 父母外出有无委托其他监护人为“1”时填写

续表

参数	参数名称	参数类型	说明
AXCP0004	身份证件类型	string	受委托人身份证件类型，采用基础数据库统一定义标识符 父母外出有无委托其他监护人为“1”时填写 取值范围见 JMGC/XX 204 5.1.15 C0015 身份证件类型代码
AXCP0005	身份证件号码	string	受委托监护人身份证件号码，采用基础数据库统一定义标识符 父母外出有无委托其他监护人为“1”时填写 对于身份证件类型为“内地居民身份证”的人员，身份证件号码值域符合 GB 11643
AJEP0325	与儿童关系	string	父母外出有无委托其他监护人为“1”时填写 见 JMGC/XX 204 5.7.9 CJ009 与儿童关系代码

接口返回示例如下：


```
{ "code": 200,
"biz_data": {
"AJEP0100":"9d4a43a959194e10ae2d8679346c6033",
"AJEF0200":"84004c43e4d54b21a43b9b171cfb029e",
"AJEP0301":"2014-03-07 00:00:00",
"AJEP0611_1":"父母离异,父母均外出务工,外祖父母为其监护人,身体一直欠佳",
"JBP1712":"7",
"AJEF0100_1":"0cec83de097f491291c1680a881d0528",
"AJEF0100_2":"db5f7a260169418fb19224e951fae834",
"AJBP1716":"1",
"AJBP1717":"1",
"AJBP1718":"2",
"AJBP1719":"1",
"AXCP0002_5":"张超",
"AXCP0004":"01",
"AXCP0005":"110101198703074270",
"AJEP0325":"1",
"createTime": "2016-12-01 00:00:00",
"createUser": "1021031" },
"msg": "成功" }
```


5.2.5 获取艾滋病儿童信息共享接口

5.2.5.1 接口描述

获取艾滋病儿童信息共享接口可提供查询艾滋病儿童信息功能。该接口通过金民工程应用支撑平台的微服务集成管理系统对外提供。其在微服务集成管理系统中的注册信息如下：

a)系统接入标识：zkhy_ergl；

b)服务标识：queryAidsChildrenInfo。

5.2.5.2 接口地址

接口地址:http(https)://网络地址:端口号/fwjc_engine_int/rest/queryAidsChildrenInfo。

5.2.5.3 请求方式

HTTP(HTTPS) POST。

5.2.5.4 请求参数

请求参数见表14。

表14 请求参数

参数	参数名称	参数类型	是否必填	说明
AJEP0100	儿童基础信息主键标识	string	是	由UUID生成的主键
AJEF0200	家庭信息表主键	string	是	

5.2.5.5 返回参数

返回参数见表15。

表15 返回参数

参数	参数名称	参数类型	说明
code	返回码值	string	服务调用是否成功的状态值
msg	返回码描述	string	返回码的描述信息
biz_data	业务输出参数	string	具体的业务接口输出参数,见表16

返回参数中biz_data的业务参数见表16。

表16 业务参数

参数	参数名称	参数类型	说明
AJEP0100	儿童基础信息主键标识	string	由UUID生成的主键
AJCP0401	确认艾滋病感染日期	date	
AJCP0402	最可能感染艾滋病途径	string	
AJEP0320	福利补贴起领年月	date	
AJEP0321	福利补贴领取方式	string	见JMGC/XX 204 5.7.8 CJ008 福利资金领取方式代码
AXCP0027	个人开户银行代码	string	开户行,采用基础数据库统一定义标识符 取值范围见JMGC/XX204 5.1.44 C0044 开户银行代码

续表

参数	参数名称	参数类型	说明
AXCP0029	个人开户银行账号	string	开户行,采用基础数据库统一定义标识符
AXCP0002	姓名	string	领取人员姓名,采用基础数据库统一定义标识符
AJCP0415	领取人与儿童关系	string	见 JMGC/XX 204 5.7.9 CJ009 与儿童关系代码
AJEF0200	家庭信息表主键	string	
AJEP0120	记录时间	datetime	当前记录生成的时间
AJEP0121	记录状态	string	1 新增;2 变更;3 删除

接口返回示例如下:


```
{ "code": 200,
"biz_data": {
"AJEP0100":"9d4a43a959194e10ae2d8679346c6033",
"AJCP0401":"2014 -03 -07 00:00:00",
"AJCP0402":"4",
"AJEP0320":"2014 -03 -07 00:00:00",
"AJEP0321":"现金领取",
"AXCP0027":"工商银行",
"AXCP0029":"6221888200060448957 2",
"AXCP0002":"张羽",
"AJCP0415":"1",
"AJEF0200":"3efe727198144e18a47e51b2c64a41ff",
"AJEP0120":"2014 -03 -07 00:00:00",
"AJEP0121":"0",
"createTime": "",
"createUser": "1021031" },
"msg": "成功" }
```


5.2.6 获取流浪儿童信息共享接口

5.2.6.1 接口描述

获取流浪儿童信息共享接口可提供查询流浪儿童信息功能。该接口通过金民工程应用支撑平台的微服务集成管理系统对外提供。其在微服务集成管理系统中的注册信息如下:

a)系统接入标识: zkhy_ergl;

b)服务标识:queryStreetChildrenInfo。

5.2.6.2 接口地址

接口地址:http(https)://网络地址:端口号/fwjc_engine_int/rest/queryStreetChildrenInfo。

5.2.6.3 请求方式

HTTP(HTTPS) POST。

5.2.6.4 请求参数

请求参数见表 17。

表 17　请求参数

参数	参数名称	参数类型	是否必填	说明
AJEP0100	儿童基础信息主键标识	string	是	由 UUID 生成的主键
AJEP0901	儿童情况	string	是	情况描述

5.2.6.5 返回参数

返回参数见表 18。

表 18　返回参数

参数	参数名称	参数类型	说明
code	返回码值	string	服务调用是否成功的状态值
msg	返回码描述	string	返回码的描述信息
biz_data	业务输出参数	string	具体的业务接口输出参数,见表 19

返回参数中 biz_data 的业务参数见表 19。

表 19　业务参数

参数	参数名称	参数类型	说明
AJEP0100	儿童基础信息主键标识	string	由 UUID 生成的主键
AJEP0901	儿童情况	string	情况描述
AJEP0902	特征(体态)	string	体态说明
AJEP0903	特征(头发)	string	头发颜色、长度等情况说明
AJEP0905	特征(身高)	string	以米为单位的具体身高;不方便测量的对身高进行说明
AJEP0906	发现时衣着特征	string	
AJEP0907	发现日期	date	
AJEP0908	发现地点	string	
AJEP0909	救助日期	date	
AJEP0910	救助原因	string	
AJEP0120	记录时间	datetime	当前记录生成的时间
AJEP0121	记录状态	string	1 新增;2 变更;3 删除

接口返回示例如下:

```
{ "code": 200,
"biz_data": {
"AJEP0100": "9d4a43a959194e10ae2d8679346c6033",
"AJEP0901": "01",
"AJEP0902": "02",
"AJEP0903": "01",
"AJEP0905": "120",
"AJEP0906": "灰色外套黑色裤子",
"AJEP0907": "2014-03-07 00:00:00",
"AJEP0908": "光华路100号",
"AJEP0909": "2014-03-07 00:00:00",
"AJEP0910": "街头流浪,沿途乞讨",
"AJEP0120": "2014-03-03 00:00:00",
"AJEP0121": "",
"createTime": "2014-03-07 00:00:00",
"createUser": "1021031" },
"msg": "成功" }
```


5.2.7 农村留守妇女信息共享接口

5.2.7.1 接口描述

农村留守妇女信息共享接口可提供查询农村留守妇女信息功能。该接口通过金民工程应用支撑平台的微服务集成管理系统对外提供。其在微服务集成管理系统中的注册信息如下：

a)系统接入标识：zkhy_ergl；

b)服务标识：queryLeftOverWomenInfo。

5.2.7.2 接口地址

接口地址：http(https)://网络地址:端口号/fwjc_engine_int/rest/queryLeftOverWomenInfo。

5.2.7.3 请求方式

HTTP(HTTPS) POST。

5.2.7.4 请求参数

请求参数见表20。

表20　请求参数

参数	参数名称	参数类型	是否必填	说明
AJDP0100	农村留守妇女ID	string	是	由UUID生成的主键
AXCP0005	身份证件号码	string	是	身份证件号码,采用基础数据库统一定义标识符 对于身份证件类型为“内地居民身份证”的人员,身份号码值域符合GB 11643

5.2.7.5 返回参数

返回参数见表21。

表 21　返回参数

参数	参数名称	参数类型	说明
code	返回码值	string	服务调用是否成功的状态值
msg	返回码描述	string	返回码的描述信息
biz_data	业务输出参数	string	具体的业务接口输出参数,见表 22

返回参数中 biz_data 的业务参数见表 22。

表 22　业务参数

参数	参数名称	参数类型	说明
AJDP0100	农村留守妇女 ID	string	由 UUID 生成的主键
AJEF0200	家庭信息表主键标识	string	
AXCP0002	姓名	string	留守妇女姓名,采用基础数据库统一定义标识符
AXCP0008	民族	string	留守妇女民族,采用基础数据库统一定义标识符 取值范围见 JMGC/XX 204 5.1.9 C0009 民族代码
AXAA0001	行政区划代码	string	户籍所在地行政区划代码,采用基础数据库统一定义标识符 前 6 位见 GB/T 2260,后 3 位见 GB/T 10114,后 3 位为村或社区编码
AXCP0005	身份证件号码	string	身份证件号码,采用基础数据库统一定义标识符 对于身份证件类型为“内地居民身份证”的人员,身份号码值域符合 GB 11643
AJDP0104	是否登记户口	string	0 否,1 是
AJEF0115	户籍所在地——详细	string	
AXAA0001_1	行政区划代码	string	现住址行政区划代码 前 6 位见 GB/T 2260,后 3 位见 GB/T 10114,后 3 位为村或社区编码
AJEF0124	现居地地址详细	string	
AXCP0010	人员健康状况	string	人员健康状况,采用基础数据库统一定义标识符 取值范围见 JMGC/XX 2045.1.11 C0011 健康状况代码
AXCP0009	人员文化程度	string	人员文化程度,采用基础数据库统一定义标识符 取值范围见 JMGC/XX 2045.1.8 C0008 学历代码

续表

参数	参数名称	参数类型	说明
AXCP0092	婚姻状况	string	婚姻状况,采用基础数据库统一定义标识符 取值范围见 JMGC/XX 204 5.1.10 C0010 婚姻状况代码
AJDP0125	公婆情况	string	见 JMGC/XX 204 5.7.14 CJ014 留守妇女公婆情况代码
AJDP0122	丈夫外出务工情况说明	string	

接口返回示例如下：


```
{"code":200,
"biz_data":{
"AJDP0100":"9d4a43a959194e10ae2d8679346c6033",
"AXCP0005":"110101198703074270",
"AJEF0200":"db5f7a260169418fb19224e951fae834",
"AXCP0002":"王波",
"AXCP0008":"01",
"AJDP0104":"0",
"AXCP0005":"110101198703074270",
"AXAA0001":"01",
"AJEF0115":"石家庄市藁城区张家庄镇张家庄村",
"AXAA0001_1":"13021200000000",
"AJEF0124":"石家庄市藁城区张家庄镇张家庄村",
"AXCP0010":"01",
"AXCP0009":"03",
"AXCP0092":"05",
"AJDP0125":"02",
"createTime":"",
"createUser":"1021031"},
"msg":"成功"}
```


5.2.8 儿童主任(儿童督导员)信息共享接口

5.2.8.1 接口描述

儿童主任(儿童督导员)信息共享接口可提供查询儿童主任(儿童督导员)信息功能。该接口通过金民工程应用支撑平台的微服务集成管理系统对外提供。其在微服务集成管理系统中的注册信息如下：

a)系统接入标识：zkhy_ergl；

b)服务标识：queryChilddirectorandsupervisoInfo。

5.2.8.2 接口地址

接口地址：http(https)://网络地址:端口号/fwjc_engine_int/rest/queryChilddirectorandsupervisoInfo。

5.2.8.3 请求方式

HTTP(HTTPS) POST。

5.2.8.4 请求参数

请求参数见表23。

表23 请求参数

参数	参数名称	参数类型	是否必填	说明
AJBP0300	儿童主任(儿童督导员)ID	string	是	由UUID生成的主键
AXCP0002	姓名	string	是	人员姓名,采用基础数据库统一定义标识符

5.2.8.5 返回参数

返回参数见表24。

表24 返回参数

参数	参数名称	参数类型	说明
code	返回码值	string	服务调用是否成功的状态值
msg	返回码描述	string	返回码的描述信息
biz_data	业务输出参数	string	具体的业务接口输出参数,见表25

返回参数中biz_data的业务参数见表25。

表25 业务参数

参数	参数名称	参数类型	说明
AJBP0300	儿童主任(儿童督导员)ID	string	由UUID生成的主键
AJBP0327	登记类型	string	1儿童主任;0儿童督导员
AXCP0002	姓名	string	儿童主任(儿童督导员)姓名,采用基础数据库统一定义标识符
AXCP0017	政治面貌	string	儿童主任(儿童督导员)政治面貌,采用基础数据库统一定义标识符 取值范围见JMGC/XX 204 5.1.13 C0013政治面貌代码
AXCP0006	性别	string	儿童主任(儿童督导员)性别,采用基础数据库统一定义标识符 取值范围见JMGC/XX 204 5.1.7 C0007人的性别代码
AXCP0009	人员文化程度	string	人员文化程度,采用基础数据库统一定义标识符 取值范围见JMGC/XX 2045.1.8 C0008学历代码

续表

参数	参数名称	参数类型	说明
AXCP0008	民族	string	儿童主任(儿童督导员)民族,采用基础数据库统一定义标识符 取值范围见 JMGC/XX 204 5.1.9 C0009 民族代码
AXCP0097	出生日期	date	出生日期,采用基础数据库统一定义标识符
AJBP0328	特长	string	
AXCP0092	婚姻状况	string	婚姻状况,采用基础数据库统一定义标识符 取值范围见 JMGC/XX 204 5.1.10 C0010 婚姻状况代码
AJBP0317	职责范围	string	
AXCP0010	人员健康状况	string	健康状况,采用基础数据库统一定义标识符 取值范围见 JMGC/XX 204 5.1.11 C0011 健康状况代码
AJBP0313	从业情况	string	
AJBP0310	是否专兼职	string	0 否,1 是
AXZX0001	联系电话	string	儿童主任(儿童督导员)联系电话,采用基础数据库统一定义标识符 座机号码标准格式为:区号 - 电话号码,手机号码为:长 11 位,第 1 位为 1,第 2 位为 3—9

接口返回示例如下:


```
{ "code": 200,
"biz_data": {
"AJBP0300": "9d4a43a959194e10ae2d8679346c6033",
"AJBP0327": "01",
"AXCP0002": "张宇",
"AXCP0017": "01",
"AXCP0006": "01",
"AXCP0009": "02",
"AXCP0008": "01"
"AXCP0097": "2014 - 03 - 07 00:00:00",
"AJBP0328": "爱锻炼",
"AXCP0092": "01",
"AJBP0317": "",
"AXCP0010": "01",
"AJBP0313": "安保工作",
"AJBP0310": "0",
"createTime": "",
"createUser": "1021031" },
"msg": "成功" }
```

5.2.9 收养登记信息共享接口

5.2.9.1 接口描述

收养登记信息共享接口可提供查询收养登记信息功能。该接口通过金民工程应用支撑平台的微服务集成管理系统对外提供。其在微服务集成管理系统中的注册信息如下：

a)系统接入标识：zkhy_ergl；

b)服务标识：queryRegisterAdoptionInfo。

5.2.9.2 接口地址

接口地址：http(https)://网络地址:端口号/fwjc_engine_int/rest/queryRegisterAdoptionInfo。

5.2.9.3 请求方式

HTTP(HTTPS) POST。

5.2.9.4 请求参数

请求参数见表26。

表26 请求参数

参数	参数名称	参数类型	是否必填	说明
AJAX0100	收养登记ID	string	是	由UUID生成的主键
AJAX0110	收养登记证字号	string	否	按国收养证编号规则编的号码

5.2.9.5 返回参数

返回参数见表27。

表27 返回参数

参数	参数名称	参数类型	说明
code	返回码值	string	服务调用是否成功的状态值
msg	返回码描述	string	返回码的描述信息
biz_data	业务输出参数	string	具体的业务接口输出参数,见表28

返回参数中biz_data的业务参数见表28。

表28 业务参数

参数	参数名称	参数类型	说明
AJAX0100	收养登记ID	string	由UUID生成的主键
AJAX0109	收养登记证印制号	string	国内收养为必填项,涉外收养为非必填项

续表

参数	参数名称	参数类型	说明
AJAX0110	收养登记证字号	string	按国收养证编号规则编的号码
AJEP0100	儿童基础信息主键标识	string	引用儿童基础信息表中儿童基础信息标识符
AJEE0100	儿童福利机构主键标识	string	取值为 UUID,符合 GB/T 17969.8 的规定
AJAX0119	人员类别	string	见 JMGC/XX 204 5.7.20 CJ020 被收养人类别代码
AJAX0115	收养受理日期	string	国内收养为必填项,涉外收养为非必填项
AJAX0116	收养申请结果代码	string	见 JMGC/XX 204 5.7.2 CJ002 收养申请结果代码 国内收养为必填项,涉外收养为非必填项
AJAX0117	来华收养子女通知编号	string	
AJAX0107	收养登记日期	date	
AJAX0118	收养关系状态代码	string	见 JMGC/XX 204 5.7.1 CJ001 收养业务代码 国内收养为必填项,涉外收养为非必填项
AXAA0001	行政区划代码	string	收养登记机关所在地行政区划代码,采用基础数据库统一定义标识符 前6位见 GB/T 2260,后3位见 GB/T 10114,后3位为村或社区编码
AJAX0602	事由原因	string	解除收养事由/撤销收养登记原因/补领原因/出具证明原因
AJAX0402	出具证明原因	string	出具收养登记证明必填
AJAX0405	出具收养登记证明字号	string	出具收养登记证明必填

接口返回示例如下:


```
{ "code": 200,
"biz_data": {
"AJAX0100": "9d4a43a959194e10ae2d8679346c6033",
"AJAX0109": "(S361104)2020 收字第 0004 号",
"AJAX0110": "S361104 - 2020 - 0004"
"AJEP0100": "863d32dcd4da4fbca16a32dd0961b696",
"AJEE0100": "ef5803c5fe09438b805de353fd0773ad",
"AJAX0119": "01",
"AJAX0115": "2014 - 03 - 07 00:00:00",
"AJAX0116": "01",
"AJAX0117": "",
"AJAX0107": "2014 - 03 - 07 00:00:00",
"AJAX0118": "01",
"AXAA0001": "1000000000000001837",
```

"AJAX0602": "",
"AJAX0402": "双方符合收养送养条件",
"AJAX0405": "Z450126-2020-00001",
"createTime": "2014-03-07 00:00:00",
"createUser": "1021031" },
"msg": "成功" }

5.2.10 解除收养登记信息共享接口

5.2.10.1 接口描述

解除收养登记信息共享接口可提供查询解除收养登记信息功能。该接口通过金民工程应用支撑平台的微服务集成管理系统对外提供。其在微服务集成管理系统中的注册信息如下：

a)系统接入标识：zkhy_ergl；

b)服务标识：queryRelieveAdoptionInfo。

5.2.10.2 接口地址

接口地址：http(https)://网络地址:端口号/fwjc_engine_int/rest/queryRelieveAdoptionInfo。

5.2.10.3 请求方式

HTTP(HTTPS) POST。

5.2.10.4 请求参数

请求参数见表29。

表29 请求参数

参数	参数名称	参数类型	是否必填	说明
AJAX0600	解除收养登记ID	string	是	由UUID生成的主键
AJAX0100	收养登记信息主键标识	string	是	

5.2.10.5 返回参数

返回参数见表30。

表30 返回参数

参数	参数名称	参数类型	说明
code	返回码值	string	服务调用是否成功的状态值
msg	返回码描述	string	返回码的描述信息
biz_data	业务输出参数	string	具体的业务接口输出参数，见表31

返回参数中biz_data的业务参数见表31。

表 31　业务参数

参数	参数名称	参数类型	说明
AJAX0600	解除收养登记 ID	string	取值为 UUID,符合 GB/T 17969.8 的规定
AJAX0100	收养登记信息主键标识	string	取值为 UUID,符合 GB/T 17969.8 的规定
AJAX0602	解除收养事由	string	
AJAX0604	审核意见	string	
AXCP0002	姓名	string	解除人姓名,采用基础数据库统一定义标识符
AJAX0231	解除日期	date	
AJAX0607	解除收养关系证明字号	string	
AJEP0120	记录时间	datetime	当前记录生成的时间
AJEF0226	记录状态	string	1 新增;2 变更;3 删除

接口返回示例如下:


```
{ "code": 200,
"biz_data": {
"AJAX0600": "9d4a43a959194e10ae2d8679346c6033",
"AJAX0100": "08fcad1bcdb9430d8c4404fb4c9ace3b",
"AJAX0602": "政策原因未能签证",
"AJAX0604": "审查合格,准予登记。",
"AXCP0002": "张羽",
"AJAX0231": "2014 - 03 - 07 00:00:00",
"AJAX0607": "",
"AJEP0120": "2014 - 03 - 07 00:00:00",
"AJEF0226": "01",
"createTime": "",
"createUser": "1021031" },
"msg": "成功" }
```


5.2.11 撤销收养登记信息共享接口

5.2.11.1 接口描述

撤销收养登记信息共享接口可提供查询撤销收养登记信息功能。该接口通过金民工程应用支撑平台的微服务集成管理系统对外提供。其在微服务集成管理系统中的注册信息如下:

a)系统接入标识: zkhy_ergl;

b)服务标识:queryRevokeAdoptionInfo。

5.2.11.2 接口地址

接口地址:http(https)://网络地址:端口号/fwjc_engine_int/rest/queryRevokeAdoptionInfo。

5.2.11.3 请求方式

HTTP(HTTPS) POST。

5.2.11.4 请求参数

请求参数见表32。

表32　请求参数

参数	参数名称	参数类型	是否必填	说明
AJAX0700	撤销收养登记ID	string	是	由UUID生成的主键
AJAX0100	收养登记信息主键标识	string	是	

5.2.11.5 返回参数

返回参数见表33。

表33　返回参数

参数	参数名称	参数类型	说明
code	返回码值	string	服务调用是否成功的状态值
msg	返回码描述	string	返回码的描述信息
biz_data	业务输出参数	string	具体的业务接口输出参数,见表34

返回参数中biz_data的业务参数见表34。

表34　业务参数

参数	参数名称	参数类型	说明
AJAX0700	撤销收养登记ID	string	由UUID生成的主键
AJAX0100	收养登记信息主键标识	string	
AJAX0701	撤销收养登记原因	string	
AJAX0604	审核意见	string	
AXCP0002	姓名	string	撤销人姓名,采用基础数据库统一定义标识符
AJAX0708	撤销日期	date	
AJEP0120	记录时间	datetime	当前记录生成的时间
AJEP0121	记录状态	string	1新增;2变更;3删除

接口返回示例如下:

```
{ "code":200,
"biz_data":{
"AJAX0700":"9d4a43a959194e10ae2d8679346c6033",
"AJAX0100":"5449db1a2aa14695bd6d4fa875d47528",
"AJAX0701":"工作原因,未能及时照顾",
"AJAX0604":"同意",
"AXCP0002":"张凤英",
"AJAX0708":"2014-03-07 00:00:00",
"AJEP0120":"2014-03-07 00:00:00",
"AJEP0121":"01",
"createTime":"",
"createUser":"1021031" },
"msg":"成功" }
```


5.2.12 出具收养登记证明信息共享接口

5.2.12.1 接口描述

出具收养登记证明信息共享接口可提供查询出具收养登记证明信息功能。该接口通过金民工程应用支撑平台的微服务集成管理系统对外提供。其在微服务集成管理系统中的注册信息如下：

a)系统接入标识：zkhy_ergl；

b)服务标识：queryProvideCertificateInfo。

5.2.12.2 接口地址

接口地址：http(https)://网络地址:端口号/fwjc_engine_int/rest/queryProvideCertificateInfo。

5.2.12.3 请求方式

HTTP(HTTPS) POST。

5.2.12.4 请求参数

请求参数见表35。

表35 请求参数

参数	参数名称	参数类型	是否必填	说明
AJAX0400	出具收养登记证明ID	string	是	由UUID生成的主键
AJAX0100	收养登记信息主键标识	string	是	

5.2.12.5 返回参数

返回参数见表36。

表 36　返回参数

参数	参数名称	参数类型	说明
code	返回码值	string	服务调用是否成功的状态值
msg	返回码描述	string	返回码的描述信息
biz_data	业务输出参数	string	具体的业务接口输出参数,见表 37

返回参数中 biz_data 的业务参数见表 37。

表 37　业务参数

参数	参数名称	参数类型	说明
AJAX0400	出具收养登记证明 ID	string	由 UUID 生成的主键
AJAX0100	收养登记信息主键标识	string	
AJAX0401	出具证明类型	string	见 JMGC/XX 2045.7.21　CJ021 出具登记证明种类代码
AJAX0402	出具证明原因	string	
AJAX0604	审核意见	string	
AJAX0405	证明字号	string	
AJEP0120	记录时间	string	当前记录生成的时间
AJEP0121	记录状态	string	1 新增;2 变更;3 删除

接口返回示例如下:


```
{ "code":200,
"biz_data":{
"AJAX0400":"9d4a43a959194e10ae2d8679346c6033",
"AJAX0100":"dd3e54e0b9604c22901fd7d1059a9b81",
"AJAX0401":"01",
"AJAX0402":"无",
"AJAX0604":"同意",
"AJAX0405":"s371323 - 2011 - 0011",
"AJEP0120":"2014 - 03 - 07 00:00:00",
"AJEP0121":"01",
"createTime":"",
"createUser":"1021031" },
"msg":"成功" }
```


5.2.13 儿童福利机构信息共享接口

5.2.13.1 接口描述

儿童福利机构信息共享接口可提供查询儿童福利机构信息功能。该接口通过金民工程应用支撑平台的微服务集成管理系统对外提供。其在微服务集成管理系统中的注册信息如下:

a)系统接入标识: zkhy_ergl;

b)服务标识:queryChildWelfareInstitutionsInfo。

5.2.13.2 接口地址

接口地址:http(https)://网络地址:端口号/fwjc_engine_int/rest/queryChildWelfareInstitutionsInfo。

5.2.13.3 请求方式

HTTP(HTTPS) POST。

5.2.13.4 请求参数

请求参数见表38。

表38 请求参数

参数	参数名称	参数类型	是否必填	说明
AXBE0002	统一社会信用代码	string	否	统一社会信用代码,采用基础数据库统一定义标识符 取值范围见 GB 32100

5.2.13.5 返回参数

返回参数见表39。

表39 返回参数

参数	参数名称	参数类型	说明
code	返回码值	string	服务调用是否成功的状态值
msg	返回码描述	string	返回码的描述信息
biz_data	业务输出参数	string	具体的业务接口输出参数,见表40

返回参数中 biz_data 的业务参数见表40。

表40 业务参数

参数	参数名称	参数类型	说明
AJEE0100	儿童福利机构 ID	string	由 UUID 生成的主键
AXBE0002	统一社会信用代码	string	统一社会信用代码,采用基础数据库统一定义标识符 取值范围见 GB 32100
AXAA0001	行政区划代码	string	福利机构所在地行政区划代码,采用基础数据库统一定义标识符 前6位见 GB/T 2260,后3位见 GB/T 10114,后3位为村或社区编码
AXBE0003_1	单位名称	string	

续表

参数	参数名称	参数类型	说明
AXBE0005	单位性质代码	string	儿童福利机构单位性质,采用基础数据库统一定义标识符 取值范围见 JMGC/XX 204 5.7.24 CJ024 儿童福利机构性质代码
AJEE0115	机构类型	string	见 JMGC/XX 204 5.7.23 CJ023 儿童福利机构类型代码
AXBE0003_2	儿童福利机构登记机关名称	string	
AXBE0015	成立日期	date	成立日期,采用基础数据库统一定义标识符
AJEE0108	院址	string	
AJEE0109	营业执照颁发日期	date	
AJEE0110	营业执照失效日期	date	
AJEF0224	邮政编码	string	国家邮政局编制的邮政编码目录中的编码
AXBE0013	单位联系电话	string	单位联系电话,采用基础数据库统一定义标识符
AXBE0017	法定代表人姓名	string	法定代表人姓名,采用基础数据库统一定义标识符
AXBE0018	法定代表人证件类型	string	法定代表人身份证件类型,采用基础数据库统一定义标识符 取值范围见 JMGC/XX 204 5.1.15 C0015 身份证件类型代码

接口返回示例如下:


```
{ "code":200,
"biz_data":{
"AJEE0100":"9d4a43a959194e10ae2d8679346c6033",
"AXBE0002":"911010119870307427" ,
"AXAA0001":"01",
"AXBE0003_1":"",
"AXBE0005":"01",
"AJEE0115":"01",
"AXBE0003_2":"",
"AXBE0015":"2014-03-07 00:00:00",
"AJEE0108":"河北省石家庄市裕华区长江大道120号",
"AJEE0109":"2014-03-07 00:00:00",
"AJEE0110":"2014-03-07 00:00:00",
"AJEF0224":"050000",
"AXBE0013":"13230943829",
"AXBE0017":"康乐",
"AXBE0018":"01",
"createTime":"2019-06-07 00:00:00",
"createUser":"1021031" },
"msg":"成功" }
```

5.2.14 未成年人救助保护机构信息共享接口

5.2.14.1 接口描述

未成年人救助保护机构信息共享接口可提供查询未成年人救助保护机构信息功能。该接口通过金民工程应用支撑平台的微服务集成管理系统对外提供。其在微服务集成管理系统中的注册信息如下：

a)系统接入标识：zkhy_ergl；

b)服务标识：queryChildProtectOrgInfo。

5.2.14.2 接口地址

接口地址：http(https)://网络地址:端口号/fwjc_engine_int/rest/queryChildProtectOrgInfo。

5.2.14.3 请求方式

HTTP(HTTPS) POST。

5.2.14.4 请求参数

请求参数见表41。

表41 请求参数

参数	参数名称	参数类型	是否必填	说明
AXBE0002	统一社会信用代码	string	是	统一社会信用代码,采用基础数据库统一定义标识符 取值范围见GB 32100

5.2.14.5 返回参数

返回参数见表42。

表42 返回参数

参数	参数名称	参数类型	说明
code	返回码值	string	服务调用是否成功的状态值
msg	返回码描述	string	返回码的描述信息
biz_data	业务输出参数	string	具体的业务接口输出参数,见表43

返回参数中biz_data的业务参数见表43。

表43 业务参数

参数	参数名称	参数类型	说明
AJEE0300	未成年人救助保护机构ID	string	由UUID生成的主键

续表

参数	参数名称	参数类型	说明
AXBE0002	统一社会信用代码	string	统一社会信用代码,采用基础数据库统一定义标识符 取值范围见 GB 32100
AXAA0001	行政区划代码	string	未成年人救助保护机构所在地行政区划代码,采用基础数据库统一定义标识符 前 6 位见 GB/T 2260,后 3 位见 GB/T 10114,后 3 位为村或社区编码
AXBE0003_1	单位名称	string	
AXBE0005	单位性质代码	string	单位性质代码,采用基础数据库统一定义标识符 取值范围见 JMGC/XX 204 5.1.38 C0038 单位性质代码
AJEE0115	机构类型	string	见 JMGC/XX 204 5.7.23 CJ023 儿童福利机构类型代码
AXBE0003_2	救助保护机构登记机关名称	string	
AXBE0015	单位设立日期	date	单位设立日期,采用基础数据库统一定义标识符
AJEE0108	机构地址	string	
AJEE0109	营业执照颁发日期	date	
AJEE0110	营业执照失效日期	date	
AJEF0224	邮政编码	string	国家邮政局编制的邮政编码目录中的编码
AXBE0013	单位联系电话	string	单位联系电话,采用基础数据库统一定义标识符
AXBE0017	法定代表人姓名	string	法定代表人姓名,采用基础数据库统一定义标识符
AXBE0018	法定代表人身份证件类型	string	法定代表人身份证件类型,采用基础数据库统一定义标识符 取值范围见 JMGC/XX 204 5.1.15 C0015 身份证件类型代码

接口返回示例如下:


```
{ "code":200,
"biz_data":{
"AJEE0300":"9d4a43a959194e10ae2d8679346c6033",
"AXBE0002":"911010119870307427",
"AXAA0001":"1000000000000001839",
"AXBE0003_1":"",
"AXBE0005":"01",
"AJEE0115":"01",
"AXBE0003_2":"石家庄长安区救助保护站",
"AXBE0015":"2014-03-07 00:00:00",
"AJEE0108":"长安区建设大街 100 号",
```

```
"AJEE0109":"2014-03-07 00:00:00",
"AJEE0110":"2014-03-07 00:00:00",
"AJEF0224":"050000",
"AXBE0013":"13628392873",
"AXBE0017":"张华",
"AXBE0018":"01",
"createTime":"",
"createUser":"1021031"},
"msg":"成功"}
```


5.3 全国婚姻登记管理系统

5.3.1 全国联网审查结果列表共享接口

5.3.1.1 接口描述

全国联网审查结果列表共享接口可提供全国联网审查结果列表功能。该接口通过金民工程应用支撑平台的微服务集成管理系统对外提供。其在微服务集成管理系统中的注册信息如下:

a)系统接入标识:zkhy_hygl;

b)服务标识:getMarryList。

5.3.1.2 接口地址

接口地址:http(https)://网络地址:端口号/yhbcp-engine_gov/rest。

5.3.1.3 请求方式

HTTP(HTTPS) POST。

5.3.1.4 请求参数

请求参数见表44。

表44 请求参数

参数	参数名称	参数类型	是否必填	说明
access_key	接入系统标识	string	是	在微服务中注册的系统标识
format	返回数据格式	string	否	返回格式为json/xml
request_id	请求唯一编码	string	否	请求的唯一流水号
sign	参数签名	string	是	对传入参数签名后的字符串
timestamp	发送请求的时间	string	是	精确到毫秒
version	版本	string	否	微服务版本号
biz_content	输入参数	string	是	具体的业务接口输入参数,见表45

请求参数中的biz_content业务参数见表45。

表 45　biz_content 业务参数

参数	参数名称	参数类型	是否必填	说明
AFAP1307	男方当事人身份证件类型	string	是	见 JMGC/XX 204 5. 1. 15 C0015 身份证件类型代码
AFAP1308	男方当事人身份证件号码	string	是	对于身份证件类型为“内地居民身份证”的人员，身份证件号码值域符合 GB 11643
AFAP1507	女方当事人身份证件类型	string	是	见 JMGC/XX 204 5. 1. 15 C0015 身份证件类型代码
AFAP1508	女方当事人身份证件号码	string	是	对于身份证件类型为“内地居民身份证”的人员，身份证件号码值域符合 GB 11643

5. 3. 1. 5 返回参数

返回参数见表 46。

表 46　返回参数

参数	参数名称	参数类型	说明
code	返回码值	string	服务调用是否成功的状态值
msg	返回码描述	string	返回码的描述信息
biz_data	业务输出参数	string	业务接口输出参数，见表 47

返回参数中 biz_data 的业务参数见表 47。

表 47　biz_data 业务参数

参数	参数名称	参数类型	说明
AFAP1305	男方当事人姓名	string	
AFAP1308	男方当事人身份证件号码	string	对于身份证件类型为“内地居民身份证”的人员，身份证件号码值域符合 GB 11643
AFAP1505	女方当事人姓名	string	
AFAP1508	女方当事人身份证件号码	string	对于身份证件类型为“内地居民身份证”的人员，身份证件号码值域符合 GB 11643
AFAX0002	业务类型	string	见 JMGC/XX 2045. 5. 1. 5 CFA05 婚姻管理业务类型代码

续表

参数	参数名称	参数类型	说明
AFAX0003	登记证字号	string	婚姻登记号以“J”开头是结婚，以“L”开头是离婚，以“BJ”开头是补发结婚证，以“BL”开头是补发离婚证，字母后6位数是行政区划代码，中间4位数是当年年号，最后6位数是当年办理婚姻登记的顺序序号 J330302—2019—000000
AFAX0007	登记时间	string	
AFAX0988	登记机构名称	string	婚姻登记机构名称
AFAX1088	数据来源机构名称	string	提供数据机构名称

接口返回示例如下：


```
{"code":200,
"requestId":"526557dd-1452-48e0-a3d9-0ef7edd2eee9",
"biz_data":{
    "data":[{
    "AFAX1318":"7b499ae087d044fd9275fe49812c726b",
    "AFAP1305":"李瑞*",  // 男方当事人姓名
    "AFAP1308":"1301021993****2732",  // 男方当事人身份证件号码
    "AFAP1505":"李志*",  // 女方当事人姓名
    "AFAP1508":"1301021993****0507",  // 女方当事人身份证件号码
    "AFAX0002":"01",  // 业务类型
    "AFAX0003":"J210104-2020-000005",  // 登记证字号
    "AFAX0007":"20200409114951",  // 登记时间
    "AFAX0988":"大东区婚姻机关",  // 登记机构名称
    "AFAX1088":"大东区婚姻机关"  // 数据来源机构名称
    },{
    "AFAX1318":"4634148b255f4218b7c91026199e149a",
    "AFAP1305":"李瑞*",  // 男方当事人姓名
    "AFAP1308":"1301021993****2732",  // 男方当事人身份证件号码
    "AFAP1505":"李志*",  // 女方当事人姓名
    "AFAP1508":"1301021993****0507",  // 女方当事人身份证件号码
    "AFAX0002":"01",  // 业务类型
    "AFAX0003":"J210102-2020-000004",  // 登记证字号
    "AFAX0007":"20200526092041",  // 登记时间
    "AFAX0988":"和平区婚姻登记处",  // 登记机构名称
    "AFAX1088":"和平区婚姻登记处"  // 数据来源机构名称
    }]
},
"errors":,
"serviceSuccess":true,
"redirectUrl":
}
```


5.3.2 全国联网审查详细信息共享接口

5.3.2.1 接口描述

全国联网审查详细信息共享接口可提供全国联网审查详细信息表功能。该接口通过金民

工程应用支撑平台的微服务集成管理系统对外提供。其在微服务集成管理系统中的注册信息如下：

a)系统接入标识：zkhy_hygl；

b)服务标识：getMarryDetail。

5.3.2.2 接口地址

接口地址：http(https)://网络地址：端口号/yhbcp - engine_gov/rest。

5.3.2.3 请求方式

HTTP(HTTPS) POST。

5.3.2.4 请求参数

请求参数见表48。

表48 请求参数

参数	参数名称	参数类型	是否必填	说明
access_key	接入系统标识	string	是	在微服务中注册的系统标识
format	返回数据格式	string	否	返回格式为 json/xml
request_id	请求唯一编码	string	否	请求的唯一流水号
sign	参数签名	string	是	对传入参数签名后的字符串
timestamp	发送请求的时间	string	是	精确到毫秒
version	版本	string	否	微服务版本号
biz_content	输入参数	string	是	具体的业务接口输入参数，见表49

请求参数中的 biz_content 业务参数见表49。

表49 biz_content 业务参数

参数	参数名称	参数类型	是否必填	说明
AFAX0003	登记证字号	string	是	婚姻登记号以“J”开头是结婚，以“L”开头是离婚，以“BJ”开头是补发结婚证，以“BL”开头是补发离婚证，字母后6位数是行政区划代码，中间4位数是当年年号，最后6位数是当年办理婚姻登记的顺序序号 J330302—2019—000000
AFAX0002	业务类型	string	是	见 JMGC/XX 204 5.5.1.5　CFA05 婚姻管理业务类型代码

5.3.2.5 返回参数

返回参数见表50。

表 50　返回参数

参数	参数名称	参数类型	说明
code	返回码值	string	服务调用是否成功的状态值
msg	返回码描述	string	返回码的描述信息
biz_data	业务输出参数	string	具体的业务接口输出参数,见表 51

返回参数中 biz_data 的业务参数见表 51。

表 51　biz_data 业务参数

参数	参数名称	参数类型	说明
AFAX0002	业务类型	string	见 JMGC/XX 2045.5.1.5　CFA05 婚姻管理业务类型代码
AFAX0003	登记证字号	string	婚姻登记号以"J"开头是结婚,以"L"开头是离婚,以"BJ"开头是补发结婚证,以"BL"开头是补发离婚证,字母后 6 位数是行政区划代码,中间 4 位数是当年年号,最后 6 位数是当年办理婚姻登记的顺序序号 J330302—2019—000000
AFAX0988	登记机构名称	string	婚姻登记机构名称
AFAX0007	登记时间	string	
AXZX0003	登记员姓名	string	登记员姓名,采用基础数据库统一定义标识符
AFAP1305	男方当事人姓名	string	
AFAP1306	男方当事人性别	string	见 JMGC/XX 2045.1.7 C0007 人的性别代码
AFAP1304	男方当事人身份类别	string	见 JMGC/XX 204 5.5.1.2 CFA02 婚姻当事人类别代码
AFAP1311	男方当事人国籍	string	见 JMGC/XX 204 5.1.5 C0005 世界各国和地区名称代码
AFAP1307	男方当事人身份证件类型	string	见 JMGC/XX 204 5.1.15 C0015 身份证件类型代码
AFAP1308	男方当事人证件号码	string	对于身份证件类型为"内地居民身份证"的人员,身份证件号码值域符合 GB 11643—1999
AFAP1309	男方当事人出生日期	string	
AFAP1312	男方当事人民族	string	见 JMGC/XX 2045.1.9 C0009 民族代码
AFAP1310	男方当事人婚姻状况	string	见 JMGC/XX 2045.1.10 C0010 婚姻状况代码
AFAP1313	男方当事人职业分类代码	string	见 JMGC/XX 204 5.1.17 C0017 职业分类代码

续表

参数	参数名称	参数类型	说明
AFAP1314	男方当事人学历代码	string	见 JMGC/XX 2045.1.8 C0008 学历代码
AFAP1315	男方当事人户口所在地行政区划代码	string	前6位符合GB/T 2260,中间3位符合GB/T 10114,最后3位为村或社区编码
AFAP1316	男方当事人户口详细地址	string	
AFAP1318	男方当事人现住址行政区划	string	前6位符合GB/T 2260,中间3位符合GB/T 10114,最后3位为村或社区编码
AFAP1319	男方当事人现住址详细地址	string	
AFAP1317	男方当事人手机号码	string	长11位,第1位为1,第二位为3—9
AFAP1505	女方当事人姓名	string	
AFAP1506	女方当事人性别	string	见 JMGC/XX 2045.1.7 C0007 人的性别代码
AFAP1504	女方当事人身份类别	string	见 JMGC/XX 204 5.5.1.2 CFA02 婚姻当事人类别代码
AFAP1511	女方当事人国籍	string	见 JMGC/XX 204 5.1.5 C0005 世界各国和地区名称代码
AFAP1507	女方当事人证件类型	string	见 JMGC/XX 204 5.1.15 C0015 身份证件类型代码
AFAP1508	女方当事人证件号码	string	对于身份证件类型为“内地居民身份证”的人员,身份证件号码值域符合GB 11643—1999
AFAP1509	女方当事人出生日期	string	
AFAP1512	女方当事人民族	string	见 JMGC/XX 2045.1.9 C0009 民族代码
AFAP1510	女方当事人婚姻状况	string	见 JMGC/XX 2045.1.10 C0010 婚姻状况代码
AFAP1513	女方当事人职业分类代码	string	见 JMGC/XX 204 5.1.17 C0017 职业分类代码
AFAP1514	女方当事人学历代码	string	见 JMGC/XX 2045.1.8 C0008 学历代码
AFAP1515	女方当事人户口所在地行政区划代码	string	前6位见GB/T 2260—2007,中间3位符合GB/T 10114,最后3位为村或社区编码
AFAP1516	女方当事人户口详细地址	string	
AFAP1518	女方当事人现住址行政区划代码	string	前6位见GB/T 2260—2007,中间3位符合GB/T 10114—2003,最后3位为村或社区编码
AFAP1519	女方当事人现住址详细地址	string	
AFAP1517	女方当事人手机号码	string	长11位,第1位为1,第二位为3—9

接口返回示例如下：


```
{"code":200,
"requestId":"971d48b0 - a52f - 417e - b7f4 - 1bfea1a847f2",
"data":{
    "data":{
        "marryBusiness":{
        "AFAX0002":"01", //业务类型
        "AFAX0003":"J210202 - 2020 - 000003", //登记证字号
        "AFAX0988":"中山区婚姻登记处", // 登记机构名称
        "AFAX0007":"20200604145523"  // 登记时间
        "AXZX0003":"中山登记", // 登记员姓名
    },
    "man":{
        "AFAP1305":"赵＊", // 男方当事人姓名
        "AFAP1306":"男性", // 男方当事人性别
        "AFAP1304":"1", //男方当事人身份类别
        "AFAP1311":"156", //男方当事人国籍
        "AFAP1307":"01", //男方当事人证件类型
        "AFAP1308":"1301021993＊＊＊＊2730", // 男方当事人证件号码
        "AFAP1309":"1993＊＊＊＊000000", // 男方当事人出生日期
        "AFAP1312":"01", //男方当事人民族
        "AFAP1310":"10", //男方当事人婚姻状况
        "AFAP1313":"0", //男方当事人职业
        "AFAP1314":"11", //男方当事人文化程度
        "AFAP1315":"130102000000", //男方当事人户口所在地行政区划代码
        "AFAP1316":"翟营北大街15号简筑家园＊＊＊＊", // 男方当事人户口详细地址
        "AFAP1318":"130102000000", //男方当事人现住址行政区划
        "AFAP1319":"翟营北大街15号简筑家园＊＊＊＊", // 男方当事人现住址详细地址
        "AFAP1317":"13011326579"  //男方当事人手机号码
    },
    "lady":{
        "AFAP1505":"刘＊", // 女方当事人姓名
        "AFAP1506":"女性", // 女方当事人性别
        "AFAP1504":"1", //女方当事人身份类别
        "AFAP1511":"156", //女方当事人国籍
        "AFAP1507":"01", //女方当事人证件类型
        "AFAP1508":"1301021993＊＊＊＊0509", // 女方当事人证件号码
        "AFAP1509":"1993＊＊＊＊000000", // 女方当事人出生日期
        "AFAP1512":"01", //女方当事人民族
        "AFAP1510":"10", //女方当事人婚姻状况
        "AFAP1513":"0", //女方当事人职业
        "AFAP1514":"11", //女方当事人文化程度
        "AFAP1515":"130102000000", //女方当事人户口所在地行政区划代码
        "AFAP1516":"方北路58号剑桥春雨＊＊＊＊室", // 女方当事人户口详细地址
        "AFAP1518":"130102000000", //女方当事人现住址行政区划
        "AFAP1519":"方北路58号剑桥春雨＊＊＊＊室", // 女方当事人现住址详细地址
        "AFAP1517":"15076395420"  //女方当事人手机号码
    }
    }
},
"errors":,
"serviceSuccess":true,
"redirectUrl":
}
```

5.4 全国流浪乞讨人员救助管理信息系统

5.4.1 救助管理站共享接口

5.4.1.1 接口描述

救助管理站共享接口可提供查询救助管理站信息的功能。该接口通过金民工程应用支撑平台的微服务集成管理系统对外提供。其在微服务集成管理系统中的注册信息如下：

a）系统接入标识：zkhy_llgl；

b）服务标识：queryRelief。

5.4.1.2 接口地址

接口地址：http（https）://网络地址:端口号/fwjc_engine_int/rest/queryRelief。

5.4.1.3 请求方式

HTTP（HTTPS） POST。

5.4.1.4 请求参数

请求参数见表52。

表52　请求参数

参数	参数名称	参数类型	是否必填	说明
access_key	接入系统标识	string	是	在微服务中注册的系统标识
format	返回数据格式	string	否	返回格式为json/xml
request_id	请求唯一编码	string	否	请求的唯一流水号
sign	参数签名	string	是	对传入参数签名后的字符串
timestamp	发送请求的时间	string	是	精确到毫秒
version	版本	string	否	微服务版本号
biz_content	输入参数	string	是	具体的业务接口输入参数，见表53

请求参数中的biz_content业务参数见表53。

表53　biz_content业务参数

参数	参数名称	参数类型	是否必填	说明
AXAA0001	行政区划代码	string	否	行政区划代码，采用基础数据库统一定义标识符 前6位见GB/T 2260，后3位见GB/T 10114，后3位为村或社区编码
AFCE0130	救助站登记时间	date	否	YYYYMMDD

5.4.1.5 返回参数

返回参数见表54。

表 54　返回参数

参数	参数名称	参数类型	说明
code	返回码值	string	服务调用是否成功的状态值
msg	返回码描述	string	返回码的描述信息
biz_data	业务输出参数	string	具体的业务接口输出参数，见表 55

返回参数中 biz_data 的业务参数见表 55。

表 55　biz_data 业务参数

参数	参数名称	参数类型	说明
AFCE0100	救助管理机构编码	string	UUID，符合 GB/T 17969.8
AXBE0002	统一社会信用代码	string	统一社会信用代码，采用基础数据库统一定义标识符 取值范围见 GB 32100
AXBE0003	单位名称	string	单位名称，采用基础数据库统一定义标识符
AXBE0005	单位性质代码	string	单位性质代码，采用基础数据库统一定义标识符 见 JMGC/XX 2045.1.38 C0038 单位性质代码
AXBE0017	法定代表人姓名	string	法定代表人姓名，采用基础数据库统一定义标识符
AFCE0107	站长电话	string	有效的座机或手机号码。座机号码标准格式为：区号－电话号码，手机号码为：长 11 位，第 1 位为 1，第 2 位为 3—9
AXBE0019	法定代表人身份证件号码	string	法定代表人身份证件号，采用基础数据库统一定义标识符 对于身份证件类型为“内地居民身份证”的人员，身份证件号码值域符合 GB 11643
AFCE0109	值班电话	string	有效的座机或手机号码。座机号码标准格式为：区号－电话号码，手机号码为：长 11 位，第 1 位为 1，第 2 位为 3—9
AXBE0028	单位所在地行政区划	string	前 6 位见 GB/T 2260，中间 3 位见 GB/T 10114—2003，最后 3 位为村或社区编码
AXBE0027	单位地址	string	单位地址，采用基础数据库统一定义标识符
AFCE0112	救助管理站经度	float	按照 JMGC/XX 207 中 4.4 给出的规则描述，单位度(°)
AFCE0113	救助管理站纬度	float	按照 JMGC/XX 207 中 4.4 给出的规则描述，单位度(°)
AFCE0116	救助管理站编制人数	number	

续表

参数	参数名称	参数类型	说明
AFCE0117	救助管理站现有人数	number	
AFCE0118	评定等级	string	见 JMGC/XX 204 5.5.3.18 CFC34 救助管理站评定等级代码
AFCE0119	总建筑面积	float	单位：㎡
AFCE0120	救助用房间数	number	用于救助的房间数
AFCE0121	救助用房面积	float	单位：㎡
AFCE0122	最大救助人数	number	救助管理机构目前最大救助人数
AFCE0123	床位数	number	救助管理机构现有床位数
AFCE0124	占地总面积	float	单位：㎡
AFCE0125	救助管理站建立日期	date	救助管理机构建立的日期
AFCE0130	登记时间	date	救助管理机构登记的时间
AFCE0131	登记部门	string	见 JMGC/XX 204 5.1.47 C0047 登记部门代码

接口返回示例如下：


```
{
  "code":"1",
  "msg":"成功",
"biz_data":{
data:[{
afce0100:" ed4cb1030ebb425ca93f79bb7054ba35 ",
axbe0002:"统一社会信用代码",
axbe0003:" 石家庄市救助管理站",
axbe0005:" 01",
axbe0017:"晓燕",
afce0107:" 13025698566",
axbe0019:"13＊＊＊＊＊＊＊5452",
afce0109:" 85312856",
axbe0028:"130101000000",
axbe0027:" 河北省石家庄市裕华区东风路12号",
afce0112:" 127.35",
afce0113:" 36.8",
afce0116:"1",
afce0117:"5",
afce0118:"1",
afce0119:"350",
afce0120:" 20",
afce0121:" 300",
afce0122:" 180",
afce0123:" 35",
afce0124:" 380.5",
afce0125:"2020-01-02",
afce0130:" 2020-02-03",
afce0131:" 部门"
}
}]
}
```

5. 4. 2 流浪乞讨人员信息共享接口

5. 4. 2. 1 接口描述

流浪乞讨人员信息共享接口可提供查询流浪乞讨人员信息的功能。该接口通过金民工程应用支撑平台的微服务集成管理系统对外提供。其在微服务集成管理系统中的注册信息如下：

a)系统接入标识：zkhy_llgl；

b)服务标识：queryVagrantf。

5. 4. 2. 2 接口地址

接口地址：http(https)://网络地址：端口号/fwjc_engine_int/rest/queryVagrant。

5. 4. 2. 3 请求方式

HTTP(HTTPS) POST。

5. 4. 2. 4 请求参数

请求参数见表56。

表 56　请求参数

参数	参数名称	参数类型	是否必填	说明
access_key	接入系统标识	string	是	在微服务中注册的系统标识
format	返回数据格式	string	否	返回格式为 json/xml
request_id	请求唯一编码	string	否	请求的唯一流水号
sign	参数签名	string	是	对传入参数签名后的字符串
timestamp	发送请求的时间	string	是	精确到毫秒
version	版本	string	否	微服务版本号
biz_content	输入参数	string	是	具体的业务接口输入参数，见表57

请求参数中的 biz_content 业务参数见表57。

表 57　biz_content 业务参数

参数	参数名称	参数类型	是否必填	说明
AXAA0001	行政区划代码	string	否	行政区划代码，采用基础数据库统一定义标识符 前6位见 GB/T 2260，后3位见 GB/T 10114，后3位为村或社区编码

5. 4. 2. 5 返回参数

返回参数见表58。

表 58　返回参数

参数	参数名称	参数类型	说明
code	返回码值	string	服务调用是否成功的状态值
msg	返回码描述	string	返回码的描述信息
biz_data	业务输出参数	string	具体的业务接口输出参数，见表 59

返回参数中 biz_data 的业务参数见表 59。

表 59　biz_data 业务参数

参数	参数名称	参数类型	说明
AXCP0002	姓名	string	姓名，采用基础数据库统一定义标识符
AXCP0003	曾用名	string	曾用名，采用基础数据库统一定义标识符
AXCP0006	性别	string	性别，采用基础数据库统一定义标识符 取值范围见 JMGC/XX 2045.1.7 C0007 人的性别代码
AXCP0008	民族	string	民族，采用基础数据库统一定义标识符 取值范围见 JMGC/XX 2045.1.9 C0009 民族代码
AXCP0004	身份证件类型	string	身份证件类型，采用基础数据库统一定义标识符 取值范围见 JMGC/XX 204 5.1.15 C0015 身份证件类型代码
AXCP0005	身份证件号码	string	身份证件号码，采用基础数据库统一定义标识符 对于身份证件类型为“内地居民身份证”的人员，身份号码值域符合 GB 11643
AXCP0039	出生日期	date	出生日期，采用基础数据库统一定义标识符
AXCP0009	人员文化程度	string	文化程度，采用基础数据库统一定义标识符 取值范围见 JMGC/XX 2045.1.8 C0008 学历代码
AFCP0109	口音	string	流浪乞讨人员的口音
AFCP0110	血型	string	见 JMGC/XX 204 5.1.12 C0012 血型代码

续表

参数	参数名称	参数类型	说明
AXCP0041	户籍地址所在行政区划	string	户籍地址所在行政区划,采用基础数据库统一定义标识符 前6位见 GB/T 2260,后3位见 GB/T 10114,后3位为村或社区编码
AXCP0040	户籍地址	string	户籍地址,采用基础数据库统一定义标识符
AFCP0115	是否外籍人士	boolean	

接口返回示例如下:


```
{
  "code":"1",
  "msg":"成功",
  "biz_data":{
    data:[{
      axcp0002:" 张红",
      axcp0002:"小张",
      axcp0006:"2",
      axcp0008:"02",
      axcp0004:"0",
      axcp0005:" 6107********2040",
      axcp0039:"1990-03-21",
      axcp0009:"60",
      afcp0109:"南",
      afcp0110:"b 型",
      axcp0041:"130101",
      axcp0040:"河北省石家庄市裕华区",
      afcp0115:false
    }]
    }
}
```


5.5 全国殡葬管理信息系统

5.5.1 机构基础数据上报共享接口

5.5.1.1 接口描述

机构基础数据上报共享接口可提供殡葬服务机构基础信息上报的功能。该接口通过金民工程应用支撑平台的微服务集成管理系统对外提供。其在微服务集成管理系统中的注册信息如下:

a)系统接入标识:zkhy_bztb;

b)服务标识:upholdOrganBasics。

5.5.1.2 接口地址

接口地址:http(https)://网络地址:端口号/fwjc_engine_int/rest/upholdOrganBasics。

5.5.1.3 请求方式

HTTP(HTTPS) POST。

5.5.1.4 请求参数

请求参数见表60。

表60 请求参数

参数	参数名称	参数类型	是否必填	说明
access_key	接入系统标识	string	是	在微服务中注册的系统标识
format	返回数据格式	string	否	返回格式为 json/xml
request_id	请求唯一编码	string	否	请求的唯一流水号
sign	参数签名	string	是	对传入参数签名后的字符串
timestamp	发送请求的时间	string	是	精确到毫秒
version	版本	string	否	微服务版本号
biz_content	输入参数	string	是	具体的业务接口输入参数,见表61

请求参数中的 biz_content 业务参数见表61。

表61 biz_content 业务参数

参数	参数名称	参数类型	是否必填	说明
AFBE0001	机构标识	string	是	见 MZ/T 098 表4 值域表达式列表 E3
AXBE0003	单位名称	string	是	机构名称,采用基础数据库统一定义标识符
AFBE0003	固定资产(万元)	double	否	单位:万元
AFBE0004	机构占地面积(㎡)	double	否	单位:㎡
AXBE0033	单位所属行政区划	string	是	机构单位所属行政区划,采用基础数据库统一定义标识符 前6位见 GB/T 2260,后3位见 GB/T 10114,后3位为村或社区编码
version	版本	string	否	微服务版本号
AXBE0002	统一社会信用代码	string	是	统一社会信用代码,采用基础数据库统一定义标识符 取值范围见 GB 32100
AFBE0007	殡葬服务机构类型	string	是	见 MZ/T 141 表77 殡葬单位类型类别代码
AFBE0008	举办形式	string	否	见 MZ/T 141 表78 殡葬单位举办形式类别代码
AFBE0009	殡葬服务机构性质	string	是	见 MZ/T 141 表76 殡葬单位性质类别代码

续表

参数	参数名称	参数类型	是否必填	说明
AXBE0027	机构地址	string	否	详细地址,采用基础数据库统一定义标识符
AFBE0011	服务电话	string	否	有效的座机或手机号码。座机号码标准格式为:区号-电话号码,手机号码为长11位,第1位为1,第2位为3—9
AXCP0002	姓名	string	否	机构联系人,采用基础数据库统一定义标识符
AFBE0013	联系人电话	string	否	有效的座机或手机号码。座机号码标准格式为:区号-电话号码,手机号码为长11位,第1位为1,第2位为3—9
AFBE0014	机构网址	string	否	
AXBE0015	单位设立日期	string	否	成立日期,采用基础数据库统一定义标识符
AFBE0016	服务范围	string	否	见MZ/T 141 表97 殡葬服务项目类型类别代码

5.5.1.5 返回参数

返回参数见表62。

表62 返回参数

参数	参数名称	参数类型	说明
code	返回码值	string	服务调用是否成功的状态值
msg	返回码描述	string	返回码的描述信息
biz_data	业务输出参数	string	具体的业务接口输出参数,见表63

返回参数中biz_data的业务参数见表63。

表63 biz_data业务参数

参数	参数名称	参数类型	说明
code	返回码值	string	服务调用是否成功的状态值
requestId	返回标识	string	
data	返回业务数据	json	返回接口操作是否成功
serviceSuccess	返回接口调用描述	boolean	返回接口调用是否成功
errors	返回接口调用失败描述	string	返回接口调用失败错误信息

接口返回示例如下:

```
{
"msg": "成功",
"code": "1",
"biz_data":{
    "code":200,
    "data":{"result":"成功"},
    "requestId":"bfc86642-0304-46fb-af4e-2797700f7ebe",
    "serviceSuccess":true,
    "errors":[]}
}
```


5.5.2 逝者数据上报共享接口

5.5.2.1 接口描述

逝者数据上报共享接口可提供逝者信息数据上报功能。该接口通过金民工程应用支撑平台的微服务集成管理系统对外提供。其在微服务集成管理系统中的注册信息如下：

a)系统接入标识:zkhy_bztb;

b)服务标识:upholdDeceasedBatch。

5.5.2.2 接口地址

接口地址:http(https)://网络地址:端口号/fwjc_engine_int/rest/upholdDeceasedBatch。

5.5.2.3 请求方式

HTTP(HTTPS) POST。

5.5.2.4 请求参数

请求参数见表64。

表64 请求参数

参数	参数名称	参数类型	是否必填	说明
access_key	接入系统标识	string	是	在微服务中注册的系统标识
format	返回数据格式	string	否	返回格式为json/xml
request_id	请求唯一编码	string	否	请求的唯一流水号
sign	参数签名	string	是	对传入参数签名后的字符串
timestamp	发送请求的时间	string	是	精确到毫秒
version	版本	string	否	微服务版本号
biz_content	输入参数	string	是	具体的业务接口输入参数,见表65

请求参数中的biz_content业务参数见表65。

表 65　biz_content 业务参数

参数	参数名称	参数类型	是否必填	说明
AFBE0001	机构标识	string	是	见 MZ/T 098 表 4 值域表达式列表 E3
deceasedlist	逝者数据列表	json	是	见表 66 逝者数据表

表 66　逝者数据表

参数	参数名称	参数类型	是否必填	说明
AFBP0041	逝者标识	string	是	见 MZ/T 098 表 4 值域表达式列表 E5
AXCP0002	姓名	string	是	逝者姓名,采用基础数据库统一定义标识符
AXCP0004	身份证件类型	string	是	身份证件类型,采用基础数据库统一定义标识符 取值范围见 JMGC/XX 204 5.1.15 C0015 身份证件类型代码
AXCP0005	身份证件号码	string	是	身份证件号码,采用基础数据库统一定义标识符 对于身份证件类型为“内地居民身份证”的人员,身份号码值域符合 GB 11643—1999
AXCP0097	出生日期	string	否	出生日期,采用基础数据库统一定义标识符
AFBP0047	逝者年龄	string	否	
AXCP0006	性别	string	是	性别,采用基础数据库统一定义标识符 取值范围见 JMGC/XX 2045.1.7 C0007 人的性别代码
AXCP0008	民族	string	否	民族,采用基础数据库统一定义标识符 取值范围见 JMGC/XX 2045.1.9 C0009 民族代码
AXCP0041	户籍地址所在行政区划	string	否	前 6 位见 GB/T 2260,后 3 位见 GB/T 10114,后 3 位为村或社区编码
AXCP0007	国籍	string	否	国籍,采用基础数据库统一定义标识符 取值范围见 JMGC/XX 204 5.1.5 C0005 世界各国和地区名称代码
AFBP0052	死亡日期	string	是	参数示例: 2020-06-01
AFBP0053	死亡地点	string	否	
AFBP0054	死亡原因	string	是	见 JMGC/XX 204 5.1.35 C0035 死亡原因代码
AFBP0055	致死疾病	string	是	见 MZ/T 141 表 65 致死疾病类型代码
AFBP0056	死亡证明出具单位	string	是	
AFBP0057	死亡证明开具时间	string	是	
AFBP0058	减免类型	string	否	见 JMGC/XX 204 5.5.2.3 CFB03 减免类型代码
AFBP0059	是否异地死亡	string	是	

5.5.2.5 返回参数

返回参数见表67。

表67 返回参数

参数	参数名称	参数类型	说明
code	返回码值	string	服务调用是否成功的状态值
msg	返回码描述	string	返回码的描述信息
biz_data	业务输出参数	string	具体的业务接口输出参数,见表68

返回参数中biz_data的业务参数见表68。

表68 biz_data 业务参数

参数	参数名称	参数类型	说明
code	返回码值	string	服务调用是否成功的状态值
requestId	返回标识	string	
data	返回业务数据	string	返回接口操作是否成功
serviceSuccess	返回接口调用描述	boolean	返回接口调用是否成功
errors	返回接口调用失败描述	string	返回接口调用失败错误信息

接口返回示例如下：


```
{
"msg":"成功",
"code":"1",


"biz_data":{
    "code":200,
    "data":{"result":"成功"},
    "requestId":"bfc86642-0304-46fb-af4e-2797700f7ebe",
    "serviceSuccess":true,
    "errors":[]}
}
```


5.5.3 火化数据上报共享接口

5.5.3.1 接口描述

火化数据上报共享接口可提供火化数据上报功能。该接口通过金民工程应用支撑平台的微服务集成管理系统对外提供。其在微服务集成管理系统中的注册信息如下：

a)系统接入标识：zkhy_bztb；

b)服务标识:upholdCremationBatch。

5.5.3.2 接口地址

接口地址:http(https)://网络地址:端口号/fwjc_engine_int/rest/upholdCremationBatch。

5.5.3.3 请求方式

HTTP(HTTPS) POST。

5.5.3.4 请求参数

请求参数见表69。

表69 请求参数

参数	参数名称	参数类型	是否必填	说明
access_key	接入系统标识	string	是	在微服务中注册的系统标识
format	返回数据格式	string	否	返回格式为json/xml
request_id	请求唯一编码	string	否	请求的唯一流水号
sign	参数签名	string	是	对传入参数签名后的字符串
timestamp	发送请求的时间	string	是	精确到毫秒
version	版本	string	否	微服务版本号
biz_content	输入参数	string	是	具体的业务接口输入参数,见表70

请求参数中的biz_content业务参数见表70。

表70 biz_content业务参数

参数	参数名称	参数类型	是否必填	说明
AFBE0001	机构标识	string	是	见MZ/T 098 表4 值域表达式列表E3
cremationList	火化数据列表	json	是	见表71 火化数据表

表71 火化数据表

参数	参数名称	参数类型	是否必填	说明
AFBP0083	火化标识	string	是	见MZ/T 098 表4 值域表达式列表E15
AFBP0041	逝者标识	string	是	见MZ/T 098 表4 值域表达式列表E5
AFBP0084	火化工姓名	string	否	
AFBP0085	火化证明编号	string	否	
AFBP0086	火化证明开具时间	datetime	是	参数示例: 2020-06-01 06:06:06

5.5.3.5 返回参数

返回参数见表72。

表 72　返回参数

参数	参数名称	参数类型	说明
code	返回码值	string	服务调用是否成功的状态值
msg	返回码描述	string	返回码的描述信息
biz_data	业务输出参数	string	具体的业务接口输出参数，见表 73

返回参数中 biz_data 的业务参数见表 73。

表 73　biz_data 业务参数

参数	参数名称	参数类型	说明
code	返回码值	string	服务调用是否成功的状态值
requestId	返回标识	string	
data	返回业务数据	json	返回接口操作是否成功
serviceSuccess	返回接口调用描述	boolean	返回接口调用是否成功
errors	返回接口调用失败描述	string	返回接口调用失败错误信息

接口返回示例如下：


```
{
"msg":"成功",
"code":"1",


"biz_data":{
    "code":200,
    "data":{"result":"成功"},
    "requestId":"bfc86642-0304-46fb-af4e-2797700f7ebe",
    "serviceSuccess":true,
    "errors":[]}
}
```


5.5.4 安放/安葬数据上报共享接口

5.5.4.1 接口描述

安放/安葬数据上报共享接口可提供安放/安葬数据上报功能。该接口通过金民工程应用支撑平台的微服务集成管理系统对外提供。其在微服务集成管理系统中的注册信息如下：

a) 系统接入标识：zkhy_bztb；

b) 服务标识：upholdEmplaceBatch。

5.5.4.2 接口地址

接口地址：http(https)://网络地址:端口号/fwjc_engine_int/rest/upholdEmplaceBatch。

5.5.4.3 请求方式

HTTP(HTTPS) POST。

5.5.4.4 请求参数

请求参数见表74。

表74 请求参数

参数	参数名称	参数类型	是否必填	说明
access_key	接入系统标识	string	是	在微服务中注册的系统标识
format	返回数据格式	string	否	返回格式为json/xml
request_id	请求唯一编码	string	否	请求的唯一流水号
sign	参数签名	string	是	对传入参数签名后的字符串
timestamp	发送请求的时间	string	是	精确到毫秒
version	版本	string	否	微服务版本号
biz_content	输入参数	string	是	具体的业务接口输入参数,见表75

请求参数中的biz_content业务参数见表75。

表75 biz_content业务参数

参数	参数名称	参数类型	是否必填	说明
AFBE0001	机构标识	string	是	见MZ/T 098 表4 值域表达式列表E3
emplaceList	安放安葬数据列表	json	是	见表76安放安葬数据表

表76 安放安葬数据表

参数	参数名称	参数类型	是否必填	说明
AFBP0118	安放安葬标识	string	是	见MZ/T 098 表4 值域表达式列表E11
AFBP0041	逝者标识	string	是	见MZ/T 098 表4 值域表达式列表E5
AXCP0004	身份证件类型	string	否	逝者身份证件类型,采用基础数据库统一定义标识符 取值范围见JMGC/XX 204 5.1.15 C0015身份证件类型代码
AXCP0005	人员证件号码	string	否	逝者身份证号码,无证置空,采用基础数据库统一定义标识符 对于身份证件类型为"内地居民身份证"的人员,值域见GB 11643
AFBP0121	处置方式	string	是	见MZ/T 141 表91 处置方式类别代码
AFBP0136	墓位标识	string	是	见MZ/T 098 表4 值域表达式列表E16
AFBP0123	安葬证件编号	string	否	安葬证件编号
AFBP0124	安放/安葬时间	string	是	安葬安放的时间
AFBP0125	安葬内容	string	是	

5.5.4.5 返回参数

返回参数见表77。

表77 返回参数

参数	参数名称	参数类型	说明
code	返回码值	string	服务调用是否成功的状态值
msg	返回码描述	string	返回码的描述信息
biz_data	业务输出参数	string	具体的业务接口输出参数,见表78

返回参数中 biz_data 的业务参数见表78。

表78 biz_data 业务参数

参数	参数名称	参数类型	说明
code	返回码值	string	服务调用是否成功的状态值
requestId	返回标识	string	
data	返回业务数据	json	返回接口操作是否成功
serviceSuccess	返回接口调用描述	boolean	返回接口调用是否成功
errors	返回接口调用失败描述	string	返回接口调用失败错误信息

接口返回示例如下：


```
{
"msg":"成功",
"code":"1",


"biz_data":{
    "code":200,
    "data":{"result":"成功"},
    "requestId":"bfc86642-0304-46fb-af4e-2797700f7ebe",
    "serviceSuccess":true,
    "errors":[]}
}
```


5.5.5 设备数据上报共享接口

5.5.5.1 接口描述

设备数据上报共享接口可提供殡葬机构设备数据上报功能。该接口通过金民工程应用支撑平台的微服务集成管理系统对外提供。其在微服务集成管理系统中的注册信息如下：

a)系统接入标识:zkhy_bztb;

b)服务标识:upholdEquipmentBatch。

5.5.5.2 接口地址

接口地址:http(https)://网络地址:端口号/fwjc_engine_int/rest/upholdEquipmentBatch。

5.5.5.3 请求方式

HTTP(HTTPS) POST。

5.5.5.4 请求参数

请求参数见表79。

表79 请求参数

参数	参数名称	参数类型	是否必填	说明
access_key	接入系统标识	string	是	在微服务中注册的系统标识
format	返回数据格式	string	否	返回格式为 json/xml
request_id	请求唯一编码	string	否	请求的唯一流水号
sign	参数签名	string	是	对传入参数签名后的字符串
timestamp	发送请求的时间	string	是	精确到毫秒
version	版本	string	否	微服务版本号
biz_content	输入参数	string	是	具体的业务接口输入参数,见表80

请求参数中的 biz_content 业务参数见表80。

表80 biz_content 业务参数

参数	参数名称	参数类型	是否必填	说明
AFBE0001	机构标识	string	是	见 MZ/T 098 表4 值域表达式列表 E3
equipmentList	设备数据列表	json	是	见表81 设备数据表

表81 设备数据表

参数	参数名称	参数类型	是否必填	说明
AFBE0069	设备标识	string	是	见 MZ/T 098 表4 值域表达式列表 E3
AFBE0070	设备名称	string	是	
AFBE0071	设备类型	string	是	见 MZ/T 141 表84 殡葬设备类型类别代码
AFBE0072	设备型号	string	否	
AFBE0073	生产厂商	string	否	
AFBE0074	原产地	string	否	见 MZ/T 141 表73 原产地类别代码
AFBE0075	采购日期	string	否	
AFBE0076	采购价格(元)	double	否	单位:元

续表

参数	参数名称	参数类型	是否必填	说明
AFBE0077	投入使用日期	string	否	
AFBE0078	设备状态	string	是	见 MZ/T 141 表 85 殡葬设备状态类别代码
AFBE0079	燃料类型	string	否	火化机焚烧炉专用 见 MZ/T 141 表 74 燃料类型类别代码
AFBE0080	车牌号	string	否	殡仪车辆专用
AFBE0081	停用/报废日期	string	否	

5.5.5.5 返回参数

返回参数见表 82。

表 82　返回参数

参数	参数名称	参数类型	说明
code	返回码值	string	服务调用是否成功的状态值
msg	返回码描述	string	返回码的描述信息
biz_data	业务输出参数	string	具体的业务接口输出参数,见表 83

返回参数中 biz_data 的业务参数见表 83。

表 83　biz_data 业务参数

参数	参数名称	参数类型	说明
code	返回码值	string	服务调用是否成功的状态值
requestId	返回标识	string	
data	返回业务数据	json	返回接口操作是否成功
serviceSuccess	返回接口调用描述	boolean	返回接口调用是否成功
errors	返回接口调用失败描述	string	返回接口调用失败错误信息

接口返回示例如下：

```
{
"msg"："成功",
"code"："1",
"biz_data":{
    "code":200,
    "data":{"result":"成功"},
    "requestId":"bfc86642-0304-46fb-af4e-2797700f7ebe",
    "serviceSuccess":true,
    "errors":[]}
}
```

5.5.6 设施数据上报共享接口

5.5.6.1 接口描述

设施数据上报共享接口可提供殡葬服务机构设施数据上报功能。该接口通过金民工程应用支撑平台的微服务集成管理系统对外提供。其在微服务集成管理系统中的注册信息如下：

a)系统接入标识:zkhy_bztb；

b)服务标识:upholdFacilityBatch。

5.5.6.2 接口地址

接口地址:http(https)://网络地址:端口号/fwjc_engine_int/rest/upholdFacilityBatch。

5.5.6.3 请求方式

HTTP(HTTPS) POST。

5.5.6.4 请求参数

请求参数见表84。

表84 请求参数

参数	参数名称	参数类型	是否必填	说明
access_key	接入系统标识	string	是	在微服务中注册的系统标识
format	返回数据格式	string	否	返回格式为json/xml
request_id	请求唯一编码	string	否	请求的唯一流水号
sign	参数签名	string	是	对传入参数签名后的字符串
timestamp	发送请求的时间	string	是	精确到毫秒
version	版本	string	否	微服务版本号
biz_content	输入参数	string	是	具体的业务接口输入参数,见表85

请求参数中的biz_content业务参数见表85。

表85 biz_content业务参数

参数	参数名称	参数类型	是否必填	说明
AFBE0001	机构标识	string	是	见MZ/T 098 表4 值域表达式列表E3
facilityList	设施数据列表	json	是	见表86 设施数据表

表86 设施数据表

参数	参数名称	参数类型	是否必填	说明
AFBE0061	设施标识	string	是	见MZ/T 098 表4 值域表达式列表E6
AFBE0062	设施名称	string	是	

续表

参数	参数名称	参数类型	是否必填	说明
AFBE0063	设施类型	string	是	见 MZ/T 141 表 82 殡葬设施类型类别代码
AFBE0064	建筑面积(m^2)	double	否	单位:m^2
AFBE0065	设计容量	string	否	
AFBE0066	投入使用日期	string	否	殡葬设施投入使用日期
AFBE0067	停用日期	string	否	殡葬设施停用日期
AFBE0068	设施状态	string	否	见 MZ/T 141 表 83 殡葬设施状态类别代码

5.5.6.5 返回参数

返回参数见表 87。

表 87　返回参数

参数	参数名称	参数类型	说明
code	返回码值	string	服务调用是否成功的状态值
msg	返回码描述	string	返回码的描述信息
biz_data	业务输出参数	string	具体的业务接口输出参数,见表 88

返回参数中 biz_data 的业务参数见表 88。

表 88　biz_data 业务参数

参数	参数名称	参数类型	说明
code	返回码值	string	服务调用是否成功的状态值
requestId	返回标识	string	
data	返回业务数据	json	返回接口操作是否成功
serviceSuccess	返回接口调用描述	boolean	返回接口调用是否成功
errors	返回接口调用失败描述	string	返回接口调用失败错误信息

接口返回示例如下：

```
{
"msg"："成功",
"code"："1",


"biz_data":{
    "code":200,
```

```
    "data":{"result":"成功"},
    "requestId":"bfc86642-0304-46fb-af4e-2797700f7ebe",
    "serviceSuccess":true,
    "errors":[]}
}
```


5.5.7 机构职工基本数据上报共享接口

5.5.7.1 接口描述

机构职工基本数据上报共享接口可提供殡葬机构职工基本信息上报功能。该接口通过金民工程应用支撑平台的微服务集成管理系统对外提供。其在微服务集成管理系统中的注册信息如下：

a)系统接入标识：zkhy_bztb；

b)服务标识：upholdStaffBatch。

5.5.7.2 接口地址

接口地址：http(https)://网络地址：端口号/fwjc_engine_int/rest/upholdStaffBatch。

5.5.7.3 请求方式

HTTP(HTTPS) POST。

5.5.7.4 请求参数

请求参数见表89。

表89 请求参数

参数	参数名称	参数类型	是否必填	说明
access_key	接入系统标识	string	是	在微服务中注册的系统标识
format	返回数据格式	string	否	返回格式为json/xml
request_id	请求唯一编码	string	否	请求的唯一流水号
sign	参数签名	string	是	对传入参数签名后的字符串
timestamp	发送请求的时间	string	是	精确到毫秒
version	版本	string	否	微服务版本号
biz_content	输入参数	string	是	具体的业务接口输入参数，见表90

请求参数中的biz_content业务参数见表90。

表90 biz_content业务参数

参数	参数名称	参数类型	是否必填	说明
AFBE0001	机构标识	string	是	见MZ/T 098 表4 值域表达式列表E3
staffBasicList	机构职工基本数据列表	json	是	见表91 机构职工基本数据表

表 91　机构职工基本数据表

参数	参数名称	参数类型	是否必填	说明
AFBP0150	机构职工基本标识	string	是	见 MZ/T 098 表 4 值域表达式列表 E4
AXCP0002	职工姓名	string	是	职工姓名,采用基础数据库统一定义标识符
AFBP0155	编制性质	string	是	见 MZ/T 141 表 72 编制性质代码
AFBP0158	入职日期	string	否	
AFBP0159	是否在岗	string	是	职工是否在岗
AFBP0160	离岗日期	date	否	
AXCP0005	职工身份证号	string	是	身份证件号,采用基础数据库统一定义标识符 对于身份证件类型为"内地居民身份证"的人员,身份证件号码值域符合 GB 11643
AXCP0006	性别	string	是	职工性别,采用基础数据库统一定义标识符 取值范围见 MZ/T 141 表 53 性别类别代码
AFBP0154	职工岗位	string	否	
AXCP0009	人员文化程度	string	是	职工学历,采用基础数据库统一定义标识符 取值范围见 JMGC/XX 204 5.1.8 C0008 学历代码
AXCP0008	民族	string	否	职工民族,采用基础数据库统一定义标识符 取值范围见 JMGC/XX 204 5.1.9 C0009 民族代码
AFBP0161	离岗原因	string	否	职工离岗的具体原因
AXCP0025	专业技术职务	string	否	专业技术职务,采用基础数据库统一定义标识符 见 JMGC/XX 204 5.1.20 C0020 专业技术职务代码
AFBP0163	职称级别	string	否	见 JMGC/XX 204 5.1.19 C0019 职称级别代码
AXCP0017	政治面貌	string	否	职工政治面貌,采用基础数据库统一定义标识符 取值范围见 MZ/T 141 表 56 政治面貌类别代码
AFBP0165	薪资水平	string	否	单位:元

5.5.7.5 返回参数

返回参数见表 92。

表 92 返回参数

参数	参数名称	参数类型	说明
code	返回码值	string	服务调用是否成功的状态值
msg	返回码描述	string	返回码的描述信息
biz_data	业务输出参数	string	具体的业务接口输出参数,见表 93

返回参数中 biz_data 的业务参数见表 93。

表 93 biz_data 业务参数

参数	参数名称	参数类型	说明
code	返回码值	string	服务调用是否成功的状态值
requestId	返回标识	string	
data	返回业务数据	json	返回接口操作是否成功
serviceSuccess	返回接口调用描述	boolean	返回接口调用是否成功
errors	返回接口调用失败描述	string	返回接口调用失败错误信息

接口返回示例如下：


```
{
"msg":"成功",
"code":"1",


"biz_data":{
    "code":200,
    "data":{"result":"成功"},
    "requestId":"bfc86642-0304-46fb-af4e-2797700f7ebe",
    "serviceSuccess":true,
    "errors":[]}
}
```


5.5.8 墓位/格位数据上报共享接口

5.5.8.1 接口描述

墓位/格位数据上报共享接口可提供墓位/格位数据上报功能。该接口通过金民工程应用支撑平台的微服务集成管理系统对外提供。其在微服务集成管理系统中的注册信息如下：

a)系统接入标识:zkhy_bztb;

b)服务标识:upholdTombAndGirdBatch。

5.5.8.2 接口地址

接口地址:http(https)://网络地址:端口号/fwjc_engine_int/rest/upholdTombAndGirdBatch。

5.5.8.3 请求方式

HTTP(HTTPS)POST。

5.5.8.4 请求参数

请求参数见表94。

表94 请求参数

参数	参数名称	参数类型	是否必填	说明
access_key	接入系统标识	string	是	在微服务中注册的系统标识
format	返回数据格式	string	否	返回格式为 json/xml
request_id	请求唯一编码	string	否	请求的唯一流水号
sign	参数签名	string	是	对传入参数签名后的字符串
timestamp	发送请求的时间	string	是	精确到毫秒
version	版本	string	否	微服务版本号
biz_content	输入参数	string	是	具体的业务接口输入参数,见表95

请求参数中的 biz_content 业务参数见表95。

表95 biz_content 业务参数

参数	参数名称	参数类型	是否必填	说明
AFBE0001	机构标识	string	是	见 MZ/T 098 表4 值域表达式列表 E3
tombAnd-GridList	墓位/格位数据列表	json	是	见表96 墓位/格位数据表

表96 墓位/格位数据表

参数	参数名称	参数类型	是否必填	说明
AFBE0136	墓格墓位标识	string	是	见 MZ/T 098 表4 值域表达式列表 E16
AFBE0137	墓数类型	string	否	见 MZ/T 141 表87 墓数类型类别代码
AFBE0138	墓位类型	string	否	见 MZ/T 141 表88 墓位类型类别代码
AFBE0139	占地面积	string	否	单位:m²
AFBE0140	墓碑类型	string	否	见 MZ/T 141 表89 墓碑类型类别代码
AFBE0141	墓碑高度	string	否	单位:m
AFBE0142	格位类型	string	否	见 MZ/T 141 表115 格位类型类别代码
AFBE0143	格位数类型	string	否	见 MZ/T 141 表116 格位数类型类别代码
AFBE0144	格位长	string	否	单位:m

续表

参数	参数名称	参数类型	是否必填	说明
AFBE0145	格位宽	string	否	单位:m
AFBE0146	格位高	string	否	单位:m
AFBE0147	收款项目	string	否	见 MZ/T 141 表 107 安放/安葬收费项目类型代码
AFBE0148	收费价格	string	否	单位:元
AFBE0149	墓位状态	string	否	见 MZ/T 141 表 90 墓位状态类别代码
AFBE0150	建成日期	string	否	
AFBE0151	墓位改造内容	string	否	
AFBE0152	墓位改造日期	string	否	
AFBE0153	墓位改造类型	string	否	见 MZ/T 141 表 114 墓地改造类型类别代码
AFBE0165	墓位/格位名称	string	是	
AFBE0166	墓位/格位类别	string	是	1 墓位,2 格位

5.5.8.5 返回参数

返回参数见表 97。

表 97 返回参数

参数	参数名称	参数类型	说明
code	返回码值	string	服务调用是否成功的状态值
msg	返回码描述	string	返回码的描述信息
biz_data	业务输出参数	string	具体的业务接口输出参数,见表 98

返回参数中 biz_data 的业务参数见表 98。

表 98 biz_data 业务参数

参数	参数名称	参数类型	说明
code	返回码值	string	服务调用是否成功的状态值
requestId	返回标识	string	
data	返回业务数据	json	返回接口操作是否成功
serviceSuccess	返回接口调用描述	boolean	返回接口调用是否成功
errors	返回接口调用失败描述	string	返回接口调用失败错误信息

接口返回示例如下:

```
{
"msg":"成功",
"code":"1",
"biz_data":{
    "code":200,
    "data":{"result":"成功"},
    "requestId":"bfc86642-0304-46fb-af4e-2797700f7ebe",
    "serviceSuccess":true,
    "errors":[]}
}
```

JMGC

民 政 部 金 民 工 程 标 准

JMGC/JS 315.6—2020

业务系统共享接口 第6部分:基层政权建设和社区治理、社会工作和志愿服务

2020-12-30 发布　　2020-12-30 实施

民政部信息中心 发布

目　次

前　言

本文件按照 GB/T 1.1—2020《标准化工作导则 第 1 部分:标准的结构和编写》给出的规则起草。

请注意本文件的某些内容可能涉及专利。本文件的发布机构不承担识别专利的责任。

本文件是 JMGC/JS 315《业务系统共享接口》的第 1 部分。JMGC/JS 315 已经发布了以下部分:

——第 1 部分:救助业务;

——第 2 部分:核对业务;

——第 3 部分:公共服务;

——第 4 部分:决策支持;

——第 5 部分:儿童福利管理、婚姻管理、流浪乞讨人员救助管理和殡葬管理;

——第 6 部分:基层政权建设和社区治理、社会工作和志愿服务;

——第 7 部分:养老服务、残疾人福利、慈善与募捐。

本文件由民政部信息中心提出并归口。

本文件起草单位:民政部信息中心、民政部基层政权建设和社区治理司、民政部慈善事业促进和社会工作司、深圳市永兴元科技股份有限公司。

本文件主要起草人:王兴玲、荆方明、杨天荣、谷峰帅、陈冲、李杨、魏衍平、聂宇思、杨紫清。

引　言

JMGC/JS 315《业务系统共享接口》由七个部分构成。

——第1部分:救助业务。目的在于确立社会救助业务系统与金民工程其他业务系统之间相关接口要求,明确接口地址、请求方式、参数信息。

——第2部分:核对业务。目的在于确立居民家庭经济状况核对业务系统与金民工程其他业务系统之间相关接口要求,明确接口地址、请求方式、参数信息。

——第3部分:公共服务。目的在于确立公共服务业务系统与金民工程其他业务系统之间相关接口要求,明确接口地址、请求方式、参数信息。

——第4部分:决策支持。目的在于确立决策支持业务系统与金民工程其他业务系统之间相关接口要求,明确接口地址、请求方式、参数信息。

——第5部分:儿童福利管理、婚姻管理、流浪乞讨人员救助管理和殡葬管理。目的在于确立儿童福利管理、婚姻管理、流浪乞讨人员救助管理和殡葬管理系统与金民工程其他业务系统之间相关接口要求,明确接口地址、请求方式、参数信息。

——第6部分:基层政权建设和社区治理、社会工作和志愿服务。目的在于确立基层政权建设和社区治理、社会工作和志愿服务系统与金民工程其他业务系统之间相关接口要求,明确接口地址、请求方式、参数信息。

——第7部分:养老服务、残疾人福利、慈善与募捐。目的在于确立养老服务、残疾人福利、慈善与募捐系统与金民工程其他业务系统之间相关接口要求,明确接口地址、请求方式、参数信息。

业务共享接口
第 6 部分:基层政权建设和社区治理、社会工作和志愿服务

1 范围

本文件规定了金民工程项目中基层政权建设和社区治理、社会工作和志愿服务信息系统的业务共享接口实现方式。

本文件适用于金民工程项目中基层政权建设和社区治理、社会工作和志愿服务信息系统建设。

2 规范性引用文件

下列文件中的内容通过文中的规范性引用而构成本文件必不可少的条款。其中,注日期的引用文件,仅该日期对应的版本适用于本文件;不注日期的引用文件,其最新版本(包括所有的修改单)适用于本文件。

GB/T5271.1—2000 信息技术 词汇 第 1 部分:基本术语

JMGC/XX 203 金民工程数据交换规范

JMGC/YW427.1 慈善事业促进和社会工作业务术语 第 1 部分:社会工作

JMGC/YW427.2 慈善事业促进和社会工作业务术语 第 2 部分:志愿服务

JMGC/YW428 基层政权建设和社区治理业务术语

JMGC/YW429.1 慈善事业促进和社会工作数据元 第 1 部分:社会工作

JMGC/YW429.2 慈善事业促进和社会工作数据元 第 1 部分:志愿服务

JMGC/YW430 基层政权建设和社区治理数据元

3 术语和定义

JMGC/YW427.1、JMGC/YW427.2、JMGC/YW428 界定的以及以下术语和定义适用于本文件。

3.1 接口

两个功能单元共享的边界,它由各种特征(如功能、物理互联、信号交换等)来定义。

[来源:GB/T 5271.1—2000,01.01.38]

3.2 数据

信息的可再解释的形式化表示,以适用于通信、解释或处理。

［来源：GB/T 5271.1—2000，01.01.02］

4 接口实现

4.1 接口总体说明

根据金民工程统一规划，金民工程基层政权建设和社区治理、社会工作和志愿服务业务系统将相关服务接口统一注册到应用支撑平台，供第三方业务系统调用。

金民工程社会工作、志愿服务、基层政权建设和社区治理业务系统可提供的接口，见表1。

表1 业务共享接口列表

系统名称	接口名称	功能描述
全国社会工作信息系统	社会工作者信息接口	通过全国社会工作信息系统的社会工作者信息接口获取社会工作者信息的数据
全国社会工作信息系统	社会工作服务机构信息接口	通过全国社会工作信息系统的社会工作服务机构信息接口获取社会工作服务机构信息的数据
全国社会工作信息系统	社会工作服务项目信息接口	通过全国社会工作信息系统的社会工作服务项目信息接口获取社会工作服务项目信息的数据
全国志愿服务信息系统	志愿者信息接口	通过全国志愿服务信息系统的志愿者信息接口获取志愿者信息的数据
全国志愿服务信息系统	志愿服务队伍信息接口	通过全国志愿服务信息系统的志愿服务队伍信息接口获取志愿服务队伍信息的数据
全国志愿服务信息系统	志愿服务项目信息接口	通过全国志愿服务信息系统的志愿服务项目信息接口获取志愿服务项目信息的数据
全国志愿服务信息系统	志愿服务时长信息接口	通过全国志愿服务信息系统的志愿服务时长信息接口获取志愿服务时长信息的数据
全国基层政权建设和社区治理信息系统	村（居）赋码接口	通过全国基层政权建设和社区治理信息系统的村（居）赋码接口获取村（居）赋码信息的数据
全国基层政权建设和社区治理信息系统	城乡社区工作者信息接口	通过全国基层政权建设和社区治理信息系统的城乡社区工作者信息接口获取城乡社区工作者信息的数据
全国基层政权建设和社区治理信息系统	社区组织信息接口	通过全国基层政权建设和社区治理信息系统的社区组织信息接口获取社区组织信息的数据
全国基层政权建设和社区治理信息系统	社区服务机构信息接口	通过全国基层政权建设和社区治理信息系统的社区服务机构信息接口获取社区服务机构信息的数据
全国基层政权建设和社区治理信息系统	社区服务设施信息接口	通过全国基层政权建设和社区治理信息系统的社区服务设施信息接口获取社区服务设施信息的数据

4.2 全国社会工作信息系统

4.2.1 社会工作者信息接口

4.2.1.1 接口描述

社会工作者信息接口可提供社会工作者基本信息的查询功能。该接口通过金民工程应用支撑平台的微服务集成管理系统对外提供。其在微服务集成管理系统中的注册信息如下：

a）系统接入标识：yongxingyuan；

b)服务标识:getSocialWorker。

4.2.1.2 接口地址

接口地址:http(https)://网络地址:端口/yhbcp-engine_gov/rest/getSocialWorker。

4.2.1.3 请求方式

HTTP(HTTPS) POST。

4.2.1.4 请求参数

请求参数见表1。

表1　请求参数

参数	参数名称	参数类型	是否必填	说明
access_key	接入系统标识	string	是	在微服务中注册的系统标识
format	返回数据格式	string	否	返回格式为 json/xml
request_id	请求唯一编码	string	否	请求的唯一流水号
sign	参数签名	string	是	对传入参数签名后的字符串
timestamp	发送请求的时间	string	是	精确到毫秒
version	版本	string	否	微服务版本号
biz_content	入参	string	是	具体的业务接口输入参数,见表2

请求参数中的 biz_content 业务参数见表2。

表2　biz_content 业务参数

参数	参数名称	参数类型	是否必填	说明
AXCP0005	公民身份号码	string	是	参数示例:110101198001010096
ALAP0203	职业水平证书管理编号	string	是	参数示例:52420105093159853G

4.2.1.5 返回参数

返回参数见表3。

表3　返回参数

参数	参数名称	参数类型	说明
code	返回码值	string	服务调用是否成功的状态值
msg	返回码描述	string	返回码的描述信息
biz_data	业务输出参数	JSON	具体的业务接口输出参数,见表4

返回参数中 biz_data 的业务参数见表 4。

表 4　biz_data 业务参数

参数	参数名称	参数类型	说明
AXCP0002	姓名	string	社会工作者姓名
AXCP0097	出生日期	date	出生日期
AXCP0092	婚姻状况	string	见 JMGC/XX 203—2020 附录 C 代码集"婚姻状况代码"
AXCP0017	政治面貌	string	见 JMGC/XX 203—2020 附录 C 代码集"政治面貌代码"
AXCP0037	手机号码	string	长 11 位,第 1 位为 1,第二位为 3—9
ALAP0109	毕业院校	string	最高学历毕业院校
ALAP0110	毕业日期	date	最高学历毕业日期
AXCP0009	文化程度	string	见 JMGC/XX 203—2020 附录 C 代码集"学历代码"
AXAA0001	工作所在地行政区划代码	string	应符合 GB/T 2260 和 GB/T 10114—2003 的规定
ALAP0202	登记日期	date	最近一次登记日期
ALAP0206	登记状态	string	见 JMGC/YW 429.1—2020 附录 A 代码集"登记状态代码"
ALAP0203	职业水平证书管理编号	string	职业水平证书上的管理编号
ALAP0204	证书等级	string	见 JMGC/YW 429.1—2020 附录 A 代码集"社会工作者职业水平登记代码"
ALAP0205	职业水平证书发放日期	date	
AXBE0003	工作单位	string	所在工作单位名称
ALAP0210	服务领域一	string	见 JMGC/YW 429.1—2020 附录 A 代码集"社会工作服务领域代码"
ALAP0211	服务领域二	string	见 JMGC/YW 429.1—2020 附录 A 代码集"社会工作服务领域代码"

4.2.1.6 返回示例

```
{
"code":"200",
"msg":"成功",
"biz_data":{
        "AXCP0002":"张三",               //姓名
        "AXCP0097":"2000-09-12",         //出生日期
        "AXCP0092":"2",                  //婚姻状况
        "AXCP0017":"1",                  //政治面貌
        "AXCP0037":"18062575312",        //手机号码
        "ALAP0109":"中国 XXX 大学",       //毕业院校
        "ALAP0110":"2018-09-12",         //毕业日期
        "AXCP0009":"2",                  //文化程度
```

```
        "AXAA0001":"110101",               //工作所在地行政区划代码
        "ALAP0202":"2020 - 12 - 12",       //登记日期
        "ALAP0206":"1",                    //登记状态
        "ALAP0203":"110101020101010277",   //职业水平证书管理编号
        "ALAP0204":"1",                    //证书等级
        "ALAP0205":"2020 - 12 - 12",       //职业水平证书发放日期
        "AXBE0003":"北京 XXX 服务中心",     //工作单位
        "ALAP0210":"01",                   //服务领域一
        "ALAP0211":"02",                   //服务领域二
    }
}
```

4.2.2 社会工作服务机构信息接口

4.2.2.1 接口描述

社会工作服务机构信息接口可提供社会工作服务机构基本信息的查询功能。该接口通过金民工程应用支撑平台的微服务集成管理系统对外提供。其在微服务集成管理系统中的注册信息如下：

a)系统接入标识：yongxingyuan；

b)服务标识：getServiceOrganization。

4.2.2.2 接口地址

接口地址：http(https)://网络地址：端口/yhbcp - engine_gov/rest/getServiceOrganization。

4.2.2.3 请求方式

HTTP(HTTPS) POST。

4.2.2.4 请求参数

请求参数见表5。

表5 请求参数

参数	参数名称	参数类型	是否必填	说明
access_key	接入系统标识	string	是	在微服务中注册的系统标识
format	返回数据格式	string	否	返回格式为 json/xml
request_id	请求唯一编码	string	否	请求的唯一流水号
sign	参数签名	string	是	对传入参数签名后的字符串
timestamp	发送请求的时间	string	是	精确到毫秒
version	版本	string	否	微服务版本号
biz_content	入参	string	是	具体的业务接口输入参数，见表6

请求参数中的 biz_content 业务参数见表6。

表6　biz_content 业务参数

字段编码	字段名称	字段类型	是否必填	说明
AXCP0005	统一社会信用代码	string	是	应符合 GB 32100 的规定

4.2.2.5 返回参数

返回参数见表7。

表7　返回参数

参数	参数名称	参数类型	说明
code	返回码值	string	服务调用是否成功的状态值
msg	返回码描述	string	返回码的描述信息
biz_data	业务输出参数	JSON	具体的业务接口输出参数，见表8

返回参数中 biz_data 的业务参数见表8。

表8　biz_data 业务参数

参数	参数名称	参数类型	说明
AXBE0003	社会工作服务机构名称	string	社会工作服务机构名称
ALAE0104	社会工作服务机构类别	string	见 JMGC/YW429.1—2020 附录 A 代码集“社工服务机构类型代码”
AXAA0001	机构所在地行政区划代码	string	应符合 GB/T 2260 和 GB/T 10114—2003 的规定
AXCP0002	法人代表姓名	string	机构法人代表姓名
AXBE0013	联系电话	string	有效的座机或手机号码。座机号码标准格式为：区号－电话号码，手机号码为11位数字
AXBE0014	电子邮箱	string	电子邮箱
ALAP0210	服务领域	string	见 JMGC/YW 429.1—2020 附录 A 代码集“社会工作服务领域代码”，多选时选项用逗号进行分隔，如：13,21
ALAE0112	上年度项目经费总额	number	单位：万元
ALAE0113	证书有效期(始)	date	证书有效期开始日期
ALAE0114	证书有效期(止)	date	证书有效期结束日期

4.2.2.6 返回示例

```
{
"code"："200",
```

```
"msg":"成功",
"biz_data":{
        "AXBE0003":"XXXX社会工作服务机构",          //社会工作服务机构名称
        "ALAE0104":"1",                            //社会工作服务机构类别
        "AXAA0001":"110101",                       //机构所在地行政区划代码
        "AXCP0002":"张三",                          //法人代表姓名
        "AXBE0013":"010-1112346",                  //联系电话
        "AXBE0014":"zhangsan@163.com",             //电子邮箱
        "ALAP0210":"01",                           //服务领域
        "ALAE0112":"5",                            //上年度项目经费总额
        "ALAE0113":"2020-06-06",                   //证书有效期(始)
        "ALAE0114":"2020-12-12",                   //证书有效期(止)
    }
}
```


4.2.3 社会工作服务项目信息接口

4.2.3.1 接口描述

社会工作服务项目信息接口可提供社会工作服务项目基本信息的查询功能。该接口通过金民工程应用支撑平台的微服务集成管理系统对外提供。其在微服务集成管理系统中的注册信息如下：

a)系统接入标识:yongxingyuan;

b)服务标识:getServiceProject。

4.2.3.2 接口地址

接口地址:http(https)://网络地址:端口/yhbcp-engine_gov/rest/getServiceProject。

4.2.3.3 请求方式

HTTP(HTTPS) POST。

4.2.3.4 请求参数

请求参数见表9。

表9 请求参数

参数	参数名称	参数类型	是否必填	说明
access_key	接入系统标识	string	是	在微服务中注册的系统标识
format	返回数据格式	string	否	返回格式为json/xml
request_id	请求唯一编码	string	否	请求的唯一流水号
sign	参数签名	string	是	对传入参数签名后的字符串
timestamp	发送请求的时间	string	是	精确到毫秒
version	版本	string	否	微服务版本号
biz_content	入参	string	是	具体的业务接口输入参数,见表10

请求参数中的biz_content业务参数见表10。

表 10 biz_content 业务参数

字段编码	字段名称	字段类型	是否必填	说明
ALAX0602	社会工作服务项目名称	string	是	社会工作服务机构登记的社会工作服务项目名称

4. 2. 3. 5 返回参数

返回参数见表 11。

表 11

参数	参数名称	参数类型	说明
code	返回码值	string	服务调用是否成功的状态值
msg	返回码描述	string	返回码的描述信息
biz_data	业务输出参数	JSON	具体的业务接口输出参数,见表 12

返回参数中 biz_data 的业务参数见表 12。

表 12 biz_data 业务参数

参数	参数名称	参数类型	说明
ALAX0605	社工项目内容	string	项目内容简介
ALAX0606	项目开始日期	date	项目实际开始日期
ALAX0607	项目结束日期	date	项目实际结束日期
ALAX0608	合同金额	number	合同中标金额;(单位:元)
AXBE0002	承建单位统一社会信用代码	string	应符合 GB 32100 的规定
AXBE0003	承建单位名称	string	承建单位名称
AXZX0001	承建单位负责人手机号码	string	长 11 位,第 1 位为 1,第二位为 3—9
ALAP0210	服务领域	string	见 JMGC/YW 429. 1—2020 附录 A 代码集"社会工作服务领域代码",多选时选项用逗号进行分隔,如:13,21
ALAX0609	项目类型	string	见 JMGC/YW429. 1—2020 附录 A 代码集"社会工作服务项目类型代码"
AXAA0001	服务地点行政区划代码	string	应符合 GB/T 2260 和 GB/T 10114—2003 的规定
AXBE0006	采购单位统一社会信用代码	string	应符合 GB/T 2260 和 GB/T 10114—2003 的规定
AXBE0007	采购单位名称	string	采购单位名称

4.2.3.6 返回示例

```
{
"code": "200",
"msg": "成功",
"biz_data": {
        "ALAX0605": "XX 市社会救助项目",            //社工项目内容
        "ALAX0606": "2020-06-06",                  //项目开始日期
        "ALAX0607": "2020-12-12",                  //项目结束日期
        "ALAX0608": "5",                           //合同金额
        "AXBE0002": "52420105MJH3272XXX",          //承建单位统一社会信用代码
        "AXBE0003": "XXXX 社工服务机构",             //承建单位名称
        "AXZX0001": "15599887766",                 //承建单位负责人手机号码
        "ALAP0210": "05",                          //服务领域
        "ALAX0609": "1",                           //项目类型
        "AXAA0001": "110101",                      //服务地点行政区划代码
        "AXBE0002_1": "2020-06-06",                //采购单位统一社会信用代码
        "AXBE0007": "XX 市民政局",                   //采购单位名称
    }
}
```

4.3 全国志愿服务信息系统

4.3.1 志愿者信息接口

4.3.1.1 接口描述

志愿者信息接口可提供志愿者基本信息的查询功能。该接口通过金民工程应用支撑平台的微服务集成管理系统对外提供。其在微服务集成管理系统中的注册信息如下：

a)系统接入标识：yongxingyuan；

b)服务标识：getVolunteer。

4.3.1.2 接口地址

接口地址：http(https)://网络地址：端口/yhbcp-engine_gov/rest/getVolunteer。

4.3.1.3 请求方式

HTTP(HTTPS) POST。

4.3.1.4 请求参数

请求参数见表13。

表13　请求参数

参数	参数名称	参数类型	是否必填	说明
access_key	接入系统标识	string	是	在微服务中注册的系统标识
format	返回数据格式	string	否	返回格式为 json/xml
request_id	请求唯一编码	string	否	请求的唯一流水号
sign	参数签名	string	是	对传入参数签名后的字符串
timestamp	发送请求的时间	string	是	精确到毫秒
version	版本	string	否	微服务版本号
biz_content	入参	string	是	具体的业务接口输入参数，见表14

请求参数中的 biz_content 业务参数见表 14。

表 14 biz_content 业务参数

字段编码	字段名称	字段类型	是否必填	说明
AXCP0004	证件类型	string	是	见 JMGC/XX 203—2020 附录 C 代码集“身份证件类型代码”
AXCP0005	证件号码	string	是	应符合 GB 11643—1999 的规定

4.3.1.5 返回参数

返回参数见表 15。

表 15 返回参数

参数	参数名称	参数类型	说明
code	返回码值	string	服务调用是否成功的状态值
msg	返回码描述	string	返回码的描述信息
biz_data	业务输出参数	JSON	具体的业务接口输出参数,见表 16

返回参数中 biz_data 的业务参数见表 16。

表 16 biz_data 业务参数

参数	参数名称	参数类型	说明
ALBP0101	志愿者信息标识	string	符合 UUID 生成规范
AXCP0002	姓名	string	志愿者姓名
AXCP0004	证件类型	string	见 JMGC/XX 203—2020 附录 C 代码集“身份证件类型代码”
AXCP0005	证件号码	string	应符合 GB 11643—1999 的规定
AXCP0007	国籍	string	见 GB/T 2659(《世界各国和地区名称代码》);选择国籍,JMGC/YW429. 2—2020 附录 A 代码集“世界各国和地区名称代码”
AXCP0097	出生日期	date	
AXCP0008	民族	string	见 JMGC/XX 203—2020 附录 C 代码集“民族代码”
AXCP0009	文化程度	string	见 JMGC/YW429. 2—2020 附录 C“学历代码”
ALBP0111	就业状况	string	见 JMGC/XX 203—2020 附录 C 代码集“就业状况代码”

续表

参数	参数名称	参数类型	说明
ALBP0112	血型	string	见 JMGC/XX 203—2020 附录 C 代码集"血型代码"
AXZX0001	手机号码	string	长 11 位,第 1 位为 1,第二位为 3—9
ALBP0115	固定电话	string	包含区号、固话号码、分机号
AXZX0005	电子邮箱	string	志愿者电子邮箱
AXAA0001	行政区划代码	string	应符合 GB/T 2260 和 GB/T 10114—2003 的规定
ALBP0205	可提供服务时间	string	见 JMGC/YW 429.2—2020 附录 A 代码集"志愿者可提供服务时间代码"
ALBP0206	服务类别	string	见 JMGC/YW 429.2—2020 附录 A 代码集"志愿者服务项目类别代码",全国性的由系统生成 4 位数,如:0001,0002;各省自定义的类别由系统生成4位数;如:(北京的)1101,1102
ALBP0307	个人特长	string	见 JMGC/YW 429.2—2020 附录 A 代码集"志愿者特长代码"
AXCP0017	政治面貌	string	见 JMGC/XX 203—2020 附录 C 代码集"政治面貌代码"

4.3.1.6 返回示例

```
{
"code": "200",
"msg": "成功",
"biz_data": {
        "ALBP0101": "512311AXF523KVNDU3442398234SCDN",    //志愿者信息标识
        "AXCP0002": "张三",                               //姓名
        "AXCP0004": "01",                                 //证件类型
        "AXCP0005": "110101XXXXXXXX0210",                 //证件号码
        "AXCP0007": "001",                                //国籍
        "AXCP0097": "1992-05-12",                         //出生日期
        "AXCP0008": "01",                                 //民族
        "AXCP0009": "10",                                 //文化程度
        "ALBP0111": "01",                                 //就业状况
        "ALBP0112": "1",                                  //血型
        "AXZX0001": "15599887876",                        //手机号码
        "ALBP0115": "010-12345678",                       //固定电话
        "AXZX0005": "a@163.com",                          //电子邮箱
        "AXAA0001": "110101003001",                       //行政区划
        "ALBP0205": "01,02",                              //可提供服务时间
        "ALBP0206": "01,03 ",                             //服务类别
        "ALBP0307": "01,02",                              //个人特长
        "AXCP0017": "10",                                 //政治面貌
    }
}
```

4.3.2 志愿者服务队伍信息接口

4.3.2.1 接口描述

志愿者服务队伍信息接口可提供志愿者服务队伍基本信息的查询功能。该接口通过金民工程应用支撑平台的微服务集成管理系统对外提供。其在微服务集成管理系统中的注册信息如下：

a)系统接入标识:yongxingyuan;

b)服务标识:getServiceTeam。

4.3.2.2 接口地址

接口地址:http(https)://网络地址:端口/yhbcp - engine_gov/rest/getServiceTeam。

4.3.2.3 请求方式

HTTP(HTTPS) POST。

4.3.2.4 请求参数

请求参数见表17。

表17 请求参数

参数	参数名称	参数类型	是否必填	说明
access_key	接入系统标识	string	是	在微服务中注册的系统标识
format	返回数据格式	string	否	返回格式为json/xml
request_id	请求唯一编码	string	否	请求的唯一流水号
sign	参数签名	string	是	对传入参数签名后的字符串
timestamp	发送请求的时间	string	是	精确到毫秒
version	版本	string	否	微服务版本号
biz_content	入参	string	是	具体的业务接口输入参数,见表18

请求参数中的biz_content业务参数见表18。

表18 biz_content 业务参数

字段编码	字段名称	字段类型	是否必填	说明
AXAA0001	行政区划代码	string	是	应符合GB/T 2260和GB/T 10114—2003的规定和GB/T 10114—2003县以下行政区划代码编码规则

4.3.2.5 返回参数

返回参数见表19。

表19　返回参数

参数	参数名称	参数类型	说明
code	返回码值	string	服务调用是否成功的状态值
msg	返回码描述	string	返回码的描述信息
biz_data	业务输出参数	JSON	具体的业务接口输出参数,见表20

返回参数中biz_data的业务参数见表20。

表20　biz_data业务参数

参数	参数名称	参数类型	说明
ALBE0301	队伍信息标识	string	符合UUID生成规范
ALBE0302	队伍名称	string	志愿队伍的名称
ALBE0303	队伍类型	string	见JMGC/YW 429.2—2020附录A代码集“志愿服务队伍类型代码”
ALBE0304	登记部门	string	见JMGC/XX 203—2020附录C代码集“登记部门代码”
ALBE0305	登记机关	string	如:湖北省民政厅、武汉市民政局、武昌区民政局
AXBE0002	统一社会信用代码	string	应符合GB 32100的规定
ALBE0308	同意成立志愿服务团体的单位/社区类型	string	见JMGC/YW 429.2—2020附录A代码集“同意成立志愿服务队伍的单位/社区类型代码”
AXAA0001	行政区划代码	string	应符合GB/T 2260和GB/T 10114—2003的规定和GB/T 10114—2003县以下行政区划代码编码规则
ALBE0311	成立日期	date	志愿队伍成立日期
ALBE0312	志愿者人数	integer	招募的志愿者人数
ALBP0206	服务类别	string	多选,最多4项;见JMGC/YW 429.2—2020附录A代码集“志愿者服务项目类别代码”,全国性的由系统生成4位数,如:0001,0002;各省自定义的类别由系统生成4位数;如:(北京的)1101,1102
ALBE0316	队伍简介	string	关于志愿队伍的成立、服务、目标等介绍内容
ALBE0320	联络组织名称	string	联络组织名称
AXCP0002	队伍联系人	string	队伍联系人姓名,填写中文字符、英文字符
AXZX0001	联系人手机号码	string	长11位,第1位为1,第二位为3—9

4.3.2.6 返回示例


```
{
"code":"200",
"msg":"成功",
"biz_data":{
        "ALBE0301":"512311AXF523KVNDU3442398234SCDN",//队伍信息标识
        "ALBE0302":"XX 志愿服务队",                    //队伍名称
        "ALBE0303":"1",                                //队伍类型
        "ALBE0304":"01",                               //登记部门
        "ALBE0305":" XX 市民政局",                     //登记机关
        "AXBE0002":"52420105MJH3272XXX",               //统一社会信用代码
        "ALBE0308":"01",                              //同意成立志愿服务团体的单位/社区类型
        "AXAA0001":"110101003001",                     //行政区划代码
        "ALBE0311":"2020-01-01",                       //成立日期
        "ALBE0312":"110",                              //志愿者人数
        "ALBP0206":"01,03,04",                         //服务类别
        "ALBE0316":"XX 志愿服务队简介",                //队伍简介
        "ALBE0320":"XX 市 XX 区 XX 街道办事处",        //联络组织名称
        "AXCP0002":"张三",                             //队伍联系人
        "AXZX0001":"15599887876",                      //联系人手机号码
    }
}
```


4.3.3 志愿服务项目信息接口

4.3.3.1 接口描述

志愿服务项目信息接口可提供志愿服务项目基本信息的查询功能。该接口通过金民工程应用支撑平台的微服务集成管理系统对外提供。其在微服务集成管理系统中的注册信息如下:

a)系统接入标识:yongxingyuan;

b)服务标识:getVolunteerServiceProject。

4.3.3.2 接口地址

接口地址:http(https)://网络地址:端口/yhbcp-engine_gov/rest/getVolunteerServiceProject。

4.3.3.3 请求方式

HTTP(HTTPS) POST。

4.3.3.4 请求参数

请求参数见表21。

表21 请求参数

参数	参数名称	参数类型	是否必填	说明
access_key	接入系统标识	string	是	在微服务中注册的系统标识
format	返回数据格式	string	否	返回格式为 json/xml
request_id	请求唯一编码	string	否	请求的唯一流水号
sign	参数签名	string	是	对传入参数签名后的字符串

续表

参数	参数名称	参数类型	是否必填	说明
timestamp	发送请求的时间	string	是	精确到毫秒
version	版本	string	否	微服务版本号
biz_content	入参	string	是	具体的业务接口输入参数,见表22

请求参数中的biz_content业务参数见表22。

表22 biz_content业务参数

字段编码	字段名称	字段类型	是否必填	说明
AXAA0001	行政区划代码	string	是	应符合GB/T 2260和GB/T 10114—2003的规定

4.3.3.5 返回参数

返回参数见表23。

表23 返回参数

参数	参数名称	参数类型	说明
code	返回码值	string	服务调用是否成功的状态值
msg	返回码描述	string	返回码的描述信息
biz_data	业务输出参数	JSON	具体的业务接口输出参数,见表24

返回参数中biz_data的业务参数见表24。

表24 biz_data业务参数

参数	参数名称	参数类型	说明
ALBX0101	项目信息标识	string	符合UUID生成规范
ALBE0301	队伍信息标识	string	志愿队伍基本信息表标识
ALBE0302	队伍名称	string	志愿队伍的名称
ALBX0104	项目名称	string	志愿项目的项目名称
ALBX0105	项目开始日期	date	志愿项目的项目开始日期
ALBX0106	项目结束日期	date	志愿项目的项目结束日期
ALBX0107	项目报名人数	integer	志愿项目报名的人数
ALBX0110	项目地点	string	项目开展的详细地址
ALBX0111	服务对象	string	见JMGC/YW 429.2—2020附录A代码集“志愿者服务对象代码”

续表

参数	参数名称	参数类型	说明
ALBP0206	服务类别	string	见 JMGC/YW 429. 2—2020 附录 A 代码集"志愿者服务项目类别代码"
ALBX0115	志愿者保障	string	见 JMGC/YW 429. 2—2020 附录 A 代码集"志愿者保障代码"
ALBX0116	项目描述	string	志愿项目关于时间、地点、人物、事件、目的等的描述
AXCP0002	联系人姓名	string	项目联系人的姓名;填写中文字符、英文字符
AXZX0001	手机号码	string	项目联系人手机号码;长 11 位,第 1 位为 1,第二位为 3—9
AXZX0005	电子邮箱	string	项目联系人的电子邮箱
ALBX0120	发布日期	date	志愿服务项目的发布日期
ALBX0123	结项日期	date	志愿服务项目的结项日期

4. 3. 3. 6 返回示例

```
{
"code": "200",
"msg": "成功",
"biz_data": {
        "ALBX0101": "123CSAI20349712ASNCJCNI23412384",          //项目信息标识
        "ALBE0301": "512311AXF523KVNDU3442398234SCDN",          //队伍信息标识
        "ALBE0302": "XX 志愿服务队",                             //队伍名称
        "ALBX0104": "XX 志愿敬老服务项目",                       //项目名称
        "ALBX0105": "2020-12-01",                               //项目开始日期
        "ALBX0106": "2020-02-01",                               //项目结束日期
        "ALBX0107": "15",                                       //项目报名人数
        "ALBX0110": "XX 市 XX 区 XX 街道 X 养老院",              //项目地点
        "ALBX0111": "01,04",                                    //服务对象
        "ALBP0206": "01,02",                                    //服务类别
        "ALBX0115": "01,02",                                    //志愿者保障
        "ALBX0116": "XX 志愿服务项目描述",                       //项目描述
        "AXCP0002": "张三",                                     //联系人姓名
        "AXZX0001": "15599887766",                              //手机号码
        "AXZX0005": "a@163.com",                                //电子邮箱
        "ALBX0120": "2020-01-01",                               //发布日期
        "ALBX0123": "2020-12-31",                               //结项日期
    }
}
```

4. 3. 4 志愿服务时长信息接口

4. 3. 4. 1 接口描述

志愿服务时长信息接口可提供志愿者服务时长信息的查询功能。该接口通过金民工程应用支撑平台的微服务集成管理系统对外提供。其在微服务集成管理系统中的注册信息如下:

a) 系统接入标识:yongxingyuan;

b)服务标识:getServiceTime。

4.3.4.2 接口地址

接口地址:http(https)://网络地址:端口/yhbcp－engine_gov/rest/getServiceTime。

4.3.4.3 请求方式

HTTP(HTTPS) POST。

4.3.4.4 请求参数

请求参数见表25。

表25 请求参数

参数	参数名称	参数类型	是否必填	说明
access_key	接入系统标识	string	是	在微服务中注册的系统标识
format	返回数据格式	string	否	返回格式为 json/xml
request_id	请求唯一编码	string	否	请求的唯一流水号
sign	参数签名	string	是	对传入参数签名后的字符串
timestamp	发送请求的时间	string	是	精确到毫秒
version	版本	string	否	微服务版本号
biz_content	入参	string	是	具体的业务接口输入参数,见表26

请求参数中的 biz_content 业务参数见表26。

表26 biz_content 业务参数

字段编码	字段名称	字段类型	是否必填	说明
AXCP0005	公民身份号码	string	是	应符合 GB 11643—1999 的规定

4.3.4.5 返回参数

返回参数见表27。

表27 返回参数

参数	参数名称	参数类型	说明
code	返回码值	string	服务调用是否成功的状态值
msg	返回码描述	string	返回码的描述信息
biz_data	业务输出参数	JSON	具体的业务接口输出参数,见表28

返回参数中 biz_data 的业务参数见表28。

表 28　biz_data 业务参数

参数	参数名称	参数类型	说明
ALBX0101	项目信息标识	string	志愿服务项目信息表标识
ALBX0104	项目名称	string	志愿项目的项目名称
ALBP0101	志愿者信息标识	string	志愿者信息表标识
ALBE0301	队伍信息标识	string	志愿队伍基本信息表标识
ALBE0302	队伍名称	string	志愿队伍的名称
ALBX0702	服务时长	float	录入的服务时长,单位:小时
ALBX0703	服务开始(始)	Datetime	参与服务的开始时间
ALBX0704	服务结束(止)	Datetime	参与服务的结束时间

4.3.4.6 返回示例


```
{
    "code": "200",
    "msg": "成功",
    "biz_data": {
            "ALBX0101": "123CSAI20349712ASNCJCNI23412384",              //项目信息标识
            "ALBX0104": "XX 志愿服务敬老项目",                            //项目名称
            "ALBP0101": "512311AXF523KVNDU3442398234SCDN ",             //志愿者信息标识
            "ALBE0301": "967244532NUCASFN12387312KASND12 ",             //队伍信息标识
            "ALBE0302": "XX 志愿服务队",                                  //队伍名称
            "ALBX0702": "8.5",                                            //服务时长
            "ALBX0703": "2020-02-01 09:00:00",                            //服务开始(始)
            "ALBX0704": "2020-02-01 17:30:00",                            //服务结束(止)
        }
    }
```


4.4 全国基层政权建设和社区治理信息系统

4.4.1 村(居)赋码接口

4.4.1.1 接口描述

村(居)赋码接口可提供村(居)赋码信息的查询功能。该接口通过金民工程应用支撑平台的微服务集成管理系统对外提供。其在微服务集成管理系统中的注册信息如下：

a)系统接入标识:yongxingyuan;

b)服务标识:getCode。

4.4.1.2 接口地址

接口地址:http(https)://网络地址:端口/yhbcp-engine_gov/rest/getCode。

4.4.1.3 请求方式

HTTP(HTTPS) POST。

4.4.1.4 请求参数

请求参数见表 29。

表 29 请求参数

参数	参数名称	参数类型	是否必填	说明
access_key	接入系统标识	string	是	在微服务中注册的系统标识
format	返回数据格式	string	否	返回格式为 json/xml
request_id	请求唯一编码	string	否	请求的唯一流水号
sign	参数签名	string	是	对传入参数签名后的字符串
timestamp	发送请求的时间	string	是	精确到毫秒
version	版本	string	否	微服务版本号
biz_content	入参	string	是	具体的业务接口输入参数，见表 30

请求参数中的 biz_content 业务参数见表 30。

表 30 biz_content 业务参数

字段编码	字段名称	字段类型	是否必填	说明
AXBE0002	统一社会信用代码	string	是	应符合 GB 32100 的规定

4.4.1.5 返回参数

返回参数见表 31。

表 31 返回参数

参数	参数名称	参数类型	说明
code	返回码值	string	服务调用是否成功的状态值
msg	返回码描述	string	返回码的描述信息
biz_data	业务输出参数	JSON	具体的业务接口输出参数，见表 32

返回参数中 biz_data 的业务参数见表 32。

表 32 biz_data 业务参数

参数	参数名称	参数类型	说明
ACAE8901	村(居)赋码标识	string	唯一标识
AXAA0001	行政区划代码	string	应符合 GB/T 2260 和 GB/T 10114—2003 的规定和 GB/T 10114—2003 县以下行政区划代码编码规则

续表

参数	参数名称	参数类型	说明
ACAE8902	村(居)名称	string	村(居)委会名称
ACAE8903	村(居)类型	string	见 JMGC/YW 430—2020 附录 A 代码集“村(居)类型代码”
ACAE8904	有效期(始)	date	有效期开始日期
ACAE8905	有效期(止)	date	有效期结束日期
ACAE8906	发证机关	string	发证机关
ACAE8907	核准日期	date	核准发证日期
ACAE8908	联系人	string	填写中文字符、英文字符
AXBE0013	联系电话	string	有效的座机或手机号码。座机号码标准格式为:区号-电话号码,手机号码为11位数字
ACAE8909	详细地址	string	标准格式示例:××省××市××区××街道××××××
ACAE8910	村(居)民小组数	number	小组数量
ACAE8911	户数	number	户数
ACAE8912	自然村数	number	机构类型为村民委员会是填写自然村数
ACAE8913	小区数	number	机构类型为居民委员会是填写小区数

4.4.1.6 返回示例


```
{
"code":"200",
"msg":"成功",
"data":{
        "ACAE8901":"512311AXF523KVNDU3442398234SCDN",  //村居赋码标识
        "AXAA0001":"110101003000",                     //行政区划代码
        "ACAE8902":"XX省XX市XX区XX街道办事处",         //村居名称
        "ACAE8903":"1",                                //村(居)类型
        "ACAE8904":"2020-01-01",                       //有效期(始)
        "ACAE8905":"2021-01-01,                        //有效期(止)
        "ACAE8906":"XX省XX市",                         //发证机关
        "ACAE8907":"2019-12-31",                       //核准日期
        "ACAE8908":"张三",                             //联系人
        "AXBE0013":"010-12345678",                     //联系电话
        "ACAE8909":" XX省XX市XX区XX街道XXXXXXX ",     //详细地址
        "ACAE8910":"5",                                //村(居)民小组数
        "ACAE8911":" 20",                              //户数
        "ACAE8912":"1",                                //自然村数
        "ACAE8913":"2",                                //小区数
    }
}
```

4.4.2 城乡社区工作者信息接口

4.4.2.1 接口描述

城乡社区工作者信息接口可提供城乡社区工作者基本信息的查询功能。该接口通过金民工程应用支撑平台的微服务集成管理系统对外提供。其在微服务集成管理系统中的注册信息如下：

a)系统接入标识:yongxingyuan;

b)服务标识:getCommunityWorker。

4.4.2.2 接口地址

接口地址:http(https)://网络地址:端口/yhbcp - engine_gov/rest/getCommunityWorker。

4.4.2.3 请求方式

HTTP(HTTPS) POST。

4.4.2.4 请求参数

请求参数见表33。

表33 请求参数

参数	参数名称	参数类型	是否必填	说明
access_key	接入系统标识	string	是	在微服务中注册的系统标识
format	返回数据格式	string	否	返回格式为json/xml
request_id	请求唯一编码	string	否	请求的唯一流水号
sign	参数签名	string	是	对传入参数签名后的字符串
timestamp	发送请求的时间	string	是	精确到毫秒
version	版本	string	否	微服务版本号
biz_content	入参	string	是	具体的业务接口输入参数,见表34

请求参数中的biz_content业务参数见表34。

表34 biz_content业务参数

字段编码	字段名称	字段类型	是否必填	说明
AXCP0005	公民身份号码	string	是	应符合GB 11643—1999的规定

4.4.2.5 返回参数

返回参数见表35。

表 35　返回参数

参数	参数名称	参数类型	说明
code	返回码值	string	服务调用是否成功的状态值
msg	返回码描述	string	返回码的描述信息
biz_data	业务输出参数	JSON	具体的业务接口输出参数,见表 36

返回参数中 biz_data 的业务参数见表 36。

表 36　biz_data 业务参数

参数	参数名称	参数类型	说明
AXCP0002	姓名	string	组织成员姓名;填写中文字符、英文字符
AXCP0017	政治面貌	string	见 JMGC/XX 203—2020 附录 C 代码集"政治面貌代码"
AXCP0008	民族	string	见 JMGC/XX 203—2020 附录 C 代码集"民族代码"
ACAP1707	职务	string	见 JMGC/YW 430—2020 附录 A 代码集"职位代码"
AXCP0009	学历	string	见 JMGC/XX 203—2020 附录 C 代码集"学历代码"
AXCP0037	手机号码	string	长 11 位,第 1 位为 1,第二位为 3—9
ACAP1710	入职日期	date	入职日期
ACAP1712	职称	string	见 JMGC/XX 203—2020 附录 C 代码集"职称级别代码"
ACAP1713	月平均收入	number	单位:元

4.4.2.6 返回示例

```
{
"code":"200",
"msg":"成功",
"biz_data":{
        " AXCP0002":"张三",              //姓名
        "AXCP0017":"01",                //政治面貌
        "AXCP0008":"01",                //民族
        "ACAP1707":"5",                 //职务
        "AXCP0009":"10",                //学历
        "AXCP0037":"2020-01-01",        //手机号码
        "ACAP1710":"01",                //入职日期
        "ACAP1712":"2",                 //职称
        "ACAP1713":"2",                 //月平均收入
    }
}
```

4.4.3 社区组织信息接口

4.4.3.1 接口描述

社区组织信息接口可提供城乡社区工作者基本信息的查询功能。该接口通过金民工程应

用支撑平台的微服务集成管理系统对外提供。其在微服务集成管理系统中的注册信息如下：

a)系统接入标识:yongxingyuan;

b)服务标识:getCommunityOrganization。

4.4.3.2 接口地址

接口地址:http(https)://网络地址:端口/yhbcp－engine_gov/rest/getCommunityOrganization。

4.4.3.3 请求方式

HTTP(HTTPS) POST。

4.4.3.4 请求参数

请求参数见表37。

表37 请求参数

参数	参数名称	参数类型	是否必填	说明
access_key	接入系统标识	string	是	在微服务中注册的系统标识
format	返回数据格式	string	否	返回格式为json/xml
request_id	请求唯一编码	string	否	请求的唯一流水号
sign	参数签名	string	是	对传入参数签名后的字符串
timestamp	发送请求的时间	string	是	精确到毫秒
version	版本	string	否	微服务版本号
biz_content	入参	string	是	具体的业务接口输入参数,见表38

请求参数中的biz_content业务参数见表38。

表38 biz_content业务参数

字段编码	字段名称	字段类型	是否必填	说明
AXBE0002	社区统一社会信用代码	string	是	应符合GB 32100的规定

4.4.3.5 返回参数

返回参数见表39。

表39 返回参数

参数	参数名称	参数类型	说明
code	返回码值	string	服务调用是否成功的状态值
msg	返回码描述	string	返回码的描述信息
biz_data	业务输出参数	JSON	具体的业务接口输出参数,见表40

返回参数中 biz_data 的业务参数见表 40。

表 40 biz_data 业务参数

参数	参数名称	参数类型	说明
AXBE0003	组织名称	string	统一社会信用代码上登记的组织全称
ACAE0505	登记部门	string	见 JMGC/XX 203—2020 附录 C 代码集“登记部门代码”
ACAE0506	登记日期	date	登记日期
ACAE0507	组织类型	string	见 JMGC/YW 430—2020 附录 A 代码集“社区组织类型代码”
AXBE0017	组织负责人或法定代表人姓名	string	填写中文字符、英文字符
ACAE0509	组织联系地址	string	标准格式示例:××省××市××区××街道××××××
AXBE0013	组织联系电话	string	有效的座机或手机号码。座机号码标准格式为:区号-电话号码,手机号码为 11 位数字
AXBE0006	业务主管单位	string	业务主管单位
ACAE0514	组织简介	string	填写中文字符、英文字符

4.4.3.6 返回示例

```
{
"code":"200",
"msg":"成功",
"biz_data":{
        "AXBE0003":"XX 社区组织",                       //组织名称
        "ACAE0505":" XX 市 XX 区 XX 街道办事处",         //登记部门
        "ACAE0506":"2020-02-15",                        //登记日期
        "ACAE0507":"1",                                 //组织类型
        "AXBE0017":"张三",                              //组织负责人或法定代表人姓名
        "ACAE0509":" ××省××市××区××街道×××××× ",        /组织联系地址
        "AXBE0013":"010-12345678",                      //组织联系电话
        "AXBE0006":"XX 市 XX 区 XX 街道办事处",          //业务主管单位
        "ACAE0514":"XX 组织简介",                        //组织简介
    }
}
```

4.4.4 社区服务机构信息接口

4.4.4.1 接口描述

社区服务机构信息接口可提供社区服务机构基本信息的查询功能。该接口通过金民工程应用支撑平台的微服务集成管理系统对外提供。其在微服务集成管理系统中的注册信息如下:

a)系统接入标识:yongxingyuan;

b)服务标识:getCommunityAgency。

4.4.4.2 接口地址

接口地址:http(https)://网络地址:端口/yhbcp-engine_gov/rest/getCommunityAgency。

4.4.4.3 请求方式

HTTP(HTTPS) POST。

4.4.4.4 请求参数

请求参数见表41。

表41 请求参数

参数	参数名称	参数类型	是否必填	说明
access_key	接入系统标识	string	是	在微服务中注册的系统标识
format	返回数据格式	string	否	返回格式为 json/xml
request_id	请求唯一编码	string	否	请求的唯一流水号
sign	参数签名	string	是	对传入参数签名后的字符串
timestamp	发送请求的时间	string	是	精确到毫秒
version	版本	string	否	微服务版本号
biz_content	入参	string	是	具体的业务接口输入参数,见表42

请求参数中的 biz_content 业务参数见表42。

表42 biz_content 业务参数

字段编码	字段名称	字段类型	是否必填	说明
AXBE0002_1	社区统一社会信用代码	string	是	应符合 GB 32100 的规定

4.4.4.5 返回参数

返回参数见表43。

表43 返回参数

参数	参数名称	参数类型	说明
code	返回码值	string	服务调用是否成功的状态值
msg	返回码描述	string	返回码的描述信息
biz_data	业务输出参数	JSON	具体的业务接口输出参数,见表44

返回参数中 biz_data 的业务参数见表44。

表 44　biz_data 业务参数

参数	参数名称	参数类型	说明
AXBE0003	机构名称	string	统一社会信用代码上登记的机构全称
ADAE0405	机构类型	string	见 JMGC/YW 430—2020 附录 A 代码集“社区服务机构与设施类型代码”
ADAE0406	登记部门类型	string	见 JMGC/XX 203—2020 附录 C 代码集“登记部门代码”
ADAE0407	登记部门	string	登记部门名称
ADAE0408	登记日期	date	登记日期
ADAE0409	机构联系地址	string	标准格式示例：××省××市××区××街道××××××××
AXBE0013	机构联系电话	string	有效的座机或手机号码。座机号码标准格式为：区号-电话号码，手机号码为 11 位数字
AXBE0017	机构负责人或法定代表人姓名	string	填写中文字符、英文字符
AXBE0006	主管单位名称	string	主管单位名称
ADAE0415	机构简介	string	示例：××省××市××区××街道×××××××

4.4.4.6 返回示例


```
{
"code":"200",
"msg":"成功",
"biz_data":{
        "AXBE0003":"××街道社区服务指导中心",                //机构名称
        "ADAE0405":"01",                                    //机构类型
        "ADAE0406":"01",                                    //登记部门类型
        "ADAE0407":" ××市××区××街道办事处",                 //登记部门
        "ADAE0408":"2020-01-05",                            //登记日期
        "ADAE0409":" ××省××市××区××街道×××××××",//机构联系地址
        "AXBE0013":"010-12345678",                          //机构联系电话
        "AXBE0017":"张三",                                  //机构负责人或法定代表人姓名
        "AXBE0006":"××市××区××街道办事处",                  //主管单位名称
        "ADAE0415":" ××省××市××区××街道×××××××",//机构简介
    }
}
```


4.4.5 社区设施信息接口

4.4.5.1 接口描述

社区设施信息接口可提供社区设施基本信息的查询功能。该接口通过金民工程应用支撑平台的微服务集成管理系统对外提供。其在微服务集成管理系统中的注册信息如下：

a）系统接入标识：yongxingyuan；

b）服务标识：getCommunityFacilities。

4.4.5.2 接口地址

接口地址:http(https)://网络地址:端口/yhbcp - engine_gov/rest/getCommunityFacilities。

4.4.5.3 请求方式

HTTP(HTTPS) POST。

4.4.5.4 请求参数

请求参数见表45。

表45 请求参数

参数	参数名称	参数类型	是否必填	说明
access_key	接入系统标识	string	是	在微服务中注册的系统标识
format	返回数据格式	string	否	返回格式为 json/xml
request_id	请求唯一编码	string	否	请求的唯一流水号
sign	参数签名	string	是	对传入参数签名后的字符串
timestamp	发送请求的时间	string	是	精确到毫秒
version	版本	string	否	微服务版本号
biz_content	入参	string	是	具体的业务接口输入参数,见表46

请求参数中的 biz_content 业务参数见表46。

表46 biz_content 业务参数

字段编码	字段名称	字段类型	是否必填	说明
AXBE0002	社区统一社会信用代码	string	是	应符合 GB 32100 的规定

4.4.5.5 返回参数

返回参数见表47。

表47 返回参数

参数	参数名称	参数类型	说明
code	返回码值	string	服务调用是否成功的状态值
msg	返回码描述	string	返回码的描述信息
biz_data	业务输出参数	JSON	具体的业务接口输出参数,见表48

返回参数中 biz_data 的业务参数见表48。

表 48　biz_data 业务参数

参数	参数名称	参数类型	说明
ACAE0303	服务设施名称	string	服务设施名称
ADAE0304	设施类型	string	见 JMGC/YW 430—2020 附录 A 代码集“社区服务机构与设施类型代码”
ADAE0308	设施面积	number	单位：㎡
ADAE0309	设施建成日期	date	设施建成日期
ADAE0310	设施维护单位名称	string	设施维护单位名称
ADAE0313	设施管理机构或组织名称	string	设施管理机构或组织名称
ADAE0314	设施负责人	string	填写中文字符、英文字符
ACAE0315	建设投资（万元）	number	建设金额（单位：元）
ACAE0316	设施地址	string	填写具体设施所在位置
ACAE0317	服务时间	string	填写具体服务时间，例如：周一至周五（9:00—11:00）

4.4.5.6 返回示例


```
{
"code"："200",
"msg"："成功",
"biz_data"：{
        "ACAE0303"："XX 社区服务站",                 //服务设施名称
        "ADAE0304"："03",                            //设施类型
        "ADAE0308"："500",                           //设施面积
        "ADAE0309"："2020-06-06",                    //设施建成日期
        "ADAE0310"："XX 小区 X 物业公司",            //设施维护单位名称
        "ADAE0313"："XX 社区",                       //设施管理机构或组织名称
        "ADAE0314"："张三",                          //设施负责人
        "ACAE0315"："50",                            //建设投资（万元）
        "ACAE0316"："XX 市 XX 区 XX 街道 X 号",      //设施地址
        "ACAE0317"："周一至周五（9:00—11:00）",      //服务时间
    }
}
```

JMGC

民 政 部 金 民 工 程 标 准

JMGC/JS 315.7—2020

业务共享接口 第7部分：养老服务、残疾人福利和慈善与募捐

2020-12-30 发布 2020-12-30 实施

民政部信息中心 发布

目　　次

前　言

本文件按照 GB/T 1.1—2020《标准化工作导则 第1部分:标准化文件的结构和起草规则》的规定起草。

请注意本文件的某些内容可能涉及专利。本文件的发布机构不承担识别专利的责任。

本文件是 JMGC/JS 315《业务系统共享接口》的第7部分。JMGC/JS 315 已经发布了以下部分:

——第1部分:救助业务;

——第2部分:核对业务;

——第3部分:公共服务;

——第4部分:决策支持;

——第5部分:儿童福利管理、婚姻管理、流浪乞讨人员救助管理和殡葬管理;

——第6部分:基层政权建设和社区治理、社会工作和志愿服务;

——第7部分:养老服务、残疾人福利、慈善与募捐。

本文件由民政部信息中心提出并归口。

本文件起草单位:民政部信息中心、万达信息股份有限公司。

本文件主要起草人:王兴玲、邬函斌、马晓宁、晁俊、王鑫、李永良、李夺、张博。

引　　言

JMGC/JS 315《业务系统共享接口》由七个部分构成。

——第1部分：救助业务。目的在于确立社会救助业务系统与金民工程其他业务系统之间相关接口要求，明确接口地址、请求方式、参数信息。

——第2部分：核对业务。目的在于确立居民家庭经济状况核对业务系统与金民工程其他业务系统之间相关接口要求，明确接口地址、请求方式、参数信息。

——第3部分：公共服务。目的在于确立公共服务业务系统与金民工程其他业务系统之间相关接口要求，明确接口地址、请求方式、参数信息。

——第4部分：决策支持。目的在于确立决策支持业务系统与金民工程其他业务系统之间相关接口要求，明确接口地址、请求方式、参数信息。

——第5部分：儿童福利管理、婚姻管理、流浪乞讨人员救助管理和殡葬管理。目的在于确立儿童福利管理、婚姻管理、流浪乞讨人员救助管理和殡葬管理系统与金民工程其他业务系统之间相关接口要求，明确接口地址、请求方式、参数信息。

——第6部分：基层政权建设和社区治理、社会工作和志愿服务。目的在于确立基层政权建设和社区治理、社会工作和志愿服务系统与金民工程其他业务系统之间相关接口要求，明确接口地址、请求方式、参数信息。

——第7部分：养老服务、残疾人福利、慈善与募捐。目的在于确立养老服务、残疾人福利、慈善与募捐系统与金民工程其他业务系统之间相关接口要求，明确接口地址、请求方式、参数信息。

业务共享接口
第7部分:养老服务、残疾人福利和慈善与募捐

1 范围

本文件规定了金民工程项目中养老服务、残疾人福利和慈善与募捐系统的业务共享接口实现方式。

本文件适用于养老服务、残疾人福利和慈善与募捐系统建设。

2 规范性引用文件

下列文件中的内容通过文中的规范性引用而构成本文件必不可少的条款。其中,注日期的引用文件,仅该日期对应的版本适用于本文件;不注日期的引用文件,其最新版本(包括所有的修改单)适用于本文件。

GB/T5271.1 信息技术 词汇 第1部分:基本术语

3 术语和定义

3.1 接口

两个功能单元共享的边界,它由各种特征(如功能、物理互联、信号交换等)来定义。

[来源:GB/T 5271.1,01.01.38]

3.2 数据

信息的可再解释的形式化表示,以适用于通信、解释或处理。

[来源:GB/T 5271.1,01.01.02]

4 接口实现

4.1 接口总体说明

根据金民工程统一规划,金民工程养老服务、残疾人福利和慈善与募捐系统将相关服务接口统一注册到应用支撑平台,供第三方业务系统调用。

金民工程养老服务、残疾人福利和慈善与募捐系统提供的共享业务接口,见表1。

表1　业务共享接口

系统名称	接口名称	功能描述
养老服务系统	先进个人信息接口	通过养老服务系统先进个人信息接口获取先进个人信息的数据
养老服务系统	先进单位信息接口	通过养老服务系统先进单位信息接口获取先进单位信息的数据
养老服务系统	社区养老服务机构信息接口	通过养老服务系统社区养老服务机构信息接口获取社区养老服务机构信息的数据
养老服务系统	养老服务机构信息接口	通过养老服务系统养老服务机构信息接口获取养老服务机构信息的数据
残疾人福利系统	残疾人信息接口	通过残疾人福利系统残疾人信息接口获取残疾人信息接口可提供残疾人信息的数据
残疾人福利系统	残疾人福利机构信息接口	通过残疾人福利系统残疾人福利机构信息接口获取残疾人福利机构信息的数据
慈善与募捐系统	慈善组织基本信息接口说明	通过慈善与募捐系统慈善组织基本信息接口获取慈善组织基本信息的数据
慈善与募捐系统	慈善项目信息接口说明	通过慈善与募捐系统慈善项目信息接口获取慈善项目信息的数据
慈善与募捐系统	慈善信托备案信息接口说明	通过慈善与募捐系统慈善信托备案信息接口获取慈善信托备案信息的数据
慈善与募捐系统	基金年报基本信息接口说明	通过慈善与募捐系统基金年报基本信息接口获取基金年报基本信息的数据

4.2 养老服务系统

4.2.1 先进个人信息共享接口

4.2.1.1 接口描述

获取先进个人信息接口可提供先进个人信息查询功能。该接口通过金民工程应用支撑平台的微服务集成管理系统对外提供。其在微服务集成管理系统中的注册信息如下：

a）系统接入标识：jmgc_yl；

b）服务标识：jmgc_yl_queryxjgrv。

4.2.1.2 接口地址

接口地址：http(https)://IP:端口/fwjc_engine_int/rest/jmgc_yl_queryxjgrv。

4.2.1.3 请求方式

HTTP(HTTPS) POST。

4.2.1.4 请求参数

a）请求参数见下表1。

表1　先进个人信息接口请求参数

参数	参数名称	参数类型	是否必填	说明
access_key	接入系统标识	string	是	在微服务中注册的系统标识

续表

参数	参数名称	参数类型	是否必填	说明
format	返回数据格式	string	否	返回格式为 json/xml
request_id	请求唯一编码	string	否	请求的唯一流水号
sign	参数签名	string	是	对传入参数签名后的字符串
timestamp	发送请求的时间	string	是	精确到毫秒
version	版本	string	否	微服务版本号
biz_content	输入参数	string	是	具体的业务接口输入参数,见表 2

b)请求参数中的 biz_content 业务参数见表 2。

表 2　biz_content 业务参数

参数	参数名称	参数类型	是否必填	说明
被表彰人员姓名	ahae2323	string	否	参数示例：××××(中文)
先进事迹	ahae2329	string	否	不超过 10 个字

4.2.1.5 返回参数

a)返回参数见表 3。

表 3　返回参数

参数	参数名称	参数类型	说明
code	返回码值	string	服务调用是否成功的状态值
msg	返回码描述	string	返回码的描述信息
biz_data	业务输出参数	string	具体的业务接口输出参数,见表 4

b)返回参数中 biz_data 的业务参数见表 4。

表 4　biz_data 业务参数

参数	参数名称	参数类型	说明
ahae2323	被表彰人员姓名	string	
ahae2329	先进事迹	string	被表彰人员的先进事迹
ahae2333	被表彰人员工作单位	string	被表彰人员所在的工作单位名称

接口返回示例如下：

```
{
    "code":"200",
    "msg":"成功",
    "biz_data":{
        "data":{
            "list":{
                "ahae2323":"刘佳嘉",//被表彰人员姓名
                "ahae2329":"先进个人奖1",//先进事迹
                "ahae2333":"健乐了"//被表彰人员工作单位
            }
        }
    }
}
```


4.2.2 先进单位信息接口说明

4.2.2.1 接口描述

获取先进单位信息接口可提供先进单位信息查询功能。该接口通过金民工程应用支撑平台的微服务集成管理系统对外提供。其在微服务集成管理系统中的注册信息如下：

a)系统接入标识:jmgc_yl;

b)服务标识:jmgc_yl_queryAlldwv。

4.2.2.2 接口地址

接口地址:http(https)://IP:端口/fwjc_engine_int/rest/jmgc_yl_queryAlldwv。

4.2.2.3 请求方式

HTTP(HTTPS) POST。

4.2.2.4 请求参数

a)请求参数见下表5。

表5 先进个人信息接口请求参数

参数	参数名称	参数类型	是否必填	说明
access_key	接入系统标识	string	是	在微服务中注册的系统标识
format	返回数据格式	string	否	返回格式为json/xml
request_id	请求唯一编码	string	否	请求的唯一流水号
sign	参数签名	string	是	对传入参数签名后的字符串
timestamp	发送请求的时间	string	是	精确到毫秒
version	版本	string	否	微服务版本号
biz_content	输入参数	string	是	具体的业务接口输入参数,见表6

b)请求参数中的biz_content业务参数见表6。

表 6　biz_content 业务参数

参数	参数名称	参数类型	是否必填	说明
ahae2351	先进单位名称	string	否	

4.2.2.5 返回参数

a)返回参数见表 7。

表 7　返回参数

参数	参数名称	参数类型	说明
code	返回码值	string	服务调用是否成功的状态值
msg	返回码描述	string	返回码的描述信息
biz_data	业务输出参数	string	具体的业务接口输出参数,见表 8

b)返回参数中 biz_data 的业务参数见表 8。

表 8　biz_data 业务参数

参数	参数名称	参数类型	说明
ahae2351	先进单位名称	string	
ahae2346	先进事迹	string	被表彰单位的先进事迹

接口返回示例如下:

```
{
    "code":"200",
    "msg":"成功",
    "biz_data":{
        "data":{
                "list":{
                        "ahae2351":"康通养老院",//先进单位名称
                        "ahae2346":"先进单位"//先进事迹
                }
        }
    }
}
```

4.2.3 社区养老服务机构信息接口说明

4.2.3.1 接口描述

获取社区养老服务机构信息接口可提供社区养老服务机构信息查询功能。该接口通过金

民工程应用支撑平台的微服务集成管理系统对外提供。其在微服务集成管理系统中的注册信息如下：

a）系统接入标识：jmgc_yl；

b）服务标识：jmgc_yl_queryAll。

4. 2. 3. 2 接口地址

接口地址：http（https）：//IP：端口/fwjc_engine_int/rest/jmgc_yl_queryAll。

4. 2. 3. 3 请求方式

HTTP（HTTPS）POST。

4. 2. 3. 4 请求参数

a）请求参数见下表9。

表9 社区养老服务机构信息接口请求参数

参数	参数名称	参数类型	是否必填	说明
access_key	接入系统标识	string	是	在微服务中注册的系统标识
format	返回数据格式	string	否	返回格式为 json/xml
request_id	请求唯一编码	string	否	请求的唯一流水号
sign	参数签名	string	是	对传入参数签名后的字符串
timestamp	发送请求的时间	string	是	精确到毫秒
version	版本	string	否	微服务版本号
biz_content	输入参数	string	是	具体的业务接口输入参数，见表10

b）请求参数中的 biz_content 业务参数见表10。

表10 biz_content 业务参数

参数	参数名称	参数类型	是否必填	说明
ahae5003	机构名称	string	否	
axbe0002	统一社会信用代码	string	否	符合《国务院关于批转发展改革委等部门法人和其他组织统一社会信用代码制度建设总体方案的通知》（国发〔2015〕33号）中确定的编制规则
ahae5004	机构地址	string	否	机构所在详细地址

4. 2. 3. 5 返回参数

a）返回参数见表11。

表 11　返回参数

参数	参数名称	参数类型	说明
code	返回码值	string	服务调用是否成功的状态值
msg	返回码描述	string	返回码的描述信息
biz_data	业务输出参数	string	具体的业务接口输出参数,见表 12

b)返回参数中 biz_data 的业务参数见表 12。

表 12　biz_data 业务参数

参数	参数名称	参数类型	说明
ahae5003	机构名称	string	参数示例：××××(中文)
axbe0002	统一社会信用代码	string	符合《国务院关于批转发展改革委等部门法人和其他组织统一社会信用代码制度建设总体方案的通知》(国发〔2015〕33 号)中确定的编制规则
ahae5004	机构地址	string	机构所在详细地址
ahae5001	机构所在区划	string	机构所在区划

接口返回示例如下：


```
{
    "code":"200",
    "msg":"成功",
    "biz_data":{
        "data":{
                "list":{
                    "ahae5001":"河南省 许昌市 魏都区",//机构所在区划
                    "ahae5003":"某某养老院",//机构名称
                    "ahae5004":"龙腾花园",//机构地址
                    "axbe0002":"51130404601073466M"//统一社会信用代码
                }
            }
        }
}
```


4.2.4 养老机构信息接口说明

4.2.4.1 接口描述

获取养老机构信息接口可提供养老机构信息查询功能。该接口通过金民工程应用支撑平台的微服务集成管理系统对外提供。其在微服务集成管理系统中的注册信息如下：

a)系统接入标识:jmgc_yl;

b)服务标识:jmgc_yl_queryRecord。

4.2.4.2 接口地址

接口地址:http(https)://IP:端口/fwjc_engine_int/rest/jmgc_yl_queryRecord。

4.2.4.3 请求方式

HTTP(HTTPS) POST。

4.2.4.4 请求参数

a)请求参数见下表13。

表13　养老机构信息接口输入参数

参数	参数名称	参数类型	是否必填	说明
access_key	接入系统标识	string	是	在微服务中注册的系统标识
format	返回数据格式	string	否	返回格式为 json/xml
request_id	请求唯一编码	string	否	请求的唯一流水号
sign	参数签名	string	是	对传入参数签名后的字符串
timestamp	发送请求的时间	string	是	精确到毫秒
version	版本	string	否	微服务版本号
biz_content	输入参数	string	是	具体的业务接口输入参数,见表14

b)请求参数中的 biz_content 业务参数见表14。

表14　biz_content 业务参数

参数	参数名称	参数类型	是否必填	说明
axbe0003	单位名称	string	否	
axbe0002	统一社会信用代码	string	否	符合《国务院关于批转发展改革委等部门法人和其他组织统一社会信用代码制度建设总体方案的通知》(国发〔2015〕33号)中确定的编制规则
axbe0013	单位通信地址描述	string	否	单位所在详细地址

4.2.4.5 返回参数

a)返回参数见表15。

表15　返回参数

参数	参数名称	参数类型	说明
code	返回码值	string	服务调用是否成功的状态值
msg	返回码描述	string	返回码的描述信息
biz_data	业务输出参数	string	具体的业务接口输出参数,见表16

b)返回参数中 biz_data 的业务参数见表 16。

表 16 biz_data 业务参数

参数	参数名称	参数类型	说明
axbe0003	单位名称	string	
axbe0002	统一社会信用代码	string	符合《国务院关于批转发展改革委等部门法人和其他组织统一社会信用代码制度建设总体方案的通知》(国发〔2015〕33 号)中确定的编制规则
axbe0013	单位通信地址描述	string	单位所在详细地址
axbe0023	单位所属行政区划	string	单位所属哪个区划
ahae0025	收住老人类型	string	代码值如下:01 自理、02 失能、03 部分失能、04 特困、05 残疾、99 其他

接口返回示例如下:


```
{
    "code":"200",
    "msg":"成功",
    "biz_data":{
        "data":{
            "list":{
                "axbe0002":"UY5798656549879798",//统一社会信用代码
                "axbe0003":"文安养老院",//单位名称
                "axbe0013":"",//单位通信地址描述
                "axbe0023":"西藏自治区 日喀则市 江孜县",//单位所属行政区划
                "ahae0025":"01,02"//收住老人类型
            }
        }
    }
}
```


4.3 残疾人福利系统

4.3.1 残疾人信息接口说明

4.3.1.1 接口描述

获取残疾人信息接口可提供残疾人信息查询功能。该接口通过金民工程应用支撑平台的微服务集成管理系统对外提供。其在微服务集成管理系统中的注册信息如下:

a)系统接入标识:jmgc_cjr;

b)服务标识:jmgc_cjr_queryRecord。

4.3.1.2 接口地址

接口地址:http(https)://IP:端口/fwjc_engine_int/rest/jmgc_cjr_queryRecord。

4.3.1.3 请求方式

HTTP(HTTPS) POST。

4.3.1.4 请求参数

a)请求参数见下表17。

表17 残疾人信息接口输入参数

参数	参数名称	参数类型	是否必填	说明
access_key	接入系统标识	string	是	在微服务中注册的系统标识
format	返回数据格式	string	否	返回格式为 json/xml
request_id	请求唯一编码	string	否	请求的唯一流水号
sign	参数签名	string	是	对传入参数签名后的字符串
timestamp	发送请求的时间	string	是	精确到毫秒
version	版本	string	否	微服务版本号
biz_content	输入参数	string	是	具体的业务接口输入参数,见表18

b)请求参数中的 biz_content 业务参数见表18。

表18 biz_content 业务参数

参数	参数名称	参数类型	是否必填	说明
AXBE0028	所在区划代码	string	否	符合《中华人民共和国行政区划代码》国家标准(GB/T2260)中确定的编制规则
AXZX0002	公民身份号码	string	是	符合《中华人民共和国国家标准》GB11643—1999 中确定的编制规则

4.3.1.5 返回参数

a)返回参数见表19。

表19 返回参数

参数	参数名称	参数类型	说明
code	返回码值	string	服务调用是否成功的状态值
msg	返回码描述	string	返回码的描述信息
biz_data	业务输出参数	string	具体的业务接口输出参数,见表20

b)返回参数中 biz_data 的业务参数见表20。

表 20 biz_data 业务参数

参数	参数名称	参数类型	说明
AXCP0004	残疾人姓名	string	参数示例：××××(中文)
AXCP0002	公民身份号码	string	符合《中华人民共和国国家标准GB11643—1999》中确定的编制规则
AGCP0002	残疾等级	string	代码值如下：01：一级；02：二级；03：三级
AGCP0003	残疾类别	string	代码值如下：01 视力残疾；02 听力残疾；03 语言残疾；04 智力残疾；05 肢体残疾；06 精神残疾；07 其他
AXBE0020	监护人姓名	string	参数示例：××××(中文)
AXBE0015	监护人电话	string	有效的座机或手机号码。座机号码标准格式为：区号-电话号码，手机号码为 11 位数字
AXBE0022	所在区划	string	符合《中华人民共和国行政区划代码》国家标准(GB/T2260)中确定的编制规则

接口返回示例如下：


```
{
    "code": "200",
    "msg": "成功",
    "biz_data": {
        "data": {
                "list": {
                        "AXCP0004":"李三",  //残疾人姓名
                        "AXCP0002":"130***********7614",  //公民身份号码
                        "AGCP0002":"02",  //残疾等级
                        "AGCP0003":"03",  //残疾类别
                        "AXBE0020":"王五",  //监护人姓名
                        "AXBE0015":"137****2510",  //监护人电话
                        "AXBE0022":"370101000000",  //所在区划
                }
            }
        }
}
```


4.3.2 残疾人福利机构信息接口说明

4.3.2.1 接口描述

获取残疾人福利机构信息接口可提供残疾人福利机构信息查询功能。该接口通过金民工程应用支撑平台的微服务集成管理系统对外提供。其在微服务集成管理系统中的注册信息如下：

a)系统接入标识：jmgc_cjr；

b)服务标识:jmgc_cjr_queryAll。

4.3.2.2 接口地址

接口地址:http(https)://IP:端口/fwjc_engine_int/rest/jmgc_cjr_queryAll。

4.3.2.3 请求方式

HTTP(HTTPS) POST。

4.3.2.4 请求参数

a)请求参数见下表21。

表21 残疾人福利机构信息接口输入参数

参数	参数名称	参数类型	是否必填	说明
access_key	接入系统标识	string	是	在微服务中注册的系统标识
format	返回数据格式	string	否	返回格式为json/xml
request_id	请求唯一编码	string	否	请求的唯一流水号
sign	参数签名	string	是	对传入参数签名后的字符串
timestamp	发送请求的时间	string	是	精确到毫秒
version	版本	string	否	微服务版本号
biz_content	输入参数	string	是	具体的业务接口输入参数,见表22

b)请求参数中的biz_content业务参数见表22。

表22 biz_content业务参数

参数	参数名称	参数类型	是否必填	说明
AXBE0022	区划编码	string	是	符合《中华人民共和国行政区划代码》国家标准(GB/T2260)中确定的编制规则
AXBE0003	机构名称	string	否	
AXBE0002	统一社会信用代码	string	否	符合《国务院关于批转发展改革委等部门法人和其他组织统一社会信用代码制度建设总体方案的通知》(国发〔2015〕33号)中确定的编制规则
AGBE0042	机构类别	string	否	代码值如下:01 精神卫生福利机构;02 综合性社会院;03 民办精神卫生福利机构
AXBE0004	机构状态	string	否	代码值如下:01 申请中、02 已分立、03 营业中、04 已合并、05 已解散、99 其他

4.3.2.5 返回参数

a)返回参数见表23。

表 23　返回参数

参数	参数名称	参数类型	说明
code	返回码值	string	服务调用是否成功的状态值
msg	返回码描述	string	返回码的描述信息
biz_data	业务输出参数	string	具体的业务接口输出参数,见表 24

b)返回参数中 biz_data 的业务参数见表 24。

表 24　biz_data 业务参数

参数	参数名称	参数类型	说明
AXBE0002	机构统一社会信用代码	string	符合《国务院关于批转发展改革委等部门法人和其他组织统一社会信用代码制度建设总体方案的通知》(国发〔2015〕33 号)中确定的编制规则
AXBE0003	机构名称	string	
AGBE0042	机构类别	string	代码值如下:01 精神卫生福利机构;02 综合性社会院;03 民办精神卫生福利机构
AXBE0022	机构所在区划编码	string	代码值如下:01 视力残疾;02 听力残疾;03 语言残疾;04 智力残疾;05 肢体残疾;06 精神残疾;07 其他
AXBE0005	机构性质	string	代码值如下:01 精神卫生社会福利机构;02 康复辅助器具配置服务机构;03 精神卫生社区康复服务机构;04 综合性社会福利机构的残疾人服务区;05 民政部门登记的民非性质的残疾人服务机构
AGBE0007	机构资质情况	string	代码值如下:01 一级;02 二级;03 三级;04 其他
AGBE0008	民政主管部门类型	string	代码值如下:01 精神卫生福利机构;02 综合性社会院;03 民办精神卫生福利机构
AXBE0020	机构法人姓名	string	
AXBE0018	机构法人公民身份号码	string	符合《中华人民共和国国家标准 GB11643—1999》中确定的编制规则
AXBE0013	机构地址描述	string	机构所在详细地址
AXBE0015	机构联系电话号码	string	有效的座机或手机号码。座机号码标准格式为:区号－电话号码,手机号码为 11 位数字
AXBE0016	机构电子邮件地址	string	格式:用户标识符@域名

续表

参数	参数名称	参数类型	说明
AXBE0014	机构邮政编码	string	四级六位制(省、市、县,区)
AXBE0017	机构建立日期	date	参数示例:2019-08-30 16:25:36
AXBE0004	机构状态	string	代码值如下:01 申请中、02 已分立、03 营业中、04 已合并、05 已解散、99 其他

接口返回示例如下:


```
{
    "code":"200",
    "msg":"成功",
    "biz_data":{
    "data":{
                "list":{
                        "AXBE0002":"JNS_JSWS0305",//机构统一社会信用代码
                        "AXBE0003":"济南市精神卫生第三医院", //机构名称
                        "AGBE0042":"02",  //机构类别
                        "AXBE0022":"370100000000",  //机构所在区划编码
                        "AXBE0005":"01",  //机构性质
                        "AGBE0007":"01",  //机构资质情况
                        "AGBE0008":"02",  //民政主管部门类型
                        "AXBE0020":"张三",  //机构法人姓名
                        "AXBE0018":"230************011X",//机构法人公民身份号码
                        "AXBE0013":"山东省济南市长安区××街××××号",  //机构地址描述
                        "AXBE0015":"182****9624",  //机构联系电话号码
                        "AXBE0016":"*******@qq.com",  //机构电子邮件地址
                        "AXBE0014":"037000",  //机构邮政编码
                        "AXBE0017":"2019-08-30 16:25:36",  //机构建立日期
                        "AXBE0004":"03"  //机构状态
                }
            }
        }
}
```


4.4 慈善与募捐系统

4.4.1 慈善组织基本信息接口说明

4.4.1.1 接口描述

获取慈善组织基本信息接口可提供慈善组织基本信息查询功能。该接口通过金民工程应用支撑平台的微服务集成管理系统对外提供。其在微服务集成管理系统中的注册信息如下:

a)系统接入标识:jmgc_cs;

b)服务标识:jmgc_cs_querycsA。

4.4.1.2 接口地址

接口地址:http(https)://IP:端口/fwjc_engine_int/rest/jmgc_cs_querycsA。

4.4.1.3 请求方式

HTTP(HTTPS) POST。

4.4.1.4 请求参数

a)输入参数见下表 25。

表 25 慈善组织基本信息接口输入参数

参数	参数名称	参数类型	是否必填	说明
access_key	接入系统标识	string	是	在微服务中注册的系统标识
format	返回数据格式	string	否	返回格式为 json/xml
request_id	请求唯一编码	string	否	请求的唯一流水号
sign	参数签名	string	是	对传入参数签名后的字符串
timestamp	发送请求的时间	string	是	精确到毫秒
version	版本	string	否	微服务版本号
biz_content	输入参数	string	是	具体的业务接口输入参数,见表 26

b)请求参数中的 biz_content 业务参数见表 26。

表 26 biz_content 业务参数

参数	参数名称	参数类型	是否必填	说明
pageNo	页码	int	是	分页查询,要查询的当前页码数
pageSize	数量	int	是	每一页展示的数据量
sortItem	排序字段名称	string	是	排序字段如:时间、基金会名称等
sortOrder	asc 正序,desc 倒序	string	是	

4.4.1.5 返回参数

a)返回参数见表 27。

表 27 返回参数

参数	参数名称	参数类型	说明
code	返回码值	string	服务调用是否成功的状态值
msg	返回码描述	string	返回码的描述信息
biz_data	业务输出参数	string	具体的业务接口输出参数,见表 28

b)返回参数中 biz_data 的业务参数见表 28。

表 28 biz_data 业务参数

参数	参数名称	参数类型	说明
akbe1903	组织机构代码	string	是对中华人民共和国内依法注册、依法登记的机关、企事业单位、社会团体,以及其他组织机构颁发一个在全国范围内唯一的、始终不变的代码标识
akbe1904	统一社会信用代码	string	《国务院关于批转发展改革委等部门法人和其他组织统一社会信用代码制度建设总体方案的通知》(国发〔2015〕33 号)中确定的编制规则
akbe1905	基金会名称	string	参数示例:河北省望都县关爱退役军人基金会
akbe1906	登记单位代码	string	注册码,全国唯一的编号
akbe1907	基金会类型	string	01 公募;02 非公募
akbe1908	用户 ID	string	用户的唯一标识
akbe1911	英文名称	string	
akbe1912	英文简称	string	
akbe1913	登记证号	string	由六位行政区划代码加九位组织机构代码组成
akbe1914	业务主管单位 ID	string	有直接管理业务权限的单位的 ID
akbe1915	登记管理机关	string	对单位实施登记管理的国家行政机关
akbe1916	民间组织类型	string	01 学术性社团;02 行业性社团;03 社区活动团队;04 非营利机构;05 基金会;06 民办非企业单位
akbe1917	注册资金	string	单位:元
akbe1919	法定代表人姓名	string	参数示例:××××(中文)
akbe1920	宗旨	string	
akbe1921	业务范围	string	
akbe1922	设立登记日期	date	参数示例:20160926
akbe1923	活动地域	string	
akbe1924	跨地区标志	string	
akbe1931	联系人	string	参数示例:××××(中文)
akbe1932	邮政编码	string	四级六位制(省、市、县,区)
akbe1934	是否公布到外网	string	01 是;02 否
akbe1938	成立日期	date	参数示例:20160819
akbe1939	基金会	string	
akbe1941	网址	string	参数实例:www. aixinjiuzhu. com
akbe1958	证书有效期起	date	参数示例:20160926
akbe1959	证书有效期止	date	参数示例:20201228

续表

参数	参数名称	参数类型	说明
akbe1967	是否慈善组织	string	01 是;02 否
akbe1968	是否具有公开募捐资格	string	01 是;02 否
akbe1971	慈善认定时间	date	参数示例:20161129
akbe1984	业务主管单位名称	string	参数示例:河北省民政局
akbe2209	税前扣除资格有效期结束时间	date	参数示例:20160926
akbe2212	联系电话	string	有效的座机或手机号码。座机号码标准格式为:区号-电话号码,手机号码为11位数字
akbe2213	是否取得公益性捐赠税前扣除资格	string	
akbe2215	是否公开	string	01 是;02 否
akbe2216	官方微信和移动端	string	
akbe0346	审核状态	string	01 通过;02 不通过
akbe2675	评估登记	string	
akbe2835	行政区划代码	string	行政代码,是国家行政机关的识别符号
akbe2210	税前扣除资格有效期开始时间	date	

接口返回示例如下:


```
{
    "code": "200",
    "msg": "成功",
    "biz_data": {
    "data": {
                    "list": {
                            "id": "ffaedcf89adc48d590715bc5d8c14c3b",
                            "createTime":"2019-05-17 11:28:09",
                            "modifiedTime": "2020-07-14 22:14:37",
                            "creatorId":"1000000000002839",
                            "modifierId": null,
                            "akbe1904": "53130000MJ0857898M",          // 统一社会信用代码
                            "akbe1905": "河北省望都县关爱退役军人基金会",  // 基金会名称
                            "akbe1907": 2,
                            "akbe1908": "委托人基于对受托人的信任,自愿将其合法所有并有权处分
                            的财产委托给受托人进行管理、运用、处分,由受托人充分发挥信托制度优
                            势,将信托财产用于符合《中华人民共和国信托法》《中华人民共和国慈善
                            法》等相关法律法规规定的慈善公益事业,以实现委托人助力慈善事业发
                            展的目的。",
                          "akbe1911": "hebeishengduwangxianguanaituiyijunrenjijinhui",  // 英文名称
                            "akbe1912": "hbsdwxgatyjrjjh",  // 英文简称
                            "akbe1914": "6600028",     //业务主管单位 ID
                            "akbe1915": "河北省民政厅",     //登记管理机关
```

```
                    "akbe1916"：“04”，               // 民间组织类型
                    "akbe1917"："888000.00"，         //注册资金
                    "akbe1919"："张二虎"，          //法人代表姓名
                    "akbe1920"："对落实社会保险、社会救助政策后仍有特殊困难的退役军人
                    给予有针对性的资助。"，//宗旨
                    "akbe1921"："退役军人"，//业务范围
                    "akbe1922"："20180819"，//设立登记日期
                    "akbe1923"："河北省望都县"，//活动地域
                    "akbe1931"："牛建平"，//联系人
                    "akbe1932"："577150"，//邮政编码
                    "akbe1934"："01"，//是否公布到外网
                    "akbe1938"："20191007"，//成立时间
                    "akbe1941"："www.tuiyijunren.com"，//网址
                    "akbe2213"："13614760870"，// 联系人电话
                    "akbe1958"："20190210"，// 证书有效期起
                    "akbe1959"："20201030"，// 证书有效期止
                    "akbe1967"："01"，//是否慈善组织
                   "akbe1971"："2019-10-07 00:00:00"，  // 慈善认定时间
                    "akbe1984"："河北省退役军人事务厅"，//业务主管单位
                    "akbe2835"："130000000000"，  // 行政区划代码
                    "status"：null，
                    "annualWorkReport"：null
                  }
              }
          }
}
```


4.4.2 慈善项目信息接口说明

4.4.2.1 接口描述

获取慈善项目信息接口可提供慈善项目信息查询功能。该接口通过金民工程应用支撑平台的微服务集成管理系统对外提供。其在微服务集成管理系统中的注册信息如下：

a）系统接入标识：jmgc_cs；

b）服务标识：jmgc_cs_querycsBels。

4.4.2.2 接口地址

接口地址：http（https）：//IP：端口/fwjc_engine_int/rest/jmgc_cs_querycsBels。

4.4.2.3 请求方式

HTTP（HTTPS）POST。

4.4.2.4 请求参数

a）输入参数见下表29。

表29　慈善项目信息接口输入参数

参数	参数名称	参数类型	是否必填	说明
access_key	接入系统标识	string	是	在微服务中注册的系统标识

续表

参数	参数名称	参数类型	是否必填	说明
format	返回数据格式	string	否	返回格式为 json/xml
request_id	请求唯一编码	string	否	请求的唯一流水号
sign	参数签名	string	是	对传入参数签名后的字符串
timestamp	发送请求的时间	string	是	精确到毫秒
version	版本	string	否	微服务版本号
biz_content	输入参数	string	是	具体的业务接口输入参数,见表 30

b)请求参数中的 biz_content 业务参数见表 30。

表 30　biz_content 业务参数

参数	参数名称	参数类型	是否必填	说明
pageNo	页码	int	是	分页查询,要查询的当前页码数
pageSize	数量	int	是	每一页展示的数据量
sortItem	排序字段名称	string	是	排序字段如:时间、基金会名称等
sortOrder	asc 正序,desc 倒序	string	是	

4.4.2.5 返回参数

a)返回参数见表 31。

表 31　返回参数

参数	参数名称	参数类型	说明
code	返回码值	string	服务调用是否成功的状态值
msg	返回码描述	string	返回码的描述信息
biz_data	业务输出参数	string	具体的业务接口输出参数,见表 32

b)返回参数中 biz_data 的业务参数见表 32。

表 32　biz_data 业务参数

参数	参数名称	参数类型	说明
akbe0136	是否受保障对象	string	
akbe0473	组织名称	string	
akbe0474	项目名称	string	
akbe0475	项目开始时间	date	参数示例:20161129083545

续表

参数	参数名称	参数类型	说明
akbe0476	项目结束时间	date	参数示例:20170819083545
akbe0477	项目状态	string	
akbe0478	公开状态	string	01 公开;02 非公开
akbe0827	是否开展募捐	string	01 是;02 否
akbe0828	服务人群	string	
akbe0829	服务领域	string	
akbe0830	项目介绍	string	
akbe0831	募捐目的	string	
akbe0832	座机	string	座机号码标准格式为:区号 - 电话号码
akbe0833	受益人	string	参数示例:××××(中文)
akbe0834	项目负责人	string	参数示例:××××(中文)
akbe0835	联系电话	string	有效的座机或手机号码。座机号码标准格式为:区号 - 电话号码,手机号码为 11 位数字
akbe0836	募得款物	string	
akbe0837	募捐成本	string	单位:元
akbe0838	剩余财产处理方案	string	
akbe0856	编号	string	
akbe0839	发票开具方式	string	01 开具手工发票;02 开具机打发票
akbe2276	统一社会信用代码	string	《国务院关于批转发展改革委等部门法人和其他组织统一社会信用代码制度建设总体方案的通知》(国发〔2015〕33 号)中确定的编制规则
akbe2277	运作模式	string	
akbe2279	特定服务地区	string	
akbe2280	项目网站	string	
akbe2281	是否有慈善信托支持	string	01 是;02 否
akbe2282	慈善信托名称	string	
akbe2283	备注	string	要求:不超过 200 字
akbe2285	项目收支情况——起始时间	date	参数示例:20161129083545
akbe2286	项目收支情况——截止时间	date	参数示例:20170819083545
akbe2287	本项目以前期间结转的公开募捐收入	decimal	单位:元
akbe2288	本项目以前期间结转的其他来源收入	decimal	单位:元
akbe2289	其他来源	decimal	单位:元

续表

参数	参数名称	参数类型	说明
akbe2290	当前直接或委托其他组织资助给受益人的款物	decimal	单位:元
akbe2291	当期为提供慈善服务和实施慈善项目发生的人员报酬以及相关费用	decimal	单位:元
akbe2292	当期为管理慈善项目发生的费用	decimal	单位:元
akbe2293	当期提取的慈善组织管理费用	decimal	单位:元
akbe2098	慈善项目编号	string	
akbe2663	原始慈善项目编号	string	
akbe0136	是否受保障对象	string	

接口返回示例如下：


```
{
    "code": "200",
    "msg": "成功",
    "biz_data": {
    "data": {
                "list": {
                    "id": "4367eff172dc4159908b136eb2e5ae20",
                    "createTime": "2020 - 03 - 24 11:43:37",
                    "modifiedTime": "2020 - 03 - 24 11:43:37",
                    "creatorId": "1000000000004611",
                    "modifierId": "1000000000004611",
                    "akbe0473": "河南省扶贫基金会", //组织名称
                    "akbe0474": "扶贫千万家", //项目名称
                    "akbe0475": "20161129083545", //项目开始时间
                    "akbe0476": "20170819083534", //项目结束时间
                    "akbe0477": "已完成", //项目状态
                    "akbe0478": "01", //公开状态
                    "akbe0827": "01", //是否公开募捐
                    "akbe0828": "贫困家庭", //服务人群
                    "akbe0829": "河南省", //服务领域
                    "akbe0830": "帮扶贫困家庭", //项目介绍
                    "akbe0831": "帮扶河南省内贫困家庭人员", //募捐目的
                    "akbe0834": "李庆红", //项目负责人
                    "akbe0835": "18670656388",//联系电话
                    "akbe0837": "80000000. 00",//募捐成本
                    "akbe0856": "J987917689276211",//编号
                    "akbe0839": "02",//发票开具方式
                    "akbe2276": "a98654310998749873",//统一社会信用代码
                    "akbe2279": "河南省",//特定服务区域
                    "akbe2280": "www. henanshengfupinjijinhui. com",//项目网站
                    "akbe2281": "02",//是否由慈善信托支持
```

```
                    "akbe2285": "20161129083545",//项目收支情况——起始时间
                    "akbe2286": "20170819083545",//项目收支情况——截止时间
                    "akbe2287": "88000000.00",//本项目以前期间结转的公开募捐收入
                    "akbe2288": "1000000.00",//本项目以前期间结转的其他来源收入
                    "akbe2289": "200000.00",//其他来源
                    }
                }
            }
}
```


4.4.3 慈善信托备案信息接口说明

4.4.3.1 接口描述

获取慈善信托备案信息接口可提供慈善信托备案信息查询功能。该接口通过金民工程应用支撑平台的微服务集成管理系统对外提供。其在微服务集成管理系统中的注册信息如下：

a）系统接入标识：jmgc_cs；

b）服务标识：jmgc_cs_querycsCool。

4.4.3.2 接口地址

接口地址：http(https)://IP:端口/fwjc_engine_int/rest/jmgc_cs_querycsCool。

4.4.3.3 请求方式

HTTP(HTTPS) POST。

4.4.3.4 请求参数

a）输入参数见下表33。

表33　慈善信托备案信息接口查询输入参数

参数	参数名称	参数类型	是否必填	说明
access_key	接入系统标识	string	是	在微服务中注册的系统标识
format	返回数据格式	string	否	返回格式为 json/xml
request_id	请求唯一编码	string	否	请求的唯一流水号
sign	参数签名	string	是	对传入参数签名后的字符串
timestamp	发送请求的时间	string	是	精确到毫秒
version	版本	string	否	微服务版本号
biz_content	输入参数	string	是	具体的业务接口输入参数，见表34

b）请求参数中的 biz_content 业务参数见表34。

表 34 biz_content 业务参数

参数	参数名称	参数类型	是否必填	说明
pageNo	页码	int	是	分页查询,要查询的当前页码数
pageSize	数量	int	是	每一页展示的数据量
sortItem	排序字段名称	string	是	排序字段如:时间、基金会名称等
sortOrder	asc 正序,desc 倒序	string	是	

4.4.3.5 返回参数

a)返回参数见表 35。

表 35 返回参数

参数	参数名称	参数类型	说明
code	返回码值	string	服务调用是否成功的状态值
msg	返回码描述	string	返回码的描述信息
biz_data	业务输出参数	string	具体的业务接口输出参数,见表 36

b)返回参数中 biz_data 的业务参数见表 36。

表 36 biz_data 业务参数

参数	参数名称	参数类型	说明
akbe0534	申请人	string	
kbe0535	委托人	string	
akbe0536	受益人范围	string	
akbe0537	监察人	string	
akbe0538	慈善信托目的	string	
akbe0539	信托财产类型	string	
akbe0540	信托财产	decimal	单位:元
akbe0541	信托开始时间	date	参数示例:20161129083545
akbe0542	信托结束时间	date	参数示例:20170819083545
akbe0544	慈善信托组织	string	
akbe0967	是否公开	string	01 是;02 否
akbe0968	受委托人	string	
akbe2469	受理编号	string	
akbe2514	备案编号	string	
akbe2669	状态	string	

接口返回示例如下：


```
{
    "code" : "200",
    "msg" : "成功",
    "biz_data" : {
        "data" : {
            "list" : {
                "id" : "1ffd4b20ac164a159400110fa97b4476",
                "createTime" : "2020-04-16 19:39:07",
                "modifiedTime" : "2020-04-16 22:08:40",
                "creatorId" : "1000000000002839",
                "modifierId" : null,
                "akbe0534" : "郑州市公安民警英雄基金会", // 申请人
                "akbe0535" : "程冯冯",// 委托人
                "akbe0536" : "未成年人",//受益人范围
                "akbe0537" : "郑州市联合律师事务所", //检查人
                "akbe0538" : "委托人基于对受托人的信任,自愿将其合法所有并有权处分的财产委托给受托人进行管理、运用、处分,由受托人充分发挥信托制度优势,将信托财产用于符合《中华人民共和国信托法》《中华人民共和国慈善法》等相关法律法规规定的慈善公益事业,以实现委托人助力慈善事业发展的目的。",
                "akbe0539" : "fund",  // 信托财产类型
                "akbe0540" : 100.00, // 信托财产
                "akbe0541" : "20161129083545", // 信托开始时间
                "akbe0542" : "20170819083545", //信托结束时间
                "akbe0543" : null,
                "akbe0543File" : null,
                "akbe0543FileName" : null,
                "akbe0544" : "蓝天至爱1号慈善信托",  //慈善信托组织
                "akbe0967" : null,
                "akbe0968" : "安信信托股份有限公司", //受委托人
                "kbe140List" : null,
                "kbe144List" : null,
                "kbe141" : null,
                "kbe143" : null,
                "akbe2469" : "SLBH56263461", // 受理编号
                "akbe2514" : "SLBA352674",// 备案编号
                "akbe2669" : 3                //状态
            }
        }
    }
}
```


4.4.4 基金年报基本信息接口说明

4.4.4.1 接口描述

获取基金年报基本信息接口可提供基金年报基本信息查询功能。该接口通过金民工程应用支撑平台的微服务集成管理系统对外提供。其在微服务集成管理系统中的注册信息如下：

a)系统接入标识:jmgc_cs;

b)服务标识:jmgc_cs_querycsDeal。

4.4.4.2 接口地址

接口地址:http(https)://IP:端口/fwjc_engine_int/rest/jmgc_cs_querycsDeal。

4.4.4.3 请求方式

HTTP(HTTPS) POST。

4.4.4.4 请求参数

a)输入参数见下表37。

表37 基金年报基本信息接口查询输入参数

参数	参数名称	参数类型	是否必填	说明
access_key	接入系统标识	string	是	在微服务中注册的系统标识
format	返回数据格式	string	否	返回格式为json/xml
request_id	请求唯一编码	string	否	请求的唯一流水号
sign	参数签名	string	是	对传入参数签名后的字符串
timestamp	发送请求的时间	string	是	精确到毫秒
version	版本	string	否	微服务版本号
biz_content	输入参数	string	是	具体的业务接口输入参数,见表38

b)请求参数中的biz_content业务参数见表38。

表38 biz_content业务参数

参数	参数名称	参数类型	是否必填	说明
pageNo	页码	int	是	分页查询,要查询的当前页码数
pageSize	数量	int	是	每一页展示的数据量
sortItem	排序字段名称	string	是	排序字段如:时间、基金会名称等
sortOrder	asc 正序,desc 倒序	string	是	

4.4.4.5 返回参数

a)返回参数见表39。

表39 返回参数

参数	参数名称	参数类型	说明
code	返回码值	string	服务调用是否成功的状态值
msg	返回码描述	string	返回码的描述信息
biz_data	业务输出参数	string	具体的业务接口输出参数,见表40

b)返回参数中 biz_data 的业务参数见表 40。

表 40　biz_data 业务参数

参数	参数名称	参数类型	说明
akbe1054	基金会名称	string	
akbe1055	统一社会信用代码	string	《国务院关于批转发展改革委等部门法人和其他组织统一社会信用代码制度建设总体方案的通知》(国发〔2015〕33 号)中确定的编制规则
akbe1056	宗旨	string	要求:中文,不超过 500 字
akbe1057	业务范围	string	
akbe1058	基金会类型	string	
akbe1059	业务主管单位	string	
akbe1060	成立时间	string	参数示例:20170819083545
akbe1061	原始基金数额	decimal	单位:元
akbe1062	是否慈善组织	string	01 是;02 否
akbe1063	认定时间	date	参数示例:20170819083545
akbe1064	是否取得募捐资格认定证书	string	01 是;02 否
akbe1065	取得证书时间	date	参数示例:20170819083545
akbe1066	基金会住所	string	
akbe1067	电子邮箱	string	格式:用户标识符@域名
akbe1068	邮政编码	string	四级六位制(省、市、县,区)
akbe1070	秘书长姓名	string	
akbe1072	秘书长联系电话	string	有效的座机或手机号码。座机号码标准格式为:区号-电话号码,手机号码为 11 位数字
akbe1074	秘书长电子邮件	string	格式:用户标识符@域名
akbe1073	年报联系人姓名	string	参数示例:××××(中文)
akbe1075	年报联系人联系电话	string	有效的座机或手机号码。座机号码标准格式为:区号-电话号码,手机号码为 11 位数字
akbe1078	年报联系人电子邮件	string	格式:用户标识符@域名
akbe1079	理事长	string	
akbe1080	理事数	int	参数示例:7(人)
akbe1081	监事数	int	参数示例:12(人)
akbe1082	负责人数	int	参数示例:4(人)
akbe1083	专职工作人数	int	参数示例:8(人)
akbe1084	举办刊物情况	string	

续表

参数	参数名称	参数类型	说明
akbe1085	会计师事务所名称	string	
akbe1086	审计意见类型	string	
akbe1087	报告日期	date	参数示例:20170819
akbe1088	报告编号	string	
akbe1333	社会组织新闻发言人姓名	string	参数示例：××××(中文)
akbe1334	社会组织新闻发言人联系电话	string	有效的座机或手机号码。座机号码标准格式为:区号－电话号码,手机号码为11位数字
akbe1336	社会组织新闻发言人电子邮件	string	格式:用户标识符@域名
akbe1054	基金会名称	string	
akbe1055	统一社会信用代码	string	《国务院关于批转发展改革委等部门法人和其他组织统一社会信用代码制度建设总体方案的通知》(国发〔2015〕33号)中确定的编制规则

接口返回示例如下：


```
{
    "code":"200",
    "msg":"成功",
    "biz_data":{
        "data":{
                "list":{
                    "id":"fffab58ddc3342d4a433a03a5c26c970",
                    "createTime":"2020-06-08 11:26:54",
                    "modifiedTime":"2020-08-26 12:05:25",
                    "creatorId":"1000000000002494",
                    "modifierId":"1000000000002494",
                    "akbe1054":"福建省志愿者公益基金会", // 基金会名称
                    "akbe1055":"53350000585316405K",// 统一社会信用代码
                    "akbe1056":"遵守宪法、法律、法规和国家政策。",// 宗旨
                    "akbe1057":"募集、管理志愿服务基金;配合政府部门开展或资助志愿服务活动、支持和培育志愿服务项目、资助开展志愿服务培训、表彰或奖励志愿服务组织和志愿者;资助开展医学、教育、环保、文化、科技、体育、卫生、助老、助残等学术会议活动、志愿服务理论研究和宣传教育公益项目;资助推动志愿服务事业交流与合作项目。",
                    "akbe1058":null,
                    "akbe1059":"直接登记", // 业务主管单位
                    "akbe1060":"20170819083545",// 成立时间
                    "akbe1061":400.00, // 原始基金数额
                    "akbe1062":01, //是否慈善组织
                    "akbe1063":"20170819083545", //认定时间
                    "akbe1064":01, //是否取得募捐资格认定证书
```

```
                    "akbe1065": "20170819083545", //取得证书时间
                    "akbe1066": "福州市鼓楼区鼓屏路 192 号山海大厦七层",//基金会住所
                    "akbe1067": "fjywzyz@ 126. com",//电子邮箱
                    "akbe1068": "350003",//邮政编码
                    "akbe1069": "0591 - 28350900",
                    "akbe1070": "游勇",//秘书长姓名
                    "akbe1072": "13559161343",//秘书长联系电话
                    "akbe1074": "1350708636@ qq. com",//秘书长邮件
                    "akbe1073": "周嘉美",//年报联系人姓名
                    "akbe1075": "15880446007",//年报联系人联系电话
                    "akbe1078": "718543998@ qq. com",//年报联系人电子邮件
                    "akbe1079": "汤珍珍",//理事长
                    "akbe1080": 15, //理事数
                    "akbe1081": 3, //监事数
                    "akbe1082": 5, //负责人数
                    "akbe1083": 3, /专职工作人数
                    "akbe1084": "未发行刊物",//举办刊物情况
                    "akbe1085": "福州中恒大正会计师事务所有限公司",//会计师事务所名称
                    "akbe1086": "无保留意见",//审计意见类型
                    "akbe1087": "20170819",//报告日期
                    "akbe1088": "闽中恒会审字(2020)第 A - 443 号",//报告编号
                    "akbe1333": "柯宇志",//社会组织新闻发言人姓名
                    "akbe1335": "13599059211",//社会组织新闻发言人联系电话
                    "akbe1336": "fjzyzgyjjh@ 126. com",//社会组织新闻发言人电子邮件
                    }
                }
            }
}
```

JINMIN GONGCHENG YIQI XIANGMU
BIAOZHUN GUIFAN HUIBIAN

金民工程一期项目
标准规范汇编（第三册）

民政部网络安全和信息化领导小组办公室
民政部信息中心
编

中国社会出版社
国家一级出版社 · 全国百佳图书出版单位

JMGC

民 政 部 金 民 工 程 标 准

JMGC/JS 316.1—2020

业务系统二次开发
第1部分:救助业务

2020-12-30 发布 2020-12-30 实施

民政部信息中心 发布

目　次

前　　言

本文件按照 GB/T 1.1—2020《标准化工作导则第1部分:标准化文件的结构和起草规则》的规定起草。

请注意本文件的某些内容可能涉及专利。本文件的发布机构不承担识别专利的责任。

本文件是 JMGC/JS 316《业务系统二次开发》的第1部分。JMGC/JS 316 已经发布了以下部分:

——第1部分:救助业务;

——第2部分:核对业务;

——第3部分:公共服务;

——第4部分:决策支持;

——第5部分:儿童福利管理、婚姻管理、流浪乞讨人员救助管理和殡葬管理;

——第6部分:基层政权建设和社区治理、社会工作和志愿服务;

——第7部分:养老服务、残疾人福利、慈善与募捐。

本文件由民政部信息中心提出并归口。

本文件起草单位:民政部信息中心、上海速连信息科技有限公司。

本文件主要起草人:戴朝云、高媛、赵超、肖樑、孙闻政、方杰、方普、白景波。

引　　言

JMGC/JS 316《业务系统二次开发》由七个部分构成。

——第1部分：救助业务。目的在于确立社会救助业务系统二次开发应符合的技术架构、数据元、源代码设计等方面的要求。

——第2部分：核对业务。目的在于确立居民家庭经济状况核对业务系统二次开发应符合的技术架构、数据元、数据库架构、源代码设计等方面的要求。

——第3部分：公共服务。目的在于确立公共服务业务系统二次开发应符合的技术架构、数据元、政务服务事项应用接入等方面的要求。

——第4部分：决策支持。目的在于确立决策支持业务系统二次开发应符合的技术架构、数据元、源代码编码等方面的要求。

——第5部分：儿童福利管理、婚姻管理、流浪乞讨人员救助管理和殡葬管理。目的在于确立儿童福利管理、婚姻管理、流浪乞讨人员救助管理和殡葬管理系统二次开发应符合的技术架构、数据元、源代码设计等方面的要求。

——第6部分：基层政权建设和社区治理、社会工作和志愿服务。目的在于确立基层政权建设和社区治理、社会工作和志愿服务系统二次开发应符合的技术架构、数据元、源代码设计等方面的要求。

——第7部分：养老服务、残疾人福利、慈善与募捐。目的在于确立养老服务、残疾人福利、慈善与募捐系统二次开发应符合的技术架构、数据元、源代码设计等方面的要求。

业务系统二次开发 第1部分:救助业务

1 范围

本文件规定了金民工程项目中社会救助业务系统可进行二次开发的功能及扩展方式。

本文件适用于金民工程项目中全国社会救助业务系统建设。

2 规范性引用文件

下列文件中的内容通过文中的规范性引用而构成本文件必不可少的条款。其中,注日期的引用文件,仅该日期对应的版本适用于本文件;不注日期的引用文件,其最新版本(包括所有的修改单)适用于本文件。

GB/T 18391.1 信息技术 元数据注册系统(MDR) 第1部分:框架

GB/T 23824.1 信息技术 实现元数据注册系统(MDR)内容一致性的规程 第1部分:数据元

JMGC/ZT 103 金民工程总体技术构架规范及应用系统建设部署要求

JMGC/XX 210 金民工程数据对象命名规范

JMGC/JS 324 金民工程开发环境要求及编码规范

JMGC/YW 409.1 社会救助数据元 第1部分:救助业务

JMGC/YW 409.2 社会救助数据元 第2部分:核对业务

3 术语和定义

GB/T 23824.1 界定的以及下列术语和定义适用于本文件。

3.1 数据

用一组属性描述定义、标识、表示和允许值的数据单元。

[来源:GB/T 18391.1,3.2.6]

3.2 数据元

由一组属性规定其定义、标识、表示和允许值的数据单元。

[GB/T 18391.1,3.3.8]

3.3 对象类

可以对其界限和含义进行明确的标识,且特性和行为遵循相同规则的观念、抽象概念或现实世界中事物的集合。

[来源:GB/T 18391. 1,3. 3. 22]

3. 4 特性

一个对象类所有成员所共有的特征。

[来源:GB/T 18391. 1,3. 3. 29]

3. 5 表示

由值域、数据类型、计量单位(如果需要)、表示类(可选)组成。

[来源:GB/T 18391. 1,6. 2]

3. 6 对象

可感知或可想象的任何实物。

[来源:GB/T 18391. 1,3. 2. 22]

3. 7 实体

任何现存、曾经存在的或可能存在的具体的或抽象的事物,包括事物间的关联。

[来源:GB/T 18391. 1,3. 2. 10]

3. 8 属性

一个对象或实体的特征。

[来源:GB/T 18391. 1,3. 1. 1]

3. 9 值域

允许值的集合。

[来源:GB/T 18391. 1,3. 3. 38]

3. 10 注册机构

负责维护一个注册库的组织。

[来源:GB/T 18391. 1,3. 3. 32]

4 技术架构

金民工程社会救助业务系统二次开发应遵循以下技术架构。

系统总体技术架构为五层架构,从下到上依次为:基础设施层、数据资源层、应用支撑层、应用系统层和门户展现层。

a)基础设施层

基础设施层主要包括网络系统、主机、存储系统、安全系统、云计算资源调度平台等。网络分为电子政务内网、电子政务外网和互联网。电子政务内网和电子政务外网物理隔离,电子政务外网和互联网之间通过防火墙配置逻辑隔离。

b)数据资源层

数据资源管理层主要由数据库组成,其中结构化的数据库主要包括基础数据库、业务数据库和共享数据库。非结构化数据库主要由一些文件型的数据构成。

c)应用支撑层

应用支撑层主要包括基础支撑组件集、数据管理组件集、大数据支撑组件集、业务专用组件集、业务配置组件集、数据共享交换组件集、统一用户认证管理组件集、综合运维组件集、门户管理组件集、政务服务组件集等模块，通过应用支撑平台实现界面集成、应用集成、数据集成和流程集成。

d)应用系统层

应用系统层主要包括社会救助管理、社会救助综合管理、核对数据获取、统一受理服务等业务子系统。社会救助业务系统二次开发工作主要针对应用系统层进行功能优化和扩展。

e)门户展现层

门户展现层为金民工程各业务系统统一访问门户，社会救助业务系统以统一访问门户作为用户登录入口。

金民工程社会救助业务系统总体技术架构见图1。

图1 社会救助业务系统总体技术架构

5 数据元

金民工程社会救助业务系统二次开发数据元应符合 JMGC/YW 409.1、JMGC/YW 409.2 的要求。

6 数据库设计要求

数据库设计应符合 JMGC/XX 210 的要求。

7 业务应用系统开发要求

应用系统开发要求符合 JMGC/ZT 103 的要求。

8 开发环境及源代码要求

开发环境及源代码应符合 JMGC/JS 324 要求。

9 功能扩展

9.1 社会救助业务系统功能扩展列表

社会救助业务系统可扩展功能见表 1。

表 1　社会救助业务系统功能扩展列表

功能名称	功能描述
社会救助业务系统与核对系统对接接口	可根据和核对系统不同的对接方式,通过二次开发进行功能扩展
社会救助业务系统与外部应用系统数据获取接口	通过与外部应用对接,实现与外部应用系统数据共享
社会救助业务系统对外查询接口	根据不同的业务需求,向外部应用系统提供业务查询接口
社会救助业务系统救助业务申请受理接口	通过对外提供救助业务申请受理接口,自动将申请数据同步到救助系统中
社会救助业务系统审核确认接口	根据不同的业务需求,审核确认后向外部应用系统推送救助审核确认信息
社会救助业务系统复查变更接口	根据不同的业务需求,可对复查变更模块进行功能扩展

9.2 社会救助业务系统与核对系统对接接口

9.2.1 扩展接口描述

根据各类核对系统不同的对接方式,通过系统对接模块进行二次开发,实现系统接口对接。具体接口信息如下:

a)接口名称:社会救助业务系统与核对系统对接接口;

b)接口类路径:com.yinhai.shjz.common.util.hd.HdSendUtil;

c)输入参数:输入参数见表2;

表2　社会救助业务系统与核对系统对接接口输入参数

参数	参数名称	参数类型	说明
baf01Po	救助申请家庭实体	string	救助家庭详细信息
bap01PoList	救助申请家庭成员实体集合	string	救助家庭多个家庭成员详细信息
bax04PoList	救助申请证明材料集合	string	核对申请所需要的家庭证明材料

d)输出参数:无。

9.2.2 扩展方式

使用本接口进行功能扩展可以实例化 HdSendUtil 类,通过实例化对象调用 sentHd 方法将救助申请信息发送至核对系统,也可通过继承 HdSendUtil 类,实现功能扩展。

9.2.3 开发实例

```
一. 实例化方式
  //1. 实例化 HdSendUtil
  HdSendUtilhdSendUtil    = new HdSendUtil ( );
  //2. 调用 sentHd 方法
  hdSendUtil. sentHd( );
  ...
二. 继承方式
  public class MyHdSendUtil extends HdSendUtil { ... }
```

9.3 社会救助业务系统与外部应用系统数据获取接口

9.3.1 扩展接口描述

通过与外部应用系统对接,实现与外部应用系统数据共享。具体接口信息如下:

a)接口名称:社会救助业务系统与外部应用系统数据获取接口;

b)接口类路径:com.yinhai.shjz.common.util.WebServiceUtil;

c)输入参数:输入参数见表3;

表3　社会救助系统业务与外部应用数据获取接口输入参数

参数	参数名称	参数类型	说明
AXCP0002	公民身份号码	string	输入查询对象公民身份号码

d)输出参数:Map <String,String>　集合。

9.3.2 扩展方式

使用本接口进行功能扩展可以实例化 WebServiceUtil 类,通过实例化对象调用 getDisabled 方法获取残疾人两项补贴系统中残疾人信息,也可通过继承 WebServiceUtil 类,实现功能扩展。

9.3.3 开发实例

```
一. 实例化方式
  //1. 实例化 HdSendUtil
  WebServiceUtil webServiceUtil   = new WebServiceUtil( );
  //2. 调用 getDisabled 方法
  webServiceUtil. getDisabled( );
  //进行数据处理
  ...
二. 继承方式
  public class MyWebServiceUtil extends WebServiceUtil{ ... }
```

9.4 社会救助业务系统对外查询接口

9.4.1 扩展接口描述

根据不同的业务需求,向外部应用系统提供业务查询接口。具体接口信息如下:

a)接口名称:社会救助业务系统对外查询接口;

b)接口类路径:com. yinhai. shjz. webService. rest. ShjzInterfaceRestService;

c)输入参数:输入参数见表4;

表4　社会救助业务系统对外查询接口输入参数

参数	参数名称	参数类型	说明
AXCP0002	公民身份号码	string	输入查询对象公民身份号码

d)输出参数:Map < String, String > 集合。

9.4.2 扩展方式

使用本接口进行功能扩展可以实例化 ShjzInterfaceRestService 类,通过实例化对象调用 querySalvageTargetByIdCard 方法获取残疾人两项补贴系统中残疾人信息,也可通过继承 ShjzInterfaceRestService 类,实现功能扩展。

9.4.3 开发实例

```
一. 实例化方式
  //1. 实例化 ShjzInterfaceRestService
  ShjzInterfaceRestService shjzInterfaceRestService   = new ShjzInterfaceRestService( );
  //2. 调用 querySalvageTargetByIdCard 方法
  shjzInterfaceRestService. querySalvageTargetByIdCard( );
  //进行数据处理
  ...
二. 继承方式
  public class MyShjzInterfaceRestService extends ShjzInterfaceRestService{ ... }
```

9.5 社会救助业务系统救助业务申请受理接口

9.5.1 扩展接口描述

通过对外提供救助业务申请受理接口,外部应用调用此接口自动将申请数据同步到社会救助业务系统中，可根据外部系统对接的不同需求进行功能扩展。具体接口信息如下：

a)接口名称：社会救助业务系统救助业务申请受理接口；

b)接口类路径：com.yinhai.shjz.business.rest.AcceptPosRestService；

c)输入参数：输入参数见表5；

表5 社会救助业务系统救助业务申请受理接口输入参数

参数	参数名称	参数类型	说明
OTHERINFO	申请家庭实体	string	申请家庭实体 json
bap01Data	申请家庭成员实体集合	string	申请家庭成员实体集合 json
baf02Data	申请家庭房产实体集合	string	申请家庭房产实体集合 json
baf03Data	申请家庭机动车船实体集合	string	申请家庭机动车船实体集合 json
baf04Data	申请家庭山林土地信息实体集合	string	申请家庭山林土地信息实体集合 json
baf07Data	家庭支出信息实体集合	string	家庭支出信息实体集合 json
baf08Data	赡扶抚养人信息实体集合	string	赡扶抚养人信息实体集合 json
materialList	救助申请材料信息实体集合	string	救助申请材料信息实体集合 json

d)输出参数：Map<String,String> 集合。

9.5.2 扩展方式

使用本接口进行功能扩展可以实例化 AcceptPosRestService 类，通过实例化对象调用 saveInfo 方法将救助申请信息保存到救助系统中，也可通过继承 AcceptPosRestService 类，实现功能扩展。

9.5.3 开发实例

```
一. 实例化方式
  //1. 实例化 AcceptPosRestService
  AcceptPosRestService acceptPosRestService = new AcceptPosRestService();
  //2. 调用 saveInfo 方法
  acceptPosRestService.saveInfo();
  //进行数据处理
  ...
二. 继承方式
  public class MyAcceptPosRestService extends AcceptPosRestService{ ... }
```

9.6 社会救助业务系统审核确认接口

9.6.1 扩展接口描述

根据不同的业务需求，社会救助业务系统在完成救助业务审核确认后向外部应用系统推送审核确认信息。具体接口信息如下：

a)接口名称：社会救助业务系统审核确认接口；

b)接口类路径：com.yinhai.shjz.business.service.write.impl.CheckWriteServiceImpl；

c)输入参数:输入参数见表6;

表6　社会救助业务系统审核确认接口输入参数

参数	参数名称	参数类型	说明
baf01	申请家庭实体	string	申请家庭实体 json
status	救助流程环节状态	string	当前审核环节状态值
ADAP0040	救助金	string	救助家庭享受的救助总金额
ABAX6906	救助发放形式	string	救助金发放形式
ABAX6901	救助标准主键 id	string	救助标准主键 id
ABAX0042	审核意见	string	救助审核意见
ABAX0044	审核意见描述	string	审核意见的详细描述

d)输出参数:Map <String,String> 集合。

9.6.2 扩展方式

使用本接口进行功能扩展可以实例化 CheckWriteService 类,通过实例化对象调用 updateApprove 方法保存救助审核信息,也可通过继承 CheckWriteService 类,实现功能扩展。

9.6.3 开发实例

```
一. 实例化方式
  //1. 实例化 CheckWriteService
  CheckWriteService checkWriteService = new CheckWriteService();
  //2. 调用 updateApprove 方法
  checkWriteService. updateApprove();
  //进行数据处理
  ...
二. 继承方式
  public class MyCheckWriteServiceImpl extends CheckWriteService{ ... }
```

9.7 社会救助业务系统复查变更接口

9.7.1 扩展接口描述

根据不同的业务需求,可对复查变更模块进行功能扩展。具体接口信息如下:

a)接口名称:社会救助业务系统复查变更接口;

a)接口类路径:com. yinhai. shjz. business. service. write. impl. DynamicManagementWriteServiceImpl;

b)输入参数:输入参数见表7;

表7　社会救助业务系统复查变更接口输入参数

参数	参数名称	参数类型	说明
OTHERINFO	申请家庭实体	string	申请家庭实体 json

续表

参数	参数名称	参数类型	说明
bap01Data	申请家庭成员实体集合	string	申请家庭成员实体集合 json
baf02Data	申请家庭房产实体集合	string	申请家庭房产实体集合 json
baf03Data	申请家庭机动车船实体集合	string	申请家庭机动车船实体集合 json
baf04Data	申请家庭山林土地信息实体集合	string	申请家庭山林土地信息实体集合 json
baf07Data	家庭支出信息实体集合	string	家庭支出信息实体集合 json
baf08Data	赡扶抚养人信息实体集合	string	赡扶抚养人信息实体集合 json
materialList	救助申请材料信息实体集合	string	救助申请材料信息实体集合 json

d)输出参数:Map < String,String > 集合。

9.7.2 扩展方式

使用本接口进行功能扩展可以实例化 DynamicManagementWriteService 类,通过实例化对象调用 saveInfo 方法保存复查变更信息,也可通过继承 DynamicManagementWriteService 类,实现功能扩展。

9.7.3 开发实例

```
一. 实例化方式
  //1. 实例化 DynamicManagementWriteService
  DynamicManagementWriteService dynamicManagementWriteService = new DynamicManagementWriteService();
  //2. 调用 updateApprove 方法
  dynamicManagementWriteService.saveInfo();
  //进行数据处理
  ...
二. 继承方式
  Public class MyDynamicManagementWriteServiceImpl extends DynamicManagementWriteService{ ... }
```

JMGC

民　政　部　金　民　工　程　标　准

JMGC/JS 316.2—2020

业务系统二次开发
第2部分：核对业务

2020－12－30发布　　　　2020－12－30实施

民政部信息中心 发布

目　次

前　言

本文件按照 GB/T 1.1—2020《标准化工作导则 第1部分:标准化文件的结构和起草规则》的规定起草。

本文件是 JMGC/JS 316《业务系统二次开发》的第2部分。JMGC/JS 316 已经发布了以下部分:

——第1部分:救助业务;

——第2部分:核对业务;

——第3部分:公共服务;

——第4部分:决策支持;

——第5部分:儿童福利管理、婚姻管理、流浪乞讨人员救助管理和殡葬管理;

——第6部分:基层政权建设和社区治理、社会工作和志愿服务;

——第7部分:养老服务、残疾人福利、慈善与募捐。

请注意本文件的内容可能涉及专利。本文件的发布机构不承担识别专利的责任。

本文件由民政部信息中心提出并归口。

本文件起草单位:民政部信息中心、太极计算机股份有限公司。

本文件主要起草人:戴朝云、高媛、宝力高、胡浩、李俊梅、常凯强、张杰、刘鹏飞。

引　言

JMGC/JS 316《业务系统二开发》由七个部分构成。

——第1部分:救助业务。目的在于确立社会救助业务系统二次开发应符合的技术架构、数据元、源代码设计等方面的要求。

——第2部分:核对业务。目的在于确立居民家庭经济状况核对业务系统二次开发应符合的技术架构、数据元、数据库架构、源代码设计等方面的要求。

——第3部分:公共服务。目的在于确立公共服务业务系统二次开发应符合的技术架构、数据元、政务服务事项应用接入等方面的要求。

——第4部分:决策支持。目的在于确立决策支持业务系统二次开发应符合的技术架构、数据元、源代码编码等方面的要求。

——第5部分:儿童福利管理、婚姻管理、流浪乞讨人员救助管理和殡葬管理。目的在于确立儿童福利管理、婚姻管理、流浪乞讨人员救助管理和殡葬管理系统二次开发应符合的技术架构、数据元、源代码设计等方面的要求。

——第6部分:基层政权建设和社区治理、社会工作和志愿服务。目的在于确立基层政权建设和社区治理、社会工作和志愿服务系统二次开发应符合的技术架构、数据元、源代码设计等方面的要求。

——第7部分:养老服务、残疾人福利、慈善与募捐。目的在于确立养老服务、残疾人福利、慈善与募捐系统二次开发应符合的技术架构、数据元、源代码设计等方面的要求。

业务系统二次开发 第2部分:核对业务

1 范围

本文件规定了金民工程项目中社会救助业务核对系统可进行二次开发的功能及扩展方式。

本文件适用于金民工程项目中全国居民家庭经济状况核对系统建设。

2 规范性引用文件

下列文件中的内容通过文中的规范性引用而构成本文件必不可少的条款。其中,注日期的引用文件,仅该日期对应的版本适用于本文件;不注日期的引用文件,其最新版本(包括所有的修改单)适用于本文件。

GB/T 5271.1 信息技术 词汇 第1部分:基本术语

GB/T 18391.1 信息技术 数据元的规范与标准化 第1部分:数据元的规范与标准化框架

JMGC/ZT 103 金民工程 总体技术构架规范及应用系统建设部署要求

JMGC/XX 210 金民工程 数据对象命名规范

JMGC/JS 324 金民工程 开发环境要求及编码规范

JMGC/YW 409.2 社会救助数据元 第2部分:核对业务

3 术语和定义

3.1 数据

信息的可再解释的形式化表示,以适用于通信、解释或处理。

[来源:GB/T 5271.1—2000,01.01.02]

3.2 数据元

用一组属性描述定义、标识、表示和允许值的数据单元。

[来源:GB/T 18391.1—2009,3.3.8]

3.3 电子政务数据元

电子政务数据元是指政务活动过程中涉及的所有数据元。

3.4 元数据

定义和描述其他数据的数据。

[来源:GB/T 18391.1—2009,3.2.16]

3.5 数据元概念

能以数据元的形式表示,且与任何特定的表示法无关的一种概念。

[来源:GB/T 18391.1—2009,3.3.9]

3.6 对象类

对象集。现实世界中的想法、抽象概念或事物的集合,有清楚的边界和含义,并且特性和其行为遵循同样的规则而能够加以标识。

[来源:GB/T 18391.1—2009,3.3.22]

3.7 特性

对象类的所有个体所共有的某种性质

[来源:GB/T 18391.1—2009,3.3.29]

3.8 对象

可以想象或感觉的世界的任一部分。

[来源:GB/T 18391.1—2009,3.2.22]

3.9 实体

任何具体的或抽象的事物,包括事物间的联系。

[来源:GB/T 18391.1—2009,3.2.10]

3.10 属性

某个对象或实体的一种特性。

[来源:GB/T 18391.1—2009,3.1.1]

3.11 分类方案

根据对象的共性,如:来源、构成、结构、应用和功能等将其排列或分组。

[来源:GB/T 18391.1—2009,3.3.4]

3.12 语境

一个名词所用于的或所源自的应用环境或规程的描述。

3.13 值域

允许值得集合。

[来源:GB/T 18391.1—2009,3.3.38]

3.14 注册机构(RA)

经授权对数据元或其他对象注册的组织。

[来源:GB/T 18391.1—2009,3.3.32]

4 技术架构

金民工程社会救助核对系统和监管系统二次开发应遵循以下技术架构。

系统总体技术架构为五层架构，从下到上依次为：基础设施层、数据资源层、应用支撑层、应用系统层和门户展现层。

a)基础设施层

基础设施层主要包括网络系统、主机、存储系统、安全系统、云计算资源调度平台等。网络分为电子政务内网、电子政务外网和互联网。电子政务内网和电子政务外网物理隔离，电子政务外网和互联网之间通过防火墙配置逻辑隔离。

b)数据资源层

数据资源管理层主要由数据库组成，其中结构化的数据库主要包括基础数据库、业务数据库和共享数据库。非结构化数据库主要由一些文件型的数据构成。

c)应用支撑层

应用支撑层主要包括基础支撑组件集、数据管理组件集、大数据支撑组件集、业务专用组件集、业务配置组件集、数据共享交换组件集、统一用户认证管理组件集、综合运维组件集、门户管理组件集、政务服务组件集等模块，通过应用支撑平台实现界面集成、应用集成、数据集成和流程集成。

d)应用系统层

应用系统层主要包括社会救助管理、社会救助综合管理、核对数据获取、统一受理服务等业务子系统。社会救助业务系统二次开发工作主要针对应用系统层进行功能优化和扩展。

e)门户展现层

门户展现层为金民工程各业务系统统一访问门户，社会救助业务系统以统一访问门户作为用户登录入口。

金民工程社会救助业务系统总体技术架构见图1。

5 数据元

金民工程社会救助业务核对系统和监管二次开发数据元应符合 JMGC/YW 409.2 的要求。

6 数据库设计要求

数据库设计应符合 JMGC/XX 210 的要求。

7 业务应用系统开发要求

应用系统开发要求应符合 JMGC/ZT 103 要求。

8 源代码

开发环境及源代码应符合 JMGC/JS 324 要求。

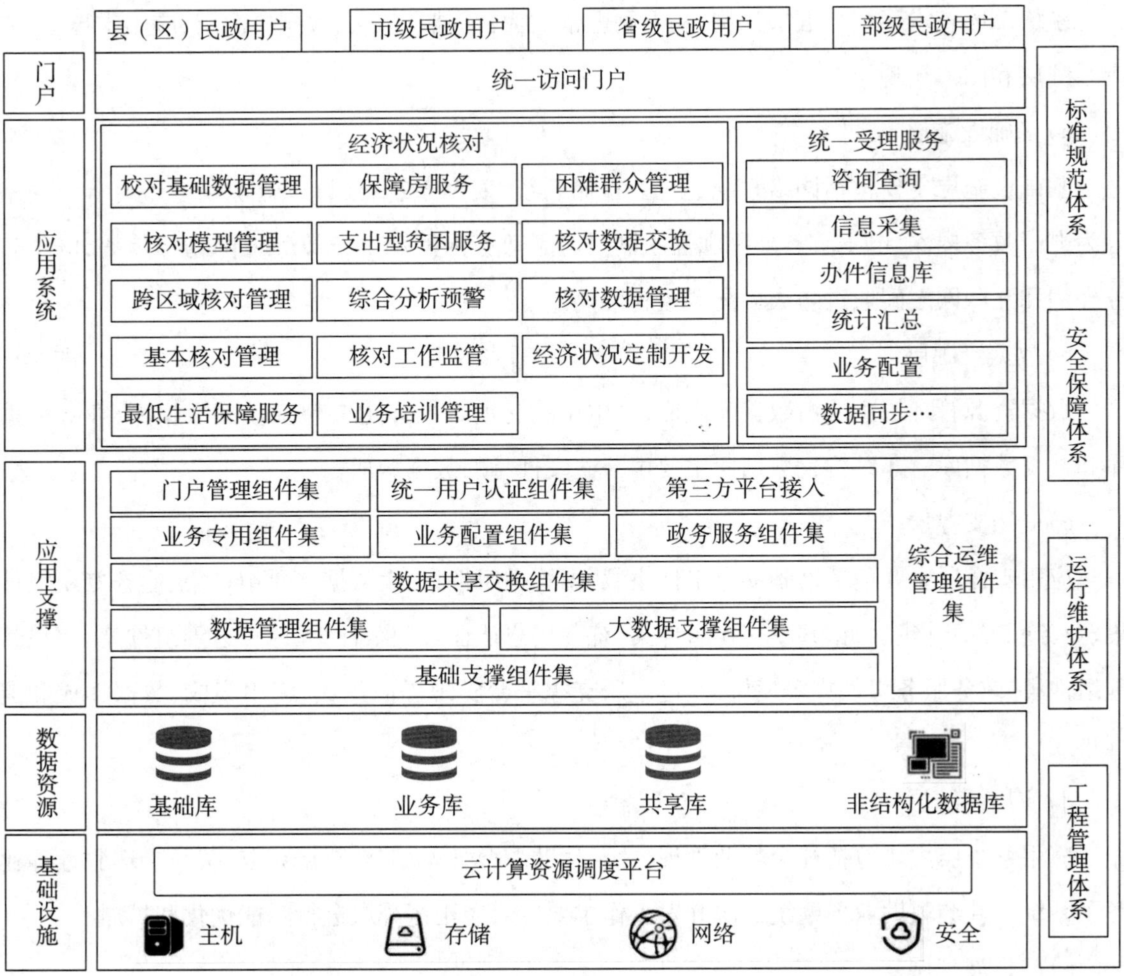

图1　社会救助业务系统总体技术架构图

9 功能扩展

9.1 功能扩展列表

功能扩展列表见表1。

表1　功能扩展列表

系统名称	功能名称	功能描述
核对系统	核对系统－业务监管预警	可以对核对的批次中人员基本情况、收入、财产、支出、办理时限进行预警
核对系统	核对系统－共享单位对接	可以和新的共享单位实现对接
核对系统	核对系统－自定义核对报告	按需开发核对报告模板，实现自定义核对报告
监管系统	监管系统－业务监管预警	对救助资金监管、对救助对象监管
监管系统	监管系统－业务字段数据适配	核对系统和监管系统与地方系统对接业务

9.2 核对系统

9.2.1 业务监管预警

9.2.1.1 扩展内容

可扩展内容为业务监管预警其他内容、自定义监管规则，目前监管实现规则位于 cn. com. taiji. common. constant. Constants. WarningRuleConstants. Operate 类中 4 项：

a)数值范围 Operate. RANGE；

b)有无判断 Operate. EXIST；

c)信息项为空 Operate. NULL；

d)信息不一致 Operate. DIFFERENT。

9.2.1.2 扩展方式

通过实现 ImakeWarningResult 方法，扩展 makeWarningResult 来实现监管预警扩展。

9.2.1.3 开发实例

业务监管预警开发实例如下：

a)实现方法

```
public interface IMakeWarningResult {

    /**
     *根据规则生成预警信息
     *每个实现类的方法，只进行一个操作的判断。每次先查出 1000 个人然后再进行处理
     *例如:实现类 1，只判断是否数据项为 null，实现类 2，只进行数据范围判断
     * @param warningRule 规则
     * @param batchInfo 申请批次信息
     * @param limit 监管规则预警，一次循环处理多少人
     */
    void makeWarningResult(WarningRule warningRule, Map<String,String> batchInfo, Integerlimit);

}
```

b)业务逻辑

```
@Service("makeWarningResultByDifferent")
public class MakeWarningResultByDifferent implements IMakeWarningResult{

    @Override
    public void makeWarningResult(WarningRule warningRule, Map<String, String> batchInfo, Integer limit) {
        // TODO Auto-generated method stub
        // 这里编写监管的具体逻辑
    }

}
```

9.2.2 共享单位对接

9.2.2.1 扩展内容

可扩展内容为系统对接新的共享单位，实现资源的对接。

9.2.2.2 扩展方式

如果此共享单位对接的资源是系统中没有的,则需要在系统中新增相关的资源,若存在则只需要对接接口即可,例:

a)在数据中设计创建对应的资源表;

b)在核对系统业务配置模块 - >共享单位管理里面新增共享单位;

c)在核对系统业务配置模块 - >数据元管理中新增数据元;

d)在核对系统业务配置模块 - >资源目录配置配置新的资源目录,根据步骤1中资源字段配置。

代码位置为 ExInfoService 的 getExInfoJson 方法发起调用核对数据获取接口对接、saveExInfo 方法保存资源数据。需要实现接口 ExInfoService,并实现方法 getExInfoJson 和 saveExInfo 方法并处理对应资源、存储处理接口返回资源数据。

9.2.2.3 开发实例

```
public interface ExInfoService {

    /**
     *获取资源信息
     */
    public String getExInfoJson(String name,String idCard);

    /**
     *保存处理资源信息
     */
    public String saveExInfo(String infoJson,Batch batch);
}
```

9.2.3 自定义核对报告

9.2.3.1 扩展内容

可扩展内容为自定义核对报告,例如敏感信息脱敏、数据项合并等。

9.2.3.2 扩展方式

首先创建新的 flt 模板文件,也可在核对系统提供的模板文件上进行二次编辑。其中格式、数据展示的修改和逻辑均可在模板中编写。

9.2.3.3 开发实例

```
<! DOCTYPE html PUBLIC " -//W3C//DTD XHTML 1.0 Transitional//EN" "http(https)://www.w3.org/TR/xhtml1/DTD/xhtml1 - transitional.dtd " >
<htmlxmlns = "http(https)://www.w3.org/1999/xhtml " >
<head >
<meta http(https) - equiv = "Content - Type" content = "text/html; charset = utf - 8"/ >
<title >核对报告</title >
<style type = "text/css" >
......
</style >
</head >
```

```
< body >
< center >
< #setting datetime_format = " yyyy 年 MM 月 dd 日"/ >
< table border = " 0"  width = " 650"  >
< tr height = " 50"  >
< td colspan = " 2"  align = " center"  valign = " bottom"  > < span class = " heititle"  > 救助申请家庭经济状况核对报告 < /span > < /td >
< /tr >
< tr height = " 50"  >
< td colspan = " 2"  align = " center"  valign = " top"  > < span class = " heititle2"  >   < /span > < /td >
< /tr >
< tr >
< td class = " heititle2"  width = " 190"  colspan = " 2"  > 核对部门: $ { orgName! } < /td >
< /tr >
< tr >
< td class = " heititle2"  > 委托核对日期: $ { trustDate? string( " yyyy 年 MM 月 dd 日" ) } < /td > < td class = " heititle3"  > 报告编号: $ { reportCode! } < /td >
< /tr >
< tr >

< td colspan = " 2"  >
< table border = " 1"  bordercolordark = " #FFFFFF"  bordercolorlight = " #000000"  cellpadding = " 0"  cellspacing = " 0"  width = " 655"  class = " main"  style = " table - layout: fixed; word - break: break - all; word - wrap: break - word; "  >
   < tr style = " height: 0px"  >
      < th > < /th >
      < th width = " 65"  > < /th >
< th width = " 70"  > < /th >
      < th width = " 145"  > < /th >
      < th width = " 70"  > < /th >
      < th width = " 50"  > < /th >
      < th width = " 75"  > < /th >
      < th width = " 95"  > < /th >
   < /tr >
   < tr align = " center"  >
      < td   colspan = " 8"  height = " 35"  width = " 650"  class = " heiti"  > 家庭基本信息  < /td >
   < /tr >
   < tr align = " center"  >
      < td class = " heiti"  > 主申请人姓名  < /td >
      < td width = " 65"  > $ { familyMap. axdf0002! } < /td >
      < td width = " 70"  class = " heiti"  > 证件号码  < /td >
      < td width = " 145"  > $ { familyMap. axdf0004! } < /td >
      < td width = " 70"  class = " heiti"  > 家庭人口数  < /td >
      < td width = " 50"  > $ { familyMap. abef0003! } 人  < /td >
      < td width = " 75"  class = " heiti"  > 业务类别  < /td >
      < td width = " 95"  > $ { familyMap. abex1004Name! } < /td >
   < /tr >
   < tr align = " center"  >
      < td class = " heiti"  > 乡镇/街道  < /td >
      < td colspan = " 2"  width = " 65"  > 林山寨街道 < /td >
      < td width = " 70" class = " heiti"  > 村/社区  < /td >
      < td colspan = " 2"  width = " 145"  > 碧沙岗社区居委会 < /td >
      < td width = " 75"  class = " heiti"  > 核对完成时间  < /td >
```

```
      < td width = "95" > $ {familyMap. checkTime!? string( "yyyy 年 MM 月 dd 日" ) } </td >
    </tr >
    < tr align = "center" >
      < td   colspan = "8"  height = "35"  width = "650"  class = "heiti" >家庭成员情况  </td >
    </tr >
    < tr align = "center" >
      < td colspan = "2"  class = "heiti" >姓名 </td >
      < td colspan = "2"  class = "heiti" >证件号码 </td >
      < td colspan = "2"  class = "heiti" >与主申请人关系 </td >
      < td width = "70"  class = "heiti" >性别 </td >
 < td width = "50"  class = "heiti" >年龄 </td >
    </tr >
    $ {memberMessage!}
 </table >
 < center > < font style = " font - size:20px; font - weight: bold;"  class = " heiti15" >         
  </font > </center >
 < center > < font style = " font - size: 20px; font - weight: bold;"  class = " heiti15" > 核对结果 </font > </
center >
 $ {checkMessage!}
 </td >
 </tr >
 </table >
 < p class = "heititle2" >说明: </p >
 < p class = "heititle4"  >银行数据中个、十、百、千位数字使用 * 代替,千位以上显示数字,例如 12345 显示
为 1 * * * * ,123 显示为 * * * 。 </p >
 < p class = "heititle4"  > $ {categoryMassage} </p >
 < p class = "heititle4"  >本报告是核对对象在各相关部门信息系统中信息的客观反映,仅作为委托部门审
批的参考。 </p >
 </center >

 < script >
document. oncontextmenu  =  function( ) {
  return false;
}
document. onkeydown  =  function( ) {
  if ( event. ctrlKey) {
    if( window. event. keyCode = =67) {
      return false;
    }
  }
}
document. body. oncopy =  function  ( ) {
  return false;
}

document. onselectstart  =  function( ) {
  return false;
}
 </script >
 </body >
 </html >
```

核对报告模板要和系统代码配合使用、代码中拼接资源数据,模板文件解析数据。其中拼接资源数据代码位于 ReportServiceImpl 的 gengrateDataHtml 方法中。

通过重写 gengrateDataHtml 方法,装配核对报告模板数据。

```
public StringgengrateDataHtml(Map < String,Object >  familyMap,UserAccountVo user,Batch batch,http(https)
ServletRequest request) {
    String reportHtml = "";
    //生成核对报告赋值参数
    Map<String,Object> reportMap = new HashMap<String,Object>();
    //核对部门 orgName
    reportMap.put("orgName", user.getOrgName());
    //委托日期
    reportMap.put("trustDate", batch.getAbex1003());
    //报告编号
    reportMap.put("reportCode",
    this.getReportCode(user.getAreaCode(),familyMap.get("abex1004").toString()));
    ......
    FreemarkerUtil.getFile(ids, file_name);
    String report_html = FreemarkerUtil.getString(request, file_name, reportMap);
    return report_html;
}
```

模板文件和业务数据拼接代码完毕后,在核对系统业务配置模块 - >核对报告模板管理中可以上传新的配置模板文件。

新的核对批次数据即可用此模板生成核对报告。

9.3 监管系统

9.3.1 业务监管预警

9.3.1.1 扩展内容

可扩展内容为监管其他内容、自定义监管规则:

a)救助对象监管类:cn.com.taiji.sa.task.PeopleTask;

b)资金监管类:cn.com.taiji.sa.task.CapitalTask。

9.3.1.2 扩展方式

通过在 PeopleTask、CapitalTask 中新增方法,异步定时处理监管逻辑。

9.3.1.3 开发实例

```
@Async
@Scheduled(cron = "0/30 * * * * ?")
public void ageTask() {
    Tsa247 query = new Tsa247();
    query.setAzgx0733("b1");
    query.setExecutionInterval(EXECUTION_INTERVAL);
    List<Tsa247> list = tsa247Service.selectTsa247ListNotRunning(query);

    for (Tsa247 rule : list) {
        String azgx0727 = rule.getAzgx0727();
        if (StringUtils.isEmpty(azgx0727)) {
```

```
        continue;
    }
    String[] limit = azgx0727.split("-");
    if (limit.length != 2) {
        continue;
    }
    rule.setIsRunning(2);
    rule.setLastExecutionTime(new Date());
    int updateRows = tsa247Service.updateTsa247(rule);
    if (updateRows == 1) {
        rule.setVersion(rule.getVersion() + 1);
        iPeopleService.ageTask(rule);
    }
  }
}
```

9.3.2 业务字典数据适配

9.3.2.1 扩展内容

可扩展内容为核对系统和地方系统对接业务数据字典的匹配映射关系。

9.3.2.2 扩展方式

通过 DictAdapter 方法，使用 getDictValue、registSystemId、setDictMapping，实现注册自建系统、字典转换、设置转换映射关系。

调用字典适配时候，首先注册系统，其次设置映射关系，最后调用字典转换。可以实现多个系统字典映射的复用。

9.3.2.3 开发实例

```
public interfaceDictAdapter {

    /**
     * 字典转换
     * @param dict 自建系统字典
     * @param systemId 自建系统标识
     * @return 核对系统对应字典
     */
    public String getDictValue(TaDict dict,String systemId);

    /**
     * 注册自建系统
     * @param systemId 自建系统标识
     * @param systemNames 自建系统名称
     * @return 注册结果
     */
    public String registSystemId(String systemId,String systemNames);

    /**
     * 设置字典转换映射
     * @param dict 核对系统字典
     * @param localDict 自建系统字典
```

```
* @param systemId 自建系统标识
    * @return 设置结果
    */
   public boolean setDictMapping(TaDict dict,TaDictlocalDict,String systemId);
}
```

JMGC

民 政 部 金 民 工 程 标 准

JMGC/JS 316.3—2020

业务系统二次开发
第3部分:公共服务

2020-12-30发布 2020-12-30实施

民政部信息中心 发布

目　次

前　言

本文件按照 GB/T 1. 1—2020《标准化工作导则 第 1 部分:标准化文件的结构和起草规则》的规定起草。

请注意本文件的某些内容可能涉及专利。本文件的发布机构不承担识别专利的责任。

本文件是 JMGC/JS 316《业务系统二次开发》的第 3 部分。JMGC/JS 316 已经发布了以下部分:

——第 1 部分:救助业务;

——第 2 部分:核对业务;

——第 3 部分:公共服务;

——第 4 部分:决策支持;

——第 5 部分:儿童福利管理、婚姻管理、流浪乞讨人员救助管理和殡葬管理;

——第 6 部分:基层政权建设和社区治理、社会工作和志愿服务;

——第 7 部分:养老服务、残疾人福利、慈善与募捐。

本标准由民政部信息中心提出并归口。

本标准起草单位:民政部信息中心、东软集团股份有限公司。

本标准主要起草人:荆方明、杨天荣、薛飞、王伟、陈先杰、徐洪凯。

引　言

JMGC/JS 316《业务系统二开发》由七个部分构成。

——第 1 部分:救助业务。目的在于确立社会救助业务系统二次开发应符合的技术架构、数据元、源代码设计等方面的要求。

——第 2 部分:核对业务。目的在于确立居民家庭经济状况核对业务系统二次开发应符合的技术架构、数据元、数据库架构、源代码设计等方面的要求。

——第 3 部分:公共服务。目的在于确立公共服务业务系统二次开发应符合的技术架构、数据元、政务服务事项应用接入等方面的要求。

——第 4 部分:决策支持。目的在于确立决策支持业务系统二次开发应符合的技术架构、数据元、源代码编码等方面的要求。

——第 5 部分:儿童福利管理、婚姻管理、流浪乞讨人员救助管理和殡葬管理。目的在于确立儿童福利管理、婚姻管理、流浪乞讨人员救助管理和殡葬管理系统二次开发应符合的技术架构、数据元、源代码设计等方面的要求。

——第 6 部分:基层政权建设和社区治理、社会工作和志愿服务。目的在于确立基层政权建设和社区治理、社会工作和志愿服务系统二次开发应符合的技术架构、数据元、源代码设计等方面的要求。

——第 7 部分:养老服务、残疾人福利、慈善与募捐。目的在于确立养老服务、残疾人福利、慈善与募捐系统二次开发应符合的技术架构、数据元、源代码设计等方面的要求。

业务系统二次开发 第3部分:公共服务

1 范围

本文件规定了金民工程项目公共服务业务与第三方民政政务服务事项应用资源对接的二次开发要求,包括查询类应用前端接入说明、办理类应用前端接入说明和API接口说明。

本文件适用于第三方业务系统中民政政务服务事项应用资源接入金民工程公共服务门户的二次开发。

2 规范性引用文件

本文件无规范性引用文件。

3 术语和定义

本文件没有适用的术语和定义。

4 技术架构

金民工程一期项目公共服务门户采用前后端分离技术:

a)前端:node.js、webpack 打包工具、vue 框架、elementUI 框架;

b)后端:springboot 框架,MyBatis 持久层框架;

c)集群方式:硬件集群;

d)单点登录:提供互联网及政务人员单点登录。

开发工具:IDEA(后端、全栈)、webstrom(前端),maven,CVS,chrom 浏览器。

5 政务服务事项应用接入二次开发说明

5.1 查询类应用前端接入说明

5.1.1 公共 CSS 引用

```
<link rel = "stylesheet" href = "门户网站联调测试地址/searchCommon/css/common.css" >
```

5.1.2 公共 JS 引用

```
<script language = "javascript" >
    /* * 【应用标识,必填项】使用上架注册时填写的应用标识 */
    var mockAzkx9003 = "searchCareFor"
    var commomUrl = 门户网站联调测试地址
    document.write('<script src = "' + commomUrl + 'searchCommon/js/public.js" > <\/script >');
</script >
```

5.1.3 网站头部引用

```
<! --头部公共部分-- >
<div class="header_box"></div>
    其中页面的标题请填入页面的<title></title>中
例:<title>标题</title>
```

5.1.4 面包屑导航超链接

```
<div class="nav">
    当前位置:<a id="indexLink">首页</a> &gt; 标题
</div>
```

5.1.5 标题样式引用

```
<h1 class="shelf-title">
    <span>[标题名称]</span>
</h1>
```

5.1.6 表单功能引用

a)验证码

```
<div class="code-box">
    <div class="input-code-box">
        <input type="text" name="yzCode" id="yzCode" placeholder="请输入验证码">
    </div>
    <img id="verifyImg" class="code" src="" alt="验证码" title="点击更换图片" style="cursor:
pointer;"
         onclick="this.src=codeUrl+'/CaptchaImg?rd='+Math.random();">
</div>
```

b)按钮

```
<div class="button-box">
    <div class="button-center">
        <div class="search-button"  onclick="searchResult()">立即查询</div>
        <div class="reset-button margin-left">重置信息</div>
    </div>
</div>
```

5.1.7 查询列表引用

a)查询列表

```
<div class="result-list">
    <h1 class="shelf-title">
        <span>查询结果</span>
    </h1>
    <div class="result-grid" id="resultGrid">
        <table>
            <thead>
                <tr>
                    <th width="10%">序号</th>
                    <th width="90%">列标题</th>
                </tr>
            </thead>
```

```
            < tbody > < /tbody >
            < /table >
        < /div >
        < div id = "page" class = "page - part" > 暂无数据 . . . < /div >
< /div >
```

b)查询 JS 说明

```
1. 定义公共变量
/ * * 点击[查询]请求后台的路径 * /
var queryUrl = 'http(https)://zwfw. mca. gov. cn/webhtgl/webglbiz/'
/ * * 在集成服务平台注册后生成的地址,替换成自己在应用集成平台注册的地址 * /
var sjUrl = '
var data;
var totalNum;//数据总数
var pageSize = 10;//每页条数
2. 查询按钮调用方法
function searchResult() {
    data = null;
    searchMessage(1); //查询数据,默认第一页
}
3. 查询
function searchMessage(page) {
/ * * 获得查询表单数据 * /
var azhx0302 = $ ( #azhx0302'). val()
var azhc0102 = $ ( #azhc0102'). attr( title')
var checkCode = $ ( #yzCode'). val()
var params = {
        "url": sjUrl,
        "version": 1.0',
        //"nvc":1',//当此参数为"1"时,当次请求不需校验验证码;需要验证码的时候此项注释
        "checkCode": checkCode,
        "biz_content": JSON. stringify( {
            "azhx0302": azhx0302,
            "azhc0102": azhc0102,
            "pageNumber": page,
            "pageSize": pageSize
        })
    };
    $. ajax( {
        url: queryUrl + "standard/rest/call/direct",
        type: "post",
        dataType: "json",
        data: params,
        xhrFields: {
            withCredentials: true
        },
        crossDomain: true,
        success: function(result) {
            data = null;
            if (result. errors = = null) {
                data = bizData. data. pageBean;
                / * * 没有查询到数据 * /
```

```
                if (JSON. stringify(bizData. data) ! = '{}') {
                    dataPages(page);
                    /* * 处理分页信息 */
                } else if (bizData. errors ! = null && bizData. errors ! = "") {
                    $. MsgBox. Alert("提示信息", bizData. errors[0]. msg);
                } else {
                    noData()
                }
            } else {
                $. MsgBox. Alert("提示信息", "查询出错,请稍后再试!");
            }
        },
        error: function(data) {
            data = null;
            $. MsgBox. Alert("提示信息", "查询出错,请稍后再试!");
        }
    });
}
4. 分页处理
function dataPages(page) {
    $ ('#page'). empty();
    /* * 初始分页部分显示暂且无数据,有数据时候给清空 */
    var startrow = (page - 1) * 10;
    var endrow = (page - 1) * 10 + 10;
    if (data. total > 0) {
        totalNum = data. total;
    }
    var totalPage = (Math. ceil(totalNum / 10) > 10
                    ? Math. ceil(totalNum / 10) : Math. ceil(totalNum / 10));
    setpage(page, totalPage);
    if (totalPage > 1) {
        $ ('#page'). show();
    } else {
        $ ('#page'). hide();
    }
    if (endrow > totalNum) {
        endrow = totalNum;
    }
    var html = [];
    for (var i = 0; i < 10; i++) {
        if (data. list[i]) {
            html. push('<tr><td>' + (i + 1 + startrow) + '</td>');
            html. push('<td>' + data. list[i]. azhx0302 + '</td>') html. push('</tr>')
        }
    }
    /* * 向页面铺值 */
    $ ('#resultGrid table tbody'). empty(). append(html. join(""));
}

function setpage(page, totalPage) {
    $ ("#page"). paging({
        pageNo: page,
        //默认第一页
```

```
            totalPage: totalPage,
            //总页数
            totalSize: 10,
            //超过 current_page_sum 显示上一页和下一页
            callback: function(num) {
                searchMessage(num);
            }
        });
}
5. 返回数据为空调用方法
function noData() {
    var html = [];
    html.push('暂无数据...');
    $('#page').empty().append(html.join(""));
    /** 向页面铺值 */
}
```

5.1.8 热门服务

```
<div class="hot-service" id="hotService">
</div>
```

5.1.9 页脚公共样式引用

```
<div class="main-foot">
    <div class="foot-content" id="footContent"></div>
</div>
```

5.2 办理类应用前端接入说明

5.2.1 公共 CSS 引用

```
<link rel="stylesheet" href="门户网站联调测试地址/common/css/common.css">
```

5.2.2 公共 JS 引用

```
<script language = "javascript">
    /**【应用标识,必填项】使用上架注册时填写的应用标识 */
    var mockAzkx9003 = "applyCareFor"
    var commomUrl = 门户网站联调测试地址;
    document.write('<script src="' + commomUrl + common/js/public.js "><\/script>');
    /** 表单验证 */
    document.write('<script src="' + commomUrl + common/js/jquery.validate.min.js"><\/script>');
    document.write('<script src="' + commomUrl + common/js/messages_zh.min.js "><\/script>');
</script>
```

5.2.3 应用上架前测试引用

a)引入测试 JS 文件

```
<script src="js/mockInfo.js"></script>
说明:此 JS 文件要第一个引入,即要在“公共 JS”之前引入,正式上架后可删除引入。
```

b)模拟测试 JS 文件

```
/**
 * 接口需要参数
 * azwx0032:实施编码 [上架填写]
 * azwx0028:实施事项版本 [上架填写]
 * azwx1044:办件类型  1 即办件 2 承诺件  [上架填写]
```

```
*/
var azkx9011 = "11100000000000131431000111101000"
var azkx9020 = "1"
var azkx9021 = "1"

/** 此处放的是基础信息,业务信息要在自己的 js 添加 */
var mockInfo = {
    "contact_info": { //自然人信息
        "azcp0002": "张爱国", //姓名
        "azcp0004": "001", //证件类型
        "azcp0005": "511028********0039", //证件号码
        "axzx0003": "1848210****", //联系电话
    },
    "base_info": { //办件基础信息
        "azwx0032": azkx9011, //实施编码[上架填写]
        "azwx0028": azkx9020,  //实施事项版本[上架填写]
        "azwx1044": azkx9021,  //办件类型[上架填写]
        "azwx1053": "2", //申请类型[1 窗口 2 网上 3 其它]
        "axcp0002": "axcp0002", //办理人姓名
        "azwx1054": "1", //申请主体类型 1 自然人办事, 2 法人办事
        "azcp0004": "001",//办理人证件类型
        "axcp0005": "511028********0039", //办理人证件号码
        "azcp0003": "1560404****" //办理人联系电话
    }
}
说明:正式上架后,此 JS 文件可以删除,根据《政务服务平台技术对接规范》完善自然人信息或法人信息。
<script language = "javascript" >
    document.write(" <script src =" + endJs + "'> <\/script >");
</script >
说明:底部公共 JS 文件,需要在 html 文件底部引入。
```

5.2.4 网站头部引用

```
<! --头部公共部分-- >
<div class = "header_box" > </div >
其中页面的标题请填入页面的 <title > </title > 中
例: <title > 标题 </title >
```

5.2.5 面包屑导航超链接

```
<div class = "nav" >
    当前位置: <a id = "indexLink" > 首页 </a >  &gt; [各业务名:自改]
</div >
```

5.2.6 标题样式引用

```
<h1 class = "shelf-title" >
    <span > [标题名称] </span >
</h1 >
```

5.2.7 业务表单引用

a) 业务表单样式

```
<form id = "submitForm" method = "post" action = "" >
    <div class = "shelf-form" >
```

```
<div class = "shelf - content" >
    <div class = "single - box" >
        <div class = "title" > <label > <span > * </span > 姓名: </label > </div >
        <div class = "input - box" >
            <input type = "text" name = "axcp0004" placeholder = "请输入姓名" value = "" >
        </div >
    </div >
</div >
<div class = "apply - button" >
    <input class = "save - button" id = "saveButton" type = "submit" value = "保存" >
</div >
</div >
</form >
```

b)业务表单校验

```
$ (). ready( function() {
    $ ( "#submitForm" ). validate( {
        rules: {
            axcp0004: {
                required: true
            }
        },
        messages: {
            axcp0004: {
                required: "请输入姓名"
            }
        }
    });
})
```

表单参数说明见表1。

表1 表单参数说明

参数	描述
required:true	必输字段
remote:"remote - valid. jsp"	使用 ajax 方法调用 remote - valid. jsp 验证输入值
email:true	输入正确格式的电子邮件
url:true	输入正确格式的网址
date:true	输入正确格式的日期,日期校验 ie6 出错,慎用
dateISO:true	输入正确格式的日期(ISO),如:2009 - 06 - 23,1998/01/22 只验证格式,不验证有效性
number:true	输入合法的数字(负数,小数)
digits:true	输入整数
creditcard:true	输入合法的信用卡号
equalTo:"#password"	输入值和#password 相同
accept:	输入拥有合法后缀名的字符串(上传文件的后缀)

续表

参数	描述
maxlength:5	输入长度最多是 5 的字符串(汉字算一个字符)
minlength:10	输入长度最小是 10 的字符串(汉字算一个字符)
rangelength:[5,10]	输入长度介于 5 和 10 之间的字符串(汉字算一个字符)
range:[5,10]	输入值介于 5 和 10 之间
max:5	输入值不能大于 5
min:10	输入值不能小于 10

5.2.8 校验通过回调函数

a)校验通过后回调

```
$.validator.setDefaults({
    submitHandler: function() {
        /**
         * 用户信息验证
         * 参数:回调方法名称[自定义]
         * */
        validatorInfo(saveInfo)
    }
});
```

b)保存方法

```
function saveInfo(){
    /** 防止多次提交,点击完按钮后,将按钮禁用,防止多次提交 */
    $("#saveButton").attr({"disabled":"disabled"});
    var axcp0004 = $(#axcp0004').val() //输入框:姓名
    //出生日期:日历
    var axcp0007 = $("#axcp0007").val()
    /** 业务信息 */
    var bizInfo = {
        "business": {
            "axcp0004": axcp0004
        }
    }
    $.extend( true, param, bizInfo );
    var params = {
        "nvc":1',//当此参数为"1"时,当次请求不需校验验证码;需要验证码的时候此项注释
        "biz_content": JSON.stringify({param})
    };
    /**
     * 拼接完参数,调用申请接口的方法
     * saveCallBack 是回调方法
     */
    saveMessge(params,saveCallBack)
}
说明:获取自己的业务表单数据提交。
```

c)保存后提示信息

```
/**
* flag     错误标识[-1 接口返回异常 0 未请求到服务器  1 申请成功]
* message 错误提示
*/
function saveCallBack(flag,message){
    $.MsgBox.Alert("提示信息", message);
}
```

5.2.9 上传文件

```
<div class="singleBox">
    <div class="title"><label>身份证正面照:</label></div>
    <div class="inputFileWrapper">
        <label for="inputFile">
            <input type="file" id="inputFile" class="inputFile"/>
            <span class="custorm-style">
            <span class="right-text" id="rightText">点击选择文件</span>
        </span>
        </label>
    </div>
    <div class="uploadButton" onclick="fileUpload('inputFile','fileId')">上传文件</div>
    <input id="fileId">
</div>
/**
* inputFile:上传文件 input 框的 ID
*  fileId:上传文件后,返回值存放的 input 框 ID
*  */
function fileUpload(inputFile,fileId){
    var formData = new FormData();
    formData.append("loginid", 'developer'); //必填 操作人标识
    formData.append("busitype", 'FILE'); // 必填  业务类别(IMAGE、FILE、AUDIO、VIDEO、REPORT)
    formData.append("compress", false);  //必填 是否对图片进行压缩
    formData.append("uploadFile", $("#" + inputFile)[0].files[0]);
    upLoadFile(fileId,formData)
}
/**【公共扩展部分,供参考】上传文件 */
function upLoadFile(fileId,formData){
    var url = 上架应用后台地址 + 'storage/file/upload';
    $.ajax({
        type:'POST',
        url:url,
        data:formData,
        contentType:false,
        processData:false,
        dataType:"json",
        mimeType:"multipart/form-data",
        success:function(data){
            /** 根据业务扩展 */
            $("#" + fileId).val(data.data.json.success.data[0].fileid)
            $.MsgBox.Alert("提示信息","文件上传成功!");
        }
    });
}
```

5.2.10 热门服务引用

```
< div class = " hot - service"  id = " hotService" >
</div >
```

5.2.11 页脚公共样式引用

```
< div class = " main - foot" >
    < div class = " foot - content"  id = " footContent" > </div >
</div >
```

5.3 API 接口说明

5.3.1 获取验证码图片

获取验证码图片接口说明见表2。

表2　获取验证码图片接口说明

功能说明	网办上架的查询类应用,一般要求在查询时进行验证码校验,可使用此接口获取验证码			
接口地址	服务发布地址 + /CaptchaImg? rd			
调用方式	GET			
入参说明				
参数名	参数说明	参数类型	是否必录	详细说明
rd	随机数	String	是	随机数建议使用当前时间戳,防止验证码请求被浏览器缓存

5.3.2 发布应用服务接口说明

服务集成管理平台发布应用服务接口说明见表3。

表3　发布应用服务接口说明

功能说明	业务系统在服务集成管理平台中发布的服务,其他系统可通过此接口进行调用,一般用于查询类应用的信息查询服务、办理类应用的前置业务条件校验服务等			
接口地址	服务发布地址 + /standard/rest/call/direct			
调用方式	POST			
入参说明				
参数名	参数说明	参数类型	是否必录	详细说明
url	服务地址	String	是	服务集成管理平台中发布的服务的请求地址
version	服务版本	String	否	服务的版本号(版本号本身可能为空)
biz_content	服务参数	String	是	服务所需的参数,json 格式的字符串
nvc	是否校验验证码	String	否	不传此参数,当次请求默认需要校验验证码;当此参数为"1"时,当次请求不需校验验证码
checkCode	验证码	String	否	
返回值说明				
成功示例:集成服务平台标准返回格式,服务返回的业务信息放在 data 下的 result 中。				

续表

```
{
    "code": 200,
    "requestId": "9b66c805-512b-4ddb-a853-f1698173d4ea",
    "data": {
        "result": {
            "code": "1",
            "msg": "成功",
            "sign": "xxx",
            "bizData": {
                "WorkStatus": "1",
                "DataStatus": "2"
            }
        }
    },
    "errors": null,
    "serviceSuccess": true,
    "redirectUrl": null
}
```

失败示例:集成服务平台标准返回格式,errors 中放置错误信息。

```
{
    "code": 200,
    "requestId": "e95f7a5f-9c04-4775-8525-837e61ee3dbf",
    "data": {},
    "errors": [
        {
            "errorCode": "1",
            "parameter": null,
            "msg": "服务标识错误"
        }
    ],
    "serviceSuccess": true,
    "redirectUrl": null
}
```

5.3.3 办理类业务接口说明

办理类业务接口说明见表4。

表4 办理类业务接口说明

功能说明	办理类应用在提交业务表单时,需要调用此接口。此接口内部会先调用任务调度系统的流程任务创建接口,再调用政务服务的统一申请接口,进行办件申请操作			
接口地址	服务发布地址 + /gov/affairs/apply			
调用方式	POST			
入参说明				
参数名	参数说明	参数类型	是否必录	详细说明
biz_content	服务参数	String	是	服务所需的参数,json 格式的字符串

续表

nvc	是否校验验证码	String	否	不传此参数,当次请求默认需要校验验证码;当此参数为“1”时,当次请求不需校验验证码
checkCode	验证码	String	否	

返回值说明

成功示例:集成服务平台标准返回格式,服务返回的业务信息放在 data 下的 result 中。

```
{
    "code": 200,
    "requestId": "9b66c805-512b-4ddb-a853-f1698173d4ea",
    "data": {
        "result": {
            "code": "1",
            "data": null,
            "message": "成功"
        }},
    "errors": null,
    "serviceSuccess": true,
    "redirectUrl": null
}
```

失败示例:集成服务平台标准返回格式,errors 中放置错误信息。

```
{
    "code": 200,
    "requestId": "e95f7a5f-9c04-4775-8525-837e61ee3dbf",
    "data": {},
    "errors": [{
            "errorCode": "-1",
            "parameter": null,
            "msg": "办件编号不能重复"
        }],
    "serviceSuccess": true,
    "redirectUrl": null
}
```

5.3.4 上传文件接口说明

上传文件接口说明见表 5。

表 5 上传文件接口说明

功能说明	用于办理类应用需要材料上传的场景。先调用此接口上传材料,再将所返回的材料信息放入业务表单,调用统一申请接口进行办件申请操作			
接口地址	服务发布地址 + /storage/file/upload			
调用方式	POST			
入参说明				
参数名	参数说明	参数类型	是否必录	详细说明
loginid	操作人	String	是	操作接口标识码

续表

busitype	文件类别	String	是	包含:IMAGE、FILE、AUDIO、VIDEO、REPORT 等
compress	是否压缩	boolean	是	此参数仅对图片类型的文件生效
scale	压缩比例	double	否	若 compress 为 true,则此参数必录;0—1 之间的小数
返回值说明				
成功返回:集成服务平台标准返回格式,服务返回的业务信息放在 data 下的 json 中。				


```
{
"code": 200,
    "requestId": "9b66c805-512b-4ddb-a853-f1698173d4ea",
    "data": {
        "json": {
            "success": {
                "code": "FileUploadSuccess",
                "data": [{
                    "filename": "55.jpg",
                    "fileid": "xxxx"
                },
                {
                    "filename": "test.txt",
                    "fileid": "xxxx"
                }],
                "message": "文件上传成功"
            }
        }
    },
    "errors": null,
    "serviceSuccess": true,
    "redirectUrl": null
}
```


失败返回:集成服务平台标准返回格式,服务返回的业务信息放在 data 下的 json 的 error 中。


```
{
    "code": 200,
    "requestId": "e95f7a5f-9c04-4775-8525-837e61ee3dbf",
    "data": {
        "json": {
            "error": {
                "code": "LoginIdIsNull",
                "message": "登录账号为空"
            }
        }
    },
    "errors": null,
    "serviceSuccess": true,
    "redirectUrl": null
}
```

参考文献

[1]国家政务服务平台服务应用 JS-API 接入指南

[2]金民工程一期政务服务平台技术对接规范

JMGC

民 政 部 金 民 工 程 标 准

JMGC/JS 316.4—2020

业务系统二次开发
第4部分:决策支持

2020-12-30发布 2020-12-30实施

民政部信息中心 发布

目　　次

前　言

本文件按照 GB/T 1.1—2020《标准化工作导则 第 1 部分:标准的结构和编写》的规则起草。

请注意本文件的某些内容可能涉及专利。本文件的发布机构不承担识别专利的责任。

本文件是 JMGC/JS 316《业务系统二次开发》的第 4 部分。JMGC/JS 316 已经发布了以下部分:

——第 1 部分:救助业务;

——第 2 部分:核对业务;

——第 3 部分:公共服务;

——第 4 部分:决策支持;

——第 5 部分:儿童福利管理、婚姻管理、流浪乞讨人员救助管理和殡葬管理;

——第 6 部分:基层政权建设和社区治理、社会工作和志愿服务;

——第 7 部分:养老服务、残疾人福利、慈善与募捐。

本文件由民政部信息中心提出并归口。

本文件起草单位:民政部信息中心、北京久其软件股份有限公司。

本文件主要起草人:王兴玲、郑明煊、王夫、邹博仁、陈美春。

引　言

JMGC/JS 316《业务系统二次开发》由七个部分构成。

——第 1 部分:救助业务。目的在于确立社会救助业务系统二次开发应符合的技术架构、数据元、源代码设计等方面的要求。

——第 2 部分:核对业务。目的在于确立居民家庭经济状况核对业务系统二次开发应符合的技术架构、数据元、数据库架构、源代码设计等方面的要求。

——第 3 部分:公共服务。目的在于确立公共服务业务系统二次开发应符合的技术架构、数据元、政务服务事项应用接入等方面的要求。

——第 4 部分:决策支持。目的在于确立决策支持业务系统二次开发应符合的技术架构、数据元、源代码编码等方面的要求。

——第 5 部分:儿童福利管理、婚姻管理、流浪乞讨人员救助管理和殡葬管理。目的在于确立儿童福利管理、婚姻管理、流浪乞讨人员救助管理和殡葬管理系统二次开发应符合的技术架构、数据元、源代码设计等方面的要求。

——第 6 部分:基层政权建设和社区治理、社会工作和志愿服务。目的在于确立基层政权建设和社区治理、社会工作和志愿服务系统二次开发应符合的技术架构、数据元、源代码设计等方面的要求。

——第 7 部分:养老服务、残疾人福利、慈善与募捐。目的在于确立养老服务、残疾人福利、慈善与募捐系统二次开发应符合的技术架构、数据元、源代码设计等方面的要求。

业务系统二次开发 第4部分:决策支持

1 范围

本文件规定了金民工程决策支持二次开发的技术框架、数据库架构、代码规范等内容。

本文件适用于金民工程项目中民政统计与信息服务系统、信用信息分析管理系统、决策支持系统和综合办公系统建设。

2 规范性引用文件

下列文件中的内容通过文中的规范性引用而构成本文件必不可少的条款。其中,注日期的引用文件,仅该日期对应的版本适用于本文件;不注日期的引用文件,其最新版本(包括所有的修改单)适用于本文件。

GB/T 5271.1—2000 信息技术 词汇 第1部分:基本术语

GB/T 18391.1—2009 信息技术 元数据注册系统(MDR) 第1部分:框架

JMGC/YW 409.2 社会救助业务 数据元 核对

JMGC/ZT 103 金民工程总体技术构架规范及应用系统建设部署要求

JMGC/XX 210—2020 金民工程数据对象命名规范

JMGC/JS 324 金民工程开发环境要求及编码规范

3 术语和定义

3.1 数据

信息的可再解释的形式化表示,以适用于通信、解释或处理。

[来源:GB/T 5271.1—2000,01.01.02]

3.2 数据元

用一组属性描述定义、标识、表示和允许值的数据单元。

[来源:GB/T 18391.1—2002,3.14]

3.3 元数据

定义和描述其他数据的数据。

[来源:GB/T 18391.1—2002,3.41]

3.4 数据元概念

能以数据元的形式表示,且与任何特定的表示法无关的一种概念。

［来源：GB/T 18391.1—2002，3.15］

3.5 对象类

对象集。现实世界中的想法、抽象概念或事物的集合，有清楚的边界和含义，并且特性和其行为遵循同样的规则而能够加以标识。

［来源：GB/T 18391.1—2002，3.45］

4 缩略语

无。

5 技术架构

金民工程决策支持系统二次开发应遵循以下技术架构。

系统总体技术架构为五层架构，从下到上依次为：基础设施层、数据资源层、应用支撑层、应用系统层和门户展现层。

a）基础设施层

基础设施层主要包括网络系统、主机、存储系统、安全系统、云计算资源调度平台等。网络分为电子政务内网、电子政务外网和互联网。电子政务内网和电子政务外网物理隔离，电子政务外网和互联网之间通过防火墙配置逻辑隔离。

b）数据资源层

数据资源管理层主要由数据库组成，其中结构化的数据库主要包括基础数据库、业务数据库和共享数据库。非结构化数据库主要由一些文件型的数据构成。

c）应用支撑层

应用支撑层主要包括基础支撑组件集、数据管理组件集、大数据支撑组件集、业务专用组件集、业务配置组件集、数据共享交换组件集、统一用户认证管理组件集、综合运维组件集、门户管理组件集、政务服务组件集等模块，通过应用支撑平台实现界面集成、应用集成、数据集成和流程集成。

d）应用系统层

应用系统层主要包括民政统计与信息服务、民政信息统一采集、决策支持、信用信息分析管理、综合办公等业务子系统。决策支持业务系统二次开发工作主要针对应用系统层进行功能优化和扩展。

e）门户展现层

门户展现层为金民工程各业务系统统一访问门户，决策支持系统以统一访问门户作为用户登录入口。

金民工程决策支持系统总体技术架构见图1。

图 1　决策支持系统总体技术架构

6 数据元

决策支持数据元应符合 JMGC/YW 420 的要求。

7 数据库设计要求

数据库设计应符合 JMGC/XX 210 的要求。

8 业务应用系统开发要求

应用系统开发要求符合 JMGC/ZT 103 的要求。

9 开发环境及源代码要求

开发环境及源代码应符合 JMGC/JS 324 的要求。

10 功能扩展列表

业务系统可扩展功能见表1。

表1　业务系统功能扩展列表

系统名称	功能名称	功能描述
信用信息分析管理系统	自然人基础信息接口	通过不同类型的扩展实现,提供相应类型的自然人基本信息内容
信用信息分析系统	社会组织基本信息接口	通过不同类型的扩展实现,提供相应类型的社会组织基本信息内容
信用信息分析系统	基础信用对象接口	提供抽象的基础引用评价对象
综合办公系统	远程公文接收	提供远程公文接收接口,根据不同参数显示不同类型正文
综合办公系统	业务动作接口	提供工作流动作的扩展
决策支持系统	事件接口	提供抽象的事件对象,扩展对应的事件类型
决策支持系统	图表接口	提供基础的图表接口,用于扩展不同类型图表
民政统计与信息服务系统	基础报表接口	基础报表接口,用于扩展不同类型报表
民政统计与信息服务系统	报表流程接口	基础报表流程接口,用于扩展不同报表流程

10.1 信用信息分析管理系统

10.1.1 自然人基础信息接口

10.1.1.1 扩展接口描述

自然人基础信息接口可以根据入参获得人员信息,可用于人员信息支撑的功能扩展。具体接口信息如下:

a)接口名称:自然人基础信息接口;

b)接口类路径:

com.jiuqi.jinmin.auth.service.impl.AuthUserServiceImpl;

c)输入参数:输入参数见表2;

表2　自然人基础信息接口输入参数

参数	参数名称	参数类型	说明
AXCP0001	基础信息 ID	string	无要求
AXCP0002	姓名	string	无要求
AXCP0004	证件类型	string	见 JMGC/XX 203—2020 附录 C 代码集“身份证件类型代码”
AXCP0005	证件号码	string	无要求

d)输出参数:List < AuthUserInfo >,为自然人基础信息的实体。

10.1.1.2 扩展方式

使用本接口进行功能扩展可以实例化 AuthUserServiceImpl 类,通过实例化对象调用 getAuthUserInfoByParam 方法获取自然人基础信息,也可通过继承 AuthUserServiceImpl 类,实现功能扩展。

10.1.1.3 开发实例

```
一.实例化方式
  //1. 实例化 AuthUserServiceImpl
  IAuthUserService authUserService = new AuthUserServiceImpl()
  //2. 调用 getAuthUserInfoByParam 方法
  List < AuthUserInfo > authUserInfoList = authUserService.getAuthUserInfoByParam(userQueryParam)
  //3. 对数据进行处理,将处理的自然人基础信息在页面展示
二.继承方式
  public class MyAuthUserServiceImpl extends AuthUserServiceImpl { ... }
```

10.1.2 社会组织基本信息接口

10.1.2.1 扩展接口描述

社会组织基本信息接口可以根据入参获得社会组织基本信息接口,可用于需要社会组织基本信息支撑的功能扩展。具体接口信息如下:

a)接口名称:社会组织基本信息接口;

b)接口类路径:

com.jiuqi.jinmin.org.service.impl;

c)输入参数:输入参数见表3;

表3 社会组织基本信息接口输入参数

参数	参数名称	参数类型	说明
AXBE0001	基础信息 ID	string	无要求
AXBE0003	社会组织名称	string	无要求
AXBE0002	统一社会信用代码	string	无要求

d)输出参数:List < Mdorg >,为社会组织基本信息的实体。

10.1.2.2 扩展方式

使用本接口进行功能扩展可以实例化 OrgServiceServiceImpl 类,通过实例化对象调用 queryOrgData 方法获取社会组织基本信息,也可通过继承 OrgServiceServiceImpl 类,实现功能扩展。

10.1.2.3 开发实例

```
一.实例化方式
  //1. 实例化 OrgServiceImpl
  IOrgService orgService = new OrgServiceImpl()
```

```
  //2. 调用 queryOrgData 方法
  List < MdOrg > mdOrgList = orgService. queryOrgData( orgParam)
  //3. 对数据进行处理,将处理的社会组织基本信息在页面展示
二. 继承方式
  public class OrgEntityServiceImplextends OrgServiceImpl { ... }
```

10.1.3 基础信用对象接口

10.1.3.1 扩展接口描述

基础信用对象接口可以根据入参获得自然人基础信息和社会组织基本信息的抽象数据,可用于需要自然人基础信息和社会组织基本信息支撑的功能扩展。具体接口信息如下:

a)接口名称:基础信用对象接口;

b)接口类路径:

com. jiuqi. jinmin. credit. service. impl;

c)输入参数:输入参数见表4;

表4 基础信用对象输入参数

参数	参数名称	参数类型	说明
AGCF0001	基础信息 ID	string	无要求
AGCF0002	基础信用对象类别	string	无要求
AGCF0003	基础信用对象名称	string	无要求

d)输出参数:Object,为基础信用对象的实体。

10.1.3.2 扩展方式

使用本接口进行功能扩展可以实例化 CreditServiceImpl 类,通过实例化对象调用 queryCreditObjData 方法获取基础信用对象信息,也可通过继承 CreditServiceImpl 类,实现功能扩展。

10.1.3.3 开发实例

```
一. 实例化方式
  //1. 实例化 CreditServiceImpl
  ICreditService creditService = new CreditServiceImpl( )
  //2. 调用 queryCreditObjData 方法
  List < CreditObj > creditObjList = creditService. queryCreditObjData( creditParam)
  //3. 对数据进行处理,将处理的基础信用对象信息在页面展示
二. 继承方式
  public class SocietyCreditServiceImplextends CreditServiceImpl { ... }
```

10.2 综合办公系统

10.2.1 远程公文接收接口

10.2.1.1 扩展接口描述

远程公文接收接口可以根据入参获得相应的参数,可用于需要公文交换系统支撑的功能扩展。具体接口信息如下:

a)接口名称:远程公文接收接口;

b)接口类路径:

module. remoteData. impls;

c)输入参数:输入参数见表5;

表5 远程公文接收输入参数

参数	参数名称	参数类型	说明
INFO_ID	业务记录 id	string	无要求
USER_ID	用户 ID	String	无要求

d)输出参数:Object,为远程公文接收对象的实体。

10.2.1.2 扩展方式

使用本接口进行功能扩展可以实例化 AcceptRemoteData 类,通过实例化对象调用 execute 方法获取远程收文信用对象信息,也可通过实现 IRemote 类,实现功能扩展。

10.2.1.3 开发实例

```
一. 实例化方式
  //1. 实例化 AcceptRemoteData
  IRemote acceptRemoteData = new AcceptRemoteData( )
  //2. 调用 execute 方法
  Objectdata = acceptRemoteData. execute( infoId, userId)
  //3. 执行业务动作逻辑
二. 继承方式
  public class AcceptRemoteData implements IRemote{ . . . }
```

10.2.2 业务动作接口

10.2.2.1 扩展接口描述

业务动作接口可以根据业务需要对数据执行不同的操作,如新增、修改、上报、退回,可用于需要业务动作支撑的功能扩展。具体接口信息如下:

a)接口名称:业务动作接口;

b)接口类路径:

ezweb. modules. workflow. action;

c)输入参数:输入参数见表6;

表6 业务动作接口输入参数

参数	参数名称	参数类型	说明
INFO_ID	业务记录 ID	string	无要求
USER_ID	用户 ID	string	无要求

续表

参数	参数名称	参数类型	说明
USER_NAME	用户姓名	string	无要求
ACTION	业务动作参数	string	无要求

d)输出参数:Boolean,为业务动作是否执行成功的判断值。

10.2.2.2 扩展方式

使用本接口进行功能扩展可以实例化 FlowMonitorAction 类,通过实例化对象调用 excute 方法执行业务动作逻辑,也可通过实现 IAction 类,实现功能扩展。

10.2.2.3 开发实例

```
一. 实例化方式
  //1. 实例化 FlowMonitorAction
  IAction flowMonitorAction = new FlowMonitorAction ( )
  //2. 调用 excute 方法
  Boolean isSuccess = flowMonitorAction . excute( infoId,action)
  //3. 执行业务动作逻辑
二. 继承方式
  public class FlowMonitorAction implements IAction{ ... }
```

10.3 决策支持系统

10.3.1 事件接口

10.3.1.1 扩展接口描述

事件接口可以监听不同的事件消息,可用于需要事件处理业务支撑的功能扩展。具体接口信息如下:

a)接口名称:基础正文接口;

b)接口类路径:

com. jiuqi. jinmin. event. service. impl;

c)输入参数:输入参数见表7;

表7 事件接口输入参数

参数	参数名称	参数类型	说明
AXGT0009	业务对象 ID	string	无要求
EVENT_PARAM	事件参数	string	无要求

d)输出参数:Boolean,为事件是否执行成功的判断值。

10.3.1.2 扩展方式

使用本接口进行功能扩展可以实例化 EventServiceImpl 类,通过实例化对象调用 listen 方法监听事件消息来完成时间逻辑,也可通过继承 EventServiceImpl 类,实现功能扩展。

10.3.1.3 开发实例

```
一. 实例化方式
  //1. 实例化 EventServiceImpl
  IEventService eventService = new EventServiceImpl()
  //2. 调用 listen 方法
  Boolean isSuccess = eventService. listen(eventParam)
  //3. 监听事件消息,完成事件逻辑
二. 继承方式
  public class InfoEventServiceImpl extends EventServiceImpl { ... }
```

10.3.2 图表接口

10.3.2.1 扩展接口描述

图表接口可以根据入参获得相应的查询结果用于图表信息展示,可用于需要多种类型图表展示的功能扩展。具体接口信息如下:

a)接口名称:图表接口;

b)接口类路径:

com. jiuqi. jinmin. querydefine. service. impl;

c)输入参数:输入参数见表 18;

表 8 图表接口输入参数

参数	参数名称	参数类型	说明
AXGT0009	业务对象 ID	string	无要求
AXFH0005	查询定义 ID	string	无要求
QUERY_PARAM	图表查询参数	string	无要求

d)输出参数:Object,为图表查询结果的实体。

10.3.2.2 扩展方式

使用本接口进行功能扩展可以实例化 QueryDefineServiceImpl 类,通过实例化对象调用 query 方法获取图表查询结果信息,也可通过继承 QueryDefineServiceImpl 类,实现功能扩展。

10.3.2.3 开发实例

```
一. 实例化方式
  //1. 实例化 QueryDefineServiceImpl
  IQueryDefineService queryDefineService = new QueryDefineServiceImpl()
  //2. 调用 query 方法
  Object queryDefineResult = queryDefineService. query(queryParam)
  //3. 对数据进行处理,将处理的查询结果信息在页面图表上展示
二. 继承方式
  public class CustomQueryDefineServiceImpl extends QueryDefineServiceImpl { ... }
```

10.4 民政统计与信息服务系统

10.4.1 基础报表接口

10.4.1.1 扩展接口描述

基础报表接口可以根据入参初始化不同类型的基础报表,可用于需要多种类型基础报表的扩展。具体接口信息如下:

a)接口名称:基础报表接口;

b)接口类路径:

com.jiuqi.jinmin.report.service.impl;

c)输入参数:输入参数见表9;

表9　基础报表接口输入参数

参数	参数名称	参数类型	说明
AXGT0009	业务对象 ID	string	无要求
AFDE0006	基础报表 key	string	无要求
REPORT_PARAM	报表初始化参数	string	无要求

d)输出参数:Object,为报表定义的实体。

10.4.1.2 扩展方式

使用本接口进行功能扩展可以实例化 ReportDefineServiceImpl 类,通过实例化对象调用 init 方法来初始化相应的报表,也可通过继承 ReportDefineServiceImpl 类,实现功能扩展。

10.4.1.3 开发实例

```
一. 实例化方式
  //1. 实例化 ReportDefineServiceImpl
  IReportDefineService reportDefineService = new ReportDefineServiceImpl()
  //2. 调用 init 方法
  Object reportDefine = reportDefineService.init(reportParam)
  //3. 根据报表参数,初始化报表
二. 继承方式
  public class CustomReportDefineServiceImpl extends ReportDefineServiceImpl { ... }
```

10.4.2 报表流程接口

10.4.2.1 扩展接口描述

报表流程接口可以定义不同的报表流程,可用于需要对不同业务使用不同报表流程的扩展。具体接口信息如下:

a)接口名称:报表流程接口;

b)接口类路径:

com.jiuqi.jinmin.process.service.impl;

c)输入参数:输入参数见表10;

表10 报表流程接口输入参数

参数	参数名称	参数类型	说明
AXGT0009	业务对象ID	string	无要求
AFRD0003	报表流程key	string	无要求
PROCESS_PARAM	报表流程初始化参数	string	无要求

d)输出参数:Object,为报表定义的实体。

10.4.2.2 扩展方式

使用本接口进行功能扩展可以实例化ProcessDefineServiceImpl类,通过实例化对象调用init方法来初始化报表流程,也可通过继承ProcessDefineServiceImpl类,实现功能扩展。

10.4.2.3 开发实例

```
一. 实例化方式
  //1. 实例化 ProcessDefineServiceImpl
  IProcessDefineService processDefineService = new ProcessDefineServiceImpl()
  //2. 调用 init 方法
  Object reportDefine = processDefineService.init(processParam)
  //3. 根据报表流程参数,初始化报表流程
二. 继承方式
  public class CustomProcessDefineServiceImpl extends ProcessDefineServiceImpl { ... }
```

JMGC

民 政 部 金 民 工 程 标 准

JMGC/JS 316.5—2020

业务系统二次开发 第5部分:儿童福利管理、婚姻管理、流浪乞讨人员救助管理和殡葬管理

2020-12-30 发布 2020-12-30 实施

民政部信息中心 发布

目　次

前　言

本文件按照 GB/T 1.1—2020《标准化工作导则 第1部分:标准的结构和编写》的规则起草。

请注意本文件的某些内容可能涉及专利。本文件的发布机构不承担识别专利的责任。

本文件是 JMGC/JS 316《业务系统二次开发》的第5部分。JMGC/JS 316 已经发布了以下部分:

——第1部分:救助业务;

——第2部分:核对业务;

——第3部分:公共服务;

——第4部分:决策支持;

——第5部分:儿童福利管理、婚姻管理、流浪乞讨人员救助管理和殡葬管理;

——第6部分:基层政权建设和社区治理、社会工作和志愿服务;

——第7部分:养老服务、残疾人福利、慈善与募捐。

本文件由民政部信息中心提出并归口。

本文件起草单位:民政部信息中心、中科恒运股份有限公司。

本文件主要起草人:文长军、赵超、马守平、甘会强、王道琨、张立利。

引　言

JMGC/JS 316《业务系统二次开发》由七个部分构成。

——第1部分:救助业务。目的在于确立社会救助业务系统二次开发应符合的技术架构、数据元、源代码设计等方面的要求。

——第2部分:核对业务。目的在于确立居民家庭经济状况核对业务系统二次开发应符合的技术架构、数据元、数据库架构、源代码设计等方面的要求。

——第3部分:公共服务。目的在于确立公共服务业务系统二次开发应符合的技术架构、数据元、政务服务事项应用接入等方面的要求。

——第4部分:决策支持。目的在于确立决策支持业务系统二次开发应符合的技术架构、数据元、源代码编码等方面的要求。

——第5部分:儿童福利管理、婚姻管理、流浪乞讨人员救助管理和殡葬管理。目的在于确立儿童福利管理、婚姻管理、流浪乞讨人员救助管理和殡葬管理系统二次开发应符合的技术架构、数据元、源代码设计等方面的要求。

——第6部分:基层政权建设和社区治理、社会工作和志愿服务。目的在于确立基层政权建设和社区治理、社会工作和志愿服务系统二次开发应符合的技术架构、数据元、源代码设计等方面的要求。

——第7部分:养老服务、残疾人福利、慈善与募捐。目的在于确立养老服务、残疾人福利、慈善与募捐系统二次开发应符合的技术架构、数据元、源代码设计等方面的要求。

业务系统二次开发 第5部分:儿童福利管理、婚姻管理、流浪乞讨人员救助管理和殡葬管理

1 范围

本文件规定了金民工程项目中儿童福利管理、婚姻管理、流浪乞讨人员救助管理和殡葬管理业务系统二次开发的相关术语和定义,以及二次开发应符合的系统技术架构,数据元、源代码设计和数据库表设计以及功能扩展方面的标准。

本文件适用于金民工程项目中儿童福利管理、婚姻管理、流浪乞讨人员救助管理和殡葬管理系统。

2 规范性引用文件

下列文件中的内容通过文中的规范性引用而构成本文件必不可少的条款。其中,注日期的引用文件,仅该日期对应的版本适用于本文件;不注日期的引用文件,其最新版本(包括所有的修改单)适用于本文件。

GB/T 18391.1 信息技术 元数据注册系统(MDR) 第1部分:框架

GB/T 23824.1 信息技术 实现元数据注册系统(MDR)内容一致性的规程 第1部分:数据元

JMGC/ZT 103 金民工程 总体技术构架规范及应用系统建设部署要求

JMGC/XX 210 金民工程 数据对象命名规范

JMGC/JS 324 金民工程 开发环境要求及编码规范

JMGC/YW 425 儿童福利数据元

JMGC/YW 426.1 社会事务管理数据元 第一部分:婚姻管理

JMGC/YW 426.2 社会事务管理数据元 第二部分:流浪乞讨人员救助管理

JMGC/YW 426.3 社会事务管理数据元 第三部分:殡葬管理

3 术语和定义

JMGC/YW 421、JMGC/YW 422.1、JMGC/YW 422.2、JMGC/YW 422.3 界定的以及下列术语和定义适用于本文件。

3.1 数据

信息的可再解释的形式化表示,以适用于通信、解释或处理。

［GB/T 5271.1,定义 01.01.02］

3.2 数据元

用一组属性描述定义、标识、表示和允许值的数据单元。

［GB/T 18391.1,定义 3.3.8］

3.3 电子政务数据元

电子政务数据元是指政务活动过程中涉及的所有数据元。

3.4 元数据

定义和描述其他数据的数据。

［GB/T 18391.1,定义 3.2.16］

3.5 数据元概念

能以数据元的形式表示的概念,其描述与任何特定表示法无关。

［GB/T 18391.1,定义 3.3.9］

3.6 对象类

可以对其界限和含义进行明确的标识,且特性和行为遵循相同规则的观念、抽象概念或现实世界中事物的集合。

［GB/T 18391.1,定义 3.3.22］

3.7 特性

一个对象类所有成员所共有的特征。

［GB/T 18391.1,定义 3.3.29］

3.8 对象

可感知或可想象的任何事物。

［GB/T 18391.1,定义 3.2.22］

3.9 实体

任何现存、曾经存在的或可能存在的具体的或抽象的事物,包括事物间的关联。

［GB/T 18391.1,定义 3.2.10］

3.10 属性

一个对象或实体的特征。

［GB/T 18391.1,定义 3.1.1］

3.11 分类方案

根据对象具有的共同特征将对象进行排列或分组的描述性信息。

［GB/T 18391.1,定义 3.3.4］

3.12 语境

一个名词所用于的或所源自的应用环境或规程的描述。

4 技术架构

金民工程儿童福利管理、婚姻管理、流浪乞讨人员救助管理和殡葬管理业务系统二次开发应遵循以下技术架构。

系统总体技术架构为五层架构,从下到上依次为:基础设施层、数据资源层、应用支撑层、应用系统层和门户展现层。

a)基础设施层

基础设施层主要包括网络系统、主机、存储系统、安全系统、云计算资源调度平台等。网络分为电子政务内网、电子政务外网和互联网。电子政务内网和电子政务外网物理隔离,电子政务外网和互联网之间通过防火墙配置逻辑隔离。

b)数据资源层

数据资源管理层主要由数据库组成,其中结构化的数据库主要包括基础数据库、业务数据库和共享数据库。非结构化数据库主要由一些文件型的数据构成。

c)应用支撑层

应用支撑层主要包括基础支撑组件集、数据管理组件集、大数据支撑组件集、业务专用组件集、业务配置组件集、数据共享交换组件集、统一用户认证管理组件集、综合运维组件集、门户管理组件集、政务服务组件集等模块,通过应用支撑平台实现界面集成、应用集成、数据集成和流程集成。

d)应用系统层

应用系统层主要包括儿童福利、婚姻管理、流浪乞讨人员救助管理和殡葬管理等业务系统。儿童福利、婚姻管理、流浪乞讨人员救助管理和殡葬管理业务系统二次开发工作主要针对应用系统层进行功能优化和扩展。

e)门户展现层

门户展现层为金民工程各业务系统统一访问门户。

系统总体技术架构见图1。

5 数据元

金民工程中儿童福利管理二次开发数据元应符合 JMGC/YW 425 的要求,婚姻管理二次开发数据元应符合 JMGC/YW 426.1 的要求,流浪乞讨人员救助管理二次开发数据元应符合 JMGC/YW 426.2 的要求,殡葬管理业务系统二次开发数据元应符合 JMGC/YW 426.3 的要求。

6 数据库设计要求

数据库设计应满足 JMGC/XX 210 的要求。

图 1　系统总体技术架构

7 业务应用系统开发要求

应用系统开发应符合 JMGC/ZT 103 的要求。

8 源代码

开发环境及源代码应符合 JMGC/JS 324 的要求。

9 功能扩展列表

业务系统可扩展功能见表 1。

表 1　功能扩展列表

参数	参数名称	说明
全国儿童福利信息系统	收养业务	将收养业务中生成的证件,进行电子签章,生成电子证照

续表

参数	参数名称	说明
全国婚姻登记管理系统	离婚登记冷静期业务	提出离婚申请30天内可以撤销
全国流浪乞讨人员救助管理信息系统	人脸信息识别业务	可扩展人脸识别算法
全国殡葬管理信息系统	殡葬主题分析字典	可扩展主题分析字典,从而增加主题分析栏目

9.1 全国儿童福利信息系统－收养业务接口

9.1.1 扩展接口描述

与电子签章系统对接,对收养业务中生成的证件进行签章,生成电子证照。

9.1.2 扩展方式

实现收养扩展接口类 AdoptionExpandServcie,扩展 etLicenseFile 方法来实现电子签章,生成电子证照。

9.1.3 开发示例

调用签章服务,将需要进行电子签章的证件传给签章服务器进行签章,签章完成后返回电子证照。

以下文本为生成电子证照开发示例:

```
/**
 * @author 王春友
 * @company 中科恒运
 * @create 2020-07-15 11:16
 */
public interface AdoptionExpandServcie {
    /**
     * 对收养证件进行签章,生成电子证照
     * @param adoptionFileSrc
     */
    void etLicenseFile(String adoptionFileSrc);
}
/**
 * @author 王春友
 * @company 中科恒运
 * @create 2020-07-15 11:18
 */
@Service
public class AdoptionExpandServiceImpl implements AdoptionExpandServcie {

    /**
     * 对收养证件进行签章,生成电子证照
     * @param adoptionFileSrc
     */
    @Override
```

```
public void etLicenseFile(String adoptionFileSrc) {
    //初始化电子签章工具类
    EleClientTool eleClientTool = null;
    //初始化字节输入流
    InputStream in = null;
    //初始化字节数组输出流
    ByteArrayOutputStream outArr = new ByteArrayOutputStream();
    //初始化字节输出流
    OutputStream out = null;
    try {
        //获取电子签章的 IP
        String eleIp = EleConfig.getProperty(EleConfigConstants.ELE_IP);
        //获取电子签章的端口
        String elePort = EleConfig.getProperty(EleConfigConstants.ELE_PORT);
        //根据电子签章的 IP 和端口获取电子签章的工具类
        eleClientTool = new EleClientTool(eleIp,Integer.parseInt(elePort));
        //把收养证件转换为数组输出流
        in = new FileInputStream(new File(adoptionFileSrc));
        int len;
        while ((len=in.read())! = -1) {
            outArr.write(len);
            outArr.flush();
        }
        //初始化消息通道
        ChannelMessage cmsg = null;
        //对收养证件进行电子签章
        cmsg = eleClientTool.sign(EleConfigConstants.RULES, outArr.toByteArray());
        //根据消息通道的状态码进行判断是否电子签章成功
        if ("200".equals(cmsg.getStatusCode())) {
            //把签章后的电子证照写入字节流输出
            out = new FileOutputStream(adoptionFileSrc);
            byte[] signByte = cmsg.getBody();
            out.write(signByte);
            out.flush();
        }else{
            throw new BusinessException("error","电子签章失败!",true);
        }
    } catch (Exception e) {
        throw new BusinessException("电子签章失败!",e.getMessage());
    }
}
}
```

9.2 全国婚姻登记管理系统－离婚冷静期业务接口

9.2.1 扩展接口描述

离婚冷静期业务可用于扩展离婚登记冷静期业务功能。

9.2.2 扩展方式

通过新增定时任务进行离婚登记冷静期业务功能扩展。

9.2.3 开发示例

以下文本为离婚登记冷静期业务开发实例：

```
/**
 * 根据条件查询离婚列表
 * @param divorceVo 离婚查询列表条件
 * @return
 */
List<DivorceVo> selectDivorceList(DivorceVo divorceVo);
/**
 * 定时任务 定时取消离婚登记
 * @param date 今天之前两个月的日期
 * @param status 取消状态
 * @return
 */
Boolean DivorceJob(Date date , String status );
            //根据电子签章的 IP 和端口获取电子签章的工具类
            eleClientTool = new EleClientTool(eleIp,Integer.parseInt(elePort));
            //把收养证件转换为数组输出流
            in = new FileInputStream(new File(adoptionFileSrc));
            int len;
            while ((len = in.read())! = -1) {
                outArr.write(len);
                outArr.flush();
            }
            //初始化消息通道
            ChannelMessage cmsg = null;
            //对收养证件进行电子签章
            cmsg = eleClientTool.sign(EleConfigConstants.RULES, outArr.toByteArray());
            //根据消息通道的状态码进行判断是否电子签章成功
            if ("200".equals(cmsg.getStatusCode())) {
                //把签章后的电子证照写入字节流输出
                out = new FileOutputStream(adoptionFileSrc);
                byte[] signByte = cmsg.getBody();
                out.write(signByte);
                out.flush();
            }else{
                throw new BusinessException("error","电子签章失败!",true);
            }
        } catch (Exception e) {
            throw new BusinessException("电子签章失败!",e.getMessage());
        }
    }
}
```

```
/**
 *
 * @param divorceVo 离婚查询列表条件
 * @return
 */
@Override
public List<DivorceVo> selectDivorceList(DivorceVo divorceVo) {
  List<DivorceVo> divorceVos = divorceMapper.selectDivorceList(divorceVo);
  divorceVos.parallelStream().forEach(o -> {
      if (o.getRecordStatus().equals(Status.ATTACHMENT_NORMAL.getName())){
          o.setRecordStatus(Status.ATTACHMENT_NORMAL.getValue());
```

```
        }
        if (o.getRecordStatus().equals(Status.APPOINTMENT_NOTHANDLE.getName())){
            o.setRecordStatus(Status.APPOINTMENT_NOTHANDLE.getValue());
        }
        if (o.getRecordStatus().equals(Status.APPOINT_HANDLED.getName())){
            o.setRecordStatus(Status.APPOINT_HANDLED.getValue());
        }
        if (o.getRecordStatus().equals(Status.APPOINT_INVALID.getName())){
            o.setRecordStatus(Status.APPOINT_INVALID.getValue());
        }
    });
    return divorceVos;
}
/**
 *
 * @param date 今天之前两个月的日期
 * @param status 取消状态
 * @return
 */
@Override
public Boolean DivorceJob(Date date, String status) {
    Date today = DateUtil.format(new Date(),DateUtil.DATE_PATTERN);
    Date twoDoday =  DateUtil.addDateMonths(today,2);
    return divorceMapper.cancelDivorce(today,twoDoday) >1;
}
/**
 * 日期格式化 日期格式为:yyyy-MM-dd
 * @param date  日期
 * @param pattern  格式,如:DateUtil.DATE_TIME_PATTERN
 * @return  返回 yyyy-MM-dd 格式日期
 */
public static Date format(Date date, String pattern) {
    if(date != null){
        SimpleDateFormat df = new SimpleDateFormat(pattern);
        try {
            return df.parse(df.format(date));
        } catch (ParseException e) {
            log.error("日期转换错误",e);
        }
    }
    return null;
}
/**
 * 对日期的【月】进行加/减
 *
 * @param date 日期
 * @param months 月数,负数为减
 * @return 加/减几月后的日期
 */
public static Date addDateMonths(Date date, int months) {
    DateTime dateTime = new DateTime(date);
    return dateTime.plusMonths(months).toDate();
```

```
  /**
   * 保存申请受理信息
   *
   * @paramapplyDivorceSaveVo 申请实体类
   * @param user 用户信息
   * @return
   */

@Transactional
@Override
public CertificateNumberVo saveApplyCertificateNumber(ApplyDivorceSaveVo applyDivorceSaveVo, User user)
throws MyException {
    CertificateNumberVo certificateNumberVo = new CertificateNumberVo();
    TaAreaPo taAreaPo = areaManagementReadService.queryAreaByAreaId(user.getAreaId());
    String applyId = "";
    if (!ValidateUtil.isEmpty(applyDivorceSaveVo)) {
        if (!ValidateUtil.isEmpty(applyDivorceSaveVo.getApplyDivorceBusinessSaveVo())) {
            applyId = applyDivorceSaveVo.getApplyDivorceBusinessSaveVo().getId();
            log.debug("保存或编辑申请信息");
            if(StringUtil.isNotBlank(applyId)){
                ApplyDivorcePo applyDivorcePo1 = applyDivorceMapper.selectByPrimaryKey(applyId);
                ApplyDivorcePo applyDivorcePo = getApplyDivorcePo(applyDivorceSaveVo);
                //生成申请日期、开始办理日期、结束办理日期
                if (ValidateUtil.isEmpty(applyDivorcePo.getApplyDate())) {
                    applyDivorcePo.setApplyDate(DateUtil.format(new Date(), DateUtil.DATE_PAT-
TERN));
                }
                applyDivorcePo.setId(applyId);
                //赋值未完成
                applyDivorcePo.setStatus(applyDivorcePo1.getStatus());
                applyDivorcePo.setCreateOrg(applyDivorcePo1.getCreateOrg());
                applyDivorcePo.setCreateUser(applyDivorcePo1.getCreateUser());
                applyDivorcePo.setCreateTime(applyDivorcePo1.getCreateTime());
                FieldMetaObjectHandler.updateFill(user,applyDivorcePo);
                applyDivorceMapper.updateByPrimaryKey(applyDivorcePo);
            }else{
                log.debug("开始保存离婚申请登记信息");
                if (!ValidateUtil.isEmpty(applyDivorceSaveVo)) {
                    applyId = UUIDUtils.getUUID();applyId = UUIDUtils.getUUID();
                    //获取生成的受理编号
                    String certificateNumber = acceptanceNoSetService.obtainCertificateNumber(Acceptance-
Type.APPLY_ACCEPTANCE.getValue(), user, applyId);
                    certificateNumberVo.setCertificateNumber(certificateNumber);
                    //因前端传参方式与其他业务类型保持一致,后端转换
                    ApplyDivorcePo applyDivorcePo = getApplyDivorcePo(applyDivorceSaveVo);
                    //生成申请日期、开始办理日期、结束办理日期
                    if (ValidateUtil.isEmpty(applyDivorcePo.getApplyDate())) {
                        applyDivorcePo.setApplyDate(DateUtil.format(new Date(),DateUtil.DATE_PAT-
TERN));
                    }
                    //赋值未完成
                    applyDivorcePo.setStatus(Status.APPLYDIVORCE_UNCOMPLETED.getValue());
                    applyDivorcePo.setId(applyId);
```

```
                    applyDivorcePo. setApplyCertificateNo( certificateNumber) ;
                    log. debug( "开始组装离婚申请登记实体数据" ) ;
                    FieldMetaObjectHandler. insertIBasePoFill( user,applyDivorcePo) ;
                    log. debug( "开始保存离婚申请登记信息" ) ;
                    applyDivorceMapper. insert( applyDivorcePo) ;
                }
            }
            certificateNumberVo. setBusinessId( applyId) ;
        }
    }
    return certificateNumberVo;
}


  /* *
   * 保存撤回受理编号信息
   * @ param recallDivorceSaveVo 撤回受理实体
   * @ return
   * /
@ Transactional
@ Override
public CertificateNumberVo saveRecallCertificateNumber ( RecallDivorceSaveVo recallDivorceSaveVo, User user)
throws MyException {
    CertificateNumberVo certificateNumberVo = new CertificateNumberVo( ) ;
    TaAreaPo taAreaPo = areaManagementReadService. queryAreaByAreaId( user. getAreaId( ) ) ;
    String recallCertificateNo = "" ;
    String applyId = "" ;
    if ( ! ValidateUtil. isEmpty( recallDivorceSaveVo) ) {
        applyId = recallDivorceSaveVo. getId( ) ;
        recallCertificateNo = recallDivorceSaveVo. getRecallCertificateNo( ) ;
        log. debug( "编辑申请信息" ) ;
        if( StringUtil. isNotBlank( recallCertificateNo) ) {
            certificateNumberVo. setBusinessId( applyId) ;
            log. debug( "开始组装离婚申请登记实体数据" ) ;
            //获取撤回日期
             recallDivorceSaveVo. setUpdateTime ( DateUtil. format ( new Date ( ) , DateUtil. DATE_TIME_PAT-
TERN) ) ;
            log. debug( "开始更新离婚申请登记信息" ) ;
            applyDivorceMapper. printApplyDivorceInfoById( recallDivorceSaveVo) ;
        } else{
            //获取生成的受理编号
                String certificateNumber = acceptanceNoSetService. obtainCertificateNumber ( Acceptance-
Type. RECALL_ACCEPTANCE. getValue( ) , user, applyId) ;
            log. debug( "开始组装离婚申请登记实体数据" ) ;
            recallDivorceSaveVo. setRecallCertificateNo( certificateNumber) ;
            certificateNumberVo. setBusinessId( applyId) ;
            certificateNumberVo. setCertificateNumber( certificateNumber) ;
            //获取撤回日期
            Date recallDate = DateUtil. format( new Date( ) ,DateUtil. DATE_PATTERN) ;
            recallDivorceSaveVo. setRecallDate( recallDate) ;
            recallDivorceSaveVo. setStatus( Status. APPLYDIVORCE_UNCOMPLETED. getValue( ) ) ;
            recallDivorceSaveVo. setUpdateOrg( user. getOrgId( ) ) ;
            recallDivorceSaveVo. setUpdateUser( user. getUserId( ) ) ;
```

```
            recallDivorceSaveVo. setUpdateTime ( DateUtil. format ( new  Date ( ) , DateUtil. DATE_TIME_PAT-
TERN) ) ;
            ReviewTableVo reviewTableVo = orgService. queryRecordGroupNumberById( user. getOrgId( ) ) ;
            recallDivorceSaveVo. setOrgName( reviewTableVo. getOrgName( ) ) ;
            recallDivorceSaveVo. setUserName( user. getUsername( ) ) ;
            recallDivorceSaveVo. setRecordGroupNumber( reviewTableVo. getRecordGroupNumber( ) ) ;
            recallDivorceSaveVo. setYear( DateUtil. getYear( new Date( ) ) ) ;
            recallDivorceSaveVo. setConfirmStatus( Status. UNCONFIRMED. getValue( ) ) ;
            recallDivorceSaveVo. setPlaceFileStatus( Status. NOPLACEFILE. getValue( ) ) ;
            if ( StringUtil. isNotBlank( certificateNumber) ) {
                recallDivorceSaveVo. setRoomRollNumber( certificateNumber. substring( 12,18) ) ;
            }
            log. debug( "开始更新离婚申请登记信息" ) ;
            applyDivorceMapper. recallApplyDivorceInfoById( recallDivorceSaveVo) ;
        }
    }
    return certificateNumberVo;
}
```

9.3 全国流浪乞讨人员救助管理信息系统-人脸信息识别业务接口

9.3.1 扩展接口描述

人脸信息识别业务可用于扩展新的人脸识别算法。

9.3.2 扩展方式

通过继承人脸信息识别类 com. hysoft. jmgc. common. face. router. impl. faceCollectService 进行扩展。

9.3.3 开发示例

人脸信息识别规则需要实现人脸识别类。

以下文本为人脸信息识别开发实例:

```
/ * *
  * @ className:FaceCollectService
  * @ Description: $ {description}
  * /
public interface FaceCollectService {
    / * *
  * 人脸信息识别,从人脸信息库中搜索相似的人员信息
  * @ Author 宋晓虎
  * @ Date 2019/12/28 12:07:13
  * @ param faceSearchParameter
  * @ return com. hysoft. jmgc. common. face. entity. vo. FaceSearchVo
 * * /
    FaceSearchVo doFaceSearch ( FaceSearchParameter faceSearchParameter, GroupRouterService  grou-
pRouterService) ;
/ * *
  * 人脸信息识别实现类
  * @ Author 宋晓虎
  * @ Date 2019/12/28 15:31:56
 * /
```

```
@ Component
public class FaceCollectServiceImpl implements FaceCollectService {
    @ Autowired( required  =  false)
    private AipFace client;
    @ Autowired( required  =  false)
    private FaceAipClientConfig faceAipClientConfig;
/ * *
   * 人脸信息识别
   * @ Author 宋晓虎
   * @ Date 2019/12/28 15:23:42
   * @ param faceSearchParameter
   * @ return com. hysoft. jmgc. common. face. entity. vo. FaceSearchVo
   * * /
@ Override
public FaceSearchVo doFaceSearch( FaceSearchParameter faceSearchParameter,GroupRouterService groupRouterSer-
vice) {
    String groupIdList = groupRouterService. getAllGroupId( ) ;
    faceSearchParameter. setGroup_id( groupIdList) ;
    Map < String,Object >  map = JsonUtil. beanConvertMap( faceSearchParameter) ;
    JSONObject res  =  null;
    try {
        res  =  faceClientService. search(  map) ;
    } catch  ( IOException e)  {
        e. printStackTrace( ) ;
    } catch  ( URISyntaxException e)  {
        e. printStackTrace( ) ;
    }
    FaceSearchVo faceSearchVo  =  JsonUtil. jsonConvertBean( res,  FaceSearchVo. class) ;
    this. execVo( faceSearchVo) ;
    return faceSearchVo;
}
```

9.4 全国殡葬管理信息系统－主题分析字典业务接口

9.4.1 扩展接口描述

殡葬主题分析字典可用于扩展主题分析字典名称和字典类型。

9.4.2 扩展方式

通过实现 DictMgWriteService 接口,扩展 addDict 方法来进行扩展。

9.4.3 开发示例

以下文本为字典查询添加接口开发实例:

```
/ * *
   * 字典查询和业务处理接口
   * @ Author 商伟
   * @ Date 2019/12/28 15:23:42
   * * /
public interface DictCacheService extends DictService {
    // 刷新字典值
    void refreshCode( TaDictPo taDictPo,  DictRefreshEnum type) ;
    //通过字典类型刷新字典编码
```

```
    TaDictCache refreshCodeByType(String key);
    // 通过授权角色刷新字典编码
    Map<String, List<TaDictPo>> refreshCodeByAuthority(String authority);
    // 通过缓存获取字典列表
    Map<String, TaDictCache> getAllCache();
    //获取缓存中的所有字典编码
    TaDictCache getAllCodeCache();
    // 获取值
    List<Object> getAllKeys();
    // 获取缓存编码
    TaDictPo getCodeCache(String type, String value, String authority);
    //通过授权获取缓存编码
    TaDictCache getCodeCache(String type, String authority);
    //通过类型获取缓存字典
    TaDictCache getCacheByType(String type);
    // 通过字典编码获取缓存字典
    TaDictCache getCodeCache(String key);
    // 通过是否过滤获取缓存字典
    TaDictCache getCodeCache(String key, boolean filterDisable);
    // 通过字典
    TaDictCache getCacheContent(String key);
    // 清楚所有缓存字典
    void clearAll();
    // 上传所有缓存字典到数据库中
    void putDictList(String key, TaDictCache appCache);
    // 上传字典到数据库中
    void putDict(String key, TaDictPo taDictPo);
    // 删除字典列表
    void removeDictList(String key);
    // 删除字典
    void removeDict(String key, String value);
    //重新加载字典列表
    Map<String, List<TaDictPo>> reloadAll();
    // 从数据库中加载字典列表
    void toLoadAll();
    // 转换字典列表
    Map<String, List<TaDictPo>> analysisDictToMap(List<TaDictPo> taDictPoList);
}
```

```
/**
  * 添加字典
  * @Author 商伟
  * @Date 2019/12/28 15:23:42
  * @param taDictMgVo
  * @param curUserId
  **/
public void addDict(TaDictMgVo taDictMgVo, String curUserId) {
        if (!ValidateUtil.isEmpty(taDictMgVo) && !(new TaDictMgVo()).equals(taDictMgVo)) {
          // 将字典 vo 对象赋值到 PO 中
                TaDictMgPo taDictMgPo = (TaDictMgPo) ObjectConversionUtil.convert(new TaDictMgPo(),
taDictMgVo);
          //为 PO 赋值
              this.validateForAdd(taDictMgPo);
```

```
            taDictMgPo.setSystem("1");
            taDictMgPo.setCreateDate(this.getSysDate());
            taDictMgPo.setCreateUser(curUserId);
            taDictMgPo.setVersion(0);
            taDictMgPo.setNewType("0");
            if (ValidateUtil.isEmpty(taDictMgPo.getSort())) {
                Integer sort = this.dictMgReadMapper.getMaxSortNoByType(taDictMgPo.getType(), taDict-
MgPo.getAuthority());
                sort = ValidateUtil.isEmpty(sort) ? DictConstants.DICT_SORT_NEW : sort + DictConsta-
nts.DICT_SORT_INTERVAL;
                taDictMgPo.setSort(sort);
            }
        // 获取授权字典列表
            List<TaDictMgPo> taDictMgPoList = this.dictMgReadMapper.queryByTypeAuthority(taDictMg-
Po.getType(), taDictMgPo.getAuthority(), "1");
            if (Objects.nonNull(taDictMgPoList) && ! taDictMgPoList.isEmpty()) {
                if (1 < taDictMgPoList.size()) {
                    if (logger.isErrorEnabled()) {
                        logger.error("数据出现错误,权限标识为->{}下的新建字典类型->{}下有
多个字典内容！请清除!", taDictMgPo.getAuthority(), taDictMgPo.getType());
                    }


                        throw new AppException("数据出现错误,权限标识为->" + taDictMg-
Po.getAuthority() + "下的新建字典类型->" + taDictMgPo.getType() + "下有多个字典内容！请联系
系统管理员!");
                } else {
                // 有相同字典,删除新字典类型。
                            this.dictMgWriteMapper.deleteNewType(taDictMgPo.getType(), taDictMg-
Po.getAuthority(), "1");
                    this.dictMgWriteMapper.insert(taDictMgPo);
                    this.dictCacheService.refreshCodeByType(this.dictCacheService.generateKey((TaDict-
Po)ObjectConversionUtil.convert(new TaDictPo(), taDictMgPo)));
                }
            } else {
              // 查询正在使用的字典,如果有相同类型的字典,返回错误值。
                TaDictMgPo dictPo = this.dictMgReadMapper.queryDict(taDictMgPo.getType(), taDictMg-
Po.getValue(), "0");
                if (Objects.nonNull(dictPo) && ! (new TaDictMgPo()).equals(dictPo)) {
                    throw new AppException("权限标识为->" + taDictMgPo.getAuthority() + "下的
字典类型->" + taDictMgPo.getType() + "中已经存在键值:" + taDictMgPo.getValue() + "!");
                } else {
                // 将字典插入到数据库中。
                    this.dictMgWriteMapper.insert(taDictMgPo);
                    this.dictCacheService.refreshCodeByType(this.dictCacheService.generateKey((TaDict-
Po)ObjectConversionUtil.convert(new TaDictPo(), taDictMgPo)));
                }
            }
        } else {
            throw new AppException("数据为空,无法新增字典!");
        }
    }
```

JMGC

民 政 部 金 民 工 程 标 准

JMGC/JS 316.6—2020

业务系统二次开发 第6部分:基层政权建设和社区治理、社会工作和志愿服务

2020-12-30 发布　　　　2020-12-30 实施

民政部信息中心 发布

目　　次

前　言

本文件按照 GB/T 1.1—2020《标准化工作导则 第 1 部分:标准的结构和编写》的规则起草。

请注意本文件的某些内容可能涉及专利。本文件的发布机构不承担识别专利的责任。

本文件是 JMGC/JS 316《业务系统二次开发》的第 6 部分。JMGC/JS 316 已经发布了以下部分:

——第 1 部分:救助业务;

——第 2 部分:核对业务;

——第 3 部分:公共服务;

——第 4 部分:决策支持;

——第 5 部分:儿童福利管理、婚姻管理、流浪乞讨人员救助管理和殡葬管理;

——第 6 部分:基层政权建设和社区治理、社会工作和志愿服务;

——第 7 部分:养老服务、残疾人福利、慈善与募捐。

本文件由民政部信息中心提出并归口。

本文件起草单位:民政部信息中心、民政部基层政权建设和社区治理司、民政部慈善事业促进和社会工作司、深圳市永兴元科技股份有限公司。

本文件主要起草人:王兴玲、荆方明、杨天荣、谷峰帅、陈冲、李杨、魏衍平、聂宇思、杨紫清。

引　言

JMGC/JS 316《业务系统二次开发》由七个部分构成。

——第1部分:救助业务。目的在于确立社会救助业务系统二次开发应符合的技术架构、数据元、源代码设计等方面的要求。

——第2部分:核对业务。目的在于确立居民家庭经济状况核对业务系统二次开发应符合的技术架构、数据元、数据库架构、源代码设计等方面的要求。

——第3部分:公共服务。目的在于确立公共服务业务系统二次开发应符合的技术架构、数据元、政务服务事项应用接入等方面的要求。

——第4部分:决策支持。目的在于确立决策支持业务系统二次开发应符合的技术架构、数据元、源代码编码等方面的要求。

——第5部分:儿童福利管理、婚姻管理、流浪乞讨人员救助管理和殡葬管理。目的在于确立儿童福利管理、婚姻管理、流浪乞讨人员救助管理和殡葬管理系统二次开发应符合的技术架构、数据元、源代码设计等方面的要求。

——第6部分:基层政权建设和社区治理、社会工作和志愿服务。目的在于确立基层政权建设和社区治理、社会工作和志愿服务系统二次开发应符合的技术架构、数据元、源代码设计等方面的要求。

——第7部分:养老服务、残疾人福利、慈善与募捐。目的在于确立养老服务、残疾人福利、慈善与募捐系统二次开发应符合的技术架构、数据元、源代码设计等方面的要求。

业务系统二次开发
第6部分:基层政权建设和社区治理、社会工作和志愿服务

1 范围

本文件规定了金民工程项目中基层政权建设和社区治理、社会工作、志愿服务系统可进行二次开发的功能及扩展方式。

本文件适用于金民工程项目中基层政权建设和社区治理、社会工作和志愿服务业务系统建设。

2 规范性引用文件

下列文件中的内容通过文中的规范性引用而构成本文件必不可少的条款。其中,注日期的引用文件,仅该日期对应的版本适用于本文件;不注日期的引用文件,其最新版本(包括所有的修改单)适用于本文件。

GB/T 18391.1—2009 信息技术 数据元的规范与标准化

GB/T 23824.1—2009 信息技术 实现元数据注册系统(MDR)内容一致性的规程 第1部分:数据元

JMGC/ZT 103 金民工程总体技术构架规范及应用系统建设部署要求

JMGC/YW 427.1 慈善事业促进和社会工作业务术语 第1部分:社会工作

JMGC/YW 427.2 慈善事业促进和社会工作业务术语 第2部分:志愿服务

JMGC/YW 428 基层政权建设和社区治理业务术语

JMGC/YW 429.1 慈善事业促进和社会工作数据元 第1部分:社会工作

JMGC/YW 429.2 慈善事业促进和社会工作数据元 第2部分:志愿服务

JMGC/YW 430 基层政权建设和社区治理数据元

3 术语和定义

JMGC/YW 427.1、JMGC/YW 427.2、JMGC/YW 428 界定的以及以下术语和定义适用于本文件。

3.1 数据

对事实、概念或指令的一种形式化表示,适用于以人工或自动方式进行通信、解释或处理。

［来源：GB/T 23824.1—2009，3.12］

3.2 数据元

由一组属性规定其定义、标识、表示和允许值的数据单元。

［来源：GB/T 18391.1—2009，3.3.8］

3.3 对象类

对象集。现实世界中的想法、抽象概念或事物的集合，有清楚的边界和含义，并且特性和其行为遵循同样的规则而能够加以标识。

［来源：GB/T 18391.1—2009，3.45］

3.4 特性

对象类的所有个体所共有的某种性质。

［来源：GB/T 18391.1—2009，3.48］

3.5 表示

值域、数据类型的组合，必要时也包括度量单位或字符集。

［来源：GB/T 18391.1—2009，3.60］

3.6 对象

可以想象或感觉的世界的任一部分。

［来源：GB/T 18391.1—2009，3.44］

3.7 实体

任何具体的或抽象的事物，包括事物间的联系。

［来源：GB/T 18391.1—2009，3.30］

3.8 属性

某个对象或实体的一种特性。

［来源：GB/T 18391.1—2009，3.3］

4 技术架构

金民工程基层政权建设和社区治理、社会工作和志愿服务业务系统二次开发应遵循以下技术架构。

系统总体技术架构为五层架构，从下到上依次为：基础设施层、数据资源层、应用支撑层、应用系统层和门户展现层。

a）基础设施层

基础设施层主要包括网络系统、主机、存储系统、安全系统、云计算资源调度平台等。网络分为电子政务内网、电子政务外网和互联网。电子政务内网和电子政务外网物理隔离，电子政务外网和互联网之间通过防火墙配置逻辑隔离。

b)数据资源层

数据资源管理层主要由数据库组成,其中结构化的数据库主要包括基础数据库、业务数据库和共享数据库。非结构化数据库主要由一些文件型的数据构成。

c)应用支撑层

应用支撑层主要包括基础支撑组件集、数据管理组件集和大数据支撑组件集、业务专用组件集、业务配置组件集、数据共享交换组件集、统一用户认证管理组件集、综合运维组件集、门户管理组件集、政务服务组件集等模块,通过应用支撑平台实现界面集成、应用集成、数据集成和流程集成。

d)应用系统层

应用系统层主要包括基层政权建设和社区治理、社会工作和志愿服务等业务子系统。基层政权建设和社区治理、社会工作、志愿服务业务系统二次开发工作主要针对应用系统层进行功能优化和扩展。

e)门户展现层

门户展现层为金民工程各业务系统统一访问门户,基层政权建设和社区治理、社会工作和志愿服务业务系统以统一访问门户作为用户登录入口。

金民工程基层政权建设和社区治理、社会工作和志愿服务业务系统总体技术架构见图1:

5 数据元

基层政权建设和社区治理数据元应符合 JMGC/YW 430 的要求,社会工作系统数据元应符合 JMGC/YW 429.1 的要求,志愿服务系统数据元应符合 JMGC/YW 429.2 的要求。

6 数据库设计要求

数据库设计应符合 JMGC/XX 210 的要求。

7 业务应用系统开发要求

应用系统开发要求符合 JMGC/ZT 103 的要求。

8 开发环境及源代码要求

开发环境及源代码应符合 JMGC/JS 324 的要求。

9 功能扩展

9.1 功能扩展列表

业务系统可扩展功能见表1。

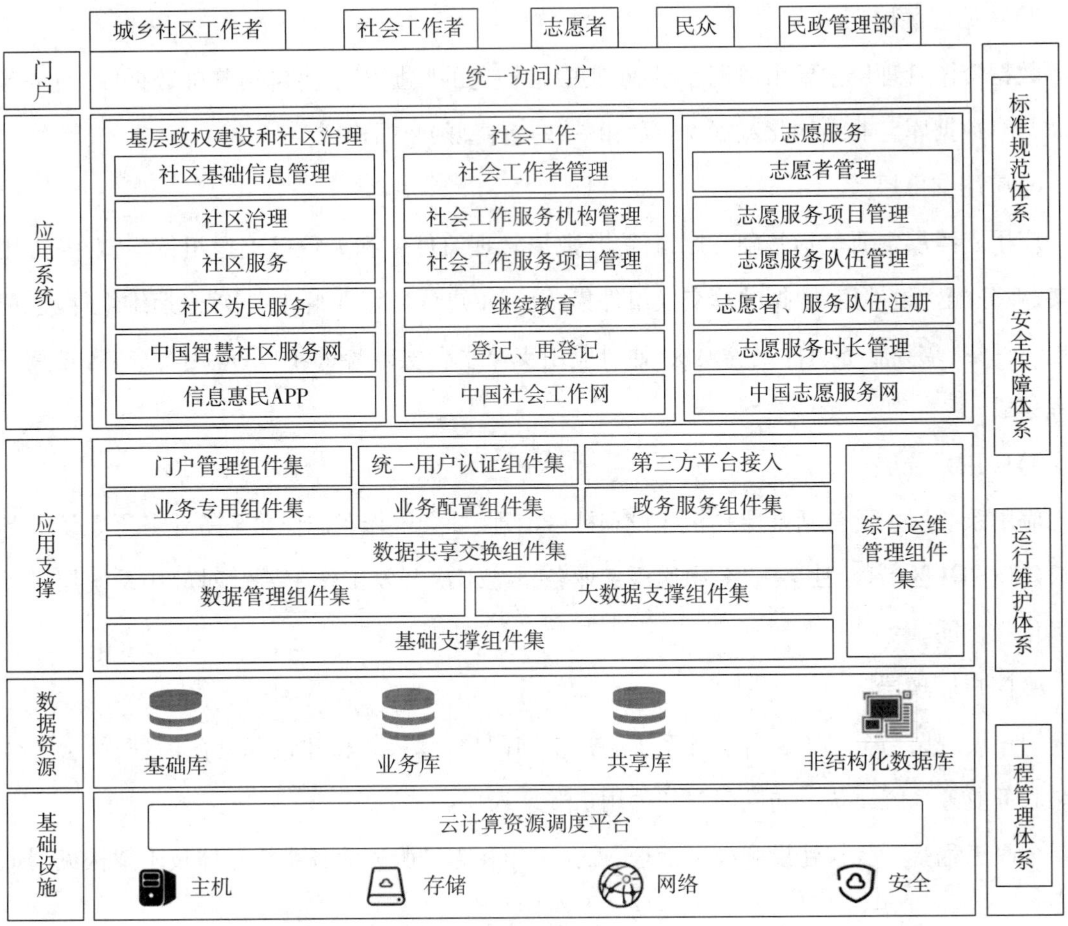

图1　业务系统总体技术架构

表1　业务系统功能扩展列表

系统名称	功能名称	功能描述
全国基层政权建设和社区治理信息系统	村(居)民委员会信息接口	通过全国基层政权建设和社区治理信息系统村(居)民委员会信息接口获取村(居)民委员会信息的数据
全国基层政权建设和社区治理信息系统	社区工作人员信息接口	通过全国基层政权建设和社区治理信息系统社区工作人员信息接口获取社区工作人员信息的数据
全国基层政权建设和社区治理信息系统	社区服务机构信息接口	通过全国基层政权建设和社区治理信息系统社区服务机构信息接口获取社区服务机构信息的数据
全国社会工作信息系统	社会工作者信息接口	通过全国社会工作信息系统社会工作者信息接口获取社会工作者信息的数据
全国社会工作信息系统	社会工作服务项目信息接口	通过全国社会工作信息系统社会工作服务项目信息接口获取社会工作服务项目信息的数据
全国志愿服务信息系统	志愿者信息接口	通过全国志愿服务信息系统志愿者信息接口获取志愿者信息的数据
全国志愿服务信息系统	志愿服务队伍信息接口	通过全国志愿服务信息系统志愿服务队伍信息接口获取志愿服务队伍信息的数据
全国志愿服务信息系统	志愿服务项目信息接口	通过全国志愿服务信息系统志愿服务项目信息接口获取志愿服务项目信息的数据
全国志愿服务信息系统	志愿服务时长信息接口	通过全国志愿服务信息系统志愿服务时长信息接口获取志愿服务时长信息的数据

9.2 全国基层政权建设和社区治理信息系统

9.2.1 村(居)民委员会信息接口

9.2.1.1 扩展接口描述

村(居)民委员会信息接口可以根据入参获取上报的村(居)民委员会信息,可用于需要村(居)民委员会信息支撑的功能扩展。具体接口信息如下:

a)接口名称:村(居)民委员会信息查询接口;

b)接口类路径:

com.yinhai.InternalInstitutionalManagement.service.read.impl.VillageOrResidentCommitteeFillInReadServiceImpl;

c)输入参数:输入参数见表2;

表2 村(居)民委员会信息查询接口输入参数

参数	参数名称	参数类型	说明
AXAA0001	行政区划代码	string	应符合 GB/T 2260、GB/T 10114—2003 的规定
ACAE8903	村居类型	string	见 JMGC/YW430—2020 附录 A 代码集“村(居)类型代码”

d)输出参数:List < VillageOrResidentCommitteeFillInPo >,为村(居)民委员会信息的实体。

9.2.1.2 扩展方式

使用本接口进行功能扩展可以实例化 VillageOrResidentCommitteeFillInReadServiceImpl 类,通过实例化对象调用 queryall 方法获取村(居)民委员会信息,也可通过继承 VillageOrResident-Committee FillInReadServiceImpl 类,实现功能扩展。

9.2.1.3 开发实例

```
一. 实例化方式
  //1. 实例化 VillageOrResidentCommitteeFillInReadServiceImpl
  VillageOrResidentCommitteeFillInReadService villageOrResidentCommitteeFillInReadService = new VillageOr-
ResidentCommitteeFillInReadServiceImpl();
  //2. 调用 queryall 方法
  VillageOrResidentCommitteeFillInPo villageOrResidentCommitteeFillInPo = villageOrResidentCommitt
  eeFillInReadService.queryall();
  //3. 对数据进行处理
  ...
二. 继承方式
  public class MyVillageOrResidentCommitteeFillInReadServiceImpl extends VillageOrResidentCommitt
  eeFillInReadServiceImpl { ... }
```

9.2.2 社区工作人员信息接口

9.2.2.1 扩展接口描述

社区工作人员信息接口可以根据入参获取上报的社区工作人员信息,可用于需要社区工作人员信息支撑的功能扩展。具体接口信息如下:

a)接口名称:社区工作人员信息查询接口;

b)接口类路径:

com.yinhai.InternalInstitutionalManagement.service.read.impl.CommunityWorkersFillInReadServiceImpl;

c)输入参数:输入参数见表3;

表3 社区工作人员信息查询接口输入参数

参数	参数名称	参数类型	说明
AXAA0001	行政区划代码	string	应符合 GB/T 2260、GB/T 10114—2003 的规定
AXCP0017	政治面貌	string	见 JMCC/XX 203—2020 附录 C 代码集"政治面貌代码"

d)输出参数:List <CommunityWorkersFillInPo>,为社区工作人员信息的实体。

9.2.2.2 扩展方式

使用本接口进行功能扩展可以实例化 CommunityWorkersFillInReadServiceImpl 类,通过实例化对象调用 queryall 方法获取社区工作人员信息,也可通过继承 CommunityWorkersFillInReadServiceImpl 类,实现功能扩展。

9.2.2.3 开发实例

```
一.实例化方式
  //1. 实例化 CommunityWorkersFillInReadServiceImpl
  CommunityWorkersFillInReadService communityWorkersFillInReadService = new CommunityWorkersFillIn
  ReadServiceImpl();
  //2. 调用 queryall 方法
  CommunityWorkersFillInPo communityWorkersFillInPo = communityWorkersFillInReadService.queryall();
  //3. 对数据进行处理
  ...
二.继承方式
  public class MyCommunityWorkersFillInReadServiceImpl extends CommunityWorkersFillInReadServiceImpl { ...
}
```

9.2.3 社区服务机构信息接口

9.2.3.1 扩展接口描述

社区服务机构信息接口可以根据入参获取上报的社区服务机构信息,可用于需要社区服务机构信息支撑的功能扩展。具体接口信息如下:

a)接口名称:社区服务机构信息查询接口;

b)接口类路径：

com. yinhai. InternalInstitutionalManagement. service. read. impl. CommunityServiceOrganizationsFillInReadServiceImpl；

c)输入参数：输入参数见表4；

表4 社区服务机构信息查询接口输入参数

参数	参数名称	参数类型	说明
AXAA0001	行政区划代码	string	应符合 GB/T 2260、GB/T 10114—2003 的规定
ADAE0405	机构类型	string	见 JMGC/YW430—2020 附录 A 代码集“社区服务机构与设施类型代码”

d)输出参数：List <CommunityServiceOrganizationsFillInPo>，为社区服务机构信息的实体。

9.2.3.2 扩展方式

使用本接口进行功能扩展可以实例化 CommunityServiceOrganizationsFillInReadServiceImpl 类，通过实例化对象调用 queryall 方法获取社区服务机构信息，也可通过继承 CommunityServiceOrganizat ionsFillInReadServiceImpl 类，实现功能扩展。

9.2.3.3 开发实例

```
一. 实例化方式
  //1. 实例化 CommunityServiceOrganizationsFillInReadServiceImpl
  CommunityServiceOrganizationsFillInReadService communityServiceOrganizationsFillInReadService = new CommunityServiceOrganizationsFillInReadServiceImpl();
  //2. 调用 queryall 方法
  CommunityServiceOrganizationsFillInPo communityServiceOrganizationsFillInPo = communityService
  OrganizationsFillInReadService.queryall();
  //3. 对数据进行处理
  ...
二. 继承方式
  public class MyCommunityServiceOrganizationsFillInReadServiceImpl extends CommunityServiceOrgani
  zationsFillInReadServiceImpl { ... }
```

9.3 全国社会工作信息系统

9.3.1 社会工作者信息接口

9.3.1.1 扩展接口描述

社会工作者信息接口可以根据入参获取上报的社会工作者信息，可用于需要社会工作者信息支撑的功能扩展。具体接口信息如下：

a)接口名称：社会工作者信息查询接口；

b)接口类路径：

com. yinhai. InternalInstitutionalManagement. service. read. impl. SocialWorkerFillInReadServiceImpl;

c)输入参数:输入参数见表5;

表5 社会工作者信息查询接口输入参数

参数	参数名称	参数类型	说明
AXAA0001	行政区划代码	string	应符合 GB/T 2260、GB/T 10114—2003 的规定
AXCP0017	政治面貌	string	见 JMCC/XX 203—2020 附录 C 代码集“政治面貌代码”

d)输出参数:List < SocialWorkerFillInPo >,为社会工作者信息的实体。

9. 3. 1. 2 扩展方式

使用本接口进行功能扩展可以实例化 SocialWorkerFillInReadServiceImpl 类,通过实例化对象调用 queryall 方法获取社会工作者信息,也可通过继承 SocialWorkerFillInReadServiceImpl 类,实现功能扩展。

9. 3. 1. 3 开发实例

```
一. 实例化方式
  //1. 实例化 SocialWorkerFillInReadServiceImpl
  SocialWorkerFillInReadService socialWorkerFillInReadService = new SocialWorkerFillInReadService
  Impl( );
  //2. 调用 queryall 方法
  SocialWorkerFillInPo socialWorkerFillInPo = socialWorkerFillInReadService. queryall( );
  //3. 对数据进行处理
  ...
二. 继承方式
  public class MySocialWorkerFillInReadServiceImpl extends SocialWorkerFillInReadServiceImpl { ... }
```

9. 3. 2 社会工作服务项目信息接口

9. 3. 2. 1 扩展接口描述

社会工作服务项目信息接口可以根据入参获取上报的社会工作服务项目信息,可用于需要社会工作服务项目信息支撑的功能扩展。具体接口信息如下:

a)接口名称:社会工作服务项目信息查询接口;

b)接口类路径:

com. yinhai. InternalInstitutionalManagement. service. read. impl. SocialWorkServicesFillInReadServiceImpl;

c)输入参数:输入参数见表6;

表6　社会工作服务项目信息查询接口输入参数

参数	参数名称	参数类型	说明
AXAA0001	行政区划代码	string	应符合 GB/T 2260、GB/T 10114—2003 的规定
ALAX0609	项目类型	string	见 JMGC/YW429.1—2020 附录 A 代码集"社会工作服务项目类型"

d)输出参数:List <SocialWorkServicesFillInPo>,为社会工作服务项目信息的实体。

9.3.2.2 扩展方式

使用本接口进行功能扩展可以实例化 SocialWorkServicesFillInReadServiceImpl 类,通过实例化对象调用 queryall 方法获取社会工作服务项目信息,也可通过继承 SocialWorkServicesFillInReadServ iceImpl 类,实现功能扩展。

9.3.2.3 开发实例

```
一. 实例化方式
  //1. 实例化 SocialWorkServicesFillInReadServiceImpl
  SocialWorkServicesFillInReadService socialWorkServicesFillInReadService = new SocialWorkServices
  FillInReadServiceImpl();
  //2. 调用 queryall 方法
  SocialWorkServicesFillInPo socialWorkServicesFillInPo = socialWorkServicesFillInReadService.query
  all();
  //3. 对数据进行处理
  ...
二. 继承方式
  public class MySocialWorkServicesFillInReadServiceImpl extends SocialWorkServicesFillInReadService
  Impl { ... }
```

9.4 全国志愿服务信息系统

9.4.1 志愿者信息接口

9.4.1.1 扩展接口描述

志愿者信息接口可以根据入参获取上报的志愿者信息,可用于需要志愿者信息支撑的功能扩展。具体接口信息如下:

a)接口名称:志愿者信息查询接口;

b)接口类路径:

com.yinhai.InternalInstitutionalManagement.service.read.impl.VolunteerFillInReadServiceImpl;

c)输入参数:输入参数见表7;

表7　志愿者信息查询接口输入参数

参数	参数名称	参数类型	说明
AXAA0001	行政区划代码	string	应符合 GB/T 2260、GB/T 10114—2003 的规定
AXCP0017	政治面貌	string	见 JMCC/XX 203—2020 附录 C 代码集“政治面貌代码”

d)输出参数:List < VolunteerFillInPo > ,为志愿者信息的实体。

9.4.1.2 扩展方式

使用本接口进行功能扩展可以实例化 VolunteerFillInReadServiceImpl 类,通过实例化对象调用 queryall 方法获取志愿者信息,也可通过继承 VolunteerFillInReadServiceImpl 类,实现功能扩展。

9.4.1.3 开发实例

```
一. 实例化方式
  //1. 实例化 VolunteerFillInReadServiceImpl
  VolunteerFillInReadService volunteerFillInReadService = new VolunteerFillInReadServiceImpl();
  //2. 调用 queryall 方法
  VolunteerFillInPo volunteerFillInPo = volunteerFillInReadService.queryall();
  //3. 对数据进行处理
  ...
二. 继承方式
  public class MyVolunteerFillInReadServiceImpl extends VolunteerFillInReadServiceImpl { ... }
```

9.4.2 志愿服务队伍信息接口

9.4.2.1 扩展接口描述

志愿服务队伍信息接口可以根据入参获取上报的志愿服务队伍信息,可用于需要志愿服务队伍信息支撑的功能扩展。具体接口信息如下:

a)接口名称:志愿服务队伍信息查询接口;

b)接口类路径:

com. yinhai. InternalInstitutionalManagement. service. read. impl. VolunteerServiceTeamFillInReadServiceImpl;

c)输入参数:输入参数见表8;

表8　志愿服务队伍信息查询接口输入参数

参数	参数名称	参数类型	说明
AXAA0001	行政区划代码	string	应符合 GB/T 2260、GB/T 10114—2003 的规定
ALBE0303	队伍类型	string	见 JMGC/YW429.2—2020 附录 A 代码集“志愿服务队伍类型代码”

d)输出参数:List < VolunteerServiceTeamFillInPo >,为志愿服务队伍信息的实体。

9.4.2.2 扩展方式

使用本接口进行功能扩展可以实例化 VolunteerServiceTeamFillInReadServiceImpl 类,通过实例化对象调用 queryall 方法获取志愿服务队伍信息,也可通过继承 VolunteerServiceTeamFillInReadServiceImpl 类,实现功能扩展。

9.4.2.3 开发实例

```
一. 实例化方式
  //1. 实例化 VolunteerServiceTeamFillInReadServiceImpl
  VolunteerServiceTeamFillInReadService volunteerServiceTeamFillInReadService = new VolunteerService
  TeamFillInReadServiceImpl();
  //2. 调用 queryall 方法
  VolunteerServiceTeamFillInPovolunteerServiceTeamFillInPo = volunteerServiceTeamFillInReadService
  .queryall();
  //3. 对数据进行处理
  ...
二. 继承方式
  public class MyVolunteerServiceTeamFillInReadServiceImpl extends VolunteerServiceTeamFillInReadSer
  viceImpl { ... }
```

9.4.3 志愿服务项目信息接口

9.4.3.1 扩展接口描述

志愿服务项目信息接口可以根据入参获取上报的志愿服务项目信息,可用于需要志愿服务项目信息支撑的功能扩展。具体接口信息如下:

a)接口名称:志愿服务项目信息查询接口;

b)接口类路径:

com.yinhai.InternalInstitutionalManagement.service.read.impl.VolunteerServiceProjectFillInReadServiceImpl;

c)输入参数:输入参数见表9;

表9 志愿服务项目信息查询接口输入参数

参数	参数名称	参数类型	说明
AXAA0001	行政区划代码	string	应符合 GB/T 2260、GB/T 10114—2003 的规定
ALBP0206	服务类别	string	见 JMGC/YW429.2—2020 附录 A 代码集"志愿者服务项目类别代码"

d)输出参数:List < VolunteerServiceProjectFillInPo >,为志愿服务项目信息的实体。

9.4.3.2 扩展方式

使用本接口进行功能扩展可以实例化 VolunteerServiceProjectFillInReadServiceImpl 类,通过

实例化对象调用 queryall 方法获取志愿服务项目信息，也可通过继承 VolunteerServiceProject-FillInReadServiceImpl 类，实现功能扩展。

9.4.3.3 开发实例

```
一. 实例化方式
  //1. 实例化 VolunteerServiceProjectFillInReadServiceImpl
  VolunteerServiceProjectFillInReadService volunteerServiceProjectFillInReadService = new Volunteer
  ServiceProjectFillInReadServiceImpl();
  //2. 调用 queryall 方法
  VolunteerServiceProjectFillInPo volunteerServiceProjectFillInPo = volunteerServiceProjectFillInRe
  adService.queryall();
  //3. 对数据进行处理
  ...
二. 继承方式
  public class MyVolunteerServiceProjectFillInReadServiceImpl extends VolunteerServiceProjectFillIn
  ReadServiceImpl { ... }
```

9.4.4 志愿服务时长信息接口

9.4.4.1 扩展接口描述

志愿服务时长信息接口可以根据入参获取上报的志愿服务时长信息，可用于需要志愿服务时长信息支撑的功能扩展。具体接口信息如下：

a）接口名称：志愿服务时长信息查询接口；

b）接口类路径：

com.yinhai.InternalInstitutionalManagement.service.read.impl.VolunteerServiceDurationFillInReadServiceImpl；

c）输入参数：输入参数见表 10；

表 10　志愿服务时长信息查询接口输入参数

参数	参数名称	参数类型	说明
ALBX0104	项目名称	string	志愿服务项目的名称
ALBE0302	队伍名称	string	志愿服务队伍的名称

d）输出参数：List <VolunteerServiceDurationFillInPo>，为志愿服务时长信息的实体。

9.4.4.2 扩展方式

使用本接口进行功能扩展可以实例化 VolunteerServiceDurationFillInReadServiceImpl 类，通过实例化对象调用 queryall 方法获取志愿服务时长信息，也可通过继承 VolunteerServiceDurationFillInReadServiceImpl 类，实现功能扩展。

9.4.4.3 开发实例

```
一. 实例化方式
  //1. 实例化 VolunteerServiceDurationFillInReadServiceImpl
  VolunteerServiceDurationFillInReadService volunteerServiceDurationFillInReadService = new Volunte
  erServiceDurationFillInReadServiceImpl();
  //2. 调用 queryall 方法
  VolunteerServiceDurationFillInPo volunteerServiceDurationFillInPo = volunteerServiceDurationFill
  InReadService.queryall();
  //3. 对数据进行处理
  ...
二. 继承方式
  public class MyVolunteerServiceDurationFillInReadServiceImpl extends VolunteerServiceDurationFillI
  nReadServiceImpl {...}
```

JMGC

民 政 部 金 民 工 程 标 准

JMGC/JS 316.7—2020

业务系统二次开发
第 7 部分:养老服务、残疾人福利和慈善与募捐

2020 - 12 - 30 发布　　　　2020 - 12 - 30 实施

民政部信息中心 发布

目　　次

前　言

本文件按照 GB/T 1.1—2020《标准化工作导则 第1部分:标准化文件的结构和起草规则》的规定起草。

请注意本文件的某些内容可能涉及专利。本文件的发布机构不承担识别专利的责任。

本文件是 JMGC/JS 316《业务系统二次开发》的第7部分。JMGC/JS 316 已经发布了以下部分:

——第1部分:救助业务;

——第2部分:核对业务;

——第3部分:公共服务;

——第4部分:决策支持;

——第5部分:儿童福利管理、婚姻管理、流浪乞讨人员救助管理和殡葬管理;

——第6部分:基层政权建设和社区治理、社会工作和志愿服务;

——第7部分:养老服务、残疾人福利、慈善与募捐。

本文件由民政部信息中心提出并归口。

本文件起草单位:民政部信息中心、万达信息股份有限公司。

本文件主要起草人:王兴玲、邬函斌、马晓宁、晁俊、王鑫、李永良、李夺、张博、刘鸿。

引　言

JMGC/JS 316《业务系统二开发》由七个部分构成。

——第1部分：救助业务。目的在于确立社会救助业务系统二次开发应符合的技术架构、数据元、源代码设计等方面的要求。

——第2部分：核对业务。目的在于确立居民家庭经济状况核对业务系统二次开发应符合的技术架构、数据元、数据库架构、源代码设计等方面的要求。

——第3部分：公共服务。目的在于确立公共服务业务系统二次开发应符合的技术架构、数据元、政务服务事项应用接入等方面的要求。

——第4部分：决策支持。目的在于确立决策支持业务系统二次开发应符合的技术架构、数据元、源代码编码等方面的要求。

——第5部分：儿童福利管理、婚姻管理、流浪乞讨人员救助管理和殡葬管理。目的在于确立儿童福利管理、婚姻管理、流浪乞讨人员救助管理和殡葬管理系统二次开发应符合的技术架构、数据元、源代码设计等方面的要求。

——第6部分：基层政权建设和社区治理、社会工作和志愿服务。目的在于确立基层政权建设和社区治理、社会工作和志愿服务系统二次开发应符合的技术架构、数据元、源代码设计等方面的要求。

——第7部分：养老服务、残疾人福利、慈善与募捐。目的在于确立养老服务、残疾人福利、慈善与募捐系统二次开发应符合的技术架构、数据元、源代码设计等方面的要求。

业务系统二次开发 第 7 部分：养老服务、残疾人福利和慈善与募捐

1 范围

本文件规定了金民工程项目中养老服务、残疾人福利、慈善与募捐系统可进行二次开发的功能及扩展方式。

本文件适用于金民工程项目中养老服务、残疾人福利、慈善与募捐系统建设。

2 规范性引用文件

下列文件中的内容通过文中的规范性引用而构成本文件必不可少的条款。其中，注日期的引用文件，仅该日期对应的版本适用于本文件；不注日期的引用文件，其最新版本（包括所有的修改单）适用于本文件。

GB/T 18391. 1 信息技术 数据元的规范与标准化 第 1 部分：数据元的规范

GB/T 5271. 1 信息技术 词汇 第 1 部分：基本术语

JMGC/YW 426. 4 社会事务管理数据元 第 4 部分：残疾人福利

JMGC/YW 429. 3 慈善事业促进和社会工作数据元 第 3 部分：慈善与募捐

JMGC/YW 437 养老服务数据元

JMGC/ZT 103 金民工程总体技术构架规范及应用系统建设部署要求

JMGC/XX 210 金民工程数据对象命名规范

JMGC/JS 324 金民工程开发环境要求及编码规范

3 术语和定义

3. 1 数据

信息的可再解释的形式化表示，以适用于通信、解释或处理。

［GB/T 5271. 1—2000，01. 01. 02］

3. 2 数据元

用一组属性描述定义、标识、表示和允许值的数据单元。

［GB/T 18391. 1—2002，3. 14］

3. 3 对象类

对象集。现实世界中的想法、抽象概念或事物的集合，有清楚的边界和含义，并且特性和其

行为遵循同样的规则而能够加以标识。

[GB/T 18391.1—2002,3.45]

4 技术架构

金民工程养老服务、残疾人福利和慈善与募捐系统二次开发应遵循以下技术架构。

系统总体技术架构为五层架构,从下到上依次为:基础设施层、数据资源层、应用支撑层、应用系统层和门户展现层。

a)基础设施层

基础设施层主要包括网络系统、主机、存储系统、安全系统、云计算资源调度平台等。网络分为电子政务内网、电子政务外网和互联网。电子政务内网和电子政务外网物理隔离,电子政务外网和互联网之间通过防火墙配置逻辑隔离。

b)数据资源层

数据资源管理层主要由数据库组成,其中结构化的数据库主要包括基础数据库、业务数据库和共享数据库。非结构化数据库主要由一些文件型的数据构成。

c)应用支撑层

应用支撑层主要包括基础支撑组件集、数据管理组件集、大数据支撑组件集、业务专用组件集、业务配置组件集、数据共享交换组件集、统一用户认证管理组件集、综合运维组件集、门户管理组件集、政务服务组件集等模块,通过应用支撑平台实现界面集成、应用集成、数据集成和流程集成。

d)应用系统层

应用系统层主要包括养老服务、残疾人福利、社会慈善与募捐等业务子系统。养老服务、残疾人福利和慈善与募捐系统二次开发工作主要针对应用系统层进行功能优化和扩展。

e)门户展现层

门户展现层为金民工程各业务系统统一访问门户,养老服务、残疾人福利和慈善与募捐系统以统一访问门户作为用户登录入口。

金民工程养老服务、残疾人福利和慈善与募捐系统总体技术架构见图1。

5 数据元

养老服务二次开发数据元应符合 JMGC/YW 437 的要求,残疾人福利二次开发数据元应符合 JMGC/YW 426.4 的要求,慈善与募捐二次开发数据元应符合 JMGC/YW 429.3 的要求。

6 数据库设计要求

数据库设计应符合 JMGC/XX 210 的要求。

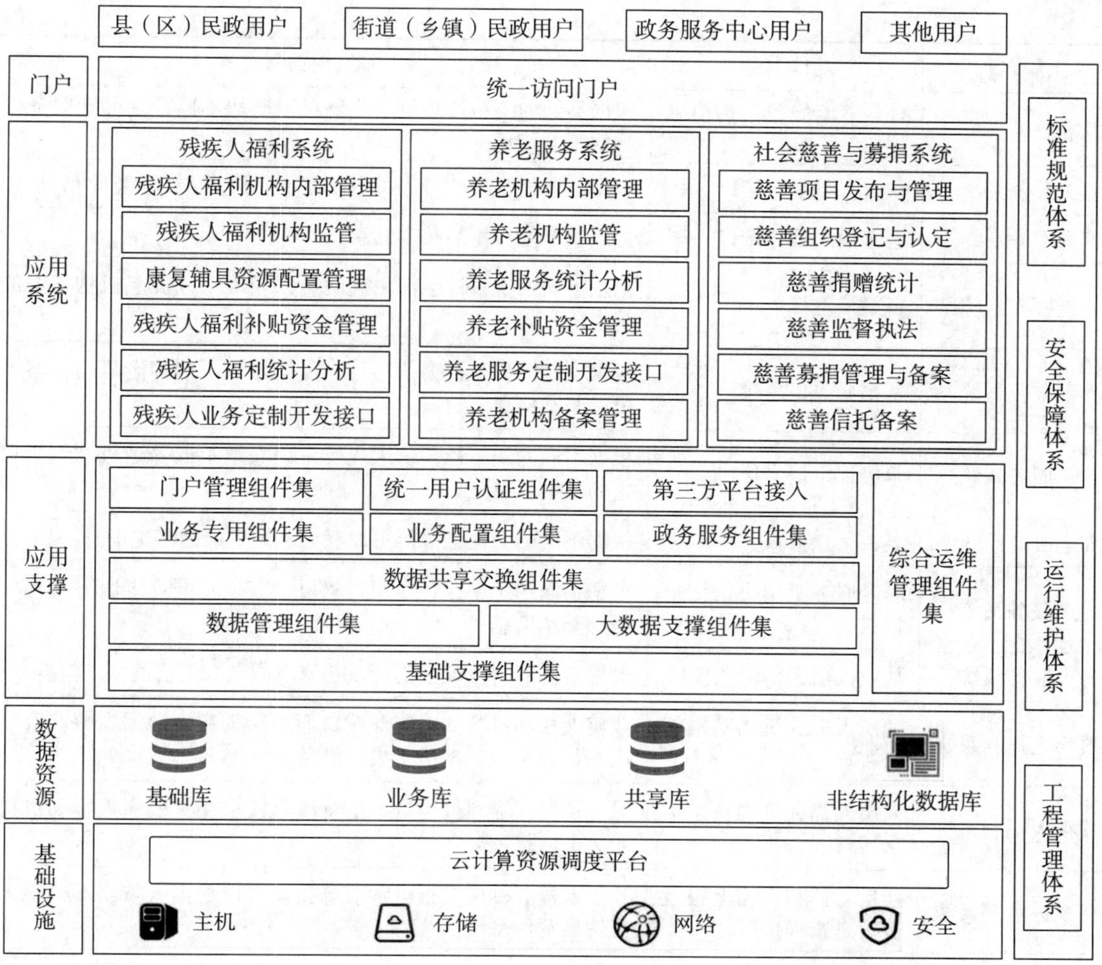

图1　养老服务、残疾人福利和慈善与募捐系统总体技术架构

7 业务应用系统开发要求

应用系统开发要求符合 JMGC/ZT 103 的要求。

8 开发环境及源代码要求

开发环境及源代码应符合 JMGC/JS 324 的要求。

9 功能扩展

9.1 功能扩展列表

业务系统可扩展功能见表1。

表1　功能扩展列表

系统名称	功能名称	功能描述
养老服务系统	养老服务机构信息接口	根据不同的统一社会信用代码可以获取不同养老机构的基本信息

续表

系统名称	功能名称	功能描述
养老服务系统	社区养老服务机构信息接口	根据不同的统一社会信用代码可以获取不同社区养老服务设施的基本信息
养老服务系统	从业人员信息接口	根据不同的身份证号码可以获取不同从业人员的基本信息
养老服务系统	老年用品信息接口	可以获取老年用品基本信息
养老服务系统	备案信息接口	根据不同的统一社会信用代码可以获取不同养老机构备案的基本信息
养老服务系统	备案变更信息接口	根据不同的统一社会信用代码可以获取不同养老机构备案变更的基本信息
养老服务系统	等级评定信息接口	根据不同的统一社会信用代码可以获取不同养老机构等级评定的基本信息
养老服务系统	老人信息接口	根据不同的身份证号码可以获取不同老人的基本信息
养老服务系统	养老服务机构失信信息接口	根据不同的统一社会信用代码可以获取不同养老服务机构失信的基本信息
养老服务系统	从业人员失信信息接口	根据不同的身份证号码可以获取不同老人失信的基本信息
残疾人福利系统	残疾人福利机构基本信息接口	残疾人福利机构基本信息接口通过输入相应数据参数获取残疾人福利机构基本信息数据信息
残疾人福利系统	残疾人福利机构员工信息接口	通过残疾人福利机构员工信息接口获取相关残疾人福利机构的员工信息数据
残疾人福利系统	残疾人福利机构上报运营信息查询接口	残疾人福利机构上报运营信息接口可以根据入参获得残疾人机构运营信息
残疾人福利系统	残疾人基本信息接口	残疾人基本信息接口可以根据入参获得残疾人基本信息
慈善与募捐系统	基金会年检年报接口	根据不同参数,提供基金会年检年报信息
慈善与募捐系统	年度工作报告书摘要接口	根据不同参数,提供年度工作报告书摘要信息
慈善与募捐系统	年检结论接口	根据不同参数,提供年检结论摘要信息

9.2 养老服务系统

9.2.1 社区养老服务机构信息接口

9.2.1.1 扩展接口描述

社区养老服务机构信息接口可以根据入参获得上报的社区养老服务机构信息,可用于需要社区养老服务机构信息支撑的功能扩展。具体接口信息如下:

a)接口名称:社区养老服务机构信息查询接口;

b)接口类路径:

com.yinhai.InternalInstitutionalManagement.service.read.impl.CommunityServiceFacilitiesFillInReadServiceImpl;

c)输入参数:输入参数见表2;

表 2　社区养老服务机构信息查询接口输入参数

参数	参数名称	参数类型	说明
axbe0002	统一社会信用代码	string	符合《国务院关于批转发展改革委等部门法人和其他组织统一社会信用代码制度建设总体方案的通知》(国发〔2015〕33 号)中确定的编制规则
ahae5003	机构名称	string	
ahae2510	机构类型	string	见 JMGC/YW 437—2020 附录 A　A.2 代码集“机构类型代码”

d)输出参数:List < CommunityServiceFacilitiesFillInPo > ,为社区养老服务机构信息的实体。

9.2.1.2 扩展方式

使用本接口进行功能扩展可以实例化 CommunityServiceFacilitiesFillInReadServiceImpl 类,通过实例化对象调用 queryall 方法获取社区养老服务机构信息,也可通过继承 CommunityService-FacilitiesFillInReadServiceImpl 类,实现功能扩展。

9.2.1.3 开发实例

```
一. 实例化方式
  //1. 实例化 CommunityServiceFacilitiesFillInReadServiceImpl
  CommunityServiceFacilitiesFillInReadService communityServiceFacilitiesFillInReadService = new CommunitySer-
viceFacilitiesFillInReadServiceImpl( );
  //2. 调用 queryall 方法
  CommunityServiceFacilitiesFillInPo communityServiceFacilitiesFillInPo = communityServiceFacilitie
  sFillInReadService. queryall( );
  //3. 对数据进行处理
  ...
二. 继承方式
  public class MyCommunityServiceFacilitiesFillInReadServiceImpl extends CommunityServiceFacilitie
  sFillInReadServiceImpl { ... }
```

9.2.2 养老机构信息接口

9.2.2.1 扩展接口描述

养老机构信息接口可以根据入参获得上报的养老机构信息,可用于需要养老机构信息支撑的功能扩展。具体接口信息如下:

a)接口名称:养老机构信息查询接口;

b)接口类路径:

com. yinhai. internalSupervision. greatQualityInspection. service. read. impl. OrganizationBasic-MessageReadServiceImpl;

c)输入参数:输入参数见表 3;

表3　养老机构信息查询接口输入参数

参数	参数名称	参数类型	说明
axbe0002	统一社会信用代码	string	符合《国务院关于批转发展改革委等部门法人和其他组织统一社会信用代码制度建设总体方案的通知》(国发〔2015〕33号)中确定的编制规则
axbe0003	单位名称	string	
ahae0015	机构类别	string	见JMGC/YW 437—2020附录A　A.2代码集“机构类别代码”
ahae0026	机构生存状态	string	见JMGC/YW 437—2020附录A　A.2代码集“备案流转状态代码”

d)输出参数:List <InstitutionHae01Vo>,输出参数为养老机构信息的实体。

9.2.2.2 扩展方式

使用本接口进行功能扩展可以实例化OrganizationBasicMessageReadServiceImpl类,通过实例化对象调用getAllByAreacodeList方法获取养老服务机构信息,也可通过继承OrganizationBasicMessageReadServiceImpl类,实现功能扩展。

9.2.2.3 开发实例

```
一. 实例化方式
  //1. 实例化 OrganizationBasicMessageReadServiceImpl
  OrganizationBasicMessageReadService organizationBasicMessageReadService = new OrganizationB
  asicMessageReadServiceImpl();
  //2. 调用 getAllByAreacodeList 方法
  InstitutionHae01Vo institutionHae01Vo = OrganizationBasicMessageReadService.getAllByAreacodeList();
  //3. 对数据进行处理
  ...
二. 继承方式
  public class MyOrganizationBasicMessageReadServiceImpl extends OrganizationBasicMessageRead
  ServiceImpl { ... }
```

9.2.3 养老服务从业人员信息接口

9.2.3.1 扩展接口描述

养老服务从业人员信息接口可以根据入参获得上报的从业人员信息,可用于需要从业人员信息支撑的功能扩展。具体接口信息如下:

a)接口名称:从业人员信息查询接口;

b)接口类路径:

om.yinhai.InternalInstitutionalManagement.service.read.impl.hdx26ReadSer viceImpl;

c)输入参数:输入参数见表4;

表4 从业人员信息查询接口输入参数

参数	参数名称	参数类型	说明
ahdx6317	从业人员姓名	string	
ahdx6322	证件号码	string	符合《中华人民共和国国家标准GB11643—1999》中确定的编制规则
ahdx6321	职业类型	string	见JMGC/YW 437—2020附录A A.2代码集"职业类型代码"

d)输出参数:List <EmpMessageVo>,输出参数为从业人员信息的实体。

9.2.3.2 扩展方式

使用本接口进行功能扩展可以实例化hdx26ReadServiceImpl类,通过实例化对象调用queryAllVoPage方法获取从业人员信息,也可通过继承hdx26ReadServiceImpl类,实现功能扩展。

9.2.3.3 开发实例

```
一. 实例化方式
  //1. 实例化 hdx26ReadServiceImpl
  hdx26ReadService Hdx26ReadService = new hdx26ReadServiceImpl();
  //2. 调用 queryAllVoPage 方法
  EmpMessageVo empMessageVo = Hdx26ReadService.queryAllVoPage();
  //3. 对数据进行处理
  ...
二. 继承方式
  public class Myhdx26ReadServiceImpl extends hdx26ReadServiceImpl { ... }
```

9.2.4 老年用品信息接口

9.2.4.1 扩展接口描述

老年用品信息接口可以根据入参获得上报的老年用品信息,可用于需要老年用品信息支撑的功能扩展。具体接口信息如下:

a)接口名称:老年人用品信息查询接口;

b)接口类路径:

com.yinhai.InternalInstitutionalManagement.service.read.impl.CommunityServiceFacilitiesFillInReadServiceImpl;

c)输入参数:输入参数见表5;

表5 老年人用品信息查询接口输入参数

参数	参数名称	参数类型	说明
axbe0002	统一社会信用代码	string	符合《国务院关于批转发展改革委等部门法人和其他组织统一社会信用代码制度建设总体方案的通知》(国发〔2015〕33号)中确定的编制规则

续表

参数	参数名称	参数类型	说明
ahde6119	产品名称	string	
ahde6118	产品类型	string	见 JMGC/YW 437—2020 附录 A　A.2 代码集“老年用品类型代码”

d)输出参数:List <Hde12Po>,输出参数为老年用品信息的实体。

9.2.4.2 扩展方式

使用本接口进行功能扩展可以实例化 CommunityProductsManageReadServiceImpl 类,通过实例化对象调用 queryAllPage 方法获取老年用品信息,也可通过继承 CommunityProducts-ManageReadServiceImpl 类,实现功能扩展。

9.2.4.3 开发实例

```
一. 实例化方式
  //1. 实例化 CommunityProductsManageReadServiceImpl
  CommunityProductsManageReadService communityProductsManageReadService = new CommunityProducts
  ManageReadServiceImpl();
  //2. 调用 queryAllPage 方法
  Hde12Po hde12Po = communityProductsManageReadService.queryAllPage();
  //3. 对数据进行处理
  ...
二. 继承方式
  public class MyCommunityProductsManageReadServiceImpl extendsCommunityProductsManageReadS
erviceImpl{ ... }
```

9.2.5 养老机构备案信息接口

9.2.5.1 扩展接口描述

养老机构备案信息接口可以根据入参获得上报的备案信息,可用于需要备案信息支撑的功能扩展。具体接口信息如下:

a)接口名称:养老机构备案信息查询接口;

b)接口类路径:

com.yinhai.internalSupervision.recordManagement.service.read.impl.NewHde57Read Service-Impl;

c)输入参数:输入参数见表 6;

表 6　养老机构备案信息接口输入参数

参数	参数名称	参数类型	说明
axbe0002	统一社会信用代码	string	符合《国务院关于批转发展改革委等部门法人和其他组织统一社会信用代码制度建设总体方案的通知》(国发〔2015〕33 号)中确定的编制规则

续表

参数	参数名称	参数类型	说明
axbe0003	单位名称	string	
ahae2319	流转状态	string	见 JMGC/YW 437—2020 附录 A A.2 代码集“备案流转状态代码”

d)输出参数:List < Hde57Vo > ,输出参数为备案信息的实体。

9.2.5.2 扩展方式

使用本接口进行功能扩展可以实例化 NewHde57ReadServiceImpl 类,通过实例化对象 queryRecordListForLook 方法获取备案信息,也可通过继承 NewHde57ReadServiceImpl 类,实现功能扩展。

9.2.5.3 开发实例

```
一. 实例化方式
  //1. 实例化 NewHde57ReadServiceImpl
  NewHde57ReadService newHde57ReadService = new NewHde57ReadServiceImpl();
  //2. 调用 queryRecordListForLook 方法
  Hde57Vo hde57Vo = newHde57ReadService.queryRecordListForLook();
  //3. 对数据进行处理
  ...
二. 继承方式
  public class MyNewHde57ReadServiceImpl extends NewHde57ReadServiceImpl{ ... }
```

9.2.6 养老机构备案变更信息接口

9.2.6.1 扩展接口描述

养老机构备案变更信息接口可以根据入参获得上报的备案信息,可用于需要备案变更信息支撑的功能扩展。具体接口信息如下:

a)接口名称:备案变更信息查询接口;

b)接口类路径:

com.yinhai.InternalInstitutionalManagement.service.read.impl.CommunityServiceFacilitiesFillInReadServiceImpl;

c)输入参数:输入参数见表7;

表7 养老机构备案变更信息接口输入参数

参数	参数名称	参数类型	说明
axbe0002	统一社会信用代码	string	符合《国务院关于批转发展改革委等部门法人和其他组织统一社会信用代码制度建设总体方案的通知》(国发〔2015〕33号)中确定的编制规则
axbe0003	单位名称	string	
ahae2319	流转状态	string	见 JMGC/YW 437—2020 附录 A A.2 代码集“备案流转状态代码”

d)输出参数:List < Hde57Vo >,输出参数为备案变更信息的实体。

9.2.6.2 扩展方式

使用本接口进行功能扩展可以实例化 NewHde57ReadServiceImpl 类,通过实例化对象 queryChangeListForLook 方法获取备案变更信息,也可通过继承 NewHde57ReadServiceImpl 类,实现功能扩展。

9.2.6.3 开发实例

```
一. 实例化方式
  //1. 实例化 NewHde57ReadServiceImpl
  NewHde57ReadService newHde57ReadService = new NewHde57ReadServiceImpl();
  //2. 调用 queryChangeListForLook 方法
  Hde57Vo hde57Vo = newHde57ReadService. queryChangeListForLook();
  //3. 对数据进行处理
  ...
二. 继承方式
  public class MyNewHde57ReadServiceImpl extends NewHde57ReadServiceImpl{ ... }
```

9.2.7 养老机构等级评定信息接口

9.2.7.1 扩展接口描述

养老机构等级评定信息接口可以根据入参获得上报的等级评定信息,可用于需要等级评定信息支撑的功能扩展。具体接口信息如下:

a)接口名称:等级评定信息查询接口;

b)接口类路径:

com. yinhai. internalSupervision. gradingOfInstitutionsAndFacilities. service. read. impl. ApplicationForInstitutionalGradingReadServiceImpl;

c)输入参数:输入参数见表 8;

表 8　等级评定信息查询接口输入参数

参数	参数名称	参数类型	说明
axbe0002	统一社会信用代码	string	符合《国务院关于批转发展改革委等部门法人和其他组织统一社会信用代码制度建设总体方案的通知》(国发〔2015〕33 号)中确定的编制规则
axbe0003	机构名称	string	
ahae2659	申请等级	string	见 JMGC/YW 437—2020 附录 A　A.2 代码集“申请等级代码”
ahae2660	流转状态	string	见 JMGC/YW 437—2020 附录 A　A.2 代码集“等级评定流转状态代码”

d)输出参数:List < Hde84Po >,输出参数为等级评定信息的实体。

9.2.7.2 扩展方式

使用本接口进行功能扩展可以实例化 ApplicationForInstitutionalGradingReadServiceImpl 类，通过实例化对象 queryAlls 方法获取等级评定信息，也可通过继承 ApplicationForInstitutional-Grading ReadServiceImpl 类，实现功能扩展。

9.2.7.3 开发实例

```
一. 实例化方式
  //1. 实例化 ApplicationForInstitutionalGradingReadServiceImpl
  ApplicationForInstitutionalGradingReadService applicationForInstitutionalGradingReadService = new Application-
ForInstitutionalGradingReadServiceImpl( );
  //2. 调用 queryAlls 方法
  Hde84Po hde84Po = applicationForInstitutionalGradingReadService . queryAlls( );
  //3. 对数据进行处理
  ...
二. 继承方式
  public classMyApplicationForInstitutionalGradingReadServiceImpl extends ApplicationForInsti
  tutionalGradingReadServiceImpl{ ... }
```

9.2.8 老年人信息接口

9.2.8.1 扩展接口描述

老年人信息接口可以根据入参获得上报的老人信息，可用于需要老人信息支撑的功能扩展。具体接口信息如下：

a)接口名称：老人信息查询接口；

b)接口类路径：com. yinhai. olderInformation. service. read. impl. Hdp10ReadServiceImpl；

c)输入参数：输入参数见表9；

表9　老人信息查询接口输入参数

参数	参数名称	参数类型	说明
axcp0002	老人姓名	string	
axcp0005	证件号码	string	符合《中华人民共和国国家标准GB11643—1999》中确定的编制规则

d)输出参数：List < OlderAndOtherVo >，输出参数为老人信息的实体。

9.2.8.2 扩展方式

使用本接口进行功能扩展可以实例化 Hdp10ReadServiceImpl 类，通过实例化对象 selectAll-byBm 方法获取老人信息，也可通过继承 Hdp10ReadServiceImpl 类，实现功能扩展。

9.2.8.3 开发实例

```
一. 实例化方式
  //1. 实例化 Hdp10ReadServiceImpl
  Hdp10ReadService hdp10ReadService = new Hdp10ReadServiceImpl( );
  //2. 调用 selectAllbyBm 方法
  OlderAndOtherVoolderAndOtherVo = hdp10ReadService . selectAllbyBm( )
```

```
    //3. 对数据进行处理
    ...
二. 继承方式
    public class MyApplicationForInstitutionalGradingReadServiceImpl extends ApplicationForInsti
    tutionalGradingReadServiceImpl{ ... }
```

9.2.9 养老服务机构失信信息接口

9.2.9.1 扩展接口描述

养老服务机构失信信息接口可以根据入参获得上报的养老服务机构失信信息,可用于需要养老服务机构失信信息支撑的功能扩展。具体接口信息如下:

a)接口名称:养老服务机构失信信息查询接口;

b)接口类路径:

com. yinhai. JointDisciplinaryAction. DishonestInformation. PensionInstitution. service. read. impl. InformationReadServiceImpl;

c)输入参数:输入参数见表10;

表10　养老服务机构失信信息查询接口输入参数

参数	参数名称	参数类型	说明
axde0002	统一社会信用代码	string	符合《国务院关于批转发展改革委等部门法人和其他组织统一社会信用代码制度建设总体方案的通知》(国发〔2015〕33号)中确定的编制规则
ahae5003	设施名称	string	
ahae2510	设施类型	string	见JMGC/YW 437—2020 附录A　A.2代码集“设施类型代码”

d)输出参数:List < InformationVo >,输出参数为养老服务机构失信信息的实体。

9.2.9.2 扩展方式

使用本接口进行功能扩展可以实例化InformationReadServiceImpl类,通过实例化queryByPage方法获取养老服务机构失信信息,也可通过继承InformationReadServiceImpl类,实现功能扩展。

9.2.9.3 开发实例

```
一. 实例化方式
    //1. 实例化 InformationReadServiceImpl
    InformationReadService informationReadService = new InformationReadServiceImpl();
    //2. 调用 queryByPage 方法
    InformationVo informationVo = informationReadService.queryByPage();
    //3. 对数据进行处理
    ...
二. 继承方式
    public class MyInformationReadServiceImpl extends InformationReadServiceImpl{ ... }
```

9.2.10 养老服务从业人员失信信息接口

9.2.10.1 扩展接口描述

养老服务从业人员失信信息接口可以根据入参获得上报的从业人员失信信息,可用于需要从业人员失信信息支撑的功能扩展。具体接口信息如下:

a)接口名称:从业人员失信信息查询接口;

b)接口类路径:

com. yinhai. JointDisciplinaryAction. DishonestInformation. Practitioners. service. read. impl. PractitionersReadServiceImpl;

c)输入参数:输入参数见表11;

表11 从业人员失信信息查询接口输入参数

参数	参数名称	参数类型	说明
ahdx6318	证件号码	string	符合《中华人民共和国国家标准GB11643—1999》中确定的编制规则
ahdx6317	人员名称	string	
ahdx6319	数据来源	string	见JMGC/YW 437—2020 附录A A.2代码集"来源途径代码"

d)输出参数:List <PractitionerssVo>,输出参数为从业人员失信信息的实体。

9.2.10.2 扩展方式

使用本接口进行功能扩展可以实例化PractitionersReadServiceImpl类,通过实例化queryByPage方法获取从业人员失信信息,也可通过继承PractitionersReadServiceImpl类,实现功能扩展。

9.2.10.3 开发实例

```
一. 实例化方式
  //1. 实例化 PractitionersReadServiceImpl
  PractitionersReadService PractitionersReadService = new PractitionersReadServiceImpl();
  //2. 调用 queryByPage 方法
  PractitionerssVo practitionerssVo = PractitionersReadService.queryByPage();
  //3. 对数据进行处理
  ...
二. 继承方式
  public class MyPractitionersReadServiceImpl extends PractitionersReadServiceImpl{ ... }
```

9.3 残疾人福利系统

9.3.1 残疾人福利机构基本信息接口

9.3.1.1 扩展接口描述

残疾人福利机构基本信息接口是通过相应输入参数,获取对应残疾人福利机构基本信息数据,可用于需要残疾人福利机构基本信息支撑的功能扩展。具体接口信息如下:

a)接口名称:残疾人福利机构基本信息查询接口;

b)接口类路径:

com. yinhai. gb01. rest. Gb01RestService. getDeparetment;

c)输入参数:输入参数见表12;

表12 残疾人福利机构基本信息查询接口输入参数

参数	参数名称	参数类型	说明
axbe0028	机构所在区划代码	string	符合《中华人民共和国行政区划代码》国家标准(GB/T2260)中确定的编制规则
axbe0003	机构名称	string	
axbe0002	机构社会统一信用代码	string	符合《国务院关于批转发展改革委等部门法人和其他组织统一社会信用代码制度建设总体方案的通知》(国发〔2015〕33号)中确定的编制规则

d)输出参数:Gb01Po,输出参数为残疾人福利机构基本信息的实体。

9.3.1.2 扩展方式

使用本接口 com. yinhai. gb01. service. read. impl. Gb01ReadService 进行功能扩展并实例化为 Gb01ReadServiceImpl 类,获取相关残疾人福利机构基本信息。也可以通过继承 Gb01Read ServiceImpl 类并重写 Gb01ReadService,实现功能扩展。

9.3.1.3 开发实例

```
一. 实例化方式
  //1. 实例化 Gb01ReadServiceImpl
  Gb01ReadService gb01ReadService = new Gb01ReadServiceImpl();
  //2. 调用 getDepartment 方法
  Gb01Po gb01Po = gb01ReadService. getDepartment(…);
  //3. 对数据进行处理
  …
二. 继承方式
  public class MyGb01ReadServiceImpl extends Gb01ReadServiceImpl {…}
```

9.3.2 残疾人福利机构员工信息接口

9.3.2.1 扩展接口描述

通过残疾人福利机构员工信息接口,获取相关残疾人福利机构的员工信息,可用于需要残疾人福利机构员工信息支撑的功能扩展。具体接口信息如下:

a)接口名称:残疾人福利机构员工信息查询接口;

b)接口类路径:

com. yinhai. gcp03. rest. Gcp03RestService. getEmployees;

c)输入参数:输入参数见表13;

表 13　残疾人福利机构员工信息查询接口输入参数

参数	参数名称	参数类型	说明
axbe0002	统一社会信用代码	string	符合《国务院关于批转发展改革委等部门法人和其他组织统一社会信用代码制度建设总体方案的通知》(国发〔2015〕33 号)中确定的编制规则
axzx0002	公民身份号码	string	符合《中华人民共和国国家标准 GB11643—1999》中确定的编制规则

d)输出参数:Gcp03Po,输出参数为残疾人福利机构员工信息的实体。

9.3.2.2 扩展方式

使用本接口 com.yinhai.gcp03.service.read.impl.Gcp03ReadService 进行功能扩展并实例化 Gcp03ReadServiceImpl 类，获取相关福利机构员工基本信息。也可以通过继承 Gcp03ReadServiceImpl 类并重写 Gcp03ReadService,实现功能扩展。

9.3.2.3 开发实例

```
一．实例化方式
  //1. 实例化 Gcp03ReadServiceImpl
  Gcp03ReadService gcp03ReadService = new Gcp03ReadServiceImpl();
  //2. 调用 getEmployees 方法
  Gcp03Po gcp03Po = gcp03ReadService.getEmployees(…);
  //3. 对数据进行处理
  …
二．继承方式
  public class MyGcp03ReadServiceImpl extends Gcp03ReadServiceImpl {…}
```

9.3.3 残疾人福利机构上报运营信息接口

9.3.3.1 扩展接口描述

残疾人福利机构上报运营信息接口可以根据入参,获得残疾人机构运营信息,可用于需要机构运营信息支撑的功能扩展。具体接口信息如下:

a)接口名称:残疾人福利机构上报运营信息查询接口;

b)接口类路径:

com.yinhai.gb05.service.read.Gb05ReadServiceImpl;

c)输入参数:输入参数见表 14;

表 14　残疾人福利机构上报运营信息查询接口输入参数

参数	参数名称	参数类型	说明
axbe0002	统一社会信用代码	string	符合《国务院关于批转发展改革委等部门法人和其他组织统一社会信用代码制度建设总体方案的通知》(国发〔2015〕33 号)中确定的编制规则
agbe0025	运营信息所属年份	string	

d)输出参数:List <Gb05Vo>,输出参数为保存机构运营信息的实体枚举类型。

9.3.3.2 扩展方式

通过调用本地接口 com.yinhai.gb05.service.read.impl.Gb05ReadService 并实例化 Gb05ReadServiceImpl 类,获取机构运营信息。也可以通过继承 Gb05ReadServiceImpl 类并重写 Gb05ReadService,实现功能扩展。

9.3.3.3 开发实例

```
一. 实例化方式
  //1. 实例化 Gb05ReadServiceImpl
  Gb05ReadService gb05ReadService = new Gb05ReadServiceImpl( );
  //2. 调用 selectAllGb05Forward 方法
  Gb05Vo gb05vo = gb05ReadService.selectAllGb05Forward(…);
  //3. 对数据进行处理
  …
二. 继承方式
  public class MyGb05ReadServiceImpl extends Gb05ReadServiceImpl {…  }
```

9.3.4 残疾人基本信息接口

9.3.4.1 扩展接口描述

残疾人基本信息接口可以根据入参,获得残疾人基本信息,可用于需要残疾人基本信息支撑的功能扩展。具体接口信息如下:

a)接口名称:残疾人基本信息查询接口;

b)接口类路径:

com.yinhai.disabled.service.read.impl.Gcp01ReadServiceImpl;

c)输入参数:输入参数见表15;

表15 残疾人基本信息查询接口输入参数

参数	参数名称	参数类型	说明
axzx0002	公民身份号码	string	符合《中华人民共和国国家标准GB11643—1999》中确定的编制规则

d)输出参数:List <Gcp01Vo>,输出参数为保存机构运营信息的实体枚举类型。

9.3.4.2 扩展方式

使用本接口进行功能扩展可以实例化 Gcp01ReadServiceImpl 类,通过实例化对象调用 getGcp01ByIdCard 方法获取残疾人基本信息。也可以通过继承 Gcp01ReadServiceImpl 类,实现功能扩展。

9.3.4.3 开发实例

```
一. 实例化方式
  //1. 实例化 Gcp01ReadServiceImpl
  Gcp01ReadService gcp01ReadService = new Gcp01ReadServiceImpl ( );
```

```
  //2. 调用 getGcp01ByIdCard 方法
  Gcp01Vo gcp01vo = gcp01ReadService. getGcp01ByIdCard(…);
  //3. 对数据进行处理
  …
二. 继承方式
  public class MyGcp01ReadServiceImpl extends Gcp01ReadServiceImpl {…}
```

9.4 慈善与募捐系统

9.4.1 基金会年检年报接口

9.4.1.1 扩展接口描述

基金会年检年报接口,可以根据入参获得基金会年检年报信息,可用于需要基金会年检年报信息支持的功能扩展。具体接口信息如下:

a)接口名称:基金会年检年报查询接口;

b)接口类路径:

com. hysoft. controller. Kbe221Controller. Kbe221ControllerImpl;

c)输入参数:输入参数见表16;

表16 基金会年检年报查询接口输入参数

参数	参数名称	参数类型	说明
pageNo	页码	int	分页查询,要查询的当前页码数
pageSize	数量	int	每一页展示的数据量
sortItem	排序字段名称	string	排序字段如:时间、基金会名称等
sortOrder	asc 正序,desc 倒序	string	

d)输出参数:List < Kbe221ControllerListFileInPo >,输出参数为基金会年检年报信息的实体。

9.4.1.2 扩展方式

使用本接口进行功能扩展可以实例化 Kbe221ControllerImpl 类,通过实例化 queryByPage 方法获取基金会年检年报信息,也可通过继承 Kbe221ControllerImpl 类,实现功能扩展。

9.4.1.3 开发实例

```
一. 实例化方式
  //1. 实例化 Kbe221ControllerImpl
  Kbe221ControllerImpl mKbe221ControllerImpl = newKbe221ControllerImpl ();
  //2. 调用 queryByPage 方法
  InformationVo informationVo = mKbe242ControllerImpl. queryByPage();
  //3. 对数据进行处理
  ...
二. 继承方式
  public class MyKbe221ControllerImpl extends Kbe221ControllerImpl{ ... }
```

9.4.2 年度工作报告书摘要接口

9.4.2.1 扩展接口描述

年度工作报告书摘要接口可根据入参,获得慈善组织年度工作报告书摘要的信息,可用于需要慈善组织年度工作报告书摘信息支撑的功能扩展。具体接口信息如下:

a)接口名称:年度工作报告书摘要查询接口;

b)接口类路径:

com.hysoft.controller.Kbe242Controller.Kbe242ControllerImpl;

c)输入参数:输入参数见表17;

表17 基金会年度工作报告书摘要查询接口输入参数

参数	参数名称	参数类型	说明
pageNo	页码	int	分页查询,要查询的当前页码数
pageSize	数量	int	每一页展示的数据量
sortItem	排序字段名称	string	排序字段如:时间、基金会名称等
sortOrder	asc 正序,desc 倒序	string	

d)输出参数:List <Kbe242ControllerImplListFileInPo>,输出参数为年度工作报告书摘要信息的实体。

9.4.2.2 扩展方式

使用本接口进行功能扩展可以实例化 Kbe242ControllerImpl 类,通过实例化 queryByPage 方法获取养老服务机构失信信息,也可通过继 Kbe242ControllerImpl 类,实现功能扩展。

9.4.2.3 开发实例

```
一.实例化方式
  //1. 实例化 Kbe242ControllerImpl
  Kbe242ControllerImpl mKbe242ControllerImpl = new Kbe242ControllerImpl ( );
  //2. 调用 queryByPage 方法
  InformationVo informationVo = mKbe242ControllerImpl.queryByPage( );
  //3. 对数据进行处理
  ...
二.继承方式
  public class MyKbe242ControllerImpl extends Kbe242ControllerImpl{ ... }
```

9.4.3 慈善组织年检结论信息接口

9.4.3.1 扩展接口描述

慈善组织年检结论信息接口可根据入参获得慈善组织年检结论信息,可用于需要慈善组织年检结论信息支撑的功能扩展。具体接口信息如下:

a)接口名称:年检结论查询接口;

b)接口类路径:com.hysoft.controller.Kbe278Controller.Kbe278ControllerImpl;

c)输入参数:输入参数见表18;

表18　慈善组织年检结论查询接口输入参数

参数	参数名称	参数类型	说明
pageNo	页码	int	分页查询,要查询的当前页码数
pageSize	数量	int	每一页展示的数据量
sortItem	排序字段名称	string	排序字段如:时间、基金会名称等
sortOrder	asc 正序,desc 倒序	string	

d)输出参数:List <Kbe278ControllerImplListFileInPo>,输出参数为年检结论信息的实体。

9.4.3.2 扩展方式

使用本接口进行功能扩展可以实例化 Kbe278ControllerImpl 类,通过实例化 queryByPage 方法获取年检结论信息,也可通过继承 Kbe278ControllerImpl 类,实现功能扩展。

9.4.3.3 开发实例

```
一. 实例化方式
  //1. 实例化 Kbe278ControllerImpl
  Kbe278ControllerImpl mKbe278ControllerImpl = new Kbe278ControllerImpl ( );
  //2. 调用 queryByPage 方法
  InformationVoinformationVo = mKbe278ControllerImpl. queryByPage( );
  //3. 对数据进行处理
  ...
二. 继承方式
  public class MyKbe278ControllerImpl extends Kbe278ControllerImpl{ ... }
```

JMGC

民　政　部　金　民　工　程　标　准

JMGC/JS 317—2020

民政监管系统接口

2020－12－30发布　　　　2020－12－30实施

民政部信息中心 发布

目　　次

前　言

本文件按照 GB/T 1.1—2020《标准化工作导则 第1部分:标准化文件的结构和起草规则》给出的规则起草。

请注意本文件的某些内容可能涉及专利。本文件的发布机构不承担识别专利的责任。

本文件由民政部信息中心提出并归口。

本文件起草单位:民政部信息中心、东软集团股份有限公司。

本文件主要起草人:李杰、文长军、高媛、杨天荣、王伟、宋磊、徐洪凯。

民政监管系统接口

1 范围

本文件规定了金民工程一期民政政务监管系统建设项目的业务接口实现方式。

本文件适用于金民工程一期民政政务监管系统建设项目的业务接口建设。

2 规范性引用文件

下列文件中的内容通过文中的规范性引用而构成本文件必不可少的条款。其中,注日期的引用文件,仅该日期对应的版本适用于本文件;不注日期的引用文件,其最新版本(包括所有的修改单)适用于本文件。

GB/T 2260 中华人民共和国行政区划代码

GB/T 5271.1 信息技术 词汇 第1部分:基本术语

GB/T 10114 县以下行政区划代码编码规则

GB 11643 公民身份号码

GB 32100 法人和其他组织统一社会信用代码编码规则

C 5102—2019 国家"互联网+监管"系统监管事项目录清单及检查实施清单编码要求

C 5106—2019 国家"互联网+监管"系统监管数据标准

JMGC/XX 204—2020 金民工程信息分类和编码规范

3 术语和定义

3.1 接口

两个功能单元共享的边界,它由各种特征(如功能、物理互联、信号交换等)来定义。

[来源:GB/T 5271.1,01.01.38]

3.2 数据

信息的可再解释的形式化表示,以适用于通信、解释或处理。

[来源:GB/T 5271.1,01.01.02]

4 接口实现

4.1 接口总体说明

根据金民工程统一规划,金民工程一期民政监管业务系统将相关服务接口统一注册到应用支撑平台,供第三方业务系统调用。金民工程一期民政监管业务系统主要提供以下 11 个接口,见表 1。

表 1　业务共享接口列表

序号	系统名称	接口名称	功能描述
1	民政政务监管系统	行政检查信息查询接口	行政检查信息查询接口可提供行政检查信息的查询功能
2		行政处罚信息查询接口	行政处罚信息查询接口可提供行政处罚信息的查询功能
3		法律法规信息查询接口	法律法规信息查询接口可提供法律法规信息的查询功能
4		案例信息查询接口	案例信息查询接口可提供案例信息的查询功能
5		“双随机、一公开”监管任务信息查询接口	“双随机、一公开”监管任务信息查询接口可提供“双随机、一公开”监管任务信息的查询功能
6		联合检查信息查询接口	联合检查信息查询接口可提供联合检查信息的查询功能
7		违法失信名单信息查询接口	违法失信名单信息查询接口可提供违法失信名单信息的查询功能
8		投诉举报信息查询接口	投诉举报信息查询接口可提供投诉举报信息的查询功能
9		监管事项信息查询接口	监管事项信息查询接口可提供监管事项信息的查询功能
10	民政政务服务“好差评”系统	民政政务“好差评”系统数据接收接口	民政政务“好差评”系统数据接收接口,可用于接收系统外部的办事及评价数据
11		民政政务“好差评”系统评价处理结果查询接口	民政政务“好差评”系统评价处理结果查询接口,用于外部系统调用该接口,获取差评处理结果信息

4.2 民政政务监管系统

4.2.1 行政检查信息查询接口

4.2.1.1 接口描述

行政检查信息查询接口可提供行政检查信息的查询功能。该接口通过民政政务监管系统对外提供,主要包括对金民工程各业务系统提供接口,对公共服务门户提供接口,对各省提供接口等。其在民政政务监管系统中的注册信息如下:

4.2.1.2 接口地址

接口地址:http(https)://IP:port/mzhlwjg/interface/inside/queryXzjc

4.2.1.3 请求方式

HTTP(HTTPS) POST。

4.2.1.4 请求参数

请求参数见表 2。

表 2　请求参数

参数	参数名称	参数类型	是否必填项	说明
access_key	接入系统标识	string	是	在微服务中注册的系统标识
format	返回数据格式	string	否	返回数据格式为 json/xml
request_id	请求唯一编码	string	否	每次请求的唯一流水号
sign	参数签名	string	是	对传入参数签名后的字符串
timestamp	发送请求的时间	string	是	精确到毫秒
version	版本	string	否	微服务版本号
biz_content	输入参数	string	是	根据查询应用不同,输入参数不同

请求参数中的 biz_content 业务参数见表 3。

表 3　biz_content 业务参数

参数	参数名称	参数类型	是否必填项	说明
azgx3002	行政检查行为名称	string	否	
azgx3003	行政检查行为编号	string	否	见 C 5106—2019 检查行为编号
startDate	公示开始日期	date	否	
endDate	公示结束日期	date	否	

4.2.1.5 返回参数

返回参数见表 4。

表 4　返回参数

参数	参数名称	参数类型	备注
code	返回码值	string	服务调用是否成功的状态值
msg	返回码描述	string	返回码的描述信息
biz_data	业务输出参数	string	具体的业务接口输出参数

返回参数中 biz_data 的业务参数见表 5。

表 5　biz_data 业务参数

参数	参数名称	参数类型	说明
azgx3001	行政检查行为 ID	string	本记录的唯一标识,取值为 UUID,符合 GB/T 17969.8—2010 的规定

续表

参数	参数名称	参数类型	说明
azgx0103	监管事项编码	string	见 C 5102—2019 A.1 监管事项主项编码示例；填报该检查行为对应的监管事项编码；如有多个，以^号分隔
azgx3002	检查行为名称	string	
azgx3003	检查行为编号	string	见 C 5106—2019 检查行为编号
azgx3004	实施机构	string	实施机构名称
azgx3005	实施机构代码	string	填报统一社会信用代码，值域见 GB 32100
azgx3006	受委托部门	string	当具体监管行为委托其他部门实施时，该项必填，填报受委托部门的名称
azgx3007	受委托部门代码	string	填报受委托部门的统一社会信用代码，值域见 GB 32100
azgx3008	监管对象代码	string	监管对象为自然人时，填报公民身份号码，值域见 GB 11643； 监管对象为组织时，填报统一社会信用代码，值域见 GB 32100
azgx3009	单位/个人名称	string	监管责任最终的承担者
azgx3010	单位/个人性质	string	01：公民 02：法人 03：其他组织
azgx3011	单位/个人证件类型	string	见 JMGC/XX 204—2020 5.1.6 C0006 电子证照持证主体类型代码
azgx3012	单位/个人代码	string	如是单位则填写该单位统一社会信用代码，值域见 GB 11643；如是个人则填写相应的证件号码等，对于证件类型为“内地居民身份证”的人员，证件号码值域见 GB 11643
azgx3013	注册地址	string	填报单位组织的注册地址，如果为组织时，则为必填
azgx3015	行政区划代码	string	见 JMGC/XX 204—2020 5.1.3 C0003 行政区划代码
azgx3016	检查形式	string	01：日常检查 02：专项检查 99：其他
azgx3017	检查类别	string	01：现场检查 02：非现场检查
azgx3018	检查方式	string	见 C 5106—2019 检查方式；检查类别为现场检查时，需填报具体检查方式：1.“双随机、一公开”监管 2. 重点监管 3. 信用监管；当检查类别为非现场检查时，填写“无”
azgx3019	检查结果	string	
azgx3020	检查日期	date	
azgx3021	检查人员	string	填报进行检查的人员名称，填报检查人员数不少于 2 人。英文逗号分隔
azgx3022	执法证号	string	填报对应检查人员的执法证号，执法证号要与对应执法人员名称的顺序保持一致。英文逗号分隔

接口返回示例如下：


```
{
    "code":"200"
    "msg":"查询成功"
    "biz_data":{
    "azgx3001":" BA916CBCEE953749E055000000000001",//行政检查行为 ID
    "azgx0103":"00110003",//监管事项编码
    "azgx3002":"民政部对中央民族大学校友会 2017 年度检查",//检查行为名称
    "azgx3003":"51100000MJ0002961W330111012002",//检查行为编号
    "azgx3004":"民政部",//实施机构
    "azgx3005":"11",//实施机构代码
    "azgx3006":"国家民族事务委员会",//受委托部门
    "azgx3007":"05",//受委托部门代码
    "azgx3008":"511000007178323144",//监管对象代码
    "azgx3009":"中央民族大学校友会",//单位/个人名称
    "azgx3010":"其他组织",//单位/个人性质
    "azgx3011":"001",//单位/个人证件类型
    "azgx3012":"511000007178323144",//单位/个人代码
    "azgx3013":"北京市北三环中路 46 号 429 室",//注册地址
    "azgx3015":"110108",//行政区划代码
    "azgx3016":"02",//检查形式
    "azgx3017":"01",//检查类别
    "azgx3018":"2",//检查方式
    "azgx3019":"01",//检查结果
    "azgx3020":"2021-01-01",//检查日期
    "azgx3021":"魏见荣",//检查人员
    "azgx3022":"MZB014" //执法证号
  }
}
```


4.2.2 行政处罚信息查询接口

4.2.2.1 接口描述

行政处罚信息查询接口可提供行政处罚信息的查询功能。该接口通过民政政务监管系统对外提供，主要包括对金民工程各业务系统提供接口，对公共服务门户提供接口，对各省提供接口等。其在民政政务监管系统中的注册信息如下：

4.2.2.2 接口地址

接口地址：http(https)://IP:port/mzhlwjg/interface/inside/queryXzcf

4.2.2.3 请求方式

HTTP(HTTPS) POST。

4.2.2.4 请求参数

请求参数见表 6。

表 6 请求参数

参数	参数名称	参数类型	是否必填项	说明
access_key	接入系统标识	string	是	在微服务中注册的系统标识
format	返回数据格式	string	否	返回数据格式为 json/xml
request_id	请求唯一编码	string	否	每次请求的唯一流水号
sign	参数签名	string	是	对传入参数签名后的字符串
timestamp	发送请求的时间	string	是	精确到毫秒
version	版本	string	否	微服务版本号
biz_content	输入参数	string	是	根据查询应用不同,输入参数不同

请求参数中的 biz_content 业务参数见表 7。

表 7 biz_content 业务参数

参数	参数名称	参数类型	是否必填项	说明
azgx3102	行政处罚行为名称	string	否	
azgx3103	行政处罚行为编号	string	否	见 C 5106—2019 处罚行为编号
startDate	公示开始日期	date	否	
endDate	公示结束日期	date	否	

4.2.2.5 返回参数

返回参数见表 8。

表 8 返回参数

参数	参数名称	参数类型	备注
code	返回码值	string	服务调用是否成功的状态值
msg	返回码描述	string	返回码的描述信息
biz_data	业务输出参数	string	具体的业务接口输出参数

返回参数中 biz_data 的业务参数见表 9。

表 9 biz_data 业务参数

参数	参数名称	参数类型	说明
azgx3101	行政处罚行为 ID	string	本记录的唯一标识,取值为 UUID,符合 GB/T 17969.8—2010 的规定
azgx0103	监管事项编码	string	见 C 5102—2019 A.1 监管事项主项编码示例;填报该检查行为对应的监管事项编码;如有多个,以^号分隔

续表

参数	参数名称	参数类型	说明
azgx3102	处罚行为名称	string	
azgx3103	处罚行为编号	string	见 C 5106—2019 处罚行为编号
azgx3004	实施机构	string	具体实施监管的机构名称
azgx3005	实施机构代码	string	统一社会信用代码,值域见 GB 32100
azgx3006	受委托部门	string	当具体监管行为委托其他部门实施时,该项必填,填报委托部门的名称
azgx3007	受委托部门代码	string	填报委托部门的统一社会信用代码,值域见 GB 32100
azgx3008	监管对象代码	string	监管对象为自然人时,填报公民身份号码,值域见 GB 11643 监管对象为组织时,填报统一社会信用代码,值域见 GB 32100
azgx3104	案件来源	string	见附录 A 代码集 A.6 案件来源代码
azgx3003	检查行为编号	string	见 C 5106—2019 检查行为编号;行为编号须是唯一编号,可在已有办件编号前加 18 位实施机构的统一社会信用代码
azgx3009	单位/个人名称	string	监管责任最终的承担者
azgx3010	单位/个人性质	string	01:公民 02:法人 03:其他组织
azgx3011	单位/个人证件类型	string	见 JMGC/XX 204—2020 5.1.6 C0006 电子证照持证主体类型代码
azgx3012	单位/个人代码	string	如是单位则填写该单位统一社会信用代码,值域见 GB 11643;如是个人则填写相应的证件号码等,对于证件类型为"内地居民身份证"的人员,证件号码值域见 GB 11643
azgx3013	注册地址	string	填报单位组织的注册地址,为组织时,则为必填
azgx3015	行政区划代码	string	见 JMGC/XX 204—2020 5.1.3 C0003 行政区划代码
azgx3105	违法事实	string	
azgx3106	处罚依据	string	
azgx3107	处罚程序	string	01. 简易程序 02. 一般程序
azgx3108	是否听证	boolean	true:是 false:否
azgx3119	作出行政处罚决定日期	date	
azgx3120	处罚种类	string	见附录 A 代码集 A.7 处罚种类代码
azgx3121	罚款金额	number	金额单位为元,例如:10000000
azgx3122	处罚结果	string	描述实际具体处罚结果

接口返回示例如下：


```
{
    "code":"200"
    "msg":"查询成功"
    "biz_data":{
    "azgx3101":"BA916CBCEE9F3749E055000000000001",//行政处罚行为 ID
    "azgx0103":"00110003",//监管事项编码
    "azgx3102":"民政部对中央民族大学校友会 2017 年度检查的行政处罚",//处罚行为名称
    "azgx3103":"51100000MJ0002961W330111012003",//处罚行为编号
    "azgx3004":"民政部",//实施机构
    "azgx3005":"11",//实施机构代码
    "azgx3006":"国家民族事务委员会",//受委托部门
    "azgx3007":"05",//受委托部门代码
    "azgx3008":"511000007178323144",//监管对象代码
    "azgx3104":"01",//案件来源
    "azgx3003":"51100000MJ0002961W330111012002",//检查行为编号
    "azgx3009":"中央民族大学校友会",//单位/个人名称
    "azgx3010":"其他组织",//单位/个人性质
    "azgx3011":"001",//单位/个人证件类型
    "azgx3012":"511000007178323144",//单位/个人代码
    "azgx3013":"北京市北三环中路 46 号 429 室",//注册地址
    "azgx3015":"110108",//行政区划代码
    "azgx3105":"未经登记,擅自以社会团体名义进行活动",//违法事实
    "azgx3106":"社会组织登记管理条例第七章",//处罚依据
    "azgx3107":"立案,调查取证,处罚",//处罚程序
    "azgx3108":"true",//是否听证
    "azgx3119":"2021-01-01",//作出行政处罚决定日期
    "azgx3120":"02",//处罚种类
    "azgx3121":"20000",//罚款金额
    "azgx3122":"对直接责任人员处 2 万元罚款" //处罚结果
  }
}
```


4.2.3 法律法规信息查询接口

4.2.3.1 接口描述

法律法规信息查询接口可提供法律法规信息的查询功能。该接口通过民政政务监管系统对外提供,主要包括对金民工程各业务系统提供接口,对公共服务门户提供接口,对各省提供接口等。其在民政政务监管系统中的注册信息如下：

4.2.3.2 接口地址

接口地址：http(https)://IP:port/mzhlwjg/interface/inside/queryFlfg

4.2.3.3 请求方式

HTTP(HTTPS) POST。

4.2.3.4 请求参数

请求参数见表 10。

表 10　请求参数

参数	参数名称	参数类型	是否必填项	说明
access_key	接入系统标识	string	是	在微服务中注册的系统标识
format	返回数据格式	string	否	返回数据格式为 json/xml
request_id	请求唯一编码	string	否	每次请求的唯一流水号
sign	参数签名	string	是	对传入参数签名后的字符串
timestamp	发送请求的时间	string	是	精确到毫秒
version	版本	string	否	微服务版本号
biz_content	输入参数	string	是	根据查询应用不同,输入参数不同

请求参数中的 biz_content 业务参数见表 11。

表 11　biz_content 业务参数

参数	参数名称	参数类型	是否必填项	说明
azgx9003	法律法规名称	string	否	

4.2.3.5 返回参数

返回参数见表 12。

表 12　返回参数

参数	参数名称	参数类型	备注
code	返回码值	string	服务调用是否成功的状态值
msg	返回码描述	string	返回码的描述信息
biz_data	业务输出参数	string	具体的业务接口输出参数

返回参数中 biz_data 的业务参数见表 13。

表 13　biz_data 业务参数

参数	参数名称	参数类型	说明
azgx9001	法律法规 ID	string	本记录的唯一标识,取值为 UUID,符合 GB/T 17969.8—2010 的规定
azgx9002	法律法规类别	string	见 C 5106—2019 法律法规类别
azgx9003	法律法规名称	string	
azgx9004	发布机关	string	发布机关名称
azgx9005	发布文号	string	

续表

参数	参数名称	参数类型	说明
azgx9006	发布日期	date	
azgx9007	施行日期	date	
azgx9008	法律法规内容	string	
azgx9009	关键字	string	

接口返回示例如下：


```
{
    "code": "200"
    "msg": "查询成功"
    "biz_data": {
        "azgx9001": " BA916CBCEEA13749E055000000000001", //法律法规 ID
        "azgx9002": "国家法律法规", //法律法规类别
        "azgx9003": "革命烈士纪念建筑物管理保护办法", //法律法规名称
        "azgx9004": "民政部", //发布机关
        "azgx9005": "民政部令第 2 号", //发布文号
        "azgx9006": "2021 -01 -01", //发布日期
        "azgx9007": "2021 -01 -01", //施行日期
        "azgx9008": " * * * ", //法律法规内容
        "azgx9009": "革命烈士" //关键字
    }
}
```


4.2.4 案例信息查询接口

4.2.4.1 接口描述

案例信息查询接口可提供案例信息的查询功能。该接口通过民政政务监管系统对外提供，主要包括对金民工程各业务系统提供接口，对公共服务门户提供接口，对各省提供接口等。其在民政政务监管系统中的注册信息如下：

4.2.4.2 接口地址

接口地址：http(https)://IP:port/mzhlwjg/interface/inside/queryAlxx

4.2.4.3 请求方式

HTTP(HTTPS) POST。

4.2.4.4 请求参数

请求参数见表 14。

表 14 请求参数

参数	参数名称	参数类型	是否必填项	说明
access_key	接入系统标识	string	是	在微服务中注册的系统标识
format	返回数据格式	string	否	返回数据格式为 json/xml

续表

参数	参数名称	参数类型	是否必填项	说明
request_id	请求唯一编码	string	否	每次请求的唯一流水号
sign	参数签名	string	是	对传入参数签名后的字符串
timestamp	发送请求的时间	string	是	精确到毫秒
version	版本	string	否	微服务版本号
biz_content	输入参数	string	是	根据查询应用不同,输入参数不同

请求参数中的 biz_content 业务参数见表 15。

表 15 biz_content 业务参数

参数	参数名称	参数类型	是否必填项	说明
azgx9102	案例编号	string	否	
azgx9106	案例名称	string	否	

4.2.4.5 返回参数

返回参数见表 16。

表 16 返回参数

参数	参数名称	参数类型	备注
code	返回码值	string	服务调用是否成功的状态值
msg	返回码描述	string	返回码的描述信息
biz_data	业务输出参数	string	具体的业务接口输出参数

返回参数中 biz_data 的业务参数见表 17。

表 17 biz_data 业务参数

参数	参数名称	参数类型	说明
azgx9101	案例信息 ID	string	本记录的唯一标识,取值为 UUID,符合 GB/T 17969.8—2010 的规定
azgx9102	案例编号	string	见 C 5106—2019 案例编号
azgx9103	部门类别	string	见 C 5106—2019 部门类别
azgx9104	业务类别	string	见 C 5106—2019 业务类别
azgx9105	监测事项	string	
azgx9106	案例名称	string	
azgx9107	案情简介	string	

续表

参数	参数名称	参数类型	说明
azgx9108	领域	string	
azgx9109	起因	string	
azgx9110	过程	string	
azgx9111	处置	string	
azgx9112	结果	string	
azgx9113	结论	string	
azgx9114	发布日期	date	

接口返回示例如下：


```
{
    "code":"200"
    "msg":"查询成功"
    "biz_data":{
      "azgx9101":"BA916CBCEEA33749E055000000000001",//案例信息 ID
      "azgx9102":"00110001",//案例编号
      "azgx9103":"民政部",//部门类别
      "azgx9104":"养老服务",//业务类别
      "azgx9105":"养老服务机构质量检查",//监测事项
      "azgx9106":"某市对某某养老服务机构严重违规建筑安全的质量检查",//案例名称
      "azgx9107":"某市某某养老服务机构建筑墙面出现坍塌,严重危害老人人身安全",//案情简介
      "azgx9108":"养老服务",//领域
      "azgx9109":"某市某某养老服务机构建筑墙面出现坍塌",//起因
      "azgx9110":"民政部门及住建部门、公安部门等协同对该养老服务机构进行检查",//过程
      "azgx9111":"行政拘留、罚款",//处置
      "azgx9112":"对涉事负责人进行行政拘留,并处以10万元罚款,责令关闭该养老服务机构",//结果
      "azgx9113":"对涉事负责人进行行政拘留,并处以10万元罚款,责令关闭该养老服务机构",//结论
      "azgx9114":"2021-01-01" //发布日期
    }
}
```


4.2.5 “双随机、一公开”监管任务信息查询接口

4.2.5.1 接口描述

“双随机、一公开”监管任务信息查询接口可提供“双随机、一公开”监管任务信息的查询功能。该接口通过民政政务监管系统对外提供，主要包括对金民工程各业务系统提供接口，对公共服务门户提供接口，对各省提供接口等。其在民政政务监管系统中的注册信息如下：

4.2.5.2 接口地址

接口地址：http(https)://IP:port/mzhlwjg/interface/inside/querySsjygk

4.2.5.3 请求方式

HTTP(HTTPS) POST。

4.2.5.4 请求参数

请求参数见表18。

表 18　请求参数

参数	参数名称	参数类型	是否必填项	说明
access_key	接入系统标识	string	是	在微服务中注册的系统标识
format	返回数据格式	string	否	返回数据格式为 json/xml
request_id	请求唯一编码	string	否	每次请求的唯一流水号
sign	参数签名	string	是	对传入参数签名后的字符串
timestamp	发送请求的时间	string	是	精确到毫秒
version	版本	string	否	微服务版本号
biz_content	输入参数	string	是	根据查询应用不同,输入参数不同

请求参数中的 biz_content 业务参数见表 19。

表 19　biz_content 业务参数

参数	参数名称	参数类型	是否必填项	说明
azgx3002	双随机计划名称	string	否	
startDate	公示开始时间	date	否	
endDate	公示结束时间	date	否	

4.2.5.5 返回参数

返回参数见表 20。

表 20　返回参数

参数	参数名称	参数类型	备注
code	返回码值	string	服务调用是否成功的状态值
msg	返回码描述	string	返回码的描述信息
biz_data	业务输出参数	string	具体的业务接口输出参数

返回参数中 biz_data 的业务参数见表 21。

表 21　biz_data 业务参数

参数	参数名称	参数类型	说明
azgx4001	计划 ID	string	本记录的唯一标识,取值为 UUID,符合 GB/T 17969.8—2010 的规定
azgx4002	计划名称	string	年度计划名称或专项计划名称

续表

参数	参数名称	参数类型	说明
azgx4003	年度	string	填写格式如:2020
azgx4004	地区名	string	如果是面向全国,地区名填写:全国
azgx4005	地区行政区划代码	string	见 JMGC/XX 204—2020 5.1.3 C0003 行政区划代码
azgx4006	监管部门	string	监管部门名称
azgx4007	抽查比例	string	单位:百分号,填写格式如:30 或 15.5
azgx4008	是否已分配监管对象	boolean	true:是 false:否
azgx4009	是否已分配执法监管人员	boolean	true:是 false:否
azgx4010	计划状态	string	
azgx4011	公示状态	string	
azgx4012	公示时间起	date	
azgx4013	公示时间止	date	
azgx4014	计划类型	string	1:年度计划 2:专项计划

接口返回示例如下：


```
{
    "code": "200"
    "msg": "查询成功"
    "biz_data": {
        "azgx4001": "BA916CBCEEA43749E055000000000001", //计划 ID
        "azgx4002": "对外国商会的随机抽查检查", //计划名称
        "azgx4003": "2021", //年度
        "azgx4004": "北京市", //地区名
        "azgx4005": "110000", //地区行政区划代码
        "azgx4006": "民政部", //监管部门
        "azgx4007": "10", //抽查比例
        "azgx4008": "true", //是否已分配监管对象
        "azgx4009": "true", //是否已分配执法监管人员
        "azgx4010": "2", //计划状态
        "azgx4011": "1", //公示状态
        "azgx4012": "2021-01-01", //公示时间起
        "azgx4013": "2021-01-02", //公示时间止
        "azgx4014": "1" //计划类型
    }
}
```


4.2.6 联合监管任务信息查询接口

4.2.6.1 接口描述

联合监管任务信息查询接口可提供联合监管任务信息的查询功能。该接口通过民政政务监管系统对外提供,主要包括对金民工程各业务系统提供接口,对公共服务门户提供接口,对各省提供接口等。其在民政政务监管系统中的注册信息如下:

4.2.6.2 接口地址

接口地址:http(https)://IP:port/mzhlwjg/interface/inside/queryLhjg

4.2.6.3 请求方式

HTTP(HTTPS) POST。

4.2.6.4 请求参数

请求参数见表22。

表22 请求参数

参数	参数名称	参数类型	是否必填项	说明
access_key	接入系统标识	string	是	在微服务中注册的系统标识
format	返回数据格式	string	否	返回数据格式为 json/xml
request_id	请求唯一编码	string	否	每次请求的唯一流水号
sign	参数签名	string	是	对传入参数签名后的字符串
timestamp	发送请求的时间	string	是	精确到毫秒
version	版本	string	否	微服务版本号
biz_content	输入参数	string	是	根据查询应用不同,输入参数不同

请求参数中的 biz_content 业务参数见表23。

表23biz_content 业务参数

参数	参数名称	参数类型	是否必填项	说明
azgx5002	任务名称	string	否	联合监管任务名称
azgx5003	任务编码	string	否	联合监管任务编码共22位,地区编码首4位为统一编码"LHJG",第5—10位为6位的行政区划编码,第11—18位为年月日(YYYYMMDD),最后4位按该省的联合监管任务顺序编制,由数字和字母组成;部委编码首4位为统一编码"LHJG",第5—8位为"0000",第9—10位为部委编码,第11—18位为年月日(YYYYMMDD),最后4位按该部委的联合监管任务顺序编制,由数字和字母组成

4.2.6.5 返回参数

返回参数见表24。

表 24　返回参数

参数	参数名称	参数类型	备注
code	返回码值	string	服务调用是否成功的状态值
msg	返回码描述	string	返回码的描述信息
biz_data	业务输出参数	string	具体的业务接口输出参数

返回参数中 biz_data 的业务参数见表 25。

表 25　biz_data 业务参数

参数	参数名称	参数类型	说明
azgx5002	任务名称	string	联合监管任务名称
azgx5003	任务编码	string	联合监管任务编码共 22 位，地区编码首 4 位为统一编码“LHJG”，第 5—10 位为 6 位的行政区划编码，第 11—18 位为年月日（YYYYMMDD），最后 4 位按该省的联合监管任务顺序编制，由数字和字母组成；部委编码首 4 位为统一编码“LHJG”，第 5—8 位为“0000”，第 9—10 位为部委编码，第 11—18 位为年月日（YYYYMMDD），最后 4 位按该部委的联合监管任务顺序编制，由数字和字母组成
azgx5004	上报任务地区行政区划代码	string	前 6 位见 GB/T 2260 中华人民共和国行政区划代码，后 3 位见 GB/T 10114 县以下行政区划代码编码规则，后 3 位为村或社区编码
azgx5005	上报任务地区名称	string	
azgx5006	发起单位代码	string	联合监管任务发起单位编码，填报统一社会信用代码，值域见 GB 32100
azgx5007	发起单位名称	string	联合监管任务发起单位名称
azgx5008	协办单位代码	string	如果协办单位有多个，中间使用“^”分隔
azgx5009	协办单位名称	string	如果协办单位有多个，中间使用“^”分隔
azgx5010	检查的主要内容	string	
azgx5011	检查要求	string	
azgx5012	任务发起时间	date	联合监管任务发起时间
azgx5013	任务结束时间	date	联合监管任务结束时间

接口返回示例如下：

```
{
    "code": "200"
    "msg": "查询成功"
    "biz_data": {
        "azgx5002":"养老服务机构质量安全联合检查", //任务名称
        "azgx5003":"LHJG210204202009080001", //组织机构名称
        "azgx5004":"2102", //上报任务地区行政区划代码
        "azgx5005":"大连市", //上报任务地区名称
        "azgx5006":"210200007178323144", //发起单位代码
        "azgx5007":"大连市民政局", //发起单位名称
        "azgx5008":"210202557394989033", //协办单位代码
        "azgx5009":"大连市消防局", //协办单位名称
        "azgx5010":"开展对本市养老服务机构质量安全检查", //检查的主要内容
        "azgx5011":"检查要求,重点对养老服务机构的消防设施,消防安全隐患进行检查", //检查的主
要内容
        "azgx5012":"2021-01-01", //任务发起时间
        "azgx5013":"2021-02-01"//任务结束时间
    }
}
```


4.2.7 违法失信名单信息查询接口

4.2.7.1 接口描述

违法失信名单信息查询接口可提供违法失信名单信息的查询功能。该接口通过民政政务监管系统对外提供,主要包括对金民工程各业务系统提供接口,对公共服务门户提供接口,对各省提供接口等。其在民政政务监管系统中的注册信息如下:

4.2.7.2 接口地址

接口地址:http(https)://IP:port/mzhlwjg/interface/inside/queryWfsx

4.2.7.3 请求方式

HTTP(HTTPS) POST。

4.2.7.4 请求参数

请求参数见表26。

表26 请求参数

参数	参数名称	参数类型	是否必填项	说明
access_key	接入系统标识	string	是	在微服务中注册的系统标识
format	返回数据格式	string	否	返回数据格式为json/xml
request_id	请求唯一编码	string	否	每次请求的唯一流水号
sign	参数签名	string	是	对传入参数签名后的字符串
timestamp	发送请求的时间	string	是	精确到毫秒
version	版本	string	否	微服务版本号
biz_content	输入参数	string	是	根据查询应用不同,输入参数不同

请求参数中的 biz_content 业务参数见表 27。

表 27　biz_content 业务参数

参数	参数名称	参数类型	是否必填项	说明
azgx6302	组织机构名称	string	否	
azgx6303	组织机构代码	string	否	优先填报统一社会信用代码，值域见 GB 32100

4.2.7.5 返回参数

返回参数见表 28。

表 28　返回参数

参数	参数名称	参数类型	备注
code	返回码值	string	服务调用是否成功的状态值
msg	返回码描述	string	返回码的描述信息
biz_data	业务输出参数	string	具体的业务接口输出参数

返回参数中 biz_data 的业务参数见表 29。

表 29　biz_data 业务参数

参数	参数名称	参数类型	说明
azgx6301	组织机构严重违法失信名单信息 ID	string	本记录的唯一标识，取值为 UUID，符合 GB/T 17969.8—2010 的规定
azgx6302	组织机构名称	string	
azgx6303	组织机构代码	string	优先填报统一社会信用代码，值域见 GB 32100
azgx6304	登记管理机关	string	登记管理机关名称
azgx6305	列入事件	string	
azgx6306	列入事由	string	

接口返回示例如下：


```
{
    "code": "200"
    "msg": "查询成功"
    "biz_data": {
        "azgx6301":"BA916CBCEEAD3749E055000000000001", //组织机构严重违法失信名单信息 ID
        "azgx6302":"济南方达之星发展培训学校", //组织机构名称
        "azgx6303":"52370100MJD695511Q", //组织机构代码
```

```
        "azgx6304":"济南市民政局", //登记管理机关
        "azgx6305":"通过培训组织非法活动", //列入事件
        "azgx6306":"被登记管理机关撤销成(设)立登记" //列入事由
    }
}
```


4.2.8 投诉举报信息查询接口

4.2.8.1 接口描述

投诉举报信息查询接口可提供投诉举报信息的查询功能。该接口通过民政政务监管系统对外提供,主要包括对金民工程各业务系统提供接口,对公共服务门户提供接口,对各省提供接口等。其在民政政务监管系统中的注册信息如下:

4.2.8.2 接口地址

接口地址:http(https)://IP:port/mzhlwjg/interface/inside/queryTsjb

4.2.8.3 请求方式

HTTP(HTTPS) POST。

4.2.8.4 请求参数

请求参数见表30。

表30 请求参数

参数	参数名称	参数类型	是否必填项	说明
access_key	接入系统标识	string	是	在微服务中注册的系统标识
format	返回数据格式	string	否	返回数据格式为 json/xml
request_id	请求唯一编码	string	否	每次请求的唯一流水号
sign	参数签名	string	是	对传入参数签名后的字符串
timestamp	发送请求的时间	string	是	精确到毫秒
version	版本	string	否	微服务版本号
biz_content	输入参数	string	是	根据查询应用不同,输入参数不同

请求参数中的 biz_content 业务参数见表31。

表31 biz_content 业务参数

参数	参数名称	参数类型	是否必填项	说明
azgx7102	登记编号	string	否	

4.2.8.5 返回参数

返回参数见表32。

表 32　返回参数

参数	参数名称	参数类型	备注
code	返回码值	string	服务调用是否成功的状态值
msg	返回码描述	string	返回码的描述信息
biz_data	业务输出参数	string	具体的业务接口输出参数

返回参数中 biz_data 的业务参数见表 33。

表 33　biz_data 业务参数

参数	参数名称	参数类型	说明
azgx7102	登记编号	string	见 C 5106—2019 登记编号;投诉举报登记的唯一编号
azgx1102	投诉举报对象代码	string	为自然人时,填报公民身份号码,值域见 GB 11643;为组织时,填报统一社会信用代码,值域见 GB 32100
azgx1103	投诉举报对象	string	监管对象中的自然人、组织
azgx7202	投诉举报问题类型	string	见附录 A 代码集 A. 12 投诉举报问题类型代码
azgx7203	投诉举报属地	string	各级间用“/”分隔,例如投诉属地为河北省保定市清苑县,应填写为:河北省/保定市/清苑县
azgx7204	投诉举报属地行政区划代码	string	见 JMGC/XX 204—2020 5. 1. 3 C0003 行政区划代码
azgx7206	投诉举报内容	string	
azgx7219	投诉举报类型	string	1:投诉 2:举报
axcp0002	姓名	string	投诉举报人的姓名
axcp0004	证件类型	string	见 JMGC/XX 204—2020 5. 1. 15 C0015 身份证件类型代码
axcp0005	证件号码	string	对于证件类型为“内地居民身份证”的人员,证件号码值域见 GB 11643
axcp0006	性别	string	见 JMGC/XX 204—2020 5. 1. 7 C0007 人的性别代码
axcp0042	联系地址	string	投诉举报人的地址
axzx0001	手机号码	string	11 位手机号码,第 1 位为 1,第 2 位为 3—9

接口返回示例如下:

```
{
    "code": "200"
    "msg": "查询成功"
    "biz_data": {
        "azgx7102": "BA916CBCEEAF3749E055000000000001", //登记编号
        "azgx1102": "52370100MJD695511Q", //投诉对象代码
        "azgx1103": "济南方达之星发展培训学校", //投诉举报对象
        "azgx7202": "01", //投诉举报问题类型
        "azgx7203": "济南市", //投诉举报属地
        "azgx7204": "370100", //投诉举报属地行政区划代码
        "azgx7206": "济南方达之星发展培训学校利用培训名义组织非法活动", //投诉举报内容
        "azgx7219": "1", //投诉举报类型
        "axcp0002": "朱广兴", //姓名
        "axcp0004": "01", //证件类型
        "axcp0005": "410223********4534", //证件号码
        "axcp0006": "1", //性别
        "axcp0042": "尉氏县朱曲镇北街*******", //联系地址
        "axzx0001": "134****2722" //手机号码
    }
}
```


4.2.9 监管事项信息查询接口

4.2.9.1 接口描述

监管事项信息查询接口可提供监管事项信息的查询功能。该接口通过民政政务监管系统对外提供，主要包括对金民工程各业务系统提供接口，对公共服务门户提供接口，对各省提供接口等。其在民政政务监管系统中的注册信息如下：

4.2.9.2 接口地址

接口地址：http(https)://IP:port/mzhlwjg/interface/inside/queryJgsx

4.2.9.3 请求方式

HTTP(HTTPS) POST。

4.2.9.4 请求参数

请求参数见表34。

表34 请求参数

参数	参数名称	参数类型	是否必填项	说明
access_key	接入系统标识	string	是	在微服务中注册的系统标识
format	返回数据格式	string	否	返回数据格式为json/xml
request_id	请求唯一编码	string	否	每次请求的唯一流水号
sign	参数签名	string	是	对传入参数签名后的字符串
timestamp	发送请求的时间	string	是	精确到毫秒
version	版本	string	否	微服务版本号
biz_content	输入参数	string	是	根据查询应用不同，输入参数不同

请求参数中的 biz_content 业务参数见表 35。

表 35　biz_content 业务参数

参数	参数名称	参数类型	是否必填项	说明
azgx0102	监管事项名称	string	否	
azgx0103	监管事项编码	string	否	见 C 5102—2019 A. 1 监管事项主项编码示例

4. 2. 9. 5 返回参数

返回参数见表 36。

表 36　返回参数

参数	参数名称	参数类型	备注
code	返回码值	string	服务调用是否成功的状态值
msg	返回码描述	string	返回码的描述信息
biz_data	业务输出参数	string	具体的业务接口输出参数

返回参数中 biz_data 的业务参数见表 37。

表 37　biz_data 业务参数

参数	参数名称	参数类型	说明
azgx0101	监管事项 ID	string	本记录的唯一标识,取值为 UUID,符合 GB/T 17969. 8—2010 的规定
azgx0102	监管事项名称	string	
azgx0103	监管事项编码	string	见 C 5102—2019 A. 1 监管事项主项编码示例
azgx0104	父级事项编码	string	无父级则填写 root
azgx0105	监管部门 ID	string	外键, UUID, 符合 GB/T 17969. 8—2010
azgx0106	监管部门名称	string	是指民政领域具有监督管理职能的各部门
azgx0107	监管部门所属行政区划代码	string	见 JMGC/XX 204—2020 5. 1. 3 C0003 行政区划代码
azgx0108	对应的许可事项类型	string	见附录 A 代码集 A. 1 许可事项类型代码
azgx0109	操作状态	string	0:在用 1:取消 2:停用

接口返回示例如下:

```
{
    "code" : "200"
    "msg" : "查询成功"
    "biz_data" : {
        "azgx0101" : "BA916CBCEEC33749E055000000000001", //监管事项 ID
        "azgx0102" : "对社会组织的行政检查", //监管事项名称
        "azgx0103" : "00110003", //监管事项编码
        "azgx0104" : "root", //父级事项编码
        "azgx0105" : "BA916CBCEECF3749E055000000000001", //监管部门 ID
        "azgx0106" : "民政部", //监管部门名称
        "azgx0107" : "000000", //监管部门所属区划代码
        "azgx0108" : "1", //对应的许可事项类型
        "azgx0109" : "1" //操作状态
    }
}
```


4.3 民政政务服务“好差评”系统

4.3.1 民政政务“好差评”系统数据接收接口

4.3.1.1 接口描述

民政政务“好差评”系统数据接收接口,可用于接收外部系统的办事及评价数据。该接口通过民政政务好差评系统对外提供。其在民政政务好差评系统中的注册信息如下:

4.3.1.2 接口地址

接口地址: http(https)://IP:port/hcpxtbiz/zjx01/submit.do

4.3.1.3 请求方式

HTTP(HTTPS) POST。

4.3.1.4 请求参数

请求参数见表 38。

表 38 请求参数

参数	参数名称	参数类型	是否必填项	说明
access_key	接入系统标识	string	是	在微服务中注册的系统标识
format	返回数据格式	string	否	返回数据格式为 json/xml
request_id	请求唯一编码	string	否	每次请求的唯一流水号
sign	参数签名	string	是	对传入参数签名后的字符串
timestamp	发送请求的时间	string	是	精确到毫秒
version	版本	string	否	微服务版本号
biz_content	输入参数	string	是	根据查询应用不同,输入参数不同

请求参数中的 biz_content 业务参数见表 39。

表 39 biz_content 业务参数

参数	参数名称	参数类型	是否必填项	说明
axbe0002	统一社会信用代码	string	是	见 GB 32100
azjx0102	实施编码	string	是	见 C0109.1—2018 实施编码规则
azjx0103	业务办理项编码	string	是	见 C0109.1—2018 业务办理项编码规则
azjx0104	事项名称	string	是	
azjx0105	事项主题	string	是	
azjx0106	办件编号	string	是	应按 C0109.2—2018 第 2 部分:要素要求,要求使用 31 位实施编码、8 位办件申请时间代码(YYYYMMDD)、4 位顺序号三部分组成新的办件编号
azjx0107	办理状态	string	是	1:申请 2:受理 3:办理中 4:特别程序 5:办结 6:终止 7:预受理
azjx0108	受理部门名称	string	是	
azjx0109	评价渠道	string	是	1:PC 端 2:移动服务端 3:二维码 4:政务大厅平板电脑 5:政务大厅其他终端 6:电话 7:短信
azjx0110	申请人类型	string	是	1:自然人 2:企业法人 3:事业法人 4. 社会组织法人 5:非法人企业 6:行政机关 9:其他组织
azjx0111	申请人名称	string	是	
azjx0112	申请人证件类型	string	是	见 JMGC/XX 204—2020 5.1.6 C0006 电子证照持证主体类型代码
azjx0113	申请人证件号码	string	是	对于证件类型为"内地居民身份证"的人员,证件号码值域见 GB 11643
azjx0114	代理人姓名	string	否	
azjx0115	代理人证件类型	string	是	见 JMGC/XX 204—2020 5.1.6 C0006 电子证照持证主体类型代码
azjx0116	代理人证件号码	string	是	对于证件类型为"内地居民身份证"的人员,证件号码值域见 GB 11643
azjx0117	总体满意度	string	是	1:非常不满意 2:不满意 3:基本满意 4:满意 5:非常满意
azjx0119	文字评价	string	是	
azjx0138	评价次数	string	是	
azjx0122	数据来源	string	是	由三位数字组成。其中,第 1 位填写:0 部委/1 地方;第 2、3 位填写:当第 1 位是部委时,填写 2 位部门代码;当第 1 位是地方时,填写 2 位行政区划代码
azjx0123	办件类型	string	是	1:即办件 2:承诺件
azjx0137	受理部门代码	string	是	统一社会信用代码,值域见 GB 32100
azjx0159	服务名称	string	是	
azjx0160	服务次数	string	是	

4.3.1.5 返回参数

返回参数见表40。

表40　返回参数

参数	参数名称	参数类型	备注
code	返回码值	string	服务调用是否成功的状态值
msg	返回码描述	string	返回码的描述信息
biz_data	业务输出参数	string	具体的业务接口输出参数

返回参数中 biz_data 的业务参数见表41。

表41　biz_data 业务参数

参数	参数名称	参数类型	说明
serviceSuccess	服务标识	string	true:新增成功 false:新增失败

接口返回示例如下：


```
{
    "code": 200
    "msg": "新增成功"
    "biz_data ": {
        "serviceSuccess": true
    }
}
```


4.3.2 民政政务“好差评”系统评价处理结果查询接口

4.3.2.1 接口描述

民政政务“好差评”系统评价处理结果查询接口,用于外部系统调用该接口,获取差评处理结果信息。该接口通过民政政务好差评系统对外提供。其在民政政务好差评系统中的注册信息如下:

4.3.2.2 接口地址

接口地址：http(https)://IP:port/hcpxtbiz/zjx01/queryInfo

4.3.2.3 请求方式

HTTP(HTTPS) POST。

4.3.2.4 请求参数

请求参数见表42。

表 42 请求参数

参数	参数名称	参数类型	是否必填项	说明
access_key	接入系统标识	string	是	在微服务中注册的系统标识
format	返回数据格式	string	否	返回数据格式为 json/xml
request_id	请求唯一编码	string	否	每次请求的唯一流水号
sign	参数签名	string	是	对传入参数签名后的字符串
timestamp	发送请求的时间	string	是	精确到毫秒
version	版本	string	否	微服务版本号
biz_content	输入参数	string	是	根据查询应用不同,输入参数不同

请求参数中的 biz_content 业务参数见表 43。

表 43 biz_content 业务参数

参数	参数名称	参数类型	是否必填项	说明
axbe0002	统一社会信用代码	string	是	见 GB 32100

4.3.2.5 返回参数

返回参数见表 44。

表 44 返回参数

参数	参数名称	参数类型	备注
code	返回码值	string	服务调用是否成功的状态值
msg	返回码描述	string	返回码的描述信息
biz_data	业务输出参数	string	具体的业务接口输出参数

返回参数中 biz_data 的业务参数见表 45。

表 45 biz_data 业务参数

参数	参数名称	参数类型	说明
axbe0002	统一社会信用代码	string	见 GB 32100
azjx0102	实施编码	string	见 C0109.1—2018 实施编码规则
azjx0103	业务办理项编码	string	见 C0109.1—2018 业务办理项编码规则
azjx0104	事项名称	string	
azjx0105	事项主题	string	

续表

参数	参数名称	参数类型	说明
azjx0106	办件编号	string	应按 C0109.2—2018 第 2 部分:要素要求,要求使用 31 位实施编码、8 位办件申请时间代码(YYYYMMDD)、4 位顺序号三部分组成新的办件编号
azjx0107	办理状态	string	1. 申请 2. 受理 3. 办理中 4. 特别程序 5. 办结 6. 终止 7. 预受理
azjx0108	受理部门名称	string	
azjx0109	评价渠道	string	1:PC 端 2:移动服务端 3:二维码 4:政务大厅平板电脑 5:政务大厅其他终端 6:电话 7:短信
azjx0110	申请人类型	string	1:自然人 2:企业法人 3:事业法人 4.社会组织法人 5:非法人企业 6:行政机关 9:其他组织
azjx0111	申请人名称	string	
azjx0112	申请人证件类型	string	见 JMGC/XX 204—2020 5.1.6 C0006 电子证照持证主体类型代码
azjx0113	申请人证件号码	string	对于证件类型为"内地居民身份证"的人员,证件号码值域见 GB 11643
azjx0114	代理人姓名	string	
azjx0115	代理人证件类型	string	见 JMGC/XX 204—2020 5.1.6 C0006 电子证照持证主体类型代码
azjx0116	代理人证件号码	string	对于证件类型为"内地居民身份证"的人员,证件号码值域见 GB 11643
azjx0117	总体满意度	string	1:非常不满意 2:不满意 3:基本满意 4:满意 5:非常满意
azjx0119	文字评价	string	
azjx0138	评价次数	string	
azjx0122	数据来源	string	由三位数字组成。其中,第 1 位填写:0 部委/1 地方;第 2、3 位填写:当第 1 位是部委时,填写 2 位部门代码;当第 1 位是地方时,填写 2 位行政区划代码
azjx0123	办理类型	string	1:即办件 2:承诺件
azjx0137	受理部门代码	string	统一社会信用代码,值域见 GB 32100
azjx0159	服务名称	string	
azjx0160	服务次数	string	

接口返回示例如下:

```
{
    "code":"200"
    "msg":"查询成功"
    "biz_data":{
        "azjx0101":"53100000500009167K",//统一社会信用代码
        "azjx0102":"11100000000013143310001110010000",//实施编码
        "azjx0103":"111000000000131433100011100100001",//业务办理项编码
        "azjx0104":"全国性社会团体成立登记",//事项名称
        "azjx0105":"社会组织",//事项主题
        "azjx0106":"cb0e465515c947d48fdd1d44631aff7d",//办件编号
        "azjx0107":"3",//办理状态
        "azjx0108":"民政部",//受理部门名称
        "azjx0109":"1",//评价渠道
        "azjx0110":"4",//申请人类型
        "azjx0111":"张光辉",//申请人名称
        "azjx0112":"001",//申请人证件类型
        "azjx0113":"310302********2212",//申请人证件号码
        "azjx0114":"李琦",//代理人姓名
        "azjx0115":"001",//代理人证件类型
        "azjx0116":"310302********3234",//代理人证件号码
        "azjx0117":"5",//总体满意度
        "azjx0119":"效率高",//文字评价
        "azjx0138":"1",//评价次数
        "azjx0122":"011" //数据来源
        "azjx0123":"1",//办理类型
        "azjx0137":"111000000000131433",//受理部门代码
        "azjx0159":"全国性社会团体成立登记",//服务名称
        "azjx0160":"1" //服务次数
    }
}
```

JMGC

民　政　部　金　民　工　程　标　准

JMGC/JS 323—2020

金民工程 业务门户集成要求

2020 -12 -30 发布　　　　2020 -12 -30 实施

民政部信息中心 发布

目　　次

前　言

本文件按照 GB/T 1.1—2020《标准化工作导则 第1部分:标准化文件的结构和起草规则》的规定起草。

请注意本文件的某些内容可能涉及专利。本文件的发布机构不承担识别专利的责任。

本文件由民政部信息中心提出并归口。

本文件起草单位:民政部信息中心、四川久远银海软件股份有限公司。

本文件主要起草人:王兴玲、张建民、张彤、陶亮、贾雅杰、陈薛兵、钟爱伦、李双君、刘渝、欧海莉、王荣。

金民工程 业务门户集成要求

1 范围

本文件规定了金民工程项目中门户集成模式、业务类型、接入系统要求、功能资源、cookie及浏览器兼容性要求。

本文件适用于金民工程项目中各软件包。

2 规范性引用文件

下列文件中的内容通过文中的规范性引用而构成本文件必不可少的条款。其中,注日期的引用文件,仅该日期对应的版本适用于本文件;不注日期的引用文件,其最新版本(包括所有的修改单)适用于本文件。

JMGC/JS 306 金民工程统一用户身份认证

JMGC/YW 406 金民工程信息化术语

3 术语和定义

JMGC/YW 406—2020 界定的术语和定义适用于本文件。

4 缩略语

URL:统一资源定位器(Uniform Resource Locator)

CA:证书颁发机构(Certificate Authority)

5 门户集成模式

门户集成的目的是为了实现金民工程项目所有业务系统的统一登录入口,方便用户通过同一账户进入有权限的不同业务系统,减少用户不必要的重复登录操作,提高用户体验。金民工程项目所有应用系统原则上应接入统一门户,无须接入的应用系统,应单独提出申请,并经民政部信息中心同意后,方可使用单独的登录界面。门户样式见图1和图2。

集成步骤:

a)按照 JMGC/JS 306 完成单点登录接入配置或改造;

b)提供业务系统访问地址及所属类型给软件总集成单位。业务类型见表1;

图 1　业务门户集成首页

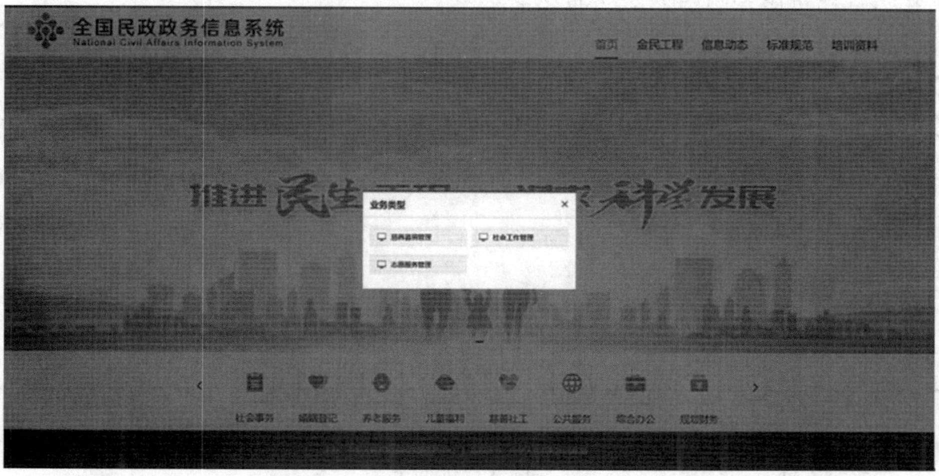

图 2　业务门户集成导航到应用系统

c)软件总集成单位在门户集成后台管理系统,统一配置接入系统地址,并配置相关参数,参数配置见表 2。

6 业务类型要求

业务类型是接入系统的分组管理的标识,业务系统应属于某一业务类型。业务类型数据项应包括业务类型名称、所属业务类型、接入标识、登录页标题、统一标识、背景图、logo。见表 1。

表 1　接入业务类型数据项

序号	名称	说明
1	业务类型名称	接入的业务类型的中文名称。如:规划财务、社会组织、社会救助、基层政权、区划地名、社会事务、养老服务、儿童福利、慈善社工、公共服务、综合办公

续表

序号	名称	说明
2	所属业务类型	接入业务类型的种类
3	接入标识	标识接入的是业务类型还是接入系统
4	登录页标题	业务类型对应的登录页标题
5	统一标识	业务类型统一区别标识
6	背景图	配置的该业务类型的登录页背景图
7	Logo	首页的业务类型展示图片

7 接入系统要求

7.1 概述

接入系统是指集成在门户系统的业务系统。

7.2 接入系统基础数据项要求

业务系统接入门户系统时,应配置相关的功能参数。包含系统名称、所属业务类型、接入标识、是否内部系统、系统路径、系统 id、系统上下文、是否有独立登录页、独立登录页地址,见表2。

表2 接入系统数据项

序号	名称	说明
1	系统名称	接入系统的中文名称
2	所属业务类型	接入业务类型的种类
3	接入标识	标识接入的是业务类型还是接入系统
4	是否内部系统	区别内部系统还是外部系统
5	系统路径	系统外部链接地址
6	系统 id	对应统一资源权限管理系统里接入的系统 id
7	系统上下文(接入系统标识)	系统访问的上下文(接入系统标识),见“7.4 接入系统标识要求”。
8	是否有独立登录页	针对拥有自己独立登录页的系统的配置
9	独立登录页地址	配置系统独立登录页地址

7.3 接入系统用户类型数据项要求

接入系统应提供该系统需要使用的用户类型。根据用户类型,进行系统参数配置,应包括用户类型标识和用户类型名称,见表3。

表 3　用户类型参数

序号	名称	说明
1	用户类型标识	用户类型的唯一标识
2	用户类型名称	用户类型的名称

7.4 接入系统标识要求

门户集成环境下,需要管理大量的接入系统。为避免系统标识符重复,系统标识符定义应使用:“开发商名称的拼音首字母简称”+“系统拼音首字母简称”。系统上下文路径也应在金民工程内全局唯一,系统上下文路径可与系统标识符保持一致。例如:统一身份认证系统,按照标准定义系统标识为:XX - SFRZ,上下文路径为:/xx - sfrz。接入系统标识示意图见图 3。

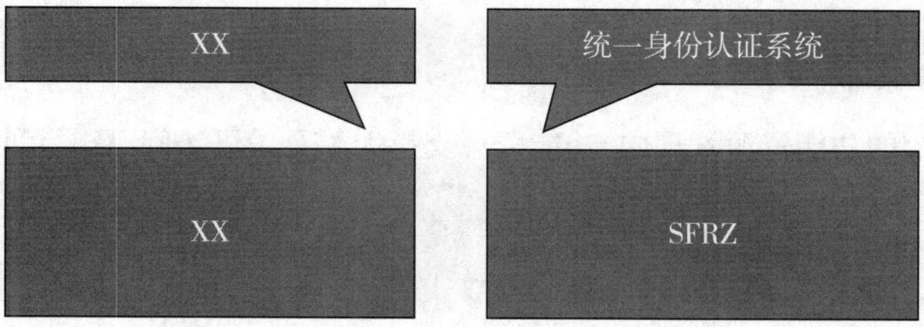

图 3　接入系统标识示意

8 功能资源

8.1 功能资源数据项要求

功能资源配置,是对门户系统中后台管理系统功能菜单的配置,为用户设置相关菜单访问权限。

功能资源数据项应包含功能资源名称、功能资源 URL、所属系统、功能资源编号、功能资源上级节点、授权策略、安全认证等级,见表 4。

表 4　功能资源数据项

序号	名称	说明
1	功能资源名称	功能资源中文名称
2	功能资源 URL	功能资源的相对路径,不包含上下文路径
3	所属系统	功能资源所属的接入系统
4	功能资源编号	功能资源唯一标识,见“7.2 功能资源编号要求”
5	功能资源上级节点	功能资源的上级节点
6	授权策略	功能资源的授权策略
7	安全认证等级	功能资源的安全认证等级

8.2 功能资源编号要求

门户集成环境下,需要管理大量的功能资源。为保证功能资源的唯一性,功能资源编号应由三段构成,分别是:开发商名称拼音首字母、系统名称拼音首字母、资源编号,用"-"链接。功能资源编号示意图见图4。

图4 功能资源编号示意

8.3 功能资源授权策略

门户集成系统的功能资源管理中,功能资源支持无须登录可访问、登录可访问、需授权访问三种类型。

无须登录可访问:此策略表示该资源为开放式的,在未登录系统的情况下即可访问。

登录可访问:任何角色的用户登录系统后,均可访问此类策略的功能资源,无须单独授权。

需授权访问:此类功能资源需授权到角色,拥有该角色的用户登录后才可访问。

8.4 功能资源安全认证等级

为满足网络安全等级保护3级的要求,系统采用不同的登录认证方式登录系统,拥有不同的安全等级。功能资源设置安全认证等级属性与登录认证等级相对应。低等级的认证方式登录不可访问高等级的功能资源,高等级的认证方式登录可访问本等级及本级以下等级的功能资源。门户集成系统支持的安全认证等级,根据登录方式可分为三级。所有业务系统应采用高等级安全认证,尽量避免使用一级安全认证。安全认证等级见表5。

表5 安全认证等级

等级	认证方式
一级	用户名/密码
二级	用户名/密码+短信验证码
三级	CA 数字证书

9 Cookie 要求

门户集成环境下的系统,为了解决JS跨域调用的问题,应采用反向代理技术将所有的系统代理到统一域名和端口下。但是对于大多数应用服务器,在默认情况下 CookieName 都是 JSES-

SIONID,CookiePath 都是“/”,这样会导致 Cookie 冲突并失效。因此,应用系统在发布前,应将 CookiePath 设置成与当前系统的上下文路径一致。

10 浏览器兼容性要求

应用系统与门户系统浏览器兼容是门户集成的前提。接入系统应支持的浏览器见表 6。

表 6　浏览器兼容性

浏览器名称	最低版本
360 浏览器	含 chrome 内核的版本
IE 浏览器	10、11 及以上
Edge 浏览器	42. 1 及以上
Chrome 浏览器	40. 0 及以上、80. 0 以下
搜狗浏览器	含 chrome 内核的版本
火狐	81. 0a1 +

参考文献

[1]GB/T 31506—2015 信息安全技术 政府门户网站系统安全技术指南

[2]GB/T 38249—2019 信息安全技术 政府网站云计算服务安全指南

JMGC

民 政 部 金 民 工 程 标 准

JMGC/JS 324—2020

金民工程 开发环境要求及编码要求

2020 -12 -30 发布　　2020 -12 -30 实施

民政部信息中心 发布

目　　次

前　言

本文件按照 GB/T 1.1—2020《标准化工作导则 第1部分:标准化文件的结构和起草规则》的规定起草。

请注意本文件的某些内容可能涉及专利。本文件的发布机构不承担识别专利的责任。

本文件由民政部信息中心提出并归口。

本文件起草单位:民政部信息中心、四川久远银海软件股份有限公司。

本文件主要起草人:王兴玲、张建民、张彤、陶亮、李双君、张进科、钟爱伦、陈志、刘渝、欧海莉、王荣。

金民工程 开发环境要求及编程要求

1 范围

本文件规定了金民工程项目中应用系统的开发环境选型要求及编码规范。

本文件适用于金民工程项目中各软件包。

2 规范性引用文件

下列文件中的内容通过文中的规范性引用而构成本文件必不可少的条款。其中,注日期的引用文件,仅该日期对应的版本适用于本文件;不注日期的引用文件,其最新版本(包括所有的修改单)适用于本文件。

JMGC/YW 406 金民工程信息化术语

3 术语和定义

JMGC/YW 406 界定的术语和定义适用于本文件。

4 缩略语

CPU:中央处理器(Central Processing Unit/Processor)

DAO:数据库访问对象(Data Access Object)

HTTP:超文本传输协议(Hypertext Transfer Protocol)

IE:IE 浏览器(Internet Explorer)

JDK:java 开发工具包(Java Developer's Kit)

OOP:面向对象的程序设计(Object Oriented Programming)

POJO:简单的 Java 对象(Plain Ordinary Java Object)

SOA:面向服务的结构(Service - Oriented Architecture)

UTF - 8:Unicode 的可变长度字符编码(8 - bit Unicode Transformation Format)

5 开发环境要求

5.1 概述

金民工程应用系统的开发环境应符合本章节的要求,若因特殊需求无法使用标准开发环境,应提出申请,经过技术评估后方可实施。

5.2 JDK 版本

JDK 选用 Oracle 公司的"JDK1.8.0_181"版本为基础版本,可选用 JDK1.8.0_181,其中小版本号目前为"181"。

5.3 浏览器

为保证系统呈现的效果和可用性,应用系统应支持的浏览器版本见表1。

表1 浏览器选型

浏览器名称	版本
IE 浏览器	10,11 及以上
Edge 浏览器	42.1 及以上
Chrome 浏览器	40.0 及以上、80.0 以下
360 浏览器	含 chrome 内核的版本
搜狗浏览器	含 chrome 内核的版本
火狐浏览器	81.0a1 +

5.4 开发工具要求

对于开发工具原则上不做限制,为了满足开发效率,开发工具推荐选择见表2。

表2 开发工具

开发工具	版本
IDEA	社区版,无代码辅助工具
IDEA	专业版,有代码辅助工具
Eclipse EE	2014 以上
MyEclipse	2014 以上

5.5 持续集成工具要求

持续集成工具应采用 Jenkins。

5.6 模块依赖管理工具要求

模块工具应采用 Maven3.5.x 版本。

5.7 代码管理工具要求

代码管理工具应采用 GIT,总集成应基于 Gogs/Gitlab 搭建代码管理环境用于管理公用程序代码。应用系统对应提交人员代码的质量及安全检查,代码中,不应有开源代码的嵌入。

5.8 中间件要求

中间件应选择支持 JAVA EE6 的版本见表3。

表 3　中间件

类型	中间件
应用中间件	内置 tomcat
应用中间件	Tongweb V7.0
web 服务中间件	Nginix/nodejs
消息中间件	TongLink/Q V8.1

5.9 数据库相关工具的选择要求

数据库相关工具的选择见表 4。

表 4　数据库相关工具

类型	选型标准
事务型数据库软件	Gbase 8t
分析型数据库软件	Gbase 8a MPP Cluster
数据库同步软件	GBase RTSync
数据备份软件	DBackup V8.0
数据库加密系统	安华金和数据库加密系统 V3.2
数据迁移归档软件	InforArchiver V3.0

5.10 操作系统要求

应用系统操作系统，应符合表 5 的要求。

表 5　操作系统

类型	选型标准
服务器操作系统	普华 V4. 2
客户端操作系统	Windows7 +
手机端操作系统	Android5.0 + 、IOS8.0 +

5.11 开发技术框架选型

金民工程应用系统采用统一的开发技术框架和共建共享模式，技术框架为 Livebase。Livebase 具备应用软件开发的基础平台，包括基础程序框架、UI 组件和应用软件基础通用功能。源代码应置在民政部代码管理服务器上，在内部向各开发商开源。

应成立开发平台管理组织，由各开发商安排技术骨干，作为开发框架项目成员，参与制定框架标准、贡献开发框架新增组件。项目开发人员也可贡献代码,由框架组织审核提交。

应用开发技术框架总体构成见图1。

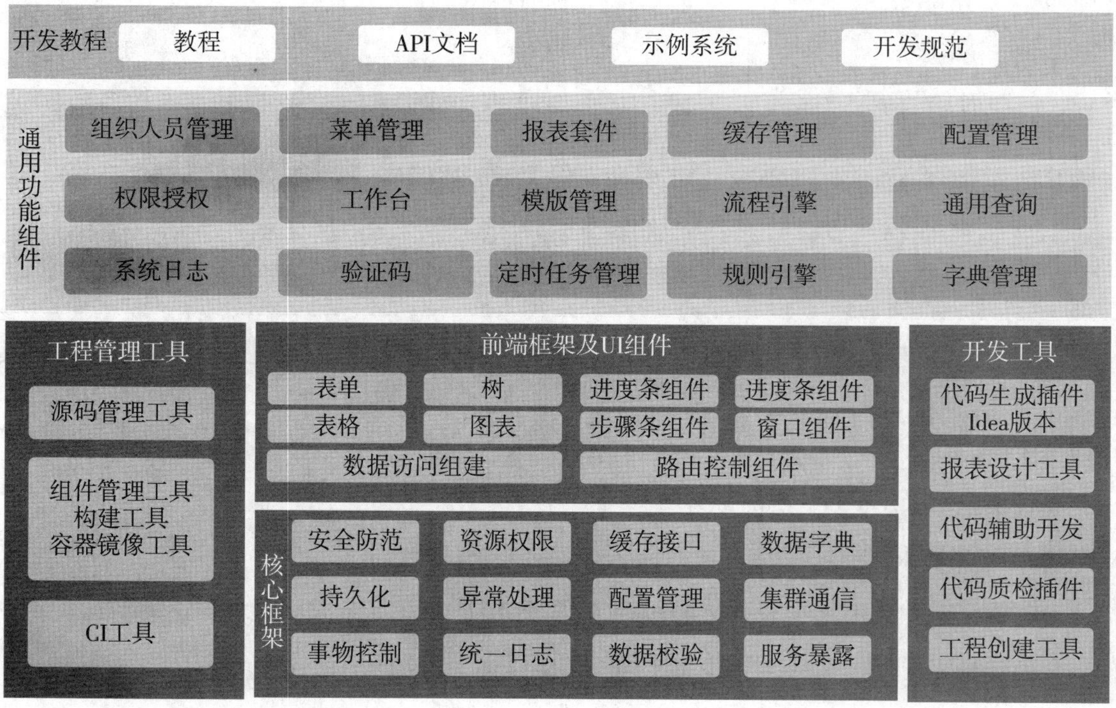

图1　应用开发技术框架总体构成

技术框架包括了核心框架、代码工程管理工具、开发工具、前端框架及UI组件库、通用功能组件、开发教程。该框架的主要技术选型见表6。

表6　开发框架组件选项

组件	选型	版本
基础框架	Spring	5.0+
微服务开发	SpringBoot	2.0+
Web 基础框架	Spring MVC	5.0+
日志框架	Slf4j	1.7.30
	Logback	1.2.3
Json 工具	FastJson	1.2.68
权限框架	Spring security	5.0+
持久化框架	Mybatis	3.0+
	MyBatis-Spring	1.3.2
连接池框架	Druid	1.1.18
单元测试框架	Junit	4.12

续表

组件	选型	版本
任务调度框架	XXL - JOB	2.2.1
序列化	Jackson/Kryo	-
定时服务	Quartz	2.2 +
后端工程管理	Maven	3.5 +
JS 框架	Vue	3.0 +
UI 组件	Elements	3.0 +
	Ant - design - vue	3.0 +
组件管理	Npm	-
前端工程管理	Webpack	-

5.12 字符集

字符集全部采用 UTF - 8 字符集。

5.13 缓存使用要求

a)开发框架默认提供三种可选的缓存方案，分别是 EHCache、Redis、Coherence12c，均都能提供全面和稳定的缓存支持，项目可根据实际情况，选择合适的缓存方案；

b)宜采用两级缓存：

1) JVM 中的一级缓存采用 EHCache，以开发框架内版本为准；

2) 集中的二级缓存采用 Redis，采用 5.0.3 稳定版。

6 编程规范

6.1 命名风格

金民工程开发源代码命名风格应至少符合以下要求：

a)代码中的命名不应以下划线或美元符号开始，也不应以下划线或美元符号结束；

注：_name/__name/ $ Object/name_/name $ /Object $ ；

b)代码中的命名不应使用拼音与英文混合的方式，更不可直接使用中文的方式；

注 1：正确的英文拼写和语法可让阅读者易于理解，避免歧义。即使纯拼音命名方式也应避免采用；

注 2：alibaba/taobao/youku/hangzhou 等国际通用的名称，可视同英文；

注 3：DaZhePromotion [打折]/getPingfenByName() [评分]/int 某变量 =3；

c)类名使用 UpperCamelCase 风格，应遵从驼峰形式，但以下情形例外：DO/BO/DTO/VO/AO；

注 1：MarcoPolo/UserDO/XmlService/TcpUdpDeal/TaPromotion；

注 2：macroPolo/UserDo/XMLService/TCPUDPDeal/TAPromotion；

d)方法名、参数名、成员变量、局部变量应统一使用 lowerCamelCase 风格，应遵从驼峰形式；

注：localValue/getHttpMessage( )/inputUserId；

e)常量命名全部大写，单词间用下划线隔开，力求语义表达完整清楚；

注1：MAX_STOCK_COUNT；

注2：MAX_COUNT；

f)抽象类命名应使用Abstract或Base开头；异常类命名应使用Exception结尾；测试类命名应以它要测试的类的名称开始，以Test结尾；

g)中括号是数组类型的一部分，数组定义应如下：String[ ]args；

注：使用String args[ ]的方式来定义；

h)包名应统一使用小写，点分隔符之间有且仅有一个自然语义的英语单词；

注：应用工具类包名为com. alibaba. open. util、类名为MessageUtils(此规则参考spring的框架结构)；

i)应杜绝完全不规范的缩写，避免望文不知义；

j)为了达到代码自解释的目标，任何自定义编程元素在命名时，宜使用尽量完整的单词组合来表达其意；

注1：从远程仓库拉取代码的类命名为PullCodeFromRemoteRepository；

注2：变量int a的随意命名方式；

k)如果模块、接口、类、方法使用了设计模式，宜在命名时体现出具体模式；

注1：将设计模式体现在名字中，有利于阅读者快速理解架构设计理念；

注2：public class OrderFactory；public class LoginProxy；

l)接口类中的方法和属性不宜加任何修饰符号(public也不要加)，保持代码的简洁性，宜加上有效的Javadoc注释。尽量不要在接口里定义变量，如果一定要定义变量，肯定是与接口方法相关，并且是整个应用的基础常量；

注1：接口方法签名：void f( )；

接口基础常量表示：String COMPANY = "alibaba"；

注1：接口方法定义：public abstract void f( )；

注2：JDK8中接口可有默认实现，default方法是对所有实现类都有价值的默认实现。

6.2 常量定义

常量定义应符合如下要求：

a)任何魔法值(即未经定义的常量)不应直接出现在代码中；

b)long或者Long初始赋值时，应使用大写的L，不应是小写的l，小写容易跟数字1混淆，造成误解；

注：Long a = 2l；写的是数字的21，还是Long型的2；

c)不宜使用一个常量类维护所有常量，按常量功能进行归类，分开维护；

注1：大而全的常量类，非得使用查找功能才能定位到修改的常量，不利于理解和维护；

注2：缓存相关常量放在类CacheConsts下；系统配置相关常量放在类ConfigConsts下；

d)如果变量值仅在一个范围内变化,且带有名称之外的延伸属性,定义为枚举类。下面正例中的数字就是延伸信息,表示星期几;

注:public Enum { MONDAY(1), TUESDAY(2), WEDNESDAY(3), THURSDAY(4), FRIDAY(5), SATURDAY(6), SUNDAY(7);}。

6.3 代码格式

代码格式要求包括但不限于如下:

a)大括号的使用约定。如果是大括号内为空,应简洁地写成{}即可,不应换行;如果是非空代码块则应满足以下要求:

1)左大括号前不换行;

2)左大括号后换行;

3)右大括号前换行;

4)右大括号后还有 else 等代码则不换行;表示终止的右大括号后应换行;

b)左小括号和字符之间不应出现空格;同样右小括号和字符之间也不应出现空格;

c)if/for/while/switch/do 等保留字与括号之间都应加空格;

d)任何二目、三目运算符的左右两边都应加一个空格;

注:运算符包括赋值运算符 =、逻辑运算符 &&、加减乘除符号等;

e)采用 4 个空格缩进,不应使用 tab 字符;

注:如果使用 tab 缩进,应设置 1 个 tab 为 4 个空格。IDEA 设置 tab 为 4 个空格时,不应勾选 Use tab character;而在 eclipse 中,应勾选 insert spaces for tabs;

f)注释的双斜线与注释内容之间有且仅有一个空格;

注:// 注释内容,注意在//和注释内容之间有一个空格;

g)单行字符数限制不应超过 120 个,超出需要换行,换行时应遵循如下原则:

1)第二行相对第一行缩进 4 个空格,从第三行开始,不再继续缩进;

2)运算符与下文一起换行;

3)方法调用的点符号与下文一起换行;

4)方法调用时,多个参数需要换行时,在逗号后进行;

5)在括号前不要换行,见注 2;

h)IDE 的 text file encoding 设置为 UTF-8;IDE 中文件的换行符应使用 Unix 格式,不应使用 Windows 格式;

i)不宜增加若干空格来使某一行的字符与上一行对应位置的字符对齐;

j)宜在方法体内的执行语句组、变量的定义语句组、不同的业务逻辑之间或者不同的语义之间插入一个空行。相同业务逻辑和语义之间不应插入空行;

注:不宜插入多个空行进行隔开。

6.4 OOP 规约

OOP 规约应符合以下要求：

a)不应通过一个类的对象引用访问此类的静态变量或静态方法，无谓增加编译器解析成本，直接用类名来访问即可；

b)相同参数类型，相同业务含义，才可使用 Java 的可变参数，不应使用 Object；

注：可变参数应放置在参数列表的最后；

c)不应使用过时的类或方法；

d)定义 DO/DTO/VO 等 POJO 类时，不应设定任何属性默认值；

e)构造方法里面不应加入任何业务逻辑，如果有初始化逻辑，请放在 Init 方法中；

f)当一个类有多个构造方法，或者多个同名方法，这些方法应按顺序放置在一起，便于阅读；类内方法定义顺序依次是：公有方法或保护方法 > 私有方法 > getter/setter 方法。

6.5 并发处理

并发处理应符合以下要求：

a)获取单例对象需要保证线程安全，其中的方法也要保证线程安全；

b)创建线程或线程池时请指定有意义的线程名称，方便出错时回溯；

c)线程资源应通过线程池提供，不可在应用中自行显式创建线程；

d)高并发时，同步调用应去考量锁的性能损耗。能用无锁数据结构，就不要用锁；能单独锁区块，就不要锁整个方法体；能用对象锁，就不要用类锁；

e)对多个资源、数据库表、对象同时加锁时，需要保持一致的加锁顺序，否则可能会造成死锁；

f)并发修改同一记录时，避免更新丢失，需要加锁。要么在应用层加锁，要么在缓存加锁，要么在数据库层使用乐观锁，使用 version 作为更新依据。

6.6 控制语句

控制语句应符合以下要求：

a)在一个 switch 块内，每个 case 要么通过 break/return 等来终止，要么注释说明程序将继续执行到哪一个 case 为止；在一个 switch 块内，都应包含一个 default 语句并且放在最后，即使它什么代码也没有；

b)在 if/else/for/while/do 语句中应使用大括号。即使只有一行代码，避免采用单行的编码方式：if (condition) statements；

c)避免后续代码维护困难，控制预计应不超过 3 层；

注 1：超过 3 层的 if - else 的逻辑判断代码可使用卫语句、策略模式、状态模式等来实现；

d)循环体中的语句要考虑性能，以下操作尽量移至循环体外处理，如定义对象、变量、获取数据库连接，进行不应要的 try - catch 操作；

e)接口入参保护,这种场景常见的是用于做批量操作的接口;

f)下列情形,需要进行参数校验:

1)调用频次低的方法;

2)执行时间开销很大的方法。此情形中,参数校验时间几乎可忽略不计,但如果因为参数错误导致中间执行回退,或者错误,那得不偿失;

3)需要极高稳定性和可用性的方法;

4)对外提供的开放接口;

5)敏感权限入口;

g)下列情形,不应进行参数校验:

1)极有可能被循环调用的方法。在方法说明里应注明外部参数检查要求;

2)底层调用频度比较高的方法。一般 DAO 层与 Service 层都在同一个应用中,部署在同一台服务器中,所以 DAO 的参数校验,可省略;

3)被声明成 private 只会被自己代码所调用的方法,如果能够确定调用方法的代码传入参数已经做过检查或者确定不会有问题,此时可不校验参数。

6.7 注释规约

代码注释应符合以下要求:

a)类、类属性、类方法的注释应使用 Javadoc 规范,使用/ * * 内容 * /格式,不应使用// xxx 方式;

b)所有的抽象方法(包括接口中的方法)应要用 Javadoc 注释、除了返回值、参数、异常说明外,还应指出该方法做什么事情,实现什么功能;

注:对子类的实现要求,或者调用注意事项,请一并说明;

c)方法内部单行注释,在被注释语句上方另起一行,使用//注释。方法内部多行注释使用/ * * /注释,注意与代码对齐;

d)所有的枚举类型字段应要有注释,说明每个数据项的用途;

e)代码修改的同时,注释也要进行相应的修改,尤其是参数、返回值、异常、核心逻辑等的修改;

f)谨慎注释掉代码。在上方详细说明,而不是简单地注释掉。如果无用,则删除;

g)注释内容应符合以下要求:

1)能够准确反应设计思想和代码逻辑;

2)能够描述业务含义,使阅读者能够迅速了解到代码背后的信息;

h)好的命名、代码结构是自解释的,注释应精简准确、表达到位;

i)特殊注释标记,请注明标记人与标记时间。

6.8 其他

除上述要求外,源代码还应符合以下要求:

a)不应在视图模板中加入任何复杂的逻辑；

b)任何数据结构都应指定大小，避免数据结构无限增长；

c)应及时清理不再使用的代码段或配置信息。

参考文献

GB/T 28169—2011 嵌入式软件 C 语言编码规范

四、业务类标准

JMGC

民　政　部　金　民　工　程　标　准

JMGC/YW 406—2020

金民工程 信息化术语

2020－12－30 发布　　　　　　　　2020－12－30 实施

民政部信息中心 发布

目　　次

前　言

本文件按照 GB/T 1.1—2020《标准化工作导则 第 1 部分:标准化文件的结构和起草规则》的规定起草。

请注意本文件的某些内容可能涉及专利。本文件的发布机构不承担识别专利的责任。

本文件由民政部信息中心提出并归口。

本文件起草单位:民政部信息中心、四川久远银海软件股份有限公司。

本文件主要起草人:王兴玲、张建民、张彤、陶亮、贾雅杰、李双君、刘渝、彭鑫森、欧海莉、王荣、张进科。

金民工程 信息化术语

1 范围

本文件界定了金民工程项目中常用的基本术语和定义。

本文件适用于金民工程项目中各软件包。

2 规范性引用文件

下列文件中的内容通过文中的规范性引用而构成本文件必不可少的条款。其中,注日期的引用文件,仅该日期对应的版本适用于本文件;不注日期的引用文件,其最新版本(包括所有的修改单)适用于本文件。

GB/T 5271.1—2020 信息技术 词汇 第1部分:基本术语

GB/T 5271.17—2020 信息技术 词汇 第17部分:数据库

GB/T 10113—2003 分类与编码通用术语

GB/T 11457—2006 信息技术 软件工程术语

GB/T 17143.4—1997 信息技术 开发系统互连 系统管理 第4部分:告警报告功能

GB/T 17143.6—1997 信息技术 开放系统互连 系统管理 第6部分:日志控制功能

GB/T 24405.1—2009 信息技术 服务管理 第1部分:规范

GB/T 25647—2010 电子政务术语

GB/T 38540—2020 信息安全技术 安全电子签章密码技术规范

3 工程相关

3.1 获取

得到一个系统、一个产品或一项服务的过程。

[来源:GB/T 11457—2006,2.24]

3.2 软件项目

一项需要协同工作的任务,它关注系统中软件成分的分析、说明、设计、开发、测试和(或)维护等工作及其相关文档。一个软件项目可以是建造硬件/软件系统的项目的一部分。

[来源:GB/T 11457—2006,2.1521]

3.3 软件产品

a)指定交付给用户的计算机程序、规程和可能相关的文档和数据的完整集;

b)a)中的任一单独的项。

[来源:GB/T 11457—2006,2.1520]

3.4 应用软件

为满足用户不同领域、不同问题的应用需求而提供的软件。例如:导航(浏览)、过程控制软件。

相对:支持软件 support software(3.5)和系统软件 system software(3.6)。

[来源:GB/T 11457—2006,2.71]

3.5 支持软件

辅助其他软件开发或维护的软件。例如:编译程序、装入程序和其他实用程序。

参见:系统软件 system software(3.6)

相对:应用软件 application software(3.4)

[来源:GB/T 11457—2006,2.1632]

3.6 系统软件

设计以帮助计算机系统和相关的程序操作和维护的软件。例如:操作系统、编译程序、实用程序。

参见:支持软件 system software(3.5)

相对:应用软件 application software(3.4)

[来源:GB/T 11457—2006,2.1667]

3.7 版本

a)与计算机软件配置项的完全编纂或重编纂相关的计算机软件配置项的初始发行或再发行;

b)作为与对以前的发行发出变更页导致的修订不同的文件的初始发行或完全再发行。

[来源:GB/T 11457—2006,2.1829]

3.8 发布

经测试且被引入实际运行环境的新配置项和(或)变更的配置项的集合。

[来源:GB/T 24405.1—2009,2.10]

3.9 变更请求

在一项服务或基础设施内,用于记录请求变更任一配置项的详情的表单。

[来源:GB/T 24405.1—2009,2.11]

3.10 确认

在开发过程期间或结束时,对系统或部件进行评价,通过检查和提供客观证据,以确定它是否满足特定预期用途的需求的过程。

[来源:GB/T 11457—2006,2.1819]

3.11 软件服务

实施与软件产品有关的活动、工作或义务，比如软件开发、维护和运作。

［来源：GB/T 11457—2006，2.1533］

4 应用系统相关

4.1 适应性

使不同系统的约束条件和用户需求得到满足的容易程度。

［来源：GB/T 11457—2006，2.40］

4.2 协议

支配系统内进程、设备和其他部件交互的一组约定。

［来源：GB/T 11457—2006，2.1275］

4.3 应用支撑平台

一个信息的集成环境，是将分散、异构的应用和信息资源进行聚合，通过统一的访问入口，实现结构化数据资源、非结构化文档、各种应用系统跨数据库、跨系统平台的无缝接入和集成。

4.4 Livebase 框架

应用支撑平台提供的统一开发框架名称。

4.5 单点登录

当用户访问多个应用系统时，只需提交一次认证信息就可访问多个应用系统。

4.6 业务协同

不同的部门之间按照一定的业务流程，通过信息共享和交换，及时高效处理一项或多项业务的过程。

［来源：GB/T 25647—2010，3.3.4］

4.7 业务门户

通过 UI 设置集成多业务系统功能模块，为多业务系统提供统一入口。实现全系统一站式登录。

4.8 部署模式

金民工程业务系统的安装方式。可分为：

大集中：全国集中一套部署。

部省两级：以省为单位部署（部署位置可在民政部指定机房，也可在各省自有机房）。

4.9 集成

把软件、硬件部件或两者合成为一个完整的系统的过程。

［来源：GB/T 11457—2006，2.787］

4.10 接入系统

集成到金民工程应用支撑平台的应用系统。

4.11 统一文件存储服务接口应用

提供给第三方接入系统进行文件上传下载的接口系统。

4.12 统一文件存储服务系统

提供给第三方接入系统使用,统一进行文件上传下载调度和文件内容管理的系统。

4.13 自然人

基于出生而取得民事主体资格的人。

4.14 法人

具有民事权利能力和民事行为能力,依法独立享有民事权利和承担民事义务的组织。

4.15 身份信息

自然人或法人身份的属性信息,自然人身份信息包括姓名、证件类型、证件号码、手机号码等;法人身份信息包括法人名称、法定代表人、统一社会信用代码等。

4.16 登录认证

自然人和法人账号进行身份鉴别的过程。认证方式包括但不限于如账号口令、手机短信、生物特征、数字证书认证等。

4.17 实名认证

对用户资料真实性进行的一种验证审核,有助于建立完善可靠的用户信息。

4.18 实名认证等级

对系统账户实名认证强度的一个划分,级别越高用户实名认证信息的可信度越高。

4.19 统一消息服务

部署在中心端,对接各个渠道消息发送,为各应用系统提供发送消息的服务。

4.20 消息接口服务

发送消息时所调用的相关接口。

4.21 微服务

对应用程序来说表现为职责更单一的应用程序部署主体,并且主要以服务接口形式对外提供能力。

4.22 微服务集成管理系统

作为SOA全技术栈(服务化、事件驱动、流程编排)的架构支撑,提供全面的服务化治理能力、事件中心和独立的可编排任务智能调度应用。

4.23 工作流引擎

根据工作流建模工具所生成的配置,管理过程活动实例的生成、运行与销毁,并激活相应软件的工具。

[来源:GB/T 25647—2010,A.2.8]

4.24 接口

a)一个共享的边界。信息跨越边界传递;

b)连接两个或多个其他部件,为了相互间传递信息的硬件或软件部件;

c)连接两个或多个部件,为了在相互间传送信息;

d)作为如 b)中连接的或被连接的部件。

[来源:GB/T 11457—2006,2. 795]

4. 25 服务接口

一个自动化系统与另一个自动化系统或人之间的共享边界。在线 HTTP 服务的方式提供的接口,一般表现为 HTTP Restful 接口或 Web Service 接口。

4. 26 服务消费方

调用服务接口的应用系统。

4. 27 服务提供方

提供服务接口的应用系统。

4. 28 系统集成

把组成系统的各个部分融合成一个高效、统一、有机整体的过程,即把组成系统的各部件、子系统、分系统和不同的产品、技术与服务,采用系统工程的科学方法进行综合集中、合成,组成满足最佳性能要求的系统。

由系统部件到整个系统的逐级装配。

[来源:GB/T 11457—2006,2. 1656]

4. 29 系统体系结构

系统各部分之间的结构和关系。系统体系结构也可包括系统和它的运行环境之间的界面。

[来源:GB/T 11457—2006,2. 1647,有修改]

5 安全相关

5. 1 信息安全等级

为了保护不同实体的内部信息、业务信息和公开信息,以及在存储、传输、处理过程中实现对这些信息的保护、响应和处置,而对信息系统定义的不同保护级别。

[来源:GB/T 25647—2010,3. 5. 3,有修改]

5. 2 安全策略

由管理、使用、提供安全服务及设施的安全机构所制定的一组规则。

5. 3 安全保护能力

系统能够抵御威胁、发现安全事件以及在系统遭到损害后能够恢复先前状态等的程度。

基本技术要求的三种类型:根据保护侧重点的不同,技术类安全要求进一步细分为:保护数据在存储、传输、处理过程中不被泄漏、破坏和免受未授权修改的信息安全类要求(简记为 S);保护系统连续正常的运行,免受对系统的未授权修改、破坏而导致系统不可用的服务保证类要求(简记为A);通用安全保护类要求(简记为G)。

5.4 多重认证

结合两种或两种以上认证技术形式的一种更强或更可靠的认证。多重认证通常包括:语音、特征或身份。

5.5 双因素认证

认证过程采用两种(或两种以上)认证机制进行身份验证的方法,是提高认证安全等级的常用机制。

5.6 数字认证

为确保信息的安全并实现可信任的事务处理,通过使用数字证书建立起来的一套严密的身份认证机制。数字认证技术可有效地解决敏感数据被窃取、删除或篡改,机密信息被公开,非法访问,用户身份被冒充,抵赖等问题。

5.7 数字证书

一种符合一定格式,用于网络空间身份证明的电子文件。数字证书持有者有两个密钥(数字串):一是私钥,仅由持有者拥有,用于"签署"发出的消息和解密送来的消息;一是公钥,由任何人使用,用于加密发送到特定用户的数据。

5.8 数字证书注册机构

一种负责对证书的主体进行标识和鉴别的实体。

5.9 证书认证机构

负责创建和分配证书,受用户信任的权威机构。用户可以选择该机构为其创建密钥。

5.10 电子签名

在电子报文中,以电子形式所含、所附用于识别签名人身份并表明签名人认可其中内容的数据。

[来源:GB/T 25647—2010,3.5.8]

5.11 电子印章

一种由电子印章制章者数字签名的安全数据。

注:包括电子印章所有者信息和图形化内容的数据,用于安全签署电子文件。

[来源:GB/T 38540—2020,3.1]

5.12 告警

一个特定事件的通知,其形式由本功能定义。告警可能代表也可能不代表差错。

[来源:GB/T 17143.4—1997,补充定义3.7.3]

5.13 备份

a)在故障或外部引起的灾害事件中可用于替换或帮助恢复原始的项的系统、部件、文件、过程或人;

b)像在上述 a)中为建立或指定系统、部件、文件、过程或人;

c)发生系统失效或灾害时,为恢复数据文件或软件、重新启动处理、使用备份计算机设备而做的准备。

[来源:GB/T 11457—2006,2.120]

5.14 灾难备份

利用技术、管理手段以及相关资源,为确保已有的关键数据和关键业务在灾难发生后可以恢复正常和继续运营,而构建的复制系统和机制。

[来源:GB/T 25647—2010,3.5.09]

6 信息资源相关

6.1 数据

信息的可再解释的形式化表示,以适用于通信、解释或处理。

[来源:GB/T 5271.1—2000,01.01.02]

6.2 元数据

关于数据或数据元素的数据(可能包括其数据描述),以及关于数据拥有权、存取路径、访问权限和数据易变性的数据。

[来源:GB/T 5271.17—2010,17.16.05]

6.3 核心元数据

元数据的最小子集。通常用于编制资源目录。

[来源:GB/T 25647—2010,A.1.15]

6.4 数据元素

一种建立再论域对象与代表这些对象的字之间,视为一个初等单元的命名的联系。这种性质的联系由一种对象、一个字集和一个对象-字对的集合组成,其中的对象和字取自各自的集。该"对的集合"表示对象的所有元素与字集的同等数目的元素之间的一一对应。

[来源:GB/T 5271.17—2010,17.06.02]

6.5 数据挖掘

从大量的、有时不完全的、模糊的实际应用数据中提取出隐含在其中的、事先不为人知道的,但又是潜在有用的信息和知识的过程。又称"数据库中的知识发现(knowledge discovery in database,KDD)"。对于政务部门而言,数据挖掘有助于发现业务发展的趋势,揭示已知的事实、预测未知的结果。

[来源:GB/T 25647—2010,A.1.9]

6.6 信息

关于客体(如事实、事件、事物、过程或思想,包括概念)的知识,在一定的场合中具有特定的意义。

[来源:GB/T 5271.1—2000,01.01.01]

6.7 信息资源

以导向性、再生性和重复利用性等主要特点,可供人们直接或间接开发与利用的各种信息集合的总称。

[来源:GB/T 25647—2010,A.1.11]

6.8 信息分类

把具有某种共同属性或特征的信息归并在一起,把具有不同属性或特征的信息区别开来的过程。

[来源:GB/T 10113—2003,2.1.3]

6.9 信息交换

在传输期间,以不改变信息量或赋予数据含义的方式,发送和接收数据的过程。

[来源:GB/T 25647—2010,A.1.14]

6.1 0 消息服务

为应用系统提供的,实现消息通信功能的运行环境和可配置的服务调用或支持。

[来源:GB/T 25647—2010,A.1.24]

7 网络传输相关

7.1 报文

网络中交换与传输的数据单元,即站点一次性要发送的数据块。

7.2 报文头

封装报文的信息段。

8 设计相关

8.1 交互设计

定义、设计人造系统的行为的设计领域,它定义了两个或多个互动的个体之间交流的内容和结构,使之互相配合,共同达成某种目的。

8.2 控件

在界面中输入或操作数据的对象。

8.3 图标

呈现在桌面端、移动设备屏幕上,表示系统对象(或)应用程序功能的可交互符号。

8.4 间距

移动端界面中文字与文字、模块与模块、行与行在界面展示时之间的距离。

8.5 色调

指图像的相对明暗程度,在彩色图像上表现为颜色。

9 政务相关

9.1 电子政务

政务部门为实现政府与公民、企事业之间的信息交互,向社会提供优质、高效、透明的管理和服务,对自身的管理结构和业务流程进行梳理,运用信息技术所构建的技术系统和形成的服务体系。

[来源:GB/T 25647—2010,3.1.1]

9.2 政务部门

政府部门及法律法规授权具有行政职能的事业单位和社会组织。

9.3 政务基础信息库

面向各级政务部门,提供基础性、基准性、标识性政务信息服务的信息库。

[来源:GB/T 25647—2010,3.2.7]

9.4 政务信息采集

各级政务部门在依法履行职能过程中获取政务信息的行为。

[来源:GB/T 25647—2010,3.2.5]

9.5 政务信息公开

政务部门依托各种媒体,依据相关法律、法规将政务信息及时、准确地向社会公布,以方便公民、法人和其他组织获取和利用这些信息的活动。

[来源:GB/T 25647—2010,3.2.9]

9.6 政务信息公开目录

政务部门针对主动(或接受公民申请)公布的本部门所管理的政务公开信息,按照法规要求编制的目录。

[来源:GB/T 25647—2010,3.2.10]

9.7 政务信息资源分类

为了有序管理和开发利用政务信息资源,把具有某种共同属性或特征的政务信息归并在一起,通过其类别的属性或特征来对政务信息进行的归类。

[来源:GB/T 25647—2010,3.2.6]

9.8 信息共享

政务部门的在依法履行职能过程中向其他政务部门提供或自其他政务部门获取信息的过程。

[来源:GB/T 25647—2010,3.2.2]

9.9 国家电子政务网

基于国家电子政务传输骨干网的政务内网和政务外网组成的网络。

[来源:GB/T 25647—2010,3.1.6]

9.10 政务内网

满足各级政务部门内部办公、管理、协调、监督及其决策需要的网络,承载涉及国家秘密并定级在机密级及以下的信息系统和数据。简称政务内网。

[来源:GB/T 25647—2010,3.4.2,有修改]

9.11 政务外网

满足各级政务部门面向社会提供服务和管理的业务网络。简称政务外网。

[来源:GB/T 25647—2010,3.4.3]

10 缩略语

HTTP:超文本传输协议(HTTP,HyperText Transfer Protocol)

SOA:面向服务的架构(Service - Oriented Architecture)

参考文献

国发〔2016〕51号文件《政务信息资源共享管理暂行办法》

JMGC

民　政　部　金　民　工　程　标　准

JMGC/YW 407.1—2020

社会救助业务术语
第1部分:救助业务

2020-12-30 发布　　2020-12-30 实施

民政部信息中心 发布

目　次

前　言

本文件按照GB/T 1.1—2020《标准化工作导则 第1部分:标准化文件的结构和起草规则》的规定起草。

请注意本文件的某些内容可能涉及专利。本文件的发布机构不承担识别专利的责任。

本文件是JMGC/YW 407《社会救助业务术语》的第1部分。JMGC/YW 407已经发布了以下部分:

——第1部分:救助业务;

——第2部分:核对业务。

本文件由民政部信息中心提出并归口。

本文件起草单位:民政部信息中心、民政部社会救助司、上海速连信息科技有限公司。

本文件主要起草人:戴朝云、高媛、赵超、刘硕明、钟一涵、肖樑、孙闻政、方杰、方普、白景波。

引　言

JMGC/YW 407《社会救助业务术语》由两个部分构成。

——第1部分：救助业务。目的在于确立金民工程项目中社会救助业务领域中常用的术语及定义。

——第2部分：核对业务。目的在于确立金民工程项目中社会救助核对业务的术语及定义。

社会救助业务术语 第1部分:救助业务

1 范围

本文件界定了金民工程项目社会救助业务领域中常用的术语和定义。

本文件适用于金民工程项目中全国社会救助信息系统建设。

2 规范性引用文件

下列文件中的内容通过文中的规范性引用而构成本文件必不可少的条款。其中,注日期的引用文件,仅该日期对应的版本适用于本文件;不注日期的引用文件,其最新版本(包括所有的修改单)适用于本文件。

GB/T 25647 电子政务术语

3 通用术语

3.1 社会救助

国家和其他社会主体对于遭受自然灾害、失去劳动能力或者其他低收入公民给予物质帮助或精神救助,以维持其基本生活需求,保障其最低生活水平的各种措施。

3.2 社会救助管理部门

国务院及县级以上地方人民政府涉及社会救助管理工作的政府各职能部门统称。

3.3 社会救助经办机构

乡镇人民政府(街道办事处)负责社会救助工作的部门及具有社会救助工作职能的派出机构。

3.4 社会救助经办人员

具体办理或分管社会救助受理、审核(包括家庭经济状况调查)、确认等事务的区县级人民政府民政部门、乡镇人民政府(街道办事处)及其派出机构工作人员。

3.5 社会救助资金

国家通过经常性预算、财政性拨款或社会捐赠等形成的,专门用于救助困难群体的社会保障货币资金。

3.6 社会力量参与社会救助

国家鼓励单位和个人等社会力量通过捐赠、设立帮扶项目、创办服务机构、提供志愿服务等方式,参与社会救助。

3.7 业务流程

在业务领域中为达到业务目标的一种过程和策略,该过程由一组按策略执行的、相互协调的活动步骤组成。

[来源:GB/T 25647,3.3.2]

3.8 业务系统

电子政务系统中侧重于业务实现的子系统。

[来源:GB/T 25647,3.3.3]

3.9 申请

申请人或委托代理人向经办机构申述理由,提出请求,并请求批准。

3.10 受理

社会救助经办机构接受申请人的申请,为其解决所交办事务。

3.11 经济状况核对

社会救助经办机构通过信息系统与有关部门和单位对申请人家庭人口、经济收入、财产状况等情况进行比对核查。

3.12 审核确认

社会救助管理部门通过社会救助经办机构提交的各类材料对申请人的资格进行认定。

3.13 城市居民

持有“非农业”户籍证明的居民,或长期居住在城镇规划区域内、不拥有生产资料、不以农业生产为主要谋生手段的常住居民。

3.14 农村居民

持有农业户籍证明的居民,或居住在乡村的常住居民。

3.15 家庭成员

具有法定赡养、抚养或扶养关系,且共同生活的人员。

3.16 收入

在规定期限内获得的全部可支配收入。包括工资性收入、经营净收入、财产净收入、转移净收入等各类收入,不包括城乡居民基本养老保险中的基础养老金、基本医疗保险等社会保险和高龄津贴等社会福利补贴。

3.17 家庭收入

共同生活的家庭成员在规定期限内获得的全部可支配收入。

3.18 家庭财产

共同生活的家庭成员拥有的全部动产和不动产。

3.19 入户调查

社会救助经办人员通过走访申请社会救助的居民家庭,对其家庭成员、收入和财产状况以及生活水平等情况进行现场访查的方法。

3.20 民主评议

由相关社会救助经办机构组织，申请人常住地相关工作人员和群众代表参加，就申请人社会救助事宜进行集体讨论，并提出意见。

3.21 老年人

60周岁以上的公民。

3.22 残疾人

符合残疾人认定条件并持有法定残疾人认定机构出具的残疾人证件的公民。

3.23 主动发现

社会救助经办机构通过部门协同、走访发现等方式获得生活困难人员信息并核实后主动提供救助的工作方法。

3.24 动态管理

定期复查正在享受社会救助的家庭或个人，并根据其家庭人口、经济状况的变化情况及时调整救助政策的管理模式。

4 最低生活保障

4.1 最低生活保障

国家对共同生活的家庭成员人均收入低于当地最低生活保障标准，且符合当地最低生活保障家庭财产状况规定的家庭，按照共同生活的家庭成员人均收入低于当地最低生活保障标准的差额，发给最低生活保障金的社会救助制度。

4.2 最低生活保障标准

由省、自治区、直辖市或者设区的市级人民政府按照当地居民生活必需的费用确定、公布，并根据当地经济社会发展水平和物价变动情况适时调整的一种社会救助标准。

4.3 最低生活保障金

县级人民政府民政部门给付最低生活保障对象的救助金。

4.4 最低生活保障家庭

经社会救助管理部门审核确认并依法纳入最低生活保障范围的家庭和个人。

4.5 保障人数

经社会救助管理部门审核确认纳入最低生活保障范围的家庭中获得最低生活保障金的家庭成员，以及参照“单人户”纳入低保范围的人员数量。

4.6 最低生活保障对象

经社会救助管理部门审核确认纳入最低生活保障救助金依法享受最低生活保障范围的人员。

4.7 特殊困难最低生活保障对象

最低生活保障对象中的老年人、重度残疾人、未成年人、重病患者等。

4.8 分类施保

在给予当地最低生活保障基础上，对特殊困难低保对象增发救助金或通过其他措施提供救助水平的救助政策。

4.9 分类施保标准

针对不同类型特殊困难低保对象制定的特殊的救助标准。

4.10 差额救助

按照低保家庭中共同生活的家庭成员人均收入低于当地最低生活保障标准的差额给付的最低生活保障金金的救助方式。

4.11 分档救助

按照若干档次划分的最低生活保障金的救助方式。

5 特困人员救助供养

5.1 特困人员救助供养

国家对无劳动能力、无生活来源且无法定赡养、抚养、扶养义务人，或者其法定赡养、抚养、扶养义务人无赡养、抚养、扶养能力的老年人、残疾人以及未满18周岁的未成年人，给予的救助供养。

5.2 无劳动能力

老年人、未满18周岁的未成年人、残疾等级为一、二级的智力、精神残疾人，残疾等级为一级的肢体残疾人和符合省、自治区、直辖市人民政府规定的其他情形的依照有关规定不适宜从事生产劳动的，认定为无劳动能力。

5.3 无生活来源

收入总和低于当地最低生活保障标准，且财产符合当地特困人员财产状况规定的，认定为无生活来源。

5.4 无赡养能力

法定赡养义务人符合下列情形之一的，应当认定为无履行义务能力：具备特困人员条件的；60周岁以上或者重度残疾的最低生活保障对象，且财产符合当地特困人员财产状况规定的；无民事行为能力、被宣告失踪或者在监狱服刑的人员，且财产符合当地特困人员财产状况规定的；省、自治区、直辖市人民政府规定的其他情形。

5.5 无抚养能力

法定抚养义务人符合下列情形之一的，应当认定为无履行义务能力：具备特困人员条件的；60周岁以上或者重度残疾的最低生活保障对象，且财产符合当地特困人员财产状况规定的；无民事行为能力、被宣告失踪或者在监狱服刑的人员，且财产符合当地特困人员财产状况规定的；省、自治区、直辖市人民政府规定的其他情形。

5.6 无扶养能力

法定扶养义务人符合下列情形之一的，应当认定为无履行义务能力：具备特困人员条件的；60周岁以上或者重度残疾的最低生活保障对象，且财产符合当地特困人员财产状况规定的；无民事行为能力、被宣告失踪或者在监狱服刑的人员，且财产符合当地特困人员财产状况规定的；省、自治区、直辖市人民政府规定的其他情形。

5.7 特困人员救助供养标准

特困人员救助供养标准由省、自治区、直辖市或者设区的市级人民政府综合考虑地区、城乡差异等因素确定、公布，并根据当地经济社会发展水平和物价变化情况适时调整。特困人员救助供养标准包括基本生活标准和照料护理标准。

5.8 基本生活标准

特困人员救助供养标准中满足特困人员基本生活所需的部分。

5.9 照料护理标准

特困人员救助供养标准中根据特困人员生活自理能力和服务需求分类制定的满足其护理需求的部分。

5.10 供养服务机构

国家、社会组织或个人举办，符合社会福利机构的建设规划和社会福利机构设置基本标准，经县级以上人民政府民政部门审批并领取《社会福利机构设置批准证书》，为供养对象提供养护、康复、托管等服务的公益性单位。

5.11 救助供养形式

特困人员救助供养形式分为在家分散供养和在当地的供养服务机构集中供养。

5.12 集中供养

以政府为主体提供供养资金和居住场所，通过供养服务机构为特困人员提供救助供养服务。

5.13 分散供养

以政府为主体提供供养资金，特困人员分散在家庭生活。

5.14 供养资金

政府提供用以保障特困人员救助供养的资金。

6 临时救助

6.1 临时救助

国家对遭遇突发事件、意外伤害、重大疾病或其他特殊原因导致基本生活陷入困境，其他社会救助制度暂时无法覆盖或救助之后基本生活暂时仍有严重困难的家庭或个人给予的应急性、过渡性的救助。

6.2 急难型救助对象

因火灾、交通事故等意外事件,家庭成员突发重大疾病及遭遇其他特殊困难等原因,导致基本生活暂时出现严重困难、需要立即采取救助措施的家庭和个人。

6.3 支出型救助对象

因教育、医疗等生活必需支出突然增加超出家庭承受能力,导致基本生活一定时期内出现严重困难的家庭,原则上其家庭人均可支配收入应低于当地上年度人均可支配收入,且家庭财产状况符合当地有关规定。

6.4 先行救助

乡镇人民政府(街道办事处)、县级人民政府民政部门可根据救助对象急难情形,简化申请人家庭经济状况核对、民主评议和公示等环节,直接予以救助,并在急难情况缓解后,登记救助对象、救助事由、救助金额等信息,补齐经办人员签字、盖章手续。

6.5 临时救助标准

县级以上地方人民政府根据当地经济社会发展水平、救助对象困难类型、困难程度,统筹考虑其他社会救助制度保障水平,依据分类分档原则制定的标准。

6.6 临时救助方式

为救助对象提供的救助方式。包含发放临时救助金、发放实物和提供转介服务。

7 低收入救助

7.1 低收入家庭

指国家对家庭人均收入高于1倍低于1.5倍当地政府公告的最低生活标准,且家庭财产符合当地政府相关规定的家庭,认定为低收入家庭。低收入家庭依法享受各地的低收入救助政策。

7.2 低收入救助

对符合当地政府低收入家庭认定条件的救助对象提供当地政府规定的帮扶救助。

参考文献

[1]《城市居民最低生活保障条例》(中华人民共和国国务院令第271号).1999年10月1日

[2]《民政部关于进一步建立健全临时救助制度的通知》(民发〔2007〕92号).2007年6月27日

[3]《国务院关于在全国建立农村最低生活保障制度的通知》(国发〔2007〕19号).2007年7月11日

[4]《国务院关于进一步加强和改进最低生活保障工作的意见》(国发〔2012〕45号).2012年9月1日

[5]民政部关于印发《最低生活保障审核审批办法(试行)》的通知(民发〔2012〕220号).2012年12月12日

[6]《社会救助暂行办法》(中华人民共和国国务院令第649号).2014年2月21日

[7]《国务院关于全面建立临时救助制度的通知》(国发〔2014〕47号).2014年10月3日

[8]《国务院关于进一步健全特困人员救助供养制度的意见》(国发〔2016〕14号).2016年2月10日

[9]民政部关于印发《特困人员认定办法》的通知(民发〔2016〕178号).2016年10月10日

[10]《民政部 财政部关于进一步加强和改进临时救助工作的意见》(民发〔2018〕23号).2018年1月23日

[11]民政部 国务院扶贫办关于印发《社会救助兜底脱贫行动方案》的通知(民发〔2020〕18号).2020年02月20日

JMGC

民 政 部 金 民 工 程 标 准

JMGC/YW 407.2—2020

社会救助业务术语
第 2 部分:核对业务

2020-12-30 发布 2020-12-30 实施

民政部信息中心 发布

目　次

前　言

本文件按照 GB/T 1.1—2020《标准化工作导则 第1部分:标准化文件的结构和起草规则》的规定起草。

本文件是 JMGC/YW 407《社会救助业务术语》的第2部分。JMGC/YW 407 已经发布了以下部分:

——第1部分:救助业务;

——第2部分:核对业务。

请注意本文件的内容可能涉及专利。本文件的发布机构不承担识别专利的责任。

本文件由民政部信息中心提出并归口。

本文件起草单位:民政部信息中心、太极计算机股份有限公司。

本文件主要起草人:戴朝云、高媛、宝力高、胡浩、李俊梅、常凯强、张杰、刘鹏飞。

引　　言

JMGC/YW 407《社会救助业务术语》由两个部分构成。

——第 1 部分:救助业务。目的在于确立金民工程项目中社会救助业务领域中常用的术语及定义。

——第 2 部分:核对业务。目的在于确立金民工程项目中社会救助核对业务的术语及定义。

社会救助业务术语 第2部分:核对业务

1 范围

本文件界定了金民工程项目中社会救助核对业务的术语及定义。

本文件适用于金民工程项目中全国居民家庭经济状况核对系统建设。

2 规范性引用文件

下列文件中的内容通过文中的规范性引用而构成本文件必不可少的条款。其中,注日期的引用文件,仅该日期对应的版本适用于本文件;不注日期的引用文件,其最新版本(包括所有的修改单)适用于本文件。

MZ/T 072—2016 居民家庭经济状况核对 总则

3 核对

3.1 居民家庭经济状况

居民家庭拥有的全部收入状况、财产状况及支出状况。

[来源:MZ/T 072—2016,3.1]

3.2 核对

对居民家庭指定时期的收入状况、财产状况及支出状况开展调查和比对的活动。

[来源: MZ/T 072—2016,3.2,有修改]

3.3 核对对象

接收核对的居民个人或者居民家庭成员。

[来源: MZ/T 072—2016,3.3,有修改]

3.4 核对机构

办理核对业务的相关单位。

[来源:MZ/T 072—2016,3.4]

3.5 委托单位

向核对机构提出核对委托的相关单位。

[来源:MZ/T 072—2016,3.5]

3.6 信息共享单位

提供居民家庭经济状况数据的单位。

［来源：MZ/T 072—2016，3.6］

3.7 核对报告

核对机构完成核对工作后出具的核对结果书面或电子文件。

3.8 居民家庭经济状况核对授权书

核对对象允许核对机构对其家庭经济状况进行核对的具有法律效力的书面或电子文件。

3.9 协查核对机构

为其他核对机构提供居民家庭经济状况数据的机构。

JMGC

民 政 部 金 民 工 程 标 准

JMGC/YW 408.1—2020

社会救助业务流程
第1部分:救助业务

2020-12-30 发布　　2020-12-30 实施

民政部信息中心 发布

目　次

前　言

本文件按照 GB/T 1.1—2020《标准化工作导则 第1部分:标准的结构和编写》的规则起草。

请注意本文件的某些内容可能涉及专利。本文件的发布机构不承担识别专利的责任。

本文件是 JMGC/YW 408《社会救助业务流程》的第1部分。JMGC/YW 408 已经发布了以下部分:

——第1部分:救助业务。

——第2部分:核对业务。

本文件由民政部信息中心提出并归口。

本文件起草单位:民政部信息中心、民政部社会救助司、上海速连信息科技有限公司。

本文件主要起草人:戴朝云、高媛、赵超、刘硕明、钟一涵、肖樑、孙闻政、方杰、方普、白景波。

引　言

JMGC/YW 408《社会救助业务流程》由两个部分构成。

——第1部分:救助业务。目的在于确立社会救助业务系统建设中可程序化的业务流程。

——第2部分:核对业务。目的在于确立社会救助业务核对的业务流程。

社会救助业务流程 第1部分:救助业务

1 范围

本文件规定了金民工程中社会救助业务系统建设中可程序化的业务流程。

本文件适用于金民工程中全国社会救助业务系统建设工作。

2 规范性引用文件

下列文件中的内容通过文中的规范性引用而构成本文件必不可少的条款。其中,注日期的引用文件,仅该日期对应的版本适用于本文件;不注日期的引用文件,其最新版本(包括所有的修改单)适用于本文件。

JMGC/YW 407.1 社会救助业务术语 第1部分:救助业务

3 术语和定义

JMGC/YW 407.1 界定的术语和定义适用于本文件。

4 最低生活保障业务流程

4.1 概述

最低生活保障业务办理的基本流程应包含以下步骤:

a)申请人提出申请;

b)受理机构受理申请;

c)经办机构办理业务;

d)审核确认机构审核确认;

e)资金管理部门发放最低生活保障金;

f)审核确认机构对最低生活保障对象进行动态管理。

最低生活保障业务流程见图1。

4.2 提出申请

申请人向户籍所在地的乡镇人民政府(街道办事处)等社会救助业务办理机构提出书面申请;家庭成员申请有困难的,可以委托村民委员会、居民委员会代为提出申请。

4.3 申请受理

社会救助业务办理机构应当对申请人或者其代理人提交的材料进行审查,材料齐备的,予

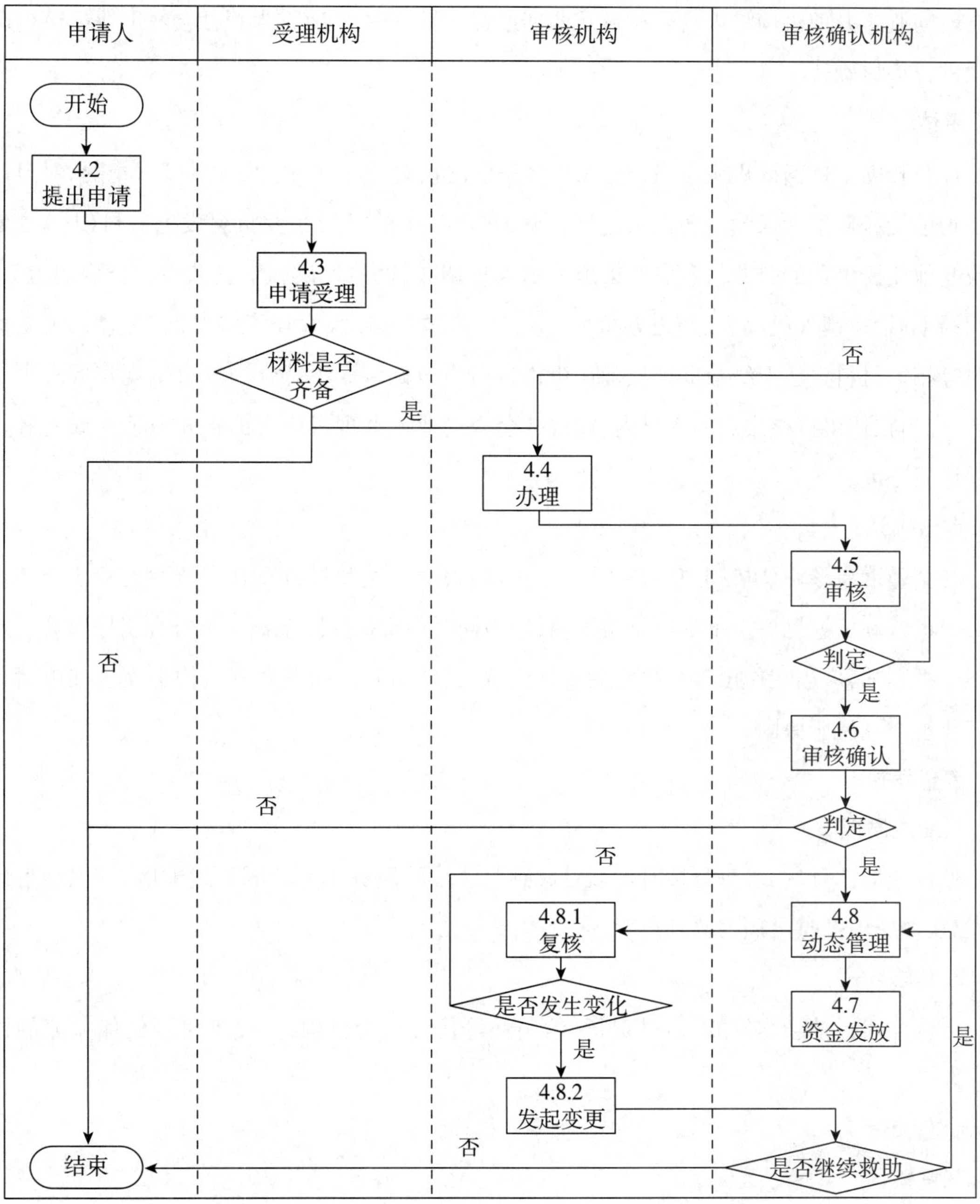

图 1　最低生活保障业务流程

以受理；申请材料不齐备的，应当一次性告知申请人或者其代理人补齐所有规定的材料。

申请人在申请最低生活保障时，申请人与低保经办人员和村（居）民委员会成员有近亲属关系的，应当如实申明。

已经受理的低保经办人员和村（居）民委员会成员的近亲属的最低生活保障申请，社会救助业务受理机构应当进行单独登记。

4.4 办理

社会救助业务办理机构在收到申请人的救助申请后，应对该项申请进行办理，办理过程一般包括：经济状况核对、入户调查、民主评议等环节。各环节顺序依各地方民政部门规定设置。

社会救助业务办理机构将申请人材料及办理过程材料整理齐备后，上报社会救助业务审核确认机构进行审核确认。

4.5 审核

社会救助审核确认机构应当根据家庭经济状况核对、入户调查、民主评议等情况，对申请家庭是否享受最低生活保障待遇提出建议意见，并及时在村（居）民委员会设置的村（居）务公开栏或其他便捷可达的公共信息发布渠道公示入户调查、民主评议和审核结果。公示期为7天。公示结束后，乡镇人民政府（街道办事处）应当将申请材料、家庭经济状况调查结果、民主评议情况等相关材料报送上级救助审核确认机构进行审核确认。不符合当地政策规定要求不予批准的，应当在作出审核决定后3日内，通过社会救助业务办理机构书面告知申请人或者其代理人并说明原因。

4.6 审核确认

社会救助审核确认机构应当自收到下级机构报送的相关材料及其审核意见后5个工作日内提出审核确认意见。拟批准给予救助的，应当同时确定拟保障金额。不符合当地政策规定要求不予批准的，应当在作出审核决定后3日内，通过社会救助业务办理机构书面告知申请人或者其代理人并说明原因。

4.7 资金发放

4.7.1 发放周期

低保金应按月发放，每月按时足额发放到户。金融服务不发达的农村地区，低保金可以按季发放，每季度按时足额发放到户。

4.7.2 发放方式

低保金实行社会化发放，通过银行、信用社等代理金融机构，直接支付到低保家庭的银行账户。

4.8 动态管理

4.8.1 复核

县级人民政府民政部门一级乡镇人民政府、街道办事处应当定期对低保家庭是否符合条件进行核查。

4.8.2 发起变更

最低生活保障家庭如出现人口、经济状况变化，社会救助业务办理机构要根据变化情况及时办理低保金停发、减发或者增发手续。对增加、减少救助金和取消救助的，应书面向救助对象说明原因，并告知其申请行政复议和提起行政诉讼的权利。

5 特困人员救助供养业务流程

5.1 概述

特困人员救助供养业务办理的基本流程应包含以下步骤：

a）申请人提出申请；

b）受理机构受理申请；

c）乡镇人民政府（街道办事处）进行审核；

d）审核确认机构审核确认；

e）资金管理部门发放特困人员供养金；

f）审核确认机构对特困供养对象进行动态管理。

特困人员救助供养业务流程见图 2。

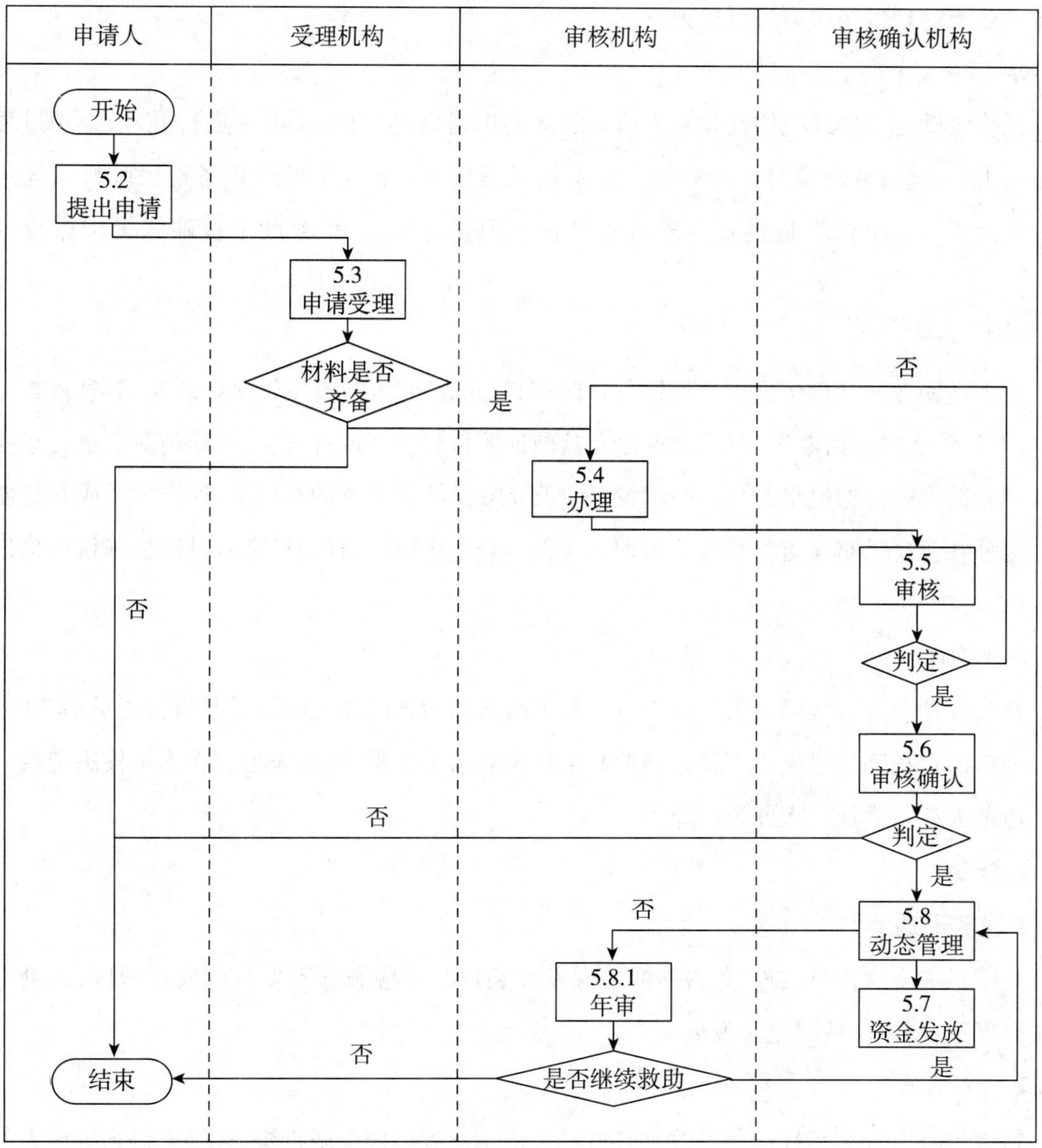

图 2　特困人员救助供养业务流程

5.2 提出申请

申请人向户籍所在地的乡镇人民政府（街道办事处）等社会救助业务办理机构提出书面申

请;家庭成员申请有困难的,可以委托村民委员会、居民委员会代为提出申请。

5.3 申请受理

社会救助业务受理机构应当对申请人或者其代理人提交的材料进行审查,申请材料符合当地政策规定的,予以受理;申请材料不符合当地政策规定的,应当一次性告知申请人或者其代理人补正所有当地政策规定的申请材料。

申请人在申请特困人员救助供养时,申请人与社会救助经办人员和村(居)民委员会成员有近亲属关系的,应当如实申明。

已经受理的救助经办人员和村(居)民委员会成员的近亲属的特困人员救助供养申请,社会救助业务受理机构应当进行单独登记。

5.4 办理

社会救助业务办理机构在收到申请人的救助申请后,应对该项申请进行办理,办理过程一般包括:家庭经济状况核对、入户调查、民主评议等环节。各环节顺序依各地民政部门规定进行。办理机构将申请人材料及办理过程材料整理齐备后,上报救助审核确认机构进行审核确认。

5.5 审核

社会救助业务办理机构应当根据入户调查、邻里访问、信函索证、群众评议、信息核查等等情况,对申请人的收入状况、财产状况以及其他证明材料进行调查核实,对申请对象是否享受特困人员救助供养待遇提出意见,并及时在村(居)民委员会设置的村(居)务公开栏或其他便捷可达的公共信息发布渠道公示。公示期为7天。公示结束后,报送社会救助审核确认机构进行审核确认。

5.6 审核确认

社会救助业务审核确认机构应当自收到下级机构报送的相关材料及其审核意见后20个工作日内提出审核确认意见。不符合当地政策规定要求不予批准的,应当在作出审核决定后书面告知申请人或者其代理人并说明原因。

5.7 资金发放

5.7.1 发放周期

特困供养金应按月发放,每月按时足额发放到户。金融服务不发达的农村地区,救助金可以按季发放,每季度按时足额发放到户。

5.7.2 发放方式

特困供养金宜实行社会化发放,通过银行、信用社等代理金融机构,直接支付到申请人的银行账户。

5.8 动态管理

5.8.1 年审

社会救助业务审核确认机构应当每年对特困人员组织年审。

5.8.2 终止救助供养

特困人员不再符合救助供养条件的，本人、村(居)民委员会或者供养服务机构应当及时告知乡镇人民政府(街道办事处)，由乡镇人民政府(街道办事处)审核并报社会救助业务审核确认机构核准。

工作中发现特困人员不再符合救助供养条件的，社会救助业务审核确认机构应当及时办理终止救助供养手续。

6 临时救助业务流程

因临时救助对象陷于困境的情况具有不可预见性且其救助需求可能对时效性要求较高，故临时救助业务的办理流程按救助对象的不同困难情形设置支出型救助对象临时救助流程、急难型救助对象临时救助流程两种。

6.1 支出型救助对象临时救助业务流程

6.1.1 概述

支出型救助对象临时救助业务流程应包含以下步骤：

a) 申请人提出申请；

b) 受理机构受理申请；

c) 乡镇人民政府(街道办事处)进行审核；

d) 审核确认机构审核确认；

e) 救助部门开展临时救助。

支出型救助对象临时救助业务流程见图3。

6.1.2 提出申请

凡认为符合临时救助条件的城乡居民家庭或个人向所在地的社会救助业务受理机构提出书面申请；本人申请有困难的，可以委托村民委员会、居民委员会或其他单位、个人代为提出申请。

6.1.3 申请受理

社会救助业务受理机构应当对申请人或者其代理人提交的材料进行审查，申请材料符合当地政策规定的，予以受理；申请材料不符合当地政策规定的，应当一次性告知申请人或者其代理人补齐所有当地政策规定的申请材料。

申请人在申请救助时，申请人与社会救助经办人员和村(居)民委员会成员有近亲属关系的，应当如实申明。

已经受理的救助经办人员和村(居)民委员会成员的近亲属的救助申请，社会救助业务受理机构应当进行单独登记。

6.1.4 审核

社会救助审核确认机构在收到申请人的临时救助申请之后，应对该项申请进行审核，一般

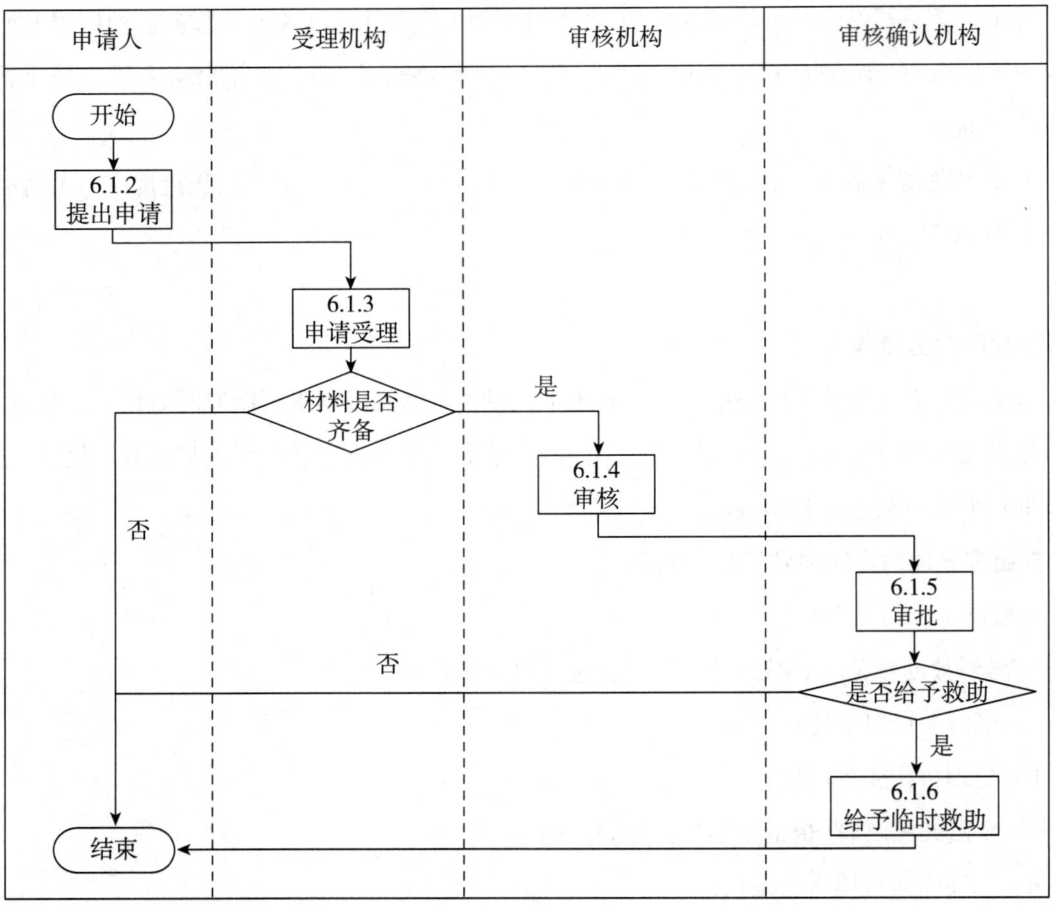

图 3　支出型救助对象临时救助业务流程

包括:家庭经济状况核对、入户调查、民主评议等环节。各环节顺序依各地方民政部门规定进行。临时救助业务审核确认机构应当根据家庭经济状况核对、入户调查、民主评议等情况,对申请对象能否获得临时救助提出审核意见,并及时在村(居)民委员会设置的村(居)务公开栏或其他便捷可达的公共信息发布渠道公示入户调查、民主评议和审核结果。公示结束后,应当将申请材料、家庭经济状况调查结果、民主评议情况等相关材料报送上级救助审核确认机构进行审批。不符合当地政策规定要求不予批准的,应当通过临时救助业务办理机构书面告知申请人或者其代理人并说明原因。

6.1.5 审批

上级社会救助业务审核确认机构应当自收到下级机构报送的相关材料及其审核意见后提出审批意见。拟批准给予救助的,应当同时确定拟救助金额。不符合当地政策规定要求不予批准的,应当在作出审批决定后,通过社会救助业务办理机构书面告知申请人或者其代理人并说明原因。

6.1.6 给予临时救助

对符合条件的救助对象,可根据救助对象需求,采取发放临时救助金、发放实物、提供转介服务的方式提供临时救助,其中临时救助金宜实行社会化发放,通过银行、信用社等代理金融机构,直接支付到临时救助人的银行账户。

6.2 急难型救助对象临时救助业务流程

6.2.1 概述

急难型救助对象临时救助业务流程应包括以下步骤:

a)申请人提出申请;

b)受理机构受理申请;

c)审核确认机构运用简化程序进行审核审批;

d)救助部门开展“先行救助”;

f)补齐必要手续。

急难型救助对象临时救助业务流程见图4。

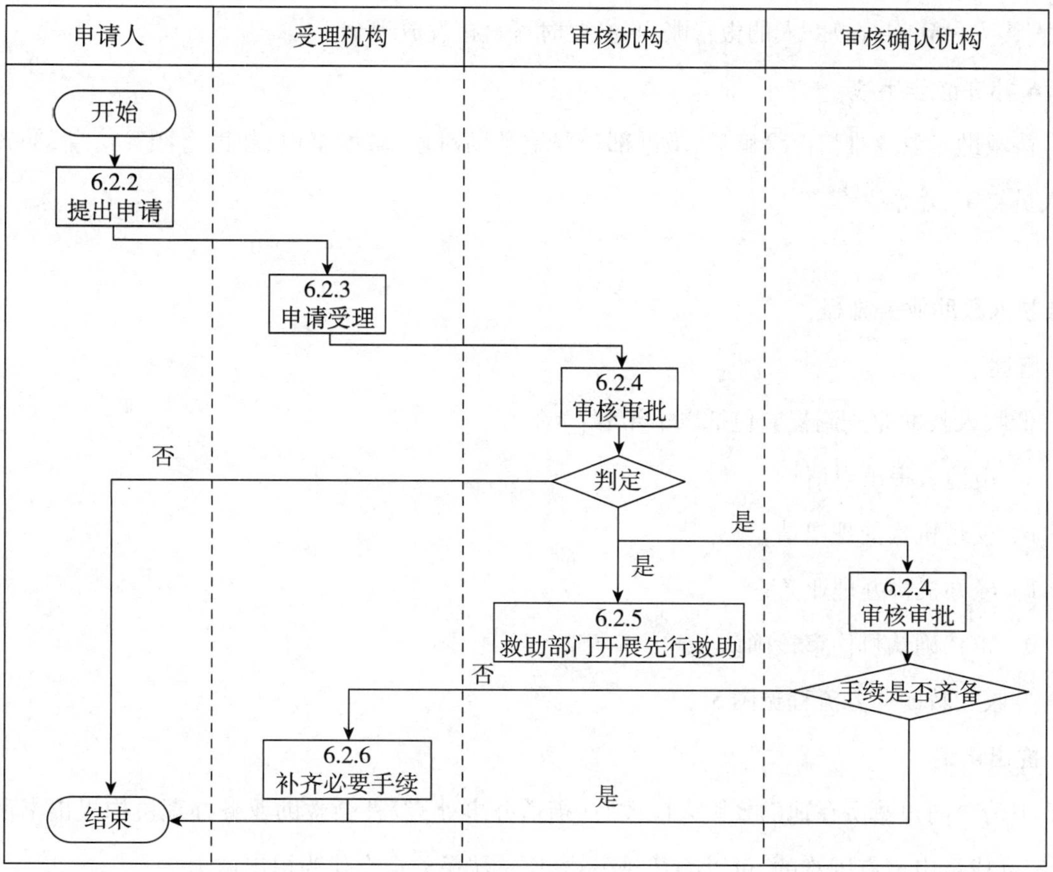

图4 急难型救助对象临时救助业务流程

6.2.2 提出申请

凡认为符合临时救助条件的城乡居民家庭或个人向所在地的社会救助业务受理机构提出书面申请;本人申请有困难的,可以委托村民委员会、居民委员会或其他单位、个人代为提出申请。

6.2.3 申请受理

社会救助业务受理机构应当对申请人或者其代理人提交的材料进行审查,申请材料符合当地政策规定的,予以受理;申请材料不符合当地政策规定的,应当一次性告知申请人或者其代理人按规定补齐所有材料。

6.2.4 审核审批

社会救助审核确认机构在收到申请人的临时救助申请之后,对符合条件的可根据申请人急难情形,简化家庭经济状况核对、民主评议和公示等环节,允许直接开展“先行救助”,提高救助时效性。对不符合条件的可告知申请人或者其代理人并说明原因。

6.2.5 救助部门开展“先行救助”

对符合条件的救助对象,可根据救助对象需求,采取发放临时救助金、发放实物、提供转介服务的方式提供临时救助,其中临时救助金宜实行社会化发放,通过银行、信用社等代理金融机构,直接支付到临时救助人的银行账户,必要时可直接发放现金。

6.2.6 补齐必要手续

待救助对象急难情况缓解后,救助部门登记救助对象、救助事由、救助金额等信息,补齐经办人员签字、盖章手续。

7 低收入救助业务流程

7.1 概述

低收入救助业务流程应包括以下步骤:

a) 申请人提出申请;

b) 受理机构受理申请;

c) 经办机构办理业务;

d) 审核确认机构审核确认。

低收入救助业务流程见图5。

7.2 提出申请

申请人向户籍所在地的乡镇人民政府(街道办事处)等社会救助业务办理机构提出书面申请;家庭成员申请有困难的,可以委托村民委员会、居民委员会代为提出申请。

7.3 申请受理

社会救助业务受理机构应当对申请人或者其代理人提交的材料进行审查,申请材料符合当地政策规定的,予以受理;申请材料不符合当地政策规定的,应当一次性告知申请人或者其代理人补正所有当地政策规定的申请材料。

申请人在申请救助时,申请人与社会救助经办人员和村(居)民委员会成员有近亲属关系

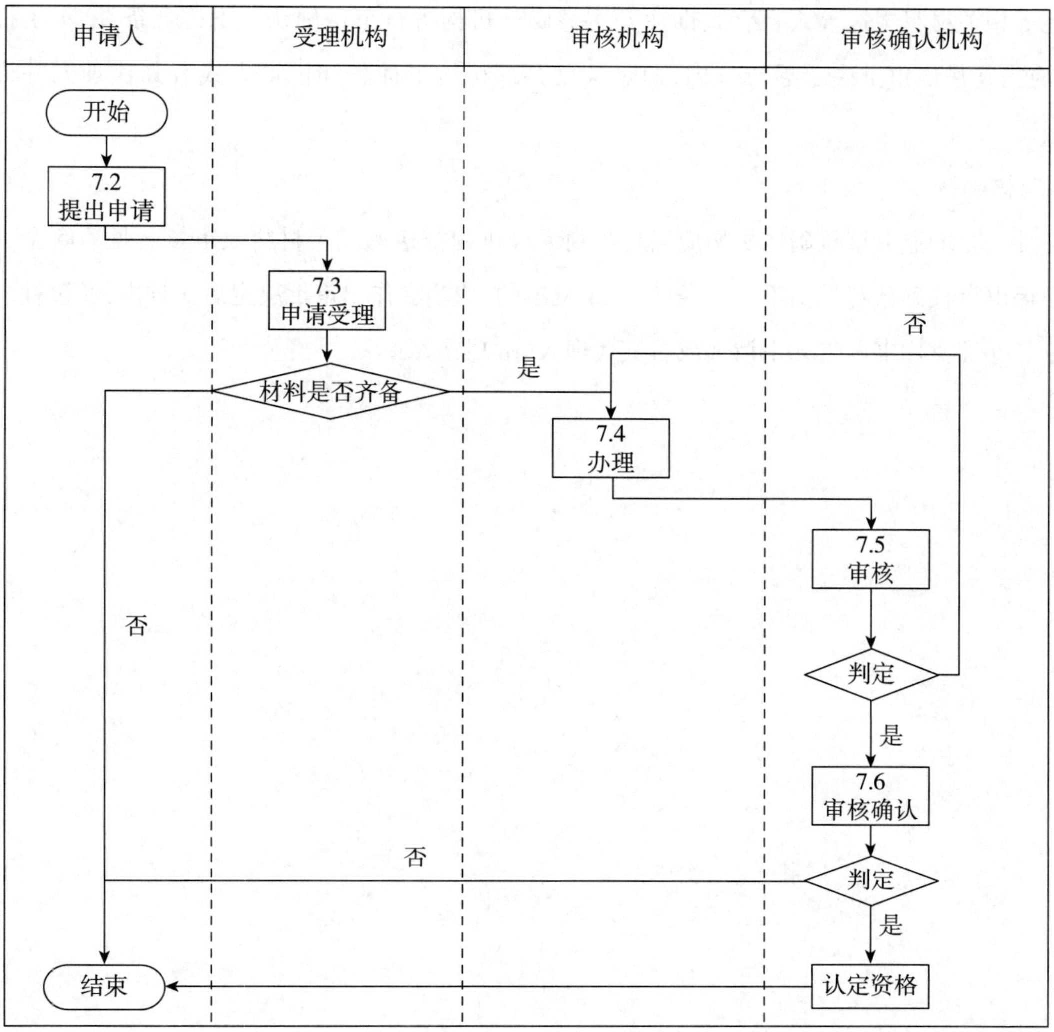

图5　低收入救助业务流程

的，应当如实申明。

已经受理的救助经办人员和村（居）民委员会成员的近亲属的救助申请，社会救助业务受理机构应当进行单独登记。

7.4 办理

救助业务办理机构在收到申请人的申请之后，应对该项申请进行办理，一般包括：经济状况核对、入户调查、民主评议等环节。各环节顺序依各地方民政部门相关规定进行。办理机构将申请人材料及办理过程材料整理齐备后，上报社会救助审核确认机构进行审核确认。

7.5 审核

社会救助业务审核确认机构应当根据经济状况信息核对、入户调查、民主评议等情况，对申请家庭是否给予低收入家庭资格认定提出审核意见，并及时在村（居）民委员会设置的村（居）务公开栏或其他便捷可达的公共信息发布渠道公示入户调查、民主评议和审核意见。公示期为

7天。公示结束后，乡镇人民政府(街道办事处)应当将申请材料、经济状况调查结果、民主评议情况等相关材料报送上级社会救助业务审核确认机构进行审核确认。不符合条件、不予批准的，应当在作出审批决定后3日内，通过救助办理机构书面告知申请人或者其代理人并说明原因。

7.6 审核确认

社会救助业务审核确认机构应当自收到下级机构报送的相关材料及审核意见后5个工作日内提出审核确认意见。不符合条件、不予批准的，应当在作出审批决定后3日内，通过社会救助业务办理机构书面告知申请人或者其代理人并说明原因。

参考文献

[1]《城市居民最低生活保障条例》(中华人民共和国国务院令第271号).1999年10月1日

[2]《民政部关于进一步建立健全临时救助制度的通知》(民发〔2007〕92号).2007年6月27日

[3]《国务院关于在全国建立农村最低生活保障制度的通知》(国发〔2007〕19号).2007年7月11日

[4]《国务院关于进一步加强和改进最低生活保障工作的意见》(国发〔2012〕45号).2012年9月1日

[5]民政部关于印发《最低生活保障审核审批办法(试行)》的通知(民发〔2012〕220号).2012年12月12日

[6]《社会救助暂行办法》(中华人民共和国国务院令第649号).2014年2月21日

[7]《国务院关于全面建立临时救助制度的通知》(国发〔2014〕47号).2014年10月3日

[8]《国务院关于进一步健全特困人员救助供养制度的意见》(国发〔2016〕14号).2016年2月10日

[9]民政部关于印发《特困人员认定办法》的通知(民发〔2016〕178号).2016年10月10日

[10]《民政部 财政部关于进一步加强和改进临时救助工作的意见》(民发〔2018〕23号).2018年1月23日

[11]民政部 国务院扶贫办关于印发《社会救助兜底脱贫行动方案》的通知(民发〔2020〕18号).2020年02月20日

JMGC

民 政 部 金 民 工 程 标 准

JMGC/YW 408.2—2020

社会救助业务流程
第2部分:核对业务

2020-12-30 发布 2020-12-30 实施

民政部信息中心 发布

目　　次

前　言

本文件按照 GB/T 1.1—2020《标准化工作导则 第 1 部分:标准化文件的结构和起草规则》的规定起草。

本文件是 JMGC/YW 408《社会救助业务流程》的第 2 部分。JMGC/YW 408 已经发布了以下部分:

——第 1 部分:救助业务;

——第 2 部分:核对业务。

请注意本文件的内容可能涉及专利。本文件的发布机构不承担识别专利的责任。

本文件由民政部信息中心提出并归口。

本文件起草单位:民政部信息中心、太极计算机股份有限公司。

本文件主要起草人:戴朝云、高媛、宝力高、胡浩、李俊梅、常凯强、张杰、刘鹏飞。

引　言

JMGC/YW 408《社会救助业务流程》由两个部分构成。

——第1部分:救助业务。目的在于确立金民工程项目中社会救助业务系统的业务流程。

——第2部分:核对业务。目的在于确立金民工程项目中社会救助业务核对系统的业务流程。

社会救助业务流程 第2部分:核对业务

1 范围

本文件规定了金民工程项目中社会救助业务核对系统的业务流程。

本文件适用于金民工程项目中全国居民家庭经济状况核对系统建设。

2 规范性引用文件

下列文件中的内容通过文中的规范性引用而构成本文件必不可少的条款。其中,注日期的引用文件,仅该日期对应的版本适用于本文件;不注日期的引用文件,其最新版本(包括所有的修改单)适用于本文件。

MZ/T 072—2016 居民家庭经济状况核对 总则

3 术语和定义

MZ/T 072—2016 界定的术语和定义适用于本文件。

4 基本核对流程

4.1 接受核对申请

4.1.1 概述

接受核对申请应包括以下工作:

a)开始:由委托单位发起基本核对接受核对申请流程;

b)发送核对申请:委托单位新建核对申请数据,并发送到核对机构;

c)接收核对申请:接收委托单位送交的核对申请材料,核对申请材料包括但不限于核对授权书、核对委托书、核对对象身份证明材料,核对申请材料内容见附录A;

d)审核是否合格:对核对申请材料的合法性和完整性进行审核,审核次数宜为两次且审核人不为同一人;

e)退回核对申请:将审核不合格的核对申请材料退回给委托单位,并告知不予接受的原因;

f)接受核对申请:接受审核合格的核对申请材料,正式受理核对申请。

接受核对申请流程见图1。

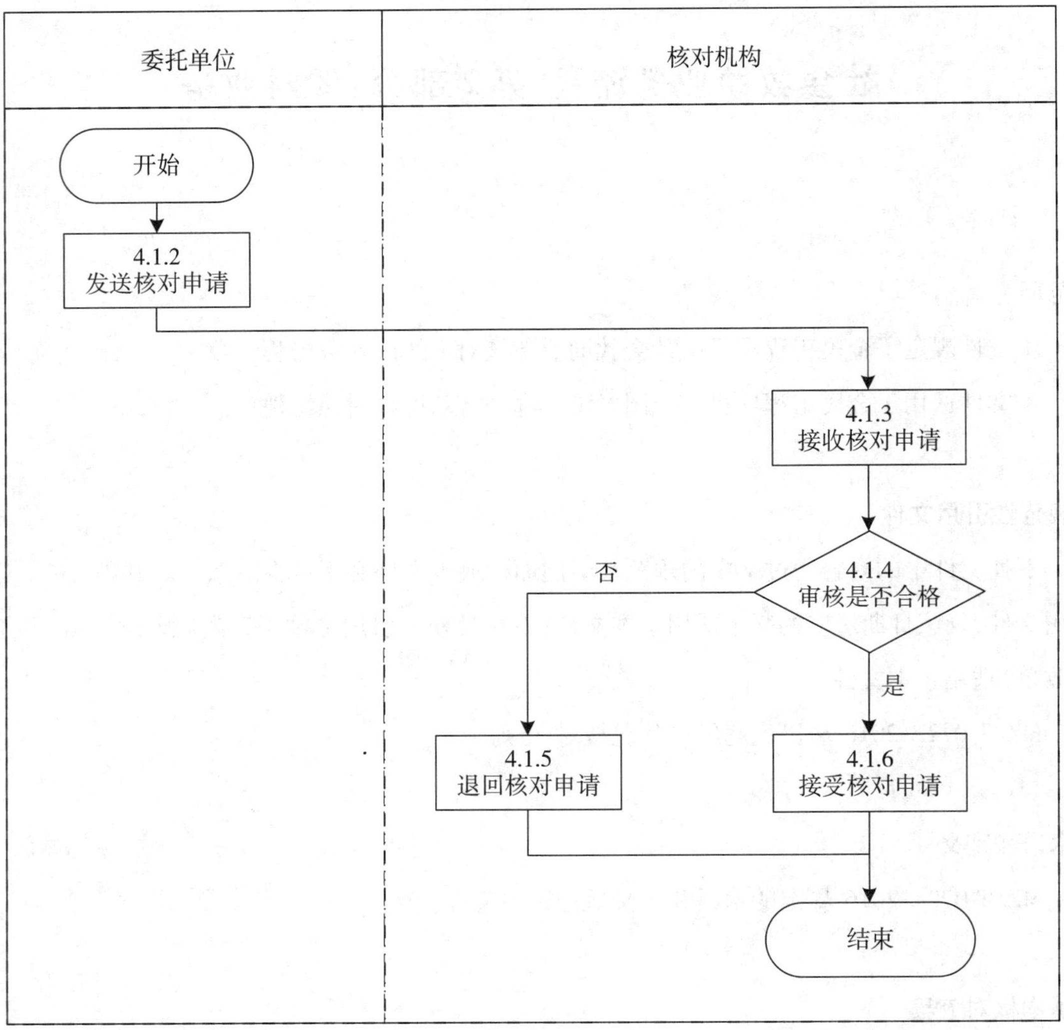

图1　接受核对申请流程

4.1.2 发送核对申请

委托单位新建核对申请数据,并发送到核对机构。

4.1.3 接收核对申请

接收委托单位送交的核对申请材料,核对申请材料包括但不限于核对授权书、核对委托书、核对对象身份证明材料,核对申请材料内容见附录A。

4.1.4 审核是否合格

核对机构对核对申请材料的合法性和完整性进行审核,审核次数宜为两次且审核人不为同一人。

4.1.5 退回核对申请

核对机构将审核不合格的核对申请材料退回给委托单位,并告知不予接受的原因。

4.1.6 接受核对申请

核对机构接受审核合格的核对申请材料,正式受理核对申请。

4.2 信息获取

4.2.1 概述

信息获取应包括以下工作:

a)开始:由核对机构发起基本核对信息获取流程;

b)发送信息查询请求:依据核对申请,向信息共享单位发送居民家庭经济状况信息查询请求;

c)接收信息查询请求:接收核对机构发送的居民家庭经济状况信息查询请求;

d)发送查询结果:依据查询结果,向核对机构发送居民家庭经济状况信息查询结果;

e)接收查询结果:接收信息共享单位发送的居民家庭经济状况信息查询结果;

f)查询结果是否正确、查询结果正确无误则推送到核对机构进行核对;查询结果错误或者有遗漏时,与结果提供单位联系并重新查询;

g)核对:对居民家庭经济状况信息核对请求和查询结果进行核对。

信息获取流程见图2。

4.2.2 发送信息查询请求

核对机构依据核对申请,向信息共享单位发送居民家庭经济状况信息查询请求。

4.2.3 接收信息查询请求

共享单位接收核对机构发送的居民家庭经济状况信息查询请求。

4.2.4 发送查询结果

共享单位依据查询结果,向核对机构发送居民家庭经济状况信息查询结果。

4.2.5 接收查询结果

核对机构接收信息共享单位发送的居民家庭经济状况信息查询结果。

4.2.6 查询结果是否正确、无遗漏

查询结果正确无误则推送到核对机构进行核对;查询结果错误或者有遗漏时,与结果提供单位联系并重新查询。

4.2.7 核对

核对机构对居民家庭经济状况信息核对请求和查询结果进行核对。

4.3 信息核对

4.3.1 概述

信息核对应包括以下工作:

a)开始:由核对机构发起基本核对信息信息核对流程;

b)核对:对居民家庭经济状况进行核对;

c)是否符合中止情形:审核核对结果;

d)按照委托单位要求处理:核对结果符合中止情形的,按照委托单位要求进行处理;

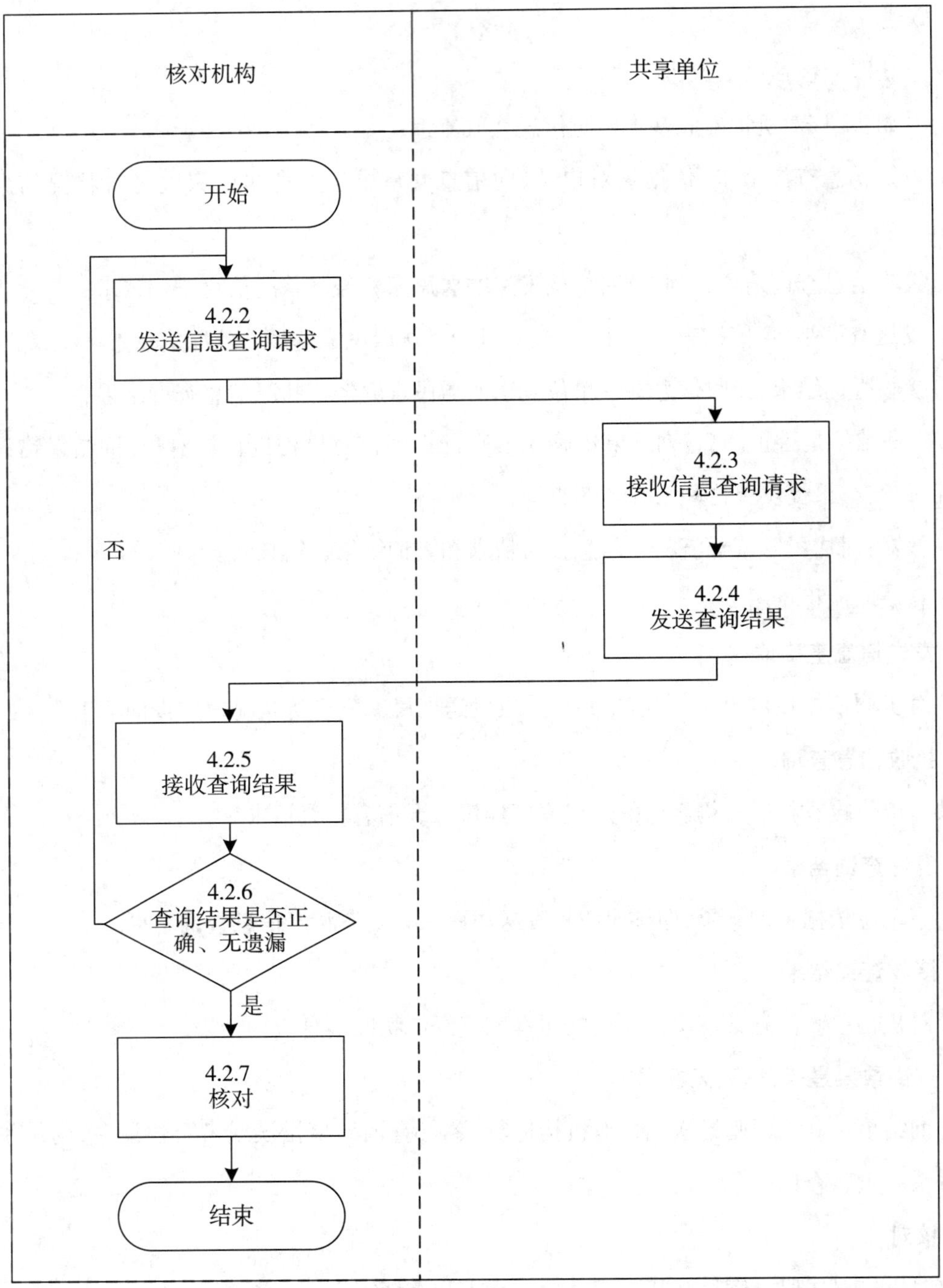

图 2　信息获取流程

e)生成核对报告:不符合中止情形的,直接生成核对报告。

信息核对流程见图 3。

4.3.2 核对

对居民家庭经济状况进行核对。

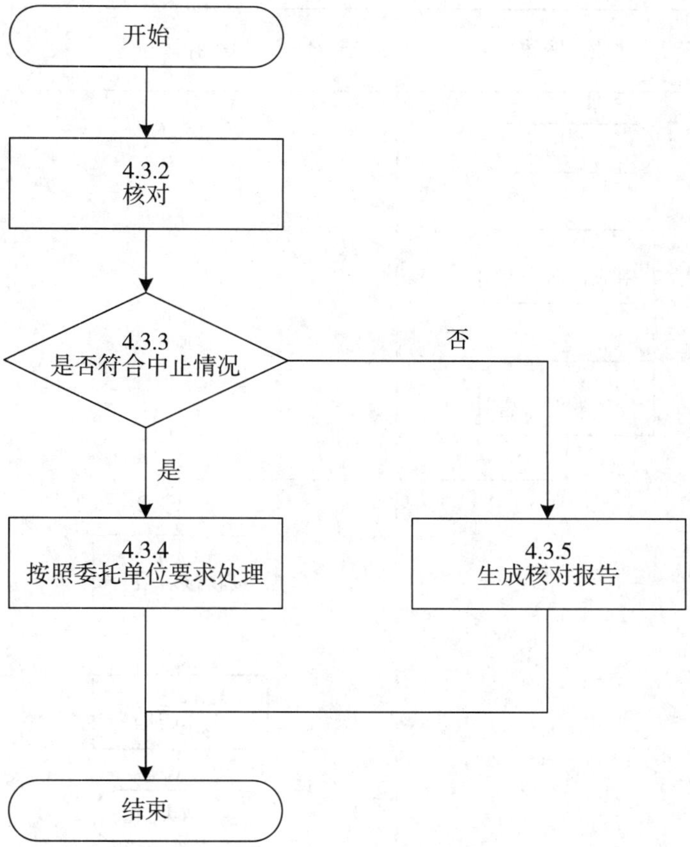

图 3　信息核对流程

4. 3. 3 是否符合中止情形

审核核对结果。

4. 3. 4 按照委托单位要求处理

核对结果符合中止情形的,按照委托单位要求进行处理。

4. 3. 5 生成核对报告

不符合中止情形的,直接生成核对报告。

4. 4 出具核对报告

4. 4. 1 概述

出具核对报告应包括以下工作:

a)开始:由核对机构发起基本核对信息出具核对报告流程;

b)生成核对报告内容:根据核对结果生成核对报告,核对报告的内容见规范性附录 B;

c)发送核对报告:向委托单位发送核对报告;

d)接收核对报告:接收核对机构发送的核对报告;

e)工作归档:在委托单位接收核对报告后,对本次核对实施过程中的各类文档进行归档。

出具核对报告流程见图 4。

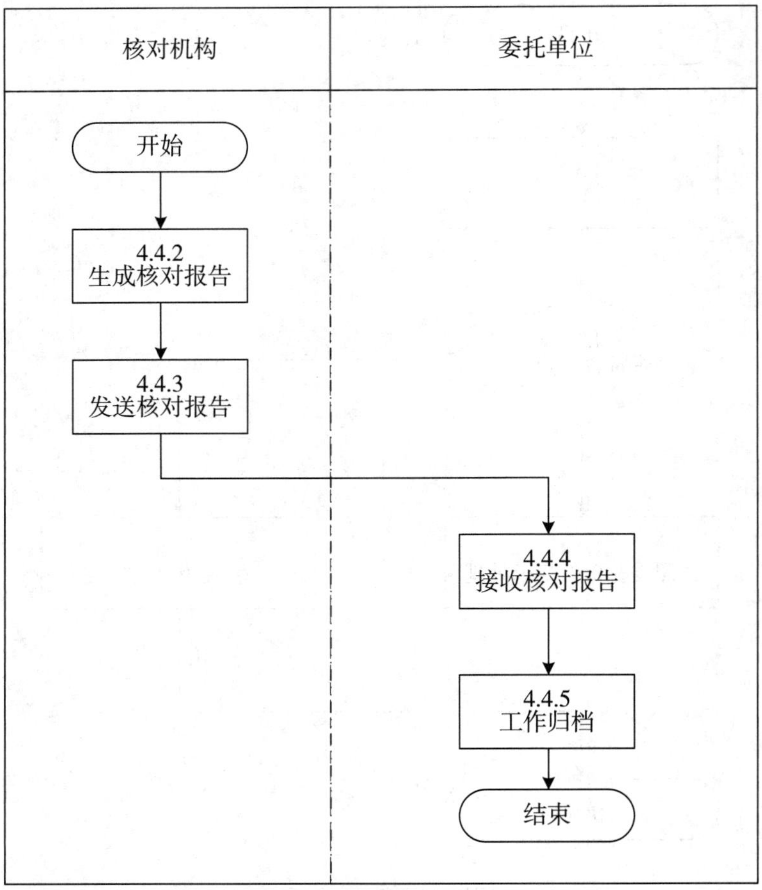

图 4 出具核对报告流程

4.4.2 生成核对报告内容

核对机构根据核对结果生成核对报告,核对报告的内容见规范性附录 B。

4.4.3 发送核对报告

核对机构向委托单位发送核对报告。

4.4.4 接收核对报告

接收核对机构发送的核对报告。

4.4.5 工作归档

在委托单位接收核对报告后,对本次核对实施过程中的各类文档进行归档。

4.5 查询结果复核

当核对对象对委托单位核对项目审核结果产生异议时,可向委托单位提出复核申请,委托单位对确需复核的,填写《居民家庭经济状况复核申请表》,向出具核对报告的核对机构提出复核申请,核对机构接收《居民家庭经济状况复核申请表》后,对存在异议的内容进行核实,并将核实结果反馈给提出复核申请的委托单位。

5 跨区域核对流程

5.1 接受核对申请

5.1.1 概述

接受核对申请应包括以下工作：

a)开始：由委托单位发起跨区域核对接受核对申请流程；

b)发送核对申请：委托单位新建核对申请数据，并发送到核对机构；

c)接收核对申请：接收委托单位送交的核对申请材料，核对申请材料包括但不限于核对授权书、核对委托书、核对对象身份证明材料，核对申请材料内容见规范性附录A；

d)审核：对核对申请材料的合法性和完整性进行审核，审核次数宜为两次且审核人不为同一人；

e)退回核对申请：将审核不合格的核对申请材料退回给委托单位，并告知不予接受的原因；

f)接受核对申请：接受审核合格的核对申请材料，正式受理核对申请。

接受核对申请流程见图5。

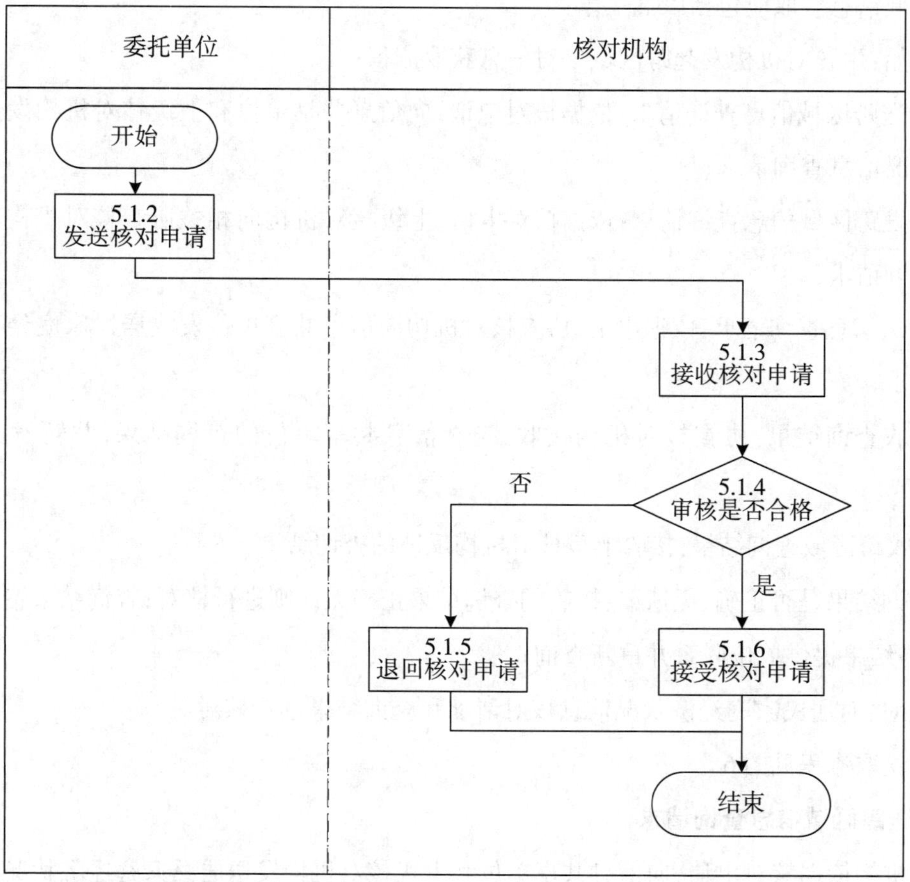

图5　接受核对申请流程

注：可直接接受来自其他核对机构的核对申请，核对申请材料的合法性和完整性由发起核对的机构负责。

5.1.2 发送核对申请

委托单位新建核对申请数据，并发送到核对机构。

5.1.3 接收核对申请

接收委托单位送交的核对申请材料，核对申请材料包括但不限于核对授权书、核对委托书、核对对象身份证明材料，核对申请材料内容见附录A。

5.1.4 审核是否合格

核对机构对核对申请材料的合法性和完整性进行审核，审核次数宜为两次且审核人不为同一人。

5.1.5 退回核对申请

核对机构将审核不合格的核对申请材料退回给委托单位，并告知不予接受的原因。

5.1.6 接受核对申请

核对机构接受审核合格的核对申请材料，正式受理核对申请。

5.2 跨区域信息获取

5.2.1 概述

跨区域信息获取应包括以下工作：

a）开始：由核对机构发起跨区域核对信息获取流程；

b）发送跨区域信息查询请求：依据核对申请，向信息共享单位和上级核对机构发送居民家庭经济状况信息查询请求；

c）转发跨区域信息查询请求：依据核对申请，上级核对机构向相关协查核对机构转发跨区域信息查询请求；

d）发送信息查询请求：依据申请，协查核对机构向信息共享单位发送居民家庭经济状况信息查询请求；

e）接收查询结果：协查核对机构接收、查看信息共享单位的查询结果，并转发上级核对机构；

f）接收跨区域查询结果：接收上级核对机构反馈的查询结果；

g）查询结果是否正确、无遗漏：接收的查询结果正确无误则进行核对；查询结果错误或者有遗漏时，与结果提供单位联系并重新查询；

h）核对：对居民家庭经济状况信息核对请求和查询结果进行核对。

信息获取流程见图6。

5.2.2 发送跨区域信息查询请求

核对机构依据核对申请，向信息共享单位和上级核对机构发送居民家庭经济状况信息查询请求。

5.2.3 转发跨区域信息查询请求

依据核对申请，上级核对机构向相关协查核对机构转发跨区域信息查询请求。

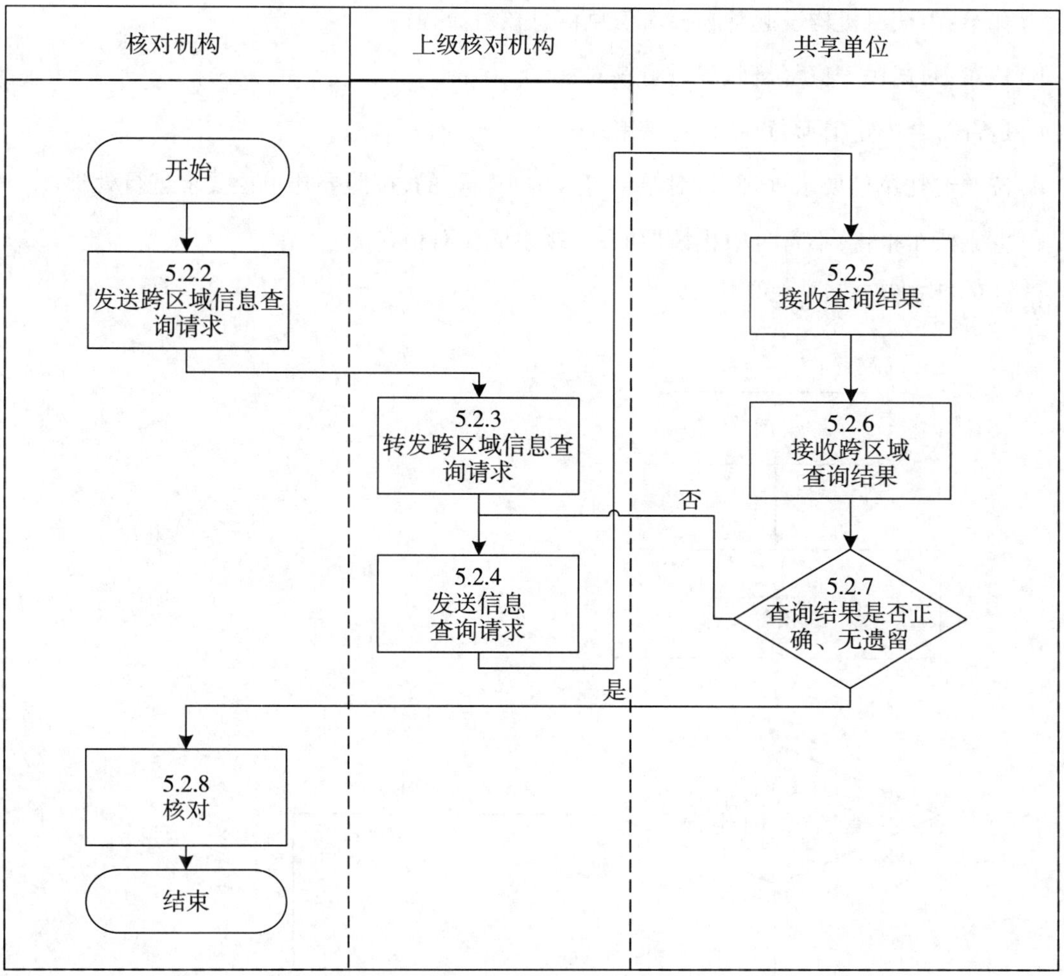

图6　信息获取流程

5.2.4 发送信息查询请求

依据申请,协查核对机构向信息共享单位发送居民家庭经济状况信息查询请求。

5.2.5 接收查询结果

协查核对机构接收、查看信息共享单位的查询结果,并转发上级核对机构。

5.2.6 接收跨区域查询结果

核对机构接收上级核对机构反馈的查询结果。

5.2.7 查询结果是否正确、无遗漏

核对机构接收的查询结果正确无误则进行核对;查询结果错误或者有遗漏时,与结果提供单位联系并重新查询。

5.2.8 核对

对居民家庭经济状况信息核对请求和查询结果进行核对。

5.3 信息核对

5.3.1 概述

信息核对应包括以下工作:

a)开始:由核对机构发起基本核对信息信息核对流程;

b)核对:对居民家庭经济状况进行核对;

c)是否符合中止情形:审核核对结果;

d)按照委托单位要求处理:核对结果符合中止情形的,按照委托单位要求进行处理;

e)生成核对报告:不符合中止情形的,直接生成核对报告。

信息核对流程见图7。

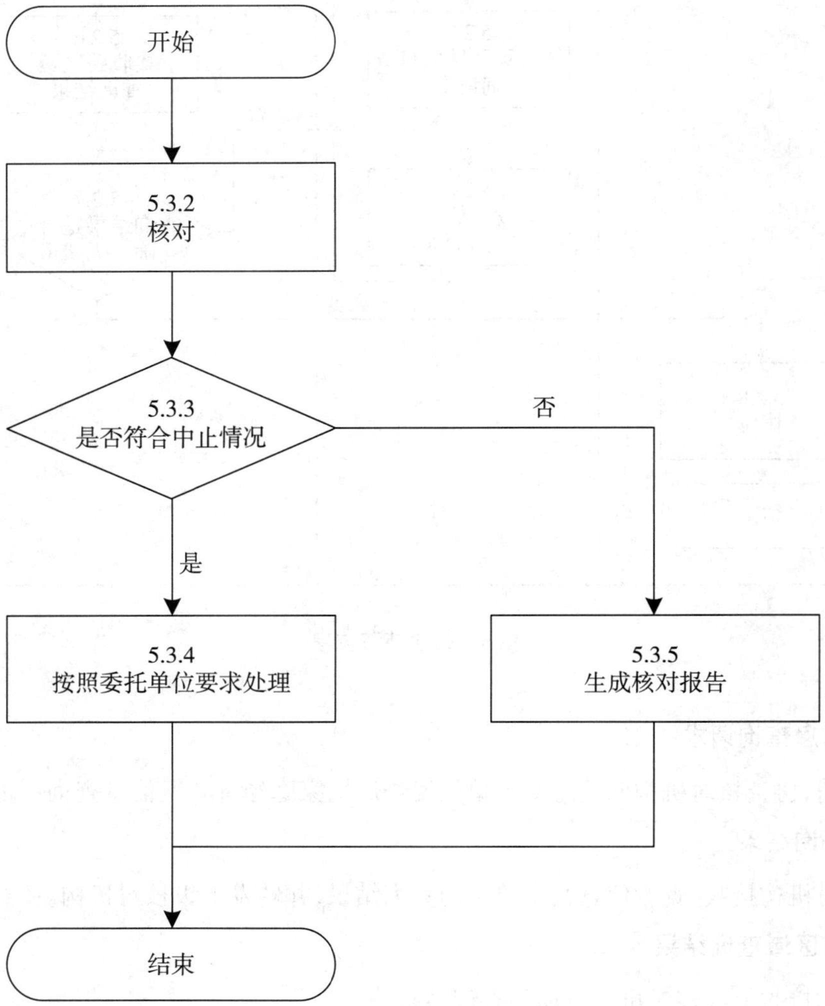

图7　信息核对流程

注:当核对对象提交的基础资料或者经济状况证明材料中出现信息遗漏时,信息共享单位无法准确返回核对对象的客观经济状况,核对机构可以选择中止。中止情形宜由委托单位与核对机构协商确定。

5.3.2 核对

对居民家庭经济状况进行核对。

5.3.3 是否符合中止情形

审核核对结果。

5. 3. 4 按照委托单位要求处理

核对结果符合中止情形的,按照委托单位要求进行处理。

5. 3. 5 生成核对报告

不符合中止情形的,直接生成核对报告。

5. 4 出具核对报告

5. 4. 1 概述

出具核对报告应包括以下工作:

a)开始:由核对机构发起基本核对信息出具核对报告流程;

b)生成核对报告:根据核对结果生成核对报告,核对报告的内容见规范性附录 B;

c)发送核对报告:向委托单位发送核对报告;

d)工作归档:在委托单位接收核对报告后,对本次核对实施过程中的各类文档进行归档。

出具核对报告流程见图 8。

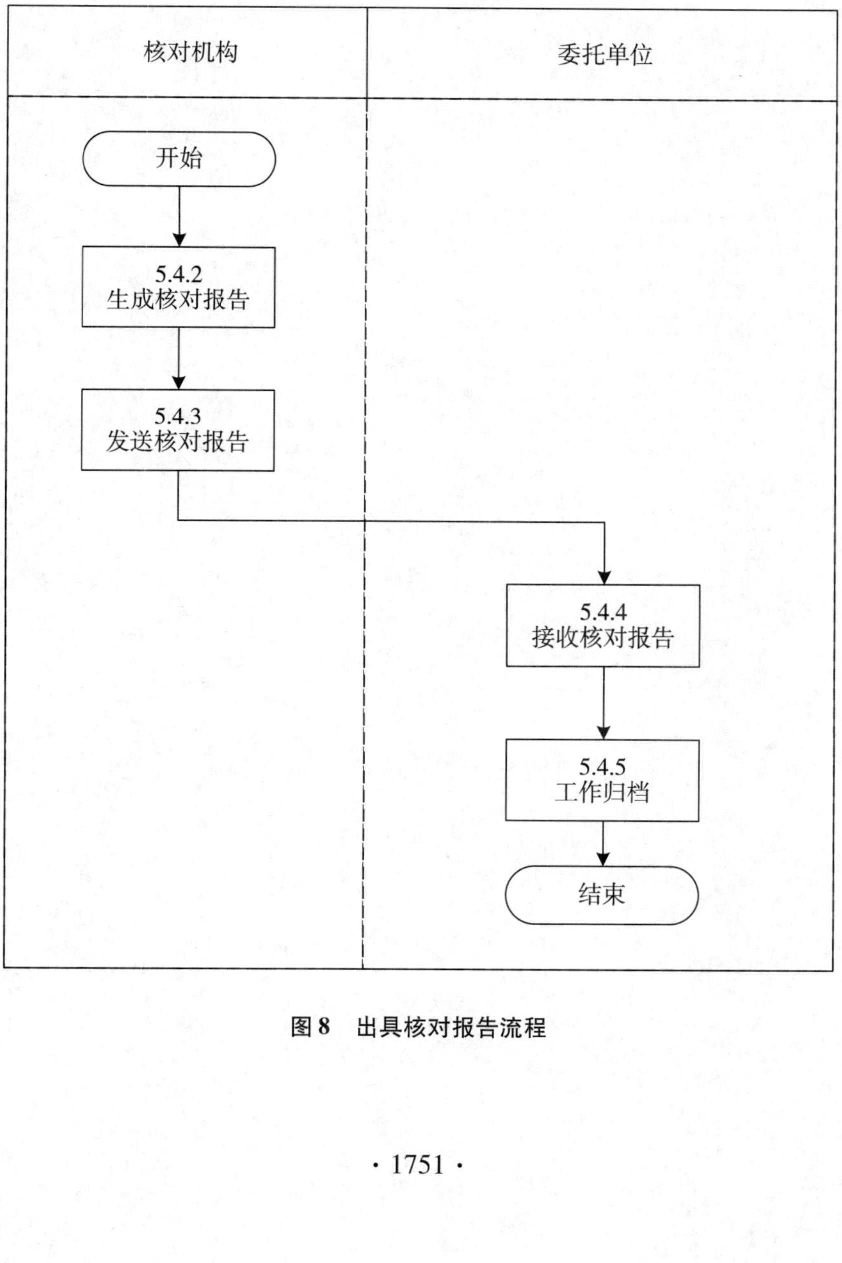

图 8　出具核对报告流程

5.4.2 生成核对报告内容

核对机构根据核对结果生成核对报告,核对报告的内容见规范性附录 B。

5.4.3 发送核对报告

核对机构向委托单位发送核对报告。

5.4.4 接收核对报告

接收核对机构发送的核对报告。

5.4.5 工作归档

在委托单位接收核对报告后,对本次核对实施过程中的各类文档进行归档。

5.5 查询结果复核

当核对对象对委托单位核对项目审核结果产生异议时,可向委托单位提出复核申请,委托单位对确需复核的,填写《居民家庭经济状况复核申请表》,向出具核对报告的核对机构提出复核申请,核对机构接收《居民家庭经济状况复核申请表》后,对存在异议的内容进行核实,并将核实结果反馈给提出复核申请的委托单位。

附录 A

（规范性）

核对申请材料内容

A.1 核对授权书

核对授权书内容应至少包括：

a）核对对象身份信息：核对对象姓名和有效身份证件号码；

b）被授权机构信息：被授权机构的名称；

c）授权内容：核对对象的经济状况信息查询及经济状况评估；

d）授权有效期限：授权的起止时间；

e）核对对象确认：用签字或签章和手印的形式保证核对授权书的合法性、完整性、准确性、保密性和不可抵赖性；

f）其他委托单位与核对机构认为必要的内容。

A.2 核对委托书

核对委托书内容应包括：

a）被委托单位：核对机构名称；

b）委托单位：委托单位名称；

c）核对对象身份信息：核对对象姓名和有效身份证件号码；

d）核对内容：需要核对的经济状况；

e）核对期间：反应核对对象经济状况数据的起止时间；

f）免责声明：核对机构在代理权限内完成核对委托，由此而引发的纠纷应由委托单位承担责任；

g）核对委托书生效期间：核对委托生效的起止时间；

h）委托材料清单：委托单位提交给核对机构的材料名称和份数；

i）委托单位确认：委托单位委托人的签字和委托单位公章等，用来确认委托书的合法性、完整性、准确性、保密性和不可抵赖性；

j）其他委托单位与核对机构认为必要的内容。

A.3 核对对象身份证明材料

核对对象身份证明材料包括：

a)核对对象姓名;

b)核对对象有效身份证件复印件;

c)核对对象经济状况自行申报材料;

d)其他委托单位与核对机构认为必要的内容。

附录 B

（规范性）

核对报告内容

B.1 核对报告

核对报告的内容宜包括：

——核对报告名称；

——核对报告编号；

——委托单位全称；

——核对报告事由；

——核对对象姓名；

——核对对象公民身份号码；

——信息共享单位全称；

——核对对象经济状况的起止时间；

——核对对象的居民家庭经济状况评估结果；

——核对报告的份数；

——核对机构全称；

——核对机构公章；

——经办人签字；

——出具核对报告的日期；

——其他委托单位与核对机构认为必要的内容。

JMGC

民 政 部 金 民 工 程 标 准

JMGC/YW 409.1—2020

社会救助数据元
第1部分:救助业务

2020-12-30发布 2020-12-30实施

民政部信息中心 发布

目　次

前　言

本文件按照 GB/T 1. 1—2020《标准化工作导则 第 1 部分:标准的结构和编写》给出的规则起草。

请注意本文件的某些内容可能涉及专利。本文件的发布机构不承担识别专利的责任。

本文件是 JMGC/YW 409《社会救助数据元》的第 1 部分。JMGC/YW 409 已经发布了以下部分:

——第 1 部分:救助业务;

——第 2 部分:核对业务。

本文件由民政部信息中心提出并归口。

本文件起草单位:民政部信息中心、民政部社会救助司、上海速连信息科技有限公司。

本文件主要起草人:戴朝云、高媛、赵超、刘硕明、钟一涵、肖樑、孙闻政、方杰、方普、白景波。

引 言

JMGC/YW 409《社会救助数据元》由两个部分构成。

——第1部分:救助业务。目的在于确立金民工程项目中社会救助业务数据元的标识符、中文名称、数据类型、数据格式和必选项的要求。

——第2部分:核对业务。目的在于确立金民工程项目中社会救助业务核对数据元的标识符、中文名称、数据类型、数据格式和必选项的要求。

社会救助数据元 第1部分:救助业务

1 范围

本文件规定了金民工程项目中社会救助业务标识符、中文名称、数据、数据类型、数据格式和必选项的要求。

本文件适用于金民工程项目中全国社会救助信息系统建设。

2 规范性引用文件

下列文件中的内容通过文中的规范性引用而构成本文件必不可少的条款。其中,注日期的引用文件,仅该日期对应的版本适用于本文件;不注日期的引用文件,其最新版本(包括所有的修改单)适用于本文件。

GB/T 2260 中华人民共和国行政区划代码

GB/T 2261.1 个人基本信息分类与代码 第1部分:人的性别代码

GB/T 2659 世界各国和地区名称代码

GB/T 3304 中国各民族名称的罗马字母拼写法和代码

GB/T 4762 政治面貌代码

GB 11643 公民身份号码

GB/T 4658 学历代码

GB 18030 信息技术 中文编码字符集

GB/T 18391.1 信息技术元数据注册系统(MDR) 第1部分:框架

GB 32100 法人和其他组织统一社会信用代码编码规则

MZ/T 012 民政业务数据共享与交换 编码

JMGC/XX 203 金民工程数据交换规范

JMGC/XX 210 金民工程数据建模要求

JMGC/YW 407.1 社会救助业务术语 第1部分:救助业务

3 术语和定义

下列术语和定义适用于本文件。

3.1 数据

信息的可再解释的形式化表示,以适用于通信、解释或处理。

[来源:GB/T 18391. 1,3. 2. 6]

3. 2 数据元

由一组属性规定其定义、标识、表示和允许值的数据单元。

[来源:GB/T 18391. 1,3. 3. 8]

3. 3 值域

允许值的集合。

[来源:GB/T 18391. 1,3. 3. 38]

4 数据元属性

4. 1 标识符

标识符为数据库中该字段的唯一标识,编码规则应符合 JMGC/XX 210 的要求。

4. 2 中文名称

中文名称采用中文描述,表征字段的名称。

4. 3 数据类型

本文件中数据元的数据类型见表 1。

表 1　数据类型

数据类型	说明
string(字符型)	通过字符形式表达的值的类型
number(整数型)	通过"0"到"9"数字表达的整数类型的值
float(浮点型)	通过"0"到"9"数字和小数点". "表达的实数
date(日期型)	通过 YYYYMMDD 的形式表达的值的类型
datetime(日期时间型)	通过 YYYYMMDD hh:mm:ss 的形式表达的值的类型
boolean(布尔型)	两个且只有两个表明条件的值

4. 4 数据格式

从业务的角度规定的数据元的格式需求,包括所允许的最大和(或)最小字符长度,表示格式等。数据格式中使用的字符含义见表 2。

表 2　数据格式

数据格式	说明
a	字母字符
n	数字字符
an	字母数字字符

续表

数据格式	说明
m(m 为自然数)	定长 m 个字符,字符集默认为 GB 18030 的全部部分
..ul	长度不确定的
..	从最小长度到最大长度,前面附加最小长度,后面附加最大长度
YYYYMMDD hh:mm:ss	"YYYY"表示年份,"MM"表示月份,"DD"表示日期,"hh"表示小时,"mm"表示分钟,"ss"表示秒,可以视实际情况组合使用
m,n	float 的精度,m 表示总长度,n 表示小数位

4.5 必选项

必选项描述该字段是否允许插入空值,填"Y"表示该字段不允许为空值,填"N"表示该字段允许为空值。

4.6 备注

备注应对字段的意义、取值范围、计量单位、参考标准等提出要求。

5 数据元描述

5.1 社会救助公共类信息

5.1.1 行政区划信息

行政区划信息数据元见表 3。

表 3 行政区划信息

标识符	中文名称	数据类型	数据格式	必选项	备注
AXAA0001	行政区划代码	string	n12	Y	前 6 位见 GB/T 2260 中华人民共和国行政区划代码,后 3 位见 GB/T 10114 县以下行政区划代码编码规则,后 3 位为村或社区编码
AXAA0002	行政区划名称	string	..50	Y	行政区划的中文名称
AXAA0005	上级行政区划代码	string	n12	Y	前 6 位见 GB/T 2260 中华人民共和国行政区划代码,后 3 位见 GB/T 10114 县以下行政区划代码编码规则,后 3 位为村或社区编码
AXAA0011	行政区划级别	string	n2	Y	见 JMGC/XX 204 5.1.4 C0004 行政区划级别代码
AXAA0009	行政区划状态	string	n1	Y	1 有效 0 无效

5.1.2 救助标准信息

救助标准信息数据元见表 4。

表 4 救助标准信息

标识符	中文名称	数据类型	数据格式	必选项	备注
ABAX6002	救助业务类型	string	n3	Y	见 JMGC/XX 204 5.2.1 CB001 救助业务类型代码
ABAX6907	发布日期	date	YYYYMMDD	Y	社会救助标准的发布日期
ABAX6908	启用日期	date	YYYYMMDD	Y	社会救助标准的启用日期
ABAX6909	废止日期	date	YYYYMMDD	N	社会救助标准的废止日期
ABAX6910	标准金额	float	9,2	Y	社会救助标准金额
ABAX6903	标准文件名称	string	..100	N	规定社会救助标准的文件名称
ABAX6904	标准文件号	string	..100	N	规定社会救助标准的文件编号
ABAX6911	救助标准状态	string	n2	Y	见 JMGC/XX 204 5.2.2 CB002 救助标准状态代码
AXAA0001	行政区划代码	string	n12	Y	前6位见 GB/T 2260 中华人民共和国行政区划代码，后3位见 GB/T 10114 县以下行政区划代码编码规则，后3位为村或社区编码

5.1.3 救助家庭信息

救助家庭信息数据元见表5。

表 5 救助家庭信息

标识符	中文名称	数据类型	数据格式	必选项	备注
AXAA9997	救助家庭代码	string	n16	Y	16位数值:12位社区行政区划代码+4位流水号
ABAX6002	救助业务类型	string	n3	Y	见 JMGC/XX 204 5.2.1 CB001 社会救助业务类型代码
AXDF0002	申请人姓名	string	..72	Y	社会救助申请人姓名
AXZX0002	申请人公民身份号码	string	an18	Y	对于身份证件类型为“内地居民身份证”的人员，公民身份值域见 GB 11643 公民身份号码
AXZX0001	救助家庭联系电话	string	..18	N	社会救助申请家庭联系电话
AHZX0026	救助家庭居住地址	string	..120	Y	社会救助申请家庭居住地址
AHZX0032	主要致贫原因	string	n2	Y	见 JMGC/XX 204 5.2.12 CB012 主要致贫原因代码
AXAA0001	所属社区行政区划代码	string	n12	Y	前6位见 GB/T 2260 中华人民共和国行政区划代码，后3位见 GB/T 10114 县以下行政区划代码编码规则，后3位为村或社区代码

5.1.4 救助对象信息

5.1.4.1 救助对象基本信息

救助对象基本信息数据元见表6。

表6 救助对象基本信息

标识符	中文名称	数据类型	数据格式	必选项	备注
AXAA9997	救助家庭代码	string	n16	Y	16位数值:12位社区行政区划代码+4位流水号
AXZX0002	成员公民身份号码	string	an18	Y	对于身份证件类型为“内地居民身份证”的人员,公民身份号码值域见GB 11643公民身份号码
AXCP0002	成员姓名	string	..72	Y	救助对象家庭成员姓名
AXCP0006	成员性别	string	n1	Y	见JMGC/XX 204 5.1.7 C0007人的性别代码
AXCP0039	出生日期	date	YYYYMMDD	Y	救助对象家庭成员出生日期
ABAP0013	是否建档立卡扶贫对象	boolean		Y	1是0否
AXCP0008	民族	string	n2	Y	见JMGC/XX 204 5.1.9 C0009民族代码
AXCP0017	政治面貌	string	n2	Y	见JMGC/XX 204 5.1.13 C0013政治面貌代码
AXCP0024	劳动能力	string	n2	Y	见JMGC/XX 204 5.1.14 C0014劳动能力鉴定等级代码
ABAP0007	残疾类别	string	n2	N	见JMGC/XX 204 5.1.24 C0024残疾类别代码
ABAP0008	残疾等级	string	n2	N	见JMGC/XX 204 C0025残疾等级代码
ABAP0009	残疾证号	string	..22	N	如救助对象或其家庭成员为残疾人,需填写残疾人证号
AXCP0010	健康状况	string	n2	Y	见JMGC/XX 204 5.1.11 C0011健康状况代码
AXCP0009	文化程度	string	n2	Y	见JMGC/XX 204 5.1.8 C0008学历代码
ABAP0003	学业状况	string	n2	Y	见JMGC/XX 204 5.1.27 C0027学业状况代码
ABAP0002	就业状况	string	n2	Y	见JMGC/XX 204 5.1.28 C0028就业状况代码
AXCP0036	婚姻状况	string	n2	Y	见JMGC/XX 204 5.1.10 C0010婚姻状况代码
ABAP0005	重病病种	string	n2	N	见JMGC/XX 204 5.1.29 C0029重病病种代码
ABAP0022	是否本地户籍	boolean		Y	1是0否
ABAP0010	生活自理能力	string	n2	N	见JMGC/XX 204 5.1.30 C0030生活自理能力代码
AXCP0012	人员状态	string	n2	Y	见JMGC/XX 204 5.1.34 C0034人员状态代码

续表

标识符	中文名称	数据类型	数据格式	必选项	备注
ABAF0004	户籍地址	string	..200	N	救助对象家庭成员户籍地址
AXCP0013	户籍类别	string	n2	N	见 JMGC/XX 204 5.1.31 C0031 户籍类别代码
AXCP0035	家庭关系	string	n2	Y	见 JMGC/XX 204 5.1.32 C0032 家庭关系代码
ABAP0017	是否保障对象	boolean		Y	1 是 0 否
AXCP0003	曾用名	string	..72	N	救助对象曾用名

5.1.4.2 救助对象教育信息

救助对象教育信息数据元见下表7。

表7 救助对象教育信息

标识符	中文名称	数据类型	数据格式	必选项	备注
AXZX0002	救助对象公民身份号码	string	an18	Y	对于身份证件类型为"内地居民身份证"的人员,公民身份号码值域见 GB 11643 公民身份号码
ABZZ0001	学校名称	string	..100	N	救助对象就读或毕业学校名称
ABZZ0004	学校类别	string	n2	N	见 JMGC/XX 204 5.1.52 C052 学校类别代码
ABZZ0002	入学时间	date	YYYYMMDD	N	救助对象入学时间
ABZZ0003	毕业时间	date	YYYYMMDD	N	救助对象毕业时间
AXZX0001	联系电话	string	..18	N	救助对象联系电话

5.1.4.3 救助对象工作单位信息

救助对象工作单位信息数据元见表8。

表8 救助对象工作单位信息

标识符	中文名称	数据类型	数据格式	必选项	备注
AXZX0002	救助对象公民身份号码	string	an18	Y	对于身份证件类型为"内地居民身份证"的人员,公民身份号码值域见 GB 11643 公民身份号码
ABZZ0011	工作单位名称	string	..100	N	救助对象工作单位名称
ABZZ0012	统一社会信用代码	string	an18	N	救助对象工作单位统一社会信用代码
ABZZ0014	单位地址	string	..100	N	救助对象工作单位地址
AXZX0001	单位联系电话	string	..18	N	救助对象工作单位联系电话

5.1.4.4 赡抚扶养信息

赡抚扶养信息数据元见表9。

表9 赡抚扶养信息

标识符	中文名称	数据类型	数据格式	必选项	备注
AXZX0003	赡抚养人姓名	string	..72	N	赡抚养义务人姓名
AXCP0006	赡抚养人性别	string	n1	N	见 JMGC/XX 204 5.1.7 C0007 人的性别代码
AXZX0002	赡抚养人公民身份号码	string	an18	N	对于身份证件类型为"内地居民身份证"的人员,公民身份号码值域见 GB 11643 公民身份号码
AXDF0033	赡抚养关系	string	n2	N	见 JMGC/XX 204 5.1.51 C051 赡抚养关系代码
AXDF0034	年赡扶抚养费用	float	9,2	N	年度赡抚养支出费用
ABAF0802	被赡抚养人姓名	string	..72	N	被赡抚养人姓名
AXDF0032	被赡抚养人公民身份号码	string	an18	N	对于身份证件类型为"内地居民身份证"的人员,公民身份号码值域见 GB 11643 公民身份号码

5.1.4.5 收入信息

收入信息数据元见表10。

表10 收入信息

标识符	中文名称	数据类型	数据格式	必选项	备注
AXZX0002	救助对象公民身份号码	string	an18	Y	对于身份证件类型为"内地居民身份证"的人员,公民身份号码值域见 GB 11643 公民身份号码
ABAP0028	救助对象月收入	float	9,2	N	救助对象月实际收入
ABAP0038	月收入计入金额	float	9,2	N	救助对象月实际收入减去救助政策规定的不计入收入
ABAP0029	救助对象年收入	float	9,2	N	救助对象年实际收入
ABAP0039	年收入计入金额	float	9,2	N	救助对象年实际收入减去救助政策规定的不计入收入

5.1.4.6 房产信息

房产信息数据元见表11。

表 11 房产信息

标识符	中文名称	数据类型	数据格式	必选项	备注
AXZX0002	救助对象公民身份号码	string	an18	Y	对于身份证件类型为"内地居民身份证"的人员,公民身份号码值域见 GB 11643 公民身份号码
AXDF0037	产权证编号	string	..50	N	救助对象拥有的房产产权证编号
AXDF0019	住房性质	string	n2	N	见 JMGC/XX 204 5.1.33 C0033 住房性质代码
ABAF0203	住房地址	string	..100	N	住房坐落地址
AXDF0023	建筑面积	float	9,2	N	平方米
ABAF0202	使用面积	float	9,2	N	平方米
ABAF0205	房屋价值	float	9,2	N	房屋市值

5.1.4.7 机动车船信息

机动车船信息数据元见表 12。

表 12 机动车船信息

标识符	中文名称	数据类型	数据格式	必选项	备注
AXZX0002	救助对象公民身份号码	string	an18	Y	对于身份证件类型为"内地居民身份证"的人员,公民身份号码值域见 GB 11643 公民身份号码
ABAF0302	机动车船名称	string	..72	N	机动车或机动船名称
ABAF0305	机动车船估值	float	9,2	N	机动车船估计市值

5.1.4.8 其他财产信息

其他财产信息数据元见表 13。

表 13 其他财产信息

标识符	中文名称	数据类型	数据格式	必选项	备注
AXZX0002	救助对象公民身份号码	string	an18	Y	对于身份证件类型为"内地居民身份证"的人员,公民身份号码值域见 GB 11643 公民身份号码
ABAF0512	财产名称	string	..72	N	救助对象拥有的其他财产名称
ABAF0514	财产估值	float	9,2	N	救助对象拥有的其他财产估计市值
ABAF0515	财产备注	string	..100	N	其他财产的备注信息

5. 1. 4. 9 支出信息

支出信息数据元见表 14。

表 14　支出信息

标识符	中文名称	数据类型	数据格式	必选项	备注
AXZX0002	救助对象公民身份号码	string	an18	Y	对于身份证件类型为“内地居民身份证”的人员，公民身份号码值域见 GB 11643 公民身份号码
ABAX0603	月支出金额	float	9,2	N	救助对象月实际支出，单位元
ABAX0604	年支出金额	float	9,2	N	救助对象年实际支出，单位元

5. 1. 4. 10 银行账户信息表

银行账户信息数据元见表 15。

表 15　银行账户信息

标识符	中文名称	数据类型	数据格式	必选项	备注
AXAA9997	救助家庭代码	string	n16	Y	16 位数值：12 位社区行政区划代码 +4 位流水号
AXCP0042	发放方式	string	n2	Y	见 JMGC/XX 204 5. 2. 29 CB029 发放方式代码
AXCP0002	开户人姓名	string	. . 72	Y	救助对象银行账户开户人姓名
AXCP0027	开户银行代码	string	n4	Y	见 JMGC/XX 204 5. 1. 44 C0044 开户银行代码
AXCP0028	开户银行名称	string	. . 100	Y	救助对象开户银行名称
AXCP0029	开户银行账号	string	. . 30	Y	救助对象开户银行账号
AXCP0047	开户银行账号状态	string	n1	Y	1 有效 0 无效

5. 1. 5 业务办理信息

5. 1. 5. 1 救助申请受理信息

救助申请信息数据元见表 16。

表 16　救助申请受理信息

标识符	中文名称	数据类型	数据格式	必选项	备注
AXAA9952	申请日期	date	YYYYMMDD	Y	社会救助申请日期
AXAA9953	申请原因	string	. . 1024	Y	社会救助申请原因
ABAF0026	受理日期	date	YYYYMMDD	Y	救助申请受理日期
ABAX0071	受理机构代码	string	. . 20	N	救助申请受理机构代码

续表

标识符	中文名称	数据类型	数据格式	必选项	备注
ABAX0072	受理机构名称	string	..32	Y	救助申请受理机构名称
AZZX0011	受理经办人	string	..72	N	救助申请受理经办人
AZZX0012	受理负责人	string	..72	Y	救助申请受理负责人

5.1.5.2 民主评议信息

民主评议信息数据元见表17。

表17　民主评议信息

标识符	中文名称	数据类型	数据格式	必选项	备注
ABAF0119	评议意见	string	..1024	N	民主评议的意见
ABAF0118	评议结果	string	n2	N	见 JMGC/XX 204 5.2.5 CB005 民主评议结果代码
ABAF0110	评议日期	date	YYYYMMDD	N	开展民主评议的日期
AZZX0011	评议经办人	string	..72	N	民主评议经办人员姓名
AZZX0012	评议负责人	string	..72	N	民主评议负责人姓名

5.1.5.3 入户调查信息

入户调查信息见数据元见表18。

表18　入户调查信息

标识符	中文名称	数据类型	数据格式	必选项	备注
ABAX2204	入户调查意见	string	..1024	Y	入户调查的意见
ABAX2203	入户调查结果	string	n2	Y	见 JMGC/XX 204 5.2.4 CB004 入户调查结果代码
ABAX2202	入户调查日期	date	YYYYMMDD	Y	开展入户调查的日期
AZZX0011	入户调查经办人	string	..72	N	入户调查经办人姓名
AZZX0012	入户调查负责人	string	..72	Y	入户调查负责人姓名

5.1.5.4 公示信息

公示信息数据元见表19。

表19　公示信息

标识符	中文名称	数据类型	数据格式	必选项	备注
ABAX0045	公示开始日期	date	YYYYMMDD	Y	

续表

标识符	中文名称	数据类型	数据格式	必选项	备注
ABAX0046	公示结束日期	date	YYYYMMDD	Y	
ABAF0130	公示结果	string	..1024	Y	见 JMGC/XX 204 5.2.6 CB006 公示结果代码
AZZX0011	公示经办人	string	..72	N	公示经办人姓名
AZZX0012	公示负责人	string	..72	Y	公示负责人姓名

5.1.5.5 审核信息

审核信息数据元见表 20。

表 20 审核信息

标识符	中文名称	数据类型	数据格式	必选项	备注
ABAP9607	审核日期	date	YYYYMMDD	Y	救助申请审核的日期
ABAP9608	审核意见	string	..200	Y	救助申请审核意见
ABAP9609	审核结果	string	n2	Y	见 JMGC/XX 204 5.2.7 CB007 审核结果代码
ABAX0071	审核机构代码	string	..20	N	救助申请审核机构代码
ABAX0072	审核机构名称	string	..32	Y	救助申请审核机构名称
AZZX0011	审核经办人	string	..72	N	救助申请审核经办人姓名
AZZX0012	审核负责人	string	..72	Y	救助申请审核负责人姓名

5.1.5.6 审批信息

审批信息数据元见表 21。

表 21 审批信息

标识符	中文名称	数据类型	数据格式	必选项	备注
ABAP9612	审批日期	date	YYYYMMDD	Y	救助申请审批的日期
ABAP9613	审批意见	string	..200	Y	救助申请审批意见
ABAP9614	审批结果	string	n2	Y	见 JMGC/XX 204 5.2.8 CB008 审批结果代码
ABAX0071	审批机构代码	string	..20	N	救助申请审批机构代码
ABAX0072	审批机构名称	string	..32	Y	救助申请审批机构名称
AZZX0011	审批经办人	string	..72	N	救助申请审批经办人姓名
AZZX0012	审批负责人	string	..72	Y	救助申请审批负责人姓名

5.1.5.7 救助待遇信息

救助待遇信息数据元见表 22。

表 22　救助待遇信息

标识符	中文名称	数据类型	数据格式	必选项	备注
ABAP0042	享受救助待遇开始年月	string	n6	Y	救助对象开始享受救助待遇的年月
ABAP0043	享受救助待遇截止年月	string	n6	Y	救助对象停止享受救助待遇的年月
ABAZ9001	救助金发放年月	string	n6	Y	救助金发放的年份和月份
ABAZ9002	救助金发放日期	date	YYYYMMDD	Y	救助金发放的日期
ABAP0040	救助金额	float	9,2	Y	救助金的金额

5.2 最低生活保障业务信息

最低生活保障业务信息数据元见表 23。

表 23　最低生活保障业务信息

标识符	中文名称	数据类型	数据格式	必选项	备注
ABAA0001	最低生活保障金领取证号	string	..30	Y	救助对象的最低生活保障金领取证号
ABAA0002	动态变化类型	string	n2	Y	见 JMGC/XX 204 5.2.11 CB0011 动态变化类型代码

5.3 特困人员救助供养业务信息

特困人员救助供养业务数据元见表 24。

表 24　特困人员救助供养业务信息

标识符	中文名称	数据类型	数据格式	必选项	备注
ABBA0001	特困人员救助供养证编号	string	..30	Y	救助对象的特困人员救助供养证编号
ABBA0002	供养方式	string	n2	Y	见 JMGC/XX 204 5.2.9 CB009 供养方式代码
ABBA0003	集中供养对象所属供养机构	string	..100	Y	集中供养对象所属供养机构的名称

5.4 临时救助业务信息

临时救助业务数据元见表 25。

表 25　临时救助业务信息

标识符	中文名称	数据类型	数据格式	必选项	备注
ABCA0001	转介机构名称	string	..100	N	临时救助对象转介服务机构的名称
ABCA0002	实物名称	string	..15	N	提供给临时救助对象的救助实物物品名称
ABCA0003	实物单位	string	..15	N	提供给临时救助对象的救助实物数量单位
ABCA0004	实物数量	number		N	提供给临时救助对象的救助实物数量
ABCA0005	救助金额	float	9,2	N	临时救助金的总额(实物折合金额)

JMGC

民 政 部 金 民 工 程 标 准

JMGC/YW 409.2—2020

社会救助数据元
第2部分:核对业务

2020-12-30发布 2020-12-30实施

民政部信息中心 发布

目　　次

前　言

本文件按照 GB/T 1. 1—2020《标准化工作导则 第1部分:标准化文件的结构和起草规则》的规定起草。

本文件是 JMGC/YW 409《社会救助数据元》的第2部分。JMGC/YW 409 已经发布了以下部分:

——第1部分:救助业务;

——第2部分:核对业务。

请注意本文件的内容可能涉及专利。本文件的发布机构不承担识别专利的责任。

本文件由民政部信息中心提出并归口。

本文件起草单位:民政部信息中心、太极计算机股份有限公司。

本文件主要起草人:戴朝云、高媛、宝力高、胡浩、李俊梅、常凯强、张杰、刘鹏飞。

引　言

JMGC/YW 409《社会救助数据元》由两个部分构成。

——第1部分:救助业务。目的在于确立金民工程项目中社会救助业务数据元的标识符、中文名称、数据类型、数据格式和必选项的要求。

——第2部分:核对业务。目的在于确立金民工程项目中社会救助业务核对数据元的标识符、中文名称、数据类型、数据格式和必选项的要求。

社会救助数据元 第2部分:核对业务

1 范围

本文件规定了金民工程项目中社会救助业务核对数据元的标识符、中文名称、数据类型、数据格式和必选项的要求。

本文件适用于金民工程项目中全国居民家庭经济状况核对系统建设。

2 规范性引用文件

下列文件中的内容通过文中的规范性引用而构成本文件必不可少的条款。其中,注日期的引用文件,仅该日期对应的版本适用于本文件;不注日期的引用文件,其最新版本(包括所有的修改单)适用于本文件。

GB/T 5271.1 信息技术 词汇 第1部分:基本术语

GB/T 18391.1 信息技术 数据元的规范与标准化 第1部分:框架

GB/T 2260 中华人民共和国行政区划代码

GB/T 2659 世界各国和地区名称代码

GB 32100 法人和其他组织统一社会信用代码编码规则

GB/T 3304 中国各民族名称的罗马字母拼写法和代码

GB/T 4754 国民经济行业分类

GB/T 4762 政治面貌代码

GB/T 10114 县级以下行政区划代码编制规则

GB 11643 公民身份号码

GA 24.3 机动车登记信息代码 第3部分:使用性质代码

GA 24.4 机动车登记信息代码 第4部分:车辆类型代码

GA 24.7 机动车登记信息代码 第7部分:号牌种类代码

GA 24.17 机动车登记信息代码 第17部分:机动车状态代码

MZ/T 073—2016 居民家庭经济状况核对 数据元

JMGC/XX 204 金民工程 信息分类和编码规范

JMGC/XX 210 金民工程 数据对象命名规范

3 术语和定义

GB/T 5271.1—2000、GB/T 18391.1—2009 界定的以及下列术语和定义适用于本文件。

3.1 数据

信息的可再解释的形式化表示,以适用于通信、解释或处理。

[来源:GB/T 5271.1—2000,01.01.02]

3.2 数据元

用一组属性描述定义、标识、表示和允许值的数据单元。

[来源:GB/T 18391.1—2009,3.3.8]

3.3 注册机构

经授权对数据元或其他对象注册的组织。

[来源:GB/T 18391.1—2009,3.3.32]

4 数据元属性

4.1 标识符

标识符为数据库中该字段的唯一标识,应符合 JMGC/XX 210—2020 的要求。

4.2 中文名称

字段名称采用中文描述,标示 TF 字段的名称。

4.3 数据类型

本文件中数据元的数据类型见表 1。

表 1　数据类型

数据类型	说明
string(字符型)	通过字符形式表达的值的类型
number(整数型)	通过“0”到“9”数字表达的整数类型的值
float(浮点型)	通过“0”到“9”数字和小数点“.”表达的实数
date(日期型)	通过 YYYYMMDD 的形式表达的值的类型
datetime(日期时间型)	通过 YYYYMMDD hh:mm:ss 的形式表达的值的类型
boolean(布尔型)	两个且只有两个表明条件的值

4.4 备注

备注应对字段的意义、取值范围、计量单位、参考标准等提出要求。

4.5 数据格式

从业务的角度规定的数据元的格式需求,包括所允许的最大和(或)最小字符长度,表示格式等。数据格式中使用的字符含义见表 2。

表 2 数据格式

数据格式	说明
a	字母字符
n	数字字符
an	字母数字字符
m(m 为自然数)	定长 m 个字符,字符集默认为 GB 18030 的全部部分
. . ul	长度不确定的
. .	从最小长度到最大长度,前面附加最小长度,后面附加最大长度
YYYYMMDD hh:mm:ss	“YYYY”表示年份,“MM”表示月份,“DD”表示日期,“hh”表示小时,“mm”表示分钟,“ss”表示秒,可以视实际情况组合使用
m,n	float 的精度,m 表示总长度,n 表示小数位

4.6 必选项

必选项描述该字段是否允许插入空值,填“Y”表示该字段不允许为空值,填“N”表示该字段允许为空值。

5 数据元描述

5.1 基础信息数据元目录

5.1.1 发送请求信息

发送请求信息见表 3。

表 3 发送请求信息

标识符	中文名称	数据类型	数据格式	必选项	备注
ABEX9081	编号	string	an32	Y	发送请求的批次编号
AXCP0004	身份证件类型	string	n1	Y	申请人证件类型,采用基础数据库统一定义的标识符 取值范围见 JMGC/XX 204—2020 5.1.15 C0015 身份证件类型代码
AXCP0005	身份证件号码	string	. . 18	Y	申请人身份证件号码,采用基础数据库统一定义的标识符 对于身份证件类型为“内地居民身份证”的人员,身份证件号码值域见 GB 11643—1999 公民身份号码

续表

标识符	中文名称	数据类型	数据格式	必选项	备注
AXCP0002	姓名	string	..72	Y	申请人姓名,采用基础数据库统一定义的标识符
AXCP0003	曾用名	string	..72	Y	申请人曾用名,采用基础数据库统一定义的标识符
ABEX9086	申请人配偶姓名	string	..72	Y	
ABEX9087	申请人配偶曾用名	string	..72	Y	
ABEX9088	申请人配偶证件类型	string	n2	Y	见 JMGC/XX 204—2020 5.1.15 C0015 身份证件类型代码
ABEX9089	申请人配偶身份证件号码	string	..18	Y	对于身份证件类型为"内地居民身份证"的人员,身份证件号码值域见 GB 11643—1999 公民身份号码
ABEX9090	可支配收入核定起始日期	date	YYYYMMDD	Y	
ABEX9091	可支配收入核定截至日期	date	YYYYMMDD	Y	
ABEX9092	财产核定日期	date	YYYYMMDD	Y	
ABEX9093	就业状态起始日期	date	YYYYMMDD	Y	
ABEX9094	就业状态截至日期	date	YYYYMMDD	Y	
ABEX9095	支出起始日期	date	YYYYMMDD	Y	
ABEX9096	支出截至日期	date	YYYYMMDD	Y	
ABEX9097	核对起始日期	date	YYYYMMDD	Y	
ABEX9098	核对截至日期	date	YYYYMMDD	Y	
ABEX9099	核对编号	string	an32	Y	
ABEX9104	核对项目编号	string	an32	Y	
ABEX9105	核对项目名称	string	..100	N	
ABEX9106	委托单位名称	string	..100	N	
ABEX9110	数据类别	string	..50	Y	
ABEX9111	查询时间节点	datetime	YYYYMMDD hh:mm:ss	Y	
ABEX9112	最后更新类型	string	n1	Y	见 JMGC/XX 204—2020 5.2.19 CB019 最后更新类型
ABEX9113	原批次号	string	an32	Y	各省核对系统的批次号
ABEX9114	救助类型	string	n2	Y	
ABEX9115	现批次号	string	an32	Y	
ABEX9117	县级行政区划	string	n6	Y	参考 GB/T 2260 中华人民共和国行政区划代码
ABEX9118	业务办理类型	string	..2	Y	见 JMGC/XX 204—2020 5.1.1 C0001 民政业务分类代码

5.1.2 核对对象基本信息

核对对象基本信息见表4。

表4 核对对象基本信息

标识符	中文名称	数据类型	数据格式	必选项	备注
AXCP0001	人员标识符	string	an32	Y	核对对象编号,采用基础数据库统一定义的标识符
AXCP0002	姓名	string	..72	N	核对对象姓名,采用基础数据库统一定义的标识符
AXCP0004	身份证件类型	string	n2	N	人员身份证件类型,采用基础数据库统一定义的标识符 取值范围见 JMGC/XX 204—2020 5.1.15 C0015 身份证件类型代码
AXCP0005	身份证件号码	string	..18	N	核对对象身份证件号码,采用基础数据库统一定义的标识符 对于身份证件类型为"内地居民身份证"的人员,身份证件号码值域见 GB 11643—1999 公民身份号码
ABEX0445	家庭人口数	number		N	
ABEX0446	家庭住址	string	..100	N	
ABEX0447	致贫原因	string	..50	N	
AXZX0001	联系方式	string	..18	N	有效的座机或手机号码。座机号码标准格式为:区号—电话号码,手机号码为11位数字
AXAA0001	行政区划	string	n12	N	前6位见 GB/T 2260,后3位见 GB/T 10114—2003,后3位为村或社区编码
AXCP0036	婚姻状况	string	n2	N	婚姻状况,采用基础数据库统一定义的标识符 取值范围见 JMGC/XX 204—2020 5.1.10 C0010 婚姻状况代码
AXCP0040	户籍地址	string	..100	N	户籍地址,采用基础数据库统一定义的标识符
AXCP0009	人员文化程度	string	n2	N	文化程度,采用基础数据库统一定义的标识符 取值范围见 JMGC/XX 204—2020 5.1.8 C0008 学历代码
EFFECTIVE	删除标记	string	n1	N	
CREATE_TIME	数据创建时间	datetime	YYYYMMDD hh:mm:ss	N	
UPDATE_BY	数据更新人姓名	string	..72	N	
UPDATE_TIME	数据更新时间	datetime	YYYYMMDD hh:mm:ss	N	

5.1.3 核对对象家庭成员信息

核对对象家庭成员信息见表5。

表5　核对对象家庭成员信息

标识符	中文名称	数据类型	数据格式	必选项	备注
ABEP0501	家庭成员编号	string	an32	Y	
ABEF0502	家庭编号	string	an32	Y	
AXCP0002	姓名	string	..72	N	姓名,采用基础数据库统一定义的标识符
ABEP0504	与核对对象关系	string	n1	N	见 JMGC/XX 204—2020 5.1.32 C0032 家庭关系代码
AXCP0006	性别	string	n1	N	性别,采用基础数据库统一定义的标识符 取值范围见 JMGC/XX 204—2020 5.1.7 C0007 人的性别代码
AXCP0008	民族	string	n2	N	民族,采用基础数据库统一定义的标识符 取值范围见 JMGC/XX 204—2020 5.1.0 C0009 民族代码
AXCP0004	身份证件类型	string	n2	N	人员身份证件类型,采用基础数据库统一定义的标识符 取值范围见 JMGC/XX 204—2020 5.1.15 C0015 身份证件类型代码
AXCP0005	身份证件号码	string	..18	N	身份证件号码,采用基础数据库统一定义的标识符 对于身份证件类型为"内地居民身份证"的人员,身份证件号码值域见 GB 11643—1999 公民身份号码
AXCP0039	出生日期	date	YYYYMMDD	N	出生日期,采用基础数据库统一定义的标识符
AXCP0017	政治面貌	string	n2	N	政治面貌,采用基础数据库统一定义的标识符 取值范围见 JMGC/XX 204—2020 5.1.13 C0013 政治面貌代码
AXCP0036	婚姻状况	string	n2	N	婚姻状况,采用基础数据库统一定义的标识符 取值范围见 JMGC/XX 204—2020 5.1.10 婚姻状况代码
AXCP0009	人员文化程度	string	n2	N	文化程度,采用基础数据库统一定义的标识符 取值范围见 JMGC/XX 204—2020 5.1.8 C0008 学历代码

续表

标识符	中文名称	数据类型	数据格式	必选项	备注
AXCP0013	户籍类别	string	n2	N	户籍类型,采用基础数据库统一定义的标识符 取值范围见 JMGC/XX 204—2020 5.1.31 C0031 户籍类别代码
AXCP0040	户籍地址	string	..100	N	户籍地址,采用基础数据库统一定义的标识符
AXAA0001	行政区划	string	n12	N	前6位见 GB/T 2260,后3位见 GB/T 10114—2003,后3位为村或社区编码
AXCP0010	人员健康状况	string	n2	N	健康状况,采用基础数据库统一定义的标识符 取值范围见 JMGC/XX 204—2020 5.1.11 C0011 健康状况代码
ABEX9407	残疾类别	string	n2	N	见 JMGC/XX 204—2020 5.1.24 C0024 残疾类别代码
ABEP0518	残疾等级	string	n2	N	见 JMGC/XX 204—2020 5.1.25 C0025 残疾等级代码
ABEP0519	重病病种	string	n2	N	见 JMGC/XX 204—2020 5.1.29 C0029 重病病种代码
ABEP0520	学业状况	string	n2	N	见 JMGC/XX 204—2020 5.1.27 C0027 学业状况代码
ABEP0521	年龄	number		N	
ABEP0522	是否三无	boolean		N	
ABEX0523	是否保障对象	boolean		N	
EFFECTIVE	删除标记	string	n1	N	
CREATE_BY	数据创建人姓名	string	..72	N	
CREATE_TIME	数据创建时间	datetime	YYYYMMDD hh:mm:ss	N	
UPDATE_BY	数据更新人姓名	string	..72	N	
UPDATE_TIME	数据更新时间	datetime	YYYYMMDD hh:mm:ss	N	

5.2 资源数据元目录

5.2.1 死亡信息表

死亡信息见表6。

表6 死亡信息

标识符	中文名称	数据类型	数据格式	必选项	备注
ABEX9317	死亡原因	string	n2	N	见 JMGC/XX 204—2020 5.1.35 C0035 死亡原因代码

续表

标识符	中文名称	数据类型	数据格式	必选项	备注
ABEX9318	死亡时间	datetime	YYYYMMDD hh:mm:ss	N	
ABEX9319	火化时间	datetime	YYYYMMDD-Dhh:mm:ss	N	
ABEX9320	殡仪馆名称	string	..50	N	
AXCP0039	出生日期	date	YYYYMMDD	N	出生日期,采用基础数据库统一定义的标识符
ABEX9322	死亡证编号	string	..50	N	

5.2.2 船舶信息表

船舶信息见表7。

表7　船舶信息

标识符	中文名称	数据类型	数据格式	必选项	备注
AXCP0005	身份证件号码	string	..18	N	共有人身份证件号码,采用基础数据库统一定义的标识符 对于身份证件类型为"内地居民身份证"的人员,身份证件号码值域见GB 11643—1999 公民身份号码
ABEX9340	渔船名称	string	..50	N	
ABEX9341	船籍港	string	..50	N	
ABEX9342	船舶用途	string	n2	N	见附录A社会救助业务 代码集"船舶用途代码"
ABEX9343	总吨位	float	6,2	N	单位:吨
ABEX9344	主机功率	string	..10	N	单位:KW
ABEX9345	所属地区	string	..100	N	

5.2.3 存款金融信息表

存款金融信息见表8。

表8　存款金融信息

标识符	中文名称	数据类型	数据格式	必选项	备注
AXCP0027	个人开户银行代码	string	n4	N	开户银行行别代码,采用基础数据库统一定义的标识符 取值范围见JMGC/XX 204—2020 5.1.4 C0044 开户银行代码

续表

标识符	中文名称	数据类型	数据格式	必选项	备注
AXCP0028	个人开户银行名称	string	..100	N	开户银行名称,采用基础数据库统一定义的标识符
ABEX9363	账号或卡号或客户号	string	..50	N	
ABEX9364	持有基金市值	float	9,2	N	单位:元
ABEX9365	持有理财产品总额	float	9,2	N	单位:元
ABEX9366	活期存款余额	float	9,2	N	单位:元
ABEX9367	定期存款余额	float	9,2	N	单位:元
ABEX9368	存款总余额	float	9,2	N	单位:元
ABEX9369	币种	string	an3	N	见附录A 社会救助业务 代码集"货币种类代码"
ABEX9370	汇率	string	..50	N	
ABEX9371	换算人民币账户金额	float	9,2	N	单位:元
ABEX9372	信用额度	float	9,2	N	单位:元
ABEX9373	是否信用卡	boolean		N	
ABEX9374	支出总金额	float	9,2	N	单位:元
ABEX9375	资产所有人姓名	string	..72	N	
AXZX0002	公民身份号码	string	an18	N	
ABEX9377	理财产品名称	string	..50	N	
ABEX9378	资金账户	string	..50	N	
ABEX9380	到期日期	date	YYYYMMDD	N	
ABEX9381	交易账户	string	..50	N	
ABEX9383	开户网点	string	..50	N	
ABEX9384	产品名称	string	..50	N	
ABEX9385	购买金额	float	9,2	N	单位:元
ABEX9386	当前余额	float	9,2	N	单位:元
ABEX9387	份额	string	..50	N	
ABEX9389	人民币价值	float	9,2	N	单位:元

5.2.4 残疾人信息表

残疾人信息见表9。

表9 残疾人信息

标识符	中文名称	数据类型	数据格式	必选项	备注
ABEP0518	残疾等级	string	n2	N	见 JMGC/XX 204—2020 5.1.25 C0025 残疾等级代码

续表

标识符	中文名称	数据类型	数据格式	必选项	备注
ABEX9407	残疾类别	string	n2	N	见 JMGC/XX 204—2020 5.1.24 C0024 残疾类别代码
ABEX9408	残疾证号	string	an50	N	
ABEX9410	注销时间	datetime	YYYYMMDD hh:mm:ss	N	
ABEX9411	残疾证注销原因	string	..500	N	
AXZX0004	发证日期	date	YYYYMMDD	N	
ABEX9F67	监护人姓名	string	..72	N	
AXZX0001	监护人联系方式	string	..18	N	有效的座机或手机号码。座机号码标准格式为:区号-电话号码,手机号码为11位数字

5.2.5 银行交易信息表

银行交易信息见表10。

表10 银行交易信息

标识符	中文名称	数据类型	数据格式	必选项	备注
ABEX9431	账户交易时间	datetime	YYYYMMDD hh:mm:ss	N	
ABEX9432	账户交易金额	float	9,2	N	单位:元
ABEX9433	账户交易方向	string	..50	N	

5.2.6 车辆信息

车辆信息见表11。

表11 车辆信息

标识符	中文名称	数据类型	数据格式	必选项	备注
ABEX9450	车辆品牌	string	..50	N	
ABEX9451	车牌号码	string	an15	N	GA 24.7—2005 机动车登记信息代码 第7部分:号牌种类代码
ABEX9452	机动车类型	string	an4	N	GA24.4—2005 机动车登记信息代码 第4部分:车辆类型代码
ABEX9453	初次登记日期	date	YYYYMMDD	N	
ABEX9454	机动车登记原值	string	an50	N	
ABEX9455	使用性质	string	an4	N	GA 24.3—2005 机动车登记信息代码 第3部分:使用性质代码
ABEX9456	检验有效日期	date	YYYYMMDD	N	

续表

标识符	中文名称	数据类型	数据格式	必选项	备注
ABEX9457	所有人变更情况	string	..500	N	
ABEX9458	车辆购值	float	9,2	N	单位:元
ABEX9459	购置日期	date	YYYYMMDD	N	
ABEX9460	使用状态	string	an4	N	GA 24.17—2005 机动车登记信息代码 17 部分:机动车状态代码
ABEX9461	车辆所有人	string	..72	N	
ABEX9462	车辆排量	string	..50	N	
ABEX9463	号牌种类	string	n2	N	

5.2.7 出入境信息表

出入境信息见表 12。

表 12　出入境信息

标识符	中文名称	数据类型	数据格式	必选项	备注
ABEX9480	护照号码	string	..50	N	
AXBE0003	受理单位	string	..100	N	
ABEX9482	受理日期	date	YYYYMMDD	N	
ABEX9483	入境口岸	string	..50	N	
ABEX9484	入境事由	string	..500	N	
ABEX9485	入境日期	date	YYYYMMDD	N	
ABEX9486	出境目的地	string	..50	N	
ABEX9487	出境日期	date	YYYYMMDD	N	
ABEX9488	出境原因	string	..500	N	
ABEX9489	出境口岸	string	..50	N	

5.2.8 财政供养人员信息表

财政供养人员信息见表 13。

表 13　财政供养人员信息

标识符	中文名称	数据类型	数据格式	必选项	备注
AXBE0003	工作单位	string	..100	N	
ABEX9508	职务	string	..50	N	见 JMGC/XX 204—2020 5.1.17 C0017 职业分类代码

续表

标识符	中文名称	数据类型	数据格式	必选项	备注
ABEX9509	实际月工资（元/月）	float	9,2	N	单位:元
AXCP0027	个人开户银行代码	string	n4	N	代发银行代码,采用基础数据库统一定义的标识符 取值范围见 JMGC/XX 204—2020 5.1.4 C0044 开户银行代码
AXCP0029	个人开户银行账号	string	..30	N	个人开户银行账号,采用基础数据库统一定义的标识符
ABEX9512	上月领取失业保险金(元)	float	9,2	N	单位:元
ABEX9513	失业登记日期	date	YYYYMMDD	N	
ABEX9514	失业前身份	string	..50	N	
ABEX9515	失业登记注销日期	date	YYYYMMDD	N	
ABEX9516	失业登记注销原因	string	..500	N	
ABEX9517	就业登记日期	date	YYYYMMDD	N	
ABEX9521	就业开始日期	date	YYYYMMDD	N	
ABEX9522	身份是否一致	boolean		N	

5.2.9 公积金贷款信息表

公积金贷款信息见表 14。

表 14　公积金贷款信息

标识符	中文名称	数据类型	数据格式	必选项	备注
ABEX9539	已还本金	float	9,2	N	单位:元
ABEX9540	贷款余额	float	9,2	N	单位:元
ABEX9542	单位代码	string	..50	N	
AXBE0003	单位名称	string	..100	N	
ABEX9544	借款合同编号	string	an50	N	
ABEX9545	月还金额	float	9,2	N	单位:元
ABEX9546	贷款金额	float	9,2	N	单位:元
ABEX9547	放贷日期	date	YYYYMMDD	N	
ABEX9548	贷款年限	string	an4	N	

5.2.10 公积金缴纳信息表

公积金缴纳信息见表 15。

表 15　公积金缴纳信息

标识符	中文名称	数据类型	数据格式	必选项	备注
ABEX9565	当前核定月缴存额	float	9,2	N	单位:元
ABEX9566	当前活期余额	float	9,2	N	单位:元
ABEX9567	当前定期余额	float	9,2	N	单位:元
ABEX9568	末次缴交年月	string	n6	N	格式:YYYYMM
ABEX9569	当前状态描述	string	n2	N	见附录 A 社会救助业务 代码集“公积金缴纳状态代码”
AXCP0002	姓名	string	..72	N	姓名,采用基础数据库统一定义的标识符
ABEX9572	个人账号	string	..50	N	
AXBE0003	单位名称	string	..100	N	
AXCP0027	个人开户银行代码	string	n4	N	发生银行代码,采用基础数据库统一定义的标识符 取值范围见 JMGC/XX 204—2020 5.1.4 C0044 开户银行代码
ABEX9580	公积金缴纳单位编号	string	..50	N	
AXBE0004	公积金缴纳单位名称	string	..100	N	
ABEX9582	初次缴费时间	datetime	YYYYMMDD hh:mm:ss	N	
ABEX9583	缴存基数	string	..50	N	
ABEX9584	个人缴纳比例	string	..50	N	
ABEX9585	单位缴存比例	string	..50	N	
ABEX9586	个人缴存额	float	9,2	N	单位:元
ABEX9587	单位缴存额	float	9,2	N	单位:元
ABEX9588	年缴存累计	float	9,2	N	单位:元
ABEX9590	年补缴累计	float	9,2	N	单位:元

5.2.11 公积金提取信息表

公积金提取信息见表 16。

表 16　公积金提取信息

标识符	中文名称	数据类型	数据格式	必选项	备注
ABEX9565	当前核定月缴存额	float	9,2	N	单位:元
ABEX9566	当前活期余额	float	9,2	N	单位:元
ABEX9567	当前定期余额	float	9,2	N	单位:元
ABEX9569	当前状态描述	string	..50	N	

续表

标识符	中文名称	数据类型	数据格式	必选项	备注
AXCP0002	姓名	string	..72	N	公积金姓名,采用基础数据库统一定义的标识符
ABEX9572	个人账号	string	..50	N	
AXBE0003	单位名称	string	..100	N	
ABEX9574	提取类别	string	n2	N	见附录A 社会救助业务 代码集"公积金提取类别代码"
ABEX9575	提取时间	datetime	YYYYMMDD hh:mm:ss	N	
ABEX9576	提取发生额	float	9,2	N	单位:元
ABEX9577	提取利息	float	9,2	N	单位:元
ABEX9578	提取原因代码	string	n2	N	见附录A 社会救助业务 代码集"公积金提取原因代码"
AXCP0027	个人开户银行代码	string	n4	N	发生银行代码,采用基础数据库统一定义的标识符 取值范围见 JMGC/XX 204—2020 5.1.4 C0044 开户银行代码
ABEX9589	年支取累计	float	9,2	N	单位:元

5.2.12 个人税务登记信息表

个人税务登记信息见表17。

表17 个人税务登记信息

标识符	中文名称	数据类型	数据格式	必选项	备注
AXCP0002	姓名	string	..72	N	纳税人姓名,采用基础数据库统一定义的标识符
AXZX0001	纳税人企业联系方式	string	..18	N	有效的座机或手机号码。座机号码标准格式为:区号-电话号码,手机号码为11位数字
ABEX9612	申报日期	date	YYYYMMDD	N	
ABEX9613	税种	string	an2	N	GB/T 18298—2001 税务信息分类与代码集
ABEX9614	税目	string	n4	N	见附录A 社会救助业务 代码集"税目代码"
ABEX9615	收入	float	9,2	N	单位:元
ABEX9616	税额	float	9,2	N	单位:元
ABEX9617	税务登记证号	string	..50	N	
ABEX9618	税务登记类型	string	..50	N	
AXBE0003	征税机构	string	n2	N	见附录A 社会救助业务 代码集"征税机构名称代码"
ABEX9621	免税收入额	float	9,2	N	单位:元
ABEX9623	纳税人识别号	string	..50	N	

续表

标识符	中文名称	数据类型	数据格式	必选项	备注
ABEX9624	税款所属期起	string	..50	N	
ABEX9625	税款所属期止	string	..50	N	
ABEX9626	支付类型名称	string	..50	N	
ABEX9628	缴纳车辆牌照号	string	..50	N	
ABEX9629	缴纳金额	float	9,2	N	单位:元
ABEX9630	车船税所属期	string	..50	N	
ABEX9450	车辆品牌	string	..50	N	

5.2.13 企业税务登记信息表

企业税务登记信息见表18。

表18　企业税务登记信息

标识符	中文名称	数据类型	数据格式	必选项	备注
ABEX9608	企业名称	string	..50	N	
ABEX9609	企业注册地址	string	..50	N	
ABEX9610	企业经营地址	string	..50	N	
ABEX9612	申报日期	date	YYYYMMDD	N	
ABEX9613	税种	string	n2	N	见附录A 社会救助业务 代码集“税种代码”
ABEX9614	税目	string	n4	N	见附录A 社会救助业务 代码集“税目代码”
ABEX9616	税额	float	9,2	N	单位:元
ABEX9617	税务登记证号	string	..50	N	
ABEX9618	税务登记类型	string	n2	N	
ABEX9619	企业编号	string	..50	N	
AXBE0003	征税机构	string	n2	N	见附录A 社会救助业务 代码集“征税机构名称代码”
ABEX9621	免税收入额	float	9,2	N	单位:元
ABEX9624	税款所属期起	string	..50	N	
ABEX9625	税款所属期止	string	..50	N	
ABEX9626	支付类型名称	string	..50	N	
AXBE0027	单位地址	string	..200	N	标准格式示例:××省××市××区××街道××××××
ABEX9628	缴纳车辆牌照号	string	..50	N	
ABEX9629	缴纳金额	float	9,2	N	单位:元
ABEX9630	车船税所属期	string	..50	N	
ABEX9450	车辆品牌	string	..50	N	

5.2.14 户籍信息表

户籍信息见表19。

表19 户籍信息

标识符	中文名称	数据类型	数据格式	必选项	备注
AXCP0013	户籍类别	string	n2	N	户籍类型,采用基础数据库统一定义的标识符 取值范围见 JMGC/XX 204—2020 5.1.31 C0031 户籍类别代码
AXCP0040	户籍地址	string	..100	N	户籍地址,采用基础数据库统一定义的标识符
AXCP0041	户籍所在地行政区划代码	string	n12	N	户籍所在地行政区划代码,采用基础数据库统一定义的标识符 前6位见 GB/T 2260,后3位见 GB/T 10114—2003,后3位为村或社区编码
ABEX9651	现居住地地址	string	..100	N	
AXCP0043	居住所在行政区划地址	string	n12	N	现居住地行政区划代码,采用基础数据库统一定义的标识符 前6位见 GB/T 2260,后3位见 GB/T 10114—2003,后3位为村或社区编码
ABEX9653	现居住地开始居住时间	datetime	YYYYMMDD hh:mm:ss	N	
AXCP0009	人员文化程度	string	n2	N	文化程度,采用基础数据库统一定义的标识符 取值范围见 JMGC/XX 204—2020 5.1.8 C0008 学历代码
AXCP0003	曾用名	string	..72	N	曾用名,采用基础数据库统一定义的标识符 曾用名对个人来说,指本人在读书和工作期间曾经使用过的名字。中国公民常住人口登记表、居民户口簿上登载的"曾用名"项目和户口迁移证上登载的"别名"项目均应填写为公民过去在户口登记机关申报登记并正式使用过的姓名。此处只填写最后一次使用过的曾用名
ABEX9086	配偶姓名	string	..72	N	
ABEX9B14	与户主关系	string	n1	N	见 JMGC/XX 204—2020 5.1.32 C0032 家庭关系代码
ABEX9658	身份证有效日期	date	YYYYMMDD	N	

续表

标识符	中文名称	数据类型	数据格式	必选项	备注
AXCP0008	民族	string	n2	N	民族,采用基础数据库统一定义的标识符 取值范围见 JMGC/XX 204—2020 5.1.9 C0009 民族代码
AXCP0036	婚姻状况	string	n2	N	婚姻状况,采用基础数据库统一定义的标识符 取值范围见 JMGC/XX 204—2020 5.1.10 C0010 婚姻状况代码
ABEX9661	省市县区	string	..50	N	
ABEX9662	乡镇街道	string	..50	N	
ABEX9663	人口注销类别	string	..50	N	
ABEX9664	迁移日期	date	YYYYMMDD	N	
ABEX9089	配偶公民身份号码	string	an18	N	对于证件类型为“内地居民身份证”的人员,身份证件号码值域见 GB 11643—1999 公民身份号码
ABEX9666	居委会	string	..50	N	
ABEX9667	门楼牌号	string	..50	N	
ABEX9668	是否死亡	boolean		N	
ABEX9669	户籍注销原因	string	..500	N	
AXCP0006	性别	string	n1	N	性别,采用基础数据库统一定义的标识符 取值范围见 JMGC/XX 204—2020 5.1.7 C0007 人的性别代码
AXCP0039	出生日期	date	YYYYMMDD	N	出生日期,采用基础数据库统一定义的标识符
ABEX9672	兵役状况	string	..50	N	
AXCP0011	籍贯	string	..100	N	籍贯省市县,采用基础数据库统一定义的标识符

5.2.15 婚姻登记信息表

婚姻登记信息见表20。

表20 婚姻登记信息

标识符	中文名称	数据类型	数据格式	必选项	备注
AXCP0006	性别	string	n1	N	性别,采用基础数据库统一定义的标识符 取值范围见 JMGC/XX 204—2020 5.1.7 C0007 人的性别代码
AXCP0002	姓名	string	..72	N	配偶姓名,采用基础数据库统一定义的标识符

续表

标识符	中文名称	数据类型	数据格式	必选项	备注
AXCP0003	曾用名	string	..72	N	配偶曾用名,采用基础数据库统一定义的标识符 曾用名对个人来说,指本人在读书和工作期间曾经使用过的名字。中国公民常住人口登记表、居民户口簿上登载的“曾用名”项目和户口迁移证上登载的“别名”项目均应填写为公民过去在户口登记机关申报登记并正式使用过的姓名。此处只填写最后一次使用过的曾用名
AXCP0004	身份证件类型	string	n2	N	配偶证件类型,采用基础数据库统一定义的标识符 取值范围见 JMGC/XX 204—2020 5. 1. 15 C0015 身份证件类型代码
AXCP0005	身份证件号码	string	..18	N	配偶身份证件号码,采用基础数据库统一定义的标识符 对于身份证件类型为“内地居民身份证”的人员,身份证件号码值域见 GB 11643—1999 公民身份号码
AXCP0007	国籍	string	n3	N	配偶国籍,采用基础数据库统一定义的标识符 见 GB/T 2659(《世界各国和地区名称代码》)
AXCP0011	籍贯	string	..100	N	籍贯,采用基础数据库统一定义的标识符
ABEX9715	配偶户籍地址	string	..100	N	
ABEX9698	登记类型	string	n2	N	见 JMGC/XX 204—2020 5. 5. 1. 5 婚姻管理业务类型代码
ABEX9699	结婚登记日期	date	YYYYMMDD	N	
ABEX9700	登记机关	string	..50	N	
ABEX9701	离婚登记号	string	..50	N	
ABEX9702	结婚登记号	string	..50	N	
AXCP0036	婚姻状况	string	n2	N	婚姻状况,采用基础数据库统一定义的标识符 取值范围见 JMGC/XX 204—2020 5. 1. 10 C0010 婚姻状况代码
ABEX9714	配偶婚姻状况	string	n2	N	见 JMGC/XX 204—2020 5. 1. 10 C0010 婚姻状况代码
ABEX9705	地区代码	string	..50	N	
ABEX9706	男方年龄	number		N	
ABEX9707	女方年龄	number		N	

续表

标识符	中文名称	数据类型	数据格式	必选项	备注
ABEX9708	离婚登记日期	date	YYYYMMDD	N	
ABEX9709	法院名称	string	..50	N	
ABEX9710	结案方式	string	..50	N	
ABEX9711	结案日期	date	YYYYMMDD	N	
ABEX9712	生效日期	date	YYYYMMDD	N	
ABEX9713	判决结果	string	..50	N	

5.2.16 学籍信息表

学籍信息见表21。

表21 学籍信息

标识符	中文名称	数据类型	数据格式	必选项	备注
ABEX9730	就读学校名称	string	..50	N	
ABEX9731	学校所在地市	string	..50	N	
ABEX9732	就读情况	string	..50	N	
ABEX9733	学籍号	string	..50	N	
ABEX9734	就读年级	string	..50	N	
ABEX9735	就读班级	string	..50	N	
AXZX0001	联系电话	string	..18	N	有效的座机或手机号码。座机号码标准格式为:区号-电话号码,手机号码为11位数字
ABEP0520	学业状况	string	n2	N	见 JMGC/XX 204—2020 5.1.27 C0027 学业状况代码
AXCP0009	人员文化程度	string	n2	N	文化程度,采用基础数据库统一定义的标识符 取值范围见 JMGC/XX 204—2020 5.1.8 C0008 学历代码
ABEX9739	入学日期	date	YYYYMMDD	N	
ABEX9740	毕(结)业日期	date	YYYYMMDD	N	
ABEX9741	专业	string	..50	N	
ABEX9743	学制	string	..50	N	
ABEX9744	证书编号	string	..50	N	
ABEX9745	是否毕业	boolean		N	

5.2.17 助学信息表

助学信息见表22。

表 22 助学信息

标识符	中文名称	数据类型	数据格式	必选项	备注
ABEX9730	资助类型	string	n2	N	见 JMGC/XX 204—2020 5.2.25 CB025 助学资助类型代码
ABEX9731	资助年度	string	..50	N	核对对象被助学的年度时间
ABEX9732	资助学年	string	..50	N	核对对象被资助的学年(春季、秋季等)
ABEX9733	资助金额	float	9,2	N	核对对象被助学的金额,单位:元

5.2.18 救助信息表

救助信息见表23。

表 23 救助信息

标识符	中文名称	数据类型	数据格式	必选项	备注
ABEX9762	救助业务类型	string	n2	N	见 JMGC/XX 204—2020 5.2.1 CB001 救助业务类型代码
ABEX9763	救助证号	string	..50	N	
ABEX9764	救助金额	float	9,2	N	单位:元
ABEX9765	享受救助待遇开始年月	string	n6	N	格式:YYYYMM
ABEX9766	享受救助待遇截止年月	string	n6	N	格式:YYYYMM
ABEX9767	银行账户	string	..20	N	
ABEX0445	家庭人口数	number		N	
ABEX9769	保障人口	string	..50	N	
ABEX9770	享受金额	float	9,2	N	单位:元
ABEX9771	发放金额	float	9,2	N	单位:元
ABEX9772	发放年月	string	n6	N	格式:YYYYMM
ABEX9774	保障类型	string	an2	N	见 JMGC/XX 204—2020 5.1.1 C0001 民政业务分类代码
ABEX0447	致贫原因	string	..50	N	
AXCP0010	健康状况	string	n2	N	健康状况,采用基础数据库统一定义的标识符 取值范围见 JMGC/XX 204—2020 5.1.11 C0011 健康状况代码
ABEX9407	残疾类别	string	n2	N	见 JMGC/XX 204—2020 5.1.24 C0024 残疾类别代码
ABEP0518	残疾等级	string	n2	N	见 JMGC/XX 204—2020 5.1.25 C0025 残疾等级代码
ABEX9779	建档立卡	boolean		N	

续表

标识符	中文名称	数据类型	数据格式	必选项	备注
ABEX9780	住房所有权代码	string	n2	N	见附录A 社会救助业务 代码集“不动产权利类型代码”
ABEX9781	住房类型	string	n2	N	见附录A 社会救助业务 代码集“不动产性质代码”
ABEX9782	住房面积	float	5,2	N	单位:平方米
AXCP0009	人员文化程度	string	n2	N	文化程度,采用基础数据库统一定义的标识符 取值范围见 JMGC/XX 204—2020 5.1.8 C0008 学历代码
AXCP0036	婚姻状况	string	n2	N	婚姻状况,采用基础数据库统一定义的标识符 取值范围见 JMGC/XX 204—2020 5.1.10 C0010 婚姻状况代码
AXCP0024	劳动能力	string	n2	N	劳动能力,采用基础数据库统一定义的标识符 取值范围见 JMGC/XX 204—2020 5.1.14 C0014 劳动能力鉴定等级代码
ABEX9787	工作性质	string	an2	N	见 JMGC/XX 204—2020 5.1.17 C0017 职业分类代码
ABEX9788	月收入金额	float	9,2	N	单位:元
AXBE0003	工作单位	string	..100	N	
AXBE0005	工作单位性质	string	n2	N	见 JMGC/XX 204—2020 5.1.38 C0038 单位性质代码
ABEX9791	纳入医保报销费用	float	9,2	N	单位:元
ABEX9792	医保支付金额	string	..50	N	
ABEX9793	纳入大病保险报销费用	float	9,2	N	单位:元
ABEX9794	大病保险支付金额	float	9,2	N	单位:元
ABEX9795	医疗救助金额	float	9,2	N	单位:元
ABEX9796	自付金额	float	9,2	N	单位:元
ABEX9797	结算日期	date	YYYYMMDD	N	
ABEX9798	出院日期	date	YYYYMMDD	N	

5.2.19 司法信息表

司法信息见表24。

表24 司法信息

标识符	中文名称	数据类型	数据格式	必选项	备注
ABEX9815	援助原因	string	..500	N	

续表

标识符	中文名称	数据类型	数据格式	必选项	备注
ABEX9816	援助形式	string	..50	N	
AXBE0003	援助机构	string	..100	N	
ABEX9818	援助时间	datetime	YYYYMMDD hh:mm:ss	N	
ABEX9819	援助内容	string	..50	N	
ABEX9820	是否失信人员	boolean		N	
ABEX9821	失信原因	string	..500	N	
ABEX9822	执行时间	datetime	YYYYMMDD hh:mm:ss	N	
ABEX9823	所在监狱	string	..50	N	
ABEX9824	刑期起日期	date	YYYYMMDD	N	
ABEX9825	刑期止日期	date	YYYYMMDD	N	
ABEX9826	释放时间	datetime	YYYYMMDD hh:mm:ss	N	
ABEX9827	是否重点人员	boolean		N	

5.2.20 涉农信息表

涉农信息见表25。

表25　涉农信息

标识符	中文名称	数据类型	数据格式	必选项	备注
ABEX9844	宅基地面积	float	5,2	N	单位:平方米
ABEX9845	农用地面积	float	5,2	N	单位:亩
ABEX9866	农用地类型	string	n2	N	见附录A 社会救助业务 代码集"农用地类型代码"
ABEX9846	补贴总金额	float	9,2	N	单位:元
ABEX9847	补贴名称	string	..50	N	
ABEX9848	补偿年份	string	n4	N	
AXCP0027	个人开户银行代码	string	n4	N	代发银行,采用基础数据库统一定义的标识符 取值范围见 JMGC/XX 204—2020 5.1.4 C0044 开户银行代码
ABEX9511	银行账号	string	..20	N	
ABEX9851	惠农补贴项目	string	n2	N	见附录A 社会救助业务 代码集"惠农补贴项目代码"
ABEX9852	单台国补	float	9,2	N	单位:元
ABEX9853	单台省补	float	9,2	N	单位:元
ABEX9854	单台市补	float	9,2	N	单位:元

续表

标识符	中文名称	数据类型	数据格式	必选项	备注
ABEX9855	单台县补	float	9,2	N	单位:元
ABEX9856	最终销售总价	float	9,2	N	单位:元
ABEX9857	购机日期	date	YYYYMMDD	N	
ABEX9858	结算日期	date	YYYYMMDD	N	
ABEX9859	农机类型	string	n2	N	见附录A 社会救助业务 代码集“农机类型代码”
AXBE0031	登记日期	date	YYYYMMDD	N	
ABEX9861	登记原值	float	9,2	N	单位:元
ABEX9862	检验有效日期	date	YYYYMMDD	N	
ABEX9864	农机品牌	string	..50	N	
ABEX9865	农机号牌	string	..50	N	

5.2.21 失业人员信息表

失业人员信息表见26。

表26 失业人员信息

标识符	中文名称	数据类型	数据格式	必选项	备注
ABEX9882	社会保障号	string	..50	N	
AXBE0003	缴费单位名称	string	..100	N	
ABEX9884	领取时间	datetime	YYYYMMDD hh:mm:ss	N	
ABEX9885	领取金额	float	9,2	N	单位:元
ABEX9886	缴费基数	float	9,2	N	单位:元
ABEX9513	失业登记日期	date	YYYYMMDD	N	
ABEX9888	是否领取失业金	boolean		N	

5.2.22 退休人员信息表

退休人员信息见表27。

表27 退休人员信息

标识符	中文名称	数据类型	数据格式	必选项	备注
ABEX9882	社会保障号	string	..50	N	
AXBE0003	缴费单位名称	string	..100	N	
ABEX9907	退休日期	date	YYYYMMDD	N	
ABEX9908	退休金额	float	9,2	N	单位:元

续表

标识符	中文名称	数据类型	数据格式	必选项	备注
ABEX9772	发放年月	string	n6	N	格式:YYYYMM
ABEX9910	退休类别	string	n2	N	见附录A 社会救助业务 代码集"退休类别代码"

5. 2. 23 医疗保险信息表

医疗保险信息见表28。

表28 医疗保险信息

标识符	中文名称	数据类型	数据格式	必选项	备注
ABEX9927	个人登记号码	string	. . 50	N	
AXBE0003	缴存单位名称	string	. . 100	N	
ABEX9929	申报月均工资	float	9,2	N	单位:元
ABEX9930	缴费人员类别	string	an2	N	见 JMGC/XX 204—2020 5. 1. 17 C0017 职业分类代码
ABEX9931	医疗参保人员类别	string	an2	N	见 JMGC/XX 204—2020 5. 1. 17 C0017 职业分类代码
ABEX9932	医保缴费基数	float	9,2	N	单位:元
ABEX9933	征缴起始年月	string	n6	N	格式:YYYYMM
ABEX9934	征缴截止年月	string	n6	N	格式:YYYYMM
AXCP0002	姓名	string	. . 72	N	姓名,采用基础数据库统一定义的标识符
ABEX9936	交易类型	string	. . 50	N	
ABEX9937	交易子类	string	. . 50	N	
ABEX9938	总金额	float	9,2	N	单位:元
ABEX9939	非医保结算范围金额	float	9,2	N	单位:元
ABEX9940	个人现金	float	9,2	N	单位:元
ABEX9941	账户支付	float	9,2	N	单位:元
ABEX9942	统筹金额	float	9,2	N	单位:元
ABEX9943	附加金额	float	9,2	N	单位:元
ABEX9944	流水号	string	. . 32	N	
ABEX9945	医院代码	string	. . 32	N	
ABEX9946	医院名称	string	. . 32	N	
ABEX9G20	入院日期	date	YYYYMMDD	N	
ABEX9948	住院天数	string	. . 50	N	单位:天
ABEX9949	结算日期	date	YYYYMMDD	N	

续表

标识符	中文名称	数据类型	数据格式	必选项	备注
ABEX9950	零星报销费用年度	string	an4	N	
ABEX9951	医保办法	string	..50	N	

5.2.24 证券信息表

证券信息见表29。

表29 证券信息

标识符	中文名称	数据类型	数据格式	必选项	备注
ABEX9A07	沪市股票总市值	float	9,2	N	单位:元
ABEX9A08	深市股票总市值	float	9,2	N	单位:元
ABEX9A09	股转系统总股本	float	9,2	N	单位:元
ABEX9A10	股转系统总市值	float	9,2	N	单位:元
ABEX9A11	基金总市值	float	9,2	N	单位:元
ABEX9A12	债券总面值	float	9,2	N	单位:元
ABEX9A13	数据日期	date	YYYYMMDD	N	
ABEX9A14	结果代码	string	n5	N	见附录A 社会救助业务 代码集"证券结果代码"
ABEX9A15	结果说明	string	..500	N	
ABEX9A16	沪市托管商	string	..500	N	
ABEX9A17	深市托管商	string	..500	N	
ABEX9A18	股转系统托管商	string	..500	N	

5.2.25 工商信息表

工商信息见表30。

表30 工商信息

标识符	中文名称	数据类型	数据格式	必选项	备注
ABEX9A61	注册号	string	..50	N	
ABEX9608	企业名称	string	..50	N	
AXCP0002	姓名	string	..72	N	主要负责人姓名,采用基础数据库统一定义的标识符

续表

标识符	中文名称	数据类型	数据格式	必选项	备注
AXCP0004	身份证件类型	string	n2	N	主要负责人证件类型,采用基础数据库统一定义的标识符 取值范围见 JMGC/XX 204—2020 5.1.15 C0015 身份证件类型代码
AXCP0005	身份证件号码	string	..18	N	主要负责人身份证件号码,采用基础数据库统一定义的标识符 对于身份证件类型为“内地居民身份证”的人员,身份证件号码值域见 GB 11643—1999 公民身份号码
ABEX9508	职务	string	n1	N	见 JMGC/XX 204—2020 5.1.17 C0017 职业分类代码
ABEX9A67	注册资金	float	9,2	N	单位:元
ABEX9A68	实收资本	float	9,2	N	单位:元
ABEX9A69	经济性质	string	n2	N	见 JMGC/XX 204—2020 5.1.36 C0036 国民经济行业分类
ABEX9A70	经营方式	string	n2	N	见附录 A 社会救助业务 代码集“经营方式分类代码”
ABEX9A71	经营范围	string	..500	N	
ABEX9A72	发证机关	string	..50	N	
AXZX0004	发证日期	date	YYYYMMDD	N	
ABEX9A74	成立日期	date	YYYYMMDD	N	
ABEX9A75	经营期限自	date	YYYYMMDD	N	
ABEX9A76	经营期限至	date	YYYYMMDD	N	
ABEX9A88	投资人姓名	string	..72	N	
ABEX9A89	投资人证件类型	string	n2	N	见 JMGC/XX 204—2020 5.1.15 C0015 身份证件类型代码
ABEX9A90	投资人身份证件号码	string	..18	N	对于身份证件类型为“内地居民身份证”的人员,身份证件号码值域见 GB 11643—1999 公民身份号码
ABEX9A80	投资人认缴出资额	float	9,2	N	单位:元
AXBE0002	统一社会信用代码	string	an18	N	
ABEX9A83	经营场所	string	..50	N	
ABEX9A84	从业人数	string	..50	N	
ABEX9A85	法人变更日期	date	YYYYMMDD	N	
ABEX9A86	变更前法人信息	string	..50	N	
ABEX9A87	变更后法人信息	string	..50	N	

5.2.26 扶贫信息表

扶贫信息见表31。

表31 扶贫信息

标识符	中文名称	数据类型	数据格式	必选项	备注
ABEX9B05	贫困人口编号	string	..50	N	
ABEX9B06	贫困户编号	string	..50	N	
ABEX9B07	贫困户属性	string	n2	N	
ABEX9B08	脱贫标志	string	..50	N	
ABEX0447	致贫原因	string	..50	N	
ABEX9B11	首次录入时间	datetime	YYYYMMDD hh:mm:ss	N	
ABEX9B12	脱贫年度	string	an4	N	
ABEX9B13	返贫年度	string	an4	N	
ABEX9B14	与户主关系	string	n1	N	见 JMGC/XX 204—2020 5.1.32 C0032 家庭关系代码
ABEX9B15	户主姓名	string	..72	N	
ABEX9B16	户主公民身份号码	string	an18	N	对于证件类型为“内地居民身份证”的人员,身份证件号码值域见 GB 11643—1999 公民身份号码

5.2.27 社保缴存信息表

社保缴存信息见表32。

表32 社保缴存信息

标识符	中文名称	数据类型	数据格式	必选项	备注
ABEX9882	社会保障号	string	..50	N	
ABEX9E13	领取待遇开始时间	datetime	YYYYMMDD hh:mm:ss	N	
ABEX9E14	最近发放月份	string	n6	N	
ABEX9E15	最近发放金额	float	9,2	N	单位:元
AXBE0003	参保单位名称	string	..100	N	
ABEX9E17	缴费开始年月	string	n6	N	格式:YYYYMM
ABEX9E18	缴费终止年月	string	n6	N	格式:YYYYMM
ABEX9E19	社保缴费基数	float	9,2	N	单位:元
ABEX9E20	最后缴纳养老保险金额	float	9,2	N	单位:元

续表

标识符	中文名称	数据类型	数据格式	必选项	备注
ABEX9E21	参保险种	string	n2	N	见 JMGC/XX 204—2020 5. 2. 27 CB0027 险种名称代码
ABEX9E24	单位申报月工资	float	9,2	N	单位:元
ABEX9E25	实际缴费年限合计	float	9,2	N	单位:元
ABEX9E26	个人缴费金额合计	float	9,2	N	单位:元
ABEX9E27	个人社保编号	string	. . 50	N	
ABEX9E28	单位社保编号	string	. . 50	N	
ABEX9E29	参保单位类型	string	n2	N	见 JMGC/XX 204—2020 5. 1. 38 C0038 单位性质代码
ABEX9E30	参保日期	date	YYYYMMDD	N	

5. 2. 28 驾驶员信息表

驾驶员信息见表 33。

表 33　驾驶员信息

标识符	中文名称	数据类型	数据格式	必选项	备注
ABEX9E41	驾驶证号	string	. . 50	N	
ABEX9E42	初次领证日期	date	YYYYMMDD	N	
AXCP0039	出生日期	date	YYYYMMDD	N	出生日期,采用基础数据库统一定义的标识符
ABEX9E44	准驾车型	string	n2	N	见附录 A 社会救助业务 代码集“驾驶员准驾车型代码”
ABEX9A72	发证机关	string	. . 50	N	
ABEX9E46	有效起始日期	date	YYYYMMDD	N	
ABEX9E47	有效截止日期	date	YYYYMMDD	N	
ABEX9E48	有效期限	string	. . 50	N	
ABEX9E49	档案编号	string	. . 50	N	
AXCP0006	性别	string	n1	N	性别,采用基础数据库统一定义的标识符 取值范围见 JMGC/XX 204—2020 5. 1. 7 C0007 人的性别代码
AXCP0007	国籍	string	an3	N	国籍,采用基础数据库统一定义的标识符 取值范围见 GB/T 2659(《世界各国和地区名称代码》)
ABEX9E52	住址	string	. . 50	N	

5.2.29 就业信息表

就业信息见表34。

表34　就业信息

标识符	中文名称	数据类型	数据格式	必选项	备注
ABEX9517	就业登记日期	date	YYYYMMDD	N	
ABEX9521	就业开始日期	date	YYYYMMDD	N	
AXBE0003	单位名称	string	..100	N	

5.2.30 公墓信息表

公墓信息见表35。

表35　公墓信息

标识符	中文名称	数据类型	数据格式	必选项	备注
AXCP0002	姓名	string	..72	N	购墓者姓名,采用基础数据库统一定义的标识符 参见基础库 - 人员信息表 - 人员姓名
AXBE0003	公墓单位名称	string	..100	N	
ABEX9F13	实收金额	float	9,2	N	单位:元
ABEX9F14	管理期限开始日期	date	YYYYMMDD	N	
ABEX9F15	管理期限结束日期	date	YYYYMMDD	N	

5.2.31 孤儿信息表

孤儿信息见表36。

表36　孤儿信息

标识符	中文名称	数据类型	数据格式	必选项	备注
AXCP0039	出生日期	date	YYYYMMDD	N	出生日期,采用基础数据库统一定义的标识符
AXCP0008	民族	string	n2	N	民族,采用基础数据库统一定义的标识符 取值范围见 JMGC/XX 204—2020 5.1.9 C0009 民族代码
ABEX9F29	福利证号	string	..50	N	
AXCP0040	户籍地址	string	..100	N	户籍地址,采用基础数据库统一定义的标识符

续表

标识符	中文名称	数据类型	数据格式	必选项	备注
ABEX9F32	儿童现住址	string	..50	N	
ABEX9F33	福利机构名称	string	..50	N	
ABEX9F34	养育类型	string	n2	N	见附录 A 社会救助业务 代码集“儿童养育类型代码”
ABEX9F37	患病类型	string	n2	N	见 JMGC/XX 204—2020 5.7.5 CJ005 儿童患病类型代码
ABEX9F38	是否重病	boolean		N	
ABEX9407	残疾类别	string	n2	N	见 JMGC/XX 204—2020 5.1.24 C0024 残疾类别代码
ABEP0518	残疾等级	string	n2	N	见 JMGC/XX 204—2020 5.1.25 C0025 残疾等级代码
ABEX9F41	特教类型	string	n2	N	见 JMGC/XX 204—2020 5.7.6 CJ006 特教训练类型代码
ABEX9F42	是否患艾滋病	boolean		N	
ABEX9F43	其他救助	string	..50	N	
ABEX9F44	起领年月	string	n6	N	格式:YYYYMM
ABEX9F45	停领年月	string	n6	N	格式:YYYYMM
ABEX9F46	领取方式	string	n2	N	见 JMGC/XX 204—2020 5.7.8 CJ008 福利资金领取方式代码
ABEX9F47	开户人(领取人)	string	..50	N	
ABEX9F48	开户人(领取人)与受益人关系	string	..50	N	
AXCP0027	个人开户银行代码	string	n4	N	开户行,采用基础数据库统一定义的标识符 取值范围见 JMGC/XX 204—2020 5.1.4 C0044 开户银行代码
ABEX9F50	银行账号	string	..20	N	
ABEX9F51	减员原因	string	..500	N	
ABEX9317	死亡原因	string	n2	N	见 JMGC/XX 204—2020 5.1.35 C0035 死亡原因代码
ABEX9F53	死亡处理方式	string	n2	N	见附录 A 社会救助业务 代码集“死亡处理方式代码”
ABEX9F54	家庭收入	float	9,2	N	单位:元
ABEX9F55	家庭资产	float	9,2	N	单位:元
ABEX9F56	人均居住面积	float	9,2	N	单位:平方米
AXCP0002	姓名	string	..72	N	父亲姓名,采用基础数据库统一定义的标识符
ABEX9F58	父亲公民身份号码	string	an18	N	对于证件类型为“内地居民身份证”的人员,身份证件号码值域见 GB 11643—1999 公民身份号码
ABEX9F59	父亲当前情况	string	..500	N	

续表

标识符	中文名称	数据类型	数据格式	必选项	备注
ABEX9F60	父亲是否患艾滋	boolean		N	
ABEX9317	父亲死亡原因	string	n2	N	见 JMGC/XX 204—2020 5.1.35 C0035 死亡原因代码
ABEX9F62	母亲姓名	string	..72	N	
ABEX9F63	母亲公民身份号码	string	an18	N	对于证件类型为“内地居民身份证”的人员,身份证件号码值域见 GB 11643—1999 公民身份号码
ABEX9F65	母亲是否患艾滋	boolean		N	
ABEX9F66	母亲死亡原因	string	n2	N	见 JMGC/XX 204—2020 5.1.35 C0035 死亡原因代码
ABEX9F67	监护人姓名	string	..72	N	
ABEX9F68	监护人公民身份号码	string	an18	N	对于证件类型为“内地居民身份证”的人员,身份证件号码值域见 GB 11643—1999 公民身份号码
AXZX0001	监护人联系电话	string	..18	N	有效的座机或手机号码。座机号码标准格式为:区号 - 电话号码,手机号码为 11 位数字
ABEX9F70	监护人关系	string	n2	N	见 JMGC/XX 204—2020 5.7.9 CJ009 与儿童关系代码
ABEX9F71	是否同住	boolean		N	

5.2.32 投注站信息表

投注站信息见表 37。

表 37　投注站信息

标识符	中文名称	数据类型	数据格式	必选项	备注
ABEX9F83	原投注站反馈编号	string	..50	N	
ABEX9F85	投注站站号	string	..50	N	
AXCP0002	姓名	string	..72	N	站主姓名,采用基础数据库统一定义的标识符
AXZX0001	站主联系方式	string	..18	N	有效的座机或手机号码。座机号码标准格式为:区号 - 电话号码,手机号码为 11 位数字
ABEX9F88	投注站地址	string	..50	N	
ABEX9F89	代销品种	string	..50	N	
ABEX9F90	销量	string	..50	N	

5.2.33 职工互助信息表

职工互助信息见表 38。

表 38 职工互助信息

标识符	中文名称	数据类型	数据格式	必选项	备注
ABEX9G02	互助金支付额度	string	..50	N	
ABEX9G03	互助金即付日期	date	YYYYMMDD	N	

5.2.34 少儿就医信息表

少儿就医信息见表39。

表 39 少儿就医信息

标识符	中文名称	数据类型	数据格式	必选项	备注
ABEX9G14	交换结算年月	string	n6	N	格式:YYYYMM
ABEX9G15	少儿基金总费用	float	9,2	N	单位:元
ABEX9G16	少儿基金支付费用	float	9,2	N	单位:元
ABEX9G17	居保住院总费用	float	9,2	N	单位:元
ABEX9G18	居保支付费用	float	9,2	N	单位:元
ABEX9946	医院名称	string	..32	N	
ABEX9G20	入院日期	date	YYYYMMDD	N	
ABEX9798	出院日期	date	YYYYMMDD	N	

5.2.35 社会组织管理信息表

社会组织管理信息见表40。

表 40 社会组织管理信息

标识符	中文名称	数据类型	数据格式	必选项	备注
ABEX9G33	组织名称	string	..50	N	
ABEX9G34	登记证号	string	..50	N	
ABEX9G35	组织机构代码	string	..50	N	
AXBE0003	业务主管单位	string	..100	N	
ABEX9G37	行业分类	string	n2	N	见 JMGC/XX 204—2020 5.1.37 C0037 单位行业分类代码
ABEX9G38	登记管理机关	string	..50	N	
ABEX9G39	开办资金(元)	float	9,2	N	单位:元
ABEX9G40	组织类型	string	n2	N	见附录A 社会救助业务 代码集"社会组织类型代码"

5.2.36 收养信息表

收养信息见表41。

表 41 收养信息

标识符	中文名称	数据类型	数据格式	必选项	备注
ABEX9G51	收养关系	string	..50	N	
AXCP0002	姓名	string	..72	N	收养人男方姓名,采用基础数据库统一定义的标识符
ABEX9G53	收养人男方公民身份号码	string	an18	N	对于证件类型为"内地居民身份证"的人员,身份证件号码值域见 GB 11643—1999 公民身份号码
ABEX9G54	收养人女方姓名	string	..72	N	
ABEX9G55	收养人女方公民身份号码	string	an18	N	对于证件类型为"内地居民身份证"的人员,身份证件号码值域见 GB 11643—1999 公民身份号码
ABEX9G56	被收养人姓名	string	..72	N	
ABEX9G57	被收养人公民身份号码	string	an18	N	对于证件类型为"内地居民身份证"的人员,身份证件号码值域见 GB 11643—1999 公民身份号码
ABEX9G34	登记证号	string	..50	N	
ABEX9860	登记日期	date	YYYYMMDD	N	

5.2.37 个人投保表

个人投保见表 42。

表 42 个人投保

标识符	中文名称	数据类型	数据格式	必选项	备注
ABEX9G70	投保公司	string	..50	N	
ABEX9G71	缴费金额	float	9,2	N	单位:元
ABEX9G72	保额	float	9,2	N	单位:元

5.2.38 自然资源表

自然资源见表 43。

表 43 自然资源

标识符	中文名称	数据类型	数据格式	必选项	备注
ABEX9G83	类型名称	string	n2	N	见 JMGC/XX 204—2020 5.2.26 CB0026 自然资源类型说明代码
ABEX9G84	坐落地址	string	..50	N	
ABEX9G85	占地面积	float	9,2	N	单位:平方米
ABEX9G86	资源用途	string	..50	N	

续表

标识符	中文名称	数据类型	数据格式	必选项	备注
ABEX9G87	权利性质	string	n2	N	见附录A社会救助业务代码集“不动产性质代码”
ABEX9G88	权利类型	string	n2	N	见附录A社会救助业务代码集“不动产权利类型代码”
ABEX9860	登记时间	date	YYYYMMDD	N	
ABEX9G90	查封起始时间	datetime	YYYYMMDD hh:mm:ss	N	
ABEX9G91	查封结束时间	datetime	YYYYMMDD hh:mm:ss	N	
ABEX9G92	不动产权证号	string	..50	N	
ABEX9G93	登记机构	string	..50	N	
ABEX9968	产权证编号	string	..50	N	
ABEX9969	房屋编号	string	..50	N	
ABEX9970	房屋建筑面积	float	5,2	N	单位:平方米
ABEX9971	房屋套内面积	float	5,2	N	单位:平方米
ABEX9975	购房日期	date	YYYYMMDD	N	
ABEX9976	购房价格	float	5,2	N	单位:万元
ABEX9980	房屋结构	string	..50	N	
ABEX9546	贷款金额	float	9,2	N	单位:元
ABEX9984	贷款利率	float	2,2	N	
ABEX9985	放款日期	date	YYYYMMDD	N	
ABEX9548	贷款年限	string	an4	N	
ABEX9987	合同编号	string	..50	N	
ABEX9988	合同金额	float	9,2	N	单位:元
ABEX9989	合同签订时间	datetime	YYYYMMDD hh:mm:ss	N	

5.2.39 新生儿出生信息表

新生儿出生信息见表44。

表44 新生儿出生信息

标识符	中文名称	数据类型	数据格式	必选项	备注
ABEX9188	母亲证件类型代码	string	n2	N	见JMGC/XX 204—2020 5.1.15 C0015身份证件类型代码
ABEX9F63	母亲身份证件号码	string	..18	N	对于身份证件类型为“内地居民身份证”的人员,身份证件号码值域见GB 11643—1999公民身份号码

续表

标识符	中文名称	数据类型	数据格式	必选项	备注
ABEX9F62	母亲姓名	string	..72	N	
ABEX9189	父亲证件类型代码	string	n2	N	见 JMGC/XX 204—2020 5.1.15 C0015 身份证件类型代码
ABEX9F58	父亲身份证件号码	string	..18	N	对于身份证件类型为“内地居民身份证”的人员，身份证件号码值域见 GB 11643—1999 公民身份号码
ABEX9F57	父亲姓名	string	..72	N	
AXCP0002	姓名	string	..72	N	新生儿姓名，采用基础数据库统一定义的标识符
AXCP0006	性别	string	n1	N	孩子性别代码，采用基础数据库统一定义的标识符 取值范围见 JMGC/XX 204—2020 5.1.7 C0007 人的性别代码
ABEX9H17	孩子出生地点	string	..50	N	
ABEX9H24	出生时间	datetime	YYYYMMDD hh:mm	N	
ABEX9H25	医疗机构名称	string	..50	N	

5.2.40 民政对象表

民政对象见表45。

表45 民政对象

标识符	中文名称	数据类型	数据格式	必选项	备注
ABEX9H36	收入	float	9,2	N	单位:元
ABEX9H37	地址	string	..50	N	

5.2.41 房屋租赁信息表

房屋租赁信息见表46。

表46 房屋租赁信息

标识符	中文名称	数据类型	数据格式	必选项	备注
ABEX9H49	房屋坐落地址	string	..50	N	
ABEX9H50	房屋权利人/共有人	string	..72	N	
ABEX9H51	租赁租金	float	9,2	N	单位:元
ABEX9H52	租赁证号	string	..50	N	

续表

标识符	中文名称	数据类型	数据格式	必选项	备注
ABEX9H37	地址	string	..50	N	
ABEX9H54	面积	float	5,2	N	单位:平方米
ABEX9H55	房屋用途	string	n2	N	见附录A 社会救助业务 代码集“房屋用途代码”
ABEX9H56	承租人	string	..50	N	
ABEX9H57	起始日期	date	YYYYMMDD	N	

5.2.42 出租车车辆营运信息表

出租车车辆营运信息见表47。

表47　出租车车辆营运信息

标识符	中文名称	数据类型	数据格式	必选项	备注
ABEX9H68	公司名称	string	..50	N	
ABEX9H69	营运类型	string	..50	N	
ABEX9451	车牌号码	string	an15	N	GA24.7—2005 机动车登记信息代码 第7部分:号牌种类代码
ABEX9H71	承运开始日期	date	YYYYMMDD	N	
ABEX9H72	承运年限	string	an4	N	
AXZX0001	联系方式	string	..18	N	有效的座机或手机号码。座机号码标准格式为:区号－电话号码,手机号码为11位数字

5.2.43 水费缴纳信息表

水费缴纳信息见表48。

表48　水费缴纳信息

标识符	中文名称	数据类型	数据格式	必选项	备注
ABEX9H85	前六个月缴费总额	float	9,2	N	单位:元
ABEX9H86	末次缴费时间	datetime	YYYYMMDD hh:mm:ss	N	

5.2.44 电费缴纳信息表

电费缴纳信息见表49。

表 49　电费缴纳信息

标识符	中文名称	数据类型	数据格式	必选项	备注
ABEX9H85	前六个月缴费总额	float	9,2	N	单位:元
ABEX9H86	末次缴费时间	datetime	YYYYMMDD hh:mm:ss	N	

5.2.45 天然气费缴纳信息表

天然气费缴纳信息见表 50。

表 50　天然气费缴纳信息

标识符	中文名称	数据类型	数据格式	必选项	备注
ABEX9H85	前六个月缴费总额	float	9,2	N	单位:元
ABEX9H86	末次缴费时间	datetime	YYYYMMDD hh:mm:ss	N	

5.2.46 建档立卡户信息

建档立卡户信息见表 51。

表 51　建档立卡户信息

标识符	中文名称	数据类型	数据格式	必选项	备注
ABEX0447	致贫原因	string	..50	N	
ABEX9J23	建档立卡时间	datetime	YYYYMMDD hh:mm:ss	N	

5.2.47 民办非企业信息表

民办非企业信息表 52。

表 52　民办非企业信息

标识符	中文名称	数据类型	数据格式	必选项	备注
ABEX9J35	民办非企业名称	string	..50	N	
ABEX9G40	组织类型	string	n2	N	见附录 A 社会救助业务代码集“民办非企业类型代码”
ABEX9G34	登记证号	string	..50	N	
AXBE0003	业务主管单位	string	..100	N	
ABEX9G37	行业分类	string	n2	N	见 JMGC/XX 204—2020 5.1.37 C0037 单位行业分类代码

续表

标识符	中文名称	数据类型	数据格式	必选项	备注
AXCP0002	姓名	string	..72	N	主要负责人姓名,采用基础数据库统一定义的标识符
AXCP0004	身份证件类型	string	n2	N	主要负责人证件类型,采用基础数据库统一定义的标识符 取值范围见 JMGC/XX 204—2020 5.1.15 C0015 身份证件类型代码
AXCP0005	身份证件号码	string	..18	N	主要负责人身份证件号码,采用基础数据库统一定义的标识符 对于身份证件类型为“内地居民身份证”的人员,身份证件号码值域见 GB 11643—1999 公民身份号码
AXCP0044	职务	string	..50	N	职务,采用基础数据库统一定义的标识符 取值范围见 JMGC/XX 204—2020 5.1.17 C0017 职业分类代码
ABEX9A67	注册资金	float	5,2	N	单位:万元
ABEX9A71	经营范围	string	..500	N	
ABEX9A74	成立日期	date	YYYYMMDD	N	

5.2.48 优抚信息表

优抚信息见表 53。

表 53 优抚信息

标识符	中文名称	数据类型	数据格式	必选项	备注
ABEX9J57	抚恤类型	string	n2	N	见附录 A 社会救助业务 代码集“抚恤类型代码”
ABEX9J58	抚恤金额	float	9,2	N	单位:元
ABEX9J59	生活补助金额	float	9,2	N	单位:元
ABEX9J60	开始享受年份	string	n4	N	

5.2.49 医院出院诊断信息表

医院出院诊断信息见表 54。

表 54 医院出院诊断信息

标识符	中文名称	数据类型	数据格式	必选项	备注
ABEX9J72	出院诊断代码	string	..50	N	
ABEX9J73	出院诊断名称	string	..50	N	

续表

标识符	中文名称	数据类型	数据格式	必选项	备注
ABEX9946	医院名称	string	..32	N	
ABEX9J75	诊断日期	date	YYYYMMDD	N	

5.2.50 公益性岗位人员信息表

公益性岗位人员信息见表55。

表55　公益性岗位人员信息

标识符	中文名称	数据类型	数据格式	必选项	备注
AXBE0003	工作单位	string	..100	N	
ABEX9J87	人员身份	string	..50	N	
ABEX9J88	参加工作时间	date	YYYYMMDD	N	
ABEX9J89	工资金额	float	9,2	N	单位:元

附录 A

（规范性）

社会救助业务代码集

A.1 抚恤类型代码

抚恤类型代码见表 A.1。

表 A.1　抚恤类型代码

代码	元素名称	代码	元素名称
10	思想教育	20	扶持生产
30	群众优待	40	国家抚恤

A.2 货币种类代码

货币种类代码见表 A.2。

表 A.2　货币种类代码

代码	元素名称	代码	元素名称
RMB	人民币	USD	美元
JPY	日元	EUR	欧元
GBP	英镑	DEM	德国马克
CHF	瑞士法郎	FRF	法国法郎
CAD	加拿大元	AUD	澳大利亚元
HKD	港币	ATS	奥地利先令
FIM	芬兰马克	BEF	比利时法郎
IEP	爱尔兰镑	ITL	意大利里拉
LUF	卢森堡法郎	NLG	荷兰盾
PTE	葡萄牙埃斯库多	ESP	西班牙比塞塔
IDR	印尼盾	MYR	马来西亚林吉特
NZD	新西兰元	PHP	菲律宾比索
SUR	俄罗斯卢布	SGD	新加坡元
KRW	韩国元	THB	泰铢

A.3 号牌种类代码

号牌代码见表 A.3。

表 A.3 号牌种类代码

代码	元素名称	代码	元素名称
10	普通民用号牌	20	农用号牌
30	特殊号牌	40	小型新能源汽车号牌
50	大型新能源汽车号牌	60	已停用 86 号牌
70	已停用 02 号牌		

A.4 公积金提取类别代码

公积金提取类别代码见表 A.4。

表 A.4 公积金提取类别代码

代码	元素名称	代码	元素名称
10	约定提取	20	部分提取
30	销户提取		

A.5 公积金提取原因代码

公积金提取原因代码见表 A.5。

表 A.5 公积金提取原因代码

代码	元素名称	代码	元素名称
10	购房公积金提取	20	一次性还公积金贷款提取
30	大修住房公积金提取	40	自建住房公积金提取
50	偿还住房贷款本息公积金提取	60	离休退休公积金提取
70	突发事件造成家庭生活严重困难公积金提取	80	进城务工人员因与单位解除劳动关系提取

A.6 税种代码

税种见表 A.6。

表 A.6 税种代码

代码	元素名称	代码	元素名称
1	增值税	2	消费税

续表

代码	元素名称	代码	元素名称
3	营业税	4	企业所得税
5	个人所得税	6	资源税
7	城镇土地使用税	8	房产税
9	城市维护建设税	10	耕地占用税
11	土地增值税	12	车辆购置税
13	车船税	14	印花税
15	契税	16	烟叶税
17	关税	18	船舶吨税
19	固定资产投资方向调节税(暂停征收)		

A.7 不动产性质代码

不动产性质见表 A.7。

表 A.7 不动产性质代码

代码	元素名称	代码	元素名称
0	市场化商品房	10	住宅商品房
20	配套商品房	30	公共租赁住房
40	廉租住房	50	限价普通商品住房
60	经济适用住房	70	定销商品房
80	集资建房	90	福利房
99	其他		

A.8 不动产权利类型代码

不动产权利类型见表 A.8。

表 A.8 不动产权利类型代码

代码	元素名称	代码	元素名称
1	集体土地所有权	2	地役权
3	国家土地所有权	4	取水权
5	国有建设用地使用权	6	探矿权
7	国有建设用地使用权/房屋所有权	8	采矿权
9	宅基地使用权	10	国有农用地使用权
11	宅基地使用权/房屋所有权	12	抵押权

续表

代码	元素名称	代码	元素名称
13	集体建设用地使用权	14	异议登记
15	集体建设用地使用权/房屋所有权	16	查封登记
17	土地承包经营权	18	预告登记
19	土地承包经营权/森林、林木所有权	20	国有建设用地使用权/构筑物所有权
21	林地使用权	22	宅基地使用权/构筑物所有权
23	林地使用权/森林、林木使用权	24	集体建设用地使用权/构筑物所有权
25	草原使用权	26	海域使用权/建筑物所有权
27	水域滩涂养殖权	28	无居民海岛使用权/建筑物所有权
29	海域使用权	30	房屋所有权
31	海域使用权/构筑物所有权	32	构筑物所有权
33	无居民海岛使用权	34	土地承包经营权/森林、林木使用权
35	无居民海岛使用权/构筑物所有权	36	林地使用权/森林、林木所有权
37	其他权利	38	国有未利用地使用权

A. 9 农机类型代码

农机类型见表 A. 9。

表 A. 9　农机类型代码

代码	元素名称	代码	元素名称
1	土壤耕作机械	2	种植和施肥机械
3	植物保护机械	4	作物收获机械
5	畜牧业机械	6	农产品加工机械
7	其他用途机械		

A. 10 退休类别代码

退休类别见表 A. 10。

表 A. 10　退休类别代码

代码	元素名称	代码	元素名称
10	提前退休	20	正式退休

A. 11 证券结果代码

证券结果见表 A. 11。

表 A.11 证券结果代码

代码	元素名称	代码	元素名称
0	正常	9001	申请编号重复,请求整批失败
1	被查询人本市场无证券账户	9002	申请日期格式不合法
2	证券账户无持有信息	9003	查询日期格式不合法
3	该投资者不支持网络查询	9004	查询日期超出可查询范围
4	该持有信息不支持网络查询	9005	必填项不可为空
5	被查询人未开立证券账户(全部市场均无证券账户)	9006	查询起止日期期现跨度超限
6	证券账户无持有变动信息	9007	申请日期不合法
7	该持有变动信息不支持网络查询	9008	姓名与证件号码不匹配

A.12 经营方式分类代码

经营方式分类见表 A.12。

表 A.12 经营方式分类代码

代码	元素名称	代码	元素名称
0	个人独立经营	10	合伙经营
20	有限责任公司		

A.13 驾驶员准驾车型代码

驾驶员准驾车型见表 A.13。

表 A.13 驾驶员准驾车型代码

代码	元素名称	代码	元素名称
0	大型客车	1	牵引车
2	城市公交车	3	中型客车
4	大型货车	5	小型汽车
6	小型自动挡汽车	7	低速载货汽车
8	三轮汽车	9	普通三轮摩托车
10	普通二轮摩托车	11	轻便摩托车
12	轮式自行机械车	13	无轨电车
14	有轨电车		

A.14 儿童养育类型代码

儿童养育类型见表 A.14。

表 A.14　儿童养育类型代码

代码	元素名称	代码	元素名称
1	院内收留抚养	2	父母养育
3	(外)祖父母养育	4	兄姐养育
5	其他亲属养育	6	无亲属关系人养育
7	居委会(村委会)养育	8	独自生活
9	委托到其他机构医疗和康复	10	委托到其他机构养育
99	其他		

A.15 死亡处理方式代码

死亡处理方式见表 A.15。

表 A.15　死亡处理方式代码

代码	元素名称	代码	元素名称
10	火葬	20	深埋
99	其他		

A.16 社会组织类型代码

社会组织类型见表 A.16。

表 A.16　社会组织类型代码

代码	元素名称	代码	元素名称
1	社会团体	2	民办非企业单位
3	基金会	4	其他
注:引用 GB 32100—2015 法人和其他组织统一社会信用代码编码规则			

A.17 房屋用途代码

房屋用途见表 A.17。

表 A.17　房屋用途代码

代码	元素名称	代码	元素名称
1	住宅	2	教育、医疗、卫生、科研
3	成套住宅	4	教育
5	别墅	6	医疗卫生

续表

代码	元素名称	代码	元素名称
7	高档公寓	8	科研
9	非成套住宅	10	文化、娱乐、体育
11	集体宿舍	12	文化
13	工业、交通、仓储	14	新闻
15	工业	16	娱乐
17	公共设施	18	园林绿化
19	铁路	20	体育
21	民航	22	办公
23	航运	24	军事
25	公共运输	26	其他
27	仓储	28	涉外
29	商业、金融、信息	30	宗教
31	商业服务	32	监狱
33	经营	34	物管用房
35	旅游	36	电讯信息
37	金融保险		

A. 18 民办非企业类型代码

民办非企业类型见表 A. 18。

表 A. 18　民办非企业类型代码

代码	元素名称	代码	元素名称
1	民办学校	2	医院
3	文艺团体	4	科研院所
5	体育场馆	6	职业培训中心
7	福利院	8	人才交流中心
99	其他		

A. 19 船舶用途代码

船舶用途代码见表 A. 19。

表 A. 19　船舶用途代码

代码	元素名称	代码	元素名称
01	民办学校	06	医院

续表

代码	元素名称	代码	元素名称
02	文艺团体	07	科研院所
03	体育场馆	08	职业培训中心
04	福利院	09	人才交流中心
05	其他	99	
注:各地可根据需要扩展定义子项。扩展时代码应与已有代码保持一致。			

A. 20 税目代码

税目见表 A. 20。

表 A. 20 税目代码

代码	元素名称	代码	元素名称
1000	营业税下的税目	1072	广播、电视、电影和音像业
1001	铁路运输业	1073	公路运输业
1002	内河旅客运输	1074	文化艺术业
1003	新闻出版业	1075	体育
1004	其他服务业	1076	教育
1005	修理与维护	1077	社会保障业
1006	汽车、摩托车维护与保养	1078	社会福利业
1007	办公设备维修	1070	广播电视传输服务
1008	家用电器修理	1071	卫星传输服务
1009	其他日用品修理	1079	歌厅
1010	清洁服务	1080	舞厅
1011	建筑物清洁服务	1081	卡拉 ok 歌舞厅
1012	其他清洁服务	1082	夜总会
1013	近海运输	1083	练歌房
1014	典当	1084	公路货物运输
1015	桑拿	1085	恋歌房
1016	按摩	1086	其他卡拉 ok 歌舞厅
1017	氧吧	1087	音乐茶座
1018	其他未列明的服务	1088	酒吧
1019	转让土地使用权	1089	音乐茶室
1020	转让商标权	1090	音乐咖啡厅
1021	转让专利权	1091	其他音乐茶座
1022	转让非专利权	1092	高尔夫球

续表

代码	元素名称	代码	元素名称
1023	转让著作权	1093	台球、保龄球
1024	近海货物运输	1094	游艺场
1025	转让商誉	1095	公路旅客运输
1026	私房出租(住宅)	1096	射击
1027	私房转租(住宅)	1097	狩猎
1028	私房出租 1.5%(住宅)	1098	跑马
1029	私房出租(非房产税开征区)	1099	游戏机
1030	私房出租(非住宅)	1100	其他游艺场
1031	私房转租(非住宅)	1101	网吧
1032	私房出租 1.5%(非住宅)	1102	其他娱乐业
1033	其他房屋出租	1103	旅店业
1034	其他转让无形资产	1104	饮食业
1035	近海旅客运输	1105	旅游业
1036	其他行业	1106	城市公共交通业
1037	企事业单位销售建筑物或构筑物	1107	仓储业
1038	个人销售建筑物或构筑物	1108	租赁业
1039	个人出售普通住房(非动迁房)	1109	广告业
1040	个人出售普通住房(动迁房)	1110	代理业
1041	个人出售售后公房	1111	代购代销货物
1042	销售其他土地附着物	1112	代办进出口
1043	营业税滞纳金、罚款收入	1113	介绍服务
1044	其他销售不动产	1114	其他代理服务
1045	远海运输	1115	卫生
1046	远海货物运输	1116	计算机服务业
1047	远海旅客运输	1117	内河运输
1048	航空运输业	1118	计算机系统服务
1049	航空货物运输	1119	数据处理
1050	航空旅客运输	1120	计算机维修
1051	铁路货物运输	1121	其他计算机服务
1052	管道运输业	1122	软件业
1053	装卸搬运	1123	商务服务业
1054	建筑	1124	企业管理服务
1055	安装	1125	法律服务
1056	修缮	1126	咨询与调查
1057	装饰	1127	知识产权服务

续表

代码	元素名称	代码	元素名称
1058	自建行为	1128	内河货物运输
1059	其他工程作业	1129	职业中介服务
1060	银行业	1130	市场管理
1061	银行发放国债	1131	其他商务服务
1062	铁路旅客运输	1132	房产服务
1063	农村商业银行	1133	房屋中介
1064	证券业	1134	工程技术与规划管理
1065	保险业	1135	科技交流和推广服务业
1066	其他金融活动	1136	地质勘查业
1067	邮政	1137	专业技术服务业
1068	电信	1138	居民服务业
1069	互联网信息服务	2016	储蓄存款利息所得
2000	个人所得税下的税目	2029	非普通住房转让收入
2001	工资、薪金所得	2030	非居住用房转让收入
2002	奖金所得	2031	花园别墅
2003	年薪	2032	个人房屋转让所得
2004	一次性补偿	2033	财产转让所得(拍卖)
2005	股票期权	2034	回流文物拍卖所得
2006	出租汽车	2035	股票转让所得
2007	实物福利	2036	偶然所得
2008	个体工商业户生产、经营所得	2037	不竞争款项
2009	企事业单位承包、承租经营所得	2038	其他所得
2011	演出收入所得	2039	个人所得税滞纳金、罚款收入
2012	稿酬所得	2019	储蓄存款利息所得
2013	特许权使用费所得	2020	储蓄存款利息所得
2014	利息、股息、红利所得	2021	储蓄存款利息所得
2015	储蓄存款利息所得	2022	一般利息、股息、红利所得
2017	储蓄存款利息所得	2023	上市公司股息红利所得
2018	储蓄存款利息所得	2024	财产租赁所得
2027	住房转让收入	2025	财产转让所得
2028	普通住房转让收入	2026	财产转让收入
2010	劳务报酬所得		

A.21 惠农补贴项目代码

惠农补贴项目见表 A.21。

表 A.21　惠农补贴项目代码

代码	元素名称	代码	元素名称
1	粮食补	18	高龄补
2	农综补	19	乡医补
3	家电补	20	危改补
4	汽摩补	21	残危补
5	退耕补	22	五参补
6	完善补	23	优参补
7	生态补	24	困医助
8	能繁补	25	二女奖
9	良种补	26	独生奖
10	残贷补	27	计困助
11	低保补	28	计特助
12	五保补	29	计奖助
13	复退补	30	村计补
14	义兵补	31	村干补
15	伤残补	32	寄宿补
16	死亡补	99	其他
17	抚恤补		

A.22 农用地类型代码

农用地类型见表 A.22。

表 A.22　农用地类型代码

代码	元素名称	代码	元素名称
10	耕 地	40	牧草地
20	园 地	99	其他农用地
30	林 地		

A.23 征税机构名称代码

征税机构名称见表 A.23。

表 A.23　征税机构名称代码

代码	元素名称	代码	元素名称
1	国税	99	其他
2	地税		

A.24 公积金缴纳状态代码

公积金缴纳状态见表 A.24。

表 A.24　公积金缴纳状态代码

代码	元素名称	代码	元素名称
0	正常	20	销户
10	封存	30	停缴

参考文献

[1]GB/T 18391.3—2009 信息技术 元数据注册系统(MDR) 第3部分:注册系统元模型与基本属性

[2]GB/T 18391.4—2009 信息技术 元数据注册系统(MDR) 第4部分:数据定义的形成

[3]GB/T 18391.5—2009 信息技术 元数据注册系统(MDR) 第5部分:命名和标识原则

[4]GB/T 19488.1—2004 电子政务数据元 第1部分:设计和管理规范

[5]GB/T 23824.1—2009 信息技术 实现元数据注册系统(MDR)内容一致性的规程 第1部分:数据元

[6]GB 32100—2015 法人和其他组织统一社会信用代码编码规则

[7]JY/T 1002—2012 教育管理信息 教育管理基础信息

[8]JY/T 1006—2012 教育管理信息 高等学校管理信息

[9]JT/T 697.5—2013 交通信息基础数据元 第5部分:船舶信息基础数据元

[10]MZ/T 012—2014 民政业务数据共享与交换 编码

JMGC

民政部金民工程标准

JMGC/YW 411—2020

区划地名业务术语

2020－12－30发布　　2020－12－30实施

民政部信息中心 发布

目　　次

前　言

本文件按照 GB/T 1.1—2020《标准化工作导则 第1部分:标准化文件的结构和起草规则》给出的规则起草。

请注意本文件的某些内容可能涉及专利。本文件的发布机构不承担识别专利的责任。

本文件由民政部信息中心提出并归口。

本文件起草单位:民政部信息中心、民政部区划地名司、东软集团股份有限公司。

本文件主要起草人:荆方明、杨天荣、杨刚、薛飞、王伟、陈先杰、徐洪凯。

区划地名业务术语

1 范围

本文件界定了金民工程项目区划地名业务的术语和定义。

本文件适用于金民工程项目区划地名业务系统建设。

2 规范性引用文件

下列文件中的内容通过文中的规范性引用而构成本文件必不可少的条款。其中,注日期的引用文件,仅该日期对应的版本适用于本文件;不注日期的引用文件,其最新版本(包括所有的修改单)适用于本文件。

GB/T 2260 中华人民共和国行政区划代码

GB/T 10114 县级以下行政区划代码编制规则

GB 17733—2008 地名 标志

GB/T 18521—2001 地名分类与类别代码编制规则

GB/T 35639—2017 地址模型

MZ/T 091—2017 国家行政区划图(集)编制规范

MZ/T 112—2018 行政区域界线 界线勘定

3 区划地名

3.1 行政区划

国家为了进行分级管理而实行的区域划分。

[来源:MZ/T 091—2017,3.1]

3.2 行政区划代码

表示行政区划的数字代码。

[来源:GB/T 2260 中华人民共和国行政区划代码]

[来源:GB/T 10114 县级以下行政区划代码编制规则]

3.3 行政区划要素

行政区域界线、政府驻地、行政区域名称等行政区划工作专属地图要素。

[来源:MZ/T 091—2017,3.2]

3.4 地名

人们对各个地理实体赋予的专有名称。

[来源:GB 17733—2008,定义 3.1]

3.5 地名标志

标示地理实体专有名称及相关信息的设施。

[来源:GB 17733—2008,定义 3.2]

3.6 地名信息

反映地名及其属性的文字、数字、图像、声音等的总称。

[来源:GB/T 18521—2001,3.2]

3.7 地名类别

包括自然地理实体、人文地理实体 2 个门类。自然地理实体门类分为海域、水系、陆地地形和其他四个大类;人文地理实体门类分为行政区域及其他区域,居民点,具有地名意义的交通运输设施,具有地名意义的水利、电力、通信设施,具有地名意义的纪念地、旅游胜地,具有其他地名意义的建筑物,具有地名意义的单位共七个大类。

[来源:GB/T 18521—2001,5.3]

3.8 地址

标识和定位人们生产、生活等活动处所位置的结构化信息。

[来源:GB/T 35639—2017,定义 3.1]

3.9 行政区域界线

国务院或者省、自治区、直辖市人民政府批准的行政区域毗邻的各有关人民政府行使行政区域管辖权的分界线。

[来源:MZ/T 112—2018,定义 3.1]

3.10 界桩

由行政区域毗邻的各方人民政府共同埋设的,指示行政区域界线实地位置的标志物,是行政区域界线的永久性标志。

[来源:MZ/T 112—2018,定义 3.3]

3.11 地名代码

国家地名数据库代码。

参考文献

[1] MZ/T 149—2020 行政区域界桩数据交换格式

[2] MZ/T 150—2020 行政区域界线数据交换格式

[3]《地名信息库规范》草案稿

JMGC

民 政 部 金 民 工 程 标 准

JMGC/YW 412—2020

信访工作业务术语

2020－12－30 发布　　2020－12－30 实施

民政部信息中心 发布

目　　次

前　言

本文件按照 GB/T 1.1—2020《标准化工作导则 第1部分:标准化文件的结构和起草规则》给出的规则起草。

请注意本文件的某些内容可能涉及专利。本文件的发布机构不承担识别专利的责任。

本文件由民政部信息中心提出并归口。

本文件起草单位:民政部信息中心、民政部办公厅(国际合作司)、东软集团股份有限公司。

本文件主要起草人:荆方明、杨天荣、张俊勇、夏剑锋、薛飞、王伟、陈先杰、徐洪凯。

信访工作业务术语

1 范围

本文件界定了金民工程项目民政信访工作的术语和定义。

本文件适用于民政信访业务系统建设。

2 规范性引用文件

本文件没有范性引用文件。

3 信访工作

3.1 信访

公民、法人或者其他组织采用书信、电子邮件、传真、电话、走访等形式，向各级人民政府、县级以上人民政府工作部门反映情况，提出建议、意见或者投诉请求，依法由有关行政机关处理的活动。

3.2 信访人

采用书信、电子邮件、传真、电话、走访等形式，反映情况，提出建议、意见或者投诉请求的公民、法人或者其他组织，称信访人。

3.3 集体访

信访人数 5 人及以上联名反映同一问题的信访事项。

3.4 判重

信访事项的信访人姓名、地址、反映的主要内容等信息与民政信访业务应用软件中已登记过的另一信访事项均相同，判定该信访事项为重复信访事项。

3.5 信访事项受理

民政信访工作机构收到信访事项后，进行登记。民政信访工作的受理范围根据同级人民政府规定的工作职能确认，能够当场受理信访事项的，当场受理并出具受理通知；不能当场受理的，自收到信访事项之日起十五日内决定是否受理并书面告知信访人。对重复信访、信访人的姓名(名称)、住址不清楚的除外。

3.6 接谈

接谈人员核对来访人身份证件或其他有效证件，认真听取来访人陈述事实和诉求，询问有关情况，并详细记录来访人反映问题的主要情节及要求，来访人以往的信访过程和处理情况，越级访、重复访原因，来访人的异常、过激言语等。

3.7 信访事项处理

对信访事项有权处理的行政机关经调查核实，依照有关法律、法规、规章及其他有关规定，作出信访处理意见，并书面答复信访人。

3.8 来信签收

对送来的人民群众来信，办信工作人员及时签收拆阅，履行登记手续。

3.9 申诉求决

公民、法人或其他组织依据法律法规或组织章程规定，向国家机关、政党、社会团体、企事业单位申诉，要求重新作出处理或解决矛盾纠纷。

3.10 揭发控告

向行政机关、司法机关等反映公民、法人或其他组织违法违纪事实或提供线索，要求依法制止、惩处或赔偿。

参考文献

[1]《信访条例》国务院令第431号

[2]《民政信访工作办法》民政部令第43号

[3]《民政信访事项网上办理工作规程(试行)》民办发〔2017〕22号

[4]《民政部接待群众来访工作规则》和《民政部办理群众来信工作规则》民办发〔2013〕2号

[5]《民政领域通过法定途径处理的信访投诉请求清单》民办发〔2019〕30号

JMGC

民 政 部 金 民 工 程 标 准

JMGC/YW 413—2020

区划地名业务流程

2020－12－30 发布　　2020－12－30 实施

民政部信息中心 发布

目　次

前　言

本文件按照 GB/T 1.1—2020《标准化工作导则 第1部分:标准化文件的结构和起草规则》给出的规则起草。

请注意本文件的某些内容可能涉及专利。本文件的发布机构不承担识别专利的责任。

本文件由民政部信息中心提出并归口。

本文件起草单位:民政部信息中心、民政部区划地名司、东软集团股份有限公司。

本文件主要起草人:荆方明、杨天荣、杨刚、薛飞、王伟、陈先杰、徐洪凯。

区划地名业务流程

1 范围

本文件规定了区划地名业务行政区划管理业务流程。

本文件适用于区划地名业务系统建设。

2 规范性引用文件

下列文件中的内容通过文中的规范性引用而构成本文件必不可少的条款。其中,注日期的引用文件,仅该日期对应的版本适用于本文件;不注日期的引用文件,其最新版本(包括所有的修改单)适用于本文件。

JMGC - YW 411—2020 区划地名业务术语

3 术语和定义

JMGC - YW 411—2020 界定的术语和定义适用于本文件。

4 行政区划管理流程

4.1 县以下行政区划调整

4.1.1 概述

县以下行政区划调整应包括但不限于以下内容:

a)新设街道;

b)新设乡镇;

c)撤乡设镇;

d)撤乡镇设镇;

e)撤镇设街道;

f)撤乡镇设街道;

g)撤镇设市;

h)合并街道;

i)合并镇;

j)合并乡;

k)行政区划名称变更；

l)政府驻地迁移；

m)行政区域界线调整。

县以下行政区划调整应包括但不限于以下工作步骤：

n)县(区)民政部门向市级民政部门申报行政区划调整、提交变更申请材料；

o)市级民政部门审核通过后上报省级民政部门；

p)省级民政部门审核、批复；

q)批复后反馈申报单位并向社会公告、组织实施执行；

r)申报机构将实施执行情况报备上级民政部门；

s)省级民政部门报送国务院民政部门备案。

县以下行政区划调整业务流程见图1。

4.1.2 申报

县(区)级民政部门在风险评估、专家论证及征求意见的基础上，向市级民政部门申报行政区划变更、提交变更申请材料。

4.1.3 报送

市级民政部门会同相关部门拟定变更方案，审核通过后上报省级民政部门批复。

4.1.4 审核批复

省级民政部门对行政区划变更方案及材料审核，审核通过出具批复文件。

4.1.5 上报

在本次申报合规及材料齐备后，省级民政部门报送民政部备案。

4.1.6 备案

确认本次申报合规及材料齐备后，民政部备案。

4.1.7 公告实施

省级民政部门审核批复后反馈给申报部门，由申报部门向社会公告、组织实施。

4.1.8 执行报备

后续执行情况报备上级民政部门。

4.2 县、不设区的市、市辖区人民政府驻地迁移

4.2.1 概述

县、不设区的市、市辖区人民政府驻地的迁移应包括但不限于以下工作步骤：

a)市级民政部门向省级民政部门申报政府驻地迁移，提交变更申请材料；

b)省级民政部门审核、批复；

c)省级民政部门批复后反馈申报单位，并向社会公告、组织实施；

d)申报机构将实施执行情况报备上级民政部门；

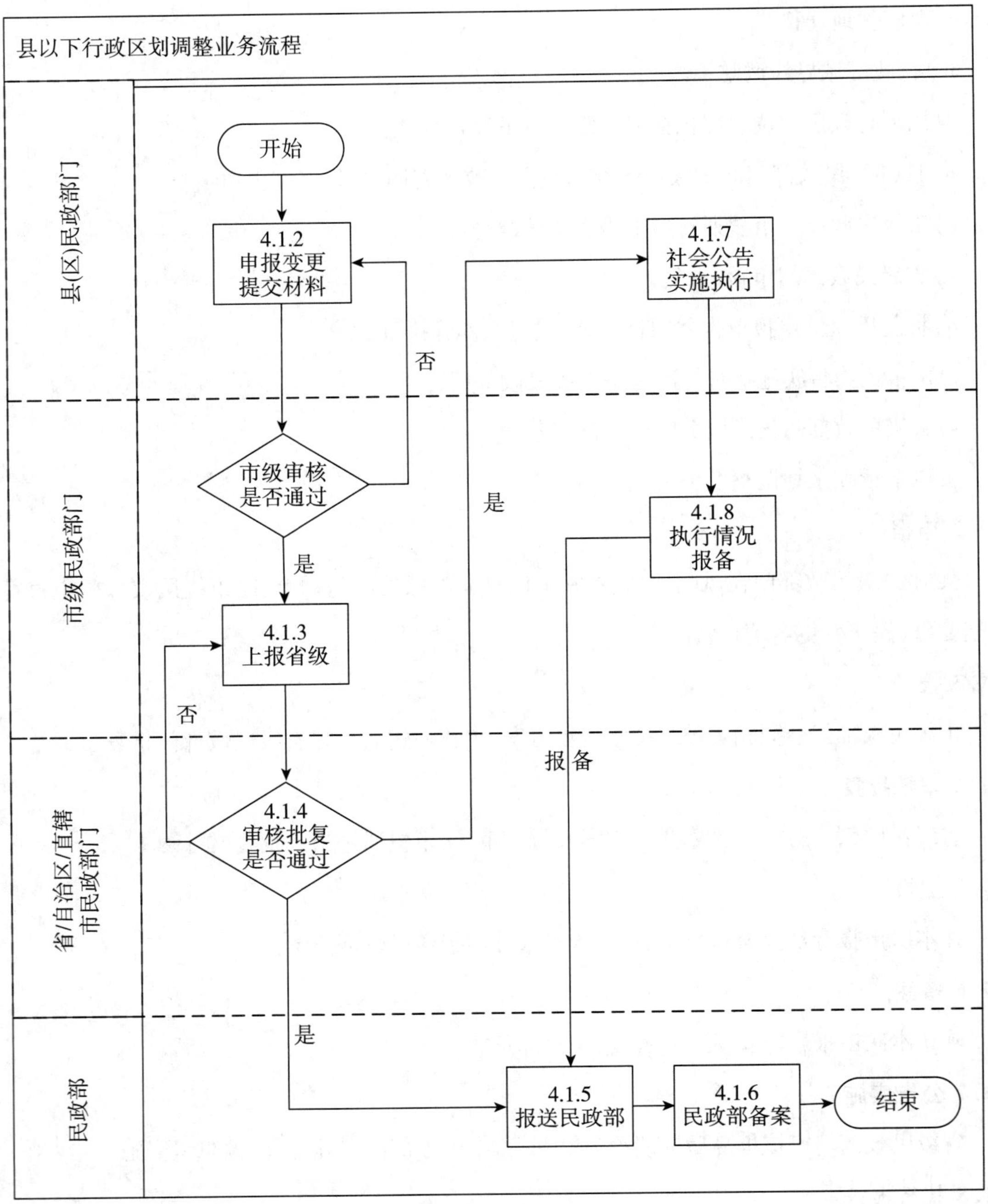

图1　县以下行政区划调整流程

e)省级民政部报送国务院民政部门备案。

县、不设区的市、市辖区人民政府驻地迁移流程见图2。

4.2.2 申报

市级民政部门向省级民政部门申报政府驻地迁移，提交变更材料。

4.2.3 审核批复

省级民政部门审核通过后出具批复文件。

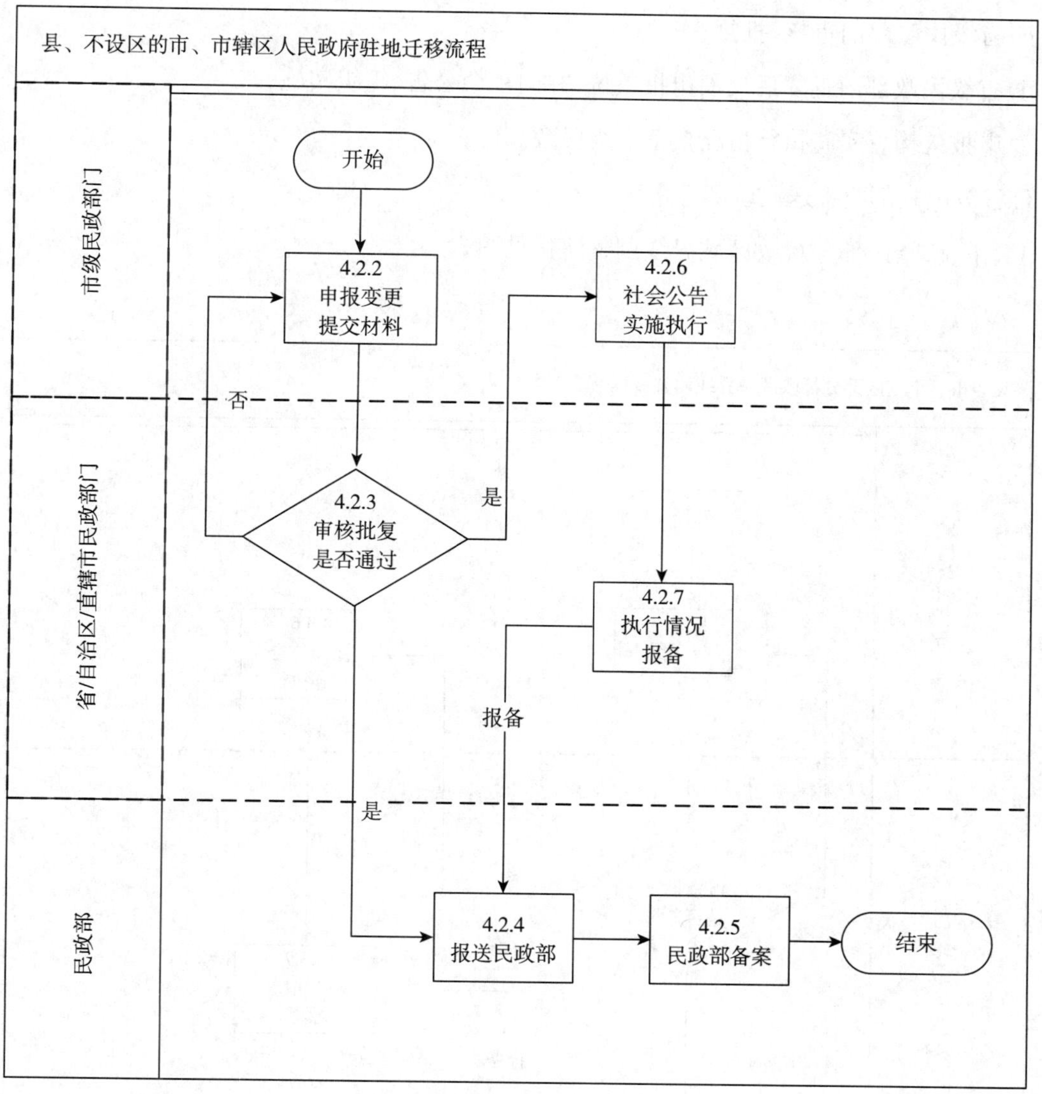

图2　政府驻地迁移业务流程

4.2.4 上报

在本次申报合规及材料齐备后，省级民政部门报送民政部备案。

4.2.5 备案

确认本次申报合规及材料齐备后，民政部备案。

4.2.6 公告实施

省级民政部门审核批复后反馈给申报部门，由申报部门向社会公告、组织实施。

4.2.7 执行报备

后续执行情况报备上级民政部门。

4.3 县、市、市辖区部分行政区域界线调整

4.3.1 概述

a)县、市、市辖区部分行政区域界线调整应包括但不限于以下工作步骤：

b)市级民政部门向省级民政部门申报行政区域界线调整,提交变更申请材料;

c)省级民政部门审核、批复;

d)省级民政部门批复后反馈申报单位,并向社会公告、组织实施;

e)申报机构将实施执行情况报备上级民政部门;

f)省级民政部门报送民政部备案。

县、市、市辖区部分行政区域界线调整流程见图3。

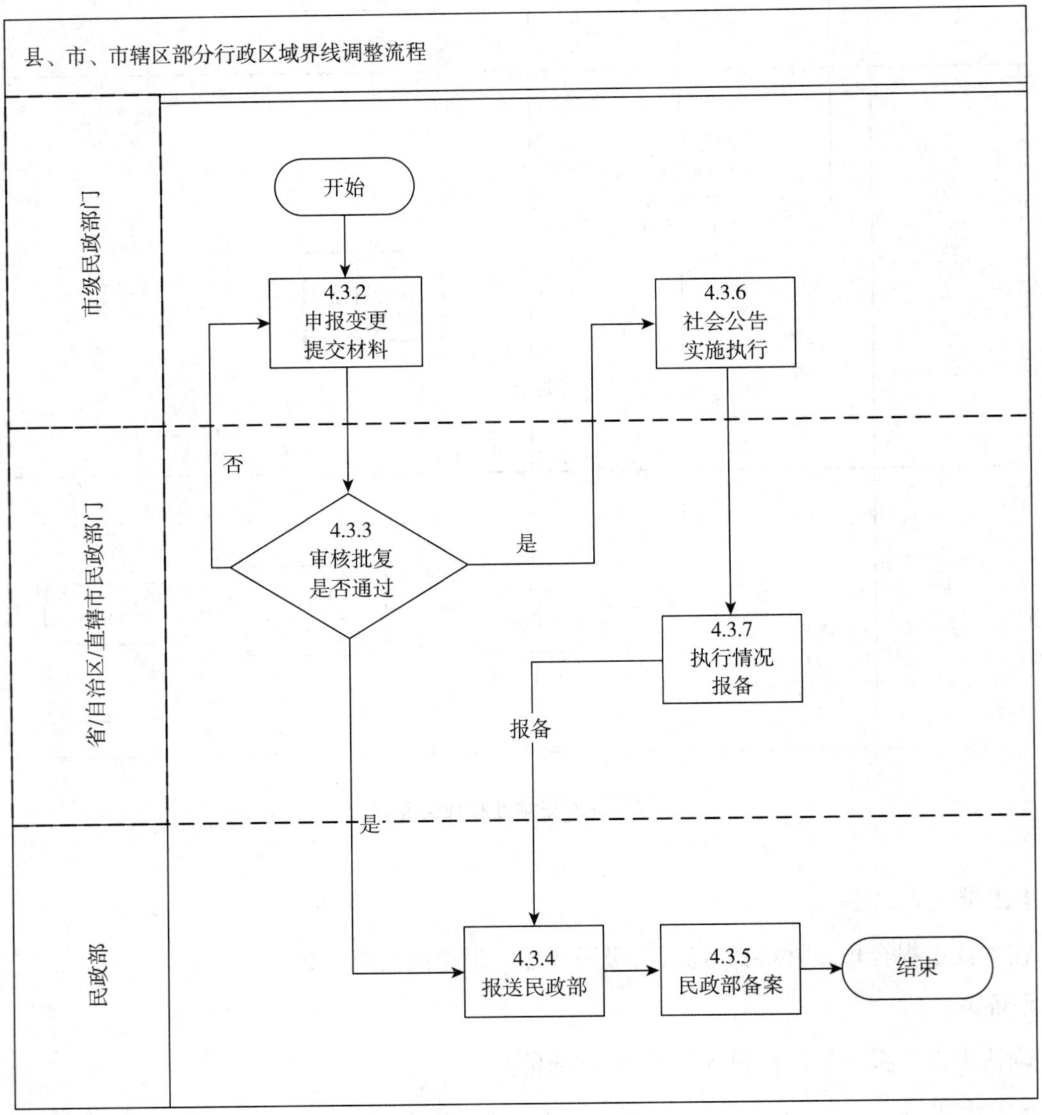

图3　行政区域界线调整业务流程

4.3.2 申报

市级民政部门向省级民政部门申报行政区域界线调整,提交变更材料。

4.3.3 审核批复

省级民政部门审核通过后出具批复文件。

4.3.4 上报

在本次申报合规及材料齐备后,省级民政部门报送民政部备案。

4.3.5 备案

确认本次申报合规及材料齐备后,民政部备案。

4.3.6 公告实施

省级民政部门审核批复后反馈给申报部门,后者向社会公告、组织实施。

4.3.7 执行报备

后续执行情况报备上级民政部门。

参考文献

[1]《行政区划管理条例》国务院令第704号

[2]《行政区划管理条例实施办法》民政部令第65号

JMGC

民 政 部 金 民 工 程 标 准

JMGC/YW 414—2020

信访工作业务流程

2020－12－30 发布　　　　2020－12－30 实施

民政部信息中心 发布

目　次

前　言

本文件按照 GB/T 1. 1—2020《标准化工作导则 第 1 部分:标准化文件的结构和起草规则》给出的规则起草。

请注意本文件的某些内容可能涉及专利。本文件的发布机构不承担识别专利的责任。

本文件由民政部信息中心提出并归口。

本文件起草单位:民政部信息中心、民政部办公厅(国际合作司)、东软集团股份有限公司。

本文件主要起草人:荆方明、杨天荣、张俊勇、夏剑锋、薛飞、王伟、陈先杰、徐洪凯。

信访工作业务流程

1 范围

本文件规定了金民工程项目民政信访业务工作流程和相关要求。

本文件适用于金民工程项目民政信访业务信息系统建设。

2 规范性引用文件

下列文件中的内容通过文中的规范性引用而构成本文件必不可少的条款。其中，注日期的引用文件，仅该日期对应的版本适用于本文件；不注日期的引用文件，其最新版本（包括所有的修改单）适用于本文件。

JMGC/YW 412—2020 信访工作业务术语

3 术语和定义

JMGC/YW 412—2020 界定的术语和定义适用于本文件。

4 信访业务流程

4.1 基本要求

民政信访工作坚持"属地管理、分级负责，谁主管、谁负责"、依法、及时、突出重点、兼顾一般；注重实效，急事急办。

民政信访工作人员根据《信访条例》《民政信访工作办法》《民政信访事项网上办理工作规程（试行）》以及《国家信访局关于印发〈信访事项网上办理工作规程（试行）〉的通知》等相关规定，结合民政信访工作实际，依法办理信访事项。

民政信访部门及时转交办民政信访事项，责任单位及时受理信访事项，办理结果及时送达给信访人。

民政信访事项内容规范、完整，确保登记信息准确、文书格式正确、材料齐全。

4.2 概述

信访业务流程，在民政部进行信访事项登记后，由民政部受理信访事项或转交办给省级民政部门，省级民政部门受理信访事项或转交办给市级民政部门，市级民政部门受理信访事项或转交办给县级民政部门，对信访事项作出受理的民政部门需要答复信访事项，并将文书送达给信访人,信访人选择是否对信访部门或责任单位进行评价。同时,省级民政部门、市级民政部门、县级民政部门也可以登记信访事项,信访业务流程见图 1。

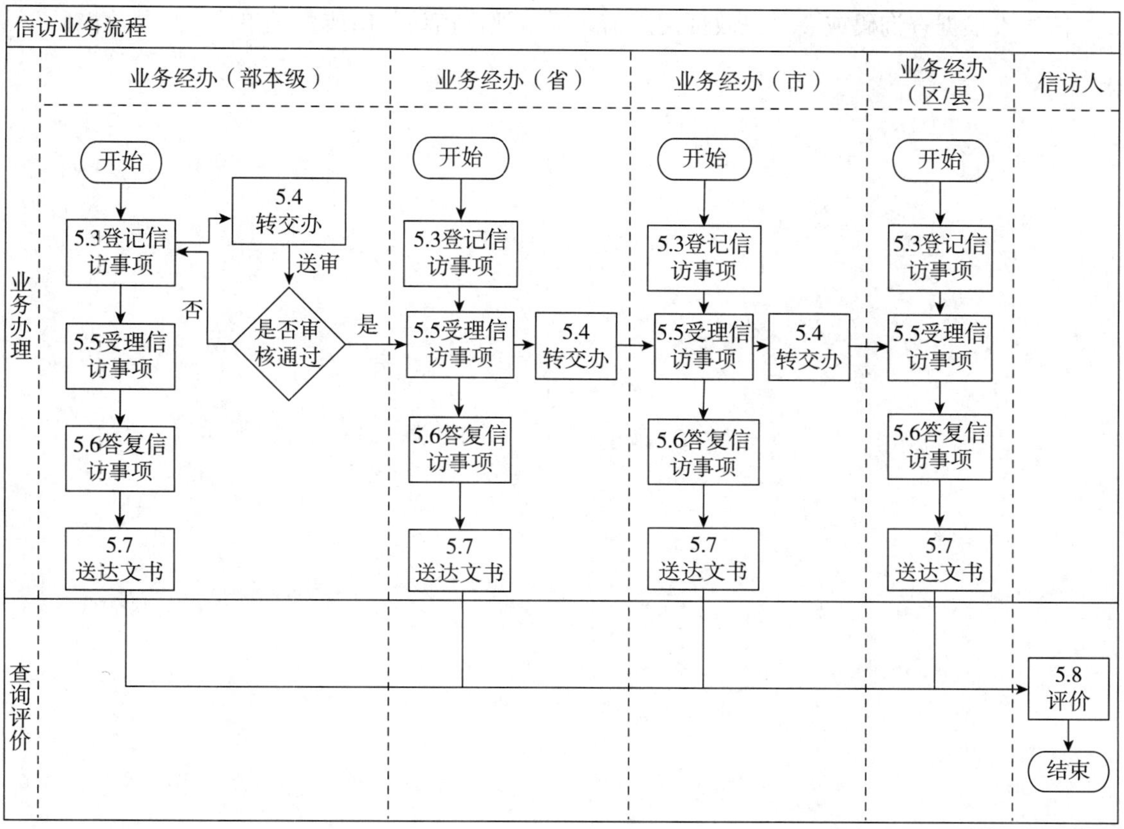

图 1　信访业务流程

4.3 登记民政信访事项

登记信访人基本信息,包括姓名、证件号码、身份、居住住址、手机号等。

登记基本事项信息,包括内容分类、信访目的、问题属地、产生原因、受信人或接谈人、概况、附件材料等。

4.4 转交办民政信访事项

需要进行转交办的民政信访事项,需生成转送函提交审核,审核通过后,确认转交办。

按照民政信访事项的去向填选转交办对象。

4.5 受理民政信访事项

及时受理民政信访事项,属于本级民政部门工作职能范围的信访事项,直接受理。已经或者依法通过诉讼、仲裁等法定途径解决的民政信访事项,告知信访人。依法不属于民政部门业务范围的事项,口头或书面告知信访人向有权处理的人民政府或者部门提出。

4.6 答复民政信访事项

在规定时限内对信访事项进行办理,出具答复文书等结果。

4.7 送达办理结果

将受理告知文书、不予(再)受理告知文书、答复文书等当面或邮寄送达给信访人。

4.8 评价信访部门或责任单位

信访人根据查询码或登录民政部网上信访平台评价信访部门或责任单位。

参考文献

[1]《信访条例》国务院令第431号

[2]《民政信访工作办法》民政部令第43号

[3]《民政部接待群众来访工作规则》和《民政部办理群众来信工作规则》民办发〔2013〕2号

[4]《民政信访事项网上办理工作规程(试行)》民办发〔2017〕22号

JMGC

民政部金民工程标准

JMGC/YW 416—2020

区划地名数据元

2020-12-30 发布 2020-12-30 实施

民政部信息中心 发布

目　次

前　言

本文件按照 GB/T 1.1—2020《标准化工作导则 第1部分:标准化文件的结构和起草规则》给出的规则起草。

请注意本文件的某些内容可能涉及专利。本文件的发布机构不承担识别专利的责任。

本文件由民政部信息中心提出并归口。

本文件起草单位:民政部信息中心、民政部区划地名司、东软集团股份有限公司。

本文件主要起草人:荆方明、杨天荣、杨刚、薛飞、王伟、陈先杰、徐洪凯。

区划地名数据元

1 范围

本文件规定了金民工程项目区划地名业务数据元的标识符、中文名称、数据类型、数据格式和必选项的要求。

本文件适用于金民工程项目区划地名业务系统建设。

2 规范性引用文件

下列文件中的内容通过文中的规范性引用而构成本文件必不可少的条款。其中,注日期的引用文件,仅该日期对应的版本适用于本文件;不注日期的引用文件,其最新版本(包括所有的修改单)适用于本文件。

GB/T 2260 中华人民共和国行政区划代码

GB/T 5271.1 信息技术 词汇 第1部分:基本术语

GB/T 10114 县级以下行政区划代码编制规则

GB/T 18391.1 信息技术 数据元的规范与标准化

JMGC/XX 204—2020 金民工程信息分类和编码规范

JMGC/XX 210—2020 金民工程数据对象命名规范

JMGC/YW 411—2020 区划地名业务术语

3 术语和定义

JMGC/YW 411—2020 界定的以及下列术语和定义适用于本文件。

3.1 数据

信息的可再解释的形式化表示,以适用于通信、解释或处理。

[来源:GB/T 5271.1—2000,01.01.02]

3.2 数据元

用一组属性描述定义、标识、表示和允许值的数据单元。

[来源:GB/T 18391.1—2009,3.3.8]

3.3 值域

允许值的集合。

[来源:GB/T 18391.1—2009,3.3.38]

4 数据元属性

4.1 标识符

标识符为数据库中该字段的唯一标识,编码规则应符合 JMGC/XX 210 的要求。

4.2 中文名称

字段名称采用中文描述,表征字段的名称。

4.3 数据类型

本文件中数据元的数据类型见表 1。

表 1 数据类型

数据类型	说明
string(字符型)	通过字符形式表达的值的类型
number(整数型)	通过“0”到“9”数字表达的整数类型的值
float(浮点型)	通过“0”到“9”数字和小数点“.”表达的实数
date(日期型)	通过 YYYYMMDD 的形式表达的值的类型
datetime(日期时间型)	通过 YYYYMMDD hh:mm:ss 的形式表达的值的类型
boolean(布尔型)	两个且只有两个表明条件的值

4.4 数据格式

从业务的角度规定的数据元的格式需求,包括所允许的最大和(或)最小字符长度,表示格式等。数据格式中使用的字符含义见表 2。

表 2 数据格式

数据格式	说明
a	字母字符
n	数字字符
an	字母数字字符
m(m 为自然数)	定长 m 个字符,字符集默认为 GB 18030 的全部部分
..ul	长度不确定的
..	从最小长度到最大长度,前面附加最小长度,后面附加最大长度
YYYYMMDD hh:mm:ss	“YYYY”表示年份,“MM”表示月份,“DD”表示日期,“hh”表示小时,“mm”表示分钟,“ss”表示秒,可以视实际情况组合使用
m,n	float 的精度,m 表示总长度,n 表示小数位

4.5 必选项

必选项描述该字段是否允许插入空值,填“Y”表示该字段不允许为空值,填“N”表示该字段允许为空值。

4.6 备注

备注应对字段的意义、取值范围、计量单位、参考标准等提出要求。

5 数据元描述

5.1 行政区划变更备案信息

行政区划变更备案信息见表3。

表3 行政区划变更备案

标识符	中文名称	数据类型	数据格式	必选项	备注
AXAA1202	原行政区划代码	string	n9	Y	变更前的行政区划代码 前6位参考GB/T 2260 中华人民共和国行政区划代码,后3位参考GB/T 10114 县以下行政区划代码编码规则 原行政区划代码与现行政区划代码二选一必录,且联合代表唯一记录
AXAA1203	原行政区划名称	string	..50	Y	变更前的行政区划名称
AEAA1110	行政区划变更类别	string	n2	Y	见 JMGC/XX 204 5.4.2 CE002 行政区划变更类型代码
AEAA1204	现行政区划代码	string	n9	Y	变更后的行政区划代码 前6位参考GB/T 2260 中华人民共和国行政区划代码,后3位参考GB/T 10114 县以下行政区划代码编码规则
AEAA1205	现行政区划名称	string	..50	Y	变更后的行政区划名称
AEAA1121	批复文件名(含文号)	string	..100	Y	政府批复文件名称(含文号)
AEAA1122	批复时间	datetime	YYYYMMDD hh:mm:ss	Y	政府批复文件的时间
AXZX0006	备注	string	..200	N	必要的说明
AEAA0105	报送时间	datetime	YYYYMMDD hh:mm:ss	Y	行政区划变更上报时间

5.2 区域界线调整备案信息

区域界线调整备案信息见表4。

表 4　区域界线调整备案

标识符	中文名称	数据类型	数据格式	必选项	备注
AEAA2102	划出地行政区划代码	string	n9	Y	变更前的行政区划代码 前 6 位参考 GB/T 2260 中华人民共和国行政区划代码,后 3 位参考 GB/T 10114 县以下行政区划代码编码规则 划出地行政区划代码与划入地行政区划代码联合代表唯一记录
AEAA2103	划出地行政区划名称	string	..50	Y	
AEAA2104	划出地区域面积(平方千米)	float	7,2	Y	
AEAA2105	划出地区域人口(万人)	float	7,2	Y	
AEAA1206	划入地行政区划代码	string	n9	Y	变更后的行政区划代码 前 6 位参考 GB/T 2260 中华人民共和国行政区划代码,后 3 位参考 GB/T 10114 县以下行政区划代码编码规则
AEAA1207	划入地行政区划名称	string	..50	Y	
AEAA2108	划入地区域面积(平方千米)	float	7,2	Y	
AEAA2109	划入地区域人口(万人)	float	7,2	Y	
AEAA2121	批复文件名(含文号)	string	..100	Y	
AEAA2122	批复时间	datetime	YYYYMMDD hh:mm:ss	Y	
AXZX0006	备注	string	..200	N	
AEAA0105	报送时间	datetime	YYYYMMDD hh:mm:ss	Y	

5.3 楼门牌/地址信息

楼门牌/地址信息见表 5。

表 5　楼门牌/地址信息

标识符	中文名称	数据类型	数据格式	必选项	备注
AEBA0101	地名代码	string	n20	Y	参考《地名信息库规范》草案稿
AEBA0102	地名名称	string	..100	Y	无要求
AEBB0102	省级区划代码	string	n2	Y	参考 GB/T 2260 中华人民共和国行政区划代码

续表

标识符	中文名称	数据类型	数据格式	必选项	备注
AEBB0103	市级区划代码	string	n4	Y	参考 GB/T 2260 中华人民共和国行政区划代码
AEBB0104	县级区划代码	string	n6	Y	参考 GB/T 2260 中华人民共和国行政区划代码
AEBB0105	乡镇(街道)区划代码	string	n9	Y	前 6 位参考 GB/T 2260 中华人民共和国行政区划代码,后 3 位参考 GB/T 10114 县以下行政区划代码编码规则
AEBB0108	社区/村级区划代码	string	n12	Y	前 6 位参考 GB/T 2260 中华人民共和国行政区划代码,中间 3 位参考 GB/T 10114 县以下行政区划代码编码规则,后 3 位为村或社区编码
AEBB0106	详细地址(到楼牌号)	string	..200	Y	
AXZX0006	备注	string	..200	N	
AEAA0105	报送时间	datetime	YYYYMMDD hh:mm:ss	Y	

参考文献

[1]GB17733—2008 地名 标志

[2]MZ/T 012—2014 民政业务数据共享与交换编码

[3]MZ/T 149—2020 行政区域界桩数据交换格式

[4]MZ/T 150—2020 行政区域界线数据交换格式

[5]《地名信息库规范》草案稿

JMGC

民 政 部 金 民 工 程 标 准

JMGC/YW 417—2020

信访工作数据元

2020－12－30 发布　　2020－12－30 实施

民政部信息中心 发布

目　次

前　言

本文件按照 GB/T 1.1—2020《标准化工作导则 第1部分:标准化文件的结构和起草规则》给出的规则起草。

请注意本文件的某些内容可能涉及专利。本文件的发布机构不承担识别专利的责任。

本文件由民政部信息中心提出并归口。

本文件起草单位:民政部信息中心、民政部办公厅(国际合作司)、东软集团股份有限公司。

本文件主要起草人:荆方明、杨天荣、张俊勇、夏剑锋、薛飞、王伟、陈先杰、徐洪凯。

信访工作数据元

1 范围

本文件规定了金民工程项目民政信访工作业务数据元的标识符、中文名称、数据类型、数据格式和必选项的要求。

本文件适用于民政信访业务信息系统建设。

2 规范性引用文件

下列文件中的内容通过文中的规范性引用而构成本文件必不可少的条款。其中,注日期的引用文件,仅该日期对应的版本适用于本文件;不注日期的引用文件,其最新版本(包括所有的修改单)适用于本文件。

GB/T 2260 中华人民共和国行政区划代码

GB/T 5271.1 信息技术 词汇 第1部分:基本术语

GB/T 10114 县以下行政区划代码编码规则

GB 11643 公民身份号码

GB/T 18391.1 信息技术 数据元的规范与标准化

JMGC/XX 204—2020 金民工程信息分类和编码规范

JMGC/XX 210—2020 金民工程数据对象命名规范

JMGC/YW 412—2020 信访工作业务术语

3 术语和定义

JMGC/YW 412—2020 界定的以及下列术语和定义适用于本文件。

3.1 数据

信息的可再解释的形式化表示,以适用于通信、解释或处理。

[来源:GB/T 5271.1,01.01.02]

3.2 数据元

用一组属性描述定义、标识、表示和允许值的数据单元。

[来源:GB/T 18391.1,3.3.8]

3.3 值域

允许值的集合。

[来源:GB/T 18391.1,3.3.38]

4 数据元属性

4.1 标识符

标识符为数据库中该字段的唯一标识,编码规则应符合 JMGC/XX 210 的要求。

4.2 中文名称

字段名称采用中文描述,表征字段的名称。

4.3 数据类型

本文件中数据元的数据类型见表 1。

表 1 数据类型

数据类型	说明
string(字符型)	通过字符形式表达的值的类型
number(整数型)	通过“0”到“9”数字表达的整数类型的值
float(浮点型)	通过“0”到“9”数字和小数点“.”表达的实数
date(日期型)	通过 YYYYMMDD 的形式表达的值的类型
datetime(日期时间型)	通过 YYYYMMDD hh:mm:ss 的形式表达的值的类型
boolean(布尔型)	两个且只有两个表明条件的值

4.4 数据格式

从业务的角度规定的数据元的格式需求,包括所允许的最大和(或)最小字符长度,表示格式等。数据格式中使用的字符含义见表 2。

表 2 数据格式

数据格式	说明
a	字母字符
n	数字字符
an	字母数字字符
m(m 为自然数)	定长 m 个字符,字符集默认为 GB 18030 的全部部分
..ul	长度不确定的
..	从最小长度到最大长度,前面附加最小长度,后面附加最大长度
YYYYMMDD hh:mm:ss	“YYYY”表示年份,“MM”表示月份,“DD”表示日期,“hh”表示小时,“mm”表示分钟,“ss”表示秒,可以视实际情况组合使用
m,n	float 的精度,m 表示总长度,n 表示小数位

4.5 必选项

必选项描述该字段是否允许插入空值,填"Y"表示该字段不允许为空值,填"N"表示该字段允许为空值。

4.6 备注

备注应对字段的意义、取值范围、计量单位、参考标准等提出要求。

5 信访业务数据元描述

5.1 信访件信息表

信访件信息见表3。

表3 信访件信息

标识符	中文名称	数据类型	数据格式	必选项	备注
AZBX0402	概况信息	string	..4000	Y	详细登记信访内容,并适当进行归纳提炼。重点登记问题发生的时间、地点、经过等基本情况,信访人提出的主要投诉请求和意见建议,以往信访过程及处理、回复情况等
AZBX0404	信访目的代码	string	n2	Y	见附录A代码集,表A.1信访目的代码
AZBX0405	内容分类代码	string	n6	Y	见附录A代码集,表A.2内容分类代码
AZBX0408	信访原因代码	string	n1	Y	见附录A代码集,表A.3信访原因代码
AZBX0409	接谈人	string	..72	Y	现场来访的接谈人姓名
AZBX0410	热点问题	string	n2	Y	见附录A代码集,表A.4热点问题代码
AZBX0411	信访形式	string	n3	Y	见附录A代码集,表A.5信访形式代码
AZBX0412	信访人数	number	n6	Y	系统实际登记的信访人数
AZBX0413	涉及人数	number	n6	N	包含AZBX0412信访人数
AZBX0414	集体访标志	boolean		Y	0:否,1:是
AZBX0415	信访时间	datetime	YYYYMMDD hh:mm:ss	Y	日期格式:YYYYMMDD hh:mm:ss
AZBX0416	限办截止日期	date	YYYYMMDD	Y	日期格式:YYYYMMDD
AZBX0417	是否同意公开	boolean		Y	0:否,1:是
AZBX0418	重大紧急标志	boolean		Y	0:否,1:是
AZBX0419	积案标志	boolean		Y	0:否 1:是
AZBX0420	积案承办单位	string	..100	Y	中文名称

续表

标识符	中文名称	数据类型	数据格式	必选项	备注
AZBX0421	积案甄别单位	string	..100	Y	中文名称
AZBX0422	是否联名	boolean		Y	0:否,1:是
AZBX0423	匿名标志	boolean		Y	0:否,1:是
AZBX0424	是否扬言	boolean		Y	0:否,1:是
AZBX0425	三跨三分离标志	boolean		Y	0:否,1:是
AZBX0426	是否依法逐级走访	boolean		Y	0:否,1:是
AZBX0427	涉法涉诉标志	boolean		Y	0:否,1:是
AZBX0428	涉港标志	boolean		Y	0:否,1:是
AZBX0429	涉澳标志	boolean		Y	0:否,1:是
AZBX0430	涉台标志	boolean		Y	0:否,1:是
AZBX0431	涉外标志	boolean		Y	0:否,1:是
AZBX0432	涉侨标志	boolean		Y	0:否,1:是
AZBX0434	是否已告知	boolean		N	0:否,1:是
AZBX0435	是否已答复	boolean		N	0:否,1:是
AZBX0437	办结标志	boolean		Y	0:否,1:是
AZBX0502	信访件编号	string	an38	Y	不可以重复
AZBX0503	查询码	string	an20	N	不可以重复
AZBX0505	被反映人或单位	string	..255	N	中文名称
AZBX0506	被反映人级别	string	n2	N	见附录A代码集,表A.6被反映人级别代码
AZBX0507	被反映人职务	string	..50	N	中文名称
AZBX0508	被反映人/单位地址代码	string	n12	N	前6位参考GB/T 2260中华人民共和国行政区划代码,后6位参考GB/T 10114—2003县以下行政区划代码编码规则
AZBX0509	被反映人/单位地址名称	string	..255	N	中文名称
AZBX0510	信件来源	string	n1	N	AZBX0411等于100时,为必填项; 见附录A代码集,表A.7信件来源代码
AZBX0511	受信人	string	..100	N	AZBX0411等于100时,为必填项; 见附录A代码集,表A.8受信人代码
AZBX0512	挂号信编号	string	an20	N	不可以重复
AZBX0513	来信夹带物	string	..100	N	描述信件中的夹带物
AZBX0517	机构初次标志	string	n1	Y	0:非初次,1:初次

续表

标识符	中文名称	数据类型	数据格式	必选项	备注
AZBX0518	全国初次标志	string	n1	Y	0:非初次,1:初次
AZBX0519	全国重复信访标志	boolean		Y	0:否,1:是
AZBX0520	首次信访机构	string	..255	Y	中文名称
AZBX0521	首次信访时间	datetime	YYYYMMDD hh:mm:ss	Y	日期格式:YYYYMMDD hh:mm:ss
AZBX0537	部办理意见	string	..3000	Y	民政部对此信访事项的办理意见

5.2 信访办理方式信息表

信访办理方式信息见表4。

表4 信访办理方式信息

标识符	中文名称	数据类型	数据格式	必选项	备注
AZBX0602	办理方式名称	string	..80	Y	中文名称
AZBX0603	办理方式代码	string	n6	Y	见附录A代码集,表A.9办理方式代码
AZBX0608	去向机构名称	string	..2000	Y	若去向机构名称为多个,使用英文“,”分隔
AZBX0609	去向机构代码	string	..2000	Y	若去向机构代码为多个,使用英文“,”分隔
AZBX0610	情况说明	string	..200	Y	说明办理情况
AZBX0626	信访人主键拼串	string	..4000	Y	若信访人为多个,用英文“;”分隔

5.3 信访人信息表

信访人信息见表5。

表5 信访人信息

标识符	中文名称	数据类型	数据格式	必选项	备注
AZBX0802	信访人序号	string	n3	Y	序号1为主要信访人,其余信访人序号依次递增加1
AZBX0803	信访人身份	string	n2	Y	见附录A代码集,表A.10信访人身份代码
AXCP0002	姓名	string	..72	Y	信访人的姓名
AXCP0004	证件类型	string	n2	N	见JMGC/XX 204 5.1.15 C0015身份证件类型代码
AXCP0005	证件号码	string	..18	N	对于证件类型为“内地居民身份证”的人员,证件号码值域见GB 11643

续表

标识符	中文名称	数据类型	数据格式	必选项	备注
AXCP0006	性别	string	n1	N	见 JMGC/XX 204 5.1.7 C0007 人的性别代码
AXCP0008	民族	string	n2	N	见 JMGC/XX 204 5.1.9 C0009 民族代码
AXCP0042	现居住地	string	..100	Y	信访人的现居住地址
AXCP0040	户籍住址	string	..100	Y	内地居民身份证上的住址
AXCP0043	居住所在行政区划地址	string	n12	N	前6位见 GB/T 2260 中华人民共和国行政区划代码,后3位见 GB/T 10114 县以下行政区划代码编码规则,后3位为村或社区编码
AXZX0001	手机号码	string	n11	N	11位手机号码,第1位为1,第2位为3—9
AZBX0807	问题属地名称	string	..100	Y	中文名称
AZBX0808	问题属地代码	string	n12	Y	前6位见 GB/T 2260 中华人民共和国行政区划代码,后3位见 GB/T 10114 县以下行政区划代码编码规则,后3位为村或社区编码

5.4 信访附件信息表

信访附件信息见表6。

表6　信访附件信息

标识符	中文名称	数据类型	数据格式	必选项	备注
AZBX1902	附件来源	string	n2	Y	10:信访材料,20:办理上传,99:其他
AZBX1904	文书编号	string	an50	N	AZBX1908 等于0时才存储文书编号
AZBX1905	附件名称	string	..100	Y	附件的文件名
AZBX1906	附件存放路径	string	..100	N	AZBX1908 等于1时,为必填项,内容为统一文件存储服务的附件标识
AZBX1907	所属记录 ID	string	an32	Y	可以是 zbx05 信访件信息表的主键(扫描材料);可以是 zbx06 办理方式信息表的主键(转送函)
AZBX1908	附件形成方式	string	n1	Y	0:生成的附件,1:上传的附件
AZBX1909	文书内容	string	..4000	N	AZBX1908 等于0时,为必填项

附录 A

（规范性）

信访业务代码集

A.1 信访目的代码

信访目的代码见表 A.1。

表 A.1　信访目的代码

代码	元素名称	代码	元素名称
01	意见建议	02	申诉
03	求决	04	揭发控告
05	行政处罚举报	06	行政复议申请
07	纪检监察举报	08	信息公开申请
09	其他法定途径	99	其他

A.2 内容分类代码

内容分类代码见表 A.2。

表 A.2　内容分类代码

代码	大类	子类
010000	基层政权建设和社区治理	
010100		村委会选举
010200		居委会选举
010300		社区服务
010400		村居务公开
010500		城乡社区治理
040000	社会救助	
040100		农村低保
040200		城镇低保

续表

代码	大类	子类
040300		临时救助
040400		特困人员救助供养
040500		精简救济
050000	区划地名	
050100		区划调整
050200		地名管理
050300		边界纠纷
060000		社会组织管理
060100		社会组织登记
060200		社会组织管理
080000	慈善事业促进和社会工作	
080100		福利彩票
080200		慈善捐助
080500		慈善机构
080600		社会工作
080700		志愿服务
090000	社会事务	
090100		婚姻登记
090200		殡葬管理
090600		救助机构管理
090700		残疾人福利
110000	养老服务	
110100		养老服务
110200		老年人福利
110300		特困人员供养机构管理
120000	儿童福利	
120100		儿童福利
120200		儿童收养
120300		儿童保护
880000	非民政业务	
880100		非民政业务
990000	其他	
990100		其他

A.3 信访原因代码

信访原因代码见表 A.3。

表 A.3 信访原因代码

代码	元素名称	代码	元素名称
1	参政议政	2	政策法规
3	工作原因	4	干部作风
5	信访人因素	6	自然灾害
7	涉外因素	8	其他

A.4 热点问题代码

热点问题代码见表 A.4。

表 A.4 热点问题代码

代码	元素名称	代码	元素名称
12	退伍安置	13	血液病
14	养老问题	15	社会组织管理
16	村居委会选举	17	殡葬问题
18	儿童保护	19	新冠肺炎疫情防控
20	社会救助问题	21	残疾人权益保护
22	福利彩票	99	其他

A.5 信访形式代码

信访形式代码见表 A.5。

表 A.5 信访形式代码

代码	元素名称	代码	元素名称
100	来信	200	来访
300	网上投诉	303	网上建议
400	电话信访		

A.6 被反映人级别代码

被反映人级别代码见表 A.6。

表 A.6　被反映人级别代码

代码	元素名称	代码	元素名称
2	省部级	3	厅局级
4	县_处级	5	科级
6	科级以下	7	村_居两委干部
8	企业法人	99	其他

A.7 信件来源代码

信件来源代码见表 A.7。

表 A.7　信件来源代码

代码	元素名称	代码	元素名称
1	邮局	2	重要领导批示交办
3	部领导批示交办	4	办公厅
5	国家信访局	6	其他部门
7	其他司局		

A.8 受信人代码

受信人代码见表 A.8。

表 A.8　受信人代码

代码	元素名称	代码	元素名称
056	部长	057	民政部
065	办公厅	064	其他

A.9 办理方式代码

办理方式代码见表 A.9。

表 A.9　办理方式代码

代码	元素名称	代码	元素名称
010000	转送	020000	交办
030000	督办	040000	告知
040100	受理告知	040200	不予受理告知

续表

代码	元素名称	代码	元素名称
040201	不予受理告知_正在处理中	040202	不予受理告知_属人大职权范围
040203	不予受理告知_属法院职权范围	040204	不予受理告知_属检察院职权范围
040205	不予受理告知_应当通过诉讼途径	040206	不予受理告知_应当通过仲裁途径
040207	不予受理告知_应当通过行政复议途径	040208	不予受理告知_不属本部门职权范围
040209	不予受理告知_复查期限内未提出复查申请	040210	不予受理告知_复核期限内未提出复核申请
040211	不予受理告知_申请复查不予受理告知书	040212	不予受理告知_申请复核不予受理告知书
040213	不予受理告知_已经复议/仲裁/诉讼	040214	不予受理告知_未依法逐级走访
040215	不予受理告知_属于行政处罚举报	040216	不予受理告知_属于行政给付申请
040217	不予受理告知_属于纪检监察举报	040218	不予受理告知_属于行政确认申请
040219	不予受理告知_属于行政许可申请	040300	不再受理告知
040301	不再受理告知_已有复核意见	040302	不再受理告知_超期未提出复查申请
040303	不再受理告知_超期 未提出复核申请	040304	不再受理告知_不再重新受理 2005年5月1日前已办结事项
040305	不再受理告知_可能超期 未提出复查(复核)意见	050000	自办
060000	存	070000	直接回复
070004	回复_内容不清类	070006	回复_请求帮助办理具体事宜类
070009	回复_意见建议类	070012	回复_自定义回复
070015	回复_不属本部门职权范围	070016	回复_政策解释
070017	回复_留作参阅	080000	签收
090000	送达	100000	答复
110000	汇报	120000	退回
130000	延期	140000	抄送
150000	登记		

A.10 信访人身份代码

信访人身份代码见表A.10。

表A.10　信访人身份代码

代码	元素名称	代码	元素名称
01	精简职工	02	五保户
03	村/居委会选民	04	社残人员
05	社会组织成员	06	农村低保户
07	城市低保户	08	志愿服务人员
09	儿童家长	10	彩民
11	非民业务人员	99	其他

参考文献

[1]MZ/T 012—2014　民政业务数据共享与交换 编码
[2]JMGC/XX 204—2020 金民工程信息分类和编码规范

JMGC

民 政 部 金 民 工 程 标 准

JMGC/YW 418—2020

决策支持业务术语

2020－12－30 发布 2020－12－30 实施

民政部信息中心 发布

目　次

前　言

本文件按照 GB/T 1.1—2020《标准化工作导则 第1部分:标准化文件的结构和起草规则》给出的规定起草。

请注意本文件的某些内容可能涉及专利。本文件的发布机构不承担识别专利的责任。

本文件由民政部信息中心提出并归口。

本文件起草单位:民政部信息中心、北京久其软件股份有限公司。

本文件主要起草人:王兴玲、郑明煊、王夫、王风涛、郑靖文。

决策支持业务术语

1 范围

本文件界定了金民工程项目中决策支持业务术语的名称和定义。

本文件适用于金民工程项目中决策支持系统建设。

2 规范性引用文件

下列文件中的内容通过文中的规范性引用而构成本文件必不可少的条款。其中,注日期的引用文件,仅该日期对应的版本适用于本文件;不注日期的引用文件,其最新版本(包括所有的修改单)适用于本文件。

GB/T 2260 中华人民共和国行政区划代码

GB/T 4754 中华人民共和国国家标准

GB/T 5271.1 信息技术 词汇 第1部分:基本术语

GB/T 5271.17 信息技术 词汇 第17部分:数据库

GB/T 5271.27 信息技术 词汇 第27部分:办公自动化

GB 11714 全国组织机构代码编制规则

GB/T 19487 电子政务业务流程设计方法通用规范

GB/T 21063.1 政务信息资源目录体系 第1部分:总体框架

GB/T 22117 信用基本术语

GB/T 22119 信用服务机构 诚信评价业务规范

GB/T 25647 电子政务术语

GB/T 26819 信用主体标识规范

GB 32100 法人和其他组织统一社会信用代码编码规则

GB/T 33482 党政机关电子公文系统建设规范

GB/T 33745 物联网 术语

GB/T 34830.1 信用信息征集规范 第1部分:总则

GB/T 35295 信息技术 大数据 术语

GB/T 38540 信息安全技术 安全电子签章密码技术规范

MZ/T 091 国家行政区划图(集)编制规范

JMGC/YW 418—2020 决策支持业务术语

3 缩略语

无。

4 信用信息

4.1 信用基本信息

4.1.1 信用

个人或组织履行承诺的意愿和能力。

注1:承诺包括法律法规和强制性标准规定的、合同条款等契约约定的、社会合理期望等社会责任的内容。

注2:在经济领域,信用的含义等同于交易信用,是指交易各方在信任基础上,不用立即付款或担保就可获得资金、物资或服务的能力。这种能力以在约定期限内履约为条件,并可以使用货币单位直接度量。

注3:在社会领域,信用难以用货币度量。

[来源:GB/T 22117—2018,2.1]

4.1.2 信用主体

参与信用活动的个人或组织。

[来源:GB/T 22117—2018,2.4]

4.1.3 信用主体标识码

用以命名、指示或定位信用主体的代码。

[来源:GB/T 26819—2011,3.4]

4.1.4 自然人信用主体标识码

自然人信用主体标识码由国家和地区名称代码、类型代码、公民身份号码或其他法定有效号码组成。

[来源:GB/T 26819—2011,5.2.1]

4.1.5 信用行为

信用主体在经济和社会活动中影响其信用的各种行为。

4.1.6 守信

信用主体履行承诺的行为。

[来源:GB/T 22117—2018,2.12]

4.1.7 失信

信用主体未履行承诺的行为。

[来源:GB/T 22117—2018,2.13]

4.1.8 信用制度

规范和管理信用主体行为以及信用活动过程的规章或准则。

[来源:GB/T 22117—2018,9.6]

4.1.9 信用体系

由征信系统信用制度及其运行机制构成的有机整体。

4.1.10 信用风险

因受信方无能力或没有意愿履行承诺而导致授信方潜在损失的可能性。

4.1.11 信用危机

由于信用主体失信所引发的信用交易关系被破坏的现象。

4.2 信用管理

4.2.1 信用管理

识别、防范、转移和控制信用风险的管理技术、操作规程和制度安排。

[来源:GB/T 22117—2018,3.1]

4.2.2 信用档案

对信用主体信用信息的采集、整理、保存、加工而形成的信用记录。

[来源:GB/T 22117—2018,3.8]

4.2.3 法人信用管理

对法人的防范、控制和转移信用风险的管理技术、业务操作及相关的制度安排。

4.2.4 自然人信用管理

对自然人的防范、控制和转移信用风险的管理技术、业务操作及相关的制度安排。

4.2.5 信用信息

个人或组织在社会与经济活动中产生的与信用有关的记录,以及与评价其信用价值相关的各类信息。

[来源:GB/T 22117—2018,2.22]

4.2.6 信用信息征集

对个人或组织的信用信息进行采集、加工、存储、提供、异议处理以及社会监督与举报的活动。

[来源:GB/T 34830.1—2017, 3.1]

4.2.7 信用记录

完整记录信用主体一项信用行为的信用信息集合。

[来源:GB/T 22117—2018,2.23]

4.3 信用监管

4.3.1 信用监管

基于信用主体的信用状况实施的管理方式。

[来源:GB/T 22117—2018,9.2]

4.3.2 信用信息公示

依法以特定的方式和渠道将信用主体的信用信息向社会公开。

4.3.3 行政许可

行政机关根据公民、法人或者其他组织的申请，经依法审查准予其从事特定活动的行为。

4.3.4 行政处罚

行政主体依照法定职权和程序对违反行政法规范，尚未构成犯罪的相对人给予行政制裁的具体行政行为。

4.3.5 活动异常名录

即存在违反《社会组织信用信息管理办法》中第十一条的社会组织列入活动异常名录。

4.3.6 严重违法失信名单

即存在违反《社会组织信用信息管理办法》中第十五条的社会组织列入严重违法失信名单。

5 综合办公

5.1 办公自动化

5.1.1 办公自动化

借助信息处理系统提高办公效率的各种办公活动的集成。

注1:本术语特别包括文本、语音、图像和视频的处理和通信。

注2:数据处理活动，如工资单或订单的录入，一般不称作办公自动化。

[来源:GB/T 5271.27—2001,27.01.01]

5.1.2 办公自动化系统

从电子政务全局视角出发进行的体系架构设计，主要涉及战略目标、总体结构、建设内容、应用模式、建设方法、管理体系、部门业务和关联业务框架、投资预算等。

[来源:GB/T 5271.27—2001,27.01.02]

5.1.3 订户

有权使用办公自动化系统的一项或多项业务的用户。

[来源:GB/T 5271.27—2001,27.01.03]

5.1.4 文本[语音、图像、视频]传输

文本[语音、图像、视频]在网络上从一点到另一点的电子传送。

[来源:GB/T 5271.27—2001,27.01.04]

5.1.5 电子档案

在存储设备中文件的汇集，用于历史目的或用作备份。

例:所存储的某文件的不同版本的汇集。

[来源:GB/T 5271.27—2001,27.01.05]

5.1.6 存档

通过电子手段、光学手段或硬拷贝来存储 * 文件。

[来源:GB/T 5271.27—2001,27.01.06]

5.1.7 文件交付

将文件 * 传送到接受者的环境中。

[来源:GB/T 5271.27—2001,27.01.07]

5.1.8 分发(列)表

由始发者定义和命名的,或为其使用的一种预期接受者列表。

[来源:GB/T 5271.27—2001,27.01.08]

5.1.9 始发者

创建报文、对报文编址以及通常发送报文的用户。

[来源:GB/T 5271.27—2001,27.01.09]

5.1.10 接受者

报文按编址送往的用户。

注:如果接受是预期的,但仍未发生,则应当使用术语“预期接受者”。

[来源:GB/T 5271.27—2001,27.01.10]

5.1.11 文件交换格式

为了在办公自动化系统的用户之间进行交换而用来表示文件的规范形式。

[来源:GB/T 5271.27—2001,27.01.12]

5.1.12 报文;消息(用于电子报文处理)

作为实体来传送的位或字符 * 序列。

注:报文由信封和内容两部分组成。

[来源:GB/T 5271.27—2001,27.01.13]

5.1.13 电子报文处理

通过电子手段传送、存储和检索报文。

[来源:GB/T 5271.27—2001,27.02.02]

5.2 电子公文

5.2.1 电子公文系统

电子公文全生命周期过程或部分环节所使用的信息系统的统称。

[来源:GB/T 33482—2016,3.1]

5.2.2 电子公文处理系统

对公文拟制、办理、管理等过程进行管理的信息系统。

［来源:GB/T 33482—2016,3.2］

5.2.3 电子公文交换系统

提供安全传输机制和统一的交换接口,实现电子公文跨系统交换的信息系统。

［来源:GB/T 33482—2016,3.3］

5.2.4 电子公文标准化套件

生成、处理符合GB/T 33482 2016要求的电子公文的相关工具软件的集合,包括文字处理软件、版式阅读软件和签章组件。

5.2.5 文字处理软件

用于编辑、排版电子公文的软件,主要功能包括图、文、表内容的编辑、修订和批注、转版等。

［来源:GB/T 33482—2016,3.5］

5.2.6 版式阅读软件

用于阅读和打印电子公文的软件,主要功能包括显示和打印、盖章验章、注释和签批等。

［来源:GB/T 33482—2016,3.6］

5.2.7 签章组件

为盖章验章功能提供密码和认证相关服务的电子印章客户端。

［来源:GB/T 33482—2016,3.7］

5.3 应用系统

5.3.1 联合审批

通过信息化手段实现由一个部门受理行政许可申请,并转告有关部门分别提出意见后统一办理,或者组织有关部门联合办理、集中办理的过程。

［来源:GB/T 25647—2010,3.3.5］

5.3.2 公文流转

公文在多个业务部门之间的传递。

［来源:GB/T 25647—2010,3.3.6］

5.3.3 流程控制

对业务流程的基本控制的操作。

［来源:GB/T 25647—2010,3.3.7］

5.4 安全

5.4.1 电子印章

一种由电子印章制章者数字签名的安全数据。

注:包括电子印章所有者信息和图形化内容的数据,用于安全签署电子文件。

［来源:GB/T 38540—2020,3.1］

5.4.2 电子签名

数字签名。

在数据电文中,以电子形式所含、所附用于识别签名人身份并表明签名人认可其中内容的数据。

[来源:GB/T 25647—2010,3.5.8]

6 决策支持

6.1 决策

决定的策略或办法,是人们为各种事件出主意、作决定的过程。它是一个复杂的思维操作过程,是信息搜集、加工,最后作出判断、得出结论的过程。

6.2 确定型决策

只存在一种完全确定的自然状态的决策。

6.3 风险型决策

也称随机决策,决策者根据几种不同的自然状态可能发生的概率所进行的决策。

6.4 不确定型决策

对这类事件的决策只能在不肯定情况作出,即在知道可能出现的各种自然状态,但又无法确定各种自然状态发生概率的情况下作出,这类决策问题就是不确定型决策。

6.5 定性方法

决策者在占有一定的事实资料、实践经验、理论知识的基础上,利用其直观判断能力和逻辑推理能力对决策问题进行定性分析的方法。

6.6 定量方法

决策者在占有历史数据和统计资料的基础上,运用数学和其他分析技术建立起可以表现数理关系的数学模型,并利用它进行决策的方法。

6.7 信息处理技术

信息本质与信息收集,信息组织与数据仓库,信息分析与数据挖掘。

6.8 联机分析处理(OLAP)

决策者和高层管理人员对数据仓库的多维信息分析处理。

6.9 数据挖掘

从大量数据中提取或挖掘深层信息或知识的过程。

注:一般通过包括统计、在线分析处理、情报检索、机器学习、专家系统(依靠过去的经验法则)和模式识别等方法来实现。

[来源:GB/T 33745—2017,2.5.3]

6.10 数据仓库的概念模型设计

数据仓库模型设计的首要工作,描述的是从客观世界到主观认识的映射,为整个系统提供统一的概念视图。

6.11 类

对某种类型事物的抽象，将这类事物所具有的共同特征（包括操作特征和存储特征）集中起来，以说明这类事物的能力和性质。

6.12 数据仓库的逻辑模型

描述了数据仓库的主题的逻辑实现，即每个主题所对应的关系表的关系模式的定义。能直接反映出业务部门的需求，同时对系统的物理实施有着重要的指导作用。

6.13 数据仓库的物理模型

逻辑模型在数据仓库中的实现模式，包括数据的索引策略、数据的存储策略等。

6.14 索引策略

因为数据仓库的数据量很大，所以需要对数据的存取路径进行仔细的设计和选择。

6.15 大数据

有体量巨大，来源多样，生成极快，且多变等特征并且难以用传统数据体系结构有效处理的包含大量数据集的数据。

注：国际上，大数据的 4 个特征普遍不加修饰地直接用 volume、variety 、velocity 和 variability 予以表述，并分别赋予了他们在大数据环境下的定义。

［来源：GB/T 35295—2017，02.01.01］

6.16 数据包络分析（DEA）方法

运筹学和研究经济生产边界的一种方法。该方法一般被用来测量一些决策部门的生产效率。

［来源：GB/T 5271.1—2000，01.01.02］

6.17 数据集

数据记录汇聚的数据形式。

注：它可以具有大数据的体量、速度、多样性和易变性特征。数据集的特征表征的是数据本身或静态数据，而数据的特征，当其在网络上传输时或暂时性留于计算机存储器中以备读出或更新时，表征的是动态数据。

［来源：GB/T 35295—2017，02.01.46］

6.18 数据处理

数据操作的系统执行。

注：术研“数据处理”不能用作“信息处理”的同义词。

［来源：GB/T 5271.1—2000，01.01.06］

6.19 数据管理

在数据处理系统中，提供对数据的访问，执行或监视数据的存储，以及控制输入输出操作等功能。

［来源：GB/T 5271.1—2000，01.08.02］

6.2 0 关系模型

结构基于一组关系的数据模型。

示例:结构查询语言(SQL)即表示这样一种模型。

[来源:GB/T 5271.17—2010,17.04.04]

6.2 1 数据治理

对数据进行处置,格式化和规范化的过程。

注1:数据治理是数据和数据系统管理的基本要素。

注2:数据治理涉及数据全生存周期管理,无论数据是处于静态、动态、未完成状态还是交易状态。

[来源:GB/T 35295—2017,02.01.43]

7 统计与信息服务

7.1 行政区划

国家为了进行分级管理而实行的区域划分。

[来源:MZ/T 091—2017,3.1]

7.2 镇

报告期末不设区的市、市辖区、县(自治县、旗、自治旗、特区、林区)在辖区内实际设有的镇人民政府个数(必须是经省级人民政府批准而设置的)。

7.3 民族乡

在少数民族聚居地区建立的乡级行政区划。

7.4 苏木

中国内蒙古地区乡级行政区划。

7.5 民族苏木

相当于民族乡。

7.6 街道

街道办事处的简称。街道办事处是市辖区人民政府或功能区管委会的派出机关,受市辖区人民政府或功能区管委会领导,行使区人民政府或功能区管委会赋予的职权,相当于乡级行政区。

7.7 民政事业费

各级政府预算安排的,用于救灾救济和社会福利等方面工作,由民政部门负责使用与管理的专项资金。

7.8 上年结转预算指标

各级财政部门根据民政经费跨年使用的原则,由民政部门继续使用的上年结转预算指标。

7.9 本级财政安排预算指标

各级财政安排的除上级下达的指标外的预算指标。

7.10 儿童福利支出

各级列入政府收支分类科目中2081001项指标,反映对儿童提供福利服务方面的支出。

注:政府收支分类科目来源《财政部关于印发〈2019年政府收支分类科目〉的通知》(财预〔2018〕108号)。

7.11 老年人福利支出

各级列入政府收支分类科目中2081002项指标,反映对老年人提供福利服务方面的支出。

注:政府收支分类科目来源《财政部关于印发〈2019年政府收支分类科目〉的通知》(财预〔2018〕108号)。

7.12 残疾人福利支出

反映对残疾人提供福利服务方面的支出,包括残疾人生活和护理补贴。

注:政府收支分类科目来源《财政部关于印发〈2019年政府收支分类科目〉的通知》(财预〔2018〕108号)。

7.13 殡葬支出

各级列入政府收支分类科目中2081004项指标,反映财政对民政举办的火葬场等殡仪事业单位的补助支出。

注:政府收支分类科目来源《财政部关于印发〈2019年政府收支分类科目〉的通知》(财预〔2018〕108号)。

7.14 社会福利事业单位支出

各级列入政府收支分类科目中2081005项指标,反映民政部门举办的社会福利事业单位支出,以及对集体社会福利事业单位的补助费。

注:政府收支分类科目来源《财政部关于印发〈2019年政府收支分类科目〉的通知》(财预〔2018〕108号)。

7.15 其他社会福利支出

不在上述范围的用于社会福利的支出。

7.16 城市低保支出

各级列入政府收支分类科目中2081901项指标,反映城市最低生活保障对象的最低生活保障金支出。

注:政府收支分类科目来源《财政部关于印发〈2019年政府收支分类科目〉的通知》(财预〔2018〕108号)

7.17 农村低保支出

各级列入政府收支分类科目中2081902项指标,反映农村最低生活保障对象的最低生活保障金支出。

注:政府收支分类科目来源《财政部关于印发〈2019年政府收支分类科目〉的通知》(财预〔2018〕108号)。

7.18 临时救助支出

各级列入政府收支分类科目中2082001项指标,反映用于城乡生活困难居民的临时救助支出。

注:政府收支分类科目来源《财政部关于印发〈2019年政府收支分类科目〉的通知》(财预〔2018〕108号)。

7.19 流浪乞讨人员救助支出

各级列入政府收支分类科目中2082002项指标,反映用于生活无着的流浪乞讨人员的救助支出和救助管理机构的运转支出。

注:政府收支分类科目来源《财政部关于印发〈2019 年政府收支分类科目〉的通知》(财预〔2018〕108 号)。

7.20 城市特困人员救助供养支出

各级列入政府收支分类科目中 2082101 项指标,反映城市特困人员救助供养支出。

注:政府收支分类科目来源《财政部关于印发〈2019 年政府收支分类科目〉的通知》(财预〔2018〕108 号)。

7.21 农村特困人员救助供养支出

各级列入财政部政府收支分类科目中 2082101 项指标,反映农村特困人员救助供养支出。

注:政府收支分类科目来源《财政部关于印发〈2019 年政府收支分类科目〉的通知》(财预〔2018〕108 号)。

7.22 其他城市生活救助支出(含传统救济)

各级列入政府收支分类科目中 2082501 项指标,反映除最低生活保障、临时救助、特困人员供养外,用于城市生活困难居民生活救助的其他支出。

注:政府收支分类科目来源《财政部关于印发〈2019 年政府收支分类科目〉的通知》(财预〔2018〕108 号)。

7.23 其他农村生活救助支出(含传统救济)

各级列入政府收支分类科目中 2082502 项指标,反映除最低生活保障、临时救助、特困人员供养、自然灾害生活救助外,用于农村生活困难居民生活救助的其他支出。

注:政府收支分类科目来源《财政部关于印发〈2019 年政府收支分类科目〉的通知》(财预〔2018〕108 号)。

7.24 行政运行支出

各级列入政府收支分类科目中 2080201 项,反映行政单位(包括实行公务员管理的事业单位)的基本支出。

注:政府收支分类科目来源《财政部关于印发〈2019 年政府收支分类科目〉的通知》(财预〔2018〕108 号)。

7.25 一般行政管理事务支出

各级列入政府收支分类科目中 2080202 项,反映行政单位(包括实行公务员管理的事业单位)未单独设置项级科目的其他项目支出。

注:政府收支分类科目来源《财政部关于印发〈2019 年政府收支分类科目〉的通知》(财预〔2018〕108 号)。

7.26 机关服务支出

各级列入政府收支分类科目中 2080203 项,反映为行政单位(包括实行公务员管理的事业单位)提供后勤服务的各类后勤服务中心、医务室等附属事业单位的支出。

注:政府收支分类科目来源《财政部关于印发〈2019 年政府收支分类科目〉的通知》(财预〔2018〕108 号)。

7.27 民间组织管理支出

各级列入政府收支分类科目中 2080206 项,反映民间组织管理方面的支出。

注:政府收支分类科目来源《财政部关于印发〈2019 年政府收支分类科目〉的通知》(财预〔2018〕108 号)。

7.28 行政区划和地名管理支出

各级列入政府收支分类科目中 2080207 项,反映行政区划界线勘定、维护,以及行政区划和地名管理支出。

注:政府收支分类科目来源《财政部关于印发〈2019 年政府收支分类科目〉的通知》(财预〔2018〕108 号)。

7.29 基层政权和社区建设支出

各级列入政府收支分类科目中2080208项,反映开展村民自治、村务公开等基层政权和社区建设工作的支出。

注:政府收支分类科目来源《财政部关于印发〈2019年政府收支分类科目〉的通知》(财预〔2018〕108号)。

7.30 其他民政管理事务支出

各级列入政府收支分类科目中2080299项的支出。

注:政府收支分类科目来源《财政部关于印发〈2019年政府收支分类科目〉的通知》(财预〔2018〕108号)。

7.31 地方离退休人员经费支出

由民政部门发放的地方离退休人员的离退休经费。

7.32 行政单位离退休支出

反映民政部门管理的行政单位开支的离退休经费。

7.33 事业单位离退休支出

反映民政部门管理的事业单位开支的离退休经费。

7.34 离退休人员管理机构支出

反映民政部门管理的各类离退休人员管理机构的支出。

7.35 其他行政事业单位离退休支出

反映除上述项目以外其他用于民政部门离退休方面的支出。

7.36 其他支出

财政从预算内经费中安排的其他用于民政事业的经费支出。

8 信息填报

8.1 任务

完成某项特定业务的一整套参数的集合。

8.2 报表方案

一套报表参数的集合,参数内容与任务基本一致,一个任务下有多个报表方案。

8.3 报表

数据收集与展示的容器,类似于表格。

8.4 主体

数据的填报对象,可以是单位、时期、项目、组织机构等。

8.5 枚举字典

用来对一些有固定含义的指标(如性别)进行解释描述,按照一定的代码编制规定,确定其取值内容和个数。

8.6 视图

对实体数据展示方式的定义,用于实体记录重新组合出不用应用需求的记录集。

8.7 指标

数据存储的最基本单位,每个指标都有特定的业务含义,通过指标来进行数据的收集、运算和显示。

8.8 数据区域

对表单中展示数据进行区域划分,用于适应数据库存储,提高数据加载和输出效率,数据区域类型包括了固定数据区域和浮动数据区域。

8.9 存储表

管理指标的容器,由若干个指标组合而成,对应着数据库中一个个物理表。

参考文献

[1]国家统计局、中央机构编制委员会办公室、民政部、国家税务总局、国家工商行政管理总局《关于建立全国基本单位名录更新制度的通知》(国统字〔2005〕191号)

[2]民政部办公厅《关于贯彻落实国家统计局、中央机构编制委员会办公室、民政部、国家税务总局、国家工商行政管理总局〈关于建立全国基本单位名录更新制度的通知〉》的通知〔民函2005〕244号)

[3]国家统计局、中央机构编制委员会办公室、民政部、国家税务总局、国家工商行政管理总局关于印发新修订的《全国基本单位名录更新制度》的通知(国统字〔2009〕178号)

[4]国务院第三次全国经济普查领导小组办公室、中央机构编制委员会办公室、民政部、国家税务总局、国家工商行政管理总局、国家质量监督检验检疫总局、国家统计局《关于共同做好单位核查工作的通知》(国经普办字〔2013〕18号)

[5]民政部关于印发《民政事业统计台账制度》的通知(民发〔2005〕130号)

[6]民政部办公厅关于在民政事业统计台账中修改城市低保人员分类的通知(民办函〔2007〕140号)

[7]民政部办公厅关于修改民政事业统计台账社会组织分类的通知(民办函(2007)210号)

[8]民政部办公厅关于共同做好单位行政登记资料提高和查找认定工作的通知(民办函〔2008〕1185号)

[9]民政部办公厅关于完善农村最低生活保障统计台账的通知(民办函〔2009〕37号)

[10]民政部关于增加社会组织行政执法数据统计的通知(民函〔2010〕235号)

[11]民政部办公厅关于增加志愿者统计指标的通知(民办函〔2011〕318号)

[12]民政部办公厅关于调整社会救助相关统计指标的通知(民办函〔2012〕340号)

[13]民政部办公厅关于增加城乡低保动态管理相关统计指标的通知(民办函〔2014〕132号)

[14]慈善组织认定办法(中华人民共和国民政部令〔2016〕第58号)

[15]国家统计局关于印发2016年统计年报和2017年定期统计报表制度主要修订内容的通知(国统字〔2016〕125号)

[16]社会组织信用信息管理办法(中华人民共和国民政部令〔2018〕第60号)

[17]民政部办公厅关于推进社会组织统一社会信用代码制度建设和信息共建共享有关事项的通知(民办函〔2017〕324号)

JMGC

民 政 部 金 民 工 程 标 准

JMGC/YW 419—2020

决策支持业务流程

2020－12－30 发布 2020－12－30 实施

民政部信息中心 发布

目 次

前　言

本文件按照 GB/T 1.1—2020《标准化工作导则 第1部分:标准化文件的结构和起草规则》的规定起草。

请注意本文件的某些内容可能涉及专利。本文件的发布机构不承担识别专利的责任。

本文件由民政部信息中心提出并归口。

本文件起草单位:民政部信息中心、北京久其软件股份有限公司。

本文件主要起草人:王兴玲、郑明煊、王夫、王风涛。

决策支持业务流程

1 范围

本文件规定了金民工程项目中的决策支持的业务流程。

本文件适用于金民工程项目中民政统计与信息服务系统、信用信息分析管理系统、决策支持系统和综合办公系统建设。

2 规范性引用文件

下列文件对于本文件的应用是必不可少的。凡是注日期的引用文件,仅注日期的版本适用于本文件;凡是不注日期的引用文件,其最新版本(包括所有的修改单)适用于本文件。

JMGC/YW 418—2020 决策支持业务术语

3 术语和定义

JMGC/YW 418—2020 界定的术语和定义适用于本文件。

4 缩略语

无。

5 统计与信息服务流程

5.1 概述

统计与信息服务流程包括以下工作:

a)提取台账;

b)比对数据;

c)填报数据;

d)审核台账;

e)生成报表;

f)发布公报。

统计与信息服务流程见图1。

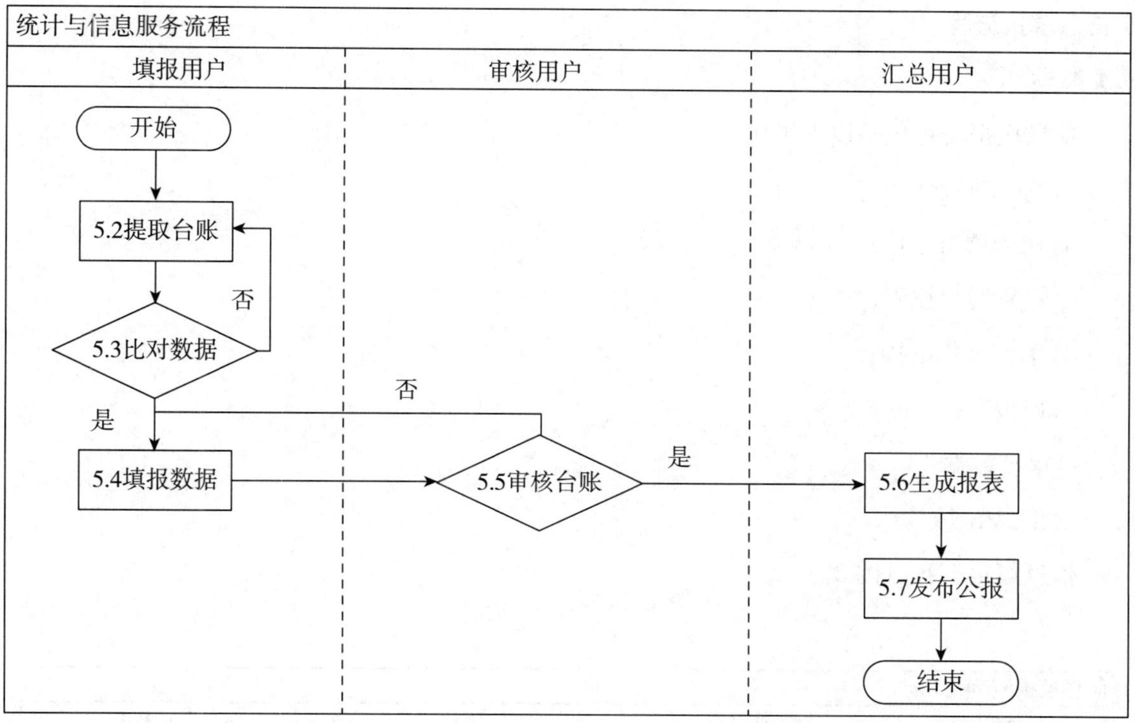

图1　统计与信息服务流程

5.2 提取台账

提取信息资源库中的业务数据，通过指定的数据项，按月对业务数据进行抽取。

5.3 比对数据

将提取后的台账数据与资源库中的数据进行比对，根据业务需要设置比对条件，如：时间、区划、指标等条件，与信息资源库内各业务数据进行比对，保障统计数据与业务数据的一致性。

5.4 填报数据

台账中部分无法从资源库中直接提取的数据，由填报用户进行补充填报。

5.5 审核台账

从合法性和合理性对台账进行审核。数据的合法性审核是检查输入的数据必须满足的条件和要求，它具有强制性，没有通过合法性审核的数据将不被允许存入数据库中。数据的合理性审核不具有强制性，它只是提醒用户，数据允许存入数据库中。

5.6 生成报表

通过报表运算公式方案，对台账进行汇总计算，生成相应的生成月报、季报、年报等统计报表。

5.7 发布公报

依据实际要求，实现统计数据的分析管理，如实现各级资金统计汇总，实现同期横向、纵向对比等分析功能，并直观呈现分析结果和分析报告，以公报形式进行发布。

6 信息填报流程

6.1 概述

信息填报流程包括以下工作：

a)制作填报任务；

b)初始填报单位；

c)设置用户权限；

d)生成采集链接；

e)填报数据；

f)审核数据；

g)汇总数据。

信息填报流程见图2。

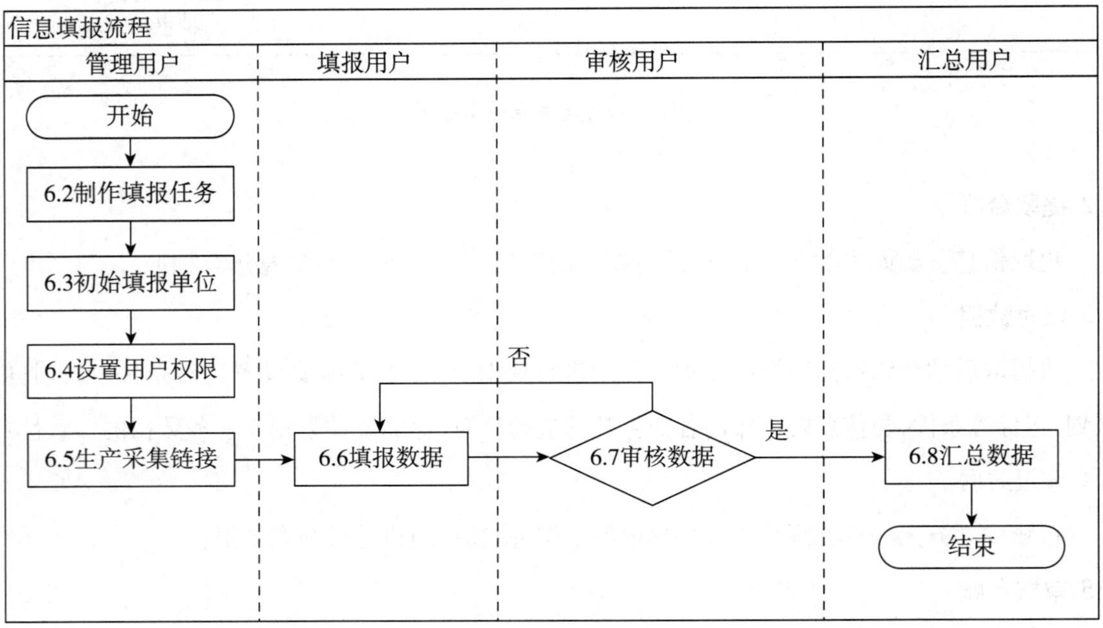

图2　信息填报流程

6.2 制作填报任务

制作填报任务用于表单的定义、新的采集任务的发布；主要在线制作问卷、在线制作表格两种方式完成填报任务的创建。

6.3 初始填报单位

初始填报单位是从资源库中将填报任务相关的单位数据进行同步并初始化。

6.4 设置用户权限

按照角色对用户进行权限配置，可以进行权限控制的资源有：任务资源、主体资源、功能资源。

6.5 生成采集链接

对制作完成的任务进行发布操作,生成采集链接,填报用户通过访问该链接地址进行数据的填报。

6.6 填报数据

填报用户通过访问采集链接进行数据的填报。

6.7 审核数据

审核用户按照预置的审核公式,对数据进行合理性、合规性的审核。

6.8 汇总数据

汇总用户将指定的数据汇总到目标单位。汇总方式包含节点汇总、选择节点汇总、层层汇总等。

节点汇总:参与汇总单位为汇总目标单位的直接下级。

选择节点汇总:自定义参与汇总单位,以及汇总目标单位。

层层汇总:目标单位的下级按照单位级次逐级往上汇总,会覆盖掉中间级次单位的数据。

7 信用信息管理流程

7.1 概述

信用信管理流程包括以下工作:

a)信用信息归集;

b)信用信息整合;

c)信用档案生成;

d)信用档案分类;

e)信用档案审核;

f)信用档案归档。

信用信息管理流程见图3。

7.2 信用信息归集

以自然人或法人标识信息为基础,收集信用主体的基础信息、守信信息、失信信息、惩戒信息、奖励信息,信用信息归集是信用分析和服务的前提和基础。

7.3 信用信息整合

在信用信息归集的基础上,对多渠道收集的信用信息进行归纳、分类,对分类后的信用信息进行聚合,构建信用信息评价指标体系。同时将聚合后的指标输入模型进行计算,得出信用主体的信用得分以及信用等级。

7.4 信用档案生成

将自然人或法人的信用相关信息整合后,定期自动形成信用档案。

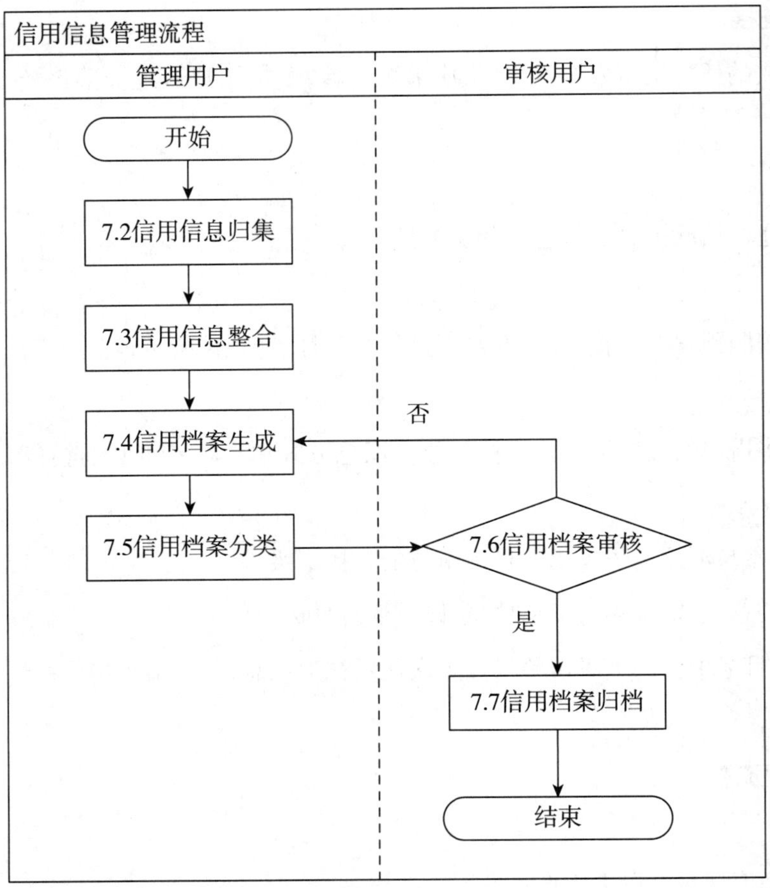

图3　信用信息管理流程

7.5 信用档案分类

按照档案编号规则（如卷内类别号、件号等）、使用范围、保密等级、保管期限等要素对信用档案进行分类管理。

7.6 信用档案审核

按照审核流程对信用档案的内容、形式等多种要素进行审核。

7.7 信用档案归档

对审核通过的信用档案进行归档处理。

8 决策支持流程

8.1 概述

决策支持流程包括以下工作：

a）数据获取；

b）指标体系建立；

c）指标选配；

d)模型构建；

e)数据分析；

f)产品制作；

g)产品展示；

h)辅助决策。

决策支持流程见图4。

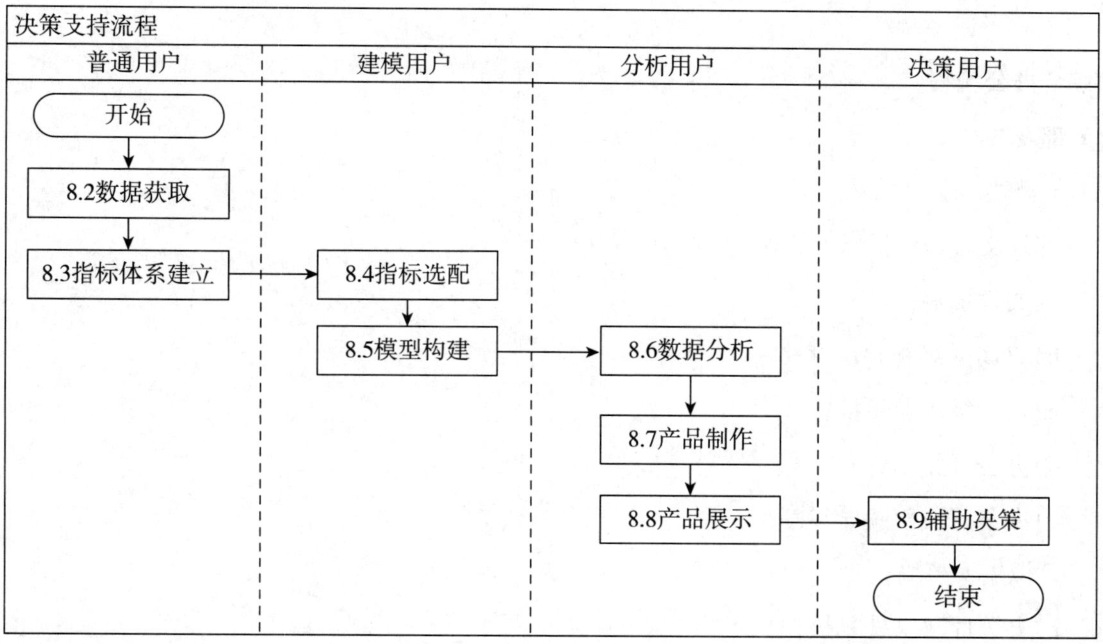

图4　决策支持流程

8.2 数据获取

获取民政各类业务数据、互联网舆情信息以及其他部门共享信息。

8.3 指标体系建立

对各类数据进行梳理整合，按照统一数据标准，有效整合跨系统数据，打通各类业务信息，建立决策系统数据资源目录和指标体系。

8.4 指标选配

对社会安全运行、救助对象、热点事件等相关指标进行监测、跟踪，根据分析的主题以及分析模型的特征，从大数据分析指标体系中选取相关指标。

8.5 模型构建

根据不同的模型算法特点，通过统一的后台建模功能实现建模。

8.6 数据分析

通过对数据的分析与挖掘，进行交互式探索分析。

8.7 产品制作

通过产品制作功能，实现各类决策支持产品的制作，包括产品模型库和制图模板库等。

8.8 产品展示

对决策产品进行可视化处理，生成相应的图形图像产品，结合地理信息系统、BI 分析等先进技术和工具，实现可视化产品的叠加。

8.9 辅助决策

为各级领导决策、应急处置、政策制定、监督评价、持续优化等提供依据和服务。

9 综合办公流程

9.1 部发文

9.1.1 概述

部发文流程包括以下工作：

a）文件拟稿；

b）直属处级领导审批；

c）司局级领导阅批；

d）办公厅批示；

e）办公厅或部领导签发；

f）拟稿人核稿；

g）办公厅秘书处复核；

h）办公厅秘书处编号；

i）文印处印制；

j）拟稿人办结归档。

部发文流程见图 5。

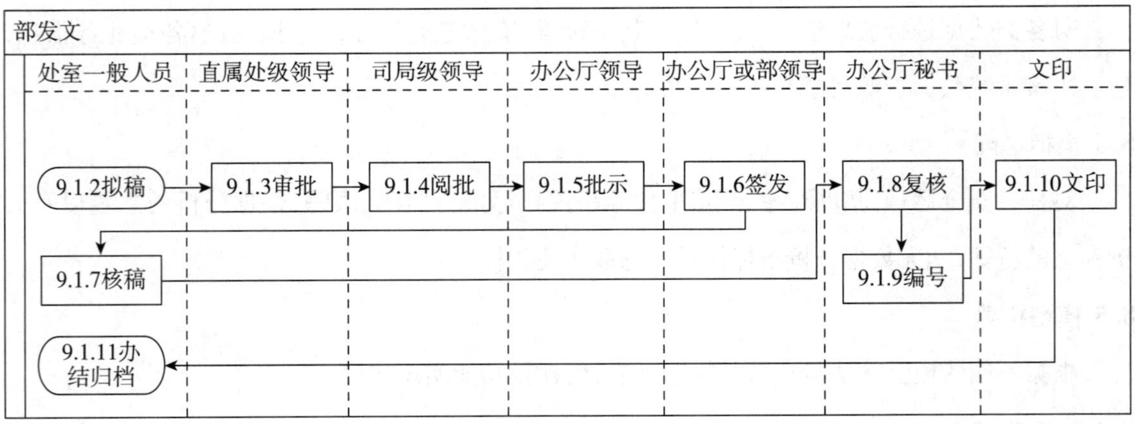

图 5　部发文流程

9.1.2 文件拟稿

文件拟稿:按照要求起草要发布的公文,从而生成表单进行办理。

9.1.3 直属处级领导审批

直属处级领导对文件进行审核和意见的填写。

9.1.4 司局级领导阅批

司局级领导对文件进行阅批和意见的填写。

9.1.5 办公厅批示

办公厅领导对发文文件进行批示和意见的填写。

9.1.6 办公厅或部领导签发

办公厅领导或者部领导对文件进行签发。

9.1.7 拟稿人核稿

拟稿人对领导审批的文件进行核对校验。

9.1.8 办公厅秘书处复核

办公厅秘书处对文件进行正文的修改等核对工作。

9.1.9 办公厅秘书处编号

办公厅秘书处对文件进行统一的编号。

9.1.10 文印处印制

对领导审批和拟稿人校验的文件进行统一套红、版式转换及公文印制。

9.1.11 拟稿人办结归档

当文件已经确认和印制完毕后,拟稿人对文件进行办结并归入到档案管理系统进行后续管理。

9.2 部收文

9.2.1 概述

部收文流程包括以下工作:

a)收文登记;

b)直属处级领导审批;

c)司局级领导阅批;

d)办公厅领导批示;

e)承办人办结归档。

部收文流程见图6。

9.2.2 收文登记

按照要求起草收到的公文,从而生成表单和文件编号进行办理或阅示。

9.2.3 直属处级领导审批

直属处级领导对文件内容进行审核和意见的填写。

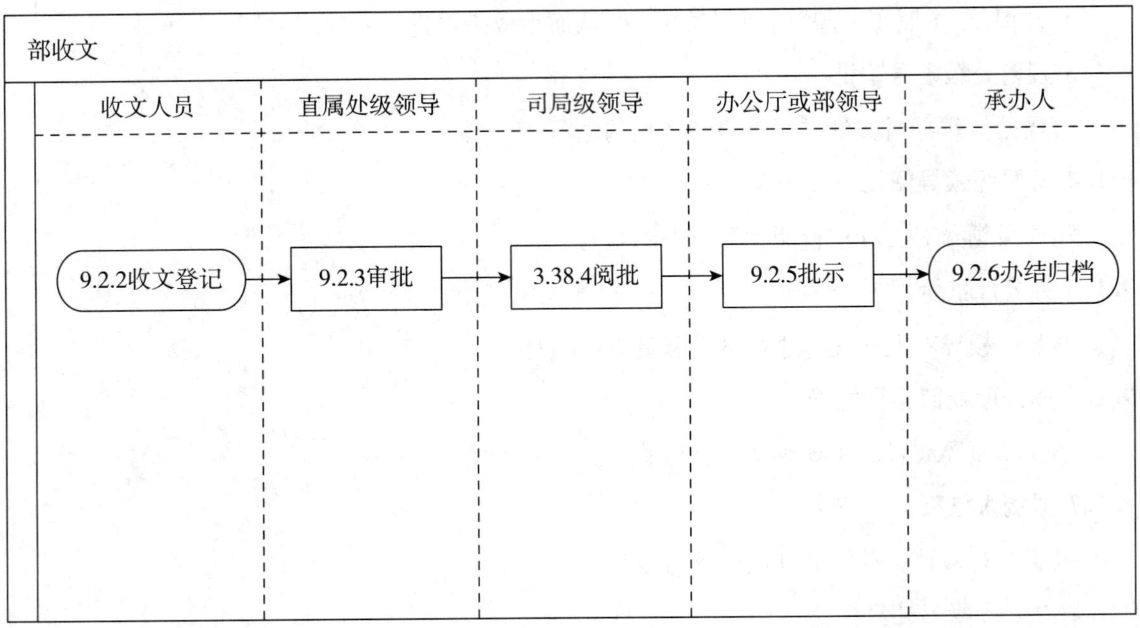

图6　部收文流程

9.2.4 司局级领导阅批

司局级领导对文件进行阅批和意见的填写。

9.2.5 办公厅领导批示

办公厅领导对发文文件进行批示和意见的填写。

9.2.6 承办人办结归档

当文件已经确认和印制完毕后,承办人对文件进行办结并归入到档案管理系统进行后续管理操作。

9.3 司局发文

9.3.1 概述

司局发文流程包括以下工作:

a)文件拟稿;

b)直属处室级领导审批;

c)司局级领导阅批;

d)办公厅领导批示;

e)办公厅或部领导签发;

f)拟稿人核稿;

g)办公室人员编号;

h)文印处印制;

i)拟稿人办结归档。

司局发文流程见图7。

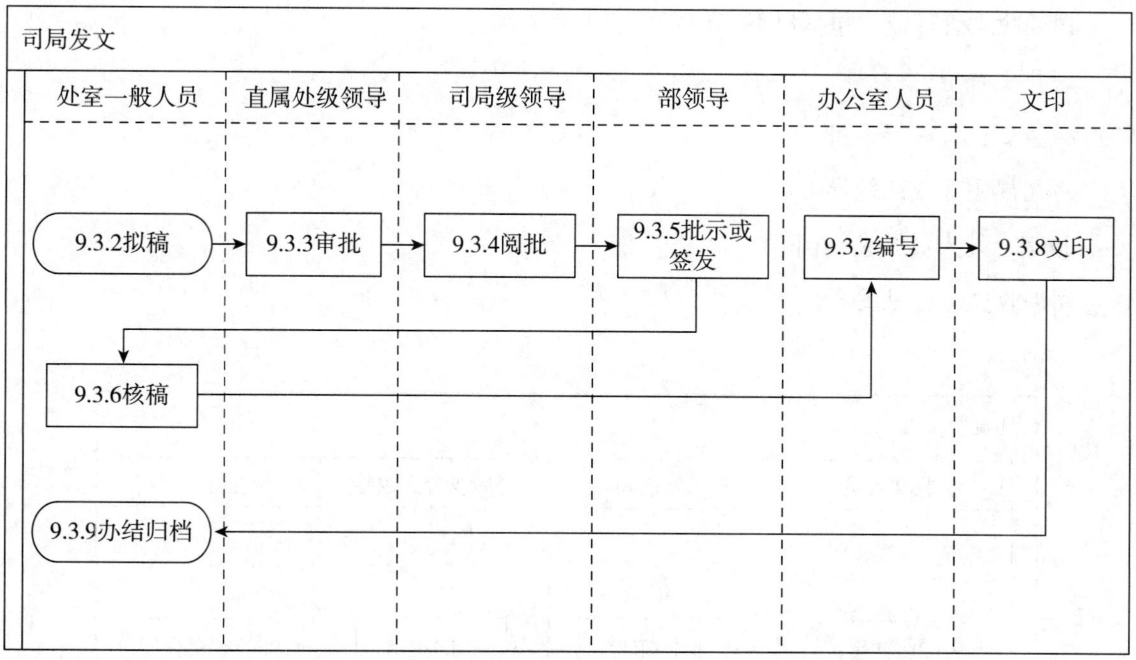

图7 司局发文流程

9.3.2 文件拟稿

按照要求起草要发布的公文,从而生成表单进行办理。

9.3.3 直属处室级领导审批

直属处级领导对文件内容进行审核和意见的填写。

9.3.4 司局级领导阅批

司局级领导对文件进行阅批和意见的填写。

9.3.5 部领导签发

办公厅领导或者部领导对文件进行签发。

9.3.6 拟稿人核稿

拟稿人对领导审批的文件进行核对校验。

9.3.7 办公室人员编号

办公室人员针对此文件进行统一的编号。

9.3.8 文印处印制

对领导审批和拟稿人校验的文件进行统一套红、版式转换及公文印制。

9.3.9 拟稿人办结归档

当文件已经确认和印制完毕后,拟稿人对文件进行办结并归入到档案管理系统进行后续管理操作。

9.4 司局收文

9.4.1 概述

司局收文管理流程包括以下工作：

a)收文登记；

b)直属处级领导审批；

c)司局领导或部领导批示；

d)综合处人员办结归档。

司局收文流程见图8。

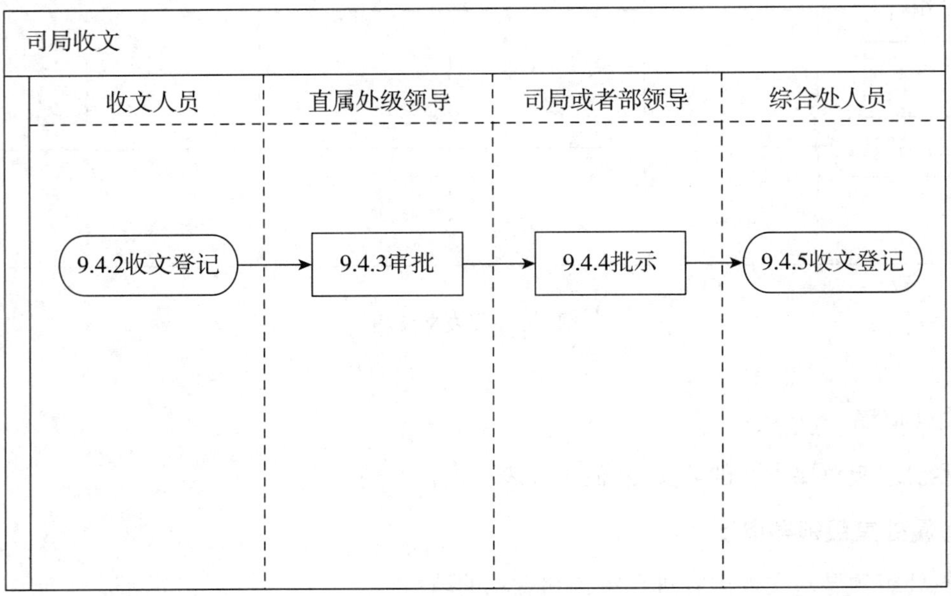

图8 司局收文流程

9.4.2 收文登记

按照要求起草收到并需发布的公文,从而生成表单和文件编号进行办理。

9.4.3 直属处室级领导审批

直属处级领导对文件内容进行审核和意见的填写。

9.4.4 司局领导或部领导批示

司局领导或部领导对发文文件进行批示和意见的填写。

9.4.5 综合处人员办结归档

当文件已经确认和印制完毕后,综合处人员对文件进行办结并归入到档案管理系统进行后续管理。

9.5 呈批件

9.5.1 概述

呈批件管理流程包括以下工作：

a)文件拟稿；

b)直属处级领导审批；

c)司局级领导阅批；

d)部领导签发；

e)拟稿人核稿；

f)其他处室会签；

g)拟稿人办结归档。

呈批件流程见图9。

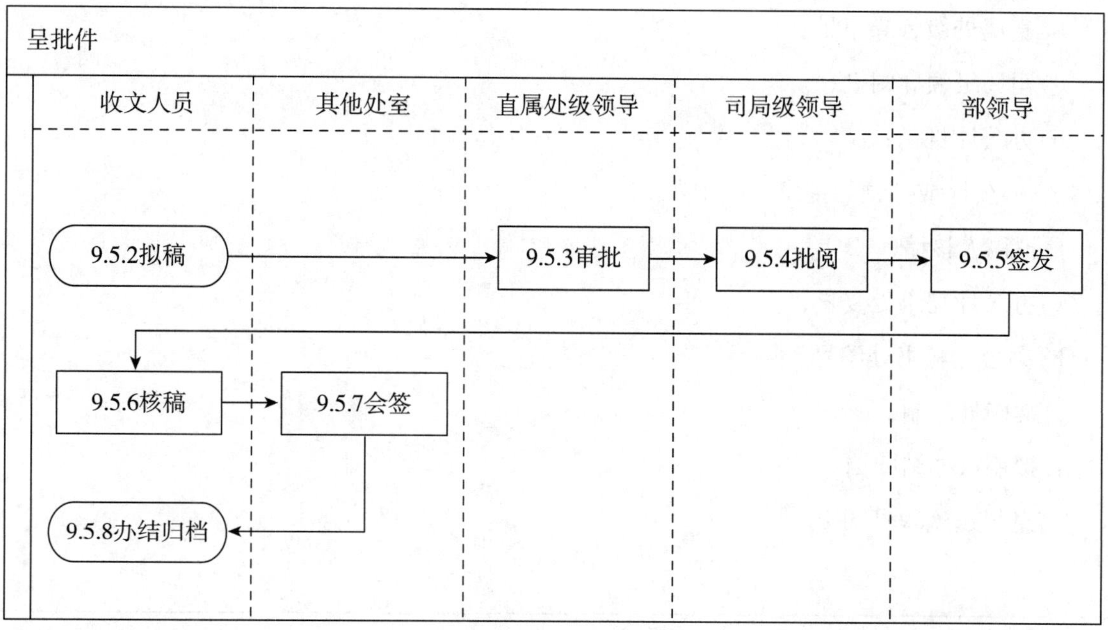

图9　呈批件流程

9.5.2 文件拟稿

文件拟稿:按照要求起草要发布的公文,从而生成表单进行办理。

9.5.3 直属处级领导审批

直属处级领导对文件进行审核和意见的填写。

9.5.4 司局级领导阅批

司局级领导对文件进行阅批和意见的填写。

9.5.5 部领导签发

部领导对文件进行签发。

9.5.6 拟稿人核稿

拟稿人对领导审批的文件进行核对校验。

9.5.7 其他处室会签

是指征求其他处室意见进行会签。

9.5.8 拟稿人办结归档

当文件已经确认和印制完毕后，拟稿人对文件进行办结并归入到档案管理系统进行后续管理操作。

9.6 信息报送

9.6.1 概述

信息报送管理流程包括以下工作：

a）文件拟稿；

b）直属处级领导审批；

c）司局级领导阅批；

d）办公厅批示；

e）办公厅或部领导签发；

f）拟稿人核稿；

g）办公厅秘书处复核；

h）办公厅秘书处编号；

i）文印处印制；

j）拟稿人办结归档。

信息报送流程见图10。

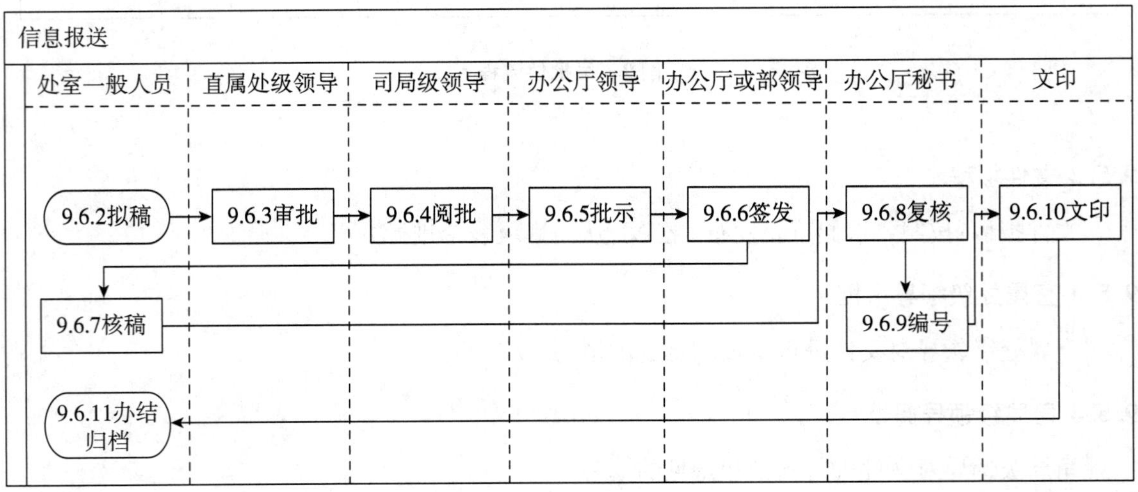

图10　信息报送流程

9.6.2 文件拟稿

文件拟稿：按照要求起草要发布的公文，从而生成表单进行办理。

9.6.3 直属处级领导审批

按照要求起草要发布的公文,从而生成表单进行办理。

9.6.4 司局级领导阅批

司局级领导对文件进行阅批和意见的填写。

9.6.5 办公厅批示

办公厅领导对发文文件进行批示和意见的填写。

9.6.6 办公厅或部领导签发

办公厅领导或者部领导对文件进行签发。

9.6.7 拟稿人核稿

拟稿人对领导审批的文件进行核对校验。

9.6.8 办公厅秘书处复核

办公厅秘书处对文件进行正文的修改等核对工作。

9.6.9 办公厅秘书处编号

办公厅秘书处对文件进行统一的编号。

9.6.10 文印处印制

对领导审批和拟稿人校验的文件进行统一套红、版式转换及公文印制。

9.6.11 拟稿人办结归档

当文件已经确认和印制完毕后,拟稿人对文件进行办结并归入到档案管理系统进行后续管理。

9.7 出差管理

9.7.1 概述

出差管理流程包括以下工作:

a)出差申请;

b)直属处级领导批示;

c)司局级领导批示;

d)综合处人员备案;

e)申请人办结。

出差管理流程见图11。

9.7.2 出差申请

按照要求起草表单并发送领导进行批示。

9.7.3 直属处级领导批示

直属处级领导和司局领导对申请内容进行审核和意见的填写。

9.7.4 司局级领导批示

司局领导对申请内容进行审核和意见的填写。

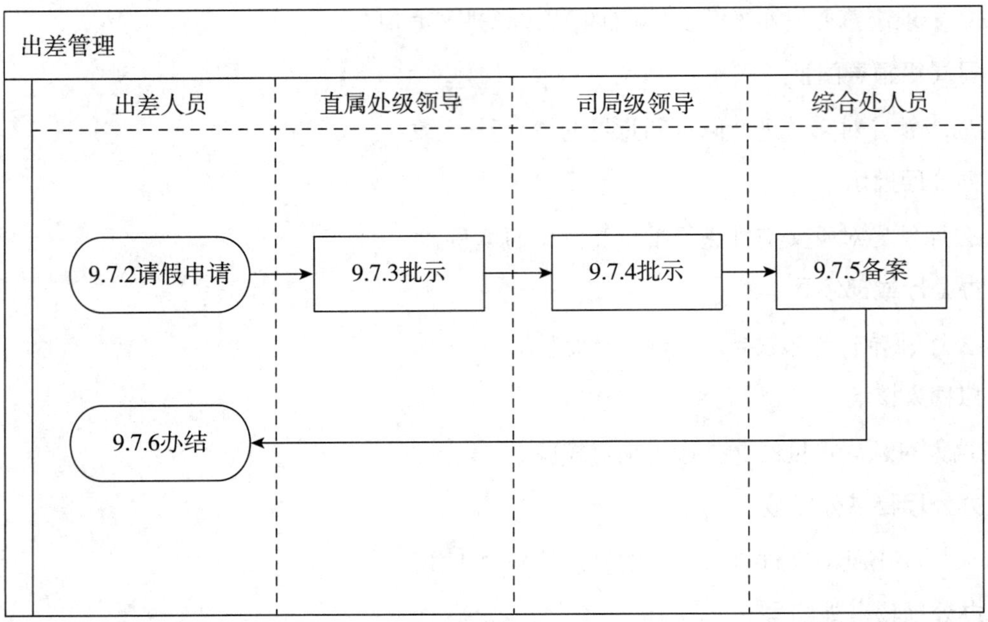

图 11　出差管理流程

9.7.5 综合处人员备案

综合处人员进行备案。

9.7.6 申请人办结

当申请已经确认和审核完毕后,申请人对文件进行办结操作。

9.8 请假管理

9.8.1 概述

请假管理流程包括以下工作:

a)请假申请;

b)直属处级领导审核;

c)司局级领导批示;

d)综合处人员备案;

e)申请人办结。

请假管理流程见图 12。

9.8.2 请假申请

按照要求起草表单并发送领导进行批示。

9.8.3 直属处级领导审核

直属处级领导对申请内容进行审核和意见的填写。

9.8.4 司局级领导批示

司局领导对申请内容进行审核和意见的填写。

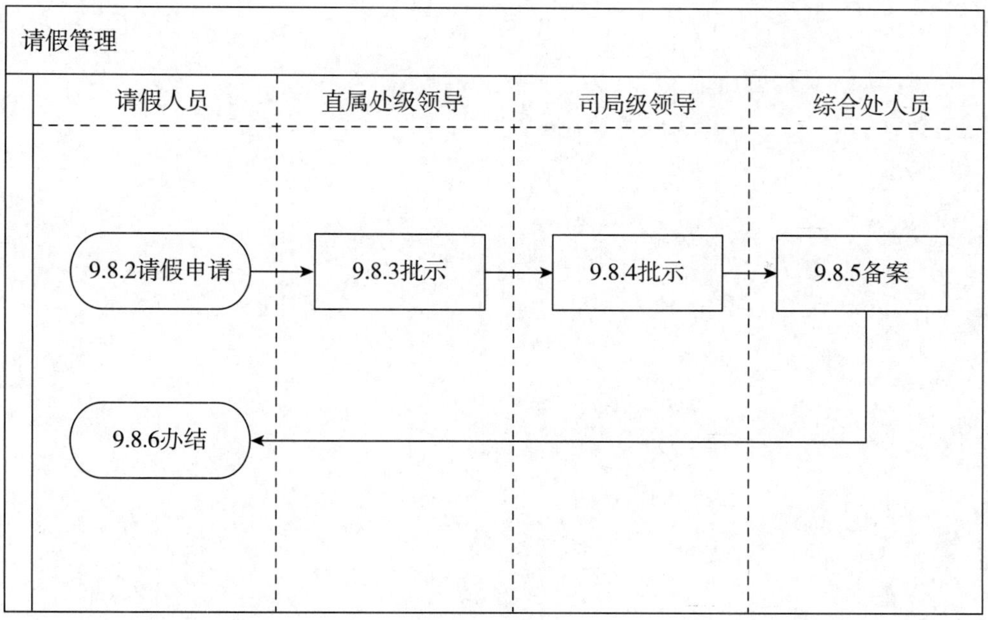

图12　请假管理流程

9.8.5 综合处人员备案

综合处人员进行备案。

9.8.6 申请人办结

当申请已经确认和审核完毕后,申请人对文件进行办结操作。

JMGC

民 政 部 金 民 工 程 标 准

JMGC/YW 420—2020

决策支持数据元

2020－12－30发布　　2020－12－30实施

民政部信息中心 发布

目　　次

前　言

本文件按照 GB/T 1.1—2020《标准化工作导则 第1部分:标准化文件的结构和起草规则》的规定起草。

请注意本文件的某些内容可能涉及专利。本文件的发布机构不承担识别专利的责任。

本文件由民政部信息中心提出并归口。

本文件起草单位:民政部信息中心、北京久其软件股份有限公司。

本文件主要起草人:王兴玲、郑明煊、王夫、王风涛、王艳丽。

决策支持数据元

1 范围

本文件规定了金民工程项目中决策支持业务数据元的标识符、中文名称、数据类型、数据格式和必选项的要求。

本文件适用于金民工程项目中决策支持系统建设。

2 规范性引用文件

下列文件对于本文件的应用是必不可少的。凡是注日期的引用文件,仅注日期的版本适用于本文件。凡是不注日期的引用文件,其最新版本(包括所有的修改单)适用于本文件。

GB/T 2260 中华人民共和国行政区划代码

GB/T 2261.1 个人基本信息分类与代码 第1部分:人的性别代码

GB/T 2659 世界各国和地区名称代码

GB/T 4754 中华人民共和国国家标准

GB 11714 全国组织机构代码编制规则

GB 32100—2015 法人和其他组织统一社会信用代码编码规则

MZ/T 012 民政业务数据共享与交换编码

MZ/T 091 国家行政区划图(集)编制规范

JMGC/YW 418—2020 决策支持业务术语

3 术语和定义

JMGC/YW 418—2020 界定的以及下列术语适用于本文件。

3.1 元数据

定义和描述其他数据的数据。

[来源:GB/T 18391.1—2009,3.2.16]

3.2 元数据元素

元数据的基本单元。

注1:与UML术语中的属性同义。

注2:元数据元素在元数据实体中是唯一的。

［来源：GB/T 19710—2005，4.6］

3.3 元数据实体

一组说明数据相同特性的元数据元素。

注1：与UML术语中的类同义。

注2：可以包含一个或一个以上元数据实体。

［来源：GB/T 19710—2005，4.7］

3.4 特性

对象类的所有个体所共有的某种性质。

［来源：GB/T 18391.1—2002，3.48］

3.5 表示

值域、数据类型的组合，必要时也包括度量单位或字符集。

［来源：GB/T 18391.1—2002，3.60］

3.6 值域

允许值的集合。

［来源：GB/T 18391.1—2002，3.75］

4 缩略语

无。

5 数据元属性

5.1 标识符

标识符为数据库中该字段的唯一标识。应符合 JMGC/XX 210—2020 金民工程 数据对象命名规范的要求。

5.2 中文名称

中文名称采用中文描述，表示字段的名称。

5.3 数据类型

本文件中数据元的数据类型见表1。

表1　数据类型

数据类型	说明
string（字符型）	通过字符形式表达的值的类型
number（整数型）	通过“0”到“9”数字表达的整数类型的值
float（浮点型）	通过“0”到“9”数字和小数点“.”表达的实数

续表

数据类型	说明
date(日期型)	通过 YYYYMMDD 的形式表达的值的类型
datetime(日期时间型)	通过 YYYYMMDD hh:mm:ss 的形式表达的值的类型
boolean(布尔型)	两个且只有两个表明条件的值

5.4 数据格式

从业务的角度规定的数据元的格式需求,包括所允许的最大和(或)最小字符长度,表示格式等。数据格式中使用的字符含义见表 2。

表 2 数据格式

数据格式	说明
a	字母字符
n	数字字符
an	字母数字字符
m(m 为自然数)	定长 m 个字符(字符集默认为 GB 18030 的全部部分)
. . ul	长度不确定的
. .	从最小长度到最大长度,前面附加最小长度,后面附加最大长度
YYYYMMDD hh:mm:ss	“YYYY”表示年份,“MM”表示月份,“DD”表示日期,“hh”表示小时,“mm”表示分钟,“ss”表示秒,可以视实际情况组合使用
m,n	float 的精度,m 表示总长度,n 表示小数位

5.5 必选项

必选项描述该字段是否允许插入空值,填“Y”表示该字段不允许为空值,填“N”表示该字段允许为空值。

5.6 备注

备注应对字段的意义、取值范围、计量单位、参考标准等提出要求。

6 数据元描述

6.1 信用信息管理

表3 信用信息管理数据元汇总列表

业务大类	业务小类	表中文名	表英文名	汇聚范围
信用信息	自然人	自然人基础信息	ZE_ZRR_JBXX	各省
		表彰信息	ZE_ZRR_BZXX	各省
		行政处罚	ZE_ZRR_XZCF	各省
		重点关注对象名单	ZE_ZRR_YCHDML	各省
		严重违法失信名单	ZE_ZRR_YZWFSXMD	各省
		联合惩戒名单	ZE_ZRR_LHCJMD	各省
	社会组织	社会组织基础信息	ZE_SHZZ_JBXX	各省
		年检信息	ZE_SHZZ_NJXX	各省
		异常活动名录	ZE_SHZZ_YCHDML	各省
		严重违法失信名单	ZE_SHZZ_YZWFSXMD	各省

6.1.1 自然人基础信息表

自然人基础信息见表4。

表4 自然人基础信息数据元

标识符	中文名称	数据类型	数据格式	必选项	备注
AXCP0002	姓名	string	..72	Y	
AXCP0004	身份证件类型	string	n2	Y	见 JMGC/XX 204—2020 C0015 身份证件类型代码
AXCP0005	身份证件号码	string	..18	Y	
AXCP0003	曾用名	string	..72	N	曾经使用时间最长的姓名
AXCP0006	性别	string	n1	N	见 JMGC/XX 204—2020 C0007 人的性别代码
AXCP0007	国籍	string	n3	N	按 GB/T 2659—2000 中 5.5 的规定
AXCP0008	民族	string	n2	N	见 JMGC/XX 204—2020 C0009 民族代码
AXCP0009	人员文化程度	string	n2	N	见 JMGC/XX 204—2020 C0008 学历代码
AXCP0010	人员健康状况	string	n2	N	见 JMGC/XX 204—2020 C0011 健康状况代码
AXCP0011	籍贯	string	..100	N	本人出生时祖父的居住地,填写到地市一级。例如:湖北省武汉市。

续表

标识符	中文名称	数据类型	数据格式	必选项	备注
AXCP0037	手机号码	string	n11	N	长11位,第1位为1,第2位为3—9
AXZX0005	电子邮件	string	..50	N	
AXAA0001	户籍地址所在地行政区划	string	n12	N	前6位见GB/T 2260,后3位见GB/T 10114—2003,后3位为村或社区编码
AXAA0017	居住地址	string	..100	N	
AXCP0036	婚姻状况	string	n2	N	见JMGC/XX 204—2020 C0010婚姻状况代码
AXCP0016	职业分类	string	..10	N	见JMGC/XX 204—2020 C0017职业分类代码
AXCP0017	政治面貌	string	n2	N	见JMGC/XX 204—2020 C0013政治面貌代码
AXCP0013	户籍类别	string	n2	N	见JMGC/XX 204—2020 C0031户籍类别代码
AXCP0024	劳动能力	string	n2	N	见JMGC/XX 204—2020 C0014劳动能力鉴定等级代码
AXCP0031	人员专业岗位证书级别	string	n1	N	见JMGC/XX 204—2020 C053专业岗位证书级别代码
AXCP0025	人员专业技术职务	string	n3	N	见JMGC/XX 204—2020 C0020专业技术职务代码
AXCP0012	人员状态	string	n1	N	见JMGC/XX 204—2020 C0034人员状态代码

6.1.2 表彰信息表

表彰信息表见表5。

表5　表彰信息数据元

标识符	中文名称	数据类型	数据格式	必选项	备注
AZEP0017	荣誉名称	string	..10	Y	
AZEP0018	日期	date	YYYYMMDD	Y	

6.1.3 行政处罚表

行政处罚表见表6。

表6　行政处罚数据元

标识符	中文名称	数据类型	数据格式	必选项	备注
AZEP0019	决定书文号	string	..100	Y	
AZEP0020	处罚事由	string	..100	Y	

续表

标识符	中文名称	数据类型	数据格式	必选项	备注
AZEP0021	处罚依据	string	..100	Y	
AZEP0092	处罚结果	string	..100	Y	
AZEP0093	处罚决定日期	date	YYYYMMDD	Y	

6.1.4 重点关注对象名单表

重点关注对象名单表见表7。

表7 重点关注对象名单数据元

标识符	中文名称	数据类型	数据格式	必选项	备注
AZEP0024	列入时间	date	YYYYMMDD	Y	
AZEP0025	列入事由	string	..200	Y	
AZEP0026	移除时间	date	YYYYMMDD	Y	
AZEP0027	移除事由	string	..100	Y	

6.1.5 严重违法失信名单表

严重违法失信名单表见表8。

表8 严重违法失信名单数据元

标识符	中文名称	数据类型	数据格式	必选项	备注
AZEP0024	列入时间	date	YYYYMMDD	Y	
AZEP0025	列入事由	string	..200	Y	
AZEP0026	移除时间	date	YYYYMMDD	Y	
AZEP0027	移除事由	string	..100	Y	

6.1.6 联合惩戒对象名单表

联合惩戒名单表见表9。

表9 联合惩戒对象名单数据元

标识符	中文名称	数据类型	数据格式	必选项	备注
AZEP0024	列入时间	date	YYYYMMDD	Y	
AZEP0025	列入事由	string	..200	Y	

续表

标识符	中文名称	数据类型	数据格式	必选项	备注
AZEP0026	移除时间	date	YYYYMMDD	Y	
AZEP0027	移除事由	string	..100	Y	

6.1.7 社会组织基本信息表

社会组织基本信息表见表10。

表10 社会组织基本信息数据元

标识符	中文名称	数据类型	数据格式	必选项	备注
AXFE0003	单位名称	string	..100	Y	
AXBE0002	统一社会信用代码	string	an18	Y	
AXFE0005	社会组织类型	string	n1	N	见附录A代码表 社会组织类型代码
AXBE0020	法定代表人姓名	string	..72	N	
AXFE0021	社会组织标识	string	n1	N	见附录A代码表 社会组织标识代码
AXBE0015	成立登记时间	date	YYYYMMDD	N	
AXFE0022	登记类型	string	n1	N	见附录A代码表 登记类型代码
AXBE0029	登记管理机关	string	..100	N	
AXBE0024	业务主管单位	string	..100	N	
AXAA0001	单位所在地行政区划	string	n12	N	前6位见GB/T 2260,后3位见GB/T 10114—2003,后3位为村或社区编码
AXBE0025	注册资金	float	18,2	N	
AXBE0026	单位注册或登记号	string	..100	N	
AXCP0042	单位地址	string	..200	N	
AXBE0028	登记状态	string	n1	N	见附录A代码表 登记状态代码
AXBE0029	数据状态	string	n1	Y	见附录A代码表 数据状态代码
AXBE9030	归档时间	datetime	YYYYMMDD hh:mm:ss	Y	

6.1.8 年检信息

年检信息表见表11。

表 11　年检信息数据元

标识符	中文名称	数据类型	数据格式	必选项	备注
AXBE9050	年度	string	n4	N	
AXBE9051	年检结果	string	..30	N	
AXBE9052	年度工作报告书名称	string	..200	N	
AXBE9053	发布时间	date	YYYYMMDD	N	

6.1.9 异常活动名录

异常活动名录表见表 12。

表 12　异常活动名录数据元

标识符	中文名称	数据类型	数据格式	必选项	备注
AXBE9031	列入时间	date	YYYYMMDD	N	
AXFP0025	列入事由	string	..200	N	
AXBE9033	移出时间	date	YYYYMMDD	N	
AXBE9034	移出事由	string	..200	N	

6.1.10 严重违法失信名单

严重违法失信名单表见表 13。

表 13　严重违法失信数据元

标识符	中文名称	数据类型	数据格式	必选项	备注
AXBE9031	列入时间	date	YYYYMMDD	N	
AXFP0025	列入事由	string	..200	N	
AXBE9033	移出时间	date	YYYYMMDD	N	
AXBE9034	移出事由	string	..200	N	

6.2 综合办公

表14 综合办公数据元汇总列表

业务大类	业务小类	表中文名	表英文名	汇聚范围
综合办公	业务数据存储	正文附件表	G_NR	部本级
		关联文件表	G_FILE_RELATION	部本级
	基础业务	业务数据总表	G_INFOS	部本级
	公文管理	发文表	G_FW	部本级
		收文表	G_SW	部本级
		签报表	G_QB	部本级
		依申请公开表	G_PUBLISH_APPLICATION	部本级
	行政事务	通知公告信息表	G_NOTICE	部本级
	个人事务	便笺基本信息表	G_NOTEPAPER	部本级
		新闻信息表	G_NEWS	部本级

6.2.1 正文附件表

正文附件表见表15。

表15 正文附件数据元

标识符	中文名称	数据类型	数据格式	必选项	备注
FILENAME	文件名称	string	..200	Y	
ATTVALUE	类型值	string	..3	Y	该值为自定义数字,最长3位
STATUS	是否有效	boolean		Y	
FILESIZE	文件大小	string	..200	N	
FILEPATH	文件存放路径	string	..500	N	
IS_ENCRYPTION	是否加密	boolean		N	
IS_DETACH	是否已脱密	boolean		N	
HAS_HISTORY	是否有历史记录	boolean		N	
INFO_VERSION	版本	number		N	
SHOWORDER	显示顺序	number		N	
CREATE_UNAME	数据创建人姓名	string	..72	N	
CREATE_DEPTNAME	数据创建部门名称	string	..50	N	
CREATE_UNITNAME	数据创建机构名称	string	..50	N	
CREATE_TIME	数据创建时间	datetime	YYYYMMDD hh:mm:ss	N	
LASTUPDATE_UNAME	数据更新人姓名	string	..72	N	

续表

标识符	中文名称	数据类型	数据格式	必选项	备注
LASTUPDATE_DEPTNAME	数据更新部门名称	string	..50	N	
LASTUPDATE_UNITNAME	数据更新机构名称	string	..50	N	
UPDATE_TIME	数据更新时间	datetime	YYYYMMDD hh:mm:ss	N	
LASTUPDATE_PNID	数据更新环节	string	an32	N	

6.2.2 关联文件表

关联文件表见表16。

表16　关联文件数据元

标识符	中文名称	数据类型	数据格式	必选项	备注
RELA_MODULE_NAME	被关联业务模块名称	string	an32	Y	
RELA_BT	被关联业务标题	string	..200	Y	
RELA_WH	被关联业务编号	string	..50	Y	
IS_PRIVATE	是否私有关联	boolean		Y	
IS_SYSTEM	是否系统自动关联	boolean		Y	
RELA_TYPE	文件关联类型	string	n1	N	见附录A代码表文件关联类型代码
SHOWORDER	显示顺序	number		N	
CREATE_UNAME	数据创建人姓名	string	..72	N	
CREATE_DEPTNAME	数据创建部门名称	string	an32	N	
CREATE_UNITNAME	数据创建机构名称	string	an32	N	
CREATE_TIME	数据创建时间	datetime	YYYYMMDD hh:mm:ss	N	
LASTUPDATE_UNAME	数据更新人姓名	string	..72	N	
LASTUPDATE_DEPTNAME	数据更新部门名称	string	..50	N	
LASTUPDATE_UNITNAME	数据更新机构名称	string	..50	N	
UPDATE_TIME	数据更新时间	datetime	YYYYMMDD hh:mm:ss	N	

6.2.3 业务数据总表

业务数据总表见表17。

表 17　业务数据数据元总表

标识符	中文名称	数据类型	数据格式	必选项	备注
MODULE_NAME	模块名称	string	..100	Y	
STATUS	办结状态	string	n1	N	见附录 A 代码表办结状态代码
EFFECTIVE	是否有效	boolean		N	
HANDLE_USERS	当前处理人员	string	..72	N	
ATTACH_COUNT	附件数量	number		N	
AGENDA_TYPE	日程类型	string	..20	N	
BT	日程事项	string	..500	N	
START_TIME	开始时间	datetime	YYYYMMDD hh:mm:ss	N	
END_TIME	结束时间	datetime	YYYYMMDD hh:mm:ss	N	
IS_FULLDAY	是否全天日程	boolean		N	
PLACE	地点	string	..500	N	
ATTENDANTS	参与人员	string	..200	N	
IS_PUBLIC	是否公开	boolean		N	
IS_PUBLIC_TEXT	是否公开文本	boolean		N	
REPEAT_TYPE	是否重复	boolean			
REPEAT_END_TIME	重复结束时间	datetime	YYYYMMDD hh:mm:ss	N	
REPEAT_PERIOD	重复周期单位	string	n1	N	
REPEAT_PERIOD_NUM	重复间隔数量	number		N	
REPEAT_UNIT	重复间隔单位	string	n1	N	见附录 A 代码表重复间隔单位代码
REPEAT_CONTENT	重复内容	string	..200	N	
REMIND_TYPE	提醒渠道	string	..200	N	
REMIND_CONTENT	提醒内容	string	..200	N	
MEMO	备注	string	..200	N	
CREATE_UNAME	数据创建人姓名	string	..72	N	
CREATE_DEPTNAME	数据创建部门名称	string	..50	N	
CREATE_UNITNAME	数据创建机构名称	string	..50	N	
CREATE_TIME	数据创建时间	datetime	YYYYMMDD hh:mm:ss	N	
LASTUPDATE_UNAME	数据更新人姓名	string	..72	N	
LASTUPDATE_DEPTNAME	数据更新部门名称	string	..50	N	
LASTUPDATE_UNITNAME	数据更新机构名称	string	..50	N	

续表

标识符	中文名称	数据类型	数据格式	必选项	备注
UPDATE_TIME	数据更新时间	datetime	YYYYMMDD hh:mm:ss	N	

6.2.4 发文表

发文表见表 18。

表 18　发文数据元

标识符	中文名称	数据类型	数据格式	必选项	备注
FWLX	发文类型	string	..2	Y	见附录 A 代码表发文类型代码
FWLX_TEXT	发文类型显示值	string	..50	Y	
LHFWDW	联合发文单位	string	..200	N	
LHFWDW_TEXT	联合发文单位显示值	string	..500	N	
BMHQDW	部内会签单位	string	..200	N	
BMHQDW_TEXT	部内会签单位显示值	string	..500	N	
TJREASON	特急原因	string	..500	N	
ZSDW	主送单位	string	..200	Y	
CSDW	抄送单位	string	..200	Y	
UNIT_NAME	主办司局名称	string	..30	N	
SFGK	是否公开	boolean		N	
XXGKFL	信息公开分类	string	..300	N	
FJYS	附件页数	number		N	
FJBT	附件标题	string	..300	N	
CYJBT	参阅件标题	string	..300	N	
QFR	签发人	string	..72	N	
QFRQ	签发日期	datetime	YYYYMMDD hh:mm:ss	N	
STATUS	办结状态	string	n1	N	见附录 A 代码表办结状态代码
CREATE_UNAME	数据创建人姓名	string	..72	N	
CREATE_TIME	数据创建时间	datetime	YYYYMMDD hh:mm:ss	N	
LASTUPDATE_UNAME	最后修改人姓名	string	..72	N	
UPDATE_TIME	最后修改时间	datetime	YYYYMMDD hh:mm:ss	N	
INFO_VERSION	版本	number		N	
EFFECTIVE	有效标识	boolean		Y	

续表

标识符	中文名称	数据类型	数据格式	必选项	备注
HANDLE_USERS	当前处理人员姓名	string	..72	N	
CREATE_DEPTNAME	数据创建部门名称	string	..50	N	
CREATE_UNITNAME	数据创建机构名称	string	..50	N	
LASTUPDATE_DEPTNAME	最后修改部门名称	string	..50	N	
ATTACH_COUNT	附件数量	number		N	
USER_NAME	文件所属人姓名	string	..72	N	
SHOWORDER	排列顺序	number		N	
MD5CODE	MD5 校验码	string	..50	N	
HANDLE_NODENAME	当前处理节点名称	string	..50	N	
HANDLE_STAGENAME	当前处理阶段名称	string	..50	N	
BT	标题	string	..500	N	
WH	文号	string	..50	N	
URGENT	紧急程度	string	n1	N	见附录 A 代码表紧急程度代码
NGR	拟稿人	string	..72	N	
NGDW	拟稿单位	string	..50	N	
NGTEL	拟稿人电话	string	..18	N	
DYFS	份数	number		N	
BLQX	办理期限	datetime	YYYYMMDD hh:mm:ss	N	
ARCHIVE_PERIOD	保管期限	string	n1	N	见附录 A 代码表保管期限代码
QFR_TEXT	签发人	string	..72	N	
NGRQ	拟稿日期	datetime	YYYYMMDD hh:mm:ss	N	
GH	个人号	string	..50	N	
SH	司号	string	..50	N	
BH	部号	string	..50	N	
FSDW	分送单位	string	..500	N	
YFRQ	印发日期	datetime	YYYYMMDD hh:mm:ss	N	
SUPERIOR_LEADER_OPINION	部领导批示	string	..200	N	
SFGFXWJ	规范性文件	string	..20	N	
ZBBM_TEXT	主办部门名称	string	..50	N	
HQBM_TEXT	会签部门名称	string	..200	N	
HQBM	会签部门	string	..500	N	
FHR_TEXT	复核人	string	..72	N	

续表

标识符	中文名称	数据类型	数据格式	必选项	备注
MSCSHR_TEXT	秘书处审核人姓名	string	..72	N	
SY	事由	string	..500	N	
FSJG	发送机关	string	..500	N	
FSJG_TEXT	发送机关名称	string	..500	N	
ZTC	主题词	string	..200	N	
CSBM	抄送部门	string	..500	N	
TJYY	特急原因	string	..200	N	
ZGJDR	终稿校对人姓名	string	..72	N	
ZGJDR_TIME	终稿校对人时间	datetime	YYYYMMDD hh:mm:ss	N	
QFSJ	签发时间	datetime	YYYYMMDD hh:mm:ss	N	
QFYJ	签发意见	string	..200	N	
FUZHU_WH	秘书处核稿	string	..50	N	
FUZHU_WH_RULEID	秘书处核稿	string	an32	N	
RF	签发人姓名	string	..72	N	
RF_TIME	签发时间	datetime	YYYYMMDD hh:mm:ss	N	
CSDW	抄送单位	string	..200	N	
CSDW_TEXT	抄送单位显示值	string	..500	N	
UNIT_NAME	主办司局名称	string	..30	N	

6.2.5 收文表

收文表见表19。

表19 收文数据元

标识符	中文名称	数据类型	数据格式	必选项	备注
WH_TEXT	外来编号	string	..50	Y	
MODULE_NAME	模块名称	string	..50	Y	
STATUS	办结状态	string	n1	N	见附录A代码表办结状态代码
CREATE_UNAME	数据创建人姓名	string	..72	N	
CREATE_TIME	数据创建时间	datetime	YYYYMMDD hh:mm:ss	N	
INFO_VERSION	版本	number		N	
EFFECTIVE	有效标识	boolean		Y	
HANDLE_USERS	当前处理人员姓名	string	..72	N	
CREATE_DEPTNAME	数据创建部门名称	string	..50	N	

续表

标识符	中文名称	数据类型	数据格式	必选项	备注
CREATE_UNITNAME	数据创建机构名称	string	..50	N	
LASTUPDATE_DEPTNAME	最后修改部门名称	string	..50	N	
LASTUPDATE_UNITNAME	最后修改机构名称	string	..50	N	
ATTACH_COUNT	附件数量	number		N	
USER_NAME	文件所属人姓名	string	..72	N	
HANDLE_NODENAME	当前处理节点名称	string	..50	N	
HANDLE_STAGENAME	当前处理阶段名称	string	..50	N	
URGENT	紧急程度	string	n1	N	见附录 A 代码表紧急程度代码
NGR	登记人	string	..72	N	
NGBM_TEXT	所在部门	string	..50	N	
NGDW	所在司局	string	..50	N	
NGTEL	登记人电话	string	..18	N	
NGRQ	登记日期	datetime	YYYYMMDD hh:mm:ss	N	
DYFS	批号	number		N	
BLQX	办理期限	datetime	YYYYMMDD hh:mm:ss	N	
SWRQ	来文日期	datetime	YYYYMMDD hh:mm:ss	N	
DMZRRQZ	秘书处责任人签字	string	..50	N	
DMZRRQZ_TIME	秘书处责任人签字时间	datetime	YYYYMMDD hh:mm:ss	N	
LWDW	来文单位	string	an32	N	
WJZL	收文类别	string	n1	N	见附录 A 代码表收文类别代码
WJFL	公文类型	string	n1	N	见附录 A 代码表公文类型代码
LWZY	摘要	string	..200	N	
SWH	来文文号	string	..20	N	
XXGK_TEXT	编号	number		N	
ARCHIVE_PERIOD	保管期限	string	n1	N	见附录 A 代码表保管期限代码
WH_NUM	文件编号	string	..9	N	
SUPERIOR_LEADER_OPINION	部领导批示	string	..200	N	
LEADER_OPINION	厅(司局)批示	string	..200	N	
NGR_MOBILE	其他司局手机	string	n11	N	
BT	来文摘要	string	..500	N	
LWWH	来文文号	string	..50	N	
BJRQ	办理日期	datetime	YYYYMMDD hh:mm:ss	N	

6.2.6 签报表

签报表见表20。

表20　签报数据元

标识符	中文名称	数据类型	数据格式	必选项	备注
HJYY	缓急原因	string	..200	Y	
QX	期限	datetime	YYYYMMDD hh:mm:ss	Y	
FJBT	附件标题	string	..200	Y	
CYJBT	参阅件标题	string	..200	Y	
BZPS	部长批示	string	..100	N	
BZPS_TEXT	部长批示文本	string	..50	N	
SFHQ	是否会签	boolean		N	
SFHQ_TEXT	是否会签文本	boolean		N	
BNHQBM	部内会签部门	string	..50	N	
ZW	正文	string	..200	Y	
GR	个人号	string	..50	N	
SH	司号	string	..50	N	
BH	部号	string	..50	N	
MODULE_NAME	模块名称	string	..50	N	
STATUS	办结状态	string	n1	N	见附录A代码表办结状态代码
CREATE_UNAME	数据创建人姓名	string	..72	N	
CREATE_TIME	数据创建时间	datetime	YYYYMMDD hh:mm:ss	N	
INFO_VERSION	版本	number		N	
EFFECTIVE	有效标识	boolean		Y	
HANDLE_USERS_ID	当前处理人员姓名	string	..72	N	
HANDLE_USERS	当前处理人员姓名	string	..72	N	
CREATE_DEPTNAME	数据创建部门名称	string	..50	N	
CREATE_UNITNAME	数据创建机构名称	string	..50	N	
LASTUPDATE_DEPTNAME	最后修改部门名称	string	..50	N	
LASTUPDATE_UNITNAME	最后修改机构名称	string	..50	N	
ATTACH_COUNT	附件数量	number		N	
USER_NAME	文件所属人姓名	string	..72	N	
SHOWORDER	排列顺序	number		N	
BT	标题	string	..200	N	
WH	文件编号	string	..50	N	

续表

标识符	中文名称	数据类型	数据格式	必选项	备注
MJ	密级	string	n1	N	
NGR	拟稿人	string	..72	N	
NGRQ	拟稿日期	datetime	YYYYMMDD hh:mm:ss	N	
DYFS	份数	number		N	
GWYS	页数	number		N	
QBNR	签报内容	string	..200	N	
HJCD	缓急程度	string	n1	N	见附录A代码表缓急程度代码
NGR_MOBILE	拟稿人手机	string	n11	N	
ZS	主送	string	..50	N	
NGBM	拟稿部门	string	..50	N	
NGBM_TEXT	拟稿部门名称	string	..50	N	
NGSJ	拟稿司局	string	..50	N	
ZBSJ	主办司局	string	..50	N	
BLSX	办理时限	datetime	YYYYMMDD hh:mm:ss	N	
ZBCS	主办处室	string	..50	N	
CSFZR	处室负责人姓名	string	..72	N	
NGTEL	拟稿人电话	string	..18	N	

6.2.7 依申请公开表

依申请公开表见表21。

表21　依申请公开数据元

标识符	中文名称	数据类型	数据格式	必选项	备注
MODULE_NAME	模块名称	string	..100	Y	
STATUS	办结状态	string	n1	N	见附录A代码表办结状态代码
USER_NAME	所属用户名称	string	an32	N	
EFFECTIVE	有效标识	boolean		Y	
INFO_VERSION	版本	number		N	
HANDLE_USERS	当前处理人员	string	..72	N	
ATTACH_COUNT	附件数量	number		N	
NGRQ	申请日期	datetime	YYYYMMDD hh:mm:ss	N	
PLAN_REPLY_DATE	预计答复日期	datetime	YYYYMMDD hh:mm:ss	N	

续表

标识符	中文名称	数据类型	数据格式	必选项	备注
REPLY_DATE	答复日期	datetime	YYYYMMDD hh:mm:ss	N	
APPLICANT_TYPE	申请人类型	string	n1	N	见附录 A 代码表申请人类型代码
APPLICANT_NAME	姓名	string	..72	N	
TELEPHONE	联系电话	string	..18	N	
ID_TYPE	证件类型	string	n2	N	见 JMGC/XX 204—2020 C0015 身份证件类型代码
ID_CODE	证件号码	string	..18	N	
ZIPCODE	邮政编码	string	n6	N	
EMAIL	电子邮箱	string	..100	N	
APPLICATION_REASON	申请理由	string	..200	N	
CONTENT	内容描述	string	..200	N	
MEDIA_TYPE	信息获取方式及媒体	string	n1	N	见附录 A 代码表信息获取方式及媒体代码
ORG_NAME	组织机构名称	string	..100	N	
ORG_CODE	组织机构代码	string	..20	N	
BUSINESS_LICENSE	营业执照信息	string	..200	N	
FR_ZIPCODE	法人邮政编码	string	n6	N	
FR_CONTACT_ADDRESS	法人通信地址	string	..200	N	
FR_NAME	法人代表	string	..72	N	
CONTACT_USER	联系人姓名	string	..72	N	
CONTACT_TEL	联系电话	string	..18	N	
CONTACT_EMAIL	联系人电子邮箱	string	..100	N	
CREATE_UNAME	数据创建人姓名	string	..72	N	
CREATE_DEPTNAME	数据创建部门名称	string	..50	N	
CREATE_UNITNAME	数据创建机构名称	string	..50	N	
CREATE_TIME	数据创建时间	datetime	YYYYMMDD hh:mm:ss	N	
LASTUPDATE_UNAME	数据更新人姓名	string	..72	N	
LASTUPDATE_DEPTNAME	数据更新部门名称	string	..50	N	
LASTUPDATE_UNITNAME	数据更新机构名称	string	..50	N	
UPDATE_TIME	数据更新时间	datetime	YYYYMMDD hh:mm:ss	N	

6.2.8 通知公告信息表

通知公告信息表见表 22。

表 22 通知公告信息数据元

标识符	中文名称	数据类型	数据格式	必选项	备注
MODULE_NAME	模块名称	string	..100	Y	
STATUS	办结状态	string	n1	N	见附录 A 代码表办结状态代码
USER_NAME	所属用户名称	string	an32	Y	
EFFECTIVE	有效标识	boolean		Y	
INFO_VERSION	版本	number		Y	
HANDLE_USERS	当前处理人员	string	..200	N	
ATTACH_COUNT	附件数量	string	an2	N	
SOURCE_NAME	来源名称	string	..100	Y	
NOTICE_TYPE	公告类型	string	..20	Y	见附录 A 代码表公告类型代码
PUBLISH_STATUS	发布状态	boolean		Y	
START_TIME	发布时间	datetime	YYYYMMDD hh:mm:ss	Y	
END_TIME	失效时间	datetime	YYYYMMDD hh:mm:ss	Y	
PUBLISH_DEPT	发布部门	string	..200	Y	
PUBLISH_DEPT_SCHEMA	发布部门描述	string	..200	Y	
TOP_START_TIME	置顶开始时间	datetime	YYYYMMDD hh:mm:ss	N	
TOP_END_TIME	置顶结束时间	datetime	YYYYMMDD hh:mm:ss	N	
PUBLISH_RANGE	发布范围	string	an2	N	
CUSTOM_PUBLISH_RANGE	自定义发布范围	string	..200	N	
CUSTOM_PUBLISH_RANGE_SCHEMA	自定义发布范围描述	string	..200	N	
IMPORTANT	重要程度	string	n1	Y	
IMPORTANT_TEXT	重要程度文本	string	..20	Y	
CONTENT	内容	string	..200	N	
CONTENT_TEXT	内容文本	string	..200	N	
CONTACT	联系人	string	..72	N	
CONTACT_PHONE	联系电话	string	..18	N	
PUBLISH_USER_COUNT	发布人员数量	number		N	
READ_USER_COUNT	已读人员数量	number		N	
CREATE_UNAME	数据创建人姓名	string	..72	Y	

续表

标识符	中文名称	数据类型	数据格式	必选项	备注
CREATE_DEPTNAME	数据创建部门名称	string	..50	Y	
CREATE_UNITNAME	数据创建机构名称	string	..50	Y	
CREATE_TIME	数据创建时间	datetime	YYYYMMDD hh:mm:ss	Y	
LASTUPDATE_UNAME	数据更新人姓名	string	..72	Y	
LASTUPDATE_DEPTNAME	数据更新部门名称	string	..50	Y	
LASTUPDATE_UNITNAME	数据更新机构名称	string	..50	Y	
UPDATE_TIME	数据更新时间	datetime	YYYYMMDD hh:mm:ss	Y	

6.2.9 便笺基本信息表

便笺基本信息表见表23。

表23 便笺基本信息数据元

标识符	中文名称	数据类型	数据格式	必选项	备注
MODULE_NAME	模块名称	string	..100	Y	
STATUS	办结状态	string	n1	N	见附录A代码表办结状态代码
USER_NAME	所属用户名称	string	an32	N	
EFFECTIVE	有效标识	boolean		Y	
INFO_VERSION	版本	number		N	
HANDLE_USERS	当前处理人员	string	..72	N	
ATTACH_COUNT	附件数量	number		N	
SEND_USER_NAME	发送人姓名	string	..72	N	
RECEIVE_USER_NAME	实际接收人姓名	string	..72	N	
BT	主题	string	..500	N	
URGENT	紧急程度	string	n1	N	见附录A代码表紧急程度代码
CONTENT	内容 Html	string	..200	N	
RECEIVE_RANGE	接收人	string	..72	N	
RECEIVE_RANGE_TEXT	接收人文本	string	..72	N	
RECEIVE_RANGE_SCHEMA	接收人描述	string	..72	N	
RECEIVE_USER_COUNT	接收人数量	number		N	
ACTION_TYPE	发送接收类型	boolean		N	
READ_STATUS	阅览状态	boolean		N	
REPLY_STATUS	回复状态	boolean		N	

续表

标识符	中文名称	数据类型	数据格式	必选项	备注
FORWARD_STATUS	转发状态	boolean		N	
COLLECT_STATUS	收藏状态	boolean		N	
SEND_TIME	发送时间	datetime	YYYYMMDD hh:mm:ss	N	
READ_TIME	阅读时间	datetime	YYYYMMDD hh:mm:ss	N	
COLLECT_TIME	收藏时间	datetime	YYYYMMDD hh:mm:ss	N	
IS_TOP	是否置顶	boolean		N	
IS_TOP_TEXT	是否置顶文本	boolean		N	
TOP_ACTION_TIME	置顶操作时间	datetime	YYYYMMDD hh:mm:ss	N	
CREATE_UNAME	数据创建人姓名	string	..72	N	
CREATE_DEPTNAME	数据创建部门名称	string	..50	N	
CREATE_UNITNAME	数据创建机构名称	string	..50	N	
CREATE_TIME	数据创建时间	datetime	YYYYMMDD hh:mm:ss	N	
LASTUPDATE_UNAME	数据更新人姓名	string	..72	N	
LASTUPDATE_DEPTNAME	数据更新部门名称	string	..50	N	
LASTUPDATE_UNITNAME	数据更新机构名称	string	..50	N	
UPDATE_TIME	数据更新时间	datetime	YYYYMMDD hh:mm:ss	N	

6.2.10 新闻信息表

新闻信息表见表24。

表24 新闻信息数据元

标识符	中文名称	数据类型	数据格式	必选项	备注
MODULE_NAME	模块名称	string	..100	Y	
STATUS	办结状态	string	n1	N	见附录A代码表办结状态代码
USER_NAME	所属用户名称	string	an32		
EFFECTIVE	有效标识	boolean		Y	
INFO_VERSION	版本	number		Y	
HANDLE_USERS	当前处理人员	string	..200	Y	
ATTACH_COUNT	附件数量	number		Y	
BT	标题	string	..500	Y	

续表

标识符	中文名称	数据类型	数据格式	必选项	备注
NGRQ	拟稿时间	datetime	YYYYMMDD hh:mm:ss	N	
COLUMN_ID_TEXT	所属栏目名称	string	..50	N	
NEWS_STATUS	稿件状态	string	n1	N	
CONTENT	内容	string	..200	N	
SUB_TITLE	副标题	string	..500	N	
SUMMARY	摘要	string	..200	N	
AUTHOR	作者	string	..72	N	
SOURCE	来源	string	..100	N	
TOP_LEVEL	置顶级别	string	n1	N	
TOP_LEVEL_TEXT	置顶级别文本	string	..20	N	
TOP_DEADLINE	置顶过期时间	datetime	YYYYMMDD hh:mm:ss	N	
PUBLISH_DATE	发布时间	datetime	YYYYMMDD hh:mm:ss	N	
CANCEL_DATE	过期撤销时间	datetime	YYYYMMDD hh:mm:ss	N	
VIEW_TIMES	浏览次数	number		N	
COMMENTS_TIMES	评论数	number		N	
COLLECT_TIMES	收藏数	number		N	
INDEX_NO	索引号	string	..50	N	
FWDW	发文单位	string	..100	N	
FWDW_TEXT	发文单位文本	string	..100	N	
GWZL	公文种类	string	..50	N	
GWZL_TEXT	公文种类文本	string	..50	N	
TOPIC_TYPE	主题分类	string	..50	N	
TOPIC_TYPE_TEXT	主题分类文本	string	..50	N	
CREATE_UNAME	数据创建人姓名	string	..72	N	
CREATE_DEPTNAME	数据创建部门名称	string	..50	N	
CREATE_UNITNAME	数据创建机构名称	string	..50	N	
CREATE_TIME	数据创建时间	datetime	YYYYMMDD hh:mm:ss	N	
LASTUPDATE_UNAME	数据更新人姓名	string	..72	N	
LASTUPDATE_DEPTNAME	数据更新部门名称	string	..50	N	
LASTUPDATE_UNITNAME	数据更新机构名称	string	..50	N	
UPDATE_TIME	数据更新时间	datetime	YYYYMMDD hh:mm:ss	N	

6.3 决策支持

表 25　决策支持数据元汇总列表

业务大类	业务小类	表中文名	表英文名	汇聚范围
决策支持	安全预警监测	自然灾害情况	ZF_ZRZHQK	部本级
		社会治安事件情况	ZF_SHZNQK	部本级
		公共卫生事件情况	ZF_GGVSQK	部本级
	救助对象监测	救助对象成因	ZF_JZDXCY	各省
		社会救助实施情况	ZF_JZSSQK	各省
		社会救助对象画像	ZF_JZDXHX	各省
	综合统计评估	服务机构情况	ZF_FWJGQK	各省
		民政服务人员情况	ZF_MZFWRYQK	各省
	多维统计分析	社会组织总体情况	ZF_SHZZQK	部本级、各省
		离婚登记情况	ZF_LHDKQK	各省
		结婚登记情况	ZF_JHDJQK	各省
		全国留守儿童信息	ZF_LSET	各省
		全国困境儿童信息	ZF_KJET	各省
		收养登记信息	ZF_SYDJ	各省
		孤儿信息	ZF_GE	各省
		遗体火化信息	ZF_YTHH	各省
		残疾人情况	ZF_CJRQK	各省
	民生问题跟踪	服务供给情况	ZF_FWGJQK	各省

6.3.1 自然灾害发生情况

自然灾害发生情况表见表 26。

表 26　自然灾害发生情况数据元

标识符	中文名称	数据类型	数据格式	必选项	备注
AZZX0001	时期	date	YYYYMMDD	Y	
AXAA0001	行政区划	string	n12	Y	前 6 位见 GB/T 2260，后 3 位见 GB/T 10114—2003，后 3 位为村或社区编码
AZFX0015	自然灾害类型	string	n1	Y	见附录 A 代码表 自然灾害类型代码
ZFX0004	自然灾害发生数量	number		Y	
AZFX0213	影响人员数量	number		N	
AZFX0214	造成人员死亡数量	number		N	

续表

标识符	中文名称	数据类型	数据格式	必选项	备注
AZFX0215	造成人员受伤数量	number		N	
AZFX0018	造成损失金额	float	18,2	N	
AZFX0216	倒损房屋数量	number		N	
AZFX0217	农作物受灾绝收面积	float	10,2	N	

6.3.2 社会治安事件发生情况

社会治安事件发生情况表见表27。

表27 社会治安事件发生情况数据元

标识符	中文名称	数据类型	数据格式	必选项	备注
AZZX0001	时期	date	YYYYMMDD	Y	
AXAA0001	行政区划	string	n12	Y	前6位见GB/T 2260,后3位见GB/T 10114—2003,后3位为村或社区编码
AZFX0023	社会治安事件类型	string	n1	Y	见附录A代码表 社会治安事件类型代码
AZFX0025	社会治安事件发生数量	number		Y	
AZFX0032	造成人员死亡数量	number		N	
AZFX0033	造成人员受伤数量	number		N	
AZFX0026	造成损失金额	float	18,2	N	

6.3.3 公共卫生事件发生情况

公共卫生事件发生情况表见表28。

表28 公共卫生事件发生情况数据元

标识符	中文名称	数据类型	数据格式	必选项	备注
AZZX0001	时期	date	YYYYMMDD	Y	
AXAA0001	行政区划	string	n12	Y	前6位见GB/T 2260,后3位见GB/T 10114—2003,后3位为村或社区编码
AZFX0034	公共卫生事件类型	string	n1	Y	见附录A代码表 公共卫生事件类型代码
AZFX0036	公共卫生事件发生数量	number		Y	
AZFX0043	造成人员死亡数量	number		N	

续表

标识符	中文名称	数据类型	数据格式	必选项	备注
AZFX0044	造成人员受伤数量	number		N	
AZFX0037	造成损失金额	float	18,2	N	

6.3.4 救助对象成因分析

救助对象成因分析表见表29。

表29　救助对象成因分析表数据元

标识符	中文名称	数据类型	数据格式	必选项	备注
AZZX0001	时期	date	YYYYMMDD	Y	
AXAA0001	行政区划	string	n12	Y	前6位见GB/T 2260,后3位见GB/T 10114—2003,后3位为村或社区编码
AZFP0106	成因类型	string	n1	Y	见附录A代码表 救助成因类型代码
AZFP0007	城乡类型	string	n1	Y	见JMGC/XX 204—2020 C055 城乡区划代码
AZFX0068	救助人数	number		N	
AZFX0069	救助户数	number		N	

6.3.5 社会救助实施情况

社会救助实施情况表见表30。

表30　社会救助实施情况数据元

标识符	中文名称	数据类型	数据格式	必选项	备注
AZZX0001	时期	date	YYYYMMDD	Y	
AXAA0001	行政区划	string	n12	Y	前6位见GB/T 2260,后3位见GB/T 10114—2003,后3位为村或社区编码
AZFP0024	救助类型	string	n1	Y	见JMGC/XX 203—2020 CB001 社会救助业务类型代码
AZFP0007	城乡类型	string	n1	Y	见JMGC/XX 203—2020 C055 城乡区划代码
AZFP0107	是否本地户籍	boolean		Y	
AZFX0068	救助人数	number		N	
AZFX0069	救助户数	number		N	
AZFX0067	救助金额	float	18,2	N	

6.3.6 社会救助对象画像

社会救助对象画像表见表31。

表31　社会救助对象画像数据元

标识符	中文名称	数据类型	数据格式	必选项	备注
AZZX0001	时期	date	YYYYMMDD	Y	
AXAA0001	行政区划	string	n12	Y	前6位见GB/T 2260,后3位见GB/T 10114—2003,后3位为村或社区编码
AZFP0024	救助类型	string	n1	Y	见JMGC/XX 204—2020 CB001社会救助业务类型代码
AZFP0007	城乡类型	string	n1	Y	见JMGC/XX 204—2020 C055城乡区划代码
AZFP0107	是否本地户籍	boolean		Y	
AZFX0030	年龄段	string	n1	Y	见附录A代码表 年龄段代码
AXCP0010	健康状况	string	n2	Y	见JMGC/XX 204—2020 C0011健康状况代码
AXCP0006	性别	string	n1	Y	见JMGC/XX 204—2020 C0007人的性别代码
AZFX0068	救助人数	number		N	

6.3.7 服务机构情况

服务机构情况表见表32。

表32　服务机构情况数据元

标识符	中文名称	数据类型	数据格式	必选项	备注
AZZX0001	时期	date	YYYYMMDD	Y	
AXAA0001	行政区划	string	n12	Y	前6位见GB/T 2260,后3位见GB/T 10114—2003,后3位为村或社区编码
AZFE0040	服务类型	string	n1	Y	见JMGC/XX 204—2020 C056服务类型代码
AZFE0003	服务机构数量	number		N	
AZFP0093	服务人员数量	number		N	
AZFE0041	床位数	number		N	

6.3.8 民政服务人员情况

民政服务人员情况表见表33。

表 33 民政服务人员情况数据元

标识符	中文名称	数据类型	数据格式	必选项	备注
AZZX0001	时期	date	YYYYMMDD	Y	
AXAA0001	行政区划	string	n12	Y	前6位见GB/T 2260,后3位见GB/T 10114—2003,后3位为村或社区编码
AZFE0042	服务类型	string	n1	Y	见JMGC/XX 204—2020 C056 服务类型代码
AXCP0006	性别	string	n1	Y	见 JMGC/XX 204—2020 C0007 人的性别代码
AZFX0030	年龄段	string	n1	Y	见附录A代码表 年龄段代码
AZFP0109	学历	string	n2	Y	见 JMGC/XX 204—2020 C0008 学历代码
AZFP0093	服务人员数量	number		N	

6.3.9 社会组织总体情况

社会组织总体情况表见表34。

表 34 社会组织总体情况数据元

标识符	中文名称	数据类型	数据格式	必选项	备注
AZZX0001	时期	date	YYYYMMDD	Y	
AXAA0001	行政区划	string	n12	Y	前6位见GB/T 2260,后3位见GB/T 10114—2003,后3位为村或社区编码
AZFE0019	社会组织数量	number		N	
AZFE0020	当年新增社会组织数量	number		N	
AZFE0021	当年注销社会组织数量	number		N	
AZFE0022	社会组织服务人数	number		N	
AZFE0043	社会团体数量	number		N	
AZFE0044	社会团体负债总计	float	18,2	N	
AZFE0045	社会团体资产总计	float	18,2	N	
AZFE0046	基金会数量	number		N	
AZFE0047	基金会负债总计	float	18,2	N	
AZFE0048	基金会资产总计	float	18,2	N	
AZFE0049	民办非企业单位数量	number		N	

续表

标识符	中文名称	数据类型	数据格式	必选项	备注
AZFE0050	民办非企业单位负债总计	float	18,2	N	
AZFE0051	民办非企业单位资产总计	float	18,2	N	
AZFE0052	社会团体本年收入	float	18,2	N	
AZFE0053	社会团体本年费用	float	18,2	N	
AZFE0054	基金会本年收入	float	18,2	N	
AZFE0055	基金会本年费用	float	18,2	N	
AZFE0056	民办非企业单位本年收入	float	18,2	N	
AZFE0057	民办非企业单位本年费用	float	18,2	N	

6.3.10 离婚登记情况

离婚登记情况表见表35。

表35 离婚登记情况数据元

标识符	中文名称	数据类型	数据格式	必选项	备注
AZZX0001	时期	date	YYYYMMDD	Y	
AXAA0001	行政区划	string	n12	Y	前6位见GB/T 2260,后3位见GB/T 10114—2003,后3位为村或社区编码
AZFP0110	离婚原因	string	n2	Y	见JMGC/XX 204—2020 CFA06离婚原因代码
AZFX0167	离婚对数	number		N	

6.3.11 结婚登记情况

结婚登记情况表见表36。

表36 结婚登记情况数据元

标识符	中文名称	数据类型	数据格式	必选项	备注
AZZX0001	时期	date	YYYYMMDD	Y	
AXAA0001	行政区划	string	n12	Y	前6位见GB/T 2260,后3位见GB/T 10114—2003,后3位为村或社区编码
AZFX0166	结婚对数	number		N	

6.3.12 儿童信息

6.3.12.1 全国留守儿童信息

全国留守儿童信息表见表37。

表37 全国留守儿童信息数据元

标识符	中文名称	数据类型	数据格式	必选项	备注
AZZX0001	时期	date	YYYYMMDD	Y	
AXAA0001	行政区划	string	n12	Y	前6位见GB/T 2260,后3位见GB/T 10114—2003,后3位为村或社区编码
AZFX0029	性别	string	n1	N	见 JMGC/XX 204—2020 C0007 人的性别代码
AXCP0010	健康状况	string	n2	N	见 JMGC/XX 204—2020 C0011 健康状况代码
AZFP0111	就学情况	string	n2	N	见附录A代码表 就学情况代码
AZFP0112	留守儿童数量	number		N	

6.3.12.2 全国困境儿童信息

全国困境儿童信息表见表38。

表38 全国困境儿童信息数据元

标识符	中文名称	数据类型	数据格式	必选项	备注
AZZX0001	时期	date	YYYYMMDD	Y	
AXAA0001	行政区划	string	n12	Y	前6位见GB/T 2260,后3位见GB/T 10114—2003,后3位为村或社区编码
AXCP0006	性别	string	n1	N	见 JMGC/XX 204—2020 C0007 人的性别代码
AXCP0010	健康状况	string	n2	N	见 JMGC/XX 204—2020 C0011 健康状况代码
AZFP0111	就学情况	string	n2	N	见附录A代码表 就学情况代码
AZFP0113	困境儿童数量	number		N	

6.3.12.3 收养登记信息

收养登记信息表见表39。

表 39 收养登记信息数据元

标识符	中文名称	数据类型	数据格式	必选项	备注
AZZX0001	时期	date	YYYYMMDD	Y	
AXAA0001	行政区划	string	n12	Y	前 6 位见 GB/T 2260,后 3 位见 GB/T 10114—2003,后 3 位为村或社区编码
AXCP0006	收养儿童性别	string	n1	N	见 JMGC/XX 204—2020 C0007 人的性别代码
AZFX0218	收养登记件数	number		N	

6.3.12.4 孤儿信息

孤儿信息表见表 40。

表 40 孤儿信息数据元

标识符	中文名称	数据类型	数据格式	必选项	备注
AZZX0001	时期	date	YYYYMMDD	Y	
AXAA0001	行政区划	string	n12	Y	前 6 位见 GB/T 2260,后 3 位见 GB/T 10114—2003,后 3 位为村或社区编码
AXCP0006	性别	string	n1	N	见 JMGC/XX 204—2020 C0007 人的性别代码
AXCP0010	健康状况	string	n2	N	见 JMGC/XX 204—2020 C0011 健康状况代码
AZFP0111	就学情况	string	n2	N	见附录 A 代码表 就学情况代码
AZFP0114	是否散居孤儿	boolean		N	
AZFP0115	孤儿数量	number		N	

6.3.13 残疾人情况

残疾人情况表见表 41。

表 41 残疾人情况数据元

标识符	中文名称	数据类型	数据格式	必选项	备注
AZZX0001	时期	date	YYYYMMDD	Y	
AXAA0001	行政区划	string	n12	Y	前 6 位见 GB/T 2260,后 3 位见 GB/T 10114—2003,后 3 位为村或社区编码
ABA0005	残疾人	number		N	
AZFP0116	不同残疾等级残疾人数	number		N	

续表

标识符	中文名称	数据类型	数据格式	必选项	备注
AZFP0117	不同残疾类型残疾人数	number		N	
AZFP0118	不同受教育程度残疾人数占比	float	8,2	N	
AZFE0037	残疾人康复机构数量	number		N	
AZFP0119	康复机构在岗人员数	number		N	
AZFP0120	不同种类康复机构在岗人员数	number		N	
AZFP0121	残疾人就业人数	number		N	
AZFP0122	参加社会养老保险人数	number		N	
AZFP0123	接受托养服务残疾人数	number		N	
AZFE0058	残疾人托养服务机构数	number		N	
AZFP0124	接受参保扶助残疾人数	number		N	

6.3.14 遗体火化信息

遗体火化信息表见表42。

表42　遗体火化信息数据元

标识符	中文名称	数据类型	数据格式	必选项	备注
AZZX0001	时期	date	YYYYMMDD	Y	
AXAA0001	行政区划	string	n12	Y	前6位见GB/T 2260,后3位见GB/T 10114—2003,后3位为村或社区编码
AZFP0079	遗体火化数量	number		N	
AZFP0125	遗体火化率	float	8,4	N	

6.3.15 服务供给情况

服务供给情况表见表43。

表43　服务供给情况数据元

标识符	中文名称	数据类型	数据格式	必选项	备注
AZZX0001	时期	date	YYYYMMDD	Y	

续表

标识符	中文名称	数据类型	数据格式	必选项	备注
AXAA0001	行政区划	string	n12	Y	前6位见GB/T 2260,后3位见GB/T 10114—2003,后3位为村或社区编码
AZFE0042	服务机构类型	string	n1	Y	见JMGC/XX 204—2020 CC007社区服务机构与设施类型代码
AZFP0092	服务对象数量	number		N	
AZFE0003	服务机构数量	number		N	
AZFP0093	服务人员数量	number		N	
AZKX0005	经费支出	float	18,2	N	

6.4 统计与信息服务

表44　统计与信息服务数据元汇总列表

业务大类	业务小类	表中文名	表英文名	汇聚范围
公共服务与决策支持系统项目02包	社会组织	社会团体	TJ_AA0001	部本级、各省
		民办非企业单位	TJ_AA0002	部本级、各省
		基金会	TJ_AB0001	部本级、各省
	养老服务	农村特困人员救助供养机构	TJ_BB0001	各省
		养老公寓等各类养老机构	TJ_HD0001	各省
	社会事务	婚姻登记机构	TJ_FA0001	各省
		殡葬服务机构	TJ_FB0001	各省
		结婚登记人员	TJ_FA0002	各省
		离婚登记人员	TJ_FA0003	各省
		被火化人员	TJ_FB0002	各省
		残疾人人员(困难残疾人)	TJ_GC0001	各省
		残疾人人员(重度残疾人)	TJ_GC0002	各省
	基建政权和社区建设	未登记的农村特困人员救助供养机构	TJ_BB0002	各省
		社区养老照料机构和设施	TJ_DB0004	各省
		社区互助型养老设施	TJ_DB0005	各省
		其他社区服务机构和设施	TJ_DB0006	各省
	社会救助	城市低保对象人员	TJ_BA0002	各省
		农村低保对象人员	TJ_BA0003	各省
		城市特困人员	TJ_BB0003	各省
		农村特困人员	TJ_BB0004	各省
		其他生活救助(含传统救济)	TJ_BD0002	各省
		临时救助对象	TJ_BC0001	各省

续表

业务大类	业务小类	表中文名	表英文名	汇聚范围
公共服务与决策支持系统项目02包	社会救助	低保服务机构	TJ_BA0001	各省
	儿童福利	孤儿人员	TJ_JD0001	各省
	慈善事业促进和社会工作	彩票发行机构	TJ_KA0001	部本级、各省
		其他事业单位	TJ_ZZ0003	部本级、各省
	统计类	其他提供住宿机构	TJ_ZZ0001	部本级、各省

6.4.1 社会团体

社会团体表见表45。

表45　社会团体数据元

标识符	中文名称	数据类型	数据格式	必选项	备注
AXAA1001	单位	string	..18	Y	
AZZX0001	时期	date	YYYYMMDD	Y	
AAA0001	登记时间	date	YYYYMMDD	Y	
AAA0002	登记部门	string	n1	Y	见 JMGC/XX 204—2020 C0047 登记部门代码
AXBE0002	统一社会信用代码	string	an18	Y	
AAA0003	组织机构代码	string	an18	N	
AXBE0003	单位名称	string	..100	Y	
AXBE0020	法定代表人姓名	string	..72	N	
AXBE0013	单位地址	string	..100	N	
AXBE0028	单位所属行政区划	string	n12	N	
AXAA0013	邮编	string	n6	N	
AXBE0015	单位联系电话	string	..18	N	
AXBE0008	国民经济行业分类	string	n4	Y	见 JMGC/XX 204—2020 C0036 国民经济行业分类代码
AAA0004	机构类型	string	n2	Y	见 JMGC/XX 204—2020 C0039 机构类型代码
AAA0005	变动类型	string	n1	Y	见 JMGC/XX 204—2020 C0040 机构变动类型代码
AAA0006	变动时间	date	YYYYMMDD	N	
AAA0008	年末从业人数	number		N	
AAC0011	年末从业人数(女)	number		N	
AAA0010	年末从业人数(中共党员)	number		N	
AAA0011	大学专科人数	number		N	

续表

标识符	中文名称	数据类型	数据格式	必选项	备注
AAA0012	大学本科及以上人数	number		N	
AAA0013	助理社会工作师人数	number		N	
AAA0014	社会工作师人数	number		N	
AAA0015	35 岁及以下人数	number		N	
AAA0016	36 岁至 45 岁人数	number		N	
AAA0017	46 岁至 55 岁人数	number		N	
AAA0018	56 岁及以上人数	number		N	
AAA0019	社会组织负责人数	number		N	
AAA0020	社会组织负责人数(女)	number		N	
AAA0021	会员总数	number		N	
AAA0022	团体会员	number		N	
AAA0023	个人会员	number		N	
AAA0024	执行会计制度	string	n1	Y	见 JMGC/XX 204—2020 C054 执行会计制度
AAA0025	存货	float	18,2	N	
AAA0026	固定资产原价	float	18,2	N	
AAA0027	资产总计	float	18,2	N	
AAA0028	负债总计	float	18,2	N	
AAA0029	本年收入合计	float	18,2	N	
AAA0030	捐赠收入	float	18,2	N	
AAA0031	会费收入	float	18,2	N	
AAA0032	政府补助收入	float	18,2	N	
AAA0033	本年费用合计	float	18,2	N	
AAA0034	业务活动成本	float	18,2	N	
AAA0035	人员费用	float	18,2	N	
AAA0036	日常费用	float	18,2	N	
AAA0037	固定资产折旧	float	18,2	N	
AAA0038	税费	float	18,2	N	
AAA0039	管理费用	float	18,2	N	
AAA0040	净资产变动额	float	18,2	N	
AAA0041	本年捐赠现金收入	float	18,2	N	
AAA0042	本年捐赠实物折价	float	18,2	N	
AAA0043	业务主管部门	string	..100	N	
AAA0044	志愿者数	number		N	

续表

标识符	中文名称	数据类型	数据格式	必选项	备注
AAA0045	是否建立党组织	boolean		Y	
AAA0046	出版物数	number		N	
AAA0047	年检时间	date	YYYYMMDD	N	
AAA0048	当年是否年检	boolean		Y	
AAA0049	是否是慈善组织	boolean		Y	
AAA0050	备注	string	..40	N	

6.4.2 民办非企业单位

民办非企业单位表见表46。

表46　民办非企业单位数据元

标识符	中文名称	数据类型	数据格式	必选项	备注
AXAA1001	单位	string	..18	Y	
AZZX0001	时期	date	YYYYMMDD	Y	
AAA0001	登记时间	date	YYYYMMDD	Y	
AAA0002	登记部门	string	n1	Y	见 JMGC/XX 204—2020 C0047 登记部门代码
AXBE0002	统一社会信用代码	string	an18	Y	
AAA0003	组织机构代码	string	an18	N	
AXBE0003	单位名称	string	..100	Y	
AXBE0020	法定代表人姓名	string	..72	N	
AXBE0013	地址	string	..100	N	
AXBE0028	单位所在地行政区划代码	string	a6	N	
AXAA0013	邮编	string	n6	N	
AXBE0015	联系电话	string	..18	N	
AXBE0008	国民经济行业分类	string	n4	Y	见 JMGC/XX 204—2020 C0036 国民经济行业分类代码
AAA0004	机构类型	string	n2	Y	见 JMGC/XX 204—2020 C0039 机构类型代码
AAA0005	变动类型	string	n1	Y	见 JMGC/XX 204—2020 C0040 机构变动类型代码
AAA0006	变动时间	date	YYYYMMDD	N	
AAA0019	社会组织负责人数	number		N	
AAA0020	社会组织负责人数（女）	number		N	
AAA0008	年末从业人数	number		N	

续表

标识符	中文名称	数据类型	数据格式	必选项	备注
AAC0011	年末从业人数(女)	number		N	
AAC0012	年末从业人数(中共党员)	number		N	
AAA0011	大学专科人数	number		N	
AAA0012	大学本科及以上人数	number		N	
AAA0013	助理社会工作师人数	number		N	
AAA0014	社会工作师人数	number		N	
AAC0017	35 岁及以下人数	number		N	
AAC0018	36 岁至 45 岁人数	number		N	
AAC0019	46 岁至 55 岁人数	number		N	
AAC0020	56 岁及以上人数	number		N	
AAA0024	执行会计制度	string	n1	Y	见 JMGC/XX 204—2020 C054 执行会计制度代码
AAA0025	存货	float	18,2	N	
AAA0026	固定资产原价	float	18,2	N	
AAA0027	资产总计	float	18,2	N	
AAC0025	负债总计	float	18,2	N	
AAC0026	本年收入合计	float	18,2	N	
AAA0030	捐赠收入	float	18,2	N	
AAA0031	会费收入	float	18,2	N	
AAA0032	政府补助收入	float	18,2	N	
AAC0030	本年费用合计	float	18,2	N	
AAA0034	业务活动成本	float	18,2	N	
AAA0035	人员费用	float	18,2	N	
AAA0036	日常费用	float	18,2	N	
AAA0037	固定资产折旧	float	18,2	N	
AAA0038	税费	float	18,2	N	
AAA0039	管理费用	float	18,2	N	
AAA0040	净资产变动额	float	18,2	N	
AAC0038	本年捐赠现金收入	float	18,2	N	
AAC0039	本年捐赠实物折价	float	18,2	N	
AAA0043	业务主管部门	string	..100	N	
AAC0041	开办资金	float	18,2	N	
AAC0043	是否新成立	boolean		Y	
AAA0045	是否建立党组织	boolean		Y	

续表

标识符	中文名称	数据类型	数据格式	必选项	备注
AAA0047	年检时间	date	YYYYMMDD	N	
AAA0048	当年是否年检	boolean		Y	
AAA0049	是否是慈善组织	boolean		Y	
AAC0048	备注	string	..40	N	

6.4.3 基金会

基金会表见表47。

表47 基金会数据元

标识符	中文名称	数据类型	数据格式	必选项	备注
AXAA0001	行政区划	string	n12	Y	前6位见GB/T 2260,后3位见GB/T 10114—2003,后3位为村或社区编码
AZZX0001	时期	date	YYYYMMDD	Y	
AAA0001	登记时间	date	YYYYMMDD	Y	
AAA0002	登记部门	string	n1	Y	见JMGC/XX 204—2020 C0047登记部门代码
AXBE0002	统一社会信用代码	string	an18	Y	
AAA0003	组织机构代码	string	an18	Y	
AXBE0003	单位名称	string	..100	N	
AXBE0020	法定代表人姓名	string	..72	Y	
AXBE0013	单位地址	string	..100	N	
AXBE0028	单位所在地行政区划代码	string	a6	N	
AXAA0013	邮编	string	n6	N	
AXBE0015	联系电话	string	..18	N	
AXBE0008	国民经济行业分类	string	n4	Y	见JMGC/XX 204—2020 C0036国民经济行业分类代码
AAA0004	机构类型	string	n2	Y	见JMGC/XX 204—2020 C0039机构类型代码
AAA0005	变动类型	string	n1	Y	见JMGC/XX 204—2020 C0040机构变动类型代码
AAA0006	变动时间	date	YYYYMMDD	Y	
AAA0019	社会组织负责人数	number		N	
AAA0020	社会组织负责人数(女)	number		N	
AAA0008	年末从业人数	number		N	
AAC0011	年末从业人数(女)	number		N	

续表

标识符	中文名称	数据类型	数据格式	必选项	备注
AXB0150	年末从业人数（中共党员）	number		N	
AAA0011	大学专科人数	number		N	
AAA0012	大学本科及以上人数	number		N	
AAA0013	助理社会工作师人数	number		N	
AAA0014	社会工作师人数	number		N	
AXB0021	35 岁及以下人数	number		N	
AXB0022	36 岁至 45 岁人数	number		N	
AXB0023	46 岁至 55 岁人数	number		N	
AXB0024	56 岁及以上人数	float	18,2	N	
AAA0024	执行会计制度	string	n1	Y	见 JMGC/XX 204—2020 C054 执行会计制度代码
AAA0025	存货	float	18,2	N	
AAA0026	固定资产原价	float	18,2	N	
AAA0027	资产总计	float	18,2	N	
AXB0146	负债总计	float	18,2	N	
AXB0051	本年收入合计	float	18,2	N	
AAA0030	捐赠收入	float	18,2	N	
AAA0031	会费收入	float	18,2	N	
AAA0032	政府补助收入	float	18,2	N	
AXB0075	本年费用合计	float	18,2	N	
AAA0034	业务活动成本	float	18,2	N	
AXB0077	业务活动成本_人员费用	float	18,2	N	
AXB0078	业务活动成本_日常费用	float	18,2	N	
AXB0079	业务活动成本_固定资产折旧	float	18,2	N	
AXB0080	业务活动成本_税费	float	18,2	N	
AAA0039	管理费用	float	18,2	N	
AXB0082	管理费用_人员费用	float	18,2	N	
AXB0083	管理费用_日常费用	float	18,2	N	
AXB0084	管理费用_固定资产折旧	float	18,2	N	
AXB0085	管理费用_税费	float	18,2	N	
AAA0040	净资产变动额	float	18,2	N	

续表

标识符	中文名称	数据类型	数据格式	必选项	备注
AAA0043	业务主管部门	string	..100	N	
AXB0169	原始基金数额	float	18,2	N	
AAA0045	是否建立党组织	boolean		Y	
AXB0170	本年度募集资金	float	18,2	N	
AXB0171	公益活动项目数	number		N	
AAA0047	年检时间	date	YYYYMMDD	N	
AAA0048	当年是否年检	boolean		Y	
AXB0157	本年捐赠现金收入	float	18,2	N	
AXB0158	本年捐赠实物折价	float	18,2	N	
AAA0049	是否是慈善组织	boolean		Y	
AXB0166	备注	string	..40	N	

6.4.4 农村特困人员救助供养机构

农村特困人员救助供养机构表见表48。

表48　农村特困人员救助供养机构数据元

标识符	中文名称	数据类型	数据格式	必选项	备注
AXAA1001	单位	string	..18	Y	
AZZX0001	时期	date	YYYYMMDD	Y	
AAA0001	登记时间	date	YYYYMMDD	Y	
AAA0002	登记部门	string	n1	Y	见 JMGC/XX 204—2020 C0047 登记部门代码
AXBE0002	统一社会信用代码	string	an18	N	
AAA0003	组织机构代码	string	an18	N	
AHD0004	医疗机构执业许可证登记号	string	..22	N	
AHD0005	医疗保险定点医疗机构资格证书编码	string	..18	N	
AXBE0003	单位名称	string	..100	Y	
AXBE0020	法定代表人姓名	string	..72	N	
AXBE0013	单位地址	string	..100	N	
AXBE0028	单位所在地行政区划代码	string	a6	N	
AXAA0013	邮编	string	n6	N	
AXBE0015	联系电话	string	..18	N	
AXBE0008	国民经济行业分类	string	n4	Y	见 JMGC/XX 204—2020 C0036 国民经济行业分类代码

续表

标识符	中文名称	数据类型	数据格式	必选项	备注
AAA0004	机构类型	string	n2	Y	见 JMGC/XX 204—2020 C0039 机构类型代码
AAA0005	变动类型	string	n1	Y	见 JMGC/XX 204—2020 C0040 机构变动类型代码
AAA0006	变动时间	date	YYYYMMDD	N	
AHD0011	兴办主体	string	n2	Y	
AHD0013	年末职工人数	number		N	
AHD0014	年末职工人数(女)	number		N	
AHD0015	年末职工人数(医护人员)	number		N	
AAA0011	大学专科人数	number		N	
AAA0012	大学本科及以上人数	number		N	
AAA0013	助理社会工作师人数	number		N	
AAA0014	社会工作师人数	number		N	
AHD0020	35 岁及以下人数	number		N	
AHD0021	36 岁至 45 岁人数	number		N	
AHD0022	46 岁至 55 岁人数	number		N	
AHD0023	56 岁及以上人数	number		N	
AHD0024	机构管理人员	number		N	
AHD0025	专业技术技能人员	number		N	
AAA0024	执行会计制度	string	n1	Y	见 JMGC/XX 204—2020 C054 执行会计制度代码
AAA0025	存货	float	18,2	N	
AAA0026	固定资产原价	float	18,2	N	
AHD0029	累计折旧	float	18,2	N	
AHD0030	本年折旧	float	18,2	N	
AAA0027	资产总计	float	18,2	N	
AHD0032	负债合计	float	18,2	N	
AHD0033	营业收入	float	18,2	N	
AHD0034	营业成本	float	18,2	N	
AHD0035	营业税金及附加	float	18,2	N	
AHD0036	销售费用	float	18,2	N	
AAA0039	管理费用	float	18,2	N	
AHD0038	税金	float	18,2	N	
AHD0039	差旅费	float	18,2	N	
AHD0040	财务费用	float	18,2	N	

续表

标识符	中文名称	数据类型	数据格式	必选项	备注
AHD0041	利息净支出	float	18,2	N	
AHD0042	资产减值损失	float	18,2	N	
AHD0043	公允价值变动收益	float	18,2	N	
AHD0044	投资收益	float	18,2	N	
AHD0045	营业利润	float	18,2	N	
AHD0046	营业外收入	float	18,2	N	
AAA0032	政府补助收入	float	18,2	N	
AHD0048	应付职工薪酬	float	18,2	N	
AHD0049	本年应交增值税	float	18,2	N	
AHD0050	本年收入合计	float	18,2	N	
AHD0051	事业收入	float	18,2	N	
AHD0052	经营收入	float	18,2	N	
AAA0030	捐赠收入	float	18,2	N	
AAA0031	会费收入	float	18,2	N	
AAA0032	政府补助收入	float	18,2	N	
AHD0056	本年支出合计	float	18,2	N	
AHD0057	工资福利支出	float	18,2	N	
AHD0058	商品和服务支出	float	18,2	N	
AHD0059	取暖费	float	18,2	N	
AHD0060	因公出国(境)费用	float	18,2	N	
AHD0061	劳务费	float	18,2	N	
AHD0062	工会经费	float	18,2	N	
AHD0063	福利费	float	18,2	N	
AHD0064	对个人和家庭补助支出	float	18,2	N	
AHD0065	抚恤金	float	18,2	N	
AHD0066	生活补助	float	18,2	N	
AHD0067	救济费	float	18,2	N	
AHD0068	助学金	float	18,2	N	
AHD0069	奖励金	float	18,2	N	
AHD0070	生产补贴	float	18,2	N	
AHD0071	经营支出	float	18,2	N	
AHD0072	销售税金	float	18,2	N	
AHD0073	本年费用合计	float	18,2	N	
AAA0034	业务活动成本	float	18,2	N	
AAA0035	人员费用	float	18,2	N	

续表

标识符	中文名称	数据类型	数据格式	必选项	备注
AAA0036	日常费用	float	18,2	N	
AAA0037	固定资产折旧	float	18,2	N	
AAA0038	税费	float	18,2	N	
AAA0035	人员费用	float	18,2	N	
AAA0036	日常费用	float	18,2	N	
AAA0037	固定资产折旧	float	18,2	N	
AAA0040	净资产变动额	float	18,2	N	
AHD0080	年末床位数	number		N	
AHD0081	光荣间床位	number		N	
AHD0082	年在院总人天数	number		N	
AHD0083	年末在院人数	number		N	
AHD0084	年末在院人数(女)	number		N	
AHD0083	年末在院人数	number		N	
AHD0085	年末在院人数优抚对象	number		N	
AHD0086	年末在院人数特困人员救助供养对象	number		N	
AHD0087	年末在院人数自费人员	number		N	
AHD0088	年末在院人数其他社会救济对象	number		N	
AHD0089	年末在院人数老年人	number		N	
AHD0090	年末在院人数青壮年	number		N	
AHD0091	年末在院人数儿童	number		N	
AHD0092	年末在院人数自理(完全自理)	number		N	
AHD0093	年末在院人数介助(半自理)	number		N	
AHD0094	康复和医疗门诊人次数	number		N	
AHD0099	社会福利院和儿童福利院补充指标家庭寄养儿童数量	number		N	
AHD0096	机构建筑面积(平方米)	float	8,2	N	
AHD0097	相关单位组织机构代码(统一社会信用代码)	string	an18	N	
AHD0098	相关单位名称	string	..100	N	

6.4.5 养老公寓等各类养老机构

养老公寓等各类养老机构表见表49。

表49　养老公寓等各类养老机构数据元

标识符	中文名称	数据类型	数据格式	必选项	备注
AXAA1001	单位	string	..18	Y	
AZZX0001	时期	date	YYYYMMDD	Y	
AAA0001	登记时间	date	YYYYMMDD	Y	
AAA0002	登记部门	string	n1	Y	见 JMGC/XX 204—2020 C0047 登记部门代码
AXBE0002	统一社会信用代码	string	an18	N	
AAA0003	组织机构代码	string	an18	N	
AHD0004	医疗机构执业许可证登记号	string	..22	N	
AHD0005	医疗保险定点医疗机构资格证书编码	string	..18	N	
AXBE0003	单位名称	string	..100	Y	
AXBE0020	法定代表人姓名	string	..72	N	
AXBE0013	单位地址	string	..100	N	
AXBE0028	单位所在地行政区划代码	string	a6	N	
AXAA0013	邮编	string	n6	N	
AXBE0015	联系电话	string	..18	N	
AXBE0008	国民经济行业分类	string	n4	Y	见 JMGC/XX 204—2020 C0036 国民经济行业分类代码
AAA0004	机构类型	string	n2	Y	见 JMGC/XX 204—2020 C0039 机构类型代码
AAA0005	变动类型	string	n1	Y	见 JMGC/XX 204—2020 C0040 机构变动类型代码
AAA0006	变动时间	date	YYYYMMDD	N	
AHD0011	兴办主体	string	n2	Y	
AHD0013	年末职工人数	number		N	
AHD0014	年末职工人数(女)	number		N	
AHD0015	年末职工人数(医护人员)	number		N	
AAA0011	大学专科人数	number		N	
AAA0012	大学本科及以上人数	number		N	
AAA0013	助理社会工作师人数	number		N	
AAA0014	社会工作师人数	number		N	

续表

标识符	中文名称	数据类型	数据格式	必选项	备注
AHD0020	35 岁及以下人数	number		N	
AHD0021	36 岁至 45 岁人数	number		N	
AHD0022	46 岁至 55 岁人数	number		N	
AHD0023	56 岁及以上人数	number		N	
AHD0024	机构管理人员	number		N	
AHD0025	专业技术技能人员	number		N	
AAA0024	执行会计制度	string	n1	Y	见 JMGC/XX 204—2020 C054 执行会计制度代码
AAA0025	存货	float	18,2	N	
AAA0026	固定资产原价	float	18,2	N	
AHD0029	累计折旧	float	18,2	N	
AHD0030	本年折旧	float	18,2	N	
AAA0027	资产总计	float	18,2	N	
AHD0032	负债合计	float	18,2	N	
AHD0033	营业收入	float	18,2	N	
AHD0034	营业成本	float	18,2	N	
AHD0035	营业税金及附加	float	18,2	N	
AHD0036	销售费用	float	18,2	N	
AAA0039	管理费用	float	18,2	N	
AHD0038	税金	float	18,2	N	
AHD0039	差旅费	float	18,2	N	
AHD0040	财务费用	float	18,2	N	
AHD0041	利息净支出	float	18,2	N	
AHD0042	资产减值损失	float	18,2	N	
AHD0043	公允价值变动收益	float	18,2	N	
AHD0044	投资收益	float	18,2	N	
AHD0045	营业利润	float	18,2	N	
AHD0046	营业外收入	float	18,2	N	
AAA0032	政府补助收入	float	18,2	N	
AHD0048	应付职工薪酬	float	18,2	N	
AHD0049	本年应交增值税	float	18,2	N	
AHD0050	本年收入合计	float	18,2	N	
AHD0051	事业收入	float	18,2	N	
AHD0052	经营收入	float	18,2	N	
AAA0030	捐赠收入	float	18,2	N	
AAA0031	会费收入	float	18,2	N	

续表

标识符	中文名称	数据类型	数据格式	必选项	备注
AAA0032	政府补助收入	float	18,2	N	
AHD0056	本年支出合计	float	18,2	N	
AHD0057	工资福利支出	float	18,2	N	
AHD0058	商品和服务支出	float	18,2	N	
AHD0059	取暖费	float	18,2	N	
AHD0060	因公出国(境)费用	float	18,2	N	
AHD0061	劳务费	float	18,2	N	
AHD0062	工会经费	float	18,2	N	
AHD0063	福利费	float	18,2	N	
AHD0064	对个人和家庭补助支出	float	18,2	N	
AHD0065	抚恤金	float	18,2	N	
AHD0066	生活补助	float	18,2	N	
AHD0067	救济费	float	18,2	N	
AHD0068	助学金	float	18,2	N	
AHD0069	奖励金	float	18,2	N	
AHD0070	生产补贴	float	18,2	N	
AHD0071	经营支出	float	18,2	N	
AHD0072	销售税金	float	18,2	N	
AHD0073	本年费用合计	float	18,2	N	
AAA0034	业务活动成本	float	18,2	N	
AAA0035	人员费用	float	18,2	N	
AAA0036	日常费用	float	18,2	N	
AAA0037	固定资产折旧	float	18,2	N	
AAA0038	税费	float	18,2	N	
AAA0035	人员费用	float	18,2	N	
AAA0036	日常费用	float	18,2	N	
AAA0037	固定资产折旧	float	18,2	N	
AAA0038	税费	float	18,2	N	
AAA0040	净资产变动额	float	18,2	N	
AHD0080	年末床位数	number		N	
AHD0081	光荣间床位	number		N	
AHD0082	年在院总人数	number		N	
AHD0083	年末在院人数	number		N	
AHD0084	年末在院人数(女)	number		N	
AHD0083	年末在院人数	number		N	

续表

标识符	中文名称	数据类型	数据格式	必选项	备注
AHD0086	年末在院人数特困人员救助供养对象	number		N	
AHD0087	年末在院人数自费人员	number		N	
AHD0088	年末在院人数其他社会救济对象	number		N	
AHD0089	年末在院人数老年人	number		N	
AHD0090	年末在院人数青壮年	number		N	
AHD0091	年末在院人数儿童	number		N	
AHD0092	年末在院人数自理（完全自理）	number		N	
AHD0093	年末在院人数介助（半自理）	number		N	
AHD0094	康复和医疗门诊人次数	number		N	
AHD0099	社会福利院和儿童福利院补充指标家庭寄养儿童数量	number		N	
AHD0096	机构建筑面积（平方米）	float	8,2	N	
AHD0097	相关单位组织机构代码（统一社会信用代码）	string	an18	N	
AHD0098	相关单位名称	string	..100	N	

6.4.6 婚姻登记机构

婚姻登记机构表见表50。

表50 婚姻登记机构数据元

标识符	中文名称	数据类型	数据格式	必选项	备注
AXAA1001	单位	string	..18	Y	
AZZX0001	时期	date	YYYYMMDD	Y	
AAA0001	登记时间	date	YYYYMMDD	Y	
AAA0002	登记部门	string	n1	Y	见 JMGC/XX 204—2020 C0047 登记部门代码
AXBE0002	统一社会信用代码	string	an18	Y	
AAA0003	组织机构代码	string	an18	N	
AXBE0003	单位名称	string	..100	Y	

续表

标识符	中文名称	数据类型	数据格式	必选项	备注
AXBE0020	法定代表人姓名	string	..72	N	
AXBE0013	单位地址	string	..100	N	
AXBE0028	单位所在地行政区划代码	string	a6	N	
AXAA0013	邮编	string	n6	N	
AXBE0015	联系电话	string	..18	N	
AXBE0008	国民经济行业分类	string	n4	Y	见 JMGC/XX 204—2020 C0036 国民经济行业分类代码
AAA0004	机构类型	string	n2	Y	见 JMGC/XX 204—2020 C0039 机构类型代码
AAA0005	变动类型	string	n1	Y	见 JMGC/XX 204—2020 C0040 机构变动类型代码
AAA0006	变动时间	date	YYYYMMDD	N	
AHD0013	年末职工人数	number		N	
AHD0014	年末职工人数(女)	number		N	
AAA0011	大学专科人数	number		N	
AAA0012	大学本科及以上人数	number		N	
AAA0013	助理社会工作师人数	number		N	
AAA0014	社会工作师人数	number		N	
AFA0013	35 岁及以下人数	number		N	
AFA0014	36 岁至 45 岁人数	number		N	
AFA0015	46 岁至 55 岁人数	number		N	
AFA0016	56 岁及以上人数	number		N	
AAA0024	执行会计制度	string	n1	Y	见 JMGC/XX 204—2020 C054 执行会计制度代码
AAA0025	存货	float	18,2	N	
AAA0026	固定资产原价	float	18,2	N	
AHD0029	累计折旧	float	18,2	N	
AHD0030	本年折旧	float	18,2	N	
AAA0027	资产总计	float	18,2	N	
AFA0023	负债总计	float	18,2	N	
AHD0033	营业收入	float	18,2	N	
AHD0034	营业成本	float	18,2	N	
AHD0035	营业税金及附加	float	18,2	N	
AHD0036	销售费用	float	18,2	N	
AAA0039	管理费用	float	18,2	N	

续表

标识符	中文名称	数据类型	数据格式	必选项	备注
AHD0038	税金	float	18,2	N	
AHD0039	差旅费	float	18,2	N	
AHD0040	财务费用	float	18,2	N	
AHD0041	利息净支出	float	18,2	N	
AHD0042	资产减值损失	float	18,2	N	
AHD0043	公允价值变动收益	float	18,2	N	
AHD0044	投资收益	float	18,2	N	
AHD0045	营业利润	float	18,2	N	
AHD0046	营业外收入	float	18,2	N	
AAA0032	政府补助收入	float	18,2	N	
AHD0048	应付职工薪酬	float	18,2	N	
AFA0040	本年应交增值税	float	18,2	N	
AFA0041	本年收入合计	float	18,2	N	
AHD0051	事业收入	float	18,2	N	
AHD0052	经营收入	float	18,2	N	
AAA0030	捐赠收入	float	18,2	N	
AAA0031	会费收入	float	18,2	N	
AAA0032	政府补助收入	float	18,2	N	
AHD0056	本年支出合计	float	18,2	N	
AHD0057	工资福利支出	float	18,2	N	
AHD0058	商品和服务支出	float	18,2	N	
AHD0059	取暖费	float	18,2	N	
AHD0060	因公出国(境)费用	float	18,2	N	
AHD0061	劳务费	float	18,2	N	
AHD0062	工会经费	float	18,2	N	
AHD0063	福利费	float	18,2	N	
AHD0064	对个人和家庭补助支出	float	18,2	N	
AHD0065	抚恤金	float	18,2	N	
AFA0057	生活补助	float	18,2	N	
AHD0067	救济费	float	18,2	N	
AHD0068	助学金	float	18,2	N	
AHD0069	奖励金	float	18,2	N	
AHD0070	生产补贴	float	18,2	N	
AHD0071	经营支出	float	18,2	N	
AHD0072	销售税金	float	18,2	N	

续表

标识符	中文名称	数据类型	数据格式	必选项	备注
AFA0064	本年费用合计	float	18,2	N	
AAA0034	业务活动成本	float	18,2	N	
AAA0035	人员费用	float	18,2	N	
AAA0036	日常费用	float	18,2	N	
AAA0037	固定资产折旧	float	18,2	N	
AAA0038	税费	float	18,2	N	
AAA0039	管理费用	float	18,2	N	
AAA0040	净资产变动额	float	18,2	N	

6.4.7 殡葬服务机构

殡葬服务机构表见表51。

表51 殡葬服务机构数据元

标识符	中文名称	数据类型	数据格式	必选项	备注
AXAA1001	单位	string	..18	Y	
AZZX0001	时期	date	YYYYMMDD	Y	
AAA0001	登记时间	date	YYYYMMDD	Y	
AAA0002	登记部门	string	n1	Y	见 JMGC/XX 204—2020 C0047 登记部门代码
AXBE0002	统一社会信用代码	string	an18	Y	
AAA0003	组织机构代码	string	an18	N	
AXBE0003	单位名称	string	..100	Y	
AXBE0020	法定代表人	string	..72	N	
AXBE0013	地址	string	..100	N	
AXBE0028	单位所在地行政区划代码	string	a6	N	
AXAA0013	邮编	string	n6	N	
AXBE0015	联系电话	string	..18	N	
AXBE0008	国民经济行业分类	string	n4	Y	见 JMGC/XX 204—2020 C0036 国民经济行业分类代码
AAA0004	机构类型	string	n2	Y	见 JMGC/XX 204—2020 C0039 机构类型代码
AAA0005	变动类型	string	n1	Y	见 JMGC/XX 204—2020 C0040 机构变动类型代码
AAA0006	变动时间	date	YYYYMMDD	N	
AHD0013	年末职工人数	number		N	
AHD0014	年末职工人数(女)	number		N	

续表

标识符	中文名称	数据类型	数据格式	必选项	备注
AAA0011	大学专科人数	number		N	
AAA0012	大学本科及以上人数	number		N	
AAA0013	助理社会工作师人数	number		N	
AAA0014	社会工作师人数	number		N	
AFB0015	35 岁及以下人数	number		N	
AFB0016	36 岁至 45 岁人数	number		N	
AFB0017	46 岁至 55 岁人数	number		N	
AFB0018	56 岁及以上人数	number		N	
AAA0024	执行会计制度	string	n1	Y	见 JMGC/XX 204—2020 C054 执行会计制度代码
AAA0025	存货	float	18,2	N	
AAA0026	固定资产原价	float	18,2	N	
AHD0029	累计折旧	float	18,2	N	
AHD0030	本年折旧	float	18,2	N	
AAA0027	资产总计	float	18,2	N	
AFB0025	负债总计	float	18,2	N	
AHD0033	营业收入	float	18,2	N	
AHD0034	营业成本	float	18,2	N	
AHD0035	营业税金及附加	float	18,2	N	
AHD0036	销售费用	float	18,2	N	
AAA0039	管理费用	float	18,2	N	
AHD0038	税金	float	18,2	N	
AHD0039	差旅费	float	18,2	N	
AHD0040	财务费用	float	18,2	N	
AHD0041	利息净支出	float	18,2	N	
AHD0042	资产减值损失	float	18,2	N	
AHD0043	公允价值变动收益	float	18,2	N	
AHD0044	投资收益	float	18,2	N	
AHD0045	营业利润	float	18,2	N	
AHD0046	营业外收入	float	18,2	N	
AAA0032	政府补助收入	float	18,2	N	
AHD0048	应付职工薪酬	float	18,2	N	
AFB0042	本年应交增值税	float	18,2	N	
AFB0043	本年收入合计	float	18,2	N	
AHD0051	事业收入	float	18,2	N	

续表

标识符	中文名称	数据类型	数据格式	必选项	备注
AHD0052	经营收入	float	18,2	N	
AAA0030	捐赠收入	float	18,2	N	
AAA0031	会费收入	float	18,2	N	
AHD0056	本年支出合计	float	18,2	N	
AHD0057	工资福利支出	float	18,2	N	
AHD0058	商品和服务支出	float	18,2	N	
AHD0059	取暖费	float	18,2	N	
AHD0060	因公出国(境)费用	float	18,2	N	
AHD0061	劳务费	float	18,2	N	
AHD0062	工会经费	float	18,2	N	
AHD0063	福利费	float	18,2	N	
AHD0064	对个人和家庭补助支出	float	18,2	N	
AHD0065	抚恤金	float	18,2	N	
AFB0059	生活补助	float	18,2	N	
AHD0067	救济费	float	18,2	N	
AHD0068	助学金	float	18,2	N	
AHD0069	奖励金	float	18,2	N	
AHD0070	生产补贴	float	18,2	N	
AHD0071	经营支出	float	18,2	N	
AHD0072	销售税金	float	18,2	N	
AFB0066	本年费用合计	float	18,2	N	
AAA0034	业务活动成本	float	18,2	N	
AAA0035	人员费用	float	18,2	N	
AAA0036	日常费用	float	18,2	N	
AAA0037	固定资产折旧	float	18,2	N	
AAA0038	税费	float	18,2	N	
AAA0040	净资产变动额	float	18,2	N	
AFB0073	火化炉数	number		N	
AFB0074	全年处理遗体数	number		N	
AFB0075	全年处理遗体数(有身份信息)	number		N	
AFB0076	全年处理遗体数(无身份信息)	number		N	
AFB0077	穴位数	number		N	
AFB0078	本年销售穴位数	number		N	
AFB0079	安葬数	number		N	

续表

标识符	中文名称	数据类型	数据格式	必选项	备注
AFB0080	本年安葬数	number		N	
AFB0081	节地生态安葬数	number		N	

6.4.8 结婚登记人员

结婚登记人员表见表52。

表52 结婚登记人员数据元

标识符	中文名称	数据类型	数据格式	必选项	备注
AXAA1001	单位	string	..18	Y	
AZZX0001	时期	date	YYYYMMDD	Y	
AFA0071	结婚登记日期	date	YYYYMMDD	Y	
AFA0072	结婚证字号	string	..60	Y	
AFA0073	恢复结婚	boolean		Y	
AFA0074	备注	string	..100	N	
AFA0075	身份证件号码	string	an18	Y	男方身份证件号码,采用基础数据库统一定义标识符
AFA0076	男方结婚证印刷号	string	..60	N	
AFA0077	姓名	string	..72	Y	男方姓名,采用基础数据库统一定义标识符
AXCP0008_1	民族	string	n2	Y	见 JMGC/XX 204—2020 C0009 民族代码
AXCP0042_1	居住住址	string	..200	N	男方居住地,采用基础数据库统一定义标识符
AFA0080	邮政编码	string	n6	N	男方居住地邮政编码,采用基础数据库统一定义标识符
AFA0081	手机号码	string	n11	N	男方手机号码 长11位,第1位为1,第2位为3—9
AXCP0007_1	国籍	string	n3	Y	男方国籍,采用基础数据库统一定义标识符 按 GB/T 2659—2000 中5.5的规定
AFA0083	职业	string	..40	N	男方职业
AXCP0009_1	文化程度	string	n2	N	男方文化程度,采用基础数据库统一定义标识符 见 JMGC/XX 204—2020 C0008 学历代码
AFA0085	男方出生日期	date	YYYYMMDD	N	
AFA0086	男方是否再婚	boolean		Y	

续表

标识符	中文名称	数据类型	数据格式	必选项	备注
AFA0087	身份证件号码	string	an18	Y	女方身份证件号码,采用基础数据库统一定义标识符
AFA0088	女方结婚证印刷号	string	..60	N	
AFA0089	姓名	string	..72	Y	女方姓名,采用基础数据库统一定义标识符
AXCP0008_2	民族	string	n2	Y	女方民族 见 JMGC/XX 204—2020 C0009 民族代码
AXCP0042_2	居住地址	string	..200	N	女方居住地址,采用基础数据库统一定义标识符
AFA0092	邮政编码	string	n6	N	女方居住地邮政编码,采用基础数据库统一定义标识符
AFA0093	手机号码	string	n11	N	女方手机号码 长 11 位,第 1 位为 1,第 2 位为 3—9
AXCP0007_2	国籍	string	n3	Y	女方国籍,采用基础数据库统一定义标识符 按 GB/T 2659—2000 中 5.5 的规定
AFA0095	职业	string	..40	N	女方职业
AXCP0009_2	文化程度	string	n2	N	女方文化程度,采用基础数据库统一定义标识符 见 JMGC/XX 204—2020 C0008 学历代码
AFA0097	女方出生日期	date	YYYYMMDD	N	
AFA0098	女方是否再婚	boolean		Y	
AFA0099	女方是否重复	boolean		Y	

6.4.9 离婚登记人员

离婚登记人员表见表 53。

表 53　离婚登记人员数据元

标识符	中文名称	数据类型	数据格式	必选项	备注
AXAA1001	单位	string	..18	Y	
AZZX0001	时期	date	YYYYMMDD	Y	
AFA0100	离婚登记日期	date	YYYYMMDD	Y	
AFA0101	离婚证字号	string	..60	Y	
AFA0074	备注	string	..100	N	

续表

标识符	中文名称	数据类型	数据格式	必选项	备注
AFA0102	身份证件号码	string	an18	Y	男方身份证件号码,采用基础数据库统一定义标识符
AFA0103	男方离婚登记证印刷号	string	..60	N	
AFA0077	姓名	string	..72	Y	男方姓名,采用基础数据库统一定义标识符
AXCP0008_1	民族	string	n2	Y	男方民族,采用基础数据库统一定义标识符 见 JMGC/XX 204—2020 C0009 民族代码
AXCP0042_1	居住地址	string	..200	N	男方居住地址,采用基础数据库统一定义标识符
AFA0080	邮政编码	string	n6	N	男方居住地邮政编码,采用基础数据库统一定义标识符
AFA0081	手机号码	string	n11	N	男方手机号码 长 11 位,第一位为 1,第二位为 3—9
AXCP0007_1	国籍	string	n3	Y	男方国籍,采用基础数据库统一定义标识符 按 GB/T 2659—2000 中 5.5 的规定
AFA0083	职业	string	..40	N	男方职业
AXCP0009_1	文化程度	string	n2	N	男方文化程度,采用基础数据库统一定义标识符 见 JMGC/XX 204—2020 C0008 学历代码
AFA0086	男方是否再婚	boolean		Y	
AFA0104	身份证件号码	string	an18	Y	女方身份证件号码,采用基础数据库统一定义标识符
AFA0105	女方离婚登记证印刷号	string	..60	N	
AFA0089	姓名	string	..72	Y	女方姓名,采用基础数据库统一定义标识符
AXCP0008_2	民族	string	n2	Y	女方民族,采用基础数据库统一定义标识符 见 JMGC/XX 204—2020 C0009 民族代码
AXCP0042_2	居住地址	string	..200	N	女方居住地址,采用基础数据库统一定义标识符
AFA0092	邮政编码	string	n6	N	女方居住地邮政编码,采用基础数据库统一定义标识符
AFA0093	手机号码	string	n11	N	女方手机号码 长 11 位,第 1 位为 1,第 2 位为 3—9

续表

标识符	中文名称	数据类型	数据格式	必选项	备注
AXCP0007_2	国籍	string	n3	Y	女方国籍,采用基础数据库统一定义标识符 按 GB/T 2659—2000 中 5.5 的规定
AFA0095	职业	string	..40	N	女方职业
AXCP0009_2	文化程度	string	n2	N	女方文化程度,采用基础数据库统一定义标识符 见 JMGC/XX 204—2020 C0008 学历代码
AFA0098	女方是否再婚	boolean		Y	

6.4.10 被火化人员

被火化人员表见表 54。

表 54 被火化人员数据元

标识符	中文名称	数据类型	数据格式	必选项	备注
AXAA1001	单位	string	..18	Y	
AZZX0001	时期	date	YYYYMMDD	Y	
AFB0082	火化时间	date	YYYYMMDD	Y	
AFB0083	登记号码	string	..20	N	
AFB0084	《死亡证》编号	string	..17	N	
AXCP0004	证件类型	string	n2	Y	见 JMGC/XX 204—2020 C0015 身份证件类型代码
AXCP0005	身份证件号码	string	an18	Y	死者身份证件号码,采用基础数据库统一定义标识符
AXCP0002	姓名	string	..72	Y	死者姓名,采用基础数据库统一定义标识符
AXCP0006	性别	string	n1	Y	见 JMGC/XX 204—2020 C0007 人的性别代码
AXCP0008	民族	string	n2	Y	见 JMGC/XX 204—2020 C0009 民族代码
AXCP0017	居住地址	string	..100	N	
AFB0085	死亡原因	string	..100	N	
AXAA0013	邮编	string	n6	N	
AXZX0001	家庭电话	string	..18	N	
AFB0086	安葬时间	date	YYYYMMDD	N	
AFB0087	火化单位组织机构代码	string	an20	N	
AFB0088	火化单位名称	string	..100	N	

续表

标识符	中文名称	数据类型	数据格式	必选项	备注
AXCP0050	是否本地户口	boolean		Y	
AXCP0051	户口所在地	string	..12	Y	
AFB0082	火化时间	date	YYYYMMDD	Y	

6.4.11 残疾人人员(困难残疾人)

残疾人人员(困难残疾人)表见表55。

表55 残疾人人员(困难残疾人)数据元

标识符	中文名称	数据类型	数据格式	必选项	备注
AXAA1001	单位	string	..18	Y	
AZZX0001	时期	date	YYYYMMDD	Y	
AAA0001	登记时间	date	YYYYMMDD	Y	
AGA0002	残疾证号	string	..50	N	
AXCP0005	身份证件号码	string	an18	Y	
AXCP0002	姓名	string	..72	Y	
AXCP0006	性别	string	n1	Y	见 JMGC/XX 204—2020 C0007 人的性别代码
AXCP0008	民族	string	n2	Y	见 JMGC/XX 204—2020 C0009 民族代码
AXCP0042	住址	string	..200	N	
AXAA0013	邮编	string	n6	N	
AXBE0015	联系电话	string	..18	N	
AGA0003	补助类别	string	n1	Y	见附录A代码表 残疾人补助类别代码
AGA0004	残疾等级	string	n1	Y	见 JMGC/XX 204—2020 C0025 残疾等级代码
AGA0005	月补助金额	float	18,2	N	
AGA0006	月补助标准	float	18,2	N	

6.4.12 残疾人人员(重度残疾人)

残疾人人员(重度残疾人)表见表56。

表56 残疾人人员(重度残疾人)数据元

标识符	中文名称	数据类型	数据格式	必选项	备注
AXAA1001	单位	string	..18	Y	
AZZX0001	时期	date	YYYYMMDD	Y	

续表

标识符	中文名称	数据类型	数据格式	必选项	备注
AAA0001	登记时间	date	YYYYMMDD	Y	
AGA0002	残疾证号	string	..50	N	
AXCP0005	身份证件号码	string	an18	Y	采用基础数据库统一定义标识符
AXCP0002	姓名	string	..72	Y	
AXCP0006	性别	string	n1	Y	见 JMGC/XX 204—2020 C0007 人的性别代码
AXCP0008	民族	string	n2	Y	见 JMGC/XX 204—2020 C0009 民族代码
AXCP0042	住址	string	..200	N	
AXAA0013	邮编	string	n6	N	
AXBE0015	联系电话	string	..18	N	
AGA0003	补助类别	string	n1	Y	见附录 A 代码表 残疾人补助类别代码
AGA0004	残疾等级	string	n1	Y	见 JMGC/XX 204—2020 C0025 残疾等级代码
AGA0005	月补助金额	float	18,2	N	
AGA0006	月补助标准	float	18,2	N	

6.4.13 未登记的农村特困人员救助供养机构

未登记的农村特困人员供养机构表见表 57。

表 57 未登记的农村特困人员救助供养机构数据元

标识符	中文名称	数据类型	数据格式	必选项	备注
AXAA1001	单位	string	..18	Y	
AZZX0001	时期	date	YYYYMMDD	Y	
AAA0001	登记时间	date	YYYYMMDD	Y	
AAA0002	登记部门	string	n1	Y	见 JMGC/XX 204—2020 C0047 登记部门代码
AXBE0002	统一社会信用代码	string	an18	N	
AAA0003	组织机构代码	string	an18	N	
AXBE0003	单位名称	string	..100	Y	
AXBE0020	法定代表人	string	..72	N	
AXBE0013	地址	string	..100	N	
AXBE0028	单位所在地行政区划代码	string	a6	N	
AXAA0013	邮编	string	n6	N	
AXBE0015	联系电话	string	..18	N	

续表

标识符	中文名称	数据类型	数据格式	必选项	备注
AXBE0008	国民经济行业分类	string	n4	Y	见 JMGC/XX 204—2020 C0036 国民经济行业分类代码
AAA0004	机构类型	string	n2	Y	见 JMGC/XX 204—2020 C0039 机构类型代码
AAA0005	变动类型	string	n1	Y	见 JMGC/XX 204—2020 C0040 机构变动类型代码
AAA0006	变动时间	date	YYYYMMDD	N	
AHD0101	服务类型	string	n1	Y	见 JMGC/XX 204—2020 C056 服务类型代码
AHD0102	社区日间照料床位数	number		N	
AHD0103	社区留宿照料床位数	number		N	
AHD0104	社区日间照料人数	number		N	
AHD0105	社区留宿照料人数	number		N	
AZFP0007	城乡类型	string	n1	Y	见 JMGC/XX 204—2020 C055 城乡区划代码
AHD0013	年末职工人数	number		N	
AHD0014	年末职工人数(女)	number		N	
AAA0011	大学专科人数	number		N	
AAA0012	大学本科及以上人数	number		N	
AAA0013	助理社会工作师人数	number		N	
AAA0014	社会工作师人数	number		N	
AHD0020	35 岁及以下人数	number		N	
AHD0021	36 岁至 45 岁人数	number		N	
AHD0022	46 岁至 55 岁人数	number		N	
AHD0023	56 岁及以上人数	number		N	
AAA0024	执行会计制度	string	n1	Y	见 JMGC/XX 204—2020 C054 执行会计制度代码
AAA0025	存货	float	18,2	N	
AAA0026	固定资产原价	float	18,2	N	
AHD0029	累计折旧	float	18,2	N	
AHD0030	本年折旧	float	18,2	N	
AAA0027	资产总计	float	18,2	N	
AHD0032	负债合计	float	18,2	N	
AHD0033	营业收入	float	18,2	N	
AHD0034	营业成本	float	18,2	N	
AHD0035	营业税金及附加	float	18,2	N	

续表

标识符	中文名称	数据类型	数据格式	必选项	备注
AHD0036	销售费用	float	18,2	N	
AHD0038	税金	float	18,2	N	
AHD0039	差旅费	float	18,2	N	
AHD0040	财务费用	float	18,2	N	
AHD0041	利息净支出	float	18,2	N	
AHD0042	资产减值损失	float	18,2	N	
AHD0043	公允价值变动收益	float	18,2	N	
AHD0044	投资收益	float	18,2	N	
AHD0045	营业利润	float	18,2	N	
AHD0046	营业外收入	float	18,2	N	
AAA0032	政府补助收入	float	18,2	N	
AHD0048	应付职工薪酬	float	18,2	N	
AHD0049	本年应交增值税	float	18,2	N	
AHD0050	本年收入合计	float	18,2	N	
AHD0051	事业收入	float	18,2	N	
AHD0052	经营收入	float	18,2	N	
AAA0030	捐赠收入	float	18,2	N	
AAA0031	会费收入	float	18,2	N	
AAA0032	政府补助收入	float	18,2	N	
AHD0056	本年支出合计	float	18,2	N	
AHD0057	工资福利支出	float	18,2	N	
AHD0058	商品和服务支出	float	18,2	N	
AHD0059	取暖费	float	18,2	N	
AHD0060	因公出国(境)费用	float	18,2	N	
AHD0061	劳务费	float	18,2	N	
AHD0062	工会经费	float	18,2	N	
AHD0063	福利费	float	18,2	N	
AHD0064	对个人和家庭补助支出	float	18,2	N	
AHD0065	抚恤金	float	18,2	N	
AHD0066	生活补助	float	18,2	N	
AHD0067	救济费	float	18,2	N	
AHD0068	助学金	float	18,2	N	
AHD0069	奖励金	float	18,2	N	
AHD0070	生产补贴	float	18,2	N	
AHD0071	经营支出	float	18,2	N	

续表

标识符	中文名称	数据类型	数据格式	必选项	备注
AHD0072	销售税金	float	18,2	N	
AHD0073	本年费用合计	float	18,2	N	
AAA0034	业务活动成本	float	18,2	N	
AAA0035	人员费用	float	18,2	N	
AAA0036	日常费用	float	18,2	N	
AAA0037	固定资产折旧	float	18,2	N	
AAA0038	税费	float	18,2	N	
AAA0039	管理费用	float	18,2	N	
AAA0040	净资产变动额	float	18,2	N	
AHD0107	机构建筑面积(平方米)	float	8,2	N	

6.4.14 社区养老照料机构和设施

社区养老照料机构和设施表见表58。

表58　社区养老照料机构和设施数据元

标识符	中文名称	数据类型	数据格式	必选项	备注
AXAA1001	单位	string	..18	Y	
AZZX0001	时期	date	YYYYMMDD	Y	
AAA0001	登记时间	date	YYYYMMDD	Y	
AAA0002	登记部门	string	n1	Y	见 JMGC/XX 204—2020 C0047 登记部门代码
AXBE0002	统一社会信用代码	string	an18	N	
AAA0003	组织机构代码	string	an18	N	
AXBE0003	单位名称	string	..100	Y	
AXBE0020	法定代表人	string	..72	N	
AXBE0013	地址	string	..100	N	
AXBE0028	单位所在地行政区划代码	string	a6	N	
AXAA0013	邮编	string	n6	N	
AXBE0015	联系电话	string	..18	N	
AXBE0008	国民经济行业分类	string	n4	Y	见 JMGC/XX 204—2020 C0036 国民经济行业分类代码
AAA0004	机构类型	string	n2	Y	见 JMGC/XX 204—2020 C0039 机构类型代码
AAA0005	变动类型	string	n1	Y	见 JMGC/XX 204—2020 C0040 机构变动类型代码

续表

标识符	中文名称	数据类型	数据格式	必选项	备注
AAA0006	变动时间	date	YYYYMMDD	N	
AHC0008	服务类型	string	n1	Y	见 JMGC/XX 204—2020 C056 服务类型代码
AHD0102	社区日间照料床位数	number		N	
AHD0103	社区留宿照料床位数	number		N	
AHD0104	社区日间照料人数	number		N	
AHD0105	社区留宿照料人数	number		N	
AZFP0007	城乡类型	string	n1	Y	见 JMGC/XX 204—2020 C055 城乡区划代码
AHD0013	年末职工人数	number		N	
AHD0014	年末职工人数(女)	number		N	
AAA0011	大学专科人数	number		N	
AAA0012	大学本科及以上人数	number		N	
AAA0013	助理社会工作师人数	number		N	
AAA0014	社会工作师人数	number		N	
AHC0020	35 岁及以下人数	number		N	
AHC0021	36 岁至 45 岁人数	number		N	
AHC0022	46 岁至 55 岁人数	number		N	
AHC0023	56 岁及以上人数	number		N	
AAA0024	执行会计制度	string	n1	Y	见 JMGC/XX 204—2020 C054 执行会计制度代码
AAA0025	存货	float	18,2	N	
AAA0026	固定资产原价	float	18,2	N	
AHD0029	累计折旧	float	18,2	N	
AHD0030	本年折旧	float	18,2	N	
AAA0027	资产总计	float	18,2	N	
AHD0032	负债合计	float	18,2	N	
AHD0033	营业收入	float	18,2	N	
AHD0034	营业成本	float	18,2	N	
AHD0035	营业税金及附加	float	18,2	N	
AHD0036	销售费用	float	18,2	N	
AHD0038	税金	float	18,2	N	
AHD0039	差旅费	float	18,2	N	
AHD0040	财务费用	float	18,2	N	
AHD0041	利息净支出	float	18,2	N	

续表

标识符	中文名称	数据类型	数据格式	必选项	备注
AHD0042	资产减值损失	float	18,2	N	
AHD0043	公允价值变动收益	float	18,2	N	
AHD0044	投资收益	float	18,2	N	
AHD0045	营业利润	float	18,2	N	
AHD0046	营业外收入	float	18,2	N	
AAA0032	政府补助收入	float	18,2	N	
AHD0048	应付职工薪酬	float	18,2	N	
AHC0047	本年应交增值税	float	18,2	N	
AHC0048	本年收入合计	float	18,2	N	
AHD0051	事业收入	float	18,2	N	
AHD0052	经营收入	float	18,2	N	
AAA0030	捐赠收入	float	18,2	N	
AAA0031	会费收入	float	18,2	N	
AAA0032	政府补助收入	float	18,2	N	
AHD0056	本年支出合计	float	18,2	N	
AHD0057	工资福利支出	float	18,2	N	
AHD0058	商品和服务支出	float	18,2	N	
AHD0059	取暖费	float	18,2	N	
AHD0060	因公出国(境)费用	float	18,2	N	
AHD0061	劳务费	float	18,2	N	
AHD0062	工会经费	float	18,2	N	
AHD0063	福利费	float	18,2	N	
AHD0064	对个人和家庭补助支出	float	18,2	N	
AHD0065	抚恤金	float	18,2	N	
AHC0065	生活补助	float	18,2	N	
AHD0067	救济费	float	18,2	N	
AHD0068	助学金	float	18,2	N	
AHD0069	奖励金	float	18,2	N	
AHD0070	生产补贴	float	18,2	N	
AHD0071	经营支出	float	18,2	N	
AHD0072	销售税金	float	18,2	N	
AHC0072	本年费用合计	float	18,2	N	
AAA0034	业务活动成本	float	18,2	N	
AAA0035	人员费用	float	18,2	N	
AAA0036	日常费用	float	18,2	N	

续表

标识符	中文名称	数据类型	数据格式	必选项	备注
AAA0037	固定资产折旧	float	18,2	N	
AAA0038	税费	float	18,2	N	
AAA0039	管理费用	float	18,2	N	
AAA0040	净资产变动额	float	18,2	N	
AHC0084	机构建筑面积(平方米)	float	8,2	N	

6.4.15 社区互助型养老设施

社区互助型养老设施表见表59。

表59　社区互助型养老设施数据元

标识符	中文名称	数据类型	数据格式	必选项	备注
AXAA1001	单位	string	..18	Y	
AZZX0001	时期	date	YYYYMMDD	Y	
AAA0001	登记时间	date	YYYYMMDD	Y	
AAA0002	登记部门	string	n1	Y	见 JMGC/XX 204—2020 C0047 登记部门代码
AXBE0002	统一社会信用代码	string	an18	N	
AAA0003	组织机构代码	string	an18	N	
AXBE0003	单位名称	string	..100	Y	
AXBE0020	法定代表人	string	..72	N	
AXBE0013	地址	string	..100	N	
AXBE0028	单位所在地行政区划代码	string	a6	N	
AXAA0013	邮编	string	n6	N	
AXBE0015	联系电话	string	..18	N	
AXBE0008	国民经济行业分类	string	n4	Y	见 JMGC/XX 204—2020 C0036 国民经济行业分类代码
AAA0004	机构类型	string	n2	Y	见 JMGC/XX 204—2020 C0039 机构类型代码
AAA0005	变动类型	string	n1	Y	见 JMGC/XX 204—2020 C0040 机构变动类型代码
AAA0006	变动时间	date	YYYYMMDD	N	
AHC0008	服务类型	string	n1	Y	见 JMGC/XX 204—2020 C056 服务类型代码
AHD0102	社区日间照料床位数	number		N	
AHD0103	社区留宿照料床位数	number		N	

续表

标识符	中文名称	数据类型	数据格式	必选项	备注
AHD0104	社区日间照料人数	number		N	
AHD0105	社区留宿照料人数	number		N	
AZFP0007	城乡类型	string	n1	Y	见 JMGC/XX 203—2020 C055 城乡区划代码
AHD0013	年末职工人数	number		N	
AHD0014	年末职工人数(女)	number		N	
AAA0011	大学专科人数	number		N	
AAA0012	大学本科及以上人数	number		N	
AAA0013	助理社会工作师人数	number		N	
AAA0014	社会工作师人数	number		N	
AHC0020	35 岁及以下人数	number		N	
AHC0021	36 岁至 45 岁人数	number		N	
AHC0022	46 岁至 55 岁人数	number		N	
AHC0023	56 岁及以上人数	number		N	
AAA0024	执行会计制度	string	n1	Y	见 JMGC/XX 204—2020 C054 执行会计制度代码
AAA0025	存货	float	18,2	N	
AAA0026	固定资产原价	float	18,2	N	
AHD0029	累计折旧	float	18,2	N	
AHD0030	本年折旧	float	18,2	N	
AAA0027	资产总计	float	18,2	N	
AHD0032	负债合计	float	18,2	N	
AHD0033	营业收入	float	18,2	N	
AHD0034	营业成本	float	18,2	N	
AHD0035	营业税金及附加	float	18,2	N	
AHD0036	销售费用	float	18,2	N	
AHD0038	税金	float	18,2	N	
AHD0039	差旅费	float	18,2	N	
AHD0040	财务费用	float	18,2	N	
AHD0041	利息净支出	float	18,2	N	
AHD0042	资产减值损失	float	18,2	N	
AHD0043	公允价值变动收益	float	18,2	N	
AHD0044	投资收益	float	18,2	N	
AHD0045	营业利润	float	18,2	N	
AHD0046	营业外收入	float	18,2	N	

续表

标识符	中文名称	数据类型	数据格式	必选项	备注
AAA0032	政府补助收入	float	18,2	N	
AHD0048	应付职工薪酬	float	18,2	N	
AHC0047	本年应交增值税	float	18,2	N	
AHC0048	本年收入合计	float	18,2	N	
AHD0051	事业收入	float	18,2	N	
AHD0052	经营收入	float	18,2	N	
AAA0030	捐赠收入	float	18,2	N	
AAA0031	会费收入	float	18,2	N	
AAA0032	政府补助收入	float	18,2	N	
AHD0056	本年支出合计	float	18,2	N	
AHD0057	工资福利支出	float	18,2	N	
AHD0058	商品和服务支出	float	18,2	N	
AHD0059	取暖费	float	18,2	N	
AHD0060	因公出国(境)费用	float	18,2	N	
AHD0061	劳务费	float	18,2	N	
AHD0062	工会经费	float	18,2	N	
AHD0063	福利费	float	18,2	N	
AHD0064	对个人和家庭补助支出	float	18,2	N	
AHD0065	抚恤金	float	18,2	N	
AHC0065	生活补助	float	18,2	N	
AHD0067	救济费	float	18,2	N	
AHD0068	助学金	float	18,2	N	
AHD0069	奖励金	float	18,2	N	
AHD0070	生产补贴	float	18,2	N	
AHD0071	经营支出	float	18,2	N	
AHD0072	销售税金	float	18,2	N	
AHC0072	本年费用合计	float	18,2	N	
AAA0034	业务活动成本	float	18,2	N	
AAA0035	人员费用	float	18,2	N	
AAA0036	日常费用	float	18,2	N	
AAA0037	固定资产折旧	float	18,2	N	
AAA0038	税费	float	18,2	N	
AAA0039	管理费用	float	18,2	N	
AAA0040	净资产变动额	float	18,2	N	

续表

标识符	中文名称	数据类型	数据格式	必选项	备注
AHC0084	机构建筑面积(平方米)	float	8,2	N	

6.4.16 其他社区服务机构和设施

其他社区服务机构和设施表见表60。

表60 其他社区服务机构和设施数据元

标识符	中文名称	数据类型	数据格式	必选项	备注
AXAA1001	单位	string	..18	Y	
AZZX0001	时期	date	YYYYMMDD	Y	
AAA0001	登记时间	date	YYYYMMDD	Y	
AAA0002	登记部门	string	n1	Y	见 JMGC/XX 204—2020 C0047 登记部门代码
AXBE0002	统一社会信用代码	string	an18	N	
AAA0003	组织机构代码	string	an18	N	
AXBE0003	单位名称	string	..100	Y	
AXBE0020	法定代表人	string	..72	N	
AXBE0013	地址	string	..100	N	
AXBE0028	单位所在地行政区划代码	string	a6	N	
AXAA0013	邮编	string	n6	N	
AXBE0015	联系电话	string	..18	N	
AXBE0008	国民经济行业分类	string	n4	Y	见 JMGC/XX 204—2020 C0036 国民经济行业分类代码
AAA0004	机构类型	string	n2	Y	见 JMGC/XX 204—2020 C0039 机构类型代码
AAA0005	变动类型	string	n1	Y	见 JMGC/XX 204—2020 C0040 机构变动类型代码
AAA0006	变动时间	date	YYYYMMDD	N	
ADB0008	服务类型	string	n1	Y	见 JMGC/XX 204—2020 C056 服务类型代码
AHD0102	社区日间照料床位数	number		N	
AHD0103	社区留宿照料床位数	number		N	
AHD0104	社区日间照料人数	number		N	
AHD0105	社区留宿照料人数	number		N	
AZFP0007	城乡类型	string	n1	Y	见 JMGC/XX 204—2020 C055 城乡区划代码

续表

标识符	中文名称	数据类型	数据格式	必选项	备注
AHD0013	年末职工人数	number		N	
AHD0014	年末职工人数(女)	number		N	
AAA0011	大学专科人数	number		N	
AAA0012	大学本科及以上人数	number		N	
AAA0013	助理社会工作师人数	number		N	
AAA0014	社会工作师人数	number		N	
ADB0020	35 岁及以下人数	number		N	
ADB0021	36 岁至 45 岁人数	number		N	
ADB0022	46 岁至 55 岁人数	number		N	
ADB0023	56 岁及以上人数	number		N	
AAA0024	执行会计制度	string	n1	Y	见 JMGC/XX 204—2020 C054 执行会计制度代码
AAA0025	存货	float	18,2	N	
AAA0026	固定资产原价	float	18,2	N	
AHD0029	累计折旧	float	18,2	N	
AHD0030	本年折旧	float	18,2	N	
AAA0027	资产总计	float	18,2	N	
AHD0032	负债合计	float	18,2	N	
AHD0033	营业收入	float	18,2	N	
AHD0034	营业成本	float	18,2	N	
AHD0035	营业税金及附加	float	18,2	N	
AHD0036	销售费用	float	18,2	N	
AHD0038	税金	float	18,2	N	
AHD0039	差旅费	float	18,2	N	
AHD0040	财务费用	float	18,2	N	
AHD0041	利息净支出	float	18,2	N	
AHD0042	资产减值损失	float	18,2	N	
AHD0043	公允价值变动收益	float	18,2	N	
AHD0044	投资收益	float	18,2	N	
AHD0045	营业利润	float	18,2	N	
AHD0046	营业外收入	float	18,2	N	
AAA0032	政府补助收入	float	18,2	N	
AHD0048	应付职工薪酬	float	18,2	N	
ADB0047	本年应交增值税	float	18,2	N	

续表

标识符	中文名称	数据类型	数据格式	必选项	备注
ADB0048	本年收入合计	float	18,2	N	
AHD0051	事业收入	float	18,2	N	
AHD0052	经营收入	float	18,2	N	
AAA0030	捐赠收入	float	18,2	N	
AAA0031	会费收入	float	18,2	N	
AAA0032	政府补助收入	float	18,2	N	
AHD0056	本年支出合计	float	18,2	N	
AHD0057	工资福利支出	float	18,2	N	
AHD0058	商品和服务支出	float	18,2	N	
AHD0059	取暖费	float	18,2	N	
AHD0060	因公出国(境)费用	float	18,2	N	
AHD0061	劳务费	float	18,2	N	
AHD0062	工会经费	float	18,2	N	
AHD0063	福利费	float	18,2	N	
AHD0064	对个人和家庭补助支出	float	18,2	N	
AHD0065	抚恤金	float	18,2	N	
ADB0064	生活补助	float	18,2	N	
AHD0067	救济费	float	18,2	N	
AHD0068	助学金	float	18,2	N	
AHD0069	奖励金	float	18,2	N	
AHD0070	生产补贴	float	18,2	N	
AHD0071	经营支出	float	18,2	N	
AHD0072	销售税金	float	18,2	N	
ADB0071	本年费用合计	float	18,2	N	
AAA0034	业务活动成本	float	18,2	N	
AAA0035	人员费用	float	18,2	N	
AAA0036	日常费用	float	18,2	N	
AAA0037	固定资产折旧	float	18,2	N	
AAA0038	税费	float	18,2	N	
AAA0039	管理费用	float	18,2	N	
AAA0040	净资产变动额	float	18,2	N	
ADB0078	机构建筑面积(平方米)	float	8,2	N	

6.4.17 城市低保对象人员

城市低保对象人员表见表61。

表61 城市低保对象人员数据元

标识符	中文名称	数据类型	数据格式	必选项	备注
AXAA1001	单位	string	..18	Y	
AZZX0001	时期	date	YYYYMMDD	Y	
AAA0001	登记时间	date	YYYYMMDD	Y	
AXCP0005	身份证件号码	string	..18	Y	身份证件号码,采用基础数据库统一定义标识符
AXCP0002	户主姓名	string	..72	Y	户主姓名,采用基础数据库统一定义标识符
AXCP0006	性别	string	n1	Y	见 JMGC/XX 204—2020 C0007 人的性别代码
AXCP0008	民族	string	n2	Y	见 JMGC/XX 204—2020 C0009 民族代码
AXCP0042	居住地址	string	..200	N	
AXAA0013	邮编	string	n6	N	
AXBE0015	手机号码	string	n11	N	长11位,第1位为1,第2位为3—9
ABA0003	享受保障人数	number		N	
ABA0004	女性	number		N	
ABA0005	残疾人	number		N	
ABA0006	重度残疾人	number		N	
ABA0007	老年人	number		N	
ABA0008	成年人在职人员	number		N	
ABA0009	成年人灵活就业	number		N	
ABA0010	成年人登记失业	number		N	
ABA0011	成年人无就业条件	number		N	
ABA0012	未成年人	number		N	
ABA0013	户月保障金额	float	18,2	N	
ABA0014	享受低保家庭人口总收入/月	float	18,2	N	
ABA0015	最低生活保障标准	float	18,2	N	
ABA0016	金额二	float	18,2	N	
ABA0017	金额三	float	18,2	N	
ABA0018	个人开户银行名称	string	..100	N	
ABA0019	个人开户银行账号	string	..30	N	
ABA0020	变动类型	string	n1	Y	见 JMGC/XX 204—2020 C0040 机构变动类型代码

续表

标识符	中文名称	数据类型	数据格式	必选项	备注
AAA0006	变动时间	date	YYYYMMDD	N	
ABA0022	户主是否享受	boolean		Y	
ABA0023	姓名	string	..72	N	家庭成员姓名1,采用基础数据库统一定义标识符
AXCP0005_1	身份证件号码	string	an18	N	家庭成员1身份证件号码,采用基础数据库统一定义标识符
ABA0025	姓名	string	..72	N	家庭成员姓名2,采用基础数据库统一定义标识符
AXCP0005_2	身份证件号码	string	an18	N	家庭成员2身份证件号码,采用基础数据库统一定义标识符
ABA0026	姓名	string	..72	N	家庭成员姓名3,采用基础数据库统一定义标识符
AXCP0005_3	身份证件号码	string	an18	N	家庭成员3身份证件号码,采用基础数据库统一定义标识符
ABA0027	姓名	string	..72	N	家庭成员姓名4,采用基础数据库统一定义标识符
AXCP0005_4	身份证件号码	string	an18	N	家庭成员4身份证件号码,采用基础数据库统一定义标识符
ABA0028	姓名	string	..72	N	家庭成员姓名5,采用基础数据库统一定义标识符
AXCP0005_5	身份证件号码	string	an18	N	家庭成员5身份证件号码,采用基础数据库统一定义标识符
ABA0029	姓名	string	..72	N	家庭成员姓名6,采用基础数据库统一定义标识符
AXCP0005_6	身份证件号码	string	an18	N	家庭成员6身份证件号码,采用基础数据库统一定义标识符
ABA0030	姓名	string	..72	N	家庭成员姓名7,采用基础数据库统一定义标识符
AXCP0005_7	身份证件号码	string	an18	N	家庭成员7身份证件号码,采用基础数据库统一定义标识符
ABA0031	姓名	string	..72	N	家庭成员姓名8,采用基础数据库统一定义标识符
AXCP0005_8	身份证件号码	string	an18	N	家庭成员8身份证件号码,采用基础数据库统一定义标识符
ABA0032	姓名	string	..72	N	家庭成员姓名9,采用基础数据库统一定义标识符
AXCP0005_9	身份证件号码	string	an18	N	家庭成员9身份证件号码,采用基础数据库统一定义标识符
ABA0034	备注	string	..50	N	

6.4.18 农村低保对象人员

农村低保对象人员表见表62。

表62 农村低保对象人员数据元

标识符	中文名称	数据类型	数据格式	必选项	备注
AXAA1001	单位	string	..18	Y	
AZZX0001	时期	date	YYYYMMDD	Y	
AAA0001	登记时间	date	YYYYMMDD	Y	
AXCP0005	身份证件号码	string	..18	Y	身份证件号码,采用基础数据库统一定义标识符
AXCP0002	姓名	string	..72	Y	户主姓名,采用基础数据库统一定义标识符
AXCP0006	性别	string	n1	Y	见 JMGC/XX 204—2020 C0007 人的性别代码
AXCP0008	民族	string	n2	Y	见 JMGC/XX 204—2020 C0009 民族代码
AXCP0042	居住地址	string	..200	N	
AXAA0013	邮编	string	n6	N	
AXBE0015	手机号码	string	n11	N	长11位,第1位为1,第2位为3—9
ABB0003	享受人数	number		N	
ABA0007	老年人	number		N	
ABA0036	成年人	number		N	
ABA0037	成年人(有劳动条件)	number		N	
ABA0038	成年人(无劳动条件)	number		N	
ABA0012	未成年人	number		N	
ABA0004	女性	number		N	
ABA0005	残疾人	number		N	
ABA0006	重度残疾人	number		N	
ABA0039	纳入扶贫建档立卡对象	number		N	
ABA0040	月保障、救济金	float	18,2	N	
ABA0016	金额二	float	18,2	N	
ABA0017	金额三	float	18,2	N	
ABA0014	享受低保家庭人口总收入/月	float	18,2	N	
ABA0041	最低保障、救济标准	float	18,2	N	
ABA0018	个人开户银行名称	string	..100	N	

续表

标识符	中文名称	数据类型	数据格式	必选项	备注
ABA0019	个人开户银行账号	string	..40	N	
AAA0006	变动时间	date	YYYYMMDD	N	
ABA0022	户主是否享受	boolean		Y	
ABA0023	姓名	string	..72	N	家庭成员姓名1,采用基础数据库统一定义标识符
AXCP0005_1	身份证件号码	string	an18	N	家庭成员1身份证件号码,采用基础数据库统一定义标识符
ABA0025	姓名	string	..72	N	家庭成员姓名2,采用基础数据库统一定义标识符
AXCP0005_2	身份证件号码	string	an18	N	家庭成员2身份证件号码,采用基础数据库统一定义标识符
ABA0026	姓名	string	..72	N	家庭成员姓名3,采用基础数据库统一定义标识符
AXCP0005_3	身份证件号码	string	an18	N	家庭成员3身份证件号码,采用基础数据库统一定义标识符
ABA0027	姓名	string	..72	N	家庭成员姓名4,采用基础数据库统一定义标识符
AXCP0005_4	身份证件号码	string	an18	N	家庭成员4身份证件号码,采用基础数据库统一定义标识符
ABA0028	姓名	string	..72	N	家庭成员姓名5,采用基础数据库统一定义标识符
AXCP0005_5	身份证件号码	string	an18	N	家庭成员5身份证件号码,采用基础数据库统一定义标识符
ABA0029	姓名	string	..72	N	家庭成员姓名6,采用基础数据库统一定义标识符
AXCP0005_6	身份证件号码	string	an18	N	家庭成员6身份证件号码,采用基础数据库统一定义标识符
ABA0030	姓名	string	..72	N	家庭成员姓名7,采用基础数据库统一定义标识符
AXCP0005_7	身份证件号码	string	an18	N	家庭成员7身份证件号码,采用基础数据库统一定义标识符
ABA0031	姓名	string	..72	N	家庭成员姓名8,采用基础数据库统一定义标识符
AXCP0005_8	身份证件号码	string	an18	N	家庭成员8身份证件号码,采用基础数据库统一定义标识符
ABA0032	姓名	string	..72	N	家庭成员姓名9,采用基础数据库统一定义标识符
AXCP0005_9	身份证件号码	string	an18	N	家庭成员9身份证件号码,采用基础数据库统一定义标识符
ABB0034	备注	string	..50	N	

6.4.19 城市特困人员

城市特困对象人员表见表63。

表 63　城市特困人员数据元

标识符	中文名称	数据类型	数据格式	必选项	备注
AXAA1001	单位	string	..18	Y	
AZZX0001	时期	date	YYYYMMDD	Y	
AAA0001	登记时间	date	YYYYMMDD	Y	
AXCP0005	身份证件号码	string	..18	Y	身份证件号码,采用基础数据库统一定义标识符
AXCP0002	姓名	string	..72	Y	户主姓名,采用基础数据库统一定义标识符
AXCP0006	性别	string	n1	Y	见 JMGC/XX 204—2020 C0007 人的性别代码
AXCP0008	民族	string	n2	Y	见 JMGC/XX 204—2020 C0009 民族代码
AXCP0042	住址	string	..200	N	
AXAA0013	邮编	string	n6	N	
AXBE0015	联系电话	string	..18	N	
ABB0002	类别	string	n1	Y	见附录 A 代码表 供养类别代码
ABB0003	享受人数	number		N	
ABA0007	老年人	number		N	
ABA0036	成年人	number		N	
ABA0012	未成年人	number		N	
ABA0004	女性	number		N	
ABA0005	残疾人	number		N	
ABB0009	护理类型全自理	number		N	
ABB0010	半护理	number		N	
ABB0011	全护理	number		N	
ABB0012	合计	float	18,2	N	
ABA0040	月保障、救济金	float	18,2	N	
ABA0016	金额二	float	18,2	N	
ABA0017	金额三	float	18,2	N	
ABB0016	家庭人平均收入/月	float	18,2	N	
ABA0041	最低保障、救济标准	float	18,2	N	
ABA0018	个人开户银行名称	string	..100	N	
ABA0019	个人开户银行账号	string	..40	N	
ABA0020	变动类型	string	n1	Y	见 JMGC/XX 204—2020 C0040 机构变动类型代码
AAA0006	变动时间	date	YYYYMMDD	N	

续表

标识符	中文名称	数据类型	数据格式	必选项	备注
ABA0022	户主是否享受	boolean		Y	
ABA0023	姓名	string	..72	N	家庭成员姓名 1,采用基础数据库统一定义标识符
AXCP0005_1	身份证件号码	string	an18	N	家庭成员 1 身份证件号码,采用基础数据库统一定义标识符
ABA0025	姓名	string	..72	N	家庭成员姓名 2,采用基础数据库统一定义标识符
AXCP0005_2	身份证件号码	string	an18	N	家庭成员 2 身份证件号码,采用基础数据库统一定义标识符
ABA0026	姓名	string	..72	N	家庭成员姓名 3,采用基础数据库统一定义标识符
AXCP0005_3	身份证件号码	string	an18	N	家庭成员 3 身份证件号码,采用基础数据库统一定义标识符
ABA0027	姓名	string	..72	N	家庭成员姓名 4,采用基础数据库统一定义标识符
AXCP0005_4	身份证件号码	string	an18	N	家庭成员 4 身份证件号码,采用基础数据库统一定义标识符
ABA0028	姓名	string	..72	N	家庭成员姓名 5,采用基础数据库统一定义标识符
AXCP0005_5	身份证件号码	string	an18	N	家庭成员 5 身份证件号码,采用基础数据库统一定义标识符
ABA0029	姓名	string	..72	N	家庭成员姓名 6,采用基础数据库统一定义标识符
AXCP0005_6	身份证件号码	string	an18	N	家庭成员 6 身份证件号码,采用基础数据库统一定义标识符
ABA0030	姓名	string	..72	N	家庭成员姓名 7,采用基础数据库统一定义标识符
AXCP0005_7	身份证件号码	string	an18	N	家庭成员 7 身份证件号码,采用基础数据库统一定义标识符
ABA0031	姓名	string	..72	N	家庭成员姓名 8,采用基础数据库统一定义标识符
AXCP0005_8	身份证件号码	string	an18	N	家庭成员 8 身份证件号码,采用基础数据库统一定义标识符
ABA0032	姓名	string	..72	N	家庭成员姓名 9,采用基础数据库统一定义标识符
AXCP0005_9	身份证件号码	string	an18	N	家庭成员 9 身份证件号码,采用基础数据库统一定义标识符
ABB0034	备注	string	..50	N	

6.4.20 农村特困人员

农村特困对象人员表见表 64。

表 64　农村低特困人员数据元

标识符	中文名称	数据类型	数据格式	必选项	备注
AXAA1001	单位	string	..18	Y	
AZZX0001	时期	date	YYYYMMDD	Y	
AAA0001	登记时间	date	YYYYMMDD	Y	
AXCP0005	身份证件号码	string	..18	Y	身份证件号码,采用基础数据库统一定义标识符
AXCP0002	姓名	string	..72	Y	户主姓名,采用基础数据库统一定义标识符
AXCP0006	性别	string	n1	Y	见 JMGC/XX 204—2020 C0007 人的性别代码
AXCP0008	民族	string	n2	Y	见 JMGC/XX 204—2020 C0009 民族代码
AXCP0042	住址	string	..200	N	
AXAA0013	邮编	string	n6	N	
AXBE0015	联系电话	string	..18	N	
ABB0002	类别	string	n1	Y	见附录 A 代码表 供养类别代码
ABB0003	享受人数	number		N	
ABA0007	老年人	number		N	
ABA0036	成年人	number		N	
ABA0012	未成年人	number		N	
ABA0004	女性	number		N	
ABA0005	残疾人	number		N	
ABB0035	全自理	number		N	
ABB0010	半护理	number		N	
ABB0011	全护理	number		N	
ABB0012	合计	float	18,2	N	
ABA0040	月保障、救济金	float	18,2	N	
ABA0017	金额三	float	18,2	N	
ABB0016	家庭人平均收入/月	float	18,2	N	
ABA0041	最低保障、救济标准	float	18,2	N	
ABA0018	个人开户银行名称	string	..100	N	
ABA0019	个人开户银行账号	string	..40	N	
ABA0020	变动类型	string	n1	Y	见 JMGC/XX 204—2020 C0040 机构变动类型代码
AAA0006	变动时间	date	YYYYMMDD	N	

续表

标识符	中文名称	数据类型	数据格式	必选项	备注
ABA0022	户主是否享受	boolean		Y	
ABA0023	姓名	string	..72	N	家庭成员姓名1,采用基础数据库统一定义标识符
AXCP0005_1	身份证件号码	string	an18	N	家庭成员1身份证件号码,采用基础数据库统一定义标识符
ABA0025	姓名	string	..72	N	家庭成员姓名2,采用基础数据库统一定义标识符
AXCP0005_2	身份证件号码	string	an18	N	家庭成员2身份证件号码,采用基础数据库统一定义标识符
ABA0026	姓名	string	..72	N	家庭成员姓名3,采用基础数据库统一定义标识符
AXCP0005_3	身份证件号码	string	an18	N	家庭成员3身份证件号码,采用基础数据库统一定义标识符
ABA0027	姓名	string	..72	N	家庭成员姓名4,采用基础数据库统一定义标识符
AXCP0005_4	身份证件号码	string	an18	N	家庭成员4身份证件号码,采用基础数据库统一定义标识符
ABA0028	姓名	string	..72	N	家庭成员姓名5,采用基础数据库统一定义标识符
AXCP0005_5	身份证件号码	string	an18	N	家庭成员5身份证件号码,采用基础数据库统一定义标识符
ABA0029	姓名	string	..72	N	家庭成员姓名6,采用基础数据库统一定义标识符
AXCP0005_6	身份证件号码	string	an18	N	家庭成员6身份证件号码,采用基础数据库统一定义标识符
ABA0030	姓名	string	..72	N	家庭成员姓名7,采用基础数据库统一定义标识符
AXCP0005_7	身份证件号码	string	an18	N	家庭成员7身份证件号码,采用基础数据库统一定义标识符
ABA0031	姓名	string	..72	N	家庭成员姓名8,采用基础数据库统一定义标识符
AXCP0005_8	身份证件号码	string	an18	N	家庭成员8身份证件号码,采用基础数据库统一定义标识符
ABA0032	姓名	string	..72	N	家庭成员姓名9,采用基础数据库统一定义标识符
AXCP0005_9	身份证件号码	string	an18	N	家庭成员9身份证件号码,采用基础数据库统一定义标识符
ABB0034	备注	string	..50	N	

6.4.21 其他生活救助(含传统救济)

其他生活救助(含传统救济)表见表65。

表 65　其他生活救助(含传统救济)数据元

标识符	中文名称	数据类型	数据格式	必选项	备注
AXAA1001	单位	string	..18	Y	
AZZX0001	时期	date	YYYYMMDD	Y	
AAA0001	登记时间	date	YYYYMMDD	Y	
AXCP0005	身份证件号码	string	..18	Y	
AXCP0002	姓名	string	..72	Y	户主姓名,采用基础数据库统一定义标识符
AXCP0006	性别	string	n1	Y	见 JMGC/XX 204—2020 C0007 人的性别代码
AXCP0008	民族	string	n2	Y	见 JMGC/XX 204—2020 C0009 民族代码
AXCP0042	住址	string	..200	N	
AXAA0013	邮编	string	n6	N	
AXBE0015	联系电话	string	..18	N	
ABD0002	类别	string	n1	Y	见附录 A 代码表 供养类别代码
ABB0003	享受人数	number		N	
ABA0007	老年人	number		N	
ABA0036	成年人	number		N	
ABA0012	未成年人	number		N	
ABA0004	女性	number		N	
ABA0005	残疾人	number		N	
ABB0012	合计	float	18,2	N	
ABA0040	月保障、救济金	float	18,2	N	
ABA0016	金额二	float	18,2	N	
ABA0017	金额三	float	18,2	N	
ABB0016	家庭人平均收入/月	float	18,2	N	
ABA0041	最低保障、救济标准	float	18,2	N	
ABA0018	个人开户银行名称	string	..100	N	
ABA0019	个人开户银行账号	string	..40	N	
ABA0020	变动类型	string	n1	Y	见 JMGC/XX 204—2020 C0040 机构变动类型代码
AAA0006	变动时间	date	YYYYMMDD	N	
ABA0022	户主是否享受	boolean		Y	
ABA0023	姓名	string	..72	N	家庭成员姓名 1,采用基础数据库统一定义标识符

续表

标识符	中文名称	数据类型	数据格式	必选项	备注
AXCP0005	身份证件号码	string	an18	N	家庭成员 1 身份证件号码,采用基础数据库统一定义标识符
ABA0025	姓名	string	..72	N	家庭成员姓名 2,采用基础数据库统一定义标识符
AXCP0005	身份证件号码	string	an18	N	家庭成员 2 身份证件号码,采用基础数据库统一定义标识符
ABA0026	姓名	string	..72	N	家庭成员姓名 3,采用基础数据库统一定义标识符
AXCP0005	身份证件号码	string	an18	N	家庭成员 3 身份证件号码,采用基础数据库统一定义标识符
ABA0027	姓名	string	..72	N	家庭成员姓名 4,采用基础数据库统一定义标识符
AXCP0005	身份证件号码	string	an18	N	家庭成员 4 身份证件号码,采用基础数据库统一定义标识符
ABA0028	姓名	string	..72	N	家庭成员姓名 5,采用基础数据库统一定义标识符
AXCP0005	身份证件号码	string	an18	N	家庭成员 5 身份证件号码,采用基础数据库统一定义标识符
ABA0029	姓名	string	..72	N	家庭成员姓名 6,采用基础数据库统一定义标识符
AXCP0005	身份证件号码	string	an18	N	家庭成员 6 身份证件号码,采用基础数据库统一定义标识符
ABA0030	姓名	string	..72	N	家庭成员姓名 7,采用基础数据库统一定义标识符
AXCP0005	身份证件号码	string	an18	N	家庭成员 7 身份证件号码,采用基础数据库统一定义标识符
ABA0031	姓名	string	..72	N	家庭成员姓名 8,采用基础数据库统一定义标识符
AXCP0005	身份证件号码	string	an18	N	家庭成员 8 身份证件号码,采用基础数据库统一定义标识符
ABA0032	姓名	string	..72	N	家庭成员姓名 9,采用基础数据库统一定义标识符
AXCP0005	身份证件号码	string	an18	N	家庭成员 9 身份证件号码,采用基础数据库统一定义标识符
ABD0031	备注	string	..36	N	

6.4.22 临时救助对象

临时救助对象表见表 66。

表 66　临时救助对象数据元

标识符	中文名称	数据类型	数据格式	必选项	备注
AXAA1001	单位	string	..18	Y	
AZZX0001	时期	date	YYYYMMDD	Y	

续表

标识符	中文名称	数据类型	数据格式	必选项	备注
ABC0001	发放救助金日期	date	YYYYMMDD	N	
AXCP0005	身份证件号码	string	an18	N	
AXCP0002	姓名	string	..72	N	
AXCP0006	性别	string	n1	Y	见 JMGC/XX 204—2020 C0007 人的性别代码
AXCP0008	民族	string	n2	Y	见 JMGC/XX 204—2020 C0009 民族代码
AXCP0042	居住地址	string	..200	N	
AXAA0013	邮编	string	n6	N	
AXBE0015	联系电话	string	..18	N	
AZFP0024	救助业务类型	string	n1	Y	见 JMGC/XX 204—2020 CB001 救助业务类型代码
ABC0003	是否为纳入扶贫建档立卡对象	boolean		Y	
AZFX0067	救助金额	float	18,2	N	

6.4.23 低保服务机构

低保服务机构表见表67。

表67　低保服务机构数据元

标识符	中文名称	数据类型	数据格式	必选项	备注
AXAA1001	单位	string	..18	Y	
AZZX0001	时期	date	YYYYMMDD	Y	
AAA0001	登记时间	date	YYYYMMDD	Y	
AAA0002	登记部门	string	n1	Y	见 JMGC/XX 204—2020 C0047 登记部门代码
AXBE0002	统一社会信用代码	string	an18	Y	
AAA0003	组织机构代码	string	an18	N	
AXBE0003	单位名称	string	..100	Y	
AXBE0020	法定代表人姓名	string	..72	N	
AXBE0013	单位地址	string	..100	N	
AXBE0028	单位所在地行政区划代码	string	a6	N	
AXAA0013	邮编	string	n6	N	
AXBE0015	联系电话	string	..18	N	
AXBE0008	国民经济行业分类	string	n4	Y	见 JMGC/XX 204—2020 C0036 国民经济行业分类代码

续表

标识符	中文名称	数据类型	数据格式	必选项	备注
AAA0004	机构类型	string	n2	Y	见 JMGC/XX 204—2020 C0039 机构类型代码
AAA0005	变动类型	string	n1	Y	见 JMGC/XX 204—2020 C0040 机构变动类型代码
AAA0006	变动时间	date	YYYYMMDD	N	
AHD0013	年末职工人数	number		N	
AHD0014	年末职工人数(女)	number		N	
AAA0011	大学专科人数	number		N	
AAA0012	大学本科及以上人数	number		N	
AAA0013	助理社会工作师人数	number		N	
AAA0014	社会工作师人数	number		N	
ABA0053	35 岁及以下人数	number		N	
ABA0054	36 岁至 45 岁人数	number		N	
ABA0055	46 岁至 55 岁人数	number		N	
ABA0056	56 岁及以上人数	number		N	
AAA0024	执行会计制度	string	n1	Y	见 JMGC/XX 204—2020 C054 执行会计制度代码
AAA0025	存货	float	18,2	N	
AAA0026	固定资产原价	float	18,2	N	
AAA0027	资产总计	float	18,2	N	
ABA0061	负债总计	float	18,2	N	
ABA0062	本年收入合计	float	18,2	N	
AHD0051	事业收入	float	18,2	N	
AHD0052	经营收入	float	18,2	N	
AAA0030	捐赠收入	float	18,2	N	
AAA0031	会费收入	float	18,2	N	
AAA0032	政府补助收入	float	18,2	N	
AHD0056	本年支出合计	float	18,2	N	
AHD0057	工资福利支出	float	18,2	N	
AHD0058	商品和服务支出	float	18,2	N	
AHD0059	取暖费	float	18,2	N	
AHD0039	差旅费	float	18,2	N	
AHD0060	因公出国(境)费用	float	18,2	N	
AHD0061	劳务费	float	18,2	N	
AHD0062	工会经费	float	18,2	N	
AHD0063	福利费	float	18,2	N	

续表

标识符	中文名称	数据类型	数据格式	必选项	备注
AHD0064	对个人和家庭补助支出	float	18,2	N	
AHD0065	抚恤金	float	18,2	N	
ABA0079	生活补助	float	18,2	N	
AHD0067	救济费	float	18,2	N	
AHD0068	助学金	float	18,2	N	
AHD0069	奖励金	float	18,2	N	
AHD0070	生产补贴	float	18,2	N	
AHD0071	经营支出	float	18,2	N	
AHD0072	销售税金	float	18,2	N	
ABA0086	本年费用合计	float	18,2	N	
AAA0034	业务活动成本	float	18,2	N	
AAA0035	人员费用	float	18,2	N	
AAA0036	日常费用	float	18,2	N	
AAA0037	固定资产折旧	float	18,2	N	
AAA0038	税费	float	18,2	N	
AAA0040	净资产变动额	float	18,2	N	

6.4.24 孤儿人员

孤儿人员表见表68。

表68 孤儿人员数据元

标识符	中文名称	数据类型	数据格式	必选项	备注
AXAA1001	单位	string	..18	Y	
AZZX0001	时期	date	YYYYMMDD	Y	
AAA0001	登记时间	date	YYYYMMDD	Y	
AXCP0005	身份证件号码	string	an18	N	
AXCP0002	姓名	string	..72	N	
AXCP0006	性别	string	n1	Y	见 JMGC/XX 204—2020 C0007 人的性别代码
AXCP0008	民族	string	n2	Y	见 JMGC/XX 204—2020 C0009 民族代码
AXCP0042	居住地址	string	..200	N	
AXAA0013	邮编	string	n6	N	

续表

标识符	中文名称	数据类型	数据格式	必选项	备注
AXBE0015	手机号码	string	n11	N	长11位,第一位为1,第二位为3—9
ABA0020	变动类型	string	n1	Y	见 JMGC/XX 204—2020 C0040 机构变动类型代码
AAA0006	变动时间	date	YYYYMMDD	N	
AJD0004	是否集中供养	boolean		Y	
AJD0006	备注	string	..100	N	

6.4.25 彩票发行机构

彩票发行机构表见表69。

表69　彩票发行机构数据元

标识符	中文名称	数据类型	数据格式	必选项	备注
AXAA1001	单位	string	..18	Y	
AZZX0001	时期	date	YYYYMMDD	Y	
AAA0001	登记时间	date	YYYYMMDD	Y	
AAA0002	登记部门	string	n1	Y	见 JMGC/XX 204—2020 C0047 登记部门代码
AXBE0002	统一社会信用代码	string	an18	Y	
AAA0003	组织机构代码	string	an18	N	
AXBE0003	单位名称	string	..100	Y	
AXBE0020	法定代表人姓名	string	..72	N	
AXBE0013	单位地址	string	..100	N	
AXBE0028	单位所在地行政区划代码	string	a6	N	
AXAA0013	邮编	string	n6	N	
AXBE0015	联系电话	string	..18	N	
AXBE0008	国民经济行业分类	string	n4	Y	见 JMGC/XX 204—2020 C0036 国民经济行业分类代码
AAA0004	机构类型	string	n2	Y	见 JMGC/XX 204—2020 C0039 机构类型代码
AAA0005	变动类型	string	n1	Y	见 JMGC/XX 204—2020 C0040 机构变动类型代码
AAA0006	变动时间	date	YYYYMMDD	N	
AHD0013	年末职工人数	number		N	
AHD0014	年末职工人数(女)	number		N	
AAA0011	大学专科人数	number		N	

续表

标识符	中文名称	数据类型	数据格式	必选项	备注
AAA0012	大学本科及以上人数	number		N	
AAA0013	助理社会工作师人数	number		N	
AAA0014	社会工作师人数	number		N	
AKA0013	35 岁及以下人数	number		N	
AKA0014	36 岁至 45 岁人数	number		N	
AKA0015	46 岁至 55 岁人数	number		N	
AKA0016	56 岁及以上人数	number		N	
AAA0024	执行会计制度	string	n1	Y	见 JMGC/XX 204—2020 C054 执行会计制度代码
AAA0025	存货	float	18,2	N	
AAA0026	固定资产原价	float	18,2	N	
AAA0027	资产总计	float	18,2	N	
AKA0021	负债总计	float	18,2	N	
AKA0022	本年收入合计	float	18,2	N	
AHD0051	事业收入	float	18,2	N	
AHD0052	经营收入	float	18,2	N	
AAA0030	捐赠收入	float	18,2	N	
AAA0031	会费收入	float	18,2	N	
AAA0032	政府补助收入	float	18,2	N	
AHD0056	本年支出合计	float	18,2	N	
AHD0057	工资福利支出	float	18,2	N	
AHD0058	商品和服务支出	float	18,2	N	
AHD0059	取暖费	float	18,2	N	
AHD0039	差旅费	float	18,2	N	
AHD0060	因公出国(境)费用	float	18,2	N	
AHD0061	劳务费	float	18,2	N	
AHD0062	工会经费	float	18,2	N	
AHD0063	福利费	float	18,2	N	
AHD0064	对个人和家庭补助支出	float	18,2	N	
AHD0065	抚恤金	float	18,2	N	
AKA0039	生活补助	float	18,2	N	
AHD0067	救济费	float	18,2	N	
AHD0068	助学金	float	18,2	N	
AHD0069	奖励金	float	18,2	N	

续表

标识符	中文名称	数据类型	数据格式	必选项	备注
AHD0070	生产补贴	float	18,2	N	
AHD0071	经营支出	float	18,2	N	
AHD0072	销售税金	float	18,2	N	
AKA0046	本年费用合计	float	18,2	N	
AAA0034	业务活动成本	float	18,2	N	
AAA0035	人员费用	float	18,2	N	
AAA0036	日常费用	float	18,2	N	
AAA0037	固定资产折旧	float	18,2	N	
AAA0038	税费	float	18,2	N	
AAA0039	管理费用	float	18,2	N	
AAA0040	净资产变动额	float	18,2	N	

6.4.26 其他事业单位

其他事业单位表见表70。

表70 其他事业单位数据元

标识符	中文名称	数据类型	数据格式	必选项	备注
AXAA1001	单位	string	..18	Y	
AZZX0001	时期	date	YYYYMMDD	Y	
AAA0001	登记时间	date	YYYYMMDD	Y	
AAA0002	登记部门	string	n1	Y	见 JMGC/XX 204—2020 C0047 登记部门代码
AXBE0002	统一社会信用代码	string	an18	Y	
AAA0003	组织机构代码	string	an18	N	
AXBE0003	单位名称	string	..100	Y	
AXBE0020	法定代表人姓名	string	..72	N	
AXBE0013	单位地址	string	..100	N	
AXBE0028	单位所在地行政区划代码	string	a6	N	
AXAA0013	邮编	string	n6	N	
AXBE0015	联系电话	string	..18	N	
AXBE0008	国民经济行业分类	string	n4	Y	见 JMGC/XX 204—2020 C0036 国民经济行业分类代码
AAA0004	机构类型	string	n2	Y	见 JMGC/XX 204—2020 C0039 机构类型代码
AAA0005	变动类型	string	n1	Y	见 JMGC/XX 204—2020 C0040 机构变动类型代码

续表

标识符	中文名称	数据类型	数据格式	必选项	备注
AAA0006	变动时间	date	YYYYMMDD	N	
AHD0013	年末职工人数	number		N	
AHD0014	年末职工人数(女)	number		N	
AAA0011	大学专科人数	number		N	
AAA0012	大学本科及以上人数	number		N	
AAA0013	助理社会工作师人数	number		N	
AAA0014	社会工作师人数	number		N	
AZZ0018	35 岁及以下人数	number		N	
AZZ0019	36 岁至 45 岁人数	number		N	
AZZ0020	46 岁至 55 岁人数	number		N	
AZZ0021	56 岁及以上人数	number		N	
AAA0024	执行会计制度	string	n1	Y	见 JMGC/XX 204—2020 C054 执行会计制度代码
AAA0025	存货	float	18,2	N	
AAA0026	固定资产原价	float	18,2	N	
AHD0029	累计折旧	float	18,2	N	
AHD0030	本年折旧	float	18,2	N	
AAA0027	资产总计	float	18,2	N	
AZZ0097	负债总计	float	18,2	N	
AHD0033	营业收入	float	18,2	N	
AHD0034	营业成本	float	18,2	N	
AHD0035	营业税金及附加	float	18,2	N	
AHD0036	销售费用	float	18,2	N	
AAA0039	管理费用	float	18,2	N	
AHD0038	税金	float	18,2	N	
AHD0039	差旅费	float	18,2	N	
AHD0040	财务费用	float	18,2	N	
AHD0041	利息净支出	float	18,2	N	
AHD0042	资产减值损失	float	18,2	N	
AHD0043	公允价值变动收益	float	18,2	N	
AHD0044	投资收益	float	18,2	N	
AHD0045	营业利润	float	18,2	N	
AHD0046	营业外收入	float	18,2	N	
AAA0032	政府补助收入	float	18,2	N	
AHD0048	应付职工薪酬	float	18,2	N	

续表

标识符	中文名称	数据类型	数据格式	必选项	备注
AZZ0047	本年应交增值税	float	18,2	N	
AZZ0048	本年收入合计	float	18,2	N	
AHD0051	事业收入	float	18,2	N	
AHD0052	经营收入	float	18,2	N	
AHD0057	工资福利支出	float	18,2	N	
AHD0058	商品和服务支出	float	18,2	N	
AHD0059	取暖费	float	18,2	N	
AHD0060	因公出国(境)费用	float	18,2	N	
AHD0061	劳务费	float	18,2	N	
AHD0062	工会经费	float	18,2	N	
AHD0063	福利费	float	18,2	N	
AHD0064	对个人和家庭补助支出	float	18,2	N	
AHD0065	抚恤金	float	18,2	N	
AZZ0064	生活补助	float	18,2	N	
AHD0067	救济费	float	18,2	N	
AHD0068	助学金	float	18,2	N	
AHD0069	奖励金	float	18,2	N	
AHD0070	生产补贴	float	18,2	N	
AHD0071	经营支出	float	18,2	N	
AHD0072	销售税金	float	18,2	N	

6.4.27 其他提供住宿机构

其他提供住宿机构表见表71。

表71 其他提供住宿机构数据元

标识符	中文名称	数据类型	数据格式	必选项	备注
AXAA1001	单位	string	..18	Y	
AZZX0001	时期	date	YYYYMMDD	Y	
AAA0001	登记时间	date	YYYYMMDD	Y	
AAA0002	登记部门	string	n1	Y	见 JMGC/XX 204—2020 C0047 登记部门代码
AXBE0002	统一社会信用代码	string	an18	N	
AAA0003	组织机构代码	string	an18	N	
AHD0004	医疗机构执业许可证登记号	string	..22	N	

续表

标识符	中文名称	数据类型	数据格式	必选项	备注
AHD0005	医疗保险定点医疗机构资格证书编码	string	..18	N	
AXBE0003	单位名称	string	..100	Y	
AXBE0020	法定代表人姓名	string	..72	N	
AXBE0013	单位地址	string	..100	N	
AXBE0028	单位所在地行政区划代码	string	a6	N	
AXAA0013	邮编	string	n6	N	
AXBE0015	联系电话	string	..18	N	
AXBE0008	国民经济行业分类	string	n4	Y	见 JMGC/XX 204—2020 C0036 国民经济行业分类代码
AAA0004	机构类型	string	n2	Y	见 JMGC/XX 204—2020 C0039 机构类型代码
AAA0005	变动类型	string	n1	Y	见 JMGC/XX 204—2020 C0040 机构变动类型代码
AAA0006	变动时间	date	YYYYMMDD	N	
AZZ0009	类型	string	n2	Y	
AHD0013	年末职工人数	number		N	
AHD0014	年末职工人数(女)	number		N	
AHD0015	年末职工人数(医护人员)	number		N	
AAA0011	大学专科人数	number		N	
AAA0012	大学本科及以上人数	number		N	
AAA0013	助理社会工作师人数	number		N	
AAA0014	社会工作师人数	number		N	
AZZ0018	35 岁及以下人数	number		N	
AZZ0019	36 岁至 45 岁人数	number		N	
AZZ0020	46 岁至 55 岁人数	number		N	
AZZ0021	56 岁及以上人数	number		N	
AHD0024	机构管理人员	number		N	
AHD0025	专业技术技能人员	number		N	
AAA0024	执行会计制度	string	n1	Y	见 JMGC/XX 204—2020 C054 执行会计制度代码
AAA0025	存货	float	18,2	N	
AAA0026	固定资产原价	float	18,2	N	
AHD0029	累计折旧	float	18,2	N	
AHD0030	本年折旧	float	18,2	N	
AAA0027	资产总计	float	18,2	N	

续表

标识符	中文名称	数据类型	数据格式	必选项	备注
AHD0032	负债合计	float	18,2	N	
AHD0033	营业收入	float	18,2	N	
AHD0034	营业成本	float	18,2	N	
AHD0035	营业税金及附加	float	18,2	N	
AHD0036	销售费用	float	18,2	N	
AAA0039	管理费用	float	18,2	N	
AHD0038	税金	float	18,2	N	
AHD0039	差旅费	float	18,2	N	
AHD0040	财务费用	float	18,2	N	
AHD0041	利息净支出	float	18,2	N	
AHD0042	资产减值损失	float	18,2	N	
AHD0043	公允价值变动收益	float	18,2	N	
AHD0044	投资收益	float	18,2	N	
AHD0045	营业利润	float	18,2	N	
AHD0046	营业外收入	float	18,2	N	
AAA0032	政府补助收入	float	18,2	N	
AHD0048	应付职工薪酬	float	18,2	N	
AZZ0047	本年应交增值税	float	18,2	N	
AZZ0048	本年收入合计	float	18,2	N	
AHD0051	事业收入	float	18,2	N	
AHD0052	经营收入	float	18,2	N	
AAA0030	捐赠收入	float	18,2	N	
AAA0031	会费收入	float	18,2	N	
AAA0032	政府补助收入	float	18,2	N	
AHD0056	本年支出合计	float	18,2	N	
AHD0057	工资福利支出	float	18,2	N	
AHD0058	商品和服务支出	float	18,2	N	
AHD0059	取暖费	float	18,2	N	
AHD0060	因公出国(境)费用	float	18,2	N	
AHD0061	劳务费	float	18,2	N	
AHD0062	工会经费	float	18,2	N	
AHD0063	福利费	float	18,2	N	
AHD0064	对个人和家庭补助支出	float	18,2	N	
AHD0065	抚恤金	float	18,2	N	
AZZ0064	生活补助	float	18,2	N	

续表

标识符	中文名称	数据类型	数据格式	必选项	备注
AHD0067	救济费	float	18,2	N	
AHD0068	助学金	float	18,2	N	
AHD0069	奖励金	float	18,2	N	
AHD0070	生产补贴	float	18,2	N	
AHD0071	经营支出	float	18,2	N	
AHD0072	销售税金	float	18,2	N	
AZZ0071	本年费用合计	float	18,2	N	
AAA0034	业务活动成本	float	18,2	N	
AAA0035	人员费用	float	18,2	N	
AAA0036	日常费用	float	18,2	N	
AAA0037	固定资产折旧	float	18,2	N	
AAA0038	税费	float	18,2	N	
AAA0039	管理费用	float	18,2	N	
AAA0040	净资产变动额	float	18,2	N	
AHD0080	年末床位数	number		N	
AHD0081	光荣间床位	number		N	
AHD0082	年在院总人天数	number		N	
AZZ0081	年末在院人数	number		N	
AHD0085	年末在院人数优抚对象	number		N	
AHD0086	年末在院人数特困人员救助供养对象	number		N	
AHD0087	年末在院人数自费人员	number		N	
AHD0088	年末在院人数其他社会救济对象	number		N	
AHD0089	年末在院人数老年人	number		N	
AHD0090	年末在院人数青壮年	number		N	
AHD0091	年末在院人数儿童	number		N	
AHD0092	年末在院人数自理(完全自理)	number		N	
AHD0093	年末在院人数介助(半自理)	number		N	
AZZ0091	年末在院人数(女)介护(不能自理)	number		N	
AHD0094	康复和医疗门诊人次数	number		N	
AZZ0093	家庭寄养儿童数量	number		N	

续表

标识符	中文名称	数据类型	数据格式	必选项	备注
AHD0096	机构建筑面积(平方米)	float	8,2	N	
AHD0097	相关单位组织机构代码(统一社会信用代码)	string	an18	N	
AHD0098	相关单位名称	string	..100	N	

6.5 信息填报

6.5.1 省级行政区划信息表

省级行政区划信息表见表72。

表72　省级行政区划信息数据元

标识符	中文名称	数据类型	数据格式	必选项	备注
AXAA0001	行政区划代码	string	n2	Y	
AXAA0002	行政区划单位	string	..50	Y	
AXAA0003	行政区划简称	string	n1	N	有则必填
AXAA0004	简拼	string	..30	N	
AXAA0005	行政区划长途电话区号	string	..4	N	

6.5.2 市级行政区划信息表

市级行政区划信息表见表73。

表73　市级行政区划信息数据元

标识符	中文名称	数据类型	数据格式	必选项	备注
AXAA0001	行政区划代码	string	n4	Y	
AXAA0002	行政区划单位	string	..50	Y	
AXAA0003	行政区划简称	string	n1	N	有则必填
AXAA0004	简拼	string	..30	N	
AXAA0005	行政区划长途电话区号	string	..4	N	

6.5.3 县级行政区划信息表

县级行政区划信息表见表74。

表 74　县级行政区划信息数据元

标识符	中文名称	数据类型	数据格式	必选项	备注
AXAA0001	行政区划代码	string	n6	Y	
AXAA0002	行政区划单位	string	..50	Y	
AXAA0003	行政区划简称	string	n1	N	有则必填
AXAA0004	简拼	string	..30	N	

6.5.4 乡镇级行政区划信息表

乡镇级行政区划信息表见表 75。

表 75　乡镇级行政区划信息数据元

标识符	中文名称	数据类型	数据格式	必选项	备注
AXAA0001	行政区划代码	string	n9	Y	
AXAA0002	行政区划单位	string	..50	Y	
AXAA0004	简拼	string	..30	N	

6.5.5 村级行政区划信息表

村级行政区划信息表见表 76。

表 76　村级行政区划信息数据元

标识符	中文名称	数据类型	数据格式	必选项	备注
AXAA0001	行政区划代码	string	n12	Y	
AXAA0002	行政区划单位	string	..50	Y	
AXAA0004	简拼	string	..30	N	

6.5.6 行政区划关系表

行政区划关系表见表 77。

表 77　行政区划关系数据元

标识符	中文名称	数据类型	数据格式	必选项	备注
AXAA0001	行政区划代码	string	n12	Y	
AXAA0006	上级行政区划代码	string	..12	Y	
AXAA0007	是否子节点	boolean		Y	
AXAA0008	是否启用	boolean		Y	
RECORDTIME	记录时间	date	YYYYMMDD	Y	
DATASOURCE	数据来源	string	n3	Y	

附录 A

（规范性）

代码集

A.1 福利及养老机构类型代码

福利及养老机构类型见表 A.1。

A.1 福利及养老机构类型代码

元素代码	元素名称	元素代码	元素名称
04	光荣院	08	养老公寓等其他养老机构
05	社会福利院	09	农村特困人员救助供养机构
06	儿童福利机构	10	其他提供住宿机构
07	社会福利医院	11	安置农场

A.2 民政分类代码

民政分类代码见表 A.2。

A.2 民政分类代码

元素代码	元素名称	元素代码	元素名称
01	生态环境	08	工商业服务
02	教育	09	宗教
03	卫生	10	农业及农村发展
04	社会工作	11	职业及从业者组织
05	文化	12	国际及涉外组织
06	体育	13	其他
07	法律		

A.3 民办非企业单位性质代码

民办非企业单位性质代码见表 A.3。

A.3　民办非企业单位性质代码

元素代码	元素名称	元素代码	元素名称
0	法人制	2	个体制
1	合伙制		

A.4 基金会类型代码

基金会类型代码见表 A.4。

A.4　基金会类型代码

元素代码	元素名称	元素代码	元素名称
0	公募基金会	1	非公募基金会

A.5 居委会(村委会)规模代码

居委会(村委会)规模代码见表 A.5。

A.5　居委会(村委会)规模代码

元素代码	元素名称	元素代码	元素名称
1	居民 1000 户以下	3	居民 3000 户以上
2	居民 1000 户—3000 户		

A.6 残疾人补助类别

残疾人补助类别代码见表 A.6。

A.6　残疾人补助类别代码

元素代码	元素名称	元素代码	元素名称
1	困难残疾人	2	重度残疾人

A.7 残疾等级代码

残疾等级代码见表 A.7。

A.7　残疾人等级代码

元素代码	元素名称	元素代码	元素名称
0	十级	5	五级

续表

元素代码	元素名称	元素代码	元素名称
1	一级	6	六级
2	二级	7	七级
3	三级	8	八级
4	四级	9	九级

A. 8 收养儿童类别代码

收养儿童类别代码见表 A. 8。

A. 8 收养儿童类别代码

元素代码	元素名称	元素代码	元素名称
1	社会福利机构抚养的孤儿	5	继子女
2	非社会福利机构抚养的孤儿	6	非社会福利机构抚养的弃婴
3	三代以内同辈旁系血亲的子女	7	社会福利机构抚养的弃婴
4	生父母有特殊困难无力抚养的子女	8	生父母均不具备完全民事行为能力且具有严重危害可能的子女

A. 9 国籍代码

国籍代码见表 A. 9。

A. 9 国籍代码

元素代码	元素名称	元素代码	元素名称
0	内地	4	华侨
1	香港	5	外国人
2	澳门	6	无
3	台湾		

A. 10 供养类别代码

供养类别代码见表 A. 10。

A. 10 供养类别代码

元素代码	元素名称	元素代码	元素名称
3	集中供养	4	分散供养

A.11 救助对象类别代码

救助对象类别代码见表 A.11。

A.11　救助对象类别代码

元素代码	元素名称	元素代码	元素名称
1	低保户	3	其他
2	特困人员		

A.12 救助事由代码

救助事由代码见表 A.12。

A.12　救助事由代码

元素代码	元素名称	元素代码	元素名称
1	突发事件	3	重大疾病
2	意外伤害	4	其他特殊原因

A.13 社区机构类别代码

社区机构类别代码见表 A.13。

A.13　社区机构类别代码

元素代码	元素名称	元素代码	元素名称
0	社区服务中心	4	社区养老机构和设施
1	社区服务站	5	社区互助型养老设施
2	其他社区服务机构和设施	6	未登记的农村特困人员救助供养机构
3	社区指导中心		

A.14 变动种类代码

变动种类代码见表 A.14。

A.14　变动种类代码

元素代码	元素名称	元素代码	元素名称
1	注销	2	变更

A.15 救助种类代码

救助种类代码见表 A.15。

A.15 救助种类代码

元素代码	元素名称	元素代码	元素名称
1	在站救助	2	站外救助

A.16 城乡类型代码

城乡类型代码见表 A.16。

A.16 城乡类型代码

元素代码	元素名称	元素代码	元素名称
01	农业	02	非农业

A.17 社会组织类型代码

社会组织类型代码见表 A.17。

A.17 社会组织类型代码

元素代码	元素名称	元素代码	元素名称
1	社会团体	2	民办非企业单位
3	基金会	4	外国商会

A.18 社会组织标识代码

社会组织标识代码见表 A.18。

A.18 社会组织标识代码

元素代码	元素名称	元素代码	元素名称
1	志愿服务组织	2	行业协会

A.19 登记类型代码

登记类型代码见表 A.19。

A.19 登记类型代码

元素代码	元素名称	元素代码	元素名称
1	民政部登记	2	地方登记

A. 20 登记状态代码

登记状态代码见表 A. 20。

A. 20　登记状态代码

元素代码	元素名称	元素代码	元素名称
1	正常	2	注销
3	撤销		

A. 21 数据状态代码

数据状态代码见表 A. 21。

A. 21　数据状态代码

元素代码	元素名称	元素代码	元素名称
0	待审核	1	审核通过
2	审核不通过	3	销毁

A. 22 文件关联类型代码

文件关联类型代码见表 A. 22。

A. 22　文件关联类型代码

元素代码	元素名称	元素代码	元素名称
1	文件关联	2	文件转换自动关联
3	父子关系		

A. 23 办结状态代码

办结状态代码见表 A. 23。

A. 23　办结状态代码

元素代码	元素名称	元素代码	元素名称
1	未流转	2	流转中
3	已办结		

A. 24 重复间隔单位代码

重复间隔单位代码见表 A. 24。

A. 24　重复间隔单位代码

元素代码	元素名称	元素代码	元素名称
1	日	2	周
3	月		

A. 25 发文类型代码

发文类型代码见表 A. 25。

A. 25　发文类型代码

元素代码	元素名称	元素代码	元素名称
0	部党组发文	1	民政部文件
2	办公厅文件	3	部党组便函
4	部便函	5	办公厅便函
6	民政部函件	7	办公厅函件
8	内部函件	9	公告
10	民规备字	11	部令

A. 26 紧急程度代码

紧急程度代码见表 A. 26。

A. 26　紧急程度代码

元素代码	元素名称	元素代码	元素名称
1	平件	2	急件
3	特急		

A. 27 保管期限代码

保管期限代码见表 A. 27。

A. 27　保管期限代码

元素代码	元素名称	元素代码	元素名称
0	永远	1	10 年

续表

元素代码	元素名称	元素代码	元素名称
2	30 年		

A. 28 收文类别代码

收文类别代码见表 A. 28。

A. 28　收文类别代码

元素代码	元素名称	元素代码	元素名称
1	民政部收文	2	民政部办公厅收文
3	部领导收文		

A. 29 公文类型代码

公文类型代码见表 A. 29。

A. 29　公文类型代码

元素代码	元素名称	元素代码	元素名称
1	批办性公文	2	阅知性公文

A. 30 申请人类型代码

申请人类型代码见表 A. 30。

A. 30　申请人类型代码

元素代码	元素名称	元素代码	元素名称
1	公民	2	法人或其他组织

A. 31 信息获取方式及媒体代码

信息获取方式及媒体代码见表 A. 31。

A. 31　信息获取方式及媒体代码

元素代码	元素名称	元素代码	元素名称
1	在线申请	2	信函申请
3	现场申请	4	电子邮件
5	传真申请		

A. 32 公告类型代码

公告类型代码见表 A. 32。

A. 32　公告类型代码

元素代码	元素名称	元素代码	元素名称
0	党建	1	政务
2	人事	3	通知
4	活动	5	会议
6	值班	7	其他

A. 33 申请人类型代码

申请人类型代码见表 A. 33。

A. 33　申请人类型代码

元素代码	元素名称	元素代码	元素名称
1	公民	2	法人或其他组织

A. 34 自然灾害类型代码

自然灾害类型代码见表 A. 34。

A. 34　自然灾害类型代码

元素代码	元素名称	元素代码	元素名称
1	气象水文灾害	2	地质地震灾害
3	海洋灾害	4	生物灾害
5	生态环境灾害		

A. 35 社会治安事件类型代码

社会治安事件类型代码见表 A. 35。

A.35　社会治安事件类型代码

元素代码	元素名称	元素代码	元素名称
1	安全事故	2	交通运输事故
3	公共设施和设备事故		

A.36 公共卫生事件类型代码

公共卫生事件类型代码见表 A.36。

A.36　公共卫生事件类型代码

元素代码	元素名称	元素代码	元素名称
1	生物病原体所致疾病	2	食物中毒事件
3	有毒有害因素污染造成的群体中毒	4	不明原因引起的群体发病或死亡

A.37 救助成因类型代码

救助成因类型代码见表 A.37。

A.37　救助成因类型代码

元素代码	元素名称	元素代码	元素名称
1	家庭成员有大病或残疾	2	家庭劳动力年龄偏大
3	劳动力占比少	4	家庭年人均收入少
5	教育支出占比少	6	家庭成员刑事诉讼人数较多

A.38 年龄段代码

年龄段代码见表 A.38。

A.38　年龄段代码

元素代码	元素名称	元素代码	元素名称
1	35 岁及以下	2	36 岁至 45 岁人数
3	46 岁至 55 岁人数	4	56 岁及以上人数

A.39 就学情况代码

就学情况代码见表 A.39。

A. 39　就学情况代码

元素代码	元素名称	元素代码	元素名称
1	在读	2	毕业
3	肄业	4	结业
5	休学	6	其他

A. 40 残疾人补助类别代码

残疾人补贴类别代码见表 A. 40。

A. 40　残疾人补贴类别代码

元素代码	元素名称	元素代码	元素名称
1	困难残疾人	2	重度残疾人

A. 41 供养类别代码

供养类别代码见表 A. 41。

A. 41　供养类别代码

元素代码	元素名称	元素代码	元素名称
3	集中供养	4	分散供养

JMGC

民 政 部 金 民 工 程 标 准

JMGC/YW 421—2020

儿童福利业务术语

2020－12－30 发布　　　　2020－12－30 实施

民政部信息中心 发布

目　次

前 言

本文件按照 GB/T 1.1—2020《标准化工作导则 第1部分:标准化文件的结构和起草规则》的规定起草。

请注意本文件的某些内容可能涉及专利。本文件的发布机构不承担识别专利的责任。

本文件由民政部信息中心提出并归口。

本文件起草单位:民政部信息中心、民政部儿童福利司、中科恒运股份有限公司。

本文件主要起草人:文长军、赵超、李勇、张留军、马守平、张立利。

儿童福利业务术语

1 范围

本文件界定了金民工程项目中儿童福利业务领域中常用的术语和定义。

本文件适用于金民工程项目中儿童福利业务系统建设。

2 规范性引用文件

下列文件中的内容通过文中的规范性引用而构成本文件必不可少的条款。其中,注日期的引用文件,仅该日期对应的版本适用于本文件;不注日期的引用文件,其最新版本(包括所有的修改单)适用于本文件。

GB/T 23245 流浪乞讨人员社会救助基本术语

GB/T 25647 电子政务术语

MZ 010 儿童福利机构基本规范

3 基础术语

3.1 儿童福利管理部门

儿童福利管理部门由国务院民政部门、区县级以上地方人民政府民政部门组成;国务院民政部门负责指导、监督全国儿童福利机构管理工作;县级以上地方人民政府民政部门负责本行政区域内儿童福利机构管理工作,对儿童福利机构进行监督和检查。

3.2 儿童福利经办机构

儿童福利经办机构由政府基层机构或其派出机构组成,负责有关儿童福利、儿童保护、儿童收养等相关工作的部门。

3.3 儿童福利机构

民政部门设立的,主要收留抚养由民政部门担任监护人的未满18周岁儿童的机构。包括按照事业单位法人登记的儿童福利院、设有儿童部的社会福利院等。

3.4 未成年人救助保护机构

县级以上人民政府及其民政部门根据需要设立,对生活无着的流浪乞讨、遭受监护侵害、暂时无人监护等未成年人实施救助,承担临时监护责任,协助民政部门推进农村留守儿童和困境儿童关爱服务等工作的专门机构,包括按照事业单位法人登记的未成年人保护中心、未成年人救助保护中心和设有未成年人救助保护科(室)的救助管理站。

3.5 收养登记机关

履行收养登记行政职能的地方各级人民政府民政部门。

3.6 儿童主任

村(居)民委员会中负责儿童关爱服务工作的人员。

3.7 儿童督导员

乡镇人民政府(街道办事处)负责儿童关爱保护服务工作的人员。

3.8 未成年人

未满十八周岁的公民。

3.9 被接收儿童

十八周岁以下,父母双亡,或查找不到生父母,符合国家孤、弃儿接收程序规定,由民政部门监护、委托儿童福利机构养育的自然人。

[来源:MZ010,3.2]

3.10 留守儿童

因父母双方外出务工或一方外出务工另一方无监护能力,无法与父母正常共同生活的不满十六周岁的未成年人。

无监护能力是指留守在家的父亲或母亲因重病、重残等原因丧失监护能力。

3.11 农村留守妇女

丈夫连续外出务工、经商等半年以上,本人留在农村居住生活,不满六十周岁的妇女。

3.12 困境儿童

因家庭贫困导致生活、就医、就学等困难的儿童,因自身残疾导致康复、照料、护理和社会融入等困难的儿童,以及因家庭监护缺失或监护不当遭受虐待、遗弃、意外伤害、不法侵害等导致人身安全受到威胁或侵害的儿童。

3.13 事实无人抚养儿童

父母双方均符合重残、重病、服刑在押、强制隔离戒毒、被执行其他限制人身自由的措施、失联情形之一的儿童;或者父母一方死亡或失踪,另一方符合重残、重病、服刑在押、强制隔离戒毒、被执行其他限制人身自由的措施、失联情形之一的儿童。

以上重残是指一级二级残疾或三级四级精神、智力残疾;重病由各地根据当地大病、地方病等实际情况确定;失联是指失去联系且未履行监护抚养责任6个月以上;服刑在押、强制隔离戒毒或被执行其他限制人身自由的措施是指期限在6个月以上;死亡是指自然死亡或人民法院宣告死亡,失踪是指人民法院宣告失踪。

3.14 事实无人抚养儿童的基本生活费

中央财政比照孤儿基本生活保障资金测算方法,通过困难群众救助补助经费渠道对生活困难家庭中的和纳入特困人员救助供养范围的事实无人抚养儿童给予的适当补助。

3.15 事实无人抚养儿童的基本生活费标准

根据本地区经济社会发展水平以及儿童关爱保护工作需要，按照与当地孤儿保障标准相衔接的原则确定事实无人抚养儿童的补贴标准。

3.16 流浪未成年人

十八周岁以下，脱离监护人有效监护，依靠流浪、乞讨等方式维持生活的人员。

[来源：GB/T 23245，2.2]

3.17 弃婴弃儿

组织或公民在本行政区域内发现或捡拾的、经公安部门确认被遗弃的婴儿或儿童。

3.18 孤儿

下列儿童为孤儿：

a)无法查明父母或者其他监护人的儿童；

b)父母死亡或者宣告失踪且没有其他依法具有监护资格的人的儿童；

c)父母没有监护能力且没有其他依法具有监护资格的人的儿童；

d)人民法院指定由民政部门担任监护人的儿童；

e)法律规定应当由民政部门担任监护人的其他儿童。

3.19 残疾儿童

在精神、生理、人体结构上，由于某种组织、功能丧失或障碍，导致从事某种活动能力全部或部分丧失，影响日常生活和社会参与的儿童。

3.20 超龄儿童

年龄超过十八周岁，仍需民政部门提供救助保护或养育的人员。

3.21 寄养儿童

监护权在县级以上人民政府民政部门、按照规范程度委托在社会家庭中养育的不满十八周岁的孤儿、查找不到生父母的弃婴或父母被剥夺了监护权、监护人缺乏监护照料能力或事实上无人抚养等其他有需要的儿童。

[来源：MZ010，3.5]

3.22 寄养家庭

儿童福利机构经过规定的程序审核和委托，符合寄养条件的社会最小单位。

[来源：MZ010，3.4]

3.23 家庭成员/子女

具有法定赡养、抚养或扶养关系，且共同生活的人员。

3.24 家庭收入

共同生活的家庭成员在规定期限内获得的全部可支配收入。包括法定赡养人、扶养人或者抚养人应当给付的赡养费、扶养费或者抚养费,不包括优抚对象按照国家规定享受的抚恤金、补助金。

3.25 儿童福利补贴资金

国家通过经常性预算和财政性拨款、社会捐赠等形成的,专门用于救助儿童的社会保障货币资金。

3.26 孤儿基本生活费

由民政部、财务部依据《国务院办公厅关于加强孤儿保障工作的意见(国办发〔2010〕54号)》,自2010年1月起为全国孤儿发放的基本生活费。

3.27 孤儿基本生活费标准

各省(自治区、直辖市)要根据城乡生活水平、儿童成长需要和财力情况,按照保障孤儿的基本生活不低于当地平均生活水平的原则,合理确定孤儿基本生活最低养育标准。

3.28 动态管理

孤儿、事实无人抚养儿童及其他困境儿童有进有出、基本生活费有升有降。对新增符合救助条件的困境儿童及时给予救助;对不再符合条件的困境儿童及时停止救助;对正在享受低保救助的,根据国家每年的标准,调整儿童的基本生活费发放标准。

3.29 收养人

收养他人子女为自己子女的中国公民、外国人。

3.30 被收养人

由收养人收养的未成年人。

3.31 送养人

依法将自己抚养或监护的未成年人送养的儿童福利机构、生父母或监护人。

3.32 主要照护人

寄养家庭中主要承担寄养儿童日常生活照料和护理的人员。

4 业务术语

4.1 收养

依据法定的条件和程序领养他人子女为自己子女的法律行为。

4.2 调查评估

经办机构通过信息系统与有关部门和单位对申请人家庭人口、经济收入、财产状况等情况进行比对核查。

4.3 收养评估

对已申请收养登记的当事人是否符合法定要求及适宜成立收养关系而进行的评估。主要包括对收养申请人个人和家庭基本情况、收养动机目的和养育安排、收养申请人提交的证件和证明材料情况等进行全面调查,从而对收养申请人及其共同生活的家庭成员抚养教育和保护被收养人的能力做出综合评定。

4.4 收养融合期调查

在收养登记办理前,对收养人与被收养人融合情况进行评估。主要包括对被收养人与收养人及其家庭成员共同生活、相处和情感交融等情况、收养人履行临时监护职责情况、对被收养人的照顾抚育情况和收养意愿等进行调查评估。

4.5 收养后回访

收养登记办理后,对收养人与被收养人共同生活的情况进行评估。主要包括收养人对被收养人的养育教育情况、被收养人健康成长和受教育情况、双方相互接受情况等进行调查评估。

4.6 解除收养

收养人与被收养人收养关系无法维持下去时,经双方协商同意,终止双方的人身和财产权利义务关系的行为。

4.7 出具登记证明

当事人办理过收养或者解除收养关系登记,申请补领时的收养状况因解除收养关系或者收养关系当事人死亡发生改变的,不予补发收养登记证,可由收养登记机关出具相应曾办理过收养或者解除收养关系的证明的行为。

收养登记证明不作为收养人和被收养人现在收养状况的证明。

4.8 撤销收养

收养关系当事人弄虚作假骗取收养登记的,由利害关系人、有关单位或者组织向原收养登记机关提出,由收养登记机关撤销登记,收缴收养登记证的行为。

4.9 补领收养登记证、解除收养关系证明

收养关系当事人遗失、损毁收养证件或解除收养关系证明时,向原收养登记机关申请补领的行为。

4.10 续发

为年龄超过十八周岁的孤儿继续发放孤儿基本生活费的行为。

4.11 家庭寄养

按照规定程序,将民政部门监护的儿童委托在符合条件的家庭中养育的照料模式。

4.12 家庭寄养评估

由儿童福利机构组织对家庭寄养工作的条件、内容、流程、效果等进行考察分析评价的活动。

4.13 寄养融合期

寄养儿童进入寄养家庭生活后,考察其能否适应寄养家庭生活的阶段。

4.14 康复治疗

对需要进行康复救助的残疾儿童进行治疗护理,包括以减轻功能障碍、改善功能状况、增强生活自理和社会参与能力为主要目的手术、辅助器具配置和康复训练等行为。

4.15 明天计划

由民政部组织，各省级民政部门具体实施，福利彩票公益金支持，针对0—18周岁孤儿开展的医疗康复项目。

4.16 助养

社会组织或个人通过民政部门或其儿童福利机构，以捐资或其他方式为儿童提供帮扶养育的行为。

[来源：MZ010，3.6]

4.17 孤儿助学工程

由民政部组织，县级以上民政部门具体实施，福利彩票公益金支持，面向18周岁前已被认定为孤儿身份、年满18周岁后就读普通全日制本科学校、普通全日制专科学校、高等职业学校等高等院校及中等职业学校的中专、大专、本科学生和硕士研究生等开展的助学项目。

4.18 强制报告制度

凡医疗机构、教育机构、司法机关、社会组织在工作中发现需要帮助的儿童，必须及时上报所在区（县）妇儿工委进行评估，根据儿童工作资源中心专家的评估报告，与民政、教育、医疗、社区、社会组织等对接，将困境儿童转介给相应机构进行救助、帮扶、安置，同时整合专家库的专家参与相关工作。

4.19 个案

个案是指儿童有特殊原因需要特殊处理的情况。

4.20 台账

儿童业务办理过程中收集的儿童个人及家庭信息记录。

4.21 监护缺失

未成年人没有有效的监护人或者虽有监护人，但监护人没有完全履行监护责任。

4.22 临时监护

基于保护被监护人的合法权益的条件下，在不违背法律规定的前提下，将监护职责部分或全部委托他人或其他机构行使，并由他人或其他机构承担相应法律后果的行为。

4.23 专项排查

部级、省级民政部门对下级地方民政部门对儿童的关爱保障工作的落实情况进行集中、全面、重点监督检查的活动，以此掌握儿童福利的落实情况。

参考文献

[1]《儿童福利机构管理办法》(中华人民共和国民政部令第63号).2018年10月30日

[2]《城市无着的流浪乞讨人员救助管理办法》(国务院令第381号).2003年6月20日

[3]《收养登记工作规范》(民办发〔2008〕118号).2008年8月25日

[4]《"孤儿医疗康复明天计划"项目实施办法》(民办发〔2018〕30号).2018年12月6日

[5]《国务院办公厅关于加强孤儿保障工作的意见》(国办发〔2010〕54号).2010年11月16日

[6]《民政部财政部关于发放孤儿基本生活费的通知》民发〔2010〕161号.2010年11月26日

[7]《国务院关于进一步健全特困人员救助供养制度的意见》(国发〔2016〕14号).2016年2月10日

[8]《国务院关于加强农村留守儿童关爱保护工作的意见》(国发〔2016〕13号).2016年2月4日

[9]《国务院关于加强困境儿童保障工作的意见》(国发〔2016〕36号).2016年6月13日

[10]《国务院关于建立残疾儿童康复救助制度的意见》(国发〔2018〕20号).2018年6月21日

JMGC

民 政 部 金 民 工 程 标 准

JMGC/YW 422.1—2020

社会事务管理业务术语
第1部分：婚姻管理

2020-12-30 发布 2020-12-30 实施

民政部信息中心 发布

目　次

前　　言

本文件按照 GB/T 1. 1—2020《标准化工作导则 第1部分:标准的结构和编写》给出的规则起草。

请注意本文件的某些内容可能涉及专利。本文件的发布机构不承担识别专利的责任。

本文件为 JMGC/YW 422《社会事务管理业务术语》的第1部分。JMGC/YW 422 已经发布了以下部分:

——第1部分:婚姻管理;

——第2部分:流浪乞讨人员救助管理;

——第3部分:殡葬管理;

——第4部分:残疾人福利。

本文件由民政部信息中心提出并归口。

本文件起草单位:民政部信息中心、民政部社会事务司、中科恒运股份有限公司。

本文件主要起草人:文长军、郝海波、富强、窦娜娜、马守平、王道琨。

引　言

JMGC/YW 422《社会事务管理业务术语》由四个部分构成。

——第 1 部分:婚姻管理。目的在于确立婚姻管理业务术语。

——第 2 部分:流浪乞讨人员救助管理。目的在于确立流浪乞讨人员救助管理业务术语。

——第 3 部分:殡葬管理。目的在于确立殡葬政务信息直报业务术语。

——第 4 部分:残疾人福利。目的在于确立残疾人福利业务术语。

社会事务管理业务术语 第1部分:婚姻管理

1 范围

本文件界定了金民工程项目中婚姻管理业务领域中常用的术语和定义。

本文件适用于金民工程项目中婚姻管理业务系统建设工作。

2 规范性引用文件

下列文件中的内容通过文中的规范性引用而构成本文件必不可少的条款。其中,注日期的引用文件,仅该日期对应的版本适用于本文件;不注日期的引用文件,其最新版本(包括所有的修改单)适用于本文件。

GB/T 25647 电子政务术语

MZ/T 082 婚姻登记术语

MZ/T 084 婚姻家庭辅导服务

3 基础术语

3.1 婚姻

男女双方依法确立的夫妻关系。

[来源:MZ/T 082,2.1]

3.2 婚姻登记

男女双方在婚姻登记机关依法确立或解除夫妻关系的法定程序。

[来源:MZ/T 082,2.2]

3.3 婚姻登记机构

依法履行婚姻登记行政职能的组织。

内地居民办理婚姻登记的机关是县级人民政府民政部门或者乡(镇)人民政府,省、自治区、直辖市人民政府可以按照便民原则确定农村居民办理婚姻登记的具体机关。

中国公民同外国人,内地居民同香港特别行政区居民、澳门特别行政区居民、台湾地区居民、华侨办理婚姻登记的机关是省、自治区、直辖市人民政府民政部门或者省、自治区、直辖市人民政府民政部门确定的机关。

[来源:MZ/T 082,2.3,有修改]

3. 4 婚姻当事人

在婚姻登记机关依法申请办理婚姻登记的男女双方。

[来源:MZ/T 082,2. 4,有修改]

3. 5 婚姻登记严重失信当事人

符合《对婚姻登记严重失信当事人开展联合惩戒的合作备忘录》和《民政部办公厅关于印发〈婚姻登记严重失信当事人名单管理办法(试行)〉的通知》约定的失信行为的人。

依照通知,由民政部门认定婚姻登记严重失信当事人。

3. 6 联合惩戒

多部门对某领域严重失信当事人执行或者协助执行规定的惩戒措施。

4 婚姻状况

4. 1 未婚

从未依法与他人缔结婚姻关系的婚姻状况。

[来源:MZ/T 082,3. 1]

4. 2 已婚

依法缔结婚姻关系且仍维持该关系的婚姻状况。

注:包括初婚、复婚、再婚等情况。

[来源:MZ/T 082,3. 2]

4. 3 离婚

依法解除婚姻关系后的婚姻状况。

[来源:MZ/T 082,3. 3]

4. 4 丧偶

婚姻关系存续期间配偶死亡后的婚姻状况。

[来源:MZ/T 082,3. 4]

5 登记业务

5. 1 结婚登记

男女双方在婚姻登记机关依法确立婚姻关系的法定程序。

[来源:MZ/T 082,4. 1]

5. 2 补办结婚登记

已举行结婚仪式或以夫妻名义共同生活,但未办理结婚登记的男女双方,在婚姻登记机关依法办理结婚登记的法定程序。

[来源:MZ/T082,4. 2]

5.3 离婚登记

男女双方在婚姻登记机关依法解除夫妻关系的法定程序。

[来源:MZ/T 082,4.3]

5.4 撤销婚姻

因胁迫结婚的,经受胁迫一方请求,婚姻登记机关或人民法院依法撤销当事人婚姻的行为。

[来源:MZ/T 082,4.4]

5.5 无效婚姻

因欠缺婚姻成立的法定要件,经人民法院宣告自始不具有法律效力的婚姻。

[来源:MZ/T 082,4.5]

5.6 补领婚姻登记证

当事人的婚姻登记证遗失、信息变更或损毁后,在婚姻登记机关申请再次领取婚姻登记证的行为。

[来源:MZ/T 082,4.6,有修改]

6 工作人员

6.1 婚姻登记员

依法为当事人办理婚姻登记手续的婚姻登记机关工作人员。

[来源:MZ/T 082,5.1]

6.2 婚姻颁证员

经民政部门培训考核,在婚姻登记机关从事颁发结婚证工作的人员。

[来源:MZ/T 082,5.2]

6.3 特邀颁证师

受婚姻登记机关邀请,为婚姻当事人颁发结婚证的人员。

[来源:MZ/T 082—,5.3]

6.4 婚姻家庭辅导员

受婚姻登记机构指派或委托,向服务对象提供婚姻家庭辅导服务的具有相关专业知识和技能的人员。

[来源:MZ/T 084,3.2]

7 设施设备

7.1 婚姻登记机关标牌

婚姻登记机关按照一定标准制作并悬挂的写明单位名称的指示牌。

[来源:MZ/T 082,6.1]

7.2 婚姻登记候登大厅

婚姻登记机关内供婚姻当事人等候登记、填写申请书的场所。

[来源:MZ/T 082,6.2]

7.3 结婚登记室

婚姻登记机关内为婚姻当事人办理结婚登记的场所。

[来源:MZ/T082,6.3]

7.4 离婚登记室

婚姻登记机关内为婚姻当事人办理离婚登记的场所。

[来源:MZ/T 082,6.4]

7.5 颁证厅

婚姻登记机关内设立的为当事人颁发结婚证的场所。

[来源:MZ/T 082,6.5]

7.6 咨询台

婚姻登记机关设立的为婚姻当事人提供咨询服务的工作台。

[来源:MZ/T 082,6.6]

7.7 颁证台

颁证厅内供颁证人员宣读颁证词、颁发结婚证的工作台。

[来源:MZ/T 082,6.7]

7.8 婚姻家庭辅导室

婚姻登记机构设置的为服务对象提供婚姻家庭辅导服务的场所。

[来源:MZ/T084,3.3]

8 文档证章

8.1 婚姻登记证

婚姻登记机关向婚姻登记当事人颁发的载明当事人婚姻登记信息、具有法律效力的统一制式证件。

[来源:MZ/T 082,7.1]

8.2 结婚证

婚姻登记机关向结婚登记当事人颁发的载明当事人结婚登记信息、具有法律效力的统一制式证件。

[来源:MZ/T 082,7.1.1]

8.2.1 离婚证

婚姻登记机关向离婚登记当事人颁发的载明当事人离婚登记信息、具有法律效力的统一制式证件。

[来源:MZ/T 082,7.1.2]

8.3 婚姻登记档案

婚姻登记机关在办理婚姻登记业务过程中形成的相关材料。

[来源:MZ/T 082,7.2]

8.4 婚姻登记专用章

婚姻登记机关使用的婚姻登记专用印章。

[来源:MZ/T 082,7.3]

8.5 电子结婚证

由计算机等电子设备形成、传输和存储的符合全国电子证照标准的结婚证数据文件。

8.6 电子离婚证

由计算机等电子设备形成、传输和存储的符合全国电子证照标准的离婚证数据文件。

9 其他

9.1 婚姻登记工作标识

由婚姻登记主管部门确认的、用以表明婚姻登记工作性质的符号。

[来源:MZ/T 082,8.1]

9.2 婚姻登记信息系统

婚姻登记机关录入婚姻登记信息、保存婚姻登记档案的电子信息系统。

9.3 婚姻登记数据库

用于记载存储婚姻登记业务中形成的各种电子信息的数据存储处理中心。

[来源:MZ/T 082,8.2]

9.4 婚姻登记历史数据补录

对未进入婚姻登记信息系统的婚姻登记档案信息,由婚姻登记机关录入婚姻登记信息系统的行为。

9.5 婚姻家庭辅导

婚姻登记机构为当事人提供的婚姻家庭关系方面的指导帮助。

[来源:MZ/T 084,3.1]

9.6 离婚调适

对离婚当事人进行心理、情感、行为等方面的控制和调整,使之更好地适应离婚后的生活。

[来源:MZ/T 084,3.4]

JMGC

民 政 部 金 民 工 程 标 准

JMGC/YW 422.2—2020

社会事务管理业务术语
第2部分:流浪乞讨人员救助管理

2020-12-30 发布　　2020-12-30 实施

民政部信息中心 发布

目　次

前　言

本文件按照 GB/T 1.1—2020《标准化工作导则 第1部分:标准的结构和编写》的规则起草。

请注意本文件的某些内容可能涉及专利。本文件的发布机构不承担识别专利的责任。

本文件为 JMGC/YW 422《社会事务管理业务术语》的第2部分。JMGC/YW 422 已经发布了以下部分:

——第1部分:婚姻管理;

——第2部分:流浪乞讨人员救助管理;

——第3部分:殡葬管理;

——第4部分:残疾人福利。

本文件由民政部信息中心提出并归口。

本文件起草单位:民政部信息中心、中科恒运股份有限公司。

本文件主要起草人:文长军、马守平、甘会强。

引　　言

JMGC/YW422《社会事务管理业务术语》由四个部分构成。

——第1部分:婚姻管理。目的在于确立婚姻管理业务术语。

——第2部分:流浪乞讨人员救助管理。目的在于确立流浪乞讨人员救助管理业务术语。

——第3部分:殡葬管理。目的在于确立殡葬管理业务术语。

——第4部分:残疾人福利。目的在于确立残疾人福利业务术语。

社会事务管理业务术语 第2部分:流浪乞讨人员救助管理

1 范围

本文件界定了金民工程项目中流浪乞讨人员救助管理业务的术语及定义。

本文件适用于金民工程项目中流浪乞讨人员救助管理业务系统建设工作。

2 规范性引用文件

下列文件中的内容通过文中的规范性引用而构成本文件必不可少的条款。其中,注日期的引用文件,仅该日期对应的版本适用于本文件;不注日期的引用文件,其最新版本(包括所有的修改单)适用于本文件。

GB/T 23245 流浪乞讨人员社会救助基本术语

GB/T 29354 救助管理机构安全

MZ/T 060 流浪乞讨人员机构托养工作指南

3 流浪乞讨人员救助管理业务

3.1 流浪乞讨人员

离家在外、自身无力解决食宿、正在或即将处于流浪或乞讨状态的人员,包括生活无着的流浪人员和生活无着的乞讨人员。

3.2 救助管理机构

县级以上政府根据需要设立、依法依规为流浪、乞讨人员提供救助服务和救助管理,保障其人身安全和基本生活的机构。

3.3 托养机构

具备一定的资质、经一定程序接受民政部门委托,按照托养工作有关政策要求和托养协议,为流浪乞讨人员提供照料服务的企业、事业单位、社会团体和其他社会组织。

[来源:MZ/T060,3.2,有修改]

3.4 医疗机构

为流浪乞讨受助人员提供医疗救治的、依法从事疾病诊断和治疗活动的卫生机构。

3.5 安置机构

为落户安置的流浪乞讨人员提供照料服务的、具备相应集中供养条件和能力的公办机构。

3.6 托养对象

救助管理机构委托给受托机构照料的长期滞留的流浪乞讨人员。

[来源:MZ/T060,3.3]

3.7 求助人员

自愿向救助管理机构申请救助或被有关部门护送来到救助管理机构申请救助的人员。

3.8 受助人员

经过救助管理机构甄别,确定其符合救助条件,决定予以救助和直接救助的人员。

3.9 求助

向各类救助管理机构请求提供帮助的行为。

[来源:GB/T 23245,2.7,有修改]

3.10 救助甄别

救助管理机构审核求助人员状况并决定是否提供救助的过程。

[来源:GB/T 23245,2.8,有修改]

3.11 站外救助

对街面等公共场所流浪乞讨人员开展的现场劝导、应急帮助、引导护送等活动。

[来源:GB/T 23245,2.10]

3.12 站内救助

救助管理机构为受助人员提供饮食、住宿、医疗、通讯、返乡等服务。

[来源:GB/T 23245,2.11,有修改]

3.13 检视

救助管理机构对求(受)助人员的身份证件、体貌特征及身体、精神状况察看判明过程。

[来源:GB/T 29354,3.1]

3.14 寻亲服务

对不能提供个人信息的流浪乞讨人员提供发布寻亲公告、报请公安机关核查身份信息等服务。

3.15 源头治理

县级及以上政府对所辖区域的返乡流浪人员进行稳固和易流浪走失人群进行帮扶的机制。

3.16 落户安置

对无法查明家庭情况的滞留在救助管理机构的受助人员,通过申报审批安置在本地安置机构。

3.17 急病救治

将患急病人员送往医疗机构进行救治。

3.18 跨省接送

对于未成年人、无自返能力的老年人、残疾人等受助人员,由救助管理机构护送或接领其返回原籍的过程。

［来源：GB/T23245，2.13，有修改］

3.19 放弃救助

受助人员自愿放弃救助管理机构正在为其提供的各种救助的行为。

［来源：GB/T 23245，2.16，有修改］

3.20 不予救助通知书

告知不符合救助条件的求助人员，作出不予以救助决定的书面文件。

［来源：GB/T 23245，2.18］

3.21 终止救助通知书

载明受助人员基本位息、受助情况、终止救助理由等信息的书面文件。

［来源：GB/T 23245，2.19］

3.22 救助档案

记载对受助人员实施救助过程的信息资料。

［来源：GB/T 23245，2.20］

参考文献

[1]《城市无着的流浪乞讨人员救助管理办法》(国务院令第381号)

[2]《社会救助暂行办法》(国务院令第649号)

[3]《城市生活无着的流浪乞讨人员救助管理办法实施细则》(民政部令第24号)

[4]《国务院办公厅关于建立疾病应急救助制度的指导意见》(国办发〔2013〕15号)

[5]《国务院关于全面建立临时救助制度的通知》(国发〔2014〕47号)

[6]《国务院办公厅关于解决无户口人员登记户口问题的意见》(国办发〔2015〕96号)

[7]《民政部关于印发〈生活无着的流浪乞讨人员救助管理机构工作规程〉的通知》(民发〔2014〕132号)

JMGC

民 政 部 金 民 工 程 标 准

JMGC/YW 422.3—2020

社会事务管理业务术语
第3部分:殡葬管理

2020-12-30 发布　　　　2020-12-30 实施

民政部信息中心 发布

目　次

前　　言

本文件按照 GB/T 1.1—2020《标准化工作导则 第1部分:标准的结构和编写》的规则起草。

请注意本文件的某些内容可能涉及专利。本文件的发布机构不承担识别专利的责任。

本文件为 JMGC/YW 422《社会事务管理业务术语》的第3部分。JMGC/YW 422 已经发布了以下部分:

——第1部分:婚姻管理;

——第2部分:流浪乞讨人员救助管理;

——第3部分:殡葬管理;

——第4部分:残疾人福利。

本文件由民政部信息中心提出并归口。

本文件起草单位:民政部信息中心、中科恒运股份有限公司。

本文件主要起草人:文长军、马守平、甘会强。

引　　言

JMGC/YW422《社会事务管理业务术语》由四个部分构成。

——第1部分:婚姻管理。目的在于确立婚姻管理业务术语。

——第2部分:流浪乞讨人员救助管理。目的在于确立流浪乞讨人员救助管理业务术语。

——第3部分:殡葬管理。目的在于确立殡葬管理业务术语。

——第4部分:残疾人福利。目的在于确立残疾人福利业务术语。

社会事务管理业务术语 第3部分:殡葬管理

1 范围

本文件界定了金民工程项目中殡葬管理业务领域中常用的术语和定义。

本文件适用于金民工程项目中殡葬管理业务系统建设工作。

2 规范性引用文件

下列文件中的内容通过文中的规范性引用而构成本文件必不可少的条款。其中,注日期的引用文件,仅该日期对应的版本适用于本文件;不注日期的引用文件,其最新版本(包括所有的修改单)适用于本文件。

GB/T 23287 殡葬术语

MZ/T 017 殡葬服务术语

MZ/T134 节地生态安葬基本评价规范

MZ/T 135 遗体收殓运输卫生技术规范

3 殡葬政务信息直报业务

3.1 殡葬 丧葬

殡仪悼念和安葬逝者活动统称。

[来源:MZ/T 017,2.1,有修改]

3.2 安葬

人们对逝者遗体的各种处理过程和最终处置方法。

[来源:MZ/T 017,2.1.2]

3.3 殡葬管理

政府及有关部门运用行政、法律、经济等手段,对人们的殡葬活动进行指导、监督和规范。

[来源:GB/T 23287,2.3]

3.4 殡葬服务

殡葬服务机构为人们的殡葬活动所提供的劳动服务及其服务所需的条件保障。

[来源:GB/T 23287,2.6]

3.5 墓位

墓所占的位置与空间。

[来源:GB/T 23287,2.13]

3.6 骨灰安放格位

安置骨灰的位置与空间。

[来源:GB/T 23287,2.14]

3.7 骨灰

遗体火化后遗留下的灰烬。

[来源:MZ/T 017,2.4.4]

3.8 遗体 尸体

逝者的躯体。

[来源:MZ/T 017,2.4.2]

3.9 火化

用燃烧的方法使遗体变成骨灰的过程。

[来源:GB/T 23287,2.21]

3.10 火葬

以火化的方式处理遗体的全过程。

[来源:GB/T 23287,2.22]

3.11 土葬

将遗体装入葬具埋于土中的一种葬法。

[来源:GB/T 23287,2.23]

3.12 节地生态安葬

以节约资源、保护环境为价值导向,采用树葬、海葬、深埋、格位存放等不占或少占土地、少耗 资源、少使用不可降解材料的方式安葬骨灰或遗体,使安葬活动更好地促进人与自然和谐发展。主要包 括以下节地生态安葬方式:骨灰立体安葬、骨灰节地型墓位安葬、骨灰植树(花、草等)安葬、不保留 骨灰安葬、遗体节地型墓位安葬、遗体深埋不设墓碑安葬和其他形式节地生态安葬。

[来源:MZ/T 134,3.2]

3.13 死亡率

在一定区域内,单位时间(通常为一年)死亡人数与人口总数的比率。

[来源:GB/T 23287,2.30]

3.14 祭奠 祭扫

为死去的人举行悼念活动。

[来源:GB/T 23287,6.23,有修改]

3.15 扫墓 墓祭

在墓地祭奠、培土和整饰环境。

[来源:GB/T 23287,6.26]

3.16 殡葬管理机构

依法对殡葬事务实施监督、指导和管理的部门。

[来源:GB/T 23287,3.3]

3.17 殡葬服务机构

经行政许可,开展殡葬服务活动的社会组织,为服务的提供方。

[来源:MZ/T 017,2.3]

[来源:GB/T 23287,3.7]

3.18 红白理事会

在办理婚丧事务中创建起来的群众自我管理、自我教育、自我服务的基层自治组织。

[来源:GB/T 23287,3.8]

3.19 火葬区

由政府根据殡葬管理法规划定的实行火葬的区域。

[来源:GB/T 23287,3.10]

3.20 土葬区

由政府根据殡葬管理法规划定的允许实行土葬的区域。

[来源:GB/T 23287,3.11]

3.21 死亡证明

由法定医疗机构或公安机关出具的,用以表明自然人生命终止的文书。

[来源:MZ/T 017,2.5]

3.22 火化证明

由殡葬服务机构出具的证明遗体已经火化的凭证。

[来源:GB/T 23287,3.16]

3.23 火化量

在一定时间内火化遗体的数量。

[来源:GB/T 23287,3.22]

3.24 火化率

在一定时间内,同一区域火化量与死亡人数的比率。

[来源:GB/T 23287,3.23]

3.25 殡仪馆

提供遗体处置、火化、悼念、守灵以及骨灰安置等殡仪服务活动的综合性场所。

[来源:GB/T 23287,7.6]

3.26 火葬场

进行遗体火化的殡葬服务场所。

[来源:GB/T 23287,7.7]

3.27 殡葬服务站

殡葬服务中心具有一项或多项殡葬服务功能的殡葬服务机构。

[来源:GB/T 23287,7.8]

3.28 公墓 公共墓地

公众安葬遗体或骨灰的墓地。

[来源:GB/T 23287,7.9]

3.29 殡葬设施

为开展殡葬服务活动而建立的殡仪设施、火化设施、墓地设施和骨灰安放设施的统称。

[来源:GB/T 23287,7.1]

3.30 殡仪设施

提供遗体运送、保存、防腐、整容、整形、冷藏和悼念等服务的场所。

[来源:GB/T 23287,7.2]

3.31 火化设施

提供遗体火化服务的场所。

[来源:GB/T 23287,7.3]

3.32 墓地设施

用以集中埋葬遗体或骨灰的场所。

[来源:GB/T 23287,7.4]

3.33 安葬设施

用以集中安葬遗体或骨灰的场所。主要包括:经营性公墓、骨灰堂、骨灰塔陵园、城市公益性公墓、农村公益性墓地、农村集中安葬点等。

[来源:MZ/T 134,3.1]

3.34 殡葬设备

殡葬服务机构进行殡葬服务所用的机械和器具。

[来源:GB/T 23287,7.15]

3.35 殡葬服务从业人员

从事殡葬服务活动并取得劳动报酬的专业工作者。

[来源:MZ/T 017,4.1]

3.36 遗体运输

将遗体按规定运送到殡仪服务机构的过程。

[来源:MZ/T 135,3.2]

参考文献

[1]《关于进一步推动殡葬改革促进殡葬事业发展的指导意见》(民发〔2018〕5号)

[2]《关于推进"互联网+殡葬服务"的行动方案》(民发〔2018〕73号)

[3]《民政部办公厅关于印发〈全国殡葬综合改革试点方案〉的通知》(民办函〔2017〕278号)

JMGC

民 政 部 金 民 工 程 标 准

JMGC/YW 422.4—2020

社会事务管理业务术语
第4部分:残疾人福利

2020-12-30 发布　　2020-12-30 实施

民政部信息中心 发布

目　　次

前　言

本文件按照 GB/T 1. 1—2020《标准化工作导则 第 1 部分:标准化文件的结构和起草规则》的规定起草。

请注意本文件的某些内容可能涉及专利。本文件的发布机构不承担识别专利的责任。

本文件是 JMGC/YW 422《社会事务管理业务术语》的第 4 部分。JMGC/YW 422 已经发布了以下部分:

——第 1 部分:婚姻管理;

——第 2 部分:流浪乞讨人员救助管理;

——第 3 部分:殡葬管理;

——第 4 部分:残疾人福利。

本文件由民政部信息中心提出并归口。

本文件起草单位:民政部信息中心、万达信息股份有限公司。

本文件主要起草人:王兴玲、郧函斌、马晓宁、晁俊、王鑫、李永良、晃俊、李夺、刘鸿。

引　　言

JMGC/YW 422《社会事务管理业务术语》由四个部分构成。

——第 1 部分:婚姻管理。目的在于确立婚姻管理业务术语。

——第 2 部分:流浪乞讨人员救助管理。目的在于确立流浪乞讨人员救助管理业务术语。

——第 3 部分:殡葬管理。目的在于确立殡葬管理业务术语。

——第 4 部分:残疾人福利。目的在于确立残疾人福利业务术语。

社会事务管理业务术语第4部分:残疾人福利

1 范围

本文件界定了金民工程项目中残疾人服务业务的术语及定义。

本文件适用于金民工程项目中残疾人服务业务建设。

2 规范性引用文件

下列文件中的内容通过文中的规范性引用而构成本文件必不可少的条款。其中,注日期的引用文件,仅该日期对应的版本适用于本文件;不注日期的引用文件,其最新版本(包括所有的修改单)适用于本文件。

GB/T 26341 残疾人残疾分类和分级

3 残疾人福利

3.1 残疾

身体结构、功能的损害及个体活动受限与参与的局限性。

[来源:GB/T 26341,3.1]

3.2 残疾人

在精神、生理、人体结构上,某种组织、功能丧失或障碍,全部或部分丧失从事某种活动能力的人。

[来源:GB/T 26341,3.2]

3.3 残疾人服务机构

残疾人服务机构,即国家、社会、个人举办的,依法登记的专门为残疾人提供供养、托养、照料、康复、辅助性就业等相关服务的机构。

3.4 残疾分类

按不同残疾分为视力残疾、听力残疾、言语残疾、肢体残疾、智力残疾、精神残疾和多重残疾。

[来源:GB/T 26341,4.1]

3.5 视力残疾

各种原因导致双眼视力低下并且不能矫正或双眼视野缩小,以致影响其日常生活和社会参与。视力残疾包括盲及低视力。

[来源:GB/T 26341,4.2]

3.6 听力残疾

各种原因导致双耳不同程度的永久性听力障碍,听不到或听不清周围环境声及言语声,以致影响其日常生活和社会参与。

[来源:GB/T 26341,4.3]

3.7 言语残疾

各种原因导致的不同程度的言语障碍,经治疗一年以上不愈或病程超过两年,而不能或难以进行正常的言语交流活动,以致影响其日常生活和社会参与。包括:失语、运动性构音障碍、器质性构音障碍、发声障碍、儿童言语发育迟滞、听力障碍所致的言语障碍、口吃等。

注:3岁以下不定残

[来源:GB/T 26341,4.4]

3.8 智力残疾

智力显著低于一般人水平,并伴有适应行为的障碍。此类残疾是由于神经系统结构、功能障碍,使个体活动和参与受到限制,需要环境提供全面、广泛、有限和间歇的支持。

[来源:GB/T 26341,4.6]

3.9 精神残疾

各类精神障碍持续一年以上未痊愈,由于存在认知、情感和行为障碍,以致影响其日常生活和社会参与。

[来源:GB/T 26341,4.7]

3.10 多重残疾

同时存在视力残疾、听力残疾、言语残疾、肢体残疾、智力残疾、精神残疾中的两种或两种以上残疾。

[来源:GB/T 26341,4.8]

3.11 残疾分级

各类残疾按残疾程度分为四级,残疾一级、残疾二级、残疾三级和残疾四级。残疾一级为极重度,残疾二级为重度,残疾三级为中度,残疾四级为轻度。

[来源:GB/T 26341,5.1]

3.12 视力残疾分级

按视力和视野状态分级,其中盲为视力残疾一级和二级,低视力为视力残疾三级和四级。视力残疾均指双眼而言,若双眼视力不同,则以视力较好的一眼为准。如仅有单眼为视力残疾,而另一眼的视力达到或优于0.3,则不属于视力残疾范畴。视野以注视点为中心,视野半径小于10度者,不论其视力如何均属于盲。

［来源:GB/T 26341,5. 2］

3. 13 听力残疾分级

按平均听力损失及听觉系统的结构、功能,活动和参与,环境和支持等因素分级(不配戴助听放大装置)。

［来源:GB/T 26341,5. 3. 1］

3. 14 言语残疾分级

按各种言语残疾不同类型的口语表现和程度,脑和发音器官的结构、功能,活动和参与,环境和支持等因素分级。

［来源:GB/T 26341,5. 4. 1］

3. 15 智力残疾分级

按 0—6 岁和 7 岁及以上两个年龄段发育商、智商和适应行为分级。0—6 岁儿童发育商小于 72 的直接按发育商分级,发育商在 72—75 之间的按适应行为分级。7 岁及以上按智商、适应行为分级;当两者的分值不在同一级时,按适应行为分级。WHO—DAS Ⅱ 分值反映的是 18 岁及以上各级智力残疾的活动与参与情况。

［来源:GB/T 26341,5. 6］

3. 16 精神残疾分级

18 岁及以上的精神障碍患者依据 WHO—DAS Ⅱ 分值和适应行为表现分级,18 岁以下精神障碍患者依据适应行为的表现分级。

［来源:GB/T 26341,5. 7. 1］

3. 17 多重残疾分级

按所属残疾中残疾程度最重类别的分级确定其残疾等级。

［来源:GB/T 26341,5. 8］

参考文献

[1]民政部 财政部 中国残联关于建立困难残疾人生活补贴和重度残疾人护理补贴标准动态调整机制的指导意见 民发〔2019〕67号

[2]《中华人民共和国残疾人证管理办法》.2017年7月1日

[3]《残疾人残疾分类和分级》(GB/T 26341—2010).2011年01月14日

[4]《残疾人服务机构管理办法》(民发〔2018〕31号)

[5]《(国务院)关于全面建立困难残疾人生活补贴和重度残疾人护理补贴制度的意见》(发〔2015〕52号).2015年9月

[6]《民政部关于加快民政精神卫生福利服务发展的意见》(民发〔2013〕213号)

JMGC

民 政 部 金 民 工 程 标 准

JMGC/YW 423—2020

儿童福利业务流程

2020-12-30 发布　　2020-12-30 实施

民政部信息中心 发布

目　　次

前　言

本文件按照 GB/T 1.1—2020《标准化工作导则 第1部分:标准化文件的结构和起草规则》的规定起草。

请注意本文件的某些内容可能涉及专利。本文件的发布机构不承担识别专利的责任。

本文件由民政部信息中心提出并归口。

本文件起草单位:民政部信息中心、民政部儿童福利司、中科恒运股份有限公司。

本文件主要起草人:文长军、王东亮、张蕾、马守平、张立利。

儿童福利业务流程

1 范围

本文件规定了金民工程项目中儿童福利可程序化的业务流程。

本文件适用于金民工程项目中儿童福利信息系统建设。

2 规范性引用文件

下列文件中的内容通过文中的规范性引用而构成本文件必不可少的条款。其中,注日期的引用文件,仅该日期对应的版本适用于本文件;不注日期的引用文件,其最新版本(包括所有的修改单)适用于本文件。

JMGC/YW 421 儿童福利业务术语

3 术语和定义

JMGC/YW 421 界定的术语和定义适用于本文件。

4 孤儿基本生活费申请

4.1 概述

本项基本生活费的保障对象是未满 18 周岁的失去父母、查找不到生父母的未成年人。

业务办理流程如下:

a)申请人提出申请;

b)受理机构进行核实并提出初步意见;

c)审核机构提出核定、审核意见;

d)资金管理部门根据支付申请进行拨款。

孤儿基本生活费申请业务流程如图 1 所示。

4.2 提出申请

社会散居孤儿申请孤儿基本生活费,由孤儿监护人向孤儿户籍所在地的街道办事处或乡(镇)人民政府提出申请。

福利机构孤儿的基本生活费,由福利机构负责汇总孤儿信息并向所属民政部门提出申请。

4.3 核实

街道办事处或乡(镇)人民政府对申请人和孤儿情况进行核实并提出初步意见,上报县级

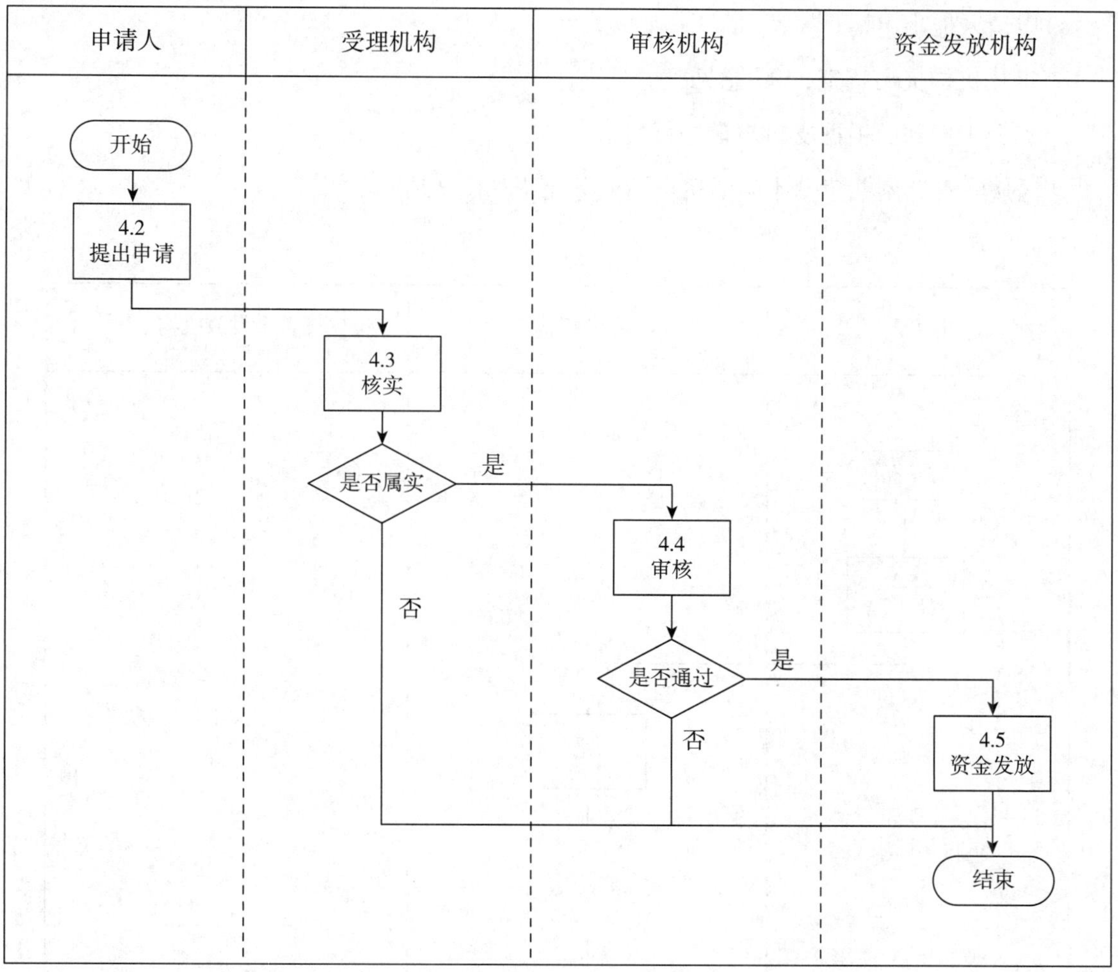

图 1　孤儿基本生活费申请业务流程

人民政府民政部门审核。

4.4 审核

县级人民政府民政部门要认真审核申请材料，提出核定、审核意见。为保护孤儿的隐私，应避免以公示的方式核实了解情况。

4.5 资金发放

县级财政部门根据同级民政部门提出的支付申请，将孤儿基本生活费直接拨付到孤儿或其监护人个人账户或福利机构集体账户。财政直接支付确有困难的，可通过县级民政部门按规定程序以现金形式发放。

5 艾滋病病毒感染儿童基本生活费申请

5.1 概述

本项基本生活费发放对象为未满 18 周岁的感染艾滋病病毒的儿童。

业务办理流程如下：

a)申请人提出申请；

b)审核机构提出核定、审核意见；

c)资金管理部门根据支付申请进行拨款。

艾滋病病毒感染儿童基本生活费申请业务流程如图2所示。

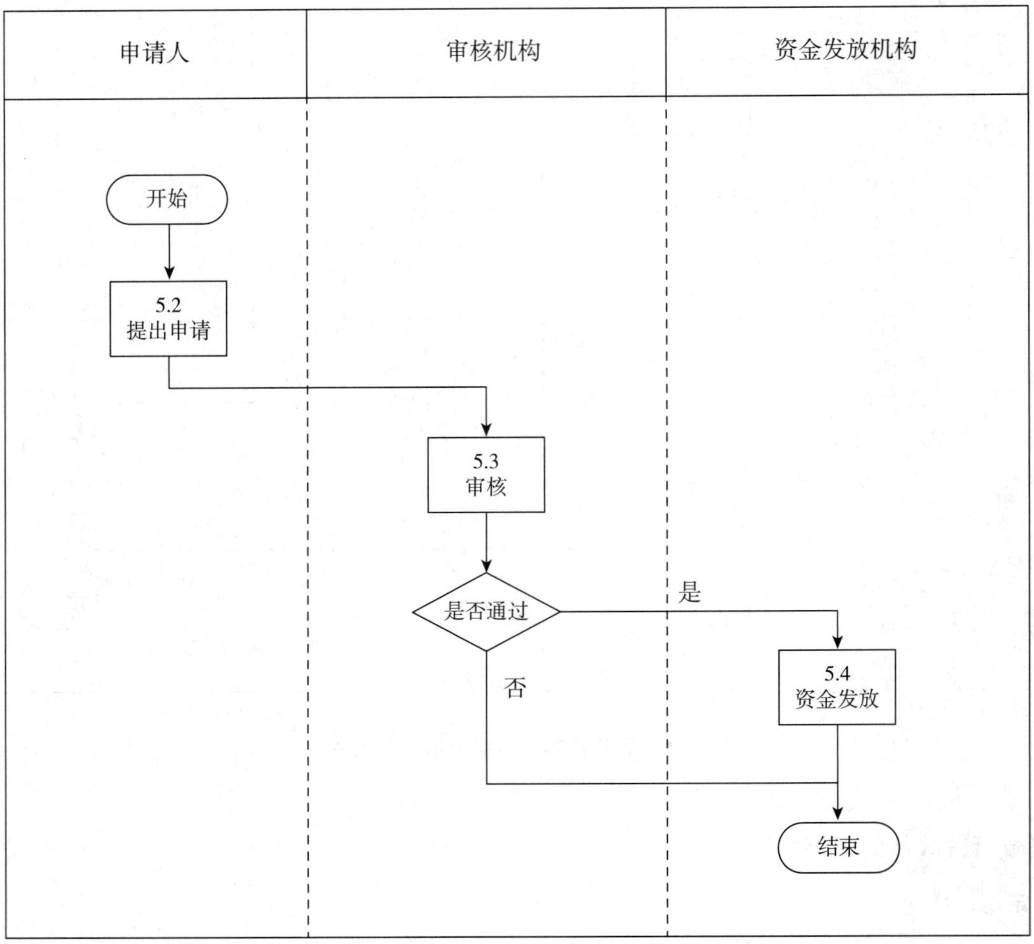

图2 艾滋病病毒感染儿童基本生活费申请业务流程

5.2 提出申请

感染儿童申请基本生活费，由其监护人向感染儿童户籍所在地的县级人民政府民政部门提出申请。

5.3 审核

县级人民政府民政部门要认真审核申请材料，提出核定、审核意见。为保护孤儿的隐私，应避免以公示的方式核实了解情况。

5.4 资金发放

县级财政部门根据同级民政部门提出的支付申请，将孤儿基本生活费直接拨付到孤儿或其监护人个人账户或福利机构集体账户。财政直接支付确有困难的，可通过县级民政部门按规定程序以现金形式发放。

6 孤儿医疗康复明天计划

6.1 概述

"明天计划"项目是由民政部组织,各省级民政部门具体实施,福利彩票公益金支持,主要针对0—18周岁孤儿和孤儿年满18周岁后仍在校就读的,其医疗康复费用的自付部分(即相关费用总额扣除医保报销、大病保险报销、医疗救助、康复救助、慈善捐助等费用后剩余部分)。

业务办理流程如下:

a)申请人提出申请;

b)审核机构提出核定、审核意见;

c)部级民政部门确认;

d)资金管理部门根据支付申请进行拨款;

e)不符合条件的不予受理。

孤儿医疗康复明天计划业务流程如图3所示。

6.2 提出申请

福利机构养育的孤儿由所在福利机构作为申请单位;对于社会散居孤儿,由所在地县(区)民政局作为申请单位。

6.3 审核

民政部门逐级审核上报的儿童医疗救助申请信息,最终由省级民政部门审核通过。

6.4 确认

省级民政部门年底将本省儿童医疗救助信息上报部级民政部门确认。

6.5 资金发放

民政部门确认将医疗救助款项下拨到申请机构。

6.6 不予受理

不符合医疗救助条件的给出原因和依据,不予受理。

7 事实无人抚养儿童基本生活补贴申请

7.1 概述

本事项救助对象范围为事实无人抚养儿童,指父母双方均符合重残、重病、服刑在押、强制隔离戒毒、被执行其他限制人身自由的措施、失联情形之一的儿童;或者父母一方死亡或失踪,另一方符合重残、重病、服刑在押、强制隔离戒毒、被执行其他限制人身自由的措施、失联情形之一的儿童。

业务办理流程如下:

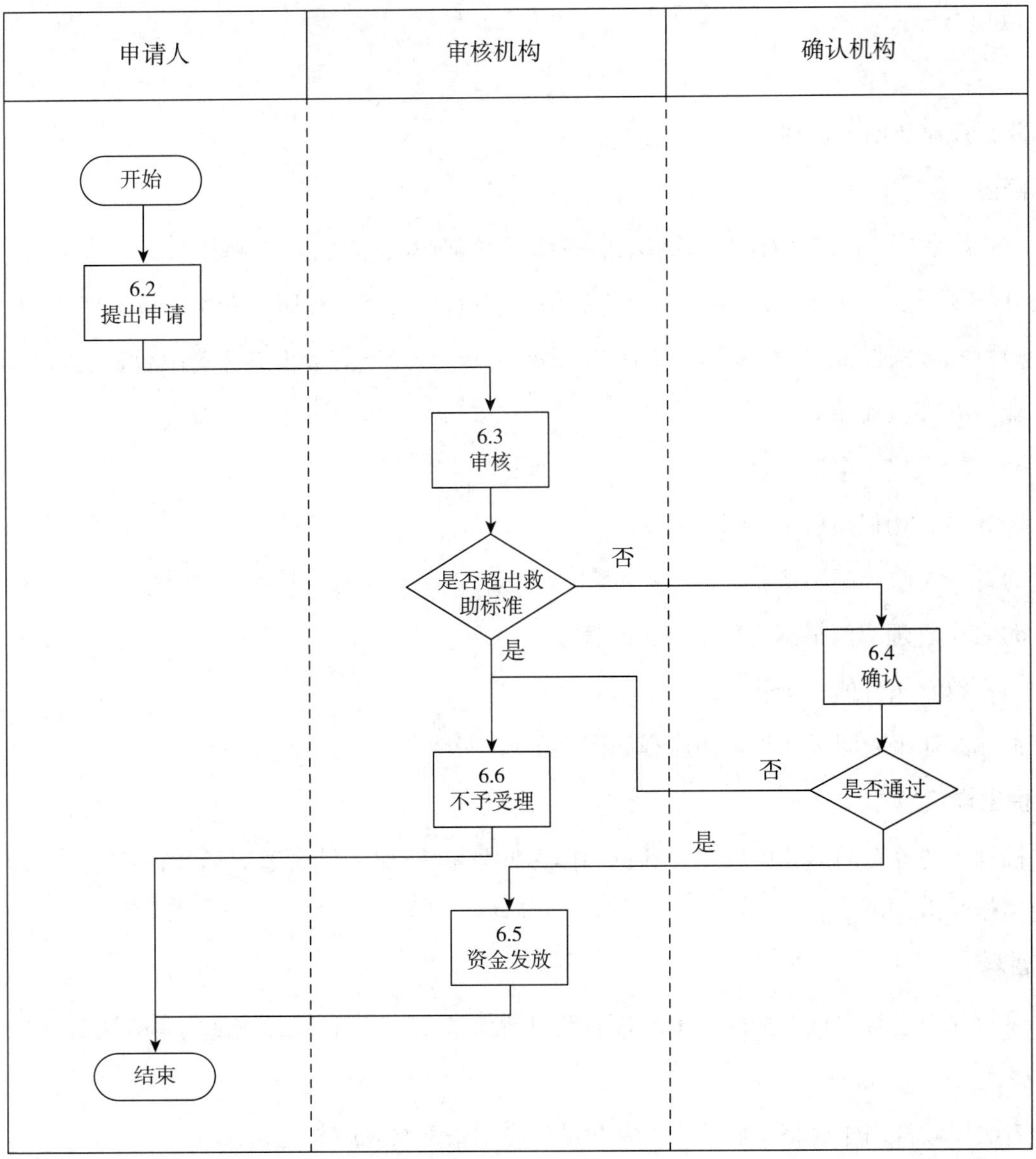

图 3　孤儿医疗康复明天计划业务流程

a)申请人提出申请；

b)受理机构受理申请后,对事实无人抚养儿童父母情况进行查验；

c)确认部门进行审核确认；

d)不符合保障条件的,书面说明理由；

e)受理审核部门要加强动态管理,对不再符合规定保障情形的,应当及时终止其保障资格。

事实无人抚养儿童基本生活补贴申请业务流程如图 4 所示。

7.2 提出申请

事实无人抚养儿童监护人或受监护人委托的近亲属填写《事实无人抚养儿童基本生活补贴申请表》,向儿童户籍所在地乡镇人民政府(街道办事处)提出申请。情况特殊的,可由儿童所在村(居)民委员会提出申请。

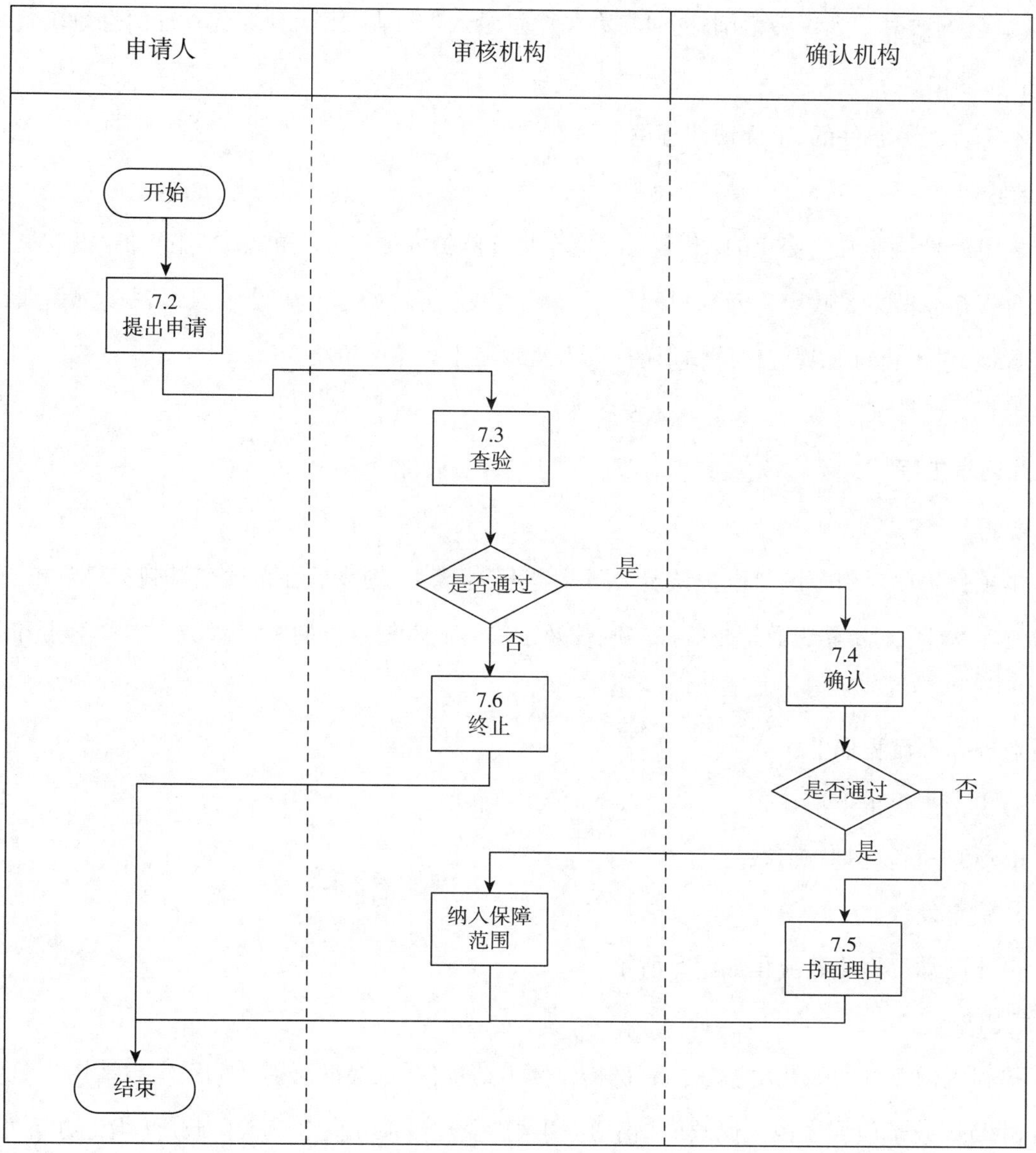

图4　事实无人抚养儿童基本生活补贴申请业务流程

7.3 查验

乡镇人民政府(街道办事处)受理申请后,应当对事实无人抚养儿童父母重残、重病、服刑在押、强制隔离戒毒、被执行其他限制人身自由的措施、失联以及死亡、失踪等情况进行查验。查验一般采取部门信息比对的方式进行。因档案管理、数据缺失等原因不能通过部门信息比对核实的,可以请事实无人抚养儿童本人或其监护人、亲属协助提供必要补充材料。乡镇人民政府(街道办事处)应当自收到申请之日起15个工作日内作出查验结论。对符合条件的,连同申报材料一并报县级民政部门。对有异议的,可根据工作需要采取入户调查、邻里访问、信函索证、群众评议等方式再次进行核实。为保护儿童隐私,不宜设置公示环节。

7.4 确认

县级民政部门应当自收到申报材料及查验结论之日起15个工作日内作出确认。符合条件的，从确认的次月纳入保障范围，同时将有关信息录入“全国儿童福利综合管理信息系统”。

7.5 书面理由

不符合保障条件的，书面说明理由。

7.6 终止

规定保障情形发生变化的，事实无人抚养儿童监护人或受委托的亲属、村（居）民委员会应当及时告知乡镇人民政府（街道办事处）。乡镇人民政府（街道办事处）、县级民政部门要加强动态管理，对不再符合规定保障情形的，应当及时终止其保障资格。

8 孤儿助学工程

8.1 概述

本项目资助对象范围是已被认定为孤儿身份、年满18周岁后在普通全日制本科学校、普通全日制专科学校、高等职业学校等高等院校及中等职业学校就读的中专、大专、本科学生和硕士研究生。

业务办理流程如下：

a）申请人提出申请；

b）受理机构受理、确认；

c）资金发放。

孤儿助学工程业务流程如图5所示。

8.2 提出申请

福利机构养育的孤儿由所在福利机构作为申请单位，社会散居孤儿的助学申请由户籍所在地县（区）民政部门或乡镇人民政府（街道办事处）受理。孤儿向乡镇人民政府（街道办事处）提出申请的，乡镇人民政府（街道办事处）应当及时报县级民政部门；儿童福利机构或社会福利机构收留抚养孤儿的助学申请由福利机构所属民政部门受理。

8.3 确认

受理孤儿助学申请的民政部门负责确认孤儿身份，对学籍等信息进行核实。确认为受助对象的，纳入“助学工程”，为孤儿发放助学金。

8.4 资金发放

民政部门完成受理、确认工作后应通过社会化发放方式，按照月或季度奖助学金发放到受助孤儿本人的银行卡。助学金的发放从孤儿入学开始到孤儿毕业结束。

9 家庭寄养

9.1 概述

符合寄养条件的儿童指未满十八周岁、监护权在县级以上地方人民政府民政部门的孤儿、

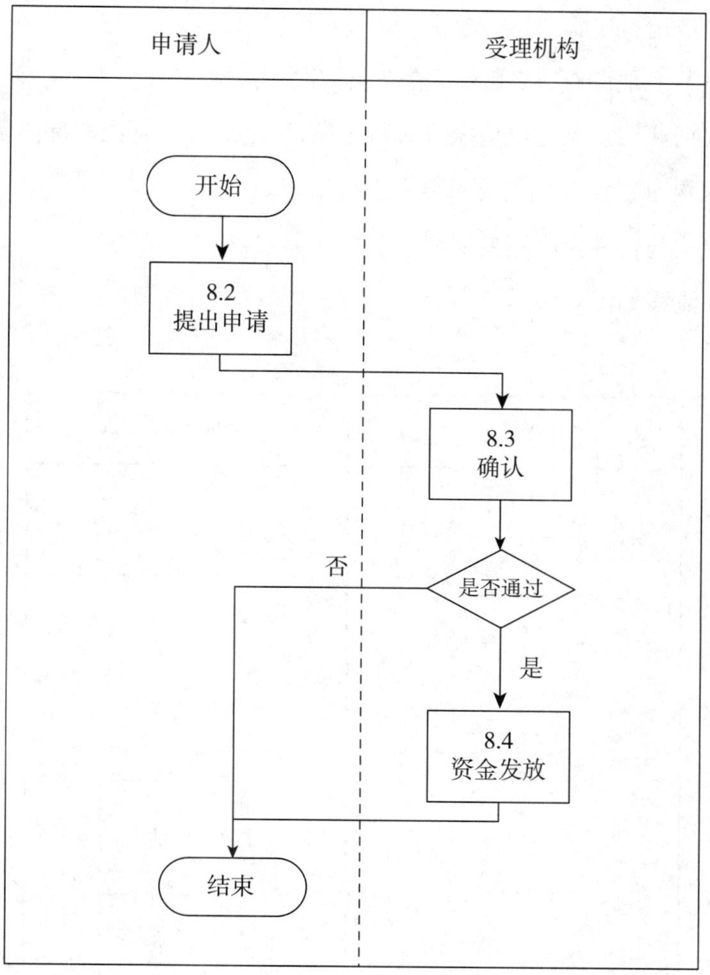

图5　孤儿助学工程业务流程

查找不到生父母的弃婴和儿童,但是需要长期依靠医疗康复、特殊教育等专业技术照料的重度残疾儿童,不宜安排家庭寄养。

寄养家庭应当同时具备下列条件:

a)有儿童福利机构所在地的常住户口和固定住所。寄养儿童入住后,人均居住面积不低于当地人均居住水平;

b)有稳定的经济收入,家庭成员人均收入在当地处于中等水平以上;

c)家庭成员未患有传染病或者精神疾病,以及其他不利于寄养儿童抚育、成长的疾病;

d)家庭成员无犯罪记录,无不良生活嗜好,关系和睦,与邻里关系融洽;

e)主要照料人的年龄在三十周岁以上六十五周岁以下,身体健康,具有照料儿童的能力、经验,初中以上文化程度;

f)具有社会工作、医疗康复、心理健康、文化教育等专业知识的家庭和自愿无偿奉献爱心的家庭,同等条件下优先考虑。

业务办理流程如下：

a）申请人提出申请；

b）评估机构进行实地调查，核实家庭情况，给出评估意见；

c）审核机构根据评估意见对申请家庭进行审核，确定后报主管民政部门备案；

d）儿童福利机构对寄养家庭主要照料人进行培训；

e）儿童福利机构与寄养家庭主要照料人签订寄养协议；

家庭寄养业务流程如图6所示。

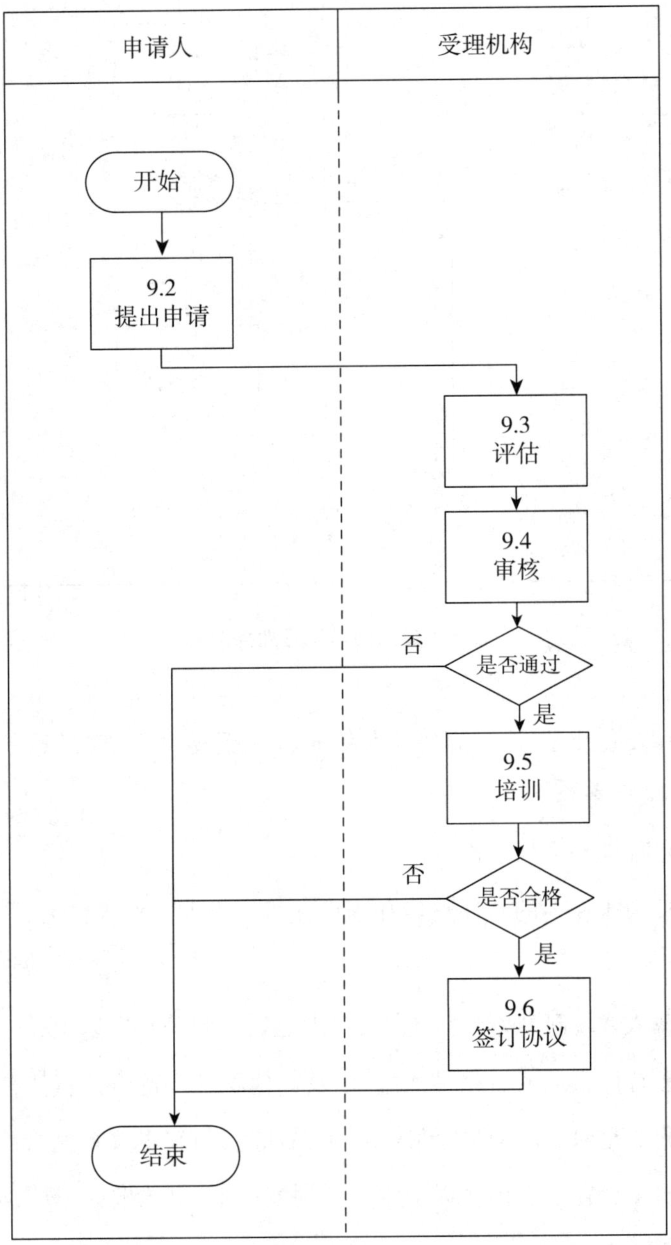

图6　家庭寄养业务流程

9.2 提出申请

拟开展寄养的家庭应当向儿童福利机构提出书面申请。

9.3 评估

儿童福利机构应当组织专业人员或者委托社会工作服务机构等第三方专业机构对提出申请的家庭进行实地调查,核实申请家庭是否具备寄养条件和抚育能力,了解其邻里关系、社会交往、有无犯罪记录、社区环境等情况,并根据调查结果提出评估意见。

9.4 审核

儿童福利机构应当根据评估意见对申请家庭进行审核,确定后报主管民政部门备案。

9.5 培训

儿童福利机构应当对寄养家庭主要照料人进行培训。

9.6 签订协议

儿童福利机构应当与寄养家庭主要照料人签订寄养协议,明确寄养期限、寄养双方的权利义务、寄养家庭的主要照料人、寄养融合期限、违约责任及处理等事项。家庭寄养协议自双方签字(盖章)之日起生效。

10 收养登记

10.1 概述

受理收养登记申请的条件是:

a)收养登记机关具有管辖权;

b)收养登记当事人提出申请;

c)当事人持有的证件、证明材料符合规定。

收养人和被收养人应当提交 2 张 2 寸近期半身免冠合影照片。送养人应当提交 2 张 2 寸近期半身免冠合影或者单人照片,社会福利机构送养的除外。

收养社会福利机构抚养的查找不到生父母的弃婴、儿童和孤儿的,在社会福利机构所在地的收养登记机关办理登记。

收养非社会福利机构抚养的查找不到生父母的弃婴和儿童的,在弃婴和儿童发现地的收养登记机关办理登记。

收养生父母有特殊困难无力抚养的子女或者由监护人监护的孤儿的,在被收养人生父母或者监护人常住户口所在地(组织作监护人的,在该组织所在地)的收养登记机关办理登记。

收养三代以内同辈旁系血亲的子女,以及继父或者继母收养继子女的,在被收养人生父或者生母常住户口所在地的收养登记机关办理登记。

业务办理流程如下:

a)申请人提出申请;

b)受理机构进行核查;

c)受理机构对查找不到生父母的弃婴或儿童在登记前发布寻亲公告;

d)受理机构组织进行收养评估;

e)民政局主要领导或者分管领导审核;

f)符合条件的受理机构办理收养登记,并颁发收养登记证;不符合条件的不予办理。

收养登记业务流程如图 7 所示。

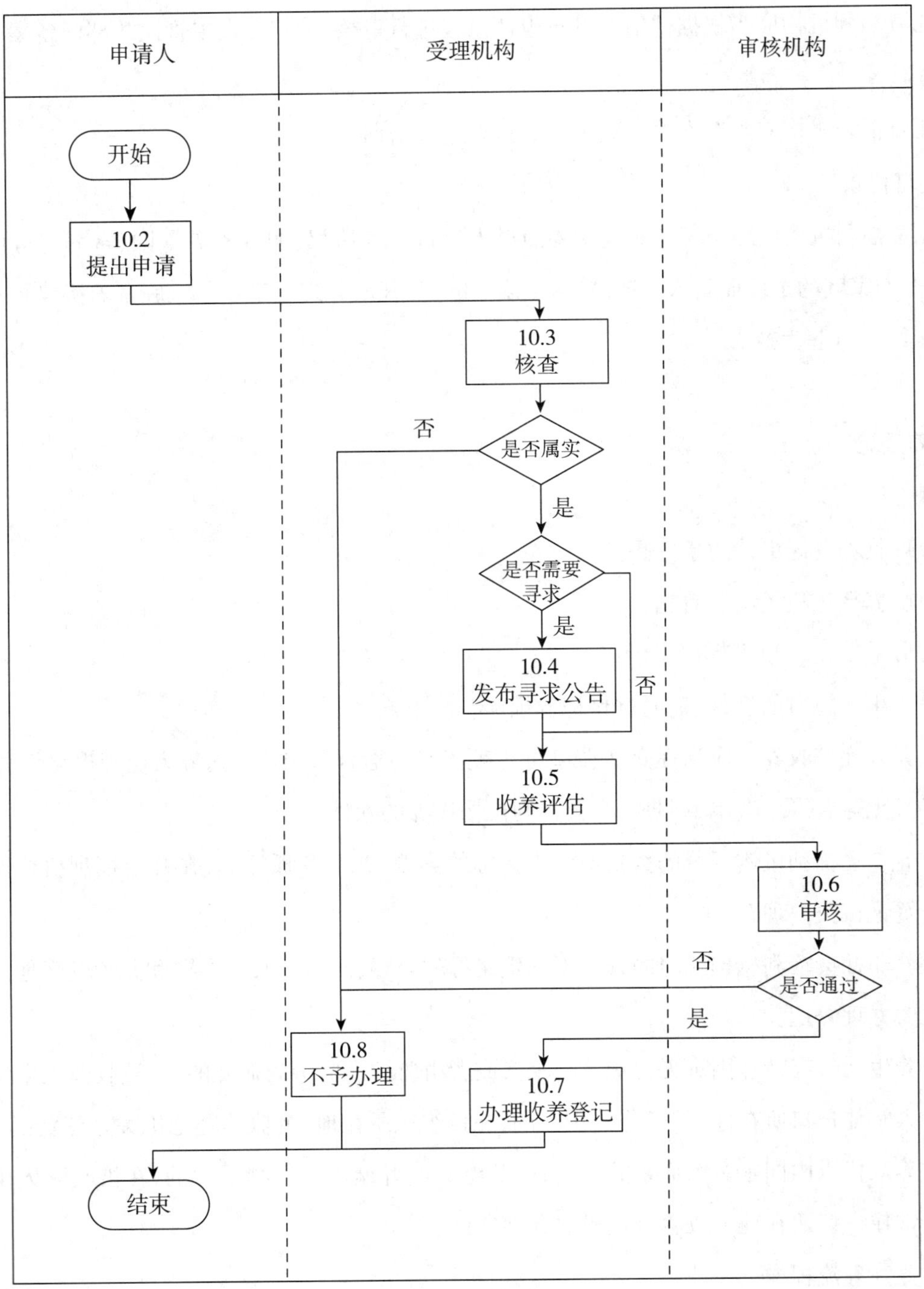

图 7　收养登记业务流程

10.2 提出申请

收养当事人共同到收养登记机关提出收养登记申请并填写《收养登记申请书》。

10.3 核查

将当事人的信息输入相关系统，并进行核查。

10.4 发布寻亲公告

收养查找不到父母的弃婴、弃儿的，收养登记机关应当根据《中国公民收养子女登记办法》第七条规定，在登记前公告查找其生父母，公告要有查找不到生父母的弃婴、弃儿的照片。办理公告时收养登记员要保存捡拾证明和捡拾地派出所出具的报案证明，派出所出具的报案证明应当有出具该证明的警员签名和警号。

同时，收养登记员要分别询问收养人、送养人、年满10周岁以上的被收养人和其他应当询问的人。

10.5 收养评估

收养登记机关组织进行收养能力评估，收养继子女的不进行收养能力评估。

10.6 审核

报民政局主要领导或者分管领导审核。

10.7 办理收养登记

对符合收养条件的，为当事人办理收养登记，填写《收养登记审查处理表》。

10.8 不予受理

对不符合收养登记条件的，不予受理，但应当向当事人出具《不予办理收养登记通知书》，并将当事人提交的证件和证明材料全部退还当事人。对于虚假证明材料，收养登记机关予以没收。

11 解除收养登记

11.1 概述

受理解除收养登记申请的条件是：

a）收养登记机关具有管辖权；

b）收养人、送养人和被收养人共同到被收养人常住户口所在地的收养登记机关提出申请；

c）收养人、送养人自愿解除收养关系并达成协议；被收养人年满10周岁的，已经征得其同意；

养父母与成年养子女协议解除收养关系的，无须送养人参与。

业务办理流程如下：

a）申请人提出申请；

b）受理机构进行查验；

c)报民政局主要领导或者分管领导审核；

d)符合条件的受理机构颁发解除收养登记证明；

e)不符合条件的不予受理。

解除收养登记业务流程如图8所示。

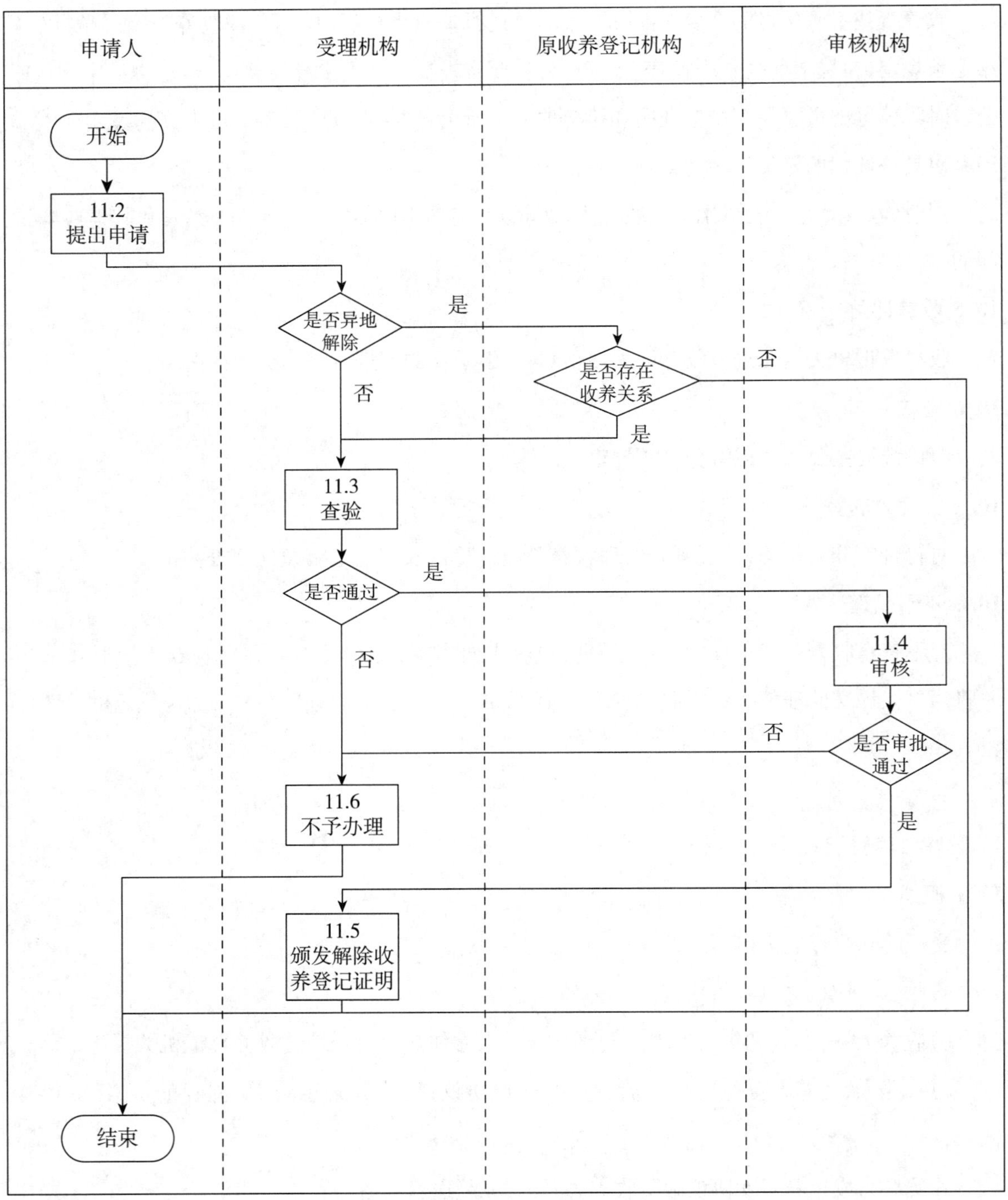

图8　解除收养登记业务流程

11.2 提出申请

收养当事人共同到收养登记机关提出解除收养登记申请。

11.3 查验

查验当事人提交的照片、证件和证明材料，当事人提供的收养登记证上的姓名、出生日期、公民身份号码与身份证、户口簿不一致的，当事人应当书面说明不一致的原因；向当事人讲明收养法关于解除收养关系的条件；询问当事人的解除收养关系意愿以及对解除收养关系协议内容的意愿；收养人、送养人和被收养人填写《解除收养登记申请书》。

将当事人的信息输入相关系统，并进行核查。收养登记员要分别询问收养人、送养人、年满10周岁以上的被收养人和其他应当询问的人。

11.4 审核

对符合解除收养条件的，为当事人办理解除收养关系登记，填写《解除收养登记审查处理表》，报民政厅（局）主要领导或者分管领导批准。

11.5 颁发解除收养登记证明

填发《解除收养关系证明》，同时收回收养登记证，收养登记证遗失应当提交查档证明。

11.6 不予受理

对不符合解除收养关系登记条件的，不予受理，但应当向当事人出具《不予办理解除收养登记通知书》，将当事人提交的证件和证明材料全部退还当事人。对于虚假证明材料，收养登记机关予以没收。

12 撤销收养登记

12.1 概述

受理撤销收养登记申请的条件是：

收养关系当事人弄虚作假骗取收养登记的，按照《中国公民收养子女登记办法》第十二条的规定，由利害关系人、有关单位或者组织向原收养登记机关提出，由收养登记机关撤销登记，收缴收养登记证。

业务办理流程如下：

a）申请人提出申请；

b）受理机构进行核查；

c）民政厅（局）主要领导或者分管领导审核；

d）符合条件的受理机构印发撤销决定，收缴收养登记证；

e）不符合条件的不予受理。

撤销收养登记业务流程如图9所示。

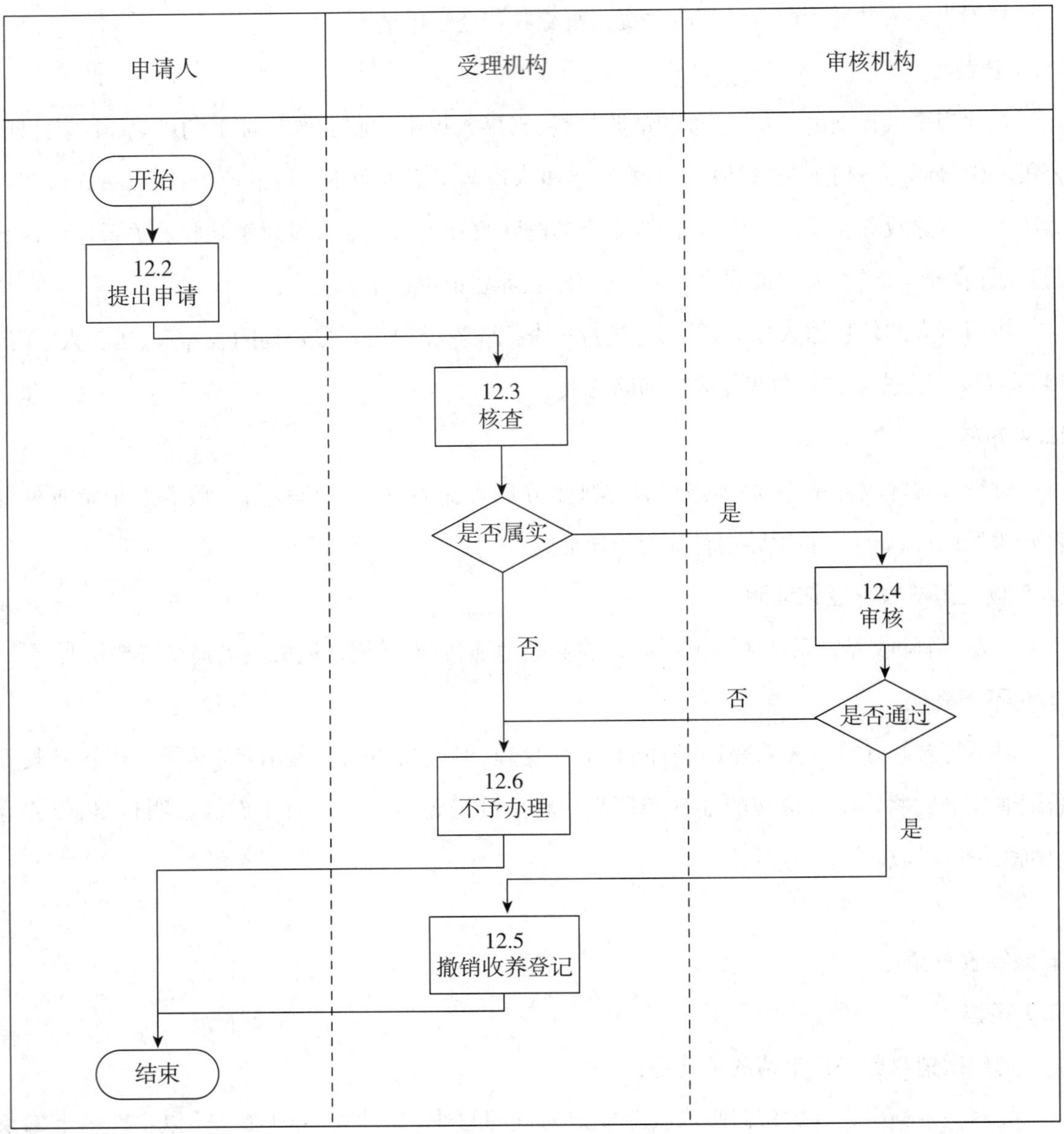

图 9　撤销收养登记业务流程

12.2 提出申请

由利害关系人、有关单位或者组织向原收养登记机关提出撤销收养登记申请。

12.3 核查

查验申请人提交的证件和证明材料;申请人在收养登记员面前亲自填写《撤销收养登记申请书》并签名。

将当事人的信息输入相关系统,调查涉案当事人的收养登记情况。

12.4 审核

符合撤销条件的,收养登记机关拟写《关于撤销 ××× 与 ×××收养登记决定书》,报民政厅(局)主要领导或者分管领导批准。

12.5 撤销收养登记

印发撤销决定,收缴收养登记证,并在收养登记机关的公告栏公告30日。

12.6 不予受理

对不符合撤销收养条件的,应当告知当事人不予撤销的原因,并告知当事人可以向人民法院起诉。

13 出具收养登记证明

13.1 概述

受理出具收养登记证明的条件是:

a)收养登记机关具有管辖权;

b)依法登记收养或者解除收养关系,目前仍然维持该状况;

c)收养人或者被收养人亲自到收养登记机关提出申请。

收养人或者被收养人因故不能到原收养登记机关申请出具收养登记证明的,可以委托他人办理。委托办理应当提交经公证机关公证的当事人的身份证件复印件和委托书。委托书应当写明当事人办理收养登记的时间及承办机关、目前的收养状况、委托事由、受委托人的姓名和身份证件号码。受委托人应当同时提交本人的身份证件。

夫妻双方共同收养子女的,应当共同到收养登记机关提出申请,一方不能亲自到场的,应当书面委托另一方,委托书应当经过村(居)民委员会证明或者经过公证。外国人的委托书应当经所在国公证和认证。夫妻双方一方死亡的,另一方应当出具配偶死亡的证明;离婚的出具离婚证件,可以一方提出申请。被收养人未成年的,可由监护人提出申请。监护人要提交监护证明;

业务办理流程如下:

a)申请人提出申请;

b)受理机构进行核查;

c)民政厅(局)主要领导或者分管领导批准审核;

d)符合条件的受理机构印发收养登记证明;

e)不符合条件的不予受理。

出具收养登记证明业务流程如图10所示。

13.2 提出申请

收养人或者被收养人亲自到收养登记机关提出申请。

13.3 核查

查验申请人提交的照片、证件和证明材料;申请人出具的身份证、户口簿上的姓名、年龄、公

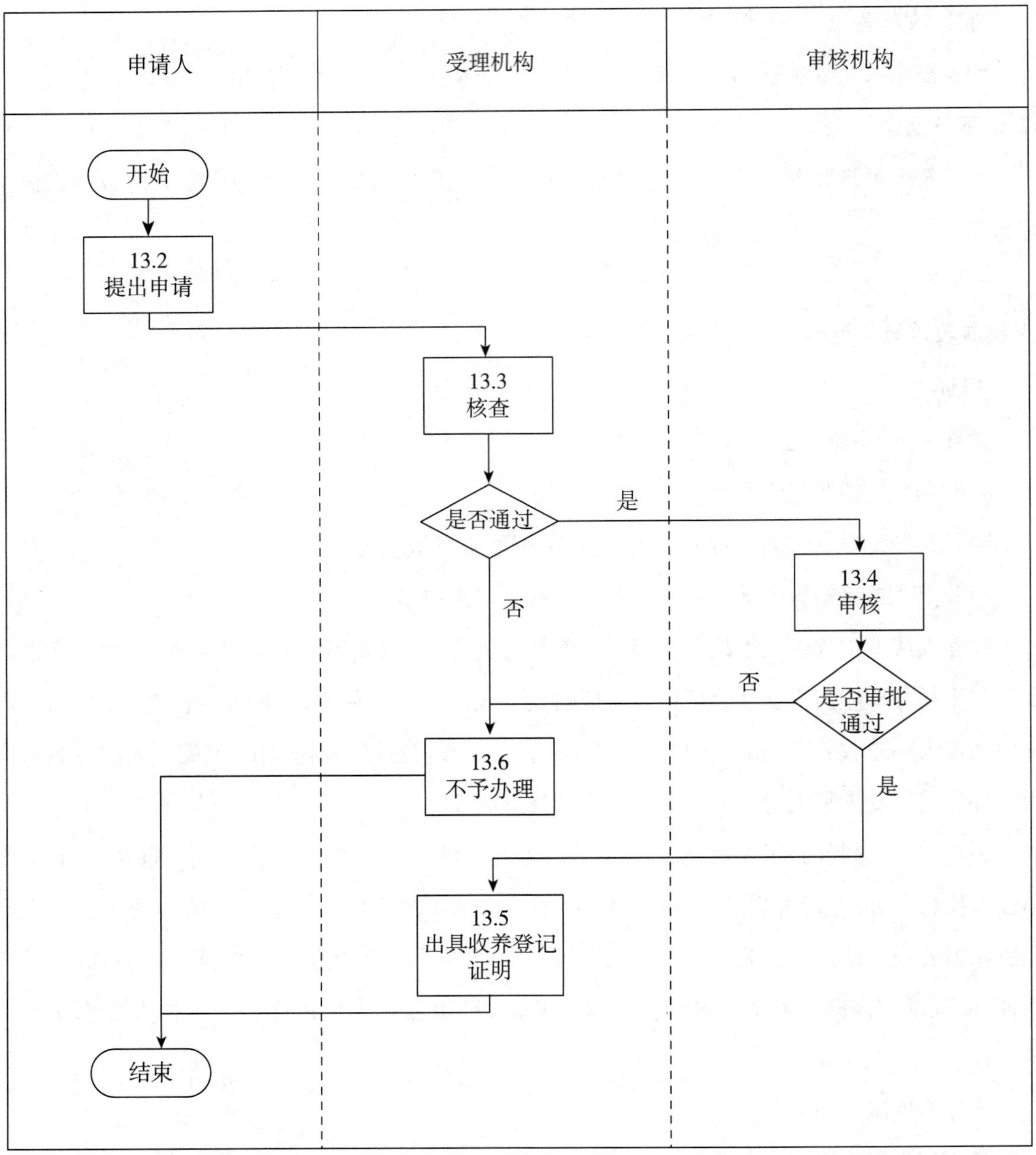

图 10　出具收养登记证明业务流程

民身份号码与原登记档案不一致的，申请人应当书面说明不一致的原因，收养登记机关可根据申请人出具的身份证件出具收养登记证明；向申请人讲明出具收养登记证明的条件；询问申请人当时办理登记的情况和现在的收养状况，并对询问记录进行确认；填写《出具收养登记证明申请书》并签字。

将当事人的信息输入相关系统，向出具查档证明的机关进行核查。

13.4 审核

符合出证条件的，填写《出具收养登记证明审查处理表》，报民政厅（局）主要领导或者分管领导批准。

13.5 出具收养登记证明

填写《收养登记证明书》,发给申请人。

13.6 不予受理

对不具备出具收养登记证明受理条件的,不予受理,并告知原因和依据。

14 补领收养登记证、解除收养关系证明

14.1 概述

受理补领收养登记证、解除收养关系证明的条件是:

a)收养登记机关具有管辖权;

b)依法登记收养或者解除收养关系,目前仍然维持该状况;

c)收养人或者被收养人亲自到收养登记机关提出申请。

收养人或者被收养人因故不能到原收养登记机关申请补领收养登记证的,可以委托他人办理。委托办理应当提交经公证机关公证的当事人的身份证件复印件和委托书。委托书应当写明当事人办理收养登记的时间及承办机关、目前的收养状况、委托事由、受委托人的姓名和身份证件号码。受委托人应当同时提交本人的身份证件。

夫妻双方共同收养子女的,应当共同到收养登记机关提出申请,一方不能亲自到场的,应当书面委托另一方,委托书应当经过村(居)民委员会证明或者经过公证。外国人的委托书应当经所在国公证和认证。夫妻双方一方死亡的,另一方应当出具配偶死亡的证明;离婚的出具离婚证件,可以一方提出申请。被收养人未成年的,可由监护人提出申请。监护人要提交监护证明;

业务办理流程如下:

a)申请人提出申请;

b)受理机构进行核查;

c)民政厅(局)主要领导或者分管领导审核;

d)符合条件的受理机构印发收养登记证、解除收养关系证明;

e)不符合条件的不予受理。

补领收养登记证、解除收养关系证明业务流程如图 11 所示。

14.2 提出申请

收养人或者被收养人亲自到收养登记机关提出申请。

14.3 核查

查验申请人提交的照片、证件和证明材料;申请人出具的身份证、户口簿上的姓名、年龄、公民身份号码与原登记档案不一致的,申请人应当书面说明不一致的原因,收养登记机关可根据

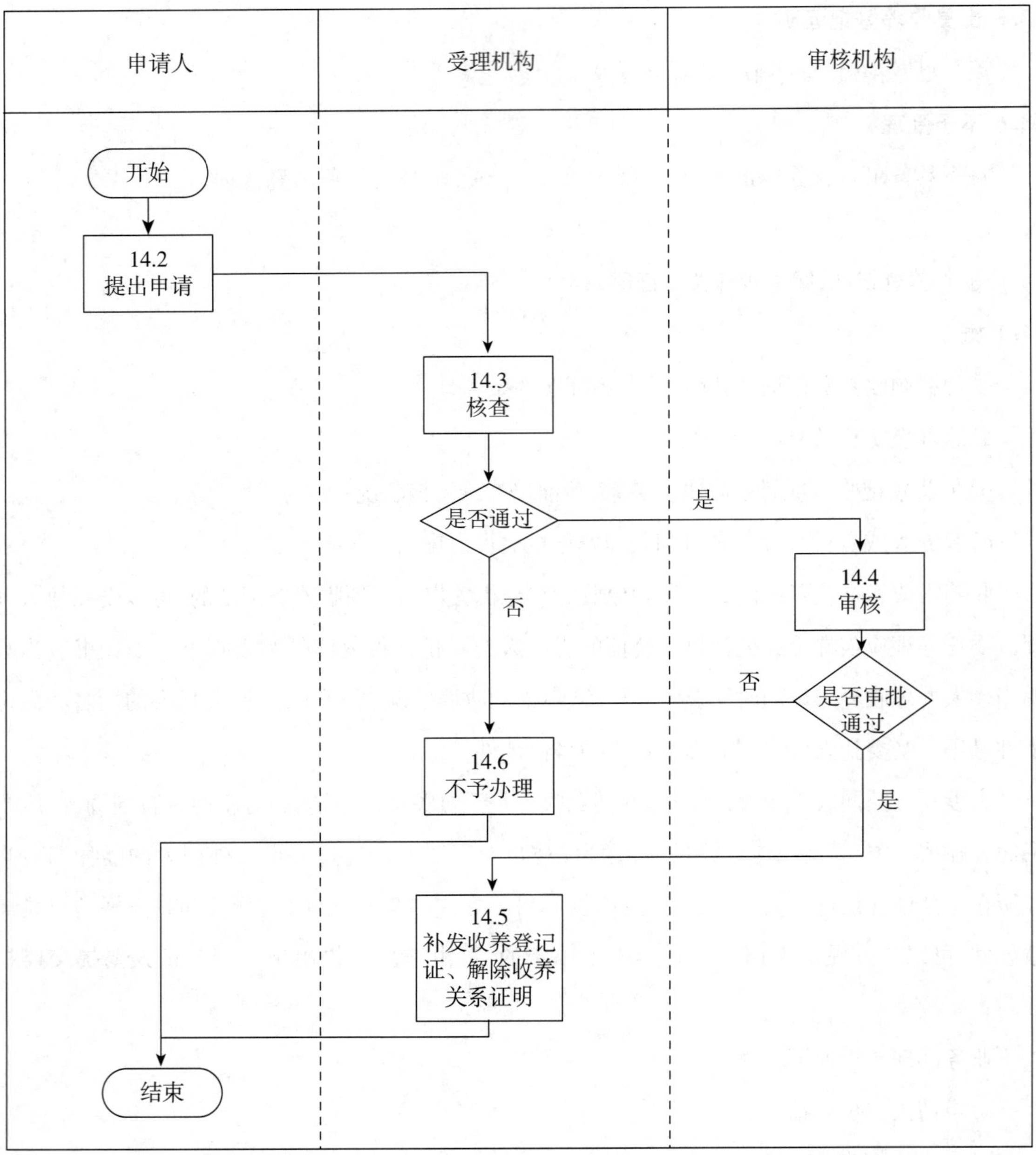

图 11　补领收养登记证、解除收养关系证明业务流程

申请人出具的身份证件补发收养登记证;向申请人讲明补发收养登记证的条件;询问申请人当时办理登记的情况和现在的收养状况,并对询问记录进行确认;填写《补领收养登记证申请书》并签字。

将当事人的信息输入相关系统,向出具查档证明的机关进行核查。

14.4 审核

符合补发条件的,填写《补发收养登记证审查处理表》报民政厅(局)主要领导或者分管领导批准。

14.5 补发收养登记证、解除收养关系证明

填写补发收养登记证、解除收养关系证明。

14.6 不予受理

对不具备补发收养登记证、解除收养关系证明受理条件的，不予受理，并告知原因和依据。

当事人办理过收养或者解除收养关系登记，申请补领时的收养状况因解除收养关系或者收养关系当事人死亡发生改变的，不予补发收养登记证，可由收养登记机关出具收养登记证明。收养登记证明不作为收养人和被收养人现在收养状况的证明。

收养人或者被收养人提出补领收养登记证或解除收养关系证明的申请，由收养登记机关登记人员对相关材料进行验证，不符合要求，告知原因和依据；符合要求的，填写相关材料，并予以补发收养登记证或者解除收养关系证明。

参考文献

[1]《中华人民共和国收养法》

[2]《儿童福利机构管理办法》(中华人民共和国民政部令第63号).2018年10月30日

[3]《收养登记工作规范》(民办发〔2008〕118号).2008年8月25日

[4]《城市无着的流浪乞讨人员救助管理办法》(国务院令第381号).2003年6月20日

[5]《国务院关于加强农村留守儿童关爱保护工作的意见》(国发〔2016〕13号).2016年2月4日

[6]《国务院关于进一步健全特困人员救助供养制度的意见》(国发〔2016〕14号).2016年2月10日

[7]《国务院关于加强困境儿童保障工作的意见》(国发〔2016〕36号).2016年6月13日

[8]《国务院办公厅关于加强孤儿保障工作的意见》(国办发〔2010〕54号).2010年11月16日

[9]《国务院关于建立残疾儿童康复救助制度的意见》(国发〔2018〕20号).2018年6月21日

[10]《民政部财政部关于发放孤儿基本生活费的通知》(民发〔2010〕161号).2010年11月26日

[11]民政部关于印发《收养能力评估工作指引》的通知(民发〔2015〕168号).2015年9月7日

[12]《"孤儿医疗康复明天计划"项目实施办法》(民办发〔2018〕30号).2018年12月6日

JMGC

民　政　部　金　民　工　程　标　准

JMGC/YW 424.1—2020

社会事务管理业务流程
第1部分:婚姻管理

2020-12-30 实施　　　　2020-12-30 发布

民政部信息中心 发布

目　次

前　言

本文件按照 GB/T 1. 1—2020《标准化工作导则 第 1 部分:标准的结构和编写》给出的规则起草。

请注意本文件的某些内容可能涉及专利。本文件的发布机构不承担识别专利的责任。

本文件为 JMGC/YW 424《社会事务管理业务流程》的第 1 部分。JMGC/YW 424 已经发布了以下部分:

——第 1 部分:婚姻管理;

——第 2 部分:流浪乞讨人员救助管理;

——第 3 部分:殡葬管理;

——第 4 部分:残疾人福利。

本文件由民政部信息中心提出并归口。

本文件起草单位:民政部信息中心、民政部社会事务司、中科恒运股份有限公司。

本文件主要起草人:文长军、郝海波、富强、窦娜娜、马守平、王道琨。

引　言

JMGC/YW 424《社会事务管理业务流程》由四个部分构成。

——第 1 部分:婚姻管理。目的在于确立婚姻管理业务流程。

——第 2 部分:流浪乞讨人员救助管理。目的在于确立流浪乞讨人员救助管理业务流程。

——第 3 部分:殡葬管理。目的在于确立殡葬政务信息直报业务流程。

——第 4 部分:残疾人福利。目的在于确立残疾人福利业务流程。

社会事务管理业务流程 第1部分:婚姻管理

1 范围

本文件规定了金民工程项目中婚姻管理业务可程序化的业务流程。

本文件适用于金民工程项目中婚姻管理业务系统建设工作。

2 规范性引用文件

下列文件中的内容通过文中的规范性引用而构成本文件必不可少的条款。其中,注日期的引用文件,仅该日期对应的版本适用于本文件;不注日期的引用文件,其最新版本(包括所有的修改单)适用于本文件。

JMGC/YW 422. 1 社会事务管理业务术语　第1部分:婚姻管理

3 术语和定义

JMGC/YW 422. 1 界定的术语和定义适用于本文件。

4 结婚登记

4.1 概述

结婚登记业务办理的基本流程包含以下步骤:

a)双方当事人选择是否预约了结婚登记业务办理;

b)婚姻登记员受理当事人提交的结婚登记申请;

c)婚姻登记员对当事人提交的证件、证明、声明及婚姻登记历史记录进行审查;

d)审查通过,颁发结婚证。

结婚登记-预约、初审阶段业务流程如图1所示。

4.2 填写基本信息

当事人选择网上提交结婚登记预约申请,阅读预约协议,填写双方当事人基本信息。

4.3 预约完成

当事人确认选择预约业务办理的婚姻登记机构及结婚登记业务办理日期。

4.4 初审

审查当事人是否满足结婚登记申请要件:

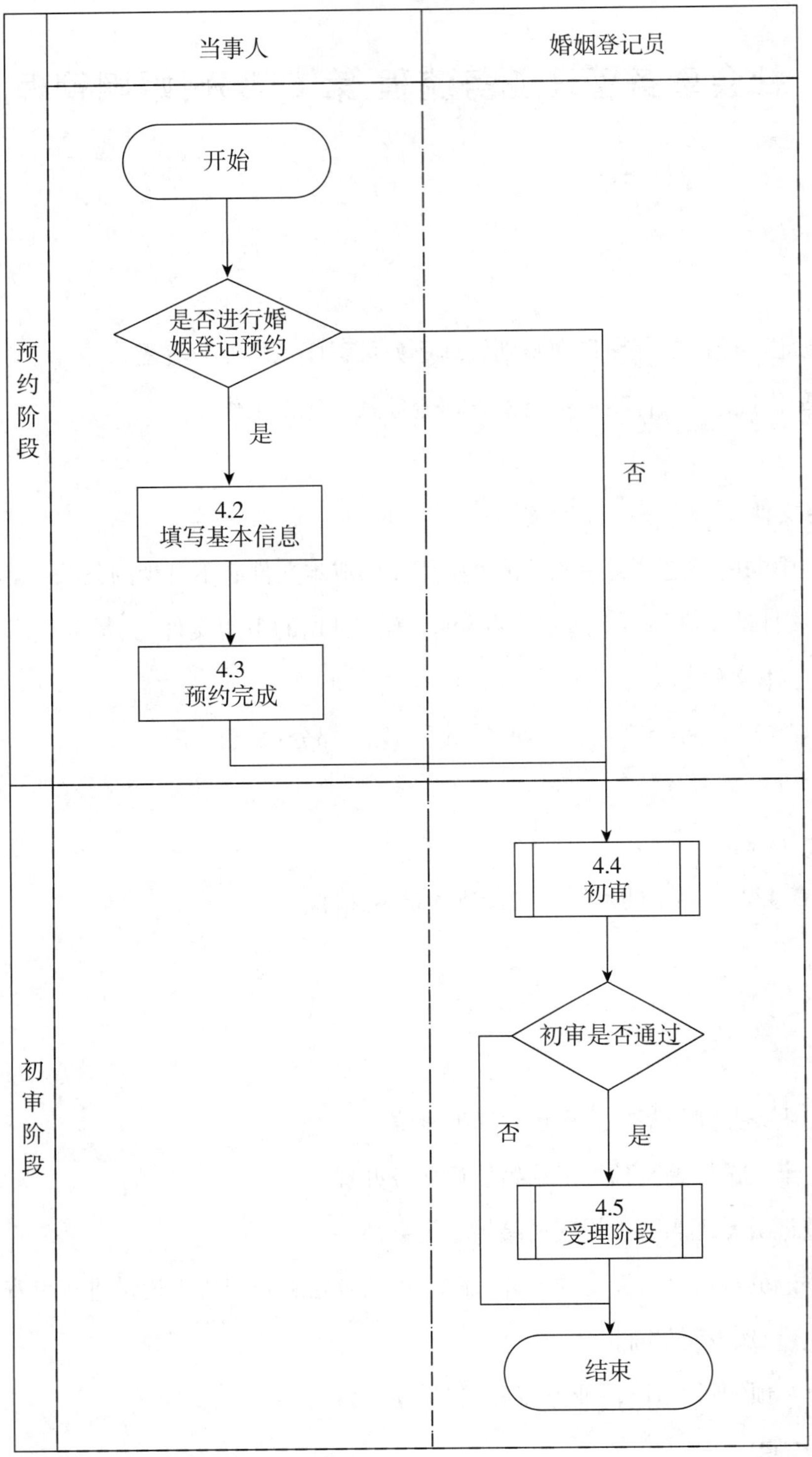

图1　结婚登记－预约、初审阶段业务流程

a)婚姻登记处具有管辖权；

b)办理结婚登记的男女双方共同到婚姻登记处提出申请；

c)当事人男年满22周岁,女年满20周岁；

d)当事人双方均无配偶(未婚、离婚、丧偶);

e)当事人双方没有直系血亲和三代以内旁系血亲关系;

f)双方自愿结婚;

g)当事人提交3张2寸双方近期半身免冠合影照片;

h)当事人持有相关业务办理政策文件规定的证件证明材料。

不满足则不予受理该笔业务。

4.5 受理阶段

受理结婚登记申请,应当按照下列程序进行:

a)询问当事人的结婚意愿;

b)婚姻登记员核验当事人的身份,查询当事人的婚姻登记记录信息、法院离婚信息、外交部婚姻登记记录信息以及死亡信息等,判断是否符合办理条件。

结婚登记-受理阶段业务流程如图2所示。

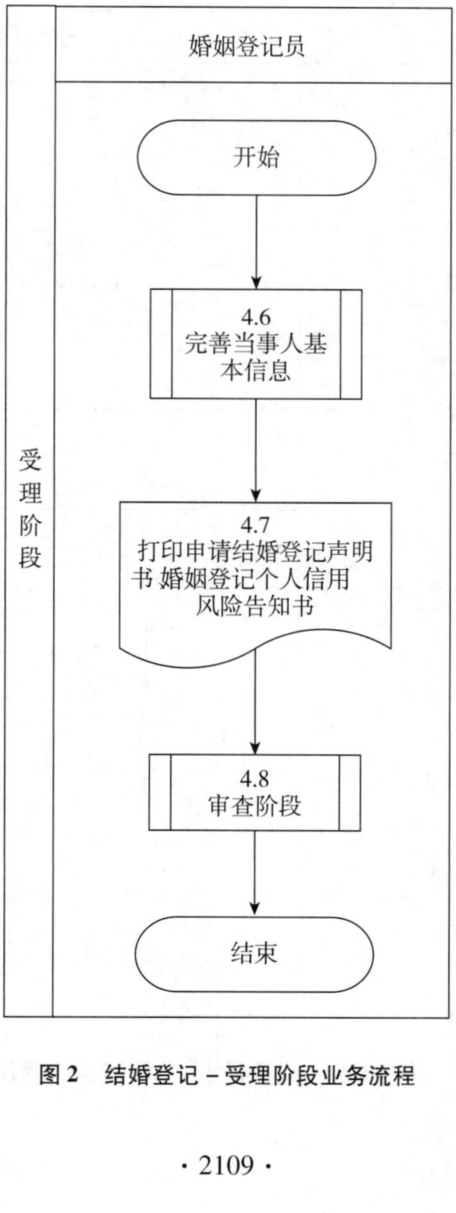

图2 结婚登记-受理阶段业务流程

4.6 完善当事人基本信息

受理并查询完成后，男女双方当事人符合结婚登记办理条件，婚姻登记员完善双方当事人基本信息。

4.7 打印申请结婚登记声明书、婚姻登记个人信用风险告知书

双方当事人自愿结婚的，应当按照下列程序进行：

a）自愿结婚的双方各填写一份《婚姻登记个人信用风险告知书》和《申请结婚登记声明书》；

b）当事人现场签名并按指纹，婚姻登记员在监誓人一栏签名。

4.8 审查阶段

符合结婚条件的，应当按照下列程序进行：

a）当事人确认《结婚登记审查处理表》和结婚证相关信息，签名并按指纹；

b）婚姻登记员在登记员签字一栏签名。

结婚登记－审查、登记（发证）阶段业务流程如图3所示。

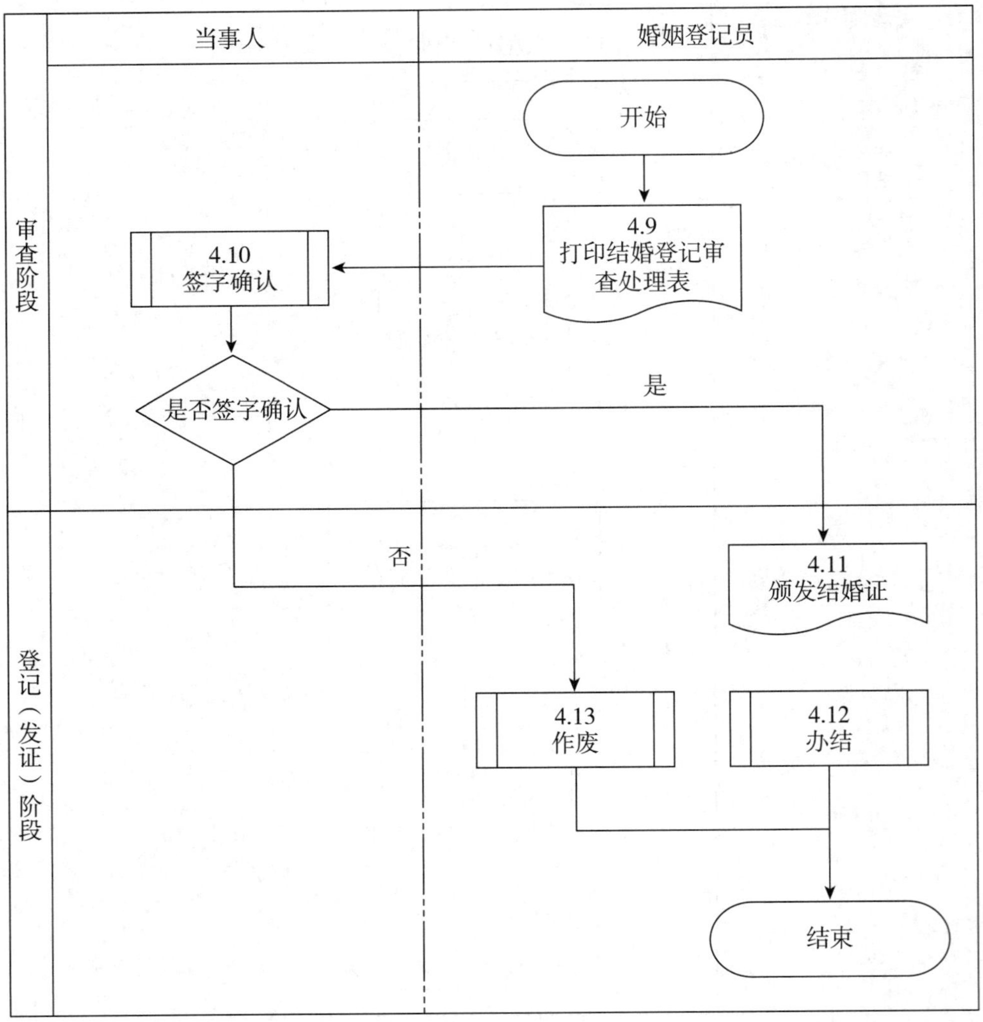

图3 结婚登记－审查、登记（发证）阶段业务流程

4.9 打印结婚登记审查处理表

符合结婚条件的,婚姻登记员打印结婚登记审查处理表。

4.10 签字确认

当事人签名并按指纹确认结婚登记审查处理表。

4.11 颁发结婚证

应当在当事人双方均在场时按照下列步骤进行:

a)向当事人双方询问核对姓名、结婚意愿;

b)告知当事人双方领取结婚证后的法律关系以及夫妻权利、义务。

4.12 办结

婚姻登记员每办完一对结婚登记,应依照《婚姻登记档案管理办法》,对应存档的材料进行整理、保存。

4.13 作废

如果当事人并未签名、未按指纹确认结婚登记审查处理表,则需要作废相应的业务办理信息。

5 离婚登记

5.1 概述

离婚登记业务办理的基本流程包含以下步骤:

a)双方当事人是否预约了离婚登记业务办理;

b)婚姻登记员受理当事人提交的离婚登记申请;

c)申请成功,进入冷静期,期限30天,届满后进入办理期,办理有效期为30天,30天没有办理自动失效;冷静期期间任何一方不愿意离婚的,可以撤回离婚登记申请;

d)冷静期届满后,婚姻登记员对当事人提交的证件、证明、声明及婚姻登记历史记录进行审查;

e)审查通过,颁发离婚证。

离婚登记-预约、申请阶段业务流程如图4所示。

5.2 填写基本信息

当事人选择网上提交申请离婚登记预约申请,阅读预约协议,填写双方当事人基本信息。

5.3 预约完成

当事人确认选择预约业务办理的婚姻登记机构及离婚登记业务办理日期。

5.4 初审

查看当事人是否满足申请离婚登记要件:

a)婚姻登记处具有管辖权;

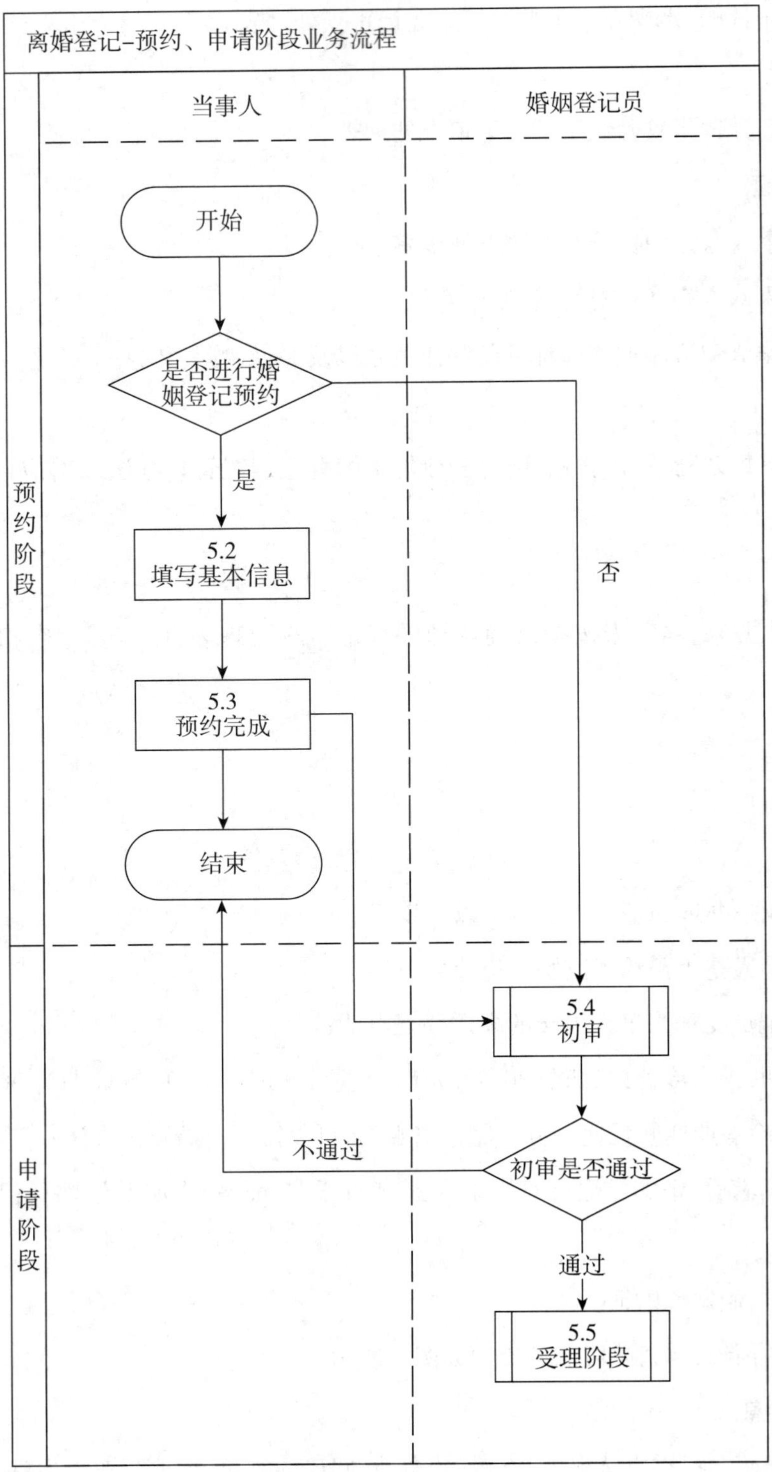

图4　离婚登记－预约、申请阶段业务流程

b)夫妻双方自愿离婚；

c)申请离婚的夫妻双方共同到婚姻登记处提出申请；

d)双方均具有完全民事行为能力；

e)当事人持有离婚协议书,协议书中载明双方自愿离婚的意思表示以及对子女抚养、财产及债务处理等事项协商一致的意见;

f)当事人持有内地婚姻登记机关或者中国驻外使(领)馆颁发的结婚证。

不满足则不予受理该笔申请离婚登记业务。

5.5 受理阶段

受理离婚登记申请,应当按照下列程序进行:

a)婚姻登记机关按照《婚姻登记工作规范》有关规定对当事人提交的上述材料进行初审;

b)申请办理离婚登记的当事人有一本结婚证丢失的,当事人应当书面声明遗失,婚姻登记机关可以根据另一本结婚证受理离婚登记申请;申请办理离婚登记的当事人两本结婚证都丢失的,当事人应当书面声明结婚证遗失并提供加盖查档专用章的结婚登记档案复印件,婚姻登记机关可根据当事人提供的上述材料受理离婚登记申请;

c)核验当事人的身份,查询当事人的婚姻登记记录信息,判断是否符合申请条件。

离婚登记－受理、冷静期阶段业务流程如图5所示。

5.6 完善当事人基本信息

受理并查询完成后符合离婚登记办理条件,婚姻登记员完善双方当事人基本信息。

5.7 打印离婚登记申请书、离婚登记申请受理回执单

双方当事人自愿离婚的,应当按照下列程序进行:

a)双方自愿离婚且对子女抚养、财产及债务处理等事项协商一致的,双方填写《离婚登记申请书》和《离婚登记申请受理回执单》;

b)夫妻双方应当在离婚协议、《离婚登记申请书》和《离婚登记申请受理回执单》中签名并按指纹;婚姻登记员在监誓人一栏签名。

5.8 进入冷静期

婚姻登记机关对当事人提交的证件和证明材料初审无误后,符合条件的,申请成功,进入冷静期,期限为三十日(自婚姻登记机关收到离婚登记申请之日的次日开始计算期间,期间的最后一日是法定休假日的,以法定休假日结束的次日为期间的最后一日)。

5.9 审查阶段

冷静期规定期限届满后三十日内,双方应当亲自到婚姻登记机关申请发给离婚证;

符合离婚条件的,应当按照下列程序进行:

a)当事人确认《离婚登记审查处理表》和离婚证相关信息,签名并按指纹;

b)婚姻登记员在登记员签字一栏签名。

离婚登记－审查、登记(发证)阶段业务流程如图6所示。

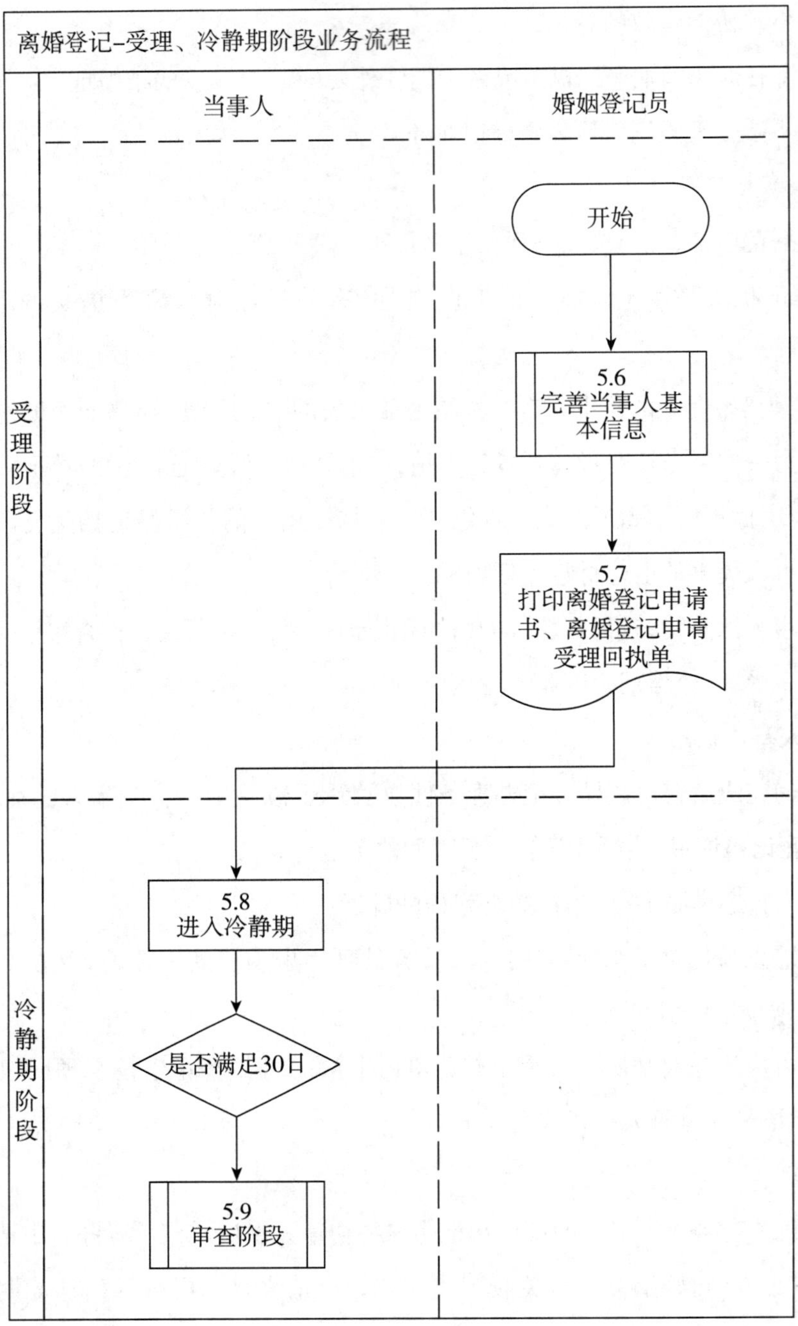

图 5　离婚登记－受理、冷静期阶段业务流程

5.10 初审

查看当事人是否满足离婚登记申请要件：

a)婚姻登记处具有管辖权；

b)申请离婚的夫妻双方共同到婚姻登记处提出申请；

c)双方均具有完全民事行为能力；

d)当事人持有离婚协议书，协议书中载明双方自愿离婚的意思表示以及对子女抚养、财产

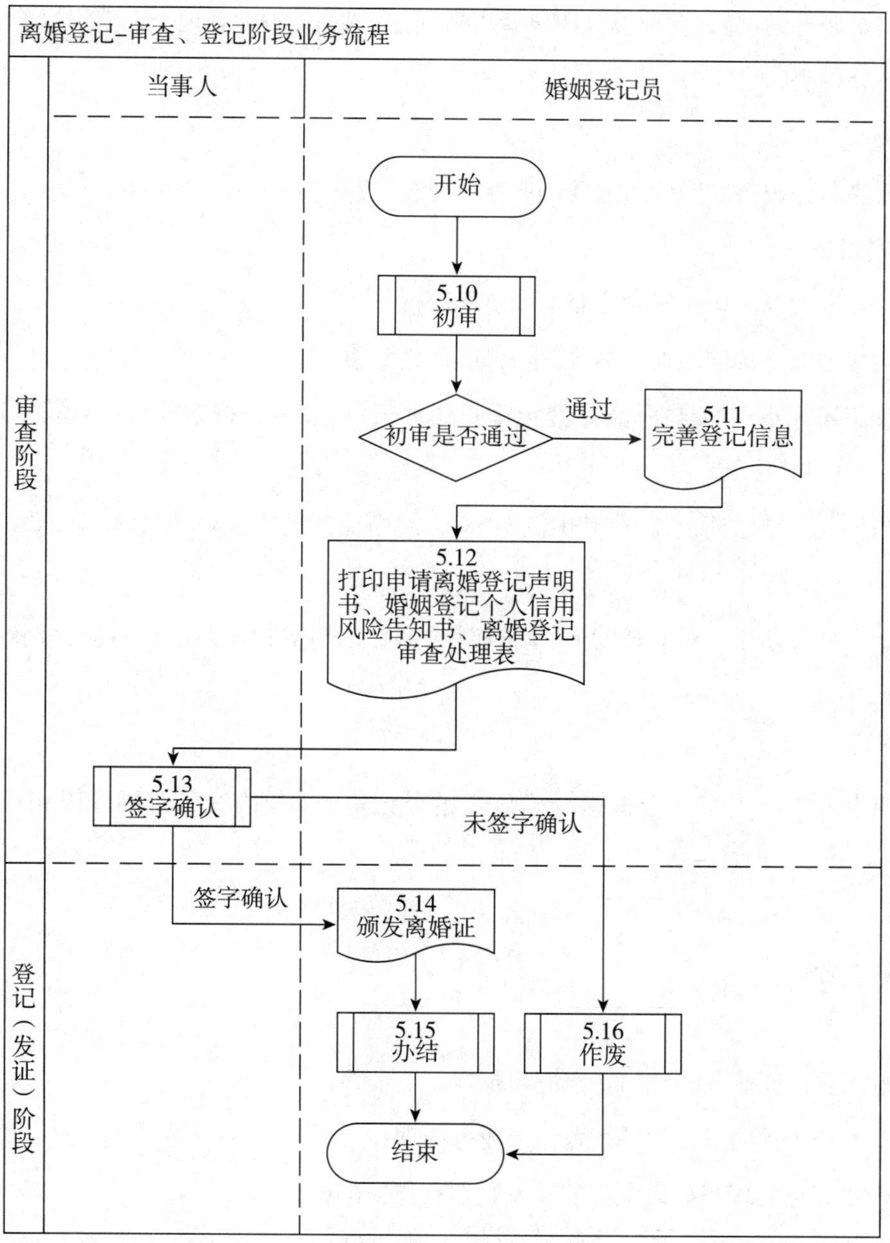

图6　离婚登记－审查、登记(发证)阶段业务流程

及债务处理等事项协商一致的意见；

e)当事人持有内地婚姻登记机关或者中国驻外使(领)馆颁发的结婚证；

f)当事人各提交2张2寸单人近期半身免冠照片；

g)当事人持有相关业务办理政策文件规定的证件证明材料。

不满足则不予受理该笔业务。

5.11 完善登记信息

婚姻登记员完善办理信息。

5.12 打印申请离婚登记声明书、婚姻登记个人信用风险告知书、离婚登记审查处理表

符合离婚条件的,婚姻登记员打印申请离婚登记声明书、婚姻登记个人信用风险告知书、离婚登记审查处理表。

5.13 签字确认

当事人签名并按指纹确认离婚登记审查处理表。

5.14 颁发离婚证

应当在当事人双方均在场时按照下列步骤进行:

a)向当事人双方询问核对姓名、出生日期、离婚意愿;

b)见证当事人本人亲自在《离婚登记审查处理表》中签名并按指纹,将离婚证颁发给离婚当事人;

c)在当事人的结婚证上盖章,其中注明“双方结婚证件失效。XX婚姻登记处”。

5.15 办结

婚姻登记员每办完一对离婚登记,应依照《婚姻登记档案管理办法》,对应存档的材料进行整理、保存。

5.16 作废

如果当事人并未签字并未按指纹确认离婚登记审查处理表,则需要作废相应的业办理信息。

6 补发婚姻登记证

6.1 概述

补发婚姻登记证业务办理的基本流程包含以下步骤:

a)当事人是否预约了补发婚姻登记证业务办理;

b)婚姻登记员受理当事人提交的补发婚姻登记证申请;

c)婚姻登记员对当事人提交的证件、证明、声明及婚姻登记历史记录进行审查;

d)审查通过,补发婚姻登记证。

补发婚姻登记证－预约、初审阶段业务流程如图7所示。

6.2 填写基本信息

当事人选择网上提交补发婚姻登记证预约申请,阅读预约协议,填写双方当事人基本信息及婚姻登记证信息。

6.3 预约完成

当事人确认选择预约业务办理的婚姻登记机构及补发婚姻登记证业务办理日期。

6.4 初审

查看当事人是否满足申请补发婚姻登记证的条件:

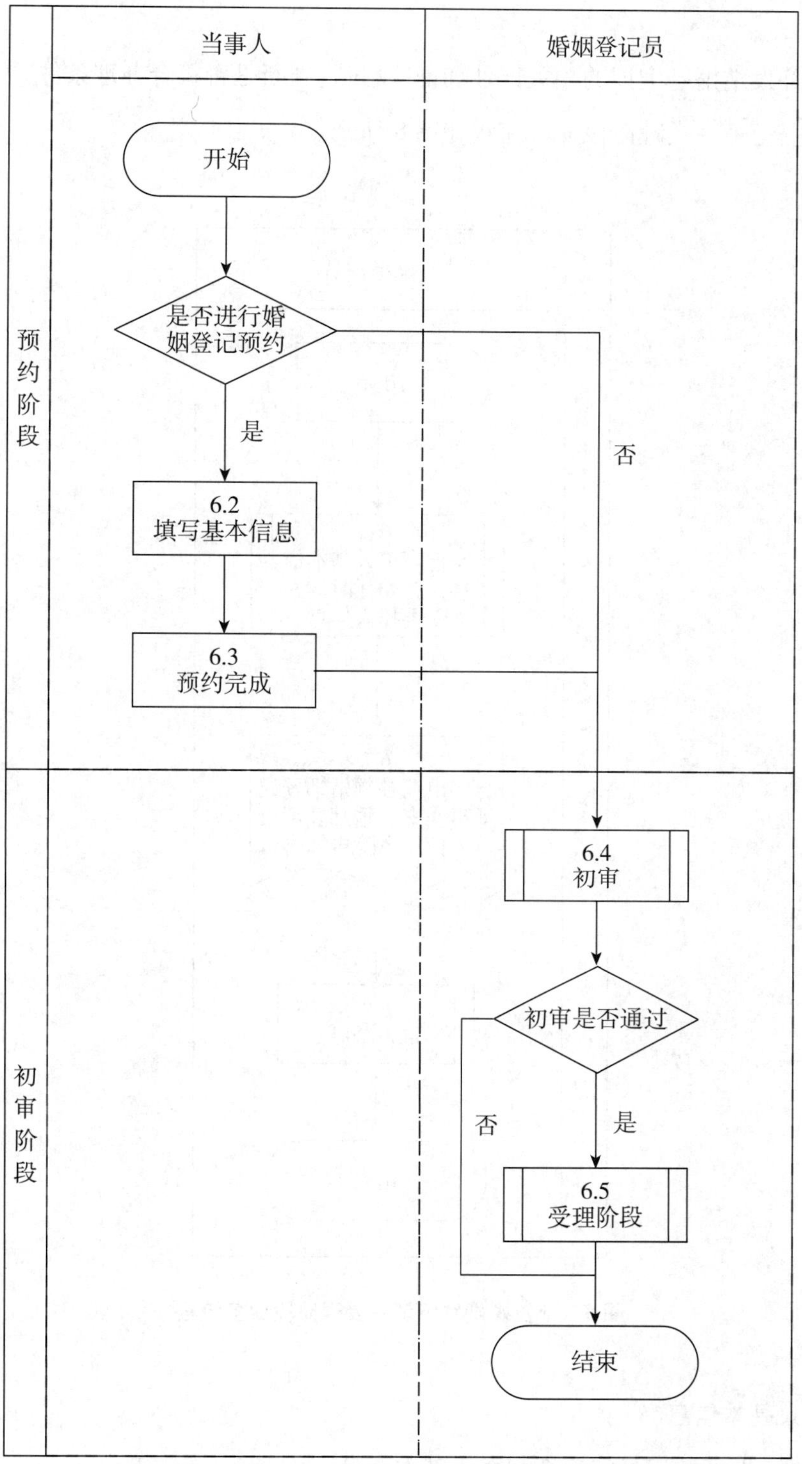

图7 补发婚姻登记证－预约、初审阶段业务流程

a)婚姻登记处具有管辖权；

b)当事人依法登记,现今仍然维持该状况；

c)当事人持有相关业务办理政策文件规定的证件证明材料。

不满足则不予受理该笔业务。

6.5 受理阶段

查验办理补发结婚登记证的相关证件和证明材料，判断是否符合办理条件。

补发婚姻登记证－受理阶段业务流程如图8所示。

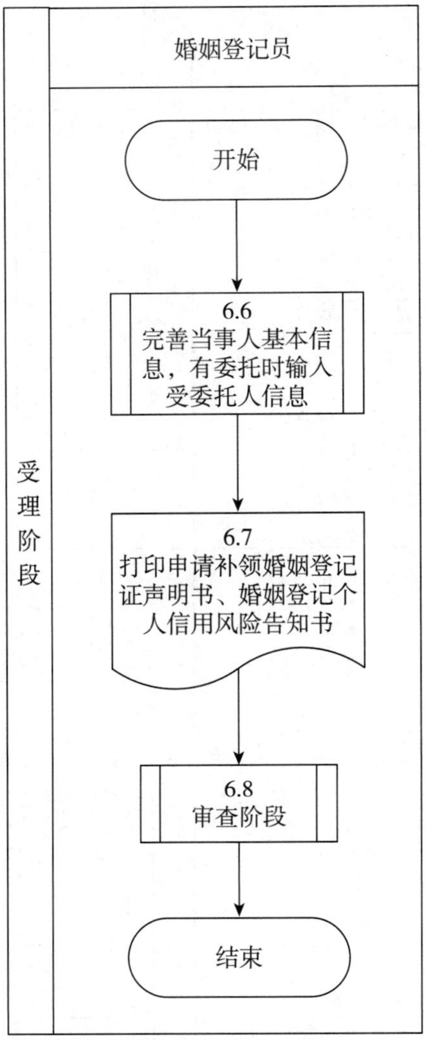

图8　补发婚姻登记证－受理阶段业务流程

6.6 完善当事人基本信息

符合条件的，婚姻登记员完善婚姻登记基本信息。

6.7 打印申请补发婚姻登记证声明书、婚姻登记个人信用风险告知书

当事人填写《婚姻登记个人信用风险告知书》《申请补发婚姻登记证声明书》同时签名并按指纹。

6.8 审查阶段

符合补发条件的，应当按照下列程序进行：

a)当事人确认《补发婚姻登记证审查处理表》和婚姻登记证相关信息,签名并按指纹;

b)婚姻登记员在登记员签字一栏签名。

补发婚姻登记证 - 审查、发证阶段业务流程如图 9 所示。

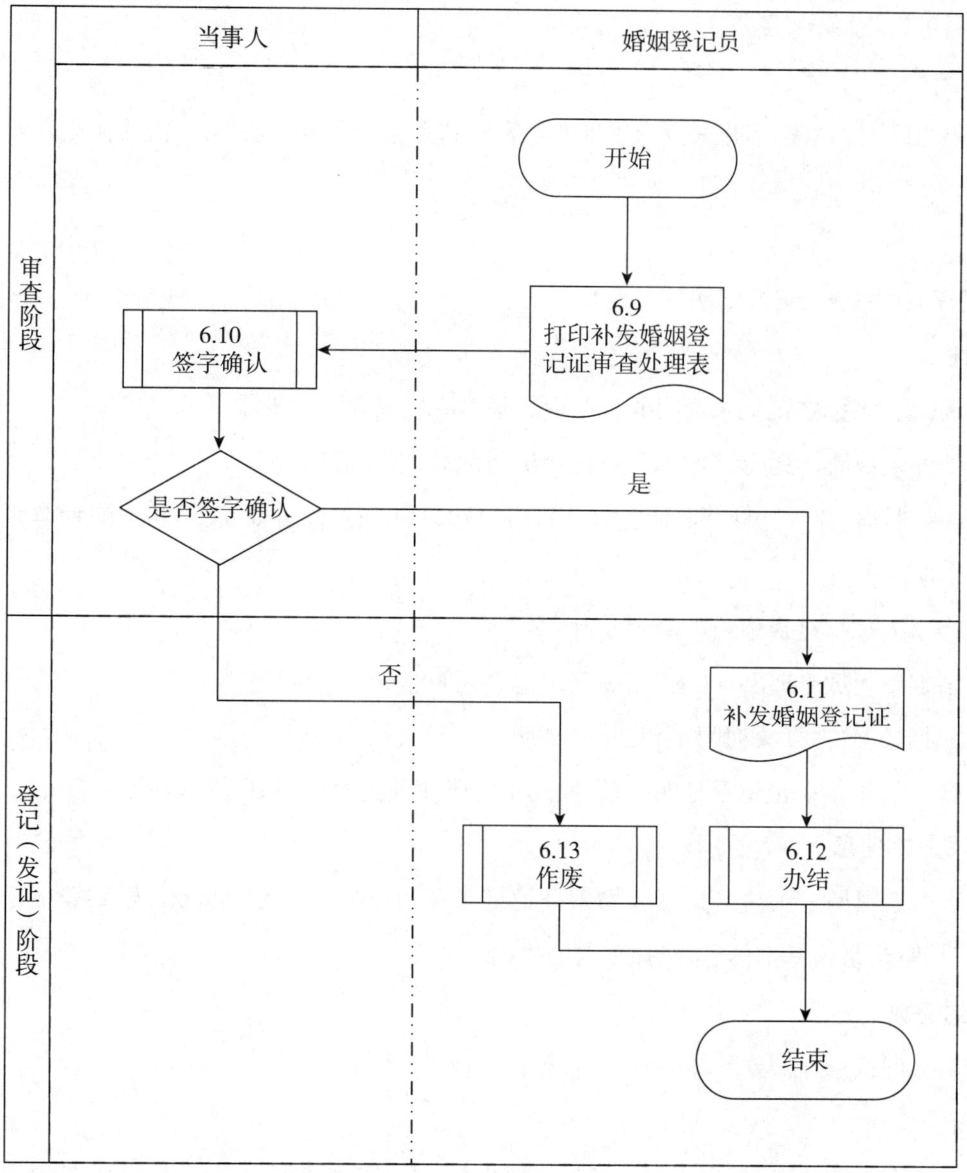

图 9　补发婚姻登记证 - 审查、发证阶段业务流程

6.9 补发婚姻登记证审查处理表

符合条件的,婚姻登记员打印补发婚姻登记证审查处理表。

6.10 签字确认

当事人签字并按指纹确认补发婚姻登记证审查处理表。

6.11 补发婚姻登记证

补发婚姻登记证时,应当向当事人询问核对姓名、出生日期,见证当事人本人亲自在《补发婚姻登记证审查处理表》“当事人领证签名并按指纹”一栏中签名并按指纹，将婚姻登记证发给当事人。

6.12 办结

婚姻登记员每办完一笔补发婚姻登记证业务，都应依照《婚姻登记档案管理办法》，对应存档的材料进行整理、保存。

6.13 作废

如果当事人并未签字并未按指纹确认补发婚姻登记证审查处理表，则需要作废该业务办理信息。

7 出具(无)婚姻登记记录证明

7.1 概述

出具(无)婚姻登记记录证明业务办理的基本流程包含以下步骤：

a)涉外领域需出具(无)婚姻登记记录证明国家、地区清单：

哈萨克斯坦、芬兰、奥地利、荷兰、德国、阿根廷、乌拉圭、墨西哥、波兰和中国台湾等9个国家和1个地区；

b)当事人选择是否预约申请业务；

c)婚姻登记员受理出具(无)婚姻登记记录证明业务办理申请；

d)根据情况出具(无)婚姻登记记录证明。

出具(无)婚姻登记记录证明－预约、初审阶段业务流程如图10所示。

7.2 填写基本信息

当事人选择网上预约出具(无)婚姻登记记录证明业务，选择出具(无)婚姻登记记录证明业务后，填写当事人基本信息，选择预约的机构。

7.3 预约完成

当事人确认选择需要预约的机构后，预约完成。

7.4 初审

核验当事人的身份，根据当事人选择需要出具(无)婚姻登记记录证明，验证是否满足申请条件；是否有委托他人办理，不满足条件则不予受理该笔业务。

7.5 受理阶段

查询当事人的婚姻登记记录信息，选择使用国家地区和用途。

出具(无)婚姻登记记录证明－受理阶段业务流程如图11所示。

7.6 查询当事人婚姻登记信息查询，有委托时输入受委托人信息

查询当事人的婚姻登记记录信息，有委托人的情况下填写委托人信息。

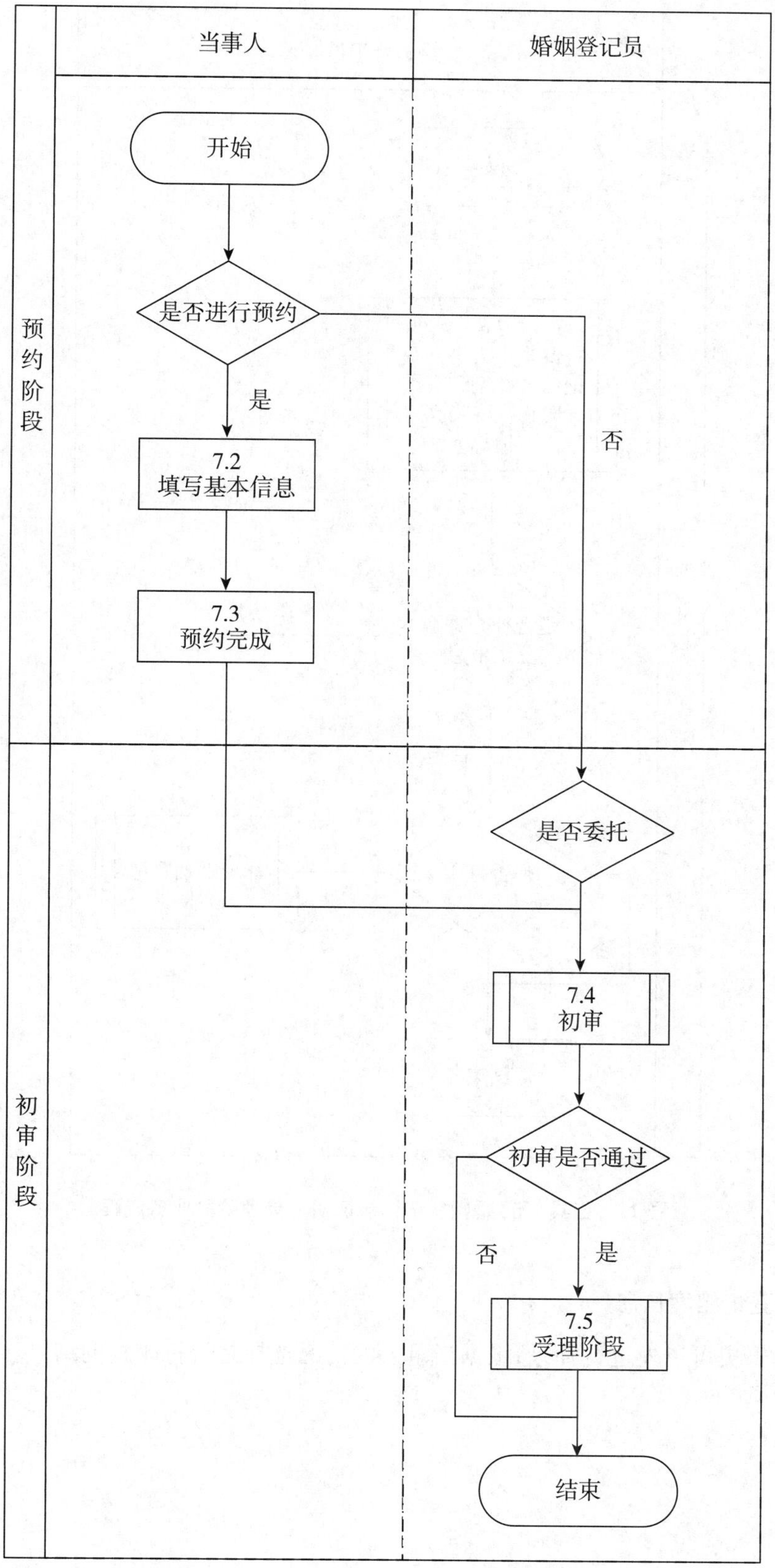

图 10　出具(无)婚姻登记记录证明－预约、初审阶段业务流程

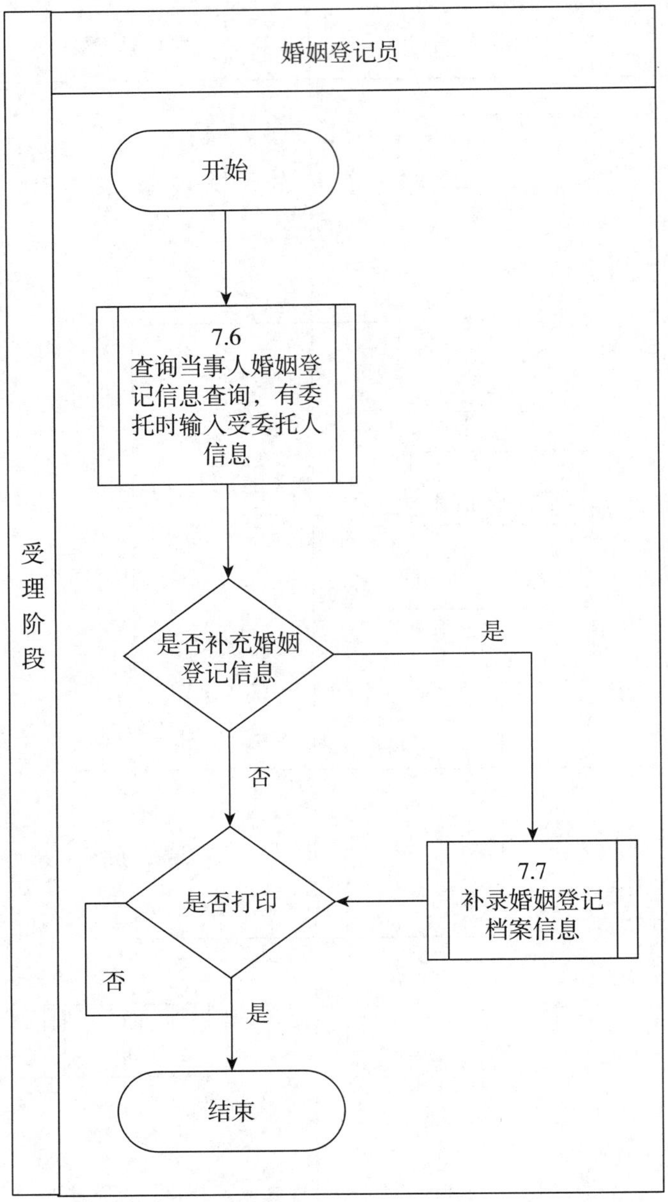

图 11　出具(无)婚姻登记记录证明－受理阶段业务流程

7.7 补录婚姻登记档案信息

未能查到婚史可以先进行补录，根据当事人的情况选择是否打印查询结果。

参考文献

[1]民发〔2015〕230号　婚姻登记工作规范

[2]中华人民共和国民法典

JMGC

民 政 部 金 民 工 程 标 准

JMGC/YW 424. 2—2020

社会事务管理业务流程
第2部分:流浪乞讨人员救助管理

2020 - 12 - 30 发布 2020 - 12 - 30 实施

民政部信息中心 发布

目　次

前　　言

本文件按照 GB/T 1.1—2020《标准化工作导则 第 1 部分：标准的结构和编写》的规则起草。

请注意本文件的某些内容可能涉及专利。本文件的发布机构不承担识别专利的责任。

本文件为 JMGC/YW 424《社会事务管理业务流程》的第 2 部分。JMGC/YW 424 已经发布了以下部分：

——第 1 部分：婚姻管理；

——第 2 部分：流浪乞讨人员救助管理；

——第 3 部分：殡葬管理；

——第 4 部分：残疾人福利。

本文件由民政部信息中心提出并归口。

本文件起草单位：民政部信息中心、中科恒运股份有限公司。

本文件主要起草人：文长军、马守平、甘会强。

引　言

JMGC/YW 424《社会事务管理业务流程》由四个部分构成。

——第1部分:婚姻管理。目的在于确立婚姻管理业务流程。

——第2部分:流浪乞讨人员救助管理。目的在于确立流浪乞讨人员救助管理业务流程。

——第3部分:殡葬管理。目的在于确立殡葬政务信息直报业务流程。

——第4部分:残疾人福利。目的在于确立残疾人福利业务流程。

社会事务管理业务流程
第 2 部分:流浪乞讨人员救助管理

1 范围

本文件规定了金民工程项目中流浪乞讨人员救助管理业务可程序化的业务流程。

本文件适用于金民工程项目中流浪乞讨人员救助管理业务系统建设工作。

2 规范性引用文件

下列文件中的内容通过文中的规范性引用而构成本文件必不可少的条款。其中,注日期的引用文件,仅该日期对应的版本适用于本文件;不注日期的引用文件,其最新版本(包括所有的修改单)适用于本文件。

JMGC/YW 422.2 社会事务管理业务术语 第 2 部分:流浪乞讨人员救助管理

3 术语和定义

JMGC/YW 424.2 界定的术语和定义适用于本文件。

4 接待登记业务流程

4.1 概述

接待登记业务办理的基本流程应包含以下步骤:

a)救助接待;

b)安检登记。

接待登记业务流程如图 1 所示。开始条件为:疑似流浪乞讨人员包括护送来站、自行来站、其他救助站护送来站等所有求助人员准备入站。

4.2 救助接待

救助管理机构应当对来站求助人员身体状况和精神状况进行初步检视。

4.3 安检登记

求助人员应当按照救助管理机构要求,接受安全检查。求助人员应当配合救助管理机构开展安全检查,并遵守物品管理规定。

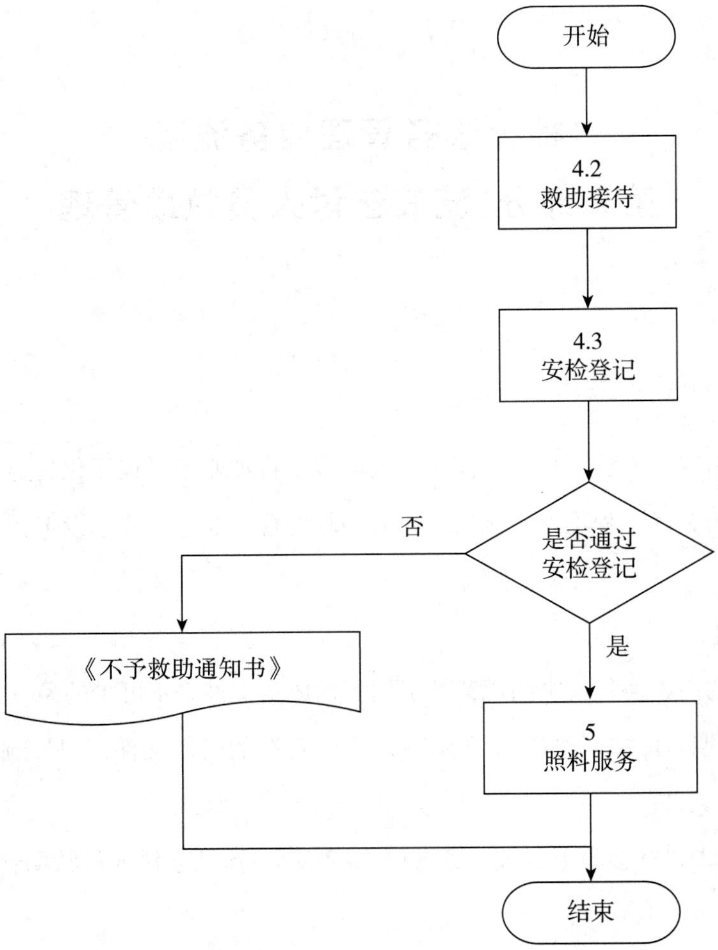

图1　接待登记业务流程

5 照料服务业务流程

5.1 概述

照料服务业务办理的基本流程应包含以下步骤：

a)站内服务；

b)托养服务；

c)医疗服务；

d)离站管理。

照料业务流程如图2所示。开始条件为：受助人员已入站。

5.2 站内服务

救助管理机构视受助人员情况进行站内照料，满足受助人员基本生活所需，视情况提供心理辅导、行为矫治、社会融入和职业技能培训等专业救助服务。

5.3 托养服务

受助人员需要托养服务，应对受助人员进行托养登记、健康状况登记、托养情况核实和结束托养，业务流程见托养服务业务流程。

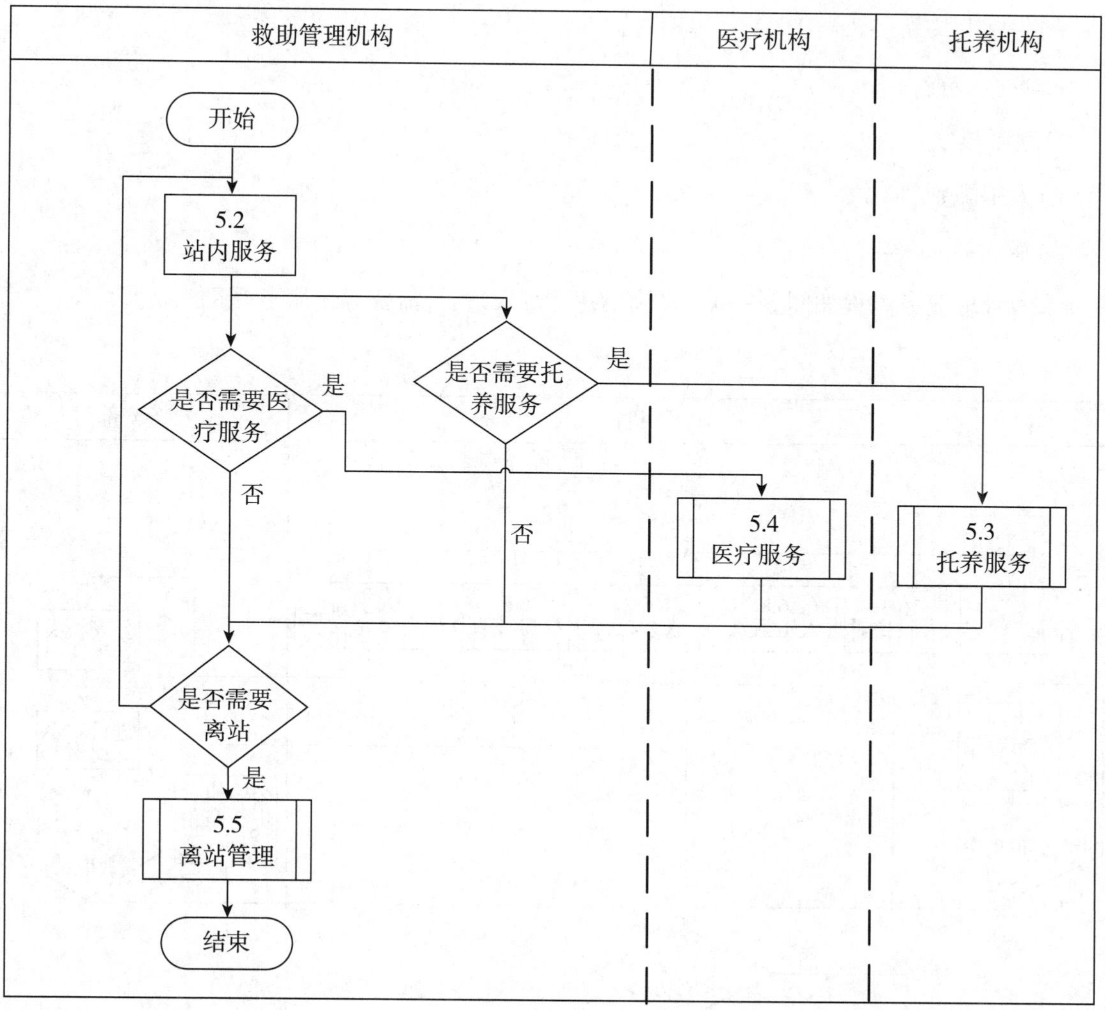

图2　照料服务业务流程

5.4 医疗服务

救助管理机构发现受助人员突发急病、精神异常或有疑似传染病的，应当及时送往医疗机构或联系医疗急救机构进行诊断和救治，业务流程见医疗服务业务流程。

5.5 离站管理

受助人员临时生活困难已经解决的，救助管理机构应当协助其做好离站前准备并适时安排离站。业务流程见离站管理业务流程。

6 寻亲管理服务业务流程

6.1 概述

寻亲管理业务办理的基本流程应包含以下步骤：

a）寻亲登记；

b）人脸比对；

c）发布寻亲公告；

d)报请公安机关进行 DNA 采集比对；

e)身份核查；

f)联系核实；

g)人工甄别；

h)撤销寻亲公告。

寻亲管理业务流程如图 3 所示。开始条件为:入站后,需要寻亲服务受助人员。

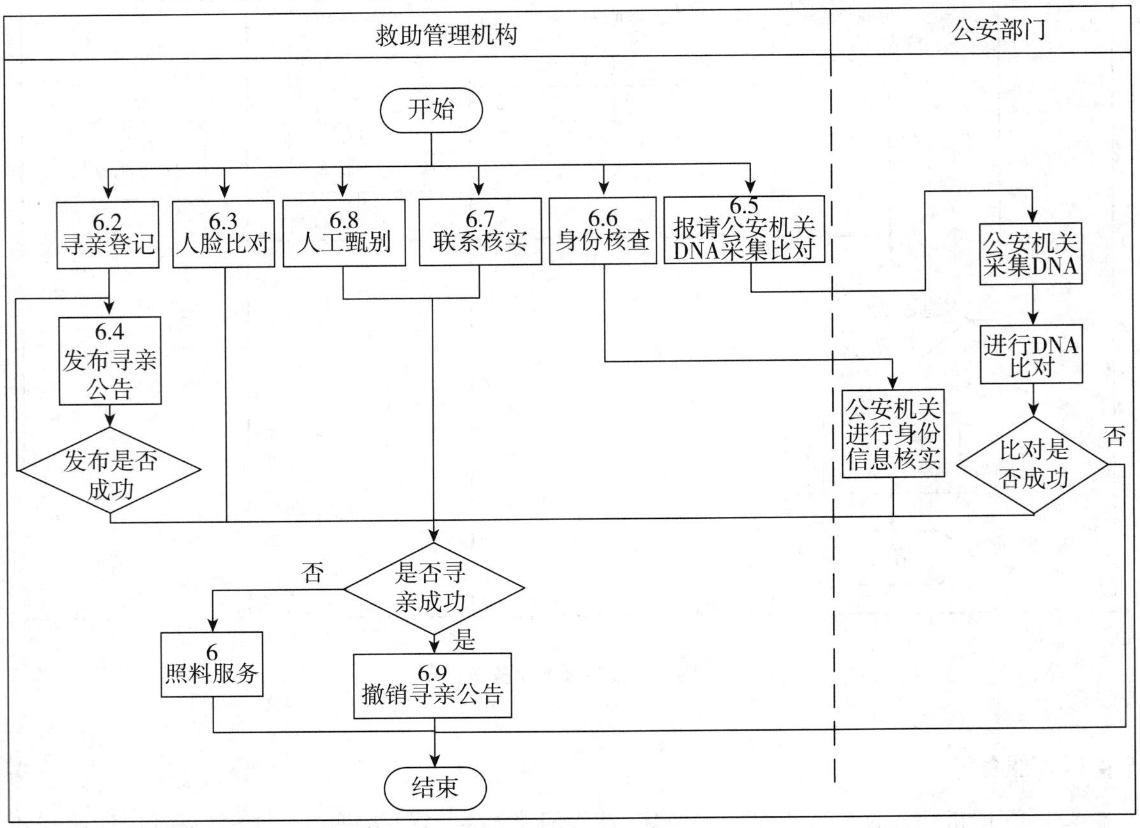

图 3　寻亲服务业务流程

6.2 寻亲登记

救助管理机构对受助人员体貌特征进行登记。

6.3 人脸比对

救助管理机构需要对待寻人员的人脸信息与易流浪走失人员库、家人寻亲人员库中的人员信息进行人脸比对。

6.4 发布寻亲公告

救助管理机构将寻亲公告推送到全国救助寻亲网、今日头条等社会媒体。

6.5 报请公安机关 DNA 采集比对

救助管理机构报请公安机关采集受助人员的 DNA 信息。

6.6 身份核查

救助管理机构将寻亲信息发送给公安机关,通过公安机关进行身份核实。

6.7 联系核实

由救助管理机构进行联系情况核实。

6.8 人工甄别

救助管理机构人员需通过身体特征等信息进行身份甄别。

6.9 撤销寻亲公告

寻亲成功后,将从全国救助寻亲网、今日头条等社会媒体撤销寻亲公告。

7 离站管理业务流程

7.1 概述

离站管理业务办理的基本流程应包含以下步骤:

a)离站准备;

b)自行离站;

c)接送返回;

d)终止救助;

e)其他情形;

f)跨区域协调;

g)落户安置。

离站管理业务流程如图4所示,开始条件为:受助人员临时生活困难已经解决、需要接送返回或者需要安置落户。

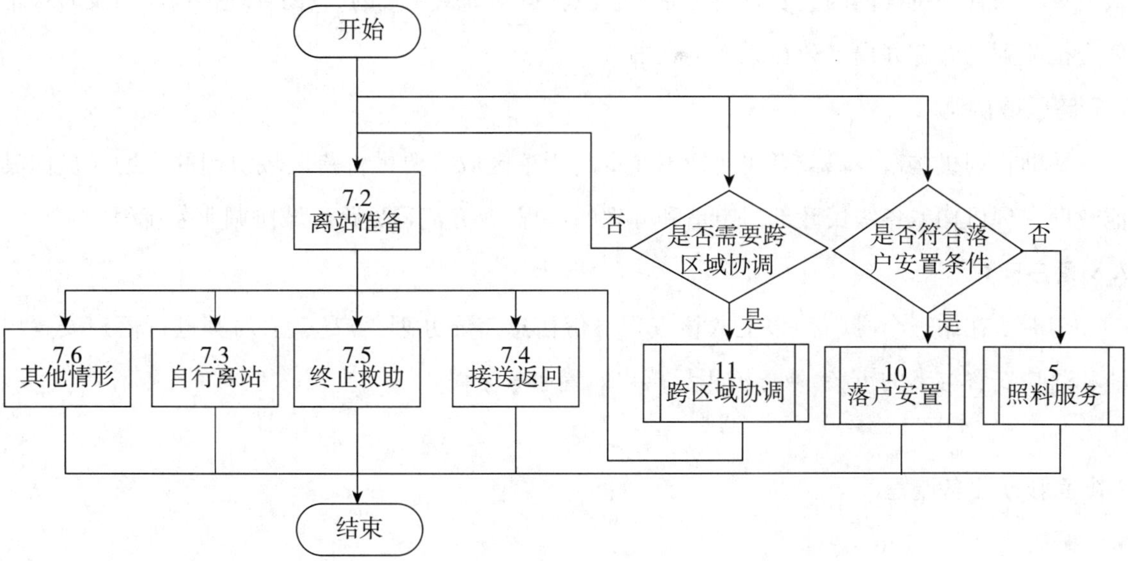

图4 离站管理业务流程

7.2 离站准备

受助人员临时生活困难已经解决的,救助管理机构应当协助其做好离站前准备并适时安排离站。

7.3 自行离站

年满16周岁、无精神障碍或智力残疾迹象的受助人员主动要求自行离站的,救助管理机构应当为其办理离站手续。

7.4 接送返回

不满16周岁的未成年人、行动不便的残疾人和其他特殊困难受助人员(以下简称"特殊困难受助人员"),应当由其亲属接领返回,亲属不能接领特殊困难受助人员返回的,救助管理机构应当在核实情况后安排接送返回。

7.5 终止救助

受助人员有以下情形之一的,救助管理机构可以终止救助:

a) 无正当理由拒不离站或出院;

b) 拒不提供或拒不如实提供家庭信息;

c) 违法违纪、扰乱救助管理秩序;

d) 其他不符合继续救助的情形。

救助管理机构应当向受助人员解释终止救助的原因,清点交接寄存物品,完成终止救助。

7.6 其他情形

受助人员被司法机关带离的,救助管理机构应当查验司法机关工作人员身份证件或执法证件,保留司法机关出具的有关证明材料及工作人员身份证件或执法证件复印件,清点交接寄存物品,完成《在站服务及离站登记表》,办理交接手续。

受助人员在医疗机构内死亡的,救助管理机构应当取得医疗机构出具的死亡证明书。受助人员在救助管理机构内因突发急病等原因经急救机构确认死亡的,救助管理机构应当及时报请公安机关到场处置并出具死亡原因鉴定书。

7.7 跨区域协调

救助管理机构对户籍或者居住地不在本站所辖区域需要进行跨区域协调的受助人员向其他救助管理机构或各级民政部门申请和办理的过程,业务流程见跨区域协调业务流程。

7.8 落户安置

为滞留在站三个月(含)以上的核查无身份信息需要办理落户安置,对其进行落户安置申请和落户安置方案的审核,业务流程见落户安置业务流程。

8 街面救助业务流程

8.1 概述

街面救助业务办理的基本流程应包含以下步骤:

a)发现疑似流浪乞讨人员；

b)提供救助线索；

c)处理救助线索；

d)反馈救助线索；

e)街面巡查救助；

f)护送至救助管理机构；

g)救助服务。

街面救助业务流程如图5所示，开始条件为：社会公众、公安城管、救助管理机构发现疑似流浪乞讨人员。

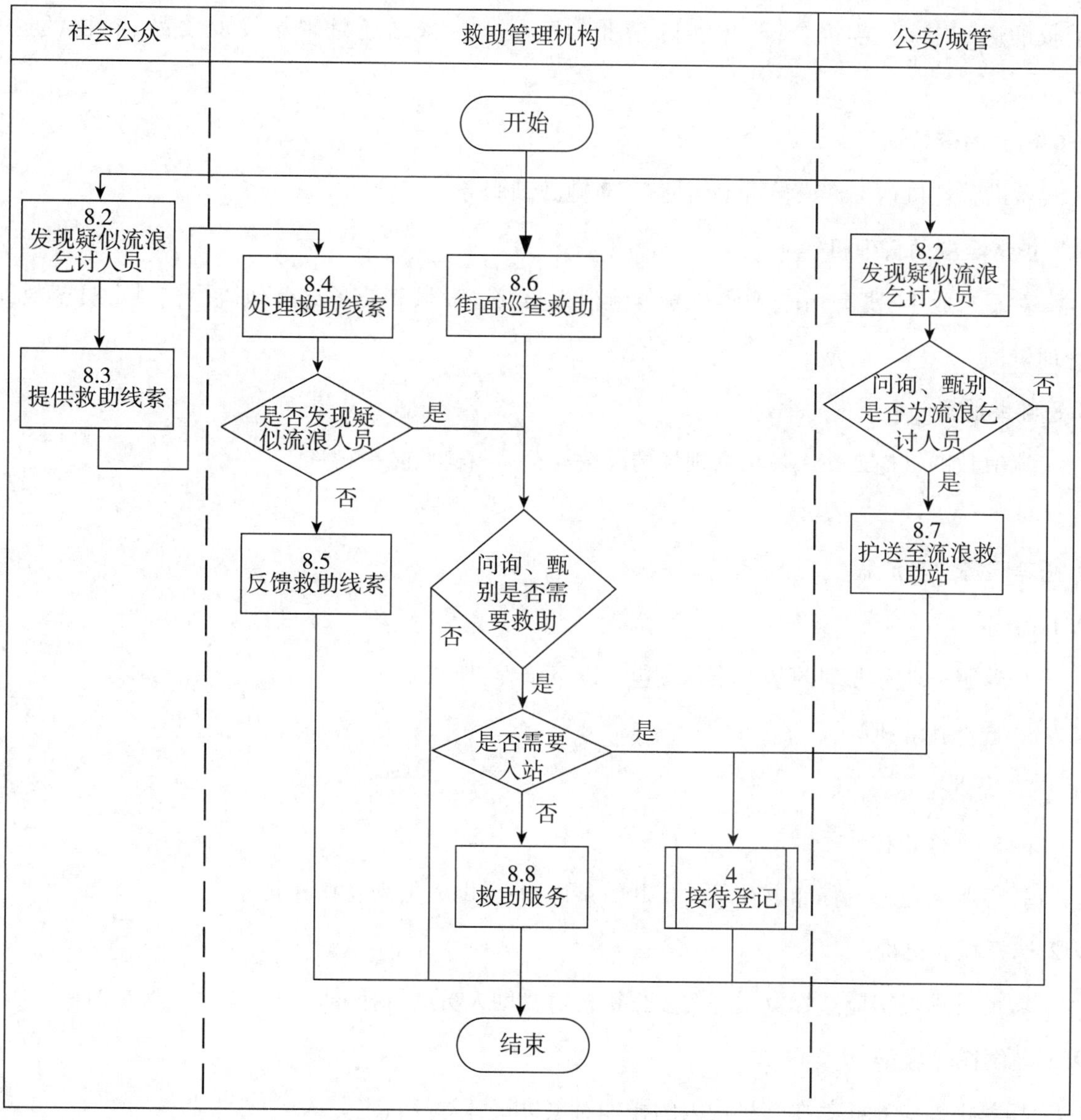

图5 街面救助业务流程

8.2 发现疑似流浪乞讨人员

公安机关、城市管理部门街面巡查发现疑似流浪乞讨人员;其他组织、社会公众在街面发现疑似流浪乞讨人员。

8.3 提供救助线索

社会公众发现疑似流浪乞讨人员,可提供疑似流浪乞讨人员线索到附近救助管理机构。

8.4 处理救助线索

救助管理机构工作人员可根据救助线索进行上街巡查,实施救助服务。

8.5 反馈救助线索

救助管理机构工作人员应对救助线索进行反馈。

救助管理机构工作人员根据现场询问情况判断是否符合救助标准,若不符合出具《不予救助通知书》。若符合,根据实际情况判断是护送入站还是现场发放食品、衣物、防护物资。

8.6 街面巡查救助

救助管理机构工作人员可上街巡查,实施救助服务。

8.7 护送至救助管理机构

对于未成年、残疾、精神障碍的疑似流浪人员,公安/城管应护送疑似流浪乞讨人员至救助管理机构。

8.8 救助服务

流浪救助机构工作人员根据现场情况发放食品、衣物、防护物资。

9 托养服务业务流程

9.1 概述

托养服务业务办理的基本流程应包含以下步骤:

a)选择托养机构;

b)提供托养服务;

c)办理终止托养手续。

托养服务业务流程如图6所示。开始条件为:受助人员需要托养服务。

9.2 选择托养机构

救助管理机构应选择资质好的委托机构对受助人员进行托养。

9.3 提供托养服务

托养机构应对托养在其机构内的托养对象进行日常照料。

9.4 办理终止托养手续

凡托养对象需要结束托养的,由救助管理机构为其办理结束托养手续。

府，得到批复后救助管理机构录入托养方案。

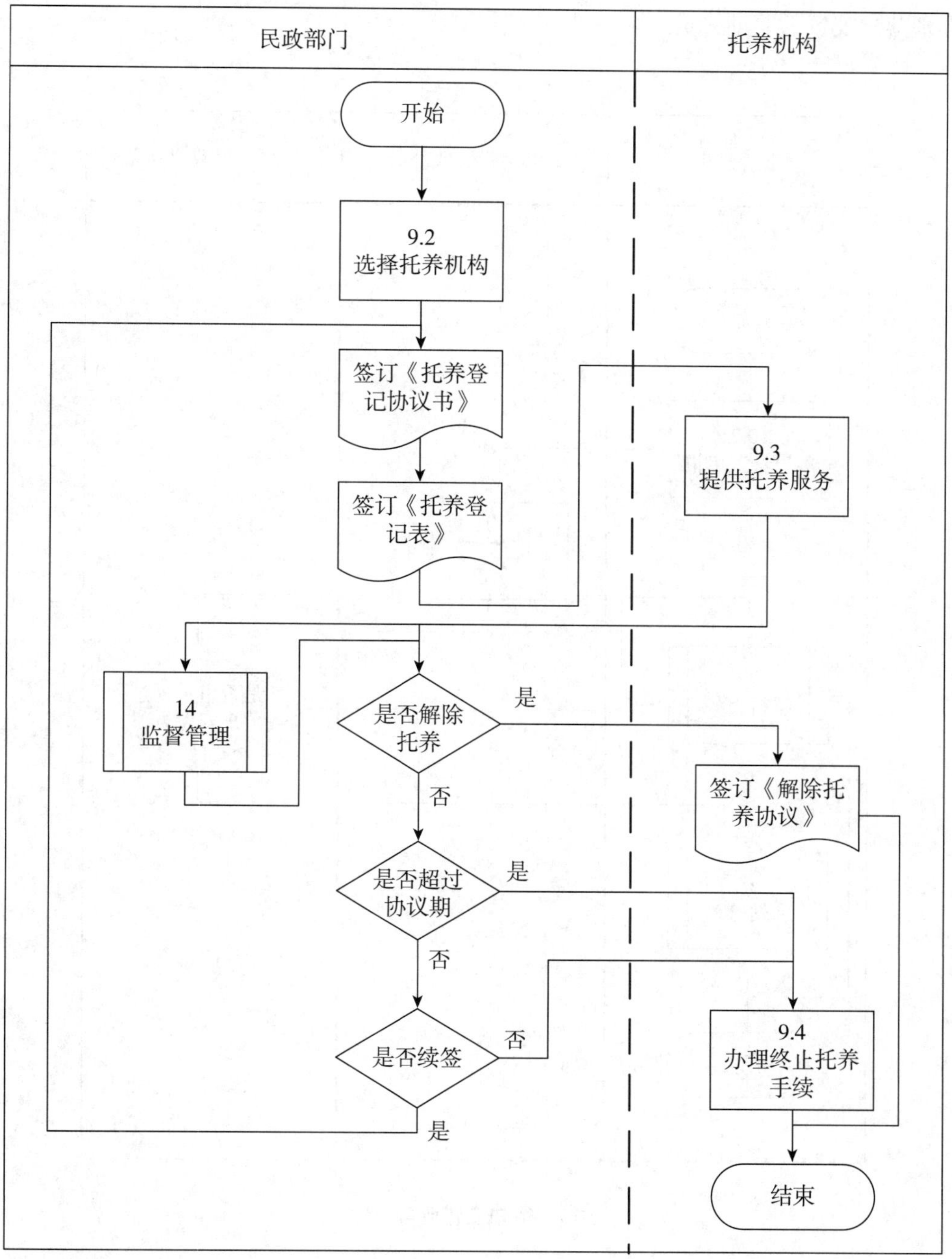

图6　托养服务业务流程

10 落户安置业务流程

10.1 概述

落户安置业务办理的基本流程应包含以下步骤：

a)救助管理机构发起落户安置申请；

b)救助管理机构上级主管民政部门针对安置申请编写落户安置方案并报送当地人民政府，得到批复后救助管理机构录入落户安置方案。

落户安置业务流程如图 7 所示。开始条件为:滞留在站三个月(含)以上的核查身份信息需要办理落户安置的受助人员。

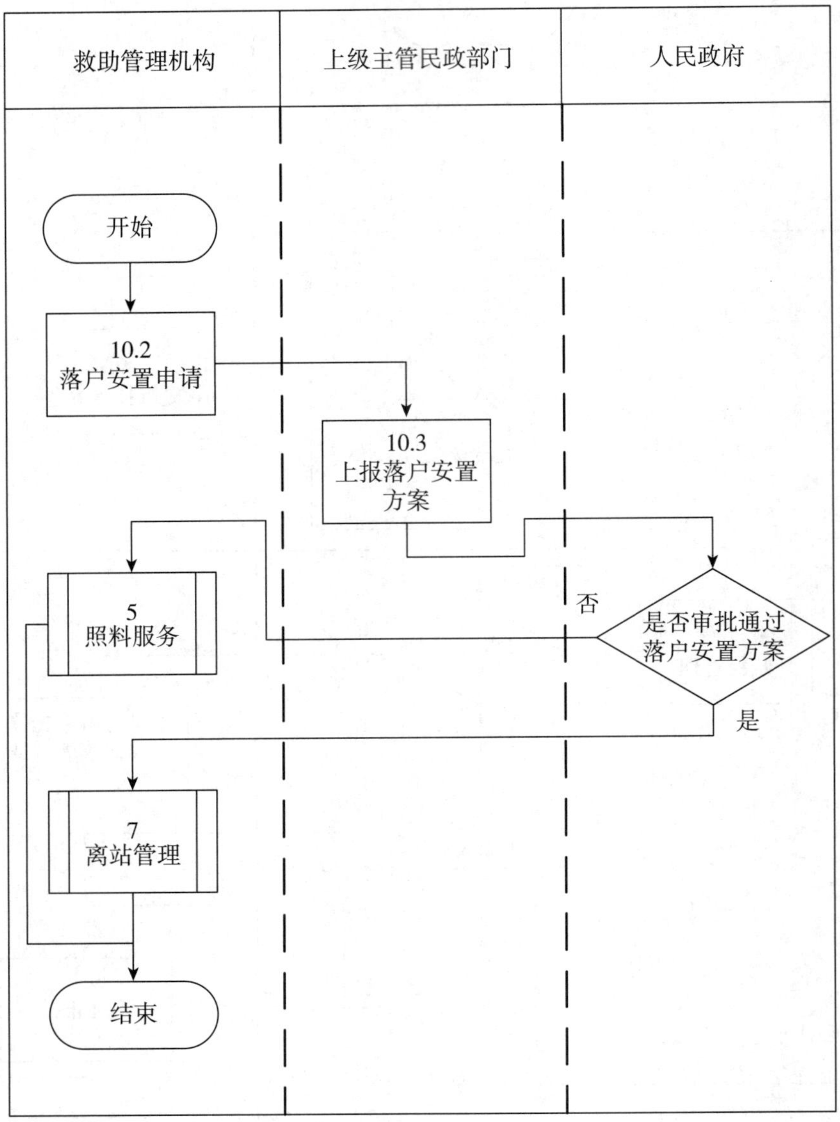

图 7　落户安置业务流程

10. 2 落户安置申请

救助管理机构对在站滞留超过 3 个月(含),寻亲无着,无身份证明人员应发起落户安置申请。

10. 3 落户安置方案

救助管理机构上级主管民政部门收到落户安置申请后,应填写落户安置方案,向当地人民政府报批,批复通过后,救助管理机构录入落户安置方案,对受助人员办理离站手续进行落户。

11 跨区域协调业务流程

11.1 概述

跨区域协调业务办理的基本流程应包含以下步骤：

a)救助管理机构发起跨区域协调申请；

b)救助管理机构或各级民政部门处理跨区域协调申请。

c)民政部可对上报到民政部业务部门的协调信息进行裁决。

跨区域协调业务流程根据救助管理机构级别不同分为如下三个业务流程，开始条件为：户籍或者居住地不在本站所辖区域需要进行跨区域协调的受助人员进行协调。

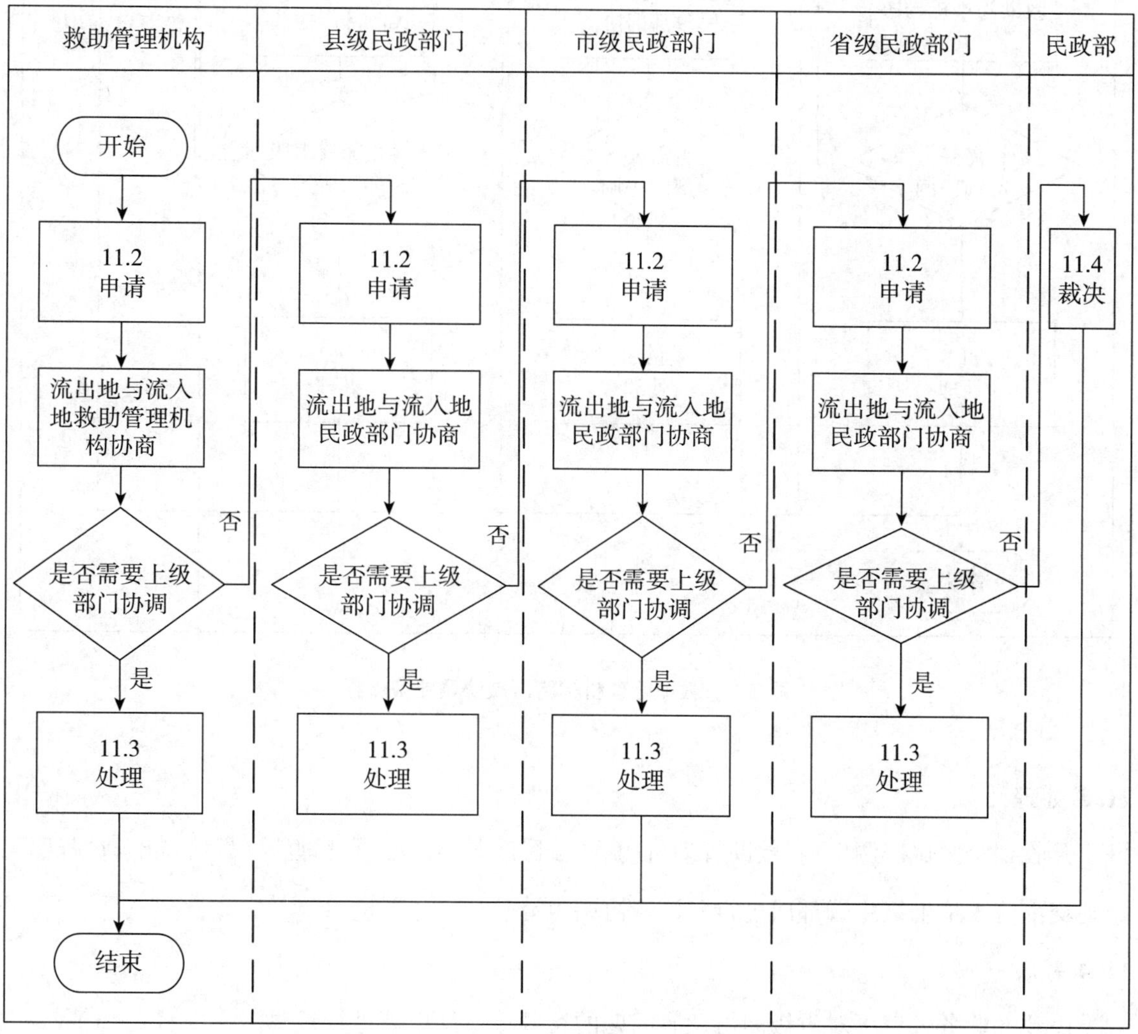

图8　县级救助管理机构跨区域协调业务流程

11.2 申请

户籍所在地或居住地不在本地的受助人员，救助管理机构/民政部门应向户籍所在地或居住地的救助管理机构/民政部门发起申请。

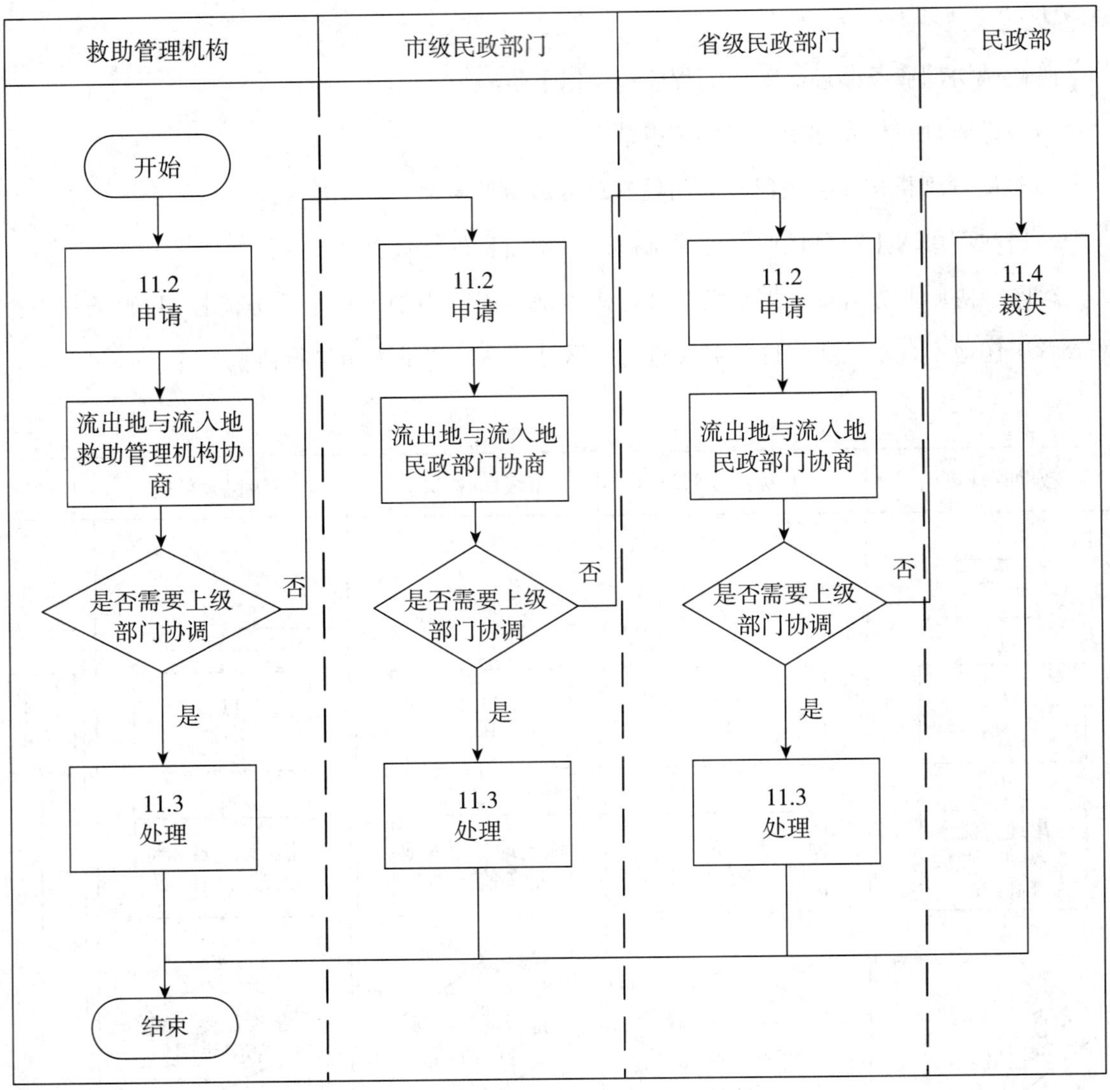

图9　市救助管理机构跨区域协调业务流程

11.3 处理

凡收到跨区域协调申请,救助管理机构/各级民政部门应配合处理跨区域协调申请,若不同意则交由流入地上级主管部门进行跨区域协调申请。

11.4 裁决

民政部业务处室可对省级间协调有问题的跨区域协调申请进行裁决。

12 医疗服务业务流程

12.1 概述

医疗服务业务办理的基本流程应包含以下步骤:

a)医院就诊;

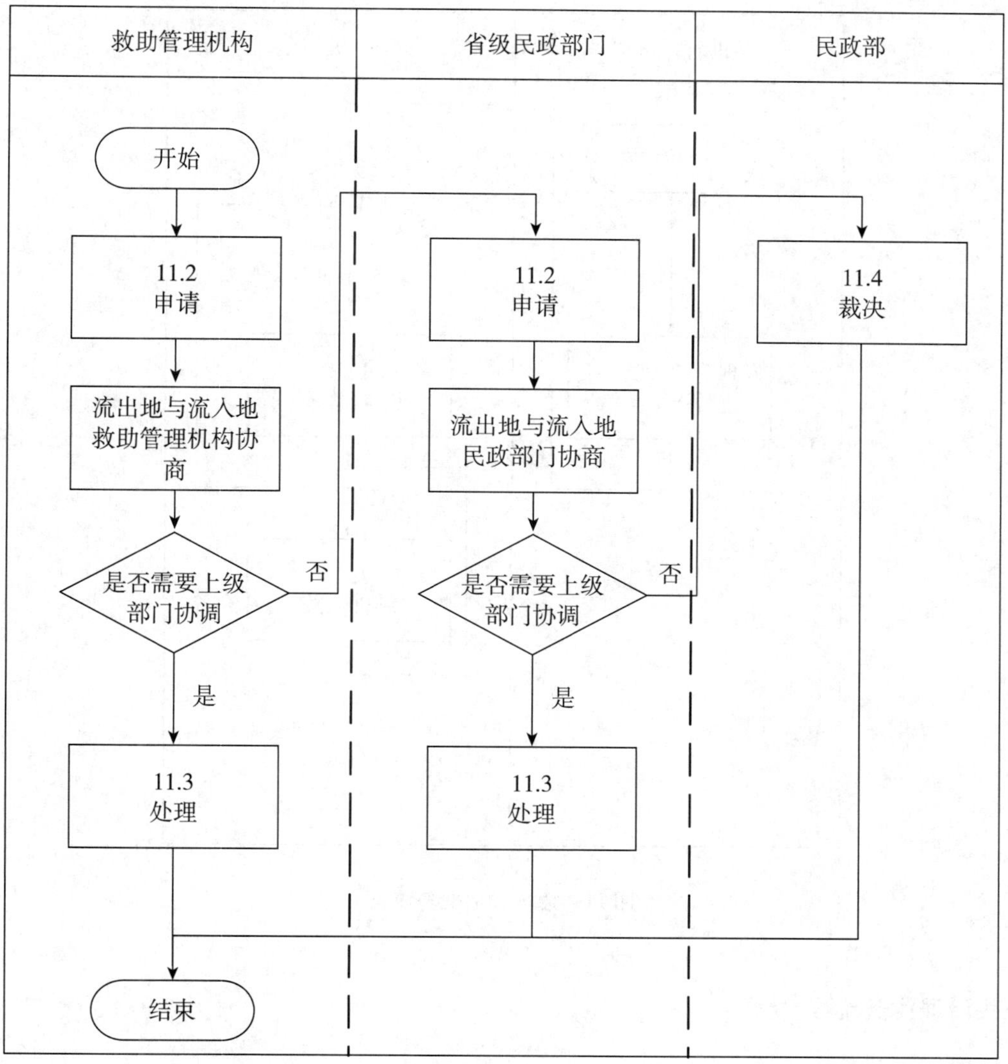

图 10　省级救助管理机构跨区域协调业务流程

b)站外住院。

医疗服务业务流程如图 11 所示。开始条件为:受助人员需要进行医疗服务,救助管理机构开始医疗服务流程。

12. 2 医院就诊

受助人员在受助期间突发急病或者街面巡查发现危重病人员时,根据情况送医诊治,填写就诊信息、相关就医病例、诊断报告存档留痕。

12. 3 站外住院

受助人员在受助期间突发急病或者街面巡查发现危重病人员时,应进行住院治疗时,应填写就诊信息、就医病例、诊断报告,入院手续等,住院期间需要转出院的依据规定办理转出院手续。

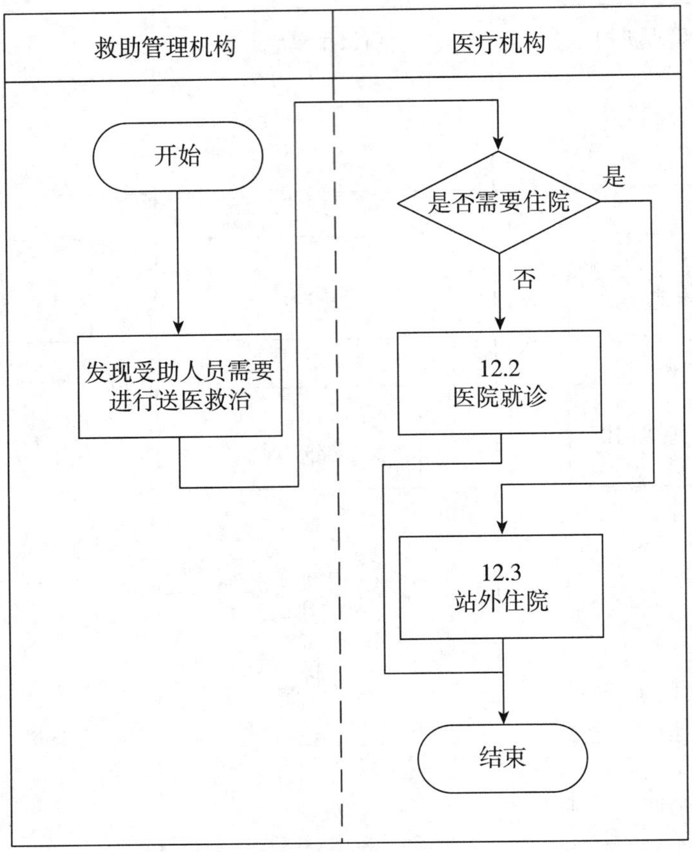

图 11　急病救治业务流程

13 源头治理业务流程

13.1 概述

源头治理业务办理的基本流程应包含以下步骤：

a）登记返乡人员；

b）登记易流浪走失人员；

c）登记建档立卡人员信息；

d）登记回访记录；

e）法律服务；

f）社会保障政策衔接。

源头治理业务流程如图 12 所示。

13.2 登记返乡人员

救助管理机构应登记流浪返乡人员信息。

13.3 登记易流浪走失人员

救助管理机构应登记所辖区域易流浪走失人员。

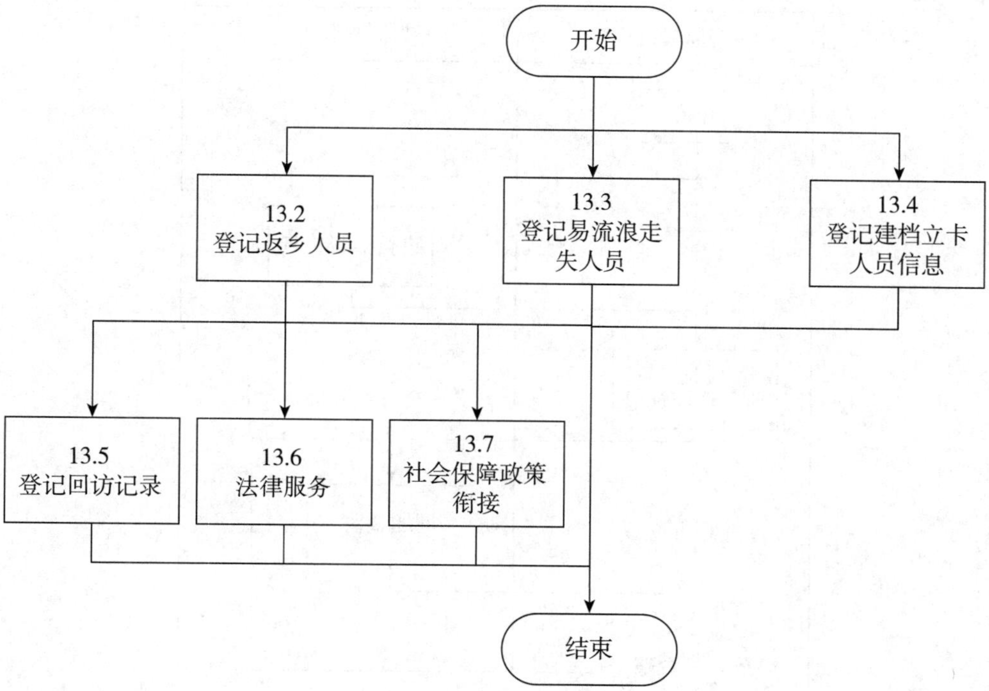

图 12　源头治理业务流程

13.4 登记建档立卡人员信息

救助管理机构应登记建档立卡人员信息。

13.5 登记回访记录

救助管理机构工作人员应对返乡人员定期回访。

13.6 法律服务

救助管理机构工作人员应督促其近亲属或其他监护人履行抚养、赡养义务。

13.7 社会保障衔接

救助管理机构工作人员应为符合条件的人员落实社会救助、社会福利和社会保险等相关扶助优惠政策。

14 监督管理业务流程

14.1 概述

监督管理业务办理的基本流程应包含以下步骤：

a)监管责任登记；

b)整改情况登记。

监督管理业务流程如图 13 所示。

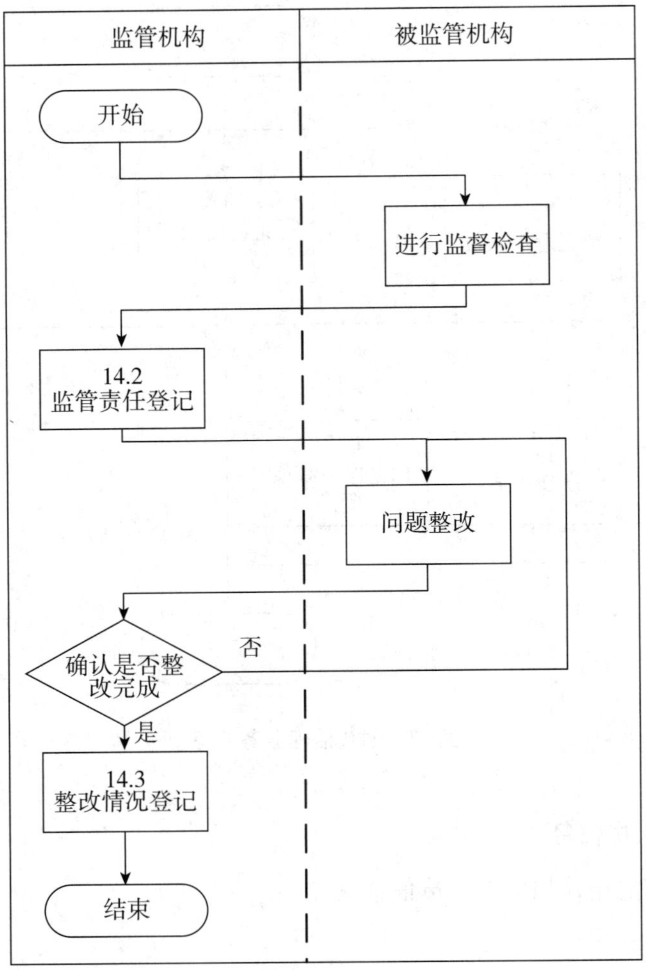

图 13　监督检查业务流程

14.2 监管责任登记

民政部门或者救助管理机构对相应的救助管理机构或者合作的托养/医疗机构进行巡视督导。

14.3 整改情况登记

被监管单位对监管问题整改后,反馈给监管单位,监管单位登记整改情况。

15 责任落实业务流程

15.1 概述

责任落实业务的基本流程应包含以下步骤:

a)考核体系登记;

b)协调机制运行登记;

c)协同救助机制登记。

责任落实业务流程如图 14 所示。

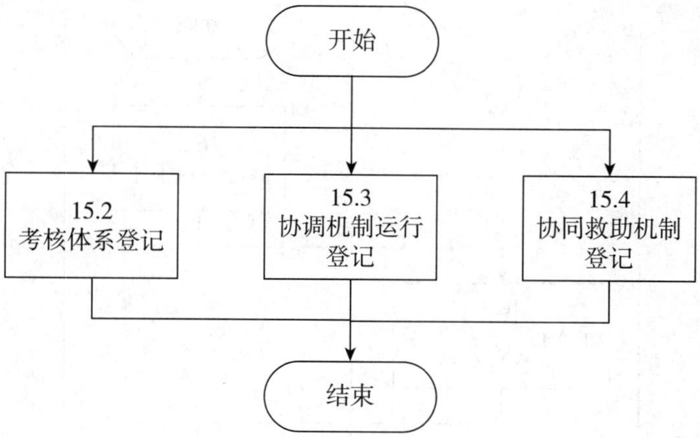

图 14　责任落实业务流程

15.2 考核体系登记

省、市、县各级民政部门应登记部门的考核体系情况。

15.3 协调机制运行登记

省、市、县各级民政部门应登记部门协调机制运行情况。

15.4 协同救助机制登记

省、市、县各级民政部门应登记部门协同救助机制情况。

16 专项工作业务流程

16.1 概述

专项工作的基本流程应包含以下步骤：

a)制定专项工作；

b)救助管理机构录入符合专项工作的受助人员信息；

c)民政部门查看专项工作。

专项工作业务流程如图 15 所示。

16.2 制定专项工作

救助管理机构以及各级民政部门可制定本辖区的专项工作，民政部制定全国性质的专项工作。

16.3 录入符合专项工作的受助人员

救助管理机构应录入符合专项工作的受助人员信息。

16.4 查看专项工作

救助管理机构以及各级民政部门可查看本辖区的符合专项工作的受助人员信息。

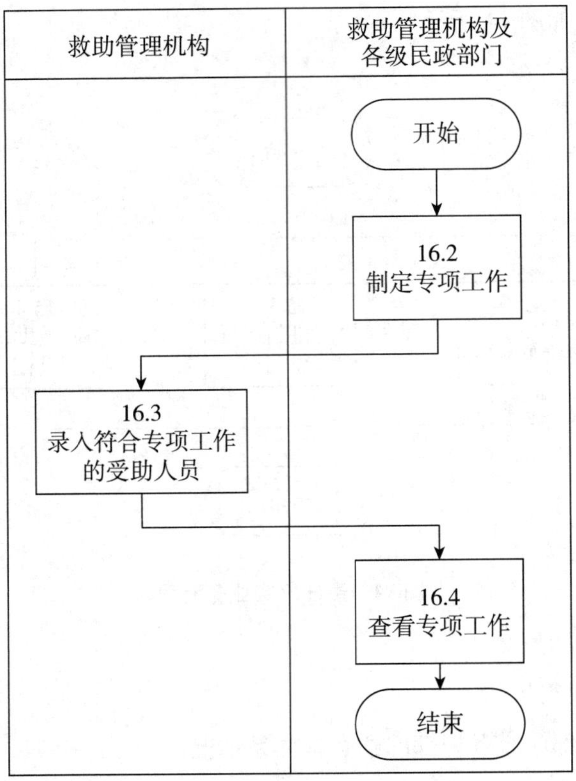

图15　专项工作业务流程

17 社会服务力量参与业务流程

17.1 概述

社会服务力量参与业务的基本流程应包含以下步骤：

a)特邀监督员监管登记；

b)志愿服务登记；

c)第三方监督委员会登记。

社会服务力量参与业务流程如图16所示。

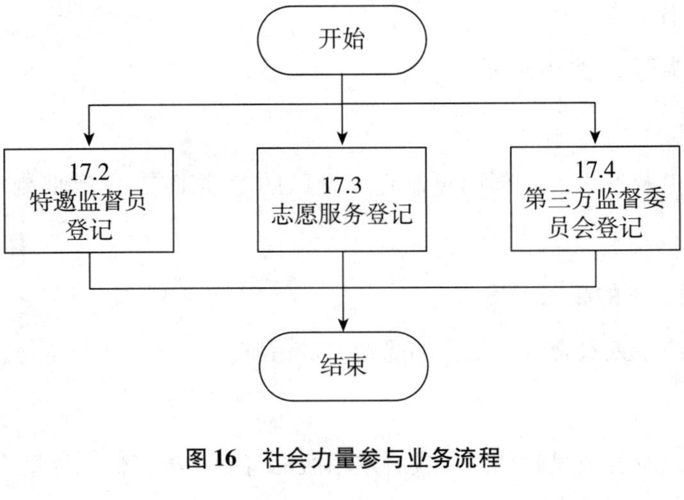

图16　社会力量参与业务流程

17. 2 特邀监督员登记

救助管理机构应登记本站特邀监督员监管情况。

17. 3 志愿服务登记

救助管理机构应登记本站志愿服务情况。

17. 4 第三方监督委员会登记

救助管理机构应登记本站的第三方监督委员会监督情况。

参考文献

[1]《城市无着的流浪乞讨人员救助管理办法》(国务院令第381号)

[2]《社会救助暂行办法》(国务院令第649号)

[3]《城市生活无着的流浪乞讨人员救助管理办法实施细则》(民政部令第24号)

[4]《国务院办公厅关于建立疾病应急救助制度的指导意见》(国办发〔2013〕15号)

[5]《国务院关于全面建立临时救助制度的通知》(国发〔2014〕47号)

[6]《国务院办公厅关于解决无户口人员登记户口问题的意见》(国办发〔2015〕96号)

JMGC

民　政　部　金　民　工　程　标　准

JMGC/YW 424.3—2020

社会事务管理业务流程
第3部分：殡葬管理

2020-12-30 发布　　2020-12-30 实施

民政部信息中心 发布

目　次

前　　言

本文件按照 GB/T 1. 1—2020《标准化工作导则 第 1 部分:标准的结构和编写》的规则起草。

请注意本文件的某些内容可能涉及专利。本文件的发布机构不承担识别专利的责任。

本文件为 JMGC/YW 424《社会事务管理业务流程》的第 3 部分。JMGC/YW 424 已经发布了以下部分:

——第 1 部分:婚姻管理;

——第 2 部分:流浪乞讨人员救助管理;

——第 3 部分:殡葬管理;

——第 4 部分:残疾人福利。

本文件由民政部信息中心提出并归口。

本文件起草单位:民政部信息中心、中科恒运股份有限公司。

本文件主要起草人:文长军、马守平、甘会强。

引　　言

JMGC/YW 424《社会事务管理业务流程》由四个部分构成。

——第1部分:婚姻管理。目的在于确立婚姻管理业务流程。

——第2部分:流浪乞讨人员救助管理。目的在于确立流浪乞讨人员救助管理业务流程。

——第3部分:殡葬管理。目的在于确立殡葬政务信息直报业务流程。

——第4部分:残疾人福利。目的在于确立残疾人福利业务流程。

社会事务管理业务流程 第3部分：殡葬管理

1 范围

本文件规定了金民工程项目中殡葬管理业务可程序化的业务流程。

本文件适用于金民工程项目中殡葬管理业务系统建设工作。

2 规范性引用文件

下列文件中的内容通过文中的规范性引用而构成本文件必不可少的条款。其中,注日期的引用文件,仅该日期对应的版本适用于本文件;不注日期的引用文件,其最新版本(包括所有的修改单)适用于本文件。

JMGC/YW 422.3 社会事务管理业务术语 第3部分:殡葬管理

3 术语和定义

JMGC/YW 422.3 界定的术语和定义适用于本文件。

4 殡葬服务机构信息创建业务流程

4.1 概述

殡葬服务机构信息创建业务基本流程应包含以下步骤:

a)省、市、县各级民政部门管理员创建本辖区的殡葬服务机构的基本信息;

b)省、市、县各级民政部门管理员创建本辖区的殡葬服务机构的业务人员;

c)省、市、县各级民政部门管理员为本辖区的殡葬服务机构业务人员分配角色。

殡葬服务机构信息创建业务流程如图1所示。

4.2 创建辖区殡葬服务机构

省、市、县各级民政管理员可创建本辖区的殡葬服务机构。

4.3 创建辖区殡葬服务机构业务员

省、市、县各级民政管理员可创建本辖区的殡葬服务机构的业务人员。

4.4 分配辖区殡葬服务机构业务人员角色

省、市、县各级民政管理员可为本辖区殡葬服务机构业务员分配系统角色。

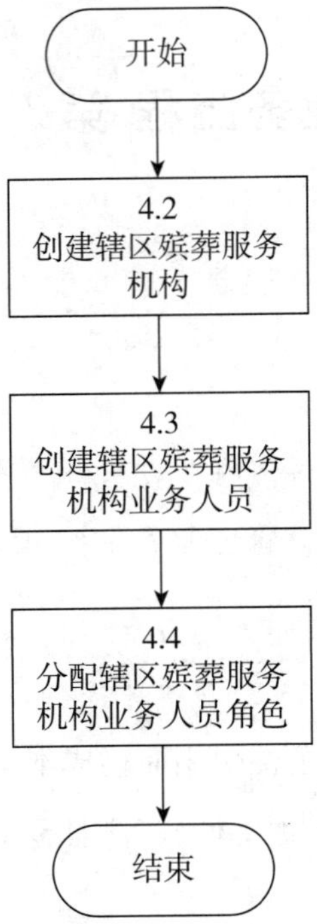

图1　殡葬服务机构信息创建业务流程

5 殡葬服务机构信息维护业务流程

5.1 概述

殡葬服务机构信息维护业务基本流程应包含以下步骤：

a)省、市、县各级民政部门管理员维护本辖区的殡葬服务机构的基本信息；

b)省、市、县各级民政部门管理员维护本辖区的殡葬服务机构业务人员的基本信息；

c)省、市、县各级民政部门管理员维护本辖区的殡葬服务机构业务人员的角色信息。

殡葬服务机构信息维护业务流程如图2所示。

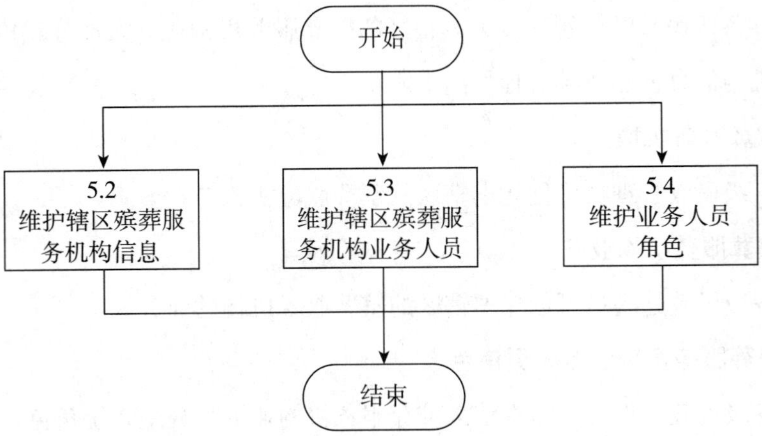

图2　殡葬服务机构信息维护业务流程

5.2 维护辖区殡葬服务机构信息

省、市、县各级民政部门管理员可修改本辖区的殡葬服务机构基本信息。

5.3 维护辖区殡葬服务机构业务人员

省、市、县各级民政部门管理员可修改、删除本辖区的殡葬服务机构的业务人员。

5.4 维护业务人员角色

省、市、县各级民政部门管理员可修改、删除本辖区的殡葬服务机构业务人员的角色。

6 上报殡葬服务机构信息业务流程

6.1 概述

上报殡葬服务机构信息业务基本流程应包含以下步骤：

a)殡葬服务机构业务人员填报本机构的机构信息；

b)殡葬服务机构业务人员上报本机构的机构信息；

c)殡葬服务机构的上级主管民政部门业务人员查看上报的殡葬服务机构信息，可退回有问题的殡葬服务机构信息，殡葬服务机构业务人员对错误信息进行修改，重新上报殡葬服务机构信息。

d)各级民政部门可查所辖区域内的殡葬服务机构信息。

上报殡葬服务机构信息流程根据殡葬服务机构层级不同分为下列三个流程：

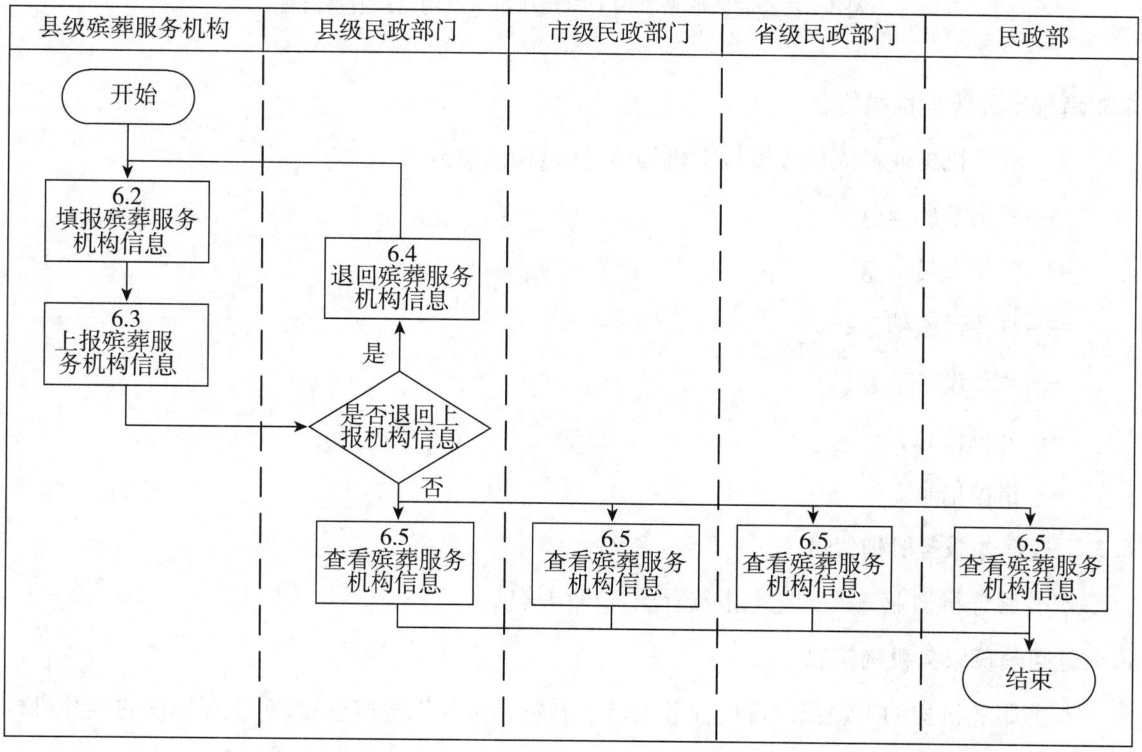

图3 县级殡葬服务机构上报殡葬服务机构信息业务流程

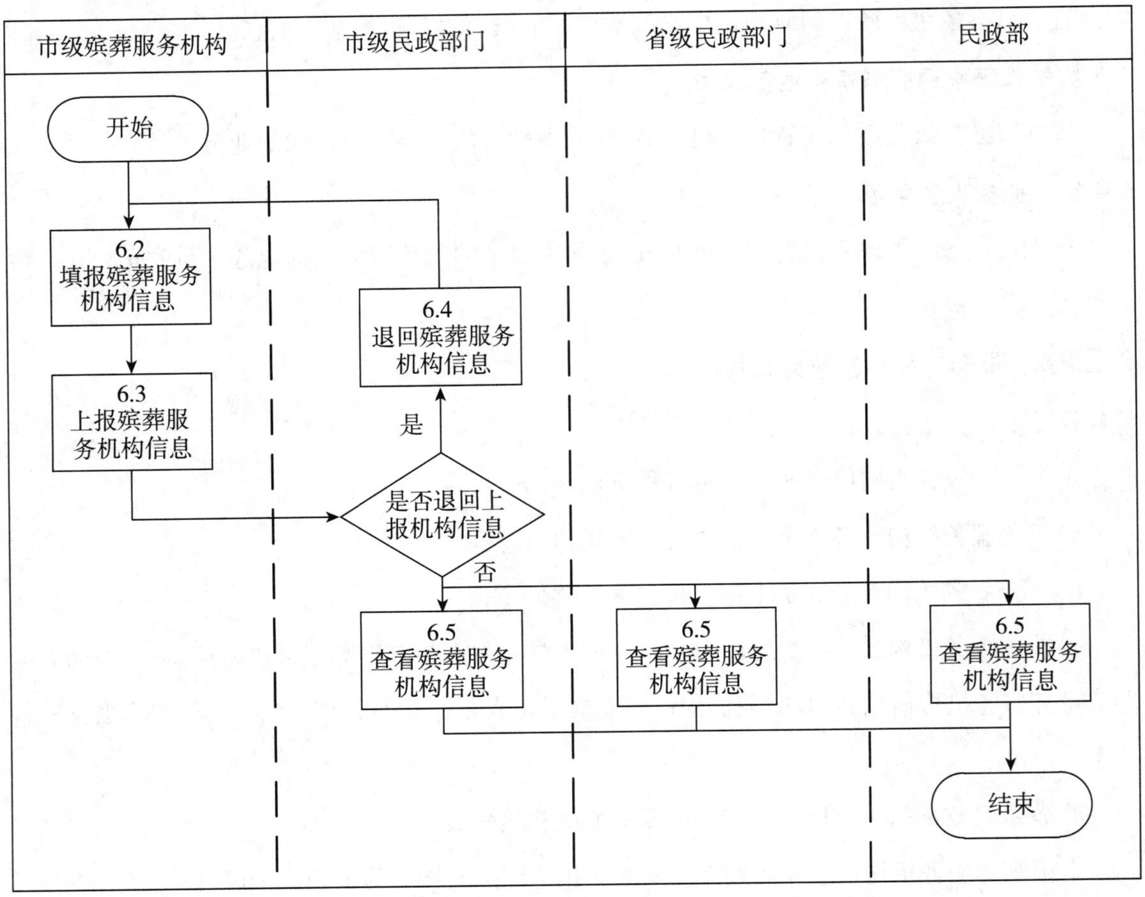

图4　市级殡葬服务机构上报殡葬服务机构信息业务流程

6.2 填报殡葬服务机构信息

殡葬服务机构业务人员应填报本机构信息,机构信息分为:

——机构基础信息;

——工作人员信息;

——殡葬设施信息;

——殡葬设备信息;

——墓位信息;

——格位信息。

6.3 上报殡葬服务机构信息

殡葬服务机构业务人员应上报殡葬服务机构信息。

6.4 退回殡葬服务机构信息

殡葬服务机构的上级民政部门业务人员查看殡葬服务机构信息后,对于有异议的殡葬机构信息可退回至原殡葬服务机构业务人员。业务人员修改殡葬服务机构信息再上报。

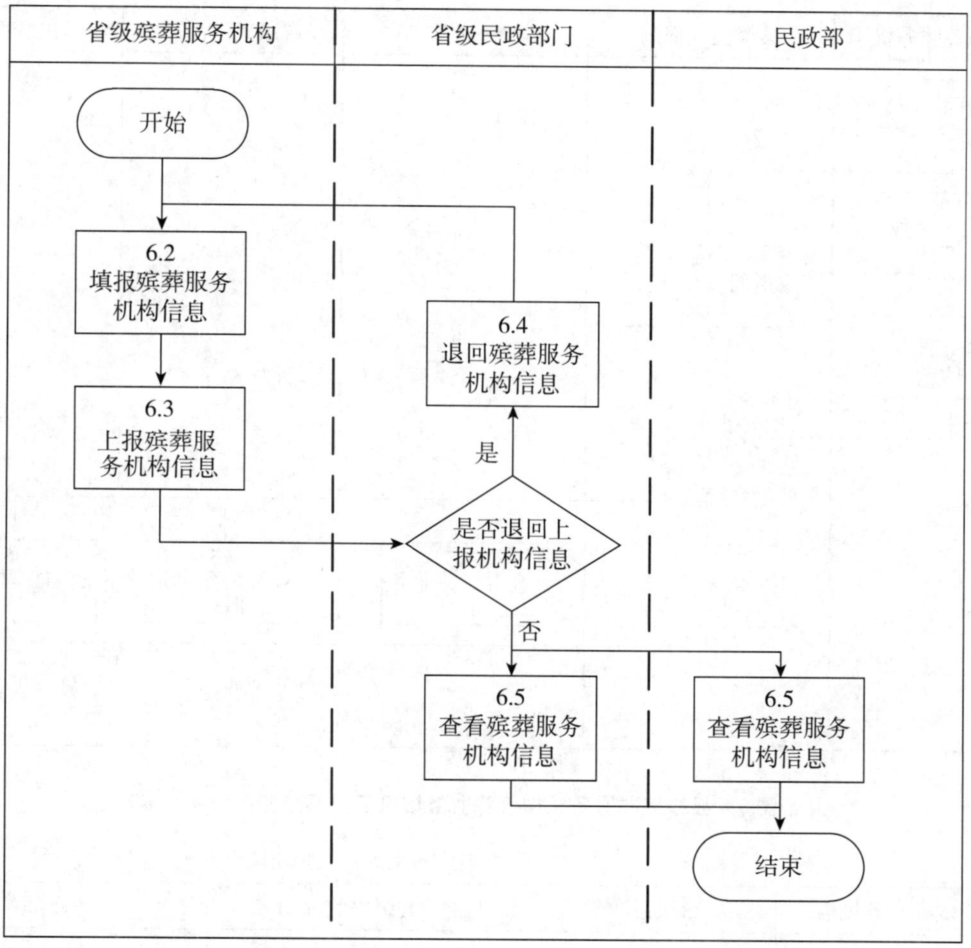

图5　省级殡葬服务机构上报殡葬服务机构信息业务流程

6.5 查询统计殡葬服务机构信息

民政部可查看全国殡葬服务机构上报的殡葬服务机构信息,并对信息开展统计分析。

7 上报殡葬业务信息业务流程

7.1 概述

上报殡葬业务信息基本流程应包含以下步骤:

a)殡葬服务机构业务人员填报本机构的殡葬业务信息;

b)殡葬服务机构业务人员上报本机构的殡葬业务信息;

c)殡葬服务机构的上级主管民政部门业务人员审批上报的殡葬业务信息,可退回有问题的殡葬业务信息,殡葬服务机构业务人员对错误信息进行修改,重新上报殡葬业务信息。

上报殡葬业务信息流程根据殡葬服务机构层级不同分为下列三个流程:

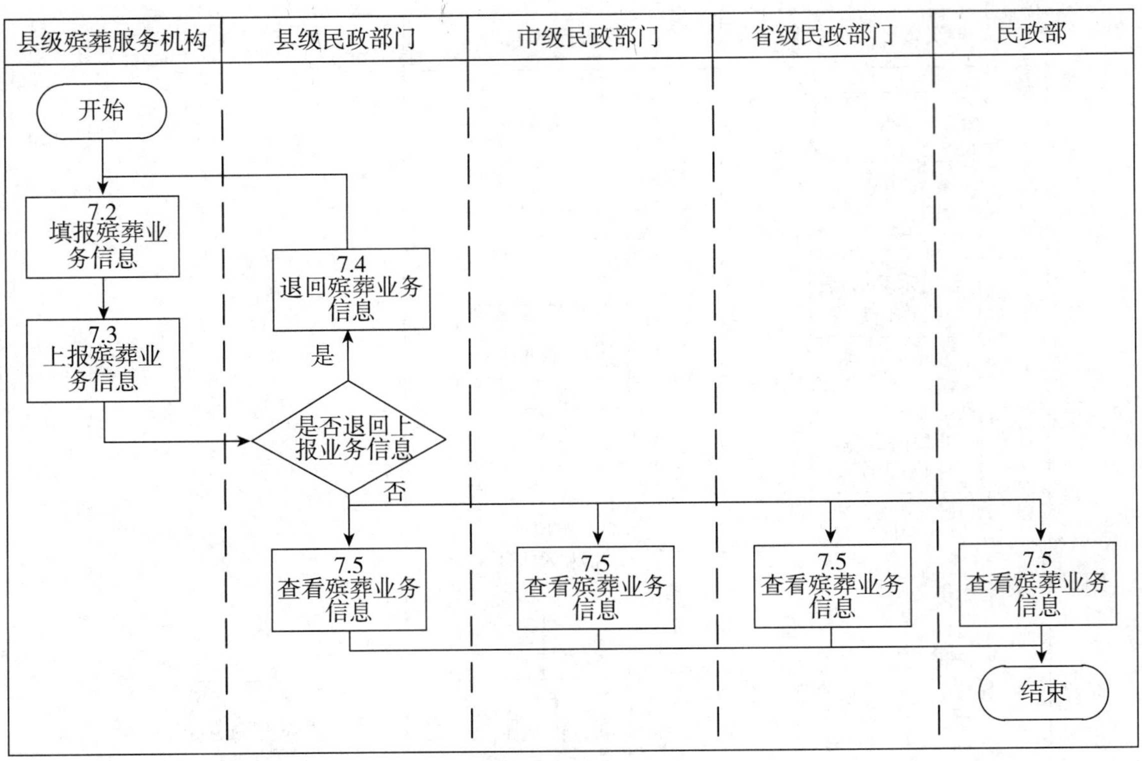

图 6　县级殡葬服务机构殡葬业务信息直报系统业务流程

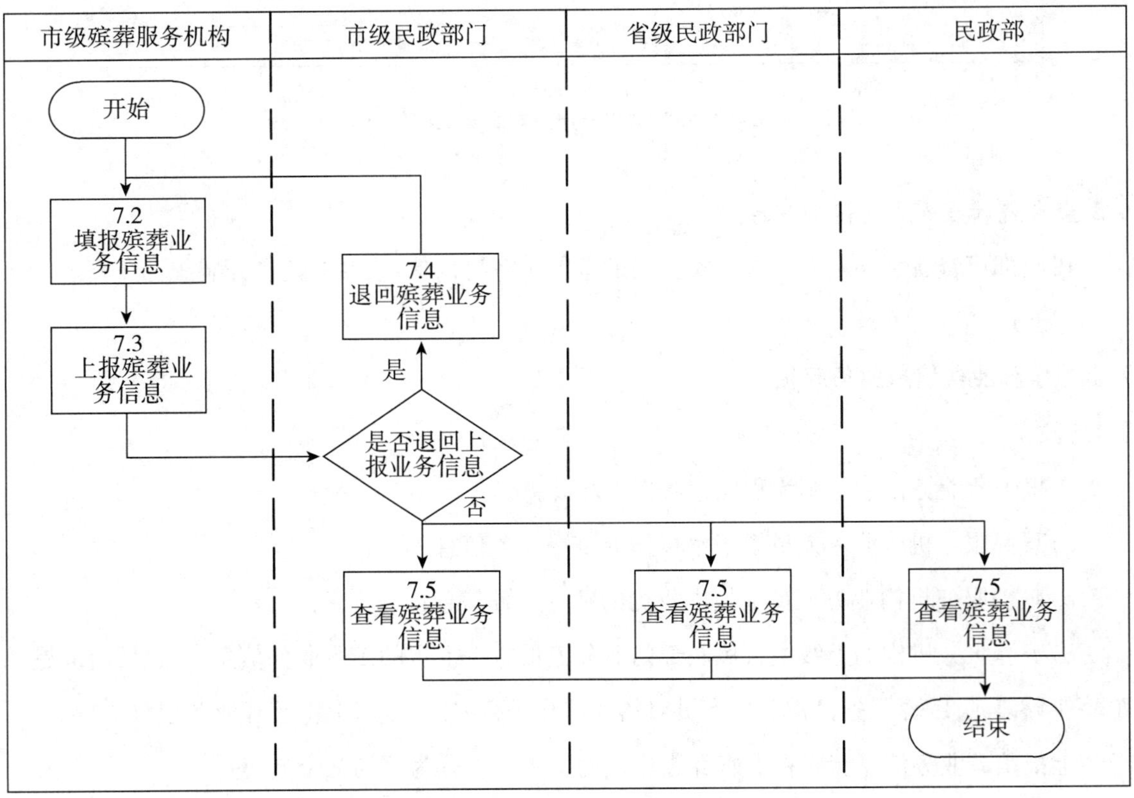

图 7　市级殡葬服务机构殡葬业务信息直报系统业务流程

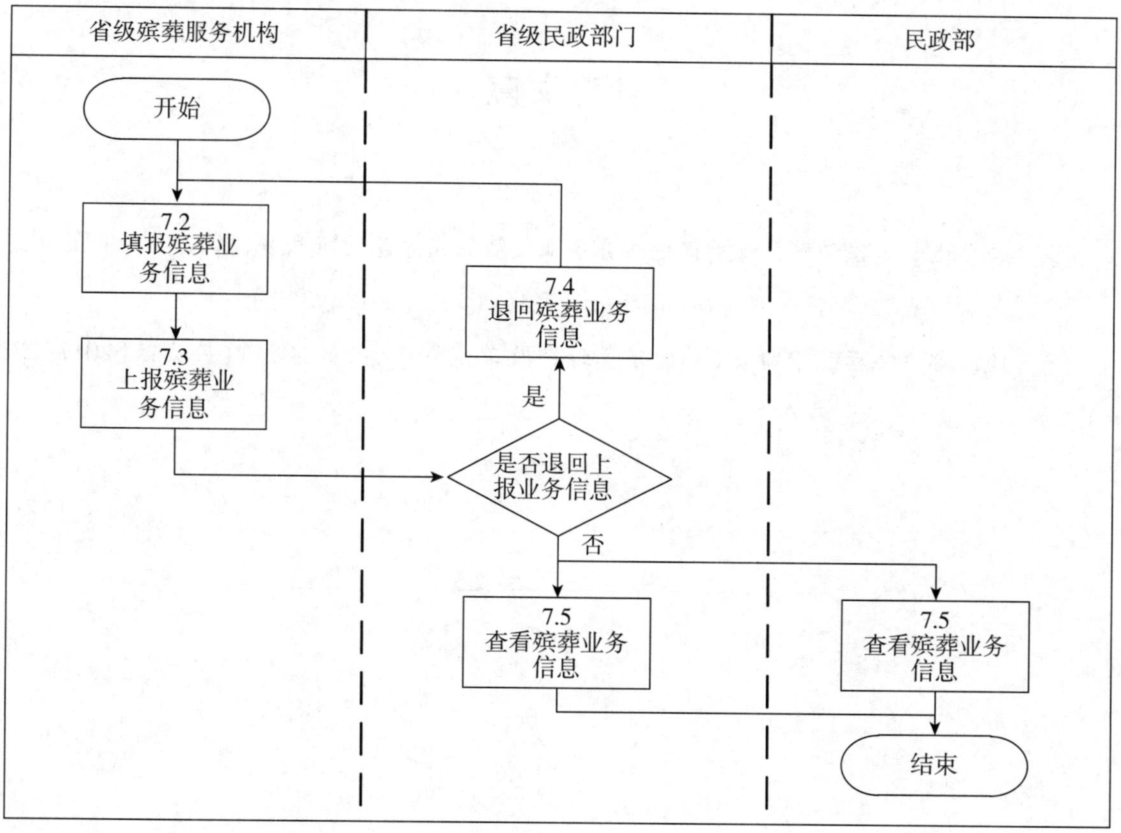

图 8　省级殡葬服务机构殡葬业务信息直报系统业务流程

7.2 填报殡葬业务信息

殡葬服务机构业务人员应填报殡葬业务信息，殡葬业务信息分为：

——火化信息；

——安放/安葬信息。

7.3 上报殡葬业务信息

殡葬服务机构应上报本机构的殡葬业务信息。

7.4 退回殡葬业务信息

殡葬服务机构的上级民政部门业务人员可查看殡葬业务信息，对于有问题的殡葬政务数据可退回至原殡葬服务机构业务人员。业务人员需修改完善后重新提交殡葬业务信息。

7.5 查询统计殡葬政务信息

各级部门可根据各自层级查看下级殡葬服务机构上报的殡葬业务信息，并对信息开展统计分析。

参考文献

[1]《关于进一步推动殡葬改革促进殡葬事业发展的指导意见》(民发〔2018〕5号)

[2]《关于推进"互联网+殡葬服务"的行动方案》(民发〔2018〕73号)

[3]《民政部办公厅关于印发〈全国殡葬综合改革试点方案〉的通知》(民办函〔2017〕278号)

JMGC

民 政 部 金 民 工 程 标 准

JMGC/YW 424.4—2020

社会事务管理业务流程 第4部分:残疾人福利

2020-12-30 发布　　2020-12-30 实施

民政部信息中心 发布

目　次

前　　言

本文件按照 GB/T 1. 1—2020《标准化工作导则 第 1 部分:标准化文件的结构和起草规则》的规定起草。

请注意本文件的某些内容可能涉及专利。本文件的发布机构不承担识别专利的责任。

本文件是 JMGC/YW 424《社会事务管理业务流程》的第 4 部分。JMGC/YW 424 已经发布了以下部分:

——第 1 部分:婚姻管理;

——第 2 部分:流浪乞讨人员救助管理;

——第 3 部分:殡葬管理;

——第 4 部分:残疾人福利。

本文件由民政部信息中心提出并归口。

本文件起草单位:民政部信息中心、万达信息股份有限公司。

本文件主要起草人:王兴玲、邬函斌、马晓宁、晁俊、王鑫、李永良、李夺、张博、刘鸿。

引　言

JMGC/YW 424《社会事务管理业务流程》由四个部分构成。

——第1部分:婚姻管理。目的在于确立婚姻管理业务流程。

——第2部分:流浪乞讨人员救助管理。目的在于确立流浪乞讨人员救助管理业务流程。

——第3部分:殡葬管理。目的在于确立殡葬政务信息直报业务流程。

——第4部分:残疾人福利。目的在于确立残疾人福利业务流程。

社会事务管理业务流程 第4部分:残疾人福利

1 范围

本文件规定了金民工程残疾人服务业务建设中可程序化的业务流程。

本文件适用于金民工程残疾人服务业务建设工作。

2 规范性引用文件

下列文件中的内容通过文中的规范性引用而构成本文件必不可少的条款。其中,注日期的引用文件,仅该日期对应的版本适用于本文件;不注日期的引用文件,其最新版本(包括所有的修改单)适用于本文件。

JMGC/YW 422.4 社会事务管理业务术语 第4部分:残疾人福利

3 术语和定义

JMGC/YW 422.4 界定的术语和定义适用于本文件。

4 缩略语

下列缩略语适用于本文件。

UTF—8 Unicode 的可变长度字符编码(8 - bit Unicode Transformation Format)。

5 残疾人服务机构信息上报业务

5.1 概述

残疾人服务机构信息上报业务基本流程包含以下步骤:

a)向全国各地发布信息上报任务;

b)填写本级机构信息;

c)提交区县级上报信息;

d)审核区县级上报信息;

e)提交市级上报信息;

f)审核市级上报信息;

g)提交省级上报信息;

h)审核省级上报信息；

i)结束上报任务。

残疾人服务机构信息上报业务流程见图1。

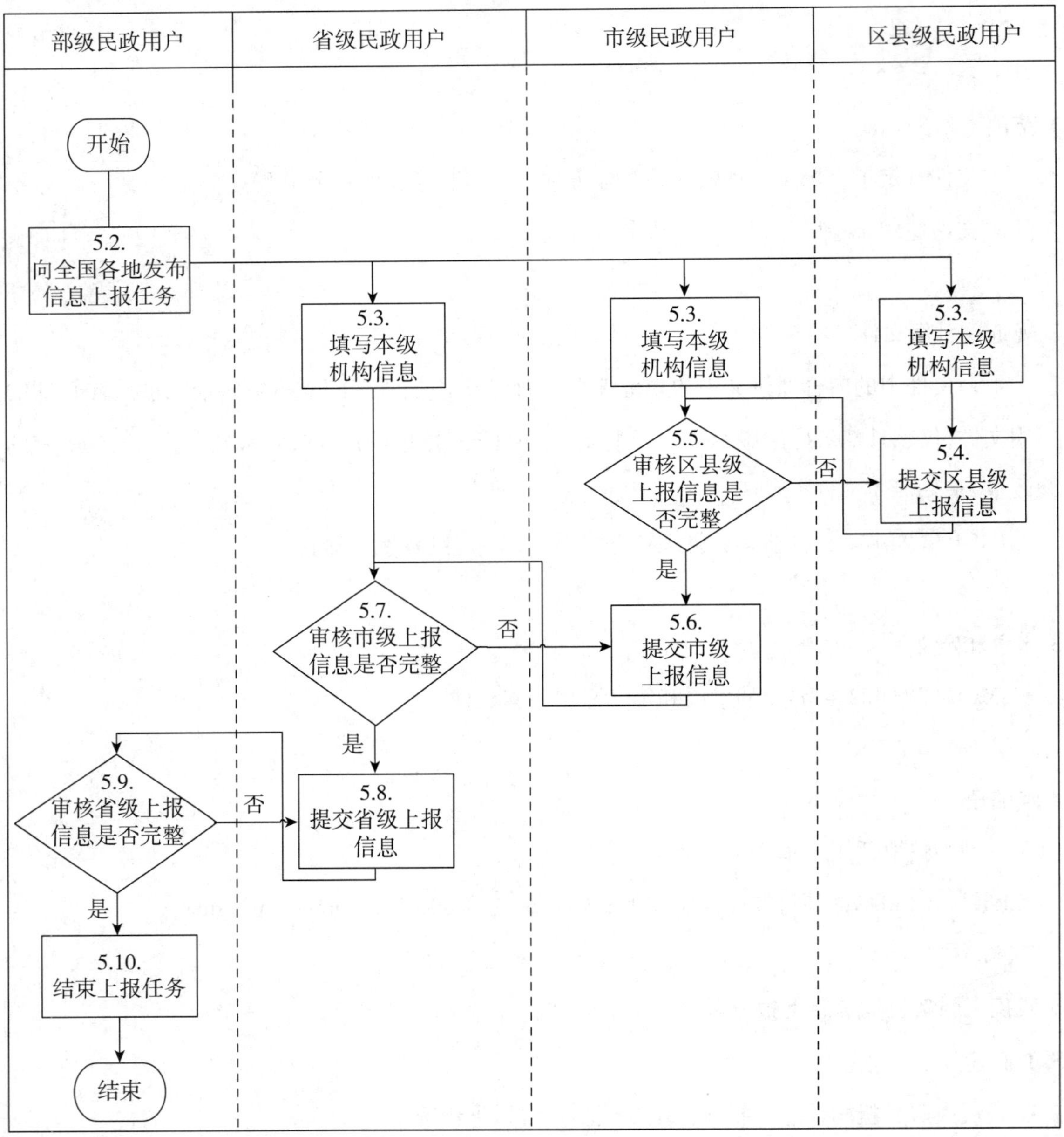

图1　残疾人服务机构信息上报业务流程

5.2 向全国各地发布信息上报任务

由部级民政用户对全国各地级民政用户发布上报任务。各地民政用户应在任务规定的时限内,完成对本级残疾人服务机构信息的上报。

5.3 填写本级机构信息

各地方民政用户在收到部级民政用户发布的上报任务后,需在规定时限内填写完成本级直属的残疾人服务机构信息。

5.4 提交区县级上报信息

区县级民政用户，填写完成所有本级直属的残疾人服务机构信息后，向市级民政用户提交本级上报任务。

5.5 审核区县级上报信息

市级民政用户对所辖区县提交的残疾人服务机构信息是否准确进行审核。

5.6 提交市级上报信息

所辖区县的残疾人服务机构上报信息全部审核完成，且市级直属的残疾人服务机构信息全部填写完成后，向省级民政提交上报任务。

5.7 审核市级上报信息

省级民政用户对所辖市提交的残疾人服务机构信息是否准确进行审核。

5.8 提交省级上报信息

所辖市的残疾人服务机构上报信息全部审核完成，且省级直属的残疾人服务机构信息全部填写完成后，向部级民政提交上报任务。

5.9 审核省级上报信息

部级民政用户对所辖省提交的残疾人服务机构信息是否准确进行审核。

5.10 结束上报任务

当部级民政用户审核所有上报的残疾人服务机构信息后，对此次发布的信息上报任务进行结束操作。

参考文献

[1]《国务院关于加快推进全国一体化在线政务服务平台建设的指导意见》(国发〔2018〕27号)

[2]《民政部关于统筹推进民政信息化建设的指导意见》(民发〔2017〕161号)

[3]《国务院办公厅关于印发"互联网+政务服务"技术体系建设指南的通知》(国办函〔2016〕108号)

[4]国务院关于印发《民政部各司(厅、局)主要职责、内设机构和人员编制规定》的通知

[5]《残疾人服务机构管理办法》(民发〔2018〕31号)

JINMIN GONGCHENG YIQI XIANGMU
BIAOZHUN GUIFAN HUIBIAN

金民工程一期项目
标准规范汇编（第四册）

民政部网络安全和信息化领导小组办公室
民政部信息中心
编

中国社会出版社
国家一级出版社 · 全国百佳图书出版单位

JMGC

民 政 部 金 民 工 程 标 准

JMGC/YW 425—2020

儿童福利数据元

2020－12－30 发布 2020－12－30 实施

民政部信息中心 发布

目　　次

前　言

本文件按照 GB/T 1.1—2020《标准化工作导则 第1部分:标准化文件的结构和起草规则》的规定起草。

请注意本文件的某些内容可能涉及专利。本文件的发布机构不承担识别专利的责任。

本文件由民政部信息中心提出并归口。

本文件起草单位:民政部信息中心、民政部儿童福利司、中科恒运股份有限公司。

本文件主要起草人:文长军、李晨、张蕾、马守平、张立利。

儿童福利数据元

1 范围

本文件规定了金民工程项目中全国儿童福利业务数据元的标识符、中文名称、数据类型、数据格式和必选项的要求。

本文件适用于金民工程项目中全国儿童福利业务系统建设。

2 规范性引用文件

下列文件中的内容通过文中的规范性引用而构成本文件必不可少的条款。其中,注日期的引用文件,仅该日期对应的版本适用于本文件;不注日期的引用文件,其最新版本(包括所有的修改单)适用于本文件。

GB 11643 公民身份号码

GB 32100 法人和其他组织统一社会信用代码编码规则

GB/T 2260 中华人民共和国行政区划代码

GB/T 5271.1 信息技术 数据元的规范与标准化 第1部分:数据元的规范

GB/T 10114 县级以下行政区划代码编制规则

GB/T 17969.8 信息技术 开放系统互连 OSI 登记机构操作规程 第8部分:通用唯一标识符(UUID)的生成和登记及其用作 ASN.1 客体标识符部件

GB/T 18391.1 信息技术 元数据注册系统(MDR) 第1部分:框架

JMGC/XX 204 金民工程 信息分类和编码规范

JMGC/XX 210 金民工程 数据对象命名规范

JMGC/YW 421 儿童福利 业务术语

3 术语和定义

JMGC/YW 421 界定的以及下列术语和定义适用于本文件。

3.1 数据

信息的可再解释的形式化表示,以适用于通信、解释或处理。

[来源:GB/T 5271.1,01.01.02]

3.2 数据元

用一组属性描述定义、标识、表示和允许值的数据单元。

［来源：GB/T 18391.1，3.3.8］

3.3 值域

允许值的集合。

［来源：GB/T 18391.1，3.3.38］

4 数据元属性

4.1 标识符

标识符为数据库中该字段的唯一标识，应符合 JMGC/XX 210 的要求。

4.2 中文名称

中文名称采用中文描述，表示字段的名称。

4.3 数据类型

本文件中数据元的数据类型见表 1。

表 1　数据类型

数据类型	说明
string（字符型）	通过字符形式表达的值的类型
number（整数型）	通过“0”到“9”数字表达的整数类型的值
float（浮点型）	通过“0”到“9”数字和小数点“.”表达的实数
date（日期型）	通过 YYYYMMDD 的形式表达的值的类型
datetime（日期时间型）	通过 YYYYMMDD hh：mm：ss 的形式表达的值的类型
boolean（布尔型）	两个且只有两个表明条件的值

4.4 数据格式

从业务的角度规定的数据元的格式需求，包括所允许的最大和（或）最小字符长度，表示格式等。数据格式中使用的字符含义见表 2。

表 2　数据格式

数据格式	说明
a	字母字符
n	数字字符
an	字母数字字符
m（m 为自然数）	定长 m 个字符，字符集默认为 GB 18030 的全部部分
..ul	长度不确定的
..	从最小长度到最大长度，前面附加最小长度，后面附加最大长度

续表

数据格式	说明
YYYYMMDD hh:mm:ss	“YYYY”表示年份,“MM”表示月份,“DD”表示日期,“hh”表示小时,“mm”表示分钟,“ss”表示秒,可以视实际情况组合使用
m,n	float 的精度,m 表示总长度,n 表示小数位

4.5 必选项

必选项描述该字段是否允许插入空值,填“Y”表示该字段不允许为空值,填“N”表示该字段允许为空值。

4.6 备注

备注应对字段的意义、取值范围、计量单位、参考标准等提出要求。

5 数据元描述

5.1 公共信息

5.1.1JEP01 儿童基础信息表

儿童基础信息见表3。

表3 儿童基础信息

标识符	中文名称	数据类型	数据格式	必选项	备注
AJEP0100	儿童基础信息标识符	string	an32	Y	取值为 uuid 符合 GB/T 17969.8
AXCP0002	姓名	string	..72	Y	儿童人员姓名,采用基础数据库统一定义标识符
AXZX0002	公民身份号码	string	..18	Y	儿童身份号码,采用基础数据库统一定义标识符 取值范围符合 GB 11643
AXCP0006	性别	string	n1	Y	儿童性别,采用基础数据库统一定义标识符 取值范围见 JMGC/XX 204 5.1.7 C0007 人的性别代码
AXCP0039	出生日期	date	YYYYMMDD	Y	出生日期,采用基础数据库统一定义标识符
AXCP0008	民族	string	n2	Y	儿童民族,采用基础数据库统一定义标识符 取值范围见 JMGC/XX 204 5.1.9 C0009 民族代码
AXCP0013	户籍类别	string	n2	Y	儿童户籍类别,采用基础数据库统一定义标识符 取值范围见 JMGC/XX 204 5.1.31 C00031 户籍类别代码

续表

标识符	中文名称	数据类型	数据格式	必选项	备注
AJEP0110	学业状况	string	n2	Y	见 JMGC/XX 204 5.1.27 C00027 学业状况代码
AJEP0111	患病类型	string	n2	N	见 JMGC/XX 204 5.7.5 CJ005 儿童患病类型代码
AJEP0112	是否患病	boolean		Y	
AJEP0126	是否残疾	boolean		Y	
AJEP0113	残疾类型	string	n2	N	见 JMGC/XX 204 5.1.24C0024 残疾类别代码
AJEP0114	残疾等级	string	n2	N	见 JMGC/XX 204 5.1.25 C0025 残疾等级代码
AJEP0115	特教类型	string	n2	Y	见 JMGC/XX 204 5.7.6 CJ006 特教训练类型代码
AJEP0116	患艾滋病情况	string	n1	Y	见 JMGC/XX 204 5.7.7 CJ007 患艾滋病情况代码
AXAA0001	行政区划代码	string	n12	Y	户籍所在地行政区划代码,采用基础数据库统一定义标识符 前6位见 GB/T 2260,后3位见 GB/T 10114,后3位为村或社区编码
AJEF0115	户籍地址-详细	string	..100	Y	
AXZX0006	邮政编码	string	n6	Y	现居住地邮政编码,采用基础数据库统一定义标识符 国家邮政局编制的邮政编码目录中的编码
AJEP0120	记录时间	datetime	YYYYMMDD hh:mm:ss	Y	当前记录生成的时间
AJEF0124	现居住地址-详细	string	..100	Y	
AXZX0001	联系电话	string	..18	Y	父母或监护人联系电话,采用基础数据库统一定义标识符 座机号码标准格式为:区号-电话号码,手机号码长11位,第1位为1,第2位为3—9
AJEP0121	记录状态	string	n1	Y	见附录 A.2 记录状态类型代码

5.1.2 JEF02 家庭信息表

家庭信息见表4。

表4 家庭信息

标识符	中文名称	数据类型	数据格式	必选项	备注
AJEF0200	家庭信息表标识符	string	an32	Y	取值为 uuid,符合 GB/T 17969.8 的规定

续表

标识符	中文名称	数据类型	数据格式	必选项	备注
AXCP0002	姓名	string	..72	Y	户主人员姓名,采用基础数据库统一定义标识符
AXCP0004	身份证件类型	string	n2	Y	户主身份证件类型,采用基础数据库统一定义标识符 取值范围见 JMGC/XX 204 5.1.15 C0015 身份证件类型代码
AXCP0005	身份证件号码	string	an18	Y	户主身份证件号码,采用基础数据库统一定义标识符 对于身份证件类型为"内地居民身份证"的人员,身份证件号码值域符合 GB 11643
AJEF0221	成员数量	number		Y	
AXAA0001	行政区划代码	string	n12	Y	户籍所在地行政区划代码,采用基础数据库统一定义标识符 前6位见 GB/T 2260,后3位见 GB/T 10114,后3位为村或社区编码
AJEF0223	现住址行政区划代码	string	n12	N	前6位见 GB/T 2260,后3位见 GB/T 10114,后3位为村或社区编码
AXZX0006	邮政编码	string	n6	N	邮政编码,采用基础数据库统一定义标识符 国家邮政局编制的邮政编码目录中的编码
AJEF0225	家庭住址	string	..100	Y	
AXZX0001	联系电话	string	..18	Y	有效的座机或手机号码,采用基础数据库统一定义标识符 座机号码标准格式为:区号-电话号码,手机号码长11位,第1位为1,第2位为3—9
AJEF0227	家庭年收入	float	9,2	N	单位:元
AJEF0230	家庭住房性质	string	n2	N	见 JMGC/XX 204 5.1.33 C0033 住房性质代码
AJEF0231	房屋间数	number		N	
AJEF0234	建筑面积	float	7,2	N	单位:m^2
AJEF0235	人均建筑面积	float	7,2	N	单位:m^2
AJEF0232	住房建筑日期	date	YYYYMMDD	N	
AJEF0233	是否享受购建房补助	boolean		N	
AJEF0236	房屋结构说明	string	..100	N	
AJEF0238	房屋质量说明	string	..100	N	
AJEF0239	房屋构造说明	string	..100	N	

续表

标识符	中文名称	数据类型	数据格式	必选项	备注
AJEF0240	房屋状态说明	string	..100	N	
AJEF0242	财产估值	float	9,2	N	单位:元
AJEF0243	不动产权登记号	string	..30	N	
AJEF0244	不动产权登记说明	string	..100	N	
AJEF0245	住房层数	string	n2	N	
AJEF0246	非农业户籍人数	number		N	
AJEF0247	农业户籍人数	number		N	
AJEF0248	家庭成员是否有精神病	boolean		Y	
AJEF0249	家庭成员是否有传染病	boolean		Y	
AJEF0250	家庭成员是否有犯罪记录	boolean		Y	
AJEP0120	记录时间	datetime	YYYYMMDD hh:mm:ss	Y	当前记录生成的时间
AJEP0121	记录状态	string	n1	Y	见附录 A.2 记录状态类型代码

5.1.3 JEF01 家庭成员信息表

家庭成员信息见表5。

表5 家庭成员信息

标识符	中文名称	数据类型	数据格式	必选项	备注
AJEF0100	家庭成员信息标识符	string	an32	Y	取值为 uuid,符合 GB/T 17969.8 的规定
AJEF0200	家庭信息表标识符	string	an32	Y	取值为 uuid,符合 GB/T 17969.8 的规定
AXCP0004	身份证件类型	string	n2	Y	家庭成员身份证件类型,采用基础数据库统一定义标识符 取值范围见 JMGC/XX 204 5.1.15 C0015 身份证件类型代码
AXCP0002	姓名	string	..72	Y	家庭成员姓名,采用基础数据库统一定义标识符
AXCP0003	曾用名	string	..72	N	曾用名,采用基础数据库统一定义标识符
AXCP0006	性别	string	n1	Y	家庭成员性别,采用基础数据库统一定义标识符 取值范围见 JMGC/XX 204 5.1.7 C0007 人的性别代码
AXCP0039	出生日期	date	YYYYMMDD	Y	出生日期,采用基础数据库统一定义标识符

续表

标识符	中文名称	数据类型	数据格式	必选项	备注
AXCP0005	身份证件号码	string	an18	Y	家庭成员身份证件号码，采用基础数据库统一定义标识符 对于身份证件类型为“内地居民身份证”的人员，身份证件号码值域符合 GB 11643
AXCP0008	民族	string	n2	Y	家庭成员民族，采用基础数据库统一定义标识符 取值范围见 JMGC/XX 204 5.1.9 C0009 民族代码
AXCP0009	文化程度	string	n2	Y	文化程度，采用基础数据库统一定义标识符 取值范围见 JMGC/XX 204 5.1.8 C0008 学历代码
AXCP0010	健康状况	string	n2	Y	健康状况，采用基础数据库统一定义标识符 取值范围见 JMGC/XX 204 5.1.11 C0011 健康状况代码
AXCP0036	婚姻状况	string	n2	Y	婚姻状况，采用基础数据库统一定义标识符 取值范围见 JMGC/XX 204 5.1.10 C0010 婚姻状况代码
AXCP0016	职业分类	string	..10	Y	职业分类，采用基础数据库统一定义标识符 取值范围见 JMGC/XX 204 5.1.17 C0017 职业分类代码
AXCP0017	政治面貌	string	n2	Y	政治面貌，采用基础数据库统一定义标识符 取值范围见 JMGC/XX 204 5.1.13 C0013 政治面貌代码
AXCP0013	户籍类别	string	n2	Y	家庭成员户籍类别，采用基础数据库统一定义标识符 取值范围见 JMGC/XX 204 5.1.31 C00031 户籍类别代码
AXAA0001	行政区划代码	string	n12	Y	户籍所在地行政区划代码，采用基础数据库统一定义标识符 前 6 位见 GB/T 2260，后 3 位见 GB/T 10114，后 3 位为村或社区编码
AJEF0115	户籍地址 - 详细	string	..100	Y	
AXZX0006	邮政编码	string	n6	N	邮政编码，采用基础数据库统一定义标识符 国家邮政局编制的邮政编码目录中的编码

续表

标识符	中文名称	数据类型	数据格式	必选项	备注
AJEF0223	现住址行政区划代码	string	n12	Y	现住址行政区划代码,12位区划代码,前6位符合GB/T 2260,中间3位符合GB/T 10114,最后3位为村或社区编码
AJEF0124	现居住详细地址	string	..100	Y	
AJEF0133	现居住地开始居住日期	date	YYYYMMDD	N	
AJEF0134	护照号码	string	an30	N	
AJEF0135	护照签发地	string	..100	N	
AJEF0136	港澳居民来往内地通行证号码	string	..30	N	
AJEF0137	台湾居民来往内地通行证号码	string	..30	N	
AXZX0001	联系电话	string	..18	Y	有效的座机或手机号码,采用基础数据库统一定义标识符 座机号码标准格式为:区号-电话号码,手机号码长11位,第1位为1,第2位为3—9
AXZX0005	电子邮箱	string	..100	N	电子邮箱,采用基础数据库统一定义标识符
AJEF0127	与儿童关系	string	n2	Y	见JMGC/XX 204 5.7.9 CJ009与儿童关系代码
AJEF0301	与户主关系代码	string	n1	Y	见JMGC/XX 204 5.1.32 C0032家庭关系代码
AJEP0120	记录时间	datetime	YYYYMMDD hh:mm:ss	Y	当前记录生成的时间
AJEP0121	记录状态	string	n1	Y	见附录A.2记录状态类型代码

5.1.4 JEE01 儿童福利机构信息表

儿童福利机构信息见表6。

表6 儿童福利机构信息

标识符	中文名称	数据类型	数据格式	必选项	备注
AJEE0100	儿童福利机构信息标识符	string	an32	Y	取值为uuid,符合GB/T 17969.8的规定
AXAA0001	行政区划代码	string	n12	Y	儿童福利机构所在地行政区划代码,采用基础数据库统一定义标识符 前6位见GB/T 2260,后3位见GB/T 10114,后3位为村或社区编码

续表

标识符	中文名称	数据类型	数据格式	必选项	备注
AXBE0002	统一社会信用代码	string	an18	Y	统一社会信用代码,采用基础数据库统一定义标识符 取值范围见 GB 32100
AJEE0106	儿童福利机构名称	string	..20	Y	
AXBE0005	单位性质代码	string	n2	Y	儿童福利机构单位性质,采用基础数据库统一定义标识符 取值范围见 JMGC/XX 204 5.7.24 CJ024 儿童福利机构性质代码
AJEE0115	机构类型	string	n2	N	见 JMGC/XX 204 5.7.23 CJ023 儿童福利机构类型代码
AXBE0029	登记部门名称	string	..50	Y	登记部门名称,采用基础数据库统一定义标识符
AXBE0015	单位设立日期	date	YYYYMMDD	Y	成立日期,采用基础数据库统一定义标识符
AXBE0027	单位地址	string	..100	Y	单位地址,采用基础数据库统一定义标识符
AJEE0109	营业执照颁发日期	date	YYYYMMDD	Y	
AJEE0110	营业执照失效日期	date	YYYYMMDD	Y	
AXZX0006	邮政编码	string	n6	N	邮政编码,采用基础数据库统一定义标识符 国家邮政局编制的邮政编码目录中的编码
AXZX0001	联系电话	string	..18	Y	有效的座机或手机号码,采用基础数据库统一定义标识符 座机号码标准格式为:区号-电话号码,手机号码为长11位,第1位为1,第2位为3—9
AXBE0017	法定代表人姓名	string	..72	Y	法定代表人姓名,采用基础数据库统一定义标识符
AXBE0018	法定代表人身份证件类型	string	n2	Y	法定代表人身份证件类型,采用基础数据库统一定义标识符 取值范围见 JMGC/XX 204 5.1.15 C0015 身份证件类型代码
AXBE0019	法定代表人身份证件号码	string	an18	Y	法定代表人身份证件号码,采用基础数据库统一定义标识符 对于身份证件类型为“内地居民身份证”的人员,取值范围符合 GB 11643
AFCE0133	国民经济行业分类	string	n4	Y	见 JMGC/XX 204 5.1.36 C0036 国民经济行业分类
AHAE0031	医疗机构执业许可证号	string	an18	N	
AHAE0040	医疗保险定点医疗机构资格证书代码	string	an18	N	

续表

标识符	中文名称	数据类型	数据格式	必选项	备注
AJEE0116	家庭寄养儿童数量	number		N	
AHAE0021	机构建筑面积	float	7,2	N	单位:m^2
AJEE0117	统一社会信用代码	string	an18	N	采用 GB 32100 编码规则
AJEE0118	相关单位名称	string	..72	N	
AJEP0120	记录时间	datetime	YYYYMMDD hh:mm:ss	Y	当前记录生成的时间
AJEP0121	记录状态	string	n1	Y	见附录 A.2 记录状态类型代码

5.2 收养业务基础信息

5.2.1 JAF02 送养人(含机构)信息表

送养人(含机构)信息见表7。

表7　送养人(含机构)信息

标识符	中文名称	数据类型	数据格式	必选项	备注
AJAF0200	送养人信息标识符	string	an32	Y	取值为 uuid,符合 GB/T 17969.8 的规定
AJAX0100	收养登记信息标识符	string	an32	Y	取值为 uuid,符合 GB/T 17969.8 的规定
AXBE0029	机构名称	string	..50	Y	
AXBE0027	单位地址	string	..100	Y	
AXZX0001	联系电话	string	..18	Y	有效的座机或手机号码,采用基础数据库统一定义标识符 座机号码标准格式为:区号 - 电话号码,手机号码为长 11 位,第 1 位为 1,第 2 位为 3—9
AXAA0001	行政区划代码	string	n12	Y	送养人户籍所在地行政区划代码,采用基础数据库统一定义标识符 前 6 位见 GB/T 2260,后 3 位见 GB/T 10114,后 3 位为村或社区编码
AXBE0017	法定代表人姓名	string	..72	Y	
AXBE0018	法定代表人身份证件类型	string	n2	N	法定代表人身份证件类型,采用基础数据库统一定义标识符 取值范围见 JMGC/XX 204 5.1.15 C0015 身份证件类型代码
AXBE0019	法定代表人身份证件号码	string	..18	N	法定代表人身份证件号码,采用基础数据库统一定义标识符 对于身份证件类型为“内地居民身份证”时,取值范围符合 GB 11643

续表

标识符	中文名称	数据类型	数据格式	必选项	备注
AXCP0002	姓名	string	..72	N	姓名,采用基础数据库统一定义标识符
AXCP0005	身份号码	string	an18	N	身份证件号码,采用基础数据库统一定义标识符 对于身份证件类型为"内地居民身份证"的人员,身份证件号码值域符合 GB 11643
AXCP0006	性别	string	n1	N	送养经办人性别,采用基础数据库统一定义标识符 取值范围见 JMGC/XX 204 5.1.7 C0007 人的性别代码
AJAF0217	送养经办人职务	string	..20	N	
AXZX0001	联系电话	string	..18	Y	经办人联系电话,采用基础数据库统一定义标识符 座机号码标准格式为:区号-电话号码,手机号码为长 11 位,第 1 位为 1,第 2 位为 3—9
AJAF0203	送养经办人与被收养人关系	string	n2	Y	见 JMGC/XX 204 5.7.9 CJ009 与儿童关系代码
AJEF0200	家庭信息表标识符	string	an32	Y	取值为 uuid,符合 GB/T 17969.8 的规定
AJEP0120	记录时间	datetime	YYYYMMDD hh:mm:ss	Y	当前记录生成的时间
AJEP0121	记录状态	string	n1	Y	见附录 A.2 记录状态类型代码

5.2.2 JAX02 收养人信息表

收养人信息见表 8。

表 8　收养人信息

标识符	中文名称	数据类型	数据格式	必选项	备注
AJAX1200	收养人信息标识符	string	an32	Y	取值为 uuid,符合 GB/T 17969.8 的规定
AJAX0100	收养登记信息标识符	string	an32	Y	取值为 uuid,符合 GB/T 17969.8 的规定
AXZX0002	公民身份号码	string	..18	Y	收养人身份号码,采用基础数据库统一定义标识符 取值范围符合 GB 11643
AXCP0002	姓名	string	..72	Y	收养人姓名,采用基础数据库统一定义标识符
AJAX1203	别名	string	..72	N	

续表

标识符	中文名称	数据类型	数据格式	必选项	备注
AXCP0006	性别	string	n1	Y	收养人性别,采用基础数据库统一定义标识符 取值范围见 JMGC/XX 204 5.1.7 C0007 人的性别代码
AXCP0039	出生日期	date	YYYYMMDD	Y	出生日期,采用基础数据库统一定义标识符
AXCP0007	国籍	string	n3	Y	国籍,采用基础数据库统一定义标识符 取值范围见 JMGC/XX 204 5.1.5 C0005 世界各国和地区名称代码
AXCP0008	民族	string	n2	Y	收养人民族,采用基础数据库统一定义标识符 取值范围见 JMGC/XX 204 5.1.9 C0009 民族代码
AXCP0009	文化程度	string	n2	Y	文化程度,采用基础数据库统一定义标识符 取值范围见 JMGC/XX 204 5.1.8 C0008 学历代码
AXCP0010	人员健康状况	string	n2	Y	健康状况,采用基础数据库统一定义标识符 取值范围见 JMGC/XX 204 5.1.11 C0011 健康状况代码
AXCP0036	婚姻状况	string	n2	Y	婚姻状况,采用基础数据库统一定义标识符 取值范围见 JMGC/XX 204 5.1.10 C0010 婚姻状况代码
AXCP0016	职业分类	string	..10	Y	职业分类,采用基础数据库统一定义标识符 取值范围见 JMGC/XX 204 5.1.17 C0017 职业分类代码
AXAA0001	行政区划代码	string	n12	Y	收养人户籍所在地行政区划代码,采用基础数据库统一定义标识符 前6位见 GB/T 2260,后3位见 GB/T 10114,后3位为村或社区编码
AJAX1201	收养人地址	string	..72	Y	
AXZX0006	邮政编码	string	n6	Y	邮政编码,采用基础数据库统一定义标识符 国家邮政局编制的邮政编码目录中的编码
AJAX1211	子女情况描述	string	..200	Y	
AJEF0227	家庭年收入	float	9,2	N	单位:元

续表

标识符	中文名称	数据类型	数据格式	必选项	备注
AJAX1413	经济状况描述	string	..200	N	含涉外收养的年收入描述记录
AJAX1313	刑事处罚描述	string	..200	N	
AJAX1314	财产状况描述	string	..200	N	
AJAX1420	是否为收养申请人	boolean		Y	
AXZX0001	联系电话	string	..18	Y	收养人联系电话，采用基础数据库统一定义标识符 座机号码标准格式为：区号－电话号码，手机号码为长11位，第1位为1，第2位为3—9
AJAX0102	收养人身份类别	string	n1	Y	见JMGC/XX 204 5.7.25 CJ025 收养人身份类别代码
AJEP0120	记录时间	datetime	YYYYMMDD hh:mm:ss	Y	当前记录生成的时间
AJEP0121	记录状态	string	n1	Y	见附录A.2 记录状态类型代码

5.2.3 JAP01 被收养人信息表

收养人信息见表9。

表9　被收养人信息

标识符	中文名称	数据类型	数据格式	必选项	备注
AJAP0100	被收养人信息标识符	string	an32	Y	取值为uuid，符合GB/T 17969.8的规定
AXCP0010	健康状况	string	n2	Y	健康状况，采用基础数据库统一定义标识符 取值范围见JMGC/XX 204 5.1.11 C0011 健康状况代码
AXCP0009	文化程度	string	n2	Y	文化程度，采用基础数据库统一定义标识符 取值范围见JMGC/XX 204 5.1.8 C0008 学历代码
AJAP0103	身份类别	string	n1	Y	见JMGC/XX 204 5.7.25 CJ025 收养人身份类别代码
AJAP0104	入院日期	date	YYYYMMDD	N	
AJAP0105	年满10周岁被收养人对收养登记的意见	string	..100	N	
AJAP0106	寻亲公告登报报刊	string	..50	N	
AJAP0107	捡拾日期	date	YYYYMMDD	N	
AJAP0108	登报日期	date	YYYYMMDD	N	

续表

标识符	中文名称	数据类型	数据格式	必选项	备注
AJAP0109	工作单位	string	..200	N	
AXCP0036	婚姻状况	string	n2	N	婚姻状况,采用基础数据库统一定义标识符 取值范围见 JMGC/XX 204 5.1.10 C0010 婚姻状况代码
AXCP0016	职业分类	string	..10	N	职业分类,采用基础数据库统一定义标识符 取值范围见 JMGC/XX 204 5.1.17 C0017 职业分类代码
AJEP0100	儿童基础信息标识符	string	an32	Y	
AJAX0100	收养登记信息标识符	string	an32	Y	
AJAP0112	被收养后的姓名	string	..72	N	
AJAP0113	残疾类型	string	n2	N	见 JMGC/XX 204 5.1.24 C0024 残疾类别代码
AJEP0120	记录时间	datetime	YYYYMMDD hh:mm:ss	Y	当前记录生成的时间
AJEP0121	记录状态	string	n1	Y	见附录 A.2 记录状态类型代码

5.2.4 JAE02 收养登记机关及工作人员信息表

收养登记机关及工作人员信息见表 10。

表 10 收养登记机关及工作人员信息

标识符	中文名称	数据类型	数据格式	必选项	备注
AJAE0200	收养登记机关及工作人员信息标识符	string	an32	Y	取值为 uuid,符合 GB/T 17969.8 的规定
AXAA0001	行政区划代码	string	n12	Y	收养登记机关所在地行政区划代码,采用基础数据库统一定义标识符 前 6 位见 GB/T 2260,后 3 位见 GB/T 10114,后 3 位为村或社区编码
AXBE0029	登记部门名称	string	..50	Y	登记部门名称,采用基础数据库统一定义标识符
AJAE0204	登记机关代码	string	..50	Y	
AJAE0205	全宗号	string	..50	Y	
AJAE0206	登记机构性质	string	n1	Y	见 JMGC/XX 204 5.1.38 C0038 单位性质代码

续表

标识符	中文名称	数据类型	数据格式	必选项	备注
AJEE0115	机构类型	string	n2	Y	见 JMGC/XX 204 5.7.27 CJ027 未成年人救助保护机构类型代码
AXZX0001	联系电话	string	..18	Y	咨询电话,采用基础数据库统一定义标识符。座机号码标准格式为:区号 - 电话号码,手机号码为长 11 位,第 1 位为 1,第 2 位为 3—9
AXZX0006	邮政编码	string	n6	Y	邮政编码,采用基础数据库统一定义标识符 国家邮政局编制的邮政编码目录中的编码
AJAE0213	办公地点	string	..100	Y	
AJAE0214	批准编制数	number		N	单位:人
AJAE0215	批准行政编制	number		N	单位:人
AJAE0216	批准参照公务员管理事业编制	number		N	单位:人
AJAE0217	批准财政补助事业编制	number		N	单位:人
AJAE0218	批准自收自支事业编制	number		N	单位:人
AJAE0219	实际人数	number		N	单位:人
AJAE0220	实际行政编制人数	number		N	单位:人
AJAE0221	实际参照公务员管理事业编制人数	number		N	单位:人
AJAE0222	实际财政补助事业编制人数	number		N	单位:人
AJAE0223	实际自收自支事业编制人数	number		N	单位:人
AJAE0224	实际聘用人数	number		N	单位:人
AFCE0202	成立日期	date	YYYYMMDD	Y	
AJAE0226	撤销日期	date	YYYYMMDD	N	
AJEP0120	记录时间	datetime	YYYYMMDD hh:mm:ss	Y	当前记录生成的时间
AJEP0121	记录状态	string	n1	Y	见附录 A.2 记录状态类型代码

5.3 福利救助业务基础信息

5.3.1 JEP03 孤儿信息表

孤儿信息见表 11。

表 11　孤儿信息

标识符	中文名称	数据类型	数据格式	必选项	备注
AJEP0100	儿童基础信息标识符	string	an32	Y	取值为 uuid,符合 GB/T 17969.8 的规定
AJEF0200	家庭信息标识符	string	an32	Y	取值为 uuid,符合 GB/T 17969.8 的规定
AJEP0301	登记(增员)日期	date	YYYYMMDD	Y	
AJEP0302	福利证号	string	..50	N	由中华人民共和国民政部监制,由市、区(县)人民政府民政部门颁发给"0—18 岁的孤儿、查找不到生父母的儿童和事实上无人抚养的未成年人"的获得救助的凭证
AJEP0303	委托方	string	..50	Y	
AJEP0304	委托日期	date	YYYYMMDD	Y	
AJEP0305	接收后多久体检	number		Y	增员后首次体检间隔天数
AJEP0306	体检前是否隔离照料	boolean		Y	
AJEP0307	捡拾地	string	..100	N	
AJEP0308	捡拾日期	date	YYYYMMDD	N	
AJEP0320	福利补贴起领年月	string	YYYYMM	Y	
AJEP0321	福利补贴领取方式	string	n1	Y	见 JMGC/XX 204 5.7.8CJ008 福利资金领取方式代码
AXCP0027	个人开户银行代码	string	n4	N	个人开户银行代码,采用基础数据库统一定义标识符 见 JMGC/XX 204 5.1.44 C0044 开户银行代码
AXCP0029	个人开户银行账号	string	..30	N	个人开户银行账号,采用基础数据库统一定义标识符
AXCP0002	姓名	string	..72	N	领取人姓名,采用基础数据库统一定义标识符
AJEF0127	领取人与儿童关系	string	n2	Y	见 JMGC/XX 204 5.7.9 CJ009 与儿童关系代码
AJEP0326	是否集中供养	boolean		Y	
AJEE0100	儿童福利机构信息标识符	string	an32	N	取值为 uuid,符合 GB/T 17969.8 的规定
AJEP0327	备注	string	..1024	Y	备注信息
AJEP0120	记录时间	datetime	YYYYMMDD hh:mm:ss	Y	当前记录生成的时间
AJEP0121	记录状态	string	n1	Y	见附录 A.2 记录状态类型代码

5.3.2 JEP08 事实无人抚养儿童信息表

事实无人抚养儿童信息见表 12。

表 12　事实无人抚养儿童信息

标识符	中文名称	数据类型	数据格式	必选项	备注
AJEP0100	儿童基础信息标识符	string	an32	Y	取值为 uuid,符合 GB/T 17969.8 的规定
AJEF0200	家庭信息标识符	string	an32	Y	取值为 uuid,符合 GB/T 17969.8 的规定
AJEP0301	登记(增员)日期	date	YYYYMMDD	Y	
AXCP0010	健康状况	string	n2	Y	健康状况,采用基础数据库统一定义标识符 取值范围见 JMGC/XX 204 5.1.11 C0011 健康状况代码
AJEP0110	学业状况	string	n2	Y	见 JMGC/XX 204 5.1.27 C00027 学业状况代码
AJEP0802	父亲姓名	string	..72	Y	
AJEP0803	父亲公民身份号码	string	an18	Y	取值范围符合 GB 11643
AJEP0805	父亲现状	string	n2	Y	见 JMGC/XX 204 5.7.26 CJ026 事实无人抚养儿童父母状况代码
AJEP0806	父亲联系电话	string	..18	Y	有效的座机或手机号码。座机号码标准格式为:区号-电话号码,手机号码为长 11 位,第 1 位为 1,第 2 位为 3—9
AJEP0807	母亲姓名	string	..72	Y	母亲人员姓名
AJEP0808	母亲公民身份号码	string	an18	Y	取值范围符合 GB 11643
AJEP0809	母亲现状	string	n2	Y	见 JMGC/XX 204 5.7.26 CJ026 事实无人抚养儿童父母状况代码
AJEP0810	母亲联系电话	string	..18	Y	有效的座机或手机号码。座机号码标准格式为:区号-电话号码,手机号码为长 11 位,第 1 位为 1,第 2 位为 3—9
AJEP0811	履行监护责任人 1 信息标识符	string	an32	Y	引用家庭成员信息表中家庭成员信息标识符
AJEP0812	履行监护责任人 2 信息标识符	string	an32	Y	引用家庭成员信息表中家庭成员信息标识符
AJEP0813	履行监护责任人 3 信息标识符	string	an32	Y	引用家庭成员信息表中家庭成员信息标识符
AJEP0814	相关社会关系人 1 信息标识符	string	an32	Y	引用家庭成员信息表中家庭成员信息标识符
AJEP0815	相关社会关系人 2 信息标识符	string	an32	Y	引用家庭成员信息表中家庭成员信息标识符
AJEP0816	相关社会关系人 3 信息标识符	string	an32	Y	引用家庭成员信息表中家庭成员信息标识符

续表

标识符	中文名称	数据类型	数据格式	必选项	备注
AJEP0320	福利补贴起领年月	string	YYYYMM	Y	
AJEP0321	福利补贴领取方式	string	n1	Y	见 JMGC/XX 204 5.7.8 CJ026 福利资金领取方式代码
AXCP0027	个人开户银行代码	string	n4	N	个人开户银行代码,采用基础数据库统一定义标识符 见 JMGC/XX 204 5.1.44 C0044 开户银行代码
AXCP0029	个人开户银行账号	string	..30	N	个人开户银行账号,采用基础数据库统一定义标识符
AJEP0817	领取人人员姓名	string	..72	N	领取人姓名
AJEF0127	领取人与儿童关系	string	n2	Y	见 JMGC/XX 204 5.7.9 CJ009 与儿童关系代码
AJEP0326	是否集中供养	boolean		Y	
AJEE0100	儿童福利机构信息标识符	string	an32	N	儿童福利机构信息标识符
AJEP0327	备注	string	..1024	Y	备注信息
AJEP0120	记录时间	datetime	YYYYMMDD hh:mm:ss	Y	当前记录生成的时间
AJEP0121	记录状态	string	n1	Y	见附录 A.2 记录状态类型代码

5.3.3 JCE10 明天计划定点医疗机构信息表

明天计划定点医疗机构信息见表 13。

表 13 明天计划定点医疗机构信息

标识符	中文名称	数据类型	数据格式	必选项	备注
AJCE1000	定点医疗机构信息标识符	string	an32	Y	取值为 uuid,符合 GB/T 17969.8 的规定
AXBE0003	单位名称	string	..100	Y	
AXBE0010	单位注册或登记号	string	..30	Y	
AJCE1003	医院等级	string	..2	Y	见 JMGC/XX 204 5.1.43 C0043 医院等级代码
AJCE1004	医院分类	string	n1	Y	见 JMGC/XX 204 5.7.3 CJ003 儿童福利定点医院分类代码
AJCE1005	医院性质	string	n1	Y	见 JMGC/XX 204 5.7.4 CJ004 儿童福利定点医院性质代码
AJCE1006	是否部级定点医院	boolean		Y	
AJCE1007	是否省级定点医院	boolean		Y	
AJCE1008	优势科目	string	..200	N	
AJCE1009	床位数	number		N	

续表

标识符	中文名称	数据类型	数据格式	必选项	备注
AXCP0002	姓名	string	..72	Y	相关联系人姓名,采用基础数据库统一定义标识符
AXZX0001	联系电话	string	..18	Y	定点医院联系电话,采用基础数据库统一定义标识符 座机号码标准格式为:区号-电话号码,手机号码为长11位,第1位为1,第2位为3—9
AXAA0001	行政区划代码	string	n12	Y	机构所在地行政区划代码,采用基础数据库统一定义标识符 前6位见GB/T 2260,后3位见GB/T 10114,后3位为村或社区编码
AJCE1015	详细地址	string	..100	Y	
AJEP0120	记录时间	datetime	YYYYMMDD hh:mm:ss	Y	当前记录生成的时间
AJEP0121	记录状态	string	n1	Y	见附录A.2记录状态类型代码

5.3.4 JCX31 定点康复基地信息表

定点康复基地信息见表14。

表14 定点康复基地信息

标识符	中文名称	数据类型	数据格式	必选项	备注
AJCX3100	定点康复基地信息标识符	string	an32	Y	取值为uuid,符合GB/T 17969.8的规定
AJCX3101	基地编号	string	..30	N	
AJCX3102	基地名称	string	..20	Y	
AXAA0001	行政区划代码	string	n12	Y	康复基地所在地行政区划代码,采用基础数据库统一定义标识符 前6位见GB/T 2260,后3位见GB/T 10114,后3位为村或社区编码
AJEE0100	儿童福利机构信息标识符	string	an32	Y	取值为uuid,符合GB/T 17969.8的规定
AJCX3105	基地地址	string	..100	Y	
AJCX3106	基地状态	string	n1	Y	见JMGC/XX 204 5.7.17 CJ017康复基地状态
AJEP0120	记录时间	datetime	YYYYMMDD hh:mm:ss	Y	当前记录生成的时间
AJEP0121	记录状态	string	n1	Y	见附录A.2记录状态类型代码

5.3.5 JEE02 福利机构从业人员统计信息表

福利机构从业人员统计信息见表 15。

表 15 福利机构从业人员统计信息

标识符	中文名称	数据类型	数据格式	必选项	备注
AJEE0200	福利机构从业人员统计信息标识符	string	an32	Y	取值为 uuid,符合 GB/T 17969.8 的规定
AJEE0100	儿童福利机构信息标识符	string	an32	Y	取值为 uuid,符合 GB/T 17969.8 的规定
AJEE0208	现有社会工作者 - 正式编制人员数量	number		N	
AJEE0209	现有社会工作者 - 临聘人员数量	number		N	
AJEE0210	现有社会工作者 - 公益岗位数量	number		N	
AJEE0211	现有职工 - 正式编制人员数量	number		N	
AJEE0212	现有职工 - 临聘人员数量	number		N	
AJEE0213	现有职工 - 公益岗位数量	number		N	
AJEE0214	现有医生 - 初级数量	number		N	
AJEE0215	现有医生 - 中级数量	number		N	
AJEE0216	现有医生 - 高级数量	number		N	
AJEE0217	现有护士 - 初级数量	number		N	
AJEE0218	现有护士 - 中级数量	number		N	
AJEE0219	现有护士 - 高级数量	number		N	
AJEE0220	现有教师 - 初级数量	number		N	
AJEE0221	现有教师 - 中级数量	number		N	
AJEE0222	现有教师 - 高级数量	number		N	
AJEE0223	现有康复保健师 - 初级数量	number		N	
AJEE0224	现有康复保健师 - 中级数量	number		N	
AJEE0225	现有康复保健师 - 高级数量	number		N	
AJEE0226	现有营养配餐师 - 初级数量	number		N	

续表

标识符	中文名称	数据类型	数据格式	必选项	备注
AJEE0227	现有营养配餐师－中级数量	number		N	
AJEE0228	现有营养配餐师－高级数量	number		N	
AJEE0229	现有社工人员－初级数量	number		N	
AJEE0230	现有社工人员－中级数量	number		N	
AJEE0231	现有社工人员－高级数量	number		N	
AJEE0232	现有护理员－初级数量	number		N	
AJEE0233	现有护理员－中级数量	number		N	
AJEE0234	现有护理员－高级数量	number		N	
AJEE0235	现有其他人员－初级数量	number		N	
AJEE0236	现有其他人员－中级数量	number		N	
AJEE0237	现有其他人员－高级数量	number		N	
AJEE0238	现有孤残儿童护理员－高级护理师数量	number		N	
AJEE0239	现有孤残儿童护理员－护理师数量	number		N	
AJEE0240	现有孤残儿童护理员－初级护理员数量	number		N	
AJEE0241	现有孤残儿童护理员－中级护理员数量	number		N	
AJEE0243	现有高级护理师数量	number		N	
AJEE0244	现有其他－护理师数量	number		N	
AJEE0245	现有初级护理员数量	number		N	
AJEE0246	现有中级护理员数量	number		N	
AJEE0247	年末职工人数	number		N	单位:人
AJEE0248	年末职工中女性人数	number		N	单位:人
AJEE0249	年末职工人数中医护人员数	number		N	单位:人

续表

标识符	中文名称	数据类型	数据格式	必选项	备注
AJEE0250	年末职工中大学专科学历人数	number		N	单位:人
AJEE0251	年末职工中大学本科及以上学历人数	number		N	单位:人
AJEE0252	年末职工中助理社会工作师人数	number		N	单位:人
AJEE0253	年末职工中社会工作师人数	number		N	单位:人
AJEE0254	35 岁及以下	number		N	单位:人
AJEE0255	36—45 岁	number		N	单位:人
AJEE0256	46—55 岁	number		N	单位:人
AJEE0257	56 岁及以上人数	number		N	单位:人
AJEE0258	年末职工中机构管理人员	number		N	单位:人
AJEE0259	年末职工中专业技术技能人员	number		N	单位:人
AJEP0120	记录时间	datetime	YYYYMMDD hh:mm:ss	Y	当前记录生成的时间
AJEP0121	记录状态	string	n1	Y	见附录 A.2 记录状态类型代码

5.4 儿童保护基本信息

5.4.1 JEE03 未成年人救助保护机构信息表

未成年人救助保护机构信息见表 16。

表 16　未成年人救助保护机构信息

标识符	中文名称	数据类型	数据格式	必选项	备注
AJEE0300	未成年人救助保护机构信息标识符	string	an32	Y	取值为 uuid,符合 GB/T 17969.8 的规定
AXAA0001	行政区划代码	string	n12	Y	未成年人救助保护机构所在地行政区划代码,采用基础数据库统一定义标识符 前 6 位见 GB/T 2260,后 3 位见 GB/T 10114,后 3 位为村或社区编码
AXBE0002	统一社会信用代码	string	an18	Y	统一社会信用代码,采用基础数据库统一定义标识符 取值范围见 GB 32100
AXBE0003	单位名称	string	..100	Y	单位名称,采用基础数据库统一定义标识符

续表

标识符	中文名称	数据类型	数据格式	必选项	备注
AXBE0005	单位性质代码	string	n2	Y	单位性质代码,采用基础数据库统一定义标识符 取值范围见 JMGC/XX 204 5.7.28 CJ028 未成年人救助保护机构性质代码
AJEE0115	机构类型	string	n2	Y	见 JMGC/XX 204 5.7.27 CJ027 未成年人救助保护机构类型代码
AXBE0029	登记部门名称	string	..50	Y	登记部门名称,采用基础数据库统一定义标识符
AXBE0015	单位设立日期	date	YYYYMMDD	Y	成立日期,采用基础数据库统一定义标识符
AXBE0027	单位地址	string	..100	Y	单位地址,采用基础数据库统一定义标识符
AJEE0109	营业执照颁发日期	date	YYYYMMDD	Y	
AJEE0110	营业执照失效日期	date	YYYYMMDD	Y	
AXZX0006	邮政编码	string	n6	N	邮政编码,采用基础数据库统一定义标识符 国家邮政局编制的邮政编码目录中的编码
AXZX0001	联系电话	string	..18	Y	未成年人救助保护机构联系电话,采用基础数据库统一定义标识符 座机号码标准格式为:区号-电话号码,手机号码为长 11 位,第 1 位为 1,第 2 位为 3—9
AXBE0017	法定代表人姓名	string	..72	Y	法定代表人姓名,采用基础数据库统一定义标识符
AXBE0018	法定代表人身份证件类型	string	n2	Y	法定代表人身份证件类型,采用基础数据库统一定义标识符 取值范围见 JMGC/XX 204 5.1.15 C0015 身份证件类型代码
AXBE0019	法定代表人身份证件号码	string	an18	Y	法定代表人身份证件号码,采用基础数据库统一定义标识符 对于身份证件类型为"内地居民身份证"的人员,取值范围符合 GB 11643
AFCE0133	国民经济行业分类	string	n4	Y	见 JMGC/XX 204 5.1.36 C0036 国民经济行业分类
AJEP0120	记录时间	datetime	YYYYMMDD hh:mm:ss	Y	当前记录生成的时间
AJEP0121	记录状态	string	n1	Y	见附录 A.2 记录状态类型代码

5.4.2 JEE04 未成年人救助保护机构从业人员表

未成年人救助保护机构从业人员见表 17。

表 17　未成年人救助保护机构从业人员

标识符	中文名称	数据类型	数据格式	必选项	备注
AJEE0400	未成年人救助保护机构从业人员信息标识符	string	an32	Y	取值为 uuid,符合 GB/T 17969.8 的规定
AJEE0300	未成年人救助保护机构标识符	string	an32	Y	取值为 uuid,符合 GB/T 17969.8 的规定
AJEE0247	年末职工人数	number		N	单位:人
AJEE0248	年末职工中女性人数	number		N	单位:人
AJEE0250	年末职工中大学专科学历人数	number		N	单位:人
AJEE0251	年末职工中大学本科及以上学历人数	number		N	单位:人
AJEE0252	年末职工中助理社会工作师人数	number		N	单位:人
AJEE0253	年末职工中社会工作师人数	number		N	单位:人
AJEE0254	35 岁及以下	number		N	单位:人
AJEE0255	36—45 岁	number		N	单位:人
AJEE0256	46—55 岁	number		N	单位:人
AJEE0257	56 岁及以上人数	number		N	单位:人
AJEE0258	年末职工中机构管理人员	number		N	单位:人
AJEE0259	年末职工中专业技术技能人员	number		N	单位:人
AJEP0120	记录时间	datetime	YYYYMMDD hh:mm:ss	Y	当前记录生成的时间
AJEP0121	记录状态	string	n1	Y	见附录 A.2 记录状态类型代码

5.4.3 JDP01 农村留守妇女信息表

农村留守妇女信息见表 18。

表 18　农村留守妇女信息

标识符	中文名称	数据类型	数据格式	必选项	备注
AJDP0100	农村留守妇女信息标识符	string	an32	Y	取值为 uuid,符合 GB/T 17969.8 的规定
AJEF0200	家庭信息标识符	string	an32	Y	取值为 uuid,符合 GB/T 17969.8 的规定

续表

标识符	中文名称	数据类型	数据格式	必选项	备注
AXCP0002	姓名	string	..72	Y	留守妇女姓名,采用基础数据库统一定义标识符
AXCP0008	民族	string	n2	Y	留守妇女民族,采用基础数据库统一定义标识符 取值范围见 JMGC/XX 204 5.1.9 C0009 民族代码
AJDP0104	是否登记户口	boolean		Y	
AXZX0002	公民身份号码	string	..18	Y	儿童身份号码,采用基础数据库统一定义标识符 取值范围符合 GB 11643
AJEF0222	户籍地行政区划代码	string	n12	N	12 位区划代码,前 6 位符合 GB/T 2260,中间 3 位符合 GB/T 10114,最后 3 位为村或社区编码
AJEF0115	户籍地址－详细	string	..100	N	
AJEF0223	现住址行政区划代码	string	n12	Y	12 位区划代码,前 6 位符合 GB/T 2260,中间 3 位符合 GB/T 10114,最后 3 位为村或社区编码
AJEF0124	现居住地址－详细	string	..100	Y	
AXCP0010	健康状况	string	n2	Y	健康状况,采用基础数据库统一定义标识符 取值范围见 JMGC/XX 204 5.1.11 C0011 健康状况代码
AXCP0009	文化程度	string	n2	Y	文化程度,采用基础数据库统一定义标识符 取值范围见 JMGC/XX 204 5.1.8 C0008 学历代码
AXCP0036	婚姻状况	string	n2	Y	婚姻状况,采用基础数据库统一定义标识符 取值范围见 JMGC/XX 204 5.1.10 C0010 婚姻状况代码
AJDP0125	公婆情况	string	n1	Y	见 JMGC/XX 204 5.7.14 CJ014 留守妇女公婆情况代码
AJDP0122	丈夫外出务工情况说明	string	..200	N	
AJDP0126	最近一次回家探望日期	date	YYYYMMDD	N	
AJDP0127	家庭经济来源情况	string	n1	Y	见 JMGC/XX 204 5.7.15 CJ015 家庭经济来源代码
AJDP0128	获得生产帮扶情况	string	n1	Y	见 JMGC/XX 204 5.7.16 CJ016 留守妇女获得帮扶生产情况代码
AJEP0120	记录时间	datetime	YYYYMMDD hh:mm:ss	Y	当前记录生成的时间
AJEP0121	记录状态	string	n1	Y	见附录 A.2 记录状态类型代码

5.4.4 JEP06 留守儿童信息表

留守儿童信息见表19。

表19 留守儿童信息

标识符	中文名称	数据类型	数据格式	必选项	备注
AJEP0100	儿童基础信息标识符	string	an32	Y	取值为uuid,符合GB/T 17969.8的规定
AJEP0610	监护类型	string	n1	Y	见JMGC/XX 204 5.7.10 CJ010临时监护方式代码
AJEP0611	其他特殊情况	string	n1	Y	见JMGC/XX 204 5.7.11 CJ011其他特殊情况代码
AJEP0603	社会福利、救助、扶贫落实情况	string	n2	Y	见JMGC/XX 204 5.7.12 CJ012社会福利、救助、帮扶落实情况代码
AJEP0604	遭受监护人侵害的情形	string	n2	Y	见JMGC/XX 204 5.7.13 CJ013遭受监护人侵害的情况代码
AJEF0200	家庭信息表标识符	string	an32	Y	取值为uuid,符合GB/T 17969.8的规定
AJEP0120	记录时间	datetime	YYYYMMDD hh:mm:ss	Y	当前记录生成的时间
AJEP0121	记录状态	string	n1	Y	见附录A.2记录状态类型代码

5.4.5 JBP17 监护不当儿童信息表

监护不当儿童信息见表20。

表20 监护不当儿童信息

标识符	中文名称	数据类型	数据格式	必选项	备注
AJEP0100	儿童基础信息标识符	string	an32	Y	引用儿童基础信息表中儿童基础信息标识符
AJEF0200	家庭信息标识符	string	an32	Y	取值为uuid,符合GB/T 17969.8的规定
AJEP0301	登记(增员)日期	date	YYYYMMDD	Y	
AJBP1711	监护不当儿童其他特殊情况	string	n1	Y	见JMGC/XX 204 5.7.11 CJ011其他特殊情况代码
AJBP1712	监护不当情形	string	n2	Y	见JMGC/XX 204 5.7.13 CJ013遭受监护人侵害的情况代码
AJBP1713	父亲信息	string	an32	Y	引用家庭成员信息表中家庭成员信息标识符
AJBP1714	母亲信息	string	an32	Y	引用家庭成员信息表中家庭成员信息标识符
AJBP1716	父母双方是否同时外出	boolean		Y	

续表

标识符	中文名称	数据类型	数据格式	必选项	备注
AJBP1717	父母一方外出，另一方无监护能力	boolean		Y	
AJBP1718	父母双方无监护能力	boolean		Y	
AJBP1719	父母外出有无委托其他监护人	boolean		Y	
AJBP1720	受委托监护人人员姓名	string	..72	Y	父母外出有无委托其他监护人为“1”时填写
AXCP0004	身份证件类型	string	n2	Y	受委托人身份证件类型，采用基础数据库统一定义标识符 父母外出有无委托其他监护人为“1”时填写； 取值范围见 JMGC/XX 204 5.1.15 C0015 身份证件类型代码
AXCP0005	身份证件号码	string	an18	Y	受委托监护人身份证件号码，采用基础数据库统一定义标识符 父母外出有无委托其他监护人为“1”时填写； 对于身份证件类型为“内地居民身份证”的人员，身份证件号码值域符合 GB 11643
AJEF0127	与儿童关系	string	n2	Y	父母外出有无委托其他监护人为“1”时填写； 见 JMGC/XX 204 5.7.9 CJ009 与儿童关系代码
AXZX0001	联系电话	string	..18	Y	父母外出有无委托其他监护人为“是”时填写； 监护人联系电话，采用基础数据库统一定义标识符 座机号码标准格式为：区号－电话号码，手机号码为长 11 位，第 1 位为 1，第 2 位为 3—9
AXCP0010	健康状况	string	n2	Y	受委托人健康状况代码，采用基础数据库统一定义标识符 父母外出有无委托其他监护人为“1”时填写； 见 JMGC/XX 204 5.1.11 C0011 健康状况代码
AJBP1723	受委托监护人其他特殊情况	string	n1	Y	见 JMGC/XX 204 5.7.11 CJ011 其他特殊情况代码
AJBP1724	祖父人员姓名	string	..72	N	祖父人员姓名
AJBP1725	祖父出生日期	date	YYYYMMDD	N	祖父出生日期
AJBP1726	祖母人员姓名	string	..72	N	祖母人员姓名
AJBP1727	祖母出生日期	date	YYYYMMDD	N	

续表

标识符	中文名称	数据类型	数据格式	必选项	备注
AJBP1728	外祖父人员姓名	string	..72	N	外祖父人员姓名
AJBP1729	外祖父出生日期	date	YYYYMMDD	N	
AJBP1730	外祖母人员姓名	string	..72	N	外祖母人员姓名
AJBP1731	外祖母出生日期	date	YYYYMMDD	N	
AJEP0120	记录时间	datetime	YYYYMMDD hh:mm:ss	Y	当前记录生成的时间
AJEP0121	记录状态	string	n1	Y	见附录 A.2 记录状态类型代码

5.4.6 JEP09 流浪儿童信息表

流浪儿童信息见表21。

表21　流浪儿童信息

标识符	中文名称	数据类型	数据格式	必选项	备注
AJEP0100	儿童基础信息标识符	string	an32	Y	引用儿童基础信息表中儿童基础信息标识符
AJEP0901	儿童情况	string	..200	Y	情况描述
AJEP0902	体态特征	string	..50	Y	体态说明
AJEP0903	头发特征	string	..50	Y	头发颜色、长度等情况说明
AJEP0905	特征(身高)	string	..50	Y	单位:米 不方便测量的对身高进行说明
AJEP0906	发现时衣着特征	string	..50	Y	衣着颜色、款式等的说明
AJEP0907	发现日期	date	YYYYMMDD	Y	
AJEP0908	发现地点	string	..100	Y	
AJEP0909	救助日期	date	YYYYMMDD	Y	
AJEP0910	救助原因	string	..200	Y	
AJEP0120	记录时间	datetime	YYYYMMDD hh:mm:ss	Y	当前记录生成的时间
AJEP0121	记录状态	string	n1	Y	见附录 A.2 记录状态类型代码

5.4.7 JCP04 艾滋病儿童信息表

艾滋病儿童信息见表22。

表22　艾滋病儿童信息

标识符	中文名称	数据类型	数据格式	必选项	备注
AJEP0100	儿童基础信息标识符	string	an32	Y	引用儿童基础信息表中儿童基础信息标识符

续表

标识符	中文名称	数据类型	数据格式	必选项	备注
AJCP0401	确认艾滋病感染日期	date	YYYYMMDD	Y	
AJCP0402	最可能感染艾滋病途径	string	..100	Y	
AJEP0320	福利补贴起领年月	string	YYYYMM	Y	
AJEP0321	福利补贴领取方式	string	n1	Y	见 JMGC/XX 204 5.7.8 CJ008 福利资金领取方式代码
AXCP0028	个人开户银行名称	string	..100	N	个人开户银行名称,采用基础数据库统一定义标识符
AXCP0029	人员开户银行账号	string	..30	N	人员开户银行账号,采用基础数据库统一定义标识符
AXCP0002	姓名	string	..72	Y	领取人员姓名,采用基础数据库统一定义标识符
AJEF0127	领取人与儿童关系	string	n2	Y	见 JMGC/XX 204 5.7.9 CJ009 与儿童关系代码
AJEF0200	家庭信息表标识符	string	an32	Y	取值为 uuid,符合 GB/T 17969.8 的规定
AJEP0120	记录时间	datetime	YYYYMMDD hh:mm:ss	Y	当前记录生成的时间
AJEP0121	记录状态	string	n1	Y	见附录 A.2 记录状态类型代码

5.4.8 JBP03 儿童主任(儿童督导员)信息表

儿童主任(儿童督导员)信息见表 23。

表 23 儿童主任(儿童督导员)信息

标识符	中文名称	数据类型	数据格式	必选项	备注
AJBP0300	儿童主任(儿童督导员)信息标识符	string	an32	Y	取值为 uuid,符合 GB/T 17969.8 的规定
AJBP0327	登记类型	string	n1	Y	1 儿童主任;0 儿童督导员
AXCP0002	姓名	string	..72	Y	儿童主任(儿童督导员)姓名,采用基础数据库统一定义标识符
AXCP0017	政治面貌	string	n2	Y	儿童主任(儿童督导员)政治面貌,采用基础数据库统一定义标识符 取值范围见 JMGC/XX 204 5.1.13 C0013 政治面貌代码
AXCP0006	性别	string	n1	Y	儿童主任(儿童督导员)性别,采用基础数据库统一定义标识符 取值范围见 JMGC/XX 204 5.1.7 C0007 人的性别代码
AXCP0009	文化程度	string	n2	Y	文化程度,采用基础数据库统一定义标识符 取值范围见 JMGC/XX 204 5.1.8 C0008 学历代码

续表

标识符	中文名称	数据类型	数据格式	必选项	备注
AXCP0008	民族	string	n2	Y	儿童主任(儿童督导员)民族,采用基础数据库统一定义标识符 取值范围见 JMGC/XX 204 5.1.9 C0009 民族代码
AXCP0039	出生日期	date	YYYYMMDD	Y	出生日期,采用基础数据库统一定义标识符
AJBP0328	特长	string	..100	N	
AXCP0036	婚姻状况	string	n2	Y	婚姻状况,采用基础数据库统一定义标识符 取值范围见 JMGC/XX 204 5.1.10 C0010 婚姻状况代码
AJBP0317	职责范围	string	..200	N	
AXCP0010	健康状况	string	n2	Y	健康状况,采用基础数据库统一定义标识符 取值范围见 JMGC/XX 204 5.1.11 C0011 健康状况代码
AJBP0313	从业情况	string	..200	N	
AJBP0310	是否专兼职	boolean		Y	
AXZX0008	手机号码	string	n11	Y	手机号码,采用基础数据库统一定义标识符 长 11 位,第 1 位为 1,第 2 位为 3—9
AXZX0001	联系电话	string	..18	N	儿童主任(儿童督导员)联系电话,采用基础数据库统一定义标识符 座机号码标准格式为:区号 - 电话号码,手机号码为长 11 位,第 1 位为 1,第 2 位为 3—9
AXZX0005	电子邮箱	string	..100	N	电子邮箱,采用基础数据库统一定义标识符
AJAP0109	工作单位	string	..200	N	
AJBP0330	取得证书	string	..200	N	
AJBP0312	津贴	float	9,2	N	
AJBP0331	工作及培训经历	string	..200	N	
AXZX0002	公民身份号码	string	an18	Y	公民身份号码,采用基础数据库统一定义标识符 取值范围符合 GB 11643
AJEP0120	记录时间	datetime	YYYYMMDD hh:mm:ss	Y	当前记录生成的时间
AJEP0121	记录状态	string	n1	Y	见附录 A.2 记录状态类型代码

5.5 儿童收养业务

5.5.1 JAX01 收养登记信息表

收养登记信息见表24。

表24 收养登记信息

标识符	中文名称	数据类型	数据格式	必选项	备注
AJAX0100	收养登记信息标识符	string	an32	Y	取值为uuid,符合GB/T 17969.8的规定
AJAX0109	收养登记证印制号	string	n20	N	国内收养为必填项,涉外收养为非必填项
AJAX0110	收养登记证字号	string	..40	N	按国内收养证编号规则编的号码
AJEP0100	儿童基础信息标识符	string	an32	Y	引用儿童基础信息表中儿童基础信息标识符
AJEE0100	儿童福利机构信息标识符	string	an32	Y	取值为uuid,符合GB/T 17969.8的规定
AJAX0119	人员类别	string	n1	Y	见JMGC/XX 204 5.7.20 CJ020被收养人类别代码
AJAX0115	收养受理日期	date	YYYYMMDD	N	国内收养为必填项,涉外收养为非必填项
AJAX0116	收养申请结果代码	string	n1	N	见JMGC/XX 204 5.7.2 CJ002收养申请结果代码 国内收养为必填项,涉外收养为非必填项
AJAX0117	来华收养子女通知编号	string	an30	N	
AJAX0107	收养登记日期	date	YYYYMMDD	Y	
AJAX0118	收养关系状态代码	string	n1	N	见JMGC/XX 204 5.7.1 CJ001收养业务代码 国内收养为必填项,涉外收养为非必填项
AXAA0001	行政区划代码	string	n12	Y	收养登记机关所在地行政区划代码,采用基础数据库统一定义标识符 前6位见GB/T 2260,后3位见GB/T 10114,后3位为村或社区编码
AJAX0602	事由原因	string	..200	N	解除收养事由/撤销收养登记原因/补领原因/出具证明原因
AJAX0402	出具证明原因	string	..200	N	出具收养登记证明必填
AJAX0405	出具收养登记证明字号	string	..20	N	出具收养登记证明必填
AJAX0604	审核意见	string	..200	N	收养登记时非必填
AJAX0504	补领证件印制号	string	n20	N	补领收养登记、补领解除收养登记时必填

续表

标识符	中文名称	数据类型	数据格式	必选项	备注
AJAX0505	补领证件字号	string	..20	N	补领收养登记、补领解除收养登记时必填 按国内收养证编号规则编的号码
AXCP0002	姓名	string	..72	N	解除人/撤销人姓名，儿童主任（儿童督导员），采用基础数据库统一定义标识符
AJAX0231	解除/撤销日期	date	YYYYMMDD	N	解除/撤销日期
AJAX0607	解除收养关系证明字号	string	..20	N	解除登记必填
AJEP0120	记录时间	datetime	YYYYMMDD hh:mm:ss	Y	当前记录生成的时间
AJEP0121	记录状态	string	n1	Y	1 新增;2 变更;3 减员
AJAX0101	业务类别	string	n1	Y	1 收养登记;2 解除收养登记;3 撤销收养登记;4 补领收养登记;5 补领解除收养关系证明;6 出具收养登记证明

5.5.2 JAX06 解除收养登记信息表

解除收养登记信息见表 25。

表 25 解除收养登记信息

标识符	中文名称	数据类型	数据格式	必选项	备注
AJAX0600	解除收养登记信息标识符	string	an32	Y	取值为 uuid，符合 GB/T 17969.8 的规定
AJAX0100	收养登记信息标识符	string	an32	Y	取值为 uuid，符合 GB/T 17969.8 的规定
AJAX0602	解除收养事由	string	..200	Y	
AJAX0604	审核意见	string	..200	Y	
AXCP0002	姓名	string	..72	Y	解除人姓名，采用基础数据库统一定义标识符
AJAX0231	解除日期	date	YYYYMMDD	Y	
AJAX0607	解除收养关系证明字号	string	..20	Y	
AJEP0120	记录时间	datetime	YYYYMMDD hh:mm:ss	Y	当前记录生成的时间
AJEP0121	记录状态	string	n1	Y	见附录 A.2 记录状态类型代码

5.5.3 JAX07 撤销收养登记信息表

撤销收养登记信息见表 26。

表 26　撤销收养登记信息

标识符	中文名称	数据类型	数据格式	必选项	备注
AJAX0700	撤销收养登记信息标识	string	an32	Y	取值为 uuid,符合 GB/T 17969.8 的规定
AJAX0100	收养登记信息标识符	string	an32	Y	取值为 uuid,符合 GB/T 17969.8 的规定
AJAX0701	撤销收养登记原因	string	..200	Y	
AJAX0604	审核意见	string	..200	Y	
AXCP0002	姓名	string	..72	Y	撤销人姓名,采用基础数据库统一定义标识符
AJAX0708	撤销日期	date	YYYYMMDD	Y	
AJEP0120	记录时间	datetime	YYYYMMDD hh:mm:ss	Y	当前记录生成的时间
AJEP0121	记录状态	string	n1	Y	见附录 A.2 记录状态类型代码

5.5.4 JAX05 补领收养登记证信息表

补领收养登记证信息见表 27。

表 27　补领收养登记证信息

标识符	中文名称	数据类型	数据格式	必选项	备注
AJAX0500	补领收养登记证信息标识符	string	an32	Y	取值为 uuid,符合 GB/T 17969.8 的规定
AJAX0100	收养登记信息标识符	string	an32	Y	取值为 uuid,符合 GB/T 17969.8 的规定
AJAX0501	补领原因	string	..200	Y	
AJAX0604	审核意见	string	..200	Y	
AJAX0504	补领证件印制号	string	n20	Y	
AJAX0505	补领证件字号	string	..20	Y	按国内收养证编号规则编的号码
AJEP0120	记录时间	datetime	YYYYMMDD hh:mm:ss	Y	当前记录生成的时间
AJEP0121	记录状态	string	n1	Y	见附录 A.2 记录状态类型代码

5.5.5 JAX08 补领解除收养关系证明信息表

补领解除收养关系证明信息见表 28。

表 28　补领解除收养关系证明信息

标识符	中文名称	数据类型	数据格式	必选项	备注
AJAX0800	补领解除收养关系证明信息标识符	string	an32	Y	取值为 uuid,符合 GB/T 17969.8 的规定
AJAX0100	收养登记信息标识符	string	an32	Y	取值为 uuid,符合 GB/T 17969.8 的规定
AJAX0600	解除收养登记信息标识符	string	an32	Y	取值为 uuid,符合 GB/T 17969.8 的规定
AJAX0501	补领原因	string	..200	Y	
AJAX0604	审核意见	string	..200	Y	
AJAX0504	补领证件印制号	string	n20	Y	
AJAX0505	补领证件字号	string	..20	Y	按国内解除收养登记证号规则编制的号码
AJEP0120	记录时间	datetime	YYYYMMDD hh:mm:ss	Y	当前记录生成的时间
AJEP0121	记录状态	string	n1	Y	见附录 A.2 记录状态类型代码

5.5.6 JAX04 出具收养登记证明信息表

出具收养登记证明信息见表 29。

表 29　出具收养登记证明信息

标识符	中文名称	数据类型	数据格式	必选项	备注
AJAX0400	出具收养登记证明信息标识符	string	an32	Y	取值为 uuid,符合 GB/T 17969.8 的规定
AJAX0100	收养登记信息标识符	string	an32	Y	取值为 uuid,符合 GB/T 17969.8 的规定
AJAX0401	出具证明类型	string	n1	Y	见 JMGC/XX 204 5.7.21 CJ021 出具登记证明种类代码
AJAX0402	出具证明原因	string	..200	Y	
AJAX0604	审核意见	string	..200	Y	
AJAX0405	出具收养登记证明字号	string	..20	Y	
AJEP0120	记录时间	datetime	YYYYMMDD hh:mm:ss	Y	当前记录生成的时间
AJEP0121	记录状态	string	n1	Y	见附录 A.2 记录状态类型代码

5.6 儿童福利救助业务

5.6.1 JCX09 寄养关系表

寄养关系见表 30。

表 30　寄养关系

标识符	中文名称	数据类型	数据格式	必选项	备注
AJCX0900	寄养关系标识符	string	an32	Y	取值为 uuid,符合 GB/T 17969.8 的规定
AJEP0100	儿童基础信息标识符	string	an32	Y	引用儿童基础信息表中儿童基础信息标识符
AJCF0200	家庭信息表标识符	string	an32	Y	取值为 uuid,符合 GB/T 17969.8 的规定
AJCX0901	寄养关系确定日期	date	YYYYMMDD	Y	
AJCX0902	寄养开始日期	date	YYYYMMDD	Y	
AJCX0903	寄养结束日期	date	YYYYMMDD	N	
AJCX0911	寄养关系解除日期	date	YYYYMMDD	N	
AJCX0912	寄养关系解除原因	string	..200	N	
AJEP0120	记录时间	datetime	YYYYMMDD hh:mm:ss	Y	当前记录生成的时间
AJEP0121	记录状态	string	n1	Y	见附录 A.2 记录状态类型代码

5.6.2 JCX04 儿童医疗救助信息表

儿童医疗救助信息见表 31。

表 31　儿童医疗救助信息

标识符	中文名称	数据类型	数据格式	必选项	备注
AJCX0400	儿童医疗救助信息标识符	string	an32	Y	取值为 uuid,符合 GB/T 17969.8 的规定
AJEP0100	儿童基础信息标识符	string	an32	Y	引用儿童基础信息表中儿童基础信息标识符
AJCE1000	定点医疗机构信息标识符	string	an32	N	取值为 uuid,符合 GB/T 17969.8 的规定
AXCP0002	姓名	string	..72	Y	联系人姓名,采用基础数据库统一定义标识符
AXZX0001	联系电话	string	..18	Y	联系电话,采用基础数据库统一定义标识符 座机号码标准格式为:区号-电话号码,手机号码为长 11 位,第 1 位为 1,第 2 位为 3—9
AJCX0404	申请日期	date	YYYYMMDD	Y	
AJCX0402	是否加入医保	boolean		Y	
AJCX0405	救治病种类型	string	n2	Y	见 JMGC/XX 204 5.7.5 CJ005 儿童患病类型代码
AJCX0406	救治病种名称	string	..20	Y	
AJEE0100	儿童福利机构信息标识符	string	an32	N	取值为 uuid,符合 GB/T 17969.8 的规定

续表

标识符	中文名称	数据类型	数据格式	必选项	备注
AJCX0420	是否住院治疗	boolean		Y	
AJCX0603	住院日期	date	YYYYMMDD	N	
AJCX0604	出院日期	date	YYYYMMDD	N	
AJCX0606	治疗评估效果	string	..100	Y	
AJCX0607	评估日期	date	YYYYMMDD	Y	
AJCX0420	主管医师人员姓名	string	..72	Y	主管医师人员姓名
AJCX0609	拟安置意见	string	..100	Y	
AJCX0610	是否定点医院救治	boolean		Y	
AJCX0611	家庭/个人自付比例(%)	float	4,2	Y	
AJCX0701	医疗康复费用-诊疗费用	float	9,2	Y	单位:元
AJCX0702	医疗康复费用-康复费用	float	9,2	Y	单位:元
AJCX0703	医疗康复费用-特殊药品费用	float	9,2	Y	单位:元
AJCX0704	医疗康复费用-康复器具费用	float	9,2	Y	单位:元
AJCX0705	医疗康复费用-体检费用	float	9,2	Y	单位:元
AJCX0706	医疗康复费用-其他	float	9,2	Y	单位:元
AJCX0707	医疗康复费用-小计	float	9,2	Y	单位:元
AJCX0708	扣除项目-医保报销	float	9,2	Y	单位:元
AJCX0709	扣除项目-大病保险	float	9,2	Y	单位:元
AJCX0710	扣除项目-医疗救助	float	9,2	Y	单位:元
AJCX0711	扣除项目-康复救助	float	9,2	Y	单位:元
AJCX0712	扣除项目-慈善捐助	float	9,2	Y	单位:元
AJCX0713	扣除项目-其他	float	9,2	Y	单位:元
AJCX0714	扣除项目-小计	float	9,2	Y	单位:元
AJCX0715	申请“明天计划”资助金额-诊疗费用	float	9,2	Y	单位:元
AJCX0716	申请“明天计划”资助金额-康复费用	float	9,2	Y	单位:元
AJCX0717	申请“明天计划”资助金额-特殊药品费用	float	9,2	Y	单位:元

续表

标识符	中文名称	数据类型	数据格式	必选项	备注
AJCX0718	申请“明天计划”资助金额－康复器具费用	float	9,2	Y	单位:元
AJCX0719	申请“明天计划”资助金额－体检费用	float	9,2	Y	单位:元
AJCX0720	申请“明天计划”资助金额－住院服务费用	float	9,2	Y	单位:元
AJCX0721	申请“明天计划”资助金额－小计	float	9,2	Y	单位:元
AJEP0120	记录时间	datetime	YYYYMMDD hh:mm:ss	Y	当前记录生成的时间
AJEP0121	记录状态	string	n1	Y	见附录 A.2 记录状态类型代码

5.6.3 JCX24 儿童康复治疗信息表

儿童康复治疗信息见表 32。

表 32 儿童康复治疗信息

标识符	中文名称	数据类型	数据格式	必选项	备注
AJCX2400	儿童康复治疗信息标识符	string	an32	Y	取值为 uuid,符合 GB/T 17969.8 的规定
AJEP0100	儿童基础信息标识符	string	an32	Y	引用儿童基础信息表中儿童基础信息标识符
AJCX2410	申请登记日期	date	YYYYMMDD	Y	
AJEE0100	儿童福利机构信息标识符	string	an32	Y	取值为 uuid,符合 GB/T 17969.8 的规定
AJCX2411	康复类型	string	n1	Y	见 JMGC/XX 204 5.7.18 CJ018 康复类型代码
AJCX2412	主管康复医师人员姓名	string	..72	N	主管康复医师人员姓名
AJCX2413	康复师人员姓名	string	..72	N	
AJCX2414	护士人员姓名	string	..72	N	护士人员姓名
AJCX2415	康复训练开始日期	date	YYYYMMDD	Y	
AJCX2416	康复训练结束日期	date	YYYYMMDD	Y	
AJCX2417	训练效果	string	..100	Y	
AJEP0120	记录时间	datetime	YYYYMMDD hh:mm:ss	Y	当前记录生成的时间
AJEP0121	记录状态	string	n1	Y	见附录 A.2 记录状态类型代码

5.6.4 JCX22 儿童福利补贴资金发放信息表

儿童福利补贴资金发放信息见表33。

表33 儿童福利补贴资金发放信息

标识符	中文名称	数据类型	数据格式	必选项	备注
AJCX2200	儿童福利补贴资金发放信息标识符	string	an32	Y	取值为uuid,符合GB/T 17969.8的规定
AJCX2210	补贴项目	string	n1	Y	见JMGC/XX 204 5.7.19 CJ019 儿童基本生活费发放类型代码
AJCX2211	发放日期	date	YYYYMMDD	Y	
AJCX2212	发放周期	string	n1	Y	见JMGC/XX 204 5.7.22 CJ022 儿童福利资金发放周期代码
AJCX2213	发放周期起始日期	date	YYYYMMDD	Y	
AJCX2214	发放周期结束日期	date	YYYYMMDD	Y	
AJCX2215	发放金额	float	9,2	Y	
AJCX2216	发放人数	number		Y	
AJEP0120	记录时间	datetime	YYYYMMDD hh:mm:ss	Y	当前记录生成的时间
AJEP0121	记录状态	string	n1	Y	见附录A.2 记录状态类型代码

附录 A

（规范性）

儿童福利业务代码集

A.1 收养机构类型代码

收养机构类型代码见表 A.1。

表 A.1　收养机构类型代码

代码	元素名称	代码	元素名称
0	业务部门	1	管理部门

A.2 记录状态类型代码

记录状态类型代码见表 A.2。

表 A.2　记录状态类型代码

代码	元素名称	代码	元素名称
1	新增	2	修改
3	删除		

参考文献

[1]《中华人民共和国收养法》

[2]《城市无着的流浪乞讨人员救助管理办法》(国务院令第381号).2003年6月20日

[3]《儿童福利机构管理办法》(中华人民共和国民政部令第63号).2018年10月30日

[4]《"孤儿医疗康复明天计划"项目实施办法》(民办发〔2018〕30号).2018年12月6日

[5]《收养登记工作规范》(民办发〔2008〕118号).2008年8月25日

[6]《国务院办公厅关于加强孤儿保障工作的意见》(国办发〔2010〕54号).2010年11月16日

[7]《国务院关于加强农村留守儿童关爱保护工作的意见》(国发〔2016〕13号).2016年2月4日

[8]《国务院关于进一步健全特困人员救助供养制度的意见》(国发〔2016〕14号).2016年2月10日

[9]《国务院关于加强困境儿童保障工作的意见》(国发〔2016〕36号).2016年6月13日

[10]《国务院关于建立残疾儿童康复救助制度的意见》(国发〔2018〕20号).2018年6月21日

[11]《民政部财政部关于发放孤儿基本生活费的通知》(民发〔2010〕161号).2010年11月26日

[12]民政部关于印发《收养能力评估工作指引》的通知(民发〔2015〕168号).2015年9月7日

JMGC

民　政　部　金　民　工　程　标　准

JMGC/YW 426.1—2020

社会事务管理数据元
第 1 部分:婚姻管理

2020－12－30 发布　　2020－12－30 实施

民政部信息中心 发布

目　次

前　言

本文件按照 GB/T 1.1—2020《标准化工作导则 第1部分:标准的结构和编写》给出的规则起草。

请注意本文件的某些内容可能涉及专利。本文件的发布机构不承担识别专利的责任。

本文件为 JMGC/YW 426《社会事务管理数据元》的第1部分。JMGC/YW 426 已经发布了以下部分:

——第1部分:婚姻管理;

——第2部分:流浪乞讨人员救助管理;

——第3部分:殡葬管理;

——第4部分:残疾人福利。

本文件由民政部信息中心提出并归口。

本文件起草单位:民政部信息中心、民政部社会事务司、中科恒运股份有限公司。

本文件主要起草人:文长军、郝海波、富强、窦娜娜、马守平、王道琨。

引　言

JMGC/YW 426《社会事务管理数据元》由四个部分构成。

——第1部分:婚姻管理。目的在于确立婚姻管理业务相关数据元的属性和信息描述。

——第2部分:流浪乞讨人员救助管理。目的在于确立流浪乞讨人员救助管理业务相关数据元的属性和信息描述。

——第3部分:殡葬管理。目的在于确立殡葬管理业务相关数据元的属性和信息描述。

——第4部分:残疾人福利。目的在于确立残疾人福利业务相关数据元的属性和信息描述。

社会事务管理数据元 第1部分:婚姻管理

1 范围

本文件规定了金民工程项目中婚姻管理业务数据元的标识符、中文名称、数据类型、数据格式和必选项的要求。

本文件适用于金民工程项目中婚姻管理业务系统建设。

2 规范性引用文件

下列文件中的内容通过文中的规范性引用而构成本文件必不可少的条款。其中,注日期的引用文件,仅该日期对应的版本适用于本文件;不注日期的引用文件,其最新版本(包括所有的修改单)适用于本文件。

GB 11643 公民身份号码

GB 32100 法人和其他组织统一社会信用代码编码规则

GB/T 2260 中华人民共和国行政区划代码

GB/T 2261.1 人的性别代码

GB/T 2261.2 婚姻状况代码

GB/T 3304 中国各民族名称的罗马字母拼写法和代码

GB/T 4658 学历代码

GB/T 4761 家庭关系代码

GB/T 4762 政治面貌代码

GB/T 5271.1 信息技术 词汇 第1部分:基本术语

GB/T 6565 职业分类与代码

GB/T 8561 专业技术职务

GB/T 10114 县级以下行政区划代码编制规则

GB/T 17969.8 信息技术 开放系统互连 OSI登记机构操作规程 第8部分:通用唯一标识符(UUID)的生成和登记及其用作ASN.1客体标识符部件

GB/T 18391.1 信息技术 元数据注册系统(MDR) 第1部分:框架

GA/T 2000.37 公安信息代码

MZ/T 012 民政业务数据共享与交换编码

MZ/T 024 婚姻登记机关等级评定标准

MZ/T 098 殡葬管理服务信息系统基本数据规范

JMGC/XX 204 金民工程 信息分类和编码规范

JMGC/XX 210 金民工程 数据对象命名规范

JMGC/YW 422.1 社会事务管理业务术语 第1部分:婚姻管理

3 术语和定义

JMGC/YW 422.1 界定的以及下列术语和定义适用于本文件。

3.1 数据

信息的可再解释的形式化表示,以适用于通信、解释或处理。

[来源:GB/T 5271.1,01.01.02]

3.2 数据元

用一组属性描述定义、标识、表示和允许值的数据单元。

[来源:GB/T 18391.1,3.3.8]

3.3 值域

允许值的集合。

[来源:GB/T 18391.1,3.3.38]

4 数据元属性

4.1 标识符

标识符为数据库中该字段的唯一标识,应符合 JMGC/XX 210 的要求。

4.2 中文名称

字段名称采用中文描述,表示字段的名称。

4.3 数据类型

本文件中数据元的数据类型见表1。

表1 数据类型

数据类型	说明
string(字符型)	通过字符形式表达的值的类型
number(整数型)	通过“0”到“9”数字表达的整数类型的值
float(浮点型)	通过“0”到“9”数字和小数点“.”表达的实数
date(日期型)	通过 YYYYMMDD 的形式表达的值的类型
datetime(日期时间型)	通过 YYYYMMDD hh:mm:ss 的形式表达的值的类型
boolean(布尔型)	两个且只有两个表明条件的值

4.4 数据格式

从业务的角度规定的数据元的格式需求,包括所允许的最大和(或)最小字符长度,表示格式等。数据格式中使用的字符含义见表2。

表2 数据格式

数据格式	说明
a	字母字符
n	数字字符
an	字母数字字符
m(m为自然数)	定长m个字符,字符集默认为GB 18030的全部部分
..ul	长度不确定的
..	从最小长度到最大长度,前面附加最小长度,后面附加最大长度
YYYYMMDD hh:mm:ss	“YYYY”表示年份,“MM”表示月份,“DD”表示日期,“hh”表示小时,“mm”表示分钟,“ss”表示秒,可以视实际情况组合使用
m,n	float的精度,m表示总长度,n表示小数位

4.5 必选项

必选项描述该字段是否允许插入空值,填“Y”表示该字段不允许为空值,填“N”表示该字段允许为空值。

4.6 备注

备注应对字段的意义、取值范围、计量单位、参考标准等提出要求。

5 数据元描述

5.1 机构及机构人员信息

5.1.1FAE01 婚姻登记机构基础信息表

婚姻登记机构基础信息见表3。

表3 婚姻登记机构基础信息

标识符	中文名称	数据类型	数据格式	必选项	备注
AFAE0001	机构标识	string	an32	Y	婚姻登记机构的唯一标识,取值为uuid,符合GB/T 17969.8的规定
AXBE0002	统一社会信用代码	string	an18	Y	统一社会信用代码,采用基础数据库统一定义标识符 取值范围见GB 32100

续表

标识符	中文名称	数据类型	数据格式	必选项	备注
AXBE0003	单位名称	string	..100	Y	婚姻登记机构名称,采用基础数据库统一定义标识符
AXBE0015	单位设立日期	date	YYYYMMDD	Y	婚姻登记机构设立日期,采用基础数据库统一定义标识符
AXBE0016	单位注销日期	date	YYYYMMDD	N	婚姻登记机构注销日期,采用基础数据库统一定义标识符
AXBE0013	单位联系电话	string	..18	Y	婚姻登记机构联系电话,采用基础数据库统一定义标识符
AXBE0019	法定代表人身份证件号码	string	an18	Y	法定代表人身份证件号,采用基础数据库统一定义标识符 对于身份证件类型为“内地居民身份证”的人员,身份证件号码值域符合 GB 11643
AXBE0017	法定代表人姓名	string	..72	Y	法定代表人姓名,采用基础数据库统一定义标识符
AFAE0013	婚姻登记机构等级	string	n1	N	见 JMGC/XX 204 5.5.1.1 CFA01 婚姻登记机构等级代码
AXAA0001	行政区划代码	string	n12	Y	行政区划代码,采用基础数据库统一定义标识符 前6位见 GB/T 2260,后3位见 GB/T 10114,后3位为村或社区编码
AXBE0027	单位地址	string	..100	Y	婚姻登记机构地址,采用基础数据库统一定义标识符
AFAX0102	婚姻登记业务办理种类代码	string	n1	Y	见 JMGC/XX 204 5.5.1.4 CFA04 婚姻登记业务办理种类代码
AFAE0022	婚姻登记机构投诉电话	string	..18	N	区号(3—4)空格(1)号码(7—8)空格(1)分机号码(4)
AFAE0095	是否接入全国异地	boolean		Y	1 是 0 否
AFAE0096	是否本省跨区异地	boolean		Y	1 是 0 否
AFAE0097	工作日	string	a7	Y	(周一到周日:YYYYYNN)Y 表示是工作日,N 表示不是工作日
AFAE0118	最大提前预约天数	number		Y	最大为 90
AFAE0119	最小提前预约天数	number		Y	最小为 1
AFAE0098	开通颁证服务标志	boolean		Y	1 是 0 否
AFAE0099	开通家庭辅导标志	boolean		Y	1 是 0 否
AFAE0100	开通法律咨询标志	boolean		Y	1 是 0 否
AFAE0101	登记部门	string	n1	Y	见 JMGC/XX 204 5.1.47 C0047 登记部门代码
AFAE0102	机构类型	string	n2	N	见 JMGC/XX 204 5.1.39 C0039 机构类型代码
AFAE0103	变动类型	string	n1	N	见 JMGC/XX 204 5.1.40 C0040 机构变动类型代码

5.1.2 FAP01 婚姻登记机构人员信息表

婚姻登记机构人员信息见表4。

表4 婚姻登记机构人员信息

标识符	中文名称	数据类型	数据格式	必选项	备注
AFAP0200	人员标识	string	an32	Y	婚姻登记机构的唯一标识,取值为 uuid,符合 GB/T 17969.8 的规定
AXBE0002	统一社会信用代码	string	an18	Y	统一社会信用代码,采用基础数据库统一定义标识符 取值范围见 GB 32100
AXBE0003	单位名称	string	..100	Y	婚姻登记机构名称,采用基础数据库统一定义标识符
AXCP0002	姓名	string	..72	Y	登记机构人员姓名,采用基础数据库统一定义标识符
AXCP0006	性别	string	n1	N	登记机构人员性别,采用基础数据库统一定义标识符 取值范围见 JMGC/XX 204 5.1.7 C0007 人的性别代码
AXCP0004	身份证件类型	string	n2	N	登记机构人员身份证件类型,采用基础数据库统一定义标识符 取值范围见 JMGC/XX 204 5.1.15 C0015 身份证件类型代码
AXCP0005	身份证件号码	string	..18	N	登记机构人员身份证件号码 ,采用基础数据库统一定义标识符 对于身份证件类型为“内地居民身份证”的人员,身份证件号码值域符合 GB 11643
AFAP0212	办公电话	string	..18	N	区号(3—4)空格(1)号码(7—8)空格(1)分机号码(4)
AXZX0008	联系人手机号码	string	n11	N	联系人手机号码,采用基础数据库统一定义标识符 长11位,第1位为1,第2位为3—9
AXCP0039	出生日期	date	YYYYMMDD	N	出生日期,采用基础数据库统一定义标识符
AFAP0211	人员类型	string	n1	N	见 JMGC/XX204 5.1.45 C0045 员工类型代码
AFAP0044	人员来源	string	n1	N	见 JMGC/XX 204 5.5.1.11 CFA11 婚姻家庭辅导员来源代码
AXCP0008	民族	string	n2	N	登记机构人员民族,采用基础数据库统一定义标识符 取值范围见 JMGC/XX 204 5.1.9 C0009 民族代码

续表

标识符	中文名称	数据类型	数据格式	必选项	备注
AXAA0001	行政区划代码	string	n12	N	行政区划代码,采用基础数据库统一定义标识符 前6位见GB/T 2260,后3位见GB/T 10114,后3位为村或社区编码
AXCP0022	门牌号	string	..100	N	登记机构人员详细地址,采用基础数据库统一定义标识符
AXCP0012	人员状态	string	n1	N	登记机构人员状态,采用基础数据库统一定义标识符 见 JMGC/XX 204 5.1.34 C0034 人员状态代码
AXCP0009	人员文化程度	string	n2	N	登记机构人员文化程度,采用基础数据库统一定义标识符 取值范围见 JMGC/XX 204 5.1.8 C0008 学历代码
AXCP0017	政治面貌	string	n2	N	登记机构人员政治面貌,采用基础数据库统一定义标识符 取值范围见 JMGC/XX 204 5.1.13 C0013 政治面貌代码
AFAP0040	是否具有社工资格	boolean	n1	Y	1 是 0 否
AFAP0041	是否具有信息咨询师资格	boolean	n1	Y	1 是 0 否
AFAP0042	是否具有婚姻家庭咨询师资格	boolean	n1	Y	1 是 0 否
AFAP0043	是否具有律师资格	boolean	n1	Y	1 是 0 否

5.1.3 FAP02 婚姻登记机构人员资格证书表

婚姻登记机构人员资格证书见表5。

表5　婚姻登记机构人员资格证书

标识符	中文名称	数据类型	数据格式	必选项	备注
AFAP0600	资格证书标识	string	an32	Y	婚姻登记机构的唯一标识,取值为uuid,符合GB/T 17969.8的规定
AXCP0002	姓名	string	..72	Y	登记机构人员姓名,采用基础数据库统一定义标识符
AXCP0004	身份证件类型	string	n2	N	登记机构人员身份证件类型,采用基础数据库统一定义标识符 取值范围见 JMGC/XX 204 5.1.15 C0015 身份证件类型代码

续表

标识符	中文名称	数据类型	数据格式	必选项	备注
AXCP0005	身份证件号码	string	..18	N	登记机构人员身份证件号码，采用基础数据库统一定义标识符 对于身份证件类型为“内地居民身份证”的人员，身份证件号码值域符合 GB 11643
AFAP0602	资格证书代码	string	an4	Y	见 JMGC/XX 204 5.5.1.10 CFA10 婚姻登记机构人员资格证书代码
AFAP0603	证书取得日期	date	YYYYMMDD	Y	

5.2 婚姻业务办理信息

5.2.1 FAX01 婚姻登记业务表

婚姻登记业务见表6。

表6　婚姻登记业务

标识符	中文名称	数据类型	数据格式	必选项	备注
AFAX0201	婚姻登记业务标识	string	an32	Y	本记录的唯一标识，取值为 uuid，符合 GB/T 17969.8 的规定
AFAX0003	登记证字号	string	an19	Y	婚姻登记号以“J”开头是结婚，以“L”开头是离婚，以“BJ”开头是补发结婚证，以“BL”开头是补发离婚证，字母后6位数是行政区划代码，中间四位数是当年年号，最后6位数是当年办理婚姻登记的顺序序号 J330302—2019—000000
AFAX0203	是否补办结婚登记	boolean		Y	1 是 0 否
AFAX0211	是否复婚	boolean		Y	1 是 0 否
AFAX0204	同居日期	date	YYYYMMDD	N	补办结婚登记时填写
AFAP1304	男方当事人身份类别代码	string	n1	Y	见 JMGC/XX 204 5.5.1.2 CFA02 婚姻当事人类别代码
AFAP1305	男方当事人姓名	string	..72	Y	
AFAP1307	男方当事人身份证件类型	string	n2	Y	见 JMGC/XX204 5.1.15 C0015 身份证件类型代码
AFAP1308	男方当事人公民身份号码	string	..18	Y	对于身份证件类型为“内地居民身份证”的人员，身份证件号码值域符合 GB 11643
AFAP1309	男方当事人出生日期	date	YYYYMMDD	Y	

续表

标识符	中文名称	数据类型	数据格式	必选项	备注
AFAP1310	男方当事人婚姻状况代码	string	n2	Y	见 JMGC/XX 2045. 1. 10 C0010 婚姻状况代码
AFAP1311	男方当事人国籍代码	string	n3	Y	见 JMGC/XX 2045. 1. 5 C0005 世界各国和地区名称代码
AFAP1312	男方当事人民族代码	string	n2	Y	见 JMGC/XX 204 5. 1. 9 C0009 民族代码
AFAP1313	男方当事人职业分类代码	string	. . 7	N	见 JMGC/XX 2045. 1. 17 C0017 职业分类代码
AFAP1314	男方当事人学历代码	string	n2	N	见 JMGC/XX 2045. 1. 8 C0008 学历代码
AFAP1315	男方当事人户口所在地行政区划代码	string	n12	Y	前 6 位见 GB/T 2260,后 3 位见 GB/T 10114,后 3 位为村或社区编码
AFAP1316	男方当事人户口详细地址	string	. . 100	Y	
AFAP1318	男方当事人现住址行政区划代码	string	n12	Y	前 6 位见 GB/T 2260,后 3 位见 GB/T 10114,后 3 位为村或社区编码
AFAP1319	男方当事人现住址详细地址	string	. . 100	Y	
AFAP1317	男方当事人手机号码	string	n11	Y	长 11 位,第 1 位为 1,第 2 位为 3—9
AFAX0702	男方证书印制号	string	an10	Y	
AFAP1504	女方当事人身份类别代码	string	n1	Y	见 JMGC/XX 204 5. 5. 1. 2 CFA02 婚姻当事人类别代码
AFAP1505	女方当事人姓名	string	. . 72	Y	
AFAP1507	女方当事人身份证件类型	string	n2	Y	见 JMGC/XX 204 5. 1. 15 C0015 身份证件类型代码
AFAP1508	女方当事人公民身份号码	string	. . 18	Y	对于身份证件类型为“内地居民身份证”的人员,身份证件号码值域符合 GB 11643
AFAP1509	女方当事人出生日期	date	YYYYMMDD	Y	
AFAP1510	女方当事人婚姻状况代码	string	n2	Y	见 JMGC/XX 2045. 1. 10 C0010 婚姻状况代码
AFAP1511	女方当事人国籍代码	string	n3	Y	见 JMGC/XX 2045. 1. 5 C0005 世界各国和地区名称代码
AFAP1512	女方当事人民族代码	string	n2	Y	见 JMGC/XX 2045. 1. 9 C0009 民族代码
AFAP1513	女方当事人职业分类代码	string	. . 7	N	见 JMGC/XX 2045. 1. 17 C0017 职业分类代码
AFAP1514	女方当事人学历代码	string	n2	N	见 JMGC/XX 2045. 1. 8 C0008 学历代码
AFAP1515	女方当事人户口所在地行政区划代码	string	n12	Y	前 6 位符合 GB/T 2260,中间 3 位符合 GB/T 10114,最后 3 位为村或社区编码

续表

标识符	中文名称	数据类型	数据格式	必选项	备注
AFAP1516	女方当事人户口详细地址	string	..100	Y	
AFAP1518	女方当事人现住址行政区划代码	string	n12	Y	前6位符合 GB/T 2260,中间3位符合 GB/T 10114,最后3位为村或社区编码
AFAP1519	女方当事人现住址详细地址	string	..100	Y	
AFAP1517	女方当事人手机号码	string	n11	N	长11位,第1位为1,第2位为3—9
AFAX0902	女方证书印制号	string	an10	Y	
AFAX0007	登记时间	datetime	YYYYMMDD hh:mm:ss	Y	
AXZX0003	登记员姓名	string	..72	Y	登记员姓名,采用基础数据库统一定义标识符
AXBE0002	统一社会信用代码	string	an18	N	统一社会信用代码,采用基础数据库统一定义标识符 取值范围见 GB 32100
AXAA0001	登记机关行政区划代码	string	n12	Y	前6位符合 GB/T 2260,中间3位符合 GB/T 10114,最后3位为村或社区编码
AFAX0988	登记机构名称	string	..100	Y	婚姻登记机构名称
AFAX0303	离婚原因代码	string	n2	Y	见 JMGC/XX 204 5.5.1.6 CFA06 离婚原因代码
AFAX0305	结婚登记证字号	string	..19	Y	办理离婚、补发结婚证时必填(婚姻登记号以"J"开头是结婚,以"L"开头是离婚,以"BJ"开头是补发结婚证,以"BL"开头是补发离婚证,字母后6位数是行政区划代码,中间4位数是当年年号,最后6位数是当年办理婚姻登记的顺序序号,例:J330302-2019-000000,历史数据不应限制位数),初婚时,该字段不必填
AFAX0402	申请方代码	string	n1	Y	见 JMGC/XX 204 5.5.1.3 CFA03 婚姻业务申请方类型代码
AFAX0403	原登记机关名称	string	..100	Y	办理结婚登记的机构名称
AXAA0010	原登记机关区划代码	string	n12	Y	前6位符合 GB/T 2260,中间3位符合 GB/T 10114,最后3位为村或社区编码
AFAX0404	结婚登记日期	date	YYYYMMDD	Y	
AFAX0407	补领原因代码	string	n1	N	见 JMGC/XX 204 5.5.1.7 CFA07 婚姻证件补领原因代码
AFAX0008	是否委托他人办理	boolean		Y	

续表

标识符	中文名称	数据类型	数据格式	必选项	备注
AFAP0402	委托类型	string	n2	Y	见附录 A. 1. 1 婚姻业务办理委托类型代码
AFAP0403	受委托人姓名	string	. . 72	Y	
AFAP0404	受委托人身份证件类型	string	n2	Y	见 JMGC/XX 204 5. 1. 15 C0015 身份证件类型代码
AFAP0405	公民身份号码	string	. . 18	Y	对于身份证件类型为“内地居民身份证”的人员，身份证件号码值域符合 GB 11643
AFAX0505	离婚登记证字号	string	. . 19	Y	办理补发离婚证时必填(婚姻登记号以“J”开头是结婚，以“L”开头是离婚，以“BJ”开头是补发结婚证，以“BL”开头是补发离婚证，字母后 6 位数是行政区划代码，中间 4 位数是当年年号，最后 6 位数是当年办理婚姻登记的顺序序号，例：J330302 - 2019 - 000000，历史数据不应限制位数)
AFAX0503	原离婚登记日期	date	YYYYMMDD	Y	原办理婚姻离婚登记日期
AFAX0009	撤销决定字号	string	. . 20	N	
AFAX0605	撤销结婚登记说明	string	. . 100	Y	
AFAX0604	撤销依据	string	. . 100	Y	
AFAX0608	恢复人身自由日	date	YYYYMMDD	Y	
AFAX0002	业务类型	string	an3	Y	见 JMGC/XX 204 5. 5. 1. 5 CFA05 婚姻管理业务类型代码
AFAX0004	证书备注	string	. . 200	N	
AFAX0006	其他备注	string	. . 200	N	例如换证，将原证件号进行备注
AFAX0609	申请日期	date	YYYYMMDD	Y	申请离婚登记日期
AFAX0610	开始办理日期	date	YYYYMMDD	Y	冷静期届满日的次日
AFAX0611	结束办理日期	date	YYYYMMDD	Y	冷静期届满后 30 日的最后一日
AFAX0612	状态	string	n1	Y	见 JMGC/XX 2045. 5. 1. 12 CFA12 申请离婚状态代码
AFAX0615	离婚申请原因	string	. . 200	Y	当事人申请离婚的原因
AFAX0618	离婚申请书受理和回执编号	string	n18	Y	前 6 位数是行政区划代码，中间 4 位数是当年年号，最后 6 位数是当年办理申请离婚登记的顺序序号，例：130302 - 2021 - 000000
AFAX0619	撤回离婚登记申请和确认编号	string	n18	Y	前 6 位数是行政区划代码，中间 4 位数是当年年号，最后 6 位数是当年撤回申请离婚登记的顺序序号，例：130302 - 2021 - 000000

续表

标识符	中文名称	数据类型	数据格式	必选项	备注
AFAX0620	撤回日期	date	YYYYMMDD	Y	撤回申请离婚登记日期
AFAX0621	申请撤回方	string	n1	Y	任何一方不愿意离婚的可以撤回申请离婚登记
AFAX0622	撤回离婚申请原因	string	..10	Y	见 JMGC/XX 2045.5.1.13 CFA13 撤回离婚申请原因代码

5.2.2 FAX03 出具婚姻登记证明业务表

出具婚姻登记证明业务见表7。

表7 出具婚姻登记证明业务

标识符	中文名称	数据类型	数据格式	必选项	备注
AFAX0801	出具婚姻证明业务标识	string	an32	Y	本记录的唯一标识，取值为uuid，符合 GB/T 17969.8 的规定
AFAX0802	申请证明类型	string	n1	Y	见 JMGC/XX 2045.5.1.8 CFA08 婚姻登记证明类型代码
AFAX0805	用途	string	..50	Y	记录开具证明用途
AFAX0806	使用国家或地区	string	n3	Y	见 JMGC/XX 204 5.1.5 C0005 世界各国和地区名称代码
AFAP1304	婚姻当事人身份类别代码	string	n1	Y	见 JMGC/XX 204 5.5.1.2 CFA02 婚姻当事人类别代码
AFAP1305	婚姻当事人姓名	string	..72	Y	
AFAP1307	婚姻当事人身份证件类型	string	n2	Y	见 JMGC/XX 204 5.1.15 C0015 身份证件类型代码
AFAP1308	婚姻当事人公民身份号码	string	..18	Y	对于身份证件类型为“内地居民身份证”的人员，身份证件号码值域符合 GB 11643
AFAP1309	婚姻当事人出生日期	date	YYYYMMDD	Y	
AFAP1310	婚姻当事人婚姻状况代码	string	n2	N	见 JMGC/XX 204 5.1.10 C0010 婚姻状况代码
AFAP1311	婚姻当事人国籍代码	string	n3	Y	见 JMGC/XX 204 5.1.5 C0005 世界各国和地区名称代码
AFAP1312	婚姻当事人民族代码	string	n2	Y	见 JMGC/XX 204 5.1.9 C0009 民族代码
AFAP1313	婚姻当事人职业分类代码	string	..7	N	见 JMGC/XX 204 5.1.17 C0017 职业分类代码
AFAP1314	婚姻当事人学历代码	string	n2	N	见 JMGC/XX 204 5.1.8 C0008 学历代码
AFAP1315	婚姻当事人户口所在地行政区划代码	string	n12	Y	前6位符合 GB/T 2260，中间3位符合 GB/T 10114，最后3位为村或社区编码
AFAP1316	婚姻当事人户口详细地址	string	..100	Y	

续表

标识符	中文名称	数据类型	数据格式	必选项	备注
AFAP1317	婚姻当事人手机号码	string	n11	N	长11位,第1位为1,第2位为3—9
AFAX0008	是否委托他人办理	boolean		Y	1 是 0 否
AFAP0403	受委托人姓名	string	..72	Y	
AFAP0404	受委托人身份证件类型	string	n2	Y	见 JMGC/XX 2045.1.15 C0015 身份证件类型代码
AFAP0405	受委托人公民身份号码	string	..18	Y	对于身份证件类型为“内地居民身份证”的人员,身份证件号码值域符合 GB 11643
AFAX0007	登记时间	datetime	YYYYMMDD hh:mm:ss	Y	
AXZX0003	登记员姓名	string	..72	Y	登记员姓名,采用基础数据库统一定义标识符
AXBE0002	统一社会信用代码	string	an18	Y	统一社会信用代码,采用基础数据库统一定义标识符 取值范围见 GB 32100
AXBE0003	单位名称	string	..100	Y	婚姻登记机构名称,采用基础数据库统一定义标识符

5.2.3 FAX02 婚姻登记严重失信当事人名单业务表

婚姻登记严重失信当事人名单业务见表8。

表8 婚姻登记严重失信当事人名单业务

标识符	中文名称	数据类型	数据格式	必选项	备注
AFAX0951	婚姻严重失信行为记录标识	string	an32	Y	本记录的唯一标识,取值为uuid,符合 GB/T 17969.8 的规定
AFAX0966	失信当事人姓名	string	..72	Y	
AXCP0006	性别	string	n1	Y	失信当事人性别,采用基础数据库统一定义标识符 取值范围见 JMGC/XX 204 5.1.7 C0007 人的性别代码
AXCP0004	身份证件类型	string	n2	Y	失信当事人身份证件类型,采用基础数据库统一定义标识符 取值范围见 JMGC/XX 204 5.1.15 C0015 身份证件类型代码
AXCP0005	身份证件号码	string	..18	Y	失信当事人身份证件号码,采用基础数据库统一定义标识符 对于身份证件类型为“内地居民身份证”的人员,身份证件号码值域符合 GB 11643

续表

标识符	中文名称	数据类型	数据格式	必选项	备注
AXAA0001	行政区划代码	string	..12	Y	前6位符合GB/T 2260,中间3位符合GB/T 10114,最后3位为村或社区编码
AXCP0022	门牌号	string	..100	Y	失信当事人详细地址,采用基础数据库统一定义标识符
AFAX0981	失信行为类型	string	n2	Y	取值范围见JMGC/XX 204 5.5.1.9 CFA09 婚姻当事人失信类型代码
AFAX0982	失信行为说明	string	..200	Y	
AFAX0983	婚姻登记业务类型	string	n2	Y	取值范围见JMGC/XX 204 5.5.1.5 CFA05 婚姻管理业务类型代码
AFAX0984	业务记录标识	string	an32	Y	
AFAX0007	登记时间	datetime	YYYYMMDD hh:mm:ss	Y	
AXZX0003	登记员姓名	string	..72	Y	登记员姓名,采用基础数据库统一定义标识符
AXBE0002	统一社会信用代码	string	an18	Y	统一社会信用代码,采用基础数据库统一定义标识符 取值范围见GB 32100
AXBE0003	单位名称	string	..100	Y	婚姻登记机构名称,采用基础数据库统一定义标识符

附录 A

（规范性）

婚姻管理业务代码集

A.1.1 婚姻业务办理委托类型代码

婚姻业务办理委托类型代码见表 A.1.1。

表 A.1.1　婚姻业务办理委托类型代码

代码	元素名称	代码	元素名称
1	男方委托	2	女方委托
3	双方均委托		
注：MZ/T 012 民政业务数据共享与交换 编码			

参考文献

[1]GB/T 23824.1 信息技术 实现元数据注册系统(MDR)内容一致性的规程 第1部分:数据元

[2]GB/T 18221 信息技术 程序设计语言、环境与系统软件接口 独立于语言的数据类型

[3]《国务院关于批转发展改革委等部门法人和其他组织统一社会信用代码制度建设总体方案的通知》(国发〔2015〕33号)

[4]《民政部关于进一步规范(无)婚姻登记记录证明相关工作的通知》(民函〔2015〕266号)

[5]《民政部办公厅关于印发〈婚姻登记严重失信当事人名单管理办法(试行)〉的通知》(民办发[2018]37号)

JMGC

民 政 部 金 民 工 程 标 准

JMGC/YW 426.2—2020

社会事务管理数据元
第2部分:流浪乞讨人员救助管理

2020-12-30发布 2020-12-30实施

民政部信息中心 发布

目　次

前　言

本文件按照 GB/T 1. 1—2020《标准化工作导则 第 1 部分:标准的结构和编写》给出的规则起草。

请注意本文件的某些内容可能涉及专利。本文件的发布机构不承担识别专利的责任。

本文件为 JMGC/YW 426《社会事务管理数据元》的第 2 部分。JMGC/YW 426 已经发布了以下部分:

——第 1 部分:婚姻管理;

——第 2 部分:流浪乞讨人员救助管理;

——第 3 部分:殡葬管理;

——第 4 部分:残疾人福利。

本文件由民政部信息中心提出并归口。

本文件起草单位:民政部信息中心、中科恒运股份有限公司。

本文件主要起草人:文长军、赵超、马守平、甘会强。

引　　言

JMGC/YW 426《社会事务管理数据元》由四个部分构成。

——第 1 部分:婚姻管理。目的在于确立婚姻管理业务相关数据元的属性和信息描述。

——第 2 部分:流浪乞讨人员救助管理。目的在于确立流浪乞讨人员救助管理业务相关数据元的属性和信息描述。

——第 3 部分:殡葬管理。目的在于确立殡葬管理业务相关数据元的属性和信息描述。

——第 4 部分:残疾人福利。目的在于确立残疾人福利业务相关数据元的属性和信息描述。

社会事务管理数据元 第2部分:流浪乞讨人员救助管理

1 范围

本文件规定了金民工程项目中流浪乞讨人员救助管理业务数据元的标识符、中文名称、数据类型、数据格式和必选项的要求。

本文件适用于金民工程项目中流浪乞讨人员救助管理业务系统建设。

2 规范性引用文件

下列文件中的内容通过文中的规范性引用而构成本文件必不可少的条款。其中,注日期的引用文件,仅该日期对应的版本适用于本文件;不注日期的引用文件,其最新版本(包括所有的修改单)适用于本文件。

GB/T 2260 中华人民共和国行政区划代码

GB/T 5271.1 信息技术 词汇 第1部分:基本术语

GB/T 10114 县级以下行政区划代码编制规则

GB 11643 公民身份号码

GB/T 17969.8 信息技术 开放系统互连 OSI登记机构操作规程 第8部分:通用唯一标识符(UUID)的生成和登记及其用作ASN.1客体标识符部件

GB/T 18391.1 信息技术 元数据注册系统(MDR) 第1部分:框架

GB 32100 法人和其他组织统一社会信用代码编码规则

MZ/T 012 民政业务数据共享与交换编码

JMGC/XX 204 金民工程 信息分类和编码规范

JMGC/XX 207 金民工程 业务时空基准规范

JMGC/XX 210 金民工程 数据对象命名规范

JMGC/YW 422.2 社会事务管理业务术语 第2部分:流浪乞讨人员救助管理

3 术语和定义

JMGC/YW 422.2 界定的以及下列术语和定义适用于本文件。

3.1 数据

信息的可再解释的形式化表示,以适用于通信、解释或处理。

[来源:GB/T 5271.1,01.01.02]

3.2 数据元

用一组属性描述定义、标识、表示和允许值的数据单元。

[来源:GB/T 18391.1,3.3.8]

3.3 值域

允许值的集合。

[来源:GB/T 18391.1,3.3.38]

4 数据元属性

4.1 标识符

标识符为数据库中该字段的唯一标识,应符合 JMGC/XX 210 的要求。

4.2 中文名称

中文名称采用中文描述,表示字段的名称。

4.3 数据类型

本文件中数据元的数据类型见表 1。

表 1 数据类型

数据类型	说明
string(字符型)	通过字符形式表达的值的类型
number(整数型)	通过"0"到"9"数字表达的整数类型的值
float(浮点型)	通过"0"到"9"数字和小数点"."表达的实数
date(日期型)	通过 YYYYMMDD 的形式表达的值的类型
datetime(日期时间型)	通过 YYYYMMDD hh:mm:ss 的形式表达的值的类型
boolean(布尔型)	两个且只有两个表明条件的值

4.4 数据格式

从业务的角度规定的数据元的格式需求,包括所允许的最大和(或)最小字符长度,表示格式等。数据格式中使用的字符含义见表 2。

表 2 数据格式

数据格式	说明
a	字母字符
n	数字字符
an	字母数字字符

续表

数据格式	说明
m(m 为自然数)	定长 m 个字符,字符集默认为 GB 18030 的全部部分
..ul	长度不确定的
..	从最小长度到最大长度,前面附加最小长度,后面附加最大长度
YYYYMMDD hh:mm:ss	"YYYY"表示年份,"MM"表示月份,"DD"表示日期,"hh"表示小时,"mm"表示分钟,"ss"表示秒,可以视实际情况组合使用
m,n	float 的精度,m 表示总长度,n 表示小数位

4.5 必选项

必选项描述该字段是否允许插入空值,填"Y"表示该字段不允许为空值,填"N"表示该字段允许为空值。

4.6 备注

备注应对字段的意义、取值范围、计量单位、参考标准等提出要求。

5 数据元描述

5.1 流浪乞讨人员救助基础数据元

5.1.1 救助管理机构信息表

救助管理机构信息见表 3。

表 3　救助管理机构

标识符	中文名称	数据类型	数据格式	必选项	备注
AFCE0100	救助管理机构代码	string	an32	Y	UUID,符合 GB/T 17969.8
AXBE0002	统一社会信用代码	string	an18	Y	统一社会信用代码,采用基础数据库统一定义标识符 取值范围见 GB 32100
AXBE0003	单位名称	string	..100	Y	救助管理机构的名称,采用基础数据库统一定义标识符
AXBE0005	单位性质	string	n2	Y	机构性质,采用基础数据库统一定义标识符 取值范围见 JMGC/XX 204 5.1.38 C0038 单位性质代码
AXBE0017	法定代表人姓名	string	..72	Y	救助管理机构的法定代表人姓名,采用基础数据库统一定义标识符
AFCE0107	站长电话	string	..18	N	有效的座机或手机号码 座机号码标准格式为:区号-电话号码,手机号码为:长 11 位,第 1 位为 1,第 2 位为 3—9

续表

标识符	中文名称	数据类型	数据格式	必选项	备注
AXBE0019	法定代表人身份证件号码	string	an18	N	法定代表人身份证件号码,采用基础数据库统一定义标识符 对于身份证件类型为"内地居民身份证"的人员,身份号码值域符合 GB 11643
AFCE0109	值班电话	string	..18	Y	有效的座机或手机号码 座机号码标准格式为:区号-电话号码,手机号码为:长 11 位,第 1 位为 1,第 2 位为 3—9
AXBE0028	单位所在地行政区划	string	n12	Y	机构单位所在地行政区划,采用基础数据库统一定义标识符 前 6 位见 GB/T 2260,后 3 位见 GB/T 10114,后 3 位为村或社区编码
AXBE0027	单位地址	string	..100	Y	救助管理机构的详细地址,采用基础数据库统一定义标识符
AFCE0112	救助管理机构经度	float	9,6	N	按照 JMGC/XX 207 中 4.4 给出的规则描述,单位度(°)
AFCE0113	救助管理机构纬度	float	9,6	N	按照 JMGC/XX 207 中 4.4 给出的规则描述,单位度(°)
AXBE0011	单位编制人数	number		N	救助管理机构编制人数,采用基础数据库统一定义标识符
AFCE0117	救助管理机构现有人数	number		N	救助管理机构现有的人数
AFCE0118	评定等级	string	n1	N	见 JMGC/XX 204 5.5.3.18 CFC34 救助管理站评定等级代码
AFCE0119	总建筑面积	float	10,2	N	单位:m^2
AFCE0120	救助用房间数	number		N	用于救助的房间数
AFCE0121	救助用房面积	float	10,2	N	单位:m^2
AFCE0122	最大救助人数	number		N	救助管理机构目前最大救助人数
AFCE0123	床位数	number		N	救助管理机构现有床位数
AFCE0124	占地总面积	float	10,2	N	单位:m^2
AFCE0125	建立日期	date	YYYYMMDD	N	救助管理机构建立的日期
AFCE0126	救助管理机构年度工作经费	float	12,2	N	单位:元
AFCE0130	救助管理机构登记时间	date	YYYYMMDD	Y	救助管理机构登记的时间
AFCE0131	登记部门	string	n1	Y	见 JMGC/XX 204 5.1.47 C0047 登记部门代码

5.1.2 合作机构信息表

合作机构信息见表 4。

表 4　合作机构信息

标识符	中文名称	数据类型	数据格式	必选项	备注
AFCE0200	合作机构代码	string	an32	Y	UUID,符合 GB/T 17969.8
AFCE0201	合作机构类型	string	n1	Y	与救助管理机构合作的其他类型机构,见附录 A.9 合作救助机构类型代码
AXBE0002	统一社会信用代码	string	an18	Y	统一社会信用代码,采用基础数据库统一定义标识符 取值范围见 GB 32100
AXBE0003	单位名称	string	..100	Y	合作机构的单位名称,采用基础数据库统一定义标识符
AXBE0005	单位性质	string	n2	Y	机构性质,采用基础数据库统一定义标识符 取值范围见 JMGC/XX 204 5.1.38 C0038 评定等级代码
AFCE0202	成立日期	date	YYYYMMDD	Y	合作机构成立的日期
AXBE0017	法定代表人姓名	string	..72	N	合作托养机构/医疗机构/安置机构的联系人姓名,采用基础数据库统一定义标识符
AXBE0013	单位联系电话	string	..18	N	有效的座机或手机号码。座机号码标准格式为:区号-电话号码,手机号码为:长 11 位,第 1 位为 1,第 2 位为 3—9,采用基础数据库统一定义标识符
AXBE0028	单位所在地行政区划	string	n12	Y	机构单位所在地行政区划,采用基础数据库统一定义标识符 前 6 位见 GB/T 2260,后 3 位见 GB/T 10114,后 3 位为村或社区编码
AXBE0027	单位地址	string	..100	Y	合作托养机构/医疗机构/安置机构的详细地址,采用基础数据库统一定义标识符

5.1.3 流浪乞讨人员基本信息表

流浪乞讨人员基本信息见表 5。

表 5　流浪乞讨人员基本信息

标识符	中文名称	数据类型	数据格式	必选项	备注
AFCP0100	流浪乞讨人员代码	string	an32	Y	UUID,符合 GB/T 17969.8
AXCP0002	姓名	string	..72	Y	流浪乞讨人员姓名,采用基础数据库统一定义标识符
AXCP0003	曾用名	string	..72	N	流浪乞讨人员曾经使用时间最长的姓名,采用基础数据库统一定义标识符

续表

标识符	中文名称	数据类型	数据格式	必选项	备注
AXCP0006	性别	string	n1	Y	人员性别,采用基础数据库统一定义标识符 取值范围见 JMGC/XX 204 5.1.7 C0007 人的性别代码
AXCP0008	民族	string	n2	N	人员民族,采用基础数据库统一定义标识符 取值范围见 JMGC/XX 204 5.1.9 C0009 民族代码
AXCP0004	身份证件类型	string	n2	N	人员身份证件类型,采用基础数据库统一定义标识符 取值范围见 JMGC/XX 204 5.1.15 C0015 身份证件类型代码
AXCP0005	身份证件号码	string	..18	N	人员身份证件号码,采用基础数据库统一定义标识符 对于身份证件类型为"内地居民身份证"的人员,身份号码值域符合 GB 11643
AXCP0039	出生日期	date	YYYYMMDD	N	流浪乞讨人员出生日期,采用基础数据库统一定义标识符
AXCP0009	人员文化程度	string	n2	N	文化程度,采用基础数据库统一定义标识符 取值范围见 JMGC/XX 204 5.1.8 C0008 学历代码
AFCP0109	口音	string	..10	N	流浪乞讨人员的口音
AFCP0110	血型	string	n1	N	见 JMGC/XX 204 5.1.12 C0012 血型代码
AXCP0041	户籍地址所在地行政区划	string	n12	N	户籍地址所在地行政区划,采用基础数据库统一定义标识符 前 6 位见 GB/T 2260,后 3 位见 GB/T 10114,后 3 位为村或社区编码
AXCP0040	户籍地址	string	..100	N	流浪乞讨人员的户籍详细地址,采用基础数据库统一定义标识符
AFCP0113	头像	string	an32	N	保存统一存储系统返回的文件 ID
AFCP0114	指纹采集状态	string	n1	Y	0:未采集,1:已采集
AFCP0115	邮政编码	string	n6	N	流浪乞讨人员户籍所在地的邮政编码
AFCP0116	电话	string	..18	N	有效的座机或手机号码。座机号码标准格式为:区号-电话号码,手机号码为:长 11 位,第 1 位为 1,第 2 位为 3—9

5.1.4 流浪乞讨人员指纹信息库表

流浪乞讨人员指纹信息库见表6。

表6 流浪乞讨人员指纹信息库

标识符	中文名称	数据类型	数据格式	必选项	备注
AFCP0200	指纹库代码	string	an32	Y	UUID,符合 GB/T 17969.8
AFCP0100	流浪乞讨人员代码	string	an32	Y	引用流浪乞讨人员基本信息表标识
AFCP0201	指纹特征	string	..256	Y	保存指纹特征图片路径
AFCP0202	采集单位	string	an32	Y	引用流浪管理机构基础信息表标识
AFCP0203	指纹采集时间	datetime	YYYYMMDD hh:mm:ss	Y	指纹采集时间

5.1.5 流浪乞讨人员人脸信息库表

流浪乞讨人员人脸信息库见表7。

表7 流浪乞讨人员人脸信息库

标识符	中文名称	数据类型	数据格式	必选项	备注
AFCP0300	人脸信息库代码	string	an32	Y	UUID,符合 GB/T 17969.8
AFCP0100	流浪信息人员代码	string	an32	Y	引用流浪乞讨人员基本信息表标识
AFCP0302	人脸信息分组	string	n32	N	人脸信息分组代码
AFCE0304	人脸信息图片	string	..256	N	保存人脸信息图片路径
AFCP0202	采集单位	string	an32	N	引用流浪管理机构基础信息表标识
AFCE0203	采集时间	datetime	YYYYMMDD hh:mm:ss	N	人脸信息采集时间

5.1.6 走失人员家属寻亲登记表

走失人员家属寻亲登记见表8。

表8 走失人员家属寻亲登记

标识符	中文名称	数据类型	数据格式	必选项	备注
AFCP0400	寻亲登记表代码	string	an32	Y	UUID,符合 GB/T 17969.8
AFCE0100	救助管理机构代码	string	an32	Y	引用救助管理机构信息表标识
AXCP0002	姓名	string	..72	Y	走失人员姓名,采用基础数据库统一定义标识符

续表

标识符	中文名称	数据类型	数据格式	必选项	备注
AXCP0006	性别	string	n1	Y	人员性别,采用基础数据库统一定义标识符 取值范围见 JMGC/XX 204 5.1.7 C0007 人的性别代码
AFCP0403	体重	float	4,1	N	单位:kg
AXCP0041	户籍地址所在地行政区划	string	n12	Y	户籍地址所在地行政区划,采用基础数据库统一定义标识符 前6位见 GB/T 2260,后3位见 GB/T 10114,后3位为村或社区编码
AXCP0040	户籍地址	string	..100	Y	走失人员的户籍详细地址,采用基础数据库统一定义标识符
AXCP0003	曾用名	string	..72	N	走失人员曾经使用时间最长的姓名,采用基础数据库统一定义标识符
AXCP0008	民族	string	n2	Y	人员民族,采用基础数据库统一定义标识符 取值范围见 JMGC/XX 204 5.1.9 C0009 民族代码
AXCP0004	身份证件类型	string	n2	N	人员身份证件类型,采用基础数据库统一定义标识符 取值范围见 JMGC/XX 204 5.1.15 C0015 身份证件类型代码
AXCP0005	身份证件号码	string	..18	N	人员身份证件号码,采用基础数据库统一定义标识符 对于身份证件类型为"内地居民身份证"的人员,身份号码值域符合 GB 11643
AFCP0411	身高	float	4,1	N	单位:cm
AXCP0039	出生日期	date	YYYYMMDD	N	走失人员出生日期,采用基础数据库统一定义标识符
AFCP0413	体态	string	n1	Y	见 JMGC/XX 204 5.5.3.12 CFC25 流浪乞讨人员救助寻亲人员体态代码
AFCP0414	头发卷曲	string	n1	Y	见 JMGC/XX 204 5.5.3.13 CFC26 流浪乞讨人员救助寻亲人员头发卷曲代码
AFCP0415	头发颜色	string	n1	Y	见 JMGC/XX 204 5.5.3.14 CFC27 流浪乞讨人员救助寻亲人员头发颜色代码
AFCP0416	走失日期	date	YYYYMMDD	N	走失人员走失日期
AFCP0417	走失地点	string	..100	N	走失人员走失地点
AFCP0418	血型	string	n1	N	见 JMGC/XX 204 5.1.12 C0012 血型代码

续表

标识符	中文名称	数据类型	数据格式	必选项	备注
AFCP0419	是否提取过 DNA	boolean		Y	走失人员是否提取过 DNA
AFCP0420	走失时衣着特征	string	..100	N	走失人员走失时的衣着
AFCP0421	有无身体残疾	boolean		Y	走失人员是否身体残疾
AFCP0422	有无胎记	boolean		Y	走失人员是否有胎记
AFCP0423	身体残疾位置	string	..100	N	走失人员身体残疾位置
AFCP0424	胎记位置	string	..100	N	走失人员胎记位置
AFCP0425	有无纹身	boolean		Y	走失人员是否有文身
AFCP0426	纹身位置	string	..100	N	走失人员文身位置
AFCP0427	有无肢体残疾	boolean		Y	走失人员是否肢体残疾
AFCP0428	肢体残疾位置	string	..100	N	走失人员肢体残疾的位置描述
AFCP0429	有无智力残疾	boolean		Y	走失人员是否智力残疾
AFCP0430	智力残疾描述	string	..100	N	走失人员智力残疾的描述
AFCP0631	精神状态	string	n1	Y	见 JMGC/XX 204 5.5.3.11 CFC23 流浪乞讨人员精神状态代码
AFCP0432	异常描述	string	..100	N	走失人员的异常描述
AFCP0433	走失人员家属备注	string	..200	N	走失人员家属填写其他备注信息
AFCP0434	状态	string	n1	Y	见 JMGC/XX 204 5.5.3.20 CFC36 流浪人员寻亲状态代码
AFCP0436	身体残疾描述	string	..100	N	走失人员的身体残疾情况描述
AFCP0437	胎记描述	string	..100	N	走失人员胎记描述
AFCP0438	纹身描述	string	..100	N	走失人员文身描述
AFCP0439	肢体残疾描述	string	..100	N	走失人员肢体残疾描述
AFCP0440	寻亲登记人	string	..72	Y	登记人(经办人)姓名
AFCP0441	寻亲登记时间	datetime	YYYYMMDD hh:mm:ss	Y	发起寻亲登记的时间
AFCP0442	照片	string	..256	Y	照片存储路径
AFCX0103	年龄	number		Y	走失人员年龄

5.1.7 站内待寻亲人员信息表

站内待寻亲人员信息见表9。

表9 站内待寻亲人员信息

标识符	中文名称	数据类型	数据格式	必选项	备注
AFCP0600	站内待寻亲记录代码	string	an32	Y	UUID,符合 GB/T 17969.8
AFCE0100	救助管理机构代码	string	an32	Y	引用救助管理机构信息表代码标识

续表

标识符	中文名称	数据类型	数据格式	必选项	备注
AFCX0100	救助记录代码	string	an32	Y	引用救助记录表代码
AXCP0002	姓名	string	..72	Y	站内待寻人员姓名,采用基础数据库统一定义标识符
AXCP0006	性别	string	n1	Y	人员性别,采用基础数据库统一定义标识符 取值范围见 JMGC/XX 204 5.1.7 C0007 人的性别代码
AFCP0603	体重	float	4,1	N	单位:kg
AXCP0041	户籍所在地区划	string	n12	N	户籍所在地行政区划,采用基础数据库统一定义标识符 前6位见 GB/T 2260,后3位见 GB/T 10114,后3位为村或社区编码
AXCP0003	曾用名	string	..72	N	站内待寻亲人员曾经使用时间最长的姓名,采用基础数据库统一定义标识符
AXCP0008	民族	string	n2	N	人员民族,采用基础数据库统一定义标识符 取值范围见 JMGC/XX 204 5.1.9 C0009 民族代码
AXCP0004	身份证件类型	string	n2	N	人员身份证件类型,采用基础数据库统一定义标识符 取值范围见 JMGC/XX 204 5.1.15 C0015 身份证件类型代码
AXCP0005	身份证件号码	string	..18	N	人员身份证件号码,采用基础数据库统一定义标识符 对于身份证件类型为“内地居民身份证”的人员,身份号码值域符合 GB 11643
AFCP0611	身高	float	4,1	N	单位:cm
AXCP0039	出生日期	date	YYYYMMDD	N	待寻亲人员出生日期,采用基础数据库统一定义标识符
AFCP0413	体态	string	n1	Y	见 JMGC/XX 204 5.5.3.12 CFC25 流浪乞讨人员救助寻亲人员体态代码
AFCP0414	头发卷曲	string	n1	Y	见 JMGC/XX 204 5.5.3.13 CFC26 流浪乞讨人员救助寻亲人员头发卷曲代码
AFCP0415	头发颜色	string	n1	Y	见 JMGC/XX 204 5.5.3.14 CFC27 流浪乞讨人员救助寻亲人员头发颜色代码
AFCP0616	发现日期	date	YYYYMMDD	N	站内待寻亲人员被发现的日期
AFCP0617	发现地点	string	..100	N	站内待寻亲人员被发现的地点

续表

标识符	中文名称	数据类型	数据格式	必选项	备注
AFCP0418	血型	string	n1	N	见 JMGC/XX 204 5. 1. 12 C0012 血型代码
AFCP0419	是否提取过 DNA	boolean		Y	站内待寻亲人员是否提取过 DNA
AFCP0420	走失时衣着特征	string	. . 100	N	站内待寻亲人员走失时的衣着
AFCP0421	有无身体残疾	boolean		Y	站内待寻亲人员是否身体残疾
AFCP0422	有无胎记	boolean		Y	站内待寻亲人员是否有胎记
AFCP0423	身体残疾位置	string	. . 100	N	站内待寻亲人员身体残疾位置
AFCP0424	胎记位置	string	. . 100	N	站内待寻亲人员胎记位置
AFCP0425	有无文身	boolean		Y	站内待寻亲人员是否有文身
AFCP0426	文身位置	string	. . 100	N	站内待寻亲人员文身位置
AFCP0427	有无肢体残疾	boolean		Y	站内待寻亲人员是否肢体残疾
AFCP0428	肢体残疾位置	string	. . 100	N	站内待寻亲人员肢体残疾的位置描述
AFCP0429	有无智力残疾	boolean		Y	站内待寻亲人员是否智力残疾
AFCP0430	智力残疾描述	string	. . 100	N	站内待寻亲人员智力残疾的描述
AFCP0631	精神状态	string	n1	Y	见 JMGC/XX 204 5. 5. 3. 11 CFC23 流浪乞讨人员精神状态代码
AFCP0432	异常描述	string	. . 100	N	站内待寻亲人员身体异常描述
AFCP0433	备注	string	. . 200	N	
AFCP0634	其他寻亲服务	string	n1	Y	见 JMGC/XX 204 5. 5. 3. 15 CFC29 流浪乞讨人员救助寻亲成功方式代码
AFCP0625	身体残疾描述	string	. . 100	N	当其他寻亲服务选择“其他”类型时，在此字段描述详细信息
AFCP0434	状态	string	n1	N	见 JMGC/XX 204 5. 5. 3. 20 CFC36 流浪人员寻亲状态代码
AFCP0440	寻亲登记人	string	. . 72	Y	登记人(经办人)的姓名
AFCP0441	寻亲登记时间	datetime	YYYYMMDD hh:mm:ss	Y	待寻亲人员寻亲登记时间
AFCP0442	照片	string	. . 256	Y	照片存储路径
AFCX0103	年龄	number		Y	站内待寻亲人员年龄
AFCP0645	寻亲结果登记状态	string	n1	Y	0:未登记;1:已登记
AFCP0646	寻亲平台推送状态	string	n1	Y	见 JMGC/XX 204 5. 5. 3. 16 CFC32 流浪乞讨人员救助寻亲推送状态代码

5. 1. 8 工作人员信息表

工作人员信息见表 10。

表 10　工作人员信息

标识符	中文名称	数据类型	数据格式	必选项	备注
AFCP1100	工作人员代码	string	an32	Y	UUID,符合 GB/T 17969. 8
AXCP0002	姓名	string	. . 72	Y	工作人员姓名,采用基础数据库统一定义标识符
AXCP0006	性别	string	n1	Y	人员性别,采用基础数据库统一定义标识符 取值范围见 JMGC/XX 204 5. 1. 7 C0007 人的性别代码
AXCP0008	民族	string	n2	N	人员民族,采用基础数据库统一定义标识符 取值范围见 JMGC/XX 204 5. 1. 9 C0009 民族代码
AXCP0004	身份证件类型	string	n2	N	人员身份证件类型,采用基础数据库统一定义标识符 取值范围见 JMGC/XX204 5. 1. 15 C0015 身份证件类型代码
AXCP0005	身份证件号码	string	. . 18	N	人员身份证件号码,采用基础数据库统一定义标识符 对于身份证件类型为“内地居民身份证”的人员,身份号码值域符合 GB 11643
AXCP0039	出生日期	date	YYYYMMDD	N	工作人员出生日期,采用基础数据库统一定义标识符
AXCP0009	人员文化程度	string	n2	Y	文化程度,采用基础数据库统一定义标识符 取值范围见 JMGC/XX 204 5. 1. 8 C0008 学历代码
AXCP0044	职务	string	. . . 50	N	工作人员的职务,采用基础数据库统一定义标识符
AFCP1105	职业资质	string	n2	Y	见 JMGC/XX 204 5. 5. 3. 22 CFC38 流浪乞讨人员救助职业资质代码
AXBE0013	联系电话	string	. . 18	N	有效的座机或手机号码,采用基础数据库统一定义标识符 座机号码标准格式为:区号 - 电话号码,手机号码为:长 11 位,第 1 位为 1,第 2 位为 3—9

5. 1. 9 易流浪走失人员基本信息表

易流浪走失人员基本信息见表 11。

表11 易流浪走失人员基本信息

标识符	中文名称	数据类型	数据格式	必选项	备注
AFCP1200	易流浪走失人员代码	string	an32	Y	取值为UUID,符合GB/T 17969.8的规定
AXCP0002	姓名	string	..72	Y	易流浪走失人员姓名,采用基础数据库统一定义标识符
AXCP0003	曾用名	string	..72	N	易流浪走失人员曾经使用时间最长的姓名,采用基础数据库统一定义标识符
AXCP0006	性别	string	n1	Y	人员性别,采用基础数据库统一定义标识符 取值范围见JMGC/XX 204 5.1.7 C0007 人的性别代码
AXCP0008	民族	string	n2	N	人员民族,采用基础数据库统一定义标识符 取值范围见JMGC/XX 204 5.1.9 C0009 民族代码
AXCP0004	身份证件类型	string	n2	N	人员身份证件类型,采用基础数据库统一定义标识符 取值范围见JMGC/XX 204 5.1.15 C0015 身份证件类型代码
AXCP0005	身份证件号码	string	..18	N	人员身份证件号码,采用基础数据库统一定义标识符 对于身份证件类型为"内地居民身份证"的人员,身份号码值域符合GB 11643
AXCP0039	出生日期	date	YYYYMMDD	N	易流浪走失人员出生日期,采用基础数据库统一定义标识符
AXCP0009	人员文化程度	string	n2	N	文化程度,采用基础数据库统一定义标识符 取值范围见JMGC/XX 204 5.1.8 C0008 学历代码
AFCP0109	口音	string	..10	N	易流浪走失人员口音
AFCP0110	血型	string	n1	N	见JMGC/XX 204 5.1.12 C0012 血型代码
AXCP0041	户籍地址所在地行政区划	string	n12	N	户籍地址所在地行政区划,采用基础数据库统一定义标识符 前6位见GB/T 2260,后3位见GB/T 10114,后3位为村或社区编码
AXCP0040	户籍地址	string	..100	N	易流浪走失人员详细地址,采用基础数据库统一定义标识符
AXBE0013	联系电话	string	..18	N	有效的座机或手机号码,采用基础数据库统一定义标识符 座机号码标准格式为:区号-电话号码,手机号码为:长11位,第1位为1,第2位为3—9

5.1.10 建档立卡人员信息表

建档立卡人员信息见表 12

表 12 建档立卡人员信息

标识符	中文名称	数据类型	数据格式	必选项	备注
AFCP1300	建档立卡人员信息表代码	string	an32	Y	取值为 UUID,符合 GB/T 17969.8 的规定
AXCP0002	姓名	string	..72	Y	人员姓名,采用基础数据库统一定义标识符
AXCP0003	曾用名	string	..72	N	人员曾经使用最长时间的姓名,采用基础数据库统一定义标识符
AXCP0006	性别	string	n1	Y	人员性别,采用基础数据库统一定义标识符 取值范围见 JMGC/XX 204 5.1.7 C0007 人的性别代码
AXCP0008	民族	string	n2	N	人员民族,采用基础数据库统一定义标识符 取值范围见 JMGC/XX 204 5.1.9 C0009 民族代码
AXCP0004	身份证件类型	string	n2	N	人员身份证件类型,采用基础数据库统一定义标识符 取值范围见 JMGC/XX 204 5.1.15 C0015 身份证件类型代码
AFCP0005	人员身份证件号码	string	..18	N	对于身份证件类型为"内地居民身份证"的人员,值域符合 GB 11643
AXCP0009	人员文化程度	string	n2	N	文化程度,采用基础数据库统一定义标识符 取值范围见 JMGC/XX 204 5.1.8 C0008 学历代码
AFCP0109	口音	string	..10	N	人员口音
AFCP0418	血型	string	n1	N	见 JMGC/XX 204 5.1.12 C0012 血型代码
AXCP0041	户籍地址所在地行政区划	string	n12	N	户籍地址所在地行政区划,采用基础数据库统一定义标识符 前 6 位见 GB/T 2260,后 3 位见 GB/T 10114,后 3 位为村或社区编码
AXCP0040	户籍地址	string	..100	N	人员户籍详细地址,采用基础数据库统一定义标识符
AFCP1313	头像	string	an32	N	保存统一存储系统返回文件代码
AFCP0114	指纹采集状态	string	n1	N	见附录 A.7 流浪乞讨人员指纹采集状态代码
AFCP1315	身体状况	string	..300	N	人员身体状况
AXCP0039	出生日期	date	YYYYMMDD	N	人员出生日期,采用基础数据库统一定义标识符

5.2 流浪乞讨人员救助业务数据元

5.2.1 流浪乞讨人员救助记录表

流浪乞讨人员救助记录见表13。

表13 流浪乞讨人员救助记录

标识符	中文名称	数据类型	数据格式	必选项	备注
AFCX0100	救助记录编号	string	an32	Y	取值为UUID,符合GB/T 17969.8的规定
AFCE0100	救助管理机构代码	string	an32	Y	引用流浪管理机构基础信息标识
AFCP0100	流浪乞讨人员代码	string	an32	Y	引用流浪乞讨人员基本信息标识
AFCX0101	救助编号	string	n20	Y	行政区划代码(9位到区县)+年月日(8位)+3位自增数
AFCX0103	年龄	number		Y	受助人员年龄
AFCP0411	身高	float	4,1	N	受助人员
AFCX0105	体重	float	4,1	N	单位:kg
AFCX0106	来站时间	datetime	YYYYMMDD hh:mm:ss	Y	流浪乞讨人员来救助管理站时间
AFCX0107	来站方式	string	n1	Y	见JMGC/XX 204 5.5.3.2 CFC07 流浪人员来站方式代码
AFCX0108	求助内容	string	..26	Y	见JMGC/XX 204 5.5.3.3 CFC08 流浪人员求助内容代码
AFCX0109	求助原因	string	..32	Y	见JMGC/XX 204 5.5.3.4 CFC09 流浪人员求助原因代码
AFCP1315	身体状况	string	..32	N	多选,见JMGC/XX 204 5.5.3.5 CFC10 流浪人员入站登记身体状况代码
AFCX0111	安全检查状况	string	..35	N	多选,见JMGC/XX 204 5.5.3.6 CFC11 流浪人员安全检查状况代码 见JMGC/XX 204 5.5.3.7 CFC12 流浪人员安全检查详细代码
AFCX0113	救助状态	string	n1	Y	见JMGC/XX 204 5.5.3.1 CFC06 流浪人员救助状态代码
AFCX0122	寻亲登记状态	string	n1	Y	见JMGC/XX 204 5.5.3.21 CFC37 流浪乞讨人员救助寻亲登记状态代码
AFCX0123	离站日期	date	YYYYMMDD	N	受助人员离站时间
AFCX0201	安全检查状况其他	string	..100	N	安全检查其他情况描述
AFCX0202	来站方式其他	string	..100	N	其他来站方式描述
AFCX0203	求助内容其他	string	..100	N	其他求助内容描述

续表

标识符	中文名称	数据类型	数据格式	必选项	备注
AFCX0204	求助原因其他	string	..100	N	其他求助元婚姻描述
AFCX0205	身体状况其他	string	..100	N	其他身体状况描述
AFCX0206	寄存物品	string	..100	Y	寄存物品描述
AFCX0207	流浪经历	string	..100	Y	流浪经历描述
AFCX0119	救助登记日期	date	YYYYMMDD	Y	流浪乞讨人员救助登记日期
AFCX0131	是否申请家暴庇护救助	boolean		Y	受助人员是否申请家暴庇护

5.2.2 流浪乞讨人员急病救治信息表

流浪乞讨人员急病救治信息见表14。

表14 流浪乞讨人员急病救治信息

标识符	中文名称	数据类型	数据格式	必选项	备注
AFCX0600	流浪乞讨人员医疗救助表代码	string	an32	Y	取值为UUID,符合GB/T 17969.8的规定
AFCX0100	救助记录代码	string	an32	Y	引用流浪乞讨人员救助记录表标识
AFCX0601	救助方式	string	n1	Y	见JMGC/XX 204 5.5.3.8 CFC13流浪人员医疗救助方式代码
AXBE0003	单位名称	string	..100	Y	医疗机构名称,采用基础数据库统一定义标识符
AFCX0602	急病救治开始日期	date	YYYYMMDD	Y	急病救治的开始日期
AFCX1004	急病救治结束日期	date	YYYYMMDD	N	急病救治的结束日期

5.2.3 专业服务信息表

专业服务信息见表15。

表15 专业服务信息

标识符	中文名称	数据类型	数据格式	必选项	备注
AFCX1000	流浪乞讨人员救助专业服务表代码	string	an32	Y	取值为UUID,符合GB/T 17969.8的规定
AFCX0100	救助记录代码	string	an32	Y	引用流浪乞讨人员救助记录表标识
AFCX1001	服务项目	string	n1	Y	见JMGC/XX 204 5.5.3.9 CFC15流浪乞讨人员救助专业服务代码
AXCP0002	姓名	string	..72	Y	服务人员姓名,采用基础数据库统一定义标识符

续表

标识符	中文名称	数据类型	数据格式	必选项	备注
AFCX1003	专业服务开始日期	date	YYYYMMDD	Y	专业服务的开始日期
AFCX1004	专业服务结束日期	date	YYYYMMDD	N	受助人员救助专业服务结束日期
AFCX1005	服务内容	string	..200	Y	受助人员接收的专业服务内容

5.2.4 寻亲联系情况核实表

寻亲联系情况核实见表16。

表16 寻亲联系情况核实

标识符	中文名称	数据类型	数据格式	必选项	备注
AFCX1100	寻亲联系情况核实表代码	string	an32	Y	取值为UUID,符合GB/T 17969.8的规定
AFCE0100	救助管理机构代码	string	an32	N	引用流浪管理机构基础信息表标识
AFCX0100	救助记录代码	string	an32	N	引用救助记录表代码
AFCP0700	流浪乞讨人员亲属信息表代码	string	an32	Y	引用流浪乞讨人员亲属信息表代码
AFCX1101	联系结果	string	n1	Y	见附录A.2 流浪乞讨人员救助核实结果代码
AFCX1102	联系时间	datetime	YYYYMMDD hh:mm:ss	Y	寻亲联系情况核实的联系时间
AFCX1103	经办人	string	..72	Y	经办人员姓名
AFCX1104	具体情况	string	..200	Y	核实的详细情况
AFCX8403	核实日期	date	YYYYMMDD	Y	核实的日期
AFCX8404	情况描述	string	..300	N	核实情况的描述

5.2.5 流浪乞讨人员机构托养记录表

流浪乞讨人员机构托养记录见表17。

表17 流浪乞讨人员机构托养记录

标识符	中文名称	数据类型	数据格式	必选项	备注
AFCX1200	流浪乞讨人员机构托养记录表代码	string	an32	Y	取值为UUID,符合GB/T 17969.8的规定
AFCX0100	救助记录代码	string	an32	Y	引用救助记录表标识
AXBE0003	单位名称	string	..100	Y	托养单位名称,采用基础数据库统一定义标识符
AFCX1202	托养开始日期	date	YYYYMMDD	Y	托养的开始日期
AFCX1004	托养结束日期	date	YYYYMMDD	N	托养的结束日期
AFCX1204	托养状态	string	n1	Y	见JMGC/XX 204 5.5.3.17 CFC30 流浪人员机构托养状态代码

5.2.6 流浪乞讨人员离站登记信息表

流浪乞讨人员离站登记信息见表18。

表18 流浪乞讨人员离站登记信息

标识符	中文名称	数据类型	数据格式	必选项	备注
AFCX1400	离站登记表代码	string	an32	Y	取值为UUID,符合GB/T 17969.8的规定
AFCE0100	救助管理机构代码	string	an32	Y	引用流浪管理机构基础信息表标识
AFCP0100	流浪乞讨人员代码	string	an32	Y	引用流浪乞讨人员基本信息表标识
AFCX0100	救助记录代码	string	an32	Y	引用流浪乞讨人员救助记录表标识
AFCX1401	离站日期	date	YYYYMMDD	Y	流浪乞讨人员的离开救助管理站的日期
AFCX1402	离站方式	string	n2	Y	见JMGC/XX 204 5.5.3.10 CFC17 流浪救助离站方式代码
AFCX1403	在站天数	number		Y	流浪乞讨人员在救助管理站的天数
AFCX1804	护送目的地区划	string	n12	N	护送目的地区划代码。当离站方式为“救助管理机构护送”时,填写该字段 前6位见GB/T 2260,后3位见GB/T 10114,后3位为村或社区编码
AFCX1902	接领单位区划	string	n12	N	当离站方式为“救助管理机构接领”时,填写该字段 前6位见GB/T 2260,后3位见GB/T 10114,后3位为村或社区编码

5.2.7 街面救助记录表

街面救助记录见表19。

表19 街面救助记录

标识符	中文名称	数据类型	数据格式	必选项	备注
AFCX4700	站外救助记录代码	string	an32	Y	取值为UUID,符合GB/T 17969.8的规定
AFCE0100	救助管理机构代码	string	an32	Y	引用流浪管理机构基础信息表标识
AFCX0101	救助编号	string	n20	Y	行政区划代码(9位到区县)+年月日(8位)+3位自增数
AXCP0002	姓名	string	..72	Y	人员姓名,采用基础数据库统一定义标识符

续表

标识符	中文名称	数据类型	数据格式	必选项	备注
AXCP0006	性别	string	n1	Y	人员性别，采用基础数据库统一定义标识符 取值范围见 JMGC/XX 204 5. 1. 7 C0007 人的性别代码
AXCP0008	民族	string	n2	N	人员民族，采用基础数据库统一定义标识符 取值范围见 JMGC/XX 204 5. 1. 9 C0009 民族代码
AXCP0004	身份证件类型	string	n2	N	人员身份证件类型，采用基础数据库统一定义标识符 取值范围见 JMGC/XX 204 5. 1. 15 C0015 身份证件类型代码
AXCP0005	身份证件号码	string	. . 18	N	人员身份证件号码，采用基础数据库统一定义标识符 对于身份证件类型为“内地居民身份证”的人员，身份号码值域符合 GB 11643
AXCP0021	救助地点区划代码	string	n12	Y	前 6 位见 GB/T 2260，后 3 位见 GB/T 10114，后 3 位为村或社区编码
AXCP0022	门牌号	string	. . 100	Y	救助地点详细描述，采用基础数据库统一定义标识符
AFCX0103	年龄	number		Y	受助人员的年龄
AFCX0106	救助时间	datetime	YYYYMMDD hh:mm:ss	Y	受助人被救助的时间
AFCX0108	救助内容	string	. . 26	Y	多选，见 JMGC/XX 204 5. 5. 3. 3 CFC08 流浪人员救助内容代码
AFCX0109	救助原因	string	. . 32	Y	多选，见 JMGC/XX 204 5. 5. 3. 4 CFC09 流浪人员救助原因代码
AFCX0203	其他救助内容	string	. . 100	N	其他救助内容描述
AFCX0204	其他救助原因	string	. . 100	N	其他救助原因描述

5. 2. 8 寻亲结果表

寻亲结果见表 20。

表 20　寻亲结果

标识符	中文名称	数据类型	数据格式	必选项	备注
AFCX4800	寻亲结果表代码	string	an32	Y	取值为 UUID，符合 GB/T 17969. 8 的规定
AFCX0100	救助记录代码	string	an32	N	引用救助人员救助记录表代码
AFCP0600	站内待寻表代码	string	an32	Y	引用站内待寻亲人员表代码

续表

标识符	中文名称	数据类型	数据格式	必选项	备注
AFCP0400	寻亲登记表代码	string	an32	N	引用寻亲登记表代码
AFCX4801	寻亲类型	string	n1	Y	0:站内待寻;1:家人所寻
AFCX4802	寻亲结果	string	n2	Y	见附录 A. 1 流浪乞讨人员救助寻亲结果代码
AFCX4803	寻亲结果备注	string	. . 300	N	寻亲结果的备注信息
AFCX4804	登记人	string	. . 72	Y	寻亲结果登记人员姓名
AFCX4805	寻亲登记时间	datetime	YYYYMMDD hh:mm:ss	N	寻亲登记的时间
AFCE0100	救助管理机构代码	string	an32	N	引用流浪管理机构基础信息表标识

5. 2. 9 监督员监管表

监督员监管见表 21。

表 21　监督员监管

标识符	中文名称	数据类型	数据格式	必选项	备注
AFCX7000	监督员机关代码	string	an32	Y	取值为 UUID,符合 GB/T 17969. 8 的规定
AFCE0100	单位代码	string	an32	N	救助管理机构代码
AFCX7001	特邀监督员	string	. . 72	N	特邀监督员姓名
AFCX7002	参与人员	string	. . 200	N	参与特邀监督人员
AFCX7003	监管日期	date	YYYYMMDD	N	记录特邀监督员监管日期
AFCX7004	内容描述	string	. . 1000	N	特邀监督员监管内容

5. 2. 10 志愿活动表

志愿活动见表 22。

表 22　志愿活动

标识符	中文名称	数据类型	数据格式	必选项	备注
AFCX7100	志愿活动代码	string	an32	Y	取值为 UUID,符合 GB/T 17969. 8 的规定
AFCE0100	单位代码	string	an32	N	救助管理机构代码
AFCX7101	组织单位	string	. . 72	N	组织志愿活动的单位名称
AFCX7102	参与人员	string	. . 200	N	参与志愿活动的人员名称
AFCX7103	活动日期	date	YYYYMMDD	N	志愿活动开始日期
AFCX7104	志愿活动内容描述	string	. . 1000	N	志愿活动的内容描述

5.2.11 第三方评估表

第三方评估见表23。

表23　第三方评估

标识符	中文名称	数据类型	数据格式	必选项	备注
AFCX7200	第三方评估代码	string	an32	Y	取值为UUID,符合GB/T 17969.8的规定
AFCE0100	单位代码	string	an32	N	第三方评估的救助管理机构
AFCX7201	评估单位	string	..72	N	第三方机构名称
AFCX7202	委托单位	string	..200	N	委托进行第三方评估的单位
AFCX7203	评估日期	date	YYYYMMDD	N	评估开始日期
AFCX7204	第三方评估内容描述	string	..1000	N	第三方评估的描述

5.2.12 跨区域协调信息表

跨区域协调信息见表24。

表24　跨区域协调信息

标识符	中文名称	数据类型	数据格式	必选项	备注
AFCX7500	跨区域协调信息表代码	string	an32	Y	取值为UUID,符合GB/T 17969.8的规定
AFCP0100	流浪乞讨人员基本信息表代码	string	an32	Y	引用流浪乞讨人员基本信息表代码
AFCX0100	救助记录代码	string	an32	Y	引用救助记录表代码
AFCX7501	申请方机构代码	string	an32	Y	引用流浪管理机构基础信息表标识
AFCX7502	申请方区划代码	string	an12	Y	前6位见GB/T 2260,后3位见GB/T 10114,后3位为村或社区编码
AFCX7503	接收方机构代码	string	an32	Y	引用流浪管理机构基础信息表标识
AFCX7504	接收方区划代码	string	an12	Y	前6位见GB/T 2260,后3位见GB/T 10114,后3位为村或社区编码
AFCX7505	区域跨度省市	string	n1	Y	1:跨市,2:跨省
AFCX7506	跨区域协调状态	string	n1	Y	见附录A.6流浪乞讨人员跨区域协调状态代码
AFCX7507	协调说明	string	..200	Y	跨区域协调的说明。
AFCX7508	经办人	string	..72	Y	
AFCX7509	申请时间	datetime	YYYYMMDD hh:mm:ss	Y	跨区域协调发起时间

续表

标识符	中文名称	数据类型	数据格式	必选项	备注
AFCX7510	最新处理时间	datetime	YYYYMMDD hh:mm:ss	N	跨区域协调最新一次处理的时间
AFCX7511	最高介入级别	string	n2	Y	见附录A.10最高介入级别类型代码
AFCX7512	撤回原因	string	..200	N	跨区域协调撤回的原因
AFCX7513	撤回人	string	..200	N	跨区域协调撤回的人员
AFCX7514	撤回时间	datetime	YYYYMMDD hh:mm:ss	N	跨区域协调撤回的时间
AFCX7515	当前待处理机构代码	string	an32	N	引用流浪管理机构基础信息表标识
AFCX7516	跨区域处理状态	string	n1	N	1:待处理,2:待上报,3:待申请,4:结束

5.2.13 协调机制运行表

协调机制运行见表25。

表25 协调机制运行

标识符	中文名称	数据类型	数据格式	必选项	备注
AFCX7700	协调机制运行代码	string	an32	Y	取值为UUID,符合GB/T 17969.8的规定
AFCE0100	单位代码	string	an32	N	协调机制运行单位代码
AFCX7701	协调机制运行名称	string	..100	Y	协调机制运行的名称
AFCX7702	协调机制运行召集人	string	..72	Y	协调机制运行召集人员姓名
AFCX7703	是否为政府分管负责同志	boolean		Y	
AFCX7704	办公室	string	..100	Y	参与协调机制运行的单位名称
AFCX7705	协调机制运行备注	string	..300	N	

5.2.14 专项工作信息表

专项工作信息见表26。

表26 专项工作信息

标识符	中文名称	数据类型	数据格式	必选项	备注
AFCX8000	专项工作代码	string	an32	Y	取值为UUID,符合GB/T 17969.8的规定
AFCE0100	救助机构代码	string	an32	Y	引用流浪管理机构基础信息表标识

续表

标识符	中文名称	数据类型	数据格式	必选项	备注
APCX8001	专项工作应用范围	string	an12	Y	前6位见GB/T 2260,后3位见GB/T 10114,后3位为村或社区编码
AFCX8004	专项工作应用开始时间	datetime	YYYYMMDD hh:mm:ss	Y	开展专项工作的开始时间
AFCX8005	专项工作应用结束时间	datetime	YYYYMMDD hh:mm:ss	Y	开展专项工作的结束时间
AFCX9803	专项工作内容描述	string	..100	Y	

5.2.15 公安身份信息核实表

公安身份信息核实见表27。

表27　公安身份信息核实

标识符	中文名称	数据类型	数据格式	必选项	备注
AFCX8400	公安身份核实代码	string	an32	Y	取值为UUID,符合GB/T 17969.8的规定
AFCE0100	救助管理机构代码	string	an32	N	引用流浪管理机构基础信息表标识
AFCP0100	流浪乞讨人员基本信息表代码	string	an32	Y	引用流浪乞讨人员基本信息表代码
AFCX0100	救助记录表代码	string	an32	Y	引用救助记录表代码
AFCP0600	站内待寻亲表代码	string	an32	Y	引用站内待寻亲表代码
AFCX8401	核实结果	string	n1	Y	见附录A.2流浪乞讨人员救助核实结果代码
AFCX8402	核实单位	string	..100	Y	公安身份信息核实的单位
AFCX8403	核实日期	date	YYYYMMDD	Y	公安身份信息核实的日期
AFCX8404	情况描述	string	..300	N	公安身份信息核实的情况描述

5.2.16 体系考核表

体系考核见表28。

表28　体系考核

标识符	中文名称	数据类型	数据格式	必选项	备注
AFCX8500	主键ID	string	an32	Y	取值为UUID,符合GB/T 17969.8的规定
AFCE0100	单位代码	string	an32	N	增加此条数据的单位代码
AFCX8501	考核体系名称	string	..100	Y	考核体系的名称

续表

标识符	中文名称	数据类型	数据格式	必选项	备注
AFCX8502	是否为平安建设体系	boolean		Y	
AFCX8503	制定单位名称	string	..100	Y	制定考核体系单位的名称
AFCX8504	执行时间	datetime	YYYYMMDD hh:mm:ss	N	考核体系执行时间
AFCX8505	考核内容描述	string	..300	N	考核内容详细描述
AXBE0033	单位所属行政区划	string	n12	Y	单位所属行政区划,采用基础数据库统一定义标识符 前6位见GB/T 2260,后3位见GB/T 10114,后3位为村或社区编码
AFCX8507	考核结果内容描述	string	..300	N	考核结果

5.2.17 协同救助机制表

协同救助机制见表29。

表29 协同救助机制

标识符	中文名称	数据类型	数据格式	必选项	备注
AFCX8600	协同救助机制代码	string	an32	Y	取值为UUID,符合GB/T 17969.8的规定
AFCE0100	单位代码	string	an32	N	引用救助管理机构基础表标识
AFCX8601	协同事项名称	string	..100	Y	协同救助机制名称
AFCX8602	协同时间	datetime	YYYYMMDD hh:mm:ss	Y	协同救助机制开始时间
AFCX8603	协同事项类型	string	n1	Y	见附录A.8 流浪乞讨人员协同事项类型代码
AFCX8604	协同备注	string	..300	Y	协同救助机制备注

5.2.18 责任落实信息表

责任落实信息见表30。

表30 责任落实信息

标识符	中文名称	数据类型	数据格式	必选项	备注
AFCX8800	责任落实业务代码	string	an32	Y	取值为UUID,符合GB/T 17969.8的规定
AFCE0100	监管机构代码	string	an32	Y	引用流浪救助机构基础表标识
AFCE0100_1	被监管机构代码	string	an32	Y	引用机构标识

续表

标识符	中文名称	数据类型	数据格式	必选项	备注
AFCX8804	检查组	string	..100	Y	责任检查组名称
AFCX8805	内容描述	string	..300	N	责任落实的名称
AFCX8801	检查时间	datetime	YYYYMMDD hh:mm:ss	Y	责任落实检查时间

5.2.19 专家库表

专家库见表31。

表31 专家库

标识符	中文名称	数据类型	数据格式	必选项	备注
AFCX9000	专家代码	string	an32	Y	取值为UUID,符合GB/T 17969.8的规定
AFCE0100	创建单位代码	string	an32	N	增加此条数据的单位代码
AXCP0002	姓名	string	..72	Y	专家的姓名,采用基础数据库统一定义标识符
AXCP0006	性别	string	n1	Y	人员性别,采用基础数据库统一定义标识符 取值范围见JMGC/XX 204 5.1.7 C0007 人的性别代码
AXCP0039	出生日期	date	YYYYMMDD	Y	专家的出生日期,采用基础数据库统一定义标识符
AXCP0008	民族	string	n2	N	人员民族,采用基础数据库统一定义标识符 取值范围见JMGC/XX 204 5.1.9 C0009 民族代码
AFCX9005	专长	string	..200	N	专家的专业特长
AFCX9006	学历	string	n2	N	见 JMGC/XX 204—2020 5.1.8 C0008 学历代码
AXCP0044	职务	string	..50	N	专家的职务
AXCP0041	户籍地址所在地行政区划	string	n12	N	户籍地址所在地行政区划,采用基础数据库统一定义标识符 前6位见GB/T 2260,后3位见GB/T 10114,后3位为村或社区编码
AXCP0040	户籍地址	string	..100	N	专家单位的详细地址,采用基础数据库统一定义标识符
AXBE0003	单位名称	string	..100	N	专家所在单位的单位名称,采用基础数据库统一定义标识符
AFCX9011	履历	string	..600	N	专家的履历
AFCX9012	头像代码	string	an32	N	保存统一存储系统返回的文件代码

5.2.20 落户安置方案信息表

落户安置方案信息见表32。

表32 落户安置方案信息

标识符	中文名称	数据类型	数据格式	必选项	备注
AFCX9800	安置方案代码	string	an32	Y	取值为UUID,符合GB/T 17969.8的规定
AFCP0100	流浪乞讨人员代码	string	an32	Y	引用流浪乞讨人员基本信息表标识
AFCE0100	报请救助机构代码	string	an32	Y	引用救助管理机构基础表标识
AFCX9801	报请政府时间	datetime	YYYYMMDD hh:mm:ss	Y	落户安置方案报请政府时间
AFCX9802	批复时间	datetime	YYYYMMDD hh:mm:ss	Y	政府批复落户安置方案时间
AFCX9803	批复意见	string	..100	Y	政府批复意见
AFCX9805	经办人	string	..72	Y	办理落户安置方案的人员
AFCX9806	经办时间	datetime	YYYYMMDD hh:mm:ss	Y	录入落户安置方案的系统时间
AFCX9807	安置时间	datetime	YYYYMMDD hh:mm:ss	Y	受助人员落户安置的时间
AFCE0400	安置机构代码	string	an32	Y	引用安置机构代码
AXBE0028	单位所在地行政区划	string	n12	Y	单位所在地行政区划,采用基础数据库统一定义标识符 前6位见GB/T 2260,后3位见GB/T 10114,后3位为村或社区编码
AXBE0027	单位地址	string	..100	Y	落户安置的详细地址,采用基础数据库统一定义标识符

5.2.21 托养人员健康状况表

FCX99 托养人员健康状况见表33。

表33 托养人员健康状况

标识符	中文名称	数据类型	数据格式	必选项	备注
AFCX9900	健康状况表代码	string	an32	Y	取值为UUID,符合GB/T 17969.8的规定
AFCE0100	救助管理机构代码	string	an32	N	引用流浪管理机构基础信息表标识
AFCP0100	流浪乞讨人员基本信息表代码	string	an32	Y	引用流浪乞讨人员基本信息表代码
AFCX0100	救助记录代码	string	an32	Y	引用救助记录表代码

续表

标识符	中文名称	数据类型	数据格式	必选项	备注
AFCX1200	托养记录表代码	string	an32	N	引用流浪乞讨人员机构托养记录表代码
AFCP0411	身高	float	4,1	Y	单位:cm
AFCX0105	体重	float	4,1	Y	单位:kg
AFCP1315	身体状况	string	..32	N	见附录 A.4 流浪乞讨人员托养身体状况代码
AFCX9904	慢性病类别	string	n2	N	见附录 A.3 流浪乞讨人员慢性病类别代码
AFCX9905	残疾类型	string	n2	N	见附录 A.5 流浪乞讨人员残疾类型代码
AFCX9906	精神状态	string	n1	N	见 JMGC/XX 204 5.5.3.11 CFC23 流浪人员精神状态代码
AFCP0432	托养人员异常描述	string	..300	N	托养人员异常情况记录
AFCX9908	托养人员情况描述	string	..300	N	托养人员托养情况描述
AFCX9909	托养人员其他身体状况	string	..300	N	托养人员托养的其他身体情况。
AFCX9910	核实状态	string	n1	N	0:未核实,1:已核实

附录 A

（规范性）

流浪乞讨人员救助管理业务代码集

A.1 流浪乞讨人员救助寻亲结果代码

流浪乞讨人员救助寻亲结果代码见表 A.1。

表 A.1 流浪乞讨人员救助寻亲结果代码

代码	元素名称	代码	元素名称
01	经问询沟通获取身份线索后寻亲成功	02	因其他方式离站结束寻亲
03	经全国救助寻亲网寻亲成功	04	经其他寻亲公告发布渠道寻亲成功
05	经 DNA 比对寻亲成功	06	经比对公安机关通报信息后寻亲成功
07	人工检索比对寻亲成功	08	自动检索比对寻亲成功
99	通过其他方式寻亲成功		

A.2 流浪乞讨人员救助核实结果代码

流浪乞讨人员救助核实结果代码见表 A.2。

表 A.2 流浪乞讨人员救助核实结果代码

代码	元素名称	代码	元素名称
0	待核实	1	已核实
2	核实未果		

A.3 流浪乞讨人员慢性病类别代码

流浪乞讨人员慢性病类别代码见表 A.3。

表 A.3 流浪乞讨人员慢性病类别代码

代码	元素名称	代码	元素名称
31	心血管病	32	脑血管病
33	慢性呼吸系统病	34	慢性消化系统病
35	慢性肾炎	36	结核病

续表

代码	元素名称	代码	元素名称
37	糖尿病	38	神经或精神疾病
41	癌症	99	其他

A.4 流浪乞讨人员托养身体状况代码

流浪乞讨人员托养身体状况代码见表A.4。

表A.4 流浪乞讨人员托养身体状况代码

代码	元素名称	代码	元素名称
01	基本健康	02	肢体残疾
03	智力残疾	04	疑似精神障碍
05	传染病	06	行动困难
07	明显外伤	08	严重抑郁
09	躁动不安	99	其他

A.5 流浪乞讨人员残疾类型代码

流浪乞讨人员残疾类型代码见表A5。

表A.5 流浪乞讨人员残疾类型代码

代码	元素名称	代码	元素名称
61	视力残疾	62	听力残疾
63	言语残疾	64	肢体残疾
65	智力残疾	66	精神残疾
67	多重残疾	69	其他残疾

A.6 流浪乞讨人员跨区域协调状态代码

流浪乞讨人员跨区域协调状态代码见表A.6。

表A.6 流浪乞讨人员跨区域协调状态代码

代码	元素名称	代码	元素名称
0	未处理	1	处理中
2	已同意	3	不同意
4	撤回	5	已上报

A.7 流浪乞讨人员指纹采集状态代码

流浪乞讨人员指纹采集状态代码见表 A.7。

表 A.7 流浪乞讨人员指纹采集状态代码

代码	元素名称	代码	元素名称
1	已采集	0	未采集

A.8 流浪乞讨人员协同事项类型代码

流浪乞讨人员协同事项类型代码见表 A.8。

表 A.8 流浪乞讨人员协同事项类型代码

代码	元素名称	代码	元素名称
0	街面救助	1	救助巡查
2	医疗救治	3	护送返乡
4	安置落户	5	源头治理
9	其他		

A.9 合作救助机构类型代码

合作机构类型代码见表 A.9。

表 A.9 合作机构类型代码

代码	元素名称	代码	元素名称
1	托养机构	2	医疗机构
3	安置机构	9	其他

A.10 最高介入级别类型代码

最高介入级别类型代码见表 A.10。

表 A.10 最高介入级别类型代码

代码	元素名称	代码	元素名称
10	中央	20	省
40	市、地区	50	县
60	街道、镇、乡	70	居民、村民委员会
99	其他		

参考文献

[1]GB/T 18221 信息技术 程序设计语言、环境与系统软件接口 独立于语言的数据类型

[2]GB/T 23824.1 信息技术 实现元数据注册系统(MDR)内容一致性的规程 第1部分:数据元

[3]《民政部关于印发〈生活无着的流浪乞讨人员救助管理机构工作规程〉的通知》(民发〔2014〕132号)

JMGC

民 政 部 金 民 工 程 标 准

JMGC/YW 426.3—2020

社会事务管理数据元
第3部分:殡葬管理

2020－12－30 发布　　　　2020－12－30 实施

民政部信息中心 发布

目　次

前　言

本文件按照GB/T 1.1—2020《标准化工作导则 第1部分:标准的结构和编写》的规则起草。

请注意本文件的某些内容可能涉及专利。本文件的发布机构不承担识别专利的责任。

本文件为JMGC/YW 426《社会事务管理数据元》的第3部分。JMGC/YW 426已经发布了以下部分:

——第1部分:婚姻管理;

——第2部分:流浪乞讨人员救助管理;

——第3部分:殡葬管理;

——第4部分:残疾人福利。

本文件由民政部信息中心提出并归口。

本文件起草单位:民政部信息中心、中科恒运股份有限公司。

本文件主要起草人:文长军、赵超、马守平、甘会强。

引　言

JMGC/YW 426《社会事务管理数据元》由四个部分构成。

——第1部分:婚姻管理。目的在于确立婚姻管理业务相关数据元的属性和信息描述。

——第2部分:流浪乞讨人员救助管理。目的在于确立流浪乞讨人员救助管理业务相关数据元的属性和信息描述。

——第3部分:殡葬管理。目的在于确立殡葬管理业务相关数据元的属性和信息描述。

——第4部分:残疾人福利。目的在于确立残疾人福利业务相关数据元的属性和信息描述。

社会事务管理数据元 第3部分:殡葬管理

1 范围

本文件规定了金民工程项目中殡葬管理业务数据元的标识符、中文名称、数据类型、数据格式和必选项的要求。

本文件适用于金民工程项目中殡葬管理信息系统建设工作。

2 规范性引用文件

下列文件中的内容通过文中的规范性引用而构成本文件必不可少的条款。其中,注日期的引用文件,仅该日期对应的版本适用于本文件;不注日期的引用文件,其最新版本(包括所有的修改单)适用于本文件。

GB 11643 公民身份号码

GB/T 22607 中华人民共和国行政区划代码

GB/T 2659 世界各国和地区名称代码

GB/T 5271.1 信息技术 词汇 第1部分:基本术语

GB/T 10114 县级以下行政区划代码编制规则

GB/T 18391.1 信息技术 元数据注册系统(MDR) 第1部分:框架

GB 32100 法人和其他组织统一社会信用代码编码规则

MZ/T 012 民政业务数据共享与交换编码

MZ/T 098 殡葬管理服务信息系统基本数据规范

MZ/T 141 殡葬管理服务信息系统数据共享和交换规范

JMGC/XX 204 金民工程 信息分类和编码规范

JMGC/XX 207 金民工程 业务时空基准规范

JMGC/XX 210 金民工程 数据对象命名规范

JMGC/YW 422.3 社会事务管理业务术语 第3部分:殡葬管理

3 术语和定义

JMGC/YW 422.3 界定的以及下列术语和定义适用于本文件。

3.1 数据

信息的可再解释的形式化表示,以适用于通信、解释或处理。

［来源：GB/T 5271. 1，01. 01. 02］

3. 2 数据元

用一组属性描述定义、标识、表示和允许值的数据单元。

［GB/T 18391. 1，3. 3. 8］

3. 3 值域

允许值的集合。

［来源：GB/T 18391. 1，3. 3. 38］

4 数据元属性

4. 1 标识符

标识符为数据库中该字段的唯一标识，应符合 JMGC/XX 210 的要求。

4. 2 中文名称

中文名称采用中文描述，表示字段的名称。

4. 3 数据类型

本文件中数据元的数据类型见表 1。

表 1　数据类型

数据类型	说明
string（字符型）	通过字符形式表达的值的类型
number（整数型）	通过“0”到“9”数字表达的整数类型的值
float（浮点型）	通过“0”到“9”数字和小数点“.”表达的实数
date（日期型）	通过 YYYYMMDD 的形式表达的值的类型
datetime（日期时间型）	通过 YYYYMMDD hh：mm：ss 的形式表达的值的类型
boolean（布尔型）	两个且只有两个表明条件的值

4. 4 数据格式

从业务的角度规定的数据元的格式需求，包括所允许的最大和（或）最小字符长度，表示格式等。数据格式中使用的字符含义见表 2。

表 2　数据格式

数据格式	说明
a	字母字符
n	数字字符
an	字母数字字符

续表

数据格式	说明
m(m 为自然数)	定长 m 个字符,字符集默认为 GB 18030 的全部部分
..ul	长度不确定的
..	从最小长度到最大长度,前面附加最小长度,后面附加最大长度
YYYYMMDD hh:mm:ss	"YYYY"表示年份,"MM"表示月份,"DD"表示日期,"hh"表示小时,"mm"表示分钟,"ss"表示秒,可以视实际情况组合使用
m,n	浮点型的精度,m 表示总长度,n 表示小数位

4.5 必选项

必选项描述该字段是否允许插入空值,填"Y"表示该字段不允许为空值,填"N"表示该字段允许为空值。

4.6 备注

备注应对字段的意义、取值范围、计量单位、参考标准等提出要求。

5 殡葬政务信息直报业务数据元

5.1 机构基本信息

机构基本信息见表 3。

表 3 机构基本信息

标识符	中文名称	数据类型	数据格式	必选项	备注
AFBE0001	机构标识	string	an16	Y	见 MZ/T 098 表 4 值域表达式列表 E3357
AXAA0001	行政区划代码	string	n12	Y	行政区划代码,采用基础数据库统一定义标识符 前 6 位见 GB/T 2260,后 3 位见 GB/T 10114,后 3 位为村或社区编码
AXAA0002	行政区划单位	string	..50	Y	行政区划全称,采用基础数据库统一定义标识符
AFBA0034	区划类别	string	n2	Y	见 MZ/T 141 表 60 区划单位类别代码 77
AFBA0035	经度	float	9,6	Y	按照 JMGC/XX 207 中 4.4 给出的规则描述,单位度(°)
AFBA0036	纬度	float	9,6	Y	按照 JMGC/XX 207 中 4.4 给出的规则描述,单位度(°)
AXBE0003	单位名称	string	..100	Y	殡葬服务机构名称,采用基础数据库统一定义标识符
AFBE0003	固定资产	float	9,2	N	单位:万元
AFBE0004	机构占地面积	float	9,2	Y	单位:m^2

续表

标识符	中文名称	数据类型	数据格式	必选项	备注
AXBE0033	单位所属行政区划	string	n12	Y	机构单位所属行政区划,采用基础数据库统一定义标识符 前6位见GB/T 2260,后3位见GB/T 10114,后3位为村或社区编码
AXBE0002	统一社会信用代码	string	an18	Y	统一社会信用代码,采用基础数据库统一定义标识符。取值范围见GB 32100
AFBE0007	殡葬服务机构类型	string	n2	Y	见MZ/T 141 表77 殡葬单位类型类别代码
AFBE0008	举办形式	string	n2	N	见MZ/T 141 表78 殡葬单位举办形式类别代码
AFBE0009	殡葬服务机构性质	string	n2	Y	见MZ/T 141 表76 殡葬单位性质类别代码
AXBE0027	单位地址	string	..100	Y	详细地址,采用基础数据库统一定义标识符
AFBE0011	服务电话	string	..18	N	有效的座机或手机号码。座机号码标准格式为:区号-电话号码,手机号码为长11位,第1位为1,第2位为3—9
AXCP0002	姓名	string	..72	N	机构联系人,采用基础数据库统一定义标识符
AFBE0013	联系人电话	string	..18	N	有效的座机或手机号码。座机号码标准格式为:区号-电话号码,手机号码为长11位,第1位为1,第2位为3—9
AFBE0014	机构网址	string	..256	N	
AXBE0015	单位设立日期	date	YYYYMMDD	N	成立日期,采用基础数据库统一定义标识符
AFBE0016	服务范围	string	..64	N	见MZ/T 141 表97 殡葬服务项目类型类别代码
AXBE0017	法定代表人姓名	string	..72	Y	法定代表人姓名,采用基础数据库统一定义标识符
AXBE0019	法定代表人身份证件号码	string	an18	Y	法定代表人身份证件号,采用基础数据库统一定义标识符 对于身份证件类型为"内地居民身份证"的人员,身份证件号码值域符合GB 11643
AXBE0013	单位联系电话	string	..18	N	有效的座机或手机号码。采用基础数据库统一定义标识符。座机号码标准格式为:区号-电话号码,手机号码为长11位,第1位为1,第2位为3—9
AFBE0028	证照信息标识	string	an40	Y	见MZ/T 098 表4 值域表达式列表E11357
AFBE0029	证照名称	string	..64	Y	

续表

标识符	中文名称	数据类型	数据格式	必选项	备注
AFBE0030	证照编号	string	..64	N	
AFBE0031	发证机关	string	..64	Y	
AFBE0032	发证日期	date	YYYYMMDD	Y	
AFBE0033	土地使用方式	string	n2	Y	见 MZ/T 141 表 71 土地使用方式类别代码
AFBE0034	起始日期	date	YYYYMMDD	Y	土地使用起始日期
AFBE0035	使用年限	number		Y	土地使用年限
AFBE0036	土地面积	float	10,2	Y	单位:m^2
AFBE0084	机构所在地邮政编码	string	n6	N	
AFBE0085	殡葬服务机构登记部门	string	n1	Y	见 JMGC/XX 204 5.1.47 C0047 登记部门代码 33
AFBE0086	殡葬服务机构变动类型	string	n1	N	见 JMGC/XX 204 5.1.40 C0040 机构变动类型代码
AFBE0087	变动时间	datetime	YYYYMMDD hh:mm:ss	N	

5.2 机构职工汇总信息

机构职工汇总信息见表4。

表4 机构职工汇总信息

标识符	中文名称	数据类型	数据格式	必选项	备注
AFBE0001	机构标识	string	an16	Y	见 MZ/T 098 表 4 值域表达式列表 E3
AXBE0011	单位编制人数	number		Y	殡葬服务机构的编制人数,采用基础数据库统一定义标识符
AFBE0038	职工总人数	number		N	殡葬服务机构的总人数
AFBE0039	大学专科以下人数	number		N	殡葬服务机构大学专科(不含)以下人数
AFBE0040	大学专科人数	number		N	殡葬机构中大学专科学历的人数
AFBE0041	大学本科及以上人数	number		N	殡葬服务机构中大学本科(含)以上人数
AFBE0042	男职工人数	number		N	殡葬服务机构的男职工人数
AFBE0043	女职工人数	number		N	殡葬服务机构的女职工人数
AFBE0044	中级技术职称(含)以上人数	number		N	殡葬服务机构中级职称以上人数
AFBE0045	持有殡葬职业技能证书人数	number		N	殡葬服务机构持证人数
AFBE0046	当前数据收录时间	datetime	YYYYMMDD hh:mm:ss	N	

5.3 机构职工基本信息

机构职工基本信息见表5。

表5 机构职工基本信息

标识符	中文名称	数据类型	数据格式	必选项	备注
AFBP0150	人员编号	string	an34	Y	见 MZ/T 098 表4 值域表达式列表E4
AFBE0001	机构标识	string	an16	Y	见 MZ/T 098 表4 值域表达式列表E3
AXCP0002	姓名	string	..72	Y	职工姓名,采用基础数据库统一定义标识符
AXZX0002	公民身份号码	string	an18	Y	身份证件号,采用基础数据库统一定义标识符 对于身份证件类型为“内地居民身份证”的人员,身份证件号码值域符合 GB 11643
AXCP0006	性别	string	n1	Y	职工性别,采用基础数据库统一定义标识符 取值范围见 JMGC/XX 204 5.1.7 C0007 人的性别代码
AFBP0154	职工岗位	string	..16	N	
AFBP0155	编制性质	string	n2	Y	见 MZ/T 141 表72 编制性质代码
AXCP0009	人员文化程度	string	n2	Y	职工学历,采用基础数据库统一定义标识符 取值范围见 JMGC/XX 204 5.1.8 C0008 学历代码
AXCP0008	民族	string	n2	Y	职工民族,采用基础数据库统一定义标识符 取值范围见 JMGC/XX 204 5.1.9 C0009 民族代码
AFBP0158	入职日期	date	YYYYMMDD	N	
AFBP0159	是否在岗	boolean		Y	职工是否在岗
AFBP0160	离岗日期	date	YYYYMMDD	N	
AFBP0161	离岗原因	string	..256	N	职工离岗的具体原因
AXCP0025	人员专业技术职务	string	n3	N	专业技术职务,采用基础数据库统一定义标识符 见 JMGC/XX 204 5.1.20 C0020 专业技术职务代码
AFBP0163	职称级别	string	n2	N	见 JMGC/XX 204 5.1.19 C0019 职称级别代码
AXCP0017	政治面貌	string	n2	N	职工政治面貌,采用基础数据库统一定义标识符 取值范围见 MZ/T 141 表56 政治面貌类别代码
AFBP0165	薪资水平	float	9,2	N	单位:元
AFBP0166	当前数据收录时间	datetime	YYYYMMDD hh:mm:ss	N	

5.4 殡葬设施信息

殡葬设施信息见表6。

表6 殡葬设施信息

标识符	中文名称	数据类型	数据格式	必选项	备注
AFBE0001	机构标识	string	an16	Y	见 MZ/T 098 表4 值域表达式列表 E3
AFBE0061	设施标识	string	an38	Y	见 MZ/T 098 表4 值域表达式列表 E6
AFBE0062	设施名称	string	..64	Y	
AFBE0063	设施类型	string	n2	Y	见 MZ/T 141 表82 殡葬设施类型类别代码
AFBE0064	建筑面积	float	7,2	Y	单位:m^2
AFBE0065	设计容量	number		Y	
AFBE0066	设施投入使用日期	date	YYYYMMDD	Y	殡葬设施投入使用日期
AFBE0067	设施停用日期	date	YYYYMMDD	Y	殡葬设施停用日期
AFBE0068	设施状态	string	n2	Y	见 MZ/T 141 表83 殡葬设施状态类别代码

5.5 殡葬设备信息

殡葬设备信息见表7。

表7 殡葬设备信息

标识符	中文名称	数据类型	数据格式	必选项	备注
AFBE0069	设备标识	string	an39	Y	见 MZ/T 098 表4 值域表达式列表 E7
AFBE0001	机构标识	string	an16	Y	见 MZ/T 098 表4 值域表达式列表 E3
AFBE0070	设备名称	string	..64	Y	
AFBE0071	设备类型	string	n3	Y	见 MZ/T 141 表84 殡葬设备类型类别代码
AFBE0072	设备型号	string	..64	N	
AFBE0073	生产厂商	string	..128	N	
AFBE0074	原产地	string	n3	N	见 MZ/T 141 表73 原产地类别代码
AFBE0075	采购日期	date	YYYYMMDD	N	
AFBE0076	采购价格	float	11,2	N	单位:元
AFBE0077	设备投入使用日期	date	YYYYMMDD	Y	
AFBE0078	设备状态	string	n2	Y	见 MZ/T 141 表85 殡葬设备状态类别代码

续表

标识符	中文名称	数据类型	数据格式	必选项	备注
AFBE0079	燃料类型	string	n2	N	火化机焚烧炉专用 见 MZ/T 141 表 74 燃料类型类别代码
AFBE0080	车牌号	string	..10	N	殡仪车辆专用
AFBE0081	停用/报废日期	date	YYYYMMDD	N	
AFBE0082	最后更新时间	datetime	YYYYMMDD hh:mm:ss	N	

5.6 逝者/使用者信息

逝者/使用者信息见表 8。

表 8 逝者/使用者信息

标识符	中文名称	数据类型	数据格式	必选项	备注
AFBP0041	逝者/使用者标识	string	an41	Y	见 MZ/T 098 表 4 值域表达式列表 E5
AFBE0001	机构标识	string	an16	Y	见 MZ/T 098 表 4 值域表达式列表 E3
AFBP0042	不具名遗体	boolean		Y	是否是不具名遗体
AXCP0002	姓名	string	..72	Y	逝者/使用者姓名,是“不具名遗体”则为空,采用基础数据库统一定义标识符
AXCP0004	身份证件类型	string	n2	Y	逝者身份证件类型,采用基础数据库统一定义标识符 取值范围见 JMGC/XX 204 5.1.15 C0015 身份证件类型代码
AXCP0005	身份证件号码	string	..18	Y	逝者身份证号码,无证置空,采用基础数据库统一定义标识符 对于人员身份证件类型为“内地居民身份证”的人员,人员身份证件号码值域见 GB 11643
AXCP0097	出生日期	date	YYYYMMDD	N	出生日期,采用基础数据库统一定义标识符
AFBP0047	逝者年龄	number		N	
AXCP0006	性别	string	n1	N	逝者性别,采用基础数据库统一定义标识符 取值范围见 JMGC/XX 204 5.1.7 C0007 人的性别代码
AXCP0008	民族	string	n2	N	逝者民族,采用基础数据库统一定义标识符 取值范围见 JMGC/XX 204 5.1.9 C0009 民族代码

续表

标识符	中文名称	数据类型	数据格式	必选项	备注
AXCP0041	户籍地址所在地行政区划	string	n12	N	逝者户籍地址所在地行政区划，采用基础数据库统一定义标识符前6位见GB/T 2260，后3位见GB/T 10114，后3位为村或社区编码
AXCP0040	户籍地址	string	..100	N	户籍地址，采用基础数据库统一定义标识符
AXCP0007	国籍	string	n3	N	国籍，采用基础数据库统一定义标识符。取值范围见JMGC/XX 204 5.1.5 C0005 世界各国和地区名称代码
AFBP0052	死亡日期	date	YYYYMMDD	N	
AFBP0053	死亡地点	string	..256	N	
AFBP0054	死亡原因	string	..2	Y	见JMGC/XX 204 5.1.35 C0035 死亡原因代码
AFBP0055	致死疾病	string	n2	N	见MZ/T 141 表65 致死疾病类型代码
AFBP0056	死亡证明出具单位	string	..512	N	
AFBP0147	《死亡证》编号	string	..50	N	
AFBP0057	死亡证明开具时间	datetime	YYYYMMDD hh:mm:ss	N	
AFBP0058	减免类型	string	n2	Y	见MZ/T 141 表66 减免类型代码
AFBP0059	是否异地死亡	boolean		Y	
AFBP0070	录入时间	datetime	YYYYMMDD hh:mm:ss	N	

5.7 火化记录信息

火化记录信息见表9。

表9 火化记录信息

标识符	中文名称	数据类型	数据格式	必选项	备注
AFBP0083	火化业务标识	string	an44	Y	见MZ/T 098 表4 值域表达式列表E15
AFBP0041	逝者/使用者标识	string	an41	Y	见MZ/T 098 表4 值域表达式列表E5
AFBE0001	机构标识	string	an16	Y	见MZ/T 098 表4 值域表达式列表E3
AFBP0084	火化工标识	string	an34	Y	见MZ/T 098 表4 值域表达式列表E4
AFBP0085	火化证明编号	string	..16	N	
AFBP0086	火化证明开具时间	datetime	YYYYMMDD hh:mm:ss	N	

5.8 墓位/格位信息

墓位/格位信息见表10。

表10 墓位/格位信息

标识符	中文名称	数据类型	数据格式	必选项	备注
AFBE0136	墓位标识	string	an37	Y	见 MZ/T 098 表4 值域表达式列表 E16
AFBE0001	机构标识	string	an16	Y	见 MZ/T 098 表4 值域表达式列表 E3
AFBE0137	墓数类型	string	n2	Y	见 MZ/T 141 表87 墓数类型类别代码
AFBE0138	墓位类型	string	n2	Y	见 MZ/T 141 表88 墓位类型类别代码
AFBE0139	占地面积	float	4,2	Y	单位:m^2
AFBE0140	墓碑类型	string	n2	Y	见 MZ/T 141 表89 墓碑类型类别代码
AFBE0141	墓碑高度	float	4,2	Y	单位:m
AFBE0142	格位类型	string	n2	Y	见 MZ/T 141 表115 格位类型类别代码
AFBE0143	格位数类型	string	n2	N	见 MZ/T 141 表116 格位数类型类别代码
AFBE0144	格位尺寸-长	float	4,2	Y	单位:m
AFBE0145	格位尺寸-宽	float	4,2	Y	单位:m
AFBE0146	格位尺寸-高	float	4,2	Y	单位:m
AFBE0147	收费项目	string	n2	N	见 MZ/T 141 表107 安放/安葬收费项目类型代码
AFBE0148	收费价格	float	9,2	N	单位:元
AFBE0149	墓位状态	string	n2	N	见 MZ/T 141 表90 墓位状态类别代码
AFBE0150	建成日期	date	YYYYMMDD	Y	
AFBE0151	墓位改造内容	string	..1024	N	
AFBE0152	墓位改造日期	date	YYYYMMDD	N	
AFBE0153	墓位改造类型	string	n2	N	见 MZ/T 141 表114 墓地改造类型类别代码
AFBE0154	墓位售出日期	date	YYYYMMDD	N	

5.9 安放/安葬信息

安放/安葬信息见表11。

表 11　安放/安葬信息

标识符	中文名称	数据类型	数据格式	必选项	备注
AFBP0126	安葬/安放记录标识	string	an40	Y	见 MZ/T 098 表 4 值域表达式列表 E11
AFBE0001	机构标识	string	an16	Y	见 MZ/T 098 表 4 值域表达式列表 E3
AFBP0041	逝者/使用者标识	string	an41	Y	见 MZ/T 098 表 4 值域表达式列表 E5
AXCP0004	身份证件类型	string	n2	N	逝者身份证件类型，采用基础数据库统一定义标识符 取值范围见 JMGC/XX 204 5.1.15 C0015 身份证件类型代码
AXCP0005	人员证件号码	string	..18	N	逝者身份证号码，无证置空，采用基础数据库统一定义标识符 对于身份证件类型为“内地居民身份证”的人员，值域见 GB 11643
AFBP0121	处置方式	string	n2	Y	见 MZ/T 141 表 91 处置方式类别代码
AFBP0136	墓位标识	string	an37	Y	见 MZ/T 098 表 4 值域表达式列表 E16
AFBP0123	安葬证件编号	string	..64	N	安葬证件编号
AFBP0124	安放/安葬时间	datetime	YYYYMMDD hh:mm:ss	Y	安葬安放的时间
AFBP0125	安葬内容	string	n2	Y	见 MZ/T 141 表 92 安葬内容类别代码

参考文献

[1]GB/T 18221 信息技术 程序设计语言、环境与系统软件接口 独立于语言的数据类型

[2]GB/T 23824.1 信息技术 实现元数据注册系统(MDR)内容一致性的规程 第1部分:数据元

[3]《关于进一步推动殡葬改革促进殡葬事业发展的指导意见》(民发〔2018〕5号)

[4]《关于推进“互联网+殡葬服务”的行动方案》(民发〔2018〕73号)

JMGC

民 政 部 金 民 工 程 标 准

JMGC/YW 426.4—2020

社会事务管理数据元
第4部分:残疾人福利

2020-12-30 发布　　　　2020-12-30 实施

民政部信息中心 发布

目　次

前　言

本文件按照 GB/T 1.1—2020《标准化工作导则 第1部分:标准化文件的结构和起草规则》的规定起草。

请注意本文件的某些内容可能涉及专利。本文件的发布机构不承担识别专利的责任。

本文件是 JMGC/YW 426《社会事务管理数据元》的第4部分。JMGC/YW 426 已经发布了以下部分:

——第1部分:婚姻管理;

——第2部分:流浪乞讨人员救助管理;

——第3部分:殡葬管理;

——第4部分:残疾人福利。

本文件由民政部信息中心提出并归口。

本文件起草单位:民政部信息中心、万达信息股份有限公司。

本文件主要起草人:王兴玲、邬函斌、马晓宁、晁俊、王鑫、李永良、李夺、张博、刘鸿。

引　言

JMGC/YW 426《社会事务管理数据元》由四个部分构成。

——第 1 部分:婚姻管理。目的在于确立金民工程项目中婚姻管理业务数据元的标识符、中文名称、数据类型、数据格式和必选项的要求。

——第 2 部分:流浪乞讨人员救助管理。目的在于确立金民工程项目中流浪乞讨人员救助管理业务数据元的标识符、中文名称、数据类型、数据格式和必选项的要求。

——第 3 部分:殡葬管理。目的在于确立金民工程项目中殡葬管理业务数据元的标识符、中文名称、数据类型、数据格式和必选项的要求。

——第 4 部分:残疾人福利。目的在于确立金民工程项目中残疾人福利业务数据元的标识符、中文名称、数据类型、数据格式和必选项的要求。

社会事务管理数据元第4部分:残疾人福利

1 范围

本文件规定了金民工程项目残疾人服务业务数据元的标识符、中文名称、数据类型、数据格式和必选项的要求。

本文件适用于金民工程项目残疾人服务业务建设。

2 规范性引用文件

下列文件对于本文件的应用是必不可少的。凡是注日期的引用文件,仅注日期的版本适用于本文件;凡是不注日期的引用文件,其最新版本(包括所有的修改单)适用于本文件。

GB/T 18391.1 信息技术 元数据注册系统(MDR) 第1部分:框架

GB 32100 法人和其他组织统一社会信用代码编码规则

GB/T 2260 中华人民共和国行政区划代码

GB/T 10114 县级以下行政区划代码编制规则

JMGC/XX 204 金民工程 信息分类和编码规范

JMGC/XX 210 金民工程 数据对象命名规范

3 术语和定义

下列术语和定义适用于本文件。

3.1 数据

对事实、概念或指令的一种形式化表示,适用于以人工或自动方式进行通信、解释或处理。

[来源:GB/T 18391.1,3.12]

3.2 数据元

用一组属性描述定义、标识、表示和允许值的数据单元。

[来源:GB/T 18391.1,3.14]

3.3 值域

允许值的集合。

[来源:GB/T 18391.1,3.75]

4 缩略语

下列缩略语适用于本文件。

UTF—8 Unicode 的可变长度字符编码(8—bit Unicode Transformation Format)。

5 数据元属性

5.1 标识符

标识符为数据库中该字段的唯一标识,应符合 JMGC/XX 210 的要求。

5.2 中文名称

字段名称采用中文描述,表示字段的名称。

5.3 数据类型

本文件中数据元的数据类型见表 1。

表 1 数据类型

数据类型	说明
string(字符型)	通过字符形式表达的值的类型
number(整数型)	通过“0”到“9”数字表达的整数类型的值
float(浮点型)	通过“0”到“9”数字和小数点“.”表达的实数
date(日期型)	通过 YYYYMMDD 的形式表达的值的类型
datetime(日期时间型)	通过 YYYYMMDD hh:mm:ss 的形式表达的值的类型
boolean(布尔型)	两个且只有两个表明条件的值

5.4 数据格式

从业务的角度规定的数据元的格式需求,包括所允许的最大和(或)最小字符长度,表示格式等。数据格式中使用的字符含义见表 2。

表 2 数据格式

数据格式	说明
a	字母字符
n	数字字符
an	字母数字字符
m(m 为自然数)	定长 m 个字符,字符集默认为 GB 18030 的全部部分
..ul	长度不确定的
..	从最小长度到最大长度,前面附加最小长度,后面附加最大长度
YYYYMMDD hh:mm:ss	“YYYY”表示年份,“MM”表示月份,“DD”表示日期,“hh”表示小时,“mm”表示分钟,“ss”表示秒,可以视实际情况组合使用
m,n	float 的精度,m 表示总长度,n 表示小数位

5.5 必选项

必选项描述该字段是否允许插入空值,填"Y"表示该字段不允许为空值,填"N"表示该字段允许为空值。

5.6 备注

备注应对字段的意义、取值范围、计量单位、参考标准等提出要求。

6 数据元描述

6.1 残疾人服务机构基础信息

残疾人服务机构基础信息见表3。

表3 残疾人服务机构基础信息

标识符	中文名称	数据类型	数据格式	必选项	备注
AXBE0002	统一社会信用代码	string	an18	Y	统一社会信用代码,采用基础数据库统一定义标识符 见 GB 32100
AXBE0003	单位名称	string	..100	Y	单位名称,采用基础数据库统一定义标识符
AGBE0042	类别	string	n2	Y	见 JMGC/XX 204 5.5.4.1 CFD01 残疾人服务机构类别代码
AXBE0028	单位所在地行政区划	string	n12	Y	机构所在地行政区划,采用基础数据库统一定义标识符 前6位见 GB/T 2260,后3位见 GB/T 10114,后3位为村或社区编码
AXBE0005	单位性质代码	string	n2	Y	单位性质代码,采用基础数据库统一定义标识符 取值范围见 JMGC/XX 204 5.5.4.2 CFD02 残疾人服务机构类型代码
AGBE0007	资质情况	string	n2	Y	见 JMGC/XX 204 5.5.4.4 CFD04 残疾人服务机构资质情况代码
AGBE0008	民政主管部门类型	string	n2	Y	见 JMGC/XX 204 5.5.4.3 CFD03 残疾人服务机构民政主管部门类型代码
AXBE0017	法定代表人姓名	string	..72	Y	法定代表人姓名,采用基础数据库统一定义标识符
AXBE0019	法定代表人身份证件号码	string	an18	Y	法定代表人公民身份证件号码,采用基础数据库统一定义标识符 见 GB 11643

续表

标识符	中文名称	数据类型	数据格式	必选项	备注
AXBE0027	单位地址	string	..100	N	机构地址,采用基础数据库统一定义标识符
AXBE0013	单位联系电话	string	..18	N	联系电话号码,采用基础数据库统一定义标识符 有效的座机或手机号码。座机号码标准格式为:区号-电话号码,手机号码为11位数字
AXBE0014	单位邮件地址	string	..100	N	机构邮件地址,采用基础数据库统一定义标识符
AXZX0006	邮政编码	string	n6	N	机构邮政编码,采用基础数据库统一定义标识符
AXBE0015	单位设立日期	date	YYYYMMDD	Y	机构设立日期,采用基础数据库统一定义标识符
AGBE0024	信息更新版本	string	..10	N	
AGBE0025	信息更新时间	datetime	YYYYMMDD hh:mm:ss	N	
AXBE0004	单位状态代码	string	n2	Y	机构状态代码,采用基础数据库统一定义标识符 取值范围见 JMGC/XX 204 5.5.4.5 CFD05 残疾人服务机构状态代码

6.2 残疾人服务机构上报信息

残疾人服务机构上报信息见表4。

表4 残疾人服务机构上报信息

标识符	中文名称	数据类型	数据格式	必选项	备注
AXBE0002	统一社会信用代码	string	an18	Y	统一社会信用代码,采用基础数据库统一定义标识符 见 GB 32100
AXBE0003	单位名称	string	..100	Y	机构名称,采用基础数据库统一定义标识符
AGBE0042	类别	string	n2	Y	见 JMGC/XX 204 5.5.4.1 CFD01 残疾人服务机构类别代码
AXBE0028	单位所在地行政区划	string	n12	Y	机构所在地行政区划,采用基础数据库统一定义标识符 前6位见 GB/T 2260,后3位见 GB/T 10114,后3位为村或社区编码
AXBE0005	单位性质代码	string	n2	N	机构性质代码,采用基础数据库统一定义标识符 取值范围见 JMGC/XX 204 5.5.4.2 CFD02 残疾人服务机构类型代码

续表

标识符	中文名称	数据类型	数据格式	必选项	备注
AGBE0007	机构资质情况	string	n2	N	见 JMGC/XX 204 5.5.4.4 CFD04 残疾人服务机构资质情况代码
AGBE0008	民政主管部门类型	string	n2	N	见 JMGC/XX 204 5.5.4.3 CFD03 残疾人服务机构民政主管部门类型代码
AXBE0017	法定代表人姓名	string	..72	Y	法定代表人姓名，采用基础数据库统一定义标识符
AXBE0019	法定代表人身份证件号码	string	an18	Y	法定代表人身份证件号码，采用基础数据库统一定义标识符 见 GB 11643
AXBE0027	单位地址	string	..100	N	机构地址，采用基础数据库统一定义标识符
AXBE0013	单位联系电话	string	..18	N	联系电话号码，采用基础数据库统一定义标识符 有效的座机或手机号码。座机号码标准格式为：区号－电话号码，手机号码为 11 位数字
AXBE0014	单位邮件地址	string	..100	N	机构邮件地址，采用基础数据库统一定义标识符
AXZX0006	邮政编码	string	n6	N	机构邮件编码，采用基础数据库统一定义标识符
AXBE0015	单位设立日期	date	YYYYMMDD	Y	机构设立日期，采用基础数据库统一定义标识符
AXBE0004	单位状态代码	string	n2	Y	机构状态代码，采用基础数据库统一定义标识符 取值范围见 JMGC/XX 204 5.5.4.5 CFD05 残疾人服务机构状态代码
AGBE0043	在院工作人员数量	number		Y	单位：个
AGBE0044	医护人员数量	number		Y	单位：个
AGBE0045	副高级以上职称人员数量	number		N	单位：个
AGBE0046	在职人员平均工资(元)	float	10,2	N	单位：元
AGBE0047	床位数(张)	number		Y	单位：张
AGBE0048	在院总人数	number		Y	单位：人
AGBE0049	财政预算(万元)	float	10,2	N	单位：万元
AGBE0050	所弥补资金缺口(元)	float	10,2	N	单位：元
AGBE0052	在院精神障碍患者类型	string	n2	Y	见 JMGC/XX 204 5.1.24 C0024 残疾类别代码
AGBE0053	在院精神障碍患者数量	number		Y	单位：人

6.3 残疾人服务机构员工信息

残疾人服务机构员工信息见表5。

表5 残疾人服务机构员工信息

标识符	中文名称	数据类型	数据格式	必选项	备注
AXBE0002	统一社会信用代码	string	an18	Y	机构统一社会信用代码,采用基础数据库统一定义标识符 见 GB 32100
AXBE0003	单位名称	string	..100	Y	机构名称,采用基础数据库统一定义标识符
AXCP0002	姓名	string	..72	Y	员工姓名,采用基础数据库统一定义标识符
AXCP0006	性别	string	n1	Y	员工性别,采用基础数据库统一定义标识符 取值范围见 JMGC/XX 204 5.1.7 C0007 人的性别代码
AXZX0002	公民身份号码	string	an18	Y	员工身份号码,采用基础数据库统一定义标识符 见 GB 11643
AGCP0032	职位	string	n2	Y	见附录A 代码集 A.3 在院职位代码
AXCP0037	手机号码	string	n11	Y	员工手机号码,采用基础数据库统一定义标识符 长11位,第1位为1,第2位为3—9
AHDX6132	在职状态	string	n2	Y	见附录A 代码集 A.4 在职状态代码
AXCP0020	区县	string	n6	Y	员工所在区县,采用基础数据库统一定义标识符 六位行政区划代码,见 GB/T 2260
AXCP0021	街道	string	n9	Y	员工所在街道,采用基础数据库统一定义标识符 九位行政区划代码,见 GB/T 2260,后3位见 GB/T 10114
AGCP0035	入职时间	datetime	YYYYMMDD hh:mm:ss	N	
AHDX6133	离职时间	datetime	YYYYMMDD hh:mm:ss	N	

6.4 残疾人基础信息

残疾人基础信息见表6。

表 6　残疾人基础信息

标识符	中文名称	数据类型	数据格式	必选项	备注
AXCP0002	姓名	string	..72	Y	残疾人姓名，采用基础数据库统一定义标识符
AXCP0006	性别	string	n1	Y	残疾人性别，采用基础数据库统一定义标识符 取值范围见 JMGC/XX 204 5.1.7 C0007 人的性别代码
AXZX0002	公民身份号码	string	an18	Y	残疾人身份号码，采用基础数据库统一定义标识符 见 GB 11643
AHAP0025	残疾等级	string	n2	Y	见 JMGC/XX 204 5.1.25 C0025 残疾等级代码
AGCP0005	入院床号	string	..10	Y	

6.5 残疾人健康信息

残疾人健康信息见表 7。

表 7　残疾人健康信息

标识符	中文名称	数据类型	数据格式	必选项	备注
AXCP0002	姓名	string	..72	Y	残疾人姓名，采用基础数据库统一定义标识符
AXZX0002	公民身份号码	string	an18	Y	残疾人身份号码，采用基础数据库统一定义标识符 见 GB 11643
AGCP0010	身高（CM）	float	3,2	N	单位：厘米（CM）
AGCP0011	体重（KG）	float	3,2	N	单位：体重（KG）
AGCP0012	大重病信息	string	..500	Y	
AGCP0013	病史	string	..500	Y	

附录 A

（规范性）

代码表

A.1 法人性质代码

法人性质代码见表 A.1。

表 A.1 法人性质代码

代码	元素名称	代码	元素名称
01	社会服务机构法人	02	事业单位法人
04	未经法人登记	99	其他

A.2 运营方式代码

运营方式代码见表 A.2。

表 A.2 运营方式代码

代码	元素名称	代码	元素名称
01	公办公营	03	民办民营
02	公办民营	99	其他

A.3 在院职位代码

在院职位代码见表 A.3。

表 A.3 在院职位代码

代码	元素名称	代码	元素名称
01	院长	02	副院长
03	主任	04	护理员

A.4 在职状态代码

在职状态代码见表 A.4。

表 A.4　在职状态代码

代码	元素名称	代码	元素名称
01	在职	02	离职
99	其他		

参考文献

[1] GB/T 18391. 1—2002 信息技术 数据元的规范与标准化

[2] GB/T 2260《中华人民共和国行政区划代码》

[3] GB/T 3304 中国各民族名称的罗马字母拼写法和代码的规定

[4] GB/T 4761—2008 家庭关系代码的规定

[5] GB/T 4762—1984 政治面貌代码的规定

[6] GB/T 4658—2006 学历代码的规定

[7] GB/T 2261. 3—2003 健康状况代码的规定

[8] GB/T 2261. 2—2003 婚姻状况代码的规定

[9] GB/T 6565—2015 职业分类与代码的规定

[10]《国务院关于批转发展改革委等部门法人和其他组织统一社会信用代码制度建设总体方案的通知》(国发〔2015〕33 号)

[11]《中华人民共和国残疾人保障法》(2018 年修正版)

JMGC

民 政 部 金 民 工 程 标 准

JMGC/YW 427.1—2020

慈善事业促进和社会工作业务术语
第1部分:社会工作

2020－12－30 发布 2020－12－30 实施

民政部信息中心 发布

目　次

前　言

本文件按照 GB/T 1. 1—2020《标准化工作导则 第1部分:标准化文件的结构和起草规则》的规定起草。

请注意本文件的某些内容可能涉及专利。本文件的发布机构不承担识别专利的责任。

本文件是 JMGC/YW 427《慈善事业促进和社会工作业务术语》的第1部分。JMGC/YW 427 已经发布了以下部分:

——第1部分:社会工作;

——第2部分:志愿服务;

——第3部分:慈善与募捐。

本文件由民政部信息中心提出并归口。

本文件起草单位:民政部信息中心、民政部慈善事业促进和社会工作司、深圳市永兴元科技股份有限公司。

本文件主要起草人:王兴玲、荆方明、杨天荣、张静、谷峰帅、陈冲、李杨、魏衍平、聂宇思、杨紫清。

引　言

JMGC/YW 427《慈善事业促进和社会工作业务术语》由三个部分构成。

——第1部分：社会工作。目的在于确立社会工作业务术语的范围和定义。

——第2部分：志愿服务。目的在于确立志愿服务业务术语的范围和定义。

——第3部分：慈善与募捐。目的在于确立慈善与募捐业务术语的范围和定义。

慈善事业促进和社会工作业务术语 第1部分:社会工作

1 范围

本文件界定了金民工程项目中社会工作业务的术语和定义内容。

本文件适用于金民工程项目中社会工作信息系统建设。

2 规范性引用文件

下列文件中的内容通过文中的规范性引用而构成本文件必不可少的条款。其中,注日期的引用文件,仅该日期对应的版本适用于本文件;不注日期的引用文件,其最新版本(包括所有的修改单)适用于本文件。

MZ/T 059—2014 社会工作服务项目绩效评估指南

MZ/T 094—2017 社会工作方法-个案工作

MZ/T 095—2017 社会工作方法-小组工作

3 社会工作

3.1 社会工作

秉持利他主义价值观,以科学知识为基础,运用科学的专业方法,帮助有需要的困难群体,解决其生活困境问题,协助个人及其社会环境更好地相互适应的职业活动。

3.2 社会工作者

在社会福利、社会救助、社会慈善、残障康复、优抚安置、医疗卫生、青少年服务、司法矫治等社会服务机构中从事专门性社会服务工作的专业技术人员,简称社工。

3.3 社会工作服务

社会工作服务是社会工作专业人才运用专业方法为有需要的人群提供的包括困难救助、矛盾调处、人文关怀、心理疏导、行为矫治、关系调适、资源协调、社会功能修复和促进个人与环境适应等在内的专业服务,是现代社会服务体系的重要组成部分。

[来源:MZ/T 094—2017,3.1]

3.4 社会工作服务机构

坚持"助人自助"宗旨,遵循社会工作专业伦理规范,综合运用社会工作专业知识、方法和技能,开展困难救助、矛盾调处、权益维护、心理疏导、行为矫治、关系调适等服务工作的,以社会工作者为主体的非企业单位。

3.5 社会工作服务项目

为满足特定服务对象的需求，在一定时间内，运用一定的资源，按照预定的服务目标、服务内容和服务要求所设计、实施的社会工作服务任务。

[来源：MZ/T 059—2014，2.2]

3.6 政府购买社会工作服务

政府利用财政资金，采取市场化、契约化方式，面向具有专业资质的社会组织和企事业单位购买社会工作服务的过程。

3.7 个案工作

以有需要的个人或家庭为服务对象，运用个别化的工作方式，增强其解决困难和适应社会的能力，促进其与环境和谐发展的一种专业社会工作方法。

[来源：MZ/T 094—2017，3.1]

3.8 个案管理

以面临多重问题或需要的个人或家庭为服务对象，由社会工作者统筹协调服务过程，促进跨专业合作，满足服务对象复杂需求的整合性服务模式。

[来源：MZ/T 094—2017，3.2]

3.9 小组

在社会工作者引领下，将两个及以上且具有共同需求或相近问题的服务对象组织在一起而开展互动性活动的群体。

[来源：MZ/T 095—2017，3.1]

3.10 小组工作

以具有共同需求或相近问题的群体为服务对象，通过小组活动过程及组员之间的互动和经验分享，帮助小组组员改善其社会功能的一种专业社会工作方法。

[来源：MZ/T 095—2017，3.2]

参考文献

[1]《助理社会工作师、社会工作师职业水平考试办法》(国人部发〔2006〕71 号).2006 年 7 月 20 日

[2]《民政部关于印发社会工作者职业水平证书登记管理办法的通知》(民发〔2009〕44 号).2009 年 4 月 8 日

[3]《社会工作者继续教育办法》(民发〔2009〕123 号).2009 年 9 月 7 日

[4]《政府购买社会工作服务的指导意见》(民发〔2012〕196 号).2012 年 11 月 19 日

JMGC

民　政　部　金　民　工　程　标　准

JMGC/YW 427.2—2020

慈善事业促进和社会工作业务术语
第2部分：志愿服务

2020－12－30发布　　　　2020－12－30实施

民政部信息中心 发布

目　次

前　言

本文件按照 GB/T 1.1—2020《标准化工作导则 第1部分:标准化文件的结构和起草规则》的规定起草。

请注意本文件的某些内容可能涉及专利。本文件的发布机构不承担识别专利的责任。

本文件是 JMGC/YW 427《慈善事业促进和社会工作业务术语》的第2部分。JMGC/YW 427 已经发布了以下部分:

——第1部分:社会工作;

——第2部分:志愿服务;

——第3部分:慈善与募捐。

本文件由民政部信息中心提出并归口。

本文件起草单位:民政部信息中心、民政部慈善事业促进和社会工作司、深圳市永兴元科技股份有限公司。

本文件主要起草人:王兴玲、荆方明、杨天荣、万敏、谷峰帅、陈冲、李杨、魏衍平、聂宇思、杨紫清。

引　言

JMGC/YW 427《慈善事业促进和社会工作业务术语》由三个部分构成。

——第 1 部分:社会工作。目的在于确立社会工作业务术语的范围和定义。

——第 2 部分:志愿服务。目的在于确立志愿服务业务术语的范围和定义。

——第 3 部分:慈善与募捐。目的在于确立慈善与募捐业务术语的范围和定义。

慈善事业促进和社会工作业务术语 第2部分:志愿服务

1 范围

本文件界定了金民工程项目中志愿服务业务的术语和定义内容。

本文件适用于金民工程项目中志愿服务信息系统建设。

2 规范性引用文件

下列文件中的内容通过文中的规范性引用而构成本文件必不可少的条款。其中,注日期的引用文件,仅该日期对应的版本适用于本文件;不注日期的引用文件,其最新版本(包括所有的修改单)适用于本文件。

MZ/T 061—2015 志愿服务信息系统基本规范

MZ/T 148—2020 志愿服务基本术语

3 志愿服务业务

3.1 志愿服务

志愿者、志愿服务队伍和其他组织自愿、无偿向社会或者他人提供的公益服务。

[来源:MZ/T 148—2020,2.1]

3.2 志愿服务活动

志愿者、志愿服务队伍和其他组织开展或参与的志愿服务行为。

[来源:MZ/T 148—2020,2.5]

3.3 志愿服务项目

在一定的周期内,面向特定服务对象或领域开展的,具有明确的服务目标、服务时间、服务内容和服务保障的志愿服务活动。

[来源:MZ/T 148—2020,2.6]

3.4 志愿服务管理

对志愿服务进行组织、协调、指导、规范、监督的过程。

[来源:MZ/T 148—2020,2.9]

3.5 志愿服务运营管理

对志愿服务队伍及其开展的志愿服务活动进行计划、实施、监控和持续改进的过程。

[来源:MZ/T 148—2020,2.10]

3.6 志愿服务对象

获得志愿服务的人、组织、事物以及环境。

[来源:MZ/T 148—2020,2.11]

3.7 志愿服务岗位

为满足志愿服务需求设立,由志愿者承担的具有相应职责、要求和规范的工作任务。

[来源:MZ/T 148—2020,2.12]

3.8 志愿服务时间

志愿者实际提供的以小时为计量单位的服务时长。

[来源:MZ/T 148—2020,2.13]

3.9 志愿服务记录

志愿服务队伍和其他依法开展志愿服务活动的队伍记录志愿者参加志愿服务的信息。

注:记录信息一般包括志愿者的身份信息、服务技能、服务时间、联系方式以及志愿服务情况、培训情况、表彰奖励情况、评价情况等。

[来源:MZ/T 148—2020,2.14]

3.10 志愿服务记录证明

依据志愿服务记录信息,无偿、如实出具的证明志愿者参加志愿服务有关情况的制式材料。

[来源:MZ/T 148—2020,2.15]

3.11 志愿服务保障

为确保志愿服务正常开展和利益相关方权益而采取的制度设计和具体举措。

注:具体形式有志愿服务政策法规及志愿者补贴、志愿者保险、志愿服务场地、志愿服务培训等。

[来源:MZ/T 148—2020,2.18]

4 志愿服务队伍业务

4.1 志愿服务队伍

以组织形式开展志愿服务活动的主体。

注:一般包含志愿服务组织、志愿服务团体和其他开展志愿服务活动的法人组织。

4.2 志愿服务组织

依法成立,以开展志愿服务为宗旨的非营利性组织。

注:志愿服务组织可以采取社会团体、社会服务机构、基金会等组织形式。

[来源:MZ/T 148—2020,4.1]

4.3 其他开展志愿服务活动的法人组织

依法成立开展志愿服务活动的法人组织。

注:其他开展志愿服务活动的法人组织可以采取党政机关、教育事业单位、卫生事业单位、科技事业单位、

文化事业单位、社会福利事业单位、其他事业单位、群团组织、居民委员会、村民委员会、企业等组织形式。

4.4 联络组织

已在系统中注册,且同意承担管理志愿服务团体相关责任的法人组织。

注:一般分为志愿服务组织和其他开展志愿服务活动的法人组织。

4.5 志愿服务团体

经社区或单位同意成立的,以开展志愿服务为宗旨,尚未依法登记的团体,大多采取志愿服务队等形式组建,一般也称为志愿服务团队。

[来源:MZ/T 148—2020,4.2]

5 志愿者业务

5.1 志愿者

以自己的时间、知识、技能、体力等从事志愿服务的自然人。

[来源:MZ/T 148—2020,3.1]

5.2 志愿者管理

通过计划、组织、指挥、协调等手段,开展志愿者招募、培训、使用、评价、激励等工作,以期达到既定目标的过程。

[来源:MZ/T 148—2020,3.2]

5.3 志愿者招募

为征召具备相应条件的志愿者而开展的动员、遴选等活动。

[来源:MZ/T 148—2020,3.3]

5.4 志愿者注册

志愿者将个人真实、准确、完整的基本信息,通过国务院民政部门指定的志愿服务信息系统或志愿服务队伍进行注册登记的过程。

[来源:MZ/T 148—2020,3.4]

5.5 志愿者培训

以提高志愿服务水平为目的,向志愿者传授参与志愿服务所需理念、知识和技能等的活动。

注:志愿者培训一般分为志愿者通用培训、专业培训、岗位培训。

[来源:MZ/T 148—2020,3.5]

5.6 志愿者通用培训

对志愿者开展的志愿服务理念、权利与义务等基础知识培训。

[来源:MZ/T 148—2020,3.6]

5.7 志愿者专业培训

对志愿者开展的职业技能、技术规范等专业知识和技能培训。

［来源：MZ/T 148—2020，3.7］

5.8 志愿者岗位培训

对志愿者开展的工作任务、业务流程、服务规范等岗位职责培训。

［来源：MZ/T 148—2020，3.8］

5.9 志愿者保险

为应对志愿服务风险，志愿者在参加志愿服务期间获得的保险。

［来源：MZ/T 148—2020，3.10］

5.10 志愿者补贴

志愿服务队伍或其他组织、单位对志愿者在志愿服务中支出的交通、通讯、食宿等费用给予的补助。

［来源：MZ/T 148—2020，3.11］

5.11 志愿者证

证明持有者具有志愿者身份的证件。

［来源：MZ/T 148—2020，3.12］

5.12 星级志愿者

根据志愿服务时间、服务质量等考核标准，获得星级认定的志愿者。

［来源：MZ/T 148—2020，3.13］

5.13 志愿者表彰

志愿服务队伍对获取表彰的志愿者记录表彰信息。

5.14 志愿服务评价

根据志愿服务活动实施情况，志愿服务队伍和参与志愿服务项目的志愿者之间相互评价。

注：志愿服务队伍对志愿者服务评价包含守时程度、服务态度、专业水平；志愿者对志愿服务队伍服务评价包含对志愿服务项目开展培训的满意度、与志愿服务队伍合作的满意度、志愿服务项目执行与计划的符合度。

参考文献

[1]关于印发《志愿服务记录办法》的通知(民函〔2012〕340号).2012年10月23日

[2]贯彻落实《〈关于推进志愿服务制度化的意见〉的任务分工》的通知(文明办〔2014〕7号).2014年3月31日

[3]《志愿服务条例》(中华人民共和国国务院令第685号).2017年8月22日

JMGC

民 政 部 金 民 工 程 标 准

JMGC/YW 427.3—2020

慈善事业促进和社会工作业务术语
第3部分:慈善与募捐

2020-12-30发布　　2020-12-30实施

民政部信息中心 发布

目　次

前　言

本文件按照 GB/T 1.1—2020《标准化工作导则 第1部分:标准化文件的结构和起草规则》的规定起草。

请注意本文件的某些内容可能涉及专利。本文件的发布机构不承担识别专利的责任。

JMGC/YW 427《慈善事业促进和社会工作业务术语》分为3个部分:JMGC/YW 427已经发布了以下部分:

——第1部分:社会工作。

——第2部分:志愿服务。

——第3部分:慈善与募捐。

本文件由民政部信息中心提出并归口。

本文件起草单位:民政部信息中心、万达信息股份有限公司。

本文件主要起草人:王兴玲、邬函斌、马晓宁、晁俊、王鑫、李永良、李夺、李彦浩、李功林。

引　　言

JMGC/YW 427《慈善事业促进和社会工作业务术语》由三个部分构成。

——第1部分:社会工作。目的在于确立金民工程项目中社会工作业务的术语及定义。

——第2部分:志愿服务。目的在于确立金民工程项目中志愿服务业务的术语及定义。

——第3部分:慈善与募捐。目的在于确立金民工程项目中慈善与募捐业务的术语及定义。

慈善事业促进和社会工作业务术语 第3部分:慈善与募捐

1 范围

本文件界定了金民工程项目中慈善与募捐业务的术语及定义。

本文件适用于金民工程项目中慈善与募捐建设。

2 规范性引用文件

本文件没有规范性引用文件。

3 慈善与募捐

3.1 慈善组织

依法成立、符合中华人民共和国慈善法规定,以面向社会开展慈善活动为宗旨的非营利性组织。可以采取基金会、社会团体、社会服务机构等组织形式。

3.2 慈善募捐

慈善组织基于慈善宗旨募集财产的活动。包括面向社会公众的公开募捐和面向特定对象的定向募捐。

3.3 慈善捐赠

自然人、法人和其他组织基于慈善目的,自愿、无偿赠予财产的活动。

3.4 慈善信托

委托人基于慈善目的,依法将其财产委托给受托人,由受托人按照委托人意愿以受托人名义进行管理和处分,开展慈善活动的行为。

3.5 慈善财产

慈善组织通过发起人捐赠、资助和募集渠道获取的财产,以及其他合法获取的财产。

3.6 慈善服务

慈善组织和其他组织以及个人基于慈善目的,向社会或者他人提供的志愿无偿服务以及其他非营利服务。

3.7 慈善超市

以社会公众自愿无偿捐助为基础、借助超级市场管理和运营模式,为困难群众提供物质帮扶和志愿服务的社会服务机构。

3.8 捐助站点

在大中城市和有条件的小城市设立的负责捐助物品的集中、清理、消毒、运输等工作和捐助款的清点、接收工作的经常性社会捐助接收工作站，以及在机关、团体、企事业单位以及城市社区居民委员会设立的负责捐助款的接收和捐赠物品的验收、登记、整理、打包并运送到经常性社会捐助接收工作站的经常性社会捐助接收工作点。

3.9 设立慈善组织

应当向县级以上人民政府民政部门申请登记，民政部门应当自受理申请之日起30日内作出决定。符合中华人民共和国慈善法规定条件的，准予登记并向社会公告；不符合中华人民共和国慈善法规定条件的，不予登记并书面说明理由。

3.10 慈善组织重大事件

慈善组织发生重大资产变动、重大投资、重大交易及资金往来的事件。

3.11 慈善项目

运用一定的组织以捐赠财物、时间、精力和知识等形式在特定的时间、预算、资源限定内依据计划完成一个明确目标的非营利和社会公益性的活动。

3.12 慈善组织年报

具有公开募捐资格的慈善组织按照有关法律法规规定的时限，在统一信息平台向社会公开的年度工作报告和财务会计报告。年度财务会计报告需经审计。

3.13 公开募捐资格

慈善组织基于慈善宗旨，面向社会公众募集财产的活动的资格，通常没有特定的募捐对象，并在公开场所或平台开展，募捐过程和结果都应公开和透明。

3.14 公开募捐方案

慈善组织为开展公开募捐，制订的捐赠方案，募捐方案包括募捐目的、起止时间和地域、活动负责人姓名和办公地址、接受捐赠方式、银行账户、受益人、募得款物用途、募捐成本、剩余财产的处理等。

3.15 中华慈善奖

表彰我国慈善活动中事迹突出、影响广泛的单位、个人、志愿服务等爱心团队（简称"爱心团队"）、慈善项目、慈善信托等的奖项，是当前中国慈善领域政府最高奖，由民政部负责实施。

3.16 慈善楷模奖

表彰在我国慈善领域事迹突出、社会影响良好、具有感召力、公信力、示范性的个人（包括慈善工作者）和爱心团队的奖项，原则上不超过30个。

3.17 慈善项目和慈善信托奖

表彰在我国慈善领域具有创新性、示范性、推广性的慈善项目和慈善信托的奖项，原则上不超过50个。

3.18 捐赠企业奖

在表彰周期内向我国境内捐赠数额较大、贡献突出的国(境)内外企业,原则上不超过40个。

3.19 捐赠个人奖

在表彰周期内向我国境内捐赠数额较大、贡献突出的国(境)内外个人,原则上不超过30个。

参考文献

[1]《中华人民共和国慈善法》(中华人民共和国主席令第43号).2016年3月16日

[2]民政部对十二届全国人大二次会议第7712号建议的答复(摘要)

[3]民政部关于印发新修订《中华慈善奖评选表彰办法》的通知(民发〔2019〕81号).2019年8月19日

[4]《民政部关于加强和创新慈善超市建设的意见》(民发〔2013〕217号).2013年12月31日

[5]《慈善组织信息公开办法》(中华人民共和国民政部令第61号).2018年7月27日

JMGC

民 政 部 金 民 工 程 标 准

JMGC/YW 428—2020

基层政权建设和社区治理业务术语

2020－12－30 发布　　2020－12－30 实施

民政部信息中心 发布

目　次

前　言

本文件按照 GB/T 1.1—2020《标准化工作导则 第1部分:标准化文件的结构和起草规则》的规定起草。

请注意本文件的某些内容可能涉及专利。本文件的发布机构不承担识别专利的责任。

本文件由民政部信息中心提出并归口。

本文件起草单位:民政部信息中心、民政部基层政权建设和社区治理司、深圳市永兴元科技股份有限公司。

本文件主要起草人:王兴玲、荆方明、杨天荣、李振家、贺更行、谷峰帅、陈冲、李杨、魏衍平、聂宇思、杨紫清。

基层政权建设和社区治理业务术语

1 范围

本文件界定了金民工程项目中基层政权建设和社区治理业务的术语和定义内容。

本文件适用于金民工程项目中基层政权建设和社区治理信息系统建设。

2 规范性引用文件

下列文件中的内容通过文中的规范性引用而构成本文件必不可少的条款。其中,注日期的引用文件,仅该日期对应的版本适用于本文件;不注日期的引用文件,其最新版本(包括所有的修改单)适用于本文件。

MZ/T 053—2014 社区公共服务综合信息平台基本规范

3 基层政权建设

3.1 社区

聚居在一定地域范围内的人们所组成的社会生活共同体。

[来源:MZ/T 053—2014,2.1]

3.2 居民委员会

居民自我管理、自我教育、自我服务的基层群众性自治组织。

3.3 村民委员会

村民自我管理、自我教育、自我服务的基层群众性自治组织,实行民主选举、民主决策、民主管理、民主监督。

3.4 基层政权

设在最低一级行政区域内的国家政权。

注:我国的基层政权包括农村基层政权和城市基层政权两部分。按照宪法和地方组织法的规定,在农村,是指乡、民族乡、镇一级;在城市,是指不设区的市、市辖区级。

3.5 乡镇人民政府

我国最基层的行政机构。

3.6 街道办事处

我国乡级行政区街道的管理机构。

4 社区治理和服务

4.1 社区治理

在社区范围内,各类组织和个人依据相关法律法规和社会规范参与社区公共事务和公益事业、有序解决社区居民的合理需求、促进社区和谐有序的活动过程和活动总和。

4.2 社区服务

以社区为基本单元,以各类社区服务设施为依托,以社区全体居民、驻社区单位为对象,以公共服务、志愿服务、便民利民服务为主要内容,以满足社区居民生活需求、提高社区居民生活质量为目标,党委统一领导、政府主导支持、社会多元参与的服务网络及运行机制。

4.3 社区服务机构

提供国家基本公共服务的基础平台。

注:旨在聚合政府各部门延伸到城乡社区的服务事项和服务资源,为社区居民提供项目齐全、标准统一、便捷高效的城乡社区公共服务,以适应政府简政放权、放管结合、优化服务的要求。

4.4 社区工作者

包括社区党组织成员、社区居民委员会成员和社区专职人员。

4.5 公共服务

建立在一定社会共识基础上,由政府主导提供的,与经济社会发展水平和阶段相适应,旨在保障全体公民生存和发展基本需求的服务。

[来源:MZ/T 053—2014,2.2]

4.6 社区公共服务

基层人民政府及其派出机关面向社区居民提供的保障基本民生需求的公共教育、劳动就业服务、社会保障、基本社会服务、医疗卫生、人口和计划生育、住房保障、公共文化体育等领域的基本公共服务。

[来源:MZ/T 053—2014,2.3]

4.7 社区志愿服务

个人自愿用自身的时间、技能等资源,在社区为居民和社区慈善事业、公益事业提供帮助或服务的行为。

4.8 社区便民利民服务

立足服务社区居民,让社区居民能就近、方便、快捷地享受到社区推出的各种服务,为社区居民营造出一个温馨、幽雅、便利的生活环境,提高社区居民生活质量。

4.9 社区综合服务设施

包括社区服务站、街道社区服务中心和区服务中心。

4.10 社区信息化

应用信息化技术,对社区范围及与之相关的管理和服务信息进行开发和利用的过程。

4.11 智慧社区

设施智能、服务便捷、管理精细、环境宜居的社区。

参考文献

[1]民政部关于在全国推进城市社区建设的意见

[2]《中华人民共和国城市居民委员会组织法》(2018 修正)

[3]《中华人民共和国村民委员会组织法》(2018 修正)

[4]民政部办公厅关于做好基层政权建设和社区治理数据维护有关工作的通知

[5]国务院办公厅关于印发《社区服务体系建设规划(2011—2015 年)》的通知

[6]民政部等 16 部门关于印发《城乡社区服务体系建设规划(2016—2020 年)》的通知

[7]中共中央 国务院印发《乡村振兴战略规划(2018—2022 年)》的通知

JMGC

民 政 部 金 民 工 程 标 准

JMGC/YW 429.1—2020

慈善事业促进和社会工作数据元 第1部分:社会工作

2020-12-30 发布 2020-12-30 实施

民政部信息中心 发布

目　次

前　言

本文件按照 GB/T 1. 1—2020《标准化工作导则 第1部分:标准化文件的结构和起草规则》的规定起草。

请注意本文件的某些内容可能涉及专利。本文件的发布机构不承担识别专利的责任。

本文件是 JMGC/YW 429《慈善事业促进和社会工作数据元》的第1部分。JMGC/YW 429 已经发布了以下部分:

——第1部分:社会工作;

——第2部分:志愿服务;

——第3部分:慈善与募捐。

本文件由民政部信息中心提出并归口。

本文件起草单位:民政部信息中心、民政部慈善事业促进和社会工作司、深圳市永兴元科技股份有限公司。

本文件主要起草人:王兴玲、荆方明、杨天荣、张静、谷峰帅、陈冲、李杨、魏衍平、聂宇思、杨紫清。

引　言

JMGC/YW 429《慈善事业促进和社会工作数据元》由三个部分构成。

——第1部分:社会工作。目的在于确立社会工作业务相关数据元的属性和信息描述。

——第2部分:志愿服务。目的在于确立志愿服务业务相关数据元的属性和信息描述。

——第3部分:慈善与募捐。目的在于确立慈善与募捐业务相关数据元的属性和信息描述。

慈善事业促进和社会工作数据元 第1部分:社会工作

1 范围

本文件规定了金民工程项目中社会工作业务数据元的标识符、中文名称、数据类型、数据格式和必选项的要求。

本文件适用于金民工程项目中社会工作信息系统建设。

2 规范性引用文件

下列文件中的内容通过文中的规范性引用而构成本文件必不可少的条款。其中,注日期的引用文件,仅该日期对应的版本适用于本文件;不注日期的引用文件,其最新版本(包括所有的修改单)适用于本文件。

GB/T 2260 中华人民共和国行政区划代码

GB/T 2659 世界各国和地区名称代码

GB/T 3304 中国各民族名称的罗马字母拼写法和代码

GB/T 4754 国民经济行业分类

GB/T 4762 政治面貌代码

GB/T 5271.1—2000 信息技术 词汇 第1部分:基本术语

GB/T 10114 县级以下行政区划代码编制规则

GB 11643 公民身份号码

GB/T 18391.1—2002 信息技术 数据元的规范与标准化 第1部分:数据元的规范与标准化框架

GB 32100—2015 法人和其他组织统一社会信用代码编码规则

JMGC/XX 203—2020 金民工程数据交换规范

JMGC/XX 210 金民工程数据建模要求

JMGC/YW 427.1 慈善事业促进和社会工作业务术语 第1部分:社会工作

3 术语和定义

JMGC/YW 427.1 界定的以及以下术语和定义适用于本文件。

3.1 数据

信息的可再解释的形式化表示,以适用于通信、解释或处理。

[来源:GB/T 5271.1—2000,01.01.02]

3.2 数据元

用一组属性描述定义、标识、表示和允许值的数据单元。

[来源:GB/T 18391.1—2002,3.14]

3.3 值域

允许值的集合。

[来源:GB/T 18391.1—2002,3.75]

4 数据元属性

4.1 标识符

标识符为数据库中该字段的唯一标识,编码规则应符合 JMGC/XX 210 的要求。

4.2 中文名称

中文名称采用中文描述,表征字段的名称。

4.3 数据类型

本文件中数据元的数据类型见表 1。

表 1 数据类型

数据类型	说明
string(字符型)	通过字符形式表达的值的类型
number(整数型)	通过“0”到“9”数字表达的整数类型的值
float(浮点型)	通过“0”到“9”数字和小数点“.”表达的实数
date(日期型)	通过 YYYYMMDD 的形式表达的值的类型
datetime(日期时间型)	通过 YYYYMMDD hh:mm:ss 的形式表达的值的类型
boolean(布尔型)	两个且只有两个表明条件的值

4.4 数据格式

从业务的角度规定的数据元的格式需求,包括所允许的最大和(或)最小字符长度,表示格式等。数据格式中使用的字符含义见表 2。

表 2 数据格式

数据格式	说明
a	字母字符
n	数字字符
an	字母数字字符

续表

数据格式	说明
m(m 为自然数)	定长 m 个字符,字符集默认为 GB 18030 的全部部分
. . ul	长度不确定的
. .	从最小长度到最大长度,前面附加最小长度,后面附加最大长度
YYYYMMDD hh:mm:ss	“YYYY”表示年份,“MM”表示月份,“DD”表示日期,“hh”表示小时,“mm”表示分钟,“ss”表示秒,可以视实际情况组合使用
m,n	float 的精度,m 表示总长度,n 表示小数位

4.5 必选项

必选项描述该字段是否允许插入空值,填“Y”表示该字段不允许为空值,填“N”表示该字段允许为空值。

4.6 备注

备注应对字段的意义、取值范围、计量单位、参考标准等提出要求。

5 数据元目录

5.1 社会工作者信息

社会工作者信息见表 3。

表 3　社会工作者信息

标识符	中文名称	数据类型	数据格式	必选项	备注
AXCP0004	人员身份证件类型	string	n2	Y	见 JMGC/XX 203—2020 附录 C 代码集“身份证件类型代码”
AXCP0005	人员身份证件号码	string	. . 18	Y	采用 GB 11643 编码规则
AXCP0002	姓名	string	. . 72	Y	社会工作者姓名;填写中文字符、英文字符
AXCP0006	性别	string	n1	Y	见 JMGC/XX 203—2020 附录 C 代码集“人的性别代码”
AXCP0011	籍贯	string	. . 100	N	本人出生时祖父的居住地,填写到地市一级
AXCP0039	出生日期	date	YYYYMMDD	Y	
AXCP0036	婚姻状况	string	n2	N	见 JMGC/XX 203—2020 附录 C 代码集“婚姻状况代码”
AXCP0017	政治面貌	string	n2	N	见 JMGC/XX 203—2020 附录 C 代码集“政治面貌代码”
AXCP0037	手机号码	string	n11	Y	长 11 位,第 1 位为 1,第 2 位为 3—9
ALAP0109	毕业院校	string	. . 100	N	填写最高学历毕业院校
ALAP0110	毕业日期	date	YYYYMMDD	N	选择最高学历毕业日期

续表

标识符	中文名称	数据类型	数据格式	必选项	备注
ALAP0111	专业	string	..50	N	填写最高学历所学专业
AXCP0009	文化程度	string	n2	Y	见 JMGC/XX 203—2020 附录 C 代码集“学历代码”
AXAA0001	工作所在地行政区划代码	string	n12	Y	采用 GB/T 2260 和 GB/T 10114 编码规则
ALAP0202	登记日期	date	YYYYMMDD	Y	最近一次登记日期
ALAP0206	登记状态	string	n1	Y	见附录 A 社会工作代码集“登记状态”
ALAP0203	职业水平证书管理编号	string	..28	Y	职业水平证书上的管理编号
ALAP0204	证书等级	string	n1	Y	见附录 A 社会工作代码集“社会工作者职业水平等级代码”
ALAP0205	职业水平证书发放日期	date	YYYYMMDD	N	职业水平证书发放的日期
AXBE0002	统一社会信用代码	string	an18	N	采用 GB 32100—2015 编码规则
AXBE0003	工作单位名称	string	..100	Y	所在工作单位名称
ALAP0210	服务领域一	string	n2	Y	见附录 A 社会工作代码集“社会工作服务领域代码”(此处为单选)
ALAP0211	服务领域二	string	n2	Y	见附录 A 社会工作代码集“社会工作服务领域代码”(此处为单选)
ALAP0212	线下继续教育时长	float	6,2	N	单位:小时

5.2 社会工作服务机构信息

社会工作服务机构信息见表4。

表4　社会工作服务机构信息

标识符	中文名称	数据类型	数据格式	必选项	备注
AXBE0002	统一社会信用代码	string	an18	Y	采用 GB 32100—2015 编码规则
AXBE0003	社工机构名称	string	..100	Y	与统一社会信用代码证书上所示名称保持一致
ALAE0104	社工机构类别	string	n1	Y	见附录 A 社会工作代码集“社会工作服务机构类型代码”
AXAA0001	社工机构所在地行政区划代码	string	n12	Y	采用 GB/T 2260 和 GB/T 10114 编码规则
AXBE0017	法定代表人姓名	string	..72	Y	机构法定代表人姓名
AXZX0001	联系电话	string	..18	Y	有效的座机或手机号码。座机号码标准格式为:区号-电话号码,手机号码为11位数字

续表

标识符	中文名称	数据类型	数据格式	必选项	备注
AXZX0005	电子邮箱	string	..100	N	
ALAP0210	服务领域	string	an62	Y	见附录A社会工作代码集"社会工作服务领域代码",多选时选项用逗号进行分隔,如:13,21
ALAE0111	是否建立党支部	boolean		Y	
ALAE0112	社工机构上年度项目经费总额	float	8,2	N	单位:万元
ALAE0113	有效期(始)	date	YYYYMMDD	Y	证书有效期开始日期
ALAE0114	有效期(止)	date	YYYYMMDD	Y	证书有限期结束日期

5.3 社会工作服务项目信息

社会工作服务项目信息见表5。

表5 社会工作服务项目信息

标识符	中文名称	数据类型	数据格式	必选项	备注
ALAX0602	社工项目名称	string	..100	Y	社工项目的名称
ALAX0605	社工项目内容	string	..1000	N	项目内容简介
ALAX0606	项目日期(始)	date	YYYYMMDD	Y	项目实际开始日期
ALAX0607	项目日期(止)	date	YYYYMMDD	Y	项目实际结束日期;在项目实际开始日期之后
ALAX0608	合同金额	float	8,2	N	合同中标金额(单位:万元)
AXBE0002	统一社会信用代码	string	an18	Y	采用GB 32100—2015编码规则
AXBE0003	承建单位名称	string	..100	Y	承建单位的名称
AXZX0007	承建单位负责人姓名	string	..72	Y	承建单位负责人的姓名
AXZX0008	承建单位负责人手机号码	string	n11	Y	长11位,第1位为1,第2位为3—9
ALAP0212	服务领域	string	..62	N	见附录A社会工作代码集"社会工作服务领域代码",多选时选项用逗号进行分隔,如:13,21
ALAX0609	项目类型	string	n1	Y	见附录A社会工作代码集"社会工作服务项目类型"
AXAA0001	服务地点行政区划代码	string	n12	Y	采用GB/T 2260和GB/T 10114编码规则
AXBE0007	采购单位统一社会信用代码	string	an18	N	采用GB 32100—2015编码规则
AXBE0006	采购单位名称	string	..100	Y	采购单位的名称

附录 A

（规范性）

社会工作代码集

A.1 社会工作者职业水平等级代码

社会工作者职业水平等级代码见表 A.1。

表 A.1　社会工作者职业水平等级代码

代码	元素名称	代码	元素名称
1	助理社会工作师	2	社会工作师
3	高级社会工作师	4	其他
9	无		

A.2 登记状态代码

登记状态代码见表 A.2。

表 A.2　登记状态代码

代码	元素名称	代码	元素名称
1	首次登记	2	再登记

A.3 社会工作服务机构类型代码

社会工作服务机构类型代码见表 A.3。

表 A.3　社会工作服务机构类型代码

代码	元素名称	代码	元素名称
1	社会服务机构	2	社会团体
3	基金会	4	党政机关
5	事业单位	6	村(居)委会
7	企业	9	其他

A.4 社会工作服务领域代码

社会工作服务领域代码见表 A.4。

表 A.4　社会工作服务领域代码

代码	元素名称	代码	元素名称
01	儿童及青少年服务	02	老人社会服务
03	妇女社会服务	04	医疗社会工作
05	心理健康服务	06	城乡社区发展
07	家庭婚姻	08	残障康复
09	教育辅导	10	社会福利
11	社会救助	12	社区建设
13	慈善事业	14	就业援助
15	职工帮扶	16	犯罪预防
17	禁毒戒毒	18	矫治帮教
19	人口计生	20	纠纷调解
21	社会工作行政	99	其他

A.5 社会工作服务项目采购方式代码

社会工作服务项目采购方式代码见表 A.5。

表 A.5　社会工作服务项目采购方式代码

代码	元素名称	代码	元素名称
1	公开招标	2	单一来源采购
9	其他		

A.6 社会工作服务项目类型代码

社会工作服务项目类型代码见表 A.6。

表 A.6　社会工作服务项目类型代码

代码	元素名称	代码	元素名称
1	政府投资项目	2	社会投资项目

JMGC

民 政 部 金 民 工 程 标 准

JMGC/YW 429.2—2020

慈善事业促进和社会工作数据元
第2部分:志愿服务

2020-12-30 发布 2020-12-30 实施

民政部信息中心 发布

目　次

前　言

本文件按照 GB/T 1. 1—2020《标准化工作导则 第 1 部分:标准化文件的结构和起草规则》的规定起草。

请注意本文件的某些内容可能涉及专利。本文件的发布机构不承担识别专利的责任。

本文件是 JMGC/YW 429《慈善事业促进和社会工作数据元》的第 2 部分。JMGC/YW 429 已经发布了以下部分:

——第 1 部分:社会工作;

——第 2 部分:志愿服务;

——第 3 部分:慈善与募捐。

本文件由民政部信息中心提出并归口。

本文件起草单位:民政部信息中心、民政部慈善事业促进和社会工作司、深圳市永兴元科技股份有限公司。

本文件主要起草人:王兴玲、荆方明、杨天荣、万敏、谷峰帅、陈冲、李杨、魏衍平、聂宇思、杨紫清。

引　言

JMGC/YW 429《慈善事业促进和社会工作数据元》由三个部分构成。

——第 1 部分:社会工作。目的在于确立社会工作业务相关数据元的属性和信息描述。

——第 2 部分:志愿服务。目的在于确立志愿服务业务相关数据元的属性和信息描述。

——第 3 部分:慈善与募捐。目的在于确立慈善与募捐业务相关数据元的属性和信息描述。

慈善事业促进和社会工作数据元 第2部分:志愿服务

1 范围

本文件规定了金民工程项目中志愿服务业务数据元的标识符、中文名称、数据类型、数据格式和必选项的要求。

本文件适用于金民工程项目中志愿服务信息系统建设。

2 规范性引用文件

下列文件中的内容通过文中的规范性引用而构成本文件必不可少的条款。其中,注日期的引用文件,仅该日期对应的版本适用于本文件;不注日期的引用文件,其最新版本(包括所有的修改单)适用于本文件。

GB/T 2260 中华人民共和国行政区划代码

GB/T 2659 世界各国和地区名称代码

GB/T 3304 中国各民族名称的罗马字母拼写法和代码

GB/T 4754 国民经济行业分类

GB/T 4762 政治面貌代码

GB/T 5271.1—2000 信息技术 词汇 第1部分:基本术语

GB/T 10114 县级以下行政区划代码编制规则

GB 11643 公民身份号码

GB/T 18391.1—2002 信息技术 数据元的规范与标准化 第1部分:数据元的规范与标准化框架

GB 32100—2015 法人和其他组织统一社会信用代码编码规则

JMGC/XX 203—2020 金民工程数据交换规范

JMGC/XX 210 金民工程数据建模要求

JMGC/YW 427.2 慈善事业促进和社会工作业务术语 第2部分:志愿服务

3 术语和定义

JMGC/YW 427.2 界定的以及以下术语和定义适用于本文件。

3.1 数据

信息的可再解释的形式化表示,以适用于通信、解释或处理。

[来源:GB/T 5271.1—2000,01.01.02]

3.2 数据元

用一组属性描述定义、标识、表示和允许值的数据单元。

[来源:GB/T 18391.1—2002,3.14]

3.3 值域

允许值的集合。

[来源:GB/T 18391.1—2002,3.75]

4 数据元属性

4.1 标识符

标识符为数据库中该字段的唯一标识,编码规则应符合 JMGC/XX 210 的要求。

4.2 中文名称

中文名称采用中文描述,表征字段的名称。

4.3 数据类型

本文件中数据元的数据类型见表 1。

表 1 数据类型

数据类型	说明
string(字符型)	通过字符形式表达的值的类型
number(整数型)	通过“0”到“9”数字表达的整数类型的值
float(浮点型)	通过“0”到“9”数字和小数点“.”表达的实数
date(日期型)	通过 YYYYMMDD 的形式表达的值的类型
datetime(日期时间型)	通过 YYYYMMDD hh:mm:ss 的形式表达的值的类型
boolean(布尔型)	两个且只有两个表明条件的值

4.4 数据格式

从业务的角度规定的数据元的格式需求,包括所允许的最大和(或)最小字符长度,表示格式等。数据格式中使用的字符含义见表 2。

表 2 数据格式

数据格式	说明
a	字母字符
n	数字字符
an	字母数字字符

续表

数据格式	说明
m(m 为自然数)	定长 m 个字符,字符集默认为 GB 18030 的全部部分
..ul	长度不确定的
..	从最小长度到最大长度,前面附加最小长度,后面附加最大长度
YYYYMMDD hh:mm:ss	"YYYY"表示年份,"MM"表示月份,"DD"表示日期,"hh"表示小时,"mm"表示分钟,"ss"表示秒,可以视实际情况组合使用
m,n	float 的精度,m 表示总长度,n 表示小数位

4.5 必选项

必选项描述该字段是否允许插入空值,填"Y"表示该字段不允许为空值,填"N"表示该字段允许为空值。

4.6 备注

备注应对字段的意义、取值范围、计量单位、参考标准等提出要求。

5 数据元目录

5.1 志愿者信息

志愿者信息见表3。

表3　志愿者信息

标识符	中文名称	数据类型	数据格式	必选项	备注
ALBP0101	志愿者信息标识	string	an32	N	志愿者信息标识
AXCP0002	姓名	string	..72	Y	志愿者的姓名。填写中文字符、英文字符
AXCP0004	人员身份证件类型	string	n2	Y	见 JMGC/XX 203—2020 附录 C 代码集"身份证件类型代码"
AXCP0005	人员身份证件号码	string	..18	Y	对于身份证件类型为"内地居民身份证"的人员,身份证件号码值域见 GB 11643(《公民身份号码》)
AXCP0006	性别	string	n1	Y	见 JMGC/XX 203—2020 附录 C 代码集"人的性别代码"
AXCP0007	国籍	string	n3	N	见 JMGC/XX 203—2020 附录 C 代码集"世界各国和地区名称代码"
AXCP0039	出生日期	date	YYYYMMDD	Y	志愿者的出生日期
AXCP0008	民族	string	n2	N	当"国籍"值非"中国"时,民族值为空。见 JMGC/XX 203—2020 附录 C 代码集"民族代码"

续表

标识符	中文名称	数据类型	数据格式	必选项	备注
AXCP0009	人员文化程度	string	n2	N	见 JMGC/XX 203—2020 附录 C 代码集"学历代码"
AXCP0011	籍贯	string	..100	N	本人出生时祖父的居住地，填写到地市一级。如：湖北省武汉市
ALBP0111	就业状况	string	n2	N	见 JMGC/XX 203—2020 附录 C 代码集"个人身份状况代码"
ALBP0112	血型	string	n1	N	见 JMGC/XX 203—2020 附录 C 代码集"血型代码"
AXCP0037	手机号码	string	n11	Y	志愿者的手机号码。长 11 位，第 1 位为 1，第 2 位为 3—9
AXZX0001	联系电话	string	..18	N	有效的座机或手机号码。座机号码标准格式为：区号－电话号码，手机号码为 11 位数字
AXZX0005	电子邮箱	string	..100	N	志愿者的电子邮箱
AXCP0043	居住地址所在地行政区划	string	n12	Y	采用 GB/T 2260、GB/T 10114 编码规则
ALBP0205	可提供服务时间	string	..71	N	多选，多个用逗号隔开。见附录 A 志愿服务代码集"志愿者可提供服务时间代码"。如：01,02
ALBP0206	服务类别	string	..19	Y	多选，最多 4 项，多个用逗号隔开。见附录 A 志愿服务代码集"志愿者服务项目类别代码"
ALBP0307	个人特长	string	..71	Y	多选，多个用逗号隔开。见附录 A 志愿服务代码集"志愿者特长代码"。如：01,02
AXCP0017	政治面貌	string	n2	N	见 JMGC/XX 203—2020 附录 C 代码集"政治面貌代码"

5.2 志愿服务记录证明信息

志愿服务记录证明信息见表 4。

表 4 志愿服务记录证明信息

标识符	中文名称	数据类型	数据格式	必选项	备注
ALBP1101	志愿服务记录证明信息标识	string	an32	N	志愿服务记录证明信息标识
AXCP0002	姓名	string	..72	Y	志愿者的姓名。填写中文字符、英文字符
AXCP0004	人员身份证件类型	string	n2	Y	见 JMGC/XX 203—2020 附录 C 代码集"身份证件类型代码"
AXCP0005	人员身份证件号码	string	..18	Y	对于身份证件类型为"内地居民身份证"的人员，身份证件号码值域见 GB 11643《公民身份号码》

续表

标识符	中文名称	数据类型	数据格式	必选项	备注
ALBP1103	证书编号	string	..30	Y	志愿服务记录证明的证书编号。由人员身份证件号码、8位日期数字和3位顺序数字组成
ALBP1104	生成日期	date	YYYYMMDD	Y	志愿服务记录证明的生成日期
ALBP1105	证明文件	string	..500	Y	志愿服务记录证明的证明文件
ALBP1106	服务证明时长描述	string	..500	Y	志愿服务证明时长的描述(包含本系统志愿服务时长和其他汇集系统的志愿服务时长)
ALBP1107	颁发机构	string	..100	Y	颁发志愿服务记录证明的单位机构
ALBP1108	颁发属地	string	..50	Y	颁发志愿服务记录证明的所在区域
ALBP1109	属地网站	string	..50	Y	颁发志愿服务记录证明的所在网址
ALBP1111	操作者类型	string	n1	Y	见附录A 志愿服务代码集“操作者类型代码”
ALBP1112	操作者信息标识	string	an32	N	操作者信息标识
ALBP1113	志愿服务内容	string	..1000	N	志愿服务记录证明时长涉及的志愿服务详细内容信息
ALBP1114	其他需要说明的事项	string	..1000	N	可上传志愿者参加的志愿服务项目、相关培训及获得表彰奖励信息附件信息
ALBE0301	队伍信息标识	string	an32	N	志愿服务队伍信息标识
ALBE0302	队伍名称	string	..100	N	当志愿服务记录证明文件是志愿服务队伍下载时,志愿服务队伍名称必填

5.3 志愿服务队伍基本信息

志愿服务队伍基本信息见表5。

表5 志愿服务队伍基本信息

标识符	中文名称	数据类型	数据格式	必选项	备注
ALBE0301	队伍信息标识	string	an32	N	志愿服务队伍信息标识
ALBE0302	队伍名称	string	..100	Y	志愿服务队伍的名称
ALBE0303	队伍类型	string	n1	Y	见附录A 志愿服务代码集“志愿服务队伍类型代码”
AXBE0030	登记部门类型	string	n2	N	当队伍类型为“志愿服务组织”或“其他开展志愿服务活动的法人组织”时,此处必选 见 JMGC/XX 203—2020 附录C 代码集“登记部门”

续表

标识符	中文名称	数据类型	数据格式	必选项	备注
AXAA0001	登记机关行政区划代码	string	n12	N	当队伍类型为“志愿服务组织”或“其他开展志愿服务活动的法人组织”时,此处必选 采用 GB/T 2260、GB/T 10114 编码规则
AXBE0002	统一社会信用代码	string	an18	N	采用 GB 32100—2015 编码规则
ALBE0308	同意成立志愿服务队伍的单位/社区类型	string	n2	Y	队伍类型为“志愿服务组织”或“其他开展志愿服务活动的法人组织”时,存入的是单位组织类型;队伍类型为“志愿服务团体”时,存入的是同意成立志愿服务团体的单位或社区类型。见附录A 志愿服务代码集“同意成立志愿服务队伍的单位/社区类型代码”
AXBE0003	同意成立志愿服务队伍的单位/社区名称	string	..100	Y	队伍类型为“志愿服务组织”或“其它开展志愿服务活动的法人组织”时,存入的是主管单位名称;队伍类型为“志愿服务团体”时,存入的是同意成立志愿服务团体的单位或社区名称
AXBE0028	队伍所在地行政区划	string	n12	Y	采用 GB/T 2260、GB/T 10114 编码规则
ALBE0311	成立日期	date	YYYYMMDD	N	志愿服务队伍的成立日期
ALBE0312	志愿者人数	number		N	预计招募的志愿者人数。单位:人
ALBP0206	服务类别	string	..19	Y	多选,最多 4 项,多个用逗号隔开。见附录 A 志愿服务代码集“志愿者服务项目类别代码”
ALBE0314	经度	float	9,6	N	志愿服务队伍所在地的经度值
ALBE0315	纬度	float	9,6	N	志愿服务队伍所在地的纬度值
ALBE0316	队伍简介	string	..2000	N	关于志愿服务队伍的成立、服务、目标等介绍内容
ALBE0319	是否有联络组织	boolean		Y	
ALBE0320	联络组织名称	string	..100	N	志愿服务队伍的联络组织名称。有联络组织时,此项必填
AXZX0007	联系人姓名	string	..72	Y	志愿服务队伍的联系人姓名。填写中文字符、英文字符
AXZX0008	联系人手机号码	string	n11	Y	志愿服务队伍的联系人手机号码。长11位,第1位为1,第2位为3—9
AXZX0009	联系人电子邮箱	string	..100	N	志愿服务队伍的联系人电子邮箱

续表

标识符	中文名称	数据类型	数据格式	必选项	备注
AXBE0017	负责人姓名	string	..72	Y	志愿服务队伍的负责人姓名。填写中文字符、英文字符
AXZX0002	负责人公民身份号码	string	an18	Y	采用 GB 11643 编码规则
AXCP0037	负责人手机号码	string	n11	Y	志愿服务队伍的负责人手机号码。长11位,第1位为1,第2位为3—9

5.4 志愿服务项目信息

志愿服务项目信息见表6。

表6 志愿服务项目信息

标识符	中文名称	数据类型	数据格式	必选项	备注
ALBX0101	项目信息标识	string	an32	N	志愿服务项目信息标识
ALBE0301	队伍信息标识	string	an32	N	志愿服务队伍信息标识
ALBE0302	队伍名称	string	..100	Y	志愿服务队伍的名称
ALBX0104	项目名称	string	..100	Y	志愿服务项目的名称
ALBX0105	项目开始日期	date	YYYYMMDD	Y	志愿服务项目的项目开始日期
ALBX0106	项目结束日期	date	YYYYMMDD	Y	志愿服务项目的项目结束日期
ALBX0107	项目报名人数	number		Y	志愿服务项目的报名人数。单位:人
AXAA0001	行政区划代码	string	n12	Y	采用 GB/T 2260、GB/T 10114 编码规则
ALBX0110	项目地点	string	..100	Y	志愿服务项目开展的详细地址
ALBX0111	服务对象	string	..35	Y	多选,多个用逗号隔开。见附录A 志愿服务代码集"志愿者服务对象代码"。如:01,02
ALBP0206	服务类别	string	..19	Y	多选,最多4项,多个用逗号隔开。见附录A 志愿服务代码集"志愿者服务项目类别代码"
ALBX0115	志愿者保障	string	..35	N	多选,多个用逗号隔开。见附录A 志愿服务代码集"志愿者保障代码"。如:01,02
ALBX0116	项目描述	string	..2000	N	志愿服务项目关于时间、地点、人物、事件、目的等的描述
AXZX0007	联系人姓名	string	..72	Y	志愿服务项目的联系人姓名。填写中文字符、英文字符
AXZX0008	联系人手机号码	string	n11	Y	志愿服务项目的联系人手机号码。长11位,第1位为1,第2位为3—9

续表

标识符	中文名称	数据类型	数据格式	必选项	备注
AXZX0009	联系人电子邮箱	string	..100	N	志愿服务项目的联系人电子邮箱
ALBX0120	发布日期	date	YYYYMMDD	Y	志愿服务项目的发布日期
ALBE0314	经度	float	9,6	N	志愿服务项目实施地的经度值
ALBE0315	纬度	float	9,6	N	志愿服务项目实施地的纬度值
ALBX0123	结项日期	date	YYYYMMDD	Y	志愿服务项目的结项日期

5.5 志愿服务时长信息

志愿服务时长信息见表7。

表7 志愿服务时长信息

标识符	中文名称	数据类型	数据格式	必选项	备注
ALBX0701	服务时长标识	string	an32	N	志愿服务时长信息标识
ALBX0101	项目信息标识	string	an32	N	志愿服务项目信息标识
ALBX0104	项目名称	string	..100	Y	志愿服务项目的名称
ALBP0101	志愿者信息标识	string	an32	N	志愿者信息标识
AXCP0004	人员身份证件类型	string	n2	Y	见 JMGC/XX 203—2020 附录 C 代码集“身份证件类型代码”
AXCP0005	人员身份证件号码	string	..18	Y	对于身份证件类型为“内地居民身份证”的人员，身份证件号码值域见 GB 11643(《公民身份号码》)
ALBE0301	队伍信息标识	string	an32	N	志愿服务队伍信息标识
ALBE0302	队伍名称	string	..100	Y	志愿服务队伍的名称
ALBX0702	服务时长	float	5,2	Y	单次录入的志愿服务时长。单位:小时
ALBX0703	服务开始时间	datetime	YYYYMMDD hh:mm:ss	Y	单次参与志愿服务项目的开始时间
ALBX0704	服务结束时间	datetime	YYYYMMDD hh:mm:ss	Y	单次参与志愿服务项目的结束时间

5.6 培训信息

培训信息见表8。

表8 培训信息

标识符	中文名称	数据类型	数据格式	必选项	备注
ALBX0801	培训信息标识	string	an32	N	志愿服务培训信息标识

续表

标识符	中文名称	数据类型	数据格式	必选项	备注
ALBE0301	队伍信息标识	string	an32	N	志愿服务队伍信息标识
ALBE0302	队伍名称	string	..100	Y	志愿服务队伍的名称
ALBP0101	志愿者信息标识	string	an32	N	志愿者信息标识
AXCP0004	人员身份证件类型	string	n2	Y	见 JMGC/XX 203—2020 附录 C 代码集“身份证件类型代码”
AXCP0005	人员身份证件号码	string	..18	Y	对于身份证件类型为“内地居民身份证”的人员，身份证件号码值域见 GB 11643(《公民身份号码》)
ALBX0803	培训名称	string	..100	Y	志愿服务培训的名称
ALBX0804	培训内容	string	..200	Y	志愿服务培训的内容
ALBX0806	培训开始日期	date	YYYYMMDD	Y	志愿服务培训的开始日期
ALBX0807	培训结束日期	date	YYYYMMDD	Y	志愿服务培训的结束日期
ALBX0808	培训学时	float	5,2	Y	志愿服务培训的时长。单位：小时
ALBX0809	培训类型	string	n1	N	见附录 A 志愿服务代码集“志愿服务培训类型代码”
ALBX0813	培训方式	string	n1	N	见附录 A 志愿服务代码集“志愿服务培训方式代码”
AXAA0001	行政区划代码	string	n12	N	采用 GB/T 2260、GB/T 10114 编码规则
AXZX0007	联系人姓名	string	..72	N	志愿服务培训的联系人姓名。填写中文字符、英文字符
AXZX0008	联系人手机号码	string	n11	N	志愿服务培训的联系人手机号码。长 11 位，第 1 位为 1，第 2 位为 3—9

5.7 投诉信息

投诉信息见表 9。

表 9　投诉信息

标识符	中文名称	数据类型	数据格式	必选项	备注
ALBX1501	投诉信息标识	string	an32	N	志愿服务投诉信息标识
ALBX1502	被操作者类型	string	n1	Y	见附录 A 志愿服务代码集“被操作者类型代码”
ALBX1503	被操作者信息标识	string	an32	Y	被操作者信息标识
AXCP0002	投诉人姓名	string	..72	Y	志愿服务投诉的投诉人姓名。填写中文字符、英文字符
AXZX0002	投诉人公民身份号码	string	an18	Y	采用 GB 11643 编码规则

续表

标识符	中文名称	数据类型	数据格式	必选项	备注
AXZX0008	投诉人手机号码	string	n11	Y	志愿服务投诉的投诉人手机号码。长11位,第1位为1,第2位为3—9
ALBX1509	投诉日期	date	YYYYMMDD	Y	发布志愿服务投诉的日期
ALBX1510	投诉内容	string	..200	Y	志愿服务投诉的内容描述
ALBX1511	处理日期	date	YYYYMMDD	Y	志愿服务投诉的处理日期
ALBX1512	回复内容	string	..200	Y	处理志愿服务投诉的回复内容
ALBP1111	操作者类型	string	n1	Y	见附录A志愿服务代码集“操作者类型代码”
ALBP1112	操作者信息标识	string	an32	N	操作者信息标识
ALBE0301	队伍信息标识	string	an32	N	志愿服务队伍信息标识
ALBE0302	队伍名称	string	..100	N	当是志愿服务队伍被投诉时,志愿服务队伍名称必填
ALBX0101	项目信息标识	string	an32	N	志愿服务项目信息标识
ALBX0104	项目名称	string	..100	N	当是志愿服务项目被投诉时,志愿服务项目名称必填
ALBP0101	志愿者信息标识	string	an32	N	志愿者信息标识
AXCP0004	人员身份证件类型	string	n2	N	当是志愿者被投诉时,志愿者身份证件类型必填。见JMGC/XX 203—2020附录C代码集“身份证件类型代码”
AXCP0005	人员身份证件号码	string	..18	N	当是志愿者被投诉时,志愿者身份证件号码必填。对于身份证件类型为“内地居民身份证”的人员,身份证件号码值域见GB 11643(《公民身份号码》)

5.8 举报信息

举报信息见表10。

表10　举报信息

标识符	中文名称	数据类型	数据格式	必选项	备注
ALBX1601	举报信息标识	string	an32	N	志愿服务举报信息标识
ALBX0701	服务时长标识	string	an32	Y	志愿服务时长信息标识
ALBX0101	项目信息标识	string	an32	N	志愿服务项目信息标识
ALBX0104	项目名称	string	..100	Y	志愿服务项目的名称
ALBP0101	志愿者信息标识	string	an32	N	志愿者信息标识
AXCP0004	人员身份证件类型	string	n2	Y	见JMGC/XX 203—2020附录C代码集“身份证件类型代码”

续表

标识符	中文名称	数据类型	数据格式	必选项	备注
AXCP0005	人员身份证件号码	string	..18	Y	对于身份证件类型为"内地居民身份证"的人员，身份证件号码值域见 GB 11643(《公民身份号码》)
ALBE0301	队伍信息标识	string	an32	N	志愿服务队伍信息标识
ALBE0302	队伍名称	string	..100	Y	志愿服务队伍的名称
ALBP1111	操作者类型	string	n1	Y	见附录 A 志愿服务代码集"操作者类型代码"
ALBP1112	操作者信息标识	string	an32	N	操作者信息标识
ALBX1607	举报理由	string	..100	Y	志愿服务举报的理由
ALBX1609	举报日期	date	YYYYMMDD	Y	发起志愿服务举报的日期
ALBX1511	处理日期	date	YYYYMMDD	Y	志愿服务举报的处理日期

5.9 表彰奖励信息

表彰奖励信息见表 11。

表 11　表彰奖励信息

标识符	中文名称	数据类型	数据格式	必选项	备注
ALBX1801	表彰奖励信息标识	string	an32	N	志愿服务表彰奖励信息标识
ALBE0301	队伍信息标识	string	an32	N	志愿服务队伍信息标识
ALBE0302	队伍名称	string	..100	Y	志愿服务队伍的名称
ALBP0101	志愿者信息标识	string	an32	N	志愿者信息标识
AXCP0004	人员身份证件类型	string	n2	Y	见 JMGC/XX 203—2020 附录 C 代码集"身份证件类型代码"
AXCP0005	人员身份证件号码	string	..18	Y	对于身份证件类型为"内地居民身份证"的人员，身份证件号码值域见 GB 11643(《公民身份号码》)
ALBX1803	表彰奖励名称	string	..50	Y	志愿服务表彰奖励的名称
ALBX1804	获奖日期	date	YYYYMMDD	Y	志愿服务表彰奖励的获奖日期
ALBX1805	授予单位	string	..100	Y	志愿服务表彰奖励的授予单位
ALBX1806	奖励文书名称及文号	string	..100	N	志愿服务表彰奖励的文书名称及文号
ALBX1807	奖励内容	string	..200	N	志愿服务表彰奖励的奖励内容
ALBX1808	表彰图片	string	..100	N	志愿服务表彰奖励的图片
ALBX1809	上传附件	string	..500	N	志愿服务表彰奖励的附件信息

5.10 志愿服务队伍对志愿者服务评价信息

志愿服务队伍对志愿者服务评价信息见表12。

表12　志愿服务队伍对志愿者服务评价信息

标识符	中文名称	数据类型	数据格式	必选项	备注
ALBX2901	志愿服务队伍对志愿者服务评价信息标识	string	an32	N	志愿服务队伍对志愿者服务评价信息标识
ALBX0101	项目信息标识	string	an32	N	志愿服务项目信息标识
ALBX0104	项目名称	string	..100	Y	志愿服务项目的名称
ALBP0101	志愿者信息标识	string	an32	N	志愿者信息标识
AXCP0004	人员身份证件类型	string	n2	Y	见JMGC/XX 203—2020附录C代码集"身份证件类型代码"
AXCP0005	人员身份证件号码	string	..18	Y	对于身份证件类型为"内地居民身份证"的人员,身份证件号码值域见GB 11643(《公民身份号码》)
ALBE0301	队伍信息标识	string	an32	N	志愿服务队伍信息标识
ALBE0302	队伍名称	string	..100	Y	志愿服务队伍的名称
ALBX2903	守时程度	string	n1	Y	志愿者按时参加活动的情况描述
ALBX2904	服务态度	string	n1	Y	志愿者在志愿服务活动中的服务意识情况描述
ALBX2905	专业水平	string	n1	Y	志愿者在开展志愿服务是展现的专业技能水平与能力
ALBX2906	评价日期	date	YYYYMMDD	Y	志愿服务队伍评价志愿者的日期
ALBX2907	评价内容	string	..200	N	志愿服务队伍评价志愿者的内容

5.11 志愿者对志愿服务队伍服务评价信息

志愿者对志愿服务队伍服务评价信息见表13。

表13　志愿者对志愿服务队伍服务评价信息

标识符	中文名称	数据类型	数据格式	必选项	备注
ALBX3101	志愿者对志愿服务队伍服务评价信息标识	string	an32	N	志愿者对志愿服务队伍服务评价信息标识
ALBX0101	项目信息标识	string	an32	N	志愿服务项目信息标识
ALBX0104	项目名称	string	..100	Y	志愿服务项目的名称

续表

标识符	中文名称	数据类型	数据格式	必选项	备注
ALBP0101	志愿者信息标识	string	an32	N	志愿者信息标识
AXCP0004	人员身份证件类型	string	n2	Y	见 JMGC/XX 203—2020 附录 C 代码集“身份证件类型代码”
AXCP0005	人员身份证件号码	string	..18	Y	对于身份证件类型为“内地居民身份证”的人员，身份证件号码值域见 GB 11643(《公民身份号码》)
ALBE0301	队伍信息标识	string	an32	N	志愿服务队伍信息标识
ALBE0302	队伍名称	string	..100	Y	志愿服务队伍的名称
ALBX3103	对项目开展培训的满意度	string	n1	Y	对志愿服务队伍组织的培训活动的满意程度的描述
ALBX3104	与志愿队伍合作的满意度	string	n1	Y	与志愿服务队伍合作的满意程度的描述
ALBX3105	项目执行与计划的符合度	string	n1	Y	志愿服务项目实际执行进程与计划方案的契合程度的描述
ALBX2906	评价日期	date	YYYYMMDD	Y	志愿者评价志愿服务队伍的日期
ALBX2907	评价内容	string	..200	N	志愿者评价志愿服务队伍的内容

附录 A

（规范性）

志愿服务代码集

A.1 志愿者可提供服务时间代码

志愿者可提供服务时间代码见表 A.1。

表 A.1 志愿者可提供服务时间代码

代码	元素名称	代码	元素名称
01	星期一上午	02	星期一下午
03	星期一晚上	04	星期二上午
05	星期二下午	06	星期二晚上
07	星期三上午	08	星期三下午
09	星期三晚上	10	星期四上午
11	星期四下午	12	星期四晚上
13	星期五上午	14	星期五下午
15	星期五晚上	16	星期六上午
17	星期六下午	18	星期六晚上
19	星期日上午	20	星期日下午
21	星期日晚上	22	节假日上午
23	节假日下午	24	节假日晚上

A.2 志愿者特长代码

志愿者特长代码见表 A.2。

表 A.2 志愿者特长代码

代码	元素名称	代码	元素名称
01	医疗急救	02	体育竞技
03	驾驶运输	04	法律服务
05	信息技术	06	经营管理
07	公共关系	08	教育培训
09	电器维修	10	安全保卫

续表

代码	元素名称	代码	元素名称
11	财会金融	12	设计创意
13	客服接待	14	物业养护
15	新闻写作	16	精通外语
17	音乐	18	心理咨询
19	护理照护	20	手工制作
21	文化艺术	22	网络技术
23	摄像摄影	99	其他

A.3 操作者类型代码

操作者类型代码见表 A.3。

表 A.3 操作者类型代码

代码	元素名称	代码	元素名称
1	志愿者	2	志愿服务队伍
3	民政管理部门		

A.4 志愿服务队伍类型代码

志愿服务队伍类型代码见表 A.4。

表 A.4 志愿服务队伍类型代码

代码	元素名称	代码	元素名称
1	志愿服务团体	2	志愿服务组织
3	其他开展志愿服务活动的法人组织		

A.5 同意成立志愿服务队伍的单位/社区类型代码

同意成立志愿服务队伍的单位/社区类型代码见表 A.5。

表 A.5 同意成立志愿服务队伍的单位/社区类型代码

代码	元素名称	代码	元素名称
01	党政机关	02	教育事业单位
03	卫生事业单位	04	科技事业单位
05	文化事业单位	06	社会福利事业单位
07	其他事业单位	08	群团组织

续表

代码	元素名称	代码	元素名称
09	居民委员会	10	村民委员会
11	国有企业	12	非国有企业
13	社会团体	14	社会服务机构
15	基金会	99	其他

A.6 志愿者服务对象代码

志愿者服务对象代码见表A.6。

表A.6　志愿者服务对象代码

代码	元素名称	代码	元素名称
01	儿童	02	妇女
03	老年人	04	残障人士
05	优抚对象	06	贫困家庭
07	特殊群体	08	病患者
09	农村居民	10	城镇居民
11	社会公众	99	其他

A.7 志愿者保障代码

志愿者保障代码见表A.7。

表A.7　志愿者保障代码

代码	元素名称	代码	元素名称
01	志愿者保险	02	集中乘车
03	交通补贴	04	餐饮或食物
05	提供饮水	06	提供住宿
07	志愿者服装	08	志愿服务工具
09	免费体检	10	专项培训
11	志愿服务证书	99	其他

A.8 志愿者服务项目类别代码

志愿者服务项目类别代码见表A.8。

表 A.8 志愿者服务项目类别代码

代码	元素名称	代码	元素名称
01	社区服务	02	扶贫减贫
03	支教助学	04	卫生健康
05	法律服务	06	环境保护
07	科技科普	08	文化艺术
09	平安综治	10	文明风尚
11	交通引导	12	志愿消防
13	应急救援	14	禁毒宣传
15	体育健身	16	旅游服务
17	关爱特殊群体	18	大型活动
19	海外志愿服务	99	其他

A.9 志愿服务培训类型代码

志愿服务培训类型代码见表 A.9。

表 A.9 志愿服务培训类型代码

代码	元素名称	代码	元素名称
1	通用培训	2	岗位培训
3	专业培训		

A.10 志愿服务培训方式代码

志愿服务培训方式代码见表 A.10。

表 A.10 志愿服务培训方式代码

代码	元素名称	代码	元素名称
1	远程培训	2	面授培训

A.11 被操作者类型代码

被操作者类型代码见表 A.11。

表 A. 11　被操作者类型代码

代码	元素名称	代码	元素名称
1	志愿者	2	志愿服务队伍
3	志愿服务项目		

JMGC

民 政 部 金 民 工 程 标 准

JMGC/YW 429.3—2020

慈善事业促进和社会工作数据元
第3部分:慈善与募捐

2020-12-30 发布 2020-12-30 实施

民政部信息中心 发布

目　　次

前　言

本文件按照 GB/T 1.1—2020《标准化工作导则 第1部分:标准化文件的结构和起草规则》的规定起草。

请注意本文件的某些内容可能涉及专利。本文件的发布机构不承担识别专利的责任。

本文件是 JMGC/YW 429《慈善事业促进和社会工作数据元》的第3部分。JMGC/YW 429 已经发布了以下部分:

——第1部分:社会工作;

——第2部分:志愿服务;

——第3部分:慈善与募捐。

本文件由民政部信息中心提出并归口。

本文件起草单位:民政部信息中心、万达信息股份有限公司。

本文件主要起草人:王兴玲、邬函斌、马晓宁、晁俊、王鑫、李永良、李夺、李彦浩、李功林。

引　言

JMGC/YW 429《慈善事业促进和社会工作数据元》由三部分构成。

——第1部分:社会工作。目的在于确立社会工作业务相关数据元的属性和信息描述。

——第2部分:志愿服务。目的在于确立志愿服务业务相关数据元的属性和信息描述。

——第3部分:慈善与募捐。目的在于确立慈善与募捐业务相关数据元的属性和信息描述。

慈善事业促进和社会工作数据元 第3部分:慈善与募捐

1 范围

本文件规定了金民工程项目中慈善与募捐业务数据元的标识符、中文名称、数据类型、数据格式和必选项的要求。

本文件适用于金民工程项目中慈善与募捐建设。

2 规范性引用文件

下列文件中的内容通过文中的规范性引用而构成本文件必不可少的条款。其中,注日期的引用文件,仅该日期对应的版本适用于本文件;不注日期的引用文件,其最新版本(包括所有的修改单)适用于本文件。

GB/T 2260 中华人民共和国行政区划代码

GB/T 2659 世界各国和地区名称代码

GB/T 10114 县级以下行政区划代码编制规则

GB 11643 公民身份号码

GB/T 18391.1 信息技术 元数据注册系统(MDR) 第1部分:框架

GB 32100 法人和其他组织统一社会信用代码编码规则

JMGC/XX 204 金民工程 信息分类和编码规范

JMGC/XX 210 金民工程 数据对象命名规范

3 术语和定义

下列术语和定义适用于本文件。

3.1 数据

对事实、概念或指令的一种形式化表示,适用于以人工或自动方式进行通信、解释或处理。

[来源:GB/T 18391.1,3.12]

3.2 数据元

用一组属性描述定义、标识、表示和允许值的数据单元。

[来源:GB/T 18391.1,3.14]

1.1 值域

允许值的集合。

[来源:GB/T 18391.1,3.75]

4 缩略语

下列缩略语适用于本文件。

UTF—8 Unicode 的可变长度字符编码(8—bit Unicode Transformation Format)。

5 数据元属性

5.1 标识符

标识符为数据库中该字段的唯一标识,应符合 JMGC/XX 210 的要求。

5.2 中文名称

字段名称采用中文描述,表示字段的名称。

5.3 数据类型

本文件中数据元的数据类型见表1。

表1 数据类型表

数据类型	说明
string(字符型)	通过字符形式表达的值的类型
number(整数型)	通过“0”到“9”数字表达的整数类型的值
float(浮点型)	通过“0”到“9”数字和小数点“.”表达的实数
date(日期型)	通过 YYYYMMDD 的形式表达的值的类型
datetime(日期时间型)	通过 YYYYMMDD hh:mm:ss 的形式表达的值的类型
boolean(布尔型)	两个且只有两个表明条件的值

5.4 数据格式

从业务的角度规定的数据元的格式需求,包括所允许的最大和(或)最小字符长度,表示格式等。数据格式中使用的字符含义见表2。

表2 数据格式

数据格式	说明
a	字母字符
n	数字字符
an	字母数字字符
m(m 为自然数)	定长 m 个字符,字符集默认为 GB 18030 的全部部分
..ul	长度不确定的

续表

数据格式	说明
..	从最小长度到最大长度,前面附加最小长度,后面附加最大长度
YYYYMMDD hh:mm:ss	“YYYY”表示年份,“MM”表示月份,“DD”表示日期,“hh”表示小时,“mm”表示分钟,“ss”表示秒,可以视实际情况组合使用。
m,n	float 的精度,m 表示总长度,n 表示小数位

5.5 必选项

必选项描述该字段是否允许插入空值,填“Y”表示该字段不允许为空值,填“N”表示该字段允许为空值。

5.6 备注

备注应对字段的意义、取值范围、计量单位、参考标准等提出要求。

6 数据元描述

6.1 慈善组织基本信息

慈善组织基本信息见表 3。

表 3　慈善组织基本信息

标识符	中文名称	数据类型	数据格式	必选项	备注
AXBE0002	统一社会信用代码	string	an18	Y	统一社会信用代码,采用基础数据库统一定义标识符 见 GB 32100
AXBE0003	单位名称	string	..100	Y	慈善组织名称,采用基础数据库统一定义标识符
AXBE0015	单位设立日期	date	YYYYMMDD	Y	慈善组织成立日期,采用基础数据库统一定义标识符
AXBE0006	单位主管部门名称	string	..100	Y	慈善组织主管部门名称,采用基础数据库统一定义标识符
AXBE0017	法定代表人姓名	string	..72	Y	法定代表人姓名,采用基础数据库统一定义标识符
AXBE0013	单位联系电话	string	..18	Y	慈善组织联系电话,采用基础数据库统一定义标识符 有效的座机或手机号码。座机号码标准格式为:区号-电话号码,手机号码为 11 位数字
AKBE0102	业务范围	string	n1	Y	见附录 A 代码集 A.5 慈善组织业务范围代码
AXZX0005	电子邮箱	string	..100	Y	电子邮箱地址,采用基础数据库统一定义标识符
AKBE0105	门户网站	string	..150	Y	基金会组织提供有关信息的平台

续表

标识符	中文名称	数据类型	数据格式	必选项	备注
AXZX0007	联系人姓名	string	..72	Y	联系人姓名，采用基础数据库统一定义标识符
AXZX0001	联系电话	string	..18	Y	联系人联系电话，采用基础数据库统一定义标识符 有效的座机或手机号码。座机号码标准格式为：区号 - 电话号码，手机号码为11位数字
AKBE0113	宗旨	string	..300	Y	
AKBE0125	是否终止	boolean		N	
AKBE0126	是否清算	boolean		N	
AKBE0127	是否取得公益性捐赠税前扣除资格	boolean		Y	
AKBE0128	税前扣除资格有效期起	date	YYYYMMDD	Y	
AKBE0129	税前扣除资格有效期止	date	YYYYMMDD	Y	
AKBE0130	是否具有公开募捐资格	boolean		Y	

6.2 慈善组织重大事件信息

慈善组织重大事件信息详见下表4。

表4 慈善组织重大事件信息

标识符	中文名称	数据类型	数据格式	必选项	备注
AKBE1691	变动时间	datetime	YYYYMMDD hh:mm:ss	Y	
AKBE1692	重大事件类型	string	n1	Y	见附录A 代码集A.1 重大事件类型代码
AKBE1693	具体内容	string	..300	Y	
AKBE1694	相关金额	float	10,2	Y	单位：元

6.3 慈善组织关联交易信息

慈善组织关联交易信息见表5。

表5 慈善组织关联交易信息

标识符	中文名称	数据类型	数据格式	必选项	备注
AKBE1496	交易时间	datetime	YYYYMMDD hh:mm:ss	Y	

续表

标识符	中文名称	数据类型	数据格式	必选项	备注
AKBE1497	交易类型	string	n1	Y	见附录A 代码集A.6 慈善组织关联交易类型代码
AKBE1504	关联关系	string	n1	Y	见附录A 代码集A.2 关联交易类型代码
AKBE1498	具体内容	string	..300	Y	用于描述事件详情
AKBE1499	交易金额	float	15,2	Y	单位:元
AKBE1503	交易对象	string	..300	Y	

6.4 慈善项目信息

慈善项目信息见表6。

表6 慈善项目信息

标识符	中文名称	数据类型	数据格式	必选项	备注
AKBE0156	编号	string	an32	Y	慈善项目的唯一标识
AKBE0157	名称	string	..100	Y	
AKBE0158	是否开展募捐	boolean		Y	
AKBE0159	状态	string	n1	Y	见JMGC/XX 204　5.8.3 CK003 慈善项目状态代码
AKBE0160	服务人群	string	..150	Y	需服务的目标群体
AKBE0161	服务领域	string	..300	Y	
AKBE0162	详情	string	..300	Y	对项目内容的详细描述
AKBE0163	介绍	string	..300	Y	对项目内容的简介
AKBE0164	起始日期	date	YYYYMMDD	Y	
AKBE0365	终止日期	date	YYYYMMDD	Y	
AKBE0165	是否有慈善信托支持	boolean		Y	
AXCP0002	姓名	string	..72	N	项目负责人姓名,采用基础数据库统一定义标识符
AXZX0001	联系电话	string	..18	N	项目负责人联系电话,采用基础数据库统一定义标识符 有效的座机或手机号码。座机号码标准格式为:区号-电话号码,手机号码为11位数字

6.5 慈善组织认定申请信息

慈善组织认定申请信息见表7。

表7　慈善组织认定申请信息

标识符	中文名称	数据类型	数据格式	必选项	备注
AKBE0114	慈善活动领域	string	..300	Y	慈善组织管理、社会捐助管理
AKBE2076	校准时间	datetime	YYYYMMDD hh:mm:ss	Y	
AKBE2077	核准机构	string	..100	Y	政府机关或有授权资格的机构
AKBE2078	申请认定慈善组织履行的内部民主决策程序	string	..ul	Y	
AKBE2079	有无会员(代表)大会	boolean		Y	
AKBE2080	召开年份	number		Y	单位:年
AKBE2081	召开次数	number		Y	单位:次
AKBE2082	申请前三年按照章程规定是否需召开	boolean		Y	
AKBE2083	召开情况	string	..200	Y	
AKBE2084	理事会每年召开次数	number		Y	单位:次
AKBE2086	有无常务理事会	boolean		Y	
AKBE2087	常务理事会每年召开次数	number	n10	Y	单位:次
AKBE2089	有无监事或理事会	boolean		Y	
AKBE2091	审计机构名称	string	..32	Y	
AKBE2092	上年末净资产	float	10,2	Y	单位:元
AKBE2093	上年度慈善活动支出	float	10,2	Y	单位:元
AKBE2094	上年度慈善活动支出比例	float	10,2	N	支出所占的百分比
AKBE2095	上年度管理费用	float	10,2	Y	单位:元
AKBE2096	上年度管理费用比例	float	10,2	N	费用所占的百分比
AKBE2097	申请理由	string	..ul	N	
AKBE2098	开展慈善活动的说明	string	..ul	Y	
AKBE2099	业务主管单位审核意见	string	..200	N	有直接管理业务权限的单位的审核意见
AKBE2100	法定代表人签字	string	..72	Y	
AHAE2661	申请时间	datetime	YYYYMMDD hh:mm:ss	N	
AKBE2171	是否终止	boolean		N	
AXBE0003	单位名称	string	..100	N	慈善组织名称,采用基础数据库统一定义标识符
AXBE0002	统一社会信用代码	string	an18	Y	慈善组织统一社会信用代码,采用基础数据库统一定义标识符见 GB 32100

续表

标识符	中文名称	数据类型	数据格式	必选项	备注
AKBE2645	社会组织类型	string	n1	Y	见附录 A 代码集 A.7 社会组织类型代码
AXBE0015	单位设立日期	date	YYYYMMDD	Y	慈善组织成立登记日期,采用基础数据库统一定义标识符
AXBE0029	登记部门名称	string	..50	Y	登记管理机关,采用基础数据库统一定义标识符
AXBE0006	单位主管部门名称	string	..100	N	业务主管单位,采用基础数据库统一定义标识符
AXBE0017	法定代表人姓名	string	..72	Y	法定代表人姓名,采用基础数据库统一定义标识符
AXZX0001	联系电话	string	..18	N	法人代表联系电话,采用基础数据库统一定义标识符 有效的座机或手机号码。座机号码标准格式为:区号 - 电话号码,手机号码为 11 位数字
AKBE2651	住所	string	..100	N	
AKBE2653	业务范围	string	n1	N	见附录 A 代码集 A.5 慈善组织业务范围代码

6.6 慈善楷模信息

慈善楷模信息见表 8。

表 8　慈善楷模信息

标识符	中文名称	数据类型	数据格式	必选项	备注
AXCP0002	姓名	string	..72	Y	楷模姓名,采用基础数据库统一定义标识符
AXCP0006	性别	string	n1	Y	楷模性别,采用基础数据库统一定义标识符 取值范围见 JMGC/XX 204 5.1.7 C0007 人的性别代码
AXCP0007	国籍	string	n3	Y	楷模国籍,采用基础数据库统一定义标识符 见 GB/T 2659(《世界各国和地区名称代码》)
AXCP0008	民族	string	n2	Y	楷模民族,采用基础数据库统一定义标识符 取值范围见 JMGC/XX 204 5.1.9 C0009 民族代码
AXCP0011	籍贯	string	..100	Y	楷模籍贯,采用基础数据库统一定义标识符
AXCP0004	身份证件类型	string	n2	Y	楷模身份证件类型,采用基础数据库统一定义标识符 取值范围见 JMGC/XX 204 5.1.15 C0015 身份证件类型代码

续表

标识符	中文名称	数据类型	数据格式	必选项	备注
AXCP0005	身份证件号码	string	..18	Y	楷模身份证件号码,采用基础数据库统一定义标识符 见 GB 11643
AXCP0039	出生日期	date	YYYYMMDD	Y	出生日期,采用基础数据库统一定义标识符
AKCP0102	工作单位	string	..100	Y	
AKCP0103	工作职务	string	..50	N	
AXZX0007	联系人姓名	string	..72	Y	联系人姓名,采用基础数据库统一定义标识符
AKCP0105	联系人职务	string	..50	N	
AXZX0001	联系电话	string	..18	Y	联系人联系电话,采用基础数据库统一定义标识符 有效的座机或手机号码。座机号码标准格式为:区号－电话号码,手机号码为 11 位数字
AXZX0006	邮政邮编	string	n6	N	联系人邮编,采用基础数据库统一定义标识符
AXZX0005	电子邮箱	string	..100	N	联系人电子邮箱,采用基础数据库统一定义标识符
AKCP0111	联系人通信地址	string	..100	Y	
AKCP0112	团体名称	string	..100	Y	
AKCP0113	团体国籍	string	n3	Y	见 GB/T 2659(《世界各国和地区名称代码》)
AKCP0122	投身慈善活动年限	number		Y	单位:年
AHDX6004	捐赠金额	float	10,2	Y	单位:元
AKCP0124	捐赠现金及有价证券金额	float	10,2	Y	单位:元
AKCP0125	捐赠物资折价金额	float	10,2	Y	单位:元
AKCP0126	累计捐赠总额	float	10,2	Y	单位:元
AKCP0127	志愿服务时间	number		N	单位:天
AKCP0128	累计志愿服务时间	number		Y	单位:天
AKCP0129	捐助时间	datetime	YYYYMMDD hh:mm:ss	Y	
AKCP0130	捐助现金和有价证券	float	10,2	N	单位:元
AKCP0131	捐助物资折价	float	10,2	N	单位:元
AKCP0132	接收方名称	string	..100	Y	
AKCP0133	捐赠用途或项目名称	string	..100	Y	
AKCP0134	是否减免税	boolean		Y	

续表

标识符	中文名称	数据类型	数据格式	必选项	备注
AKCP0135	凭证编号	string	an32	Y	
AKCP0136	日期	date	YYYYMMDD	N	
AKCP0145	证明人	string	..72	Y	
AKCP0140	证明人联系电话	string	..18	Y	有效的座机或手机号码。座机号码标准格式为:区号-电话号码,手机号码为11位数字
AKBE2651	住所	string	..128	N	
AKCP0142	所获主要荣誉	string	..300	Y	
AKCP0143	相关新闻报道链接	string	..150	Y	对慈善楷模有关的报道文章网址

6.7 慈善项目(慈善信托)信息

慈善项目(慈善信托)信息见表9。

表9 慈善项目(慈善信托)信息

标识符	中文名称	数据类型	数据格式	必选项	备注
AKCP0146	项目(慈善信托)名称	string	..100	Y	
AKCP0147	申报单位名称	string	..100	Y	慈善组织的单位名称
AKCP0148	申报单位地域	string	n12	Y	前6位见GB/T 2260,后3位见GB/T 10114,后3位为村或社区编码
AKCP0149	受托人(慈善信托填写)	string	..72	Y	
AXBE0005	单位性质代码	string	..100	Y	申报单位性质,采用基础数据库统一定义标识符 取值范围见JMGC/XX 204 5.1.38 C0038单位性质代码
AKCP0151	合作单位名称	string	..100	Y	
AKCP0152	实施地域	string	..100	Y	项目用于帮助的人群所在地区
AKCP0153	年度项目(慈善信托)支出	float	10,2	Y	单位:元
AKCP0154	历年累计支出	float	10,2	Y	单位:元
AKCP0155	项目(信托)持续时间	number		Y	单位:年
AKCP0156	资金规模	float	10,2	Y	单位:元
AKCP0157	初始化规模	float	10,2	N	单位:元
AKCP0158	最新规模	float	10,2	N	单位:元

续表

标识符	中文名称	数据类型	数据格式	必选项	备注
AKCP0159	慈善项目(慈善信托)简介	string	..300	Y	项目内容、实施的描述
AKCP0160	项目(慈善信托)所属领域	string	..100	Y	
AKCP0161	项目(慈善信托)受益对象	string	..100	Y	项目用于帮助的人群
AKCP0162	项目网址	string	..150	Y	描述项目并对外展示的信息链接
AXCP0002	姓名	string	..72	Y	联系人姓名,采用基础数据库统一定义标识符
AKCP0105	联系人职务	string	..50	N	
AXZX0001	联系电话	string	..18	Y	联系人联系电话,采用基础数据库统一定义标识符 有效的座机或手机号码。座机号码标准格式为:区号-电话号码,手机号码为11位数字
AKCP0111	联系人通信地址	string	..100	Y	请按照标准通信地址书写
AKCP0142	所获主要荣誉	string	..300	N	
AKCP0143	相关新闻报道链接	string	..150	N	对项目有关报道的新闻地址链接

6.8 捐赠企业信息

捐赠企业信息见表10。

表10 捐赠企业信息

标识符	中文名称	数据类型	数据格式	必选项	备注
AXBE0003	单位名称	string	..100	Y	单位名称,采用基础数据库统一定义标识符
AXBE0002	统一社会信用代码	string	an18	Y	统一社会信用代码,采用基础数据库统一定义标识符 见GB 32100
AKCP0175	企业性质	string	n1	Y	见附录A代码集A.8企业性质代码
AKCP0177	所属行业	string	n2	N	见附录A代码集A.9企业行业代码
AKCP0178	员工规模	number		N	单位:人
AKCP0179	企业法定代表人	string	..72	Y	
AKCP0180	法定代表人工作职务	string	..50	N	
AKCP0181	上一年度企业利润	float	15,2	N	单位:元
AKCP0182	企业网址	string	..150	Y	企业的门户网站

续表

标识符	中文名称	数据类型	数据格式	必选项	备注
AXCP0002	联系人姓名	string	..72	Y	
AKCP0105	联系人职务	string	..50	N	
AXZX0001	联系电话	string	..18	Y	联系人联系电话,采用基础数据库统一定义标识符 有效的座机或手机号码。座机号码标准格式为:区号-电话号码,手机号码为11位数字
AXZX0006	邮政邮编	string	n6	N	联系人邮编,采用基础数据库统一定义标识符
AXZX0005	电子邮箱	string	..100	Y	联系人电子邮箱,采用基础数据库统一定义标识符
AKCP0111	联系人通信地址	string	..100	Y	请按照标准通信地址书写
AKCP0190	企业捐赠和志愿服务信息	string	..300	Y	
AKCP0192	企业慈善战略和行为	string	..300	Y	
AKCP0141	主要慈善贡献及事迹	string	..300	Y	要有相关文献和新闻报道
AKCP0142	所获主要荣誉	string	..300	N	
AKCP0143	相关新闻报道链接	string	..150	N	捐赠企业相关的新闻报道地址链接

6.9 捐赠个人信息

捐赠个人信息见表11。

表11 捐赠个人信息

标识符	中文名称	数据类型	数据格式	必选项	备注
AXCP0002	姓名	string	..72	Y	捐赠人姓名,采用基础数据库统一定义标识符
AXCP0006	性别	string	n1	Y	捐赠人性别,采用基础数据库统一定义标识符 取值范围见 JMGC/XX 204 5.1.7 C0007 人的性别代码
AXCP0007	国籍	string	n3	Y	捐赠人国籍,采用基础数据库统一定义标识符 见 GB/T 2659(《世界各国和地区名称代码》)
AXCP0004	身份证件类型	string	n2	Y	捐赠人证件类型,采用基础数据库统一定义标识符 取值范围见 JMGC/XX 204 5.1.15 C0015 身份证件类型代码

续表

标识符	中文名称	数据类型	数据格式	必选项	备注
AXCP0005	身份证件号码	string	..18	Y	捐赠人证件号码,采用基础数据库统一定义标识符 见 GB 11643
AXCP0011	籍贯	string	..100	Y	捐赠人籍贯,采用基础数据库统一定义标识符
AXCP0008	民族	string	n2	Y	捐赠人民族,采用基础数据库统一定义标识符 取值范围见 JMGC/XX 204 5.1.9 C0009 民族代码
AXCP0009	人员文化程度	string	n1	Y	捐赠人学历,采用基础数据库统一定义标识符 取值范围见 JMGC/XX 204 5.1.8 C0008 学历代码
AXCP0039	出生日期	date	YYYYMMDD	Y	捐赠人出生日期,采用基础数据库统一定义标识符
AKCP0177	所属行业	string	n2	Y	见附录 A 代码集 A.9 企业行业代码
AKCP0102	工作单位	string	..100	Y	
AKCP0103	工作职务	string	..50	Y	
AXZX0007	联系人姓名	string	..72	Y	联系人姓名,采用基础数据库统一定义标识符
AXZX0001	联系电话	string	..18	Y	联系人联系电话,采用基础数据库统一定义标识符 有效的座机或手机号码。座机号码标准格式为:区号 - 电话号码,手机号码为 11 位数字
AXZX0006	邮政邮编	string	n6	Y	联系人邮编,采用基础数据库统一定义标识符
AXZX0009	联系人电子邮箱	string	..100	Y	联系人电子邮箱,采用基础数据库统一定义标识符
AKCP0111	联系人通信地址	string	..100	Y	请按照标准通信地址书写
AKCP0208	个人捐赠信息	string	..100	Y	
AKCP0141	主要慈善贡献及事迹	string	..300	N	有相关文献或记录的慈善事迹
AKCP0142	所获主要荣誉	string	..300	N	
AKCP0143	相关新闻报道链接	string	..150	N	捐赠个人相关的新闻报道地址链接

6.10 公开募捐资格信息

公开募捐资格信息见表 12。

表12　公开募捐资格信息

标识符	中文名称	数据类型	数据格式	必选项	备注
AXBE0003	单位名称	string	..100	Y	慈善组织名称,采用基础数据库统一定义标识符
AXBE0002	统一社会信用代码	string	an18	Y	慈善组织统一社会信用代码,采用基础数据库统一定义标识符 见GB 32100
AKBE2704	住所	string	..128	Y	
AXBE0015	单位设立日期	date	YYYYMMDD	Y	慈善组织设立登记日期,采用基础数据库统一定义标识符
AKBE2707	认定慈善组织日期	date	YYYYMMDD	Y	
AKBE2708	是否取得公益性捐赠税前扣除资格	boolean		Y	
AKBE2709	业务主管单位	string	..100	Y	有直接管理业务权限的单位
AKBE2711	网址	string	..100	N	慈善组织的门户网站
AXZX0007	联系人姓名	string	..72	Y	工作联系人姓名,采用基础数据库统一定义标识符
AXZX0001	联系电话	string	..18	Y	工作联系人联系电话,采用基础数据库统一定义标识符 有效的座机或手机号码。座机号码标准格式为:区号－电话号码,手机号码为11位数字
AKBE2314	工作联系人Email或QQ	string	..100	Y	用户名@域名
AKBE2315	是否召开关于申请公开募捐资格的理事会	boolean		Y	
AKBE2316	召开时间	datetime	YYYYMMDD hh:mm:ss	Y	
AKBE2317	召开地点	string	..100	Y	
AKBE2318	召开议题	string	..1000	Y	
AKBE2319	召开出席理事人数	number		Y	单位:人
AKBE2320	召开占全体理事会成员比例	float	5,2	N	所占的百分比
AKBE2321	是否首次申请	boolean		Y	
AKBE2097	申请理由	string	..1000	N	要作详细描述

6.11 公开募捐备案信息

公开募捐备案信息见表13。

表13 公开募捐备案信息

标识符	中文名称	数据类型	数据格式	必选项	备注
AKBE2541	公开募捐活动名称	string	..100	Y	
AKBE2542	募捐目的	string	..1000	Y	
AKBE2543	是否为应对重大自然灾害、事故灾难和公共卫生事件等突发事件	boolean		Y	
AKBE2544	起始时间	datetime	YYYYMMDD hh:mm:ss	Y	
AKBE2545	结束时间	datetime	YYYYMMDD hh:mm:ss	Y	
AKBE2546	公开募捐方式	string	n1	Y	见附录A代码集A.3公开募捐方式代码
AKBE2548	是否开展线下异地募捐	boolean		Y	
AXZX0007	联系人姓名	string	..72	Y	负责人姓名，采用基础数据库统一定义标识符
AKBE2550	募捐活动负责人职务	string	..50	N	
AKBE2551	募捐活动负责人办公地址	string	..100	Y	
AXZX0001	联系电话	string	..18	Y	负责人联系电话，采用基础数据库统一定义标识符 有效的座机或手机号码。座机号码标准格式为：区号－电话号码，手机号码为11位数字
AKBE2553	接受捐助方式	string	n1	Y	见附录A代码集A.11接受捐赠方式代码
AKBE2554	公开募捐信息发布平台	string	..100	Y	
AKBE2557	募得款物用途	string	..100	Y	
AKBE2558	募捐成本	float	10,2	Y	单位：元
AKBE2560	合作方名称	string	..100	N	
AXBE0002	统一社会信用代码	string	an18	N	慈善组织统一社会信用代码，采用基础数据库统一定义标识符 见GB 32100
AKBE1007	合作方姓名	string	..72	N	
AXZX0002	公民身份号码	string	an18	N	合作方公民身份号码，采用基础数据库统一定义标识符
AKBE2562	是否为社区或单位内部设立的组织	boolean		N	
AKBE2563	募捐目的	string	..1000	N	
AKBE2676	公开募捐资格证书取得时间	datetime	YYYYMMDD hh:mm:ss	N	

6.12 慈善信托备案信息

慈善信托备案信息见表14。

表14 慈善信托备案信息

标识符	中文名称	数据类型	数据格式	必选项	备注
AKBE0534	申请人	string	..72	Y	
AKBE0535	委托人	string	..72	Y	
AKBE0536	受益人范围	string	..200	Y	受助对象人群的描述
AKBE0537	监察人	string	..72	Y	
AKBE0538	慈善信托目的	string	..300	Y	
AKBE0539	信托财产类型	string	n1	Y	见附录A 代码集A.10 企业行业代码
AKBE0540	信托财产	float	10,2	Y	单位:元
AKBE0541	信托开始时间	datetime	YYYYMMDD hh:mm:ss	Y	
AKBE0542	信托结束时间	datetime	YYYYMMDD hh:mm:ss	Y	
AKBE0544	慈善信托组织	string	..100	Y	
AKBE0968	受托人	string	..72	Y	

6.13 慈善组织(基金会)年报年检基本信息

慈善组织(基金会)年报年检基本信息见下表15。

表15 慈善组织(基金会)年报年检基本信息

标识符	中文名称	数据类型	数据格式	必选项	备注
AXBE0002	统一社会信用代码	string	an18	Y	统一社会信用代码,采用基础数据库统一定义标识符 见GB 32100
AKBE1054	基金会名称	string	..100	Y	
AKBE0113	宗旨	string	..300	Y	
AKBE1058	基金会类型	string	n1	Y	见附录A 代码集A.4 基金会类型代码
AKBE1060	成立时间	datetime	YYYYMMDD hh:mm:ss	Y	
AKBE1061	原始基金数额	float	10,2	Y	单位:元
AKBE1062	是否慈善组织	boolean		Y	
AKBE1063	认定时间	datetime	YYYYMMDD hh:mm:ss	Y	
AKBE1064	是否取得募捐资格认定证书	boolean		Y	

续表

标识符	中文名称	数据类型	数据格式	必选项	备注
AKBE1985	取得证书时间	datetime	YYYYMMDD hh:mm:ss	Y	
AKBE1066	基金会住所	string	..100	Y	
AXZX0005	电子邮箱	string	..100	Y	电子邮箱地址,采用基础数据库统一定义标识符
AXZX0006	邮政编码	string	n6	Y	邮政编码,采用基础数据库统一定义标识符
KBE2711	网址	string	..150	Y	基金会的门户网站
AKBE1071	秘书长姓名	string	..72	N	
AKBE1072	秘书长联系电话	string	..18	N	有效的座机或手机号码。座机号码标准格式为:区号-电话号码,手机号码为11位数字
AKBE1074	秘书长电子邮箱地址	string	..100	N	格式:用户名@域名
AXZX0007	联系人姓名	string	..72	N	年报联系人姓名,采用基础数据库统一定义标识符
AXZX0001	联系电话	string	..18	N	年报联系人联系电话,采用基础数据库统一定义标识符 有效的座机或手机号码。座机号码标准格式为:区号-电话号码,手机号码为11位数字

6.14 慈善组织(基金会)年报年检机构建设情况信息

慈善组织(基金会)年报年检机构建设情况信息见表16。

表16 慈善组织(基金会)年报年检机构建设情况信息

标识符	中文名称	数据类型	数据格式	必选项	备注
AKBE1143	年度	string	n4	Y	
AKBE2316	召开时间	datetime	YYYYMMDD hh:mm:ss	Y	
AKBE1145	会届	number		Y	
AKBE1146	会次	number		Y	
AKBE1147	会议时间	datetime	YYYYMMD-Dhh:mm:ss	Y	
AKBE1148	会议议题	string	..100	Y	
AKBE1149	出席理事名单	string	..255	Y	理事出席的人员名单
AKBE1151	出席监事名单	string	..255	Y	监事出席的人员名单
AKBE1598	会议地点	string	..100	Y	
AKBE2319	召开出席理事人数	number		N	单位:个
AKBE2320	召开占全体理事会成员比例	float	10,2	N	所占百分比
AKBE2321	是否首次申请	boolean		N	

6.15 慈善组织(基金会)年报年检业务活动开展情况信息

慈善组织(基金会)年报年检业务活动开展情况信息见表17。

表17 慈善组织(基金会)年报年检业务活动开展情况信息

标识符	中文名称	数据类型	数据格式	必选项	备注
AKBE1055	来自境内自然人的捐赠现金	float	10,2	Y	单位:元
AKBE1054	来自境内自然人的捐赠非现金	float	10,2	Y	单位:元
AKBE1056	来自其他基金会的捐赠现金	float	10,2	Y	单位:元
AKBE1057	来自其他基金会的捐赠非现金	float	10,2	Y	单位:元
AKBE1058	来自境内法人或者其他组织捐赠现金	float	10,2	Y	单位:元
AKBE1059	来自境内法人或其他组织捐赠非现金	float	10,2	Y	单位:元
AKBE1060	来自境外自然人的捐赠的现金	float	10,2	Y	单位:元
AKBE1061	来自境外自然人的捐赠的非现金	float	10,2	Y	单位:元

6.16 慈善组织(基金会)年报年检财务会计报告信息

慈善组织(基金会)年报年检财务会计报告信息见表18。

表18 慈善组织(基金会)年报年检财务会计报告信

标识符	中文名称	数据类型	数据格式	必选项	备注
AKBE1045	账龄	number		Y	单位:年
AKBE1044	年初账面余额	float	10,2	Y	单位:元
AKBE1046	年初坏账准备	float	10,2	N	单位:元
AKBE1047	年初账面价值	float	10,2	Y	单位:元
AKBE1048	年末账面余额	float	10,2	N	单位:元
AKBE1049	年末坏账准备	float	10,2	N	单位:元
AKBE1050	年末账面价值	float	10,2	Y	单位:元

6.17 慈善组织(基金会)年报年检接受监督、管理的情况信息

慈善组织(基金会)年报年检接受监督、管理的情况信息见表19。

表 19　慈善组织(基金会)年报年检接受监督、管理的情况信息

标识符	中文名称	数据类型	数据格式	必选项	备注
AKBE1031	行政处罚种类	string	n2	Y	见附录 A 代码集 A.14 行政处罚类型类别代码
AKBE1032	行政处罚机关	string	..100	Y	
AKBE1033	行政处罚时间	datetime	YYYYMMDD hh:mm:ss	Y	
AKBE1034	违法行为	string	..600	Y	

6.18 慈善组织(基金会)年报年检保值增值投资活动情况信息

慈善组织(基金会)年报年检保值增值投资活动情况信息见表 20。

表 20　慈善组织(基金会)年报年检保值增值投资活动情况信息

标识符	中文名称	数据类型	数据格式	必选项	备注
AKBE1094	购买资产管理产品情况	string	..100	Y	
AKBE1095	购买金额	float	10,2	Y	单位:元
AKBE1096	当年实际收益金额	float	10,2	Y	单位:元
AKBE1097	当年实际回收金额	float	10,2	Y	单位:元

6.19 慈善组织(基金会)年报年检监事意见信息

慈善组织(基金会)年报年检监事意见信息见表 21。

表 21　慈善组织(基金会)年报年检监事意见信息

标识符	中文名称	数据类型	数据格式	必选项	备注
AXZX0007	联系人姓名	string	..72	Y	年检年报联系人姓名,采用基础数据库统一定义标识符
AKBE1001	意见	string	..1000	N	
AKBE1002	签名	string	..72	Y	
AKCP0136	日期	date	YYYYMMDD	Y	

6.20 慈善组织变更信息

慈善组织变更信息见表 22。

表 22 慈善组织变更信息

标识符	中文名称	数据类型	数据格式	必选项	备注
AAEX0401	变更信息流水号	string	n32	Y	
AAEE0101	登记信息流水号	string	n32	Y	
AXBE0002	统一社会信用代码	string	an18	Y	慈善组织统一社会信用代码,采用基础数据库统一定义标识符见 GB 32100
AXBE0003	单位名称	string	..100	Y	慈善组织名称,采用基础数据库统一定义标识符
AAEX0402	变更时间	datetime	YYYYMMDD hh:mm:ss	Y	
AAEX0403	变更事项	string	..100	Y	
AAEX0404	变更前内容	string	..300	Y	
AAEX0405	变更后内容	string	..300	Y	
AAEX0406	变更理由	string	..100	Y	
AAEX1090	发布状态	string	n1	Y	见附录 A 代码集 A.12 发布状态代码
AZZX0016	备注	string	..100	Y	

6.21 慈善组织年度报告信息

慈善组织年度报告信息见表 23。

表 23 慈善组织年度报告信息

标识符	中文名称	数据类型	数据格式	必选项	备注
AAEX3001	年度报告流水号	string	n32	Y	
AAEE0101	慈善组织登记信息流水号	string	n32	Y	
AXBE0002	统一社会信用代码	string	an18	Y	慈善组织统一社会信用代码,采用基础数据库统一定义标识符见 GB 32100
AXBE0003	单位名称	string	..100	Y	慈善组织名称,采用基础数据库统一定义标识符
AAEX3002	年度	string	n4	Y	
AAEX3003	上传附件 ID	string	an6	Y	
AAEX3004	描述信息	string	..300	Y	
AAEX1090	发布状态	string	n1	Y	见附录 A 代码集 A.12 发布状态代码
AAEX3030	提交状态	string	n1	Y	见附录 A 代码集 A.13 提交状态代码

6.22 慈善项目募捐关联信息

慈善项目募捐关联信息见表24。

表24 慈善项目募捐关联信息

标识符	中文名称	数据类型	数据格式	必选项	备注
AAEX9001	项目募捐关联信息流水号	string	n32	Y	
AAEE0101	慈善组织登记信息流水号	string	n32	Y	
AXBE0002	统一社会信用代码	string	an18	Y	慈善组织统一社会信用代码,采用基础数据库统一定义标识符见GB 32100
AXBE0003	单位名称	string	..100	Y	慈善组织名称,采用基础数据库统一定义标识符
AAEX8101	慈善项目信息流水号	string	an12	Y	
AAEX8102	项目编号	string	an32	Y	
AAEX8103	项目名称	string	..100	Y	
AAEX9101	公开募捐备案信息流水号	string	n32	Y	
AAEX9102	募捐编号	string	an32	Y	
AAEX9103	公开募捐备案名称	string	..100	Y	

附录 A

(规范性)

代码表

A.1 重大事件类型代码

重大事件类型代码见表 A.1。

表 A.1　重大事件类型代码

代码	元素名称	代码	元素名称
1	重大资产变动	2	重大投资
3	重大交易及资金往来		

A.2 关联交易类型代码

关联交易类型代码见表 A.2。

表 A.2　关联交易类型代码

代码	元素名称	代码	元素名称
1	接受重要关联方捐赠	2	对重要关联方进行资助
3	与重要关联方共同投资	4	委托重要关联方开展投资活动
5	与重要关联方发生交易	6	与重要关联方发生资金往来

A.3 公开募捐方式代码

公开募捐方式代码见表 A.3。

表 A.3　公开募捐方式代码

代码	元素名称	代码	元素名称
1	在公共场所设置募捐箱	2	举办义演、义卖、义展、义拍、慈善晚会等
3	通过广播、电视、报刊、互联网媒体发布募捐	9	其他公开募捐方式

A.4 基金会类型代码

基金会类型代码见表 A.4。

表 A.4　基金会类型代码

代码	元素名称	代码	元素名称
1	公募	2	非公募

A.5 慈善组织业务范围代码

慈善组织业务范围代码见表 A.5。

表 A.5　慈善组织业务范围代码

代码	元素名称	代码	元素名称
1	扶贫、济困	2	扶老、救孤、恤病、助残、优抚
3	救助自然灾害、事故灾难和公共卫生事件等突发事件造成的损害	4	促进教育、科学、文化、卫生、体育等事业的发展
5	防治污染和其他公害，保护和改善生态环境	6	符合《慈善法》规定的其他公益活动

A.6 慈善组织关联交易类型代码

慈善组织关联交易类型代码见表 A.6。

表 A.6　慈善组织关联交易类型代码

代码	元素名称	代码	元素名称
1	民事行为	2	商业活动

A.7 社会组织类型代码

社会组织类型代码见表 A.7。

表 A.7　社会组织类型代码

代码	元素名称	代码	元素名称
1	竞争性营利组织	2	竞争性非营利组织
3	独占性营利组织	4	独占性非营利组织

A.8 企业性质代码

企业性质代码见表 A.8。

表 A.8　企业性质代码

代码	元素名称	代码	元素名称
1	国有企业	2	集体所有制企业
3	联营企业	4	三资企业
5	私营企业		

A.9 企业行业代码

企业行业代码见表 A.9。

表 A.9　企业行业代码

代码	元素名称	代码	元素名称
01	农、林、牧、渔业	02	采矿业
03	制造业	04	电力、热力、燃气及水的生产和供应业
05	环境和公共设施管理业	06	建筑业
07	交通运输、仓储业和邮政业	08	信息传输、计算机服务和软件业
09	批发和零售业	10	住宿、餐饮业
11	金融、保险业	12	房地产业
13	租赁和商务服务业	14	科学研究、技术服务和地质勘查业
15	水利、环境和公共设施管理业	16	居民服务和其他服务业
17	教育	18	卫生、社会保障和社会服务业
19	文化、体育、娱乐业	20	综合(含投资类、主业不明显)
99	其他		

A.10 信托财产类型代码

信托财产类型代码见表 A.10。

表 A.10　信托财产类型代码

代码	元素名称	代码	元素名称
1	有形财产(股票、物品、土地、房屋、存款等)	2	无形财产(商标、专利、信誉等)

A.11 接受捐赠方式代码

接受捐赠方式代码见表 A.11。

表 A.11　接受捐赠方式代码

代码	元素名称	代码	元素名称
1	现场捐赠	2	电汇转账
3	邮局汇款	4	网上捐赠

A.12 发布状态代码

发布状态代码见表 A.12。

表 A.12　发布状态代码

代码	元素名称	代码	元素名称
1	已发布	2	撤销

A.13 提交状态代码

提交状态代码见表 A.13。

表 A.13　提交状态代码

代码	元素名称	代码	元素名称
1	已提交	2	未提交

A.14 行政处罚类型类别代码

行政处罚类型类别代码见 A.13。

表 A.14　行政处罚类型类别代码

代码	元素名称	代码	元素名称
01	警告	05	暂扣或者吊销许可证/暂扣或者吊销执照
02	罚款	06	行政拘留
03	没收违法所得、没收非法财物	99	法律、行政法规规定的其他行政处罚
04	责令停产停业		

JMGC

民 政 部 金 民 工 程 标 准

JMGC/YW 430—2020

基层政权建设和社区治理业务数据元

2020-12-30 发布 2020-12-30 实施

民政部信息中心 发布

目　　次

前　言

本文件按照 GB/T 1.1—2020《标准化工作导则 第1部分:标准化文件的结构和起草规则》的规定起草。

请注意本文件的某些内容可能涉及专利。本文件的发布机构不承担识别专利的责任。

本文件由民政部信息中心提出并归口。

本文件起草单位:民政部信息中心、民政部基层政权建设和社区治理司、深圳市永兴元科技股份有限公司。

本文件主要起草人:王兴玲、荆方明、杨天荣、杜炜、马晓慧、谷峰帅、陈冲、李杨、魏衍平、聂宇思、杨紫清。

基层政权建设和社区治理业务数据元

1 范围

本文件规定了金民工程项目中基层政权建设和社区治理业务数据元的标识符、中文名称、数据类型、数据格式和必选项的要求。

本文件适用于金民工程项目中基层政权建设和社区治理信息系统建设。

2 规范性引用文件

下列文件中的内容通过文中的规范性引用而构成本文件必不可少的条款。其中,注日期的引用文件,仅该日期对应的版本适用于本文件;不注日期的引用文件,其最新版本(包括所有的修改单)适用于本文件。

GB/T 2260 中华人民共和国行政区划代码

GB/T 2261.1 个人基本信息分类与代码 第1部分:人的性别代码

GB/T 3304 中国各民族名称的罗马字母拼写法和代码

GB/T 4762 政治面貌代码

GB/T 5271.1—2000 信息技术 词汇 第1部分:基本术语

GB/T 10114 县以下行政区划代码编码规则

GB 11643 公民身份号码

GB/T 12406 表示货币和资金的代码

GB/T 18391.1—2002 信息技术 数据元的规范与标准化 第1部分:数据元的规范与标准化框架

GB 32100—2015 法人和其他组织统一社会信用代码编码规则

MZ/T 012 民政业务数据共享与交换编码

JMGC/XX 203—2020 金民工程数据交换规范

JMGC/XX 210 金民工程数据建模要求

JMGC/YW 428 基层政权建设和社区治理业务术语

JMGC/YW 429.1 慈善事业促进和社会工作数据元 第1部分:社会工作

3 术语和定义

JMGC/YW 428 界定的以及以下术语和定义适用于本文件。

3.1 数据

信息的可再解释的形式化表示,以适用于通信、解释或处理。

[来源:GB/T 5271.1—2000,01.01.02]

3.2 数据元

用一组属性描述定义、标识、表示和允许值的数据单元。

[来源:GB/T 18391.1—2002,3.14]

3.3 值域

允许值的集合。

[来源:GB/T 18391.1—2002,3.75]

4 数据元属性

4.1 标识符

标识符为数据库中该字段的唯一标识,编码规则应符合 JMGC/XX 210 的要求。

4.2 中文名称

中文名称采用中文描述,表征字段的名称。

4.3 数据类型

本文件中数据元的数据类型见表 1。

表 1 数据类型

数据类型	说明
string(字符型)	通过字符形式表达的值的类型
number(整数型)	通过“0”到“9”数字表达的整数类型的值
float(浮点型)	通过“0”到“9”数字和小数点“.”表达的实数
date(日期型)	通过 YYYYMMDD 的形式表达的值的类型
datetime(日期时间型)	通过 YYYYMMDD hh:mm:ss 的形式表达的值的类型
boolean(布尔型)	两个且只有两个表明条件的值

4.4 数据格式

从业务的角度规定的数据元的格式需求,包括所允许的最大和(或)最小字符长度,表示格式等。数据格式中使用的字符含义见表 2。

表 2　数据格式

数据格式	说明
a	字母字符
n	数字字符
an	字母数字字符
m(m 为自然数)	定长 m 个字符,字符集默认为 GB 18030 的全部部分
..ul	长度不确定的
..	从最小长度到最大长度,前面附加最小长度,后面附加最大长度
YYYYMMDD hh:mm:ss	"YYYY"表示年份,"MM"表示月份,"DD"表示日期,"hh"表示小时,"mm"表示分钟,"ss"表示秒,可以视实际情况组合使用
m,n	float 的精度,m 表示总长度,n 表示小数位

4.5 必选项

必选项描述该字段是否允许插入空值,填"Y"表示该字段不允许为空值,填"N"表示该字段允许为空值。

4.6 备注

备注应对字段的意义、取值范围、计量单位、参考标准等提出要求。

5 数据元目录

5.1 村(居)委会赋码信息

村(居)委会赋码信息见表 3。

表 3　村(居)委会赋码信息

标识符	中文名称	数据类型	数据格式	必选项	备注
AXAA0001	行政区划代码	string	n12	Y	采用 GB/T 2260、GB/T 10114 编码规则
ACAE8902	村(居)名称	string	..100	Y	村(居)委会名称
ACAE8903	村(居)类型	string	n1	Y	见附录 A 基层政权建设和社区治理代码集"村(居)类型代码"
AXBE0002	统一社会信用代码	string	an18	Y	采用 GB 32100—2015 编码规则
ACAE8904	有效期(始)	date	YYYYMMDD	Y	有效期开始时间
ACAE8905	有效期(止)	date	YYYYMMDD	Y	有效期截止时间
ACAE8906	发证机关	string	..100	Y	发证书的机关
ACAE8907	核准日期	date	YYYYMMDD	Y	证书核准日期
AXZX0007	联系人姓名	string	..72	Y	填写中文字符、英文字符
AXZX0001	联系电话	string	..18	Y	座机号码标准格式为:区号－电话号码,手机号码为 11 位数字

续表

标识符	中文名称	数据类型	数据格式	必选项	备注
ACAE8909	详细地址	string	..100	Y	示例:××省××市××区××街道××××××
ACAE8910	村(居)小组数	number		Y	小组数量 单位:个
ACAE8911	户数	number		Y	单位:户
ACAE8912	自然村数	number		N	单位:个
ACAE8913	小区数	number		N	单位:个

5.2 社区工作人员信息

社区工作人员信息见表4。

表4 社区工作人员信息

标识符	中文名称	数据类型	数据格式	必选项	备注
AXBE0002	统一社会信用代码	string	an18	Y	采用 GB 32100—2015 编码规则
AXZX0002	公民身份号码	string	an18	Y	采用 GB 11643 编码规则
AXCP0002	姓名	string	..72	Y	人员姓名;填写中文字符、英文字符
AXCP0006	性别	string	n1	Y	见 JMGC/XX 203—2020 附录 C 代码集"人的性别代码"
AXCP0017	政治面貌	string	n2	Y	见 JMGC/XX 203—2020 附录 C 代码集"政治面貌代码"
AXCP0008	民族	string	n2	Y	见 JMGC/XX 203—2020 附录 C 代码集"民族代码"
AXCP0044	职务	string	..50	Y	担任的职务
AXCP0009	学历	string	n2	Y	见 JMGC/XX 203—2020 附录 C 代码集"学历代码"
AXCP0037	手机号码	string	n11	Y	长11位,第1位为1,第2位为3—9
ACAP9903	人员类型	string	n2	Y	见附录 A 基层政权建设和社区治理代码集"社区服务人员类型代码"
ACAP1711	是否兼职	boolean		N	
ACAP1712	职称	string	n1	N	见 JMGC/XX 203—2020 附录 C 代码集"职称级别代码"
ACAP1713	月平均收入	string	n1	N	见附录 A 基层政权建设和社区治理代码集"社区人员平均收入代码"
ACAP1714	是否有财政负担的社会保险	boolean		N	

5.3 社区组织信息

社区组织信息见表5。

表5 社区组织信息

标识符	中文名称	数据类型	数据格式	必选项	备注
AXBE0003	组织名称	string	..100	Y	统一社会信用代码上登记的组织全称
AXBE0002	统一社会信用代码	string	an18	Y	采用GB 32100—2015 编码规则
AXBE0029	登记部门名称	string	..100	Y	登记部门的名称
AXBE0031	登记日期	date	YYYYMMDD	N	登记的日期
ACAE0507	组织类型	string	n1	Y	见附录A 基层政权建设和社区治理代码集“社区组织类型代码”
AXBE0017	负责人或法定代表人姓名	string	..72	Y	填写中文字符、英文字符
ACAE0509	组织联系地址	string	..100	Y	标准格式示例：××省××市××区××街道××××××
AXZX0001	联系电话	string	..18	Y	有效的座机或手机号码。座机号码标准格式为：区号－电话号码，手机号码为11位数字
AXBE0006	主管单位	string	..100	N	业务主管单位名称
AXBE0007	主管单位统一社会信用代码	string	an18	N	采用GB 32100—2015 编码规则
ACAE0514	组织简介	string	..500	N	组织简介内容

5.4 社区组织成员信息

社区组织成员信息见表6。

表6 社区组织成员信息

标识符	中文名称	数据类型	数据格式	必选项	备注
AXZX0002	公民身份号码	string	an18	Y	采用GB 11643 编码规则
AXCP0002	姓名	string	..72	Y	填写中文字符、英文字符
AXCP0006	性别	string	n1	Y	见JMGC/XX 203—2020 附录C代码集“人的性别代码”
AXCP0017	政治面貌	string	n2	Y	见JMGC/XX 203—2020 附录C代码集“政治面貌代码”
AXCP0008	民族	string	n2	Y	见JMGC/XX 203—2020 附录C代码集“民族代码”
AXCP0044	职务	string	..50	Y	担任的职务
AXCP0009	学历	string	n2	Y	见JMGC/XX 203—2020 附录C代码集“学历代码”

续表

标识符	中文名称	数据类型	数据格式	必选项	备注
AXCP0037	手机号码	string	n11	Y	长11位,第1位为1,第2位为3—9
ACAP1710	入职日期	date	YYYYMMDD	Y	成员进入当前组织时间
ACAP1711	是否兼职	boolean		N	
ACAP1712	职称	string	n1	N	见JMGC/XX 203—2020 附录C代码集“职称级别代码”
ACAP1713	月平均收入	string	n1	N	见附录A 基层政权建设和社区治理代码集“社区人员平均收入代码”
ACAP1714	是否有财政负担的社会保险	boolean		N	
ACAP0914	是否签订劳动合同	boolean		N	

5.5 社区服务机构信息

社区服务机构信息见表7。

表7 社区服务机构信息

标识符	中文名称	数据类型	数据格式	必选项	备注
AXBE0003	机构名称	string	..100	Y	统一社会信用代码上登记的机构全称
AXBE0002	所属社区统一社会信用代码	string	an18	Y	采用GB 32100—2015 编码规则
ADAE0405	机构类型	string	n2	Y	见附录A 基层政权建设和社区治理代码集“社区服务机构与设施类型代码”
AXBE0030	登记部门类型	string	n2	Y	见JMGC/XX 203—2020 附录C代码集“登记部门”
AXBE0029	登记部门名称	string	..100	Y	登记部门名称
AXBE0031	登记日期	date	YYYYMMDD	N	登记的日期
ADAE0409	机构联系地址	string	..100	Y	标准格式示例:××省××市××区××街道××××××
AXZX0001	联系电话	string	..18	Y	有效的座机或手机号码。座机号码标准格式为:区号－电话号码,手机号码为11位数字
AXBE0017	负责人或法定代表人姓名	string	..72	Y	填写中文字符、英文字符
AXBE0006	主管单位	string	..100	N	业务主管单位
AXBE0007	主管单位统一社会信用代码	string	an18	N	采用GB 32100—2015 编码规则
ADAE0415	机构简介	string	..500	N	机构简介内容

5.6 社区服务机构成员信息

社区服务机构成员信息见表8。

表8 社区服务机构成员信息

标识符	中文名称	数据类型	数据格式	必选项	备注
AXZX0002	公民身份号码	string	an18	Y	采用GB 11643编码规则
AXCP0002	姓名	string	..72	Y	社区服务机构成员姓名;填写中文字符、英文字符
AXCP0006	性别	string	n1	Y	见JMGC/XX 203—2020附录C代码集"人的性别代码"
AXCP0017	政治面貌	string	n2	Y	见JMGC/XX 203—2020附录C代码集"政治面貌代码"
AXCP0008	民族	string	n2	Y	见JMGC/XX 203—2020附录C代码集"民族代码"
AXCP0044	职务	string	..50	Y	在社区服务机构中所担任的职务
AXCP0009	学历	string	n2	Y	见JMGC/XX 203—2020附录C代码集"学历代码"
AXCP0037	手机号码	string	n11	Y	长11位,第1位为1,第2位为3—9
ACAP0910	是否持证	boolean		Y	成员持证情况
ALAP0203	职业水平证书管理编号	string	..28	N	职业水平证书上的管理编号
ALAP0204	证书等级	string	n1	N	见JMGC/YW 429.1附录A社会工作代码集"社会工作者职业水平等级代码"
AXCP0103	年龄	number		N	单位:岁
ACAP1712	职称	string	n1	N	见JMGC/XX 203—2020附录C代码集"职称级别代码"
ACAP1713	月平均收入	string	n1	N	见附录A基层政权建设和社区治理代码集"社区人员平均收入代码"
ACAP1714	是否有财政负担的社会保险	boolean		N	
ACAP0914	是否签订劳动合同	boolean		N	

5.7 社区服务设施信息

社区服务设施信息见表9。

表 9 社区服务设施信息

标识符	中文名称	数据类型	数据格式	必选项	备注
AXBE0002	统一社会信用代码	string	an18	Y	采用 GB 32100 编码规则
ACAE0303	服务设施名称	string	..100	Y	服务设施的名称
ADAE0304	设施类型	string	n2	Y	见附录 A 基层政权建设和社区治理代码集“社区服务机构与设施类型代码”
ADAE0308	设施面积	float	8,2	Y	单位：m^2
ADAE0309	设施建成日期	date	YYYYMMDD	Y	设施建成的日期
ADAE0314	设施负责人	string	..72	Y	填写中文字符、英文字符
ACAE0315	建设投资	float	6,2	Y	建设金额(万元)
ACAE0316	设施地址	string	..100	Y	填写具体设施所在位置
ACAE0317	服务时间	string	..100	N	填写具体服务时间，例：周一至周五(9:00—11:00)

5.8 村(居)民委员会换届选举信息

村(居)民委员会换届选举信息见表 10。

表 10 村(居)民委员会换届选举信息

标识符	中文名称	数据类型	数据格式	必选项	备注
ACAE0101	统一社会信用代码	string	an18	Y	采用 GB 32100 编码规则
ACAX0103	选举届数	string	n4	Y	填写阿拉伯数字年份；如：2019
ACAX0104	选举方式	string	n1	Y	见附录 A 基层政权建设和社区治理代码集“选举方式”
ACAX0105	选举开始日期	date	YYYYMMDD	Y	开始选举的日期；格式：YYYYMMDD
ACAX0106	选举结束日期	date	YYYYMMDD	Y	完成选举的日期；格式：YYYYMMDD
ACAX0107	选举是否生效	boolean		Y	

5.9 村(居)民委员会换届选举选民信息

村(居)民委员会换届选举选民信息见表 11。

表 11 村(居)民委员会换届选举选民信息

标识符	中文名称	数据类型	数据格式	必选项	备注
AXBE0002	统一社会信用代码	string	an18	Y	采用 GB 32100 编码规则
AXZX0002	公民身份号码	string	an18	Y	采用 GB 11643 编码规则

续表

标识符	中文名称	数据类型	数据格式	必选项	备注
AXCP0002	姓名	string	..72	Y	人员姓名;填写中文字符、英文字符
AXCP0006	性别	string	n1	Y	见 JMGC/XX 203—2020 附录 C 代码集“人的性别代码”
AXCP0017	政治面貌	string	n2	Y	见 JMGC/XX 203—2020 附录 C 代码集“政治面貌代码”
AXCP0008	民族	string	n2	Y	见 JMGC/XX 203—2020 附录 C 代码集“民族代码”
AXCP0009	学历	string	n2	Y	见 JMGC/XX 203—2020 附录 C 代码集“学历代码”
AXCP0037	手机号码	string	n11	Y	长 11 位,第 1 位为 1,第 2 位为 3—9
ACAP0205	是否选民代表	boolean		Y	
ACAP0103	选举届数	string	n4	Y	填写阿拉伯数字年份;如:2019

5.10 村(居)民委员会换届选举候选人信息

村(居)民委员会换届选举候选人信息见表 12。

表 12　村(居)民委员会换届选举候选人信息

标识符	中文名称	数据类型	数据格式	必选项	备注
AXZX0002	公民身份号码	string	an18	Y	采用 GB 11643 编码规则
AXCP0002	姓名	string	..72	Y	人员姓名;填写中文字符、英文字符
AXCP0006	性别	string	n1	Y	见 JMGC/XX 203—2020 附录 C 代码集“人的性别代码”
AXCP0008	民族	string	n2	Y	见 JMGC/XX 203—2020 附录 C 代码集“民族代码”
AXCP0037	手机号码	string	n11	Y	长 11 位,第 1 位为 1,第 2 位为 3—9
ACAP0407	候选职位	string	n1	Y	见附录 A 基层政权建设和社区治理代码集“职位”
ACAP0408	个人简介	string	..200	Y	个人简介内容

5.11 村(居)民委员会换届选举结果信息

村(居)民委员会换届选举结果信息见表 13。

表 13　村(居)民委员会换届选举结果信息

标识符	中文名称	数据类型	数据格式	必选项	备注
AXZX0002	公民身份号码	string	an18	Y	采用 GB 11643 编码规则
AXCP0002	姓名	string	..72	Y	人员姓名;填写中文字符、英文字符
AXCP0006	性别	string	n1	Y	见 JMGC/XX 203—2020 附录 C 代码集“人的性别代码”
AXCP0008	民族	string	n2	Y	见 JMGC/XX 203—2020 附录 C 代码集“民族代码”
AXCP0037	手机号码	string	n11	Y	长 11 位,第 1 位为 1,第 2 位为 3—9
ACAP0407	职位	string	n1	Y	见附录 A 基层政权建设和社区治理代码集“职位代码”
ACAP0408	个人简介	string	..200	Y	个人简介内容
ACAX0409	是否当选	boolean		Y	

附录 A

（规范性）

基层政权建设和社区治理代码集

A.1 社区组织类型代码

社区组织类型代码见表 A.1。

表 A.1 社区组织类型代码

代码	元素名称	代码	元素名称
01	社区党组织	02	基层群众自治组织
03	社区群团组织	04	集体经济组织
05	农业专业合作组织	06	村(居)务监督组织
07	社区社会组织	08	物业服务企业
09	业主委员会	99	其他

A.2 社区服务机构与设施类型代码

社区服务机构与设施类型代码见表 A.2。

表 A.2 社区服务机构与设施类型代码

代码	元素名称	代码	元素名称
1	社区服务指导中心	2	社区服务中心
3	社区服务站	4	社区服务企业
5	社会服务类社会组织	9	其他

A.3 社区服务人员类型代码

社区服务人员类型代码见表 A.3。

表 A.3 社区服务人员类型代码

代码	元素名称	代码	元素名称
1	村(居)委会成员	2	村(社区)专职工作人员
3	村(社区)党组织成员	4	乡镇(街道)派驻人员

续表

代码	元素名称	代码	元素名称
5	其他人员	6	村(居)务监督委员会成员
7	村(居)民小组长	8	社区网格员
9	社区公益岗位		

A.4 社区人员平均收入代码

社区人员平均收入代码见表A.4。

表A.4 社区人员平均收入代码

代码	元素名称	代码	元素名称
0	2000元/月以下	1	2001—3000元/月
2	3001—4000元/月	3	4001—5000元/月
4	5001—6000元/月	5	6001—7000元/月
6	7001—8000元/月	7	8001—10000元/月
8	10001元/月以上		

A.5 村(居)类型代码

村(居)类型代码见表A.5。

表A.5 村(居)类型代码

代码	元素名称	代码	元素名称
0	村民委员会	1	居民委员会

A.6 职位代码

职位代码见表A.6。

表A.6 职位代码

代码	元素名称	代码	元素名称
1	主任	2	副主任
3	委员		

A.7 选举方式

选举方式代码见表A.7。

表 A.7　选举方式代码

代码	元素名称	代码	元素名称
1	全体居民选举	2	户代表选举
3	居民代表选举		

JMGC

民 政 部 金 民 工 程 标 准

JMGC/YW 431.1—2020

慈善事业促进和社会工作业务流程
第1部分:社会工作

2020-12-30发布　　2020-12-30实施

民政部信息中心 发布

目　　次

前　言

本文件按照 GB/T 1.1—2020《标准化工作导则 第1部分:标准化文件的结构和起草规则》的规定起草。

请注意本文件的某些内容可能涉及专利。本文件的发布机构不承担识别专利的责任。

本文件是 JMGC/YW 431《慈善事业促进和社会工作业务流程》的第1部分。JMGC/YW 431 已经发布了以下部分:

——第1部分:社会工作;

——第2部分:志愿服务;

——第3部分:慈善与募捐。

本文件由民政部信息中心提出并归口。

本文件起草单位:民政部信息中心、民政部慈善事业促进和社会工作司、深圳市永兴元科技股份有限公司。

本文件主要起草人:王兴玲、荆方明、杨天荣、张静、谷峰帅、陈冲、李杨、魏衍平、聂宇思、杨紫清。

引　言

JMGC/YW 431《慈善事业促进和社会工作业务流程》由三个部分构成。

——第1部分:社会工作。目的在于确立社会工作业务流程的概述和流程描述。

——第2部分:志愿服务。目的在于确立志愿服务业务流程的概述和流程描述。

——第3部分:慈善与募捐。目的在于确立慈善与募捐业务流程的概述和流程描述。

慈善事业促进和社会工作业务流程 第1部分:社会工作

1 范围

本文件规定了金民工程项目中社会工作信息系统的业务流程。

本文件适用于金民工程项目中社会工作信息系统建设。

2 规范性引用文件

下列文件中的内容通过文中的规范性引用而构成本文件必不可少的条款。其中,注日期的引用文件,仅该日期对应的版本适用于本文件;不注日期的引用文件,其最新版本(包括所有的修改单)适用于本文件。

JMGC/YW 427.1 慈善事业促进和社会工作业务术语 第1部分:社会工作

3 术语和定义

JMGC/YW 427.1 界定的术语和定义适用于本文件。

4 社会工作者首次登记流程

4.1 首次登记申请对象

通过全国社会工作者职业水平评价取得中华人民共和国社会工作者职业水平证书的人员,包括助理社会工作师、社会工作师和高级社会工作师。

4.2 申请条件

a)具有完全民事行为能力;

b)通过全国社会工作者职业水平评价取得职业水平证书并且在登记受理期限内;

c)遵纪守法,恪守职业道德。

4.3 提交材料

a)社会工作者身份证件照;

b)中华人民共和国社会工作者职业水平证书证件照;

c)社会工作者首次登记表。

4.4 申请登记证书流程

社会工作者访问中国社会工作网,注册账户并登陆,填写个人信息表和社会工作者首次登记表并提交。首次登记流程见图1。

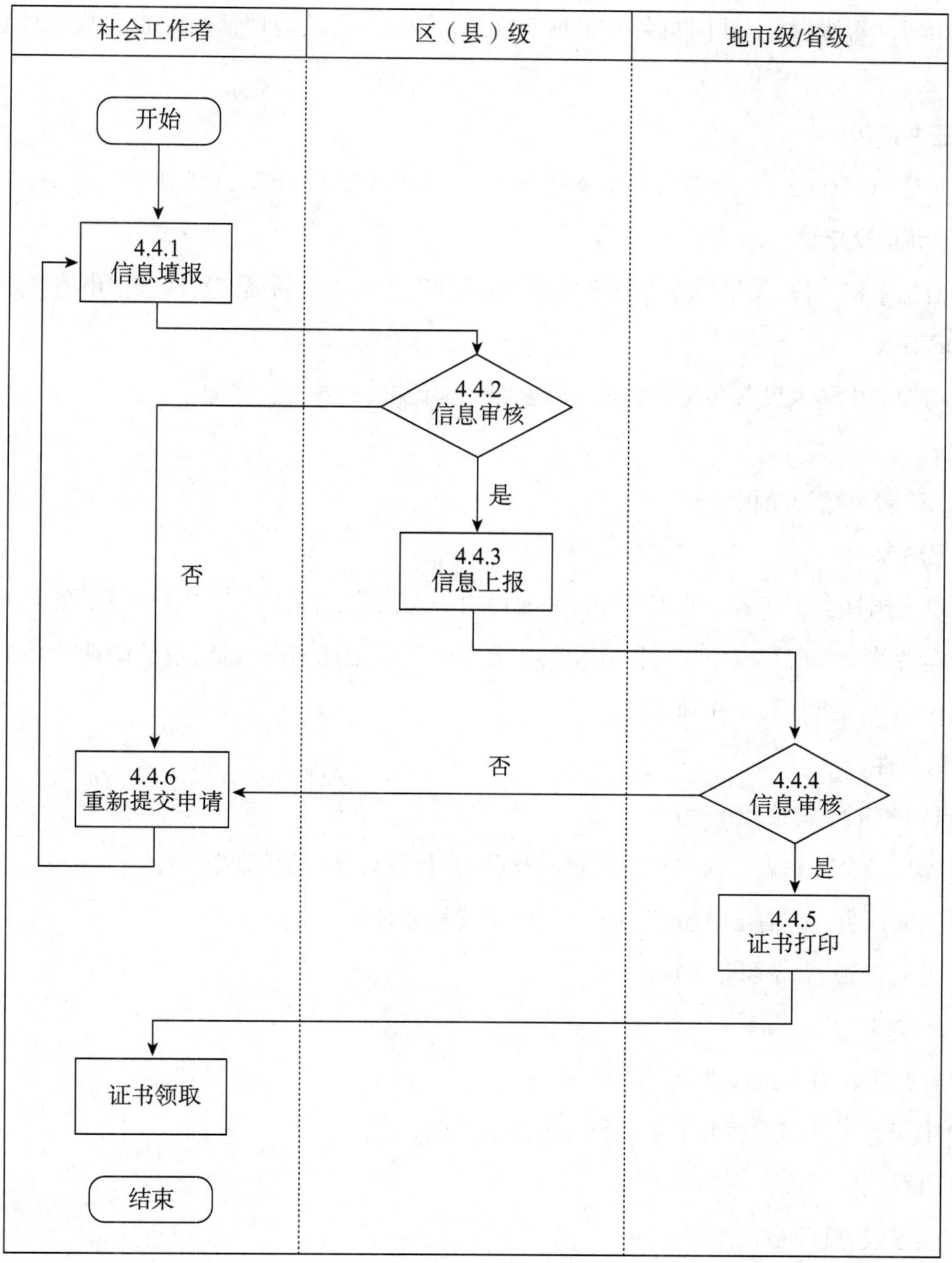

图1　首次登记流程

4.4.1 信息填报

社会工作者首次登记，需要填写并提交个人信息表和社会工作者首次登记表。

4.4.2 信息审核

社会工作者首次登记信息进行初审，社会工作者登记信息由区（县）级民政管理部门审核。

4.4.3 信息上报

社会工作者首次登记信息初审通过后，信息将发送到地市级或省级民政管理部门进行终审。

4.4.4 信息审核

地市级或省级(终审部门由各省根据实际情况确定)民政管理部门对首次登记信息进行终审。

4.4.5 证书打印

民政部门在社会工作者首次登记通过终审后,打印社会工作者职业水平登记证书。

4.4.6 重新提交申请

在信息审核阶段,如果信息审核不通过,则社会工作者需重新提交首次登记申请。

4.5 登记结果

成功领取中华人民共和国社会工作者职业登记证书,完成首次登记。

5 社会工作者再登记流程

5.1 登记对象

通过全国社会工作者职业水平评价并取得中华人民共和国社会工作者职业水平证书、完成社会工作者首次登记获取中华人民共和国社会工作者登记证书的人员,包括助理社会工作师、社会工作师和高级社会工作师。

5.2 登记条件

a)具有完全民事行为能力;

b)完成社会工作者首次登记,持有登记证书并且在再登记受理期限内;

c)完成社会工作者继续教育办法规定的继续教育时长;

d)遵纪守法,恪守职业道德。

5.3 提交材料

a)社会工作者身份证件照;

b)中华人民共和国社会工作者登记证书证件照;

c)再登记申请表;

d)继续教育证明。

5.4 再登记流程

受理再登记申请的机构应当自受理申请之日起30个工作日内对申请人提交的材料进行审核。审核合格的,在其登记证书“再登记情况”栏目内加盖登记专用章。审核不合格的,应当通知申请人并说明理由。再登记流程见图2。

5.4.1 再登记信息填报

社会工作者提交再登记申请。

5.4.2 信息审核

社会工作者再登记信息进行初审,社会工作者登记信息由区(县)级民政管理部门审核。

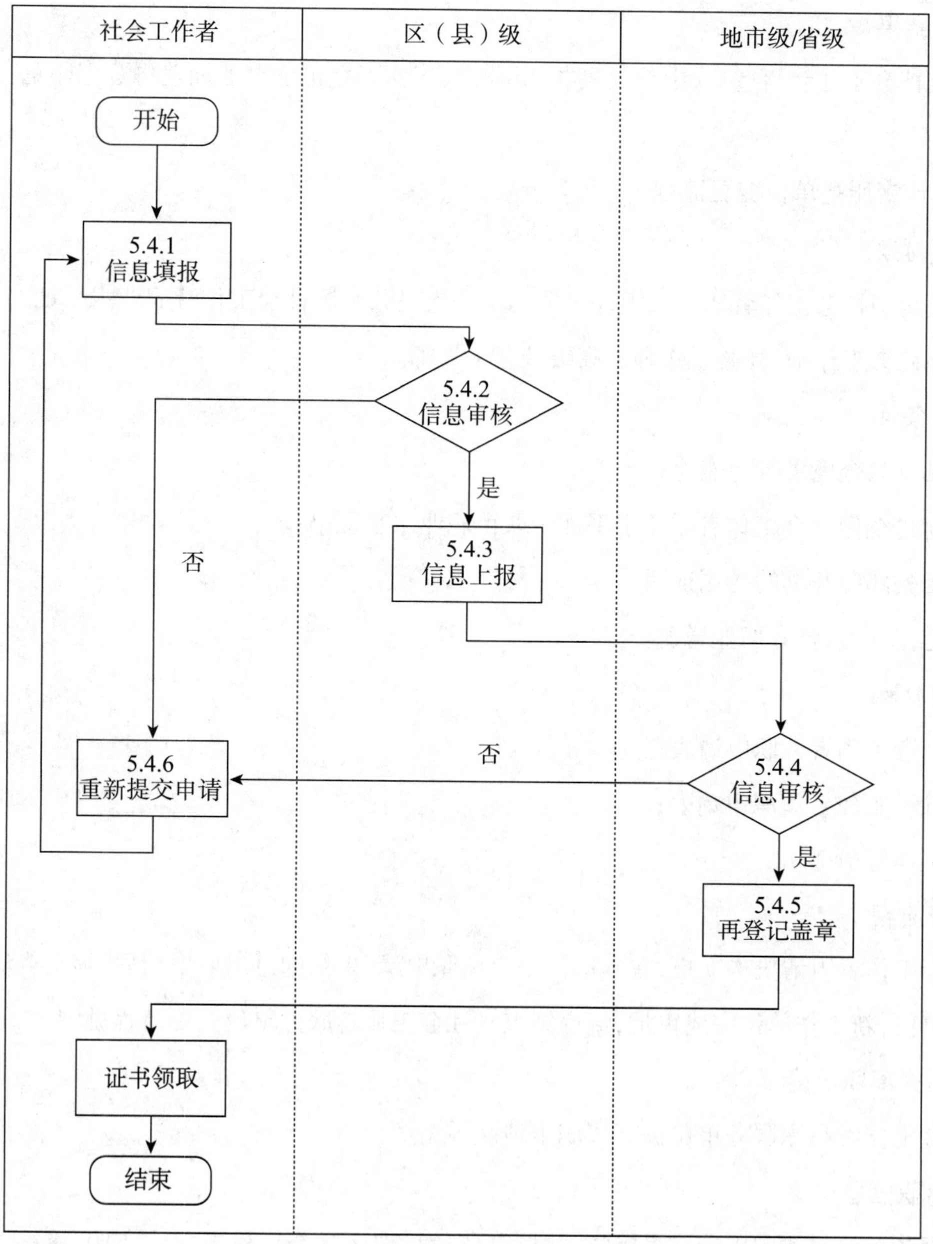

图 2　再登记流程图

5.4.3 信息上报

社会工作者再登记信息初审通过后，信息将发送到地市级或省级民政管理部门进行终审。

5.4.4 信息审核

地市级或省级（终审部门由各省根据实际情况确定）民政管理部门进行终审。

5.4.5 再登记盖章

社会工作者再登记申请信息通过终审，省级或市级民政管理部门在社会工作者职业水平登记证书上加盖再登记印章。

5.4.6 重新提交申请

在信息审核阶段，如果信息审核不通过，则社会工作者需重新提交再登记申请。

5.5 登记结果

完成社会工作者再登记,中华人民共和国社会工作者登记证书上加盖再登记印章。

6 社会工作者服务单位变更流程

6.1 变更对象

通过全国社会工作者职业水平评价取得中华人民共和国社会工作者职业水平证书的人员,包括助理社会工作师、社会工作师和高级社会工作师。

6.2 变更条件

a)具有完全民事行为能力;

b)通过全国社会工作者职业水平评价取得职业水平证书;

c)相关部门开具的变更证明;

d)遵纪守法,恪守职业道德。

6.3 变更材料

a)社会工作者入职申请表;

b)社会工作者离职申请表;

c)工作经历证明。

6.4 变更流程

社会工作者申请机构变更,在本单位提交离职申请,单位同意离职申请后,提交入职申请至新工作单位,新工作单位完成审批,流程结束。社会工作者服务单位变更流程见图3。

6.4.1 提交离职申请

社会工作者在原服务单位提交离职申请。

6.4.2 离职信息审核

原服务单位对离职申请信息审核,如果审核通过那么社会工作者完成离职,审核不通过时社会工作者需重新提交申请。

6.4.3 入职信息审核

社会工作者所入职的社会工作服务单位对社会工作者的入职申请进行审核,审核通过完成入职,服务单位变更完成。

6.5 变更结果

社会工作者从一家社会工作服务单位变更到另一家社会工作服务单位。

7 社会工作者工作区域变更流程

7.1 变更对象

通过全国社会工作者职业水平评价取得中华人民共和国社会工作者职业水平证书的人员,

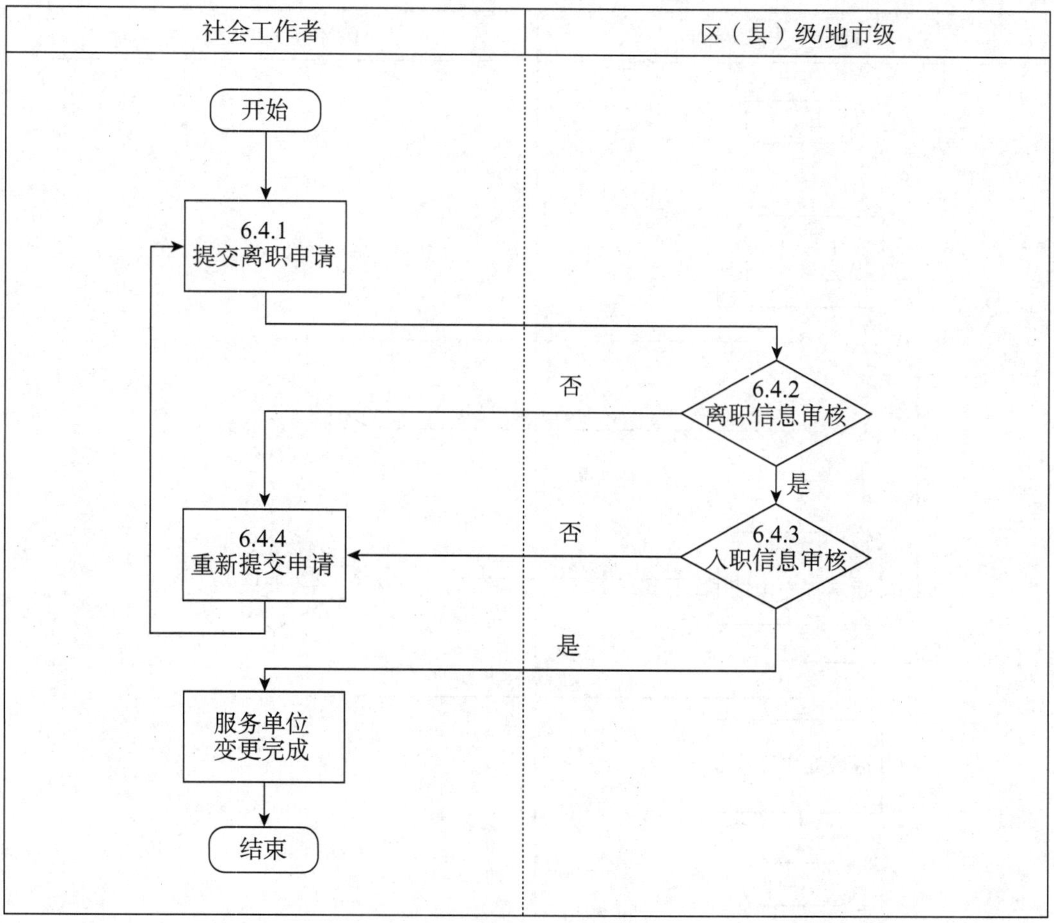

图3　服务单位变更流程

包括助理社会工作师、社会工作师和高级社会工作师。

7.2 变更条件

a)具有完全民事行为能力；

b)通过全国社会工作者职业水平评价取得职业水平证书；

c)相关部门开具的变更证明；

d)遵纪守法，恪守职业道德。

7.3 变更材料

社会工作者区域变更申请表。

7.4 变更流程

社会工作者提交工作区域变更申请，首先变更前所在的区(县)民政管理部门或地市级民政管理部门对申请进行审核，审核通过，工作区域变更申请发送到变更后的区(县)民政管理部门或地市级民政管理部门进行审核，审核通过，工作区域变更结束。社会工作者工作区域变更流程见图4。

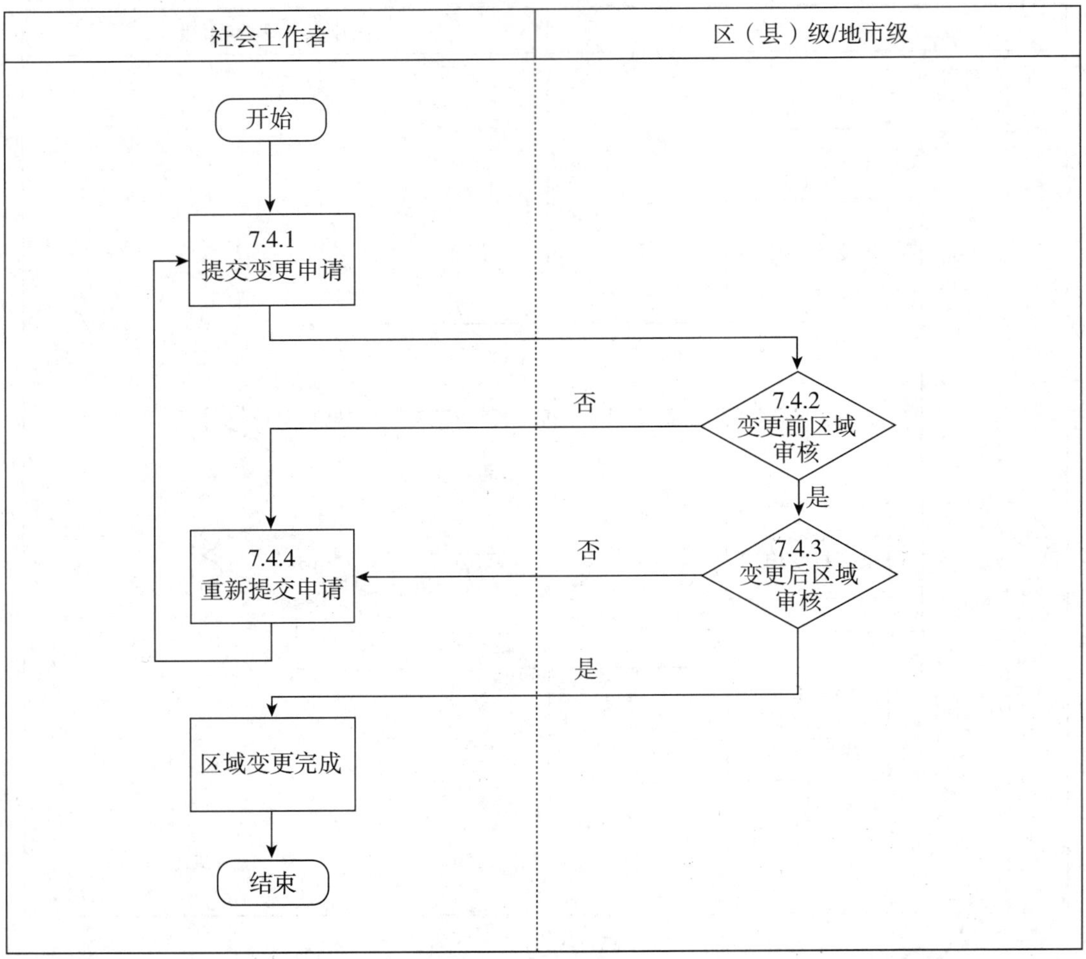

图4　社会工作者工作区域变更流程

7.4.1 提交变更申请

社会工作者申请工作区域变更，提交工作区域变更申请表。

7.4.2 变更前区域审核

变更前的民政管理部门（区〈县〉或地市级管理部门，根据各地实际情况）对社会工作者提交的工作区域变更申请进行审核。

7.4.3 变更后区域审核

变更前的区域审核通过后，区域变更申请转到变更后的区域审核，变更后的区域对工作区域变更申请信息再次审核，审核通过，工作区域变更完成。

7.4.4 重新提交申请

工作区域变更过程中，任一环节审核不通过，社会工作者需重新提交工作区域变更申请。

7.5 变更结果

社会工作者从一个工作区域成功变更到另一个工作区域。

8 社会工作服务项目流程

8.1 项目涉及对象

通过全国社会工作者职业水平评价取得中华人民共和国社会工作者职业水平证书的人员，包括助理社会工作师、社会工作师和高级社会工作师，社会工作服务机构、区（县）级社会工作管理部门、地市级社会工作管理部门、省级社会工作管理部门。

8.2 项目材料

a）社会工作项目信息表；

b）社会工作项目登记表；

c）社会工作者服务记录证明。

8.3 项目流程

社会工作服务购买单位提交项目购买申请，民政管理部门（省级、市级、区〈县〉级民政管理部门）进行项目编号和备案。线下进行项目招投标工作，中标的社会工作服务机构在系统登记社工项目，分派任务至社会工作者，社会工作者开展项目并填写服务记录。项目结束组织项目评价和验收，项目结束。社会工作服务项目流程见图5。

8.3.1 项目申报

社会工作服务购买单位进行项目申报。

8.3.2 服务项目统一编码

民政社会工作业务管理部门对服务项目进行统一编码。

8.3.3 项目招标

线下开展服务项目招投标工作。

8.3.4 项目登记

社会工作服务机构填写中标项目信息，包括项目的基本信息、参与人员以及承建单位基本信息。

8.3.5 服务记录

社会工作者填写记录服务详情。

8.3.6 项目评价

项目完成后民政管理部门对项目完成情况进行评价，包括星级评价和内容评价。

8.4 项目结果

完成社会工作服务项目申报、编号、招标、登记、实施、评价和验收过程管理。

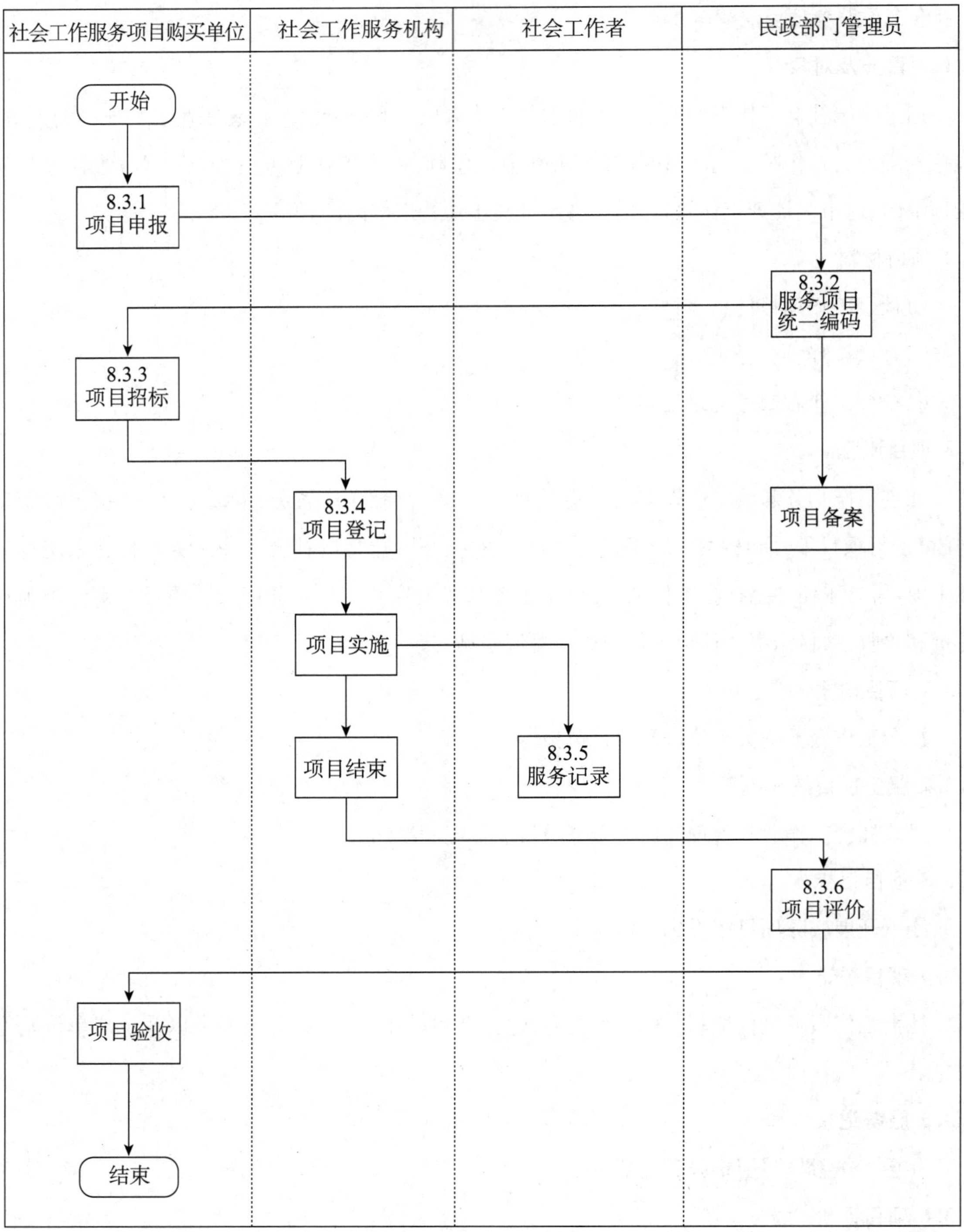

图 5　社会工作服务项目流程

参考文献

[1]人事部 民政部关于印发《社会工作者职业水平评价暂行规定》和《助理社会工作师、社会工作师职业水平考试办法》的通知(国人部发〔2006〕71号).2006年7月20日

[2]民政部关于印发《社会工作者职业水平证书登记管理办法》的通知(民发〔2009〕44号).2009年4月8日

[3]民政部关于印发《社会工作者继续教育办法》的通知(民发〔2009〕123号).2009年9月7日

[4]民政部关于印发《社会工作者职业道德指引》的通知(民发〔2012〕240号).2012年12月28日

[5]民政部关于进一步加快推进民办社会工作服务机构发展的意见(民发〔2014〕80号).2014年4月9日

JMGC

民 政 部 金 民 工 程 标 准

JMGC/YW 431.2—2020

慈善事业促进和社会工作业务流程
第2部分:志愿服务

2020-12-30 发布　　2020-12-30 实施

民政部信息中心 发布

目　次

前　言

本文件按照 GB/T 1.1—2020《标准化工作导则 第1部分:标准化文件的结构和起草规则》的规定起草。

请注意本文件的某些内容可能涉及专利。本文件的发布机构不承担识别专利的责任。

本文件是 JMGC/YW 431《慈善事业促进和社会工作业务流程》的第2部分。JMGC/YW 431 已经发布了以下部分:

——第1部分:社会工作;

——第2部分:志愿服务;

——第3部分:慈善与募捐。

本文件由民政部信息中心提出并归口。

本文件起草单位:民政部信息中心、民政部慈善事业促进和社会工作司、深圳市永兴元科技股份有限公司。

本文件主要起草人:王兴玲、荆方明、杨天荣、万敏、谷峰帅、陈冲、李杨、魏衍平、聂宇思、杨紫清。

引　言

JMGC/YW 431《慈善事业促进和社会工作业务流程》由三个部分构成。

——第 1 部分:社会工作。目的在于确立社会工作业务流程的概述和流程描述。

——第 2 部分:志愿服务。目的在于确立志愿服务业务流程的概述和流程描述。

——第 3 部分:慈善与募捐。目的在于确立慈善与募捐业务流程的概述和流程描述。

慈善事业促进和社会工作业务流程 第 2 部分:志愿服务

1 范围

本文件规定了金民工程项目中志愿服务信息系统的业务流程。

本文件适用于金民工程项目中志愿服务信息系统建设。

2 规范性引用文件

下列文件中的内容通过文中的规范性引用而构成本文件必不可少的条款。其中,注日期的引用文件,仅该日期对应的版本适用于本文件;不注日期的引用文件,其最新版本(包括所有的修改单)适用于本文件。

MZ/T 061—2015 志愿服务信息系统基本规范

JMGC/YW 427. 2 慈善事业促进和社会工作业务术语 第 2 部分:志愿服务

3 术语和定义

JMGC/YW 427. 2 界定的术语和定义适用于本文件。

4 志愿者注册流程

4. 1 注册对象

有意愿参与志愿服务的自然人。

4. 2 注册条件

注册应满足以下条件:

a)热心社会公益事业;

b)具备参加志愿服务所需要的能力和素质。

4. 3 提交材料

内地居民身份证持有人应提交的申请材料包括:

a)个人基础信息;

b)身份证件信息。

其他证件类型的证件持有人应提交的申请材料包括:

a)个人基础信息;

b)身份证件信息；

c)身份证件照片。

4.4 注册流程

自然人登录中国志愿服务网或中国志愿 App，填报个人基本信息，身份证件信息，通过实名认证，注册成功；未通过实名认证的自然人信息需人工核实，通过人工核实的，注册成功，未通过人工核实的，注册不成功。志愿者注册流程见图1。

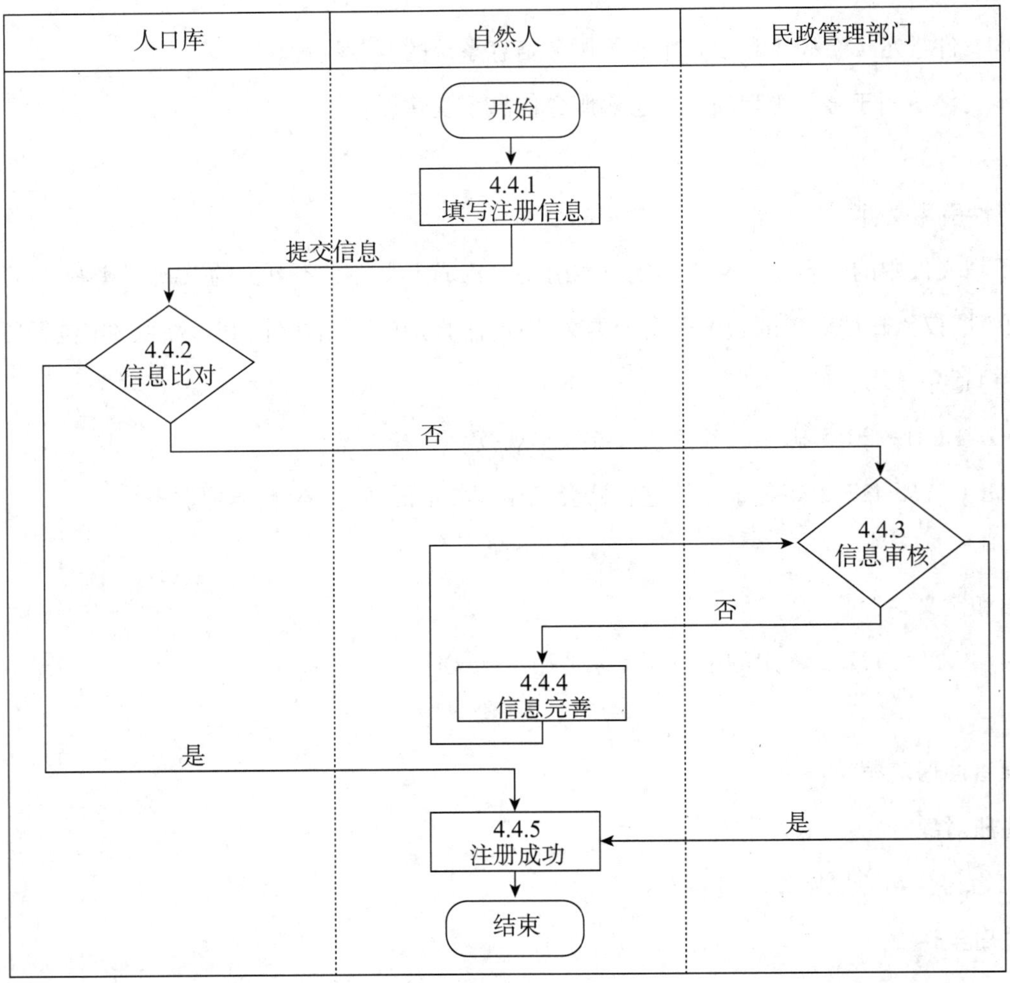

图1 志愿者注册流程

4.4.1 填写注册信息

自然人注册成为志愿者，内地居民身份证件持有人需要提交基本信息和身份证件信息，其他证件类型的证件持有人应提交基本信息、身份证件信息以及身份证件照片。

4.4.2 人口库信息比对

自然人提交的注册信息，系统会自动在人口库针对姓名和身份证件号码进行比对。

4.4.3 注册信息审核

注册信息比对失败的自然人，系统会将信息发送至所在区域民政管理部门进行人工审核。

4. 4. 4 注册信息完善

所在区域民政管理部门审核未通过后的自然人可完善信息并再次提交信息。

4. 4. 5 注册成功

自然人成功注册成为实名志愿者。

4. 5 注册结果

成为实名志愿者,获得系统账号。

5 志愿服务队伍注册流程

5. 1 注册对象

未注册的志愿服务队伍。

5. 2 注册条件

志愿服务团体应具备的注册条件包括:

a)经社区或单位同意成立的;

b)以开展志愿服务为宗旨,尚未依法登记的团体;

c)具有与其业务范围相适应的管理人员;

d)具有与其业务范围相适应的明确完善的章程。

志愿服务组织应具备的注册条件包括:

a)依法按有关主管部门规定设立;

b)以开展志愿服务为宗旨的非营利性组织;

c)具有与其业务范围相适应的管理人员;

d)具有与其业务范围相适应的明确完善的章程。

其他开展志愿服务活动的法人组织应具备的注册条件包括:

a)依法按有关主管部门规定设立;

b)开展志愿服务活动的法人组织;

c)具有与其业务范围相适应的管理人员;

d)具有与其业务范围相适应的明确完善的章程。

5. 3 提交材料

志愿服务团体应提交的申请材料包括:

a)队伍基本信息;

b)同意团体成立的单位或社区出具的证明;

c)志愿服务队伍负责人手持身份证件照片;

d)联系人和负责人信息。

志愿服务组织和其他开展志愿服务活动的法人组织应提交的申请材料包括:

a)队伍基本信息;

b)统一社会信用代码证件照片;

c)联系人和负责人信息。

5.4 注册流程

5.4.1 概述

志愿服务队伍负责人通过中国志愿服务网或中国志愿 App 提交相关注册申请材料。志愿服务团体可以选择是否有联络组织,有联络组织的志愿服务团体的团体负责人需在系统中提交相关材料和选择联络组织,联络组织审核通过后,成为注册成功的志愿服务队伍;志愿服务组织、其他开展志愿服务活动的法人组织和无联络组织的志愿服务团体需提交相关注册申请材料,由所在区域民政管理部门审核,满足注册条件并审核通过后,成为注册成功的志愿服务队伍。

5.4.2 有联络组织的志愿服务团体

有联络组织的志愿服务团体注册流程见图 2。

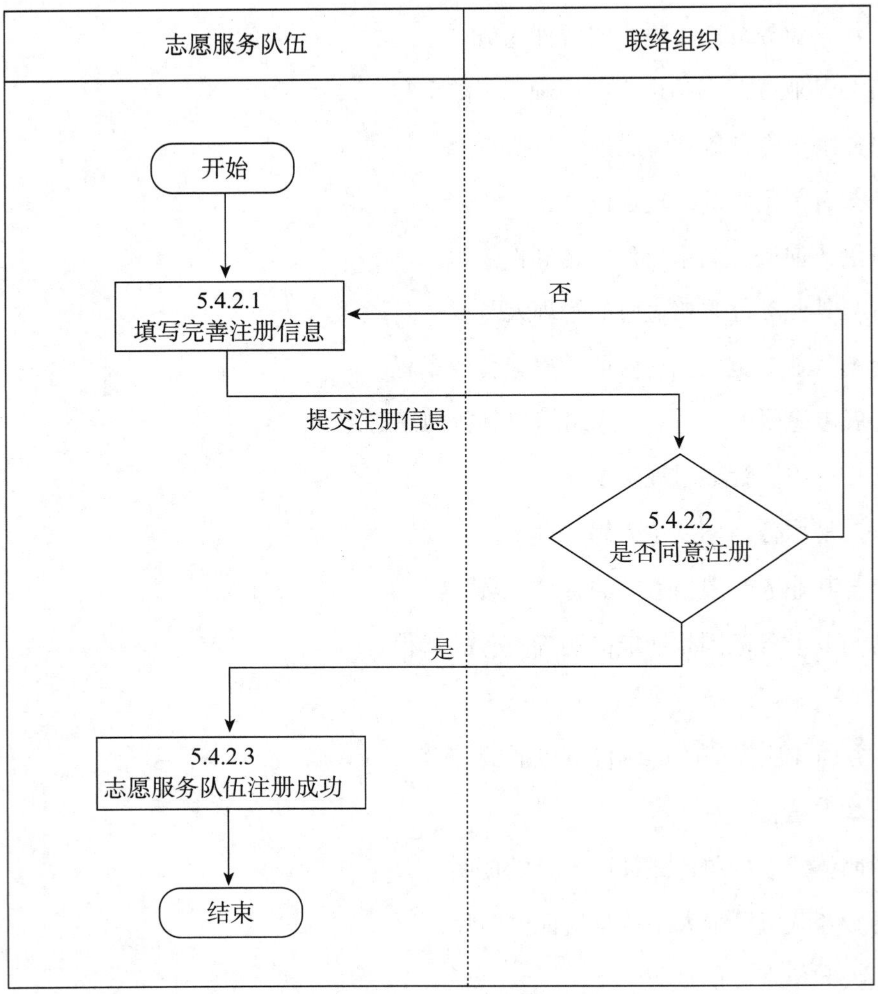

图 2　有联络组织的志愿服务团体注册流程

5.4.2.1 填写注册信息

有联络组织的志愿服务团体提交队伍基本信息、同意其成立的单位或社区出具的证明、负责人手持身份证件照片、联系人和负责人信息。

5.4.2.2 注册信息审核

联络组织审核志愿服务团体提交的注册信息。

5.4.2.3 队伍注册成功

联络组织审核通过后，有联络组织的志愿服务团体注册成功。

5.4.3 无联络组织的志愿服务团体注册流程

无联络组织的志愿服务团体注册流程见图3。

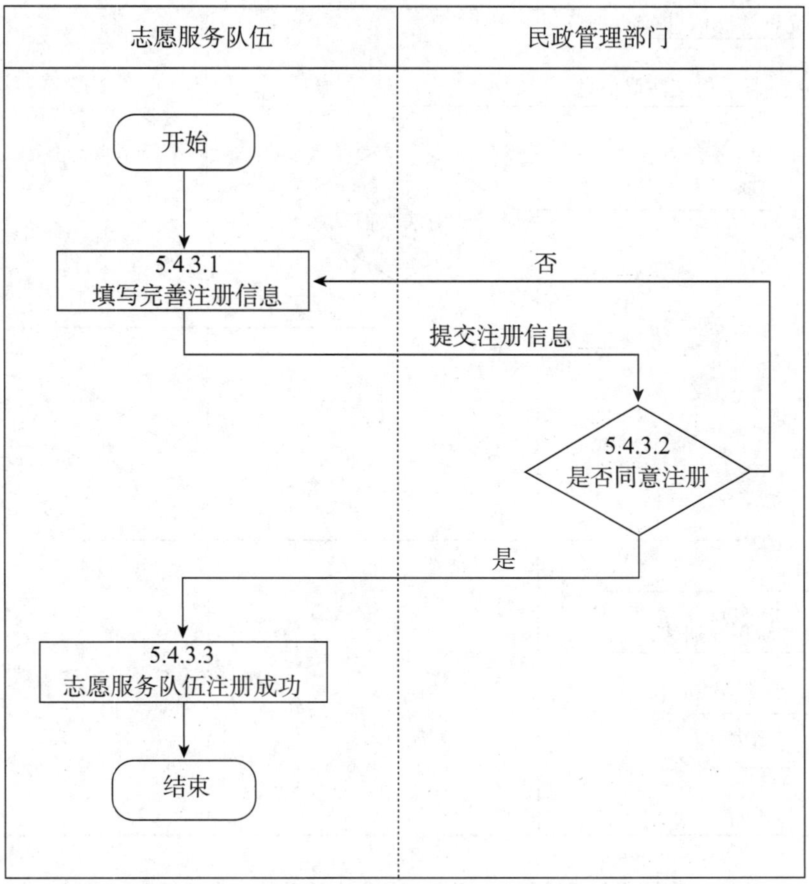

图3 无联络组织的志愿服务团体注册流程

5.4.3.1 填写注册信息

无联络组织的志愿服务团体提交队伍基本信息、同意其成立的单位或社区出具的证明、负责人手持身份证件照片、联系人和负责人信息。

5.4.3.2 注册信息审核

由所在区域民政管理部门审核志愿服务团体提交的注册信息。

5. 4. 3. 3 队伍注册成功

所在区域民政管理部门审核通过后,无联络组织的志愿服务团体注册成功。

5. 4. 4 志愿服务组织和其他开展志愿服务活动的法人组织注册流程

志愿服务组织和其他开展志愿服务活动的法人组织注册流程见图 4。

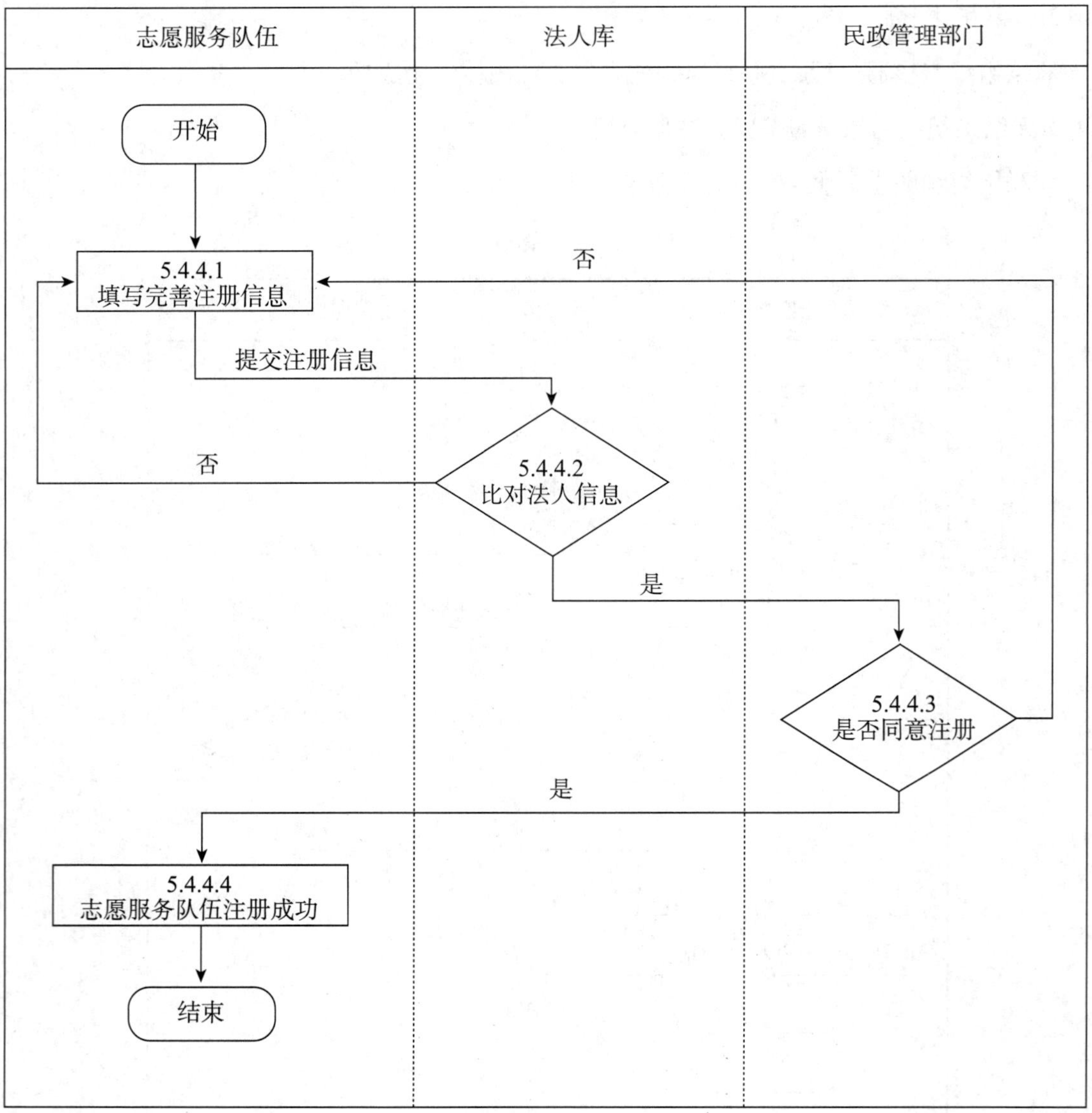

图 4　志愿服务组织和其他开展志愿服务活动的法人组织注册流程

5. 4. 4. 1 填写注册信息

志愿服务组织或其他开展志愿服务活动的法人组织提交组织基本信息、统一社会信用代码证件照片、有效的队伍印章、联系人和负责人信息。

5. 4. 4. 2 法人库比对信息

系统会将志愿服务组织或其他开展志愿服务活动的法人组织的(除机关事业单位的)法人信息与法人库进行比对,查看是否属实。

5.4.4.3 注册信息审核

由所在区域民政管理部门审核志愿服务队伍提交的注册信息。

5.4.4.4 队伍注册成功

所在区域民政管理部门审核通过后,志愿服务组织或其他开展志愿服务活动的法人组织注册成功。

5.5 注册结果

志愿服务队伍注册成功,获得系统账号。

6 志愿服务队伍发布志愿服务项目流程

6.1 发布对象

注册成功的志愿服务队伍。

6.2 发布条件

发布应满足以下条件:

a)在一定的周期内,具有面向特定服务对象或领域开展志愿服务活动的能力;

b)有明确的服务目标、服务时间、服务内容和服务保障。

6.3 提交材料

志愿服务项目联系人发布志愿服务项目材料包括:

a)志愿服务项目基本信息(项目名称、服务对象、招募范围、项目起止日期、招募起止日期、服务区域、地点、服务类别、服务时间描述、志愿者保障、项目概述、岗位信息、签到地点信息);

b)志愿服务项目联系人信息(姓名、联系人手机号码)。

6.4 发布流程

志愿服务队伍登录全国志愿服务信息系统,填写志愿服务项目基本信息和志愿服务项目联系人信息并提交。志愿服务组织、其他开展志愿服务活动的法人组织以及无联络组织的志愿服务团体可直接发布志愿服务项目;有联络组织的志愿服务团体拟发布的志愿服务项目需等待联络组织审核通过后才能成功发布,未通过审核的志愿服务项目可以继续完善信息并再次提交审核。志愿服务队伍发布志愿服务项目流程见图5。

6.4.1 发布项目信息

志愿服务队伍填写志愿服务项目基本信息、志愿服务项目联系人信息、岗位信息、签到地点信息。

6.4.2 项目信息审核

联络组织审核有联络组织的志愿服务团体提交的志愿服务项目信息。

6.4.3 项目发布成功

志愿服务项目发布成功。

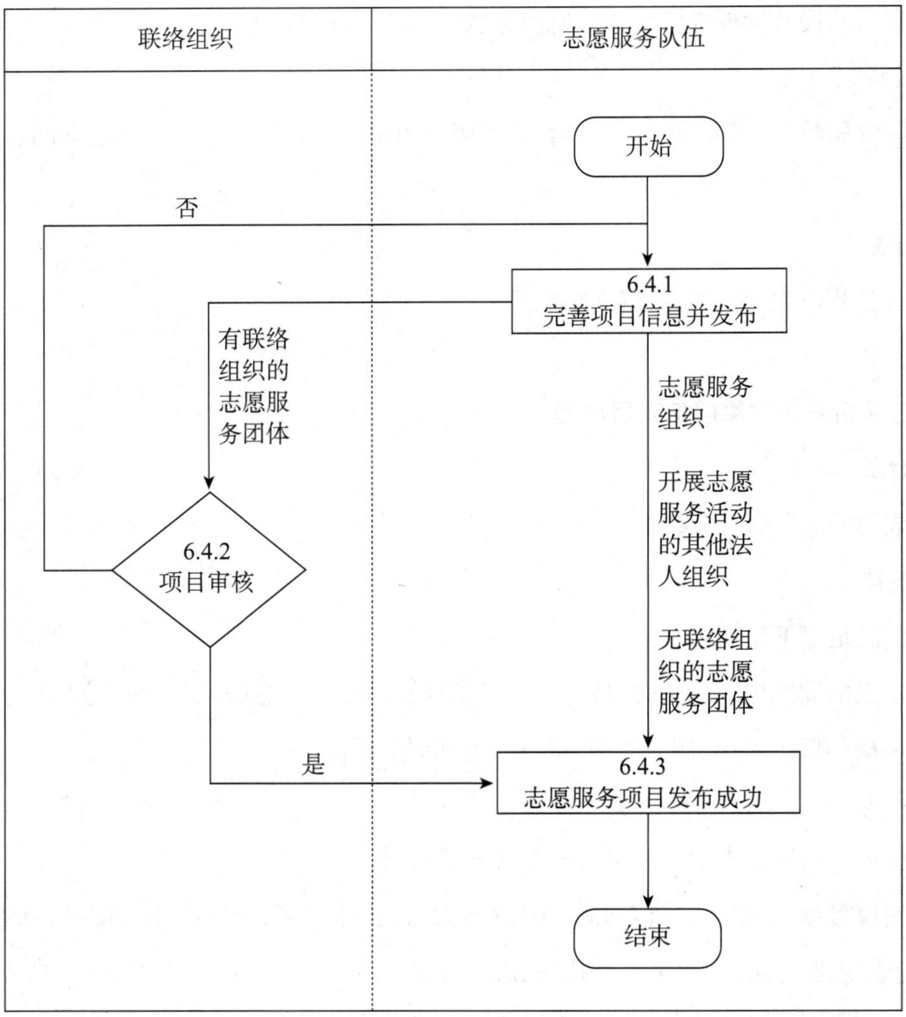

图5　志愿服务队伍发布志愿服务项目流程

6.5 发布结果

志愿服务队伍成功发布志愿服务项目,可招募志愿者开始志愿服务项目实施。

7 志愿者加入志愿服务项目流程

7.1 申请对象

有意愿参加志愿服务项目的注册志愿者。

7.2 申请条件

具备参加志愿服务项目所需要的能力和素质。

7.3 申请流程

志愿者登录中国志愿服务网或中国志愿 App,通过条件筛选意愿的志愿服务项目,选择自身符合志愿服务岗位招募条件的志愿服务岗位,提交加入申请,等待志愿服务队伍审核。通过审核即可成功加入志愿服务项目,未通过审核的无法加入志愿服务项目。志愿者加入志愿服务项目流程见图6。

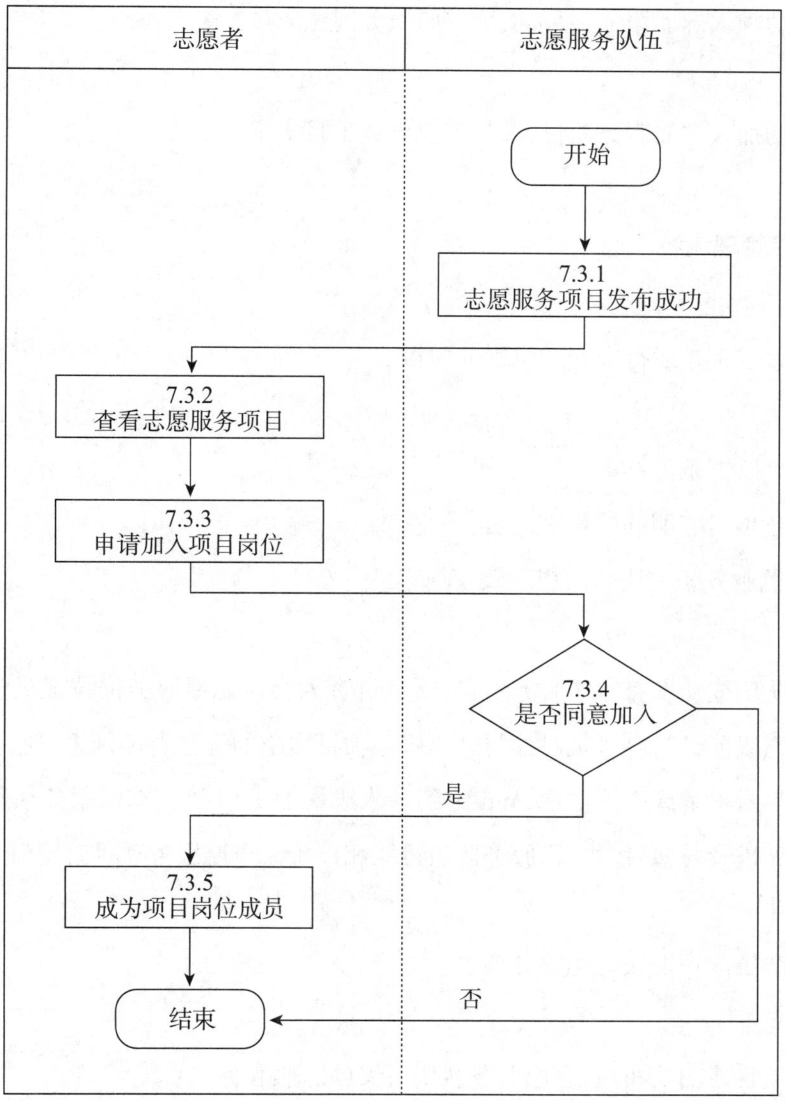

图6 志愿者加入志愿服务项目流程

7.3.1 发布志愿服务项目

志愿服务队伍成功发布志愿服务项目。

7.3.2 查看项目信息

志愿者在中国志愿服务网或中国志愿 App 查看志愿服务项目。

7.3.3 申请加入岗位

志愿者筛选意愿的志愿服务项目,选择自身符合志愿服务岗位招募条件的志愿服务岗位,提交加入申请。

7.3.4 审核申请信息

志愿服务队伍审核申请加入志愿服务岗位的志愿者。

7.3.5 成功加入项目

志愿者成功加入志愿服务项目,成为志愿服务岗位成员。

7.4 申请结果

志愿者成功加入志愿服务项目,参与志愿服务项目实施。

8 志愿服务项目管理流程

8.1 管理对象

审核通过后或正在运行中的志愿服务项目。

8.2 管理条件

管理应满足以下条件:

a)志愿服务项目有明确的管理人员;

b)遵守志愿服务相关法律法规和政策规定。

8.3 管理流程

志愿服务队伍成功发布志愿服务项目,项目负责人会对志愿服务岗位成员进行招募,组织志愿者开展志愿服务,实施项目,对参与志愿服务项目实施的志愿者进行志愿服务时间录入,志愿者也可通过自身申请或中国志愿 App 签到录入志愿服务时间。志愿服务项目结项后,项目负责人对志愿者以及志愿者对志愿服务队伍可互相评价。志愿服务项目管理流程见图 7。

8.3.1 发布项目

志愿服务队伍成功发布志愿服务项目。

8.3.2 项目实施

志愿服务项目成功发布后,志愿服务队伍可实施志愿服务项目。

8.3.3 加入岗位

志愿者可申请加入志愿服务岗位,志愿服务队伍也可邀请志愿者加入志愿服务岗位。

8.3.4 志愿者记录志愿服务时间

志愿者可通过中国志愿 App 签到记录志愿服务时间,也可通过向志愿服务队伍申请志愿服务时间方式记录志愿服务时间。

8.3.5 队伍记录志愿服务时间

志愿服务队伍可对参加志愿服务项目的志愿者记录志愿服务时间;也可通过审核志愿者申请的志愿服务时间方式记录志愿服务时间。

8.3.6 项目结项

志愿服务活动完成后,志愿服务队伍可以对志愿服务项目手动结项或等待志愿服务项目结

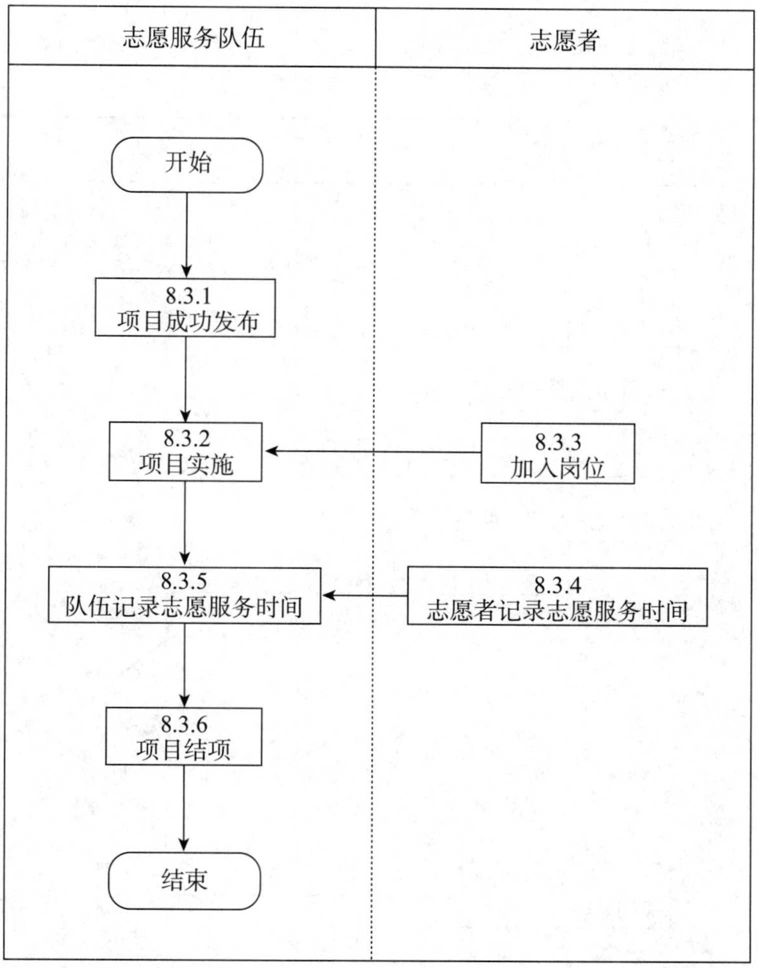

图 7　志愿服务项目管理流程

束日期自动结项。

8.4 管理结果

志愿服务项目开展完成。

9 志愿者加入志愿服务队伍流程

9.1 申请对象

有意愿加入志愿服务队伍的注册志愿者。

9.2 申请条件

具备参加志愿服务队伍所需要的能力和素质。

9.3 申请流程

志愿者登录中国志愿服务网或中国志愿 App,通过条件筛选意愿的志愿服务队伍,选择自身符合志愿服务队伍招募条件的志愿服务队伍,提交加入申请,等待志愿服务队伍审核。通过审核即成功加入志愿服务队伍,未通过审核的无法加入志愿服务队伍。志愿者加入志愿服务队伍流程见图 8。

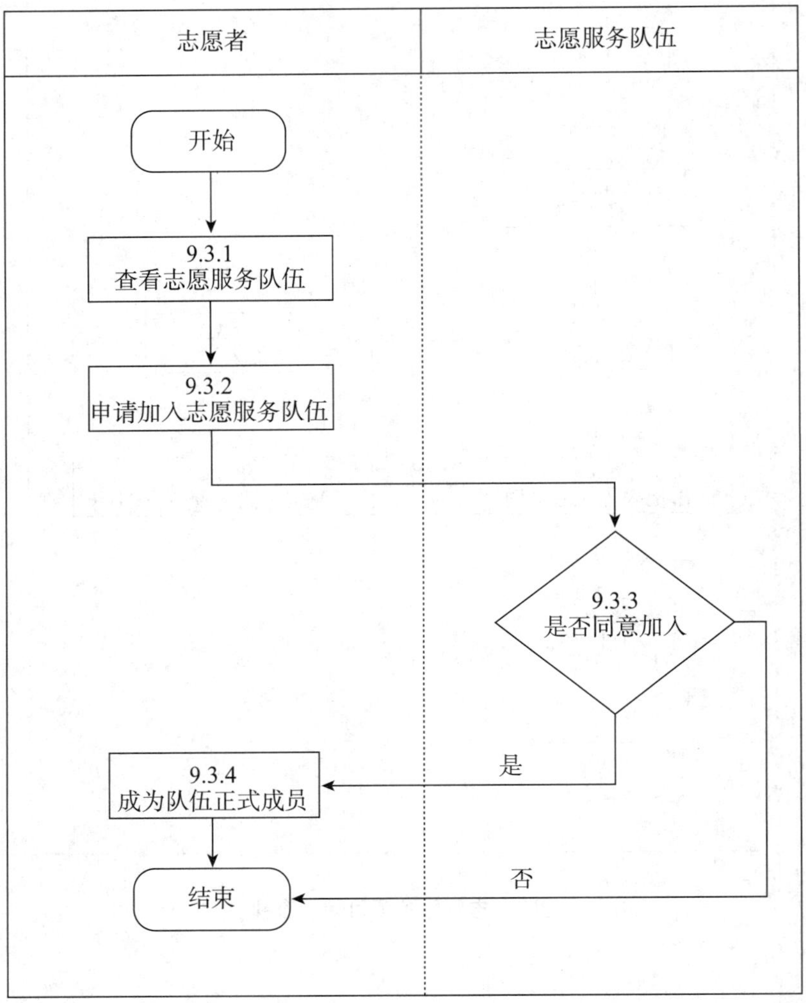

图 8　志愿者加入志愿服务队伍流程

9. 3. 1 查看队伍信息

志愿者在中国志愿服务网和中国志愿 App 查看志愿服务队伍信息。

9. 3. 2 申请加入队伍

通过条件筛选意愿的志愿服务队伍，选择自身符合志愿服务队伍招募条件的志愿服务队伍，提交加入申请。

9. 3. 3 审核申请信息

志愿服务队伍查看申请的志愿者信息，审核是否同意志愿者加入志愿服务队伍。

9. 3. 4 成功加入队伍

志愿服务队伍审核通过后，志愿者成为志愿服务队伍正式成员。

9. 4 申请结果

成为志愿服务队伍正式成员。

10 志愿服务记录证明出具、下载、查询流程

10.1 申请对象

需出具志愿服务记录证明的志愿者。

10.2 申请条件

参与过志愿服务项目并拥有志愿服务时间记录。

10.3 申请流程

参与过志愿服务项目并拥有志愿服务时间记录的志愿者登录中国志愿服务网,可自行下载志愿服务记录证明,也可向志愿服务队伍申请出具志愿服务记录证明。志愿服务队伍对出具志愿服务记录证明文件的申请进行审核,审核通过的,由志愿服务队伍出具志愿服务记录证明;审核未通过的,志愿者可向其他的志愿服务队伍再次申请出具志愿服务记录证明。民政管理部门可查询下载和出具的志愿服务记录证明数据。志愿服务记录证明出具、下载和查询流程见图9。

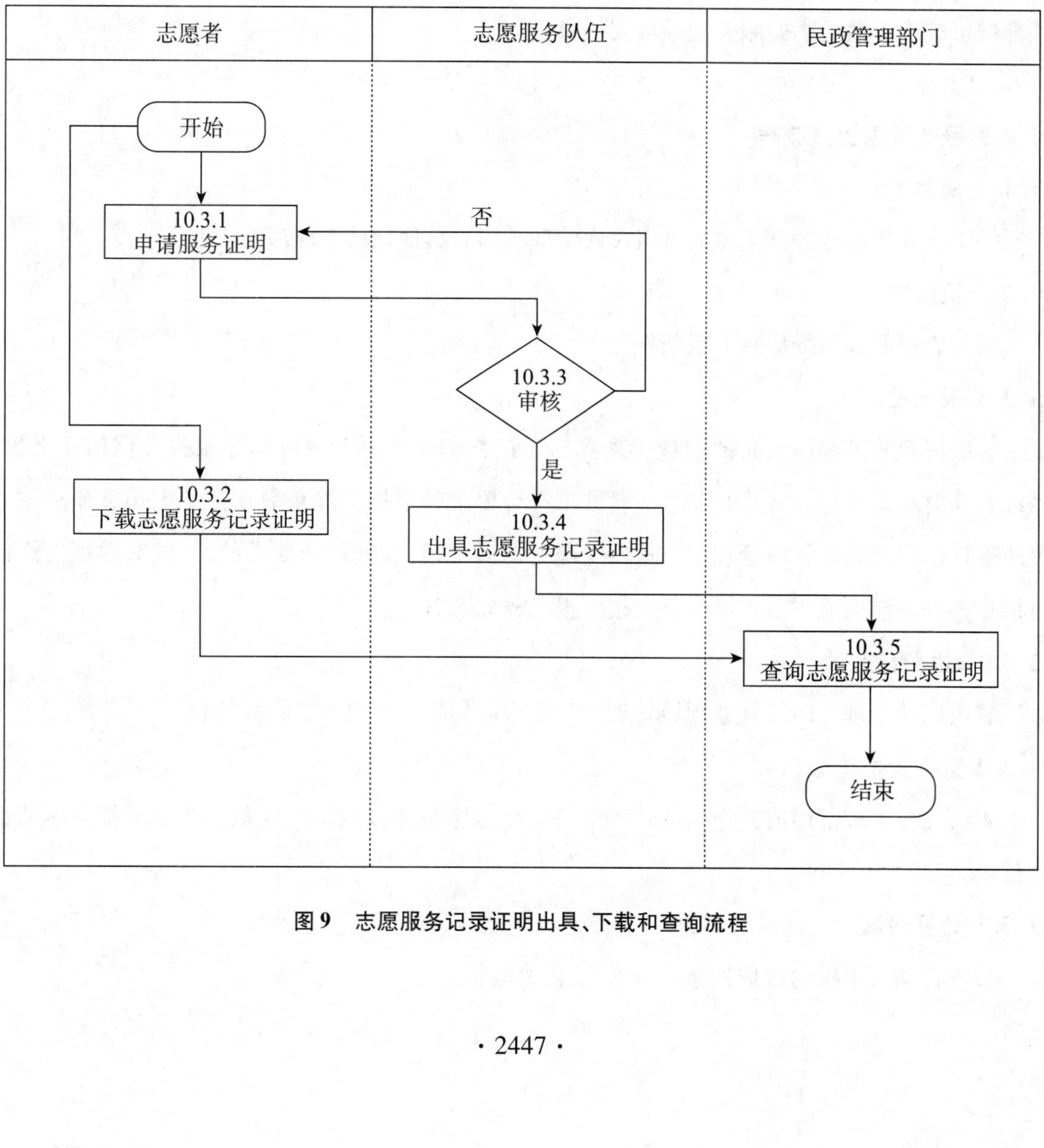

图9　志愿服务记录证明出具、下载和查询流程

10.3.1 申请证明

参与过志愿服务项目并拥有志愿服务时间记录的志愿者登录中国志愿服务网,可向自己加入的队伍提出出具志愿服务记录证明的申请。

10.3.2 下载证明

参与过志愿服务项目并拥有志愿服务时间记录的志愿者,也可在网站自行下载志愿服务记录证明。

10.3.3 审核申请

志愿服务队伍审核志愿者提出的出具志愿服务记录证明的申请。

10.3.4 出具证明

志愿服务队伍向审核通过的志愿者出具志愿服务记录证明。

10.3.5 查询记录

民政管理部门可查询下载和出具的志愿服务记录证明数据。

10.4 申请结果

志愿者成功下载志愿服务记录证明或获取志愿服务队伍出具的志愿服务记录证明,民政管理部门可查询下载的志愿服务记录证明记录。

11 志愿服务数据上报流程

11.1 上报对象

需上报志愿服务数据信息的省级民政管理部门和其他领域管理部门。

11.2 上报条件

满足志愿服务数据信息上报条件。

11.3 上报流程

省级民政管理部门或其他领域管理部门通过数据交换平台进行志愿服务数据信息上报。系统自动对数据进行格式、内容验证,验证不符合要求的数据会终止数据汇集工作并要求省级民政管理部门或其他领域管理部门重新整理数据后上报;验证符合要求的,系统对数据信息进行汇集整理并结束流程。志愿服务数据上报流程见图10。

11.3.1 数据整理

省级民政管理部门或其他领域管理部门整理收集到的志愿服务数据信息。

11.3.2 数据上报

省级民政管理部门或其他领域管理部门按照志愿服务数据交换规范的要求上报交换的数据信息。

11.3.3 数据验证

系统自动对上报的数据信息进行格式、内容验证。

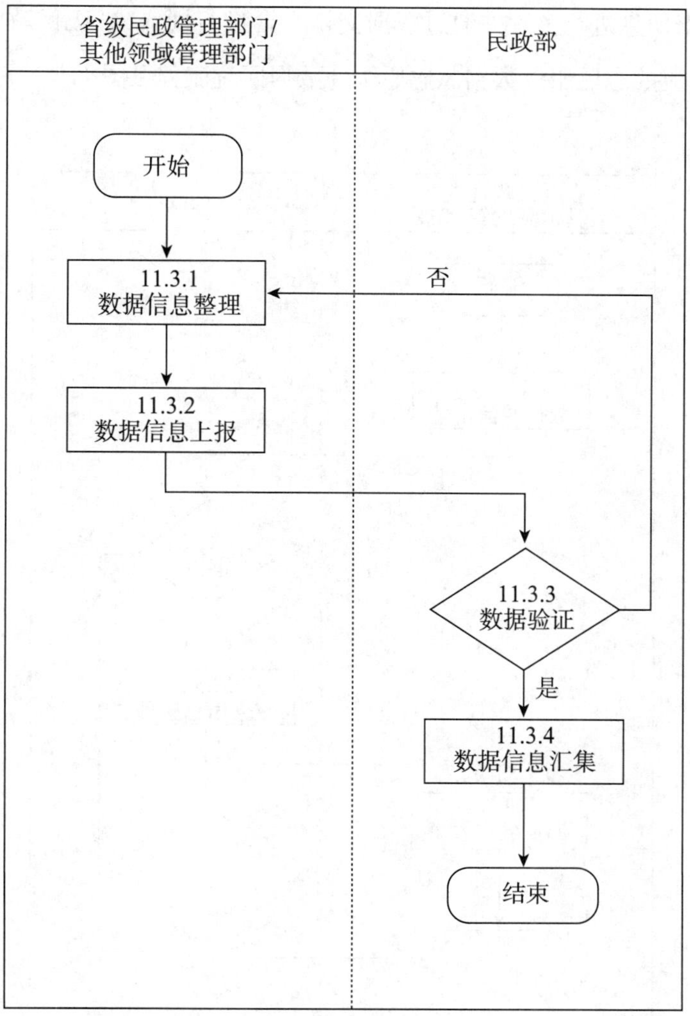

图 10　志愿服务数据上报流程

11. 3. 4 数据汇集

系统对省级民政管理部门或其他领域管理部门上报的数据信息进行汇集整理。

11. 4 上报结果

省级志愿服务数据和其他领域志愿服务数据汇集上报至民政部信息中心数据资产库。

12 志愿服务数据回流流程

12. 1 回流对象

需回流志愿服务数据信息的省级民政管理部门和其他领域管理部门。

12. 2 回流条件

满足志愿服务数据信息回流条件。

12. 3 回流流程

省级民政管理部门或其他领域管理部门通过数据交换平台申请志愿服务数据回流。民政部志愿服务处对回流申请进行审核，审核不通过的，将不给予回流数据并结束流程；审核通过的，系统对回流数据信息进行整理并通过数据交换平台进行回流，省级民政管理部门或其他领域管理部门收集回流的志愿服务数据。志愿服务数据回流流程见图11。

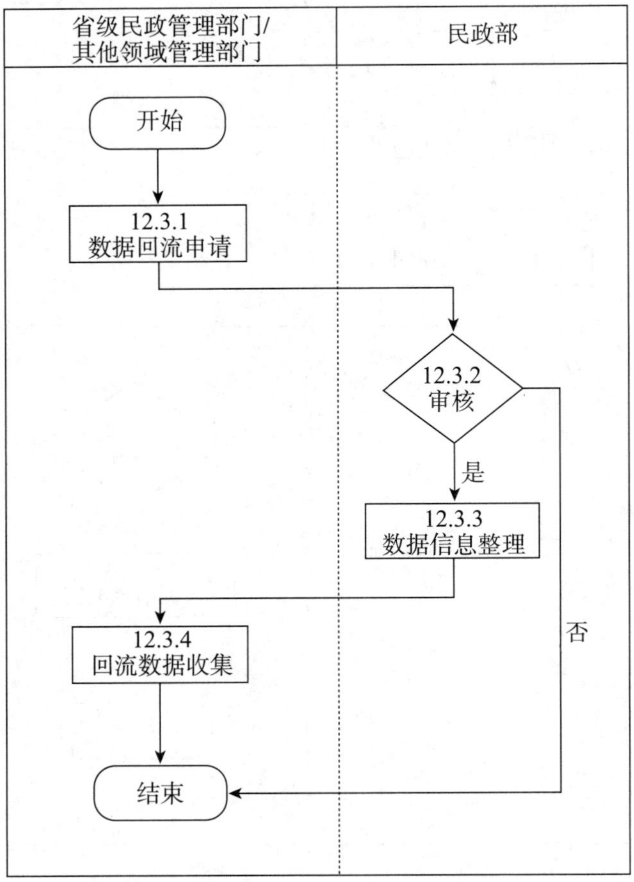

图11　志愿服务数据回流流程

12.3.1 回流申请

省级民政管理部门或其他领域管理部门通过数据交换平台申请志愿服务数据回流。

12.3.2 审核

民政部志愿服务处对回流申请进行审核。

12.3.3 数据整理

系统对回流数据信息进行整理并通过数据交换平台进行回流。

12.3.4 收集数据

省级民政管理部门或其他领域管理部门收集回流的志愿服务数据。

12.4 回流结果

民政部信息中心数据资产库中志愿服务数据回流至省级民政管理部门和其他领域管理部门。

13 志愿服务评价流程

13.1 评价对象

存在已结项的志愿服务项目的志愿服务队伍和参与该志愿服务项目的志愿者。

13.2 评价条件

评价应满足以下条件：

a)志愿服务项目已结项；

b)参与该志愿服务项目的志愿者。

13.3 评价流程

志愿服务队伍发布志愿服务项目后，志愿服务项目负责人招募岗位成员，组织志愿者开展志愿服务，实施项目，项目结项后项目负责人对志愿者以及志愿者对志愿服务队伍可互相评价。志愿服务评价流程见图12。

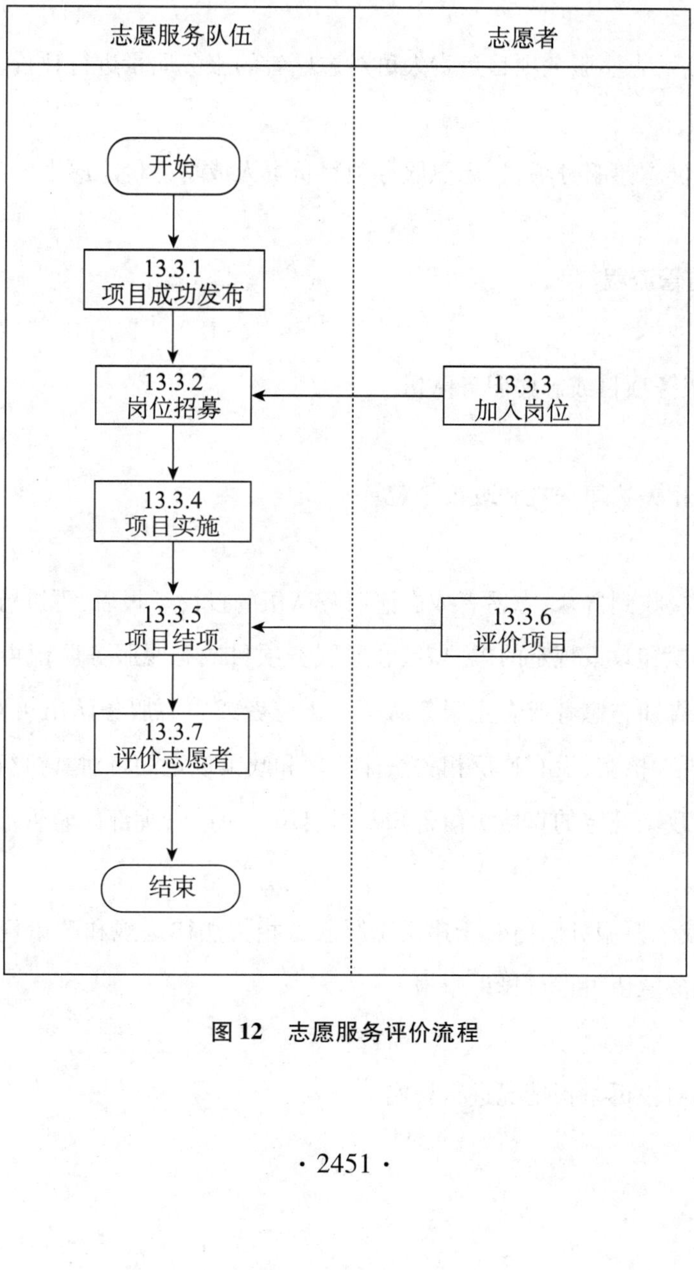

图12　志愿服务评价流程

13.3.1 发布项目

志愿服务队伍成功发布项目。

13.3.2 岗位招募

志愿服务队伍进行志愿者招募,招募信息公布在中国志愿服务网和中国志愿 App。

13.3.3 加入岗位

志愿者可申请加入岗位,志愿服务队伍也可邀请志愿者加入岗位。

13.3.4 项目实施

志愿者加入岗位后,志愿服务队伍可实施项目。

13.3.5 项目结项

项目活动完成后,志愿服务队伍可以对志愿服务项目手动结项或等志愿服务项目截止日期自动结项。

13.3.6 评价项目

项目活动完成后,志愿者可对志愿服务项目以及志愿服务队伍的满意度评价。

13.3.7 评价志愿者

项目活动结束后,志愿服务项目负责人可对志愿者的服务质量进行评价。

13.4 评价结果

志愿者成功评价志愿服务项目,志愿服务项目负责人成功评价志愿者。

14 民政管理部门监管流程

14.1 监管对象

志愿者、志愿服务项目或志愿服务队伍。

14.2 监管条件

违反志愿服务相关法律法规和政策规定。

14.3 监管流程

民政管理部门接收到群众、志愿者或志愿服务队伍的投诉举报后,可进行核实,对于违反志愿服务相关法律法规和政策规定的志愿者、志愿服务项目或志愿服务队伍可进行停用,停用结果会以短信的方式告知志愿者或志愿服务队伍。志愿者或志愿服务队伍可对处理结果进行申诉,民政管理部门再次核实,没有违反相关法律法规和政策规定的将对其执行启用,违反志愿服务相关法律法规和政策规定的直接短信告知不予启用。民政管理部门监管流程见图 13。

14.3.1 投诉举报

群众、志愿者或志愿服务队伍对于违反志愿服务相关法律法规和政策规定的志愿者、志愿服务项目或志愿服务队伍可进行投诉举报。

14.3.2 情况核实

民政管理部门对投诉举报情况进行核实。

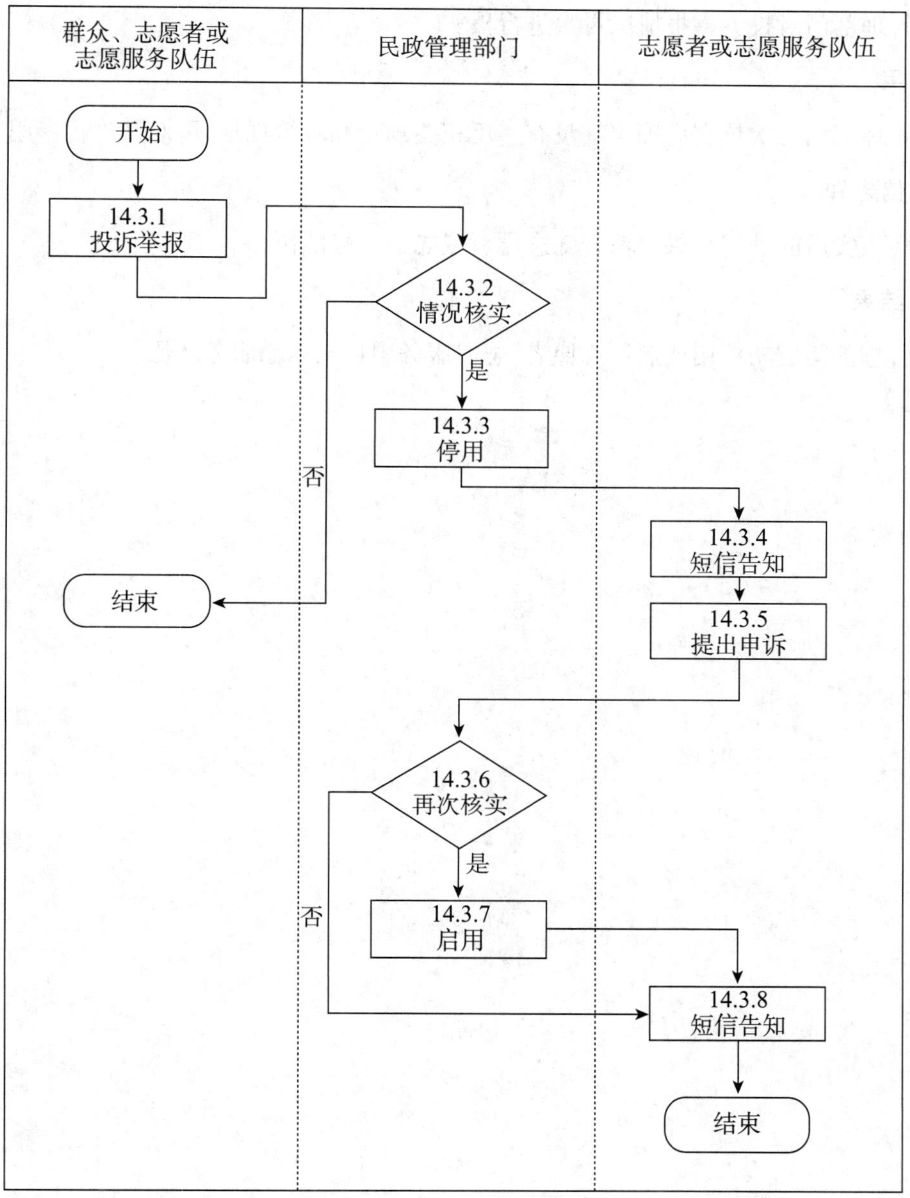

图 13 民政管理部门监管流程

14.3.3 停用

民政管理部门对确认违反志愿服务相关法律法规和政策规定的志愿者、志愿服务项目或志愿服务队伍进行停用。

14.3.4 短信告知

将核实后的处理结果短信告知志愿者或志愿服务队伍。

14.3.5 提出申诉

被停用的志愿者、停用的志愿服务项目所在的志愿服务队伍或停用的志愿服务队伍可对处理结果提出申诉。

14.3.6 再次核实

民政管理部门对投诉举报情况再次进行核实。

14.3.7 启用

民政管理部门二次核实后确定其没有违反相关规定和政策规定,可对其进行启用。

14.3.8 短信告知

将二次核实后的处理结果短信告知志愿者或志愿服务队伍。

14.4 监管结果

民政管理部门成功停用或启用志愿者、志愿服务项目或志愿服务队伍。

参考文献

[1]关于印发《志愿服务记录办法》的通知(民函〔2012〕340号).2012年10月23日

[2]贯彻落实《〈关于推进志愿服务制度化的意见〉的任务分工》的通知(文明办〔2014〕7号).2014年3月31日

[3]《志愿服务条例》(中华人民共和国国务院令第685号).2017年8月22日

JMGC

民 政 部 金 民 工 程 标 准

JMGC/YW 431.3—2020

慈善事业促进和社会工作业务流程
第3部分:慈善与募捐

2020-12-30 发布　　2020-12-30 实施

民政部信息中心 发布

目　次

前　言

本文件按照 GB/T 1.1—2020《标准化工作导则 第1部分:标准化文件的结构和起草规则》的规定起草。

请注意本文件的某些内容可能涉及专利。本文件的发布机构不承担识别专利的责任。

本文件为 JMGC/YW 431《慈善事业促进和社会工作业务流程》的第3部分。JMGC/YW 431 已经发布了以下部分:

——第1部分:社会工作;

——第2部分:志愿服务;

——第3部分:慈善与募捐。

本文件起草单位:民政部信息中心、万达信息股份有限公司。

本文件主要起草人:王兴玲、邬函斌、马晓宁、晁俊、王鑫、李永良、李夺、李彦浩、李功林。

引　言

JMGC/YW 431《社会事务管理业务流程》由三个部分构成。

——第 1 部分:社会工作。目的在于确立社会工作业务流程。

——第 2 部分:志愿服务。目的在于确立志愿服务业务流程。

——第 3 部分:慈善与募捐。目的在于确立慈善与募捐业务流程。

慈善事业促进和社会工作业务流程 第3部分:慈善与募捐

1 范围

本文件规定了金民工程项目中慈善与募捐的业务流程。

本文件适用于金民工程项目中慈善与募捐建设。

2 规范性引用文件

下列文件中的内容通过文中的规范性引用而构成本文件必不可少的条款。其中,注日期的引用文件,仅该日期对应的版本适用于本文件;不注日期的引用文件,其最新版本(包括所有的修改单)适用于本文件。

JMGC/YW 427.3 慈善事业促进和社会工作业务术语 第3部分:慈善与募捐

3 术语和定义

JMGC/YW 427.3—2020 界定的术语和定义适用于本文件。

4 缩略语

下列缩略语适用于本文件。

UTF—8 Unicode 的可变长度字符编码(8—bit Unicode Transformation Format)。

5 慈善组织基本信息公开流程

5.1 概述

慈善组织基本信息公开流程应包含以下步骤:

a)民政部填写登记事项信息;

b)慈善组织填写登记事项信息;

c)社会公众查询慈善组织的基本信息。

慈善组织基本信息公开流程见图1。

5.2 填写登记事项信息

基本信息中属于慈善组织登记事项的,由民政部门填写并在统一信息平台向社会公开。慈善组织登记事项信息见附录A.1。

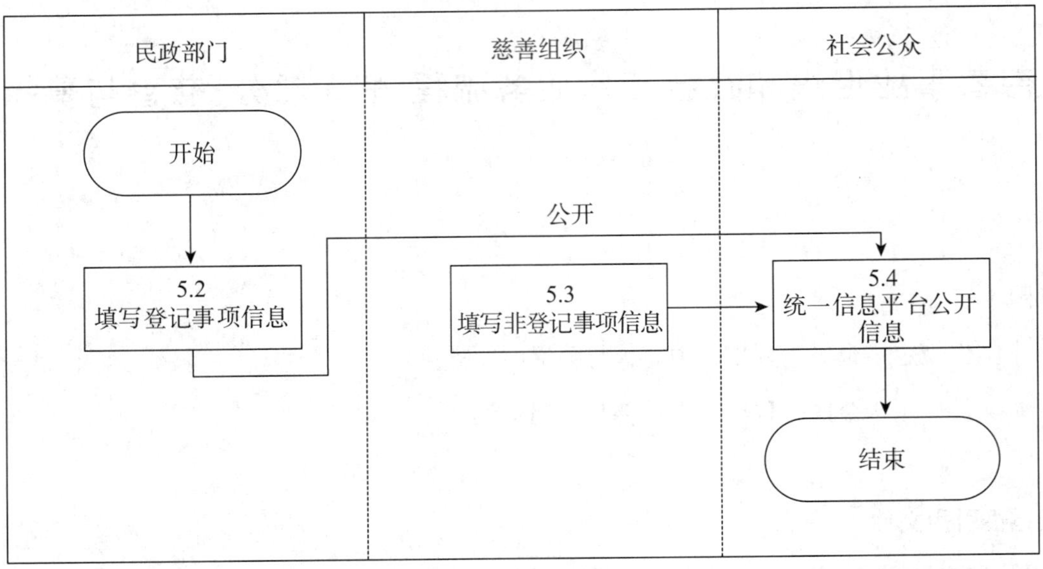

图 1　慈善组织基本信息公开流程

5.3 填写非登记事项信息

慈善组织应当自下列基本信息形成之日起 30 日内，由慈善组织填写并在统一信息平台向社会公开：

a）经民政部门核准的章程；

b）决策、执行、监督机构成员信息；

c）下设的办事机构、分支机构、代表机构、专项基金和其他机构的名称、设立时间、存续情况、业务范围或者主要职能；

d）发起人、主要捐赠人、管理人员、被投资方以及与慈善组织存在控制、共同控制或者重大影响关系的个人或者组织（简称重要关联方）；

e）本组织的联系人、联系方式，以本组织名义开通的门户网站、官方微博、官方微信或者移动客户端等网络平台；

f）慈善组织需要对统一信息平台的信息进行更正的，应当在统一信息平台填写并公布更正说明，有独立信息条目的在相应信息条目下予以公布。基本信息发生变更的，慈善组织应当在变更后 30 日内在统一信息平台向社会公布。

5.4 统一信息平台公开信息

社会公众用户在统一信息平台，查询公开后的慈善组织基本信息。

6 慈善组织重大事件公开流程

6.1 概述

慈善组织重大事件信息公开流程应包含以下步骤：

a)慈善组织填写重大事件信息,并予以公开;

b)社会公众查询慈善组织的重大事件信息。

慈善组织重大事件信息公开流程见图2。

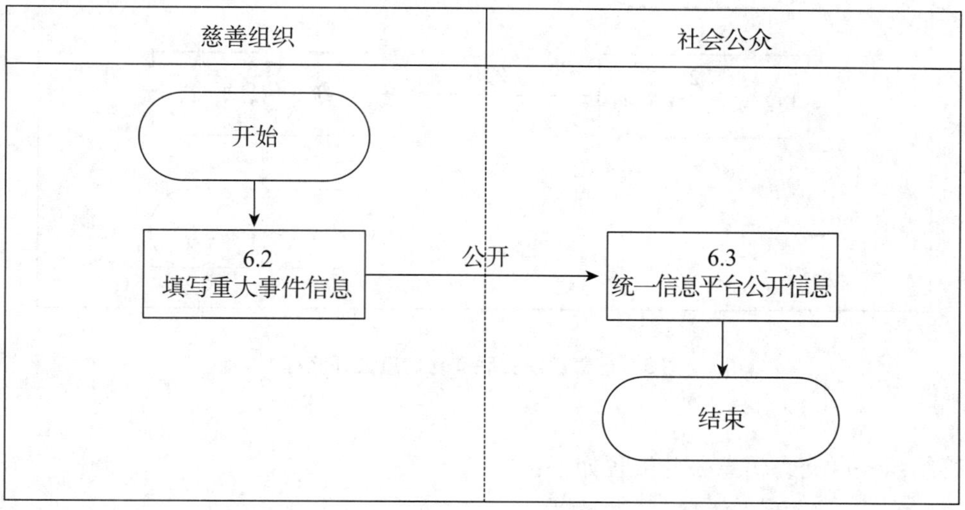

图2 慈善组织重大事件信息公开流程

6.2 填写重大事件信息

慈善组织发生下列情形后30日内,应当在统一信息平台向社会公开具体内容和金额,填写公开内容如下:

a)重大资产变动;

b)重大投资;

c)重大交易及资金往来。

6.3 统一信息平台公开信息

社会公众用户在统一信息平台,查询公开后的慈善组织重大事件信息。

7 慈善组织关联交易信息公开流程

7.1 概述

慈善组织关联交易信息公开流程应包含以下步骤:

a)慈善组织填写关联交易信息,并予以公开;

b)社会公众查询慈善组织的关联交易信息。

慈善组织关联交易信息公开流程见图3。

7.2 填写关联交易信息

慈善组织在下列关联交易等行为发生后30日内,应当在统一信息平台向社会公开,填写公开内容如下:

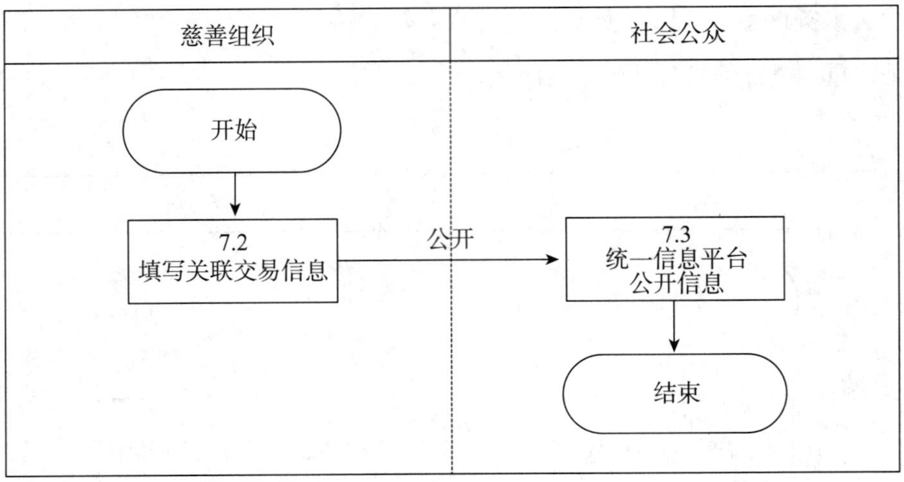

图3　慈善组织关联交易信息公开流程

慈善组织关联交易信息公开流程如下：

a)接受重要关联方捐赠；

b)对重要关联方进行资助；

c)与重要关联方共同投资；

d)委托重要关联方开展投资活动；

e)与重要关联方发生交易；

f)与重要关联方发生资金往来。

7.3 统一信息平台公开信息

社会公众用户在统一信息平台，查询公开后的慈善组织关联交易信息。

8 慈善组织认定流程

8.1 概述

慈善组织认定流程应包含以下步骤：

a)社会组织填写认定申请信息，提交至民政部门；

b)民政部门对社会组织提交的申请信息进行审核。

慈善组织认定流程见图4。

8.2 填写认定申请信息

社会组织填写、提交认定申请信息。申请认定慈善组织的基金会，应当填写提交下列材料：

a)《慈善组织认定申请书》和《慈善组织认定符合有关规定的承诺书》（请见附录A.2）；

b)履行内部程序，召开会议并形成会议纪要；

c)申请认定为慈善组织的社会团体、社会服务机构，除上述规定的材料外，还应当提交下列

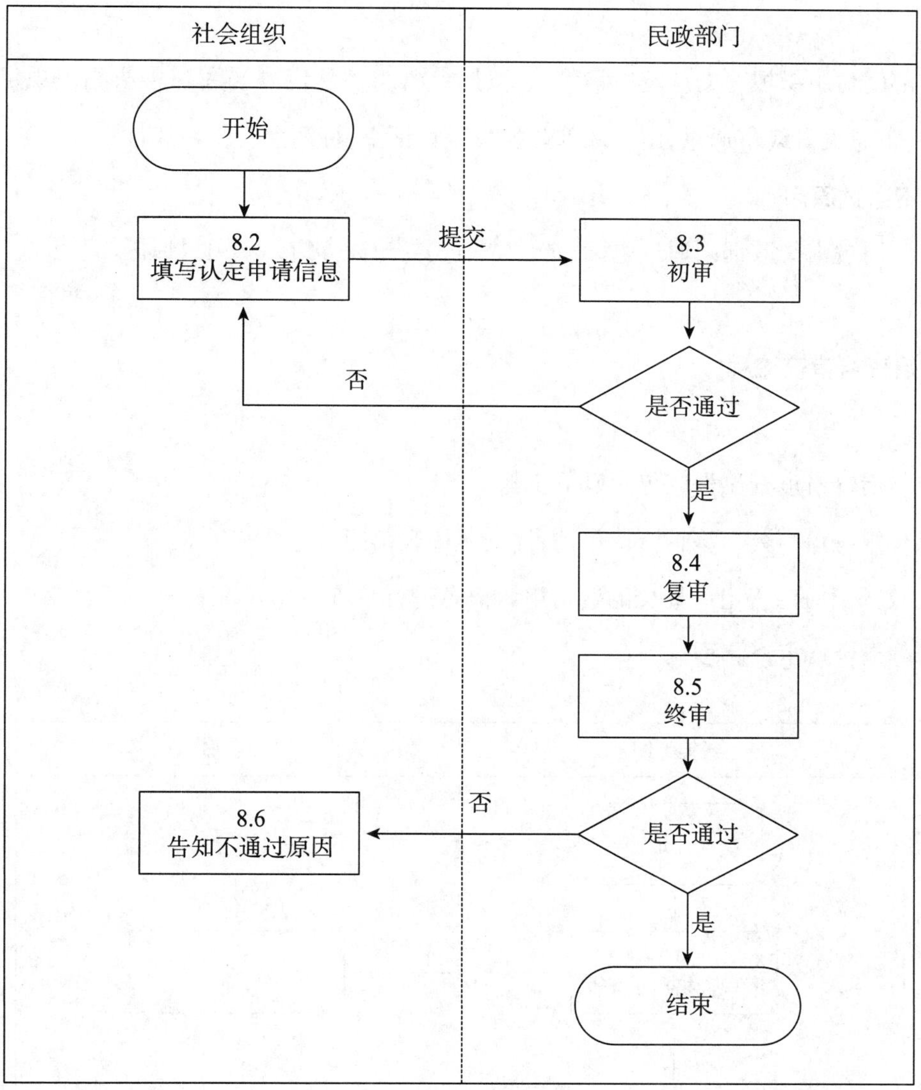

图4　慈善组织认定流程

材料(请见附录A.3)：

d)关于申请理由、慈善宗旨、开展慈善活动等情况的说明；

e)注册会计师出具上一年度财务审计报告,含慈善活动年度支出和管理费用的专项审计；

f)业务主管单位,还应当提交业务主管单位同意的证明材料。

8.3 初审

民政部门对社会组织填写的认定申请信息,进行初审,主要审核提交的材料是否齐全、完整。初审通过,流程进入复审;初审不通过,说明审核意见告知组织。组织按照审核意见,修改后,可再次提交申请。

8.4 复审

民政部门对组织填写的认定申请信息,按照慈善组织认定办法和慈善法相关规定,进行复审,填写复审意见。

8.5 终审

民政部门对组织填写的认定申请信息,按照慈善组织认定办法和慈善法相关规定,进行终审,填写终审意见。终审通过,由民政部门换发登记证书,标明慈善组织属性。

8.6 告知不通过原因

终审不通过由民政部门通过电话、邮件等形式告知社会组织不通过原因。

9 公开募捐资格审查流程

9.1 概述

公开募捐资格审查流程应包含以下步骤:

a)慈善组织填写公开募捐资格申请,提交至民政部门;

b)民政部门对慈善组织提交的资格申请信息进行审查。

公开募捐资格审查流程见图5。

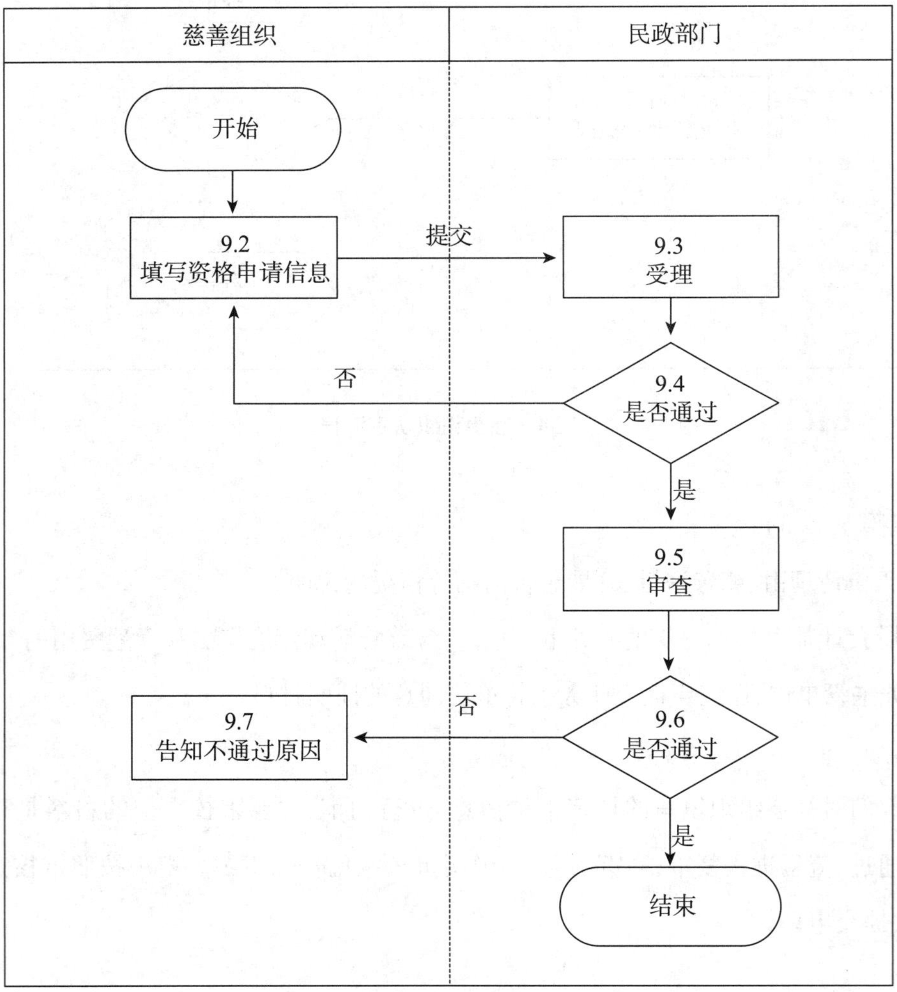

图5 公开募捐资格审查流程

9.2 填写资格申请信息

慈善组织填写、提交公开募捐资格申请信息,应当提交下列材料:

a)《慈善组织公开募捐资格申请书》(请见附录 A.4);

b)注册会计师出具的申请前二年的财务审计报告,包括年度慈善活动支出和年度管理费用的专项审计;

c)理事会关于申请公开募捐资格的会议纪要;

d)有业务主管单位的,还应当提交经业务主管单位同意的证明材料;

e)评估等级在4A 以上的慈善组织只需提交《慈善组织公开募捐资格申请书》。

9.3 受理

民政部门对慈善组织填写的资格申请信息,进行受理。主要查看公开募捐资格申请信息填写的是否完整、材料是否齐全。

9.4 是否通过

受理通过,流程进入审查;受理不通过,说明审核意见告知慈善组织。慈善组织按照审核意见,修改后,可再次提交申请。

9.5 审查

受理通过后,民政部门对慈善组织填写的公开资格申请信息,根据慈善组织公开募捐管理办法的相关规定和受理时情况,进行审查。

9.6 是否通过

符合条件的慈善组织,发给公开募捐资格证书。

9.7 告知不通过原因

由民政部门通过电话、邮件等形式告知社会组织不通过原因。

10 公开募捐方案备案流程

10.1 概述

公开募捐方案备案流程应包含以下步骤:

a)具有公开募捐资格的慈善组织填写公开募捐方案备案申请,提交至民政部门;

b)民政部门对慈善组织提交的公开募捐方案备案申请信息进行审核;

c)社会公众查询发布后的公开募捐方案备案信息。

公开募捐资格方案备案流程见图6。

10.2 填写备案申请信息

具有公开募捐资格的慈善组织填写、提交公开募捐方案备案申请信息,应当提交下列材料:

a)《慈善组织公开募捐方案备案表》和《慈善组织公开募捐方案备案符合有关规定的承诺书》(请见附录 A.5)。

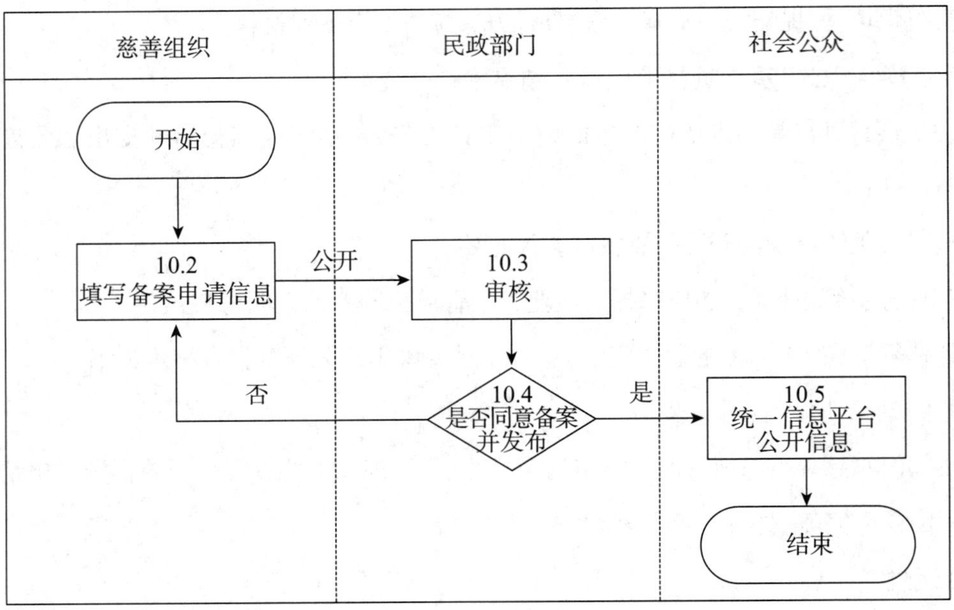

图6　公开募捐方案备案流程

10. 3 审核

民政部门对慈善组织填写的备案申请信息,进行审核,根据慈善组织公开募捐管理办法的相关规定,审核材料齐备情况。

10. 4 是否同意备案并发布

同意备案并发布,可在统一信息平台查询募捐方案备案信息;不同意备案,说明审核意见告知慈善组织。慈善组织按照审核意见,修改后,可再次提交申请。

10. 5 统一信息平台公开信息

社会公众用户在统一信息平台,查询公开后的公开募捐方案信息。

11 中华慈善奖评选流程

11. 1 概述

中华慈善奖评选流程应包含以下流程:

a)申报单位:选择申报的奖项(慈善楷模、慈善项目和慈善信托、捐赠企业、捐赠个人)填写、提交申请信息;

b)省级民政部门/部委单位:对申报提交的申请信息进行推荐;

c)民政部:开展初核、打分、表彰名单公示工作。

中华慈善奖评选流程见图7。

11. 2 填写申请信息

申报单位选择申报的奖项(慈善楷模、慈善项目和慈善信托、捐赠企业、捐赠个人)填写、提

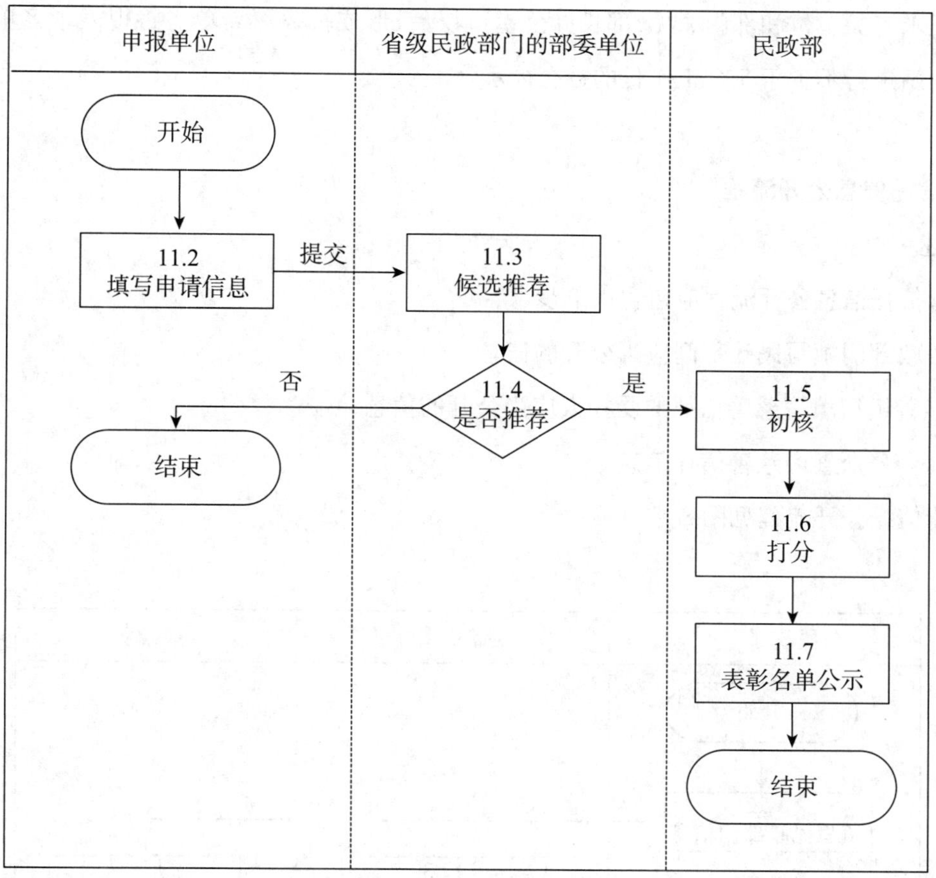

图7　中华慈善奖评选业务流程

交申请信息,根据申报的奖项提交对应材料:

a)慈善楷模申报表(请见附录A.6);

b)慈善项目和慈善信托申报表(请见附录A.7);

c)捐赠个人申报表(请见附录A.8);

d)捐赠企业申报表(请见附录A.9)。

11.3 候选推荐

根据线下沟通情况,省级民政部门或部委单位对申请信息,进行推荐。

11.4 是否推荐

推荐通过,流程进入初核。

11.5 初核

推荐不通过,流程结束。

11.6 打分

民政部组织评委会评委进行现场打分,根据评委打分和网络投票等情况,统筹考虑候选对象的地域分布、慈善领域和行业布局等因素,提出表彰入围名单。

11.7 表彰名单公示

经征求有关单位和部门意见，部长办公室审议后，形成拟表彰名单。将拟表彰名单在民政部门户网站进行不少于5个工作日的社会公示。

12 慈善信托信息公开流程

12.1 概述

慈善信托信息公开流程应包含以下步骤：

a)民政部门填写民政部门应当公开的信息；

b)慈善组织填写慈善信托的受托人应当公开的信息；

c)社会公众查询慈善信托信息。

慈善信托公开流程见图8。

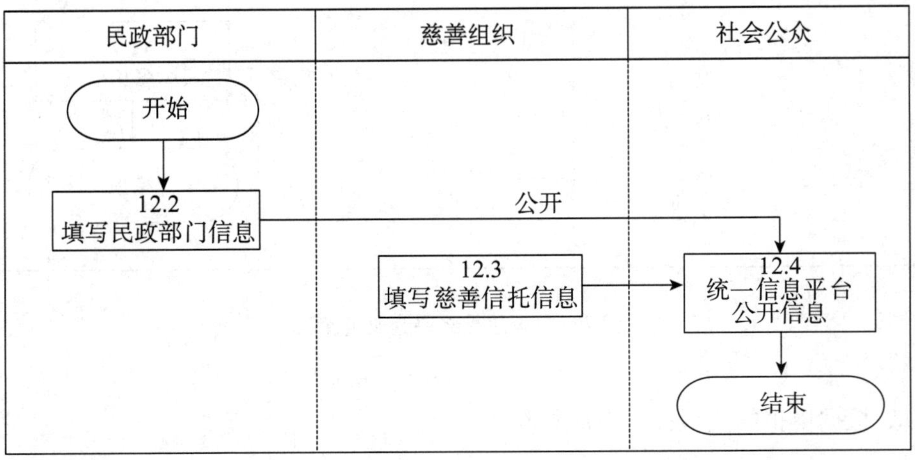

图8 慈善信托公开流程

12.2 填写民政部门信息

民政部门应当公开的信息，具体填写内容包括：

a)慈善信托备案事项；

b)慈善信托终止事项；

c)对慈善信托检查、评估的结果；

d)对慈善信托受托人的行政处罚和监管措施的结果；

e)法律法规应当公开的其他信息。

12.3 填写慈善信托信息

慈善信托的受托人应当公开的信息，具体填写内容包括：

a)慈善信托设立情况说明；

b)信托事务处理情况报告、财产状况报告；

c)慈善信托变更、终止事由；

d)清算报告；

e)备案民政部门要求公开的其他信息。

12.4 统一信息平台公开信息

社会公众用户在统一信息平台，查询公开后的慈善信托信息。

13 慈善组织(基金会)年报年检流程

13.1 概述

慈善组织(基金会)年报年检审核流程应包含以下步骤：

a)慈善组织(基金会)填写年度工作报告，提交至民政部门；

b)民政部门对慈善组织(基金会)提交的年度工作报告进行审核；

c)社会公众查询发布后的年度工作报告、年度工作报告摘要、年检结论。

慈善组织(基金会)年报年检审核流程见图9。

13.2 填写年报信息

慈善组织(基金会)填写、提交年报信息。年报信息包括：

a)基本信息；

b)机构建设情况；

c)业务活动开展情况；

d)财务会计报告；

e)接受监督、管理的情况；

f)保值增值投资活动情况；

g)履行信息公开义务情况；

h)监事意见；

i)年度报告审核意见；

j)审计报告、专项信息审核报告、年度工作报告印章齐全版。

13.3 材料接收

民政部门对慈善组织(基金会)提交的年报信息进行接收，主要查看年报填写的是否齐全、完整。

13.4 是否接收

接收后，流程进入材料核对，并同步公开到统一信息平台。不接收，退回慈善组织，慈善组织根据意见修改后，重新提交年报。

13.5 年报信息公开至民政部官网

民政部部门接收年报后，年报信息公开至民政部官网。

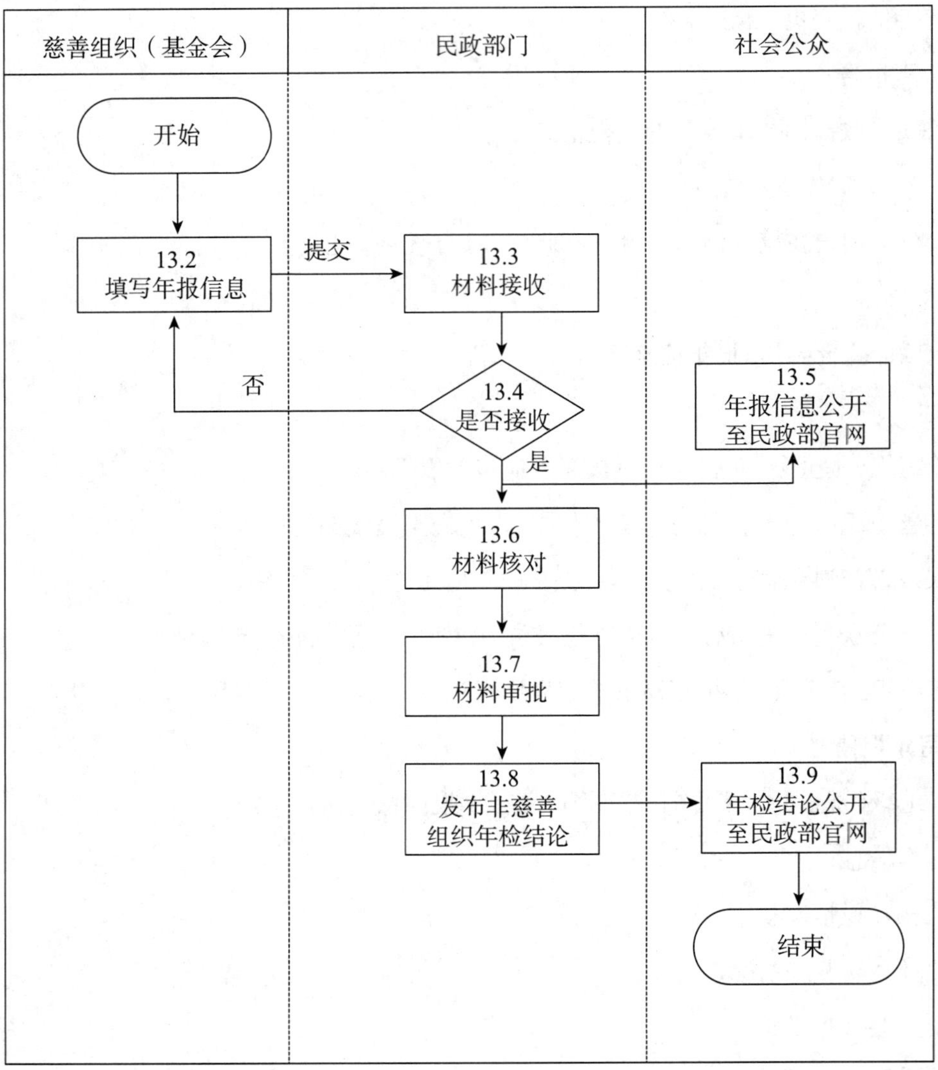

图9　慈善组织(基金会)年报年检审核流程

13.6 材料核对

年报接收后,根据不同的校验事项,不同的规则,给出校验意见。

13.7 材料审批

核对通过后,民政部门对慈善组织填写的年报信息,结合材料核对情况,进行初审和终审,给出审核意见。

13.8 发布非慈善组织年检结论

民政部门用户,填写非慈善组织对外发布的年报结论。

13.9 年检结论公开至民政部官网

民政部门用户,对年检结论进行公开。

附录 A

（规范性）

A.1 慈善组织登记事项信息示例

慈善组织名称		统一社会信用代码	
社会组织类型		是否取得税前扣除资格	
税前扣除资格有效期开始时间		税前扣除资格有效期结束时间	
是否具有公开募捐资格		认定为慈善组织日期	
业务主管单位		登记管理机关	
章程核准时间		联系人	
组织住所		法定代表人	
邮编		业务范围	
宗旨			

A. 2 慈善组织认定申请书【基金会】

慈善组织认定申请书
（适用于基金会）

<table>
<tr><td colspan="2">社会组织名称</td><td colspan="2"></td><td colspan="2">统一社会信用代码</td><td colspan="2"></td></tr>
<tr><td colspan="2">社会组织类型</td><td colspan="2"></td><td colspan="2">成立登记时间</td><td colspan="2"></td></tr>
<tr><td colspan="2">登记管理机关</td><td colspan="2"></td><td colspan="2">业务主管单位</td><td colspan="2"></td></tr>
<tr><td colspan="2">法定代表人</td><td colspan="2"></td><td colspan="2">联系电话</td><td colspan="2"></td></tr>
<tr><td colspan="2">住　　所</td><td colspan="6"></td></tr>
<tr><td>慈善活动领域</td><td colspan="7">□扶贫、济困；
□扶老、救孤、恤病、助残、优抚；
□救助自然灾害、事故灾难和公共卫生事件等突发事件造成的损害；
□促进教育、科学、文化、卫生、体育等事业的发展；
□防治污染和其他公害，保护和改善生态环境；
□符合《中华人民共和国慈善法》规定的其他公益活动，具体描述为：</td></tr>
<tr><td>章　程</td><td>核准时间</td><td colspan="2"></td><td>核准机构</td><td colspan="3"></td></tr>
<tr><td rowspan="2">财务情况</td><td>审计机构名称</td><td colspan="3"></td><td>上年末净资产</td><td colspan="2">万元</td></tr>
<tr><td>上年度慈善活动支出</td><td colspan="2">________万元
上年度慈善活动支出比例：
________%</td><td>上年度管理费用</td><td colspan="3">________万元
上年度管理费用比例：
________%</td></tr>
<tr><td colspan="3">申请认定慈善组织履行的内部民主决策程序</td><td colspan="5"></td></tr>
<tr><td colspan="4">**本组织保证《慈善组织认定申请表》内容真实、准确、完整，并承担由此引起的一切法律责任。**
法定代表人签字：
社会组织盖章：
年　月　日</td><td colspan="4">**业务主管单位审查意见：**
经办人：
年　月　日</td></tr>
</table>

慈善组织认定符合有关规定的承诺书

<table>
<tr><td>社会组织名称</td><td colspan="3"></td></tr>
<tr><td>法定代表人</td><td></td><td>联系电话</td><td></td></tr>
<tr><td>住 所</td><td colspan="3"></td></tr>
<tr><td rowspan="5">是否符合《中华人民共和国慈善法》、《慈善组织认定办法》等规定的承诺</td><td colspan="2">(一)申请时具备相应的社会组织法人登记条件</td><td>□是;□否</td></tr>
<tr><td colspan="2">(二)以开展慈善活动为宗旨,业务范围符合《慈善法》第三条的规定;申请时的上一年度慈善活动的年度支出和管理费用符合国务院民政门关于慈善组织的规定;</td><td>□是;□否</td></tr>
<tr><td colspan="2">(三)不以营利为目的,收益和营运结余全部用于章程规定的慈善目的;财产及其孳息没有以任何形式在发起人、捐赠人或者本组织成员中分配;章程中有关于剩余财产转给目的相同或者相近的其他慈善组织的规定;</td><td>□是;□否</td></tr>
<tr><td colspan="2">(四)有健全的财务制度和合理的薪酬制度;</td><td>□是;□否</td></tr>
<tr><td colspan="2">(五)法律、行政法规规定的其他条件。</td><td>□是;□否</td></tr>
<tr><td rowspan="4">有无下列情形的承诺</td><td colspan="2">(一)有法律法规和国家政策规定的不得担任慈善组织负责人的情形;</td><td>□有;□无</td></tr>
<tr><td colspan="2">(二)申请前两年内曾受行政处罚或者年度检查不合格的;</td><td>□有;□无</td></tr>
<tr><td colspan="2">(三)申请时被列入民政部门异常名录的;</td><td>□有;□无</td></tr>
<tr><td colspan="2">(四)有其他违反法律、法规、国家政策行为的。</td><td>□有;□无</td></tr>
<tr><td colspan="4">本组织保证以上承诺内容真实、准确、完整,并承担由此引起的一切法律责任。

法定代表人签字:

社会组织印章:
年 月 日</td></tr>
</table>

A.3 慈善组织认定申请书【社会团体】

慈善组织认定申请书
（适用于社会团体、社会服务机构）

<table>
<tr><td colspan="2">社会组织名称</td><td colspan="2"></td><td>统一社会信用代码</td><td></td></tr>
<tr><td colspan="2">社会组织类型</td><td colspan="2"></td><td>成立登记时间</td><td></td></tr>
<tr><td colspan="2">登记管理机关</td><td colspan="2"></td><td>业务主管单位</td><td></td></tr>
<tr><td colspan="2">法定代表人</td><td colspan="2"></td><td>联系电话</td><td></td></tr>
<tr><td colspan="2">住　　所</td><td colspan="4"></td></tr>
<tr><td>宗旨</td><td colspan="5"></td></tr>
<tr><td>业务范围</td><td colspan="5"></td></tr>
<tr><td>慈善活动领域</td><td colspan="5">□扶贫、济困；
□扶老、救孤、恤病、助残、优抚；
□救助自然灾害、事故灾难和公共卫生事件等突发事件造成的损害；
□促进教育、科学、文化、卫生、体育等事业的发展；
□防治污染和其他公害，保护和改善生态环境；
□符合《中华人民共和国慈善法》规定的其他公益活动，具体描述为：</td></tr>
<tr><td>章 程</td><td>核准时间</td><td></td><td>核准机构</td><td colspan="2"></td></tr>
<tr><td rowspan="4">内部治理结构</td><td colspan="5">会员（代表）大会：□有，□无；章程规定____年召开____次，
申请前三年按照章程规定是否需要召开：□是，□否；
召开情况：______年____月召开，参会____人；（可增减）</td></tr>
<tr><td colspan="5">理 事 会：章程规定每年召开____次，申请前三年召开情况：
____年__月召开，参会____人；______年____月召开，参会____人；
____年__月召开，参会____人；（可增减）</td></tr>
<tr><td colspan="5">常务理事会：□有，□无；
章程规定每年召开____次，申请前三年召开情况：（选择无，请忽略此项）
____年__月召开，参会____人；____年____月召开，参会____人；
____年__月召开，参会____人；____年____月召开，参会____人；
____年__月召开，参会____人；____年____月召开，参会____人。
（可增减）</td></tr>
<tr><td colspan="5">监事或监事会：□有，□无；申请前三年是否按照规定进行履职：□是，□否</td></tr>
</table>

<table>
<tr><td rowspan="2">财务情况</td><td>审计机构名称</td><td colspan="2"></td><td>上年末
净资产</td><td>____万元</td></tr>
<tr><td>上年度慈善
活动支出</td><td>________万元
上年度慈善活动支出比例：
________%</td><td>上年度
管理费用</td><td colspan="2">________万元
上年度管理费用比例：
________%</td></tr>
<tr><td colspan="2">申请认定慈善组织
履行的内部民主决策
程序</td><td colspan="4"></td></tr>
</table>

<table>
<tr><td colspan="6">负责人</td></tr>
<tr><td>序号</td><td>姓名</td><td>职务</td><td>年龄</td><td>当选时间</td><td>当选程序</td></tr>
<tr><td></td><td></td><td></td><td></td><td></td><td></td></tr>
<tr><td></td><td></td><td></td><td></td><td></td><td></td></tr>
<tr><td></td><td></td><td></td><td></td><td></td><td>（可增减）</td></tr>
<tr><td colspan="6">**申请理由：**

（可增减）</td></tr>
<tr><td colspan="6">**开展慈善活动的说明：**

（可增减）</td></tr>
</table>

<table>
<tr><td>**本组织保证《慈善组织认定申请表》内容真实、准确、完整，并承担由此引起的一切法律责任。**

法定代表人签字：

社会组织盖章：

年　月　日</td><td>**业务主管单位审查意见：**

经办人：

年　月　日</td></tr>
</table>

慈善组织认定符合有关规定的承诺书

<table>
<tr><td>社会组织名称</td><td colspan="3"></td></tr>
<tr><td>法定代表人</td><td></td><td>联系电话</td><td></td></tr>
<tr><td>住 所</td><td colspan="3"></td></tr>
<tr><td rowspan="5">是否符合《中华人民共和国慈善法》《慈善组织认定办法》等规定的承诺</td><td colspan="2">(一)申请时具备相应的社会组织法人登记条件;</td><td>□是;□否</td></tr>
<tr><td colspan="2">(二)以开展慈善活动为宗旨,业务范围符合《慈善法》第三条的规定;申请时的上一年度慈善活动的年度支出和管理费用符合国务院民政门关于慈善组织的规定;</td><td>□是;□否</td></tr>
<tr><td colspan="2">(三)不以营利为目的,收益和营运结余全部用于章程规定的慈善目的;财产及其孳息没有以任何形式在发起人、捐赠人或者本组织成员中分配;章程中有关于剩余财产转给目的相同或者相近的其他慈善组织的规定;</td><td>□是;□否</td></tr>
<tr><td colspan="2">(四)有健全的财务制度和合理的薪酬制度;</td><td>□是;□否</td></tr>
<tr><td colspan="2">(五)法律、行政法规规定的其他条件。</td><td>□是;□否</td></tr>
<tr><td rowspan="4">有无下列情形的承诺</td><td colspan="2">(一)有法律法规和国家政策规定的不得担任慈善组织负责人的情形;</td><td>□有;□无</td></tr>
<tr><td colspan="2">(二)申请前两年内曾受行政处罚或者年度检查不合格的;</td><td>□有;□无</td></tr>
<tr><td colspan="2">(三)申请时被列入民政部门异常名录的;</td><td>□有;□无</td></tr>
<tr><td colspan="2">(四)有其他违反法律、法规、国家政策行为的。</td><td>□有;□无</td></tr>
<tr><td colspan="4">本组织保证以上承诺内容真实、准确、完整,并承担由此引起的一切法律责任。

法定代表人签字:
社会组织印章:
年 月 日</td></tr>
</table>

A.4 慈善公开募捐资格申请书

慈善组织公开募捐资格申请书

一、基本情况

1. 慈善组织名称：

____；

住所及邮编：

____；

2. 组织类别：□基金会　　□社会团体　□社会服务机构

3. 统一社会信用代码：

____；

4. 设立登记日期：______________；

认定为慈善组织日期：________________；

5. 是否获得公益性捐赠税前扣除资格：□是　　□否

6. 业务主管单位：

____；

7. 工作联系人：________________，

职务：____________________________；

8. 联系方式：

固定电话____________________，

手机__________________________；

传真________________；

Email 或 QQ 号：____________________；

9. 本组织门户网站（官方微博、微信或移动客户端）：

____；

10. 是否召开关于申请公开募捐资格的理事会：□是　　□否

时间：____，

地点：____，

议题：____，

出席理事人数：________名，占全体理事会成员比例：________________________；

11. 是否首次申请：□是　　　　□否

12. 申请理由：____

二、内部治理情况

1. 理事会成员构成及关系：

理事长(会长)：________________，□专职　□兼职

在本组织职务：________________________________；

本组织现有理事：____名，理事名单：________、________。

①来自同一单位理事：____名，分别是：________、________、________、________、________、________、________、________，占理事会成员比例为：________。

上述理事来源单位：

________________________________；

②理事会成员来自相互间具有关联关系(指企业等组织之间的控制关系、投资关系、共同对外投资或者其他重大影响)的组织的理事：____名，分别为：________、________、________、________、________、________、________、________、________、________，占理事会成员比例________。

上述理事来源单位：

________________________________；

请具体描述理事来源单位存在关联关系的情形：____；

③理事会成员相互间具有近亲属关系的理事________名，分别为：________、________、________、________、________、________。

请具体描述上述理事的近亲属关系：____。

④由非内地居民担任的理事：________名，分别为：________、________、________

_______、____________________________、_________________、_____________、______

_______________________、________________、__________________、_____________________

________________、________________；占理事会成员比例______________________。

2. 法定代表人：________________________，是否为内地居民：□是　　□否

在本组织担任职务：

____。

3. 秘书长专(兼)职：□专职　　□兼职　　专职工作人数：______________。

4. 有无监事或成立监事会：

□有监事____人，

□成立了监事会，

监事名单：

____；

5. 会员(代表)大会、理事会召开情况：

章程规定会员(代表)大会____年召开____次，

申请前两年召开情况：

____年______月召开____届____次______会议，

____年______月召开____届____次______会议；

章程规定理事会每年召开____次，

申请前二年召开情况：

____年____月召开____届____次____会议，会议召开方式：□现场　□通讯；

____年____月召开____届____次____会议，会议召开方式：□现场　□通讯；

____年____月召开____届____次____会议，会议召开方式：□现场　□通讯；

____年____月召开____届____次____会议，会议召开方式：□现场　□通讯；

____年____月召开____届____次____会议，会议召开方式：□现场　□通讯；

____年________月召开____届__次____会议，会议召开方式：□现场　□通讯。

三、运作和接受监督情况

1. 是否依法履行纳税义务：□是　□否

税务登记证号：____；

2. 申请前二年慈善活动支出和管理费用情况：

①______年，慈善活动支出________元，占上年总收入(上年末净资产)比例____；

______年，管理费用支出______元，占当年总支出比例__________________；

②______年，慈善活动支出__________元，占上年总收入(上年末净资产)比例____；

______年，管理费用支出______元，占当年总支出比例__________________；

3. 是否参加了社会组织评估：□是　□否（如选否，不需选择评估等级）

评估等级：__________；有效期至：______年______月______日

4. 申请前二年是否按照有关规定报送年度工作报告（参加年检）：

________年，□是　□否；　________年，□是　□否；

年度检查结论：______年，□无　□合格　□基本合格　□不合格

______年，□无　□合格　□基本合格　□不合格

5. 是否履行信息公开义务：□是　□否

6. 是否被纳入异常名录：□是　□否

请列出具体情形：

____；

7. 申请前二年是否受到过行政处罚：□是　□否（如选否，不需填写以下四项内容）

①行政处罚时间：______年______月______日　②行政处罚种类：____________；

③实施机关：____________；④违法行为：____________。

8. 其他需要说明的情况：

____

____

____

____

本组织现申请公开募捐资格。本组织保证《慈善组织公开募捐资格申请书》内容真实、准确、完整、有效，承诺符合《慈善组织公开募捐管理办法》第五条规定的所有条件，不存在申请前二年被纳入异常名录的情形，绝不存在违反社会组织相关法律法规受到行政处罚和违反其他法律、法规及国家政策的行为，并承担由此引起的一切法律责任。同时，本组织保证按照《慈善法》《慈善组织认定办法》及《慈善组织公开募捐管理办法》等相关法律法规规章，以开展慈善活动为宗旨，不以营利为目的，在章程和业务范围内开展公开募捐活动，妥善管理使用捐赠财产，并定期向社会公开。

法定代表人（签字）：　　　　慈善组织（盖章）：

年　　月　　日

A.5 慈善组织公开募捐方案备案表

慈善组织基本信息

慈善组织名称		统一社会信用代码	
组织类型		设立登记时间	
公开募捐资格证书取得时间		慈善组织认定时间	
业务主管单位		登记管理机关	
组织住所		法定代表人	
邮编		业务范围	
宗旨			

公开募捐活动基本情况

公开募捐活动名称		募捐活动所支持的慈善项目	
募捐目的		是否为应对重大自然灾害、事故灾难和公共卫生事件等突发事件	
起始时间		终止时间	
公开募捐方式		募捐地域	
募捐活动负责人姓名		办公地址	
接受捐赠方式		公开募捐信息发布平台	
银行账户(本组织第三方支付账户)		受益人(对象)	
募得款物用途		募捐成本	
剩余财产处理			

其他需要说明的事项

合作方名称/姓名		统一社会信用代码/身份证号码	
是否为社区或单位内部设立的组织		其他需要说明的事项	
慈善组织经办人		经办人联系电话	

A.6 慈善楷模申报表

第十一届“中华慈善奖”慈善楷模申报表

一、候选楷模基本信息

候选楷模基本信息（个人或团队）	
姓名：	性别：
国籍：	民族：
籍贯：	出生日期：
工作单位：	工作职务：
联系人姓名：	联系人职务：
联系人电话：	联系人手机：
联系人电子邮箱：	
联系人通信地址：	
候选楷模基本信息（团体）	
团体名称：	国籍：
联系人姓名：	联系人职务：
联系人电话：	联系人手机：
联系人电子邮箱：	
联系人通信地址：	

二、捐赠和志愿服务信息

个人投身慈善活动的年限________年						
2017 年至 2019 年捐赠额____万元　其中：捐赠现金及有价证券____万元 捐赠物资折价____万元						
历年累计捐赠总额____万元　其中：捐赠现金及有价证券____万元 捐赠物资折价____万元						
2017 年至 2019 年志愿服务时间 __________小时　历年累计志愿服务时间 __________小时						
捐赠时间	捐赠现金和有价证券（万元）	捐赠物资折价（万元）	接收方名称	捐赠用途或项目名称	是否减免税	凭证编号

填报说明：

1. 捐赠时间范围为 2017 年 1 月 1 日—2019 年 12 月 31 日；捐赠日期格式按照此样例：2017－11－21。
2. 表内所有价值量均以人民币计量，按标明计量单位填写。外币依据当时汇率折换成人民币。
3. 捐赠用途或项目名称：填写其中一项即可。
4. 是否减免税：请根据候选楷模捐赠的实际情况从“全部减免税”“部分减免税”“全部未减免税”“不详”中选一进行填写。
5. 此表可根据需要加页。
6. 若候选楷模没有年度捐赠信息，可不用填写此部分。

三、慈善行为明细

时间	开展慈善活动内容	慈善效果	证明人	证明人联系方式

填报说明： 1. 慈善行为时间范围为2017年1月1日至今；日期格式按照此样例：2017－11－21。 2. 请简略说明慈善活动内容及慈善效果，字数控制在100字以内。 3. 证明人及联系方式可填写候选楷模所开展慈善活动的负责人及联系方式。 4. 此表可根据需要加页。

四、主要贡献事迹及所获荣誉

主要慈善贡献及事迹（1. 文字简练、重点突出，不超过2000字；2. 有故事情节的需详述；3. 可从候选楷模慈善行为的持续性、影响力、贡献度、推广性、专业性、创新性、公信力等方面介绍；4. 可根据内容自行加页。）
所获主要荣誉（按照时间由近及远的顺序填写；如2017年至今，曾获各级政府颁发的慈善奖项，请列明所获奖项和颁奖部门）
相关新闻报道链接（报道链接不超过10条，此表可根据实际情况自行加页或另附文件。）

五、推荐单位评语

注：字数控制在500字之内。

六、证明材料清单

1. 必须提供：楷模照片及参加慈善活动照片均不少于5张。照片材料请提供JPEG格式，单张照片大于1M；曾获的各级政府慈善奖证明材料。 2. 可选提供：媒体报道材料、慈善奖以外的荣誉证明、相关音像资料（光盘或视频文件）等。 3. 候选楷模若填写了捐赠明细，请提供相关的捐赠证明，含捐赠票据、捐赠合同、捐赠协议书。 4. 证明材料应邮寄并在线上传压缩包。上传的压缩包分别按照“候选楷模＋名字”＋“照片”或“捐赠凭证”或“其他材料”命名打包上传。

七、在单位内部公示情况

包括公示时间、公示范围、公示结果等情况。

八、承诺

本人自愿参加“中华慈善奖”评选，保证所提供材料真实、准确。 签名： 日期：	本单位承诺对所推荐材料的真实性负责。 推荐单位（公章）： 日期： 联系人： 联系电话：

A. 7 慈善项目和慈善信托申报表

第十一届"中华慈善奖"慈善项目和慈善信托申报表

一、基本信息

<table>
<tr><th colspan="2">候选慈善项目、慈善信托基本信息</th></tr>
<tr><td colspan="2">慈善项目、慈善信托名称：</td></tr>
<tr><td>申报单位名称：</td><td>申报单位地域：</td></tr>
<tr><td colspan="2">受托人（慈善信托填写）：</td></tr>
<tr><td colspan="2">申报单位性质（请在对应的选项中划"√"，单选）：
□ 社会组织 □ 企业 □ 事业单位 □ 政府 □ 人民团体
□ 其他 ________（请注明）</td></tr>
<tr><td colspan="2">合作单位名称：</td></tr>
<tr><td colspan="2">实施地域：</td></tr>
<tr><td>2017 至 2019 年度项目（慈善信托）支出（万元）：</td><td>历年累计支出（万元）：</td></tr>
<tr><td>项目（信托）持续时间：________年</td><td>慈善项目筹集资金规模（万元）：</td></tr>
<tr><td>慈善信托初始规模（万元）：</td><td>慈善信托最新规模（万元）：</td></tr>
<tr><td colspan="2">慈善项目（慈善信托）简介（字数不超过 500 字）：</td></tr>
<tr><td colspan="2">项目（慈善信托）所属领域：（请在对应的选项中划"√"，可多选）
□ 扶贫济困 □ 教育 □ 医疗 □ 科技 □ 文化 □ 体育 □ 人权 □ 社区发展
□ 国际交流 □ 志愿服务 □ 人类服务 □ 生态环境 □ 宗教事务
□ 民族发展 □ 就业服务 □ 法律援助 □ 公用事业 □ 人口与性别
□ 减灾与救灾 □ 公益慈善行业发展 □ 其他 ________（请注明）</td></tr>
<tr><td colspan="2">项目（慈善信托）受益对象：（请在对应的选项中划"√"，可多选）
□ 儿童 □ 妇女 □ 青年 □ 农民 □ 老人 □ 劳工 □ 灾民
□ 残疾人 □ 少数民族 □ 失业人口 □ 流动人口 □ 退转军人
□ 艾滋病感染者 □ 精神病患者 □ 职业病患者 □ 服刑人员及其家属
□ 其他 ________（请注明）</td></tr>
<tr><td colspan="2">项目网址：</td></tr>
<tr><th colspan="2">联系人信息</th></tr>
<tr><td>联系人姓名：</td><td>联系人职务：</td></tr>
<tr><td>联系人电话：</td><td>联系人手机：</td></tr>
<tr><td>联系人传真：</td><td>联系人邮编：</td></tr>
<tr><td colspan="2">联系人电子邮箱：</td></tr>
<tr><td colspan="2">联系人通信地址：</td></tr>
</table>

二、慈善项目(信托)介绍

项目(信托)详述(可从目标、活动领域、影响力、贡献度、创新性、持续性、透明度、资金规模等多方面介绍,慈善信托还可从慈善信托结构设计、信托当事人等方面介绍,字数不超过 2000 字)
所获主要荣誉(按照时间由近及远的顺序填写;如 2017 年至今,曾获各级政府颁发的慈善奖项,请列明所获奖项和主办部门)
相关新闻报道链接(报道链接不超过 10 条,此表可根据实际情况自行加页或另附文件。)

三、推荐单位评语

注:字数控制在 500 字之内。

四、证明材料清单

1. 必须提供:慈善项目材料,含项目书、项目总结报告、项目评估报告、项目执行机构宣传册、项目财务报告及捐赠人评价材料等(复印件或扫描件)。慈善信托需提供信托文件、备案文件和定期报告、宣传资料等。
2. 必须提供:有关照片和 Logo。其中,照片不少于 5 张,格式为 JPEG 格式,单张照片大于 1M;Logo 请提供矢量图格式。
3. 可选提供:社会公众评价材料、表彰证明、媒体报道、所获荣誉、音像资料(光盘或视频文件)等。
4. 证明材料应邮寄并在线上传压缩包。上传的压缩包分别按照“候选项目(信托)+名称”+“项目(信托)材料”或“照片视频”或“其他材料”命名打包上传。

五、在单位内部公示情况

包括公示时间、公示范围、公示结果等情况。

六、承诺

本慈善项目(信托)自愿参加“中华慈善奖”评选,保证所提供材料真实、准确。 签名或公章: 日期:	本单位承诺对所推荐材料的真实性负责。 推荐单位(公章): 日期: 联系人: 联系电话:

A.8 捐赠个人申报表

第十一届“中华慈善奖”捐赠个人申报表

一、候选人基本信息

候选人基本信息	
姓名:	性别:
国籍:	籍贯:
民族:	学历:
出生日期:	所属行业:
工作单位:	工作职务:
联系人信息	
联系人姓名:	联系人职务:
联系人电话:	联系人手机:
联系人传真:	联系人邮编:
联系电子邮箱:	
联系人通信地址:	
注:1. 出生日期请按照此样例:2017－11－21。 2. 国籍请填写候选人的国家身份,如候选人是外籍人士则不用填写籍贯一栏。 3. 联系人是必须可直接联系到候选人本人。	

二、个人捐赠信息

2017年至2019年捐赠总额________万元 其中:捐赠现金______万元　有价证券______万元　捐赠物资折价______万元 股权折价______万元						
参与慈善事业年限____________年 历年累计捐赠总额____________万元 其中:捐赠现金______万元　有价证券______万元　捐赠物资折价______万元 股权折价______万元						
是否参与慈善信托 □是________________________________(请填写主要内容)　□否						
捐赠时间	捐赠现金(万元)	其他方式捐赠(万元)	接收方名称	捐赠用途或项目名称	是否减免税	凭证编号
填报说明: 1. 捐赠时间范围为2017年1月1日—2019年12月31日;捐赠日期格式按照此样例:2017－11－21。 2. 表内所有价值量均以人民币计量,按标明计量单位填写。外币依据当时汇率折换成人民币。 3. 捐赠用途或项目名称:填写其中一项即可。 4. 是否减免税:请根据候选人捐赠的实际情况从“全部减免税”“部分减免税”“全部未减免税”“不详”中选一进行填写。 5. 此表可根据需要加页。						

三、主要贡献事迹及主要荣誉

主要慈善贡献及事迹(1. 文字简练、重点突出,字数不超过2000字;2. 有故事情节的需详述;3. 可从候选个人的捐赠额度、持续性、公信力、捐赠方式创新等方面介绍;4. 可根据内容自行加页)
所获主要荣誉(按照时间由近及远的顺序填写;如2017年至今,曾获各级政府颁发的慈善奖项,请列明所获奖项和主办部门)
相关媒体报道链接(报道链接不超过10条,此表可根据实际情况自行加页或另附文件。)

四、推荐单位评语

注:字数控制在500字之内。

五、证明材料清单

1. 必须提供:个人捐赠凭证,含捐赠收据、捐赠合同、捐赠协议书(复印件或扫描件)。 2. 必须提供:个人照片及参加慈善活动照片均不少于5张。照片材料请提供JPEG格式,单张照片大于1M。 3. 可选提供:表彰证明、媒体报道、音像资料(光盘或视频文件)、所获荣誉及所属企业社会责任报告等。 4. 证明材料应邮寄并在线上传压缩包。上传的压缩包分别按照"候选个人+姓名"+"捐赠凭证"或"照片""其他材料"命名打包上传。

六、在单位内部公示情况

包括公示时间、公示范围、公示结果等情况。

七、承诺

本人自愿参加"中华慈善奖"评选,保证所提供材料真实、准确。 签名: 日期:	本单位承诺对所推荐材料的真实性负责。 推荐单位(公章): 日期: 联系人: 联系电话:

A.9 捐赠企业申报表

第十一届“中华慈善奖”捐赠企业申报表

一、候选企业基本信息

<table>
<tr><th colspan="2">候选企业基本信息</th></tr>
<tr><td colspan="2">企业名称：</td></tr>
<tr><td colspan="2">企业性质：(请在相对应的选项中划“√”，单选)
☐ 国有及国有控股企业 ☐ 民营企业 ☐ 港澳台及外资企业 ☐ 其他 ________(请注明)</td></tr>
<tr><td colspan="2">企业总部所在省份和城市(外资企业请填写企业总部所在国家和城市)：</td></tr>
<tr><td colspan="2">所属行业：(请在对应的选项中划“√”，可多选)
☐ 教育 ☐ 采矿业 ☐ 制造业 ☐ 建筑业 ☐ 金融业
☐ 房地产业 ☐ 国际组织 ☐ 农林牧渔业 ☐ 批发零售业 ☐ 住宿餐饮业
☐ 租赁和商务服务业 ☐ 文化、体育和娱乐业 ☐ 公共管理和社会组织
☐ 居民服务和其他服务业 ☐ 交通运输、仓储和邮政业 ☐ 水利、环境和公共设施管理业
☐ 卫生、社会保障和社会福利业 ☐ 信息传输、计算机服务和软件业
☐ 电力、燃气及水的生产和供应业 ☐ 科学研究、技术服务和地质勘查业</td></tr>
<tr><td colspan="2">员工规模：(请在相对应的选项中划“√”，单选)
☐ 500 人以下 ☐ 501 人—1000 人 ☐ 1001 人—2000 人 ☐ 2001 人—5000 人 ☐5000 人以上</td></tr>
<tr><td>企业法人代表：</td><td>法人代表工作职务：</td></tr>
<tr><td>上一年度企业利润(万元)：</td><td>企业网址：</td></tr>
<tr><th colspan="2">企业联系人信息</th></tr>
<tr><td>联系人姓名：</td><td>联系人职务：</td></tr>
<tr><td>联系人电话：</td><td>联系人手机：</td></tr>
<tr><td>联系人传真：</td><td>联系人邮编：</td></tr>
<tr><td colspan="2">联系人电子邮箱：</td></tr>
<tr><td colspan="2">联系人通信地址：</td></tr>
</table>

二、企业捐赠和志愿服务信息

<table>
<tr><td colspan="7">2017 年至 2019 年捐赠总额________万元
其中：捐赠现金及有价证券_____万元 捐赠物资折价__________万元</td></tr>
<tr><td colspan="7">历年累计捐赠总额__________万元
其中：捐赠现金及有价证券__________万元 捐赠物资折价__________万元</td></tr>
<tr><td colspan="7">2017 年至 2019 年企业志愿服务__________人次 志愿服务时间_________小时</td></tr>
<tr><td>捐赠时间</td><td>捐赠现金和有价证券(万元)</td><td>捐赠物资折价(万元)</td><td>接收方名称</td><td>捐赠用途或项目名称</td><td>是否减免税</td><td>凭证编号</td></tr>
<tr><td></td><td></td><td></td><td></td><td></td><td></td><td></td></tr>
<tr><td></td><td></td><td></td><td></td><td></td><td></td><td></td></tr>
</table>

注：
1. 捐赠时间范围为 2017 年 1 月 1 日—2019 年 12 月 31 日；捐赠日期格式按照此样例：2017 - 11 - 21。
2. 表内所有价值量均以人民币计量，按标明计量单位填写。外币依据当时汇率折换成人民币。
3. 捐赠用途或项目名称：填写其中一项即可。
4. 是否减免税：请根据候选企业捐赠的实际情况从“全部减免税”“部分减免税”“全部未减免税”“不详”中选一进行填写。
5. 此表可根据需要加页。

三、企业慈善战略和行为

企业参与慈善事业年限__________年
企业是否有企业社会责任部门（CSR 部门）： · 有企业责任部门（CSR 部门） · 没有专属部门，属________________部门分管（请填写名称）
企业是否成立非公募基金会： □ 是 ____________________________（请填写名称和规模） □ 否
企业是否设立专项基金： □ 是 ____________________________（请填写名称和规模） □ 否
企业与慈善组织合作开展慈善活动简要情况 ____
企业发挥其优势和特长，支持慈善活动简要情况____

四、主要贡献事迹及近三年内所获荣誉

主要慈善贡献及事迹（1. 文字简练、重点突出，字数不超过 2000 字；2. 有故事情节的需详述；3. 可从候选企业的捐赠额度、慈善专业度、持续性、员工参与度等方面介绍；4. 可根据内容自行加页。）
所获主要荣誉（按照时间由近及远的顺序填写；如 2017 至今，曾获各级政府颁发的慈善奖项，请列明所获奖项和主办部门）
相关新闻报道链接（报道链接不超过 10 条，此表可根据实际情况自行加页或另附文件。）

五、推荐单位评语

注：字数控制在500字之内。

六、证明材料清单

1. 必须提供：企业捐赠凭证，含捐赠收据、捐赠合同、捐赠协议书（复印件或扫描件）。 2. 必须提供：企业照片和企业Logo。其中，企业照片不少于5张，格式为JPEG格式，单张照片大于1M；企业Logo请提供矢量图格式。 3. 可选提供：媒体报道、所获荣誉、企业近年社会责任报告或可持续发展报告、慈善战略规划或慈善捐赠和活动相关文案、媒体报道材料 、相关音像资料（光盘或视频文件）等。 4. 证明材料应邮寄并在线上传压缩包。上传的压缩包分别按照“候选企业＋名称”＋“捐赠凭证”或“照片视频”或“其他材料”命名打包上传。

七、在单位内部公示情况

包括公示时间、公示范围、公示结果等情况。

八、承诺

本企业自愿参加“中华慈善奖”评选，保证所提供材料真实、准确。 公章： 日期：	本单位承诺对所推荐材料的真实性负责。 推荐单位（公章）： 日期： 联系人： 联系电话：

参考文献

[1]民政部关于印发新修订《中华慈善奖评选表彰办法》的通知(民发〔2019〕81号).2019年8月19日

[2]《中华人民共和国慈善法》(中华人民共和国主席令第43号).2016年3月16日

[3]《慈善组织公开募捐管理办法》(中华人民共和国民政部令第59号).2016年8月31日

[4]《慈善组织认定办法》(中华人民共和国民政部令第58号).2016年8月31日

[5]《基金会管理条例》(中华人民共和国国务院令第400号).2004年3月8日

[6]《慈善组织信息公开办法》(中华人民共和国民政部令第61号).2018年8月16日

JMGC

民 政 部 金 民 工 程 标 准

JMGC/YW 432—2020

基层政权建设和社区治理业务流程

2020－12－30 发布　　2020－12－30 实施

民政部信息中心 发布

目　次

前　言

本文件按照 GB/T 1.1—2020《标准化工作导则 第1部分:标准化文件的结构和起草规则》的规定起草。

请注意本文件的某些内容可能涉及专利。本文件的发布机构不承担识别专利的责任。

本文件由民政部信息中心提出并归口。

本文件起草单位:民政部信息中心、民政部基层政权建设和社区治理司、深圳市永兴元科技股份有限公司。

本文件主要起草人:王兴玲、荆方明、杨天荣、李永新、张军秀、谷峰帅、陈冲、李杨、魏衍平、聂宇思、杨紫清。

基层政权建设和社区治理业务流程

1 范围

本文件规定了金民工程项目中基层政权建设和社区治理信息系统的业务流程。

本文件适用于金民工程项目中基层政权建设和社区治理信息系统建设。

2 规范性引用文件

下列文件中的内容通过文中的规范性引用而构成本文件必不可少的条款。其中,注日期的引用文件,仅该日期对应的版本适用于本文件;不注日期的引用文件,其最新版本(包括所有的修改单)适用于本文件。

JMGC/YW 428 基层政权建设和社区治理业务术语

3 术语和定义

JMGC/YW 428 界定的术语和定义适用于本文件。

4 村(居)民委员会赋码流程

4.1 村(居)民委员会赋码对象

村(居)民委员会。

4.2 申请条件

依法设立的村(居)民委员会。

4.3 提交材料

a)村(居)民委员会基础信息;

b)村(居)民委员会成员信息。

4.4 村(居)民委员会赋码流程图

村(居)民委员会赋码流程见图1。

4.4.1 赋码申请

乡镇(街道)级民政管理部门提交村(居)民委员会赋码申请,需在村(居)民委员会设立后30日内提出申请。

4.4.2 赋码审核

区(县)级民政管理部门对赋码申请进行审核,符合赋码条件的申请提交到民政部,不符合

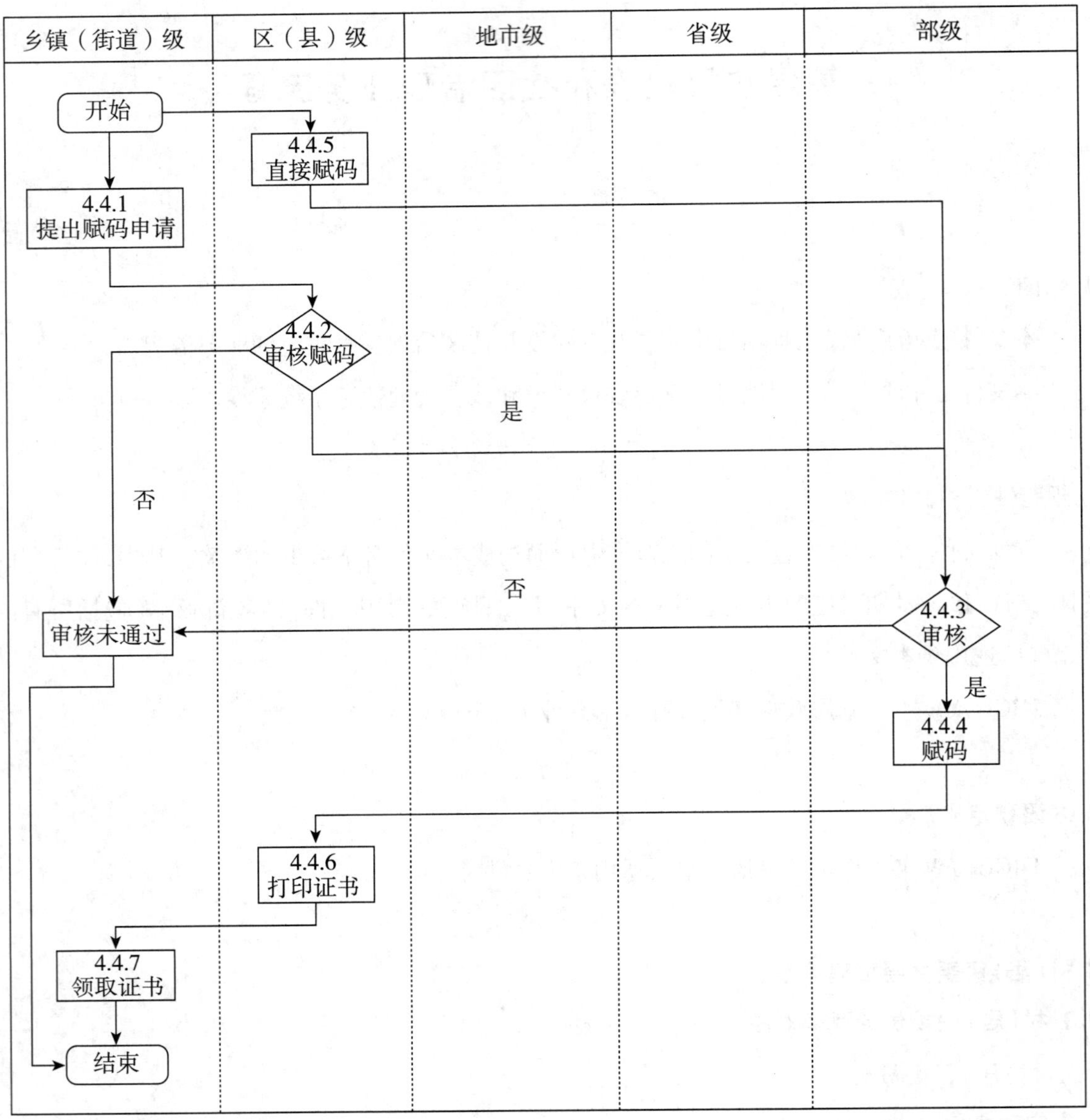

图1　村(居)民委员会赋码流程

赋码条件则退回重新申请。

4.4.3 部级审核

由系统对赋码申请信息、格式进行验证,符合赋码条件提交国家代码中心进行赋码,不符合条件则退回重新申请。

4.4.4 代码中心赋码

国家代码中心进行赋码。

4.4.5 直接赋码

区(县)级民政管理部门直接提交村(居)民委员会赋码申请到民政部,村(居)民委员会设立后30日内完成。

4.4.6 打印证书

区(县)级民政管理部门打印纸质《基层群众性自治组织特别法人统一社会信用代码证书》。

4.4.7 领取证书

村(居)民委员会领取纸质《基层群众性自治组织特别法人统一社会信用代码证书》。

4.5 流程结果

村(居)民委员会赋码成功,取得《基层群众性自治组织特别法人统一社会信用代码证书》。

5 村(居)民委员会赋码变更流程

5.1 村(居)民委员会赋码变更对象

村(居)民委员会。

5.2 变更条件

村(居)民委员会统一社会信用代码证书有效期限、法人、地址、行政区划等信息变更。

5.3 提交材料

a)村(居)民委员会变更后信息;

b)原《基层群众性自治组织特别法人统一社会信用代码证书》信息。

5.4 村(居)民委员会赋码变更流程图

村(居)民委员会赋码变更流程见图2。

5.4.1 赋码变更申请

乡镇(街道)级民政管理部门提交村(居)民委员会赋码变更申请,村(居)民委员会信息变更后30日内完成。

5.4.2 赋码变更审核

区(县)级民政管理部门进行审核,符合赋码变更条件的申请提交民政部,不符合赋码变更条件的则退回重新申请。

5.4.3 部级审核

由系统对赋码变更申请信息和格式进行验证,符合赋码变更条件提交国家代码中心进行赋码变更,不符合条件则退回重新申请。

5.4.4 代码中心赋码变更

由国家代码中心进行赋码变更。

5.4.5 直接变更

区(县)级民政管理部门直接提交村(居)民委员会赋码变更申请到民政部,村(居)民委员会信息变更后30日内完成。

5.4.6 打印证书

区(县)级民政管理部门打印纸质《基层群众性自治组织特别法人统一社会信用代码证书》。

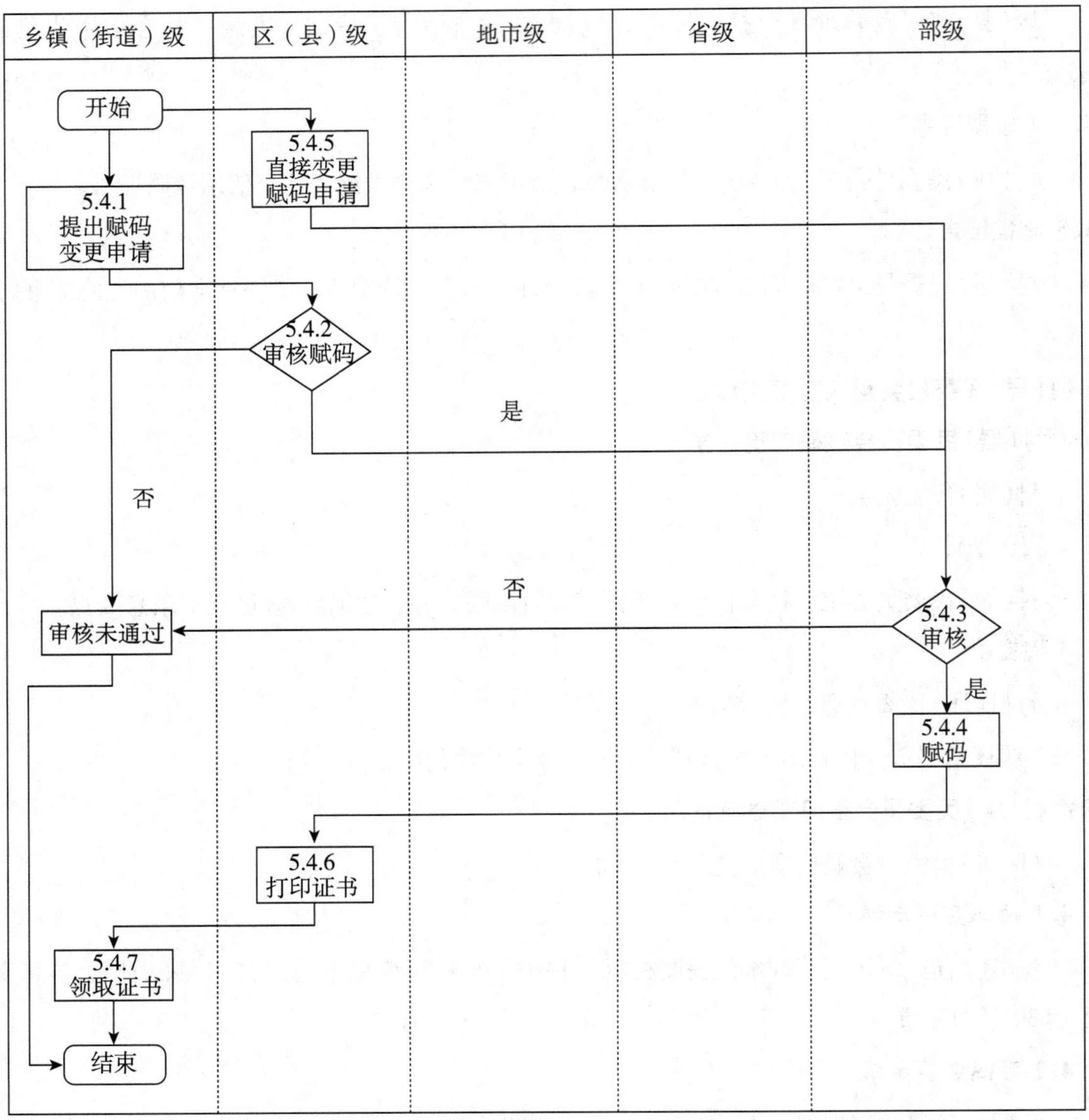

图2　村(居)民委员会赋码变更流程

5.4.7 领取证书

村(居)民委员会领取纸质《基层群众性自治组织特别法人统一社会信用代码证书》。

5.5 变更结果

村(居)民委员会变更新的《基层群众性自治组织特别法人统一社会信用代码证书》。

6 村(居)民委员会赋码撤销流程

6.1 撤销流程对象

村(居)民委员会。

6.2 撤销条件

依法撤销的村(居)民委员会。

6.3 变更材料

依法撤销证明。

6.4 村(居)民委员会赋码撤销流程图

村(居)民委员会赋码撤销流程见图3。

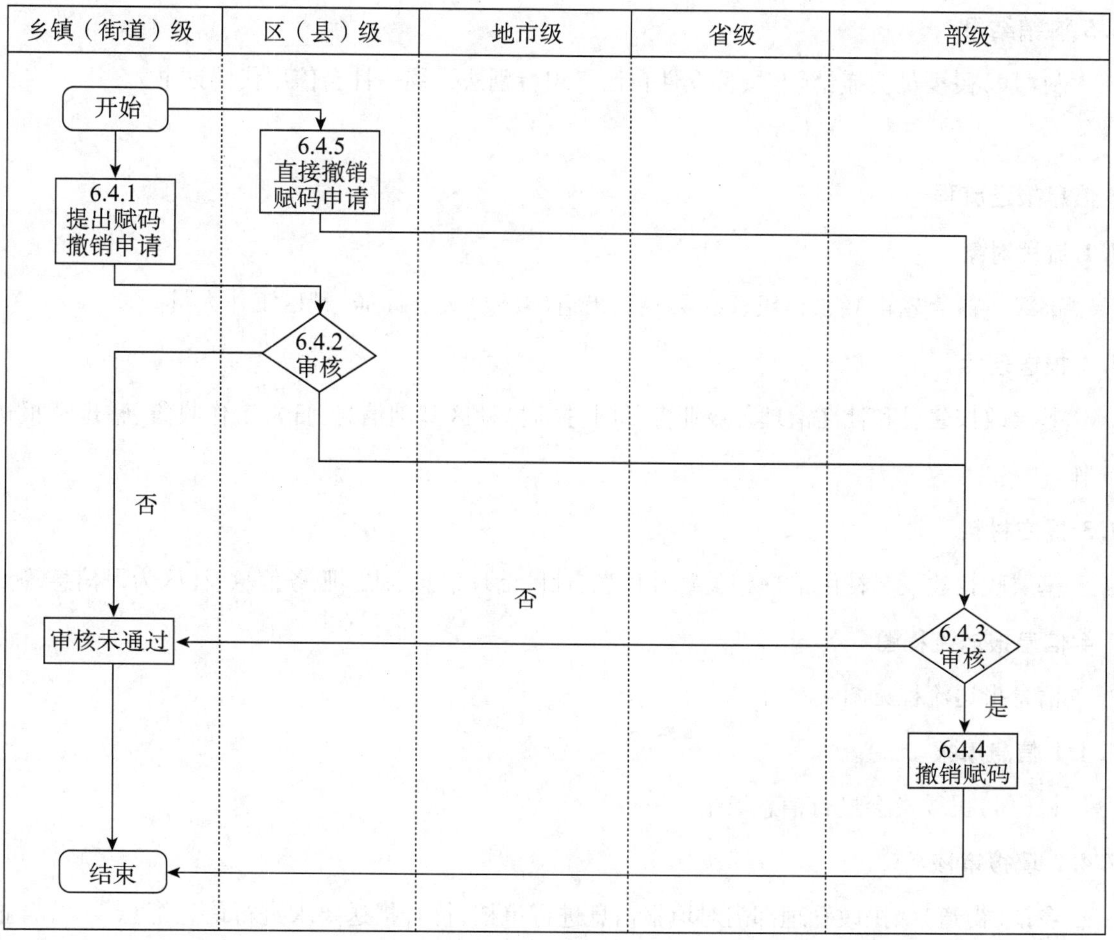

图3 村(居)民委员会赋码撤销流程

6.4.1 赋码撤销申请

乡镇(街道)级民政管理部门提交村(居)民委员会赋码撤销申请,村(居)民委员会撤销后30日内完成。

6.4.2 赋码撤销审核

区(县)级民政管理部门进行审核,符合赋码撤销条件的撤销申请提交到民政部,不符合赋码撤销条件则退回重新申请。

6.4.3 部级审核

由系统对赋码撤销申请信息和格式进行验证,符合赋码撤销条件提交国家代码中心进行赋码撤销,不符合条件退回重新申请。

6.4.4 代码中心赋码撤销

国家代码中心进行赋码撤销。

6.4.5 直接撤销

区(县)级民政管理部门直接提交村(居)民委员会赋码撤销申请到民政部,村(居)民委员会撤销后30日内完成。

6.5 撤销结果

村(居)民委员会撤销《基层群众性自治组织特别法人统一社会信用代码证书》。

7 信息报送流程

7.1 流程对象

部级、省(直辖市)级、市级、区(县)级、街道(乡镇)级、村(居)社区工作人员。

7.2 报送条件

基层政权建设和社区治理各级业务部门村(居)社区基础信息,日常工作收集、整理和报送工作。

7.3 提交材料

基层政权建设和社区治理相关基础信息、社区治理信息、社区服务信息、社区为民信息等。

7.4 信息报送流程图

信息报送流程见图4。

7.4.1 信息填报

村(居)民委员会进行信息填报。

7.4.2 填报审核

乡镇(街道)级民政管理部门对填报信息进行审核,符合报送要求进行信息汇总,不符合报送要求则退回重新上报。

7.4.3 信息汇总

乡镇(街道)级民政管理部门对上报信息进行汇总,汇总后提交到区(县)级民政管理部门。

7.4.4 区(县)级审核

区(县)级民政管理部门对上报信息进行审核,符合报送要求的数据进行信息汇总,不符合报送要求的则退回重新上报。

7.4.5 信息汇总

区(县)级民政管理部门对上报数据进行信息汇总,汇总后提交地市级民政管理部门。

7.4.6 地市级审核

地市级民政管理部门对上报数据进行审核,符合报送要求的数据进行信息汇总,不符合报送要求则退回重新上报。

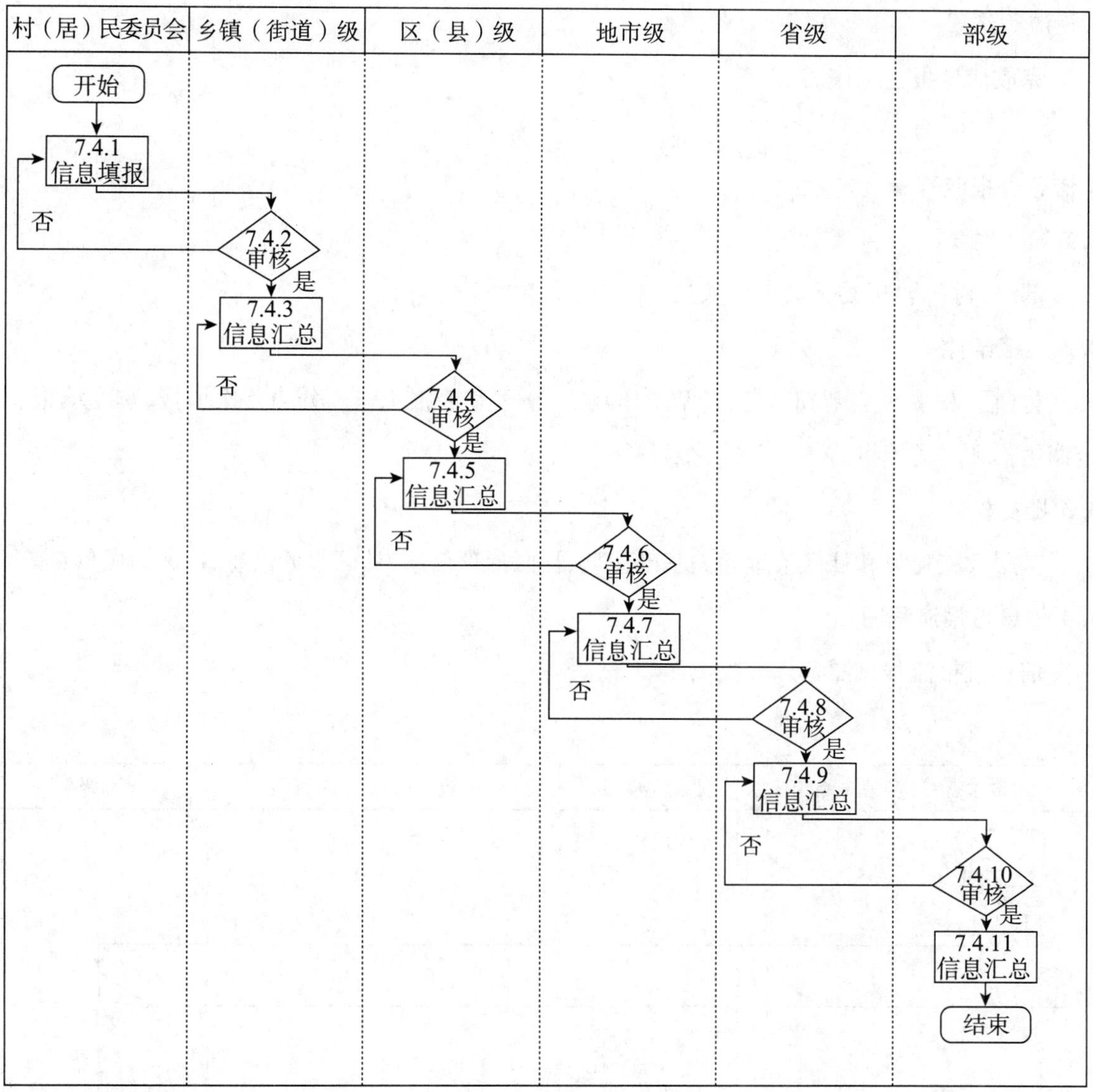

图 4　信息报送流程

7.4.7 信息汇总

地市级民政管理部门对上报数据进行信息汇总，提交省级民政管理部门。

7.4.8 省级审核

省级民政管理部门进行审核，符合报送要求进行信息汇总，不符合报送要求则退回重新上报。

7.4.9 信息汇总

省级民政管理部门对上报数据进行信息汇总，提交民政部。

7.4.10 部级审核

民政部进行填报审核，符合报送要求的信息进行信息汇总，不符合报送要求的则退回重新上报。

7.4.11 信息汇总

民政部对上报数据进行信息汇总。

7.5 流程结果

完成信息报送工作。

8 信息直报流程

8.1 流程对象

部级、村(居)民委员会工作人员。

8.2 上报条件

村(居)民委员会基础信息,日常工作收集、整理和上报工作。分为首次填报、季度填报、不定期填报和专题填报。

8.3 提交材料

基层政权建设和社区治理相关基础信息、社区治理信息、社区服务信息、社区为民信息等。

8.4 信息直报流程图

信息直报流程见图5。

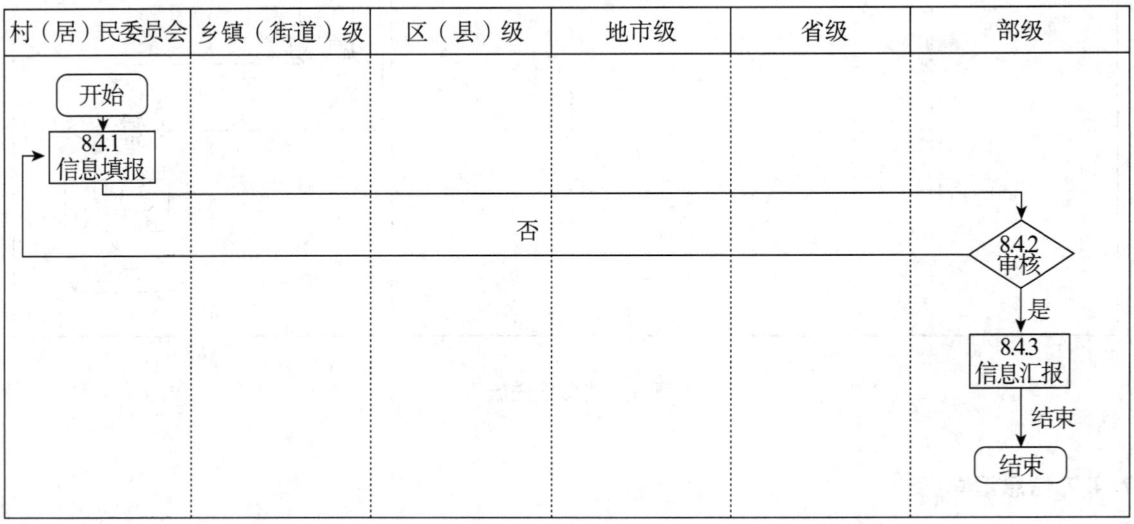

图5 信息直报流程

8.4.1 信息填报

村(居)民委员会进行信息填报(首次填报、季度填报、不定期填报和专题填报)。

8.4.2 部级审核

民政部对上报信息进行审核,符合报送要求的数据进行信息汇总,不符合报送要求则退回重新上报。

8.4.3 信息汇总

民政部对审核通过信息进行信息汇总。

8.5 流程结果

完成信息直报工作。

9 村(居)民委员会换届选举流程

9.1 流程对象

街道(乡镇)级民政管理部门、村(居)民委员会、选民、民众。

9.2 换届选举条件

a)村(居)民委员会任期结束,满足换届选举条件;

b)乡镇(街道)成立换届选举机构、村(居)成立换届选举委员会。

9.3 村(居)民委员会换届选举流程图

村(居)民委员会换届选举流程见图6。

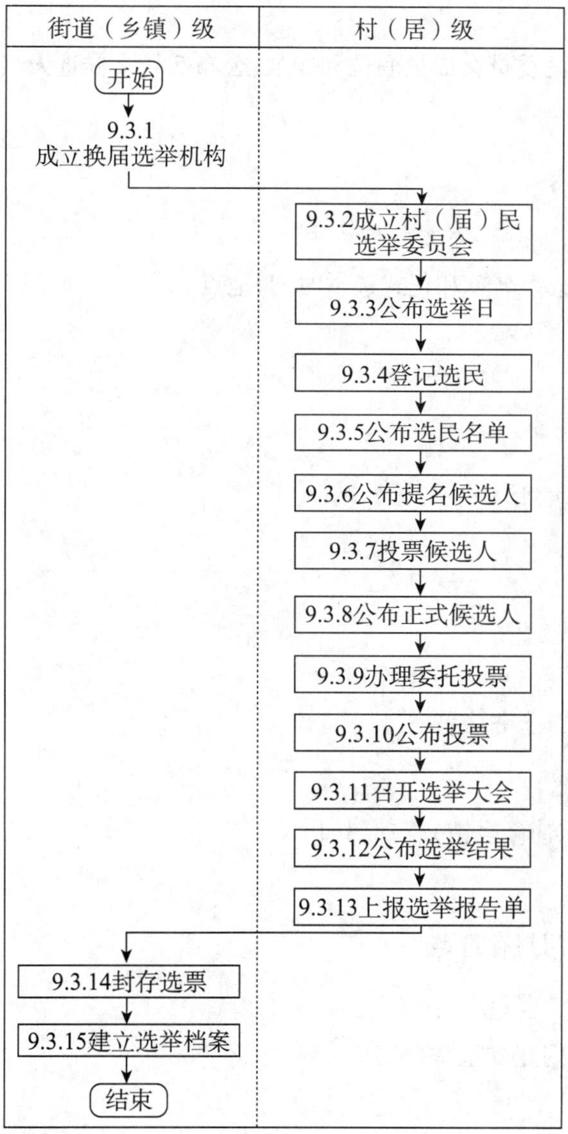

图6 村(居)民委会换届选举流程

9.3.1 成立机构

街道(乡镇)级成立换届选举机构,开展经济责任审计、调查摸底、制订工作方案、动员部署、培训和宣传工作。

9.3.2 成立委员会

村(居)级成立换届选举委员会,公布1号公告选举委员会成员名单。

9.3.3 公布选举日

公布2号公告选举日和登记选民日。

9.3.4 登记选民

登记选民。

9.3.5 公布选民名单

公布3号文选民名单。

9.3.6 公布提名候选人

公布4号文村(居)民委员会成员职位和职数,公布5号文候选人名单。

9.3.7 投票

投票确定正式候选人。

9.3.8 公布正式候选人

公布6号文正式候选人名单和正式选举时间、地点。

9.3.9 委托投票

办理委托投票。

9.3.10 公布投票

公布7号文委托投票情况。

9.3.11 召开选举大会

召开换届选举大会。

9.3.12 公布选举结果

公布8号文正式换届选举结果。

9.3.13 上报选举名单

上报选举报告单至街道(乡镇)管理部门。

9.3.14 封存选票

街道(乡镇)管理部门封存选票。

9.3.15 建档

街道(乡镇)管理部门建立选举档案。

9.4 流程结果

村(居)民委员会换届选举完成。

参考文献

[1]《民政部关于在全国推进城市社区建设的意见》

[2]《中华人民共和国城市居民委员会组织法》(2018 修正)

[3]《中华人民共和国村民委员会组织法》(2018 修正)

[4]国务院办公厅关于印发《社区服务体系建设规划(2011—2015 年)》的通知

[5]民政部等 16 部门关于印发《城乡社区服务体系建设规划(2016—2020 年)》的通知

[6]中共中央 国务院印发《乡村振兴战略规划(2018—2022 年)》的通知

[7]民政部办公厅关于做好基层群众性自治组织特别法人统一社会信用代码赋码工作的通知

JMGC

民 政 部 金 民 工 程 标 准

JMGC/YW 433—2020

“互联网+社区”技术规范

2020-12-30 发布　　2020-12-30 实施

民政部信息中心 发布

目　次

前　言

本文件按照 GB/T 1.1—2020《标准化工作导则 第 1 部分:标准化文件的结构和起草规则》的规定起草。

请注意本文件的某些内容可能涉及专利。本文件的发布机构不承担识别专利的责任。

本文件由民政部信息中心提出并归口。

本文件主要起草单位:民政部信息中心、民政部基层政权建设和社区治理司、民政部慈善事业促进和社会工作司、深圳市永兴元科技股份有限公司。

本文件主要起草人:王兴玲、荆方明、杨天荣、高洪山、邹健、谷峰帅、陈冲、李杨、魏衍平、聂宇思、杨紫清。

“互联网+社区”技术规范

1 范围

本文件规定了金民工程项目中通过互联网技术开展社区治理和社区服务的建设内容。

本文件适用于金民工程项目中“互联网+社区”内容建设。

2 规范性引用文件

下列文件中的内容通过文中的规范性引用而构成本文件必不可少的条款。其中,注日期的引用文件,仅该日期对应的版本适用于本文件;不注日期的引用文件,其最新版本(包括所有的修改单)适用于本文件。

JMGC/YW 428 基层政权建设和社区治理业务术语

3 术语和定义

JMGC/YW 428 界定的术语和定义适用于本文件。

4 “互联网+社区”建设内容

4.1 整体描述

依托互联网应用现代信息和通信技术,将社区治理与服务进行集成,实现社区治理与服务模式的优化重组,充分利用各类信息资源,向社区居民提供方便快捷、规范和透明的服务。

4.2 互联网+社区治理

4.2.1 强化居民自治

依托互联网技术进一步完善了群众自治制度,增进各方面主体的沟通与协商,促进了基层群众的民主治理。应借助互联网技术搭建社区自治平台,让居民参与利益表达和公共决策。“互联网+”可以有效推动简政放权,把社区居委会从长期以来的行政体制中解脱出来,真正实现自我管理、自我服务、自我教育、自我监督,释放出本我活力,实现政社分开。

4.2.2 队伍管理

4.2.2.1 业务概述

依托互联网技术对城乡社区工作者进行统一管理,实时掌握社区工作人员组成情况,根据社区工作内容和进度作出工作调整,为各级民政部门工作计划安排提供数据支撑。

4.2.2.2 队伍类型

村(社区)党组织成员、村(居)委会成员、村(社区)专职工作人员、乡镇(街道)派驻人员、社区网格员、社区公益岗位、村(居)务监督委员会成员和村(居)民小组长等。

4.2.2.3 主要功能

对城乡社区工作者基础信息、薪酬信息、社保信息和合同信息等进行管理和统计。

4.2.3 社区组织管理

4.2.3.1 业务概述

依托互联网技术对社区组织进行统一管理,实时掌握社区组织和成员情况,根据社区工作内容和进度对社区组织工作安排进行调整,为各级民政部门工作计划安排提供数据支撑。

4.2.3.2 社区组织类型

党组织、村(居)民委员会、群团组织、村(居)务监督组织、社区社会组织、集体经济组织、物业服务企业、业主委员会等。

4.2.3.3 主要功能

对社区组织基础信息和成员信息进行管理和统计。

4.2.4 村(居)民委员会换届在线选举

4.2.4.1 业务概述

村、社区换届选举委员会发布选举公告,选民通过 App、公众号或小程序等移动终端,进行基层信息登记并采集面部信息,通过信息确认的选民需进行在线公示。村(居)民委员会换届选举开始后,选民在规定时间,通过 App、公众号或小程序等移动终端进行人脸识别身份验证,通过验证获取投票资格,开始在线不记名投票,投票结果实时公示。

4.2.4.2 选举发布

乡镇(街道)管理部门组织村(居)成立村、社区换届选举委员会,发布村(居)民委员会换届选举公告,公告内容包括:选举时间、选举地点和选举方式等信息。

4.2.4.3 选民登记

具备选举资格的选民通过 App、公众号或小程序等移动终端,填报个人基本信息并采集面部信息,通过身份认证完成选民登记。

4.2.4.4 候选人登记

村(居)民换届选举委员会确定候选人,完成候选人信息登记并公示。

4.2.4.5 在线选举

选民在规定时间,通过 App、公众号或小程序等移动终端进行人脸识别身份验证,通过验证获取投票资格,开始在线不记名投票,投票结果实时公示。

4.2.4.6 当选人管理

通过在线投票产生当选人,对当选人信息进行登记管理。

4.2.4.7 选举公示

选举过程中需要公示内容(选民信息、候选人信息、选举结果等),通过网站、App、公众号或小程序等门户进行公示。

4.2.4.8 选举档案管理

对村(居)民委员会换届选举档案进行电子化归档和管理。

4.2.5 召开民主协商和民主决策视频会议

4.2.5.1 业务概述

城乡社区工作者、社区民众通过视频会议的方式召开民主协商和民主决策会议,并记录会议议程和纪要。

4.2.5.2 会议管理

城乡社区工作者发布民主协商和民主决策视频会议,通过网站、App、公众号、小程序和短信等方式将会议议程通知参会人员,会议发布人(主持人)可变更、撤销会议。

4.2.5.3 会议纪要

会议过程通过视频录像、语音识别形成电子化的会议纪要。

4.2.5.4 结果公示

民主协商、民主决策会议结果通过网站、App、公众号、小程序等方式向民众公示。

4.3 "互联网+社区"服务

4.3.1 优化社区服务

通过互联网技术优化社区服务,实现"互联网+党务、互联网+政务、互联网+公共服务"等,创新社区党建工作模式,增强党员和居民的在线互动;方便居民的问询、办证、登记等政务需求,压缩简化工作流程,提升服务效能;互联网具备社交属性,通过"互联网+社交",搭建社交平台,如社区网站、社区微信群或者社区App,有效汇集社区民意,充分进行公共讨论,强化社区文化建设,促进社区民主和居民自治。社区各种大型活动的宣传动员,社区法制宣传、娱乐团队的组建等,通过网络空间广泛快捷地汇聚民意,更利于增强社区政务信息的透明度,达成共识。通过建立虚拟空间,增强情感共振,提供"零距离"邻里服务,加强居民随时随地的互动,利于培育公共精神,加强社区文化共同体建设,增强居民的幸福感、归属感。将医疗、养老、教育、环保等公共资源进行充分整合,形成公共信息资源库,实现大数据采集、分析、利用和共享,节约人力资源。

4.3.2 社区服务设施管理

4.3.2.1 业务概述

依托互联网技术对社区服务设施进行统一管理,实时掌握社区服务设施情况,为各级民政部门工作计划安排提供数据支撑。

4.3.2.2 社区服务设施类型

主要包括社区指导中心、社区服务中心和社区服务站。

4.3.2.3 主要功能

对社区服务设施基础信息、职能信息进行管理和统计。

4.3.3 社区服务机构管理

4.3.3.1 业务概述

依托互联网技术对社区服务机构进行统一管理，实时掌握社区服务机构和成员情况，根据社区工作内容和进度对社区服务机构工作安排进行调整，为各级民政部门工作计划安排提供数据支撑。

4.3.3.2 社区组织类型

主要包括社区服务指导中心、社区服务站、社区服务中心、社区服务企业、社区服务类社会组织等。

4.3.3.3 主要功能

对社区服务机构基础信息和成员信息进行管理和统计。

4.3.4 社区办事服务

4.3.4.1 业务概述

依托互联网技术面向社区居民提供法律宣传服务、咨询查询服务、代理预约服务和受理办理服务。

4.3.4.2 法律宣传服务

依托互联网技术整合律师、公证、法律援助工作者、基层法律工作者和法律服务志愿者等法律服务资源，开展社区一站式法律服务工作，使社区居民不出社区就能享受到高效优质的法律服务。

4.3.4.3 咨询查询服务

依托互联网技术提供社区公共服务事项的咨询服务并记录咨询内容；提供基层政权建设、社区治理和服务等相关政策法规、文件信息咨询查询服务。

4.3.4.4 代理预约服务

依托互联网技术为社区民众提供社区服务事项的代理和预约服务。

4.3.4.5 受理办理服务

依托互联网技术搭建社区统一受理平台，实现“前台一口受理、后台分工协同”的服务功能。

4.3.5 便民服务

4.3.5.1 社区医疗服务

4.3.5.1.1 业务概述

通过社区医疗的信息化手段为社区居民提供医疗咨询、自检诊断、送药上门等服务，构建居民的健康档案，提升社区医疗水平。

4.3.5.1.2 远程医疗

通过在社区设置健康自检体验设备，社区居民自助式的健康自检（可包括血压、血氧、骨密度等多种指数），并通过网络将居民的自检数据推送给医疗专家，供医生参考和诊断，从而为社区民众提供远程医疗服务管理。

4.3.5.1.3 移动医疗

通过手机App应用，实现居民与家庭医生的沟通，居民可通过App进行诊疗档案、健康指标调阅，与家庭医生进行在线沟通，进行社区医院排队挂号，还可通过后台数据库进行心理和生理健康预检。

4.3.5.2 居家养老服务

4.3.5.2.1 业务概述

通过信息化手段为老年人提供远程看护、上门服务、安全预警等居家养老服务。重点是面向居家养老模式提供信息服务，构建感知、服务、调度的三级服务体系，通过智能感知实现对老人信息的智能采集分析、也可通过服务呼叫终端触发服务请求，由调度中心调度社区服务机构向行动不便、走失、紧急求助的老人（尤其是独居老人）提供快速、畅通、安心的紧急求助服务，提升为老服务水平。

4.3.5.2.2 健康预警服务

通过老人随身携带、固定安装的物联感知设备随时检测老人生命体征情况，一旦出现异常，系统即时收到预警信息并进行提示（语音、短信等），社区工作人员及时和当事人、当事人的亲属、社区服务人员或相关医疗机构进行联系，以提供及时的医疗救助。

4.3.5.2.3 失智失能老人实时看护

采用心电背心、带传感器的尿裤、定位呼叫手表等智能设备对失智失能老人进行24小时实时监护，提升该人群的生活品质。

4.3.5.2.4 服务呼叫

通过在电视终端等让老人选择家政服务、订餐服务、购物服务等，让老人足不出户请求其需要的服务。

4.3.5.3 在线教育培训服务

4.3.5.3.1 业务概述

民政各级管理部门对城乡社区工作者组织教育培训、制定培训课程和录制培训课件，依托教育培训平台，为城乡社区工作者提供教育培训资源。

4.3.5.3.2 培训管理

民政管理部门组织城乡社区工作者开展线上教育培训工作，内容包括：主办单位、培训主题、培训范围、培训时间、培训反馈和培训建议等信息。

4.3.5.3.3 课件管理

录制完成的培训课件上传至教育培训平台，各级管理员可对培训课件进行新增、修改和删除操作。

4.3.5.3.4 培训学习

城乡社区工作者可通过网站、App、公众号、小程序完成培训课件的学习。

4.3.5.3.5 课时管理

城乡社区工作者在线完成培训，教育培训平台实时记录培训课时。

4.3.6 志愿服务

4.3.6.1 业务概述

利用信息化手段，对社区志愿者信息、志愿服务活动、志愿服务队伍进行全面管理，详细记录志愿者的所有档案信息和活动信息，为社区民众、社区志愿者和志愿服务队伍提供志愿服务的供需平台。

4.3.6.2 志愿者信息管理

社区志愿者注册、登记，主要记录包括志愿者基础信息、志愿者服务记录等。

4.3.6.3 志愿服务队伍管理

社区志愿服务队伍注册和管理，主要用于队伍基础信息，所属村(居)民委员会、成员信息和活动相关信息管理。

4.3.6.4 志愿服务项目管理

志愿服务项目发布、实施，主要用于记录志愿服务项目活动信息，包括活动内容、活动时间、活动地点、活动费用等信息。

参考文献

[1]《民政部关于在全国推进城市社区建设的意见》

[2]《中华人民共和国城市居民委员会组织法》(2018 修正)

[3]《中华人民共和国村民委员会组织法》(2018 修正)

[4]《城乡社区服务体系建设规划(2016—2020 年)》

[5]《乡村振兴战略规划(2018—2022 年)》

[6]《社区服务体系建设规划(2011—2015 年)》

[7]《民政部办公厅关于做好基层政权建设和社区治理数据维护有关工作的通知》

[8]《关于推进社区公共服务综合信息平台建设的指导意见》

JMGC

民　政　部　金　民　工　程　标　准

JMGC/YW 434—2020

城乡社区信息化建设规范

2020－12－30 发布　　　　2020－12－30 实施

民政部信息中心 发布

目　　次

前　言

本文件按照 GB/T 1.1—2020《标准化工作导则 第1部分:标准化文件的结构和起草规则》的规定起草。

请注意本文件的某些内容可能涉及专利。本文件的发布机构不承担识别专利的责任。

本文件由民政部信息中心提出并归口。

本文件主要起草单位:民政部信息中心、民政部基层政权建设和社区治理司、深圳市永兴元科技股份有限公司。

本文件主要起草人:王兴玲、荆方明、杨天荣、孙宝印、李晶晶、谷峰帅、陈冲、李杨、魏衍平、聂宇思、杨紫清。

城乡社区信息化建设规范

1 范围

本文件对城乡社区信息化建设,包括基层政权建设、社区治理与服务、安全与运维保障等方面,提出了相应的规范和要求。

本文件适用于城乡社区信息化建设。

2 规范性引用文件

下列文件中的内容通过文中的规范性引用而构成本文件必不可少的条款。其中,注日期的引用文件,仅该日期对应的版本适用于本文件;不注日期的引用文件,其最新版本(包括所有的修改单)适用于本文件。

GB/T 18578 城市地理信息系统设计规范

GB/T 21740 基础地理信息城市数据库建设规范

GB/T 22239 信息安全技术 网络安全等级保护基本要求

GB/T 28827.1 信息技术服务 运行维护 第1部分:通用要求

GB/T 29245 信息安全技术 政府部门信息安全管理基本要求

GB/Z 29830 信息技术 安全技术 信息技术安全保障框架

GB/T 36626 信息安全技术 信息系统安全运维管理指南

GB/T 37024 信息安全技术 物联网感知层网关安全技术要求

GB/T 37095 信息安全技术 办公信息系统安全基本技术要求

GB/T 37931 信息安全技术 Web应用安全监测系统安全技术要求和测试评价方法

MZ/T 053—2014 社区公共服务综合信息平台基本规范

JMGC/YW 428 基层政权建设和社区治理业务术语

3 术语和定义

MZ/T 053—2014、JMGC/YW 428 界定的以及以下术语和定义适用于本文件。

3.1 基层政权建设

3.1.1 社区

聚居在一定地域范围内的人们所组成的社会生活共同体。

[来源:MZ/T 053—2014,2.1]

3.1.2 居民委员会

居民自我管理、自我教育、自我服务的基层群众性自治组织。

3.1.3 村民委员会

村民自我管理、自我教育、自我服务的基层群众性自治组织,实行民主选举、民主决策、民主管理、民主监督。

3.1.4 基层政权

设在最低一级行政区域内的国家政权。

注:我国的基层政权包括农村基层政权和城市基层政权两部分。按照宪法和地方组织法的规定,在农村,是指乡、民族乡、镇一级;在城市,是指不设区的市、市辖区一级。

3.1.5 乡镇人民政府

我国最基层的行政机构。

3.1.6 街道办事处

我国乡级行政区街道的管理机构。

3.2 社区治理和服务

3.2.1 社区治理

在社区范围内,各类组织和个人依据相关法律法规和社会规范参与社区公共事务和公益事业、有序解决社区居民的合理需求、促进社区和谐有序的活动过程和活动总和。

3.2.2 社区服务

以社区为基本单元,以各类社区服务设施为依托,以社区全体居民、驻社区单位为对象,以公共服务、志愿服务、便民利民服务为主要内容,以满足社区居民生活需求、提高社区居民生活质量为目标,党委统一领导、政府主导支持、社会多元参与的服务网络及运行机制。

3.2.3 社区服务机构

提供国家基本公共服务的基础平台。

注:旨在聚合政府各部门延伸到城乡社区的服务事项和服务资源,为社区居民提供项目齐全、标准统一、便捷高效的城乡社区公共服务,以适应政府简政放权、放管结合、优化服务的要求。

3.2.4 社区工作者

包括社区党组织成员、社区居民委员会成员和社区专职人员。

3.2.5 公共服务

建立在一定社会共识基础上,由政府主导提供的,与经济社会发展水平和阶段相适应,旨在保障全体公民生存和发展基本需求的服务。

[来源:MZ/T 053—2014,2.2]

3.2.6 社区公共服务

基层人民政府及其派出机关面向社区居民提供的保障基本民生需求的公共教育、劳动就业服务、社会保障、基本社会服务、医疗卫生、人口和计划生育、住房保障、公共文化体育等领域的基本公共服务。

[来源:MZ/T 053—2014,2.3]

3.2.7 社区志愿服务

个人自愿用自身的时间、技能等资源,在社区为居民和社区慈善事业、公益事业提供帮助或服务的行为。

3.2.8 社区综合服务设施

社区指导中心、社区服务中心和社区服务站。

3.2.9 社区信息化

应用信息化技术,对社区范围及与之相关的管理和服务信息进行开发和利用的过程。

4 总体架构

4.1 架构总述

依托信息化手段和标准化建设,整合城乡社区资源,开展社区治理、社区服务和为民服务等方面的城乡社区信息化建设工作,在社区范围内为政府、村(居)民委员会、居民和包括企业在内的各种组织和机构,搭建社区治理和服务平台,建立沟通服务渠道,从而使社区治理更加高效,社区服务更加优质。

城乡社区信息化建设总体架构由"业务应用层、应用支撑层、数据资源层、基础设施层、标准规范体系和安全保障体系"6 部分构成,总体架构如图 1 所示。

4.2 业务应用层

业务应用层是城乡社区信息化建设内容,包括社区治理、社区服务等业务系统建设。

4.3 应用支撑层

支撑层实现城乡社区信息化建设所需的基础性服务,主要包括以下内容:

a)安全管理方面包括:用户管理、身份认证、访问控制、日志监控等;

b)数据服务方面包括:数据采集、目录服务、交换服务、数据整合、报表服务、图表服务等;

c)交换服务功能方面包括:数据接口、服务接口;

d)系统功能方面包括:内容管理、信息检索、信息推送、统计分析、交互逻辑等,可根据城乡社区信息化建设需要构建更多的支撑服务。

4.4 数据资源层

数据资源层包括城乡社区信息化建设应用所涉及的村(居)社区信息、社区组织、城乡社区工作者、社区服务设施、社区服务机构、社区服务人才、楼栋、房屋、人口等各类基础数据库,社区治理、社区服务等专题数据库,用户、目录、权限等应用功能数据库和非结构化数据。

4.5 基层设施层

基础设施层包括主机、存储、网络、安全设备等一系列硬件设施和配套的操作系统、数据库、

图 1　城乡社区信息化建设总体架构

中间件等一系列软件工具，是支撑平台正常运行和服务的物理基础。

4.6 安全保障体系

安全保障体系是为了保护系统及其信息的保密性、完整性、可靠性和可用性，对系统物理安全、网络安全、数据安全、应用安全等方面提出的要求。

安全保障体系除满足本文件相关要求外，还应满足 GB/Z 29830、GB/T 22239、GB/T 29245 等标准相关要求。

4.7 运维保障体系

运维保障体系主要实现对整个系统的运维管理，应包括资产管理、日志管理、运维策略设置、设施异常监测、告警管理等方面的内容。

运维保障体系除满足本文件相关要求外，还应满足 GB/T 28827.1 与 GB/T 36626 等标准相关要求。

5 业务应用

5.1 社区治理

5.1.1 基础信息管理

村、社区基础信息包括但不限于以下内容:

a)居民信息管理:以自然人为主要对象,以人口数据库为基础,对社区居民人口信息进行统一管理,实现社区人口基础信息、扩展信息和专题信息的综合管理。

——居民基础信息管理:对社区户籍人口、常住人口和流动人口的基本信息进行管理,信息包括社会工作者采集的信息和相关部门共享的信息,旨在建立和维护用于在相关部门内共享的人口基本信息数据库;

——居民扩展信息管理:对社区户籍人口、常住人口和流动人口的扩展信息进行管理,是在人口基础信息管理的基础上,对与人口相关的计划生育、劳动保障、民政、公安、司法等扩展信息进行管理,为相关部门提供人口信息服务;

——居民专题信息管理:对社区户籍人口、常住人口和流动人口进行专题管理,是在人口基础信息管理和扩展信息管理的基础上,对与人口相关的专题信息进行管理。人口专题信息通常为非日常的、临时性或较长周期性的人口相关的所需信息,如人口普查专题信息。

b)楼宇房屋信息:根据社区治理工作"管房→管户→管人"的工作思路,结合实际管理楼宇房屋名称、类型、地址、地图坐标、房屋编码等信息,实现社区居民及户籍的管理和应用。

c)驻区单位信息:对社区辖区内的包括公共服务机构、公益服务机构和企业商业单位基本信息及其服务信息进行登记、管理和发布。

5.1.2 社区工作者管理

实现对城乡社区工作人员基本信息的统一管理和统计,包括人员基础信息、薪酬信息、社保信息、合同信息、工作情况、奖惩记录和培训记录等。

5.1.3 居民(人口)管理

以村、社区为单位,结合城乡社区信息化系统,以人口和房屋管理为主要内容,以社区治理为主要思路,以部门信息共享交换为主要支撑,实现对社区各类人口信息的动态采集、空间可视化、更新和维护,并通过对居民各类诉求的采集上报,保证数据录入的准确性,实现居民与政府的良性互动,形成实时、敏捷、长效管理机制,真正做到在遇到突发性公共事件时,社区"底数清、情况明"。包括但不限于以下要求:

a)人口基础信息管理:主动采集和部门共享交换相结合的方式,建立良性的人口数据动态采集更新机制;

b)常住人口管理:包括常住人口的户籍登记、暂住证/居住证办理、人口和房屋信息核实等业务;

c)流动人口管理:通过数据模型分析,对入住未登记、离开未注销的流动人口进行智能发现,实时推送社区民警进行核实核准;

d)重点人口管理:对重点人员进行重点关注,定期向社区民警推送重点关注人员的活动轨迹,另外通过数据建模分析,对重点人员的异常行为进行智能发现,及时预警,并推送社区民警进行核查;

e)社区可视化管理:将社区、网格、楼栋等信息进行多维度可视化展现,方便工作人员快速定位楼栋房间,实现对人口的精细化管理;

f)移动终端管理:将人口基础信息管理、常住人口管理、流动人口管理等基础数据维护工作扩展到移动终端上,方便网格巡查员走街入户、发现问题、上报工作,实时维护基础数据、执行任务。

5.1.4 社区社会组织管理

实现社区社会组织基础信息和成员信息管理。包括但不限于以下要求:

a)社区社会组织类型:主要包括党组织、村(居)民委员会、群团组织、村(居)务监督组织、社区社会组织、集体经济组织、物业服务企业、业主委员会等;

b)社区社会组织管理内容:主要包括组织名称、类型、负责人、职责和成员信息等。

5.1.5 党建管理

以社区治理为主要思路,建立健全党员管理(党员信息、认岗和联户等)和党组织管理(党组织信息、分类和定级等),提升党建工作效率和质量,规范党内日常管理,实现党干管理同步,为社区党建工作打造一个先进的技术平台、高效的工作平台。包括但不限于以下要求:

a)党员管理:对正式党员、预备党员、入党积极分子等管理;

b)党员认岗:明确党员在社区中担任的职位,并对其工作情况进行考核;

c)党员联户:确定党员负责服务的人员范围,体现党员为民服务的职能;

d)党组织管理:包括对党组织类型(如非公有制、公有制、事业单位等)、党组织层级(如党委、党工委、党支部等)的管理,以及对党组织结构层次和人员构成的管理。

5.1.6 特殊人群管理

城乡社区工作者对责任范围内特殊人群进行信息采集和管理,按要求对特殊人员信息、事件信息或管理服务行为进行收集、整理、核对并上报的过程。

特殊人群管理包含老年人管理、留守儿童管理、退休人员管理、残疾人管理、流动人口管理、重点人员管理等,其管理应符合下列要求:

a)根据服务人群应提供多渠道服务方式,包含但不限于:服务热线、服务网站、服务窗口、手持终端、上门服务等;

b)服务流程应支持多渠道办理和查询,流程要简单便捷。

5.1.7 治安管控

引入智能视频监控和智能分析技术,实现社区管辖范围内的小区、人员密集繁华街区、大型公共场所、繁华商业场所、集贸市场、公寓写字楼、旧货市场、文化娱乐场所、公园景区、地下空间场所等重点部位信息的综合管理和现场的实时监控，建设社区“一张图”，创新立体化社会治安防控体系，严密防范和惩治各类违法犯罪活动。

构建警民良性互动平台，公安部门利用各种信息传播途径及时向社区居民发布治安防范预警信息，结合居民和社区工作者对社情动态的采集、发布，补充公安社会动态信息来源，丰富公安情报线索，为案件侦破提供更多有价值线索。

运用区块链等先进信息技术手段搭建社区矫正系统，实现对刑满释放人、社区服刑人、吸毒重点人、精神病人、犯罪青少年和其他重点人等各类重点人群信息上链监控管理，与检察、公安、司法行政等部门建立互通平台。

5.1.8 网格化治理

社区治理通过建设网格化治理模式，实现应用支撑、数据服务、数据资源的互联互通，达到社区治理及时服务、数据共享更新和对资源管理分析的目的，为社区治理决策提供支撑。

紧扣管理和服务两大类应用，以网格力量共治为基础，以科技信息化手段为支撑，以网格化服务管理中心为枢纽，以部门协同联动为保障，最大限度推动社会治理向末端延伸，做到在网格内第一时间感知防范社会风险，第一时间发现处置矛盾问题，第一时间了解相应群众诉求，排除互斥和不合作的“碎片化社区模式”，有效实现社区服务管理扁平化、精细化、智能化、高效化，打造共建共享共治的“整体型社区模式”。

网格化治理对管辖区域进行网格划分、网格内事件分拨处理，包括但不限于：

a）基础网格的划分应以管理方便、管理对象集中、管理界限清晰、管理模式适度及地理布局合理等作为主要考虑因素；

b）系统应有效地从网格中进行信息采集，对网格内的人、事、物、情等信息统一形成事件进行智能分拨处理；

c）应实行网格管理员、社区民警、环境监督员、民事调解员和物业管理员等多种类专人负责的服务管理模式。

5.1.9 财务管理

社区人财物管理：对社区财务、资产进行统一管理。

a）社区财务管理：实现对社区财务信息的统一管理，包括预算、核算、收入、支出和财务报表的管理；

b）社区资产管理；实现对社区资产信息的统一管理，包括对社区所有资产的采购、登记入库、申领使用、报废等资产生命周期过程的管理。

5.1.10 台账管理

对社区各类各种台账进行信息化管理，在日常活动中自动形成电子台账，并能够根据需要灵活分类，减轻社区台账准备的工作量。

5.1.11 任务管理

对社区各类工作任务或活动进行信息化管理，提高社区活动组织的能力和水平。

5.2 社区服务

5.2.1 服务设施管理

实现社区服务设施基础信息和成员信息管理。包括但不限于以下要求：

a)社区社会组织类型：主要包括社区指导中心、社区服务中心和社区服务站等；

b)社区社会组织管理内容：主要包括服务设施名称、类型、负责人、职责和成员信息等。

5.2.2 服务机构管理

实现社区服务机构基础信息和成员信息管理。包括但不限于以下要求：

a)社区服务机构类型：主要包括社区服务指导中心、社区服务站、社区服务中心、社区服务企业、社区服务类社会组织等；

b)社区服务机构管理内容：主要包括服务机构名称、类型、负责人、职责和成员信息等。

5.2.3 社区办事服务

5.2.3.1 法律宣传

基于社区服务平台，整合律师、公证、法律援助工作者、基层法律工作者和法律服务志愿者等法律服务资源，开展社区一站式法律服务工作，使社区居民不出社区就能享受到高效优质的法律服务。包括但不限于以下要求：

a)向社区居民宣传、普及法律常识和国家相关政策内容，增强社区居民法制观念；

b)对社区干部进行法律知识的培训，提高社区干部依法决策、依法管理的能力和水平，不断提高社区法制化管理水平，促进基层民主法制建设。

5.2.3.2 咨询查询

城乡社区信息化建设系统为社区民众提供咨询查询服务，包括但不限于以下要求：

a)提供社区公共服务事项的咨询服务并记录咨询内容；咨询内容包含问题、答复、咨询时间、咨询对象的基本信息等；城乡社区信息化建设系统通过知识库提供标准化的咨询案例，辅助窗口工作人员的咨询服务。

b)所有咨询内容进入城乡社区信息化建设系统的知识库，并按社区公共服务事项要素进行归类汇总。

c)综合信息平台提供对社区公共服务事项的多维度查询，包括关键字、分类、事项要素、办事条件等。

d)城乡社区信息化建设系统提供基于社区居民基本情况的社区公共服务匹配功能，基本情况包括性别、年龄、户籍类别、就业状况、婚姻状况和健康状况等。

e)城乡社区信息化建设系统提供基于身份证或社保卡等读卡设备查询办事结果的功能。

f)城乡社区信息化建设系统提供社区组织、社区服务设施、社区服务机构、社区服务人才和社区志愿服务等相关社区服务资源信息的咨询查询。

g)城乡社区信息化建设系统提供基层政权建设、社区治理和服务等相关政策法规、文件信息咨询查询。

5.2.3.3 代理预约

城乡社区信息化建设系统为社区民众提供代理预约服务,包括但不限于以下要求:

a)城乡社区信息化建设系统提供代理服务功能,记录代理人、代理时间、代理事项等信息;

b)城乡社区信息化建设系统提供预约服务功能,记录服务对象基本信息、预约事项、预约时间、联系方式等信息;

c)城乡社区信息化建设系统提供代理预约接口,客户端应用可通过代理预约接口获取相关的代理预约服务。

5.2.3.4 受理办理

城乡社区信息化建设系统为社区民众提供受理办理服务,包括但不限于以下要求:

a)城乡社区信息化建设系统根据权限提供“前台一口受理、后台分工协同”的服务功能;

b)城乡社区信息化建设系统提供标准化受理服务,受理服务记录服务对象个人基本信息、所收材料等内容;

c)城乡社区信息化建设系统提供辅助引导功能,为工作人员提供帮助,并通过读卡器或共享信息库提供信息采集辅助服务,避免重复录入工作,提高工作人员服务效率;

d)城乡社区信息化建设系统为服务对象提供回执单,回执单具备唯一的事务编号以及与事务编号对应的条形码或二维码,便于后续办事流程的协同整合、服务评价和信息公开;

e)城乡社区信息化建设系统为受理服务提供排队叫号集成;

f)城乡社区信息化建设系统提供不同层次的信息系统对接功能,比如基于单点登录的业务系统跳转对接和基于数据接口的系统对接;

g)城乡社区信息化建设系统提供即时评价和事后评价功能,评价结果和工作人员的绩效相关联。

5.2.4 便民服务

5.2.4.1 家政服务

家政服务相关应用服务应满足但不限于以下要求:

a)家政服务应包括但不限于日常家居清洁、家电清洗、新居开荒、家具养护、管道疏通等项目;

b)应向社区居民提供移动端或 PC 端应用,社区居民可在线浏览家政服务点信息,选择相应的家政服务项目,提交家政服务订单;

c)家政服务公司可通过移动端或 PC 端应用在线接单,上门服务。

5.2.4.2 出行服务

出行服务相关应用服务应满足但不限于以下要求:

a)出行服务应包括但不限于公交路线及实时公交查询、地铁线路查询及共享单车查询和使用等功能；

b)应向社区居民提供移动端或 PC 端应用,社区居民可查询公交线路、地铁线路及共享单车。

5.2.4.3 社区医疗

社区医疗应用建设包括社区健康服务系统、紧急救助报警系统、健康小屋和预约挂号系统内容。应用服务应满足但不限于以下要求：

a)搭建社区健康服务系统,提供日常健康服务管理,配备基础健康检测功能,具备健康咨询和疾病防护宣传功能;提供健康应急管理;提供远程医疗和协同医疗;提供心理健康咨询服务和康复医疗服务。

b) 建设紧急救助报警系统。小区公共区域设置紧急求助按钮,以及与物管中心、控制中心的紧急通话装置;户内设置紧急求助报警,并能推送报警信息至紧急联系人或物业。

c) 建设健康小屋,通过信息化手段为社区居民提供免费体检、医疗咨询、自检诊断、送药上门等服务,构建居民健康档案,提升社区医疗水平。

d) 预约挂号系统,向社区居民提供移动端或 PC 端应用,提供在线预约挂号和查询记录等服务。

5.2.4.4 社区养老

社区养老相关应用服务应满足但不限于以下要求：

a)社区养老服务对象应包括空巢家庭老人、单身独居老人及子女合住老人；

b) 向社区老人监护人提供移动端或 PC 端应用,对社区老人在线完成相关居家养老服务；

c) 服务形式包括上门服务、日托服务等；

d) 服务内容包括但不限于安全预警、一键求助、远程看护、在线订餐、健康指导等;在提供基础服务的基础上,可以依据社区基础设施条件提供术后护理、心理咨询、法律咨询、安全预警等增值性服务。

5.2.4.5 社区文体

社区文体相关应用服务应满足但不限于以下要求：

加强社区内文化智能体验和线上服务功能,为公众提供数字图书馆、多媒体文化馆、数字娱乐体验馆、数字科普馆等公共数字文化体育场馆及设施服务,利用移动端或 PC 端应用随时随地提供演出、展览和门票优惠等信息服务。

5.2.4.6 教育培训

教育培训相关应用服务应满足但不限于以下要求：

a)设立社区教育培训服务点,提供面向社区居民的教育培训服务；

b)能使用移动端查询社区内教育培训服务点的基本信息；

c)能使用移动端进行在线查看相关培训项目信息,并发起在线预约。

5.2.4.7 生活缴费

生活缴费相关应用服务应满足但不限于以下要求:

a)向社区居民提供移动端或 PC 端应用,社区居民可在线进行生活缴费,包括水费、电费、燃气费、交通违章费用等;

b)社区居民可通过移动端或 PC 端应用查询缴费记录。

5.2.4.8 快递服务

快递服务相关应用服务应满足但不限于以下要求:

a)设立快递服务站点,具备快递储物、寄存、上门取件服务;

b)能通过移动端查询社区内快递服务点基本信息;

c)能使用移动终端查看物流信息并进行信息查询;

d)可使用移动终端进行快递发件预约。

5.2.5 互动交流服务

5.2.5.1 邻里互动

邻里互动相关应用服务应满足但不限于以下要求:

以社区生活场景为中心,构建用户与用户、用户与商家之间连接关系,打造线上线下一体化的社区生态平台,营造交往,交融,交心的人文氛围,构建"远亲不如近邻"的邻里场景,达到"邻里和谐"的终极目的。

5.2.5.2 投诉建议

投诉建议相关应用服务应满足但不限于以下要求:

a)向社区居民提供移动端或 PC 端应用,社区居民可在线反馈对于社区治理方面问题的投诉与建议内容;

b)社区居民可通过移动端或 PC 端应用,查看上报的投诉与建议记录及反馈情况;

c)物业管理员可通过移动端或 PC 端应用处理社区居民的投诉与建议,并进行反馈。

5.2.6 志愿服务管理

借助信息化手段,动员社会志愿服务资源,促成社会资源就近就便参与社区志愿服务,搭建上下联通、高效便捷、畅通无阻的服务模式,包括但不限于以下要求:

a)志愿者登记和管理:通过移动端 App 或公众号,注册登记为志愿者;

b)志愿服务活动组织:通过移动端 App 或公众号,发布志愿活动,招募活动成员;也可以查询附近要举行的志愿活动,申请加入;

c)志愿服务内容:志愿者可为社区居民提供志愿服务,服务内容包括义务维修服务、义务家教服务、法律援助、社区治安服务、医疗保健服务、社区教育服务、社区文体服务及社区环保服务等。

6 应用支撑

6.1 概述

应用支撑能力层为业务应用层提供能力支撑,提供基础管理应用功能,包括统一门户管理、用户管理、角色管理、组织管理、权限管理、资源管理、API 管理等。

6.2 统一门户

统一门户应包括但不限于以下要求:

a)应支持 B/S 架构;

b)应兼容 Chrome、IE 等主流浏览器;

c)应支持统一鉴权。

6.3 用户管理

用户管理应包括但不限于以下要求:

a)应支持对系统用户进行增、删、改、查;

b)新增用户信息应包括用户账号、登录密码、用户姓名、电话号码、有效期、超时时间、最大登录次数、用户角色等信息;

c)应支持按用户账号、用户姓名检索用户信息;

d)应支持对用户信息进行修改、删除;

e)应支持对用户登录密码进行重置。

6.4 角色管理

角色管理应包括但不限于以下要求:

a)支持角色的自定义管理,支持角色信息的增、删、改、查操作;

b)支持管理员用户自由添加系统角色,包括角色名称、角色描述等信息。

6.5 权限管理

权限管理应包括但不限于以下要求:

a)支持对角色分配功能权限;

b)支持对角色分配资源权限;

c)支持对角色分配 API 权限。

6.6 组织机构管理

组织机构管理应包括但不限于以下要求:

a)应实现对区域进行增、删、改、查操作功能;

b)组织机构信息应包括基本信息及扩展信息,基本信息包括组织机构编号、类型、名称等信息,扩展信息可按需扩展。

6.7 资源管理

资源管理应包括但不限于以下要求:

a)应包括数据资源管理和设备资源管理；

b)应支持对资源的增、删、改、查操作；

c)应支持提供数据 Excel 模板下载、Excel 导入功能。

6.8 API 管理

API 管理应包括但不限于以下要求：

a)应支持对 API 进行增、删、改、查管理；

b)应支持对 API 进行分组管理；

c)应支持对 API 授权管理；

d)应支持对 API 调用情况进行统计；

e)应支持对 API 访问流量进行控制；

f)应支持对 API 访问黑名单网络地址进行管理。

7 数据资源

7.1 社区基础信息数据库要求

7.1.1 概述

社区基础对象信息数据库应包括但不限于人口信息数据、建筑信息数据、房屋信息数据、法人单位信息数据、机动车信息数据、非机动车信息数据、群防群治力量信息数据、部件设施信息数据、地理信息数据、组织机构信息数据等数据。

7.1.2 居民(人口)信息数据

人口信息数据应符合以下要求：

a)人口信息应包括常住人口信息、流动人口信息及重点人口信息等；

b)常住人口和流动人口信息应包括人员身份信息、居住地址、户籍地址及人脸登记照片等信息；

c)重点人口信息应包括人员身份信息、居住地址、户籍地址、重点人口类别及人脸登记照片等信息；

d)应支持对常住人口、流动人口及重点人口进行标识管理；

e)应标识入库时间和数据来源信息；

f)应定期或实时对数据进行更新。

7.1.3 楼栋信息数据

楼栋信息数据应符合以下要求：

a)楼栋信息数据应包括楼栋基本信息及楼栋标准地址信息；

b)楼栋基本信息应包括楼栋编号、楼栋名称、平面位置、建造年代、建筑状态、使用年限、主要用途、结构类型、建筑层数、建筑高度、总建筑面积等信息；

c）楼栋标准地址信息应包括门牌号信息、地理坐标信息、所属区县信息、所属公安机构信息、所属街镇信息、所属社区信息、门牌号信息等；

d）应标识数据入库时间和数据来源信息；

e）应定期对数据进行更新。

7.1.4 房屋信息数据

房屋信息数据应符合以下要求：

a）房屋信息数据应包括房屋基本信息、房主基本信息以及历史居住人员信息；

b）房屋基本信息应包括建筑编号、房屋编号、区县公安机关、派出所、所属区县、所属街镇、所属社区、所属小区、楼栋名称、楼栋号、单元号、楼层号、室号、房屋地理坐标等信息；

c）房主基本信息应包括房主姓名、性别、证件类型、证件号码等信息；

d）历史居住人员信息包括居住人员姓名、性别、国籍、民族、籍贯、证件号码、证件类型、居住时间、离开时间等信息；

e）应标识数据入库时间和数据来源；

f）应定期或实时对数据进行更新。

7.1.5 法人单位信息数据

法人单位信息数据应符合以下要求：

a）应包括单位基本信息、单位标准地址信息、法人基本信息、单位员工信息、单位类别信息等属性；

b）应标识数据入库时间和数据来源；

c）应定期或实时对数据进行更新。

7.1.6 社区工作者信息数据

社区工作者信息数据应符合以下要求：

a）社区工作者应包括村（社区）党组织成员、村（居）委会成员、村（社区）专职工作人员、乡镇（街道）派驻人员、社区网格员、社区公益岗位、村（居）务监督委员会成员和村（居）民小组长等；

b）应包括编号、姓名、性别、身份证号、联系方式、所属村（居）民委员会等信息；

c）应定期或实时对数据进行更新。

7.1.7 社区组织信息数据

社区组织信息数据应符合以下要求：

a）应支持按省、市、区/县、街镇、村（居）民委员会分层分级管理；

b）应包括组织名称、组织类别，组织负责人、组织职责以及组织地理坐标等信息。

7.1.8 社区服务设施信息数据

社区服务设施信息数据应符合以下要求：

a)应支持按省、市、区/县、街镇、村(居)民委员会分层分级管理;

b)应包括社区服务设施名称、社区服务设施类别,社区服务设施负责人、社区服务设施职责以及社区服务设施地理坐标等信息。

7.1.9 社区服务机构信息数据

社区服务机构信息数据应符合以下要求:

a)应支持按省、市、区/县、街镇、村(居)民委员会分层分级管理;

b)应包括社区服务机构名称、社区服务机构类别,社区服务机构负责人、社区服务机构职责以及社区服务机构地理坐标等信息。

7.1.10 地理信息数据

地理信息数据应符合 GB/T 18578 及 GB/T 21740 等标准相关要求。

7.1.11 事件信息数据

事件信息数据应满足但不限于以下要求:

a)应包括市民热线上报事件信息、智能设备感知的事件信息及网格员上报等多种途径采集的社区事件信息等;

b)应主要包括事件基本信息和事件处置信息,事件基本信息应包括事件编号、事件名称、设备编号、事件类型、事件描述等属性;事件处置信息应包括处置状态、处置人、处置时间等属性。

7.1.12 其他信息数据

还应根据应用需要,通过多种采集方式,获取其他信息数据,包括政务服务信息数据、交通出行信息数据、生活缴费信息数据、综合执法信息数据、环境卫生信息数据、社区医疗信息数据、社区警务信息数据、社区商业信息数据等。

7.2 数据能力服务层技术要求

7.2.1 数据汇聚能力要求

数据汇聚能力应满足但不限于以下要求:

a)应具备视频数据、音频数据和图片数据等非结构化数据,以及结构化数据的接入能力;

b)应支持按国家标准、行业标准或地方标准对相关数据进行接入处理的能力;

c)应具备提供标准化 API 接口或按第三方非标准协议对相关数据进行接入的能力;

d)应具备设备对接、系统对接及数据文件导入等多种数据汇聚方式;

e)应能支持海量多源异构异网数据的接入能力。

7.2.2 数据存储能力要求

数据存储能力应满足但不限于以下要求:

a)应支持对视频数据、音频数据和图片数据等非结构化数据及结构化数据的存储的能力;

b)应支持分布式关系型数据库、分布式列式数据库、分布式图数据库、分布式文件系统等多种数据存储方式;

c)应采用国家密码管理局鉴定的密码算法,采用多重密钥保护机制对数据进行存储加密保护;

d)平台业务数据存储容量和性能应可靠,且支持水平扩展;应支持数据冗余多节点可靠存储,支持单节点故障业务不中断;

e)应提供数据的容错和高可用机制,包括数据的备份和快速恢复;

f)应支持对不同数据类型设置相应的存储策略,并自动执行存储策略。

7.2.3 数据治理能力要求

数据治理是指将数据作为资产管理而展开的一系列工作,是对数据的全生命周期管理,平台数据治理能力应满足但不限于以下要求:

a)应具备数据资源编目管理功能,支持对数据资源编目进行动态管理,包括编制、审核、发布等;

b)应支持对数据资源的分级分类管理;

c)应提供数据在各类业务应用中的使用情况监控,针对各类数据提供数据考核与管控,针对长期不使用数据可进行数据归档;

d)应提供数据质量定义、数据校验规则管理、数据质量检测及数据质量预警等功能;

e)应支持对静态和动态元数据进行管理,包括创建、存储、整合与控制等;

f)应支持对数据的产生、融合、流转,到消亡之间形成的关系进行跟踪,包括数据的归属性、多源性、可追溯性及层次性;

g)应支持对涉密数据进行脱敏处理;

h)应能自动监测数据资源的变化情况,对数据源中各信息表的数据量、每日增量和数据变化趋势等数据进行自动汇总统计;自动监测平台数据库相关索引、触发器状态及每类数据存储空间使用情况等数据库系统状态信息,定时发布监测结果,对出现的异常状态及时报警。

7.2.4 数据检索能力要求

数据检索能力应满足但不限于以下要求:

a)应支持结构化数据的精确检索和模糊检索;

b)应支持对文件的检索功能;

c)应支持以图搜图等智能检索功能,如以图搜脸、以图搜车等;

d)应支持全文检索功能;

e)应支持布尔逻辑运算、截词检索等检索技术;

f)应支持海量数据的极速检索能力;

g)应支持多用户并发检索能力。

7.2.5 数据分析能力要求

数据分析能力应满足但不限于以下要求:

a)应支持对视频数据及图片数据等非结构化智能分析处理能力,包括视频结构化处理,图片特征提取等;

b)应支持对结构化数据及非结构化图片数据进行比对分析能力;

c)应支持对数据进行统计分析功能,支持从多个维度对数据进行统计分析;

d)应支持对多维数据进行关联分析的能力,包括数据相关性分析和因果分析等;

e)应支持数据实时分析和离线分析等分析模式;

f)应支持数据批处理、流处理、图计算、内存计算等大数据处理框架;

g)应支持多层次的数据分析能力,包括描述性分析、诊断性分析、预测性分析、因果性分析等能力。

7.2.6 数据智能建模能力要求

数据智能建模能力应满足但不限于以下要求:

a)应利用数据挖掘技术,基于社区场景下的业务,建立常用的数据算法模型库;

b)应提供数据建模可视化的工具,实现对数据建模的可视化编排。

7.2.7 数据共享交换能力要求

数据共享交换能力应满足但不限于以下要求:

a)应优先遵循现行的标准制定数据共享交换规范,包括国家标准、行业标准、地方标准,如无现行标准,则应定义统一的数据共享交换接口;

b)应设定严格的注册认证与鉴权机制,确保数据共享交换的安全性;

c)应支持接口访问负载均衡、流量控制等机制;

d)应提供对外共享交换的数据目录管理功能;

e)应支持对数据共享交换 API 接口的异常状态进行监测;

f)应支持在多用户并发调用场景下,保持接口稳定性和可用性;

g)数据共享应遵循国家关于数据保护和个人隐私的法律法规以及相关部分指定的相关信息安全规章制度。

8 基础设施

8.1 通信网络设施

通信网络设施应满足但不限于如下要求:

a)应覆盖光纤通信网、4G/5G 移动通信网、低功耗广域网、广播电视网等网络设备及核心机房等多种通信网络基础设施;

b)网络带宽应能支持高清视频图像数据、图片数据、结构化数据等多维数据的高并发和低延时传输;

c)通信基础设施应明确网络架构具体组网方式,宜将光纤部署至房间,提供稳定的带宽需求。

8.2 计算存储设施

8.2.1 边缘计算节点

边缘计算节点是指能在网络边缘处执行计算、存储及提供应用服务的新型计算节点，边缘计算节点应满足但不限于如下要求：

a）应具有数据资源传送处理的双向性，数据可以是云服务的下行数据，也可以是智能感知设备、物联设备的上行数据；

b）应支持处理云计算资源下发的计算任务，也支持向云计算资源发出请求；

c）应集成本地存储和外扩存储功能，同时可分担计算需求，在物联网边缘节点实现数据优化、实时响应、敏捷连接、模型分析等功能；

d）应具备数据预测预警功能；

e）应具备一定的智能分析功能；

f）应具备标准化接口以及兼容多种通信方式；

g）应具备节点故障恢复能力，保障业务连续性。

8.2.2 本地计算存储设施

本地计算存储设施，可对边缘端计算存储能力进行补充，同时满足云端对本地数据的调用，本地计算存储设施应满足但不限于以下要求：

a）本地计算存储设施的建设应考虑需求和规模，选择与弱电机房合建或单独建立机房模式；

b）本地计算存储设施主要用于社区或街镇级别数据的存储和计算，包括视频图像数据、人脸图片数据、车辆图片数据以及一些物联感知结构化数据等，应满足一定周期的存储要求；

c）应具备故障恢复能力，保障业务连续性。

8.2.3 云计算资源

云计算资源承载海量数据信息的汇聚计算，可完成边缘计算节点及本地计算设施无法处理的数据计算任务，进行统一资源部署，提供强大的计算能力。云计算资源应主要考虑建设在省/市/区一级，为社区应用提供计算能力。云计算资源应满足但不限于以下要求：

a）应包括计算设施、存储设施和网络设施；

b）应提供实时交互与协作能力、提供配置和使用计算资源能力及提供传输连接和相关网络能力等；

c）应具备高可靠、高可用的分布式文件系统；

d）应具备支持容灾、备份、恢复、监控、迁移等功能的高可靠性高性能云数据库；

e）应支持根据实际业务需求和策略，经济地自动调整弹性计算资源；

f）应支持服务负载均衡能力；

g)应支持专有网络配置；

h)应支持海量日志数据采集、订阅与查询功能；

i)应支持业务实时监控能力；

j)应具备高可用的任务调度功能。

9 安全保障

应符合国家信息系统安全等级保护相关要求。

9.1 物理安全

城乡社区信息化建设系统物理安全应满足 GB/T 22239 中相关要求，同时应满足以下要求：

a)城乡社区信息化建设应遵照《网络安全审查办法》，维护国家安全；

b)城乡社区信息化建设所需设备（包括通用计算机、操作系统、办公软件）等，应遵循 GB/T 37095 相关要求；

c)城乡社区信息化建设中物联网感知层网关，宜遵循 GB/T 37024 相关要求；

d)城乡社区信息化建设所需密码设备，应采用国家密码管理局行政审批的品种和型号；

e)城乡社区信息化建设中所采用其他设备，应确保供应链安全。

9.2 网络安全

城乡社区信息化建设系统网络安全要求应满足 GB/T 22239 中相关要求，同时应满足以下要求：

a)非涉密信息系统网络及其他公共信息网络应实行逻辑隔离，对涉密信息系统与网络及其他公共信息网络应实行物理隔离；

b)涉及政府部门的网络边界防护应遵循 GB/T 29245 相关要求；

c)应对网络设备和安全事件进行监测、监控及审计；

d)涉及网络安全中使用的商用密码技术，应遵循国家密码管理部门相关规范标准。

9.3 数据安全

城乡社区信息化建设系统的数据安全应遵循国家相关法律、法规，同时应满足以下要求：

a)明确数据资产所有者以及最终责任人，经数据所有者授权，指定负责数据授权管理的责任人；

b)制定数据分类规则、数据管理策略，根据数据分类和管理策略对存储的数据进行分级保护；

c)应支持多种数据容灾备份方式，城乡社区信息化建设关键数据存储采用高安全性的数据备份保护机制；

d)应确保社区所有业务数据的处理与存储设备位于中国境内；

e)在跨部门、跨行业、跨系统数据交互时，防止高等级安全的数据信息向低等级的区域流动；

f)涉及涉密数据的管理,应遵循《中华人民共和国国家保密法》。

9.4 应用安全

城乡社区信息化建设应用系统应满足 GB/T 22239 相关要求,城乡社区信息化建设 web 应用、物联网终端应用应满足以下要求:

a)城乡社区信息化建设系统平台 web 应用可参照 GB/T 37931 相关要求,宜满足增强级要求;

b)物联网终端应用应遵循 GB/T 36951 相关要求。

10 运维保障

10.1 资产管理

资产管理应满足 GB/T 36626 相关要求,同时应满足以下要求:

a)系统所有资产应建立统一的标识;

b)系统所有资产应明确其所有权、使用权、运维权;

c)系统所有资产应建立管理台账,台账应至少覆盖从设备使用的全生命周期;

d)系统所有资产台账应具有明确的资产状态标记。

10.2 日志管理

日志管理应满足 GB/T 36626 相关要求,同时应满足以下要求:

a)系统应建立完备的运维日志体系;

b)运维日志应至少包含操作时间、操作者、操作类型等信息;

c)运维日志应根据用户的不同,设置不同的审计策略;

d)运维日志至少应包括主机系统日志、应用日志、数据库日志和平台日志。

10.3 运维策略

建立完善的运维策略体系,满足运维体系可管理、可维护、可扩展的要求。运维策略应满足 GB/T 28827.1 相关要求。运维策略制定、实施过程应满足 GB/T 36626 相关要求,同时运维策略应满足以下要求:

a)系统应建立完整、统一的运维策略体系;

b)系统应建立统一的运维策略标识;

c)系统的运维策略应至少涵盖主机、接口、资产、日志、备份、组织等方面要求,同时应涵盖安全策略要求。

11 建设原则

11.1 统筹规划,以应用服务为导向

始终围绕系统的应用需求,以方便用户使用为宗旨,推动城乡社区信息化平台整合,促进条

块联通，实现政务信息资源互认共享、多方利用。简化优化办事流程，推进线上线下融合，及时回应社会关切，提供渠道多样、简便易用的社区服务，切实发挥系统效能。

11.2 充分利用现有资源，加强集约化建设

充分利用已有的各类信息化资源，加强现有资源在新架构下的集成整合，根据业务需求，采用先进的标准化、可复用的组件化、平台化设计思路，能够运用组件化的平台灵活适应未来业务流程的变化，能够减少重复开发建设并方便后续功能调整和新业务拓展。应用系统组件化设计要做到无遗漏、高内聚和低耦合，有利于组件的单个维护和自由组合。保护已有投资，避免浪费。

11.3 协同发展，构建城乡社区信息化新格局

运用互联网思维，创新服务模式，构建“互联网＋民政服务”制度和机制保障体系，分级分类推进城乡社区信息化建设，构建村（居）、民众、机构共同参与、优势互补的城乡社区信息化服务新格局。

参考文献

[1]民政部关于在全国推进城市社区建设的意见

[2]《中华人民共和国城市居民委员会组织法》(2018 修正)

[3]《中华人民共和国村民委员会组织法》(2018 修正)

[4]民政部办公厅关于做好基层政权建设和社区治理数据维护有关工作的通知

[5]《关于推进社区公共服务综合信息平台建设的指导意见》

[6]国务院办公厅关于印发《社区服务体系建设规划(2011—2015 年)》的通知

[7]民政部等 16 部门关于印发《城乡社区服务体系建设规划(2016—2020 年)》的通知

[8]中共中央 国务院印发《乡村振兴战略规划(2018—2022 年)》的通知

JMGC

民　政　部　金　民　工　程　标　准

JMGC/YW 435—2020

养老服务业务术语

2020－12－30发布　　2020－12－30实施

民政部信息中心 发布

目　　次

前　言

本文件按照 GB/T 1.1—2020《标准化工作导则 第1部分:标准化文件的结构和起草规则》的规定起草。

请注意本文件的某些内容可能涉及专利。本文件的发布机构不承担识别专利的责任。

本文件由民政部信息中心提出并归口。

本文件起草单位:民政部信息中心、万达信息股份有限公司。

本文件主要起草人:王兴玲、邬函斌、马晓宁、王鑫、李永良、晁俊、李彦浩、刘鸿。

养老服务业务术语

1 范围

本文件界定了金民工程项目中养老服务业务的术语及定义。

本文件适用于金民工程项目中养老服务建设。

2 规范性引用文件

下列文件中的内容通过文中的规范性引用而构成本文件必不可少的条款。其中,注日期的引用文件,仅该日期对应的版本适用于本文件;不注日期的引用文件,其最新版本(包括所有的修改单)适用于本文件。

MZ/T 039 老年人能力评估

GB/T 37276 养老机构等级划分与评定

3 养老服务

下列术语和定义适用于本文件。

3.1.1 养老机构

依法办理登记,为老年人提供全日集中住宿和照料护理服务,床位数在10张以上的机构。

3.1.2 社区养老服务机构

在社区依托固定场所设施,采取全托、日托、上门等方式,为社区居民提供生活照料、康复护理、助餐助行、紧急救援、精神慰藉等养老服务的企业、事业单位和社会组织,比如社区养老机构、社区日间照料中心等。

3.1.3 老年人

六十周岁以上的公民。

3.1.4 高龄老年人

年满80周岁及以上的老年人。

3.1.5 失能老年人

根据《老年人能力评估》标准,将老年人能力评估结果为1~3级的老年人。

3.1.6 特困老年人

无劳动能力,无生活来源、无法定赡养、抚养、扶养义务人或者其法定义务人无履行义务能力的60周岁以上老年人。

[来源:GB/T 37276,3.4]

3.1.7 养老从业人员

养老服务机构的法定代表人、主要负责人、高级管理人员以及养老护理员等相关人员。

3.1.8 留守老年人

因子女(全部子女)长期(全年合计半年以上)离开户籍地进入城镇务工或经商或从事其他生产经营活动而在家留守的满60周岁以上老年人。

3.1.9 老年用品

以老年人为服务对象的产品,主要包括老年服装服饰、日用辅助产品、养老照护产品、康复训练及健康促进辅具、适老化环境改善等产品。

3.1.10 养老机构备案

养老机构登记后,根据是否营利向相应的民政部门进行报备,营利性养老机构向服务场所所在地的县级民政部门进行备案。非营利性养老机构向登记管理机关同级的民政部门进行备案。

3.1.11 养老机构备案变更

已经备案的养老机构变更名称、法定代表人或者主要负责人等登记事项,或者变更服务场所权属、养老床位数据、服务设施面积等事项的,应当及时向原备案民政部门办理变更备案。

养老机构在原备案机关辖区内变更服务场所的,应当及时向原备案民政部门办理变更备案。营利性养老机构变更服务场所跨原备案机关辖区的,应当及时向变更后的服务场所所在地县级人民政府民政部门办理备案。

3.1.12 养老机构所在行政区划

养老机构实际经营、运营、服务场所在地址的行政区划。

3.1.13 养老机构所属行政区划

养老机构登记注册所在地的行政区划。

3.1.14 养老机构备案编号

老机构备案成功后所对应的唯一编码,生成规则:YLBA+6位行政区划+8位备案办理完成日期+4位序号

例如:YLBA411002202008210023。

3.1.15 建设补贴

由政府出资面向符合补贴条件的养老服务机构用于自建或改建的一次性补贴。

3.1.16 运营补贴

由政府出资面向符合补贴条件的养老服务机构用于日常运营服务的持续性补贴。

3.1.17 等级评定机构

专门开展养老机构等级评定或复核工作的各级民政部门及其委托的相关单位或机构。

3.1.18 养老机构等级评定

各级人民政府民政部门为依法实施养老机构综合监管职责,促进养老机构高质量发展,依照规范的方法和程序,由等级评定机构根据等级评定标准及实施细则,对养老机构从环境、设施设备、运营管理、服务四个方面进行客观、全面的评定,并作出评定等级结论。

3.1.19 养老机构等级

养老机构的评定分五个等级,从低到高依次为一级、二级、三级、四级、五级,级数越高,表示养老机构在环境、设施设备、运营管理、服务方面的综合服务能力越强。

[来源:GB/T 37276,4.1]

3.1.20 养老机构等级评定专家

负责养老机构等级评定工作,并给出等级结论的人员。

3.1.21 老年人能力评估

针对老年人的日常生活活动、精神状态、感知觉与沟通、社会参与等四个方面对老年人进行基础性的能力评估,以明确老年人的能力分级,此分级将作为政府制定养老政策,以及为老年人提供适宜养老服务的依据。

3.1.22 老年人能力等级划分

老年人能力等级划分为 0、1、2、3 四个等级,0 表示能力完好,1 表示轻度失能,2 表示中度失能,3 表示重度失能。主要从综合日常生活活动、精神状态、感知觉与沟通、社会参与这四个方面进行评估。每个方面设置有二级评估指标,根据二级评估指标的得分,确定每个一级指标的等级划分,具体见下表:

1)日常生活活动通过对 10 个二级指标的评定,将其得分相加得到总分,等级划分见表 1。

表 1　日常生活活动等级划分

分级	分级名称	分级标准
0	能力完好	总分为 100 分
1	轻度受损	总分为 65—95 分
2	中度受损	总分为 45—60 分
3	重度受损	总分为≤40 分

2)精神状态通过对 3 个二级指标的评定,将其得分相加得到总分,等级划分见表 2。

表 2　精神状态等级划分

分级	分级名称	分级标准
0	能力完好	总分为 0 分

续表

分级	分级名称	分级标准
1	轻度受损	总分为 1 分
2	中度受损	总分为 2—3 分
3	重度受损	总分为 4—6 分

3)感知觉与沟通通过对 4 个二级指标的评定,等级划分见表 3。

表 3　感知觉与沟通等级划分

分级	分级名称	分级标准
0	能力完好	意识为清醒,视力和听力评定为 0 或 1,沟通评定为 0
1	轻度受损	意识为清醒,但视力或听力中至少一项评定为 2,或沟通评定为 1
2	中度受损	意识为清醒,但视力或听力中至少一项评定为 3,或沟通评定为 2;或意识为嗜睡,视力或听力评定为 3 及以下,沟通评定为 2 及以下
3	重度受损	意识为清醒或嗜睡,视力或听力中至少一项评定为 4,或沟通评定为 3;或意识为昏睡或昏迷

4)社会参与通过对 5 个二级指标的评定,将其得分相加得到总分,等级划分见表 4。

表 4　社会参与等级划分

分级	分级名称	分级标准
0	能力完好	总分为 0—2 分
1	轻度受损	总分为 3—7 分
2	中度受损	总分为 8—13 分
3	重度受损	总分为 14—20 分

3.1.23 能力完好

日常生活活动、精神状态、感知觉与沟通的分级均为 0,社会参与的分级为 0 或 1。

[来源:MZ/T 039,5.2.1]

3.1.24 轻度失能

日常生活活动的分级为 0,但精神状态、感知觉与沟通中至少一项的分级为 1 及以上,或社会参与的分级为 2;或日常生活活动的分级为 1,精神状态、感知觉与沟通、社会参与中至少有一项的分级为 0 或 1。

[来源:MZ/T 039,5.2.1]

3.1.25 中度失能

日常生活活动的分级为 1,但精神状态、感知觉与沟通、社会参与的分级均为 2,或有一项的分级为 3;或日常生活活动的分级为 2,且精神状态、感知觉与沟通、社会参与中有 1—2 项的分级为 1 或 2。

[来源:MZ/T 039,5.2.1]

3.1.26 重度失能

日常生活活动的分级为 3;或日常生活活动、精神状态、感知觉与沟通、社会参与的分级均为 2; 或日常生活活动的分级为 2,且精神状态、感知觉与沟通、社会参与中至少有一项的分级为 3。

[来源:MZ/T 039,5.2.1]

3.1.27 医养结合机构

兼具医疗卫生资质和养老服务能力的医疗机构或养老机构,主要包括养老机构设立或内设医疗机构以及医疗机构设立养老机构或开展养老服务两种形式。医养结合机构主要为入住机构的老年人提供养老、医疗、护理、康复、辅助与心理精神支持等服务。医养结合机构所提供的医疗卫生服务、养老服务应当分别适用现行医疗卫生服务、养老服务的规范、标准和管理规定。

3.1.28 长护险机构

为长期护理险签约对象提供护理服务的医疗机构或养老机构。

3.1.29 养老机构设施设备

存在于养老机构内部的设施设备,主要包括房间设备、公共服务设备、医疗康复设备、安全保障设备、消防安全设备、行政办公设备等。

3.1.30 养老服务市场失信联合惩戒对象名单管理

民政部门将严重违法失信的养老服务机构和从业人员列入联合惩戒对象名单,在一定期限内向社会公布,实施信用约束、联合惩戒等措施的统称。

养老服务机构包括养老机构、居家社区养老服务机构;从业人员包括上述养老服务机构的法定代表人、主要负责人、高级管理人员以及养老护理员等相关人员。

3.1.31 失信行为

符合《养老服务市场失信联合惩戒对象名单管理办法(试行)》中第五条或第七条列出的相关情形的行为。

参考文献

[1]《关于养老、托育、家政等社区家庭服务业税费优惠政策的公告》(财政部 税务总局 发展改革委 民政部 商务部 卫生健康委公告2019年第76号)

[2]工业和信息化部 民政部 国家卫生健康委员会 国家市场监督管理总局 全国老龄工作委员会办公室印发《关于促进老年用品产业发展的指导意见》的通知(工信部联消费〔2019〕292号)

[3]民政部发布新修订的《养老机构管理办法》

[4]医养结合机构服务指南(试行)(国卫办老龄发〔2019〕24号)

[5]《养老机构等级评定管理办法(试行)》

[6]民政部关于印发《养老服务市场失信联合惩戒对象名单管理办法(试行)》的通知(民发〔2019〕103号)

[7]《中华人民共和国老年人权益保障法》(2018修正)

JMGC

民 政 部 金 民 工 程 标 准

JMGC/YW 436—2020

养老服务业务流程

2020－12－30 发布　　　　2020－12－30 实施

民政部信息中心 发布

目　　次

前　言

本文件按照 GB/T 1.1—2020《标准化工作导则 第1部分:标准化文件的结构和起草规则》的规定起草。

请注意本文件的某些内容可能涉及专利。本文件的发布机构不承担识别专利的责任。

本文件由民政部信息中心提出并归口。

本文件起草单位:民政部信息中心、万达信息股份有限公司。

本文件主要起草人:王兴玲、邬函斌、马晓宁、王鑫、李永良、晁俊、李彦浩、刘鸿。

养老服务业务流程

1 范围

本文件给定了金民工程项目中养老服务业务流程。

本文件适用于金民工程项目中养老服务建设。

2 规范性引用文件

下列文件中的内容通过文中的规范性引用而构成本文件必不可少的条款。其中,注日期的引用文件,仅该日期对应的版本适用于本文件;不注日期的引用文件,其最新版本(包括所有的修改单)适用于本文件。

GB/T 29353 养老机构基本规范

GB/T 35796 养老机构服务质量基本规范

GB/T 37276 养老机构等级划分与评定

3 术语和定义

JMGC/YW 435 界定的术语和定义适用于本文件。

4 缩略语

下列缩略语适用于本文件。

UTF—8 Unicode 的可变长度字符编码(8—bit Unicode Transformation Format)。

5 养老服务业务流程

5.1 概述

养老服务包含以下业务流程:

a)营利性养老机构备案业务流程;

b)非营利性养老机构备案业务流程;

c)营利性养老机构变更备案业务流程;

d)非营利性养老机构变更备案业务流程;

e)养老机构等级评定(一二三级)业务流程;

f)养老机构等级评定(四级)业务流程;

g)养老机构等级评定(五级)业务流程;

h)失信联合惩戒业务流程;

i)养老机构服务质量检查业务流程;

j)留守老年人信息采集业务流程。

5.2 营利性养老机构备案流程

5.2.1 概述

营利性养老机构备案的基本流程包含以下步骤:

a)办理备案;

b)核对备案材料是否齐全;

c)出具备案回执;

d)指导机构补正;

e)补充材料或整改;

f)打印回执。

营利性养老机构备案流程见图 1。

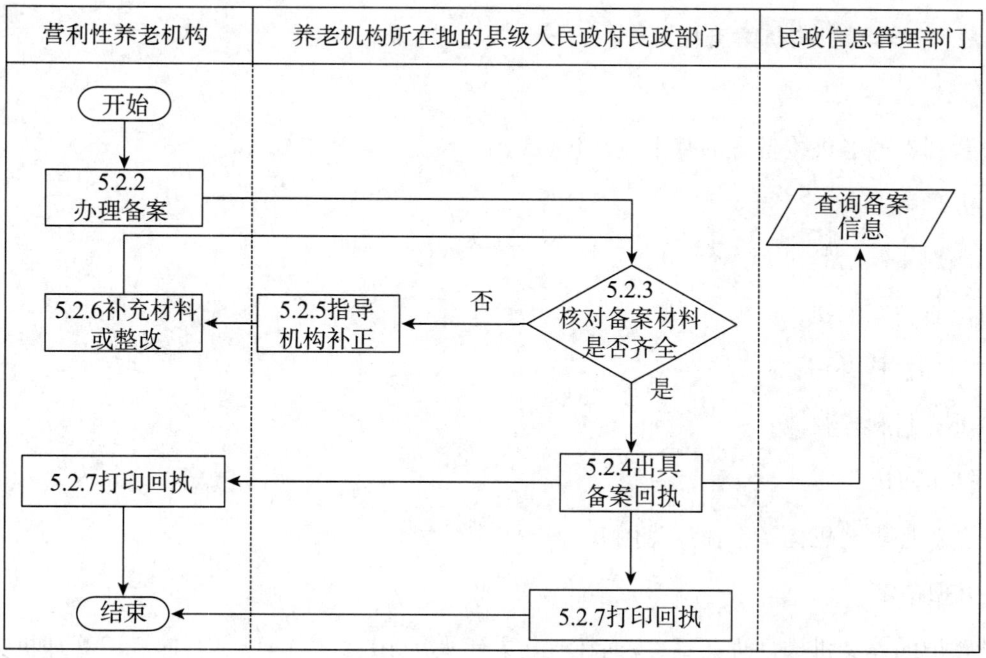

图 1 营利养老机构备案业务流程

5.2.2 办理备案

已登记的营利性养老机构办理备案,应当在收住老年人后 10 个工作日以内,向服务场所所在地的县级人民政府民政部门提出。办理渠道包括线下服务窗口或在线政务服务平台。

养老机构可以通过政府网站、政务新媒体、办事大厅公示栏、服务窗口等便于社会公众知晓的途径获取备案事项及流程、材料清单等信息。

备案材料:养老机构办理备案,应当向民政部门提交备案申请书、养老机构登记证书、备案承诺书等材料,并对真实性负责。

5.2.3 核对备案材料是否齐全

营利性养老机构所在地的县级人民政府民政部门收到养老机构提交的备案材料后,并核对备案材料是否齐全。

5.2.4 出具备案回执

材料齐全,营利性养老机构所在地的县级人民政府民政部门出具备案回执。

5.2.5 指导机构补正

材料不齐全,营利性养老机构所在地的县级人民政府民政部门指导养老机构补正材料。

5.2.6 补充材料或整改

营利性养老机构补正材料后,可重新提交民政部门核对备案材料。

5.2.7 打印回执

营利性养老机构通过民政一体化政务服务平台打印回执和养老机构基本运营条件告知书,或由民政部门现场打印。

5.3 非营利性养老机构备案流程

5.3.1 概述

非营利性养老机构备案的基本流程包含以下步骤:

a)办理备案;

b)核对备案材料是否齐全;

c)出具备案回执;

d)指导机构补正;

e)补充材料或整改;

f)打印回执。

非营利性养老机构备案流程见图2。

5.3.2 办理备案

已登记的养老机构办理备案,应当在收住老年人后10个工作日以内,向登记管理机关同级的人民政府民政部门提出。办理渠道包括线下服务窗口或在线政务服务平台。

养老机构可以通过政府网站、政务新媒体、办事大厅公示栏、服务窗口等便于社会公众知晓的途径获取备案事项及流程、材料清单等信息。

备案材料:养老机构办理备案,应当向民政部门提交备案申请书、养老机构登记证书、备案承诺书等材料,并对真实性负责。

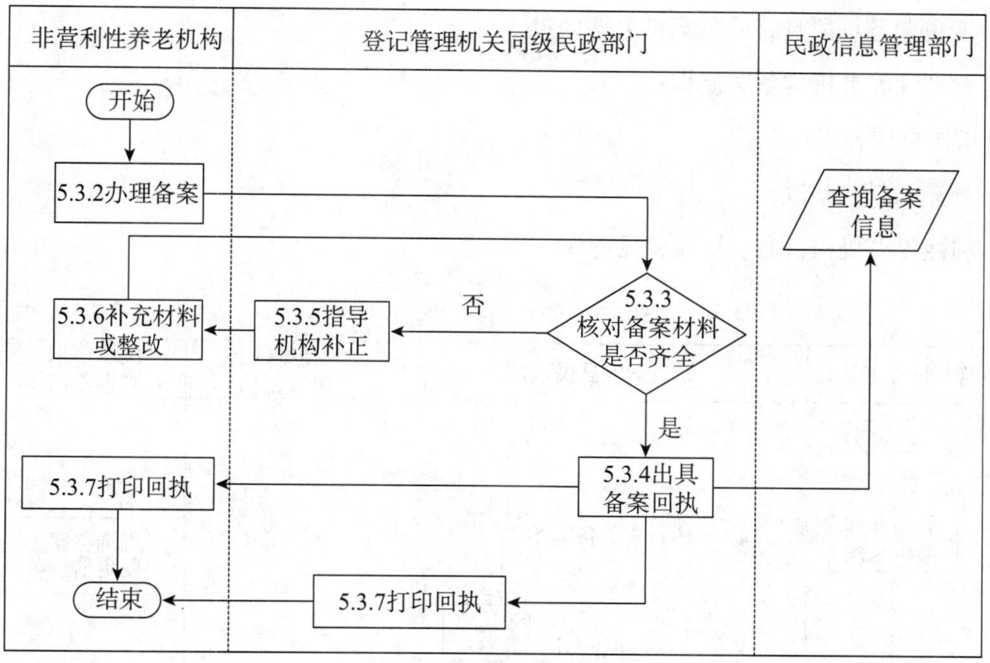

图2　非营利养老机构备案业务流程

5.3.3 核对备案材料是否齐全

登记管理机关同级的人民政府民政部门收到养老机构提交的备案材料,并复核备案材料是否齐全。

5.3.4 出具备案回执

材料齐全,非营利性养老机构登记管理机关同级的人民政府民政部门出具备案回执。

5.3.5 指导机构补正

材料不齐全,非营利性养老机构登记管理机关同级的人民政府民政部门指导养老机构补正材料。

5.3.6 补充材料或整改

非营利性养老机构补正材料后,可重新提交民政部门核对备案材料。

5.3.7 打印回执

非营利性养老机构通过民政一体化政务服务平台打印养老机构基本运营条件告知书,或由民政部门现场打印。

5.4 营利性养老机构备案变更流程

5.4.1 概述

营利性养老机构备案变更的基本流程包含以下步骤:

a)变更备案办理;

b)核对变更备案材料是否齐全;

c)变更备案；

d)变更服务场所且跨原备案机关辖区；

e)营利性养老机构备案流程；

f)指导机构补正；

g)补充材料或整改。

营利性养老机构备案变更流程见图3。

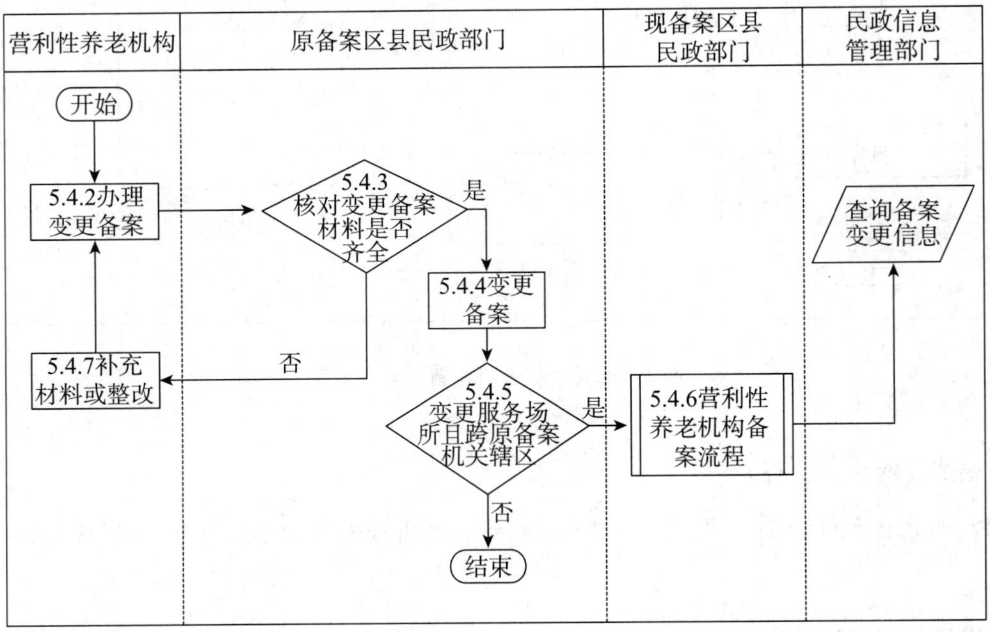

图3 营利性养老机构变更备案业务流程

5.4.2 办理备案变更

已经备案的养老机构变更名称、法定代表人或者主要负责人等登记，或者变更服务场所权属、养老床位数量 、服务设施面积等事项的，应当及时向原备案民政部门进行办理变更备案。办理渠道包括线下服务窗口或在线政务服务平台。

营利性养老机构变更服务场所跨原备案机关辖区的，应当及时向变更后的服务场所所在地县及政府民政部门办理备案。

养老机构可以通过政府网站、政务新媒体、办事大厅公示栏、服务窗口等便于社会公众知晓的途径获取备案事项及流程、材料清单等信息。

备案材料：养老机构办理备案，应当向民政部门提交备案申请书、养老机构登记证书、备案承诺书等材料，并对真实性负责。

备案申请书应当包括变更内容。

5.4.3 核对变更备案材料是否齐全

营利性养老机构所在地的县级人民政府民政部门收到养老机构提交的备案材料，并核对变更备案材料是否齐全。

5.4.4 变更备案

材料齐全,则办理变更备案,出具回执。

5.4.5 变更服务场所且跨原备案机关辖区

判断养老机构是否变更服务场所且跨原备案机关辖区,若不变更服务场所则变更流程完成。

5.4.6 营利性养老机构备案流程

若养老机构变更服务场所且跨原备案机关辖区,则需要在现备案区县民政部门办理备案。

5.4.7 补充材料或整改

补正材料后,可重新提出办理变更备案。

5.5 非营利性养老机构变更备案流程

5.5.1 概述

非营利性养老机构变更备案的基本流程包含以下步骤:

a)办理变更备案;

b)核对变更备案材料是否齐全;

c)变更备案;

d)指导机构补正;

e)补充材料或整改。

非营利性养老机构备案变更流程见图4。

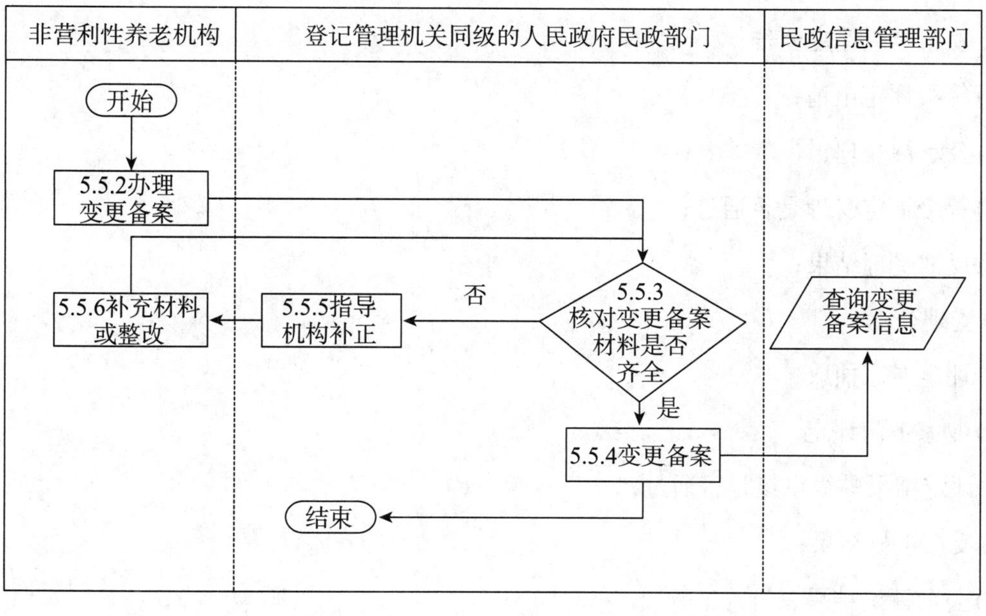

图4 非营利性养老机构变更备案业务流程

5.5.2 办理备案变更

已经备案的养老机构变更名称、法定代表人或者主要负责人等登记事项，或者变更服务场所权属、养老床位数量 、服务设施面积等事项的，向登记管理机关同级的人民政府民政部门提出。办理渠道包括线下服务窗口或在线政务服务平台。

养老机构可以通过政府网站、政务新媒体、办事大厅公示栏、服务窗口等便于社会公众知晓的途径获取备案事项及流程、材料清单等信息。

备案材料：养老机构办理备案，应当向民政部门提交备案申请书、养老机构登记证书、备案承诺书等材料，并对真实性负责。

备案申请书应当包括变更内容。

5.5.3 核对变更备案材料是否齐全

原备案民政部门收到养老机构提交的变更备案材料，并核对变更备案材料是否齐全。

5.5.4 变更备案

材料齐全，则办理变更备案。

5.5.5 指导机构补正

材料不齐全，原备案民政部门指导养老机构补正材料。

5.5.6 补充材料或整改

补正材料后，可办理变更备案。

5.6 养老机构等级评定（一二三级）业务流程

5.6.1 概述

养老机构等级评定（一二三级）业务的基本流程包含以下步骤：

a）发布等级评定公告；

b）等级评定申请；

c）公示待受理；

d）等级评定受理是否通过；

e）反馈受理结果；

f）受理公示；

g）评定专家抽取；

h）专家上门评定；

i）评定结果县级审核是否通过；

j）反馈审核结果；

k）公示评定结果；

l）等级证书和牌匾发放。

养老机构等级评定（一二三级）业务流程见图5。

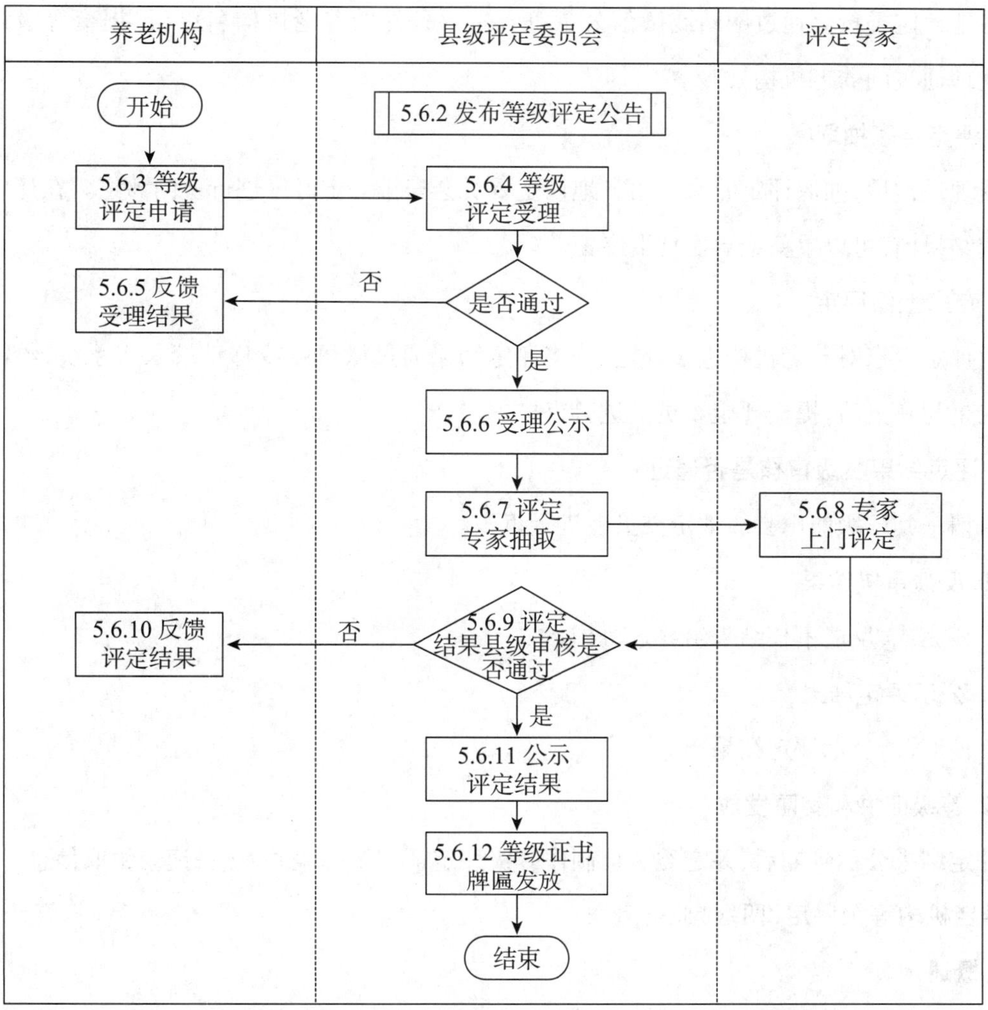

图 5　养老机构等级评定(一二三级)业务流程

5.6.2 发布等级评定公告

全国各地民政部门通过网站或微信等渠道发布等级评定通知或者公告。

5.6.3 等级评定申请

养老机构可通过网站或微信或业务窗口渠道提交养老机构等级评定申请信息与申请资料,提交的材料如下:《养老机构等级评定申请书》。

5.6.4 等级评定受理是否通过

各地评定委员会即可对养老机构提交的申请材料进行核查判定是否受理。

5.6.5 反馈受理结果

受理通过,反馈养老机构等级评定受理结果通知书,流程进入受理公示阶段;受理不通过,打印回执反馈养老机构受理不通过原因及需要补充的材料。养老机构线下补充资料,提交受理人员,由受理人员上传资料,不需要再走公示流程(等级评定受理结果通知书模板)。

5.6.6 受理公示

各地评定委员会通过网站或微信公示符合参评条件的养老机构名单(已提交等级评定申请并受理通过的养老机构)。

5.6.7 评定专家抽取

受理通过后,抽取评定专家。由各地评定委员会安排评定专家进行上门评定。在还没有提交评定结果前,可以重新或再次抽取专家。

5.6.8 专家上门评定

由评定专家对养老机构进行评定,并将评定结果通过微机端或移动端录入系统,给出初步评定结果与意见后,提交评定委员会进行审核。

5.6.9 评定结果县级审核是否通过

申请一到三级的由县级评定委员会进行审核。

5.6.10 反馈审核结果

审核完成,反馈审核结果给养老机构。

5.6.11 公示评定结果

审核通过,公示评定结果。

5.6.12 等级证书和牌匾发放

评定结果公示到期后,评定委员会制作等级评定证书及牌匾并发放,记录领取信息。

5.7 养老机构等级评定(四级)业务流程

5.7.1 概述

养老机构等级评定(四级)业务的基本流程包含以下步骤:

a)发布等级评定公告;

b)等级评定申请;

c)公示待受理;

d)等级评定受理是否通过;

e)反馈受理结果;

f)受理公示;

g)评定专家抽取;

h)专家上门评定;

i)评定结果县级审核是否通过;

j)评定结果市级审核是否通过;

k)反馈审核结果;

l)公示评定结果;

m)等级证书和牌匾发放。

养老机构等级评定(四级)业务流程见图6。

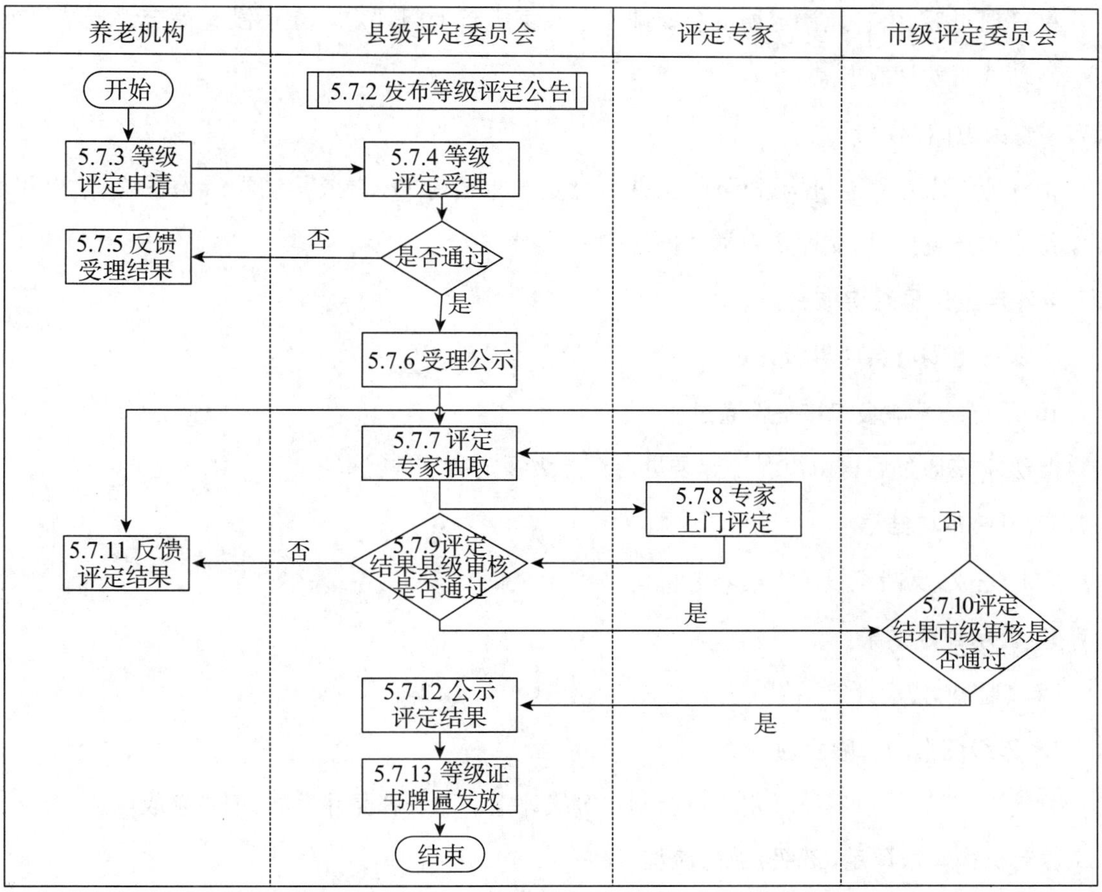

图6　养老机构等级评定(四级)业务流程

5.7.2 发布等级评定公告

全国各地民政部门通过网站或微信等渠道发布等级评定通知或者公告。

5.7.3 等级评定申请

养老机构可通过网站或微信或业务窗口渠道提交养老机构等级评定申请信息与申请资料,提交的材料如下:《养老机构等级评定申请书》。

5.7.4 等级评定受理是否通过

各地评定委员会即可对养老机构提交的申请材料进行核查判定是否受理。

5.7.5 反馈受理结果

受理通过,打印回执反馈养老机构,流程进入受理公示阶段;受理不通过,打印回执反馈养老受理不通过原因及需要补充的材料,养老机构线下补充资料,提交受理人员,由受理人员上传资料,不需要再走公示流程。

5.7.6 受理公示

各地评定委员会通过网站或微信公示符合参评条件的养老机构名单(已提交等级评定申

请并受理通过的养老机构)。

5.7.7 评定专家抽取

受理通过后,由各地评定委员会安排评定专家进行上门评定。在还没有提交评定结果前,可以重新或再次抽取专家。

5.7.8 专家上门评定

由评定专家对养老机构进行评定,并将评定结果通过 PC 端或移动端录入系统,给出初步评定结果与意见后,提交评定委员会进行审核。

5.7.9 评定结果县级审核是否通过

县级评定委员会对等级评定结果进行审核。

5.7.10 评定结果市级审核是否通过

县级审核通过后再由市级评定委员会对等级评定结果进行审核。

5.7.11 反馈审核结果

审核完成,反馈审核结果给养老机构。

5.7.12 公示评定结果

审核通过,公示评定结果。

5.7.13 等级证书和牌匾发放

评定结果公示到期后,评定委员会制作等级评定证书及牌匾并发放,记录领取信息。

5.8 养老机构等级评定(五级)业务流程

5.8.1 概述

养老机构等级评定(五级)业务的基本流程包含以下步骤:

a)发布等级评定公告;

b)等级评定申请;

c)公示待受理;

d)等级评定受理是否通过;

e)反馈受理结果;

f)受理公示;

g)评定专家抽取;

h)专家上门评定;

i)评定结果市级审核是否通过;

j)评定结果省级审核是否通过;

k)反馈审核结果;

l)公示评定结果;

m)等级证书和牌匾发放。

养老机构等级评定(五级)业务流程见图7。

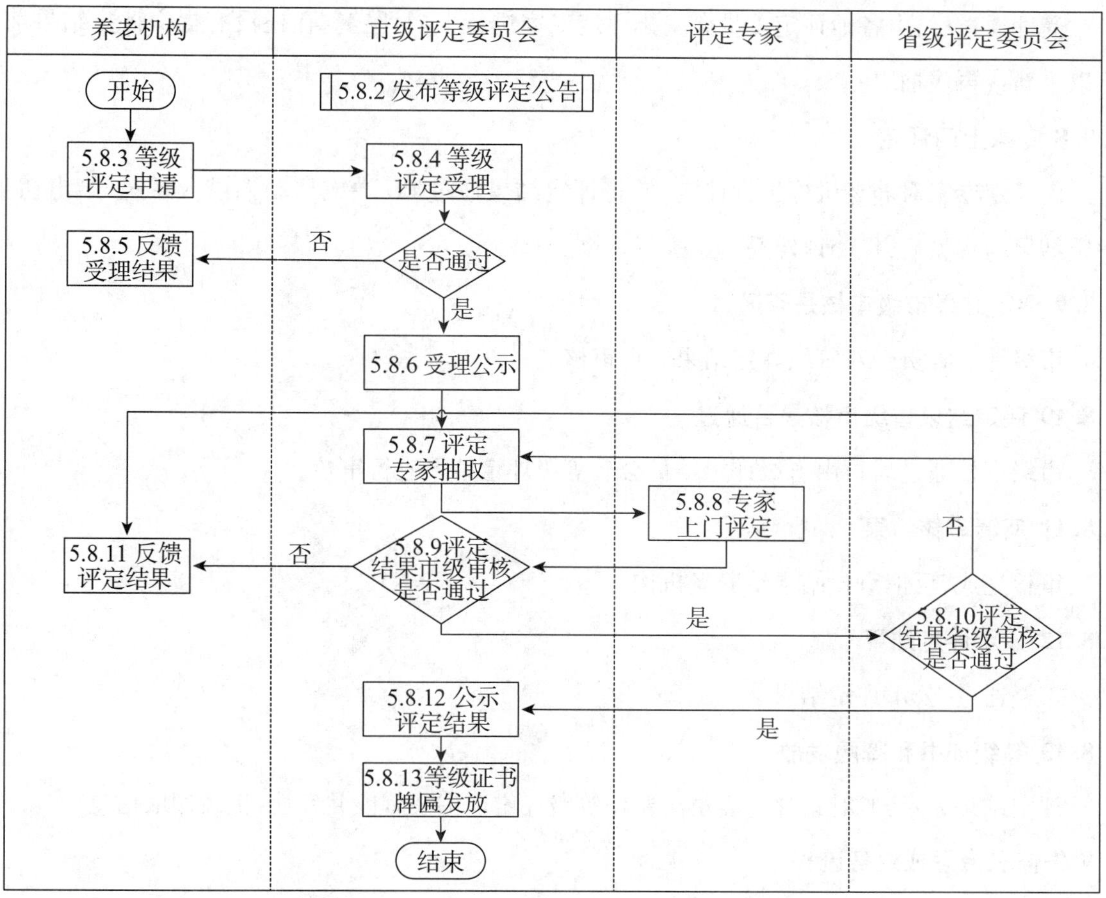

图7　养老机构等级评定(五级)业务流程

5.8.2 发布等级评定公告

全国各地民政部门通过网站或微信等渠道发布等级评定通知或者公告。

5.8.3 等级评定申请

养老机构可通过网站或微信或业务窗口渠道提交养老机构等级评定申请信息与申请资料,提交的材料如下:《养老机构等级评定申请书》。

5.8.4 等级评定受理是否通过

各地评定委员会即可对养老机构提交的申请材料进行核查判定是否受理。

5.8.5 反馈受理结果

受理通过,打印回执反馈养老机构,流程进入受理公示阶段;受理不通过,打印回执反馈养老受理不通过原因及需要补充的材料,养老机构线下补充资料,提交受理人员,由受理人员上传资料,不需要再走公示流程。

5.8.6 受理公示

各地评定委员会通过网站或微信公示符合参评条件的养老机构名单(已提交等级评定申

请并受理通过的养老机构)。

5.8.7 评定专家抽取

受理通过后,由各地评定委员会安排评定专家进行上门评定。在还没有提交评定结果前,可以重新或再次抽取专家。

5.8.8 专家上门评定

由评定专家对养老机构进行评定,并将评定结果通过 PC 端或移动端录入系统,给出初步评定结果与意见后,提交评定委员会进行审核。

5.8.9 评定结果市级审核是否通过

市级评定委员会对等级评定结果进行审核。

5.8.10 评定结果省级审核是否通过

市级审核通过后再由省级评定委员会对等级评定结果进行审核。

5.8.11 反馈审核结果

审核完成,反馈审核结果给养老机构。

5.8.12 公示评定结果

审核通过,公示评定结果。

5.8.13 等级证书和牌匾发放

评定结果公示到期后,评定委员会制作等级评定证书及牌匾并发放,记录领取信息。

5.9 失信联合惩戒业务流程

5.9.1 概述

失信联合惩戒包含以下业务流程:

a)联合惩戒名单纳入业务流程;

b)联合惩戒名单移出业务流程;

c)重点关注名单业务流程。

5.9.2 联合惩戒名单纳入业务流程

5.9.2.1 概述

联合惩戒名单纳入的基本流程包含以下步骤:

a)失信信息采集;

b)是否符合办法第五条;

c)下发纳入书面告知书;

d)是否收到告知书;

e)公示纳入公告告知;

f)是否陈述申辩;

g)陈述申辩申请;

h)陈述申辩复核是否采纳；

i)陈述申辩复核结果答复；

j)陈述申辩复核结果查看；

k)是否已存在名单；

l)重新计算时长；

m)纳入惩戒对象名单；

n)被人民法院认定为失信被执行人。

联合惩戒名单纳入业务流程见图8。

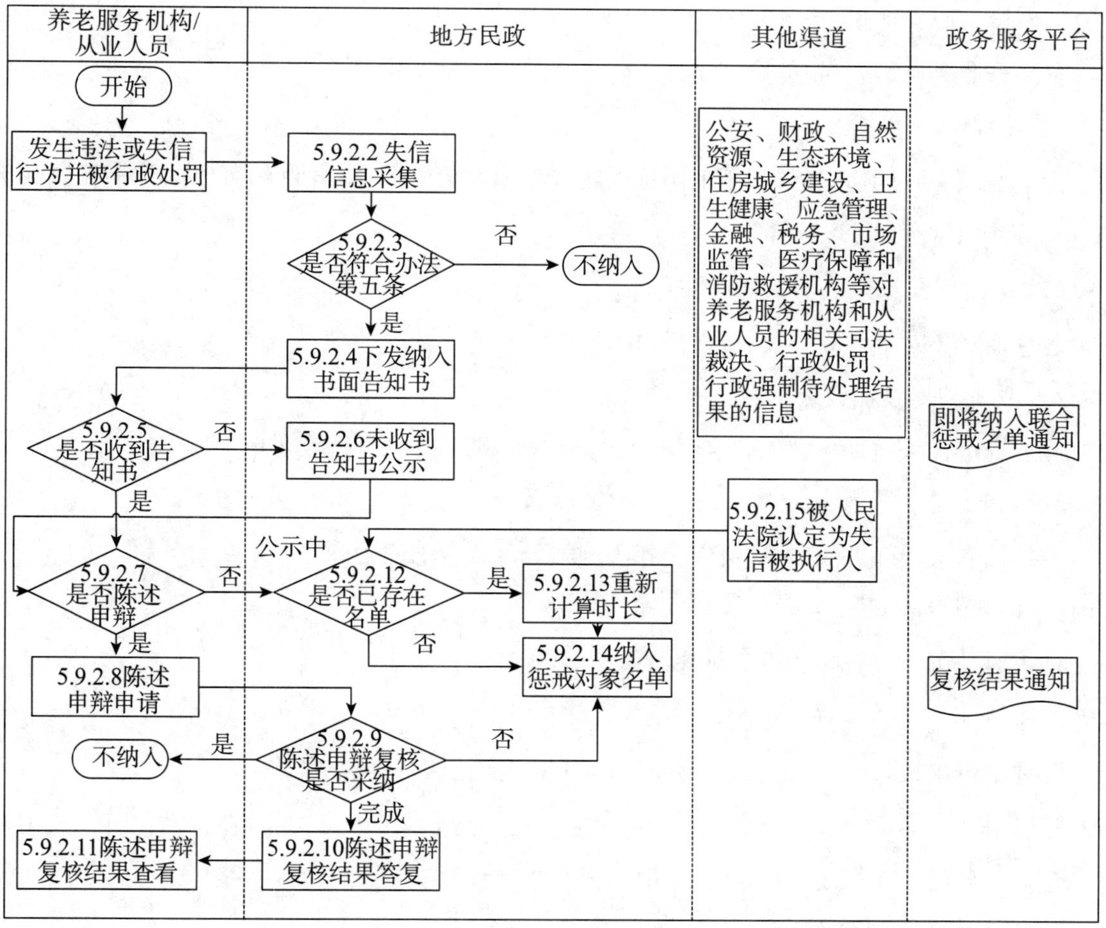

图8 联合惩戒对象名单业务流程

5.9.2.2 失信信息采集

省、市、区(县)民政(以下简称为:地方民政)对辖区的养老服务机构和从业人员(以下统称为:惩戒对象),通过人民法院网站、政府信息共享机制等多个渠道获取人民法院、公安、财政、自然资源、生态环境、住房城乡建设、卫生健康、应急管理、金融、税务、市场监管、医疗保障和消防救援机构等对养老服务机构和从业人员的相关司法裁决、行政处罚、行政强制待处理结果的信息。

5.9.2.3 是否符合办法第五条

地方民政在通过数接口对接、页面录入等方式获取其他委办局行政处罚信息，可以通过系统或者人工进行判断，确定是否符合《养老服务市场失信联合惩戒对象名单管理办法(试行)》第五条规定中所规定的条款，不符合则流程结束。

5.9.2.4 下发纳入书面告知书

如果符合条件则对惩戒对象下发纳入惩戒名单告知书。

5.9.2.5 是否收到告知书

在下发通知后会对惩戒对象是否收到通知进行判断(可以通过与相关物流系统进行对接)，如果收到则无须进行公示。

5.9.2.6 未收到告知书公示

如果未收到则需要对其进行30日的公示。

5.9.2.7 是否陈述申辩

惩戒对象在收到通知后10个工作日内或者公示结束之前，有异议的可以向其直管民政部门进行陈述申辩。

5.9.2.8 陈述申辩申请

若惩戒对象对纳入有异议，可以提出陈述申辩申请。

5.9.2.9 陈述申辩复核是否采纳

陈述申辩被采纳则不纳入联合惩戒名单，不采纳则纳入联合惩戒名单。

5.9.2.10 陈述申辩复核结果答复

复核结果会告知惩戒对象，可以是相关网站公示或者书面告知。

5.9.2.11 陈述申辩复核结果查看

惩戒对象可以查看陈述申辩复核结果。

5.9.2.12 是否已存在名单

陈述申辩未被采纳，将纳入惩戒名单。并判断是否已存在惩戒名单。

5.9.2.13 重新计算时长

惩戒对象已存在惩戒名单中，则对时限进行重新计算。

5.9.2.14 纳入惩戒对象名单

惩戒对象未存在惩戒名单中，则直接将其纳入惩戒名单，时长为纳入日期起到满两年止。

5.9.2.15 被人民法院认定为失信被执行人

被人民法院认定为失信被执行人的养老服务机构和从业务人员将直接纳入名单后，发布到相关的信用平台。

5.9.3 联合惩戒名单移出业务流程

5.9.3.1 概述

联合惩戒名单移出的基本流程包含以下步骤：

a)失信信息被删除或撤销；

b)是否满两年；

c)移出申请；

d)移出申请受理；

e)移出申请核查是否通过；

f)申请对象不移出；

g)移出申请核查结果查看；

h)约谈；

i)记录约谈信息；

j)上报全国信用信息共享平台；

k)书面告知。

联合惩戒名单移出的业务流程见图9。

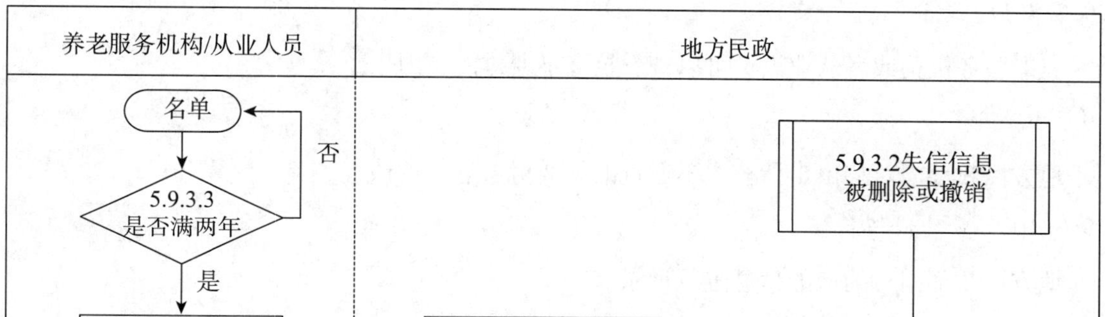

图9　联合惩戒对象名单移出业务流程

5.9.3.2 失信信息被删除或撤销

在人民法院的失信信息执行人被删除或行政处罚被撤销，会将惩戒对象从联合惩戒名单中直接移出。

5.9.3.3 是否满两年

在名单中满两年后之后惩戒对象可以向其民政主管部门提交移出申请。

5.9.3.4 移出申请

期满两年后，惩戒对象可以向管辖地方民政交移出申请。

5.9.3.5 移出申请受理

惩戒对象的民政主管部门对其提交的移出申请进行受理。

5.9.3.6 移出申请核查是否通过

移出申请被受理后，对移出申请进行核查。

5.9.3.7 申请对象不移出

移出申请核查不通过，则书面告知申请对象不移出。

5.9.3.8 移出申请核查结果查看

养老服务机构或者从业人员可以查看核查不通过的原因。

5.9.3.9 约谈

地方民政部门对移出申请核查不通过的惩戒对象进行约谈。

5.9.3.10 记录约谈信息

地方民政部门对约谈的信息进行记录。

5.9.3.11 上报全国信用信息共享平台

地方民政部门将约谈的记录和移出联合惩戒名单信息上报全国信用信息共享平台。

5.9.3.12 移出联合惩戒名单

移出申请核查通过，则惩戒对象移出联合惩戒名单。

5.9.3.13 书面告知

惩戒对象移出惩戒名单后，需书面告知惩戒对象。

5.9.4 重点关注名单业务流程

5.9.4.1 概述

重点关注名单业务的基本流程包含以下步骤：

a)失信信息采集；

b)纳入重点关注名单；

c)移出重点关注名单。

重点关注名单业务流程见图10。

5.9.4.2 失信信息采集

监管过程中发生的失信行为。

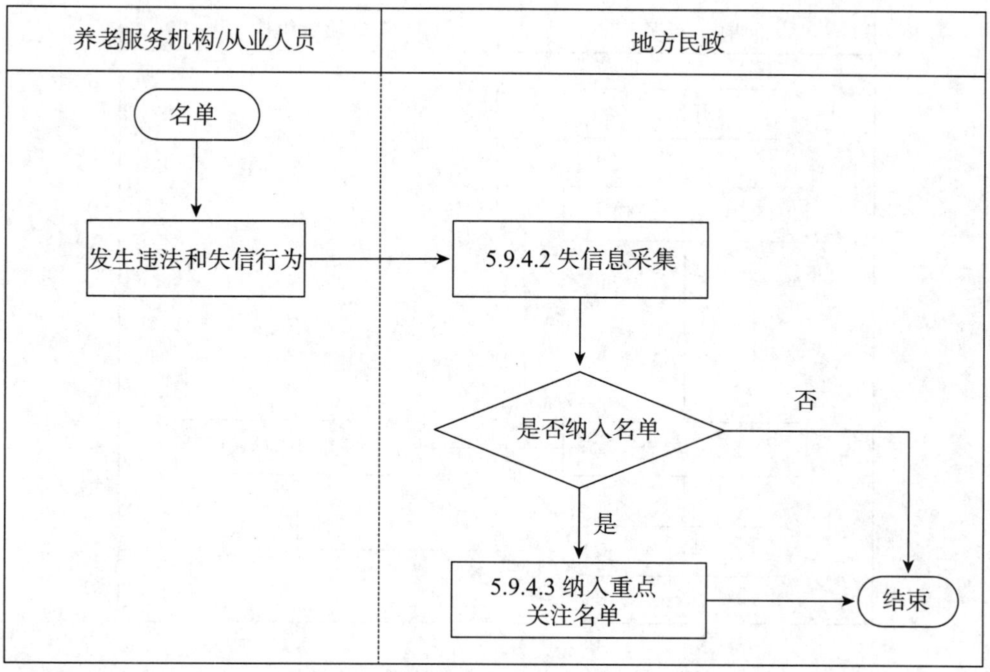

图 10　重点关注对象名单业务流程

5.9.4.3 纳入重点关注名单

地方民政在记录时会对养老机构和从业人员的失信行为进行初步的判断，符合《办法》第七条有关规定的则纳入重点关注名单。

5.9.4.4 移出重点关注名单

重点关注对象被关注满6个月则自动移出重点关注名单。

5.10 养老机构服务质量检查业务流程

5.10.1 概述

养老机构服务质量检查业务的基本流程包含以下步骤：

a）接受通知；

b）检查；

c）机构整改。

养老机构服务质量检查业务流程见图11。

5.10.2 接受通知

地方民政接受来自上级民政下发的通知。

5.10.3 检查

地方民政根据通知的指示，开展服务质量检查任务，指派检查人员到访养老服务机构，并对机构进行服务质量检查，根据检查结果提出整改意见。

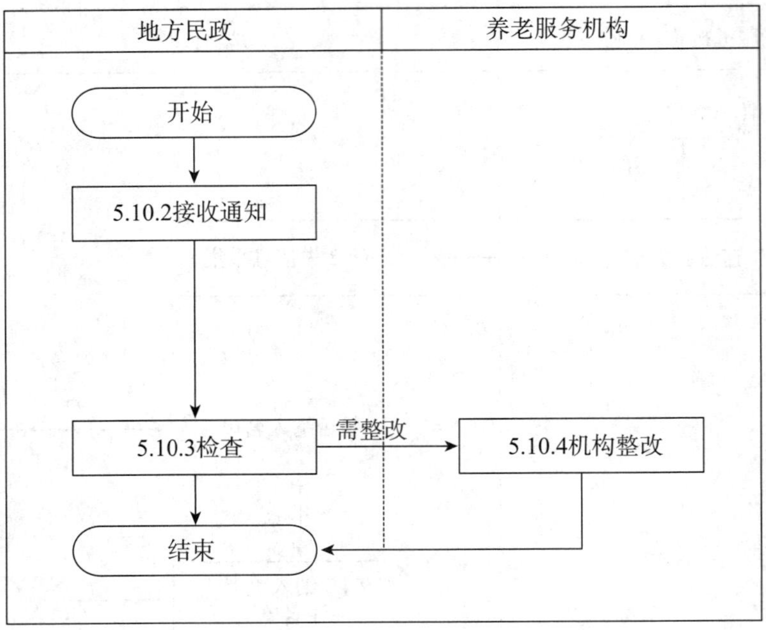

图 11　养老机构服务质量检查业务流程

5. 10. 4 机构整改

养老服务机构配合检查人员开展机构服务质量检查,并接受检查结果及整改意见,进行整改。

5. 11 留守老年人信息采集业务流程

5. 11. 1 概述

留守老年人信息采集业务的基本流程包含以下步骤:

a)老年人信息录入;

b)未审核报表;

c)审核;

d)老人年信息修改;

e)乡镇级老年人信息录入;

f)统计查询。

留守老年人信息采集业务流程见图 12 所示。

5. 11. 2 村居老年人信息录入

村级用户对本辖区内的留守老人的信息进行录入。

5. 11. 3 未审核报表

录入完成保存后,可以将未审核的信息提交审核。

5. 11. 4 审核

乡镇级用户对本辖区内的村级用户提交的留守老人信息进行审核。

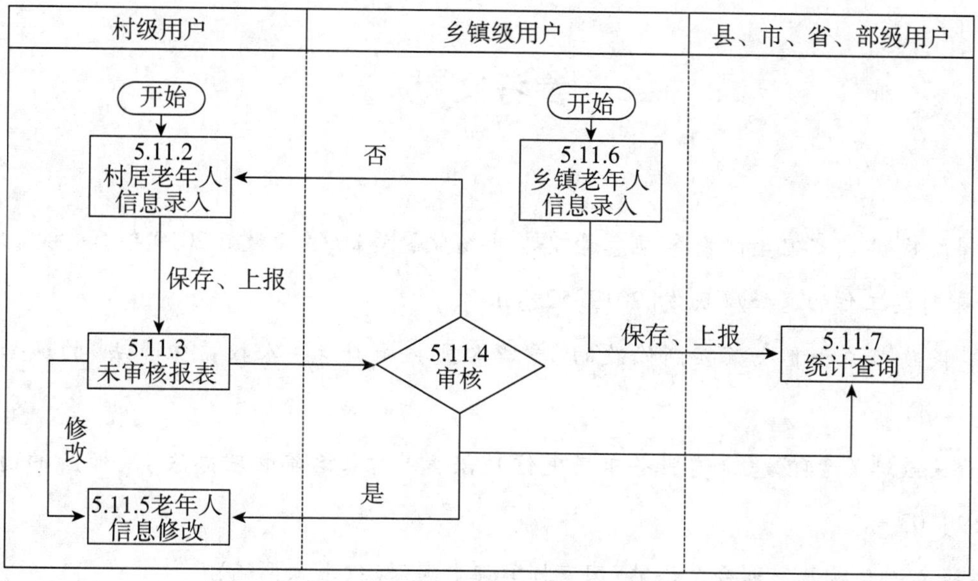

图12 留守老年人信息采集业务流程

5.11.5 老人年信息修改

当老人信息有变动需要修改时,需要对应的村居用户进行修改。

5.11.6 乡镇老年人信息录入

乡镇级用户对本辖区内的留守老人的信息进行录入。

5.11.7 统计查询

县、市、省级、部级用户可以查询统计本区划范围内的留守老人信息。

参考文献

[1]民政部 国家卫生健康委 应急管理部 市场监管总局《关于做好2019年养老院服务质量建设专项行动工作的通知》(民发〔2019〕52号)

[2]民政部关于贯彻落实新修改的《中华人民共和国老年人权益保障法》的通知(民函〔2019〕1号)

[3]民政部关于印发《养老服务市场失信联合惩戒对象名单管理办法(试行)》的通知(民发〔2019〕103号)

[4]《养老机构等级划分与评定》国家标准评定细则(征求意见稿)

[5]全国养老院服务质量大检查指南(民发〔2017〕51号)

JMGC

民 政 部 金 民 工 程 标 准

JMGC/YW 437—2020

养老服务数据元

2020－12－30 发布 2020－12－30 实施

民政部信息中心 发布

目　次

前　　言

本文件按照 GB/T 1.1—2020《标准化工作导则 第1部分:标准化文件的结构和起草规则》的规定起草。

请注意本文件的某些内容可能涉及专利。本文件的发布机构不承担识别专利的责任。

本文件由民政部信息中心提出并归口。

本文件起草单位:民政部信息中心、万达信息股份有限公司。

本文件主要起草人:王兴玲、邬函斌、马晓宁、晁俊、王鑫、李永良、李彦浩、刘鸿。

养老服务数据元

1 范围

本文件给定了金民工程项目中养老服务业务数据元的标识符、中文名称、数据类型、数据格式和必选项的要求。

本文件适用于金民工程项目中养老服务建设。

2 规范性引用文件

下列文件中的内容通过文中的规范性引用而构成本文件必不可少的条款。其中,注日期的引用文件,仅该日期对应的版本适用于本文件;不注日期的引用文件,其最新版本(包括所有的修改单)适用于本文件。

GB/T 18391.1 信息技术 元数据注册系统(MDR) 第1部分:框架

GB 32100 法人和其他组织统一社会信用代码编码规则

JMGC/XX 210 金民工程 数据对象命名规范

GB/T 2260 中华人民共和国行政区划代码

GB/T 10114 县级以下行政区划代码编制规则

JMGC/XX 204 金民工程 信息分类和编码规范

3 术语和定义

下列术语和定义适用于本文件。

3.1 数据

信息的可再解释的形式化表示,以适用于通信、解释或处理。

[来源:GB/T 5271.1,定义 01.01.02]

3.2 数据元

用一组属性描述定义、标识、表示和允许值的数据单元。

[来源:GB/T 18391.1,3.14]

3.3 值域

允许值的集合。

[来源:GB/T 18391.1,3.75]

4 缩略语

下列缩略语适用于本文件。

UTF—8 Unicode 的可变长度字符编码(8—bit Unicode Transformation Format)。

5 数据元属性

5.1 标识符

标识符为数据库中该字段的唯一标识,应符合 JMGC/XX 210 的要求。

5.2 中文名称

字段名称采用中文描述,表示字段的名称。

5.3 数据类型

本文件中数据元的数据类型见表 1。

表 1 数据类型

数据类型	说明
string(字符型)	通过字符形式表达的值的类型
number(整数型)	通过"0"到"9"数字表达的整数类型的值
float(浮点型)	通过"0"到"9"数字和小数点"."表达的实数
date(日期型)	通过 YYYYMMDD 的形式表达的值的类型
datetime(日期时间型)	通过 YYYYMMDD hh:mm:ss 的形式表达的值的类型
boolean(布尔型)	两个且只有两个表明条件的值

5.4 数据格式

从业务的角度规定的数据元的格式需求,包括所允许的最大和(或)最小字符长度,表示格式等。数据格式中使用的字符含义见表 2。

表 2 数据格式

数据格式	说明
a	字母字符
n	数字字符
an	字母数字字符
m(m 为自然数)	定长 m 个字符(字符集默认为 GB 18030 的全部部分)
..ul	长度不确定的
..	从最小长度到最大长度,前面附加最小长度,后面附加最大长度

续表

数据格式	说明
YYYYMMDD hh:mm:ss	“YYYY”表示年份，“MM”表示月份，“DD”表示日期，“hh”表示小时，“mm”表示分钟，“ss”表示秒，可以视实际情况组合使用
m,n	float 的精度，m 表示总长度，n 表示小数位

5.5 必选项

必选项描述该字段是否允许插入空值，填“Y”表示该字段不允许为空值，填“N”表示该字段允许为空值。

5.6 备注

备注应对字段的意义、取值范围、计量单位、参考标准等提出要求。

6 数据元描述

6.1 基础信息

6.1.1 养老机构基础信息

养老机构基础信息见表 3。

表 3　养老机构基础信息

标识符	中文名称	数据类型	数据格式	必选项	备注
AXBE0002	统一社会信用代码	string	an18	Y	统一社会信用代码，采用基础数据库统一定义标识符 取值范围见 GB 32100
AXBE0003	单位名称	string	..100	Y	单位名称，采用基础数据库统一定义标识符
AXBE0015	建立日期	date	YYYYMMDD	Y	建立日期，采用基础数据库统一定义标识符
AXBE0027	通信地址描述	string	..100	Y	通信地址描述，采用基础数据库统一定义标识符
AXBE0028	所在行政区划	string	n12	Y	所在行政区划，采用基础数据库统一定义标识符 前 6 位见 GB/T 2260，后 3 位见 GB/T 10114，后 3 位为村或社区编码
AXBE0017	法定代表人姓名	string	..72	Y	法定代表人姓名，采用基础数据库统一定义标识符
AXBE0018	法定代表人身份证件类型	string	n2	Y	法定代表人身份证件类型，采用基础数据库统一定义标识符符 取值范围见 JMGC/XX 204 5.1.15 C0015 身份证件类型代码
AXBE0019	法定代表人身份证件号码	string	..18	Y	法定代表人身份证件号码，采用基础数据库统一定义标识符

续表

标识符	中文名称	数据类型	数据格式	必选项	备注
AHAE0011	法定代表人性质	string	n2	Y	见 JMGC/XX 204 5.6.7 CH007 养老机构法人性质代码
AXZX0008	法定代表人手机号码	string	n11	Y	法定代表人手机号码,采用基础数据库统一定义标识符 长11位,第1位为1,第2位为3—9
AHAE0013	所处位置	string	n1	Y	见 JMGC/XX 204 5.6.12 CH012 养老机构所处位置代码
AHAE0015	机构类别	string	n2	Y	见附录A代码集 A.50 机构类别代码
AHAE0016	服务场所产权性质	string	n2	Y	见 JMGC/XX 204 5.6.9 CH009 养老机构服务场所性质代码
AHAE0017	兴办主体	string	n2	N	见 JMGC/XX 204 5.6.10 CH010 养老机构兴办主体代码
AHAE0019	养老床位数量	number		Y	单位:张
AHAE2997	护理型床位数量	number		Y	单位:张
AHAE2298	日托床位数量	number		Y	单位:张
AHAE2343	全托床位数量	number		Y	单位:张
AHAE0020	服务设施面积	float	8,2	Y	单位:平方米
AHAE0021	建筑面积	float	8,2	Y	单位:平方米
AHAE0022	占地面积	float	8,2	Y	单位:平方米
AHAE0023	是否开展居家和社区养老服务	boolean		N	见附录A代码集 A.53 是否代码
AHAE0024	是否投保养老机构责任险	boolean		N	见附录A代码集 A.53 是否代码
AHAE0025	收住老年人类型	string	n2	Y	见附录A代码集 A.4 收住老年人类型代码
AHAE0026	营业状态	string	n2	Y	见 JMGC/XX 204 5.6.26 CH026 养老服务机构生存状态代码
AHAE0027	医疗服务形式	string	n2	N	见 JMGC/XX 204 5.6.13 CH013 养老机构医疗服务形式一级代码
AXZX0001	联系电话	string	..18	N	联系电话,采用基础数据库统一定义标识符 有效的座机或手机号码。座机号码标准格式为:区号-电话号码,手机号码为11位数字
AHAE0029	等级	string	n2	N	见 JMGC/XX 204 5.6.4 CH004 养老机构等级代码
AHAE0030	执业日期	date	YYYYMMDD	N	
AHAE0031	医疗机构执业许可证号	string	an18	N	
AHAE0038	长护险批复日期	date	YYYYMMDD	N	

6.1.2 社区养老服务机构信息

社区养老服务机构信息见表4。

表4　社区养老服务机构信息

标识符	中文名称	数据类型	数据格式	必选项	备注
AXBE0028	所在行政区划	string	n12	Y	所在行政区划,采用基础数据库统一定义标识符 前6位见GB/T 2260,后3位见GB/T 10114,后3位为村或社区编码
AXBE0002	统一社会信用代码	string	an18	Y	统一社会信用代码,采用基础数据库统一定义标识符。 取值范围见GB 32100
AXBE0003	单位名称	string	..100	Y	单位名称,采用基础数据库统一定义标识符
AXBE0027	通信地址描述	string	..100	Y	通信地址描述,采用基础数据库统一定义标识符
AHAE5005	土地是否由政府免费提供	boolean		Y	见附录A代码集A.53是否代码
AHAE2528	场所是否由政府免费提供	boolean		Y	见附录A代码集A.53是否代码
AHAE5027	社区养老服务机构类别	string	n2	Y	见附录A代码集A.48社区养老服务机构类别代码
AHAE5006	提供的服务类型	string	n2	Y	见附录A代码集A.49社区养老服务机构服务类型代码
AHAE5007	入住老年人人数	number		Y	单位:个
AHAE5008	自理老年人收住费用(元/月)	float	8,2	Y	单位:元
AHAE5009	部分失能老年人收住费用(元/月)	float	8,2	Y	单位:元
AHAE5010	失能老年人收住费用(元/月)	float	8,2	Y	单位:元
AXZX0001	联系电话	string	..18	Y	联系电话,采用基础数据库统一定义标识符 有效的座机或手机号码。座机号码标准格式为:区号-电话号码,手机号码为11位数字
AHAE2524	是否享受社区养老服务税费减免	boolean		Y	见附录A代码集A.53是否代码
AHAE0019	养老床位数量	number		Y	单位:张
AHAE2526	设施建筑面积	float	8,2	Y	单位:平方米
AHAE2527	护理型床位数量	number		Y	单位:张
AHAE2298	日托床位数量	number		Y	单位:张
AHAE5019	是否由社会力量运营	boolean		Y	见附录A代码集A.53是否代码

续表

标识符	中文名称	数据类型	数据格式	必选项	备注
AHAE5020	用途是否纳入民政部门统一监管	boolean		Y	见附录 A 代码集 A. 53 是否代码
AHAE5022	全托床位数	number		Y	单位:张
AHAE2344	是否区域养老中心	boolean		Y	见附录 A 代码集 A. 53 是否代码
AHAE5023	服务人次(每月)	number		Y	单位:人次

6.1.3 老年人基础信息

老年人基础信息见表5。

表5　老年人基础信息

标识符	中文名称	数据类型	数据格式	必选项	备注
AXCP0002	姓名	string	..72	Y	姓名,采用基础数据库统一定义标识符
AXCP0004	身份证件类型	string	n2	Y	身份证件类型,采用基础数据库统一定义标识符 取值范围见 JMGC/XX 204 5.1.15 C0015 身份证件类型代码
AXCP0005	公民身份号码	string	..18	Y	公民身份证件号码,采用基础数据库统一定义标识符
AXCP0006	性别	string	n1	Y	性别,采用基础数据库统一定义标识符 取值范围见 JMGC/XX 204 5.1.7 C0007 人的性别代码
AXCP0039	出生日期	date	YYYYMMDD	Y	出生日期,采用基础数据库统一定义标识符
AXCP0007	国籍	string	n3	Y	国籍,采用基础数据库统一定义标识 见 GB/T 2659
AXCP0008	民族	string	n2	Y	民族,采用基础数据库统一定义标识 见 JMGC/XX 204 5.1.9 C0009 民族代码
AXCP0009	文化程度	string	n2	Y	文化程度,采用基础数据库统一定义标识 见 JMGC/XX 204 5.1.8 C0008 学历代码
AXCP0036	婚姻状况	string	n2	Y	婚姻情况,采用基础数据库统一定义标识符 取值范围见 JMGC/XX 204 5.1.10 C0010 婚姻状况代码

续表

标识符	中文名称	数据类型	数据格式	必选项	备注
AXCP0017	政治面貌	string	n2	N	政治面貌,采用基础数据库统一定义标识符 取值范围见 JMGC/XX 204 5.1.13 C0013 政治面貌代码
AXCP0013	户籍类别	string	n2	Y	户籍类别,采用基础数据库统一定义标识符 取值范围见 JMGC/XX 204 5.1.31 C0031 户籍类别代码
AXCP0041	户籍地行政区划	string	n12	Y	户籍地行政区划,采用基础数据库统一定义标识符 前 6 位见 GB/T 2260,后 3 位见 GB/T 10114,后 3 位为村或社区编码
AXCP0040	户籍地址	string	..100	Y	籍贯地址,采用基础数据库统一定义标识符
AXCP0011	籍贯	string	..100	Y	籍贯,采用基础数据库统一定义标识符
AXCP0037	手机号码	string	n11	N	手机号码,采用基础数据库统一定义标识符 长 11 位,第 1 位为 1,第 2 位为 3—9
AXCP0043	居住地行政区划	string	n12	Y	居住地址所在行政区划,采用基础数据库统一定义标识符 前 6 位见 GB/T 2260,后 3 位见 GB/T 10114,后 3 位为村或社区编码
AXCP0042	居住地址	string	..100	Y	居住地址,采用基础数据库统一定义标识符
AHAP0024	残疾类别	string	n2	Y	见 JMGC/XX 204 5.1.24 C0024 残疾类别代码
AHAP0025	残疾等级	string	n2	Y	见 JMGC/XX 204 5.1.25 C0025 残疾等级代码
AHAP0017	监护人姓名	string	..72	Y	
AHAP0018	监护人手机号码	string	n11	Y	长 11 位,第 1 位为 1,第 2 位为 3—9
AHAP0019	与监护人关系	string	n2	Y	见 JMGC/XX 204 5.1.32 C0032 家庭关系代码
AHAP0020	医保类别	string	n1	Y	见附录 A 代码集 A.1 医保类别代码
AHAP1016	代办人姓名	string	..72	Y	
AHAP1017	代办人联系电话	string	..18	Y	有效的座机或手机号码。座机号码标准格式为:区号-电话号码,手机号码为 11 位数字
AXCP0027	开户银行代码	string	n4	N	见 JMGC/XX 204 5.1.44 C0044 开户银行代码

续表

标识符	中文名称	数据类型	数据格式	必选项	备注
AXCP0029	银行账号	string	n19	N	
AXCP0030	开户名称	string	..72	N	
AHAP1012	家庭人均收入	float	8,2	N	单位:元
AHAP0021	身体能力评估等级	string	n1	Y	见附录A代码集A.54身体能力评估等级代码
AHAP0028	是否享受长护险	boolean		Y	见附录A代码集A.53是否代码
AHAP0039	有无子女	boolean		Y	见附录A代码集A.53是否代码
AHAP0040	是否失能老年人	boolean		Y	见附录A代码集A.53是否代码
AHAP0038	是否失智老年人	boolean		Y	见附录A代码集A.53是否代码
AHAP0037	是否独居老年人	boolean		Y	见附录A代码集A.53是否代码
AHAP0036	是否孤老	boolean		Y	见附录A代码集A.53是否代码
AHAP0042	是否优抚对象	boolean		Y	见附录A代码集A.53是否代码
AHAP0035	是否参加社保	boolean		Y	见附录A代码集A.53是否代码
AHAP0016	社保卡号	string	an12	Y	

6.2 机构内部信息

6.2.1 合同信息

合同信息见表6。

表6　合同信息

标识符	中文名称	数据类型	数据格式	必选项	备注
AXCP0002	姓名	string	..72	Y	老年人姓名,采用基础数据库统一定义标识符
AXBE0003	单位名称	string	..100	Y	单位名称,采用基础数据库统一定义标识符
AXBE0028	所在行政区划	string	n12	Y	所在行政区划,采用基础数据库统一定义标识符 前6位见GB/T 2260,后3位见GB/T 10114,后3位为村或社区编码
AHDX6018	床位费	float	8,2	Y	单位:元/月
AHDX6019	餐饮费	float	8,2	Y	单位:元/月
AHDX6020	护理费	float	8,2	Y	单位:元/月
AHDX6021	服务押金	float	8,2	Y	单位:元/月
AHDX6022	其他收费	float	8,2	Y	单位:元/月
AHDX6024	护理等级	string	n2	Y	见附录A代码集A.7护理等级代码

续表

标识符	中文名称	数据类型	数据格式	必选项	备注
AHDX6002	合同开始日期	date	YYYYMMDD	Y	
AHDX6003	合同结束日期	date	YYYYMMDD	Y	
AHDX6005	房间号	string	..20	Y	
AHDX6007	床位号	string	..20	Y	
AHDX6009	签订日期	date	YYYYMMDD	Y	
AHDX6008	预计入住时间	datetime	YYYYMMDD hh:mm:ss	Y	
AXZX0002	公民身份号码	string	an18	Y	老年人公民身份号码,采用基础数据库统一定义标识符
AHDX6015	合同序列号	string	..32	Y	
AHDX6014	合同状态	string	n2	Y	见 JMGC/XX 204 5.6.29 CH029 合同状态代码
AHDX6025	费用类型	string	n1	Y	

6.2.2 出院信息

出院信息见表7。

表7 出院信息

标识符	中文名称	数据类型	数据格式	必选项	备注
AXBE0003	单位名称	string	..100	Y	单位名称,采用基础数据库统一定义标识符
AXCP0002	姓名	string	..72	Y	老年人姓名,采用基础数据库统一定义标识符
AXZX0002	公民身份号码	string	an18	Y	老年人公民身份号码,采用基础数据库统一定义标识符
AHDX6017	入住日期	date	YYYYMMDD	Y	
AHDX6005	入住房间	string	..20	Y	
AHDX6007	入住床位	string	..20	Y	
AHDX6019	状态代码	string	n2	Y	见 JMGC/XX 204 5.6.29 CH029 合同状态代码
AHDX6037	审核时间	datetime	YYYYMMDD hh:mm:ss	N	
AHDX6030	退住申请日期	date	YYYYMMDD	Y	
AHDX6031	实际退住日期	date	YYYYMMDD	Y	
AHDX6032	退住原因	string	n2	Y	见附录A代码集A.47 退住原因代码
AHDX6033	退住申请备注	string	..1000	N	
AHDX6034	退住审核备注	string	..1000	N	

6.2.3 老年人能力评估信息

老年人能力评估信息见表8。

表8　老年人能力评估信息

标识符	中文名称	数据类型	数据格式	必选项	备注
AHAE2491	评估结果等级	string	n1	Y	见 JMGC/XX 204 5.6.5 CH005 老人能力等级代码
AHAE2492	评估总分	float	8,2	Y	
AHAE2493	评估时间	datetime	YYYYMMDD hh:mm:ss	Y	
AHAE2495	录入人姓名	string	..72	Y	
AHAE2496	录入时间	datetime	YYYYMMDD hh:mm:ss	Y	
AXCP0002	姓名	string	..72	Y	姓名,采用基础数据库统一定义标识符
AXZX0002	公民身份号码	string	an18	Y	公民身份号码,采用基础数据库统一定义标识符
AHDX6026	状态	string	n1	Y	见 JMGC/XX 204 5.1.34 C0034 人员状态代码
AHAE2497	评估标准	string	n2	Y	

6.2.4 服务项目信息

服务项目信息见表9。

表9　服务项目信息

标识符	中文名称	数据类型	数据格式	必选项	备注
AHDX6063	服务项目名称	string	..120	Y	
AHDX6065	价格	float	8,2	Y	单位:元
AHDX6066	护理等级	string	n2	Y	见附录A代码集A.7护理等级代码
AHDX6067	是否有效	boolean		Y	见附录A代码集A.53是否代码

6.2.5 重大事件信息

重大事件信息见表10。

表10　重大事件信息

标识符	中文名称	数据类型	数据格式	必选项	备注
AXBE0002	统一社会信用代码	string	an18	Y	统一社会信用代码,采用基础数据库统一定义标识符 取值范围见 GB 32100

续表

标识符	中文名称	数据类型	数据格式	必选项	备注
AXBE0003	单位名称	string	..100	Y	单位名称，采用基础数据库统一定义标识符
AXBE0028	所在行政区划	string	n12	Y	所在行政区划，采用基础数据库统一定义标识符 前6位见GB/T 2260，后3位见GB/T 10114，后3位为村或社区编码
AXBE0027	通信地址描述	string	..100	Y	通信地址描述，采用基础数据库统一定义标识符
AHAE2134	发生时间	datetime	YYYYMMDD hh:mm:ss	Y	
AHAE2135	事件详情	string	..1000	Y	
AHAE2136	严重程度	string	n1	Y	见附录A代码集A.8严重程度代码
AHAE2137	处理状态	string	n1	N	见附录A代码集A.27处理状态代码
AHAE2138	处理结果	string	n1	N	见附录A代码集A.9处理结果代码

6.2.6 投诉举报信息

投诉举报信息见表11。

表11 投诉举报信息

标识符	中文名称	数据类型	数据格式	必选项	备注
AXBE0002	统一社会信用代码	string	an18	Y	统一社会信用代码，采用基础数据库统一定义标识符 取值范围见GB 32100
AXBE0003	单位名称	string	..100	Y	单位名称，采用基础数据库统一定义标识符
AXBE0027	通信地址描述	string	..100	Y	通信地址描述，采用基础数据库统一定义标识符
AXBE0028	所在行政区划	string	n12	Y	所在行政区划，采用基础数据库统一定义标识符 前6位见GB/T 2260，后3位见GB/T 10114，后3位为村或社区编码
AXZX0008	手机号码	string	n11	Y	投诉举报人手机号码，采用基础数据库统一定义标识符 长11位，第1位为1，第2位为3—9
AHAE2118	投诉举报时间	datetime	YYYYMMDD hh:mm:ss	Y	

续表

标识符	中文名称	数据类型	数据格式	必选项	备注
AXCP0002	姓名	string	..72	Y	投诉举报人姓名,采用基础数据库统一定义标识符
AXCP0004	身份证件类型	string	n2	Y	投诉举报人身份证件类型,采用基础数据库统一定义标识符见 JMGC/XX 204 5.1.15 C0015 身份证件类型代码
AXCP0005	公民身份号码	string	..18	Y	投诉举报人身份证件号码,采用基础数据库统一定义标识符
AHAE2123	投诉举报内容	string	..300	Y	
AHAE2124	处理状态	string	n1	N	见附录 A 代码集 A.9 处理结果代码
AHAE2126	处理结果	string	..300	N	

6.2.7 捐赠信息

捐赠信息见表 12。

表 12 捐赠信息

标识符	中文名称	数据类型	数据格式	必选项	备注
AHDX6096	捐赠人姓名或单位名称	string	..120	Y	
AXZX0001	联系电话	string	..18	N	联系电话,采用基础数据库统一定义标识符 有效的座机或手机号码。座机号码标准格式为:区号 - 电话号码,手机号码为 11 位数字
AHDX6011	捐赠人身份证件号码	string	..18	Y	
AHDX6095	捐赠时间	datetime	YYYYMMDD hh:mm:ss	Y	
AHDX6010	捐赠方式	string	n2	Y	见附录 A 代码集 A.10 捐赠方式代码
AHDX6012	捐赠金额	float	10,2	Y	单位:元
AHDX6013	捐赠使用情况	string	..400	Y	
AHDX6014	捐赠描述	string	..400	N	
AHDX6067	是否有效	boolean		Y	见附录 A 代码集 A.53 是否代码
AXBE0002	统一社会信用代码	string	an18	Y	统一社会信用代码,采用基础数据库统一定义标识符 取值范围见 GB 32100
AHDX6019	材料存储地址	string	..100	N	
AHDX6020	捐赠主体	string	..72	N	
AHDX6021	捐赠物资或服务	string	..400	N	

6.2.8 收银管理信息

收银管理信息见表13。

表13 收银管理信息

标识符	中文名称	数据类型	数据格式	必选项	备注
AHDX6109	金额	float	8,2	Y	
AHDX6110	收款方式	string	n2	Y	见附录A代码集A.12收款方式代码
AHDX6111	收款时间	datetime	YYYYMMDD hh:mm:ss	Y	
AHDX6012	操作人姓名	string	..72	Y	
AHDX6010	操作时间	datetime	YYYYMMDD hh:mm:ss	Y	
AHDX6113	是否撤账	boolean		Y	见附录A代码集A.53是否代码
AHDX6112	备注	string	..1000	N	
AHDX6114	收款类型	string	n2	Y	见附录A代码集A.11收款类型代码

6.2.9 档案信息

档案信息见表14。

表14 档案信息

标识符	中文名称	数据类型	数据格式	必选项	备注
AXCP0002	姓名	string	..72	Y	老年人姓名,采用基础数据库统一定义标识符
AXCP0004	身份证件类型	string	n2	Y	老年人身份证件类型,采用基础数据库统一定义标识符 取值范围见JMGC/XX 204 5.1.15 C0015身份证件类型代码
AXCP0005	公民身份号码	string	..18	Y	老年人身份证件号码,采用基础数据库统一定义标识符
AXCP0006	性别	string	n1	Y	老年人性别,采用基础数据库统一定义标识符 取值范围见JMGC/XX 204 5.1.7 C0007人的性别代码
AXCP0039	出生日期	date	YYYYMMDD	Y	老年人出生日期,采用基础数据库统一定义标识符
AXCP0007	国籍	string	n3	Y	老年人国籍,采用基础数据库统一定义标识符 见GB/T 2659

续表

标识符	中文名称	数据类型	数据格式	必选项	备注
AXCP0008	民族	string	n2	Y	老年人民族,采用基础数据库统一定义标识符 见 JMGC/XX 204 5.1.9 C0009 民族代码
AXCP0009	文化程度	string	n2	Y	老年人文化程度,采用基础数据库统一定义标识符 见 JMGC/XX 204 5.1.8 C0008 学历代码
AXCP0036	婚姻状况	string	n2	Y	老年人婚姻情况,采用基础数据库统一定义标识符 取值范围见 JMGC/XX 204 5.1.10 C0010 婚姻状况代码
AXCP0017	政治面貌	string	n2	N	老年人政治面貌,采用基础数据库统一定义标识符 取值范围见 JMGC/XX 204 5.1.13 C0013 政治面貌代码
AXCP0013	户籍类别	string	n2	Y	老年人户籍类别,采用基础数据库统一定义标识符 取值范围见 JMGC/XX 204 5.1.31 C0031 户籍类别代码
AXCP0041	户籍地行政区划	string	n12	Y	老年人户籍地行政区划,采用基础数据库统一定义标识符 前 6 位见 GB/T 2260,后 3 位见 GB/T 10114,后 3 位为村或社区编码
AXCP0040	户籍地址	string	..100	Y	老年人籍贯地址,采用基础数据库统一定义标识符
AXCP0011	籍贯	string	..100	Y	老年人籍贯,采用基础数据库统一定义标识符
AXCP0037	手机号码	string	n11	N	手机号码,采用基础数据库统一定义标识符 长 11 位,第 1 位为 1,第 2 位为 3—9
AXCP0043	居住地址所在地行政区划	string	n12	Y	老年人居住地址所在地行政区划,采用基础数据库统一定义标识符 前 6 位见 GB/T 2260,后 3 位见 GB/T 10114,后 3 位为村或社区编码
AXCP0042	居住地址	string	..100	Y	老年人居住地址,采用基础数据库统一定义标识符
AHDP6036	入住状态	string	n1	N	见附录 A 代码集 A.13 入住状态代码

续表

标识符	中文名称	数据类型	数据格式	必选项	备注
AHDX6005	房间号	string	..20	N	
AHDX6007	床位号	string	..20	N	
AHDX6067	是否有效	boolean		Y	见附录A代码集A.53是否代码
AHDP6022	人员居住地址	string	..100	N	
AXZX0001	联系电话	string	..18	N	联系电话,采用基础数据库统一定义标识符 有效的座机或手机号码。座机号码标准格式为:区号-电话号码,手机号码为11位数字

6.2.10 病史信息

病史信息见表15。

表15 病史信息

标识符	中文名称	数据类型	数据格式	必选项	备注
AXCP0002	姓名	string	..72	Y	姓名,采用基础数据库统一定义标识符
AHDX6005	房间号	string	..20	Y	
AHDX6007	床位号	string	..20	Y	
AHDP6024	诊断日期	date	YYYYMMDD	Y	
AHDP6025	诊断结论	string	.1000	Y	

6.2.11 过敏信息

过敏信息见表16。

表16 过敏信息表

标识符	中文名称	数据类型	数据格式	必选项	备注
AHDX6145	分类名称	string	..120	Y	
AHDP6028	症状描述	string	..100	N	
AHDX6067	是否有效	boolean		Y	见附录A代码集A.53是否代码
AHDP6030	备注	string	..300	N	

6.2.12 老年人过敏信息

老年人过敏信息见表17。

表 17　老年人过敏信息

标识符	中文名称	数据类型	数据格式	必选项	备注
AXCP0002	姓名	string	..72	Y	姓名,采用基础数据库统一定义标识符
AHDP6028	症状描述	string	..100	N	
AHDP6030	备注	string	..600	N	
AXBE0003	单位名称	string	..100	Y	单位名称,采用基础数据库统一定义标识符

6.2.13 员工基本信息

员工基本信息见表 18。

表 18　员工基本信息

标识符	中文名称	数据类型	数据格式	必选项	备注
AXCP0002	姓名	string	..72	Y	姓名,采用基础数据库统一定义标识符
AXCP0004	身份证件类型	string	n2	Y	身份证件类型,采用基础数据库统一定义标识符 取值范围见 JMGC/XX 204 5.1.15 C0015 身份证件类型代码
AXCP0005	公民身份证件号码	string	..18	Y	公民身份证件号码,采用基础数据库统一定义标识符
AXCP0039	出生日期	date	YYYYMMDD	Y	出生日期,采用基础数据库统一定义标识符
AXCP0006	性别	string	n1	Y	性别,采用基础数据库统一定义标识符 取值范围见 JMGC/XX 204 5.1.7 C0007 人的性别代码
AXZX0001	联系电话	string	..18	Y	联系电话,采用基础数据库统一定义标识符 有效的座机或手机号码。座机号码标准格式为:区号 - 电话号码,手机号码为 11 位数字。
AXCP0009	文化程度	string	n2	Y	文化程度,采用基础数据库统一定义标识 见 JMGC/XX 204 5.1.8 C0008 学历代码
AHDX6131	所属部门	string	..40	N	
AHDX6132	在职状态	string	n1	Y	见附录 A 代码集 A.2 在职状态代码
AHDX6133	离职时间	datetime	YYYYMMDD hh:mm:ss	N	
AHDX6134	职业类型	string	n2	Y	见附录 A 代码集 A.14 职业类型代码

续表

标识符	中文名称	数据类型	数据格式	必选项	备注
AHDX6135	岗位类型	string	n2	Y	见附录 A 代码集 A. 15 岗位类型代码
AHDX6137	是否有护理人员等级证书	boolean		Y	见附录 A 代码集 A. 53 是否代码
AHDX6138	是否缴纳社保	boolean		Y	见附录 A 代码集 A. 53 是否代码
AHDX6141	护理员等级	string	n2	Y	见 JMGC/XX 204 5. 6. 20 CH020 护理员等级
AHDX6142	原护理员等级	string	n2	Y	见 JMGC/XX 204 5. 6. 20 CH020 护理员等级
AHDX6140	删除标识	boolean		Y	见附录 A 代码集 A. 53 是否代码

6. 2. 14 员工培训经历

员工培训经历见表 19。

表 19 员工培训经历信息

标识符	中文名称	数据类型	数据格式	必选项	备注
AHDX6156	培训机构名称	string	. . 120	Y	
AHDX6157	培训班名称	string	. . 100	Y	
AHDX6158	培训时间	datetime	YYYYMMDD hh:mm:ss	Y	
AHDX6159	培训内容	string	. . 1000	Y	
AHDX6160	备注	string	. . 1000	N	
AHDX6140	删除标识	boolean		Y	见附录 A 代码集 A. 53 是否代码
AHDX6161	是否享受培训补贴	boolean		N	见附录 A 代码集 A. 53 是否代码
AHDX6162	培训补贴金额	float	8,2	N	单位:元

6. 2. 15 员工奖励信息

员工奖励信息见表 20。

表 20 员工奖励信息

标识符	中文名称	数据类型	数据格式	必选项	备注
AHDX6144	奖励时间	datetime	YYYYMMDD hh:mm:ss	Y	
AHDX6145	奖励原因	string	. . 200	Y	
AHDX6146	奖励内容	string	. . 200	Y	
AHDX6147	奖励单位名称	string	. . 120	Y	
AHDX6140	删除标识	boolean		Y	见附录 A 代码集 A. 53 是否代码

6.2.16 员工惩罚信息

员工惩罚信息见表21。

表21 员工惩罚信息

标识符	中文名称	数据类型	数据格式	必选项	备注
AHDX6139	处罚时间	datetime	YYYYMMDD hh:mm:ss	Y	
AHDX6140	处罚原因	string	..100	Y	
AHDX6141	处罚内容	string	..200	Y	
AHDX6142	处罚单位名称	string	..72	Y	
AHDX6143	删除标识	boolean		Y	见附录A代码集A.53是否代码

6.3 养老机构监管信息

6.3.1 先进个人

先进个人见表22。

表22 先进个人信息

标识符	中文名称	数据类型	数据格式	必选项	备注
AXCP0002	姓名	string	..72	Y	姓名,采用基础数据库统一定义标识符
AXCP0006	性别	string	n1	Y	性别,采用基础数据库统一定义标识符 取值范围见JMGC/XX 204 5.1.7 C0007 人的性别代码
AXCP0039	出生日期	date	YYYYMMDD	Y	出生日期,采用基础数据库统一定义标识符
AXCP0004	身份证件类型	string	n2	Y	身份证件类型,采用基础数据库统一定义标识符 取值范围见JMGC/XX 204 5.1.15 C0015 身份证件类型代码
AXCP0005	公民身份证件号码	string	..18	Y	公民身份证件号码,采用基础数据库统一定义标识符
AHAE2309	表彰日期	date	YYYYMMDD	Y	
AHAE2310	先进事迹	string	..400	Y	
AHAE2311	表彰单位名称	string	..120	Y	
AHAE2332	推荐单位名称	string	..120	Y	
AHAE2333	单位名称	string	..120	Y	单位名称,采用基础数据库统一定义标识符

6.3.2 先进单位

先进单位见表23。

表23　先进单位信息

标识符	中文名称	数据类型	数据格式	必选项	备注
AXBE0003	单位名称	string	..100	Y	单位名称,采用基础数据库统一定义标识符
AXZX0007	联系人姓名	string	..72	Y	联系人姓名,采用基础数据库统一定义标识符
AXZX0001	联系电话	string	..18	Y	联系电话,采用基础数据库统一定义标识符 有效的座机或手机号码。座机号码标准格式为:区号-电话号码,手机号码为11位数字
AHAE2317	表彰名称	string	..120	Y	
AHAE2310	先进事迹	string	..400	Y	
AHAE2349	被表彰日期	date	YYYYMMDD	Y	
AHAE2348	表彰单位名称	string	..120	Y	
AXBE0033	单位所属行政区划	string	n12	Y	单位所属行政区划,采用基础数据库统一定义标识符 前6位见GB/T 2260,后3位见GB/T 10114,后3位为村或社区编码

6.3.3 等级评定申请

等级评定申请见表24。

表24　等级评定申请信息

标识符	中文名称	数据类型	数据格式	必选项	备注
AXBE0002	统一社会信用代码	string	an18	Y	统一社会信用代码,采用基础数据库统一定义标识符 取值范围见GB 32100
AXBE0003	单位名称	string	..100	Y	单位名称,采用基础数据库统一定义标识符
AXBE0015	单位建立日期	date	YYYYMMDD	Y	建立日期,采用基础数据库统一定义标识符
AHAE0030	养老机构执业日期	date	YYYYMMDD	N	
AXBE0027	通信地址描述	string	..100	Y	通信地址描述,采用基础数据库统一定义标识符
AHAE0013	所处位置	string	n1	Y	见JMGC/XX 204 5.6.12 CH012养老机构所处位置代码

续表

标识符	中文名称	数据类型	数据格式	必选项	备注
AHAE0016	服务场所产权性质	string	n1	Y	见 JMGC/XX 204 5.6.9 CH009 养老机构服务场所性质代码
AHAE0019	养老床位数量	number		Y	单位:张
AHAE0020	服务设施面积	float	8,2	Y	单位:平方米
AHAE0021	建筑面积	float	8,2	Y	单位:平方米
AHAE0022	占地面积	float	8,2	Y	单位:平方米
AHAE0023	是否开展居家和社区养老服务	boolean		Y	见附录 A 代码集 A.53 是否代码
AHAE0024	是否投保养老机构责任险	boolean		Y	见附录 A 代码集 A.53 是否代码
AHAE0025	收住老年人类型	string	n2	Y	见附录 A 代码集 A.4 收住老年人类型代码
AHAE0027	医疗服务形式	string	n2	Y	见 JMGC/XX 204 5.6.13 CH013 养老机构医疗服务形式一级代码
AXZX0001	联系电话	string	..18	Y	联系电话,采用基础数据库统一定义标识符 有效的座机或手机号码。座机号码标准格式为:区号-电话号码,手机号码为 11 位数字
AHAE0038	长护险批复日期	date	YYYYMMDD	Y	
AHAE0029	上一次评定等级	string	n2	N	见附录 A 代码集 A.16 申请等级代码
AHAE2659	申请等级	string	n2	Y	见附录 A 代码集 A.16 申请等级代码
AHAE2660	流转状态	string	n2	Y	见附录 A 代码集"等级评定流转状态代码"
AHAE2661	申请时间	datetime	YYYYMMDD hh:mm:ss	Y	
AXCP0002	申请人姓名	string	..72	Y	申请人姓名,采用基础数据库统一定义标识符
AHAE2663	申请人联系电话	string	..18	Y	有效的座机或手机号码。座机号码标准格式为:区号-电话号码,手机号码为 11 位数字
AXBE0033	单位所属行政区划	string	n12	Y	单位所属行政区划,采用基础数据库统一定义标识符 前 6 位见 GB/T 2260,后 3 位见 GB/T 10114,后 3 位为村或社区编码
AXBE0028	所在地行政区划	string	n12	Y	所在地行政区划,采用基础数据库统一定义标识符 前 6 位见 GB/T 2260,后 3 位见 GB/T 10114,后 3 位为村或社区编码

6.3.4 等级评定公示

等级评定公示见表25。

表 25　等级评定公示信息

标识符	中文名称	数据类型	数据格式	必选项	备注
AHAE2702	公示类型	string	n2	Y	见附录 A 代码集“公示类型代码”
AHAE2705	公示开始日期	date	YYYYMMDD	Y	
AHAE2707	公示结束日期	date	YYYYMMDD	Y	
AHAE2708	公示状态	string	n2	Y	见附录 A 代码集“等级评定流转状态代码”
AHAE2709	公示终止日期	date	YYYYMMDD	N	

6.3.5 评定结果公示

评定结果公示见表26。

表 26　评定结果公示信息

标识符	中文名称	数据类型	数据格式	必选项	备注
AHAE2727	总得分	number		Y	
AHAE2729	环境得分	number		Y	
AHAE2730	设施设备得分	number		Y	
AHAE2731	运营管理得分	number		Y	
AHAE2732	服务得分	number		Y	
AHAE2728	评定等级代码	string	n2	Y	见附录 A 代码集 A.19 评定等级代码

6.3.6 等级证书及牌匾信息

等级证书及牌匾信息见表27。

表 27　等级证书及牌匾信息

标识符	中文名称	数据类型	数据格式	必选项	备注
AHAE2792	牌匾编号	string	..18	Y	
AHAE2787	发放日期	date	YYYYMMDD	Y	
AHAE2788	证书有效开始日期	date	YYYYMMDD	Y	
AHAE2793	证书有效结束日期	date	YYYYMMDD	Y	
AXCP0002	领取人姓名	string	..72	Y	领取人姓名，采用基础数据库统一定义标识符

续表

标识符	中文名称	数据类型	数据格式	必选项	备注
AXZX0001	联系电话	string	..18	Y	联系电话,采用基础数据库统一定义标识符 有效的座机或手机号码。座机号码标准格式为:区号-电话号码,手机号码为11位数字
AHAE2796	领取日期	date	YYYYMMDD	Y	
AHAE2797	证书退回状态	string	n1	N	见附录A代码集A.20证书退回状态代码
AHAE2798	证书退回时间	datetime	YYYYMMDD hh:mm:ss	Y	
AHAE2799	牌匾退回状态	string	n1	N	见附录A代码集A.21牌匾退回状态代码
AHAE2800	牌匾退回时间	datetime	YYYYMMDD hh:mm:ss	Y	
AHAE2801	证书退回人姓名	string	..72	Y	
AHAE2802	证书退回人联系电话	string	..18	Y	有效的座机或手机号码。座机号码标准格式为:区号-电话号码,手机号码为11位数字
AHAE2803	牌匾退回人姓名	string	..72	Y	
AHAE2804	牌匾退回人联系电话	string	..18	Y	有效的座机或手机号码。座机号码标准格式为:区号-电话号码,手机号码为11位数字
AXZX0002	领取人公民身份号码	string	an18	Y	领取人公民身份号码,采用基础数据库统一定义标识符
AHAE2806	证书编号	string	..18	Y	

6.3.7 变更等级评定申请

变更等级评定申请见表28。

表28 变更等级评定申请信息

标识符	中文名称	数据类型	数据格式	必选项	备注
AHAE2777	申请变更等级	string	n2	Y	见附录A代码集A.23申请变更等级代码
AHAE2778	变更原因	string	..200	Y	
AHAE2779	申请变更流转状态	string	n2	N	见附录A代码集A.22申请变更流转状态代码
AXCP0002	姓名	string	..72	Y	姓名,采用基础数据库统一定义标识符
AHAE2781	申请时间	datetime	YYYYMMDD hh:mm:ss	N	

续表

标识符	中文名称	数据类型	数据格式	必选项	备注
AXZX0008	手机号码	string	n11	Y	手机号码,采用基础数据库统一定义标识符 长 11 位,第 1 位为 1,第 2 位为 3—9
AHAE2783	审核结果	string	n2	N	见附录 A 代码集 A. 3 审核结果代码
AHAE2784	审核意见	string	. . 200	Y	
AHAE2728	评定等级	string	n2	Y	见附录 A 代码集 A. 19 评定等级代码
AHAE2659	申请等级	string	n2	Y	见附录 A 代码集 A. 16 申请等级代码

6. 3. 8 等级评定专家

等级评定专家见表 29。

表 29 等级评定专家信息

标识符	中文名称	数据类型	数据格式	必选项	备注
AXCP0004	身份证件类型	string	n2	Y	身份证件类型,采用基础数据库统一定义标识符 取值范围见 JMGC/XX 204 5. 1. 15 C0015 身份证件类型代码
AXCP0005	公民身份证件号码	string	. . 18	Y	公民身份证件号码,采用基础数据库统一定义标识符
AXCP0002	姓名	string	. . 72	Y	姓名,采用基础数据库统一定义标识符
AXZX0001	联系电话	string	. . 18	Y	联系电话,采用基础数据库统一定义标识符 有效的座机或手机号码。座机号码标准格式为:区号 - 电话号码,手机号码为 11 位数字
AXCP0041	户籍地行政区划	string	n12	Y	户籍地行政区划,采用基础数据库统一定义标识符 前 6 位见 GB/T 2260,后 3 位见 GB/T 10114,后 3 位为村或社区编码
AXBE0003	单位名称	string	. . 100	Y	单位名称,采用基础数据库统一定义标识符
AXBE0028	所在地行政区划	string	n12	Y	所在地行政区划,采用基础数据库统一定义标识符 前 6 位见 GB/T 2260,后 3 位见 GB/T 10114,后 3 位为村或社区编码

续表

标识符	中文名称	数据类型	数据格式	必选项	备注
AHAE2619	专家所属领域	string	n2	Y	见附录 A 代码集 A. 25 专家领域代码
AHAE2620	专家职称	string	n2	Y	见附录 A 代码集 A. 24 专家职称代码
AHAE2621	专家相关证书名称	string	. . 100	Y	

6. 3. 9 消防安全监管信息

消防安全监管信息见表 30。

表 30　消防安全监管信息

标识符	中文名称	数据类型	数据格式	必选项	备注
AXBE0002	统一社会信用代码	string	an18	Y	统一社会信用代码,采用基础数据库统一定义标识符 取值范围见 GB 32100
AXBE0003	单位名称	string	. . 100	Y	单位名称,采用基础数据库统一定义标识符
AXBE0028	所在行政区划	string	n12	Y	所在行政区划,采用基础数据库统一定义标识符 前 6 位见 GB/T 2260,后 3 位见 GB/T 10114,后 3 位为村或社区编码
AXBE0027	通信地址描述	string	. . 100	Y	通信地址描述,采用基础数据库统一定义标识符
AHAE2392	是否有消防安全制度	boolean		Y	见附录 A 代码集 A. 53 是否代码
AHAE2393	消防演练频次	number		Y	单位:次数
AHAE2394	消防设施数量	number		Y	单位:个
AXCP0002	负责人姓名	string	. . 72	Y	负责人姓名,采用基础数据库统一定义标识符
AXCP0004	负责人身份证件类型	string	n2	Y	负责人身份证件类型,采用基础数据库统一定义标识符 取值范围见 JMGC/XX 204 5. 1. 15 C0015 身份证件类型代码
AXCP0005	负责人身份证件号码	string	. . 18	Y	负责人身份证件号码,采用基础数据库统一定义标识符
AXZX0001	联系电话	string	. . 18	Y	联系电话,采用基础数据库统一定义标识符 有效的座机或手机号码。座机号码标准格式为:区号 - 电话号码,手机号码为 11 位数字。
AHAE2399	消防设施是否缺失	boolean		Y	见附录 A 代码集 A. 53 是否代码
AHAE2400	缺失消防设施名称	string	. . 120	N	

续表

标识符	中文名称	数据类型	数据格式	必选项	备注
AHAE2401	消防设施是否完好	boolean		Y	见附录 A 代码集 A.53 是否代码
AHAE2402	需要更换或修缮消防设施名称	string	..120	N	
AHAE2403	是否存在过期消防设施	boolean		Y	见附录 A 代码集 A.53 是否代码
AHAE2410	过期消防设施名称	string	..120	N	
AHAE2404	是否需要整改	boolean		Y	
AHAE2414	整改开始时间	datetime	YYYYMMDD hh:mm:ss	N	
AHAE2405	整改结束时间	datetime	YYYYMMDD hh:mm:ss	N	
AHAE2406	是否已整改	boolean		N	见附录 A 代码集 A.53 是否代码
AHAE2409	检查意见信息	string	..100	N	
AHAE2398	相关资料	string	..100	N	
AHAE2412	检查人姓名	string	..72	Y	
AXZX0008	检查人手机号码	string	n11	Y	检查人手机号码,采用基础数据库统一定义标识符 长 11 位,第 1 位为 1,第二位为 3—9
AHAE2413	检查时间	datetime	YYYYMMDD hh:mm:ss	Y	

6.3.10 其他安全检查信息

其他安全检查信息见表 31。

表 31 其他安全检查信息

标识符	中文名称	数据类型	数据格式	必选项	备注
AXBE0002	统一社会信用代码	string	an18	Y	统一社会信用代码,采用基础数据库统一定义标识符 取值范围见 GB 32100
AXBE0003	单位名称	string	..100	Y	单位名称,采用基础数据库统一定义标识符
AXBE0028	所在行政区划	string	n12	Y	所在行政区划,采用基础数据库统一定义标识符 前 6 位见 GB/T 2260,后 3 位见 GB/T 10114,后 3 位为村或社区编码
AXBE0027	通信地址描述	string	..100	Y	通信地址描述,采用基础数据库统一定义标识符
AHAE2264	消防责任人(管理人)是否在岗在位	boolean		Y	见附录 A 代码集 A.53 是否代码

续表

标识符	中文名称	数据类型	数据格式	必选项	备注
AHAE2265	是否落实夜间安全消防巡查制度	boolean		Y	见附录 A 代码集 A. 53 是否代码
AHAE2266	用火是否符合规范	boolean		Y	见附录 A 代码集 A. 53 是否代码
AHAE2267	用电是否符合规范	boolean		Y	见附录 A 代码集 A. 53 是否代码
AHAE2268	用油是否符合规范	boolean		Y	见附录 A 代码集 A. 53 是否代码
AHAE2269	用气是否符合规范	boolean		Y	见附录 A 代码集 A. 53 是否代码
AHAE2270	疏散通道是否畅通	boolean		Y	见附录 A 代码集 A. 53 是否代码
AHAE2271	安全窗口是否畅通	boolean		Y	见附录 A 代码集 A. 53 是否代码
AHAE2272	消防车通道是否畅通	boolean		Y	见附录 A 代码集 A. 53 是否代码
AHAE2273	安全疏散标志是否设置	boolean		Y	见附录 A 代码集 A. 53 是否代码
AHAE2274	应急照明是否设置	boolean		Y	见附录 A 代码集 A. 53 是否代码
AHAE2275	是否制定特种设备安全管理制度	boolean		Y	见附录 A 代码集 A. 53 是否代码
AHAE2276	特种设备是否正常年检	boolean		Y	见附录 A 代码集 A. 53 是否代码
AHAE2277	是否符合食品药品安全标准代码"	boolean		Y	见附录 A 代码集 A. 53 是否代码
AHAE2279	疏散通道是否有障碍物	boolean		Y	见附录 A 代码集 A. 53 是否代码
AHAE2280	门窗是否有障碍物	boolean		Y	见附录 A 代码集 A. 53 是否代码
AHAE2281	检查日期	date	YYYYMMDD	Y	
AHAE2284	是否需要整改	boolean		Y	见附录 A 代码集 A. 53 是否代码
AHAE2285	整改结果	string	n2	Y	见附录 A 代码集 A. 26 整改结果代码
AHAE2286	整改意见	string	..400	Y	

6.3.11 投诉举报信息

投诉举报信息见表 32。

表 32　投诉举报信息

标识符	中文名称	数据类型	数据格式	必选项	备注
AXBE0002	统一社会信用代码	string	an18	Y	统一社会信用代码,采用基础数据库统一定义标识符 取值范围见 GB 32100
AXBE0003	单位名称	string	..100	Y	单位名称,采用基础数据库统一定义标识符

续表

标识符	中文名称	数据类型	数据格式	必选项	备注
AXBE0028	所在地行政区划	string	n12	Y	所在地行政区划，采用基础数据库统一定义标识符 前6位见GB/T 2260，后3位见GB/T 10114，后3位为村或社区编码
AXBE0027	通信地址描述	string	..100	Y	通信地址描述，采用基础数据库统一定义标识符
AXZX0008	投诉举报人手机号码	string	n11	Y	投诉举报人手机号码，采用基础数据库统一定义标识符 长11位，第1位为1，第二位为3—9
AHAE2118	投诉举报日期	date	YYYYMMDD	Y	
AXCP0002	投诉举报人姓名	string	..72	Y	投诉举报人姓名，采用基础数据库统一定义标识符
AXCP0004	投诉举报人身份证件类型	string	n2	Y	投诉举报人身份证件类型，采用基础数据库统一定义标识符 取值范围见JMGC/XX 204 5.1.15 C0015 身份证件类型代码
AXCP0005	投诉举报人公民身份号码	string	..18	Y	投诉举报人身份证件号码，采用基础数据库统一定义标识符
AHAE2123	投诉举报内容	string	..180	Y	
AHAE2124	处理状态	string	n1	Y	见附录A代码集A.27处理状态代码
AHAE2126	处理结果	string	..180	Y	

6.3.12 重大事件信息

重大事件信息见表33。

表33 重大事件信息

标识符	中文名称	数据类型	数据格式	必选项	备注
AXBE0002	统一社会信用代码	string	an18	Y	统一社会信用代码，采用基础数据库统一定义标识符 取值范围见GB 32100
AXBE0003	单位名称	string	..100	Y	单位名称，采用基础数据库统一定义标识符
AXBE0028	所在地行政区划	string	n12	Y	所在地行政区划，采用基础数据库统一定义标识符 前6位见GB/T 2260，后3位见GB/T 10114，后3位为村或社区编码
AXBE0027	通信地址描述	string	..100	Y	通信地址描述，采用基础数据库统一定义标识符

续表

标识符	中文名称	数据类型	数据格式	必选项	备注
AHAE2134	发生时间	datetime	YYYYMMDD hh:mm:ss	Y	
AHAE2135	事件详情	string	..1000	Y	
AHAE2136	严重程度	string	n1	Y	见附录A代码集"严重程度代码"
AHAE2137	处理状态	string	n1	Y	见附录A代码集A.27处理状态代码
AHAE2138	处理结果	string	..180	Y	

6.3.13 行政处罚信息

行政处罚信息见表34。

表34 行政处罚信息

标识符	中文名称	数据类型	数据格式	必选项	备注
AXBE0002	统一社会信用代码	string	an18	Y	统一社会信用代码,采用基础数据库统一定义标识符 取值范围见GB 32100
AXBE0003	单位名称	string	..100	Y	单位名称,采用基础数据库统一定义标识符
AXBE0028	所在地行政区划	string	n12	Y	所在地行政区划,采用基础数据库统一定义标识符 前6位见GB/T 2260,后3位见GB/T 10114,后3位为村或社区编码
AXBE0027	通信地址描述	string	..100	Y	通信地址描述,采用基础数据库统一定义标识符
AXBE0018	身份证件类型	string	n2	Y	法定代表人证件类型,采用基础数据库统一定义标识符 取值范围见JMGC/XX 204 5.1.15 C0015身份证件类型代码
AXBE0019	公民身份号码	string	..18	Y	法定代表人证件号码,采用基础数据库统一定义标识符
AXBE0017	姓名	string	..72	Y	法定代表人姓名,采用基础数据库统一定义标识符
AHAE2149	处罚内容	string	..200	N	
AHAE2152	处罚部门	string	n2	N	见附录A代码集A.28处罚部门代码
AHAE2153	处罚依据	string	..100	N	
AHAE2154	处罚日期	date	YYYYMMDD	N	
AHAE3111	来源途径	string	n2	Y	见附录A代码集A.29来源途径代码

续表

标识符	中文名称	数据类型	数据格式	必选项	备注
AHAE3112	是否处理	boolean		Y	见附录 A 代码集 A.53 是否代码
AXZX0008	手机号码	string	n11	Y	法定代表人手机号码，采用基础数据库统一定义标识符 长 11 位，第 1 位为 1，第二位为 3—9
AHAE3114	违法违规信息描述	string	..400	Y	
AHAE3115	是否同步到联合惩戒	boolean		Y	见附录 A 代码集 A.53 是否代码
AHAE3116	是否处罚	boolean		Y	见附录 A 代码集 A.53 是否代码
AHAE3117	不处罚原因	string	..200	N	
AHAE3118	不处罚经办人姓名	string	..72	N	
AHAE3119	处理时间	datetime	YYYYMMDD hh:mm:ss	N	

6.3.14 捐赠监管信息

捐赠监管信息见表 35。

表 35　捐赠监管信息

标识符	中文名称	数据类型	数据格式	必选项	备注
AHAE2382	核查结果代码	string	n1	Y	见附录 A 代码集 A.38 核查结果代码
AHAE2386	核查意见	string	..200	Y	
AHAE2387	核查时间	datetime	YYYYMMD-Dhh:mm:ss	N	
AHAE2388	是否存在使用异常情况	boolean		Y	见附录 A 代码集 A.53 是否代码

6.3.15 养老机构失信信息

养老机构失信信息见表 36。

表 36　养老机构失信信息

标识符	中文名称	数据类型	数据格式	必选项	备注
AXDE0003	机构名称	string	..100	Y	
AXDE0002	统一社会信用代码	string	an18	Y	统一社会信用代码，采用基础数据库统一定义标识符 取值范围见 GB 32100

续表

标识符	中文名称	数据类型	数据格式	必选项	备注
AHDX6301	数据来源	string	n2	Y	见附录 A 代码集 A. 29 来源途径代码
AHDX6302	采集方式	string	n2	Y	见附录 A 代码集 A. 32 采集方式代码
AHDX6303	流转状态	string	n2	Y	见附录 A 代码集 A. 33 联合惩戒流转状态代码
AXZX0001	联系电话	string	..18	Y	联系电话,采用基础数据库统一定义标识符 有效的座机或手机号码。座机号码标准格式为:区号 - 电话号码,手机号码为 11 位数字。
AXBE0017	法定代表人姓名	string	..72	Y	法定代表人姓名,采用基础数据库统一定义标识符
AXBE0018	法定代表人证件类型	string	n2	Y	法定代表人身份证件类型,采用基础数据库统一定义标识符符 取值范围见 JMGC/XX 204 5. 1. 15 C0015 身份证件类型代码
AXBE0019	法定代表人公民身份号码	string	..18	Y	法定代表人身份证件号码,采用基础数据库统一定义标识符
AXBE0028	所在地行政区划	string	n12	Y	所在地行政区划,采用基础数据库统一定义标识符 前 6 位见 GB/T 2260,后 3 位见 GB/T 10114,后 3 位为村或社区编码
AXBE0027	通信地址描述	string	..100	Y	通信地址描述,采用基础数据库统一定义标识符
AHDX6304	失信信息描述	string	..500	Y	
AHDX6305	是否被处罚	boolean		Y	见附录 A 代码集 A. 53 是否代码
AHDX6306	处罚部门	string	n2	N	见附录 A 代码集 A. 28 处罚部门代码
AHDX6307	处罚日期	date	YYYYMMDD	N	
AHDX6308	处罚依据	string	..200	N	
AHDX6309	处罚内容	string	..500	N	

6. 3. 16 养老机构重点关注

养老机构重点关注见表 37。

表 37 养老机构重点关注信息

标识符	中文名称	数据类型	数据格式	必选项	备注
AXBE0003	单位名称	string	..100	Y	单位名称,采用基础数据库统一定义标识符
AXBE0002	统一社会信用代码	string	an18	Y	统一社会信用代码,采用基础数据库统一定义标识符 取值范围见 GB 32100

续表

标识符	中文名称	数据类型	数据格式	必选项	备注
AHDX6301	数据来源	string	n2	Y	见附录 A 代码集 A. 29 来源途径代码
AHDX6302	采集方式	string	n2	Y	见附录 A 代码集 A. 32 采集方式代码
AHDX6382	状态	string	n2	Y	见附录 A 代码集 A. 33 联合惩戒流转状态代码
AXZX0001	联系电话	string	. . 18	Y	联系电话,采用基础数据库统一定义标识符 有效的座机或手机号码。座机号码标准格式为:区号 - 电话号码,手机号码为 11 位数字
AXBE0017	法定代表人姓名	string	. . 72	Y	法定代表人姓名,采用基础数据库统一定义标识符
AXBE0018	法定代表人证件类型	string	n2	Y	法定代表人身份证件类型,采用基础数据库统一定义标识符符 取值范围见 JMGC/XX 204 5. 1. 15 C0015 身份证件类型代码
AXBE0019	法定代表人公民身份号码	string	. . 18	Y	法定代表人身份证件号码,采用基础数据库统一定义标识符
AXBE0028	所在行政区划	string	n12	Y	所在行政区划,采用基础数据库统一定义标识符 前 6 位见 GB/T 2260,后 3 位见 GB/T 10114,后 3 位为村或社区编码
AXBE0027	通信地址描述	string	. . 100	Y	通信地址描述,采用基础数据库统一定义标识符
AHDX6304	失信信息描述	string	. . 500	Y	
AHDX6305	是否被处罚	boolean		Y	见附录 A 代码集 A. 53 是否代码
AHDX6306	处罚部门	string	n2	N	见附录 A 代码集 A. 28 处罚部门代码
AHDX6307	处罚日期	date	YYYYMMDD	N	
AHDX6308	处罚依据	string	. . 200	N	
AHDX6309	处罚内容	string	. . 500	N	
AHDX6327	认定依据	string	n2	N	养老服务市场失信联合惩戒对象名单管理办法(试行)
AHDX6328	适用条款	string	n2	N	第五条
AHDX6329	条款内容	string	n2	N	见附录 A 代码集 A. 34 联合惩戒条款内容代码
AHDX6330	认定部门	string	n2	Y	默认当前用户所在组织
AHDX6331	认定日期	date	YYYYMMDD	Y	
AHDX6392	移出原因	string	n2	N	见附录 A 代码集 A. 41 移出申请原因代码
AHDX6393	原因描述	string	. . 500	N	

6.3.17 养老机构纳入认定

养老机构纳入认定见表38。

表38 养老机构纳入认定信息

标识符	中文名称	数据类型	数据格式	必选项	备注
AHDX6332	处理结果	string	n1	Y	见附录A代码集A.35联合惩戒处理结果代码
AHDX6327	认定依据	string	n2	N	《养老服务市场失信联合惩戒对象名单管理办法(试行)》
AHDX6328	适用条款	string	n2	N	第五条
AHDX6329	条款内容	string	n2	N	见附录A代码集A.34联合惩戒条款内容代码
AHDX6330	认定部门	string	n2	Y	
AHDX6331	认定日期	date	YYYYMMDD	Y	
AHDX6391	不纳入原因	string	..500	N	

6.3.18 养老机构告知书

养老机构告知书见表39。

表39 养老机构告知书信息

标识符	中文名称	数据类型	数据格式	必选项	备注
AHDX6337	邮寄方式	string	n1	Y	见附录A代码集A.37邮寄方式代码
AHDX6338	邮寄时间	datetime	YYYYMMDD hh:mm:ss	Y	
AHDX6339	是否收到告知书	boolean		Y	见附录A代码集A.53是否代码
AHDX6340	接收时间	datetime	YYYYMMDD hh:mm:ss	N	
AHDX6341	未收到原因	string	..500	N	

6.3.19 养老机构失信公示

养老机构失信公示见表40。

表40 养老机构失信公示信息

标识符	中文名称	数据类型	数据格式	必选项	备注
AHDX6343	公示天数	number		Y	单位:天
AHDX6344	公示起始日期	date	YYYYMMDD	Y	
AHDX6345	公示结束日期	date	YYYYMMDD	Y	

6.3.20 养老机构申辩

养老机构申辩见表41。

表41　养老机构申辩信息

标识符	中文名称	数据类型	数据格式	必选项	备注
AXCP0002	姓名	string	..72	Y	姓名,采用基础数据库统一定义标识符
AXZX0008	手机号码	string	n11	Y	申辩人手机号码,采用基础数据库统一定义标识符 长11位,第1位为1,第2位为3—9
AXCP0004	身份证件类型	string	n2	Y	身份证件类型,采用基础数据库统一定义标识符 取值范围见JMGC/XX 204 5.1.15 C0015身份证件类型代码
AXCP0005	公民身份号码	string	..18	Y	公民身份证件号码,采用基础数据库统一定义标识符
AHDX6351	申辩内容	string	..500	Y	
AHDX6352	是否采纳	boolean		Y	见附录A代码集A.53是否代码
AHDX6353	原因	string	..500	Y	

6.3.21 养老机构联合惩戒名单

养老机构联合惩戒名单见表42。

表42　养老机构联合惩戒名单信息

标识符	中文名称	数据类型	数据格式	必选项	备注
AXBE0003	单位名称	string	..72	Y	单位名称,采用基础数据库统一定义标识符
AXBE0002	统一社会信用代码	string	an18	Y	统一社会信用代码,采用基础数据库统一定义标识符 取值范围见GB 32100
AHDX6301	数据来源	string	n2	Y	见附录A代码集A.29来源途径代码
AHDX6302	采集方式	string	n2	Y	见附录A代码集A.32采集方式代码
AHDX6358	流转状态	string	n2	Y	见附录A代码集A.33联合惩戒流转状态代码
AXZX0001	联系电话	string	..18	Y	联系电话,采用基础数据库统一定义标识符 有效的座机或手机号码。座机号码标准格式为:区号-电话号码,手机号码为11位数字。

续表

标识符	中文名称	数据类型	数据格式	必选项	备注
AXBE0017	法定代表人姓名	string	..72	Y	法定代表人姓名,采用基础数据库统一定义标识符
AXBE0018	法定代表人证件类型	string	n2	Y	法定代表人身份证件类型,采用基础数据库统一定义标识符 取值范围见 JMGC/XX 204 5.1.15 C0015 身份证件类型代码
AXBE0019	法定代表人公民身份号码	string	..18	Y	法定代表人身份证件号码,采用基础数据库统一定义标识符
AXBE0028	所在地行政区划	string	n12	Y	所在地行政区划,采用基础数据库统一定义标识符 前6位见 GB/T 2260,后3位见 GB/T 10114,后3位为村或社区编码
AXBE0027	通信地址描述	string	..100	Y	通信地址描述,采用基础数据库统一定义标识符
AHDX6304	失信信息描述	string	..500	Y	
AHDX6305	是否被处罚	boolean		Y	见附录 A 代码集 A.53 是否代码
AHDX6306	处罚部门	string	n2	N	见附录 A 代码集 A.28 处罚部门代码
AHDX6307	处罚日期	date	YYYYMMDD	N	
AHDX6308	处罚依据	string	..200	N	
AHDX6309	处罚内容	string	..500	N	
AHDX6327	认定依据	string	n2	N	养老服务市场失信联合惩戒对象名单管理办法(试行)
AHDX6328	适用条款	string	n2	N	第五条
AHDX6329	条款内容	string	..100	N	见附录 A 代码集 A.34 联合惩戒条款内容代码
AHDX6330	认定部门	string	n2	Y	
AHDX6331	认定日期	date	YYYYMMDD	Y	
AHDX6395	纳入名单日期	date	YYYYMMDD	Y	

6.3.22 养老机构联合惩戒移出

养老机构联合惩戒移出见表43。

表43 养老机构联合惩戒移出信息

标识符	中文名称	数据类型	数据格式	必选项	备注
AXCP0002	申请人姓名	string	..72	Y	申请人姓名,采用基础数据库统一定义标识符

续表

标识符	中文名称	数据类型	数据格式	必选项	备注
AXZX0001	联系电话	string	n11	Y	联系电话,采用基础数据库统一定义标识符 有效的座机或手机号码。座机号码标准格式为:区号 - 电话号码,手机号码为11位数字
AXCP0004	申请人身份证件类型	string	. n2	Y	申请人身份证件类型,采用基础数据库统一定义标识符 取值范围见 JMGC/XX 204 5.1.15 C0015 身份证件类型代码
AXCP0005	申请人身份证件号码	string	. . 18	Y	申请人身份证件号码,采用基础数据库统一定义标识符
AHDX6364	移出类型	string	n1	Y	见附录 A 代码集 A.40 移出类型代码
AHDX6365	移出申请原因	string	n2	Y	见附录 A 代码集 A.41 移出申请原因代码
AHDX6366	原因描述	string	. . 500	Y	
AHDX6367	核查结果	string	n1	Y	见附录 A 代码集 A.38 核查结果代码
AHDX6368	核查原因	string	n2	Y	见附录 A 代码集 A.42 核查原因代码
AHDX6369	核查原因描述	string	. . 500	Y	

6.3.23 养老机构移出约谈

养老机构移出约谈见表44。

表44 养老机构移出约谈信息

标识符	中文名称	数据类型	数据格式	必选项	备注
AXCP0002	被约谈人姓名	string	. . 72	Y	被约谈人姓名,采用基础数据库统一定义标识符
AXZX0008	被约谈人手机号码	string	n11	Y	被约谈人手机号码,采用基础数据库统一定义标识符 长11位,第1位为1,第2位为3—9
AXCP0004	被约谈人身份证件类型	string	n2	Y	被约谈人身份证件类型,采用基础数据库统一定义标识符 取值范围见 JMGC/XX 204 5.1.15 C0015 身份证件类型代码
AXCP0005	被约谈人身份证件号码	string	. . 18	Y	被约谈人身份证件号码,采用基础数据库统一定义标识符
AHDX6378	约谈内容	string	. . 500	Y	
AHDX6379	记录人姓名	string	. . 72	Y	
AHDX6380	约谈时间	datetime	YYYYMMDD hh:mm:ss	Y	

6.3.24 从业人员失信信息

从业人员失信信息见表45。

表45 从业人员失信信息

标识符	中文名称	数据类型	数据格式	必选项	备注
AXCP0002	姓名	string	..72	Y	姓名,采用基础数据库统一定义标识符
AHDX6319	数据来源	string	n2	Y	见附录A代码集A.29来源途径代码
AHDX6302	采集方式	string	n2	Y	见附录A代码集A.32采集方式代码
AHDX6303	流转状态	string	n2	Y	见附录A代码集A.33联合惩戒流转状态代码
AXZX0001	联系电话	string	..18	Y	联系电话,采用基础数据库统一定义标识符 有效的座机或手机号码。座机号码标准格式为:区号－电话号码,手机号码为11位数字
AHDX6321	人员类别	string	n2	Y	见附录A代码集A.39人员类别代码
AXCP0004	身份证件类型	string	n2	Y	身份证件类型,采用基础数据库统一定义标识符 取值范围见JMGC/XX 204 5.1.15 C0015身份证件类型代码
AXCP0005	公民身份号码	string	..18	Y	公民身份证件号码,采用基础数据库统一定义标识符
AHDX6323	当前所在工作单位名称	string	..72	N	
AXCP0043	居住地址所在地行政区划	string	n12	Y	居住地址所在地行政区划,采用基础数据库统一定义标识符 前6位见GB/T 2260,后3位见GB/T 10114,后3位为村或社区编码
AXCP0042	通信地址	string	..100	Y	通信地址,采用基础数据库统一定义标识符
AHDX6304	失信信息描述	string	..500	Y	
AHDX6305	是否被处罚	boolean		Y	见附录A代码集A.53是否代码
AHDX6306	处罚部门	string	n2	N	见附录A代码集A.28处罚部门代码
AHDX6307	处罚日期	date	YYYYMMDD	N	
AHDX6308	处罚依据	string	..200	N	
AHDX6309	处罚内容	string	..500	N	
AHDX6389	录入人所在行政区划代码	string	n12	N	前6位见GB/T 2260,后3位见GB/T 10114,后3位为村或社区编码

6.3.25 从业人员重点关注

从业人员重点关注见表46。

表46 从业人员重点关注信息

标识符	中文名称	数据类型	数据格式	必选项	备注
AXCP0002	姓名	string	..72	Y	姓名,采用基础数据库统一定义标识符
AHDX6319	数据来源	string	n2	Y	见附录A代码集A.29来源途径代码
AHDX6302	采集方式	string	n2	Y	见附录A代码集A.32采集方式代码
AHDX6303	状态	string	n2	Y	见附录A代码集A.33联合惩戒流转状态代码
AXZX0001	联系电话	string	..18	Y	联系电话,采用基础数据库统一定义标识符 有效的座机或手机号码。座机号码标准格式为:区号－电话号码,手机号码为11位数字
AHDX6321	人员类别	string	n2	Y	见附录A代码集A.39人员类别代码
AXCP0004	身份证件类型	string	n2	Y	身份证件类型,采用基础数据库统一定义标识符 取值范围见JMGC/XX 204 5.1.15 C0015身份证件类型代码
AXCP0005	公民身份证件号码	string	..18	Y	公民身份证件号码,采用基础数据库统一定义标识符
AHDX6323	当前所在工作单位	string	..100	Y	
AXCP0043	居住地址所在地行政区划	string	n12	Y	居住地址所在地行政区划,采用基础数据库统一定义标识符 前6位见GB/T 2260,后3位见GB/T 10114,后3位为村或社区编码
AXCP0042	通信地址	string	..100	Y	通信地址,采用基础数据库统一定义标识符
AHDX6304	失信信息描述	string	..500	Y	
AHDX6305	是否被处罚	boolean		Y	见附录A代码集A.53是否代码
AHDX6306	处罚部门	string	n2	N	见附录A代码集A.28处罚部门代码
AHDX6307	处罚日期	date	YYYYMMDD	N	
AHDX6308	处罚依据	string	..200	N	
AHDX6309	处罚内容	string	..500	N	
AHDX6327	认定依据	string	n2	N	养老服务市场失信联合惩戒对象名单管理办法(试行)

续表

标识符	中文名称	数据类型	数据格式	必选项	备注
AHDX6328	适用条款	string	n2	N	第五条
AHDX6329	条款内容	string	..100	N	见附录 A 代码集 A.34 联合惩戒条款内容代码
AHDX6330	认定部门	string	n2	Y	
AHDX6331	认定日期	date	YYYYMMDD	Y	
AHDX6392	移出原因	string	n2	Y	见附录 A 代码集 A.36 移出原因代码
AHDX6393	原因描述	string	..500	Y	

6.3.26 从业人员纳入认定

从业人员纳入认定见表 47。

表 47　从业人员纳入认定信息表

标识符	中文名称	数据类型	数据格式	必选项	备注
AHDX6332	处理结果	string	n1	Y	见附录 A 代码集 A.35 联合惩戒处理结果代码
AHDX6327	认定依据	string	n2	N	养老服务市场失信联合惩戒对象名单管理办法(试行)
AHDX6328	适用条款	string	n2	N	第五条
AHDX6329	条款内容	string	n2	N	见附录 A 代码集 A.34 联合惩戒条款内容代码
AHDX6330	认定部门	string	n2	Y	
AHDX6331	认定日期	date	YYYYMMDD	Y	
AHDX6391	不纳入原因	string	..500	N	

6.3.27 从业人员告知书

从业人员告知书见表 48。

表 48　从业人员告知书信息表

标识符	中文名称	数据类型	数据格式	必选项	备注
AHDX6337	邮寄方式	string	n1	Y	见附录 A 代码集 A.37 邮寄方式代码
AHDX6338	邮寄时间	date	YYYYMMDD	Y	
AHDX6339	是否收到告知书	boolean		Y	见附录 A 代码集 A.53 是否代码
AHDX6340	接收时间	date	YYYYMMDD	N	
AHDX6341	未收到原因	string	..500	N	

6.3.28 从业人员失信公示

从业人员失信公示见表49。

表49 从业人员失信公示信息表

标识符	中文名称	数据类型	数据格式	必选项	备注
AHDX6343	公示天数	number		Y	单位:天
AHDX6344	公示起始日期	date	YYYYMMDD	Y	
AHDX6335	公示结束日期	date	YYYYMMDD	Y	

6.3.29 从业人员申辩

从业人员申辩见表50。

表50 从业人员申辩信息表

标识符	中文名称	数据类型	数据格式	必选项	备注
AXCP0002	姓名	string	..72	Y	姓名,采用基础数据库统一定义标识符
AXZX0008	联系电话	string	..18	Y	申辩人联系电话,采用基础数据库统一定义标识符 有效的座机或手机号码。座机号码标准格式为:区号－电话号码,手机号码为11位数字
AXCP0004	身份证件类型	string	n2	Y	身份证件类型,采用基础数据库统一定义标识符 取值范围见JMGC/XX 204 5.1.15 C0015身份证件类型代码
AXCP0005	公民身份证件号码	string	..18	Y	公民身份证件号码,采用基础数据库统一定义标识符
AHDX6351	申辩内容	string	..500	Y	
AHDX6352	是否采纳	boolean		Y	见附录A代码集 A.53 是否代码
AHDX6353	原因	string	..500	N	

6.3.30 从业人员联合惩戒名单

从业人员联合惩戒名单见表51。

表51 从业人员联合惩戒名单信息表

标识符	中文名称	数据类型	数据格式	必选项	备注
AXCP0002	姓名	string	..72	Y	姓名,采用基础数据库统一定义标识符

续表

标识符	中文名称	数据类型	数据格式	必选项	备注
AHDX6319	数据来源	string	n2	Y	见附录A代码集A.29来源途径代码
AHDX6302	采集方式	string	n2	Y	见附录A代码集A.32采集方式代码
AHDX6303	流转状态	string	n2	Y	见附录A代码集A.33联合惩戒流转状态代码
AXZX0001	联系电话	string	..18	Y	联系电话,采用基础数据库统一定义标识符 有效的座机或手机号码。座机号码标准格式为:区号-电话号码,手机号码为11位数字。
AHDX6321	人员类别	string	n2	Y	见附录A代码集A.39人员类别代码
AXCP0004	身份证件类型	string	n2	Y	身份证件类型,采用基础数据库统一定义标识符 取值范围见JMGC/XX 204 5.1.15 C0015身份证件类型代码
AXCP0005	公民身份号码	string	..18	Y	公民身份证件号码,采用基础数据库统一定义标识符
AHDX6323	当前所在工作单位	string	..72	Y	
AXCP0043	居住地址所在行政区划	string	n12	Y	居住地址所在行政区划,采用基础数据库统一定义标识符 前6位见GB/T 2260,后3位见GB/T 10114,后3位为村或社区编码
AXCP0042	通信地址	string	..100	Y	通信地址,采用基础数据库统一定义标识符
AHDX6304	失信信息描述	string	..500	Y	
AHDX6305	是否被处罚	boolean		Y	见附录A代码集A.53是否代码
AHDX6306	处罚部门	string	n2	N	见附录A代码集A.28处罚部门代码
AHDX6307	处罚日期	date	YYYYMMDD	N	
AHDX6308	处罚依据	string	..200	N	
AHDX6309	处罚内容	string	..500	N	
AHDX6327	认定依据	string	n2	N	养老服务市场失信联合惩戒对象名单管理办法(试行)
AHDX6328	适用条款	string	n2	N	第五条
AHDX6329	条款内容	string	n2	N	见附录A代码集A.34联合惩戒条款内容代码
AHDX6330	认定部门	string	n2	Y	
AHDX6331	认定日期	date	YYYYMMDD	Y	
AHDX6395	纳入名单日期	date	YYYYMMDD	N	

6.3.31 从业人员联合惩戒移出

从业人员联合惩戒移出见表52。

表52 从业人员联合惩戒移出信息表

标识符	中文名称	数据类型	数据格式	必选项	备注
AXCP0002	姓名	string	..72	Y	姓名,采用基础数据库统一定义标识符
AXZX0001	联系电话	string	..18	Y	联系电话,采用基础数据库统一定义标识符 有效的座机或手机号码。座机号码标准格式为:区号－电话号码,手机号码为11位数字。
AXCP0004	身份证件类型	string	n2	Y	身份证件类型,采用基础数据库统一定义标识符 取值范围见JMGC/XX 204 5.1.15 C0015身份证件类型代码
AXCP0005	公民身份证件号码	string	..18	Y	公民身份证件号码,采用基础数据库统一定义标识符
AHDX6364	移出类型	string	n1	Y	见附录A代码集A.40移出类型代码
AHDX6365	移出申请原因	string	n2	Y	见附录A代码集A.41移出申请原因代码
AHDX6366	原因描述	string	..500	Y	
AHDX6367	核查结果	string	n1	Y	见附录A代码集A.38核查结果代码
AHDX6368	核查原因	string	n2	Y	见附录A代码集A.42核查原因代码
AHDX6369	核查原因描述	string	..500	Y	

6.3.32 从业人员移出约谈

从业人员移出约谈见表53。

表53 从业人员移出约谈信息表

标识符	中文名称	数据类型	数据格式	必选项	备注
AXCP0002	被约谈人姓名	string	..72	Y	被约谈人姓名,采用基础数据库统一定义标识符
AXZX0001	联系电话	string	..18	Y	联系电话,采用基础数据库统一定义标识符 有效的座机或手机号码。座机号码标准格式为:区号－电话号码,手机号码为11位数字

续表

标识符	中文名称	数据类型	数据格式	必选项	备注
AXCP0004	被约谈人身份证件类型	string	n2	Y	被约谈人身份证件类型，采用基础数据库统一定义标识符 取值范围见 JMGC/XX 204 5.1.15 C0015 身份证件类型代码
AXCP0005	被约谈人身份证件号码	string	..18	Y	被约谈人身份证件号码，采用基础数据库统一定义标识符
AHDX6378	约谈内容	string	..500	Y	
AHDX6379	记录人姓名	string	..72	Y	
AHDX6380	约谈时间	datetime	YYYYMMDD hh:mm:ss	Y	

6.3.33 留守老年人基本信息

留守老年人基本信息见表54。

表54 留守老年人基本信息

标识符	中文名称	数据类型	数据格式	必选项	备注
AXCP0002	姓名	string	..72	Y	姓名，采用基础数据库统一定义标识符
AXCP0008	民族	string	n2	Y	民族，采用基础数据库统一定义标识符 见 JMGC/XX 204 5.1.9 C0009 民族代码
AHDP5004	性别	string	n1	Y	见 JMGC/XX 204 5.1.7 C0007 人的性别代码
AXZX0002	公民身份号码	string	an18	Y	老年人公民身份号码，采用基础数据库统一定义标识符
AXCP0040	户籍地址	string	..100	Y	籍贯地址，采用基础数据库统一定义标识符
AXCP0042	居住地址	string	..100	Y	居住地址，采用基础数据库统一定义标识符
AXCP0036	婚姻情况	string	n2	Y	婚姻情况，采用基础数据库统一定义标识符 取值范围见 JMGC/XX 204 5.1.10 C0010 婚姻状况代码
AXZX0001	联系电话	string	..18	Y	联系电话，采用基础数据库统一定义标识符 有效的座机或手机号码。座机号码标准格式为：区号－电话号码，手机号码为11位数字
AHDP5010	配偶姓名	string	..72	N	
AHDP5011	配偶公民身份号码	string	an18	N	

续表

标识符	中文名称	数据类型	数据格式	必选项	备注
AHDP5013	审核状态	string	n2	N	见附录 A 代码集 A.43 审核状态代码
AXCP0041	户籍地行政区划	string	..12	Y	户籍地行政区划,采用基础数据库统一定义标识符 前 6 位见 GB/T 2260,后 3 位见 GB/T 10114,后 3 位为村或社区编码
AHDP5017	老年人子女数量	number		N	
AXCP0043	居住地址所在地行政区划	string	n12	Y	居住地址所在地行政区划,采用基础数据库统一定义标识符 前 6 位见 GB/T 2260,后 3 位见 GB/T 10114,后 3 位为村或社区编码
AXCP0039	出生日期	date	YYYYMMDD	Y	出生日期,采用基础数据库统一定义标识符
AHDP5020	户籍地址补充信息	string	..100	Y	
AHDP5021	居住地补充信息	string	..100	Y	
AHDP5022	图片地址	string	..100	N	
AHAP0024	残疾类别	string	n2	Y	见 JMGC/XX 204 5.1.24 C0024 残疾类别代码
AHAP0025	残疾等级	string	n2	Y	见 JMGC/XX 204 5.1.25 C0025 残疾等级代码
AHDP5025	是否与户籍地址一致	boolean		Y	见附录 A 代码集 A.53 是否代码
AHDP5026	其他救助信息	string	..100	Y	
AHDP5027	其他收入信息	string	..100	N	
AHDP5028	其他情形信息	string	..100	N	
AHDP5029	其他关爱服务信息	string	..100	Y	
AHDP5030	本人上年度可支配收入(元)	float	8,2	Y	
AHDP5031	生活照料人其他人员信息	string	..180	Y	
AHDP5032	老年人能力状况	string	n2	Y	见附录 A 代码集 A.44 留守老年人能力状况代码
AHDP5033	留守老年人生活经济状况	string	n2	Y	见附录 A 代码集 A.45 留守老年人经济状况代码
AHDP5500	健康状况	string	n2	Y	见 JMGC/XX 204 5.1.11 C0011 健康状况代码

6.3.34 留守老年人扩展信息

留守老年人扩展信息见表 55。

表 55　留守老年人扩展信息

标识符	中文名称	数据类型	数据格式	必选项	备注
AHDP5040	更新时间	datetime	YYYYMMDD hh:mm:ss	Y	
AHDP5041	扩展信息名称	string	..50	Y	
AHDP5042	扩展信息键	string	..50	Y	
AHDP5043	扩展信息值	string	n20	Y	

6.3.35 留守老年人其他信息

留守老年人其他信息见表 56。

表 56　留守老年人其他信息

标识符	中文名称	数据类型	数据格式	必选项	备注
AXCP0002	赡养人姓名	string	..72	Y	赡养人姓名,采用基础数据库统一定义标识符
AAXCP0006	赡养人性别	string	n1	Y	赡养人性别,采用基础数据库统一定义标识符 取值范围见 JMGC/XX 204 5.1.7 C0007 人的性别代码
AXZX0001	联系电话	string	..18	Y	联系电话,采用基础数据库统一定义标识符 有效的座机或手机号码。座机号码标准格式为:区号－电话号码,手机号码为 11 位数字
AHDP5053	赡养人探望情况	string	..18	Y	
AHDP5054	与被赡养人关系	string	..50	Y	
AHDP5055	临时照料人姓名	string	..72	Y	
AHDP5057	临时照料人常用联系电话	string	..18	Y	有效的座机或手机号码。座机号码标准格式为:区号－电话号码,手机号码为 11 位数字
AHDP5058	探访人姓名	string	..72	Y	
AHDP5059	探访人性别	string	n2	Y	见 JMGC/XX 204 5.1.7 C0007 人的性别代码
AXBE0003	探访人所在单位名称	string	..100	Y	探访人所在单位名称,采用基础数据库统一定义标识符
AHDP5061	探访人职务	string	..200	Y	
AXZX0001	联系电话	string	..18	Y	联系电话,采用基础数据库统一定义标识符 有效的座机或手机号码。座机号码标准格式为:区号－电话号码,手机号码为 11 位数字

续表

标识符	中文名称	数据类型	数据格式	必选项	备注
AHDP5066	赡养义务人外出行政区划代码	string	n12	Y	前6位见GB/T 2260,后3位见GB/T 10114,后3位为村或社区编码
AHDP5067	探防频次	string	n2	Y	
AHDP5068	探访人探望方式	string	n2	Y	见附录A代码集A.52探望方式代码
AHDP5069	探望方式其他信息	string	..200	Y	
AHDP5070	探访人探访日期	date	YYYYMMDD	Y	
AHDP5071	赡养人最后一次离家日期	date	YYYYMMDD	Y	
AHDP5072	是否有其他赡养人	boolean		Y	见附录A代码集A.53是否代码
AXCP0017	探访人政治面貌	string	n2	Y	探访人政治面貌,采用基础数据库统一定义标识符 取值范围见JMGC/XX 204 5.1.13 C0013政治面貌代码
AHDP5073	其他赡养人探望次数	number		Y	
AHDP5074	赡养人与被赡养人关系其他信息	string	..100	N	
AHDP5330	其他赡养人公民身份号码	string	an18	N	
AHDP5501	探访频次其他信息	string	..100	Y	

6.3.36 留守老年人驳回信息

留守老年人驳回信息见表57。

表57 留守老年人驳回信息

标识符	中文名称	数据类型	数据格式	必选项	备注
AHDP5081	驳回原因	string	..500	N	
AHDP5112	上报日期	date	YYYYMMDD	N	
AHDP5082	驳回时间	datetime	YYYYMMDD hh:mm:ss	N	
AHDP5085	记录创建人行政区划	string	n12	N	前6位见GB/T 2260,后3位见GB/T 10114,后3位为村或社区编码
AXCP0002	姓名	string	..72	N	姓名,采用基础数据库统一定义标识符
AXZX0002	公民身份号码	string	an18	N	公民身份号码,采用基础数据库统一定义标识符

6.3.37 留守老年人子女信息

留守老年人子女信息见表58。

表58 留守老年人子女信息

标识符	中文名称	数据类型	数据格式	必选项	备注
AXCP0002	姓名	string	..72	N	姓名,采用基础数据库统一定义标识符
AXZX0001	联系电话	string	..18	N	联系电话,采用基础数据库统一定义标识符 有效的座机或手机号码。座机号码标准格式为:区号－电话号码,手机号码为11位数字
AHDP5097	平均一年探望次数	number		N	
AHDP5098	配偶电话号码	string	..18	N	有效的座机或手机号码。座机号码标准格式为:区号－电话号码,手机号码为11位数字
AHDP5099	配偶姓名	string	..72	N	
AHDP5100	外出地行政区划	string	n12	N	前6位见GB/T 2260,后3位见GB/T 10114,后3位为村或社区编码
AHDP5101	是否有配偶	boolean		N	见附录A代码集A.53是否代码
AHDP5102	最后一次离家日期	date	YYYYMMDD	N	
AHDP5104	子女国外地址	string	..100	N	
AXCP0004	身份证件类型	string	n2	N	身份证件类型,采用基础数据库统一定义标识符 取值范围见JMGC/XX 204 5.1.15 C0015身份证件类型代码
AXCP0005	公民身份号码	string	..18	N	公民身份证件号码,采用基础数据库统一定义标识符
AHDP5109	配偶证件类型	string	n2	N	见JMGC/XX 204 5.1.15 C0015身份证件类型代码
AHDP5110	配偶证件号码	string	..18	N	

6.3.38 老年人扩展信息

老年人扩展信息见表59。

表59 老年人扩展信息

标识符	中文名称	数据类型	数据格式	必选项	备注
AXCP0037	手机号码	string	n11	N	手机号码,采用基础数据库统一定义标识符 长11位,第1位为1,第2位为3—9

续表

标识符	中文名称	数据类型	数据格式	必选项	备注
AXCP0043	居住地址所在地行政区划	string	n12	N	居住地址所在地行政区划,采用基础数据库统一定义标识符 前6位见GB/T 2260,后3位见GB/T 10114,后3位为村或社区编码
AXCP0042	居住地址	string	..100	N	居住地址,采用基础数据库统一定义标识符
AHAP0010	有无子女	boolean		Y	见附录A代码集A.53是否代码
AHAP0011	是否失能老年人	boolean		Y	见附录A代码集A.53是否代码
AHAP0012	是否失智老年人	boolean		Y	见附录A代码集A.53是否代码
AHAP0013	是否独居老年人	boolean		Y	见附录A代码集A.53是否代码
AHAP0014	是否孤老	boolean		Y	见附录A代码集A.53是否代码
AHAP0015	是否参加社保	boolean		Y	见附录A代码集A.53是否代码
AHAP0017	监护人	string	..72	Y	
AXZX0001	联系电话	string	..18	Y	联系电话,采用基础数据库统一定义标识符 有效的座机或手机号码。座机号码标准格式为:区号－电话号码,手机号码为11位数字
AHAP0019	与监护人关系	string	n2	Y	见JMGC/XX 204 5.1.32 C0032家庭关系代码
AHAP0020	医保类别	string	n1	Y	见附录A代码集A.1医保类别代码
AHAP0021	身体能力评估等级	string	n1	Y	见附录A代码集A.54身体能力评估等级代码
AHAP0024	残疾类型	string	n2	N	见JMGC/XX 204 5.1.24 C0024残疾类别代码
AHAP0029	残疾证号	string	an20	N	
AHAP0027	残疾等级	string	n2	N	见JMGC/XX 204 5.1.25 C0025残疾等级代码
AHAP0022	是否享受长护险	boolean		Y	见附录A代码集A.53是否代码
AHAP0023	是否签约医养结合	boolean		N	见附录A代码集A.53是否代码
AHAP0026	是否优抚对象	boolean		N	见附录A代码集A.53是否代码

6.3.39 老年人能力评估

老年人能力评估见表60。

表 60　老年人能力评估信息表

标识符	中文名称	数据类型	数据格式	必选项	备注
AXCP0002	姓名	string	..72	Y	姓名,采用基础数据库统一定义标识符
AXZX0002	公民身份号码	string	an18	Y	老年人公民身份号码,采用基础数据库统一定义标识符
AHAE2491	评估结果等级	string	n1	N	见 JMGC/XX 204 5.6.5 CH005 老人能力等级代码
AHAE2492	评估总分	number		Y	
AHAE2493	评估日期	date	YYYYMMDD	Y	
AHAE2494	录入人编号	string	..32	N	
AHAE2495	录入人姓名	string	..72	N	
AHAE2496	录入日期	date	YYYYMMDD	N	
AHAE2497	评估标准	string	n2	Y	见附录 A 代码集 A.46 评估标准代码

6.3.40 养老机构预约

养老机构预约见表 61。

表 61　养老机构预约信息表

标识符	中文名称	数据类型	数据格式	必选项	备注
AXCP0002	姓名	string	..72	Y	老年人姓名,采用基础数据库统一定义标识符
AXCP0004	身份证件类型	string	n2	Y	老年人身份证件类型,采用基础数据库统一定义标识符 取值范围见 JMGC/XX 204 5.1.15 C0015 身份证件类型代码
AXCP0005	公民身份号码	string	..18	Y	老年人身份证件号码,采用基础数据库统一定义标识符
AXCP0006	性别	string	n1	Y	老年人性别,采用基础数据库统一定义标识符 取值范围见 JMGC/XX 204 5.1.7 C0007 人的性别代码
AXCP0039	出生日期	date	YYYYMMDD	Y	老年人出生日期,采用基础数据库统一定义标识符
AXCP0007	国籍	string	n3	Y	老年人国籍,采用基础数据库统一定义标识符 取值范围见 GB/T 2659
AXCP0008	民族	string	n2	Y	老年人民族,采用基础数据库统一定义标识 见 JMGC/XX 204 5.1.9 C0009 民族代码

续表

标识符	中文名称	数据类型	数据格式	必选项	备注
AXCP0009	文化程度	string	n2	Y	老年人文化程度,采用基础数据库统一定义标识 见 JMGC/XX 204 5.1.8 C0008 学历代码
AXCP0036	婚姻状况	string	n2	Y	老年人婚姻情况,采用基础数据库统一定义标识符 取值范围见 JMGC/XX 204 5.1.10 C0010 婚姻状况代码
AXCP0017	政治面貌	string	n2	N	老年人政治面貌,采用基础数据库统一定义标识符 取值范围见 JMGC/XX 204 5.1.13 C0013 政治面貌代码
AXCP0013	户籍类别	string	n2	Y	老年人户籍类别,采用基础数据库统一定义标识符 取值范围见 JMGC/XX 204 5.1.31 C0031 户籍类别代码
AXCP0041	户籍地行政区划	string	n12	Y	老年人户籍地行政区划,采用基础数据库统一定义标识符 前 6 位见 GB/T 2260,后 3 位见 GB/T 10114,后 3 位为村或社区编码
AXCP0040	户籍地址	string	..100	Y	老年人籍贯地址,采用基础数据库统一定义标识符
AXCP0011	籍贯	string	..100	Y	老年人籍贯,采用基础数据库统一定义标识符
AXCP0037	手机号码	string	n11	N	手机号码,采用基础数据库统一定义标识符 长 11 位,第 1 位为 1,第 2 位为 3—9
AXCP0043	居住地址所在地行政区划	string	n12	Y	老年人居住地址所在地行政区划,采用基础数据库统一定义标识符 前 6 位见 GB/T 2260,后 3 位见 GB/T 10114,后 3 位为村或社区编码
AXCP0042	居住地址	string	..100	Y	老年人居住地址,采用基础数据库统一定义标识符
AHAE2364	预约日期	date	YYYYMMDD	Y	
AHAE2363	预约入住日期	date	YYYYMMDD	Y	

6.3.41 养老机构备案信息

养老机构备案信息见表 62。

表 62　养老机构备案信息表

标识符	中文名称	数据类型	数据格式	必选项	备注
AXBE0002	统一社会信用代码	string	an18	Y	统一社会信用代码，采用基础数据库统一定义标识符 取值范围见 GB 32100
AXBE0003	单位名称	string	..100	Y	单位名称，采用基础数据库统一定义标识符
AXBE0015	单位建立日期	date	YYYYMMDD	Y	建立日期，采用基础数据库统一定义标识符
AHAE0030	养老机构执业日期	date	YYYYMMDD	N	
AXBE0028	所在地行政区划	string	n12	Y	所在地行政区划，采用基础数据库统一定义标识符 前 6 位见 GB/T 2260，后 3 位见 GB/T 10114，后 3 位为村或社区编码
AXBE0027	通信地址描述	string	..100	Y	通信地址描述，采用基础数据库统一定义标识符
AXBE0033	单位所属行政区划	string	n12	Y	单位所属行政区划，采用基础数据库统一定义标识符 前 6 位见 GB/T 2260，后 3 位见 GB/T 10114，后 3 位为村或社区编码
AXBE0017	法定代表人姓名	string	..72	Y	法定代表人姓名，采用基础数据库统一定义标识符
AXBE0018	法定代表人证件类型	string	n2	Y	法定代表人身份证件类型，采用基础数据库统一定义标识符符 取值范围见 JMGC/XX 204 5.1.15 C0015 身份证件类型代码
AXBE0019	法定代表人公民身份号码	string	..18	Y	法定代表人身份证件号码，采用基础数据库统一定义标识符
AHAE2518	法人登记号码	string	..32	N	
AHAE2293	法人登记机关	string	..40	Y	
AHAE0011	法定代表人性质	string	n2	Y	见 JMGC/XX 204 5.6.7 CH007 养老机构法人性质代码
AXZX0008	法定代表人手机号码	string	n11	Y	法定代表人手机号码，采用基础数据库统一定义标识符 长 11 位，第 1 位为 1，第 2 位为 3—9
AHAE0013	所处位置	string	n1	Y	见 JMGC/XX 204 5.6.12 CH012 养老机构所处位置代码
AHAE0016	服务场所产权性质	string	n2	Y	见 JMGC/XX 204 5.6.9 CH009 养老机构服务场所性质代码
AHAE0017	兴办主体	string	n2	Y	见 JMGC/XX 204 5.6.10 CH010 养老机构兴办主体代码
AHAE2298	日托床位数量	number		Y	单位：张

续表

标识符	中文名称	数据类型	数据格式	必选项	备注
AHAE0020	服务设施面积	float	8,2	Y	单位:平方米
AHAE0021	建筑面积	float	8,2	Y	单位:平方米
AHAE0022	占地面积	float	8,2	Y	单位:平方米
AHAE0023	是否提供居家上门服务	boolean		Y	见附录 A 代码集 A.53 是否代码
AHAE0024	是否投保养老机构责任险	boolean		Y	见附录 A 代码集 A.53 是否代码
AHAE0025	收住老年人类型	string	n2	Y	见附录 A 代码集 A.4 收住老年人类型代码
AXZX0007	联系人姓名	string	..72	Y	联系人姓名,采用基础数据库统一定义标识符
AXZX0001	联系电话	string	..18	Y	联系电话,采用基础数据库统一定义标识符 有效的座机或手机号码。座机号码标准格式为:区号-电话号码,手机号码为11位数字
AHAE0027	医疗服务形式	string	n2	Y	见 JMGC/XX 204 5.6.13 CH013 养老机构医疗服务形式一级代码
AHAE2321	机构负责人姓名	string	..72	Y	
AHAE2322	机构服务人联系电话	string	..18	Y	有效的座机或手机号码。座机号码标准格式为:区号-电话号码,手机号码为11位数字
AHAE2997	护理型床位数量	number		N	单位:张
AHAE2326	办理人姓名	string	..72	Y	
AXCP0004	办理人身份证件类型	string	n2	Y	办理人身份证件类型,采用基础数据库统一定义标识符 取值范围见 JMGC/XX 204 5.1.15 C0015 身份证件类型代码
AXCP0005	办理人身份证件号码	string	..18	Y	办理人身份证件号码,采用基础数据库统一定义标识符
AHAE2328	办理人联系电话	string	..18	Y	有效的座机或手机号码。座机号码标准格式为:区号-电话号码,手机号码为11位数字
AHDX6394	办理渠道	string	n1	Y	
AHAE2331	办理时间	datetime	YYYYMMDDhh:mm:ss	Y	
AHAE2305	备案时间	datetime	YYYYMMDD hh:mm:ss	Y	
AHAE2307	备案编号	string	..32	Y	
AHAE2314	受理时间	datetime	YYYYMMDD hh:mm:ss	Y	

续表

标识符	中文名称	数据类型	数据格式	必选项	备注
AHAE2315	受理结果	string	n1	Y	见附录 A 代码集 A.5 受理结果代码
AHAE2316	受理意见	string	..400	Y	
AHAE2384	核对意见	string	..400	Y	
AHAE2383	核对结果	string	n1	Y	见附录 A 代码集 A.3 审核结果代码
AHAE2385	核对时间	datetime	YYYYMMDD hh:mm:ss	Y	
AHAE2319	流转状态	string	n2	Y	见附录 A 代码集 A.6 备案流转状态代码
AHAE2329	变更原因	string	..400	Y	
AHAE2343	全托床位数量	number		Y	单位:张
AHAE2344	是否区域养老中心	boolean		Y	见附录 A 代码集 A.53 是否代码
AHAE2345	区域	string	n12	Y	前 6 位见 GB/T 2260,后 3 位见 GB/T 10114,后 3 位为村或社区编码

6.3.42 适老化改造信息

适老化改造信息见表 63。

表 63 适老化改造信息

标识符	中文描述	数据类型	数据格式	必选项	备注
AHBX3102	改造对象姓名	string	..72	Y	
AHBX3116	改造对象手机号码	string	n11	Y	有效的座机或手机号码。座机号码标准格式为:区号-电话号码,手机号码为 11 位数字
AHBX3113	是否特殊困难老年人	boolean	n1	Y	见附录 A 代码集 A.53 是否代码
AHBX3103	改造资金	float	8,2	Y	单位:元,保留两位小数
AHAE2327	财政补助资金	float	8,2	Y	单位:元,保留两位小数
AHBX3114	改造住房地址所在区划	string	n12	Y	前 6 位见 GB/T 2260,后 3 位见 GB/T 10114,后 3 位为村或社区编码
AHBX3115	改造住房地址	string	..400	Y	
AHBX3117	改造对象身份代码	string	n2	Y	见附录 A 代码集 A.30 改造对象身份代码
AHBX3118	改造对象身份(其他)	string	..120	Y	
AHBX3119	改造内容代码	string	n2	Y	见附录 A 代码集 A.31 改造内容代码
AHBX3120	改造内容(其他)	string	..120	Y	

附录 A

（规范性）

代码表

A.1 医保类别代码

医保类别代码见表 A.1。

表 A.1 医保类别代码

元素代码	元素名称	元素代码	元素名称
01	城保	02	居保、镇保
03	新农合	04	商业医疗保险
05	公费医疗(干部保健等)	09	其他

A.2 在职状态代码

在职状态代码见表 A.2。

表 A.2 在职状态代码

元素代码	元素名称	元素代码	元素名称
1	在职	2	离职
3	其他		

A.3 审核结果代码

审核结果代码见表 A.3。

表 A.3 审核结果代码

元素代码	元素名称
01	通过
02	不通过

A.4 收住老年人类型代码

收住老年人类型代码见表 A.4。

表 A.4　收住老年人类型代码

元素代码	元素名称
01	自理
02	失能
03	部分失能

A.5 受理结果代码

受理结果代码见表 A.5。

表 A.5　受理结果代码

元素代码	元素名称
1	通过
2	不通过

A.6 备案流转状态代码

备案流转状态代码见表 A.6。

表 A.6　备案流转状态代码

元素代码	元素名称
00	暂存
01	已申请,待受理
02	受理通过,待审核
03	受理不通过
04	审核通过,待打印回执
05	审核不通过
06	已打印回执

A.7 护理等级代码

护理等级代码见表 A.7。

表 A.7　护理等级代码

元素代码	元素名称
01	一级
02	二级
03	三级
04	四级

A.8 严重程度代码

严重程度代码见表 A.8。

表 A.8 严重程度代码

元素代码	元素名称
1	特别重大
2	重大
3	较大
4	一般

A.9 处理结果代码

处理结果代码见表 A.9。

表 A.9 处理结果代码

元素代码	元素名称
0	驳回
1	通过

A.10 捐赠方式代码

捐赠方式代码见表 A.10。

表 A.10 捐赠方式代码

元素代码	元素名称
01	银行捐款
02	网上捐赠
03	短信捐款
04	现场捐款
05	邮局捐款

A.11 收款类型代码

收款类型代码见表 A.11。

表 A. 11 收款类型代码

元素代码	元素名称
1	收款
2	退款

A. 12 收款方式代码

收款方式代码见表 A. 12。

表 A. 12 收款方式代码

元素代码	元素名称
1	现金
2	支付宝
3	微信
4	储蓄卡
5	信用卡
6	其他

A. 13 入住状态代码

入住状态代码见表 A. 13。

表 A. 13 入住状态代码

元素代码	元素名称
0	未住
1	在住

A. 14 职业类型代码

职业类型代码见表 A. 14。

表 A. 14 职业类型代码

元素代码	元素名称
01	养老护理员
02	医师
03	康复师
04	技师

续表

元素代码	元素名称
05	营养师
06	护士
07	心理咨询师
08	老年社会工作者
09	护师
10	医生
11	其他

A.15 岗位类型代码

岗位类型代码见表 A.15。

表 A.15　岗位类型代码

元素代码	元素名称
01	工人
02	干部
03	其他

A.16 申请等级代码

申请等级代码见表 A.16。

表 A.16　申请等级代码

元素代码	元素名称	元素代码	元素名称
00	未评级	03	三级
01	一级	04	四级
02	二级	05	五级

A.17 等级评定流转状态代码

等级评定流转状态代码见表 A.17。

表 A.17　等级评定流转状态代码

元素代码	元素名称	元素代码	元素名称
00	已申请,待提交	11	评定结果公示中
01	已申请,待受理	12	已公示,待发证

续表

元素代码	元素名称	元素代码	元素名称
02	已受理,待公示	13	已发证
03	已受理,公示中	21	不通过
04	已公示,待抽专家	22	不通过
05	已抽专家,待评定基本条件	23	不通过
06	基本条件符合,待评分	24	不通过
07	待县(区)审核	25	不通过
08	待市审核	26	不通过
09	待省审核	31	退回
10	审核通过,待公示	32	退回

A. 18 公示类型代码

公示类型代码见表 A. 18。

表 A. 18　公示类型代码

元素代码	元素名称
01	申请公示
02	评定结果公示

A. 19 评定等级代码

评定等级代码见表 A. 19。

表 A. 19　评定等级代码

元素代码	元素名称	元素代码	元素名称
00	未评级	03	三级
01	一级	04	四级
02	二级	05	五级

A. 20 证书退回状态代码

证书退回状态代码见表 A. 20。

表 A. 20　证书退回状态代码

元素代码	元素名称
0	未退回
1	已退回

A. 21 牌匾退回状态代码

牌匾退回状态代码见表 A. 21。

表 A. 21　牌匾退回状态代码

元素代码	元素名称
0	未退回
1	已退回

A. 22 申请变更流转状态代码

申请变更流转状态代码见表 A. 22。

表 A. 22　申请变更流转状态代码

元素代码	元素名称	元素代码	元素名称
00	未申请	02	待审核
01	已申请	03	已审核

A. 23 申请变更等级代码

申请变更等级代码见表 A. 23。

表 A. 23　申请变更等级代码

元素代码	元素名称	元素代码	元素名称
01	一级	04	四级
02	二级	05	五级
03	三级		

A. 24 专家职称代码

专家职称代码见表 A. 24。

表 A. 24　专家职称代码

元素代码	元素名称	元素代码	元素名称
01	初级	03	副高级
02	中级	05	正高级

A. 25 专家领域代码

专家领域代码见表 A. 25。

表 A.25　专家领域代码

元素代码	元素名称	元素代码	元素名称
01	公共服务领域	03	公共安全领域
02	公共服务设施领域	05	人力资源领域

A.26 整改结果代码

整改结果代码见表 A.26。

表 A.26　整改结果代码

元素代码	元素名称
0	未整改
1	已整改

A.27 处理状态代码

处理状态代码见表 A.27。

表 A.27　处理状态代码

元素代码	元素名称
0	未处理
1	已处理

A.28 处罚部门代码

处罚部门代码见表 A.28。

表 A.28　处罚部门代码

元素代码	元素名称
00	民政部门
01	市场监督管理局
02	住建委
03	消防部门

A.29 来源途径代码

来源途径代码见表 A.29。

表 A.29　来源途径代码

元素代码	元素名称
00	检查发现
01	信用平台
02	政府网站
03	其他居委办

A.30 改造对象身份代码

改造对象身份代码见表 A.30。

表 A.30　改造对象身份代码

元素代码	元素名称	元素代码	元素名称
01	分散供养特困人员	03	低保
02	建档立卡贫困老年人	99	其他

A.31 改造内容代码

改造内容代码见表 A.31。

表 A.31　改造内容代码

元素代码	元素名称	元素代码	元素名称
01	地面防滑处理	05	配置手杖
02	高差处理	06	配置淋浴椅
03	安装床边护栏或抓杆	07	防走失装置
04	安装扶手	99	其他

A.32 采集方式代码

采集方式代码见表 A.32。

表 A.32　采集方式代码

元素代码	元素名称
01	系统录入
02	文件导入
03	接口采集

A.33 联合惩戒流转状态代码

联合惩戒流转状态代码见表 A.33。

表 A.33 联合惩戒流转状态代码

元素代码	元素名称	元素代码	元素名称
01	待认定	06	待申辩
02	进入重点关注名单	07	申辩成功
03	待下发告知书	08	进入联合惩戒名单
04	待反馈	09	不进入名单
05	待公示	10	申辩中

A.34 联合惩戒条款内容代码

联合惩戒条款内容代码见表 A.34。

表 A.34 联合惩戒条款内容代码

元素代码	元素名称	元素代码	元素名称
01	(一)超出章程规定的宗旨和业务范围进行活动的	06	(六)存在采取虚报冒领等方式骗取政府补贴资金等涉及财政资金违法行为的
02	(二)因养老服务行为侵害老年人合法权益的	07	(七)拒不接受或者不按照规定接受监督检查,或者在接受监督检查时隐瞒真实情况、弄虚作假的
03	(三)以非法集资或者欺骗手段销售"保健"产品等方式诈骗老年人财物的	08	(八)不按照规定报送年度工作报告、履行信息公开义务的
04	(四)存在重大火灾隐患,无故拖延,逾期不改的	09	(九)其他违反养老服务管理有关规定的严重违法失信情形
05	(五)对发生的安全事故负有主要或者直接责任的	10	(十)被人民法院认定为失信被执行人

A.35 联合惩戒处理结果代码

联合惩戒处理结果代码见表 A.35。

表 A.35 联合惩戒处理结果代码

元素代码	元素名称
1	纳入联合惩戒名单
2	不纳入名单

A.36 移出原因代码

移出原因代码见表 A.36。

表 A.36　移出原因代码

元素代码	元素名称
00	判决失效
01	处罚撤销
02	名单到期
99	其他

A.37 邮寄方式代码

邮寄方式代码见表 A.37。

表 A.37　邮寄方式代码

元素代码	元素名称
00	邮政普快
01	邮政 EMS

A.38 核查结果代码

核查结果代码见表 A.38。

表 A.38　核查结果代码

元素代码	元素名称
0	不通过
1	通过

A.39 人员类别代码

人员类别代码见表 A.39。

表 A.39　人员类别代码

元素代码	元素名称
01	法定代表人
02	主要负责人
03	高级管理人员
04	养老护理员
99	其他

A. 40 移出类型代码

移出类型代码见表 A. 40。

表 A. 40 移出类型代码

元素代码	元素名称
00	直接移出
01	到期移出

A. 41 移出申请原因代码

移出申请原因代码见表 A. 41。

表 A. 41 移出申请原因代码

元素代码	元素名称
00	判决失效
01	处罚撤销
02	名单到期

A. 42 核查原因代码

核查原因代码见表 A. 42。

表 A. 42 核查原因代码

元素代码	元素名称	元素代码	元素名称
01	未再发生违法失信行为	10	再次发生违法失信行为
02	已履行相应义务	11	未履行相应义务
03	整改到位	12	整改不到位
09	其他	19	其他

A. 43 审核状态代码

审核状态代码见表 A. 43。

表 A. 43 审核状态代码

元素代码	元素名称
0	未审核
1	驳回
2	审核通过

A. 44 留守老年人能力状况代码

留守老年人能力状况代码见表 A. 44。

表 A. 44 留守老年人能力状况代码

元素代码	元素名称
01	完全自理
02	半失能
03	失能

A. 45 留守老年人经济状况代码

留守老年人经济状况代码见表 A. 45。

表 A. 45 留守老年人经济状况代码

元素代码	元素名称
01	建档立卡贫困户
02	一般农户
03	低保

A. 46 评估标准代码

评估标准代码见表 A. 46。

表 A. 46 评估标准代码

元素代码	元素名称
01	国家标准
02	行业标准
03	地方标准

A. 47 退住原因代码

退住原因代码见表 A. 47。

表 A. 47 退住原因代码

元素代码	元素名称
01	合同期满不再续签
02	合同解除
03	去世
99	其他

A.48 社区养老服务机构类别代码

社区养老服务机构类别代码见表 A.48。

表 A.48 社区养老服务机构类别代码

元素代码	元素名称	元素代码	元素名称
01	街道层面综合性社区养老服务机构(区域中心,具备全托、日托、上门、统筹协调辖区内居家和社区养老服务资源)	02	嵌入式社区养老服务机构(具备全托功能)
03	社区日间照料机构	04	其他

A.49 社区养老服务机构服务类型代码

社区养老服务机构服务类型代码见表 A.49。

表 A.49 社区养老服务机构服务类型代码

元素代码	元素名称
01	助餐
02	助浴
03	助洁
04	助行
05	助衣
06	康复
07	照料

A.50 机构类别代码

机构类别代码见表 A.50。

表 A.50 机构类别代码

元素代码	元素名称
01	自理型养老机构
02	护理型养老机构
03	综合型养老机构
99	其他

A.51 公示状态代码

公示状态代码见表 A.51。

表 A.51　公示状态代码

元素代码	元素名称
01	申请公示
02	评定结果公示

A.52 探望方式代码

探望方式代码见表 A.52。

表 A.52　探望方式代码

元素代码	元素名称
01	电话问候
02	上门巡访
99	其他

A.53 是否代码

是否代码见表 A.53。

表 A.53　是否代码

元素代码	元素名称
0	否
1	是

A.54 身体能力评估等级代码

身体能力评估等级代码见表 A.54。

表 A.54　身体能力评估等级代码

元素代码	元素名称
1	一级
2	二级
3	三级

JMGC

民 政 部 金 民 工 程 标 准

JMGC/YW 438—2020

民政监管数据元

2020 -12 -30 发布　　2020 -12 -30 实施

民政部信息中心 发布

目　次

前　言

本文件按照 GB/T 1. 1—2020《标准化工作导则 第1部分:标准化文件的结构和起草规则》给出的规则起草。

请注意本文件的某些内容可能涉及专利。本文件的发布机构不承担识别专利的责任。

本文件由民政部信息中心提出并归口。

本文件主要起草单位:民政部信息中心、东软集团股份有限公司。

本文件主要起草人:李杰、文长军、高媛、杨天荣、王伟、宋磊、徐洪凯。

民政监管数据元

1 范围

本文件规定了金民工程一期民政政务监管系统建设项目对数据元的标识符、中文名称、数据类型、数据格式和必选项的要求。

本文件适用于金民工程一期民政政务监管系统建设项目建设。

2 规范性引用文件

下列文件对于本文件的应用是必不可少的。凡是注日期的引用文件,仅注日期的版本适用于本文件;凡是不注日期的引用文件,其最新版本(包括所有的修改单)适用于本文件。

GB/T 2260 中华人民共和国行政区划代码

GB/T 5271.1 信息技术 词汇 第1部分:基本术语

GB/T 10114 县以下行政区划代码编码规则

GB 11643 公民身份号码

GB/T 12407 职务级别代码

GB/T 17969.8 信息技术 开放系统互连 OSI 登记机构操作规程 第8部分:通用唯一标识符(UUID)的生成和登记及其用作 ASN.1 客体标识符部件

GB/T 18391.1 信息技术 元数据注册系统(MDR) 第1部分:框架

GB 32100 法人和其他组织统一社会信用代码编码规则

C 5102—2019 国家"互联网+监管"系统监管事项目录清单及检查实施清单编码要求

C5103—2019 国家"互联网+监管"系统监管事项目录清单、检查实施清单及监管行为信息要素要求

C5106—2019 国家"互联网+监管"系统监管数据标准

JMGC/XX 210—2020 金民工程数据对象命名规范

JMGC/XX 204—2020 金民工程信息分类和编码规范

3 术语和定义

GB/T 5271.1、GB/T 18391.1 界定的以及下列术语和定义适用于本文件。

3.1 数据

信息的可再解释的形式化表示,以适用于通信、解释或处理。

［来源：GB/T 5271.1，01.01.02］

3.2 数据元

用一组属性描述定义、标识、表示和允许值的数据单元。

［来源：GB/T 18391.1，3.3.8］

4 缩略语

下列缩略语适用于本文件。

ID 身份标识号 identity document。

5 数据元属性

5.1 标识符

标识符为数据库中该字段的唯一标识，编码规则应符合 JMGC/XX 210—2020 的要求。

5.2 中文名称

字段名称采用中文描述，表征字段的名称。

5.3 数据类型

本文件中数据元的数据类型见表 1。

表 1　数据类型

数据类型	说明
string（字符型）	通过字符形式表达的值的类型
number（整数型）	通过“0”到“9”数字表达的整数类型的值
float（浮点型）	通过“0”到“9”数字和小数点“.”表达的实数
date（日期型）	通过 YYYYMMDD 的形式表达的值的类型
datetime（日期时间型）	通过 YYYYMMDD hh：mm：ss 的形式表达的值的类型
boolean（布尔型）	两个且只有两个表明条件的值

5.4 数据格式

从业务的角度规定的数据元的格式需求，包括所允许的最大和（或）最小字符长度，表示格式等。数据格式中使用的字符含义见表 2。

表 2　数据格式

数据格式	说明
a	字母字符
n	数字字符

续表

数据格式	说明
an	字母数字字符
m(m 为自然数)	定长 m 个字符,字符集默认为 GB 18030 的全部部分
..ul	长度不确定的
..	从最小长度到最大长度,前面附加最小长度,后面附加最大长度
YYYYMMDD hh:mm:ss	"YYYY"表示年份,"MM"表示月份,"DD"表示日期,"hh"表示小时,"mm"表示分钟,"ss"表示秒,可以视实际情况组合使用
m,n	float 的精度,m 表示总长度,n 表示小数位

5.5 必选项

必选项描述该字段是否允许插入空值,填"Y"表示该字段不允许为空值,填"N"表示该字段允许为空值。

5.6 备注

备注应对字段的意义、取值范围、计量单位、参考标准等提出要求。

6 数据元描述

6.1 监管事项信息表

监管事项信息见表 3。

表 3　监管事项信息

标识符	中文名称	数据类型	数据格式	必选项	备注
AZGX0101	监管事项 ID	string	an32	Y	本记录的唯一标识,取值为 UUID,符合 GB/T 17969.8—2010 的规定
AZGX0102	监管事项名称	string	..150	Y	
AZGX0103	监管事项编码	string	n8	Y	见 C 5102—2019 A.1 监管事项主项编码示例
AZGX0104	父级事项 ID	string	..32	Y	无父级则填写 root
AZGX0105	监管部门 ID	string	an32	Y	外键,UUID,符合 GB/T 17969.8—2010
AZGX0106	监管部门名称	string	..100	Y	是指民政领域具有监督管理职能的各部门
AZGX0107	监管部门所属行政区划代码	string	n6	Y	见 JMGC/XX 204—2020 5.1.3 C0003 行政区划代码
AZGX0108	对应的许可事项类型	string	n1	Y	见附录 A 代码集 A.1 许可事项类型代码
AZGX0109	操作状态	string	n1	Y	0:在用 1:取消 2:停用

续表

标识符	中文名称	数据类型	数据格式	必选项	备注
AZGX0190	版本 ID	string	..14	Y	默认 1.0，每修改一次，数值依次增加 0.1
AZGX0191	版本时间	datetime	YYYYMMDD hh:mm:ss	Y	
AZGX0192	修改时间	datetime	YYYYMMDD hh:mm:ss	N	
AXZX0008	经办人	string	..72	Y	经办人姓名
AXZX0009	经办人编码	string	an32	Y	外键，UUID，符合 GB/T 17969.8—2010
AXZX0010	经办机构	string	..100	Y	经办机构名称
AXZX0011	经办机构编码	string	an32	Y	外键，UUID，符合 GB/T 17969.8—2010
AXZX0012	经办时间	datetime	YYYYMMDD hh:mm:ss	Y	

6.2 监管事项子项信息表

监管事项子项信息见表 4。

表 4　监管事项子项信息

标识符	中文名称	数据类型	数据格式	必选项	备注
AZGX0201	监管事项子项 ID	string	an32	Y	本记录的唯一标识，取值为 UUID，符合 GB/T 17969.8—2010 的规定
AZGX0103	监管事项编码	string	n8	Y	见 C 5102—2019 A.1 监管事项主项编码示例
AZGX0202	监管事项子项名称	string	..200	Y	
AZGX0203	监管事项子项编码	string	n14	Y	见 C 5102—2019 A.2 监管事项子项编码示例
AZGX0204	监管对象	string	..100	Y	监管对象描述，如社会团体、民办非企业单位、外国商会、基金会、社会服务机构等
AZGX0205	监管形式	string	..50	Y	当行政类型为"行政检查(0)"时，监管形式的值范围： 日常检查、专项检查、日常检查^专项检查、日常检查^其他^自定义文本 其他^自定义文本； 当行政类型为"行政处罚(1)、其他(3)"时，监管形式的值填"无"
AZGX0206	行政类型	string	n1	Y	见附录 A 代码集 A.2 行政类型代码
AZGX0207	设定依据	string	..2000	Y	

续表

标识符	中文名称	数据类型	数据格式	必选项	备注
AZGX0208	监管方式	string	..100	Y	当行政类型为“行政检查(0)”时,监管方式的值:自定义文本;当行政类型为“行政处罚(1)、其他(3)”时,监管方式的值填“无”
AZGX0209	监管流程	string	..2000	Y	
AZGX0210	监管结果	string	..2000	Y	
AZGX0211	监管层级	string	..20	Y	国家级:01 省级:02 市级:03 区县级:04,多选,以“^”分隔
AZGX0212	计划生效日期	date	YYYYMMDD	N	
AZGX0213	计划取消日期	date	YYYYMMDD	N	
AZGX0214	监管部门代码	string	an18	Y	填报统一社会信用代码,值域见GB 32100

6.3 监管事项检查实施清单信息表

监管事项检查实施清单信息见表5。

表5 监管事项检查实施清单信息

标识符	中文名称	数据类型	数据格式	必选项	备注
AZGX0301	监管事项检查实施清单ID	string	an32	Y	本记录的唯一标识,取值为UUID,符合GB/T 17969.8—2010的规定
AZGX0203	监管事项子项编码	string	n14	Y	见C 5102—2019 A.2 监管事项子项编码示例
AZGX0303	实施清单编码	string	n33	Y	见C 5102—2019 A.3 监管事项检查实施清单实施编码示例
AZGX0304	行使层级	string	n2	Y	见附录A 代码集 A.3 行使层级代码
AZGX0305	实施主体	string	..100	Y	实施主体名称,指民政领域行政执法部门,例如社会组织管理局的执法部门
AZGX0306	实施主体代码	string	an18	Y	统一社会信用代码,值域见GB 32100
AZGX0307	实施主体性质	string	n2	Y	见附录A 代码集 A.4 实施主体性质代码
AZGX0308	委托部门	string	..100	N	委托部门名称
AZGX0309	委托部门代码	string	an18	N	填报统一社会信用代码,值域见GB 32100
AZGX0310	监管对象	string	..100	Y	监管对象描述,如社会团体、民办非企业单位、外国商会、基金会、社会服务机构等
AZGX0312	检查类别	string	n1	Y	1:现场检查 2:非现场检查

续表

标识符	中文名称	数据类型	数据格式	必选项	备注
AZGX0313	检查方式	string	..200	N	
AZGX0314	是否纳入双随机	boolean		Y	true:是 false:否
AZGX0315	检查比例	float	3,1	N	填写格式,如:30.0、15.5
AZGX0316	检查频次	string	..200	N	检查频次描述,例如每年一次
AZGX0317	日常检查内容	string	..2000	N	
AZGX0318	专项检查内容	string	..2000	N	
AZGX0319	是否抽检	boolean		Y	true:是 false:否
AZGX0320	监督抽检内容	string	..1000	N	
AZGX0321	是否协同	boolean		Y	true:是 false:否,指是否需要其他部门的协同监管
AZGX0322	协同相关机构	string	..100	N	协同相关机构名称
AZGX0323	计划生效日期	date	YYYYMMDD	N	
AZGX0324	计划取消日期	date	YYYYMMDD	N	
AZGX0325	版本 ID	string	..14	Y	默认1.0,每修改一次,数值依次增加0.1
AZGX0326	版本时间	datetime	YYYYMMDD hh:mm:ss	Y	
AZGX0327	修改时间	datetime	YYYYMMDD hh:mm:ss	N	
AZGX0328	行政区划代码	string	n6	Y	见 JMGC/XX 204—2020 5.1.3 C0003 行政区划代码
AZGX0109	操作状态	string	n1	Y	0:在用 1:取消 2:停用
AXZX0008	经办人	string	..72	Y	经办人姓名
AXZX0009	经办人编码	string	an32	Y	外键,UUID,符合 GB/T 17969.8—2010
AXZX0010	经办机构	string	..100	Y	经办机构名称
AXZX0011	经办机构编码	string	an32	Y	外键,UUID,符合 GB/T 17969.8—2010
AXZX0012	经办时间	datetime	YYYYMMDD hh:mm:ss	Y	

6.4 监管事项行政许可信息表

监管事项行政许可信息见表6。

表6 监管事项行政许可信息

标识符	中文名称	数据类型	数据格式	必选项	备注
AZGX0401	监管事项行政许可 ID	string	an32	Y	本记录的唯一标识,取值为 UUID,符合 GB/T 17969.8—2010 的规定

续表

标识符	中文名称	数据类型	数据格式	必选项	备注
AZGX0103	监管事项编码	string	n8	Y	见 C 5102—2019 A.1 监管事项主项编码示例
AZGX0402	对应的许可事项名称	string	..200	Y	指民政政务服务事项中的许可事项
AZGX0403	对应的许可事项编码	string	an50	Y	见 C 5106—2019 对应的许可事项编码
AZGX0404	监管部门代码	string	an18	Y	填报统一社会信用代码，值域见 GB 32100

6.5 法人基本信息表

法人基本信息见表7。

表7　法人基本信息

标识符	中文名称	数据类型	数据格式	必选项	备注
AZGX1301	法人基本信息 ID	string	an32	N	本记录的唯一标识，取值为 UUID，符合 GB/T 17969.8—2010 的规定
AZGX1302	组织机构名称	string	..100	Y	填报社会组织、养老服务机构、儿童福利机构等具体组织机构名称
AZGX1303	组织机构代码	string	an18	Y	填报统一社会信用代码，值域见 GB 32100
AZGX1304	是否重点监管	boolean		N	true：是 false：否
AZGX1305	法人名称	string	..200	N	
AZGX1306	法人类型	string	n3	N	见附录 A 代码集 A.5 法人类型代码
AZGX1307	法人设立的批准或核准机关	string	..100	N	
AZGX1308	法人设立的批准或核准日期	date	YYYYMMDD	N	
AXBE0017	法定代表人姓名	string	..72	N	
AXBE0018	法定代表人证件类型	string	n2	N	见 JMGC/XX 204—2020 5.1.6 C0006 电子证照持证主体类型代码
AXBE0019	法定代表人证件号码	string	..18	N	对于证件类型为“内地居民身份证”的人员，证件号码值域见 GB 11643
AXBE0014	注册地址	string	..100	N	
AZGX1317	行政区划代码	string	n6	N	见 JMGC/XX 204—2020 5.1.3 C0003 行政区划代码
AZGX1319	地址经度	float	10,6	N	如经度坐标为：116.471122

续表

标识符	中文名称	数据类型	数据格式	必选项	备注
AZGX1320	地址纬度	float	10,6	N	如纬度坐标为:40.022232
AZGX1321	联系电话	string	..50	N	填报联系电话,多个电话之间用“/”分隔

6.6 自然人信息表

自然人信息见表8。

表8 自然人信息

标识符	中文名称	数据类型	数据格式	必选项	备注
AZGX1401	自然人 ID	string	an32	N	本记录的唯一标识,取值为UUID,符合GB/T 17969.8—2010的规定
AXCP0002	姓名	string	..72	Y	填报享受养老服务补贴的老年人、享受社会福利的儿童、社会救助人员、养老服务从业人员、儿童福利从业人员等自然人姓名
AXCP0005	公民身份号码	string	an18	Y	见 GB 11643
AXCP0006	性别	string	n1	N	见 JMGC/XX 204—2020 5.1.7 C0007 人的性别代码
AXCP0008	民族	string	n2	N	见 JMGC/XX 204—2020 5.1.9 C0009 民族代码
AXCP0017	政治面貌	string	n2	N	见 JMGC/XX 204—2020 5.1.13 C0013 政治面貌代码
AXCP0097	出生日期	date	YYYYMMDD	N	
AXCP0040	户籍地址	string	..100	N	
AXCP0041	户籍行政区划代码	string	n6	N	见 JMGC/XX 204—2020 5.1.3 C0003 行政区划代码
AXCP0042	常住地址	string	..100	N	
AXZX0001	联系电话	string	..50	N	填报联系电话,多个电话之间用“/”分隔
AZGX1407	从业证书类型	string	n2	N	见 C 5106—2019 A.14 从业证书类型
AZGX1408	从业证书名称	string	..50	N	
AZGX1409	从业证书编码	string	..30	N	

6.7 执法监管人员信息表

执法监管人员信息见表9。

表9　执法监管人员信息

标识符	中文名称	数据类型	数据格式	必选项	备注
AZGX2001	执法监管人员 ID	string	an32	Y	本记录的唯一标识，取值为 UUID，符合 GB/T 17969.8—2010 的规定
AZGX2002	所属单位	string	..100	Y	所属单位的全称
AZGX2014	所属单位代码	string	an18	Y	所属单位的统一社会信用代码，值域见 GB 32100
AXCP0002	姓名	string	..72	Y	执法监管人员姓名，指民政领域具有执法权力的部门或具有监督管理权力的职能部门工作人员
AXCP0005	公民身份号码	string	an18	Y	见 GB 11643 公民身份号码
AXCP0006	性别	string	n1	Y	见 JMGC/XX 204—2020 5.1.7 C0007 人的性别代码
AXCP0008	民族	string	n2	Y	见 JMGC/XX 204—2020 5.1.9 C0009 民族代码
AXCP0009	最高学历	string	n2	Y	见 JMGC/XX 204—2020 5.1.8 C0008 学历代码
AXCP0017	政治面貌	string	n2	Y	见 JMGC/XX 204—2020 5.1.13 C0013 政治面貌代码
AXCP0097	出生日期	date	YYYYMMDD	Y	
AXZX0001	手机号码	string	n11	N	11 位手机号码，第 1 位为 1，第 2 位为 3—9
AZGX2004	职级	string	an5	Y	见 GB/T 12407
AZGX2005	执法人员性质	string	n2	Y	见附录 A 代码集 A10. 执法人员性质代码
AZGX2006	是否监督人员	boolean		Y	true：是 false：否
AZGX2007	是否具有法律职业资格	boolean		N	true：是 false：否
AZGX2008	执法证号	string	..100	N	执法监管人员的执法证号。如是执法人员填写执法证号，如是其他检查人员，此字段自定义
AZGX2009	学历专业	string	..100	N	执法人员的学历专业，如法律等
AZGX2010	发证机关	string	..100	N	执法监管人员执法证的发证机关名称
AZGX2011	执法区域	string	..100	N	执法监管人员的执法区域，如北京市、河南省信阳市浉河区等
AZGX2012	执法类别	string	..200	N	执法监管人员的执法类别
AZGX2013	证件有效期	date	YYYYMMDD	N	执法监管人员的执法证有效期

6.8 行政检查行为信息表

行政检查行为信息见表 10。

表 10　行政检查行为信息

标识符	中文名称	数据类型	数据格式	必选项	备注
AZGX3001	行政检查行为 ID	string	an32	Y	本记录的唯一标识，取值为 UUID，符合 GB/T 17969.8—2010 的规定
AZGX0103	监管事项编码	string	..100	Y	见 C 5102—2019 A.1 监管事项主项编码示例；填报该检查行为对应的监管事项编码；如有多个，以^号分隔
AZGX0303	监管事项检查实施清单编码	string	..300	Y	见 C 5102—2019 A.3 监管事项检查实施清单实施编码示例；该检查行为对应的检查实施清单的编码；如有多个，以^号分隔
AZGX3002	检查行为名称	string	..200	Y	
AZGX3003	检查行为编号	string	..50	Y	见 C 5106—2019 检查行为编号
AZGX3004	实施机构	string	..100	Y	实施机构名称
AZGX3005	实施机构代码	string	an18	Y	填报统一社会信用代码，值域见 GB 32100
AZGX3006	受委托部门	string	..100	N	当具体监管行为委托其他部门实施时，该项必填，填报受委托部门的名称
AZGX3007	受委托部门代码	string	an18	N	填报受委托部门的统一社会信用代码，值域见 GB 32100
AZGX3008	监管对象	string	an18	N	监管对象为自然人时，填报公民身份号码，值域见 GB 11643；监管对象为组织时，填报统一社会信用代码，值域见 GB 32100
AZGX3009	单位/个人名称	string	..100	Y	监管责任最终的承担者
AZGX3010	单位/个人性质	string	n2	N	01：公民 02：法人 03：其他组织
AZGX3011	单位/个人证件类型	string	n3	N	见 JMGC/XX 204—2020 5.1.6 C0006 电子证照持证主体类型代码
AZGX3012	单位/个人代码	string	..18	Y	如是单位则填写该单位统一社会信用代码，值域见 GB 11643；如是个人则填写相应的证件号码等，对于证件类型为“内地居民身份证”的人员，证件号码值域见 GB 11643
AZGX3013	注册地址	string	..100	N	填报单位组织的注册地址，如果为组织时，则为必填
AZGX3015	行政区划代码	string	n6	Y	见 JMGC/XX 204—2020 5.1.3 C0003 行政区划代码
AZGX3016	检查形式	string	n2	Y	01：日常检查 02：专项检查 99：其他

续表

标识符	中文名称	数据类型	数据格式	必选项	备注
AZGX3017	检查类别	string	n2	Y	01:现场检查 02:非现场检查
AZGX3018	检查方式	string	..2	N	见 C 5106—2019 检查方式;检查类别为现场检查时,需填报具体检查方式; 1."双随机、一公开"监管 2. 重点监管 3. 信用监管;当检查类别为非现场检查时,填写"无"
AZGX3019	检查结果	string	..1000	Y	
AZGX3020	检查日期	date	YYYYMMDD	Y	
AZGX3021	检查人员	string	..720	Y	填报进行检查的人员名称,填报检查人员数不少于2人。英文逗号分隔
AZGX3022	执法证号	string	..300	Y	填报对应检查人员的执法证号,执法证号要与对应执法人员名称的顺序保持一致。英文逗号分隔
AZGX3023	报送日期	date	YYYYMMDD	Y	填报该条检查信息的具体报送日期
AZGX3024	报送人员	string	..50	N	填报该条检查信息的具体报送人员姓名
AZGX3025	双随机一公开计划 ID	string	an32	N	当该行政检查行为是双随机一公开时,需要填写该计划 ID,必须填写;为其他检查时填写"无"

6.9 行政处罚行为信息表

行政处罚行为信息见表11。

表 11 行政处罚行为信息

标识符	中文名称	数据类型	数据格式	必选项	备注
AZGX3101	行政处罚行为 ID	string	an32	Y	本记录的唯一标识,取值为UUID,符合 GB/T 17969.8—2010 的规定
AZGX0103	监管事项编码	string	..50	Y	见 C 5102—2019 A.1 监管事项主项编码示例;填报该检查行为对应的监管事项编码;如有多个,以^号分隔
AZGX3102	处罚行为名称	string	..200	Y	具体的实施此次处罚的名称
AZGX3103	处罚行为编号	string	..50	Y	见 C 5106—2019 处罚行为编号
AZGX3004	实施机构	string	..100	Y	具体实施监管的机构名称
AZGX3005	实施机构代码	string	an18	Y	统一社会信用代码,值域见 GB 32100

续表

标识符	中文名称	数据类型	数据格式	必选项	备注
AZGX3006	受委托部门	string	..100	N	当具体监管行为委托其他部门实施时,该项必填,填报委托部门的名称
AZGX3007	受委托部门代码	string	an18	N	填报委托部门的统一社会信用代码,值域见 GB 32100
AZGX3008	监管对象	string	an18	Y	监管对象为自然人时,填报公民身份号码,值域见 GB 11643; 监管对象为组织时,填报统一社会信用代码,值域见 GB 32100
AZGX3104	案件来源	string	n2	Y	见附录 A 代码集 A.6 案件来源代码
AZGX3003	检查行为编号	string	..50	Y	见 C 5106—2019 检查行为编号
AZGX3009	单位/个人名称	string	..200	Y	监管责任最终的承担者
AZGX3010	单位/个人性质	string	n2	N	01:公民 02:法人 03:其他组织
AZGX3011	单位/个人证件类型	string	n3	N	见 JMGC/XX 204—2020 5.1.6 C0006 电子证照持证主体类型代码
AZGX3012	单位/个人代码	string	..18	Y	如是单位则填写该单位统一社会信用代码,值域见 GB 11643;如是个人则填写相应的证件号码等,对于证件类型为"内地居民身份证"的人员,证件号码值域见 GB 11643
AZGX3013	注册地址	string	..400	N	填报单位组织的注册地址,为组织时,则为必填
AZGX3015	行政区划代码	string	n6	Y	见 JMGC/XX 204—2020 5.1.3 C0003 行政区划代码
AZGX3105	违法事实	string	..1000	Y	
AZGX3106	处罚依据	string	..1000	Y	
AZGX3107	处罚程序	string	n2	Y	01. 简易程序 02. 一般程序
AZGX3108	是否听证	boolean		Y	true:是 false:否
AZGX3118	处罚文书号	string	..100	Y	填报该处罚事项具体的处罚文书号
AZGX3119	作出行政处罚决定日期	date	YYYYMMDD	Y	
AZGX3120	处罚种类	string	n2	Y	见附录 A 代码集 A.7 处罚种类代码
AZGX3121	罚款金额	float	12,2	N	金额单位为元,例如:10000000
AZGX3122	处罚结果	string	..1000	Y	描述实际具体处罚结果
AZGX3123	行政复议	string	an2	Y	见附录 A 代码集 A.8 行政复议代码
AZGX3124	行政诉讼	string	an2	Y	见附录 A 代码集 A.9 行政诉讼代码

续表

标识符	中文名称	数据类型	数据格式	必选项	备注
AZGX3128	结案情况 - 不予行政处罚	string	m2	Y	是、否
AZGX3023	报送日期	date	YYYYMMDD	Y	具体报送日期
AZGX3024	报送人员	string	..50	N	具体报送人员姓名

6.10 其他行为信息表

其他行为信息见表12。

表12　其他行为信息

标识符	中文名称	数据类型	数据格式	必选项	备注
AZGX3901	其他行为 ID	string	an32	Y	本记录的唯一标识，取值为 UUID，符合 GB/T 17969.8—2010 的规定
AZGX0103	监管事项编码	string	..50	Y	见 C 5102—2019 A.1 监管事项主项编码示例；填报该检查行为对应的监管事项编码；如有多个，以^号分隔
AZGX3902	行为名称	string	..200	Y	含监管对象信息和监管事项信息
AZGX3903	行为编号	string	..50	Y	见 C 5106—2019 行为编号
AZGX3003	检查行为编号	string	..50	Y	见 C 5106—2019 检查行为编号
AZGX3008	监管对象	string	an18	Y	监管对象为自然人时，填报公民身份号码，值域见 GB 11643； 监管对象为组织时，填报统一社会信用代码，值域见 GB 32100
AZGX3104	事项来源	string	..50	N	填报该项监管事项的案件来源信息
AZGX3004	实施机构	string	..100	Y	具体实施监管的机构名称
AZGX3005	实施机构代码	string	an18	Y	统一社会信用代码，值域见 GB 32100
AZGX3006	受委托部门	string	..100	N	当具体监管行为委托其他部门实施时，该项必填，填报受委托部门的名称
AZGX3007	受委托部门代码	string	an18	N	填报受委托部门的统一社会信用代码，值域见 GB 32100
AZGX3009	单位/个人名称	string	..100	Y	与行政主体对应的另一方当事人，监管责任最终的承担者
AZGX3010	单位/个人性质	string	n2	N	01：公民 02：法人 03：其他组织
AZGX3011	单位/个人证件类型	string	n3	N	见 JMGC/XX 204—2020 5.1.6 C0006 电子证照持证主体类型代码

续表

标识符	中文名称	数据类型	数据格式	必选项	备注
AZGX3012	单位/个人代码	string	an18	Y	如是单位则填写该单位统一社会信用代码,值域见 GB 11643;如是个人则填写相应的证件号码等,对于证件类型为"内地居民身份证"的人员,证件号码值域见 GB 11643
AZGX3013	注册地址	string	..100	N	为组织时,则为必填
AZGX3015	行政区划代码	string	n6	Y	见 JMGC/XX 204—2020 5.1.3 C0003 行政区划代码
AZGX3904	监管措施	string	..50	N	
AZGX3905	结案情况	string	..200	N	结案描述
AZGX3906	开始日期	date	YYYYMMDD	N	事项监管实施的开始日期
AZGX3907	结束日期	date	YYYYMMDD	N	事项监管实施的结束日期
AZGX3023	报送日期	date	YYYYMMDD	Y	具体报送时间
AZGX3024	报送人员	string	..72	N	具体报送人员姓名

6.11 双随机一公开的年度计划信息表

双随机一公开的年度计划信息见表 13。

表 13 双随机一公开的年度计划信息

标识符	中文名称	数据类型	数据格式	必选项	备注
AZGX4001	年度计划 ID	string	an32	Y	本记录的唯一标识,取值为 UUID,符合 GB/T 17969.8—2010 的规定
AZGX4002	计划名称	string	..100	Y	年度计划名称
AZGX4003	年度	string	..10	Y	填写格式如:2020
AZGX4004	地区名	string	..50	Y	如果是面向全国,地区名填写:全国
AZGX4005	地区行政区划代码	string	n6	Y	见 JMGC/XX 204—2020 5.1.3 C0003 行政区划代码
AZGX4006	监管部门	string	..100	Y	监管部门名称
AZGX4007	抽查比例	string	..5	Y	单位:百分号,填写格式如:30 或 15.5
AZGX4015	监管部门代码	string	an18	Y	统一社会信用代码,值域见 GB 11643

6.12 双随机一公开的年度计划抽查的监管对象信息表

双随机一公开的年度计划抽查的监管对象信息见表 14。

表 14　双随机一公开的年度计划抽查的监管对象信息

标识符	中文名称	数据类型	数据格式	必选项	备注
AZGX4101	主键 ID	string	an32	N	本记录的唯一标识,取值为 UUID,符合 GB/T 17969.8—2010 的规定
AZGX4001	年度计划 ID	string	an32	Y	外键,UUID,符合 GB/T 17969.8—2010
AZGX4102	抽查检查对象名称	string	..100	Y	抽查检查对象名称,包括社会组织、养老服务机构、儿童福利机构等具体组织机构;享受养老服务补贴的老年人、享受社会福利的儿童、社会救助人员、养老服务从业人员、儿童福利从业人员等自然人
AZGX4103	抽查检查对象 ID	string	an32	Y	外键,UUID,符合 GB/T 17969.8—2010
AZGX4104	抽查检查对象代码	string	an18	Y	抽查检查对象为自然人时,填报公民身份号码,值域见 GB 11643;抽查检查对象为组织时,填报统一社会信用代码,值域见 GB 32100

6.13 双随机一公开的专项计划信息表

双随机一公开的专项计划信息见表 15。

表 15　双随机一公开的专项计划信息

标识符	中文名称	数据类型	数据格式	必选项	备注
AZGX4201	专项计划 ID	string	an32	Y	本记录的唯一标识,取值为 UUID,符合 GB/T 17969.8—2010 的规定
AZGX4202	计划名称	string	..100	Y	专项计划名称
AZGX4203	年度	string	..10	Y	填写格式如:2020
AZGX4204	地区名	string	..200	Y	如果是面向全国,地区名填写:全国
AZGX4205	地区行政区划代码	string	n6	Y	见 JMGC/XX 204—2020 5.1.3 C0003 行政区划代码
AZGX4206	监管部门	string	..100	Y	监管部门名称
AZGX4207	抽查比例	string	..5	Y	单位:百分号,填写格式,如:30、15.5
AZGX4215	监管部门代码	string	an18	Y	统一社会信用代码,值域见 GB 32100

6.14 双随机一公开的专项计划抽查的监管对象信息表

双随机一公开的专项计划抽查的监管对象信息见表 16。

表 16　双随机一公开的专项计划抽查的监管对象信息

标识符	中文名称	数据类型	数据格式	必选项	备注
AZGX4301	主键 ID	string	an32	N	本记录的唯一标识，取值为 UUID，符合 GB/T 17969. 8—2010 的规定
AZGX4201	专项计划 ID	string	an32	Y	外键，UUID，符合 GB/T 17969. 8—2010
AZGX4302	抽查检查对象名称	string	. . 200	Y	抽查检查对象名称，包括社会组织、养老服务机构、儿童福利机构等具体组织机构；享受养老服务补贴的老年人、享受社会福利的儿童、社会救助人员、养老服务从业人员、儿童福利从业人员等自然人
AZGX4303	抽查检查对象 ID	string	an32	Y	外键，UUID，符合 GB/T 17969. 8—2010
AZGX4304	抽查检查对象代码	string	an18	Y	抽查检查对象为自然人时，填报公民身份号码，值域见 GB 11643；抽查检查对象为组织时，填报统一社会信用代码，值域见 GB 32100

6. 15 联合监管任务信息表

联合监管任务信息见表 17。

表 17　联合监管任务信息

标识符	中文名称	数据类型	数据格式	必选项	备注
AZGX5001	联合监管任务信息 ID	string	an32	Y	本记录的唯一标识，取值为 UUID，符合 GB/T 17969. 8—2010 的规定
AZGX5002	任务名称	string	. . 100	Y	联合监管任务名称
AZGX5003	任务编码	string	an22	Y	联合监管任务编码共 22 位，地区编码首 4 位为统一编码“LHJG”，第 5—10 位为 6 位的行政区划编码，第 11—18 位为年月日(YYYYMMDD)，最后 4 位按该省的联合监管任务顺序编制，由数字和字母组成；部委编码首 4 位为统一编码“LHJG”，第 5—8 位为“0000”，第 9—10 位为部委编码，第 11—18 位为年月日(YYYYMMDD)，最后 4 位按该部委的联合监管任务顺序编制，由数字和字母组成

续表

标识符	中文名称	数据类型	数据格式	必选项	备注
AZGX5004	上报任务地区行政区划代码	string	n12	Y	前6位见GB/T 2260中华人民共和国行政区划代码,后3位见GB/T 10114县以下行政区划代码编码规则,后3位为村或社区编码
AZGX5005	上报任务地区名称	string	..50	Y	
AZGX5006	发起单位代码	string	an18	Y	联合监管任务发起单位编码,填报统一社会信用代码,值域见GB 32100
AZGX5007	发起单位名称	string	..100	Y	联合监管任务发起单位名称
AZGX5008	协办单位代码	string	..255	Y	如果协办单位有多个,中间使用“^”分隔
AZGX5009	协办单位名称	string	..255	Y	如果协办单位有多个,中间使用“^”分隔
AZGX5010	检查的主要内容	string	..1000	N	
AZGX5011	检查要求	string	..1000	N	
AZGX5012	任务发起时间	datetime	YYYY—MM—DD HH:mm:ss	Y	联合监管任务发起时间
AZGX5013	任务结束时间	datetime	YYYY—MM—DD HH:mm:ss	Y	联合监管任务结束时间
AXZX0007	备注	string	..200	N	

6.16 联合监管检查对象信息表

联合监管检查对象信息见表18。

表18 联合监管检查对象信息

标识符	中文名称	数据类型	数据格式	必选项	备注
AZGX5101	联合监管检查对象ID	string	an32	N	外键,UUID,符合GB/T 17969.8—2010
AZGX1103	检查对象名称	string	..255	Y	检查对象名称,包括社会组织、养老服务机构、儿童福利机构等具体组织机构,享受养老服务补贴的老年人、享受社会福利的儿童、社会救助人员、养老服务从业人员、儿童福利从业人员等自然人

续表

标识符	中文名称	数据类型	数据格式	必选项	备注
AZGX1102	检查对象代码	string	an18	Y	检查对象为自然人时,填报公民身份号码,值域见 GB 11643; 检查对象为组织时,填报统一社会信用代码,值域见 GB 32100
AZGX5102	监管对象类型	string	n1	Y	见附录 A 代码集 A. 11 监管对象类型代码
AZGX5103	任务编码	string	an22	Y	联合监管任务编码共22位,地区编码首4位为统一编码“LHJG”,第5—10位为6位的行政区划编码,第11—18位为年月日(YYYYMMDD),最后4位按该省的联合监管任务顺序编制,由数字和字母组成;部委编码首4位为统一编码“LHJG”,第5—8位为“0000”,第9—10位为部委编码,第11—18位为年月日(YYYYMMDD),最后4位按该部委的联合监管任务顺序编制,由数字和字母组成

6.17 联合监管任务反馈关联信息表

联合监管任务反馈关联信息见表19。

表19　联合监管任务反馈关联信息

标识符	中文名称	数据类型	数据格式	必选项	备注
AZGX5201	联合监管任务反馈 ID	string	an32	Y	本记录的唯一标识,取值为UUID,符合 GB/T 17969.8—2010 的规定
AZGX5001	联合监管任务 ID	string	an32	N	外键,UUID,符合 GB/T 17969.8—2010
AZGX5101	联合监管检查对象 ID	string	an32	N	外键,UUID,符合 GB/T 17969.8—2010
AZGX5202	监管行为编号	string	..50	Y	如果是行政检查行为,填写行政检查行为表的检查行为编号;如果是行政处罚行为,填写行政处罚行为表的处罚行为编号;如果是其他行为,填写其他行为表的行为编号
AZGX5203	监管行为类型	string	n1	Y	1:行政检查 2:行政处罚 4:其他行为
AZGX1102	检查对象代码	string	an18	Y	填报统一社会信用代码,值域见 GB 32100
AZGX5204	反馈意见	string	..2000	N	
AZGX5205	反馈日期	date	YYYYMMDD	N	

续表

标识符	中文名称	数据类型	数据格式	必选项	备注
AZGX5206	反馈机构	string	..100	N	联合监管任务反馈机构名称
AZGX5207	任务编码	string	an22	Y	联合监管任务编码共22位，地区编码首4位为统一编码“LHJG”，第5—10位为6位的行政区划编码，第11—18位为年月日（YYYYMMDD），最后4位按该省的联合监管任务顺序编制，由数字和字母组成；部委编码首4位为统一编码“LHJG”，第5—8位为“0000”，第9—10位为部委编码，第11—18位为年月日（YYYYMMDD），最后4位按该部委的联合监管任务顺序编制，由数字和字母组成

6.18 信用评估结果信息表

信用评估结果信息见表20。

表20　信用评估结果信息

标识符	中文名称	数据类型	数据格式	必选项	备注
AZGX6001	信用评估结果ID	string	an32	N	本记录的唯一标识，取值为UUID，符合GB/T 17969.8—2010的规定
AZGX6002	评分编号	number		Y	评分编号，必须唯一，用于唯一标示一条记录
AZGX6003	组织机构名称	string	..100	Y	
AZGX6004	组织机构代码	string	an18	Y	优先填社会统一信用代码，值域见GB 32100
AZGX6005	组织机构证件类型	string	n3	Y	见JMGC/XX 204—2020 5.1.6 C0006电子证照持证主体类型代码
AZGX6006	分数	number		Y	0～1000分范围
AZGX6007	分类	string	n1	Y	A/B/C/D/E五档，C表示大盘，A/B优于大盘，D/E差于大盘
AZGX6008	评估日期	date	YYYYMMDD	Y	评估日期
AZGX6009	上月分类	string	n1	N	上月分类结果
AZGX6010	分类与上月对比	string	..50	N	up：上升 down：下降 no change：不变 new entrant：新增
AZGX6011	分类变化原因	string	..100	Y	

6.19 组织机构行政处罚记录信息表

组织机构行政处罚记录信息见表21。

表 21　组织机构行政处罚记录信息

标识符	中文名称	数据类型	数据格式	必选项	备注
AZGX6101	行政处罚记录 ID	string	an32	Y	本记录的唯一标识，取值为 UUID，符合 GB/T 17969.8—2010 的规定
AZGX6102	组织机构名称	string	..100	Y	
AZGX6103	组织机构代码	string	an18	Y	优先填报统一社会信用代码，值域见 GB 32100
AZGX6104	行政处罚决定书文号	string	..100	Y	
AZGX6105	处罚名称	string	..255	Y	
AZGX6106	处罚机关	string	..100	Y	处罚机关名称
AZGX6107	处罚决定日期	date	YYYYMMDD	Y	
AZGX6108	处罚事由	string	..2000	Y	
AZGX6109	处罚结果	string	..1000	Y	
AZGX6111	处罚依据	string	..500	Y	
AXZX0008	经办人	string	..72	Y	经办人姓名
AXZX0009	经办人编码	string	an32	Y	外键，UUID，符合 GB/T 17969.8—2010
AXZX0010	经办机构	string	..100	Y	经办机构名称
AXZX0011	经办机构编码	string	an32	Y	外键，UUID，符合 GB/T 17969.8—2010
AXZX0012	经办时间	datetime	YYYYMMDD hh:mm:ss	Y	
AXZX0015	机构所属行政区划代码	string	n12	Y	前 6 位见 GB/T 2260 中华人民共和国行政区划代码，后 3 位见 GB/T 10114 县以下行政区划代码编码规则，后 3 位为村或社区编码
AXAA0193	逻辑删除	string	n1	Y	0:已删除 1:未删除

6.20 活动异常名录信息表

活动异常名录信息见表 22。

表 22　活动异常名录信息

标识符	中文名称	数据类型	数据格式	必选项	备注
AZGX6201	活动异常名录信息 ID	string	an32	Y	本记录的唯一标识，取值为 UUID，符合 GB/T 17969.8—2010 的规定
AZGX6202	组织机构名称	string	..100	Y	

续表

标识符	中文名称	数据类型	数据格式	必选项	备注
AZGX6203	组织机构代码	string	an18	Y	优先填报统一社会信用代码,值域见 GB 32100
AZGX6204	登记管理机关	string	..100	Y	登记管理机关名称
AZGX6205	列入事件	string	..2000	Y	
AZGX6206	列入事由	string	..4000	Y	
AXZX0008	经办人	string	..72	Y	经办人姓名
AXZX0009	经办人编码	string	an32	Y	外键,UUID,符合 GB/T 17969.8—2010
AXZX0010	经办机构	string	..100	Y	经办机构名称
AXZX0011	经办机构编码	string	an32	Y	外键,UUID,符合 GB/T 17969.8—2010
AXZX0012	经办时间	datetime	YYYYMMDD hh:mm:ss	Y	
AXZX0015	机构所属行政区划代码	string	n12	Y	前6位见 GB/T 2260 中华人民共和国行政区划代码,后3位见 GB/T 10114 县以下行政区划代码编码规则,后3位为村或社区编码
AXAA0193	逻辑删除	string	n1	Y	0:已删除 1:未删除

6.21 组织机构严重违法失信名单信息表

组织机构严重违法失信名单信息见表23。

表23 组织机构严重违法失信名单信息

标识符	中文名称	数据类型	数据格式	必选项	备注
AZGX6301	严重违法失信名单信息 ID	string	an32	Y	本记录的唯一标识,取值为 UUID,符合 GB/T 17969.8—2010 的规定
AZGX6302	组织机构名称	string	..100	Y	
AZGX6303	组织机构代码	string	an18	Y	优先填报统一社会信用代码,值域见 GB 32100
AZGX6304	登记管理机关	string	..100	Y	登记管理机关名称
AZGX6305	列入事件	date	..2000	Y	
AZGX6306	列入事由	string	..4000	Y	
AXZX0008	经办人	string	..72	Y	经办人姓名
AXZX0009	经办人编码	string	an32	Y	外键,UUID,符合 GB/T 17969.8—2010
AXZX0010	经办机构	string	..100	Y	经办机构名称

续表

标识符	中文名称	数据类型	数据格式	必选项	备注
AXZX0011	经办机构编码	string	an32	Y	外键,UUID,符合 GB/T 17969.8—2010
AXZX0012	经办时间	datetime	YYYYMMDD hh:mm:ss	Y	
AXZX0015	机构所属行政区划代码	string	n12	Y	前6位见 GB/T 2260 中华人民共和国行政区划代码,后3位见 GB/T 10114 县以下行政区划代码编码规则,后3位为村或社区编码
AXAA0193	逻辑删除	string	n1	Y	0:已删除 1:未删除

6.22 自然人严重违法失信名单信息表

自然人严重违法失信名单信息见表24。

表24　自然人严重违法失信名单信息

标识符	中文名称	数据类型	数据格式	必选项	备注
AZGX6601	自然人违法失信名单 ID	string	an32	Y	本记录的唯一标识,取值为 UUID,符合 GB/T 17969.8—2010 的规定
AXCP0002	姓名	string	..72	N	严重违法失信人员姓名
AXCP0004	证件类型	string	n2	Y	见 JMGC/XX 204—2020 5.1.15 C0015 身份证件类型代码
AXCP0005	证件号码	string	..18	N	对于证件类型为"内地居民身份证"的人员,证件号码值域见 GB 11643
AXZX0001	手机号码	string	n11	Y	11位手机号码,第1位为1,第2位为3—9
AXCP0042	人员居住地址	string	..100	Y	
AXCP0043	人员居住地址行政区划代码	string	n6	Y	见 JMGC/XX 204—2020 5.1.3 C0003 行政区划代码
AZGX6606	纳入日期	date	YYYYMMDD	Y	纳入严重违法失信名单日期
AZGX6607	失信信息描述	string	..1000	Y	
AZGX6618	认定部门	string	..100	Y	严重违法失信认定部门名称
AZGX6619	认定日期	date	YYYYMMDD	Y	严重违法失信认定日期

6.23 自然人行政处罚记录信息表

自然人行政处罚记录信息见表25。

表 25　自然人行政处罚记录信息

标识符	中文名称	数据类型	数据格式	必选项	备注
AZGX6701	行政处罚记录 ID	string	an32	Y	本记录的唯一标识，取值为 UUID，符合 GB/T 17969.8—2010 的规定
AXCP0002	姓名	string	..72	Y	自然人姓名
AXCP0004	证件类型	string	n2	N	见 JMGC/XX 204—2020 5.1.15 C0015 身份证件类型代码
AXCP0005	证件号码	string	..18	Y	对于证件类型为"内地居民身份证"的人员，证件号码值域见 GB 11643
AXCP0042	住址	string	..100	Y	居住地址
AZGX6704	行政处罚决定书文号	string	..100	Y	
AZGX6705	处罚名称	string	..255	Y	
AZGX6706	处罚机关	string	..100	Y	行政处罚机关名称
AZGX6707	处罚决定日期	date	YYYYMMDD	Y	
AZGX6708	处罚事由	string	..500	Y	
AZGX6709	处罚结果	string	..1000	Y	
AZGX6711	处罚依据	string	..500	Y	
AXZX0008	经办人	string	..72	Y	经办人姓名
AXZX0009	经办人编码	string	an32	Y	外键，UUID，符合 GB/T 17969.8—2010
AXZX0010	经办机构	string	..100	Y	经办机构名称
AXZX0011	经办机构编码	string	an32	Y	外键，UUID，符合 GB/T 17969.8—2010
AXZX0012	经办时间	datetime	YYYYMMDD hh:mm:ss	Y	
AXZX0015	机构所属行政区划代码	string	n12	Y	前 6 位见 GB/T 2260 中华人民共和国行政区划代码，后 3 位见 GB/T 10114 县以下行政区划代码编码规则，后 3 位为村或社区编码
AXAA0193	逻辑删除	string	n1	Y	0:已删除 1:未删除

6.24 监管投诉举报用户信息表

监管投诉举报用户信息见表 26。

表 26　监管投诉举报用户信息

标识符	中文名称	数据类型	数据格式	必选项	备注
AZGX7102	登记编号	string	..50	Y	见 C 5106—2019 登记编号；投诉举报登记的唯一编号
AXCP0002	姓名	string	..72	Y	投诉举报人的姓名
AXCP0004	证件类型	string	n2	Y	见 JMGC/XX 204—2020 5.1.15 C0015 身份证件类型代码
AXCP0005	证件号码	string	..18	N	对于证件类型为“内地居民身份证”的人员，证件号码值域见 GB 11643
AXCP0006	性别	string	n1	N	见 JMGC/XX 204—2020 5.1.7 C0007 人的性别代码
AXCP0042	地址	string	..100	Y	投诉举报人的地址
AXZX0001	手机号码	string	n11	N	11 位手机号码，第 1 位为 1，第 2 位为 3—9

6.25 监管投诉信息表

监管投诉信息见表 27。

表 27　监管投诉信息

标识符	中文名称	数据类型	数据格式	必选项	备注
AZGX7102	登记编号	string	..50	Y	见 C 5106—2019 登记编号；投诉举报登记的唯一编号
AZGX1103	投诉对象	string	..100	Y	监管对象中的自然人、组织
AZGX1102	投诉对象代码	string	an18	N	投诉对象为自然人时，填报公民身份号码，值域见 GB 11643； 投诉对象为组织时，填报统一社会信用代码，值域见 GB 32100
AZGX7202	投诉问题类型	string	n2	Y	见附录 A 代码集 A.12 投诉举报问题类型代码
AZGX7203	投诉属地	string	..50	Y	各级间用“/”分隔，例如投诉属地为河北省保定市清苑县，应填写为：河北省/保定市/清苑县
AZGX7204	投诉属地行政区划代码	string	n6	Y	见 JMGC/XX 204—2020 5.1.3 C0003 行政区划代码
AZGX7206	投诉内容	string	..4000	Y	

6.26 监管举报信息表

监管举报信息见表 28。

表 28 监管举报信息

标识符	中文名称	数据类型	数据格式	必选项	备注
AZGX7102	登记编号	string	..50	Y	见 C 5106—2019 登记编号;投诉举报登记的唯一编号
AZGX1103	举报对象	string	..100	Y	监管对象中的自然人、组织
AZGX1102	举报对象代码	string	an18	N	举报对象为自然人时,填报公民身份号码,值域见 GB 11643; 举报对象为组织时,填报统一社会信用代码,值域见 GB 32100
AZGX7202	举报问题类型	string	n2	Y	见附录 A 代码集 A.12 投诉举报问题类型代码
AZGX7203	举报属地	string	..50	Y	各级间用"/"分隔,例如投诉属地为河北省保定市清苑县,应填写为:河北省/保定市/清苑县
AZGX7204	举报属地行政区划代码	string	n6	Y	见 JMGC/XX 204—2020 5.1.3 C0003 行政区划代码
AZGX7206	举报内容	string	..4000	Y	

6.27 监管催办信息表

监管催办信息见表 29。

表 29 监管催办信息

标识符	中文名称	数据类型	数据格式	必选项	备注
AZGX7601	监管催办信息 ID	string	an32	Y	本记录的唯一标识,取值为 UUID,符合 GB/T 17969.8—2010 的规定
AZGX7102	登记编号	string	..50	Y	见 C 5106—2019 登记编号;投诉举报登记的唯一编号
AZGX7602	催办日期	date	YYYYMMDD	Y	
AZGX7603	催办类型	string	n2	Y	20:加急 30:领导批示
AZGX7604	催办部门	string	..100	Y	事件催办部门名称
AZGX7605	催办人员	string	..72	N	事件催办人员姓名
AZGX7606	催办意见	string	..100	N	
AZGX7408	经办过程编号	string	..50	Y	一个投诉举报信息的一次经办过程的唯一编号,一个投诉举报信息可对应多个经办过程编号

6.28 监管投诉举报附件信息表

监管投诉举报附件信息见表 30。

表 30 监管投诉举报附件信息

标识符	中文名称	数据类型	数据格式	必选项	备注
AZGX7701	监管投诉举报附件 ID	string	an32	Y	本记录的唯一标识,取值为 UUID,符合 GB/T 17969.8—2010 的规定
AZGX7102	登记编号	string	..50	Y	投诉举报登记的唯一编号
AZGX7702	文件名称	date	..100	Y	
AZGX7703	文件类型	string	..10	Y	
AZGX7704	文件路径	string	an32	Y	统一文件存储路径
AZGX7705	文件来源	string	..100	Y	

6.29 风险预警信号信息表

风险预警信号信息见表 31。

表 31 风险预警信号信息

标识符	中文名称	数据类型	数据格式	必选项	备注
AZGX8001	风险预警线索 ID	string	an32	Y	本记录的唯一标识,取值为 UUID,符合 GB/T 17969.8—2010 的规定
AZGX8002	预警领域	string	an2	Y	见附录 A 代码集 A.13 风险预警领域代码
AZGX8003	风险线索所属模型 ID	string	n2	Y	国家"互联网 + 监管"系统风险预警模型 ID
AZGX8004	行政区划代码	string	n6	N	见 JMGC/XX 204—2020 5.1.3 C0003 行政区划代码
AZGX5102	监管对象类型	string	n1	Y	见附录 A 代码集 A.11 监管对象类型代码
AZGX1102	监管对象代码	string	..18	Y	监管对象的唯一标识; 监管对象为自然人时,优先填报公民身份号码,值域见 GB 11643; 监管对象为组织时,优先填报统一社会信用代码,值域见 GB 32100
AZGX1103	监管对象名称	string	..100	Y	
AZGX8005	平台名称	string	..200	N	填写监管对象对应的互联网平台名称,若无则留空
AZGX8006	平台网址	string	..100	N	填写监管对象对应的互联网平台网址,若无则留空
AZGX8007	预警描述	string	..4000	N	风险标签涉及指标描述,如果没有,留空
AZGX8008	预警级别	string	an2	Y	P0:高风险 P1:较高风险 P2:中风险 P3:一般风险
AZGX8009	风险预警详情	string	..4000	Y	

续表

标识符	中文名称	数据类型	数据格式	必选项	备注
AZGX8010	预警详情网址	string	..100	N	通过该网址可以访问国家"互联网+监管"系统针对该预警的详细描述
AZGX8011	其他	string	..500	N	填写其他备注信息
AZGX8012	预警日期	date	YYYYMMDD	Y	

6.30 风险预警线索反馈信息表

风险预警线索反馈信息见表32。

表32 风险预警线索反馈信息

标识符	中文名称	数据类型	数据格式	必选项	备注
AZGX8101	风险预警线索反馈数据ID	string	an32	Y	本记录的唯一标识，取值为UUID，符合GB/T 17969.8—2010的规定
AZGX8001	风险预警线索ID	string	an32	Y	外键，UUID，符合GB/T 17969.8—2010
AZGX8003	风险线索所属模型ID	string	n2	Y	国家"互联网+监管"系统风险预警模型ID
AZGX8102	反馈ID	string	n3	Y	针对同一风险预警线索ID，可多次反馈核查处置结果。反馈ID由001开始，逐渐递增
AZGX5102	监管对象类型	string	n1	Y	见附录A代码集A.11监管对象类型代码
AZGX1102	监管对象代码	string	..18	Y	监管对象的唯一标识； 监管对象为自然人时，优先填报公民身份号码，值域见GB 11643； 监管对象为组织时，优先填报统一社会信用代码，值域见GB 32100
AZGX8103	反馈日期	date	YYYYMMDD	Y	风险预警线索反馈日期
AZGX8104	处理状态	string	n2	Y	见附录A代码集A.14处理状态代码
AZGX8105	反馈详情	string	..4000	Y	详情应包括对监管对象进行核查的过程、存在的问题和核查处置的结果
AZGX8106	核查单位代码	string	an32	Y	填报线索核查单位的统一社会信用代码或其他类型的机构唯一识别代码，填报统一社会信用代码时，值域见GB 32100
AZGX3003	检查行为编号	string	..50	N	见C 5106—2019检查行为编号

续表

标识符	中文名称	数据类型	数据格式	必选项	备注
AZGX3103	处罚行为编号	string	..50	N	见 C 5106—2019 行政处罚行为编号
AZGX3903	其他行为编号	string	..50	N	见 C 5106—2019 其他行政行为编号

6.31 法律法规信息表

法律法规信息见表 33。

表 33　法律法规信息

标识符	中文名称	数据类型	数据格式	必选项	备注
AZGX9001	法律法规 ID	string	an32	N	本记录的唯一标识，取值为 UUID，符合 GB/T 17969.8—2010 的规定
AZGX9002	法律法规类别	string	..50	Y	见 C 5106—2019 法律法规类别
AZGX9003	法律法规名称	string	..100	Y	
AZGX9004	发布机关	string	..100	Y	发布机关名称
AZGX9005	发布文号	string	..100	Y	
AZGX9006	发布日期	date	YYYYMMDD	Y	
AZGX9007	施行日期	date	YYYYMMDD	Y	
AZGX9008	法律法规内容	string	..1000	N	
AZGX9009	关键字	string	..50	N	

6.32 案例库信息表

案例库信息见表 34。

表 34　案例库信息

标识符	中文名称	数据类型	数据格式	必选项	备注
AZGX9101	案例信息 ID	string	an32	N	本记录的唯一标识，取值为 UUID，符合 GB/T 17969.8—2010 的规定
AZGX9102	案例编号	string	..50	Y	见 C 5106—2019 案例编号
AZGX9103	部门类别	string	..50	Y	见 C 5106—2019 部门类别
AZGX9104	业务类别	string	..50	Y	见 C 5106—2019 业务类别
AZGX9105	监测事项	string	..50	N	
AZGX9106	案例名称	string	..300	Y	
AZGX9107	案情简介	string	..300	N	

续表

标识符	中文名称	数据类型	数据格式	必选项	备注
AZGX9108	领域	string	..50	N	
AZGX9109	起因	string	..50	Y	
AZGX9110	过程	string	..1000	N	
AZGX9111	处置	string	..1000	N	
AZGX9112	结果	string	..500	Y	
AZGX9113	结论	string	..500	N	
AZGX9114	发布日期	date	YYYYMMDD	Y	

6.33 预案库信息表

预案库信息见表35。

表35 预案库信息

标识符	中文名称	数据类型	数据格式	必选项	备注
AZGX9201	预案信息ID	string	an32	N	本记录的唯一标识，取值为UUID，符合GB/T 17969.8—2010的规定
AZGX9202	预案编号	string	..50	Y	见C 5106—2019 预案编号
AZGX9203	事件级别	string	..50	Y	见C 5106—2019 事件级别
AZGX9204	应急措施	string	..800	Y	
AZGX9205	应急资源	string	..800	N	
AZGX9206	紧急类型	string	..50	Y	见C 5106—2019 紧急类型
AZGX9207	紧急规模	string	..800	Y	
AZGX9208	应急预案	string	..800	N	
AZGX9209	应急机构	string	..100	Y	
AZGX9210	触发条件	string	..800	N	
AZGX9211	所属行业	string	..100	Y	见C 5106—2019 所属行业

6.34 风险特征信息表

风险特征信息见表36。

表36 风险特征信息

标识符	中文名称	数据类型	数据格式	必选项	备注
AZGX9301	风险特征ID	string	an32	N	本记录的唯一标识，取值为UUID，符合GB/T 17969.8—2010的规定

续表

标识符	中文名称	数据类型	数据格式	必选项	备注
AZGX9302	风险特征名称	string	..100	Y	
AZGX9303	业务归类	string	..50	Y	见 C 5106—2019 业务归类
AZGX9304	特征指标	string	..50	Y	见 C 5106—2019 特征指标
AZGX9305	关联关系	string	..50	N	见 C 5106—2019 关联关系

6.35 规则库信息表

规则库信息见表 37。

表 37　规则库信息

标识符	中文名称	数据类型	数据格式	必选项	备注
AZGX9401	规则信息 ID	string	an32	N	本记录的唯一标识，取值为 UUID,符合 GB/T 17969.8—2010 的规定
AZGX9402	规则名称	string	..100	Y	
AZGX9403	领域	string	..500	Y	见 C 5106—2019 领域
AZGX9404	内容	string	..2000	Y	
AZGX9405	目的	string	..500	N	
AZGX9406	约束条件	string	..500	Y	
AZGX9407	适用范围	string	..500	N	

6.36 资金记录信息表

资金记录信息见表 38。

表 38　资金记录信息

标识符	中文名称	数据类型	数据格式	必选项	备注
AZGX9501	资金记录 ID	string	an32	Y	本记录的唯一标识，取值为 UUID,符合 GB/T 17969.8—2010 的规定
AZGX1101	监管对象 ID	string	an32	Y	外键,UUID,符合 GB/T 17969.8—2010
AZGX9502	资金名称	string	..100	Y	指民政各业务涉及的资金,如救助资金、补贴资金等
AZGX9503	资金金额	float	10,2	Y	
AZGX9504	发放日期	date	YYYYMMDD	Y	
AZGX9505	发放机构	string	..100	Y	发放机构名称
AZGX9506	详细说明	string	..500	N	

续表

标识符	中文名称	数据类型	数据格式	必选项	备注
AXZX0008	经办人	string	..72	Y	经办人姓名
AXZX0009	经办人编码	string	an32	Y	外键,UUID,符合 GB/T 17969.8—2010
AXZX0010	经办机构	string	..100	Y	经办机构名称
AXZX0011	经办机构编码	string	an32	Y	外键,UUID,符合 GB/T 17969.8—2010
AXZX0012	经办时间	datetime	YYYYMMDD hh:mm:ss	Y	
AXZX0015	机构所属行政区划代码	string	n12	Y	前6位见 GB/T 2260 中华人民共和国行政区划代码,后3位见 GB/T 10114 县以下行政区划代码编码规则,后3位为村或社区编码
AXAA0193	逻辑删除	string	n1	Y	0:已删除 1:未删除

6.37 舆情信息表

舆情信息见表39。

表39 舆情信息

标识符	中文名称	数据类型	数据格式	必选项	备注
AZGXA001	事件 ID	string	an32	Y	本记录的唯一标识,取值为 UUID,符合 GB/T 17969.8—2010 的规定
AZGXA002	事件分类	string	..50	N	见 C 5106—2019 事件分类
AZGXA003	分类关键信息	string	..255	N	
AZGXA004	事件主题	string	..100	N	
AZGXA005	事件日期	date	YYYYMMDD	N	
AZGXA006	事件摘要	string	..1000	N	
AZGXA007	事件情感	string	..1000	N	

6.38 舆情事件媒体关联信息表

舆情事件媒体关联信息见表40。

表40 舆情事件媒体关联信息

标识符	中文名称	数据类型	数据格式	必选项	备注
AZGXA101	舆情事件媒体关联 ID	string	an32	N	本记录的唯一标识,取值为 UUID,符合 GB/T 17969.8—2010 的规定

续表

标识符	中文名称	数据类型	数据格式	必选项	备注
AZGXA001	事件 ID	string	an32	Y	外键,UUID,符合 GB/T 17969.8—2010
AZGXA102	报道 URL	string	..100	N	舆情事件报道网址
AZGXA103	报道媒体	string	..100	N	舆情事件报道媒体

6.39 舆情事件单位关联信息表

舆情事件单位关联信息见表 41。

表 41　舆情事件单位关联信息

标识符	中文名称	数据类型	数据格式	必选项	备注
AZGXA201	舆情事件单位关联 ID	string	an32	Y	本记录的唯一标识,取值为 UUID,符合 GB/T 17969.8—2010 的规定
AZGXA001	事件 ID	string	an32	Y	外键,UUID,符合 GB/T 17969.8—2010
AZGX1102	关联单位代码	string	an18	N	填报统一社会信用代码,值域见 GB 32100
AZGX1103	关联单位名称	string	..100	N	

6.40 舆情信号详情信息表

舆情信号详情信息见表 42。

表 42　舆情信号详情信息

标识符	中文名称	数据类型	数据格式	必选项	备注
AZGXA301	舆情信号详情主键	string	an32	Y	本记录的唯一标识,取值为 UUID,符合 GB/T 17969.8—2010 的规定
AZGXA001	事件 ID	string	an32	Y	外键,UUID,符合 GB/T 17969.8—2010
AZGXA302	事件来源	string	..20	N	见 C 5106—2019 事件来源
AZGXA303	事件标题	string	..50	N	
AZGXA006	事件日期	date	YYYYMMDD	N	
AZGXA007	事件描述摘要	string	..1000	N	
AZGX1103	组织机构	string	..100	N	组织机构名称
AZGX1102	组织机构代码	string	an18	N	填报统一社会信用代码,值域见 GB 32100
AZGX1312	单位分类行业	string	..50	N	见 C 5106—2019 单位分类行业

续表

标识符	中文名称	数据类型	数据格式	必选项	备注
AZGXA304	影响力	string	..5	N	相应阅读量、粉丝量、关注量、转发量、点赞量等结果聚合分
AZGXA305	传播度	string	..5	N	相应转发数量及传播数量
AZGXA306	事件的 URL	string	..100	Y	舆情事件来源 URL

6.41 重点事件信息表

重点事件信息见表43。

表43 重点事件信息

标识符	中文名称	数据类型	数据格式	必选项	备注
AZGXB001	重点事件信息 ID	string	an32	Y	本记录的唯一标识，取值为UUID，符合 GB/T 17969.8—2010 的规定
AZGXB002	重点事件名称	string	..100	Y	重点事件名称
AZGX1102	涉事单位代码	string	an18	Y	填报统一社会信用代码，值域见 GB 32100
AZGX1103	涉事单位名称	string	..100	Y	
AZGXB003	事件属地行政区划代码	string	n6	Y	见 JMGC/XX 204—2020 5.1.3 C0003 行政区划代码
AZGXB004	事件详细地址	string	..100	Y	事件发生的详细地址
AZGXB005	发生时间	datetime	YYYYMMDD hh:mm:ss	Y	
AZGXB006	事件概况	string	..2000	Y	即事件发生情况，可以用发生时间，涉事单位名称、伤亡情况、事故原因等进行概况的拼接，信息完整度越清晰越好
AZGXB007	地点经度	float	10,6	Y	事故发生的地点经度
AZGXB008	地点纬度	float	10,6	Y	事故发生的地点纬度
AZGXB009	报送时间	datetime	YYYYMMDD hh:mm:ss	Y	
AZGXB010	上报单位名称	string	..100	Y	格式为 XX 省 XX 市 XX 县 XX 部门，尽量填写完整
AZGXB011	上报单位代码	string	an18	N	填报统一社会信用代码，值域见 GB 32100

6.42 重点事件动态信息表

重点事件动态信息见表44。

表 44　重点事件动态信息

标识符	中文名称	数据类型	数据格式	必选项	备注
AZGXB101	重点事件动态 ID	string	an32	Y	本记录的唯一标识，取值为UUID，符合 GB/T 17969.8—2010 的规定
AZGXB001	重点事件信息 ID	string	an32	Y	外键，UUID，符合 GB/T 17969.8—2010
AZGXB102	动态类型	string	n1	Y	0：领导批示 1：起因经过 2：处置结果 3：伤亡情况
AZGXB103	动态标题	string	..100	Y	领导批示/起因经过/处置结果/伤亡情况的文字概括
AZGXB104	动态描述	string	..2000	Y	领导批示/起因经过/处置结果/伤亡情况的具体内容
AZGXB105	动态发生的时间	datetime	YYYYMMDD hh：mm：ss	Y	
AZGXB106	轻伤数量	number		N	动态描述类型为伤亡情况时选填
AZGXB107	重伤数量	number		N	动态描述类型为伤亡情况时选填
AZGXB108	死亡数量	number		N	动态描述类型为伤亡情况时选填
AZGXB109	失踪数量	number		N	动态描述类型为伤亡情况时选填
AZGXB110	报送时间	datetime	YYYYMMDD hh：mm：ss	Y	

6.43 重点事件附件信息表

重点事件附件信息见表 45。

表 45　重点事件附件信息

标识符	中文名称	数据类型	数据格式	必选项	备注
AZGXB201	重点事件附件 ID	string	an32	Y	本记录的唯一标识，取值为UUID，符合 GB/T 17969.8—2010 的规定
AZGXB001	重点事件信息 ID	string	an32	Y	外键，UUID，符合 GB/T 17969.8—2010
AZGXB202	类型	string	n1	Y	0：图片 1：视频
AZGXB203	文件名称	string	..100	N	文件名称要求唯一，包含扩展名
AZGXB204	文件来源	string	..100	N	来自 XX 网或 XX 机构
AZGXB205	报送时间	datetime	YYYYMMDD hh：mm：ss	Y	附件上报的时间
AZGXB206	附加标识	string	an32	Y	统一存储附件标识

附录 A

（规范性）

民政监管代码集

A.1 许可事项类型代码

许可事项类型代码见表 A.1。

表 A.1　许可事项类型代码

元素代码	元素名称	元素代码	元素名称
1	第一类	3	第三类
2	第二类		

引用来源:C 5103—2019 国家“互联网+监管”系统监管事项目录清单、检查实施清单及监管行为信息要素要求。

A.2 行政类型代码

行政类型代码见表 A.2。

表 A.2　行政类型代码

元素代码	元素名称	元素代码	元素名称
0	行政检查	3	其他
1	行政处罚		

引用来源:C 5106—2019 国家“互联网+监管”系统监管数据标准。

A.3 行使层级代码

行使层级代码见表 A.3。

表 A.3　行使层级代码

元素代码	元素名称	元素代码	元素名称
01	国家	03	市级
02	省级	04	区县级

引用来源:C 5103—2019 国家“互联网+监管”系统监管事项目录清单、检查实施清单及监管行为信息要素要求。

A.4 实施主体性质代码

实施主体性质代码见表 A.4。

表 A.4　实施主体性质代码

元素代码	元素名称	元素代码	元素名称
01	法定机关	02	授权组织

引用来源：C 5103—2019 国家"互联网＋监管"系统监管事项目录清单、检查实施清单及监管行为信息要素要求。

A.5 法人类型代码

法人类型代码见表 A.5。

表 A.5　法人类型代码

元素代码	元素名称	元素代码	元素名称
C01	企业法人	C03	机关事业单位法人
C02	社团法人		

引用来源：C 5106—2019 国家"互联网＋监管"系统监管数据标准。

A.6 案件来源代码

案件来源代码见表 A.6。

表 A.6　案件来源代码

元素代码	元素名称	元素代码	元素名称
01	在行政检查中发现	04	上级行政机关交办
02	机构检测报告	05	下级行政机构报请
03	社会举报	06	有关部门移送

引用来源：C 5103—2019 国家"互联网＋监管"系统监管事项目录清单、检查实施清单及监管行为信息要素要求。

A.7 处罚种类代码

处罚种类代码见表 A.7。

表 A.7　处罚种类代码

元素代码	元素名称	元素代码	元素名称
01	警告	05	暂扣或吊销许可证
02	罚款	06	行政拘留

续表

元素代码	元素名称	元素代码	元素名称
03	没收违法所得	07	法律、行政法规规定的其他行政处罚
04	责令停产停业		

引用来源:C 5103—2019 国家“互联网+监管”系统监管事项目录清单、检查实施清单及监管行为信息要素要求。

A.8 行政复议代码

行政复议代码见表 A.8。

表 A.8 行政复议代码

元素代码	元素名称	元素代码	元素名称
00	无	07	责令限期履行职责
01	不予受理	08	确认违法
02	告知	09	驳回
03	转办	10	中止
04	维持	11	调解
05	撤销	12	未审结
06	变更	13	其他

引用来源:C 5103—2019 国家“互联网+监管”系统监管事项目录清单、检查实施清单及监管行为信息要素要求。

A.9 行政诉讼代码

行政诉讼代码见表 A.9。

表 A.9 行政诉讼代码

元素代码	元素名称	元素代码	元素名称
01	判决驳回原告诉讼请求	08	裁定驳回
02	判决撤销	09	裁定移送
03	判决部分撤销	10	裁定终结
04	判决重新作出具体行政行为	11	调解
05	判决限期履行	12	未审结
06	判决变更	99	其他
07	判决确认违法或无效		

引用来源:C 5103—2019 国家“互联网+监管”系统监管事项目录清单、检查实施清单及监管行为信息要素要求。

A.10 执法人员性质代码

执法人员性质代码见表 A.10。

表 A.10　执法人员性质代码

元素代码	元素名称	元素代码	元素名称
01	公务员	04	企业人员
02	聘任制公务员	05	执法辅助人员
03	事业编制工作人员		

引用来源:C 5103—2019 国家“互联网＋监管”系统监管事项目录清单、检查实施清单及监管行为信息要素要求。

A.11 监管对象类型代码

监管对象类型代码见表 A.11。

表 A.11　监管对象类型代码

元素代码	元素名称	元素代码	元素名称
1	组织	5	场地场所
2	个人	6	项目工程
3	特种设备	7	特定行为
4	特定产品	8	特定活动

引用来源:引用来源:C 5106—2019 国家“互联网＋监管”系统监管数据标准。

A.12 投诉举报问题类型代码

投诉举报问题类型代码见表 A.12。

表 A.12　投诉举报问题类型代码

元素代码	元素名称	元素代码	元素名称
01	综合监管	09	食品监管
02	自然资源	10	药品监管
03	生态环境	11	安全生产
04	交通运输	12	金融监管
05	农业农村	13	网信安全
06	文化旅游	14	社会保障
07	卫生健康	15	税务税收
08	市场监管		

引用来源:C 5106—2019 国家“互联网＋监管”系统监管数据标准。

A. 13 风险预警领域代码

风险预警领域代码见表 A. 13。

表 A. 13　风险预警领域代码

元素代码	元素名称	元素代码	元素名称
10	综合监管	90	食品监管
20	自然资源	A0	药品监管
30	生态环境	B0	安全生产
40	交通运输	C0	金融监管
50	农业农村	D0	网信安全
60	文化旅游	E0	社会保障
70	卫生健康	F0	税务税收
80	市场监管		

引用来源：C 5106—2019 国家“互联网＋监管”系统监管数据标准。

A. 14 处理状态代码

处理状态代码见表 A. 14。

表 A. 14　处理状态代码

元素代码	元素名称	元素代码	元素名称
01	经核查无异常	05	已移送公安机关立案调查，行政部门不再处理
02	同一事件已经处置，不再重复处理	06	事件进入民事诉讼程序，行政部门不再处理
03	正在核查	07	其他
04	已完成处置		

引用来源：C 5106—2019 国家“互联网＋监管”系统监管数据标准。

参考文献

[1]C 5102—2019 国家“互联网+监管”系统监管事项目录清单及检查实施清单编码要求

[2]C 5103—2019 国家“互联网+监管”系统监管事项目录清单、检查实施清单及监管行为信息要素要求

[3]C 5106—2019 国家“互联网+监管”系统监管数据标准

[4]JMGC/XX 211—2020 金民工程基础数据管理规范

五、管理类标准

JMGC

民 政 部 金 民 工 程 标 准

JMGC/GL 503—2020

金民工程 日志记录要求

2020 -12 -30 发布 2020 -12 -30 实施

民政部信息中心 发布

目　　次

前　言

本文件按照 GB/T 1.1—2020《标准化工作导则 第1部分:标准化文件的结构和起草规则》的规定起草。

请注意本文件的某些内容可能涉及专利。本文件的发布机构不承担识别专利的责任。

本文件由民政部信息中心提出并归口。

本文件起草单位:民政部信息中心、四川久远银海软件股份有限公司。

本文件主要起草人:张建民、张彤、陶亮、贾雅杰、彭鑫森、钟爱伦、李双君、李坤林、欧海莉、王荣、张进科。

金民工程 日志记录要求

1 范围

本文件规定了金民工程项目中日志目录名称、日志级别、日志类型、日志文件命名、日志存储方式方面的基本规则和要求。

本文件适用于金民工程项目中日志记录管理活动。

2 规范性引用文件

下列文件中的内容通过文中的规范性引用而构成本文件必不可少的条款。其中,注日期的引用文件,仅该日期对应的版本适用于本文件;不注日期的引用文件,其最新版本(包括所有的修改单)适用于本文件。

GB/T 17143.6—1997 信息技术 开放系统互连 系统管理 第6部分 日志控制功能

JMGC/YW 406 金民工程信息化术语

3 术语和定义

JMGC/YW 406 界定的以及下列术语和定义适用于本文件。

3.1 日志记录

以储存在日志中的信息单元为模型的管理支持客体类。

[来源:GB/T 17143.6—1997,3.8.2]

4 日志目录名称要求

日志目录名称要求包括但不限于如下:

a)日志根目录通过日志组件配置决定;

b)不应将日志根目录位置固定;

c)通过配置或程序中定义 Logger 指定日志分级目录。

5 日志等级

5.1 DEBUG

DEBUG 信息包含如下:

a)系统 DEBUG 信息、细粒度信息事件,如:调试信息等;

b)上线运行阶段应关闭该类日志。

5.2 INFO

强调应用程序的运行过程,程序执行的 SQL 信息、创建任务时的执行过程。上线运行阶段应关闭该类日志记录。

5.3 WARNING / WARN

出现了非错误性的异常信息、潜在异常信息、需要关注并且需要修复,如:调用了已经被调用的 API、用户请求参数中包含了非法字符,但经过处理后无害。上线运行阶段宜关闭该类日志记录。

5.4 ERROR

运行时出现的不必立即进行修复、不影响整个逻辑的运行,但需要记录并作错误检测,如:调用预期存在的 Cache 出现未命中进而查询 DB、调用某首选 API 不成功进而调用候选 API。上线运行阶段应打开该类日志记录,应至少存储半个月。

5.5 CRITICAL / FATAL

需要立刻进行修复程序组件不可用的情况,如:程序组件异常退出、用户注册逻辑不能发送邮件。上线运行阶段应打开该类日志记录,应至少存储 1 个月。

6 日志类型及要求

6.1 用户登录日志要求

6.1.1 用户登录日志记录格式及时效

登录日志中应包含登录时间、登录账号、登录账号名称、浏览器类型、登录方式、登录方操作系统版本、登录状态、IP 地址、登录失败返回的用户提示,该类日志应至少存储 6 个月。

6.1.2 用户登录日志输出

用户登录日志输出要求包括但不限于如下:

a)每一条日志记录为一行;

b)登录时间格式为:yyyy - mm - dd hh:mm:ss(年 - 月 - 日 小时:分钟:秒)。

6.2 用户行为日志要求

6.2.1 用户行为日志记录格式及时效

行为日志中应包含操作人登录账号、操作人姓名、操作模块名称、操作类型、操作时间、操作过程描述、结果描述、失败返回的用户提示,该类日志应至少存储 6 个月。

6.2.2 用户行为日志输出

用户行为日志输出要求包括但不限于如下:

a)日志内容应简明扼要,无冗余;

b)关键业务应通过日志回溯请求,并定义明确的日志级别;

c)异常与错误应记录日志,并定义明确的日志级别;

d)每一条日志记录为一行;

e)操作时间格式为:yyyy - mm - dd hh:mm:ss（年 - 月 - 日 小时:分钟:秒)。

6.3 数据交换日志要求

6.3.1 数据交换日志记录格式

数据交换日志中应包含数据表信息、数据开始交换时间、数据交换结束时间、数据交换总量、异常数据量、成功数据量。日志存储时间应不少于6个月。

6.3.2 数据交换日志输出

数据交换日志输出要求包括但不限于如下:

a)日志内容应简明扼要,无冗余;

b)关键业务应通过日志回溯请求,并定义明确的日志级别;

c)异常与错误应记录日志,并定义明确的日志级别。

7 日志文件命名要求

日志文件命名要求包括但不限于如下:

a)以“{日期}{文件名分隔符}[{级别}].log”格式命名;

b)日期格式可选范围:yyyymmdd(年月日),yyyymmddhh(年月日时)。

8 日志存储方式要求

日志存储方式应为数据库存储,应在数据库中创建一张用来存储日志信息的表。

数据库日志存储方式要求包括但不限于如下:

a)应包含操作日志表和登录日志表两个数据库表;

b)日志数据库表命名应为“XXXlog”;

c)每一条日志记录为一条数据库记录。

JMGC

民 政 部 金 民 工 程 标 准

JMGC/GL 504—2020

金民工程 应用监控集成要求

2020－12－30 发布　　　　2020－12－30 实施

民政部信息中心 发布

目　次

前 言

本文件按照GB/T 1.1—2020《标准化工作导则 第1部分:标准化文件的结构和起草规则》的规定起草。

请注意本文件的某些内容可能涉及专利。本文件的发布机构不承担识别专利的责任。

本文件由民政部信息中心提出并归口。

本文件起草单位:民政部信息中心、四川久远银海软件股份有限公司。

本文件主要起草人:张建民、张彤、陶亮、贾雅杰、李双君、李坤林、欧海莉、刘渝、王荣、张进科。

金民工程 应用监控集成要求

1 范围

本文件规定了金民工程项目中应用监控系统的部署环境、应用系统接入、网络设备监控、服务器监控、存储监控、数据库监控、中间件监控、web与应用监控的基本规则和要求。

本文件适用于金民工程项目中平台集群及应用运行情况的监控管理过程。

2 规范性引用文件

下列文件中的内容通过文中的规范性引用而构成本文件必不可少的条款。其中,注日期的引用文件,仅该日期对应的版本适用于本文件;不注日期的引用文件,其最新版本(包括所有的修改单)适用于本文件。

JMGC/YW 406 金民工程 信息化术语

3 术语和定义

JMGC/YW 406 界定的术语和定义适用于本文件。

4 缩略语

HTTP:超文本传输协议(HyperText Transfer Protocol)

HTTPS:HTTP 加上 TLS/SSL 协议构建的可进行加密传输、身份认证的网络协议(Hyper Text Transfer Protocol Over SecureSocket Layer)

POP3:邮局协议版本3(Post Office Protocol - Version 3)

SMTP:简单邮件传输协议(Simple Mail Transfer Protocol)

TCP:传输控制协议(Transport Control Protocol)

NTP:网络时间协议(Network Time Protocol)

SNIA:全球网络存储工业协会(Storage Networking Industry Association)

5 系统部署环境要求

操作系统:应采用稳定、可靠、易于维护并具有良好的软件开发环境的 Linux 操作系统,以保证平台程序占用资源较少,具备低损耗特性,保证合理的使用服务器资源,保证系统平台流畅地运行。

数据库:应采用性能可靠的通用数据库系统,包括 Oracle、SQL Server、MySQL、Gbase 等数据库软件。

中间件:应采用可靠、可扩展、灵活的 Web 应用系统,包括 WebLogic、Tongweb 等中间件。

硬件环境配置:服务器应能够满足当前网络规模对服务器性能的需求(正常工作状态下,服务器 CPU 利用率不超过 50%、内存利用率不超过 60%),并预留 50% 的处理能力冗余以支持一定时间内的网络发展需要。

6 应用系统接入要求

应用系统中服务质量的监控是通过对应用页面打开是否正常进行监控,因此应用监控应开通 HTTP/HTTPS 监控协议,主要接入要求包括但不限于如下:

a)提供服务地址

提供服务地址见表 1。

表 1　提供服务地址

系统名称	网络地址	端口	访问地址
XXX 信息系统	xxx. xx. xxx. xx	80	http://xxx. xx. xxx. xx/CAFP/

b)开通网络策略

开通网络策略见表 2。

表 2　开通网络策略

应用系统	源地址	掩码	被访问系统	目的地址	掩码	协议类型	端口号	策略有效期
运维管理	xxx. xx. xxx. xxx	32	XXX 系统	X. X. X. X	32	TCP	80	永久

c)监控项配置

监控项配置见表 3。

表 3　监控项配置

应用系统	IP 地址	厂商	访问地址	监控项	触发器
XXX 信息系统	X. X. X. X	厂商名称	http://xxx. xx. xxx. xx/CAFP/	连通性 响应时间	a)应用端口不通 b)页面响应超过 5 秒 c)页面请求失败

7 网络设备监控要求

7.1 设备监控

设备监控要求包括但不限于如下：

a)设备监控的指标应包括：CPU 利用率、内存利用率、网络端口的吞吐量和丢包率、接收和发送的 ICMP 包率，端口 ARP 包率、单播包率、出入带宽利用率、出入丢包率、出入错包率、出入速率、广播包率、组播包率；

b)网络设备接口监控，应直观展现各个接口的状态，并可向下关联挖掘到所连主机情况；

c)设备故障监控，应支持定时轮询和接收 Trap 两种方式。对于一般设备可设置为定时轮询，轮询时间可设置为分钟、小时、日、周。影响网络运行的关键设备，宜设置为 Trap 方式，以保证 30 秒内发现问题。

7.2 网络链路监控

网络链路监控要求包括但不限于如下：

a)网络链路监控，应展示对应的入带宽利用率、出带宽利用率、出流量、出流速、入流量、入流速、总流量、总流速；

b)网络链路告警时，应以线条的颜色直观显示链路的告警状态；

c)流量阈值或者带宽利用率阈值告警时，监控链路应不断闪烁，并生成阈值告警消息。

7.3 网络质量监控

网络质量监控要求包括但不限于如下：

a)性能数据的采集，应按分钟进行，推荐设置为 5 分钟，主干链路可设置为 1 分钟；

b)主干链路流量应生成流量、流速、包数、会话数变化曲线表，超过设定阈值时，应产生告警消息。

8 服务器监控要求

8.1 服务器单点综合监控

综合监控应展现某台具体服务器的配置、性能、历史数据和故障信息。服务器性能应重点展现实时和最近 24 小时 CPU 平均利用率、MEM 利用率、文件系统利用率。

8.2 服务器性能监控

服务性能监控内容应包括：

a)服务器 CPU 性能：可设置为按 5 分钟、1 小时、1 日、1 周进行监控。服务器重要级别越高，设置的监控周期应越短。

b)服务器内存性能：可设置为按 5 分钟、1 小时、1 日、1 周进行监控。服务器重要级别越高，设置的监控周期应越短。

c)服务器磁盘性能:可设置为按每日、每周进行监控。推荐按每日进行监控。

d)服务器流量性能:可设置为按5分钟、1小时、1日、1周进行监控。服务器流量异常影响越大,设置的监控周期应越短。

e)服务器CPU峰值监控:可设置为按小时/日进行监控。

f)磁盘I/O性能监控:可设置为按小时/日进行监控。

8.3 服务器接口流量监控

服务器接口流量监控应包括:

a)服务器接口流量监控:可设置为按小时、日、周、月进行流量监控分析;

b)服务器接口流量监控应设置流量阈值,当服务器接口流量达到阈值时,产生相应阈值级别的告警事件。

8.4 服务器进程监控

服务器进程监控应包括:

a)服务器进程应监控可监控进程、服务是否正常运行,进程数量是否发生变化;

b)服务器进程异常时,应产生告警信息;

c)服务器进程监控,应对指定进程资源占用情况进行监控采集。可监控单个进程占用的CPU利用率、CPU的时间、驻留内存和虚拟内存的大小。也可按应用监控多个进程的汇总的CPU、内存利用率。

8.5 其他监控

服务器监控应包括:

a)日志监控:应对日志关键字、日志文件大小、日志文件是否丢失进行监控;

b)配置变更监控:应主机的硬盘、CPU、内存信息变化进行监控,并将变更信息发送给指定的管理员;

c)交换空间监控:应对服务交换空间的大小、交换空间使用率进行监控;

d)热备系统监控:应对获得服务地址,获得接管地址、集群节点状态、网络端口状态进行监控;

e)脚本运行:应对重要脚本的运行情况进行监控。

9 存储监控要求

存储监控要求包括但不限于如下:

a)存储设备应支持SNIA认证的代理程序(Agent)、补充监控代理程序;

b)存储监控应对存储阵列、光纤交换机和主机进行异常监控;

c)应对存储的剩余空间、读写效率进行监控,并异常告警。

10 数据库监控要求

数据库监控可采用 ODBC、JDBC 方式,实现对数据库的实时监控。

数据库监控应支持数据库性能监测、数据库空间监测、内存利用率监测、数据库用户连接监测。为掌握数据库的基本信息和当前的运行情况,还应支持展示数据库实例基本信息、连接信息、缓冲区命中率、联机日志、表空间、数据库文件、回滚段。

11 中间件监控要求

中间件监控应支持对业务系统中用到的 TongWeb、Ngnix 进行监控。具体监控要求如下:

a)监控中间件连接池的情况:连接池的状态、连接池名称、当前使用的连接数量、等待池中连接的最大客户数、丢失的连接数、连接池最大连接数;

b)监控 J2EE 各部件(如 JSP、Servlet、Java Bean)的性能和资源消耗情况;包括:Servlet、Java Bean 中每个部件的平均执行时间、提交的交易请求情况等;

c)Servlet 的多种统计数据,包括被分配的 Beans、在使用的 Beans、空闲的 Beans、超时的 Beans 数、等待的 Beans、Servlet 响应时间;TOPN Servlet 和 JSP 的详细信息;

d)监控中间件 JMS 情况:JMS 的连接总数、JMS 当前的连接总数、JMS 的最高连接数、JMS Server 总数、当前 JMS Server 总数、JMS Server 历史中最高总数、JMS Session 的总数、当前的 JMS Session 数、最高的 JMS Session 数、已接收的 JMS 消息数、未处理的 JMS 消息数、JMS 发送的消息数;

e)监控中间件执行队列的情况:执行线程的总数、当前空闲的执行线程数、队列中未处理的请求数、队列已经处理的请求数;

f)监控中间件 web 应用:当前打开的 Session 数、打开的 Session 最高数、打开的 Session 的总数、状态、名称;

g)监控中间件服务情况:当前打开的 Socket 数量、打开的 Socket 的总数、当前连接数、监听端口、管理端口、管理服务监听端口、Server IP 地址、Server 名称、Server 版本。

12 web 与应用监控要求

Web 应用监控应包括 HTTP、HTTPS、SMTP、POP3、NTP、TCP。可查看监控协议的丢包率、最大时延、最小时延、平均时延。

JMGC

民　政　部　金　民　工　程　标　准

JMGC/GL 505—2020

金民工程 信息系统运维管理要求

2020－12－30 发布　　　　　　2020－12－30 实施

民政部信息中心 发布

目　次

前　言

本文件按照 GB/T 1.1—2020《标准化工作导则 第1部分:标准化文件的结构和起草规则》的规定起草。

请注意本文件的某些内容可能涉及专利。本文件的发布机构不承担识别专利的责任。

本文件由民政部信息中心提出并归口。

本文件起草单位:民政部信息中心、四川久远银海软件股份有限公司。

本文件主要起草人:王兴玲、张建民、张彤、陶亮、夏清、李双君、李坤林、刘渝、欧海莉、王荣、张进科。

金民工程 信息系统运维管理要求

1 范围

本文件规定了金民工程项目中信息系统的基本要求、运行保障、系统维护、应急管理的要求。

本文件适用于金民工程项目的运维服务过程管理活动。

2 规范性引用文件

下列文件中的内容通过文中的规范性引用而构成本文件必不可少的条款。其中,注日期的引用文件,仅该日期对应的版本适用于本文件;不注日期的引用文件,其最新版本(包括所有的修改单)适用于本文件。

JMGC/YW 406 金民工程信息化术语

JMGC/GL 504 金民工程监控集成要求

3 术语和定义

JMGC/YW 406 界定的术语和定义适用于本文件。

4 缩略语

SLA:服务级别协议(Service Level Agreement)

5 基本要求

5.1 运维组织

运维组织要求包括但不限于如下:

a)应设立信息系统运维组织,负责信息系统的运行维护工作。

b)应任命运维组织负责人,负责组织、协调、管理信息系统的运行维护工作。

c)应合理设置运维岗位,规定岗位职责及技能要求。

d)运维岗位应至少包括机房管理员、网络管理员、系统管理员、数据库管理员、安全管理员、安全审计员等关键岗位,并设置主、备岗。

e)关键岗位应进行分离,兼岗时应满足岗位相互制约的要求。

f)应配备足够的运维人员。运维人员应具备一定的计算机基础理论知识和专业技术经验。经营机构运维人员应具有相应的从业资格。

g)应与运维人员签署保密协议,保密协议应至少包括保密范围、保密期限等内容。如果是外包公司,还需要与外包单位签署保密协议,明确其责任和义务。

h)应制定年度培训计划,对运维人员进行必要的技术、业务、安全等培训,并留存培训记录。

i)应制定应急预案,并定期进行演练,防止因设备故障导致系统瘫痪和数据异常丢失。

5.2 制度和流程管理

制度和流程管理要求包括但不限于如下:

a)应制定覆盖运维工作各个环节的、体系化的运维管理制度和操作流程。运维管理制度包括但不限于:机房管理、网络与系统管理、数据和媒体管理、交付管理、测试管理、配置管理、安全管理、值班管理、监控管理、文档管理、设备和软件管理、供应商管理、关联单位关系管理、检查审计等制度。运维操作流程应包括但不限于:日常操作、事件处理、问题处理、系统变更、应急处置等流程;各管理制度参考内容见附录 A;

b)应建立运维管理制度和操作流程的制定、发布、维护和更新的机制。至少每年一次评审、修订运维管理制度和操作流程。

5.3 文档管理

文档管理要求包括但不限于如下:

a)应建立文档管理制度,对文档的分类、命名规则、编写人、审批人、版本、敏感性标识、发布时间、存放方式、修订记录、废止等作出规定。

b)应明确文档管理的责任人。

c)应对运维过程中涉及的各类文档进行分类管理,可按照制度文档、技术文档、合同文档、审批记录、日志记录等进行分类,并统一存放。

d)应规范文档的发布管理,对文档的版本应当进行控制。文档应标识敏感性、使用范围、使用权限、审批权限等。文档在使用时应能读取、使用最新版本,防止作废文件的逾期使用。

e)对超范围、超权限使用文档时应保存相关审批、使用记录。

5.4 设备和软件管理

设备和软件管理要求包括但不限于如下:

a)应建立计算机相关设备和软件管理制度,对设备和软件的验证性测试、出入库、安装、盘点、维修(升级)、报废等进行规范。

b)应明确设备和软件管理责任人。

c)应在设备和软件投入使用前进行必要的验证性测试,并保留测试记录。

d)应编制信息系统设备清单,主要包括设备名称、设备编号、入库时间、设备主要参数、设备序列号、设备状态、设备保修期、设备位置、设备用途和设备使用责任人等内容,并保留设备启用、转移、维修、报废等过程的记录。如有变更,应与固定资产表同步。

e)应使用正版软件并保存软件授权证书和许可协议,应编制软件清单,主要包括但不限于:软件名称、软件编号、入库时间、软件版本,授权和许可情况、软件序列号、软件状态、软件维护期、软件安装设备、用途和使用责任人等内容,并保留软件启用、转移、升级、报废等过程的记录。

f)应对设备进行标识,标识应放在设备明显位置。

g)应规定设备和软件的使用年限,定期进行盘点,并对设备状态进行评估和更新。

h)应对外送设备的维修进行严格管理,防止数据泄露。

i)应对拟下线和拟报废设备的存储媒体中的全部信息进行清除或销毁,应做好数据备份工作。对正式下线设备和软件交指定部门统一管理、保存或处置,并保留相应记录。设备和软件报废应符合资产管理规定。

5.5 督促检查

督促检查要求包括但不限于如下:

a)应建立检查审计制度,对运维制度的执行情况和运维工作开展情况定期进行检查和审计,以督促运维工作持续改进。

b)应指定人员负责对日常操作执行情况进行每日检查,确保运维管理制度和操作流程有效执行。

c)应每季组织开展内部检查,形成检查报告。

d)应在每年审计工作中包含信息系统运维管理工作审计项目,并形成审计报告。

e)检查和审计范围至少包括对运维管理制度和操作流程的合理性和完整性进行评估,对运维管理制度和操作流程的执行情况进行评估,对文档、配置、数据的有效性进行评估,对整体安全状况进行评估,对运维人员履职能力进行评估等。

f)应对检查和审计的结果采取纠正性和预防性的措施。

5.6 运维值班管理

运维值班管理要求包括但不限于如下:

a)应建立运维值班管理制度,对日常操作、监控管理、事件处理、问题处理、数据和媒体管理、机房管理、安全管理、应急处置进行规范。

b)应指定运维值班负责人。运维值班负责人负责日常操作的部署、检查、风险控制、业务衔接等工作;运维值班负责人应有主备岗,主备岗不应同时离岗。

c)应制定运维值班安排表,可根据实际情况实施倒班制度。在值班期间值班人员不应擅离岗位。

d)应制定交接班流程,并严格执行,留存记录。

e)应设置运维值班电话,并保持畅通。

5.7 日常操作

日常操作要求包括但不限于如下：

a)应制定操作手册，操作手册的内容应至少包括信息系统日常运行操作的各个环节，针对各个操作环节制定操作规程；

b)业务系统的操作规程应至少包括操作的对象、时间、步骤、指令、操作要点、复核要点、操作人、复核人等基本要素；

c)应严格按照操作手册执行运维操作，对业务系统的操作过程应进行记录留痕，记录的保存时间不少于1年；

d)特殊操作、临时操作应经批准后方可双岗执行，操作过程应进行记录留痕，记录的保存时间不少于1年；

e)应依据业务、信息系统的变化对操作手册及规程进行及时修订，经审批通过后遵照执行；

f)应对核心业务系统设置独立的操作和监控环境，并与开发、测试等其他操作环境严格分离。

6 运维基础服务

6.1 服务台

服务台包括但不限于如下：

a)应建立服务台以协调业务部门用户和运维部门之间的关系，为运维服务运作提供一线支持，从而提高业务部门用户的满意度；

b)服务台首先应对来自用户的服务请求进行初步处理，当预计无法在满足服务级别的前提下有效处理这些请求，或是这些请求本身就是它所无法解决的时候，服务台将这部分请求转交给二线支持或三线支持来处理，以此有效地降低服务支持部门的负担，提高运维服务运作的整体效率，降低运维服务运作的成本；

c)应为用户的IT服务请求和抱怨提供单一联系点；

d)应确保向用户提供正常的服务以避免业务操作中断；

e)应为所有用户提供所需的服务支持。

6.2 服务请求

服务请求包括但不限于如下：

a)服务请求是业务部门用户(以下简称用户)的对信息、建议、标准变更或者对业务系统使用的请求，服务请求的类型包括：

b)服务请求：用户主动联系服务台提出的服务请求或运维部门对外公示的服务目录；

c)咨询：用户主动联系服务台咨询有关系统信息、技术方面的事宜；

d)建议：用户提出的提高和改进运维服务的建议；

e)投诉:用户提出的投诉;

f)所有服务请求的受理必须且只能通过服务台;

g)应为用户提供信息、解答用户问题或者满足用户的变更请求,以改善用户体验,提高用户满意度;

h)应对服务请求进行优先级划分,不同优先级别的服务请求有不同的响应时间和履行时限的要求;

i)应与用户沟通他们所提交的服务请求处理的进展;

j)所有服务请求的关闭应得到服务请求报告者的确认。

6.3 事件管理

事件管理要求包括但不限于如下:

a)应建立事件管理流程,对信息系统运维事件的处理进行规范;

b)应指定人员负责设计和管理事件的记录、分级、分派、处理、监控和结束整个流程;

c)应记录运维过程中发生的所有事件,根据事件的影响程度和影响范围评估事件处理优先级及时处理;

d)应对所有事件响应、处理、结束等过程进行跟踪、督促及检查;

e)应每月回顾、分析事件处理记录,完成事件分析报告。

6.4 问题管理

问题管理要求包括但不限于如下:

a)应将运维过程中重复发生的事件、重大事件纳入问题管理;

b)应建立问题管理制度,对运维活动中发现的问题进行根本解决,并建立问题库;

c)应对问题的处理过程进行跟踪和管理,包括问题的识别、提交、分析、处理、升级、解决、结束。

d)应将监控、分析、自查、检查、测评、评估和事件处理中发现的问题进行汇总,并纳入问题库;

e)应组织对问题进行分析、提出解决方案、通过变更管理审批后部署实施,并将解决过程归纳整理并纳入问题库。

6.5 配置管理

配置管理要求包括但不限于如下:

a)应制定配置管理流程,明确配置管理负责人。

b)应建立配置库,对业务系统的服务器、存储、网络、安全设备,操作系统、应用软件、数据库等进行管理。

c)应合理设置配置库中配置项的属性,要求包括但不限于如下:

1)配置项属性至少包括编号、名称、描述、维护责任人、运行状态、关联关系等;

2)配置项编号应唯一;

3)配置项的添加、修改、替换、删除应有变更记录;

4)应保存配置项历史记录,确保与事件管理、问题管理、变更管理等流程记录的关联性。

d)对重要设备的配置变更,应有二人以上,并进行复核后才能生效。配置变更前应做好数据的备份。

e)应定期对配置库进行备份。

f)应及时检查并定期审计配置库,对发现的不一致情况及时纠正,并留存记录。

6.6 变更管理

6.6.1 系统变更要求

系统变更要求包括但不限于如下:

a)应建立信息系统变更流程,对信息系统的变更活动进行规范;

b)应明确信息系统变更中的角色,至少包括:申请人、审批人、实施人、复核人;

c)变更申请人应提交正式的变更申请,申请中应有明确的变更方案,内容至少包括:目标、对象、时间、人员、紧急程度、操作步骤、测试方案、实施方案、风险防控措施、应急预案、回退方案等;

d)变更审批人应在充分评估变更的技术风险和业务风险的基础上进行审批,审批记录应留痕并满足审计需要;

e)变更审批人应确定变更实施时间窗口,除紧急变更外,不应在业务时段进行变更实施;

f)应按照测试方案,组织变更前后的测试,测试后应提交测试记录或报告;

g)变更实施人应按照变更实施方案进行变更,并及时更新配置库;

h)变更复核人应对变更记录和变更结果进行评估,评估内容应至少包括变更目标的达成情况、对生产环境的影响、配置库更新情况。

6.6.2 系统测试要求

应用系统测试要求包括但不限于如下:

a)应建立应用系统测试流程,对应用系统上线前进行的模拟环境测试和生产环境测试进行规范。

b)应为应用系统测试配备必要的人员和设备资源,需要时应协调关联单位配合测试。

c)应根据应用系统上线要求制定测试方案,确定采用的测试方法和测试流程。测试方案及测试用例应覆盖功能、性能等方面。测试完成后应对测试结果进行分析评估,并给出测试报告。

d)模拟环境测试的要求如下:

1)应建立独立的模拟环境,模拟环境应在逻辑架构上和生产环境一致,模拟环境应与生产环境进行分离,不应对生产环境进行干扰;

2)应根据测试方案的设计,合理配置测试所需的设备,识别设备不同可能带来的测试结果正确性风险;

3)可根据需要,要求生产系统运维人员和业务部门组织业务人员参与测试;

4)模拟环境使用的密码应与生产系统严格区分,系统管理员宜由不同的人员担任。

e)生产环境测试的要求如下:

1)测试前应备份当前应用系统的数据和配置;

2)应提前发布应用系统测试公告;

3)应由生产系统运维人员在生产环境下组织完成;

4)应根据需要,要求业务部门组织业务人员参与测试;

5)根据测试的结果设计应用系统升级过程及应急预案;

6)如果测试内容涉及其他相关应用系统,应协调其他应用系统用户参与测试;

7)涉及核心业务系统的上线测试,应组织全市场或全公司各相关部门测试;

8)测试后应恢复生产环境并验证恢复的有效性;

9)业务经办时段不应使用生产环境进行测试。

6.7 发布管理

发布管理要求包括但不限于如下:

a)每次项目的发布,应制订发布计划,明确发布流程中各环节的完成时间,并涵盖功能清单,每个功能的整改要点、测试要点,以及发布失败的恢复计划。

b)当用户需求与政策,或者安全生产要求冲突时,应填写《需求冲突确认表》并由用户签字、盖章确认,并将表格交由部门项目管理人员备案。

c)测试人员应根据发布计划中的功能要点,编写完整的《测试用例及记录》,进行测试。

d)发布计划内容应在审计确认无误后,申请代码提交权限,发布人员测试环境发布。

e)应将变更发布清单发送给用户负责人安排用户测试和项目负责人组织发布评审。

f)应在用户测试通过,并确认发布和评审通过,生产环境发布。

g)发布前应对相关数据、配置、上一次的发布包(war、ear)进行备份,对即将调整的硬件、软件环境进行记录,便于发布失败时进行紧急恢复。

h)发布人员根据发布需要,应对服务器软件、硬件调整,进行数据维护和发布包的替换,在成功发布后,需要登录到业务系统中,进行必要的正确性确认:

1)能够正常登录;

2)能够正常访问业务经办模块(维护发布的模块和维护发布关联模块等);

3)能够正确连接数据库并查询出数据;

4)其他确认。

i)当发布失败,应还原上一次的发布包(war、ear)。

6.8 知识管理

知识管理要求包括但不限于如下:

a)知识包括:

1)日常操作:运维过程中常见或者固化工作的指引和步骤;

2)响应操作:有情况发生时进行的响应操作;

3)流程规范:指导日常工作进行的流程规范;

4)故障处理:常见故障的处理方法;

5)技术创新:工作中总结出的新的经验、建议等;

6)产品文档:开发/外部厂商提供的产品说明、操作手册等相关文档。

b)知识管理应对知识的提交、审核、入库、更新、维护、审计、汇总和报告等。

c)应确保每条知识在任何阶段都有适当的人员负责。

d)知识应审批通过后才能纳入知识库,没有通过审批的,必须由各环节审批人关闭。

e)应对知识库中已发布的知识在确认失效后,由知识管理员设置为停用。

6.9 连续性管理

连续性管理要求包括但不限于如下:

a)应建立管理 IT 服务持续性管理流程与机制;

b)应制订连续性管理计划和测试报告等 ;

c)应确保在紧急情况下启动恢复和持续性流程。

6.10 信息安全管理

安全管理要求包括但不限于如下:

a)应建立安全管理制度,覆盖安全策略的制定、实施、检查、评估、改进等全过程。

b)应指定专人担任安全管理员,负责信息安全管理工作。

c)应建立所有安全设备的安全策略、交换机的访问控制策略和服务器开放端口等台账,并动态更新,与实际保持一致。

d)应采取安全防护措施,要求包括但不限于如下:

1)应对所有服务器和终端设备安装防木马、病毒软件,建立统一病毒和木马防护机制。因故不能安装防病毒软件的,应采取其他等效的安全防护措施;

2)应在充分评估的基础上,对所有服务器和终端设备进行补丁升级;补丁升级前进行测试验证;

3)应综合运用防火墙、入侵检测等安全设备,保护网络与系统;应正确设置安全设备的接口参数和过滤规则,并应定期检查这些规则和安全策略是否有效;

4)应对新上线的设备在接入运行网络前进行全面的安全检查;

5)应采取限制 IP 登录等手段,控制对主机、主干网络设备、安全设备等的访问;

6)原则上不应通过互联网对防火墙、网络设备、服务器进行远程管理和维护,特殊紧急情况下应采取限制登录网络地址、数字证书或动态口令认证、全程监控并需采用 VPN 加密等措施,在操作完成后应及时关闭,并对维护过程进行监控并留存记录。

e)应定期进行安全检查,要求包括但不限于如下:

1)应定期对服务器进行全面病毒扫描,但不应在业务经办时段内进行;

2)应建立定期扫描并修补漏洞的工作机制,定义扫描检测的内容和程序,明确漏洞扫描工具和扫描频率,记录扫描结果及处理情况;

3)应按规定开展信息系统安全等级保护自查或测评。

f)应对安全检查情况进行评估,形成评估报告。

g)安全管理员应督促解决检查、测评、评估中发现的风险隐患。

7 运维提升服务

7.1 服务需求管理

服务级别管理要求包括但不限于如下:

a)应建立对运级服务需求管理的机制;

b)应获取从服务台、问题管理、能力管理等多方面产生的需求或向业务部门用户征集的需求;

c)应对需求上进行识别与分解,力求理清需求的相关责任主体;

d)应组织相关各方一起进行需求的评审与确认,评审结果将作为运维需求实施的依据;

e)应对通过评审的运维需求,根据其内容以不同的方式进行实施。

7.2 服务目录管理

服务级别管理要求包括但不限于如下:

a)服务目录应与运维服务业务及发展的关联;

b)应符合运维服务业务定位和能力,与组织结构、人员的岗位职责、经验等相匹配;

c)应和配置管理系统中所有的服务对象和内容保持一致;

d)应包括服务产品的详细描述内容,如服务名称、服务简介、服务目标,以及服务对象、服务内容、服务频度、服务时间、交付方式、交付成果等。

7.3 服务级别管理

服务级别管理要求包括但不限于如下:

a)应建立 SLA,首先应建立服务目录,服务目录应包括服务和服务组件之间依赖关系;

b)应对提供的每一个服务,对应一个或多个 SLA;

c)根据考核评估要求,应建立 SLA 考核自评估机制,包括 SLA 完成情况、达成率等;

d)应在 SLA 评估后制定改进内容及改进措施;

e)衡量服务级别管理过程的关键指标应包括不限于:服务目录定义的完整性、签订 SLA 文件的规范性、SLA 考核评估机制的有效性和完整性。

7.4 服务报告管理

服务报告要求包括但不限于如下：

a)应包括目的、读者、频率、和数据源的详情；

b)应通过及时、准确、可靠的报告与相关方建立有效的信息沟通渠道；

c)应建立与服务报告过程一致的活动,包括建立、审批、分发、归档等；

d)服务报告计划应包括提交方式、时间、用户接收对象等；

e)服务报告模板应包括格式、提纲等；

f)服务报告关键指标应包括服务报告过程的完整性；

g)服务报告应具备及时性、准确性。

7.5 可用性管理

可用性管理要求包括但不限于如下：

a)应评估和系统服务的可用性的风险,识别服务可用性要求；

b)可用性管理的范围包括:应用系统、主机系统、服务器设备、存储设备、网络及网络设备和安全设备；

c)可用性计划应定义硬件、软件、网络、服务等的指标基准值；

d)应对其进行可用性评估,识别关键业务流程,及支撑该关键业务流程的IT基础设施和人员,应设定IT服务中止时间及响应时间等可用性指标值；

e)应定期对现有提供服务的IT基础设施和人员进行风险评估,并针对发现的风险采取处置措施,风险分析依据其他流程的信息进行评估；

f)应从日常监控工具中获取所需可用性数据,将原始数据进行收集、汇总、分析,主要关注趋势和是否有异常情况；

g)可用性报告应包括总体正常运作时间和业务服务中断时间、服务中断的次数等,应对计划之外的不可用性进行调查并采取适当措施；

h)针对宕机事件,应出具可用性失效报告,主要针对造成服务失效的设备、系统、程序等进行分析,并拟制改进计划；

i)每月应进行一次可用性统计,分析可用性趋势,并定期回顾可用性计划,至少一年一次。

7.6 供应商管理

供应商管理要求包括但不限于如下：

a)应对供应商和供应商提供的服务进行管理,为业务部门提供无缝的IT服务,使投入物有所值；

b)应明确定义供应商关系管理流程以及鉴别和减少供应商风险、监管并评估供应商的绩效的流程,确保供应顺畅；

c)应加强与客户和供应商的沟通,监控并提高供应商提供服务的质量,并最小化商业风险；

d)应与合格的第三方服务提供者建立良好的关系和双边责任,监管服务交付,以检验并确保其符合协议,从而向客户提供质量最好的服务。在供应商管理这一环节中,服务提供商成为供应商的客户。

7.7 业务关系管理

业务关系管理要求包括但不限于如下:

a)应记录需方和供方服务或项目干系人的相关信息;

b)应记录服务回顾数据,包括回顾时间、参与人员、回顾内容和服务评价等;

c)应记录投诉和表扬信息及投诉处理结果;

d)应记录并分析满意度调查数据。

8 基础保障

8.1 网络管理

网络与系统管理要求包括但不限于如下:

a)应建立网络与系统管理制度,对网络、系统的运行维护进行规范;

b)网络管理要求包括但不限于如下:

1)应合理设置安全域,绘制网络拓扑图、IP 地址分配表及 VLAN 划分表,并保持更新;有条件的机房,应将网络拓扑图挂墙;

2)应定期检查安全隔离情况,确保各安全域之间有效隔离;

3)应保持网络设备的可用性,及时维修、更换故障设备;

4)应负责网络系统的参数配置、调优;

5)应定期对系统容量进行检查和评估,形成评估报告;

6)应定期检查网络设备的用户、口令及权限设置的正确性;

7)应定期对整个网络连接进行检查,确保所有交换机端口处于受控状态;

8)应对网络信息点进行管理,编制信息点使用表,并及时维护和更新,确保与实际情况一致。计算机网络跳线应整齐干净,跳线标识清晰;

9)应制定网络访问控制策略,应合理设置网络隔离设施上的访问控制列表,关闭与业务无关的端口;编制文档并保持更新;访问控制策略的变更应履行审批手续。

8.2 服务器和数据库管理

a)服务器管理要求包括但不限于如下:

1)应保持系统的可用性,及时维修、更换故障设备和更新软件;

2)应负责应用系统、操作系统的参数配置、调优,编制文档并保持更新;

3)应定期对系统容量进行检查和评估,形成评估报告;

4)应负责管理系统和应用程序服务进程,并关闭与业务无关的服务;

5）应定期检查应用系统、操作系统的用户、口令及权限设置的正确性。

b）数据库管理要求包括但不限于如下：

1）应保持数据库的可用性，及时维护、更新软件；

2）应负责数据库的参数配置、调优，编制文档并保持更新；

3）应定期对数据库容量进行检查和评估，形成评估报告；

4）应负责管理数据库、表、索引、存储过程，数据库的升级、优化、扩容、迁移；

5）应定期检查数据库的用户、口令及权限设置的正确性。

c）服务器和数据库用户和口令管理要求包括但不限于如下：

1）不应设置弱口令，若系统条件允许，口令应采用数字、字母、符号混排且无规律的方式，管理员口令长度不低于 8 位；核心业务系统应提示并阻止用户使用弱口令登录；

2）应每季度对管理员口令进行修改，更新的管理员口令至少 5 次内不能重复；

3）应用系统的账户及口令应采用加密方式存储、传输；加密产品的使用应符合国家有关规定；

4）应重点加强对匿名/默认用户的管理，防止被非法使用；

5）应及时注销不再使用的账户；

6）应明确责任人，负责统一保管、安全存放管理员口令，不应泄漏。

d）服务器和数据库权限管理要求包括但不限于如下：

1）权限分配应履行审批手续，权限设置后应复核；

2）应按照最小安全访问原则分配用户权限；

3）应建立权限分配表，对用户的访问权限进行合理分配，对文件系统访问权限进行合理设置，编制文档并保持更新；

4）应在用户账户变化时，同时变更或撤销其权限；

5）应定期检查权限设置的有效性。

8.3 数据与媒体管理

数据与媒体管理要求包括但不限于如下：

a）应建立信息系统数据管理制度，对在线和离线数据的使用、备份、存放、保护及恢复验证等活动进行规范；

b）应明确数据管理责任人，负责数据的收集、使用、备份、检查等策略的制定和执行工作；

c）应按照国家和监管部门的有关要求，制定数据备份及验证策略，明确备份范围、备份方式、备份频度、存放地点、存放时限、有效性验证方式和管理责任人；

d）在线数据管理要求包括但不限于如下：

1）业务系统数据应每天做一次增量数据备份；

2）业务系统数据应每周做一次全量数据备份；

3)业务系统历史数据至少保留1年；

4)未经授权不应访问、复制；

5)对数据的修改应通过审批，双岗操作并记录操作日志。

e)离线数据管理要求包括但不限于如下：

1)离线数据不应更改；

2)离线数据应每天通过专用备份链路，在异地灾备机房进行增量备份；

3)离线数据应每周通过专用备份链路，在异地灾备机房进行全量备份；

4)应至少每半年对核心业务系统的备份数据进行一次有效性验证，如发现问题应采取措施修复备份数据，并查明原因；

5)离线数据的调阅、复制、传输、查询，应按照拟定的流程办理审批手续，并进行登记；

6)备份数据带离存储环境时应采取必要的安全措施。

f)在线数据和离线数据用于非生产环境时，应进行脱敏处理；用于模拟测试时如无法进行脱敏处理，测试环境应采取与生产环境相当的安全措施；

g)应建立媒体管理制度，对媒体的存放、使用、维护和销毁等活动进行规范；

h)应明确责任人，对媒体的使用、转储、送修、销毁及存储环境进行管理；

i)媒体管理要求包括但不限于如下：

1)应在安全环境中存放媒体，并采取控制和保护措施；

2)离线备份媒体应当在本地机房、同城、异地安全三地同时进行可靠存放；

3)应对媒体在物理传输过程中的打包、交付进行控制；

4)应根据所承载数据和软件的重要程度对媒体进行分类和标识管理，并对媒体进行归档登记，对存档媒体依目录清单定期核对；

5)涉及敏感信息的媒体送修时应由专人全程陪同，并保证修复过程可控；

6)媒体销毁前应清除媒体中的敏感数据；涉密信息的存储媒体不应自行销毁，应按国家相关规定另行处理；

7)在业务网使用的移动媒体应专网专用，不应接入可以访问互联网的主机。

8.4 监测与预警

监测与预警要求包括但不限于如下：

a)应对运行维护服务对象的运行情况进行监测与预警，以跟踪和判别对象的容量、可用性和连续性；

b)应对信息系统所承载的业务数据进行监测，以跟踪和判别业务数据是否超出了预警条件；

c)应建立监测、预警的记录和报告制度，并安装约定的形式和时间间隔上报现场负责人；

d)现场负责人应对报告进行逐项核实；

e)应建立应急响应预案启动的策略和程序；

f)现场负责人应向相关利益方通报应急响应预案启动信息。

9 应急管理

9.1 应急准备

应急准备要求包括但不限于如下：

a)应在运行维护服务组织基础上建立应急响应组织要求如下：

1)应急响应组织的人员应属于运行维护组织的人员，也可包括其他机构的专家和人员；

2)应规定运行维护服务及应急响应所有相关利益方的角色及职责，并为关键角色提供备份人选；

3)应就应急响应服务的范围、要求等与相关利益方达成一致，确定沟通流程和方式，并形成记录；

4)运行维护过程中涉及组织和人员的变更应与相关利益方达成一致，并形成记录；

5)应建立对应响应组织内人员的考核机制，明确考核指标及方法，考核至少每年进行一次，以确保组织能持续满足应急响应要求。

b)应制定应急响应制度，明确应急响应的目标、原则、范围以及各项管理制度；

c)应评估关键活动、所需资源、限制条件及信息系统面临的各类风险要素；

d)应了解当风险演变成应急事件时所产生的影响和后果，以及信息系统服务中断所带来的损失；

e)对于识别出的各种风险，应制定明确的控制策略；

f)应按信息系统的重要程序、服务时段、受损程度对应急事件进行分级；

g)应跟进应急事件级别制定应急响应预案，应急响应预案的内容应包括：

1)应急响应预案的编制目的、依据和适用范围；

2)具体的组织体系结构及人员职责；

3)应急响应的检测和预警机制；

4)应急事件级别对应的处置流程、方法；

5)应急响应的保障措施；

6)应急预案的附则。

h)应制定应急响应培训计划，并组织相关人员参与；

i)应定期进行应急演练。

9.2 应急处置

应急处置要求包括但不限于如下：

a)应按照应急响应预案，开展同意的应急调度，包括人员、资金和设备等；

b)应按照应急响应预案,对故障进行排查与诊断;

c)现场负责人应及时与相关利益方进行沟通,沟通的内容主要包括系统故障点、造成故障的原因、排查诊断状况等;

d)应基于应急响应预案、配置管理数据库、知识库等进行故障处理和系统恢复;

e)应建立应急事件升级的策略和程序;

f)应建立时间关闭的策略和程序。

9.3 总结改进

应定期对应急响应工作进行分析和回顾,总结经验教训,并采取适当的后续措施。

附录 A

（资料性）

运维管理制度清单

序号	分类	分项制度	是否上墙
1	机房管理	数据中心环境安全管理	是
2		机房安全管理制度	是
3		服务人员安全及保密管理制度	是
4		网络安全管理制度	是
5		数据中心值班制度	是
6	网络安全管理	防火墙安全管理职责说明	是
7		申请防火墙权限流程及创建策略	否
8		变更防火墙权限流程及变更策略	否
9		撤销防火墙权限策略	否
10	数据和媒体管理	数据存储媒体管理制度	否
11		数据备份及管理	否
12		备份恢复管理	否
13	交付管理	项目交付过程管理	否
14		项目交付活动管理	否
15		服务交付内部管理	否
16	测试管理	软件测试规范	否
17	配置管理	配置管理规程	否
18	安全管理	信息安全管理	否
19	值班管理	值班管理制度	否
20	监控管理	监控管理制度	否
21	文档管理	文档的存储管理	否
22		文档的安全管理	否
23		文档的使用管理	否
24		文档的发布管理	否

续表

序号	分类	分项制度	是否上墙
25	设备和软件管理	到货验收管理	否
26		入库管理	否
27		出库管理	否
28		设备和软件的初验管理	否
29		设备和软件的终验管理	否
30		设备使用管理	否
31	供应商管理	供应商管理制度	否
32		供应商选择与评估	否
33		供应商选择办法	否
34		供应商管理办法	否
35	关联单位关系管理	全面关系管理	否
36	检查审计管理	安全检查管理规范	否
37		安全审计管理规范	否

参考文献

[1] GB/T 24405.1—2009 信息技术 服务管理 第1部分:规范

[2] GB/T 28827.1—2012 信息技术服务 运行维护 第1部分:通用要求

六、安全类标准

JMGC

民 政 部 金 民 工 程 标 准

JMGC/AQ 603—2020

金民工程应用及数据安全基本要求

2020-12-30 发布　　　　2020-12-30 实施

民政部信息中心 发布

目　　次

前 言

本文件按照 GB/T 1.1—2020《标准化工作导则 第 1 部分:标准化文件的结构和起草规则》的规定起草。

请注意本文件的某些内容可能涉及专利。本文件的发布机构不承担识别专利的责任。

本文件由民政部信息中心提出并归口。

本文件起草单位:民政部信息中心、四川久远银海软件股份有限公司。

本文件主要起草人:王兴玲、张建民、张彤、陶亮、贾雅杰、李双君、贾雷鸣、刘渝、张进科、欧海莉、王荣、钟爱伦。

金民工程应用及数据安全基本要求

1 范围

本文件规定了金民工程项目中信息安全技术要求,内容包括安全物理环境、安全通信网络、安全区域边界、安全计算环境。

本文件适用于金民工程项目。

2 规范性引用文件

下列文件中的内容通过文中的规范性引用而构成本文件必不可少的条款。其中,注日期的引用文件,仅该日期对应的版本适用于本文件;不注日期的引用文件,其最新版本(包括所有的修改单)适用于本文件。

GB/T 22239 信息安全技术 网络安全等级保护基本要求

JMGC/YW 406 金民工程信息化术语

3 术语和定义

JMGC/YW 406 界定的术语和定义适用于本文件。

4 缩略语

下列缩略语适用于本文件。

CA:证书颁发机构(Certificate Authority)

HTTP:超文本传输协议(HTTP,HyperText Transfer Protocol)

HTTPS:HTTP 加上 TLS/SSL 协议构建的可进行加密传输、身份认证的网络协议(Hyper Text Transfer Protocol Over SecureSocket Layer)

MD5:消息摘要算法(Message Digest Algorithm MD5)

TLS:传输层安全性协议(Transport Layer Security)

5 安全物理环境

应符合 GB/T 22239 第三级安全要求。

6 安全通信网络

应符合 GB/T 22239 第三级安全要求。

7 安全区域边界

应符合 GB/T 22239 第三级安全要求。

8 安全计算环境

8.1 身份鉴别

8.1.1 一般要求

身份鉴别一般要求主要包括以下方面：

a)应提供用户身份标识唯一和鉴别信息复杂度检查功能，保证应用系统中不存在重复用户身份标识，身份鉴别信息不易被冒用；

b)用户身份鉴别信息（如口令）应满足复杂度要求并定期更换，要求口令长度 8 位以上，口令组合应包含英文字母大写、小写、数字、特殊字符任意 3 种以上；

c)应实现口令强度检测，不可使用弱口令；

d)应提供口令定期更换的检测，如每隔 90 天系统提示用户强制更换口令，更换时间可配置；

e)用户名、口令不可使用易于区分用户名口令的字段，如：username、password 等名称，作为字段名；

f)应支持同一用户采用两种或两种以上的组合鉴别技术实现用户身份鉴别，其中一种鉴别方式必须使用密码技术来实现，像短信验证码，电子邮件等方式不被承认，密码技术推荐使用国产商用密码，如 SM3、SM4 等，两种身份鉴别方式应同时启用生效；

g)登录过程应采用短信验证码、CA、USB Key、二维码或手机安全登录等方式，保护用户安全口令不被自动工具暴力破解，异常登录应设置提醒，对普通用户可采取单因素认证，对业务应用系统的管理账户和重要业务账户进行双因素或多因素身份认证，涉及使用的密码产品必须具有国家密码管理局的《商用密码产品型号证书》。

8.1.2 登录失败处理

登录失败处理要求主要包括：

a)口令设置成功或失败，应有消息通知用户；

b)登录界面应提供口令找回功能，找回口令需验证用户信息，如“身份信息 + 手机短信”等双因素验证；

c)应启用登录失败处理功能，对用户的连续登录失败数进行计数，超出设置的次数阈值时，账户被锁定一段时间或由系统管理员进行解锁或采用安全方式进行账户口令重置;应用系统对登录失败反馈信息进行模糊处理,如:不提示具体是用户名还是口令错误,仅提示“用户名或口令错误;登录失败尝试次数、定时自动解锁时间应支持配置;

d)登录失败时,应采取结束非法会话,限制非法登录次数和自动退出等措施,应用系统用户登录后在指定时间(如30分钟)内无操作应退出系统到登录界面,登录超时时间可配置;

e)登录错误提示信息不可暴露身份标识与鉴别信息,避免账号口令猜解。

8.1.3 其他要求

身份鉴别系统设计要求主要包括:

a)所有的管理和账户管理功能应具有和主要身份验证机制一样的安全性;

b)应提供专用的登录控制模块对登录用户进行身份标识和鉴别;

c)口令修改应有日志记录,日志中不应包含口令信息;

d)用专有登录控制模块对登录用户进行身份标识和鉴别,保证任何用户不可绕过登录模块而直接访问系统;

e)所有的数据输入后,方可进行身份验证数据的验证;

f)口令等敏感数据,只可使用POST请求传输身份验证的凭据信息;

g)应为Cookie设置HttpOnly属性,为TLS传输的Cookie设置安全属性;

h)为所有的身份验证使用一个集中的实现方法,其中包括利用库文件请求外部身份验证服务;

i)将身份验证逻辑从被请求的资源中隔离开,并使用重定向到或来自集中的身份认证控制;

j)如果长期性身份验证会话被允许,周期性地验证用户的身份,以确保他们的权限没有被改变,如果发生改变注销该用户,强制重新执行身份验证;

k)应用程序必须支持账户失效并在停止使用时终止会话;

l)实现登录超时自动退出功能;

m)限制单一用户或设备在一段时间内可执行的业务数量;

n)实现对系统一个时间段内最大并发会话数进行限制,可配置;

o)实现服务有限级设定功能,并在安装后根据安全策略设定访问账户或请求进程的优先级,根据优先级分配系统资源;

p)注销功能应当完全终止相关会话链接。

8.2 访问控制

8.2.1 一般要求

访问控制一般要求主要包括:

a)权限管理应采用RBAC(Role - Based Access Control)基于角色的访问控制;

b)权限应与角色关联,用户应通过成为角色成员,从角色上获取到相应的权限;

c)权限管理应包含四个实体:组织、人员、角色、授权对象;业务系统应用系统支持角色权限体系,能够根据业务需求对用户的权限、角色,用户组等进行分配;

d)访问控制应实现三权分立:

1)安全管理员:负责账户基本信息维护、权限的授权管理,需经过审核后方能生效;

2)审计管理员:对关键操作进行审计、分析、报告;

3)系统管理员:只能办理业务,确保不同账户为完成各自任务所需的最小权限。实现访问控制功能,依据安全策略控制用户对文件、数据库等客体的访问。

e)实现由授权主体配置访问控制策略,并严格限制默认账户的访问权限;

f)应及时删除或停用多余的、过期的账户,避免共享账户的存在。

8.2.2 其他要求

访问控制系统设计要求主要包括:

a)将有特权的逻辑从其他应用程序代码中隔离开;

b)限制只有授权的用户可访问文件或其他资源,包括那些应用程序外部的直接控制;

c)限制只有授权的用户可访问受保护的URL;

d)限制只有授权的用户可访问受保护的功能;

e)限制只有授权的用户可访问受保护的直接对象引用;

f)限制只有授权的用户可访问安全配置信息;

g)只有授权的用户可访问服务;

h)只有授权的用户可访问应用程序数据;

i)建立一个"访问控制策略",以明确一个应用程序的业务规则、数据类型和身份验证的标准和处理流程,确保访问可以被恰当的提供和控制;

j)限制只有授权的人可访问日志;

k)为存储在服务器中的敏感信息提供恰当的访问控制;

l)禁止未授权使用和访问用户个人信息,对所有访问个人信息所有操作都记录审计日志;

m)自开发的应用系统应支持对默认账户(权限比较高的账户,例如超级管理员)重命名或删除或禁用;

n)应用系统支持修改默认账户的初始口令功能;

o)默认账户不限于Administrator、Admin、ROOT等;

p)如果一些采购的商业系统不支持重命名或删除默认账户,应修改默认口令。

8.3 审计安全

审计应符合以下要求:

a)日志控制应当支持记录特定安全事件的成功或者失败操作;

b)记录所有身份验证尝试,特别是失败的输入验证;

c)记录所有失败的访问控制;

d)记录链接无效或者已过期会话令牌尝试;

e)记录所有管理功能行为,包括对于安全配置设置的更改;

f)记录所有失败后的后端 TLS 链接;

g)记录加密模块的错误;

h)确保日志记录包含了重要的日志事件数据;

i)确保日志记录包含的不可信数据,不会再查看界面以代码的形式被执行;

j)不可在日志中保存敏感信息,包括不必要的系统信息、会话标识符密码;

k)确保一个日志查询分析机制的存在,以便于审计;

l)使用加密 Hash 以验证记录日志的完整性;

m)抽取的日志应包含系统登录日志、系统操作日志、业务经办日志等;

n)审计日志应记录全面,不限于日期、时间、用户、事件类型和执行结果等;

o)应用系统支持对审计记录进行保护,避免覆盖、删除和修改等;

p)应用系统不该具有审计查询停止功能和审计记录删除、覆盖的功能;

q)应用系统支持对审计记录定期备份,应用系统支持通过接口将审计记录发送到综合安全审计系统;

r)应用系统支持对审计进程进行保护,如果独立于业务系统之外不能被单独中断;

s)审计日志应自动抽取日志相关的业务元数据;

t)审计日志应至少保留 6 个月。

8.4 入侵防范

a)应遵循最小安装的原则,仅安装需要的组件和应用程序;

b)应关闭不需要的系统服务、默认共享和高危端口;

c)应通过设定终端接入方式或网络地址范围对通过网络进行管理的管理终端进行限制;

d)应提供数据有效性检验功能,保证通过人机接口输入或通过通信接口输入的内容符合系统设定要求;

e)应能发现可能存在的已知漏洞,并在经过充分测试评估后,及时修补漏洞。

8.5 恶意代码防范

应采用免受恶意代码攻击的技术措施或主动免疫可信验证机制及时识别入侵和病毒行为,并将其有效阻断。

8.6 数据完整性

a)采用国密 SM3、SM4 等实现能够检测到系统管理数据、鉴别信息和用户数据在传输过程中完整性受到破坏,并在检测到完整性错误时采取必要的恢复措施;

b)应对表单的完整性进行检查；

a)对关键业务、核心、关键数据采用密码技术进行摘要计算、并留痕审计日志，并且随时能够审计出技术的完整性；

c)数据产生后被存储在内存、硬盘等存储空间中，为保证这一阶段的数据安全，应采取数据完整性保证、数据隔离等措施。

8.7 数据保密性

a)金民工程数据提供给用户或其他虚拟服务所使用时，应采用 VPN、SSL 或 SSH 等方式，维护传输过程中的保密性；

b)应对包含敏感信息的数据采用 HTTPS 加密传输。其中包括 TLS 对链接的保护，以支持对敏感文件或非基于 HTTP 链接的不连续加密；

c)TLS 证书应当是有效的，有正确且未过期的域名，并在需要时可以和中间证书一起安装；

d)没有成功的 TSL 链接不宜后退成为一个不安全的链接；

e)为所有要求身份验证的访问内容和所有其他敏感信息提供 TLS 链接；

f)为包含敏感信息或功能、且链接到外部系统的链接使用 TLS；

g)用于访问应用程序以外服务的验证凭据信息，应当加密并存储在一个可信系统中受到保护的地方，不宜存储于源代码中；

h)如果状态数据必须存储在客户端，应使用加密算法，并在服务器端确定状态的改变；

i)对涉及用户敏感信息等数据应加密后存储在数据库表中，不能以明文形式存储；

j)应将不进行对外检索的目录放在一个隔离的父目录里，以防目录结构在 robots. txt 文件中暴露；

k)应禁止 robots. txt 的整个父目录，而不是对每个单独的目录进行禁止；

l)重要个人信息不限于姓名、公民身份号码、手机号码和家庭住址等；

m)不允许单纯使用 MD5、SHA—0、SHA—1 和 DES 等不安全算法；

n)推荐使用国产密码算法，如：SM3、SM4 等；

o)用户访问应用系统时使用 HTTPS 协议。

8.8 数据操作

数据操作要求主要包括：

a)在对数据库执行增删改操作前，应对用户再次进行身份验证；

b)应实现对个人信息、账户信息等重要资源信息设置敏感标记的功能，根据安全策略严格控制用户对敏感标记资源的操作；

c)历史数据迁移应保证符合以下要求：

1)数据迁移前后的完整性、可用性和一致性；

2)应保证数据在新旧存储之间的可靠性传输；

3)应对原始数据分类为废弃数据、待调整数据和可转换数据；

4)应对原系统数据整理为新系统能识别的数据。

8.9 数据备份恢复

数据备份主要包括：

a)应每周对数据库进行一次全量备份，每天一次增量备份，备份保留应不低于30天，并保留4份全量备份副本；

b)定期对备份数据进行恢复演练，确保备份数据的可用性；

c)备份媒体场外存放，双机热备方式不算场外存放。

8.10 剩余信息保护

剩余信息保护要求包括但不限于如下：

a)不可对用户名、口令等敏感信息进行缓存，不保存cookie；

b)实现用户鉴别信息所在的存储空间被释放或再分配给其他用户前得到完全清除，无论这些信息存放在硬盘上还是内存中，单点登录主动退出，集群中各服务节点都应清除相关信息。

c)应用服务器上不要保存包含应用系统用户口令信息和数据库登录账户/口令信息的文件；

d)对包含敏感数据的硬盘存储空间应该进行数据清洗，对物理介质定点销毁；

e)敏感数据由业务使用方定义，一般包括个人信息和业务相关数据，如病例和账户资金相关信息等。

8.11 个人信息保护

个人信息包含应符合以下要求：

a)实现采集和保存业务必须的用户个人信息；

b)系统不可进行大批量查询、导出个人信息，若确有业务需求，应向管理人员提出需求，并经审核通过后，进行单独授权；

c)对个人敏感信息在使用、传输、存储等过程中应进行加密处理，前台展示应进行脱敏处理；

d)对涉及用户隐私敏感信息、涉密文件等信息展示页面，应提供页面机密保护功能；

e)对于信息系统提供给内部用户下载涉及商业秘密和个人隐私等电子文件，应提供文件加密授权功能，对于打印或者展示和核心业务表单，应防止页面、纸面表单被截屏或拍照后用于非法场景；

f)应用系统应仅采集业务必须的个人信息，并在专门的界面提示告知用户所采集的内容和范围；

g)应用系统具备技术措施限制对用户个人信息的访问和使用，如权限控制、数据加密、数据脱敏和安全审计等方式；

h)应用系统不得提供用户个人信息批量输出功能；

i)个人信息包括并不限于姓名、公民身份号码、手机号和银行卡号等。

8.12 资源控制

资源控制应符合以下要求：

a)只允许上传业务需要的相关文档类型，且在上传前对文件进行清洗，如限制文件类型、文件大小等；

b)通过检查报头信息，验证上传文件是否所期待的类型，不宜只验证文件类型扩展；

c)不可把文件保存在应用程序相同的 web 环境中，文件应保存在内容服务器或数据库当中；

d)防止或上传任意可被 web 服务器解析的文件；

e)关闭文件在上传目录的运行权限；

f)当引用已有文件时，使用一个白名单记录允许的文件名和文件类型；

g)不可将用户提交的数据传递到动态重定向中，如果必须允许使用，那么重定向应该只接受通过验证的相对路径 URL；

h)不可传递目录或文件路径、使用预先设置路径列表中的匹配索引值；

i)不可将绝对文件路径传递给客户；

j)确保应用程序文件和资源是只读的；

k)对用户上传的文件进行病毒和恶意软件扫描；

l)实现对一个访问账户或请求进程占用的资源分配最大限额和最小限额；

m)实现对系统服务水平降低到预先规定的最小值进行检测和报警。

8.13 软件容错

软件容错要求包括但不限于如下：

a)响应的字符集应为 UTF—8；

b)后端实现数据有效性检验功能，保证通过人机接口输入或通信接口输入的数据格式或长度符合系统设定要求；校验不仅仅是前端 JS；

c)防止同一功能短时间进行多次操作。

参考文献

GB/T 25070—2019 信息安全技术 网络安全等级保护安全设计技术要求